V&R

Handbuch der Liturgik

Liturgiewissenschaft in Theologie und Praxis der Kirche

Herausgegeben von
Hans-Christoph Schmidt-Lauber
Michael Meyer-Blanck
und Karl-Heinrich Bieritz

3., vollständig neu bearbeitete und ergänzte Auflage

Vandenhoeck & Ruprecht

Redaktion und Register:
Dr. Swantje Eibach-Danzeglocke

Titel-Abbildung:
Innenansicht der Ev.-luth. Jakobi-Kirche, Göttingen
Foto: Andreas Lechtape, Münster

Bibliografische Information Der Deutschen Bibliothek
Die Deutsche Bibliothek verzeichnet diese Publikation in der Deutschen Nationalbibliografie; detaillierte bibliografische Daten sind im Internet über <http://dnb.ddb.de> abrufbar.
ISBN 3-525-57210-7

Druck: Hubert & Co., Göttingen

Gedruckt auf alterungsbeständigem Papier.

Inhalt

Dritter Teil: Die Kasualien

Vierter Teil: Die Gestaltung des Gottesdienstes

Gottesdienst in Gesellschaft und Gemeinde

Zugänge zur Praxis

Zielgruppen

Sonderformen

Ausblick

Anhang

Spezielle Abkürzungen

Das Handbuch übernimmt die Sigel des *IATG* (Internationales Abkürzungsverzeichnis für Theologie und Grenzgebiete von Siegfried M. Schwertner, Berlin/New York ^{2}1992, für Literaturangaben unter Hinzufügung oder *Abänderung (kursiv)* folgender weiterer Abkürzungen:

I. Agenden/Gottesdienstbücher

deutschsprachige Ausgaben

Agende I–IV	Agende für evangelisch-lutherische Kirchen und Gemeinden:
I	Der Hauptgottesdienst mit Predigt und heiligem Abendmahl und die sonstigen Predigt- und Abendmahlsgottesdienste. Ausgabe für den Pfarrer, Berlin (1955) ^{2}1962.
II	Die Gebetsgottesdienste. Zur Erprobung bestimmter Entwurf, Berlin 1960.
III	Die Amtshandlungen, Berlin/Hamburg (1962) 1964.
III/1	Die Taufe, neu bearb. Ausg., Hannover 1986 ^{2}1999.
III/2	Die Trauung, neu bearb. Ausg., Hannover ^{2}1999.
III/3	Die Beichte, neu bearb. Ausg., Hannover ^{2}1996.
III/4	Dienst an Kranken, Hannover ^{4}1997.
III/5	Die Bestattung, neu bearb. Ausg., Hannover ^{2}1996.
III/6	Konfirmation, neu bearb. Ausg. hg. gemeinsam mit der EKU, Berlin/Bielefeld/Hannover 2001.
IV	Ordination und Einsegnung, Einführungshandlungen, Einweihungshandlungen (1951), neu bearb. Ausg., Hannover 1987 ^{2}1997.
Ag I KW	Agende I. Die Gottesdienste an Sonn- und Feiertagen. Evangelische Kirche von Kurhessen-Waldeck, Kassel 1996.
EA	Erneuerte Agende. Vorentwurf, Hannover/Bielefeld 1990.
EGb	Evangelisches Gottesdienstbuch. Agende für die Evangelische Kirche der Union und für die Vereinigte Evangelisch-Lutherische Kirche Deutschlands, Berlin/Bielefeld/Hannover 1999.
Erg/EGb	Ergänzungsband zum Evangelischen Gottesdienstbuch für die Evangelische Kirche der Union und für die Vereinigte Evangelisch-Lutherische Kirche Deutschlands, Berlin/Bielefeld/Hannover 2002.
EKU-Agende	
I	Die Gemeindegottesdienste, Bielefeld (1959) ^{3}1981.
II/1	Die kirchlichen Handlungen. Erster Teil, Bielefeld 1964, mit revidiertem Luthertext ^{3}1987.
II/2	Ordination, Einführung, Bevollmächtigung, Vorstellung, veränderte Fassung Bielefeld 1989.
III	Konfirmation (s.o. Agende III/6).
Kirchenb. 1	für die Evangelische Landeskirche in Württemberg. 1. Der Predigtgottesdienst, Stuttgart 1988.
Kirchenb. 2	Sakramente und Amtshandlungen, Teilband 2/1 Die Heilige Taufe, Stuttgart 1989. – Teilband 2/2 Das heilige Abendmahl, Stuttgart 1984.

Liturgie 3	Liturgie, hg. im Auftrag der Liturgiekonferenz der evangelisch-reformierten Kirchen in der deutschsprachigen Schweiz, Bd. III Abendmahl, Bern 1983.
Perikopenb.	Perikopenbuch mit Lektionar, Hg.: LLK, Hannover 1985 [6]2001 (aktualisierte Aufl.).
RefLit.	Reformierte Liturgie. Gebete und Ordnungen für die unter dem Wort versammelte Gemeinde, i.A. des Moderamens des Reformierten Bundes erarbeitet und hg.v. Peter Bukowski/u.a., Wuppertal/Neukirchen-Vluyn 1999.
Taufbuch	Agende für die Evangelische Kirche der Union, Band 2, Bielefeld 2000.

englischsprachige Ausgaben

ASB 1980	The Alternative Service Book, Oxford 1980 (anglikanisch).
BCO	Book of Common Order 1940 (Church of Scotland, presbyterianisch).
BCP	Book of Common Prayer 1549 usw. (anglikanisch).
BCW	Book of Common Worship 1950/1963 (Kirche von Südindien).
CW 2000	Common Worship. Services and Prayers for the Church of England, London 2000.
LBW	Lutheran Book of Worship. Ministers Edition, Minneapolis/Philadelphia 1978.

II. Sonstige Abkürzungen

AELD	Arbeitsgemeinschaft evangelischer Liturgiedozenten und Liturgiedozentinnen.
AEM	Allgemeine Einführung in das Römische Meßbuch (1970/75).
CD I	Irmgard Pahl (Hg.), Coena Domini I. Die Abendmahlsliturgie der Reformationskirchen im 16./17. Jahrhundert, Freiburg/Schweiz 1983 (SpicFri 29).
DM 1526	Luthers Deutsche Messe von 1526, WA 19,72–113.
EEK[6]	Evangelischer Erwachsenenkatechismus. Kursbuch des Glaubens, hg.v. Manfred Kießig/Lothar Stempin/Horst Echternach, 6. vollst. neu bearb. Aufl., Gütersloh 2000.
EG	Evangelisches Gesangbuch (Stammausgabe 1993, Regionalausgaben danach).
EKG	Evangelisches Kirchengesangbuch (Stammausgabe 1950).
EKO(R)	Aemilius L. Richter (Hg.), Die evangelischen Kirchenordnungen des 16. Jahrhunderts, 2 Bde., Weimar 1846.
FC Epit.	Formula Concordiae = Konkordienformel BSLK 735–1100; Epitome.
ETzB	Evangelisches Tagzeitenbuch, Münsterschwarzach/Göttingen [4]1998.
F&O	Faith and Order, Kommission des ÖRK für Glauben und Kirchenverfassung.
FdG	Für den Gottesdienst, Arbeitsstelle für Gottesdienst und Kirchenmusik der Ev.-luth. Landeskirche Hannovers/Liturgische Konferenz Niedersachsens, ab 1973.
FMC 1523	Luthers Formula missae et communionis von 1523, WA 12,205–220.
Font	(nicht FC!) Fontes Christiani. Zweisprachige Neuausgabe christlicher Quellentexte aus Altertum und Mittelalter, Freiburg/u.a.
GAGF	Gemeinsame Arbeitsstelle für gottesdienstliche Fragen der EKD. Informations- und Korrespondenzblatt, Hannover, ab 1/1987.
Gd	Gottesdienst: Zs. der Liturgischen Institute Deutschlands, Österreichs und der Schweiz, Freiburg/Wien/Einsiedeln ab 1967.
GL	Gotteslob. Katholisches Gebet- und Gesangbuch – mit Eigenteilen der Diözesen, 1975.

HbLit	Handbuch der Liturgik. Liturgiewissenschaft in Theologie und Praxis der Kirche, hg.v. Hans-Christoph Schmidt-Lauber/Karl-Heinrich Bieritz, 2., korrigierte Aufl. Leipzig/Göttingen 1995.
HEG	Handbuch zum Evangelischen Gesangbuch, hg.v. Gerhard Hahn/Jürgen Henkys, Göttingen ab 1995.
KD	Karl Barth, Kirchliche Dogmatik.
Lima T E A	Taufe, Eucharistie und Amt. Konvergenzerklärungen der Kommission für Glaube und Kirchenverfassung des ÖRK, Frankfurt/Paderborn 1982 ^{11}1987. T= Taufe, E=Eucharistie, A=Amt; englisch: BEM (Baptism, Eucharist, Ministry).
LG	Lumen gentium. Dogmatische Konstitution über die Kirche des Zweiten Vatikanums 1964. – Konzilstexte deutsch: Karl Rahner/Herbert Vorgrimler, Kleines Konzilskompendium, Freiburg/Basel/Wien ^{14}1980 (HerBü 270).
LLK	Lutherische Liturgische Konferenz Deutschlands (Namensänderung 2002: Liturgische Konferenz).
LWB	Lutherischer Weltbund.
MR	Missale Romanum.
NPlH	Rupert Berger, Neues Pastoralliturgisches Handlexikon, Freiburg/Basel/Wien 1999.
ÖRK	Ökumenischer Rat der Kirchen (World Council of Churches).
PE	Anton Hänggi/Irmgard Pahl, Prex Eucharistica. Textus e variis liturgiis antiquioribus selecti, Fribourg 1968 (SpicFri 12).
RR	Rituale Romanum.
RWB	Reformierter Weltbund.
SC	Sacrosanctum Concilium, Liturgiekonstitution des Zweiten Vatikanums 1963.
TA	Hippolyt, Traditio Apostolica: Didache. Traditio Apostolica [Hippolytus], Font.1 (1990) 211–313.
UR	Unitatis redintegratio, Ökumenismusdekret des Zweiten Vatikanums 1964.

Vorwort

Christlicher Gottesdienst ist immer *im Fluss*. Freilich: Es gibt Zeiten, da strömen seine Wasser breit und ruhig dahin, nur hier und da zeigen kleine Wirbel auf der Oberfläche an, dass überhaupt noch Bewegung herrscht. Und es gibt Zeiten, da beschleunigt sich sein Lauf, schäumend schießen die Wasser über Stromschnellen, und das Gesicht des Flusses verändert sich nach jeder Biegung. Gegenwärtig, so scheint es, durchleben wir eine solche Phase rascher Wandlung. Das hat natürlich etwas mit der Landschaft zu tun, durch die sich der Fluss seinen Weg suchen muss – eine Landschaft, die selber in Bewegung geraten ist und uns mit immer neuen Ausblicken überrascht und ängstigt.

Bücher, die solcher Bewegung folgen wollen, müssen selber beweglich bleiben. So wird hier – nicht einmal ein Jahrzehnt nach der ersten und zweiten Auflage im Jahre 1995 – eine grundlegend überarbeitete dritte Auflage des Handbuchs der Liturgik vorgelegt. Überarbeitet und auf den neuesten Stand gebracht wurden alle Beiträge des Werkes. Manche kamen neu hinzu, viele wurden neu konzipiert und neu verfasst. Inhalt und thematisches Spektrum des Buches wurden auf diese Weise nicht unerheblich erweitert. Ein neuer Mitherausgeber – so darf man in Fortführung des einleitenden Gleichnisses vielleicht sagen – kam an Bord, und neue Namen und Gesichter verstärkten die Belegschaft. So ist ein Buch entstanden, das zwar der im Vorwort zur ersten Auflage dargelegten Konzeption verpflichtet bleibt, das sich aber in Grundriss wie Ausführung neuen Einsichten, Herausforderungen, Möglichkeiten stellt. Dass dabei nach Maßgabe des Möglichen auch die Kritik Aufnahme fand, wie sie schriftlich oder mündlich im Blick auf die Erst- und Zweitauflage vorgetragen wurde, versteht sich von selbst.

Größere Berücksichtigung finden in der Neuauflage Erfahrungen mit frauenspezifischer Spiritualität und einer liturgischen Gestaltung, die aus solcher Spiritualität von Frauen erwächst. Hinzuweisen ist besonders auf den neu aufgenommenen Beitrag von Brigitte Enzner-Probst. Dass er in einer gewissen komplementären Spannung zu dem vorausgehenden Artikel von Manfred Seitz steht, wird der Leserin bzw. dem Leser nicht verborgen bleiben. Zu Teresa Berger und Ingrid Vogel, die bisher schon vertreten waren, sind mit Corinna Dahlgrün, Christa Reich und Ulrike Suhr weitere Autorinnen hinzugekommen – noch längst nicht genug, wie die Herausgeber bedauernd vermerken.

Nach wie vor handelt der erste Teil von den Grundlagen des christlichen Gottesdienstes. Hier gilt uneingeschränkt, was schon im Vorwort zur ersten Auflage vermerkt wurde: Alles, was in der Kirche und durch sie geschieht, bleibt unüberholbar an die geschichtliche Erscheinung Gottes in Jesus Christus gebunden. Es findet in ihr Maß und bleibende Mitte. Dem Gottesdienst im Urchristentum kommt darum nicht nur eine historische Bedeutung zu. Ihm eignet – als Ursprung und Grund aller christlichen Liturgie – ein normativer Rang. Das kann freilich nicht bedeuten, dass gegenwärtiges Handeln die urchristliche Praxis – die sich in ihren Details ohnehin nur schwer erschließen lässt – lediglich zu rekapitulieren hätte. Aber es muss sich mit ihr, will es als christlich gelten, in einem grundlegenden Konsens befinden. Diesen Konsens formuliert die systematisch-theologische Grundlegung. Er gewinnt Gestalt vor allem in der trinitarischen Struktur des Gottesdienstes, die auch seinen heilsgeschichtlichen Ort – zwischen Schöpfung, Erlösung und Vollendung – bestimmt. Von solch trinitarisch-heilsgeschichtlicher Bestimmung nimmt auch die anthropologische Grundlegung ihren Ausgang, die nach den Bedingungen des Menschseins fragt, unter denen alles gottesdienstliche Handeln sich vollzieht.

Festgehalten wird am ökumenischen Anspruch des Buches: Wer sich im Credo zu der *einen* Kirche bekennt, wird evangelischen Gottesdienst nur als Gestalt des *einen* christlichen Gottesdienstes sachgemäß begreifen und feiern können. Dass dieser *eine* christliche Gottesdienst sich freilich in einer Vielzahl unterschiedlicher Traditionen realisiert, verdeutlicht der Abschnitt »Gottesdienst in ökumenischer Perspektive«. Hier hat Andreas Heinz das Kapitel zum »Gottesdienst im römisch-katholischen Kontext« neu bearbeitet. Die internationale Orientierung wird durch den Beitrag von Gordon W. Lathrop zum »Gottesdienst im lutherischen Kontext« deutlich verstärkt.

Der zweite Teil des Buches ist wie bisher der geschichtlichen Entfaltung der wichtigsten Gestalten des christlichen Gottesdienstes gewidmet. Nach den Berichten des Neuen Testaments tritt die Kirche als Mahlgemeinschaft in die Geschichte ein: Christlicher Gottesdienst wurzelt »in der durch Jesus begründeten Mahlgemeinschaft« (→Gottesdienst im Urchristentum 50). Deshalb befasst sich der erste Beitrag mit der Eucharistie, die in den meisten christlichen Kirchen im Zentrum aller liturgischen Gestaltung und Praxis steht und mit Fug und Recht darum als bestimmende, integrierende Hauptgestalt – Jürgen Roloff spricht von der »Normalgestalt« (ebd. 62) – christlichen Gottesdienstes gilt. Als Mahlgemeinschaft ist die Kirche zugleich Erinnerungs- und Erzählgemeinschaft, in der die Geschichte Gottes mit seinem Volk lobpreisend erinnert und verkündigt, die »Lehre der Apostel« (Act 2,42) überliefert und mitgeteilt wird. Sie ist Gemeinschaft des Gebets, in der die Versammelten Gott anrufen nicht nur für sich selbst, sondern für »alle anderen, die sich überall befinden« (Justin, 1. Apol. 65,1). Dies alles ist von Beginn an mit der Eucharistie verbunden; aber es gewinnt auch eigenständigen Ausdruck im Gebet der Tagzeiten, das einzeln oder in Gemeinschaft vollzogen wird, und in eigenständigen Wortgottesdiensten. So ist es nötig und sinnvoll, Entstehung und Entfaltung dieser Gottesdienstformen – in den Kapiteln zum Predigtgottesdienst und zur Tagzeitenliturgie – gesondert zu behandeln.

Zu den Hauptformen des christlichen Gottesdienstes – und damit zu den Grundvollzügen der Kirche wie des christlichen Glaubens überhaupt – gehört zweifellos die Taufe, die nicht nur dem Einzelnen den Zugang zum Leib Christi (Röm 12,5; I Kor 12,27) eröffnet, sondern in der stets auch die Gemeinde als ganze sich gottesdienstlich darstellt und so als Leib Christi erfährt. In gewisser Weise gilt das auch von Buße und Beichte – als einer sinnenfälligen, wirksamen Gestalt der Tauferneuerung – und von der Ordination, die darum ebenfalls in diesem zweiten Teil des Buches behandelt werden.

Der Abschnitt zu den gottesdienstlichen Sprachformen entfaltet das, was die anthropologische Grundlegung zu den »Sprachen« des Gottesdienstes ausgeführt hat, im Blick auf die gottesdienstliche Zeit (Kirchenjahr), den gottesdienstlichen Raum (Kirchenbau und Kirchenraum, neu verfasst von Klaus Raschzok), die gottesdienstliche Musik und das Zeremoniale (Gebärden, Gewänder, Geräte u.Ä.).

Schon ein erster Blick auf das Inhaltsverzeichnis zeigt: Besondere Aufmerksamkeit wird in der Neuauflage den Kasualgottesdiensten gewidmet – als denjenigen Gottesdiensten, die nicht nur für die Mehrzahl der Kirchenmitglieder, sondern auch für zahlreiche Nichtchristen die Hauptbegegnungsform mit Gottesdienst überhaupt darstellen. Sie werden jetzt in einem eigenen, dritten Teil gebündelt – ein struktureller Eingriff in die bisherige Gliederung des Buches. Historische wie praktische Behandlung der Kasualien – in der Erstauflage noch voneinander getrennt – werden so zusammengeführt und genauer aufeinander bezogen. Die für die aktuelle Gestaltung von Kasualgottesdiensten besonders wichtigen sozioreligiösen Bedingungen – vgl. etwa den Wandel von Lebensformen im Blick auf die Gestaltung der kirchlichen Trauung – finden angemessene Berücksichtigung. Dem entspricht ein neu aufgenommener, von Christian

Grethlein verfasster Beitrag, der die empirischen Aspekte der Kasualpraxis behandelt. Ganz neu bearbeitet – auf dem Hintergrund der west- und ostdeutschen, aber auch der ökumenischen Diskussion (USA, Lutherischer Weltbund) – wurde der Artikel zur Konfirmation (Michael Meyer-Blanck/Karl Dienst). Selbstverständlich wurde dabei die Frage nach Funktion und Rolle der Jugendweihe nicht übergangen. Auch in den Artikeln zur Trauung (Hans-Hinrich Jenssen/Werner Horn) und zur Bestattung (Eberhard Winkler/Ottfried Jordahn) sind die geschichtlichen und praktischen Aspekte jetzt miteinander verbunden. Kapitel zur Taufe als Kasualie und zu anderen Segenshandlungen, auch zur Krankensalbung, die gegenwärtig in den evangelischen Kirchen wachsende Bedeutung gewinnt, runden den dritten Teil des Buches ab.

Begründungsbedürftig – zwar nicht im ökumenischen, aber doch im deutschsprachig-protestantischen Horizont – ist die Entscheidung, Abendmahl, Taufe, Buße und Beichte wie Ordination, die in den evangelischen Kirchen weithin ebenfalls als Kasualien angesehen und behandelt werden, nicht (bzw. nur partiell: Taufe) dem Abschnitt über die Kasualgottesdienste zuzuordnen, sondern sie im zweiten, historisch-grundsätzlich ausgerichteten Teil des Buches zu belassen. Ein wesentlicher Gesichtspunkt wurde oben schon angedeutet: In den genannten gottesdienstlichen Handlungen geht es um Grundvollzüge der Kirche, unverzichtbar für ihre οἰκοδομή im Heiligen Geist, und insofern ekklesiologisch ungleich bedeutsamer als Segenshandlungen an den Lebensschwellen und bei anderen Gelegenheiten. Der Nachweis für die These wird freilich für jede dieser Gestalten christlichen Gottesdienstes am jeweiligen Ort geführt werden müssen.

Nicht unerhebliche Umgestaltungen und Erweiterungen hat auch der nunmehr vierte Teil des Buches erfahren. Im Zentrum der Darstellung steht hier die aktuelle Gestaltung des Gottesdienstes in unterschiedlichen Situationen. Besondere Aufmerksamkeit gilt dabei neuen Gottesdienstformen und den Gestaltungsspielräumen, die das 1999 für die Evangelische Kirche der Union, die Vereinigte Evangelisch-Lutherische Kirche Deutschlands und auch die Evangelische Kirche A.B in Österreich eingeführte Evangelische Gottesdienstbuch eröffnet. Die systematisch-theologischen, anthropologischen und liturgiegeschichtlichen Überlegungen kommen hier in gewisser Weise zu ihrem Ziel: Heute und hier versammeln sich Christen zum Gottesdienst, gewinnt Kirche als gottesdienstliche Versammlung die ihr gemäße Gestalt. Ein erster Komplex von Beiträgen befasst sich mit dem Gottesdienst in Gesellschaft und Gemeinde: Gottesdienst ist – was sich auch sonst immer von ihm sagen lässt – ein gesellschaftlich-kulturelles Ereignis. Er steht damit in einer bestimmten Beziehung zur gesellschaftlichen Öffentlichkeit und zur gesamtgesellschaftlichen Kultur. Es liegt nahe, zu Beginn des praktisch-handlungsorientierten Teils diese Beziehung noch einmal detailliert zu durchdenken. Auch die Überlegungen zu Gottesdienst und Frömmigkeit, insbesondere zu einer frauenspezifischen liturgischen Spiritualität, gehören in diesen Zusammenhang. Wenn dann der Gottesdienst zu einzelnen kirchlichen Handlungsfeldern (Gemeindeaufbau, Religionspädagogik, Seelsorge, Evangelisation, Diakonie: neu verfasst von Ulrike Suhr) in Beziehung gesetzt wird, so werden damit ebenfalls bestimmte gesellschaftliche Verhältnisse angesprochen, in denen das Evangelium eine gottesdienstliche Gestalt gewinnen will. Zugleich wird deutlich, dass der Gottesdienst nicht nur *ein* spezifisches Handlungsfeld neben anderen darstellt, sondern eine Dimension kirchlichen Handelns bezeichnet, die auch die anderen Handlungsfelder durchdringt.

Für die Vorbereitung der Predigt können Predigerinnen und Prediger auf eine Fülle von Arbeitshilfen zurückgreifen. Für die Vorbereitung des Gottesdienstes ist dies – von wenigen Ausnahmen abgesehen – keineswegs der Fall. Dieses Buch bietet darum praxisorientierte Hilfen für die Planung des Gottesdienstes (neu verfasst von Corinna Dahlgrün) und seine Strukturierung an. Ein eigenes Kapitel, für das Ulrich Körtner gewonnen werden konnte, behandelt die

Gestalten des Wortes im Gottesdienst. Weitere Kapitel gelten den gottesdienstlichen Perikopen, der Predigt im Gottesdienst, den verschiedenen liturgischen Rollen (neu verfasst von Michael Meyer-Blanck) wie der Sprache der Liturgie (Teresa Berger). Gänzlich neu hinzugekommen sind die Beiträge von Frieder Schulz zum gottesdienstlichen Gebet und von Christa Reich zum Kirchenlied; die Herausgeber entsprechen damit Desideraten, die in den Rezensionen zu den ersten Auflagen immer wieder geäußert wurden. Der Beteiligung der Gemeinde kommt eine entscheidende Bedeutung bei der Vorbereitung von Gottesdiensten zu; Werner Reich hat das entsprechende Kapitel neu verfasst.

Es folgen praxisorientierte Überlegungen zu verschiedenen Zielgruppen, mit denen es das gottesdienstliche Handeln der Kirche zu tun hat. Der Beitrag zum Kindergottesdienst bezieht jetzt auch sog. Krabbelgottesdienste mit Kleinkindern ein. Statt der etwas unglücklichen früheren Formulierung werden die »geschlossenen Bereiche« jetzt einzeln aufgeführt: Es geht um Krankenhaus-, Altenheim-, Militär- und Gefängnisgottesdienste. Selbstverständlich finden auch weiterhin Familien-, Jugend- und Schulgottesdienste Berücksichtigung.

Unter den Sonderformen werden die sog. Gesprächsgottesdienste nicht mehr eigens behandelt. Statt dessen hat das Buch jetzt ein neues Kapitel »Auf der Suche nach neuen Formen«, dem im Blick auf mögliche Entwicklungen eine besondere Bedeutung zukommt, verfasst von Konrad Müller und Christian Grethlein. Kirchenmusikalische Gottesdienste, Gottesdienste bei Großveranstaltungen, Gottesdienste mit Kleinstgemeinden, Gesprächsgottesdienste, Feierabendmahl, Ökumenische Gottesdienste, Andachten und verwandte kleine Formen, Gottesdienstübertragungen in Rundfunk und Fernsehen werden ebenfalls behandelt. Dass und wie Gottesdienst als Gestaltungsaufgabe begriffen und in Angriff genommen werden kann, verdeutlicht der letzte, von Walther Lührs neu verfasste Beitrag des Buches; er nimmt damit zugleich auf die mit dem neuen Evangelischen Gottesdienstbuch gestellten Aufgaben Bezug.

Der Gottesdienst ist im Fluss. Welches Gesicht er in zwanzig, fünfzig Jahren zeigen wird, lässt sich jetzt noch nicht erkennen. Wer die in diesem Buch gesammelten Beiträge in ihrer spannungsreichen Vielfalt zur Kenntnis nimmt, wird freilich Zeichen wahrnehmen, die in diese Zukunft weisen. Als ein Ereignis in Zeit und Geschichte partizipiert Gottesdienst am Prozess gesellschaftlich-kultureller Differenzierung und Pluralisierung, wie er gegenwärtig alle Lebensbereiche erfasst. Davon vermittelt dieses Buch in mancherlei Hinsicht eine lebhafte Anschauung. Genauso ist Gottesdienst aber auch mit jenen Prozessen konfrontiert, die – gebündelt unter dem programmatischen Begriff der Globalisierung – auf eine weltweite Durchsetzung bestimmter ökonomischer, sozialer, kultureller Strukturen zielen. Christlicher Gottesdienst ist hier – wenn denn Ökumenizität zu seinen Wesensbestimmungen gehört – in einer spezifischen Weise gefordert: als Ort, an dem eine »Kultur des Lebens« Gestalt gewinnen kann und darf, die gegen die Verluste, Gefährdungen und Entzweiungen steht, wie mit den genannten Entwicklungen wahrnehmbar und bedrohlich verbunden sind.

Wien, Bonn und Rostock, Michaelis 2002

Die Herausgeber

Aus dem Vorwort zur ersten Auflage 1995

Wer in dieser Zeit den Gottesdienst der Kirche zum Thema macht, muss davon überzeugt sein, damit etwas Notwendiges, Not-Wendendes zur Sprache zu bringen, Lebenskräfte zu mobilisieren, Rettendes zu beschwören. »Ein Gottesdienst,« schreibt Manfred Josuttis, »der nicht mehr den Anspruch erhebt, sein Vollzug sei in Inhalt und Form lebensnotwendig, muss nicht mehr vollzogen werden« (Die Erneuerte Agende und die agendarische Erneuerung: PTh 80 [1991] 511). So wie es kein zeit- und situationsloses Evangelium gibt, kann es auch keinen zeit- und situationslosen Gottesdienst geben. Martin Luther hat einst den Sinn christlichen Gottesdienstes in eine vielzitierte Formel gefasst: Nichts anderes, so sagt er, könne hier geschehen, »denn das unser lieber Herr selbs mit uns rede durch sein heiliges Wort, und wir widerumb mit jm reden durch Gebet und Lobgesang« (WA 49,588,15–18). Das Wort aber, von dem hier die Rede ist – das lehrt das biblische Beispiel –, ist stets konkret; es trifft den einzelnen in seiner Lebensgeschichte, das Gottesvolk in seiner historischen Situation. So können auch Gebet und *Lobgesang* nur aus dieser Geschichte kommen: Antwort auf das lebendige Gotteswort sind sie dort, wo sie zugleich auf die Situation antworten, in der es ergeht. Und das heißt: Wir können uns nicht über den Gottesdienst verständigen, ohne von dieser Zeit, dieser Welt zu reden, in der er seinen Ort hat. Das geschieht in diesem Buch auf vielfältige Weise, und es findet Ausdruck auch in seinem Aufbau. ...

In gewisser Weise erwuchs das Konzept zu diesem Buch aus der gemeinsamen Arbeit an der Erneuerten Agende, an der beide Herausgeber von Beginn an beteiligt waren. Entscheidende Anstöße erhielt das Projekt durch die lange gehegte Absicht des Hauses Vandenhoeck & Ruprecht, das zuletzt (1951/52) von Paul Graff überarbeitete und längst vergriffene »Lehrbuch der Liturgik« aus der Feder von Georg Rietschel (1900/1909) in einer erneut überarbeiteten Fassung herauszubringen. Schon seit längerem zeichnete sich ab, dass eine solche Aufgabe von einem einzelnen Autor kaum mehr zu bewältigen sein würde. ...

Das vorliegende Werk ist als Handbuch – und damit zugleich als Nachschlagewerk, als Studienbuch und als Werkbuch – gedacht, entworfen und gestaltet. Es wendet sich an Pfarrerinnen und Pfarrer, die nach Anregungen für ihre liturgische Praxis suchen, diese aber zugleich auch theologisch, anthropologisch, historisch begründen und reflektieren wollen. Es hat Lehrende in der kirchlichen Erwachsenenbildung, in der theologischen Fortbildung, in der Ausbildung von Studenten und Studentinnen wie Vikarinnen und Vikaren im Blick, denen es umfassende, wissenschaftlich verantwortete, kritisch reflektierte und zugleich praxisorientierte Informationen zum Gesamtfeld des gottesdienstlichen Handelns vermittelt. Es bietet sich Studierenden der Theologie, der Religionspädagogik und anderer Fachrichtungen als Lehr- und Studienbuch an. Es kann schließlich dem interessierten Mitarbeiter und Gemeindeglied, dem theologischen Laien, auch dem Nichtchristen, der sich über das gottesdienstliche Handeln der christlichen Kirchen informieren will, als Lesebuch und Nachschlagewerk dienen. Sein Vorzug ist es, dass es den Leser nicht auf die Meinung eines einzelnen Autors festlegt, sondern ihm die Möglichkeit eröffnet, sich an einem theologischen Diskurs zu beteiligen, in dem auch einander widerstreitende Positionen zur Sprache kommen.

Statistisch gesehen, steht der Gottesdienst – vor allem dann, wenn man die Kasual- und Sondergottesdienste mit einbezieht – nach wie vor im Zentrum aller kirchlichen Aktivitäten ... Aber auch in der Öffentlichkeit, nach außen hin, stellt sich Kirche vor allem durch ihr gottesdienstliches Handeln dar: durch das gottesdienstliche Gebäude, durch die Glocken, die zum

Gottesdienst rufen, durch die rituelle Begleitung der mit der Sinnfrage verbundenen Torsituationen des Lebens, durch die gottesdienstlich verlautbarte Lehre, durch das Kirchenjahr, die liturgisch geprägte Zeit, durch die gottesdienstliche Musik, nicht zuletzt durch Gottesdienste, die von den Medien ausgestrahlt werden. Für die Selbstdarstellung und öffentliche Wahrnehmung von Kirche haben Gottesdienste nach wie vor eine nicht zu unterschätzende Bedeutung. Damit ist die geistlich-theologische Frage, in welchem Sinne vom Gottesdienst als der Mitte christlichen Lebens die Rede sein könne, natürlich noch nicht entschieden. Die Beiträge dieses Buches versuchen auf vielfältige, vielschichtige Weise hierauf zu antworten. Immerhin lässt sich hier schon festhalten: Wer vom Gottesdienst spricht, spricht von der Kirche. Und wer von der Kirche handeln will, muss unweigerlich über ihren Gottesdienst reden. Das allein rechtfertigt schon – wenn es dessen bedürfte – das anspruchsvolle, aufwendige Unternehmen eines solchen Buches. Sollte es sich darüber hinaus erweisen, dass christlicher Gottesdienst – als Erinnerungsgemeinschaft, Erzählgemeinschaft wie Tischgemeinschaft und darin als Ausdruck und Gestalt einer »Kultur des Lebens« – in einem unmittelbaren Sinne lebenswichtig, lebensnotwendig, lebensrettend sein kann, erübrigt sich die Frage nach dem Nutzen des Buches von selbst. Dies kann freilich nicht mehr allein am Schreibtisch, sondern letztlich nur im Vollzug selber – predigend, feiernd, singend, betend, handelnd und in den Alltag übergehend – erprobt und erwiesen werden.

Wien und Rostock, im Advent 1994

Die Herausgeber

Begriff, Geschichte und Stand der Forschung

Die Liturgiewissenschaft befindet sich nun auch in der evangelischen Theologie seit gut zwei Jahrzehnten im Aufwind. Nach langer Pause ist eine ganze Reihe umfassend angelegter Publikationen aus der Feder akademischer Lehrer erschienen (u.a. Grethlein 1989 und 2001, Josuttis 1991, Lathrop 1993, Meyer-Blanck 2001, Theophil Müller 1993, Senn 1997, Volp 199/1994, Wainwright 1980), auch einige von Pfarrern (z.B. Ehrensperger 1988, Herlyn 1988). Überdies wird eine nicht enden wollende Flut von Einzelstudien, liturgischen Vorschlägen und Gebetbüchern veröffentlicht und findet ihren Markt. Dazu kommt die mit dem Vorentwurf der EA 1990 erfolgte Vorstellung eines neuartigen Agendenkonzepts, das inzwischen mit dem 1999 eingeführten EGb für den größten Teil des deutschsprachigen Protestantismus maßgeblich geworden ist und viele Stellungnahmen und auch Kontroversen ausgelöst hat. Ein »vergessenes Thema der Theologie« (Richter 1987) ist die Liturgie nun gewiss nicht mehr.

Ob damit das »Schattendasein«, das dieses Fach im Theologiestudium – und auch in der zweiten Ausbildungsphase – bislang fristet (Grethlein 1991, 11; Merkel 85 f.), überwunden werden wird, muss abgewartet werden. Es drängt sich der Vergleich mit der Seelsorge auf, deren vielbeklagter »Dornröschenschlaf« Anfang der siebziger Jahre durch die Begegnung mit der modernen Seelsorgebewegung beendet wurde, wobei ihr Altmeister Joachim Scharfenberg die Frage, wer sie wachgeküsst hat, die Humanwissenschaft oder die praktisch-klinische Seelsorgeausbildung, den Historikern späterer Zeiten überlässt (5). Hat die Begegnung mit den Humanwissenschaften auch der Liturgiewissenschaft ihren neuen Impuls gegeben?

Jedenfalls tritt das Defizit in der Ausbildung des Pfarrernachwuchses und zugleich in der Forschung zur Theorie und Gestalt des Gottesdienstes deutlich ins Bewusstsein. Dieses Defizit ist in der evangelischen Theologie allerdings kein Novum. Bei Paul Graff kann man lesen: »Die Liturgik nahm unter den theologischen Wissenschaften des 17. Jh. keine sehr hohe Stellung ein. Vorlesungen über Liturgik waren selten« (I,18), und auch von der sonst an der Gottesdienstreform so interessierten Aufklärung heißt es: »An den Universitäten wurde auch jetzt noch die Liturgik oftmals recht nebensächlich behandelt ... (Es) waren wohl Einrichtungen für praktische Übungen getroffen, aber fast durchweg nur für homiletische und katechetische« (II,1.3).

Allerdings ist der Mangel an elementaren Kenntnissen in diesem Bereich ebenso deutlich gewachsen wie der bemerkenswerte Gestaltungswille und Mut zu neuen Wegen. Nicht ohne Grund beklagt eines der neueren Fachbücher die »liturgische Not in der heutigen evangelischen Kirche«, die (1) in den geringen liturgischen Kenntnissen der meisten Theologiestudenten, die überdies z.T. seit langem keine Gottesdienste mehr besuchen, begründet ist, (2) in der mangelhaften Gestaltung vieler Gottesdienste – »der intellektuelle Hochmut weiter Kreise evangelischer Theologie gegenüber konkreten, die Sinne betreffenden Gestaltungsaufgaben rächt sich« – und (3) in dem Fehlen eines praktisch-theologischen Lehrbuchs, das in den gegenwärtigen Stand der Erkenntnisse einzuführen vermag (Grethlein 1991, 9).

Die dem Genus Liturgie wesensgemäß eignende Vielfalt und Konkretion in Zeit und Situation hinein – die Inkulturation – fordert nun aber auch Sach- und Geschichtskenntnis, ohne dass diese notwendigerweise Vision, Intuition und Experiment zurücksetzen müssen. Der Gegensatz zwischen Tradition und Innovation ist ebenso wirklichkeitsfern wie sachfremd: Die geschichtlichen Erfahrungen der Gemeinde in der Begegnung mit der sie begründenden und am Leben erhaltenden Botschaft haben ihre Spuren hinterlassen und dabei auch Formen geprägt, die unbedacht gelassen oft genug das eigene Scheitern vorprogrammieren. So notwendig Kritik der bestehenden Ordnungen und eigene Kreativität sind, so wenig wird die *liturgia semper reformanda et applicanda* in der konkreten Zeit und am konkreten Ort gelingen können ohne Beachtung dessen, was aus der Geschichte des »Gottesdienst(es) der im Namen Jesu versammelten Gemeinde« (Brunner) an Erfahrungen überliefert ist.

Weil es somit an grundlegender Kenntnis der Geschichte und der Formgesetze der Liturgie mangelt, beginnt dieses Handbuch mit der Begriffsklärung und einem Überblick über Geschichte und Stand der Forschung, was dann ein etwas umfangreicheres Literaturverzeichnis erfordert.

I. Die Begriffe Liturgie und Liturgik/Liturgiewissenschaft

Die für den Gegenstand dieser Untersuchung heute gebräuchlichen Termini sind zu sehr unterschiedlichen Zeiten in Verwendung gekommen, der erste bereits in der Alten Kirche des Ostens, der zweite in der Aufklärung und der dritte nach dem Ersten Weltkrieg. Trotz ihrer allgemeinen Akzeptanz bleiben sie aber problematisch, vor allem wegen ihres Gegensatzes zum neutestamentlichen Sprachgebrauch, aber auch, damit verbunden, wegen ihrer kaum zu behebenden Unschärfe.

1. Der Begriff *Liturgie* ist ein Lehnwort aus der antiken Amtssprache, das dort ganz allgemein den öffentlichen Dienst für das Gemeinwesen und im besonderen den von Amts wegen vollzogenen Kultus bezeichnet (vgl. zum Ganzen Kalb 1991, 358–362). Die Septuaginta verstärkt die kultische Bedeutung und macht den Begriff zum Terminus technicus für Kult. Im Gegensatz dazu meidet ihn das Neue Testament gänzlich bei der Bezeichnung der gottesdienstlichen Versammlung der Gemeinde, für die überhaupt keine herkömmlichen kultisch oder hierarchisch geprägten Begriffe Verwendung finden. Das hat theologische Gründe, die im exklusiven Hohepriestertum Christi und in seinem ἐφάπαξ dargebrachten Opfer gelegen sind (Hebr 7,27; 10,10). Erst im Nachhinein hat sich λειτουργία auch im kirchlichen Sprachgebrauch eingebürgert, vor allem durch die typologische Deutung des priesterlichen Dienstes vom Alten Bund her. Die neutestamentliche Wissenschaft betont, dass sein heutiger Gebrauch »von der ursprünglichen Bedeutung der Wörter λειτουργέω, λειτουργία nichts mehr erkennen« lässt (Strathmann 222), und Brunners sorgfältige Analyse des neutestamentlichen Sprachgebrauchs hat nachgewiesen, dass das Wort die Sache weder im Neuen Testament noch auch in der systematischen Reflexion zureichend zu benennen vermag (101–105). Aus anderem Grund nennt Balthasar Fischer Liturgie ein »von den Humanisten eingeschleustes unglückliches Fremdwort«, das »den alten falschen Begriff Liturgie = Schale des Gottesdienstes verhängnisvoll verewigen« könnte (1974, 250 f.).

Der Begriff Liturgie wurde von der griechischen Kirche für die Eucharistiefeier adoptiert, findet sich unter humanistischem Einfluss gelegentlich in reformatorischen Liturgien, so in der Lüneburger Christlichen Ordnung von 1531 (Goertz 272), dringt dann vor allem in den reformierten und in den anglikanischen Raum vor und bürgert sich von dort aus im frühen 18. Jh. auch bei den Lutheranern ein für die sich entwickelnde wissenschaftliche Liturgik. In seinem ersten Agendenentwurf von 1817 kann Friedrich Wilhelm III. die Ordnung des Hauptgottesdienstes bereits mit »Liturgie« überschreiben.

Im amtlichen Sprachgebrauch der römisch-katholischen Kirche taucht der Begriff zwar bereits bei Pius VI. 1794 (DS 2633) auf, dann im CIC 1917 (1256), wird aber erst unter Pius XII. in der Enzyklika »Mediator Dei« 1947 (DS 3840–3843) und dann vollends durch die Liturgiekonstitution des Zweiten Vatikanums rezipiert, dort vor allem in der Überschrift und in der Definition der »Liturgie als Vollzug des Priesteramtes Jesu Christi« (SC 7). Damit wird der dem Begriff Liturgie zunächst innewohnende latreutische (anabatische) Aspekt zugunsten des für die Reformation zentralen katabatischen zurückgedrängt: Gottesdienst ist primär Gottes Handeln an uns und erst in zweiter Linie Handeln der Gemeinde.

2. Der Begriff *Liturgik* deutet sich schon an bei dem katholischen Vermittlungstheologen Georg Cassander (1513–1566), wird aber erst im Zuge der durch die Aufklärung bewirkten Etablierung der Praktischen Theologie als selbstständiger Wissenschaft zur Bezeichnung der sich mit dem Gottesdienst befassenden theologischen Disziplin verwendet, zuerst von dem Sailer-Schüler Franz Xaver Schmid (1800–1871). Der Terminus *Liturgiewissenschaft* wurde in Analogie zum Diltheyschen Begriff »Geisteswissenschaften« von Romano Guardini in Verbindung mit Leo Cunibert Mohlberg (Meyer 1966, 323 Anm. 21), Odo Casel (Häußling 1982, 3 Anm. 10) und wohl auch Anton Baumstark (Harnoncourt 145 Anm. 1) geprägt und in seinem bahnbrechenden Aufsatz *Über die systematische Methode in der Liturgiewissenschaft* (1921) begründet. Zwar hatte schon Franz Xaver Schmid Liturgik als Wissenschaft bezeichnet (III, 15; vgl. Kohlschein 1984, 33 Anm. 7), doch verbleibt diese dort noch ganz in den Grenzen des pastoraltheologischen Ansatzes. Sie erreicht erst mit Guardini die Qualifikation einer umfassenden theologischen Disziplin.

Die beiden Begriffe Liturgiewissenschaft und Liturgik sind einander im Verlauf der Diskussion unterschiedlich zugeordnet worden. So unterstellt Guardini die Liturgik als zur Praktischen (bzw. Pastoral-)Theologie gehörende Anwendung der eigentlichen – systematisch orientierten, wenn auch als eigener »Forschungsbezirk« begründeten – Liturgiewissenschaft (1921, 108). Umgekehrt wurde Liturgik auch als Oberbegriff gefasst, dem Liturgiewissenschaft als der historischen Erforschung des Gottesdienstes zugewandte »Hilfswissenschaft« (Jannasch 419) untergeordnet wird (Fendt 1; Nagel/Schmidt 13). Darin mag sich die protestantische Reserve gegenüber der Tradition und zugleich die seit Schleiermacher immer wieder betonte Vorrangstellung der Predigt gegenüber der Liturgie widerspiegeln. Aus anderen Gründen gliedert Reifenberg das Fach in Liturgiewissenschaft als »mehr wissenschaftliche« und Liturgiekunde als »mehr informativ-rezeptive Beschäftigung« mit der Liturgie (63 f.). Heute werden die Begriffe meist synonym verwendet (Karl Ferdinand Müller 1961, 1140; Fischer 1974, 246 f.; NPlH 317–319) bzw. entweder nur Liturgik gebraucht (Eisenhofer/Lechner; Rietschel/Graff; Vagaggini 11 f.) oder nur Liturgiewissenschaft (Jungmann 1969; Richter 1987, 9; Häußling 1970). Da eine schlüssige Differenzierung nicht möglich ist, empfiehlt sich der alternative Gebrauch beider Begriffe, vorzugsweise Liturgiewissenschaft. Auf jeden Fall kann man in der Terminologie keine konfessionelle Präferenz feststellen.

Dem Forschungsstand entsprechend legt sich eine möglichst umfassende Definition von Liturgiewissenschaft nahe, in die systematisches Fragen nach dem Wesen des Gottesdienstes (Begründen), historische und dogmengeschichtliche Ausformungen seiner Gestalt (Verstehen), seelsorgerliche Bedeutung (Erleben) und sach- wie gemeindegerechte Aktualisierung (Gestalten) eingebunden sind. Wissenschaft vom christlichen Gottesdienst (Fischer 1974, 246.251) oder Wissenschaft vom Gottesdienstlichen (Reifenberg 64) klären noch nicht das Verhältnis zur Homiletik, der anderen den Gottesdienst betreffenden Hauptdisziplin der Praktischen Theologie, und zu Bereichen wie Kirchenmusik oder Kirchenbau. Wissenschaft von der Liturgie (Jungmann 1969, 282) wäre vielleicht treffender, wenn man bei dem Begriff Liturgie dessen Bedeutungswandel akzeptiert.

3. Mit dem Gebrauch der Wortgruppe Liturgie/Liturgiewissenschaft/Liturgik bleibt also eine gewisse Unschärfe in der Bezeichnung des Gegenstandes bestehen, die nur durch entsprechende

Interpretation ausgeglichen werden kann. Es gibt aber noch *andere Begriffe*: *Gottesdienst* hat bei unbestreitbaren Vorteilen – auch im römisch-katholischen Bereich hat er sich durchgesetzt trotz Reifenbergs Diktum, Gottesdienst sei ein »schillernder Begriff, der zudem missverständliche Assoziationen nahelegen kann« (51 f.), und Lengelings Behauptung, der Begriff werde »im sprachlichen Bewusstsein nur aufsteigend verstanden« (1991, 285) – den Nachteil der kaum vollziehbaren Ausgliederung der Verkündigung. Dennoch ist der Begriff aussagekräftiger als Liturgie, und es ist verständlich, dass ihm heute von vielen Autoren der Vorzug gegeben wird (vgl. die neueren Handbücher, z.B. HPTh[B] II; GDK, sowie die Zs. Gottesdienst). Das Heilsgeschehen im Gottesdienst, sein dialogischer Charakter, die sachlogische Sequenz göttliches und menschliches Handeln, Wort und Antwort werden in keinem anderen Begriff so grundlegend angezeigt wie in dem des Gottesdienstes. Wenn Geoffrey Wainwright im Anschluss an Augustin dem Begriff *Kultus* den Vorzug gibt (1982, 249–252), dann liegt das wohl vor allem darin begründet, dass ein dem deutschen Wort Gottesdienst entsprechender übergreifender Begriff in der englischen wie in der lateinischen und den romanischen Sprachen fehlt. Auch Luther, der den Begriff Liturgie nicht gebrauchte, hat die traditionellen Bezeichnungen *cultus Dei* (FMC 1523, WA 12,206) – jedoch nicht im Sinn der mittelalterlichen Tugendlehre als Gott geschuldeter Dienst, sondern im augustinischen *fide, spe, caritate colendus est Deus* (Enchiridion 3) – und *officium*/Amt sowie den von ihm eingeführten Begriff Gottesdienst verwendet. Der Begriff *Agende* endlich konzentriert sich ganz auf das liturgische Formular unter Ausklammerung der systematischen Aufgabe der Liturgiewissenschaft, ohne die man der Sache nicht mehr gerecht werden kann.

II. Zur Geschichte der Disziplin

Unbeschadet der Tatsache, dass von Liturgiewissenschaft im strengen Sinn des Wortes frühestens seit der Aufklärung die Rede sein kann, wird die Darstellung der Geschichte dieser Disziplin nicht daran vorübergehen dürfen, dass der christliche Gottesdienst mit der Gründung der Kirche beginnt und dass sich die Theologie schon immer um dessen Verständnis und Gestalt bemüht hat. Die Anfänge und der urchristliche Gottesdienst werden im folgenden Kapitel ausführlich dargestellt (→Gottesdienst im Urchristentum).

1. Nach den frühen Zeugnissen zur Entfaltung der christlichen Liturgie – besonders in der Didache, in der Apostolischen Tradition Hippolyts und in den z.T. letzterer folgenden Kirchenordnungen und Textsammlungen sowie im Reisebericht der spanischen Nonne Egeria über die Heilige Woche in Jerusalem – sind die sich in den *patristischen Katechesen* zur Initiation und *Homilien* findenden systematischen Reflexionen von besonderer Bedeutung für die liturgische Forschung. Cyrill von Jerusalem (†386), Ambrosius (†397), Johannes Chrysostomus (†407), Theodor von Mopsuestia (†428) und Narses von Edessa (†502) haben die Taufbewerber und Neophyten in »mystagogischen« Katechesen, die Taufe, anschließende Salbung und Eucharistie erklären und die seelsorgerlich ausgerichtet sind, mit Gottesdienst und Sakramenten vertraut gemacht. Daneben enthalten – z.T. erst in den letzten Jahrzehnten entdeckte und edierte – Homilien, vor allem zu den Festen, erste Überlegungen zu dem, was heute die Liturgiewissenschaft beschäftigt, so noch im 2. Jh. die Homilien des Meliton von Sardes, dann die des Eusebius von Emesa (†359), Faustus von Reji (†485), Maximus von Turin († um 420), Chromatius von Aquileia (†407), Petrus Chrysologus († um 450) und Caesarius von Arles (†542). Von großem Einfluss auf die spätere Entwicklung erwiesen sich die »Liturgiken« des Pseudo-Dionysius Areopagita Περὶ ἐκκλησιαστικῆς ἱεραρχίας (6. Jh.) und des Isidor von Sevilla

(†636) *De ecclesiasticis officiis*, die zugleich aber schon die folgende allegorische Liturgiedeutung einleiteten (vgl. zum Ganzen Lengeling 1991, 296 f.; Reifenberg 78).

Im *Mittelalter* wird die Liturgik von der *Allegorese* als Deutungsprinzip bestimmt. Es finden sich zwar auch historische Untersuchungen zu bestimmten Formen, Erklärungen und Reformbemühungen in einzelnen Bereichen, überragenden Einfluss auf die meisten späteren liturgischen Schriften übt aber das *Liber officialis* des Amalar von Metz (820) aus, der trotz durchaus vorhandener historischer Einsichten »durch seine ... exzessiv allegorische Deutung den wirklichen Sinn eher verdunkelte, zumal die Deutung sich auf die nonverbalen Zeichen konzentrierte« (Lengeling 1991, 296). Die Allegorese stieß auch auf Gegner, den Diakon Florus von Lyon (†860), den Reichenauer Abt Walahfried Strabo (†849) mit seinem *De exordiis et incrementis rerum ecclesiasticarum libellus* und den Verfasser des bislang Albertus Magnus (†1280) zugeschriebenen Doppeltraktats über die Eucharistie (dazu Fries). Doch beherrschte diese Methode das ganze Mittelalter und blieb über das *Rationale divinorum officiorum* des Bischofs von Mende Wilhelm Durandus (†1296) in der römisch-katholischen Liturgik bis in die Neuzeit von Einfluss (vor 1291, letzte Auflage 1859; Lengeling 1991, 296 f.). Auch die orthodoxe Theologie ist seit dem Mittelalter stark von der allegorischen Auslegungsmethode bestimmt gewesen, z.B. durch Nikolaos Kabasilas (†1363), und – im Unterschied zur westlichen – weitgehend bis heute geblieben. Die Zeit der Scholastik hat sich weniger in grundlegenden Arbeiten zur Liturgik geäußert, jedoch eine Reihe von bedeutenden Theologen auch für dieses Gebiet hervorgebracht, unter ihnen Alkuin von Tours (†804), Bernold von Konstanz (†1100: Micrologus, PL 151,973–1022), Sicard von Cremona (†1215: Mitrale, PL 213,13–436.) und Gabriel Biel (†1495).

Im *Humanismus* tritt dann die historische Forschung in den Vordergrund. Sie erschließt im Reformationsjahrhundert die *liturgischen Quellen*, zunehmend auch die orientalischen, mit beachtlichen kritischen Editionen und Kommentaren. Die Werke von Georg Cassander (†1566), Melchior Hittorp (†1584), Jacobus Pamelius (†1587), dann in der Barockzeit die von Nicolas-Hugues Ménard (†1644), Jaques Goar (†1653), Jean Morin (†1659), Giovanni Bona (†1674), Jean de Launoy (†1678), Jean Mabillon (†1707), Josef Maria Tommasi (†1713), Edmond Martène (†1739) und später Ludovico Antonio Muratori (†1750) sowie Martin Gerbert (†1793) wurden bis ins 20. Jh. hinein verwendet und erst dann durch neuere Editionen abgelöst.

2. Die *evangelische Theologie* hat sich zunächst kaum an der Aufarbeitung der liturgischen Quellen beteiligt. Für die Reformation kam das historisch-kritische Erwachen zu spät. Luthers problematische Idealutopie eines »simplicissimus ritus« (WA 8,435) der »ersten Meß Christi« (WA 6,355) verhinderte eine dem reformatorischen Durchbruch in der theologischen Grundlegung des Gottesdienstes kongeniale Liturgiereform. Die begrenzte Kenntnis der Liturgiegeschichte führte zum fast völligen Verlust des Eucharistiegebets. »Es ist eine Ironie der Geschichte, dass der Reformator mit seiner Konzentration auf die verba testamenti unter Preisgabe der ihm in ihrer Bedeutung nicht mehr oder noch nicht wieder erkennbaren hebräisch-urchristlichen בְּרָכָה über den Gaben, also des Eucharistiegebets, die liturgische Konsequenz aus einer bereits im 4. Jh. einsetzenden westlich-römischen Fehlentwicklung ziehen musste, die dem römischen Ritus aufgrund des der Liturgie eignenden Beharrungsvermögens zuletzt doch erspart blieb« (Schmidt-Lauber 1990, 371). Manche die spätere Entwicklung des evangelischen Gottesdienstes belastende Entscheidung wäre wohl anders ausgefallen, hätten die Reformatoren bereits auf Ergebnisse der historischen Arbeit zurückgreifen können.

Das 16. und das 17. Jh. brachten eine Vielfalt von regionalen Kirchenordnungen, die auch in der römisch-katholischen Kirche vor dem tridentinischen Messbuch Pius' V. (1570) nichts

Ungewöhnliches war. Man befasste sich mit der Theologie des Gottesdienstes und legte CA XV *De ritibus ecclesiasticis* aus. Eine erste spezifisch liturgische Veröffentlichung stellen die *Caeremoniae Lutheranae* des Tilsiter Erzpriesters Philipp Arnoldi (1616, Nagel/Schmidt 15) dar. Von liturgischer Ausbildung kann noch nicht die Rede sein. So bestimmt die Pommersche Kirchenordnung von 1569 lediglich, »dat einer van den pastoribus de ordinanden etlike dage vor dem examine instituere, underwise, wo sie döpen, sacramente vorreken, mit bicht unde kranken besöken, mit vortruwen unde benediction der eelüde mit testament holden unde der geliken ummegan schölen« (EKO 4,395).

Im 18. Jh. erscheinen erste liturgiewissenschaftliche Werke, die *Liturgia veteris et novi testamenti* von Johannes Friderici (Jena 1704/05) und das *Rituale ecclesiasticum* von Caspar Calvör (Jena 1705; vgl. Graff I,78–81). Zur gleichen Zeit beginnen die Fakultäten mit liturgischen Vorlesungen, deren Gegenstand bis dahin beiläufig in Vorlesungen zur CA behandelt wurde (Graff I,18). Doch bewirken Pietismus wie Aufklärung auf je eigene Weise Veränderungen der evangelischen Liturgietradition, die Graff mit dem Titel seines Werkes schlichtweg als »Auflösung der alten gottesdienstlichen Formen in der evangelischen Kirche Deutschlands« und »Verfall« bezeichnet (I,15). Ob man damit der Sache aber gerecht wird, mag bezweifelt werden. Die liturgische Erosion des evangelischen Gottesdienstes setzt bereits mit der Orthodoxie ein und erreicht im späten 18. Jh. nur jenen Punkt, an dem »der öffentliche Gottesdienst als eine liturgisch geordnete Versammlung zum erstenmal in der Geschichte des Christentums grundsätzlich ein fragwürdiges Unternehmen geworden« ist (Ehrensperger 1971, 13).

In der späten *Aufklärung* zwischen 1770 und 1815 beginnt die wissenschaftliche Liturgik mit Bemühungen um eine *Theorie des Gottesdienstes* und seiner Liturgie. Es erscheint eine Vielzahl von Abhandlungen und Zeitschriftenartikeln, in denen nach Zweck und Wesen des Gottesdienstes gefragt, seine liturgische Konkretion vor allem hinsichtlich der Struktur und der Sprache reflektiert und die Auseinandersetzung mit der Tradition innovativ gepflegt wird.

In der römisch-katholischen Kirche brechen Forderungen nach der Muttersprache in der Liturgie auf, nach Vereinfachung und Reinigung des Brauchtums, nach Beteiligung des Volkes und seelsorgerlicher Ausrichtung, sodass man diese Bestrebungen mit Recht als Vorläufer der (römisch-katholischen) Liturgischen Bewegung bezeichnet hat (Trapp 19). Da das »Zeitalter der Rubrizistik« (1614–1903; Martimort I,50) noch keinen Eingriff in die amtlichen Texte erlaubt, bleiben die praktischen Auswirkungen der Aufklärungsliturgik auf die pastorale und die homiletische Ebene begrenzt und erfassen besonders das Rituale und darin wiederum vor allem das, was im evangelischen Sprachgebrauch mit Amtshandlungen bezeichnet wird. In Theorie und Zielsetzung findet sich schon hier eine »ökumenische Liturgik«.

Die evangelische Liturgik, für die der Erlanger Georg Friedrich Seiler († 1807) genannt zu werden verdient (Jordahn), versuchte, die Aufklärungsliturgik in zahlreichen offiziellen und noch mehr in Privatagenden, Gebetssammlungen und Gesangbüchern in die Praxis umzusetzen, allerdings weithin ohne bleibende Nachwirkung. Die Grundgedanken – Vielfalt, thematische Durchformung (innere Einheit), Originalität, Experiment, Einfachheit, Gemeindenähe und kritischer Umgang mit der Überlieferung, mit neueren Begriffen die Suche nach Plausibilität, anthropologischer Relevanz und Kontextualität – sind jedoch bis heute wirksam. Die Aufklärung wird so zum »Ursprung der Liturgiewissenschaft in einem den Historismus überwindenden Sinn« (Kohlschein 1984, 33; vgl. zum Ganzen Graff II; Ehrensperger 1971; Cornehl 1985, 61–64 [Lit.]; Kohlschein 1989).

3. Friedrich Daniel Ernst *Schleiermacher* (1783–1834) hat die Praktische Theologie als eigenständige theologische Disziplin konstituiert und innerhalb dieser auch der Liturgik bis heute

nachwirkende Impulse gegeben. Er entfaltet – vor allem in postum herausgegebenen Vorlesungen zur christlichen Sitte (1843, 502–620) und zur Praktischen Theologie (1850, 68–210) – eine umfassende Theorie des Kultus, in der er das »darstellende Handeln«, durch das der Glaube des Einzelnen in Kommunikation mit der Gemeinschaft tritt und mit dem nichts bewirkt wird, was nicht schon vorhanden ist, von dem »wirksamen Handeln« (in Gestalt des »reinigenden« und »verbreitenden« Handelns) abgrenzt, mit dem ein Ziel erreicht werden soll, wie es die Orthodoxie mit Belehrung, der Pietismus mit Bekehrung und die Aufklärung mit moralischer Vervollkommnung angestrebt hatten (1843, 50 f. 97–706, bes. 525 f.). Der Kultus ist »seinem Wesen nach das gemeinsame religiöse Leben«, dessen Zweck als »darstellende Mitteilung des stärker erregten religiösen Bewusstseins« definiert wird. In der gottesdienstlichen Versammlung geht es nicht darum, »den Einzelnen zu belehren und zu bessern«, dann wäre die Kirche eine »Lehranstalt«, »nur ein Institut zur Besserung der Menschen«: »Der eigentliche Zweck der religiösen Gemeinschaft ist die Zirkulation des religiösen Interesses.« So sind für Schleiermacher z.B. »öffentliche Katechisationen mit der Jugend keine organischen Elemente des Kultus, denn hier soll erst gelehrt werden, worauf eine künftige gemeinsame Darstellung basieren wird« (1850, 76.75.70.65.130). Doch bleibt der Gottesdienst nicht ohne Wirkung. Durch darstellende Mitteilung wird »erhöhtes religiöses Bewusstsein« erreicht und Gemeinde erbaut, wobei vor allem die Predigt Anregungen gibt (1850, 71 f. 41): »Die erbauende Wirksamkeit im christlichen Kultus beruht überwiegend auf der Mitteilung des zum Gedanken gewordenen frommen Selbstbewusstseins« (1977, § 280). Der Kultus tritt in die »Pausen des wirksamen Handelns« im Alltag – dem »Gottesdienst im weiteren Sinne, der sich über das ganze Leben verbreitet« – ein, aus denen er sich »als Fest ... erhebt und seine Anklänge im Leben nachhallen ... und wirksam sein« lässt. Für die Gestaltung gelten »Kunstregeln« – wie sie für alle Disziplinen zu erstellen sind, die nun die Liturgik zu reflektieren hat (1843, 530–536; 1850, 131. 70 f. 44; 1977, § 5 u.ö.). Dem Begriff Gottesdienst gegenüber verhält sich Schleiermacher reserviert: »Wie kann der Mensch Gott einen Dienst erweisen?« (1843, 525).

Jeder Versuch, Schleiermacher einen aufklärerischen anthropozentrisch-subjektivistischen Ansatz zu unterstellen, vermag deshalb nicht zu überzeugen, weil bei ihm das fromme Selbstbewusstsein als »das erste Werk der göttlichen Gnade« aus dem Wirken des Heiligen Geistes entsteht und an Christus gebunden bleibt, zumal »alles, was die Gemeinschaft der Gläubigen zu ihrem Bestehen erfordert, immerdar von ihm ausgeht« (1821/22, §§ 133.126). Schleiermacher ist »Erbe und Überwinder der Aufklärung« (Cornehl 1985, 64). Man könnte von einem »elliptischen Denken« mit den Brennpunkten »Bewusstsein des Menschen, schlechthinnig abhängig zu sein« und »die Person Christi als des Offenbarers Gottes« sprechen (Albrecht 1963, 14).

Schleiermachers Verständnis des Kultus als darstellendes und mitteilendes Handeln stellt nun aber doch den reformatorischen Ansatz beim Wort Gottes und den Gnadenmitteln – und damit Gottesdienst als Heilsgeschehen – deutlich zurück. Sein Konzept des Kultus als Fest und Feier prägt den ihm folgenden Neuprotestantismus (Carl Immanuel Nitzsch [†1868], Ernst Christian Achelis [†1912], dann besonders aus der Älteren Liturgischen Bewegung Julius Smend [†1930] und Friedrich Spitta [†1924]), denen es vor allem um das »religiöse Erlebnis« geht. Ansätze zur Überwindung dieser Engführung finden sich jedoch schon bei Schleiermacher selbst, so in seiner Abendmahlslehre: »Alle Wirkung geht also unmittelbar und ungeteilt von dem Worte der Einsetzung aus, in welchem sich die erlösende und gemeinschaftsstiftende Liebe Christi darstellt und regt« (1821/22, § 156), und dann in der Definition: »Gottesdienst ist also der Inbegriff aller Handlungen, durch welche wir uns als Organe Gottes vermöge des göttlichen Geistes darstellen.« Auch wenn das wirksame Handeln sogleich ausgeschlossen wird und nur »per accidens« im darstellenden Handeln vorhanden ist, »denn das ist dasjenige, wodurch wir als Organe Gottes etwas hervorbringen, nicht uns nur als solche darstellen« (1843, 525 f.), zeigt sich hier eine Brücke zum Verständnis des Gottesdienstes als Heilsgeschehen. Es bleibt Schleiermachers Verdienst, »den Gottesdienst wieder als notwendige Lebensfunktion der Gemeinde erfasst zu haben« (Nagel 178).

4. Gleichzeitig mit der von Schleiermacher ausgehenden neuprotestantischen Liturgik entfaltet sich im *Neuluthertum* eine an reformatorischer Theologie und historischer Forschung orientierte neue Liturgik. Ihr gehen Bemühungen um die Erneuerung der Liturgie in Preußen voraus, mit denen Friedrich Wilhelm III. (†1840) aufgrund eigener liturgiegeschichtlicher Studien, besonders der Reformation, den Protestantismus in seinem Land zu einigen suchte: »Vorläufige Bemerkungen« (1816) führen 1817 zum Entwurf und 1822 zur »Kirchenagende für die (Militärgemeinden und die) Hof- und Domkirche in Berlin«. 1825 wird die Agende in Preußen mehrheitlich eingeführt. Provinzausgaben erscheinen 1829–34, eine erste Revision erfolgt 1856. Die inzwischen gebildete Generalsynode verabschiedet die Preußische Agende in endgültiger Fassung von 1895 (vgl. Niebergall 2,55–60). Umfassende Liturgieerneuerungen in fast allen deutschen Landeskirchen folgen (ebd. 2,61–66).

Wilhelm Löhes für nordamerikanische Auswanderergemeinden bestimmte Agende von 1844 wurde für die weitere Entwicklung bedeutsam. Reformatorische Gottesdiensttheologie und ökumenische Weite (bis zur orthodoxen Tradition) verbinden sich bei Löhe mit neuen Einsichten, in denen wohl auch Gestaltungsprinzipien der Aufklärung und Schleiermachers nachwirken (Cornehl 1985, 66 f.). Der Gottesdienst wird als dramatisches Geschehen verglichen mit dem Ersteigen eines zweigipfeligen Berges (Löhe 13–15). Löhe »hat stets das subjektive Erleben der Gemeinde im Blick ... und führt eine szenische liturgische Regie, die Worte und Gesten, optische und akustische Signale genau aufeinander abstimmt. Im Einzelnen enthielt Löhes Agende überzeugende Gestaltungsvorschläge, die den Handlungscharakter des Gottesdienstes konkretisierten« (Cornehl 1985, 66).

Die konfessionelle Liturgik wird vor allem in Erlangen gepflegt. Friedrich Höfling (1802–1853), Adolf G. C. von Harleß (1806–1879), Carl Adolf Gerhard von Zezschwitz (1825–1886) und vor allem Theodosius Harnack (1817–1889) treiben umfassende liturgiegeschichtliche und liturgietheologische Studien, die bis ins altchristliche Zeitalter zurückführen und die Bayerische Agende von 1856 begründen. Dabei wird Schleiermachers Definition des Kultus als darstellendes und mitteilendes Handeln mit dem anthropologischen Ansatz der Glaubenserfahrung (»subjectiver Factor«) geteilt, letzterer allerdings dem Handeln Christi, dem Heilsgeschehen, untergeordnet (Harnack 256–282; vgl. Kreßel 29–53). Als überragender Liturgiker erwies sich Theodor Kliefoth in Mecklenburg (1810–1895), und das erste große evangelische Lehrbuch der Liturgik schrieb Georg Rietschel in Leipzig (2 Bde., 1900/1909), noch heute eine Fundgrube liturgiegeschichtlicher Fakten, wenn auch die Neubearbeitung durch Paul Graff (1951/52) sowohl hinsichtlich der Kenntnis der römisch-katholischen Riten und Liturgiewissenschaft als auch hinsichtlich der neueren evangelischen Gottesdiensttheologie weit zurückblieb (vgl. Gottfried Hoffmanns Rezension im LJ 8 [1958] 182–185).

Peter Cornehl resümiert: »Es ist das historische Verdienst des Neuluthertums gewesen, mit der *Wiederherstellung des klassischen Messordinariums* ein wesentliches Element liturgischer Kontinuität und konfessioneller Identität vor dem Verschwinden gerettet und gegen die Aufklärung die Substanz der gottesdienstlichen Tradition sichergestellt zu haben. Ihre Stärke zeigt die konfessionelle Theologie außerdem in der Entdeckung des *Handlungscharakters* des Gottesdienstes. ... (Die) szenisch-dramatische Interpretation der lutherischen Wort-Antwort-Struktur hat Dimensionen des gottesdienstlichen Handelns erschlossen, die vorher weder von der rein dogmatischen noch von der rein darstellenden Deutung erreicht worden waren« (Cornehl 1985, 66). Hier allerdings von »Restauration« zu reden (so zuletzt Kalb 1985, 39), wird der Sache kaum gerecht. Es handelt sich in der Liturgik des Neuluthertums um eine umfassende theologische Neubesinnung, die auf eine beachtliche Erschließung der Liturgiegeschichte zurückgreifen kann und erste Tendenzen zum ökumenischen Austausch wie zur Einheit des gottesdienstlichen Lebens zeigt.

Im gleichen Zeitraum beginnt die römisch-katholische Theologie, sich kritisch mit der Reformliturgik der Aufklärung (bes. Vitus Anton Winter [†1814]) auseinanderzusetzen und – seit Franz Xaver Schmid – über die Quellenforschung hinaus nach praktikablen Kriterien zur Beurteilung und möglichen Erneuerung der überlieferten Liturgie zu suchen.

III. Liturgiewissenschaft im 20. Jahrhundert

Das Jahrhundert der Ökumene hat den beiden großen Kirchen, wenn auch zeitlich versetzt und streckenweise kontrovers, mit theologischer Neubesinnung und Liturgischen Bewegungen einen inhaltlich erstaunlich parallelen Neubeginn gebracht, zudem eine generelle Aufwertung der Liturgiewissenschaft. Dabei kann der Unterschied im Verständnis des *ius liturgicum* nicht übersehen werden: Für die römisch-katholische Kirche ist die Liturgie Gegenstand der kirchlichen Gesetzgebung und unterliegt fortlaufender Regelung – für den Geltungsbereich des römischen Ritus durch die Ritenkongregation (1588, seit 1969 Kongregation für den Gottesdienst). In den evangelischen Kirchen wird das ius liturgicum im Zusammenwirken aller Ebenen ausgeübt; hier spielt die Rezeption durch die Gemeinde eine wichtige Rolle. Doch handelt es sich dabei nicht um einen prinzipiellen, sondern eher um einen graduellen Unterschied; denn auch der Papst entscheidet nicht ohne kommissionelle Vorarbeit und Konsultation der Basis, wobei der teilkirchlichen Liturgie ein erheblicher Freiraum eingeräumt und die gemeindliche Praxis überdies flexibler gehandhabt wird. Andererseits folgt auch der evangelische Gottesdienst eingeführten Agenden, wenngleich deren Verbindlichkeit unterschiedlich gehandhabt wird (vgl. Schmidt-Lauber 1990, 104–110).

A. Liturgiewissenschaft in der römisch-katholischen Theologie

Wurde Liturgik in der römisch-katholischen Theologie zuvor vornehmlich als Teilgebiet des Kirchenrechts begriffen, befasst mit der praktischen Anwendung der Rubriken (Rubrizistik), dann als historisches Fach, so erfolgt im 20. Jh. der Aufbruch zur Theologie der Liturgie. Die Liturgische Bewegung überwindet die bisherige Engführung, indem sie sich zunehmend systematisch-theologischen und pastoralen Fragestellungen zuwendet.

1. *Romano Guardini* (1885–1968) leitet die neue Sicht mit seinem wegweisenden Aufsatz über die »Systematische Methode in der Liturgiewissenschaft« ein: »Gegenstand der systematischen Liturgieforschung ist die lebendige, opfernde, betende, die Gnadengeheimnisse vollziehende Kirche in ihrer tatsächlichen Kultübung und ihren auf diese bezüglichen, verbindlichen Äußerungen« – nicht mehr nur der einzelne liturgische Akt gemäß kirchlicher Gesetzgebung, auch nicht nur die historische Genese (1921, 104). Die kritische Reflexion des liturgischen Erbes fehlt hier allerdings: Guardini erliegt einer Idealisierung der Vergangenheit und verhehlt seine Abneigung gegen die ungeistige Welt der Neuzeit nicht (1918; vgl. Kohlschein 1984, 34 Anm. 14), was ihm gelegentlich herbe Kritik einträgt (»konservativ-antimodernistisch«, Cornehl 1974, 452). Die im letzten Lebensabschnitt gestellte Frage nach der Liturgiefähigkeit des modernen Menschen (1964, 106) hat er im Grunde selbst schon lange vorher (1923) positiv beantwortet: »Aus

innerer Notwendigkeit wird unsere Zeit reif zur Liturgie. Mehr: es gehört zu den letzten Entscheidungen, die uns gestellt sind, ob jenes hervordrängende Leben sich zur Liturgie erhöht ... So ist das liturgische Problem, im rechten Rahmen gesehen, eines der dringlichsten unserer geistlichen wie kulturellen Zukunft« (1966, 28; zur Liturgiefähigkeit vgl. auch Schilson 1989a). Die Sehnsucht nach dem Objektiven, nach Gemeinschaft und nach Transzendenz begründet diese Erwartung. Guardini wird so zum »Wegbereiter und Wegbegleiter der liturgischen Erneuerung« (Schilson 1986, 18 f.) und der als Theologie verstandenen Liturgiewissenschaft.

Athanasius Wintersig (1900–1942) stellt bald nach Guardinis Aufsatz die – bereits in der Aufklärungszeit anzutreffende – Pastoralliturgik als dritten Zweig der Liturgiewissenschaft neben den historischen und den systematisch-theologischen. Sie stellt die Frage, »ob und wie sich das liturgisch-priesterliche Gemeindeleben auferbauen und erhalten lässt« (158).

Damit hat die Disziplin nun auch ihre Methoden gefunden: die historisch-kritische, die systematisch-theologische und die seelsorgerliche.

2. Die zunächst heftig umstrittene Mysterienlehre *Odo Casels* (1886–1948) erweist sich dann für die inhaltlich-theologische Ausprägung des neuen Ansatzes als bedeutsam. Nach ihr eröffnet die Liturgie den Zugang zum Heilsgeschehen: »Im Mittelpunkt der christlichen Religion steht ... das heilige Pascha, der Übergang des für uns im Fleische der Sünde als Mensch erschienenen Gottessohnes zum Vater« (1960, 29). Das Sakrament ist »für den Menschen ... ein Mit-tun, Mitleiden, Mit-auferstehen, d.h. ein Tun und Erleiden, das sich einem objektiv vorhandenen, mächtigen Tun und Erleiden anschließt« (1941, 251). So ist »das Sakrament in seiner Sichtbarkeit der unmittelbare Zugang zum Leben Christi« (ebd. 261). »Das Mysterium ist eine heilige kultische Handlung, in der eine Heilstatsache unter dem Ritus Gegenwart wird; indem die Kultgemeinde diesen Ritus vollzieht, nimmt sie an der Heilstat teil und erwirbt sich dadurch das Heil« (1960, 79). Nicht die Inkarnation, »nicht die Epiphanie Gottes, sondern das Kreuz unseres Herrn Jesus Christus (ist) der Inhalt des wahren und einzigen Festes der Christen geworden ... Denn die Verherrlichung kommt erst durch die Passion« 1954, 213 f.; vgl. zum Ganzen Schilson 1987a). Der einflussreiche Konzilstheologe Cyprian Vagaggini hat Casels Ansatz, den Joseph Ratzinger einmal als »die vielleicht fruchtbarste theologische Idee unseres Jahrhunderts« bezeichnete (1973, 5), aufgenommen und in die Liturgiekonstitution des Zweiten Vatikanums vom 4.12.1963 eingebracht.

Schließlich hat *Josef Andreas Jungmann* (1889–1975) wie kaum ein anderer den Ertrag der historischen Erforschung der Liturgie unter dem Gesichtspunkt der Liturgie als Handeln des Gottesvolkes zusammengefasst (1962a und b) und dabei auch den pastoralliturgischen Ansatz von Wintersig vertieft. »Erneuerung der Liturgie aus dem Geiste der Seelsorge« war das Thema des 1. Internationalen Pastoralliturgischen Kongresses 1956 in Assisi und »Seelsorge als Schlüssel der Liturgiegeschichte« Jungmanns These (1957).

3. Die Liturgische Bewegung kommt im Zweiten Vatikanum zu ihrem Ziel. Das Konzil inauguriert eine umfassende *Liturgiereform*, die zur tiefgreifenden Erneuerung des Verständnisses und der Praxis der Liturgie sowie zur Reform der liturgischen Ausbildung führt und dabei entscheidende Anliegen der Reformation aufnimmt (Bugnini; Neunheuser). Das *Gottesdienstverständnis* der nachkonziliaren römisch-katholischen Kirche wird nun bestimmt durch

(1) das dialogische Konzept der Vergegenwärtigung des Heils durch Gott und der Antwort des Menschen in Dank und Bitte (SC 33).

(2) Liturgie ist »Vollzug des Priesteramtes Jesu Christi; durch sinnenfällige Zeichen (*signa sensibilia*, auch mit »Symbole« übersetzbar) wird in ihr die Heiligung des Menschen bezeichnet und in je eigener Weise bewirkt« (SC 7).

(3) Liturgie ist Vergegenwärtigung des Pascha-Mysteriums Christi (SC 5–7.102.106). Er selbst ist in vielfältiger Weise gegenwärtig: in der Versammlung der Gläubigen, in der ganzen Handlung, in den eucharistischen Gestalten, in der Person des Vorstehers und vor allem in seinem Wort (SC 7).
(4) Liturgie ist kein isoliertes Handeln des Priesters, sondern gemeinsames Handeln des Volkes Gottes und zugleich Quelle und Ziel alles Tuns der Kirche (SC 10.26–29).
(5) Das Wesen der Liturgie fordert die »volle, bewusste und tätige Teilnahme« aller Gläubigen (plena, conscia atque actuosa participatio). Hier wird ausdrücklich auf I Petr 2,9 verwiesen (SC 14).
(6) Der einen endzeitlichen Liturgie vor Gottes Angesicht entsprechen auf dieser Erde verschiedene teilkirchliche Liturgien. Das tridentinische Uniformitätsprinzip des Messbuchs Pius' V. (1570) wird aufgegeben zugunsten regionaler Inkulturation. Dazu gehört auch die Muttersprache (SC 8.4.37–40.54).
(7) Liturgie ist Wortgeschehen. Die Schrift hat ihre Sprache geprägt. Sie soll – vor allem durch Lesungen und Predigt, letztere als »Teil der Liturgie« verstanden und in jeder Sonn- und Feiertagsmesse zur Pflicht gemacht – »jenes innige und lebendige Ergriffensein von der Heiligen Schrift ..., von dem die ehrwürdige Überlieferung östlicher und westlicher Riten zeugt«, fördern (SC 24.35.52).

Dem entspricht die *Erneuerung der liturgischen Bücher*. 1970 erschien das Messbuch Pauls VI. (deutsch 1975). Vom *Kyriale simplex* (1965) bis zum *Benedictionale* und zum *Caeremoniale Episcoporum* (1985) wurden sämtliche Bücher für Eucharistie, Stundengebet, Pontifikale und Rituale in römischen editiones typicae neu herausgegeben, übersetzt und mit gewissen Modifikationen und Ergänzungen in den Teilkirchen eingeführt. Lediglich das Martyrologium Romanum sowie einige Ergänzungen stehen noch aus.

Damit ist die Liturgiereform zunächst abgeschlossen. Das Wort *reformatum* erscheint allerdings in den Titeln der erneuerten liturgischen Bücher nicht, sondern – gemäß dem Sprachgebrauch der Liturgiekonstitution (vgl. die Überschrift zu Teil III) – heißt es stets *instauratum:* Es handelt sich nicht um neue Ordnungen, sondern um erneuerte, die ihrerseits immer wieder erneuerungsbedürftig sein werden (Lengeling 1984, 122 f.).

Endlich hat das Konzil kräftige Impulse gesetzt zur Intensivierung der *liturgischen Ausbildung* an Universitäten und Priesterseminaren *und* allgemein zur *liturgischen Bildung der Gläubigen*. Liturgiewissenschaft gehört nicht mehr zu den Nebenfächern, sondern »ist in den Seminarien und den Studienhäusern der Orden zu den notwendigen und wichtigen Fächern und an den Theologischen Fakultäten zu den Hauptfächern zu rechnen. Es ist sowohl unter theologischem und historischem wie auch unter geistlichem, seelsorglichem und rechtlichem Gesichtspunkt zu behandeln« (SC 16).

Der erste Lehrstuhl für Liturgiewissenschaft wurde 1748 am *Collegium Romanum*, der zweite 1920 an der *Gregoriana* errichtet, Trier folgte 1947. Nun werden überall Institute für Liturgiewissenschaft errichtet, zuletzt in Tübingen. Die Liturgiewissenschaft ist keine Hilfswissenschaft mehr, sondern *disciplina principalis* (Meyer 1966). Das Ausbildungskonzept und die Lehrpraxis haben in der römisch-katholischen Liturgiewissenschaft ein beachtliches Niveau erreicht (vgl. Lengeling 1976; Richter 1982; Kohlschein 1985a).

Nun wird es um eine der »tätige(n) Teilnahme des ganzen Volkes« entsprechende »liturgische Bildung« der Gläubigen gehen, die den Seelsorgern aufgetragen ist (SC 14.19). Guardini hat dieses Thema in zahlreichen Schriften behandelt und dabei als »erste Aufgabe« erklärt: »Der Mensch muss wieder symbolfähig werden« (1966, 39). Es ging ihm um die Wiederherstellung der Ganzheitlichkeit der liturgischen und sakramentalen Vollzüge (Schilson 1987b, 24 u.ö.).

B. Liturgiewissenschaft in der evangelischen Theologie

In der evangelischen Theologie hat die Liturgiewissenschaft nicht den gleichen Rang erhalten können wie in der römisch-katholischen. Die Gründe dafür sind weniger im reformatorischen Ansatz zu suchen; dieser gibt dem Gottesdienst als dialogischem Geschehen zwischen Gott und seiner Gemeinde die gleiche zentrale Bedeutung. Vielmehr werden die oftmals einseitige Betonung der Predigt und die Frömmigkeitsgeschichte dafür verantwortlich sein. Im ganzen deutschen Sprachraum gibt es bis heute keinen einzigen liturgiewissenschaftlichen Lehrstuhl. Doch wurde ein erstes Liturgisches Institut auf Beschluss der Generalsynode der VELKD 1993 an der Theologischen Fakultät in Leipzig errichtet. In den Lehrplänen der theologischen Fakultäten und meist auch der zweiten Ausbildungsphase im Predigerseminar ist Liturgiewissenschaft eines von vielen praktisch-theologischen (Neben-)Fächern, oft nicht einmal Prüfungsfach. Infolgedessen ist auch die personelle wie quantitative Forschungskapazität begrenzt (Merkel; Schulz 1987, 51). Trotzdem hat sich eine evangelische Liturgiewissenschaft entwickelt, die mit der römisch-katholischen nicht nur konvergiert, sondern weitgehend konform geht. Fragestellungen und Lösungsangebote sind die gleichen: Theologie ist auch in diesem Fach nur mehr ökumenisch sinnvoll (Bieritz 1978; Wainwright 1980/94). Die einschlägige deutschsprachige Literatur ist von Frieder Schulz bis 1986 zuverlässig zusammengestellt (1987), auch zur »Agendenreform in der Evangelischen Kirche« bis 1995 (1991 und 1996/97).

1. Nach dem Ersten Weltkrieg setzt eine *theologische Neuorientierung* ein, die auch der evangelischen Liturgiewissenschaft ein neues Profil gibt. Während die *Jüngere Liturgische Bewegung* anfangs mit Rudolf Otto (1869–1937) noch Nachwirkungen der Älteren Liturgischen Bewegung zeigte (das Wesen des »Heiligen« in der »Welt der Religion«, das »Sakrament des heiligen Schweigens«), wird nun das reformatorische Erbe neu entdeckt und zugleich Verbindung gesucht (1.) zur Alten Kirche (Alpirsbach: Gregorianik in Hauptgottesdienst und Stundengebet als den Text unverfälscht zur Geltung bringende Dienerin des Wortes, Friedrich Buchholz [1900–1967]), (2.) zur Ökumene (Hochkirchliche Bewegung: »Evangelische Katholizität« aus Begegnungen mit der Schwedischen und der Anglikanischen Kirche, der orthodoxen Liturgie und der frühkatholischen Messe, Friedrich Heiler [1892–1967]), (3.) zur Jugendbewegung mit ihrem Drängen nach umfassender Erneuerung und Gestalthaftigkeit (Berneuchen, Michaelsbruderschaft: Messe, Tagzeitengebet, Beichte, Wilhelm Stählin [1883–1975] sowie Karl Bernhard Ritter [1890–1968] als dem »wirksamen Gestalter moderner Gebetssprache« [Nagel 192]) und (4.) zur Singbewegung (reformatorischer Choral, Gemeindesingearbeit und neue Kirchenmusik, Oskar Söhngen [1900–1983]).

Das neu gewonnene Verständnis der *reformatorischen Theologie* (Karl Barth, Eduard Thurneysen) konzentriert sich zunächst auf Inhalt und Vollmacht der Verkündigung in Frontstellung sowohl gegen den neuprotestantischen Modernismus als auch gegen den »katholischen Sakramentalismus« (Cornehl 1985, 73), wendet sich dann aber auch, vor allem im Kirchenkampf (Barmen 1934, These 3), der Theologie und Liturgie des Gottesdienstes zu (Asmussen). Gleichzeitig mit der Dialektischen Theologie erweckt die *Lutherrenaissance* neues Interesse an reformatorischer Gottesdienstlehre und Gottesdienstpraxis (Althaus; Dietz; Knolle).

2. Nach dem zweiten Weltkrieg kommt es in den fünfziger Jahren zu einer ersten umfassenden Liturgiereform. Sie wurde notwendig im Rahmen des Wiederaufbaus der kirchlichen Strukturen wie auch der sich anbahnenden größeren Zusammenschlüsse der VELKD und der EKD. In den neunziger Jahren folgt dann unter anderen Bedingungen eine zweite Liturgiereform, die sich allerdings schon nahezu zwei Jahrzehnte zuvor angekündigt hatte.

Für die Nachkriegsbemühungen um eine (erste) Liturgiereform ist die *Gottesdiensttheologie* von *Peter Brunner* (1900–1981)»Zur Lehre vom Gottesdienst der im Namen Jesu versammelten Gemeinde« (1953) einflussreich und kennzeichnend gewesen, »die bisher in unserem Jahrhundert einzigartig geblieben ist« (Nachruf des JLH 25 [1981] X).

Bereits der Titel gibt aus der neutestamentlichen Begriffsanalyse (99–112) ein zentrales Stichwort, das nun in der Liturgiewissenschaft beider Kirchen eine wichtige Rolle spielt. Der dreifachen Ortsbestimmung des Gottesdienstes (innerhalb der universalen Heilsökonomie Gottes, in der Existenz des einzelnen Christen [anthropologischer Ort] und zwischen dem Gotteslob der außermenschlichen Kreatur und dem der Engel [kosmologischer Ort], 116–180) folgt das in Wortverkündigung und Abendmahl pneumatisch Ereignis werdende »Heilsgeschehen im Gottesdienst« (181–267). Gottesdienst ist in erster Linie wirksames Handeln Gottes, nicht nur darstellendes Handeln der Gemeinde. Die Wortverkündigung lässt mit dem »grundlegenden Wort« die »Taufgrenze« zur Gemeinde hin überschreiten und erinnert und erweckt mit dem »auferbauenden Wort« die Gemeinde. Darin geschieht »Christus-Anamnese«, die verbunden mit der Handlung als »effektive repraesentatio« des Christusgeschehens und als »antecipatio« des noch Ausstehenden das Wesen des Abendmahls ausmacht (194 f. 182. 209 f. 229–232). Mit dem exegetisch kontrollierten Begriff der »Identitätsverknüpfung« deutet Brunner die Konsekration. Für sie ist im Sinne der Alten Kirche der Gehorsam gegenüber dem Stiftungswort, genauer die Abendmahlseulogie, grundlegend. Letztere umfasst also nicht nur die Rezitation der Herrenworte, obwohl diese sie begründen (233–247). Nachdem die liturgische Konkretion schon vorher ständig mit bedacht worden ist, wendet sich Brunner zuletzt der »Gestalt des Gottesdienstes« zu, erarbeitet deren dogmatische Begründung (Unentrinnbarkeit der Formgebung, eschatologische Freiheit, Wortgebundenheit, Zeichenhaftigkeit, konkrete Geschichtlichkeit und Unterwerfung unter die Liebe, 268–283), untersucht die Verwirklichung mit ihren gestaltenden Faktoren, einschließlich des Problemkreises Gottesdienst und Kunst, und schließt mit dem Entwurf einer Abendmahlseulogie mit Anamnese und Epiklese (360 f.). Wichtig für Gebrauch und Reform von Agenden ist das Postulat der »pneumatischen Angemessenheit des Zeichens« (277).

Neben Brunners Arbeit verdient die Studie von *Vilmos Vajta* (geb. 1918) zur Gottesdiensttheologie Luthers (1952) Beachtung, in der das Verhältnis von *beneficium* und *sacrificium* und das von Gottesdienst als Werk Gottes und Gottesdienst als Werk des Glaubens dargelegt wird.

Anfang der achtziger Jahre erhielt die evangelische Gottesdiensttheologie neue Impulse aus der Ökumene. Die theologische Arbeit der Kommission für *Glauben und Kirchenverfassung*, die zu den Konvergenzerklärungen von Lima (1982) führte, wirkte über ihre evangelischen Mitverfasser und durch ihr den Kirchen vorgelegtes Ergebnis stimulierend.

Insbesondere erwies sich die Systematische Theologie des methodistischen Theologen *Geoffrey Wainwright* (geb. 1939) als fruchtbar, weil sie Theologie aus der Liturgie entfaltet (1980/94). Wainwright nimmt – wie vor ihm Casel und Vagaggini – den alten Grundsatz *lex orandi/lex credendi* bzw. *lex supplicandi* (Prosper von Aquitanien [† nach 455], DS 246) wieder auf. Die klassischen loci der evangelischen Dogmatik (15–146), die Vermittlung der christlichen Botschaft (Schrift, Credo und Hymnen, *lex orandi/lex credendi*; 149–283) und kontextuelle Aspekte (Ökumenismus, Erneuerung, Kultur und im Schlusskapitel »Rewards«, 287–462) werden so bearbeitet, dass dieses Werk sowohl als dogmatische Theologie aus liturgischer Perspektive wie auch als Gottesdiensttheologie gelesen werden kann. Die fundamentale Interdependenz von Theologie und Liturgie wird in weiteren Aufsätzen entwickelt, unter denen sich »Der Gottesdienst als ›Locus Theologicus‹ oder Quelle und Thema der Theologie« (1982) als eminent ergiebig für die neuere Liturgiewissenschaft erweist (vgl. auch 1987).

Die Liturgiewissenschaft kann auf weitere wichtige *interdisziplinäre Beiträge* zurückgreifen: Aus der Exegese sind vor allem Arbeiten von Lohmeyer, Cullmann, Mowinckel, Reicke und Hahn hervorzuheben, aus der Kirchengeschichte solche von Lietzmann, Fendt, Graff, Kunze, Mahrenholz, Dix und Kretschmar, aus der Hymnologie die von Gabriel, Ameln und Blankenburg und aus der Dogmatik besonders die Tauflehre von Schlink.

Die Geschichte des Gottesdienstes schrieben in neuerer Zeit Rudolf Stählin und Nagel. Die einzige Einführung stammt von Fendt. Und als Lehrbuch lag bis zum Ende der achtziger Jahre – abgesehen von dem Grundriss von 1985 und entsprechenden Abschnitten in praktisch-theologischen Lehrbüchern (Achelis, Fendt, Alfred Dedo Müller, Hertzsch, Haendler, Nagel/Schmidt und Rössler) – lediglich das von Graff bearbeitete Werk von Rietschel vor.

3. Schon die erste *Agendenreform* der Nachkriegszeit konnte so auf eine breite theologische Basis gestellt werden. Die Lutherische Liturgische Konferenz (seit 1941) leistete als unabhängige – bald auch nicht-lutherische Vertreter einbeziehende – Arbeitsgemeinschaft von Fachleuten unter Christhard Mahrenholz (1900–1980) die Vorarbeiten für die VELKD-Agenden I–IV (1951–1962) und die EKU-Agenden I–II (1959–1963). Der Hauptgottesdienst übernimmt die Messstruktur (in der EKU-Agende I wegen der konfessionellen Verschiedenheit der Gemeinden nur in der Ersten Form). Das Eucharistiegebet findet wieder Eingang (EKU: Postsanctus, Anamnese, Epiklese vor den verba testamenti und dem Vaterunser – VELKD [nur Form B]: Postsanctus, Epiklese, verba testamenti, Anamnese, eschatologische Bitte und Schlussdoxologie mit nachfolgendem Vaterunser). In anderen Kirchen vollzogen sich ähnliche Liturgiereformen (Niebergall 2,69–80; dazu kritisch [»verordnete Einheit«] Cornehl 1985, 77 f.).

Trotz stetig wachsender Akzeptanz der Einheit von Wort und Sakrament in der Praxis und zunehmender Kommunionfreudigkeit äußerte sich jedoch bereits im folgenden Jahrzehnt ein deutliches Unbehagen an Form, Sprache und (vermeintlicher) Unbeweglichkeit der eben eingeführten Ordnungen. Gottesdienst als Experiment, Alternativen und Gegenmodelle, die sich in einer Fülle von Versuchen und Publikationen äußerten und Improvisation und Kreativität zum Postulat erhoben, forderten eine grundlegend neue Revision (Schmidt-Lauber 1990, 139–144). Die Lutherische Liturgische Konferenz antwortete mit der *Denkschrift »Versammelte Gemeinde*. Struktur und Elemente des Gottesdienstes« (1974), in der zunächst Verständnis- und Erschließungshilfen zum flexiblen Gebrauch vorhandener Agenden geboten werden sollten. Bleibende Grundstruktur (in den fünf Elementen: Eröffnung – Anrufung – Verkündigung und Bekenntnis – Abendmahl – Sendung) und variable Ausformungsvarianten vermitteln zwischen Tradition und Innovation. »Die Ausformungsvarianten erweisen die Schmiegsamkeit der Liturgie, während die feste Grundstruktur Ursprungsbindung, Kontinuität und Identität des christlichen Gottesdienstes bewusstmacht.« Das sog. »Strukturpapier« will wesentliche Aspekte der liturgischen Gestaltung »deutlicher und einsichtiger machen« (Gottesdienst als Gestaltungsaufgabe 10; vgl. Schulz 1982, 78–93).

Der Begriff Struktur blieb nicht ohne Kritik: Er sei »zu abstrakt, um ... liturgische Phänomene erfassen zu können« (Bieritz 1979, 37), das Modell zeige eine »bedenkliche Unschärfe der verwendeten Kategorien« (Cornehl 1981, 25), Struktur sei »syntaktisch-formal« und zum Ausschluss von Deformationen unfähig, die soteriologisch bedenklich sind (Jörns 352). Doch ermöglichte dieses Modell eine neue Agendenrevision, die 1980 von der VELKD und der EKU im geteilten Deutschland eingeleitet, 1990 mit einem Vorentwurf EA zu einem ersten Ergebnis gebracht wurde und 1999 zum von beiden Synoden beschlossenen und in den beteiligten Kirchen eingeführten Evangelischen Gottesdienstbuch führte. Das EGb zeichnet sich neben der – durchaus nicht unproblematischen – großen Variabilität der Ordnungen vor allem durch einen sprachlich wie inhaltlich breit gefächerten Textteil aus. Ausführliche Darstellungen lieferten von katholischer Seite Friedrich Lurz, von evangelischer Helmut Schwier (vgl. auch Kerner).

Das Hauptproblem bleibt in der evangelischen Kirche weniger die Agende als vielmehr die *liturgische Ausbildung* entsprechend dem erreichten Stand der Liturgiewissenschaft. Joachim Beckmanns Forderung auf dem Theologentag 1954, Liturgiewissenschaft als theologische Lehre vom Gottesdienst zu einer eigenen Disziplin innerhalb der systematischen Theologie zu erheben (523), bleibt bis heute weitgehend unerfüllt. In der Regel werden Kirchenmusiker in diesem Fach besser ausgebildet als Theologen. Über die Didaktik des Gottesdienstes und die liturgische Bildung im allgemeinen liegt eine Reihe von Arbeiten vor (Meyer zu Uptrup; Cornehl 1990). Ansätze zur Aufarbeitung des Defizits finden sich auch in allgemeinverständlichen Einführungen (Kalb 1985, Albrecht 1995, Dietz, Stalmann, Grethlein 1991). Schulung und Aktivierung der Gemeinde zur Mitwirkung im Gottesdienst werden intensiviert, und an den Universitäten ist ein neues Interesse am Studienfach Liturgiewissenschaft zu beobachten.

C. Konvergenzen evangelischer und römisch-katholischer Liturgiewissenschaft

1. Auf römisch-katholischer Seite haben Konzil und Liturgiereform nunmehr einen *breiten Grundkonsens* ermöglicht:
- Die Definition der Liturgie (SC 33) entspricht fast wörtlich Luthers klassischer Torgauer Formel (WA 49,588).
- Gottesdienst wird als Heilsgeschehen verstanden mit
- dialogischem Charakter unter Vorrang des Katabatischen (vgl. Casel/Brunner).
- Gottesdienst ist »Versammlung« des ihn gestaltenden Volkes Gottes (Jungmann).
- Es geht um »Deutlichkeit und Durchschaubarkeit liturgischer Vollzüge (zum) sinvollen Mitvollzug« unter Rückstellung juridischer Kategorien zugunsten einer »heilsgeschichtlichen, biblischer Theologie verpflichteten Begrifflichkeit« und um
- den »breite(n) Raum, der dem Worte Gottes eingeräumt wird« (Bieritz 1978, 473).
- Die Vielfalt teilkirchlicher Riten wird ausdrücklich anerkannt (SC 4; dazu Fischer 1981).

Auf evangelischer Seite kann auf die wachsende Realisierung der Einheit von Wort und Sakrament verwiesen werden, auf die »inklusive Christologie« mit einem neuen »Überdenken der eigentlich eucharistischen Dimension im Geschehen des Abendmahls« und auf die Entdeckung des Zeichencharakters der Liturgie wie der symbolischen Kommunikation (Bieritz 1978, 474).

2. Während die Amtsfrage weiterhin offenbleibt, können folgende *Einzelprobleme* als geklärt betrachtet werden:

a) Die *Bezeichnung* des Gottesdienstes als *Kultus* – den Reformatoren unproblematisch, im Neuprotestantismus dominierend, der Wort-Gottes-Theologie umso suspekter – muss kein Indiz für die Bevorzugung des latreutischen Aspekts der Liturgie sein (so noch Harnoncourt 151; Richter 1987, 13), sondern kann durchaus den Bedeutungsgehalt des deutschen Begriffs Gottesdienst in sich aufnehmen (vgl. Wainwright 1982, 249–252). Bereits Otto Haendler hielt den Begriff für unentbehrlich (144–159.245–247). Als notwendige religionssoziologische und religionspsychologische Kategorie leistet er »die Kommunikation mit den nichttheologischen Wissenschaften und mit artikulierter Alltagserfahrung« (Daiber 1973/74, 47; vgl. Volp 1973/74, 2; Mußner; Khoury).

b) Die konziliare Definition der »*Liturgie als Vollzug des Priesteramtes Jesu Christi*« (SC 7) bringt das In- und Miteinander von Gottes Handeln und menschlichem Glaubensgehorsam, von

Wort und Antwort, das in der evangelischen Theologie nur zögernd reflektiert wird, durchaus im Sinne des reformatorischen Anliegens zur Geltung: Gott handelt, aber er bedient sich dabei des Handelns der Gemeinde. Diese Aussage wird nur dann bedenklich, wenn sich das aufgetragene menschliche Handeln verselbstständigt und Gott gegenüber als Leistung geltend macht. Ein solcher Verdacht – wie er sich zuletzt im Artikel Liturgie der TRE andeutet (Kalb 1991, 373) – wird nach dem Zweiten Vatikanum nicht aufrechterhalten werden können. Im Gegenteil, die konziliare Formulierung kommt dem Verständnis der Praktischen Theologie als Handlungswissenschaft entgegen, weil sie Gottes Handeln in unserem Handeln absichert (zum Ganzen Kühn 1985, 213–225).

c) Endlich darf der Streit um das *Opfer* im Gottesdienst als beigelegt bezeichnet werden. Kaum ein römisch-katholischer Theologe vertritt (mehr) die Theorie eines Opferhandelns der Kirche im Unterschied von und zusätzlich zum ἐφάπαξ des Kreuzesgeschehens. Die aus der Frühzeit der Kirche stammende Formel *offerimus tibi* bezeichnet nichts anderes als das Gegenwärtigwerden Christi und seines Opfers für uns im זָכַר/ἀνάμνησις-Geschehen des Gottesdienstes und somit seine Realpräsenz (Lehmann/Schlink; Kühn 1985, 286–293).

3. Die *Konvergenzerklärung* zur Eucharistie der Kommission für Glauben und Kirchenverfassung des Ökumenischen Rates der Kirchen *zur Eucharistie* (Lima E) eröffnet eine neue Perspektive. Sie ist das Ergebnis fünfzigjähriger multilateraler Arbeit am Gottesdienstverständnis und deutet die Eucharistie als »Sakrament der Gabe« (2), das sich in fünf Aspekten (Danksagung, Anamnese, Epiklese, Communio und eschatologisches Mahl des Gottesreiches) entfaltet (3–26) und auf entsprechende liturgische Konkretion (27–33) wie auch auf Folgerungen für das Leben der Christen (20.21.24–26) zielt. Die »Lima-Liturgie« (Schulz 1983) muss von dem Dokument sorgsam unterschieden werden, weil sie ohne Verwurzelung in regionaler Liturgie für die Konferenz konstruiert wurde und auch nicht mehr als eine exemplarische Konkretion sein will. Die Liturgiewissenschaft findet in der Erklärung selbst den heute erreichbaren theologischen Konsens vor.

IV. Zur Theoriediskussion

Mit der »anthropologischen Wende« der späten sechziger Jahre, die die Dominanz der Dialektischen Theologie beendete und auf die liberal-neuprotestantische Tradition zurückgriff, begann eine neue Theoriediskussion. Deren Motivation liegt in der Erwartung, aus der Begegnung mit den Humanwissenschaften Erkenntnisgewinn und Lösungskompetenz für die neu aufbrechenden Gottesdienstprobleme zu erhalten. Letztere lassen sich nun nicht mehr konfessionell eingrenzen. Auf evangelischer Seite hatte sich trotz der gerade abgeschlossenen ersten Agendenreform nach dem Zweiten Weltkrieg unerwartet Unbehagen an der überlieferten Liturgie ausgebreitet und in eingehender Suche nach neuer gottesdienstlicher Erfahrung artikuliert. Die römisch-katholische Theologie ereilte trotz Konzil und Liturgiereform ebenso unerwartet eine »tiefreichende Krise von Gottesdienst und Sakrament« (Schilson 1989b, 78), die Neuorientierung verlangte. Heute zeichnen sich Umrisse einer neuen Theorie der Liturgie ab, deren Ausformung längst zu einer ökumenischen Aufgabe geworden und überdies auch ohne den interdisziplinären Dialog mit nichttheologischen Wissenschaften nicht mehr vorstellbar ist: »Das Objekt der Liturgiewissenschaft hat aufgehört, eine binnenkirchliche Instanz zu sein« (Häußling 1988, 100).

Für die evangelische Liturgiewissenschaft gelangt damit der seit Generationen währende Konflikt zwischen einem an der Repräsentation des Heilsgeschehens orientierten Konzept des Gottesdienstes und einem primär anthropologisch begründeten zu seiner Lösung: Es hat sich aber – abgesehen von seltenen Extrempositionen etwa aus rein religionsphänomenologischem oder defensiv fundamentalistischem Interesse – nie um unversöhnliche Positionen gehandelt. Auch der anthropologische Ansatz hat immer sein theologisches Fundament – und die Offenbarung richtet sich stets an Menschen in dieser Welt.

1. Die Diskussion beginnt mit *Ernst Lange* (1927–1974), der leidenschaftlich nach der »Funktion des christlichen Gottesdienstes in der Gegenwart« fragt (1984): »Diese Welt ist im Wirkfeld der Christusverheißung entstanden, und es gibt nichts Wirkliches in ihr, das nicht Spuren dieser Herkunft trüge« (3.132). Liturgie hat daher in der »örtlichen Gemeinde als Normalfall« »Christusverheißung und Weltwirklichkeit ineinander zu halten« (138.193). »Als ›Ekklesia‹ und als ›Diaspora‹, in Versammlung und in Zerstreuung« (141) erleben Christen »Liturgie als Bundeserneuerung«, die sie ermächtigt, »ihre alltägliche Wirklichkeit im Lichte der Verheißung wahrzunehmen und anzunehmen« (353, Nachwort Cornehl). Lange sucht die kirchlichen Binnenstrukturen zu überschreiten. Im Alltag muss realisiert werden: »Bei der Christusverheißung bleiben, in der Kommunikation mit den anderen Glaubenden bleiben« (112). In seiner Berliner Ladenkirche hofft er, Gottesdienst als Feier der Befreiung zu einer besonders in der Industriegesellschaft unverzichtbaren Bewahrung der Humanität zu verwirklichen (vgl. zum Ganzen Nagel/Schmidt 41–45).

Karl Ferdinand Müller (1911–1974) plädiert für Öffentlichkeit und Profanität der Liturgie des »Gottesdienstes in einem säkularisierten Zeitalter«, in der eine »Transformation der gegebenen Inhalte« erforderlich wird. Modernisierung der »tradierten Gottesdienstmodelle« und »Gottesdienstversuche in neuer Gestalt« sind seine Folgerungen (1971, 3.138.152). Noch radikaler erklärt *Charles Davis* die Liturgie für einen »Zustand der Abweichung von der Kultur der Gegenwart« und »Ghetto oder Wüste« als unausweichliche Alternative. »Christen, die die Wüste gewählt haben, (müssen) heute ohne Liturgie auskommen« (12.19.23). Zu dieser ersten Entfaltung der heutigen Theoriediskussion gehört dann auch *Peter Cornehls* Forderung nach Wiederherstellung des dem Gottesdienst wesensgemäß eignenden, in der Neuzeit aber abhanden gekommenen Öffentlichkeitscharakters (1970, 179–196).

2. Mit der neuen Hinwendung zur Welt ist ein *deutlicheres Wahrnehmen ihrer Wirklichkeit* verbunden. Die Kirchensoziologie entwickelt für Umfragen ein Instrumentarium, mit dem empirische Fakten zum »Gottesdienst in einer rationalen Welt« wissenschaftlich verfügbar gemacht werden (VELKD-Umfrage, Schmidtchen; zu weiteren Umfragen vgl. Schmidt-Lauber 1990, 134–137; ferner Zulehner/u.a. 1991, 267–272 [Lit.]). Der »unwahrscheinliche Kirchenbesucher«, dessen Wertvorstellungen mit denen der Kirche nicht übereinstimmen und der dennoch Kirche und Gottesdienst besucht, wäre ohne die neue Kirchensoziologie nie entdeckt worden (Schmidtchen 37–49). Der Umgang mit ihr erfordert allerdings integrative Methoden, d.h. sachgemäße Kooperation mit nichttheologischen Wissenschaften und zugleich eine theologische Verarbeitung, die noch nicht immer gelingt (Hübner). Hinzu kommt »die Entdeckung des ›Dramatischen‹, das jede Liturgie in sich trägt« (Peter Stolt im Vorwort PTh 82 [1993] 147).

Die Säkularisierungsdebatte und die These von der Aufhebung der Trennung von ›heilig‹ und ›profan‹ haben inzwischen neue Nuancen erhalten durch Forschungen zu Symbol und Ritual als tragenden anthropologischen Voraussetzungen und Elementen menschlicher Kommunikation in der Liturgie. In ihr geht es um einen »symbolischen Transitus«. Rituale verbürgen Ordnung und Sinn, vermitteln Tradition, Integration und Vergewisserung (Jetter; vgl. Seydel; Daiber 1973; Cornehl 1979; Ders. 1981: Orientierung, Expression, Affirmation; Kohlschein 1985b). War der römisch-katholischen Liturgiewissenschaft die Bedeutung des Zeichens in Wort, Handlung, Element und Gemeinde schon immer geläufig (SC 2.7.33; vgl. Fischer 1985;

vor allem Schermann), so bedurfte die evangelische Liturgiewissenschaft der Semiotik, um die sich in der Liturgie vollziehenden Zeichenprozesse zu verstehen (Schiwy/u.a.; Volp 1982 und 1992/94; Bieritz 1984 und 1985). Eine neue Begegnung mit der Ästhetik in deren theologischer Qualifikation bahnt sich an (Bohren; Heinrich; anders Grözinger).

Die Begegnung mit den modernen Erfahrungswissenschaften hat der Liturgiewissenschaft eine außerordentliche Ausweitung ihrer Forschungsaufgaben gebracht. Psychologie im weitesten Sinne, Soziologie, Kommunikations-, Verhaltens- und Symbolforschung, Semiotik, Linguistik, Institutions- wie Informationslehre – abgesehen von den schon immer theologiebezogenen Bereichen Religionswissenschaft, Religionspädagogik und Ästhetik – vervielfachen die Methoden. Hinzu kommt die »kritische Funktion der Liturgiewissenschaft innerhalb der Theologie und im kirchlichen Leben« (»Ideologiekritik«, Häußling 1970, 117 f., vgl. Richter 1987, 20 f.). Die Liste der einschlägigen Literatur ist entsprechend lang. Da die Liturgiewissenschaft sich einerseits vor »die Frage nach der Verwirklichung von Kirche schlechthin« gestellt sieht (Merz 1985, 107), andererseits aber auch fragen muss, ob ihr »Themenkatalog noch den eigentlichen Fragestand trifft, die geschichtliche Situation der Menschen« (Häußling 1982, 8), wird die Erarbeitung einer Theologie wie Empirie umgreifenden Theorie unausweichlich. »Eine für die liturgische Forschung gefährliche Situation tritt ein, wenn sich Neuerungen lediglich auf empirische Motive berufen, während die Verteidiger des Alten auf dogmatischen Entscheidungen der Kirchengeschichte beharren« (Volp 1973/74, 17). Klaus-Peter Jörns resümiert in seinem Literaturbericht: »In Wahrheit gehören Erlösung und Problemlösung zusammen« (413).

3. Für eine solche *Theorie des Gottesdienstes* sind einige Namen zu nennen. Als erster legt *Peter Cornehl* einen Entwurf vor. Die These lautet: »Im Gottesdienst vollzieht sich das darstellende Handeln der Kirche als öffentliche symbolische Kommunikation der christlichen Erfahrung im Medium biblischer und kirchlicher Überlieferung. Als Feier der Befreiung und Versöhnung zielt der Gottesdienst auf Orientierung, Ausdruck, Vergewisserung und Erneuerung des Glaubens« (1979, 186, vgl. 1981, 14). Die Option für die von Schleiermacher herkommende liberale Theologietradition mit ihrer Kritik an »normativen Verbindlichkeiten« (1981, 25) führt bei Cornehl zu einer Trennung von Theorie und Theologie: In der Theorie wird Gottesdienst »als allgemeines menschliches Phänomen begriffen und mit Hilfe anthropologischer, religionstheoretischer und anderer humanwissenschaftlicher Erklärungsmodelle systematisch rekonstruiert«. Die Theologie, die bei der »biblischen und kirchlichen Überlieferung« ansetzt, tritt im Sinne einer »auf Verständigung« angelegten Begegnung hinzu. Der Theorie des Gottesdienstes begegnet so »die kirchliche Gottesdienstlehre als ein wichtiges kritisches Korrektiv«. Die Theologie, genauer die »liturgische Dogmatik« (Wainwright), bleibt aus der Theoriebildung ausgeklammert (1981, 28–33).

Ist das aber möglich? »Eine Theorie, die sich auf anthropologische bzw. human- und sozialwissenschaftliche Untersuchungen allein stützt, eröffnet dem Verständnis zwar wichtige Bereiche, kann aber zu dem Grund der Feier, nämlich der Erlösungshandlung Gottes in Jesus Christus und seiner wirkenden Offenbarung, keine Aussagen machen« (Merz 1983, 159). Cornehl plädiert bei der Theoriebildung u.a. auch »für ein induktives Vorgehen, für die Aufnahme assoziativer und impressionistischer Verfahren« (1981, 33). Die Frage ist, ob seine eigenen Begriffe – wie Orientierung, Expression und Affirmation – immer empirisch gewonnen oder nicht doch deduktiv abgeleitet sind aus Kategorien, die »einem schon mitgebrachten Verständnis der möglichen Sinnhaftigkeit kultischen Handelns« entstammen. Sind das »Erfahrungen der Glaubenden?« (Merz 1983, 159).

Karl-Heinrich Bieritz sieht Theologie und Empirie im Spannungsfeld einer beide umschließenden Theorie. Er unternimmt die theologische Aufarbeitung der aus der Begegnung mit den Sozialwissenschaften gewonnenen Einsichten und bedenkt dabei auch die Inhalte spezifisch christlicher Liturgieerfahrung. Mit Heribert Mühlen fordert er die Umwandlung der Begriffe ›profan‹ und ›heilig‹ »aus Bezeichnungen für bestimmte Wirklichkeitsbereiche in ›Beziehungsbegriffe‹«, die Ursprung und Inhalt des Glaubens zur Geltung bringen (1975, 733 f.), also Rückverwandlung von Zeichen in Symbole. Die »synchrone Liturgik, die primär daran interessiert ist, wie vorfindliche Strukturen ›funktionieren‹«, wird ergänzt durch eine »diachrone Liturgik, die nach Entstehung und Entwicklung liturgischer Gestalten und Strukturen fragt« und damit nach dem gestifteten und nicht aus dem Humanum ableitbaren Inhalt. Endlich wird das Problem der Inkulturation der Liturgie – mit Herman A. P. Schmidt und Franz Schupp – nicht nur als Einfügung in die kulturelle Umwelt gesehen: Liturgie schafft und prägt auch ihrerseits Kultur (1978, 477.482).

Angelus A. Häußling kommt mit der römisch-katholischen Theologie aus der entgegengesetzten Position einer dogmatisch orientierten Liturgiewissenschaft und vollzieht den Übergang zur integrativen Methode (vgl. Gärtner/Merz). Bei der Begegnung mit der »gesellschaftlich konstruierten Wirklichkeit« gewinnt die in der liturgischen Tradition der Kirche bereitgehaltene »Anamnese des Heilswerkes« eine große Bedeutung. Sie macht nicht nur das heilsgeschichtliche Handeln Gottes »in der Gegenwart verifizierbar« und ermöglicht »die Identität des berufenen Gottesvolkes«. Sie »gibt auch weiterhin dem Einzelnen die Möglichkeit der Identifikation« und bietet der Theologie eine wirksame »Kontrolle« an bei der Begegnung mit der humanwissenschaftlich erschlossenen Wirklichkeit. Subjektivität der Akteure, »Betonung des (Selbst-)Bewusstseins und Achten auf Gewinnung eines neuen, befreiten Selbstverständnisses« erweisen sich als das gleiche Phänomen, das in dem überwundenen Missverständnis von Liturgie als Leistung vorlag: »Ein Agieren des Menschen, um eigentlichere Möglichkeiten des Daseins zu gewinnen, hier wie dort« (1983, 5 f. 1 f.). Andererseits ist »Objekt der Liturgie nicht (mehr) allein die betende Kirche« (Guardini), sondern – unter Berufung auf das Zweite Vatikanum – »der Mensch, ... insofern er ... den Sinn seiner Existenz zu ergründen und darzustellen und somit zu gewinnen suchte, sucht und weiterhin suchen wird«. »Liturgie ist mehr als Wort«, sie ist »ein Gesamtgeschehen, ein actus humanus, eine Praxis der Kirche« (1988, 100 f.).

Reinhard Meßners von der Rechtfertigungslehre ausgehender Vergleich der Messreform Luthers mit der altkirchlichen Eucharistiefeier (1989) kann als Beispiel für eine neue Weise systematischer Liturgiewissenschaft angefügt werden. Zur deren Definition stellt der Autor sieben Thesen auf (1998), denen er jetzt in seiner – zur Erstorientierung über das Fach wie zur einschlägigen Literaturübersicht sehr geeigneten – »Einführung in die Liturgiewissenschaft« für den wissenschaftlichen Diskurs wesentliche Erläuterungen nachfolgen lässt. Zur historischen und systematischen tritt die »Kritische Liturgiewissenschaft« im Sinne einer liturgischen Ästhetik oder Wahrnehmungslehre. Das eine Thema des Faches ist der Glaube, der Zugang eröffnet sich im Überlieferungsgeschehen der vielen liturgischen Traditionen. Und das Vorgehen der Liturgiewissenschaft ist wie bei den Bibelwissenschaften der Kommentar (2001, 24–33).

V. Neue Schwerpunkte der Forschung

Gegen Ende des 20. Jh. waren neue Schwerpunkte der Forschung zu erkennen, vor allem zur theologischen Begründung des Gottesdienstes, zum Rhythmus des Kirchgangs und zu den Kasualien. Auch steht die Problematik der inklusiven (gerechten) Sprache weiterhin zur Lösung an, die in diesem Handbuch in zwei Kapiteln thematisiert wird (→Sprache der Liturgie;

→Spiritualität und Liturgie von Frauen). Hier werden die beiden erstgenannten Schwerpunkte angesprochen.

1. Nachdem sich Gottesdiensttheologie und Liturgiewissenschaft immer stärker ökumenisch ausgerichtet und zu einem weitgehenden Grundkonsens gefunden hatten – man bedenke die Konvergenzerklärung zur Eucharistie (Lima E 1982) und die Liturgiereformen (Messbuch Pauls VI. 1970 und EGb 1999) –, scheint sich jetzt im deutschsprachigen Protestantismus die *konfessionelle Orientierung* zu verstärken. Es wird nicht mehr primär nach dem übergreifenden Genus Gottesdienst gefragt, das sich in verschiedenen Traditionen konkretisiert. Es wird stärker vom reformatorischen Proprium ausgegangen und auf dieses hingezielt. Das bedeutet nicht, dass die ökumenischen Konvergenzen ausgeklammert werden, zeigt aber doch eine Verlagerung der Intention: Nicht dem Gemeinsamen gilt das Interesse, sondern der Differenzierung.

Die einfache Übertragung reformatorischer Grundsätze in die gegenwärtige Situation wäre aber kontraproduktiv, denn zum einen sind diese im Kampf gegen eine Frömmigkeit und Theologie entstanden, die es heute nicht mehr gibt, zum anderen wird der Reformation zuwidergehandelt, die keinen neuen Gottesdienst aufrichten wollte, sondern den einen herkömmlichen, von Christus gestifteten reinigen und seinen rechten Gebrauch aufzeigen (FMC 1523, WA 12,206, vgl. CA XXIV, 1.40). Rechter Gottesdienst beginnt nicht erst mit Luther (und vollendet sich dann bei Schleiermacher), wie manche Autoren zu argumentieren scheinen. Es ist gar nicht so einfach, das Profil eines katholischen Gottesdienstes im Unterschied zum evangelischen zu definieren. Bislang galt als Konsens: Gemeinsam zu den Quellen, d.h. zur Ursprungssituation und von dort die Tradition aufarbeiten und eine Erneuerung in unsere Zeit hinein suchen.

Am deutlichsten tritt die potentiell ökumenekritische konfessionelle Re-Orientierung bei Dorothea Wendebourg zutage mit ihrem Widerspruch gegen die der Liturgiewissenschaft beider Kirchen geläufige Ansicht, dass die Reformation wohl in der Gottesdiensttheologie den Durchbruch zum Neuen Testament und zur Alten Kirche geschafft habe, ihr aber eine entsprechende Liturgiereform noch nicht gelang, der Anschluss an die Alte Kirche und insbesondere die Wiedergewinnung des Eucharistiegebets somit Aufgabe der Gegenwart sei. Wendebourg deutet die Ablösung der die Gaben heiligenden vornizänischen Anaphora durch das mit dem Einsetzungsbericht rezitierte Wort Christi als »Prozess der Selbstklärung, in dem liturgisch und theologisch herausgearbeitet wurde, was die christliche Abendmahlsfeier von jeher bestimmte, was aber bislang eher implizit und verdeckt gewesen war«. Das immer stärkere Hervortreten der verba testamenti in der lateinischen Tradition sei deshalb sachgerecht; die Reformation habe nur die richtigen Konsequenzen gezogen: Ausschluss von Danksagung und Gebet aus der Konsekration, Interpretation der Herrenworte als gläubig anzunehmende Verkündigung und Ablehnung jeglicher eigenen Aktivität der in der Abendmahlsfeier agierenden Gemeinde. Verkündigung und Gebet seien zwei verschiedene Genera gottesdienstlichen Handelns, deren Vermischung an dieser Stelle nicht möglich sei, weil die Verkündigung sich an die Gemeinde, das Gebet aber an Gott richte. »Die gesamte sakramentale Aktion (sei) als Handeln Gottes gegenüber der Kirche aufzufassen und deren Rolle einzig und allein die des Adressaten«. Folglich sind »Lob und Dank keine spezifischen Elemente der Abendmahlsfeier«, das in den verba testamenti aufgetragene Gedächtnis vollzieht die Gemeinde durch »gläubige Kommunion« (452 f. 463.465). Dieser radikalen These ist aus systematischer, liturgiehistorischer und reformationsgeschichtlicher Sicht deutlich widersprochen worden (Kühn 1999; Schmidt-Lauber/Schulz; Meyer-Blanck 2000, 500–503).

Dass sich auch in der römisch-katholischen Kirche Re-Konfessionalisierungsbestrebungen bemerkbar machen, zeigt sich bis in die Spitze der Hierarchie hinein, etwa an Joseph Ratzingers

Buch »Geist der Liturgie«, dessen Titel sich formal an Guardini anlehnt, dessen Inhalt aber an wichtigen Stellen hinter das Zweite Vatikanum zurückgeht (2000).

Dagegen zeigt eine ganze Reihe neuer und verdienstvoller liturgiewissenschaftlicher Publikationen, dass sich protestantische Identität und ökumenische Öffnung miteinander verbinden lassen. Der konfessionelle Ansatz kann auch (oder gerade!) im Kontext des interkonfessionellen Konsenses dominieren. So stellt das Buch von Michael Meyer-Blanck »Liturgie und Liturgik« (2001) die evangelische Entwicklung der Disziplin anhand von Quellentexten dar. Die Grundlegung beginnt mit dem EGb, Luthers Torgauer Formel (1544) und der DM 1526. Dann wird der gesamtchristliche Zusammenhang mit der Geschichte des Gottesdienstes von der Didache bis zur nachkonziliaren Messreform (85 von 275 Seiten) aufgezeigt, worauf sich die protestantische Tradition von Zwingli bis zur feministisch-emanzipatorischen Perspektive als eines der zweifellos wichtigsten Themen entfaltet. Meyer-Blancks zusammenfassende These vom »Gottesdienst als Inszenierung des Evangeliums« (Christusresonanz) mit den Begriffspaaren Dialog mit Gott/menschliche Mitteilung, Partizipation/Öffentlichkeit und Pädagogik/Religion wird für die weitere Diskussion wird wichtig sein (2001, bes. 269).

Auch Christian Grethlein stellt in seinem Studienbuch »Grundfragen der Liturgik« (2001) den »Gottesdienst *in den* evangelischen Kirchen« – so exakt formuliert – in den Zusammenhang mit dem Gottesdienst anderer Kirchen. Das Buch liefert einen Überblick über »empirische und neutestamentliche Grundlagen liturgischer Urteilsbildung«, beachtet die ökumenische Liturgiewissenschaft und beschreibt ausführlich Bestand und Innovation von evangelischen Gottesdiensten in Deutschland.

Ein weniger überzeugendes Beispiel bietet die Habilitationsschrift von Christoph Dinkel (2000), der unter dem schon von Ernst Lange (1973) gewählten und der Aufklärungsliturgik nachempfundenen Titel »Was nützt der Gottesdienst?« eine »funktionale Theorie des evangelischen Gottesdienstes« vorlegt, in der Niklas Luhmanns höchst differenziertes systemtheoretisches Instrumentarium letztlich zum herkömmlichen Württembergischen Predigtgottesdienst als Modell hinführt. Dass die Liturgiegeschichte der ganzen Kirche einschließlich der Reformation hinter dem evangelischen Predigtgottesdienst zurücktritt, bleibt angesichts der Forschungslage unverständlich, so anerkennenswert der interdisziplinäre Vorstoß sein mag.

2. Das Studienbuch von Grethlein führt zu einer zweiten Schwerpunktverlagerung der Forschung, die den *veränderten Rhythmus der Gottesdienstteilnahme* der Evangelischen betrifft. Bereits Ernst Lange hatte das distanzierte Verhältnis vieler evangelischer Kirchenmitglieder zum Sonntagsgottesdienst wahrgenommen, der als Zentralveranstaltung der Kirche seinen Begegnungscharakter eingebüßt habe. »Sowie es [aber] um liturgische Angebote der Kirche geht, in denen sich die Liturgie und das lebensgeschichtliche und gesellschaftliche Bedürfnis der Mitglieder verschränken, also bei den Amtshandlungen, ... beim Konfirmandenunterricht und bei der Konfirmation und bei den großen kirchlichen Festen, die längst einen bürgerlichen Stellenwert haben, ändert sich das Bild« (Lange 1973, 91). Deshalb soll sich die Kirche aber nicht zum Dienstleistungsbetrieb der Gesellschaft umfunktionieren lassen. Lange fordert, dass die Liturgie ihren Begegnungscharakter wiedergewinnt.

Aus mehreren Gründen hat sich der regelmäßige sonntägliche Kirchgang zum kasuellen verlagert. Das spiegelt sich auch in den Übertragungen von Gottesdiensten im Rundfunk und Fernsehen, die stärker anlassbezogen, themenorientiert und als von den Agenden unterschiedene Sonderformen gestaltet werden. Die Passageriten haben zunehmend an Bedeutung gewonnen und werden in Liturgik und Seelsorge intensiv reflektiert. Die Frage, ob der Sonntagsgottesdienst aus seiner Zentralfunktion für das Leben der Kirche entlassen und etwa durch die

Kasualien ersetzt werden kann, ist aber ebenso eindeutig zu verneinen wie der generelle Ersatz der Eucharistie durch den Predigtgottesdienst. Die Erfahrung der Kirche in der DDR zeigt, wie leicht die lebensgeschichtliche kirchliche Handlung ersetzt werden kann durch säkulare Feiern zur Namensgebung, Jugendweihe, Eheschließung und Bestattung. In manchen Großstädten agieren heute schon bei Beerdigungen mehr Redner als Geistliche. Das gilt auch für den Westen.

3. Bei aller Ausweitung der Forschungsbereiche – etwa durch die verhaltenswissenschaftlich untersuchten Körperkategorien Gehen, Sitzen, Sehen, Singen, Hören, Essen (Josuttis 2000) und durch die Zentralstellung von Raum und Kunst (Volp 1992/94; dazu Bizer 158) – erweist sich der von Guardini geforderte *Einbezug systematisch-theologischer Reflexion in die* historische und ökumenische *Liturgiewissenschaft* als grundlegend. Jede Theorie der Liturgie bleibt unzureichend, die die Frage offenlässt, was im christlichen Gottesdienst über das hinaus geschieht, was sonst im Umgang der Menschen miteinander und in ihren Versammlungen zu geschehen pflegt.

Die beiden herkömmlichen westlichen Ansätze einer »dogmatischen« Liturgiekonzeption (Guardini/Casel/Jungmann, Brunner/Wainwright und die neueren Liturgiereformen) und einer »liberalen« (Schleiermacher/Ältere Liturgische Bewegung/Cornehl/neuere Gottesdienstbewegung und entsprechende Bestrebungen im römisch-katholischen Bereich) können nicht mehr säuberlich voneinander getrennt werden. Richtungweisend werden jene Bemühungen, die Theologie und Empirie, Soteriologie und Anthropologie zusammenzufügen suchen. Nachdem die systematische Theologie beider Konfessionen Schleiermachers Grundkategorien »Gottesdienst als Fest und Feier« neu zur Geltung gebracht hat (Jüngel; Schilson 1989b und 1994), steht angesichts der Krise des Gottesdienstes die Frage zur Lösung an, »ob der Mensch sich künftig seinen eigenen Kult gestaltet und damit nach christlicher Überzeugung sein Menschsein pervertiert und auf Dauer verliert, oder ob ihm der christliche Glaube erneut und auf Dauer zum Ort wahren Menschseins zu werden vermag, in dem für ihn Heil und Erfüllung, Orientierung und Wegweisung bereitliegen«. Es geht um nichts weniger als die »Wiedergewinnung der kulturellen Relevanz des christlichen Gottesdienstes« (Schilson 1991, 58).

Es ergeben sich für die künftige liturgiewissenschaftliche Arbeit beider theologischen Traditionen des Abendlands und dann auch der Ökumene folgende Schwerpunkte:

(1) Gottesdienst ist Versammlung der Gemeinde im Kontext der Zeit und des Alltags.

(2) In der Liturgie ereignet sich Kommunikation: ein anthropologischer Begriff, der zum grundlegenden theologischen Prinzip wird.

(3) Kommunikation vollzieht sich in Symbolen (Ritual, Sakrament, Mysterium).

(4) Die (jüdisch-christliche) Anamnese verbürgt Gottesdienst als Heilsgeschehen und wirkt zugleich als Kontrolle des Weltbezugs.

(5) Die trinitarische Dimension des Gottesdienstes muss neu realisiert werden.

Darüber hinaus stellt die Begegnung der abendländischen Kirchen mit der Orthodoxie eine Anfrage sehr grundsätzlicher Natur: Sind die beiden bei allem historischen Streit aufeinander angewiesenen, in der gemeinsamen abendländischen Wort-Theologie verwurzelten westlichen Ansätze die einzige Möglichkeit zur Begründung einer plausiblen Liturgietheorie? Der ökumenische Kontext stellt sie heute vor die unausweichliche Auseinandersetzung mit einem »dritten Weg« der theologischen Begründung des Gottesdienstes, auf dem Orthodoxie primär nicht mehr aus einem Lehrgebäude, sondern aus dem gottesdienstlichen Geschehen selbst verstanden wird: Die Theologie des Wortes und die des Heiligen Geistes müssen neu aufeinander abgestimmt werden. Dabei wird auch eine Überprüfung der westlichen Wort-Theologie unumgänglich.

Einführungen, Gesamtdarstellungen, Literaturübersicht →*Spezielle Abkürungen*

Adolf ADAM, Grundriss Liturgie, Freiburg 1998. – Christoph ALBRECHT, Einführung in die Liturgik, Göttingen [5]1995. – Hans ASMUSSEN, Gottesdienstlehre, 3 Bde., München 1936/37. – Peter BRUNNER, Zur Lehre vom Gottesdienst der im Namen Jesu versammelten Gemeinde: Leit. I (1954, Nachdr.: Leit.NF 2, 1993) 83–364. – Peter CORNEHL, Gottesdienst: PTHe (1974) 449–463. – Ders., Art. Gottesdienst VIII: TRE 14 (1985) 54–85. – Alfred EHRENSPERGER, Gottesdienst. Visionen, Erfahrungen, Schmerzstellen, Zürich 1988. – Ludwig EISENHOFER/Joseph LECHNER, Liturgik des römischen Ritus, Freiburg [6]1952. – Leonhard FENDT, Einführung in die Liturgiewissenschaft, Berlin 1958. – Christian GRETHLEIN, Abriß der Liturgik. Ein Studienbuch zur Gottesdienstgestaltung, Gütersloh (1989) [2]1991. – Ders., Grundfragen der Liturgik. Ein Studienbuch zur zeitgemäßen Gottesdienstgestaltung, Gütersloh 2001. – Otto HAENDLER, Das Gebet der Kirche: ders., Grundriß der Praktischen Theologie, Berlin 1957, 144–200. – Theodosius HARNACK, Die Selbsterbauung der Kirche durch den Cultus: Ders., Praktische Theologie I, Erlangen 1877. – Okko HERLYN, Theologie der Gottesdienstgestaltung, Neukirchen-Vluyn (1988) [2]1992. – Wilhelm JANNASCH, Art. Liturgik: RGG[3] IV (1960) 415–420. – Manfred JOSUTTIS, Der Weg in das Leben. Eine Einführung in den Gottesdienst auf verhaltenswissenschaftlicher Grundlage, München (1991) [3]2000. – Josef Andreas JUNGMANN, Missarum Sollemnia. Eine genetische Erklärung der römischen Messe, Freiburg (1946) [5]1962a. – Ders., Liturgiewissenschaft: SM(D) 3 (1969) 282–288. – Friedrich KALB, Grundriß der Liturgik, München [3]1985. – Ders., Art. Liturgie I: TRE 21 (1991) 358–377. – Aidan KAVANAGH (OSB), On Liturgical Theology, New York 1984. – Ernst LANGE, Chancen des Alltags. Überlegungen zur Funktion des christlichen Gottesdienstes in der Gegenwart, München (1965) [2]1984. – Gordon W. LATHROP, Holy Things. A Liturgical Theology, I. Systematic Theology of Liturgy, Minneapolis 1993. – Emil J. LENGELING, Art. Liturgie/Liturgiewissenschaft: NHThG 3 ([2]1991) 279–305. – Aimé-Georges MARTIMORT, Art. Grundbegriffe: HLW(M) (1963) I,1–15. – Reinhard MESSNER, Einführung in die Liturgiewissenschaft (UTB 2173), Paderborn/München/Wien/Zürich 2001(Lit.!). – Hans Bernhard MEYER, Eucharistie (GDK 4), Regensburg 1989. – Michael MEYER-BLANCK, Liturgie und Liturgik. Der Evangelische Gottesdienst aus Quellentexten erklärt (TB 97), Gütersloh 2001. – Theophil MÜLLER, Evangelischer Gottesdienst. Liturgische Vielfalt im religiösen und gesellschaftlichen Umfeld, Stuttgart/Berlin/Köln 1993. – William NAGEL, Geschichte des christlichen Gottesdienstes (SG 1202/1202a), Berlin [2]1970. – Ders./Eberhard SCHMIDT, Der Gottesdienst: HPTh(B) II ([2]1979) 11–137. – Alfred NIEBERGALL, Art. Agende: TRE 1 (1977) 755–784; 2 (1978) 1–91. – Hermann REIFENBERG, Fundamentalliturgie I (und II), Klosterneuburg 1978. – Georg RIETSCHEL/Paul GRAFF, Lehrbuch der Liturgik, Göttingen [2]1951/52. – Frieder SCHULZ, Das liturgische Schrifttum der evangelischen Kirche: ALW 29 (1987) 50–81 (Lit.!). – Frank C. SENN, Christian Liturgy. Catholic and Evangelical, Minneapolis 1997. – Joachim STALMANN, Liturgik: Reimund Blühm/u.a. (Hg.), Kirchliche Handlungsfelder (UB 429), Stuttgart/Berlin/Köln 1993, 105–142. – Rainer VOLP, Liturgik. Die Kunst, Gott zu feiern, I Einführung und Geschichte, Gütersloh 1992, II Theorien und Gestaltung, Gütersloh 1994. – Geoffrey WAINWRIGHT, Doxology. The Praise of God in Worship, Doctrine and Life, New York (1980)[2]1982. 1994.

Literatur

Christoph ALBRECHT, Schleiermachers Liturgik (VEGL 13), Göttingen 1963. – Paul ALTHAUS, Das Wesen des evangelischen Gottesdienstes, Gütersloh 1926. – Joachim BECKMANN, Die Aufgabe einer Theologie des Gottesdienstes: ThLZ 79 (1954) 519–526. – Karl-Heinrich BIERITZ, Ansätze zu einer Theologie des Gottesdienstes: ThLZ 100 (1975) 721–737. – Ders., Chancen einer ökumenischen Liturgik: ZKTh 100 (1978) 470–483. – Ders., Struktur. Überlegungen zu den Implikationen eines Begriffs im Blick auf künftige Funktionen liturgischer Bücher: JLH 23 (1979) 32–52. – Ders., Lutherischer Gottesdienst als Überlieferungs- und Zeichenprozeß: LJ 34 (1984) 3–20. – Ders., Dass das Wort im Schwang gehe. Reformatorischer Gottesdienst als Überlieferungs- und Zeichenprozeß: JLH 29 (1985) 90–103. – Ders., Eucharistie und Lebensstil: PTH 81 (1993) 163–181. – Ders., Postmoderne Liturgik? Eine kritische Würdigung der Erneuerten Agende: GAGF 18/1993, 3–28. – Christoph BIZER, Das Christentum und die Liturgie. Zum Kirchenverständnis des neuen Agendenentwurfs: PTh 82 (1993) 148–159. – Rudolf BOHREN, Dass Gott schön werde. Praktische Theologie als theologische Ästhetik, München 1975. – Annibale BUGNINI, Die Liturgiereform 1948–1975. Zeugnis und Testament, Freiburg 1988. – Odo CASEL, Das christliche Kultmysterium, Regensburg 1932 [4]1960. – Ders., Glaube, Gnosis und Mysterium: JLW 15 (1941) 155–305. – Ders., Das Mysterium des Kreuzes, Paderborn 1954. – Georg CASSANDER, Liturgica, de ritu et ordinatione Dominicae coenae celebrandae, Köln 1558. – Peter CORNEHL, Öffentlicher Gottesdienst: Ders./Hans-Eckehard Bahr (Hg.), Gottesdienst und Öffentlichkeit, Hamburg 1970, 118–196. – Ders., Theorie des Gottesdienstes – ein Prospekt: ThQ 159 (1979) 178–195. – Ders., Aufgaben und Eigenart einer Theorie des Gottesdienstes. Zum Stand der Debatte: PThI 1981, 12–37. – Ders., Liturgische Bildung und Ausbildung: Erneuerung des Gottesdienstes (hg.v. Friedrich-Otto Scharbau), Hannover 1990, 37–78. – Karl-Fritz DAIBER, Die Trauung als Ritual: EvTh 33 (1973) 578–597. – Ders., Gottesdienstreform und Predigttheorie: JLH 18

(1973/74) 36–54. – Charles DAVIS, Ghetto or Desert: Liturgy in a Cultural Dilemma: StLi 7/3 (1970) 10–27. – Christoph DINKEL, Was nützt der Gottesdienst? Eine funktionale Theorie des evangelischen Gottesdienstes, Gütersloh 2000. – Otto DIETZ, Die liturgische Bewegung der Gegenwart im Lichte der Theologie Luthers, Göttingen 1932. – Alfred EHRENSPERGER, Die Theorie des Gottesdienstes in der späten deutschen Aufklärung (1770–1815), Zürich 1971. – Balthasar FISCHER, Wissenschaft vom christlichen Gottesdienst. Zum Verhältnis der Liturgiewissenschaft zu ihren Nachbardisziplinen: TThZ 83 (1974) 246–251. – Ders., Liturgie oder Liturgien?: TThZ 90 (1981) 265–275. – Ders., Reform der Zeichensprache bei der nachkonziliaren Erneuerung der katholischen Liturgie. Verlust oder Gewinn?: LJ 35 (1985) 45–57. – Albert FRIES, Der Doppeltraktat über die Eucharistie unter dem Namen des Albertus Magnus (BGPhMA NF 25), Münster 1984. – Heribert W. GÄRTNER/Michael B. MERZ, Prolegomena für eine integrative Methode in der Liturgiewissenschaft. Zugleich ein Versuch zur Gewinnung der empirischen Dimension: ALW 26 (1982) 165–189. – Hansjosef GOERTZ, Deutsche Begriffe der Liturgie im Zeitalter der Reformation, Berlin 1977. – GOTTESDIENST ALS GESTALTUNGSAUFGABE (RGD 10), Hamburg 1979 – darin: »Versammelte Gemeinde« (Strukturpapier der LLK 1974). – Paul GRAFF, Geschichte der Auflösung der alten gottesdienstlichen Formen in der evangelischen Kirche Deutschlands, Göttingen I (1921) [2]1937, II 1939. – Albrecht GRÖZINGER, Praktische Theologie und Ästhetik, München [2]1991. – Romano GUARDINI, Vom Geist der Liturgie (EO 1), Freiburg 1918. – Ders., Über die systematische Methode in der Liturgiewissenschaft: JLW 1 (1921) 97–108. – Ders., Der Kultakt und die gegenwärtige Aufgabe der liturgischen Bildung. Ein Brief (1.4.1964 an Johannes Wagner): LJ 14 (1964) 101–106. – Ders., Liturgie und liturgische Bildung, Würzburg (1923) [2]1966. – Philipp HARNONCOURT, Liturgiewissenschaft nach dem II. Vatikanischen Konzil: Theologie im Dialog, hg.v. Anton Kolb, Graz 1985, 145–169. – Angelus A. HÄUSSLING, Die kritische Funktion der Liturgiewissenschaft: Liturgie und Gesellschaft (hg.v. Hans Bernhard Meyer), Innsbruck 1970, 103–130. – Ders., Liturgiewissenschaft zwei Jahrzehnte nach Konzilsbeginn: ALW 24 (1982) 1–18. – Ders., Kosmische Dimension und gesellschaftliche Wirklichkeit. Zu einem Erfahrungswandel in der Liturgie: ALW 25 (1983) 1–8. – Ders., Liturgiewissenschaft Aufgabenfelder vor uns: LJ 38 (1988) 94–108. – Ders., Christliche Identität aus der Liturgie. Theologische und historische Studien zum Gottesdienst der Kirche, hg.v. Martin Klöckener/Benedikt Kranemann/Michael B. Merz (LWQF 79), Münster 1997. – Klausjürgen HEINRICH, Die Wiedergewinnung einer theologischen Ästhetik und ihre Bedeutung für die Liturgie, Würzburg 1994. – Eberhard HÜBNER, Theologie und Empirie der Kirche, Neukirchen-Vluyn 1985. – Werner JETTER, Symbol und Ritual. Anthropologische Elemente im Gottesdienst, Göttingen [2]1986. – Ottfried JORDAHN, Georg Friedrich Seilers Beitrag zur Praktischen Theologie der kirchlichen Aufklärung (EKGB 49), Nürnberg 1970. – Klaus-Peter JÖRNS, Problemlösung oder Erlösung. Tendenzen auf dem Büchermarkt zum Thema Gottesdienst: DtPfrBl 81 (1981) 350–356.409–414. – Eberhard JÜNGEL, Der Gottesdienst als Fest der Freiheit. Der theologische Ort des Gottesdienstes nach Friedrich Schleiermacher: ZdZ 30 (1984) 264–272. – Josef Andreas JUNGMANN, Der Gottesdienst der Kirche auf dem Hintergrund seiner Geschichte, Innsbruck (1955) [3]1962b. – Ders., Seelsorge als Schlüssel der Liturgiegeschichte: Erneuerung der Liturgie aus dem Geiste der Seelsorge, (hg.v. Johannes Wagner) Trier 1957, 48–65. – Hanns KERNER, Gottesdienst Gestalt geben. Ein Wegweiser durch das Evangelische Gottesdienstbuch, München 2001. – Adel Theodor KHOURY, Religionswissenschaft und Kult. Einige Anmerkungen: Klemens Richter (Hg.), Liturgie – ein vergessenes Thema der Theologie?, Freiburg [2]1987, 54–64. – Theodor KNOLLE, Bindung und Freiheit in der liturgischen Gestaltung, Göttingen 1932. – Franz KOHLSCHEIN, Liturgiewissenschaft im Wandel? Fragmentarische Überlegungen zur Situation und Zukunft einer theologischen Disziplin: LJ 34 (1984) 32–49. – Ders., Zur Rolle der Liturgiewissenschaft bei der Ausbildung, Berufseinführung und Fortbildung der Pastoral- und Gemeindereferenten im kirchlichen Dienst: LJ 35 (1985a) 112–118. – Ders., Symbol und Kommunikation als Schlüsselbegriffe einer Theologie und Theorie der Liturgie: LJ 35 (1985b) 200–218. – Ders., Die liturgischen Reformanliegen des deutschen Aufklärungskatholizismus (1780–1830): LJ 39 (1989) 168–177. – Ulrich KÜHN, Sakramente (HSystTh 11), Gütersloh 1985. – Ders., Der eucharistische Charakter des Herrenmahls: PTh 88 (1999) 255–268. – Ernst LANGE, Was nützt uns der Gottesdienst? (1973): Ders., Predigen als Beruf. Aufsätze hg.v. Rüdiger Schloz, Stuttgart/Berlin [2]1982, 83–95. – Karl LEHMANN/Edmund SCHLINK, Das Opfer Jesu Christi und seine Gegenwart in der Kirche (DiKi 3), Freiburg/Göttingen [2]1986. – Emil J. LENGELING, Kritische Bilanz. Liturgische Bildung des Klerus und der Laien, Regensburg 1976. – Ders., Zum 20. Jahrestag der Liturgiekonstitution.: LJ 34 (1984) 114–124. – Wilhelm LÖHE, Agende für christliche Gemeinden des lutherischen Bekenntnisses: GW 7/1, Neuendettelsau 1953. – Friedrich LURZ, Die Einführung des Evangelischen Gottesdienstbuches – ein Ereignis von ökumenischer Relevanz, ThLZ 125 (2000) 231–250. – Friedemann MERKEL, Liturgie – ein vergessenes Thema evangelischen Theologie?: ders., Sagen – Hören – Loben. Studien zu Gottesdienst und Predigt, Göttingen 1992, 85–94. – Michael B. MERZ, Gottesdienst und Theorie. Zu fundamentalliturgischen Beiträgen Peter Cornehls: ALW 25 (1983) 155–160. – Ders., Liturgiewissenschaft. Name und Sache über eineinhalb Jahrhunderte: ALW 27 (1985) 103–108. – Reinhard MESSNER, Die Meßreform Martin Luthers und die Eucharistie der Alten Kirche. Ein Beitrag zu einer systematischen Liturgiewissenschaft, Innsbruck/Wien 1989. – Ders., Was ist systematische Liturgiewissenschaft? ALW 40 (1988) 257–273. – Hans Bernhard MEYER, Liturgie als Hauptfach. Erwägungen zur Stellung und Aufgabe der Liturgiewissenschaft im Ganzen des theologischen Studiums: ZKTh 88 (1966) 315–335. – Michael MEYER-BLANCK, »dass unser lieber Herr selbst mit uns rede ...«: ZThK 97 (2000) 488– 508. – Klaus MEYER ZU UPTRUP, Gottesdienst – ein Lernprozeß?: WPKG 64 (1975) 13–27. – Leo Cunibert MOHLBERG, Antworten, die auf Beachtung hoffen: Mélanges en l'honneur de Monsigneur Michael Andrieu, Paris 1956, 339–349. – Karl Ferdinand MÜLLER, Art. Liturgiewissenschaft (Liturgik): EKL^{2} III (1961) 1140–43. – Ders., (Hg.), Gottesdienst in einem säkularisierten Zeitalter, Kassel/Trier 1971. – Franz MUSSNER, Kirche als Kultgemeinde: LJ 6 (1956) 50–67. – Burkhard NEUNHEUSER, Die nachkonziliare Liturgiereform. Ein Rückblick nach dem ersten Jahrzehnt: ALW 19 (1978) 59–88. – Joseph Kardinal RATZINGER, Die sakramentale Begründung christlicher Existenz, Meitingen-Freising ^{4}1973. – Ders., Der Geist der Liturgie. Eine Einführung, Herder ^{3}2000. – Klemens RICHTER, Die Liturgiewissenschaft im Studium der Theologie heute: LJ 32 (1982) 46–63; vgl dazu: Struktur und Aufbau des Studiums der Liturgiewissenschaft, ebd. 89–107. – Ders., Die Liturgie, zentrales Thema der Theologie: Ders. (Hg.), Liturgie – ein vergessenes Thema der Theologie?, Freiburg ^{2}1987, 9–27. – Dietrich RÖSSLER, Gottesdienst: Ders., Grundriß der Praktischen Theologie, Berlin/New York ^{2}1994, 407–455. – Joachim SCHARFENBERG , Seelsorge als Gespräch, Göttingen (1972) ^{5}1991. – Josef SCHERMANN, Die Sprache im Gottesdienst, Innsbruck/Wien 1987. – Arno SCHILSON, Romano Guardini – Wegbereiter und Wegbegleiter der liturgischen Erneuerung: LJ 36 (1986) 3–27. – Ders., Theologie als Sakramententheologie. Die Mysterientheologie Odo Casels, Mainz ^{2}1987a. – Ders., Erneuerung der Sakramententheologie im 20. Jahrhundert: LJ 37 (1987b) 17–41. – Ders., Liturgie und Menschsein. Überlegungen zur Liturgiefähigkeit des Menschen am Ende des 20. Jahrhunderts: LJ 39 (1989a) 206–227. – Ders., »Feier« und »heiliges Spiel«. Wandlungen im heutigen Gottesdienst- und Sakramentsverständnis: Klemens Richter/Arno Schilson, Den Glauben feiern. Wege liturgischer Erneuerung, Mainz 1989b, 78–108. – Ders., Fest und Feier in anthropologischer und theologischer Sicht. Ein Literaturbericht: LJ 44 (1994) 3–32. – Günther SCHIWY/Hellmut GEISSNER/Herbert LINDNER/Heiner MICHEL/Herbert MUCK/Klaus PFITZNER/Rainer VOLP, Zeichen im Gottesdienst, München 1976. – Friedrich SCHLEIERMACHER, Der christliche Glaube nach den Grundsätzen der evangelischen Kirche, Berlin 1821/22. – Ders., Kurze Darstellung des theologischen Studiums zum Behuf einleitender Vorlesungen (^{2}1830), hg.v. Heinrich Scholz, Darmstadt 1977. – Ders., Die christliche Sitte nach den Grundsätzen der evangelischen Kirche, Berlin 1843. – Ders., Die Praktische Theologie nach den Grundsätzen der evangelischen Kirche, Berlin 1850. – Franz Xaver SCHMID, Liturgik der christkatholischen Religion, 3 Bde., Passau (1832/33) ^{3}1840/42. – Hans-Christoph SCHMIDT-LAUBER, Die Zukunft des Gottesdienstes. Von der Notwendigkeit lebendiger Liturgie, Stuttgart 1990. – Ders./Frieder SCHULZ, Kerygmatisches oder eucharistisches Abendmahlsverständnis? Antwort auf eine kritische Herausforderung der gegenwärtigen Liturgiewissenschaft: LJ 49 (1999) 93–114. – Gerhard SCHMIDTCHEN, Gottesdienst in einer rationalen Welt, Stuttgart/Freiburg 1973. – Frieder SCHULZ, Die Struktur der Liturgie. Konstanten und Varianten: JLH 26 (1982) 78–93. – Ders., Die Lima-Liturgie, Kassel 1983. – Ders., Agendenreform in der Evangelischen Kirche: ALW 33 (1991) 302–305 und 38/39 (1996/97) 42–47. – Helmut SCHWIER, Die Erneuerung der Agende. Zur Entstehung und Konzeption des »Evangelischen Gottesdienstbuches« (Leit.NF 2), Hannover 2000, 294–312. – Otto SEYDEL, Spiel und Ritual. Überlegungen zur Reform des Gottesdienstes: WPKG 60 (1971) 507–515. – Hermann STRATHMANN, Art. λειτουργέω, λειτουργία: ThWNT 4 (1942) 221–229. – Waldemar TRAPP, Vorgeschichte und Ursprung der liturgischen Bewegung, Regensburg 1940. – Cyprian VAGAGGINI, Theologie der Liturgie, Einsiedeln 1959. – Vilmos VAJTA, Die Theologie des Gottesdienstes bei Luther, Göttingen 1952. – Rainer VOLP, Perspektiven der Liturgiewissenschaft. Forschungsergebnisse im Interesse eines erneuerten Gottesdienstes: JLH 18 (1973/74) 1–35. – Ders., (Hg.), Zeichen, Semiotik in Theologie und Gottesdienst, München/Mainz 1982. – Geoffrey WAINWRIGHT, Der Gottesdienst als »Locus Theologicus«, oder: Der Gottesdienst als Quelle und Thema der Theologie: KuD 28 (1982) 248–258. – Dorothea WENDEBOURG, Den falschen Weg Roms zu Ende gegangen? Zur gegenwärtigen Diskussion über Martin Luthers Gottesdienstreform und ihr Verhältnis zu den Traditionen der Alten Kirche: ZThK 94 (1997) 437–467. – Athanasius WINTERSIG, Pastoralliturgik. Ein Versuch über Wesen, Weg, Einteilung und Abgrenzung einer seelsorgswissenschaftlichen Behandlung der Liturgie: JLW 4 (1924) 153–167. – Paul M. ZULEHNER/Hermann DENZ/Martina BEHAM/Christian FRIESL, Vom Untertan zum Freiheitskünstler. Eine Kulturdiagnose anhand der Untersuchungen »Religion im Leben der Österreicher 1970 bis 1990« – »Europäische Wertestudie – Österreichteil 1990«, Freiburg/Basel/Wien 1991.

Hans-Christoph Schmidt-Lauber

Erster Teil

Grundlagen des christlichen Gottesdienstes

Der Gottesdienst im Urchristentum

I. Die Voraussetzungen

A. Der jüdische Gottesdienst in neutestamentlicher Zeit

Der christliche Gottesdienst ist keine völlige Neuschöpfung. Seine Voraussetzung bildet vielmehr – in Anknüpfung wie auch im Widerspruch – der jüdische Gottesdienst. Geleitet von dem Bestreben, das Christentum möglichst weit vom Judentum abzurücken, um so seine Neuheit zu betonen, hatte man in der Vergangenheit weithin das Verhältnis zwischen christlichem und jüdischem Gottesdienst im Sinne eines völligen Bruches sehen wollen. Die neuere Forschung hat jedoch begonnen, die engen Zusammenhänge, die auch in formaler und inhaltlicher Hinsicht bestehen, wiederzuentdecken.

Das gottesdienstliche Leben des Judentums zur Zeit Jesu vollzog sich in zwei Grundformen: dem Tempelgottesdienst und dem Synagogengottesdienst.

1. Der *Tempelgottesdienst* hatte seit der deuteronomistischen Kultzentralisation als seinen einzigen und ausschließlichen Ort den Tempel von Jerusalem. Hier war das Zentrum Israels, weil Gott selbst zugesagt hatte, an dieser Stätte seinen Namen inmitten seines Volkes wohnen zu lassen. Hier fand der Opferkultus statt, durch dessen Einsetzung Gott seinem Volk die Möglichkeit der Sühne für seinen Ungehorsam und seine Verfehlungen gewährt hatte. Jährlicher Höhepunkt des Tempelkults war das Ritual des Großen Versöhnungstages (Lev 16), in dem die Schuld des Volkes beseitigt und das Allerheiligste, der Wohnort Gottes, neu geweiht wurde. Träger dieses Kults waren ausschließlich die Glieder des erblichen levitischen Priestertums. Die Beteiligung des Volkes beschränkte sich im allgemeinen auf die Bezahlung der Tempelsteuer, die jährlich einen halben Schekel betrug (Mt 17,24), sowie auf die drei jährlichen Wallfahrtsfeste – Passa, Wochenfest (Pfingsten) und Laubhüttenfest –, von denen vor allem das erste große Scharen von Festpilgern, vorwiegend aus der Diaspora, nach Jerusalem führte.

2. Daneben hatte sich, vermutlich seit dem babylonischen Exil, der *Synagogengottesdienst* als die das Alltagsleben unmittelbar bestimmende, allen israelitischen Männern aktive Teilnahme ermöglichende Form des Gottesdienstes herausgebildet. Verschiedene Einflüsse mögen bei seiner Entstehung zusammengewirkt haben: Neben den »Versammlungen der Ältesten Judas in den Häusern Babyloniens« während des Exils (Ez 8,1; 14,1) übten wohl die Volksgottesdienste aus der Zeit der Reform von Esra/Nehemia (ca. 400 v.Chr.) einen entscheidenden Einfluss aus (Neh 9,3). Auf keinen Fall war der Synagogengottesdienst nur ein Ersatz für den zeitweilig unterbrochenen Tempelkult, und so war er auch nach dessen Wiederaufnahme niemals eine Konkurrenzinstitution zu diesem. Vielmehr durchdrangen und ergänzten sich beide auf vielfältige Weise. Auch die Tempelpriesterschaft förderte den Synagogengottesdienst, weil sie dessen Bedeutung für die religiöse Erneuerung des Volkes erkannte.

Konstitutiv ist für den Synagogengottesdienst nicht ein heiliger Ort, sondern die Versammlung (συναγωγή) der Glieder des Gottesvolkes. Diese fand vorzugsweise am Sabbat statt. Aus Bibelstellen wie Ez 11,16 und Ps 80,19 gewann man die Gewissheit, Gott selbst werde auch außerhalb des Tempels bei seinem Volke sein, wenn es sich zu Gebet und Studium des Gesetzes versammelte. Das Synagogengebäude hat kaum theologische Bedeutung; notfalls kann sich die Synagogengemeinde sogar im Freien treffen (Act 16,13). Sie bedarf keines Priesters, sondern ist in ihrer Ordnung streng laizistisch. Grundsätzlich hat jeder israelitische Mann das Recht vorzubeten, aus der Heiligen Schrift zu lesen und diese predigend auszulegen (Lk 4,16–30). Auch der Rabbi, der ausgebildete Schriftgelehrte, ist hier letztlich nur primus inter pares. Seine Anwesenheit ist für den Gottesdienst keineswegs konstitutiv. Nach allem, was wir über den Synagogengottesdienst aus der Zeit vor 70 n.Chr. erschließen können, war dieser durch die Abfolge eines Gebetsteils und eines Schriftauslegungsteils bestimmt.

Der Gebetsteil setzte ein mit dem dreigliedrigen Bekenntnis zur Einzigkeit Gottes »Höre, Israel« *(sch^{e}ma Jisrael)*, in dem Dtn 6,4–9 mit Dtn 11,13–21 und Num 15,37–41 kombiniert waren. Es wurde umrahmt von Lobsprüchen *(b^{e}rakot)*, die das Schöpfungswerk Gottes, seine Heilserweise gegenüber den Vätern beim Auszug aus Ägypten sowie die kommende Erlösung zum Gegenstand hatten. Sodann folgte das Achtzehnbittengebet. Seine einzelnen Bitten waren ebenfalls formal als Lobsprüche gestaltet. Daran konnten sich persönliche Bittgebete, die in der Stille gebetet wurden, anschließen.

Der Verkündigungsteil bestand aus Lesungen der Tora und Propheten (Lk 4,16–30). Während die Toraperikopen vermutlich bereits in neutestamentlicher Zeit als fester Jahreszyklus festgelegt waren, stand die Wahl der Prophetentexte *(haftarot)* noch frei. Hier konnte eine freie Übersetzung der hebräischen Toralesung in die aramäische Umgangssprache folgen (Targum) sowie eine in der Regel durch einen Laien gehaltene Predigt, die sich auf die Toraperikope bezog, Andeutungen auf die Prophetenlesung jedoch einfließen ließ (vgl. Lk 4,18; Perrot).

Um diese zentralen Teile herum gruppierten sich verschiedene Preisungen. Deren wichtigste war die *q^{e}duscha*. Sie knüpfte an ein Motiv des Tempelgottesdienstes, die feierliche Ausrufung des dreimal heiligen Gottes (Jes 6,1–4; vgl. Ez 1; 3,12 f.; Dan 7,9 f.), an und stellte einen unmittelbaren Bezug zwischen der betenden Gemeinde und dem ewigen Gotteslob der Engel her; das Bewusstsein, dass der Gottesdienst irdische und himmlische Gemeinde zu einer Einheit des Gotteslobes zusammenschließt, fand hier seinen Ausdruck (Flusser; Maier 57–60).

3. Im jüdischen gottesdienstlichen Leben spielte, dessen starker laizistischer Komponente entsprechend, stets die *Gebets- und Feierpraxis in den Häusern* eine hervorgehobene Rolle. Zu verweisen ist hier vor allem auf die häusliche Sabbatfeier, das Festmahl und vor allem die Passafeier, für die es jeweils feste liturgische Ordnungen gab, deren Vollzug in der Verantwortung des Hausvaters lag. Es war vor allem dieser Bereich, an den das werdende Christentum bei der Entwicklung seiner gottesdienstlichen Formen anknüpfte.

B. Die Stellung Jesu zum jüdischen Gottesdienst

1. Jesus hat am gottesdienstlichen Leben seines Volkes im vollen Umfang teilgenommen. Das betrifft zunächst den Tempel: Er ist vermutlich mehrfach zum Passafest mit den Festpilgern nach Jerusalem hinaufgezogen; er hat auch die Opfer im Tempel nicht grundsätzlich in Frage gestellt (Mt 5,23 f.). In einem Fall wird sogar davon berichtet, dass er einen von ihm geheilten Aussätzigen zum Vollzug des Reinigungsopfers im Tempel angehalten habe (Mk 1,44). Erst recht war für Jesus die Teilnahme am Synagogengottesdienst eine Selbstverständlichkeit. Die zahlreichen Berichte über sein Auftreten und Wirken in Synagogen sprechen eine deutliche Sprache (Mt 4,23; 9,35; 12,9; 13,54 u.ö.). Dass diese Synagogenbesuche nur dem Zweck gedient hätten, dort ein Forum für seine eigene Verkündigung zu finden, ist eine zwar verbreitete, aber unbegründete Unterstellung.

2. Jesus übte zwar *Kritik* am jüdischen Gottesdienst, ohne dabei jedoch dessen grundsätzliche Legitimität in Frage zu stellen. Zwei für die Verkündigung Jesu charakteristische Motive bestimmen diese Kritik.

Das eine Motiv ist die Radikalisierung des Gesetzesverständnisses. Jesus legt hinter der mündlich tradierten sowie schriftlich fixierten Tora den ursprünglichen Willen des Schöpfers wieder frei, der den unbedingten liebenden Gehorsam seiner Geschöpfe erwartet. Von da her kam er zu einer fundamentalen Infragestellung der kultischen Reinigungsvorschriften, indem er feststellte: »Nicht was von außen in den Menschen hineinkommt«, sondern was aus ihm »herauskommt« macht ihn unrein (Mk 7,15). Die Forderung der Reinheit wird dabei nicht aufgehoben, sondern radikalisiert: Nicht schon äußere kultisch-rituelle Vollzüge stellen die von Gott geforderte Reinheit her; gefordert ist vielmehr eine totale Umwandlung des Inneren des Menschen, seine Umkehr. Damit nahm Jesus Motive prophetischer Kritik an einer Veräußerlichung des Kultus auf (Jes 1,10–17; Ps 50,7–23; 51,8–19). Keineswegs machte er damit die Unterscheidung zwischen dem Bereich des Heiligen und der Profanität gegenstandslos (so allerdings Käsemann 207). Vielmehr ging es ihm darum, das Volk Gottes in allen seinen Lebensbezügen für Gott zu heiligen. Die Orientierung am ursprünglichen Willen des Schöpfers steht wohl auch hinter den Sabbatkonflikten. Jesus will den Sabbat als zentralen Gottesdiensttag Israels nicht abschaffen, sondern dessen durch die kasuistisch interpretierte Sabbattora verdunkelten ursprünglichen Sinn wieder freilegen: Der Sabbat soll ein Tag sein, an dem Gottes leben- und freudenspendender Wille für sein Volk erfahrbar wird (Mk 2,27; vgl. 3,4; Lk 14,5).

Das zweite die Gottesdienstkritik Jesu bestimmende Motiv ergibt sich aus seiner Verkündigung der unmittelbar im Anbruch befindlichen Gottesherrschaft: Der bisherige Kult ist nicht imstande, dem eschatologisch Neuen, das sich aus dem gegenwärtigen Handeln Gottes ergibt, Raum zu geben (Mk 2,21 f.). Weil Gott seinem Volk nahegekommen ist, darum ist jetzt nicht Zeit zum Bußfasten und zur Trauer, sondern zur hochzeitlichen Freude (Mk 2,19). Es gilt auszublicken und sich auf die Zukunft Gottes vorzubereiten. Dieses Motiv steht wohl hinter der von allen vier Evangelien bezeugten Zeichenhandlung Jesu im Tempel unmittelbar vor seiner Passion (Mk 11,15–18 par.; Joh 2,13–22), die fraglos mit dem viel umrätselten Tempellogion (Mk 14,58; Mt 26,61; Joh 2,19; Act 6,14) zusammengehört. Jesus wollte damit verdeutlichen: Der bisherige Tempelbetrieb mit seinem Opferkult ist jetzt an sein Ende gekommen; die Nähe Gottes zu seinem Volk muss von jetzt an nicht mehr durch kultische Handlungen erneuert und gesichert werden, weil durch Jesu Botschaft Gott seinem Volk unmittelbar nahe gekommen ist.

3. Dieses Bewusstsein der Nähe Gottes findet Ausdruck in der *Gebetspraxis* Jesu und seiner Jünger. Das auf Jesus zurückgehende Grundgebet der Jüngergemeinschaft, das Vaterunser mit seinen sieben (Mt 6,9–13; Did 8,2 f.), ursprünglich wohl nur fünf Bitten (Lk 11,2–4) ist nach Form und Inhalt ein zutiefst jüdisches Gebet, was schon die zahlreichen Entsprechungen zum Achtzehnbittengebet erweisen. Seine Besonderheit liegt in der strengen Konzentration auf die Hoffnung der jetzt anbrechenden Gottesherrschaft und auf die Situation jener Menschen, die im Horizont ihres Anbruchs leben. Die Gewissheit unmittelbarer Nähe zu Gott spricht sich vor allem in der knappen, auf feierliche Prädikationen verzichtenden Anrede *abba* (»Vater«) aus. Mit diesem der familiären Umgangssprache entstammenden Wort darf der Jünger sich an Gott wenden im unbegrenzten Vertrauen darauf, in ihm einen für seine Anliegen offenen Partner zu finden. In dieselbe Richtung gehen auch die Logien und Gleichnisse, deren Thema die unbedingte Erhörungsgewissheit ist (Mk 11,21 f.; Lk 17,6 par.; Mt 17,20; Mk 11,24).

4. Die kritischen Worte, mit denen Jesus vor möglichen *Fehlentwicklungen der zentralen jüdischen Frömmigkeitsformen* Almosen, Gebet und Fasten warnt (Mt 6,1–6.16.18), sind ebenfalls von diesem Ansatz her zu verstehen. Man darf aus ihnen schwerlich eine grundsätzliche Ablehnung jüdischer gottesdienstlicher Praxis als nur »äußerlich« und »gesetzlich« herauslesen. Es geht vielmehr um die Ausschließlichkeit der Ausrichtung dieser Praxis auf das Verhältnis

des Glaubenden zu Gott. Weil Gott nahe ist, darum kann und soll der Beter sich ganz und ohne Nebengedanken seinem Vater, der ihn hört, zuwenden. »Gebet soll nie einem anderen Zwecke dienen als eben dem, mit Gott zu reden« (Luz 327). Analoges gilt vom Almosengeben und Fasten, die im synagogalen Leben eng mit dem Gebet verbunden waren: Weder das traditionelle Gewicht dieser Verhaltensweisen als frommes Brauchtum noch ihre gesellschaftliche Bedeutung können sie rechtfertigen; sie sind allein daran zu messen, ob sie der Ausrichtung des Menschen auf Gott in angemessener Weise dienen.

5. Jesu Botschaft von der Nähe Gottes und von der Durchsetzung seiner Herrschaft über sein Volk konnte freilich im Synagogengottesdienst nicht den angemessenen Raum für ihre Entfaltung finden. Sie verlangte nach einer zeichenhaft sichtbaren Darstellung, in der die Leiblichkeit und die Personhaftigkeit des anbrechenden Heils konkreten Ausdruck gewannen. Zu den hervorstechenden Merkmalen des Wirkens Jesu gehörten deshalb die *festlichen Mahlzeiten*, die er mit den Zöllnern und Sündern, den Ausgestoßenen und Unreinen am äußersten Rande des Gottesvolkes hielt (Mk 2,16; Mt 11,19 par.; Lk 7,34). Indem er als Gastgeber Tischgemeinschaft gewährte, brachte er zeichenhaft die Zuwendung Gottes zu den Sündern zum Ausdruck. Zugleich war das gemeinsame Essen und Trinken Bild für die kommende Heilszeit, Vorwegnahme der zukünftigen Mahlgemeinschaft in der vollendeten Gottesherrschaft. Obwohl sie als Sünder kultisch unrein waren, wurden die Mahlteilnehmer in die Gemeinschaft mit Gott hineingenommen, seiner Herrschaft unterstellt und damit geheiligt. Es handelte sich also bei diesen Mahlzeiten um ein gottesdienstliches Geschehen im zentralen Sinn dieses Begriffs. Den äußeren Anknüpfungspunkt bildete das liturgische Ritual des jüdischen Festmahls mit seinen Lobsprüchen und Segensformeln. Das geht auch aus den Berichten über die Speisungen des Volkes durch Jesus hervor (Mk 6,32–44 par.; Mk 8,1–9 par. Mt 15,32–39; Joh 6,5–13), hinter denen die Erinnerung an festliche Mahlzeiten Jesu mit seinen Anhängern im Zeichen der Gottesherrschaft stehen dürfte: Aller Nachdruck liegt hier nämlich auf dem liturgischen Handeln Jesu, der als Gastgeber das Brot bricht und über den Gaben die Dankgebete spricht.

6. Es bedarf heute keiner weiteren Diskussion mehr, dass das *letzte Mahl Jesu* in der Nacht vor seinem Sterben im Zusammenhang mit diesen festlichen Mahlzeiten stand. Zugleich sollte aber auch deutlich sein, dass sich seine Bedeutung nicht nur darin erschöpft, Abschluss der irdischen Mahlgemeinschaft gewesen zu sein. Entscheidendes Merkmal dieses Abschiedsmahles ist vielmehr, dass Jesus seinen Jüngern die Möglichkeit erschloss, die von ihm gewährte Mahlgemeinschaft auch nach seinem leiblichen Ausscheiden in erneuerter Form weiterzuführen. Und zwar liegt die Begründung dafür in der Sinndeutung seines bevorstehenden Todes. Eine exakte Rekonstruktion des Ablaufs dieses letzten Mahles und vor allem der von Jesus dabei gesprochenen Worte ist nicht mehr möglich, weil die Berichte (Mk 14,22–25; Mt 26,26–29; Lk 22,15–20; I Kor 11,23–25) durchweg Kultätiologien sind, in denen die Erinnerung an das vergangene Geschehen durch auf die spätere kirchliche Praxis bezogene liturgische und theologische Motive überlagert wird. Immerhin aber lassen sich die Grundzüge erkennen.

So ist deutlich, dass sich dieses Mahl von den bisherigen Mahlfeiern Jesu durch die Eingrenzung der Teilnehmerschaft auf den Zwölferkreis unterschied. Das dürfte mit der Zeichenfunktion der Zwölf als Repräsentanten und Stammväter des endzeitlichen Israel (vgl. Mt 19,28) zusammenhängen. Als der in den Tod Gehende bekräftigte Jesus seine Sendung zu ganz Israel.

Obwohl es historisch wahrscheinlich ist, dass das letzte Mahl Jesu ein Passamahl war (Mk 14,12–16 par.), sind die von den Mahlberichten festgehaltenen Handlungen und Worte Jesu ohne jeden Bezug auf Liturgie (Passahaggada) und spezifische Mahlbestandteile (Mazzen, Bitterkräuter, Lamm) der Passafeier. Sie beziehen sich vielmehr auf Vorgänge, die im Grunde für jedes jüdische Festmahl konstitutiv waren und die dessen Anfang und Abschluss markierten. Das die Hauptmahlzeit eröffnende Brotbrechen begleitete Jesus, über den üblichen Lobspruch hinausgehend, mit einem ersten Deutewort. Und ebenso sprach er über dem Segensbecher, der nach dem abschließenden Lobspruch unter den Mahlteilnehmern kreiste, ein zweites Deutewort, das sich mit einem eschatologischen Ausblick verband. Dieser eschatologische Ausblick (Mk 14,25), der zum Kern des authentischen Überlieferungsbestandes gehören dürfte, hat insofern zentrale Bedeutung, als er den Horizont des Mahlgeschehens umreißt: Jesus kündigt sein Ausscheiden aus der Mahlgemeinschaft an, spricht jedoch zugleich seine Gewissheit aus, den Becher in der hereinbrechenden Gottesherrschaft »neu zu trinken«. Damit ist impliziert, dass die von ihm bislang ermöglichte, die Gottesherrschaft vorwegnehmende Mahlgemeinschaft durch seinen gewaltsamen Tod nicht aufgehoben wird, sondern weiter gültig und wirksam bleibt. Den Sachgrund dafür benennen die beiden Deuteworte über Brot und Becher, deren ursprünglicher Wortlaut (zur Rekonstruktion vgl. Theißen/Merz 371–373) vermutlich war: »Das ist mein Leib« – »dieser Becher ist mein Blut des Bundes für die Vielen«. »Leib« (aramäisch *gufa*) meint dabei nicht die materielle Körperlichkeit, sondern die Person in ihrer Geschichtlichkeit, das »Ich«. Jesus stellt das Brechen und Verteilen des Brotes, durch das die Mahlgemeinschaft konstituiert wird, in einen kausalen Zusammenhang mit seiner personhaften Selbsthingabe in den Tod. Das Interpretament des Deutewortes über dem Becher »für die Vielen« greift auf das Motiv des stellvertretenden Sühneleidens des Gottesknechtes in Jes 53,11 f. zurück. Mit dieser inklusivisch zu verstehenden Wendung ist die »viele Einzelne umfassende Gesamtheit der dem Gerichte Gottes Verfallenen« gemeint (Jeremias 1959, 545; vgl. auch Merklein 1983, 140). Das ist zunächst die Gesamtheit Israels, der Jesu Sendung galt, darüber hinaus aber auch die Gesamtheit der Weltvölker, deren Heil nach jüdischem Glauben mit dem Heil des Gottesvolkes in einem unmittelbaren Zusammenhang stand (vgl. Mt 8,11 f.). In einem weiteren Interpretament wird – erstmalig und einzigartig in der Jesusüberlieferung – das Motiv des Bundes aufgenommen (Lichtenberger 217–228). Es nimmt Bezug auf die prophetische Erwartung einer umfassenden endzeitlichen Erneuerung des Gottesverhältnisses Israels (Jer 31,31): Jesus erklärt die durch ihn ermöglichte Mahlgemeinschaft als den Ort, von dem her sich in Zukunft diese Erneuerung Israels, der »neue Bund«, realisieren wird. Von ihr, nicht mehr vom Tempel, wird solche Erneuerung zu erwarten sein: und zwar nicht nur für Israel, sondern – darüber hinausgreifend – für die gesamte Menschheit, »die Vielen«.

In seinem Abschiedsmahl übereignete Jesus so den Zwölfen als den Repräsentanten des endzeitlich zu vollendenden Israel den Ertrag seines Sterbens. Indem er sich sühnend in den Tod dahingab, schuf er den Rechtstitel dafür, dass die von ihm verantwortete Einladung Gottes zu heilvoller Gemeinschaft mit ihm auch weiterhin an alle Glieder des Gottesvolkes ergehen konnte. Auch wenn der Wiederholungsbefehl (I Kor 11,24c; Lk 22,19c) nicht explizit von Jesus gesprochen worden ist, sondern bereits nachösterliche liturgische Reflexion widerspiegelt, blieb die Urgemeinde somit auf der Linie der Intention Jesu, wenn sie das Mahl des Herrn nachösterlich wieder aufnahm und zum Ansatzpunkt ihres neuen, »im Namen Jesu« gefeierten Gottesdienstes machte.

II. Der eucharistische Gottesdienst

A. Die Entwicklung bis zum 3. Jahrhundert

Über das gottesdienstliche Leben in der Anfangszeit der Kirche haben wir nur spärliche Informationen. Weder das Neue Testament noch das übrige urchristliche Schrifttum enthalten

Angaben über Aufbau und Verlauf von Gottesdiensten. Was ohnehin selbstverständlich und allen vertraut war, bedurfte keiner besonderen Erörterung. So sind wir weithin auf Rückschlüsse und Kombinationen angewiesen. Unsere neutestamentlichen Hauptquellen sind neben der Apostelgeschichte die paulinischen Briefe. Aber sie allein reichen für die Rekonstruktion eines einigermaßen deutlichen Bildes keineswegs aus. Deshalb sind daneben auch außerbiblische Zeugnisse aus den ersten Jahrhunderten der Kirche mit heranzuziehen.

1. Die *Jerusalemer Urgemeinde* ist bis zu ihrem Ende, kurz vor dem Beginn des Jüdischen Krieges (66 n.Chr.), eng mit dem gottesdienstlichen Leben des Judentums verbunden geblieben. Das war eine Folge ihres Selbstverständnisses als Mitte des im Namen Jesu endzeitlich zu sammelnden Volkes Israel. So nahmen ihre Glieder noch regelmäßig am Gebet im Tempel teil (Act 2,46; 3,1). Analoges ist wohl auch, trotz des Fehlens eindeutiger Belege, hinsichtlich des Synagogengottesdienstes vorauszusetzen. Denn dass die Jesus-Anhänger die Synagogen nur zum Zweck der Mission und der polemischen Auseinandersetzung aufgesucht hätten (Act 6,9), wäre mit ihrem Selbstverständnis als Glieder des Gottesvolkes kaum zu vereinbaren gewesen. Wichtig ist vor allem, dass sie, anders als die zahlreichen zeitgenössischen jüdischen Sonderrichtungen (vgl. Act 6,9), auf die Gründung eigener christlicher Synagogen verzichteten.

Der Ansatz für die Entwicklung eines eigengeprägten christlichen Gottesdienstes liegt nicht im synagogalen Wortgottesdienst, sondern in der durch Jesus begründeten Mahlgemeinschaft. Bereits unmittelbar nach Ostern versammelten sich die Jesus-Anhänger zu gemeinsamen Mahlfeiern, die reihum in den Häusern von in Jerusalem ansässigen Gemeindegliedern stattfanden (Act 2,46). Man beging das Mahl »mit Jubel«, d.h. in eschatologischer Hochstimmung, denn man verstand die Erscheinungen des Auferstandenen als Bestätigung der Mahlgemeinschaft mit ihm und zugleich als Vergewisserung des Bezuges des Mahles auf das kommende Freudenmahl der Heilszeit. Dies geht aus den Ostererzählungen hervor, die davon handeln, wie der Auferstandene die Jünger speist (Lk 24,30 f.; Joh 21,13) bzw. gemeinsam mit ihnen isst (Lk 24,41 f.; Act 10,41).

Zwar hat sich die Hypothese eines doppelten Ursprungs des Herrenmahls mit ihrer Unterscheidung zwischen einem die vorösterliche Mahlgemeinschaft im Auferstehungsjubel fortsetzenden urgemeindlichen Typus und einem in der Tradition antiker Totengedächtnismahle stehenden paulinisch-hellenistischen Typus (Lohmeyer; Lietzmann) nicht aufrechterhalten lassen. Sie hat jedoch ihr Wahrheitsmoment im Vorhandensein unterschiedlicher, sich auf die konkrete Gestaltung auswirkender Akzentsetzungen. In der palästinischen Urgemeinde der Anfangszeit lag das entscheidende Gewicht zunächst auf der eschatologischen Freude; aber auch in ihrem Bereich dürfte schon relativ früh das im letzten Mahl Jesu angelegte Motiv seiner Lebenshingabe für das Verständnis eine Rolle gespielt haben, das in der griechischsprachigen Gemeinde und vor allem in der Verkündigung des Paulus zentrale Bedeutung gewinnen sollte. Vieles spricht nämlich dafür, dass die kerygmatischen Aussagen vom Sühnetod Jesu »für die Vielen« bzw. »für uns« in der palästinisch-judenchristlichen Herrenmahlstradition ihren Ursprung hatten (Roloff 1990, 117–143).

2. Die vermutlich *älteste Bezeichnung* der Mahlversammlung als Brotbrechen (κλᾶν ἄρτον; vgl. Act 2,46; 20,7.11) hebt *pars pro toto* das für sie als konstitutiv betrachtete Geschehen heraus. Daneben finden sich die Bezeichnung Herrenmahl (κυριακὸν δεῖπνον; vgl. I Kor 11,20), die die Herkunft betont, sowie die vom Gemeinschaftscharakter ausgehenden terminologischen Prägungen das Zusammenkommen (συνέρχεσθαι; vgl. I Kor 11,17 f. 20.33 f.; 14,23) bzw. das Zusammensein (εἶναι ἐπὶ τὸ αὐτό; vgl. Act 2,44; I Kor 11,20; 14,23). Von der Wende zum 2. Jh. an setzte sich, ausgehend vom judenchristlichen Bereich, die Bezeichnung εὐχαριστία

durch. Sie ist erstmals bezeugt Did 9,1.5 (vgl. IgnEph 13,1; IgnPhld 4; IgnSm 8,1), hat jedoch ältere Wurzeln (vgl. I Kor 10,16). Ihr Bezugspunkt liegt im die Mahlzeit eröffnenden Dankgebet, das wiederum eine Weiterentwicklung der *b^erakah* des jüdischen Festmahls war. Man hat aus Act 2,46 häufig herauslesen wollen, dass die Urgemeinde täglich Mahlversammlungen gehalten hätte; doch das beruht auf einem Missverständnis des Textes; das betont am Anfang von Act 2,46 stehende Adverb »täglich« bezieht sich wohl nur auf den täglichen Tempelbesuch (vgl. Schneider 288). Als relativ gesichert kann vielmehr gelten, dass bereits in der Frühzeit der erste Tag der jüdischen Woche als der Tag der Auferstehung des Herrn das feste Datum der Herrenmahlsfeier war (Act 20,7; I Kor 16,2; Apk 1,10). Da die frühen Mahlfeiern Nachtgottesdienste waren, die sich bis in den frühen Morgen hineinziehen konnten (Act 20,7–12), stellt sich freilich des Näheren die Frage, ob sie in der Nacht nach dem Sabbat oder in der dem »Herrentag« folgenden Nacht stattfanden. Geht man davon aus, dass der jüdische Tag mit Sonnenuntergang begann, so legt sich das erstere nahe (so auch Staats gegen Rordorf). Von da aus erklärt sich am leichtesten die für das frühe 2. Jh. bezeugte Gottesdienstfeier am Sonntagmorgen »vor Sonnenaufgang« (Plinius d.J., Ep. X 69,7).

3. Für den *Ablauf der Herrenmahlsfeier* in der Frühzeit sind wir auf punktuelle Angaben angewiesen. Dabei ist mit einer nicht unerheblichen Variationsbreite zu rechnen. Immerhin gibt uns die paulinische Herrenmahlsparadosis I Kor 11,23–25 Aufschluss über jene Momente, die gesamtkirchlich verbindlich waren, denn sie enthält judenchristliche Tradition, deren Rezeption durch die hellenistisch-heidenchristlichen Gemeinden Paulus voraussetzt. Demnach tut die Gemeinde das, was Jesus in der Nacht seines Dahingegebenwerdens getan hat: Sie spricht den Lobspruch zur Mahleröffnung, bricht und verteilt das Brot; »in gleicher Weise« (ὡσαύτως) verfährt sie mit dem Nachtischbecher, d.h. sie spricht den Lobspruch über ihn und lässt ihn sodann in ihrer Runde kreisen. Hier sind also zwei Lobsprüche vorausgesetzt, und das findet durch I Kor 10,16 (»der Segensbecher, den wir segnen«) seine Bestätigung. Es handelt sich dabei formal um die entsprechenden jüdischen Tischgebete, das Gebet vor der Mahlzeit *(birkat ha-môṣî)* und das den Segensbecher *(kôs šäl b^erakah)* begleitende Dankgebet nach dem Mahl *(birkat ha-mazôn)*. Inhaltlich ist für diese Gebete jedoch eine besondere christliche Prägung vorauszusetzen, denn sie werden zum Gedächtnis Jesu (V. 24c: εἰς τὴν ἐμὴν ἀνάμνησιν) vollzogen, d.h. sie haben anamnetischen Charakter. Konkret ist dabei an einen Lobpreis des Heilswerkes Jesu, seines sühnenden Kreuzestodes und seiner Auferstehung zu denken. In diese Richtung weist nämlich die Bemerkung, mit der Paulus die ἀνάμνησις Jesu kommentiert: Es geht um das Verkündigen des Todes des Herrn (V. 26b). Im lobpreisenden Gedenken an das Heilshandeln Gottes im Sterben Christi, von dem die Gemeinde lebt, wird die Herrschaft des Gekreuzigten vor der Welt öffentlich kundgemacht (Bornkamm 159 f.; Hofius 402 f.).

Nichts deutet darauf hin, dass mit dieser Verkündigung des Todes des Herrn an eine Rezitation der Herrenmahlsparadosis bzw. der Spendeworte (so Jeremias 1967, 100 f.) gedacht oder auch eine das Mahl begleitende Wortverkündigung gemeint sei. Einer gottesdienstlichen Rezitation der Spendeworte bedurfte es nicht, weil den Lobsprüchen konsekratorische Wirkung zugeschrieben wurde. Und zwar konsekratorisch in dem Sinne, dass die jüdische *b^erakah* stets Gotteslob und Segnung in einem ist: Gott der Schöpfer wird für sein heilvolles Handeln gepriesen, zugleich aber werden die Gaben der Schöpfung ausdrücklich dem von Gott ausgehenden Heil unterstellt (vgl. Kretschmar 1977, 69 f.). Analog unterstellen die eucharistischen Lobsprüche die Gaben Brot und Wein der Heilswirkung des Sterbens Jesu. Indem die Gemeinde lobpreisend den Tod des Herrn verkündigt, wird für sie die Zusage dieses Herrn in den Spendeworten seines letzten Mahles unmittelbare geschichtliche Wirklichkeit: Brot und Wein werden

»geistliche Speise« und »geistlicher Trank« (I Kor 10,3 f.). Weil über dem Segenskelch der segnende Lobpreis gesprochen wird, wird er »Gemeinschaft des Blutes Christi« (I Kor 10,16).

Aus I Kor 11,25 geht ferner hervor, dass damals Brotritus und Becherritus noch durch ein Sättigungsmahl voneinander getrennt waren (Theißen 299; Hofius 383 f.; Lampe 203 f.). Der von Paulus getadelte Missstand beim korinthischen Herrenmahl bestand nicht darin, dass die ärmeren Gemeindeglieder am gemeindlichen Sättigungsmahl vor der eigentlichen Eucharistiefeier keinen hinreichenden Anteil bekommen hätten, sondern darin, dass die Reichen die für das von der Eucharistie umrahmte Sättigungsmahl bestimmten Speisen bereits vorher im privaten Kreis verzehrt hatten, sodass die Armen sich bei diesem Mahl nicht mehr satt essen konnten. Paulus maß dieser Krise wohl auch deshalb solches Gewicht bei, weil sie die dem Herrenmahl von seinen Anfängen her eigene diakonische Komponente berührte. Weil in ihm die dienende Selbstentäußerung Jesu vergegenwärtigt wird, darum können die Eucharistieteilnehmer nicht egozentrisch an den leiblichen Nöten der Nächsten achtlos vorbeischauen (Lampe 210). Diese diakonische Komponente findet sich schon in den Speisungserzählungen der Evangelien angedeutet (Mk 6,42; 8,8): Die beim gemeindlichen Mahl erfahrene leibliche Sättigung der Notleidenden und Hungrigen war ein Zeichen dafür, dass das von Jesus erschlossene Heil auch die Leiblichkeit des Menschen mit einschließt; indem die Gemeinde beim Mahl ihre Armen speist, entspricht sie dem dienenden Dasein Jesu »für die Vielen« (Mk 10,45; vgl. Lk 22,27), dem sie sich verdankt (Roloff 1990, 189–192). So hat sich vermutlich bereits in Jerusalem mit der Mahlfeier die Speisung der Gemeindewitwen verbunden (Act 6,1 f.); bei ihr wurden die Gaben für die Jerusalem-Kollekte eingesammelt (I Kor 16,2). Auch die Anfänge des Diakonenamts wird man im Umfeld des Mahlgottesdienstes zu suchen haben.

Allerdings deutet sich im Rat des Paulus an die Korinther, sich bereits vor Gottesdienstbeginn zu Hause zu sättigen (I Kor 11,34), ansatzweise eine Entwicklung an, die zu einem Auseinandertreten von Sättigungsmahl und »sakramentalem« Teil führte. Die Mahltraditionen bei Markus und Matthäus spiegeln bereits ein fortgeschritteneres Stadium wider, indem sie nicht mehr das zwischen Brotwort und Kelchwort liegende Mahl erwähnen; immerhin bringen sie noch zwei getrennte Lobsprüche über dem Brot (Mk 14,22; Mt 26,26) und über dem Becher (Mk 14,23; Mt 26,27). Folgten Brotbrechen und Kelchhandlung unmittelbar aufeinander, so musste es sich nahelegen, die beiden Lobsprüche zu einem einzigen, dem Brotbrechen unmittelbar vorhergehenden, zu kombinieren; dies vor allem da, wo die ursprüngliche Bedeutung der Lobsprüche und ihre Funktion im jüdischen Festmahl nicht mehr im Bewusstsein war. Ein Gebet über Brot und Wein, das ganz auf die Christusanamnese konzentriert war, wurde die Regel. Das Sättigungsmahl hatte seinen Ort zunächst unmittelbar vor diesem Gebet und wurde durch dieses abgeschlossen. Im weiteren Verlauf wurde es als Agape ganz von der Eucharistie abgetrennt und entwickelte sich zu einer eigenen gottesdienstlichen Form.

Der Ausblick auf das kommende Eschaton spielte eine bestimmende Rolle bei der Mahlfeier. Zwar fehlt das eschatologische Wort vom kommenden Mahl in der Gottesherrschaft (Mk 14,25) in der paulinischen Mahlparadosis I Kor 11,23–25, doch findet es sein Äquivalent in der kommentierenden Erklärung des Mahls als Verkündigung des Todes des Herrn »bis dass er kommt« (I Kor 11,26). Der aramäische Gebetsruf *Maranatha* (»unser Herr, komm!«) war Teil des Mahlgottesdienstes (I Kor 16,22; Did 10,6; vgl. Apk 22,20). In ihm verband sich die Hoffnung auf das zukünftige Erscheinen Jesu in der Parusie mit der Bitte um sein dieses Erscheinen vorwegnehmendes Kommen zu den Seinen in der gegenwärtigen Mahlgemeinschaft. Eine enge Wechselbeziehung zwischen beidem deutet sich an: Das eucharistische Mahl ist Vergewisserung der Hoffnung auf das zukünftige Mahl der messianischen Heilszeit, zugleich aber trägt der jetzt im Mahl zur Gemeinde kommende Herr die Züge des eschatologischen Weltvollenders.

Alte Bestandteile der Mahlliturgie sind aller Wahrscheinlichkeit nach ferner der Heilige Kuss (I Kor 16,20; II Kor 13,12) und die Ausschlussformel für die Feinde Gottes (»Wenn jemand den Herrn nicht liebt, so sei er ausgeschlossen«: I Kor 16,22; vgl. Apk 22,15). Beides gehört sachlich eng zusammen, insofern dadurch das Wesen der Mahlgemeinschaft die durch Christi Selbsthingabe begründete κοινωνία zum Ausdruck kommt. Der Heilige Kuss, an dessen Stelle auch der Friedensgruß (I Kor 16,23; II Kor 13,13 u.ö.) treten konnte, bringt die Bereitschaft der Teilnehmer zum Ausdruck, sich durch das Sakrament zu verbindlicher Gemeinschaft zusammenführen zu lassen (zur Problematik s. Thraede). So formuliert Did 14,2 im Anschluss an Mt 5,23 f. die Grundregel: Versöhnung mit dem christlichen Bruder ist Voraussetzung für die Teilnahme am Tisch des Herrn. Der Ausschluss betrifft die Ungetauften, sowohl außenstehende Gäste wie auch Katechumenen. Es gilt der Grundsatz: Die Eucharistie ist das Mahl der »auf den Namen des Herrn Getauften« (Did 9,5; Justin, Apol I,66). Er mag zu der Verlegung der sakramentalen Handlung an das Ende des Mahles mit beigetragen haben.

4. Als die zentrale gottesdienstliche Feier der Christen hat das Herrenmahl von Anfang an *worthafte Teile* an sich gezogen. Auch wenn das Summarium Act 2,42 nicht als Aufriss des Verlaufs eines urchristlichen Gottesdienstes gelten kann (so Jeremias 1967, 111–115), nennt es doch mit Lehre (der Apostel) und Gebeten zwei Elemente, die bei keiner Herrenmahlsfeier fehlten.

So ist in ihrem Rahmen von Anfang an verkündigt und gelehrt worden. Beim nächtlichen Gottesdienst in Troas (Act 20,7–12) predigt Paulus vor dem »Brotbrechen«. Die Briefe des Paulus sind zur gottesdienstlichen Verlesung gedacht (I Thess 5,27). Darauf deutet auch der Umstand hin, dass in den Briefschlüssen I Kor 16,20–24 und II Kor 13,12 f. gehäuft Elemente der Gemeindeliturgie auftreten. Ob man daraus schließen darf, Paulus wolle damit unmittelbar von der Verlesung seiner Briefe zur Herrenmahlsfeier überleiten, bleibt allerdings zweifelhaft. Klarer liegt der Fall bei der ebenfalls zur Verlesung im Gottesdienst bestimmten Johannesoffenbarung (Apk 1,3). Dadurch, dass ihr Schluss unmittelbar in die eucharistische Liturgie einmündet, wird ihr konkreter gottesdienstlicher Ort vor der eigentlichen Mahlfeier angedeutet (Apk 22,17–20). Verkündigung und Lehre konnten in den unterschiedlichsten Formen erfolgen.

Eine wichtige Rolle spielte die Prophetie, die den Willen des Erhöhten für die Gemeinde in Vollmacht ansagte, wobei sowohl alttestamentliche Texte wie auch Jesusworte als Ausgangspunkte herangezogen werden konnten. Die Lehre hingegen diente der Entfaltung und didaktischen Aufbereitung der maßgeblichen Überlieferung, wozu der biblische Schriftbeweis (vgl. Act 8,31–35) ebenso gehörte wie die heilsrelevanten Daten des Christusgeschehens (vgl. I Kor 15,3b–5), die paränetische Weisung für die konkrete Lebensführung, ferner – speziell für die Taufbewerber – die Instruktion über die Weisen der Heilsaneignung (vgl. Hebr 6,1 f.).

Weil Verkündigung und Lehre weitgehend auf die Schrift bezogen waren, ist von Anfang an mit der Verlesung von alttestamentlichen Texten zu rechnen, allerdings nicht in einer liturgisch verbindlichen Weise. Denn die Schriftlesung stammt nicht aus der Tradition des jüdischen Festmahls; ihr Ort war im Synagogengottesdienst (Goppelt 146). Einiges spricht dafür, dass in der Mahlfeier je nach Anlass und Bedarf Auszüge und Testimonien aus der Schrift Verwendung fanden, wie sie ähnlich auch in Qumran belegt sind; dabei dürfte es sich vor allem um Kombinationen von christologisch interpretierbaren Stellen aus Prophetenbüchern gehandelt haben (z.B. Röm 9,31–33; I Petr 2,6–10; vgl. Hahn 1985, 14,33). Erst da, wo die Christen endgültig aus dem Synagogengottesdienst ausgewandert waren und die Eucharistiefeier dessen Funktion teilweise mit übernehmen musste, kam es zur Einführung fester Schriftlesungen. Wohl kaum zufällig wird die Lesung als regulärer Teil des Gottesdienstes erstmals um 100 erwähnt (I Tim 4,13; vgl. II Clem 19,1). Gemeint sind damit die »heiligen Schriften« des Alten Testaments

(II Tim 4,13). Aber um dieselbe Zeit dürften bereits auch Lesungen von schriftlich fixierten Stücken aus der Jesus-Überlieferung Eingang in den Gottesdienst gefunden haben; so zitiert I Tim 5,18 ein Jesuslogion als »Schrift« (Roloff 1988, 309), d.h. als einen in gottesdienstlichem Gebrauch stehenden Text. Auch mit Lesungen der Passionsgeschichte ist zu rechnen, darüber hinaus – in den paulinischen Gemeinden – mit Lesungen aus den Briefen des Apostels. Um die Mitte des 2. Jh. gibt es bereits eine feste Leseordnung. So nennt Justin (Apol I,67,3 f.) als Bestandteil des Mahlgottesdienstes die Lesung vor der Predigt, die sowohl »die Aufzeichnungen der Propheten« (d.h. das Alte Testament) wie auch »die Denkwürdigkeiten der Apostel« (d.h. die Evangelien) umfasst.

Die Mahlfeier bot auch Raum für verschiedenartige Formen von Gebet und Lobgesang neben den für das Mahl konstitutiven eucharistischen Gebeten im engeren Sinn. Vieles davon wurde unmittelbar aus jüdischer gottesdienstlicher Tradition übernommen, anderes wurde, im Anschluss an vorgegebene Muster, neu geprägt. Wenn das Neue Testament Psalmen (I Kor 14,26), Hymnen (Eph 5,19) und Oden (Kol 3,16) erwähnt, so kann das nicht im Sinne formaler Gattungsbestimmungen verstanden werden. Auch eine Unterscheidung zwischen liturgisch fixierten und freien Gebetsformen ist kaum angemessen, da hier mit fließenden Übergängen gerechnet werden muss. Eine Ausnahme bildet in dieser Hinsicht nur das Vaterunser als das maßgebliche, vom Herrn selbst stammende Gebet; der Umstand, dass ihm schon in früher Überlieferung eine Doxologie angehängt wurde (Did 8,2), erweist seinen gottesdienstlichen Gebrauch. Mit der Doxologie nämlich nimmt die Gemeinde das vom Vorbeter gesprochene Gebet auf und macht es sich zu eigen. Auffällig breiten Raum nimmt die Fürbitte ein. Ein repräsentatives Beispiel dafür ist das große Kirchengebet I Clem 59,2–61,3, das durch seine Stellung am Schluss eines paränetischen, für die Verlesung im Gottesdienst bestimmten Schreibens andeutet, dass dort die Fürbitte üblicherweise die Wortverkündigung abschloss. Die in ihm enthaltenen thematischen topoi dürften ebenfalls die übliche Gebetspraxis widerspiegeln: Bitte für die Kirche und ihre Bewahrung (59,2), für die Bedrängten, Kranken und Irrenden (59,3–4), für Eintracht und Frieden unter allen Menschen (60,4) sowie für die Mächtigen und Regierenden (61,1; vgl. I Tim 2,1 f.).

5. Die *ältesten Ordnungen des eucharistischen Gottesdienstes* aus dem 2. und 3. Jh. lassen als Erbe der nachapostolischen Zeit eine erhebliche Variationsbreite bei gleichzeitiger Übereinstimmung im Grundlegenden erkennen.

Einen östlichen Typus repräsentiert die aus dem Syrien des frühen 2. Jh. stammende Didache. Hier schließt sich die Eucharistie unmittelbar an eine Agape an: Did 9 enthält die Mahlgebete für die Agape, während Did 10,1–6 das Gebet vor der Eucharistie wiedergibt (so u.a. Jeremias 1967, 111.127 f.; Goppelt 148; Felmy 6 f.; Niederwimmer 179 f.; anders Lietzmann 232 f.; ihm folgend zuletzt Kretschmar 1977, 232; vgl. Meyer 91 Anm. 1). Dieses Eucharistiegebet lässt in Sprache und Form die Nähe zum jüdischen Festmahl noch deutlich erkennen. Seine drei Benediktionen lehnen sich eng an die *birkat ha-mazôn* an: (a) Dank für die von Gott gewährten Heilsgüter (V. 2); (b) Dank für die Schöpfungsgaben und Bitte um die Gewährung von geistlicher Speise und geistlichem Trank um Jesu willen (V. 3 f.); (c) Bitte um die Einlösung der göttlichen Verheißung an seine Kirche (V. 5). Das anamnetische Moment ist hier konsequent umschlossen vom Lobpreis. Und zwar schließt sich in (b) die ganz knapp gehaltene Anamnese Jesu (»um Jesu, deines Knechtes willen«) an die sehr viel breiter gehaltene Anamnese des Schöpfungswerkes an:

»Du, Herr, Allherrscher, hast alles geschaffen um deines Namens willen,
Speise und Trank hast du den Menschen gegeben ...«

Das Ganze schließt mit einem eschatologischen Passus und dem *Maranatha*-Ruf (V. 6).

In alledem wird der Tod Jesu nicht explizit erwähnt. Das Formular bietet auch keinen Raum für eine Rezitation der Einsetzungsworte. Die Anamnese des Christusgeschehens ist in den alles übergreifenden Lobpreis des Handelns Gottes und in den Ausblick auf die kommende Vollendung eingeschmolzen.

Die Mahlordnung, die sich aus dem Bericht des Märtyrers Justin (gest. um 165 in Rom) erschließen lässt (Apol I,65–67), hat eine selbstständige, vom Sättigungsmahl völlig gelöste Eucharistiefeier mit der Abfolge (nach Apol I,67,1–6):

Lesung (»Propheten« bzw. »Denkwürdigkeiten der Apostel«)
Predigt des Vorstehers
(Fürbitten-)Gebet der Gemeinde
Herbeibringen der Gaben
Dankgebet (Vorsteher)
Akklamation (»Amen«) der Gemeinde
Austeilung
Überbringung der Gaben an Abwesende (durch Diakone)
Einsammlung der Kollekte für Kranke und Notleidende.

Die Themen des eucharistischen Dankgebetes sind: Lobpreis des Vaters durch den Sohn und den Heiligen Geist (Apol I,65,3); Dank für die Schöpfung und die Erlösung (Apol I,67,2); Stiftungsgedächtnis (Apol I,65,3; vgl. Dial 41,1) mit Logos-Epiklese (»dass durch das Gebet des Logos, der von ihm ausgeht, die Speise, über welche die Danksagung gesprochen ist ..., zum Fleisch und Blut des fleischgewordenen Jesus wird«, Apol I,66,2; vgl. Hofius 397; Meyer 101). Dieses Eucharistiegebet repräsentiert den gleichen Typus wie Did 10,1–5: Die Anamnese des Christusgeschehens ist in den Dank integriert; der Einsetzungsbericht fehlt.

Die Urform jenes Eucharistietyps, der sich im Westen durchsetzen sollte, findet sich erstmals in der Kirchenordnung Hippolyts, die die stadtrömische Liturgie des frühen 3. Jh. wiedergeben dürfte (TA 4). Das umfangreiche Eucharistiegebet untergliedert sich in mehrere Teile mit jeweils klar ausgeprägter Thematik:

(a) Aufforderung zur Danksagung in einem Dialog zwischen Bischof und Gemeinde:

Der Herr sei mit euch	und mit deinem Geiste.
Erhebt eure Herzen.	Wir haben sie beim Herrn.
Danksagen lasst uns dem Herrn.	Das ist würdig und recht.

(b) Anamnetischer Dank für das Christusgeschehen (Schöpfungswerk durch den Logos, Menschwerdung, heilswirksames Leiden, Auferweckung), ausmündend in das Stiftungsgedächtnis (Einsetzungsbericht);
(c) Darbringung der Gaben;
(d) Bitte um die Sendung des Heiligen Geistes auf die Gaben und die an ihnen teilhabende Gemeinde (Epiklese).

Die Grundstruktur der Danksagung mitsamt dem Rückbezug auf die Lobsprüche des jüdischen Gastmahls ist auch hier noch erkennbar. So übernimmt der Einleitungsdialog (a) wörtlich die Aufforderung zur Danksagung, mit der die *birkat ha-mazôn* begann, und der Dank für das Schöpfungswerk ist – wenn auch nur implizit – im Dank für das Christusgeschehen (b) enthalten. Neu ist hingegen das zweigliedrige Schema von Anamnese und Epiklese, welches das Eucharistiegebet bestimmt. Neu ist ferner die liturgische Verwendung des Stiftungsberichts, freilich nicht als selbstständiger Teil, sondern als Bestandteil der das gesamte Heilsgeschehen kommemorierenden Christusanamnese. Er ist »vom Gedächtnisauftrag her und zusammen mit diesem als Grund und Ermächtigung für das kultische Gedächtnis des Herrenmahles zu verstehen« (Meyer 106). Die hier erstmals explizit bezeugte Epiklese ist eine transformierte Fassung des Motivs des eschatologischen Ausblicks.

B. Sonderformen

1. Die *Agape* ist phänomenologisch ein liturgisch gestaltetes Festmahl, dessen nächste Parallelen in festlichen jüdischen Mahlzeiten, speziell in den Gemeinschaftsmahlen der Qumran-Gemeinschaft zu finden sind (1QS 6; 1QSa 2). Entstanden ist sie wohl durch die allmähliche Ablösung des sakramentalen Mahles von der Sättigungsmahlzeit. Diese dürfte sich bereits in der zweiten Hälfte des 1. Jh. angebahnt haben (I Kor 11,34). In einer frühen Entwicklungsphase, wie sie in Did 9 bezeugt ist, fand das Sättigungsmahl noch innerhalb desselben Gottesdienstes unmittelbar vor der eigentlichen Eucharistie statt; in neutestamentlicher Zeit lockerte sich diese Verbindung zugunsten einer zeitlichen und räumlichen Trennung von der Eucharistiefeier (TA 25–28). Der ursprüngliche Zusammenhang spiegelt sich in der Bezeichnung Agape, die, ähnlich wie κοινωνία, die durch die Selbstmitteilung Christi begründete, in der Mahlgemeinschaft zeichenhaft dargestellte Liebesgemeinschaft der Christen umschreibt. In den ältesten Belegen (Jud 12; IgnSm 8,2) ist damit wohl noch die gesamte Eucharistiefeier gemeint.

Von der Mitte des 2. Jh. an entwickelte sich die Agape zu einer Form christlicher Geselligkeit mit Schwerpunkt auf der Armenfürsorge. Die Konkurrenz zu den Gemeinschaftsmahlzeiten heidnischer Kultvereine hat dabei sicher eine Rolle gespielt. Nicht selten wurden die Agapenfeiern (z.B. in Alexandria: ClemAlex, paed. II,4–8) zu bloßen Anlässen für gesellige Zusammenkünfte der Christen gehobener bürgerlicher Kreise.

Feste Elemente des Ablaufs waren: Weinsegen, Brotbrechen und Mahlzeit. Den Bechersegen sprach jeder Teilnehmer für sich. Zu Beginn wurde häufig eine Lampe hereingebracht und ein Dankgebet für das Licht gesprochen (TA 25).

2. Eine weitere Sonderform ist die *Taufeucharistie*. Zum Taufgottesdienst gehörte die Erstkommunion der Getauften. Dabei haben sich älteste liturgische Formen noch lange erhalten (Kretschmar 1970, 109–114 u.ö.): Den Neugetauften wurde zwischen den eucharistischen Gaben Brot und Wein mit Honig vermischte Milch gereicht (TA 21). Dahinter steht, wenn nicht eine jüdische Tradition sakraler Mahlzeiten, so doch zumindest die jüdische Metaphorik, die Honig als Inbegriff der göttlichen Heilsgaben versteht (JosAs 16,14.16), sowie die christliche Metaphorik der Milch als Speise der (in der Taufe) Neugeborenen (vgl. I Kor 3,2; Hebr 5,12 f.).

3. Unklar ist, ob es bereits in neutestamentlicher Zeit eine besondere Form der *Passa-Eucharistie* gegeben hat. Als Beleg dafür wird die Langform des lukanischen Mahlberichtes (Lk 22, 15–20) herangezogen, die das letzte Mahl Jesu in den Rahmen einer Passafeier einzeichnet (Jeremias 1967, 115–118; Lohse 105; Hahn 1967, 356). Doch sprechen verschiedene Gründe eher für die Annahme, dass der lukanische Bericht seine Gestalt dem historischen Interesse des Evangelisten verdankt, der davon wusste, dass Jesu letztes Mahl ein Passamahl war (Patsch 95–102). Eindeutig nachweisbar ist eine christliche Passafeier, zu der auch die Eucharistie gehörte, erst im 3. Jh. bei den Quartadezimanern, einer christlichen Gruppe in Kleinasien und Syrien. Diese begingen das Passa in der Nacht vom 14. zum 15. Nisan mit stellvertretendem Fasten für die Juden, Lesung von Ex 12, Agape und Eucharistie (am frühen Morgen).

C. Leitung und Vorsitz

Bis in die konstantinische Zeit hinein spielte sich das gottesdienstliche Leben der Christen schwerpunktmäßig in Privathäusern ab, da eigene Kirchengebäude fehlten. Die Normalform des eucharistischen Gottesdienstes war die Versammlung der Hausgemeinde. Im Regelfall waren wohlhabendere Gemeindeglieder, die über geräumige Häuser verfügten, die Gastgeber. Dass ihnen auch eine hervorgehobene Rolle innerhalb des gottesdienstlichen Vollzugs zukam, versteht sich von selbst. Dem jüdischen Hausvater oblagen die liturgischen Vollzüge im Hause, etwa am Sabbat; als Gastgeber brach er das Brot und sprach am Anfang des Mahls den Lobspruch. Dementsprechend hat wohl auch der Gastgeber einer Hausgemeinde bei der Eucharistie den Vorsitz übernommen, so z.B. Stephanas (I Kor 16,15) und Gaius (Röm 16,23) in Korinth. Die Möglichkeit, dass auch eine Frau wie Phöbe, die einem Hauswesen vorstand und in Kenchraia als Gastgeberin einer Hausgemeinde fungierte, den Mahlvorsitz führte, wird von Röm 16,1 (wo Paulus sie als διάκονος der Kirche von Kenchraia bezeichnet) immerhin nahegelegt. Den abschließenden Bechersegen *(birkat ha-mazôn)* beim Gastmahl sprach in der Regel einer der Gäste (Bill IV/2,626); man wird es bei der Eucharistie kaum anders gehalten haben. Paulus wie auch andere Apostel und Missionare übernahmen wohl im Fall ihrer Anwesenheit den Vorsitz; so hat Paulus als durchreisender Gast in Troas das Brot gebrochen (Act 20,11).

Im übrigen bot der Gottesdienst, abgesehen von diesen zentralen, auf das Mahl bezogenen Funktionen in vielfältiger Weise Raum für die aktive Beteiligung der Gemeinde. So war es in Korinth wohl die Regel, dass mehrere Propheten und Lehrer mit ihrer Verkündigung auftraten, daneben Glossolalen samt den Deutern ihrer stammelnden Rede sowie Gemeindeglieder, die selbstformulierte Gebete sprachen (I Kor 14,26). Der Apostel muss mahnen, angesichts dieser Fülle und Vielfalt den Eindruck chaotischer Unordnung zu vermeiden (I Kor 14,31–33).

Auch das Auftreten von Frauen zu prophetischer Verkündigung und Gebet war zunächst die Regel und wurde von Paulus (mit kleinen Einschränkungen) ausdrücklich zugestanden (I Kor 11,5–11). Erst in der Zeit der zweiten und dritten Generation wurde das öffentliche Reden der Frau im Gottesdienst unterbunden (I Tim 2,11 f.). Die Motivation dafür ist in dem Bestreben zu suchen, die in der jüdischen und hellenistischen Umwelt geltenden Regeln für das Sozialverhalten der Frau nicht zu durchbrechen und unnötigen Anstoß zu vermeiden (I Tim 5,14).

Darüber hinaus ist um die Wende zum 2. Jh. eine Konzentration der gottesdienstlichen Funktionen auf einen kleinen Kreis dafür speziell Bevollmächtigter unverkennbar. Dies sind auf der einen Seite die als Träger des Geistes ausgewiesenen Propheten. So rechnet die Didache damit, dass Propheten häufig die eucharistische Versammlung leiten und gesteht ihnen zu, »Dank zu sagen, so viel sie wollen« (Did 10,7). Man erwartete demnach von den Propheten eine freie Gestaltung der Danksagung nach Maßgabe der ihnen erschlossenen pneumatischen Fülle. Gegenläufig hierzu ist auf der anderen Seite das Bestreben, die Funktionen der Gemeindeleitung und der Lehre zusammenzuführen unter gleichzeitiger Zurückdrängung von Pneumatikertum und Prophetie. So vertreten, darin repräsentativ für die paulinischen Gemeinden Kleinasiens, die Pastoralbriefe das Prinzip der Leitung durch Lehre (vgl. Roloff 1988, 306–309). Demnach soll der verantwortliche Gemeindeleiter (ἐπίσκοπος) zugleich die Lehre (I Tim 4,16) und den Vorsitz im Gottesdienst (I Tim 5,17) übernehmen. Obwohl in diesem Zusammenhang auf die Leitung der Eucharistie nicht direkt Bezug genommen ist, ist sie zweifellos mit einbezogen. Die theologische Motivation dafür liegt keinesfalls im Gedanken einer spezifischen, durch die Ordination vermittelten Weihevollmacht; sie ist vielmehr in der auf Paulus zurückgehenden Einsicht (I Kor 10,16) zu suchen, dass vom Tisch des Herrn her die Gemeinde ihre Gestalt gewinnt. Daraus ergibt sich, dass der Hirtendienst verantwortlicher Gemeindeleitung vom eucharistischen Gottesdienst her seinen Ausgang nehmen muss. In der einseitigen Verfolgung dieses Grundsatzes leiten die Pastoralbriefe eine Entwicklung ein, die zur Verdrängung freier, nicht an feste Ämter gebundener Charismen und Geistesgaben aus dem Gottesdienst führte. Noch einen Schritt weiter geht Ignatius von Antiochia, der den Vorsitz des örtlichen

Gemeindeleiters (ἐπίσκοπος) bei der Eucharistie verbindlich vorschreibt (IgnSm 8,1 f.). Dies wird dann die sich im Laufe des 2. Jh. allgemein durchsetzende Regel.

D. Theologische Konstanten

Die Anfangsgeschichte des eucharistischen Gottesdienstes ist, wie wir sahen, eine Geschichte des dynamischen Wandels. Eine Fülle verschiedener Motive, Gestalten und Traditionselemente bestimmt das Bild. Jeder Versuch, wie er sich speziell vom Schriftprinzip reformatorischer Theologie her nahelegen könnte, so etwas wie eine verbindliche neutestamentliche Urgestalt der Herrenmahlsfeier zu erheben, ist durch diesen Befund von vornherein zum Scheitern verurteilt. Aus der Einsicht, dass die Variationsbreite nicht nur mit, keineswegs geradlinig verlaufenden, theologischen Klärungsprozessen, sondern auch mit unterschiedlichen, geschichtlich bedingten Verstehensvoraussetzungen sowie – nicht zuletzt – mit der jeweiligen kirchlichen Sozialstruktur zusammenhängt, ließe sich eher folgern: Schriftgemäß wäre auch für uns heute eine diese Faktoren reflektierende Flexibilität bei der Gottesdienstgestaltung. Doch das ist nur die eine Seite der Sache. Näheres Zusehen ergibt nämlich, dass sich bestimmte tragende Strukturelemente in aller äußeren Vielfalt durchhalten. Mit gutem Recht lässt sich von theologischen Konstanten sprechen, die, wenn auch in unterschiedlicher Betonung und Gestaltung, stets vorhanden gewesen sind und denen darum ein hoher Grad von Verbindlichkeit eignet.

1. Das *Dankgebet*. Wenn die ursprünglich auf Brot- und Bechersegen bezogene Bezeichnung Eucharistie schon früh *pars pro toto* auf den gesamten Gottesdienst bezogen wurde, so kommt darin die zentrale Bedeutung seiner *b*[e]*rakah*-Struktur zum Ausdruck. Das jüdische Erbe des Dankes an Gott für die Gaben seiner Schöpfung und des Erbittens seines Segens für deren Gebrauch wirkt hier weiter. Auch wenn dieser Dank für die Gaben Brot und Wein im eucharistischen Dankgebet verbunden wird mit dem nunmehr als zentrales Thema empfundenen Dank für das Erlösungsgeschehen in Christus, wird er damit nicht zum überholten Relikt. Vielmehr erweist sich eben diese Verbindung als für christliches Welt- und Heilsverständnis gleichermaßen bedeutsam: Weil Gott die Gaben seiner Schöpfung in den Dienst des Christusgeschehens stellt, darum können Christen auch die irdischen Dinge grundsätzlich als Gottes gute Gaben erkennen und sie »mit Danksagung empfangen« (I Tim 4,4). Zugleich erfahren sie damit die leibhafte Gestalt des Heils, dessen bleibendes Bezogensein auf die Schöpfung. Die endzeitliche Neuschöpfung, die vom Christusgeschehen ihren Ausgang nimmt, ist nicht Verneinung und Widerlegung der ersten Schöpfung, sondern deren vollendende Überbietung, die ihren Grund in der unverstellten, vollen Gemeinschaft mit Gott hat (Apk 21,3 f.). Eine gnostisierende Abwertung von Welt und Schöpfung sollte von da her ebenso ausgeschlossen sein wie ein spiritualistisches Heilsverständnis.

Zwar hat schon sehr früh, im Zuge der Übernahme hellenistischer Denkformen, eine Spiritualisierung des Herrenmahlsverständnisses eingesetzt: Alles Interesse galt nun der eucharistischen Speise als einer übernatürlichen, göttliche Heilskräfte vermittelnden Gabe. Trotzdem wird man urteilen können, dass sich im Dankgebet und seinem unmittelbaren liturgischen Umfeld die Erinnerung an den Zusammenhang von Schöpfung und Heilsgeschehen wenigstens noch rudimentär durchgehalten hat. Hier nämlich fand später das an die synagogale *q*[e]*duscha* anknüpfende Sanctus seinen Ort, der Lobpreis Gottes, der gleichermaßen seinem Schöpfungs- und Heilshandeln gilt und in dem sich irdische und himmlische Gemeinde zusammenschließen.

Ähnliches gilt von der Darbringung und Segnung der Gaben, deren Grundmotiv der Dank für die Hineinnahme der Schöpfungsgaben in das Heilsgeschehen ist. Zwar hat der Umstand, dass hier später Vorstellungen eines sakrifiziellen Opfers ihren Ansatzpunkt fanden, zum

Verzicht auf die Gabendarbringung im reformatorischen Gottesdienst geführt. Heute könnte die Einsicht in die theologische Legitimität des biblischen Motivs des Dankopfers Anlass zu einer Rückgewinnung und Neugestaltung der Gabendarbringung sein.

2. Zentral ist weiter das Moment des Gedenkens, der *Anamnese*. Das Gedenken (זכר) ist eine Grundkomponente des biblischen Gottesverhältnisses. Und zwar kann es dabei nach biblischem Verständnis weder um eine bloße gedankliche Rückwendung zu Ereignissen der Vergangenheit noch um deren Vergegenwärtigung auf dem Wege einer versuchten Suspendierung des von ihnen trennenden zeitlichen Abstandes gehen. Gedenken ist vielmehr ein Sich-Festmachen in den vergangenen Taten göttlichen Heilshandelns und ein Sich-Unterstellen unter die von ihnen ausgehenden geschichtlichen Heilswirkungen, und zwar nicht zuletzt auch im Blick auf die noch ausstehende Zukunft. Es ist »erinnerndes und lobendes Aufgreifen des Vergangenen in echter Erkenntnis des zeitlichen Abstandes, aber um einer aktuellen Gegenwartsbedeutung willen« (Schottroff 1973, 517), d.h. es ist zugleich Dank und Bekenntnis. Sein zentrales Thema war in Israel das Passa (Ex 14), freilich nicht in ausschließlicher Weise: Auch der Schöpfung wie auch sonst jedes heilssetzenden Handelns Gottes in Israels Geschichte konnte gedacht werden. Dieser Sinn von Gedenken liegt auch der christlichen Eucharistiefeier zugrunde. Die Gemeinde unterstellt sich dabei der Heilswirkung dessen, was Jesus damals in seiner letzten Nacht tat, im Vertrauen auf die Gültigkeit seiner damals gegebenen Zusage und in Befolgung seines Gedächtnisauftrags. Nach den ältesten Quellen wird der Gedächtnisauftrag bei der Eucharistiefeier dadurch vollzogen, dass die Gemeinde das tut, was Jesus durch sein Stiftungshandeln ermöglicht hat. Das aber heißt, unabdingbar ist, dass sie wie er das Dankgebet spricht und den Brot- und Becherritus vollzieht, wobei sie in beidem deutlich macht, dass sie sich auf Jesu Stiftung bezieht. Daraus schon, dass die Handlung Jesu von der Form des Dankgebets bestimmt war, ergibt sich, dass das Dankgebet auch im Zusammenhang des Gedenkens an sie konstitutive Bedeutung hat. Indem es über den Gaben Brot und Wein gesprochen wird, gewinnen diese die ihnen von Jesus zugesagte heilvolle Wirkung. Dabei bleibt, wie Eucharistiegebete der Frühzeit zeigen, das Gedenken nicht punktuell auf das Geschehen des Abschiedsmahls beschränkt, sondern stellt dieses in den übergreifenden Zusammenhang der Heilserweise Gottes in Schöpfung und Erlösung hinein. Tendenziell ist hier immer die gesamte Heilsgeschichte im Blick.

Demgegenüber kann nach dem neutestamentlichen und frühkirchlichen Quellenbefund die Rezitation des Stiftungsberichtes schwerlich als konstitutiv gelten. Diese dient vielmehr da, wo sie sich durchgesetzt hat, als Verdeutlichung des geschichtlichen Rückbezugs und damit als Konkretion innerhalb der Anamnese.

Exkurs: Eine markant von der hier vertretenen abweichende Sichtweise stellte Dorothea Wendebourg zur Diskussion. Auf sie kann hier nur kurz (und darum wohl unvermeidlich verkürzend) eingegangen werden. Wendebourg tritt in einem emphatischen Plädoyer für die Konzentration der Abendmahlsliturgie auf die Einsetzungsworte ein, wie sie Martin Luther in seiner Deutschen Messe durchgeführt hat: Erst durch die hier erfolgte Herauslösung der Einsetzungsworte Christi aus dem Verbund von Anamnese, Gotteslob und Dankgebet der Gemeinde und ihre Deutung als unmittelbare Anrede des gegenwärtigen Christus an die Gemeinde sei der entscheidende Schritt zu einem theologisch sachgemäßen Verständnis des Abendmahls erfolgt, das nicht nur über die Kirche des Mittelalters, sondern auch über die frühe Kirche hinausführe. Bereits das im Ausgangspunkt dieser Argumentation stehende Urteil über den Einsetzungsbericht bereitet in seiner subjektiven Einseitigkeit die Zielthese vor: Er habe einen »störrischen, sich der Integration ins Gebet widersetzenden Charakter«; den in ihm enthaltenen Christusworten eigne eine »Eigendynamik« (447), eine »sprachliche

Sperrigkeit« (456); sie sind »ein widerständiger Block mit eigener Dynamik« (457). Erst Luther war es, der diese Dynamik erkannte und freisetzte, indem er den Christusworten ihre Bedeutung als »wirksame Formel« zurückgab (460). Allerdings hatte er dabei im Laufe der Liturgiegeschichte Helfer, die seine Entscheidung wenigstens mittelbar vorbereiteten, freilich aus anderer theologischer Intention. So sei die durch Ambrosius initiierte Konzentration auf die Abendmahlselemente und das dadurch bedingte konsekratorische Verständnis der Einsetzungsworte ein erster Schritt zu deren sachgemäßem Verständnis gewesen. Freilich sei Luther den damit eingeschlagenen Weg mittelalterlicher westlicher Theologie insofern nicht mitgegangen, als er deren einseitigen Bezug der Christusworte auf die Mahlelemente aufgab, um diese statt dessen zentral als »auf Aneignung« der Mahlgaben »zielende Anrede« an die Gemeinde zu deuten (462). Diese Sichtweise fordert – wie ich hier nur andeuten kann – vor allem drei kritische Einwände heraus:

- Wendebourg wird dem Gesamtcharakter des sog. Einsetzungsberichts, wie er sich speziell für den Exegeten darstellt, nicht gerecht. Indem sie aus ihm die Worte Jesu gleichsam herauspräpariert, lässt sie den Kontext unberücksichtigt, der von einem gegenwärtigen Handeln der Gemeinde spricht, das durch die Heilswirkung der Worte und Taten Jesu »in der Nacht seines Dahingegebenwerdens« legitimiert ist und sich dieser Heilswirkung in ihrem gottesdienstlichen Handeln in Dankgebet und Lobpreis unterstellt. Durch diese Isolation der Jesusworte wird das in biblischer Tradition begründete Bezugssystem des Herrenmahlsgeschehens aufgelöst und durch eine einseitige Worttheologie ersetzt.
- Das hängt wiederum unmittelbar zusammen mit Wendebourgs zentralem theologischem Postulat einer notwendigen Diastase von Handeln Gottes und Handeln der Kirche: Alles komme darauf an, dass im Abendmahl Gott als der in Christus alleinig Handelnde erkennbar werde sowie dass Kirche und Gemeinde auf die Rolle der nur Empfangenden verwiesen bleiben. Doch dieses Postulat verfehlt das Proprium der neutestamentlichen und altkirchlichen Herrenmahlstraditionen, geht es in ihnen doch zentral um ein Handeln der Gemeinde (I Kor 11,25b), zu dem sie durch das Handeln Jesu, dessen sie »gedenkt«, ermächtigt ist und durch das sie immer wieder neu in ihrer Zugehörigkeit zu ihm konstituiert wird. Im Vertrauen auf sein zusagendes Wort gewinnt sie die Gewissheit, dass er selbst in ihrem Handeln gegenwärtig ist und dieses Handeln bestimmt.
- Nicht zuletzt wäre auch Wendebourgs hermeneutischer Ansatz kritisch zu hinterfragen: Läuft er nicht in diesem Fall auf eine normierende Vorordnung kirchlicher-theologischer Lehrtradition gegenüber dem (faktisch als unklar und missverständlich dargestellten) biblischen Zeugnis hinaus?

Eine andere Form solcher Verdeutlichung ist die Epiklese. Sie vergewissert den Glauben, dass es der Heilige Geist ist, der die Gemeinde mit dem vergangenen Heilsgeschehen verbindet und dieses für sie wirkkräftig werden lässt.

3. Der *Gemeinschaftsbezug*. Wie es beim letzten Mahl Jesu die »Zwölf« waren, in denen sich zeichenhaft das endzeitliche Gottesvolk darstellte, so war das nachösterliche Herrenmahl immer auf das endzeitliche Gottesvolk der Kirche hin ausgerichtet. Dass Jesus die »Vielen« zusammenführt (Mk 14,24) zu einer von der Teilhabe an der anbrechenden Herrschaft Gottes bestimmten heilvollen Gemeinschaft, das ist der Grundgedanke, den Paulus weiterführend durch die Aufnahme des Motivs der κοινωνία, d.h. der durch Anteilhabe an einer gemeinsamen Gabe entstehenden Gemeinschaft, ausdeutet: Weil die »Vielen« an dem »einen Brot« (nämlich dem

durch Danksagung konsekrierten Brot) »Anteil haben«, darum sind sie »ein Leib« (I Kor 10,16). Hier liegt die unmittelbare ekklesiologische Bedeutung des Herrenmahls (Hainz 174–176).

Zwar entsteht die Kirche dadurch, dass Menschen in sie als den »Leib Christi« hineingetauft werden (I Kor 12,13); aber ihre geschichtliche Gestalt als Leib Christi, d.h. als lebendiger Organismus, in dem die einzelnen Glieder einander dienend zugeordnet sind, gewinnt sie immer neu durch die Feier der Eucharistie. Die Gemeinschaft am Tisch des Herrn ist verbindliche Gemeinschaft, denn sie unterstellt den, der an ihr teilnimmt, in exklusiver Weise der Herrschaft Jesu Christi (I Kor 10,21) und weist ihn ein in die von der dienenden Selbstpreisgabe Jesu für andere geprägte Gestalt gemeinschaftlichen Lebens in der Gemeinde. Die Teilnahme am Herrenmahl ist wegen dieser gemeinschaftsbezogenen Verbindlichkeit seit seinen uns erkennbaren Anfängen auf die Getauften beschränkt (vgl. Did 9,5).

4. Die *eschatologische Ausrichtung*. Im Herrenmahl wird die kommende Herrschaft Gottes bereits als gegenwärtig die Lebenssituation der Gemeinde bestimmende Wirklichkeit erfahren. Es ist Ausblick auf das kommende Mahl der Heilszeit und zugleich dessen Vorwegnahme (Mk 14,25). Das Bild des Festmahls, mit dem Jesus die endzeitliche Heilszeit umschreibt (Mt 8,11; 22,1–10) und das sich häufig mit dem Bild des messianischen Hochzeitsfests verbindet (Mk 2,19; Lk 14,16–24; Mt 22,11–13; 25,1–13), wird zur zeichenhaften Realität, wenn Jesus festliche Mahlzeiten mit den Gliedern des Gottesvolkes hält. Wenn diese auf die Zukunft ausgerichtete Festfreude im eucharistischen Gottesdienst sich mit der Anamnese des Todes verbindet, so ist dies nur eine scheinbare Paradoxie: Des Todes Jesu wird ja im Blick auf seine Heilswirkung gedacht, und diese besteht in der Öffnung der Gegenwart auf die Zukunft Gottes hin. Das gegenwärtige Kommen Jesu im Mahl wird dabei verstanden als Vorwegnahme künftiger leibhafter Vollendungsgemeinschaft mit ihm (Apk 3,20; 19,9).

Nur an einer einzigen neutestamentlichen Stelle wird die Vergebung der Sünden als Gabe und Wirkung des Sakraments bezeichnet (Mt 26,28). Doch das bedeutet keine Eingrenzung: Sündenvergebung ist hier Teil und Zeichen der kommenden Heilswirklichkeit. Dieses Motiv der freudigen Öffnung auf die Zukunft fand unterschiedliche Ausprägungen, so im *Maranatha*-Ruf, in den Eucharistiegebeten und in hymnischen Stücken. Zeichen des Festcharakters war auch der Wein, seit alters biblisches Attribut festlicher Freude (Ps 104,15; Dtn 8,7–10; Pred 9,7).

In der Theologie hat sich in den letzten Jahrzehnten die Erkenntnis der zentralen Bedeutung dieses Motivs wieder Bahn gebrochen. Ihre Durchsetzung in der gottesdienstlichen Gestaltung wurde zwar vielfach versucht, doch angesichts des starken liturgischen Beharrungsvermögens nur mit begrenztem Erfolg.

III. Wortgottesdienste

Die Diskussion der Frage, ob es in frühchristlicher Zeit neben dem eucharistischen Gottesdienst auch noch Wortgottesdienste gegeben habe, wurde bis in die jüngste Gegenwart hinein von konträren Positionen bestimmt. Der in der älteren protestantischen Forschung selbstverständlichen Auffassung vom Nebeneinander zweier Versammlungstypen, deren unbewusste ideologische Vorgabe der Wunsch gewesen sein dürfte, den reformatorischen Wortgottesdienst biblisch verankert zu sehen, setzt Albert Schweitzer die apodiktische These entgegen: »Jeder Versuch, für die Urgemeinde ein Nebeneinander von Mahlfeier und Wortgottesdienst anzunehmen, führt zu einem Gefasel« (247). Dem schlossen sich Cullmann (28–33) und Schenk an, während Bauer (155–157) und Hahn (1970, 61) die Gegenposition in modifizierter Weise erneuerten (vgl. auch Klauck 1981, 36 f.). Allein, die sich aus dem Zeugnis der Quellen ergebende Einsicht der

Vielfalt der Lebens- und Gemeinschaftsformen des Urchristentums nötigt, von einem schroffen Entweder-Oder zugunsten eines vorsichtig differenzierenden Urteils Abstand zu nehmen.

1. Fest steht zunächst, dass es einen christlichen Wortgottesdienst, der als *Ersatz für den Sabbatgottesdienst* der Synagoge gedient hätte und in Anlehnung an dessen Formen gestaltet gewesen wäre, *nicht gegeben* hat. In den frühen Berichten über christliche Gottesdienste fehlt nämlich jeder Hinweis auf die Übernahme synagogaler Formen (so erwähnt z.B. I Kor 14 keine Schriftlesung). Die Normalgestalt der wöchentlichen gemeindlichen Versammlung war die Herrenmahlsfeier! Allenfalls ließe sich fragen, ob nicht die in gewissen Abständen neben den häuslichen Mahlfeiern stattfindenden gesamtgemeindlichen gottesdienstlichen Versammlungen reine Wortgottesdienste in völlig freier Form gewesen sein könnten. Denn Paulus lässt bei seiner Schilderung einer derartigen Versammlung in Korinth das Herrenmahl nicht nur unerwähnt, sondern setzt auch die Anwesenheit Außenstehender voraus (I Kor 14,24 f.). Doch das ist schon deshalb unwahrscheinlich, weil Paulus das Verständnis der korinthischen Gesamtgemeinde als Leib Christi gerade von der gemeinsamen Teilhabe an Leib und Blut Christi her begründet (I Kor 10,17; vgl. 12,27). Eher haben wir es I Kor 14 mit dem ausführlichen Gebets- und Verkündigungsteil einer gesamtgemeindlichen Versammlung zu tun, an den sich, nach Verabschiedung der Nichtmitglieder und Gäste, das Herrenmahl anschloss (Klauck 1981, 39).

2. Neben dem Gottesdienst am Herrentag gab es jedoch unter der Woche verschiedenartige Wort- und Gebetsgottesdienste. Das Judentum lieferte dafür Modelle im synagogalen Morgengebet und vor allem in den *drei täglichen Gebetszeiten* (Dan 6,11.14), die sowohl als Privatgebet des Einzelnen wie auch als Gemeinschaftsgebet im Haus gehalten werden konnten. Aus Act 3,1; 10,3.30 ist die selbstverständliche Übernahme dieser Gebetszeiten durch das palästinische Judenchristentum zu erschließen. Eine solche Gebetsversammlung der Jerusalemer Gemeinde in einem Haus schildert Act 4,23–31. Dabei ist schon bald das Vaterunser an die Stelle des ursprünglich zentralen *sch*ᵉ*ma* getreten. Auch in die heidenchristlichen Gemeinden fand dieser Brauch regelmäßiger Gebetszeiten Eingang. Paulus ermahnt die römischen Christen zum »Anhalten am Gebet« (Röm 12,12), womit das Einhalten der Gebetszeiten gemeint sein dürfte. Auf nächtliche Gebete – vielleicht solche am frühen Morgen vor Tagesanbruch – mögen II Kor 6,5; 11,27; Eph 6,18 schließen lassen (Jeremias 1966, 79). Daneben, oder vermutlich zumeist in Verbindung mit solchen Gebetszeiten, gab es Versammlungen, die der innergemeindlichen Unterweisung durch Propheten und Lehrer gewidmet waren (Did 4,1), insbesondere der Vorbereitung der Katechumenen auf die Taufe.

3. Davon zu unterscheiden sind ausschließlich der Verkündigung an Außenstehende dienende *missionarische Versammlungen*, wie Paulus sie im Hörsaal des Rhetors Tyrannos in Ephesus hielt (Act 19,9 f.). Bei den Gebetsversammlungen mag es gewisse feste Strukturelemente und damit Ansätze einer liturgischen Ordnung gegeben haben, für die Lehr- und Missionsversammlungen ist dies jedoch zu bezweifeln. Wichtiger ist, dass in beiden die Schriftlesung kein integraler Bestandteil war, folgt daraus doch, dass sie nur in einem eingeschränkten Sinn als Wortgottesdienste gelten können.

4. Christliche *Wortgottesdienste* im Vollsinn dieses Begriffs sind, soweit dies die äußerst dürftige Quellenlage erkennen lässt, *erst im 2. Jh.* entstanden, und zwar ausgehend von Syrien-Palästina und Ägypten. Ansatzpunkte hierfür bildeten die schon früh bezeugten christlichen Fasttage Mittwoch und Freitag (Did 8,1), an denen man Morgengottesdienste hielt, sowie die Vigilien am Sonntagmorgen (Plinius d.J., Ep. X,96,7). Hieraus entwickelten sich Gottesdienste mit festen Formen von Schriftlesung, Auslegung und Gebet, und zwar mit deutlichen Anleihen

beim zeitgenössischen Synagogengottesdienst hinsichtlich der Lese- und Gebetsordnung (Kretschmar 1977, 242; Meyer 117). Manches spricht dafür, dass die erstmals bei Justin bezeugte Zusammenlegung der Sonntagsvigil mit der Eucharistiefeier (Apol I,65) eine (wenn auch nicht die alleinige) Wurzel jenes im Westen maßgeblichen zweigipfligen Gottesdienstes wurde, der aus einem entfalteten Wortteil und aus der Eucharistiefeier besteht.

IV. Der Taufgottesdienst

A. Entstehung

War in der ältesten Kirche die Eucharistiefeier prägende Mitte des gottesdienstlichen Lebens, so galt doch im Bewusstsein des einzelnen Christen die Taufe als der bei weitem wichtigste Gottesdienst. Durch sie vollzog sich eine entscheidende lebensgeschichtliche Wende: der Eintritt in den Bereich des von Christus erschlossenen Heils. Auch die Taufe ist insgesamt als eine christliche Neubildung zu beurteilen. Dies gilt, obwohl sie direkt oder auch indirekt durch zeitgenössische Wasser- und Reinigungsriten beeinflusst war.

1. Vor allem drei solche Riten sind als mögliche *Vorformen der Taufe* diskutiert worden: (a) Das rituelle Reinigungsbad (Proselytentaufe), das den Übertritt von Heiden zum Judentum besiegelte, berührt sich mit der Taufe allenfalls darin, dass es wie diese Initiationsritus ist, steht ihr jedoch in seinem Bezug auf kultische Reinheit und in seiner Gestalt als Selbstwaschung fern. (b) Ähnliches gilt von dem Tauchbad, das in der Gemeinschaft von Qumran als Initiationsakt zum Zweck der Herstellung kultischer Reinheit durchgeführt wurde (1QS 3,6–9). (c) Ungleich enger sind die Beziehungen zur Johannestaufe. Diese wurde durch Johannes aufgrund besonderer prophetischer Vollmacht, auf die der Beiname »der Täufer« (Mk 6,25; 8,28) verweist, als »Bußtaufe zur Vergebung der Sünden« vollzogen (Mk 1,4). Sie war ein eschatologisches Sakrament, das der Vorbereitung der Umkehrwilligen aus Israel auf das unmittelbar nahe geglaubte Gerichtshandeln Gottes dienen sollte. Dass sie zugleich auch Initiationsakt im Sinne einer endzeitlichen Sammlung des zur Umkehr bereiten Restes Israels war, ist trotz des Fehlens eindeutiger Zeugnisse wahrscheinlich.

2. *Jesus* hat sich von Johannes taufen lassen (Mk 1,9–11). Er und einige seiner späteren Jünger dürften sogar zeitweilig dem Kreis um den Täufer angehört haben (Joh 1,35–40). Trotzdem übte er während der Periode seines öffentlichen Wirkens die Taufe nicht.

3. Umso überraschender ist es, dass die *Urgemeinde* bereits unmittelbar nach Ostern und Pfingsten begonnen hat zu taufen (Act 2,38.41). Einer der Gründe dafür mag gewesen sein, dass die eschatologische Hochspannung der Johannestaufe sowie ihre Ausrichtung auf Umkehr und Erneuerung zentralen Komponenten der urchristlichen Verkündigung entsprachen. Zudem hatte Jesus die Johannestaufe als von Gott gegebenes Zeichen der eschatologischen Umkehr anerkannt (Mk 11,30). Aber diese Erklärung reicht nicht aus, zumal sie die beiden entscheidend neuen Züge der christlichen Taufe, nämlich ihre Ausrichtung auf Jesus und ihre Verbindung mit der Gabe des Heiligen Geistes, nicht plausibel machen kann. So spricht manches für die Annahme, dass die Taufe Jesu durch Johannes eine wichtige Rolle für die Neubegründung der Taufe gespielt hat. Bei seiner Taufe kam der Geist auf Jesus herab, und zugleich wurde er als der Sohn Gottes proklamiert (Mk 1,10 f.). Die mit Jesus im Sinn der Jüngerschaft unmittelbar Verbundenen erhalten an beidem Anteil; ihnen wird der Geist geschenkt und sie empfangen die Gabe der Sohnschaft. An die Stelle des Rufs in die Nachfolge, der vorösterlich in die Gemeinschaft Jesu stellte, tritt nunmehr die Taufe. Dem entspricht, dass in ältesten Tauftraditionen

(Gal 4,5; Röm 8,15 f.; Eph 1,5) die Verleihung der Sohnschaft als eigentliche Taufgabe gilt: Erst der Getaufte kann Gott »Vater« nennen und ihm mit dem Gebetsruf »Abba« (Gal 4,4 f.) begegnen (Kretschmar 1970, 16).

Anders als beim Herrenmahl konnte sich die Kirche bei der Begründung der Taufe auf keine direkte Weisung Jesu berufen. Der sog. »Taufbefehl« (Mt 28,18–20), den man sachgemäßer als Missionsbefehl bezeichnen sollte, geht weder auf ein authentisches Jesuslogion zurück, noch stellt er – was in diesem Zusammenhang schwerer wiegt – seiner Gattung nach eine Taufätiologie dar. Es handelt sich vielmehr um eine redaktionelle Bildung des Evangelisten, in die als einziges Traditionselement eine relativ späte dreigliedrige Tauformel eingegangen ist. Erst recht muss der in wichtigen alten Handschriften fehlende unechte Markusschluss Mk 16,9–20 hier außer Betracht bleiben.

B. Komponenten urchristlichen Taufverständnisses

1. Trotzdem eignet der Taufe ein zentraler *christologischer Bezug*. Er findet seinen prägnanten Ausdruck in den alten Formeln: Taufe »im Namen Jesu (Christi)« (Act 10,48; vgl. 2,38) bzw. »auf den Namen Jesu« (Act 8,16; I Kor 1,13.15; vgl. I Kor 10,2; Mt 28,19). Der Taufakt wird im Hinblick auf (hebr. *l^e^schem*) Jesus unternommen, d.h. er wird der Autorität des erhöht-gegenwärtigen Herrn unterstellt. Er ist der eigentliche Spender der Taufe; er wirkt durch sie Vergebung und Umkehr. Zugleich umschreibt der Name einer Person deren Machtbereich. Durch die Nennung des Namens des erhöhten Herrn werden die Getauften dessen gegenwärtiger Herrschaft eingegliedert.

2. Paulus, der große neutestamentliche Tauftheologe, hat diesen christologischen Bezug weiter entfaltet, indem er von einer *Schicksalsgemeinschaft des Getauften mit Christus* sprach, die durch den Tod und das Begrabenwerden mit ihm hindurch dem Auferstehungsleben entgegenführt (Röm 6,1–11). Dabei ergeben sich Anklänge an die Gedankenwelt der hellenistischen Mysterienkulte, die keineswegs zufällig sein dürften, sondern auf direkte Berührungen schließen lassen. Trotzdem versteht Paulus die Taufe nicht als Einweihung in einen Mysterienkult mit Christus als Kultgottheit. Denn während es in den Mysterien um das emotionale und affektive Nacherleben des Schicksals der sterbenden und neu zum Leben kommenden Gottheit geht, bewirkt nach Paulus die Taufe zentral die Versetzung in eine neue geschichtliche Lebenssituation: Weil die Getauften mit Christus »gestorben« und »begraben« sind, darum können sie jetzt »in einem neuen Leben wandeln« (Röm 6,4). Aufgrund ihrer Gemeinschaft mit Jesus, dem Gekreuzigten und Auferweckten, hat sich für sie ein Situationswechsel vollzogen, der seinem Wesen nach ein Machtwechsel ist: Sie sind dem Machtbereich der Sünde entnommen und dem Machtbereich Gottes, seiner kommenden neuen Welt, bereits angehörig (Röm 6,11).

3. Damit setzt Paulus eine weitere Grundkomponente des urchristlichen Taufverständnisses voraus, nämlich die *Geistverleihung*. Der Heilige Geist ist die durch die Taufe vermittelte Gabe. Er ist nämlich die Kraft, die es vermag, die kommende neue Welt Gottes bereits jetzt für die noch in der vergehenden alten Welt lebenden Menschen zur existenzbestimmenden Wirklichkeit zu machen. Durch den Geist tut Gott sein endzeitliches Schöpfungswerk. Wo ein Mensch zum Glauben kommt und getauft wird, entsteht »neue Schöpfung« (II Kor 5,17). Wenn in Act 19,1–7 der Empfang des Geistes als das zentrale Unterscheidungsmerkmal zwischen Johannestaufe und christlicher Taufe genannt wird, so dürfte dies der allgemeinen Ansicht innerhalb des Urchristentums entsprechen. In den Berichten der Apostelgeschichte kommt der Zusammenhang von Taufe und Geist in vielfältiger Weise zur Sprache (Act 2,38–42; 8,26–40; 10,44–48; 19,1–7). Dabei ist vorausgesetzt, dass die Vermittlung des Geistes unmittelbar nach dem

Taufbad durch Handauflegung der Normalfall ist (Act 19,5 f.). Dies dürfte ältestem liturgischem Brauch entsprechen. Wenn in Act 8,4–25 und 10,44–48 beides zeitlich auseinander tritt, so ist die erzählerische Absicht im Spiel, gerade anhand solcher Irregularität die fundamentale Zusammengehörigkeit beider zu verdeutlichen: Taufe ohne Geistverleihung (Act 8,17) ist ebenso wie Geistverleihung ohne Taufe (Act 10,47) ein Defekt, der alsbaldiger Heilung bedarf und diese auch erfährt.

4. In wechselnder Zuordnung zu den genannten Aspekten des Christusbezugs und der Geistverleihung erscheint als weiterer Aspekt die Eingliederung in die Kirche. Die Taufe ist der lebensgeschichtlich einmalige Vorgang, durch den sich der Zugang zur Gemeinschaft des endzeitlichen Volkes Gottes erschließt, sie ist *Initiationsakt.* Diese Wirkung der Taufe kann vom Christusbezug her begründet werden: Weil die Getauften »Christus angezogen« haben und in unmittelbarer Verbindung mit ihm stehen, sind sie »einer in Christus«, sie wurden zu einer neuen Sozialgemeinschaft, in der Merkmale wie Volkszugehörigkeit, Stand und Geschlecht ihre identitätsbestimmende Bedeutung verloren haben zugunsten einer neuen, von Christus geprägten Geschwisterlichkeit (Gal 3,27 f.). Durch ihre in der Taufe erworbene Christuszugehörigkeit erhalten die ehemaligen Heiden Anteil am Erbe und an den Verheißungen Israels, die Christus gehören (Gal 3,29); sie werden zum Volk Gottes. Von der Geistsendung her argumentiert Paulus in I Kor 12,13: »In einem Geist wurden wir alle in einen Leib hineingetauft und alle mit einem Geist getränkt«, und ganz ähnlich ist es nach Act 8,17 die Verleihung des Geistes, durch die die Eingliederung der Glaubenden in die Kirche erfolgt. Dabei ist der Geist gerade nicht als eine dem Einzelnen gegebene übernatürliche Befähigung, sondern als der Kirche in ihrer Gesamtheit geschenkte, in ihr wirksame Kraft Gottes verstanden worden.

C. Gestalt und Vollzug

Keine neutestamentliche Schrift enthält eine Taufanweisung. Ausführlichere Angaben über die Gestaltung der Taufe finden sich erst in jüngeren Quellen, sodass wir hinsichtlich der Anfänge weithin auf Rückschlüsse angewiesen sind. Zudem ist eine große Variationsbreite in formaler Hinsicht vorauszusetzen. Immerhin aber lassen sich aus Texten wie Act 2,38; 8,36–38 und Did 7,1–4 Hinweise auf ein relativ konstantes dreiteiliges Grundschema entnehmen: Zeugnis des Glaubens – Taufakt – Geistverleihung.

1. Das Zeugnis des Glaubens des Täuflings stand am Anfang des Taufgottesdienstes. Grundsätzlich war jedem, der den Willen, sich taufen zu lassen, bekundete, die Taufe zu gewähren. Die einzige, allerdings unerlässliche Voraussetzung dafür war, dass er seine Kenntnis von der Bedeutung und den Implikationen dieses Schritts überzeugend bekunden konnte. Die Form, in der dies geschah, war das *Taufbekenntnis*. Dessen Inhalt war zunächst rein christologisch. Es hatte die Grundform: »Ich glaube, dass Jesus Herr (und Sohn Gottes) ist« (Röm 10,9). Zwar ist Act 8,37, wo ein solches christologisches Taufbekenntnis der Taufhandlung unmittelbar vorgeschaltet ist, ein nur in jüngeren Handschriften enthaltener Einschub, doch dürfte sich in ihm ältere liturgische Praxis widerspiegeln. Ein sehr viel späteres Entwicklungsstadium dieses Taufbekenntnisses, wie es in der römischen Gemeinde im 3. Jh. erreicht war, begegnet uns in der Taufordnung Hippolyts (TA 21): Es besteht nunmehr aus drei Gliedern, in denen der Glaube an Vater, Sohn und Heiligen Geist thematisiert ist. Es ist eine Vorform des Apostolikums, des traditionellen kirchlichen Taufbekenntnisses.

Über die Zulassung zur Taufe entschied zunächst der taufende Missionar (Act 10,46 f.), später der Gemeindeleiter, und zwar in Gemeinschaft mit der ganzen Gemeinde. Dabei dürfte die mehrfach im Kontext der Taufe erscheinende Frage »Was hindert es?« (τί κωλύει;

Mk 10,14; Act 8,36; 10,47; 11,17) eine Rolle gespielt haben. Sie mag als Frage nach etwaigen Taufhindernissen bei einem Taufbewerber an die Gemeinde gerichtet worden sein. Dies geschah allerdings kaum im Taufgottesdienst selbst, da dafür entsprechende Zeugnisse fehlen, sondern bereits in einer diesem vorangehenden Gemeindeversammlung. Speziell im paulinischen Einflussbereich wurde die Verantwortung der örtlichen Gemeinde für die Taufe stark betont, was mit dem Verständnis der Taufe als Eingliederung in die Kirche (I Kor 12,13) zusammenhing. So hat Paulus nach der Anfangsphase der Gemeindegründung prinzipiell nicht mehr selbst getauft, sondern dies der Gemeinde überlassen (I Kor 1,17).

Schon früh zeigen sich Ansätze eines Katechumenats, einer geordneten Taufunterweisung. Der äthiopische Kämmerer wird von Philippus vor der Taufe in der Schrift unterwiesen (Act 8,26–39); in Mt 28,19 werden Taufe und Lehre als die beiden Grundelemente der Mission einander zugeordnet, und hinter Hebr 6,1–3 scheint ein Taufkatechismus durchzuschimmern. Explizit ist in Did 7,1 von einer der Taufe vorangehenden Unterweisung die Rede, wobei der unmittelbar vorhergehende »Zweiwegekatechismus« (Did 1–6) konkret als deren Inhalt zu denken ist (vgl. II Clem 17,1). Dieser Taufunterricht lag vorwiegend in den Händen der gemeindlichen Lehrer. Hippolyt schließlich gibt genaue Regeln für die Gestaltung des – nunmehr dreijährigen – Katechumenats (TA 17 f.) sowie für die unmittelbare Taufvorbereitung: Zu ihr gehören Fasten und ein vom Bischof vollzogener Exorzismus (TA 20).

In diesem Zusammenhang ist kurz auf die Frage nach der Taufe von Säuglingen und Kleinkindern im frühen Christentum einzugehen. Das Neue Testament geht auf sie weder explizit ein, noch lässt es erkennen, dass es im Urchristentum darüber eine nachhaltigere Diskussion gegeben hätte. So sind wir auf allgemeine Rückschlüsse angewiesen. Diese gründen sich einerseits auf die Bedeutung, die der Taufe als dem ausschließlichen Zugang zum Heil zukam, andererseits auf das Wesen des antiken, insbesondere des jüdischen Hauses: Die οἰκία, die Großfamilie, war auch religiöse Gemeinschaft, der Hausvater war auch für den *cultus* verantwortlich. Von da her erscheint die Annahme begründet, dass die bei Lukas auftauchenden formelhaften Wendungen von der Taufe ganzer »Häuser« (Act 11,14; 16,33; 18,8; vgl. 16,15) ihrer Intention nach auch Kinder und Kleinkinder einschließt. Spätestens von der dritten christlichen Generation an, als der christliche Glaube zu einer Sache ganzer Familien wurde, dürfte man weithin zur Taufe der diesen Familien zugehörigen Kleinkinder übergegangen sein. Denn als Ungetaufte hätten die Kinder als außerhalb der Gemeinschaft des Heils stehend gelten müssen. Eine einheitliche Praxis in dieser Frage fehlte jedoch bis ins 4. Jh. hinein. Damals gewann, als Alternative zur Taufe von Kleinkindern, die Sitte an Boden, Kinder christlicher Familien in den Katechumenenstand aufzunehmen.

2. Die eigentliche *Taufhandlung* erfolgte in der Frühzeit in der Regel an »lebendigem Wasser« (Did 7,1), worunter fließendes Wasser aus Quellen, Flüssen und aus dem Meer zu verstehen ist (wobei Ausnahmen jedoch zugelassen waren). Taufen in Innenräumen (Baptisterien) dürften kaum vor dem 3. Jh. aufgekommen sein. Nach der früher vorherrschenden Meinung, die nicht zuletzt durch ein wörtliches Verständnis von Röm 6,4a bestimmt war, wurde der Täufling durch den Täufer völlig untergetaucht (Submersionstaufe). Neuere Untersuchungen (Stommel) haben jedoch wahrscheinlich gemacht, dass der bis zur Brust im Wasser stehende Täufling sich zunächst selbst kurz untertauchte, um sodann durch den Täufer mit Wasser übergossen zu werden (Aspersionstaufe). Dabei rief der Täufer den Namen Jesu an.

Aus dieser Anrufung entwickelte sich die bereits um 90 in Syrien-Palästina gebräuchliche dreigliedrige Taufformel, in der Vater, Sohn und Heiliger Geist genannt werden (Mt 28,19; Did 7,1.4), die eine dreimalige Besprengung begleitete. Möglicherweise stand dahinter zunächst die

Vorstellung, dass Vater, Sohn und Geist als die drei himmlischen Zeugen für die Taufe anzurufen seien (Kretschmar 1970, 33).

Das Resultat einer anders verlaufenden Entwicklung finden wir im Westen bei Hippolyt (TA 21): An die Stelle der dreigliedrigen Tauffomel tritt eine dreigliedrige Tauffrage, die auf die drei Glieder des Taufbekenntnisses bezogen und von dreimaligem Untertauchen begleitet wird.

3. Die *Handauflegung* zum Zweck der Geistverleihung bildete den Abschluss der Taufhandlung (Hebr 6,2). Im Neuen Testament wird die Geistbegabung mehrfach unter der Metapher der Salbung dargestellt (Lk 4,18; II Kor 1,21 f.; I Joh 2,20.27). Dass sich darin ein bereits in der Frühzeit geübter Ritus spiegelt, ist unwahrscheinlich. Jedoch wurden diese Aussagen zum Anlass einer späteren liturgischen Entwicklung, die zu einer postbaptismalen Salbung mit Chrisam führt (TA 21).

Aus dem Verständnis der Taufe als Zulassung zur Eucharistie ergab sich als liturgische Folgerung der unmittelbare Anschluss einer Eucharistiefeier an die Taufe. So kam es zu der Entstehung der besonderen Form der Taufeucharistie, die vorzugsweise in der Osternacht gefeiert wurde (Justin, Apol I,66,1; Hippolyt, TA 21).

D. Theologische Konstanten

1. Zentral für die Taufe ist ihr *christologischer Bezug*. Dieser wird beim Akt der Übergießung des Täuflings mit Wasser, anders als in der Eucharistie, nicht durch eine Anamnese, sondern durch die Anrufung des Namens Jesu manifest. Die Taufe ist weder der Nachvollzug einer vom irdischen Jesus geübten Handlung, noch hat sie den Charakter der dankenden Rückerinnerung an Vorgänge der vergangenen Heilsgeschichte. Dies gilt unabhängig von der Bewertung des sog. Taufbefehls im Wort des Erhöhten Mt 28,19 f. Die ältesten Tauftraditionen enthalten darum auch keine Anamnese und erst recht keinen Stiftungsbericht. Zwar ist ein Gebet über dem Taufwasser vor Beginn der Taufhandlung im 4. Jh. bezeugt (Tertullian, de bapt. 4; Hippolyt, TA 21), doch bildet dies keine Parallele zum anamnetischen Dankgebet beim Herrenmahl, sondern hat exorzistische Bedeutung. Erst unter dem dogmatischen Systemzwang der Parallelisierung beider Sakramente kam es im Westen sehr viel später zu einer Angleichung der liturgischen Vollzüge und damit zur Aufnahme von Mt 28,19 und Mk 16,15 f. als »Stiftungsberichte« in die Taufliturgie.

Wo ist aber dann der christologische Bezug biblisch verankert? Zur Beantwortung dieser Frage ist auf das neutestamentliche Christuszeugnis in seiner Gesamtheit zu verweisen. In ihm bekundet sich der Wille Jesu Christi, des Irdischen wie auch des Erhöhten, Menschen in seine Gemeinschaft zu rufen und sie in eine personhaft-geschichtliche Bindung an ihn zu versetzen. Indem sie tauft, antwortet die Gemeinde auf das Christuszeugnis, das sie im Evangelium gehört hat.

2. Nicht die heilsgeschichtliche, sondern die *individualgeschichtliche Anamnese* hat in der Taufe ihren theologischen Ort. Im Neuen Testament wird die Taufe häufig unter dem Aspekt der Erinnerung erwähnt: »Ihr seid abgewaschen, ihr seid geheiligt, ihr seid gerecht gemacht durch den Namen unseres Herrn Jesus Christus und durch den Geist unseres Gottes« (I Kor 6,11). Solche Erinnerung geschieht im Hinweis auf das Faktum der in der Taufe geschehenen göttlichen Tat wie auch im Lobpreis Gottes für diese Tat (I Petr 1,3–5; Eph 5,14; Tit 3,5–7). Die Taufe wird dabei als jenes in der Vergangenheit liegende Geschehen dankend erinnert, aufgrund dessen die Christen die Möglichkeit haben, »in einem neuen Leben zu wandeln« (Röm 6,4), der Sünde keinen Raum zu geben und den Anfechtungen standzuhalten. Sie wird damit als das christliche Existenz entscheidend und irreversibel prägende lebensgeschichtliche Ereignis

herausgestellt. Weil Christen einer permanenten Tauferinnerung bedürfen, darum ist der Taufgottesdienst seinem Wesen nach ein Gottesdienst der gesamten Gemeinde.

3. Der *Rückbezug auf das Wort des Evangeliums* ist für die Taufe konstitutiv. Die Antwort auf das gehörte Wort hat einen zentralen Ort im Taufgottesdienst. Hierin besteht ja die grundlegende Spannung des Taufgeschehens, dass sie sich jedem Versuch einer Auflösung nach der einen wie nach der anderen Seite hin widersetzt: Es ist freie Tat der Gnade Gottes, in der sich eschatologische Neuschöpfung vollzieht, die keiner Voraussetzung bedarf (Joh 3,5); diese Tat setzt aber die bereits vorgängig im Wort des Evangeliums gehörte Zusage in individueller lebensgeschichtlicher Konkretion in Geltung. Die der Situation des Taufgottesdienstes angemessene Form des Rückbezugs auf das Evangelium ist das Glaubensbekenntnis.

4. In der *Handauflegung als Zeichen der Gabe des Geistes* findet der Aspekt der Aufnahme in die christliche Gemeinde als den von der Gegenwart des Heiligen Geistes bestimmten geschichtlichen Lebensraum seinen Ausdruck.

V. Formen gottesdienstlichen Betens und Singens

Das urchristliche Schrifttum erwähnt nicht nur verschiedene Formen gottesdienstlichen Gebets und Gesangs wie Bitten, Gebete, Fürbitten und Danksagungen (I Tim 2,1), Psalmen (I Kor 14,26), Hymnen und geistliche Lieder (Eph 5,19; Kol 3,16); es enthält, wie die formgeschichtliche Forschung gezeigt hat, eine weit gefächerte Fülle von Material, das seine sprachliche Prägung dem Gottesdienst verdankt. Um nur einige Beispiele herauszugreifen: Hierzu gehören direkt aus dem Judentum übernommene liturgische Wendungen wie die Gebetsaufforderung »Halleluja«, der Gebetsruf »Hosianna« und die Responsionsformel »Amen«; ferner Doxologien (Röm 11,36; I Tim 1,17) und liturgisch stilisierte Bekenntnisse zu dem einen Gott (I Tim 6,15 f.), die den sprachlichen Einfluss der hellenistischen Synagoge verraten, sowie liturgisch erweiterte (ursprünglich jüdische) Segensformeln (Röm 1,7b; I Kor 1,3; 16,23 f.; Gal 6,18 u.ö.). Altes palästinisch-judenchristliches Kolorit weisen die beiden psalmartigen Lieder in Lk 1 auf, das Magnifikat (Lk 1,46–55) und das Benedictus (Lk 1,68–79). Eindrucksvolle Beispiele für die liturgische Kreativität griechischsprachiger Gemeinden bieten dagegen die zahlreichen, teils ganz, teils auch nur ausschnittweise zitierten Christuspsalmen (Phil 2,6–11; Kol 1,15–18; I Tim 3,16; Hebr 1,3 f.; Joh 1,1–18; I Petr 2,21–25; IgnEph 7,2; 9,1; 18,2; 19,2 f.). Der Kolosser- und Epheserbrief verweisen aufgrund einer stark liturgisch stilisierten Sprache auf einen gottesdienstlichen Hintergrund. Dies gilt auf andere Weise auch für die Johannesoffenbarung mit ihren auffallend zahlreichen hymnischen Stücken: Zwar dürfte es sich hier nicht um direkte Wiedergaben gottesdienstlicher Hymnen, sondern um eigenständige Schöpfungen des prophetischen Verfassers handeln, doch dass er mit ihnen an ihm aus dem Gottesdienst vertraute Formen angeknüpft hat, steht außer Zweifel. Auf drei zentrale Aspekte des urchristlichen Gottesdienstverständnisses soll hier abschließend noch kurz nachgegangen werden.

A. Der christologische Bezug

Christlicher Gottesdienst ist – inhaltlich auf Gott und das Kommen seiner Herrschaft ausgerichtete – Versammlung im Namen Jesu. Indem die Gemeinde zusammenkommt, macht sie Gebrauch von dem neuen Gottesverhältnis, das ihr durch Jesus ermöglicht worden ist. Dieser für den Gottesdienst konstitutive christologische Bezug kommt primär darin zum Ausdruck, dass die Gemeinde sich auf Geschichte und Geschick Jesu beruft und ihrer im dankbaren Lobpreis gedenkt. In diesem Sinn bezeichnete sich die frühe Gemeinde als »die den Namen des Herrn (d.h. den Namen Jesu) anrufen« (Act 2,21; Röm 10,12 f.). Damit dürfte die Anrufung des Namens Jesu in der Taufe gemeint sein, durch die man sich der Macht des Erhöhten unterstellt hatte, schwerlich jedoch die Praxis eines regelmäßigen gottesdienstlichen Gebetes zu Jesus.

Das Zeugnis der neutestamentlichen Texte ist von überzeugender Eindeutigkeit: Wo immer die Grundformen gottesdienstlichen Betens – Dank, Bitte und Lobpreis – aufgenommen werden, ist Gott der Adressat des Gebetes. Richtung, Intention und Inhalte jüdischen Betens werden so ganz selbstverständlich weitergeführt. Dabei kann auf Jesus in doppelter Weise Bezug genommen werden: Er erscheint kraft seiner Erhöhung zum »Herrn« als der Gott unmittelbar Zugeordnete (z.B. I Thess 3,11), und er ist der, auf dessen Zusage und Werk man sich vor Gott beruft (z.B. Röm 7,25; I Kor 15,57; Eph 5,20), d.h. man betet »um Jesu Christi willen«, bzw. in seinem »Namen«. Diesen letztgenannten Aspekt des Bittens »im Namen Jesu« hat vor allem das Johannesevangelium eindrucksvoll entfaltet (Joh 14,13; 15,16; 16,23–26).

Dass es daneben eine unmittelbare Anrufung Jesu bereits in der Frühzeit gegeben hat, ist zumindest wahrscheinlich (vgl. II Kor 12,8). Als Ausgangspunkte für sie kommen gleichermaßen die Anrufung des Jesusnamens in der Taufe wie der Maranatha-Ruf in der Eucharistie (I Kor 16,22; Apk 22,20) in Frage. Ihr Ort dürfte jedoch nicht das gottesdienstliche Gemeindegebet, sondern das spontane Beten Einzelner gewesen sein.

Die einzigen gottesdienstlichen Texte, in denen christologische Inhalte breiteren Raum einnehmen, sind die erwähnten Christuspsalmen. Bei ihnen handelt es sich jedoch nicht um an Christus gerichtete Gebete, sondern um in der Er-Form gehaltene Beschreibungen von Weg und Heilswerk Jesu Christi, vermutlich durch eine doxologische Formel eingeleitet. Ihre gottesdienstliche Funktion lässt sich am angemessensten als anamnetischer Lobpreis beschreiben.

B. Der Weltbezug

Der Aspekt des Weltbezugs des christlichen Gottesdienstes kommt in der starken Gewichtung der Fürbitte zum Ausdruck. Nach I Tim 2,1–7 ist es Aufgabe der christlichen Gemeinde, »Bitten, Gebete, Fürbitten und Danksagungen für alle Menschen darzubringen«. Und zwar wird dies begründet durch den Hinweis auf das zentrale Motiv der eucharistischen Tradition, die Selbsthingabe Jesu »für die Vielen« (I Tim 2,5 f.; vgl. Mk 14,24). Weil Jesus sich für alle Menschen »zum Lösegeld gab«, darum gibt es keinen Bereich des gottesdienstlichen Betens, der von dem universalen Ausblick auf »alle Menschen« frei sein kann. Aus der universalen Ausrichtung des Heilswerks Jesu entnimmt die Gemeinde die Verpflichtung, vor Gott für alle Menschen, auch die ihr fernstehenden, fürbittend einzutreten. Ein konkretes Beispiel dafür, wie diese Verpflichtung wahrgenommen worden ist, bietet das große gottesdienstliche Fürbittengebet (I Clem 59,2–61,3).

C. Der Bezug zum himmlischen Gotteslob

Der Bezug zum himmlischen Gotteslob, der an ein zentrales Motiv jüdischen Gottesdienstverständnisses anschließt, ist am deutlichsten in der Johannesoffenbarung entfaltet, klingt aber auch sonst mehrfach an. Im himmlischen Gottesdienst, wie ihn die Offenbarung schildert, wird Gott durch die seinen Thron umgebende Schar der Engel und der vollendeten Gerechten ein unaufhörlicher Lobpreis zuteil (Apk 4,8–11); Mitte dieser himmlischen Liturgie ist das Sanctus (Jes 6,3), die Proklamation der Heiligkeit Gottes des Schöpfers. Ihr schließt sich als »neues Lied« (Apk 5,9) der Lobpreis des endzeitlichen Handelns Gottes in Jesus an (Apk 5,9–12), der in einer gewaltigen Expansion vom Himmel, dem Bereich Gottes, ausgehend alle Bereiche der Welt durchdringt. Aber dieses »neue Lied« wird auf Erden, in der Menschenwelt, nicht nur als fernes Echo himmlischer Wirklichkeit wahrgenommen; die Schar, die »das Lamm« umgibt, die irdische Gemeinde, kann es vielmehr »lernen« und sich zu eigen machen (Apk 14,3). In ihrem Gottesdienst hat sie teil am himmlischen Gottesdienst. Das bedeutet kein ungeschichtliches Überspringen der gegenwärtigen Wirklichkeit, sondern die konsequente Folge der Wahrnehmung des geschichtlichen Ortes, der ihr durch das Christusgeschehen angewiesen ist: Weil sie im Gottesdienst in zeitlicher Vorwegnahme das Mahl der Heilszeit empfängt und das Kommen Jesu erfährt, darum kann sie das dieser Heilszeit zugehörige Gotteslob jetzt schon auf Erden hörbar machen. Ganz ähnlich zitiert der 1. Clemensbrief das Dreimalheilig in einer neuen Form als himmlische Engelsliturgie und fordert die Gemeinde dazu auf, »in Eintracht versammelt ... wie aus einem Munde« in dieses himmlische Gotteslob einzustimmen im Ausblick auf die Teilhabe an der himmlischen Herrlichkeit (I Clem 34,6–8). Eine weitere Variante dieser Vorstellung findet sich bei Ignatius Eph 4,1 f. in der Aufforderung, in Eintracht »das Lied Jesu Christi« ertönen zu lassen, »Gottes Melodie in Einheit« aufzunehmen und »in Eintracht durch Jesus Christus dem Vater« zu singen (Hengel 385). Die himmlische Liturgie der Engel (Dan 7,10) mit ihrem einmütigen Gotteslob (Jes 6,3) wird so zum normgebundenen Vorbild für den irdischen Gottesdienst der Kirche.

Literatur

Kurt ALAND, Zur Vorgeschichte der christlichen Taufe: Neues Testament und Geschichte [FS Oscar Cullmann], hg.v. Heinrich Baltensweiler/Bo Reicke, Zürich/Tübingen 1972, 1–14. – Gerhard BARTH, Die Taufe in frühchristlicher Zeit, Neukirchen–Vluyn 1981 (BThSt 4). – Markus BARTH, Die Taufe – ein Sakrament? Ein exegetischer Beitrag zum Gespräch über die kirchliche Taufe, Zürich 1951. – Ders., Das Mahl des Herrn. Gemeinschaft mit Israel, mit Christus und unter den Gästen, Neukirchen-Vluyn 1987. – Walter BAUER, Der Wortgottesdienst der ältesten Christen: ders., Aufsätze. und kleine Schriften., hg.v. Georg Strecker, Tübingen 1967, 155–209. – Paul BILLERBECK, Ein Tempelgottesdienst in Jesu Tagen: ZNW 55 (1964) 1–17. – Günter BORNKAMM, Herrenmahl und Kirche bei Paulus: ders., Studien zu Antike und Urchristentum, München 1959, 138–176 (BEvTh 28). – Oscar CULLMANN, Urchristentum und Gottesdienst, Zürich [4]1962 (AThANT 3). – Reinhard DEICHGRÄBER, Gotteshymnus und Christushymnus in der frühen Christenheit, Göttingen 1967 (StUNT 5). – Gerhard DELLING, Die Taufe im Neuen Testament, Berlin 1963. – DIDACHE. Zwölf-Apostel-Lehre/Traditio Apostolica. Apostolische Überlieferung, Freiburg/u.a. 1991 (FC 1). – Gregory DIX, The Shape of the Liturgy, Westminster/New York 1945, Nachdr. 1982. – Ismar ELBOGEN, Der jüdische Gottesdienst in seiner geschichtlichen Entwicklung ([3]1931), Nachdr. Hildesheim 1995. – Karl Christian FELMY, »Was unterscheidet diese Nacht von allen anderen Nächten?«: JLH 27 (1983) 1–15. – Peter FIEDLER, Probleme der Abendmahlsforschung: ALW 24 (1982) 190–223. – W. F. FLEMINGTON, The New Testament Doctrine of Baptism, London 1948, Nachdr. 1953. – David FLUSSER, »Sanctus« und »Gloria«: ders., Entdeckungen im Neuen Testament I. Jesusworte und ihre Überlieferung (hg.v. Martin Majer), Neukirchen-Vluyn 1987, 226–244. – Hartmut GESE, Die Herkunft des Herrenmahls: ders., Zur biblischen Theologie, München [2]1983, 107–127 (BEvTh 78). – Eduard VON DER GOLTZ, Das Gebet in der ältesten Christenheit, Leipzig 1901. – Leonhard GOPPELT, Die Apostolische und nachapostolische Zeit, Göttingen 1962 (KIG 1A). – Ferdinand HAHN, Der urchristliche Gottesdienst, Stuttgart 1970 (SBS 41). – Ders., Art. Gottesdienst III: TRE 14 (1985) 28–39. – Ders., Die alttestamentlichen Motive in der urchristlichen Abendmahlsüberlieferung: EvTh 27 (1967) 337–374. – Josef HAINZ, KOINONIA. »Kirche« als Gemeinschaft bei Paulus, Regensburg 1982 (BU 16). – Martin HENGEL, Das Christuslied im frühesten Gottesdienst: Weisheit Gottes – Weisheit der Welt [FS Joseph Ratzinger], hg.v. Walter Baier/u.a., St. Ottilien 1987, I,357–404. – Otfried HOFIUS, Herrenmahl und Herrenmahlsparadosis. Erwägungen zu I Kor 11,23b–25: ZThK 85 (1988) 371–408. – Kurt HRUBY, Geschichtlicher Überblick über die Anfänge der synagogalen Liturgie und ihre Entwicklung: Jud. 18 (1962) 193–214; 19 (1963) 1–25. – Wolfgang HUBER, Passa und Ostern. Untersuchungen zur Osterfeier der alten Kirche, Berlin 1969 (BZNW 35). – Joachim JEREMIAS, Die Abendmahlsworte Jesu, Göttingen [4]1967. – Ders., Das tägliche Gebet im Leben Jesu und in der ältesten Kirche: ders., ABBA. Studien zur neutestamentlichen Theologie und Zeitgeschichte, Göttingen 1966, 67–80. – Ders., Art. πολλοί ThWNT 6 (1959) 536–545. – Klaus-Peter JÖRNS, Das hymnische Evangelium. Untersuchungen zu Aufbau, Funktion und Herkunft der hymnischen Stücke in der Johannesoffenbarung, Gütersloh 1971 (StNT 5). – Ernst KÄSEMANN, Exegetische Versuche und Besinnungen 1, Göttingen 1960. – Hans KIRSTEN, Die Taufabsage. Eine Untersuchung zu Gestalt und Geschichte der Taufe nach den altkirchlichen Taufliturgien, Berlin 1960. – Hans-Josef KLAUCK, Hausgemeinde und Hauskirche im frühen Christentum, Stuttgart 1981 (SBS 103). – Ders., Herrenmahl und hellenistischer Kult. Eine religionsgeschichtliche Untersuchung zum ersten Korintherbrief, Münster [2]1986 (NTA 15). – Bruno KLEINHEYER, Sakramentliche Feiern I. Die Feiern der Eingliederung in die Kirche, Regensburg 1989 (GDK 7/1). – Georg KLINZING, Die Umdeutung des Kultus in der Qumrangemeinde und im Neuen Testament, Göttingen 1971 (StUNT 7). – Otto KNOCH, »In der Gemeinde von Antiochia gab es Propheten und Lehrer« (Act 13,1). Was sagt das NT über Wortgottesdienste und deren Leiter?: LJ 32 (1982) 133–150. – Bernd KOLLMANN, Ursprung und Gestalt der frühchristlichen Mahlfeier, Göttingen 1990 (GTA 43). – Georg KRETSCHMAR, Die Geschichte des Taufgottesdienstes in der alten Kirche: Leit. 5 (1970) 1–348. – Ders., Art. Abendmahlsfeier I (Alte Kirche): TRE 1 (1977) 229–278 (Lit.!). – Gerhard KUNZE, Die Lesungen: Leit. 2 (1955) 87–180. – Geoffrey William Hugo LAMPE, The Seal of the Spirit. A Study in the Doctrine of Baptism and Confirmation in the New Testament and the Fathers, London 1951. – Peter LAMPE, Das korinthische Herrenmahl im Schnittpunkt hellenistisch-römischer Mahlpraxis und paulinischer theologia crucis (I Kor 11,17–34): ZNW 82 (1991) 183–213. – Johannes LEIPOLDT, Der Gottesdienst der ältesten Kirche, Leipzig 1937. – Hermann LICHTENBERGER, »Bund« in der Abendmahlsüberlieferung: Friedrich Avemarie/Hermann Lichtenberger, Bund und Tora, Tübingen 1996, 217–228. – Hans LIETZMANN, Messe und Herrenmahl. Eine Studie zur Geschichte der Liturgie, Bonn 1926 (AKG 8), Nachdr. Berlin 1955. – Bernhard LOHSE, Das Passafest der Quartadecimaner, Gütersloh 1953 (BFChTh 2/54). – Ulrich Luz, Das Evangelium nach Matthäus. 1. Teil: EKK I/1 [4]1997. – Johann MAIER, Aspekte der Kultfrömmigkeit im Lichte der Tempelrolle von Qumran: Hans Hermann Henrix (Hg.), Jüdische Liturgie, Freiburg/u.a. 1979 (QD 86) 33–46. – Ralph Peter MARTIN, Worship in the Early Church, London 1964. – Helmut MERKLEIN, Jesu Botschaft von der Gottesherrschaft, Stuttgart 1983 (SBS 111). – Ders., Erwägungen zur Überlieferungsgeschichte der neutestamentlichen Abendmahlstraditionen: ders., Studien zu Jesus und Paulus, Tübingen 1987, 157–180 (WUNT 43). – Hans Bernhard MEYER, Eucharistie. Geschichte, Theologie, Pastoral, Regensburg 1989 (GDK 4). – Charles Francis Digby MOULE, Worship in the New Testament, London 1961 (ESW 9). – Kurt NIEDERWIMMER, Die Didache, Göttingen [2]1993 (KAV 1). – Josef Maria NIELEN, Gebet und Gottesdienst im NT. Eine Studie zur biblischen Liturgie und Ethik, Freiburg 1937 ([2]1963). – Hermann PATSCH, Abendmahl und historischer Jesus, Stuttgart 1972 (CThM A1). – Charles PERROT, La lecture de la Bible dans les synagogues au Ier siècle de notre ère: MD 126 (1976) 24–41. – Jakob J. PETUCHOWSKI, Die traditionelle jüdische Liturgie. Bemerkungen zu Aufbau und Struktur des synagogalen Gottesdienstes: Hans Hermann Henrix (Hg.), Jüdische Liturgie, Freiburg/u.a. 1979, 103–110 (QD 86) . – Jürgen ROLOFF, Exegetische Verantwortung in der Kirche. Aufsätze, Göttingen 1990; darin: Anfänge der soteriologischen Deutung des Todes Jesu (Mk. X.45 und Lk. XXII. 27), 117–143; Zur diakonischen Dimension und Bedeutung von Gottesdienst und Herrenmahl, 201–218. – Ders., Der erste Brief an Timotheus: EKK XV (1988). – Willy RORDORF, Der Sonntag. Geschichte des Ruhe- und Gottesdiensttages im ältesten Christentum, Zürich 1962 (AThANT 43). – Ders., Liturgie, foi et vie des premiers chrétiens, Paris 1986 (ThH 75). – Ders./André TUILLIER, La doctrine des douze apôtres didaché, Paris 1978 (SCH 248). – Peter SCHÄFER, Der synagogale Gottesdienst: Johann Maier/Josef Schreiner (Hg.), Liturgie und Religion des Frühjudentums, Würzburg/Gütersloh 1973, 391–413. – Wolfgang SCHENK, Die Einheit von Wortverkündigung und Herrenmahl in den urchristlichen Gemeindeversammlungen: ThV II (1970) 65–92. – Gerhard SCHNEIDER, Die Apostelgeschichte I: HThK V/1 (1980). – Willy SCHOTTROFF, ›Gedenken‹ im Alten Orient und im Alten Testament, Neukirchen-Vluyn [2]1967 (WMANT 15). – Ders., Art. זכר/zkr: ThAT I (1973) 507–518. – Frieder SCHULZ, Die jüdischen Wurzeln des christlichen Gottesdienstes: JLH 28 (1984) 39–55. – Albert SCHWEITZER, Die Mystik des Apostels Paulus, Tübingen [2]1954. – Reinhart STAATS, Die Sonntagnachtgottesdienste der christlichen Frühzeit: ZNW 66 (1975) 242–263. – Eduard STOMMEL, Christliche Taufriten und antike Badesitten: JAC 2 (1959) 5–14. – Thomas J. TALLEY, Von der Berakah zur Eucharistia. Das eucharistische Hochgebet der alten Kirche in neuerer Forschung. Ergebnisse und Fragen: LJ 26 (1976) 93–115. – Gerd THEISSEN, Soziale Integration und sakramentales Handeln. Eine Analyse von 1Cor. XI 17–34: ders., Studien zur Soziologie des Urchristentums, Tübingen [2]1983, 290–317 (WUNT 19). – Ders./Annette MERZ, Der historische Jesus. Ein Lehrbuch, Göttingen 1996. – Clemens THOMA, Biblisches Erbe im Gottesdienst der Synagoge: Hans Hermann Henrix (Hg.), Jüdische Liturgie, Freiburg/u.a. 1979, 47–65 (QD 86). – Klaus THRAEDE, Ursprünge und Formen des ›Heiligen Kusses‹ im frühen Christentum: JAC 11/12 (1968/69) 124–180. – Dorothea WENDEBOURG, Den falschen Weg Roms zu Ende gegangen? Zur gegenwärtigen Diskussion über Martin Luthers Gottesdienstreform und ihr Verhältnis zu den Traditionen der Alten Kirche: ZThK 94 (1997) 407–436. – Klaus WENGST, Christologische Formeln und Lieder des Urchristentums, Gütersloh [2]1973 (StNT 7). – Ders., Didache (Apostellehre), Barnabasbrief, Zweiter Klemensbrief, Schrift an Diognet, Darmstadt 1984 (SUC2). – Claus WESTERMANN, Der Segen in der Bibel und im Handeln der Kirche, München 1968. – Ders., Zur Vorgeschichte des Abendmahles im Alten Testament: ders., Erträge der Forschung am Alten Testament, München 1984, 178–184 (TB 73). – Wolfgang WIEFEL, Erwägungen zur soziologischen Hermeneutik urchristlicher Gottesdienstformen: Kairos 14 (1972) 36–51.

Jürgen Roloff

Systematisch-theologische Grundlegung

Das Ziel des christlichen Gottesdienstes ist der eine Gott, Vater, Sohn und Heiliger Geist. Dieser selbe Gott ist der Ursprung des christlichen Gottesdienstes und befähigt zu seiner Feier: Gott ruft seine menschlichen Geschöpfe zum Gottesdienst und ermöglicht es ihnen, diese ihre Berufung zu erfüllen – die ihre Glückseligkeit ist – durch das erlösende Werk des Sohnes und in der erneuernden Kraft des Geistes. Gott redet so die Menschen inmitten der Schöpfung durch Wort und Tat an, und die Menschen, die ihn in ihrer Zeit und an ihrem konkreten Ort verehren, antworten ebenso in Sprache und Handlung. Außerdem hat dieser Dialog der Gemeinschaft auf dem Weg zu Gottes Reich und zur vollendeten Erlösung des Menschen nicht nur eine rituelle, sondern auch eine ethische Komponente.

Dementsprechend wird sich die folgende Darstellung der systematisch-theologischen Grundlegung des christlichen Gottesdienstes in vier Abschnitten entfalten. Zunächst wird die trinitarische Struktur des christlichen Gottesdienstes erläutert. Dann folgt eine Untersuchung des Ortes, den der Gottesdienst im Heilsplan einnimmt. Der dritte Abschnitt wird das Verhältnis zwischen Wort und Sakrament behandeln. Schließlich werden Liturgie und tägliches Leben als voneinander abhängige Ausdrucksweisen des »Glaubens, der durch die Liebe tätig ist« (Gal 5,6) deutlich. Es liegt in der Natur der Sache, dass die Themen der drei anderen Abschnitte immer wieder in jedem Abschnitt erscheinen; dementsprechend mag das Folgende auch als vier vollständige Kreise erscheinen, die die systematisch-theologische Grundlage des christlichen Gottesdienstes in unterschiedlichen Konfigurationen zeigen.

I. Die trinitarische Struktur des Gottesdienstes

»Ehre sei dem Vater und dem Sohn und dem Heiligen Geist, wie im Anfang, so auch jetzt und alle Zeit und in Ewigkeit. Amen.« Seit dem 4. Jh. hat dieser liturgische Kehrvers den christlichen Gottesdienst akzentuiert und dessen elementare theologische Struktur zusammengefasst. In dieser präzisen Form ist er Ausdruck des voll entwickelten trinitarischen Glaubens, der sich aus den Konzilien von Nizäa (325) und Konstantinopel (381) ergibt. Und doch haben diese Konzilien nur die lehrmäßigen Implikationen einer Gottesdienstpraxis geklärt und gesichert, durch die die Kirche auf die göttliche Selbstoffenbarung in Christus antwortete und sich die Erlösung und Erneuerung zu eigen machte, die im Paschageschehen und zu Pfingsten erwirkt wurden. Die trinitarische Struktur des christlichen Gottesdienstes ist ansatzweise im apostolischen Zeugnis des Evangeliums enthalten.

A. Das Dreierschema im apostolischen und patristischen Zeugnis

Durch Christus, heißt es Eph 2,18, haben wir »in einem Geist den Zugang zum Vater«. Und derselbe Brief gibt uns sogleich ein Beispiel einer Doxologie, die diesen Zugang verdeutlicht: »Dem aber, der überschwänglich tun kann über alles hinaus, was wir bitten oder verstehen, nach der Kraft, die in uns wirkt, dem sei Ehre in der Gemeinde und in Christus Jesus zu aller Zeit, von Ewigkeit zu Ewigkeit! Amen« (3,20 f.). Das letzte Ziel dieses Lobpreises ist Gott, der Vater (vgl. 3,14). Mit der ermöglichenden »Kraft, die in uns wirkt« ist als Umschreibung der Heilige Geist gemeint (vgl. 3,16). Der eigene Ort der Kirche »in Christus Jesus« macht sie zum Ort des Lobpreises Gottes (vgl. 3,11 f.).

Der Hebräerbrief legt die zuvor geschehene Tat Christi ausführlich dar, von der der Zugang zum Vater abhängt: Christus hat »sich selbst als Opfer ohne Fehl durch den ewigen Geist Gott dargebracht« (9,14). Und da »wir denn einen großen Hohenpriester haben, Jesus, den Sohn Gottes, der die Himmel durchschritten hat«, können wir »hinzutreten mit Zuversicht zu dem Thron der Gnade« (4,14.16).

Der Zugang, den die Christen nun in Lobpreis und Gebet zu Gott durch Christus im Geist haben, ist das Gegenstück zu jener Bewegung, in der Gott sich zuerst der Menschheit näherte durch die Sendung des Sohnes und die Gabe des Heiligen Geistes. Wiederum gibt der Epheserbrief Gottes trinitarischer Annäherung zu uns, die unserer Annäherung an den dreieinigen Gott vorausgeht und sie hervorruft, in einer Form, die jüdischen Segensgebeten (*b*[e]*rakot*) entstammt, liturgischen Ausdruck: »Gelobt sei Gott, der Vater unseres Herrn Jesus Christus, der uns gesegnet hat mit allem geistlichen Segen im Himmel durch Christus. ... In seiner Liebe hat er uns dazu vorherbestimmt, seine Kinder zu sein durch Jesus Christus nach dem Wohlgefallen seines Willens, zum Lob seiner herrlichen Gnade, mit der er uns begnadet hat in dem Geliebten. ... In ihm seid auch ihr ... versiegelt worden mit dem Heiligen Geist, der verheißen ist, welcher ist das Unterpfand unsres Erbes, ... dass wir sein Eigentum würden zum Lob seiner Herrlichkeit« (1,3–5.13 f.).

Der Apostel Paulus beschreibt in zwei ähnlichen Abschnitten die erlösende und erneuernde Bewegung Gottes zu den Menschen und die gottesdienstliche Antwort der Erlösten und Erneuerten an Gott: Gott »sandte seinen Sohn in der Gestalt des sündigen Fleisches und um der Sünde willen und verdammte die Sünde im Fleisch. ... Ihr aber seid nicht fleischlich, sondern geistlich, wenn denn Gottes Geist in euch wohnt. ... Denn welche der Geist Gottes treibt, die sind Gottes Kinder. ... Ihr habt einen kindlichen Geist empfangen, durch den wir rufen: Abba, lieber Vater! Der Geist selbst gibt Zeugnis unserm Geist, dass wir Gottes Kinder sind. Sind wir aber Kinder, so sind wir auch Erben, nämlich Gottes Erben und Miterben Christi« (Röm 8,3.9.14–17). Und wiederum: »Als aber die Zeit erfüllt war, sandte Gott seinen Sohn, geboren von einer Frau und unter das Gesetz getan, damit er die, die unter dem Gesetz waren, erlöste, damit wir die Kindschaft empfangen. Weil ihr nun Kinder seid, hat Gott den Geist seines Sohnes gesandt in unsre Herzen, der da ruft: Abba, lieber Vater« (Gal 4,4–6).

Diesem Verständnis des menschlichen Zugangs zu Gott und seiner göttlichen Vorbereitung sind die frühen Kirchenväter nachgegangen. Dementsprechend schrieb Ignatius von Antiochien zu Beginn des 2. Jh. den Christen in Ephesus: »Ihr seid Steine für den Tempel des Vaters, zugehauen für den Bau Gottes des Vaters, hochgehoben durch das Hebewerk Christi, das Kreuz, mit der Zugkraft des Heiligen Geistes. Euer Glaube geleitet euch hinauf, und die Liebe ist der Weg, der zu Gott führt« (9,1). Etwas weniger blumig schrieb Irenäus von Lyon gegen Ende des 2. Jh.: »Dies ist die Ordnung und der Plan für jene, die gerettet werden. ... Sie schreiten in drei Schritten fort: Durch den Heiligen Geist kommen sie zum Sohn, und durch den Sohn erstehen sie zum Vater« (adv. haer. V,36,2).

Basilius von Cäsarea beschrieb und erläuterte die schon feststehende Grundordnung des christlichen Gottesdienstes in seiner Abhandlung »Über den Heiligen Geist«, geschrieben um das Jahr 373. In der Nachfolge von Athanasius von Alexandrien (»Der Vater wirkt alle Dinge durch das Wort im Heiligen Geist«, Briefe an Serapion I,28) und Gregor von Nyssa (»Welche Tätigkeit auch immer von Gott zum Geschöpf geht, ... nimmt ihren Ursprung vom Vater, wird fortgesetzt durch den Sohn und zur Vollendung gebracht im Heiligen Geist«, Dass es keine drei Götter gibt, PG 45,125) wird für Basilius dieser »absteigende« Weg des göttlichen Handelns an uns zur Rechtfertigung einer entsprechenden »aufsteigenden« Bewegung des christlichen Lobpreises »im« (ἐν) Heiligen Geist »durch« (διά) Christus, den Sohn, zu Gott dem Vater. Das unmittelbare Ziel des Basilius war apologetisch; denn die Arianer hatten argumentiert, dass die traditionelle Liturgie durch ihre Verwendung der Präpositionen »durch« und »in« in diesem Zusammenhang der Beweis sei, dass der Sohn und der Geist im katholischen Glauben »weniger als Gott« wären. Basilius argumentierte, dass ein »subordiniertes« (untergeordnetes) Verständnis der Präpositionen ausgeschlossen sei durch die gleichfalls traditionelle Verwendung der Doxologien, die »dem Vater mit (μετά) dem Sohn zusammen mit (σύν) dem Heiligen Geist« die Ehre geben oder noch einfacher »dem Vater und dem Sohn und dem Heiligen Geist«. Während eine Doxologie mit διά und ἐν angemessen ist, wenn man Dank sagt für die Wohltaten, die vom Vater des Lichts herabkommen, ist eine »koordinierte« Form der Doxologie richtig, wenn man Gott in sich selbst betrachtet.

Wir müssen den Weg historisch und theologisch zurückverfolgen, wenn wir darzulegen haben, wie und warum die voll entfaltete Struktur des christlichen Gottesdienstes dazu kam, Gott als Dreieinigkeit in sich selbst – und nicht nur die trinitarische Form der Taten Gottes für die Welt – zu bekennen.

B. Die Gottheit des Sohnes und des Geistes

Die christliche Erkenntnis Gottes als Dreieinigkeit hing und hängt ab von Christus, seiner Rolle, Würde und Person. Gottesdienst war und ist Ort und Testfall solcher Anerkennung. Es ist klar, dass Jesus Christus seit den frühesten Tagen des Christentums eine zentrale Figur im christlichen Gottesdienst gewesen ist. Jesus Christus war der Inhalt der Predigt der Urkirche; der Verkündiger war – in Bultmanns bekannten Worten – zum Verkündigten geworden. Konvertiten wurden getauft »auf den Namen Jesu Christi« oder »des Herrn Jesus Christus« (Act 2,38; 8,16; 10,48; 19,5) oder »auf Christus Jesus« (Röm 6,3; Gal 3,27). Wenn die Gläubigen zum Gottesdienst zusammenkamen, versammelten sie sich »in seinem Namen«, und er war dort »mitten unter ihnen« (Mt 18,20). Es war »das Herrenmahl«, das sie aßen, mit dem Brot und dem Wein als Zeichen seines Leibes und Bundesblutes, und dies war eine Verkündigung des Todes des Herrn, bis er kommt (I Kor 11,17–26). Der entscheidende Punkt aber war, dass Jesus Christus nicht nur ein Lehrer des Gebets war (Mt 6,5–13; Lk 11,1–13) oder ein Beispiel der Selbsthingabe an Gott (Eph 5,2) oder auch nur der Mittler des Segens Gottes zu uns und unserer Gebete zu Gott (I Tim 2,1–5; vgl. Röm 1,8; 16,27; II Kor 1,20; Hebr 7,25; 13,15; I Petr 2,5). Seit den Tagen der Urkirche war Jesus Christus auch Objekt der gottesdienstlichen Verehrung.

Der Schlüssel hierfür war der Hoheitstitel »Herr« (*mar* im Aramäischen, κύριος im Griechischen). Christus wurde bei der Taufe als Herr bekannt (Röm 10,8–13; I Kor 12,3). Man rief ihn in der christlichen Zusammenkunft als Herrn an (I Kor 16,22; Apk 22,20). Die Einzelnen beteten zu ihm als Herrn in Zeiten der Not (Act 7,59; II Kor 12,8). In denen, die ihm nach den Evangelien zu Füßen fallen (προσκύνησις) und ihn κύριε anreden, kann man Menschen erkennen, die Christus schon jene ihm eindeutig bei seiner Erhöhung zukommende Huldigung geben: »dass in dem Namen Jesu sich beugen sollen aller Knie, ... und alle Zungen bekennen sollen, dass Jesus Christus der Herr ist« (Phil 2,10 f.; dort ist die kompromisslose Einzigartigkeit Jahwes von Jesaja 45,18 auf Christus übertragen, wenn auch noch »zur Ehre Gottes, des Vaters«). Der Ausruf des Thomas, der den Auferstandenen als »mein Herr und mein Gott« bekennt (Joh 20,28), findet sein liturgisches Gegenstück in der Vision des himmlischen Gottesdienstes beim Seher von Patmos (Apk 5,12–14; vgl. 1,4–7). Die Anerkennung der göttlichen Würde Christi könnte durch seine Rolle bei der Erlösung hervorgerufen sein. Theologische Reflexion hat aber offenbar bald christliche Hymnendichter dazu gebracht, ihm bereits eine Mitwirkung bei der Schöpfung zuzuerkennen; die neuere Exegese hat Echos oder Fragmente von Hymnen – z.B. in Joh 1; I Kor 8,6; Kol 1,15–20 und Hebr 1,2 f. – wiederentdeckt. (Für

Hinweise auf die Rolle, die die neutestamentliche Interpretation der Psalmen als *vox ad Christum* gespielt haben könnte, vgl. Fischer 1982, 15–35, zum Kontext Jungmann 1962.)

Wenn Christus so eine Rolle in der Schöpfung und Erlösung und eine entsprechende Würde zuerkannt wird, blieb und bleibt die Frage trotzdem, ob er strenggenommen göttlich ist. In einem Hymnus wie dem Φῶς ἱλαρόν (Alexandrien, 3. Jh.) hat man, wie Origenes nach seinem Traktat »Über das Gebet« sagen würde, die Sprache der Göttlichkeit auf Christus καταχρηστικῶς (uneigentlich oder aus Höflichkeit) angewandt. Dies geben die Arianer im folgenden Jh. zu und sind bereit, es beizubehalten. Athanasius aber bestand auf einer eindeutigen Interpretation: Die Kirche betet Christus an, und wenn er nur ein Geschöpf wäre, würde sich die Kirche des Götzendienstes schuldig machen. Für Athanasius war ein solcher Missgriff undenkbar (Brief an Adelphius 3 f.). Bevor wir aber die positiven theologischen Argumente erörtern, die Athanasius zugunsten der Göttlichkeit Christi vorbrachte, muss noch kurz berichtet werden, wie die frühe Kirche über den Heiligen Geist dachte und diesen Glauben lebte.

Zunächst kann es nur wenig Zögern gegeben haben, dass »heiliger Geist« als Gottes Geist göttlich war. Die Frage war, ob das, wodurch Christus empfangen war (Lk 1,35), was »auf ihm blieb« (Joh 1,32) und was er nach seiner Erhöhung zu Pfingsten »ausgegossen hat« (Act 2,33), in irgendeinem Sinn personal war. Die Abschiedsreden Christi im vierten Evangelium weisen mit ihrer Rede von einem »anderen Tröster« (Joh 14,16) und der Verwendung eines maskulinen Pronomens für das Neutrum Pneuma deutlich in diese Richtung (16,13; vgl. 14,26; 15,26). Die neutestamentlichen Briefe halten die Frage mit ihrer Redeweise von Predigt, Bekenntnis und Taufe ἐν πνεύματι ἁγίῳ aber irgendwie offen (I Thess 1,5; I Kor 12,3.13; Eph 4,30). Der Geist erscheint folglich als die Handlungsinstanz, die den Gottesdienst ermöglicht, aber nicht – wenn man nicht I Kor 6,19 f. und Phil 3,3 so deuten will, was aber unwahrscheinlich ist (vgl. Wainwright 1980, 91–93) – als Adressat des Gottesdienstes.

In den frühen Jahrhunderten scheinen besondere Anrufungen des Heiligen Geistes auf gnostische Kreise beschränkt gewesen zu sein. Wie aber die Beispiele zeigen, die Basilius in seiner Abhandlung »Über den Heiligen Geist« zitiert, wurde ab dem 2. und 3. Jh. dem Heiligen Geist »gemeinsam« mit dem Vater und dem Sohn der Lobpreis dargebracht. Zur Zeit der arianischen Streitigkeiten war die Frage, ob die »Person« des Heiligen Geistes, die jetzt als solche unterschieden wurde, im eigentlichen Sinne göttlich sei. Das ökumenische Konzil von Konstantinopel 381 entschied die Frage dadurch, dass es den Geist »Herr« nannte, erklärte, er »gehe vom Vater aus« (analog zum nizänischen Ausdruck »Zeugung« und »Wesenseinheit« des Sohnes), und bekannte, dass er »mit dem Vater und dem Sohn angebetet und verherrlicht wird« (τὸ σύν πατρί καὶ υἱῷ συμπροσκυνούμενον καὶ συνδοξαζόμενον).

C. *Trinitarische Liturgie in Theologie und Praxis*

Das positive theologische Argument, das Athanasius und nach ihm die Kappadozier zugunsten der Gottheit des Sohnes und des Geistes vorbrachten, war seiner Natur nach soteriologisch mit einem liturgischen Zentrum in der Taufe. Rituelle Praxis und ein theologisches Axiom werden gemeinsam vorgebracht, um zu zeigen, dass der Gott, der uns rettet und in dessen Gemeinschaft das Heil des Menschen besteht, in der Tat die Dreieinigkeit ist: Rituell betrachtet ist der im rettenden Mysterium der Taufe bekannte und angerufene Name ein dreifaltiger: Vater, Sohn und Heiliger Geist; und theologisch gesehen kann nur Gott offenbaren, erlösen und heiligen oder Anteil an sich selbst geben. Es ist das Engagement Gottes selbst mit der Welt, das die Versöhnten in die Gemeinschaft mit Gott aufnimmt und »Anteil bekommen (lässt) an der göttlichen Natur« (II Petr 1,4. – vgl. Athanasius, Briefe an Serapion I,29 f.; Gregor von Nyssa, Rede auf die Taufe Christi; Basilius, Über den Heiligen Geist, 24–28; auch Ambrosius, De mysteriis

V,28; Theodor von Mopsuestia, Katechetische Homilien XIV,14–21. Zu den dogmatischen und systematischen Fragen vgl. Torrance und LaCugna).

So trug die Gottesdienstpraxis des frühen Christentums bei zu der theologischen Idee und dogmatischen Definition Gottes als Dreieinigkeit; diese blieb dann die Glaubensnorm für die beständig gefeierte Liturgie der Kirche. Wir können jetzt die durchgehend trinitarische Struktur des christlichen Gottesdienstes von drei immer wieder vollzogenen Handlungen der Kirche her kurz illustrieren, nämlich Predigt, Taufe und Eucharistie (Herrenmahl).

Christliche Predigt ist trinitarisch sowohl ihrem Inhalt nach als auch als Ereignis. Seit den frühesten Tagen beginnt das Kerygma mit dem Heilsplan des Vaters, erzählt die erlösende Geschichte Christi und bietet die erneuernde Gabe des Heiligen Geistes im Blick auf das kommende Gericht und die Errichtung des Reiches Gottes. Sowohl die Verkündigung der Frohen Botschaft als auch die Antwort auf sie geschehen in der Kraft des Heiligen Geistes (I Thess 1,5; I Kor 12,3). Es ist Christus, der Gekreuzigte und Auferstandene, der verkündet wird und dadurch in den Gläubigen als ihr Leben und ihre Hoffnung auf die Herrlichkeit wohnt (I Kor 1,18–2,16; 15,1–56; vgl. Gal 2,20; Kol 1,27 f.). Die Botschaft kommt von Gott und führt Menschen dazu, den Namen des Herrn anzurufen (Röm 10,8–17). Wie das Evangelium von Jesus Christus als dem Herrn gepredigt wird und die Gläubigen den Glauben bekennen, so breitet sich die Gnade, die der Geist ist, über immer mehr Menschen aus, und der Dank wird vervielfacht, Gott zur Ehre (II Kor 4,5 f. 13–15).

Seit den Zeiten der Apostel wird die Taufe gespendet im »Namen des Vaters und des Sohnes und des Heiligen Geistes« (Mt 28,19; Did 7,1.3), sei es in der Form der Fragen, die den Kandidaten über ihren Glauben an jede der drei Personen gestellt werden (wie in der Apostolischen Überlieferung Hippolyts) oder als Erklärung des Spenders (entweder in der abendländischen Fassung »N., ich taufe dich auf den [oder im] Namen des Vaters und des Sohnes und des Heiligen Geistes« oder in der byzantinischen »N. wird getauft auf den [oder im] Namen des Vaters und des Sohnes und des Heiligen Geistes«). Die Taufe ist das Zeichen der Adoption in die Familie des Vaters (Gal 4,4–7), des Eintauchens in Christi Tod und Auferstehung (Röm 6,1–11; Kol 2,11 f.), der Eingliederung in seinen Leib (I Kor 12,13), der Bekleidung mit seiner Gerechtigkeit (I Kor 6,11; Kol 3,9–14, vgl. Gal 3,27) und der Wiedergeburt, Erneuerung, Salbung und Versiegelung durch den Heiligen Geist (Joh 3,5; Tit 3,5 f.; II Kor 1,22 f.; Eph 4,30). Das gesamte Neue Testament hindurch enthält der Indikativ der sakramentalen Gabe den Imperativ ethischer Lebensführung als Ausdruck des »Anteils an der göttlichen Natur«.

Das »Opfer der Heiden«, das durch den »priesterlichen Dienst« des Apostels als eines »Dieners Christi Jesu« für das »Evangelium Gottes« entsteht, wird Gott gefällig und geheiligt »durch den Heiligen Geist« (Röm 15,16). Das Ergebnis der Verkündigung des Evangeliums ist die Vergrößerung des eucharistischen Chores (II Kor 4,13–15). Das »Lobopfer« (Hebr 13,15) findet sakramentalen Ausdruck im Herrenmahl, das traditionell als Erfüllung von Maleachi 1,11 angesehen wird, die reine Opfergabe, die bei den Völkern vom Aufgang der Sonne bis zu ihrem Untergang dargebracht wird (vgl. Justin, Dialog mit Trypho 41). In der Feier des Sakramentes richtet sich das große Danksagungsgebet an den Vater, gedenkt Christi, durch den Schöpfung und Erlösung stattfinden, und ruft den Heiligen Geist an als den göttlichen Urheber der Verwandlung; und das Gebet schließt mit einer trinitarischen Doxologie. Durch das Handeln des Heiligen Geistes an Brot und Wein und an der feiernden Gemeinschaft laben sich die Gläubigen an und mit Christus in Vorwegnahme des Festmahls im endgültigen Reich des Vaters.

Auf diese Weise und in diesem Sinne bewährt sich – mit dem Titel eines Werkes des finnischen Theologen Matti Koriranta – »das Trinitarische Dogma als verbindender Faktor für das liturgische Erbe der Kirchen«.

II. Der Ort des Gottesdienstes im Heilsplan

Bei den griechischen Vätern war der übliche Ausdruck für Sakrament μυστήριον, als *mysterium* ins Lateinische übernommen. Die lateinischen Schriftsteller gebrauchten ebenso *sacramentum*, das weitere Nebenbedeutungen aus der juristischen Welt mit sich brachte (ein Eid, durch ein äußeres Zeichen bekräftigt) und einige Assoziationen des »Mysteriums« überschattete. Theologisch kommt die Hauptbedeutung des Mysteriums nicht von den Geheimkulten der hellenistischen Welt, obwohl der christliche Glaube das Heil bot, nach dem diese vergebens ausgeschaut hatten, und die Liturgie der Kirche allmählich einige leere Hüllen des heidnischen Ritus mit neuer Bedeutung und Kraft füllte (vgl. Jungmann 1967). »Mysterium« ist vielmehr zuerst und vor allem das Wort, das in Teilen des Neuen Testaments in Verbindung mit Gottes Heilsplan benutzt wird: *Das* Mysterium ist der Plan des Vaters für die Welt, und besonders für die Menschheit, ein Plan, der jetzt durch Christus offenbart und ausgeführt ist und vom Heiligen Geist in Richtung auf das endgültige Reich Gottes vollendet wird (Mk 4,11; Röm 11,25; 16,25–27; Eph 1,9 f.; 3,1–12; 6,19; Kol 1,25–28; 2,2 f.; 4,3; I Tim 3,16; Apk 10,7).

Christus selbst ist die primäre Verkörperung dieses Mysteriums (I Tim 3,16); die Kirche gehört dazu, weil sie in ihn inkorporiert ist (bes. Eph). Die in dies Mysterium Gottes integrierte Kirche dient diesem, indem sie das Evangelium allen Geschöpfen immer und überall verkündet (vgl. I Kor 4,1). Patristische Schriftsteller verwenden dann allmählich den Ausdruck Mysterium für alle Handlungen, jeden Ritus und jedes Fest der Kirche (und nicht nur die »Sakramente«, wie sie von den mittelalterlichen Scholastikern im engeren Sinne definiert und gezählt wurden), die das eine große Mysterium des Heilsplans Gottes für die Welt feiern und fördern, das die Bibel bezeugt. (Zur modernen Wiederentdeckung des eben beschriebenen Gebrauchs von Mysterium/Sakrament, vor allem in der römisch-katholischen Theologie, vgl. Schillebeeckx, Semmelroth, Hotz, Schilson und Luthe. – Für die positive Aufnahme, die dies bei Protestanten in seinem christologischen Bezug findet, nicht aber in seiner ekklesiologischen Anwendung, vgl. Jüngel/Rahner. Das Problem der protestantischen Zurückhaltung wird in Teil »III. Wort und Sakrament« angegangen.)

Angesichts der Verbindung, die man in der frühen Tradition erkennen kann zwischen der historischen Verwirklichung des Heilsplanes Gottes und der Liturgie der Kirche als Resultat und zugleich als Medium der Verwirklichung, wird es auch für uns das Richtige sein, den christlichen Gottesdienst in Beziehung zu den drei Stufen der Heilsgeschichte zu betrachten: Schöpfung, Erlösung und Vollendung.

Nach der großen Abhandlung des Heidelberger Dogmatikers Peter Brunner von 1954 hat die »als ekklesia zum Gottesdienst versammelte Gemeinde« ihren grundlegenden »Ort« – dogmatisch gesprochen – »innerhalb der Geschichte, die Gott zu unserem Heil mit der Erschaffung des Menschen eröffnet hat und zu unserer Rettung bis zu Christi Wiederkunft durchführt«, und zwar »im Schnittpunkt aller Heilsveranstaltungen und Heilsstiftungen Gottes«. Bei der »Heilsökonomie Gottes« finden nicht nur die einzelnen Menschen ihren Platz – »zwischen ihrer Geburt und ihrem Tode«, »im eschatologischen Transitus vom Tod zum Leben« – sondern auch die übrigen irdischen Kreaturen sowie die Engel, sodass der Gottesdienst der Kirche auf Erden auch auf die außermenschlichen, irdischen sowie die übermenschlichen, himmlischen Geschöpfe hingeordnet ist – »in der Mitte zwischen dem (ununterbrochen hymnisch verströmenden) Lob der Engel und dem Lob der (für uns noch stummen) Natur.« So hat die Liturgie, dogmatisch näher bestimmt, nicht nur einen »anthropologischen«, sondern auch einen »kosmologischen Ort« (116–180, bes. 116.160.168.178).

A. Schöpfung

In einer klassisch gewordenen Aussage definiert der Kleine Katechismus der Westminster-Versammlung von 1647/48 das »Hauptziel des Menschen« darin, »Gott zu verherrlichen und sich Seiner für immer zu erfreuen«. Dies ist die Sprache des Gottesdienstes: Doxologie und Festfeier. Die beiden Elemente sind dadurch miteinander verbunden, dass die Menschheit die Glückseligkeit nur im Lobpreis Gottes findet. Wenn die christliche Theologie Feuerbachs Maxime, dass »der Mensch ist, was er isst«, von ihrer materialistischen Bedeutung befreit, kann sie die biblische Vorstellung bestätigen, dass das »Genießen« des lebendigen Gottes die Quelle des wahren Lebens in partizipatorischer Übereinstimmung mit Gottes Wesen, Charakter und Willen ist (Dtn 8,3, zit. in Mt 4,4; Ps 34,9, zit. in Hebr 6,4 f. und I Petr 2,2 f.; Ps 119,103). »Meine Speise«, sagt Jesus im vierten Evangelium, »ist die, dass ich tue den Willen dessen, der mich gesandt hat« (Joh 4,32.34) und hierin verherrlichte er seinen Vater, und der Vater verherrlichte ihn (17,1–5). Und jetzt werden jene, die im Heiligen Geist die Herrlichkeit des Herrn schauen oder widerspiegeln, in sein Bild verklärt von einer Herrlichkeit zur anderen (II Kor 3,18). Außerdem wird der größeren Herrlichkeit Gottes gedient durch das Leben in Fülle, das Christus der Menschheit gebracht hat und das von denen, die ihm folgen, geteilt wird: »Die Herrlichkeit Gottes ist der lebendige Mensch; das Leben des Menschen ist die Gottesschau« (Irenäus von Lyon, adv. haer. IV,20,7).

Im biblischen Denken gibt es eine enge Verbindung zwischen Teilnahme an Gottes Herrlichkeit und Erschaffensein als Bild Gottes (vgl. Kittel 394–396). Eine alte griechische Exegese, die mit Irenäus beginnt, unterscheidet zwischen Bild *(imago)* und Gleichnis *(similitudo)* in der Schöpfungsgeschichte Gen 1,26. Das »Bild« drückt die ontologische oder strukturelle Möglichkeit menschlicher Gemeinschaft mit Gott aus; das »Gleichnis« steht für die existentielle oder ethische Ähnlichkeit mit Gott, in die die Menschheit wachsen soll, insofern sie in der Tat in Gemeinschaft mit Gott lebt. Theologisch lässt solch eine Unterscheidung eine Zeit (Geschichte) und einen Prozess (Plan) bei der Verwirklichung des guten Ratschlusses Gottes für das menschliche Geschöpf in Betracht ziehen. Dies ist wichtig für alle drei Stränge der traditionellen Interpretation der Menschheit als *imago Dei*; alle drei finden ihre rituelle Darstellung in der Liturgie und sind deshalb für unser systematisches Verständnis des christlichen Gottesdienstes bedeutsam. Die *imago Dei* im Menschen beinhaltet (1) verständige Kommunikation mit Gott, (2) Verantwortung für die irdische Schöpfung, deren besonderer Teil die Menschheit ist, und (3) eine soziale Existenz, die das Leben des dreieinigen Gottes widerspiegelt und teilt.

Die *imago Dei* im Menschen wurde erstens interpretiert als Vernunft und Sprache, die durch geschaffene Teilnahme am schöpferischen göttlichen Logos gegeben sind. Theologisch gesehen wird die Sprache primär gebraucht zur Kommunikation zwischen Gott und den Menschen. Wolfhart Pannenberg hat die anthropologische Beweislage in Übereinstimmung mit der Rolle der Religion bei der Entstehung menschlicher Sprache erforscht (328–384.) Durch göttliche Gnade werden menschliche Worte zum Ausdruck und Vehikel des Verkehrs zwischen der Menschheit und Gott, worin Gemeinschaft besteht. Gott sprach durch die Botschaft der Propheten im Alten Testament: »So spricht der Herr«; jetzt ist das göttliche Wort Fleisch geworden (Joh 1,14); und in diesen letzten Tagen hat Gott zu uns gesprochen durch den Sohn (Hebr 1,1 f.). Die immer wiederkehrende Lesung der Schrift in der Kirche bewahrt das Vokabular, die Grammatik und die Syntax der biblischen Offenbarung für die versammelte Gemeinde. Mit Hilfe des Predigers als des Interpreten der Schrift werden die Ohren der Menschen eingestimmt auf das Hören der Stimme Gottes, die zu ihnen in ihrer jetzigen Situation spricht. In entgegengesetzter Richtung stellt die Bibel Gott auch vor als jemand, der auf die Worte der Männer,

Frauen und Kinder hört, die ihn anrufen, und im Neuen Testament wird dieses Gebet verrichtet »durch Jesus Christus« (Röm 1,8; II Kor 1,20) oder »in seinem Namen« (Mt 18,19 f.; Joh 16,23 f.). Dies letztere bedeutet vor allem, dass wir teilnehmen am Gebet des Herrn zu seinem Vater (Abba), dessen Name geheiligt wird durch die Erfüllung seines Willens und das Kommen seines Reiches und der für seine Kinder sorgt, sie beschützt und erlöst (Mt 6,9–13). Mit der Hilfe des dazu befähigten Liturgen, der sowohl dem Vorbild des in der Bibel überlieferten und vom Herrn gelehrten Gebets treu bleibt, als auch Gespür hat für den Glauben und die Nöte der Zeitgenossen, wird die Stimme der Menschen aus der jetzigen Situation heraus verständlich zu Gott gerichtet. Die Liturgie bringt auf diese Weise den Dialog zwischen Menschen und Gott konkret und vernehmbar zum Ausdruck, der als Lobpreis und Freude an Gott zu der Bestimmung der Menschheit gehört.

Die *imago Dei* im Menschen wurde zweitens interpretiert als Stewardship im Namen Gottes inmitten der irdischen Schöpfung, als Ruf zu einer »königlichen Priesterschaft« (Schmemann 1974). »Sich die Erde untertan machen« (Gen 1,28) ist keine Lizenz, sie auszubeuten, sondern ein Auftrag, »sie zu bebauen und zu bewahren« (Gen 2,15); und die Macht, die nicht-menschlichen Geschöpfe zu »benennen« (2,19 f.), ist keine Erlaubnis, sie zu missbrauchen, sondern das Privileg, ihnen Bedeutung und Stimme zu geben. Wenn das von Gott Geschaffene »mit Danksagung empfangen wird« (I Tim 4,3–5), werden diese Dinge zu Kommunikationsmitteln zwischen Gott und den Menschen; als Geschenke bringen sie göttlichen Segen und lassen Menschen mit Dankbarkeit antworten. Christologisch sieht man Jesus dieses königliche Priestertum inmitten der Schöpfung dadurch ausüben, dass er den Sturm stillt, es ermöglicht, dass der Menge und seinen Jüngern zu essen gegeben wird, Dämonen austreibt und Leidende heilt. Die sakramentalen Zeichen der Fortsetzung dieses Priestertums Christi sind die Riten der Kirche mit Wasser und Öl, mit Brot und Wein. Der regelmäßige Rhythmus der Schöpfung und ihre Dienstbarkeit für Gottes geschichtliche Absichten werden im Tageslauf und im Jahreskreis gefeiert, die durch die Gebetsoffizien (das Stundengebet) und den Festkalender der Kirche geregelt sind (so Stuhlman; Adam). Für Gott schließt Schöpfung sowohl Arbeit wie Ruhe ein (Gen 2,2 f.; Joh 5,17; Hebr 4,1–10), die im Spiel ihre Vollendung finden (Prov 8,31 f.); der *homo ludens* (Huizinga) entfaltet die *imago Dei* im Spiel der Liturgie (Guardini). All dies hat eine paradigmatische Bedeutung für Landwirtschaft und Technologie, für künstlerische Kreativität und asketische Disziplin.

Die *imago Dei* im Menschen wurde drittens interpretiert als soziale Verfasstheit der Menschen, die ihrer kommunikativen Teilnahme an der Gemeinschaft mit der göttlichen Dreieinigkeit entspricht. Das Bild Gottes ist also die Fähigkeit zu lieben – den Nächsten (Lk 10,25–37) und den Feind (Mt 5,43–48), der zum Bruder und zur Schwester werden kann, – und auf die φιλαδελφία in Christus gerichtet (Röm 12,10; I Thess 4,9 f.; I Petr 3,8), die der Testfall der Liebe zu Gott ist (I Joh 3,10.14–18; 4,20 f.). Eine solche Liebe ist die angemessene Antwort an Gott, der die Menschen liebte, als sie noch seine Feinde waren (Röm 5,8–10; I Joh 4,7–12). Gottes umwandelnde Liebe zu den Sündern wurde in Jesu Geschenk der Tischgemeinschaft mit ihnen dargestellt und vollzogen (Mt 9,10–13; 11,19; Lk 15,1 f.; 19,1–10), die sich bis zu seiner Stiftung des Herrenmahls erstreckte (Mt 26,26–29). Diese Liebe fordert zu entsprechendem Verhalten unter ihren menschlichen Empfängern auf in ihren Versammlungen (Jak 2,2–5), in ihren Liebesmählern (Jud 12), ihren Zusammenkünften zum Herrenmahl (I Kor 11,17–34) und ihrer Sorge für die Armen (Act 6,1–6; Tertullian, Apologie 39; Hippolyt, TA 28). Ein immer wiederkehrender Gestus der christlichen φιλαδελφία ist der Friedenskuss (Röm 16,16; I Kor 16,20; II Kor 13,12; I Thess 5,26; I Petr 5.14), oft in Zusammenhang gebracht mit der Weisung des Herrn in Mt 5,23 f. (vgl. Irenäus, adv. haer. IV,18,1; Cyrill von Jerusalem, Myst. Kat. V,3).

Die Gemeinschaft unter Gläubigen spiegelt die innertrinitarische göttliche Gemeinschaft wider, an der ihnen aus Gnade angemessen Teilhabe gegeben wird.

Schon in diesen Darlegungen über die Schöpfung war es nötig, auf die Erlösung und Erneuerung hinzuweisen. Dies ist so, weil Gottes Absichten mit der Erschaffung des Menschen durch den Sündenfall durchkreuzt wurden und deshalb – wir reden *a posteriori*, auf Grund des Handelns Gottes – göttliche Intervention zur Versöhnung der Menschheit mit ihm und letztlich um der Vollendung des göttlichen Heilsplans willen »erforderlich« wurde.

Nach Paulus kann man den Sündenfall in liturgischen Ausdrücken verstehen. Statt Gott zu preisen und ihm zu danken, haben die Menschen »Gottes Wahrheit in Lüge verkehrt und das Geschöpf verehrt und ihm gedient statt dem Schöpfer« (Röm 1,18–25). Der Dienst an Gott wurde pervertiert zum Dienst an Bildern, Gottesdienst wurde zum Götzendienst. Calvin nannte den menschlichen Geist nach dem Sündenfall »zu allen Zeiten ... eine Werkstatt von Götzenbildern« (Institutio I,11,8). »Worauf Du nu«, erklärt Luther in der Auslegung des ersten Gebotes, »Dein Herz hängest und verlässest, das ist eigentlich Dein Gott« (GrKat BSLK 560). Zum christlichen Glauben zu kommen bedeutet, sich zu bekehren »zu Gott von den Abgöttern, zu dienen dem lebendigen und wahren Gott und zu warten auf seinen Sohn vom Himmel, den er auferweckt hat von den Toten, Jesus, der uns von dem zukünftigen Zorn errettet« (I Thess 1,9 f.). Oder in johanneischen Worten: »Das ist das ewige Leben, dass sie dich, der du allein wahrer Gott bist, und den du gesandt hast, Jesus Christus, erkennen« (Joh 17,3). Phänomenologisch gesprochen gibt es »viele ›Götter‹ und viele ›Herren‹«; aber wir Christen haben »doch nur einen Gott, den Vater, ... und einen Herrn, Jesus Christus« (I Kor 8,5 f.).

Die Taufe ist das Zeichen dieser »Bekehrung« oder »Konversion«, die ihren rituellen Ausdruck findet in der Absage an Satan (die ἀπόταξις in östlichen Riten) und der (Glaubens-)Zusage an Christus und die Dreieinigkeit (die σύνταξις und das Sprechen des Credos). Aber der »alte Mensch« hat oft eine lange Zeit nötig zum Sterben; denn, wie Luther wusste, das *cor in se incurvatum* (aller Götzendienst ist zuinnerst Selbst-Anbetung) ist hartnäckig in seiner Todesverfallenheit. Deshalb ist das Bekenntnis der Sünde nie weit weg vom christlichen Gottesdienst in dieser zeitlichen Welt. Es kann entweder zu Beginn der Liturgie stattfinden, »damit euer Opfer rein sei« (Did 14,1), oder es kann, als umso größere Betonung der bleibenden Dialektik des *simul iustus et peccator*, während des Gottesdienstes geschehen.

Hiermit sind wir schon der Behandlung des Gottesdienstes in seinem Bezug zur Erlösung und Erneuerung nahegekommen.

B. Erlösung

Liturgiewissenschaftler des 20. Jh. haben viel zur Wiederentdeckung der Tatsache beigetragen, dass das frühe Verständnis des christlichen Gottesdienstes vom Paschamysterium der Erlösung durch Tod und Auferstehung Christi geprägt war.

Schon im 2. Jh. begründete Justin die Tatsache, dass die christliche Versammlung zum Gottesdienst am Sonntag, dem ersten Tag der Woche, stattfindet, »weil er der erste Tag ist, an dem Gott, die Finsternis und den Urstoff umwandelnd, die Welt schuf, und an demselben Tag Jesus Christus, unser Erlöser, von den Toten auferstanden ist ... und seinen Aposteln und Jüngern erschien« (I Apol. 67,7). Die moderne Liturgische Bewegung hat versucht, dem Sonntag seinen Charakter als dem regelmäßigen und bedeutsamsten Tag für die Feier von Wort und Sakrament zurückzugeben, in der (wie zu Justins Zeit) »die Schriften der Propheten« und die »Denkwürdigkeiten der Apostel« gelesen und erklärt werden und Brot und Wein gebracht, gemäß Christi eucharistischer Einsetzung gesegnet und als sein rettender Leib und sein rettendes Blut genossen werden.

Die frühe Kirche feierte das jährliche Gedächtnis des Paschas Christi zu Ostern. Dies war der Haupttermin für die Taufe, nachdem die Kandidaten während der Bußzeit zuvor ihre unmittelbare Vorbereitung auf das Mitsterben und Mitbegrabenwerden mit Christus erfahren hatten. Während der nächsten fünfzig Tage war für alle Getauften das Knien und Fasten verboten, denn die *Pentekoste* war »eine überaus freudige Zeit« mit der Feier der Auferstehung Christi und des neuen Lebens, das sie gebracht hatte (Tertullian, De bapt. 19). Neuere Tauftheologie betont vor allem die Teilnahme an Christi Tod und Auferstehung. Die heutige liturgische Praxis hat in vielen Kirchen den großen Pascha-Vigilgottesdienst wiederhergestellt, in dem der biblische Bericht von der Erlösung gelesen wird, Taufen gefeiert werden (wobei alle Gläubigen ihr Taufversprechen erneuern können) und die Gemeinde den auferstandenen Herrn erkennt am Brotbrechen (vgl. Fischer 1992).

Sonntag (»ein kleiner Ostertag«, wie die Orthodoxen ihn nennen) und Ostern (»der Große Sonntag«) dominieren den liturgischen Kalender und prägen deshalb das Verständnis der Kirche für Zeit und Geschichte, für die Heilsökonomie. Sie sichern den christologischen Bezug und entfalten zugleich die trinitarische Dimension. Weihnachten wird gesehen als die Erscheinung des Herrn der Herrlichkeit, den die Machthaber dieser Welt einmal kreuzigen werden (Mt 2,1–23; I Kor 2,8), und als die Geburt des Sohnes Gottes, der einmal als solcher bestätigt wird durch seine Auferstehung von den Toten (Lk 1,31–35; Röm 1,3 f.). Pfingsten ist das Siegel auf Ostern, indem der Vater auf die Bitte seines erhöhten Sohnes den verheißenen Heiligen Geist sendet, um »die Gestalt der Erde zu erneuern« (Ps 104,30) durch die Verkündigung des Evangeliums (Act 1,8; 2,1–38).

Christlicher Gottesdienst bezeichnet den Ort der Kirche in der Zeit der Erneuerung zwischen der Erlösung der Menschen und der Vollendung aller Dinge. Die Liturgie ist sowohl anamnetisch als auch epikletisch: Sie »gedenkt« des vollendeten Wirkens Christi (vgl. I Kor 11,24–26) und »ruft« den Heiligen Geist »an«, der der göttliche Urheber der Erneuerung ist (vgl. Tit 3,5–8). Christologie und Pneumatologie bedingen einander; denn der Heilige Geist wird von dem nehmen, was Christus gehört, und es verkündigen (vgl. Joh 14,26; 16,14 f.). Im Gottesdienst geht es »um eine Bewegung der glaubenden Gemeinde, die immer neu auf Gottes Kommen wartet, um solches Kommen bittet. ... Gottes erneutes Kommen ereignet sich inmitten des vom Geist gewirkten dankenden und lobenden Handelns der Gemeinde« (Kühn 1999, 263). So ist die Liturgie auch, wie wir sehen werden, proleptisch, insofern sie das Reich des Vaters vorwegnimmt.

Zum gegenwärtigen Zeitpunkt in der Heilsgeschichte ist die liturgische Versammlung also, in den Worten des Zweiten Vatikanums, »eine vorzügliche Weise der Darstellung der Kirche, *praecipua manifestatio Ecclesiae*« (SC 41). Dort empfängt die Kirche durch Gottes Gnade das Evangelium vom Heil, feiert, was sie empfängt, verkündet, was sie feiert, und gibt weiter, was sie verkündet. Durch das Wort der Wahrheit wird die Kirche zum Erstling der Geschöpfe Gottes (vgl. Jak 1,18), zur neuen Schöpfung in Christus (vgl. II Kor 5,17) und, als Trägerin des Wortes der Versöhnung, zur Mitarbeiterin mit Gott im Dienst an der Versöhnung der Welt (vgl. II Kor 5,18–6,2).

Die liturgische Versammlung ist auch der Ort, an dem der diachrone, d.h. die Zeit durch- und überschreitende, Charakter der Kirche hindurchscheint. Vor allem in den östlichen Kirchen umgeben Ikonen der Heiligen die Feier. Auch die römisch-katholischen Riten rufen die Heiligen um Fürsprache an und beten für die verstorbenen Gläubigen. Anglikanische Gebete bitten bezeichnenderweise zumindest, dass wir mit den Heiligen Anteil erhalten am Reich Gottes. Auch protestantische Prediger weisen auf besondere Christen der Vergangenheit als beispielhafte Zeugen hin (vgl. Communio Sanctorum).

Mit dem Gedanken der Gemeinschaft der Heiligen setzen wir jetzt deutlicher als zuvor den christlichen Gottesdienst in Beziehung zur endgültigen Vollendung.

C. Vollendung

Aus I Kor 16,22 wird ersichtlich, dass in den urchristlichen Zusammenkünften zum Gottesdienst der Ruf »Maranatha« erscholl. Sprachlich gesehen kann dieser Ausdruck, so wie er hier steht, als Bestätigung verstanden werden, dass der Herr gekommen ist (in der Inkarnation), oder als Ankündigung, dass der Herr jetzt gekommen ist (in kultischer Gegenwart) oder als Bittruf um die ersehnte Ankunft des Herrn (zum letzten Gericht). Im Licht von Apk 22,20 ist Letzteres wohl das wahrscheinlichste. Auf jeden Fall verkündet die Eucharistie den Erlösungstod Christi, lässt den Auferstandenen am Brotbrechen erkennen, und wird gefeiert, bis er (wieder)kommt (vgl. I Kor 11,23–26; Lk 24,35; Jeremias argumentiert, dass ἄχρι οὗ ἔλθῃ in I Kor 11,26 ein »prospektiver Konjunktiv [sei], bei dem ein finales Element mitempfunden wird«, 244).

Christlicher Gottesdienst enthält also einen unverkennbaren »eschatologischen Ausblick«, in den Vergangenheit wie Gegenwart aufgenommen sind als Grund und Vorwegnahme der Zukunft. Oder, wenn es richtig ist, wie einige Theologen gesagt haben, Gottes Zukunft als die alles bestimmende Realität anzusehen, dann wird sich das endgültige göttliche Reich schließlich in einer Umkehr der Perspektiven als das erweisen, was die Vergangenheit und die Gegenwart zuerst ermöglicht hat. Auf jeden Fall bezeugen einige Elemente der liturgischen Überlieferung der Kirche die Tatsache, dass Gottes endgültiges Reich noch vorbereitet werden muss, während andere zeigen, dass man es bereits schmecken kann.

Einerseits ist die Predigt des Evangeliums nötig, solange es noch nicht alle gehört oder ihm geantwortet haben (Mt 24,14). Die Taufe ist nötig, um den Eintritt in das Leben des Glaubens zu bezeichnen. Wiederholte Buße und Vergebung sind nötig, weil Gläubige immer wieder aus der Gnade fallen oder noch nicht völlig von ihr bestimmt werden. Klage und Fürbitte sind nötig, bis die Welt völlig zu Gott bekehrt ist. Mit anderen Worten, die Kirche muss noch immer das Gebet des Herrn beten: »Dein Reich komme«.

Andererseits enthält die Liturgie der Kirche bereits wenigstens zwei Elemente, von denen das Buch der Offenbarung sagt, dass sie, zweifelsohne in gesteigerter Form, im endgültigen Reich Gottes fortdauern werden. Die himmlische Liturgie ist gekennzeichnet durch Lieder des Lobes: Apk 4,8–11; 5,8–14; 7,9–12; 11,15.17; 15,3 f.; 19,6–8. Wenn deshalb die Kirche in der Geschichte »Heilig, heilig, heilig« singt, verbindet sie schon ihre Stimme mit den »Engeln und Erzengeln und der ganzen Schar des Himmels«. In Hymnen wird Gott doppelt gepriesen: in den Worten und in der Musik (vgl. hierzu McKinnon). Zweitens haben die geschichtlichen Liturgien der Kirche das Herrenmahl immer angesehen als einen Vorgeschmack des »Hochzeitsmahls des Lammes« (Apk 19,9): Die Kommunion hier und jetzt im verwandelten Brot und Wein wird gesehen als »Unterpfand« und »Verheißung« der Gemeinschaft mit dem dreieinigen Gott unter einem neuen Himmel und auf einer neuen Erde (vgl. Wainwright 1981, 58 f. 94–122.147–154).

Man kann deshalb sagen, dass der christliche Gottesdienst die Heilsgeschichte durch Vorbereitung und Vorwegnahme auf ihre Vollendung hin vorantreibt (in diesem Sinne wäre σπεύδοντας in II Petr 3,12 zu verstehen). Schließlich wird eine Gemeinschaft erlöster und erneuerter Menschen inmitten einer verklärten Schöpfung den dreieinigen Gott preisen und sich seiner erfreuen. Dort werden die Menschen im vollkommenen Dienst Gottes ihre königliche Freiheit finden; von Gott, »cui servire regnare est«, spricht eine Oratio im Gelasianum und Gregorianum, was im BCP (Morgengebet) mit »whose service is perfect freedom« übertragen wird (für liturgisch orientierte systematische Reflexionen über Eschatologie vgl. Wainwright 1988/1989).

III. Wort und Sakrament

Die Antworten der Kirchen auf die Lima-Erklärung zu »Taufe, Eucharistie und Amt« zeigen, dass vor allem viele deutschsprachige Protestanten sich skeptisch verhalten gegenüber den neuen ökumenischen Konvergenzen im Verständnis des Verhältnisses von Wort und Sakrament. Zugespitzt ausgedrückt: Sie scheinen zu fürchten, dass eine Art Übersakramentalisierung zur Magie führt. Etwas nuancierter ausgedrückt: Sie weisen die angebliche Überbetonung des Handelns der feiernden Kirche zurück (des *opus operantis*, das sie oft mit dem *opus operatum* verwechseln, während tatsächlich das Prinzip des *ex opere operato* genau das Wirken schützt, das Gott tut). Sie bestehen vielmehr auf (passiver) Rezeptivität, die nicht mehr tun kann als das Wort willkommen zu heißen in dem Glauben, den das Wort selbst schafft (Kirche als *creatura verbi*; vgl. Lima TEA; Diskussion 1982–1990; Wainwright 1997a, 141–175).

Es gibt durchaus gute kirchenhistorische Gründe für das protestantische Insistieren auf dem Wort. Die Reformation des 16. Jh. kann man z.T. als eine Korrektur der mittelalterlichen Sakramentenpraxis ansehen, in der entstellte Vorstellungen über Gott, die Menschen und das Heil zutage traten. Die Reformatoren forderten die reine Predigt des Evangeliums, die wahre Lehre des Glaubens und solche Gottesdienstformen, die vom Wort (Christus) im Wort (den Schriften) ins Werk gesetzt waren, und versuchten, diese wiederherzustellen. Dementsprechend wurde das »Wort« die dominante Kategorie; die Betonung wurde gelegt auf die mündliche Verkündigung des Evangeliums und auf die Lehre gemäß der Schrift. Im Hinblick auf die »Sakramente« nannte Luther die Taufe »Gottes Wort im Wasser« und machte das Herrenmahl an der Entfaltung der *verba testamenti* fest; Calvin griff besonders auch den augustinischen Gedanken der vom Herrn eingesetzten Zeichen als der verba visibilia auf.

Als ökumenische Aufgabe geht es weiterhin darum zu zeigen, dass Wort und Sakrament nicht in Konkurrenz zueinander treten, sondern sich gegenseitig ergänzen und in Wirklichkeit einander bedingende Realitäten sind, und anzuerkennen, dass die beiden Formen innerhalb dieses Kontextes je eigene Rollen zu spielen haben. So die weise Bemerkung von Faith and Order: »Wenn diese untrennbare Zusammengehörigkeit von Wort und Sakrament akzeptiert wird, besteht die Freiheit, die je besonderen Funktionen von beiden innerhalb der christlichen Gemeinschaft und für sie wie auch ihre kritische Rolle gegenüber unangemessenen Formen des Gottesdienstes und des kirchlichen Lebens anzuerkennen« (Diskussion 1982–1990, 143). Wesentlich ist nur ihr gemeinsamer und verbleibender Ursprung im fleischgewordenen Wort.

A. *Das fleischgewordene Wort*

Im Sprachgebrauch des Alten Testaments kann der hebräische Ausdruck דָּבָר (dabar) nicht nur das gesprochene Wort bedeuten, sondern auch Ding, Tat oder Geschehen. Gottes Offenbarung und Erlösung in Israel geschah durch Taten, die von (göttlich inspirierten) prophetischen Worten interpretiert wurden, während prophetische Botschaften vom Herrn durch symbolische Handlungen vermittelt werden konnten, die Ereignisse in Gang setzten. Das ist der linguistische, historische und theologische Hintergrund, auf dem man die johanneische Erklärung versteht, dass »das Wort Fleisch geworden ist«.

Jesus Christus – als Gottes Selbstmitteilung durch das Wort und im Geist – vereinte Sprache und Tat in einem beseelten Leib und in einem historischen Leben. Er »ist umhergezogen und hat Gutes getan« (Act 10,38): Er predigte in Gleichnissen und lehrte mit Vollmacht; er speiste die Mengen und heilte die Kranken. Er konnte seine eigene messianische Sendung so charakterisieren: »Geht hin und sagt Johannes wieder, was ihr hört und seht: Blinde sehen und Lahme gehen,

Aussätzige werden rein und Taube hören, Tote stehen auf und den Armen wird das Evangelium gepredigt« (Mt 11,4 f.). Schließlich litt er an Leib und Seele und wurde mit Leib und Seele von den Toten erweckt. In Christus hat »Gott als Autor« sein »leibliches Wort« vorgelegt, um die Titel zweier gottesdienstfreundlicher Bücher von Oswald Bayer zu entlehnen (Tübingen 1999 und 1992; vgl. Wainwright 1997b, 1–96).

Es ist also völlig angemessen, dass Christus seine rettende Gegenwart weiterhin auf verschiedene Weisen vermittelt, die, einzeln und zusammen, den verbal-leiblichen Charakter des Menschen respektieren. Dies wurde im apostolischen Zeugnis über ihn anerkannt: »Was von Anfang an war, was wir gehört haben, was wir gesehen haben mit unsern Augen, was wir betrachtet haben und unsre Hände betastet haben, vom Wort des Lebens – und das Leben ist erschienen, und wir haben gesehen und bezeugen und verkünden euch das Leben, das ewig ist, das beim Vater war und uns erschienen ist –, was wir gesehen und gehört haben, das verkünden wir auch euch, damit auch ihr mit uns Gemeinschaft habt; und unsere Gemeinschaft ist mit dem Vater und mit seinem Sohn Jesus Christus« (I Joh 1,1–3). Es verwundert kaum, dass Luther, für den Christus gewiss das Wort war (natürlich das fleischgewordene), auch bekennt, dass, mit der Schrift gesprochen, Christus auch das eine Sakrament ist, das sich in verschiedenen der Kirche gegebenen sakramentalen Zeichen ausdrückt (De capt. babylon., WA 6,501,37 f., mit offenkundigem Verweis auf I Tim 3,16, wo Christus als das offenbarte, verkündigte und geglaubte »Mysterium des Glaubens« erscheint).

Phänomenologisch gesprochen ist es offenkundig, dass Worte, Handlungen und Materie in der Verkündigung und Feier der Kirche alle miteinander verwoben sind. Die Heilige Schrift wird aus einem Buch der Gemeinde laut zu Gehör gebracht. Der Mund des Predigers sucht die Herzen der Menschen über ihre Ohren zu erreichen. In der Taufe fließt Wasser nach dem Bekenntnis des Glaubens. Im Herrenmahl wird Gott gedankt und werden die Worte der Verheißung über Brot und Wein wiederholt, die dann verzehrt werden. Kranke Körper werden im Namen des Herrn unter begleitendem Gebet mit Öl gesalbt (vgl. Jak 5,14 f.). Ikonen werden betrachtet und geküsst als Manifestationen der Gegenwart des Herrn.

Anthropologisch stimmt dies alles ausgesprochen gut mit den Ergebnissen zeitgenössischer Erkenntnislehre, Sprachphilosophie und Semiotiktheorie überein. Die Humanwissenschaften kennen »kommunikative Handlungen«, »performative Sprache« und »Sprachhandlungen«. Schon die Volksweisheit weiß, dass »Taten lauter sprechen« können »als Worte«, während »Worte verwunden oder heilen« können (sprachlich und semiotisch fundierte Studien des Gottesdienstes finden sich bei Schermann und Merz, vgl. Meuffels).

Theologisch ist die Verwendung verständiger und verständlicher Worte die beste Weise, die Geschichte richtig zu erzählen und den genauen Bedeutungskontext herzustellen, ohne den rituelle Gesten zu Götzendienst oder Magie absinken, während der rechte Gebrauch von Gegenständen und Handlungen zu gewährleisten hilft, dass Gottesdienst und Heil die Menschen in ihrer körperlichen und historischen Existenz beteiligen und bewegen. Auch die pneumatische Dimension darf nicht vergessen werden: Das Fleisch, und selbst das gesprochene oder geschriebene Wort (vgl. Joh 6,63; II Kor 3,1–6), bewirken nichts ohne den lebenspendenden Geist, der auf dem fleischgewordenen Wort blieb und durch ihn ausgeteilt wird (Joh 1,32 f.).

Wenn die Untrennbarkeit von Wort und Sakrament im fleischgewordenen Wort, dem Mysterium unseres Glaubens, als gegeben gilt, können wir uns jetzt andererseits einigen ausgesprochen verbalen und einigen ausgesprochen sakramentalen Formen des christlichen Gottesdienstes zuwenden.

B. Verbale Formen des Gottesdienstes

Wir werfen einen kurzen theologischen Blick auf (1.) die Schriftlesung, (2.) die Predigt, (3.) die Gebete, (4.) das Glaubensbekenntnis und (5.) die Hymnen und Lieder. Gemeinsam ist ihnen allen, dass sie einen Dialog entfalten, in dem das menschliche Geschöpf von Gott auf seine Verantwortung hin angeredet wird und in Lobpreis und Gehorsam Heil zu finden beginnt.

1. Die *Schriftlesung*. Die moderne Exegese hat die bedeutende Rolle wiederentdeckt, die der Kult in der Entstehung, Sammlung, Definition und Weitergabe der Bücher der Heiligen Schrift gespielt hat. Viele ihrer verschiedenartigen Texte entstanden im Kontext des Gottesdienstes (Geschichten, Glaubensbekenntnisse, Hymnen, Gebete usw.). Sie wurden dann zur Verlesung zusammengefügt. Die »Bücher« erhielten kanonischen Status z.T. auch durch ihre akzeptierte Verwendung »in der Kirche«, und die Texte wurden zum weiteren Gebrauch in der Liturgie abgeschrieben. Dies alles macht die Liturgie zum natürlichen Ort der Interpretation der Schrift: Die Verherrlichung Gottes und die Heiligung des Menschen sind die Ziele der Verlesung der Schrift. Solche liturgisch zentralen Elemente wie die alten Glaubensbekenntnisse und die klassischen Eucharistiegebete, selbst eine Art Kompendium der Schrift in ihren jeweiligen Genren, bieten einen hermeneutischen Schlüssel, der es ermöglicht, bestimmte Passagen der Schrift im Licht der umfassenden Geschichte zu lesen. Die liturgische Predigt stellt sicher, dass die jetzige Applikation der Schrift auf das Leben heute »vor Gott« zu machen ist. Die kontinuierliche Verlesung der Schrift im Gottesdienst hat ihrerseits den Status der Bibel als heiliges Buch und ihre Funktion als permanente Norm bewahrt, selbst wenn die Predigt, der Glaube und die Praxis einer bestimmten Kirche in einer bestimmten Zeit entstellt oder im Verfall begriffen war, sodass die Schrift als Basis der Kritik, Reform und Erneuerung innerhalb der Kirche dienen kann.

2. Die *Predigt*. Die Predigt ist der Ort, an dem das immer währende und eschatologische Evangelium am deutlichsten diese Zeit und diese Situation betrifft. Einerseits erhält die Predigt ihre Kraft aus der ursprünglichen Offenbarung und Erlösung, deren bleibendes Zeugnis die Schrift ist; andererseits beweist die Predigt ihre Wirkungskraft dadurch, dass sie die Hörer heute erreicht. Die Prediger werden deshalb versuchen, die alte Geschichte neu zu erzählen; die Sprache unserer Zeit und unseres Kulturkreises muss in den Dienst Christi genommen werden. Die Predigt will Hilfestellung bieten, damit das Hören (ἀκοή) des Wortes zum Gehorsam (ὑπακοή) dem Wort gegenüber wird, um Hörer zu Tätern zu machen (vgl. Jak 1,22–27).

3. *Gebete*. Gebete sind die Verbalform des menschlichen Anteils am Dialog mit Gott. Angesichts der Vorrangigkeit der göttlichen Gnade haben sie deshalb wesensmäßig Antwortcharakter. Entsprechend der wahrgenommenen Gegenwart oder Abwesenheit Gottes, seines wahrgenommenen oder vermissten Handelns, seiner Taten in der Vergangenheit oder erwarteten Intervention umfassen sie die ganze Skala von Anbetung, Lob, Danksagung, Klage, Bitte, Fürbitte. Da man mit Fehlverhalten auf der menschlichen Seite zu rechnen hat, haben Gebete auch Sündenbekenntnis, Bitte um Vergebung und Zeichen der Selbstpreisgabe zum Inhalt.

4. *Glaubensbekenntnisse*. Das Apostolikum verdankt seinen Ursprung und die trinitarische Fassung dem Umstand, dass es als Taufbekenntnis diente, unter Rückbezug auf die voraufgegangene katechetische Unterweisung. Nach den Kontroversen und Konzilien des 4. und 5. Jh. diente das Nicäno-Konstantinopolitanum nicht nur als Prüfstein gesunder Lehre, sondern erhielt durch seine Einfügung in die Eucharistie eine eminent gottesdienstliche Funktion. Die Einbeziehung der alten Glaubensbekenntnisse in das tägliche Stundengebet oder in die eucharistische Liturgie dient einer Anamnese der Taufe und der doxologischen Nacherzählung der

Heilsgeschichte. Die Verwendung der klassischen Glaubensbekenntnisse hat ökumenische Bedeutung über Zeit und Ort hinweg und bezeugt den gemeinsamen Glauben und eine konstante Tradition.

5. *Hymnen und Lieder*. Hymnen zeugen von der Tatsache, dass, auch wenn das Evangelium verständlich ist und einen verständigen Glauben fordert, das Heil nicht nur Sache des Verstandes ist. Dichtkunst ist ein Produkt der »ekstatischen Vernunft« (Tillich), während Musik auch den Körperrhythmus mitbeteiligt. Im christlichen Gottesdienst kann wortlose Musik eine Transzendenz ausdrücken, die jedoch verbale Formulierungen nicht ausschließt, sondern integriert. Schweigen kann das Gleiche tun.

C. Sakramentale Formen des Gottesdienstes

Hier geht es um Wesen und Zahl der Sakramente; dann werden einige gemeinsame und besondere Kennzeichen der weitgehend anerkannten Sakramente notiert; schließlich sind einige rituelle Praktiken zu erwähnen, die oft als im weiteren Sinn sakramental angesehen werden.

1. *Wesen und Zahl der Sakramente*. Historisch gesehen haben fast alle christlichen Gemeinschaften verschiedene heilige Handlungen gefeiert, durch die die Gnade Gottes mittels Gesten und dinglicher Elemente innerhalb eines von der Heilsgeschichte geprägten und durch feststehende Verheißungs- und Befehlsworte bestimmten Bedeutungsfeldes bezeichnet, überbracht und vertrauensvoll empfangen wurde. Während des ersten Jahrtausends kam die Kirche mit einer relativ flexiblen Kategorie solcher Mysterien oder Sakramente aus. Danach begannen typisch westliche Debatten über eine spezifischere Definition von Sakrament und über die Zahl der Sakramente zu reflektieren und Kontroversen über die Art der Wirksamkeit Gottes hervorzurufen, Kontroversen, an denen es anscheinend der Christenheit nur selten gemangelt hat.

Gemäß den Konzilien von Lyon II (1274), Florenz (1439) und Trient (1547) zählt die römisch-katholische Dogmatik sieben Sakramente: Taufe, Firmung, Eucharistie, Buße, Krankensalbung, Ordo und Eheschließung. Die Protestanten begrenzen die Sakramente im allgemeinen auf zwei, Taufe und Herrenmahl, obwohl Luther zeitweise auch die Buße und Melanchthon die Ordination hinzurechneten (vgl. ApolCA XIII,4.11). Alle bejahen, dass eine Einsetzung durch den Herrn notwendig ist, was eine wichtige prinzipielle Übereinstimmung über den christologischen Ursprung und Charakter des Heils darstellt. Jedoch gibt es Unterschiede hinsichtlich des Augenblicks und der Weise der Einsetzung durch Christus. Die Protestanten beschränken sich auf die ausdrücklichen Schriftstellen Mt 28,16–20 für die Taufe, die Berichte über die Stiftung des Herrenmahls für die Eucharistie und möglicherweise den Ruf zur Umkehr (Mt 4,17) für die Buße. Die römisch-katholische Dogmatik findet eine eher implizite Autorisierung für die anderen Sakramente im irdischen Jesus, der seine Kirche mit der Entwicklung auch der zentralen Grundzüge ihrer rituellen Form betraute.

Alle stimmen darin überein, dass die Kirche sowohl die Sakramente feiert als auch durch sie auferbaut wird. Aber die Unterschiede, die wir hinsichtlich ihrer Einsetzung vermerkt haben, spiegeln umfassendere Schwierigkeiten über die Rolle der Kirche in der Heilsgeschichte wider. Protestanten beginnen im allgemeinen mit dem Wort und den Sakramenten, durch die Gott die Kirche beständig erschafft und konstituiert, sodass die Kirche dann »darreichen« kann, was sie zuerst empfängt. Katholiken betonen, dass die Kirche bereits als Leib Christi errichtet ist; ohne diese Tatsache könnten die Sakramente nicht gefeiert werden.

2. Gemeinsame und besondere *Kennzeichen der Sakramente*. Die trinitarische Struktur besonders der Taufe und des Herrenmahls wurde schon gezeigt. Wenn man bis zu sieben Sakramente

anerkennt, können sie alle als »Gnadenmittel« angesehen werden, derer die Kirche bedarf und die mit den Lebensabläufen der Gläubigen korrespondieren. Was sie alle gemeinsam haben, ist ihr ekklesiologischer Bezug; was jedes eigenständig hat, ist der jeweilige Bezug zu einem bestimmten, namentlich benannten Gläubigen.

Demzufolge erbaut die Taufe die Kirche (Act 2,41; I Kor 12,13) und führt zugleich ihren Empfänger auf den Weg des Heils. Zusammen mit der Taufe wird die Firmung oder Konfirmation herkömmlich verstanden als eine *deputatio ad cultum*, eine Zulassung zur Gottesdienstgemeinschaft, die aus jenen besteht, die ihre Freude am Lobpreis Gottes finden. Die Eucharistie ist sowohl der Höhepunkt des Gottesdienstes der Kirche als auch die Speisung eines jeden Gläubigen mit dem Brot vom Himmel. Sündenbekenntnis und Buße dienen dazu, das Lobopfer der Kirche zu reinigen, und lassen den büßenden Sünder wieder zu zur Kommunion. Die (Kranken-)Salbung heilt, stärkt und befreit die Kranken, sodass sie Gott inmitten der Gemeinde preisen können (vgl. Ps 22,19–25 u.a.). Die Ordination stattet die Kirche mit einem Dienstamt und bestimmte Gläubige mit einer Berufung aus. Die Trauung ermöglicht den Paaren, »das mystische Band zwischen Christus und seiner Kirche« zu bezeichnen (vgl. das BCP).

3. *Andere rituelle Praktiken*. Die Geschichte des christlichen Ritus enthält einige andere Handlungen, die in bestimmten Fällen auch gelegentlich als sakramental angesehen wurden, obwohl die herrschenden Definitionen von Sakrament sie gewöhnlich ausschließen. Hier können wir sie nur aufzählen: die Fußwaschung (vgl. Joh 13,1–17), die Krönung eines Herrschers, das Begräbnis der Toten und die Weihe von Gebäuden, Orten und Gegenständen, sei es für den liturgischen, sei es für den alltäglichen Gebrauch. Diese Praktiken weisen auf unterschiedliche Art auf den allumfassenden Anspruch und die alle Grenzen überschreitende Verheißung der Herrschaft Gottes hin.

Besondere Erwähnung verdienen die Ikonen, die besonders im orthodoxen Gottesdienst eine Rolle spielen. Durch ihre Transparenz zu dem, was sie darstellen, machen sie der irdischen Versammlung den Herrn und seine vom Geist erfüllten Heiligen gegenwärtig.

IV. Gottesdienst, Glaube und Liebe

Liturgie, Lehre und Leben gehören wesensgemäß zusammen. Aber die Geschichte des Christentums zeigt tatsächlich viele problematische Beziehungen zwischen Gottesdienst, Glauben und Werken. Im letzten Abschnitt dieses Kapitels werden wir zunächst über Gottesdienst und Glauben und dann über Gottesdienst und Lebensführung nachdenken; Gottesdienst kann uns drittens sogar helfen, das Verhältnis zwischen Glauben und Werken zu klären; und schließlich werden uns die vorhergehenden Reflexionen in die Lage versetzen zu sehen, wie die Trennungen unter Christen den christlichen Gottesdienst bedrohen, während Gottesdienst – durch Gottes Gnade – helfen kann, die Einheit der Kirche zu fördern.

A. Lex orandi – lex credendi

Unter dem lateinischen Motto *lex orandi – lex credendi* hat die zeitgenössische theologische Diskussion zumindest drei Ebenen oder Typen von Fragen über das rechte Verhältnis zwischen Gebet und Glauben, zwischen Gottesdienst und Glauben behandelt – und manchmal durcheinander gebracht (Zu einem Überblick über die Diskussion vgl. Fagerberg; Irwin). Wenn es erstens um die Frage nach dem Verhältnis zwischen Gottesdienst als einer Art *theologia prima* (einige eucharistische Anaphoren der östlichen Kirchen verwenden tatsächlich den Ausdruck »Theologie« für das, was der Westen »Doxologie« nennen würde) und der Theologie in ihrer

Bedeutung als intellektuelle Reflexion über den Glauben geht, dann ist die Sache recht einfach: Reflektierende Theologie sollte die Liturgie der Kirche in ihre Gegebenheiten und Quellen einbeziehen und anbieten, dem Gottesdienst der Kirche durch Klärung seiner Bedeutung und (wo nötig) durch Kritik oder Verbesserung einer partikularen liturgischen Praxis zu dienen (vgl. Wainwright 1982, 248–258). »Theologie kommt vom Gottesdienst her und geht auf ihn hin« (Bayer 1994, 395–407).

Wenn es zweitens auf der elementarsten und fundamentalsten Ebene um die Frage nach dem Verhältnis zwischen einerseits dem Gottesdienst und andererseits dem Glauben sowohl als *fides quae creditur* (Gegenstand und Inhalt des Glaubens) als auch als *fides qua creditur* (Haltung und Akt des Glaubens) geht, dann sollte es einfach eine Sache völliger Übereinstimmung sein: »Jesus ist der Herr« ist zugleich eine doxologische Akklamation (Gottesdienst), ein Wahrheitsanspruch *(fides quae creditur)* und eine Bestätigung der persönlichen Verpflichtung *(fides qua creditur)*.

In einem dritten Fall aber wird der Sachverhalt komplizierter und wirklich kontrovers bis hin, historisch gesehen, zur Kirchentrennung. Wenn Doxologie und Bekenntnis sich aus verschiedenen Gründen erst einmal über das Elementare hinaus entwickeln, muss hier gefragt werden nach dem Verhältnis zwischen der offiziellen Liturgie der Kirche einerseits und der »Formulierung der Lehre« (sowohl im Sinne der Aussage des Dogmas als auch im Sinne der Ausübung eines Lehramts in der Kirche) andererseits. Es war eine Episode in diesem Bereich, die Anlass gab zu dem Satz, aus dem später das Motto *lex orandi – lex credendi* abgeleitet wurde (vgl. Federer).

Ein Text, der lange Zeit Papst Coelestin (422–432) zugeschrieben wurde, aber jetzt für ein Erzeugnis des Laienmönchs Prosper von Aquitanien (um 435–442) gehalten wird, formuliert das Prinzip, *ut legem credendi lex statuat supplicandi* (Capitula Coelestini: PL 51,205–212; vgl. De vocatione omnium gentium I,12: PL 51,664 f.; Contra Collatorem 12,3: PL 51,245). Als literarischer Schüler und Verteidiger Augustins argumentiert Prosper gegen den Semipelagianismus. Inmitten verschiedener Argumentationsweisen behauptet er, dass der apostolische *Auftrag*, für alle Menschen *zu beten* (I Tim 2,1–4), den die Kirche überall in ihren vom Geist geleiteten Fürbitten erfüllt, die *Verpflichtung* auferlegt, mit dem Heiligen Stuhl zusammen *zu glauben*, dass aller Glaube, selbst der Anfang des guten Willens wie auch das Wachstum und die Ausdauer, vom Beginn bis zum Ende ein Werk der Gnade ist.

Dass der Gottesdienst der Kirche ihre Lehre formen und darlegen sollte, war keine Neuerung von Prosper. Irenäus und Tertullian hatten bereits den sakramentalen Gebrauch von Wasser, Öl, Brot und Wein angeführt zugunsten der Güte der materiellen Schöpfung gegenüber ihrer Verunglimpfung durch die Gnostiker. »Unsere Lehre (γνώμη) stimmt mit der Eucharistie überein, und die Eucharistie bestätigt die Lehre«, sagte Irenäus (adv. haer. IV,18,4 f.; vgl. Tertullian, adv. Marcionem I,14). Wir haben schon gesehen, dass Athanasius und die Kappadozier sich auf die liturgische Praxis der Kirche beriefen, um den trinitarischen Glauben des Nizänums gegen die Arianer zu begründen. Gegen Julian von Aeclanum hatte schon Augustin auf den Exorzismus und die Taufe von Kindern als Beweis für die Lehre der Kirche von der Erbsünde verwiesen.

Viel später wird das Konzil von Trient die römische Oration des 13. Sonntags nach Pfingsten gegen die Protestanten zitieren zur Unterstützung einer Lehre des Wachstums an rechtfertigender Gnade nach dem anfänglichen Akt der Rechtfertigung: »Um diese Zunahme der Gerechtigkeit bittet die heilige Kirche, wenn sie betet: ›Gib uns, Herr, Wachstum im Glauben, in der Hoffnung und in der Liebe‹« (Rechtfertigungsdekret: DS 1535). Noch später werden die Päpste Pius IX. und Pius XII. bestehende Feste und Gebete der römisch-katholischen Kirche als

Beweis anführen, wenn sie die unbefleckte Empfängnis Mariens und ihre Aufnahme mit Leib und Seele in den Himmel zum Dogma erheben.

Diese Anerkennung einer anfänglichen formativen Kraft des Gottesdienstes auf den christlichen Glauben sowie diese Zuerkennung einer beständigen Beweiskraft der Liturgie der Kirche im Blick auf ihre Lehre sind aber nur eine Seite der Sache. Die andere hängt an der Tatsache, dass der Gottesdienst auch das Produkt des Glaubens ist, sodass sich von einem frühen Stadium an Glaubensüberzeugungen die kultische Praxis mit prägen und früher oder später die Hüter der Lehre der Kirche die Liturgie der Kirche regeln müssen. Paulus war damit bereits in Korinth beschäftigt (I Kor 10–15). Als Hippolyt in seiner »Apostolischen Überlieferung« ein Eucharistiegebet niederschrieb, war der Text eher ein Beispiel als eine Vorschrift, allerdings mit der Maßgabe, dass der Bischof »betet, was gesunder und orthodoxer Lehre entspricht«. Um das Jahr 400 hielten es verschiedene afrikanische Synoden für nötig, Vorstehern die Beschränkung auf Gebete aufzuerlegen, die auf dem Konzil oder von den »Erfahreneren« oder »Verständigen« unter ihnen bestätigt worden waren.

Die Reformatoren beschnitten nicht nur die mittelalterlichen Liturgien, sie fanden auch, wo eben möglich, ihnen wohlgesonnene Autoritäten, die ihre eigenen Ordnungen für den öffentlichen Gottesdienst herausgaben (Kirchenordnungen, Agenden, Kirchen- und Gebetsbücher). Protestanten sind für gewöhnlich der Meinung, dass das römische Lehramt besser daran getan hätte, die marianische Frömmigkeit schon im Keim zu ersticken, als sie in der Liturgie zuzulassen und schließlich bei der Definition der mariologischen Dogmen die liturgische Praxis als Beweis anzuführen. Für den Bereich aber, in dem sein Lehramt anerkannt war, wich Papst Pius XII. nicht von einem Prinzip ab, das *mutatis mutandis* in der Schrift, bei den Kirchenschriftstellern und sogar unter den Protestanten Unterstützung findet, als er in seiner Enzyklika über die Liturgie (Mediator Dei 1947) Prospers Aussage auch in umgekehrter Form anwandte: »Das Gesetz unseres Glaubens muss das Gesetz unseres Gebets bestimmen«; die Liturgie ist »der höchsten Lehrautorität der Kirche untergeordnet« (AAS 39 [1947] 541).

B. Die ethische Bedingung, Natur und Wirkung des Gottesdienstes

Luther zitierte Augustins Aussage, dass Gott durch Glauben, Hoffnung und Liebe anzubeten ist (»fide, spe, caritate colendus est Deus«: Enchiridion I,3; vgl. Luther, WA 6,516,35). John Wesley zitierte denselben Kirchenvater für das Prinzip, dass die Religion darin ihren Höhepunkt findet, den Gott nachzuahmen, den man verehrt (»imitari quem colis«: De civitate Dei VIII,17; vgl. Wesley, Upon Our Lord's Sermon on the Mount IX,6). Christlicher Gottesdienst darf legitimerweise nicht von christlichem Leben getrennt werden; das Ganze des Lebens ist rituell in der Liturgie zusammengefasst, die ihrerseits die alltägliche Existenz durchstrahlen soll. Es gibt deshalb nicht nur das, was einige zeitgenössische orthodoxe Theologen »Liturgie nach der Liturgie« zu nennen begonnen haben, sondern auch »eine Liturgie vor der Liturgie«: Christen kommen zur gottesdienstlichen Versammlung aus dem alltäglichen Leben – in dem glaubensloses Leben die Integrität ihrer Teilnahme am Kult fragwürdig machen würde – und kehren in das alltägliche Leben zurück, in dem die Wirkungskraft ihrer Teilnahme am Kult dem Test der Liebe unterworfen wird. Wenn, um mit Schleiermacher zu sprechen, der Kultus als »Fest« in die »Pausen« des Alltags eintritt, ist er als »darstellendes« nicht von »wirksamem Handeln« zu trennen, denn Liturgie und Leben gehören in gegenseitiger Bedingung und Interaktion zusammen (vgl. Albrecht 15–19).

Die alttestamentlichen Propheten erklären, dass die Ungerechtigkeit der Menschen ihren Gottesdienst inakzeptabel macht (Jes 1,10–17; Hos 6,6; Am 5,21–24), während der Apostel Paulus den Christen in Korinth sagt, dass ihr selbstsüchtiges Verhalten das Herrenmahl in ihr eigenes Mahl pervertiert (I Kor 11,17–34). Gottesdienst verliert immer seine Wirkungskraft, wenn die Teilnehmer zu einem Verhalten zurückkehren, das dem entgegengesetzt ist, was sie bekannt haben. Diese Tatsachen erfordern die theologische Tugend der Hoffnung, die auf Wachstum im Geist und auf eschatologische Verwandlung gerichtet ist (vgl. Röm 5,5).

Die Nachahmung Gottes, in der nach Augustin und Wesley wahrer Gottesdienst besteht, kann unter eucharistischen Vorzeichen gedeutet werden. Authentisches eucharistisches Essen und Trinken zeigt und fördert »Gerechtigkeit, Friede und Freude im Heiligen Geist«, aus denen das Reich Gottes besteht (Röm 14,17). Eine verantwortlich gefeierte Eucharistie verdeutlicht und vollzieht zunächst die großzügige Gerechtigkeit, mit der Gott alle, die hungern und dürsten nach der Gerechtigkeit, einlädt (vgl. Mt 5,6): Der barmherzige Herr heißt alle an seinem Tisch willkommen, die diese Gemeinschaft dankend akzeptieren (Mt 22,1–10), und alle zusammen haben dann teil an den Früchten der Erlösung und am Vorgeschmack des neuen Himmels und der neuen Erde, in denen die Gerechtigkeit wohnt (vgl. II Petr 3,13). Eine verantwortlich gefeierte Eucharistie verdeutlicht und vollzieht auch den Frieden, den Gott auf der Grundlage seines Versöhnungswerkes in Christus aufrichtet, wenn Gläubige den Leib und das Blut des Herrn empfangen und – im Frieden mit Gott – im Frieden miteinander verkehren (vgl. Mt 5,23 f.). Eine verantwortlich gefeierte Eucharistie verdeutlicht und vollzieht schließlich Freude im Heiligen Geist, weil wir uns »nicht mit Wein berauschen«, sondern weil der Kelch des Segens allen, die in Glauben, Hoffnung und Liebe an ihm teilhaben, einen Geschmack jenes »nüchternen Erfülltseins« bringt, die der Geist gibt (vgl. Eph 5,18; Gal 5,22 f.; dazu Lebeau). Nachdem die Kirche dies alles im Paradigma des eucharistischen Mahls erfahren und gelernt hat, ist sie zum Zeugnis im Alltag in Wort und Tat verpflichtet. Dies gibt die Möglichkeit, dass all die Gaben der Schöpfung und alle Gelegenheiten zu menschlichem Kontakt zum Medium jener Gemeinschaft mit Gott und mit anderen Menschen werden, die von Gerechtigkeit, Friede und Freude im Heiligen Geist gekennzeichnet ist und in der das Reich Gottes besteht. Der Ethiker Bernd Wannenwetch will den (einen) Gottesdienst selber als eine »Lebensform« mit liturgischen und weltlichen »Dimensionen« wissen, wobei die Liturgie als konkreter »Beginn« (initium, nicht principium) der Ethik zu verstehen und zu begehen ist (1997).

Wenn der Akzent der eucharistischen Ethik auf der Kirche als Gemeinschaft liegt, darf andererseits die Taufethik die Art und Weise betonen, auf die jede Person gerufen ist zu einer »imitatio Christi« (vgl. Eph 5,1 f.). Taufe als das Sakrament der Reinwaschung, Gerechtmachung und Heiligung im Herrn Jesus Christus und im Geist Gottes (vgl. I Kor 6,11) bringt mit sich, dass man den alten Menschen ablegt und den neuen anzieht, »der nach Gott geschaffen ist in wahrer Gerechtigkeit und Heiligkeit« (Eph 4,22 f.; vgl. Kol 3,1–17). Freiheit, die aus der Vergebung der Sünden stammt, ist die Freiheit, Gott und dem Nächsten zu dienen (Röm 6,1–23; I Kor 6,9–19; Gal 5,13 f.).

In einem berühmten Artikel hat Ernst Käsemann unter Berufung auf Röm 12, 1f. einmal argumentiert, dass »Gottesdienst im Alltag der Welt« den ausgegrenzten heiligen Bereich oder den besonderen Kult abgeschafft hat (198–204). Diese These übersieht aber, dass das Reich dieser Welt noch nicht das Reich Gottes und seines Christus geworden (vgl. Apk 11,15) und dass die ganze Schöpfung noch nicht mit der Herrlichkeit Gottes und des Lammes erleuchtet ist (vgl. Apk 21,22–26). Zu diesem Zeitpunkt der Heilsgeschichte ist der »Tempel« der liturgischen Versammlung noch vonnöten, in dem die »Gnadenmittel« angeboten werden, die helfen, die Gläubigen an jene »nicht eingeschränkte unaufhörliche Verherrlichung göttlichen Willens« (Käsemann 201) zu gewöhnen und sie dafür umzuformen, in der die Geschöpfe – eines Tages, aber noch nicht jetzt! – ihr vollkommenes Heil finden werden.

C. Der Glaube, der durch die Liebe tätig ist

Gerhard Ebeling hat es einmal gewagt, einen Artikel zu überschreiben mit »Die Notwendigkeit des christlichen Gottesdienstes«. Er argumentierte, dass Gott uns im Gottesdienst an der personalen Wurzel all unserer Werke gnädig anspricht; das Hören des Wortes im Glauben befreit uns für den Dienst in und an der Welt. Christlicher Gottesdienst entspricht so nach Ebelings Beschreibung der lutherischen Rechtfertigungslehre (vgl. Kistenbrügge). Da die Rechtfertigung eine kirchentrennende Lehre in und seit der Reformation geworden ist, mag es sich als erhellend erweisen, mit Edmund Schlink zu fragen, ob ein dogmatischer Unterschied nicht hier wie in anderen Fällen dadurch überwunden werden kann, dass man einander entgegengesetzte Lehrformeln auf eine gemeinsame Basis in der grundlegenderen Praxis des Gottesdienstes zurückführt.

In seinen tiefsten Strukturen zeigt der christliche Gottesdienst nämlich, dass die Gläubigen das Heil allein der Gnade Gottes zuschreiben, sie selbst aber in der aktiven Antwort des Glaubens engagiert sind. Gebet wird nur durch den Heiligen Geist ermöglicht (Röm 8,26), aber es ist ebenso etwas, das die frühen Väter »ein hartes Stück Arbeit« (κόπος) nannten. Der Glaube ist Geschenk, aber auch (nach Luther) »das erste Werk«: Ermöglicht durch das Offenbarungsgeschehen des Wortes Gottes ist der Glaube die vertrauensvolle Anerkennung des Schöpfers, der sich in Christus offenkundig gemacht hat. Als solche vertrauensvolle Anerkennung ist der Glaube aktive und verantwortliche Erfüllung des ersten Gebots seitens der Menschen und dadurch das gute Werk, von dem alle anderen guten Werke herrühren, in das sie einmünden und an dem sie gemessen werden – einschließlich des öffentlichen Gottesdienstes nach dem dritten Gebot, nämlich der Sabbatheiligung (Von den guten Werken, WA 6,202–276; bes. 204 f. 209 f. 217–220.229–237.243 f.; vgl. Herms 26 f.). Zur Liturgie als Ausübung des Glaubens gehören Gebete um weitere Gnade, gute Werke zu tun, die Gott für uns zuvor bereitet hat (Eph 2,10).

Diese Tiefenstrukturen des christlichen Gottesdienstes finden ihren verbalen Ausdruck und ihre Darstellung z.B. in vielen Orationen der alten westlichen Sakramentare. Sie sind offenkundig in einer bewusst antipelagianischen Absicht verfasst, was Lutheraner zufriedenstellen sollte, schließen aber auch den Antinomismus aus, den Katholiken bei den Lutheranern vermuten. Diese alten Kollekten sind für die ganze Ökumene ein Schatz, dessen weitere oder erneuerte Verwendung helfen sollte, an Hand theologischer Reflexion lehrmäßige Unterschiede in der Soteriologie beizulegen. Ein einziges Beispiel mag hier angeführt werden, ein Gebet aus dem Gelasianum zu Pfingsten: »Gott, du hast deinen Jüngern den Heiligen Geist, den Tröster, im brennenden Feuer *(in ignis fervore)* deiner Liebe gesandt. Gib deinem Volk, in der Einheit des Glaubens eifrig zu sein *(in unitate fidei esse ferventes)*, damit sie, im Glauben standhaft und tätig in guten Werken, immer in deiner Liebe bleiben, durch Jesus Christus, unseren Herrn« (Sacr. Gel. 101, Gebet 646).

Dass man dort an heikle Fragen rührt, zeigte sich in den Debatten im deutschen Luthertum um die Vorbereitung, Formulierung und Unterzeichnung der Gemeinsamen Erklärung zur Rechtfertigungslehre zwischen dem Lutherischen Weltbund und der römisch–katholischen Kirche (1998–99). Auf liturgiegeschichtlicher und gottesdiensttheologischer Ebene ging es in der gleichzeitigen Kontroverse darum, ob die Einsetzungsworte beim Herrenmahl ausschließlich als Verkündigung an die empfangende Gemeinde zu verstehen und zu richten sind (so Dorothea Wendebourg 1997) oder auch in ein an Gott gerichtetes und als Dankopfer verstandenes Eucharistiegebet integriert werden dürfen, insoweit es »keine strikte Antithese von Verkündigung und Gebet sowie von Gottes Handeln und dem Handeln der Gemeinde« gibt (so Schmidt-Lauber/Schulz 114; vgl. Kühn 1999).

D. Einträchtig und mit einem Munde

Spaltungen unter Christen widersprechen der Frohen Botschaft von der Versöhnung; sie stellen deshalb auch den Gottesdienst, den sie feiern, in Frage. Genau deshalb betete der Apostel Paulus, dass die Christen in Rom so leben mögen, »dass ihr einträchtig gesinnt seid untereinander, Christus Jesus gemäß, damit ihr einmütig mit einem Munde Gott lobt, den Vater unseres Herrn Jesus Christus« (Röm 15,5 f.).

Im Rahmen der neueren ökumenischen Versuche, trennende Lehrunterschiede zwischen den Kirchen zu überwinden, hat Edmund Schlink auf die Strukturveränderung aufmerksam gemacht, die auftritt »bei der Übertragung des theologischen Inhaltes von Aussagen des Gebets und der Verkündigung in die Gestalt der dogmatischen Aussage« (251 bzw. 24). Im Gottesdienst und Zeugnis haben wir es mit Menschen und Gott direkter zu tun. In dogmatischen Aussagen aber sprechen wir (nur) über (den richtigen Weg von) Gottesdienst und Zeugnis. Die Versuchung für das Lehramt wie für den Theologen besteht darin, »einen Standort abseits anzustreben, von dem aus diese Begegnung von Gott und Mensch betrachtet, beschrieben und auf lehrhafte Formeln gebracht werden kann« (270 bzw. 43). Schlink macht die »Strukturveränderung« von der Doxologie zur Lehre verantwortlich für einige der hartnäckigsten Probleme der Christenheit: Das »Intervall« zwischen Doxologie und Lehre gestatte es, dass Unterschiede in Theorie und Formulierung auftreten. Schlink ist überzeugt, dass unterschiedliche Lehraussagen »zurückgeführt« werden müssten auf ihren gemeinsamen Ursprung in der Liturgie, in der ihre ursprüngliche Einheit erkannt werden könne.

Sicher fand die Arbeit, die zu den Konvergenztexten von Lima über »Taufe, Eucharistie und Amt« führten, unter der Ägide jenes einflussreichen Artikels von Schlink statt. Aber die zugleich theologische, dogmatische und pastorale Frage bleibt bestehen und wird sogar noch drängender: Wer soll anerkennen und wie hat dies zu geschehen, dass das ebenso nötige wie hinreichende Maß an Übereinkunft *(quod sufficit et requiritur)* erzielt worden ist, sodass die Einheit unter den Kirchen wiederhergestellt werden kann? Es kann sein, dass Entscheidungen in dieser Frage Schritt für Schritt getroffen werden müssen. Wenn es zulässig ist, auf den ganzen christlichen Gottesdienst anzuwenden, was Papst Innozenz III. von der Eucharistie sagte, dass sie *significat et efficit unitatem ecclesiasticam* (De sacro altaris mysterio IV, 36), dann müssen die Kirchen stets den Grad der Einheit, der schon unter ihnen existiert, zu realisieren suchen, damit durch die weitestmögliche durch Lehre und Kirchenordnung zugelassene Ausübung der *communio in sacris* gemeinsames Gebet und gemeinsame Feier ihre Einheit vertiefen und damit diese Einheit endlich auf allen Gebieten des kirchlichen Lebens vollendet wird (vgl. Schulz 1976 und 1996; Schlemmer; Wainwright 1997c).

Schluss: Theologie und Anthropologie

In der Zeit nach Karl Barth hat sich die Theologie des 20. Jh. großenteils der Anthropologie zugewandt, ob nun in der säkularen Weise der sechziger Jahre oder in der Rückkehr zu einem Interesse an »Religion« in den siebziger und achtziger Jahren oder im postmodernen Stil der neunziger Jahre, der die Sinnstiftung durch den Menschen selber konstruiert findet. Auch in liturgiewissenschaftlichen Studien begann sich die Aufmerksamkeit auf den menschlichen Vollzug der Riten zu konzentrieren und Hilfe bei Humanwissenschaften wie Psychologie, Soziologie, Semiotik, Sprachanalyse und Kommunikationstheorie zu suchen. Diese Zugänge können erhellend sein, da Gottesdienst (auch) eine anthropologische Grundlage hat, wie das nächste Kapitel von Karl-Heinrich Bieritz zeigt. Aber der Anspruch des Gottesdienstes besteht genau darin, dass Theologie niemals auf Anthropologie reduziert werden kann. Theologische

Reflexion über den christlichen Gottesdienst hat dementsprechend die Aufgabe wahrzunehmen, dass der Mensch immer in Beziehung zu Gott gesehen wird, zu dem Gott, dessen Herrlichkeit wächst, wenn seine menschlichen Geschöpfe, erlöst und erneuert, ihr Glück finden in Ihm.

Literatur

Adolf ADAM, Das Kirchenjahr mitfeiern. Seine Geschichte und seine Bedeutung nach der Liturgiereform, Freiburg [3]1983. – Christoph ALBRECHT, Schleiermachers Liturgik, Göttingen 1963. – Jean-Jacques VON ALLMEN, Célébrer le salut, Genf/Paris 1984. – Constantin ANDRONIKOF, Le sens de la liturgie, Paris 1988. – Karl BARTH, Gotteserkenntnis und Gottesdienst nach reformatorischer Lehre, Zürich 1938. – Oswald BAYER, Theologie, Gütersloh 1994 (HST 1). – Ders., Gott als Autor. Zu einer poietologischen Theologie, Tübingen 1999. – Ders., Leibliches Wort. Reformation und Neuzeit im Konflikt, Tübingen 1992. – John BRECK, The Power of the Word in the Worshiping Church, Crestwood (New York) 1986. – Peter BRUNNER, Zur Lehre vom Gottesdienst der im Namen Jesu versammelten Gemeinde: Leit. I (1954) 83–364. – COMMUNIO SANCTORUM. Die Kirche als Gemeinschaft der Heiligen, Bilaterale Arbeitsgruppe der Deutschen Bischofskonferenz und der Kirchenleitung der VELKD (Hg.), Paderborn/Frankfurt a.M. 2000. – Jean DANIÉLOU, Liturgie und Bibel. Die Symbolik der Sakramente bei den Kirchenvätern, München 1963. – Die DISKUSSION über Taufe, Eucharistie und Amt 1982–1990. Stellungnahmen, Auswirkungen, Weiterarbeit, hg.v. ÖRK/Kommission für Glauben und Kirchenverfassung, Frankfurt a.M./ Paderborn 1990. – Gerhard EBELING, Die Notwendigkeit des christlichen Gottesdienstes: ZThK 67 (1970) 232–249. – Franziskus EISENBACH, Die Gegenwart Christi im Gottesdienst, Mainz 1982. – David W. FAGERBERG, What Is Liturgical Theology? A Study in Methodology, Collegeville/Minnesota 1992. – Karl FEDERER, Liturgie und Glaube. Eine theologiegeschichtliche Untersuchung, Freiburg/Schweiz 1950. – Balthasar FISCHER, Die Psalmen als Stimme der Kirche, Trier 1982. – Ders., Redemptionis mysterium. Studien zur Osterfeier und zur christlichen Initiation, hg.v. Albert Gerhards/Andreas Heinz, Paderborn 1992. – Romano GUARDINI, Vom Geist der Liturgie, Freiburg 1918. – Eilert HERMS, Theorie für die Praxis. Beiträge zur Theologie, München 1982. – Helmut HOPING, Symbolik und Pragmatik des Glaubens. Die Bedeutung der Liturgie für die Theologie: LJ 52 (2002) 3–20. – Robert HOTZ, Sakramente im Wechselspiel zwischen Ost und West, Zürich 1979. – Johan HUIZINGA, Homo ludens. Vom Ursprung der Kultur im Spiel, Reinbek 1956. – K. IRWIN, Context and Text. Method in Liturgical Theology, Collegeville/Minnesota 1993. – Joachim JEREMIAS, Die Abendmahlsworte Jesu, Göttingen [3]1960. – Eberhard JÜNGEL, Der evangelisch verstandene Gottesdienst: ders., Wertlose Wahrheit: Zur Identität und Relevanz des christlichen Glaubens. Theologische Erörterungen III, München 1990, 283–310. – Ders./Karl RAHNER, Was ist ein Sakrament? Vorstöße zur Verständigung, Freiburg 1971. – Josef Andreas JUNGMANN, Die Stellung Christi im liturgischen Gebet, Münster [2]1962. – Ders., Liturgie der christlichen Frühzeit bis auf Gregor den Großen, Freiburg/Schweiz 1967. – Ernst KÄSEMANN, Exegetische Versuche und Besinnungen II, Göttingen 1964. – Armin KISTENBRÜGGE, Das Gebet in der Dogmatik, untersucht am Beispiel von Gerhard Ebelings Dogmatik des christlichen Glaubens, Frankfurt a.M. 2000. – Gerhard KITTEL, Art. εἰκών F.: ThWNT 2 (1935) 393–396. – Christoph KLEIN, Wenn Rache der Vergebung weicht – Theologische Grundlagen einer Kultur der Versöhnung, Göttingen 1999. – Matti KORIRANTA, Das Trinitarische Dogma als verbindender Faktor für das liturgische Erbe der Kirchen. Der Gottesdienst im Erneuerungsprozeß und dessen Beziehung zum altkirchlichen trinitarischen Dogma: KuD 40 (1994) 115–142. – Maria-Judith KRAHE, Psalmen, Hymnen und Lieder, wie der Geist sie eingibt. Doxologie als Ziel und Ursprung aller Theologie: Liturgie und Dichtung II, hg.v. Hansjakob Becker/Rainer Kaczynski: PiLi 2 (1983) 923–957. – Ulrich KÜHN, Die eine Kirche als Ort der Theologie, Göttingen 1997, Kap. 11.15–18. – Ders., Der eucharistische Charakter des Herrenmahls: PTh 88 (1999) 255–268.– Catherine M. LACUGNA, God for Us. The Trinity and Christian Life, San Francisco 1991. – Paul LEBEAU, Le vin nouveau du royaume, Paris/Brügge 1966. – Emil Josef LENGELING, Liturgie. Dialog zwischen Gott und Mensch, Freiburg 1981. – Hubert LUTHE (Hg.), Christusbegegnung in den Sakramenten, Kevelaer 1981. – James MCKINNON, Music in Early Christian Literature, New York 1987. – Michael B. MERZ, Liturgisches Gebet als Geschehen. Liturgiewissenschaftlich-linguistische Studie anhand der Gebetsgattung Eucharistisches Hochgebet, Münster 1988. – Hans Otmar MEUFFELS, Kommunikative Sakramententheologie, Freiburg/Basel/Wien 1995. – Richard MÖSSINGER, Zur Lehre des christlichen Gebets. Gedanken über ein vernachlassigtes Thema evangelischer Theologie, Göttingen 1986. – Wolfhart PANNENBERG, Anthropologie in theologischer Perspektive, Göttingen 1983. – Regin PRENTER, Theologie und Gottesdienst, Århus/Göttingen 1977. – Joseph RATZINGER, Das Fest des Glaubens. Versuche einer Theologie des Gottesdienstes, Einsiedeln 1981. – Ders., Der Geist der Liturgie. Eine Einführung, Freiburg 2000. – SACR. GEL.: Liber Sacramentorum Romanae Aeclesiae ordinis anni circuli [Sacramentarium Gelasianum], hg.v. Leo Cunibert Mohlberg, Rom 1960. – Gerhard SAUTER, Zugänge zur Dogmatik. Eine Fundamentaltheologie, Göttingen 1998, 139–190. – Josef SCHERMANN, Die Sprache im Gottesdienst, Innsbruck 1987. – Edward SCHILLEBEECKX, Christus. Sakrament der Gottesbegegnung, Mainz 1960. – Arno SCHILSON, Theologie als Sakramententheologie. Die Mysterientheologie Odo Casels, Mainz 1982. – Karl

SCHLEMMER (Hg.), Gottesdienst – Weg zur Einheit. Impulse für die Ökumene, Freiburg 1989. – Edmund SCHLINK, Die Struktur der dogmatischen Aussage als ökumenisches Problem: KuD 3 (1957) 251–306; wieder abgedruckt: ders., Der kommende Christus und die kirchlichen Traditionen, Göttingen 1961, 24–79. – Alexander SCHMEMANN, Aus der Freude leben. Ein Glaubensbuch der orthodoxen Christen, Olten 1974. – Ders., Introduction to Liturgical Theology, Portland (Maine) 1966. – Ders., The Eucharist – Sacrament of the Kingdom, Crestwood (New York) 1988. – Hans-Christoph SCHMIDT-LAUBER/Frieder SCHULZ, Kerygmatisches oder eucharistisches Abendmahlsverständnis? Antwort auf eine kritische Herausforderung der gegenwärtigen Liturgiewissenschaft: LJ 49 (1999) 93–114. – Hans-Joachim SCHULZ, Ökumenische Glaubenseinheit aus eucharistischer Überlieferung, Paderborn 1976. – Ders., Bekenntnis statt Dogma – Kriterien der Verbindlichkeit kirchlicher Lehre, Freiburg/Basel/Wien 1996. – Otto SEMMELROTH, Die Kirche als Ursakrament, Frankfurt a.M. 1953. – SO WE BELIEVE, SO WE PRAY. Towards Koinonia in Worship, hg.v. Thomas F. Best/Dagmar Heller, Genf 1995 (FOP 171). – Byron D. STUHLMAN, Redeeming the Time. An Historical and Theological Study of the Church's Rule of Prayer and the Regular Services of the Church, New York 1992. – Paul TILLICH, Glaube und Vernunft: ders., Offenbarung und Glaube. Schriften zur Theologie II, Stuttgart 1970 (GW VIII), 161–164. – Thomas F. TORRANCE, The Trinitarian Faith. The Evangelical Theology of the Ancient Catholic Church, Edinburgh 1988. – Cipriano VAGAGGINI, Theologie der Liturgie, Einsiedeln 1959. – Vilmos VAJTA, Die Theologie des Gottesdienstes bei Luther, Stockholm/Göttingen ²1954 (FKDG 1). – Ambrosius VERHEUL, Einführung in die Liturgie, Freiburg 1964. – Geoffrey WAINWRIGHT, Doxology. The Praise of God in Worship, Doctrine and Life. A Systematic Theology, London/New York 1980. – Ders., Eucharist and Eschatology, New York ³1981. – Ders., Der Gottesdienst als Locus Theologicus, oder: Der Gottesdienst als Quelle und Thema der Theol.: KuD 28 (1982) 248–258. – Ders., The Last Things: ders. (Hg.), Keeping the Faith. Essays to Mark the Centenary of »Lux Mundi«, London 1988/Philadelphia 1989, 341–370. – Ders., From Word and/or Sacrament to »Verbum Caro« = »Mysterium Fidei«. Lessons Learned from the BEM Process: Parola e Sacramento, hg.v. Patrick Lyons, Rom 1997. – Ders., For our Salvation – Two Approaches to the Work of Christ, Grand Rapids 1997. – Ders., Worship with One Accord – Where Liturgy and Ecumenism Embrace, New York/Oxford 1997. – Bernd WANNENWETCH, Gottesdienst als Lebensform – Ethik für Christenbürger, Stuttgart 1997. – Dorothea WENDEBOURG, Den falschen Weg Roms zu Ende gegangen? Zur gegenwärtigen Diskussion über Martin Luthers Gottesdienstreform und ihr Verhältnis zu den Traditionen der Alten Kirche: ZThK 94 (1997) 437–467.

Geoffrey Wainwright

Anthropologische Grundlegung

I. Grundlinien liturgischer Anthropologie

A. Annäherungen an den Gegenstand: historischer, systematischer, kritisch-kreativer Zugang

Wie jede wissenschaftliche Disziplin muss sich auch Liturgik über die Gegenstände verständigen, an denen sie sich abarbeiten will. Die folgenden Überlegungen gehen von einer sehr weiten Umschreibung dieses Feldes aus. Als Gegenstand nämlich, der ihr in der gegenwärtigen theologie- wie geistesgeschichtlichen Situation aufgegeben ist, begreifen sie »die Gesamtheit gottesdienstlicher Kultur ... auf allen Ebenen des kirchlichen und gesellschaftlichen Lebens« (Cornehl 1985, 54). Diese weite Bestimmung erlaubt es, alle kulturellen Phänomene, die aus der gottesdienstlichen Feier hervorgegangen sind bzw. gestaltend auf sie eingewirkt haben – in Sitte und Brauchtum, bildender und darstellender Kunst, Architektur, Musik und Dichtung, Gliederung der Zeit usw. – dem Gegenstandsfeld der Liturgik zuzurechnen. Sie nötigt auch dazu, vergleichbare Erscheinungen und Vollzüge in anderen Religionen wie im »allgemeinen Prozess der Kultur« zur Kenntnis zu nehmen, um so den Anschluss »an die kulturwissenschaftlichen Diskurse unserer Zeit« zu gewinnen (Kurzke 786). Das gilt – um nur Beispiele zu nennen – für das, was neuerdings unter dem Stichwort »Medienreligion« verhandelt wird (Schilson; Thomas), wie für eine Fülle anderer »zivilreligiöser« Phänomene (aus Sport-, Pop-, Polit- und Festkultur, Werbung, »Kult-Marketing« u.a.; vgl. Bolz/Bosshart). Sie macht schließlich deutlich, dass das Interesse der Liturgik nicht primär einzelnen Texten, Handlungen oder anderen Phänomenen gilt, sondern sich auf einen Lebenszusammenhang richtet, der einen wesentlichen Aspekt christlicher Existenz überhaupt repräsentiert.

Liturgik kann sich diesem Lebenszusammenhang auf unterschiedliche Weise nähern. Sie kann nach dem geschichtlichen Ursprung des christlichen Gottesdienstes fragen und versuchen, die Überlieferungsvorgänge aufzudecken und zu deuten, die zu seiner heutigen Gestalt geführt haben: Wie sind die gottesdienstlichen Formen entstanden? In welchen kulturellen und religiösen Kontexten sind sie verwurzelt? Was ist ihre Grund- und Urgestalt, ihr ursprünglicher Sinn? Welche Kräfte sind in ihrer Aus- und Umgestaltung wirksam? Als »historische Liturgiewissenschaft« zielt sie in solcher Weise auf »die Rekonstruktion der gottesdienstlichen Wirklichkeit in der Geschichte«; und es ist deutlich, dass sie dieser Aufgabe nur in engem Kontakt mit anderen kulturgeschichtlichen Disziplinen – unter Einschluss der Frömmigkeits-, Mentalitäts- und Sozialgeschichte – gerecht werden kann (Meßner 2001, 24).

Als »systematische Liturgiewissenschaft« (25) fragt Liturgik nach dem Ort, der dem christlichen Gottesdienst in der Geschichte Gottes mit den Menschen zukommt, und bestimmt sich so als eine im eigentlichen Sinne theologische Disziplin: Ist sie doch in einen hermeneutischen Horizont eingebunden, zu dessen konstitutiven Bedingungen es gehört, alle Wirklichkeit »sub ratione Dei« (Thomas von Aquin, Summa theologiae 1,q.1a.7c) zur Sprache zu bringen und auf »das Ereignis der Selbstüberlieferung Gottes in die Welt hinein durch sein Wort und sein geschichtliches Handeln« zu beziehen, dem »das Überliefertwerden des Menschen in die ... Geschichte Gottes mit der Welt korrespondiert« (Meßner 2001, 26). Sie kann dabei nicht absehen vom Selbstverständnis der feiernden Gemeinde, die das gottesdienstliche Geschehen als Grund, Ausdruck und Vollzug des ihr geschenkten Glaubens begreift. Genauso wenig kann sie absehen vom Selbstverständnis jener Menschen, mit denen sie den eingangs umschriebenen kulturellen Kontext teilt. Die Frage nach den *Bedingungen des Menschseins*, unter denen gottesdienstliches Handeln sich vollzieht, gehört darum zu ihren ureigenen Anliegen und Aufgaben: Liturgische Anthropologie hat nicht neben und nicht gegen, sondern *innerhalb* »systematischer Liturgiewissenschaft« ihren Ort.

Vorrangige Aufgabe der Liturgik – auch wenn sie sich, wie im evangelischen Bereich allgemein üblich, als praktisch-theologische Disziplin versteht – ist es keineswegs, Gottesdienste zu gestalten bzw. liturgische Texte, Formulare und Bücher zu produzieren. Sie wirkt jedoch auf zweifache Weise an solchen kreativen Prozessen mit: Zum einen entwickelt und überprüft sie als *Kunsttheorie* (bzw. als »liturgische Ästhetik«; Meßner 2001, 25) – in Anschauung der »Kunst, Gott zu feiern« (Volp) – Modelle, Regeln und Verfahren, die in der Gestaltung gottesdienstlicher Feiern wie in der Erfindung, Überlieferung und Revision liturgischer Texte und Textsammlungen wirksam werden. Produktions- und rezeptionsästhetische Einsichten und Modelle werden dabei genauso zur Geltung gebracht wie – z.B. unter den Kategorien »Inszenierung und Präsenz« (Meyer-Blanck 1997a) – Beiträge von Schauspieltheorien und -techniken (vgl. Friedrich). Zum andern nimmt Liturgik als *Bildungslehre* auch am Prozess »liturgischer Bildung« (Guardini) teil, der auf die verstehende, ganzheitliche Teilhabe am gottesdienstlichen Geschehen (am »liturgischen Akt«) zielt, sowohl kognitive wie emotionale und werthafte Anteile einschließt und keineswegs an die unmittelbare Ausübung liturgischer Rollen gebunden ist. In diesem Sinne darf sich Liturgik auch als »kritische Liturgiewissenschaft« betätigen, die als liturgische »Wahrnehmungslehre« (Meßner 2001, 25) gottesdienstliche Praxis reflektiert, für die hier wirksamen Bedingungen und Möglichkeiten sensibilisiert und so insgesamt zu einer besseren *Wahrnehmung* gottesdienstlicher Praxis befähigt.

B. Liturgische Anthropologie und die Grundvollzüge des Glaubens

Um den eigenständigen theologischen Ort der Liturgik – zwischen historischer, systematischer und praktischer Theologie – genauer zu bezeichnen, bietet sich eine Bezugnahme auf das im Anschluss an Prosper von Aquitanien (»ut legem credendi lex statuat supplicandi«, DH 246) formulierte Axiom *lex orandi – lex credendi* an, zumal dort, wo es um ein drittes Glied – *lex agendi* (Teresa Berger 1985b) – erweitert wird: Zwischen liturgischer Feier (λειτουργία), kirchlicher Lehre und Verkündigung (μαρτυρία) und christlichem Leben (in διακονία und κοινωνία) besteht eine »fundamentale Interdependenz«, ein »Entsprechungsverhältnis«, das im Evangelium selbst seinen Grund hat und darum »nicht isoliert von der Frage der Schriftnorm bedacht werden kann« (Stuflesser 81). D.h. die theologischen Disziplinen, die Lehre, Leben und Feier reflektieren (Dogmatik, Ethik, Liturgik), sind wechselseitig aufeinander und alle zusammen auf die biblisch-theologischen Fächer verwiesen; die wiederum stehen vor der Aufgabe, die biblischen Texte gleichermaßen in alle drei Bereiche hinein auszulegen und auf die in ihnen behandelten Grundvollzüge zu beziehen. Einlinige Ableitungen, die jeweils den Vorrang eines Grundvollzugs vor den beiden anderen behaupten, würden diesen Wechselbezug verfehlen. D.h. aber auch, Liturgik hat in diesem Gefüge das Recht und die Pflicht, auf den Gottesdienst, »in dem die heilige Schrift als aktuelle Verlautung von Gottes Wort ihren wichtigsten Sitz im Leben hat und in dem der theologische Urakt des Lobpreises und der Anbetung Gottes ergeht«, als »eine unentbehrliche Quelle der Theologie insgesamt« zu verweisen (Meßner 2001, 25) und darauf zu drängen, dass *gebeteter Glaube, lehrhaft bedachter und verkündigter Glaube* wie *gelebter Glaube* einander entsprechen.

Indem Liturgik solchermaßen »die im liturgischen Vollzug selbst vermittelte Erfahrung des Glaubens« reflektiert (Meßner 2001, 32), unternimmt sie den Versuch, »aus genuiner liturgischer Überlieferung Strukturen eines ganzheitlichen Glaubensbewusstseins zu erheben, zu artikulieren und zu aktivieren« (Schulz 1999, 172). Sie erfüllt damit eine kritisch-produktive Funktion für die Theologie insgesamt.

Eine solche liturgietheologische Fundierung schließt anthropologisch akzentuierte Zugänge keineswegs aus. Im Gegenteil: Anders als im Rückgriff auf die allgemeinen Bedingungen des Menschseins lässt sich die dreifache Gestalt des Glaubensvollzugs – in λειτουργία, μαρτυρία und διακονία – gar nicht begründen. So lässt sich gottesdienstliches Handeln im Anschluss an Friedrich Schleiermacher sehr wohl als »darstellende Mitteilung und mitteilende Darstellung des gemeinsamen christlichen Sinnes« beschreiben (Schleiermacher 145), das seine anthropologische Entsprechung in der *Kunst* und im *Fest* findet – in Phänomenen, die das wirksame, »produktive«, effizienzorientierte Handeln (die »Geschäfts-Tätigkeit«, wie Schleiermacher sagt; 69) unterbrechen und Zeit-Räume eigener Art konstituieren, in denen zu Ausdruck und Darstellung gelangt, was Menschen im Innersten bewegt und begründet; denn das ist gemeint, wenn Schleiermacher von dem »erhöhten Bewusstsein« spricht, das in der Darstellung gewonnen und mitgeteilt wird (69 f.). Das erklärt, warum es – in anthropologischer Perspektive – neben μαρτυρία und διακονία noch der λειτουργία bedarf, um das Evangelium von Jesus Christus mitzuteilen, zu leben und zu feiern. Es erlaubt der Liturgik zugleich, den oben angemahnten Anschluss »an die kulturwissenschaftlichen Diskurse unserer Zeit« zu gewinnen und zu vertiefen, ohne die theologische Perspektive auf Welt und Mensch aufzugeben.

Als »öffentliche symbolische Kommunikation der christlichen Erfahrung«, so Peter Cornehl im Anschluss an Schleiermacher, zielt christlicher Gottesdienst »auf Orientierung, Ausdruck, Vergewisserung und Erneuerung des Glaubens« (Cornehl 1979, 186). Gerade als zweckfreie, u.U. gar unzweckmäßige Ausdruckshandlung (genauer: als »Selbstdarstellung im Sinne von Selbstvollzug«) vermag der Gottesdienst seine orientierenden, expressiven, affirmativen und innovativen Leistungen zu erbringen und so zweckgerichtetes Handeln allererst zu ermöglichen und zu begründen. Darstellendes und wirksames Handeln stehen hier nicht unverbunden nebeneinander, sondern das eine wird vom jeweils anderen umschlossen. Die ›gelungene‹ Darstellung ist nicht nur Voraussetzung, sondern auch Ausdruck ›richtigen Tuns‹; kommt es doch darauf an, »durch einen überzeugenden Vollzug selbst von der Faszination der Surrogate zu befreien« (194). Im Horizont des Glaubens und seiner Realisierung in μαρτυρία, διακονία und λειτουργία sind hier Glaubenslehre und -verkündigung wie gefeierter und gelebter Glaube ineinander verschränkt, ohne ihre jeweiligen Perspektiven aufzugeben.

So darf man im Anschluss an Cornehl resümieren: In anthropologischer Hinsicht können als Gegenstand der Liturgik – als Lehre vom darstellend-symbolischen Handeln der christlichen Gemeinde – bestimmt werden die sinnstiftenden (orientierenden), sinngestaltenden (expressiven), sinnvergewissernden (affirmativen) und sinnerneuernden (innovativen) Aspekte der »Kommunikation des Evangeliums« (Lange 11) in ihrer zeichenhaft-sinnenfälligen, sich in Worten, Klängen, Handlungen, Formen usw. verleiblichenden Gestalt.

C. Liturgische Anthropologie in trinitarischer Perspektive

Liturgische Anthropologie, so hatten wir gesagt, hat ihren primären Ort in einer »systematischen Liturgiewissenschaft«, die sich die Frage nach den Bedingungen des Menschseins, unter denen gottesdienstliches Handeln sich vollzieht, zu eigen macht. Exemplarisch lässt sich das zeigen an der von Geoffrey Wainwright (→Systematisch-theologische Grundlegung) beschriebenen »trinitarischen Struktur des Gottesdienstes«, die gar nicht anders als *anthropologisch* realisiert und entfaltet werden kann: Schon das Bekenntnis zu Gott, dem Schöpfer, schließt das Bekenntnis zur Geschöpflichkeit aller liturgischen Gestaltung ein. Das Bekenntnis zu Jesus Christus, dem menschgewordenen Sohn Gottes, stellt den Gottesdienst dann in das Gefälle göttlicher

Selbstentäußerung: So wie Jesus Christus in alle Bedingungen des Menschseins einging, werden auch Christusbotschaft und Christusgeschichte unter den Bedingungen menschlicher Subjektivität wie zwischenmenschlicher Kommunikation wirksam. Das Bekenntnis zum Heiligen Geist Gottes schließlich als dem bewegenden, gestaltenden, erneuernden und vermittelnden Element aller Verkündigung und gottesdienstlichen Praxis nimmt die Bedingungen des Menschseins – samt allen mitgeschaffenen Möglichkeiten – für das Wirken Gottes in Anspruch, setzt sie aber gerade nicht außer Kraft. Ist doch im Wirken des *Geistes* Gott auf eine Weise am Werke, die die Subjektivität der (mit-)wirkenden menschlichen Kommunikatoren nicht aufhebt, sondern sich mit ihr verbindet.

Doch ist damit das theologische Spannungsfeld, in dem sich liturgische Anthropologie bewegt, erst zur Hälfte beschrieben: Gerade in seiner Geschöpflichkeit (es ließe sich auch sagen: in seiner uneingeschränkten Weltlichkeit) wird christlicher Gottesdienst für den einzelnen Glaubenden wie für die feiernde Gemeinde zum Vor-Bild jener »neuen Schöpfung« (II Kor 5,17; Gal 6,15), die in der Auferweckung Jesu Christi von den Toten (I Kor 15,20–28) ihren Anfang nimmt. Elemente der Schöpfung – Raum und Zeit, Wort und Klang, Leib und Leben, Berührungen und Gebärden, Brot und Wein, Feuer und Wasser, Holz und Stein, Farbe und Kleid – werden zu Vor-Zeichen jenes »neuen Himmels«, jener »neuen Erde« (Offb 21,1), die hier – im Glauben, nicht im Schauen (II Kor 5,7), und doch hörbar, sichtbar, spürbar – verkündigt und gefeiert, erhofft und ergriffen werden.

Verweisen so die gottesdienstlich verwendeten Elemente der Schöpfung, mit denen liturgische Anthropologie sich befasst, zugleich auf jene ganz neue eschatologische Wirklichkeit, in der es weder Tränen noch Tod noch Leid noch Geschrei noch Schmerz mehr geben wird (Offb 21,4 f.), so gilt das erst recht im Blick auf ihr zentrales Thema, den gottesdienstlich tätigen Menschen: Liturgische Anthropologie kann nicht davon absehen, dass er dazu bestimmt ist, zu einem neuen, »zweiten Menschen« (I Kor 15,47) wiedergeboren und umgeschaffen zu werden. Es gilt ebenso für die »Versammlung der Gemeinde im Kontext der Zeit und des Alltags«, deren Sozial- und Kommunikationsstrukturen Gegenstand liturgischer Anthropologie sind: Markiert die gottesdienstliche Versammlung doch genau jenen Ort, »wo diese Welt schon im Vergehen begriffen und die neue Welt Gottes schon im Anbruch begriffen ist« (Brunner 158). Sie ist somit selber in ihrer Sozialgestalt Vor-Zeichen und Vor-Bild zukünftiger Vollendung.

Freilich ist das Verhältnis solcher Vor-Zeichen zu dem, was sie vorwegnehmend ankündigen und vergegenwärtigen, nicht ungebrochen. Im theologischen Bilde gesprochen: Zwischen Schöpfung und Neuschöpfung steht das Kreuz Jesu Christi. Was an geschöpflicher, menschlicher, sozialer, kultureller Wirklichkeit hier zeichenhaft in Anspruch genommen wird, kann missverstanden und missbraucht werden. Es steht dann unter dem gleichen Gericht wie jeglicher Missbrauch – die Bibel spricht von Sünde – der Schöpfung. Liturgische Anthropologie kann auch hiervon nicht absehen. Sie wird, wo sie solchen Missbrauch aufdeckt und beim Namen nennt, zur Liturgiekritik und gewinnt so sozial- und kulturkritische Züge.

D. Der Ort des Gottesdienstes in einer mehrdimensionalen Wirklichkeit

Bei näherem Zusehen zeigt sich, dass die exemplarisch aufgeführten Themen unterschiedlichen Ebenen zugeordnet sind, auf denen die Bedingungen des Menschseins auch gottesdienstlich in Erscheinung treten: Wird Gottesdienst in seinem Weltbezug – in seinem Verhältnis zu Raum und Zeit als den mitgeschaffenen Anschauungsformen (Immanuel Kant) aller Wirklichkeit – bedacht, weitet sich die liturgische Anthropologie zur Kosmologie. Wendet sie ihre Aufmerksamkeit der physisch-psychischen Verfasstheit des den Gottesdienst feiernden Menschen zu, kommt sie ohne Bezugnahme auf lebens- und verhaltenswissenschaftliche (Josuttis 1991) wie psychologische Theoriebildungen nicht aus. Wird Gottesdienst als Kommunikationsgeschehen (und d.h. auch: als Sprachhandlung) begriffen, gewinnt sie kommunikations-, zeichen- und sprachtheoretische Konturen. Gerät er vornehmlich als gesellschaftliches und kulturelles Ereignis in den Blick, kommen kultur- bzw. sozialwissenschaftliche Zugänge ins Spiel.

Wer sich in solcher Weise den Bedingungen des Menschseins zuwendet, bedarf eines Modells der Wirklichkeit, auf die er sich damit einlässt. Die von Karl R. Popper entwickelte *Drei-Welten-Theorie* (Popper 1984; ders. 1995, 40–59.252–262; ders./Lorenz 74–97) kann helfen, dem Feld, das sich hier öffnet, eine erste Struktur zu geben. Popper unterscheidet – nicht ohne solchen Sprachgebrauch sogleich wieder zu relativieren – »drei Welten oder Universen«: »erstens die Welt der physikalischen Gegenstände oder physikalischen Zustände; zweitens die Welt der Bewusstseinszustände oder geistigen Zustände oder vielleicht der Verhaltensdispositionen zum Handeln und drittens die Welt der objektiven Gedankeninhalte, insbesondere der wissenschaftlichen und dichterischen Gedanken und der Kunstwerke« (1995, 40).

Poppers Interesse richtet sich einmal darauf, an der Unterscheidung von *Welt 1* und *Welt 2*, also an der Eigenständigkeit geistiger Vorgänge festzuhalten. Diese beruhen zwar auf chemophysikalischen Zuständen und Prozessen, die *Welt 1* angehören, gehen aber nicht in ihnen auf. Noch mehr scheint er daran interessiert, die Eigenständigkeit von *Welt 3* gegenüber *Welt 1* und *Welt 2* zu behaupten: Jene »objektiven Gedankeninhalte«, um die es hier geht, sind zwar ebenfalls an materielle Substrate gebunden, die *Welt 1* zuzurechnen sind – Bücher, Bilder, Filme, Klänge, Bauten, Gegenstände aller Art –, sie sind jedoch keineswegs mit solchen und anderen kulturellen Hervorbringungen schlichtweg identisch. Es ist »die Welt der Produkte des menschlichen Geistes« – zuallererst die menschliche Sprache –, die hier in gewisser Weise von ihren materiellen Objektivierungen abstrahiert wird und so einen Wirklichkeitsbereich eigener Art begründet (Popper/Lorenz 76). Gegen Deutungen, die darin lediglich einen Ausdruck »subjektiver Bewusstseinszustände« sehen wollen, beharrt Popper mit Vehemenz auf einer »unabhängigen Existenz der dritten Welt« (1995, 41). Er setzt sich damit sowohl vom Welt- und Wirklichkeitsverständnis eines »Materialisten« ab, der lediglich *Welt 1* als wirklich anerkennen will, als auch von dem eines »Mentalisten«, der die Gehalte von *Welt 3* nur als Bewusstseinsprozesse – als »Vorstellungen in unserem Bewusstsein« – aufzufassen vermag (255).

Gottesdienst hat seinen Ort selbstverständlich in allen drei Welten: Als ein in den Anschauungsformen von Raum und Zeit wahrnehmbares Ereignis, gebunden an die Gegenständlichkeit der Schöpfung, ist er zugleich Teil von *Welt 1*. Als ein Geschehen, in dem Erfahrungen, Hoffnungen, Einsichten und Gewissheiten des Glaubens – religiöses ›Wissen‹ – im Medium symbolischer Kommunikation immer neu begründet und bekräftigt, dargestellt und überliefert werden, partizipiert Gottesdienst an *Welt 3*. Aber nur über *Welt 2* – die Welt des menschlichen Bewusstseins – erlangt und behält er jene ›objektive‹ Bedeutsamkeit, die ihm einen hervorragenden Platz in Poppers *Welt 3* sichert.

Was die Wechselwirkungen zwischen den drei Welten angeht, ist für unseren Zusammenhang insbesondere die Einsicht von Bedeutung, dass Objekte der *dritten Welt* die physikalische Welt nicht direkt beeinflussen können, sondern »nur durch das Eingreifen des Menschen eine Wirkung auf *Welt 1*« haben. Das aber »ist ein Prozess der *Welt 2*, ein psychischer Prozess, oder, noch deutlicher, ein Prozess, bei dem *Welt 2* und *Welt 3* in Wechselwirkung treten« (252).

Ein differenzierteres Bild ergibt sich, wenn wir im Folgenden den Versuch unternehmen, dieses triadische Verhältnis zu entfalten, indem wir uns nacheinander der geschöpflichen (*Welt 1*), der kulturellen (*Welt 3*) und der personalen (*Welt 2*) Dimension des Gottesdienstes zuwenden.

II. Christlicher Gottesdienst unter den »Bedingungen des Menschseins«

A. Die geschöpfliche Dimension des Gottesdienstes

Christlicher Gottesdienst hat – als in Raum und Zeit wahrnehmbares Ereignis – Teil an der von Gott geschaffenen Welt. Er ist an bestimmte, unterscheidbare Orte und Zeiten gebunden, an denen und in denen er Gestalt gewinnt. Diese Gestalt wiederum ist gegenständlicher, sinnlicher Art: Sie lässt sich sehen und hören, schmecken, riechen und berühren, man kann mit ihr umgehen – in Bewegungen, Gebärden, Handlungen – und sie umgestalten. Sie entstammt dem Stoff, aus dem diese Welt gebildet wurde und gebildet wird, den Elementen, aus denen sich das uns bekannte Universum aufbaut, und die die Alten zur Vierheit von Wasser und Erde, Feuer und Luft zusammenfassten. Sie folgt den Gesetzen, die diesem Stoff innewohnen. Wer sich auf den Gottesdienst einlässt, bekommt es mit dem zu tun, was in der Umgangssprache Natur – und neuerdings Umwelt – genannt wird: In ihm ist die Umwelt präsent, in der wir leben. Unser Verhältnis zu dieser Umwelt spiegelt sich in ihm wider – in Zustimmung oder Widerspruch.

Liturgische Anthropologie schließt darum ein, was man eine Ökologie des Gottesdienstes nennen könnte: Wie gehen wir mit den natürlichen Ressourcen liturgisch um? Welchen Gebrauch machen wir von ihnen im Gottesdienst? Welche Bedeutung – oder Nicht-Bedeutung – weisen wir ihnen durch unser liturgisches Handeln zu? Z.B. die Zeit: Beteiligen wir uns – durch die Weise, wie wir Gottesdienste organisieren, zeitlich begrenzen und plazieren – an der »Nivellierung der Zeiterfahrung«, durch die Zeit »zur Ware, zum Tauschobjekt innerhalb des ökonomischen Systems« wird (Jörns/Bieritz 579)? Beispiel Brot und Wein: Würdigen wir sie in unseren Gottesdiensten auch in ihrer kreatürlichen Qualität – als gottgegebene Lebens-Mittel und Mit-Geschöpfe des Menschen? Oder funktionalisieren wir die eucharistischen Gaben, indem wir diese ihnen eigene Sinnebene liturgisch unterschlagen? Die angesprochene sozial- und kulturkritische Funktion liturgischer Anthropologie wird hier konkret.

Raum und Zeit, Stofflichkeit und Leiblichkeit sind darum die wichtigsten Kategorien, in die sich die Geschöpflichkeit des Gottesdienstes fassen lässt. Die kulturelle Dimension – Poppers *Welt 3* – lässt sich dabei freilich nicht ausklammern. Sie ist überall da gegenwärtig, wo der Sinnbezug bzw. die Sinnhaltigkeit der behandelten Phänomene in den Blick genommen wird.

1. Der *Raum*

a. Raumerfahrung: Auch eine Liturgie, die Anbetung Gottes »im Geist und in der Wahrheit« (Joh 4,24) sein will, greift Raum. Sie braucht den definierten, umgrenzten und ausgegrenzten Ort, an dem Menschen sich zu solchem Tun versammeln können: »Um Gottesdienst feiern zu können, begeben sich Menschen zu bestimmten Zeiten an einen bestimmten Ort« (Josuttis 1991, 66). Dieser Ort ist keine Leerstelle in der Landschaft. Er besitzt – als Hügel, als Fels, als Quelle, als Flusstal, als Lichtung im Wald – bereits eine Struktur, bevor wir Besitz von ihm ergreifen, ihn markieren, umfrieden, umbauen, ihn nach unseren Vorstellungen gestalten und gebrauchen. Dieser Ort wird als Raum erfahren und begriffen, indem wir ihn begehen, uns ihm nähern, uns von ihm entfernen, von anderen Orten zu ihm wechseln, ihn gleichsam ›lesen‹ wie ein Buch. Wie alle Erfahrung ist auch die Erfahrung des Raumes ein Geschehen in der Zeit.

b. Raumsprachen: Die Anschauungsform des Raumes wird so zu einem wichtigen Medium gottesdienstlicher Kommunikation und der Zeichen, unter denen sie sich vollzieht: Auf die Erfahrungen, die wir beim Begehen eines Raumes machen, beziehen sich Zeichensysteme, die die Semiotik unter dem Begriff des hodologischen Kodes bündelt. Mit Bedeutungen, die aus Nähe und Distanz im Raum erwachsen, hat es der proxemische Kode zu tun (Volp I, 129). Der architektonische Kode kommt ins Spiel, sobald wir Räume umbauen, bebauen, gestalten und einrichten.

Ähnlich wie bei der Wahrnehmung der Zeit lassen sich auch in der Wahrnehmung von Orten und Räumen mehrere Sinnebenen unterscheiden, die einander überlagern und sich zugleich durchdringen. Sie reichen von der als Natur vorgefundenen und begriffenen Landschaft über ihre kulturelle Überformung und Bebauung bis hin zu ihrer religiösen Überschreitung im ›heiligen Ort‹. Bei der Kodierung solcher kultischen Orte lässt sich vielfach das Bemühen um eine »Syntopie zwischen Göttlichem und Menschlichem« (Josuttis 1991, 66 f.) beobachten. D.h. es besteht eine Entsprechung zwischen dem jeweiligen kultischen Ort und dem dort gefeierten göttlichen Geheimnis; nicht alles kann jederzeit an jedem Ort erinnert und begangen werden. So wird religiöses Wissen – wie kulturelles Wissen überhaupt – nicht nur in literarischen Texten überliefert. Es wird auch im Raum festgeschrieben.

2. Die *Zeit*

a. Zeiterfahrung: So wie der Raum, so ist auch die Zeit als Anschauungsform aller Wahrnehmung (mehr noch: allem Leben) gleichsam eingestiftet. Mit Victor von Weizsäcker gilt, dass »das Leben nicht in der Zeit ist, sondern die Zeit im Leben ist oder genauer durch dessen Selbstsetzung *wird*« (von Weizsäcker 19; Jörns/Bieritz 592). Was von den uns vorgegebenen Strukturen des Raumes gesagt wurde, gilt erst recht von der Zeit: Menschliche Zeiterfahrung ist zutiefst von den kosmischen und vegetativen Zyklen bestimmt, die aller kulturellen Gestaltung vorausliegen. Der Wechsel von Tag und Nacht, der in der Drehung der Erde um ihre eigene Achse gründet, scheint dabei die ursprüngliche und grundlegende Erfahrung zu sein, in der sich Zeit dem Bewusstsein des Einzelnen wie der Kultur vermittelt (Jörns/Bieritz 575 f.). Er konstituiert die Zeitebene des Tages, während der Lauf des Mondes um die Erde die Zeitebene des Monats und der Lauf der Erde um die Sonne die Zeitebene des Jahres begründen.

Menschlicher Zeiterfahrung eignet darum ein zyklisches Moment: »Zeit wird erfahrbar in der verlässlichen, gleichsam ›von außen‹ determinierten und somit vorausschauende Planung ermöglichenden Wiederkehr gleicher bzw. ähnlicher kosmischer und naturhafter Ereignisse (Hell und Dunkel, Mondphasen, Jahreszeiten)« (576). In sich ebenfalls zyklisch organisiert – mit einem besonders ausgezeichneten Tag als Anfangs- bzw. Endpunkt – ist auch die Zeitebene der Woche, obwohl sich für sie ein kosmischer Bezug – etwa auf die Mondphasen – nicht eindeutig ausmachen lässt. Denkbar ist, dass sie eher in kulturellen bzw. sozioökonomischen Bedürfnissen wurzelt (Auf der Maur 20).

b. Zeit als Zeichen- und Sinnträger: Auf allen genannten Ebenen wird Zeit nun auch zum Medium kultureller Kommunikation, in dem Erfahrungen zu kulturellem Wissen verdichtet und zugleich festgehalten, mitgeteilt, überliefert und erinnert werden können. Gottesdienstliche Kommunikation hat daran teil: Dies nicht nur in dem selbstverständlichen Sinne, dass sich liturgisches Handeln in der Zeit vollzieht, sondern auch und vor allem dadurch, dass sich zyklisch wiederkehrende Zeiten und Zeitpunkte mit Bedeutungen, mit einem ihnen zugeschriebenen Sinn, verbinden. Solchermaßen gegliederte und gedeutete Zeit wird so ebenfalls zu einer ›Sprache‹, in der Glaubenserfahrungen und Glaubenswissen begründet, aufbewahrt, dargestellt und überliefert werden.

Das gilt – in Gestalt des Kirchenjahres – für die Zeitebene des Jahres. Es gilt aber auch für die als ein eigener liturgischer Zyklus gestaltete Zeitebene der Woche (Kirchenjahr im kleinen) und für die durch das Gebet der Tagzeiten (das Stundengebet) strukturierte Zeitebene des Tages. Die Zeitebene des Monats gewinnt erst neuerdings Bedeutung auch für den christlichen Gottesdienst. Zu wenig bedacht wird, dass – ähnlich wie in der Verbalsprache – auch hier die verschiedenen Ebenen aufeinander bezogen sind. Struktur- und Sinnverluste auf einer der Zeitebenen betreffen notwendig die anderen, modifizieren die Sprache (man spricht vom heortologischen Kode) im Ganzen.

Gottesdienstliche Zeit ist zugleich »gesteigerte Zeit«, die den alltäglichen Zeitlauf unterbricht, Alltagszeit transzendiert und so einen eigenen, von anderer Zeit unterschiedenen Zeitraum konstituiert, der durch »die Synchronie zwischen menschlicher und göttlicher Praxis« (Josuttis 1991, 66) bestimmt ist: Ähnlich wie beim Raum gilt, dass zwischen Fest-Zeit und Fest-Geheimnis, das jeweils gottesdienstlich begangen und vergegenwärtigt wird, eine Entsprechung besteht, die sinnproduktiv ist und darum nicht ohne Schaden vernachlässigt werden kann.

3. Der Stoff

a. Naturelemente im Gottesdienst: Zu den Anschauungsformen von Raum und Zeit treten – als weitere, gestalt- und gestaltungsfähige Medien gottesdienstlicher Kommunikation – Naturelemente, »die wir mit unseren Sinnen wahrnehmen, die wir sehen, riechen, betasten, teilen, essen, an denen wir ›teilnehmen‹ können«; manche von ihnen »sind dermaßen im Kern der gottesdienstlichen Feiern verankert, dass scholastische Theologie sie die materia, die Bausteine der Sakramente nennt« (Rupert Berger 254). Wir rechnen zu ihnen jedoch nicht nur die in engerem Sinne gegenständlichen Elemente, die Berger insbesondere im Auge hat – Brot, Wein, Wasser, Öl, Feuer und Licht, Weihrauch und andere Duftstoffe, Salz, Asche, Honig, Milch sowie frei gewählte Objekte »naturaler Meditation« (283) –, sondern auch das Feld der Geräusche und Klänge, der akustischen Mittel, auf die ja ebenfalls das Kennzeichen sinnlicher Wahrnehmung zutrifft. Farben und Formen, soweit sie uns als Naturelemente begegnen, sowie das Material – Holz, Metalle, Steine, Erden u.a. –, aus dem Kirchen errichtet, Geräte, Einrichtungsgegenstände, Instrumente und Stoffe gefertigt, Kunstwerke gebildet werden.

b. Naturelemente als Bedeutungsträger: Die ›Sprachen‹, die auf solche Weise zustandekommen und gottesdienstlich verwendet, gesprochen werden, entziehen sich einer systematisch vollständigen Darstellung. Man kann sehr grob zwischen akustischen (»Tonsprachen«, Volp I, 126), visuellen bzw. optischen (»Bildsprachen«, 127), olfaktorischen und gustatorischen (auf Geruchs- bzw. Geschmackssignalen beruhenden), haptischen (an das ›Begreifen‹ von Objekten gebundenen) und räumlichen Kodes unterscheiden (125). Wichtig ist, dass die sinnlich wahrnehmbaren Naturelemente erst durch Strukturierung ihre kommunikative, zeichenhafte Qualität gewinnen und zu Bedeutungsträgern werden – sei es, dass man sie einer physischen Bearbeitung unterzieht (die z.B. auch im akustischen Medium erfolgen kann), sei es, dass sie in einen Handlungszusammenhang einbezogen (wie z.B. das Wasser bei der Taufe) bzw. in solchem Zusammenhang präsentiert werden. Damit ist aber wiederum die Ebene kultureller Sinnstiftung – Poppers *Welt 3* – erreicht.

4. Der Leib

a. Der Leib als Zeichen: Es darf nun nicht übersehen werden, dass auch der Mensch in seiner Leiblichkeit der hier zu behandelnden geschöpflichen Dimension des Gottesdienstes zuzurechnen ist (was sich bei Popper in seiner Zuordnung zu *Welt 1* ausdrückt). Der Mensch steht dort, wo er liturgisch handelt, der Natur und ihren Elementen nicht einfach gegenüber, sondern ist und bleibt als Teil in sie verwoben, d.h. er ist nicht nur Subjekt, sondern immer auch Ausdruck, Mittel und Medium jenes Austauschs, der im Gottesdienst als einem Ereignis symbolischer, darstellender Kommunikation statthat. Anders: Er ist nicht nur Kommunikator, sondern selber Signifikant und Signifikat, Zeichengestalt und Zeichensinn. Das gilt für den Einzelnen, der sich zu bestimmter Zeit an bestimmtem Ort zu liturgischem Tun einfindet. Allein schon in seiner leiblichen Präsenz gehört er zu den Faktoren, die das Geschehen konstituieren, wie der Raum, wie die Zeit, wie die Elemente, in und mit denen hier gehandelt wird. Es gilt erst recht für die versammelte Leiblichkeit der Gemeinde, wenn man solche Sozialität zu den mitgeschaffenen Bedingungen des Menschseins zählt: In gewisser Weise bildet sie Ausgangspunkt, Medium und Basis all dessen, was hier im Folgenden teilgebend und teilnehmend – nichts anderes meint *communicatio* – geschieht. Dass sie in ihrer versammelten Leiblichkeit zum Träger liturgischer, religiöser, theologischer, liturgischer Bedeutungen werden kann, macht nicht zuletzt das von Paulus geprägte Bild vom »Leib Christi« (Röm 12,4 f.; I Kor 12,12 u.ö.) deutlich.

b. Körpersprachen: Zur Geschöpflichkeit des Menschen gehört nun auch – vor aller kulturellen Inanspruchnahme, Ausprägung und Überformung solch leiblicher Verhaltensweisen –, dass er sich im Raum bewegen, seine Haltung verändern, Gebrauch von seinen Gliedern machen, tanzen, andere und anderes berühren, Laut geben, singen und sprechen kann. Es handelt sich dabei – darauf hat Ronald Sequeira hingewiesen –, um den »Selbstvollzug« des Menschen im Medium seiner Leiblichkeit und nicht nur um »Veräußerlichung« innerer Zustände und Vorstellungen (Sequeira 1990, 13 f.). Doch sind all diese sichtbaren, hörbaren bzw. spürbaren Körperbewegungen zugleich prinzipiell sprachfähig, d.h. sie können – wenn auch in einer von der Verbalsprache strukturell unterschiedenen Weise – zu Medien der Kommunikation, zu Zeichenträgern (und damit zu Trägern eines Zeichensinns) in einem Zeichenprozess werden.

Im Blick auf »die Bewegung als liturgische Ausdrucksdimension« schlägt Sequeira (28 f.) vor, zwischen Haltung (»das zeitlich andauernde unveränderte Verharren des Körpers und der Körperteile im Raum«), Geste (»als Bewegungsablauf, der von einer Haltung oder einer anderen, vorhergehenden Geste ausgeht«), Gebärde (»als komplexen Teil eines Bewegungsablaufs, der Haltungen und Gesten umfasst«) und Tanz (»eine Summe von Bewegungsabläufen«, die »Haltungen, Gesten und Gebärden« umfasst) zu unterscheiden. Unter den Gesten bzw. Gebärden können diejenigen, die mit einer Berührung verbunden sind (z.B. im Gottesdienst: Handauflegungen, Segnungen mit dem Kreuzzeichen, Friedensgruß bzw. Friedenskuss), einer gesonderten Gruppe zugeordnet werden. Eine Sonderform »liturgischen Tanzes« (van der Leeuw; Sequeira 1977.1978; Teresa Berger 1985a) bilden in gewisser Weise Prozessionen innerhalb und außerhalb des Kirchenraumes. Den gesamten Komplex gottesdienstlicher Gesten- und Gebärdensprache – unter Einschluss von Mimik, Blickkommunikation und anderer »Aspekte des nonverbalen Körperverhaltens« – möchte Sequeira unter den Begriff der »liturgischen Gestik« subsumieren (1992, 225). Üblich ist die Sammelbezeichnung kinetische Kodes für die hier behandelten nonverbalen Zeichensysteme; der Zweig der Semiotik, der sich damit befasst, heißt Kinesik. Berührungen werden im Zusammenhang der Proxemik (s.o.. proxemischer Kode) erörtert bzw. einem eigenen taktilen Kode zugewiesen.

Noch weiter fasst Rainer Volp (I, 127 f.) den Begriff der Körpersprache: Neben Berührung, Geruch und Geschmack, Mimik, Gestik und Blickkontakt betrachtet er auch die »Sprache der Kleidung und der Gegenstände« als »eine mittelbare Körpersprache«. Dazu gehören »Gegenstände und Geräte, die unserem Körper ähnlich sind (Säulen, Plastiken etc.), die unseren Körper brauchen (Geräte) und die unser Körper braucht (Kanzel, Altar, Sitzgelegenheiten, Treppen etc.)«. Auch die Sprache des Raumes, der ja – wie wir gesehen haben – erst dadurch erfahren wird, dass der Mensch in seiner Leiblichkeit sich in ihm und zu ihm verhält, kann so im weiteren Sinne als eine Körpersprache begriffen werden.

c. Essen und Trinken: Zur Leiblichkeit des Menschen gehören auch Essen und Trinken als natürliche Formen der Nahrungsaufnahme. Dass Menschen sich mit der Nahrung ein Stück Welt einverleiben – »Kosmos wird zu Mensch« (Kressmann 145) – und damit Kraft, Leben und

Zukunft gewinnen, gehört zu den kulturübergreifenden Bedingungen des Menschseins, die uns mit allem verbinden, was lebt. In diesem Sinne sind die Elemente des Abendmahls – Brot und Wein bzw. ihre kulturellen Äquivalente – tatsächlich natürliche (besser vielleicht: universelle) Zeichen; sie zeigen an, dass wir von anderem, von anderen leben. Der Bissen, der Schluck als Lebens-Mittel: Das versteht jeder, wo und wann er auch lebt.

Doch unterliegt der Vorgang der Nahrungsaufnahme, wie später noch weiter ausgeführt wird, in einer sehr umfassenden Weise sozialer und kultureller Gestaltung. Nahrungsmittel wie unterschiedliche Weisen der Zubereitung, der Zuteilung und des Verzehrs der Nahrung werden darin zu sinntragenden und sinnstiftenden Medien der Kommunikation – zu Sprachen im hier gemeinten Sinne. Für das Abendmahl, das im Zentrum des christlichen Gottesdienstes steht, ist dies von kaum zu überschätzender Tragweite. Universelle wie soziokulturelle Bedeutungen, die sich mit dem Vorgang des Mahlhaltens verbinden, gehen unweigerlich in das Sinngefüge des gottesdienstlichen Mahlritus mit ein.

d. Leiblichkeit des Wortes: Schließlich darf nicht übersehen werden, dass auch die Tatsache, dass Menschen Laut geben, sprechen und singen können, eine Grundlage in ihrer Leiblichkeit hat. Das Wort menschlicher Sprache ist keineswegs eine rein geistige Größe – was immer man darunter verstehen mag –, sondern ist an die Leiblichkeit und Sinnenhaftigkeit des Menschen gebunden. Es schafft sich – sobald es ausgesprochen wird – gleichsam seinen Klangleib, es verleiblicht sich in einer bestimmten Gestalt, und kommt nur in solcher Gestalt und durch sie hindurch zur Wirkung. An solcher Leiblichkeit des gesprochenen Wortes hat schließlich auch die innere Rede, das gedachte Wort teil.

B. Die kulturelle Dimension des Gottesdienstes

1. Auf der Suche nach einem Kulturmodell

»Es gibt kein Christentum jenseits irgendwelcher Kultursynthesen« (Tanner 701): Das gilt natürlich auch für den Gottesdienst, also für jene Handlungsgestalt, in der sich dieses Christentum – samt dem, was es begründet und bewegt – im Medium symbolischer Kommunikation darstellt, bezeugt und vollzieht. Christlicher Gottesdienst war in seiner Geschichte stets Ausdruck und Mittel fortwährender Inkulturation des Christenglaubens.

Liturgik, die sich – wie eingangs dargestellt – darum bemüht, Anschluss »an die kulturwissenschaftlichen Diskurse unserer Zeit« zu gewinnen, wird diesem Aspekt besondere Aufmerksamkeit widmen. Dabei kommt der Frage nach der Inkulturation (bzw. der Kontextualisierung) christlichen Gottesdienstes in unterschiedlichen gesellschaftlich-kulturellen Kontexten gegenwärtig eine spezifische Dringlichkeit zu; verschärft sich die Situation doch aktuell durch – nur scheinbar gegenläufige – kulturelle Pluralisierungs- und Globalisierungsprozesse erheblich. Die Frage, welche Feier- und Sinngestalt (vgl. dazu Meyer 1989, 445 f.) denn christlicher Gottesdienst im jeweiligen Kontext der – häufig nur noch lose aufeinander bezogenen – kulturellen Milieus einer »Erlebnisgesellschaft« (Schulze) annehmen könne, gehört ebenso hierher wie das Problem einer frauengerechten Liturgie. Beides wird übergriffen von der Frage, welche Rolle man überhaupt dem christlichen Gottesdienst im Zusammenhang kultureller Prozesse zubilligen soll: Geht es – wie das der Begriff Inkulturation nahelegt – nur um Anpassung an kulturellen und gesellschaftlichen Wandel? Oder wohnt ihm womöglich von seinem Ursprung und seiner anamnetisch-eschatologischen Sinngestalt her ein kulturkritischer, gleichsam gegenkultureller Impetus inne, der ihn befähigt, seinerseits gestaltend – also sinn- und formgebend – auf den Wandel hin- und einzuwirken? In welchem Sinne lässt sich dann – wie eingangs geschehen – von einer »gottesdienstlichen Kultur« sprechen?

Um die damit gestellten Aufgaben in Angriff nehmen zu können, braucht Liturgik ein kritisch reflektiertes Kulturmodell, das mit den theologischen Deutungsmustern, mit denen sie arbeitet, kompatibel ist. Andernfalls gerät sie in Gefahr, sich Kulturmodellen auszuliefern, die die widersprüchliche, spannungsreiche Dynamik kultureller Prozesse kaum ausreichend zu erfassen vermögen und zudem den hermeneutischen Horizont verfehlen, in dem die eschatologische Realität des christlichen Gottesdienstes allein sachgerecht zum Ausdruck gebracht werden kann. Das gilt z.B. für Entwicklungsparadigmen, denen organismische Vorstellungen zugrunde liegen und die liturgische Formen als Ergebnis »eines organischen, nach inneren Gesetzen sich vollziehenden Werdens« begreifen (Baumstark 3; Lurz 276).

Wenn dagegen jetzt vorgeschlagen wird, den von Jan Assmann (1999.2000) und Aleida Assmann entwickelten Begriff des »kulturellen Gedächtnisses« für die Liturgik fruchtbar zu machen (Brüske; vgl. auch Dinkel 197–203), so wird damit auf ein Kulturmodell Bezug genommen, das in der Tat mit liturgietheologischen Entwürfen kompatibel erscheint – z.B. mit solchen, die den Gottesdienst als anamnetisch-eschatologische Gedächtnisfeier begreifen, in der die Zeiten sich – in gleichzeitiger Ungleichzeitigkeit – »verschränken« (Meßner 1998, 270–273). Das Modell hat zudem den Vorzug, dass es Raum lässt für einen »entzündenden« (»inzentiven« bzw. »kontrapräsentischen« und darin in gewisser Hinsicht gegenkulturellen) »Umgang mit der Erinnerung« (Brüske 153). Es eröffnet nämlich den Zugang zu einer »Erinnerung ... die in dem Bezugsrahmen der jeweiligen Wirklichkeit nicht nur keine Bestätigung findet, sondern zu ihr in krassestem Widerspruch steht« (Dinkel 201 f.).

Ein solches Kulturmodell, das nicht allein der Vorstellung geschichtlicher Kontinuität verpflichtet ist, sondern Brüche zulässt, könnte auch einer ökumenisch vergleichenden Liturgik neue Perspektiven eröffnen. Statt sich nur an möglichen Konvergenzen »im Erscheinungsbild der Liturgie« (Lurz 279) zu orientieren und von daher Nähe bzw. Distanz unterschiedlicher gottesdienstlicher Traditionen zu bestimmen und zu bewerten, könnte ökumenisch vergleichende Liturgik sich geradezu als liturgische Konfliktgeschichte entwerfen, die den theologischen wie gesellschaftlich-kulturellen Motiven in den zahlreichen Um- und Abbrüchen, aber auch Wiedergeburten und Neugestaltungen nachspürt, wie sie liturgiegeschichtlich greifbar sind.

2. Gottesdienst zwischen Inkulturation und Konter-Kulturation.

a. Kulturbruch und Kultursynthesen: Zweifellos steht am Beginn der Geschichte des Christentums so etwas wie ein Kulturbruch. Angesichts des in naher Zukunft erwarteten Endes verliert alle kulturelle Verwirklichung an Gewicht; der Ausgang dieses Äons ist auch das Ende seiner Kulturen. Doch selbst solch radikale Kulturkritik bedarf der kulturellen Gestalt, um sich aussprechen und vermitteln zu können: Wenn die junge Gemeinde das neue Jerusalem träumt, wenn sie sich zum eschatologischen Heilsmahl versammelt, das Brot bricht und den Kelch segnet, wenn sie in Zungen redet und neue Psalmen singt (Kol 3,16), greift sie auf überlieferte kulturelle »Hervorbringungen« (Helle 700) zurück, geht sie kulturelle Synthesen ein. Doch bleibt der eschatologische Bezug als »Einsicht in eine prinzipielle Relativität aller vorfindlichen kulturellen Wirklichkeit« (Tanner 701) kirchen- wie liturgiegeschichtlich virulent. Manifest wird er immer wieder dort, wo Bilderstürmer ausgetrocknete Kultursynthesen zerschlagen und – unter Beschwörung der Ursprünge – ihrem Widerspruch (gegen-)kulturellen Ausdruck verleihen. Dabei sind sie häufig – meist ohne es selber zu wissen – Propheten und Protagonisten einer neuen kulturellen Synthese, die im Schoße der alten heranreift, sie innerlich aushöhlt, schließlich ihre Schale sprengt, sich an ihre Stelle setzt.

Doch es gibt auch das entgegengesetzte Phänomen: Eine überlieferte kulturelle Gestalt des Gottesdienstes wird festgeschrieben, um in Auflösung befindliche soziokulturelle Verhältnisse am Leben zu erhalten, womöglich in bessere Zeiten hinüberzuretten. Auch so kann christlicher Gottesdienst gegenkulturelle Züge gewinnen, und es ist nicht ausgeschlossen, dass die darin aufbewahrte Synthese unter besonderen geschichtlichen Umständen zum Ausgangspunkt wie zum Steinbruch neuer Aufbrüche wird. Dabei wird deutlich: Es gibt nicht nur die Diffusion unterschiedlicher zeitgenössischer Kulturen (die – so eine weitverbreitete These – immer stärker in Richtung einer globalisierten, nordamerikanisch-westeuropäisch dominierten Weltkultur konvergieren), sondern auch gewisse Ungleichzeitigkeiten innerhalb der betreffenden Kulturen selber, die zu immer neuen Synthesen nötigen.

b. Gottesdienst als Gegenzeichen: Die eschatologische Perspektive liturgischer Anthropologie wird hier konkret. Jesus Christus erscheint in diesem Zusammenhang als derjenige, der alle Kultur sowohl bestätigt als richtet (Blaser). Nur in solcher Spannung kann sich die Inkulturation christlicher Liturgie – die dadurch immer auch Konter-Kulturation ist – vollziehen. »Bis er kommt« (I Kor 11,26) – also auf Widerruf, unter eschatologischem Vorbehalt – werden Abendmahl und irdischer Gottesdienst gefeiert. Damit schreibt das Neue Testament – hier greifbar in dem von Paulus überlieferten Einsetzungsbericht – unübersehbar einen Widerspruch gegen alle Kultur in den Ursprungssinn des Abendmahls und damit des christlichen Gottesdienstes hinein.

Das Problem liegt darin, dass es wenig nützt, diesen Widerspruch theologisch festzuhalten, ohne ihn zugleich kulturell zu markieren. Dass eine solche Kennzeichnung des Widerspruchs notwendig gegenkulturelle Züge gewinnen muss, ist deutlich. Damit vertieft sich der theologische Sinn jener Dialektik von Inkulturation und Konter-Kulturation in der gottesdienstlichen Kommunikation des Evangeliums. Gefangenschaft wie Freiheit des Evangeliums finden ihren Ausdruck auch unter liturgischen Zeichen. Gottesdienst kann so gefeiert werden, dass er Christus zum Gefangenen einer bestimmten Kultur – manchmal auch nur einer spezifischen Kulturschicht oder Gruppenkultur – macht. Andererseits kann er, wo er dem freien Wort und Handeln Christi und seinem Widerspruch Raum lässt, als Angebot einer (gegen-)kulturellen Alternative erfahren werden. Die kultur- und sozialkritische Funktion liturgischer Anthropologie gewinnt hier eine neue theologische Qualität: Indem sie den Gottesdienst auch als ein (gegen-)kulturelles Geschehen beschreibt und deutet, ermutigt sie zugleich die Gemeinden, in ihren Gottesdiensten jene (Gegen-)Zeichen zu formulieren, über die allein der eschatologische Widerspruch kulturell wirksam werden kann.

3. Gottesdienst als kulturelle Hervorbringung

a. Kulturelle Überformungen der geschöpflichen Dimension: Die geschöpfliche Dimension des Gottesdienstes ist im Prinzip universeller Art. Die dort behandelten Bedingungen des Menschseins tragen kulturübergreifenden Charakter. Doch begegnen sie unserer Wahrnehmung und Erfahrung kaum in gleichsam reiner Form; sie besitzen in der Regel immer schon eine kulturelle Gestalt. Die Erkenntnis ist ebenso weitreichend wie banal: Menschen leben und handeln in einer weitgehend von ihnen selber hergestellten Welt. Das gilt für den von ihnen in Anspruch genommenen, gestalteten, bearbeiteten, umbauten, bebauten Raum ebenso wie für die – durch kosmisch-vegetative Zyklen vorstrukturierte – Zeit: Auch die Wahrnehmungsmuster und gesellschaftlich wirksamen Gliederungen menschlicher Zeiterfahrung sind in beträchtlichem Umfang durch kulturelle Festlegungen bestimmt und damit dem geschichtlich-kulturellen Wandel ausgesetzt. Es gilt erst recht für den Stoff – die vielfältigen »Elemente« dieser Welt, mit denen Menschen handelnd und gestaltend umgehen und die in solchem Umgang zu Medien der Kommunikation, zu sinntragenden Zeichen und Zeichensystemen werden können. Es gilt schließlich für den Leib und seine Ausdrucksmöglichkeiten: Ist der Mensch sozusagen von Natur aus ein Kulturwesen, wie uns die Philosophische Anthropologie (Gehlen u.a.) versichert, dann unterliegt er auch in seiner Leiblichkeit kultureller Überformung, Motivierung und Reglementierung, sodass Paul Virilio geradezu von einer gesellschaftlich-kulturellen »Eroberung des Körpers« (vgl. Virilio; Bette 1989; Bieritz 2002) sprechen kann.

Das betrifft natürlich auch den Bereich von Essen und Trinken und damit das Abendmahl als das Zentrum christlichen Gottesdienstes: Was Menschen an Speise und Trank zu sich nehmen, ist in der Regel Erzeugnis ihrer Kultur, »Frucht der Erde und der menschlichen Arbeit« zugleich, wie es in den Begleitgebeten zur Gabenbereitung im deutschen Messbuch der katholischen Kirche heißt. Die Lebens-Mittel, die in einer Kultur dominieren, sind zugleich Medien der gesellschaftlichen Kommunikation, durch die sich diese Kultur fortwährend konstituiert. Sie sind darin Sinnbilder des Lebensstils, den diese Kultur vorschreibt. Dieser Lebensstil findet seine Grundlage wie seinen Ausdruck in dem, *was* die Menschen zu sich nehmen und *wie* sie es zu sich nehmen. Auf diese Weise sind »von den Wandlungen in der Esskultur alle lebensrelevanten Dimensionen des Menschseins betroffen« (Josuttis 1991, 254).

b. Kultureller Charakter liturgischer Gestaltungen: So haben wir es auch im Gottesdienst weitgehend mit einer hergestellten, kulturell verfertigten und überformten Wirklichkeit zu tun, eben mit Hervorbringungen menschlicher Kultur. In gewisser Weise kann sogar der Gottesdienst im Ganzen als eine solche Hervorbringung begriffen werden. Liturgische Anthropologie realisiert ihre kult- und kulturkritische Aufgabe an dieser Stelle dadurch, dass sie der verbreiteten Neigung begegnet, gottesdienstliche Elemente und Vollzüge – die von Rupert Berger behandelten »Naturelemente« ebenso wie Gebärden und Handlungen – auf den ihnen angeblich immanenten natürlichen Sinn festzulegen bzw. fraglos davon auszugehen, dass sich solch natürlicher Sinn, weil in den Dingen selber enthalten, auch von selbst erschließen werde. Sie wehrt damit zugleich der Versuchung, kulturelle Hervorbringungen dadurch zu sakralisieren, dass man sie nach Gestalt und Gehalt als unmittelbar von Gott selber geschaffene, allem geschichtlichen Wandel und aller menschlichen Verfügung entnommene Wirklichkeiten reklamiert. Sie weiß zugleich darum, dass der Mensch in allem herstellenden Handeln als *cooperator Dei* (Peters 54, 58, 165) im Werk der Bewahrung der Schöpfung fungiert. Kulturelle Hervorbringungen, die dem dienen, haben damit durchaus an der Würde der Schöpfung teil.

4. Gottesdienst als Zeichenprozess

a. Zeichenhaftigkeit der Glaubenskommunikation: »Zeichen«, so formuliert Umberto Eco in seinem Rosenroman (1985a, 597), »sind das einzige, was der Mensch hat, um sich in der Welt zurechtzufinden.« Mit noch größerem Recht ließe sich sagen: Zeichen sind das einzige, was in dieser Weltzeit den Glauben – wie das glaubende Denken und Handeln – mit seinem Ursprung und Ziel verbindet. Die Wirklichkeit, mit der es der Glaube zu tun hat, wird unter Zeichen erinnert, erfahren, vorgestellt, vermittelt, ergriffen und gefeiert: Predigtamt, Evangelium und Sakramente als Zeichen und Zeugnisse göttlichen Willens gegen uns, unseren Glauben dadurch zu erwecken und zu stärken (CA V und VII); die Eine heilige christliche Kirche (CA VII) als Vor-Zeichen einer neuen Wirklichkeit, einer neuen Schöpfung. Vor und über allem: Jesus Christus als das fleischgewordene Lebens- und Liebeszeichen Gottes. Auf solch prinzipielle Zeichenhaftigkeit aller Glaubens-Mitteilung wird abgehoben, wenn vom Gottesdienst als »darstellendem Handeln« und »öffentlicher symbolischer Kommunikation der christlichen Erfahrung im Medium biblischer und kirchlicher Überlieferung« (Cornehl 1974, 460) die Rede ist. Gerade darin zeigt und erweist sich christlicher Gottesdienst als ein kulturelles Phänomen: Von kulturellen Hervorbringungen kann nämlich überall dort – und nur dort – gesprochen werden, wo Objekten und Vorgängen eine Bedeutung zuwächst, die sie für etwas stehen lässt, was sie nicht selber sind.

b. Kultur als Signifikations- und Kommunikationssystem: »Kultur ist die Totalität der Produkte des Menschen« (Peter L. Berger 7). Solche Produktion umfasst sowohl materielle (zugehörig zu Poppers *Welt 1*) wie immaterielle Elemente (Poppers *Welt 3*), und hier in hervorgehobener Weise die Sprache: »... auf ihr als Fundament und mit ihr als Werkzeug türmt er einen Bau von Symbolen auf, die jeden Winkel seines Lebens durchdringen« (ebd.). Dabei ist die Herstellung materieller Elemente untrennbar mit der Herstellung immaterieller Elemente – also mit der Produktion von Sinn über die Konstruktion von Symbolsystemen – verbunden.

Für eine liturgische Anthropologie, die dieser Sicht folgt, sind darum theoretische Modelle besonders aufschlussreich, die Kultur als ein Signifikations- und Kommunikationssystem – und damit als ein semiotisches Phänomen – untersuchen und beschreiben, das auf der Erzeugung und dem Austausch von Zeichen beruht (Eco 1987, 46). Umberto Eco hat gezeigt, wie sog. natürliche Zeichen (z.B. Anzeichen von Ereignissen, Krankheiten usw.) erst dadurch semiotische – und damit kulturelle – Qualität erlangen, dass sie durch eine »codifizierte Korrelation« mit ihrer Quelle verbunden werden (40). Vergleichbares gilt für Werkzeuge aller Art – vom Stein des Urmenschen bis zum modernen Fahrzeug: Nicht ihre Erzeugung und Verwendung an sich macht sie zu Hervorbringungen einer Kultur, sondern die Konzeptualisierung und Konventionalisierung solcher Erzeugung bzw. Verwendung, durch die sie dem Wissen anverwandelt werden, in dem alle Kultur erst Bestand und Wirklichkeit gewinnt; allein so werden sie erinnerungs-, mitteilungs- und überlieferungsfähig (46–49). So gilt: »In der Kultur kann jede Entität zum semiotischen Phänomen werden. Die Gesetze der Signifikation sind die Gesetze der Kultur. Aus diesem Grund erlaubt die Kultur, insofern sie ein System von Signifikationssystemen darstellt, einen beständigen Prozess kommunikativen Austausches« (54).

c. Gottesdienst im Prozess »unbegrenzter Semiose«: Selber ein kulturelles Phänomen, partizipiert christlicher Gottesdienst selbstverständlich an jenen Vorgängen der Zeichenerzeugung und des Zeichenaustausches, durch welche die Kultur ihr Wissen und damit ihre spezifische Sicht der Wirklichkeit fortwährend formuliert, ordnet, überliefert und erneuert. Wir haben mehrfach auf die verschiedenen Sprachen verwiesen, in denen Zeichenerzeugung und -austausch auch im liturgischen Raum vonstatten gehen. Solche Sprachen können sehr allgemein als Kodes angesehen werden, die die Regeln festlegen, nach denen die Erzeugung spezifischer Zeichen-Funktionen erfolgt. Der Begriff der Zeichen-Funktion wiederum soll darauf aufmerksam machen, dass ein Zeichen – entgegen einem auch unter Theologen verbreiteten Vorurteil – keine in sich bestehende Entität darstellt, sondern eine Beziehung kennzeichnet: »Eine Zeichenfunktion entsteht, wenn ein Ausdruck einem Inhalt korreliert wird, wobei die beiden korrelierten Elemente die Funktoren einer solchen Korrelation sind« (Eco 1987, 76). Dabei kann dieser Inhalt (als Signifikat: das, was bezeichnet wird, das Bezeichnete), der durch den mit ihm in einer Zeichenfunktion verbundenen Ausdruck (als Signifikant: das, was etwas anderes bezeichnet; das Bezeichnende) im Designationsprozess repräsentiert wird, seinerseits zum Ausdruck (zum Signifikanten) für weitere Inhalte (Signifikate) werden, die dann seine Interpretanten (nach Peirce; Eco 1977, 172 f.) darstellen.

Ein Beispiel soll diesen komplizierten Vorgang verdeutlichen: Verweist etwa das Wortzeichen ›Taufe‹ als Ausdruck auf die sakramentale Taufhandlung als seinen Inhalt, so kann dieser Inhalt wiederum zum Ausdruck für die theologische Aussage ›Bad der Wiedergeburt‹ werden, und so fort – wobei die theologische Aussage als Interpretant der Taufhandlung, die Taufhandlung als Interpretant des Wortzeichens ›Taufe‹ fungiert. Umberto Eco (vgl. 1977, 172 f.) sieht – wiederum im Anschluss an Peirce – in solch prinzipiell unabschließbarer, »unbegrenzter Semiose« ein wesentliches Merkmal kultureller Kommunikation überhaupt: »... die Kultur übersetzt ständig Zeichen in andere Zeichen und Definitionen in andere Definitionen, Wörter in

Ikone, Ikone in ostensive Zeichen, ostensive Zeichen in neue Definitionen, neue Definitionen in Satzfunktionen, Satzfunktionen in exemplifizierende Sätze usw.; sie offeriert ihren Angehörigen damit eine ununterbrochene Kette kultureller Einheiten, indem sie weitere kulturelle Einheiten bildet und so die vorigen übersetzt und erklärt« (Eco 1987, 105). Diese Beschreibung ist uneingeschränkt auf den Gottesdienst als Zeichenprozess anwendbar und erklärt damit zugleich die Bedeutung, die der Vielfalt der hier verwendeten Sprachen zukommt: Begriffe werden in Handlungen, in Bilder, in Klänge übersetzt, die wiederum durch andere Begriffe, andere Handlungen, andere Bilder, andere Klänge interpretiert werden, und dies nicht nur im zeitlichen Nacheinander eines linearen Interpretationsprozesses, sondern auch – und vor allem – in der Gleichzeitigkeit einer »Partitur« (Volp I, 125), in der die verschiedenen Stimmen sich wechselseitig auslegen und zugleich zu einem Gesamtausdruck zusammenfügen.

Das bedeutet: So wie eine Kultur ihr Wissen von Welt und Wirklichkeit im Vorgang der unbegrenzten kulturellen Semiose ständig neu formuliert, wird auch im Gottesdienst – in der Weise darstellender, symbolischer Kommunikation – religiöses Wissen nicht nur vorgestellt (verkündet) und ausgelegt, sondern immer neu begründet. Vielleicht liegt darin – anthropologisch betrachtet – eine sehr wichtige, weil unverzichtbare Funktion, die der Gottesdienst für die Gemeinschaft der Glaubenden erfüllt.

5. Gottesdienst als gesellschaftliches Ereignis

a. Geschichtliche Wechselwirkungen zwischen Liturgie und Gesellschaft: »Gesellschaft ist jener Aspekt der Kultur, welcher den immer in Gang befindlichen Beziehungen des Menschen zu seinen Mitmenschen Struktur verleiht.« Selber nur ein »Element der Kultur«, ist sie doch zugleich ihre unerlässliche Voraussetzung und Bedingung; sie »strukturiert, distribuiert und koordiniert das welterrichtende Handeln des Menschen« (Peter L. Berger 7 f.).

Als kulturelle Hervorbringung, verflochten in die unbegrenzte Semiose, durch die sich Kultur begründet, vermittelt, überliefert und erneuert, steht christlicher Gottesdienst auch in einem Bezug zu der jeweiligen Gesellschaft, in der er seinen Ort findet. Er hat als gesellschaftliches Ereignis teil an dem grundlegenden »wissenssoziologischen Zusammenhang zwischen kollektiven Vorstellungen und kulturellen Ausdrucksformen einerseits und der Struktur der gegebenen Gesellschaft andererseits« (Morel 38). Liturgiehistorisch ist dieser Zusammenhang evident: Die Geschichte des christlichen Gottesdienstes ist voller Exempel dafür, wie gesellschaftliche und politische Strukturen auf seine Gestalt Einfluss nehmen. Schon in den frühen Gemeinden mag man sich darum gestritten haben, wer den Vorsitz bei den gottesdienstlichen Versammlungen führen solle: der ortsansässige Hausvater, der als *pater familias* über Frau, Kinder, Sklaven – kurzum: das »ganze Haus« (Bieritz/Kähler) – regierte, oder der haus- und besitzlose Wandercharismatiker, Urbild des Apostels. Später dann wurde diese Frage zugunsten des Gemeindeaufsehers, des Bischofs, entschieden, der sein Amt in Analogie zu dem des Hausvaters verstand und führte (I Tim 3,4 f.); und als er – nach der konstantinischen Wende – zur Würde eines hohen kaiserlichen Beamten gelangte, nahm der eucharistische Gottesdienst partiell Züge eines Staatsaktes an (Klauser 36–40). Auch wo – wie weithin im Protestantismus – das liturgische Rollengefüge als Lehrer-Schüler-Beziehung festgeschrieben wurde (der Pastor als Lehrer des Evangeliums und damit zugleich seiner Gemeinde), wurden natürlich ebenfalls Herrschaftsstrukturen fixiert, wurden gesellschaftliche Verhältnisse abgebildet und legitimiert. So lässt sich das Verhältnis zwischen Gottesdienst und Gesellschaft als ein »Prozess gegenseitiger Beeinflussung und Durchdringung« bestimmen (wobei anzumerken ist, dass »seit dem Beginn der Neuzeit ... der Einfluss des gottesdienstlichen Lebens auf die gesellschaftlichen Zustände fast ganz aufgehört hat«; Meyer 1970, 27).

b. Das Rollengefüge der Liturgie als sinntragendes (Gegen-)Zeichen: Damit verwirklicht sich denn in der Gestalt des Gottesdienstes immer auch ein soziostruktureller Sinn. Was hier geschieht, ist Ausdruck und Vollzug sozialer Relationen, ist ein Geschehen, in dem sich so etwas wie Gesellschaft herstellt, ausdrückt, begründet und erneuert. Wie jede Interaktion zwischen Menschen basiert liturgisches Handeln auf einem Rollengefüge, das festlegt, was einer zu tun und zu lassen, zu sagen und zu (ver-)schweigen hat. »Bei den liturgischen Feiern«, schreibt die Liturgiekonstitution des II. Vatikanischen Konzils (Art. 28), »soll jeder, sei er Liturge oder Gläubiger, in der Ausübung seiner Aufgabe nur das und all das tun, was ihm aus der Natur der Sache und gemäß den liturgischen Regeln zukommt.« Ein solches Rollengefüge ist sinntragendes Zeichen, ist Sinnbild von Beziehungen, die sich in ihm ausdrücken (wir sprechen darum auch vom hierarchischen Kode): Herrschaftsverhältnisse kommen in ihm zur Sprache, Macht und Ohnmacht, aber auch tätige Teilhabe, *participatio*, artikulieren sich in liturgischen Strukturen.

D.h. Inkulturation wie Konter-Kulturation christlicher Liturgie vollziehen sich auch auf der Ebene gesellschaftlicher Relationen. Das Rollengefüge, das ihr auf der Handlungsebene zugrunde liegt, kann bestehende Strukturen abbilden und bestätigen, kann aber auch gegen sie formuliert, gegen sie in Kraft gesetzt werden. Vielleicht ist es in solcher Hinsicht kein Zufall, wenn im Zusammenhang des johanneischen Abendmahlsberichtes Jesus vom Tisch aufsteht (den Vorsitz niederlegt, was der römische Ritus der Fußwaschung am Gründonnerstag noch deutlich zum Ausdruck bringt) und seinen Jüngern die Füße wäscht: »Denn ich habe euch ein Beispiel gegeben, damit ihr tut, was ich euch getan habe« (Joh 13,15).

c. Liturgie und (sub-)kulturelle »Milieus«: Die Wechselwirkungen zwischen Gottesdienst und Gesellschaft müssen jedoch noch unter einem anderen Aspekt betrachtet werden. Gesellschaften sind horizontal wie vertikal gegliederte, geschichtete Gebilde, in denen unterschiedliche (Sub-)Kulturen miteinander koexistieren und konkurrieren (auf der vertikalen Ebene etwa: urbane gegen ländliche Subkulturen; auf der horizontalen Ebene: Mittelschicht- gegen Unterschichtkulturen usw.). Inkulturation der Liturgie bedeutet darum immer auch die Einwurzelung des Gottesdienstes in *eine* dieser spezifischen subkulturellen Gestalten.

In dieser Hinsicht sind soziologische Modelle von Belang, die in der Gegenwart einen Trend zur Ausbildung erlebnisorientierter Subkulturen ausmachen, die – indem sie den jeweils anderen soziokulturellen Milieus mit »Indifferenz oder achselzuckender Verächtlichkeit« begegnen (Schulze 405), einen exklusiven »Milieuethnozentrismus« praktizieren (541). Gerhard Schulze nennt fünf solcher Milieus, die sich an deutlich voneinander unterschiedenen »existentiellen Schemata« (335) ausrichten: (1) ein Niveaumilieu, dessen Mitglieder dem Hochkulturschema anhängen – mit klassischer Musik, gehobener Literatur, Kunstausstellungen, Theater; (2) ein Harmoniemilieu mit Blasmusik, Arztroman und Fernsehquiz, durch das Trivialschema bestimmt; (3) ein um gesellschaftliche Konformität bemühtes Integrationsmilieu, das Hochkultur- und Trivialschema miteinander zu verbinden weiß; (4) ein intellektuelles Selbstverwirklichungsmilieu, gekennzeichnet durch ein Pendeln »zwischen Mozart und Rockmusik, Kunstausstellung und Kino« (312); (5) ein Unterhaltungsmilieu, das auf ständig neue Erlebnisreize aus ist.

Es ist deutlich, dass den verschiedenen Milieus auch unterschiedliche Erlebniserwartungen und Erlebnismöglichkeiten im Blick auf die kulturelle Gestalt des Gottesdienstes entsprechen. Kirche kann darauf reagieren, indem sie den Angehörigen der verschiedenen Milieus differenzierte gottesdienstliche Erlebnisangebote unterbreitet (so u.a. Becks; Herbst). Damit wird jedoch auf Dauer die integrierende, gemeinschaftsstiftende, schichten- und milieuübergreifende Potenz des christlichen Glaubens – zunächst kulturell, dann aber auch, wie geschichtliche

Beispiele zeigen, ekklesiologisch – zerstört. Im Gegensatz hierzu steht – wiederum als historisches Exempel – die Antwort der alten Kirche, die nicht zuletzt in ihren Gottesdiensten ein eigenes (gegen-)kulturelles Milieu gestaltete, das als Alternative zu den gesamtgesellschaftlich dominierenden kulturellen Mustern erfahren werden konnte und sich am Ende – freilich in vielfältigem Austausch mit diesen – gegen sie durchsetzte (vgl. Bieritz 1996).

d. Dialektik von Religion und Gesellschaft: Schließlich muss noch der Zusammenhang bedacht werden, wie er ganz allgemein zwischen Religion – insbesondere ihren kultischen Realisationen – und der »gesellschaftlichen Konstruktion der Wirklichkeit« (Peter L. Berger/Luckmann) besteht. Jede Kultur, ob sie sich selbst als religiös versteht oder nicht, muss mit mindestens drei Phänomenen fertig werden, die sich sozialtechnologisch nur unzureichend bewältigen lassen: dem Zufall (glücklichem oder unglücklichem Geschick), der Schuld und dem Tod. Und darum wird sie Formeln und Mythen, Symbole und Riten entwickeln, die Zufall in Sinn verwandeln, Brücken über die Lebens-Brüche bauen, das Unbestimmbare bestimmen, dem Unverfügbaren einen Namen geben, das Endliche, Vergängliche im Unendlichen, Ewigen verankern.

Fasst man den Begriff in solcher Weise, ist keine Kultur, wo und wann auch immer, gänzlich ohne Religion (und damit auch nicht ohne Kult). Ihre Aufgabe ist es, »die unbestimmbare, weil nach außen (Umwelt) und nach innen (System) hin unabschließbare Welt in eine bestimmbare zu transformieren, in der System und Umwelt in Beziehungen stehen können, die auf beiden Seiten Beliebigkeit der Veränderung ausschließen« (Luhmann 1996, 26). Das meint: Die Wirklichkeit, in der wir leben, ist sowohl nach innen (als soziokulturelles System selbst) wie nach außen (bezogen auf die jeweiligen Umwelten des Systems) prinzipiell unbestimmt und unbestimmbar, offen für alle möglichen kontingenten Entwicklungen. Religion – in welcher Gestalt auch immer – hat nun die Aufgabe, die unbestimmbare Welt durch Zuschreibung von Sinn in eine bestimmbare zu verwandeln. Ihre soziokulturelle Funktion ist Kontingenzbewältigung im individuellen wie im gesellschaftlichen Bereich.

Anthropologische Voraussetzung hierfür ist nach Peter L. Berger »das Verlangen des Menschen nach Sinnhaftigkeit, das offenbar die Kraft eines Instinktes besitzt« (22 f.). Sie dient zugleich der Legitimation gesellschaftlich konstruierter Wirklichkeit, indem sie diese »an letzte, universale, heilige Wirklichkeit« bindet (35). Nach Niklas Luhmann freilich ist es weniger das Sinnbedürfnis das Einzelnen, das in solcher Weise nach Religion verlangt, als vielmehr die gesellschaftliche Kommunikation selbst, insofern sie nur auf der Basis eines grundlegenden »Sinnvertrauens« (Luhmann 2002, 47) funktionieren kann und daher »gezwungen ist, die Kontingenz ihrer Ausgangsunterscheidungen zu verdecken« (Dinkel 75). Für ihn gilt: »Die Notwendigkeit von Religion kann mithin nicht auf anthropologischer, sondern nur auf soziologischer Grundlage nachgewiesen werden. Religion löst nicht spezifische Probleme des Individuums, sondern erfüllt eine gesellschaftliche Funktion« (Luhmann 1989, 349 f.). So verstanden, fällt Religion selbstverständlich erst recht in jeder Gesellschaft eine unentbehrliche Rolle zu.

Folgt man dem, so stößt jeder Versuch, einen Glauben und seine Zeichen zu inkulturieren – sei es von außerhalb oder von innerhalb des jeweiligen kulturellen Systems –, immer schon auf den dieser Kultur eigenen Kult, die ihr immanenten Sinnentwürfe und Mythologien, kurzum: die »Religion der Gesellschaft« (Luhmann 2002). In (post-)modernen westlichen Gesellschaften sind sie Teil einer diffusen Bürgerreligion (*Civil religion*: Bellah; Schieder 1987. 2001), die sich weitgehend aus Elementen der christlichen Überlieferung aufbaut (weshalb manche in ihr auch eine Gestalt »neuzeitlichen Christentums« erblicken), diese aber in spezifischer Weise selektiert und transformiert. Von den Kirchen wird in diesem Kontext erwartet, dass sie in ihrem gottesdienstlichen Handeln bestimmte gesamtgesellschaftliche Bedürfnisse erfüllen – sei es, dass sie darin die Verlässlichkeit und Kontinuität gesellschaftlicher Werte und

Normen garantieren, sei es, dass sie insbesondere in der »symbolischen Repräsentation und Verschlüsselung von Lebensschritten und -vollzügen« (Marhold 312) einem allgemeinen Bedürfnis nach Identitätssicherung und Sinnstiftung entsprechen. Die unterscheidende, kritische Kompetenz liturgischer Anthropologie ist hier – angesichts faktischer Ununterscheidbarkeit der jeweiligen liturgischen Realisationen – in besonderer Weise gefordert.

C. Die personale Dimension des Gottesdienstes

In seiner Drei-Welten-Theorie insistiert Popper, wie wir gesehen haben, auf der Unabhängigkeit und Eigenständigkeit von Bewusstseinsprozessen – und damit auf der Eigenständigkeit der Selbst- oder Ich-Identität des Menschen – gegenüber der physischen wie der kulturellen Welt. Das ist von großer Bedeutung für eine Anthropologie des Gottesdienstes; wird damit doch festgehalten, dass Wechselwirkungen zwischen physischer und kultureller Welt immer über Bewusstseinsprozesse laufen, die hier gleichsam als Brücke zwischen *Welt 1* und *Welt 3* fungieren. Auf neurophysiologisch-psychologische Belege für diese These kann hier nicht eingegangen werden. Unmittelbar einsichtig ist jedoch der Hinweis auf die Nicht-Vererbbarkeit kulturellen Wissens. Auf der gleichen Linie liegt es, wenn Wissenssoziologen erklären, Kultur und Gesellschaft in jeder Hinsicht »auf menschliches Handeln zurückführen zu können, dessen Produkte sie sind und ohne das sie keinen Status in der Wirklichkeit hätten« (Peter L. Berger 9).

Fraglich werden damit theoretische Ansätze, die den Versuch unternehmen, kultisches Handeln gleichsam unter Umgehung der hermeneutischen (tradierenden, symbolisierenden, interpretierenden, kommunizierenden) Tätigkeit selbst-bewusster menschlicher Subjekte zu bestimmen – sei es (1), dass sie es zu großen Teilen auf vererbbare biologische Verhaltensprogramme zurückführen (Josuttis 1991); sei es (2), dass sie ein eigenständiges kultisches Weltverhältnis postulieren, »strukturell verschieden von jeder philosophischen Kosmologie und von jeder naturwissenschaftlichen Welterklärung« (Schaeffler 1974, 21); ein Weltverhältnis, das letzten Endes nicht nur eine spezifische »kultische Weltauslegung« ermöglicht, sondern kultischem Handeln eine unmittelbare, nicht durch das wahrnehmende, verstehende, interpretierende Selbst-Bewusstsein des Handelnden vermittelte Welt-Wirksamkeit (»Effizienz«; Schaeffler 1977, 41) zuschreibt.

Fraglich wird damit auch das neuerdings von Manfred Josuttis verfochtene praktisch-theologische Programm, das darauf zielt, die – wie er es nennt – »Macht des Heiligen« als eine eigene, durchaus von anderen Wirklichkeitsbereichen gesonderte Dimension der Wirklichkeit wie der Wirklichkeitserfahrung zu erweisen und so ein genuin »religiöses Modell« der Wirklichkeit zur Grundlage wie zum Ausgangspunkt seelsorgerlicher und liturgischer Bemühungen zu machen (2000, 9). Postuliert dieses Modell doch gleichsam eine vierte Welt – als einen eigenständigen, in sich höchst ambivalenten Wirklichkeitsbereich, in dem negative wie positive Kräfte miteinander und gegeneinander agieren und unmittelbar – ohne Vermittlung menschlicher Subjekte (*Welt 2*), ohne Bindung an die in *Welt 1* wirksamen Gesetze, ohne Bezug zu dem in *Welt 3* gespeicherten Deutungskapazitäten – auf die drei anderen Welten zugreifen und auf sie einwirken.

Folgt man Popper, so ist das Medium, in dem sich die hermeneutische, zwischen *Welt 1* und *Welt 3* vermittelnde Tätigkeit selbst-bewusster menschlicher Subjekte vollzieht, die Sprache, die selber Teil von *Welt 3* ist. In ihr setzt sich der Mensch in Beziehung zur Welt, zu anderen Menschen, zu sich selbst und zu Gott und erfährt sich so als Person; Personalität und Sprachlichkeit menschlicher Existenz sind solchermaßen eng miteinander verbunden. Nach den geschöpflichen und kulturellen Bedingungen des Menschseins, die zugleich Bedingungen gottesdienstlichen Handelns darstellen, ist nunmehr vom Gottesdienst als Sprachereignis und

Wortgeschehen zu handeln (die nachfolgenden Ausführungen greifen auf die Darlegungen bei Bieritz 1990, 48–71, zurück).

1. Gottesdienst als Wortgeschehen
»Der Mensch ist ein sprechendes Wesen. D.h. nicht nur, dass der Mensch sprechen kann, sondern dass er als Person sich ganz wesentlich sprechend, sich selbst aussprechend, vollzieht ... Insofern ist Person dialogisch« (Volk 80). Es sind insbesondere der philosophische Ansatz des dialogischen Personalismus und der existenzphilosophische Ansatz gewesen, die den dialogischen Charakter und darin die Sprachlichkeit menschlicher Personalität entfaltet haben.

a. Gottesdienst als personale Begegnung im Wort: Liturgische Anthropologie, die gottesdienstliches Handeln unter den Bedingungen des Menschseins untersucht, begreift christlichen Gottesdienst als »kommunikative Handlung« (Hünermann), die sich als Situation personaler und darum sprachlich vermittelter Begegnung verwirklicht. Das gilt in anthropologischer Hinsicht für den hier erkennbaren zwischenmenschlichen Austausch wie für das gemeinschaftliche Sprach-Handeln der Beteiligten. Es gilt aber auch für den darin theologisch implizierten Gottes- und Christusbezug: Auf beiden Ebenen geht es primär nicht um den Austausch von und die Teilhabe an gleichsam gegenständlich zu denkenden Werten bzw. Gütern, wie immer man diese im Einzelnen bestimmen und benennen mag. Beide Male ist eine im strengen Sinne personale und darin ganzheitliche Begegnung intendiert. Anthropologisch: Menschen gewähren einander nicht Anteil an etwas, das sie nicht selber sind, oder das prinzipiell von ihnen ablösbar wäre, sondern treten als sie selbst – auf personale Weise – in Beziehung zueinander. Theologisch: Solches Moment personaler Ganzhingabe bestimmt auch – in noch ganz anderer Qualität – die im Gottesdienst intendierte Gottesbeziehung.

b. Sprachlichkeit als Bedingung von Personalität: Folgt man Gerhard Ebeling (1979, III, 263), so ist Sprache für den Menschen »das Medium aller Wirklichkeitsbegegnung und Wirklichkeitserschließung«. Diese vollzieht sich auf mehreren Ebenen: Im Medium der Sprache erschließt sich dem Menschen die Wirklichkeit der Welt, die ihn umgibt und deren Teil er selber ist. Im Medium der Sprache gewinnt sie für ihn Struktur und Sinn als ein von ihm Unterschiedenes, das ihn dennoch angeht und anspricht. Im Medium der Sprache erfährt der Mensch den anderen Menschen als Person, als Du, das ihn anredet und ihm so die Möglichkeit eröffnet, sich selbst als Person, als Ich zu begreifen und auszusagen. Im Medium der Sprache gewinnt der Mensch schließlich ein Verhältnis zu sich, vermag er sich selbst gegenüberzutreten und An-Sprüche an sich zu richten. So kann die Grundsituation des Menschen nach Ebeling (1979, I, 189 f.) geradezu als Sprachsituation bestimmt werden. Ist dem so, dann fallen Personhaftigkeit und Sprachlichkeit des Menschen zusammen, erscheinen als »zwei Aspekte desselben Sachverhalts« (Ebeling 1979, II, 71; ähnlich Casper 19: »Selbstsein und Personalität und zugleich unsere gesellschaftlichen Möglichkeiten verwirklichen sich durch Sprache und nichts anderes«). Christlicher Gottesdienst als Vollzug personaler Kommunikation ist darum zugleich und unabdingbar Kommunikation durch Sprache.

Es wäre freilich fatal, würde diese Bestimmung dahingehend verstanden, dass Menschen, die nicht oder nur eingeschränkt an den Möglichkeiten gesprochener Sprache teilhaben können, ihre Personalität – und damit letztlich ihre Menschenwürde – abgesprochen wird. Sie gilt nur, als daran festgehalten wird, dass das Wort, das einen Menschen ins Leben ruft und ihm seine Personalität unverlierbar zuspricht, allem menschlichen Sprechen in jeder Weise vorausliegt. Hinzu kommt, dass die Sprachlichkeit menschlicher Existenz keineswegs auf das Phänomen gesprochener oder geschriebener, jedenfalls verbaler Sprache eingeengt werden darf. Solche Sprachlichkeit drückt sich nämlich auch in den erörterten nichtverbalen Zeichensystemen aus (die wir darum in einem übertragenen Sinne ebenfalls als Sprachen kennzeichnen konnten) und wird durch sie mitbestimmt und mitvollzogen – ganz zu schweigen von den (Gebärden- und Finger-)Sprachen, derer sich Sinnesgeschädigte bedienen.

c. Die besondere Rolle und Leistung des Wortes: Dennoch fällt dem Phänomen der – gesprochenen oder geschriebenen – Wortsprache offenbar eine besondere Rolle in der zwischenmenschlichen Kommunikation zu. Das gilt zum einen für das Verhältnis von Wort und Tat, Reden und Tun: Worte, denen kein Tun entspricht, bleiben leer. Und doch ist alles Tun immer nur ein inadäquater, weil unvollständiger und missdeutbarer Ausdruck des Menschen als Person: »Alles, was der Mensch auf Person hin tun kann, ist noch nicht so deutlich, dass es nicht durch das Wort eine verdeutlichende und dadurch steigernde Interpretation erlangen könnte ... [So] bringt das Wort eine personale Seite des Tuns zum Ausdruck, die im Tun selbst noch nicht ganz und oft nicht eindeutig zum Ausdruck kommt« (Volk 80 f.).

Das gilt zum andern auch für das Verhältnis von Wort und Wirklichkeit. Nach Gerhard Ebeling ist es »Sache des Wortes, das Nichtvorhandene, Abwesende gegenwärtig sein zu lassen«. Bei anderen Weisen der Vergegenwärtigung – etwa durch das Bild – befürchtet er »die Gefahr einer Täuschung, nämlich die Verwechslung mit unmittelbarer Gegenwart«. Nur die Deutung, die das Wort hinzufügt, »vermag zu klären, was eigentlich gemeint ist. Denn es ist allein Sache des Wortes, auch das schlechterdings Verborgene anwesend sein zu lassen« (1969, 414). Das will heißen: Wie der Mensch im Wort ein Verhältnis zur Welt, zum Mitmenschen und zu sich selbst gewinnt, vermag er sich im Medium dieses Wortes auch zu Vergangenheit und Zukunft zu verhalten. Er kann hinter sein »Jetzt zurückgehen und ihm vorauseilen«, ohne Vergangenes und Zukünftiges mit Gegenwärtigem – oder umgekehrt – zu verwechseln (410). Die besondere Leistung des Wortes bestände demnach darin, solchermaßen Verborgenes, Abwesendes zu vergegenwärtigen, ohne es in Gegenwärtigem aufgehen zu lassen.

Solche anthropologischen Aussagen konvergieren auf bemerkenswerte Weise mit theologischen Bestimmungen des christlichen Gottesdienstes: Sofern es in ihm um die Gegenwärtigkeit vergangenen und zukünftigen Gotteshandelns und darin um die Freiheit und die Zukunft des Menschen geht, lässt sich solcher Gottesdienst im beschriebenen Sinn als Wortgeschehen bestimmen. In Jesus Christus begegnet Gott selbst dem Menschen in einzigartiger Weise »in Person« (Ebeling 1979, II, 69 f.), nimmt ihn als Person in Anspruch und gewährt ihm personale Gemeinschaft. Das bedeutet zugleich, dass Gott und Mensch »im Medium des Wortes« (92) zusammenkommen und beisammen sind: »Das Zusammensein Gottes und des Menschen ist ein sprachliches Beisammensein, ein Zusammensein im Wort« (Ebeling 1979, I, 260).

d. Komplementäres Verhältnis verbaler und nichtverbaler Sprachen: Wort und Sprache müssen hier freilich wiederum in einem solchen Sinne verstanden werden, dass sie auch jenen Sprachen Raum lassen, die sich in den komplexen sakramentalen Vollzügen und den nichtverbalen Zeichensystemen auf ihre eigene Weise zu Wort melden. In ihnen begegnen Gestalten der Wirklichkeitsbegegnung und -erschließung, die sich komplementär zu jener Gestalt der Vergegenwärtigung von Vergangenheit und Zukunft verhalten, wie sie im Wort gesprochener Sprache erfolgt. Vergangene, gegenwärtige und zukünftige Wirklichkeit erschließt sich in ihnen nicht bloß auf unterschiedliche Weise, sondern gibt sich auch unter jeweils anderen, anders nicht erfahrbaren Aspekten zu erkennen, wie im Folgenden noch zu zeigen sein wird. Jede Reduzierung auf den einen oder anderen Kommunikationsmodus – auch auf den Modus verbaler Sprache – ist dann notwendig mit einem Wirklichkeitsverlust verbunden.

Andererseits verfehlen nichtverbale Vollzüge – unter Einschluss der komplexen sakramentalen Handlungen – den Sinn des Gottesdienstes wie ihren eigenen Sinn samt der ihnen eigenen

Sprachlichkeit, wenn sie angesehen und gebraucht werden, als vermöchten sie den hier gemeinten grundlegenden personalen Bezug irgendwie zu umgehen oder zu überbieten. Die personale Beziehung von Gott und Mensch, Christus und glaubender Gemeinde, die sich im Miteinander von Wort und Antwort des gottesdienstlichen Dialogs ereignet, herstellt und ausdrückt, ist schlechterdings durch nichts zu überholen oder zu ersetzen – auch nicht durch das Postulat eines spezifisch kultischen Weltverhältnisses, das die Möglichkeit einer unmittelbaren, nicht von Person zu Person vermittelten Welt-Wirksamkeit gottesdienstlichen Handelns offeriert.

2. Gottesdienst als Beziehungsgeschehen

Die anthropologische Bedeutung sprachlicher Kommunikation – im oben entwickelten weitgefassten Sinne – wäre unzureichend begriffen, würde man in ihr nur ein Mittel des Informationsaustauschs wie der Speicherung und Strukturierung kulturellen Wissens sehen. Der aufgewiesene Zusammenhang mit der Personalität des Menschen verweist vielmehr mit Nachdruck auf die beziehungsstiftenden Leistungen verbaler wie nichtverbaler Kommunikation: In ihr bestimmt der Mensch, so hatten wir gesagt, zugleich seine Beziehung zu anderen, zu anderem und damit letztlich zu sich selbst. Theoretische Ansätze, die diesen Beziehungsaspekt betonen, verdienen darum unsere besondere Aufmerksamkeit.

a. Inhalts- und Beziehungsaspekt: Um den Unterschied zwischen Inhalts- und Beziehungsaspekt zwischenmenschlicher Kommunikation zu verdeutlichen, erzählt Paul Watzlawick (1980, 54) die Geschichte von zwei Damen, die sich auf einer Party begegnen: »Wenn Frau A auf Frau B's Halskette deutet und fragt: ›Sind das echte Perlen?‹, so ist der Inhalt ihrer Frage ein Ersuchen um Information über ein Objekt. Gleichzeitig definiert sie damit auch – und kann es nicht *nicht* tun – ihre Beziehung zu Frau B. Die Art, wie sie fragt (der Ton ihrer Stimme, ihr Gesichtsausdruck, der Kontext usw.), wird entweder wohlwollende Freundlichkeit, Neid, Bewunderung oder irgendeine andere Einstellung zu Frau B ausdrücken ... Für unsere Überlegungen wichtig ist die Tatsache, dass dieser Aspekt der Interaktion zwischen den beiden nichts mit der Echtheit von Perlen zu tun hat (oder überhaupt mit Perlen), sondern mit den gegenseitigen Definitionen ihrer Beziehung, mögen sie sich auch weiter über Perlen unterhalten.«

Es macht keine Mühe, den geschilderten Sachverhalt und das in diesem Zusammenhang von Watzlawick (1980, 56) formulierte Axiom auch auf gottesdienstliche Kommunikation anzuwenden: »Jede Kommunikation hat einen Inhalts- und einen Beziehungsaspekt, derart, dass letzterer den ersteren bestimmt und daher eine Metakommunikation [eine ›Kommunikation über eine Kommunikation‹, 55] *ist.*« Man denke sich etwa eine Abendmahlsfeier, die auf der verbalen Ebene – in der Auswahl der biblischen Texte, in der Predigt, in den Gebeten – ganz stark den κοινωνία-Aspekt des Mahls betont (vgl. I Kor 10,16 f.), jedoch auf der Handlungsebene (Wandelkommunion; jeder wird für sich gespeist) diesem theologischen Sinn laufend widerspricht. Der Inhalt der Kommunikation wird hier durch die Beziehungsdefinition konterkariert, wie sie hauptsächlich durch nichtverbale Kommunikationsmodalitäten vermittelt wird.

b. Digitale und analoge Kommunikation: Es fällt auf, dass sich in den genannten Beispielen der Inhaltsaspekt im Wesentlichen verbal, der Beziehungsaspekt jedoch vornehmlich nichtverbal (durch Sprechweise, Körper- und Raumsprachen) ausdrückt. Um das Verhältnis verbaler und nichtverbaler Kommunikationsmodalitäten und ihre spezifischen Leistungen zu erfassen, hat man auf die kommunikationswissenschaftlich gebräuchliche Unterscheidung von digitaler und analoger Kommunikation zurückgegriffen (Watzlawick 1980, 61–68, 96–103):

Verbale Kommunikation ist zu wesentlichen Teilen Kommunikation im digitalen Modus, d.h. sie verfährt wie ein digitaler Computer »mittels binärer Wahlen« – nach dem Ja-Nein-Prinzip – und zerlegt so die Botschaft in »diskrete Einheiten« (Eco 1972, 221). Kommunikation erfolgt hier mittels Zeichenfunktionen, die auf kultureller Konvention beruhen und im allgemeinen in keiner Ähnlichkeitsbeziehung bzw. Entsprechung zu dem stehen, was sie bezeichnen. Im Unterschied dazu funktionieren einige nichtverbale Kodes (nicht alle und nicht in jeder Hinsicht) nach dem Modus analoger Kommunikation, d.h. nach dem Prinzip proportionaler Entsprechung (statt Ja-Nein: Mehr oder Weniger, wie auf einem analogen Rechenstab oder einer Uhr mit analogem Zifferblatt). Signifikanten, die hier verwendet werden, können eine gewisse Entsprechung zu den Signifikaten aufweisen, die sie bezeichnen, sie partizipieren an einigen Merkmalen derjenigen Größe, auf die sie sich beziehen. Auf diese Weise wird der Anschein erweckt, als sei etwas von der gemeinten Sache selbst gleichsam im Zeichen gegenwärtig (so wie bei analoger Zeitanzeige der Gang der Zeiger auf dem Zifferblatt die Erdumdrehung und damit den Lauf der Zeit in Entsprechung zu dem gemeinten Vorgang abzubilden scheint). Dass auch bei der Festlegung derartiger Zeichenfunktionen kulturelle Konventionen im Spiel sind – sodass es sich keineswegs um eine Art natürlicher Zeichenhaftigkeit handelt –, liegt auf der Hand.

Manches spricht freilich dafür, dass das Neben- und Miteinander digitaler und analoger Modalitäten in zwischenmenschlicher Kommunikation neurophysiologische Grundlagen hat und mit den unterschiedlichen Funktionsweisen der linken und der rechten Gehirnhälfte zusammenhängt (Ivanov): Während die linke Gehirnhälfte Sitz des Hauptsprachzentrums, der logisch-grammatisch-mathematischen Funktionen und der Zeitvorstellungen ist, obliegt der rechten »die ganzheitliche Erfassung komplexer Zusammenhänge, Muster, Konfigurationen und Strukturen« (Watzlawick 1991, 22). Sie ist Sitz des Raum-, Bild-, Geruchs-, Geschmacks- und Klangerlebens. Insofern ist ihr auch ein Großteil jener Zeichensysteme zugeordnet, die wir als Körper-, Raum-, Bild- bzw. Objektsprachen zusammengefasst haben.

c. Beziehung und Inhalt in der gottesdienstlichen Mitteilung des Glaubens: Während nun verbale Sprache (sofern sie digital gebraucht wird; es gibt durchaus auch analoge Verwendungsweisen verbaler Sprache) unentbehrlich ist, um Inhalte auf höchst komplexe und zugleich präzise Weise zu übermitteln, liegt die eigentliche Leistung analoger Kommunikationsmodalitäten im Bereich der Beziehungen. Ihnen mangelt es zwar an Präzision und Eindeutigkeit; sie sind in sich mehrdeutig, unterschiedlichen Interpretationen preisgegeben. Unentbehrlich werden sie jedoch dort, wo es – über den Inhaltsaspekt hinaus – um die Herstellung und die Bestimmung personaler Beziehungen geht. Auch der »symbolische Mehrwert« (Jetter 116 u.ö.), der ihnen zugesprochen wird, lässt sich so erklären: Sie entziehen sich immer wieder eindeutiger und damit auch einengender Festlegung und eröffnen einen Konnotationsspielraum, der es ermöglicht, Phänomene gleichsam in ihrer Tiefe, also umfassender, ganzheitlicher zu begreifen und auszudrücken, als dies in rein verbaler Sprache geschehen kann, zumal dann, wenn diese auf ihre instrumentellen und argumentativen Funktionen festgelegt wird.

Für die symbolische Kommunikation des christlichen Glaubens, wie sie sich im Gottesdienst vollzieht, ist dies von höchster Bedeutung. Zum einen gilt: Da dieser Glaube sich in fundamentaler Weise als Beziehungsgeschehen verstehen und bestimmen lässt – er gewinnt Gestalt und Wirklichkeit in einer neuen Beziehung zu Gott, zu den Mit-Menschen, zur mitgeschaffenen Umwelt, zum eigenen Selbst –, kann er sich ohne die beziehungsstiftenden Modalitäten analoger Kommunikation weder ausdrücken noch vermitteln. Zum anderen ist festzuhalten: Da die neue Gottes- und Weltbeziehung, als die sich der Glaube bestimmen lässt, inhaltlich an das Christusereignis gebunden ist, bleibt er auf die mündliche Überlieferung und Interpretation der Geschichte Jesu Christi (wie der Gottesgeschichte überhaupt) und damit auf das Wort gesprochener Sprache angewiesen, das die Glaubensbeziehung an den Glaubensinhalt koppelt und so eindeutig unverwechselbar macht. Und zum dritten – um den Zirkel zu schließen: Da dieses

Wort im Gottesdienst wiederum die im Glauben erneuerte Gottes-, Welt- und Selbst-Beziehung zum Inhalt hat, kann es sich gerade in seinem Inhalt nur mittels der beziehungsstiftenden Leistung analoger Kommunikationsmodalitäten und Zeichenhandlungen mitteilen und zur Wirkung bringen.

3. Gottesdienst als Sprachhandlung

Der Beziehungsaspekt zwischenmenschlicher Kommunikation steht auch im Mittelpunkt der von John L. Austin und John R. Searle entwickelten – und inzwischen im theologisch-homiletischen Bereich vielfach rezipierten – Theorie der Sprachhandlungen (der »Sprechakttheorie«, wie es in Anlehnung an den englischen Terminus *speech acts* vielfach heißt). Menschliche Rede, so lautet die grundlegende Einsicht, vermag Wirklichkeit nicht nur festzustellen und zu beschreiben, sondern ihr eignet auch eine performative, d.h. wirklichkeitssetzende und wirklichkeitsverändernde Potenz. Menschen handeln aneinander, indem sie miteinander sprechen. Da alle Rede letztlich eine dialogische Situation voraussetzt – auch da, wo einer mit sich selbst und zu sich selbst redet –, ist sie nicht von den Beziehungen ablösbar, die sich in ihr ausdrücken und herstellen. In einem solchen Beziehungsgeflecht gewinnt schließlich alle Rede einen performativen Sinn: »Jedes Reden zeigt sich als Redehandlung« (Casper 52).

Christlicher Gottesdienst hat in fundamentaler Weise an dieser performativen Dimension der Sprache teil. Er erscheint auf solchem Hintergrund zum einen insgesamt als Sprach-Handlung, als ein Geschehen, in dem sich Sprache in ihrem Handlungscharakter zu erkennen gibt und umgekehrt Handlungsvollzüge sprachliche, worthafte Qualität gewinnen. Zum andern vermag die so gewonnene Einsicht in den Handlungssinn aller Sprache auch ein neues Verständnis für den performativen Charakter einzelner liturgischer Vollzüge – etwa der sakramentalen Wort-Handlungs-Einheiten, aber auch der verschiedenen Gebetsgattungen – zu wecken.

a. Performativer Sprachgebrauch und Sprechakttheorie: Ausgangspunkt war für John L. Austin die Erkenntnis, dass es einen Gebrauch der Sprache gibt, der nicht einfach etwas feststellen und beschreiben, sondern etwas bewirken, Wirklichkeit allererst herstellen bzw. vorgefundene Wirklichkeit verändern will: »Wenn jemand vor dem Traualtar sagt: ›Vor Gottes Angesicht nehme ich dich, Maria, zu meiner Ehefrau‹, dann stellt er nicht einfach etwas fest, das schon Faktum ist. Sondern indem er diesen Satz sagt, handelt er. Indem er diesen Satz sagt und die Braut den entsprechenden Satz sagt, *schaffen* die beiden miteinander allererst die Wirklichkeit ihrer Ehe« (Casper 47).

Man hat von »verrichtender, leistender, ausführender, handelnder Sprache« gesprochen, um den englischen Begriff *performative language* ins Deutsche zu übersetzen (45). Das vorstehend gewählte Beispiel macht deutlich, dass diese performative Potenz nicht isoliert an den Sprachzeichen bzw. an deren Produktion durch den Sprecher (an der »locutio«) haftet, sondern sich erst im Zusammenwirken von Sprecher und Angesprochenem in einer konkreten Kommunikationssituation zeigt.

Im weiteren Verlauf seiner Überlegungen – veröffentlicht unter dem bezeichnenden Titel »How to do things with words« (»Wie man mit Wörtern ein Ding dreht«, Dannowski 119) – kommt Austin dann zu dem Ergebnis, dass sich alles Sprechen in gewisser Weise auf Sprachhandlungen zurückführen lässt, und zwar deshalb, weil »alle Sprache letztlich immer in einem in der Gegenwart gesetzten Akt eines Sprechenden gründet« (Casper 52). Auch alles Feststellen und Behaupten erweist sich unter solchem Aspekt als Handeln und zeigt bei genauerem Hinsehen seinen »performativen Hintersinn«: »Derselbe Satz kann verschiedene performative Intentionen verfolgen. Wenn ein Mann mit seinem Hund hinter dem Gartenzaun zu spielenden Kindern vor dem Gartenzaun sagt ›Der Hund ist bissig‹, so lautet der performative Sinn dieses

Satzes ›Ich warne euch, kommt ja dem Hund nicht zu nahe‹. Wenn dagegen ein Hundezüchter zu einem Wachmann, der einen Hund kaufen will, denselben Satz sagt, dann lautet der performative Hintersinn ›Der Hund ist der richtige für Dich, kaufe ihn‹« (Grözinger 199).

b. Sprechaktaspekte: Der performative Sinn einer Äußerung ist damit abhängig von der Beziehung, die sich in ihr ausdrückt und herstellt. Die Unterscheidung von Inhalts- und Beziehungsaspekt kehrt hier in einem veränderten theoretischen Rahmen wieder. Indem ich mich äußere, verweise ich auf etwas, nehme Bezug auf einen Sachverhalt, präsentiere also einen bestimmten Inhalt. Austin nennt das den »lokutionären Aspekt« der Äußerung. Searle unterscheidet noch einmal zwischen dem reinen Äußerungsakt und dem in ihm beschlossenen »propositionalen Akt«, mit dem ich mich auf bestimmte Sachverhalte beziehe bzw. sie bezeichne. Er kennzeichnet damit die semantische Dimension des Vorgangs als eine eigenständige, von der Äußerung selbst zu unterscheidende Größe.

Mit der Äußerung zugleich mache ich »Behauptungen, stelle Fragen, erteile Befehle, gebe ein Versprechen, grüße, warne etc.« (Düsterfeld/Kaufmann 171), bringe also die Beziehungsebene ins Spiel. Austin wie Searle sprechen hier vom »illokutionären Akt«. In ihm kommt die Intention zum Ausdruck, die ich mit meiner Äußerung verbinde. Sie ist gleichsam im lokutionären Akt beschlossen; der Angesprochene muss sie dem entnehmen, was er hört (und sieht: nicht nur verbale, auch nichtverbale Elemente spielen bei der Entschlüsselung ein wichtige Rolle).

Der von Austin und Searle so genannte »perlokutionäre Aspekt« schließlich bezieht sich auf die Wirkung, die die Äußerung beim Empfänger auslöst, beschreibt also das Ergebnis des sprachlichen Handelns. Von einem geglückten Sprechakt kann dann gesprochen werden, wenn Intention und Ergebnis, illokutionärer und perlokutionärer Aspekt miteinander übereinstimmen.

c. Sprechakttypen: Zur Theorie der Sprachhandlungen gehört weiter die Unterscheidung und Klassifizierung verschiedener Sprechakttypen (vgl. Daiber 1983, 81–91). Unterschieden werden z.B. (1) Konstativa (Sprechakte, die etwas behaupten, Feststellungen treffen usw.), (2) Regulativa (Sprechakte, die etwas befehlen, um etwas bitten, zu etwas raten, vor etwas warnen usw.), (3) Kommunikativa (Sprechakte, die sich auf die Kommunikation selber beziehen: sagen, fragen, antworten, widersprechen usw.), (4) Repräsentativa (Sprechakte, die Gefühle, Einstellungen, Haltungen zum Ausdruck bringen: glauben, hoffen, lieben, wünschen usw.).

d. Gottesdienst als Sprach-Handlung und Wort-Vollzug: Es ist kennzeichnend für gottesdienstliches Sprach-Handeln, dass hier verbale und nichtverbale Elemente eine überaus enge Verbindung miteinander eingehen. Sie konkurrieren nicht miteinander, sondern stehen in einem Verhältnis wechselseitiger Teilhabe und Durchdringung: Worte erreichen ihre eigentliche Bestimmung da, wo sie – im Kontext der liturgischen Handlung und der Gesamtheit der Elemente, die diese konstituieren – ihre performative, wirklichkeitssetzende und -verändernde Kraft erweisen. Und Handlungen – einschließlich der Objekte, mit denen sie sich verbinden und an denen sie sich vollziehen – kommen in eben diesem Kontext ganz buchstäblich zu jener Sprache, die sie über sich hinausweisen lässt und sie zur vergegenwärtigenden Darstellung der Christusgeschichte befähigt.

Zweierlei darf dabei hervorgehoben werden: Die Theorie der Sprachhandlungen verweist darauf, dass Worte nicht nur vorbereitend, begleitend, ausdeutend und vertiefend zur Handlung hinzutreten können, sondern in bestimmter Hinsicht und in einem bestimmten kommunikativen Zusammenhang selber beziehungsstiftende, wirklichkeitssetzende Handlung sind. Zum anderen ist aber auch klar, dass solche Sprachhandlungen nicht gleichsam in sich Bestand und Wirklichkeit haben, sondern nur in Bezug auf jene Realität, die sie schaffen bzw. in die sie handelnd eingreifen; der Gottesdienst als Sprach-Handlung bedarf der sich versammelnden Gemeinde.

Exemplarisch lässt sich das an den Sakramenten verdeutlichen: Sie stellen in sich schon komplexe Wort-Handlungs-Vollzüge dar und bringen dadurch die performative Dimension gottesdienstlicher Sprache (wie der Sprache des Glaubens überhaupt) auf eine besonders sinnenfällige Weise zum Ausdruck. Am Beispiel des eucharistischen Gebets etwa lässt sich zeigen, wie hier »Wortvollzug des Eucharistierens« und »Tatvollzug des Darbringens« (Schulz 1976, 44) in einer Weise einander entsprechen, die kaum in den Kategorien von Ursache und Wirkung, Handlung und Interpretation zureichend erfasst werden kann. Was sich nämlich in der eucharistischen Handlung – also in der Bereitstellung, der Darbringung, dem Empfang von Brot und Wein – abbildet und zur Sprache bringt, wird im eucharistischen Gebet worthaft in gleichgerichteter, gleichsinniger Weise ausgesagt und vollzogen. Wortvollzug und Tatvollzug verhalten sich zueinander wie zwei Hälften eines Bildes, wobei das Eigentümliche dieses Verhältnisses sich gerade daraus ergibt, dass das Wort (hier: das Gebet) eben auch als Handlung, als Vollzug dessen qualifiziert ist, was das nichtverbale Geschehen auf die ihm eigene Weise aussagt, zur Sprache und damit zur Wirklichkeit und zur Wirkung bringt.

e. Liturgische Sprechakte: Ohne Zweifel lassen sich viele der Sprechakttypen, wie sie in alltagssprachlicher Kommunikation begegnen, auch im Gottesdienst wiederfinden. Bitte und Klage haben hier ihren Platz, Warnung und Versprechen, Wunsch und Weisung. Die Frage, ob es spezifische liturgische Sprechakte gibt – mit spezifischen Regeln zu ihrem Gelingen oder Missglücken –, bedarf noch eingehender liturgiewissenschaftlicher Reflexion. Eine detaillierte Systematik liturgischer Sprechakte hat z.B. Josef Schermann vorgelegt. Wir schlagen im Anschluss an Michael B. Merz (105–108) folgende vorläufige Klassifizierung vor:

- Zur liturgischen Sprache gehört die Anaklese, die Anrufung und Anrede des Gebetsadressaten. Gott hat Namen, bei denen er gerufen, Eigenschaften, auf die hin er angesprochen werden kann. Nach Richard Schaeffler (1989; Grözinger 205) liegt in der Anaklese ein »Sprechakt des Benennens« vor.
- Der Anrufung folgt häufig die Anamnese: Gott wird an das erinnert, was er getan hat. Solches Gedenken steht im Zeichen von Vergegenwärtigung: Das geschichtliche Heilshandeln wird in seiner fortwährenden Gegenwärtigkeit ergriffen und bezeugt – nach Schaeffler ganz wichtig für die Identität der Betenden.
- Zur Anamnese tritt die Epiklese, das Herabrufen des Gottesnamens, des Gottesgeistes, der Gotteswirklichkeit. Epikletische Elemente begegnen überall dort, wo Beter bitten, Gott möge von Menschen oder Dingen Besitz ergreifen, sie in sein Eigentum, sein Erbe wandeln.
- Neben der Epiklese steht die konkrete Bitte, die sich entweder auf den bzw. die Betenden selbst beziehen kann oder – als Fürbitte – andere in den Blick nimmt, so die »Solidarität des Beters mit seiner Umwelt« erweist (Merz 107).
- Die Bitte kann in den Lobpreis münden, die Doxologie.
- Im Zuruf, in der Akklamation macht sich die versammelte Gemeinde die Doxologie zu eigen. Auch andere Gebetsgattungen können sich mit Akklamationen verbinden, die in sich (Beispiel: das Kyrie eleison) ein elementares Stück Gebet sind.

III. Gottesdienst und Ritual

A. Rituale: Begriff, Funktionen, Perspektiven

Der Begriff des Rituals scheint in besonderer Weise geeignet, die verschiedenen Phänomene und Theorieelemente zu bündeln, denen sich eine liturgische Anthropologie gegenübersieht, die nach dem Gottesdienst unter den Bedingungen des Menschseins fragt. Die kreatürliche, die kulturelle und die personale Ebene verbinden sich hier in einer Handlung, die von Vollziehenden wie Teilhabenden als einheitliches, in sich stimmiges und sinnvolles Geschehen erlebt wird.

1. Was ist ein Ritual?

Alltags- wie wissenschaftssprachlich wird der Begriff des Rituals in höchst unterschiedlicher, auch gegensätzlicher Weise gebraucht. Eine vorläufige Verständigung darüber, was im Folgenden unter dem Begriff verstanden werden soll, ist daher unumgänglich (vgl. dazu Sundermeier 260–265; Bieritz 1998a).

a. Rituale als Kulturphänomene: Unter Ritualen verstehen wir »kulturell geprägte Begehungen«, für die »der enge Zusammenhang von Wort und Tun konstitutiv ist« (Sundermeier 260). Genetisch gesteuertes repetitives Tierverhalten subsumieren wir – entgegen dem in der Ethologie üblichen Sprachgebrauch – nicht unter diesen Begriff. Nicht aufgenommen wird damit auch der Vorschlag von Manfred Josuttis, in die Liturgik ein Verständnis von Ritualisierung zu übernehmen, wie es »sich innerhalb der Verhaltensforschung etabliert hat«, und gottesdienstliches Handeln solchermaßen auf ein »Verhaltensprogramm« zurückzuführen, das wesentlich »durch biologische Gegebenheiten vorgeprägt« ist (1991, 18 f.).

b. Rituale als Symbolhandlungen: Rituale sind »Symbolträger«; ihnen eignet »Verweisungscharakter« (Sundermeier 261). Sie haben damit an der prinzipiellen Zeichenhaftigkeit gottesdienstlicher Kommunikation teil und können als Zeichenprozesse beschrieben werden. D.h. auch: Sie weisen über sich hinaus, stehen für ein anderes, das sie zwar repräsentieren, das von ihnen aber unterschieden ist, wobei Identität wie Differenz jeweils im Vollzug selber zur Darstellung gelangen.

Deshalb sollen repetitive Handlungen und Verhaltensweisen, denen diese symbolische Dimension fehlt, hier nicht den Ritualen zugeordnet werden. Nicht jede Gewohnheit – vom Zähneputzen bis zum Frühstücksei – ist demnach schon ein Ritual. Aber faktisch jede Gewohnheit kann unter bestimmten Umständen und in bestimmten Umgebungen rituelle Funktionen übernehmen und zum Ritual im hier gemeinten Sinne avancieren. Voraussetzung dafür ist, dass sie über den mit ihr unmittelbar verbundenen Zweck hinaus (Körperpflege, Nahrungsaufnahme usw.) noch andere Sinngehalte zu evozieren vermag, die sich in einem »Überschuss an Bedeutung« (Jetter 104) niederschlagen. Ob und in welcher Weise eine Gewohnheit rituelle Qualität gewinnt, ist abhängig vom jeweiligen kommunikativen bzw. kulturellen Kontext. Es ist abhängig von den Bedeutungen, die sie in diesem Kontext zu realisieren vermag.

In solchem Sinn hat rituelle Kommunikation am »symbolischen Modus« der Zeichenerzeugung und -interpretation teil, für den ja gilt, dass er die sog. wörtliche Bedeutung eines Ausdrucks – hier: den ursprünglichen Zweck der Handlung – nicht »auslöscht«, sondern Raum für eine Vielzahl von Deutungen eröffnet, die alle »zur selben Zeit nebeneinander bestehen, ungeachtet ihrer gegenseitigen Widersprüchlichkeit« (Eco 1985b, 239).

c. Körperlichkeit des Vollzugs: Rituale zeichnen sich durch ihre Körperlichkeit aus. Sie unterscheiden sich darin von anderen Weisen gottesdienstlicher Kommunikation, denen – obwohl natürlich auch an den Leib, seine Ausdrucksmöglichkeiten, seine Sinne gebunden – solche Körperlichkeit nicht in gleichem Maße eignet. »Der Ritus will körperlich ausgeführt werden. Er involviert den Menschen nach Leib, Seele und Geist, doch ist es der Körper, der ihn ausführt. Die Leiblichkeit ist basal und für die geistig-seelischen Wirkungen konstitutiv. Die Leib-Seele-Einheit wird erfahrbar« (Sundermeier 260). Geistige, auf Sinngewinn und Sinnbildung gerichtete Energie wird in gewisser Weise »durch den Ritus in kinetische verwandelt«, Symbole werden in »Bewegung umgesetzt und dadurch angeeignet« (261). Deshalb kann der Ritus auch durch nichts anderes vollgültig und gleichwertig ersetzt werden – »weder durch das Wort noch durch die Intention noch durch das Aussprechen der Intention«. Er erfüllt seinen Sinn nur im Vollzug.

d. Wort und Ritus: Dennoch gehört das Wort zum Ritus hinzu – es »begleitet, verdeutlicht, interpretiert ihn«, »legt seinen Sinn fest« (260) und reduziert so je und je den »Überschuss an Bedeutung«, den er mit sich führt. Diese Bestimmung erinnert an die Komplementarität von Wort und Handlung in gottesdienstlicher, insbesondere sakramentaler Kommunikation. Alterungsprozesse von Ritualen hängen häufig damit zusammen, dass sie einem Prozess der Digitalisierung bzw. (Über-)Verbalisierung unterworfen sind: Die Handlung spricht dann nicht mehr mittels der ihr eigenen Zeichenfunktionen; ihr Sinn wird ihr jetzt sekundär – durch verbale Informationen – beigelegt (vgl. auch Paul; Werlen).

e. Wiederholbarkeit: Rituale sind Handlungen, die wiederholbar sind und erst in solcher Wiederholung ihren Sinn erfüllen. Entgegen verbreitetem Sprachgebrauch wollen wir darum den Begriff nicht auf einmalige Begehungen und Inszenierungen anwenden, auch wenn sie ansonsten den hier dargelegten Kriterien entsprechen sollten. Wieder-Holungen sind Rituale auch in dem Sinne, dass sie sich in der Regel auf ein Ursprungsereignis, eine Ursprungsgeschichte, einen Ursprungssinn beziehen: Das Ritual »macht das Urgeschehen, z.B. das Hervortreten der Gottheit oder allgemein eine Offenbarung, präsent und lässt als gegenwärtiges Geschehen wirksam werden, was im Ursprung war« (Sundermeier 260). Selbstverständlich kann sich solche Wieder-Holung auch auf andere Phänomene (etwa die Gründung einer Stadt bzw. eines Staates, ein Ereignis menschlicher Befreiungsgeschichte, die Geburt einer Persönlichkeit usw.) richten. Maßgebend ist die rituelle Handlungsstruktur, die auf Wieder-Holung durch Wiederholung zielt.

f. Ritual und soziale Wirklichkeit: Rituale sind jedoch »nicht nur Wieder-Holungen vergangener Ereignisse, sondern zugleich Neuinszenierungen, Dramatisierungen gegenwärtiger sozialer und religiöser Wirklichkeit.« Gesellschaftliche Strukturen gelangen in ihnen ebenso zur Darstellung wie die Werte und Wertkomplexe, die in einer Gesellschaft gelten: »Wissen der Urzeit, Erinnerungen an geschichtliche Ereignisse, Kenntnisse des täglichen Lebens und ethische Normen werden explizit, oft auch implizit so vermittelt, dass sie durch Imitation und Partizipation internalisiert werden« (Sundermeier 263). So zeigt und erneuert sich im Ritual auch jenes »kulturelle Gedächtnis«, von dem oben die Rede war.

g. Ritual und Spiel: Bei all dem darf nicht übersehen werden, dass Ritualen auch eine »expressiv-ästhetische Dimension« eignet. Oftmals sind sie »›künstlerische Happenings‹ von großer Eindrücklichkeit«: »Sie überhöhen den Alltag und stärken das Leben im Fest« (Sundermeier 263). Zwischen Ritual und Spiel bestehen bemerkenswerte Entsprechungen, auf die schon Johan Huizinga aufmerksam gemacht hat: Beide konstituieren sich als Wirklichkeits- und Erfahrungsbereiche (besser noch: Möglichkeitsbereiche) eigener Art, als in sich geschlossene Sinnwelten, die über ihren eigenen Raum, ihre eigene Zeit verfügen und in einer eigenen Sprache eigenen Regeln folgen. Wie vom Spiel gilt auch vom Ritual: »Partizipation wird zum wechselseitigen Geschehen, Teilhabe wird zur Teilgabe, Handeln und Wahrnehmen werden eins« (ders. 263).

2. Initiations- und Partizipationsrituale

Wie andere gesellschaftliche Gruppen auch konstituiert und stabilisiert sich die christliche Gemeinde durch bestimmte »kommunikative Handlungen« (Hünermann), die den oben entwickelten Bestimmungen rituellen Verhaltens entsprechen. In solchen Handlungen stellt sie sich, ihren Auftrag, ihre Überzeugungen, ihr Wesen nicht nur auf sinnenfällige Weise dar – sodass es in ihr Belieben gestellt wäre, gegebenenfalls auch auf den Vollzug solcher Handlungen zu verzichten oder sie wider den in ihnen angelegten kommunikativen Sinn zu gebrauchen. Vielmehr lebt die Gemeinde im Vollzug solcher kommunikativer Handlungen, durch die sie allererst und immer wieder als Gemeinde begründet wird. So gilt: Gottesdienstliche Rituale wie das Ritual des Gottesdienstes insgesamt (als konstitutives Zentral-Ritual, das an der »religiösen Zentralthematik«, nämlich an der Erneuerung des für die Gemeinde »grundlegenden Gottesbezuges« orientiert ist, Daiber 1978, 18) machen Lebens- und Glaubenserfahrungen buchstäblich begehbar, halten lebenswichtige, rettende Erfahrungen lebendig und erlauben so auf Zukunft gerichtetes Handeln.

Unter den kommunikativen Handlungen von konstitutiver Bedeutung ragen vor allem zwei Typen heraus: zum einen Handlungen, die die Aufnahme in eine Gruppe und damit deren Reproduktion bewirken (Initiationsrituale); zum andern Handlungen, in denen die Beteiligten ihre Zugehörigkeit immer neu realisieren und die so die Gruppe insgesamt stabilisieren (Partizipationsrituale). Für beide Typen kommunikativer Handlungen gilt:

- Sie regeln die Außenbezüge der Gruppe und ihrer Glieder; in ihnen grenzt sich die Gruppe von anderen Gruppen ab. Sie beschreiben zugleich die Bedingungen, unter denen ein Zugang zur Gruppe möglich ist.
- Sie ordnen das Binnengefüge einer Gruppe; es entsteht ein Grundmuster sozialer Beziehungen unter den Beteiligten, denen bestimmte *Rollen* in der Gruppe entsprechen.
- Ihnen eignet die oben angesprochene symbolische Qualität: Sie verweisen auf eine Wirklichkeit (bzw. bilden eine Wirklichkeit ab), die das, was sich in der Handlung selber unmittelbar und sinnenfällig ereignet, zugleich umfasst wie überschreitet.
- Sie geben zugleich auf eine sehr reale Weise Anteil an der Wirklichkeit, die sie bezeichnen: Ein Aufnahmeritus z.B. gewinnt seinen Sinn dadurch, dass er bewirkt, was er bedeutet – die vollgültige Integration in eine bestimmte Gruppe.

Es fällt nicht schwer, z.B. die Taufe, die die christliche Gemeinde vollzieht, in diese Zusammenhänge einzuordnen: Die Taufe ist das Initiationsritual, durch das sich die Gemeinde als gesellschaftliche Gruppe reproduziert. Sie fügt in ein soziales Beziehungsgeflecht ein, das sich theologisch als Leib Christi qualifizieren lässt. Sie löst Menschen aus bisherigen Lebens-Zusammenhängen heraus und stellt sie als Glieder des Gottesvolkes auf einen Weg, der sich von den Zielen und Wegen anderer unterscheidet. Sie vermittelt den Getauften ein neues Verhältnis zur Welt. Sie bewirkt, was sie bezeichnet, und weist doch über sich hinaus.

3. Alltagsweltliche Ritualtypen

Andere Perspektiven ergeben sich, nimmt man bestimmte »Routinen des Alltags« als Rituale in den Blick. So unterscheidet Eberhard Hauschildt – im Anschluss an die von Albert Schütz und Thomas Luckmann entwickelte »Theorie des Alltags« – drei alltagsweltliche Ritualtypen, denen bestimmte Typen religiöser Rituale entsprechen. Im Hintergrund steht dabei die Vorstellung, dass alltagsweltliche Rituale den Übergang vom Alltag in einen Bereich jenseits und außerhalb der Alltagswirklichkeit (hier »Transzendenz« genannt; Hauschildt 28) anzeigen und vollziehen: »Sie stehen an den Übergängen, wo Alltag und Transzendenz sich berühren. Sie sind die Gestaltung dieses Übertritts mit einem Mittel der Alltagswelt: Routine« (30).

a. Alltägliche Rituale: Die gleichsam unterste Ebene bilden »alltägliche Rituale«, zu denen die Gewohnheiten gehören, die den Tag eröffnen und beschließen, aber auch die Interaktionsrituale, die Erving Goffman untersucht hat (vgl. Spiegel). Auch sie besitzen Verweisungscharakter: »Sie verweisen – unbemerkt und unausgesprochen – auf das, was Alltag und Schlaf zusammenhält, was aus meinem Ich und anderem Ich ein Gemeinsames macht, was Ich und soziale Rolle integriert« (31). Ihre religiöse Entsprechung finden sie unter anderem in der Morgenandacht und im Tischgebet.

b. Rituale der Alltagswelt: Die mittlere Ebene wird von »Ritualen der Alltagswelt« gebildet, wie sie insbesondere in Gestalt lebens- und jahreszyklischer Passageriten begegnen: »Ich stoße an bestimmten Stellen meines Lebens auf ungewohnte Übergangsnotwendigkeiten von einem Bereich meiner Alltagswelt in einen mir völlig unbekannten Bereich ... Hier muss das Problem der Transzendenz thematisiert werden, hier muss in einer eigenen Anstrengung der Übergang begangen werden« (32). Seine religiöse Entsprechung findet dieser Ritualtyp in den Kasualien, aber auch in gottesdienstlichen Feiern zu den Jahreswendepunkten.

c. Rituale der Alltagswelt-Ansicht: Die dritte Ebene wird von den Weltanschauungsritualen (»Ritualen der Alltagswelt-Ansicht«) besetzt, zu denen auch die religiösen Zentral-Rituale (Gottesdienst, Abendmahl) gehören: »Unausgesprochen weiß ich um die Brüchigkeit meiner Alltagswelt, um die Brüchigkeit meines Ichs. Und diesem Sachverhalt ist ein rituelles Verhalten gewidmet, bei dem ich prinzipiell Abstand nehme vom Alltag ... Und aus dem Abstand werde ich der Alltagswelt als ganzer ansichtig« (33).

4. Rituale und Fluss-Erleben

Mit den »Routinen des Alltags« haben Rituale gemein, dass sie die Bewusstseinsspannung durch Wiederholung reduzieren. Sie entlasten Einzelne wie Gruppen von der Nötigung, in gegebenen Situationen immer wieder neu über das richtige Verhalten entscheiden zu müssen. Von Alltagsroutinen unterscheiden sie sich dadurch, dass sie nicht einfach nur eine Verlagerung des »Bewusstseinsfocus« auf andere Bereiche ermöglichen, sondern eine »generelle Defocussierung« bewirken: »Nicht mehr das Ich, sondern die symbolische Handlung in ihrer Form steuert« (Hauschildt 29). Gemeint ist ein Zustand, der von anderen als »flow-experience«, »Fluss-Erleben« beschrieben wird (Turner 1995a, 88–94; Csikszentmihalyi; Walther-Sollich 56 f.; Josuttis 1996, 41–45): Alle Aufmerksamkeit konzentriert sich auf ein begrenztes Feld. Beachtet wird nur, was für die betreffende Handlung relevant ist. Die Realität wird radikal vereinfacht. Handeln und Bewusstsein verschmelzen. Die Grenzen des Selbst weiten sich, werden durchlässig. Solche Selbstvergessenheit vermag sich durchaus mit in höchstem Maße erweiterter, intensivierter, gebündelter Bewussheit zu verbinden: Der Handelnde geht ganz in der Handlung auf und hat sie doch unter Kontrolle.

B. Rituale zwischen Stabilisierung und Erneuerung

1. Übergangsrituale in stabilisierender Funktion

Folgt man dem oben vorgestellten alltagsweltlichen Ansatz, dann ist rituelles Handeln stets auf Phänomene des Übergangs bezogen – seien es nun der Übergang vom Schlafen zum Wachen, der Übergang vom Ich zum Du und zum Wir oder jene Übergänge, die mit der Wahrnehmung (bzw. der Konstruktion) wechselnder Ebenen der Wirklichkeit verbunden sind. Das gilt natürlich in besonderer Weise für diejenige Gruppe von Ritualen, die in kulturell definierten lebenszyklischen Schwellensituationen – Geburt, Aufnahme in den Kreis der Erwachsenen, Heirat, Tod – den Übergang von einem Status in einen anderen sowohl für den Einzelnen wie für die beteiligte soziale Gruppe markieren und absichern. Sie erbringen damit beachtliche stabilisierende Leistungen für das Individuum wie für die Gesellschaft im Ganzen. Auf diese das Gemeinwesen stabilisierenden Leistungen von Ritualen hat u.a. Emile Durkheim eindrücklich hingewiesen. Seine These, »dass religiöse Rituale eine die Gesellschaft stabilisierende Funktion haben, dass sie Zusammenhang im Wandel der Generationen ermöglichen, Ordnung stiften in sozialen oder persönlichen Krisen« (Heimbrock 56), bestimmt religionssoziologische Ritualtheorien bis heute.

Arnold van Gennep hat die vorgenannte Gruppe der Übergangsrituale (»rites de passage«) in seiner grundlegenden, zuerst 1909 veröffentlichten Arbeit untersucht. Es gelingt ihm der Nachweis, dass ihnen jeweils ein Dreischritt zugrunde liegt: In der Trennungsphase vollzieht sich die Herauslösung des Initianden aus seinem bisherigen sozialen, kulturellen, religiösen Status. Ihr folgt die Schwellen- bzw. Umwandlungsphase (Liminalitäts- bzw. Marginalitätsphase), während der sich der Mensch in einer Art sozialen Niemandslandes befindet. Sie mündet ein in die Angliederungsphase, in der der Initiand seinen neuen Status endgültig übernimmt und in die soziale Gruppe integriert wird, die diesem Status entspricht.

2. Zwischen Struktur und Anti-Struktur: Rituale und die Erfahrung von communitas

Der britische Sozialanthropologe Victor Turner (1920–1983) hat dieses Konzept aufgenommen, vertieft und in nicht unwesentlicher Weise modifiziert: Rituale, so lautet seine Erkenntnis, stabilisieren nicht einfach nur die bestehende soziale und kulturelle Ordnung, sondern bewirken auch ihre Erneuerungs- und Wandlungsfähigkeit. Sie führen sie nämlich – indem sie sie zeitweilig außer Kraft setzen – auf ihren Ursprung in der »überzeitlich geltende[n] nicht-hierarchische[n] Solidarität aller Gruppenmitglieder« zurück (Heimbrock 70).

Die besondere Aufmerksamkeit Turners gilt dem Phänomen der »liminality«, wie es in der mittleren Phase des rituellen Prozesses auftritt (vgl. zum Folgenden auch Turner 1995b, 94–130, 131–165). Diese Phase ist gekennzeichnet durch »die Auflösung der normativen Sozialstruktur, ihres Rollensystems, ihrer Statuspositionen, ihrer Rechte und Pflichten« (Turner 1995a, 40). Turner prägt dafür den Begriff »Antistruktur«: Sie ist gekennzeichnet durch »eine Umkehrung der Merkmale der bereits gefestigten, jeden kulturellen ›Kosmos‹ konstituierenden Ordnung« (63). Offenbar handelt es sich dabei um einen Vorgang, der für die jeweilige Gruppe von überlebensnotwendiger Bedeutung ist: »In der Liminalität ›spielen‹ die Menschen mit den Elementen des Vertrauten und verfremden sie. Und aus den unvorhergesehenen Kombinationen vertrauter Elemente entsteht Neues« (40). So birgt das Liminale in sich den »Keim kultureller Transformation« (70). Es vermittelt dem Initianden zugleich die Erfahrung von »communitas« – als der »Tiefenstruktur«, die allen normativen sozialen »Oberflächenstrukturen« zugrunde liegt (64, 68–81). Das Ritual dient damit auch der notwendigen »Erinnerung« an das, was die Glieder der Gruppe jenseits aller sozialen Strukturierungen miteinander verbindet (73). Solche Erfahrung von »communitas« – als Erfahrung »direkter, unvermittelter Gemeinschaft mit anderen« – besitzt die Qualität eines Fluss-Erlebnisses im oben beschriebenen Sinne (93).

3. Folgerungen für den Gottesdienst

Das sind Einsichten, die – auf gottesdienstliches Handeln übertragen – besagen, dass Rituale den Beteiligten »einen Raum zur Distanzierung von den alltäglich erfahrenen Entfremdungen ihrer selbst aufgrund gesellschaftlicher Zwänge« bieten (Heimbrock 75) und ihnen so eine »Gegenwelt« eröffnen, die »Distanz, Kritik und Selbstkritik, Überholung des Alltäglichen, wenigstens im liturgischen Spiel, in der symbolischen Begehung« erlaubt (Lange 87). Mit seinem Begriff der »communitas« bewegt Turner sich zudem in erstaunlicher Nähe zu frühen Deutungen der christlichen Zentralrituale von Taufe und Eucharistie: Auch sie dienen der notwendigen »Erinnerung« an das, was die Glieder des Leibes Christi jenseits aller sozialen Strukturierungen und kulturellen Normierungen miteinander verbindet (vgl. I Kor 12). Auch sie

»transportieren Lebensentwürfe, Modelle anderen, besseren Lebens (Reich Gottes als Horizont)«, vermitteln »kontrafaktorisch die Zukunft einer möglichen, besseren, im Symbol antizipierten versöhnten Wirklichkeit«, realisieren modellhaft »in ihrer sinnlichen Gestalt ... den Vorgriff auf eine neue Welt« (Funke 274 f.).

C. Wandlungen rituellen Verhaltens in der Gegenwart

1. Rituale in (post-)modernen Gesellschaften

Nun scheint es freilich, dass Rituale in modernen Gesellschaften ihre transformierende Potenz mehr und mehr einbüßen. Sie unterliegen der Tendenz zur Privatisierung und wandern ab in den Freizeitbereich. Hier gilt: »Ritualteilnahme wird ›frei‹ gewählt aus einem Angebot möglicher Alternativen. Sie ist Teil eines religiösen Marktes« (Hauschildt 35). D.h. auch: Rituale werden unter den Bedingungen (post-)moderner Gesellschaften als »freiwillige Freizeitbeschäftigungen weitgehend aus den zentralen und ökonomischen Prozessen ausgelagert« (Walther-Sollich 55). Die geschilderte Entwicklung betrifft offenbar nicht nur die biographiebestimmten Schwellen- bzw. Übergangsrituale. Sie berührt auch den Bereich dessen, was wir »Rituale der Alltagswelt-Ansicht« genannt haben. Auch sie zeigen sich mehr und mehr als »Ausdrucksformen einer an Selbstvollendung und Selbsterfüllung orientierten Subjektivität« (Soeffner 119).

Zudem ist auch mit der Möglichkeit zu rechnen, dass unter dem Druck immer neuer Individualisierungsschübe (Beck; Bieritz 1995) das Bedürfnis nach ritueller Begleitung des Lebenszyklus wie auch die Fähigkeit zu ritueller Kommunikation zunehmend schwindet. In diesem Zusammenhang verdient die These der englischen Kulturanthropologin Mary Douglas Beachtung, die davon ausgeht, dass zwischen der »Aufnahmefähigkeit für verdichtete Symbole« (20) und damit der Ritualfähigkeit auf der einen Seite sowie der Geschlossenheit sozialer Gruppen, dem in ihnen herrschenden Konformitätsdruck und der Dichte solidarischer Gruppenbindungen auf der anderen eine positive Korrelation besteht. Wenn dem so ist, muss mit einem Rückgang ritueller Bedürfnisse und rituellen Verhaltens in entsprechend mobilen und permissiven Gesellschaften gerechnet werden, in denen »personale« statt »positionaler« Sozialisationsmuster dominieren, die einen flexiblen Umgang auch mit zugewiesenen oder selbst gewählten gesellschaftlichen Rollen ermöglichen.

2. Verlagerung in andere Bereiche

Zu fragen bleibt, ob hier nicht eine bisher kaum erkannte Transformation rituellen Verhaltens stattfindet, eine Verlagerung etwa in den Bereich von Karriere, Konsum, Unterhaltung, Therapie: Wo begegnen hier Handlungen und Verhaltensweisen, die über ihren funktionalen Zweck hinaus noch einen symbolischen, orientierenden, legitimierenden Sinn erfüllen?

Das sind Entwicklungen, auf die auch Victor Turner hinweist. Begrifflich unterscheidet er deshalb zwischen der »Liminalität«, wie sie in den Schwellenritualen vorindustrieller Kulturen auftritt, und den »liminoiden«, schwellenartigen bzw. -ähnlichen Phänomenen, wie sie schließlich – in einem längeren historischen Prozess – für entwickelte industrielle Gesellschaften kennzeichnend werden. Hier sind es nämlich vor allem die Bereiche von Literatur, Theater, Musik, Tanz, bildender Kunst, Sport, Spiel, auch selbstbezüglicher Wissenschaft, die Funktionen übernehmen, die in den alten Kulturen mit den Liminalitäts-Erfahrungen ritueller Schwellenphasen verbunden sind. Als unterscheidendes Merkmal gilt: »Liminoide Phänomene sind ... durch Freiwilligkeit, liminale durch Pflicht gekennzeichnet« (Turner 1995a, 66). Man müsste also – die Terminologie Turners aufnehmend – von liminoiden Ritualen sprechen, um die Verhaltensweisen zu kennzeichnen, wie sie im Zusammenhang der neuen (und alt-neuen) rituellen Praktiken begegnen. Dass sie als »Stützmauern der Seele« (Gerbert) zu fungieren vermögen, ist deutlich. Inwieweit sie aber auch das von Turner beschriebene Wechselspiel von Struktur und Antistruktur – »Der Mensch wächst mit Hilfe der Antistruktur und konserviert mit Hilfe der Struktur« (1995a, 181) – darzustellen und zu vollziehen vermögen, steht noch dahin.

Bestimmte Erscheinungen im Bereich der kirchlichen Kasualpraxis (Taufaufschub über Jahre hinweg; Trauung erst nach mehreren Ehejahren usw.) legen die Vermutung nahe, dass sich auch hier eine Transformation anbahnt: Die klassischen Schwellenrituale wandeln sich in eine Art neuer Orientierungs- und Rekreationsrituale, die bewusst auf dem Wege begangen werden, auf den Ebenen des Lebenslaufs. Es geht dabei nicht mehr um die Übernahme neuer Rollen, sondern um eine Vergewisserung im laufenden Rollen-Spiel. Es scheint, dass hier neuartige rituelle Bedürfnisse im Entstehen sind, die die ursprünglichen, mit den Lebenswendepunkten verbundenen Bedürfnisse überlagern.

3. Vom Ritual zum Theater

»Vom Ritual zum Theater«: Der Buchtitel (Turner 1995a) gewinnt auf solchem Hintergrund womöglich programmatischen Sinn für eine Liturgik, die sich anschickt, begriffliche Gegensätze, die bislang als grundlegend für das Verständnis des Gottesdienstes galten – etwa die Entgegensetzung von rituellem Vollzug und aktueller Verkündigung bis hin zur semantischen Opposition von Kult und Leben – im Begriff gottesdienstlicher »Inszenierung des Evangeliums« (Meyer-Blanck 1997b) zusammenzuführen. Das wird noch deutlicher, wenn man – einem Vorschlag Turners folgend – auf das englische Wort *acting* zurückgreift, um den Vorgang solcher Inszenierung näher zu beschreiben; kann es doch »sowohl Handeln im Alltagsleben als auch Darstellung auf der Bühne oder im Tempel bedeuten« (Turner 1995a, 161). Gegenüber Inszenierungen des Alltags verfügen liturgische Inszenierungen – wie Inszenierungen auf der Bühne – freilich über ein »gesteigertes, hochgradiges Gestaltungspotential« (Friedrich 24). Genau das aber ist unverzichtbar, wenn denn – wie schon in den Gleichnissen und Zeichenhandlungen Jesu – die proleptisch-vergegenwärtigende Darstellung und Realisierung der unmöglichen Möglichkeiten des Gottesreiches auf der Agenda steht.

Gottesdienstliches Handeln wäre dann eine Weise, das Evangelium zu »agieren«: Inszeniert wird dabei die Unterbrechung des Lebens, der Erfahrungs-Bruch. Handlungen werden vollzogen, Worte werden gesagt und gesungen, Zeichen werden gegeben, die für etwas stehen, was sich jeder abschließenden Darstellung entzieht. Nicht das Vertraute, Gewohnte, längst Erfahrene gelangt zur Aufführung, sondern das noch Unerfahrene, in gewisser Hinsicht Unerfahrbare wird – eben als unmögliche Möglichkeit – in Szene gesetzt (vgl. Bieritz 1998b, 72).

Literatur

Aleida ASSMANN, Erinnerungsräume. Formen und Wandlungen des kulturellen Gedächtnisses, München 1999. – Jan ASSMANN, Das kulturelle Gedächtnis. Schrift, Erinnerung und politische Identität in frühen Hochkulturen, München 1999. – Ders., Was ist das »kulturelle Gedächtnis«?: Ders.,Religion und kulturelles Gedächtnis. Zehn Studien, München 2000, 11–44. – Hansjörg AUF DER MAUR, Feiern im Rhythmus der Zeit. I. Herrenfeste in Woche und Jahr, Regensburg 1983 (GDK 5). – John L. AUSTIN, Zur Theorie der Sprechakte, Stuttgart [2]1979. – Anton BAUMSTARK, Vom geschichtlichen Werden der Liturgie, Freiburg i.Br. 1923. – Ulrich BECK, Risikogesellschaft. Auf dem Weg in eine andere Moderne, Frankfurt a.M. 1986. – Hartmut BECKS, Der Gottesdienst in der Erlebnisgesellschaft. Zur Bedeutung der kultursoziologischen Untersuchung Gerhard Schulzes für Theorie und Praxis des Gottesdienstes, Waltrop 1999. – Robert N. BELLAH, Zivilreligion in Amerika: Heinz Kleger/Alois Müller (Hg.), Religion des Bürgers. Zivilreligion in Amerika und Europa, München 1986, 42–63. – Peter L. BERGER, Zur Dialektik von Religion und Gesellschaft, Frankfurt a.M. 1988. – Ders./Thomas LUCKMANN, Die gesellschaftliche Konstruktion der Wirklichkeit. Eine Theorie der Wissenssoziologie, Frankfurt a.M. 1980. – Rupert BERGER, Naturelemente und technische Mittel: GDK 3 (1990) 249–288. – Ders./u.a., Gestalt des Gottesdienstes. Sprachliche und nichtsprachliche Ausdrucksformen, Regensburg [2]1990 (GDK 3). – Teresa BERGER, Liturgie und Tanz. Anthropologische Aspekte, historische Daten, theologische Perspektiven, St. Ottilien

1985a. – Dies., Lex orandi – lex credendi – lex agendi: ALW 27 (1985b) 425–432. – Karl-Heinrich BETTE, Körperspuren. Zur Semantik und Paradoxie moderner Körperlichkeit, Berlin/New York 1989. – Karl-Heinrich BIERITZ, Das Wort im Gottesdienst: GDK 3 (1990) 47–76. – Ders., Gegengifte. Kirchliche Kasualpraxis in der Risikogesellschaft: Ders.,Zeichen setzen. Beiträge zu Gottesdienst und Predigt, Stuttgart 1995, 203–217. – Ders., Erlebnis Gottesdienst. Zwischen ›Verbiederung‹ und Gegenspiel. Liturgisches Handeln im Erlebnishorizont: WzM 48 (1996) 488–501. – Ders., Ritual: GlLern 13 (1998a) 11–23. – Ders., Spielraum Gottesdienst. Von der »Inszenierung des Evangeliums« auf der liturgischen Bühne: Arno Schilson/Joachim Hake (Hg.), Drama »Gottesdienst«. Zwischen Inszenierung und Kult, Stuttgart 1998b, 69–101. – Ders., Gottesdienste im Prozess der (De-)Zivilisation: Karl Schlemmer (Hg.), Ausverkauf unserer Gottesdienste? Ökumenische Überlegungen zur Gestalt von Liturgie und zu alternativer Pastoral, Würzburg 2002, 82–108. – Ders./Christoph KÄHLER, Art. Haus III: TRE 14 (1985) 478–492. – Klauspeter BLASER, Art. Kultur und Christentum: EKL³ 2 (1989) 1513–1520. – Norbert BOLZ/David BOSSHART, Kult-Marketing. Die neuen Götter des Marktes, Düsseldorf 1995. – Gunda BRÜSKE, Die Liturgie als Ort des kulturellen Gedächtnisses. Anregungen für ein Gespräch zwischen Kulturwissenschaften und Liturgiewissenschaft: LJ 51 (2001) 151–171. – Peter BRUNNER, Zur Lehre vom Gottesdienst der im Namen Jesu versammelten Gemeinde: Leit. 1 (1954) 83–364. – Bernhard CASPER, Sprache und Theologie. Eine Hinführung, Freiburg/Br. 1975; Leipzig 1981. – Peter CORNEHL, Gottesdienst: Ferdinand Klostermann/Rolf Zerfass (Hg.), Praktische Theologie heute, München/Mainz 1974, 449–463. – Ders., Theorie des Gottesdienstes – ein Prospekt: ThQ 159 (1979) 178–195. – Ders., Art. Gottesdienst VIII: TRE 14 (1985) 54–85. – Mihalyi CSIKSZENTMIHALYI, Flow. The Psychology of Optimal Experience, Chicago 1991. – Karl-Fritz DAIBER/u.a., Gemeinden erleben ihre Gottesdienste. Erfahrungsberichte, Gütersloh 1978. – Ders./u.a., Predigen und Hören. Bd. 2: Kommunikation zwischen Predigern und Hörern – Sozialwissenschaftliche Untersuchungen, München 1983. – Hans Werner DANNOWSKI, Kompendium der Predigtlehre, Gütersloh ²1990. – Christoph DINKEL, Was nützt der Gottesdienst? Eine funktionale Theorie des evangelischen Gottesdienstes, Gütersloh 2000. – Mary DOUGLAS, Ritual, Tabu und Körpersymbolik. Sozialanthropologische Studien in Industriegesellschaft und Stammeskultur, Frankfurt a.M. 1986. – Emile DURKHEIM, Die elementaren Formen des religiösen Lebens, Frankfurt a.M. 1981. – Peter DÜSTERFELD/Hans Bernhard KAUFMANN (Hg.), Didaktik der Predigt. Modelle zur homiletischen Ausbildung und Fortbildung, Münster 1975. – Gerhard EBELING, Wort und Glaube. Gesammelte Aufsätze. 1–3. Tübingen 1. ²1962; 2. 1969; 3. 1975. – Ders., Dogmatik des christlichen Glaubens. 1–3. Tübingen 1979. – Umberto ECO, Einführung in die Semiotik, München 1972. – Ders., Zeichen. Einführung in einen Begriff und seine Geschichte, Frankfurt a.M. 1977. – Ders., Der Name der Rose, Berlin 1985a. – Ders., Semiotik und Philosophie der Sprache, München 1985b. – Ders., Semiotik. Entwurf einer Theorie der Zeichen, München 1987. – Marcus A. FRIEDRICH, Liturgische Körper. Der Beitrag von Schauspieltheorien und -techniken für die Pastoralästhetik, Stuttgart 2001. – Dieter FUNKE, Sehen oder Hören? Zum Verhältnis von Sinnlichkeit und Objekt in der religiösen Erfahrung: WzM 41 (1989) 269–276. – Arnold GEHLEN, Der Mensch. Seine Natur und seine Stellung in der Welt, Wiesbaden ¹²1978. – Arnold van GENNEP, Les rites de passage. Étude systématique des rites, Paris 1909. – Ders., Übergangsriten, Frankfurt a.M. 1986. – Frank GERBERT, Rituale – Stützmauern der Seele: FOKUS vom 25. 3. 1996, 198–202. – Erving GOFFMAN, Interaktionsrituale. Über Verhalten in direkter Kommunikation, Frankfurt a.M. 1971 (²1973). – Albrecht GRÖZINGER, Die Sprache des Menschen. Ein Handbuch. Grundwissen für Theologinnen und Theologen, München 1991. – Romano GUARDINI, Liturgie und liturgische Bildung, (Würzburg 1966) Mainz ²1992. – Eberhard HAUSCHILDT, Was ist ein Ritual? Versuch einer Definition und Typologie in konstruktivem Anschluss an die Theorie des Alltags: WzM 45 (1993) 24–35. – Hans-Günter HEIMBROCK, Ritual als religionspädagogisches Problem: JRPäd 5 (1989) 45–81. – Horst J. HELLE, Art. Kultur A.: WdC (1988), 700. – Michael HERBST, Neue Gottesdienste braucht das Land: BThZ 17 (2000) 155–176. – Peter HÜNERMANN, Sakrament – Figur des Lebens: Richard Schaeffler/Peter Hünermann, Ankunft Gottes (s.u.), 51–87. – Johan HUIZINGA, Homo Ludens. Vom Ursprung der Kultur im Spiel, Reinbek 1991. – Vjačeslav Vsevolodovič IVANOV, Gerade und Ungerade. Die Asymmetrie des Gehirns und der Zeichensysteme, Stuttgart 1983. – Werner JETTER, Symbol und Ritual. Anthropologische Elemente im Gottesdienst, Göttingen 1978. – Klaus-Peter JÖRNS/Karl-Heinrich BIERITZ, Art. Kirchenjahr: TRE 18 (1989) 575–599. – Manfred JOSUTTIS, Der Gottesdienst als Ritual: Friedrich Wintzer/u.a., Praktische Theologie, Neukirchen-Vluyn 1982, 40–53. – Ders., Der Weg in das Leben. Eine Einführung in den Gottesdienst auf verhaltenswissenschaftlicher Grundlage, München 1991. – Ders., Die Einführung in das Leben. Pastoraltheologie zwischen Phänomenologie und Spiritualität, Gütersloh 1996. – Ders., Segenskräfte. Potentiale einer energetischen Seelsorge, Gütersloh 2000. – Theodor KLAUSER, Kleine Abendländische Liturgiegeschichte, Bonn 1965. – Armin KRESSMANN, Brot der Welt – Brot des Herrn: ZMiss 16 (1990) 140–148. – Hermann KURZKE, Wider den Ausverkauf der Liturgiewissenschaft: StZ 108 (2000) 786–787. – Ernst LANGE, Predigen als Beruf. Aufsätze zu Homiletik, Liturgie und Pfarramt, München 1982. – Gerardus van der LEEUW, »In dem Himmel ist ein Tanz ...«. Über die religiöse Bedeutung des Tanzes und des Festzuges, München 1930 (Der Tempel des Leibes 1). – Niklas LUHMANN, Die Ausdifferenzierung der Religion: Ders.,Gesellschaftsstruktur und Semantik. Bd. 3, Frankfurt a.M. 1989, 259–357. – Ders., Funktion der

Religion, Frankfurt a.M. [4]1996. – Ders., Die Religion der Gesellschaft, Frankfurt a.M. 2002. – Friedrich LURZ, Für eine ökumenische Liturgiewissenschaft: TThZ 108 (1999) 273–290. – Wolfgang MARHOLD, Bürgerreligion: ThPr 9 (1974) 304–321. – Michael B. MERZ, Gebetsformen der Liturgie: Rupert Berger/u.a., Gestalt des Gottesdienstes (s.o.), 97–130. – Reinhard MESSNER, Was ist systematische Liturgiewissenschaft? Ein Entwurf in sieben Thesen: ALW 40 (1998) 257–274. – Ders., Einführung in die Liturgiewissenschaft, Paderborn 2001. – Hans Bernhard MEYER (Hg.), Liturgie und Gesellschaft, Innsbruck/Wien/München 1970. – Ders., Liturgie und Gesellschaft: Ders. (Hg.), Liturgie (s.o.), 9–36. – Ders., Eucharistie, Regensburg 1989 (GDK 4). – Michael MEYER-BLANCK, Inszenierung und Präsenz. Zwei Kategorien des Studiums Praktischer Theologie: WzM 49 (1997a) 2–16. – Ders., Inszenierung des Evangeliums. Ein kurzer Gang durch den Sonntagsgottesdienst nach der erneuerten Agende, Göttingen 1997b. – Julius MOREL, Zur Soziologie des Gottesdienstes: Hans Bernhard MEYER (Hg.), Liturgie und Gesellschaft (s.o.), 37–54. – Ingwer PAUL, Rituelle Kommunikation. Sprachliche Verfahren zur Konstitution ritueller Bedeutung und zur Organisation des Rituals, Tübingen 1990. – Charles S. PEIRCE, Semiotische Schriften. Bd. 1–3, Frankfurt a.M. 1986, 1990, 1993. – Albrecht PETERS, Der Mensch, Gütersloh 1979. – Karl R. POPPER, Objektive Erkenntnis. Ein evolutionärer Entwurf, Hamburg [4]1984. – Ders., Lesebuch. Hg. von David Miller, Tübingen 1995. – Ders./Konrad LORENZ, Die Zukunft ist offen. Das Altenberger Gespräch, München [5]1993. – Richard SCHAEFFLER, Der Kultus als Weltauslegung: Balthasar Fischer/u.a., Kult in der säkularisierten Welt, Regensburg 1974, 9–62. – Ders., Kultisches Handeln. Die Frage nach Proben seiner Bewährung und nach Kriterien seiner Legitimation: Ders./Peter HÜNERMANN, Ankunft Gottes und Handeln des Menschen. Thesen über Kult und Sakrament, Freiburg/Br. 1977, 9–50. – Ders., Das Gebet und das Argument. Zwei Weisen des Sprechens von Gott. Eine Einführung in die Theorie der religiösen Sprache, Düsseldorf 1989. – Rolf SCHIEDER, Civil Religion. Die religiöse Dimension der politischen Kultur, Gütersloh 1987. – Ders., Religionspolitik und Zivilreligion, Baden-Baden 2001. – Arno SCHILSON, Medienreligion. Zur religiösen Signatur der Gegenwart, Tübingen 1997. – Friedrich SCHLEIERMACHER, Die praktische Theologie nach den Grundsätzen der evangelischen Kirche im Zusammenhange dargestellt, hg.v. Jacob Frerichs, Berlin 1850. – Hans-Joachim SCHULZ, Ökumenische Glaubenseinheit aus eucharistischer Überlieferung, Paderborn 1976. – Ders., Der Grundsatz »lex orandi – lex credendi« und die liturgische Dimension der »Hierarchie der Wahrheiten«: LJ 49 (1999) 171–181. – Gerhard SCHULZE, Die Erlebnisgesellschaft. Kultursoziologie der Gegenwart, Frankfurt a.M./New York 1993. – John R. SEARLE, Sprechakte. Ein sprachphilosophischer Essay, Frankfurt a.M. 1971. – A. Ronald SEQUEIRA, Spielende Liturgie. Bewegung neben Wort und Ton im Gottesdienst am Beispiel des Vaterunsers, Freiburg/Br. 1977. – Ders., Klassische indische Tanzkunst und christliche Verkündigung. Eine vergleichende religionsgeschichtlich-religionsphilosophische Studie, Freiburg/Br. 1978. – Ders., Gottesdienst als menschliche Ausdruckshandlung: GDK (1990) 7–39. – Ders., Liturgische Körper- und Gebärdensprache als Thema der Semiotik: Möglichkeiten und Grenzen: Wilfried Engemann/Rainer Volp (Hg.), Gib mir ein Zeichen. Zur Bedeutung der Semiotik für theologische Praxis- und Denkmodelle, Berlin/New York 1992, 207–231. – Hans-Georg SOEFFNER, Die Auslegung des Alltags. Bd. 2: Die Ordnung der Rituale, Frankfurt a.M. [2]1995. – Yorick SPIEGEL, Der Gottesdienst unter dem Aspekt der symbolischen Interaktion: JLH 16 (1971) 105–119. – Martin STUFLESSER, Die Eucharistie als Opfer im Spannungsfeld von lex orandi – lex credendi – lex agendi: LJ 50 (2000) 75–89. – Theo SUNDERMEIER, Art. Ritus I: TRE 29 (1998) 259–265. – Klaus TANNER, Art. Kultur B.: WdC (1988) 700–702. – Günter THOMAS, Medien – Ritual – Religion. Zur religiösen Funktion des Fernsehens, Frankfurt a.M. 1998. – Victor TURNER, Vom Ritual zum Theater. Der Ernst des menschlichen Spiels, Frankfurt a.M. 1995a. – Ders, The Ritual Process. Structure and Anti-Structure, New York (1969) 1995b. – Paul VIRILIO, Die Eroberung des Körpers, Frankfurt a.M. 1997. – Hermann VOLK, Zur Theologie des Wortes Gottes, Münster 1962. – Rainer VOLP, Liturgik. Die Kunst, Gott zu feiern. I. Einführung und Geschichte, Gütersloh 1992, II. Theorien und Gestaltung, Gütersloh 1994. – Tilman WALTHER-SOLLICH, Festpraxis und Alltagserfahrung, Stuttgart 1997. – Paul WATZLAWICK, Die Möglichkeit des Andersseins. Zur Technik der therapeutischen Kommunikation, Bern/Stuttgart/Toronto [4]1991. – Ders./Janet H. BEAVIN/Don D. JACKSON, Menschliche Kommunikation. Formen, Störungen, Paradoxien, Bern/Stuttgart/Wien [5]1980. – Victor von WEIZSÄCKER, Gestalt und Zeit, Halle 1942 [2]1960. – Iwar WERLEN, Ritual und Sprache. Zum Verhältnis von Sprechen und Handeln in Ritualen, Tübingen 1984.

Karl-Heinrich Bieritz

Gottesdienst im orthodoxen Kontext

I. Grundverständnis und Voraussetzungen

A. Die byzantinische liturgische Praxis

Im Unterschied zur liturgischen Vielfalt der Alten Kirche übernahmen die vom Patriarchat Konstantinopel abhängig gewordenen Patriarchate sowie die von dort missionierten orthodoxen Kirchen des Ostens die byzantinische liturgische Praxis, deren Ausprägung im 13./14. Jh. ihren Abschluss fand. Schon der Begriff »Orthodoxie« (kirchenslawisch *pravoslávie*) besagt, dass es nicht nur um die rechte Lehre, sondern in erster Linie um den rechten Lobpreis (δόξα) geht. So ist der Gottesdienst von seinem Wortcharakter her hymnischer Ausdruck der Glaubensinhalte, des anbetenden Bekennens.

»Der Gottesdienst ist das eigentliche Leben der Kirche«, davon getragen ist sowohl die Frömmigkeit des Kirchenvolkes als auch alle theologische Arbeit. Im Gottesdienst ereignet sich Kirchesein. In der Vielfalt orthodoxer Gottesdienste und vor allem im Sakrament der Eucharistie geht es weniger um verstandesmäßiges Erfassen, als vielmehr um die Vergegenwärtigung des Göttlichen als Grundlage eines »Wandels in der Gnade«, des Seins in Christus: Vergegenwärtigung des Heilshandelns Gottes seit der Schöpfung mit der Erneuerung der sündhaften Menschheit durch die Menschwerdung des Sohnes, Kreuz und Auferstehung im Heiligen Geist; Erfahren der Gemeinschaft des Leibes Christi als einer Himmel und Erde umfassenden, Raum und Zeit übergreifenden Gemeinschaft der Glieder des Leibes mit ihrem Herrn sowie der Glieder untereinander (*sobórnost'*) in der Kirche als der Gemeinschaft des auf die künftige Vollendung abzielenden neuen Seins. In der Gegenwart des Gekreuzigten und Auferstandenen im Wort, in den eucharistischen Gaben sowie im gottesdienstlichen Geschehen ereignet sich die Gemeinschaft mit Christus im Heiligen Geist, mit den Engeln und Heiligen, mit den in die Ewigkeit Eingegangenen.

Orthodoxer Gottesdienst ist nicht nur Verkündigung des in Christus gekommenen Heils, sondern in seinem darstellenden Handeln Zueignung des Heils, um den Menschen und mit ihm den ganzen Kosmos zu verklären, zu vergöttlichen. Dabei wird Vergöttlichung (griech. ϑέωσις, slawisch *obóženie*) vor allem unter zwei aufeinander bezogenen Gesichtspunkten verstanden. Der immer wieder zitierte Satz des alexandrinischen Bischofs Athanasios d.Gr. (†373): Gottes Logos »ist Mensch geworden, damit wir vergottet würden« (Or. de incarn. 54) wurde von diesem selbst erläutert: »Das Wort wurde Träger des Fleisches, damit die Menschen Träger des Geistes werden könnten« (ebd. 8). Besonders die heutige orthodoxe Theologie verbindet dies mit der Lehre des markantesten Vertreters der Hesychasten, Gregorios Palamas (†1359), derzufolge sich Gott in seinen der Welt immanenten Energien offenbart und in der Welt wirkt. Dies meint, dass der Mensch zum Geistträger wird, der im Gnadenwirken als Träger der ungeschaffenen Energien Gottes mit Ihm vereint ist.

Der eigentlich Handelnde und Gebende ist der Herr, dem die irdische Kirche mit Gebet und Danksagung antwortet. Versöhnung und neues Sein durch die in Christus geschenkte Liebe finden in der sich im gottesdienstlichen Geschehen konzentrierenden orthodoxen Spiritualität sinnfälligen Ausdruck. Schon das Einbeziehen aller menschlichen Sinne, auch des Schauens und Fühlens, macht deutlich, dass Heil sich nicht aufs »Seelenheil« beschränkt, sondern der Ganzheit der Schöpfung und damit auch ihrer Leiblichkeit gilt.

B. Gottesdienstlicher Raum und Ikonen

Wohl entspricht die Pracht orthodoxer Gotteshäuser in erster Linie der eschatologischen Hoffnung, dem Erwarten künftiger Herrlichkeit. Doch veranschaulicht sie zugleich, dass mit dem Kommen des Sohnes in diese Welt, in der Gegenwart des Gekreuzigten und Auferstandenen, die künftige Vollendung, die Entwicklung auf das Reich Gottes hin, bereits in dieser Welt ihren Anfang nimmt. Deshalb legt man in der Orthodoxie großen Wert auf die auch äußerliche Würdigkeit von Gottesdienst und Gotteshaus. Besonders in der russischen Orthodoxie bevorzugen viele Gläubige möglichst lange und festliche Gottesdienste. Zugleich fühlt man sich im Gotteshaus gleichsam zu Hause. Andächtige Frömmigkeitshaltung verbindet sich hier mit einer gewissen Zwanglosigkeit, und kein Kind ist genötigt, unbewegt an seinem Platz zu verharren.

Der orthodoxe Kirchenbau ist in der Außenarchitektur durch eine große Vielfalt geprägt. Doch hat die Innengestaltung der liturgischen Funktion zu entsprechen. In der Gestaltung des Kirchengebäudes spiegelt sich das Verständnis von Kirche als Raum und Zeit übergreifender Gemeinschaft wider und damit als Ort der Begegnung des Himmlischen und Irdischen. In symbolischen Ausdeutungen erscheint dabei der mittlere Teil, das Kirchenschiff, als Ausdruck der irdischen Geschöpflichkeit, Ort der Heiligung des hier versammelten Gottesvolkes. Im Unterschied davon sieht man den durch die Bilderwand *(Ikonostas)* abgetrennten Altarraum als Zeichen der Gegenwart des Herrn im Wort – im auf dem Altar liegenden Evangelienbuch – sowie im Sakrament der Eucharistie.

Die mittlere Tür (»Königstür«) der Bilderwand (Ikonostas) ist zeitweilig geöffnet, zeitweilig verschlossen, und dies deutet an: In Christus ist der Zugang zu seinem Reiche bereits eröffnet, aber es ist für den Sünder noch nicht voll zugänglich. Andererseits sieht sich der Gläubige in lebendiger Gemeinschaft mit Christus und den in die Ewigkeit Eingegangenen, deren Antlitz von den Ikonen der Bilderwand auf die Gemeinde blickt, der Einheit von himmlischer und irdischer Kirche. Außer dem Altar befindet sich hinter der nördlichen Tür – den Blicken der Gemeinde entzogen – der Rüsttisch zur Zubereitung der eucharistischen Gaben während des ersten Teiles der Liturgie.

C. Liturgische Geräte und Gewänder

Die Ankleidegebete deuten die liturgischen Gewänder als Symbole der Heilsgnade, die zum Dienst der Wahrheit und Gerechtigkeit des neuen Menschen verpflichtet.

Als gottesdienstlichen Ornat tragen die Geistlichen aller drei Weihegrade (Bischof, Priester, Diakon) ein *Stoicharion*, ein bis zu den Füßen reichendes Gewand, bei Subdiakon und Diakon, die es als alleiniges Obergewand tragen, mit weiten Ärmeln. Die lichten Farben werden gern als Hinweis auf das neue Sein in Christus gedeutet. Als Amtsinsignie, ohne die keine gottesdienstliche Handlung vollzogen werden kann, besitzt der Diakon ein *Orarion*, ein über der linken Schulter nach vorn herabhängendes Stoffband. Priester und Bischof tragen das *Stoicharion* mit engen Ärmeln als Untergewand und mit Manschetten über den Ärmelenden. Darüber hat der Priester ein *Phelonion*, ein aus einem Rundmantel entstandenes Obergewand mit nur einer Kopföffnung. Als Amtsinsignie trägt er ein *Epitrachelion*, ein Stoffband von etwa doppelter Breite wie das *Orarion*, das mit einer Kopföffnung um den Hals gehängt wird, vorn bis zum Rocksaum herabhängt und von einem Gürtel umfasst wird. Als Auszeichnung kann ein Brustkreuz verliehen werden, in der russischen Orthodoxie tragen es alle Priester. Obergewand des Bischofs ist der *Sakkos*, ein langes prunkvolles Gewand mit weiten Ärmeln. Seine Amtsinsignie ist das *Omophorion*, ein breiter, mit Kreuzen geschmückter Tuchstreifen, der um den Hals über beide Schultern gelegt wird, wobei ein Ende vorn, das andere auf dem Rücken herabfällt. Neben oder anstelle des Brustkreuzes trägt der Bischof ein *Enkolpion* (»das auf der Brust Getragene«) mit einer Darstellung Christi, der Gottesmutter *(Panhagia)* oder der Gottesmutter mit dem Christuskind. Dem Bischof dient ein Hirtenstab sowie zum liturgischen Segnen zwei Leuchter, einer mit zwei (*Dikirion*: Gottmenschheit) und einer mit drei (*Trikirion*: Dreifaltigkeit) Kerzen. Die liturgischen Farben werden sehr variabel und in den einzelnen orthodoxen Kirchen unterschiedlich verwendet.

D. Gottesdienstsprache, liturgische Bücher, Kirchengesänge

In den Kirchen des Ostens fand seit altkirchlicher Zeit die jeweilige Volkssprache auch im Gottesdienst Verwendung. Die Übersetzungen biblischer Texte, z.B. ins Georgische, Slawische und im 17. Jh. ins Rumänische, wurden sogar Grundlage der betreffenden Schriftsprachen. Im Vorderen Orient setzte sich weithin das Arabische durch. In neuerer Zeit traten das Englische, Französische, Finnische, Ungarische und u.a. auch das Deutsche hinzu. Allerdings hält man an den seinerzeit eingeführten und durch die jahrhundertalte Tradition geheiligten Sprachformen fest. So ist das in allen slawischen Kirchen gebräuchliche Kirchenslawisch heute nur denen verständlich, die durch regelmäßigen Gottesdienstbesuch damit vertraut geworden sind. Die Predigt wird in der Gegenwartssprache gehalten.

Schon für die gottesdienstlichen Lesungen der Heiligen Schrift gibt es unterschiedliche Bücher. Als eigentliches Zeichen der Gegenwart des Herrn im Wort befindet sich auf dem Altar das meist prachtvoll eingebundene Evangelienbuch, das zusätzlich zu den Lesungen in einigen Gottesdiensten zur Verehrung ausgelegt wird.

Es gibt verschiedenartige liturgische Textbände für das Zelebrieren der Liturgie, den Abend- und Morgengottesdienst, das Spenden der Sakramente sowie die unterschiedlichen Weihehandlungen. Weitere Bücher regeln den Ablauf der einzelnen Gottesdienste des Kirchenjahres, auch für das Zusammenfallen von Tagen des unbeweglichen mit denen des vom Ostertermin abhängigen beweglichen Festzyklus.

Für orthodoxe Christen ist Gottesdienst ohne Gesang nicht denkbar. Die von Byzanz geprägte Orthodoxie hält an der reinen Vokalmusik, am gesungenen Wort ohne instrumentale Begleitung, fest. Liturgischer Text, liturgische Musik und liturgisches Handeln sind aufeinander abgestimmt. Wegen der komplizierten Reichhaltigkeit hat der Chor den Gemeindegesang abgelöst und gleichsam stellvertretend für die Gemeinde übernommen.

Der von Byzanz übernommene einstimmige Gesang sowie die Neumenschrift, an deren Stelle in den meisten Kirchen später die Notenschrift trat, haben sich unterschiedlich weiterentwickelt. Von den traditionellen Normen entfernte sich am weitesten der russische Kirchengesang durch die Einführung des noch heute von den russischen Altgläubigen abgelehnten mehrstimmigen Gesangs.

II. Tages-, Wochen- und Jahreszyklus

Dem Schöpfungsbericht (Gen 1,5) entsprechend, beginnt der gottesdienstliche Tag am Abend. Der aus der Mönchsfrömmigkeit entstandene, aus neun Teilen bestehende Tageszyklus findet sich in seinen Hauptmomenten in den Stundengebeten der Gemeindegottesdienste wieder. Wo es – und das ist in den meisten Gemeinden der Fall – keine täglichen Gottesdienste gibt, zelebriert man sonn- und feiertags die mit der 3. und 6. Stunde kombinierte Göttliche Liturgie und am Vorabend die mehrere Gottesdienste zusammenfassende »Nachtwache«.

Beim Wochenzyklus sind jedem Wochentag Momente der Heilsgeschichte zugeordnet. Der Sonntag, der das Gedenken der Schöpfung mit dem der Neuschöpfung in Christus verbindet, erweist sich mit der Erinnerung an die Auferstehung des Herrn als ein wöchentliches Osterfest im Kleinen und hat stets, selbst in der Fastenzeit, Freudencharakter.

Beim am 1. September beginnenden Jahreszyklus steht im Mittelpunkt Ostern als das »Fest der Feste«. Da es das ganze Kirchenjahr überstrahlt, wird es nicht zu den zwölf Hauptfesten des unbeweglichen Festzyklus gezählt: Geburt der Gottesmutter (8. September), Kreuzeserhöhung (14. September), Einführung der Gottesmutter in den Tempel (21. November), Christi Geburt (25. Dezember), Taufe Christi im Jordan = Theophanie (Epiphanias, 6. Januar), Darstellung Jesu im Tempel (2. Februar), Mariä Verkündigung (25. März), Palmsonntag, Himmelfahrt, Pfingsten, Verklärung Christi (6. August), Entschlafen der Gottesmutter (15. August).

Kalendarisch bestehen heute drei unterschiedliche Regelungen: (1) Den Julianischen Kalender (»alter Stil«, 13 Tage hinter dem Gregorianischen Kalender zurück) benutzen das Patriarchat Jerusalem, die Russische, Georgische und Serbische Orthodoxe Kirche, das Sinaikloster und einige Athosklöster. (2) Die meisten anderen orthodoxen Kirchen haben den »verbesserten« Julianischen Kalender eingeführt: für Ostern und damit den beweglichen Festzyklus zur Einheit der orthodoxen Kirchen Festhalten an den bisherigen Alexandrinischen Paschalien (Ostertabellen), aber Übereinstimmung des unbeweglichen Festzyklus mit dem Gregorianischen Kalender. 3. Die autonome Finnische Orthodoxe Kirche feiert gemeinsam mit den abendländischen Kirchen beide Festzyklen nach dem Gregorianischen Kalender.

Bei aller Bedeutung von Ostern zeigt schon der Kirchenjahreszyklus gleichsam zwei aufeinander bezogene Brennpunkte einer Ellipse: Christi Geburt als Beginn der Neuwerdung sowie Kreuz und Auferstehung. Dabei steht der orthodoxe Osterglaube in ständigem Wechselbezug zur Bußhaltung, Hoffnung auf die Sündenvergebung und damit zur auch für orthodoxes Denken ganz zentralen Bedeutung des Kreuzesgeschehens.

Dies gilt schon für den Weihnachtsfestkreis vom Kirchenjahresbeginn bis Mariä Verkündigung. Am ersten Hochfest, Geburt der Gottesmutter, lautet das Festtroparion: »Deine Geburt, Jungfrau, Gottesgebärerin, hat alle Welt mit Freude erfüllt. Denn aus dir ging auf die Sonne der Gerechtigkeit, Christus unser Gott. Er hat den Fluch getilgt und Erlösung gebracht, den Tod vernichtet und uns das ewige Leben geschenkt.« Die Vorbereitung auf Christi Geburt steht im Zeichen eines dem Großen Fasten der Passionszeit entsprechenden, am 15. November beginnenden Weihnachtsfastens, einer sich zunehmend mit der Festfreude verbindenden Bußzeit. Im Zeichen des Sichreinigens der Seele steht besonders die fünftägige Vorfeier vom 20.–24. Dezember. Doch am 24. Dezember, dem Weihnachtsvorabend, ist im Gottesdienst die Königstür geöffnet zum Zeichen, dass der Menschgewordene – wie in EG 27,6 – »schließt auf die Tür« zum Himmelreich. Beim Fest der Geburt Christi leitet die Verlesung der Schöpfungsgeschichte und der messianischen Weissagungen über zum christologischen Zeugnis der Weihnachtsbotschaft, zum Inkarnationswunder, der Sündenvergebung und der Neuschöpfung.

Der als Fest der Gotteserscheinung (Theophanie) bezeichnete Tag der Taufe des Herrn (6. Januar) hebt die Bedeutung der Taufe für die Vergebung der Sünden hervor: »Heute begräbt der Herr in den Wassern die menschliche Sünde«. Die damit verbundene Große Wasserweihe besagt, dass mit dem Wasser die Lebensquelle der gesamten Schöpfung geheiligt wird.

Bevor man im Osterfestkreis zum »Fest der Feste« als »eines neuen, des ewigen Lebens Beginn« gelangt, weist die Kirche den Weg durch Buße und Bewusstmachen der Sündhaftigkeit zur Sündenvergebung und Erneuerung durch Christi Tod und Auferstehung. Bereits in der Vorfastenzeit warnt der Sonntag des Pharisäers und Zöllners vor Hochmut und Selbstgerechtigkeit. Besagt der Sonntag des Verlorenen Sohnes, dass bei wahrer Demut und Buße Vergebung möglich ist, verweist der dritte Vorfastensonntag zugleich auf den Ernst des Gerichtes. Und den

Vergebungssonntag, den Versöhnungstag vor den Großen Fasten mit dem Vergebungsritus, verbindet man mit Besuchen, um sich mit Freunden und Bekannten auszusöhnen.

Das Besondere der vierzigtätigen Großen Fasten zeigt sich in deren gottesdienstlicher Gestaltung. Da die Bußhaltung der Fastenzeit mit Trauer über die eigenen Sünden verknüpft, die Göttliche Liturgie aber vom Freudencharakter geprägt ist, feiert man diese nur sonnabends und sonntags, die so in gewisser Weise aus der Fastenzeit herausgenommen sind. Um trotzdem an Wochentagen die Möglichkeit zur Kommunion anzubieten, zelebriert man mittwochs und freitags die Liturgie der vorgeweihten Gaben unter Verwendung von am Sonntag in der Göttlichen Liturgie konsekriertem Brot und Wein. In der Großen Woche (Karwoche) erinnert der Große und heilige Donnerstag an Jesu letztes Abendmahl, die Einsetzung des Sakraments der Eucharistie, und die Gläubigen strömen in die Kirche, um zu kommunizieren. Im bischöflichen Gottesdienst vollzieht man den Ritus der Fußwaschung (Joh 13,1–11) zum Zeichen dafür, dass dem Bischof vor allem der Dienst für die Brüder aufgetragen ist. Der Große und heilige Freitag, Christi Todestag, ist ein Tag strengsten Fastens ohne Liturgie (Eucharistie).

Als »Fest der Feste« überstrahlt Ostern als Tag der Auferstehung Christi nicht nur das ganze Kirchenjahr, sondern prägt auch alle orthodoxe Frömmigkeit. Die sich über mehrere Stunden hinziehende Osternacht verbindet mehrere Gottesdienstarten miteinander. Nach Verlesung der ganzen Apostelgeschichte folgt der österliche Mitternachtsgottesdienst. Währenddessen wird das seit Karfreitag inmitten der Kirche aufgebahrte Grabtuch auf den Altar gelegt, wo es bis Himmelfahrt liegenbleibt zur Erinnerung an die vierzig Tage, an denen der Auferstandene noch auf Erden unter den Seinen weilte. Priester und Gläubige verlassen die Kirche zur Prozession. Punkt Mitternacht öffnet sich das Kirchentor; die Prozession kehrt in die Kirche zurück unter wiederholtem Singen des Ostertroparions: »Christus ist auferstanden von den Toten, hat durch den Tod vernichtet den Tod und denen in den Gräbern das Leben gebracht.« Mit dem Ostergruß »Christus ist auferstanden«, der Antwort »Er ist wahrhaftig auferstanden« sowie dem Bruderkuss als Ausdruck der sich auf Kreuz und Auferstehung gründenden Versöhnung beglückwünschen sich Geistliche und Gemeinde gegenseitig. Nach dem Osterkanon des Johannes von Damaskos und der Osterpredigt des Johannes Chrysostomos wird die Chrysostomosliturgie zelebriert. Die zentrale Aussage fasst der Hymnus zusammen: »Schaut: Durch das Kreuz kam Freude in alle Welt. Immer preisen wir den Herrn. Immer singen wir seiner Auferstehung Hymnen. Denn aus Liebe zu uns hat er erduldet das Kreuz, durch den Tod vernichtet den Tod.«

Nach dem Himmelfahrtstag verbindet das Pfingstfest die Zusammengehörigkeit der Glaubensaussage, dass sich mit dem Herabkommen des Heiligen Geistes die göttliche Heilsökonomie im Wirken der Dreifaltigkeit offenbart. In der Zeit bis zum Ende des Kirchenjahres erinnert das Petrusfasten (Apostelfasten) an das Beispiel der Apostel, die, erfüllt vom Heiligen Geist, sich durch Fasten und Gebet auf den Dienst der Verkündigung des Evangeliums vorbereiteten und zum Vorbild für andere wurden.

III. Gottesdienstformen

A. Die Göttliche Liturgie

Die Göttliche Liturgie erweist sich als das Zentrum des kirchlichen Lebens, weil sich hier nicht nur die Teilhabe am Wort, sondern auch – in Gestalt der eucharistischen Gaben – an Leib und Blut Christi ereignet.

Im Unterschied zur einstigen liturgischen Vielfalt, die man in einigen orthodoxen Kirchen heute wiederzubeleben versucht, haben sich die beiden nach Johannes Chrysostomos und

Basileios d.Gr. benannten Liturgien durchgesetzt. Letztere ist durch die längeren Stillgebete des Priesters charakterisiert und wird nur an zehn Tagen des Kirchenjahres zelebriert.

1. Die *Proskomidie*. Während vor der Bilderwand für die Gemeinde vernehmbar die Psalmen und Gebete der 3. Stunde und der 6. Stunde des Tageszyklus verlesen werden, wird der Rüstakt (Proskomidie), für die Gemeinde unsichtbar, am Rüsttisch an der nordöstlichen Wand des Altarraums vollzogen: die Zubereitung der Abendmahlsgaben als abbildhaftes Geschehen im Gedenken sowohl der Geburt Christi als seines Opfertodes.

Für die Abendmahlsbrote (Prosphoren) verwendet man gesäuerten Teig (Mt 13,33). Die erste der gewöhnlich fünf Prosphoren symbolisiert die Person Jesu Christi. Im Gedenken an Jesu Kreuzesopfer wird mit Hilfe eines Messers als Symbol der Lanze, mit der einer der Kriegsknechte Jesu Seite öffnete, unter an Geburt und Kreuzestod erinnernden Gebeten jenes quadratische Prosphorenteil herausgetrennt, das bei der Eucharistie als Christi Leib zur Kommunion dient. Im Rüstakt legt man es als »Lamm« auf den Diskos (Patene), umgeben von den anderen Prosphoren entnommenen Partikeln für die Gottesmutter, die »Wolke der Zeugen« des Alten und Neuen Testaments sowie besonders verehrte Heilige, schließlich – unter Einbeziehung der von Gemeindegliedern in den Altarraum gereichten Prosphoren – für Lebende und Verstorbene, derer fürbittend gedacht werden soll. Der darüber gesetzte Sternenbügel wird ebenso wie der mit Wein gefüllte Kelch mit einem Deckchen versehen.

2. Die *Liturgie der Katechumenen* war ursprünglich der Teil des Gottesdienstes, an dem auch die Taufbewerber (Katechumenen) teilnehmen konnten. Im Mittelpunkt stehen die Lesungen und – in dieser Hinsicht wird heute variiert – die Wortverkündigung in Gestalt der Predigt.

Zum Zeichen, dass Gott in Christus die Welt mit sich versöhnte und Frieden mit den Menschen stiftete, beginnt der Diakon, mit der rechten Hand sein Orarion emporhaltend, die Große oder Friedensektenie, das Große Bittgebet: »Lasset uns in Frieden den Herrn anrufen ...«, das auch in die Agenden der evangelischen Kirchen Eingang gefunden hat. Nach drei Antiphongesängen (als dritte die Seligpreisungen) wird, das Kommen des menschgewordenen Wortes symbolisierend, im Kleinen Einzug das Evangelienbuch vom Altar durch die nördliche Tür der Bilderwand bis vor die Königstür und dann wieder auf den Altar getragen. Auf das Dreimalheilig folgen die Lesungen, Epistel und Evangelium sowie weitere Ektenien.

3. Die *Liturgie der Gläubigen*. Im Mittelpunkt dieses Teiles, an dem einst nur die Getauften teilnehmen durften, steht die Feier der heiligen Eucharistie. Beim Erklingen des feierlichen Cherubimhymnus werden erneut Altarraum, Bilderwand und Gemeinde beräuchert. Priester und Diakon tragen unter Vorantragen eines Leuchters als Symbol der sakramentalen Ankunft des Gekreuzigten und Auferstandenen im Großen Einzug die in der Proskomidie vorbereiteten Abendmahlselemente vom Rüsttisch durch die nördliche Tür der Bilderwand und durch die Königstür, stellen sie im Gedenken der Grablegung auf den Altar. Zur Versinnbildlichung des verschlossenen Grabes werden die Königstür geschlossen und der Vorhang zugezogen. Das heute vielerorts von der Gemeinde mitgesungene Nizänokonstantinopolitanische Glaubensbekenntnis leitet über zum eigentlichen eucharistischen Geschehen, der Anaphora mit den Einsetzungsworten und der die Wandlung (griech. μεταβολή, kirchenslawisch *preloženie*) beschließenden Epiklese. Zwar verwendet die orthodoxe Kirche seit nachbyzantinischer Zeit auch den aus der lateinischen Scholastik stammenden Begriff der »Substanzwandlung« (lat. *transsubstantiatio*; griech. μετουσίωσις; kirchenslawisch *presuščestvlenie*), widersetzt sich aber der Versuchung, das Dass der Wandlung rational erfassen zu wollen.

Die Brotbrechung, das Zerteilen des auf dem Diskos liegenden »Lammes«, und der Gesang des Vaterunser leiten über zur Kommunion. Im Altarraum empfangen die Geistlichen ein Stück des heiligen Brotes und trinken anschließend aus dem Kelch. Auch die Gemeindeglieder, die zuvor bei der Beichte die Absolution empfangen haben müssen, kommunizieren unter beiderlei Gestalt. Für sie werden die restlichen Teile des »Lammes« in kleine Teilchen zerschnitten und in den Kelch gegeben. Mittels des Kommunionslöffels erhält jeder Kommunizierende ein vom Wein durchtränktes Brotteilchen. Nach Taufe und Myronsalbung sind auch Kinder zur Kommunion berechtigt. Kleinkinder erhalten jedoch noch kein Brotteilchen (»feste Speise«, Hebr 5,12–14), sondern nur einige Tropfen Wein.

In den Worten der Danksagung wird nochmals das Heilsgeschehen vergegenwärtigt: »Da wir die Auferstehung Christi gesehen haben, lasst uns den heiligen Herrn, Jesus, den allein Sündlosen, anbeten ...« Mit dem Zurücktragen des Kelches auf den Rüsttisch wird der Gedanke an die Himmelfahrt verbunden.

Zum Schluss treten die Gläubigen an den Priester heran und küssen sein Handkreuz, das Kreuz als Zeichen des Sieges Christi über Sünde und Tod. Dabei empfangen sie das ἀντίδωρον, die nicht konsekrierten, aber während der Anaphora gesegneten Teile der Prosphoren, eine Erinnerung an die Liebesmahle (Agapen) der Alten Kirche. Im Unterschied zur Eucharistie kann es jeder, auch der nichtorthodoxe Gottesdienstteilnehmer, erhalten.

B. Die Nachtwache

Davon ausgehend, dass Jesus »über Nacht im Gebet zu Gott blieb« (Lk 6,12), umfasst die Nachtwache den Abendgottesdienst, den Morgengottesdienst und die erste Stunde. Man zelebriert sie vielerorts vor jedem Sonntag, besonders aber am Vorabend von Festtagen und hervorgehobenen Heiligengedenktagen als Vorbereitung auf den am folgenden Tag zu zelebrierenden eucharistischen Hauptgottesdienst, die Göttliche Liturgie.

Der Abendgottesdienst preist Gott als den Schöpfer, der den Menschen Heil und Frieden bringt. Er steht im Zeichen des Alten Testaments und weist doch bereits darauf hin, dass dieses seine Erfüllung im Neuen Testament findet. Er verbindet den Dank für den vergangenen Tag mit der Bußhaltung gegenüber den an diesem Tag begangenen Sünden. Außerdem gedenkt man des mit dem neuen gottesdienstlichen Tage speziell verbundenen Inhalts.

Zur symbolischen Verdeutlichung der Gebete und Lesungen erinnert die zunächst geöffnete Königstür an die offene Himmelstür wie auch daran, dass die Ureltern des Paradieses teilhaftig waren. Ihr Schließen verbindet den Gedanken des Von-Gott-Getrennt-Seins nach dem Sündenfall und der Vertreibung aus dem Paradies. Zu den »Lichterpsalmen« (»Herr, ich rufe zu dir, erhöre mich ...«) werden alle Kerzen entzündet. Und der »Abendliche Einzug« des Priesters in den Altarraum deutet symbolisch auf das Kommen Christi zum Heil der Welt.

Einst haben sich die Gläubigen in einer Pause zwischen den langen nächtlichen Gottesdiensten mit gesegnetem Brot gestärkt. Daraus entstand der Ritus der Brotsegnung. Das Verständnis von Heil beschränkt sich in der orthodoxen Kirche nicht auf das Seelenheil. Deshalb werden Nahrungsgüter gesegnet und darum gebetet, dass sie im eigenen Ort und in der ganzen Welt reichlich vorhanden sein mögen.

Der Morgengottesdienst leitet zu den Aussagen des Neuen Testaments über, von Christi Menschwerdung bis zur Auferstehung. Mit seinem Kommen in diese Welt wurde ein neuer Anfang geschenkt. So beginnt der Morgengottesdienst mit dem dreimaligen Lobgesang der Engel bei der Geburt Christi (Lk 2,14). Verlesen wird der »Hexapsalm«, dessen Worte von innerer Not zeugen, die Gott sucht und allmählich in ihm Ruhe findet. Es erklingt das πολυέλειον, ein aus Versen der Psalmen 134 (135) und 135 (136) bestehender Lobgesang von dem, der »reich an Erbarmen« ist. Als Evangelium wird in der sonntäglichen Nachtwache stets ein Auferstehungsbericht verlesen, vor den Festtagen die jeweilige Festperikope. Dann wird das Evangelienbuch in der Mitte der Kirche auf ein Pult gelegt. Als Zeichen der Verehrung des Auferstandenen treten die Gläubigen heran, küssen es und verneigen sich tief. An Festtagen geschieht dasselbe bei der ausgelegten Ikone. Zur Erinnerung an die Liebesmahle der ersten Christen, die sich mit wohlriechendem Öl salbten, zeichnet der neben dem Evangelienbuch oder der Ikone stehende Priester auf die Stirn der Hinzutretenden als Segenszeichen ein Kreuz mit geweihtem Öl. Der Morgengottesdienst klingt mit Lobgesängen aus.

Den Abschluss der Nachtwache bildet die »1. Stunde«, darin das Gebet des Priesters vor der Christusikone: »Christus, du wahres Licht, das einen jeden Menschen, der in diese Welt kommt, erleuchtet und heiligt: Lass sich auf uns zeichnen das Licht deines Angesichts ...«

C. Die Liturgie der vorgeweihten Gaben

Es ist ein Gottesdienst an Wochentagen der Großen Fasten, bei dem zur Kommunion Abendmahlsgaben verwendet werden, die zuvor in einer Volliturgie (Chrysostomos- oder Basilius-Liturgie) konsekriert wurden. Diese Liturgie beginnt mit der 3., 6. und 9. Stunde. Da keine Konsekration der eucharistischen Gaben erfolgt, fehlen die Proskomidie und die entsprechenden Teile der ἀναφορά (Anaphora). Im Wesentlichen besteht diese Liturgie aus dem Abendgottesdienst und dem Kommunionsteil. Verwendet wird zuvor konsekriertes Brot, das auf dem Altar im Gabenbehälter aufbewahrt wurde. Dazu nimmt man nichtkonsekrierten Wein, der gleichsam durch das Einsenken der geweihten Brotteilchen seine Weihe erhält. Da Kleinkinder ohne Brot kommunizieren und folglich nichtgeweihten Wein erhalten würden, können sie bei dieser Liturgie nicht an der Kommunion teilhaben.

D. Die Predigt

Besonders unter der jahrhundertelangen muslimischen Fremdherrschaft beschränkte sich Gottesdienst vielerorts auf das Bewahren und Weitergeben der von reichem Verkündigungsgehalt geprägten liturgischen Texte. Priester, die ohne entsprechende Ausbildung ihren Dienst versehen mussten, begnügten sich deshalb mit dem festliegenden gottesdienstlichen Schrifttum.

Doch von alters her stellt für die orthodoxen Kirchen die Predigt einen unabdingbaren Bestandteil der Gottesdienste dar. Zu allen Zeiten gab es hervorragende Prediger. Heute betont man erneut die Festlegung des 2. Trullanum vom Jahre 691 (can.19): »Die Kirchenvorsteher müssen täglich, aber besonders am Sonntag, das Volk belehren und die Schrift nach der Auslegung der Väter erklären.« Der Predigtausbildung wird große Aufmerksamkeit gewidmet.

Gegenstand der Predigt kann ein Bibeltext, der Festgehalt des Tages oder das Gedenken des Tagesheiligen sein. Für die Auslegung werden die Werke der Kirchenväter als reiche Quelle gesehen. Es gibt bei den meisten Predigern große Zurückhaltung gegenüber aktuellen Tagesproblemen. Zunehmende Bedeutung erhält dagegen der auf Grundfragen des Glaubens und des Kircheseins eingehende unterweisende Charakter der Predigt.

Immer wieder betont man, dass nur der überzeugend predigen kann, der sich in seinem eigenen Leben von Gott her bestimmt weiß.

E. Weitere gottesdienstliche Handlungen

1. Die *Sakramente*. Geistliches Leben erweist sich für die Orthodoxie in hohem Maße als ein liturgisch-sakramentales Geschehen, als Heilserfahrung durch die in der Kirche und durch die Kirche vermittelten Gnadengaben. Wie der Katholizismus führt die Orthodoxie alle sieben

Sakramente direkt oder indirekt auf Christus bzw. die apostolische Zeit zurück. Doch betonen manche orthodoxen Theologen, dass nicht nur die Sakramente Gottes Gnade vermitteln, sondern der gesamte Gottesdienst voll Gnade ist.

Das Ritual der Taufe ist, obwohl die seit altkirchlicher Zeit geübte Kindertaufe das Normale wurde, noch heute von der ursprünglich vorherrschenden Erwachsenentaufe geprägt. Sie ist mit prä- und postbaptismalen Riten verbunden. Für die Vorbereitung gibt es kurz nach der Entbindung für die Mutter die Gebete am ersten Tag, für das Kind am achten Tag das Gebet für die Namensgebung, der Ritus des vierzigsten Tages (Lk 2,23 f.) ist mit Reinigungsgebeten für die Mutter verbunden. Der Taufe voraus geht der Exorzismus, die – bei Kleinkindern von den Paten gesprochene – Absage an das Böse. Die Taufe im Namen des Vaters, des Sohnes und des Heiligen Geistes geschieht durch dreimaliges Untertauchen oder Eintauchen und Übergießen.

Die der katholischen Firmung vergleichbare Myronsalbung schließt sich unmittelbar an die Taufe an. Als postbaptismale Salbung stützt sich dieses Sakrament auf Apg 8,17; 19,5–6; I Joh 2,27; II Kor 1,21–22; I Kor 3,16, vermittelt die helfende Gnade zum Wachstum und zur Stärkung im geistlichen Leben. In Einheit mit der Taufe wird man – auch Kinder – durch die Myronsalbung zu vollberechtigten Gliedern der Kirche, die an allen Sakramenten teilhaben können und dem allgemeinen Priestertum aller Gläubigen (I Petr 2,9) zugehören.

Die im Sakrament der Buße erfolgte Lossprechung ist Voraussetzung der Teilnahme an der Eucharistie. Beichtpflicht besteht vom Alter von sieben Jahren an. Im Unterschied zur katholischen Auffassung haben die Bußstrafen in der Orthodoxie keinen verdienstlichen (meritorischen) oder genugtuenden (satisfaktorischen) Charakter, sondern sind im Sinne der Heilsökonomie pädagogischer Art, eine geistliche Hilfe zur Sinnesänderung (μετάνοια).

Die in der Göttlichen Liturgie vollzogene Eucharistie ist durch die hier erfahrene Teilhabe an Leib und Blut Christi höchster Ausdruck von Kirchesein. Das Kreuzesopfer ist einmalig und unwiederholbar, im eucharistischen Opfer wird es in seiner lebenspendenden Wirkung immer wieder aktualisiert durch den Priester als sichtbares Werkzeug, in dem Christus unsichtbar und geheimnisvoll handelt. Die orthodoxe Kirche lehnt es ab, die eucharistische Gemeinschaft mit anderen Kirchen (Interkommunion) als ein Mittel auf dem Wege zu neuer kirchlicher Einheit zu vollziehen. Sie sieht in der Abendmahlsgemeinschaft ein künftiges Siegel der erreichten Einheit.

Das Wesen des Ehesakraments besteht auch nach orthodoxer Auffassung im gegenseitigen Treueversprechen, das vor dem Priester abgelegt und von ihm gesegnet wird. Doch sehen viele Theologen den sakramentalen Charakter vornehmlich oder ganz in der priesterlichen Einsegnung. Am Tage der Trauung sollen die Brautleute nach vorheriger Beichte an der Göttlichen Liturgie und damit an der Eucharistie teilnehmen. Daran schlicßt sich das Verlöbnis mit Segensbitten und dem Anstecken der Ringe an. Es folgt der eigentliche Trauritus, die Krönung, mit dem Eheversprechen (soll nicht in der klassischen liturgischen, sondern in der Muttersprache erfolgen) und, im Namen der Dreifaltigkeit, der Segnung mit der Brautkrone und den Worten: »Herr, unser Gott, kröne sie mit Ruhm und Ehre«. Das Ehesakrament wird nicht gespendet: dienstags, donnerstags und samstags, an Vortagen vieler Feste und während der Fastenzeiten.

Das Sakrament der Weihe zu den hierarchischen Ämtern wird in drei Stufen vollzogen, jeweils während der Göttlichen Liturgie: die Diakonsweihe nach der Konsekration der eucharistischen Gaben, sodass der neue Diakon schon mit den Geistlichen zusammen kommuniziert; die Priesterweihe nach dem Großen Einzug, um bei der Konsekration erstmals zu konzelebrieren; die Bischofsweihe, der die beim Ritus der Nominierung verkündete Wahl vorausgeht, nach dem Kleinen Einzug. Die nicht dem Mönchtum angehörenden Diakone und Priester sind in der Regel verheiratet, müssen aber die Ehe noch vor dem Erhalt der geistlichen Weihe eingehen.

Von der sakramentalen Weihe (*Cheirotonie*) zu unterscheiden ist die Einsegnung (*Cheirothesie*) für den Dienst des Lesers oder Sängers sowie zum Hypodiakon (Subdiakon).

Die heilige Ölung (Krankenölung) wurde in der Orthodoxie niemals wie im Katholizismus als Sterbesakrament (Letzte Ölung) verstanden, sondern als Hilfe zur Heilung von körperlicher und seelischer Krankheit sowie zur Befreiung von Sünden (Jak 5,14–15).

2. *Weiheriten und Amtshandlungen*. Die orthodoxe Kirche kennt eine ganze Reihe von Weiheriten und Amtshandlungen nichtsakramentalen Charakters. Da auch sie durch Gebet und Segen Gnadenhaftes vermitteln, kann man sie als Ergänzung der Sakramente verstehen.

Erwähnt wurde bereits die Einsegnung zu den kirchlichen Diensten. In diesem Zusammenhang ist auch die im Abendland als Mönchs»weihe« verstandene Aufnahme in den Mönchsstand zu erwähnen.

Besonders hervorzuheben ist der Begräbnisritus und das Totengedenken. Am Bett des Sterbenden gibt es einen Gebetsgottesdienst zum Ausgang der Seele. Dem angekleidet in den Sarg gelegten Toten wird als Symbol der »Krone der Gerechtigkeit« (II Tim 4,8) zur Fürbitte ein Stirnband aufgelegt. Nach der *Panichida*, dem ursprünglich ganznächtlichen Gebet an der Totenbahre, findet in der Kirche nach der Liturgie oder nach dem Abendgottesdienst das Totenoffizium statt, das von inniger Frömmigkeit geprägt ist. Neben dem jährlichen rituellen Gedenken des Todestages am in der Kirche befindlichen *Kanún*, einem Tischchen mit einer Kreuzigungsdarstellung und Haltern zum Aufstellen der Kerzen, gibt es an mehreren Tagen des Kirchenjahres das allgemeine Totengedenken.

In den orthodoxen Kirchen benutzt man Wasser zum Weihen des Kirchengebäudes und aller gottesdienstlichen Gegenstände, auch die verschiedenen Segnungen werden vom Besprengen mit Wasser begleitet, sei es der Osterspeisen, einer neuen Wohnung oder auch eines Arbeitsgerätes. Die Große Wasserweihe erfolgt zu Epiphanias, die Kleine Wasserweihe an Kirchweihfesten oder auf Wunsch der Gläubigen.

Schließlich seien die Bitt- und Dankgottesdienste verschiedenen Inhalts und verschiedener Form erwähnt, bei denen Gottes Gnade erbeten oder für erfahrene Wohltaten gedankt wird. Sie können sich in der Kirche an die Liturgie, den Morgen- oder Abendgottesdienst anschließen, aber auch in Privathäusern oder anderswo gefeiert werden.

Anhang:

Die seit dem 5./6. Jh. von der byzantinisch orientierten östlichen Orthodoxie losgelösten altorientalischen (vor-chalkedonische) Nationalkirchen der orientalischen Orthodoxie (sog. Monophysiten) sowie die Apostolische und Katholische Kirche des Ostens (Assyrische Kirche, sog. Nestorianer; zur Begrifflichkeit und Charakterisierung dieser Kirchen vgl. Döpmann), sind von ähnlichem Gottesdienstverständnis geprägt. Die altkirchliche liturgische Vielfalt blieb bei ihnen stärker erhalten, z.B. die Markus-Liturgie bei den Kopten, die Jakobusliturgie bei den Syrern. Bei den Äthiopiern ist neben der Sonntags- auch die Sabbatheiligung verbreitet. Manche Bräuche der byzantinischen Kirche wurden auch nach der Verselbstständigung übernommen. Man hält weithin am Julianischen Kalender fest.

Die Armenische Apostolische Kirche feiert als einzige christliche Kirche das beide Inhalte zusammenfassende »Fest der Geburt und Erscheinung Christi« am 6. Januar. Als einzige der Ostkirchen verwendet sie beim Abendmahl ungesäuertes Brot und nicht mit Wasser vermischten Wein. Die bischöfliche Mitra ähnelt der der katholischen Bischöfe. In neuerer Zeit spielt man im Gottesdienst die Orgel bzw. das Harmonium.

Quellen

AGPEYA. Das koptische Stundenbuch, Würzburg 1984. – Die ARMENISCHE LITURGIE, mit deutscher Übers. von Sona Eypper, Berlin 1996 (hektographiert). – Die GÖTTLICHE LITURGIE DER ORTHODOXEN KIRCHE, hg.v. Anastasios KALLIS. Deutsch – Griechisch – Kirchenslawisch, Mainz 1993. – Die GÖTTLICHE LITURGIE DES HL. JOHANNES CHRYSOSTOMUS mit den besonderen Gebeten der Basilius-Liturgie im Anhang. A: Griechisch-Deutsch, B: Russisch-Kirchenslawisch-Deutsch, hg.v. Fairy von Lilienfeld, Erlangen 1979 (OIKONOMIA Bd. 2). – Die GÖTTLICHE LITURGIE IM RITUS DER SYRO-ANTIOCHENISCHEN KIRCHE UND DER MALANKARISCHEN KIRCHE, hg.v. Johannes Madey, Paderborn [3]1992. – Die GÖTTLICHE LITURGIE, serbisch-deutsch, Himmelsthür 2001. – Die KOPTISCHE LITURGIE des hl. Basilios und des hl. Gregorios mit Abend- und Morgenweihrauch, Köln 1990.

Literatur

Karekin BEKDSCHIAN, Die Armenische Apostolische Kirche und ihre Liturgie: Kyrios NF 12 (1972) 107–115. – Hans-Dieter DÖPMANN, Die orthodoxen Kirchen, Berlin 1991. – EUCHARISTIE DER EINEN KIRCHE. Liturgische Überlieferung und kirchliche Gemeinschaft. Gemeinsame Kommission der Griechisch-Orthodoxen Metropolie von Deutschland und der römisch-katholischen Kirche von Deutschland, Bonn 1989. – Karl Christian FELMY, Die Deutung der Göttlichen Liturgie in der russischen Theologie, Berlin/New York 1984. – Ders., Vom urchristlichen Herrenmahl zur Göttlichen Liturgie der Orthodoxen Kirche. Ein historischer Kommentar, Erlangen 2000 (OIKONOMIA 39). – Wolfgang HAGE, Art. Nestorianische Kirche: TRE 24 (1994) 264–276. – HANDBUCH DER OSTKIRCHENKUNDE, hg.v. Hans-Joachim Schulz/Wilhelm Nyssen/Paul Wiertz, Bd. II, Düsseldorf 1989. – Lothar Heiser, Die Taufe in der orthodoxen Kirche, Trier 1987 (SOPHIA 25). – Anastasios KALLIS (Hg.), Doxologie. Eine Handreichung zum orthodoxen liturgischen Leben, Münster 1992. – MYSTERIUM DER ANBETUNG, hg.v. Sergius Heitz, Bd. I: Göttliche Liturgie und Stundengebet der Orthodoxen Kirche, Köln 1986; Bd. III: Die Mysterienhandlungen der Orthodoxen Kirche und das tägliche Gebet der orthodoxen Gläubigen, Köln 1988. – Kallistos WARE, Art. Gottesdienst VI. Orthodoxe Kirche: TRE 14 (1985) 46–51.

Hans-Dieter Döpmann

Gottesdienst im römisch-katholischen Kontext

Der Kontext, von dem hier zu handeln ist, hat sich im 20. Jh. bemerkenswert geändert. Die Veränderung besteht zunächst einmal darin, dass das Gottesdienstverständnis der römisch-katholischen Kirche erstmals amtlichen Niederschlag gefunden hat, und zwar in einem Dokument des Zweiten Vatikanums (1962–1965), das der höchstrangigen Gruppe von Konzilsdokumenten angehört, der Konstitution über die heilige Liturgie »Sacrosanctum Concilium« (SC). Sie wurde am 4. Dezember 1963 bei nur vier Gegenstimmen mit 2147 Ja-Stimmen verabschiedet.

Die Änderung besteht ferner darin, dass nach 400 Jahren weitgehenden Stillstands, der sich im Gefolge des Konzils von Trient ergeben hatte, nachdem erstmals vom Papst approbierte Einheitsliturgiebücher des römischen Ritus mit gewissen Einschränkungen weltweit verpflichtend vorgeschrieben (Brevier 1568; Missale 1570) oder nachdrücklich empfohlen (Rituale Romanum 1614) worden waren, nunmehr wieder Bewegung in die Formenwelt der römisch-katholischen Liturgie gekommen ist.

Der von Papst Paul VI. eingesetzte Rat (Consilium) zur Durchführung der Liturgiekonstitution (Bugnini 72–103) hat in erstaunlich kurzer Zeit (1964–1969) eine Gesamtreform der Römischen Liturgie erarbeitet, die sich in neuen, von Rom in lateinischer Sprache herausgegebenen liturgischen Büchern niedergeschlagen hat. Nach Maßgabe dieser Modellausgaben (Editiones typicae) ließen die jeweils zuständigen Bischofskonferenzen die entsprechenden volkssprachlichen Ausgaben für den liturgischen Gebrauch erstellen, wobei ihnen nicht nur ein Übersetzungs- sondern auch ein Anpassungsrecht zusteht (SC 37–40.63.77). Die von den Bischöfen approbierten Fassungen bedürfen der nachträglichen römischen Bestätigung. Das so vom Konzil intendierte Zusammenwirken der Ortskirchen mit dem Apostolischen Stuhl in der liturgischen Gesetzgebung ist durch das neue Kirchenrechtsbuch jedoch wieder zugunsten einer faktischen römischen Alleinzuständigkeit verändert worden (CIC 1983 can. 838).

Unsere Beschreibung des Gottesdienstes im römisch-katholischen Kontext geht von den in den gottesdienstlichen Feiern tatsächlich fast ausschließlich benutzten liturgischen Büchern in der Volkssprache aus; die wichtigsten sind im deutschen Sprachgebiet das Messbuch (1975), das dreibändige Stundenbuch (1978–1980) und die Ritualeteile für die Feier der Sakramente (1971–1975; neu bearb.: Trauung 1992, Krankensakramente 1994, Erwachseneninitiation 2001) sowie des Begräbnisses (1972). Katholische Liturgiker des deutschen Sprachgebietes haben 1983 mit der Herausgabe eines achtbändigen Handbuchs »Gottesdienst der Kirche« (GDK) begonnen, auf dessen reiche Auskünfte unsere Beschreibung immer wieder wird verweisen müssen.

Aus Raumgründen bleiben außer Betracht die traditionsreichen Eigenliturgien bestimmter Ortskirchen, vor allem die ambrosianische von Mailand und die altspanische von Toledo, die in erneuerter Gestalt nach dem Zweiten Vatikanum weiterleben, aber auch die Vielzahl der orientalischen Riten (Heinz/Feulner 972–984). Das Konzil hat den Liturgien der katholischen Ostkirchen »gleiches Recht und gleiche Ehre » (SC 4) zuerkannt wie dem Römischen Ritus, der zwar die verbreitetste, aber keineswegs die einzige Ordnung ist, nach der Katholiken Gottesdienst feiern.

I. Neu beantwortete Grundfragen

A. Das Wesen des Gottesdienstes

Das Wort »Gottesdienst« kann als Synonym für das Fremdwort »Liturgie« gelten, wenn man den Genitiv »Gottes« – ähnlich der alten benediktinischen Formel »Opus Dei« (Lengeling 1991, 287) – zugleich als Genitivus obiectivus (der von den Menschen Gott erwiesene Dienst) und Genitivus subiectivus (der von Gott den Menschen erwiesene Dienst) liest. Nur so gibt das Wort »Gottesdienst« wieder, was das Konzil unter »Liturgie« versteht: nicht nur Veranstaltung von unten, sondern auch und zuerst Gabe von oben. Die Beschreibung des gottesdienstlichen Geschehens SC 6 schließt mit dem Satz: »All das aber geschieht in der Kraft des Heiligen Geistes.« Das neue Verständnis des Gottesdienstes hat der Münsteraner Liturgiker Emil Joseph Lengeling (†1986) in seiner Definition der Liturgie zusammengefasst: »Liturgie ist die von der kirchlichen Gemeinschaft durch Christus, den Mittler zwischen Gott und den Menschen, im Heiligen Geist unter wirksamen Zeichen und in rechtmäßiger Ordnung vollzogene Aktualisierung des Neuen Bundes« (1991, 285). Weil dieser Neue Bund in Tod und Auferstehung Jesu Christi gipfelt, kann das Konzil selbst sein »Schlüsselwort« vom *mysterium paschale*, dem Pascha-Mysterium, immer wieder (etwa SC 5 f.) auch auf die Liturgie anwenden.

Wichtig an der Definition Lengelings ist, dass als Träger der Liturgie nicht etwa der Klerus, sondern die kirchliche Gemeinschaft bezeichnet wird. In diesem Kontext betont das Konzil bezüglich der Rolle der Laien bei der Eucharistiefeier, dass sie »nicht nur durch die Hände des Priesters, sondern auch gemeinsam mit ihm« die Opfergabe auf dem Altar darbringen (SC 48). Hier ist die Vorstellung von der Eucharistiefeier als einem frommen Schauspiel, dem die Gläubigen als Zuschauer – gegebenenfalls nur als stumme Zuschauer (ebd.) – »beiwohnen«, in der katholischen Kirche endgültig überwunden. Die Rolle der Gläubigen wird nun für die Messe, aber auch für alle anderen gottesdienstlichen Feiern, als bewusste, fromme und tätige Teilnahme »mit geistlichem Gewinn« für die Teilnehmenden (SC 11) umschrieben.

B. Die Sprache des Gottesdienstes

Entscheidend für den säkularen Übergang zur im Grunde uralten Form der aktiven Partizipation der Gläubigen an der Eucharistiefeier und dem liturgischen Geschehen allgemein war der vom Zweiten Vatikanum vier Jahrhunderte nach der Reformation endlich inaugurierte Einlass der Muttersprache in die katholische Liturgie. Er hat in den Konzilsdokumenten eher zaghaft (SC 36) begonnen, wurde aber im Gefolge des Konzils auf breiter Front bis zur Gesamtumsetzung möglich (allerdings ohne dass je der gottesdienstliche Gebrauch des Lateinischen auch für die neuen Texte oder die freie Koexistenz muttersprachlicher und lateinischer Texte verboten worden wäre). Fromme und tätige Teilnahme am gottesdienstlichen Geschehen ist eigentlich nur möglich, wenn für den Normalfall die Barriere einer für den Großteil der Teilnehmenden fremden Kultsprache beseitigt und der unmittelbar verstehende Zugang zum liturgischen Wort (und zu seiner Spiritualität) geöffnet wird. Die Zustimmung zu diesen Gedankengängen und Maßnahmen im deutschen Katholizismus war erstaunlich breit, aber nicht einhellig.

C. Die Kirche als Subjekt des Gottesdienstes. Das Zusammenspiel der Dienste

Für das Reformwerk, das die Konstitution ausgelöst hat, ist entscheidend die oben gekennzeichnete Grundeinsicht, dass nicht der Klerus, sondern die Kirche, d.h. Klerus und Laien gemeinsam, Subjekt des Gottesdienstes sind und dass letztere »kraft der Taufe« zur tätigen Teilnahme

»berechtigt und verpflichtet sind« (SC 14). Es gibt etwa in der Messe neben der Rolle des priesterlichen Vorstehers Laiendienste, die man ausgefüllt sehen möchte (SC 29), so den Dienst des Lektors, Kantors und Organisten. Ihr Beitrag ist nicht Rankenwerk, sondern Bestandteil der Liturgie. So wird ausdrücklich in SC 29 auch vom Beitrag der Mitglieder des Kirchenchores gesagt, dass sie einen »wahrhaft liturgischen Dienst« ausüben, ohne – wie früher – die Sängerinnen von dieser Qualifikation auszuschließen (Lengeling 1965, 292 f.). Auch Mädchen gehören als Ministrantinnen inzwischen zum normalen Erscheinungsbild des nachkonziliaren katholischen Gottesdienstes, seit 1992 mit offizieller römischer Billigung (NPlH 349).

II. Neu gestaltete Formenwelt des römisch-katholischen Gottesdienstes

Am Beginn der einzelnen Abschnitte dieses Teiles wird jeweils zunächst das im deutschen Sprachgebiet geltende nachkonziliare liturgische Buch zitiert, dazu die jüngste umfassende Äußerung der katholischen deutschen Liturgiewissenschaft zur nachkonziliaren Gestalt dieses Liturgiebuches im Handbuch GDK, gegebenenfalls weitere (ausschließlich deutschsprachige) Literatur.

A. Gottesdienst im Rhythmus des Tages

Texte: Die Tagzeitenliturgie (Stundengebet): (SC 83–101). – Die Feier des Stundengebetes. Stundenbuch für die katholischen Bistümer des deutschen Sprachgebietes. Authentische Ausgabe für den liturgischen Gebrauch, Einsiedeln u.a. 1978: 1. Advent und Weihnachtszeit, 2. Fastenzeit und Osterzeit, 3. Im Jahreskreis; dazu 16 Faszikel Lektionar 1978 bis 1980. Klöckener/Rennings 1989; Ringseisen.

Die entscheidende Neuerkenntnis im Bereich des für die geweihten Kleriker und Ordensleute täglich verbindlichen Stundengebets ist die, dass es bei diesem Tagzeitengebet, dessen »Angelpunkte« (SC 89) das tägliche Morgenlob (Laudes) und das tägliche Abendlob (Vesper) sind, nicht primär um ein Klerusgebet, sondern um ein »Kirchen-Gebet« geht, zu dessen Mitvollzug auch Laien eingeladen sind (SC 100). Die früher übliche Hore zum Arbeitsbeginn am Morgen, Prim genannt, ist entfallen. Zwischen dem Morgen- und dem Abendlob werden weiterhin von den zum Chor verpflichteten Ordensgemeinschaften die drei »kleinen Horen« Terz, Sext und Non zur dritten, sechsten und neunten Stunde, gefeiert; »außerhalb des Chores darf man eine davon auswählen, die der betreffenden Tageszeit am besten entspricht.« (SC 89 e). Die Psalmen haben wieder wie im Früh-Mittelalter Überschriften, die eine christliche Interpretation der alttestamentlichen Lieder anbieten, lassen ihnen aber jeweils eine Haupt-Überschrift vorausgehen, die den Wortsinn des Psalms zusammenfasst (Fischer 1982, 126–131). Nach langem Hin und Her hat man aus dem Psalter der Tagzeitenliturgie erstmals einige für den christlichen Beter schwer vollziehbare Stücke (»Fluchpsalmen«) ausgeschieden, eine Maßnahme, die z.T. heftigen Widerspruch ausgelöst hat (Füglister; für die Eliminierung Hinricher). Vor allem hat man sich wieder darauf besonnen, dass ein wesentliches Element dieser Volk-Gottes-Liturgie sowohl im öffentlichen wie im privaten Vollzug die Fürbitte für die Menschen und für die Welt ist und hat anknüpfend an fast unkenntlich gewordene Relikte in das Morgenlob Bitten für die versammelte Gemeinde, in das Abendlob Fürbitten für die Welt eingefügt.

B. Gottesdienst im Rhythmus der Woche. Die sonntägliche Feier der Eucharistie

Zum Sonntag (SC 106): Auf der Maur 1994, 35–49; Altermatt/Schnitker/Heim; NPlH 474–478. – Zur Eucharistiefeier (SC 49–58): Meyer 1989, 305–363.372.

So selbstverständlich die Konzilsdokumente mit werktäglicher Feier der Eucharistie rechnen, so hat die Eucharistiefeier an Sonntagen und gebotenen Feiertagen einen eigenen Rang, weil man von den ersten Anfängen an vor allem am »Wochen-Ostern« die Eucharistie gefeiert hat; hier liegt die Wurzel der »Sonntagspflicht«. In diesem Sinn ist die Mitfeier der Eucharistie für einen großen Teil der aktiven Gläubigen Gottesdienst im Rhythmus der Woche. Der markante Artikel SC 106 über den Sonntag, der die »Sonntagspflicht« aus der Sonntags-Spiritualität ableitet, krönt eine Entwicklung, die im neueren Katholizismus in den letzten Jahrzehnten im Rückgriff auf altchristliche Spiritualität bedeutsam angewachsen ist. Der Sonntag wird wieder als Wochen-Ostern und damit als »Ur-Feiertag« gewertet.

Die wichtigsten nachkonziliaren Reformen in der Feier der Eucharistie sind die folgenden:

1. Das im Zentrum der Feier stehende, die Abendmahlsworte enthaltende große eucharistische Dankgebet, entsprechend der Anregung des Liturgiehistorikers Anton Baumstark (1872–1948) heute allgemein treffend *Hochgebet* genannt, ursprünglich nur in der einen Form des sog. römischen Kanons vorgesehen, wird im erneuerten Messbuch in vier Fassungen zur Auswahl angeboten (von denen der alte römische Kanon in leicht bearbeiteter Textgestalt die erste ist). Hinzugetreten sind drei Hochgebete für Messfeiern mit Kindern, zwei Hochgebete unter dem Thema »Versöhnung« und zuletzt (1991/95) ein Hochgebet in vier Varianten (»Schweizer Hochgebete«) für »Meßfeiern in besonderen Anliegen«. Weitere Texte erlaubte Rom für bestimmte Regionen und Anlässe (Heinz/Rennings, Gratias agamus).

2. Im Bereich des *Wortgottesdienstes* an Sonntagen und Hochfesten ist jeweils vor der Lesung aus dem »Apostel« und dem Evangelium eine erste Lesung aus dem Alten Testament (in der Osterzeit aus der Apostelgeschichte) vorgesehen; im deutschen Sprachgebiet gilt noch die Ausnahmeregelung, dass zwischen erster und zweiter Lesung Auswahlmöglichkeit besteht (Meyer 1989, 336 Anm. 80). Dem Anliegen des Konzils, den »Tisch des Gotteswortes« reicher zu decken (SC 51) dient die Einführung eines Dreijahreszyklus in der Leseordnung für die Sonn- und Feiertage sowie die Ausstattung aller Tage des Jahres, nicht nur der Heiligengedächtnisse, mit eigenen Messperikopen (Nübold).

3. Die *Predigt* wird nicht mehr wie früher als Unterbrechung, sondern als »Teil der Liturgie« gewertet und soll normalerweise an die verlesenen Schrifttexte anknüpfen (SC 52).

4. Das Allgemeine Gebet *(Fürbitten)* hat seinen alten Platz nach der Homilie wiedererhalten (SC 53); es macht die horizontale Dimension der sonntäglichen Zusammenkunft (betendes Eintreten für die Welt) jedesmal neu bewusst (Meyer 1989, 338).

5. Wichtig ist, dass das Konzil die *Teilnahme der Gläubigen am Kelch* – in der katholischen Kirche des zweiten Jahrtausends außer Gebrauch gekommen – grundsätzlich wieder ermöglicht hat. In SC 55 geschieht diese Wiederzulassung noch restriktiv. Die nachkonziliare Entwicklung hat dann aber zu fast genereller Zulassung geführt (vgl. NPlH 239–241). Wenn die angebotene Möglichkeit auch noch zu selten genutzt wird, so ist die grundsätzliche Ermöglichung der einst auch in der katholischen Kirche und anderwärts in der Ökumene selbstverständlichen Vollgestalt von hoher, nicht zuletzt ökumenischer Bedeutung (Meyer 1989, 498–500). Im Laufe der nachkonziliaren Entwicklung ist dann auch die altchristliche Weise des Empfangs der Brotgestalt auf die Hand (Meyer 1989, 500 f.) wieder möglich (nicht verpflichtend) geworden. Auf die den Kommunikanten jeweils zugesprochene Spendeformel »Der Leib/Das Blut Christi« antworten diese mit »Amen«. Wenn man hinzunimmt, dass der kniende Empfang zwar weiter möglich, aber nicht mehr verbindlich und weithin außer Gebrauch gekommen ist, kann man von einer fast vollständigen Rückkehr zur Formenwelt der Kommunion im ersten Jahrtausend sprechen. Wenn man die gebliebene Wahlfreiheit in allen Punkten mit bedenkt, darf man von einem sympathischen Entgegenkommen gegenüber der Mentalität des heutigen Menschen

sprechen, das inzwischen, von unwesentlichen Turbulenzen abgesehen, trotz der hohen Empfindlichkeit in diesem Bereich als im deutschen Sprachgebiet allgemein angenommen bezeichnet werden kann.

6. *Konzelebration* (Meyer 1989, 371 f. 488–497). Das in der alten Kirche geläufige, dem christlichen Osten vertraut gebliebene Phänomen, dass gegebenenfalls mehrere Priester gemeinsam der Eucharistiefeier vorstehen können (Jungmann I,258–263), war in der römisch-katholischen Kirche im Lauf der Jahrhunderte bis auf wenige Reste (bei Priester- und Bischofsweihe) verloren gegangen. Es wurde vom Konzil wiederhergestellt (SC 57–58), weil man das gleichzeitige Nebeneinander vieler sog. stiller Messen im selben Raum mehr und mehr als unerträglich und der Würde des Geschehens (das ja zusammenführen, nicht trennen soll) zuwiderlaufend empfand. Die nach langen Diskussionen gefundene Lösung, bei der die Konzelebranten die Abendmahlsworte mit leiser Stimme mit dem Hauptzelebranten mitsprechen, ist vielleicht noch nicht das letzte Wort in dieser vieldiskutierten Frage; aber das oft beklagte Ärgernis, das sich regelmäßig bei Zusammenkünften von Priestern ergab, ist vorerst einmal durch grundsätzliche Rückkehr zu alter, vom Osten bewahrter Überlieferung beseitigt (NPlH 271–274).

7. *Messfeier mit Kindern* (Hermans). In der Liturgiekonstitution war in SC 38 lediglich von »Anpassung an verschiedene Gemeinschaften« die Rede. Erst 1973 ist im Nachgang zu den Arbeiten des Consilium in Rom ein Direktorium für die Messen mit Kindern erschienen (Rennings/Klöckener 3115–3169). 1974 sind neu verfasste Hochgebete für die Eucharistiefeier mit dieser Zielgruppe in deutscher Sprache herausgegeben worden. Seit 1981 gibt es für das deutsche Sprachgebiet als Studienausgabe ein eigenes Lektionar für Gottesdienste mit Kindern (Meyer 1989, 374 Anm. 101).

8. *Messen im kleinen Kreis*. Vgl. dazu die 1970/1 für das deutsche Sprachgebiet approbierten Richtlinien (Meyer/Schermann 132–139; Meyer 1989, 373–375).

C. Gottesdienst im Rhythmus des Jahres

Texte: Der nachkonziliare römische Generalkalender von 1969 (Rennings/Klöckener 1268–1332); Die Neuordnung der Eigenkalender und der Eigentexte für Stundengebet und Messe von 1970 (Rennings/Klöckener 1908–1911; NKD 29 [1975]).

Die römisch-katholische Kirche hat das Konzil auch als Gelegenheit zu einer längst fälligen Kalender-Reform genützt.

1. *Herrenjahr*. Hier war für die nicht immer gewahrte gebührende Vorrangstellung des Herrenjahres gegenüber dem Heiligenjahr (SC 108) zu sorgen. Die 40-tägige Fastenzeit wird stärker in ihrer alten Beziehung zu Ostern und zur Taufe gesehen (SC 109); im Deutschen Messbuch erhält sie den zusätzlichen Namen »Österliche Bußzeit«. Die früher ihr vorgelagerte, drei Sonntage umfassende sog. Vorfastenzeit (Septuagesima, Sexagesima, Quinquagesima) hat man fallengelassen, um die Quadragesima in ihrer ursprünglichen Ausdehnung wieder klar herauszustellen.

Zu der in der Ökumene vieldiskutierten Frage der Wiedergewinnung eines gemeinsamen Ostertermins hat sich das Konzil in einer an die Liturgie-Konstitution angehängten eigenen Erklärung ausgesprochen. Sie besagt, dass die katholische Kirche der Festlegung des Ostertermins auf einen bestimmten Sonntag im Gregorianischen Kalender nicht widerstrebt, wenn alle, besonders die »getrennten Brüder«, zustimmen. Weiter erklärt die katholische Kirche, dass sie den Versuchen zur Einführung eines immer währenden Kalenders im bürgerlichen Leben nicht von vornherein ablehnend gegenübersteht, wenn die Siebentagewoche mit dem Sonntag gewahrt bleibt, ohne Einbeziehung eines »wochenfreien Tages« (Lengeling 1965, 248–251; Harnoncourt, bes. 32–38).

2. *Heiligenjahr* (SC 103–104.111; Auf der Maur 1994, 1). Die Marienfeste behalten im römisch-katholischen Kontext ihren alten Rang unterhalb der Herrenfeste, aber vor allen anderen Heiligenfesten. Der besonders sorgfältig formulierte einschlägige Art. SC 103 hat auch bei den Beobachtern aus der Ökumene Anerkennung gefunden (Bugnini 202–223).

Zwei Kernsätze betonen die christologische Dimension der Heiligenverehrung: »In den Gedächtnisfeiern der Heiligen verkündet die Kirche das Pascha-Mysterium in den Heiligen, die mit Christus gelitten haben und mit ihm verherrlicht sind« (SC 104), und SC 111: »Die Feste der Heiligen künden die Wunder Christi in seinen Knechten« (sinngemäß zu ergänzen: »und Mägden«). Die sich hier ergebende plausible Regel heißt: »Daher soll das Herrenjahr vor dem Heiligenjahr den ihm zukommenden Platz erhalten« (SC 108). Heiligenfeste von überwiegend lokaler Bedeutung hat man aus dem Generalkalender entfernt und in die National-, Regional- bzw. die Eigenkalender der Bistümer aufgenommen. Eine andere Tendenz der Kalenderreform hat einige Turbulenzen beim Kirchenvolk hervorgerufen: die Verlegung einiger volkstümlicher Heiligenfeste (die bisher an einem sekundären Termin gefeiert wurden) auf den klassischen, altchristlichen Termin vor allem der Märtyrergedächtnisse, den Todestag des jeweiligen Heiligen. SC 111 statuiert das dem alten Kalender fremde Prinzip, nach dem im Universalkalender nur Heilige gefeiert werden sollen, »die wirklich von allgemeiner Bedeutung sind« (diese allgemeine Bedeutung kann allerdings auch dadurch gegeben sein, dass bestimmte Heilige bestimmte Zonen der katholischen Weltkirche vertreten und damit in der jährlichen Wiederkehr ihrer Feier deren Katholizität zum Bewusstsein bringen, etwa der 1969 weltweit eingeführte Gedenktag der Uganda-Märtyrer des 19. Jh. am 3. Juni).

D. Gottesdienst im Rhythmus des Lebens

1. *Christliche Initiation* (SC 64–71)

Texte: Die Feier der Kindertaufe in den katholischen Bistümern des deutschen Sprachgebietes, Einsiedeln u.a. 1971. – Die Feier der Firmung in den katholischen Bistümern des deutschen Sprachgebietes, Einsiedeln u.a. 1973. – Die Feier der Eingliederung Erwachsener in die Kirche nach dem neuen Rituale Romanum. Studienausgabe, Einsiedeln u.a. 1975. – Die Eingliederung von Kindern im Schulalter in die Kirche. Studienausgabe, Einsiedeln u.a. 1986. Die Feier der Eingliederung Erwachsener in die Kirche. Grundform. Manuskriptausgabe zur Erprobung, hg. von den Liturgischen Instituten Deutschlands, Österreichs und der Schweiz, Trier 2001.

Das Konzil hat die bei erwachsenen Kandidaten normalerweise in der Osternacht zusammen gefeierten Sakramente Taufe, Firmung und Eucharistie erstmals in der Geschichte des liturgischen Sprachgebrauchs in Art. 14 des Missionsdekrets »Initiation« genannt; vgl. jetzt auch im CIC 1983 can. 879. Bezüglich der Eucharistie ist das eine Wiederentdeckung ersten Ranges. Nach zaghaften Ansätzen auf dem Konzil selbst (SC 66 rechnet noch mit evtl. Erwachsenen-Initiation ohne Katechumenat) wird im Gefolge des Konzils ein mehrstufiger Katechumenat für die Initiation Erwachsener (SC 64) pflichtmäßig eingeführt (vgl. CIC 1983, can. 851,1). 1975 erschien die deutsche Studienausgabe des entsprechenden Ritus; der Erarbeitung einer endgültigen Ausgabe für das deutsche Sprachgebiet dient die zur Erprobung 2001 eingeführte adaptierte Grundform für die Feier der Eingliederung Erwachsener. Die Grundentscheidung zugunsten einer Wiederherstellung des gestuften Katechumenats hat die Deutsche Bischofskonferenz gefällt, als sie 1986 angeordnet hat, überall, wo Erwachsene getauft würden, sei im Sinne von can. 851,1 ein Katechumenat einzurichten. Dort, wo diese Entwicklung weiter fortgeschritten ist (in Nordamerika gibt es inzwischen bereits mehr als 12.000 pfarrliche Katechumenate bei einer Gesamtzahl von 19.000 Pfarreien, vgl. Tebartz-van Elst 33) ist die erneuernde Wirkung auf die Gesamtseelsorge so greifbar, dass man dort von der Erneuerung der Erwachsenen-Initiation als von der wichtigsten Frucht des Konzils spricht.

Der nachkonziliare *Kindertaufritus* (vgl. Kleinheyer 1989, 171–190) hat die Mahnung von SC 67 zu endlich stärkerer Berücksichtigung der Eltern vor allem dadurch erfüllt, dass nicht mehr fiktiv Glaube und Taufbereitschaft des Säuglings erfragt werden, sondern Glaube und Bereitschaft zum Taufenlassen bei Eltern und Paten. Das Patenamt hat man nicht abgeschafft, weil es Einbindung des Täuflings in die größere ekklesiale Gemeinschaft ausdrückt (es ist zwar immer noch weithin üblich, war aber nie vorgeschrieben, die Paten aus der Verwandtschaft zu wählen). Die jedesmalige Weihe des Taufwassers außerhalb der Osterzeit ist theologisch bedeutsam, weil das »Hochgebet« der Feier (»Lobpreis und Anrufung Gottes über dem Wasser«) das Taufgeschehen jedesmal ausdrücklich »herabbetet«.

Der gemäß SC 71 erarbeitete nachkonziliare Ritus der *Firmung* hat (was manche bedauern) die orientalische Lösung der mit der Taufe verbundenen Firmung von Säuglingen nicht übernommen und statt dessen als Firmalter den alten Mittelwert des 7. Lebensjahres beibehalten, mit der Erlaubnis einer allgemeinen Heraufsetzung des Firmalters. Von ihr hat die Deutsche Bischofskonferenz zunächst keinen Gebrauch gemacht; erst die Gemeinsame Synode der deutschen Bistümer (1975) hat als Mindestalter für die Firmung das 12. Lebensjahr festgesetzt (Synodenbeschluss Sakramentenpastoral 3.4.1). Versuche, unter Rückgriff auf den Mittelwert der römischen Altersfestsetzung die alte Folge der Initiationssakramente wiederherzustellen (Firmung vor der Erstkommunion), gibt es vereinzelt. Bei der Eingliederung von Kindern im Schulalter und Erwachsenen ist sie einzuhalten. Vom Orient hat man die neue Firmformel übernommen: »N., sei besiegelt durch die Gabe Gottes, den Heiligen Geist«.

1974 erschien die deutsche Fassung der »Feier der Aufnahme gültig Getaufter in die volle Gemeinschaft der katholischen Kirche«. Hier ist bemerkenswert, dass von dem Übertretenden keine Abschwörung der Häresie mehr gefordert wird. Er spricht gemeinsam mit allen Anwesenden das Nizäno-Konstantinopolitanische Glaubensbekenntnis, dem er – allein sprechend – den Satz hinzufügt: »Ich glaube und bekenne alles, was die heilige katholische Kirche als Offenbarung Gottes glaubt, lehrt und verkündet«; gegebenenfalls schließt sich die Firmung an (Kleinheyer 1989, 264–266).

2. *Buße*

Text: Die Feier der Buße nach dem neuen Rituale Romanum. Studienausgabe, Einsiedeln u.a. 1974.

Der erst als Studienausgabe vorliegende Text bedarf noch der Anpassung an die pastoralen Bedürfnisse des deutschen Sprachgebietes, ehe die Ordnung von den Bischöfen approbiert und zur Konfirmation in Rom vorgelegt wird. Neben der »Feier der Versöhnung für einzelne« sieht die Neuordnung die »Gemeinschaftliche Feier der Versöhnung mit Bekenntnis und Lossprechung der einzelnen« und eine »Gemeinschaftliche Feier der Versöhnung mit allgemeinem Bekenntnis und Generalabsolution« vor. Empfohlen werden auch Bußgottesdienste ohne sakramentale Absolution. Die Neufassung der »Absolutionsformel« verdeutlicht gut die ekklesiale Dimension des Bußsakramentes. Ein Gewinn ist auch die Wiederherstellung der Handauflegung in ihrer Vollgestalt als der alten Rekonziliationsgebärde (vgl. Meßner, 208–238).

Zu den schwierigen Fragen, die sich für die Zukunft dieses Ritus angesichts der in den letzten Jahrzehnten dramatisch gesunkenen Beichtfrequenz ergeben, vgl. Meßner (229–238).

3. *Eucharistie* (vgl. o. Messe)

4. *Krankensalbung*

Text: Die Feier der Krankensakramente. Die Krankensalbung und die Ordnung der Krankenpastoral in den katholischen Bistümern des deutschen Sprachgebietes. 2. Aufl., Solothurn u.a. 1994.

In der Wertung des Sakraments der Krankensalbung ist das Konzil in SC 73–75 – wenn auch noch etwas zaghaft – zur alten Konzeption zurückgekehrt, die sich deutlich in den Gebeten widerspiegelt, mit denen das Krankenöl am Gründonnerstag (oder an einem passenden Tag in der ersten Hälfte der Karwoche) wohl schon seit dem 4. Jh. geweiht wird. Sie war nicht primär als Sakrament der Sterbenden, sondern als Sakrament der Schwerkranken gedacht. Von hierher ist ihre neue nachkonziliare Gestalt in der Feier der Krankensalbung von 1975 bestimmt (Kaczynski 1992, 298–315; Heinz, Krankensakramente). Der Kompromiss des Weltkatechismus von 1993, der die Krankensalbung »auch« als »eine Vorbereitung auf die letzte Reise«, also gegebenenfalls wieder als Sterbesakrament sehen möchte (1523), hat die Rückkehr zur ursprünglichen Sinngebung verwischt. Neu ist die Bestimmung, dass im Notfall, d.h. wenn das vom Bischof für das ganze Bistum in der Heiligen Woche geweihte Öl nicht vorhanden oder nicht erreichbar ist, der Priester Olivenöl oder anderes pflanzliches Öl für die Feier des Sakraments weihen kann. Gesalbt werden nicht mehr, wie früher, die fünf Sinne, sondern nur noch Stirn und Hände. Durch die jüngste Entwicklung des Diakonates ist der Wunsch in der katholischen Kirche laut geworden, man möge die Spendung der Krankensalbung auch Diakonen gestatten; entsprechende Anfragen in Rom wurden jedoch bisher negativ beantwortet.

5. *Weihesakrament (Ordination)*

Text: Die Weihe des Bischofs, der Priester und der Diakone. Pontifikale für die katholischen Bistümer des deutschen Sprachgebietes. Bd. 1, Freiburg i.Br./Basel/Wien 1994.

Der Bischofsweihe hat man unter Verzicht auf mittelalterliche Nachfolge-Formen des Weihegebets mit ihrer »Überstrapazierung typologischer Rede« (Kleinheyer 1984, 53) die älteste im Westen bezeugte Gestalt dieses Gebetes aus der Traditio Apostolica (3. Jh.) wiedergegeben. Die Redeweise bei den ausdeutenden Riten ist so, dass die im Neuen Testament begründete Zentralität der Handauflegung der weihenden Bischöfe nicht mehr verwischt wird.

Bei der Diakonenweihe hat man für Diakone, die Priester werden wollen, ein (bisher nicht übliches) öffentliches Versprechen des Zölibats eingefügt (Kleinheyer 1984, 59); es entfällt sinngemäß bei den Anwärtern des sog. Ständigen Diakonats, den das Zweite Vatikanische Konzil mit der Maßgabe eingerichtet hat, dass seine Inhaber verheiratet sein können (Konstitution »Lumen Gentium«, Art. 29; vgl. Kleinheyer 1984, 57); die Neufassung des Ritus eröffnet die Möglichkeit, bei der Weihe verheirateter Diakone deren Ehefrauen mit einem eigenen Versprechen in den Ritus einzubeziehen.

Bei der Priesterweihe war das wichtigste Ziel der Reform, die im Neuen Testament verankerte, aber im Lauf der Jahrhunderte verwischte Grundgestalt (Handauflegung und Gebet) wieder deutlich zu machen. Das brachte den Wegfall der sekundären zweiten Handauflegung am Ende der Feier mit sich (Kleinheyer 1984, 50). Die Pflicht, die Weiheansprachen des 13. Jh. vorzulesen, war nach dem Übergang zur Muttersprache nicht mehr aufrechtzuerhalten; lediglich für Notfälle (etwa: anderssprachiger Bischof) behielt man (neu gefasste) Modellansprachen bei, erklärte aber das freie Wort des weihenden Bischofs als die Normallösung. Zur Gesamtentwicklung und zu den Einzelheiten der Reform der Ordinationsriten vgl. Kleinheyer (1984, 6–59). In der zweiten Auflage der Feier der Priesterweihe von 1993 wurde dem nach der Weise des Mittelalters von den alttestamentlichen Vorbildern des christlichen Priestertums bestimmten alten Weihetext ein stärker neutestamentliches Gepräge gegeben.

6. *Trauung*

Text: Die Feier der Trauung in den katholischen Bistümern des deutschen Sprachgebietes. 2. Aufl., Zürich u.a. 1992.

Bezüglich der Trauung hatte das Konzil in SC 78 angeordnet, dass der Brautsegen »in geeigneter Weise überarbeitet werden solle, sodass die gleiche gegenseitige Treuepflicht beider Brautleute betont werde«. Auch der Anschein solle vermieden werden, hatte man auf dem Konzil gesagt, als wende sich die Trauliturgie deshalb so intensiv der Braut zu, weil sie ihre Treue als besonders gefährdet betrachte. So ist in der Feier der Trauung von 1975 aus dem Brautsegen ein »Brautleutesegen« geworden, der deutlich macht, dass beide Brautleute für ihre Treue in gleicher Weise des Segens Gottes bedürfen (zu den Einzelheiten vgl. Kleinheyer 1984, 28–136).

Von der zusammen von der Deutschen Bischofskonferenz und dem Rat der EKD erstmals 1971 herausgegebenen Gemeinsamen Trauung mit dem Untertiel »Ordnung der Kirchlichen Trauung für konfessionsverschiedene Paare unter Beteiligung der Pfarrer beider Kirchen« (Kleinheyer 1984, 141–146) ist mittlerweile eine von den beiden Kirchen erarbeitete Neufassung mit dem Titel »Gemeinsame Feier der Kirchlichen Trauung« erschienen (1995).

7. *Begräbnis*

Text: Die Kirchliche Begräbnisfeier in den katholischen Bistümern des deutschen Sprachgebietes, Einsiedeln u.a. 1972.

Der nachkonziliare Begräbnisritus trägt dem Wunsch des Konzils (SC 81) nach stärkerer Österlichkeit vor allem durch reicheren Psalmengebrauch und entsprechende Lesungen (Kaczynski 1984, 223 f.) Rechnung; die in gleichem Zusammenhang geforderte – beim Begräbnis besonders wichtige – stärker regionale Gestalt ist dadurch gewährleistet, dass es die in SC 63 b vorgesehene Anpassungsmöglichkeit gibt. In den letzten Jahrzehnten hat sich gerade auf diesem Sektor ein so erheblicher zivilisatorischer Wandel ergeben, dass eine Neufassung des Begräbnisritus dringend notwendig und auch schon in die Wege geleitet ist.

8. *Segnungen*

Texte: Benediktionale. Studienausgabe für die katholischen Bistümer des deutschen Sprachgebietes, Einsiedeln u.a. 1978 (Pastoralliturgische Reihe in Verbindung mit der Zs. Gottesdienst). – De Benedictionibus. Editio typica, Rom 1984.

Aus der Fülle katholischer Segnungen (vgl. Kaczynski 1984, 239–274) hat das nachkonziliare deutsche Benediktionale (Heinz/Rennings 1987) eine kritische Auswahl vorgelegt, die dem in diesem Punkt erheblich gewandelten Empfinden Rechnung trägt, u.a. bei Segnung von Gegenständen durch besondere Berücksichtigung der Menschen, die den Gegenstand gebrauchen werden. Ein Dokument ökumenischer Annäherung in diesem Bereich ist die von einer interkonfessionellen Arbeitsgruppe erstellte Handreichung »Ökumenische Segensfeiern«.

III. Die Zukunft des römisch-katholischen Gottesdienstes

Vielleicht die wichtigste Frucht der Liturgiekonstitution ist, dass der römisch-katholische Gottesdienst, wenn die in SC 37–40 aufgestellten »Regeln zur Anpassung an die Eigenart und Überlieferungen der Völker« in Anspruch genommen werden, nie mehr die alte starre Uniformität haben wird. Ein erstes Beispiel solcher nachkonziliarer Inkulturation römisch-katholischer Liturgie ist der afrikanische neue Messritus der Diözesen von Zaire (Kongo), der am 30.4.1988 die römische Konfirmation erhielt. Diese Feierform der Eucharistie steht in Kontinuität mit der römischen Tradition, lebt aber in vielen Details aus der religiösen Kultur der Bantuvölker Zentralafrikas: Gebrauch der einheimischen Musikinstrumente, afrikanische Gebärdensprache (Tanz), Anrufung der Ahnen, angepasster Gebetsstil (vgl. Bertsch). Wenn man z.Z. auch allgemein in der katholischen Kirche ein Zögern, ja eine ausgeprägte Reserve gegenüber weitergehenden Reformen feststellen muss, so wird man doch hoffen dürfen, dass vor allem in den jungen Kirchen auf die Dauer die Erkenntnis der Unentbehrlichkeit einer in Sprache und »Klima« einheimischen Liturgie, für die das Konzil die Tür geöffnet hat, wachsen und zu den nun endlich möglich gewordenen Lösungen führen wird.

Quellen

Emil Joseph LENGELING, Die Konstitution des Zweiten Vatikanischen Konzils über die heilige Liturgie, München [2]1965 (RLGD 5/6). – Hans-Bernhard MEYER/Josef SCHERMANN (Hg.), Der Gottesdienst im deutschen Sprachgebiet. Liturgische Dokumente, Bücher und Behelfe, Regensburg 1982 (StPaLi 5). – Heinrich RENNINGS/Martin KLÖCKENER (Hg.), Dokumente zur Erneuerung der Liturgie, 3 Bde, Kevelaer 1983–2001.

Literatur

1. *Handbuch:* Gottesdienst der Kirche. Handbuch der Liturgiewissenschaft (GDK), 8 Bde., Regensburg ab 1983. Bisher erschienen: Bd. 3: Gestalt des Gottesdienstes. Sprachliche und nichtsprachliche Ausdrucksformen (mit Beitr. von A. Ronald SEQUEIRA, Gottesdienst als menschliche Ausdruckshandlung; Karl-Heinrich BIERITZ u.a., Wort und Musik im Gottesdienst; Michael B. MERZ, Gebetsformen der Liturgie; Rupert BERGER, Naturelemente und technische Mittel; Die liturgischen Geräte; Liturgische Gewänder und Insignien; Johannes H. EMMINGHAUS, Der gottesdienstliche Raum und seine Ausstattung), 1987 [2]1990. – Bd. 4: Hans-Bernhard MEYER, Eucharistie. Geschichte, Theologie, Pastoral. Mit einem Beitrag von Irmgard PAHL (Die Feier des Abendmahls in den Kirchen der Reformation), 1989. – Bd. 5: Hansjörg AUF DER MAUR, Feiern im Rhythmus der Zeit I. Herrenfeste in Woche und Jahr, 1983 (2. Aufl. in Vorbereitung). – Bd. 6/1: Feiern im Rhythmus der Zeit II/1. Philipp HARNONCOURT, Der Kalender; Hansjörg AUF DER MAUR, Feste und Gedenktage der Heiligen, 1994. – Bd. 7/1: Sakramentliche Feiern I: Bruno KLEINHEYER, Die Feiern der Eingliederung in die Kirche, 1989. – Bd. 7/2: Sakramentliche Feiern I/2: Reinhard MESSNER, Feiern der Umkehr und Versöhnung; Reiner KACZYNSKI, Feier der Krankensalbung, 1992. – Bd. 8: Sakramentliche Feiern II: Bruno KLEINHEYER, Ordinationen und Beauftragungen; Riten um Ehe und Familie; Emmanuel VON SEVERUS, Feiern geistlicher Gemeinschaften; Reiner KACZYNSKI, Die Sterbe- und Begräbnisliturgie. Die Benediktionen. Der Exorzismus, 1984.

2. *Allgemeines:* Adolf ADAM, Erneuerte Liturgie, Freiburg (1972) [4]1980. – Ders., Grundriß Liturgie, Freiburg (1985) [7]1998. – Hansjakob BECKER/Bernd Jochen HILBERATH/Ulrich WILLERS (Hg.), Gottesdienst – Kirche – Gesellschaft. Interdisziplinäre und ökumenische Standortbestimmungen nach 25 Jahren Liturgiereform, St. Ottilien 1991 (PiLi 5). – Annibale BUGNINI, Die Liturgiereform 1948–1975. Zeugnis und Testament, dt. Ausg. v. Johannes Wagner/François Raas, Freiburg 1988. – Andreas HEINZ/Hans-Jürgen FEULNER, Art. Liturgien: LThK 6 (1997) 972–984. – Michael KUNZLER, Die Liturgie der Kirche, Paderborn 1995. – Emil-Joseph LENGELING, Art. Liturgie/Liturgie-wissenschaft: NHThG[2] 3 (1991) 279–305. – Theodor MAAS-EWERD (Hg.), Lebt unser Gottesdienst? Die bleibende Aufgabe der Liturgiereform [FS Bruno Kleinheyer], Freiburg 1988. – NPlH. – Klemens RICHTER, Liturgie ein vergessenes Thema der Theologie? [FS Emil Joseph Lengeling], Freiburg (1986) [2]1987 (QD 107).

3. *Kirchenjahr:* Adolf ADAM, Das Kirchenjahr mitfeiern, Freiburg [8]1995. – Alberich Martin ALTERMATT/Thaddäus A. SCHNITKER/Walter HEIM (Hg.), Der Sonntag. Anspruch – Wirklichkeit – Gestalt [FS Jakob Baumgartner], Würzburg 1986. – Karl-Heinrich BIERITZ, Das Kirchenjahr. Feste, Gedenk- und Feiertage in Geschichte und Gegenwart, München 2001 (Beck'sche Reihe 447). – Philipp HARNONCOURT, Gesamtkirchliche und teilkirchliche Liturgie. Studien zum liturgischen Heiligenkalender und zum Gesang im Gottesdienst unter besonderer Berücksichtigung des deutschen Sprachgebietes, Freiburg 1974 (UPT 3).

4. *Tagzeitenliturgie:* Balthasar FISCHER, Die Psalmen als Stimme der Kirche. Gesammelte Studien zur christlichen Psalmenfrömmigkeit, hg.v. Andreas Heinz, Trier 1982. – Norbert FÜGLISTER, Vom Wort zur ganzen Schrift. Zur vorgesehenen Eliminierung der Fluchpsalmen aus dem neuen Römischen Brevier: StZ 184 (1969) 186–200. – Angelus A. HÄUSSLING, Ist die Reform der Stundenliturgie beendet oder noch auf dem Weg?: Maas-Ewerd 227–238. – Gemma HINRICHER, Die Fluch- und Vergeltungspsalmen im Stundengebet: BiKi 35 (1980) 55–59. – Martin KLÖCKENER/Heinrich RENNINGS (Hg.), Lebendiges Stundengebet. Vertiefung und Hilfe [FS Lucas Brinkhoff], Freiburg 1989. – Paul RINGSEISEN, Morgen- und Abendlob in der Gemeinde, Freiburg/Basel/Wien 1994.

5. *Eucharistiefeier*: Adolf ADAM, Die Messe in neuer Gestalt, Würzburg [2]1975. – Ludwig BERTSCH (Hg.), Der

neue Meßritus im Zaire. Ein Beispiel kontextueller Liturgie, Freiburg 1993 (TDW 18). – Johannes H. EMMINGHAUS, Die Messe. Wesen – Gestalt – Vollzug, Klosterneuburg [5]1992 (SPPI 1). – Andreas HEINZ/Heinrich RENNINGS (Hg.), Gratias agamus. Studien zum Eucharistischen Hochgebet [FS Balthasar Fischer], Freiburg 1992 (Pastoralliturgische Reihe Gottesdienst). – Jo HERMANS, Eucharistie feiern mit Kindern. Eine liturgiewissenschaftliche Studie über die Teilnahme des Kindes an der Eucharistiefeier in Vergangenheit und Gegenwart, Kevelaer 1991. – August JILEK, Das Brotbrechen. Eine Einführung in die Eucharistiefeier, Regensburg 1994. – Josef Andreas JUNGMANN, Missarum Sollemnia. Eine genetische Erklärung der römischen Messe I/II, Freiburg [5]1962. – Emil Joseph LENGELING, Die neue Ordnung der Eucharistiefeier. Allgemeine Einführung in das Römische Meßbuch, Münster [4]1972 (RLGD 17/18). – Theodor MAAS-EWERD/Klemens RICHTER (Hg.), Gemeinde im Herrenmahl. Zur Praxis der Meßfeier [FS Emil-Joseph Lengeling], Einsiedeln/u.a. 1976 (Pastoralliturgische Reihe Gottesdienst). – Elmar NÜBOLD, Entstehung und Bewertung der neuen Perikopenordnung des römischen Ritus für die Meßfeier an Sonn- und Festtagen, Paderborn 1986.

6. *Feier der übrigen Sakramente und Sakramentalien*: Adolf ADAM, Sinn und Gestalt der Sakramente, Würzburg 1975. – Matthias BALL/u.a. (Hg.), Erwachsene auf dem Weg zur Taufe. Werkbuch Erwachsenenkatechumenat, München 1997. – Balthasar FISCHER, Zum neuen römischen Ordo Paenitentiae vom 2. Dezember 1973: Dienst der Versöhnung. Umkehr, Buße und Beichte – Beiträge zu ihrer Theologie und Praxis, hg.v.d. Theologischen Fakultät Trier [FS Bernhard Stein], Trier 1974, 109–120 (TThSt 31). – Ders., Redemptionis mysterium. Studien zur Osterfeier und zur christlichen Initiation, hg.v. Albert Gerhards/Andreas Heinz, Paderborn 1992. – Andreas HEINZ, Die zweite Auflage der »Feier der Krankensakramente« in den katholischen Bistümern des deutschen Sprachgebietes: LJ 45 (1995) 131–151. – Ders./ Heinrich RENNINGS (Hg.), Heute segnen. Werkbuch zum Benediktionale [FS Balthasar Fischer], Freiburg 1987 (Pastoralliturgische Reihe Gottesdienst). – August JILEK, Eintauchen, Handauflegen, Brotbrechen. Eine Einführung in die Feiern von Taufe, Firmung und Erstkommunion, Regensburg 1996. – Hanns KERNER/Elmar NÜBOLD (Hg.), Ökumenische Segensfeiern, Paderborn/Stuttgart 1997. – Martin KLÖCKENER/Winfried GLADE (Hg.), Die Feier der Sakramente in der Gemeinde [FS Heinrich Rennings], Kevelaer 1986. – Emil-Joseph LENGELING, Todesweihe oder Krankensalbung: LJ 21 (1971) 193–213. – Manfred PROBST, Das neue Trauungsrituale der katholischen Bistümer des deutschen Sprachgebietes: LJ 42 (1992) 203–218. – Franz-Peter TEBARTZ-VAN ELST, Der Erwachsenenkatechumenat in den Vereinigten Staaten von Amerika. Eine Anregung für die Sakramentenpastoral in Deutschland, Altenberge 1993 (MThA 28).

Internet-Adresse: www.liturgie.de

Balthasar Fischer / Andreas Heinz

Gottesdienst im lutherischen Kontext

I. Bewahrung und Kritik

Der Zugang zum Gottesdienst ist im Luthertum stets von der bereitwilligen Rezeption der großen christlichen Liturgietradition geprägt gewesen und damit verbunden auch von gewissen konservativen Tendenzen in der konkreten örtlichen Praxis. Zugleich gehört zum lutherischen Zugang aber auch eine wachsame Kritik der Tradition und die Bereitschaft, deren Elemente neu zu ordnen, auch aufzugeben oder anders zu akzentuieren, wenn die »Klarheit des Evangeliums« Jesu Christi in der gemeindlichen Feier dies zu erfordern schien. So muss jede Diskussion über den Gottesdienst im lutherischen Kontext beides, Bewahrung und Kritik, als zentrale Merkmale dieses Kontextes beachten.

Was im lutherischen Umgang mit dem Gottesdienst geschieht, entspricht somit genau den verschiedenen anderen Ausdrucksweisen der lutherischen Präferenz für das Paradox und für überraschende Re-Arrangements: Die lutherische Reformation ist »die konservative Reformation« (Krauth), gekennzeichnet durch »gehorsame Rebellion« (Pelikan) und »evangelische Katholizität« (Brodd; vgl. Wiggermann). Das zentrale lutherische Interesse richtet sich auf beides, »katholische Substanz« und »protestantisches Prinzip« (Tillich). Die lutherischen Bekenntnisschriften nehmen *einen* Artikel des traditionellen katholischen Glaubens – Rechtfertigung – und empfehlen allen anderen Kirchen, diesen auch als den einen »Artikel, mit dem die Kirche steht oder fällt«, anzuerkennen (Gritsch/Jenson). Liturgie im Luthertum kann als Aktualisierung einer jeden dieser Aussagen gesehen werden. In der Tat ist für das lutherische Verständnis der Liturgie die Rechtfertigungslehre ein konkretes Instrument der Kritik, das immer wieder fragen lässt, ob eine überkommene Praxis das Evangelium unterstützt oder behindert. Dieses Instrument widersteht aber auch immer wieder der Versuchung, die Tradition zu verwerfen und unsere eigene Weise neu zu schaffen, als sei dies das einzig Richtige für den Gottesdienst. Der lutherische Zugang zur Liturgie bejaht das Paradox einer unerschütterlich festgehaltenen Tradition zugleich mit einer ebenfalls unerschütterlichen evangelischen Kritik. Zum Gottesdienst im lutherischen Kontext gehört also dieses Paradox eines konservativen Kritizismus oder eines kritischen Konservatismus zusammen mit all den anderen zentralen Paradoxien des Glaubens, die denen wichtig sind, die das Augsburger Bekenntnis zu ihrem eigenen machen: Gesetz und Evangelium, zwei Reiche, Schöpfung und Erlösung, »zugleich Gerechter und Sünder«, »dieser Mensch ist Gott«, »dieses Brot ist der Leib Christi«.

Natürlich kann diese doppelseitige Sichtweise auch irreleiten. Die Rezeption der Tradition wurde manchmal nur zu einer »Art und Weise, wie wir es immer getan haben«. Ehrfurcht vor der katholischen Tradition verkam dann einfach zum dickköpfigen lokalen Konservatismus der Lutheraner. Und die Reform und Kritik der Tradition – eine Reform, die vor allem die frühe Reformation zustande brachte durch starke Betonung des im Kontext der katholischen Liturgie gelesenen und gepredigten Wortes Gottes – wurde manchmal zu einer eigenen neuen Institution: Lutherische Liturgien wurden nur allzu oft in lange didaktische Übungen verwandelt, für die der Prediger die alleinige Verantwortung trägt. So kann die eigene jüngere Praxis die Bewahrung für sich in Anspruch nehmen und die Kritik aufgespart werden für die anderen.

Trotzdem sind die Bestrebungen, Tradition lebensfähig zu bewahren und zugleich lebhafter Kritik zu unterwerfen, im lutherischen Kontext gegenwärtig und werden so zu Quellen für den

Gottesdienst. Diese Bestrebungen werden nicht von einer zentralen Autorität auferlegt. Sie sind in der weltweiten Gemeinschaft lutherischer Kirchen einfach gegenwärtig im Umfeld des Gottesdienstes und seinen Voraussetzungen: in den frühesten lutherischen Vorschlägen zum Gottesdienst, in der lutherischen Katechese, in lutherischen Kirchengebäuden und Gottesdiensträumen, im Liedgut, in den lutherischen Bekenntnisschriften, in der »Luther-Renaissance« der Wissenschaft und in der lutherischen Liturgietheologie. Diese Bestrebungen haben oft Kreativität hervorgebracht und Erneuerungsbewegungen eingeleitet, in denen neue Offenheit gegenüber wichtigen Elementen der großen Tradition sich verband mit einer Bereitschaft, die eigene Praxis kritisch zu hinterfragen.

A. Bewahrung

Die lutherische Rezeption der Tradition kann selbst noch in der oberflächlichsten Begegnung mit dem Gottesdienst im lutherischen Kontext erkannt werden. Lutherische Kirchen »bewahren die Messe« ganz allgemein (*non abolere missam, sed religiose retinere ac defendere*, CA 24) und überraschen häufig andere Christen damit, wie weit abendländisch-katholische Formen übernommen sind und auch heute in diesen protestantischen Gemeinden in Gebrauch stehen. »Lutherische Liturgie« hat von ihrem Ursprung her keine separate Existenz. Sie ist einfach die historische, vortridentinische – ursprünglich sehr mannigfaltige – westlich-katholische Liturgie, wie sie sich in deutschen, skandinavischen, nordamerikanischen und dann afrikanischen, asiatischen, lateinamerikanischen und ozeanischen Kontexten entfaltet hat. Außerdem kennen viele lutherische Kirchen Gemeindeformen des Tagzeiten- oder Stundengebets, für Morgengebet (Mette), Mittagsgebet, Abendgebet (Vesper) und Nachtgebet (Komplet), wie sie z.B. auch im EG Nr. 783–786 zu finden sind. Sie halten die Taufe als zentrales Gemeindegeschehen. Sie ordinieren Vorsteher der Liturgie für Wortverkündigung und Sakramentsverwaltung. Sie sprechen die Vergebung der Sünden aus in der Einzelbeichte wie in gemeinschaftlichen Riten. Diese Kirchen bewahren fast immer die entwickelte westliche Form des Kirchenjahres und benutzen ein Lektionar, das diesem entspricht. Weitestgehend behalten sie die westlichen Formen des Kirchenbaus bei, fühlen sich in der großen Linie westlicher ikonographischer Tradition heimisch und nutzen die Traditionen des historischen lateinischen und muttersprachlichen Liedguts. Viele von ihnen verwenden Kerzen, Weihrauch und historische Gewänder.

Unter diesen bewahrten Traditionen kann vermutlich die Beibehaltung der Messe am besten als allgemeines Symbol für den lutherischen Umgang mit der Tradition gelten. So hatten die z.Z. der Reformation entstandenen eucharistischen Liturgien vor-lutherische Quellen. Zu diesen Quellen gehörten die verschiedenen lokalen Liturgien des westlichen Ritus, wie man sie in Mainz, Bamberg, Köln, Uppsala, Lund, Strängnäs usw. kannte, wie auch die Messbücher der Orden. Die späteren lutherischen Liturgien wurden aber auch beeinflusst von den verschiedenen Versuchen des frühen 16. Jh. zur Messreform. Wir kennen deutschsprachige Messordnungen aus Nördlingen (veröffentlicht von Kaspar Kantz) 1522, aus Worms, Alstedt (veröffentlicht von Thomas Müntzer) und Straßburg 1524. Sowohl Latein als auch Deutsch wurde ab 1524 in den erneuerten Messordnungen in Nürnberg verwendet. Eine schwedische Messordnung wurde 1531 in Stockholm veröffentlicht. All diese Formen waren ihrerseits beeinflusst von Martin Luthers eigenen Auseinandersetzungen mit der Bedeutung und den Verfremdungen der Messe, wie sie z.B. zu finden sind im »Sermon von dem hochwürdigen Sakrament des heiligen wahren Leichnams Christi« (1519) und in *»De captivitate Babylonica ecclesiae praeludium«* (1520). Zwar forderten diese und andere Schriften Reformen in der Praxis – wie z.B. die Kommunion unter beiderlei Gestalt für die Laien und die hörbare Verkündigung der Einsetzungsworte –, sie waren aber nicht in erster Linie mit praktischen liturgischen Lösungen befasst, sondern mit der zentralen theologischen Unterscheidung zwischen dem, was Gottes Barmherzigkeit uns als konstitutiv für das Sakrament geschenkt und was die Kirche in dankbarer Antwort hinzugefügt hat. Die Liturgie, die vorausgesetzt wurde, war die Messe.

Es gab aber Alternativen. Z.B. hielten sich große Teile Süddeutschlands und der Schweiz – zunächst auch Teile von Schweden – an den in ihrem Bereich volkstümlichen Pronaus, die im späten Mittelalter aus der Messe ausgewanderte selbstständige Predigtliturgie als Hauptquelle ihrer reformatorischen Liturgie. Diese bot eine muttersprachliche Form des Gottesdienstes, bei der Katechese und Predigt im Vordergrund stehen und deutsche Gesänge erklingen, was insgesamt der Vorbereitung der Gemeinde auf die Buße diente. Dies sollte nicht überraschen. Individuelle Buße statt der gemeinschaftlichen Eucharistie war für viele im Spätmittelalter das Hauptsakrament; die alte Vorbedingung für die Kommunion hatte hier dasjenige verdrängt, für das es ursprünglich als Vorbereitung gedient hatte. Die Bedeutung von Katechese und Bußpredigt, die Grundlagen des volkstümlichen muttersprachlichen Prädikantengottesdienstes, blieben auch für viele Protestanten weiterhin wichtig. Jedenfalls lebte dieser vom Pronaus geprägte Gottesdienst im Protestantismus noch weiter, vor allem in Nordamerika in seiner späteren Reinkarnation als »frontier ordo« (Gottesdienstgestalt im Grenzgebiet des »Wilden Westens«).

Aber die meisten frühen Lutheraner haben sich nicht für den Pronaus entschieden. Für sie war die Messe, die gemeinschaftliche Zusammenkunft zu Schriftlesung und Predigt, Danksagung und Kommunion, die Form des Sonntagsgottesdienstes, wobei der Bußakt jetzt zu einer Vermahnung vor der Kommunion wurde oder zu einem allgemeinen Sündenbekenntnis mit Generalabsolution oder zu beidem (die Absolution wurde in der Einzelbeichte auch weiterhin erteilt). Man kann es so sehen: Durch Neuordnung und veränderte Betonung wurde die »Buße« beibehalten, aber nun als »Wiedergang zur Taufe« (GrKat, BSLK 706) und zur Vorbereitung auf den Gang zum Tisch des Herrn. Die Kirche als eine Versammlung um Wort und Sakrament in voller Teilhabe an diesem Wort und Sakrament – das ist, was die Lutheraner über die ecclesia bekannten (CA 7). Genau dies stellten sie dar, wenn sie die erneuerte Messe feierten.

Die einflussreichsten Schriften zur Gestaltung der Liturgie waren in der Reformationszeit Luthers eigene, nur widerstrebend verfasste Beiträge: *»Formula missae et communionis pro ecclesia Wittembergensi«* (FMC 1523) und »Deutsche Messe« (DM 1526). Luther selbst widerstand im Gegensatz z.B. zu Thomas Müntzer der Versuchung, ausführliche liturgische Materialien zu veröffentlichen, damit diese nicht etwa neue, nun evangelische Zwänge aufrichteten und zum verpflichtenden Gesetz würden. Was er publizierte, war letztlich nicht eine Reihe liturgischer Bücher, nicht eine universell geltende Vorschrift, sicher nicht eine »neue Liturgie«, sondern waren zwei Aufsätze über den Gebrauch der Tradition in reformatorischer, d.h. evangelischer Weise, so wie sie in Wittenberg zu praktizieren versucht wurde. Luther schrieb keine Liturgie. Er stellte zwei Beispiele zur Verfügung, wie die traditionelle Messe evangelisch gefeiert werden kann. Und, das sollte man beachten, dies waren zwei Beispiele hierfür, die sich im Detail unterscheiden, nicht nur ein – vermeintlich noch dazu »autoritativer« – Vorschlag. In diesen beiden Schriften blieben der Aufbau der Messe und die Ratschläge zum Gebrauch der verfügbaren Traditionen außerordentlich konservativ.

B. Kritik

Aber jeder, der diese Aufsätze kennt, weiß, dass sie auch außerordentlich kritisch waren. Sie bewegten sich stetig hin bis zur Feier der ganzen Messe in der Muttersprache. Entgegen der weit verbreiteten spätmittelalterlichen Praxis suchten sie die Beteiligung des Volkes zu erreichen und ermutigten zum Liedgesang in der Messe selbst. Sie beurteilten herkömmliche Kollektengebete, Chortexte und Festtage nach dem evangelischen Verständnis der Frohen

Botschaft. Sie unterdrückten jedwede Erwähnung von »Opfer«, indem sie darauf drangen, die still gebeteten Offertorialgebete und den still gebeteten Römischen Kanon zu entfernen. Sie experimentierten mit verschiedenen Möglichkeiten, die für die Konsekration der Eucharistie bedeutsamen traditionellen Gebete neu zu arrangieren zu einer neuen Art Gebet und Verkündigung am Altar-Tisch. Sie ermutigten zur Predigt. In der Tat scheint ihr eigentliches Anliegen gewesen zu sein, die alte Messe zu nehmen – jeder Teilnehmer an diesen Liturgien hätte gewusst, dass es wirklich die Messe war, an der sie teilnahmen – und sie neu und kraftvoll zu einem Ort zu machen, an dem das Wort Gottes in aller Deutlichkeit vernommen wird inmitten einer ganz teilnehmenden Gemeinde.

Diese beiden Prinzipien – die Klarheit des Wortes und die Bedeutung der Partizipation – bleiben zwei der grundlegendsten kritischen Axiome im lutherischen Kontext des Gottesdienstes. Sie sind der Motor für das tiefe lutherische Interesse am Liedgesang der Gemeinde als einem wesentlichen Teil der Liturgie und in der Liturgie als einem wesentlich gemeinschaftlichen musikalischen Akt (Westermeyer). Diese Prinzipien stehen hinter der lutherischen Betonung der Predigt, dem frühen und heutigen lutherischen Interesse an dem häufigeren Abendmahlsempfang und dem allgemeinen lutherischen Interesse am Gebrauch einer schönen Form der jeweiligen Muttersprache im Gottesdienst (Ramshaw 2000). Es ist interessant festzustellen, dass, wenn diese Prinzipien kritisch auf die mittelalterlichen Traditionen des Gottesdienstes angewendet wurden, so wie sie an den Orten rezipiert wurden, in denen die lutherische Reformation zum Zuge kam, die Ergebnisse sich manchmal frühchristlichen liturgischen Traditionen annäherten. Große Stadtkirchen und Schulen begannen, Gemeindeformen des Morgen- und Abendgebets zu singen und brachten dabei die Ursprünge des »Stundengebets« in vorrangig »kathedraler« und nicht nur »monastischer« Praxis in Erinnerung. Prediger predigten wirklich über die Schriftlesung in der sonntäglichen Feier des Abendmahles, genau so wie es Ambrosius und Chrysostomus getan hatten. Und das Volk verstand immer mehr, worum es ging.

Es gab aber noch ein drittes grundlegendes Axiom der Kritik. Reform darf nicht erzwungen werden. Eigentlich gewinnt keine liturgische Praxis durch Zwang. Luthers zentrale liturgische Aufsätze wurden nur widerwillig veröffentlicht, wurden präsentiert als vorläufige Beispiele und waren voller Warnungen: »ja keyn nöttig gesetz draus machen« (WA 19,72). Luthers eigener Weg zur Liturgiereform war voller solcher Ratschläge. In den Invokavit-Predigten, die er 1522 nach seiner Rückkehr von der Wartburg in Wittenberg hielt, um auf Wiederherstellung von Bildern, Kommunion unter *einer* Gestalt und lateinischer Messe zu dringen, bis die nötigen Veränderungen mit weniger autoritären Einschränkungen eingeführt werden konnten, forderte er, dass eine Reform auf eine Weise zu geschehen habe, die wir »pastoral« bezeichnen würden, mit Unterweisung und mit Liebe. Und in der gegen Andreas Karlstadt gerichteten polemischen Schrift »Wider die himmlischen Propheten« (1525) argumentierte Luther, dass unter den Wittenbergern »ym kloster« die Messe mit großer Einfachheit gefeiert würde, so wie Karlstadt es forderte, ohne Messgewand oder Elevation, und »ynn der pfarr« mit vollem Zeremoniell, mit Albe, Messgewand, Elevation und Altar. Aber weder ein reiches Zeremoniell noch eine Schlichtheit der Feier, weder das »thun« noch das »lassen« waren aufgezwungen: »Wyr thun wie die Papisten, on das wyr die lere, gepot und zwang nicht leyden. Wyr lassen auch wie die Carlstadtischen, aber das verbot leyden wyr nicht. So sind nu der Bapst und D. Carlstad rechte vettern ym leren, den sie leren beyde, eyner das thun, der ander das lassen, wyr leren aber keynes und thuns beydes« (WA 18,113). Ob Luther den Papst und Karlstadt hier nun fair beschrieben hat oder nicht, das lutherische Erbe enthält in seinen besten Quellen immer eine grundlegende Kritik an allem Zwang in Fragen des Gottesdienstes, besonders wenn dieser Zwang sich auf göttliche Autorität zu gründen anmaßt, und die Forderung, dass Änderungen auf der Grundlage von Unterweisung und Liebe geschehen. Dies ist ein Erbe, das aufs Neue für die ganze ökumenische Kirche wichtig geworden ist in einer multikulturellen, postmodernen Zeit. Noch einmal muss aber daran erinnert werden, dass die Form der Liturgie, von der Luther sprach, ob einfach ausgeführt oder mit reichem Zeremoniell, die der Messe war.

Die große Zurückhaltung im Blick auf agendarischen Zwang, das dritte Axiom der Kritik, bedeutet in der Geschichte der lutherischen Liturgie, dass es nie ein allgemein approbiertes Messbuch, ein allgemeines »Book of Common Prayer«, eine Kollektion von Standardtexten gegeben hat. Es gab Kirchenordnungen, regionale Dokumente zur friedlichen Organisation des kirchlichen Lebens und des Gottesdienstes in bestimmten Gebieten und Ländern (s. EKO(R) und EKO, sowie bes. hilfreich CD I). Manchmal folgen diese Kirchenordnungen dem Muster der Schriften Luthers; es sind Vorschläge für die Organisation des Gottesdienstes in einem bestimmten Gebiet, die mittels persönlicher Visitation und Überzeugung zur Geltung gebracht wurden. Manchmal enthielten sie rechtsverbindliche Vorschriften für den Gottesdienst, wenngleich nur für ein bestimmtes Kirchengebiet. Manchmal brachten sie bestimmte liturgische Materialien. Auf jeden Fall lassen sie sich Liturgiefamilien zuordnen (Reed), die sich aus dem Einfluss gewisser zentraler Muster und auch bestimmter einflussreicher Liturgiker aus der Pfarrerschaft herleiten lassen und quer durch die Länder Deutschlands und Skandinaviens und selbst bis nach England nachzuweisen sind (Jacobs). Und es hat natürlich auch lutherische liturgische Bücher gegeben – Agenden, Handbücher, Liedbücher, Kantionalien –, die zusammen mit den weiterhin in Gebrauch befindlichen alten Messbüchern und Antephonarien die rubrikalen Erfordernisse der Kirchenordnungen konkretisieren konnten.

Eine ausführliche Geschichte des lutherischen Gottesdienstes müsste auch aus anderen Quellen als Büchern – Augenzeugenberichten, Pfarrmatrikeln, Briefen, materiellen Überresten von Kirchen – in Erfahrung bringen, wie die Kirchenordnungen und die verschiedenen liturgischen Texte und Musikstücke in den Ortsgemeinden nun wirklich ausgeführt wurden. In einer ersten Übersicht kann wohl gesagt werden, dass Messe, Abendmahl oder Eucharistie in den lutherischen Kirchen weiterhin so gefeiert wurde, dass man sie den beiden Kategorien zuordnen kann: Entweder folgten sie Luthers »Formula missae« (jetzt in der Muttersprache, wenn auch gelegentlich, wie z.B. noch jahrhundertelang in Nürnberg, sowohl in Latein als auch in Deutsch) oder sie übernahmen den weitgehend hymnisch geprägten Aufriss der »Deutschen Messe« mit ihrer radikaleren Lösung in der Abendmahlsliturgie. Die vielen von der Brandenburgisch-Nürnberger Kirchenordnung von 1533 beeinflussten Kirchenordnungen und die Schemata, die in Schweden und Finnland (und letztlich auch in Nordamerika) angenommen wurden, gehören zur erstgenannten Grundform. Die Kirchenordnungen aus der Feder von Johannes Bugenhagen (1485–1558) und die Schemata, die man in Dänemark, Norwegen und Island zugrunde legte, hielten sich mehr an die letztere. In vielen Fällen kann man aber auch eine gewisse Fortdauer ortsüblichen mittelalterlichen Brauchs entdecken. Was diese große Vielfalt der Praxis zu einem einzigen lutherischen Kontext des Gottesdienstes einte, waren die Prinzipien der Bewahrung und Kritik, der Beibehaltung der Messe und der großen Tradition zusammen mit den kritischen Akzenten auf Wort, Teilnahme und dem Fehlen von zeremoniellem Zwang.

II. Verlust und Erneuerung

Die bisher genannten Prinzipien Bewahrung und Kritik konnten sich aber verhärten und haben sich verhärtet in einem gottesdienstlichen Kontext, dem erheblich weniger Leben innewohnte, als zu erwarten war. »Bewahrung« konnte zu lokaler Engstirnigkeit werden oder in gewissen historischen Situationen mit romantisierenden Vorstellungen abheben von der Wirklichkeit. Das

»Wort« konnte bloß lehrhaft werden. Oder man konnte die Prinzipien ganz und gar vergessen. Lutheraner konnten genauso wie andere Christen bestimmte Gottesdienstpraktiken erzwingen, vor allem wenn die kirchliche Führung sich mit dem Staat verbündete und zuließ, dass die liturgische Praxis zum legalen Loyalitäts- und Gehorsamstest wurde oder wenn Lutheraner sich bedroht und isoliert fühlten. Eine ausführlichere Geschichte des Gottesdienstes im lutherischen Kontext müsste auch die Ursachen für solchen Verlust erforschen. In der Tat muss man Verlust und Erneuerung zusammenschauen mit Bewahrung und Kritik als immer wiederkehrende Charakteristika des Gottesdienstes im lutherischen Kontext.

Mit vielen anderen Kirchen im ganzen Abendland erfuhren auch die Lutheraner das 17., 18. und frühe 19. Jh. als abträglich für jene Vision des Gottesdienstes, die durch gemeinschaftliche Teilnahme an den Sakramenten gekennzeichnet ist. Die Verwüstungen des Dreißigjährigen Krieges hinterließen viele lutherische Gemeinden nicht nur ohne Pastoren und Gebäude, sondern auch ohne jene alten – häufig noch mittelalterlichen – Bücher, die zur Feier der lutherischen Liturgie benötigt wurden (Senn 496). Danach führten Rationalismus und Pietismus zur selteneren Kommunion, und dies hatte unweigerlich Auswirkungen auf den Charakter der Sonntagspredigt und das Verständnis der Bedeutung des Schriftwortes. Dies waren Verluste, die bei europäischen und nordamerikanischen Lutheranern bis heute fortdauern und exportiert wurden in den Rest der Welt, als die Mission ihre Tatkraft aus pietistischen Kreisen und ihre Gottesdienstformen aus pietistischen Übungen bezog. Die daraus resultierende Sonntagsliturgie sowohl in orthodoxen lutherischen Gemeinden wie in pietistischen Kreisen war oft nur die Hälfte der Messe, der Wort-Teil, da es nur wenige oder überhaupt keine Kommunikanten in der Gemeinde gab und nach altem lutherischen Grundsatz die Eucharistie ohne Kommunikanten nicht zu Ende gefeiert werden konnte. Bei den Rationalisten wurden die Liturgien manchmal zu langatmigen und wortreichen Lobreden auf das tugendhafte Leben (Senn 542–543). Neue liturgische Texte erschienen, die stark von dieser letztgenannten Charakteristik geprägt waren.

Aber diese Jahrhunderte waren nicht ohne Momente der Erneuerung, jeweils auf ihre eigene Art und Weise charakterisiert von Bewahrung und Kritik. Das 17. und 18. Jh. gab den Lutheranern und der ganzen Kirche einige große Dichter und Liedtexter – man denke an Paul Gerhardt in Deutschland, Hallgrímur Pétursson in Island und Hans Brorson in Dänemark –, die oft inmitten großen Leids von der Tiefe des sakramentalen Lebens in Christus sangen und deren Lieder noch immer dem Gottesdienst in lutherischem Kontext Tiefe verleihen. Ganze Gebiete und Städte hielten angesichts weit verbreiteten Niedergangs ein starkes, sakramental zentriertes Gottesdienstleben aufrecht – z.B. in Leipzig z.Z. Johann Sebastian Bachs (Stiller) –, wobei sie immer die zeitgenössischen künstlerischen und kulturellen Formen verwandten, um den Glauben auszudrücken. Und in Nordamerika legte der Missionar und Kirchengründer Heinrich Melchior Mühlenberg 1748 der ersten lutherischen Synode in Nordamerika ein Liturgiemodell vor, das seine Wurzeln in der *Formula missae* und den ihr folgenden Kirchenordnungen hatte (Reed 163–169). Mühlenbergs Werk war – wie das Luthers – eine Abhandlung darüber, wie die »order for holy communion« geordnet werden soll (einschließlich von Anweisungen für den Gebrauch dieser Ordnung, wenn nur der Wortgottesdienst gefeiert wird). Es enthielt ferner die Ordnungen von Taufe, Beichte und Vergebung und der Eheschließung in der neuen Situation der amerikanischen Kolonien. Dieses Werk war nicht selbst eine Liturgie: Es verwies auf verfügbare Quellen und bewertete diese. Und es war nicht einmal ein Buch, es handelte sich um einen handschriftlichen Aufsatz, der von Hand abgeschrieben und von Pastor zu Pastor weitergereicht wurde. Aber es stand in der großen Tradition von Bewahrung und Kritik.

Das 19. Jh. brachte unter den Lutheranern wie unter vielen anderen westlichen Christen den Beginn einer liturgischen Renaissance mit sich. Zum ersten Charakteristikum dieser Bewegung gehörte die Bewahrung, die Wiederentdeckung des klassischen lutherischen Gebrauchs der katholischen Tradition. Eine neue Betonung der lutherischen Bekenntnisschriften, angeregt durch die 95 Thesen von Klaus Harms aus dem Jahr 1817 und ein breiter Widerstand gegen die Preußische Union fiel zusammen mit einer neuen Beachtung der lutherischen konservativen Haltung gegenüber den Sakramenten. Wissenschaftliche Tiefe und neue pastoral-liturgische Materialien brachten der Mecklenburger Theodor Kliefoth und der Franke Wilhelm Löhe in diese Bewegung (Kressel). Der vielleicht größte Denker dieser Bewegung des 19. Jh. war jedoch Nikolai F. S. Grundtvig aus Dänemark (Allchin). Bei Grundtvig erhielt der konservative Charakter des Gottesdienstes im lutherischen Kontext seinen Ausdruck als Ruf nach Taufe und Abendmahl als dem Zentrum des Lebens der Gemeinde. Zum kritischen Charakter dieses Kontextes gehörte für Grundtvig die erneute Betonung der Teilnahme der Gemeinde und – wegen der Sakramente – der Widerstand sowohl gegen den Biblizismus (»Kun ved badet og ved bordet, hører vi Guds ord til os«: Nur im Bad und am Tisch hören wir Gottes Wort an uns, sang er in einem seiner vielen Lieder) als auch gegen liturgischen Zwang. Eine nordamerikanische dänische Gemeinde fasste die Grundtvig'sche Version des lutherischen Kontextes aus dem 19. Jh. in dieser Inschrift auf ihrer Kirchenglocke zusammen: »Til badet og bordet, til bønnen og ordet, jeg kalder hver søgende sjæl« (Zum Bad und zum Tisch, zum Gebet und zum Wort rufe ich jede suchende Seele; Lathrop 2000).

In Nordamerika half der Einfluss der konfessionellen Erneuerung und des Wirkens Löhes zusammen mit einem tiefen Interesse an den frühesten Kirchenordnungen bei der Wiederentdeckung des Ordo der Messe und des Tagzeitengebets als des jetzt gemeinsamen Erbes aller lutherischen Körperschaften auf dem Kontinent. Der »Common Service« von 1888 diente als Quelle für die liturgischen Materialien, die in vielen verschiedenen Gottesdienst- und Liedbüchern im Laufe des 20. Jh. publiziert wurden. Dieser Konsens bot nun auch liturgisches Material, das für Kirchen in anderen Teilen der Welt übersetzt wurde, z.B. ins Spanische für die Lutheraner in Lateinamerika (»Cultu Cristiano« 1964).

In der zweiten Hälfte des 20. Jh. veröffentlichten viele lutherische Kirchen in der ganzen Welt neue liturgische Materialien. Dabei waren sie z.T. inspiriert durch die römisch-katholische Liturgische Bewegung (Koenker 1954), durch deren Früchte in der Liturgiekonstitution des Zweiten Vatikanischen Konzils (1963) und durch ihre Akzentuierung des *aggiornamento* in der Liturgie. Aber sie wurden auch inspiriert durch den in der Nachkriegszeit begonnenen wechselseitigen Austausch zwischen den Mitgliedskirchen des LWB (Brand 1979), durch neu erschlossene Zugänge zu lutherischen Quellen, durch die erstaunliche Zunahme der Kommunionshäufigkeit in allen lutherischen Kirchen und durch die neue Bedeutung der gemeindlichen Taufpraxis. Als Ergebnis erschienen neue Agenden für den Gemeindegottesdienst, Handbücher, Liedbücher, Kasualagenden oder kombinierte Gottesdienstbücher (Liturgie und Gesangbuch, z.B. das »Service Book and Hymnal« von 1958, das LBW 1978 oder das australische Buch) für lutherische Kirchen in Australien, Nordamerika, Island, Deutschland, Dänemark, Norwegen, Schweden, Finnland, Lettland und lettische Kirchen in Amerika, in der Slowakei und in Teilen von Lateinamerika, Afrika und Asien. In mehreren dieser Länder wurden im späten 20. und frühen 21. Jh. noch weitere Hilfsmittel publiziert – zusätzliche Liederbücher, Handbücher zur Erprobung, offizielle Statements zum liturgischen »Gebrauch« von Wort und Sakrament in der Gemeinde (z.B. »The Use of the Means of Grace: A Statement on the Practice of Word and Sacrament«, Minneapolis 1997; »Usages des Moyens de Grâce«, Ngaoundere, Kamerun 2001) –, die Zeugnis ablegen von der fortdauernden Lebendigkeit und Veränderungsbereitschaft der Gottesdienstreform im lutherischen Kontext heute. Teils als Vorbereitung für diese neuen Ressourcen, teils zu ihrer Unterstützung wurde eine große Anzahl pastoral-liturgischer Studien veröffentlicht, die den lutherischen Dialog über den Gottesdienst sehr bereichern. Zu diesen gehören Einführungen (Fendt 1958, Pfatteicher/Messerli 1979, Kalb 1985, Nilsson 1994, van Loon/Stauffer 1995, Martling 1996, Stauffer 2000), liturgiegeschichtliche Werke (Reed 1959, Senn 1997), spezielle Studien zur Liturgiereform (Martola 2001) ebenso wie pastoral-theologische Reflexionen über die Bedeutung des Gottesdienstes und seine Erneuerung (Koenker 1959, Brand 1970, Bieritz 1987, Schmidt-Lauber 1990, Lønning 1997).

Das 20. Jh. erbrachte ein besonderes Anwachsen liturgietheologischer Arbeit im lutherischen Kontext. Der Weg hierzu wurde gebahnt durch die bereits erwähnten Impulse Kliefoths, Löhes und Grundtvigs, aber auch durch das Werk des schwedischen Wissenschaftlers und Bischofs U. L. Ullman (Bexell 1987) und durch einige bedeutende Lutherstudien (Vajta 1954). Die beiden Säulen der lutherischen Liturgietheologie im 20. Jh. waren Yngve Brilioth (1951) und Peter Brunner (1954). Aber es wird auch weiterhin über die Bedeutung der liturgischen Versammlung gearbeitet, so unter besonderer Beachtung des anthropologischen Kontextes und der neuen Materialien zum Gottesdienst (Christensen 1990, Josuttis 1991), z.T. auch von der Sakramententheologie her, die nur schwer von Liturgietheologie im lutherischen Kontext zu unterscheiden ist (Jenson 1978), auch unter besonderer Berücksichtigung der liturgischen Sprache (Ramshaw 1995), dann als zentraler Sachverhalt in der Missionstheologie (Schattauer 1999) und dann unter dem Gesichtspunkt der Praxis der Versammlung selbst als Primärquelle und einem deutlichen Ruf nach Reform (Lathrop 1993 und 1999; Byström/Norrgård 1996). Aber in all diesen Beispielen theologischer Reflexion spielen die klassischen Themen des lutherischen Kontextes für den Gottesdienst – Bewahrung und Kritik – eine gewisse Rolle. Oft stellen Bewahrung und Kritik und ihre beständige Interaktion die zentralen Fragen: Was sollen wir bewahren und warum? Welches sind die Quellen und Gründe für die Liturgiekritik? Und was hat die Interaktion von Bewahrung und Kritik mit Gott zu tun?

III. Bewahrung und Kritik in der Gegenwart

Diese Fragen erweisen sich als bahnbrechend für die Zukunft. Die lutherische Rezeption der katholischen Tradition sollte nichts Statisches sein, einfach weiter geführte »Rezeption« der katholischen Tradition, wie sie im spätmittelalterlichen Europa gefeiert sein mag. Es ist eine ökumenische Diskussion darüber im Gange, was wirklich als »katholisch« anzusehen ist – darüber, was Christen zu allen Zeiten und an allen Orten als ihr Erbe betrachten –, und Lutheraner nehmen an dieser Diskussion teil (Johnson). Heute muss der katholische Konservatismus des Gottesdienstes im lutherischen Kontext den Ökumenismus und die Früchte der ökumenischen liturgischen Studien und Erneuerungen einschließen. Dieser neue Charakter des lutherischen Interesses an Bewahrung wird erkannt an solch weit verbreiteten Phänomenen wie die Wiederentdeckung der antiochenischen Struktur des Gebets am Tisch der Eucharistie, des Eucharistiegebets, an der Wiederherstellung eines Erwachsenenkatechumenats, am Interesse, beiden, Frauen wie Männern die Leitung der Versammlung anzuvertrauen, und an einem am *Ordo* orientierten Zugang zur liturgischen Planung (vgl. das deutsche EGb und das amerikanische *With One Voice*). Nichts von dem, was hier genannt worden ist, hatte im 16. Jh. irgendeine Bedeutung. All dies lebt aber im lutherischen Kontext des Gottesdienstes, weil es zu dem gehört, was heute zu Recht als »katholisch« gilt.

Der Gottesdienst im lutherischen Kontext wird sich auch weiterhin des Axioms der Kritik bedienen – die Klarheit des Wortes des Evangeliums, die Partizipation der ganzen Versammlung und die Absage an jede Form von Zwang –, indem diese Axiome auch auf den neuen ökumenischen Konsens angewendet werden. Aber es kann sein, dass genau dieses Interesse an der Klarheit des Wortes des Evangeliums und an der Partizipation die lutherischen Kirchen weltweit mit dem konfrontieren wird, was die möglicherweise kritischste der gegenwärtigen Fragestellungen ist: Kontextualisierung oder Inkulturation (Stauffer 1994.1996.1998). Diese Frage ist natürlich in den sich ändernden Gegebenheiten in Europa und Amerika genauso von Bedeutung wie in Asien und Afrika. Beispiele asiatischer und afrikanischer Integrität bei der Feier von Wort und Sakrament in neuen Horizonten und mit neuem Echo (Christensen) könnten amerikanischen und europäischen Versuchen, dasselbe zu tun, anregende Hilfestellung bieten.

Der Gebrauch des liturgischen Konsenses in der Ökumene und die Suche nach authentischer Kontextualisierung – Gottesdienst und Ökumene und Gottesdienst und Kultur –, dies sind kreative Möglichkeiten, heutzutage die klassischen Charakteristika des Gottesdienstes in einem lutherischen Kontext zu artikulieren: Bewahrung und Kritik.

Literatur

Arthur M. ALLCHIN, N. F. S. Grundtvig: An Introduction to his Life and Work, Aarhus 1997. – Oloph BEXELL, Liturgins teologie hos U. L. Ullman, Stockholm 1987. – Karl-Heinrich BIERITZ, Im Blickpunkt: Gottesdienst, Göttingen 1987. – Joh. P. BOENDERMAKER, Gottesdienst und Gemeinde bei Thomas Müntzer und Martin Luther: C. Caspers and M. Schneiders (Hg.), Omnes Circumadstantes, Kampen, 1990, 177–188. – Eugene BRAND, The Rite Thing, Minneapolis 1970. – Ders. (Hg.), A Lutheran Agenda for Worship, Geneva 1979. – Yngve BRILIOTH, Nattvarden i evangeliskt gudstjänstliv, Stockholm 1951. – Sven-Erik BRODD, Evangelisk katolicitet, Lund 1982. – Peter BRUNNER, Zur Lehre vom Gottesdienst der im Namen Jesu versammelten Gemeinde: Leit. I (1954) 83–364. – Jan BYSTRÖM/Leif NORRGÅRD, Mer än ord: liturgisk teologi och praxis, Stockholm 1996. – Thomas CHRISTENSEN, An African Tree of Life, Maryknoll 1990. – Leonhard FENDT, Der lutherische Gottesdienst des 16. Jahrhunderts. Sein Werden und Wachsen, München 1927. – Ders., Einführung in die Liturgiewissenschaft, Berlin 1958. – Eric W. GRITSCH/Robert W. JENSON, Lutheranism, Philadelphia 1976. – Henry Eyster JACOBS, The Lutheran Movement in England, Philadelphia 1892. – Robert W. JENSON, Visible Words: The Interpretation and Practice of Christian Sacraments, Philadelphia 1978. – Maxwell E. JOHNSON, Can We Avoid Relativism in Worship? Liturgical Norms in the Light of Contemporary Liturgical Scholarship: Worship 74 (2000), 135–155. – Manfred JOSUTTIS, Der Weg in das Leben, München 1991. – Friedrich KALB, Grundriß der Liturgik, München 1985. – Ernest B. KOENKER, The Liturgical Renaissance in the Roman Catholic Church, Chicago 1954. – Ders., Worship in Word and Sacrament, St. Louis 1959. – Charles Porterfield KRAUTH, The Conservative Reformation and its Theology, Philadelphia 1913. – Hans KRESSEL, Wilhelm Löhe als Liturg und Liturgiker, Neuendettelsau 1952. – Gordon LATHROP, Holy Things: A Liturgical Theology, Minneapolis 1993. – Ders., Holy People: A Liturgical Ecclesiology, Minneapolis 1999. – Ders., The Bath and the Table, the Prayer and the Word: N. F. S. Grundtvig and the Lutheran Contribution to Ecumenical Liturgical Renewal, Grundtvig Studier, Copenhagen 2000, 104–117. – Per LØNNING, Kirkeglede, Trondheim 1997. – Carl Henrik MARTLING, Liturgik – en introduktion, Stockholm 1996. – Yngvill MARTOLA, Worship Renewal in the Lutheran Church of Finland, Helsinki 2001. – Nils-Henrik NILSSON, Gudstjänst i Svenska Kyrkan, Mitt i församlingen, Stockholm 1994/8. – Jaroslav PELIKAN, Obedient Rebels: Catholic Substance and Protestant Principle in Luther's Reformation, New York 1964. – Philip H. PFATTEICHER/Carlos R. MESSERLI, Manual on the Liturgy, Minneapolis 1979. – Gail RAMSHAW, God Beyond Gender, Minneapolis 1995. – Dies., Reviving Sacred Speech: The Meaning of Liturgical Language, Akron, Ohio 2000. – Luther D. REED, The Lutheran Liturgy, Philadelphia 1959. – Thomas H. SCHATTAUER (Hg.), Inside Out: Worship in an Age of Mission, Minneapolis 1999. – Hans-Christoph SCHMIDT-LAUBER, Die Zukunft des Gottesdienstes, Stuttgart 1990. – Frank C. SENN, Christian Liturgy, Catholic and Evangelical, Minneapolis 1997. – S. Anita STAUFFER (Hg.), Gottesdienst und Kultur im Dialog, Berlin/Witten 1995. – Dies. (Hg.), Christian Worship: Unity in Cultural Diversity, Geneva 1996. – Dies. (Hg.), Baptism, Rites of Passage and Culture, Geneva 1998. – Dies., Altar Guild and Sacristy Handbook, Minneapolis 2000. – Günther STILLER, Johann Sebastian Bach und das Leipziger gottesdienstliche Leben seiner Zeit, Kassel/Basel 1970. – Paul TILLICH, Systematische Theologie III: Das Leben und der Geist. Die Geschichte und das Reich Gottes, Stuttgart 1966. – Vilmos VAJTA, Die Theologie des Gottesdienstes bei Luther, Göttingen 1954. – Ralph R. VAN LOON/S. Anita STAUFFER, Worship Wordbook: A Practical Guide for Parish Worship, Minneapolis 1995. – Paul WESTERMEYER, Te Deum: The Church and Music, Minneapolis 1998. – Karl-Friedrich WIGGERMANN, Evangelische Katholizität. Leonhard Fendt als Liturg und Liturgiker: JLH 27 (1983), 16–38. – WITH ONE VOICE. A Lutheran Resource for Worship. Minneapolis 1995.

(Übersetzung: Thaddaeus A. Schnitker)

Gordon W. Lathrop

Gottesdienst im reformierten Kontext

Als erstes Charakteristikum des reformierten Gottesdienstes soll seine auf die Gesamtheit des Gottesvolkes bezogene Ordnung herausgestellt werden, dann der biblische Ton. Daraus ergibt sich Zeugnischarakter in Gegenwartsproblemen. In Deutschland hat man die Reformierten unionsfreundlich genannt. So soll in einem dritten Abschnitt gezeigt werden, dass reformierter Gottesdienst in ökumenischen Zusammenhang gestellt werden muss – auch wenn das zunächst nicht selbstverständlich sein mag. Es wurden aber von reformierten Gemeinden seit langem zahlreiche zwischenkirchliche Beziehungen geknüpft, die sich auch liturgisch auswirken. Der vierte Abschnitt wird einige reformierte Gottesdienst-Agenden der Vergangenheit und der Gegenwart nennen und der fünfte den reformierten Beitrag zur praxisrelevanten liturgischen Forschung in der Gegenwart. Den Schluss bildet das neue Engagement reformierter Kirchen.

Soli Deo gloria pflegen die Reformierten zu sagen. Anbetung scheint in ihrem betont lehrmäßigen Gottesdienst keinen entsprechenden Platz zu haben. Doch wird die Abendmahlsfeier seit dem 16. Jh. in der Kurpfalz ebenso wie im Zürich Zwinglis mit einem lobpreisenden Psalm der Gespeisten abgeschlossen. In neuerer Zeit suchen reformierte Gemeinden ihrem Gottesdienst vermehrt einen anbetenden und festlichen Zug zu verleihen. Also doch Gottesdienst als Doxologie! In dieser Perspektive ist die folgende Darstellung zu lesen.

I. Volksliturgie

Reformierter Gottesdienst ist Volksliturgie. Damit ist eine Feier gemeint, an der sich alle Glieder der Gemeinde beteiligen, vom Anfang bis zum Ende. Der voll tönende Gesang der ganzen Gemeinde ist ein wichtiges Zeichen dafür. Auch die Lesung der Heiligen Schrift in der Volkssprache und die vornehmlich katechetisch ausgerichtete Predigt sind Eigenheiten des reformierten Gottesdienstes. Dann möchte dieser Gottesdienst – fern von aller Arkandisziplin – selbst den Zeitgenossen außerhalb der Kirche zugänglich sein. Dieses Anliegen wird insbesondere auf sprachlicher Ebene verfolgt. Reformierter Gottesdienst ist Gottesdienst in der Alltagssprache (in der deutschsprachigen Schweiz öfters sogar in der Mundart). Auch der Familiengottesdienst ist eine gern gepflegte Art gegenwärtiger reformierter Feier.

Hinter dem volkstümlichen Charakter des reformierten Gottesdienstes steht ein theologisches Anliegen. Er ist aber auch historisch bedingt. Zu beidem ist hier ein Wort zu sagen. Das Konzept vom allgemeinen Priestertum ist zwar lutherischer Herkunft und z.B. für die Theologie von Johannes Calvin nicht typisch. Die presbyterianisch aufgebaute Kirche ist aber offensichtlich eine Gemeinde, in der die Heiligung eines jeden Gliedes, mit dem persönlichen Gebet und dem im Alltag gelebten christlichen Gehorsam, eine entscheidende Rolle spielt. Das prägt den Gottesdienst, der der Erbauung jedes Einzelnen dienen soll. Alle bekennen im gemeinschaftlichen Gottesdienst ihre Sünde und werden im Glauben ausgerüstet, um Christus nachzufolgen und Gott zu ehren. Miteinander setzen sich die Abendmahlsgäste, etwa nach der eigentümlichen Ordnung des Johannes a Lasco im 16. Jh., aber ebenso in zeitgenössischen holländischen Gemeinden, um den Tisch des Herrn – das erste Abendmahl abbildend.

Historisch gesehen sind die reformierten Kirchen im 16. Jh. Erben einer besonderen volksliturgischen Tradition. Im späten Mittelalter hat sich die volkssprachliche Predigt mit einem schlichten liturgischen Rahmen in den oberdeutschen und schweizerischen Städten zu einem eigenen Gottesdienst entwickelt. Der Pronaus des vorreformatorischen Basler Pfarrers Johann Ulrich Surgant ist bekannt (zu Pronaus vgl. →Predigtgottesdienst). Auch die Kommunion außerhalb der Messe ist in diesem Zusammenhang von Bedeutung. Es hatte sich so eine Alternative zur klerikalen und sakramentalen Liturgie der katholischen Kirche gebildet. Die Städte haben sogar eigene Pfarrstellen für die Abhaltung dieses Gottesdienstes geschaffen – Zwingli versah schon in vorreformatorischer Zeit als »Leutpriester« einen speziellen Predigtdienst in Zürich. Die Weltaufgeschlossenheit des städtischen Bürgertums war eine starke Triebfeder eigenständiger Entwicklung. Die volksliturgische Tradition reicht aber bis ins frühe Mittelalter zurück.

Der reformierte Predigtgottesdienst mit seiner liturgischen Sprödigkeit ist nichts anderes als die Fortsetzung des mittelalterlichen Pronaus, der sich von der Messe absetzt. Die damit – selten, trotz der Mahnungen Calvins – verbundene Kommunion ist formal betrachtet Austeilung des Abendmahles ohne Konsekrationsgebet oder Kanon. Die Entwicklung der reformierten Abendmahlsliturgie wurzelt außerhalb der liturgischen Tradition der abendländischen Messe; daran ändert auch der vereinzelte Ansatz Zwinglis bei den Gebeten des Messkanons nichts (z.B. CD I, 185–188). Später haben die Reformierten die Brechung des Brotes zu einer Konsekration umfunktioniert und vom 18. Jh. an auch entsprechend benannt. Das »paraliturgische« Erbe des reformierten Gottesdienstes ist aber bis in die Gegenwart spürbar geblieben.

Positiv ausgedrückt handelt es sich aber beim reformierten Gottesdienst um einen Gottesdienst, der jedem verständlich sein soll und von der ganzen Gemeinde mitgetragen wird. Freilich ist der reformierte Gottesdienst vielfach einer gewissen Illusion verfallen und in etwa hinter seinen selbstgesetzten Zielen zurückgeblieben. Manches hat sich sogar in sein Gegenteil verkehrt. Die unersetzliche Funktion des Predigers kann einem neuen Klerikalismus Vorschub leisten. Der Priester wird durch den Lehrer überboten. Damit ist der reformierten Predigttradition ein ausgesprochener Intellektualismus eigen, der sich elitär auswirken kann. In der angelsächsischen Welt, aber auch in der Schweiz oder in Holland trifft man im presbyterianischen respektive reformierten Gottesdienst die mittlere Bürgerschicht. Man ist versucht zu sagen: wie schon damals. Der Stil dieses Gottesdienstes setzt eine gewisse Vorliebe für gedankliche Auseinandersetzung voraus. Die Musik ist entsprechender Art, von beachtenswerten Ausnahmen, etwa in Afrika, abgesehen.

Es ist auch zuzugeben, dass gewisse gottesdienstliche Erwartungen, die etwa Festlichkeit oder geistliche Vertiefung angehen, im reformierten Gottesdienst notorisch zu kurz kommen. Solche Bedürfnisse und entsprechende Gaben suchen dann anderweitig Kompensation.

Bei allen Schwächen, die nicht zu beschönigen sind, ist aber dem reformierten Gottesdienst zuzugestehen, dass er eine respektable Tradition und nach wie vor schöne Möglichkeiten hat, das Wort Gottes der ganzen Gemeinde zu vermitteln. Die betende Gemeinschaft wird zum Leib Christi in dieser Welt. Mit der Welt- und Lebensnähe reformierten Gottesdienstes steht seine Zeugniskraft in sozialethischen Belangen in Beziehung. Karl Barth hat 1937/38 seine Vorlesungen über das Schottische Bekenntnis, die zuletzt über »den kirchlichen Gottesdienst als menschliches Handeln« und »den politischen Gottesdienst« liefen, überschrieben mit »Gotteserkenntnis und Gottesdienst nach reformatorischer Lehre«. Seither – und zuvor – ist politischer Gottesdienst sicher nicht nur im reformierten Raum geschehen. Politischer Gottesdienst ist hier aber unausweichlich (vgl. dazu die Fürbittenpraxis des Reformierten Weltbundes und die Minjung [»Volks-«]Theologie in Korea mit den Minjung Gospel Songs). In der Verkündigung wie im Sündenbekenntnis geht es auch um den menschlichen Gehorsam. Und im Fürbittengebet engagiert sich die Gemeinde. Vom Engagement soll im letzten Abschnitt dieses Beitrages speziell die Rede sein.

II. Biblische Ausrichtung

Traditionell steht das biblische Wort im Zentrum des reformierten Gottesdienstes. Dagegen wird die rituelle Entfaltung des gottesdienstlichen Geschehens eher vernachlässigt. Zwingli – hierin vielleicht eine Ausnahme – nannte seine Abendmahlsfeier zwar »Action« und hatte ausgesprochen Sinn für eine sichtbar gemachte Gestaltung des gottesdienstlichen Geschehens. Im Allgemeinen liegt aber den Reformierten vor allem daran, dass der Gottesdienst nahe am Bibelwort bleibt. Das soll hier am calvinischen Psalmengesang und an der weitherum wirksam gewordenen kurpfälzischen Abendmahlsordnung sowie am Gemeindegebet gezeigt werden.

Der reformierte Psalmengesang ist integraler Gesang der biblischen Psalmen. Seine ausschließliche Praxis, die in vielen reformierten Gemeinden lange die Regel geblieben ist, stellt eine Radikalisierung des alten abendländischen Grundsatzes der Bevorzugung biblischer Texte gegenüber freien Kompositionen für den Kirchengesang dar. Das reformierte Psalmlied wird von der ganzen Gemeinde gesungen, die sich also nicht auf den Gesang von Antiphonen oder Kehrversen beschränkt. Vielleicht ist ein Vorsänger, aber sicher nicht ein geistlicher Chor nötig, um solchen Psalmengesang sicherzustellen. Der biblische Text ist in Verse umgesetzt, deren Worttreue zwar nicht immer zuverlässig ist. Dafür sind der Gemeinde einprägsame Formulierungen geschenkt worden. Die Melodien – im 16. Jh. nach gängigen Regeln zeitgenössischer Komposition gebaut, zum Gottesdienst nur einstimmig zugelassen, für den häuslichen Gebrauch aber mehrstimmig harmonisiert – haben sich als populäre Träger gemeinschaftlicher und persönlicher Andacht bewährt, über Generationen hinweg.

Calvin hat solchen Psalmengesang zuerst in Basel kennen gelernt und dann nach dem Vorbild der deutschsprachigen Ortskirche in seiner französischen Gemeinde in Straßburg praktiziert. Nach Genf übergesiedelt, hat er durch begabte Mitarbeiter für Text und Melodie den vollständigen Psalter der reformierten Kirche schaffen lassen. Berühmte Namen sind da zu nennen: Clément Marot und Théodore de Bèze, Loys Bourgeois für die Musik.

Später haben die Reformierten die Lieder der Aufklärung und dann vor allem die der Erweckungsbewegung mitgesungen. Bemerkenswert aber ist, dass die reformierte Kirche, bis in die Gegenwart, immer wieder zu ihren Psalmen zurückfindet. Sie singt damit, wie Calvin sagte, was ihr Gott selber in den Mund legt.

Die am meisten verbreitete Form reformierter Abendmahlsfeier geht auf das von Johannes Calvin für seine Gemeinde in Straßburg und die Kirche in Genf zusammengestellte Formular zurück. Vorbild ist weitgehend die aus spätmittelalterlichen Gottesdienstformen entwickelte »deutsche Messe« von Straßburg gewesen, an der Martin Bucer gearbeitet hatte. Für Calvins Ordnung ist der an den Anfang der Abendmahlsliturgie gestellte Einsetzungsbericht charakteristisch. Er erscheint dort wie der biblische Text einer Predigt.

Dieses Grundmodell ist auch in der Abendmahlsordnung der kurpfälzischen Kirchenordnung erkenntlich, die 1563 mit dem Heidelberger Katechismus in Kraft trat (CD I, 495–523; dazu Lurz). Diese Abendmahlsordnung ist für die Reformierten Deutschlands bis in die jüngste Zeit typisch geblieben. In unserem Zusammenhang ist vor allem auf den bibelkatechetischen Charakter der ausführlichen Abendmahlsvermahnung hinzuweisen, die die ganze Feier prägt. Diese Vermahnung ist das reichste Element der im übrigen zusammengestückelten Ordnung der Kommunionfeier. Die hier aufgenommenen theologischen Motive sprechen für die biblische Tiefe der reformierten Liturgie. Schon die Verwendung des langen und unverändert übernommenen Paulustextes aus I Kor 11,23–29 als Einsetzungsbericht ist bezeichnend. Wir stehen vor einer Bibellesung anstelle eines Konsekrationstextes. Die dann folgende Selbstprüfung der

Abendmahlsgäste, mit Abmahnung Unbußfertiger und Tröstung Kleinmütiger, ist dem Aufbau des Heidelberger Katechismus nachgezeichnet (mit der Dreiteilung Sünde, Erlösung, Dankbarkeit). Es folgt eine christologisch bestimmte Betrachtung des Abendmahls, eine Christusanamnese, die zu einem der Gemeinschaft mit Christus und den Brüdern gewidmeten Schlussteil hinführt. Hier wird die pneumatische Dimension des Abendmahls hervorgehoben.

Die Gebete in der Gottesdienstordnung von Johannes Calvin sind straßburgischen Vorbildern nachgeschrieben. Sowohl das an den Anfang gestellte, berühmt gewordene Sündenbekenntnis mit seinem trinitarischen Aufbau wie das Fürbittengebet nach der Predigt, mit dem gegebenenfalls das Abendmahlsgebet verbunden wird, sind mit biblischem Gedankengut gefüllt. Vor der Predigt ist eine frei formulierte Epiklese vorgesehen. Hier aber sind vor allem die zahlreichen von Johannes Calvin auf seine Bibelauslegungen abgestimmten Gebete zu erwähnen (vgl. Scholl). Einige davon wurden in zeitgenössischen Kirchenbüchern erhalten und der reformierten Gemeinde ins Gedächtnis gerufen. Karl Barth ist ein moderner Meister bibelnaher Gebetspraxis gewesen. Er hat die Gebete zu seinen Predigten jeweils selber vollständig geschaffen, nicht in freier Improvisation, sondern in textbezogener Redaktion. Diese Tradition ist in neuerer Zeit von der deutschschweizerischen reformierten Liturgie weitergeführt worden. Deren erste Bände mit Gebeten vor und nach der Predigt sind Anthologien von themen- und schriftbezogenen Gebeten, mehr oder weniger lang. Man ahnt allerdings auch die Gefahr des Unternehmens: lebendige Liturgie soll ja nicht nur Verkündigung, sondern auch Anbetung sein und Heiligung vermitteln. In dieser Hinsicht ist die reformierte Gebetspraxis auffällig unbeholfen. Vom biblischen Wort durchdrungenes Gebet ist nichtsdestoweniger eine eigentümliche Stärke reformierter Gottesdiensttradition.

III. In ökumenischer Gemeinschaft

Reformierte Kirchen oder Gemeinden haben eine gewisse Tendenz, in gottesdienstlichen wie in andern Dingen besondere Wege zu gehen, die sie manchmal in die Vereinzelung führen. Konservative Besonderheiten sind bei ihnen ebenso denkbar wie überraschend moderne Vorstöße. Es soll jedoch hier die öfters zum Vorschein gekommene ökumenische Solidarität der reformierten Konfession erwähnt werden.

Auf liturgischem Gebiet hat sich die ökumenische Einstellung verschiedentlich darin gezeigt, dass Reformierte von andern Kirchen zu lernen imstande waren. Aus der Vergangenheit sind in dieser Hinsicht die Gestalten von Jean-Frédéric Ostervald (1663–1747) und Eugène Bersier (1831–1889) eindrücklich. Dann ist die Entwicklung der schottischen presbyterianischen Liturgie seit dem 19. Jh. zu erwähnen. Die Kirchenunionen mit reformierter Beteiligung haben das Ihre beigetragen.

Ostervald hat für seine Kirche im Fürstentum Neuenburg eine gottesdienstliche und allgemeine Reform betrieben (vgl. Bürki 2002). Seine theologischen und philosophischen Motive lagen in der Frühaufklärung. Als aufgeklärter Orthodoxer wollte er die calvinische Gottesdienstordnung bereichern, in der Hoffnung, sein Unternehmen würde über Neuenburg hinaus im gesamten Protestantismus Anklang finden. Sicher erwiesen sich solche Erwartungen als übertrieben. Im Raum der französischsprechenden reformierten Kirchen, vorab in den Neuenburg benachbarten Gebieten, die unter der politischen und kirchlichen Autorität von Bern standen, sowie in Genf, haben die Reformvorschläge Ostervalds jedoch spürbaren Einfluss ausgeübt. In Neuenburg selber haben sie das gottesdienstliche Leben dauerhaft geprägt. Ostervald schöpfte in liturgischer Hinsicht aus der anglikanischen Tradition. Die von ihm geschaffene Liturgie für die Feier des Gottesdienstes in den Kirchen des Fürstentums Neuenburg (1713) brachte eine

Umformung der calvinischen Gottesdienstordnung nach dem BCP. Das gilt insbesondere für die Ordnung des täglichen Morgen- und Abendgebetes, aber auch für die Feier des Abendmahls. Von Ostervald an ist eine anglikanisch gefärbte Strömung im liturgischen Leben der reformierten Gemeinden französischer Zunge spürbar. Auf diesem Weg sind die Reformierten mit den charakteristischen Stücken abendländischer Liturgie wieder in Berührung gekommen, mit verschiedenen Hymnen und dem Gloria, dem Eucharistiegebet (Konsekrationsgebet) und Orationen im Rahmen des Kirchenjahres.

Von ganz anderen theologischen Voraussetzungen her hat im 19. Jh. der reformierte Pariser Pfarrer Eugène Bersier eine gottesdienstliche Reform betrieben, zunächst für seine persönliche Gemeinde, aber mit dauerhaftem Einfluss auf die reformierte Kirche in ganz Frankreich und in der französischsprachigen Schweiz (Bürki 1985, B 36–46). Bersier war von Romantik und Erweckungsbewegung beeinflusst. Er hat auch ganz persönlich einen eigenen Weg gewählt und sich für die reformatorische Tradition wie für neue soziale Anliegen eingesetzt. Bersier war es um einen Gottesdienst mit mehr Anbetung und nicht bloßer Belehrung der Gemeinde zu tun. Die sakramentale Dimension war ihm wichtig. Im Gottesdienst – speziell in der Abendmahlsfeier – nimmt die Gemeinschaft der Erlösten Gestalt an, die Glaubenden werden mit den Vollendeten eins. Durch die Vermittlung der von Schottland und England sich ausbreitenden katholisch-apostolischen Gemeinden der Irvingianer hat Bersier die katholische liturgische Tradition entdeckt. Seine Abendmahlsfeier ist eine Messe mit Offertorium und eucharistischem Kanongebet. Liturgiegeschichtlich sind vor allem seine Responsorien zur aktiven Beteiligung der Gemeinde am Gottesdienst wichtig geworden. Sie haben große Verbreitung gefunden und wurden zum Kennzeichen einer lebendigen Liturgie.

In der presbyterianisch verfassten Kirche von Schottland, die mit dem Erbe von John Knox und der »Westminster Confession« (1647) calvinistisch ausgerichtet ist, wurde bis ins 19. Jh. ein äußerst schlichter Gottesdienst gehalten: feierlich gesungene Psalmen und lange Predigten mit entsprechenden Gebeten. Aber gerade in Schottland ist im 19. Jh. eine frühe liturgische Bewegung zuerst im freikirchlichen Raum aufgekommen (mit der einflussreichen »Church Service Society«). Die Bewegung hat sich an anglikanischen Vorbildern entzündet und altkirchliche Elemente aufgenommen. So ist das auf eine ökumenische Erneuerung des Gottesdienstes bedachte BCO 1940, von dem weiter unten die Rede sein wird, seit langem vorbereitet worden. Ähnliches hat sich in den presbyterianischen Kirchen von Amerika ereignet.

In Deutschland sind im 19. Jh. unter dem Druck der politischen Verhältnisse die von Lutheranern und Reformierten gebildeten unierten Kirchen entstanden. Anderswo haben die Reformierten an den weitergreifenden modernen Kirchenunionen teilgenommen. Besonders zu erwähnen ist in diesem Zusammenhang die Bildung der Kirche von Südindien um 1950. Zur Union gehörte überall, für die einen und die andern, besonders aber für die Reformierten, ein liturgischer Lernprozess. Dieser hat sich von den zunächst beteiligten Kirchen her ausgeweitet. Die Reformierten haben von jeher den Kontakt über die Grenzen hinweg gepflegt. Die ökumenischen Beziehungen der Neuzeit haben solches gefördert.

So hat es sich ergeben, dass reformierte Kirchen der Gegenwart an die liturgische Tradition abendländischer oder katholischer Prägung Anschluss gefunden haben. In vielen reformierten Gemeinden des europäischen Kontinents, insbesondere in der Schweiz und den Niederlanden, sind im sonntäglichen Gottesdienst die im Limatext von Faith and Order aufgezählten konstitutiven Elemente der Eucharistiefeier vorhanden (Lima E Nr. 27). Bei den Angelsachsen ist das erst recht selbstverständlich. Die Vermehrung der zuvor seltenen Abendmahlsfeiern ist eine allgemein festzustellende Tendenz.

Soll das heißen, dass die reformierten Kirchen auf eigene Gottesdienstformen, die durch besondere Einfachheit und Bibelnähe gekennzeichnet sein könnten, verzichten müssten? Sicher nicht. Es wäre bedauerlich, wenn ein diesbezüglicher ökumenischer Druck auf die reformierten Gemeinden ausgeübt würde. Die gegenseitige Respektierung unterschiedlicher Riten ist vielmehr eine wichtige Voraussetzung zum Zusammenleben der Kirchen. Ein einheitlicher Gottesdienst ist niemals Bedingung und auch nicht Garantie der Einheit der Kirche. Eine eigenständige reformierte Liturgie ist ebenso denkbar wie etwa eine chaldäische, anglikanische oder zairische. Die Gemeinden des Reformierten Bundes in Deutschland und die Evangelisch-reformierten Kirchen der deutschsprachigen Schweiz, auch die Evangelische Kirche Helvetischen Bekenntnisses in Österreich werden für die Erhaltung eigener Formen weiterhin besorgt sein. Sie haben aus ihrer gottesdienstlichen Tradition auch die Möglichkeiten dazu (vgl. Lurz).

Reformierter Gottesdienst muss aber den andern Kirchen erkennbar bleiben. Das erfordert insbesondere bei der Feier der Sakramente eine Form, die der christlichen Gemeintradition entspricht. Beim Herrenmahl gehört dazu nicht nur die Verwendung der verba testamenti, sondern auch deren Verbindung mit einem lobpreisenden und eucharistischen Gebet, in dem Anamnese und Epiklese (Geistbitte) ihren Platz haben. Die Vorsteherschaft des Gottesdienstes ist einer von der synodalen Gesamtkirche ordinierten Person übertragen.

IV. Agenden

Der Beitrag der reformierten Kirche zur Fortbildung des christlichen Gottesdienstes wird in den Agenden greifbar, die die gottesdienstliche Tradition weit über die eigenen Kirchengrenzen hinaus beeinflusst haben. Der Abschnitt über die neuen Agenden ist darum hier besonders entfaltet. Es ist nicht möglich, sich mit dem epochemachenden kleinen Gottesdienstbuch von Johannes Calvin *La forme des prières et chants ecclésiastiques* (1542) zu beschäftigen. Doch soll dieses geniale Werklein als Ausgangspunkt im Gedächtnis bleiben.

Es hat im schottischen *Book of Common Order* von 1940 einen würdigen Nachfolger erhalten. Dieses ist eines der frühen Zeugnisse gottesdienstlicher Erneuerung im 20. Jh.; es hat dann auch verschiedentlich als wegweisendes Vorbild gedient. Die reformierte Kirche Schottlands wollte in ihrer Gottesdienstgestaltung mit der verfassungsmäßig ausgedrückten Zugehörigkeit zur allgemeinen oder katholischen Kirche ebenso ernst machen, wie das eigenständige reformierte Erbe bewahren. Begreiflicherweise ist der Einfluss der anglikanischen Kirche in Schottland seit langem bedeutsam; er ist sowohl positiv wie negativ erlebt worden.

Die Schaffung einer gottesdienstlichen Leseordnung und die Ausgestaltung des sonntäglichen Wortgottesdienstes nach dem Vorbild der Messfeier (im Schlussteil dieses Gottesdienstes, mit Darbringung der Kollektengaben am Altar, gefolgt vom Vaterunser) sind die auffälligsten Neuerungen des BCO. Damit wurde ein Gefälle auf die Eucharistie hin geschaffen; dieselbe wird tatsächlich seither in vielen Gemeinden häufiger, manchmal allsonntäglich gehalten.

In der deutschsprachigen und vor allem in der französischsprechenden Schweiz haben die Liturgiekommissionen der reformierten Kirchen von den sechziger Jahren des 20. Jh. an beachtliche Liturgiewerke geschaffen. Diese umfassen jeweilen mehrere Bände allein für den Sonntagsgottesdienst. Viele Texte dieser neuen Liturgiewerke, die von den Vorschlägen inoffizieller Gruppen lange vorbereitet worden waren, lassen den Einfluss der angelsächsischen, presbyterianischen und anglikanischen Liturgie erkennen. Aber auch das Beispiel der lutherischen gottesdienstlichen Erneuerung ist wichtig gewesen. Ebenso die nachvatikanische Liturgiereform der römisch-katholischen Kirche. Die reformierten Schweizer dürfen zudem den Anspruch erheben, in einer entscheidenden Periode der liturgischen Entwicklung eigenständige gottesdienstliche Bücher geschaffen zu haben, die ökumenische Bedeutung erlangten. An beiden Werken muss allerdings eine etwas steife Feierlichkeit und wenig Beziehung zur Gegenwartssprache (und zu allen Problemen, die diese in den Gottesdienst hineinbringt) bedauert werden. Das deutsch-schweizerische Liturgiewerk ist wohl auch zu kompilatorisch und lässt eine klare liturgische Option vermissen.

Für den Übergang ins neue Jahrhundert – oder Jahrtausend – hat das Moderamen des Reformierten Bundes eine Reformierte Liturgie erarbeitet, gültig für alle reformierten Kirchen und Gemeinden in Deutschland, wenngleich mit unterschiedlicher Verbindlichkeit. Das neue Werk steht in Kontinuität mit dem Kirchenbuch, das in der Zeit seit dem Zweiten Weltkrieg zwei (oder sogar drei) Überarbeitungen erfahren hat. Es geht eh wie je darum, »für die unter dem Wort versammelte Gemeinde« Gebete und Ordnungen bereitzustellen. War vordem die Erhaltung reformierten Gebetsgutes, darunter speziell der Gebete Calvins, ein vordringliches Anliegen, so wird jetzt die Verbindung mit der liturgischen Praxis der Schwesterkirchen, besonders mit dem EGb der deutschen unierten und lutherischen Kirchen, sowie mit der Ökumene gesucht. Die Bewegung erfolgt in einem durchaus eigenständigen, reformiert motivierten Bemühen um liturgische Form und Ausdruck, von dem die weitgreifenden Quellenangaben und mehr noch die Liturgiedidaktik zu allen Teilen des Werkes Ausdruck geben. Es ist darin ein authentisch mystagogisches Bemühen zu spüren, das die ganze Gemeinde ebenso wie die Gottesdienstleitenden im Auge hat. Die aktive Beteiligung der Gemeinde am gottesdienstlichen Geschehen ist ein zentrales Anliegen der Reformierten Liturgie.

In den Taufordnungen wird ein bemerkenswert ausgewogener und eindrücklicher Ordo der schottischen Kirche aufgenommen. Das ökumenische Anliegen kommt etwa in der umsichtigen Vermittlung zwischen reformierter Tradition und gesamtkirchlicher Übung in Ordination und Amtseinführung zum Ausdruck; die persönliche Situation kirchlich Beauftragter von heute tritt ebenso ins Blickfeld. Das Ordinationsgebet, das in der katholischen, aber auch der reformiert-presbyterianischen Liturgie mit der Handauflegung untrennbar zusammengehört, ist zunächst etwas merkwürdig vorausgenommen. Es erhält in der Aufnahme der altreformierten Ordnung eine beachtliche Formulierung.

Die Bemühungen um den liturgischen Kalender und das Lektionar mit Predigttexten im Sechsjahreszyklus der deutschen Kirchen, aber auch mit Rückverweisen auf den Heidelberger Katechismus als dem Grunddokument deutschsprachiger reformierter Spiritualität, sind hergebrachten und neuen Optionen verpflichtet. Erstmals werden die Katechismusfragen nach inhaltlichen Gesichtspunkten dem Sonntagsproprium zugewiesen. Der Katechismus hat für viele Generationen eine liturgisch-katechetische Funktion am Sonntag erfüllt. In der Reformierten Liturgie wird dem liturgischen Kalender eine Einführung in das jüdische Jahr angefügt. Das ist ein Hinweis auf die auch sonst in der Liturgie Israel als dem Bundesvolk zugewandte Aufmerksamkeit, die sich die Kirchen Europas und speziell Deutschlands jetzt angelegen sein lassen.

Spürbar ist vermittelndes Bemühen in der Reformierten Liturgie bei der Gestaltung des sonntäglichen Hauptgottesdienstes der Gemeinde. Die Wortverkündigung ist das vordringliche reformierte Anliegen. Das Abendmahl wird aber in den Gottesdienst integriert. Die pietistische und moralische, auch antiritualistische Abendmahlsscheu der Reformierten wird langsam, aber sicher überwunden. Die Hochschätzung der Abendmahlsermahnung oder Besinnung und die Betonung des Brotbrechens hindern die Entfaltung des Eucharistiegebetes in evangelischer Gestalt und im ökumenischen Sinn nicht mehr. Auch hier spürt man Konvergenz, wobei gemeindefreundliche Feierstruktur gefördert wird.

Die Reformierte Liturgie dient der Gestaltung des öffentlichen Gottesdienstes der Kirche. Sie ist »Dienst an dem Geschehen, in dem Gott selbst den in seinem Namen Versammelten dienend gegenwärtig ist« (15). Sie liefert den Beweis, dass die Reformierten nicht Kirche sind, die keine Liturgie hätte. Die Reformierte Liturgie hat auch den Verdienst, in einem handlichen und zugänglichen Band die gesamte Liturgie der Kirche, Gemeindegottesdienst wie Kasualien und andere kirchliche Handlungen darzubieten. Das bedingt Bescheidung und Sinn fürs Ganze.

Am Ende der durch Calvins *Forme des prières* und das schottische BCO von 1940 eröffneten Reihe reformierter Liturgiebücher sollen drei neuere Werke aus unterschiedlichen Sprach- und Kulturkreisen genannt werden: ein unübersehbarer Hinweis auf die weltumfassende liturgische Gemeinschaft der Reformierten. Es geht um das *Book of Common Worship* der amerikanischen presbyterianischen Kirche (1993), das neueste schottische *Book of Common Order* (1994) und das holländische *Dienstboek* (1998). In Holland ist die Zusammenarbeit nicht nur unter den beiden bislang getrennten reformierten Kirchen, sondern ebenso mit Lutheranern hervorzuheben. Die ökumenische Kooperation berührt auch die Katholiken. Es soll hier noch vom erstgenannten BCW, stellvertretend für die andern Bücher, mit einigen konkreten Hinweisen die Rede sein.

Die bis ins späte 18. Jh. zurückreichende gottesdienstliche Tradition der Presbyterian Church in den Vereinigten Staaten war zunächst bestimmt durch die Praxis des freien Gebetes und große Flexibilität der liturgischen Ordnung. Die Revision des BCW hat sich der Frage gestellt, ob Anschluss an die abendländische liturgische Tradition, wie sie im ökumenischen Kontext nahe liegt, und Inkulturation in der gegenwärtigen nordamerikanischen Welt miteinander vereinbar sind. Oder handelt es sich hierbei um eine grundsätzlich unversöhnliche Alternative? Das 1993 den Gemeinden übergebene Kirchenbuch stellt konkret eine positive Antwort auf diese Frage dar. Die Antwort ist erst nach einem schwierigen und oft widersprüchlichen, seit 1946 laufenden Prozess möglich geworden. Die Sprache musste sich vom Elisabethanischen Englisch absetzen. Die Entwicklung vom puritanischen Morgengebet mit Predigt zu einem Vollgottesdienst von Wort und Mahl für den Tag des Herrn war zu vollenden. Der Kontakt mit den Bemühungen um gemeinsame ökumenische Texte im gesamten englischsprachigen Raum war aufzunehmen. Die nördliche und die südliche amerikanische Presbyterianische Kirche mussten sich untereinander in ihrem Vereinigungsprozess finden. Die Einseitigkeit der Vorschläge der 70er Jahre (in dem damaligen Worshipbook: »Ein neues Buch mit einem neuen Namen für eine neue Zeit…«) waren zu überwinden. Das Resultat ist das bemerkenswerte BCW von 1993.

Besonders erfreulich ist – wie auch bei der Reformierten Liturgie aus Deutschland – die Handbarkeit einer Vollliturgie mit dem Sonntagsgottesdienst und den verschiedenen sakramentlichen oder kirchlichen Handlungen. Die Einbindung des Revised Common Lectionary, der Überarbeitung des römischen Lektionars für die Gesamtheit der anglophonen Kirchen, ist bemerkenswert. Die Verbindung des Liturgiebuches für den Pfarrer und des Gesangbuches der Gemeinde entspricht bester reformierter Tradition.

Die Eucharistiefeier ist mit dem zentralen eucharistischen Gebet versehen. Die im evangelischen Raum gegenwärtig wieder diskutierte Frage der Eingliederung des Einsetzungsberichtes in das Gebet wird in unterschiedlichen Formen des Eucharistiegebetes offengelassen. Das Nebeneinander eines Wortgottesdienstes für den Sonntag und der Eucharistiefeier hat den Vorteil der strukturellen Klarheit.

V. Liturgische Bewegung: Forschung und Praxis

Reformierte Theologen und Pastoren, dann die von ihnen motivierten Gemeinden und manchmal ganze Kirchen haben im 20. Jh. einen namhaften Beitrag zur liturgischen Bewegung geleistet. Dieser Einsatz geht weiter und trägt beachtenswerte Früchte, auf wissenschaftlicher und auf kirchlicher Ebene.

Die Namen dreier reformierter Theologen, die für die liturgische Bewegung in weltweit beachteter Weise gesprochen haben, seien genannt: Gerardus van der Leeuw, William D. Maxwell und Jean-Jacques von Allmen (vgl. Great Masters 277–289).

Gerardus van der Leeuw (1890–1950) war nicht bloß Religionsphänomenologe in Groningen und holländischer Erziehungsminister, sondern auch Publizist auf liturgischem und kirchenmusikalischem Gebiet (Liturgiek, Nijkerk 1940; Sacramentstheologie, Nijkerk 1949, deutsch: Sakramentales Denken, Kassel 1959) sowie Förderer der ökumenischen Arbeit in den Jahren der Entstehung des Ökumenischen Rates der Kirchen. 1940 wurde er zum Präsidenten der von »Faith and Order« ins Leben gerufenen »Commission on Ways of Worship« (vgl. Ways of Worship, London 1951). Er lebte intensiv auf den weiten Feldern von Natur und Kultur.

In Holland hat van der Leeuw als Mentor der Gruppe »Liturgische Kring« einen in die Zukunft weisenden Einfluss gehabt. Die von der Kirchenordnung der Kurpfalz inspirierte gottesdienstliche Tradition der Niederlande wurde in ökumenischer Richtung geöffnet. Ausgehend von einem 1968 erschienenen »Ökumenischen Ordinarium« wurde in beiden reformierten Kirchen Hollands eine gottesdienstliche Entwicklung gefördert, für die Responsorien und häufigere Abendmahlsfeiern bezeichnend sind.

Der aus Kanada gebürtige William D. Maxwell (1901–1971) ist durch seine Bücher über die Geschichte des Gottesdienstes in der presbyterianischen Kirche Schottlands bekannt geworden. Seine historische Erforschung des reformierten Gottesdienstes wurde in den Dienst der Erneuerung der liturgischen Praxis gestellt. Er hat auch im Kreis der schon genannten ökumenischen »Commission on Ways of Worship« gewirkt. Am Schluss seiner Laufbahn war Maxwell theologischer Lehrer in Südafrika.

Jean-Jacques von Allmen (1917–1994) ist in erster Linie als ökumenisch engagierter Ekklesiologe angetreten. Mit viel Hingabe und Feuer hat er außerdem für die gottesdienstliche Erneuerung gearbeitet. Dabei hat er beachtliche liturgische Ansätze in seiner engeren und weiteren Heimat – die liturgiefreundliche Tradition in Neuenburg, die auf Ostervald zurückgeht, und die vom waadtländischen Pfarrer Richard Paquier (1905–1985) animierte Bewegung »Eglise et Liturgie« (vgl. Bardet) – nutzbar gemacht. Von Allmen hat immer eine große Treue zum reformatorischen Erbe seiner Kirche bewahrt, das er mit prophetischem Feuer und mit Leidenschaft für das kirchliche Leben in der Gegenwart, mit ihren ökumenischen Herausforderungen, fruchtbar zu machen suchte. Darin blieb er zeitlebens ein Schüler von Karl Barth. Auf gottesdienstlicher Ebene bedeutete das, dass die freie Verkündigung des Wortes Gottes mit der Feier der Sakramente von Taufe und Abendmahl zusammengehört. Das theologische Werk von Allmens ist von einer angewandten Tauftheologie getragen. Es hat ebenso eucharistische Züge. Mit seinem *Essai sur le Repas du Seigneur* (Ökumene im Herrenmahl) eröffnete von Allmen 1965 in Grandchamp jenes bedeutsame Arbeitsvorhaben von F&O, aus dem 1982 in Lima die Konvergenztexte des ÖRK zu Taufe, Eucharistie und Amt hervorgingen. Von Allmen begann mit dem Abendmahl, das Anamnese Jesu Christi und Epiklese des Heiligen Geistes ist. Das Herrenmahl hat immer auch Opfercharakter. Es offenbart das Wesen der Kirche.

In einem weiteren schönen Buch hat von Allmen 1984 seine Vision des Gottesdienstes hinterlassen: *Célébrer le salut* (vgl. auch die FS für von Allmen: Communio Sanctorum). Das zentrale Kapitel in diesem Werk eines großen Meisters theologischen Denkens der Gegenwart gilt der Bedeutung des Gottesdienstes für die Welt. Anstatt einen profanen und einen sakralen Bereich zu unterscheiden, stellt von Allmen alles unter den Gesichtspunkt der Visitatio Christi. Von daher ist der christliche Gottesdienst ein Moment der Bedrohung, aber dann auch eine

Verheißung für diese Welt. Mit dem Weltbezug des Gottesdienstes begegnet – in sakramentaler Vertiefung – ein schon im ersten Abschnitt angesprochenes Anliegen wieder.

Es ist ein verheißungsvolles Zeichen der kirchlichen Rezeption für die liturgische Erneuerung, dass der Reformierte Weltbund sich in den letzten Jahren dafür weltweit eingesetzt hat. Das lag gewiss nicht in der Tradition seiner bisherigen Tätigkeit. Der RWB hat nun ein Zeichen der Zeit wahrgenommen.

An der Versammlung des RWB 1989 in Seoul wurde das tägliche gottesdienstliche Geschehen betont in die Mitte gestellt. Entsprechende Erfahrungen des Ökumenischen Rates der Kirchen hatten dazu wohl den Anstoß gegeben. Bemerkenswert ist, wie sehr die Feier um den Tisch des Herrn wichtig wird. Die Erfahrung des gemeinschaftsstiftenden Essens und Trinkens in vielen Kulturen der Erde wird mit der Einladung des Herrn in Verbindung gebracht.

Auf der Linie des reformierten Beitrages zu einem neuen Gottesdienst ist die Durchführung internationaler Workshops für junge reformierte Pfarrerinnen und Pfarrer durch das dem Reformierten Weltbund zugehörige John Knox-Zentrum in Genf zu verstehen. Kommunikation im Gottesdienst war dabei Thema – Symbole, Bewegung und Raum haben gottesdienstliche Funktion. Im gleichen John-Knox-Zentrum wurden 1994 und 2001 zwei Konsultationen über Geschichte und Perspektiven des Gottesdienstes mit Teilnehmerinnen und Teilnehmern aus allen Kontinenten organisiert.

Die liturgiewissenschaftliche Forschung im reformierten Raum wird von einer neuen Generation weitergeführt. Aus Amerika ist dazu ein Frauenname zu nennen: Elsie Anne McKee, die sich mit den reformatorischen Wurzeln des Gottesdienstes in Straßburg und bei Calvin befasst. Europäische Theologen sind jetzt, mehr als die Vertreter der klassischen liturgischen Bewegung das waren, an reformierter Spezifität im gottesdienstlichen Bereich interessiert. Der Pariser Theologe Laurent Gagnebin legt ein Buch vor, das die Öffnung des Gottesdienstes – nicht ohne Bezugnahme auf die Gegensätze z.Zt. der Entstehung der reformierten Gemeinden und im Abstand von einer »liturgischen Bewegung« – zum eigentlichen Programm macht. Die Beziehung zur Ästhetik ist in diesem Aufbruch besonders zu beachten. Öffnung ist eine Frage der liturgischen Haltung und Gestaltung. Das Engagement von Gagnebin ist im Kontext der Besinnung auf die Liturgie in der stark minoritären und mit modernen Fragen konfrontierten Eglise réformée de France zu sehen. In Genf hat Henry Mottu, von Bonhoeffer und dem prophetischen sowie politischen Einsatz der Kirche in der Welt der Gegenwart bewegt, die Frage nach der Praxis der Sakramente in den protestantischen Kirchen gestellt (vgl. Le geste prophétique. Pour une pratique protestante des sacrements. Genève 1998). Über den symbolischen Akt stehen Gottesdienst und Leben miteinander in Beziehung. Bei beiden Theologen ist der theologisch und ökumenisch unverzichtbare Bezug zum Pascha-Mysterium Jesu Christi aber zu wenig ins Licht gestellt. Gottesdienstliche Feier und sakramentale Praxis können nirgendwo denn im österlichen Mysterium begründet werden.

VI. Engagierte Neuerung

Öfters finden sich die reformierten Kirchen in den vorderen Reihen der für einen neuen Aufbruch Einstehenden. Engagement – ethisches und speziell sozialpolitisches – passt gut ins Konzept reformierten Gottesdienstes. Das soll hier an zeitgenössischen Beispielen illustriert werden: am gottesdienstlichen Ausdruck einer frauengerechten christlichen Rede und Haltung, sodann an der lebendigen Festlichkeit des Gottesdienstes.

Der Einsatz für inklusive Sprache im Gottesdienst war ein wichtiges Element der amerikanischen presbyterianischen Reform, die zum BCW geführt hatte. Die Vollversammlung der

Presbyterian Church erließ dazu 1985 Richtlinien, die zum Ausdruck bringen, dass *inclusive language* mehr ist als geschlechtsneutrale Sprachregelung. Die Vielfalt der Glieder im Volk Gottes soll so Beachtung finden, dass jeder sich angesprochen und in gleicher Weise vor Gott ernst genommen fühlt. Gefragt ist möglichst weite Öffnung und zugleich persönliche Zuwendung, schon im allgemeinen Sprachgebrauch der Kirche, aber eben auch im Gottesdienst. Das geht bis zur kritischen Überprüfung der im Gottesdienst verwendeten Bibelübersetzungen. In der Rede von Gott soll inclusive language den Reichtum der Gottesbilder der Bibel angemessen zum Ausdruck bringen. Unser Gott ist mehr als Herr und allmächtiger Vater. Dabei wird die traditionelle und ökumenisch bedeutsame trinitarische Sprechweise nicht etwa in Frage gestellt. Die Tiefe und der Beziehungsreichtum der trinitarischen Theologie müssen aber im liturgischen Sprachgebrauch gebührend zur Geltung kommen. Der dynamische Reichtum unserer Erfahrungen von Gott und dem Menschen soll in der Sprache spürbar werden.

In der Schweiz haben die Mitgliedkirchen des Evangelischen Kirchenbundes – die Methodisten finden sich da zusammen mit den Reformierten – im Rahmen der ÖRK-Dekade der Solidarität der Kirchen mit den Frauen zwischen 1988 und 1998 jährlich eine besondere Liturgie erarbeitet und in zwei Sprachen im ganzen Land verbreitet. Es wurde jedes Mal ein für Frauen relevantes Thema aufgegriffen und in feierndem Gedächtnis und konkreter Fürbitte begangen; der biblische Bezug war dabei wichtig. Das im vorzeitigen Tod verlorene Kind ist z.B. ein solches Anliegen. Frauenschicksal ist so im Gottesdienst artikuliert und in zeitgemäßer Form in der Gemeinde mitgetragen worden.

In der »Schweizerischen Evangelischen Synode«, einer Basisbewegung, die als befristetes Unternehmen in den achtziger Jahren dringende Anliegen des Protestantismus zur Sprache bringen wollte, wurde der Gottesdienst betont unter das Zeichen des Festes gestellt. Gott lädt die Gemeinschaft der Glaubenden zur Feier in seiner Nähe ein. Die ein- oder mehrtägigen themaorientierten Synodedebatten wurden bewusst in Zusammenhang mit der liturgischen Feier dieser Synode gebracht. Das Ende des letzten Jahrhunderts neu erarbeitete Gesangbuch der Evangelisch-reformierten Kirchen der deutschsprachigen Schweiz ist in mehrfacher Hinsicht Erbe der Synode geworden – mit seinen liturgiegestalterischen und liturgiedidaktischen Hinweisen, mit der klugen Verwendung alter und neuer Kirchenlieder, auch der Psalmen, zur festlichen Prägung des reformierten Gottesdienstes. Nicht zuletzt profitiert das neue Kirchengesangbuch von der Nähe zum gleichzeitig entstandenen Römisch-katholischen Gesangbuch der deutschsprachigen Schweiz – mit einem Drittel gemeinsamer Lieder. Damit ist auch ein ökumenisch zuversichtlicher Ton in der gottesdienstlichen Praxis der Schweiz angestimmt.

Was in der Schweiz wegen etlicher Hemmungen zaghaft geschieht, ist in manchen Kirchen Afrikas, auch reformierten oder presbyterianischen Bekenntnisses, eine sonntägliche Wirklichkeit. Insbesondere die zahlreichen Chöre, die mit vielen jungen, auch älteren, Sängerinnen und Sängern in jedem Gottesdienst dabei sind, sorgen dafür, dass die Versammlung der Gemeinde von jauchzender Begeisterung erfüllt mitgerissen wird. Improvisation ist ein wichtiges Element. Originell afrikanische Musik wird manchmal mit europäischen oder amerikanischen Weisen verbunden. Damit hat der Gottesdienst dank einer beachtlichen Inkulturation im afrikanischen Raum einen spontanen und festlichen Charakter, der in der reformierten Kirchengemeinschaft eine Überraschung darstellt. Die eschatologische Erwartung wird in vielen dieser Versammlungen gleichsam handfest greifbar. Das ist natürlich im sozialen und politischen Klima auf dem ganzen afrikanischen Kontinent folgenreich, ebenso verheißungsvoll wie risikogeladen. Die Gottesdienste der reformierten Kirchen schwarzer und farbiger Herkunft in Südafrika sind gegenwärtig von feierndem Enthusiasmus geprägt. Entsprechendes wäre von andern afrikanischen Kirchen zu melden.

Es lebt hier in Gesang und Gebet viel Hoffnung für das Volk – verwiesen sei nochmals auf die eingangs angesprochene Volksliturgie. Die Sache passt in die seit der Reformationszeit im reformierten Raum lebendige Tradition. Mit dieser Feststellung soll nicht konfessionelle Vereinnahmung betrieben werden. Wir sollten uns eher freuen über die von Gott den reformierten Gemeinden eh wie je als besondere Gabe geschenkte Nähe zu den Frauen und Männern mit ihren Gegenwartsproblemen, in der Erwartung von Gottes Reich.

Quellen

BOOK OF COMMON WORSHIP for the Presbyterian Church (USA) and the Cumberland Presbyterian Church, Louisville/Kentucky 1993. – DIENSTBOEK. Een proeve. Schrift – Maaltijd – Gebed, Zoetermeer 1998. – GESANGBUCH der Evangelisch-reformierten Kirchen der deutschsprachigen Schweiz, Basel/Zürich 1998. – LITURGIE, hg. im Auftrag der Liturgiekonferenz der evangelisch-reformierten Kirchen in der deutschsprachigen Schweiz, mehrere Bde., Bern seit 1972. – LITURGIE à l'usage des Eglises réformées de la Suisse romande, 2 Bde. und Begleithefte, 1979–1989. – REFORMIERTE LITURGIE. Gebete und Ordnungen für die unter dem Wort versammelte Gemeinde. Im Auftrag des Moderamens des Reformierten Bundes erarbeitet und hg.v. Peter Bukowski/Arend Klompmaker/Christiane Nolting/Alfred Rauhaus/Friedrich Thiele, Wuppertal/Neukirchen-Vluyn 1999.

Literatur

Jean-Jacques VON ALLMEN, Essai sur le Repas du Seigneur, Neuchâtel 1966,; dt.: Ökumene im Herrenmahl, Kassel 1968. – Ders., Célébrer le salut. Doctrine et pratique du culte chrétien, Genève/Paris 1984. – André BARDET, Un combat pour l'Eglise. Un siècle de mouvement liturgique en Pays de Vaud (Bibliothéque historique vaudoise 92), Lausanne 1988. – Karl BARTH, Gotteserkenntnis und Gottesdienst nach reformatorischer Lehre, Zollikon 1938. – Peter Ernst BERNOULLI/Frieder FURLER (Hg.), Der Genfer Psalter – eine Entdeckungsreise, Zürich 2001. – Bruno BÜRKI, Cène du Seigneur – eucharistie de l'Eglise, Bd. A und B (ÖBFZPhTh 17), Fribourg/Suisse 1985. – Ders., Beispielhaft reformierte Form der Liturgie in Neuchâtel: Liturgiereformen, hg.v. Martin Klöckener/Benedikt Kranemann (LQF 88), Münster 2002, I,417–435. – Ders./u.a., Gottesdienst feiern. Eine Orientierungshilfe im Auftrag der Konferenz der Liturgiekommissionen im Schweizerischen Evangelischen Kirchenbund, Zürich 1993. – COMMUNIO SANCTORUM. Mélanges offerts à Jean-Jaques von Allmen, hg.v. Boris Bobrinskoy, Genève 1982. – Alfred EHRENSPERGER, Gottesdienst. Visionen – Erfahrungen – Schmerzstellen, Zürich 1988. – Laurent GAGNEBIN, Le culte à choeur ouvert. Introduction à la liturgie du culte réformé, Genève/Paris 1992. – Great Masters: StLi 17 (1987) 277–301. – Friedrich LURZ, Die Feier des Abendmahls nach der Kurpfälzischen Kirchenordnung von 1563. Ein Beitrag zu einer ökumenischen Liturgiewissenschaft (PTHe 38), Stuttgart 1998. – Theophil MÜLLER, Evangelischer Gottesdienst. Liturgische Vielfalt im religiösen und gesellschaftlichen Umfeld, Stuttgart 1993. – MUSIK IN DER EVANGELISCH-REFORMIERTEN KIRCHE. Eine Standortbestimmung, hg.v. Institut für Kirchenmusik der evangelisch-reformierten Landeskirche des Kantons Zürich in Zusammenarbeit mit dem Schweizerischen Arbeitskreis für evangelische Kirchenmusik, Zürich 1989. – Irmgard PAHL, Die Feier des Abendmahls in den Kirchen der Reformation: Hans Bernhard Meyer, Eucharistie. Geschichte, Theologie, Pastoral: GDK 4 (1989) 393–440. – Hans SCHOLL, Der Dienst des Gebetes nach Johannes Calvin (SDGSTh 22), Zürich 1968. – Frieder SCHULZ, Das Eucharistiegebet in den Kirchen der Reformation als Frucht ökumenischer Konvergenz. Rezeption und Revision: Gemeinsame Liturgie in getrennten Kirchen?, hg.v. Karl Schlemmer (QD 132), Freiburg/Basel/Wien 1991, 82–118. – TO GLORIFY GOD. Essays on Modern Reformed Liturgy, ed. by Bryan Spinks/Iain Torrance, Edinburgh 1999.

Bruno Bürki

Gottesdienst im anglikanischen Kontext

I. Anglikanischer Gottesdienst in der Reformationszeit

A. Der historische Hintergrund

Die Reformation erreichte England in zwei Etappen, einer ersten unter Heinrich VIII. (1509–1547) und der zweiten unter seinem Sohn Eduard VI. (1547–1553). Unter Eduards Nachfolgerin, seiner Halbschwester Maria (1553–1558), kehrte der römische Katholizismus noch einmal zurück. Maria starb, bevor sie alle Spuren der Reformation auslöschen konnte, und ihre Nachfolgerin Elisabeth I. (1558–1603), eine andere Halbschwester, brachte das Land fast wieder in den Zustand, der 1553 erreicht worden war. Schlüssel zu der Entwicklung waren die Herrscher, auch in England galt die Regel *cuius regio, eius religio.*

Unter Heinrich VIII. hielt man sich zur Reformation des Kontinents auf Distanz. Nichtsdestoweniger war ein entscheidender Schritt getan, als der Papst es in den Jahren 1532 bis 1534 ablehnte, Heinrichs Ehe für ungültig zu erklären. Heinrich nahm die Sache selbst in die Hand, indem er Cranmer zum Erzbischof von Canterbury ernannte und ihn seine Ehe für nichtig erklären ließ, um dann Anna Boleyn zu heiraten. Der König ließ sich im gleichen Jahre 1534 zum Oberhaupt der Kirche von England *(Supreme Head on earth of the Church of England)* proklamieren. Alle Verbindungen nach Rom wurden verboten. Durch Beschluss des Parlaments *(Act of Parliament)* wurde erklärt, dass alle Vollmacht zur Ernennung in kirchliche Ämter und zur Ausübung der kirchenrechtlichen Jurisdiktion nunmehr bei der Krone läge. Wer Widerstand leistete, setzte sich furchtbaren Strafen aus.

Die bischöfliche Verfassung der Kirche und ihr Gottesdienst blieben wie bisher: Die Gottesdienste wurden in lateinischer Sprache gehalten – ohne Kommunion der Laien, denen nur zu Ostern die Hostie gereicht wurde, – und waren völlig priesterzentriert, kompliziert, abergläubisch und in nichts reformiert. Zur selben Zeit wurden Altäre und Reliquienschreine entweiht, Klöster aufgehoben und Wallfahrten unterbunden. Die Reformation der Liturgie stand noch bevor, lediglich ein paar Anzeichen wurden sichtbar. So war die Bibel ab 1537 in englischer Sprache verfügbar. Cranmer selbst bewegte sich auf den Protestantismus zu – er hatte geheiratet, und zwar eine lutherische Frau. Und in den letzten Jahren Heinrichs VIII. wurde unter seiner Autorität eine Litanei in englischer Sprache herausgegeben (1544; Text: Clay 563–576). Heinrichs Tod löste die nächste Etappe aus.

Eduard VI. war zehn Jahre alt, als er seinem Vater nachfolgte. Ein Kronrat regierte das Land in seinem Namen. Ein Reformprogramm wurde damals so schnell ins Werk gesetzt, dass es aussah, als ob es schon lange vorbereitet worden sei und nur auf Heinrichs Tod gewartet hätte. Dazu kam, dass der neue König viel zu jung war, um Vater eines Thronerben zu werden, und dass die papsttreue Prinzessin Maria nur einen Sprung vom Thron entfernt in Wartestellung verharrte. So wurde die Kirche einer Änderung nach der anderen unterworfen, während das Volk das alles mehr hinnahm, als dass es darüber froh war.

Im Zentrum der englischen Reformation stand die Reform der Liturgie, Veränderungen der Lehre wurden erst später mit den 39 Artikeln formuliert. Zunächst ging es um die Formen des öffentlichen Gottesdienstes, und diese wurden unter Eduard VI. völlig verändert. Die charakteristischen Merkmale dieser Liturgiereform waren folgende:

- Eine gewisse Kontinuität mit der Vergangenheit blieb erhalten, sogar da, wo die radikalsten Veränderungen vorgenommen wurden.
- Die Reform erfolgte schrittweise, wenn auch in einem kurzen Zeitabschnitt. Zwei vollständige neue *Books of Common Prayer* in der Landessprache wurden veröffentlicht und eingeführt, das erste 1549 und das zweite 1552.
- Grundsätze der Reform waren:
  1. verständlich und einfach,
  2. biblische Legitimation des Inhalts,
  3. didaktische Rolle der Liturgie und
  4. streng durchgehaltene Gleichförmigkeit.
- Der Testfall war die Abendmahlslehre. Das liturgische Zentralstück in den neuen Büchern war die Ordnung der Kommunion *(The Communion)*, wie nicht nur das Abendmahl, sondern darüber hinaus der ganze eucharistische Gottesdienst im *Book of Common Prayer* genannt wird. Sie vermittelt eine in hohem Maße erneuerte Lehre vom Abendmahl.
- Erzbischof Cranmer vereinte in seiner Person die Autorität eines Mitglieds des Kirchenregiments, den Eifer eines protestantischen Reformers der ersten Generation und die unvergleichliche Fähigkeit, liturgisches Englisch zu schreiben – sowohl in der Übersetzung wie auch in Neuformulierungen.

Ihren umfassendsten Ausdruck fanden diese Charakteristika im BCP 1552. Dieses wurde unter Maria der Katholischen vorübergehend abgeschafft und dann unter Elisabeth I. mit kaum einer Änderung wieder eingeführt. So wurde es zum bestimmenden Kennzeichen für die englische Reformation. Derselbe Text und dieselben Grundsätze wurden dann nach der »Commonwealth«-Periode im Jahre 1662 weitgehend wieder aufgenommen und übten so für Jahrhunderte ihren Einfluss aus auf die ganze anglikanische Welt.

B. Liturgische Texte der Reformation

Die in der Periode der Reformation eingeführten liturgischen Texte und verwandte Materialien sind folgende:

Unter Heinrich VIII.:

1537 Die Bibel ist offiziell in englischer Sprache erhältlich.

1544 Eine Litanei in englischer Sprache erscheint.

Unter Eduard VI.:

1547 1. *Royal Injunctions Order*: Epistel und Evangelium sind bei der Messe auf Englisch zu lesen. Alle Lichter, außer zweien, sind vom Altar zu entfernen. Bilder sind zu entfernen. Eine eiserne Truhe oder Kassette für die Almosen ist neben dem Hochaltar aufzustellen (Text: Buchanan 1983a, 4–12).

2. Ein *Parlamentsbeschluss* ordnet die Kommunion unter beiderlei Gestalt an (Buchanan 1983a, 13).

3. Das erste *Book of Homilies* (Lesepredigten) wird veröffentlicht. (Es wird auch erwähnt in den unter Elisabeth I. veröffentlichten 39 Artikeln. Beide Books of Homilies sind neuerlich wieder veröffentlicht worden: The Homilies).

1548 Im März wird *The Order of the Communion* veröffentlicht, eine englischsprachige Einfügung in das Messformular, die für die Vorbereitung der Kommunikanten und für die Austeilung der Abendmahlselemente in beiderlei Gestalt Sorge trägt. Sie wird hier die »Ordnung von 1548« genannt (die voraufgehende *Proclamation* findet sich bei Buchanan 1983a, 14; die *Order* bei Buchanan 1983b, 3–6).

1549 Im März wird das erste *Book of Common Prayer* veröffentlicht und am 9. Juni, dem Pfingstsonntag, eingeführt. Es enthält, abgesehen von der Ordnung der Messe, eine vollständige Reihe von Gottesdiensten in englischer Sprache, alles in einem Buch.

1550 Das erste »Ordinal« (Ordination von Diakonen und Priestern und Konsekration von Bischöfen) in englischer Sprache wird veröffentlicht (Prayer Books 292–317). Ein Kabinettserlass ordnet den Abbruch der steinernen Altäre an.

1552 Im Oktober wird das zweite BCP veröffentlicht und am 1. November zu Allerheiligen in Kraft gesetzt. Auch ein neues Ordinationsformular war damit verbunden.

Unter Maria:

1553 Das Parlament verbannt alles, was unter Eduard in Gebrauch war, und kehrt zum römischen Brauch zurück.

Unter Elisabeth I.:

1559 Das BCP wird wieder in Kraft gesetzt (es war wesentlich das unveränderte BCP 1552).

1562 Zweites *Book of Homilies* (The Homilies).

C. Das Herrenmahl in der Reformationszeit

Die Abendmahlslehre war in der Reformationszeit nicht nur der *articulus reformatae ecclesiae*, sie wurde auch ausdrücklich als solcher bezeichnet. Unter Heinrich VIII. entschärften die zur Vorbereitung der Verhandlungen mit den Lutheranern verfassten Zehn Artikel von 1536 das Transsubstantiationsdogma ein wenig; lediglich die Realpräsenz wurde bejaht, das Fortbestehen der Substanz des Brotes nach der Konsekration nicht ausdrücklich verneint. Die Sechs Artikel von 1539 bekräftigten dann die Lehre von der Transsubstantiation wieder uneingeschränkt.

Die unter Eduard VI. vorgenommenen Veränderungen wirkten stark auf den Gottesdienst ein. Die Vereinfachung des Zeremoniales, die Eduards Verordnungen von 1547 vorschrieb, begann die gottesdienstliche Spiritualität zu prägen. Der Gebrauch der englischen Bibelübersetzung, der sich bereits unter Heinrich inoffiziell einzubürgern begann, trug ein Übriges dazu bei.

Der königliche Erlass vom Herbst 1547 führte zur Ordnung von 1548, die ins Messformular einzufügen war. Diese verordnete nach der Kommunion des Priesters einen in englischer Sprache gehaltenen *devotional approach to the Table*, der zu benutzen war, wenn die Gemeinde das Abendmahl empfängt, was unter beiderlei Gestalt geschah. Ein größerer Kelch wurde benötigt, wenn den Kommunikanten auch der Wein gereicht werden sollte. Die Erfahrung zeigte sehr bald, dass die Gemeinden sich gar nicht so sehr scheuten, das Abendmahl häufiger zu empfangen. Durch diese Ordnung erhielt die Messe einen zweiten Höhepunkt: Neben die Konsekration (mit Elevation und Anbetung) als dem bisher einzigen und vor allem für die Frömmigkeit bedeutsamen Fokus des Ritus trat jetzt die Kommunion als zweiter Höhepunkt.

Das BCP 1549 bietet eine ganz in der Landessprache geschriebene »Order of the Holy Communion commonly called The Mass« (hier künftig Kommunions-Gottesdienst genannt im Unterschied zum unmittelbaren Vorgang der Kommunion). Diese Ordnung lehnt sich sehr eng an den Aufbau des Sarum-Ritus (lat. Salisbury) an, nur ist das Offertorium umgewandelt in einen (Geld-)Opfergang, der den Wortteil abschließt, statt die eucharistische Liturgie einzuleiten. Die Liturgie wird nicht mit dem Abendmahl fortgesetzt, wenn keine Kommunikanten zu erwarten sind, was wohl gewöhnlich der Fall war, denn die Leute pflegten ihre Gewohnheiten nicht gleich den liturgischen Änderungen anzupassen.

Im Aufriss folgt der Kanon dem Sarum-Missale, aber sein Inhalt ist stark verändert. Die Fürbitten sind nun einfache Gebete und keine Bitten mehr, die sich auf die Darbringung der Elemente beziehen. Das *quam oblationem* hat jede Bezugnahme auf ein durch den Priester darzubringendes Opfer verloren und verwendet statt dessen die protestantische, hier polemische Formulierung, dass Christus bereits das »volle, vollkommene und allgenugsame Opfer als Opfergabe und Genugtuung für die Sünden der ganzen Welt« dargebracht hat. Es folgt die (epikletische) Bitte: »Durch deinen Heiligen Geist und dein Wort mögen« Brot und Wein »für uns sein« Leib und Blut Christi. Der Einsetzungsbericht wurde leicht gereinigt und die Elevation der Elemente ausdrücklich verboten wie auch, die Elemente dem Volk zu zeigen. Die Anamnese hat jeden Bezug zur Darbringung der *pura hostia* verloren und enthält jetzt die vage, unbestimmte Wendung: »Wir halten das Gedächtnis deines Sohnes, unseres Herrn.« Die etwas später erfolgende Berufung auf die Opfer Abels, Abrahams und Melchisedeks wurde umgewandelt in das völlig andere Konzept einer Darbringung »unserer selbst, unserer Seelen und Leiber als ein heiliges und lebendiges Opfer für den Herrn« (vgl. Röm 12). Dann folgt das Vaterunser und der Text der Ordnung von 1548, der zur Kommunion des Priesters und der Gemeinde überleitet. Die Oblatenhostie wird beibehalten, aber »etwas dicker und runder, als sie bisher gewesen ist«, und jede einzelne Oblate muss in mindestens zwei Teile zerbrochen und verschiedenen Kommunikanten gegeben werden. Das ist die einzige Form der *Fractio panis*.

Im BCP von 1549 blieben die alten steinernen Altäre noch erhalten. Die Leute gingen zum Almosen-Opfergang vom Kirchenschiff hinauf in den Chorraum, taten ihr Geld in den Opferkasten und kehrten dann entweder zurück oder blieben im Chorraum zur Kommunion. Im Jahre 1550 verordnete das Kirchenregiment den Abriss der steinernen Altäre und die Einführung der hölzernen Mensa. Am Anfang wurden oft Tischplatten auf Böcken benutzt, freistehend und im rechten Winkel zur früheren Position des Altars.

Im BCP von 1552 wurde der Kommunions-Gottesdienst gänzlich umgeformt. Die Struktur veränderte sich, selbst wenn die Formulierungen oft dieselben blieben. Das Zentrum der Veränderungen findet sich am Ende des Einsetzungsberichts, dessen letzte Worte »solches tut zu meinem Gedächtnis« bislang zur Anamnese übergeleitet hatten. Nun fragte sich Cranmer, wie wir dem Gebot »solches tut« zu gehorchen haben. Seine Antwort war: »durch Essen des Brotes und Trinken des Weins«. Und daraufhin schrieb er den Ritus so um, dass dieser nicht nur berichtet, dass wir essen und trinken, um sein Gebot zu erfüllen, sondern dass an dieser Stelle wirklich gegessen und getrunken wird. Es folgt deshalb unmittelbar die Austeilung mit den anamnetischen Spendeformeln: »Nimm und iss dies zum Gedächtnis, dass Christus für dich gestorben ist und genieß ihn in deinem Herzen durch Glauben mit Danksagung« und »Trink dies zum Gedächtnis, dass Christi Blut für dich vergossen ist, und sei dankbar«. An dieser Stelle berührt sich Cranmers Intention unmittelbar mit jener, die Luther in seiner Deutschen Messe von 1526 zum Ausdruck gebracht hat und die sich vor allem in den Kirchenordnungen aus der Feder von Johannes Bugenhagen in Norddeutschland durchgesetzt hat. Verschiedene Teile der Liturgie mussten durch diese Änderung an eine andere Stelle gesetzt werden. Das *sacrifice of praise* und die Selbstdarbringung kamen vom Kanon in den Schlussteil nach der Kommunion (Postcommunio); das Vaterunser rückte gleichfalls dorthin; der Bußakt der Ordnung von 1548 gelangte vor das *Sursum corda*, aber das *Prayer of Humble Access* erhielt seinen Platz nach dem Sanctus und gab dem, was einmal der Kanon gewesen war, eine völlig andere Struktur.

Andere Eingriffe erfolgten im Eingangsteil des Ritus. So wurde das Kyrie mit der Verlesung der Zehn Gebote als bußfertige Antwort der Gemeinde verschränkt, so rückte das Gloria in excelsis ans Ende des Gottesdienstes. Die Fürbitten wurden aus dem Kanon, worin ihre Verankerung schon 1549 gelockert worden war, entfernt und zu einem besonderen *Prayer for the Church Militant here on Earth* unmittelbar nach dem (Geld-)Opfergang und vor dem Beginn des Abendmahls zusammengefasst, sie blieben so weiter im Gebrauch, auch wenn der Gottesdienst vor dem Abendmahl abgeschlossen wurde.

Der äußere Rahmen und das Zeremoniale wurden radikal verändert. Ein mit einem einfachen weißen Tuch bedeckter Holztisch stand in der Mitte der Gemeinde, der Priester kniete »an der Nordseite« des Tisches und sah nach Süden, rundherum die versammelte Gemeinde. Es gab keine konkrete Konsekration, keinerlei Erwähnung der Elemente in den Rubriken bis zur Austeilung und keine Nachkonsekration für den Fall, dass die Elemente nicht ausreichten. Was bei der Kommunion übrigblieb, konnte der Priester zum eigenen Gebrauch nehmen – es war nicht konsekriert. Oblaten wurden ersetzt durch »das feinste Weißbrot, wie es gewöhnlich gegessen wird«. Nur ein kleiner Rest aus der päpstlichen Zeit blieb, die Kommunikanten hatten beim Empfang der Elemente zu knien, was John Knox veranlasste, dagegen zu predigen, und was zur Einfügung einer besonderen Rubrik führte, die das Knien gegen den Vorwurf des Aberglaubens verteidigt, allerdings ohne parlamentarische Bestätigung.

So wurden mit dem BCP 1552 Transsubstantiation und Messopfer mit Stumpf und Stiel ausgerottet. Die Austeilung von Brot und Wein an die Gläubigen, die auf deren Empfang wohl vorbereitet waren, war der einzige Zweck der Liturgie.

D. Die anderen Gottesdienste

In den BCP von 1549 und 1552 trug Cranmer der Reihe nach die zentralen Gottesdienste aus den verschiedenen vorreformatorischen Büchern zusammen. In seinem Vorwort schrieb er nicht nur von der Einheitlichkeit, die jetzt im ganzen Königreich zu beachten sei, sondern auch von der Einfachheit, die – zusammen mit einer Bibel – alles biete, was für öffentliche Gottesdienste nötig ist. Die neuen Bücher hatten folgenden Inhalt:

Kalendarium: Ein vereinfachter Kalender mit den Schriftlesungen steht am Anfang des Buches. Die Bibel ist in der Form der *lectio continua* im Morgen- und Abendgebet zu lesen. Das ganze Alte Testament wird so einmal, das Neue Testament dreimal im Jahr gelesen, der Psalter im *Morning* und *Evening Prayer* fortlaufend einmal im Monat gesungen bzw. gebetet. Man folgt dem bürgerlichen Kalender ohne Rücksicht auf Sonntage oder größere Feiertage.

Brevier: Die acht Stundengebete der vorreformatorischen Ordnung werden auf lediglich zwei reduziert, das Morgen- und das Abendgebet. In deren Mittelpunkt stehen Psalmodie und zwei Kapitel der Bibel. Das BCP 1552 fügt beiden Gottesdiensten zu Beginn einen ausführlichen Bußakt hinzu.

Missale: Zunächst wird in den neuen Büchern das Proprium geboten, Introitus (nur 1549), Kollektengebet, Epistel und Evangelium. Es folgt der Text des Ritus (Ordinarium und Kanon).

Prozessionale: Die mittelalterliche Allerheiligenlitanei war bereits in der Litanei von 1544 stark reduziert worden. 1549 werden die drei verbliebenen Anrufungen der Heiligen beseitigt. 1552 bekommt die Litanei ihren Platz nach dem Morgen- und Abendgebet.

Rituale: Aus dem Manuale von Sarum werden folgende Riten beibehalten:

Taufe: Sowohl die öffentliche wie die private Kindertaufe wird in ihren Zeremonien vereinfacht, bis 1552 nur noch die Bezeichnung mit dem Kreuz übrigbleibt, was dann sofort Angriffsziel der puritanischen Opposition wird.

Konfirmation: Cranmer schließt den Katechismus mit in das BCP ein als die persönliche Antwort des Konfirmanden und lässt 1552 von der eigentlichen Handlung nur noch Gebet und Handauflegung stehen. Eine Rubrik bestimmt, dass niemand zum Abendmahl zugelassen werden darf, der nicht konfirmiert ist. Das bedeutet, dass die Kommunikanten den Katechumenat absolviert haben müssen.

Trauung: Die Zeremonie wird vereinfacht und der Ritus von der Brautmesse abgetrennt.

Krankenbesuch: Das Formular sieht Krankheit als Gericht an und rechnet mit dem unmittelbar bevorstehenden Tod. Das BCP 1549 kannte noch die Krankenölung, die aber 1552 eliminiert wird. Vom Kranken wird ein besonderes Sündenbekenntnis erwartet, dem die Absolution in der klassischen *ego-te-absolvo*-Formel folgt.

Krankenkommunion: Das BCP 1549 sah vor, dass den Kranken die konsekrierten Elemente vom Gemeindegottesdienst ins Haus gebracht werden, das BCP 1552 kennt aber nur noch die selbstständige Abendmahlsfeier am Krankenbett und lehnt die Reservation der Eucharistie ab.

Bestattung: Im BCP 1549 wird ein Kommunionsgottesdienst mit Fürbitten für den Verstorbenen vorgesehen. Beides entfällt 1552.

Danksagung von Wöchnerinnen: Im BCP 1549 wird diese Feier noch »Reinigung« genannt, 1552 aber »Danksagung« für die Genesung der Mutter von der »schrecklichen Pein und Gefahr« bei der Geburt des Kindes.

Drohung gegen Sünder: Die *Commination against Sinners* ist ein Ritus, durch den Sünden am Aschermittwoch öffentlich gebrandmarkt werden.

Pontifikale: Die einzigen Handlungen, die vom Pontifikale von Sarum beibehalten werden, sind die Ordinationsriten von 1550 und 1552 für die Weihe von Diakonen, Priestern und Bischöfen. Der Schwerpunkt verlagert sich von dem spezifisch sakramentalen Charakter des dreifachen *ordo* hin zum Modell eines pastoralen Dienstes an Wort und Sakrament. Die Handauflegung wird eindeutig zur »Materie« des Ritus, und im BCP 1552 wird die Übergabe von Patene und Kelch ersetzt durch die der Bibel.

Beide *Prayer Books* von 1549 und 1552 waren nur für den Gebrauch des Pfarrers bestimmt, und lediglich ein Exemplar war für jede Gemeinde anzuschaffen. Die Laien hatten zuzuhören, wenn daraus gelesen wurde, und wenn sie das Vaterunser zu beten hatten, dann sollten sie laut die Zeilen wiederholen, die ihnen der Priester vorsprach.

II. Geschichtliche Entfaltung

A. Ein Jahrhundert des Konflikts

Elisabeth führte im Jahre 1559 durch einen parlamentarischen *Act of Uniformity* das BCP 1552 wieder ein und annullierte damit Marias Abschaffung des *Prayer Books*. Ein paar Änderungen gegenüber 1552 wurden durch das Gesetz verfügt: die Verbindung der Spendeformeln von 1549 und 1552, eine Änderung in der Litanei und eigene Schriftlesungen für die Sonntage des Jahres. Das Gesetz sah offensichtlich auch liturgische Gewänder nach dem BCP von 1549 vor und rief damit ein rechtliches Durcheinander hervor.

Elisabeths Verfügungen hatten das Ziel, die Situation des Endes der Regierungszeit Eduards wiederherzustellen. Der römische Katholizismus wurde aus allen Gemeinden vertrieben. Es war das puritanische Element, das der Regierung das Leben schwer machte. Die Puritaner wehrten sich besonders gegen vier Bräuche, die durch das BCP 1559 weiter bekräftigt worden waren, für die es aber kein Gebot der Schrift gibt: das Tragen des Chorhemdes, das Bezeichnen des Taufkandidaten mit dem Zeichen des Kreuzes, den Ring bei der Hochzeit und das Knien bei der Kommunion. Das Auferlegen dieser vier »excepted ceremonies« illustriert, dass die Kirche Macht hatte, Zeremonien anzuordnen und ihren Gebrauch zu verlangen, während die Puritaner sagten, dass die Kirche nichts durchsetzen darf, was nicht in der Schrift gefordert wird, und dass sie sich fernhalten muss von »papistischen« Weisen des Gottesdienstes. Dies war jedoch keine Auseinandersetzung zwischen Katholizismus und Protestantismus wie unter früheren Regimenten mehr, beide Parteien waren – im Sinne der Reformation – völlig »protestantisch«.

Jakob I. trat im Jahre 1603 die Thronfolge an. Er schaltete sich in den Konflikt ein und berief 1604 eine Konferenz beider Parteien nach Hampton Court ein und übernahm selbst den

Vorsitz. Der König war den Puritanern gegenüber unverhohlen voreingenommen und bot im Grunde keine Veränderungen an. Aber er gab eine neue Übersetzung der Bibel ins Englische in Auftrag, die »Authorized Version« oder, wie sie oft bezeichnet wurde, die »King James Bible«. Das *Prayer Book* selbst wurde nur leicht überarbeitet und unter königlicher Autorität als das BCP 1604 neu herausgegeben. Die bemerkenswerteste Änderung war die Ergänzung des Katechismus durch einen Abschnitt über die (beiden) Sakramente.

Jakobs Sohn Karl I. bestieg im Jahre 1625 den Thron. Er führte das *Scottish Book of Common Prayer* ein, autorisiert durch königliches Dekret vom Jahre 1637 (Text: Donaldson 97–247). Dieses Buch kehrte im Kommunions-Gottesdienst z.T. zum BCP von 1549 zurück und machte so einen päpstlicheren Eindruck als das Buch der Kirche von England. Seine Einführung führte zu einem Aufstand und dieser dann weiter zum Bürgerkrieg.

Die Führung in England schien darauf aus zu sein, sogar den passiven Widerstand der Puritaner gegen das BCP von 1604 zu eliminieren, und handelte entsprechend provokativ. So bestand man darauf, die Abendmahlstische längs der Ostwand des Chorraumes aufzustellen und mit einem Geländer einzuzäunen. Dieser Zwang trug dazu bei, die Puritaner zum Bürgerkrieg zu reizen, der zum Triumph des Parlaments über den König führte, zur Enthauptung des Erzbischofs Laud im Jahre 1645 und König Karls I. im Januar 1649 und zur Einführung einer parlamentarischen Republik, die man gemeinhin das *Commonwealth* nennt. Während der Periode dieses Commonwealth war der Gebrauch des *Book of Common Prayer* verboten, das Westminster-*Directory of Public Worship* trat an seine Stelle (The Westminster Directory).

B. Das Book of Common Prayer von 1662

Karl II., Sohn Karls I., wurde im Mai 1660 aus den Niederlanden zurückgeholt, die Bischöfe und Geistlichen der Church of England kehrten ebenfalls zurück. Diese Kirchenleute wurden in jeder Hinsicht begünstigt. Karl versammelte die beiden Seiten im Frühjahr 1661 zur Savoyer Konferenz, aber den Puritanern wurden nur ein paar geringfügige Konzessionen gemacht, und das frühere BCP wurde 1662 mit kleinen Änderungen wieder eingeführt. Es ist bis heute das autorisierte *Book of Common Prayer* der Kirche von England geblieben. Und es machte in den drei Jahrhunderten seitdem mit der Ausbreitung des Englischen und der englischsprechenden Völker seinen Weg durch die ganze Welt. Es wurde bis in die Mitte des 20. Jh. verstanden als ein festes Band der anglikanischen Gemeinschaft. Charakteristisch sind sowohl sein Stil wie seine Lehre. Es ist – zusammen mit der »Authorized Version« der Bibel – einer der großen grundlegenden Texte, auf denen bis vor kurzer Zeit der englische Sprachgebrauch gründete.

Der Kommunions-Gottesdienst des BCP bewahrte wesentlich alle Grundzüge von Cranmers BCP von 1552 mit einer Ausnahme: Während die Ordnung unverändert fortbesteht und die Formulierungen des Textes bleiben, wie Cranmer sie schrieb, wurde 1662 eine Reihe von neuen Rubriken dem Ritus von 1552 zugefügt. Diese Rubriken lehren eine »objektive Konsekration« der Elemente, eine Konsekration, die bewirkt wird durch das Sprechen der Herrenworte und die Handlungen gemäß dem Einsetzungsbericht, mit denen das Konsekrationsgebet, wie es nun genannt wird, endet. Jedoch geht aus dem »rezeptionistischen« Charakter des Ritus hervor, dass eine solche Konsekration die Aussonderung der Elemente für den geistlichen Gebrauch und keine fundamentale Veränderung ihrer Natur bedeutet.

Es ist dieser Ritus, der im Zentrum der päpstlichen Verurteilung der anglikanischen Ordinationen stand, als Leo XIII. im Jahre 1896 in einer Enzyklika erklärte: Weil dem anglikanischen eucharistischen Ritus die Intention zur Darbringung des Messopfers fehlt, hat auch der Ordinationsritus nicht die Intention, wirkliche Priester hervorzubringen. Im ganzen vertrat der mehr »katholische« Flügel der anglikanischen Kirchen die Ansicht, die »katholischen« Wesenszüge seien bei den Änderungen der Reformation durchaus bewahrt worden, obwohl Gregory Dix 1945 in seinem großen Werk »The Shape of the Liturgy« diese These in Frage stellt und einen »Zwinglianismus« gerade des Ritus des BCP von 1549 behauptet.

C. Weltweiter Anglikanismus

Wo immer das englische Volk von Elisabeth I. an bis ins 20. Jh. die Erde erforschte und besiedelte, begleitete das *Book of Common Prayer* die Reisenden. Es wurde überall gebraucht, wo der Anglikanismus in Erscheinung trat. Mit der Zeit entwickelten sich in den verschiedenen Ländern unabhängige, autonome (Kirchen)Provinzen, und diese haben manchmal Revisionen des BCP hervorgebracht, andererseits wurde der herkömmliche Text in Hunderten von verschiedenen Sprachen verwendet.

Die ersten Varianten erschienen im 18. Jh. in der *Scottish Episcopal Church*, deren Kommunions-Ritus von 1764 einem östlichen Modell des eucharistischen Gebets folgt mit einer Epiklese nach der Anamnese und mit dem Allgemeinen Kirchengebet am Ende des Gottesdienstes (statt vor dem eucharistischen Teil wie im BCP 1662 der Kirche von England). In der Folge wurden diese Änderungen aufgenommen in das BCP von 1790 der *Protestant Episcopal Church of the United States*, die als eine selbstständige, autonome anglikanische Kirche nach dem amerikanischen Unabhängigkeitskrieg entstanden war.

Bevor weitere Revisionen vorgenommen wurden, entstand in England eine neue Bewegung, die den Weg zu einer Reform wies. Die »anglo-katholische« Bewegung begann 1833 und neigte in der zweiten Generation zur Nachahmung römischer Zeremonien und zur Übernahme von römisch-katholischen Texten. Während in England selbst die meisten dieser Praktiken kaum legal und nur durch gewundene Argumente mit Text und Rubriken des BCP in Einklang zu bringen waren, gab es für anglo-katholische Kirchenprovinzen anderswo mehr Spielraum, das BCP zu revidieren und solche romwärts gewandten Veränderungen legal und kanonisch zu machen. So setzten im ersten Teil des 20. Jh. einige der autonomen Provinzen und Kirchen der größer werdenden anglikanischen Gemeinschaft offizielle Revisionen des BCP in Kraft, die sich in der Regel auf den Kommunions-Gottesdienst konzentrierten und den Ritus meist in eine »katholische« Richtung lenkten. Diejenigen, die mehr Protestanten waren, zogen es vor, das BCP unverändert zu lassen, und betonten ihre Solidarität mit der »Mutterkirche« in England. Die Lambeth Konferenzen, auf der sich alle zehn Jahre alle anglikanischen Bischöfe der ganzen Welt versammeln, neigten in ihren Berichten bis zum Jahre 1948 dazu festzustellen, dass das BCP ein festes Band für die Gemeinschaft ist, das den Mitgliedern hilft, zusammenzugehören und sich als Glieder einer gemeinsamen Familie zu identifizieren.

Eine weitere Wirkung der anglo-katholischen Bewegung bestand in der Wiederherstellung der sakramentalen Praxis, die für drei Jahrhunderte nach der Reformation recht unzulänglich gewesen war. Auf die Wiederherstellung des wöchentlichen Kommunions-Gottesdienstes im Leben der Gemeinde im 19. Jh. folgte im 20. die Einführung der *parish communion*. Diese sorgt für die Eucharistie im Zentrum des Gottesdienstes an jedem Sonntagmorgen mit einer großen Zahl von Kommunikanten, oft mit dem gemeinsamen Gottesdienstbesuch von Eltern und Kindern und mit Predigt und Singen ebenso wie mit dem Gang zur Kommunion.

III. Neuere Entwicklungen

Seit 1950 haben sich auf der ganzen Welt Veränderungen ereignet. Den Anfang machte die Kirche von Südindien, eine 1947 verwirklichte Kirchenunion von episkopalen, presbyterianischen, kongregationalistischen und methodistischen Kirchen der Region. Ein gemeinsamer

Ritus für den Kommunions-Gottesdienst wurde 1950 von der Synode beschlossen. Und dieser führte, obwohl genau genommen nicht anglikanischen Ursprungs, zu Änderungen in den anglikanischen Provinzen, Änderungen, die 1958 offiziell von der Lambeth Konferenz befürwortet wurden. Die wichtigsten Änderungen fanden natürlich bei der Eucharistie statt. Hier wurde einem »langen« eucharistischen Gebet der Vorzug gegeben, oft (wie im eigenen neuen Ritus der Kirche von England, Series 2, 1967) in einer neuen Sprachform, die viel weniger von Cranmer abhängig ist als die der früheren Revisionen. Während in einigen Riten die Rubriken, die Handlungen und auch die Bestimmungen über eine Nachkonsekration noch die Auffassung widerspiegeln, dass die Konsekration durch die Einsetzungsworte bewirkt wird, und in anderen (etwa in Schottland und Amerika) eine »östliche« Sicht vorherrscht, nach der die Epiklese des Heiligen Geistes auf die Elemente nach der Anamnese kommt, wirkt sich in innovativeren Riten die Erklärung von Lambeth 1958 aus: »Die Konsekration geschieht durch die ganze Danksagung.« Damit verliert die Idee eines speziellen Moments der Konsekration an Bedeutung.

Die anglikanische Gemeinschaft ist weithin englischsprachig, und das liturgische Englisch hat sich in den sechziger Jahren des 20. Jh. verändert, parallel zu den modernen Bibelübersetzungen. Während in der ersten Phase neuer Riten (bis 1968) noch im allgemeinen die archaische englische Form für die Gottesanrede »thou« gebraucht wurde, mehren sich seitdem die Riten, die die zeitgemäße Form »you« benutzen. In diesem Zusammenhang kam es zu einer großen Veränderung des gesamten Charakters des liturgischen Englisch. Die alten Bücher von 1662 oder ähnliche Prayer Books sind in der Regel noch in Gebrauch, aber ihre Tage sind gezählt, die Umstellung wurde in vielen Provinzen in den neunziger Jahren des 20. Jh. abgeschlossen. Eine weitere Veränderung betrifft das liturgische Englisch seit Mitte der siebziger Jahre: Es genügt nicht mehr, »man« und »men« und »he« zur Bezeichnung der ganzen menschlichen Rasse zu benutzen. Die englische Sprache hat auch nicht die Möglichkeit, wie die deutsche auf einen Begriff wie »Mensch« zurückzugreifen. Nicht ausgrenzende Sprache *(inclusive language)* hat die dominierenden maskulinen Formen zu ersetzen.

Die Gestalt der anglikanischen eucharistischen Liturgie erfuhr Veränderungen der Sach- und Sprachmuster von 1662 und wurde im Laufe der Revisionen gleichzeitig einer weiteren Klärung ausgesetzt. Sie ging daraus mit deutlicherem Profil und gleichfalls mit innovativen Texten hervor. Ihre Struktur verläuft gewöhnlich wie folgt:

- Einleitung (in der Regel einschließlich eines Bußaktes).
- Wortgottesdienst (mit zwei oder drei Lesungen, die oft den drei neuen römisch-katholischen Jahreskreisen folgen, manchmal auch dem ökumenischen britischen Zwei-Jahres-Lektionar).
- Fürbitten (oft in freiem oder extemporiertem Stil).
- Gruß oder Friedenskuss.
- Sakramentsteil: Eucharistisches Gebet, Brotbrechen und Austeilung.
- Postcommunio.

Dies kommt nahe an den »ökumenischen Konsens« und an den Lima-Text heran. Offizielle Texte für das eucharistische Gebet gibt es in jeder Provinz, oft mit Anleihen bei der Apostolischen Tradition des Hippolyt. Aber in den meisten anderen Teilen des Ritus – einschließlich der Lieder, die in der obigen Liste nicht erscheinen, – herrscht völlige Freiheit und die Eigenart des Ritus variiert recht erheblich von einem Ort zum anderen. Das Zeremoniale und die Ornamente wurden auch sehr vereinfacht, und es gibt erste Beispiele von ganz und gar extemporierten Riten und von Umrissen und Einübung sakramentaler Agapen oder Liebes-Feste.

Andere Veränderungen sind weniger allgemein. Die Grundmuster der Taufe haben sich seit dem 16. Jh. verändert. Besonders betont wurde seit etwa 1890 die bischöfliche Konfirmation als zweite Stufe der »sakramentalen Initiation«, sie wurde sogar als der Ort verstanden, an dem der Geist kommt. Diese »Zwei-Stufen«-Theologie hat jedoch seit 1970 an Einfluss verloren und der Gewissheit Platz gemacht, dass die Wassertaufe die vollständige sakramentale Initiation bewirkt. So ist im kanadischen *Book of Alternative Services* von 1985 überhaupt keine Handauflegung nach der Taufe eines Erwachsenen erforderlich. Zugleich gibt es ein langsam wachsendes Bestehen auf Zurückhaltung bei der Zulassung von Kindern zur Taufe, besonders von Kindern aus offensichtlich ungläubigen Familien. Es gibt auch zunehmend die Praxis, Erwachsene bei der Taufe unterzutauchen und den Ritus der Kindertaufe damit zu verbinden. In einer wachsenden Zahl von Kirchenprovinzen werden nicht konfirmierte Kinder (an manchen Orten sogar eben getaufte Kinder) zur Kommunion zugelassen. Mehrere Provinzen haben neu bedacht, wie Gemeindeglieder aus anderen Denominationen in die anglikanischen Kirchen aufgenommen werden sollten. Es sind auch Riten zur Erneuerung des Taufgelöbnisses (anders als bei der Konfirmation) entstanden.

Detailliertere Bestimmungen für die Gestaltung einiger Teile des Kirchenjahres müssen ebenfalls gefunden werden. Das schließt Riten ein für die Fastenzeit, für die Karwoche, Ostern und auch für die Zeit von Allerheiligen bis zur Darstellung Jesu im Tempel. Anglikaner haben sich auch gefragt, wie Glaubenszeugen als solche anerkannt werden können, da sie zwar die historischen Heiligen anerkennen, aber kein Verfahren haben, deren Zahl zu ergänzen. Riten für Trauung, Bestattung und Ordination sind weitgehend revidiert worden, und es sind Heilungs-Dienste innerhalb der Eucharistiefeier und in anderen Gottesdiensten entwickelt worden. Die charismatische Bewegung hat zu großer Freiheit und Kreativität geführt in zwangloser Teilnahme am Ritus, in Musik, Tanz, Drama, Laienverantwortung und anderen »Gaben des Geistes«.

Inkulturation durch Sensibilität für örtliche Bräuche und Kultur hat zu zunehmender Vielfalt geführt, manche Provinzen sind selbst vielsprachig und multikulturell, und dies hat auch zu großen Unterschieden geführt. Da die Anglikaner ihre Riten durch die selbstständige Arbeit von unabhängigen Provinzen revidieren, kann keine zentrale Kontrolle über die Revision ausgeübt werden; obwohl die Lambeth Konferenz *(Consultative Council)* und die alle zwei Jahre stattfindenden *International Anglican Liturgical Consultations* versuchen, einige Gemeinsamkeiten, die es in der anglikanischen Liturgie rund um die Welt gibt, lebendig zu erhalten.

Nicht nur die Texte der einzelnen Riten unterliegen jetzt von Provinz zu Provinz gewissen Variationen, auch Inhalte, Status und Lebenserwartung der liturgischen Bücher variieren von Provinz zu Provinz. Zu den gewichtigeren Beispielen gehören das *Book of Common Prayer of the Episcopal Church of the USA* 1979, *The Alternative Service Book 1980* der Kirche von England, das *Book of Alternative Services* der Anglikanischen Kirche in Canada 1985, *An Anglican Prayer Book* 1989 (of the Church of the Province of Southern Africa, bemerkenswert in ungefähr 15 verschiedenen Sprachen zur gleichen Zeit veröffentlicht), *A New Zealand Prayer Book* 1989, *A Prayer Book for Australia* 1995, *Common Worship*, d.h. eine Serie von größeren liturgischen Büchern für die Kirche von England, veröffentlicht zwischen 1998 und 2002, *A Kenyan Prayer Book* 2002. Es gibt aber noch viele andere Veröffentlichungen vom einfachen Verteilblatt mit dem Aufriss des einzelnen Gottesdienstes bis zu voluminösen Büchern, die eine verwirrende Auswahl von Formularen und Texten innerhalb der einzelnen Formulare anbieten. Dies mag gesehen werden im Zusammenhang mit einem weltweiten Trend zur Lockerung der »Uniformität« quer durch die Anglican Communion und sogar unter den Gemeinden innerhalb der einzelnen Provinz.

Doch es gibt noch andere weit verbreitete Tendenzen, die den anglikanischen Gottesdienst betreffen. Nicht bloß musikalischer Stil, Kunst, Architektur und Zeremoniale zeigen die wachsende Bedeutung der Inkulturation mit enormen Unterschieden von Ort zu Ort an, auch in den produzierten gottesdienstlichen Materialen gibt es beträchtliche Unterschiede. In den wohlhabenden Teilen der Welt führt der technische Fortschritt dazu, dass das offiziell eingeführte

Prayer Book der Hand der Gemeinde immer mehr entgleitet und an seine Stelle für jeden gottesdienstlichen Akt eine Verlaufsbeschreibung tritt mit der aus vielen Wahlmöglichkeiten mit dem Computer ausgewählten aktuellen Liturgie. Das normale Gemeindeglied erhält einen einfachen ausgedruckten Text. In den Entwicklungsländern mit ihren finanziellen Engpässen dagegen bleiben die älteren Formen oft länger in Gebrauch, als sie es verdienen. Die international erkennbare große Spannweite zwischen den verschiedenen anglikanischen Provinzen erstreckt sich auf konservative und liberale Theologien, unterschiedliche Standpunkte zur Ordination von Frauen, zu Ehe und Scheidung, zu gleichgeschlechtlichen Beziehungen und auf große Kontraste in der Gottesdienstkultur sogar benachbarter Gemeinden. Mit den verschiedenen internationalen Verbindungen innerhalb der Gemeinschaft, nicht zuletzt durch Internationale Anglikanische Liturgische Konsultationen wird dagegen versucht, die Gemeinden und Provinzen in einer gewissen und erkennbaren Übereinstimmung miteinander zu halten.

Quellen

ASB: The ALTERNATIVE SERVICE BOOK 1980, Oxford 1980. – ALTERNATIVE SERVICES. SECOND SERIES, An Order for Holy Communion, Oxford 1967. – BCP: The BOOK OF COMMON PRAYER and Administration of the Sacraments and Other Rites and Ceremonies of the Church According to the Use of the Church of England, London 1662 u.ö.; dt.: Das Allgemeine Gebetbuch und die Verwaltung der Sakramente und anderer Gebräuche und Ceremonien der Kirche, nach dem Gebrauch der Kirche von England, London 1938. – THE HOMILIES, Lewes 1986 (reprint, Christian Focus Ministries). – The First and Second PRAYER BOOKS of Edward VI., hg.v. E.C.S. Gibson, London/New York 1910 (Everyman's Library 448, oft nachgedruckt). – The WESTMINSTER DIRECTORY of Public Worship, hg.v. Ian Breward, Nottingham 1980 (GLS 21).

Literatur (z.T. mit Texten)

Paul F. BRADSHAW, Art. Gottesdienst VII. Anglikanische Kirche: TRE 14 (1985) 51–54. – Frank E. BRIGHTMAN, The English Rite, London 1915. – Colin O. BUCHANAN (Hg.), Background Documents to Liturgical Revision 1547–1549 (GLS 35), Nottingham 1983. – Ders. (Hg.), Eucharistic Liturgies of Edward VI. (GLS 34), Nottingham 1983. – Ders. (Hg.), Modern Anglican Liturgies 1958–1968, Oxford 1968. – Ders. (Hg.), Further Anglican Liturgies 1968–1975, Nottingham 1975. – Ders. (Hg.), Latest Anglican Liturgies 1976–1984 (ACC/Grow Joint Liturgical Studies 3), London 1985. – Ders. (Hg.), Modern Anglican Ordination Rites (ACC/GBMW), Nottingam 1987. – William K. CLAY (Hg.), Private Prayers put forth by Authority during the Reign of Queen Elizabeth (Parker Society Volume), Cambridge 1851. – Geoffrey John CUMING, A History of Anglican Liturgy, London (1969) ²1981. – Ders./Stuart George HALL, Art. Book of Common Prayer: TRE 7 (1981) 80–83. – Dom Gregory DIX, The Shape of the Liturgy, London ²1970. – Gordon DONALDSON, The Making of the Scottish Prayer Book of 1637, Edinburgh 1954. – Marion J. HACHETT, Commentary on the American Prayer Book, New York 1980. – Ronald C.D. JASPER, The Development of Anglican Liturgy 1662–1980, London 1990. – Peter John JAGGER (Hg.), Christian Initiation 1552–1969 (ACC), London 1970. – Bernard J. WIGAN (Hg.), The Liturgy in English, Oxford (1962) ²1964.

Colin Buchanan

Gottesdienst in freikirchlichen und charismatischen Kontexten

In diesem Kapitel geht es um das gottesdienstliche Leben eines größeren Teils der protestantischen Christenheit, besonders in der englischsprechenden Welt. Der Terminus »Freikirche« ist außerhalb von Ländern mit einer Staatskirche so etwas wie eine Anomalie; denn dort ist das Leben aller Kirchen im Unterschied zu Staats- oder auch Volkskirchen von der gleichen Freiheit im Zeichen der völligen Trennung von Staat und Kirche bestimmt, allerdings auch ohne besondere Privilegien. Das gilt nun auch von der Freiheit bei der Regelung des Gottesdienstes, die beispielsweise in der anglikanischen Staatskirche wegen der für Kirchengesetze notwendigen Beschlussfassung durch das Parlament nicht gegeben ist.

Es gibt mehrere Wege, den Terminus »Freikirche« zu definieren (vgl. Schwarz 550). Er könnte all jene Kirchen umfassen, in denen es der Entscheidung der örtlichen Gemeinde überlassen bleibt, ihren Gottesdienst zu regeln. Bei dieser Definition würde der Terminus die meisten reformierten Kirchen in der Welt einschließen. Eine andere Möglichkeit wäre die, alle Kirchen einzuschließen, die erklärt haben, dass sie die Freiheit haben wollen, ihrem Gottesdienst eine Ordnung gemäß dem Worte Gottes zu geben. Dies würde fast alle Gruppen umfassen mit Ausnahme der Anglikaner und der Lutheraner, bei denen die überlieferte abendländische Liturgietradition immer schon einen hohen Stellenwert gehabt hat.

Wir werden so vorgehen, dass wir als »Freikirchen« alle protestantischen Kirchen behandeln – ausgenommen die der Lutheraner, Reformierten und Anglikaner, die in diesem Buch bereits besprochen worden sind. Diese Kirchen können dann unter sechs liturgische Traditionen eingereiht werden, die der Täufer, Puritaner, Quäker, Methodisten, Frontier – eine von ihrem Ursprung an dem *frontier* (engl., neutrum; dt. Grenze) her benannte kirchliche Lebensform – und Pfingstler. Als »Tradition« wird hier eine Reihe von Prinzipien und Praktiken verstanden, die von Generation zu Generation nachgewiesen werden kann. Diese Prinzipien und Praktiken sind von Zeit zu Zeit der Veränderung unterworfen, bleiben aber trotzdem typisch für diejenigen, die innerhalb einer bestimmten Tradition Gottesdienst halten. Dabei kann es in jeder Tradition eine Vielfalt von Stilen geben, was mit verschiedenen kulturellen und ethnischen Umständen zusammenhängt. Als Beispiel mag auf den Gottesdienst einer Gemeinde schwarzer Methodisten verwiesen werden, der trotz seiner Besonderheit vieles mit dem Gottesdienst der anderen Methodistengemeinden gemeinsam hat, sodass er identifizierbar innerhalb der methodistischen Tradition steht. Diese sechs Traditionen sollen nun etwas genauer untersucht werden.

I. Die Tradition der Täufer

Täufer tauchten zuerst in Zürich auf als diejenigen Verfechter der Reformation, denen Zwingli bei der Reform des Gottesdienstes nach Gottes Wort nicht weit genug gegangen war. Der unmittelbare Streitpunkt, der zum Bruch mit der Staatskirche führte, war die Kindertaufe. Die Praxis, nur die Gläubigentaufe zu üben, ist noch immer kennzeichnend für Denominationen wie die Mennoniten, die Amish und die Hutterer. Sie haben zwei Argumente gegen die Kindertaufe: Solch eine Handlungsweise ist weder schriftgemäß noch ist sie vernünftig. Sie konnten keinen direkten Beweis dafür finden, dass die Kirche der Apostel Kinder getauft hat. Außerdem, wie Menno Simons darlegte, »sind kleine Kinder ohne Verstand und können nicht belehrt werden«. Darum muss die Taufe bis nach der Unterweisung in der Glaubenslehre verschoben werden. Die

Täufer haben Erwachsene, die ihren Glauben bekannten, getauft, obwohl diese schon als Kinder getauft worden waren. Begießen oder Besprengen waren die üblichen Weisen der Taufe.

Das Faktum der Taufe war kennzeichnend, weil die Taufe bestimmt, wer zur Kirche gehört und so imstande ist, das Herrenmahl zu empfangen. Die Täufer stimmten in all ihrer Mannigfaltigkeit darin überein, dass sie eine reine Kirche erreichen wollten, in der Gottesdienst gefeiert werden kann nach dem Willen Gottes, wie er in der Schrift zum Ausdruck gebracht ist. War die Taufe der Eintritt in die Kirche, so war der Bann das Mittel zum Ausschluss derjenigen, die nicht auf den Wegen des Herrn wandeln wollen. Bußfertige konnten durch Handauflegung wieder mit der Gemeinschaft versöhnt werden, aber die Kirche war durch den Ausschluss offenkundiger Sünder immer rein zu halten.

Wie zu erwarten, führte jeder Versuch, unabhängige Gemeinden zu bilden, zu grausamer Verfolgung, und die Frühgeschichte des Gottesdienstes der Täufer ist die Geschichte kleiner Gruppen, die um ihr Überleben zu kämpfen hatten in einer feindseligen Welt. Viel von diesem Geist der Standhaftigkeit im Angesicht der Verfolgung lebt fort in dem reichen Liedgut, das von einer Sprache des Leidens und des Martyriums geprägt ist. Obwohl der Inhalt von Gesangbüchern heutzutage sehr umfangreich geworden ist, wird gewöhnlich a cappella gesungen. Martyrologien berichten vom Leiden ihrer Helden und Heldinnen. Sie waren wichtig für die Formung täuferischer Frömmigkeit.

Im allgemeinen folgte der Gottesdienst der Täufer keiner besonderen Gottesdienstordnung, wenn auch Balthasar Hübmair eine »Form des Abendmahls Christi« (1527) entwarf. Die Häufigkeit der Feier des Abendmahls war sehr verschieden, obwohl Zwinglis Brauch der vierteljährlichen Kommunion vielen recht gewesen sein mag. Der übliche Sonntagsgottesdienst bestand aus Bibellesung, Auslegung, Liedersingen und Gebet. Der Pastor, der den Gottesdienst leitete, war gewöhnlich von der Gemeinde gewählt und für den Dienst in der örtlichen Gemeinde ordiniert, auch wenn er bereits Priester gewesen war. Bekehrte, die verheiratet waren, wurden manchmal »wiedergetraut« und lebten dann in einer Ehe, die dem Neuen Bund entsprach. Eine ernste Frage war, ob sich der Bann bis hin zur Enthaltung in der Ehe erstrecke.

Die Predigt ist immer ein wichtiger Teil des Gottesdienstes gewesen. Gewöhnlich war die Predigt erklärender Natur, und die wichtigste Rolle des Pastors war die eines Lehrers des Wortes Gottes. In einigen Fällen gab es die »prophetische Rede«, wobei die Gemeinde die Freiheit hatte, Fragen an die Schriftauslegung des Predigers zu stellen.

Der Gottesdienst der Täufer hat, obwohl er einmal radikal gewesen ist, eine erstaunliche Stabilität bewiesen. Indem sie ihre Identität bewahrten, haben diese Gemeinschaften oft einer weitergehenden kulturellen Anpassung widerstanden. Die sektiererische Vorstellung von einer reinen Gemeinde hat ihnen geholfen, ihre Identität im Gottesdienst zu bewahren. In jüngster Zeit erst sind langsam Praktiken aus anderen Traditionen übernommen worden, das Kirchenjahr, eine festgelegte Reihe von Schriftlesungen und die breitere Basis des Liedguts.

II. Die puritanische Tradition

Eng verwandt mit den Puritanern waren verschiedene englische Separatisten, die nicht willens waren zu warten, bis die anglikanische Staatskirche ganz nach Gottes Wort reformiert war. Diese kleinen verstreuten separatistischen Gruppen wurden zu Wegbereitern von Gottesdiensten in reinen Gemeinden, in denen das Herrenmahl oft wöchentlich gefeiert wurde. Wie bei den Täufern war bei ihnen der Gottesdienst der einer straff disziplinierten Gemeinschaft, allerdings praktizierten die meisten von ihnen die Kindertaufe. Als Verfolgung drohte, flohen verschiedene Gruppen in die Niederlande oder nach Amerika (die Pilgerväter).

Auf der anderen Seite waren die Puritaner entschlossen, die Nationalkirche mit ihren Überzeugungen zu durchdringen, und es gelang ihnen auch, fünfzehn Jahre lang (1645–1660) England ihre Gottesdienstformen aufzuzwingen. In Massachusetts blieben sie Staatskirche bis 1833. Die Bewegung nahm ihren Anfang bei denen, die unter Königin Maria (1553–1558) ins Exil mussten und während ihres Aufenthaltes auf dem Kontinent Ansichten übernommen hatten, die zu einer radikaleren Reformation neigten. Aber sie gingen weiter als ihre reformierten Mentoren, indem sie für jeden Aspekt des Gottesdienstes eine biblische Grundlage forderten. Wenn Gott vorgeschrieben hat, wie der Mensch sich in seinem sittlichen Leben zu verhalten hat, sollte er es dann weniger genau nehmen, wenn es um liturgisches Verhalten ging? Infolgedessen beschlossen sie, alle menschlichen Überlieferungen aufzugeben und sich ausschließlich auf Gottes Wort zu verlassen.

Als erstes wurde gegen die Messgewänder gekämpft. In dieser Frage war die Kirche willens, einige Konzessionen zu machen, aber nicht genügend, die Puritaner zu befriedigen. Sie kämpften auch gegen menschliche Zeremonien im Gottesdienst wie das Kreuzeszeichen bei der Taufe oder den Ring bei der Trauung. Sie beklagten sich über Geistliche, die unzulängliche Prediger waren und sich mit dem Verlesen von offiziell herausgegebenen Lesepredigten begnügten. Viele Puritaner forderten, dass die Gemeinde die Textauslegung des Predigers hinterfragt, sie lehnten Kirchenjahr und Perikopenordnung ab und wollten lieber, dass man beim Lesen und bei der Predigt seinen eignen Weg durch die Bücher der Schrift geht. Einige, aber nicht alle, verwarfen festgelegte Liturgien, zumal ja formulierte Gebete immer zu verschwommen und zu allgemein seien, um auf örtliche und zeitliche Anlässe anwendbar zu sein.

Königin Elisabeth I. manövrierte die Puritaner meist aus, und unter ihrem Nachfolger erging es ihnen kaum besser. Aber unter Karl I. kamen sie schließlich an die Macht und setzten (in Zusammenarbeit mit den Schotten) ihre Grundsätze für den Gottesdienst durch mit dem *Westminster Directory for the Public Worship of God* von 1645. Dieses war eine Mischung von Freiheit und Formel und lieferte die Grundlinien eines Gebetsbuches mit den Themen der Gebetsanliegen, aber ohne deren Ausformulierung. Es war ein Kompromiss zwischen völliger Freiheit und Gebetbuch. All die anstößigen Elemente des Zeremoniales und das Kirchenjahr waren getilgt. Eine strenge Einhaltung des Herrentages war vorgeschrieben mit Vorschriften für gelegentliche Danktage oder Bußtage, je nachdem ob Gottes Wohlgefallen oder sein Missfallen durch aktuelle Ereignisse offenbart wurde.

Mit der Rückkehr Karls II. im Jahre 1660 wurde der puritanische Gottesdienst wieder in den Untergrund verbannt, aber er florierte in New England. Monatliche Kommunion war allgemeine Praxis. Der übliche Sonntagsgottesdienst bestand aus Psalmengesang, Gebet und Predigt (oft mit Fragen der Gemeinde an den Prediger). Nach 1689 kam der puritanische Gottesdienst in England wieder zum Vorschein in Gestalt von nonkonformistischen Denominationen der Presbyterianer, der Kongregationalisten und der Baptisten. Eine wichtige Veränderung erfolgte durch eine neue Öffnung für nicht-biblisches Liedgut, eine Entwicklung, die Isaac Watts (1674–1748) förderte.

Ein gewisser Teil des Puritanismus wurde durch die aufkommende Unitarische Bewegung in England und Amerika aufgesogen. Die Aufklärung neigte dazu, das sakramentale Element im Gottesdienst herunterzuspielen und das Rationale und die Ethik hervorzuheben. Teile dieser Kirchen wurden von erwecklichen Formen des *American Frontier* erfasst. Aber im allgemeinen blieben sie die Kirchen der »besseren Leute« an der Ostküste und deren Ausstrahlung in den Mittleren Westen. In den letzten Jahren sind diese Kirchen theologisch weitgehend liberal geworden. Dies wird unterstrichen durch das *Book of Worship* der *United Church of Christ* aus dem Jahre 1986 – bei weitem das liberalste der neuen Gottesdienstbücher in Amerika.

III. Die Tradition der Quäker

Die radikalste Tradition haben immer die gottesdienstlichen Praktiken der »Gesellschaft der Freunde« dargestellt. Wie könnte es anders sein mit einer Gruppe, die auf äußere und sichtbare Sakramente, ordinierte Geistliche, Predigten, Chor- und Instrumentalmusik und vorbereitete Gebete verzichtet? Und doch hat diese äußerste Radikalität zu den konservativsten Traditionen geführt, indem man an den ursprünglichen Charakteristika festhielt, einmal abgesehen von einigen Abweichungen in dem *American Frontier*.

Der Quäker-Gottesdienst begann im Zusammenhang der Jahre, in denen die Puritaner die Kirche von England kontrollierten. George Fox (1624–1691) erlebte das »Innere Licht« zum ersten Male im Jahre 1646. Dieses stellte alle gängigen Formen des Gottesdienstes in den Schatten als geradezu nutzlose Bemühungen, die mehr auf dem Willen und der Überheblichkeit des Menschen beruhten, als dass sie Gaben waren, die direkt von Gott kamen. Fox reiste durch Europa und Amerika und verbreitete die Nachricht von einem neuen Typ christlichen Lebens, in dem Gottesdienst und soziales Verhalten miteinander verschmelzen. Wenn das »Innere Licht« (oder der Heilige Geist) für alle Menschen direkt erreichbar ist, dann sind alle menschlichen Konventionen und Unterschiede ohne Bedeutung. Wie man im täglichen Leben einzelne nicht mehr durch Titel und ehrenvolle Anreden bevorzugen konnte, so konnte man auch nicht einige Leute dazu erheben, den Gottesdienst zu leiten und zu beherrschen. Die Konsequenz war Gleichheit im Gottesdienst und im täglichen Leben, wie sie die Christenheit bisher niemals erreicht hatte. Frauen hatten genausoviel Recht, im Gottesdienst gehört zu werden wie Männer; Sklaven konnten genauso gern teilnehmen wie die Herren. Quäkerfrauen zogen im 17. Jh. sogar als Missionare aus. Sie beteiligten sich am Predigen im Freien, lange bevor irgend jemand daran dachte, dass es in Kirchengebäuden weibliche Prediger geben könnte.

Dass Quäker anderen Christen mit mehr sittlichem Interesse an sozialer Gerechtigkeit vorangingen, war natürliche Folge ihres Gottesdienstes. Der Geist macht keinen Unterschied der Person; er kann zu einer Versammlung reden durch den Mund des Geringsten und er tat es auch. Oder er kann es vorziehen, durch Schweigen zu reden. Aber alle waren in gleicher Weise einbezogen in den Dienst, indem sie ihre Gaben, durch den Geist zu reden, miteinander teilten.

Bei all dem war die Gemeinschaft wichtig. Quäker-Gottesdienste sind eine korporative Form der Mystik. Robert Barclay (1648–1690), der größte Theologe der Quäker, schrieb: »Viele entzündete Kerzen ergeben, wenn man sie an einen Ort stellt, eine große Zunahme des Lichtes« (210). Alle Mitglieder der Gemeinschaft stärken einander. Stets befürchten die Quäker, in Worte zu verfallen, sich hervorzutun, während doch alles, was verlangt ist, darin besteht, schweigend zu warten auf die Nötigung des Geistes zu reden.

Die äußeren und sichtbaren Sakramente der anderen Kirchen wurden einfach als überflüssig betrachtet, sobald man direkten Zugang zum Geist selbst hat. Dies setzt eine höhere Meinung von den Menschen voraus, als die Christenheit sie bisher gelehrt hatte, wenn die Quäker auch erkannten, dass die meisten Menschen den Geist tödlich verletzen durch Nachlässigkeit und Trotz. Privates Lesen und Studium der Bibel sind wichtig, weil der Geist auch deren Urheber ist und sich nicht widersprechen wird.

In dem *American Frontier* wurden im 19. Jh. Kompromisse gemacht, um die Bewegung zu verbreiten. Das schloss bezahlte Geistliche ein, gegliederte Gottesdienste und sichtbare Sakramente. Durch diese Anpassung an »Frontier-Formen« des Gottesdienstes wurde für einen bestimmten Teil der amerikanischen Quäker viel verändert. Aber die Mehrheit der Quäker in aller Welt hat einen unstrukturierten Gottesdienst beibehalten, der so gehalten wird, wie ihn Fox schon Jahrhunderte zuvor gekannt hatte.

IV. Die methodistische Tradition

Der methodistische Gottesdienst entstand im 18. Jh. unter Führung von John Wesley (1703–1791) und seinem Bruder Charles (1707–1788). Er kam mitten hinein in die englische Aufklärung und war trotzdem in vieler Hinsicht eine gegenkulturelle Bewegung. In einer Zeit, die das Übernatürliche verachtete, betonte er die Sakramente; in einer Periode lauwarmen Rationalismus förderte er den Enthusiasmus; unter Kirchenleuten, die von Wohlstand und Geltungsbedürfnis angezogen wurden, wählte er die Armen. Mitten in allen Mängeln der Kirche von England blieben die Wesleys treue Priester der Kirche.

Es musste jedoch etwas getan werden, um den Massen in den neuen Industriestädten, die die Staatskirche kaum erreichte, den Dienst der Kirche zu bringen. Der methodistische Gottesdienst wurde durch die Mission geprägt. Er begann mit der Suche nach neuen Methoden, kehrte aber für gewöhnlich zur alten Praxis zurück. John Wesleys pragmatischer Traditionalismus erforschte die Vergangenheit, um der Gegenwart zu dienen. Um die Massen zu erreichen, begann er mit Feldpredigten, wie es die Franziskaner gemacht hatten. Er entwickelte oder übernahm alte Gottesdienstformen. Das Liebesmahl, entliehen von der Brüdergemeinde und der frühen Kirche, wurde zum Ersatz für die Eucharistie, wenn keine anglikanischen Priester zur Verfügung standen. Nachtwachen ersetzten die alten Vigilien, und der jährliche Gottesdienst des Bundesschlusses wurde zu einer Form der Erneuerung der Gelübde.

Der methodistische Gottesdienst war nicht als Konkurrenz zum anglikanischen Gemeindegottesdienst gedacht, sondern als dessen Ergänzung. Er ging aber zu der Zeit bereits weit über den Anglikanismus hinaus, wenn er betonte, was John Wesley die »ständige Kommunion« nannte. Wesley betrachtete die Eucharistie als das hauptsächliche Gnadenmittel und empfing selbst sein langes Leben hindurch die Kommunion etwa zweimal in der Woche. Der Mangel an ordinierten Priestern, die für die Methodisten Abendmahlsfeiern zelebrieren konnten, war ein ernstes Problem in einer Zeit, in der es kaum eucharistische Frömmigkeit in der Kirche von England gab.

Einen erheblichen Beitrag lieferte die Förderung des Gemeindegesangs zu einer Zeit, in der er in der anglikanischen Kirche unbekannt war. Die Brüder Wesley gaben die ersten anglikanischen Liederbücher heraus, und Charles selbst schrieb sechstausend Lieder. Einer der größten Schätze eucharistischer Frömmigkeit in der englischen Sprache ist die Sammlung von 166 Liedern zum Herrenmahl, herausgegeben im Jahre 1745.

John Wesley erkannte, dass für Neubekehrte geistliche Leitung wichtig war. Er bildete überall, wo es Bekehrte gab, kleine Klassen, sodass sie zu formlosem Gottesdienst zusammenkommen konnten und zur »Christian Conference«, d.h. zum Bedenken ihres Seelenzustandes.

Weil es unwahrscheinlich schien, dass es in den Vereinigten Staaten nach der Revolution Geistliche geben würde, die die Eucharistiefeier für die Methodisten leiten konnten, unternahm John Wesley Schritte, Presbyter und Älteste für Amerika zu ordinieren. Zur gleichen Zeit schickte er ein Prayer Book hinüber, *The Sunday Service for Methodists in North America* (1784). Dieses enthielt Kurzgottesdienste, um die von ihm geförderte wöchentliche Eucharistie einfacher zu gestalten, einen gereinigten Psalter und andere (meist geringere) Änderungen des *Book of Common Prayer*.

Wesley erwies sich als schlechter Kenner der amerikanischen Methodisten. 1792 legten sie sein Gottesdienstbuch beiseite, obwohl es in England noch mehrere Jahrzehnte lang existierte.

Der amerikanische Bischof Francis Ashbury (1745–1816) hatte wenig im Sinn mit Zeremonien, Kirchenjahr und sakramentaler Frömmigkeit. Aber die Eucharistie wurde an den seltenen Gelegenheiten bis ins 19. Jh. hinein mit großem Enthusiasmus gefeiert, wenn ordinierte Älteste verfügbar waren. Die Sakramente und andere Riten wurden nach Texten aus der *Discipline* gehalten; im übrigen war die Gottesdienstordnung örtlich festgelegt mit reichem Gebrauch der Hymnen.

Während des 19. Jh. wurde der methodistische Gottesdienst in Amerika stark beeinflusst durch den Einfluss des Frontier und die daraus folgenden erwecklichen Formen des Gottesdienstes. Aber es gab daneben auch immer eine Tendenz zu mehr formalen Gottesdienstmustern. Nach einer Spaltung im Jahre 1844 bewegte sich die Nord-Kirche umso schneller in die Richtung der liberalen Theologie. Im 20. Jh. bedeutete dies oft eine Gleichsetzung von Gottesdienst mit ästhetischen Erfahrungen, aber nach dem Zweiten Weltkrieg brachte eine historistische Periode Wesleys Ideen und Liturgien zurück. Diese Periode wurde dann nach dem Zweiten Vatikanum abgelöst von der ökumenisch geprägten Liturgierevision auf beiden Seiten des Atlantik. Die neuesten Gottesdienst- und Gesangbücher lassen ein gemeinsames ökumenisches Muster erkennen.

V. Die Frontier-Tradition

Als Europäer in Amerika im frühen 19. Jh. über das Appalachen-Gebirge vordrangen, erwiesen sich all die alten Modelle sozialer Organisation als überholt. Dort im Grenzgebiet gab es keine Städte und Gemeinden, nur isolierte Siedler, von denen die meisten wenig Verbindung zur Kirche hatten. Aber in den ersten Jahrzehnten dieses 19. Jh. entwickelte sich eine neue Gottesdiensttradition, die die beherrschende in den Vereinigten Staaten wurde. Wir nennen sie die »Frontier-Tradition«. Sie ist heutzutage vorhanden im gottesdienstlichen Leben von Millionen Mitgliedern der Southern Baptists, der Disciples of Christ, der Churches of Christ und von Kirchen, die weniger orthodox sind wie die Mormonen, die Adventisten und andere.

Das Frontier entwickelte eine Gottesdiensttradition im Wesentlichen für die Unkirchlichen. Es fing an mit Frontier-»Camp-Meetings«, zu denen die Leute – religiös oder nicht – für vier Tage intensiven Predigens, Betens und Singens aus dem Umkreis von vielen Meilen zusammengerufen wurden. Seinen Ursprung hatte das in sakramentalen Festzeiten der Presbyterianer und den vierteljährlichen Konferenzen der Methodisten. Getreu diesen Mustern fand das camp-meeting seinen Höhepunkt in der Taufe der Bekehrten und der Eucharistie für alle, die schon früher oder dieses Mal bekehrt worden waren.

Diese Veranstaltungen waren darin ökumenisch, dass alle Denominationen beim Predigen und bei den Gottesdiensten zusammenarbeiteten. Die Beiträge von Schwarzen waren bedeutsam, sowohl beim Predigen als auch in der Musik. Jedes Jahr kamen Neu-Bekehrte von den camp-meetings heim. Sie wurden schließlich in Kirchen gesammelt, als die Bevölkerung mehr und mehr zunahm. Bald wurden die Methoden, die im Grenzgebiet so gut funktioniert hatten, an die nüchternere Ostküste übertragen und begannen in einer ganzen Reihe von Traditionen, das gottesdienstliche Leben weitgehend zu prägen. Die Lutheraner übernahmen einige der Frontier-Modelle, wenn auch mit wachsendem Widerstand. Die Presbyterianer und die Methodisten hatten in hohem Maße zum Frontier beigetragen und erlebten nun, wie ihr Gottesdienst von diesen neuen Modellen beherrscht wurde. Selbst die Quäker kapitulierten im Mittelwesten; lediglich die Anglikaner und Wiedertäufer blieben im Wesentlichen unberührt.

Das Ergebnis war ein Gottesdiensttyp mit ganz eigenen Merkmalen. Er war vor allem dazu bestimmt, die zur Bekehrung zu bringen, die das blendende Licht eines Bekehrungserlebnisses noch nicht kannten. Von den Unbekehrten wurde Buße gefordert und ein Wiederanzünden des Feuers der Bekehrung von denen, die früher einmal bekehrt worden waren. Vor allem ging man pragmatisch an das gottesdienstliche Geschehen heran: »Gebrauche alles, was funktioniert, und weise zurück, was nicht funktioniert.« Ob etwas funktionierte, konnte man an dem Erfolg der betreffenden Methode beurteilen, den sie bei Bekehrungen hatte. Im Laufe der Zeit wurden die Erweckungstechniken systematisch nach den Methoden geordnet, die sich am erfolgreichsten erwiesen hatten.

Der normale Gottesdienst bestand aus drei Teilen: Lob- und Gebetsgottesdienst, eine leidenschaftliche, auf Bekehrung dringende Predigt und das Einholen derer, die bekehrt wurden (engl.: the harvest of those converted). Die drei Teile wurden oft von Liedern unterbrochen. Die dann im erwecklichen Gottesdiensttyp »domestizierten« Frontier-Praktiken wurden bald in vieler Hinsicht ausgeprägt. Es stellte sich heraus, dass einfaches Singen bei ungebildeten Leuten am besten funktionierte. Das führte zu einer sehr individualistischen und introspektiven Art von Liedgut, das sehr viel Wert auf die eigenen Gefühle des Sängers oder der Sängerin über sein oder ihr Verhältnis zu Gott legt. Fanny Crosby (1820–1915) trug mehr hierzu bei als jede andere Person, obwohl Charles A. Tindley (1856–1933) dem Gospelgesang der Schwarzen den Weg bahnte.

Man entdeckte, dass Solo- oder Chormusik ein wichtiger Faktor sein konnte, und den meisten großen Erweckungspredigern standen und stehen hervorragende Song-leader zur Seite, die auch Solo sangen und Chöre leiteten. Nachdem es zunächst auf der amerikanischen Szene Chöre nicht gegeben hatte, wurden sie nun ein wichtiger Faktor, die Leute aufnahmebereit für die Predigt zu machen.

Seltsam: Es war Kentucky und nicht Canterbury, wo die häufige Kommunion wiederentdeckt wurde. An dem Kentucky-Frontier kamen die Anhänger von Barton W. Stone (1772–1844) und Alexander Campbell (1788–1866) im Jahre 1832 zusammen und gründeten die *Christian Church (Disciples of Christ)*. Da sie aufgrund des Neuen Testaments davon überzeugt waren, dass die Eucharistie ursprünglich jede Woche und mit der Kommunion aller gefeiert worden war, wurde dies ihre Praxis, die bald auch von der neuen Kirche der Mormonen übernommen wurde. Beide Gruppen praktizierten eine neue Form von Demokratie in der Liturgie, indem sie Laien mit der Leitung der Eucharistie beauftragten. Im Einklang mit der Ära der Jacksonschen Demokratie (1829–1837) überwanden diese neuen Frontier-Kirchen (wie auch die *Plymouth-Brethren* in England) neunzehn Jahrhunderte klerikalen Monopols in der Leitung der Eucharistie.

Zu den in dieser Tradition bahnbrechenden Formen gehört das Entstehen der Gebetsgemeinschaft in der Mitte der Woche. Diese verzichtete gewöhnlich ganz auf einen ordinierten Geistlichen und war ein formloser Gottesdienst mit spontanem Gebet, Zeugnis und volkstümlichen Liedern. Sein radikalstes Element war es, dass Frauen öffentlich beten durften, ein Schritt, der in den dreißiger Jahren des 19. Jh. trotz der Opposition gewagt wurde. Wie die Opponenten das schon vorausgesehen hatten, führte dies bald dazu, dass Frauen auch predigten, im Frontier, bei den Reformierten und bei den Methodisten.

Weil sie ihren Ursprung im Gottesdienst für Unkirchliche hatte, war es nur natürlich, dass die Frontier-Tradition sich gut eignen würde für neue Medien wie Radio und Fernsehen. Sie hat die Herrschaft in den Ätherwellen übernommen und bringt diesen Gottesdienst-Stil in jede Wohnung, und ihre Missionare haben diese Tradition in der ganzen Welt verbreitet.

Zwei neue Varianten der Frontier-Tradition entstanden in den achtziger Jahren. In der ersten, »worship and praise« genannt, wird die erste Hälfte des Gottesdienstes mit Lobgesängen ausgefüllt, zumeist von der ganzen Gemeinde gesungen, wobei die Texte oft an die Wand projiziert werden. Die zweite Hälfte ist von der Predigt bestimmt oder einer Unterweisung, die häufig »teaching« genannt wird. Sie hat einen biblischen Text zur Grundlage oder ein für das christliche Leben relevantes Thema.

Die zweite Variante ist wegen ihrer Intention, die Unkirchlichen zu erreichen, als Gottesdienst für Suchende (seeker service) verbreitet. Manche sprechen ihm den Charakter eines Gottesdienstes ab und bezeichnen ihn als Evangelisation. Die Teilnahme der Gemeinde besteht meist im passiven Zuhören. Der Gottesdienst beginnt mit musikalischen Darbietungen in einem auf das jeweilige Auditorium zugeschnittenen populären Stil. Es folgt ein Sketch oder Monolog, der Fragestellungen und Lösungen präsentiert, mit denen sich die Suchenden vermutlich beschäftigen. Das sich anschließende Gespräch sucht das Problem zu vertiefen, wobei die Schrift die Basis abgibt, manchmal auch nicht. Häufig verbinden Gemeinden, die solche Gottesdienste für Suchende anbieten, diesen mit einem mehr herkömmlichen Wochenend-Gottesdienst für engagierte Gemeindeglieder.

VI. Die Tradition der Pfingstbewegung

Diese Tradition entstand gleich zu Beginn des 20. Jh.. Ihr Hintergrund waren mehrere Heiligungs-Kirchen, die sich aus methodistischen Wurzeln herleiteten. Die »Standard-Legende« ist folgende: Es begann in Topeka, Kansas, am ersten Tag des 20. Jh. mit der Zungenrede des Studenten Charles F. Parham (1873–1929). Auf jeden Fall breitete sie sich bald nach Los Angeles aus, wo 1906/07 das Werk des schwarzen Predigers William J. Seymour (1870–1922) in der Azusa Street zum Ursprung der Bewegung wurde. Durch lauter Einzelne, von denen viele die Azusa Street besuchten, breitete sie sich über die ganzen USA aus. Das Feuer sprang über nach Norwegen, England, Chile, Brasilien und Afrika. Die Pfingstbewegung wurde im Nu zu einem weltweiten Phänomen und hat ein außerordentlich schnelles Wachstum erfahren – vor allem in Südamerika und Afrika. Manche erwarten sogar, dass sie einmal in Lateinamerika dominieren wird.

Eine Grundvoraussetzung pfingstlerischen Gottesdienstes ist es, dass der Geist frei ist, sich Werkzeuge zu erwählen, wie er will – und das kann jeder Einzelne in der Versammlung sein. Der Heilige Geist offenbart sich durch eine Mannigfaltigkeit von Gaben: Zungenreden, Auslegung, Prophetie und Heilen, um nur einige zu nennen. Daher muss der Gottesdienst offen sein für die unerwarteten Möglichkeiten eines direkten Eingreifens des Geistes. Die Sakramente mögen gefeiert werden, aber Gott ist noch unmittelbarer offenbar durch sein Aktivwerden in der Mannigfaltigkeit der Gaben. Die Pfingstler haben die Aufklärungs-Ideologie überwunden, die latent noch in den meisten protestantischen Gottesdiensten vorhanden ist. Sie haben nicht die geringste Schwierigkeit mit der Vorstellung, dass Gott gegenwärtig ist und hier und jetzt im Gottesdienst handelt.

Gottesdienste der Pfingstler folgen im allgemeinen einem bekannten Muster, nicht unähnlich dem des Frontier-Gottesdienstes, nur dass die Pastoren jederzeit bereit sind, der Manifestation des Geistes Raum zu geben. So fördern die Pfingstler ein höchstes Maß an Teilnahme, weil die Leitung vorübergehend jedem Einzelnen übergeben werden kann. In manchen Gruppen in England ist das Herrenmahl normaler Bestandteil jedes Sonntagsgottesdienstes. Anderswo wird es weniger häufig gefeiert. Einige Gruppen taufen Kinder, andere praktizieren nur die Gläubigentaufe. Zungenreden ist Beweis für die Geisttaufe, aber es ist nur eine von vielen Gaben. In den meisten Gemeinden gibt es Mitglieder, die die Gabe des Heilens haben. Das Heilen ist ein besonders wichtiger Teil des Gottesdienstes bei einigen afrikanischen Gruppen.

Ein neues Phänomen war das Aufkommen von pfingstlerischen Erfahrungen bei Anglikanern, Presbyterianern, Methodisten, Lutheranern und römischen Katholiken in den sechziger Jahren. Nach einer anfänglichen Periode der Irritation scheinen die meisten dieser Kirchen nun fähig geworden zu sein, als Ergänzung ihres normalen Gottesdienstes zu akzeptieren, was als pfingstlerischer oder charismatischer Gottesdienst bekannt ist. Studien haben gezeigt, dass sich in diesen Kirchen diejenigen, die pfingstlerischen Gottesdienst praktizieren, soziologisch, der Erziehung nach oder psychologisch nicht von ihren Nachbarn unterscheiden, die nicht charismatisch sind. Alle Kirchen haben die Bedeutung der Spontaneität für den Gottesdienst erkannt, und viele Agenden sehen jetzt das spontane Gebet vor.

Großer Nachdruck ist im pfingstlerischen Gottesdienst auf das bevorstehende Kommen Christi gelegt worden, für das ihr Gottesdienst ein Beweis ist. So wie die Geistesgaben in der frühen Kirche im Überfluss vorhanden waren, so sind sie manifest in diesen letzten Tagen, in denen wir die Parusie erwarten.

Ob andere Traditionen in der Zukunft entstehen werden, bleibt abzuwarten. Auf jeden Fall haben diese Traditionen ihre besondere Identität über Jahrzehnte oder Jahrhunderte hinweg bewahrt und werden dies wahrscheinlich auch weiter tun. Sie haben einander beeinflusst und viel voneinander übernommen, haben es aber gleichwohl geschafft, dass es weitere Wege des Gottesdienstes gibt, die für eine große Menge sehr verschiedener Menschen geeignet sind.

Literatur

Robet BARCLAY, An Apology for the True Christian Divinity, Manchester [13]1869. – Friedrich BLUME, Protestant Church Music, London 1975. – BOOK OF WORSHIP. United Church of Christ, New York 1986. – Horton DAVIES, Worship and Theology in England, 6 Bde., London/Princeton 1996. – A DIRECTORY FOR THE PUBLIC WORSHIP OF GOD, Bramcote, Notts. 1980 (Grove Books), Neudr. der Ausg. von 1645. – Balthasar HUBMAIER. Theologian of Anabaptistsm, A Form for Christ's Supper, transl. and ed. by H. Wayne Pipkin/John H. Yoder, Scottdale, Pa. 1989, 393–408. – Hans SCHWARZ, Art. Freikirche: TRE 11 (1983) 550–563. – Bard THOMPSON, Liturgies of the Western Church, Cleveland 1961; Philadelphia 1980. – James F. WHITE, Protestant Worship. Traditions in Transition, Louisville 1989.

James F. White

Gottesdienst und ökumenische Bewegung

Mit dem Thema Gottesdienst hat sich die ökumenische Bewegung von Anfang an immer wieder befasst. Aber erst seit der Mitte des 20. Jh. wurde es, statt Hindernis und Quelle der Trennung zu sein, zu einem Weg auf die Einheit hin. Wachsender Konsens unter den Liturgiewissenschaftlern über den vielgestaltigen Ursprung des christlichen Gottesdienstes und Verzicht auf die Suche nach der Einheitsliturgie eines fiktiven »apostolischen« Gottesdienstes, Ausbreitung der Liturgischen Bewegung unter den Kirchen und weitreichende Reformen der liturgischen Texte führten dazu, dass sich eine ökumenische Konvergenz über den Gottesdienst und das Gespür dafür entwickeln konnte, dass der Gottesdienst jetzt eine gewichtige Rolle in der ökumenischen Bewegung zu spielen hat.

I. Lausanne (1927) – Edinburgh (1937)

In der umfassenderen ökumenischen Diskussion wurden Fragen des Gottesdienstes vor allem in der Kommission für Glauben und Kirchenverfassung behandelt. Zunächst erfolgten die Verweise auf den Gottesdienst nur gelegentlich und zufällig (Erste Weltkonferenz für Glauben und Kirchenverfassung in Lausanne 1927); der Gottesdienst galt allgemein mehr als Hindernis denn als Mittel auf dem Weg zur Einheit. Auf der Zweiten Weltkonferenz für Glauben und Kirchenverfassung 1937 in Edinburgh wurden erste formelle Initiativen ergriffen, um zu einem Verfahren zu gelangen, »die anderen Kirchen von ihrem Gottesdienst her zu verstehen« – wie es vierzehn Jahre später *Ways of Worship* formuliert (Formen des Gottesdienstes 3).

Überlegungen des Berichts der Edinburgher Konferenz führten zu der Schlussfolgerung, dass viele Fragen, in denen Christen getrennt sind, ihre Wurzeln in verschiedenen Auffassungen vom Wesen der Kirche haben. Eine Passage des Berichts empfiehlt neben der unmittelbaren Überprüfung der entsprechenden Lehrfragen das Studium des jeweiligen für die verschiedenen Kirchen charakteristischen Gottesdienstes als lohnenswertes Unterfangen. Dies brachte einige Mitglieder des von der Konferenz eingesetzten Fortsetzungsausschusses dazu, eine Diskussion der theologischen Prinzipien zu fordern, die dem zugrunde liegen, was Erzbischof William Temple in seiner Predigt auf der Konferenz »den größten aller Skandale auf dem Angesicht der Erde« genannt hatte: das Festhalten an der Abschottung gegen die völlige Einheit am Tisch des Herrn (Baker 156).

Der Fortsetzungsausschuss ernannte 1939 eine Theologische Kommission, zu deren Aufgaben es gehörte:

- »Die für die verschiedenen christlichen Traditionen charakteristische Weise des Gottesdienstes sollte im Hinblick auf die Förderung wachsenden gegenseitigen Verstehens zwischen den Kirchen studiert werden.
- Diese Studie sollte auch die Frage nach dem Ort und nach der Funktion der Predigt und des Unterrichtes im christlichen Gottesdienst einschließen und den nichtliturgischen wie den liturgischen Andachtstraditionen ihre Aufmerksamkeit schenken.
- Es sollten nicht nur die vorhandenen Gottesdiensttraditionen erörtert werden, sondern auch die ›liturgisch-schöpferischen‹ Versuche, wie sie bei ökumenischen und ähnlichen Veranstaltungen und in den Jungen Kirchen unternommen werden, und die Prinzipien, die zukünftige Entwicklungen auf dem Gebiete des Gottesdienstes bestimmen müssten.

– Die gelegentliche Veranstaltung liturgischer Konferenzen, bei denen die Mitglieder gemeinsame Erfahrungen mit ungewohnten Gottesdienstformen sammeln könnten« (Formen des Gottesdienstes 3 f.).

II. Lund (1952)

Wegen des unruhigen Zustands der Weltgeschichte zeitigte die 1939 in Auftrag gegebene Studie erst 1951 Früchte, als das Dokument *Ways of Worship* (deutsche Übersetzung: Formen des Gottesdienstes) zur Vorbereitung auf die Dritte Weltkonferenz für Glauben und Kirchenverfassung erschien, die im Jahr darauf in Lund abgehalten wurde. Außer dem Bericht der Kommission enthält der Band mehr als dreißig aus einer breiten Vielfalt der Traditionen heraus geschriebene Beiträge, die sich in drei Teile gliedern: 1) Die Elemente der Liturgie, 2) Die eigentliche Bedeutung von Wort und Sakrament und 3) Liturgie und Frömmigkeit. *Ways of Worship* war im Wesentlichen eine beschreibende und vergleichende Studie. Das Ziel der Beiträge war es nicht, zu einer gemeinsamen Sicht des Gottesdienstes zu kommen, sondern vielmehr, verschiedene Traditionen des Gottesdienstes mit dem ersten Teil deskriptiv und mit dem zweiten Teil theologisch zu erörtern. Der dritte Teil befasste sich hauptsächlich mit Fragen der Mariologie, und zwar deutlich bestimmt durch die 1950 von Pius XII. vorgenommene Dogmatisierung der leiblichen Aufnahme Mariens in den Himmel.

Der Bericht der Kommission bietet eine ökumenische und theologische Reflexion über die verschiedenen Beiträge in *Ways of Worship*. Er versucht, das Ausmaß der bestehenden Übereinstimmung und Nichtübereinstimmung hinsichtlich der Bedeutung und Praxis des Gottesdienstes abzuschätzen, dessen Konsequenzen für die Einheit der Kirche zu erwägen und praktische Maßnahmen für das Wachsen des gegenseitigen Verständnisses vorzuschlagen. Der Bericht legt folgende Verhandlungsgegenstände für Lund fest:

> »Soll die Untersuchung der gottesdienstlichen Ordnungen zum Hauptzweck der Konferenz über Glauben und Ordnung beitragen, so muss sie das Resultat haben, dass sich unsere Aufmerksamkeit der Frage zuwendet, wieweit sie uns in die Lage versetzt, die Punkte deutlicher zu erkennen, an welchen der Einheit durch diese Unterschiede Hindernisse bereitet werden.
>
> Unsere verschiedenen gottesdienstlichen Gewohnheiten haben ihre Geschichte. In gewisser Weise sind sie der Ausdruck unterschiedlicher Lehrstandpunkte; in anderer wiederum stellen sie das Ergebnis kultureller, psychologischer oder von Faktoren des Temperaments dar. Nötig ist, zwei Arten von Unterschieden auseinanderzuhalten:
>
> a) Unterschiedliche Weisen des Gottesdienstes, welche doch miteinander in einer Kirche bestehen können.
>
> b) Solche, die auf nicht miteinander vereinbaren Lehrunterschieden beruhen und darum nicht in derselben Kirche zusammen bestehen können« (Formen des Gottesdienstes 24 f.).

Bemerkenswerterweise weist der Bericht darauf hin, dass manche dieser Unterschiede ihren Ursprung in verschiedenen kulturellen, psychologischen und im Temperament begründeten Faktoren haben und nur einige »Unterschiede, die ohne Zweifel schlechterdings miteinander nicht vereinbare Lehrhaltungen widerspiegeln« (Formen des Gottesdienstes 26).

Auf der Konferenz in Lund erging es *Ways of Worship* nicht gut. Die Arbeit der Sektion zum Gottesdienst – Lund war die erste Konferenz, die diesem Gegenstand eine eigene Sektion widmete – scheint sich nach der besonderen Betonung der Unterschiede gerichtet zu haben, die auf dem Gebiet des Gottesdienstes zwischen den Kirchen bestanden. Die Sektion reagierte auf den Bericht, indem sie unmissverständlich wissen ließ, dass ein Konsens auf dem Gebiet des Gottesdienstes noch nicht möglich war. Die »ungelösten Probleme«, die *Ways of Worship* benannte, überwogen deutlich die am Anfang des Weges festgestellten, aber nicht unwesentlichen »Übereinstimmungen«.

Der Bericht der Weltkonferenz von Lund an die Kirchen führt sechs Bereiche der Übereinstimmung an, die bedeutende Fortschritte hinsichtlich des künftigen Stellenwertes des Gottesdienstes in ökumenischen Diskussionen erkennen lassen:

– »Unser Gottesdienst gilt dem einen Gott, Vater, Sohn und Heiligen Geist, dem dreieinigen Gott, dessen Geist allen wahren Gottesdienst schafft und erfüllt und dem aller christliche Gottesdienst dargebracht wird.
– Gott selbst wirkt den Glauben, durch den wir ihm im Gottesdienst Antwort geben, indem er uns begegnet und zu uns redet....
– Gottes Begegnung mit uns und unsere Antwort im Gottesdienst nimmt den ganzen Menschen in Anspruch. ... Sie geschieht im Gottesdienst, im persönlichen Zeugnis sowie im christlichen Gehorsam und Dienst.
– Die Antwort, wie sie im Gottesdienst Ausdruck findet, umschließt Anbetung und Anrufung Gottes, Bekenntnis, Fürbitte, Gebet, Hören auf das Wort Gottes, Lob, Dank und Opfer.
– Wort und Sakrament sind Gottes Gaben. In der Lesung und Verkündigung des Wortes und in der Verwaltung der Sakramente bietet uns Gott seine Gnade an, schenkt uns die rettende Erkenntnis seiner selbst und zieht uns in seine Gemeinschaft.
– Jeglicher Gottesdienst vollzieht sich in der Gemeinde des Gottesvolkes im Himmel wie auf Erden. Selbst im persönlichen Gebet betet der Christ immer mit der Kirche als Glied der Gemeinschaft der Heiligen. Der Gottesdienst der Gemeinde ist ebenso sehr die Grundlage allen persönlichen Gebets wie ein machtvolles und wesentliches christliches Zeugnis gegenüber der Welt« (Lund n. 92–97:Vischer 118 f.).

Diese Übereinkunft über fundamentale Prinzipien stand aber neben einer langen Liste »ungelöster Probleme«, die deutlich machte, dass es zwischen den Kirchen in Fragen des Gottesdienstes mehr Unterschiede als Übereinstimmungen gab. Zu diesen Differenzen gehörten

– »das Verhältnis von Wort und Sakrament«, das zu unterschiedlicher Wertung der Predigt und Sakramentsverwaltung führte,
– die verschiedene Betonung der Rolle »von Dingen, die man greifen und sehen kann«,
– »das Nebeneinander von Kirchen mit fester Liturgie und solchen, die dem Pfarrer mehr Freiheit gewähren«,
– Unterschiede im Verständnis von Bedeutung und Rolle des Vorstehers im Gottesdienst, die Frage der »Amtsgnade« aufgrund der Ordination und der Unterschied zwischen dem besonderen Priestertum und dem Priestertum aller Gläubigen, wobei anerkannt wird, »dass die Frage nach dem priesterlichen und prophetischen Charakter des Amtes noch immer ein ernstes Hindernis der Einheit ist«,
– Unterschiede im Verständnis des Opfercharakters der Eucharistie und »ob der gekreuzigte und auferstandene Herr wirklich leiblich gegenwärtig ist und wir seinen Leib und sein Blut empfangen« und
– die Bedeutung der Gemeinschaft der Heiligen, ob die Heiligen im Himmel (vor allem die selige Jungfrau Maria) verehrt werden können und ob ihre Fürsprache gesucht werden darf, auch, ob es möglich ist oder nicht, für die Abgeschiedenen zu beten, so »dass das in ihnen begonnene Werk Gottes vollendet werde« (Lund n. 100–117 passim: Vischer 119–123).

Nach der Behandlung der Meinungsverschiedenheiten wendet sich der Bericht dem weiten Feld der »nicht-theologischen« Faktoren zu, die den Unterschieden zugrunde liegen und zu denen nun Vorschläge gemacht werden »für eine neue Art der Behandlung dieser Fragen, die den Kirchen vielleicht zu erkennen hilft, dass manche der Verschiedenheiten in der Gestaltung des Gottesdienstes nicht, wie gemeint wird, mit unversöhnlichen dogmatischen Gegensätzen zusammenhängen, sondern in derselben Kirche nebeneinander bestehen können« (Lund n. 119: Vischer 123). Von diesen nicht-theologischen Faktoren heißt es, dass sie sozialer Art seien – dazu gehören Fragen der Sprache, Fremdenfeindlichkeit, Kultur, politischen Ordnung, erlittener sozialer oder politischer Aggression, der sozialen Klasse und »überlebte fromme Gewohnheiten« (Lund n. 124: Vischer 125) – und psychologischer Art, was dann intensive Wertschätzung oder Verachtung des Rituals, der Bedeutung des Mysteriums und der charismatischen Erfahrung im Gottesdienst einschließt.

Ways of Worship und die Diskussion, die das Dokument in Lund entfachte, sollten eine bedeutende Rolle spielen bei der Sensibilisierung für unterschiedliche Einstellungen zum Gottesdienst und seinen Formen in den verschiedenen Kirchen. Genau so wichtig aber war in der gesamten Periode von Edinburgh bis Lund die Tatsache, dass der gemeinsame Gottesdienst, der immer Teil der Zusammenkünfte der Konferenzen und Kommissionen gewesen war, es den Teilnehmern erlaubte, aus erster Hand den Gottesdienst anderer Traditionen mitzuerleben. Diese Erfahrung des gottesdienstlichen Lebens in anderen Traditionen beförderte den Studienprozess selbst, weil sie den Delegierten liturgische Erfahrungen und Einsichten eröffnete, die ihnen anders nicht zugänglich gewesen wären.

III. Montreal (1963)

Nach Lund wurden die Gottesdienststudien von einer internationalen theologischen Kommission mit drei Sektionen fortgesetzt, die je einen unterschiedlichen Auftrag bekamen. Eine Sektion wurde in Ostasien eingerichtet, eine in Europa und eine in Nordamerika. Berichte jeder dieser Sektionen wurden der Vierten Weltkonferenz für Glauben und Kirchenverfassung 1963 in Montreal unterbreitet (vgl. das Arbeitsheft III: Gottesdienst).

Der Bericht aus Asien, der sich auf den Gottesdienst als Antwort auf Gottes schöpferisches und erlösendes Handeln wie auch auf die Inkulturation des Gottesdienstes konzentrierte, war deshalb von besonderer Bedeutung, weil er der erste Beitrag von einer Kommission dieses Ranges außerhalb der europäisch-nordamerikanischen Welt war. Die aufgeworfenen Fragen sollten einen tiefgreifenden Einfluss auf die Richtung nehmen, die die ökumenische Reflexion über den Gottesdienst in der Zukunft einschlagen würde.

Die europäische Sektion konzentrierte sich auf die Theologie des Gottesdienstes in der Schrift (»Schöpfung und Gottesdienst«, »Erlösung und Gottesdienst«, »Neue Schöpfung und Gottesdienst«). Dies sollte fruchtbar werden in dem Nachweis, dass es eine große Vielfalt von Zugängen zum Gottesdienst gibt, die sich alle im Neuen Testament finden lassen und die dementsprechend nebeneinander und nicht übereinander oder untereinander zu stellen sind. So eröffnete sich ein Weg zur möglichen Einheit unter den Kirchen, da die Vielfalt der gottesdienstlichen Formen in den heutigen Kirchen mit den Mustern, die man im Neuen Testament findet, zusammenstimmt.

Die nordamerikanische Sektion hatte zwei Schwerpunkte: Gottesdienst in der Schrift und Gottesdienst in nordamerikanischen Kirchen heute. Wie in der europäischen Sektion entfernte sich der Bericht von dem vergleichenden Modell, das in *Ways of Worship* zu finden war, und stellte das Studium liturgischer Fragen in den weiteren biblischen und theologischen Kontext.

Die Konferenz in Montreal reagierte lebhaft auf die Berichte, und die Sektion »Der Gottesdienst und die Einheit der Kirche Christi« erzielte ein großes Maß an Übereinstimmung. Der Bericht der Konferenz hält fest:

> »Unter den vielen segensreichen Auswirkungen, die wir der ökumenischen Bewegung in jüngster Zeit zu verdanken haben, ist eine von ganz besonderer Wichtigkeit für die gemeinsame Sendung der Kirchen heute. Es ist die ›Wiederentdeckung‹ des christlichen Gottesdienstes in unserer Zeit – jenes zweifachen ›Dienstes‹, sowohl Gott als auch der Welt gegenüber, wie er in dem biblischen Begriff *leiturgia* zum Ausdruck kommt – als zentralen und bestimmten Akt im Leben der Kirche. Hierfür gibt es keinen deutlicheren Beweis als die gemeinsame theologische Arbeit, die seit der letzten Weltkonferenz für Glauben und Kirchenverfassung in Lund 1952 geleistet wurde, ferner das Wachstum der liturgischen Bewegung in nahezu allen christlichen Traditionen und die gemeinsame Erkenntnis einer wesentlichen Verbindung zwischen dem Gottesdienst der Kirche und ihrem missionarischen Auftrag. Es ist ermutigend, dies festzustellen, besonders in einer Zeit, in der die Christen vielleicht mehr als je zuvor sich der tragischen Entfremdung zwischen Welt und Kirche bewusst sind. Gott ruft uns so offenkundig dazu auf, miteinander die Freude, die Tiefe und die Kraft des christlichen Gottesdienstes wiederzuentdecken.
>
> Die Zeit ist jetzt gekommen, dieser Wiederentdeckung in allen unseren Kirchen ernste Beachtung zu schenken. Das Studium des Gottesdienstes ist oft als einer der ›Aufgabenbereiche‹ des ökumenischen Gesprächs betrachtet worden. Häufig war dieses Gespräch von theologischen Voraussetzungen bestimmt, die zum tatsächlichen gottesdienstlichen Leben der Kirchen in keiner direkten Beziehung standen. Wenn aber die Theologie den ganzen Glauben der Kirchen widerspiegeln und wenn die Kirche wirklich in der *leiturgia* die Erfüllung ihres Lebens finden soll – und wir glauben, dass das so ist –, dann müssen wir die *leiturgia* für sich selbst sprechen lassen. Es ist von entscheidender Bedeutung, dass wir ihre Formen und Strukturen, ihre Sprache und ihren Geist erforschen, in der Erwartung, dass dieser Vorgang neues Licht auf die verschiedenen theologischen Standpunkte und Behauptungen wirft und ihnen vielleicht sogar einen neuen Sinn verleiht. Damit wären neue Möglichkeiten des ökumenischen Gesprächs erschlossen. Es ist deutlich, dass dies eine der Hauptaufgaben für die Kirchen in den nächsten Jahrzehnten sein wird« (Montreal n. 106 f.: Vischer 222 f.).

Das Gottesdienstthema war in der ökumenischen Tagesordnung herangereift. Es wurde nicht mehr als ein von »ungelösten Problemen« dominierter Bereich angesehen, in dem sich der Fortschritt zum ökumenischen Konsens als langsam und schwierig, wenn nicht gar unmöglich, erwies. Er wurde eher als eine Quelle gesehen, die ihrerseits den ökumenischen Dialog zu beleben vermochte.

Die weitere Bearbeitung des Gottesdienstthemas in der Ökumene wurde zu einem guten Teil von den übrigen Aussagen des Berichts bestimmt, der Abschnitte über »Taufe und heiliges Abendmahl«, »Christlicher Gottesdienst in der heutigen Welt« und »Gottesdienst, Mission und die Schaffung einheimischer Formen (indigenisation)« enthält. Während jeder dieser Abschnitte den Grund legte für weitere Diskussionen, hat das spätere Lima-Dokument *Taufe, Eucharistie und Amt* eindeutig seine Wurzeln in dem Abschnitt über Taufe und Eucharistie. Unter Hinweis auf das Heft *Der eine Herr, die eine Taufe* bemerkt der Bericht, »wie groß die Übereinstimmung unter den Kirchen im Blick auf die Taufe ist« (Montreal n. 111: Vischer 225). Dann entwirft er eine theologische Matrix für ein biblisches und ekklesiologisches Verständnis der Taufe und benennt sechs Elemente, die »in jeder umfassenden Ordnung des Taufgottesdienstes

... enthalten sein sollten« (Montreal n. 112: Vischer 226). Der Bericht macht sodann einige praktische Empfehlungen für die Wiedergewinnung eines bedeutungsvollen Platzes für die Taufe im gemeinsamen liturgischen Leben der Kirchen.

Ähnliches geschah mit der Eucharistie. Im Unterschied zu früheren Berichten, die Differenzen und »ungelöste Probleme« in den Mittelpunkt zu stellen tendierten, erlaubte es der Bericht von Montreal auszusagen:

> Wir können uns »auf folgende Formulierungen einigen: Das Herrenmahl ist eine Gabe Gottes an seine Kirche; es ist ein Sakrament der Gegenwart des gekreuzigten und verherrlichten Christus, bis dass er kommt. Es ist ein Mittel, durch das das Kreuzesopfer, das wir verkündigen, in der Kirche wirksam ist. Im Herrenmahl werden die Glieder des Leibes Christi in der Einheit mit ihrem Herrn und Heiland erhalten, der sich am Kreuze selbst darbrachte: durch ihn, mit ihm und in ihm, der unser großer Hoherpriester und Fürbitter ist, bringen wir dem Vater in der Kraft des Heiligen Geistes unseren Lobpreis, unsere Danksagung und unsere Fürbitte dar. Mit einem demütigen Herzen bringen wir uns selbst dar als ein lebendiges und heiliges Opfer, ein Opfer, das in unserem ganzen täglichen Leben Ausdruck finden muss. So vereinigt mit unserem Herrn und mit der triumphierenden und in Gemeinschaft mit der ganzen Kirche auf Erden werden wir im Bund erneuert, der durch das Blut Christi versiegelt worden ist. Im Abendmahl nehmen wir das Hochzeitsmahl des Lammes im Reiche Gottes vorweg« (Montreal n. 117: Vischer 227 f.).

Bei der Darlegung dieser grundlegenden Übereinkunft konnte der Bericht die Hauptthemen des eucharistischen Lebens entfalten, nicht als theologische Voraussetzungen, sondern als gemeinsame Erfahrungen der eucharistischen Versammlungen. Während er bei der Beschreibung der Elemente, die den eucharistischen Ritus konstituieren sollten, weniger eindeutig war als der Bericht über die Taufe, stellte der Bericht doch fest: »Die Gottesdienstordnungen der Eucharistie enthalten gewöhnlich folgende Elemente: (1) einen Dienst des Wortes; er enthält: (a) die Verlesung und Verkündigung des Wortes, (b) die Fürbitte für die ganze Kirche und die Welt. (2) Den Dienst des Sakramentes, dessen Gehalt durch die Handlungen unseres Herrn beim Letzten Abendmahl bestimmt wird.« Hier zählt der Bericht, deutlich von Gregory Dix's damals populärem »Four-Action-Shape« beeinflusst, diese Handlungen auf als »Bereitstellen von Brot und Wein«, »Danksagung gegenüber Gott für Schöpfung und Erlösung«, »Brechen des Brotes« und »Austeilung von Brot und Wein« (Montreal n. 118: Vischer 228).

Der Bericht empfiehlt dann für die Praxis fünf Übungen, die durch die Liturgische Bewegung neu hervorgehoben worden waren: (1) die häufige Feier des Heiligen Abendmahls, (2) die aktivere Teilnahme der Laien an der Liturgie, (3) die Verwendung eines Brotleibes und eines gemeinsamen Kelches, (4) der Empfang des Abendmahls durch die gesamte versammelte Gemeinde als normale Praxis bei jeder Abendmahlsfeier, (5) die wiedergewonnene Betonung des Sonntags und des liturgischen Jahres (Montreal n. 119: Vischer 229). Der Weg war so gebahnt für eine lange Reise, die neunzehn Jahre später nach Lima führen sollte.

Die Abschnitte »Christlicher Gottesdienst in der heutigen Welt« und »Gottesdienst, Mission und Schaffung einheimischer Formen (indigenisation)« skizzieren einige der Fragestellungen, die sich mit den in den meisten Kirchen anzutreffenden Reformen der liturgischen Texte im folgenden Jahrzehnt verbinden. »Die Kirchen sollten sich fragen, ob die liturgische Sprache, die verwendeten Bilder und Symbole dem modernen Verständnis gerecht werden. Sie müssen auch untersuchen, ob die Sprache des gepredigten Wortes das Erbe des christlichen Glaubens in einem dem modernen Menschen verständlichen Ausdruck erhellt« (Montreal n. 123: Vischer 229 f.). Um den Gottesdienst der Ökumene zu erneuern, werden die Kirchen eingeladen, regionale Kulturen ernst zu nehmen und auf die Inkulturation des liturgischen Lebens hinzuarbeiten, wobei gilt: »Dieser Vorgang vollzieht sich auf ganz natürliche und echte Weise da, wo der christliche Glaube die Reife und die Lebendigkeit besitzt, die gegebenen kulturellen Formen in den Dienst Christi zu stellen und umzugestalten« (Montreal n. 128: Vischer 231).

So hat die Konferenz von Montreal die Tagesordnung für das Gottesdienstthema im ökumenischen Dialog für die kommenden Jahrzehnte wirkungsvoll festgelegt. Taufe und Eucharistie wurden Schwerpunkte der ökumenischen Diskussion, später kam das Amt hinzu. Die grundlegende Verbindung zwischen Liturgie und Leben wurde zum Ausdruck gebracht, was die Frage nach der möglichen Reform der liturgischen Texte aufwarf. Und schließlich wurden die Kirchen durch die Notwendigkeit der Inkulturation der Liturgie herausgefordert. Diese drei Fragen sollten das Leben der Kirchen in den kommenden Jahrzehnten beschäftigen.

IV. Das Zweite Vatikanische Konzil und seine Auswirkungen

Ohne Frage erreichte die Geschichte der Liturgie mit der Promulgierung der Konstitution über die heilige Liturgie *Sacrosanctum Concilium* am 4. Dezember 1963 durch Paul VI. einen Wendepunkt. Die Reformen des Zweiten Vatikanums hatten erhebliche Auswirkungen nicht nur innerhalb der römisch-katholischen Kirche, sondern ebenso auf andere westliche Kirchen. Während die einzelnen Kirchen und ihre Liturgiewissenschaftler noch mit dem Studium der Geschichte, Theologie und Erneuerung der Liturgie beschäftigt waren, begannen die radikalen liturgischen Reformen, die das Zweite Vatikanische Konzil auslöste, die liturgischen Imaginationen der Ökumene zu fesseln.

Das Dekret über den Ökumenismus *Unitatis redintegratio* nahm von der ökumenischen Dimension der Bewegung für liturgische Erneuerung Kenntnis:

> »Dieser Erneuerung kommt ... eine besondere ökumenische Bedeutung zu. Und so sind die verschiedenen Lebensäußerungen der Kirche, in denen diese Erneuerung sich schon verwirklicht – wie etwa die biblische und die liturgische Bewegung ... – als Unterpfand und als gute Vorbedeutung zu sehen, die den künftigen Fortschritt des Ökumenismus schon verheißungsvoll ankündigen« (UR n. 6).

Mit der Promulgation des Dekrets über den Ökumenismus verpflichtete sich die römisch-katholische Kirche zur ökumenischen Bewegung, vor allem im Bereich des ökumenischen Dialogs (vgl. UR n. 5–12).

Die Liturgie war schon lange Verhandlungsgegenstand der vom multilateralen Dialog bestimmten Arbeit der Kommission für Glauben und Kirchenverfassung. Seit 1958 wurden liturgische Materialien zur Gebetswoche für die christliche Einheit gemeinsam von der Kommission für Glauben und Kirchenverfassung und dem vatikanischen Einheitssekretariat vorbereitet. Auf der vierten Vollversammlung des Weltrates der Kirchen 1968 in Uppsala wurde die römisch-katholische Kirche Vollmitglied der Kommission für Glauben und Kirchenverfassung. Als 1982 die Konvergenzerklärungen zu *Taufe, Eucharistie und Amt* veröffentlicht wurden, gab die Mitwirkung römisch-katholischer Theologen dem Dokument eine dementsprechend größere ökumenische Bedeutung.

Eines der unmittelbaren Ergebnisse der Lima-Erklärung zur Eucharistie war die »Lima-Liturgie«, die von Max Thurian und einigen anderen Theologen für die Tagung der Kommission für Glauben und Kirchenverfassung 1982 in Lima entworfen wurde. Die Lima-Liturgie sucht der in den Konvergenzerklärungen erreichten ökumenischen Gemeinsamkeit liturgisch Ausdruck zu verleihen. Die Lima-Liturgie hat eine breite, wenn auch nicht unkritische, Rezeption erfahren, aber die Konvergenz, die in den Lima-Erklärungen als ganzen erreicht wurde, spiegelt sich auch in den revidierten liturgischen Ordnungen vieler Kirchen wider. Die ökumenische Konvergenz über die Eucharistie wird in der gemeinsamen Grundgestalt der Liturgien der Kirche ersichtlich. Darüber hinaus finden sich in den erneuerten eucharistischen Liturgien der meisten Kirchen des Westens Elemente des Eucharistiegebets, die in der Lima-Erklärung identifiziert wurden, vor allem eine Anamnese und eine Epiklese.

Eine 1995 in Bossey/Schweiz gehaltene Tagung zum eucharistischen Gottesdienst im ökumenischen Kontext, die Stab und Mitglieder der Kommission für Glauben und Kirchenverfassung mit Liturgikern, Theologen, Kirchenmusikern, Pastoren und anderen veranstaltete, ergab eine substantiell vertiefte Sicht der in der Lima-Erklärung zur Eucharistie genannten Elemente der eucharistischen Liturgie (Lima E 27).

Während das Eucharistiegebet der Lima-Liturgie wohl den Anspruch eines der allgemein akzeptierten Eucharistiegebete erheben kann, ist es wichtig festzuhalten, dass zumindest zwei altkirchliche Eucharistiegebete in einer Reihe von heutigen Liturgietraditionen wieder auftauchen. Z.B. wurde eine Version der ägyptischen Basilius-Anaphora von einem inoffiziellen ökumenischen Komitee in den Vereinigten Staaten erstellt, zu dem römisch-katholische, anglikanische, presbyterianische, lutherische und methodistische Wissenschaftler gehörten. In seinen unterschiedlichen Versionen findet sich diese Anaphora im Missale Pauls VI. wie auch in den eucharistischen Liturgien verschiedener anglikanischer und reformierter Kirchen wieder. Ein weiteres bedeutsames Eucharistiegebet ist die Anaphora der *Apostolischen Überlieferung*, die Hippolyt zugeschrieben wird. In unterschiedlicher redaktioneller Bearbeitung hat es seinen Einzug gehalten in eucharistische Riten der ganzen Welt, dazu gehören das Zweite Hochgebet des nachkonziliaren Messbuchs ebenso wie revidierte Gottesdienstordnungen vieler altkatholischer, anglikanischer, lutherischer und reformierter Kirchen.

Die Wiedergewinnung alter Eucharistiegebete, wie z.B. der Anaphora der *Apostolischen Überlieferung* (Hippolyt) und der ägyptischen Basilius-Anaphora, weist auf zwei andere ökumenische Kennzeichen der neueren liturgischen Bewegung hin: Wissenschaftlichkeit und gemeinsames Erarbeiten von Texten. Wissenschaftliches Studium der Geschichte und der Erneuerung der Liturgie hat eine ökumenische Dimension gewonnen. Z.B. erfreuen sich einzelne Liturgiewissenschaftler aus sehr verschiedenen Traditionen einer ökumenischen Leserschaft und eines entsprechenden Einflusses. Liturgiewissenschaftler aus dem akademischen Bereich sind zu vielen Konferenzen und Foren zusammengekommen. Von besonderer Bedeutung ist die Societas Liturgica, die 1965 u.a. von Jean-Jacques von Allmen und Wiebe Vos gegründet wurde. Die Societas Liturgica ist von ihrer Zielsetzung her eine ökumenische Gesellschaft, die sich der liturgischen Erneuerung und Forschung widmet. Durch ihre Zeitschrift *Studia Liturgica* und ihre alle zwei Jahre stattfindenden Konferenzen erreicht die Societas Liturgica Mitglieder aus aller Welt und aus jeder größeren Kirche.

Seit der Zeit des Zweiten Vatikanischen Konzils sind Liturgiewissenschaftler mit der Erstellung gemeinsamer ökumenischer liturgischer Texte befasst. Z.B. begann sich 1964 eine inoffizielle Gruppe römisch-katholischer, anglikanischer, lutherischer und reformierter Liturgiewissenschaftler in Nordamerika zu treffen. Dieser informelle Zusammenschluss formierte sich dann zur Consultation on Common Texts (CCT), der im Jahr 2000 fünfundzwanzig Kirchen oder Organe zu ihren Mitgliedern angehören. Die CCT hat eine Reihe ökumenischer liturgischer Texte erstellt wie *A Liturgical Psalter for the Christian Year, A Christian Celebration of Marriage, A Celebration of Baptism und Services of Prayer*.

Ungefähr zur gleichen Zeit, in der die CCT entstand, formierte sich in Großbritannien eine ähnliche Gruppe, die Joint Liturgical Group (JLG), die z.Z. zwölf Mitgliedskirchen umfasst.

Wie die CCT hat auch die JLG eine Reihe von ökumenischen liturgischen Texten erstellt, darunter ein Tagzeitengebet und liturgisches Material für die Heilige Woche (Karwoche) wie auch verschiedene Bücher, die sich auf die liturgische Erneuerung der Kirchen richten. Die liturgischen Texte haben Eingang in den Gebrauch einer Reihe von Kirchen auf den Britischen Inseln gefunden und eine Atmosphäre ökumenischer Konvergenz geschaffen.

In Zusammenarbeit mit der Internationalen Kommission der römisch-katholischen Bischöfe für Englisch in der Liturgie (ICEL) bildeten die CCT und JLG die International Consultation on English Texts (ICET), die verantwortlich war für die Erstellung von Übersetzungen für Gloria in excelsis, Glaubensbekenntnisse, Sanctus, Vaterunser, Gloria Patri, Magnificat, Benedictus, Te Deum in moderne liturgische Sprache zum Gebrauch in den englischsprachigen Kirchen. Diese modernen Übersetzungen wurden als *Prayers We Have in Common* veröffentlicht. Die Arbeit von ICET wird gegenwärtig von der English Language Liturgical Consultation (ELLC) fortgeführt, zu der auch ökumenische liturgische Konferenzen aus Australien, Neuseeland, Kanada, Irland und Südafrika gehören. Eine revidierte Fassung der ELLC-Texte wurde 1989 unter dem Titel *Praying Together* veröffentlicht. Z.Zt. untersucht die ELLC andere liturgische Möglichkeiten wie eine Sammlung gemeinsamer Eucharistiegebete.

Zusätzlich zu den gemeinsamen liturgischen Texten erfreuen sich englischsprachige Kirchen auch gemeinsamer liturgischer Lektionare. Die Veröffentlichung des römisch-katholischen *Ordo Lectionum Missae* (OLM) im Jahre 1969 zog ökumenische Aufmerksamkeit auf sich. Verschiedene nordamerikanische Kirchen begannen, ihre eigenen Fassungen des OLM zu publizieren und 1974 erstellte auch die Consultation on Church Union (COCU) ihre eigene Version. Eine Arbeitsgruppe des CCT – des nordamerikanischen Committees on Calendar and Lectionary – produzierte eine gemeinsame Fassung des OLM, die 1982 als *Common Lectionary: The Lectionary Proposed by the Consultation on Common Texts* veröffentlicht und 1992 revidiert wiederveröffentlicht wurde als das *Revised Common Lectionary*. Dieses Lektionar hat in der englischsprachigen Welt weite Verbreitung gefunden und wurde auch von nicht-römisch-katholischen Kirchen in Frankreich, Deutschland (nicht der EKD), den Niederlanden, Skandinavien, Estland, Tschechien und Venezuela übernommen. Bemerkenswertes Interesse zeigten auch römisch-katholische Kreise in Frankreich und deutschsprachigen Ländern.

Während die Konvergenz bei der Verwendung von gemeinsamen Texten und Schriftlesungen in den englischsprachigen Kirchen wahrscheinlich am weitesten gediehen ist, gibt es in anderen Sprachgruppen auch bedeutsame ökumenische Errungenschaften. Unter den deutschsprachigen Kirchen erstellte die Arbeitsgemeinschaft für liturgische Texte gemeinsame Fassungen für Vaterunser, apostolisches und nizänisches Glaubensbekenntnis, Gloria in excelsis, Sanctus, Agnus Dei und Gloria Patri. Die Arbeitsgemeinschaft für ökumenisches Liedgut erarbeitete gemeinsame Versionen für mehr als einhundert Lieder. Auch wurde eine Ordnung für die »Gemeinsame kirchliche Trauung« konfessionsverschiedener Paare, in der Schweiz auch eine »Ökumenische Trauung« vereinbart. In der frankophonen Welt gibt es eine gemeinsame Version des Vaterunser, die *Traduction oecumenique de la Bible* (TOB) und einen gemeinsamen liturgischen Psalter.

V. Neue Initiativen der Kommission für Glauben und Kirchenverfassung

Das Erleben der Gottesdienste auf der 5. Weltkonferenz in Santiago de Compostela 1993 veranlasste die Kommission für Glauben und Kirchenverfassung, sich erneut dem Studium des Gottesdienstes als eines wesentlichen Teils der Bemühungen um die Einheit der Kirche zuzuwenden. Dies ergab eine größere Beachtung der liturgischen Dimension im kirchlichen Leben und verlangte eine enge Zusammenarbeit mit Liturgiewissenschaftlern und Leitern von Gottesdiensten ebenso wie mit Theologen.

Taufe und gegenseitige Anerkennung der Taufe wurden zum Herzstück einer erneuten Konzentration auf den Gottesdienst in seiner Bedeutung für die Einheit der Christen. In Santiago de Compostela fanden die täglichen Gottesdienste großen Anklang, in denen die Delegierten der Kirchen die zunehmende gegenseitige Anerkennung der Taufe des anderen als der einen Taufe in Christus bekannten und zelebrierten. Die Konferenz empfahl, dass die Kommission für Glauben und Kirchenverfassung ein Verfahren entwickeln sollte, mit dem die Kirchen die gegenseitige Anerkennung der Taufe erreichen könnten.

Eine erste Konsultation 1994 in Ditchingham befasste sich ausführlich mit den Strukturen (*ordo*) christlichen Lebens und Gottesdienstes als eines alten und immer wieder neuen Modells, das den Kirchen bereits zur Verfügung steht und durch das sie zur gegenseitigen Anerkennung und zur eigenen Erneuerung ermutigt werden, zur Erörterung der Kriterien für die Inkulturation des Gottesdienstes und gegenwärtiger gottesdienstlicher Erfahrungen, die die Suche nach Einheit auf örtlicher Ebene befördern.

Diese Themen des *ordo* und der Inkulturation vor allem im Blick auf die Taufe führte eine zweite Konsultation in Faverges/Frankreich 1997 weiter (bezeichnenderweise im Rückgriff auf die in der Lima-Erklärung zur Taufe betonte Verbindung der Taufe mit dem Ganzen des christlichen Lebens, die Konsultation führte also eine neue Reflexionsebene ein zum Verständnis und Erfahrung der Taufe als normativ für die christliche Ethik). Zentral für die Diskussion in Faverges war der aus BEM stammende Begriff des »ordo der Taufe« als eines lebenslangen Prozesses des Wachsens innerhalb der christlichen Gemeinde in Christus.

Eine dritte Konsultation fand 1998 in der Communität von Grandchamp/Schweiz statt, zum Überprüfen der Arbeit von Glauben und Kirchenverfassung und anderer ökumenischer Gruppen zur Taufe und zur Planung weiterer Arbeit in diesem Gebiet. Die Konsultation gelangte zu detaillierten Vorschlägen für künftige Studien:

- Unterschiedliches Sakramentsverständnis als zentrale Differenz für Verständnis und Praxis der Taufe;
- der »Tauf*ordo*« als Grundlage für eine gegenseitige Anerkennung;
- die gegenwärtige liturgische Praxis der Taufe;
- die prä- und postbaptismale Praxis von Katechese und Gestaltung;
- Taufe als normativ für das Verständnis und die Praxis der christlichen Ethik;
- durch die Taufe geformte christliche Identität in Beziehung zu ethnischen und nationalen Identitäten.

Eine vierte Konsultation wurde 2000 in Prag gehalten. Ihre Themen waren das Sakramentsverständnis der Kirchen in Beziehung zur Taufe und der »Tauf*ordo*« als Hilfe zur Weitung der gegenseitigen Anerkennung. Dabei wurde deutlich gemacht, dass die Kirchen miteinander einig werden müssen, was zum rechten Verständnis und zur rechten Praxis der Taufe unentbehrlich ist. Bezeichnend für die Diskussion war die Gleichrangigkeit theologischer und liturgischer Dimensionen. Die Konsultation erklärte für ein künftiges Übereinkommen über die Taufe »die Notwendigkeit sorgfältiger Studien nicht nur über das Taufverständnis der Kirchen, sondern auch über die aktuelle Taufpraxis ebenso wie die damit eng verbundenen Bereiche katechetische Praxis und postbaptismale ›formation in the faith« (Prag n. 87; noch ungedruckt).

Diese Konsultation suchte zudem Terminologie und zentralen Sachverhalt für das Verhältnis zwischen gegenseitiger Anerkennung der Taufe und eucharistischer Gemeinschaft zu klären und zeigte Bereiche für die weitere Arbeit – sowohl individuell als auch gemeinsam – auf:

– die Möglichkeit, einander als Christen wahrzunehmen auf der Basis des Grades an Einheit, die der gemeinsamen Verrichtung des gleichen Ritus zugrunde liegt, d.h. entweder der alten Glaubenszusage an Vater, Sohn und Heiligen Geist, die der Immersion bei der Taufe vorausgeht, oder im Apostolikum oder Nizänum zum Ausdruck kommt.
– welche Variationen in Verständnis und Praxis der Taufe eine »heilsame Verschiedenheit« darstellen, die zu dem einen Leib Christi gehört und diesen erbaut, und welche Unterschiede als Divergenz von einer akzeptablen Taufpraxis zu bezeichnen sind, die die κοινωνία unter den Kirchen gefährden und die Einheit des Leibes Christi bedrohen.
– Taufwasser und trinitarische Formel für gegenseitige Anerkennung der Taufe vorausgesetzt, welche Bedeutungen, wie auch immer sie zum Ausdruck gebracht werden, sind wesentlich für das Taufritual und wie ist das Taufverständnis in Kirchen ohne Taufpraxis zu beurteilen?

Es ist bezeichnend, dass es die Erfahrung des gemeinsamen Gottesdienstes in Santiago de Compostela war, die zur Wiederaufnahme des Themas von Lima führte und Impulse für einen neuen Arbeitsgang in der Kommission von Glauben und Kirchenverfassung führte.

Es wird manchmal behauptet, dass die ökumenische Bewegung erst noch eine ökumenische Kultur schaffen müsse. Das liturgische Leben der westlichen Kirchen straft diese Kritik Lügen. Sie benutzen ökumenische Texte und Lektionare, aber auch andere Elemente der liturgischen Feier zeugen von einer bemerkenswerten Konvergenz. Heutige Liederbücher z.B. spiegeln die gemeinsamen musikalischen Ressourcen wider. Reformen des liturgischen Raums werden gemeinsam betrieben. Kommentare zum Lektionar haben eine ökumenische Dimension. Die Albe hat sich in vielen westlichen Traditionen als quasi-ökumenisches Kleidungsstück der Vorsteher liturgischer Feiern eingeführt. Christen begegnen in zunehmendem Maß liturgischen Feiern anderer Traditionen, sowohl durch eigene Teilnahme als auch durch das Fernsehmedium. Wenn sie die Kirchen der jeweils anderen Konfession aufsuchen, kommt es schon zu dem Gefühl des »Zu Hause-Seins«. Dieses Gespür der Ökumene bringt eine ökumenische Kultur zum Ausdruck, die zu einem nicht geringen Maß durch die liturgische Bewegung begünstigt wurde.

Die Weltkonferenz der Kommission für Glauben und Kirchenverfassung 1952 in Lund stellte den Kirchen die Frage, »ob sie nicht in allen Dingen gemeinsam handeln müssten, abgesehen von solchen, in denen tiefe Unterschiede der Überzeugung sie zwingen, für sich allein zu handeln« (Lund n. 3: Vischer 94). Die Konvergenz der liturgischen und ökumenischen Bewegungen, besonders seit dem Zweiten Vatikanischen Konzil, kann legitimerweise beanspruchen, ein Mittel und ein Ergebnis dieses Lund-Prinzips zu sein.

Quellen (nach offiziellen deutschen Texten zitiert; bei Kongressberichten Nummern statt Seiten)

DITCHINGHAM LETTER (A Letter on Koinonia in Worship): Ein Brief zum Thema »Koinonia im Gottesdienst«: ÖR 44 (1995). – DITCHINGHAM REPORT ('Towards Koinonia in Worship: Report of the Consultation); Auf dem Weg zur Koinonia im Gottesdienst. Eine Konsultation von Glauben und Kirchenverfassung über die Rolle des Gottesdienstes bei der Suche nach Einheit: US 50 (1995) 340–360. – DOKUMENTE WACHSENDER ÜBEREINSTIMMUNG. Sämtliche Berichte und Konsenstexte interkonfessioneller Gespräche auf Weltebene 1931–1982, hg.v. Harding Meyer/Hans Jörg Urban/ Lukas Vischer, Paderborn/Frankfurt a.M. 1983. – EUCHARISTIEFEIERN bei ökumenischen Zusammenkünften. Ein Vorschlag (Bossey-Konsultation): JLH 35 (1994/ 1995) 73–80. – FAVERGES REPORT: Becoming a Christian: The Ecumenical Implications of Our Common Baptism – Report of the Consultation; dt.: Christ werden. Die ökumenischen Implikationen unserer gemeinsamen Taufe. Konsultation der Kommission für Glauben und Kirchenverfassung, Faverges, Frankreich, 17.–24. Januar 1997: US 53 (1998) 73–96. – FORMEN DES GOTTESDIENSTES. Bericht einer theologischen Kommission der Bewegung für Glauben und Kirchenverfassung, Frankfurt a.M. o.J. (1952); engl. Original: Ways of Worship. A Report of a Theological Commission of the Faith and Order Commission of the WCC in preparation for the Third World Conference on Faith and Order to be held at Lund/ Sweden in 1952 (FOP 6), Genf 1951. – GOTTESDIENST.

Berichte der Theologischen Kommission über den Gottesdienst an die Vierte Weltkonferenz für Glauben und Kirchenverfassung in Montreal, Kanada (1963) (Arbeitsheft III), Zürich 1963. – MONTREAL 1963. Bericht von der vierten Weltkonferenz für Glauben und Kirchenverfassung Montreal, 1963, Genf 1963; engl.: The Fourth World Conference on Faith and Order. Montreal 1963, Report edited by Patrick C. Rodger/Lukas Vischer (FOP 42), London 1964. – ONE LORD, ONE BAPTISM. Studies in Ministry and Worship. WCC/Commission on Faith and Order. Report on the Divine Trinity and the Unity of the Church and Report on the Meaning of Baptism, London/Minneapolis 1960; dt.: Die Bedeutung der Taufe: KuD 8 (1962) 56–79. – Lukas VISCHER (Hg.), Die Einheit der Kirche. Material der ökumenischen. Bewegung (TB 30), München 1965; engl.: A Documentary History of the Faith & Order Movement 1927–1963 (ohne Montreal), St. Louis/Missouri 1963.

Texte englischsprachiger Gruppen:

CCT: Massey H. Shepherd Jr. (Hg.), A LITURGICAL PSALTER for the Christian Year, Minneapolis/Collegeville 1976. – ECUMENICAL SERVICES OF PRAYER, New York 1983. – COMMON LECTIONARY, New York 1983. – A CHRISTIAN CELEBRATION OF MARRIAGE, Philadelphia 1987. – A CELEBRATION OF BAPTISM, Nashville 1988. – A REVISED COMMON LECTIONARY, Nashville/Norwich/Winfield 1992.

JLG: Ronald C. D. Jasper (Hg.), THE RENEWAL OF WORSHIP, London 1965. – THE CALENDAR AND LECTIONARY, London 1967. – THE DAILY OFFICE, London 1968. – AN ADDITIONAL LECTIONARY for use at a Second Sunday Service, London 1969. – HOLY WEEK SERVICES, London 1971. – Neville Clark/Ronald C.D. Jasper (Hg.), INITIATION AND EUCHARIST, London 1972. – THE DAILY OFFICE REVISED With Other Prayers and Services, London 1978. – GETTING THE LITURGY RIGHT, London 1982. – Donald C. Gray (Hg.), HOLY WEEK SERVICES: Revised and Expanded Edition, London 1983. – THE WORD IN SEASON, Norwich 1988. – A FOUR YEAR LECTIONARY, Norwich 1990.

IELC: PRAYERS: WE HAVE IN COMMON, Philadelphia 1970; Revised and enlarged 1971; Second revised edition 1975.

ELLC: PRAYING TOGETHER, Nashville/Norwich 1988.

COCU: An Order of WORSHIP FOR THE PROCLAMATION OF THE WORD of God and Celebration of the Lord's Supper, Princeton 1986. – GUIDELINES FOR INTERIM EUCHARISTIC FELLOWSHIP, Princeton 1973. – WORD, BREAD, CUP, Cincinnati 1978. – An Order for an AFFIRMATION OF THE BAPTISMAL COVENANT (Also Called Confirmation), Princeton 1980. – THE WORD AND WORDS: Beyond Gender in Theological Language, Princeton 1983.

Literatur

A. E. Baker (Hg.), Religious Experience and other Essays and Addresses by William Temple, London 1958. – Teresa BERGER, Unity in and through Doxology? Reflections on Worship Studies in the WCC: StLi 16 (1986/87) 1–12. – Dagmar HELLER, Die Taufe – Grundlage der Einheit oder Ausdruck der Spaltung? US 56 (2001) 35–44. – Max THURIAN/Geoffrey WAINWRIGHT (Hg.), Baptism and Eucharist: Ecumenical Convergence in Celebration (FOP 117), Genf 1983.

David R. Holeton / John St. H. Gibaut

Zweiter Teil

Geschichte und Gestalt des Gottesdienstes

Die Eucharistie

In der zweiten Hälfte des 20. Jh. hat sich die landläufige Gottesdienstpraxis der evangelischen Kirchen in Deutschland bemerkenswert verändert: Der Gottesdienst an Sonn- und Feiertagen wird zunehmend als Eucharistie gefeiert und nicht mehr vorwiegend als Predigtgottesdienst.

Zwar haben die lutherischen Kirchen seit der Reformation mit wenigen Ausnahmen an der »Evangelischen Messe« – so der Untertitel der Agende I 1955 »Der Hauptgottesdienst mit Predigt und Heiligem Abendmahl« – als der Grund- und Regelform des sonn- und festtäglichen Gottesdienstes festgehalten. Das EGb 1999 bezeichnet die Grundform I, die dem Messtypus folgt, als »Gottesdienst mit Predigt und Abendmahl« und die an der Predigtliturgie orientierte und – wenn auch fakultativ – um das Abendmahl erweiterte Grundform II als »Predigtgottesdienst [mit Abendmahl]« (36.50). Das entspricht dem reformatorischen Bekenntnis, das die Einheit von Wort und Sakrament betont (CA V, vgl. auch XXIV). Aber die gemeindliche Praxis sah seit langem anders aus: An die Stelle der Eucharistie trat an den meisten Sonntagen der Predigtgottesdienst ohne Abendmahl. Letzteres blieb den Festen und in unterschiedlicher Häufigkeit bestimmten mehr oder weniger hervorgehobenen Sonntagen vorbehalten.

In der reformierten Tradition hat diese Veränderung bereits im Reformationsjahrhundert eingesetzt. Zwingli knüpfte für den Hauptgottesdienst im Gegensatz zu Luther nicht an die Messtradition an, sondern an die ebenfalls überkommene spätmittelalterliche Predigtliturgie, den Pronaus (von franz. prône nach lat. praeconium/praedicatio), der sich zum eigenständigen Kanzelgottesdienst entwickelt hatte, und legte den Abendmahlsgang auf vier Sonntage im Jahr entsprechend den Jahreszeiten fest. Wahrscheinlich hielt er sich dabei lediglich an die vier schon im Spätmittelalter üblichen Festtage mit Gemeindekommunion. Calvin verwandte eine reduzierte Messform und hätte gern wie Luther an der sonntäglichen Feier von Wort und Sakrament festgehalten: »Il seroyt bien a desirer que la communication de la saincte Cene de Iesuchrist fust tous les dimenches pour le moins en vsage« (Ordonnances 1537: Op. selecta I, ed. Petrus Barth, München 1926, 370). Er konnte sich damit in Genf aber nicht durchsetzen (vgl. Buschbeck 192 f.; Niebergall 2,34).

Für das Verständnis der nachreformatorischen Gottesdienstpraxis ist es wichtig, dass es sich nicht um eine protestantische Abweichung von der Tradition handelt, sondern um eine im damaligen Kontext begründete Entscheidung angesichts eines schon viele Jahrhunderte andauernden Notstandes, dem die römisch-katholische Praxis bis zum Beginn des letzten Jh. in gleicher Weise ausgesetzt war und dem sie nur auf eine andere Weise zu begegnen suchte.

Bereits im ausgehenden 4. Jh. ging die Gemeindekommunion rapide zurück, um bald nur noch an den drei Hochfesten stattzufinden. An die Stelle der sonntäglichen Kommunion der ganzen Gemeinde trat ehrfurchtsvolles Schauen. Die Frömmigkeit verlagerte sich von der Begegnung mit dem sich schenkenden Herrn auf die gottesdienstliche, später auch außerhalb des Gottesdienstes stattfindende Verehrung des in den eucharistischen Gestalten gegenwärtigen Christus. Das 4. Laterankonzil 1215 musste die jährliche Osterkommunion zur Pflicht machen (DS 812), sodass am Ausgang des Mittelalters die einmalige Kommunion die Regel war und selbst in Klöstern kaum mehr als viermal im Jahr kommuniziert wurde. Die Scheu vor der Kommunion mag durch die Forderung einer besonderen Vorbereitung mit Fasten und Beichte sowie durch die Furcht vor einer Versündigung wegen ungenügender Würdigkeit gefördert worden sein (vgl. NPlH 264).

Es war der Reformation nicht gegeben, die selbstverständlich kommunizierende Gemeinde der Alten Kirche wiederzugewinnen. Obwohl die Apologie der Augsburgischen Konfession 1530 erklärt, »Bei uns aber braucht das Volk des heiligen Sakraments willig, ungedrungen, alle Sonntage« (ApolCA XV, 43), mussten viele Kirchenordnungen Vorsorge treffen für den offenbar gar nicht so seltenen Fall, dass sich keine Kommunikanten einfinden: Sie behielten z.B. aus der Abendmahlsliturgie Präfation/Sanctus und Agnus Dei bei (Braunschweig 1528; Graff I,14: eine »verstümmelte Abendmahlsliturgie«). Die Preußische Agende von 1895 hat Präfation/Sanctus und Danksagung auch in den »Hauptgottesdienst« (der Begriff findet sich erstmals in der Preußischen Agende von 1822) ohne Abendmahlsfeier übernommen. Oder sie brachten nach der Predigt: (Litanei), Psalm, Kollekte, Segen (Hamburg 1529; Mecklenburg 1552: Graff I,176; Niebergall 2,13.15.18), d.h. eine abgebrochene Messe. Noch die Agende I rubrizierte 1955: »Wenn das heilige Abendmahl nicht gefeiert wird, so schließt sich an das Allgemeine Kirchengebet unmittelbar das Vaterunser an. Dann folgt die Entlassung« (227). Die EKU-Agende I 1959 druckte einen solchen Abschluss nach dem Allgemeinen Kirchengebet eigens aus (Erste Form, 124). Die römisch-katholische Lösung einer Messe ohne kommunizierende Gemeinde war für das evangelische Sakramentsverständnis nicht akzeptabel. Dennoch verblieben die lutherischen Kirchen bei der Messliturgie als Grundform ihres Gottesdienstes, bis sich diese unter dem Einfluss des Pietismus zu lockern und in der Aufklärung weitgehend aufzulösen begann, allerdings nicht überall und auch nicht auf Dauer (Graff I/II).

Die seltenere Feier des Abendmahls in den evangelischen Kirchen darf nun keinesfalls als Ausdruck einer Geringschätzung angesehen werden. Sie ist mit ernster Vorbereitung und tiefer, inniger Frömmigkeit verbunden, wie auch die seltenere Kommunion der römisch-katholischen Gemeinde in ihrem Kontext tief gegründet war. Wohl aber sind beide heute als Zeichen einer Entfernung vom Ursprung, von der Stiftung und von der altkirchlichen Spiritualität erkannt, die alle Bemühungen um eine Erneuerung des Gottesdienstes zu überwinden trachten.

Die Rückkehr zu den Anfängen setzt in der römisch-katholischen Kirche zu Beginn des 20. Jh. ein mit dem Aufruf Pius X. zur *actuosa communicatio* (aktiven Teilnahme) der Gläubigen an der Liturgie (Motuproprio *Tra le sollecitudini* 1903, DACSR 4121), zur häufigen Kommunion (Dekret *Sacra Tridentina Synodus* 1905, DS 3375–3378) und zur Kinderkommunion (Dekret *Quam singulari* 1910, DS 3530–3536). Sie motiviert die Liturgische Bewegung und konkretisiert sich im erneuerten Gottesdienstverständnis des Zweiten Vatikanums.

Zeitversetzt, aber nicht minder wirksam, kam es auch in der evangelischen Kirche zur Erneuerung mit der (Jüngeren) Liturgischen Bewegung, den beiden Liturgiereformen nach dem Zweiten Weltkrieg und einer »Abendmahlsbewegung«. Karl Barth rief schon früh dazu auf, die unbegründete Trennung von Wort und Sakrament im evangelischen Gottesdienst aufzugeben: »Es wird vielleicht eine von den dem Protestantismus gestellten Entscheidungsfragen der nächsten Zukunft bilden, ob es gelingt, den evangelischen Gottesdienst seiner von Luther wie Calvin intendierten Ganzheit entgegenzuführen, d.h. jene unsinnige Trennung von Predigt und Sakrament aufzuheben und ihre natürliche Zusammenordnung wiederherzustellen« (KD I/2 [1938] 853 und Gotteserkenntnis 1938, 199). Während des Kirchenkampfes begannen viele Gemeinden, das Abendmahl nun mindestens einmal im Monat im Hauptgottesdienst zu feiern.

Die Statistik der letzten Jahrzehnte zeigt die Veränderung eindrucksvoll auf (Zahlen nach den Statistischen Beil. zum ABlEKD, zuletzt Nr. 92/1998 für 1996). Von 1963 bis 1996 ist in den westdeutschen evangelischen Kirchen – für die neuen Bundesländer liegt kein vergleichbares Zahlenmaterial vor – die Anzahl der Abendmahlsgottesdienste kontinuierlich angestiegen um nahezu die Hälfte (von 137.905 auf 214.267), die der Abendmahlsgäste trotz abnehmender Mitgliederzahl um ein gutes Sechstel (von 7,7 auf 8,9 Mio; bezogen auf die Mitgliedschaft von

25% auf 37%). Noch aufschlussreicher ist der rasche Abbau der an den Predigtgottesdienst angehängten selbstständigen Feier der Beichte und des Abendmahls (1963: 62%; 1996: 7%) zugunsten der Eucharistiefeier (1963: 38%; 1996 93%). Der Anteil eucharistischer Gottesdienste an den Hauptgottesdiensten an Sonn- und Feiertagen lässt sich auf Grund der statistischen Erhebungen nicht vergleichen. Er beträgt jetzt in den westlichen Gliedkirchen der EKD über ein Viertel. Aus Ostdeutschland liegt eine Untersuchung für den Bereich der sächsischen Kirche vor, aus der sich von 1958 bis 1987 ein Anstieg von einem auf zwei Drittel der gesamten Hauptgottesdienste ergibt (Tischendorf). Daraus geht ein auffälliger Unterschied zwischen den westlichen und östlichen Gliedkirchen der EKD hervor. Nach deren Wiedervereinigung ergab sich für 1999 ein Anteil von 26% Abendmahlsfeiern an Sonn- und Feiertagsgottesdiensten mit jetzt 39% Kommunikanten (EKD-Statistik, Tab. 7 und 1.2). Es lässt sich auf jeden Fall folgende Tendenz formulieren: Bei längere Zeit hindurch abnehmendem Gottesdienstbesuch (im Vergleichszeitraum von 7,3% auf 4,9%; in der EKD 1999 am Zählsonntag Invokavit 4%, am 1. Advent 5,2%: ebd. Tab. 6.1) steigt die Zahl der eucharistischen Gottesdienste wie auch der Kommunikanten, wobei die häufigere Teilnahme von weniger Besuchern und damit die Intensivierung der Sakramentspraxis durch Rückkehr zur altkirchlich-reformatorischen Einheit von Wort und Sakrament im Gottesdienst auf der Hand liegt.

I. Der spezifisch christliche Gottesdienst

A. Der neue Ansatz

Die Frage nach einem zentralen christlichen Gottesdienst ist in der evangelischen Theologie lange und kontrovers verhandelt worden. Die ältere protestantische Forschung ging davon aus, dass sich zwei verschiedene Gottesdienstformen aus dem NT herleiten lassen, die in der evangelischen Kirche ihre Erneuerung gefunden hätten: der mit dem synagogalen Gottesdienst verbundene Wortgottesdienst und das aus der Mahlgemeinschaft Jesu mit den Seinen wie mit Sündern und Ausgestoßenen hervorgegangene und am Vorabend seines Kreuzestodes gestiftete Herrenmahl. Damit hatten der im Gegensatz zur reformatorischen Intention und Praxis zur Regelform des Sonntagsgottesdienstes gewordene Predigtgottesdienst und Messformen ohne Abendmahl ihre Legitimation gefunden. Der eine ernste Vorbereitung erfordernde – mit der Beichte verbundene oder sie zumindest voraussetzende – Abendmahlsgang blieb wie schon im Mittelalter einsamen Höhepunkten des Kirchenjahres oder der individuellen Disposition der Gläubigen vorbehalten. Er wurde zu einem außergewöhnlichen Vorgang, der seiner ursprünglichen Verbindung mit dem alltäglichen oder genauer sonntäglichen Leben der Gemeinde verlustig gegangen war. Letzteres wurde jetzt vom Predigtgottesdienst geprägt.

Nun hat sich die Forschung in den letzten Jahrzehnten intensiv mit dem Gottesdienst im NT und in der frühen Kirche befasst. Danach ergibt sich ein recht anderes Bild. Obwohl die Vielgestaltigkeit gottesdienstlicher Formen in urchristlicher Zeit Vorsicht mit allzu weitreichenden Schlussfolgerungen nahelegt, zeichnet sich ein Konsens in dieser Frage ab, den Hans-Wolfgang Heidland schon 1974 so formuliert: »Nach übereinstimmendem Zeugnis aller Überlieferungsgeschichten und -stränge hat Jesus Christus anstelle des jüdischen und heidnischen Kults eine Tischgemeinschaft gegründet, in der er schon vor seiner Wiederkunft unter den Seinen gegenwärtig ist und ihnen Anteil an seiner Vollendung geben will. ... Wohl gab es auch außerhalb dieser Tischgemeinschaft Zusammenkünfte, denen die Gegenwart des Herrn verheißen war. Aber ihre Zusammenfassung als Höhepunkt des Gemeindelebens war diese Tischgemeinschaft« (1974a, 132 f.).

Dass die Synagoge »frühestens im dritten Jh. Einflüsse auf den christlichen Gottesdienst gewinnt, die sie anfangs nicht gehabt hat«, gilt Walter Bauer als erwiesen (157). Damit gerät die These vom zweigestaltigen Ursprung des christlichen Gottesdienstes ins Wanken. Sie erweist sich als Eintrag einer späteren protestantischen Praxis in die neutestamentlichen Texte. Bereits Albert Schweitzer erklärt: »Das Danksagungsmahl in der Erwartung der Wiederkunft Jesu ist die einzige gottesdienstliche Feier der ältesten Zeit. Reine Wortgottesdienste kennt sie nicht. Alles Beten, Weissagen, Verkündigen und Lehren geschieht im Rahmen der Danksagung bei der Feier« (246 f.). Oscar Cullmann gelangt zu dem ähnlichen Schluss, »dass die Mahlfeier Grund und Ziel aller Versammlungen ist«; es gibt »in der Urkirche überhaupt nur diese beiden gottesdienstlichen Feiern: das gemeinsame Mahl, in dessen Rahmen immer Wortverkündigung stattfindet, und die Taufe« (30.32 f.). Wolfgang Schenk schließt sich in seinem die Forschungsgeschichte aufzeigenden Aufsatz dieser Position an. Gegenpositionen vertreten unter anderen Walter Schmithals, Wolfgang Wiefel und vor allem Jorg Christian Salzmann (59).

Ferdinand Hahn urteilt etwas zurückhaltender: »Weder lässt sich die neutestamentliche Überlieferung auf einer Ebene summarisch zusammenfassen, noch kann die im zweiten Jh. sich herauskristallisierende Form des Einheitsgottesdienstes als einzig mögliche und notwendige Konsequenz angesehen werden« (1967, 42 f.). Jedoch ist das Herrenmahl »eine spezifisch urchristliche Form gottesdienstlichen Handelns« (ders. 1975, 33). Was bedeutet aber dieses »eine«. Wäre die Mahlfeier in einer anderen Situation austauschbar oder gar verzichtbar? Die hessische Statistik hat einmal junge Pfarrer veranlasst, radikal zu fragen, »ob die Kirche dem Gottesdienst nicht einen niedrigeren Stellenwert beimessen und ihn aus seiner zentralen Funktion entlassen müsse« (Heidland 1974b, 17). Hahn lässt keinen Zweifel daran, dass der Gottesdienst nicht durch anderes Handeln ersetzt werden kann: »Grundform des urchristlichen Gottesdienstes war in jedem Fall die Versammlung zur Feier des Herrenmahles« (1985, 33). Dass die ersten Christen zunächst am Tempelgebet teilnahmen, hatte seinen Grund nicht in ihrer Übereinstimmung mit dem jüdischen Gottesdienst, sondern »Tempel und Synagoge waren für die Urgemeinde vor allem Stätten der Verkündigung und der Mission« (Hahn 1967, 17).

Auch Georg Kretschmar stellt fest: »Das Abendmahl war offenbar von Anfang an – neben der einmaligen Taufe – der spezifische Gottesdienst der Christen. ... In der Epoche der frühen Reichskirche ist die Abendmahlsfeier dann auch zum zentralen Gottesdienst der Kirche geworden.« Zugleich wird deutlich, dass sich der Gottesdienst bis zur Wende vom 4. zum 5. Jh. von der Haus-Eucharistie löst und »vom wirklichen Mahl zu einem differenzierten Gefüge von Handlungen und Gebeten wandelt, das in eine nunmehr zeremonielle Kommunion ausmündet, und dass dieses Abendmahl nun im Regelfall nur im Rahmen einer umfassenden Liturgie gefeiert wird« (1977a, 231; vgl. schon Dix 16–27; ferner Klauck).

Zu der irrigen protestantischen These von der Zweigleisigkeit des Gottesdienstes gibt es eine – allerdings nicht in jeder Hinsicht stimmige – jüdische Parallele, die überdies eine Wertung einschließt. Ismar Elbogen bezeichnet den synagogalen Gottesdienst als Überhöhung des nicht nur abgebrochenen, sondern überwundenen Tempelkults, als dessen Transformation in das Geistige und Ethische: »Der jüdische Gottesdienst hat in der Religionsgeschichte eine ganz hervorragende Bedeutung. Er war der erste, der, völlig losgelöst vom Opfer, als Gottesdienst mit dem Herzen bezeichnet werden durfte« (1). Der Opfergedanke wäre dann kaum mehr als eine historische Reminiszenz an eine längst überwundene Vorstufe zu dem eigentlichen, durch die Synagoge vermittelten Gottesdienst des Toragehorsams. Aber die Synagoge stand von Anfang an nichts weniger als in Konkurrenz zum Tempel. Beide sind miteinander verbunden und haben sich gegenseitig, solange der Tempel stand, ergänzt. Noch heute betet die jüdische Gemeinde im Achtzehnbittengebet der täglichen Morgenliturgie: »Bring den Dienst zurück in das Heiligtum deines Hauses, und die Opfer Israels und ihr Gebet nimm in Liebe und Wohlgefallen auf« (sch^{e}mone esre 17. b^{e}raka; vgl. Schmidt-Lauber 1990, 325 f.). Elbogens Interpretation ähnelt somit der protestantischen Rechtfertigung einer späteren Entwicklung.

Alle neueren Liturgiereformen suchen die Grundgestalt des sonntäglichen Gottesdienstes in Wort und Sakrament neu zu realisieren, wobei in der Praxis behutsam vorgegangen wird, weil die Liturgie ein stark emotional besetzter Bereich ist. Was nützt eine noch so richtige theologische und liturgische Position, wenn sie nicht vermittelt werden kann und die Gemeinden überzeugt, sondern im Gegenteil verunsichert und die gottesdienstliche Heimat in Frage stellt?

B. Die Bezeichnung des zentralen christlichen Gottesdienstes

1. Für den spezifisch christlichen Zentralgottesdienst wurden verschiedene Bezeichnungen verwendet. Dass das *Neue Testament* nicht einfach einen vorgegebenen Terminus aus jüdischem oder auch allgemein religiösem (heidnischem) Brauch übernimmt, ist nicht zufällig. Die Verankerung des christlichen Gottesdienstes in einer Mahlfeier bleibt trotz aller Beziehung der jüdischen Tischgemeinschaft zum religiösen Leben, wie sie sich vor allem in den Lobsprüchen über den Speisen (בְּרָכוֹת, b^{e}rakot) darstellt, etwas Analogieloses, »schlechthin Neues«, das dem eschatologischen Charakter des Christusgeschehens entspricht (Brunner 1954, 104 f.). So finden sich im NT verschiedene Bezeichnungen, vor allem *pars pro toto* Brotbrechen (κλάσις τοῦ ἄρτου, Act 2,42), Tisch des Herrn (τράπεζα κυρίου, I Kor 10,21) und Herrenmahl (κυριακὸν δεῖπνον, I Kor 11,20). Die erste Bezeichnung bleibt auf den Bereich der frühen judenchristlichen Gemeinden beschränkt. Die zweite findet sich seit ältester Zeit bis heute in einigen Liturgien des Ostens wie des Westens. Die dritte wurde von der englischen Reformation *(The Supper of the Lorde*, BCP 1549) und dem französischen Protestantismus *(Sainte Cène)* aufgenommen und fand über das Zweite Vatikanum auch in den römischen Katholizismus Eingang (SC 6.10; UR 22; vgl. AEM Nr. 7). Auch andere Termini wie Versammlung der Gemeinde (συναγωγή, Clemens von Alexandrien; σύναξις, Origenes) – nach Peter Brunner der bedeutsamste (1954, 106 f.) – lassen sich auf neutestamentliche Wendungen zurückführen (vgl. →Gottesdienst im Urchristentum II A. 2.; zum Ganzen Meyer 1989, 36–43).

2. Die mit Herrenmahl zusammenhängende, zugleich mit eigenem Akzent versehende deutsche Bezeichnung *Abendmahl* fand durch Luthers Bibelübersetzung von 1522 im evangelischen Raum Eingang (Kretschmar 1977a, 59), vielleicht mit einem gewissen kontroverstheologischen Akzent: Gegenüber dem Opferhandeln der spätmittelalterlichen Kirche wird auf das Ursprungsgeschehen und damit auf Stiftung und Ermächtigung zur Feier verwiesen. Dennoch wird die herkömmliche westliche Bezeichnung Messe bis heute ohne Bedenken verwendet. Der Begriff Abendmahl ist aber – trotz seiner von der abendlichen Hauptmahlzeit (δεῖπνον) herrührenden Dignität – zur Bezeichnung des Hauptgottesdienstes kaum geeignet: Zum einen wird im Herrenmahl nicht nur das letzte Mahl Jesu in Erinnerung gebracht, sondern das ganze, Kreuz, Auferstehung und die noch ausstehende Vollendung umfassende Christusgeschehen. Zum anderen verlegte die Kirche dieses Mahl wegen seines zentralen Bezuges zur Auferstehung sehr bald vom Abend auf den Morgen. Es wird heute nur noch in Ausnahmefällen – etwa am Gründonnerstag – als *Abend*mahl gefeiert.

3. Über die Ökumene bürgert sich in der Theologie der aus dem Einsetzungsbericht abgeleitete Begriff *Eucharistie* (εὐχαριστήσας, I Kor 11,24; Mk 14,23 par.) heute von neuem ein, der in den ersten drei Jahrhunderten die ganze Feier, zugleich die Danksagung über den Gaben, das Eucharistiegebet, und die Gaben selbst bezeichnen konnte (Did 9,1.5; IgnEph 13,1; IgnPhld 4; IgnSm 7,1). Im 4. Jh. verlagerte sich der Schwerpunkt und damit auch das Verständnis von

Eucharistie immer einseitiger auf die konsekrierten Gaben. Der weitgehende Verlust der umfassenden Bedeutung des Begriffs als gemeinsames lobpreisend-danksagendes Gedächtnis zugunsten von Darbringung und Opfer führte dann immer stärker zur Klerikalisierung der Liturgie, zur Fokussierung auf die Gaben und zur Individualisierung der Teilnahme.

Die römisch-katholische Kirche hat die frühkirchliche Gottesdienstbezeichnung Eucharistie in ihrer Lehrtradition nie aufgegeben. So findet sich die Auseinandersetzung des Tridentinums mit dem reformatorischen Abendmahlsverständnis im »Decretum de ss. Eucharistia« 1551(DH 1635–1661), und die als Ertrag der Liturgischen Bewegung im ökumenischen Geiste 1963 verabschiedete Liturgiekonstitution des Zweiten Vatikanums überschreibt das zentrale zweite Kapitel: »Das heilige Geheimnis der Eucharistie« (SC 47–58). Daneben wird der im 4. Jh. aufkommende Terminus *Messe* (von lat. missa = Entlassung, nachweisbar vermutlich schon bei Ambrosius, Ep. 20,4 f., und Egeria, Itin. 27,8) im Abendland vom 6. Jh. an allgemein, später sogar exklusiv gebräuchlich. Messe hebt den feierlichen Abschluss des Gottesdienstes durch Segensspendung hervor und entspricht wohl der mittelalterlichen Sicht der Feier, »die mehr auf die Segensfrucht ausgerichtet war, die sie bringt, als auf den Lobpreis des Vaters durch Jesus Christus« (NPlH 341). Auch im nachkonziliaren Messbuch Pauls VI. 1970 bleibt der *Ordo Missae* Gesamtbezeichnung, Eucharistie wird dem Mahlteil *(Liturgia Eucharistica)* als Überschrift zugewiesen, während der erste Teil Wortgottesdienst *(Liturgia Verbi)* heißt, immerhin ein Fortschritt gegenüber der tridentinischen Messe, die den Wortteil als »Vormesse« deklassierte und die »Opfermesse, deren Mittelpunkt die eigentliche Opferhandlung, die hl. Wandlung ist« als eigentliches Ziel des Gottesdienstes bestimmte (Schott 458).

In reformatorischen Kirchen ist der Begriff Eucharistie schon früh gebraucht worden, was aber nicht auf einen Vorsprung in der Sache zurückzuführen ist, sondern auf die größere Beweglichkeit dieser Kirchen in der Reform ihrer Gottesdienstordnungen. Bereits die Reformation schätzte den altkirchlichen Namen, so reiht Luther in seiner FMC 1523 *Eucharistia* neben *sacramentum, testamentum, benedictio, mensa domini, caena domini, memoria domini* und *communio* unter die angemessenen Bezeichnungen ein (WA 19,208). In der Apologie steht: »Der Väter Bücher reden von Danksagung und Dankopfer, darum nennen sie die Messe *eucharistiam*« (ApolCA XXIV, 66; vgl. 76), und Luther schreibt 1530 in seiner Vermahnung zum Sakrament des Leibes und Blutes Christi: Es wäre »nicht ubel geredt, Wo man itzt sagte, wenn man zur Messe odder predigt gienge: Ich wil zur Eucharistia gehen, das ist: Ich wil zur dancksagung gehen, nemlich zu dem ampt, da man Gott danckt und lobt jnn seinem Sacrament« (WA 30/II,614). Wie »viel alte Lehrer habens nennet Eucharistiam, eine Danksagung«, so sind für Luther der »Brauch des Sakraments« wie auch die Predigt »Dank- und Lobopfer« (Predigt zum Gründonnerstag 1534, WA 37,350,16 und Erlanger Ausg.[2] 4,496 f.; weitere Belege bei Schulz 1991, 147 f.). Huldrych Zwingli nahm den Begriff sogar in den Titel seiner Gottesdienstordnung von 1525 auf: »Action oder bruch des nachtmals, gedechtnus oder *danksagung* Christi« (CR 91,1). Erst in jüngster Zeit ist der Begriff Eucharistie für einige konservativ-protestantische Theologen in Deutschland negativ besetzt.

Während Eucharistie als Bezeichnung des zentralen christlichen Gottesdienstes sich inzwischen in der Theologie mehr und mehr einbürgert, findet sie kaum Eingang in die offiziellen Agenden. Man verbleibt gern bei überkommenen Bezeichnungen. Allerdings wird Eucharistie gelegentlich – wie im römisch-katholischen Bereich – für den Mahlteil und häufig in Verbindung mit Gebet als Eucharistiegebet für die eucharistische Danksagung verwendet.

Anderenorts erscheint Eucharistie auch im Titel von Agenden: Die katholisch-apostolische Kirche macht im 19. Jh. den Anfang (Die Ordnung der Feier der heiligen Eucharistie und Ausspendung der Communion, Basel 1849/50 bzw. Berlin 1850). Im 20. Jh. scheitert die anglikanische Liturgiereform in England zunächst am Parlament, setzt sich aber in Schottland durch (The Scottish Liturgy for Celebration of the Holy Eucharist and Administration of Holy Communion, commonly called The Scottish Communion Office: The Scottish Book of Common Prayer, Edinburgh/London 1929). Die nächste Liturgiereform stellt Eucharistie neben die beiden traditionellen Begriffe: »The Order for Holy Communion, also called The Eucharist, and The Lord's Supper. Rite A« (ASB 1980, 113). Während regionale Parallelausgaben zunächst nur noch »The Holy Eucharist« verwenden (z.B. BCP/Episcopal Church, New York 1979, 315; The Book of Alternative Services of the Anglican Church of Canada, Toronto 1985, 173), scheint sich mit dem jüngsten Gottesdienstbuch »Common Worship« die dreifaltige Begrifflichkeit überall durchgesetzt zu haben: »The Order for the Celebration of Holy Communion, also called The Eucharist and The Lord's Supper« (CW 2000, 155). Auch die Altkatholische Kirche gebraucht den Begriff (Altarbuch für die Feier der heiligen Eucharistie im Katholischen Bistum der Alt-Katholiken in Deutschland, Bonn 1959). In der Jüngeren Liturgischen Bewegung ist es üblich, so in der Hochkirchlichen Bewegung (Eucharistiefeier der »Evangelisch-katholischen Eucharistischen Gemeinschaft«, hg.v. Friedrich Heiler: HKi 13 [1931] 145–162 – die Ausgabe von 1939 kehrt allerdings zur herkömmlichen Terminologie zurück: Deutsche Messe oder Feier des Herrenmahls nach altkirchlicher Ordnung, München [1939] ^{2}1948) –, in Taizé (Eucharistie à Taizé, Taizé 1959) und in der Evangelischen Michaelsbruderschaft (Karl Bernhard Ritter, Die eucharistische Feier, Kassel 1961), nach den früheren Titeln »Das hl. Abendmahl« (1926) und »Ordnung der deutschen Messe« (1937).

4. Im Verlauf der Liturgiegeschichte hat es eine ganze Reihe *weiterer Bezeichnungen* gegeben, die z.T. noch heute in regionalem, teilkirchlichem oder konfessionellem Gebrauch sind, wobei ἀναφορά (Anaphora), προσφορά (Prosphora) und *oblatio* auf das früh einsetzende Interesse an einem Opfer hinweisen, allerdings ursprünglich im Sinne der alttestamentlichen תּוֹדָה (Toda), des Dankopfers, nicht des spätmittelalterlichen Messopfers (Mal 1,10 f.; vgl. Justin; Irenäus, adv. haer. 10,17,5). *Collecta, actio, agenda* und mysterium (μυστήριον), *officium, Amt* und *Dienst* finden sich. Im Westen sind seit dem 6. Jh. – wie schon erwähnt – *missa* und im Osten seit dem 9. Jh. λειτουργία (Leiturgia) die beherrschenden Bezeichnungen (zum Ganzen Meyer 1989, 34–43 Lit.!). In den reformatorischen Kirchen werden neben Messe zunächst *Action*, *Nachtmahl* (Zwingli 1525; Straßburg), *Kirchenamt* (Müntzer 1523; Straßburg), *Communio* (Sachsen 1539, BCP, Löhe), *Amt* (Sachsen-Erfurt 1605) und *Abendmahl* als Gesamtbegriff (16. Jh. in Süddeutschland) gebraucht, später *Hauptgottesdienst* und Gesamtgottesdienst, in neuerer Zeit auch der ungeschickte Begriff Vollgottesdienst, der andere Gottesdienstformen deklassiert.

C. Das Verhältnis der Eucharistie zu anderen Gottesdienstformen

Die Erneuerung und Intensivierung der eucharistischen Praxis hat nun aber in beiden großen Traditionen auch neue Probleme geschaffen. Balthasar Fischer verweist auf die vom Konzil empfohlenen selbstständigen Wortgottesdienste, die sich in Europa noch kaum durchgesetzt haben, »sehr zum Schaden des gottesdienstlichen Lebens der Pfarrgemeinden, in denen weithin die Messe monopolisiert wird« (4). Der entsprechende – auf Antrag der brasilianischen Bischöfe in die Liturgiekonstitution aufgenommene – Passus weist ausdrücklich auf priesterlose Gemeinden hin (SC 35 Ziffer 4). Doch handelt es sich nicht um einen Ersatz, sondern um Erhaltung, gegebenenfalls Wiedergewinnung von Vielfalt und Reichtum des gottesdienstlichen Lebens, das sich in Lese-, Lob-, Verkündigungs- und Gebetsgottesdiensten, im Stundengebet, in Vigilien, Andachten, Segnungen, Kranken- und sakramentlichen Gottesdiensten im weitesten Sinne, auch in Bittgängen und Prozessionen entfaltet.

Andere Gottesdienstformen hat es sicher von Anfang an gegeben. Sie werden im 2. Jh. nachweisbar und entfalten sich mit Schriftlesung, Auslegung und Gebet unter »Anleihen beim zeitgenössischen Synagogengottesdienst hinsichtlich der Lese- und Gebetsordnung«. Diese wirken umgekehrt wieder auf die Eucharistie ein: »Manches spricht dafür, dass die erstmals bei Justin bezeugte Zusammenlegung der Sonntagsvigil mit der Eucharistiefeier (Apol I,65) eine (wenn auch nicht die alleinige) Wurzel jenes im Westen maßgeblichen zweigipfligen Gottesdienstes wurde, der aus einem entfalteten Wortteil und aus der Eucharistiefeier besteht« (→Gottesdienst im Urchristentum 63; vgl. Kretschmar 1977b, 242 f.).

In der evangelischen Kirche sind Stundengebet, Andachten, Beichte, Kindergottesdienst und weitere Gottesdienstformen bekannt. Das Problem ist hier vor allem das Verhältnis von Eucharistie und Predigtgottesdienst, die nach dem Ergebnis unserer bisherigen Überlegungen nicht mehr einfach als gleichberechtigte Alternativen betrachtet werden können, wobei es sicher ein Fehlgriff wäre, irgendeine Gottesdienstform als höher- oder minderwertig zu bezeichnen. Doch die von Christus als neuer zentraler Gottesdienst seiner Gemeinde gestiftete Mahlgemeinschaft kann bei der Verhältnisbestimmung nicht außer Acht gelassen werden. Es ist nicht ins Belieben der Gemeinde gestellt, diese durch andere Gottesdienstformen zu ersetzen.

Der Predigtgottesdienst und die anderen Gottesdienstformen gewinnen ihre Legitimation dadurch, dass sie als Ausgliederung von Elementen der einen Grundgestalt des christlichen Gottesdienstes verstanden werden und somit in enger Beziehung zu dieser verbleiben. Die Verkündigung als grundlegendes Mittel der Gottesbegegnung (vgl. Schmidt-Lauber 1994) wird über ihre Verwurzelung im zentralen christlichen Gottesdienst hinaus – wobei nach I Kor 11,26 auch das Abendmahl in sich selber Verkündigungsgeschehen ist – in besonderen Lese- und Predigtgottesdiensten hervorgehoben, die Ermächtigung zur Anrufung Gottes in eigenständigen Gebets- und Fürbittgottesdiensten, der Lobpreis in Dank- und Lobgottesdiensten, der Segen in Segnungsgottesdiensten usw. Sie alle sind nicht Ersatz, sondern sinnvolle Entfaltung, die der Vertiefung und auch Abwechslung dient und die ihrerseits hinweist auf das eine Zentrum. In diesem Sinne kann durchaus von Haupt- und Nebengottesdiensten gesprochen werden. Sobald Letztere aber in Konkurrenz zu ersteren treten, stellen sie ihre Berechtigung selbst in Frage.

II. Wegmarken geschichtlicher Entfaltung

Wie auch immer die frühen Zeugnisse zur Verkündigung in der Gemeindeversammlung gedeutet werden – die Entwicklung bis zum 3. Jh. wurde bereits im Rahmen der urchristlichen Grundlegung behandelt (→Gottesdienst im Urchristentum 49–56) –, zu Beginn des 3. Jh. finden wir »einen in seiner Grundstruktur überall einheitlichen Sonntagsgottesdienst« vor, der aus einem Wortteil und einem eucharistischen Teil besteht mit einer Zäsur zwischen beiden, der Entlassung der Katechumenen vor den Fürbitten (Salzmann 460).

A. Die gemeinsame Grundstruktur

1. Kennzeichnend sind Einfügung und *Ausbau der Verkündigung*, die in den Lesungen der Synagoge, aber auch im jüdischen Mahlritus angelegt waren, etwa durch die das Festereignis in katechismusartigem Dialog zwischen dem jüngsten Mitglied und der Tischgemeinschaft thematisierende Haggada zum zweiten Becher vor der Hauptmahlzeit, so am Pesachfest: »Was unterscheidet diese Nacht von allen anderen Nächten?« (PE 16 f.) und durch die vielfältigen anamnetischen Bezüge, in denen die Heilsgeschichte vergegenwärtigt wird. Mitte 2. Jh. bezeugt Justin Lesungen aus den »Denkwürdigkeiten der Apostel [die ἀπομνημονεύματα sind wohl die Evangelien] oder den Schriften der Propheten, solange es die Zeit erlaubt« mit folgender Predigt des Vorstehers und Gebeten. Danach werden die Gaben zur Mahlfeier herbeigebracht (Apol I,67,3–5). Im 4. Jh. finden sich in Ost und West mehrere Lesungen aus dem AT und den

apostolischen Briefen einschließlich der Apostelgeschichte – in Syrien je zwei Lesungen – sowie das Evangelium mit Psalmen als Zwischengesängen und nachfolgender Homilie.

Für die Eröffnung ist zunächst nur der Gruß »Der Herr sei mit euch« durch Augustin bezeugt. Der Abschluss des Wortteils besteht aus Gebeten, wobei sich das Allgemeine Kirchengebet im Osten und in Nordafrika schon früh abzeichnet (Meyer 1989, 115–121), und der Entlassung der Katechumenen, Pönitenten und Nichtglaubenden.

Der erste Teil des Gottesdienstes hat im Laufe der Zeit sowohl Anreicherungen als auch Reduktionen erfahren. Dem ursprünglichen Beginn mit dem Wechselgruß stellte der Westen nach und nach das Confiteor (als Rüstgebet zunächst wohl Sakristeigebet) mit dem *In nomine*, Introitus, Kyrie und Gloria und das Tagesgebet (Collecta) voran. Erst das Messbuch Pauls VI. (1970) hat den Gruß wieder an den Anfang des Gottesdienstes gerückt (und alternative Texte freigegeben). Auch das EGb erklärt: »Der Liturg/die Liturgin grüßt die Gemeinde, wenn er/sie sich im Gottesdienst zum ersten Mal an die Gemeinde wendet« (37). Das im Abendland recht spät in die Messe aufgenommene Credo folgt jetzt (Evangelium und) der Predigt.

Anders als die durch das rational-zielstrebige Denken der lateinischen Sprache und Kultur geprägte westliche liturgische Entwicklung gewinnt die östliche Zugang zum Gottesdienst über dessen vom platonischen Bilddenken bestimmten Mysterien- und Symbolcharakter. Im byzantinischen Ritus vollzieht sich so eine meditativ-kreisende, redundante und häufig wiederholende Entfaltung auch schon des Anfangs der Liturgie, was zu einer gewissen Überlastung des Rituals führt. Die Basilius- und die Chrysostomusliturgie beginnen in der Proskomidie mit der Gabenbereitung und zahlreichen Gebeten. Der Eröffnungsritus, die Enarxis, ist aus dem schlichten Einzug der Frühzeit, Elementen des Stationsgottesdienstes, drei Ektenien und dem »Kleinen Einzug« hervorgegangen, bei dem das Evangelienbuch unter dem Gesang des Trishagions zum Altar gebracht wird. Der Friedenskuss (vgl. II Kor 13,12), der alte Abschluss des Wortteils, und das Credo (außer in der von Rom beeinflussten jüngeren armenischen Liturgie) finden sich nun in der Liturgie der Mahlfeier.

Es hat aber auch eine Reduktion stattgefunden: Die alttestamentliche Schriftlesung ging der römischen Liturgie – im Unterschied zu den nichtrömischen westlichen Liturgien – vielleicht schon im 6. Jh. verloren (Jungmann I,507 f.; Kunze 151; anders Martimort 42 f.). Seit dem 9. Jh. findet sie sich auch in den östlichen Liturgien nicht mehr. In der nachkonziliaren Liturgiereform wie in der jüngsten evangelischen Liturgiereform ist die dreifache Schriftlesung wiederhergestellt, allerdings kann deren Zahl nach dem EGb auch reduziert werden bis auf eine, den Predigttext (41.53.71.138.167).

2. Für den *eucharistischen Teil* hat die bereits I Kor 11,21 f. angedeutete Ausscheidung des Sättigungsmoments und daraus resultierend die vermutlich schon vor Justin ausnahmslos vollzogene Zusammenlegung der beiden Handlungen mit dem Brot und dem Wein (das »Four-Action-Shape of the Eucharist« statt des »seven-action-scheme« des Stiftungsmahles nach Dix 48 u.ö.) entscheidende Veränderungen bewirkt. Für diese Entwicklung sind sicher nicht, zumindest nicht allein, technische Gründe maßgeblich gewesen, dass etwa die größer werdende Gemeinde kaum mehr wie die Hauskirche ein wirkliches Mahl halten kann, sondern grundlegende theologische Folgerungen aus der Stiftung: Der jüdische Stiftungsrahmen wird gegenüber dem eschatologisch Neuen sekundär. Die einfache Rückkehr zu einer Sättigungsmahlzeit innerhalb der Eucharistie ist nun nicht mehr möglich. Bei der gelegentlichen Verbindung der Eucharistie mit einer Agape wird beides deutlich voneinander abgehoben werden müssen.

Das Eucharistiegebet mit der dazugehörigen Handlung hat sich als Herzstück eucharistischer Liturgie in Aufbau und Inhalt von der Hippolyt (um 215) zugeschriebenen Apostolischen

Tradition an bis heute – mit Einschränkungen in einigen evangelischen Kirchen – erstaunlich gleichförmig entfaltet. Nur das *Sanctus* kam Anfang des 4. Jh. noch hinzu, das seit dem 1. Jh. im synagogalen Sabbatmorgengebet als *q^{e}duscha* verwendet und auch von den Christen früh in ihr Gemeindegebet – vielleicht in das Morgenlob – aufgenommen wurde. Es wird nun Bestandteil des Eucharistiegebets (früheste Bezeugung bei Asterios Sophistes [† nach 341], dann im Euchologion des Serapion und in der Klementinischen Liturgie, PE 130.90, im 5. Jh. auch im Westen; zur Interpretation vgl. Kretschmar 1962, 79–86). Die Ergänzung des Sanctus – außer in der alexandrinischen Tradition – durch das Benedictus nach Ps 118,26a mit der Akklamation Hosianna kam aus Gallien. Das Eucharistiegebet zeigt stets folgenden Ablauf:

Bereitung: Herbeibringen der Gaben
Eucharistischer Dialog (dreigliedriger Wechselgesang)
Lob- und Dankgebet (Präfation)
Überleitung zum Sanctus
Sanctus/Benedictus
Einsetzungsbericht
Anamnese und Darbringungsformel
Epiklese
Fürbitte (Einheit, Vollendung)
Doxologie

Die Unterschiede zwischen den verschiedenen Liturgien sind demgegenüber eher marginal.

a. Die *ostkirchlichen Anaphoren* (Eucharistie- oder Hochgebete) gliedern sich in zwei Haupttypen. Der *antiochenische Typus* umfasst die westsyrische Liturgiefamilie – mit Jerusalem (syrische Jakobusanaphora, Cyrill) und Byzanz (Basilius-, Chrysostomus- und Präsanktifikantenliturgie) als herausragenden Zentren, aber auch mit Antiochien selbst (Apostolische Konstitutionen, Theodor von Mopsuestia) und den maronitischen (nordlibanesischen) und armenischen Liturgien – und die ostsyrischen Liturgien der Nestorianer, Chaldäer und Syromalabaren mit dem Schwerpunkt Mesopotamien. Dieser Typus folgt dem obigen Schema, nur wird die Danksagung nach dem Sanctus mit einem Postsanctus fortgeführt. Der *alexandrinische Typus* (ägyptische und äthiopische Liturgien) hat zwei Epiklesen, die erste vor dem Einsetzungsbericht knüpft an das »erfüllt sind Himmel und Erde ...« des Sanctus (ohne Benedictus) an und bittet um Segnung dieses »Opfers« durch das Kommen des Geistes (πλήρωσον ὁ Θεὸς καὶ ταύτην τὴν θυσίαν τῆς παρὰ σοῦ εὐλογίας διὰ τῆς ἐπιφοιτήσεως τοῦ παναγίου σου πνεύματος: Markusanaphora, PE 112), während sich die zweite nach der Anamnese unter ausführlicher Prädikation des Geistes auf die Konsekration der Elemente richtet (ἵνα αὐτὰ ἁγιάσῃ καὶ τελειώσῃ ... καὶ ποιήσῃ τὸν μὲν ἄρτον σῶμα ..., ebd. 114). Ferner sind die Interzessionen hier bereits dem Lob- und Dankgebet zugeordnet.

Der eucharistische Teil wird in den ostkirchlichen Liturgien nach der Anaphora fortgesetzt und beschlossen mit:

Gruß des Zelebranten
Vaterunser
Sancta sanctis
Kommunion
Danksagung
Entlassung.

b. Die *westlichen Liturgien*, vor allem die gallikanischen, mozarabischen (altspanischen), keltischen, die ambrosianische (mailändische) und (alt)römische folgen dem gleichen Aufbau und sind durch die gemeinsame lateinische Sprache verbunden. Sie fassen sich aber in der

Regel kürzer und bieten für das Hochgebet weit weniger feststehende Texte, dafür eine Reihe von Einzelgebeten, die – außer dem Stiftungsbezug und dem Vaterunser – de tempore variieren. Es handelt sich um Gebete nach der oratio fidelium, den Diptychen und dem Friedenskuss, im Eucharistiegebet um die Präfation, das Postsanctus und das Post-Pridie (Gebet nach den Einsetzungsworten), danach um Orationen vor und nach dem Vaterunser sowie nach der Kommunion und schließlich um das meist dreigliedrige Segensgebet (vgl. Meyer 1989, 153 f.).

Selbst der mittelalterliche römische Kanon, der die abendländische Liturgie mehr und mehr beherrscht, verlässt – trotz der vielen, von der Reformation zu Recht kritisierten, offertorialen Einschübe in seiner deutlich erkennbaren gesunden »ersten Schicht« (Pascher 207) nicht die Gemeinsamkeit der eucharistischen Liturgie durch die Jahrhunderte und ermöglicht eine Interpretation im Sinne der altkirchlichen Liturgietradition: *memores offerimus gratias agentes et petimus*: »Die Grundstruktur der Eucharistia des Hippolyt ist ... *Anamnese* der (geschichtlichen) Heilstaten Gottes, gipfelnd in Tod und Auferstehung Jesu Christi (memores) im *liturgischen Vollzug* (offerimus), der Tat- und Wortvollzug (gratias agentes) ist, und *Epiklese*, d.h. Bitte (petimus) um die Aktualisierung der Heilstaten Gottes für die feiernde Gemeinde durch den Heiligen Geist, damit diese ›ein Leib und ein Geist‹ (vgl. Eph 4,4) werde« (Meßner 38).

Dabei unterscheidet sich der römische Kanon seit dem 5. Jh. von den östlichen Liturgien durch das Fehlen einer Epiklese, die auch einmal im Westen, an der klassischen Stelle nach der Anamnese, bekannt gewesen sein muss, ist doch der römische Presbyter Hippolyt deren ältester Zeuge. Es gibt dazu eine auffallende, aber doch nicht ganz eindeutige Briefnotiz von Gelasius I. (†496): »Quomodo ad divini mysterii consecrationem coelestis Spiritus invocatus adveniet, si sacerdos et qui eum adesse deprecatur, criminosis plenus actionibus reprobetur?« (Jungmann II,242 f.). Ob der römische Kanon aus seiner Nähe zur alexandrinischen Liturgietradition heraus im *Quam oblationem* vor dem Einsetzungsbericht eine (Wandlungs-)Epiklese enthält (Meyer 1989, 179) oder ob es sich um eine Opferannahmebitte und kein Epiklesen-Äquivalent handelt (Meßner 88 f.), bleibt ebenso umstritten wie die Deutung des *Supplices* nach dem Einsetzungsbericht als Kommunionepiklese (Jungmann II,292) oder »einheitliche (Wandlungs- *und* Kommunion-)Epiklese«, die den römischen Kanon dann in die alt- und ostkirchliche Abfolge Danksagung/Einsetzungsbericht/Anamnese/Epiklese einreihen würde (Meßner 90 f.).

c. Auch wenn sich die klassischen Kanongebete Anamnese, Epiklese, Bitte um Vollendung und Schlussdoxologie in der *Reformation* zunächst nicht mehr finden, besteht Anlass, Luther in den theologischen Grundkonsens einzubeziehen und die These von dem fundamentalen Widerspruch der Reformation zu der vorgängigen Entwicklung zu revidieren: Die Forschung hat die weitgehende Übereinstimmung Luthers mit der altkirchlichen Theologie und Liturgie der Eucharistie an den Tag gebracht, wobei Danksagung (über die Präfation hinaus), Anamnese, Epiklese und Doxologie in der liturgischen Konkretion keineswegs verschwunden sind, sondern nur einen anderen Ort und meist auch eine andere Ausdrucksform innerhalb der Abendmahlsfeier gefunden haben (Pahl 60): Sie werden dem liturgischen Amt der Gemeinde zugeordnet in der Form des Liedes, das die Feier begleitet oder abschließt. So wird der Lobpreis des Sanctus zum Gemeindegesang, dem nach Luther auch ein anamnetischer Charakter eignet (die Elevation wird behalten, weil sie »fein mit dem deudschen sanctus stymmet und bedeut, das Christus befolhen hat, seyn zugedencken«: DM 1526, WA 19,99). Die (fakultativen und wechselnden) Abendmahlslieder enthalten die genannten Motive in reicher Fülle. Man nehme nur Luthers »Gott sei gelobet und gebenedeiet« (EG 214), dessen lobpreisende Danksagung auch anamnetische (»dabei wir sein solln gedenken«) und epikletische Elemente (»Gott geb uns allen seiner Gnade Segen..., dein Heilig Geist uns nimmer lass ...«) enthält. Wenn die »Vermahnung an die so zum sacrament gehen wollen« (DM 1526, WA 19,95 f.) anamnetische Inhalte wie Testament

Christi, Gedenken, Danken aufnimmt, dann geschieht dies jedoch in einem problematischen, von der Reformation nicht hinterfragten Übergang vom Genus des Gebets in das der Anrede der Gemeinde, also der Predigt. »Rühmen und Lobpreis« der Präfation finden aber in der bloßen Aufforderung dazu noch keinen liturgischen Ausdruck (mit Meßner 200; anders Schulz 1985, 300). In seinem Vergleich von Luthers Messreform mit der altkirchlichen Eucharistie kommt Reinhard Meßner dennoch zu dem Schluss: »Die Liturgie Luthers steht ... in dem durch die Strukturen zum Ausdruck gebrachten theologischen Gehalt der altkirchlichen Liturgie näher als die mittelalterliche Messe« (203 f.).

Zugleich muss nun aber auch eine wesentlich stärkere Abhängigkeit der Reformation vom Spätmittelalter als bisher angenommen und damit ein ungewolltes Perpetuieren mancher Engführungen und Fehlentwicklungen zugegeben werden, die zu erkennen und erst recht zu überwinden die Reformation wahrscheinlich durch die besonderen Bedingungen ihrer Zeit und den Mangel an Abstand und auch liturgiegeschichtlichem Durchblick gehindert wurde.

Zwingli, der vor die *verba testamenti* Vermahnung, Vaterunser und ein Abendmahlsgebet stellt, verwendet nach der Kommunion den Hallelpsalm 113 mit einem Dankvotum (Zürich 1525), bei Calvin erfolgt die Austeilung unter Psalmengesang, unter anderem des Dankpsalms 138, und Schriftlesung (Genf 1542, vgl. CD I 361). Seit Cranmers zweitem BCP (1552: CD I 383, vgl. 424) ist die Verlegung des Gloria in excelsis aus der Eingangsliturgie und des Lob-, Dank- und Selbstopfers in die Danksagung nach der Kommunion ein besonderes Merkmal der anglikanischen Liturgie, die das Eucharistiegebet (vgl. »prayer of consecration« in der Scottish Liturgy 1637, im BCP seit 1661) nie gänzlich aufgegeben hat.

B. Das 4. Jahrhundert und die Ausbildung der Konsekrationstheologie

Aus dem (allzu) raschen Übergang der Kirche von einer verfolgten Minderheit mit primär eschatologischer Ausrichtung zur etablierten Reichskirche mit häuslicher Einrichtung in dieser Welt ergaben sich folgenreiche Veränderungen des Gottesdienstes, der nun als *publicus cultus* Anleihen beim kaiserlichen Hofzeremoniell macht. Mit repräsentativen Kirchenbauten und – vor allem im Westen – der Ausbildung des Kirchenjahres wird die raum-zeitliche Dimension erschlossen. Die Zahl der Katechumenen übersteigt zeitweilig wegen des Zustroms der Massen zur Kirche, aber auch wegen der aufkommenden Spättaufe die Zahl der zur Eucharistie zugelassenen Gemeindeglieder und stellt damit die Einheit des Gottesdienstes in Frage. Beim Anwachsen der Gemeinden wird die Teilung der Diözesen versäumt, der Vorsitz des Gottesdienstes geht in Filialkirchen vom Bischof auf den Priester über, was zum Versiegen von Spontaneität führt und »Leseliturgen« kreiert. Die Tendenz zu festerer Ordnung, die das charismatische Element und das Ermessen des Bischofs ablöst, der die Gebete bislang weitgehend zu extemporieren pflegte, verstärkt sich. Im Westen bilden sich vom 5. Jh. an über die *libelli* (in bischöflichen Archiven gesammelte Präsidialgebete zur Eucharistie als Mustersammlungen für Presbyter an den Titelkirchen) die Sakramentare heraus (römisch: Veronense, Altgelasianum, Gregorianum, Junggelasiana; andere: Gothicum, Gallicanum, ambrosianische), die im hohen Mittelalter durch das Missale ersetzt werden (vgl. zum Ganzen Niebergall 1,762–772; Meyer 1989, 182–208). Vor allem aber wird jetzt die Frage nach der Konsekration gestellt.

1. In der *vornizänischen Kirche* war der Gottesdienst eine geschlossene Einheit, an der bis auf ganz besondere Fälle, etwa der Pönitenten, alle Getauften kommunizierend teilnahmen; es war undenkbar, dass sich ein Christ selber von der Kommunion ausschließt. Dabei galt der schlichte Gehorsam gegen den Auftrag Christi »solches tut zu meinem Gedächtnis« und damit die ganze Handlung als das die verheißene Gabe Bewirkende. Obwohl die Gegenwart Christi unter Brot und Wein eindeutig bezeugt ist, finden sich kaum Aussagen über die Konsekration selbst, die

»eucharistierten« Gaben bleiben schlicht auf Christus und die Gemeinde bezogen. Das wird auch deutlich durch den bis ins 4. Jh. allgemeinen und in der koptischen und westsyrischen Kirche noch bis ins 6. Jh. nachweisbaren Brauch, die Eucharistie zur täglichen Kommunion in den Häusern aufzubewahren und das gesegnete Brot morgens »vor jeder Speise« zu genießen (Tertullian, ad ux. 2,5,2 f.; de or. 19; TA 36; vgl. Jungmann II, 447). So blieb der Alltag mit der sonntäglichen Eucharistie als Lebenszentrum der Gemeinde aufs innigste verbunden.

Justin deutet das Geschehen in Analogie zur Inkarnation: »Wie Jesus Christus, unser Heiland, durch ein Wort Gottes (διὰ λόγου θεοῦ) Fleisch geworden ist ..., so ist auch die Speise, die durch das von ihm stammende Wort des Gebets gesegnet worden ist (δι' εὐχῆς λόγοῦ τοῦ παρ'αὐτοῦ), ... Fleisch und Blut jenes fleischgewordenen Jesus« (I Apol 66,2). Es ist auch möglich zu übersetzen: »durch ein Gebet um den von ihm [Gott] stammenden Logos«, dann könnte ein Hinweis auf die Logosepiklese vorliegen (so Betz 1955, 268). Doch das ist an dieser Stelle weniger wahrscheinlich (mit Kretschmar 1977a, 67) und auch für unsere Überlegungen unerheblich. Geht es bei Justin um Wortgeschehen, allerdings des Wortes Jesu und noch nicht des Gebets des »Vorstehers der Brüder« (65,3), so verlagert sich der Akzent im Kampf gegen die leib- und materiefeindliche Gnosis stärker auf die Elemente. Irenäus erklärt: »Wie das Brot von der Erde, das die Anrufung Gottes empfängt (προσλαμβανόμενος τὴν ἐπίκλησν τοῦ θεοῦ), nicht mehr gewöhnliches Brot ist, sondern Eucharistie, aus zwei Dingen bestehend, einem irdischen und einem himmlischen, so sind auch unsere Leiber, die die Eucharistie empfangen, nicht mehr sterblich, sondern haben die Hoffnung der Auferstehung zur Ewigkeit« (adv. haer. IV,18,5). »Der gemischte Kelch und das bereitete Brot empfangen das Wort Gottes, und die Eucharistie wird Leib Christi (ἐπιδέχεται τὸν λόγον ϑεοῦ, καὶ γίνεται ἡ εὐχαριστία σῶμα Χριστοῦ«, adv. haer. V,2,3). Wort Gottes ist dabei nicht ein besonderes Wort Christi, sondern der personhafte Logos selbst. Auch hier geht es um das Ganze, den Sinn der Feier, und nicht nur um einen Teilaspekt. Bei den Alexandrinern Clemens und Origenes steht dann Christus als Gabe und eigentlicher Geber der Eucharistie im Zentrum. Seine Präsenz ist »nicht primär von Brot und Wein her gesehen, sondern in erster Linie die personale Präsenz des Gebers« (Kretschmar 1977a, 69). »Aus der Aktualpräsenz der Inkarnation erwächst organisch die Realpräsenz des Leibes und Blutes Jesu« (Betz 1979, 52), die in dieser Periode schon sehr massiv bezeugt wird. Die Gabe der Eucharistie ist das Auferstehungsleben (φάρμακον ἀϑανασίας, Heilmittel zur Unsterblichkeit, IgnEph 20,2; φάρμακον ζωῆς, Heilmittel des Lebens, Serapion 4,15: PE 130), weniger Sündenvergebung.

In den (wenigen) vornizänischen liturgischen Texten wie in den theologischen Schriften zur Eucharistie wird somit noch nicht nach einem besonderen Moment der Konsekration innerhalb der Feier gefragt. Die Eucharistie insgesamt ist Christusanamnese und Anrufung Gottes, was dann in entsprechenden Teilen des eucharistischen Gebets seinen Ausdruck findet, in der liturgischen Anamnese und der Logos- oder Geistepiklese, erstere noch bei Serapion: ἐπιδημησάτω, ϑεὲ τῆς ἀληϑείας, ὁ ἅγιός σου λόγος ἐπὶ τὸν ἄρτον τοῦτον, ἵνα γένεται ὁ ἄπτος σῶμα τοῦ λόγου (PE 130). Zum frühen Vorkommen einer Logosepiklese weist Meßner mit Betz darauf hin, dass die frühe Geistepiklese z.B. Hippolyts noch nicht mit den pneumatologischen und trinitätstheologischen Kategorien des 4. Jh. gedeutet werden kann, sondern eher den Logos meint, der sich den Menschen zuwendet (68–83).

2. Hier nun bringt das 4. Jh. mit der *Festlegung eines Konsekrationsmoments* eine einschneidende Wende. Während Hippolyts Epiklese noch das Kommen des Heiligen Geistes auf die ganze Feier (*in oblationem sanctae Ecclesiae*, PE 81) erbittet und sich auf die Wirkung der Kommunion richtet, wird Cyrill von Jerusalem zum Exponenten einer neuen Theologie, in der

sich das altkirchliche ganzheitliche Verständnis der Eucharistie wie des eucharistischen Gebets als Anrufung Gottes zu einer partikularen »Wandlungsepiklese« verengt: Wir »rufen den menschenfreundlichen Gott an, er möge den Heiligen Geist auf die Gaben herabsenden, dass er das Brot zum Leib Christi, den Wein zum Blut Christi mache (ποιήσῃ). Denn alles, was der Geist berührt, ist geheiligt und verwandelt (μεταβέληται)« (Mystagogische Katechese 5,7: PE 208). Dass Cyrill in seiner Beschreibung der Anaphora die vorausgehenden *verba testamenti* und die Anamnese auslässt, ist bezeichnend. Schon Gregory Dix hat gefolgert: »Except for the single paragraph of the invocation all is either mere preliminaries or consequences. There is thus no option but to treat the invocation as ›consecratory‹, in and by itself« (280). Die Bitte um den Heiligen Geist richtet sich nicht mehr primär auf die Gemeinschaft Gottes mit den Gläubigen und deren Heiligung, sondern dient der Wandlung der Gaben. Von Jerusalem und Syrien aus breitet sich die neue Wandlungsepiklese über den ganzen Orient aus.

Der Westen antwortet eine Generation später wohl mit richtigem Instinkt, jedoch bei gleicher verengter Fragestellung: Ambrosius und Augustin verweisen auf das Wort Christi: Wenn ein bestimmter Teil des Eucharistiegebets die Wandlung herbeiführt, dann nur die Rezitation der *verba testamenti*. Damit war auch für den Westen ein Konsekrationsmoment festgelegt, aber ein anderer als die östliche Epiklese. Für die Eucharistie gilt jetzt Augustins zur Taufe formulierter Satz: *Accedit verbum ad elementum et fit sacramentum* (in Joh. tract. 80,3). Bei dieser Konsekrationstheologie verbleibt der Westen – mit schwerwiegenden Folgen. Mit dem Verlust der Epiklese deutet sich das westliche Defizit an praktizierter Theologie des dritten Artikels an. Die Fürbitten gruppieren sich um die Konsekration und gefährden die Einheit des Eucharistiegebets, die durch immer neue offertoriale Einschübe (je näher der Wandlung, desto wirksamer die Bitte) nahezu unkenntlich wird, das Allgemeine Kirchengebet geht verloren. Um die Mitte des 8. Jh. wird der nun erst mit dem Te igitur beginnende Kanon leise, später ganz still gebetet (vgl. Jungmann II,131 f.): Die Messe wird aus einer Feier des Gottesvolkes zur priesterlichen Darbringung.

Der Osten fand einen Ausweg aus der Sackgasse. Von Antiochien aus wird die bis heute in der Orthodoxie gültige eucharistische Theologie entwickelt und liturgisch entfaltet: Schon in der Proskomidie, der Rüsthandlung, werden die Elemente mit dem sich opfernden Christus identifiziert, wobei eine Fülle von symbolischen Akten und Deutungen – von der Schlachtung des Lammes bis zur Grablegung – einfließt als »vollkommene Darstellung der Passion« (Theodor von Mopsuestia, serm. cat. 5). Die nach den verba testamenti und der Anamnese gebetete Epiklese bewirkt dann die Auferstehung. Sie bleibt Herzstück des Eucharistiegebets, aber sie ist als »Auferweckungsepiklese« nicht mehr isoliert: Die Liturgie vollzieht die dramatische Nachbildung des Kreuzes- und Auferstehungsgeschehens durch eine die ganze Handlung – von der Vorbereitung über den großen Einzug mit dem »geschlachteten« Lamm und die Danksagung bis zur Epiklese, dem Gedächtnis der Heiligen, den Interzessionen (Diptychen) und der Schlussdoxologie – umfassende, sozusagen »gestreckte« Konsekration.

3. Das *Abendland* verbleibt bei der im 4. Jh. angelegten Engführung und verstärkt diese. Das Mittelalter verlagert das Interesse immer mehr von der Teilnahme zur Wandlung, von der *communio*/κοινωνία, der Gemeinschaft mit Christus und untereinander, auf seine Gegenwart in den konsekrierten Elementen und schließlich von der Kommunion auf die außergottesdienstliche Verehrung. Die Gemeindekommunion geht verloren, der Opfergedanke tritt ins Zentrum, die priesterliche Weihegewalt multipliziert das Messopfer, die Gläubigen geraten in Ungewissheit ihres Heils, die eucharistische Spiritualität beginnt aus dem Gottesdienst auszuwandern.

Es muss dabei beachtet werden, dass die Kirche bis zum Ende des ersten Jahrtausends keinerlei Verehrung der eucharistischen Gestalten außerhalb des Gottesdienstes kannte. Die Reservation des eucharistischen Brotes fand außer zur häuslichen Kommunion an Tagen ohne Gemeindeeucharistie nur statt zum Gebrauch als Viatikum und zur Übersendung an andere Gemeinden als Zeichen der Glaubens- und Mahlgemeinschaft, als Fermentum für Filialkirchen, um die Einheit der Gemeinde und ihrer Feier zu symbolisieren. Die östlichen Kirchen haben anfangs sogar die Berechtigung zur Aufbewahrung der Eucharistie bestritten (Nußbaum 22–27). Dieser Umgang mit der Eucharistie hat sich auch im Kirchenbau niedergeschlagen: Den Kirchen wurden verschließbare Räume angefügt zur Aufbewahrung des eucharistischen Brotes für einen neuen Gebrauch bei der Kommunion Kranker und Reisender. Die Bezeichnung Sakristei hat hier ihren Ursprung, sie diente hauptsächlich der Bereithaltung des Viatikums.

Bleibt die Elevation – zunächst im 7. Jh. als »zusammenfassender Ausdruck des eucharistischen Opfergeschehens« (NPlH 116) der Doxologie des Hochgebets zugeordnet, im 12. auch an die Konsekration angeschlossen (Bischof Odo von Paris) – noch mit der eucharistischen Liturgie verbunden, so kommt im 11. Jh. die selbstständige kultische Verehrung der Hostie auf, die sich ein eigenes Fest schafft (Fronleichnam, Lüttich 1246): Das Hauptinteresse gilt der Gegenwart Christi in den Elementen, die Konsekration beherrscht Theologie und Praxis.

Die Folge ist, dass im Mittelalter die Gemeindefeier zurücktritt gegenüber dem Handeln des Priesters, der die Konsekration durch die Rezitation der Christusworte kraft seiner Weihegewalt vollzieht. Am Ende können Handeln am Altar und Gottesdienst der Gemeinde in zentralen Teilen völlig auseinander treten. Allein die Konsekration ist von Bedeutung, alles andere bleibt »zeremonielle Zutat; die Kirche, repräsentiert durch den Priester, nicht aber durch die feiernde Gemeinde, bringt den kraft der Konsekration gegenwärtigen Leib und das Blut Christi als ihr Opfer dem Vater dar – eine Auffassung, die einer ›Wiederholung‹ des Kreuzesopfers bedenklich nahe kommt und das Verständnis der Messe als der Gemeinde aufgetragener Gedächtnisfeier vermissen lässt« (Meyer 1977, 285).

C. Der reformatorische Ansatz

Die Reformation leitet ein erneuertes Eucharistieverständnis ein, das weit über ihre Zeit und den Protestantismus hinaus wirksam geworden ist. Sie entdeckt die Kraft des Evangeliums, das die gebundenen Gewissen befreit und in der Verkündigung wie auch besonders im *pro vobis* der verba testamenti zugesprochen wird (Luther 1520: »Christus hatt das gantz Evangelium ynn eyner kurtzen summa begriffen mit den worten dises testaments oder sacraments«, WA 6,374). Sie macht die Vergebung der Sünden zur »sinnstiftenden Mitte des Gottesdienstes« (Cornehl 56), beseitigt die spätmittelalterlichen Auswüchse priesterlichen Opferhandelns und gewinnt die Gemeindekommunion unter beiderlei Gestalt zurück. Das Verständnis der Eucharistie und die Reform der Messe sind in der Reformation geprägt von dem *articulus stantis et cadentis ecclesiae*, der Rechtfertigungslehre, und von der Unterscheidung von Gesetz und Evangelium.

1. In Luthers *Eucharistieverständnis* ist Gottesdienst zuerst *Werk Gottes* an uns; durch Wort und Sakrament wird der Glaube geweckt, erhalten und vertieft. Damit wird jede latreutische Auffassung einer vom Menschen zu erbringenden Leistung zunichte: Gottesdienst ist Gottes Dienst und Gabe *(beneficium, donum, testamentum, sacramentum)*, nicht Menschenwerk *(sacrificium, opus bonum, meritum)*; die Messe »nit beneficium acceptum, sed datum, es nympt nit wolthat von uns, sondern bringt uns wolthat« (WA 6,364). Der Kampf gegen das Messopfer ist Kampf gegen das schriftwidrige Gottesbild eines zornigen Richters. Die spätmittelalterliche Kirche wähnte Gott dem Menschen ferngerückt, während in Wahrheit der Mensch von Gott

abgefallen ist und sich »im Aufruhr gegen einen liebevollen und gnädigen Gott« befindet (Vajta 58; vgl. zum Ganzen 53–61). Die einzigen Gaben, die der Mensch dem Schöpfer darbringen kann, sind Lob und Dank (»Danckopffer gibt mir meine Gottliche ehre, Es macht mich zum Gott und behelt mich zum Gott, Gleich wie widderumb die Werckopffer nemen jhm seine Gottliche ehre und machen ihn zum Götzen und lassen jhn nicht Gott bleiben«, WA 30/II,602) und die dem Evangelium gemäße Lebensgestalt im Alltag, nach Röm 12,1 das einzige Gott wohlgefällige Opfer. Folglich dreht die Reformation den Priester um: Er handelt nicht mehr Gott gegenüber im Namen der Gemeinde opfernd, sondern er wird zum Mund Gottes und richtet dessen befreiende Zusage der Gemeinde aus. So fordert bereits Luther den Mensaaltar, hinter dem »der Priester sich ymer zum volck keren müsse« (DM 1526, WA 19,80), den aber nicht die Reformation, sondern Jahrhunderte später die nachkonziliare Liturgiereform einführte.

Gottesdienst wird zweitens zum *Werk des Glaubens* – »Das ist der hawbtgottisdienst und das hohist stuck, den wyr nennen eynen auffrichtigen, Christlichen glawben und liebe tzu gott durch Christum« (WA 10/I,675) – und die Messe »eyne offentliche reytzung zum glauben und zum Christenthum« (DM 1526, WA 19,75). Im Glauben nimmt der Christ teil an dem *Priestertum* Christi: »omnes in Christo sumus sacerdotes et reges, quicunque in Christum credimus« (WA 7,56), denn der Herr will alles mit den an ihn Glaubenden teilen (I Petr 2,9). Das »Mit-Christus-Priester-Sein« wird zum »Für-den-Nächsten-Priester-Sein« (Vajta 272). Bei aller Polemik gegen das Messopfer hat Luther nie geleugnet, dass Opfer zum allgemeinen Priestertum hinzugehört, allerdings nicht mehr als Aufgabe des kirchlichen Amtes, sondern als Dienst des Gottes Gabe empfangenden Glaubens im Lob-, Dank- und Gebetsopfer sowie in der leiblichen Hingabe: »Das Opfer ist ein Realisieren der Taufe ... Der neue Mensch, der Mensch des Opfers, ist unter dem Töten des alten Menschen verborgen« (ders. 279.282; vgl. Wingren, 46). Hier weitet sich der Gottesdienst als Werk des Glaubens in Beruf und Alltag hinein.

Beide Seiten des Gottesdienstverständnisses Luthers gehören zusammen: In der »Einheit von Gott und Glauben in Christus kann auch die Einheit der Theologie des Gottesdienstes gewahrt bleiben: Christus ist Gottes Dienst an uns, und er ist auch unser Gottesdienst im Glauben« (Vajta 351). Das unterstreicht Luthers klassische Definition des Gottesdienstgeschehens, »das unser lieber Herr selbs mit uns rede durch sein heiliges Wort, und wir widerumb mit jm reden durch Gebet und Lobgesang« (Torgau 1544, WA 49,588). Danach ist Gottesdienst Dialog, Wortgeschehen, das sich in Verkündigung und Sakrament entfaltet (CA V) unter Dominanz des katabatischen Aspekts, der aber den anabatischen nicht ausschließt – dann gäbe es keinen Dialog mehr –, sondern erst eigentlich ermöglicht.

2. In ihrer *Liturgiereform* hält die lutherische Reformation mit einer – wie es zunächst scheint – »ausgesprochen konservative(n) Haltung gegenüber der Tradition« (Nagel 123) an der abendländischen Messe fest. Diese muss nur von evangeliumswidrigen Zusätzen gereinigt werden. Dazu gehört alles, was das göttliche *beneficium* oder *sacramentum* in menschliches *sacrificium* verkehrt. So sollen »abgetan werden alle Worte, die nach Opfer klingen, mit dem ganzen Kanon« (WA 12,211). Die ersatzlose Streichung des mit »Te igitur« beginnenden Kanons bis auf die verba testamenti bedeutete nun aber den Verlust eines Großteils des altkirchlichen Eucharistiegebets, statt dass dieses einer entsprechenden Reform unterzogen worden wäre. Dennoch war die Reformation nicht nur überzeugt, »dass die Messe ... bei uns mit großerer Andacht und Ernst gehalten wird dann bei den Widersachern«, sondern auch davon, dass »in den offentlichen Ceremonien der Messe keine merklich Anderung geschehen« sei (CA XXIV,1 f.). Bedenkt man, dass der damals still gebetete Kanon den Gläubigen unzugänglicher Priestertext war, wird die Diskrepanz zwischen Anspruch und Wirklichkeit verständlicher. Der

einmal aus Ehrfurcht vor dem Allerheiligsten in die Stille abgewanderte Kanon wurde gar nicht mehr als wesentlicher Bestandteil der Liturgie wahrgenommen.

An Luthers beiden großen liturgischen Schriften FMC 1523 und DM 1526 – erst auf vielseitiges Drängen nach langem Zögern herausgegeben und ausdrücklich als Wittenberger Brauch bezeichnet ohne den Anspruch auf allgemeine Autorität – lassen sich weitere theologische Entscheidungen erkennen:

a. In der FMC 1523 zeigt sich die zentrale Bedeutung der Verkündigung, die nicht nur an das Heilsgeschehen erinnert, sondern selbst Heilsgeschehen ist. Pädagogische Motive klingen an, hier noch durch den desolaten Wissensstand der Gemeinden begründet, später belasten sie den protestantischen Gottesdienst zunehmend. Die Liturgie verläuft ganz in lateinischer Sprache (Text: Herbst 16–49):

Introitus	besser ganzer Psalm
Kyrie – Gloria	Gloria kann auch ausgelassen werden
Kollekte – Epistel	
Graduale, stets Halleluja	keine Sequenzen oder Prosen
Evangelium	Kerzen- und Weihrauchgebrauch freigestellt
Nizänum	
Predigt	kann der ganzen Liturgie vorangehen
Bereitung der Elemente	unter dem Credo oder nach der Predigt
Eucharistischer Dialog	
Qui pridie (verba testamenti)	im Orationston gesungen (wie das Vaterunser)
Sanctus/Benedictus	mit Elevation
Vaterunser – Friedensgruß	als Confiteor und allgemeine Absolution gedeutet
Kommunion unter dem Agnus	freigestellt: Domine Ihesu Christi, fili ..., Spendeformeln und Gesang der Communio
Salutatio – Benedicamus	statt Ite missa est
Postcommunio	
Segen	fakultativ der aaronitische Segen

Luther wünscht wohl deutsche Lieder im Anschluss an das Graduale, das Sanctus und das Agnus Dei, aber davon gibt es 1523 noch nicht genug. Die Durchsicht dieser Wittenberger Messordnung ergibt folgende Besonderheiten:

- Die schroffe Kampfstellung Luthers gegen jede Rede von Darbringung und Opfer hat erstmalig zur Streichung aller Gebete des Kanons außer den verba testamenti geführt.
- Das alte Eucharistiegebet ist aber in der Sequenz Dialog – (Kurz-)Präfation – Einsetzungsbericht (mit relativischem Anschluss) – Sanctus durchaus noch erkennbar. Die verba testamenti sind umrahmt von Danksagung und Lobpreis.
- Die ungewöhnliche Umstellung des Sanctus lässt sich vielleicht aus dem Vorgang der Neuordnung erklären: Nachdem Luther die anderen Gebete des Kanons gestrichen hatte, sollten die verbleibenden verba testamenti nicht ohne organische Verbindung mit der Präfation sein, die mit ihrer Schlussformel *per Christum dominum nostrum* einen guten Anknüpfungspunkt für die beibehaltene relativische Einleitung *qui* bot. Ob dies auch theologische Gründe hatte – nach Luther wird *finita benedictione* mit der Elevation beim Sanctus/Benedictus der sakramental kommende Christus demonstriert (vgl. DM 1526) – oder ob es sich nur um eine »Notlösung« handelte (Brunner 1949, 69 f.), mag offen bleiben.
- Das Vaterunser (ohne Embolismus) wird wegen seiner 5. (Vergebungs-)Bitte mit dem als Absolution gedeuteten Friedensgruß zusammengebunden als »einzigartige und höchst würdige Vorbereitung auf den Gang zum Tisch des Herrn«.

b. In seiner *Deutschen Messe von 1526* legt Luther zunächst Grundsätze zur Erstellung und Gültigkeit liturgischer Ordnungen dar, wobei die Rechtfertigungslehre bestimmend ist: Die evangelische (1) Freiheit (»ja keyn nöttig gesetz draus machen noch yemands gewissen damit verstricken odder fahen«) findet ihre Grenze (2) an der Liebe (Wo »sich die menschen ergern odder yrre werden uber solchem mancherley brauch, sind wyr warlich schuldig die freyheyt eynzuzihen«). Dazu kommen (3) Einheit (»feyn were es, wo ynn eyner iglichen hirschafft der Gottsdienst auff eynerley weyse gienge und die umbligende stedlin vnd dörffer mit eyner stad gleych bardeten«) und (4) Ordnung (die »eyn eusserlich ding« ist, es »stehet und gilt keyne ordnung von yhr selbs etwas, ... sondern aller ordnunge leben, wirde, krafft und tugent ist der rechte brauch«, WA 19,72 f. 113). Aus diesen Grundsätzen erklärt sich – neben anderen Gründen (z.B. landesherrlicher Summepiskopat) – die Vielfalt evangelischer Kirchenordnungen und die unterschiedliche Praxis. Das *ius liturgicum* wird später nur mehr im Zusammenwirken aller Ebenen wahrgenommen mit der Konsequenz, dass die Gültigkeit der Ordnung an die Rezeption durch die Einzelgemeinde gebunden ist (vgl. dazu Schmidt-Lauber 1990, 104–110). Der Gottesdienst »Des Sontags fur die leyen« nimmt folgenden Verlauf (Text: Herbst 69–87):

Introitus	Lied oder deutscher Psalm im 1. Ton
dreimaliges Kyrie	das Gloria wird nicht erwähnt
Kollekte	
Epistel	im 8. Ton gesungen
Lied	z.B. »Nun bitten wir den hl. Geist«
Evangelium	im 5. Ton gesungen
Credo	Luthers Lied »Wir glauben all an einen Gott«
Predigt	über das Tagesevangelium
Bereitung der Elemente	unter dem Credo oder nach der Predigt
Vaterunserparaphrase und Vermahnung	
»das ampt und dermunge«:	von terminatio, Konsekration
Verba testamenti und Austeilung	im 1. Evangelienton gesungen
I. Brotteil mit Elevation	dabei das deutsche Sanctus oder »Gott sei gelobet«
und Austeilung oder	oder »Jesus Christus, unser Heiland«
II. Kelchteil mit Elevation	dabei Rest der genannten Lieder
und Austeilung	oder das deutsche Agnus Dei
Dankkollekte	
Aaronitischer Segen	

Bei der Einordnung dieser Wittenberger Deutschen Messe sollte zunächst bedacht werden:

- Die DM 1526 dürfte kaum ein vollständiges liturgisches Formular gewesen sein, denn sie schweigt über eine Reihe von Bestandteilen, deren Fehlen schwer vorstellbar ist (z.B. Gloria, Vaterunser als Gebet, Fürbitten).
- Sie wurde von keiner Kirchenordnung unverändert übernommen (Brunner 1949, 31).
- Sie ist nie als einzige Ordnung gedacht gewesen (vgl. die Überschrift). Luther lag daran, dass die FMC 1523 »nicht auffgehaben odder verendert« wird, vor allem wegen der lateinischen Sprache (»denn es ist myr alles umb die iugent zu thun«, WA 19,74,1 f.).
- Andererseits hat die DM 1526 aber zweifellos exemplarischen Charakter gewonnen, vor allem wegen ihrer theologischen Aussage, auf die noch näher einzugehen ist.

Eindrucksvoll ist die aktive Beteiligung der Gemeinde an der ganzen (gesungenen) Liturgie durch das Gemeindelied. Der erste Teil zeigt wieder keine wesentlichen Abweichungen von der Tradition. Dagegen gehen die Streichungen und Änderungen im Abendmahlsteil noch erheblich über diejenigen der FMC 1523 hinaus. Bei Durchsicht dieser deutschen Messordnung fällt auf:

- Die eine Vaterunserparaphrase einschließende *Vermahnung ersetzt die Präfation*, ein primär homiletisches Element den letzten Rest der Danksagung, ein auffälliger und folgenschwerer Paradigmenwechsel. Dabei erliegt Luther dem fundamentalen spätmittelalterlichen Missverständnis der Präfation als Vorrede oder Einleitung, das die Vorsilbe »prae« zeitlich deutet statt räumlich – »vor Gott und der Gemeinde« (die Danksagung aussprechen). Luther schreibt am 26.3.1525 an den Zwickauer Pfarrer Nikolaus Hausmann, dem er 1523 seine FMC gewidmet hatte: »Praefacio, quam latine ibi inceptam puto ›Dominus vobiscum, Sursum corda‹ etc., vnde & praefacio dicitur, Sic germanice dici potest: Allerliebsten freunde ynn Christo! Ihr wisset ...«, (WA.B 3,462,11 f.). Schon die gallischen Liturgien unterschieden die Präfation als Vorrede oder Einleitung vom Hauptgebet (vgl. Jungmann II,128–133). Albertus Magnus (†1280) verstand die Präfation als Vorrede zwecks öffentlicher Belehrung des Volkes über die Erhabenheit des Sakramentes (de sacrificio missae 3,1, op. omnia 38 [hg.v. Borgnet, Paris 1899] 81; zum Ganzen Meßner 84 f.).
- Auf der anderen Seite erhält die Elevation –, in der FMC 1523 nur »propter infirmos« beibehalten – jetzt eine positive eucharistische Funktion, die einer zeichenhaften Anamnese.
- Die *verba testamenti* sind nicht mehr ins Eucharistie*gebet* mit vielen Zusätzen eingebunden, sondern ausschließlich aus biblischem Wortlaut zusammengestellter Einsetzungs*bericht*, der nach Streichung des Kanons neu einsetzt (in grammatisch ungewöhnlicher Form): »Unser Herr Jesus Christus, in der Nacht ...«. Luther versteht die verba testamenti in liturgischer Funktion (1) als Einsetzungsworte, mit denen Christus das Mahl stiftet, (2) als Vollzugsworte, bei deren Rezitation der Herr selbst konsekriert, und (3) als Testamentsworte, mit denen des Herrn Tod verkündigt wird (Knolle 94–101; Schmidt-Lauber 1957, 93–108).
- Mit der unmittelbaren Verbindung von Konsekration durch die verba testamenti und Austeilung hebt Luther das *Konstitutive des Abendmahls* hervor. Dieses wird durch die separate Konsekration von Brot und Wein mit jeweils sofortiger Austeilung – die Luther schon in der FMC 1523 freigestellt hatte (WA 12,214) – noch unterstrichen, ein Brauch, der die äußerste Zuspitzung des Bemühens um Nähe zum Stiftungsgeschehen markiert.

c. Die beiden liturgischen Hauptschriften Luthers haben im Reformationsjahrhundert auf die Ausbildung von *zwei Liturgiefamilien* Einfluss genommen: Die Kirchenordnungen Norddeutschlands aus der Feder von *Johannes Bugenhagen* sind von der DM 1526 geprägt und verbinden die Einsetzungsworte unmittelbar mit der Kommunion. Die Konsekration und Kommunion erst des Brotes und danach des Kelches mit zweimaligem Gang der Gemeinde zum Altar wurde jedoch nur von wenigen frühen Kirchenordnungen übernommen (z.B. Braunschweig 1528: CD I,49), sie konnte sich schon aus praktischen Gründen nicht auf Dauer durchsetzen. Dieser Typus findet sich im 20. Jh. als Form A der Agende I (68*–70*), in der EA nur mehr als Variante C 1: Vaterunser – verba testamenti – Kommunion unter Gesang des Agnus, im EGb aber wieder aufgewertet als »Abendmahl. Zweite Form« (121–127).

Eine andere Gruppe, *Brandenburg-Nürnberg 1533* mit ihren Verwandten Kurbrandenburg 1540 und Pfalz-Neuburg 1543, folgt der FMC 1523: Präfation/Sanctus – (gelegentlich Postsanctus) – verba testamenti – (gelegentlich Anamnese) – Vaterunser – Agnus. Dieser Typus wird die vor allem in Süddeutschland bevorzugte Form B der Agende I. In der EKU-Agende I, in der die altpreußische Agendenreform nachwirkt, ist sie schon die »Erste Form«. Wie schon in der EA, so gehört nun das Eucharistiegebet dann zur Grundform I des EGb.

Der oberdeutsche Protestantismus und der *Calvinismus* entwickeln für den dort seltener gefeierten Abendmahlsgottesdienst eigene Formen, die den lutherischen ähneln bei einigen Umstellungen, etwa mit folgendem Verlauf: Kirchengebet – Vaterunser – Apostolikum – verba testamenti nach I Kor 11 – Vermahnung – Austeilung (dazu Ps 138 – Dankgebet – Segen). Württemberg führt 1945 den Messtyp mit Präfation und Sanctus ein.

Die *anglikanische Kirche* ist mit ihrem *Book of Common Prayer* eigene Wege gegangen. Cranmer zeigt sich 1549 noch sehr dem altkirchlichen Erbe verbunden, 1552 dominieren schon calvinistische Einflüsse, 1662 erfolgt der vorläufige Abschluss. Nach langer Vorarbeit erscheint 1980 *The Alternative Service Book* mit ökumenischer Offenheit, größerer Variabilität und neuer Leseordnung und 2000 wird der *Common Worship* in regionalen Ausgaben eingeführt.

3. Will man die *Bedeutung der reformatorischen Liturgik* aufzeigen und dann auch *ihre Grenzen* erkennen, so muss man davon ausgehen: Der Reformation ging es um die *Sicherung des Stiftungsbezugs* angesichts der den Sinn der Eucharistie verdunkelnden Messinterpretation und vor allem der Praxis ihrer Zeit durch Vorrang der verba testamenti vor allem Beten und Handeln. Das war allerdings keine neue Theologie. Die Reformation verblieb in der im 4. Jh. angelegten abendländischen Tradition mit ihrer immer stärkeren Hervorhebung der Herrenworte als der *verba consecrationis*, nur dass sie diese radikalisierte durch geniale Reduktion der Abendmahlsliturgie auf schließlich nur noch Einsetzungsworte und Austeilung. Zwar ist die theologische Motivation eine andere als die der mittelalterlichen Kirche, aber mit der völligen Isolierung der verba testamenti erfährt die westliche Konsekrationstheologie eine letzte Zuspitzung, deren Folgen der römischen Liturgie nur wegen des Beharrungsvermögens der liturgischen Form erspart geblieben sind. Es war die Reformation, die trotz ihres theologischen Aufbruchs in der Gottesdiensttheologie liturgisch paradoxerweise den Weg Roms zu Ende ging.

Luthers Leitidee war dabei »Zurück zur ersten Messe Christi«: »yhe neher nu unßere meße der ersten meß Christi sein, yhe besser sie on zweyffel sein, und yhe weytter davon, yhe ferlicher« (WA 6,355). Den *simplicissimus ritus*, dem später viele Zusätze beigemengt wurden, gilt es wiederherzustellen (WA 8,435). Wir werden jedoch darauf verzichten müssen, dem NT direkte Anweisungen zur Liturgie des christlichen Gottesdienstes entnehmen zu wollen. Der Versuch, zum »einfachen Ritus« der Urgemeinde zurückzukehren, bleibt hinsichtlich der liturgischen Konkretion eine unerfüllbare Idealutopie. Aber an einigen positiv gewerteten »Zusätzen der frühen Väter« wie Sanctus, Agnus Dei und Communio (WA 12,206 f.) wird deutlich, dass es Luther nicht um einen nur historisch ausgerichteten Rückbezug auf das Stiftungsmahl ging und auch nicht eigentlich um die liturgische Gestalt, mit der er im Übrigen recht frei verfuhr, sondern um die systematisch-grundsätzliche Frage nach der Legitimation unseres Abendmahls. Darin hat die Reformation bleibende und bis heute auch in die Ökumene hineinwirkende Impulse gegeben.

Wenn aber die verba testamenti als die besonderen Worte Jesu über Brot und Wein einen nicht nur die Liturgie insgesamt begründenden, sondern auch diese exklusiv darstellenden Rang erhalten, dann werden die Grenzen einer solchen Theologie überschritten. Zum einen kann das Abendmahl nicht auf die konsekrierten Elemente und deren Empfang reduziert werden, das ganzheitliche Verständnis der Stiftung muss in der Feier je neu entfaltet werden. Zum anderen gibt der Einsetzungsbericht deutliche Handlungsanweisungen, die nicht schon mit der Rezitation des Berichtes erfüllt sind: Dass Brot und Wein genommen werden, dass über ihnen das Dankgebet gesprochen wird, dass das Brot gebrochen wird und dass Brot und Wein ausgeteilt und empfangen werden, ist Auftrag der Gemeinde. Das Gotteslob über den Gaben, das in der jüdisch-christlichen Tradition der בְּרָכָה/εὐχαριστία (b^erakah/Eucharistia) die Danksagung für das Heilshandeln Gottes zum Inhalt hat, ist zentraler und unerlässlicher Teil des stiftungsgemäßen Handelns der Gemeinde. Ihr Ersatz durch die Rezitation der Herrenworte kann aus eben diesen Worten Christi schwerlich legitimiert werden. Christus hat nicht gesagt »Solche

Worte sprecht«, sondern »Solches *tut* zu meinem Gedächtnis«. Es gibt bis heute Liturgien, z.B. ostsyrische wie die nach Addai und Mari benannte (Belege bei Meyer 1989, 99), in denen der Stiftungsbericht nicht enthalten ist und die jetzt auch der Vatikan nach dem Votum der Kongregation für die Glaubenslehre vom 17.1.2001 als gültig anerkannt hat (KNA.D 1/2002 2 f.).

Die Erinnerung an ein ganzheitliches Eucharistieverständnis ist im lutherischen Bekenntnis durchaus vorhanden und damit auch der Ansatz zur Überwindung der westlichen Engführung, die der Protestantismus aus der abendländischen Tradition ererbt hat und mit Rom teilt: Die Konsekration geschieht zwar »nicht anders, denn durch Wiederholung und Erzählung der Wort der Einsetzung ... Aber dieser Segen oder die Erzählung der Wort der Einsetzung Christi ... macht allein keine Sakrament, sondern es muss der Befehl Christi: *das tut*, welcher die ganze Action oder Verrichtung dieses Sakraments, dass man in einer christlichen Zusammenkunft Brot und Wein nehme, segene, austeile, empfahe, esse, trinke und des Herrn Tod dabei verkündige, zusammenfasset, unzertrennet und unverrücket gehalten werden« (FC SD 7,82–843; BSLK 1000). Im lateinischen Text heißt es: »benedictio seu recitatio verborum institutionis Christi«, die beiden Begriffe Segnung und Rezitation werden also synonym gebraucht. Damit entsteht ein gewichtiges exegetisches Problem: Bezieht sich das in den Einsetzungsberichten genannte »dankte« (εὐχαριστήσας: I Kor 11,24; Mk 14,23; Mt 26,27; Lk 12,19, zusätzlich εὐλογήσας: Mk 14,22; Mt 26,26) auf die sog. »Deuteworte« Jesu – oder handelt es sich nicht vielmehr um zwei aufeinander folgende Akte? Die Exegeten sind sich heute darin einig, dass die Rezitation das Danksagen nicht ersetzen kann. So eindrucksvoll die Reduktion der Abendmahlsliturgie auf Christusworte und Spendung im Kampf gegen priesterliches Opferwesen gewesen sein mag, als liturgisches Formprinzip wird sie der Stiftung nicht mehr gerecht. An dieser für die liturgische Gestalt der Eucharistie ebenso interessanten wie wichtigen Frage entzündet sich die neuere dogmatische und liturgiewissenschaftliche Diskussion um das Eucharistiegebet als ein Konstitutivum der Abendmahlsliturgie, die längst die Konfessionsgrenzen hinter sich gelassen hat.

III. Neue Erkenntnisse und Perspektiven

A. Eucharistie als Christusanamnese

»Das Verständnis unserer gottesdienstlichen Formen hat vor vierzig Jahren eine radikale Umwandlung erfahren, als jemandem der Gedanke kam, dass Jesus Jude war«, erklärte Gregory Dix 1949 (nach Talley 93). Es gehört die Entdeckung des Zusammenhangs der christlichen mit der jüdischen Liturgie und insbesondere der hebräischen Denkstruktur des »Gedächtnisses« im זָכַר*(zakar)*/ἀνάμνησις-Geschehen zu den bemerkenswertesten neueren Forschungsergebnissen.

Der Anamnesenbefehl »Solches tut zu meinem Gedächtnis« (I Kor 11,24 f.; Lk 22,19) wurde früher verstanden im Sinne einer »Wiederbelebung verblichener Eindrücke durch einen bestimmten Willensakt« (Behm 351 f.), als geistige Vergegenwärtigung zeitlich zurückliegender Ereignisse und Personen. So findet sich der Begriff *memoria* auf Grabinschriften und in Stiftungsurkunden antiker Totengedächtnismahlzeiten. Noch bei Hans Lietzmann ist das Abendmahl »als ein ›Gedächtnis‹ für einen Abgeschiedenen charakterisiert und damit in einen ganz bestimmten Typus von religiösen Mahlzeiten eingereiht, die in der griechisch-römischen Welt allenthalben üblich sind. Da sehen wir deutlich hellenistische Einflüsse am Werk« (223).

Nach hebräischen Denkvoraussetzungen und Vorstellungsformen gehört זִכָּרוֹן (*zikkaron*), das hebräische Äquivalent zu ἀνάμνησις (Gedächtnis), aber in einen viel umfassenderen Vorstellungskomplex, als ihn unser heutiges »Erinnern« oder »Gedenken« zu erschließen vermag (vgl. dazu Eising): Im profanen wie religiösen Leben ist das Gedenken menschlicher

Subjekte bereits ein sehr reales Geschehen: Joseph bittet den mitgefangenen Obermundschenk, seiner zu »gedenken«, wenn er in Gnaden wieder am Hof angenommen ist, der aber »dachte nicht« an Joseph (Gen 40,14.23; 41,9). Das Gedenken soll also reale Folgen auslösen, das Nichtgedenken lässt die Lage des unschuldig Gefangenen unverändert. Die Mahnung an das Volk, des Heilshandelns Gottes zu gedenken, wie wir es besonders im Deuteronomium finden (Dtn 5,15; 7,18; 8,2.18; 9,7; 15,15; 16,3.12; 24,18.22; 32,7), lässt das bloße Registrieren zurückliegender Ereignisse nicht zu. Das Objekt, die Heilstat Gottes, soll so gegenwärtig werden, dass sich konkrete Folgen für das religiöse und sittliche Leben der Gedenkenden ergeben. Noch deutlicher wird der Realismus des Gedenkens, wenn Gott selbst Subjekt oder Objekt des *zakar*-Geschehens ist. Die Bitte: »Gedenke, Herr, an deine Barmherzigkeit und an deine Güte« (Ps 25,6), heißt: Gott möge eingreifen, helfen, vergeben. Dass Gott an Noah »gedachte« (Gen 8,1), löst eine »Wendung zum Heil hin, zum Heil bis auf Jesus Christus hin« aus, und diese »kann von keiner anderen Tatsache her begründet werden, als von da her, dass Gott an Noah gedachte«, kommentiert Gerhard von Rad (1953, 106). Gottes Gedenken garantiert das Wirksamwerden des Bundes mit Noah und den Erzvätern wie des Sinaibundes.

Am deutlichsten tritt die Eigenart des *zakar*-Geschehens im Kultus zutage. Das seltsame »Eifersuchtsopfer«, ein Erinnerungsopfer des an der ehelichen Treue seiner Frau zweifelnden Mannes bringt die eventuelle Missetat so »in Erinnerung«, dass sie im kultischen Ritus reale Folgen zeigt (Num 5,15–29). Am wichtigsten für den Realitätsbezug des *zakar*-Geschehens sind aber Israels kultisch begangene Feste. In ihnen ist das Entscheidende, dass Gott »dabei ›kommt‹ und sich ›offenbart‹, in neuschaffender, siegender Tat zeigt, wer er ist. [Im Kultus] wird die Vergangenheit wiederholt und die Zukunft geschaffen ... Vergangenheit, Gegenwart und Zukunft verschmelzen im ›Heute‹ des Festerlebnisses in eins« (Mowinckel 77.79). Das Seder-Mahl am Pesachfest wird nach Ex 12,14 so gefeiert, als ob man selbst aus Ägypten ausziehen würde (Pessach-Hagada 29). Exodus, Bundesschluss am Sinai und neues heilschaffendes Kommen Gottes, vergangenes, gegenwärtiges und zukünftiges Handeln Gottes fallen »im Erleben des Kultus ... zu einer unerhörten Aktualität für den Glauben« zusammen (von Rad 1971, 26). *Zikkaron* wird so zum »Grundwort alttestamentlicher Kulttheologie, das bewahrendes Weitersagen untrennbar verbindet mit dem aktuellen Wirklichkeitsbezug des geschichtlichen Heilsereignisses« (Hilberath/Schneider 308; zum ntl. Anamnesis-Begriff Chenderlin).

So ist das *zakar*-Geschehen, die jüdische Anamnese, im Unterschied zum hellenistischen Gedächtnis ein überaus dynamisches Geschehen: Es vollzieht eine reale Repräsentation vergangener Ereignisse oder Personen mit allen davon ausgehenden Wirkungen und ist zugleich der Antizipation fähig, der Hereinnahme noch ausstehender künftiger Ereignisse und Personen in die Gegenwart. Das Objekt überspringt gewissermaßen Raum und Zeit in beiden Richtungen. Wir sprechen deshalb von einer *aktiven Anamnese*. (Zum *zakar*/Anamnesis-Geschehen im Pesachfest vgl. Füglister, Segal, ferner Schmidt-Lauber 1990, 406–408).

Wenn nun die christliche Gemeinde im Gottesdienst das Gedächtnis ihres Herrn hält, dann vergegenwärtigt sie sich nicht nur immer aufs neue seinen Tod und seine Auferstehung, sondern weiß ihren Herrn gegenwärtig mit allem, was er für sie getan hat und noch tun wird einschließlich der kommenden Vollendung. Die Gemeinde ist beim Auszug in die Freiheit dabei und bei der Stiftung des Herrenmahls, sie erfährt die Gemeinschaft des Auferstandenen aufs neue, und über ihr liegt schon die Vorahnung der zukünftigen Herrlichkeit. In der Kirche wird das erste Abendmahl nicht noch einmal oder nachgebildet gefeiert, es wird *mit*gefeiert. Das Mahl des Lammes in der Ewigkeit wird nicht nur angekündigt, es wird antizipiert und verleiht dem Gottesdienst in aller Vorläufigkeit seinen Glanz.

Die Fragestellung des Tridentinums, ob die Messe nur Gedächtnis und nicht auch Opfer sei (DS 1740), wird mit dieser Erkenntnis überholt: Die aktive Anamnese, die kultische Gleichzeitigkeit und der unerhörte Realismus des Heilsgeschehens lassen es nicht mehr zu, dass die christliche Gemeinde ihren Gottesdienst wie ein Trauerritual exerziert. Wenn wir »solches zu seinem Gedächtnis« tun, ist er der Handelnde. Die Christusanamnese bewirkt jene Freudenfeier, aus der der Ruf laut werden kann: »Es komme die Gnade und es vergehe diese Welt« (Did 10,9; vgl. auch das »Komm« in den Anfängen der syrischen Epiklese: Winkler).

Aber die Mahlfeier ist nicht der einzige Ort und die einzige Weise, in der die Kirche die Christusanamnese vollzieht. Das Wesen des ganzen Gottesdienstes, zu dem die Gemeinde sich in seinem Namen versammelt, ist Christusanamnese – und besonders jede Predigt. So heißt es zu Recht in der Lima-Erklärung zur Eucharistie: »Da die ›Anamnese‹ Christi den zentralen Inhalt des gepredigten Wortes wie des eucharistischen Mahles ausmacht, stärkt eines das andere« (Lima E 12). Der Gottesdienst ist in seinem innersten Kern immer schon Gedächtnis und Christusanamnese (E 5), auch wenn es in seiner Liturgie keine ausgeführte Anamnese gibt. Weil aber diese eine Grunddimension gerade der Eucharistie ist, sollte eine ausformulierte Anamnese dem im Eucharistiegebet angemessenen Ausdruck geben.

Die lutherische Tradition ist an liturgischen Ausdrucksformen für die Anamnese sehr arm geblieben. Nur vereinzelt wurde der altkirchliche Brauch wieder aufgenommen, etwa in der schwedischen Interimsmesse von 1576, dann bei Wilhelm Löhe (83) und schließlich in der Jüngeren Liturgischen Bewegung. Heute finden wir die Anamnese in der Agende I, Form B, an der klassischen Stelle nach den verba testamenti. Die EKU-Agende I nahm anamnetische Elemente vorerst in das Postsanctusgebet (126). 1979 boten revidierte Gebetstexte zur Agende I im Rahmen der Bestrebungen zur Wiederherstellung des Eucharistiegebets fünf Anamnesentexte an (Gebete 187–195). Im EGb ist die liturgische Anamnese in allen 12 Abendmahls- bzw. Eucharistiegebeten mehr oder weniger ausführlich enthalten (80 f. 634–660). Damit bringt nun die evangelische Gottesdienstordnung zum Ausdruck, was die Eucharistie in angemessener Liturgie und auch ohne eine solche immer ist und sein wird: Christusanamnese.

B. Die Funktion des Einsetzungsberichtes

Die Forschung hat sich in den letzten Jahrzehnten verstärkt mit dem Problem befasst, das zu lösen den Generationen vor uns noch nicht recht gelingen wollte, dass nämlich der Einsetzungsbericht in vielen alten Quellen zur eucharistischen Liturgie fehlt, obwohl er bereits im NT als liturgisch geprägter Text in vier fast gleichen Versionen zu finden ist. Bis dahin hatte man die Mahlgebete von Didache 9/10, deren Quellen sicher in das 1. Jh. zurückreichen (PE 66–68; Meyer 1989, 92), und die ihr verwandte »mystische Danksagung« aus dem 7. Buch der Apostolischen Konstitutionen 25/26 (DCApo 410–414) meist einer Agape zugeordnet. Andere Deutungen sprachen den Liturgietraditionen einfach die Rechtgläubigkeit ab, deren Eucharistiegebete die verba testamenti nicht enthalten – wie der bereits genannten ostsyrischen Anaphora von Addai und Mari, aber auch der alexandrinischen Anaphora des Straßburger Papyrus gr. 254 (2./3. Jh.) –, oder in denen von der Einsetzung nur in indirekter Rede berichtet wird – wie dem ostsyrischen Fragment des aus dem 6. Jh. stammenden Manuskripts Brit. Museum Add. 14669 (PE 374–380.116–118.397–404; vgl. ferner Acta Iohannis und Acta Thomae, ebd. 74–79). Ein weiteres Beispiel der »Zwischenstufe zwischen der bloßen Allusion an das Stiftungshandeln Jesu und der Rezitation der Einsetzungsworte in direkter Rede« findet sich noch relativ spät in der ostsyrischen Anaphora des Jakob von Sarug (vor dem 9. Jh.: Meyer 1989, 99 Anm. 5.) Auch Justins Beschreibung des Eucharistiegebets (Mitte 2. Jh.) erwähnt den Einsetzungsbericht nicht, erst in Hippolyts Text (Anfang 3. Jh.) ist er enthalten. Da sich auch die Erklärung mit der

Arkandisziplin nicht halten lässt, müssen wir wohl davon ausgehen, dass die verba testamenti bis ins 3. Jh. hinein noch nicht zum Eucharistiegebet gehörten.

Wenn sich unter den ältesten Texten des NT bereits eine fest geprägte Abendmahlsparadosis befindet, diese aber über zwei Jahrhunderte in den liturgischen Texten des Abendmahls nicht auftaucht, legt sich nun die Vermutung nahe, dass der Einsetzungsbericht ursprünglich einen anderen Ort gehabt hat – und damit auch eine andere Funktion als die der Konsekration, die ihm die westliche Tradition seit dem 4. Jh. zuschreibt.

Das Ritual der jüdischen Festmahlzeit, in deren Rahmen die Stiftung des Herrenmahls stattfand, kann uns hier weiterführen. Im Eucharistiegebet ist von den ersten hinreichend aussagekräftigen Texten an bis zu den heutigen stets der Dreischritt Lobpreis, Dank und Bitte zu erkennen, den die neuere Forschung auf den Einfluss der jüdischen *birkat ha-mazôn* zurückführt, der Danksagung nach dem Mahl zum dritten Becher, dem »Kelch des Segens«. Diese beginnt mit einem dreigliedrigen Dialog zwischen dem Hausvater und der Mahlrunde: »Lasst uns Gott preisen. Gepriesen sei ...« *(birkat ha-zimmun)*. Der Nachtischsegen bestand z.Zt. Jesu aus zwei Teilen: (1) dem Lobpreis Gottes, der die Welt ernährt *(birkat ha-zan)*, und (2) der Danksagung für das Land, die Tora und die Speise *(birkat ha-aretz)*, diese Danksagung kann bei bestimmten Gelegenheiten durch Embolismen erweitert werden, in denen das Festereignis oder Heilsgeschehen weiter ausgeführt wird. Nach der Zerstörung des Tempels wurde den beiden ersten Teilen (3) die Bitte für Jerusalem *(birkat ha-Jerušalayim)* angefügt und im 2. Jh. schließlich noch eine letzte b^{e}rakah, (4) der Lobpreis Jahwes, »der gut ist und Gutes erweist« *(birkat ha-tobh we-ha-métibh*. Texte: PE 9 f.; Meyer 1989, 66 f.; heutige jüdische Feier: Pessach-Hagada 33–38. Zum Ganzen vgl. Talley 98–102). Es könnte deshalb sein, dass uns das jüdische Ritual auch in der Frage nach dem ursprünglichen Ort des Einsetzungsberichts weiterführt. Dafür bietet sich ein anderes Element der jüdischen Festmahlzeit an, die bereits erwähnte *Haggada* zum zweiten Becher vor der Hauptmahlzeit, vor allem am Pesachfest (PE 16 f.).

Die ursprüngliche Zuordnung des Einsetzungsberichts zu der dem eucharistischen Mahl vorausgehenden Verkündigung, klärt in der Tat eine Reihe von Fragen. Die zeitlich zwischen der Didache und Hippolyt gelegene Apologie I *Justins* bezieht sich auf Gebete und Danksagungen, die über Brot und Wein gesprochen werden. Die in diesem Zusammenhang zitierte Abendmahlsparadosis der Evangelien wird ausdrücklich als Begründung für die kirchliche Mahlfeier verstanden (66,3) und ist mit hoher Wahrscheinlichkeit »von der eucharistischen Eulogie ... scharf zu trennen«: »Der Einsetzungsbericht (wurde) als Festhaggada vorgetragen« (Felmy 11), er ist an Gabe und Auftrag Christi erinnernde und zugleich die Feier legitimierende Verkündigung, nicht an Gott gerichtetes Gebet, in formgeschichtlicher Terminologie Kultlegende.

Als das mit der Verkündigung verbundene Sättigungsmahl aus der Verbindung mit dem Herrenmahl entlassen wurde, war es nur allzu verständlich, dass die Abendmahlsparadosis in die eucharistische Liturgie selbst hineingelangte. Das änderte zunächst noch nichts an der die ersten vier Jahrhunderte bestimmenden Theologie, welche »die Kernhandlung (Brot- und Becherritus sowie Eucharistiegebet) insgesamt als wirksames Zeichen der communio mit dem gegenwärtigen Herrn betrachtet. Der Einsetzungsbericht und die Epiklese machen den Bezug zur Stiftung Jesu und den Glauben ausdrücklich, dass es sein Geist ist, der die communio mit Christus und unter den Christen wirkt. Die Überlegung – die schließlich zum Streit zwischen Ost und West führte –, welcher Teil des Eucharistiegebets als ›Konsekrationsformel‹ zu betrachten sei, lag der Alten Kirche fern und ist im Licht ihrer liturgischen Zeugnisse sowie der Vätertheologie als gegenstandslos zu betrachten« (Meyer 1989, 100).

Aber diese Verlagerung der Abendmahlsparadosis in die eucharistische Liturgie hinein und ihre Einfügung in das Eucharistiegebet waren von formalen wie inhaltlichen Veränderungen begleitet. Boten die Didachetexte – von Liturgiewissenschaftlern heute durchweg als Eucharistiegebete, von manchen Neutestamentlern weiterhin als Agapentexte betrachtet (vgl. Niederwimmer 176–180) – und wahrscheinlich auch noch Justins Vorlagen aneinander gereihte, christlich überformte Gebete nach dem Muster der jüdischen *birkat ha-mazôn*, jeweils mit einer Kurz-*b*[e]*raka* abgeschlossen, so findet sich seit Hippolyt zumeist ein durchgehender Text mit doxologischem Abschluss. Inhaltlich hatte die Didache den Lobpreis des Schöpfers (Eulogia), mit dem die *birkat ha-mazôn* beginnt, bereits der Danksagung (Eucharistia) untergeordnet und in den zweiten Abschnitt (10,3) eingefügt. Die Beschreibung Justins lässt über die allgemeine Thematik – Lobpreis des Schöpfers und Heilsgeschehen in Christus – hinaus keine näheren Rückschlüsse zu, wobei die Betonung trinitarischer Aussagen auffällt (65,3; 67,2).

Bei Hippolyt steht jedenfalls das klassische Grundmuster des Eucharistiegebets fest, das unter Verzicht auf den herkömmlich vorausgehenden Lobpreis des Schöpfers für die Gaben ganz von dem anamnetischen Dank für das Christusgeschehen geprägt ist. In die dabei zentrale Thematisierung des Leidens und der Auferstehung werden die verba testamenti – unter Umformung in die Gebetsanrede (»dir Dank sagend«) – eingefügt, die Anamnese schließt sich an deren Schluss »zu meinem Gedächtnis« an. Aus der traditionellen Bitte für Jerusalem ist eine Epiklese geworden, die sich aber nicht eigentlich auf die Gaben, sondern auf die feiernde Gemeinde bezieht und Fürbitte für die Einheit der Kirche und die Stärkung des Glaubens enthält. Das Eucharistiegebet Hippolyts schließt mit einer Doxologie.

Als Resultat dieser Überlegungen kann festgehalten werden: Die Rezitation der verba testamenti gehört – obwohl es sich um einen begründenden Text handelt, der sich auch zur narrativen Prädikation eignet – nicht zu dem ursprünglichen Bestand des Eucharistiegebets, sondern in die bei der Mahlfeier geschehende oder ihr vorausgehende Verkündigung. Die Einsetzungsworte sind von Haus aus kein liturgischer Text, »sondern bilden das Statut, die Stiftungsurkunde der Tischgemeinschaft« (Heidland 1974b, 16). Das Eucharistiegebet folgt in den ersten beiden Jahrhunderten der jüdischen Danksagung nach dem Mahl, die verba testamenti werden nachträglich, allgemein im frühen 4. Jh., nach Art eines Embolismus – wie im zweiten oder dritten Abschnitt des jüdischen Vorbilds *(birkat ha-mazôn)* an bestimmten Festtagen – eingefügt und verschieben die Achse der Eucharistie (Ligier 178.181 f.). So ergibt sich der Schluss: »Die Stiftung Christi wird nach den frühesten Zeugnissen, die wir besitzen, nicht dadurch ›vollzogen‹, dass man die Stiftungserzählung vorträgt, sondern dass das dadurch Gebotene getan wird« (Felmy 12).

Die westliche Theologie des Wortes muss hinsichtlich ihres Anspruchs auf die liturgische Formgebung einer Überprüfung unterzogen werden. Die Bedeutung des stiftenden Wortes Christi für die Eucharistie bleibt dabei unangetastet; sonst gäbe es kein Sakrament. Aber die Konkurrenz von Einsetzungsbericht und Eucharistiegebet war eine Fehlentwicklung, bei der sich Luther nur als »Vollender jener mit Augustin einsetzenden abendländischen Lehre von der Ausschließlichkeit der Macht des Wortes Christi im Vollzug des Sakramentes« erwies (Brunner 1954, 341). Es geht natürlich nicht darum, die jetzt zum festen Bestand des Eucharistiegebets gehörenden verba testamenti daraus zu entfernen, wohl aber den in ihnen gegebenen Auftrag zur danksagenden Christusanamnese über den Gaben angemessener zur Geltung zu bringen, als es die verengte abendländische Konsekrationstheologie zuließ, weil »stiftendes Wort Christi und Eulogie zusammengehören« (ebd. 348).

C. Der katabatische und der anabatische Aspekt – die Rede vom Opfer

Obwohl das NT für den Gottesdienst der Christen mit allen kultisch geprägten Begriffen auch den des Opfers vermeidet, setzt die Rede von der Eucharistie als einem *Opfer* der Christen (θυσία: Did 14; IgnEph 5,2; Justin, dial. 42,2) und von einer *Darbringung* (προσφορά bzw. προσφέρειν: I Clem 44,4; Justin, dial. 41,1) schon früh ein (vgl. die Zusammenstellung von *oblatio et sacrificium* bei Cyprian, z.B. ep. 63,9). Sie fehlt in keinem der ältesten Eucharistiegebete (vgl. Hippolyt, Addai und Mari, PE 81.409) und ist bis heute in der römisch-katholischen Messe und den orthodoxen Liturgien anzutreffen.

Der Protestantismus neigt dazu, diesen Vorgang als Rückfall in vorchristliche Zeiten zu werten und damit jeden positiven Zugang zur Entfaltung der Liturgie in der Geschichte zu verlieren. Dabei wird zweierlei übersehen: Zum einen ist die Aufnahme der Opferterminologie in die Liturgie der frühen Kirche geprägt von der Abgrenzung gegen das alttestamentliche Opfer. Das Opfer, das die Christen unter Bezug auf Mal 1,11 darbringen, ist das Gebet, das Lobopfer – und damit das Eucharistiegebet (vgl. Kretschmar, 1977a, 70 f.). Zum anderen kann sich eine solche Sicht nicht auf die Reformation berufen, denn diese hat den Begriff des Opfers der Christen keineswegs aufgegeben, sondern in dem Lob- und Dankopfer ganz im Sinne der Alten Kirche selbst in Zeiten härtester Konfrontation mit der zeitgenössischen römischen Messopferinterpretation festgehalten und neu formuliert. 1520 schreibt Luther, »das wir nit Christum, sondern Christus uns opffert, und nach der weyß ist es leydlich, yha nuetzlich, das wir die meß ein opffer heyßen, nit umb yret willen, sondern das wir uns mit Christo opffern, das ist, das wir uns auff Christum legen mit eynen festen glauben seynes testaments, und nicht anders mit unserm gepeet, lob und opffer fur gott erscheynen, den durch yhn und seyn mittel, und wir nit dran zweyffeln, er sey unser pfarrer oder pfaff ym hymel fur gottis angesicht« (WA 6,369). Entscheidend ist der Reformation, dass die Opfervorstellung den Antwortcharakter des Lobpreises – wie er im *gratiam referre* des Lateiners und im τὰ σὰ ἐκ τῶν σῶν (Das Deine von dem Deinen) der alexandrinischen und byzantinischen Liturgien zum Ausdruck gebracht wird – behält und dass die konsekrierten Elemente nicht mehr dargebracht werden. Ein Blick in das evangelische Gesangbuch kann die Bedeutung des Dankopfers bis heute bewusst machen.

Die Kategorie des Dankopfers entspricht dem reformatorischen Gottesdienstverständnis, das mit dem Wort-Antwort-Schema ein dialogisches Geschehen erfasst. Ob man dieses nun nach der herkömmlichen Terminologie mit sacramentum und sacrificium (ApolCA XXIV) beschreibt oder neuerdings mit einem *katabatischen* (von Gott herkommenden) und einem *anabatischen* (sich an Gott wendenden) *Aspekt*, Luthers Definition des gottesdienstlichen Geschehens in der Torgauer Formel und nun auch die fast wortgleiche Formulierung der Liturgiekonstitution des Zweiten Vatikanums (SC 33) legen den Vorrang des heilschaffenden Wortes Gottes vor der Antwort des Glaubens fest. Ohne diese Antwort kommt aber ein Dialog nicht zustande: »Gerade im Abendmahl sind Gabe Gottes und Hingabe der Gemeinde zu einer unlöslichen Einheit verbunden« (Brunner 1954, 193).

An dieser Stelle setzen heute neue Überlegungen ein. Steht die evangelische Theologie wirklich (noch) im Widerstreit mit der Theologie anderer Kirchen, sodass sie das ein für allemal dargebrachte Christusopfer schützen müsste gegen Bestrebungen, es durch eigenes Opfern zu ergänzen – was im übrigen auch in der römisch-katholischen Kirche nie etwas anderes als häretisch gewesen ist? Dies war die Herausforderung der Reformationszeit, wo aber ist der damalige Widerpart geblieben?

Der evangelisch-lutherisch/römisch-katholische Dialog auf Weltebene hat inzwischen zu einer weitgehenden Klärung des Opferverständnisses geführt. Christi Opfer »kann weder fortgesetzt noch wiederholt, noch ersetzt, noch ergänzt werden; wohl aber kann und soll es je neu in der Mitte der Gemeinde wirksam werden. Über Art und Maß dieser Wirkung gibt es ... unterschiedliche Deutungen«, aber »eine wachsende Konvergenz in vielen Fragen« begründet die »Zuversicht, auch die noch offenen Fragen klären zu können«. Das Messopfer ist nach katholischer Lehre »die Gegenwärtigsetzung des Kreuzesopfers« und wird deshalb als »eine Bezeugung und keine Infragestellung der Einzigartigkeit und Vollgenügsamkeit des Kreuzesopfers Christi« verstanden (Das Herrenmahl 1978, Nr. 56.61: Dokumente I, 288–290).

Noch deutlicher zeichnet sich ein möglicher Konsens ab in dem Bericht des Ökumenischen Arbeitskreises evangelischer und katholischer Theologen über »Das Opfer Jesu Christi und der Kirche« (1982), der das theologische Instrumentarium im 16. Jh. beeinträchtigt sieht durch von beiden Kontrahenten der mittelalterlichen »Krise der sakramentalen Idee« gezollten Tribut und der die verbleibenden Divergenzen als nun nicht mehr im Bereich des Kirchentrennenden gelegen erscheinen lässt. »Nur wenn das Handeln Gottes und die Antwort des Menschen nicht in ausschließlicher Konkurrenz zueinander gedacht werden, wenn Gottes einzigartiges Heilswirken in Jesus Christus so beschrieben wird, dass es die Antwort des Menschen nicht nur fordert und zur Folge hat, sondern zuvor überhaupt ermöglicht und trägt, lässt sich so etwas wie Teilhabe am Opfer Jesu Christi angemessen zur Sprache bringen« (Lehmann/Schlink 230.232). Ähnliche Ergebnisse erbrachten bilaterale Dialoge in anderen Ländern und zwischen anderen Konfessionen (Dokumente I, 140 f. 144 f. 152 f. 439 f. 505 f.). Damit ist nicht nur ein wichtiger Fortschritt der ökumenischen Bestrebungen der Gegenwart gelungen, auch innerhalb der Kirchen wird eine Erneuerung des Gottesdienstes nicht mehr möglich sein ohne einen informierteren und differenzierteren Umgang mit dem Opferbegriff als bislang weithin üblich. Scharf wendet sich eine gewichtige Stimme aus der Inter-Lutheran Commission on Worship (USA) gegen uneinsichtige Kritik dieser Erkenntnisse: »It is no longer defensible for Lutherans to continue their eccentric refusal to speak the language of offering and sacrifice in the Eucharist. Merely repeating medieval quarrels ... keeps Lutheranism in a linguistic time warp and turns the Lutheran movement in the church catholic into an anachronistic sect. Such fundamentalistic interpretation of the religious language does not commend the descendants of Luther, who ought to know a good deal the riches of christological metaphor« (Ramshaw-Schmidt 77 f.). In der Lima-Erklärung zur Eucharistie tritt der Gedanke des Opfers der Kirche zurück gegenüber Aussagen über das Opfer Christi: »Die Eucharistie ist das Sakrament des einzigartigen Opfers Christi, der ewig lebt, um Fürsprache für uns einzulegen«, Danksagung und Anamnese stehen an der Stelle, an der die alten Traditionen von Darbringung und Opfer der Kirche redeten (Lima E 3–13, bes. E 8.).

Methodisch noch relevanter ist die weitere Frage, ob nämlich Gottesdienst so geschieht und erfahren wird, dass erst und vor allem Gott handelt und dann schließlich auch der Mensch antworten kann mit Annahme der Gaben, Dank, Lob, Gehorsam und Gottesdienst im Alltag. Kommt nicht vielmehr schon immer jeder Christ wie die Gemeinde her von einer Gotteserfahrung, ehe der Gottesdienst beginnt? Und setzt dieser selbst nicht menschliches Reden und Tun voraus, weil er ohne dieses gar nicht zustande kommt? Die dogmatisch korrekte Sequenz »Gottes Wort – unsere Antwort« muss bei jeder sachgerechten liturgietheologischen Arbeit bedacht werden, lässt sich aber nicht unmittelbar zum formalen Ordnungsprinzip erheben.

Protestanten empfinden Reflexionen über das Tun des Menschen an der Stelle, an der alles auf Gottes Handeln ankommt, von Haus aus als ungebührlich und gefahrvoll. Diese Scheu kann aber das Gegenteil von dem bewirken, was sie zu vermeiden sucht, indem sie das für den Gottesdienst notwendige menschliche Handeln der Kontrolle entzieht. Das zeigt sich besonders deutlich an der Verabsolutierung des katabatischen Aspekts bei manchen protestantischen Kritikern Lima-Erklärung zur Eucharistie. Die richtige Intention, das Handeln Christi und der Kirche klar zu unterscheiden, führt dann faktisch zu deren Trennung, ja zu einer »Phobie vor allem Handeln der Kirche in der Eucharistie, die, als Anamnese und Epiklese verstanden, zur Selbstdarstellung der Kirche würde« (Meßner 219 Anm. 51. – Vgl. die Kontroverse zwischen

Reinhard Slenczka, Friedrich Beißer und Ernst Volk einerseits und Wolfhart Pannenberg sowie Ulrich Kühn andererseits: KuD 31 [1985] 2–64 und 32 [1986] 35–51.170–232).

Die Lösung kann nur in einer neuen Zuordnung gefunden werden. Die Lima-Erklärung sagt: »Die Eucharistie ist vor allem das Sakrament der Gabe, die Gott uns in Christus durch die Kraft des Heiligen Geistes schenkt. ... Gott selbst handelt.« Das ist der erste Satz, in dem wir das unter uns gegenwärtig werdende und uns zugeeignete Opfer Christi begreifen. Und dann lautet der zweite Satz: Die Eucharistie ist Verkündigung und Feier der Taten Gottes, Anamnese, Epiklese, Gemeinschaft, Vorgeschmack der kommenden Gottesherrschaft (Lima E 2.3). Das sind alles Dinge, die wir in der Eucharistie tun, unsere Danksagung, unsere Hingabe an Gott und an die Menschen, unsere Huldigung und Gabe – also unser Opfer. Christus schenkt sich in, mit und unter dem Handeln der Kirche – eigentümlicherweise nur so, nie ohne dieses.

Vielleicht wird es gelingen, dieses Thema auf dieser Linie zu einem Konsens zu führen, der wohl im Grunde trotz aller Abirrungen und Missverständnisse schon immer bestanden hat, wo Christen Eucharistie feierten, nur dass sie sich dessen nicht immer bewusst waren. Es könnte sein, dass ein neuer Ansatz bei dem Fragen nach dem, was im Gottesdienst geschieht, einen Zugang eröffnet zu dem, was die Liturgien seit ältester Zeit mit »offerimus tibi« aussagen wollen. Der Gottesdienst der christlichen Gemeinde beginnt, wenn und nachdem Menschen zum Glauben gerufen worden sind. Er setzt missionarische Verkündigung und Taufgeschehen voraus, ist somit selbst kein missionarisches Geschehen. Schon anlässlich der Aufzeichnung der ältesten uns überlieferten Mahlgebete wird der Zugang der Eucharistie ausdrücklich den »auf den Namen des Herrn Getauften« vorbehalten (Didache 9,5).

Gottesdienst als Zusammenkommen im Namen Jesu ist Feier des Glaubens. Gewiss ist der Glaube unverfügbare Gabe Gottes. Aber wo er geschenkt wird, setzt er in Bewegung, zuerst und vor allem zu den anderen Glaubenden und mit ihnen gemeinsam zur immer neuen Begegnung mit dem Herrn. Schon hier wird deutlich, dass man den Gottesdienst kaum zureichend beschreiben kann, wenn man ihn nur als Handeln Gottes beschreibt, ohne das Zusammenkommen der Glaubenden als Voraussetzung zu bedenken. So ungewöhnlich es für evangelische Theologen klingen mag: Gottesdienst ist zunächst ein ganz menschliches Tun, das in der Liebe zu Gott und den Geschwistern im Glauben geschieht und das von der Erwartung beflügelt wird, dass unter solchem menschlichen Tun Gott von neuem begegnet und handelt. Gottesdienst ist Feier des Glaubens, der Liebe und der Hoffnung der Gemeinde.

In all den verschiedenen Weisen, in denen Gott das Wort von der Versöhnung unter uns ausrichten lässt, nimmt er Menschen in seinen Dienst: »So sind wir nun Botschafter an Christi Statt, denn Gott ermahnt durch uns; so bitten wir nun an Christi Statt: Lasst euch versöhnen mit Gott« (II Kor 5,20). Es ist deshalb unumgänglich, dass die dogmatisch durchzuhaltende Sequenz »Wort/Antwort« ergänzt wird durch das faktische Ineinander von Gottes Wort und menschlicher Rede. Ersteres sichert die soteriologische Integrität des Gottesdienstes, dass nicht aus dem Dienst, den Gott uns darbietet, unsere eigene Leistung wird. Letzteres trägt der Weise Rechnung, in der Gottesdienst sich ereignet. Aus der Abendmahlslehre bietet sich die Begrifflichkeit »In, mit und unter« zur Verhältnisbestimmung an: In, mit und unter dem menschlichen Wort ergeht Gottes Wort; in mit und unter menschlichem Handeln handelt Gott.

D. Das Eucharistiegebet als neue Aufgabe der Liturgiewissenschaft und Praxis

Die neuen exegetischen, historischen und liturgietheologischen Einsichten, die parallel zum ökumenischen Aufbruch zuerst unter den nicht-römischen Kirchen und dann auch zusammen mit der größten christlichen Kirche gewonnen wurden, ergeben als wichtige neue Aufgabe für alle Liturgietraditionen die Arbeit am Eucharistiegebet, dessen Überprüfung, Reform oder auch

Wiedergewinnung. Seine Ablösung durch die Rezitation des Einsetzungsberichtes war eine Notlösung in der besonderen Situation des Reformationsjahrhunderts und auch nichts anderes als ein Rückgriff auf westliche Theologumena, die diese Notsituation verursacht hatten. Eine Dauerlösung kann die isolierte Rezitation des Einsetzungsberichtes schon deshalb nicht sein, weil sie dem Inhalt und Auftrag dieses Einsetzungsberichtes, genauer den Herrenworten gerade nicht folgt und somit exegetisch obsolet geworden ist. Hier liegt noch ein gut Teil systematisch-theologischer Arbeit vor uns, die seit Roman Gardine auch die Liturgiewissenschaft prägt.

So können diese Überlegungen zur Eucharistie nicht abgeschlossen werden, ohne über die historische Grundlegung des Eucharistiegebets und die theologische Bedeutung des (Dank-) Opfers hinaus nach der konkreten Struktur und Formgebung zu fragen und Ansätze in den jüngsten Liturgiereformen zu erwähnen.

1. Für die *römisch-katholische* Kirche hat das Messbuch Pauls VI. (1970, deutsch 1975) neben das »Erste *Hochgebet*«, den leicht bearbeiteten Römischen Kanon, drei weitere zur Auswahl gestellt. Das »Zweite Hochgebet« – »für Wochentage und bestimmte Anlässe« (AEM Nr. 322b), heute aber das meistgebrauchte – greift auf die klassische Anaphora Hippolyts und damit auf die älteste greifbare römische Tradition zurück, allerdings unter erheblichen Änderungen und Ergänzungen entsprechend der Forderung Pauls VI., dass auch die neuen Hochgebete das »Ingenium Romanum« tragen sollten. So wird die wiederhergestellte Geistepiklese vor die verba testamenti gerückt, nach Letzteren (wie in den anderen Hochgebeten) findet sich die aus der alexandrinischen Tradition stammende Akklamation »Deinen Tod, o Herr, verkünden wir ...«, und vor die Schlussdoxologie kommen drei Orationen für die Kirche, die Entschlafenen und die Lebenden, in denen sich das eschatologische Motiv der ältesten Zeit konkretisiert. Das »Dritte Hochgebet« sucht das Römische neu zum Ausdruck zu bringen. Es »ist dasjenige, in dem sich die römische Überlieferung und das wiederentdeckte Ideal eines Eucharistiegebets aufs beste zusammengefunden haben« (Jungmann 1970, 78) und von Cyprian Vagaggini entworfen nach den Grundsätzen: Der Heilige Geist wirkt in der Heilsgeschichte und in der Eucharistie; die Kirche bringt zunächst Christus und sein Opfer, dann sich selbst dar; die Kommemoration der Heiligen bleibt nüchtern (Vagaggini 127 f.). Das »Vierte Hochgebet«, ebenfalls nach einer Vorlage von Vagaggini, sucht den umfassenden Lobpreis der Heilsökonomie des dreieinigen Gottes aus der östlichen Liturgie in die römische Tradition einzubringen. Endlich gibt es auch regionale Hochgebete für besondere Anlässe, z.B. für die Bistümer des deutschen Sprachgebietes eines zum Thema »Versöhnung«, drei für Messfeiern mit Kindern sowie eines für Messfeiern mit Gehörlosen (Fünf Hochgebete). Die neuen römisch-katholischen Eucharistiegebete zeigen folgende Struktur:

I. Lobpreis und Dank:
Präfation/Sanctus
Postsanctus, Überleitung zur (Wandlungs-)Epiklese
Einsetzungsbericht
Anamnese
Darbringung der Opfergabe
(Annahmebitte 2. und 4. Hochgebet)

II. Bitte
für die Anwesenden,
für die ganze pilgernde Kirche,
die Welt (3. Hochgebet),
alle gutwilligen Menschen (4. Hochgebet)

III. Schlussdoxologie

Bedeutsam ist, dass mit der Wahlmöglichkeit zwischen verschiedenen Hochgebeten das tridentinische Konzept der Einheitsliturgie verlassen und das Genus Liturgie als sich nur im Plural von Liturgien darstellend erkannt wurde. Daraus erklärt sich auch das Bestreben, die Liturgien in ihrer ökumenischen Vielfalt gemäß der Liturgiekonstitution (SC 4) zu würdigen und den Reichtum anderer Kirchen der eigenen Tradition zu erschließen. Dieser Durchbruch wird in seiner Bedeutung auch dadurch nicht eingeschränkt, dass einzelne Aussagen noch kritischer Hinterfragung bedürfen. Das geschieht auch in der römisch-katholischen Theologie mit der Kritik an Darbringungsaussagen der neuen Hochgebete. Während Hippolyts Anamnese ganz im Einklang mit der altkirchlichen Theologie »Brot und Wein« darbringt, sind es im Zweiten Hochgebet schon »Brot des Lebens und Kelch des Heiles«, und im Vierten Hochgebet heißt es gar: »So bringen wir dir seinen Leib und sein Blut dar, das Opfer, das dir wohlgefällt und der ganzen Welt Heil bringt.« Das Votivhochgebet »Versöhnung« versteigt sich gar zu der Aussage: wir »bringen dir dar, was du uns gegeben hast: das Opfer der Versöhnung« – eine »schockierende Formulierung« und »ernsthafte ökumenische Belastung« (Meßner 211). Die Verwechslung der consecranda mit den consecrata im Offertorium hat es vorher nie gegeben!

Hingewiesen werden sollte auf die Neufassung der dem Eucharistiegebet vorausgehenden Gabenbereitung. Hier ist die alte Annahmebitte des *Suscipe*, die von »makelloser Opfergabe« und »darbringen für« redete, einer vorbildlichen, ganz schlichten Gabendarbringung im Sinne der altkirchlichen Liturgien gewichen.

2. In den *Kirchen der Reformation* ist das Eucharistiegebet teils schon länger vorhanden gewesen – wie z.B. in der anglikanischen Tradition –, teils in Resten – etwa mit der Präfation oder einem Abendmahlsgebet – tradiert worden, auf jeden Fall aber fast überall in Verbindung mit den neueren Liturgischen Bewegungen der verschiedenen Konfessionen und Regionen eingeführt oder ergänzt worden. Die Reformationszeit ist inzwischen umfassend dokumentiert (CD I; dazu Schulz 1991).

Die neuere Entwicklung führt von der Einführung eines »Weihegebets« am Ende des 19. Jh. in Deutschland über das Eucharistiegebet im *Book of Common Order* der (presbyterianischen) Church of Scotland (1940), den Entwurf von 1947 zum späteren *Service Book* (1958) der nordamerikanischen Lutheraner und die Liturgie der Kirche von Südindien (1950) bis zur ersten deutschen Nachkriegsliturgiereform, vor allem zur (Lutherischen) Agende I (Form B: Postsanctus/Epiklese vor, Anamnese/Vollendungsbitte nach den verba testamenti) und der EKU-Agende I (Erste Form: Postsanctus/Anamnese/Epiklese vor den verba testamenti). Schließlich haben die neun in der Consultation on Church Union (COCU) zusammengeschlossenen nordamerikanischen Kirchen mit 26 Millionen Mitgliedern ein ausführliches Eucharistiegebet mit der Gemeindeakklamation in ihrer gemeinsamen Gottesdienstordnung (1965) herausgegeben, das später eine der Vorlagen für die Lima-Liturgie (1982) wurde. Man ist versucht, im Blick auf die nachkonziliaren römisch-katholischen Eucharistiegebete angesichts dieser *vor* dem Zweiten Vatikanum gelegenen weltweiten evangelischen Entwicklung »von einer ökumenischen Konvergenz in Richtung auf bereits vorliegende evangelische Vorgaben zu sprechen« (Schulz 1997, 203; vgl. zu diesem Absatz 200–204, Texte 216–221; Nachweise ebd.).

Die Rezeption des Eucharistiegebets in den nicht-römischen Kirchen hat in der Zeit *nach* dem Konzil – sicher nicht ohne dessen Impulse über die Konfessionsgrenzen hinweg – zu einer außerordentlich intensiven »zweiten Phase ökumenischer Konvergenz« geführt (Schulz, ebd. 204). Im deutschsprachigen Raum übernahm die EKU 1971 sechs römisch-katholische Eucharistiegebete, allerdings ohne Epiklesen, Oblationen und Interzessionen (Gebete zur Ergänzung 146–153). 1979 erschienen in revidierten Gebetstexten zur Agende I fünf neue Eucharistiegebete (Gebete 186–195). Die reformierte Kirche der deutschsprachigen Schweiz veröffentlichte 1983 drei Eucharistiegebete, davon zwei nach römisch-katholischen Vorlagen (Liturgie 3, 152–160. 166–169. 235–237). Im anderssprachigen Europa erhielten die niederländischen Reformierten 1978 ein Gottesdienstbuch mit sieben allgemeinen und 21 de-tempore-Texten, die tschechische Brüderkirche 1983 zwei, die französische Reformierte Kirche 1982 fünf, die französischsprachigen Reformierten der Schweiz 1986 drei, die Lutheraner in Schweden 1987 acht Eucharistiegebete, die Lutheraner in Frankreich 1983 neben einem allgemeinen Formular 10 Epiklesen und 19 Anamnesen, das methodistische *Service Book* von 1975 ein, das anglikanische *Alternative Service Book* 1980 vier Eucharistiegebete. In den USA hat sich das Eucharistiegebet im Lutheran Book of Worship 1978, im Book of Common Prayer der Episcopal Church 1979, im Liturgiebuch der Methodisten 1974, in dem der Presbyterianer 1984 und in der United Church of Christ 1986 in reicher Vielfalt eingeführt, ebenso wie in der Uniting Church in Australien 1988. Die Gesamtzahl der in Europa und in den USA rezipierten neuen evangelischen Eucharistiegebete ... beträgt über 100 Texte (Schulz 1997, 20; vgl. zu diesem Absatz 204–208; Nachweise ebd.).

In den USA, in England und in Irland gibt es ferner Arbeitsgruppen von Mitgliedern aus verschiedenen Konfessionen, die »ökumenische« Eucharistiegebete hervorbringen. In diese Kategorie gehört auch die sog. »Lima-Liturgie«, die in ihrer Bedeutung allerdings nicht der Konvergenzerklärung zur Eucharistie (Lima E) gleichgestellt werden darf und eine Konferenzliturgie, keine bodenständig gewachsene Liturgie ist (vgl. Schulz 1997, 211 f.). Es versteht sich von selbst, dass für die Reformationskirchen kein den römisch-katholischen Eucharistiegebeten vergleichbares Aufbauschema erstellt werden kann. Aber die Themen Danksagung, Anamnese, Epiklese und Bitte um Vollendung finden sich stets.

3. Für Deutschland ist vor allem das EGb 1999 der EKU und VELKD mit einer ebenso umfangreichen wie vielseitigen Sammlung von 12 Eucharistiegebeten zu nennen. Aber auch die beiden Zusammenschlüssen nicht zugehörigen Landeskirchen haben in neuere Agenden mehr oder weniger ausführliche Eucharistiegebete aufgenommen, z.T. in engem Kontakt mit der LLK und später den Arbeitsgruppen der EA und deren Ergebnissen. Bemerkenswerte Beispiele bieten das Württembergische »Kirchenbuch« schon 1972, dann 1987, Kurhessen-Waldecks »Agende I-2« 1996, Baden 1996, Pfalz 2000 und die »Reformierte Liturgie« 1999 wie auch die bereits erwähnte »Liturgie 3« der deutschsprachigen reformierten Schweiz. Dass die beiden zuletzt genannten Gottesdienstbücher den Titel Liturgie tragen, ist Zeichen einer frühen und bewussten ökumenischen Öffnung dieser reformierten Kirchen.

a. Die *Eucharistiegebete des EGb* sind in einem sich über fast zwei Jahrzehnte hinziehenden spannungsreichen Prozess herangereift, in dem vor allem in der letzten Phase ökumenekritische Stimmen zu Wort kamen. Sie repräsentieren so einen – respektablen – Kompromiss zwischen ökumenischem Aufbruch und konfessioneller Besorgnis. Die theologische Situation hat sich in dieser Zeit erheblich verändert. Der aufkommende Feminismus forderte inklusive Sprache, frauengerechte Texte und biblische Gottesbilder in der Gottesanrede, die Arbeitsgemeinschaft Christen-Juden Bezugnahme auf die bleibende Erwählung Israels und Verzicht auf Judenmission. Auch die Gebetssprache hat sich geändert, und inhaltlich gibt es manche neuen Akzente. So ließ wachsende Sensibilität gegenüber dem autoritären Gefälle Herr-Sklave die Verwendung des Kyrios-Titels problematisch werden. Dass es sich hierbei um das urchristliche Grundbekenntnis handelt, geriet in Vergessenheit. So nimmt es nicht wunder, dass sich das EGb von der EA auch und gerade in den Eucharistiegebeten auffällig unterscheidet.

Das wird schon an der zunächst unwesentlich erscheinenden Änderung der Überschrift Eucharistiegebet in »Abendmahlsgebet (Eucharistiegebet)« bzw. »Großes Lobgebet zum Abendmahl« deutlich (633). Ganz anders motivierte Gebete, wie sie etwa in der oberdeutschen Tradition gebräuchlich sind, erhielten die gleiche Überschrift »Abendmahlsgebet«, wenn auch mit dem in Klammern gesetzten Zusatz »Grundform II« (666). Zwischen Letzteren und der herkömmlichen, neutestamentlich-altkirchlich begründeten Danksagung über den Gaben kann so nicht mehr sachgerecht unterschieden werden. Der Wechsel der Bezeichnung ist ein erstes

Indiz für den Versuch der zweiten Arbeitsgruppe, einer grundlegenden Kritik Rechnung zu tragen, die den Verkündigungscharakter des Herrenmahls gegen den eucharistischen Charakter des Herrenmahls ausspielt und sich nach Erscheinen der EA heftig zu Wort meldete. Der angestrebte Ausgleich zwischen den widerstreitenden Richtungen führte einerseits zu Abstrichen an der EA, andererseits zu intensiver Bemühung um neue Texte.

Jedoch hat sich mit dem drei Jahre nach dem EGb erschienenen Ergänzungsband (Erg/EGb) die Situation wieder deutlich zugunsten des ökumenischen wie des liturgiewissenschaftlichen Konsenses gewandelt: Drei vom EGb nicht übernommene Eucharistiegebete der EA sind wieder da, dazu weitere klassische und neue Texte. Sicherlich hat der von einem Ausschuss erstellte und von beiden Kirchenleitungen herausgegebene Erg/EGb nicht die gleiche Autorität wie das von den Synoden beschlossene EGb. In der Praxis wird sich dieser Unterschied aber kaum auswirken. Wer zum EGb greift, wird auch den Erg/EGb benutzen. Damit steht jetzt die erstaunliche Zahl von 23 Eucharistiegebeten – 12 im EGb, 11 im Erg/EGb – zur Verfügung.

Vor weiterer Erörterung der theologischen Situation sollten die Eucharistiegebete des EGb bedacht werden. Dazu liegt eine gründliche Untersuchung von Jörg Neijenhuis vor, die den Weg der Agendenreform vom Vorentwurf bis zum endgültigen Entwurf darstellt und eine Reihe von erhellenden Zusatzinformationen verfügbar macht. Die fünf aus der dem Vorentwurf EA übernommenen Gebete sind folgende (Numerierung nach der Reihenfolge im EGb):

(1) Wolfgang Grusnick 1982 (80–81; EA Nr. 494). Das erste Eucharistiegebet steht an hervorgehobener Stelle, in der Liturgie I (ohne Noten), also im Ordinarium: »Sei gepriesen, du Schöpfer aller Dinge«. Gegenüber der EA wird im Postsanctus der Lobpreis für Geburt, Kreuz und Auferstehung Christi hinzugefügt. Die Einleitung der Akklamation lautet jetzt stets: »*Groß ist das* Geheimnis des Glaubens«. Im Abendmahlsgebet II wird die Segensbitte für die Gaben erweitert: *»dass wir Christi Leib und Blut zu unserem Heil empfangen«* (versteckte Gabenepiklese), die Bitte um Sendung des Heiligen Geistes bleibt »auf uns« ausgerichtet (Personenepiklese). Der Endredaktion zum Opfer gefallen ist der optionale Einschluss von Fürbitten (»*[Vor dir nennen wir in der Stille die Namen der Menschen, die wir dir anvertrauen. – Gebetsstille – Umgib sie mit deinem Erbarmen und]* erhöre uns, wenn wir gemeinsam beten:«, EA). In diesem Text finden sich alle Inhalte des Eucharistiegebets in nahezu klassischer Abfolge: Postsanctus (mit Anamnesenthemen), verba testamenti, Akklamation, Epiklese.

(2) Agende I 1955 Form B (634; EA Nr. 488). Die Textsammlung zur Auswahl bringt an erster Stelle das älteste neuere Eucharistiegebet der ersten Liturgiereform nach 1945: »Gelobet seist du, Gott des Himmels und der Erde«. Es unterscheidet sich von der Vorlage nur redaktionell (die erste Zeile ersetzt »Herr« durch »Gott«, die Anrede im Schlussteil vermeidet »himmlischer Vater« und die Doxologie verzichtet auf »allmächtiger Gott« – alles Zeichen eines neuen Gebetsstils). Dass in der Textsammlung die seltsame Unterteilung Abendmahlsgebet I und II nicht mehr auftaucht, verstärkt die Geschlossenheit des Eucharistiegebets, hier in der Folge: Postsanctus, Epiklese, verba testamenti (relativisch angeschlossen mit »Denn«), Akklamation, Anamnese, Bitte um Vollendung und Doxologie. Dieser Text wird auch in der gesungenen Form (113–117) verwendet, hier nahezu identisch mit der Fassung der EA und taucht in zwei weiteren Versionen auf, mit einer Reihe von Änderungen, die vielleicht nur der Eile der Endredaktion zuzuschreiben sind (635–638 und 639).

(6) Lutheran Book of Worship 1978, 221–224, II (643–644; EA Nr. 490). »Heilig bist du, Gott, Quelle aller Heiligkeit«. Das ausführliche amerikanisch-lutherische Gebet ist gekürzt und an vielen Stellen umformuliert, Inhalt und Duktus bleiben aber erhalten bis auf die Umstellung der Akklamation hinter die Anamnese und den Ersatz der Schlussdoxologie durch Übergang zum

Vaterunser. Dieses Eucharistiegebet nennt den ersten Bund Gottes mit Israel im Postsanctus und die Hinwendung Christi zu den Ausgestoßenen und Sündern in der Anamnese. Die Epiklese verbindet die beiden traditionellen Ausrichtungen auf die Elemente und die Gemeinde in bemerkenswerter Weise: »Sende deinen Heiligen Geist. Verbinde uns und alle, die dieses Brot empfangen und aus diesem Kelch trinken, in deiner Gemeinschaft« und schließt mit einem eschatologischen Ausblick. Die Struktur folgt dem klassischen Eucharistiegebet: Postsanctus, verba testamenti, Anamnese, (Akklamation), Epiklese.

(7) Hippolyt (645–646 – mit Noten 647–651; EA 484). Die Fassung bleibt näher am Urtext als das Zweite Hochgebet des Messbuchs, weil sie in der trinitarischen Struktur und Zusätzen nicht gebunden ist durch die Forderung Pauls VI. nach dem römischen Ingenium in neuen Hochgebeten. Anamnese und Epiklese vermeiden die Rede von der Darbringung und eine direkte Beziehung der Epiklese auf die Elemente und erhalten einen geschickt vermittelnden Wortlaut:

So gedenken wir vor dir, unser Gott, des Todes und der Auferstehung deines Sohnes. Wir danken dir, dass du uns berufen hast, [vor dir zu stehen und] dir zu dienen.	Eingedenk also seines Todes und seiner Auferstehung *bringen wir dir das Brot und den Kelch (dar),* dir Dank sagend, dass du uns gewürdigt hast, vor dir zu stehen und dir zu dienen.
Wir bitten dich: Sende *uns* deinen Geist und segne (uns) dieses Mahl. Lass alle, die den Leib und das Blut Christi empfangen, eins werden in ihm und stärke unseren Glauben. EGb 646 [651] [+ gesungene Fassung] (- gesungene Fassung)	Und wir bitten dich, dass du deinen Hl. Geist sendest *auf die Gabe deiner heiligen Kirche*. Sie in eins sammelnd gib allen, die teilhaben an den heiligen (Geheimnissen), erfüllt zu werden mit Hl. Geist zur Stärkung des Glaubens in der Wahrheit. TA

Das Eucharistiegebet Hippolyts gehört zu den bekanntesten und am meisten gebrauchten in der Ökumene und wird von kaum einer Liturgiereform mehr übergangen. Seine Bearbeitung im EGb verdient hohe Anerkennung.

(11) Lima-Liturgie 1982 (656–658; EA Nr. 487). Die Vorlage der EA erscheint nochmals gekürzt, umformuliert und der gegenwärtigen Diskussion im deutschen Protestantismus der Gegenwart angepasst. Das Postsanctus ersetzt die ausführliche Darstellung der Wirksamkeit Christi auf Erden durch »Er ist der Weg, die Wahrheit und das Leben« (Joh 14,6), die Anamnese wird ähnlich gekürzt und die Bitte um Gottes Gedenken an die Kirche, ihre Diener und die Verstorbenen gestrichen. Es bleibt aber die besondere Struktur erhalten: Schöpfungsdank, christologische Überleitung, Sanctus, (erste) Epiklese mit Erinnerung an das Wirken des Geistes in der Geschichte, Pfingstlied, verba testamenti, (westliche) Akklamation, Anamnese, Maranatha, auf die Gemeinde gerichtete (zweite) Epiklese, abschließendes Gotteslob mit Selbstdarbringung, nochmaligem Maranatha und Schlussdoxologie. Einige Veränderungen deuten auf den Einfluss neuer theologischer Richtungen: Die Einleitung zum Sanctus fügt ein »Darum *verkündigen* und singen wir ...«, ähnlich in der Anamnese »Wir *verkünden* seine Auferstehung ...«, ganz abgesehen davon, dass hier der zentrale Topos Gedenken (ἀνάμνησις) zum eher rationalen »denken an« wird. Andererseits steht nach der zweiten Epiklese: »Lass *uns ein lebendiges Opfer* sein zum Lob deiner Herrlichkeit«.

Die fünf aus dem Vorentwurf übernommenen und z.T. veränderten Texte zeigen, dass das altkirchliche Erbe und der Reichtum ökumenischer Spiritualität trotz des theologischen Widerstreits durchaus in das neue EGb eingegangen ist. Die sieben neu erarbeiteten Eucharistiegebete sind dann Zeugnisse einer seit 1990 sich rasch ändernden theologischen und sprachlichen Situation und gehen freier mit der herkömmlichen Struktur des Eucharistiegebets um:

(3) Arbeitsgruppe II/Schilling (EGb 640). Dem Beginn »Wir danken dir, Gott, für Jesus Christus, deinen Sohn, unseren Bruder« folgen drei kurze anamnesenartige Sätze: »Sein Leben gibt uns Richtung und Ziel. Sein Sterben entmachtet Sünde und Tod. Seine Auferstehung erfüllt uns mit Hoffnung für alle Welt«. Nach den verba testamenti und der Akklamation wird auf eine

nach holländischer Vorlage formulierte Epiklese der EA zurückgegriffen. Der Weg des Textes zeigt, wie er seine Einbindung in die Eucharistie verliert und zur allgemeinen Friedensbitte mutiert:

Schilling 1968, 218:	EA 1990 Nr. 496 (vgl. RGD 18, 107):	EGb 1999:
Wir bitten dich, Herr, unser Gott: Sende auf uns herab deinen heiligen Geist und gib dieser Welt, die wir lieben, ein neues Gesicht.	Sende auf uns und diese Gaben deinen Heiligen Geist, und gib dieser Welt ein neues Gesicht.	Sende, o Gott, deinen Geist. Gib der Welt ein neues Gesicht.
Lass doch Frieden sein, wo immer Menschen auf Erden wohnen – Frieden, den wir selbst uns nicht geben können – deinen Frieden, der mächtiger ist als alle Gewalt und der uns alle verbindet: als der neue Bund – als die Kraft unseres Herrn Jesus Christus hier in unserer Mitte. Dann wird dein Name heilig sein ...	Lass Frieden sein, wo immer Menschen wohnen, Frieden, den wir selbst uns nicht geben können, deinen Frieden, der mächtiger ist als alle Gewalt und uns alle verbindet in Jesus Christus.	Schenke Frieden, überall wo Menschen wohnen, Frieden, der höher ist als alle Vernunft und stärker als alle Gewalt, deinen Frieden, der uns verheißen ist in Jesus Christus. Dir sei Ehre in Ewigkeit!

(4) Arbeitsgruppe II/Konfirmation Entwurf 1995, 107 (EGb 641). »Wir danken dir, Gott, für Jesus Christus, deinen Sohn. Er ist der Bruder, der unsere Not teilt; er ist der Freund, der uns versteht; er ist der Hirte, der uns behütet; er ist der Herr, der uns den Weg zum Leben weist.« Dieses aus vier Christusprädikationen bestehende Postsanctus entstammt einem neueren Entwurf der lutherischen Konfirmationsagende, dessen Epiklese sich im vorherigen Gebet (3) findet. Nach den verba testamenti und der Akklamation wird mit einem allgemein prädikativen, inklusiver Redeweise folgenden Gebetstext abgeschlossen: »Gütiger Gott, du birgst uns wie eine Mutter und schützt uns wie ein Vater. Als Zeichen deiner Liebe gab Jesus uns dieses Mahl. Er lädt uns ein an deinen Tisch. Als deine Töchter und Söhne beten wir in seinem Namen«. Die Struktur des Eucharistiegebets ist kaum mehr erkennbar.

(5) Kastner 1989, 20/Arbeitsgruppe II (EGb 642). »Gott, du Ursprung allen Lebens, aus dem Nichts rufst du die Welt ins Dasein, aus dem Dunkel der Nacht rufst du uns ins Licht, aus der Ferne in deine Nähe, aus der Schuld in die neue Freiheit, aus allem, was dem Tod verfällt, in Christi Zukunft. Wir danken dir für ihn, der uns sein Leben schenkt«. Dieses Postsanctus entstammt einem ursprünglich für das Erntedankfest gedachten Text, der den Bogen von der Schöpfung über Gottes Nähe bis zur Zukunft Christi spannt und damit der herkömmlichen Danksagung über den Gaben folgt. Auf die verba testamenti mit Akklamation folgt eine knappe Anamnese Christi – aber »danken« statt »gedenken – und die epiklesenähnliche Bitte: »Lass deinen Geist unter uns wirken, wenn wir von diesem Brot essen und aus diesem Kelch trinken. Gib uns ein neues, lebendiges Herz, dass wir in jedem Menschen die Schwester und den Bruder erkennen und deine Liebe miteinander teilen«.

(8) Kurhessen-Waldeck 1996, Agende I KW, 519 f. nach Zippert 135 f. (EGb 652–653). Das auf Christian Zippert zurückgehende, inzwischen stark geänderte und verkürzte Gebet beginnt mit einer feststehenden Präfation »Gott, du Ursprung des Lebens«, dem Dank für unser Leben, die Liebe der uns Begleitenden, das befreiende Wort und die Zeichen der Gegenwart Christi. Das Postsanctus setzt ähnlich ein »Gott, du Quelle der Hoffnung« und verbindet die Erinnerung an Gottes Bund mit Israel mit der Sendung und Hingabe Christi. Auf die verba testamenti und Akklamation folgt nur noch eine kurze Personenepiklese mit dem Ziel »Lass uns verbunden sein als deine Gemeinde zum gemeinsamen Dienst an den Menschen und an deiner Welt«. Wie bei manchen neueren Texten verlagert sich das Zentrum von der Gabe zur Sendung und von der Vollendung des Reiches zur Sozialethik.

Die vier zuletzt besprochenen Gebete haben manche Gemeinsamkeiten: Je zwei beginnen das Postsanctus nahezu gleichlautend, alle vier sind knapp gefasst, einander in ihrer prädikativen Tendenz ähnlich und entfernen sich bei Beibehaltung der Grundstruktur des Eucharistiegebets deutlich von den klassischen Strukturen und Inhalten der Anamnese und der Epiklese. Die beiden nächsten Texte kommen aus der Frauenbewegung und stellen eine wichtige Ergänzung des EGb dar, mit der das Anliegen in größerer Breite aufgenommen werden kann und sich eine separate feministische Agende erübrigt.

(9) Janet Morley 1988, 46 (EGb 653–654). »Gott, du ewige Weisheit, Quelle des Lebens«. Die Verwirklichung der ursprünglichen Absicht, weibliche Bilder für Gott einzuführen, ist nach der ausgiebigen Überarbeitung nicht mehr zu erkennen. Dafür finden sich in der feststehenden Präfation neue Formen und inhaltliche Aussagen: Gott ist das »Ziel unserer Sehnsucht« und in Jesus »Mensch geworden, *verwundbar wie wir*«. Wir preisen Gott »mit der Jungfrau *Maria*, die Jesus geboren hat, *mit den Männern und Frauen*, die nachfolgten, *mit den Frauen*, die als erste dem auferstandenen Christus begegnet sind«, und im zweizeiligen Postsanctus: »Gelobt sei Jesus *Christus, unser Bruder*, er feiert mit uns das *Mahl der Befreiung*«. Die Akklamation nimmt den paulinischen Nachsatz zum Einsetzungsbericht auf (I Kor 11,26). An die Stelle der Anamnese Christi tritt die Bitte, *Gott möge gedenken* all der »Opfer von Unmenschlichkeit und Gewalt, die sonst vergessen wären«. Ähnlich zielt die Epiklese darauf, »dass *wir* deine Schöpfung bewahren, für Gerechtigkeit und Frieden eintreten und aus der lähmenden Hoffnungslosigkeit befreit werden zur herrlichen Freiheit der Töchter und Söhne Gottes«.

(10) Ursula Rudnick 1996/97 (EGb 654–655). »Schwestern und Brüder, kommt, lasst uns lobsingen«. Mit diesem den einleitenden Dialog ersetzenden Aufruf beginnt das zweite vom Feminismus geprägte Eucharistiegebet. Die wiederum feststehende Präfation verwendet bekannte Psalmverse, preist die Befreiung Israels »aus dem Sklavenhaus«, Manna und Wasser in der Wüste (»Du hast dein Volk wie eine Mutter getragen«) und die Landnahme, um zu folgern: »Uns hast du Jesus Christus gesandt, damit auch wir Befreiung erfahren«. Nach neuerlichen Psalmversen kommt die zu den verba testamenti mit Akklamation hinführende epikletische Bitte: »Gib uns Anteil an der Fülle des Lebens, wenn wir das Brot empfangen und aus dem Kelch trinken. Sende deinen Geist, wenn wir tun, was Jesus uns geboten hat«. Die Anamnese beginnt mit dem Gedenken des Leidens, Sterbens und der Auferstehung Christi, um dann I Kor 10 und Did 9,4 zu verbinden: »Wie wir das Brot des Lebens teilen und aus dem Kelch des Heils trinken und ein Leib sind in Christus, so bringe *deine Töchter und Söhne* [statt: deine Kirche] zusammen von den Enden der Erde, damit wir mit allen, die dir vertrauen, das Mahl der Freude feiern in deinem Reich«. Diese Formulierung wirft die Frage auf, ob hier nicht eine interessengeleitete Verfremdung vorliegt, die den Sinn der Aussage verdunkelt. Das Gebet endet mit einer nach Joel 3,1 geformten Geistbitte und »Dein Reich komme«.

(12) Wolfgang Grusnick 1997 (EGb 659–660) »Lieber Gott, du schenkst uns das Brot«. Statt des nach dem Zweiten Hochgebet für Eucharistiefeiern mit Kindern geformten Textes der EA (486) bringt das EGb ein letztes »Abendmahlsgebet für einen Familiengottesdienst« aus dem Lübecker Dom. Es besteht aus fünf sehr einfachen Satzfolgen, die zwischen Kindern und Sprechern aufgeteilt werden können und mit Halleluja beantwortet werden, den verba testamenti, einem weiteren Dank mit folgendem Halleluja und einem vom Kind gesprochenen Tischgebet mit Andeutungen einer Epiklese: »Wir sind hier, lieber Gott, als deine Gäste und bitten dich: Sei unter uns mit deinem Geist. Segne uns und was du uns bescheret hast«.

b. Ein kurzer Blick in den *Ergänzungsband* lässt eine neue Hinwendung zur Ökumene und Variationen erkennen. Von seinen 11 Eucharistiegebeten sind drei der bei der Erstellung des

EGb ausgeschiedenen Texte der EA kaum verändert wiedergekehrt. (1) Aus der Sammlung Gebete 1979 stammt das Gebet »Wir preisen dich, barmherziger Gott, und singen dir unser Lob. Was du erschaffen hast, sollen Sünde und Tod nicht verderben ...«. Es ist klassisch strukturiert mit Postsanctus – verba testamenti – Anamnese (Leben, Leiden, Kreuz und Auferstehung Christi) – und Epiklese (»erneuere durch ihn *unser* Leben. *Segne uns diese Gaben* ...«) – Bitte um Einheit, Liebe und Hoffnung (Erg/EGb Nr. 137). (3) Das zweite ist mit Schilling auf die Nachfolge ausgerichtet »Heiliger Gott, deine Güte erhält die Welt und deine Barmherzigkeit trägt unser Leben ...«. Die Epiklese richtet sich nicht mehr auf die Gaben: »Erfülle uns mit deinem Geist« (Nr. 139). (5) Das dritte »Treuer Gott, du gibst unserem Leben Richtung und Ziel« – von einem US-Jesuiten verfasst und in der EA noch zaghaft unter »Besondere Gebete« gereiht – nimmt »Mütter und Väter des Glaubens« von Noah bis Esther und das Beispiel Jesus in den Dank für Christus hinein und bittet um Sendung des Geistes für Gemeinschaft, Gott-Suchen und Begegnung (Nr. 141).

(6) Der schon verschiedentlich zur Aufnahme angemahnte und wohl bekannteste frühe Text »Gelobet seist du, heiliger, allmächtiger Gott« aus Karl-Bernhard Ritters Eucharistischer Feier von 1961 (s.o.) mit der Anamnese »Also vereinigen wir uns mit der ganzen heiligen Kirche und gedenken vor dir ...« und der Personen- und Gabenepiklese ist jetzt akzeptiert (Nr. 142), ebenso (2) ein verwandter kürzerer, schweizerisch-reformierter Inspiration zugeschrieben »Wir danken dir, heiliger Gott für Jesus Christus, das Licht der Welt ...« (Nr. 138).

Aus amerikanisch-lutherischen Liturgiereformen kommt zu dem bereits ins EGb (643 f.) aufgenommenen Eucharistiegebet II des LBW 1978 nun auch (4) dessen Eucharistiegebet I in die Sammlung: »Heiliger Gott, barmherziger Vater, unendlich ist deine Güte und dein Reich ist ewig. Du hast deine Schöpfung mit Licht und Leben erfüllt«. Das Postsanctus thematisiert Schöpfung, Segen der Völker in Abraham, Errettung Israels, erneuerte Verheißung und die in Christus erfüllte Zeit. Nach dem Einsetzungsbericht, der hier wie allgemein im Erg/EGb mit »Christuslob« akklamiert wird, folgen Anamnese und Epiklese: »Sende uns deinen Geist, der lebendig macht, dass wir den Leib und das Blut zu unserem Heil empfangen und leben im Lobpreis deines heiligen Namens«. Der Abschluss bittet um Einheit und eschatologische Vollendung (Nr. 140). (10) Ein ähnliches Gebet der Evangelical Lutheran Church of America »Ihn hast du auferweckt von den Toten und erhöht über alle Engel« lässt sich vom österlichen Exsultet inspirieren: »Geopfert ist unser Osterlamm Christus ... Adams Schuld hat er bezahlt und wir sind frei ... durchs Wasser der Taufe gerettet ... Wir erwarten das kommende Fest des Lammes« (Nr. 147).

(11) Die offenbar sehr populäre Lima-Liturgie wird, nachdem das EGb eine Kurzfassung gebracht hatte (EGb 656–658), noch einmal ungekürzt und mit weiteren Stücken gebracht (Nr. 147 und 147a); und (7–9) drei eigene Texte des Ausschusses EA II mit den Themen Versöhnung und Frieden (Nr. 143) und – nach unveröffentlichtem anglikanischen Entwurf – Zukunft und Hoffnung (Nr. 144) und Licht, Liebe und Gottes mütterlicher Zärtlichkeit (Nr. 145) runden das weite Spektrum ab.

Wenn hier schon ein Fazit zu ziehen gewagt werden darf, so zeigt sich gerade in den Eucharistiegebeten eine große ökumenische Offenheit und zugleich eine sich ständig vermehrende Vielfalt, die wohl nicht immer ein Gewinn ist, weil die Gemeinde zur bergenden Heimat im Gottesdienst auch Wiederholung und liturgische Kontinuität braucht. Auf jeden Fall sind die konfessionellen Grenzen durchlässiger geworden. Die Erfahrungen liturgischer Spiritualität kommen zu wechselseitigem Austausch, ohne dass die konfessionelle Identität aufgegeben werden muss. Der Unbefangenheit der lutherischen Schwesterkirchen in den USA und anderswo stehen allerdings zurückhaltendere Tendenzen im deutschen Luthertum gegenüber.

c. Der in diesem Zusammenhang auf dem Weg vom Vorentwurf der EA zum EGb geltend gemachte Widerspruch gegen das in der Liturgiewissenschaft vorherrschende Verständnis des Herrenmahls als Eucharistie und die Einbettung der verba testamenti in ein Eucharistiegebet wird uns noch länger beschäftigen. Die im Stellungnahmeprozess vom Theologischen Ausschuss der VELKD eingenommene kritische Position hat sich, zwar durch das Votum der Kirchenleitung der VELKD korrigiert, auf das Ergebnis ausgewirkt (vgl. Neijenhuis 271–275). Dass es aber nur einen Sieger gibt, vermied die Arbeitsgruppe: Beide Konzeptionen finden sich im EGb, wenn auch die Sequenz Vaterunser – verba testamenti unter Verzicht auf jedes Eucharistiegebet nach der Präfation im EGb in der gesungenen Liturgie I (mit Noten) als Sonderform »Abendmahl – Zweite Form« durch Unterlegung mit grauem Untergrund gekennzeichnet wurde (121–127). Den Kompromiss hält die Einleitung zum EGb fest: »Auch wenn sie [die Einsetzungsworte] innerhalb eines Abendmahlsgebetes rezitiert werden, haben sie zugleich verkündigende Funktion: Sie rühmen, was Christus den Seinen mit seinem Mahl heute schenkt« (27).

Der von Dorothea Wendebourg eingeleitete Feldzug gegen das »Ökumenische Programm« der »Eucharistisierung« der Abendmahlsliturgie hat seinen Grund in der Sorge, das Handeln Gottes würde durch das Handeln des Menschen beeinträchtigt, was nur der Rückgriff auf die reformatorische Theologie in ihrem Verständnis verhindern könne. Damit war die Konfrontation mit der in der Liturgiewissenschaft beider Kirchen geläufigen Ansicht unvermeidlich, dass die Gottesdiensttheologie der Reformation wohl den Durchbruch zum Neuen Testament und zur Alten Kirche schaffte, ihr aber eine entsprechende Liturgiereform noch nicht gelang, die Wiedergewinnung des Eucharistiegebets deshalb Aufgabe der Gegenwart sei. Zur Bekräftigung ihrer These erklärt die Tübinger Kirchenhistorikerin die Ablösung der die Gaben heiligenden Anaphora der vornizänischen Kirche durch das mit dem Einsetzungsbericht rezitierte Wort Christi als »Prozess der Selbstklärung, in dem liturgisch und theologisch herausgearbeitet wurde, was die christliche Abendmahlsfeier von jeher bestimmte, was aber bislang eher implizit und verdeckt gewesen war«. Die immer stärkere Hervorhebung der verba testamenti in der lateinischen Tradition sei von der Reformation zu Recht zur Vollendung gebracht und führe konsequenterweise zum Ausschluss von Danksagung und Gebet aus der Konsekration. Die Herrenworte seien als gläubig anzunehmende Verkündigung zu interpretieren und hätten die Ablehnung jeglicher eigenen Aktivität der in der Abendmahlsfeier ausschließlich als Adressat göttlichen Handelns bezeichneten Gemeinde zur Folge: Verkündigung und Gebet seien zwei verschiedene Genera gottesdienstlichen Handelns, deren Vermischung an dieser Stelle nicht möglich sei, weil sich die Verkündigung an die Gemeinde, das Gebet aber an Gott richtet. Es sei »die gesamte sakramentale Aktion als Handeln Gottes gegenüber der Kirche aufzufassen und deren Rolle einzig und allein die des Adressaten«. Folglich seien »Lob und Dank keine spezifischen Elemente der Abendmahlsfeier« mehr, das immerhin in den verba testamenti aufgetragene Gedächtnis vollziehe die Gemeinde durch »gläubige Kommunion«, durch Annahme der Gabe Gottes (441.452 f. 463.465). Diese These ist nicht ohne Widerspruch geblieben und wird aus systematischer, liturgiehistorischer und reformationsgeschichtlicher Sicht für unhaltbar erachtet (vgl. Kühn; Schmidt-Lauber/Schulz; Meyer-Blanck).

Das Eucharistiegebet des Evangelischen Gottesdienstbuchs erweist sich – auch in der gegenüber der Erneuerten Agende deutlich zurückgenommenen ökumenischen Öffnung – als ein Kompendium der heutigen Gottesdiensttheologie. Das reiche Angebot markiert einen theologischen Wandel. Er entspricht der Neuentdeckung des Abendmahles im sonntäglichen Gottesdienst, der Abendmahlsbewegung und der wachsenden Kommunionfreudigkeit. Die Konvergenzerklärung zur Eucharistie macht nun aber deutlich, dass es sich bei Danksagung, Anamnese, Epiklese, communio und eschatologischem Mahl um Dimensionen oder Aspekte handelt, die dem Gottesdienst der Kirche schon immer eignen vor aller liturgischen Konkretion, notfalls also auch ohne sie. Dass sie nach dem Grundsatz lex credendi – lex orandi in der Geschichte der Kirche aber auch ihren liturgischen Ausdruck gefunden haben, kann die evangelischen Gemeinden heute zum Eucharistiegebet ermutigen. So können sie damit konkreter – und hoffentlich auch freudiger – in Luthers Bekenntnis einstimmen: »Ich wil zur Eucharistia gehen, das ist: Ich wil zur dancksagung gehen, nemlich zu dem ampt, da man Gott danckt und lobt jnn seinem Sakrament« (WA 30/2, 614).

E. Ausblick

Abschließend mag darauf verwiesen werden, dass die Wiedergewinnung des angemessenen Eucharistiegebets nicht die einzige Aufgabe der gegenwärtigen Bemühungen um die Erneuerung der Liturgie ist. Die Lima-Erklärung zur Eucharistie hat uns gelehrt, dass der christliche Gottesdienst in seinem innersten Wesen Gabe Gottes und deshalb Danksagung, Anamnese, Epiklese, Gemeinschaft und eschatologischer Vorgeschmack ist, auch da, wo die neuen Einsichten in die jüdisch-urchristliche Verwurzelung und in die altkirchliche ganzheitliche Gottesdiensttheologie noch nicht greifen. Eucharistie wird lebendig durch die Begegnung mit Gott in seinem Wort und strahlt aus in eine reiche Vielfalt der Spiritualitäten. Das aber wird wiederum zum Ansporn, die der Eucharistie angemessene Gestalt für die Kirche unserer Zeit und Region zu suchen.

Quellen

→*Spezielle Abkürzungen*

BAPTISM AND EUCHARIST, Ecumenical Convergence in Celebration, hg.v. Max Thurian/Geoffrey Wainwright, Genf 1983. – BOOK OF COMMON PRAYER (Episcopal Church), New York 1979. – DOKUMENTE wachsender Übereinstimmung. Sämtliche Berichte und Konsenstexte interkonfessioneller Gespräche auf Weltebene: Bd. I 1931–1982, hg.v. Harding Meyer/Hans Jörg Urban/Lukas Vischer, Paderborn/Frankfurt a.M. 1983; Bd. II 1982–1990, hg.v. dens. und Damaskinos Papandreou, Paderborn/Frankfurt a.M. 1992. – EKD-STATISTIK, Statistik über Äußerungen des kirchlichen Lebens in den Gliedkirchen der E Ergebnistabellen, zuletzt Januar 2002 für 1999, Kirchenamt der EKD Hannover. – FÜNF HOCHGEBETE, hg.v. den Liturgischen Instituten Salzburg, Trier und Zürich, Freiburg/Basel/Berlin ²2001. – GEBETE ZUR ERGÄNZUNG von Agende I der EKU, Düsseldorf 1971. – GEBETE. Revidierte Gebetstexte zu Agende I, bearb.v. der Lutherischen Liturgischen Konferenz (RGD 8/9), Hamburg 1979.²1981. – Das HERRENMAHL, Gemeinsame römisch-katholische/evangelisch-lutherische Kommission, Paderborn/Frankfurt a.M. 1978: Dokumente I, 271–295. – HELMSTEDTER THESEN zur Verantwortung der Gemeinde für ihren Gottesdienst: Für den Gottesdienst. Arbeitsstelle für Gottesdienst Hannover (Hg.), Nr. 31 (1988) 15–17. – Wolfgang HERBST (Hg.), Evangelischer Gottesdienst. Quellen zu seiner Geschichte, Göttingen ²1992. – Hannes-Dietrich KASTNER, Wir haben ein Mandat. Gottesdienst zum Erntedankfest: ZGDP 7 H. 5/1989. – KONFIRMATION. ENTWURF der Agende für evangelisch-lutherische Kirchen und Gemeinden Bd. III (RGD 18), Hannover 1995. – Wilhelm LÖHE, Agende für christliche Gemeinden des lutherischen Bekenntnisses (1844, ²1852): GW 7/1, Neuendettelsau 1953. – Janet MORLEY, Preisen will ich dich, Gott, meine Geliebte, Freiburg 1989 (Übers. von All desires known, Harrisburg ²1996). – Kurt NIEDERWIMMER, Die Didache (KAV 1), Göttingen ²1993. – Die PESSACH-HAGADA, Basel 1988. – Alfred SCHILLING, Fürbitten und Kanongebete der holländischen Kirche. Materialien zur Diskussion um zeitgemäße liturgische Texte, Essen 1968. – Anselm SCHOTT OSB, Das vollständige Römische Meßbuch, Freiburg ¹⁰1949. – Christian ZIPPERT, Neue Gottsdienstgebete, Gütersloh 1981.

Gesamtdarstellungen

Peter BRUNNER, Zur Lehre vom Gottesdienst der im Namen Jesu versammelten Gemeinde: Leit. I (1954) 83–364. Nachdr.: Leit.NF 2, 1992. – Peter CORNEHL, Gottesdienst VIII: TRE 14 (1985) 54–85. – Josef Andreas JUNGMANN, Missarum Sollemnia. Eine genetische Erklärung der römischen Messe I/II, Freiburg 1946 ⁵1962. – Hans Bernhard MEYER, Eucharistie. Geschichte, Theologie (GDK 4), Pastoral, Regensburg 1989. – William NAGEL, Geschichte des christlichen Gottesdienstes, Berlin ²1970. – Georg RIETSCHEL/Paul GRAFF, Lehrbuch der Liturgik, Göttingen ²1951/52. – Frank C. SENN, Christian Liturgy. Catholic and Evangelical, Minneapolis 1997.

Literatur

Karl BARTH, Gotteserkenntnis und Gottesdienst nach reformiertem Verständnis, Zollikon 1938. – Walter BAUER, Der Wortgottesdienst der ältesten Christen: ders., Aufsätze und kleine Schriften, Tübingen 1967. – Johannes BEHM, Art. ἀνάμνησις: ThWNT I (1935) 351 f. – Johannes BETZ, Die Eucharistie in der Zeit der griechischen Väter, Freiburg I/1 1955. – Ders., Eucharistie. In der Schrift und Patristik: HDG IV/4a (1979). – Peter BRUNNER, Die Ordnung des Gottesdienstes an Sonn- und Feiertagen: Der Gottesdienst an Sonn- und Feiertagen. Untersuchungen zur Kirchenagende I,1, hg.v. Joachim Beckmann/Hans Kulp/Peter Brunner/Walter Reindell, Gütersloh 1949, 7–75. – Bernhard BUSCHBECK, Die Lehre vom Gottesdienst im Werk Johannes Calvins, Diss. Marburg 1968. – Fritz CHENDERLIN, Do This as My Memorial. The Semantic and Conceptual Background and Value of Anamnesis in I Cor 11:24 f. (AnBib), Rom 1982. – Oscar CULLMANN, Urchristentum und Gottesdienst, Zürich (1944) ⁴1962. – Gregory DIX, The Shape of the Liturgy, Westminster ²1945. – Hermann EISING, Art. zkr: ThWAT 2 (1975) 571–593. – Ismar ELBOGEN, Der jüdische Gottesdienst in seiner geschichtlichen Entwicklung (1913), Hildesheim ⁴1962. Nachdr. 1995 (OLMS Paperbacks 30). – Karl Christian FELMY, Was unterscheidet diese Nacht von allen anderen Nächten?: JLH 27 (1983) 1–15. – Balthasar FISCHER, Die Grundaussagen der Liturgie-Konstitution und ihre Rezeption in 15 Jahren: Korrespondenzblatt des Canisianums 122 (1988/89) H. 1, 1–9. – Notker FÜGLISTER, Die Heilsbedeutung des Pascha, München 1963. – Paul GRAFF, Geschichte der Auflösung der alten gottesdienstlichen Formen in der evangelischen Kirche Deutschlands, Göttingen I 1921 ²1937, II 1939. – Ferdinand HAHN, Der urchristliche Gottesdienst: JLH 12 (1967) 1–44. – Ders., Abendmahl: PThH ²1975, 32–64. – Ders., Gottesdienst III: TRE 14 (1985) 28–39. – Hans-Wolfgang HEIDLAND, Wesen und Wert des Gottesdienstes (Leitsätze zum Vortrag): Verhandlungen der Landessynode der Vereinigten Protestantisch-Evangelisch Christlichen Kirche der Pfalz, Speyer 1/1974(a), 132–134. – Ders., Wesen und Wert des Gottesdienstes (Vortrag): Mitteilungen des LKA Karlsruhe 6/74(b), 13–22 (auch: Amt und Gemeinde, Wien, 27 [1976] 2–8). – Bernd Jochen HILBERATH/Theodor SCHNEIDER, Eucharistie B: NHThG 1 (1984) 305–317. – Markus JENNY, Die Einheit des Abendmahlsgottesdienstes bei den elsässischen und schweizerischen Reformatoren (SDGSTh 23), Zürich 1968. – Josef Andreas JUNGMANN, Messe im Gottesvolk, Freiburg 1970. – Hans-Josef KLAUCK, Hausgemeinde und Hauskirche im frühen Christentum (SBS 103), Stuttgart 1981. – Theodor KNOLLE, Luthers Reform der Abendmahlsfeier in ihrer konstitutiven Bedeutung: Schrift und Bekenntnis, hg.v. Volkmar Herntrich/Theodor Knolle, Hamburg 1950, 88–105. – Georg KRETSCHMAR, Neue Arbeiten zur Geschichte des Ostergottesdienstes II. Die Einführung des Sanctus in die lateinische Meßliturgie: JLH 7 (1962) 79–86. – Ders., Abendmahl III/1: TRE 1 (1977a) 58–89. – Ders., Abendmahlsfeier I: TRE 1 (1977b) 229–278. – Ulrich KÜHN, Der eucharistische Charakter des Herrenmahls: PTh 88 (1999) 255–268. – Gerhard KUNZE, Die Lesungen: Leit. 2 (1955) 87–180. – Louis LIGIER, The Origins of the Eucharistic Prayer: From the Last Supper to the Eucharist: StLi 9 (1973) 161–185. – Karl LEHMANN/Edmund SCHLINK (Hg.), Das Opfer Jesu Christi und seine Gegenwart in der Kirche. Klärungen zum Opfercharakter des Herrenmahles, Freiburg/Göttingen 1983 ²1986. – Hans LIETZMANN, Messe und Herrenmahl. Eine Studie zur Geschichte der Liturgie, Bonn 1926 (AKG 8). – Paul V. MARSHALL: Art. Eucharistiegebet: EKL³ I (1986) 1160–1163. – Aimé-Georges MARTIMORT, A propos du nombre des lectures à la messe: RevSR 58 (1984) 42–51. – Reinhard MESSNER, Die Meßreform Martin Luthers und die Eucharistie der Alten Kirche. Ein Beitrag zu einer systematischen Liturgiewissenschaft, Innsbruck/Wien 1989. – Hans Bernhard MEYER, Abendmahlsfeier II: TRE 1 [1977] 278–287. – Michael MEYER-BLANCK, »... dass unser lieber Herr selbst mit uns rede ...«: ZThK 97 (2000) 500–503. – Sigmund MOWINCKEL, Religion und Kultus, Göttingen 1953. – Jörg NEIJENHUIS, Das Eucharistiegebet – Struktur und Opferverständnis. Untersucht am Beispiel des Projekts der Erneuerten Agende, Leipzig 1999. – Alfred NIEBERGALL, Agende: TRE 1 (1977) 755–784; 2 (1978) 1–91. – Otto NUSSBAUM, Die Aufbewahrung der Eucharistie, Bonn 1979. – Irmgard PAHL, Der Abendmahlsgottesdienst der Reformationskirchen: JL 23 (1973) 56–64. – Joseph PASCHER, Eucharistia. Gestalt und Vollzug, Münster 1953. – Gerhard von RAD, Das erste Buch Moses (ATD 2/4) 1953. – Ders., Das formgeschichtliche Problem des Hexateuch, Stuttgart ⁴1971 (BWANT IV,26). – Gail RAMSHAW-SCHMIDT, Towards Lutheran Eucharistic Prayers: Frank C. Senn (Ed.), New Eucharistic Prayers, Mahwah N.J. 1987, 74–79. – Jorg Christian SALZMANN, Lehren und Ermahnen. Zur Geschichte des christlichen Wortgottesdienstes in den ersten drei Jahrhunderten, Tübingen 1994 [WUNT 2/59]. – Wolfgang SCHENK, Die Einheit von Wortverkündigung und Herrenmahl in den urchristlichen Gemeindeversammlungen: ThVZ II (1970) 65–92. – Hans-Christoph SCHMIDT-LAUBER, Die Eucharistie als Entfaltung der verba testamenti, Kassel 1957. – Ders., Die Zukunft des Gottesdienstes. Von der Notwendigkeit lebendiger Liturgie, Stuttgart 1990. – Ders., Die Erneuerung des eucharistischen Gebetes: Alexander Völker (Hg.), Eucharistie. Beiträge zur Theologie der Erneuerten Agende, Berlin 1993, 34–60. – Ders., Zum Verhältnis von Verkündigung und Liturgie: Die Kirche als historische und eschatologische Größe, hg.v. Wilhelm Pratscher/Georg Sauer [FS Kurt Niederwimmer], Frankfurt a.M./u.a. 1994, 311–323. – Ders., Das Eucharistiegebet: KuD 48 (2002) 203–237. – Ders./Frieder SCHULZ, Kerygmatisches oder eucharistisches Abendmahlsverständnis?: LJ 49 (1999) 93–114. – Walter SCHMITHALS, Die Gnosis in Korinth, Göttingen ³1969 (FRLANT 66). –

Frieder SCHULZ, Der Gottesdienst bei Luther: Helmar Junghans (Hg.), Leben und Werk Martin Luthers von 1526 bis 1546, 2 Bde., Göttingen/Berlin 1985, 297–302. – Ders., Eucharistiegebet und Abendmahlsvermahnung. Eine Relecture reformatorischer Abendmahlsordnungen im ökumenischen Zeitalter: Sursum corda [FS Philipp Harnoncourt], hg.v. Erich Renhart/Andreas Schnider, Graz 1991, 147–158. – Ders., Das Eucharistiegebet in den Kirchen der Reformation als Frucht ökumenischer Konvergenz (1991): ders., Synaxis. Beiträge zur Liturgik, Göttingen 1997. – Ders., Agende – Erneuerte Agende – Gottesdienstbuch. Evangelische Agendenreform in der 2. Hälfte des 20. Jahrhunderts: TVELKD 89/1999. – Albert SCHWEITZER, Die Mystik des Apostels Paulus, Tübingen [2]1954. – Judah Benzion SEGAL, The Hebrew Passover from the Earliest Times to A.D. 70 (LOS 12), London 1963. – Thomas J. TALLEY, Von der Berakah zur Eucharistia. Das eucharistische Hochgebet der alten Kirche in neuerer Forschung: LJ 26 (1976) 93–115. – Wolfgang TISCHENDORF, Wandlungen der Abendmahlsfrömmigkeit in Sachsen, Halle 1990, Diss. masch. – Vilmos VAJTA, Die Theologie des Gottesdienstes bei Luther, Göttingen 1952. – Dorothea WENDEBOURG, Den falschen Weg Roms zu Ende gegangen? Zur gegenwärtigen Diskussion über Martin Luthers Gottesdienstreform und ihr Verhältnis zu den Traditionen der Alten Kirche: ZThK 94 (1997) 437–467.– Wolfgang WIEFEL, Erwägungen zur soziologischen Hermeneutik urchristlicher Gottesdienstformen: Kairos 14 (1972) 36–51. – Gustaf WINGREN, Luthers Lehre vom Beruf, München 1952. – Gabriele WINKLER, Nochmals zu den Anfängen der Epiklese und des Sanctus im Eucharistischen Hochgebet: ThQ 174 (1994) 214–231. – Friedrich WINTZER, Abendmahlspraxis und Abendmahlsverständnis unter Berücksichtigung der geschichtlichen Entwicklungen: PTh 77 (1988) 176–189.

Hans-Christoph Schmidt-Lauber

Der Predigtgottesdienst

I. Begriff und Beurteilung

Predigtgottesdienst ist ein Gottesdienst mit Predigt und ohne Abendmahl. Er ist vom Wortgottesdienst als dem der Eucharistie vorangehenden Teil der Messe zu unterscheiden. Als Wortgottesdienst kann auch eine liturgische Veranstaltung ohne Predigt und Abendmahl, z.B. eine Andacht, bezeichnet werden. Beim Predigtgottesdienst handelt es sich um eine Form des sog. Hauptgottesdienstes, der in der Regel sonntags stattfindet. Das EGb (1999) versteht unter dem Predigtgottesdienst, der die Grundform II neben der Messe als Grundform I bildet, den einfachen volkssprachlichen Kanzelgottesdienst, der im späten Mittelalter in südwestdeutschen Städten entstand und von den reformatorischen Kirchen dieser Region als Normalform übernommen wurde. Diese Beschränkung des Begriffs Predigtgottesdienst auf einen bestimmten Liturgietyp entspricht nicht dem allgemeinen Sprachgebrauch und ist auch, wie zu zeigen sein wird, liturgiegeschichtlich nicht angemessen.

Zu bedenken ist ferner der Widerspruch zwischen der faktischen Bedeutung des Predigtgottesdienstes im deutschen Protestantismus und seiner zunehmend kritischen Beurteilung. Während in vielen, besonders ländlichen, Gemeinden der Predigtgottesdienst als Hauptgottesdienst entweder dominiert oder gleichwertig neben dem Sakramentsgottesdienst steht, gilt er in der Liturgik als defizitär. Provozierend formulierte Hans-Wolfgang Heidland: »Der Predigtgottesdienst ist in Wahrheit ein Nebengottesdienst« (16). Der katholische Theologe Karl Schlemmer stellt in seinem Werk für die Feier von Wortgottesdiensten ohne Priester einerseits fest, die Gegenwart Christi im Wort sei »ebenso real und wirkmächtig« wie im Sakrament; andererseits bewertet er den Wortgottesdienst ohne Eucharistie als eine Notlösung. Als geistliche Not wäre es auch in evangelischer Sicht zu beurteilen, würde die Gabe des Abendmahls und seine Feier in den Gemeinden gering geschätzt. Der Verzicht auf die Mahlfeier ist aber in der Geschichte der Frömmigkeit und gegenwärtig keineswegs nur negativ motiviert, sondern im Gegenteil auch Ausdruck einer Hochachtung des Sakraments, das als spiritueller Höhepunkt empfunden wird und nicht zur Routine werden soll.

Die in der zweiten Hälfte des 20. Jh. zu verzeichnende Aufwertung des Abendmahls in der evangelischen Gemeindepraxis darf andererseits nicht zu einer Abwertung des Predigtgottesdienstes führen. Die dem Protestantismus oft mit Recht vorgeworfene Dominanz des gesprochenen Wortes auf Kosten anderer Kommunikations- und Erfahrungsmöglichkeiten ergibt sich nicht zwangsläufig aus dem Predigtgottesdienst. Es ist eine verengte Sicht, wenn man ihn mit Eberhard Weismann so versteht, »dass hier die Predigt als freies Wort der Verkündigung so sehr im Vordergrund steht, dass sie von gebundenen liturgischen Formen wie Gebet, Gesang, Bekenntnis gewissermaßen nur das Notwendigste neben sich duldet« (2). Tatsächlich nimmt aber die Predigt in den Predigtgottesdiensten innerhalb der deutschen evangelischen Landeskirchen durchschnittlich nur höchstens ein Drittel des Zeitvolumens ein. Zwei Drittel der verfügbaren Zeit bleiben also für Gebete, Lesungen, liturgischen Dialog, Gesang, Instrumentalmusik und weitere Kommunikationsweisen. Der Predigtgottesdienst ist für eine Vielfalt methodischer Varianten offen. Er kann und soll eine festliche Veranstaltung sein, in der die Menschen »mit Herzen, Mund und Händen«, aber auch mit ihrem Verstand und Willen, Gottes Wort wahrnehmen, darauf antworten und Gemeinschaft erfahren. Die wesentliche Rolle der Predigt muss keine Verkopfung und emotionale Verkümmerung des Gottesdienstes bedeuten. Gegenwärtig besteht die Gefahr eher in gedanklicher Verarmung und Unklarheit, die sich oft mit Redundanz in Predigt und Liturgie verbindet.

Weismann warnt mit Recht davor, Predigtgottesdienst und Messe gegeneinander auszuspielen. Er findet in beiden Formen die »zwei grundlegend verschiedenen Typen des Gottesdienstes im Abendland« (4). Begegnet uns aber in der Predigt und im Sakrament »das eine Wort Gottes, das wir zu hören, dem wir im Leben und im Sterben zu vertrauen und zu gehorchen haben« (Barmen I), dann handelt es sich höchstens liturgiegeschichtlich, keinesfalls aber theologisch um grundlegend verschiedene Typen. Gott gibt im Abendmahl nichts anderes als im verkündigten Wort, sondern er gibt es in anderer Form, und zu dieser Form gehört immer das verkündigte Wort. Eine bis in die Alte Kirche zurückgehende Tradition wertet das gepredigte Wort als geistliche Speise, als Tisch des Wortes, als Brot und Wein im spirituellen Sinn. Daraus würde Spiritualismus, wollte man das sakramentale *verbum visibile* des Heiligen Mahles gering schätzen. Andererseits wäre es unevangelischer Sakramentalismus, den in der Predigt dargebotenen »Tisch des Wortes« nur als Propädeutik für den eucharistischen Tisch zu deuten.

II. Historische Aspekte

A. Ansätze im Neuen Testament

Nach Ferdinand Hahn muss es in neutestamentlicher Zeit »selbstständige Wortgottesdienste gegeben haben, wobei die Grenze zwischen einem Gemeindegottesdienst und einer missionarischen Verkündigung fließend gewesen sein dürfte ... Grundform des urchristlichen Gottesdienstes war in jedem Fall die Versammlung zur Feier des Herrenmahls« (33). Johann Christoph Salzmann unterscheidet im Neuen Testament Wortgottesdienst und Sakramentsfeier: Im Tempel versammelten sich die Christen zum Wortgottesdienst, in den Häusern zur Mahlfeier. Nach Act 3,11; 5,12 war die Halle Salomos ein öffentlicher Versammlungsraum der Gemeinde, in dem Petrus predigte.

Jesus und seine Jünger nahmen am Synagogengottesdienst teil, und Jesus predigte dort (Lk 4,15–30). Paulus predigte nach Act zuerst jeweils in der Synagoge (13,5.14–42; 14,1; 17,1 u.ö.). Die Synagoge war nicht nur ein Ort der missionarischen Gelegenheit, sondern der synagogale Gottesdienst enthielt mit Schriftlesung, Auslegung und Gebet auch Grundelemente des christlichen Wortgottesdienstes.

I Kor 14,26–40 zeigt, dass der charismatisch-dynamische Gottesdienst einer Ordnung bedurfte, aber weder hier noch an anderer Stelle wird das Verhältnis von Wortgottesdienst und Mahlfeier geregelt. Wie für die Speisen gilt für die liturgischen Ordnungen: »Alles ist erlaubt, aber nicht alles baut auf« (I Kor 10,23). Die liturgische Freiheit hat weiten Raum, aber sie unterliegt dem Kriterium des Aufbaus der Gemeinde. Vergleicht man, wie oft die Gemeindeglieder zur Lehre und gegenseitigen Ermahnung, zum Gebet und Lobpreis, zum Bekenntnis und missionarischen Zeugnis aufgefordert werden, mit der Zahl der vom Abendmahl handelnden Stellen, so überwiegt das Interesse am Wortgottesdienst deutlich. Das gottesdienstliche Leben der Urgemeinde ist aber in seiner Dynamik für uns nicht mehr fassbar, seine Formen sind nicht auf Grund späterer Ordnungen rekonstruierbar. Sowohl der Versuch, einen Predigtgottesdienst ohne Mahlfeier im Neuen Testament zu begründen, als auch die gegenteilige These der ursprünglichen Einheit von Wortgottesdienst und Mahlfeier spiegeln mehr das praktische Interesse der jeweiligen Forscher als einen klaren exegetischen Befund wider.

B. Die Alte Kirche

Justin beschreibt um das Jahr 150 einen Gottesdienst, der Wort- und Sakramentsteil verbindet (Apol 67). An die vom Lektor vorgetragene Schriftlesung schließen sich die Predigt des Vorstehers und das gemeinsame Gebet an. Auf diesen Wortteil folgt die Mahlfeier. Wahrscheinlich beschreibt Justin eine zu seiner Zeit verbreitete Form des Gottesdienstes. Da er den Sonntagsgottesdienst schildert, zugleich aber davon spricht, die Christen seien ständig beieinander, ist weder auszuschließen noch zu beweisen, dass es auch Wortgottesdienste ohne Mahlfeier gab. Das auf einen selbstständigen Wortgottesdienst hinweisende Material ist sehr spärlich. In dem nicht lange nach Justin verfassten »Martyrium des heiligen Apostels Paulus« wird erzählt, Paulus habe außerhalb Roms eine Scheune gemietet, »in der er mit den Brüdern das Wort der Wahrheit lehrte« (NTApo II [[5]1989] 238). Vielleicht ist hier ein Hinweis auf Predigtgottesdienste im 2. Jh. zu finden. Die Erwähnung der Brüder, *mit* denen Paulus lehrte, lässt erkennen, dass der Verfasser an Gemeindeveranstaltungen dachte. Sofern diese für Nichtchristen offen, also missionarisch orientiert waren (vgl. schon I Kor 14,22–25), ist anzunehmen, dass solche Gottesdienste ohne Mahlfeier stattfanden.

Bei Hippolyt zeigt sich um das Jahr 220 die Absonderung der Katechumenen von den Getauften. Ob beide den Wortgottesdienst gemeinsam feierten, ist nicht ganz deutlich, doch legt es sich nach späteren Quellen nahe. So bezeugt die Klementinische Liturgie gegen Ende des 4. Jh., dass vor der Gläubigenmesse nacheinander die Katechumenen, die Besessenen, die Täuflinge und die Büßer entlassen wurden, nachdem jeweils für diese Gruppen gebetet worden war. Für sie gab es also nur den Wortgottesdienst.

Im 3. Jh. lässt sich einerseits ein zunehmendes Interesse am Messopfer erkennen (Cyprian), andererseits eine den Wortcharakter betonende Interpretation, die durch Clemens von Alexandrien (um 200) und Origenes (†254) repräsentiert wird. Origenes spricht von der Predigt als Speise, und gebraucht dabei eucharistische Begriffe. »Jede Predigt, die Frömmigkeit und Gerechtigkeit und Wahrheit lehrt, ist Gott geweiht und Gott geopfert« (In Num. hom. 20,2: GCS Origenes VII,192,6–8). Man darf das gelesene und verkündigte Wort nicht geringer achten als den eucharistischen Leib, den man mit Recht sorgfältig behandelt (vgl. In Ex. hom. 13,3; ebd. VI,274,5–13). »Das Wort Gottes ist uns Brot« (In Ex. hom. 7,8: ebd. VI,214,24). Origenes liegt deutlich mehr an der geistigen Kraft des Wortes als am Ritus und seinem stofflichen Inhalt. »Nahrungsmittel des Geistes sind nämlich die göttliche Lesung, die beständigen Gebete, die Predigt der Lehre« (In Lev. hom. 9,7: ebd. VI,432,5). In der geistigen Haltung des Origenes ist eine theologische Wurzel des Predigtgottesdienstes zu finden. Faktisch tritt das Sakrament nicht aus Geringschätzung zurück, sondern weil Origenes seine Aufgabe darin sah, die biblische Wahrheit und das kritische Denken seiner Zeit aufeinander zu beziehen und so dem Aufbau der Gemeinde zu dienen. Der argumentative Charakter der Predigt ist nicht nur apologetisch im Blick auf Nichtglaubende notwendig, sondern auch zur Vergewisserung des eigenen Glaubens.

Ein Jahrhundert nach Origenes hielt der Bischof Cyrill von Jerusalem in der Passions- und Osterwoche 18 Katechesen für Täuflinge und vermutlich später fünf mystagogische Katechesen für Neugetaufte. Es handelt sich um Themapredigten über das Credo und die Sakramente, die in Wochengottesdiensten gehalten wurden. Im Rahmen des Katechumenats dürfte es solche Predigtgottesdienste öfter gegeben haben.

Das 4. Jh. brachte mit den großen Kappadoziern Basilius, Bischof von Cäsarea (330–379), Gregor von Nazianz (330–390), Gregor von Nyssa (ca. 335–394) sowie dem überragenden Johannes Chrysostomus (†407) eine Blütezeit der ostkirchlichen Predigt, die formal stark von der antiken Rhetorik beeinflusst wurde. Basilius trug in morgens und abends gehaltenen

Predigtgottesdiensten seine Auslegungen von Gen 1 *(Hexaemeron)* vor, mit denen er die Gattung der Naturpredigt begründete. Am Schluss einer Predigt, in der er auf den Zeitmangel der arbeitenden Zuhörer einging, lud er dazu ein, »mit sorgenfreier Seele zur Abendpredigt wie zu einem Gastmahl zurückzukehren« (In Hexaemeron 3. Hom.: GCS NF 2, 56,6f.).

Chrysostomus, in der katholischen Kirche zum Patron der Prediger erhoben, gilt als der bedeutendste Prediger der Ostkirche. Es wäre vermessen, sein Predigtwerk in wenigen Sätzen würdigen zu wollen. Für unser Thema ist wichtig, dass er ähnlich wie Origenes die Predigt gern als geistliche Nahrung bezeichnete. Gott bereitet in der Predigt den Tisch des Wortes. Der Prediger lädt die Hörer zum geistlichen Gastmahl ein. »Mein Priestertum besteht darin, dass ich predige und verkündige; das ist das Opfer, das ich darbringe«, sagt Chrysostomus (In Rom. hom. 21,1: PG 60,655). Wie bei Origenes ist damit das Sakrament nicht abgewertet, sondern in den übergreifenden Verkündigungsauftrag eingeordnet. Chrysostomus' Sorge gilt mehr dem aufmerksamen Hören als dem häufigen Sakramentsempfang. Der Besuch des Gottesdienstes bleibt nutzlos, wenn das in der Predigt Gehörte vergessen wird. Hier zeigt sich deutlich ein mit dem Predigtgottesdienst verbundenes gemeindepädagogisches Interesse, wie wir es bei den Reformatoren wiederfinden

Im Westen ist Ambrosius (339–397), Bischof von Mailand, ein hervorragender Prediger, der zugleich liturgisch und hymnologisch schöpferisch wirkte. Die Predigt hat bei ihm ihren Ort in der deutlich von der Eucharistie unterschiedenen Katechumenenmesse, zu der Lesungen, Psalmen und nach der Predigt die Entlassungsgebete gehörten. Mit Origenes und Augustin verbindet ihn die Leidenschaft dafür, in die Tiefe der Heiligen Schrift vorzudringen und ihre Wahrheit mit Hilfe des mehrfachen Schriftsinnes zu entfalten und zu aktualisieren.

Augustin (354–430) erinnert sich daran, dass seine Mutter jeden Morgen und Abend zur Kirche ging, um Gott in seinen Predigten zu hören und damit Gott sie in ihren Gebeten hörte (Confessiones V,9). Hier dürfte es sich um wochentägliche Predigtgottesdienste gehandelt haben. Das wechselseitige Hören des Menschen auf Gott und Gottes auf den Menschen ist für Augustins Gottesdienstverständnis so grundlegend wie die Beziehung von göttlichem Wort und menschlicher Antwort bei Luther. Das verbum Dei bedeutet wie der Logos bei Origenes die zweite Person der Trinität, das biblische Wort und das Predigtwort. Augustin kann auch vom Leib und Blut des Wortes reden. Wort und Sakrament gehören nicht nur dadurch zusammen, dass das Wort zum Element kommen muss, damit das Sakrament entsteht, sondern das Wort hat selber sakramentalen Charakter. Augustins Sakramentsbegriff ist noch sehr weit und offen. Wie Origenes nennt auch er das verkündigte Wort Nahrung, Brot und Wein. Das in der Predigt ausgelegte biblische Wort ist nicht nur in der Hinsicht sakramental, dass es dasselbe Heil mitteilt wie die liturgischen Sakramente, sondern auch darin, dass es göttliche Geheimnisse birgt, die Gottes Geist aufschließen und wirksam machen muss. Das biblische Wort und das gefeierte Sakrament sind Zeichen *(signa)*, in denen die »Sache« *(res)* des Heils zu erkennen und zu empfangen ist. In den Spuren Augustins setzte sich Caesarius, Abt und später Bischof von Arles (470/71–542) nachdrücklich für regelmäßige Predigt ein, die er selber an allen Sonn- und Feiertagen hielt. Die um 542 verfasste Vita S. Caesarii berichtet, er habe oft auch zur Matutin und Vesper gepredigt (PL 67,1022). Hier finden wir einen Beleg für Predigtgottesdienste im Zusammenhang mit Stundengebeten.

C. Das Mittelalter

Bei Augustin war die Einheit von Predigt und Sakrament optimal vorhanden. In der Folgezeit wurde sie mehr und mehr zum Problem. Die sich verstärkende Messopferfrömmigkeit schwächte das Gewicht der Predigt für die Gemeindepraxis. Über die Zeit zwischen Gregor d.Gr.

(†604), der sich noch, Augustin folgend, um den Zusammenhang von Predigt und Liturgie sowie um eine niveauvolle Predigt bemühte, bis zu Karl d.Gr. (768–814) wissen wir wenig. In welchem Rahmen haben die angelsächsischen Missionare gepredigt, die im 8. Jh. in den deutschen Raum kamen? Die Vermutung liegt nahe, dass es missionarisch orientierte Predigtgottesdienste gab. Andererseits lassen die seit Karl d.Gr. immer wieder ausgesprochenen Ermahnungen zur Predigt auf ein entsprechendes Defizit schließen. Der niedrige Bildungsstand der Kleriker erlaubte oft allenfalls das Ablesen der Messliturgie oder einer vorgegebenen Predigt. Alkuin (†804) musste mahnen: »Sie sollen Prediger, nicht Plünderer sein« (*sint praedicatores, non praedatores,* vgl. Haendler 102; Hauck II,478). Sogar dem Erzbischof Arno von Salzburg schrieb Alkuin: »Sei ein Prediger der Frömmigkeit, nicht ein Eintreiber des Decem« (Albert II, 19). Hermann Hering sieht in der Karolingerzeit ein »Überwuchern des liturgischen Elementes über das homiletische« (84).

Urteile dieser Art sind in der Gefahr, Maßstäbe der Gegenwart auf die Vergangenheit anzuwenden, in der andere Kriterien galten. Dass aber die Predigtpraxis im frühen Mittelalter als mangelhaft empfunden wurde, beweisen nicht nur die genannten Aufforderungen, sondern es zeigt sich auch in der Entwicklung des sog. *Pronaus* (vom franz. *prône,* das vom lat. *praeconium* = Verkündigung abgeleitet ist). Es handelt sich um eine Predigtliturgie, die das Gewicht der Predigt in der Messe verstärkte und zur Herausbildung selbstständiger, vom Altarsakrament gelöster Predigtgottesdienste beitrug. Schon bei Justin fanden wir eine liturgische Einbindung der Predigt, die im Pronaus weiter ausgestaltet wird. Ein wichtiger Bestandteil des Pronaus ist die »Offene Schuld«, ein allgemeines Sündenbekenntnis nach der Predigt. Nach Albert Hauck wurde die Offene Schuld bereits im 9. Jh. im Anschluss an die Predigt deutsch gesprochen (II,755). Credo, Vaterunser, Dekalog und Ave Maria wurden weitere Elemente des Pronaus, an den später der schweizerische und der oberdeutsche evangelische Predigtgottesdienst anknüpften. Je reicher der Pronaus im Laufe des Mittelalters ausgestattet wurde, desto stärker wurde das Eigengewicht des Wortgottesdienstes und die Neigung, ihn vom Sakramentsteil zu trennen. Von seiner Entstehung her ist der Pronaus also nicht ein von der Messe zu unterscheidender selbstständiger Predigtgottesdienst, nicht alternative Grundform des Gottesdienstes, sondern aus der Messe erwachsender und sich von ihr lösender Wortgottesdienst.

Der Trend zu dieser Verselbstständigung wurde durch die seit dem 12. Jh. erfolgende Intensivierung und qualitative Verbesserung der Predigt verstärkt, die oft auch eine quantitative Ausweitung einschloss. Die Befähigung der Priester zur Predigt wuchs infolge besserer Ausbildung und dank homiletischer Hilfsmittel wie des *Speculum ecclesiae* von Honorius Augustodunensis (um 1120), das Predigtmodelle und homiletische sowie liturgische Hinweise enthielt. Auf die Predigt folgt bei Honorius das Vaterunser, dessen Bitten der Prediger erklärt. Daran schließt sich das ebenfalls mit Erklärungen versehene Credo an, dem die Offene Schuld in erweiterter Form und die Absolution folgen, ehe das Fürbittengebet gesprochen wird (PL 172,813–1108). Honorius legt damit ein Maximalangebot vor, das den Umständen entsprechend gekürzt werden kann. Auch wenn man diese Möglichkeit berücksichtigt, zeigt sich hier eine erhebliche Ausweitung des Wortteils und zugleich ein starkes katechetisches Interesse, das der Herausbildung eines selbstständigen Predigtgottesdienstes zuarbeitete. Bei Honorius findet sich ein solcher allerdings noch nicht. In seinem Buch *Gemma animae* interpretiert er die Messe ausführlich, erwähnt dabei die Predigt aber nur mit wenigen Sätzen.

Bernhard von Clairvaux (1090–1153) zog Hörermassen in seinen Bann und predigte auch außerhalb von Kirchenräumen und Sakramentsgottesdiensten. Neu gegründete Orden wie die Franziskaner und Dominikaner – letzterer als *Ordo Fratrum Praedicatorum (OP)* = Predigerorden bezeichnet – sandten ihre Bettelmönche predigend durch das Land. Der Franziskaner

Berthold von Regensburg (†1272) entfaltete eine wirksame volksmissionarische Verkündigung, die zur Aufwertung der Predigt im Volk beitrug. Von kirchenamtlicher Seite wurde die Predigt inner- und außerhalb der Messe gefördert. An manchen Orten gab es für das Hören der Predigt Ablass, was freilich auch darauf hindeutet, dass die Begeisterung für das Predigthören der Nachhilfe bedurfte. Im Jahre 1300 sicherte der Papst den Bettelmönchen das Recht zu, »in ihren Kirchen und auf den Straßen frei zu predigen mit Ausnahme der Stunden, in denen in den Pfarrkirchen gepredigt wurde. Zur Predigt in den letzteren sollte die Zustimmung des Pfarrers erforderlich sein« (Hauck V/1,330). Die Erwähnung der Straßenpredigt zeigt, dass wir es nicht nur mit Predigten im Rahmen von Gottesdiensten zu tun haben, sondern auch mit liturgisch ungebundener Verkündigung evangelistischer Art.

Um das Jahr 1170 begann der Kaufmann Petrus Valdes in und um Lyon zu predigen. Die Akten der Inquisition notieren: »In seiner Vermessenheit erkühnte er sich, das Evangelium auf den Straßen und Plätzen zu predigen. Dabei gewann er Anhänger beiderlei Geschlechts und zog sie in seine überhebliche Haltung mit hinein. Er schickte auch sie zum Predigen unter das Volk« (Tourn 13). Valdes sowie seine Anhängerinnen und Anhänger predigten, wo sie die Möglichkeit dazu fanden, also außerhalb von und in Kirchen. Wir dürfen annehmen, dass sie Predigtgottesdienste hielten, wenn wir auch keine Quellen kennen, die deren Gestalt schildern.

Den Waldensern folgten die Böhmischen Brüder, deren Prediger allerdings dem Priesterstand zugehörten. Konrad Waldhauser, um 1325 geboren, predigte unter großem Zulauf auch außerhalb von Kirchen. In Saaz sollen die von Waldhauser angegriffenen Bettelmönche alle Glocken ihrer Kirchen geläutet haben, damit der auf dem Markt Predigende nicht verstanden werden kann (Winter 84). Die Aufgabe der Predigt bestand in der »biblischen, katechetisch bildenden und die Gemeinde erziehenden Auslegung« (Říčan 315). Die Predigt wurde so hoch geachtet, dass man berichtet, Militsch von Kremsier, ein Zeitgenosse Waldhausers, habe zeitweise drei Predigten täglich gehalten und eine Art Predigerschule in Prag gegründet. Sicher fand diese Verkündigung zum großen Teil im Rahmen von Predigtgottesdiensten statt.

Die zunehmende Bedeutung der Predigt im hohen Mittelalter entspricht einer wachsenden Neigung zur Subjektivität und damit zur persönlichen Dimension der Frömmigkeit. Sie äußert sich theologisch am ausgeprägtesten in der Predigt der deutschen Mystik, deren bedeutendster Vertreter Meister Eckhart († 1327 oder 1328) ist. Seine Predigt ist mit der Liturgie verbunden und im Zusammenhang mit ihr zu verstehen. Das subjektive Element der Predigt lässt sich nicht von der objektiven Vorgabe der Liturgie trennen. Andererseits bewahrt das persönliche Zeugnis der Predigt die Liturgie davor, rituell zu erstarren. Hier gibt es keine Konkurrenz zwischen Predigt und Liturgie, sondern eine gegenseitige Befruchtung. Allerdings liegt Eckharts Interesse mehr beim Wort als beim Ritus, und das ist theologisch relevant: Auf Gottes Handeln kommt es an, es hat den absoluten Vorrang vor allem Tun des Menschen und allen »Weisen«, in denen er Gott verehrt. Eckhart hat die Predigt und die Grenzen des Verstehens wie kein anderer mittelalterlicher Prediger hermeneutisch reflektiert. Weil wir Gott nicht verstehen können, wie er an sich ist, erwartet der Prediger nicht, von allen verstanden zu werden. Die eine Wahrheit gilt zwar allen, drängt sich aber nicht auf und kann nicht allen in gleicher Weise verständlich gemacht werden. So weist ein in die Tiefe des Verstehens und an die Grenzen sprachlicher Möglichkeiten dringendes Predigtverständnis über sich hinaus auf das Mysterium, das die Kirche in der Liturgie feiert.

Der uns seit Origenes vertraute Gedanke, dass Gott seine Gemeinde durch die Predigt geistlich nährt, ist auch in der scholastischen Predigt zu finden. Von scholastischen Predigten heißt es: »An der Heiligen Schrift haben der Prediger und seine Zuhörer einen gedeckten Tisch mit einer unermesslichen Fülle von Speisen. ... Als vorzügliche Speise reicht die Predigt das

Brot des Lebens zur Erquickung der Seele« (Schneyer 1968b, 26). Geiler von Kaysersberg erklärte 1515: »Das Brot der Lehre ist nicht weniger wirksam als der Leib Christi« (Massa 12). Er wagte sogar die Behauptung, mit Rücksicht auf das Heil habe die Predigt Vorrang vor dem Sakrament. Was die mittelalterlichen Prediger auftischten, konnte inhaltlich aus reformatorischer Sicht nicht befriedigen und wird heute auch von katholischer Seite kritisiert. Es dominiert das Gesetz, und der katholische Forscher Willi Massa beobachtet in der Eucharistiepredigt am Vorabend der Reformation drei kerygmatische Fehlhaltungen: Doktrinalismus, Moralismus und Peripherismus. Die reformatorische Verkündigung hätte aber ohne das im Mittelalter wachsende Interesse an der Predigt nicht die ihr zuteil gewordene Resonanz erfahren.

Hauck beobachtet im hohen Mittelalter sogar einen Überdruss an allzu vielen Predigten: »seitdem man angefangen habe, die Menschen mit viel Predigen zu plagen, werde die Welt nur schlechter«, meinten manche (V/1,379). Die Abneigung richtet sich wohl nicht nur gegen die zunehmende Quantität, sondern auch gegen die Gesetzlichkeit der Predigt. Trotz vieler Predigten wurde zu wenig Evangelium verkündigt.

Es lässt sich nicht exakt datieren, seit wann es den mittelalterlichen Predigtgottesdienst außerhalb der Messe gibt. Die Vermutung liegt nahe, dass während der Missionierung Predigten auch außerhalb der Kirchen gehalten wurden. Bekannt ist das von manchen der umherziehenden Bettelmönche. Solche Predigten dürften aber kaum in liturgischem Rahmen stattgefunden haben, sodass nicht von Predigtgottesdiensten im eigentlichen Sinn zu reden ist. Letztere entwickelten sich aus dem Pronaus und nahmen im späten Mittelalter an Zahl und Bedeutung zu. Dazu trug die Errichtung von Predigtstellen bei, in Württemberg seit 1415: »Es wurde Sitte, statt Messpfründen Predigerstellen zu stiften« (Rauscher 22 f.), was auf ein wachsendes Bedürfnis in der Bevölkerung hinweist. Quantitativ wurde es immer mehr befriedigt. An vielen Orten gab es täglich Predigten, natürlich nicht auf dem Lande.

1503 erschien in Basel das »Manuale Curatorum« des Johann Ulrich Surgant, ein homiletisch-liturgisches Handbuch, das viel Beachtung fand. Seine Homiletik würdigte Dorothea Roth im Zusammenhang mit der mittelalterlichen Predigttheorie. Liturgiegeschichtlich ist das Werk dadurch interessant, dass es ein Bild vom Predigtgottesdienst seiner Zeit zeichnet. Dabei fällt ein starkes katechetisches Interesse auf. In der Petrikirche von Basel war es sonntags üblich, von der Kanzel aus das Vaterunser, das Ave Maria, das Credo und den Dekalog zu sprechen. Wer das nicht konnte, sollte nicht zum Abendmahl zugelassen werden. Bedenkt man, dass zu den genannten Texten die Offene Schuld, die Fürbitten und die oft umfangreichen Abkündigungen hinzukamen, so gruppierte sich um die Predigt ein ausgedehnter Wortteil, und die Loslösung vom Sakramentsteil lag schon aus Zeitgründen nahe. Bei Surgant richtet sich das Interesse deutlich auf die Predigt und die mit ihr verbundene Liturgie, während er das Abendmahl im Zusammenhang mit der Sterbeseelsorge erwähnt. Offensichtlich brauchten die Prediger mehr Hilfe für den Wortgottesdienst als für die Sakramentsfeier. Der Predigtgottesdienst ließ viel Raum für die Gestaltung durch den Prediger. Surgant bietet Beispiele, nicht liturgische Vorschriften. Die Offenheit des mittelalterlichen Predigtgottesdienstes erleichterte es den reformatorischen Kirchen im schweizerischen und süddeutschen Raum, daran anzuknüpfen.

D. Die Reformation

1. Die *Wittenberger Reformation.* In der *Formula missae* schreibt Luther 1523: »Das Evangelium ist die rufende Stimme in der Wüste, die die Ungläubigen zum Glauben ruft. Die Messe aber ist der Gebrauch des Evangeliums und die Gemeinschaft des Tisches des Herrn, die nur Sache der Gläubigen ist und gesondert stattfinden sollte« (WA 12,211). Luther behält zwar die Messe als die Form des Hauptgottesdienstes, aber katechetische und missionarische Motive sprechen

dafür, der Predigt eine vom Sakrament abgehobene Stellung zuzuweisen. Ohne das Sakrament abzuwerten, erklärt Luther, dass »alles Gottis diensts/ das grössist vnd furnempst stuck ist/ Gottis wort predigen vnd leren« (DM 1526: WA 19,78). Deshalb setzt er sonntags drei Gottesdienste an, davon zwei Predigtgottesdienste und eine Messe. Erstere schließen sich an die Stundengebete Mette (früh um fünf oder sechs Uhr) und Vesper am Nachmittag an. Zur Mette schlägt Luther etliche Psalmen, eine Predigt über die Epistel, eine Antiphon, das Tedeum oder Benedictus, Vaterunser, Kollekte und Benedicamus domino vor. In der Vesper soll vor dem Magnificat eine Predigt über das Alte Testament »ordentlich nacheinander« stattfinden.

Großen Wert legt Luther darauf, dass die Ordnungen nicht zu einem die Gewissen bindenden Gesetz werden. »Die Summa sei die, dass es ja alles geschehe, dass das Wort im Schwang gehe« (Von Ordnung Gottesdiensts in der Gemeine 1523: WA 12,37). »Wo nicht Gottes Wort gepredigt wird, ists besser, dass man weder singe noch lese noch zusammenkomme« (35). Dieser Grundsatz führte dazu, dass im Protestantismus viele Predigtgottesdienste ohne Abendmahl stattfinden, selten jedoch Sakramentsfeiern ohne Wortverkündigung. Das ist in Luthers Sinn, wenn sich damit keine Geringschätzung des Abendmahls verbindet. Luthers Absicht ist positiv zu verstehen: »Es ist alles zu tun um Gottes Wort« (36), und auch der rechte Gebrauch der Sakramente setzt die Wortverkündigung voraus. Die Heilige Schrift muss reichlich und sachgerecht zur Sprache kommen. Die schon im mittelalterlichen Predigtgottesdienst deutliche pädagogische Absicht ist für Luther wichtig, doch darf sie nicht von der seelsorgerlichen Intention getrennt werden, die alles Handeln des Reformators bestimmt. Die Ordnungsfrage ist nicht losgelöst von der Situation des inneren und äußeren Kampfes zu verstehen. Generalisieren lassen sich nur die Leitmotive: Gottes Wort ist so zu verkündigen, dass Gesetz und Evangelium in ihrer persönlichen Bedeutung *(pro me)* erfasst werden; der missionarische und der pädagogische Aspekt gehören zum Gottesdienst, weil Gottes Wort zum Glauben ruft und weil die Praxis des Glaubens eine Kenntnis seiner Inhalte erfordert; ohne die Annahme des gepredigten Wortes ist der rechte Empfang der Sakramente unmöglich. Weil Luther den Gottesdienst tief in der Bindung an das biblische Wort verankert, kann er für Flexibilität in der Form offen sein.

Obwohl die Wittenberger Reformatoren dem sonntäglichen Hauptgottesdienst das theologisch gereinigte Modell der Messe zugrunde legten und reine Predigtgottesdienste zusätzlich einrichteten, errang der Predigtgottesdienst im Luthertum doch die faktische Position eines Hauptgottesdienstes im Wechsel mit dem Abendmahlsgottesdienst, und besonders in kleinen Gemeinden ist er weithin die häufiger praktizierte Form. Vier Gründe dafür lassen sich schon in der Reformationszeit erkennen:

– Die bereits im Mittelalter beobachtete wachsende Bedeutung der Predigt erhält qualitativ ein neues Gewicht. Zwar wurde bisher schon viel gepredigt, aber der Inhalt bestand zu wenig in der befreienden Botschaft des Evangeliums.
– Die Priester verstehen sich jetzt als Prediger. Zwar wurde schon im Mittelalter die Predigt mitunter als erste Aufgabe der Priester genannt, aber jetzt rückt das Predigen tatsächlich in den Vordergrund der pastoralen Aufgaben. Dazu trug die gemeindepädagogische Funktion der Predigt viel bei, was am deutlichsten in der Katechismuspredigt zum Ausdruck kommt. Die Prediger sind Lehrer der Gemeinde mit der Aufgabe, die grundlegenden Glaubensinhalte und ihre Konsequenzen für das Leben elementar zu verkündigen. Das Berufsbild der Pfarrer wurde seit der Reformation mehr durch die Predigt als durch das liturgische Handeln bestimmt, was sich auch in einer entsprechend einseitigen Ausbildung auswirkte.
– Die evangelische Freiheit konnte sich besser in den variableren Formen der Predigtgottesdienste als in den strenger fixierten der Messe entfalten. Die Reformatoren bemühten sich um theologisch verantwortete Ordnungen, aber »die Ordnungen sollen zur Förderung des

Glaubens und der Liebe dienen, und nicht zum Nachteil des Glaubens ... Aller Ordnungen Leben, Würde, Kraft und Tugend ist der rechte Gebrauch« (DM: WA 19,113).

- Die konstitutive Rolle der Gemeinde verschob den Akzent vom Sakraments- auf den Predigtgottesdienst. Die vorreformatorische Messe wurde durch den Priester konstituiert, sie konnte ohne Gemeinde stattfinden. Der evangelische Gottesdienst erfordert die Gemeinde. Mit dem Prinzip der evangelischen Freiheit ist es nicht vereinbar, die Gemeinde zum Abendmahl zu drängen. In den Kirchenordnungen des 16. Jh. findet sich immer wieder die Klausel »so Kommunikanten vorhanden«. Wollte niemand kommunizieren, hatte man sich auf den Predigtgottesdienst zu beschränken. 1523 schrieb Luther: »Die teglichen messen sollen abseyn allerdinge/ denn es am wort/ vnd nicht an der messen ligt/ Doch ob ettlich ausser dem sontag begerten das sacrament/ so hallt man messe/ wie das die andacht vnd tzeyt gibt/ denn hie kann man keyn gesetz noch tzill setzen« (Von Ordnung Gottesdiensts: WA 12,37). Es konnte sich also aus der Situation, aus dem aktuellen Verlangen ergeben, ob ein Gottesdienst als Predigt- oder Sakramentsgottesdienst gehalten wurde.

Martin Bucer sprach sich 1524 in Straßburg dafür aus, das Abendmahl lieber seltener, dafür aber mit der ganzen Gemeinde zu feiern (243). Das führte zwangsläufig zur Zunahme der Predigtgottesdienste. Als weiteres Motiv, das er freilich zurückweist, nennt Bucer die Scheu vor unwürdigem Empfang. Da das Abendmahl ein »äußerliches Ding« sei, ohne das man selig werden könne, solle man es weder Begehrenden abschlagen »noch die andern herzutreiben« (244). Bucer tritt dennoch für die sonntägliche Mahlfeier ein. »Äußerlich« bedeutet nicht, man könne beliebig damit umgehen, wohl aber, dass die Ordnungsfrage und damit auch die Häufigkeit nicht zu einer die Gewissen bindenden Pflicht wird.

Für den Fall, dass keine Kommunikanten vorhanden sind, sehen die Kirchenordnungen unterschiedliche Formen vor. Die Albertinische Kirchenordnung von 1539 macht es für die sächsischen Dörfer kurz: Gemeindegesang – Lesung des Evangeliums – Gesang des Credo – Predigt – Psalm oder anderer Gesang – Kollekte – Segen (EKO 1,272). Eine so knappe Liturgie beweist, dass die lutherische Kirche keineswegs auf den Messtyp festgelegt war.

2. Die *Schweizer Reformation*. Zwingli lernte Surgant in Basel kennen und übernahm von ihm die Form des Pronaus (vgl. Schmidt-Clausing 64–66.87–113 die Synopse der Texte von Surgant, Leo Jud, Zürcher Kirchenordnungen 1525 und 1535). Der Gottesdienst hatte folgenden Aufbau: Eingangsgebet – Vaterunser – Ave Maria – Predigt – Abkündigung der Verstorbenen – zweites Ave Maria – Dekalog – Apostolikum. (1563 wurde das Ave Maria abgeschafft.) Nach einer Bitte um Hilfe für die Armen schließt der Pfarrer mit den Worten: »Bittend gott für mich, das will ich ouch für üch thun. Und gond hin imm friden! Der herr gott sye mit üch!«

Zwingli begrenzte die Zahl der Abendmahlsgottesdienste auf vier im Jahr. Damit wurde der Predigtgottesdienst zum Hauptgottesdienst erhoben. Während der mittelalterliche Pronaus ursprünglich der Sakramentsfeier vorangestellt war, stand der reine Wortgottesdienst jetzt für sich allein. Lag dem Gottesdienst wie bei den Lutheranern das Modell der gereinigten Messe oder der Stundengebete zugrunde, so ergaben sich mehr Möglichkeiten für die Gemeinde, sich zu beteiligen. An dieser Stelle liegt der eigentliche Mangel bei Zwingli, zumal bei ihm auch noch der Gemeindegesang fehlte. Zwingli fürchtete, die Musik könne ablenken. So ergab sich ein problematischer Verbalismus.

Calvin lehnte die römische Messe ebenso entschieden wie Zwingli ab und folgte ihm auch darin, dass er im Unterschied zu Luther nicht versuchte, sie in theologisch gereinigter Form zu erhalten. In Genf fand er die Tradition des Pronaus nicht vor und hielt sich daher an die Straßburger Gottesdienstordnung, die er bei seinem dortigen Aufenthalt kennen lernte. Calvins

Predigtgottesdienst, den der Pfarrer von der Kanzel aus hielt, bekam 1542 folgende Ordnung: Er begann mit dem Votum »Unsere Hilfe ...«, worauf die Offene Schuld und der Gesang einiger Psalmen folgten. Nach einem freien Gebet um rechtes Hören wurde die Predigt gehalten, an die sich das Allgemeine Kirchengebet, eine Vaterunser-Paraphrase und der Segen anschlossen. Eine Verwandtschaft mit dem mittelalterlichen Predigtgottesdienst ist auch hier erkennbar. Die Offene Schuld zu Beginn des Gottesdienstes entspricht dem priesterlichen Confiteor am Eingang der Messe. Eine Bereicherung stellt gegenüber Zwinglis Form der Psalmengesang dar. Der Gottesdienst konzentriert sich ganz auf das Wort. Da Bilder und Zeremonien verworfen werden, gibt es wenig zu sehen.

In Basel folgte Ökolampad wie Zwingli dem Modell des Pronaus, ergänzte es aber durch Gemeindegesang. Das Abendmahl wurde an jedem Sonntag reihum in einer Kirche gefeiert, auf dem Land alle drei bis fünf Wochen (vgl. Waldenmaier 25), also deutlich häufiger als bei Zwingli. Der Abendmahlsgottesdienst enthielt außer der Predigt drei Ermahnungen und eine Auflistung der Sünden, die vom Abendmahl ausschließen. So entsteht der Eindruck, dass der Predigtgottesdienst fast die Mahlfeier verschlingt. Es wird viel gelehrt und ermahnt, und der im Predigtgottesdienst legitime pädagogische Aspekt wirkt allzu sehr auf das sakramentale Handeln ein. Dabei ist aber zu beachten, dass dies aus seelsorgerlicher Verantwortung geschah: Lehre und Ermahnung sollten zum gesegneten Empfang des Sakraments helfen.

Manche Liturgiker sehen im Typ des Schweizer Predigtgottesdienstes das genuine Modell dieser Gattung, die echte Alternative zur Messe. Tatsächlich vollzogen Zwingli und Calvin den Bruch mit der Messe radikal. Die dem Pronaus folgende Form ist dennoch nur eine der möglichen Gestalten des Predigtgottesdienstes, wie im Folgenden zu zeigen sein wird. Die lehrhafte, nüchterne Form des Schweizer Predigtgottesdienstes ist, wie bereits die Basler Variante zeigte, für Ergänzungen und Korrekturen offen. Schon die Einführung von Gesang und Instrumentalmusik kann den Gottesdienst lebendiger und ansprechender machen. Das Bilderverbot hat mit der Form des Pronaus nichts zu tun, und es wird auch im reformierten Raum weithin nicht (mehr) rigoros eingehalten, sodass außer der Musik auch bildende Kunst den Gottesdienst bereichern und das gesprochene Wort ergänzen kann.

Angesichts der Offenheit des Pronaus leuchtet die oft vertretene Meinung nicht ein, der Typ des Predigtgottesdienstes dürfe nicht mit Elementen aus der Messe vermischt werden. Solches Reinheitsgebot überzeugt weder theologisch noch ästhetisch. Zwingli und Calvin vollzogen aus gewichtigen theologischen Gründen die Abkehr von der Messe, die auch ästhetisch nicht befriedigte. In Süddeutschland verschmolzen schon während der Reformation Impulse der Schweizer Liturgie mit solchen aus dem lutherischen Raum, und die Ergebnisse leben heute noch in der Grundform II, die im EGb als Predigtgottesdienst bezeichnet wird und in der Evangelischen Kirche Württembergs seit der Reformation die dominante Form blieb.

3. Die *süddeutsche Reformation*. Im »Verzaichnus der geenderten Mißbreuch und Ceremonien« von Nürnberg 1524 heißt es: »rechte vorkundung des gottlichen worts ist das haubtstück und der grund unseres christentumbs, daran es auch alles gelegen ist« (Smend 171). Sonntags fand ein Predigtgottesdienst zwischen zwei Abendmahlsfeiern statt, wochentags wurde täglich jeweils in einer Kirche gepredigt. Der Predigtgottesdienst begann mit dem Gesang des Athanasianums und von einem bis drei Psalmen. Es folgten alttestamentliche Lesung mit kurzer Erklärung, der Dekalog, Credo, Vaterunser und Ave Maria, Fürbittgebet, Ermahnung zum Almosengeben, gesungene Kollekte oder ein anderes Gebet und schließlich die etwa einstündige Predigt. Die Nähe zum Pronaus ist deutlich. Die zweite Abendmahlsfeier des Sonntags, das Tagamt, schloss sich an. – Die Brandenburg-Nürnberger Kirchenordnung von 1533 enthält

folgenden Plan des Predigtgottesdienstes: Gesang von Psalm und Athanasianum – Antiphon aus der heiligen Schrift – Lesung eines Kapitels aus den Episteln – Gesang – ein Kapitel aus den Evangelien – Gesang – drei deutsche Kollekten – Benedicamus – Segen. Merkwürdigerweise ist hier die Predigt nicht erwähnt, die wohl nach dem Evangelium ihren Platz hatte. Die Katechismusstücke werden durch Gesänge ersetzt, was eine Modifikation des Pronausmodells darstellt.

Wichtig wurden besonders für den süddeutschen Bereich die Württembergischen Kirchenordnungen von 1536 und 1553 bzw. 1559 (vgl. Hennig). Sie führten den Predigtgottesdienst als Hauptgottesdienst einer großen lutherischen Landeskirche ein. Der Typ des Pronaus wird hier durch Gemeindegesang und durch ein aus der Brandenburgisch-Nürnberger Kirchenordnung von 1533 übernommenes Allgemeines Kirchengebet bereichert, das aus 18 Einzelkollekten besteht und mit dem Vaterunser der Gemeinde abgeschlossen wird. Das katechetische Interesse zeigt sich in der Bestimmung, der Pfarrer solle die Katechismusstücke nach der Predigt immer in derselben Form vorsprechen, damit das Volk sie durch das Nachsprechen leichter lernt. 1553 wird das Kirchenjahr betont und damit ein lutherisches, in der reformierten Liturgie vernachlässigtes Element aufgenommen.

Das Bild der süddeutschen Liturgien ist im 16. Jh. bunt, weil sich wegen der geografischen Nähe der Schweiz unterschiedliche Kombinationen aus reformierten und lutherischen Impulsen ergaben. Interessant sind weniger die Unterschiede und Gemeinsamkeiten der verschiedenen Liturgien im Einzelnen als vielmehr die Möglichkeit der Kombination unterschiedlicher Traditionen. In der Kurpfalz fand z.B. 1546 der Gottesdienst, wenn keine Kommunikanten vorhanden waren, auf den Dörfern bis zur Predigt nach der Messordnung statt. Nach der Predigt wurden das Vaterunser, das Credo und der Dekalog vorgelesen, es folgten Fürbitten, Psalmgesang und Segen. Der Teil nach der Predigt folgte also der Pronaustradition (vgl. EKO 14,99).

Reformierte und lutherische Liturgien sind von allen menschlichen Satzungen frei, die die Gewissen binden. Sie sind frei für alle Formen, die dazu beitragen, dass die Wahrheit zur Sprache kommt und zur Tat wird. Ob Bilder, Kerzen und Riten oder Gesten wie das Kreuzeszeichen der Kommunikation des Wortes Gottes dienlich oder hinderlich sind, wird von Reformierten anders beantwortet als von Lutheranern, Anglikanern, Orthodoxen und Katholiken. Sowohl der lutherische wie auch der reformierte Gottesdienst würde von den Ursprüngen her bis zur Gegenwart hin missdeutet, verstünde man den Begriff »Predigtgottesdienst« als einseitige Dominanz der Predigt. Die Geschichte des Gottesdienstes im süddeutschen Raum ist ein Beispiel dafür, dass jedes liturgische Modell entwicklungs- und korrekturfähig ist und unterschiedliche Ansätze sich gegenseitig bereichern können. Das Ideal eines reinen liturgischen Typs ist abstrakt, es entspricht nicht der Dynamik der Frömmigkeit, in der immer traditionelle und aktuelle Motive zusammenfließen.

E. Lutherische Orthodoxie, Pietismus und Aufklärung

Paul Graff beurteilte die Geschichte des evangelischen Gottesdienstes als Geschichte des Verfalls (I,15). Er findet das Übel besonders im pädagogischen Verständnis des Gottesdienstes auf Kosten des Doxologischen und sieht darin einen Abfall vom reformatorischen Ansatz. Abgesehen davon, dass den Reformatoren viel an rechter Lehre und damit an der gemeindepädagogischen Aufgabe im Gottesdienst lag, ist die historische Situation zu beachten. Dass das Jahrhundert nach der Reformation von höchst unerfreulichen Konfessionskämpfen und Lehrstreitigkeiten erfüllt war, wirkte sich zwangsläufig auf Verständnis und Praxis des Gottesdienstes und der Predigt aus. Die verheerenden Folgen des Dreißigjährigen Krieges nötigten zur elementaren Unterweisung des Volkes im Gottesdienst als der wichtigsten öffentlichen Veranstaltung.

Dennoch war die Bedeutung der Doxologie den orthodoxen Theologen voll bewusst. Johann Konrad Dannhauer konnte alles Verkündigungshandeln unter diesem Aspekt verstehen. Friedrich Kalb fasst Dannhauers Sicht so zusammen: »Das Wort Gottes wird zunächst gelesen *(doxologia anagnostica)*. Der Mensch erweist dabei Gott die rechte Ehre, indem er aufmerksam zuhört *(doxologia acustica)* und, nachdem er von der Wahrheit des ihm Gesagten durchdrungen ist, diese freudig bekennt *(doxologia homologica)*. Dann ist er aber auch imstande, die Botschaft Gottes mit seinen eigenen Worten den Menschen nahe zu bringen *(doxologia demologica seu concionatoria)*« (72).

Zum Problem wurde oft die Überlänge der Predigt. Manche Predigten dauerten länger als zwei Stunden. In Brandenburg wurde 1717 die Dauer der Predigt unter Androhung von Geldstrafen auf eine Stunde begrenzt (Schian 7). Was Eberhard Schmidt beim Gottesdienst am kurfürstlichen Hof zu Dresden im 17. Jh. beobachtet, lässt sich verallgemeinern: Der schrumpfende Sakramentsteil wird »von der umfänglich ausgeführten Vormesse und dem ständig erweiterten Predigtteil immer stärker abgedrängt« (124). Manche Prediger breiteten ihre Gelehrsamkeit vor den Gemeinden aus und plagten sie mit langatmigen dogmatischen oder historischen Belehrungen und kontroverstheologischen Spitzfindigkeiten. Scholastisierende Distinktionen dienten oft mehr der Demonstration vermeintlicher homiletischer Kunst als der Erbauung der Hörer. Pauschalurteile sind jedoch nicht angebracht. Weder den orthodoxen noch den pietistischen Predigern ist liturgisches Desinteresse vorzuwerfen. Johannes Olearius fasst den Inhalt des öffentlichen Gottesdienstes als »beten, predigen, hören, loben, danken und dergleichen« zusammen (Hand-Buch der Kinder Gottes, Leipzig 1692, 1484). Der hohe Rang des Gebets kommt noch stärker bei Christian Gerber zum Ausdruck, einem der Theologen, die man ebenso der lutherischen Orthodoxie wie dem Pietismus zurechnen kann: »Warhafftig das Beten richtet mehr aus/ als das Lehren« (Vorrede c 3). Kritisiert wird die »Kaltsinnigkeit«, mit der oft die Gebete nach der Predigt dahergeplappert werden: »Es wird aus dem Gottesdienst auch ein opus operatum gemacht/ wenn nur gesungen/ gepredigt/ und gebetet ist/so ist es schon gut ... Vielmehr sollte man die Predigten kürtzer fassen/ und dieselben abbrechen/ damit auch gnugsame Zeit übrig bleibe/ fein mit Bedachtsamkeit und auf eine heilige Weise das allgemeine Gebet zu thun«. Gerber zitiert einen gottseligen Mann, der erklärte, er verachte zwar das gepredigte Wort durchaus nicht, gehe aber zur Kirche, um »mit der Gemeine GOTTES zu beten/ zu singen und GOTT zu loben« (1052), für Gerber ist sogar das öffentliche Gebet »wol fürnehmer/ als das Predigen«.

Es genügt nicht, die Predigt zu hören, sondern zur Heiligung des Sonntags gehört nach Johann Michael Dilherr, »vor der Predigt zu beten, sich auf die Predigt mit Lesung der Heiligen Schrift vorzubereiten, in der Kirche mit der Gemeinde bedachtsam zu singen, die Gemeindegebete in andächtiger Stille mitzubeten, unverrückt auf die Predigt zu merken, mit gottseligem Nachsinnen nach empfangenem Segen davon zu gehen, zu hause mit den Seinigen die Predigt zu wiederholen und das Führnehmste aufzuzeichnen« (Kalb 135 f.). Diesen Forderungskatalog erfüllte nur ein kleiner Teil der Gemeinde. Viele Pfarrer waren froh, wenn ihre Gemeindeglieder erst »nach empfangenem Segen« gingen, statt nach dem Amen der Predigt davonzulaufen, und oft klagten Pfarrer, dass die Leute erst zur Predigt in die Kirche kamen. Offensichtlich wurden viele Gemeindeglieder durch das Übermaß gottesdienstlicher Handlungen überfordert.

Die »äußerlichen Zeremonien und Gebärden« wurden ernstgenommen, obwohl sie theologisch zu den Adiaphora gehören. Gerber stimmt Christian Scriver darin zu, »dass man in den Evangel. Kirchen beym öffentlichen Gottesdienst und Gebet der versammleten Gemeine/ mehr Erniedrigung und Demuth/ auch in den äusserlichen Geberden einführen könnte/ da es nunmehr fast dahin kommt/ dass unsere Alamode-Christen ihnen es schimpfflich achten/ wenn sie an

Buß- und Bet-Tagen ein Vater Unser auf den Knien liegend sprechen solten« (Gerber 201 f.). »Und ob wohl auch Heuchler sich vor andern mit Geberden und Bücken andächtig stellen können; so sind dennoch demüthige Geberden/ Niederknien/ Haupt-Entblössen/ Hände falten/ Brust-schlagen/ die Augen aufheben/ etc. Kennzeichen einer hertzlichen Andacht/ und auch innerlichen Demuth bey den Gläubigen.«

Auch August Hermann Francke wusste die liturgischen Formen zu schätzen. Im Unterschied zu den spiritualistischen Radikalisten, denen jedes Verständnis für die »Zeremonien« fehlte, würdigte er die Bedeutung der Formen für die Inhalte des geistlichen Lebens. Die Kritik der Pietisten und vieler orthodoxer Theologen richtete sich gegen ein geistloses Abhandeln der Formen, das dem Ziel des Gottesdienstes entgegenwirkt. Graff kritisiert, dass Spener und Francke dieses Ziel »in der *Erbauung* der Zuhörer zu Gott im Glauben« sehen (I,83). Er übersieht, dass diese Erbauung dem Gotteslob der Gemeinde dient, ja dieses erst ermöglicht.

Die häufigen Klagen orthodoxer und pietistischer Theologen über unruhiges Verhalten, zu spätes Kommen und verfrühtes Gehen der Gemeindeglieder zeigen, dass diese sich gegen eine geistliche Überforderung wehrten. Die Prediger dagegen litten unter dem Widerspruch zwischen Aufwand und Wirkung der Predigten. Pietistische Prediger empfahlen den Hörern, ihre Bibeln mitzubringen und sich so intensiver zu beteiligen. Der orthodoxe Gegner Franckes in Leipzig, Johann Benedict Carpzov d.J. wünschte »Versammlungen, darinnen die Predigten wiederholet, die Sprüche der heiligen Schrifft untersuchet, die unterlauffenden Scrupel benommen, die Zweiffels-Fragen beantwortet, und andere zur Erbauung des Christentums nöthige Dinge, nicht nur unter den Lehrern in Gegenwart der Zuhörer, sondern auch zwischen Lehrern und Zuhörern, jedoch in gewisser Ordnung gehandelt würden« (Schian 64 f.). Der als Homiletiker bedeutende Pietist Johann Jakob Rambach (1693–1735) führte in Gießen eine katechetische Wiederholung der gehaltenen Predigt vom Altar her ein. Solche Versuche spiegeln nicht nur das gemeindepädagogische Interesse wider, das sich von der Reformation mutatis mutandis bis in die Aufklärung durchhält, sondern auch ein wachsendes Bedürfnis, den Predigtmonolog dialogisch zu ergänzen. Im Pietismus boten die Collegia biblica dazu eine Möglichkeit, die aber nicht die Mehrheit des Kirchenvolkes erreichen konnte.

Belebende Elemente waren der Gemeindegesang und die im 17./18. Jh. zu höchster Blüte entwickelte Kirchenmusik, die allerdings gerade von den geistlich wachen Leuten nicht unkritisch aufgenommen wurde, da sie als Ablenken vom Hören des Wortes wirken konnte oder weil (wie bei der Predigt) das rechte Maß verfehlt wurde. Jedenfalls machte die Musik erfahrbar, dass das Ästhetische und Emotionale in den Gottesdienst gehört und dass das liturgische Leben nicht infolge der Dominanz der Predigt verkümmern muss. Das Problem bestand darin, dass die Predigt als *doctrina* und *exhortatio* den Charakter des Gottesdienstes zu sehr prägte und die Liturgie nicht stark genug war, durch die von der Gemeinde mitgetragene Doxologie einen heilsamen Ausgleich zu schaffen, obwohl der Gemeindegesang dafür viel leistete.

Der in Orthodoxie und Pietismus kräftige pädagogische Impetus verstärkte sich noch in der Aufklärung. Die Aufklärungstheologen reagierten auf die wachsende Religionskritik. Auf liturgischem und homiletischem Gebiet wollten sie den Menschen ihrer Zeit helfen, alte Wahrheit neu zu verstehen und den Gottesdienst mit zu vollziehen. Sehen wir von Auswüchsen ab, so ging es nicht um Destruktion, sondern um Erbauung der Einzelnen und der Gemeinde unter den geistigen Bedingungen der Aufklärung, um geistliche Hilfen für »moderne« Menschen. Diese positiven Absichten sind nicht durch abschreckende Extrembeispiele zu diskreditieren. Allerdings zeigen solche Beispiele, wohin die Instrumentalisierung des Gottesdienstes führen kann. Für die Aufklärung war Nützlichkeit ein wichtiges Motiv. Dass die Menschen vom Gottesdienst »etwas haben« möchten, ist legitim. Wenn zu Ostern über den Segen des Frühaufstehens gepredigt wurde, führte der Prediger das Nützlichkeitsmotiv und zugleich die rationalistische Kritik ad absurdum, und die Hörer nahmen gerade das nicht aus dem Gottesdienst mit, was sie für ihr Leben als Christen brauchten. Dass der Sinn des Gottesdienstes über das Rationale und Ethische hinausgeht, wussten die meisten Liturgiker der Aufklärung.

Als Beispiel sei Georg Friedrich Seiler (1733–1807) genannt, dem Ottfried Jordahn gründliche Studien gewidmet hat. Seiler suchte einen mittleren Weg zwischen dem orthodoxen Konservativismus und dem rationalistischen Modernismus. Er wollte bewährte Tradition so gestalten, dass die Menschen seiner Zeit sie sich aneignen könnten. Zugleich hegte er die Hoffnung, mit der Agende ein ökumenisches Einheitsband zu gewinnen. Er wusste, dass Neues nur in behutsamer Anknüpfung an das Überlieferte durchsetzbar ist. Seiler sah die Grenzen eines pädagogischen Gottesdienstverständnisses. Die Doxologie gehörte für ihn konstitutiv zum Gottesdienst. Der Hauptgottesdienst sollte im Normalfall das Abendmahl einschließen, dessen eucharistischer Charakter Seiler bewusst war. Das pädagogische Anliegen verbindet sich mit dem ästhetischen im Bemühen um thematische Einheitlichkeit des Gottesdienstes. Diese Absicht lässt sich freilich im Predigtgottesdienst leichter durchführen als in der Messe. Wenn es gelingt, einen inhaltlichen »roten Faden« durch den Gottesdienst zu ziehen, kann das gemeindepädagogisch hilfreich sein und zugleich die Predigt entlasten, ohne dass daraus eine Verschulung des Gottesdienstes folgen muss.

Die Liturgie der Aufklärung ist mit dem Urteil »Auflösung der alten gottesdienstlichen Formen« zu einseitig beschrieben, obwohl manche ihrer Vertreter durchaus die alten, nach ihrer Meinung veralteten Formen durch neue ersetzen wollten. Der Predigtgottesdienst ist davon weniger betroffen als die Messe, da er von seinen Ursprüngen her variabler angelegt ist. Hinsichtlich des Predigtgottesdienstes liegt das Problem mehr im Inhalt als in den Formen. Das optimistische Menschenbild der Aufklärung, das sich nicht mit der Rechtfertigungsbotschaft vereinbaren lässt, führte zwangsläufig zu einer Verflachung des ganzen Gottesdienstes. Besteht die Aufgabe der »Religionslehrer«, wie man die Pfarrer gern nannte, vor allem darin, die Menschen zur Tugend anzuleiten und so zur »Glückseligkeit« zu führen, ist schwer einzusehen, warum Menschen am Gottesdienst teilnehmen sollen, die sich für einigermaßen tugendhaft halten. Die Ethisierung des Gottesdienstes trägt mehr zu seiner Auflösung bei als die Preisgabe traditioneller liturgischer Formen, wobei allerdings Letztere auf Erstere zurückwirken kann.

F. Der Predigtgottesdienst zwischen Reform und Restauration

Die Aufklärungsliturgik verstand sich als Reformbewegung, die der alten Wahrheit, die man vernünftig begreifen wollte, neue, vermeintlich angemessenere Formen gab. Da die Schwächen dieser Reform bald offenkundig wurden, gewannen im 19. Jh. solche Konzepte an Boden, die das pädagogisch-rationalistische Gottesdienstverständnis überwanden und die Dominanz der Predigt korrigieren konnten.

An erster Stelle steht Friedrich Schleiermacher. Er befreit den Gottesdienst von der Zweckrationalität. Gottesdienst ist als Fest zu verstehen und als »Inbegriff aller Handlungen, durch welche wir uns als Organe Gottes vermöge des göttlichen Geistes darstellen« (1843, 525 f.). Das »darstellende Handeln« der Gemeinde geschieht in Predigt und Liturgie, die nur in ihrem Zusammenhang angemessen zu praktizieren sind. In beidem vollzieht sich »darstellende Mittheilung und mittheilende Darstellung des gemeinsam christlichen Sinnes« (1850, 145). Die Gemeinde ist Subjekt des darstellenden Handelns, nicht Objekt von Belehrung und sittlicher Erziehung. Hier lag ein Grund für Schleiermachers Widerstand gegen die Agende, die Friedrich Wilhelm III. durchzusetzen versuchte. Hinsichtlich der Häufigkeit der Abendmahlsfeiern hielt Schleiermacher sich zurück, obwohl er die Sakramente theologisch tiefer zu würdigen wusste als die Aufklärungstheologen. Das reformierte und das herrnhutische Erbe wirkten bei ihm zusammen dahingehend, dass er die »Gemeine« in ihrem tätigen oder passiven Verhalten mit über das gottesdienstliche Leben entscheiden ließ. Der späte Schleiermacher trat allerdings 1820 dafür ein, an der unierten Dreifaltigkeitskirche sonntäglich das Abendmahl zu feiern, freilich im Anschluss an den Predigtgottesdienst.

Friedrich Wilhelm III. wollte die Einheit von Predigt- und Sakramentsgottesdienst wiederherstellen, indem er vom Messtyp ausging. Seine Agende von 1822/29 sah keinen selbstständigen Predigtgottesdienst vor, sondern nur die Möglichkeit, dass das Abendmahl ausfällt. Auch in diesem nicht seltenen Fall enthielt die Liturgie Präfation und Sanctus. Ein Predigtgottesdienst ohne Abendmahl, aber mit Präfation und Sanctus, ist eine liturgiegeschichtliche Merkwürdigkeit, die noch in der revidierten Agende von 1895 fakultativ vorgesehen ist. Diese Agende enthält auch die »Andere Form« des Hauptgottesdienstes, die aus dem süddeutschen Raum stammt und der Tradition des Pronaus folgt.

Das Bemühen, die Einheit der Liturgie durch die Verbindung von Predigt und Abendmahl im Messtyp wiederzugewinnen, fand besonders auf lutherischer Seite Resonanz. Wilhelm Löhe (1808–1872), einer der profiliertesten lutherischen Liturgiker, konzedierte in seiner Pastoraltheologie, dass in verschiedenen Formen des Gottesdienstes unterschiedliche, aber prinzipiell zusammengehörige Elemente auseinander treten dürfen. »Es gibt Predigtgottesdienste, bei welchen Gebet und Gesang Nebensache sind ... Abendmahlsfeiern, wo anderes zurücktritt«. »Nur in der Kommunion erscheint das gottesdienstliche Leben in seiner Vollständigkeit« (250 f.). Dass Gebet und Gesang im Predigtgottesdienst Nebensache sein können, sind tolerable Ausnahmen, sofern es überhaupt angemessen sein kann, sie zu Nebensachen zu erklären. Die Aufwertung des Sakramentsgottesdienstes verbindet sich bei Löhe, vielleicht ungewollt, mit einer Abwertung des Predigtgottesdienstes.

Carl Immanuel Nitzsch (1787–1868), im Gegensatz zu Löhe ein dezidierter Unionstheologe, verstand den Predigtgottesdienst als »mittelbare oder unmittelbare Vorbereitung auf die *Feier des Herrn-Mahles*«: »nur die Predigt schafft solches Jüngerleben, für welches ›alles bereit ist‹« (395). Die Forderung, jeder Sonntagsgottesdienst müsse Abendmahlsfeier sein, widerspricht nach Nitzsch dem Grundsatz der evangelischen Freiheit. Das Abendmahl kann sich an den Predigtgottesdienst anschließen, doch ist dieser auch ohne folgende Sakramentsfeier ein vollständiger Gottesdienst.

Die gleiche Meinung vertritt Ernst Christian Achelis (1838–1912) von seiner Voraussetzung aus, der Gottesdienst könne nur *einen* Höhepunkt haben, und den bilde nach evangelischem Verständnis die Predigt. Jeder Gemeindegottesdienst empfängt »seinen individuellen *Charakter durch die Predigt«*. Was ihr vorhergeht, soll das fruchtbare Hören des gepredigten Wortes vorbereiten, was ihr folgt, »hat nur die Bedeutung, dem *Widerhall* des göttlichen Wortes in den Herzen der Gemeinde ... einen Ausdruck zu geben« (37). Dieses extrem predigtzentrierte Gottesdienstverständnis führt zwangsläufig zu einer Vernachlässigung der liturgischen Vielfalt und zu homiletischer Überforderung.

Nach Friedrich Niebergall (1866–1932) gibt die Liturgie der Predigt nicht nur den Rahmen, sondern »den Untergrund und die poetisch-künstlerische Begleitung der einen christlichen Stimmung oder des einen frommen Willens« (229), und die Liturgie wird »hinwiederum von der Predigt mancherlei Regeln und Hilfen zu empfangen haben«. Es geht um »ein in sich geschlossenes wirkungsvolles Ganzes«. Dazu ist keine Verbindung mit dem Abendmahl notwendig. Niebergall spottet über »rückständige Agenden«, die »als ehrwürdiges Museumsstück noch Formulare mitschleppen, die die regelmäßige Abendmahlsfeier als krönenden Abschluss behandeln«. Niebergalls Anerkennung findet die Trennung von Predigt- und Abendmahlsgottesdienst sogar in der extremen Form, dass Letzterer auf den Abend verlegt wird.

Die Einheit des Gottesdienstes blieb in der Theorie und Praxis ein ungelöstes Problem. In der Theorie fehlte der Homiletik, die sich seit der »Theologie des Wortes Gottes« neu profilierte, weitgehend der Bezug auf die Liturgik, die ihrerseits vor allem an der Wiedergewinnung der Messe interessiert war und sich wenig um den Predigtgottesdienst kümmerte. Seit den sechziger Jahren stellt sich immer dringender die Aufgabe, der Pluralisierung und Differenzierung in der Gesellschaft mit unterschiedlichen Gestalten des Gottesdienstes zu entsprechen, ohne seine Identität preiszugeben.

III. Der Predigtgottesdienst als Hauptgottesdienst

A. Der Messtyp

Das EGb versteht den Messtyp (Grundform I) prinzipiell als Alternative zum Predigtgottesdienst (Grundform II), der mit dem als Prädikanten-Gottesdienst im Spätmittelalter entstandenen Pronaustyp identifiziert wird. Die Grundform I ist für den Bereich der VELKD die grundlegende Liturgie, auch wenn das Abendmahl nicht gefeiert wird. Der Messtyp kann also wie bisher um den Abendmahlsteil gekürzt und so als Predigtgottesdienst gefeiert werden. Findet der Gottesdienst ohne Abendmahl statt, so besteht ein Vorteil des Messtyps darin, dass das Eigengewicht der Liturgie deutlicher zum Ausdruck kommt als beim Pronaustyp. Das Missverständnis der Liturgie als Umrahmung der Predigt oder als homiletische Propädeutik erhält hier weniger Nahrung als beim Pronaus mit seiner starken pädagogischen Intention. Die Einheit von Predigt und Liturgie kommt besser zum Ausdruck, wenn das gottesdienstliche Handeln sozusagen dezentralisiert wird, als wenn alles oder fast alles wie beim Pronaus von der Kanzel aus geschieht. Die für den Gemeindeaufbau wichtige Rollenteilung, die der pastoralen Dominanz entgegenwirkt, ist beim Messtyp praktikabler als bei der Grundform II.

Oft wird übersehen, dass es Predigtgottesdienste ohne Abendmahl gibt, die dennoch Sakramentsgottesdienste sind, weil in ihnen Taufen stattfinden. Das theologische Gewicht der Taufe fordert dazu heraus, ihr im Gottesdienst angemessenen Raum zu geben. Eine Mündigentaufe ist in der Regel mit dem ersten Abendmahl zu verbinden. Das EGb bietet durch seine Kombination einer Grundstruktur mit unterschiedlichen Ausformungsvarianten die Möglichkeit, den Sakramentsteil zu entfalten, die anderen Teile dafür zu kürzen. Dadurch verlieren die Unterschiede zwischen den beiden Grundformen an Gewicht, zumal auch beim Predigtgottesdienst (Grundform II) die Möglichkeit der Abendmahlsfeier vorgesehen ist. Freilich verlieren durch die Fülle möglicher Ausformungsvarianten auch die Typen an Profil. Das oft in der Liturgik vertretene Ideal einer Typenreinheit verliert damit weiter an Plausibilität. Wichtiger ist die Frage, ob bei der Praktizierung einer Fülle von Ausformungsvarianten die jeweilige Grundform so erkennbar bleibt, dass die für den aktiven Mitvollzug seitens der Gemeinde erforderliche Vertrautheit mit den Formen noch gewährleistet wird.

B. Der Pronaustyp

Die Grundform II bestimmt den Hauptgottesdienst im reformierten Raum, in den meisten evangelischen Freikirchen und in der lutherischen Evangelischen Landeskirche Württembergs, wo sie 1982 folgende Gestalt erhielt (vgl. Hennig 15–27): Nach einem Vorspiel und gegebenenfalls Chorgesang singt die Gemeinde das Eingangslied. Der folgende Abschnitt wird als »Anrufung Gottes« zusammengefasst und enthält als Gruß ein biblisches Votum, einen Psalm, der in der Regel versweise im Wechsel zwischen einer einzelnen Person und der Gemeinde oder zwischen zwei Gruppen gesprochen und mit dem »Ehre sei dem Vater« abgeschlossen wird, ein gemeinsames und ein stilles Gebet sowie fakultativ das Credo. »Zeiten der Stille können auch an weiteren Stellen der Liturgie eingeräumt werden, z.B. nach der Predigt oder im Rahmen des Fürbittengebets« (Kirchenbuch 26). Der nächste Abschnitt wird nach Möglichkeit durch einen Chorgesang eingeleitet und umfasst Schriftlesung, Hauptlied, Predigt und Lied nach der Predigt. Der Schlussteil besteht aus Fürbittengebet, Vaterunser, Schlusslied, Abkündigungen, Segen und Nachspiel und steht »unter dem Zeichen der Sendung, des Weitergebens und Weitergehens. Die Feier des Glaubens, der sonntägliche Gottesdienst, mündet in den werktäglichen Dienst des Christen in der Welt, in die Bewährung des Glaubens« (29). Das Fürbittengebet kann an die Predigt anknüpfen, ist aber eigenständiger Teil des Gottesdienstes und darf nicht zur Fortsetzung der Predigt im Sinne weiterer Belehrung und Ermahnung entarten. Es fällt auf, dass die im Pronaus vorhandene Offene Schuld fehlt, während das EGb sie fakultativ nach dem Eingangsgebet oder nach der Predigt vorsieht.

Die »Oberdeutsche Form«, wie der Pronaustyp oder Prädikantengottesdienst auch genannt wird, ist offen für die Verbindung mit dem Abendmahl. Erfolgt sie, ergeben sich analog zur Grundform I die vier Teile Eröffnung und Anrufung, Verkündigung und Bekenntnis, Abendmahl, Fürbitte und Sendung. Im Württembergischen Kirchenbuch wird die Meinung vertreten, Elemente des oberdeutschen Predigtgottesdienstes und der Messe dürften nicht vermischt werden (15). Will man damit subjektiver Willkür wehren und die Gemeinden vor unqualifizierter liturgischer Selbstherrlichkeit mancher Pfarrer bewahren, so ist dem zuzustimmen. Es sollte nur kein Gesetz daraus konstruiert werden, als seien Pronaus- und Messtyp nicht kompatibel. Weder historisch noch ästhetisch und noch weniger theologisch ließe sich das erweisen. Historisch und theologisch ist sogar eine Verbindung von Elementen des Pronaus und der Messe als notwendig zu erklären. Das starke pädagogische Gewicht des Pronaus wurde längst dadurch modifiziert, dass er, besonders in Gestalt des Gemeindegesangs, der Doxologie mehr Stimme gab. Es ist nicht einzusehen, warum z.B. das Gloria patri im Anschluss an den Psalm nicht durch das der Messe entnommene Gloria in excelsis ergänzt werden dürfte. Diese Doppelung empfinden zwar manche auch bei der Messe als überflüssig, aber Wiederholungen gehören zum Wesen des Ritus, und es wäre unliturgisch gedacht, jede Redundanz ausschließen zu wollen. Dass der Pronaus von seiner Geschichte her liturgisch knapper angelegt ist als die Messe, hat ihn ergänzungsfähig gemacht.

Wenn das EGb in der Bezeichnung Predigtgottesdienst den Hinweis darauf findet, »dass die Predigt das vorherrschende Kernstück dieser Gottesdienstform« ist (33), so bedarf diese verbreitete Erklärung der Korrektur, sofern sie andere Teile des Gottesdienstes abwertet. Der Predigtgottesdienst, ob nach Grundform I oder II, trägt seinen Namen nach einem zwar grundlegenden, aber nur zusammen mit den andern Bestandteilen konstitutiven Stück des Gottesdienstes. Eine Predigt ohne jede Liturgie wäre kein Predigtgottesdienst.

Das EGb nimmt die geforderte Korrektur selber vor, indem es mit der Grundform II z.B. die Möglichkeit verbindet, »ein größeres kirchenmusikalisches Werk geschlossen in den Gottesdienst einzubeziehen« oder Entfaltungsformen der Verkündigung wie ein biblisches Anspiel, eine Bildmeditation, ein Gespräch einzufügen, ohne dass die Dauer des Gottesdienstes zu sehr ausgedehnt wird (50). Solche Varianten sind zwar auch bei der Messe möglich, aber der Zeitfaktor spricht für die Grundform II. Wird in ihrem Rahmen ein umfangreiches Musikstück wie etwa eine Bachkantate aufgeführt, kann es sich als angemessen erweisen, die Predigt zu kürzen und die Musik dominieren zu lassen (vgl. →Kirchenmusikalischer Gottesdienst).

Mit Recht weist das EGb ferner darauf hin, dass die kurze Grundform II sich für Gottesdienste mit kleiner Teilnehmerzahl eignet (vgl. →Gottesdienst in Kleinstgemeinden). Der liturgische Wechselgesang lässt sich in kleinen Gruppen und engen Räumen oft nicht sinnvoll praktizieren. Andererseits stellt sich in kleinen Gruppen auch die Frage, ob der Predigtmonolog die situationsgemäße Form der Verkündigung darstellt. Es lässt sich keine exakte Grenze nennen, von der ab bestimmte Kommunikationsformen angemessen oder unpassend sind, weil das von den Erwartungen der Beteiligten abhängt. Die den Gottesdienst leitende Person muss den Konsens mit den Anwesenden suchen. Keineswegs darf der Eindruck entstehen, eine kleine Gruppe werde nicht als Gemeinde anerkannt und der Gottesdienst weniger gewissenhaft vorbereitet als bei großer Teilnehmerzahl. Vielmehr ist die Chance zu nutzen, dass die persönlichen Beziehungen in der kleinen Gruppe intensiviert werden und die Situation der Einzelnen zur Geltung kommt, was durch die Verbindung von Gesprächs- und Verkündigungselementen und im Gebet geschehen kann. Generell dürfte die Grundform II für Kleinstgemeinden nicht geeignet sein. Vielmehr bietet sich die Verbindung der Grundform I mit dem Tischabendmahl an. Gerade in kleinen Gruppen, in denen leicht eine die Einzelnen bindende Dynamik entsteht, soll sich allerdings niemand vereinnahmt fühlen.

Bedenkenswert ist, ob der Predigtgottesdienst nach dem Pronaustyp für die missionarische Situation in der säkularisierten Gesellschaft angemessener sein könnte als der Messtyp. Der einfachere Aufbau kann Außenstehenden, aber auch Kindern und Jugendlichen, die Beteiligung erleichtern. Die Gefahr, den Ritus durch Erklärungen zu zerreden, ist geringer. Eine Chance liegt auch darin, dass sich leichter als beim Messtyp ein roter Faden durch den ganzen Gottesdienst ziehen lässt. Dieses zuerst in der Liturgik der Aufklärung artikulierte Bedürfnis ist zwar problematisch, wenn es den Gottesdienst pädagogisiert, aber das Bemühen um einen inhaltlichen Zusammenhang im Sinne des *non multa sed multum* hat in einer Zeit der Reizüberflutung an Bedeutung gewonnen. Für Menschen, die mit sehr geringen Kenntnissen über den christlichen Glauben in den Gottesdienst kommen, sind elementare Strukturen und Inhalte wichtig. Mit Ausnahme der Thomasmesse, die als Gottesdienst »für Zweifler und andere gute Christen« konzipiert ist, bevorzugen die meisten missionarisch orientierten Gottesdienste eine liturgisch sparsame Form mit Verzicht auf das Abendmahl. Dadurch wird nicht nur berücksichtigt, dass der Mitvollzug der Liturgie Einübung voraussetzt und die nicht mit ihr Vertrauten sich leicht ausgegrenzt fühlen, sondern auch, dass das Heilige Mahl die Feier der durch die Taufe in den Leib Christi eingefügten Gemeindeglieder ist, nicht aber ein für alle offener Ritus.

Der Ort des liturgischen Handelns ist beim Pronaustyp traditionell die Kanzel. Das Allgemeine Evangelische Gebetbuch notierte schon beim Eingangslied: »Der Prediger begibt sich auf die Kanzel«, und erst beim Fürbittengebet sollte er zum Altar gehen. Die Kanzel ist der »Predigtstuhl«, dessen hervorgehobene Stellung dort sinnvoll ist, wo er akustisch und optisch der Predigtkommunikation dient. Das akustische Problem wird heute meist durch Lautsprecheranlagen gelöst. Der Verbundenheit von Prediger und Gemeinde dient es zumeist nicht, wenn Ersterer hoch über der Gemeinde steht. Die Bevorzugung der Kanzel sollte deshalb im Predigtgottesdienst nur dann beibehalten werden, wenn es die Kommunikation fördert. Dass das Gebet als Anrede Gottes von der Predigt als Wort an die Gemeinde unterschieden ist, kommt besser zum Ausdruck, wenn es am Altar gesprochen wird, auch wenn nach evangelischem Verständnis Gott dort nicht näher ist als an jedem anderen Ort, wo Menschen ihn anrufen.

C. Wesentliche Bestandteile des Predigtgottesdienstes

Wird der Predigtgottesdienst als Hauptgottesdienst gehalten, so folgt er in der Regel einem agendarischen Formular, also der Grundform I oder II. Das EGb ist mehr Materialhilfe als

Agende im herkömmlichen Sinn. Außer den Grundformen I und II werden »Möglichkeiten freier Gestaltung im Rahmen der Grundstruktur« dargeboten, verbunden mit der Empfehlung, »dass in der Regel nur einer der vier Teile der Liturgie in offener Form ausgeführt wird« (204), damit die Vertrautheit und Wiedererkennbarkeit im Ganzen gewahrt bleibt. Sowohl um des Mitvollzugs willen als auch aus arbeitsökonomischen Gründen ist es notwendig, einen vorgegebenen Rahmen zu nutzen (vgl.→Die Strukturierung des Gottesdienstes).

Für die Gestaltung bleiben die reformatorischen Grundsätze gültig, dass Ordnungsfragen einerseits unter dem Leitmotiv des Glaubens in evangelischer Freiheit stehen und nicht die Gewissen binden dürfen, andererseits aber unter dem Leitmotiv der Liebe in Rücksichtnahme auf die Mitchristen zum Wohl der Gemeinde zu regeln sind. Das EGb gewährt ein Höchstmaß an Freiheit, das leicht zur Willkür entarten kann. Da nicht der Pfarrer oder die Pfarrerin den Gottesdienst hält, sondern sie das zusammen mit der Gemeinde tun, darf die große Freiheit nur im größtmöglichen Konsens mit dieser ihren Ausdruck finden. Drängt ein Pfarrer der Gemeinde sein subjektives Verständnis von Liturgie auf, so ist das eine Form von Klerikalismus, vor der die Gemeinden geschützt werden müssen.

Ein neues, nicht nur den Predigtgottesdienst betreffendes Problem stellt die Homiletisierung der Liturgie dar. Motiviert wird sie durch die richtige Beobachtung, dass viele Menschen die Liturgie nicht mehr kennen und verstehen. Deshalb predigt oft nicht nur der Prediger, sondern auch der Liturg. Nicht jeder erklärende Hinweis soll verworfen werden, und manche knappe Regieanweisung erleichtert den Mitvollzug, aber die Unterschiede der Sprechakte sind zu beachten. Während die Predigt durch das Ablesen in ihrem Charakter als Rede beeinträchtigt wird, werden freie Reden zusätzlich zur Liturgie oder in ihr gehalten, die den geprägten Stil des Ritus verwischen. Wenn ein Pfarrer der Gemeinde nach dem Segen noch einen schönen Sonntag wünscht, ist das gut gemeint, aber die Spitze liturgischer Stillosigkeit.

Dieses Beispiel zeigt, dass zur Liturgik auch die Frage gehört, was *nicht* Bestandteil des Gottesdienstes sein soll. Angesichts der großen Offenheit liturgischer Ordnungen im gegenwärtigen deutschen Protestantismus ist aber auch zu fragen, was in einem Predigtgottesdienst als Hauptgottesdienst nicht fehlen darf. Die beschriebene Württemberger Form kann als Beispiel dafür dienen, was zu einem Hauptgottesdienst ohne Abendmahl gehören sollte. Gemeindegesang, Gebet (das Vaterunser von der Gemeinde gesprochen), Schriftlesung, Dankopfer und Segen sind außer der Predigt unentbehrliche Bestandteile. Das Credo sieht die Württemberger Ordnung fakultativ vor, ebenso den Psalm mit Gloria patri. Beide Stücke sind unter doxologischem Aspekt wichtig. Kommen das Lob Gottes und das Bekenntnis zu ihm im ganzen Gottesdienst klar zur Sprache, braucht man sich nicht darüber zu streiten, ob das Credo gesprochen werden soll. In der missionarischen Situation, in der viele Teilnehmer das Apostolikum weder mitsprechen noch inhaltlich verstehen können, ist es besser, ein Glaubenslied zu singen oder ein modernes Credo sprechen zu lassen, etwa von Konfirmanden.

Sind aus Zeitgründen Kürzungen erforderlich, dürfen sie nicht zu Disproportionen im Verhältnis von Predigt und Liturgie führen. Es darf nicht zugunsten der Predigt die Zeit für Gebet und Gesang fehlen. Die Dominanz der Predigt bringt, wenn auch unbewusst, einen Vorrang des Predigers gegenüber der Gemeinde zur Darstellung, der theologisch unangemessen ist. Dass und wie die Gemeinde zu Wort kommt und aktiv wird, ist ein wesentliches Kriterium.

Ein Proprium des Württemberger Predigtgottesdienstes ist das aus der »Anrufung der göttlichen Hilfe« vor der Predigt im Pronaus hervorgegangene stille Gebet. Die Grundform II sieht eine Gebetsstille fakultativ nach dem Gloria patri und/oder nach der Predigt vor, wo die Stille anstelle eines Liedes oder von Musik möglich ist. Diese Vorschläge erinnern daran, dass Stille ein wesentliches Element des Gottesdienstes ist. Für den Predigtgottesdienst ist diese

Erinnerung noch wichtiger als für die Messe. Vor Gott in und mit der Gemeinde zur Ruhe zu kommen, ist ein unverzichtbarer Inhalt des Gottesdienstes. Die Bezeichnung Predigtgottesdienst darf nicht suggerieren, es müsse ständig geredet werden oder irgendetwas geschehen. Hektik gehört nicht in den Gottesdienst, auch wenn es einem Pfarrer mit mehreren Predigtstellen schwer fällt, sich von ihr freizuhalten.

Unverzichtbar ist die Musica sacra. In kleinen Gemeinden sind die Möglichkeiten, den Gottesdienst festlich zu gestalten, oft sehr begrenzt. Muss aus äußeren Gründen die Orgel fehlen, gibt es heute andere technische Möglichkeiten, Musik erklingen zu lassen. Am wichtigsten ist, dass die Gemeinde singt und so aktiv an der Verkündigung teilnimmt und zugleich auf sie antwortet. Wird kein Abendmahl gefeiert, so ist umso mehr Zeit vorhanden, Gott im gemeinsamen Gesang das Lobopfer darzubringen. Das neue Gesangbuch enthält dazu mehr Möglichkeiten als das EKG. Im Singen und Musizieren erweist die Gemeinde sich als Subjekt des Gottesdienstes. Musik ist eine unentbehrliche Möglichkeit der Kommunikation mit Gott und zwischen den Menschen. Aktives Musizieren erschließt manchen Menschen einen Zugang zum Gottesdienst, für die die Predigt eher eine Barriere darstellt.

Es klingt banal, ist aber keine reine Tautologie, abschließend zu bemerken, dass die Predigt im Predigtgottesdienst unverzichtbar ist (vgl.→Die Predigt im Gottesdienst). Gemeint ist die Predigt als Rede, durch die eine Frau oder ein Mann die gegenwärtige Bedeutung der biblischen Botschaft in zusammenhängender, theologisch begründeter, logisch geordneter und rhetorisch ansprechender Form bezeugt. Das kann notfalls auch durch eine Lesepredigt geschehen, die sich der Lektor oder die Lektorin persönlich aneignet. Von einem Pfarrer oder einer Pfarrerin ist zu erwarten, dass die Predigt die genannte Qualität aufweist. Die Kritik an protestantischer Verkopfung berechtigt nicht dazu, der mühsamen homiletischen Arbeit auszuweichen. In der »Erlebnisgesellschaft« erscheint das Hören auf eine Predigt nicht als attraktiv, und es entsteht ein *circulus vitiosus*, wenn die Prediger daraus die Konsequenz ziehen, die Predigtarbeit zu vernachlässigen. Der Teufelskreis lässt sich aufbrechen, wenn Liturgie und Predigt in ihrer Einheit als ein Leben schenkendes Geschehen erfahren werden.

Literatur

Ernst Christian ACHELIS, Lehrbuch der Praktischen Theologie II, Leipzig [3]1911. – F. R. ALBERT, Die Geschichte der Predigt in Deutschland bis Luther I–III, Gütersloh 1892. – Albert BEUTEL, Art. Predigt VIII: TRE 27 (1997) 296–311. – Gottfried BITTER, Art. Predigt VII: TRE 27 (1997) 262–296. – Adrianus J. M. BLIJLEVENS, Stellenwert und Gestalt nicht-eucharistischer Gottesdienste: Die Feier der Sakramente in der Gemeinde [FS Heinrich Rennings], hg.v. Martin Klöckener/Winfried Glade, Kevelaer 1986, 384–402. – Laurence BROTTIER, Art. Predigt V: TRE 27 (1997) 244–248. – Martin BUCER, Deutsche Schriften 1, hg.v. Robert Stupperich, Gütersloh/Paris 1960. – Jochen CORNELIUS-BUNDSCHUH, Die Kirche des Wortes. Zum evangelischen Predigt- und Gemeindeverständnis (APTh 39), Göttingen 2001. – Christoph DINKEL, Was nützt der Gottesdienst?, Göttingen 2000. – Hans-Christian DRÖMANN, Wort- und Sakramentsteil des reformatorischen Gottesdienstes in den lutherischen Kirchenordnungen des 16. Jahrhunderts. Eine historische und systematische Untersuchung (Diss.), Göttingen 1962. – Alfred EHRENSPERGER, Die Theorie des Gottesdienstes in der späten deutschen Aufklärung (1770–1815), Zürich 1971. – Isnard W. FRANK, Art. Predigt VI: TRE 27 (1997) 248–262. – Christian GERBER, Unerkannte Sünden der Welt, Dresden 1701. – Paul GRAFF, Geschichte der Auflösung der alten gottesdienstlichen Formen in der evangelischen Kirche Deutschlands, Göttingen I [2]1937 II 1939. – Gert HAENDLER, Die lateinische Kirche im Zeitalter der Karolinger (KGE I/7), Berlin [3]1986. – Ferdinand HAHN, Art. Gottesdienst III: TRE 14 (1985) 28–39. – Albert HAUCK, Kirchengeschichte Deutschlands I–V/2, Berlin/Leipzig [8]1954. – Hans-Wolfgang HEIDLAND, Wesen und Wert des Gottesdienstes: Mitteilungen des LKA Karlsruhe 6/74, 13–22 (auch: Amt und Gemeinde, Wien, 27 [1976] 2–8). – Gerhard HENNIG, Der Evangelische Gottesdienst in Württemberg, Stuttgart 1989. – Hermann HERING, Die Lehre von der Predigt, Berlin 1905. – Ottfried JORDAHN, Georg Friedrich Seiler, Der Liturgiker der deutschen Aufklärung: JLH 14 (1969) 1–62. – Josef Andreas JUNGMANN, Wortgottesdienst im Lichte von Theologie und Geschichte, Regensburg [4]1965. – Reiner KACZYNSKI, Das Wort Gottes in Liturgie und Alltag der Gemeinde des Johannes Chrysostomus, Freiburg 1974.

– Friedrich KALB, Die Lehre vom Kultus der lutherischen Kirche zur Zeit der Orthodoxie, Berlin 1959. – KIRCHENBUCH für die Evangelische Landeskirche in Württemberg, 1. Teil: Der Predigtgottesdienst, Stuttgart 1988. – Sang-Koo KIM, Die Predigt als Bestandteil des Gottesdienstes. Überlegungen zur liturgischen Gestaltung des Gottesdienstes in Korea, Münster/Hamburg/London 2000. – Christian KOLB, Die Geschichte des Gottesdienstes in der evangelischen Kirche Württembergs, Stuttgart 1913. – Hans KRESSEL, Wilhelm Löhe als Liturgiker, Neuendettelsau 1952. – Barbara KURSAWE, docere, delectare, movere. Die officia oratoris bei Augustinus in Rhetorik und Gnadenlehre, Paderborn 2000. – Wilhelm Löhe, Der evangelische Geistliche: GW 3/2, Neuendettelsau 1958. – Willi MASSA, Die Eucharistiepredigt am Vorabend der Reformation. Eine material-kerygmatische Untersuchung zum Glaubensverständnis von Altarsakrament und Messe am Beginn des 16. Jahrhunderts als Beitrag zur Geschichte der Predigt, Nettal 1966. – Ekkehard MÜHLENBERG, Augustins Predigen: ders./Johannes van Ort (Hg.), Predigt in der Alten Kirche, Kampen 1994, 9–24. – Alfred NIEBERGALL, Die Geschichte der christlichen. Predigt: Leit. 2 (1955) 181–353. – Friedrich NIEBERGALL, Praktische Theologie II, Tübingen 1919. – Carl Immanuel NITZSCH, Praktische Theologie II, Bonn 1860. – Julius RAUSCHER, Württembergische Reformationsgeschichte, Stuttgart 1934. – Rudolf ŘIČAN, Die Böhmischen Brüder. Mit einem Kapitel über die Theologie der Brüder von Amadeo MOLNÁR, Berlin 1961. – Dorothea ROTH, Die mittelalterliche Predigttheorie und das Manuale Curatorum des Johann Ulrich Surgant, Basel/Stuttgart 1956. – Johann Christoph SALZMANN, Lehren und Ermahnen – Zur Geschichte des christlichen Wortgottesdienstes in den ersten drei Jahrhunderten (WUNT 2/59), Tübingen 1994. – Martin SCHIAN, Orthodoxie und Pietismus im Kampf um die Predigt. Ein Beitrag zur Geschichte des endenden und des beginnenden 18. Jahrhunderts, Gießen 1912. – Friedrich SCHLEIERMACHER, Die christliche Sitte nach den Grundsätzen der evangelischen Kirche, Berlin 1843. – Ders., Die praktische Theologie nach den Grundsätzen der evangelischen Kirche, Berlin 1850. – Karl SCHLEMMER, Gemeinde am Sonntag. Die Feier von Wortgottesdiensten ohne Priester. Lesejahr A, Freiburg/Basel/Wien 1983. – Eberhard SCHMIDT, Der Gottesdienst am Kurfürstlichen Hofe zu Dresden, Berlin 1961. – Friedrich SCHMIDT-CLAUSING, Zwingli als Liturgiker, Göttingen 1952. – Hans-Christoph SCHMIDT-LAUBER, Das Verhältnis von Wort und Sakrament im evangelischen Gottesdienst: ders., Die Zukunft des Gottesdienstes, Stuttgart 1990, 341–357. – Josef SCHMITZ, Gottesdienst im altchristlichen Mailand, Köln/Bonn 1975. – Johannes Baptist SCHNEYER, Geschichte der katholischen Predigt, Freiburg 1968. – Ders., Die Unterweisung der Gemeinde über die Predigt bei scholastischen Predigern. Eine Homiletik aus scholastischen Prothemen, München/Paderborn/Wien 1968. – Christian-Erdmann SCHOTT, Predigtgeschichte als Zugang zur Predigt, Stuttgart 1986. – Werner SCHÜTZ, Geschichte der christlichen Predigt, Berlin/New York 1972. – Ders., Der christliche Gottesdienst bei Origenes, Stuttgart 1984. – Frieder SCHULZ, Was ist ein Hauptgottesdienst?: JLH 25 (1981) 82–89. – Julius SMEND, Die evangelischen deutschen Messen bis zu Luthers Deutscher Messe, Göttingen 1896. – Giorgio TOURN, Geschichte der Waldenserkirche, Erlangen 1983. – Eberhard WEISMANN, Der Predigtgottesdienst und die verwandten Formen: Leit. 3 (1956) 1–97. – Eberhard WINKLER, Aus der Geschichte der Predigt und der Homiletik: Handbuch der Predigt, bearb. von Karl-Heinrich Bieritz/u.a., Berlin 1990, 571–614. – Eduard WINTER, Frühhumanismus, Berlin 1964. – Friedrich WINTZER, Art. Predigt IX: TRE 27 (1997) 311–330. – Herbert WOLF, Art. Predigt: RDL^2 3 (1977) 223–257.

Eberhard Winkler

Die Tagzeitenliturgie

»Die Stundenliturgie der Kirche wird immer häufiger als ein äußerst hilfreiches Element (im) spirituellen Prozess entdeckt«, heißt es im Vorwort des Sammelbandes »Lebendiges Stundengebet« (Klöckener/Rennings VII). Im Fragen nach dem Wesentlichen eines vom Glauben an Jesus Christus geprägten Lebens erfahren viele, dass eine intensive *praxis pietatis* unerlässlich ist. Die Tagzeitengebete sind dabei eine große Hilfe für den römisch-katholischen Christen. Das zu Luthers Zeit zu erfüllende Pensum hatte für ihn den Vorrang vor dem wahren Beten, dem Beten im Glauben, gewonnen. Doch gerade in Luthers Gebetserfahrungen und Gebetsleben wirkt die intensive klösterliche Praxis des Horengebets weiter bis an sein Lebensende.

Für evangelische Christen heute kann Luthers Skepsis gegenüber dem geordneten Stundengebet sicher *ein* Erklärungsversuch sein, warum ihnen diese Gebetspraxis weitgehend fremd ist. Pietismus und Aufklärung haben zur Auflösung der alten gottesdienstlichen Formen beigetragen. So waren auch die Versuche des 19. und 20. Jh., dem Stundengebet in der evangelischen *praxis pietatis* mehr Geltung zu verschaffen, nicht sehr erfolgreich. Es wundert daher nicht, dass der literarische Niederschlag zu diesem Thema im evangelischen Bereich nicht allzu reichlich ausgefallen ist.

I. Zur Geschichte

A. Begriff und Namen

Das Beten im Rhythmus von Tag und Nacht ist in den Ablauf der Schöpfungswoche und in die Wiederkehr von Sommer und Winter hineingestellt und wird zugleich von der Heilsgeschichte geprägt, wie sie die christliche Gemeinde im Kontext des Kirchenjahres feiernd begeht. Es gibt dafür verschiedene Namen. »Der tägliche Gottesdienst« titelt Goltzen, Benedikt nennt es Gottes-Dienst *(Opus Dei)* und *servitutis pensum*, zugewogene Dienstpflicht (Benediktusregel 50). Der Beter leistet Gott schuldige Dienste *(servitutis officia*, ebd. 16), auch stellvertretend für die ganze Schöpfung, daher Offizium, *officium divinum*.

Äußerlich ist es geordnet durch die nach Stunden gegliederte Zeit, innerlich durch einen geregelten Ablauf, einen Kanon, daher *horae canonicae, preces canonicae,* »Stundengebet« oder »Stundenliturgie«. Handelt es sich um das Gebet während der Tagesstunden, werden sie *horae diurnae* oder *divina opera per diem* genannt, während der Nacht *vigiliae, vigiliae nocturnae* oder nur »Nokturn« (ebd. 10). Als die allgemeine Pflicht zum ganzen Cursus des (*Chor-) Gebets*, wie sie im Mönchtum ausgebildet worden war, auch auf den Weltklerus übertragen wurde, verbanden sich kathedrale (pfarrliche) und monastische Elemente zu einem erweiterten Offizium, die Zusammenfassung wird *breviarium* genannt.

Mit der Tendenz zur Privatisierung des Gebets lösen sich das einsame Beten des einzelnen Priesters und das andachtsmäßige Gebet der privaten Frömmigkeitsübung immer mehr von festgesetzten Stunden des Tages hin zum Innehalten zu bestimmten Tageszeiten. So werden die Stundengebete zu »Tagzeitengebeten, oder »Tagzeitenliturgien«, aber auch zum »Tagzeitengottesdienst«, der allerdings das gemeinsame Feiern voraussetzt.

So unterschiedliche praktische und theologische Schwerpunkte bei den einzelnen Bezeichnungen auch mitschwingen, das anhaltende Gebet, das Gebet »ohne Unterlass« (I Thess 5,17) findet in all diesen Formen seine kirchliche Ausprägung über die Jahrhunderte hinweg.

B. Motivation: unverfügbare Zeit

»Solange die Erde steht, soll nicht aufhören Saat und Ernte, Frost und Hitze, Sommer und Winter, Tag und Nacht« (Gen 8,22). Was den Israeliten und den Christen als Bundeszusage Jahwes tröstlich klingen mag und den Bestand der Welt zu garantieren scheint, hat für andere Bewohner dieser Erde eine bedrohliche und unheimliche Komponente. Das Verständnis der Zeit *als* Gott wird im Juden- und Christentum abgelöst von der Vorstellung der Zeit *von* Gott.

Das Stundengebet hat als betendes Innehalten im Zeitlauf manche Parallelen in vorbiblischen und anderen religiösen Formen des Betens, eine direkte Herleitung daraus scheint allerdings nicht möglich (vgl. Schnitzler 17–18).

C. Biblische Aspekte

Dreimal am Tage betet Daniel (Dan 6,11), siebenmal lobt der Psalmist Gott (Ps 119,164), des Nachts heben sie ihre Hände auf zum Gebet im Heiligtum (Ps 134). Neben solchen allgemeinen Aussagen des Alten Testaments kann vor allem das Gebet in der Synagoge als Vorform des Stunden- oder Tagzeitengebets gesehen werden.

Als priesterloses Zusammenkommen in der Synagoge oder auch als privates Beten im Hause finden sich darin ähnliche Elemente wie im christlichen Gebetsgottesdienst: ein Laiengebet, in dem Psalmen, Gebete und Lesungen an den Wendezeiten des Tages ihren Sitz im alltäglichen Leben haben. Morgen- und Abendgebet zur 3. bzw. zwischen der 9. und 12. Stunde des Tages zeigen einen parallelen Aufbau, bei dem das »Höre Israel« *(sch^e^ma Jisrael)* aus Dtn 6.11 und Num 15 und das Achtzehnbittengebet *(sch^e^mone esre)*, neben bestimmten, der Tageszeit und dem Wochentag fest zugeordneten Psalmen und Lesungen den Kern bilden. Das nachmittägliche Gebet wird, besonders an Werktagen, mit dem Abendgebet verbunden.

Jesus und seine Jünger leben als Juden in der jüdischen Gebetspraxis. Petrus predigt und deutet das Pfingstgeschehen in einer Gebetsversammlung um die 3. Stunde (Act 2,15). In einem solchen, allerdings privaten »Stundengebet« um die 6. Stunde (Act 10,9) sieht Petrus den Himmel aufgetan. Um die 9. Stunde geht er mit Johannes zum Tempel, »zur Gebetszeit« (Act 3,1).

Bei den vielen Aussagen zum Gebet im Alten und Neuen Testament finden sich zwar mehr oder weniger versteckte Hinweise auf das regelmäßige Gebet zu bestimmten Tageszeiten, nicht jedoch eine konkrete Beschreibung. »Betet ohne Unterlass« (I Thess 5,17) ist, so gesehen, die knappste Aussage, aus der die erste Christenheit ein kontinuierliches Gebet entwickeln kann.

D. Das Gebet im Tagesrhythmus in der Alten Kirche

Die Erzählung von Jesu Kreuzigung und Tod (Mk 15) orientiert sich an der 3., 6. und 9. Stunde. Die Psalmen begleiten das Gebet des sterbenden und erhöhten Herrn. Die erste Christenheit übernimmt diese Stunden als Gebetszeiten neben dem Morgen- und Abendgebet. Nächtliches Beten (Mt 25) tritt hinzu. Mit Psalmen, Lobgesängen und geistlichen Liedern (Eph 5,19) ermuntern die Gläubigen einander. Das sind bereits die wesentlichen Elemente der Stundenliturgie: alttestamentliche Psalmen, Cantica (z.B. Lk 1 und 2), sowie freie geistliche Dichtung als Vorform der reichen griechischen und lateinischen Hymnendichtung späterer Zeit.

Schon Did 8,3 lehrt, das Vaterunser dreimal am Tag zu beten. Das Herrengebet löst damit wohl das *sch^e^ma Jisrael* und das *sch^e^mone esre* ab.

»Anderthalb Jahrhunderte nach Christus: das Stundengebet ist fest umrissener Bestandteil des christlichen Lebens und Betens. Nicht der Geistliche, sondern der Christ, der Getaufte, sieht im Stundengebet seine selbstverständliche Bindung. Hier weiß er sich eins mit dem betenden Christus. Der Herr lebt fort im Beter der Liturgia horarum« (Schnitzler 44).

Eine sehr umfangreiche Ordnung für das christliche Leben in der Gemeinde überliefert die Traditio Apostolica: Morgen- und Abendgebet, das Gebet zur 3., 6. und 9. Stunde, zur Mitternacht und zum Hahnenschrei. Damit ist erstmals eine Siebenzahl erreicht, allerdings als Privatgebet, das man beim Angebot einer »Unterweisung« gemeinsam, *in ecclesia*, halten soll. Die einzelnen Gebetsstunden werden von der Leidensgeschichte her gedeutet (TA 41), das mitternächtliche Beten mit Mt 25 und das Gebet beim Hahnenschrei mit der Verleugnung Christi durch Israel (Act 3,13 f.), es wird eschatologisch interpretiert. Spätere Kirchenordnungen knüpfen an die TA an.

Im 4. Jh. tritt bei aller Unterschiedlichkeit einzelner Ordnungen allmählich eine Festigung der liturgischen Form des Stundengebets ein. In der konstantinischen Wende fallen die Beschränkungen für öffentliche gemeinsame Zusammenkünfte weg. Es entwickeln sich zwei Formen christlichen Lebens und damit auch des geordneten Betens: jenes Offizium, das zum geregelten und verpflichtenden Gebet der Gemeinschaft der Gläubigen wird, und das monastische Beten, das die Gemeinschaft derer verbindet, die mönchische Lebensform gewählt haben.

Im »kathedralen Typ« der Stundenliturgie, der sich im 4. Jh. vor allem im Osten herausbildet, sind mindestens zwei der Gebete ein öffentliches Angebot zum gemeinsamen Beten: Morgengebet (Matutin, die späteren Laudes) und Abendgebet (Vesper, zuweilen auch Lucernarium; zur Frage, wie weit das Lucernarium Ausformung oder gar Grundform der Vesper ist, vgl. Jungmann 1962, 170 f.; Goltzen 133 und Gerhards 1989, 12–15). Hymnen (vgl. Heiming 120 f. mit dem Hinweis auf die Mönchsregel des Caesarius †542), Psalmen (darunter am Abend Ps 141, am Morgen Ps 63) und Fürbitten bilden den Kern der Gebetszeiten. In den Nachtwachen (Vigilien), die ihren Ursprung vermutlich in der Paschavigil haben und die zu besonderen Festen gehalten werden, sind Lesungen Bestandteil der Liturgie. Als »relecture« des alttestamentlich-jüdischen Pesach in der Paschavigil kommen sie zuerst in die nächtlichen Gebetszeiten, später in alle Tagesgebete (Taft 165–167; Becker 463).

Daneben feiern Pilger und besonders eifrige Christen *(devoti)* weitere Gebetszeiten in den Kathedralen. Durch den Einfluss des urbanen Mönchtums entsteht so eine Zwischenstufe zwischen dem Gemeindegebet in den Kathedralen und dem Gebetsleben rein mönchischer Gemeinschaften und z.T. eine Vermischung der ursprünglich getrennten Liturgien.

Der »monastische Typ« des Stundengebets wird in der ägyptischen Wüste anfänglich anachoretisch, d.h. privat, vollzogen. Der Mönch ist angehalten, »ohne Unterlass« zu beten. So sagt Evagrius Ponticus: »Lesung, Nachtwachen und Gebet sind Mittel, die einem unruhigen Geist zur Ruhe verhelfen ... Der Groll verschwindet, wenn man Psalmen singt« (15), ferner: »Das Gebet ist ein andauernder inniger Umgang des Menschen mit Gott« (3). Pachomius († um 346) nimmt diese Forderung in seine Mönchsregel auf als gemeinsames Pflichtgebet, als Pensum für die Mönche. Darin liegt die Wurzel des Übels, das Luther später bekämpft.

Solch unablässiges Beten führt im Osten auch zur Ausbildung des Jesus- oder Herzensgebets, welches neuere Meditationsströmungen unserer Tage für den westlichen Menschen zu erschließen versuchen.

Aus den verschiedenen Prägungen des Mönchtums erwachsen sehr unterschiedliche Ausformungen des monastischen Typs des Stundengebets. Bereits am Ende des Altertums ist deutlich: Verschiedene Offizien bestehen nebeneinander, beeinflussen einander, ergänzen einander, entwickeln sich aber auch wieder getrennt weiter. Gewisse Grundstrukturen sind bereits sehr früh fixiert und bis heute erhalten. Dazu zählen:

– bestimmte Gebetszeiten (zu denen weitere hinzutreten oder wieder wegfallen können),
– einzelne den verschiedenen Zeiten des Gebets zugeordnete biblisch-theologische Inhalte, wobei der Zusammenhang mit dem Passionsgeschehen immer mehr in den Hintergrund tritt.

Strukturelemente:

- Psalmen (schon früh bestimmten Tageszeiten zugeordnet, wenn sie nicht in ursprünglich monastischer Tradition als *psalterium currens*, d.h. der Reihe nach gelesen werden),
- Lesungen,
- Hymnen,
- Gebete, die Preces mit dem »Kyrie eleison«.

Ausführungsmöglichkeiten:

(1) Bei den Psalmen sind bis heute drei Ausführungsarten zu unterscheiden:

- der *psalmus directaneus*, oder *in directum*, bei dem ein ganzer Psalm fortlaufend ohne Zwischengesänge und Wiederholungen vorgetragen wird,
- die Antiphonie, bei der der Psalm von einer Antiphon durchwoben ist,
- die responsorische Psalmodie, die erst in späterer Zeit als Antwortgesang auf die Lesung fungiert, ihren Namen aber von der Antwort, dem *Responsum*, hat oder von dem *versus ad repetendum*, einem kurzen Kehrvers, in den alle einstimmen (vgl. Harnoncourt 224 f.; Heiming 116–118).

(2) Die kleine Doxologie, das Gloria Patri, das jedem Psalm im Anschluss an das Stillgebet folgt. Ursprünglich kniet man zum Stillgebet, nur beim Reiseoffizium senkt man lediglich den Kopf; als das Stillgebet wegfällt, bleibt das Senken des Kopfes bei der Doxologie (vgl. Heiming 94–96 mit Verweis auf die *Regula magistri*).

(3) Auch die Haltungen beim Gebet werden schon aus der frühen Zeit überliefert, wobei die Grundregel gilt: sitzend hören, kniend beten, stehend singen.

(4) Nokturnen, die je nach der Jahreszeit, d.h. nach der Nachtlänge, verschieden lang sind. Sie wirken in Nachtwachen und Gebetswachen bis heute nach.

E. Das Stundengebet in der mittelalterlichen Frömmigkeit: Nihil operi Dei praeponatur

»Die Horenliturgie ist ihrerseits wieder, zusammen mit der Feier der heiligen Eucharistie, der tiefe Quell aller Äußerungen der Frömmigkeit im Christentum. Nicht weiter verwunderlich ist das für die Eucharistie. Aber ebenso und mehr noch, erheblich mehr gilt vom Stundengebet, dass es Brunnen vieler, fast aller Frömmigkeitsformen der Christenheit ist. Ohne Stundengebet kein betendes christliches Abendland« (Schnitzler 80). Zwar wird das Horengebet immer mehr Gebet klösterlicher Gemeinschaften, aber von dort aus trägt es die missionarischen Aktivitäten derselben und überspannt das Land mit zu gleicher Zeit in gleicher Weise betenden Zellen.

Diese weitgehende Einheitlichkeit der Horenliturgie beruht auf der Ordnung der Regel des heiligen Benedikt. Sie fasst die Entwicklung zusammen und schließt sie bis heute ab.

Benedikt schreibt zwar vor, dass nichts dem gemeinsamen geordneten Gottesdienst vorgezogen werden soll (*nihil operi Dei praeponatur*, Benediktusregel 43), dennoch lässt er gerade deshalb dem persönlichen Gebet genügend Raum. Ausufernde Gestaltungselemente, wie sie in orientalischen Liturgien entwickelt werden, oder Häufungen von Psalmen und Gebeten, wie in den Regeln des gallisch-irischen Mönchtums, sind ihm genauso fremd wie die individuelle Laxheit oder Zügellosigkeit. Das rechte Maß soll auch das Gebet bestimmen: *Brevis ... et pura oratio* (ebd. 20), kurz und rein – so soll das Gebet sein, sowohl im Konvent wie in der *praxis pietatis* des Einzelnen. Eine feste Ordnung, die niemanden überfordert – weshalb z.B. der ganze Psalter nicht innerhalb eines Tages, wie bei den Anachoreten der Wüste, sondern innerhalb einer Woche gebetet werden soll – kann die rechte innere Haltung fordern, die *disciplina psallendi*, die *sapienter* (ebd. 19) mit verständigem Herzen singt und so die Kongruenz von äußerer Übung und innerer Gesinnung zum Ausdruck bringt. Alle Skepsis gegenüber dem geordneten Gebet, dem Offizium, geht von Verzerrungen, Missbräuchen oder Extremen aus, die den ursprünglichen Intentionen nicht mehr entsprechen. Formal schafft Benedikt kaum Neues, er vereinfacht, vereinheitlicht und ordnet. Die Kontinuität wird sowohl in der Horenzahl als auch in der Gestaltung deutlich. Siebenmal am Tag (Ps 119,164) und einmal um Mitternacht (Ps 119,62): Matutin, Prim, Terz, Sext, Non, Vesper und Komplet, dazu die nächtliche Gebetszeit. Bei der Vigil richten sich Zeit und Länge nach der Jahreszeit. Die Zwölfzahl der Psalmen, wie sie aus früheren Regeln übernommen wird, darf aber auch bei Benedikt nicht unterschritten werden, Kürzungen betreffen lediglich die Lesungen (vgl. dazu Nowack 258–262; Heiming, bes. 131 f.; Benediktusregel 8–11). Dadurch wird der Stellenwert der Psalmodie gegenüber den Lesungen deutlich. Lesungen sind nebensächlich, das Singen hat Vorrang vor dem Hören.

Längere Lesungen, die vor allem erbaulich sein sollen (Benediktusregel 42), werden vor der Komplet gelesen, bis alle beisammen sind. Kurzlesungen werden auswendig, ex corde, bzw. *memoriter* gesprochen. Bei den Schriftlesungen wird das aus älteren Regeln vertraute Schema Altes/Neues Testament übernommen, das dann in Luthers Anordnung, bei der Mette aus dem Alten Testament und bei der Vesper aus dem Neuen zu lesen, einen späten Niederschlag findet (»las ich das alte Testament dem morgen, und das newe dem abent« WA 12, 36).

Wie in allen monastischen Regeln finden sich weiterhin *currente* gesungene und nach der Tageszeit, Pensum und Motiv ausgewählte Psalmen. Allerdings gesteht Benedikt zu, dass man eine bessere Aufteilung finden könnte als er (Benediktusregel 18; vgl. Nowack 268 f.; Heiming 146 f.; Taft 133 f.). Responsoriale Psalmodie folgt seit der Regula als Responsorium auf eine Lesung, sie nimmt keine eigenständige, lesungsunabhängige Stellung mehr ein.

Auffallend ist die unterschiedliche Struktur der Horen, besonders in der Stellung des Hymnus, der fester Bestandteil der Stundenliturgie geworden ist. Er wird bei Matutin und Vesper nach Lesung und Responsorium gesungen, aber vor dem gesungenen Evangelium, dem Canticum (Nowack vertritt die Ansicht, dass der Hymnus zum Evangelium gehöre, 303; wenn ein solches nicht vorkommt, steht er am Beginn, vor dem *corpus psalmodiae*), in der Komplet nach der antiphonalen Psalmodie und bei den Tageshoren sofort nach dem Ingressus.

Der Einfluss der Benediktusregel auf die folgende Entwicklung bis hin zu Neuansätzen im 20. Jh., vor allem auch im evangelischen Bereich, ist nachhaltig.

F. Von Benedikt zum Brevier

Von den klösterlichen Zentren aus verbreiten sich Lehre und Praxis des christlichen Glaubens. Monastische Lebensweise und liturgische Gewohnheiten sind tragende Elemente der Mission.

Gregor d.Gr. setzt als Benediktiner insbesondere seine Ordensbrüder für wichtige Aufgaben ein – so zur Leitung der basilikalen *scholae cantorum* in Rom und zur Mission der Angelsachsen. Von dort bringt u.a. Bonifatius die benediktinische Stundenliturgie in den germanischen Norden. Im Zuge der karolingischen Liturgievereinheitlichung wird der römische Cursus, erweitert durch monastische Elemente, zur Norm. Auch hier bestehen mehrere Ordnungen nebeneinander, beeinflussen und ergänzen einander, Vereinheitlichung wird angestrebt.

Der Vorrang des kontemplativ-liturgischen Lebens führt in der Folge zu Wucherungen: Das Gebetspensum der Psalmen wird erhöht, die Zahl der Gebetszeiten steigt durch zusätzliche sog. Votivoffizien, vermehrte Lesungen, ausgedehnte Fürbitten und Hymnengesänge blähen die einzelnen Liturgien stark auf. Als Gemeindegottesdienste allerdings finden auch in den neuen Missionsgebieten nach alter kathedral-römischer Tradition nur Morgenlob (Matutin, später Laudes) und Vesper Eingang. Mit der Entwicklung zu örtlichen Pfarreien ist es nicht mehr möglich, die Arbeitsteilung des klösterlichen Lebens fortzusetzen, die den Vollzug eines ausufernden Chorgebets garantiert. Andererseits sind all die inzwischen für das Pensum benötigten Bücher (Antiphonar, Lectionar, Responsoriale, Homiliare, Legendare, Hymnare, Orationare, Martyrologien) für die Privatrezitation des Weltklerus nicht zugänglich.

Reformbestrebungen innerhalb der klösterlichen Tradition (z.B. von Gregor VII. und dann in Citeaux bei den Zisterziensern) schaffen keine wirklich brauchbaren Ordnungen. So wird erst unter Innozenz III. (1198–1216) das *Officium Romanum abbreviatum* in einer neuen, komprimierten Form nach dem *Usus Romanae curiae* geordnet. Das Breviarium, ursprünglich ein Anweisungsblatt für die Reihenfolge der Gebetsteile, enthält nun als Plenarium alle nötigen Texte. Der Franziskanerorden trägt wesentlich zur Verbreitung dieses Breviers bei: »Die Kleriker sollen das göttliche Offizium verrichten nach der Ordnung der heiligen römischen Kirche, abgesehen vom Psalterium; deshalb dürfen sie Breviere haben« (Dritte Regel 261 f.).

Sieben bzw. acht Horen sind verpflichtend, auch für den Weltklerus. Allerdings verschieben sich Bezeichnungen und Gewichtungen der einzelnen Gebetszeiten. Die Vigilien, die schon lange nicht mehr zur durchwachten Nacht gehörten, bezeichnen schließlich die »schon am Vorabend oder am Nachmittag des Vortages vorausgenommene(n) Vorfeier« (Goltzen 168). Die alte Vigil wird zu einem frühen Morgengottesdienst, zur Matutin, volkstümlich »Mette« genannt, die in sich die drei Nokturnen, die geheiligten Stunden der Nacht begreift. Das Morgenlob, die Laudes, entspricht jetzt in seinem Aufbau der Vesper.

G. Breviarium semper reformandum

Eine letztgültige Form scheint nicht zu finden zu sein. Der Wunsch, ein Gebet des ganzen Volkes zu schaffen, Verbesserungen, Vereinfachungen und wieder neue Wucherungen, so stellt sich die Geschichte der *liturgia horarum* dar. Die inhaltliche Kritik liegt Anfang des 16. Jh. ebenso in der Luft wie die weitgehende Abschaffung – beides ist keine lutherische Erfindung. Der spanische Franziskaner Francisco de Quiñones veröffentlicht 1535 sein »Kreuz-Brevier«, ein privates Klerikergebet in belehrender Form. Bei Ignatius von Loyola steht die Betrachtung im Mittelpunkt. Er schafft zwar für die Societas Jesu das Offizium nicht ab, beschränkt sich aber auf den privaten Vollzug. Die Exerzitien haben allemal Vorrang.

Eine sehr langlebige Reform des Breviers verabschiedet Pius V. 1568 im Auftrag des Tridentinums. Sie löst im Wesentlichen alle Horenliturgien ab außer den monastischen, die länger als 200 Jahre in Gebrauch sind. »Nichts wesentlich Altes sollte fallen gelassen werden, nichts wesentlich Neues geschaffen« (Goltzen 178). Aber – so stellt Gerhards als Ergebnis seiner Untersuchung fest: »Das ideale Stundengebet gibt es nicht« (1989, 27).

So haben verschiedentliche Reformansätze, besonders in der Zeit der Aufklärung, keine wesentliche Veränderung gebracht. Pius X. setzt 1911 mit einer veränderten Psalmenverteilung einen neuerlichen Akzent zur Reform, eine grundsätzliche Überarbeitung leitet Pius XII. ein. Den Ansatz zu einer umfassenden Umgestaltung bringt 1963 die Liturgiekonstitution des Zweiten Vatikanums. Noch wird meist ein aufgrund der nachmittelalterlichen lateinischen Tradition entstandenes Gebetbuch für Kleriker und Ordensleute privat gebraucht (vgl. Taft 315). Von der grundsätzlichen Beibehaltung der lateinischen Sprache sind Ausnahmen möglich (SC 101). Der Wunsch, das Stundengebet auch unter Laien zu verbreiten, wird expressis verbis ausgesprochen (SC 87.90.100; vgl. auch CIC, can. 1173–1175).

Erst Paul VI. führt 1970 das nach den Grundsätzen der Liturgiekonstitution erneuerte Stundengebet ein. Folgende Prinzipien sind maßgebend:

- Die Lebensverhältnisse des Einzelnen sollen berücksichtigt werden können.
- Kanonische Horen und Tagesstunden sollen in Einklang gebracht werden (vgl. SC 94).

- Das Gebetspensum wird verringert; Prim entfällt, nur eine kleine Hore nach Wahl (SC 89).
- Der Psalter wird auf einen vierwöchigen Zyklus verteilt (SC 91).
- Die Lesungen gewinnen an Bedeutung.
- Die Väterlesung wird neu geordnet.
- Auf historische Wahrheit wird geachtet und
- Tages-Bitten werden eingefügt.

II. Die evangelische Tradition

A. Luther und seine Zeit

Luther hat als Mönch und Priester die ganze Fülle der mittelalterlichen Stundenliturgie erlitten. Seine Kritik an dieser Form als gutes Werk abzuleistenden Betens findet sich verstreut in verschiedenen Schriften. Einerseits spürt er, wie wenig ein solches pflichtmäßiges Vorausbeten oder Nachholen des Pensums – Luther tut es immer am Sonnabend – befriedigen kann. Ja, er berichtet sogar, dass ein Klosterbruder den anderen dingt, »der des Tages für ihn betete, auf dass er des Tages möchte zweimal lesen,« da er »um seines Studirens Willen« so viele Betstunden versäumt (WA.TR 5094). Andererseits setzt seine theologische Kritik des Horengebets dort an, wo er überhaupt Kritik am Gottesdienst seiner Zeit übt.

So schreibt er 1523: »Drey große mißbreuch sind ynn den gottis dienst gefallen. Der erst, das man gottis wort geschwygen hat ... Der ander, da Gottis wort geschwygen gewesen ist, sind neben eyn komen so viel unchristlicher fabeln und lugen ... Der dritte, das man solchen gottis dienst als eyn werck than hatt ... da ist der glaub untergangen«. Darum soll man auch heute, wie z.Z. der Apostel, »teglich des morgens eyne stunde frue umb vier oder funffe zu samen keme«, und Gottes Wort lesen, wie es in der Mette geschieht, und danach auslegen, wie I Kor 14 geschrieben steht. Wo nicht gepredigt wird, soll auch nicht gesungen und gelesen werden, weil sich sonst nichts bessert gegenüber den Klöstern und Stiften, »da sie nur die wende haben angeblehet«. Im Übrigen ergänzt Luther das Morgengebet mit überkommenen Elementen: Nach der Auslegung – Altes Testament in Continua-Lesung –, die eine halbe Stunde oder länger gewährt hat, soll die Gemeinde loben, danken und bitten. »Dazu soll man brauchen der psalmen und ettlicher gutten Responsori, Antiphon, kurtz also, das es alles ynn eyner stund ausgerichtet werde,« jedenfalls nicht zu lang, damit die Seelen nicht überdrüssig werden und wie in den Klöstern »mit esels erbeyt beladen«. Für den Abend »umb sechs odder funffe widder also«, schlägt Luther das Neue Testament vor, weil es »auch eyn buch ist«. Nach »freyer wilkore« ist es auch noch möglich, ein Mittagsgebet nach dem Essen zu halten (WA 12,35–37).

Es ist ihm schon klar, dass solche täglichen Gottesdienste eher für einen »kleynern hauffen« gedacht sein müssen, die daran auch »nicht aus zwang odder unlust« teilnehmen, sondern allein Gott zur Ehre und dem Nächsten zu Nutz. Sonntags allerdings soll die ganze Gemeinde sich zu Mette und Vesper versammeln. Insgesamt hätte er gerne noch mehr »gefegt«, vor allem bei den Legenden, Heiligenfesten und dergleichen, aber »Anders mehr wirt sich mit der zeyt selb geben«. In der DM 1526 wiederholt Luther diese Metten- und Vesperordnung im Wesentlichen, die gewohnten Hymnen und Cantica werden beibehalten. Dazu tritt ein katechetisches Moment: Montag und Dienstag sollen die Hauptstücke des Katechismus auf deutsch gelesen werden. Die Psalmen sollen die Knaben und Schüler weiterhin lateinisch singen, damit die Jugend die Sprache übe (WA 19,78–80). Aus Luthers Anweisungen lässt sich keine systematische Struktur des täglichen Gottesdienstes ableiten, aber man kann annehmen, dass er im Grundschema die ihm gewohnte Form beibehält und nur einige Punkte herausgreift, die er ändern möchte.

Vergleicht man die Vorschläge Luthers für den täglichen Gottesdienst mit den Grundsätzen für das römisch-katholische Stundenbuch von 1970, so fallen Parallelen auf: Besonders die Anpassung an die Lebensverhältnisse des Einzelnen versuchen die reformatorischen Kirchenordnungen vorzunehmen. So sieht z.B. die Preußische Kirchenordnung von 1544 vor, dass in großen Städten eine andere Ordnung der Mette und Vesper gehalten wird als in Marktflecken. In den Dörfern und kleinen Flecken, wo keine Metten und Vespern gehalten werden, soll man aber zur Erinnerung für das Volk die Glocken täglich läuten (EKO[R] II,68.). Melanchthon schreibt im »Unterricht der Visitatoren an die Pfarhern«: »Inn kleinen flecklen, da nicht schüler sind, ist nicht von nöten, das man teglich singe« (ebd. I,97).

Als Grundlage, aus der ausgewählt, gestrichen und z.T. aus verschiedenen Horen zusammengezogen werden soll, wird immer noch das römische Brevier vorausgesetzt.

In den Klöstern werden weiterhin die sieben Tagzeitengebete zugelassen. Inhaltlich allerdings gilt als Maßstab Gottes Wort. Kürzungen der Zahl der Psalmen und Lesungen finden sich in verschiedenen regionalen Kirchenordnungen. Tatsächlich aber erhält sich auch in den reformatorisch erneuerten Klöstern die alte lateinische Ordnung, bis die Klöster zu anderen Einrichtungen umgewandelt werden. Mit dem Sterben der klösterlichen Gemeinschaften stirbt auch das Chorgebet, aber »Vom Chorgebet lebt das Gemeindegebet« (Goltzen 212).

B. Der Verfall des Stundengebets

In der Folgezeit werden nur vereinzelt Metten und Vespern gehalten (z.B. in Nürnberg). In veränderten Formen lebt hie und da die Gewohnheit täglicher Gebetszeiten weiter, z.B. in Schulandachten, in Predigtgottesdiensten an Werktagen, in Bibelandachten und dergleichen.

Wilhelm Löhe (1808–1872) gelingt ein erster Ansatz zur Erneuerung eines gemeindlichen Gebets zu den Tageszeiten. Metten und Vespern werden in Neuendettelsau und anderen Diakonissenhäusern zur täglichen Übung. In seiner »Agende für christliche Gemeinden des lutherischen Bekenntnisses« rekurriert Löhe auf Luther. Zwei Tageszeiten, im Wesentlichen angelehnt an das Breviarium Romanum, weisen überkommene Bestandteile auf. Die »Wochenpredigt« soll unter der »Matutin«, die »Christenlehre unter der Vesper« gehalten werden.

Vorangestellt wird beiden Gebetszeiten die »Beichte« (Rüsthandlung), bestehend aus Bittgesang um den Heiligen Geist, Eingangsspruch, wechselseitigem Confiteor, Vergebungsbitte und Psalm 85,5 als Schlussvers (91 f.). Neben der ausführlichen Form bietet Löhe eine Ordnung »in kürzerer Weise«, da »unsre Zeit keinen langen geistlichen Atem hat«. Darum verzichtet er auch auf noch ausführlichere Varianten. »Wir dürften froh sein, wenn Morgen- und Abendgebet in irgendeiner Form gehalten würde« (91).

Ludwig Schoeberlein erwähnt in seinem »Schatz des liturgischen Chor- und Gemeindegesangs« (523) neben Beichte, Betstunden, Christenlehre und Bibelstunden als »Nebengottesdienste« die »sogenannten liturgischen Andachten«, die an Fest- und Feiertagen gehalten werden. Es »gälte, das Element des Gemeindegesanges mit der ehemaligen Metten- und Vesperordnung bestimmter in Verbindung zu bringen«. Eine reichhaltige Zusammenstellung von »Melodieen« wird geboten, Singweisen des 16. und 17. Jh., die nach dem musikalischen Gefühl jener Zeit großenteils vierstimmig gesetzt sind. Schoeberleins Arbeiten wurden noch 1960 von der LLK bei der Erarbeitung von Agende II herangezogen.

C. Impulse der Liturgischen Bewegungen

Einen neuerlichen Impuls setzen die Liturgischen Bewegungen des 20. Jh., die aus unterschiedlichen Motiven in verschiedener Weise eine Erneuerung des Tagzeitengebets betreiben.

1. Die *Hochkirchliche Bewegung* knüpft an die römisch-katholische Breviertradition an. Das erste Evangelische Brevier für vier Tagzeitengebete gibt Oskar J. Mehl 1929 (nach Vorarbeiten aus den Jahren 1922/23) heraus. 1932 veröffentlicht Friedrich Heiler den ersten Teil eines »Evangelisch-katholischen Breviers«. Von Albrecht Volkmann 1950 edierte »Kirchliche Gebetsordnungen« führen diese Arbeit fort. Vollendet wird sie 1982 durch Walter Drobnitzkys »Evangelisch-Katholisches Stundengebet« mit vollständigen Ordnungen für Mette, Laudes, Prim, Terz, Sext, Non, Vesper und Komplet und auch für alle besonderen Gedenktage.

Das Evangelische Brevier erlebt 1987 eine von Erich Hertzsch besorgte Neuauflage, die bewusst an die in den ersten Nachkriegsjahren in Eisenach entstandene Ausgabe anknüpft. Illustriert mit Radierungen und einer Handzeichnung Rembrandts soll sie die schriftgebundene Meditation fördern, die im Proprium einem eigenen Wochenrhythmus folgt. Der Tageslauf ist durch das Bedenken von Schöpfung – Erlösung – Heiligung anhand der Erklärungen Luthers zu den drei Glaubensartikeln gekennzeichnet. Wochenlied und Wochenlesung, welche gleichbleibend für eine Woche in der Vesper gelesen wird, beziehen das Kirchenjahr mit ein.

2. Die *Kirchliche Arbeit von Alpirsbach*, die 1933 beginnt, knüpft noch stärker an die alten Traditionen an, vor allem an die Gregorianik, weil diese Gottes Wort unverfälscht zum Klingen bringe. Nicht die reformatorischen deutschsprachigen Vorlagen (vgl. Schoeberlein), sondern die ursprünglichen lateinischen werden herangezogen. Die Kirchliche Arbeit von Alpirsbach wird so zu einer weitgehend liturgischen. Der anfängliche Einfluss der Hochkirche weicht dem Karl Barths, bei Übersetzungsarbeiten ist Rudolf Alexander Schröder tätig. Als »freie, personal sich wandelnde Werkgemeinde« (Conrad 1378 f.) lebt Alpirsbach aus dem, was auf gemeinsamen Wochen gelebt, gefeiert und erarbeitet wird. Die altkirchlichen Gebetszeiten sind ebenso Bestandteil solcher Wochen wie die tägliche Schriftauslegung, die *viva vox evangelii*. Das »Alpirsbacher Antiphonale« erscheint seit 1937 (Mittagsgebet) in Teilen zu den Horen, von denen auch immer wieder Neuauflagen herausgebracht werden. Eine Leseordnung enthält es nicht, im Wesentlichen wird fortlaufend gelesen, der Psalter ist auf zwei Wochen verteilt.

3. *Otto Dietz* bringt 1937 im Auftrag des Amtes für Volksmission in Bayern ein »Matutin- und Vesperbüchlein« heraus. Es ist gedacht als feste Ordnung für die »Kirchen-, Anstalts-, Schul- und Hausgemeinden« und lehnt sich stark an Wilhelm Löhe und Georg Christian Dieffenbach an. Das Ideal eines Evangelischen Breviers steht dabei Pate, bei allem Eingeständnis, dass die »hier vorgelegte Form auch noch nicht die beste und reichste Möglichkeit verwirklicht« (3).

4. Die *Berneuchener Bewegung* findet aus ihrem Streben nach Ganzheitlichkeit und einer »glaubwürdigen(n) Gestalt der Wahrheit« in allen Lebensäußerungen der Kirche (von Haebler 218) erst auf Umwegen zur abendländischen Tradition. »Aus einer Begegnung von Kirche und Jugendbewegung erwachsen« (Stählin 313), sucht sie auch bei dem wiederzugewinnenden Beten im Rhythmus von Stunde, Tag, Woche und Jahr einen ganzheitlichen Ansatz, in dem sich »der vor Gott stehende Mensch als ganzer Mensch nach Geist, Seele und Leib vor Gott gestellt« weiß (Berneuchener Buch 111). Im Tageslauf wird die gottgegebene Ordnung durchbetet, Schöpfungswerk und Erlösungshandeln prägen den Wochenrhythmus der Heiligung im Gebet, die gesamtkirchliche Verbundenheit findet im Ablauf des Kirchenjahres ihren Ausdruck.

Bereits 1923 erscheint »Der Deutsche Dom« – zunächst für Karl Bernhard Ritters (Studenten-)Gemeinde am Deutschen Dom in Berlin und die Dreifaltigkeitsgemeinde des Grafen Lüttichau erstellt (Zippert 192) – u.a. mit Ordnungen für Tages- und Abendgebet, geprägt von neulutherischen Elementen mit »eigenen Erfindungen« (von Haebler 218). Drei Varianten, eine erweiterte mit Chor, eine gewöhnliche mit Gemeindegesang und eine abgekürzte für den kleineren Kreis sind für das Tagesgebet vorgesehen (in der Früh oder am Nachmittag). Das Abendgebet enthält in zwei Varianten vorwiegend Elemente der monastischen Komplet.

»Das Gebet der Tageszeiten« wird erstmals 1926 von Ludwig Heitmann, Karl Bernhard Ritter und Wilhelm Stählin herausgegeben. Die Eingangsworte, die Vorsprüche, wurden im Wesentlichen von Stählin und Paul Tillich formuliert (Stählin 364) und sind bis heute Eigenart der Tagzeitengebete in der Berneuchener Tradition. Wochentage werden in Anlehnung an Löhe gedeutet. Der »Gang durch die Woche und den Tag (muss) in einer organischen Verbindung mit (der) Anrede des Sonntags stehen« (von Haebler 228). Dazu entfaltet die »Lesung für das Jahr der Kirche« von Rudolf Spieker das Leitbild des jeweiligen Sonntags in die Themen der Wochentage und Tageszeiten hinein (1936). Für jede Gebetszeit sind drei Psalmen vorgesehen: Wochenpsalm, dem der Introitus des Sonntags entnommen ist, Tagespsalm und Stundenpsalm.

Einen ersten Abschluss finden die Bemühungen um Hilfen zum Gebet als Heiligung der Zeit 1948 im »Stundengebet«, in dessen Vorwort Horst Schumann über die nun erfolgte Annäherung an überkommene kirchliche Formen schreibt: »Das ist kein Historismus, ... je mehr wir ... nach den alten Ordnungen zu fragen begannen, um so mehr entdeckten wir, dass in diesen alten Ordnungen eine tiefe Weisheit verborgen ist« (6). Vier Gebetszeiten, die in der vollen Form wohl nur »auf Freizeiten und in besonders engen geistlichen Gemeinschaften« (ebd.) gehalten werden können, werden angeboten. Die Auswahl der Psalmen, Lesungen und Gebete findet auch in häuslichen und privaten Andachten Verwendung.

1967 erscheint ein erstes »Evangelisches Tageszeitenbuch« von Albert Mauder. Die Struktur wird klarer: es sind zwei Bücher in einem, das »Gebet der Tageszeiten« als eine Grundordnung für den Einzelnen, die kleine Gruppe oder Familie, das »Chorgebet« als gesungene Form für geprägte Gemeinschaften, geistliche Wochen und dergleichen. Der Aufriss des Gebets der Tageszeiten (Morgenlob, Mittagsgebet, Abendsegen) folgt der Ordnung der klassischen kleinen Horen, verzichtet aber auf alle dialogischen Teile. Das Chorgebet (Frühlesung, Morgenlob, Mittagsgebet, Abendsegen, Nachtgebet) nimmt ebenfalls überlieferte Formen auf, besonders aus der benediktinischen Tradition, wobei das Mittagsgebet durch den Angelus, die Betrachtung der Menschwerdung, erweitert ist. Die Geschichte der Berneuchener Veröffentlichungen zeigt das schrittweise Wiedergewinnen tradierter Formen aus einem jugendbewegten Aufbruch und intensiver theologischer Arbeit.

Die Nähe mancher Erscheinungsjahre hochkirchlicher Ausgaben, Alpirsbacher Arbeiten, Berneuchener Schrifttums und von Einzelausgaben zeigt, dass die Zeit auch im evangelischen Raum Anfang des 20. Jh. reif wurde für die Erneuerung des Stundengebets.

5. Auch auf kirchenoffizieller Ebene wird gearbeitet: 1960 erscheint die Agende II für die Gebetsgottesdienste als »zur Erprobung bestimmter Entwurf«, erarbeitet von der LLK. Sie knüpft an die lutherisch-reformatorischen Ansätze an und bietet in dieser Tradition Ordnungen für die Tageszeitengottesdienste (auch hier vier: Mette, Mittagsgebet, Vesper, Complet), für Andacht und Betstunden. Diese waren ursprünglich »Zeiten«-Gebete in Not- und Kriegszeiten, sie wurden im Zuge der katechetischen Orientierung des Luthertums zur Bibelstunde bzw. zur Bibelarbeit. Die Ordnung für die Betstunde will nun Gebete mit größerer Gemeindeteiligung in einen liturgischen Rahmen stellen. Die Andachtsordnung ähnelt von Gestalt und Intention her dem »Gebet der Tageszeiten« im ETzB, allerdings ohne Psalmgebet.

Die Horenordnung zeigt eine enge »Verklammerung des Tageszeitengottesdienstes mit dem Morgen- und Abendgebet des christlichen Hauses«, schreibt Christhard Mahrenholz im Begleitwort zur Agende II (292). Metten- und Vesperordnung sind dem Gebetsanhang des EKG 1950 entnommen; Otto Broddes »Chorgebet« und Johannes G. Mehls »Täglicher Gottesdienst«

enthalten praktisch dieselben Formen. Musikalisch relativ stark an das Dur-Moll-System angelehnt und in der Textaufteilung eher ungelenk, bringen die Ordnungen im EKG bzw. mit kleinen Abweichungen die Agende II das alte Schema. Varianten zeigen sich in kleinen Details.

1969 folgt unter Federführung von Christhard Mahrenholz und Rudolf Utermöhlen das »Kleine Kantionale II«, da der Agendenentwurf »in starkem Maß die selbstständige Mitwirkung eines liturgischen Chores« voraussetzt (Vorwort 5). Das mag wohl auch der Grund sein, warum sich diese liturgische Form des Stundengebets in den Gemeinden nicht wirklich durchsetzte.

III. Das Gebet der Laien im Rhythmus der Zeit und das Tagzeitengebet

A. Gebetssammlungen

Libelli precum, Gebetssammlungen mit Gebeten, Hymnen, Litaneien und Anweisungen für den Gebrauch der Psalmen entstehen schon im 8. Jh. im irischen und angelsächsischen Raum. Enthalten sie anfangs vor allem Sündenbekenntnis (Confessio) und Trinitätsbekenntnis, so sind sie ab dem 11. Jh. geprägt von der Betrachtung der jungfräulichen Geburt und des bitteren Leidens Christi. »Es ist nicht mehr eine österliche Frömmigkeit, sondern eine weihnachtliche und Passions-Frömmigkeit« (Jungmann 1969, 99). Der Beachtung der menschlichen Seite des Christus entspricht die aufkommende Marienfrömmigkeit, der zunächst in einem eigenen kleinen Marianischen Offizium Rechnung getragen wird, dann auch im Rosenkranz, der zum Stundengebet der einfachen Menschen wird. Die mystische Versenkung, die Betrachtung des Kreuzes Christi prägt die folgende Epoche.

Für den einzelnen Beter, aber auch für die nun entstehenden Laienbruderschaften enthalten Horenbücher, Stundenbücher, meist mit Miniaturen geschmückt und oft in der Volkssprache die Texte für die Gebetszeiten. Da die breite Masse aber des Lesens unkundig ist, sucht sie im Schauen, in Schaubildern, in Reliquien- und Monstranzverehrung sowie im Mysterienspiel ihre oft abergläubische Befriedigung religiöser Bedürfnisse. »Die Frömmigkeit des Volkes lebte mehr von der Peripherie als von der Mitte der christlichen Botschaft, ... in einem maßlosen Vertrauen ... auf in bestimmter Zahl vollzogene Andachtsleistungen. ... Den Zug zum Peripheren ... zeigt im besonderen die Marienverehrung« (Jungmann 1969, 124 f.), und »so ist mit diesen Ersatzbildungen der Privat- und Volksfrömmigkeit die Verbindung mit dem Stundengebet der Kirche abgerissen« (Goltzen 173).

Die katechetische Ausrichtung der Frömmigkeit bei Luther wird auch in der Urgestalt seines Betbüchleins (1522, WA 10/II,375–516) ersichtlich, das Paraphrasen der drei Hauptstücke des Katechismus, Psalmen und biblische Texte enthält. Ziel dieser Texte ist es, »die Glieder der Gemeinde gebetsmündig zu machen und aus der geistlosen Bindung an die Werkerei der Formelgebete zu befreien« (Schulz 111). Eine der kürzesten Formen bietet Luther selbst mit seinem Morgen- und Abendsegen an. Das Gesangbuch mit den darin eingestreuten Gebeten wird »das Liturgiebuch der Gott lobenden Gemeinde« (ebd.), und zwar für den häuslichen wie für den kirchlichen Gebrauch. Bibel und Gesangbuch sind bis heute die Bücher, mit denen man ein rechtes evangelisches Morgen- oder Abendgebet gestalten kann.

Im ausgehenden 16. Jh. erscheint eine Fülle von Gebetsbüchern für den privaten Gebrauch, die z.T. auch Texte der Kirchenväter, aber sogar jesuitische Texte enthalten. In der folgenden Zeit entstehen evangelische Gebetssammlungen als Grundlage täglicher Hausandachten, die stark von der bis heute typischen Kirchenjahresfrömmigkeit geprägt sind. Dazu im Gegensatz steht die ausschließlich am Wort, und zwar nur an zwei Versen orientierte Andachtshilfe des Losungsbüchleins der Herrnhuter Brüderunität, das erstmals 1731 erscheint. Das Beten im

Rhythmus der Zeit als rein private Frömmigkeitsübung wird im Pietismus gefördert durch die verinnerlichte Glaubenshaltung, in der Aufklärung und im Rationalismus durch das »Interesse am Einzelnen und an seiner Aktivierung« (Schulz 118). Erst Wilhelm Löhe bietet in seiner Agende eine Ordnung für die Gottesdienste »Unter der Woche«, die über das häusliche Beten hinausreicht (109 bzw. 88–109).

Die Anfang des 20. Jh. entstandene Gebetsliteratur im Umfeld der Hochkirchlichen und der Berneuchener Bewegungen versteht sich als Hilfe für den einzelnen Beter. 1955 erscheint das »Allgemeine Evangelische Gebetbuch« in erster Auflage, das die Tradition der Gebetsbücher aufnimmt und durch Gebete unserer Zeit ergänzt. Gebetssammlungen speziell für einzelne Gruppen entstehen, die »Pfarrgebete« von Ritter (schon 1926), für junge Menschen, für alte, Kindergebete, Familiengebete, Schulgebete, Hausfrauengebete, Autofahrergebete, Friedensgebete, ökumenische Gebete und vieles mehr. Die meisten halten fest an Einteilungen, die bestimmt sind vom Tages-, Wochen- und Jahresrhythmus. Sie sind Anleitungen oder zumindest Angebote, mit denen der Einzelne oder die kleine Gruppe Tag und Stunde durchbeten kann.

B. Strukturelemente des gemeinsamen Tagzeitengebets

Für das gemeinsame Gebet zu bestimmten Tageszeiten hat sich schon früh eine relativ geprägte Form entwickelt. Die Grundelemente sind: Psalmodie, Lesung, Hymnus, Canticum, Gebet.

Morgengebet (auch: Morgenlob, Mette, Laudes oder Matutin) und Abendgebet (auch: Vesper) haben schon immer denselben Aufbau; Mittagsgebet und Komplet als »kleine Hore« bzw. als Gebet im Dunkeln zeigen auch Parallelen:

Ingressus (Ps 51,17; 70,2 am Morgen; Ps 27,7 am Abend).
Invitatorium (nur im Morgengebet: Ps 95. Im Berneuchener »Stundengebet«, heute noch im römisch-katholischen »Stundenbuch«) Psalmgebet (3 Psalmen).
Lesung (mittags und nachts nur ein »Capitulum«).
Responsorium (morgens Ps 86,11; abends Ps 119,105).
Auslegung oder Väterlesung oder Katechismuslesung oder Stille.
Hymnus (im Mittagsgebet nach Ingressus, in der Komplet nach Psalm).
Canticum (minora: Lieder aus dem Alten Testament; maiora: aus dem Neuen Testament, traditionell Benedictus am Morgen, Magnificat am Abend, Nunc dimittis in der Komplet).
Oratio: Kyrie (früher wurden lange Litaneien mit Kyrie-Rufen gebetet).
Vaterunser.
Preces, Fürbitten (nicht im Mittagsgebet).
Stilles Gebet.
Kollekte (des Tages, der Tageszeit, der Woche).
Beschluss: Salutatio – Benedicamus – Segen (die trinitarische Form oder als Friedensbitte).

Im Nachtgebet ist eine Bereitung vorangestellt, eine kurze Lesung aus I Petr 5 und das Confiteor, um den Tagesabschluss mit einem Rückblick und der Vergebungsbitte einzuleiten.

Diese Grundstruktur kann, wie bereits erwähnt, verschiedene Abweichungen, Ergänzungen und Kürzungen erfahren. Deutlich ist aber, dass die Psalmodie ein wesentlicher Bestandteil ist und dass in dieser Form ein Miteinander mehrerer Beter vorausgesetzt wird.

IV. Neuansätze im ausgehenden 20. Jahrhundert

Der gemeinschaftliche Liturgievollzug ist ein zentrales Postulat sowohl der nachkonziliaren Liturgiereform als auch aller neueren evangelischen Reformbemühungen. Das traditionelle Stundengebet ist eine Gemeinschaftsform, allerdings mit nicht geringen Hürden für die Praxis der Ausführung. So versucht letztlich auch jede Reform der Psalmodie die Stundenliturgie gemeinschaftsfähiger zu machen. Die Wege jedoch sind sehr unterschiedlich, sie setzen vor allem bei verschiedenen Punkten an.

A. Taizé und andere Neuansätze

Die Communauté de Taizé bereitet einer »meditativen, allen Generationen zugänglichen und möglichst universalen« Gebetsform den Weg (Taizé 1), die zunächst vom monastischen Stundengebet inspiriert ist (L'office divin 1943.1952), dann aber an französischen Neuausgaben von Antiphonen und römisch-katholischen Ordnungen nach dem Konzil orientiert als veränderte Neuausgabe (La louange des jours 1971) ganz neue Wege beschreitet. Das Horengebet wird immer »freier«, bis sich eine einfachere Struktur zum Mitfeiern vieler unterschiedlicher Menschen ergibt. Knappe Texte, einfache Gesänge – Kanons oder »Wiederholungsgesänge« – und Zeit für Stille sind die wesentlichen Elemente. Anweisungen werden gegeben für die äußere Gestaltung, für Stimmungselemente wie gedämpftes Licht, Teppich, Meditationsbänkchen und Kerzen. Das »Taizé-Gebet« erscheint an vielen Orten weniger als regelmäßiges Stundengebet, mehr als Angebot einmal pro Woche oder pro Monat in den Veranstaltungskalendern der Gemeinden.

Als ein Beispiel für ähnliche Versuche mögen »Liturgische Blätter für die Jugendarbeit« stehen, die das Evangelische Jugendwerk in Württemberg 1984 herausgibt (Miteinander Singen und Beten). U.a. werden Ordnungen für Morgen- und Abendgebet angeboten. Ein einfacher Aufbau: Lied – Vorspruch – Ingressus – Lesung (auch Losung oder Psalm) – Stille – Gebet – Segen, mit einigen responsorischen Elementen, lädt ein zum Mitbeten. Die Herausgeber bringen z.T. eigene Texte und Lieder, wählen sie aus dem reichen Schatz abendländischer und orthodoxer Tradition, wobei auch neue Lieder und Gebete in den Vorschlägen enthalten sind.

Die meisten Neuansätze beschreiten aber den Weg einer Psalmodiereform. Dabei gibt es grundsätzlich zwei verschiedene Möglichkeiten: eine dem Deutschen angemessene Sprechsingweise der Gregorianik zu entwickeln oder eigenständige Psalmodiermodelle zu finden.

Für Letzteres eignen sich Anleihen an der orthodoxen Mehrstimmigkeit. Nach einem einzigen Singschema kann so eine ganze Hore durch gebetet werden, oder es werden nur einzelne Versatzstücke innerhalb frei zusammengestellter Liturgien danach geformt (vgl. dazu das Beispiel bei Meyer zu Uptrup 1979, 26; ders. 1982a, 20; oder die Seligpreisungen EG 307).

Joseph Gélineau und in seinem Gefolge Karl Heinrich Ehrenforth (vgl. dazu Meyer zu Uptrup 1976, 29 f.) gehen ab von dem einheitlichen Rezitationston für den Haupttextteil eines Psalmverses. Die Sprechmelodie bestimmt die Tonlänge und den Wechsel zum nächsten Ton. Die Tonfolge wiederholt sich in jedem Vers und im Gloria patri. Antiphonen werden in altkirchlicher Tradition stilgerecht dazu komponiert. Eine mehrstimmige Ausführungsmöglichkeit, die sich stark an den klassischen Choralsatz anlehnt, macht dieses Psalmsingschema abwechslungsreich (vgl. dazu Beispiele bei Meyer zu Uptrup 1979, 29.30; ders. 1982a, 7–13; ders. 1982b, 231–237 Liederheft für Jugend und Gemeinde Nr. 603.605; Ansverus-Psalter). Mit Elementen der alten und neuen kirchlichen Tradition ist es leicht kombinierbar (vgl. den Vorschlag von Meyer zu Uptrup 1982a, 3–6).

Die wohl heikelste Reform ist die der Gregorianik. Neuansätze sind bei einer Übertragung in eine andere Sprache unausweichlich, da die ursprüngliche Gregorianik der lateinischen Sprache Gestalt und Klang zu verleihen vermag, nicht jedoch der Sprachmelodie und dem Rhythmus der deutschen Sprache. Schon Luther schreibt 1525 in seiner Schrift »Wider die himmlischen Propheten, von den Bildern und Sakrament«: »Ich wolt heute gerne eyne deutsche Messe haben ... Aber ich wolt ja gerne, das sie eyne rechte deutsche art hette, Denn das man den latinischen text verdolmetscht und latinischen don odder noten behellt, las ich geschehen, Aber es laut nicht ertig noch rechtschaffen. Es mus beyde text und notten, accent, weyse und geperde aus rechter mutter sprach und stymme komen, sonst ists alles eyn nachomen, wie die affen thun« (WA 18,123).

Sieht man von Alpirsbach ab, wo das bewusste Rückführen zur ältesten Gregorianik zum Prinzip erhoben ist und die Spannung von Text und Melodie als Bereicherung verstanden wird (vgl. Buchholz 27 f.), so versuchen alle neueren Entwürfe der »Wortgezeugtheit des einstimmigen Singens« (Hinz: Komplet, 3) gerecht zu werden, wenngleich nicht mit gleichen Mitteln.

In der Benediktinerabtei Scheyern entsteht 1970 ein erster Entwurf des »Psalter für den Gottesdienst« – schon auf der Grundlage der ökumenischen Psalmenübersetzung – als »Rollenbuch der Gemeinde«. Als solches versteht sich fünf Jahre später auch das »Gotteslob«, das vieles von Scheyern übernimmt. Die Erkenntnisse der gattungsgeschichtlichen Psalmenforschung, wie sie insbesondere von Hermann Gunkel und Hans-Joachim Kraus in ihren Psalmenkommentaren dargelegt werden, geben Anstöße zur Ausführungspraxis. Das gegenchörige Singen wird z.T. durch das konsequente Ernstnehmen der exegetischen Vorgaben aufgelöst – bis die »Sehnsucht nach der ›langatmigen‹ Gegenchörigkeit« (Jüngst 552) wieder geweckt und in der Folge auch der Scheyerner Psalter wieder alternierend von zwei Chören gebetet wird.

Im Gotteslob geht man noch ein wenig weiter, indem man zwar grundsätzlich an den Psalmtönen festhält, die Antiphonen aber, jetzt »Kehrverse« genannt, vom Lied und damit von einem klaren Dur-Moll-Charakter her komponiert.

Weder starre altkirchliche lateinische Gregorianik noch Melodien in gregorianischer Verwandtschaft noch ein rein exegetisches Prinzip leiten die Arbeiten für das »Deutsche Antiphonale« (1971). In der Abtei Münsterschwarzach erarbeitete Godehard Joppich, zunächst als privater Versuch, ein deutsches Antiphonale für den monastischen »Haus«-Gebrauch.

B. Das Evangelische Tagzeitenbuch 1998

Joppichs wissenschaftliche Arbeiten und Ergebnisse und mehr noch seine Person beeinflussen die Revision des Evangelischen Tagzeitenbuches ganz entscheidend.

In der Berneuchener Tradition weiß man sich von Anfang an dem Vorrang des Wortes vor musikalischen Gesetzmäßigkeiten verpflichtet: Schon im Vorwort zum »Gebet der Tageszeiten« schreiben die Herausgeber zum kultischen Sprechen in Anknüpfung an die Gregorianik, dass es sich »um eine Festlegung der Sprachmelodie handelt und nicht um Gesang« (4).

Sprachmelodie, Wortakzent, Sinnzusammenhang sind jene Elemente, die die von Joppich und Hinz geleiteten Arbeiten am neuen Tagzeitenbuch bestimmen. Nach Vorentwürfen erscheint 1995 das »Evangelische Stundengebet«, es enthält die Ordnung des Chorgebets und des Gebets der Tageszeiten auf der Grundlage des revidierten Luthertextes. Neue Wege beschreitet das ETzB 1998. Es steht einerseits bewusst in der Tradition, doch »viel Neues ist hinzugewachsen« (8). Besonders in dem Neuen wird das ökumenische Bemühen dieses Buches deutlich. »Auch inhaltlich ist das Werk so ökumenisch, wie man es vor wenigen Jahren noch kaum zu hoffen gewagt hätte« (Bergholz 265).

Aus der Praxis vom Kloster Kirchberg ergab sich der Aufbau in zwei großen Teilen: ein erstes »Rollenbuch« für den Liturgen, den Vorbeter und den Lektor, welches die Lesungen, Gebete und Liturgien enthält. Mit den Liturgien soll ein »neues Angebot ...als Empfehlung zur Gestaltung von besonderen Feiern« (ETzB 232) gemacht werden, z.B. mit einer Ordnung der Vigil, der Nachtwache, der Einzelbeichte oder des Reisesegens. Ein zweites »Rollenbuch« für Kantor und Gemeinde macht den Hauptteil des Buches aus. Darin findet man alle wesentlichen Teile nach dem Kirchenjahr geordnet.

Zwischen beide Teile sind die eigentlichen Ordnungen der Tagzeitenliturgie gestellt, die eine reiche Fülle aufweisen. Sie sind geprägt von den klassischen Elementen Psalm, Lesung, Hymnus, Gebet. Sieben Tagzeiten werden angeboten, ergänzt um ein Luzernar und eine Bußlitanei. Zu den großen Chorgebetsordnungen, die ganz von der Gregorianik bestimmt sind, sind auf die gegenüberliegende Seite die Ordnungen der Tagzeitengebete aus der Berneuchener Tradition gestellt, die vor allem vom gesprochenen Wort und dem Gemeindelied geprägt sind.

Das Besondere dieses Buches findet sich im Umgang mit dem Wort, dem gelesenen, gesungenen, gebeteten Wort. Einerseits wird das deutlich in der von Reinhard Brandhorst völlig neu gestalteten Leseordnung. »Nunmehr liegt eine ausgereifte Fassung vor, die auch bisher unberücksichtigte Bibelstellen mit aufgenommen und dafür Dubletten beseitigt hat«, wodurch »nun wirklich die ganze Fülle der Heiligen Schrift zu Wort« kommt (ETzB 35). Bei einer prinzipiellen Kirchenjahresbindung werden kleinere Bahnlesungen eingeplant. Die Passionsgeschichte trägt durch die Freitage der Oster- und Trinitatiszeit. Die Löhesche Wochentagscharakteristik allerdings wird aufgegeben.

Im Gebetsteil »handelt es sich nicht nur um eine Gebetssammlung, sondern auch um eine Gebetsschule« (Gerhards 1999, 119). Neben der Berneuchener Tradition ist hier die römisch- und altkatholische, orthodoxe, presbyterianische und anglikanische vertreten.

Der Umgang mit dem Wort wird vor allem in der Psalmodie deutlich. Es wird ein Bet-Sing-Psalter in Anlehnung an Luther als textliche Grundlage benützt, der dem Wort-Ton-Verhältnis noch mehr gerecht wird. »Die sogenannte deutsche Gregorianik, wie sie in der Münsterschwarzacher Tradition nun im evangelischen wie im katholischen Bereich in Übung ist, stellt eine adäquate Umsetzung jener einzigartigen Hochschätzung des biblischen Wortes dar, wie sie in der Tradition der gregorianischen Neumenhandschriften vorliegt. ... Die Plausibilität der ›Melodie‹ ergibt sich also aus dem rechten Verständnis des Sinns« (Gerhards 1999, 136). Ein umfangreicher Namenskalender und ausführliche Register ergänzen das Buch.

C. Wirkungsgeschichte der Neuerungen

Die Forschungen Joppichs zur Wort-Ton-Beziehung finden ihren Niederschlag auch in den gregorianischen Gesängen des Evangelischen Gesangbuches. Bereits 1980 entschließt man sich zur Aufnahme der Ordnungen der Tagzeitengottesdienste ins EG. Die Ordnungen, die bislang in den einzelnen Landeskirchen gebräuchlich sind, unterscheiden sich z.T. erheblich; Einflüsse der Michaelsbruderschaft, von Joppich, von Mehl und anderen sind erkennbar, in manchen Regionen sind Tagzeitengebete überhaupt unbekannt. So wird schon sehr früh der Auftrag zur Überarbeitung der Tagzeitengebete an die LLK vergeben. Die jetzige Ordnung ist ein Kompromiss. Man versucht, an die Gebetstradition anzuknüpfen, die Entwicklung in der römisch-katholischen Kirche nicht außer Acht zu lassen – Vereinbarkeit mit dem Gotteslob war ein Wunsch gewesen, der aber nicht realisiert werden konnte – und die Erkenntnisse zur Wort-Ton-Beziehung mit zu verwerten. Als Textgrundlage dient auch hier im Wesentlichen der Luthertext von 1964/84, was teilweise Veränderungen an der Tongestalt nötig machte. Die Notation erfolgt im Fünfliniensystem, im Psalmen-Singheft der LLK wird jeweils die Variante in Choralnotation angeboten. Vier Stundengebetsordnungen, je eine für Morgen, Mittag, Abend und Nacht, sind nun dem Stammteil des EG beigegeben, bei den Responsorien immer zwei verschiedene zur Auswahl, das Gloria Patri erscheint in der ökumenischen Textfassung. Eine Gebetsordnung nach Taizé ergänzt das Angebot des EG.

Die vielen Bemühungen um das Tagzeitengebet in den letzten Jahren machen deutlich, dass diese Form des gemeinsamen Betens auch im evangelischen Raum wieder Beachtung findet. Berichte nicht nur der evangelischen Klöster, sondern der unterschiedlichsten Gruppen in der

Kirche und auch die Erfahrungen der Deutschen Evangelischen Kirchentage zeigen, wie sehr liturgisch geordnetes Beten im Rhythmus der Zeit Menschen in Gottes Namen zu seinem Lob verbinden kann. Die leicht singbaren Formen der neuen Entwürfe, die Wort und Ton in rechter Weise einander zuordnen, vermögen vielleicht ansatzweise die Freude am gemeinsamen Gebet zu wecken, die Ps 92,2 f. beschreibt, womit dann auch das EG seine Einführung zum Stundengebet (782) beginnt: »Das ist ein köstlich Ding, dem Herrn danken und lobsingen deinem Namen, du Höchster, des Morgens deine Gnade und des Nachts deine Wahrheit verkündigen«.

Quellen und Texte →*Spezielle Abkürzungen*

ALLGEMEINES EVANGELISCHES GEBETBUCH, hg.v. Hermann Greifenstein/Hans Hartog/Frieder Schulz, Hamburg 1955 ²1965. – ALPIRSBACHER ANTIPHONALE, hg.v. Friedrich Buchholz, Die Laudes, Tübingen 1953; Die Vesper, ebd. 1956; Die Sext, ebd. 1962; Die Complet, ebd. 1950 ⁴1962; Die Matutin, ebd. 1969. – ANSVERUS-PSALTER, i.A. der Ansverus-Bruderschaft hg.v. K.H. Ehrenforth/H. Walter, 1978. – Die BENEDIKTUSREGEL, laeinisch-deutsch, hg.v. Basilius Steidle, Beuron 1980. – Das BERNEUCHENER BUCH . Vom Anspruch des Evangeliums auf die Kirchen der Reformation, hg.v. der Berneuchener Konferenz, Schwerin 1926. – Reinhard BRANDHORST, Lesung der Heiligen Schrift im Kirchenjahr. Lektionar für alle Tage (RGD 19), Hannover 1997. – Otto BRODDE, Chorgebet. Ordnungen und ausgewählte Stücke für Mette und Vesper, Mittagsgebet und Nachtgebet, Kassel 1953. – Der DEUTSCHE DOM. Liturgische Ordnung für Beichte und Feier des Hl. Abendmahls; Tages- und Abendgebet, Hamburg o.J. (1923). – DEUTSCHES ANTIPHONALE, Münsterschwarzach 1971. – Die DRITTE REGEL des Franziskanerordens, übertragen und eingeleitet von L. Casutt OFMCap, Die großen Ordensregeln, hg.v. Hans-Urs von Balthasar (MKZU 8), Einsiedeln 1948. – EVAGRIUS PONTICUS, Praktikos. Übers. und Einl. von J.E. Bamberger, Münsterschwarzach 1986. – EVANGELISCH-KATHOLISCHES BREVIER, hg.v. Friedrich Heiler, München 1932. – EVANGELISCH-KATHOLISCHES STUNDENGEBET, erweitert und bearbeitet v. Walter Drobnitzky, Bochum 1982. – EVANGELISCHES BREVIER, hg.v. Erich Hertzsch, Hamburg 1987. – EVANGELISCHES STUNDENGEBET. Beten im Rhythmus von Jahr und Tag, hg.v. Ernst Hofhansl/Herbert Naglatzki, Hannover 1995. – EVANGELISCHES TAGZEITENBUCH. Ordnung für das tägliche Gebet, hg.v. Albert Mauder, Kassel, 1967 ³1979; vgl. die Neuauflage 1998: ETzB. – Das GEBET DER TAGESZEITEN, hg.v. Ludwig Heitmann/Karl Bernhard Ritter/Wilhelm Stählin, Hamburg 1926, Kassel ⁴1931. – KLEINES KANTIONALE II für einstimmigen Chor zur Agende II, (LLK) Hannover 1969. – Die KOMPLET, Ein Entwurf für das Tagzeitenbuch der Ev. Michaelsbruderschaft v. Günther Hinz/Alexander Völker, Münsterschwarzach 1993. – LESUNG FÜR DAS JAHR DER KIRCHE. Biblische Lesungen für Kirche und Haus. Mit einer Ordnung des täglichen Gebets, hg.v. Rudolf Spieker, Kassel (1936) ⁵1966. – LIEDERHEFT FÜR JUGEND UND GEMEINDE (Österreich), Wien ²1987. – Wilhelm LÖHE, Agende für christliche Gemeinden des lutherischen Bekenntnisses (1844, ²1852): GW 7/1. – L'OFFICE DIVIN de chaque jour (Taizé), Neuchatel (1943) ²1952. – LA LOUANGE DES JOURS, Taizé ⁵1971. – MATUTIN- UND VESPERBÜCHLEIN, hg.v. Otto Dietz, Neuendettelsau 1937. – Oskar Johannes MEHL, Haltet an am Gebetz. Evangelisches Brevier zur Morgen-, Mittags- und Abendstunde nebst Nachtgebet, 2 Bde., Grimmen 1931. – Klaus MEYER ZU UPTRUP, Tag mit Gott. Psalmen – Bilder – Lieder – Gebete, Stuttgart 1979. – Ders., Stimmen für Gott. Psalmen Betrachtungen – liturgische Stücke – Kanons und Gebete, Stuttgart 1982a. – Ders., Zeit mit Gott. Liturgie, Meditation und Gebet, Stuttgart 1982b. – MITEINANDER SINGEN UND BETEN, Liturgische Blätter für die Jugendarbeit (Württemberg), hg.v. Otto Haußecker/u.a., Stuttgart o.J. (1984). – PACHOMIUS MÖNCHSREGEL (lat.-dt.): Heinrich Bacht, Das Vermächtnis des Ursprungs, Würzburg 1983, 65–114. – PFARRGEBETE, hg.v. Karl Bernhard Ritter, (Hamburg 1926) Kassel ⁶1968. – PSALMEN. SINGHEFT (LLK) Hannover 1993. – Die REGELN DES FRANZISKANISCHEN ERSTEN ORDENS, übertr. u. eingel. v. Laurentius Casutt (MKZU 8), Einsiedeln 1948. – Ludwig SCHOEBERLEIN, Schatz des liturgischen Chor- und Gemeindegesangs nebst den Altarweisen in der deutschen evangelischen Kirche, I. Die allgemeinen Gesangstücke, Göttingen 1865. – STUNDENBUCH: Die Feier des Stundengebetes. Stundenbuch für die katholischen Bistümer des deutschen Sprachgebietes, 3 Bde., Einsiedeln/u.a. 1978; dazu: Lektionar, 16 Hefte, Einsiedeln/u.a. 1978–1980. – Das STUNDENGEBET. Als Entwurf hg.v. Horst Schumann/Hans Kappner, Kassel 1948 ³1952. – TAIZÉ, Gemeinsame Gebete. I. Texte und Gesänge, deutsche Ausgabe, Freiburg ²1983; II. Neue Gesänge, deutsche Ausgabe, Freiburg ²1990. – WIR LOBEN, PREISEN, ANBETEN DICH. Ordnungen der Gottesdienste. Psalmen und neue Lieder. Beiheft zum EKG Oldenburg, Oldenburg 1967.

Literatur

Hansjakob BECKER »Eine Nacht der Wache für den Herrn«? Die Paschavigil als Ursprung und Vollgestalt des christlichen Stundengebetes: Klöckener/Rennings (1989) 462–491. – Das BENEUCHENER BUCH. Vom Anspruch des Evangeliums auf die Kirchen der Reformation, hg. von der Berneuchener Konferenz, Schwerin o.J. (1926). – Thomas BERGHOLZ, ETzB. Rezension im LJ 49 (1999) 264–266. – Friedrich BUCHHOLZ, Liturgie und Gemeinde. GAufs.: TB 45 (1971) 12–32. – Ders., Gregorianik heute: ders., Liturgie und Gemeinde. GAufs.: TB 45 (1971b) 64–79. – Joachim CONRAD, Art. Kirchliche Arbeit von Alpirsbach: RGG[4] 4, 1374 f. – Corinna DAHLGRÜN, Art. Stundengebet II: TRE 32 (2001) 276–280 (Lit.!). – Albert GERHARDS, »Benedicam Dominum in omni tempore«, Geschichtlicher Überblick zum Stundengebet: Klöckener/Rennings (1989) 3–33. – Ders., Evangelisches Tagzeitenbuch: JLH 38 (1999) 125–137. – Ders., Art. Stundengebet I: TRE 32 (2001) 268–276. – Herbert GOLTZEN, Der tägliche Gottesdienst: Leit. 3 (1956) 99–296. – Hans Carl VON HAEBLER, Geschichte der Evangelischen Michaelsbruderschaft von ihren Anfängen bis zum Gesamtkonvent 1967, Marburg 1975. – Philipp HARNONCOURT, Möglichkeiten zum Vollzug der Psalmen: Klöckener/Rennings (1989) 219–240. – Odilo HEIMING, Zum monastischen Offizium von Kassianus bis Kolumbanus: ALW 7 (1961) 89–156. – Josef Andreas JUNGMANN, Christliches Beten im Wandel: leben und glauben, hg.v. Bernhard Häring/Otto Karrer, München 1969. – Ders., Der Gottesdienst der Kirche auf dem Hintergrund seiner Geschichte, Innsbruck [3]1962. – Gerhard JÜNGST, Deutschsprachige Psalterien nach dem 2. Vatikanischen Konzil: WPKG 69 (1980) 550–554. – Martin KLÖCKENER/Heinrich RENNINGS (Hg.), Lebendiges Stundengebet. Vertiefung und Hilfe, Freiburg 1989. – Petrus NOWACK, Die Strukturelemente des Stundengebets der Regula Benedicti: ALW 26 (1984) 253–304. – Frieder SCHULZ, Art. Gebetbücher III: TRE 12 (1984) 109–119. – Theodor SCHNITZLER, Was das Stundengebet bedeutet. Hilfe zum geistlichen Neubeginn, Freiburg [2]1982. – Wilhelm STÄHLIN, Via Vitae. Lebenserinnerungen, Kassel 1968. – Robert TAFT, The Liturgy of the Hours in East and West. The Origins of the Divine Office and Its Meaning for Today, Collegeville 1986. – Christian ZIPPERT (Hg.), Kirche und Wirklichkeit, Kassel 1971.

Ingrid Vogel

Die Taufe

I. Die Praxis in neutestamentlicher Zeit

Literatur: Jilek 1996, 1–7; Kleinheyer 23–35 (Lit.: 20–24.26 f. 31.33 f.); Kretschmar 14–58 (Lit.: 8.14); Stenzel 15–42.

Die Aufnahme in die Kirche wird von Anfang an gottesdienstlich gefeiert. Für die Klärung von Einzelheiten ist die neutestamentliche Überlieferung nicht sehr ergiebig: Gibt es Symbolhandlungen und wie sehen diese gegebenenfalls aus? Wie steht es um worthafte Gebetsvorgänge und deren inhaltlich-motivische Prägung?

A. Die Taufe mit Wasser

1. *Herkunft.* Der Jüngerkreis Jesu tauft: Für die Frage, ob diese Praxis auf direkte Anweisung des Herrn zurückgeht, sind Mk 16,16 und Mt 28,19 aber kaum in Anspruch zu nehmen, eher spiegeln sie zeitgenössische Praxis. Weitgehend offen bleiben muss auch, ob und in welcher Weise die christliche Wassertaufe in Beziehung steht zur Bußtaufe Johannes des Täufers (Kleinheyer 23–33; Jilek 1996, 2).

2. *Symbolhandlung.* Wie erfolgt die christliche Wassertaufe: durch Übergießen, Eintauchen, Untertauchen? Das Neue Testament gibt dazu keine Auskunft. Die für die Taufe gebrauchten Bezeichnungen lassen ebenfalls kaum Rückschlüsse zu (βάπτω, βαπτίζω: u.a. Mk 16,16; Mt 28,19; Act 8,38; ἀπολούω, λουτρόν: I Kor 6,11; Act 22,16; Tit 3,5; Hebr 10,22). Exegetische und archäologische Beobachtungen stützen insgesamt am ehesten die Annahme, dass der Wasserritus der Taufe so erfolgt: Der Taufende übergießt den Taufbewerber mit Wasser, beide stehen dabei im Wasser (Kleinheyer 58–60). Erst gegen Ende des 4. Jh. gibt es Anzeichen, die möglicherweise für Taufe durch Untertauchen sprechen (aus Mailand: Schmitz 1975, 138–147; ders. 1990, 36 f.; Jilek 1996, 93 f.). Röm 5,6 mag eine solche Praxis beeinflusst haben.

3. *Gebet* und *Bekenntnis.* Dass es im Zusammenhang mit dem Wasserritus auch eine worthafte Gebetshandlung gibt, kann man vermuten, auf Grund der Quellenlage aber nicht erweisen (Stenzel 18 f.). Unzweifelhaft wird erst auf Bekehrung, somit auf Bekenntnis hin getauft. Vermutlich findet dies daher auch im Ritus selbst Ausdruck (Act 8,36–38; 16,31; 18,8). Wendungen wie »auf den/im Namen Jesu Christi taufen« (Act 2,38; 8,12.16; 10,48) deuten möglicherweise auf ein entsprechendes Begleitwort zum Wasserritus (Stenzel 23–37). Mt 28,19 belegt, wie früh die Entwicklung zu trinitarischer Entfaltung einsetzt.

B. Handauflegung

Jene Liturgie, die Taufe genannt wird, muss sich nicht auf eine Wassertaufe beschränken. Sehr früh gehören dazu auch Handauflegung und Gebet (Apg 2,38; 8,14–17; 19,1–7; Hebr 6,10).

C. Salbung?

Verschiedentlich spricht das Neue Testament von Salbung mit Gottes Geist (II Kor 1,21 f.; I Joh 2,20.27; vgl. Lk 4,18.21; Kleinheyer 33). Abgesehen von solch bildhafter Rede gibt es keine Anhaltspunkte dafür, dass schon damals Salbungen zur christlichen Taufe gehört hätten.

D. Die theologische Deutung der Initiationsliturgie

Bekehrung zum Glauben an Jesus Christus ist Voraussetzung für die Taufe (Act 8,36 f.; 16,31; 18,8; Eph 1,13). Taufe wiederum geschieht zur Vergebung der Sünden und zur Erfüllung mit der Gabe des Geistes Gottes. Früh werden dabei die Zuordnungen Wassertaufe zur Sündenvergebung und Handauflegung zur Geisterfüllung erkennbar (Act 2,38; 8,14–17; 19,1–7).

E. Die Taufe Unmündiger

Detaillierte Informationen über die gottesdienstliche Feier der Aufnahme in die Kirche gibt es erstmals für das ausgehende 2. und beginnende 3. Jh., insbesondere durch die TA (bislang zumeist Hippolyt und stadtrömischer Praxis zugeschrieben, neuerdings von manchen auch erst ins 4. Jh. datiert, z.B. Markschies). An der TA vor allem orientieren sich die nachfolgenden Darlegungen. Außerdem darf man ab etwa 170 n.Chr. für Rom und Nordafrika mit ziemlich einheitlicher Praxis rechnen. Das trifft auf die Vorbedingungen für die Aufnahme in die Kirche und die Prägung der Vorbereitungszeit ebenso zu wie auf die Gestalt und die theologische Deutung der Feier der Aufnahme (Initiationsliturgie).

II. Die frühkirchliche Praxis

Quellen: TA; Cyprian v. Karthago; Justin; Tertullian; (Näheres bei Jilek 1996, 8).
Literatur: Jilek 1996, 8–72; Kinzig/Markschies/Vinzent; Kleinheyer 35–56 (Lit.: 20–22.36–38); Kretschmar 5–8.59–114.137–144 (Lit.: 63.86 f. 137).

Detaillierte Informationen darüber, wie die Aufnahme in die Kirche gottesdienstlich gefeiert wird, gibt es erstmals für das ausgehende 2. und beginnende 3. Jh.: Die oben genannten Quellen sind dafür maßgeblich, insbesondere die bislang allgemein Hippolyt zugeschriebene, heute aber auch ins 4. Jh. datierte »Apostolische Überlieferung« (TA), die sicher auf die frühe stadtrömische Liturgie zurückgreift. An ihr vor allem orientieren sich die nachfolgenden Darlegungen. Die genannten Quellen belegen zugleich: Für den Zeitraum ab etwa 170 n.Chr. darf man für Rom und Nordafrika mit ziemlich einheitlicher Praxis rechnen. Das trifft auf die Vorbedingungen für die Aufnahme in die Kirche und die Prägung der Vorbereitungszeit ebenso zu wie auf Gestalt und theologische Deutung der Feier der Aufnahme (Initiationsliturgie).

A. Die Glaubensschule (Katechumenat)

1. *Bewerbung* (TA 15–17). Wer sich um die Aufnahme in die Kirche bewirbt, muss zuerst Auskunft geben über seine Beweggründe, die familiären Lebensumstände und die Art des Broterwerbs. Ist der Beruf mit christlichem Glauben nicht vereinbar, müssen die Betreffenden zu einem Wechsel der beruflichen Tätigkeit bereit sein. Gleiches gilt für Lebensgewohnheiten.

2. *Paten* und *Lehrer*. Wer sich bewirbt, wird vorgestellt von Personen, die der Kirche bereits angehören, die betreffenden Bewerber kennen und für sie bürgen können. Sponsores (Bürgen) heißen sie bei Tertullian (Taufe 18,4: CChr.SL 1,293; BKV 7,296). Später wird man sie Paten nennen. Ansprechpartner seitens der Kirche sind im Rahmen der Bewerbung die Lehrer (doctores). Diesen obliegt auch die Glaubensunterweisung während des Katechumenats.

3. *Hören des Wortes* (TA 15–17). Sind die Vorbedingungen positiv geklärt, beginnt die Glaubensschule, der Katechumenat. Inhalt und Ziel ist, den christlichen Glauben kennen und leben zu lernen. In der Regel werden dafür drei Jahre veranschlagt. Jedoch gibt nicht die zeitliche

Dauer den Ausschlag, sondern das Maß, mit dem sich die Betreffenden um ihr Hineinleben in den kirchlichen Glauben mühen (TA 17).

4. *Liturgie* (TA 18.19). Jede Glaubensunterweisung endet mit Gebet. Zunächst beten die Glaubensschüler (Katechumenen) selbst. Hernach betet der Lehrer über ihnen. Dies geschieht unter Handauflegung, und zwar – wie die TA eigens anmerkt – unabhängig davon, ob es sich bei dem Lehrer um einen Kleriker oder um einen Laien handelt. Die Glaubensschüler dürfen ihr Gebet noch nicht mit dem Friedenskuss beschließen. Gemeinsames Beten mit der Gemeinde ist ihnen ebenfalls noch verwehrt.

B. Die unmittelbare Vorbereitung

1. *Prüfung* und *Zulassung zur Aufnahme* (TA 20). Aufnahme in die Kirche wird mit den betreffenden Glaubensschülern erst gefeiert, wenn diese ein ausreichendes Maß an lebensmäßiger Verwurzelung im christlichen Glauben erreicht haben. Ob dies zutrifft, wird geprüft. Soziales Engagement gehört zu den ausschlaggebenden Kriterien. Es sind wiederum die Paten, die diesbezüglich Auskunft geben und mit ihrem Zeugnis bürgen.

2. *Hören des Evangeliums* (TA 20). Wer dieses Prüfungsverfahren mit positivem Ergebnis durchlaufen hat, wird auserwählt: Für die Betreffenden beginnt die unmittelbare Vorbereitung auf die Feier der Aufnahme. Diese letzte Phase der Glaubensschule heißt in der TA »Hören des Evangeliums«, die vorausgegangene »Hören des Wortes«. Bei diesen Benennungen geht es wohl nicht so sehr um inhaltliche Unterschiede als vielmehr darum, dass die Betreffenden nun am Wortgottesdienst der Kirche teilnehmen dürfen (Stenzel 64–67).

3. *Liturgie* (TA 20). Von jetzt an wird über den Glaubensschülern täglich unter Handauflegung gebetet. Man nennt dies Exorzismus. Wer hierbei seitens der Kirche tätig ist, bleibt ungesagt. Aber: »Wenn der Tauftag naht« (genauer drückt sich die TA nicht aus) nimmt der Bischof diese exorzisierende Gebetshandlung vor. Verbunden damit ist die Entscheidung über die definitive Zulassung zur Aufnahme. An den letzten beiden Tagen vor der Aufnahme (in heutiger Bezeichnung vermutlich am Karfreitag und Karsamstag) wird gefastet, am Karsamstag ein letztes Mal und wiederum vom Bischof selbst ein Exorzismus an den Taufbewerbern vollzogen: nun aber unter Handauflegung, Anhauchen (Exsufflation) und Bekreuzigung (Signation) von Stirn, Augen und Ohren.

C. Die Feier der Aufnahme: die Initiationsliturgie (TA 21).

1. *Aufbau.* Die Feier der Aufnahme gliedert sich in drei große Abschnitte: Die Kernhandlungen dieser drei Abschnitte lassen sich in folgender Übersicht darstellen:

Die Feier der Aufnahme			
	Kernhandlungen	Deutung	Leitung
1. Taufe	Gebet über dem Wasser mit Wasserritus samt Glaubensbekenntnis	Sündenvergebung	Bischof und Presbyterium
2. Handauflegung	Gebet mit Handritus / Handauflegung	Geisterfüllung zu christgemäßem Leben	Bischof

3. Brotbrechen (Eucharistiefeier)	Gebet über Brot und Kelch mit Brot- und Kelchritus (Brotbrechen und Kommunion)	Geisterfüllung zur Einheit und Stärkung im Glauben (Communio)	Bischof und Presbyterium

2. *Hinweise*

a. *Termin:* Die Liturgie der Aufnahme beginnt im Morgengrauen (»Zur Zeit des Hahnenschreis«, TA 21). Voraus geht eine Vigil, eine Versammlung und Feier also, welche die Nacht hindurch dauert und die insbesondere von Schriftlesungen und Gebeten bzw. Gesängen geprägt ist (TA 20). Da vor dieser Vigil zwei Tage lang gefastet wird, ist die Annahme begründet, dass es sich um die Ostervigil handelt (Kleinheyer 42. 44 f.).

b. *Liturgie der ganzen Kirche:* Zur Feier der Aufnahme sind Gemeinde und Klerus versammelt.

c. *Begriffliches:* Obwohl die Feier sich in drei großen Abschnitten entfaltet, heißt sie Taufe (Baptismus, TA 21): Der erste Handlungs-Komplex gibt also der ganzen Feier den Namen. Was sich in neutestamentlicher Zeit andeutet, gilt definitiv für frühkirchliche Quellen: Mit Taufe ist oft nicht nur der Wasserritus, sondern die ganze Liturgie der Aufnahme gemeint.

3. Erster Abschnitt (»am Wasser«): die *Wassertaufe* (TA 21)

a. *Aufbau.* Gebet über dem Wasser und über den Ölen – Absage mit Salbung – Bekenntnis mit Wasserritus – Salbung.

b. *Gebete* (TA 21). Zu Beginn der Feier wird gebetet: zuerst über dem Wasser, dann über dem Öl der Danksagung, zuletzt über dem Öl der Befreiung vom Bösen (Öl des Exorzismus). Die Leitung liegt beim Bischof. Ob die Gemeinde daran teilnimmt, ist fraglich (Jilek 1996, 24). Textmodelle für diese Gebete bietet die TA nicht.

c. Vor der Taufe (präbaptismal): *Absage und Salbung mit Öl der Befreiung vom Bösen* (TA 21). Jeder Taufkandidat leistet die Absage (ἀπόταξις / *abrenuntiatio*): »Ich sage dir ab, Satan, und all deinem Gefolge und allen deinen Werken«. Dies geschieht gegenüber einem Presbyter, der den Taufkandidaten daraufhin mit Öl der Befreiung vom Bösen (Öl des Exorzismus) salbt und dabei spricht: »Jeder Geist weiche von dir!«. Vermutlich handelt es sich um eine Salbung des ganzen Körpers. Anschließend begibt sich der Taufkandidat zum Bischof bzw. zu jenem Presbyter, der tauft (Kleinheyer 49.52).

d. Die Kernhandlung: *Bekenntnis und Wasserritus* (TA 21). Sobald der Kandidat im Wasser steht, erfragt der Taufende von ihm das Bekenntnis und tauft ihn. »Glaubst du an ...? – Ich glaube! – Taufe«: So stellt sich dieser Vorgang dar. Er geschieht dreimal: in trinitarischer Entfaltung des Glaubensbekenntnisses. Ob das Taufen durch Untertauchen, Eintauchen oder Übergießen erfolgt, ist nicht zu klären. Außer Frage steht, dass das Taufen in fließendem Wasser geschieht (»Sit aqua fluens in fonte vel fluens de alto«, TA 21).

e. Nach der Taufe (postbaptismal): *Salbung mit Öl der Danksagung* (TA 21). Im Anschluss an den Wasserritus wird der Getaufte ein weiteres Mal gesalbt: nunmehr mit dem Öl der Danksagung, wiederum von einem Presbyter und vermutlich am ganzen Körper. Die Begleitworte lauten: »Ich salbe dich mit heiligem Öl im Namen Jesu Christi.« Nach dieser Salbung legen die Neugetauften (Neophyten) ihre Kleider wieder an und begeben sich in die Kirche, wo der Bischof und die versammelte Gemeinde sie erwarten.

4. Zweiter Abschnitt (in der Kirche = in der »Versammlung«): *die Handauflegung* (TA 21).

a. *Aufbau.* Handauflegung und Gebet – (Haupt-)Salbung mit dem Öl der Danksagung – Bekreuzigung (Signation) und Friedenskuss.

b. Die *Handlungs-Abfolge* war vermutlich so: Zuerst der Handritus: Der Bischof legt jedem Neugetauften die Hände auf; anschließend breitet er über allen Neugetauften die Hände aus und proklamiert über ihnen das Gebet zur Handauflegung. Dann wendet er sich erneut allen Neugetauften einzeln zu, salbt ihnen das Haupt, bekreuzigt die Stirn und tauscht den Friedenskuss.

c. Das *Gebet zur Handauflegung* ist liturgietheologisch wichtig und aufschlussreich (s.u.).

d. Die *Hauptsalbung* mit *Öl der Danksagung* (TA 21). Der Bischof »gießt« Öl »aus seiner Hand auf das Haupt« jedes Neugetauften und spricht dazu »Ich salbe dich mit heiligem Öl in Gott, dem allmächtigen Vater, und in Jesus Christus und im Heiligen Geist«.

5. Dritter Abschnitt (in der Kirche = in der »Versammlung«): *Gebet samt Friedenskuss mit der Gemeinde* und *Eucharistiefeier* (TA 21).

a. *Gebet und Friedenskuss* (TA 21). Nun dürfen die Neugetauften erstmals tun, was ihnen bis dahin verwehrt war, weil es ein Privileg der vollberechtigten Mitglieder der Kirche ist: Sie nehmen am Gebet der versammelten Gemeinde teil und tauschen mit ihr den Friedenskuss.

b. Die Liturgie der Aufnahme mündet in die *Eucharistiefeier* (TA 21), die höchste Form kirchlicher Gebetsversammlung. Dass die Neugetauften erstmals daran teilnehmen, schlägt sich auch in Besonderheiten nieder: (1) Vor dem Brotbrechen hält der Bischof eine Predigt; (2) den Neugetauften werden nicht nur Brot und der Kelch mit Wein gereicht, sondern auch ein Kelch mit Wasser sowie ein Kelch mit Milch und Honig.

D. Liturgie-Theologisches

1. *Die Feier der Aufnahme* ist ein *Gebetsgeschehen in worthafter und symbolischer Gestalt*. Die Initiationsliturgie ist geprägt von worthaften Gebetsvollzügen einerseits (Gebet über dem Wasser, den Ölen, zur Handauflegung) und leibhaftem (= symbolischem) Handeln andererseits (Taufen mit Wasser, Salben mit Ölen, Auflegen der Hände). Beide Arten gottesdienstlichen Tuns sind aufs engste miteinander verknüpft: Im Gebet wird jeweils worthaft proklamiert (damit gedeutet), was die dazugehörige Symbolhandlung auf leibhafte Weise ausdrückt und zu erleben gibt (Jilek 2000, 45–59). Für das Gebet und die Handauflegung des Bischofs über den Neugetauften ist dieser Zusammenhang offenkundig. Er gilt genauso für die Beziehung zwischen dem Gebet über dem Wasser und dem Wasserritus sowie den Gebeten über den Ölen und den dazugehörigen Salbungen. Die Öle werden sogar nach jenen Gebeten benannt, die zuvor über ihnen vollzogen wurden: »Öl der Danksagung«, »Öl der Befreiung vom Bösen« (TA 21). Nicht weniger wichtig: So manche damaligen Erläuterungen zu Symbolhandlungen in christlicher Liturgie muten geradezu modern an und sind weit entfernt von magischen Missverständnissen (Jilek 1996, 55–57).

2. *Die Feier der Aufnahme* ist ein *preisend-bittendes* (=anamnetisch-epikletisches) *Gebetsgeschehen*. Zwar bietet die TA für das Gebet über dem Wasser und die Gebete über den Ölen keine Modelltexte. Auf Grund der sonstigen Gebetsmodelle, die in der TA überliefert werden, darf Folgendes als gesichert gelten: (a) Die Gebete thematisieren nicht so sehr die verwendete Materie als vielmehr personales Geschehen, nämlich das Heilshandeln Gottes an der Kirche und ihren Taufkandidaten. (b) Die Gebete proklamieren dies in preisend-bittender (= anamnetisch-epikletischer) Weise (Jilek 1996, 31 f.).

3. *Aufnahme in die Kirche: Feier von Sündenvergebung und Geisterfüllung zu christgemäßem Leben*. Das Gebet zur Handauflegung des Bischofs über den Neugetauften lautet wie folgt (TA 21; zur Textgestalt und Interpretation: Jilek 1979, 106–113):

»Herr, Gott,
der du diese würdig gemacht hast,
Vergebung der Sünden zu erlangen durch das Bad der Neugeburt,
mache sie würdig, erfüllt zu werden mit Heiligem Geist
und sende auf sie deine Gnade,
auf dass sie dir dienen nach deinem Willen,
denn dir ist die Herrlichkeit,
dem Vater und dem Sohn mit dem Heiligen Geist
in der heiligen Kirche jetzt und in alle Ewigkeit. Amen.«

Dieses Gebet macht mehreres ersichtlich. (a) »In die Kirche aufgenommen werden« wird theologisch umschrieben mit »Vergebung der Sünden erlangen« und »mit Gottes Geist erfüllt werden zu christgemäßem Leben [= auf dass sie dir nach deinem Willen dienen]«. (b) In der Feier der Aufnahme proklamiert die Kirche das entsprechende Heilsgeschehen in einem je eigenen preisend-bittenden Gebet und unter einer je eigenen Zeichenhandlung: die Sündenvergebung im Gebet über dem Wasser und im Wasserritus, die Erfüllung mit Gottes Geist durch Gebet und Handauflegung über den Neugetauften. (c) So ist der Wasserritus im ersten, die Handauflegung im zweiten Abschnitt die jeweils zentrale Symbolhandlung der Initiation.

4. *Feier der Aufnahme in die Kirche* (Initiationsliturgie): die *betende Proklamation der Christwerdung*. Wer in die Kirche aufgenommen werden will, muss sich von widerchristlichen Lebensperspektiven lösen und sich in christgemäße Lebensanschauung und Lebenspraxis hineinleben. Die Feier der Aufnahme in die Kirche setzt diesen Lebensprozess voraus. Tertullian sagt es ausdrücklich: »Wir werden nicht deshalb abgewaschen [= getauft], damit wir aufhören zu sündigen, sondern weil wir bereits aufgehört haben, weil wir dem Herzen nach schon abgewaschen [= getauft] sind ...« (Buße 6,17: CChr.SL 1,331; BKV 7,236). Entsprechend nachhaltig ist die diesbezügliche Vergewisserung, die der Feier der Aufnahme vorausgeht. Und, was die Taufbewerber während der Glaubensschule lebensmäßig schon zu realisieren haben, wird in der Feier der Aufnahme für sie auch in die Zukunft hinein preisend-bittend erbeten: »auf dass sie dir dienen nach deinem Willen« (Gebet zur Handauflegung über den Neugetauften). So setzt die Initiationsliturgie das Christwerden einerseits voraus und stellt andererseits zugleich dessen Verdichtung und Höhepunkt dar: In ihr wird preisend-bittend als Heilshandeln Gottes proklamiert, dass die Betreffenden mit Gottes Hilfe diesen Weg bis ans jetzige Ziel gegangen sind und – wiederum mit Gottes Hilfe – weiterhin auf ihm bleiben mögen.

E. Salbungen

1. Die *Salbung mit dem Öl der Befreiung vom Bösen* (= präbaptismale Salbung). Absage und Salbung mit dem Öl der Befreiung vom Bösen (= Öl des Exorzismus) gehören zusammen. Der Taufkandidat bekundet seinen Willen, dem Bösen in jedweder Gestalt zu widerstehen; in der darauf erfolgenden Salbung wird ihm dafür die Hilfe Gottes zugesagt. In der Antike ist Salbung des Körpers (= Einreiben mit Öl) dafür eine sehr ausdruckskräftige Symbolhandlung: Athleten rieben damals für den Kampf ihren Körper mit Öl ein, um vom Gegner nicht so leicht überwältigt werden zu können. Ambrosius von Mailand nimmt hierauf einmal ausdrücklich Bezug (sacr. 1,4: Font. 3,80 f.).

Für den Stellenwert dieser Salbung gilt: Wie die Absage an das Böse gegenüber dem Glaubensbekenntnis nachrangig ist, so natürlich auch die Salbung gegenüber dem Wasserritus. Dass die Salbung nach TA anscheinend von Haus aus nicht vom Bischof selbst, sondern von einem der Presbyter vollzogen wird, weist in dieselbe Richtung.

2. Die *Salbung(en) mit Öl der Danksagung* (= postbaptismale Salbungen). Tertullian und Cyprian kennen nur *eine* Salbung mit dem Öl der Danksagung: eine Salbung des ganzen Körpers, vollzogen unmittelbar nach dem Wasserritus (Kleinheyer 52 f.; Jilek 1996, 52 f. 60 f.).

Die TA bezeugt eine *zweite* Salbung mit dem Öl der Danksagung: eine Salbung des Hauptes, eingeordnet nach Gebet und Handauflegung über den Neugetauften. Herkunft und Sinn dieser Salbung sind kaum noch zu klären. Möglicherweise ist sie (vorgenommen durch den Bischof) der Abschluss der Ganzkörpersalbung, die gemäß der TA einem Presbyter obliegt (Kretschmar 90.95; Kleinheyer 52 f.). Vielleicht ist die TA auch Zeugnis dafür, dass es in Rom schon vergleichsweise früh Versuche gab, die ostkirchliche Myron-Salbung zu übernehmen.

Außer Frage steht: Die Salbungen mit Öl der Danksagung sind keine zentralen Vorgänge. Beide haben vielmehr ihren Bezugspunkt in der jeweils vorausgehenden Kernhandlung (Wasserritus bzw. Handauflegung), deren Motiv und Heilsgeschehen sie auf neue Weise abbilden und zu erleben geben (Jilek 1996, 41–44).

F. Exorzismen: Riten der Befreiung vom Bösen

Mit Vorstellungen von Teufelsaustreibung o.Ä. haben Riten der Befreiung vom Bösen, die sog. Exorzismen, in frühkirchlicher Zeit nichts zu tun. Der Ritus der Absage im Verlauf der Initiationsliturgie kann als Modell gelten: Sich aus der Verfangenheit in Bösem und Widerchristlichem zu lösen, ist den Glaubensschülern bei aller eigenen Bemühung nur unter Gottes gnadenhafter Zuwendung möglich. Ebenso hängen Absage als erklärter Wille seitens der Taufkandidaten einerseits und Salbung als Zusage der Hilfe Gottes andererseits zusammen. So wird man sich auch den Sinn der Exorzismen im Rahmen der unmittelbaren Vorbereitung auf die Feier der Aufnahme vorzustellen haben. Gleiches gilt für jene Gebetshandlungen, mit denen die Glaubensunterweisungen während des Katechumenats schließen (Jilek 1996, 109–116).

G. Aufnahme Unmündiger (TA 21)

Eher beiläufig und anscheinend als ganz selbstverständlich erwähnt die TA, dass auch Unmündige in die Kirche aufgenommen werden. Dass es sich um Kinder solcher Eltern handelt, die in der betreffenden Feier selbst getauft werden oder der Kirche schon angehören, ist nicht ausdrücklich gesagt, aber anzunehmen. Eine Anpassung der Liturgie an die Situation der Unmündigen scheint es nicht zu geben. Können Kinder selbst noch nicht sprechen, so tun dies ihre Eltern oder andere aus der Familie an ihrer Statt. Wie hinsichtlich der gottesdienstlichen Handlungen während der Katechumenatszeit verfahren wird, lässt die TA nirgends erkennen.

III. Die Praxis bis zum Beginn des Mittelalters

Quellen: Ambrosius v. Mailand.; Augustinus; (detaillierte Angaben: Jilek 1996, 72).
Literatur: Jilek 1996, 73–98. Kleinheyer 57–77 (Lit.: 57 f..64.70 f..74); Kretschmar 145–165.222–249 (Lit.: 145. 228f.238); Riley; Schmitz 1900, 15–63; ders., Gottesdienst 35–213 Stenzel 165–184.

A. Die Konstantinische Wende: erste folgenreiche Veränderungen

Die Veränderungen, die zu Beginn des 4. Jh. im Verhältnis zwischen Staat und Kirche eintreten und mit dem Stichwort Konstantinische Wende benannt werden, sind folgenreich für die kirchliche Initiationspraxis. Die Zahl der Taufbewerber wächst rapide, die Christen-Gemeinden können schon deshalb die kirchliche Sozialisation der Bewerber auch nicht mehr annähernd so sorgfältig begleiten wie ehedem. Dies wirkt sich umso nachteiliger aus, als die Beweggründe seitens der Taufbewerber zunehmend vielschichtiger werden – mit allen Auswirkungen auf deren lebensmäßiges Verhalten – und daher erst recht seriöser Abklärung bedürften. So wird die bis dahin praktizierte Regel, Aufnahme in die Kirche erst *nach* vorausgegangener kirchlicher Sozialisation, zusehends brüchig.

B. Die erste Phase der Glaubensschule: ein Kompromiss-Stadium

1. Formal ist es immer noch wie schon zu Zeiten der TA. Der Sache nach indessen sieht es erheblich anders aus: Gang und gäbe scheint zu sein, dass man zunächst und oftmals für lange Zeit nur der Minimalforderung nachkommt: Man lässt sich zwar unter die Glaubensschüler aufnehmen und ist damit zur Teilnahme am gemeindlichen Wortgottesdienst berechtigt. Die definitive Bitte um Aufnahme in die Kirche aber (mit den entsprechenden Konsequenzen für die Lebensgestaltung) schiebt man jahrelang, nicht selten bis zum Lebensende, hinaus. So sind die Rollen vertauscht: Nicht mehr die Glaubensschüler bewerben sich um die Aufnahme in die Kirche und sind gar an Verkürzung der Vorbereitungszeit interessiert, sondern die Kirche umwirbt die Katechumenen, sich endlich zu entscheiden. Gewiss, nicht wenige werden auch aus seriösen Gründen gezögert haben. Aber die bekannten Klagen von Ambrosius (in Luc. 4,76: CChr.SL 14,134) und Augustinus (catech. rud.: CChr.SL 46,115–178) lassen für den Durchschnitt anderes ahnen (Stenzel 144–147. 183 f.; Kretschmar 145–165; Kleinheyer 64–67).

2. *Liturgie*. Im Anschluss an die erste Glaubensunterweisung erfolgt die Aufnahme unter die Glaubensschüler, und zwar durch: *Bekreuzigung* (der Stirn: »Signation« bzw. »Konsignation«), *Salzreichen*, *Anhauchen* (»Exsufflation«) und *Handauflegen mit Gebet*, oftmals freilich schon sinnentleertes, weil im Leben der Betreffenden nicht verankertes rituelles Handeln.

C. Die zweite Phase der Glaubensschule: die Vorbereitung der Entschiedenen

1. Die *unmittelbare Vorbereitung auf die Aufnahme* erfolgt in den Wochen vor Ostern. Die definitive Bitte um Aufnahme, die Anmeldung (»nomen dare«: Ambrosius, in Luc. 4,76: CChr.SL 14,134), muss daher spätestens zu Beginn der Vierzig Tage (Quadragesima) ergehen (Kleinheyer 68). Die Betreffenden heißen »competentes«, gelten also als die ernsthaften und entschiedenen Bewerber. Ihrerseits ist nunmehr zu tun, was ehedem von Beginn des Katechumenats an Ziel war: sich in den Glauben hineinleben.

2. *Liturgie*. Die Woche über werden (vom Bischof oder von Presbytern) *Katechesen* gehalten, an den Sonntagen *Prüfungen* (Skrutinien) und *Exorzismen* (Handauflegung mit Gebet). Die competentes sind zu Fasten und Gebet verpflichtet (Kretschmar 227 f.). An einem der letzten Sonntage vor Ostern erfolgt die *Übergabe* (traditio) *des Glaubensbekenntnisses*, später (in Rom und Nordafrika am folgenden Sonntag) dessen *Wiedergabe* (redditio). Nicht in Mailand, aber in Afrika und Rom kennt man auch *Übergabe* und *Wiedergabe des Herrengebetes* (Stenzel 157–164; Kretschmar 238–240; Kleinheyer 69 f.). All dies geschieht unter Versammlung und Beteiligung der Gemeinde, stellt also gemeindlich-kirchliche Liturgie dar (Kleinheyer 69).

D. Die Feier der Aufnahme

1. *Termin*. Einhellig ist die Ostervigil als Normaltermin für die Initiationsliturgie bezeugt. Somit ist die Liturgie der Aufnahme im Regelfall immer noch eine Feier der ganzen Kirche (Schmitz 1975, 3–6). Ausnahmen gibt es (Augustinus, Sermo 210: PL 38,1048).

2. *Theologische Deutung*. Nach wie vor wird »Aufnahme in die Kirche« theologisch umschrieben mit »Sündenvergebung« (in der Wassertaufe) und »Erfüllung mit Gottes Geist«

(Handauflegung in Afrika, »spiritale signaculum« in Mailand, vgl. u.a. Ambrosius, sacr. 2,20.24; 3,8; myst. 11 f. 17–20. 41 f.: Font. 3,110–112.114.124.212–214.216–220.236).

3. *Rituselemente und Struktur*. In Afrika scheint es seit Cyprian keine großen Veränderungen gegeben zu haben. Für Mailand ist mehr zu vermerken. Die Übersicht und der Vergleich macht Aufbau und Elemente der Initiationsliturgie in Mailand und Nordafrika so anschaulich:

Rom und Nordafrika Ende 2. bis Mitte 3. Jh. TA, Tertullian, Cyprian	Mailand und Nordafrika Ende 4. / Anfang 5. Jh. Ambrosius v. Mailand, Augustinus Schmitz 1975, 77–213; ders. 1990, 28–63; Jilek 1996, 89–98.
I. Taufe	
—	Öffnungs-Ritus (»Effata«) Ob es den Öffnungs-Ritus auch in Nordafrika gibt, ist unklar.
Gebet über dem Wasser	Gebet über dem Wasser
Gebete über den Ölen	Gebete über den Ölen (?) Von Ambrosius und Augustinus nicht ausdrücklich bezeugt.
Absage und Salbung	Salbung und (bzw. mit?) Absage In Mailand ist die Absage zwei-, in Nordafrika anscheinend bereits dreigliedrig.
Glaubensbekenntnis mit Wasserritus Dreigliedriges Glaubensbekenntnis jeweils mit »Taufe« (Übergießen?)	Glaubensbekenntnis mit Wasserritus Dreigliedriges Glaubensbekenntnis jeweils mit Übergießen (Nordafrika?) bzw. Ein- oder Untertauchen (Mailand?)
(Ganzkörper-)Salbung	*Mailand*: Hauptsalbung *Nordafrika*: Ganzkörper- oder Hauptsalbung?
—	Fußwaschung
—	Bekleidungsritus Anlegen eines weißen (Tauf-)Kleides
II. Handauflegung	
Gebet mit Handritus (Handauflegung)	*Mailand*: Gebet mit »Zeichen [Siegel] des Geistes« (Spiritale signaculum) *Nordafrika*: Gebet mit Handritus (Handauflegung)
[TA: Hauptsalbung]	*Nordafrika*: —
Bekreuzigung (Signation)	*Mailand*: Ungeklärt: • Handauflegung und Bekreuzigung (Signation) • Oder: Keine Handauflegung, nur Bekreuzigung (Signation) *Nordafrika*: Bekreuzigung (Signation)
III. Eucharistie	
Erstes Gebet der Neugetauften mit der Gemeinde	Erstes Gebet der Neugetauften mit der Gemeinde
Gebet über Brot und Kelch mit Brot- und Kelchritus	Gebet über Brot und Kelch mit Brot- und Kelchritus
Eucharistiefeier, in der auch Milch und Honig gereicht werden.	Eucharistiefeier. Ob in dieser auch Milch und Honig gereicht werden, ist unsicher. Stenzel 182 sieht dies bei Augustinus indirekt bezeugt. Für Mailand äußert sich Josef Schmitz 1975, 208 f., eher verneinend.

(Einzelerörterungen zur gesamten Feier mit detaillierten Quellen- und Literaturbelegen bei Jilek 1996, 88–98).

E. Schlussbemerkung

Was man von Ambrosius und Augustinus erfährt, macht unübersehbar, welchen Problemen die kirchliche Sozialisation zunehmend ausgesetzt ist. (a) Der Verlust an Lebensbezug führt dazu, dass die Aufmerksamkeit immer mehr dem Wissen statt dem Leben christlichen Glaubens gilt. (b) Die Gottesdienste der Glaubensschule werden ritualisiert, sind geprägt von Häufungen und Nachbildungen (Jilek 1996, 84 f.).

IV. Mittelalter

Quellen: Alkuin, Briefe 110.134; GeV; Gr; GrS; ; Johannes der Diakon, Brief an Senarius; OR XI; PRG; detaillierte Angaben: Jilek 1996, 99 f.

Literatur: Jilek 1996, 99–127; Kleinheyer 96–136.191–209 (Quellen: 99.100.102 f. 122 – Lit.: 97–100.102 f. 115 f. 123.191–194.205); Kretschmar 297–342 (Lit.: 297.303.313 f.); Stenzel 185–286; Angenendt 1985; ders. 1977a und b; De Clerck; Heinz.

Wir können nur die großen Entwicklungslinien, nicht aber Einzelheiten ritueller Entwicklung und regionaler Differenzierung skizzieren (Kleinheyer 96–136.191–209; Jilek 1996, 99–127).

A. Eine neue Situation: die Germanen-Mission

1. Am Übergang von der Spätantike zum Frühmittelalter sieht sich die Kirche im Zuge der Germanen-Mission mit nochmals neuen Gegebenheiten konfrontiert, die wiederum gerade auch die kirchliche Initiationspraxis tangieren. Am nachhaltigsten wirkt sich bekanntlich u.a. die Stammesverfassung aus: zusammen mit dem jeweiligen Fürsten wird fast zwangsläufig zugleich dessen ganzer Stamm in die Kirche aufgenommen. Notwendigkeit und Methoden (reichs-)politischer Stabilisierung tun ein Übriges, desgleichen und keineswegs zuletzt Mängel kirchlicherseits (theologischer und liturgischer Bildungsstand des Klerus, entsprechend defiziente pastorale sowie gottesdienstliche Praxis u.a.m.: Stenzel 243–246). Manches ist zeitgenössisch durchaus nachvollziehbar; die bekannte Mahnung, die Alkuin im Hinblick auf die bevorstehende Awaren-Mission an seinen König richtet, und in der er auf Glaubensunterweisung und Bekehrung als Voraussetzung für Taufe besteht, zeugt auch von kritischem Problembewusstsein (Brief 110: MGH.Ep 4,158).

2. *Folgen:*

- Die Beweggründe des Einzelnen – ursprünglich ausschlaggebend für die Zulassung zur Glaubensschule und für die Aufnahme in die Kirche – rücken zumindest weit in den Hintergrund: Man wird in die Kirche aufgenommen, weil der Fürst bzw. der Stamm, dem man angehört, in die Kirche aufgenommen wird. »Nicht mehr Bekehrung des Einzelnen, sondern Aufnahme des Kollektivs«: So könnte man diese Gegebenheiten charakterisieren.
- Obgleich prinzipiell immer noch angestrebt (Alkuin), geht der Aufnahme in die Kirche dennoch oft keine glaubens- und lebensmäßige Sozialisation mehr voraus. Eine Glaubensschule gibt es allenfalls in rudimentärer Form. Folge: Die Bekehrung jener, deren Aufnahme liturgisch schon vollzogen ist, wird zur nachträglichen (Dauer-)Aufgabe (Bonifatius).

B. Die Aufnahme Unmündiger wird zum Regelfall

1. *Die Zeit der Missionierung geht zu Ende.* Daher sind nur mehr Nachgeborene in die Kirche aufzunehmen. Die Aufnahme Unmündiger wird zum Regelfall: Schon ab dem 6. Jh. rechnen Quellen und Ordnungen nur mehr mit der Säuglingstaufe (OR XI, GeV, GrH).

2. *Folgen für die Liturgie.* Zwar waren auch bis dahin die gottesdienstlichen Feiern der Glaubensschule und die Liturgie der Aufnahme nie der Situation Unmündiger angepasst worden. Dies blieb solange ohne nennenswert nachteilige Folgen, als die Initiation Erwachsener der Regelfall und die Aufnahme Unmündiger nur Teilvorgang dieses größeren Gesamtgeschehens war: Was man an Unmündigen gottesdienstlich vollzog, hatte im Leben Erwachsener seine Grundlage. Als nur noch Unmündige aufzunehmen sind und man die Liturgie gleichwohl nicht entsprechend anpasst, ist dies folgenreich.

3. *Sinn-Entleerung.* Die gottesdienstlichen Feiern der Glaubensschule haben ursprünglich ihre Grundlage und ihren Bezugspunkt im Hineinleben der Katechumenen in Glaube und Kirche und markieren Etappen dieses Prozesses. Als es sich bei den »Taufbewerbern« nur mehr um Säuglinge handelt, gibt es diesen Prozess kirchlicher Sozialisation im Vorfeld und als Voraussetzung der Initiationsliturgie nicht mehr. Die entsprechenden gottesdienstlichen Feiern aber behält man gleichwohl bei (OR XI, n. 1–88: SSL 23,417–444; GeV 283–328.419–424: RED.F 4,42–53.67 f.; GrH 356–361: SpicFri 16,180–183; vgl. Johannes d. Diakon, Brief an Senarius 7: StT 59,75). Ein Beispiel: Mit den Säuglingen feiert man die Wiedergabe des Glaubensbekenntnisses. Wie geschieht das? Die Säuglinge müssen (von ihren Eltern oder anderen) gebracht werden, und dann rezitiert der Vorsteher selbst das Glaubensbekenntnis (OR XI,86: SSL 23,443; GeV 422: RED.F 4,68): So wird geprüft, ob die Glaubensschüler (also die betreffenden Säuglinge) das Credo gelernt haben. Auf solche und ähnliche Weise verlieren die gottesdienstlichen Feiern der Glaubensschule jeglichen Lebensbezug und werden zu sinnentleerten Ritual-Vorgängen. Als besonders folgenreich erweist sich dies an der Praxis und dem Verständnis so genannter Exorzismen (Jilek 1996, 104–106).

4. *Endpunkt der Entwicklung:* Für die Feiern der Glaubensschule setzt man keine eigenen Termine mehr an, sondern fasst sie zusammen und verbindet sie mit der Liturgie der Aufnahme zu einem einzigen großen Gottesdienst. So begegnet es erstmals am Ende des 1. Jt. (PRG CVII: StT 227,155–164), und so bleibt es katholischerseits im Wesentlichen bis ins 20. Jh.! Die Folgen sind gravierend. Insbesondere die ehemals katechumenalen Wort- und Symbolhandlungen verkommen so endgültig zu bloßem Ritualismus. Die damit einhergehende Anhäufung und sinnlose Wiederholung exorzistischer Elemente innerhalb eines einzigen Gottesdienstes tun ein Übriges und sind rechtem Verständnis der betreffenden gottesdienstlichen Handlungen, aber auch der Feier der Aufnahme insgesamt mehr als abträglich. Und es verschieben sich die Gewichte: Die Liturgie der Aufnahme kann mit dem weitaus umfangreicheren Komplex katechumenaler Handlungen, der ihr nun unmittelbar vorausgeht, kaum konkurrieren.

5. *Loslösung von der Ostervigil.* Dass in der Regel nur mehr Säuglinge aufzunehmen sind, ist vermutlich ausschlaggebend dafür, dass sich die Liturgie der Aufnahme von der Ostervigil löst: Initiation feiert man, wenn Kinder geboren sind. Bald geschieht dies ohne Beteiligung der Gemeinde, sodass diese Liturgie auch ihren gemeindlich-kirchlichen Charakter weithin einbüßt.

C. Die Einheit der Initiationsliturgie zerbricht

1. Der *Hauptfaktor: die Veränderung der Kirchenstruktur.* Mit der Entstehung von Gemeinden im ländlichen Umfeld der Bischofskirchen setzt eine markante Entwicklung ein: Die Initiationsliturgie wird zunehmend auch außerhalb der betreffenden Bischofskirche, »vor Ort« und in Abwesenheit des Bischofs gefeiert. Allerdings haben die Presbyter, die mit der Leitung dieser Ortsgemeinden betraut sind, dabei nur beschränkte Kompetenz (was ihrerseits nicht unwidersprochen bleibt: Kleinheyer 195 f. 201–204). Ihnen obliegen nur jene Initiationshandlungen, an

denen sie unter der Leitung des Bischofs auch bis dahin schon beteiligt waren: die Wassertaufe (einschließlich der Salbungen vor und nach dem Wasserritus) und die Eucharistiefeier. Der Handlungskomplex der »Confirmatio« hingegen (Handauflegung und Gebet über den Neugetauften, Hauptsalbung, Bekreuzigung) bleibt dem Bischof vorbehalten.

2. *Folgen*

a. Mit der Aufspaltung in presbyterale Liturgie (Wassertaufe und Erst-Eucharistie) und bischöfliche (Confirmatio) zerbricht die ursprüngliche Einheit der Initiationsliturgie.

b. Es wird Brauch, dass jemand zur Teilnahme an der Eucharistiefeier zugelassen und damit Vollmitglied der Kirche wird, ehe auf ihn in Wort- und Symbolhandlung Gottes Geist herabgerufen worden ist (vgl. dagegen TA 21). Die Confirmatio wird oftmals erst Jahre später oder überhaupt nicht nachgeholt. Taufe und Ersteucharistie werden zur Normalform der Initiationsliturgie, die Confirmatio hingegen faktisch bedeutungslos. Symptomatisch sind hierfür u.a. Ordnungen der Initiationsliturgie in GeV (602–610.611–614.615 f.: RED.F 4,94–97) und GrS (1088 f.: SpicFri 16,379) sowie die Reihenfolge, in welcher Alkuin die Teilfeiern der Initiationsliturgie anführt: Taufe, Ersteucharistie und (»novissime«, »zuletzt«!), »Confirmatio« (Brief 134: MGH.Ep 4,203). Mängel in der Firmpraxis tun ein Übriges (vgl. Kleinheyer 209).

V. Reformimpulse zu Beginn der Neuzeit

Hinweis: Ab hier beschränkt sich die Darstellung auf die (Wasser-)Taufe; der Konfirmation gilt in diesem Handbuch ein eigener Beitrag, die Firmung muss aus Raumgründen beiseite bleiben.

1523 erscheint das erste, 1526 das zweite Taufbuch Martin Luthers, 1525 die beiden Taufordnungen aus der Feder Huldrych Zwinglis (die Nachfolgefassung Zürich 1535 bringt nur geringfügige Veränderungen: Fugel 456–458) und 1543 die Taufordnung Jean Calvins. Die Taufordnung Leo Juds (in die Züricher Agende von 1523 aufgenommen) kann (da der überkommenen Praxis noch am meisten verpflichtet) im Folgenden unberücksichtigt bleiben.

Katholischerseits geht 1523 der Liber sacerdotalis des Alberto Castellani in Druck, der 16 oder gar mehr Auflagen erlebt, ab 1575 arbeitet Kardinal G.A. Santoro an einem neuen Ritusbuch; 1614 schließlich folgt das Rituale Romanum, auf welches sich die hier gegebene Darstellung beschränkt. Zu erwähnen ist ferner (weil Vorlage für Martin Luther: Kleinheyer 139 f.) die ermländische Agenda communis (Ausgaben 1512 und 1520).

A. Reformatoren

Literatur: Baumgartner; Fugel; Jilek 1996, 128–148 (Lit.: 129); Jordahn 350–478 (Quellen u. Lit.: 350–354. 426); Kleinheyer 136–145 (Lit.: 138 f.); Schmidt-Clausing; Schulz 1991 und 1983.

1. *Martin Luther*

Luthers Taufbüchlein 1523 WA 12,42–46	Luthers Taufbüchlein 1526 WA 19,537–541
Vor der Kirche	(Vor der Kirche) Ob die Feier vor der Kirche beginnen soll, ist unklar: Jilek 1996, 129, Anm. 2.
Anhauchung mit Beschwörung des Bösen Dreimaliges Anblasen des Taufkindes mit einmaligem Begleitwort	Beschwörung des Bösen Nur worthaft, ohne Symbolhandlung (Anblasen).
Bekreuzigung von Stirn und Brust mit Begleitwort.	Bekreuzigung wie TB 1523.

Gebet = GeV 285: RED.F 4,42 f. Gebet = GrH 1074: SpicFri 16,374 f. Text: Jilek 1996, 344 f.	Gebet } Gottesanrede = GeV 285: RED.F 4,42 f. Hauptteil = GrH 1074: SpicFri 16,374 f. Text: Jilek 1996, 346.
Salzritus ohne Gebet über dem Salz; mit Begleitwort.	—
Großes Gebet = »Sintflutgebet« Text: Jilek 1996, 345 f.	Großes Gebet wie TB 1523.
Dreimalige Beschwörung des Bösen Zur dritten Beschwörung zwei Kreuzzeichen.	Einmalige Beschwörung des Bösen Die beiden ersten Beschwörungen entfallen; die dritte ist gegenüber TB 1523 gekürzt.
Gebet = GeV 298: RED.F 4,45 f.	—
Evangelium = Mk 10,13–16.	Evangelium wie TB 1523.
Vaterunser mit Handauflegung	Vaterunser mit Handauflegung
Öffnungs-Ritus »Effata«: Berühren von Nase und Ohren mit Speichel. Begleitwort zum rechten Ohr: »Ephthah, das ist, tu dich auf«. Zu Nase und linkem Ohr: »Du, Teufel, aber flieh, denn Gottes Gericht kommt herbei.«	—
Einzug in die Kirche mit Geleitwort.	Gang »zur Taufe« mit Geleitwort.
In der Kirche	(In der Kirche)
Absage des Taufkindes durch seine Paten; 3-gliedrig.	Absage wie TB 1523.
Glaubensbekenntnis des Taufkindes durch seine Paten; 3-gliedrig.	Glaubensbekenntnis wie TB 1523.
Salbung der Brust und zwischen den Schultern. Begleitwort: »Ich salbe dich mit heilsamem Öle in Jesus Christus unserem Herrn.«	—
Frage an das Taufkind nach seinem Willen zur Taufe – Antwort durch die Paten	Frage an das Taufkind nach seinem Willen zur Taufe – Antwort durch die Paten
Wasserritus Einmaliges Eintauchen des Kindes in das Wasser. Begleitwort »Und ich taufe dich im Namen des Vaters und des Sohnes und des Heiligen Geistes«. Anschließend halten die Paten das Kind bis zum Bekleidungs-Ritus einschließlich noch »... ynn der tauffe«, also im Taufwasser.	Wasserritus wie TB 1523.
Salbung Bekreuzigung des Scheitels mit Öl. Begleitwort = PRG CVII,35: StT 227,163. Text: Jilek 1996, 318. und Friedensgruß	—
Bekleidungs-Ritus Nicht nur »Überreichen«, so Jordahn 357, sondern Aufsetzen »der Hauben« durch den Priester. Begleitwort: »Nimm das weiße, heilige und unbefleckte Kleid, das du ohne Flecken bringen sollst vor den Richtstuhl Christi, dass du das ewige Leben habest. Friede mit dir« (= PRG CVII,36: StT 227,163).	Bekleidungs-Ritus Nicht nur »Überreichen.«, so Kleinheyer 140, sondern Anziehen des Westerhemdes durch den Priester. Begleitwort: »Der allmächtige Gott und Vater unsers Herrn Jesu Christi, der dich anderweit geboren hat durch Wasser und den heiligen Geist und hat dir alle deine Sünde vergeben, der stärke dich mit seiner Gnade zum ewigen Leben. Amen.« (= fast identisch mit dem Begleitwort zur Scheitelsalbung in TB 1523 und PRG CVII,35: StT 227,163).
und Friedensgruß Anschließend »heb man« das Kind »auß der tauffe«.	und Friedensgruß
Licht-Ritus Der Priester gibt dem Taufkind (!) eine brennende Kerze; mit Begleitwort.	—

2. *Huldrych Zwingli*

Zwingli 1525/I CR 91,334–336 Schmidt-Clausing 39–41	Zwingli 1525/II CR 91,680–683; Schmidt-Clausing 147–165
Eröffnung	Eröffnung
Frage nach dem Willen der Paten zur Taufe des Kindes	Frage nach dem Willen der Paten zur Taufe des Kindes
Nennung des Kindesnamens durch die Paten	Nennung des Kindesnamens durch die Paten
Großes Gebet = »Sintflutgebet« Gegenüber Luthers Fassung ist insbesondere das Bitt-Element (»Epiklese«) nachhaltig überarbeitet: u.a. durch Bezugnahme auf Röm 6. In der gedenkenden Preisung (»Anamnese«) entfällt lediglich das Motiv der Taufe Jesu. Text: Jilek 1996, 347.	Gebetsaufforderung (deutlich erweitert) und Großes Gebet wie *Zwingli 1525/I*
Evangelium = Mk 10,13–16	Evangelium = Mk 10,13–16
—	Einleitung zu Vaterunser und Glaubensbekenntnis
—	Vaterunser (der Versammlung)
—	Glaubensbekenntnis (der Versammlung)
—	Wort an die Paten (zur Patenaufgabe)
Der Taufende selbst nimmt das Taufkind, anschließend:	—
Nochmalige Frage nach dem Willen der Paten zur Taufe des Kindes	Nochmalige Frage nach dem Willen der Paten zur Taufe des Kindes
Nochmalige Nennung des Kindesnamens durch die Paten	Nochmalige Nennung des Kindesnamens durch die Paten
Wasserritus Begleitwort: »N., Ich taufe dich in den Namen des Vaters ...« Gestalt des Wasserritus: keine Angabe, vermutlich Untertauchen, zumal der Taufende selbst das Taufkind hält: vgl. auch Schmidt-Clausing 41, Anm. 66.	Wasserritus Begleitwort und Gestalt des Wasserritus wie Zwingli 1525/I
Bekleidungs-Ritus = »Westerhemd« Begleitwort: »Gott verleihe dir, dass, wie du jetzt mit dem weißen Kleid leiblich angezogen wirst, also am Jüngsten Tag mit reinem unbeflecktem Gewissen vor ihm erscheinest. Amen.« Das Begleitwort lässt vermuten, dass das Westerhemd (wie in den beiden Ordnungen Luthers) dem getauften Kind tatsächlich angezogen, nicht nur überreicht wird: Jordahn 473 und Fugel 440 sprechen irrigerweise von »Überreichung des Westerhemdes«.	Bekleidungs-Ritus= »Hemd« Begleitwort und Vollzug des Ritus wie Zwingli 1525/I.
Entlassung	Entlassung

3. *Jean Calvin*

Calvin 1543 CR 34,185–192; Altmann 94–99
Wortliturgie ... Predigt
Taufliturgie

Rubrik
Kernaussage: »... da die Taufe eine feierliche Aufnahme in die Kirche ist, so muss sie in Gegenwart der versammelten Gemeinde geschehen.« In der Fassung von 1545 geht dieser Rubrik eine (ebenfalls rubrikale) Erläuterung des Taufsakramentes voraus: Taufe ist Zeichen und Sinnbild für die Aufnahme in das Volk Gottes, für die von Christus erwirkte Sündenvergebung und für die Erneuerung durch die geistgewirkte Heiligung: CR 34,185, Anm. 1; Altmann 94.

Eröffnung

Frage nach dem Willen der Paten zur Taufe des Kindes »Bringt ihr dies Kind, damit es getauft werde?«

Wort an die Versammlung = Erschließung des Taufsakramentes

Überleitung zum Großen Gebet

Großes Gebet Text: Jilek 1996, 147.

Vaterunser

Einleitung des Glaubensbekenntnisses

Erinnerung der Paten an ihre Pflicht zur Unterweisung des Kindes in der christlichen Lehre, wie sie im Glaubensbekenntnis zusammengefasst ist.
In der Ordnung von 1545 folgt eine längere Erläuterung zum Sinn des Glaubensbekenntnisses: CR 34,190, Anm. 1.

Glaubensbekenntnis

Gelöbnis der Paten, das Kind im christlichen Glauben zu unterweisen

Erteilung des Namens an das Kind.
Wie dies erfolgt (ob z.B. durch Erfragung des Kindesnamens), wird nicht vermerkt.

Wasserritus
Eine Anweisung, wie der Wasserritus zu vollziehen ist, gibt es nicht. Begleitwort: »Im Namen des Vaters ... [Au nom du Pere ...]«

Rubrik Ausführliche Begründung für den Gebrauch der Landessprache und den Wegfall der sonstigen bisher üblichen Elemente der Taufliturgie

B. Die katholische »Reform«: das Rituale Romanum von 1614

Literatur: Jilek 1996, 134–148 (Lit.: 134); Kleinheyer 149–161 (Lit.: 150 f.); Probst 1985; Reifenberg 1 (LWQF 53), 167–257; Spital; Stenzel 286–308.

Als RR 1614 erscheint, stellt die Ordnung der Sakramenten-Liturgie immer noch diözesanes Recht dar. Somit ist das gesamtkirchliche RR 1614 damals nicht verbindlich, wird jedoch gleichwohl zum Modell und (wenngleich z.T. erst im 19. Jh.) von den Diözesanritualien allmählich rezipiert.

Zwar sieht RR 1614 für die Taufe Unmündiger und Erwachsener eine je eigene Ordnung vor (Tit. II c. 2 und ebd. c. 3.4). Der Unterschied indessen ist geringfügig: Für die Taufe Unmündiger sind im Wesentlichen lediglich die Eröffnung und der Komplex der ehemaligen katechumenalen Rituselemente verkürzt.

Römische Ordnung der Kindertaufe 1614
Ordo Baptismi Parvulorum: Rituale Romanum 1614, Tit. II c. 2.
Das gesamte Ritual ist in lateinischer Sprache verfasst.

Vor der Kirche

1 Priester zum Taufkind: »Was begehrst du von der Kirche Gottes?«
Pate: »Den Glauben.«
Priester zum Taufkind: »Was gewährt dir der Glaube?«
Pate: »Das ewige Leben.«

2 Priester: »Willst du zum Leben eingehen, so halte die Gebote. Du sollst den Herrn, deinen Gott, lieben aus deinem ganzen Herzen, aus deiner ganzen Seele, aus deinem ganzen Gemüte und aus allen deinen Kräften, und deinen Nächsten wie dich selbst.«

3 Ritus der Befreiung vom Bösen Dreimaliges Anblasen mit einmaliger Beschwörung des Bösen.

4 Bekreuzigung von Stirn und Brust des Taufkindes mit Begleitwort
Gebet
5 Handauflegung in Stille
anschließend Gebet mit Handausbreitung
Die Handlungsanweisung ist umständlich. Der ursprüngliche Vorgang war wohl der: Ist nur ein Taufkind zugegen, so gibt es ein Gebet mit Handauflegung. Sind mehrere Taufkinder anwesend, so wird zuerst jedem Taufkind einzeln die Hand aufgelegt, dann erfolgt über allen gemeinsam das Gebet mit Handausbreitung als der kollektiven Form der Handauflegung.
6 Exorzismus-Gebet über dem Salz
7 Salzgabe Datio salis: Salzreichung in den Mund des Taufkindes; mit Begleitwort
Friedensgruß
Gebet
Zwei Beschwörungen des Bösen über dem Taufkind
8 Bekreuzigung der Stirn mit Begleitwort
9 Handauflegung in Stille
anschließend Gebet mit Handausbreitung (wie oben n. 5)
10 Geleit in die Kirche mit Stola-Ritus samt Begleitwort
Der Priester legt das Ende der linken Hälfte seiner Stola auf das (erste) Taufkind und geleitet es bzw. die Taufkinder in die Kirche.

In der Kirche

Auf dem Weg zum Baptisterium

11 Glaubensbekenntnis Apostolisches Glaubensbekenntnis; durch Priester und Paten
Vaterunser durch Priester und Paten

Am Eingang zum Baptisterium

12 Beschwörung des Bösen über dem Taufkind
13 Öffnungs-Ritus Berühren der Ohren und der Nase mit Speichel, jeweils mit Begleitwort
14 Absage
15 Salbung mit Öl der Glaubensschüler
Bekreuzigung der Brust und zwischen den Schulterblättern mit Katechumenen-Öl.
Begleitwort: »Ich salbe dich mit Öl des Heiles in Christus Jesus, unserem Herrn, auf dass du ewiges Leben hast.«
16 Abwischen des Öls vom Daumen des Priesters und von den gesalbten Körperstellen des Taufkindes
Stolawechsel (von violett zu weiß) und Eintritt in das Baptisterium

Im Baptisterium

17 Glaubensbekenntnis Dreigliedrige Glaubensfrage des Priesters an die Taufkinder, Antwort durch die Paten
18 Priester an das Taufkind: »Willst du getauft werden?«
Pate: »Ja.«
19 Wasserritus
Dreimaliges Übergießen des Kopfes des Taufkindes in Kreuzesform.
Begleitwort: »Ich taufe dich im Namen des Vaters und des Sohnes und des Heiligen Geistes.«
Das Taufkind wird währenddessen vom Paten oder von der Mutter oder von beiden gemeinsam gehalten.
20 Hinweis auf die Möglichkeit, die Taufe durch dreifaches Eintauchen statt durch dreifaches Übergießen vorzunehmen.
21 Heben des Taufkindes aus dem Wasser durch Paten oder Mutter oder beide.
22 Falls es ungewiss ist, ob das Kind zuvor bereits getauft worden ist, wird der Wasserritus unter folgendem Begleitwort vollzogen: »N., wenn du noch nicht getauft bist, taufe ich dich im Namen des Vaters ...«
Salbung mit Chrisam Bekreuzigung des Scheitels mit Chrisam-Öl; mit Begleitwort
23 und Friedensgruß
24 Abwischen des Chrisams vom Daumen des Priesters und vom Scheitel des Taufkindes

25 Bekleidungs-Ritus
Statt eines weißen Kleides wird dem Taufkind ein weißes Leinentuch aufs Haupt gegeben; mit Begleitwort.

26 Licht-Ritus
Der Priester reicht dem Taufkind oder dem Paten eine entzündete Kerze; mit Begleitwort.

27 Entlassung »Geh[t] in Frieden ...«

28 Rubrik
Falls ein Diakon die feierliche Taufe leitet, muss er Salz und Wasser verwenden, welche zuvor durch einen Priester zu diesem Zweck benediziert worden sind.

29 Rubrik
Hinweise auf Verfahren bei der Taufe mehrerer Taufkinder, Kranker, Erwachsener usw.

C. Würdigung aus heutiger Sicht

1. *Katechumenale Ritus-Elemente*

Gemeint sind jene Wort- und Symbolhandlungen, die ehemals zur Glaubensschule gehörten, etwa seit dem Ende des ersten Jahrtausends aber mit der Liturgie der Aufnahme selbst verbunden sind und seither der Wassertaufe unmittelbar vorausgehen.

a. Den bemerkenswertesten Reformschritt mit beachtlicher Korrektur mittelalterlicher Fehlentwicklungen setzt *Huldrych Zwingli*. Die Taufliturgie wird eröffnet, indem die Paten ihren Wunsch nach Taufe des Kindes erklären und dieses mit Namen vorstellen. Das Vaterunser rückt in das Kernritual: Es geht dem Credo unmittelbar voraus. Alle übrigen Elemente der ehemaligen Glaubensschule (somit auch die Exorzismen) entfallen. Im Blick auf die vorausliegende Geschichte ist diese Reform freilich ohne Beispiel, aber außerordentlich sachbezogen: Was entfällt, war im Kontext der Lebenssituation erwachsener Taufbewerber entstanden und auch nur in solchem Kontext sinnvoll als Elemente der ehemaligen Glaubensschule. Beispiel »Exorzismen«: sich mit Gottes Hilfe von widerchristlichen Perspektiven lösen und in christgemäße Lebensweise einüben. Was Zwingli belässt, wird der tatsächlichen Situation angepasst: Erwachsene bringen Säuglinge, jedenfalls Unmündige, zur Taufe.

b. Die Übereinstimmung *Jean Calvins* mit Huldrych Zwingli ist unübersehbar.

c. Ganz anders, nachgerade konträr, liegen die Dinge im *RR 1614*. Es belässt es dabei, dass die Elemente der ehemaligen Glaubensschule der Wassertaufe unmittelbar vorausgehen. Auch sonst dominiert die Fortschreibung ritualistischer Engführungen.

d. *Martin Luthers* Vorbehalte gegenüber den Ritus-Elementen der ehemaligen Glaubensschule sind unübersehbar: schon in TB 1523, erst recht in TB 1526. Aber: Seine Eingriffe beschränken sich auf eine quantitative Verringerung der betreffenden Elemente. Eine Reform in der Sache nimmt er nicht vor.

2. *Kernritual*

a. *Rituselemente*. Credo, Erklärung des Taufwillens und Wasserritus gehören zum Kernritual: darin stimmen alle Ordnungen überein. Während es RR 1614 dabei belässt, ergänzen die Reformatoren auf je eigene Weise.

Martin Luther verlegt die Absage unmittelbar vor das Glaubensbekenntnis und somit in das Kernritual.

Huldrych Zwingli fügt vor dem Credo das Vaterunser ein, danach ein Wort an die Paten (Erinnerung an deren Aufgabe). Der strukturellen Transparenz nicht förderlich ist, dass vor dem Wasserritus zwei Vorgänge der Eröffnung ein weiteres Mal vollzogen werden (Erklärung des Taufwillens und Nennung des Kindesnamens durch die Paten).

Jean Calvins Ordnung erinnert wiederum an Zwinglis Reform, führt über diese jedoch in gediegener Weise hinaus. Das Vaterunser schließt sich nahtlos an das unmittelbar vorausgehende Große Gebet an und fungiert gewissermaßen als dessen Abschluss. So entsteht vor dem Credo ein geschlossener Gebetskomplex, der überdies die Gemeinde intensiv einbezieht. Sodann: Statt die Paten nur an ihre Verpflichtung zu erinnern, geloben diese, das Taufkind in dem von der Gemeinde eben bekannten christlichen Glauben zu erziehen. So ergibt sich ein klar strukturiertes und motivisch treffend akzentuiertes Kernritual mit überdies bemerkenswerter Rollenverteilung (Vorsteher, Versammlung, Paten): Großes Gebet mit Vaterunser, Glaubensbekenntnis, Gelöbnis der Paten, Namenserteilung und Wasserritus.

b. *Das Hochgebet der Taufe*. Soweit die Quellen zurückreichen, ist bezeugt, dass es in jeder Tauffeier ein Großes sakramentliches Gebet gibt, und zwar im Kernritual: entweder unmittelbar vor dem Credo und dem nachfolgenden Wasserritus (GeV 444–448: RED.F 4,72–74; GrH 373 f.: SpicFri 16,185–188; PRG CVII,30: StT 227,161–163) oder schon vor der Absage (TA21).

RR 1614 verzichtet auf dieses Kernelement. Stattdessen wird jährlich einmal im voraus Wasser benediziert: in der Ostervigil. Dieses Wasser ist für die weiteren Taufen des Jahres zu verwenden und entsprechend zu verwahren (RR 1614, tit. II, c. 1, n. 5 f.; vgl. ebd. c. 8). Dass dies zu dinglich-sachhaftem Missverständnis und zu einer Verdunkelung der personalen Dimension sakramentlicher Symbolhandlung beiträgt, liegt auf der Hand: eine Nachwirkung jener (seit Thomas von Aquin bestimmend gewordenen) Engführung im Verständnis dessen, was als sakramentliche Worthandlung (»forma«) christlicher Liturgie zu gelten hat (Jilek 1996, 142).

Zwischen den Taufordnungen der Reformatoren gibt es in dreierlei Hinsicht eine bemerkenswerte Übereinstimmung: (1) keine Taufliturgie ohne Großes Gebet; (2) dieses Gebet ist preisend-bittend (»anamnetisch-epikletisch«) geprägt, lässt (3) keinen Zweifel an der personalen Dimension der sakramentlichen Feier und stellt (4) gegenüber dem überkommenen römischen Gebets-Formular einen großen Fortschritt dar.

Zwei Einschränkungen. (1) Die strukturelle Zuordnung des Hochgebetes der Taufe zum Kernritual, insbesondere zum Wasserritus, ist recht unterschiedlich ausgeprägt, und es muss offen bleiben, wie weit sie seitens der Reformatoren tatsächlich bedacht wird. Es ist wiederum Jean Calvin, der einen zukunftsweisenden Schritt setzt: Nur in seiner Ordnung geht das Große Gebet (samt Vaterunser) dem Credo unmittelbar voraus, eröffnet also das Kernritual. (2) In Jean Calvins Komposition bleibt das preisende Gedenken (die »Anamnese«) arg knapp.

3. *Elemente nach dem Wasserritus* (»postbaptismale« Rituselemente)

RR 1614 belässt es bei der überkommenen Praxis. Jean Calvin hingegen tilgt sämtliche Elemente, die dem Wasserritus herkömmlich folgen. Martin Luther und Huldrych Zwingli gehen bedachtsamer vor: beide behalten den Bekleidungsritus bei. Luther ersetzt überdies das überkommene (eher paränetische) Deutewort durch eine gelungene Anpassung des ehemals zur postbaptismalen Scheitelsalbung gehörigen Begleitwortes. Seltsam ist, dass weder Luther noch Zwingli im Begleitwort zum Bekleidungsritus auf Gal 3,27 Bezug nehmen.

D. Dringend erforderlich ist eine *revidierte Würdigung* der Taufordnungen Huldrych Zwinglis und Jean Calvins.

Die Taufordnungen Huldrych Zwinglis und Jean Calvins sind bislang auf recht deutliche Ablehnung, jedenfalls auf ungleich schärfere Kritik gestoßen als die Römische Ordnung RR 1614 und die beiden Taufordnungen aus der Feder Martin Luthers. Interessanterweise gilt dies evangelischerseits (Jordahn 473–477) ebenso wie katholischerseits (Kleinheyer, Feiern 142). Zu den Kritikpunkten gehören vor allem Symbolfeindlichkeit sowie Verkürzung der Liturgie und der Theologie der Taufe.

Bei näherer Prüfung erweist sich solche Kritik als völlig unbegründet (Einzelheiten: Jilek 1996, 144–148). Mehr noch: Katholischerseits werden die wesentlichen Perspektiven, nach welchen Zwingli und Calvin die damalige Taufliturgie reformierten, durch die Reform im Gefolge des Zweiten Vatikanischen Konzils aufgegriffen und übernommen: eine sehr späte, aber umso nachdrücklichere Bestätigung.

Und wie steht es evangelischerseits? Im deutschen Sprachraum sind bis in die Gegenwart die Taufordnungen Martin Luthers bestimmend geblieben: jene also, mit denen seinerzeit der Sache nach am allerwenigsten Reform-Arbeit verbunden war. Ganz anders sieht es aus, sobald man z.B. die Taufordnung des US-amerikanischen Lutheran Book of Worship zur Hand nimmt.

VI. Gegenwart

A. Vorbemerkung zur Entwicklung bis in die Gegenwart

Literatur: Jilek 1996, 149–152; Jordahn 479–638 (Lit.: 480. 534. 587 f. 624); Kleinheyer 143–145.161–167 (Lit.: 138 f. 150); Probst 1981; Reifenberg 2, 12–67.

Auf evangelischer Seite erscheint bis ins 20. Jh. zwar eine beträchtliche Zahl von Taufordnungen, die sich jedoch – abgesehen von vereinzelten extremen Beispielen etwa aus der Zeit der Aufklärung – im Wesentlichen innerhalb der Positionen der Reformatoren bewegen.

Auf katholischer Seite gibt es bereits z.Z. der Aufklärung nachdrückliche Reformbemühungen einzelner Theologen; teils werden diese sogar von Diözesanritualien aufgegriffen, überdauern jedoch insgesamt die restaurativen Entwicklungen des 19. Jh. nicht. 1950 erscheint die Collectio Rituum, das erste gemeinsame Ritusbuch für die Diözesen des deutschsprachigen Gebietes (Collectio Rituum 1950). Es wird nach und nach von allen Bistümern Österreichs und Deutschlands rezipiert. Eine Reform der Taufliturgie geht damit nicht einher. Man übernimmt vielmehr die Ordnung des RR 1614. Wohl ist für die meisten Wort-Elemente des Rituals Muttersprachlichkeit vorgesehen (vgl. Kleinheyer 165–166).

B. Römisch-katholische Kirche: Die Reform im Gefolge des Zweiten Vatikanischen Konzils

Literatur: Jilek 1996, 153–201; Kleinheyer 171–190 (Lit.: 172); Fischer 1971a und b.

Die gesamtkirchliche Taufordnung OBP erscheint 1969, 1971 tritt FKT in den Bistümern des deutschen Sprachgebietes in Kraft. Angesichts der großen Übereinstimmung zwischen beiden Liturgiebüchern kann sich die folgende Darstellung auf FKT beschränken. Die Verwendung der Muttersprache und die Anbindung an die Feier des Wortes Gottes (keine Taufe mehr ohne vorausgehende Wortliturgie) brauchen dabei nicht mehr eigens gewürdigt zu werden.

FKT enthält folgende Formulare: »Die Feier der Taufe für mehrere Kinder« (27–50), »Feier der Taufe eines einzelnen Kindes« (51–73 mit lediglich textlicher Adaptierung), »Ritus für die Taufe eines Kindes in Lebensgefahr« (75–80) und »Ritus für ein Kind, das die Nottaufe empfangen hat« (81–91).

Für die Aufnahme von Kindern im Schulalter gibt es mit EKSK ein eigenes deutschsprachiges Ritusbuch, welches den altersmäßigen Gegebenheiten Rechnung trägt und dem entsprechenden Formular von FEE folgt.

1. Die Reform macht unverkennbar: Die *Erwachsenen-Initiation* ist *Modell* für die Aufnahme Unmündiger. Sämtliche Entscheidungen sind daher nach diesem Grundsatz zu treffen. Dass das gesamtkirchliche Ritusbuch für die Initiation Erwachsener erst 1972 erscheint (OICA), das deutschsprachige 1975 folgt und immer noch nicht den Status der definitiven Inkraftsetzung erreicht hat (FEE), sind nur Indizien für die Schwierigkeiten, Erwachsenen-Initiation nach so langer Zeit erstmals wieder und angemessen zu gestalten. Notwendigkeit und wachsende Dringlichkeit dieser Aufgabe stehen außer Frage. Kennzeichnend für die bisherigen Reformschritte ist die bedachtsame Rückkehr zu frühkirchlicher Praxis, wozu insbesondere die erneute Einrichtung des Katechumenats (einschließlich der diesbezüglichen gottesdienstlichen Feiern) und die wiedergewonnene Verbindung von Wassertaufe, Firmung und Ersteucharistie zur *einen* Großen Feier der Aufnahme in die Kirche zählen. Dass auch Priester befugt sind, dieser Liturgie vorzustehen, verdient besondere Erwähnung.

2. *Anpassung an die tatsächliche Situation Unmündiger*. Die bisherige Praxis des fiktiven Gesprächs mit dem unmündigen Taufkind wird restlos aufgegeben. Gesprächspartner sind die Erwachsenen, welche die Taufe des Kindes wünschen, dabei zuerst die Eltern als die (auch im Blick auf die kirchliche Sozialisation) primären Bezugspersonen des Kindes, nach ihnen erst die Paten. Mit Absage und Credo bekunden sie und die Paten, in welche Lebensperspektive sie ihre Kinder hineinführen wollen (FKT, Ritus 24).

3. Die *gemeindlich-kirchliche Dimension* der Taufliturgie wird in den Vordergrund gestellt. Dazu gehören: Feier der Taufe in Gegenwart der Gemeinde, in der Pfarrkirche, in der Ostervigil und am Sonntag, auch innerhalb der Messfeier der Pfarrei (FKT, Vorbemerkungen 20.42–44. 57.59). Bemerkenswert ist ferner die intensive akklamatorische Einbeziehung der Gemeinde in den Vollzug des Großen sakramentlichen Gebetes (FKT, Ritus 23A.B), deren Zustimmung zum Credo und deren (fakultative) Akklamation im Anschluss an den Wasserritus (FKT, Ritus 27.28). Der Taufe mehrerer Kinder in einer einzigen, gemeinsamen Taufliturgie wird mit Nachdruck der Vorzug gegeben vor Einzelfeiern (FKT, Vorbemerkungen 58).

4. Das Kernritual

a. Keine Taufe ohne *Großes sakramentliches Gebet*. Die sakramentliche Gebetshandlung ist wieder fester Bestandteil der Taufliturgie. Ebenso bemerkenswert sind die doxologische Prägung der entsprechenden Gebetsformulare (außer Formular 4: ein missglücktes Sondergut von FKT) und die intensive Beteiligung der Gemeinde mit Gebetsrufen (2. und 3. Formular).

b. Die *personale Dimension* der Taufliturgie oder: weder Magie noch sakramentlicher Materialismus. Für die Taufe muss in jeder Pfarrkirche ein Taufbrunnen eingerichtet werden. FKT spricht dabei ausdrücklich von »Brunnen« (OBP: »fons scaturiens«), und davon, dass das Wasser während der Taufliturgie fließen (OBP: »sprudeln«) kann und auch in diesem Fall selbstverständlich über dem Wasser zu beten ist (FKT, Vorbemerkungen 42–48.50). So wird zugleich deutlich: Anliegen, Motiv des sakramentlichen Gebetes ist nicht ein Handeln Gottes am Wasser, sondern das Heilshandeln Gottes an den Taufkindern, welches im sakramentlichen Ritus – freilich unter Verwendung von Wasser – zur symbolischen Darstellung kommt. Die Formulierungen der epikletischen Passagen des sakramentlichen Gebetes weisen unverkennbar in diese Richtung (FKT, Ritus 23 A–C). Die beiden Modell-Texte für die Einladung zum Großen Gebet bringen dies ebenfalls mit aller Klarheit zum Ausdruck (FKT, Ritus 22 A.B).

c. *Symbolhandlung*. Dem Ein- bzw. Untertauchen wird der Vorzug gegeben vor dem Übergießen. »Aspersion«, also bloßes Besprengen mit Wasser, ist überhaupt nicht mehr vorgesehen (FKT, Vorbemerkung 12; FKT, Ritus 28).

5. Katechumenale (»präbaptismale«) Elemente: radikale Reduktion und Unschlüssigkeit.

Von den Elementen der ehemaligen Glaubensschule verbleiben nur: Bezeichnung mit dem Kreuz (Signation), Exorzismus-Gebet sowie Salbung mit Öl der Glaubensschüler (Katechumenen-Öl) oder Handauflegung (FKT, Ritus 15–20).

Manches deutet noch auf *Unschlüssigkeit* und lässt danach fragen, welchen Sinn die verbliebenen katechumenalen Handlungen im unmittelbaren Vorfeld der Wassertaufe selbst haben sollen. Die Bezeichnung mit dem Kreuz (ehemals und in der Erwachsenen-Initiation wieder Aufnahme unter die Glaubensschüler: FEE, Ritus 83–87) erfährt eine keineswegs unproblematische Umdeutung zum Zeichen der Aufnahme in die Gemeinde (FKT, Ritus 15). Das Exorzismus-Gebet beschließt die Fürbitten, was deren Sinn zuwiderläuft. Die Salbung kann (bzw. soll: so die Österreichische Bischofskonferenz: FKT, Vorbemerkungen 25) unterbleiben, ist dann jedoch durch eine schweigend vollzogene Handauflegung zu ersetzen (FKT, Ritus 20): Was bedeutet eine Handauflegung ohne Deutewort?

Gleichwohl: Ein großer Reformschritt ist getan. Was noch unerledigt blieb, erinnert daran, welch große Erblast abzutragen war.

6. Symbolhandlungen nach dem Wasserritus (»postbaptismale Elemente«)

Die bisherigen Elemente sind beibehalten (Chrisam-Salbung, Bekleidungs- und Licht-Ritus: FKT, Ritus 29–31) und die dazugehörigen Deuteworte in geglückter Weise überarbeitet. Allerdings ist es im *Bekleidungs-Ritus* leider beim bloßen Auflegen statt des wirklichen Anziehens des Taufkleides geblieben (FKT, Ritus 30).

Der *Effata-Ritus* ist aus dem prä- in den postbaptismalen Bereich verlegt worden, jetzt also nach dem Wasserritus eingeordnet (FKT, Ritus 32). Er ist freigestellt, aber ein geglücktes Beispiel dafür, wie ein Ritus aus der Glaubensschule der Erwachsenen-Initiation für Unmündige neu und sinngerecht situiert werden kann (Jilek 1996, 182 f.).

Nicht unwichtig: Im Fall der Aufnahme von Kindern im Schulalter und von Erwachsenen reduzieren sich die postbaptismalen Elemente auf Bekleidungs- und Licht-Ritus (EKSK, Ritus 93 f.; FEE, Ritus 225 f.).

7. Die Rahmenhandlungen: Eröffnung und Abschluss

Begrüßung am Eingang zur Kirche; Vorstellung des Kindes mit Namen, Bitte um dessen Taufe, Bereitschaftserklärung zur Erziehung im Glauben seitens der Eltern; Bereitschaftserklärung der Paten zur Mithilfe: So wird die Feier eröffnet. Durchwegs wird deutlich, es geht um öffentliche Klärungen gegenüber und mit der Kirche vor Ort, was die Anwesenheit der Kirchengemeinde voraussetzt. In mancher Hinsicht zeigen sich noch Ungereimtheiten (Jilek 1996, 197–199).

Das Herrengebet ist neu eingeordnet, in den Abschluss der Feier. Mit ihm und dem nachfolgenden Segen schließt die Taufliturgie. Die diesbezüglichen Neuregelungen in FKT haben mehr Nachteile als Gewinn gebracht (Jilek 1996, 200 f.).

8. Resümee. Es ist unübersehbar, wie erfreulich weit die Übereinstimmung zwischen der katholischen Reform, die sich in FKT niedergeschlagen hat, und den seinerzeitigen Erneuerungsbemühungen der Reformatoren (insbesondere auch Huldrych Zwinglis und Jean Calvins) geht, erst recht, wenn man RR 1614 zum Vergleich heranzieht.

C. Evangelische Taufordnungen

Literatur: Jilek 1996, 272–310; Kleinheyer 145–147; Schulz 1991, 45–53; Schwendemann; Thurian.

Die Darstellung muss sich auf die repräsentativen EKU- und VELKD-Ordnungen beschränken.

1. Die *Agende III/1 der VELKD (1988 ²1999)*

Die Unterschiede zwischen der Neubearbeitung der Taufagende von 1988 und deren zweiter Auflage sind äußerst gering und können unberücksichtigt bleiben. Die Agende III/1 legt folgende Formulare vor: »Die Taufe von Kindern« (3 Formulare, 15–104), »Die Taufe eines Erwachsenen oder eines älteren Kindes« (Grundform mit Möglichkeiten der Adaptierung, 105–160), »Taufe und Trauung« (2 Formen, 161–200), eine (treffend so bezeichnete) »Danksagung für eine Taufe in Notfällen« (201–206). Mehreres ist ergänzend zu vermerken.

Für die *Taufe Erwachsener* und *älterer Kinder* gibt es zwar eigene Formulare. Im Vergleich zur Ordnung der Taufe von Kindern bleiben dabei jedoch Struktur und motivische Prägung der Liturgie weitgehend unverändert. Die folgende Darstellung kann sich daher auf das Formular »Die Taufe von Kindern« beschränken, das Gesagte gilt entsprechend für die Taufe Erwachsener und älterer Kinder.

Für die Taufe von Kindern enthält die Agende III/1 drei Ordnungen bzw. Formen (mit jeweils nicht wenigen Gestaltungsvarianten). Die Erneuerungsimpulse der Agende halten sich jedoch in Grenzen. Von den beiden Ordnungen für eine Taufe als selbstständige Feier (1. und 2. Form) stellt nur die zweite einen Neuentwurf dar, die erste schreibt lediglich die Agende III von 1962 fort. Dass die 1. Form »eng an Luthers Taufbüchlein« angelehnt sei (19), lässt sich nur mit großer Einschränkung sagen. Ähnlich steht es mit der 3. Form (Taufe im Hauptgottesdienst). Deren Formular A sieht nur vor, die 1. Form der selbstständigen Tauffeier »an geeigneter Stelle« in den Hauptgottesdienst einzufügen (3 Möglichkeiten: nach dem Evangelium, dem Predigtlied oder den Abkündigungen, 81). Im Formular B werden »die einzelnen Abschnitte der Taufhandlung auf verschiedene Stellen des Hauptgottesdienstes verteilt ... und der Hauptgottesdienst dadurch insgesamt als Taufgottesdienst geprägt« (ebd.).

Ferner ist festzuhalten: Alle drei Formen berücksichtigen eigens die Taufe mehrerer statt nur eines Kindes und sehen (z.T. mit mehreren Formularen in der 1. und 2. Form) für den Abschluss (Sendung) zusätzlich eine Segnung der Familien oder der Mütter (1. und 3. Form) oder eine Segnung der Familien und der Paten (2. Form) vor.

a. *Synopse* der drei Formen:

Die beiden ersten Formen sind selbstständige Taufgottesdienste. Die dritte bringt A. die »Einfügung der Taufe in den Gottesdienst ... nach dem Evangelium oder nach dem Predigtlied oder nach den Abkündigungen. Das Credo entfällt« und B. »Taufe als Hauptgottesdienst«, die »sich vor allen Dingen dort [empfiehlt], wo nur wenige Male im Jahr ein ausgesprochener Taufgottesdienst für eine größere Zahl von Täuflingen gehalten wird« (81).

Agende III/1 der VELKD (1988) ²1999 [...] fakultative Stücke		
1. Form 21–49 vgl. Agende III 1962	2. Form 50–80	3. Form 81–97
I. ERÖFFNUNG Begrüßung der Taufgemeinde durch Pfarrer an der Kirchentür und Einzug in die Kirche. Pfarrer tritt an Lesepult oder Altar. – Alternativ: Eröffnung (Nr. 1–5) kann im Vorraum der Kirche gehalten werden. 1 Eingangslied	I. ERÖFFNUNG Abholung der Taufgemeinde durch Pfarrer an der Kirchentür. Eröffnung (Nr. 1–6) kann im Vorraum der Kirche gehalten werden. – Alternativ: Pfarrer zieht mit Taufgemeinde sofort in die Kirche ein. 1 [Eingangslied]	I. ERÖFFNUNG UND ANRUFUNG [Empfang und Begrüßung der Tauffamilie am Eingang der Kirche. Einzug in die Kirche. Kein Rüstgebet (Confiteor).] 1 [Introitus oder Eingangslied]

2 Gruß	2 Gruß	2 [Gruß] Mehrere Formen
—	3 Hinführung mit besonderer Berücksichtigung der Situation der Familie und des Gottesdienstes	—
3 Taufbefehl Mt 28,18–20 und Joh 3,16	Vgl. unten Nr. 10	Vgl. unten Nr. 18
	Vgl. unten Nr. 19	3 Kreuzeszeichen Wort an die Gemeinde. Symbolhandlung und Deutewort: s. 1. Form/Nr. 4
4 Kreuzeszeichen Symbolhandlung: »Großes Kreuz« von Stirn über Brust zu beiden Schultern oder Bezeichnung der Stirn mit einem Kreuz.. Begleitwort: A. »Nimm hin das Zeichen des Kreuzes +. Du gehörst Christus, dem Gekreuzigten.« B. »Ich zeichne dich mit dem Kreuz +. Jesus Christus hat dich erlöst.«	Vgl. oben Nr. 1	4 [Introitus oder Eingangslied] vgl. Nr. 1
Vgl. unten Nr. 5	Vgl. unten Nr. 4	5 Kyrie, [Gloria,] Kollekte 5 Formulare, ohne exorz. Motive
5 Gebet, 4 Texte: 1) exorzistisch; 2) exorzistisch und motivische Rückbindung an vorausgegangene Bekreuzigung; 3) wie TB 1526; 4) Effata-Motiv.	4 Gebet mit exorzist. Motiv	—
6 [Eintritt in die Kirche mit Geleitwort]	Vgl. unten Nr. 7	Vgl. oben I.
II. VERKÜNDIGUNG	Vgl. unten II.	II. VERKÜNDIGUNG UND BEKENNTNIS
—	—	6 Epistel Auswahl: 3 Perikopen
—	—	7 [Halleluja]
—	—	8 Graduallied Tauflied
—	—	9 Evangelium Mt 3,13–17 oder Mt 18,1–5.10
Vgl. unten Nr. 8	Vgl. unten Nr. 9	10 Predigt
—	—	11 Predigtlied
—	—	12 Gebet für Kinder, Eltern und Paten: 2 Formulare
—	—	13 Vaterunser falls nicht Abendmahl gefeiert wird; ohne Handauflegung
Vgl. unten Nr. 15	Vgl. unten Nr. 15	14 Einleitung: Wort an Eltern und Paten und
Vgl. unten Nr. 16	Vgl. unten Nr. 16	15 Credo Apostolikum der Gemeinde
7 Tauflied	Vgl. unten Nr. 13	Vgl. unten Nr. 16
8 Taufpredigt mit Überleitung zu Nr. 9	Vgl. unten Nr. 9	Vgl. oben Nr. 10

9 Fragen an Eltern und Paten zur Erziehung des Kindes im Glauben durch Eltern und Paten gemeinsam oder getrennt	Vgl. unten Nr. 11	Vgl. unten Nr. 19
10 Segenswort oder Gebet für Eltern und Paten	Vgl. unten Nr. 12	—
11 Kinderevangelium Mk 10,13–16	5 Kinderevangelium Mk 10,13–16	—
Vgl. oben Nr. 4	6A Kreuzeszeichen wie 1. Form/ Nr. 4 oder	Vgl. oben Nr. 3
12 Segnung, Handauflegung von Pfarrer, Eltern, Paten und Vaterunser der Gemeinde	6B Segnung mit Handauflegung und Vaterunser wie 1. Form/Nr. 12	Vgl. oben Nr. 13
Vgl. oben I.	7 [Einzug in die Kirche mit Begleitwort]	Vgl. oben I.
Vgl. oben II.	II. VERKÜNDIGUNG	Vgl. oben II.
—	8 [Lied]	—
Vgl. oben Nr. 8	9 Taufpredigt	Vgl. oben Nr. 10
Vgl. oben Nr. 3	10 Taufbefehl Mt 28,18–20	Vgl. unten Nr. 18
Vgl. oben Nr. 9	11 Fragen an Eltern und Paten je getrennt; Bereitschaftserklärung	Vgl. unten Nr. 19
Vgl. oben Nr. 10	12 Segenswort	—
III. TAUFE	III. TAUFE	III. TAUFE
13 Lied	13 Tauflied	16 Lied
14 Während des Liedes oder danach: Gang zum Taufstein Pfarrer, Eltern und Paten mit Taufkind und Geschwistern	14 Während des Liedes oder danach: Gang zum Taufstein Pfarrer, Eltern und Paten mit Taufkind und Geschwistern	17 Während des Liedes oder danach: Gang zum Taufstein Pfarrer, Eltern und Paten mit dem Taufkind
[Betrachtung zum Taufwasser wie 2. Form Nr. 17]	Vgl. unten Nr. 17	[Betrachtung zum Taufwasser wie 2. Form Nr. 17]
Vgl. oben Nr. 3	Vgl. oben Nr. 10	18 Taufbefehl Mt 28,18–20 und Joh 3,16
Vgl. oben Nr. 9	Vgl. oben Nr. 11	19 Frage an Eltern und Paten nach ihrem Willen zur Taufe des Kindes und ihrer Bereitschaft zur Erziehung des Kindes im Glauben; durch Eltern und Paten gemeinsam
15 Einleitung Wort an Eltern und Paten und	15 Einleitung Wort an Eltern und Paten und	Vgl. oben Nr. 14
16 (Erklärung des Taufwillens und) Credo	16 Credo durch Gemeinde	Vgl. oben Nr. 15
A: Credo Apostolikum durch Pfarrer, Eltern und Paten im eigenen Namen oder »für« das Taufkind B: Taufwille und Credo 4-gliedrige Erfragung der Eltern und Paten »für« das Taufkind		

17 [Frage nach dem Namen des Kindes]	—	20 [Frage nach dem Namen des Kindes]
—	17 [Betrachtung zum Taufwasser, Deutung des Wasserritus. 4 Texte: 3 Ansprachen, 1 Gebet, Variationen möglich]	
18 Wasserritus Taufhandlung: dreimaliges Begießen des Kopfes. Begleitwort: »N., ich taufe dich im Namen des Vaters und des Sohnes und des Heiligen Geistes.« Vgl. oben Nr. 4	18 Wasserritus Taufhandlung wie 1. Form/ Nr. 18	21 Wasserritus Taufhandlung wie 1. Form/ Nr. 18 Vgl. oben Nr. 3
	19 [Freigestellt und falls Bekreuzigung (»Signation«) nach dem Kinderevangelium entfallen ist: vgl. oben Nr. 6A: Kreuzeszeichen. Symbolhandlung wie oben Nr. 6A.. Begleitwort: 1. Text aus oben Nr. 6A	
19 Taufsegen unter Handauflegung. Segenswort: A. »Der allmächtige Gott und Vater unsers Herrn Jesus Christus, der dich von neuem geboren hat durch Wasser und den Heiligen Geist und dir alle deine Sünde vergeben, der stärke dich mit seiner Gnade zum ewigen Leben. Friede + sei mit dir.« B. »Der allmächtige Gott und Vater stärke dich durch seinen Heiligen Geist, erhalte dich in der Gemeinde Jesu Christi und bewahre dich zum ewigen Leben. Friede + sei mit dir.«	20 Taufsegen Wie 1. Form/Nr. 19	22 Taufsegen Wie 1. Form/ Nr. 19
20 [Bekleidungsritus Auflegen des Westerhemdes durch Paten oder Täufer. Begleitwort: »Nimm hin das weiße Gewand als Sinnbild der Gerechtigkeit Christi. Alle, die auf Christus getauft sind, haben Christus angezogen« (vgl. Gal 3,27).]	21 [Bekleidungsritus Wie 1. Form/Nr. 20]	23 [Bekleidungsritus Wie 1. Form/Nr. 20]
21 [Lichtritus Taufkerze wird an der Oster- bzw. Altarkerze entzündet und vom Pfarrer einem Paten überreicht, bleibt bis zum Ende der Feier brennen. Begleitwort: »Christus spricht: ›Ich bin das Licht der Welt. Wer mir nachfolgt, der wird nicht wandeln in der Finsternis, sondern wird das Licht des Lebens haben.‹ Nimm hin diese brennende Kerze zum Zeichen, dass Christus das Licht deines Leben ist.« Alle begeben sich an ihren Platz.	22 [Lichtritus Wie 1. Form/Nr. 21]	24 [Lichtritus Wie 1. Form/Nr. 21 Die Tauffamilien begeben sich zu ihren Plätzen zurück.]

IV. SENDUNG	IV. SENDUNG	Vgl. unten V.
22 Lied	23 Lied	25 Lied
23 [Segnung der Familie oder der Mutter unter Handauflegung vom Altar aus; je 1 Formular]	24 Die Familie (und die Paten) begeben sich zum Altar: Segnung der Familie und der Paten unter Handauflegung. 2 Formulare mit unterschiedlicher Reihenfolge von Segnung und Vaterunser	26 [Die Familien begeben sich zum Altar: Segnung der Familien oder der Mütter unter Handauflegung]
24 Gebet 5 Formulare; kann entfallen, falls Nr. 23 vollzogen wird.		
25 Segen	25 Segen	Vgl. unten V.
26 Auszug der Taufgemeinde	26 Auszug der Taufgemeinde	Vgl. unten V.
—	—	27 Abkündigungen
—	—	28 Allgemeines Kirchengebet namentlich für die Neugetauften; kann entfallen, falls Nr. 25 vollzogen worden ist oder Abendmahl folgt.
—	—	IV. ABENDMAHL
Vgl. oben IV.	Vgl. oben IV.	V. SENDUNG

b. Unverkennbar ist die Bemühung um transparente *Grobstrukturierung*: Eröffnung – Verkündigung – (und Bekenntnis: so die 3. Form) – Taufe – Sendung. Damit geht auch ein Interesse an *lokaler Strukturierung* einher: Eröffnung u.U. im Vorraum der Kirche – Verkündigung in der Kirche – Taufe am Taufstein.

c. *Symbolhandlungen vor dem Wasserritus* (»katechumenale« bzw. »präbaptismale« Elemente). Die Bekreuzigung (Signation) gibt es in allen drei Formen, in der 2. (alternativ) auch als Element des Kernrituals (nach Wasserritus und vor Taufsegen). Segnung mit Vaterunser und Handauflegung sind nur in der 1. und 2. Form vorgesehen, in Letzterer alternativ auch postbaptismal (als Element der Sendung). Nur die 3. Form verzichtet ganz auf ein exorzistisches Gebet.

d. *Symbolhandlungen nach dem Wasserritus* (»postbaptismale« Elemente). In allen drei Formen sind Bekleidung (Westerhemd) und Licht-Ritus (Taufkerze) nur fakultativ. Der Bekleidungs-Ritus erfährt insofern eine weitere Zurückstufung, als er in den Struktur-Übersichten (21.50.82) gar nicht, in den Ordnungen selbst jeweils nur in einer Fußnote Erwähnung findet (46.59.95).

e. *Kernritual*: Taufbefehl, Glaubensbekenntnis, Wasserritus und Taufsegen stellen die »verbindlichen Kernstücke« dar (12). Eine Absage ist in keiner der drei Formen vorgesehen. Wohl klingt das entsprechende Motiv in modifizierter Weise in der 1. Form (Einleitung zu den Fragen an die Eltern und Paten: 26) und im entfalteten Credo an (1. Frage: 99).

Immer gibt es noch kein großes sakramentliches Gebet. Luthers Sintflut-Gebet ist in keiner der drei Formen beibehalten und fungiert lediglich als letztgenannter Vorschlag für die Betrachtung zum Taufwasser (102). Ein doxologisches, also preisend-bittendes (anamnetisch-epikletisches) Gebet, das als Taufgebet fungieren könnte, gibt es somit überhaupt nur in der 1. Form: der lutherischen Kombination von GeV 285 und GrH 1074 (TB 1526). Dessen Bedeutung ist jedoch erheblich relativiert: Es ist vom Kernritual weit abgesetzt und lediglich als dritter von vier (motivisch sehr unterschiedlichen) Gebetsvorschlägen aufgeführt (24 f.).

Die Betrachtung zum Taufwasser ist ein halbherziger Schritt. In der 2. Form ist eine sog. Betrachtung zum Taufwasser vorgesehen. Wird dafür aus den Vorschlägen die (in geglückter

Weise) überarbeitete Fassung des Sintflut-Gebets gewählt (102), so erhält das Kernritual eine sakramenten-theologisch außerordentlich gediegene Gestalt: Credo – Großes anamnetisch-epikletisches Gebet – Wasserritus – Taufsegen.

Indessen relativiert die Agende den damit möglichen Fortschritt ganz erheblich. (1.) Die Betrachtung zum Taufwasser ist nur in der 2. Form ausdrücklich vorgesehen, und auch dort lediglich als fakultatives Element. (2.) Was die Agende in den einführenden Erläuterungen dazu sagt (13), ist eher katechetisch motiviert, lässt jedenfalls die eben angesprochene sakramenten-theologische Perspektive nicht ahnen. (3.) Von den insgesamt vier Textvorschlägen für die Betrachtung zum Taufwasser (100–102) sind die ersten drei keine Gebete, sondern Ansprachen.

Zweigestaltigkeit der Initiationsliturgie: der »Taufsegen«. Die Handauflegung samt Deutewort ist für alle drei Formen vorgesehen und somit ein erfreuliches Kernelement: Dies erinnert an die Handauflegung und das dazugehörige Gebet, welche in der frühkirchlichen Initiationsliturgie dem Wasserritus folgten. Die motivischen Gemeinsamkeiten mit dem Gebet, welches die TA überliefert, und dessen Fortleben im katholischen Firmritus, des Weiteren die strukturellen und motivischen Gemeinsamkeiten mit dem katholischen Ritual für die Aufnahme von Kindern im Schulalter sowie die Aufnahme von Erwachsenen (Abfolge: Wasserritus, Handauflegung unter Gebet und nachfolgende Chrisam-Salbung) verdienen zusätzliche Beachtung.

Ergänzend und z.T. einschränkend sei vermerkt: (1.) Mit der Handauflegung ist ein deprekatives Deutewort verbunden, aber kein Gebet im eigentlichen Sinn. (2.) Eine Bitte um den Heiligen Geist (vgl. die Erläuterungen 12) gibt es explizit nur im zweiten Deutewort, das erste spricht lediglich von der »Gnade« Gottes. (3.) Entgegen der überlieferten Formulierung spricht das erste Deutewort von der Sündenvergebung im Präsens statt im Perfekt. (4.) Die Bezeichnung Taufsegen kann sachlich kaum befriedigen.

f. *Unbewältigte Erblasten* sind die Exorzismen im unmittelbaren Vorfeld der Wassertaufe. Wie katholischerseits FKT, so lässt auch die Agende III/1 unbeantwortet, welchen Sinn es haben soll, die Praxis fortzuführen, exorzistische Handlungen, die ehemals in die Glaubensschule gehörten und dort ihren Sitz im Leben hatten, als Elemente der Taufliturgie selbst und somit unmittelbar vor dem Wasserritus zu vollziehen.

Noch etwas ist zu bedenken, und die 1. Form liefert hierfür ein besonders drastisches Beispiel: Die Bekreuzigung (Signation) wird durch das Begleitwort so gedeutet: »...du gehörst Christus ...« oder »... Christus hat dich erlöst.« Darauf folgt aber ein Exorzismus-Gebet: »Herr, wir bitten dich für dieses Kind ..., befreie es von der Macht des Bösen.« War das Deutewort zur Bekreuzigung also zu früh gesprochen? Nur wenig später beginnen die Fragen an die Eltern wieder so: »In der Taufe nimmt Gott dies Kind als sein Kind an, befreit es von der Macht des Bösen ...«, worauf alsbald eine »Segnung mit dem Vaterunser« folgt. Das Credo vor dem Wasserritus schließlich kann nochmals so eingeleitet werden: »Wollt ihr, dass dieses Kind durch die Taufe der Gewalt des Bösen entrissen wird?« Eine solche Redundanz und eine so mangelhafte Logik in der Abfolge sind nicht nachvollziehbar.

Dass das Vaterunser (verbunden mit der Handauflegung) als »Segen« fungieren muss, ist sowohl im Licht der Ritusgeschichte wie der motivischen Prägung dieses Gebetes fragwürdig.

Ferner: Die Agende weist zwar auf die symbolische Bedeutung des Wassers hin (Erläuterungen 13), zieht daraus jedoch keinerlei Konsequenzen für die Symbol-Gestalt des Wasserritus. Getauft wird am Tauf*stein* statt etwa in einem Tauf*brunnen*. Taufen in fließendem Wasser sowie durch Ein- bzw. Untertauchen wird nicht erwogen.

Zwar gibt es zwei Vorschläge für Tauffeiern im Hauptgottesdienst. Was jedoch hierzu erläutert wird, enttäuscht. Von der gemeindlich-kirchlichen Dimension des Taufgeschehens ist nicht die Rede, wohl aber von der Erinnerung an die eigene Taufe (Erläuterungen 17).

Und wie steht es um die Anpassung der Taufliturgie an die Situation Unmündiger? An zwei Stellen ist die überkommene Praxis, derzufolge Eltern und Paten stellvertretend für das Taufkind den Glauben bekennen, noch nicht überwunden: in der 1. Form (2. Vorschlag für die Einleitung des Credo: 29) und im Vorschlag für ein entfaltetes Glaubensbekenntnis (99).

g. *Gestaltungsfreiheit: Nach welchen Kriterien?* Die Agende III/1 gewährt einen großen Gestaltungsspielraum. Es wird vermerkt, dass die in den drei Formen »angebotenen Texte ... untereinander austauschbar und nicht an die Struktur gebunden sind, innerhalb derer sie jetzt erscheinen« (18). Verpflichtend vorgegeben ist lediglich der Wortlaut der »verbindlichen Kernstücke« (12 f.), selbst deren Einordnung in den Verlauf der Tauffeier hingegen ist freigestellt.

Die Agende gibt dem Benutzer für seine Gestaltungsentscheidungen – sei es für den Aufbau oder den Ablauf der Feier, sei es für die motivische Prägung der einzelnen Rituselemente – keinerlei Kriterien an die Hand. Dies macht sich umso nachteiliger bemerkbar, als die Agende nicht erkennen lässt, nach welchen Kriterien sie selbst ihre diesbezüglichen Entscheidungen trifft. Beispiele: Elemente, die zum Kernritual gehören, können genauso gut im lediglich eröffnenden Komplex der Liturgie (1. Form: Taufbefehl) oder aber auch in der Verkündigung (3. Form: Credo) aufscheinen. Umgekehrt können eröffnende Elemente auch in das Kernritual (2. Form: Signation zwischen Wasserritus und Taufsegen) oder in die Sendung (2. Form: Vaterunser) eingeordnet werden. Dies wird nicht ohne nachteilige Folgen bleiben für das sonstige Bemühen der Agende um strukturelle Klarheit sowie für die Einschätzung der Bedeutung und der Eigentümlichkeit der betreffenden Rituselemente.

h. *Resümee.* Freilich war und ist die zu bewältigende Erblast nicht gering. Gemessen jedoch am liturgiewissenschaftlichen Forschungsstand sowie an anderen, zumal schon früher erschienenen Taufordnungen stellt die Agende III/6 der VELKD keine zukunftsweisende Ordnung dar.

2. Das Taufbuch der EKU 2000 enthält folgende Formulare:

- Taufe im Gemeindegottesdienst: Taufe eines Kindes (36–45), Taufe eines älteren Kindes (46–56), Taufe eines Erwachsenen (57–65),
- Varianten zur Einfügung der Taufe in den Gemeindegottesdienst (66–68),
- Selbstständiger Taufgottesdienst – Taufe mehrerer Kinde (69–80),
- Nottaufe, Taufe bei Lebensgefahr (81–82),
- Bestätigung der Nottaufe eines Kindes (83–84)
- und Bestätigung der Nottaufe eines Erwachsenen (85).

Die Taufliturgie kann in unterschiedliche Abschnitte des Gemeindegottesdienstes eingefügt werden: in den Eingangsteil sowie vor oder nach der Predigt (66–68). Das Formular »Selbstständiger Taufgottesdienst. Taufe mehrerer Kinder« (69–80) ist identisch mit jenem für die Taufe eines Kindes im Gemeindegottesdienst. Es gibt allerdings Ausnahmen. Für »Anrede und Verpflichtung« werden seltsamerweise keine Alternativ-Texte angeboten (73). Zu Beginn der Liturgie erfolgen Empfang an der Kirchentür [freigestellt] – Musik zum Eingang und Einzug – Lied der Gemeinde – Gruß (69.71). Beschlossen wird die Liturgie so: Dank- und Fürbittengebet – Gebet des Herrn – Segen – Musik zum Ausgang (70.80).

Folgende Formulare der EKU-Agende II/1von 1964 sind in dem nunmehrigen Taufbuch nicht mehr enthalten: »Aufnahme eines getauften Christen in die evangelische Kirche« (41–44) und »Wiederaufnahme eines aus der Kirche Ausgetretenen« (45–46). Die »Segnung der Mutter des Täuflings« (29–32) ist jetzt abgelöst durch die »Segnung der Eltern« (115–117).

a. *Tabellarische Übersicht:*

Taufbuch der EKU 2000
Taufe im Gemeindegottesdienst [...] fakultative Stücke
»Taufe eines Kindes«, »Taufe eines älteren Kindes«, »Taufe eines Erwachsenen« 36–45.46–56.57–65.

HINFÜHRUNG

1 Begrüßung – Vorstellung

Mehrere Formulare zur Auswahl mit situationsgerechter Differenzierung, je nachdem, ob es sich um die Taufe eines Kindes, eines älteren Kindes oder von Erwachsenen handelt. Bei Erwachsenen ist vorgesehen, dass diese sich auch selbst mit freien Worten vorstellen: 37.47.58.89.

2 Taufbefehl: Mt 28,18–20 oder Mk 10,13–16. – Im Fall der Taufe eines Erwachsenen nur Mt 28,18–20.

3 Gebet

- Große Zahl von Formularen zur Auswahl mit vielfältigen Möglichkeiten zu situationsgerechter Differenzierung (nicht nur nach Alter, sondern z.B. auch im Hinblick auf eine allfällige Krankheit oder Behinderung des Taufkindes): 38.48 f.58 f. 90–97.
- Zwei Formulare sind als »Gebet der Eltern« formuliert: 96. Nicht mehr enthalten ist das Gebet TB 1526.

4 [Lied der Gemeinde]

ZUSPRUCH

5 Taufverkündigung

Taufe eines Kindes
- Taufansprache, z.B. Auslegung des Taufspruchs oder Wort zur Taufe. 3 Vorschläge: 98–101.

Taufe eines älteren Kindes
- Taufansprache, z.B. Auslegung des Taufspruchs.
- Keine konkreten Textvorschläge.

Taufe eines Erwachsenen
- Taufansprache, z.B. Auslegung des Taufspruchs.
- Keine konkreten Textvorschläge.

6 Anrede und Verpflichtung

Taufe eines Kindes
- Frage an Eltern und Paten nach ihrem Willen zur Taufe und ihrer Bereitschaft.
- Wenn das Taufkind schon selbst antworten kann, wird es auch gefragt.
- 3 Formulare: 39. 102 f.

Taufe eines älteren Kindes
- Wie bei Taufe eines Kindes.
- Keine Frage an das Taufkind selbst, vgl. statt dessen unten Nr. 11: Tauffrage.

Taufe eines Erwachsenen
- Entfällt.
- Vgl. statt dessen unten Nr. 11: Tauffrage.

7 [Lied der Gemeinde]

VOLLZUG

[8a] [Nur im Fall der Taufe eines Erwachsenen: Absage an das Böse]

»Wer sich taufen lässt, will seinem Leben eine neue Richtung geben: Wort und Geist Jesu sollen seinen Weg bestimmen. Darum sagt er ab allen Mächten, Gedanken und Kräften, die uns von Gott trennen wollen. So frage ich dich...«
2 Formulare:

»Willst du von der Macht des Bösen frei werden und dich durch Jesu Wort und Geist bestimmen lassen?
Antwort: Ja, ich will.«

»Sagst du ab der Macht des Bösen und willst du Christus als deinem Herrn zugehören?
Antwort: Jesus Christus soll mein Herr sein. Darum sage ich ab der Macht des Bösen.«

8 Glaubensbekenntnis

Taufe eines Kindes
- Einleitung.
- Apostolisches Glaubensbekenntnis durch alle Versammelten.

Taufe eines älteren Kindes
Wie bei Taufe eines Kindes.

Taufe eines Erwachsenen
2 Formulare:
- Einleitung (ähnlich wie bei Taufe eines Kindes) und Apostolisches Glaubensbekenntnis durch alle Versammelten.
- Andere Einleitung und drei Glaubensfragen an den Taufkandidaten mit Antwort »Ja, ich glaube.«

Nach dem Glaubensbekenntnis begibt sich die »Taufgruppe« (wenn möglich mit Kindern und Gemeinde) zur »Taufstätte.«

9 [Gebet an der Taufstätte]

2 Formulare zur Auswahl. 1. Formular: 41 [= 51.61]. – 2. Formular: 104.

10 [Betrachtung an der Taufstätte]

2 Formulare zur Auswahl. 1. Formular: 41 f. [= 52.62.]. – Das 2. Formular besteht aus 4 Strophen. Nach den ersten 3 Strophen wird jeweils ein Krug voll Wasser in die Taufschale gegossen: 105.

11 [Nennung des Namens] bzw. Tauffrage

Taufe eines Kindes	Taufe eines älteren Kindes	Taufe eines Erwachsenen
[Nennung des Namens des Taufkindes: »Welchen Namen hat das Kind? Antwort: N.N.«]	– Tauffrage: »Liebe(r) N.N., du hast ... gehört, was Gott in der Taufe schenkt... So frage ich dich. ...: Willst du getauft werden, so antworte: Ja, ich will ...« – 4 Formulare: 52 f.106 f.	– Tauffrage: »N.N., nun frage ich dich: Willst du getauft werden, so antworte: Ja, ich will ...« – Kein Alternativ-Formular.

12 Taufhandlung

Wasserritus: Der Liturg/die Liturgin gießt »in einer für die Umstehenden sichtbaren Weise dreimal Wasser über den Kopf« des Kindes bzw. der Taufkandidaten. Begleitwort: »N.N., ich taufe dich im Namen des Vaters und des Sohnes und des Heiligen Geistes.«

13 Taufvotum mit Handauflegung [und Salbung]

– Lied der Gemeinde mit Bitte um den Heiligen Geist.
– Der Liturg bzw. die Liturgin legt dem Getauften die Hand (die Hände?) auf und spricht: »Der barmherzige Gott stärke dich durch seinen Heiligen Geist. Er erhalte dich in der Gemeinde Jesu Christi und bewahre dich zum ewigen Leben.«
– Zur Handauflegung kann eine Salbung vollzogen werden.
– Auswahlmöglichkeiten: 9 Formulare. 1 Formular speziell für Handauflegung und Salbung: 43 (= 53.63).108–111.

14 Taufspruch

– Vielfältige Auswahl-Möglichkeiten: 122–125.
– [»Weitere Voten der Taufeltern sowie der Patinnen und Paten mit Handauflegen können folgen.«]

SINNZEICHEN

15 [Bezeichnung mit dem Kreuzeszeichen]

– Der Liturg/die Liturgin »bezeichnet die Stirn der (des) Getauften mit dem Zeichen des Kreuzes ...«
– Begleitwort:»Nimm hin das Zeichen des Kreuzes. Du gehörst Christus [dem Gekreuzigten].« Oder: »N.N., ich segne dich mit dem Zeichen des Kreuzes. Du gehörst Christus, dem Gekreuzigten und Auferstandenen.«
– Im Falle der Taufe eines älteren Kindes »kann der (dem) Getauften durch eine Patin oder einen Paten ein Halskreuz umgehängt werden.« Bei einer Erwachsenentaufe kann dies durch Taufzeugen geschehen.

16 [Übergabe der Taufkerze]

– Taufe eines Kindes: Der Liturg bzw. die Liturgin »übergibt der Mutter/dem Vater (einer Patin/einem Paten) die [an der Osterkerze entzündete] brennende Taufkerze...«
– Taufe eines älteren Kindes oder eines Erwachsenen: Der Liturg bzw. die Liturgin »übergibt der (dem) Getauften die [an der Osterkerze entzündete] brennende Taufkerze ...«
– Begleitwort:
»Christus spricht: Ich bin das Licht der Welt. Wer mir nachfolgt, der wird nicht wandeln in der Finsternis, sondern wird das Licht des Lebens haben. Diese brennende Kerze ist das Zeichen dafür, dass Christus für euer Kind (für dich) das Licht des Lebens ist.«

17 [Übergabe des Taufgewandes]

– Taufe eines Kindes: Der Liturg bzw. die Liturgin »lässt sich das Taufgewand reichen und breitet es über das Kind (legt es dem Kind an).« Begleitwort: »Alle, die auf Christus getauft sind, haben Christus angezogen. Das weiße Kleid ist Sinnbild der Gerechtigkeit Christi, die eurem Kinde zugeeignet ist.«
– Taufe eines älteren Kindes: Der Liturg bzw. die Liturgin »lässt sich den weißen Taufumhang [oder ein ähnliches Gewand] reichen und legt ihn der (dem) Getauften an.« Begleitwort: »Alle, die auf Christus getauft sind, haben Christus angezogen. Wie du angenommen hast den Herrn, so lebe auch in ihm.«
– Taufe eines Erwachsenen: Der Liturg bzw. die Liturgin »lässt sich den weißen Taufumhang [oder ein ähnliches Gewand] reichen und legt ihn der (dem) Getauften an. Das kann auch durch eine Taufzeugin (einen Taufzeugen) geschehen.« Begleitwort: »Alle, die auf Christus getauft sind, haben gleichsam Christus angezogen. Wie du überkleidet bist mit der Gerechtigkeit Christi, so lebe auch in ihr.«

Die Taufgruppe begibt sich wieder an ihre Plätze.

[Falls eine Elternsegnung (und eine Segnung der Patinnen und Paten) vorgesehen ist, so treten diese jetzt mit dem Kind an die Altarstufen.]

EINGLIEDERUNG

18 Tauferklärung

– »Wir haben dieses Kind getauft. Nun ist es ein Glied am Leibe Christi und gehört damit zu seiner Kirche. Mit uns ist es berufen zum Zeugen des Evangeliums in der Welt.«
– Alternativ-Text (inhaltlich nur z.T. anders), 114.
– Im Falle der Taufe eines älteren Kindes oder eines Erwachsenen ist die Tauferklärung geringfügig anders, 55.65. Alternativ-Texte werden nicht angeboten.

19 Willkommen

- »Wir heißen N.N. willkommen in unserer Gemeinde und wünschen ihr (ihm), dass ihr (ihm) unsere Gemeinschaft zum Segen wird. Als Zeuginnen und Zeugen der Taufe wollen wir das Unsere dazu beitragen.«
- Alternativ-Text (inhaltlich nur geringfügig anders), 114.
- Im Falle der Taufe eines älteren Kindes oder eines Erwachsenen lautet der Text geringfügig anders, 55.65. Alternativ-Texte werden nicht angeboten.
- Nur im Fall der Erwachsenentaufe: »Kirchenälteste reichen der (dem) Getauften die Hand. [Anschließend können Glieder der Tauf-Begleitgruppe der (dem) Getauften einen Wunsch zusprechen und ein Geschenk überreichen.]«

20 Anrede an die Gemeinde (nur bei Taufe eines Kindes oder eines älteren Kindes)

- »Euch alle in der Gemeinde bitten wir: Nehmt euch dieses Kindes an. Schenkt ihm eure Zuwendung und Liebe. Bleibt offen für das Suchen und die Unruhe junger Menschen. Seid stets aufs Neue bereit, sie zu verstehen. Tragt dazu bei, dass die Kirche in unserer Stadt (in unserem Ort) und überall ein bewohnbares Haus sei, ein Ort der Gemeinschaft für alle Menschen.«
- Alternativ-Text, 114.

21 [nur bei Taufe eines Kindes oder eines älteren Kindes]:
Segnung der Eltern [sowie der Patinnen und Paten]

- Unter Handauflegung (Eltern und Patinnen bzw. Paten können dazu knien).
- Bei Taufe eines Kindes oder eines älteren Kindes eine je andere Einleitung, 45.56.
- 4 Formulare zur Auswahl (u.a. zur Taufe eines kranken oder behinderten Kindes), 45.115–117.

22 Lied der Gemeinde

b. *Allgemein* (und gegenüber der Vorgänger-Ordnung EKU 1964 [3]1987) fällt auf: Faktisch gibt es nur mehr *ein* Taufformular, das *klar gegliedert* ist: »Hinführung« – »Zuspruch« – »Vollzug« – »Sinnzeichen« – »Eingliederung«. Das Formular wird geringfügig *variiert,* vor allem durch angemessene Rücksichtnahme auf das jeweilige Alter der Taufkandidaten (z.B. »Anrede und Verpflichtung«, »Absage an das Böse«, »Glaubensbekenntnis«). Hinzu kommen bemerkenswerte Rücksichtnahmen auf Krankheit oder Behinderung der Taufkandidaten. Dass das Vaterunser entfällt, ist wohl begründet (25): EKU ist damit entschiedener als VELKD und FKT und gleich konsequent wie das US-Lutheran Book of Worship.

c. *Symbolhandlungen vor dem Wasserritus* (»katechumenale« bzw. »präbaptismale« Elemente) gibt es nicht mehr. Auch damit ist EKU entschiedener als VELKD und FKT und gleich konsequent wie das LWB.

d. Zum *Kernritual* (»Vollzug«) gehören Glaubensbekenntnis, Gebet an der Taufstätte (allerdings freigestellt), Wasserritus sowie Handauflegung und (freigestellt) Salbung. Damit gewinnt EKU wesentliche Elemente der frühkirchlichen Zweigestaltigkeit der Initiationsliturgie zurück.

e. Die *Symbolhandlungen nach dem Wasserritus* (»postbaptismale« Elemente) heißen »Sinnzeichen«: »Bezeichnung mit dem Kreuzeszeichen«, »Übergabe der Taufkerze«, »Übergabe des Taufgewandes«. Die jeweiligen Begleitworte vermeiden jeglichen paränetischen Unterton. Im Vergleich zur Vorgänger-Agende (EKU 1964 [3]1987, 2. Form) erhält die Bekreuzigung eine treffende Deutung und eine bedenkenswerte zusätzliche Ausgestaltung: Den Neugetauften kann »durch eine Patin oder einen Paten ein Halskreuz umgehängt werden.« Alle Sinnzeichen sind freigestellt: Kriterien zur Auswahl werden allerdings nicht genannt. Werden sowohl Kerzen- wie auch Bekleidungsritus gewählt, dann wird das Anlegen des Taufgewandes schon aus praktischen Gründen vor und nicht erst nach der Übergabe der Taufkerze erfolgen.

f. Die *Aufmerksamkeit für Symbolhandlungen* ist ungleich ausgeprägter als in der Vorgänger-Agende (EKU 1964 [3]1987). Dazu zählen u.a. die Darlegungen zur Taufstätte (32–34), die Bekreuzigung und die Übergabe der Taufkerze ebenso wie der Umstand, dass z.B. das Taufkleid nicht nur zu überreichen, sondern wirklich anzulegen ist (54.64, vgl. auch 44).

g. Das *»Taufvotum mit Handauflegung [und Salbung]«* (110 f.) verdient besondere Beachtung.

h. Verbliebene *Desiderata.*

- *Feier des Wortes Gottes.* Einerseits ist der Umgang mit Schriftlesungen wohl bedacht (vgl. die Hinweise zu Mk 10,13–16: 25). Andererseits gibt es keinen in sich geschlossenen und entsprechend profilierten Abschnitt, der etwa mit »Feier des Wortes Gottes« o.Ä. zu überschreiben wäre. Die Verkündigung der Schriftlesung z.B. erfolgt im Rahmen der »Hinführung«, die »Taufverkündigung«

hingegen (»Taufansprache, z.B. Auslegung des Taufspruchs oder Wort zur Taufe«) im Abschnitt »Zuspruch«.

- *Kein Großes Gebet der Taufe.* Für das Kernritual ist zwar ein »Gebet an der Taufstätte« vorgesehen, bedauerlicherweise aber (und ähnlich wie in VELKD) nicht als festes Element. Dabei stellt insbesondere das zweite Gebetsformular (104) ein gelungenes Beispiel dar für ein sakramentliches Kerngebet der Taufe. Die (ebenfalls frei gestellte und an die Versammlung gerichtete) »Betrachtung an der Taufstätte« kann einen solchen Gebetsvorgang nicht ersetzen.
- Das *Glaubensbekenntnis* wird nicht an der Taufstätte vollzogen. Damit ist es von den übrigen Kernhandlungen der Taufe auch örtlich abgesetzt, obwohl es gerade zum Urbestand des Kernrituals der Taufliturgie gehört. Außerdem ist immer noch (wie in der 2. und 3. Form von VELKD auch) die Option vorherrschend, dass das Credo durch die ganze Versammlung statt – wie ursprünglich – nur durch die Taufkandidaten erfolgt.
- Die *Symbolhandlung der Taufe* wird so beschrieben: Dreimal Wasser über den Kopf des Taufkandidaten gießen (vgl. 42.53.63). Von völligem Übergießen mit Wasser oder gar von Eintauchen der Taufkandidaten in das Wasser ist keine Rede. Im Vergleich dazu kann das Füllen des Taufbeckens in viel einprägsamerer Weise erfolgen (vgl. 104 f.). So entsteht eine Schieflage und unzutreffende Gewichtung: Das Füllen des Taufbeckens, das lediglich der Vorbereitung dient und überhaupt längst vor Beginn der Liturgie erfolgen sollte, erhält fast die gleiche, wenn nicht gar mehr Aufmerksamkeit als der Wasserritus, der aber die symbolische Kernhandlung der Taufe darstellt. Und wie steht es, wenn (eines Tages) tatsächlich in einem Taufbrunnen getauft wird, der gar nicht erst gefüllt werden muss?
- Für die *»Hefata-Handlung«* war anscheinend noch kein überzeugender oder kein konsensfähiger Vorschlag zu finden (vgl. 113).
- Vielleicht kann für eine nächste Auflage die Wahl der *Bezeichnungen* bzw. *Überschriften* für die fünf Abschnitte der Taufliturgie nochmals überprüft werden. Beispiel: Was unter »Eingliederung« firmiert, sind bedenkenswerte Vorgänge. Aber: Die »Eingliederung« erfolgt doch schon durch das Kernritual.
- *»Einfügung der Taufe in den Gemeindegottesdienst«.* Näher besehen, bringt nur der dritte Vorschlag (Taufe nach der Predigt) eine sachlich überzeugende Lösung.

i. *Resümee.* Zwar sind noch Desiderata verblieben. Insgesamt aber und vor allem im Vergleich zur Vorgänger-Ordnung (EKU 1964 ^{3}1987) hat die EKU mit der nunmehrigen Agende bemerkenswerte Reformschritte gesetzt.

3. *US-Lutheran Book of Worship*

Eine – sowohl gegenüber der Agende III/1 und dem Taufbuch wie auch gegenüber FKT – geradezu beispielhafte Taufliturgie liegt im US-amerikanischen *Lutheran Book of Worship* (1978 ^{3}1983) vor. Aus Raumgründen kann sie hier nicht näher vorgestellt werden. Entsprechende Text-Auszüge und Kurz-Analysen sind andernorts zugänglich (Jilek, Eintauchen 301–310.354–358).

Quellen *NB: eigene Abkürzungen*

zu II. Die *frühkirchliche* Praxis: CYPRIAN v. KARTHAGO, Epistulae (E): CSEL 3/1,465–842; BKV 60,1–410; De Lapsis. De Ecclesiae Catholicae Vnitate (Laps, Unit): CChr.SL 3/1,221–242.249–268; BKV 34,92–124.132–160; Weitere Hinweise: Jilek 1979 (s.u.), 282–284. – JUSTIN, 1. Apologie: André Wartelle, Saint Justin. Apologies. Introduction, texte critique, traduction, commentaire et index (Études Augustiniennes), Paris 1987; Gerhard Rauschen, FlorPatr 2,7–115; BKV 12,65–138. – HIPPOLYT, Traditio Apostolica (TA): LWQF 39 [^{5}1989], 2–103; Font. 1,212–313. – TERTULLIAN, De Baptismo. De Paenitentia (Bapt, Paen): CChr.SL 1,277–295.321–340; BKV 7,275–299.224–246. – Weitere Hinweise: Jilek 1979 (s.u.), XII f. 281 f.

zu III. Die Praxis *bis zum Beginn des Mittelalters*: AMBROSIUS von Mailand, De Sacramentis. De Mysteriis (Sacr, Myst): SC 25[bis],60–155.156–193; Font. 3,75–203.205–255. – Augustinus, catech. rud.: CChr.SL 46, 115–178; Sermo 210: PL 38, 1047–1054.

zu IV. *Mittelalter:* ALKUIN, Epistolae: MGH.Ep 4. – Epp 110.134: ebd. 156–159.202 f. – GeV: SACRAMENTARIUM GELASIANUM VETUS: RED.F 4. – GrH: SACRAMENTARIUM GREGORIANUM HADRIANUM: SpicFri 16 (^{2}1979). – GrS: SACRAMENTARIUM GREGORIANUM HADRIANUM. SUPPLEMENTUM ANIANENSE: ebd. 349–605. – JOHANNES DIACONUS, Epistola ad Senarium: StT 59, 170–179. – OR XI: ORDO ROMANUS XI: SSL 23,415–447. – PRG: PONTIFICALE ROMANO-GERMANICUM: StT

226.227.269. – Weitere Quellen: Kleinheyer 99.100. 102 f. (FrühMA). 122 (Hoch- und SpätMA).

zu V. Reformimpulse zu Beginn der *Neuzeit*: AGENDA COMMUNIS. Die älteste Agende in der Diözese Ermland und dem Deutschordensstaate Preußen nach den ersten Druckausgaben von 1512 und 1520, hg.v. Augustin Kolberg, Braunsberg 1903. – Jean CALVIN, La forme d'administrer le baptesme (1543): CR 34,185–192; Ulrich Altmann, Hilfsbuch zur Geschichte des christlichen Kultus H. 3: Zum Kultus der Reformatoren, Berlin 1947, 94–99. – Alberto CASTELLANI, Liber sacerdotalis, Venetiis 1523. – L. JUD, Ein kurtze und gemeine form für die schwachgleubigen, kinder zu touffen; ouch andere ermanungen zu got, so da gmeinlich geschehen in der christenlichen versamlung (1523): CR 91,707–717; Taufformular ebd. 710–713. – RITUALE SACRAMENTORUM Gregorii XIII. iussu editum, auctore Julio Antonio Card. Sanctorio, Romae 1602. – RR 1614: RITUALE ROMANUM Pauli V. pont. max. jussu editum ... Romae 1614. – TB 1523: Martin LUTHER, Das tauff buchlin verdeutscht: WA 12,42–46. – TB 1526: Martin LUTHER, Das tauffbuchlin verdeutscht, auffs new zu gericht: WA 19,537–541. – Zürich 1535: CHRISTENLICHENN ORDNUNG UND BRÜCH DER KILCHEN ZÜRICH. 1535: CR 91, 695–706; Taufordnung ebd. 703–704. – Zwingli I: Von dem touff, vom widertouff unnd vom kindertouff durch Huldrych ZWINGLI (1525): CR 91, 206–337; Taufformular ebd. 334–336; Fritz Schmidt-Clausing, Zwinglis liturgische Formulare, Frankfurt a.M. 1970, 39–41. – Zwingli II: ORDNUNG DER CHRISTENLICHENN KILCHENN ZU ZÜRICH (1525): CR 91,680–694; Taufformular ebd. 680–683 (zur Autorschaft Zwinglis ebd. 671 f.); Fritz Schmidt-Clausing, Zwingli als Liturgiker. Eine liturgiegeschichtliche Untersuchung (VEGL 7), Berlin 1952 , 147–165. – Weitere Quellen: Jordahn 350 f.426.

zu VI. *Gegenwart:*

Katholisch: COLLECTIO RITUUM ad instar Appendicis Ritualis Romani pro omnibus Germaniae dioecesibus a Sancta Sede approbata. Tomus I. Ratisbonae 1950. – EKSK: DIE EINGLIEDERUNG VON KINDERN IM SCHULALTER IN DIE KIRCHE. Studienausgabe für die katholischen Bistümer des deutschen Sprachgebietes, Einsiedeln 1986. – FEE: DIE FEIER DER EINGLIEDERUNG ERWACHSENER IN DIE KIRCHE. Nach dem neuen Rituale Romanum. Stud.Ausg., Einsiedeln 1975. – FKT: DIE FEIER DER KINDERTAUFE. In den katholischen Bistümern des deutschen Sprachgebietes, Einsiedeln 1971. – OBP: ORDO BAPTISMI PARVULORUM. Editio typica, Vaticano 1969. – OICA: ORDO INITIATIONIS CHRISTIANAE ADULTORUM. Editio typica, Vaticano 1972. Reimpressio emendata 1974.

Evangelisch: → Spezielle Abkürzungen; ferner AGENDE FÜR DIE EVANGELISCHE LANDESKIRCHE IN BADEN II: Taufe, Konfirmation, Aufnahme in die Kirche, Karlsruhe 1984.

Literatur *→Spezielle Abkürzungen*

Arnold ANGENENDT, Der Taufritus im frühen MA: SSAM 33 (1985) 275–321 (vgl. Discussione sulla lezione Angenendt: ebd. 323–336). – Ders., Der Taufexorzismus und seine Kritik in der Theologie des 12. und 13. Jahrhunderts: Albert Zimmermann (Hg.), Die Mächte des Guten und des Bösen. Vorstellungen im XII. und XIII. Jahrhundert über ihr Wirken in der Heilsgeschichte (MM 11), Berlin 1977, 388–409. – Ders., Bonifatius und das Sacramentum initiationis. Zugleich ein Beitrag zur Geschichte der Firmung: RQ 72 (1977) 133–183. – Jakob BAUMGARTNER, Huldrych Zwingli (1484–1531) und die Zürcher Gottesdienstreform: HID 39 (1985) 164–187. – Paul DE CLERCK, La dissociation du baptême et de la confirmation au haut Moyen Âge: MD 168 (1986) 47–75. – Balthasar FISCHER, Die Intentionen bei der Reform des Erwachsenen- und Kindertaufritus: LJ 21 (1971) 65–75. – Ders., Die neuen römischen Riten der Erwachsenen- und Kindertaufe: Ernst C. Suttner (Hg.), Taufe und Firmung. Zweites Regensburger Ökumenisches Symposion, Regensburg 1971, 165–177. – Adolf FUGEL, Tauflehre und Taufliturgie bei Huldrych Zwingli (EHS.T 380), Bern 1989. – Andreas HEINZ, Die Feier der Firmung nach römischer Tradition. Etappen in der Geschichte eines abendländischen Sonderwegs: LJ 39 (1989) 67–88. – August JILEK, Basiswissen christliche Liturgie. Für Religionslehrerinnen und Religionslehrer. Für ehrenamtliche Mitarbeiterinnen und Mitarbeiter in Pfarreien, Aufhausen 2000. – Ders., Eintauchen – Handauflegen – Brotbrechen. Eine Einführung in die Feiern von Taufe, Firmung und Erstkommunion (Kleine Liturgische Bibliothek 3), Regensburg 1996. – Ders., Initiationsfeier und Amt. Ein Beitrag zur Struktur und Theologie der Ämter und des Taufgottesdienstes in der frühen Kirche (Traditio Apostolica, Tertullian, Cyprian) (EHS.T 130), Frankfurt a.M. 1979. – Bruno JORDAHN, Der Taufgottesdienst im Mittelalter bis zur Gegenwart: Leit. 5 (1970) 349–640. – Bruno KLEINHEYER, Sakramentliche Feiern I. Die Feiern der Eingliederung in die Kirche: GDK 7,1 (1989); Lit.: 12–14. – Georg KRETSCHMAR, Die Geschichte des Taufgottesdienstes in der alten Kirche: Leit. 5 (1970) 1–348; Lit.: 4. – Christoph MARKSCHIES, Wer schrieb die sogenannte Traditio Apostolica? Neue Beobachtungen und Hypothesen zu einer kaum lösbaren Frage aus der altkirchlichen Literaturgeschichte: Wolfram Kinzig/Christoph Markschies/Markus Vinzent, Tauffragen und Bekenntnis. Studien zur sogenannten »Traditio Apostolica«, zu den »Interrogationes de fidei« und zum »Römischen Glaubensbekenntnis« (AKG 74), Berlin/New York 1999, 1–74. – Manfred PROBST, Der Ritus der Kindertaufe. Die Reformversuche der katholischen Aufklärung des deutschen Sprachbereiches. Mit einer Bibliographie der gedruckten Ritualien des deutschen Sprachbereiches von 1700–1960 (TThSt 39), Trier 1981. – Ders., Die westlichen Riten der Kindertaufe im Zeitalter der Reformation: LJ 35 (1985) 85–111. – Hermann REIFENBERG, Sakramente, Sakramentalien und

Ritualien im Bistum Mainz seit dem Spätmittelalter. Unter besonderer Berücksichtigung der Diözesen Würzburg und Bamberg. Bd. 1: Bis 1671 ... (LWQF 53), Münster 1971, 167–257; Bd. 2: Seit 1671 ...(LWQF 54), Münster 1972. – Hugh M. RILEY, Christian Initiation. A Comparative Study of the Interpretation of the Baptismal Liturgy in the Mystagogical Writings of Cyril of Jerusalem, John Chrysostom, Theodore of Mopsuestia and Ambrose of Milan (SCA 17), Washington 1974. – Fritz SCHMIDT-CLAUSING, Die liturgietheologische Arbeit Zwinglis am Sintflutgebet des Taufformulars. Ein weiterer Blick in Zwinglis liturgische Werkstatt: Zwing. 13 (1972) 516–543.591–615. – Josef SCHMITZ, Einleitung zu: Ambrosius Mediolanensis, De sacramentis. De mysteriis (lateinisch, deutsch), Font. 3 (1990) 7–68. – Ders., Gottesdienst im altchristlichen Mailand. Eine liturgiewissenschaftliche Untersuchung über Initiation und Messfeier während des Jahres zur Zeit des Bischofs Ambrosius †397 (Theoph. 25), Köln/Bonn 1975. – Frieder SCHULZ, Initiatio christiana. Evangelische Marginalien zu einer katholischen Darstellung der Feiern zur Eingliederung in die Kirche: ALW 33 (1991) 43–76. – Ders., Luthers liturgische Reformen. Kontinuität und Innovation: ALW 25 (1983) 249–275. – Wilhelm SCHWENDEMANN, Die Wirkung und die Folgen der Taufe. Eine liturgische Skizze: JLH 33 (1990/91) 159–165. – Hermann-Josef SPITAL, Der Taufritus in den deutschen Ritualien von den ersten Drucken bis zur Einführung des Rituale Romanum (LWQF 47), Münster 1968. – Alois STENZEL, Die Taufe. Eine genetische Erklärung der Taufliturgie (FGTh 7/8), Innsbruck 1958; Lit.: 309–312. – Max THURIAN, Liturgies of Baptism: Ders./Geoffrey Wainwright (Hg.), Baptism and Eucharist. Ecumenical Convergence in Celebration, Genf 1983, 3–96.

August Jilek

Buße und Beichte – Sakrament der Versöhnung

I. Die Voraussetzungen

Buße und Beichte, Worte unserer Sprache und dennoch weithin Fremdworte. Wir kennen polizeiliche Bußgelder, hören von richterlichen Bußauflagen, wissen von asketischen Bußübungen und haben unseren kirchlichen Buß- und Bettag. Aber was ist kirchlich »Buße«? Öffentlich, sinnerschlossen, ritualisiert und wiederholbar kommt sie bei uns nicht vor, und Bußtage leiden an unklarer Kontur.

Und »Beichte«? Alltäglich geübtes Eingeständnis kleiner Unvollkommenheiten und Vergehen mit der Erwartung verstehender Solidarität der Mitmenschen? Gruselnder Rückblick auf überwundenen Seelendruck und Pfaffenzwang? Tiefe Sehnsucht nach Verstehen, Vertrauen und Vergeben?

Buße ist historisch, sachlich und institutionell der umfassendere Begriff. Die Beichte hat sich aus dieser Buße entwickelt. Nie war die Kirche ohne Angebot und Instrument ihrer Vollmacht, in Gottes Namen um Christi willen Sünden zu vergeben. Viel steht doch auf dem Spiel, diesen »Dienst der Versöhnung« für morgen neu zu gestalten. Verzicht würde nicht Gewinn bedeuten. Die Lage unseres Planeten übt Druck aus. Wege und Abwege, Erfahrung und Einsicht, geschichtlich wie ökumenisch, bilden das Potential, in Akten der Umkehr und Versöhnung erneut gemeinsam Zeichen des Schalom zu setzen. Gibt es also in der Tradition des christlichen Buß- und Beichtinstituts Aspekte, die in diese Richtung weiterführen?

Eine direkte neutestamentliche Einsetzung der heutigen Beicht- und Bußformen ist nicht erkennbar, wohl aber, was an Vorgängen und Legitimierungen hinter ihnen steht. Was geschah, ist wie auch auf anderen Gebieten eine schon früh situativ und mandatsgewiss gefundene Entfaltung weniger berichtender neutestamentlicher Grundtexte: Jesus vergibt Sünden (Mt 9; Lk 7; Joh 8) und ruft zur Umkehr (Lk 5,32; 24,47; Mt 4,17), verleiht den Aposteln (Mt 16, Joh 20) und der Gemeinde (Mt 18; II Kor 2,7; Kol 3,13) Vollmacht hierzu, sodass die Apostel und Gemeinden entsprechend verfahren (Jak 5,15.20), wobei das soziale Umfeld im Blick ist (Lk 3,10; Mt 5, 23; Gal 3,28; Eph 2,14) und Auftrag und Vollmacht zentral in Formeln summiert werden (Act 2,38; 13,38; I Joh 4,10). Solche Überlieferungen fanden in den Ansätzen und Praktiken der umgebenden religiösen Umwelt und im von allen gelebten Leben mit seinen Bedürfnissen und Vollzügen von Schuld und Vergebung, Bruch und Wiederherstellung von Gelöbnis und Gemeinschaft ihre Gestaltung und diese ihre Geschichte.

Das relative Fehlen der Beichte muss nicht das Fehlen einer Versöhnungsprozedur bedeuten. Immer war der christlichen Gemeinde bewusst, dass einem Getauften, der sich öffentlich von der Gemeinde entfernte, die Möglichkeit offenstehen müsse, sich öffentlich zu rehabilitieren und mit der Gemeinde wieder ins Reine zu kommen. Wer aber als Jude oder Heide der Kirche beizutreten wünschte, von dem verlangte man vor dem Katechumenat oder der vollen Kirchenmitgliedschaft nicht, alle Sünden seines Lebens zu bekennen. Die Taufe geschah in sich und ein für allemal »zur Vergebung der Sünden«.

Die beiden Gegensatzpaare von vergebbaren und nicht vergebbaren Sünden und von Selbstreinigung der Gemeinde und Selbstreinigung des Sünders machen von nun an einen Großteil der sich entwickelnden Probleme aus. Das Sündenbekenntnis begegnet uns in drei gemeinschaftlichen Formen:

(1) als Bekenntnis gegenüber Einzelnen (Jak 5 »gegeneinander«), also wohl in der Gemeinde, nicht vor der Gemeinde. Hier geschieht Fürbitte.

(2) als gemeinsames Sündenbekenntnis vor dem Abendmahl (Did 14). »Tut Buße, denn das Himmelreich ist nahe herbeigekommen«, das ist die Haltung der Gemeinde, in der sie dem kommenden Herrn in der eschatologischen Begegnung des Heiligen Mahles entgegentritt. Hier ist Sündenvergebung nicht notwendig, denn das Mahl selbst bewirkt Scheidung und Sündenvergebung.

(3) als öffentliches Sündenbekenntnis vor der Gemeinde. Akte der Schlüsselgewalt sehen wir in Gestalt von Exkommunikation und Rekonziliation regelmäßig in diesem dritten Falle, ausnahmsweise im zweiten, wenn Anlass zur Versagung der Mahlgemeinschaft besteht (Dombois 732–770, bes. 734 f.).

Zugrunde liegen

- eine Auffassung von der Einzigkeit der Taufe, die gleichsam mit einem Federstrich alle früheren Sünden ungeschehen macht (Hebr 6,4–6; 10,26 f.). Das ist unwiederholbar. Später stand eine solche kostenlose Gabe nicht mehr zur Verfügung, sondern es galt Abbüßung und Genugtuung,
- die Überzeugung, dass die Kirche nicht befugt ist, Außenstehende zu beurteilen, wohl aber ihre eigenen Mitglieder (I Kor 5,12),
- dass die Sünde eines Getauften nicht einfach die Verletzung eines Mitmenschen ist, der nach Gottes Ebenbild geschaffen ist, sondern auch ein Vergehen gegen die Erwartungen der Kirche gegenüber ihren Gliedern aufgrund ihrer Taufgelübde,
- dass der Getaufte durch Übertreten des Gesetzes Christi sich der Kirche entfremdet. Er kann sich nicht selbst wieder Eingang in die Gemeinde verschaffen. Aber auch die Gemeinschaft, deren Ansprüche verletzt wurden, hat ein Anrecht darauf, Vergebung zu erteilen.

II. Erste Entfaltung: Pönitenzstruktur (3. bis 8. [13.] Jahrhundert)

So haben sich wohl im 2./3. Jh. Buße und Beichte gebildet. »Eine geordnete öffentliche Bußzucht haben die Gemeinden des ersten und des frühen 2. Jh. offenbar nicht gekannt« (Campenhausen 144).

Von großem und langwährendem Einfluss wird der »Hirt des Hermas«, die ausführlichste zur Buße mahnende Schrift des 2. Jh.. Sein Ruf zur bedingungslosen Gnade der Buße und der Ruf zu Ernst und Strenge dieses Angebots ergänzen einander. Er erwartet das nahe Weltende und begrenzt den Ruf zu Umkehr und Vergebung auf eine nicht näher datierte Gnadenfrist. Bewährte Christen, Gerechte, Märtyrer und Kleriker, werden dem Bau der Kirche als lebendige Steine eingefügt werden. Wer aber nach seiner Taufbuße erneut sündigt, muss zu tätiger, leidender Umkehr gerufen werden. Selbst dem zunächst verworfenen groben Sünder aber soll nach entsprechender Bestrafung noch einmal eine Umkehr offenstehen. Das nahe Weltende fiel aus, die besondere Einladung des Hermas aber zur unwiederholbaren »zweiten Buße« nach öffentlichem Sündenbekenntnis für den Getauften wird bald zur kirchlichen Regel und führt zur ersten greifbaren Gestalt einer geordneten Buße.

In Rom und Nordafrika wird der Vorgang zur verbreiteten Praxis: Der Büßer im Trauergewand bekennt seine Sünden vor der Gemeinde (Exhomologese), erfleht die Fürbitte der Gemeinde und seine Wiederaufnahme. Das Recht zur Sündenvergebung und Rekonziliation liegt bei der Gemeinde. Feststehende Normen außer der Exkommunikationstrias von Mord, Unzucht und Götzendienst sind nicht erkennbar. Geistträger, Konfessoren und Märtyrer beanspruchen das Recht zur Vergebung auch für Todsünder. Die frühe Buße also ist Exkommunikationsbuße mit Wiederversöhnung. Praxis und Lehre zeigen die Einheit von Kirchenzucht und Buße für solche Christen, die nach der Taufe in schwere Sünde fallen. »Die Rekonziliation als sakramentale Handlung umfasst absolutorisches Gebet mit nachfolgender Handauflegung; es ist einerseits interzedierende Fürbitte der Kirche, die ihrer Erhörung gewiss ist, – andererseits exhibitive Handauflegung durch den Bischof, dieselbe geistverleihende Handauflegung, die auch bei der Taufe vollzogen wird, seit dem 2. Jh. nachweisbar. Beides, die brüderliche Zurechtweisung wie die Exkommunikation und Rekonziliation sind ganz personal, relational, gemeinschaftsbezogen aufgefasst und gestaltet. Es wird also deutlich, dass der sakramentale Charakter der Absolution keine Schöpfung des Mittelalters ist, sondern sich folgerichtig aus dem sakramentalen Charakter der Taufe einerseits, der Kirche überhaupt andererseits ergibt« (Dombois 736).

Die Einmaligkeit dieser Buße (im Osten besonders in Alexandrien, im Westen bis etwa 600 allgemein) bleibt ein bußdisziplinäres, nicht eigentlich ein dogmatisches Prinzip. Erst wo dogmatisch und prinzipiell der Kirche das Recht bestritten wird, Kapitalsünder wiederaufzunehmen, war die Grenze zur Häresie erreicht. Todsünder bleiben für immer ausgeschlossen – so die Montanisten. Nur der reine Pneumatiker (nicht der Bischof) kann hier Sünden vergeben. Ähnlich geschieht das Schisma des Novatian als Reaktion auf die durch Massenabfall notwendig gewordene Bußdisziplin nach der Decischen Christenverfolgung (im Jahr 250). Zur Erfahrung der Kirche wird: In Verfolgungszeiten unter Druck und Verlockung ist der Glaube vieler Christen größer als ihre Treue. Novatian aber steigert die geltenden Rigorismen dieser praktischen Gemeindedisziplin zur dogmatischen Verpflichtung eines notwendigen Dauerausschlusses von Abgefallenen.

Der Rigorismus jedoch setzt sich nicht durch. Die Kirchen lernen daran festzuhalten; die Vergebungsbereitschaft der Kirche muss in der Nachfolge Jesu selbst unter schweren Bußauflagen grenzenlos bleiben.

Das Gewicht liegt eindeutig auf solchen Bußwerken. Der Sünder muss zuerst die Umkehrmöglichkeit erbitten *(poenitentiam petere)*, der Bischof darf sie priesterlich und richterlich gewähren *(poenitentiam dare)*, der Bußwillige muss sie auf sich nehmen *(poenitentiam accipere)*. So beschreibt es Cyprian.

Es bildet sich in den Kirchenregionen des Abendlandes im 3. Jh. eine ziemlich einheitliche Gestalt des Bußwesens heraus: Kirchenbuße ist ein öffentlicher gottesdienstlicher Akt. Der Büßer hat seine langen und schweren Auflagen geleistet. Unter Handauflegung und begleitet von den Bittgebeten der Gemeinde spricht ihm der Bischof Vergebung der Sünden als Voraussetzung der göttlichen Vergebung zu und nimmt ihn eben damit erneut in die eucharistische Gemeinschaft der Gemeinde auf. Das Verfahren ist einmalig, wie die Taufe einmalig ist. Getauft sein heißt im Frieden *(in pace)* sein als Teilhaber an der Kommunion und eingefügt in die ἐκκλησία. Verlust dieses Friedens ist Verlust des Heils. Rückgewinnung ist äußerster Anstrengung wert. Rekonziliation, Wiederversöhnung (καταλλαγή) wird zum Fachausdruck dafür. Aber es war ein Handeln an den Rändern der Gemeinde, nicht ihrer Mitte, und war an der soziologischen Eindeutigkeit der Kirche und ihrer ethischen Erkennbarkeit orientiert. Das Bußbekenntnis wird neben der Bußauflage zunächst nur als ergänzendes Mittel wichtig, wesentlich ist die in den Bußwerken manifeste Umkehr. Erst als im nächsten Jahrhundert ein nach Taxen gestuftes System der Bußen anhebt, wird das Bekenntnis praktisch entscheidend. Nach Konstantin und der staatlichen Anerkennung der Kirche im 4. Jh. verlangte die neue Massenhaftigkeit der Kirchenmitgliedschaft nach angepassten Normen und Regeln des Bußverfahrens. Milderungen und Übersteigerungen bedingen sich gegenseitig. Reaktiv gegen die notwendig milder verfahrende Großkirche kommt es zu einer strikten Monastisierung der Praxis und langfristig notwendig folgeweise zu ihrer Spiritualisierung und Privatisierung.

Im Westen bekommt die Kirchenbuße Dauerfolgen auch nach der Rekonziliation. Solche Übersteigerungen leiten den Niedergang des Verfahrens ein. Milderungen nämlich (wie z.B. der Erlass Leos I. an die italischen Bischöfe von 459) bewirken auch einen Rückgang der öffentlichen Buße. Diese bleibt nunmehr vorwiegend für schwere Vergehen und besteht in lebenslänglichen Auflagen und Beschränkungen (Ehe- oder Ehegebrauchsverbot, Verbot gefährdender Berufe, Verbot, Kleriker zu werden). Das Volk wendet sich von diesen Disziplinen ab. Der Mönch wird zum Büßer schlechthin. Er trägt das Schema, das Büßergewand, permanent. Wie der Mönch wird der Büßer also gegebenenfalls lebenslang zur Weltentsagung verpflichtet. Monastisch bedingt vertieft sich aber auch das Sündenbewusstsein. Andererseits schrumpft die Buße selbst zeitlich auf die Fastenzeit ein. Denn ihre Dauer wird von der Rekonziliation unabhängig und daher unwichtig. Es verschiebt sich die Kirchenbuße auf das hohe Lebensalter und aufs Sterbebett. In dieser Form besteht die alte öffentliche Exkommunikationsbuße samt ihrer Einmaligkeit zwar fort, verliert aber ihren diffamierenden Charakter. Im 6. Jh. scheint sich die Exkommunikation als bloße Kirchenstrafe aus dem Ganzen dieses Prozesses zu lösen. Die Buße wird mehr und mehr Vorbereitung zum Sterben und Therapeutikum in Krankheit. Nicht diskreditierend wird dagegen der sich bildende Brauch einer Konversen- und Klosterbuße empfunden. Der Büßer tritt in den Mönchs- und Asketenstand. In der Merowingerzeit wird dies zur Wurzel der sog. Klosterhaft, der Verweisung eines Sünders in die klösterliche Klausur. Was bei alledem verdunkelt wird, ist dies:

– die Öffentlichkeit des Bußaktes,
– die Ausschließung schwerer öffentlicher Sünder von der kirchenkonstitutiven Eucharistie zur Reinhaltung der missionarischen Kraft der Gemeinde
– und die Wiederaufnahme als Zeichen und Mittel der Versöhnung mit Gott.

Im Osten geht die Entwicklung parallel, jedoch mit einer charakteristischen und zunehmend unterschiedenen Akzentsetzung. Weniger kirchlich-disziplinär als pneumatisch-pädagogisch wird das Bußinstitut verstanden und gehandhabt, weniger korrektiv als sanativ. Weniger das Amt als vielmehr der Pneumatiker und geistliche Seelenführer ist es, der geistlich die Leitung zur Überwindung der Sünde übernimmt (deutlich bei Clemens von Alexandrien und Origenes). Die Vergebungsgewalt der Bischöfe setzt sich schwerer durch. In großen Städten sind eigene Bußpriester hierfür bestellt (391 für Konstantinopel abgeschafft). Die Büßenden müssen zudem zu ihrer Rekonziliation Stufen durchlaufen, die noch die enge Bindung an den Gottesdienst der örtlichen Ekklesia erkennen lassen, ehe sie die Wiederzulassung zur Eucharistie erlangen. So unterschied man die draußen stehenden Weinenden (κλαίοντες), die zur Predigt Zugelassenen (ἀκοούμενοι) und die kniend am Gebet Teilhabenden (ὑποπίπτοντες) von den zuletzt der Eucharistie Beiwohnenden (συστάντες), jedoch noch nicht Kommunizierenden.

III. Abendländische Ausprägung: Beichtstruktur (7. bis 13. [16./20.] Jahrhundert)

A. Mittelalter: Das Aufkommen der Beichte als Bußsakrament

Während man für den voraufgehenden Abschnitt vom 3. bis 8. (13.) Jh. von einer Pönitenzstruktur sprechen kann, läuft die abendländische Entwicklung nun mit Überlagerungen und unter langsamer Ausscheidung von Resten, Folgen und Nachwirkungen der älteren Praxis folgerichtig und mit zunehmender Formklarheit auf die Beichte als der einzig entscheidenden

Form der sakramentalen Buße hinaus. Dies mag als eines der Symptome gelten, die den Übergang der abendländischen Kirche vom ersten in das zweite Jahrtausend als eine Art verändernden Qualitätssprung anzusehen erfordern. Es ist der Wechsel vom epikletischen in ein transzendentales Kirchenrecht und Kirchenverständnis, d.h. die Entwicklung vom offenen, geistangewiesenen Verfahren der Urteils- und Konsensfindung in ein System, das letzte Vergewisserung aus einem ihm grundsätzlich vorausliegenden Prinzip herleitet, hier der priesterlichen, letztlich also der päpstlichen Weihevollmacht als zureichender Bedingung der Gültigkeit kirchlichen Handelns.

Die objektive zeitliche Grenze dieses Abschnittes der Bußgeschichte ist der Beginn der Übung allein der »privaten« Absolution unter Abspaltung der Kirchenzucht durch Kirchenstrafen. Die Beichtbuße wird die eigentliche Form der Buße.

Der wesentliche Unterschied allerdings zwischen Alter Kirche einerseits und Mittelalter bis zur Gegenwart andererseits ist nicht der von einst öffentlich, hernach privat. Vielmehr ist es die in dieser zweiten Großphase verlassene Einmaligkeit des Vorgangs. Denn »öffentlich« meinte nur den Gegensatz zur persönlichen Buße, und vermöge des Ausschlusses von der Eucharistie behielt beim Todsünder auch die privateste Buße Öffentlichkeit. Wenn nämlich öfter »gebeichtet« werden kann, werden auch lässliche Sünden gebeichtet. Der Unterschied zwischen den schweren Sündern und den anderen Christen tritt zurück (zumal bei seltener Kommunion). Die Bußauflagen werden milder. Während die episkopale Buße im Prinzip noch bis über die Jahrtausendwende fortbesteht und in bischöflichen Visitationen und Sendgerichten Gestalt behält, tritt schon seit dem 9. Jh. die »Offene Schuld« nach der Predigt mit Beichtformel und Absolution in Erscheinung. Es verbreitet sich zugleich von den altbritisch-keltischen Kirchen her, einem Siegeszug vergleichbar, die Beichtbuße auf dem kontinentalen Festland: alle Sünden, nicht nur Todsünden, sind immer wieder dem Priester zu beichten.

Im irisch-angelsächsischen Raum wird – aus noch immer nicht ganz erklärbaren Gründen – in bewusstem Unterschied zum Kontinent die kirchliche Buße nicht als einmaliger Akt praktiziert. Auch kleinere Sünden sind der Buße zu unterwerfen. So wird die Buße wieder ins Leben gebracht und nicht nur bei Extremsünden und auf dem Sterbelager vom tätigen Alltag isoliert. Die wiederholbare Absolution wird nun, und zwar an jedwedem Tag, vom Priester erteilt. Zudem fand die neue Form kaum Widerstand, weil eben die alte Buße fast nur noch für Sterbende galt. Der Vorgang hebt im 7. Jh. an und verbreitet sich im 8. fast überall.

Vom 9. Jh. an werden Bekenntnis und Absolution zeitlich vereinigt und wird die Bußauflage nach der Absolution erfüllt – wahrhaft ein »einschneidendes Ereignis in der Bußgeschichte« (Vorgrimler). Die Einführung der Beichte bringt mithin zwei Neuerungen mit sich:

- Schon seit dem 9. Jh. wird sie zunehmend durch regionale Bestimmungen zur allgemeinen Pflicht und in den Fastenzeiten vor Ostern, Pfingsten und Weihnacht verlangt. Dass das 4. Laterankonzil von 1215 später die einmal jährliche Pflichtbeichte und -kommunion fordert, zeigt, wie schwer offenbar die Auflage überhaupt praktizier- und durchsetzbar war.
- Weil die einst öffentliche Exkommunikation und Rekonziliation hinfielen, fand Sündenvergebung jetzt in der Absolution statt, d.h. nach geheimem Sündenbekenntnis, nicht nach Ableistung von Bußwerken.

Beichtbekenntnis und die die alte Rekonziliation ersetzende Absolution werden zu einer einzigen zweipoligen kirchlichen Handlung. Da die Bußwerke beim Büßer verbleiben, besteht diese Handlung jetzt aus zwei Teilen: (1) confessio und absolutio als Vorbedingung der Kommunion und (2) satisfactio. Beichte wird zum Ausdruck für das ganze Bußverfahren und zur Vorbereitung auf die Kommunion. Die Buße wird von der Beichte her definiert, nicht mehr (wie vor allem bei Augustin) von der Taufe her. Die Theologie reflektiert in der Scholastik die geschehene Umwandlung erst nachträglich.

In die gewachsene Form der überkommenen öffentlichen Buße werden die Elemente der geheimen Beichtbuße eingefügt, andere ausgeschieden und umgewertet. Mehrere Stränge im Umwandlungsprozess lassen sich unterscheiden:

– einmal der irische Klosterbrauch der Selbstanklage des Pönitenten vor dem Seelenführer,
– sodann der spätantike Brauch der Beichte geheimer Sünden vor dem Bischof als einem verständlich notwendigen Korrektiv offenkundiger Mängel des altkirchlichen gemeindeöffentlichen Beichtverfahrens. Im Laufe der Zeit klärt sich: Für öffentliche Todsünden ist öffentlich, für geheime aber in geheimer Weise zu beichten.
– Ferner verschmolz seit der karolingischen Zeit infolge der Rechtsfigur des Eigenkirchenwesens die bischöfliche Gewalt mit der öffentlichen Strafgerichtsbarkeit (sog. Sendgerichte), sodass der sakramentale Charakter der Rekonziliation verdunkelt wurde. Die Gebete zur Rekonziliation sowie der abschließende Büßersegen wurden mehr und mehr nur noch als Vergebungsbitte verstanden, woraus sich eine Art Generalabsolution deprekativer Art entwickelte (und später auch von hierher mit Ablässen verbunden werden konnte). Parallel dazu gelangten solche generellen Vergebungsbitten auch in Prim und Komplet der Tagesgebete, sodass gleiche Formeln in und außerhalb der Beichte üblich wurden.

Ohnehin war es bei der Ausdehnung der zisalpinen fränkischen Diözesen nicht mehr möglich, dass sich alle Pönitenten am Gründonnerstag in der Kathedralkirche versammelten, um die Rekonziliation aus der Hand des Bischofs zu empfangen. Die Beichte als erster Akt der Büßung und als Zeichen erkennbarer Reue gewann selbst sündentilgende Kraft. Das mit der Selbstdemütigung einhergehende »Erröten« wird zum Kennwort hierfür (die sog. *erubescentia*, z.B. in dem pseudoaugustinischen Traktat *De vera et falsa poenitentia*, um 1050). Das Bekenntnis selbst wird somit schon Genugtuung. In den Klöstern geübt, wurde es allen Christen vorgeschrieben, denn was monastisch war, galt *par excellence* als bußfertig. Alle, auch schwere Sünder, wurden jetzt als zur Kirche gehörig angesehen. Daher mußten sie nicht mit der Gemeinde versöhnt werden, wohl aber mußten sie sich durch die Beichte mit Gott versöhnen.

Auf der anderen Seite wurde die Bußleistung als solche vom Beicht- und Absolutionsvorgang gelöst und nun immer mehr betont. Sie wurde nach Tarifen je nach Vergehen in den immer häufiger werdenden weitverbreiteten und z.T. uneinheitlichen Beicht- und Bußbüchern festgelegt. Die viel beklagte Kasuistik als Teil der allgemeinen Juridisierung der mittelalterlichen Kirche ist dabei wohl im Rahmen der allgemeinen Strafrechtsentwicklung als Übergang vom Tatstrafrecht zum Täterstrafrecht zu sehen, hatte jedoch auch im Sinne der Normenregulierung und Gewissensbildung positive Züge. Eine allgemeine Individualisierung ist in den ersten zwei Jahrhunderten des neuen Jahrtausends kulturbedingt auch auf anderen Gebieten des kirchlichen Lebens festzustellen (vergleiche beispielsweise auf dem Felde des Eherechtes den Übergang vom älteren Sippenrecht zur Konsensehe).

Mit der Einführung der allgemeinen Priesterbeichte tritt zudem die Tatsache zurück, dass die vom Christen geforderte Gebotserfüllung im Licht des Neuen Bundes gesehen werden muss. Dieses Bewusstsein schwand. Der ganze Gedankenbereich der antiken philosophischen Ethik kann sich im Zusammenhang ihrer Wiederentdeckung und -wertung nun auswirken. »Die so viel erörterte und angegriffene Vergesetzlichung ist dabei nicht das Primäre, sondern das Ergebnis der Herauslösung des ja fortgeltenden, nicht aufgehobenen Gesetzes aus seinem christologischen Horizont. Dadurch treten Gesetz und Eschatologie unter Überspringen des Zweiten Artikels in direkten Bezug« (Dombois 737). Sünde und Gericht rücken bedrohlich unvermittelt aufeinander zu. Freilich bot sich die Pflichtbeichte nach Abschluss der europäischen Missionierung im Norden und Osten auch als pastorales Mittel an, die Gläubigen überall zu erfassen. Die ursprünglich freiwilligen gewissensbedingten Bußleistungen des Einzelnen werden diszipliniert, die Vorgänge auch wegen der Massenhaftigkeit des Vorkommens verkürzt und vereinfacht.

Konnte es bei diesem Ansatz naheliegen, die für den Vollzug notwendige Rolle des Priesters fraglich erscheinen zu lassen, wenn das Hauptgewicht der Reue auf Beichte und Genugtuung, nicht aber auf Absolution und Gemeindeversöhnung lag, sodass der Zusammenhang von Privatbeichte und Schlüsselgewalt in den Klöstern verdunkelt erscheinen konnte und z.B. Abaelard, Gratian und Petrus Lombardus Laienbeichte erwogen, so führte der gesamte Duktus der Zeit dennoch zur Betonung der priesterlichen *potestas clavium* als Bedingung gültiger Vollzüge. Überdies darf der Begriff »Laienbeichte«, auf Ordensangehörige angewandt, nicht im modernen laizistischen Sinne verstanden werden. Seit dem 10. und 11. Jh. dringen denn auch indikativische Absolutionsformeln vor, die ohnehin nur vom Priester gesprochen werden konnten. Schließlich erklärt Papst Eugen IV. im Armenierdekret des Florentiner Konzils 1439 die Formel *Ego te absolvo* für verbindlich (DS 1323).

Der Wandel war vollzogen. Die Zusammenlegung von Beichte und Rekonziliation, d.h. Absolution als Abendmahlszulassung nach Sündenbekenntnis und zeitlich nachfolgender satisfaktorischer Buße ließ sich nicht mehr verhindern. Etwa um 1000 ist sie die Regel. Die alte *dichotomie carolinienne* als Nebeneinander von einmaliger Gemeindebuße und wiederholbarer Beichte löst sich dennoch nicht in restlose Monoformität auf. Die Pönitenzstruktur bestand in Formen der Bußpilgerschaft weiter sowie in der Gestalt feierlicher öffentlicher Bußen *(poenitentiae solemnes)* vor dem Bischof mit Dauerfolgen bei schweren Vergehen. Auch erinnert ja der Beichtzwang vor den festtäglichen Kommunionen sowie der Parochialzwang an die alte Zuordnung von Beichte und um das Altarsakrament gelagerter Gemeindezucht. Auch bleibt der »Gegensatz zwischen der außergemeindlichen mindestens monastischen und weitgehend charismatischen Seelsorge und der bischöflichen und parochialen Autorität mit ihrer Öffentlichkeit und abschließenden Verbindlichkeit bestehen« (Dombois 737). Der Konflikt zwischen Pfarrseelsorge und Ordensseelsorge durchzieht das ganze Mittelalter.

Mit den theologischen Distinktionen Thomas von Aquins und den kanonischen Festlegungen des IV. Laterankonzils von 1215 kommt der Prozess für Jahrhunderte zum Abschluss. So stieg die private Buße in enger Verbindung mit dem Altarsakrament in den Rang eines Gnadenmittels der Kirche auf. Bei immer zunehmender Individualisierung und Privatisierung schwand der ekklesiale Aspekt des Bußverfahrens. Die Pflichtbeichte besteht nun *per definitionem* aus *contritio cordis, confessio oris* und *satisfactio operis* (aus Herzensreue, mündlichem Sündenbekenntnis und wiedergutmachenden, sühnenden Werken). Sie wird jährlich mindestens einmal zur Pflicht im Zusammenhang mit der Osterkommunion, ist vollständig und vor dem zuständigen Parochus abzulegen.

Lange schon war es üblich geworden, Bußauflagen gegebenenfalls durch Ersatzleistungen, sei es eines Stellvertreters, sei es bei langer Dauer durch kurze strengere Übungen, sei es schließlich durch Geld abzuleisten. Als Hilfe für die Priester, deren Dienst außer im Messelesen nun vornehmlich im Beichtehören besteht – Beichtstühle kommen vereinzelt vom 14. Jh. an in Italien auf und werden erst nachtridentinisch allgemein – erscheinen Handbücher und Beichtsummen. Beicht- und Standespredigten kommen auf. Erst im Spätmittelalter tauchen die 10 Gebote als Leitfaden von Beichtspiegeln auf.

Als Gegengewicht zu diesen Erscheinungen und zur Einordnung in den Kontext der zeitgenössischen Frömmigkeit muss man sich vor Augen halten, dass im ganzen Mittelalter eine starke Bußgesinnung den Gefahren dieser Form von Sakramentalisierung und pflichtmäßiger

Normierung der Beichte entgegenwirkt. Der Tod war allgegenwärtig. Das schreckliche Gericht stand vor Augen. In immer neuen Wellen ergriffen Bußbewegungen das Volk (Geißler 1260 und 1349). Reformen und Radikalisierungen in Klöstern und Orden entspringen demselben Quell. Laiengemeinschaften und Bruderschaften halten das Anliegen wach, verbreitern und konturieren seine Basis. Pilgerschaften, Ablaßgewinnung, Messstiftungen als Seelenfürsorge für Lebende und Tote drängen sich auf. Die Mystik vertieft und verinnerlicht das Gefüge.

In ihrer sozialen Rolle wird die Privatbuße das wirksamste System der individuellen und kollektiven Verhaltenskontrolle. Die enorme Stellung des Priesters, jedermanns regelmäßige Pflichtbeichte, die Wichtigkeit, die der Sünde besonders auf familiär-sexuellem und auf beruflich-gesellschaftlichem Gebiet beigemessen wird, sowie die das Glaubensbewusstsein tief durchdringende Beziehung zwischen Sünde/Gnade einerseits und Verdammung und Fegefeuer/Erlösung andererseits wirken hier zu einem vorherrschenden sozio-psychischen Diagramm zusammen. Positiv ist zu sehen ein waches Sündenbewusstsein, eine ständige Bußhaltung und die Verhaltensregulierung in Fragen der Gerechtigkeit.

Negativ dagegen wirken sich Legalismus und Kasuistik aus sowie die von übertriebener Sündenfülle bewirkte Ängstlichkeit, Furcht vor Gericht und Verdammnis, Heilsungewissheit und schließlich der immer häufigere Missbrauch von Strafbefreiungen. Gott wird zum unerbittlichen Richter. Kein Wunder, dass schon früh theologische und kanonische Kritik einsetzte, von Marsilius von Padua über Wyclif, Hus und Erasmus bis schließlich zur Reformation.

B. Die Reformation

Wir sehen heute deutlicher, dass die Reformation auch auf diesem Felde keineswegs nur die Überwindung späterer Verderbnisse durch Rückgriff auf das biblisch-altkirchliche Verständnis bringt, sondern in und durch ihre einschneidenden Kritiken und Reformen auch eine sozusagen seitenverkehrte Fortsetzung bestimmter Fehlhaltungen bewirkt, die zu erkennen man im 16. Jh. nicht in der Lage sein konnte. Der Ausgang bei missbrauchtem Ablasswesen ist bekannt. Die Reformation begann sozusagen im Beichtstuhl. Zwischen 1517 und 1519 klärt und wandelt sich Luthers Position. Von der Buße als Lebensvorgang der *mortificatio* (vergleiche die berühmt gewordene erste der 95 Thesen) rückt der Akzent wieder auf das aus Wort und Glaube bestehende Bußsakrament. Entsprach die starke Betonung des Absolutionswortes zwar auch der thomistisch-scotistischen Tradition, so steht die Ausklammerung von Reue, Beichte und Genugtuung doch in Widerspruch zur Lehre der Kirche und wird zum Focus der kontroverstheologischen Auseinandersetzung. CA XII nennt Reue (somit das Sündenbekenntnis) und Glauben an das Absolutionswort die zwei Teile der Buße. So allein herrschen Gnade und Glaube und wird Werkgerechtigkeit, die Christi Ehre schmälern würde, ausgeschlossen. Das mittelalterliche Bußsakrament wird ersetzt durch die beiden Pole der evangelischen Lehre in Gesetz und Gnade, *contritio* und *fides*, Tötung und Erneuerung, Rechtfertigung und Wiedergeburt, konkretisiert in *confessio* und *absolutio*. Der Sünder begegnet in der Beichte nicht der strafenden Gerechtigkeit Gottes, sondern gerade als sich demütigender Sünder der Gerechtmachung durch Gott um Christi willen. Die abschreckenden Radikalreformen in Wittenberg während Luthers Wartburgaufenthalt 1522 provozieren die Wiedereinführung der abgeschafften Beichte zur Kommunionvorbereitung (1523/24).

Aber sie soll keine Gewissensmarter sein, vielmehr einladender Ruf, zu dem Luther dennoch nicht nachlässt, mit starken Worten zu mahnen und zu locken. Beichtzwang wird verworfen und vollzählige Aufzählung der Sünden als unmöglich erklärt. Auch Retention und befristete Suspension zielen auf Absolution. Trotz eines im Grundsatz weiteren Ansatzes bleibt es schließlich beim Priester als Beichtiger. In der FMC 1523 wird persönliche Anmeldung der Kommunikanten beim Pfarrer gefordert, der sie nicht zulassen soll, *nisi rationem fidei reddiderunt et interrogati responderint an vita et moribus fidem et intelligentiam probent*, »es sei denn, sie hätten von ihrem Glauben Rechenschaft gegeben und auf Fragen zu erkennen gegeben, ob sie durch Leben und Wandel Glaubenseinsicht beweisen« (WA 12,215). Diesem »Verhör« (Befragung) könne sich eine freiwillige Beichte anschließen. Schon in CA XXV aber fließt beides zusammen. In der pastoralen Praxis verwischen sich die Unterschiede. Aus dem Pflichtverhör wird wieder die Pflichtbeichte, die zur Pflichtkommunion gehört, die lutherische katechetische Pflichtbeichte war so entstanden.

Im Blick auf Kirchenzucht, Seelsorge und Beichtgeld als Stolgebühr war Parochialzwang unausweichlich. Höhere Stände konnten befreit werden. Für alle anderen galt die Sonnabendvesper in der Kirche als gebotene Gelegenheit zu solchem Beichtverhör. Beichtkammern und Beichtstühle haben sich in vielen evangelischen Kirchen erhalten und wurden mancherorts noch im 18. Jh. neu installiert. Die Bedeutung für Glaubensleben und religiöse Bildung muss hoch veranschlagt werden. Die Gefahr bestand in Formelhaftigkeit und Sinnentleerung, zumal bei wachsender Bevölkerungszahl und bis zum Ende des 18. Jh. zum anhaltend steigender Kommunionhäufigkeit. Die in den Pfarreien oft noch bis ins 20. Jh. hinein geführten Kommunikantenregister können Auskunft geben. Vielfach wurden sie einfach Konfitentenlisten oder Beichtregister genannt. So eng war die Verknüpfung von Beichte und Abendmahl, dass für den Kommunionempfang ländlich und regional geradezu der Ausdruck »beichten« gebräuchlich werden konnte. Diese Koppelung blieb bis ins 20. Jh. hinein unangefochten. Die vorwiegend seltenen Abendmahlsfeiern, zumal in der Reduktion auf das Umfeld von Karfreitag und »Totensonntag«, unterstützen dies und gaben dem Junktim eine Art Rechtfertigung. Erst nach dem Zweiten Weltkrieg wurde in Deutschland in Verbindung mit theologischen, exegetischen und ökumenischen Einsichten, aber auch im Zusammenhang mit gesellschaftlichen Wandlungen diese Koppelung mit der Allgemeinen Beichte grundsätzlich gelöst. Das gottesdienstliche *Confiteor* der Gemeinde, die Offene Schuld, gestisch entfaltete *Pax* und *Non sum dignus* der Gemeinde übernahmen Teilfunktionen der Beichte und Buße im Zusammenhang mit der Eucharistiefeier. Und auch dies ist inzwischen zur Erfahrung geworden: Ohne ein Confiteor würde der Gottesdienst der Gemeinde zur Selbstfeier verkommen.

C. Das Tridentinum

Das Tridentinische Konzil reagiert defensiv und dogmatisch versteift auf die Infragestellungen der Reformation. Es bestätigt in sessio XIV (1551) die mittelalterliche Lehre von der Buße in allen wesentlichen Stücken, erklärt die Beichte für notwendig, zwingend vollständig, göttlich geboten, geheim und regelmäßig. Die lutherische Lehre von Rechtfertigung und Beichte wird verworfen. Wenn jedoch auf beiden Seiten Glaube, Sündenbekenntnis und Absolution, wenngleich in verschiedener Interpretation und Zuordnung, für wesentlich und notwendig gehalten wurden, blieb kontrovers eigentlich nur die Frage, ob die Bußwerke im Sinne der Wiedergutmachung und Genugtuung Bedingung des Freispruchs oder deren Folge und Frucht seien. Es entfaltet sich auf diese Weise so etwas wie zwei Grundmodelle des Bußsakraments:

- das tridentinische Modell einer inneren, kirchlich sanktionierten Umkehr, Wandlung, Erneuerung und Rückkehr des Einzelnen in das gnadenhafte Christusleben der Kirche,
- das reformatorische Modell des inneren, an das Evangeliumswort gebundenen Friedens und Gewissenstrostes als Entlastung von der Frage nach der eigenen Reue und Erneuerung.

»Die von beiden miteinander im Streit stehenden Seiten herausgearbeiteten Akzente des Vorgangs, nämlich Erneuerung und Trost ... lassen in Form der Verdichtung zu einer kirchlich-sakramentalen Handlung ... zwei unterschiedliche Akzentsetzungen der Existenz des je Einzelnen aus dem Evangelium und im Umgang mit der Sünde erkennen, deren Unterschiedlichkeit eine kirchentrennende Bedeutung aber auf keinen Fall zukommen kann. Dabei ist die Konzentration auf die Vergebung der Sünden und die Erneuerung des einzelnen vom Neuen Testament her gewiss legitim. Gleichzeitig aber stellt sich die Frage, ob hier nicht dennoch eine Engführung vorliegt, die zumindest im Bußsakrament, wenn nicht im Rechtfertigungsverständnis überhaupt, die ekklesiologischen Bezüge und den Bezug zur Erneuerung der Welt und der Verantwortung für die Welt zu wenig zum Tragen kommen lässt« (Kühn 6).

Auf katholischer Seite erfuhren fast zeitgleich, beginnend mit dem tridentinischen Konzil, Buße und Beichte bald eine folgenreiche Erneuerung sowohl kollektiv wie individuell in den jesuitischen *Exercitia Spiritualia.* Methodisch wirksam wird eine persönliche Reue entfacht, Generalbeichte gefordert und Heiligung gefördert. Bis zum Aufkommen des therapeutisch ausgerichteten Beratungs- und Gesprächsparadigmas im 20. Jh. hat dieses Exerzitienmodell das Bußsakrament vertieft und in Maßen für eine wachsende individuelle Humanität adaptionsfähig erhalten. Von der Tilgung vergangener Sünden lenkte es den Blick mehr auf eine zukunftsgerichtete Entfaltung und Steigerung von Seelenkräften im Dienste Gottes. Im Ganzen jedoch stellten sich Privatisierung, Konfessionalismus und Monoformität unter Verlust der Gemeinschaftsdimension als langfristige Mängel der tridentinischen Praxis heraus.

D. Die Konfessionen

1. Auf evangelischer Seite ist zunächst zu bemerken, dass im calvinisch-*reformierten* Raum trotz der Hochschätzung der Einzelbeichte bei Calvin selbst sich Einzelbeichte als Konfessionsmerkmal nicht erhalten hat. Bei starker Betonung und Praktizieren einer Gemeindezucht entwickelt sich gottesdienstlich das Schuldbekenntnis mit Vergebungsbitte und Trostzuspruch. »Die Beichtgebete in den reformierten Liturgien wurden zu Grundsatzerklärungen über die Sündigkeit menschlicher Existenz und über die Notwendigkeit der Vergebung. Die Antwort bestand in einer allgemeinen Gnadenerklärung oder situationsbezogenen Vergebungsverkündigung« (Senn 159). Die Entwicklung führt von hier aus zur Öffentlichen Beichte. Die Kirchenordnung der Kurpfalz von 1563 kennt nur eine Allgemeine Beichte als Abendmahlsvorbereitung, die in öffentlichem Katechismusexamen, in Vermahnung mit Beichtfragen und konditionaler Gnadenverkündigung besteht. Auch eine »Offene Schuld« zum Eingang des Gottesdienstes ist vorgesehen. Die Einzelbeichte wird nach Belieben und Bedürfnis empfohlen, nicht aber kirchlich und liturgisch geordnet.

Das Streben nach Reinerhaltung der echten christlichen Gemeinschaft der Kirche (schon wiedertäuferisch im Schleitheimer Bekenntnis von 1527 gefordert), bestimmt Martin Bucers Kirchenordnungen (Straßburg, Hessen), beeinflusst über die Kölner Kirchenordnung von 1543 auch die anglikanische Bußordnung wie ebenso Calvin in Genf mit Auswirkung auf Schottland und die neuenglischen Kirchengebiete. In diesem Kraftfeld meldet sich erneut die alte und genuine Bezogenheit von Buße, Kirchenzucht und Abendmahl. Eine gesetzesstrenge, ernste Lebensführung soll weniger der Abtötung der allgemeinen Sündhaftigkeit als dem Erweis der Erwählung dienen. Allerdings zeigen die historischen Beispiele auch, dass diese Kirchenzucht mit öffentlichem Bekenntnis und notfalls Gemeindeausschluss nur da wirksam werden konnte, »wo Kirche und Staat in enger Partnerschaft lebten. Denn so gerieten die Forderungen, ein guter

Bürger und ein guter Christ und Kommunikant zu sein, zu eng aneinander und unterhöhlten die Berufung der Kirche, eine eschatologische Gemeinschaft zu sein« (Senn 161).

2. In der *Anglikanischen* Kirche wird im BCP 1549 die nicht obligate Einzelbeichte empfohlen (Elisabeth I. soll gesagt haben: »Alle dürfen, niemand muss, einige sollten.«). Wie im Mittelalter bei Kommunionen außerhalb der Messe findet sich ein Confiteor mit deprekativer Absolution und Trostworten unmittelbar vor der Kommunion, welches das BCP 1552 vorverlegt in den Offertoriumsteil nach den Fürbitten. Auch *Morning* und *Evening Prayer* beginnen mit Bekenntnis und Absolution. Aus der Aschermittwochsliturgie des mittelalterlichen Sarum-Ritus entsteht auch ein eigener Bußgottesdienst, der in Erinnerung an die altkirchliche Bußdisziplin aus biblischen Fluchworten, Homilie, Psalm 51, Kyrie, Vaterunser und Gebeten besteht.

3. Im *lutherischen* Raum setzt sich die Wittenberger Ordnung und Praxis durch. Die Beichte wird zur rechtlich geordneten Pflicht. Die Kirchenordnungen schreiben sie vor, verbieten mancherorts geradezu die als calvinisch geltende Allgemeine Beichte. Im Ganzen ordnet sich der Komplex aber auch hier nicht einheitlich.

Der Verfall beginnt aus einsehbaren Gründen nach dem 30jährigen Krieg. Man konnte ein solches System, einmal eingeführt, wohl fortführen, nach seinem Verlust in den Kriegswirren aber offenbar nicht wieder einrichten. Dazu kommen andere Anstöße. Im späten 17. Jh. begannen sich pietistische Kritiken gegen bestimmte Züge des Beichtverhörs zu richten. Gerügt werden die ungenügende Vorbereitung, der Verzicht auf ein Beichtgespräch, die bedingungslose Absolution, das Fehlen echter Kirchenzucht sowie das leidige Beichtgeld. Das Seelsorgeideal hatte sich gewandelt. Man wollte Seelenführung, die in geformten Vorgängen jedoch unmöglich schien. Die aus den reformatorischen Anfängen noch erinnerliche ursprüngliche Vielfalt der Lossprechungsformen in Predigt, gegenseitigem Bekennen, Vergeben und Trösten im Bruderkreis, das *mutuum colloquium* und die *consolatio fratrum* (Schmalkaldische Artikel) also fanden in den *collegia pietatis* Gestalt und Belebung.

Auf der anderen Seite beklagen die orthodoxen Pfarrer die Gleichgültigkeit gegenüber Gottesdienst, Abendmahl und Amt. Um ein Beispiel für die Krise der Beichte im Übergang zum Pietismus anzuführen, sei das Vorgehen des dem Halleschen Pietismus zuneigenden Superintendenten Johann-Adolph Frohne aus Mühlhausen/Thüringen angeführt. Er hatte sich darum bemüht, der schrankenlosen Absolvierung im Beichtstuhl und der damit bedingten ebenso schrankenlosen Zulassung zum Heiligen Abendmahl entgegenzuwirken. In einer Eingabe an den Rat der Stadt (als dem Kirchenregiment) von 1698 erbittet er eine Verordnung:

»1) dass alle die, so auff den Sonntag oder andere Festtage communicieren wollen, sich drey Tage vorher bey dem Kirchner jeden Orts möchten angeben lassen, der das Verzeichnis der zukünftigen communicanten dem Priester hernach überreiche ... 2) dass alle grobe öffentliche Sünder ... und die durch andere öffentliche ärgerliche Laster berüchtigt sind, vom Heil. Abendmahl ausgeschlossen seyn biss dass sie augenscheinlich darthäten, dass sie von solchen Todsünden abgelassen hätten.« Diese Eingabe bezeugt das Bemühen um eine zuchtvolle Sakramentsverwaltung und das Bestreben, auch die Vollmacht des Bindeschlüssels neu zur Geltung zu bringen. Es erging jedoch keine Antwort seitens des Stadtrats, und Frohne wird sich resigniert den pietistischen Kreisen zugewandt haben (Diestelmann 2 f.). Zu einer Umformung und Verbesserung der Beichte kam es jedenfalls nicht.

Ein erstes greifbares Ergebnis liegt im Berliner Beichtstuhlstreit von 1696–1698 vor: Das kurfürstliche Konsistorium gewährt Beichtfreiheit, d.h. Abschaffung des Beichtzwangs bei beibehaltener Anmeldepflicht und Verzicht auf Beichtgeld. Auch Aufklärung und Rationalismus trugen dazu bei, dass die Privatbeichte schlechthin als papistisches Überbleibsel, als gegen die Menschenwürde gerichtetes kirchenautokratisches Dunkelmännerinstitut galt. Zu einem sich wandelnden theologischen Verständnis von Sünde, Schuld, Versöhnung, Amt und Kirche kamen auch soziale und ökonomische Gründe.

So wird die Privatbeichte trotz Widerstands, regional zu verschiedenem Zeitpunkt, abgelöst und zunächst durch Mischformen ersetzt: Voranmeldung, allgemeine Beichtansprache, Gelegenheit zum seelsorgerlichen Gespräch, so z.B. in Mecklenburg 1708, Schleswig-Holstein 1711, Sachsen 1713. Brandenburg-Preußen gewinnt 1738 Beichtfreiheit mit der faktischen Ablösung der Einzelbeichte. Andere Gebiete folgen. Sachsen führt erst 1780 die Allgemeine Beichte für Militärgemeinden und noch später – 1840 – für alle ein.

Das 19. und 20. Jh. sehen Wiederbelebungsversuche einer freiwillig verstandenen Einzelbeichte. Zunächst die Oxfordbewegung in England um 1850 unter John Keble und Edward Bouvery Pusey. Dann in Deutschland bei Wilhelm Löhe und anderen führenden Gestalten des Neuluthertums. Der Bremer Kirchentag 1852 und die Dresdener Pastoralkonferenz von 1856 fordern eine Erneuerung der Privatbeichte. Ebenso erinnern Agenden und Gesangbücher an das zu Unrecht verlorene Gnadenmittel und Schlüsselamt der Beichte (Preußische Agende 1835).

Nach beiden Weltkriegen mehren sich Stimmen zur Erneuerung der Beichte, die in Bruderschaften, Kommunitäten, geistlichen Bewegungen, in Exerzitien, charismatischen Gemeindeerneuerungsgruppen und liturgischen Aufbrüchen zur Praxis führt. Die Grundordnung der EKU und die Verfassung der VELKD (beide 1955) verankern Recht und Angebot der Einzelbeichte, im Ordinationsvorhalt bleibt es erwähnt. 1970 erscheint eine Studienarbeit des Lutherischen Weltbundes »Vergebung als Lebenshilfe. Zur Frage der Einzelbeichte heute« (dt.: Berlin/Hamburg). Zu einem dauerhaften und allgemeinen Neubeginn kommt es jedoch nicht.

Das Ergebnis könnte also wohl lauten: evangelisch Verlust, katholisch Verengung. »Im evangelischen Raum war der Verfall schon durch die Umfunktionierung der Beichte in ein Katechismusverhör als Abendmahlszulassung eingeleitet ... Von einem geradezu erschreckenden Rückgang der Privatbeichte wird aber auch aus dem katholischen Raum berichtet. Verschiedene Faktoren werden als Ursache genannt: Enttäuschungen mit Beichte, innere Emigration aus institutionell kirchlichen Bindungen, Entkoppelung von Beichte und Eucharistie, vielleicht auch Protest gegen einen verkappten kirchlichen Herrschaftsanspruch« (Kühn 6).

Andere tief miteinander verflochtene Gründe kommen in der modernen Welt hinzu und betreffen, wenngleich in sehr unterschiedlichem Ausmaß, beide Kirchen. Man denke an das veränderte Menschen- und Gottesbild, für das Nietzsche und Freud als Anreger und Exponenten stehen, an die Herausbildung einer technisch-wissenschaftlichen Sekundärwelt, an den allgemeinen Hedonismus, die Ersetzung von Schuld durch ein Verursacherprinzip, des einstigen Schuld- durch einen Unschuldswahn. Alledem steht freilich gegenüber, dass neben dem anscheinend geschwundenen auch ein neu und anders sensibel gewordenes allgemeines Unrechts- und Sündenbewusstsein sich entwickelt hat, dass nichtkirchliche Versöhnungsformen in gesellschaftlicher Gegenwirkung entstanden, und dass nach dem Zeugnis z.B. von Film und Literatur die Versöhnungsbedürftigkeit des Menschen bleibt (Bieritz).

4. Mit dem erneuerten Ordo Poenitentiae von 1973 wird in der *römisch-katholischen* Kirche der Versuch einer Wiederbelebung unter strikter Erneuerung des alten Beichtgebots unternommen. Daneben werden Bußfeiern im gottesdienstlichen Rahmen angeboten und ermöglicht (vgl. »Pastorale Einführung« zum neuen Ordo, Leipzig 1975, ferner die Vorlagen der Gemeinsamen Synode der Bistümer Deutschlands 1974: Schwerpunkte heutiger Sakramentenpastoral).

Historische Forschungen zum Bußsakrament (bes. von Rahner [dazu: Neufeld], Poschmann und Meßner) sowie eine systematische und pastoraltheologische Diskussion über Zustand und

Zukunft der Beichte und Buße über Konfessionsgrenzen hinweg haben im Zusammenhang mit den offenbaren Ausfallerscheinungen und neuen Herausforderungen lebendiges Interesse an einer Fortentwicklung und Wechselbeziehung von Buß- und Beichtinstitut geweckt.

»Die sakramentalen Bußformen sind an einem Ende angelangt. Das wird nicht immer so bleiben. In der Zwischenzeit müssen wir das Bestmögliche tun. Sobald aber der Gang der Geschichte neue Bußformen ermöglichen wird, müssen wir bereit sein, die Sackgassen der Vergangenheit nicht wieder zu begehen« (Jenson 187).

Könnte es nicht sein, dass die objektiven Grenzen der ganz am Individuum orientierten Form dieser kirchlichen Handlung offenbar geworden sind, sodass wir wohl persönliche Beichte üben und empfehlen, aber nicht alles in unseren Kräften Stehende tun müssten, sie in einstigen Formen zurückzugewinnen?

IV. Gestaltungen

Die Kirche braucht zwei Bußformen. Das weist auch die geschichtliche Entwicklung auf. Sie braucht die Form eines persönlichen, unkonditionierten Zuspruchs des Evangeliums im Leben des einzelnen Christen, wie es Bekenntnis und Absolution der Reformation intendierten. Und sie braucht einen Ritus der Exkommunikation und Versöhnung. Was diese Form angeht, so ist das Problem ihrer Verwirklichung in der Alten Kirche offenbar der Mangel einer Bußform der ersteren Art gewesen, wie umgekehrt auch die seit Jahrhunderten vorherrschende Privatbeichte am Verlust ihres sozialen und ekklesialen Bezugs krankte (Jenson 184).

So bedürfen die noch vorhandenen starken oder schwachen Reste der Einzelbeichte offenbar des Gegengewichtes jener anderen gemeinschaftsbezogenen Bußform, auf die die lutherisch-evangelische Entwicklung zur Allgemeinen Beichte, unsere Bußtage, die Ansätze reformierter Kirchenzucht und die neueren katholischen Bußgottesdienste hinzuweisen scheinen. Wenn solche gemeindlichen Bußfeiern in verdichteter Form, dennoch flexibel und wandelbar, Umkehr und Versöhnung erfahrbar machen könnten und etwa regelmäßig in den Osterfasten und zu Beginn der Adventzeit stattfänden, könnte einmal der Bezug zur Nachfolge Jesu und das andere Mal zur Wegbereitung des kommenden Reiches desselben Herrn Glaubensbewusstsein prägen helfen. Sündenbekenntnisse müssten zu solchen Gelegenheiten immer wieder neu geschrieben werden und die jüngstvergangenen Verfehlungen der Versammlung als Gemeinde benennen, ja könnten faktisch auch spontan, sich aus einer offenen Aussprache der Anwesenden ergebend, gestaltet werden. »Einem solchen Bekenntnis der wirklichen Übertretungen einer Gemeinde im Lichte des Gekreuzigten und des Kommenden, nicht also nur einem abstrahierten Durchschnitt individueller Sünden, kann dann echte, bedingungslos verantwortliche Absolution folgen: ›In der Vollmacht Gottes und meines heiligen Dienstes verkündige ich euch die Vergebung eurer Sünden im Namen ...‹. Wer glaubt, weniger sagen zu sollen, sollte gar nichts sagen« (Jenson 186).

Die Allgemeine Beichte wird bleiben müssen, was sie strukturell einmal ist: die Zusammenlegung und Ersatz von Einzelbeichten. Sie ist des Einsatzes für Erhalt und Wiedergewinnung wert und kann zum permanenten Merkzeichen und Platzhalter für Einzelbeichten werden. In zweierlei Hinsicht kann sie praktisch dafür durchsichtiger werden. Erstens folge dem gemeinsam zu sprechenden Sündenbekenntnis (was die nachfolgenden Vergewisserungsfragen unnötig machen würde) für das Aussprechen persönlicher Schuld und Sünden vor Gott eine hinreichend ausgedehnte Zeit der Stille. Zweitens erfolge daraufhin Einzelabsolution unter Handauflegung am Altar nicht als Generalpardon, sondern unter Bezug auf die zuvor still gebeichteten Sünden.

Für die Einzelbeichte muss man sich wünschen, dass der Prozess einer Überwindung der Gegensätze von kerygmatischer und dialogischer Seelsorge, der sakramentalen und therapeutischen Beichte zur wechselseitigen Annäherung und Anerkennung weitergeht. Die versöhnende, vergebende, der Erlösungsbedürftigkeit antwortende Dimension des christlichen Glaubens wird sich neben der sinnstiftenden, kontingenzbewältigenden, pädagogischen und therapeutischen unverzichtbar behaupten und artikulieren.

Noch über gemeindliche Bußfeiern, über Einzelbeichte und Allgemeine Beichten hinaus weisen weitere Aspekte über den innerkirchlichen Bereich hinaus in den gesellschaftlich-politischen. Akte der Versöhnung und Vergebung, der Umkehr, kurz jeder Art von Sammlung, Gemeinschaftsstiftung und Integration alles dessen, was im menschlichen Miteinander zerbrochen und bedroht ist, sind schon als Zeichen einzelner Vertreter von Kirchen, Parteiungen, Staaten usw. beispielhaft und ermutigend. Dergleichen Haltungen und Vorgänge brauchen Einübung und Vollzug, um zu Versöhnungsfeiern verdichtet und mit dem Leben verbunden zu werden.

Ob das, was einmal unter dem Begriff der Bußwerke, der Satisfaktionsleistungen, so umstritten war, nicht auf diesen Vollzug von Umkehr und Versöhnung außerhalb des rituell sakramentalen Zeichengeschehens hinweist? »Binden und Lösen« würden erneut als ekklesiale Vorgänge sichtbar, das Binden nicht einfach als Alternative zum Lösen, sondern als erste Phase in der Reaktion der Kirche auf die Sünde.

Diesem Binden folgt als zweite Phase das Lösen, Lösung von allem, was das Leben und seinen Grund in Gott blockiert und hindert. »Es würden und blieben dann diejenigen auf Erden und im Himmel gebunden, für die das Buß- und Versöhnungsgeschehen nicht in ihrem Leben und Denken wirklich Fuß gefasst hat, und zwar auch ohne ausdrückliche kirchenrechtliche Maßnahmen« (Kühn 10). Nur dort, wo der Weg der Umkehr begangen wird, ist das Bekenntnis echt und wird die Vergebung Gottes sich bis in die Realität von Konflikten hinein auswirken. Wenn die Kirche – global und lokal – Schritte der Umkehr wagt, dort, wo die Zukunft der Menschheit auf dem Spiel steht, wird sie in ihrem Wesen und Auftrag Zeichen und Instrument des Schalom sein. Es wird dafür gesorgt sein, dass die Kirche dabei nicht vergisst, neben ihrem heute stark betonten und zu betonenden aktionsförmigen Auftrag auch der passionsförmigen Dimension ihres Glaubens eingedenk zu bleiben. Angesichts der menschlichen Unfähigkeit, das Böse und das Leid in der Geschichte zu verhindern und zu überwinden, hat christliche Praxis auch eine »pathische Verfassung« (Metz). Auch leidendes Hinnehmen, die Folgen eines Sich-Entziehens von utopischen Aktionen, können eine Form von Buße sein. Belastungen und Verfolgungen wollen Hilfe und Gegenwehr, müssen aber auch im Geist der Buße getragen werden. Aber auch die »normative Gestaltungsverantwortung« des Christen und der Kirche bleibt von barmherziger Skepsis getragen und von gläubigem Humor erwärmt angesichts der unmöglichen Möglichkeiten des Menschen (Sievernich 130).

Noch ist dies alles notwendig Postulat und Programm. Noch fehlt uns die verbindende und verbindliche Sprache solcher gemeinsamer Gewissenserforschung und einer Inpflichtnahme des versöhnten Menschen für die sozialen und weltweiten Aufgaben. Schon wagen wir es, von »sozialer Sünde« zu reden. Aber noch fehlt konkrete Sprachreife. Angesichts der Wandelbarkeit immens komplex lebensbedrohender Strukturen, Verhaltensweisen und Denkgewohnheiten bedarf es eines noch jetzt unabsehbar langen konsensualen, immer und überall neu gewagten Versuchs, Gott und Menschen konkret zu sagen, was zwischen Erleuchtung und Bedrohung als seinem Weg, Wesen und Wort angemessen gelten kann und was nicht.

»Das Bindeglied zwischen der sozialen Sünde und der Tradition der Einzelbeichte kann noch nicht hinreichend fixiert werden nach den Normen eines erst in Entwicklung begriffenen gemeinschaftsbezogenen Gewissens und des Bewusstseins, in der Kirche als dem Raum der sozialen Gnade zu leben. Die religiösen Wertempfindungen des Menschen heute und die Entwicklungen in der Kirche lassen vermuten, dass die Kirche hier an einem Wendepunkt ihres Selbstverständnisses steht. Das fehlende Bindeglied wird entscheidend sein für die Zukunft des Sündenverständnisses, vielleicht für die Kirche selbst, ihr jedenfalls einen neuen epochalen Zugang zum christlichen Grundvollzug der Buße eröffnen« (Power 172). Ein solches artikulierbares Sündenbewusstsein kann freilich nur im ständigen Dialog mit der Gesellschaft erwachsen.

Für unsere deutschen und insbesondere ostdeutschen Kirchen können die Erfahrungen und Gestaltungsversuche der Friedensdekaden und Friedensgebete hilfreiche Ansätze bieten. Erstens weil hier der Blick sowohl global-ökumenisch als auch lokal-konkret im engen Kontakt zu Gruppen der »neuen sozialen Unruhe« nach Lösungen suchte. Das im Ganzen erprobte, vielfach variable Miteinander von Information, Gebet, meditativen Aufschlüssen, Verabredungen, Bekenntnissen des Versagens, litaneiartigen Klage- und Bittgebeten könnte zweitens aus diesem Schatz Anregung und Fortführung ermöglichen, lange ehe liturgische Kammern an die Arbeit gehen. Dies als ein Ziel zu sehen, ist entscheidend. Denn was aus dem Schatz der Offenbarung und christlichen Überlieferung nicht mehr Gegenstand der Verkündigung, der Unterweisung, des Gesprächs und Gebets ist, wird notwendig isoliert und stirbt ab.

Eine letzte Lehre und Konsequenz aus der noch immer unabgeschlossenen Geschichte und Entwicklung der christlichen Buße besteht in der Erkenntnis, dass sowohl großkirchliche Milde wie elitekirchliche Strenge als Gesamtlösungen scheiterten. Offenbar weist das darauf hin, eine grundsätzliche ekklesiale Doppelpoligkeit von Offenheit und Geschlossenheit der Kirche in einem komplementären Miteinander von volkskirchlichen und kerngemeindlichen, großkirchlichen und gruppenkirchlichen Lebens- und Arbeitsformen beieinander zu halten. Nicht alles ist für alle zu aller Zeit gleich gut. Könnten so auch die verschiedenen Weisen, Beichte und Gemeindebuße zu begehen, den unterschiedlichen Graden von Nähe und Distanz heutiger Menschen zur Glaubensverbindlichkeit entsprechende Anwendung und Gestaltung finden?

Literatur

Kurt ALAND, Die Privatbeichte im Luthertum von ihren Anfängen bis zu ihrer Auflösung: ders., Kirchengeschichtliche Entwürfe, Gütersloh 1960. – Gustav Adolf BENRATH, Art. Buße V: TRE 7 (1981) 452–473. – Ernst BEZZEL, Art. Beichte III: TRE 5 (1980) 421–425. – Karl-Heinrich BIERITZ, Lektionen der Menschlichkeit, Theologische Problemanzeige zum Thema »Schuld« und »Vergebung« an einem Exempel zeitgenössischer Literatur: ZdZ 39 (1985) 120–125. – Hans VON CAMPENHAUSEN, Kirchliches Amt und geistliche Vollmacht in den ersten drei Jahrhunderten, Tübingen [2]1963. – Jürgen DIESTELMANN, Studien zur Auflösung der Privatbeichte in der lutherischen Kirche, insbesondere nach Akten aus dem Stadtarchiv Mühlhausen/Thüringen: Brüdern, Rundbrief für Christen Augsburgischen Bekenntnisses, St. Athanasius, Braunschweig Nr. 16/1964. – Hans DOMBOIS, Das Recht der Gnade I, Witten 1961. – Hans Helmut ESSER, Das Amt der Schlüssel in der Theologie und Praxis der reformatorischen Kirchen und ihre Bedeutung für die Erneuerung und Heiligung der Christen, 3. bilateraler Dialog zwischen der Rumänisch-orthodoxen Kirche und der EKD 1982: ÖR.B 51. – Peter Christoph DÜREN, Der Ablass in Lehre und Praxis, Buttenwiesen 2000. – Emil FISCHER, Zur Geschichte der evangelischen Beichte, 2 Bde, 1902/03. – Isnard W. FRANK, Art. Beichte II: TRE 5 (1980) 414–439. – Fritz GALLE, Die Beichte in der reformierten Kirche: JK 5 (1937) 45–52. – Robert W. JENSON, Visible words. The Interpretation and Practice of Christian Sacraments, Philadelphia 1978. – Peter KARNER, Versöhnung. Texte zur 2. Ökumenischen Versammlung, Graz 1997. – Christoph KLEIN, Die Versöhnung in der siebenbürgisch-sächsischen Kirche, Köln/Weimar/Wien 1993. – Laurentius KLEIN, Evangelisch-lutherische Beichte. Lehre und Praxis, Paderborn 1961. – Ulrich KÜHN, [Evangelische] Anmerkungen zum [katholischen] Sakrament der Buße: ThLZ 108 (1983) 1–16. – Hermann LÜBBE, Ich entschuldige mich. Das neue politische Bußritual, Berlin 2001. – Reinhard MESSNER, Feiern der Umkehr und Versöhnung: GDK 7/2 (1992) 9–240. – Karl Heinz NEUFELD, Karl Rahner zu Buße und Beichte. Ein Überblick: ZKTh 108 (1986) 5–61. – Helmut OBST, Art. Beichte IV: TRE 7 (1981) 425–428. – Martin OHST, Art. Buße IV/2: RGG[4] 1 (1998) 1910–1918. – Bernhard POSCHMANN, Die kirchliche Buße im ältesten Christentum bis Cyprian und Origenes, Bonn 1940. – Ders., Die abendländische

Kirchenbuße am Ausgang des christlichen Altertums (MSHTh 7), München 1928. – Ders., Die abendländische Kirchenbuße im frühen Mittelalter (BSHT 16), Breslau 1930. – David POWER, Gegen Missverständnis und Missbrauch des Sündenbekenntnisses: Conc 23 (1987) 170–173. – Erich ROTH, Die Privatbeichte und Schlüsselgewalt in der Theologie der Reformatoren, Gütersloh 1952. – Risto SAARINEN, Art. Buße IV/3c: RGG[4] 1 (1998) 1919 f. – Frank SENN, Sündenbekenntnis in den Kirchen der Reformation: Conc 23 (1987) 153–163. – Karl SCHLEMMER, Krise der Beichte – Krise der Menschen. Beiträge zur Feier der Versöhnung, Würzburg 1998. – Michael SIEVERNICH, Die »soziale Sünde« und ihr Bekenntnis: Conc 23 (1987) 124–131. – Walter UHSADEL, Evangelische Beichte in Vergangenheit und Gegenwart, Gütersloh 1961. – Herbert VORGRIMLER, Der Kampf des Christen mit der Sünde: MySal 5 (1976) 349–461. – Beate M. WEINGART, »... wie auch wir vergeben unseren Schuldigern«. Der Prozess des Vergebens in Theorie und Empirie, Stuttgart/Berlin/Köln 2000.

Hermann Lins

Die Ordination

Die Geschichte und die Gestalt der Ordination als einer gottesdienstlichen Handlung schließt notwendig die theologische Reflexion über das Wesen der Ordination auf dem Hintergrund des theologischen Verständnisses des kirchlichen Amtes ein. Im Folgenden sollen zunächst die Ansätze einer Ordination zum geistlichen Amt im Neuen Testament dargelegt werden (I). Sodann wird auf Grundzüge des katholischen Ordinationsverständnisses und die diesem heute entsprechende liturgische Gestalt einzugehen sein (II), ehe nach der Entwicklung des lutherischen Ordinationsverständnisses und der diesem entsprechenden liturgischen Gestalt (III) sowie dem Stand des ökumenischen Dialogs in der Ordinationsfrage (IV) gefragt wird. Den Abschluss bilden systematisch-theologische Überlegungen zum Ordinationsverständnis (V).

I. Zur Ordination im Neuen Testament

Ansätze einer Praxis der Ordination zeichnen sich neutestamentlich außer eventuell in Act 6,1–6 lediglich in den Pastoralbriefen ab. Den Hintergrund bildet die Entwicklung der Amtsstruktur und des Amtverständnisses, wie es sich in den paulinischen Gemeinden entwickelt hatte (vgl. zum Folgenden Roloff). Im Unterschied zu den eher rein charismatischen Leitungsdiensten, wie sie etwa im Hintergrund des Matthäusevangeliums oder auch des johanneischen Schrifttums zu erkennen sind, und im Unterschied zur Jerusalemer Urgemeinde mit der Institution des Presbyteriums, das die »Säulen« ablöste, haben sich in den paulinischen Gemeinden Dienste der Gemeindeleitung und Gemeindeverwaltung zunächst jeweils aus aktuellen Bedürfnissen heraus entwickelt. Das Ordnen und Leiten bedurfte aber auch einer gewissen Kontinuität, sodass etwa im Philipperbrief die Rede ist von »Episkopen und Diakonen« als von offenbar ständigen Ämtern (Phil 1,1). Dies hat sich in der in den Pastoralbriefen erkennbar werdenden Praxis fortgesetzt. Hier gab es eine »Tendenz zur Stabilisierung und Vereinheitlichung der festen Gemeindeämter« (522). Diese Ämter wurden – mindestens teilweise – als »Fortsetzung und Repräsentation des Handelns Jesu an den Seinen« (524) aufgefasst. Und damit verband sich, wenigstens für das Episkopenamt, die Ordination als eine Art öffentlicher Einführungsakt. Dabei ist die Handlung der Ordination offensichtlich der jüdischen Praxis entlehnt, wo bei den Schriftgelehrten »dem Schüler durch die Handauflegung der Lehrer die autorisierende Legitimation erteilt und die Gabe der Weisheit übereignet wurde« (525; vgl. Lohse, worauf in der Literatur immer wieder Bezug genommen wird). Allerdings ist der Sinn dieser Handlung entsprechend dem zu übertragenden Dienst nun anders gefüllt worden. Es ging jetzt nicht einfach um die Weitergabe von Lehre und Weisheit in einer lückenlosen Traditionskette, sondern um die »öffentliche Übertragung des zum Dienst an der Gemeinde befähigenden und verpflichtenden Amtsauftrags« (525), eines Auftrags zur geistlichen Leitung der Gemeinde. Die Handlung dieser Übertragung dürfte nach dem, was aus den Pastoralbriefen erkennbar ist, drei wesentliche Faktoren umschlossen haben: die Übergabe einer Zusammenfassung der überlieferten Lehrtradition (darin der Ordination im Judentum vergleichbar), das öffentliche Bekenntnis des Ordinanden vor der Gemeinde zu dieser Tradition, schließlich die Übertragung des Amtscharismas und Amtsauftrags auf Lebenszeit durch die Handauflegung der Episkopen (vgl. II Tim 1,6) bzw. der Mitglieder des Gemeindepresbyteriums, das es offensichtlich in diesen Gemeinden ebenfalls gab (I Tim 4,14). Gewiss ist mit diesem Ordinationsvorgang auch der

Sukzessionsgedanke verbunden. Dabei liegt der Akzent auf der »geglaubten Kontinuität des Evangeliums«, die sich allerdings »in der sichtbaren Kontinuität der sich seiner Norm unterstellenden Amtsträger der Kirche Ausdruck verschafft« (526). Es ist immer wieder diskutiert worden, ob wir es in den Pastoralbriefen bereits mit einer Entwicklung zu tun haben, die so etwas wie einen »altkatholischen« Abfall von der ursprünglichen neutestamentlichen Höhe darstellt. Demgegenüber ist darauf hinzuweisen, dass die weitergehende Geschichte der Kirche Institutionen nötig machte, die sowohl für die Kontinuität der Lehre wie für die Wahrung der Einheit der Kirche eintraten. Neben der Glaubensregel und dem Kanon des Neuen Testaments ist dies die Institution des altkirchlichen Amtes gewesen und geblieben. So stellt die frühchristliche Entwicklung, wie sie sich in den Pastoralbriefen abzeichnet, eine vom Evangelium gebotene sachliche Notwendigkeit dar. Das bedeutet allerdings nicht, dass es in der weiteren Entwicklung der Amtswirklichkeit und auch des Ordinationsverständnisses nicht auch problematische Verschiebungen gegeben hat. Nach Rohde zeigt sich die Distanz zum Frühkatholizismus in den Pastoralbriefen darin, dass hier noch kein »formaljuridisches Sukzessionsprinzip« besteht, sondern »die Dienste und Funktionen der Kirche vom Evangelium her bestimmt sind« (97). Ob das in nach-neutestamentlicher Zeit dann wirklich nicht mehr der Fall ist?

II. Das katholische Verständnis der Ordination

Es kann hier nicht Aufgabe sein, die Entwicklung des Amts- und Ordinationsverständnisses von den neutestamentlichen Anfängen an nachzuzeichnen (vgl. dazu – für den Westen – die ausführliche Darstellung von Ott). Vielmehr soll das Ergebnis zunächst im Bereich der römisch-katholischen Kirche skizziert werden. Hierzu wird auf die entsprechenden Lehrfestlegungen des Tridentinums, sodann auf die Weiterentwicklung im Zweiten Vatikanum, schließlich auf die gegenwärtig gültige liturgische Gestalt der Priester- und Bischofsweihe eingegangen.

A. Das Tridentinum

Das Trienter Dekret und die ihm angeschlossenen Canones De sacramento ordinis haben versucht, gegenüber den Reformatoren die katholische Lehrform, wie sie sich damals darstellte, zu umreißen. Die Canones beginnen damit, die Existenz eines kirchlichen Priestertums festzustellen, dessen entscheidendes Merkmal die Fähigkeit ist, in der Eucharistiefeier zu konsekrieren und Leib und Blut des Herrn zu opfern sowie die sakramentale Sündenvergebung vorzunehmen. Dies wird gegen ein Verständnis des Amtes als Predigtamt festgehalten, wie es die Reformation vertrat (can. 1). Dieses priesterliche Amt ist die höchste Stufe einer aufsteigenden Linie von 7 Weihestufen (can. 2, vgl. Kap. 2 des Dekrets), wie sie in der mittelalterlichen Tradition festgelegt worden war und der kirchlichen Weihepraxis entsprach. Für die Ordination gilt, dass sie ein von Christus eingesetztes Sakrament ist; und zwar trifft das nach der überwiegenden mittelalterlichen Lehrtradition für alle 7 Weihestufen zu, die allerdings insgesamt nur als ein Sakrament aufgefasst werden (vgl. Ott 87–91). Das ist mit der Einsetzung durch Christus, die (nach Kap. 1 des Dekrets) im Zusammenhang der Einsetzung der Eucharistie erfolgte, nur so zusammen zu denken, dass die »niederen« Weihestufen funktional auf den eucharistischen Gottesdienst bezogen sind und ihre Vollendung in der Priesterweihe erfahren.

Der sakramentale Sinn der Ordination wird dahingehend bestimmt, dass durch die Ordination der Heilige Geist verliehen wird (can. 4). Dabei verweist das Dekret (Kap. 3) auf Worte und äußere Zeichen, durch die solches geschieht, wobei bei den Worten offenbar an die in can. 4 erwähnte Formel »Empfangt den Heiligen Geist« gedacht ist, während die »äußeren Zeichen« nicht näher spezifiziert sind. Man darf hier wohl nicht zu vorschnell allein (oder überhaupt) an die – gar nicht eigens erwähnte – Handauflegung denken; vielmehr ist z.B. nach Thomas die Übergabe von Kelch und Patene die eigentliche »Materie« dieses Sakraments, während Handauflegung, Salbung und Segnung nur zu den vorbereitenden Akten gehören (Ott 95). Allerdings teilt nach Thomas dennoch die Handauflegung die Fülle der Gnade mit, nur nicht den sacerdotalen »Charakter« (S.th. Suppl. q. 37, a. 5); das Tridentinum verteidigt hingegen die Notwendigkeit der Salbung bei der Priesterweihe (can. 5). Mit dem sacerdotalen »Charakter« ist die Unverlierbarkeit der priesterlichen Vollmacht und des priesterlichen Auftrags gemeint, weshalb ein Priester nicht wieder zum Laien werden kann. Ein auch auf den Debatten des Trienter Konzils sehr umstrittener Gegenstand war die hierarchische Stufung des Amtes (Bischof, Presbyter, andere Ämter). Dabei war – von der Tradition her – klar, dass der Bischof nicht einen eigenen Weihegrad beanspruchen kann; denn seine priesterliche (sacerdotale) Vollmacht unterscheidet sich nicht von derjenigen der Presbyter. Der Gebrauch des Wortes »Presbyter« für die vom Bischof unterschiedenen priesterlichen Amtsträger rührt offenbar daher, dass es sich jetzt um eine eher jurisdiktionelle Frage handelt. Klar war auf der anderen Seite, dass es tatsächlich eine jurisdiktionelle Überordnung der Bischöfe über die Presbyter und die anderen, niederen kirchlichen Ämter gibt. Umstritten war auf dem Konzil indessen, in welchem Sinn, ja ob man hier von einem »göttlichen Recht« (ius divinum) sprechen kann; der Ausdruck »divina ordinatione institutam« stellt einen Kompromiss dar (Ott 121–127), der nicht ohne Bedeutung für das gegenwärtige ökumenische Gespräch ist. Klar war aber wiederum, dass allein dem Bischof die Fähigkeit zur Konfirmation und zur Ordination zuzuerkennen ist (can. 7). Amtsträger, die nicht von einem Bischof ordiniert sind, sind »illegitime«, also unrechtmäßige Diener des Wortes und der Sakramente. Es ist umstritten, ob hiermit eine völlige »Ungültigkeit« von Ordinationen, die nicht vom Bischof vollzogen worden sind, gemeint ist (vgl. Hübner 140 f. zu LV 164). Das Dekret (Kap. 4) beschränkt zwar die Vollmacht zur Ordination ausdrücklich auf die Bischöfe, weist im übrigen aber nur diejenigen als bloß vermeintliche Amtsträger zurück, die allein aufgrund weltlicher Investition zu ihrem Dienst gekommen sind. Schließlich wird festgestellt, dass die Autorität des Papstes in jedem Falle die hinreichende Bedingung für die Legitimität und die Vollmacht der Bischöfe ist (can. 8). Offenbar ist aber nicht ausgeschlossen, dass es durchaus Bischöfe (z.B. in den Ostkirchen) gibt, die auch ohne Unterstellung unter die päpstliche Jurisdiktion ihrer sakramentalen Vollmacht nach wirkliche Bischöfe sind.

Drei entscheidende Merkmale werden demnach im Tridentinum gegenüber dem, was man für das evangelische Verständnis von Amt und Ordination hielt, festgehalten (vgl. Schneider 248): (1) Es gibt ein von Christus eingesetztes priesterliches (sacerdotales) Amt mit Auftrag und Vollmacht, in der Eucharistie zu konsekrieren und das Opfer darzubringen sowie mit Vollmacht zur sakramentalen Absolution. (2) Dieses Amt wird mit der Handlung der Priesterweihe (sacra ordinatio) übertragen. (3) Eine solche Priesterweihe kann und darf nur der rechtmäßige Bischof – als den normalen Priestern (Presbytern) übergeordnet – vollziehen. Dabei ist der antireformatorische Impuls insbesondere bei dem ersten und dem dritten Moment deutlich.

Die Reformation hatte das der Kirche eingestiftete besondere Amt als »Predigtamt«, konkret als Dienst der öffentlichen Wortverkündigung und der Verwaltung der Sakramente begriffen und hatte sich dezidiert gegen den Gedanken des Opferpriestertums ausgesprochen. Außerdem waren die Reformatoren dazu übergegangen, Ordinationen ohne die Beteiligung »legitimer« Bischöfe vorzunehmen, weil diese die Ordination evangelischer Amtsträger verweigerten. Im Blick auf den »sakramentalen« Sinn der Ordination war indessen die Differenz kaum so groß, wie man dem Tridentinum entnehmen könnte. Nur dass die Sakramentalität der Ordination an der Übergabe der Geräte und nur indirekt an der Handauflegung hängen sollte, wurde von den Reformatoren bestritten (vgl. LV 160).

B. Das Zweite Vatikanum

Das Zweite Vatikanum hat das Amts- und Ordinationsverständnis des Tridentinums in mehrfacher Hinsicht weiterentwickelt bzw. neu interpretiert (vgl. bes. LG 24–27, für die Priester 28). Das Verständnis des bischöflichen und des priesterlichen Amtes ist jetzt stärker am Gedanken des Dienstes (ministerium) und der Sendung (missio) als an demjenigen der sacerdotalen potestas des Geweihten orientiert. Der übergeordnete Begriff ist »ministerium ecclesiasticum«, nicht mehr »sacerdotium« (28). Es geht um den Dienst am Volk Gottes und an der Welt. Die Beschreibung der Aufgaben des ordinierten Amtsträgers erfolgt jetzt nach der Maßgabe der Lehre von den drei Ämtern Christi: dem prophetischen, dem priesterlichen und dem königlichen Amt – nämlich als Dienst der Verkündigung und Lehre, des Vollzugs des eucharistischen Gottesdienstes, der Leitung der Kirche.

Dabei steht in bemerkenswerter Weise die Verkündigungsaufgabe im Vordergrund, womit ein entscheidender Impuls des reformatorischen Amtsverständnisses aufgenommen wird. Die hierarchische Stufung der Kirche wird noch vorsichtiger als im Tridentinum auf Gottes Handeln zurückgeführt. »So wird das aus göttlicher Einsetzung kommende kirchliche Dienstamt in verschiedenen Ordnungen ausgeübt von denen, die schon seit alters Bischöfe, Priester, Diakone heißen« (28). Die göttliche Einsetzung (»divinitus institutum«) wird jetzt nur noch für das »ministerium ecclesiasticum« schlechthin festgestellt, während im Blick auf die hierarchische Stufung offensichtlich dem Tatbestand ihrer geschichtlichen Entwicklung Rechnung getragen wird. Ausgebaut bzw. weithin neu entfaltet wird im Zweiten Vatikanum so etwas wie eine Theologie des Bischofsamtes. Hierzu gehört, dass das Bischofsamt betont als Nachfolgeamt der Apostel und also auf göttlicher Einsetzung (divina institutione, 20) beruhend beschrieben wird, sodass das von Gott gesetzte »ministerium ecclesiasticum« seine wesentliche und eigentliche Gestalt im Bischofsamt hat und die Priester die Stellung von »sorgsamen Mitarbeitern«, als »Hilfe und Organ des Bischofsamtes« (28) haben. Hierzu gehören sodann die gewichtigen und in der Interpretation auch umstrittenen Aussagen über das Bischofskollegium und sein Verhältnis zum Primat des Papstes (22). Hierzu gehört schließlich – und das betrifft nun das Ordinationsverständnis –, dass jetzt die Bischofsweihe als eine Art eigener, höchster Weihegrad beschrieben wird: Von der »Fülle des Weihesakraments« (plenitudo sacramenti Ordinis, 21) ist die Rede und davon, dass die Priester (presbyteri) nicht die »höchste Stufe der priesterlichen Weihe« (pontificatus apicem) haben, wenn sie auch mit den Bischöfen in der »priesterlichen Würde« (sacerdotali honore) verbunden sind (28). Neben den Bischöfen wird als dritter hierarchischer Stufe vom Diakonenamt gesprochen, das vom Zweiten Vatikanum als eigenständiger Dienst wieder eingeführt wird (29). Dagegen ist von den sieben Weihestufen, die im Tridentinum verteidigt und festgeschrieben werden, jetzt nicht mehr die Rede. Man wird, was die Ordination betrifft, auch im Blick auf das Zweite Vatikanum von dem *einen* Sakrament des Ordo zu sprechen haben, das sich allerdings in seiner Fülle nur in der Bischofsweihe realisiert, während die beiden anderen Weihestufen sozusagen unvollständige Formen dieses Sakraments darstellen. Zusammengebunden sind die drei Stufen der Weihe durch den übergreifenden Gesichtspunkt des einen »ministerium ecclesiasticum«. Die Frage der Bindung der Ordinationsvollmacht an den Bischof wird im Sinne des Tridentinums festgehalten und durch den Gedanken der Abhängigkeit der Priester von den Bischöfen noch verstärkt (28). Die Unabdingbarkeit der Ordination durch Bischöfe, die ihrerseits in der episkopalen apostolischen Tradition stehen, wird unter ökumenischem Aspekt im Dekret über den Ökumenismus angesprochen und zwar so, dass wegen des »sacramenti Ordinis defectus« (heißt es »Fehlen« oder nur »Mangel an der Vollgestalt« des Weihesakraments? – vgl. Kühn 1990a, 216) in den reformatorischen Kirchen (communitates ecclesiales a nobis seiunctae) die »integra substantia Mysterii eucharistici« nicht gegeben sei (UR 22). An dieser Stelle ist die ökumenische Verständigung besonders schwierig.

C. Der liturgische Vollzug

In welcher Form schlägt sich das dogmatische Verständnis des Priesteramtes und der Weihe im liturgischen Vollzug nieder? Nach der jetzt gültigen liturgischen Form der Priesterweihe – der seit 1968 gültige Liber de Ordinatione Diaconi, Presbyteri et Episcopi (Priesterweihe GAK 84–92) ist an die Stelle des bis dahin gültigen Ritus von 1596 getreten und hat u.a. zu wesentlichen Straffungen und einem klaren theologischen Profil geführt (vgl. Schulz 1972, 27 f.; Lengeling; Fischer) – wird diese in einem eucharistischen Gottesdienst zwischen Wortgottesdienst und Eucharistiefeier vollzogen. Ordinator ist in jedem Falle der Bischof. Die Handlung besteht aus mehreren Teilen. Im ersten Teil (Eröffnung der Weihe) bezeugt zunächst der mit amtierende Diakon vor dem Bischof und der Gemeinde, dass die Würdigkeit der Kandidaten sowohl vom befragten »Volk« wie von den »Verantwortlichen« bestätigt worden ist. Eine Mitwirkung der Gemeinde ist also durchaus im Blick. In der darauf folgenden vorformulierten Ansprache fällt die terminologische Unterscheidung zwischen »Presbyter« (Mitarbeiter des Bischofs) und dem ihm übertragenen »priesterlichen Amt« auf (entsprechend der Terminologie in Trient und im Zweiten Vatikanum), das im Einzelnen wiederum als Amt des Lehrens, des priesterlichen Dienstes und der Leitung (entsprechend dem prophetischen, priesterlichen und Hirtenamt Christi) entfaltet wird. In den sich daran anschließenden Fragen zum Gelöbnis der Kandidaten wird zuerst die Leitung, danach die Feier des Gottesdienstes, als drittes die Verkündigung der Frohbotschaft genannt, angeschlossen werden Fragen zur Bereitschaft des Dienstes an den Bedrängten und zur Bereitschaft der persönlichen Heiligung. Am Ende, sozusagen als Einbindung des Ganzen, gelobt der Kandidat dem Bischof »Ehrfurcht und Gehorsam«. Die kirchenrechtliche Folge dieser Gehorsamsverpflichtung ist die sog. »Inkardination«, die besagt, dass der Geweihte mit seiner Weihe einer bestimmten Teilkirche (oder einer vergleichbaren kirchenrechtlichen Einheit) eingegliedert (inkardiniert) wird und damit dem zuständigen Bischof rechtlich untersteht (vgl. CIC can. 165–272). Eine konkrete Lehrverpflichtung ist – abgesehen vom Hinweis auf den »katholischen Glauben« bei der Verpflichtung auf die Verkündigung der Frohbotschaft – nicht vorgesehen. Der zweite Teil der Weihehandlung besteht aus der Allerheiligenlitanei als umfassender Bitte um den Heiligen Geist für die Kandidaten, sodann der – zunächst schweigenden – Handauflegung durch den Bischof und alle anderen anwesenden Priester, schließlich und damit verbunden dem Weihegebet, das den zu Weihenden die priesterliche Würde und den Geist der Heiligkeit von Gott erbittet. Eine exhibitive Weiheformel (»Nehmt hin den Heiligen Geist«), wie sie im früheren Weiheritus vorgesehen war, gibt es nicht mehr. Die im Anschluss an das Weihegebet vorgesehenen vier Handlungen gehören offensichtlich nicht im engeren Sinne zum Wesen der Priesterweihe. Es handelt sich um das Anziehen der priesterlichen Gewänder, die Salbung der Hände, die Überreichung von Kelch und Patene und als Abschluss den Friedensgruß des Bischofs an jeden Neugeweihten.

III. Amt und Ordination im Verständnis der lutherischen Tradition

A. Die Lehre vom Amt

Die lutherische Lehre von der Ordination ist vielfach im fundamentalen und bewussten Widerspruch zum römisch-katholischen Amts- und Ordinationsverständnis gesehen worden. »Die Reformation schließt in sich die grundsätzliche Aufhebung des Priestertums der römischen

Kirche« (Rietschel/Graff 836). Daran ist richtig, dass die Reformation in der Tat den Charakter des kirchlichen Amtes als eines Opferpriestertums vehement bestritten hat, und dass sie im Zusammenhang damit auch ein Verständnis der Ordination als Priesterweihe, die die Fähigkeit und Qualität zum Konsekrieren und zum Opfern in dem Ordinierten schafft, abgelehnt hat. Luther hat demgegenüber zu Recht betont, dass in der Taufe die wahre Weihe zu Priestern, nämlich zu dem allen Christen gemeinsamen allgemeinen Priestertum erfolgt (WA 6,407.564; 12,178 f. u.ö.). Wir haben indessen gesehen, dass sich das römisch-katholische Verständnis von Amt und Ordination gegenüber einer Vorstellung, wie die Reformatoren sie bekämpften, erheblich gewandelt hat, dass die katholische Theologie z.B. das funktionale Verständnis des ordinierten Amtes und die allein auf die Ausübung der Funktion – und nicht auf eine etwaige Qualität der Person – bezogene Geistausrüstung betont. Insofern ist die Frage nach dem Verhältnis von katholischem und reformatorischem Amts- und Ordinationsverständnis durchaus eine weiter zu diskutierende Frage, die auch noch einmal angesichts gegenwärtiger ökumenischer Verständigungsbemühungen eigens zu thematisieren ist.

Für Luther gehört es zu den Kennzeichen der Kirche, dass sie Ämter hat (vgl. Kühn 1990a, 30 f.). Dabei ist an solche Personen (Bischöfe, Pfarrer, Prediger) gedacht, die das Wort Gottes treiben und Abendmahl, Taufe und Schlüssel handhaben. Allerdings haben diese Ämter nur von den von ihnen wahrgenommenen Funktionen her ihren Sinn. Es ist für Luther zunächst einmal eine Frage der Ordnung, dass nicht alle Glieder der Gemeinde – obwohl sie alle in der Taufe zu Priestern geweiht sind – den Dienst des Wortes und der Sakramentsdarreichung gleichermaßen vornehmen können. Dennoch ist es nicht so, dass nun einfach die Gemeinde nach Zweckmäßigkeitserwägungen in ihrem Namen einige Personen diese Funktionen wahrnehmen lässt, vielmehr ist es Gott selbst, ist es Christus im Heiligen Geist, der in der Gemeinde zu solchen Ämtern und Diensten beruft. Aber Christus tut dies um einer notwendigen Ordnung willen, sodass hier zwei Linien des Amtsverständnisses Luthers, die häufig gegeneinander ins Feld geführt wurden, auf einen Punkt konvergieren.

Der funktionale Ansatz des Amtsverständnisses findet sich auch bei Melanchthon und in den lutherischen Bekenntnisschriften. In CA V ist vom »ministerium docendi evangelii et porrigendi sacramenta« die Rede, das von Gott gestiftet ist. Wörtlich meint dies: Es ist ein Dienst, den Gott in der Kirche eingesetzt hat (den funktionalen Ansatz des lutherischen Amtsverständnisses betonen auch Autoren wie Heubach und Dombois). Verschiedentlich ist dann freilich auch behauptet worden: Mehr als eine für die Kirche grundlegende bloße Funktion ist mit diesem »institutum est« nicht gemeint (Haendler 346; Kühn 1970, 204). Aber ein Studium der entsprechenden Überlegungen Melanchthons in anderen Schriften belehrt darüber, dass Melanchthon eine solche rein funktionale Institution niemals gemeint hat, dass vielmehr bei dem »ministerium« sofort auch an die ministri gedacht ist. Von daher gliedert sich bei ihm die Kirche in eine Kirche der Lehrenden und eine Kirche der Hörenden, und er kann das Bild vom »coetus scholasticus« gebrauchen, der die Kirche sei (Kühn 1990a, 46). Die Idee vom allgemeinen Priestertum, an Stelle dessen das Amt als »Mund aller« das Evangelium verkündigt, tritt bei ihm (und auch in den lutherischen Bekenntnissen) zurück, ebenso konvergiert im melanchthonischen Denken das Amtsverständnis auf das *eine* Predigtamt (einschließlich Sakramentsverwaltung) hin, während noch der späte Luther regelmäßig von *Ämtern* in der Kirche sprach.

Ein in unserem Zusammenhang und dann auch für das Ordinationsverständnis entscheidender Aspekt des lutherisch-reformatorischen Amtsverständnisses liegt darin, dass die Stufung des Amtes in Pfarrer (Presbyter) und Bischöfe zwar als vorgegeben anerkannt wird, dass diese Stufung jedoch als geschichtliche Entwicklung erscheint, die als solche nicht »göttlichen Rechtes« ist. Vielmehr sind die entscheidenden Funktionen auf beiden Ebenen die gleichen, nur dass der Bischof (aber eben aufgrund der menschlichen Kirchenordnung) die Vollmacht hat, die Pfarrer zu visitieren und zu ordinieren. In CA XXVIII ist freilich das Ordinationsrecht der Bischöfe nicht erwähnt, jedoch in Melanchthons Tractatus de potestate et primatu Papae n. 64 mit Hinweisen auf Hieronymus. Daraus ergibt sich, dass eine im Notfall vollzogene Ordination von Pfarrern durch Pfarrer durchaus eine gültige Ordination, also »jure divino rata« ist (Tract 65). Dies markiert einen gravierenden Unterschied zum römisch-katholischen (und auch zum orthodoxen) Amtsverständnis, wird aber – mit historischem Recht – in der Entwicklung der Ämterstruktur vom Neuen Testament hin zur Alten Kirche begründet. Ein eigenes Diakonenamt oder andere Ämter, zu denen ordiniert wird, sind in der lutherischen Reformation und der weiteren lutherischen Entwicklung nicht vorgesehen. Anders ist es in der anglikanischen Kirche; ebenso ist in der reformiert-calvinistischen Tradition die Pluralität kirchlicher Ämter im Ansatz gewahrt (vgl. Kühn 1990a, 65 f.).

B. Übertragung des Amtes durch die Ordination

Es ist für die Reformation selbstverständlich, dass die Übertragung des ministerium verbi et sacramentorum durch die Ordination erfolgt. »De ordine ecclesiastico docent, quod nemo debeat in ecclesia publice docere aut sacramenta administrare nisi rite vocatus« (CA XIV). Es ist nicht richtig, hier einen engeren Amtsbegriff als in CA V zu sehen, der durch das »publice« angezeigt sei. Vielmehr geht es auch bereits in CA V um den Dienst der »öffentlichen« Lehre und Verkündigung des Evangeliums, der durch Ordination übertragen wird (vgl. Confessio 139.150). Der in CA XIV verwendete Ausdruck »rite vocatus« meint den Ritus der Amtsübertragung, wie er damals von den Bischöfen vollzogen wurde und wie die Reformatoren ihn zu jener Zeit noch von diesen Bischöfen für die evangelischen Prediger erhofften (vgl. dazu Dombois 542–544; ferner Confessio 150). Tatsächlich haben die katholischen Bischöfe sich aber verweigert, und deshalb ist es als »Notmaßnahme« zur Ordination von Pfarrern durch Pfarrer gekommen, die indessen theologisch legitimiert schien.

Der Ausdruck »rite vocatus« erinnert an die Entwicklung des reformatorisch-lutherischen Ordinationsverständnisses sowie an Kontroversen im späteren Luthertum. Es lässt sich bei Luther z.B. in seinen einschlägigen Schriften von 1523 (»Dass eine christliche Versammlung oder Gemeinde Recht und Macht habe«, WA 11,408–416; »De instituendis ministris« (WA 12,169–196; vgl. auch die Einleitung zu Luthers Ordinationsformular: WA 38,401–422) nachweisen, dass er die Berufung eines Pfarrers als Sache der Gemeinde beschreibt, und dass solche Berufung – also der eigentliche Akt der Übertragung des Dienstes am Wort – gar nicht primär in Form einer gottesdienstlichen Handlung geschieht (vgl. Rietschel/Graff 844–848). Vielmehr sei entscheidend die Prüfung der betreffenden Person im Blick auf ihre Tüchtigkeit und Würdigkeit, und sodann die förmliche Übertragung des Predigtamtes, die Luther in seinen Überlegungen durchaus weltlichen Autoritätsträgern (den Standesherrn, Grundbesitzern usw.) zuerkennen konnte. Die in diesem Zusammenhang vorgesehenen gottesdienstlichen Handlungen mit Handauflegung und Gebet hatten den Sinn einer »confirmatio et commendatio« (Bestätigung und Empfehlung an die Gemeinde), also eher eines Introduktionshandelns aufgrund einer vorangegangenen Berufung. Luther hat einen solchen gottesdienstlichen Akt zum ersten Mal 1525 durchgeführt. Der Ausdruck »Ordination« wird hier im Blick auf das gesamte Berufungsgeschehen gebraucht. Zu evangelischen Ordinationen im Sinne einer generellen Berufung und Segnung im Gottesdienst kam es erst Mitte der dreißiger Jahre des 16. Jh., als klar war, dass die katholischen Bischöfe Ordinationen für evangelische Prediger vorzunehmen nicht mehr bereit waren. Diese gottesdienstliche Handlung hatte auch jetzt noch den Sinn der Approbation einer ordnungsgemäß (bereits vorher) erfolgten Vokation (Rietschel/Graff 852). Aber zugleich wird in Form von Fürbitte mit Handauflegung und Sendung die Berufung in das geistliche Amt nun grundlegend als geistliches Geschehen verstanden. Es geht um eine Amtsübergabe auf Lebenszeit, auch wenn sie weithin am ersten konkreten Dienstort des Ordinierten geschah und damit zugleich den Sinn einer Introduktion hatte (Schulz 1979, 11–19).

Dass die Reformatoren mit solchem Handeln einen geistlichen Vorgang im Auge hatten, dem zwar ein anderes Amtsverständnis zugrunde lag, dem aber die gleiche Dignität und »Gültigkeit« wie eine Ordination in der bisherigen katholischen Kirche zukam, wird deutlich an den Ausführungen Melanchthons über die Ordination in der ApoCA. Melanchthon spricht von der Handauflegung als dem Vollzug des göttlichen Auftrags, das Amt zu übertragen, und nennt sie ein Sakrament (Apol. XIII,11 f.). Es sei Gott selbst, der hier das übertragene Amt bestätigt und der in diesem Dienst anwesend ist. Diese Aussagen sind im Sinne einer dem Amtsträger durch die Handauflegung verliehenen geistlichen Ausrüstung zur Ausübung seines Dienstes, nicht aber als eine die Person als solche erhöhende Qualität zu interpretieren. Aber man kann nicht sagen, es sei »unevangelisch und unlutherisch«, wenn der Handauflegung eine wesentliche Bedeutung innerhalb der Ordination beigelegt wird (gegen Rietschel/Graff 853, der sich hier gegen lutherische Theologen des 19. Jh. wendet). Auch in der reformierten Tradition ist im übrigen die Handauflegung im Zusammenhang der Bitte um den Heiligen Geist bei der Ordination bis auf Ausnahmen selbstverständlich (vgl. Schulz 1979, 22–27).

C. Die Entwicklung des Ordinationsformulars

Die Entwicklung des Ordinationsformulars in den lutherischen Kirchen geht aus von einer bei Luther deutlich sichtbaren Grundform, die von einer Doppelbewegung gekennzeichnet ist. »Die grundlegenden Stücke sind Gottes Wort und Gebet. Beides setzt sich jeweils zusammen aus dem exemplarischen Wort der Schrift (Lesungen bzw. Gebet des Herrn) und dem daraus schöpfenden Wort für den gegenwärtigen Anlass (Anrede auf Grund der Lesung bzw. Gebet in Weiterführung des Vaterunser). Auch die Zuspitzung auf die Person des Ordinanden folgt dem doppelten Ansatz: Lesung und Anrede finden ihr Ziel in Frage des Ordinators und Antwort des Ordinanden, während das fürbittende Gebet durch Handauflegung und abschließende Voten dem Ordinanden tröstlich und verpflichtend ›auf den Leib‹ rückt« (Schulz 1972, 3 f.). Eine sog. Vollzugsformel, die dem Geschehen zugleich einen rechtlich-administrativen Sinn gibt, fehlt bei Luther – und das steht in erstaunlicher Nähe zum revidierten katholischen Weiheformular (Schulz 1972, 22). Sehr bald hat es dann im Bereich der lutherischen Kirchen Formulare mit einer solchen Vollzugsformel gegeben, etwa in Hessen mit den Worten: »So ordne und bestätige ich nun von wegen der Kirche Gottes euch auf eure gegebene Zusage zum ordentlichen Diener der Kirche und Lehrer des Heiligen Evangeliums, im Namen Gottes des Vaters usw. Amen« (Rietschel/Graff 856). Die Vollzugsformel wird verschieden formuliert, z.B. erscheinen die Termini »weihen«, »senden«, »übertragen» (des Predigtamtes), oder es heißt: »Wir geben euch hiermit ... das Recht, das Evangelium zu predigen und die Sakramente nach Christi Einsetzung und Befehl auszuteilen ...« (so Bayrische Pfalz), oder es ist von »überantworten« des Predigtamtes die Rede (so in Braunschweig; vgl. Rietschel/Graff 860 f.). Durch diese Vollzugsformeln – die es so im katholischen Ritus nicht mehr gibt –, wird die Ordination zu einem Akt, in welchem zusammen mit der Bitte um den Heiligen Geist die auch rechtlich wirksame Übertragung des Predigtamtes der Kirche in einem »performativen« Sinn erfolgt.

D. Gegenwärtige Ordinationsagenden

Die gegenwärtigen gültigen Ordinationsagenden der evangelischen Kirchen in Deutschland sind in Aufbau und Inhalt einander weithin ähnlich. Der Vorschlag eines Ordinationsformulars ohne

Segen durch Handauflegung, wie ihn der Ausschuss der EKU »Amt und Gemeinde« im Jahre 1970 vorgelegt hat (vgl. Gemeinde – Amt – Ordination 25–27), konnte sich in dieser Form nicht durchsetzen, wenn auch wichtige Intentionen des hier entwickelten Amtsverständnisses etwa in das Ordinationsformular des Bundes der Evangelischen Kirchen in der DDR eingegangen sind. Zu den neueren Entwürfen insgesamt vgl. die Übersichten bei Schulz 1972, 23–54. Anhand der seit 1987 gültigen Neufassung der Agende IV der VELKD sollen mit vergleichendem Blick auf das wegen seiner Varianten bedeutsame Ordinationsformular des ehemaligen Bundes der Evangelischen Kirchen in der DDR von 1979 (Ordnung der Ordination) und desjenigen der Arnoldshainer Konferenz von 1972 (Schulz: GAK, 60 f.) einige theologische Aspekte des hier dokumentierten Ordinationsverständnisses benannt werden.

(1) Sowohl in der Einleitung der Ordinationsliturgie wie dann auch in der (noch zu erwähnenden) Ordinationsformel begegnen verschiedene Vorschläge der Benennung des Dienstes, zu dem ordiniert wird. Wenn die Ordination entweder »zum Amt der öffentlichen Wortverkündigung und Sakramentsverwaltung« erfolgen soll oder aber »zum Dienst im Amt der Kirche«, dann zeigt sich darin eine bislang nicht voll bewältigte Spannung im lutherischen Amtsverständnis. Handelt es sich um einen, wenn auch zentralen, Dienst, neben dem es grundsätzlich weitere Dienste und Ämter gibt, aus deren Zusammenhang heraus der besondere Dienst allererst richtig zu verstehen ist, oder wird zum Dienst in dem (einen) Amt der Kirche ordiniert? Das Ordinationsformular des Bundes der Evangelischen Kirchen in der DDR formulierte hier eindeutiger in Richtung des erstgenannten Verständnisses und nahm damit Einsichten über das prinizpielle Miteinander verschiedener Ämter und Dienste in der Kirche auf, wie sie theologisch und praktisch in den Kirchen der DDR von Bedeutung gewesen sind, wie sie aber auch in den erwähnten Überlegungen des EKU-Ausschusses leitend waren.

(2) Die Lesungen betonen den Gesichtspunkt der vielen Dienste und Ämter durch Vorschlag von Eph 4,11–13, wenn diese Lesung auch fakultativ ist. Fakultativ ist auch die Lesung I Tim 6,11–12. Die früher übliche Lesung I Tim 3,1–7 ist in Wegfall geraten, damit gewiss auch die dort für heutige Hörer missverständliche Rede vom »Bischofsamt«, zugleich tritt damit aber der Amtsbegriff der Pastoralbriefe überhaupt in den Hintergrund.

(3) Ein ausformulierter sog. »Ordinationsvorhalt« gehört eher in die Tradition der EKU-Kirchen (vgl. Schulz 1972, 27–33), findet sich jedenfalls im VELKD-Formular nicht. Es werden aber Fragen an den Ordinanden formuliert, in denen neben den Grundverpflichtungen des Dienstes, zu dem ordiniert wird, auch die Verpflichtung auf die Heilige Schrift und auf die lutherischen Bekenntnisse ausgesprochen wird. Damit wird die konfessionskirchliche Einbindung des Amtes, zu dem ordiniert wird, festgestellt. Dies hat dann eine Bedeutung für das ökumenische Mit- und Zueinander der jeweiligen ordinierten Ämter (s.u.). Im Formular des Bundes der Evangelischen Kirchen in der DDR begegnet ein Ordinationsvorhalt, in dem besonders ausführlich und eindrücklich ausgesprochen wird, dass das Amt, zu dem ordiniert wird, sowohl in die Gemeinschaft der anderen Dienste in der Gemeinde gestellt wie insgesamt an die Gemeinde und ihr Mittragen und auch ihre kritische Begleitung gewiesen ist. Damit soll ein bloßes Gegenüber von Amt und Gemeinde überwunden werden. Ähnliche Akzente setzt der Vorhalt des Formulars der Arnoldshainer Konferenz. Die Verpflichtung auf die reformatorischen Bekenntnisse erscheint im DDR-Formular im Text des Vorhalts, bei der Arnoldshainer Konferenz in der Ordinationsfrage.

(4) Das folgende, durch das Vaterunser eingeleitete, Ordinationsgebet enthält die Bitte um den Heiligen Geist für den Ordinanden. Bereits bei diesen Gebeten können (fakultativ) die Hände aufgelegt werden und erweisen solche Handauflegung dann als einen Gebetsgestus. Die Handauflegung ist indessen verbindlich vorgesehen bei der dann folgenden Ordinationsformel

(Sendungsformel), deren entscheidende Formulierung lautet: »... im Vertrauen auf seine Verheißung berufen, segnen und senden wir dich ...« Hier ist festgehalten, dass die Ordination in dreifacher Hinsicht in den Dienst hineinnimmt, wobei die Berufung eher das »woher«, die Sendung das »wohin« des Beauftragten markiert, während es in der Segnung um die erbetene Gabe des Heiligen Geistes geht. Die Auflegung der Hände wird zum effektiven Zeichen des in der Ordination Geschehenden. Eine Schwierigkeit besteht indessen im Blick auf das Element der Berufung. In einem der Ordinationsgebete, die der Vollzugsformel vorausgehen, wird von der »Berufung« als einem schon vorausgegangenen Geschehen gesprochen – wobei vermutlich sowohl an die innere Berufung des Ordinanden wie an die vorangegangene Prüfung und Ausbildung seiner Person gedacht ist. Dies steht in offensichtlicher Spannung zu der Ordinationsformel, die selbst – als performatives Geschehen – für den Akt der Berufung steht. Konsequenter ist demgegenüber das Ordinationsformular des Bundes der Evangelischen Kirchen in der DDR, das in der Ordinationsformel (mit Handauflegung) lediglich von der »Sendung« zum Dienst spricht, während von Berufung in den vorangegangenen Texten teils im Blick auf die Taufe, teils im Blick auf die der Ordination unmittelbar vorangegangenen inneren und äußeren Auswahlvorgänge gesprochen wird. Aber auch hier gibt es dann ein Gebet, in dem auf die noch ausstehende und nun in der Ordination erfolgende Berufung vorausgeblickt wird. Auch hier zeigt sich also die Spannung und Schwierigkeit, die letztlich die gleiche Schwierigkeit ist, die bereits in der lutherischen Tradition zu unterschiedlichen Gewichtungen und Verständnissen des Ordinationsgeschehens geführt hat. Das Formular der Arnoldshainer Konferenz sieht die Handauflegung lediglich für das abschließende Segensvotum vor.

Wie bereits erwähnt, kennt das katholische Ordinationsformular eine solche Ordinationsformel nicht mehr und trifft sich an dieser Stelle mit dem Ordinationsformular Luthers von 1535. In der Formel wird allerdings nur verbalisiert, was sowohl in Luthers früher Agende wie in der römischen Weiheliturgie de facto ebenfalls geschieht, dass es nämlich in der Ordination neben dem geistlichen zugleich um ein rechtsverbindliches Auftragsgeschehen geht. Man sollte dies nicht als eine fatale Verrechtlichung kritisieren, sondern sollte es – mit der überwiegenden evangelischen Tradition – als eine sachlich zutreffende Formulierung dessen, was in der Ordination tatsächlich geschieht, akzeptieren.

Auf vier Dinge ist darüber hinaus noch hinzuweisen:

- Nach der Agende der VELKD ist Ordinator »der Bischof oder ein dazu Beauftragter«. Weithin wird de facto in den evangelischen Kirchen die Ordination, jedenfalls wo sie in der jeweiligen künftigen Dienstgemeinde des Ordinanden erfolgt, durch den Superintendenten/Dekan vollzogen, also immerhin durch den Träger eines kirchenleitenden Amtes.
- Die Ordination findet entweder für mehrere Ordinanden gemeinsam statt. Darin kommt die gesamtkirchliche Einbindung der künftigen Amtsträger zum Ausdruck, ihr Eingefügtsein in den »ordo« der Träger dieses zentralen Dienstes. Oder die Ordination wird für einen je Einzelnen am Ort seines künftigen Dienstes (in der Gemeinde, in die er gesandt wird) vollzogen. Damit wird die Ausrichtung der Ordination auf den konkreten Dienst unterstrichen, wobei dann die Ordination zugleich die Funktion der Introduktion erhält, wie es in der lutherischen Tradition häufig anzutreffen war (Schulz 1979, 11–19).
- Die Agenden sehen jedoch neben den Ordinationshandlungen eigene Einführungshandlungen vor, die die prinzipielle Differenz von (genereller) Ordination und (spezieller) Zuordnung zu einer Gemeinde sichtbar machen.
- Für die anderen Dienste der Verkündigung und der caritativen Tätigkeit in der Gemeinde ist eine eigene »Einsegnungshandlung« vorgesehen. Abgesehen von der »Vollzugsformel« hat

sie dieselben Elemente wie die Ordination, könnte also theologisch durchaus auch als Ordination zu anderen Diensten bezeichnet werden, womit ein Element der ökumenischen Diskussion um das dreifache ordinierte Amt aufgenommen wäre.

IV. Das Problem der Ordination im ökumenischen Dialog

Im Zusammenhang der ökumenischen Diskussion um die Frage des kirchlichen Amtes ist naturgemäß auch das Ordinationsproblem Gegenstand des ökumenischen Dialogs gewesen. Es kann hier nicht die gesamte ökumenische Debatte zu dieser Frage nachgezeichnet werden, vielmehr sollen die hier anstehenden Überlegungen im Lichte des sog. Lima-Dokuments der Kommission für Glauben und Kirchenverfassung »Taufe, Eucharistie und Amt« (1982) und des Dokuments des Ökumenischen Arbeitskreises evangelischer und katholischer Theologen »Lehrverurteilungen – kirchentrennend?« (1986, zit. als LV) sowie der darauf erfolgten Reaktionen skizziert werden. Beide Texte stellen so etwas wie eine Bilanz des bisherigen Verlaufs der ökumenischen Gespräche dar.

A. Gemeinsamer Ansatz

Als gemeinsame Einsicht wird zunächst festgehalten, dass es in der Kirche ein besonderes Amt gibt, das nicht einfach aus dem gemeinsamen Priestertum der Glaubenden ableitbar ist, ferner, dass dieses Amt seinen Ursprung in einer göttlichen Setzung hat, die in der bleibenden Aufgabe der Verkündigung und Lehre des Evangeliums und der Verwaltung der Sakramente besteht (LV 158) und insofern eine Art Fortsetzung der Sendung der Apostel selbst darstellt (Lima A 39). Gemeinsame Einsicht ist es auch in zunehmendem Maße, dass dieses Amt im Ansatz funktional, als Dienst und Auftrag zu verstehen ist, dass es sich demnach bei der Übertragung dieses Dienstes nicht um eine »Steigerung des persönlichen Gnadenstandes« des Betreffenden (LV 158), sondern um eine der Art nach davon unterschiedene – nämlich funktionsorientierte – Ausrüstung des Amtsträgers handelt. Die Ordination wäre dann zunächst formal als Übertragung des so umschriebenen Dienstauftrags an einen Einzelnen zu beschreiben. Damit sind allerdings die die Ordination betreffenden Kontroversfragen noch nicht im Blick.

B. Sakramentales Geschehen bei der Amtsübertragung?

Ein erstes in diesem Zusammenhang sich ergebendes Problem ist die Frage, ob und in welchem Sinne wir es bei dieser Amtsübertragung mit einem sakramentalen Geschehen zu tun haben. Es ist dies eine Frage, die in den Reaktionen auf das Lima-Dokument sich als eine der weiter zu untersuchenden Probleme herausgeschält hat (Baptism 128 f.). Die Apologie des Augsburger Bekenntnisses trägt, wie wir gesehen haben, keine Bedenken, in diesem Zusammenhang den Terminus Sakrament zu verwenden, und zeigt damit eine zunächst terminologische Brücke auf zu den Kirchen, in denen die Ordination als eines der sieben Sakramente gilt. Klärung ist sodann darüber erzielt worden, dass eine allfällige Benennung der Ordination als Sakrament nicht an der Übergabe der eucharistischen Geräte und der Salbung der Hände festgemacht werden darf (der eigentliche Anstoß Luthers, vgl. LV 160). Vielmehr ist an den Gestus der Handauflegung zu denken und die mit diesem Gestus verbundene Mitteilung der Gabe des Geistes, sowie daran, dass man eine zumindest implizite Anordnung Christi voraussetzen darf. Dies Letztere – auch das ist geklärt worden – ist allerdings eine Anordnung, die den Amtsauftrag den kirchenkonstituierenden Grundvollzügen der verantwortlichen Evangeliumsverkündigung und der Verwaltung von Taufe und Abendmahl (als den beiden »Hauptsakramenten«)

zuordnet. Damit wird das Amt nicht auf die gleiche Stufe wie diese Hauptsakramente Taufe und Abendmahl gestellt, wenn es auch andererseits durchaus »in der Person Christi« handelt (LV 158, nach ApolCA VII,28 »an Christus statt«). Die Ordination ist aber Sakrament auch nicht im Sinne einer persönlichen Heilsgabe an den Ordinierten, durch die dieser etwa eine Vermehrung der rechtfertigenden oder heiligenden Gnade erhielte.

Dass es sich bei der Handauflegung dennoch um einen Vorgang handelt, durch den es zur Mitteilung des Heiligen Geistes an den Ordinierten kommt, ist nun allerdings ökumenisch gemeinsame Überzeugung. Hier hat der Dialog dann aber zu weiteren Differenzierungen geführt, wie sie insbesondere das Lima-Dokument erkennen lässt. Die unter Handauflegung erfolgende Ordination hat einmal die Bedeutung einer »Anrufung Gottes, dass der Amtsträger die Kraft des Heiligen Geistes ... empfangen möge« (A 42). Die Handauflegung ist zugleich das Zeichen dafür, dass Gott »dieses Gebet erhört« (A 43). Und sie hat schließlich die Bedeutung der »Anerkennung der Gaben des Geistes im Ordinierten« (A 44), also jener Gaben, die der zu Ordinierende bereits mitbringt und die sozusagen durch die Ordination in Dienst genommen und in diesem Sinne bestätigt werden. Hier ist offenbar das Bestreben leitend, ein Verständnis des Ordinationsvorgangs auszuschließen, das die Mitteilung des Geistes als eine Art mechanisches, von Menschen ohne weiteres handhabbares und selbst zu vollziehendes Geschehen ansieht. Solche Befürchtungen gibt es insbesondere im Bereich der reformierten Tradition, aber sie wird hier durch ein Modell aufgefangen, das primär in den Ostkirchen zu Hause ist.

C. Character indelebilis

Ein Diskussionsgegenstand des ökumenischen Gesprächs über die Ordination ist sodann das Problem, das mit dem Stichwort »character indelebilis« angezeigt ist. Der Ausgangspunkt für die Klärung dieser Frage ist die Tatsache, dass auch für die reformatorischen Kirchen der Grundsatz gilt, dass »die Ordination ... niemals wiederholt« wird (Lima A 48, vgl. LV 162), nämlich in Fällen, wo ein Ordinierter zwischenzeitlich von der Ausübung des übertragenen Dienstauftrags entbunden wurde. Aber worin ist das begründet? Die katholische Lehre vom »character indelebilis« scheint nun doch auf eine dem Ordinierten inhärierende Qualität hinzudeuten, die ihm z.B. die Fähigkeit zulegt, in der Eucharistie zu wandeln und zu opfern. Ein solches Verständnis wäre nur mit Mühe dem bereits erwähnten Konsens über den funktionalen Sinn von Amt und Ordination zuzuordnen. Das Dokument LV versucht folgende Erläuterung eines ökumenisch denkbaren Konsenses: »Wenn sich auch das Gebet um die Gabe des Heiligen Geistes bei der Ordination auf den Dienst des künftigen Amtsträgers und nicht etwa auf seinen persönlichen Gnadenstand bezieht, so wird er doch durch den Geist zu seinem Dienst ausgerüstet und seine Person dadurch bleibend in Anspruch genommen« (LV 162). Der topos vom »character indelebilis« wird also »vom Gedanken der Verheißung und der Sendung her ..., die den Ordinierten bleibend bestimmt und für Christus in Dienst nimmt«, ausgelegt (ebd., in Zitation von GAK 37). Es handelt sich hier um die Einsicht, dass die Art der Funktion und des Auftrags, der mit der Ordination übertragen wird, die Person des Beauftragten notwendigerweise tangiert, dass diese in eine Treueverpflichtung der beauftragenden Kirche und dem Herrn der Kirche gegenüber hineingestellt wird, die nicht wie ein Gewand wieder abgestreift werden kann, sondern dazu nötigt, von der Lebenszeitlichkeit der Ordination zu sprechen. Das Lima-Dokument scheint in seiner Formulierung – die »Verpflichtung zum ordinierten Amt sollte gewöhnlich ohne Vorbehalt und Zeitbegrenzung vorgenommen werden« (A 48) – anzudeuten, dass eine Ordination mit von vornherein vorgesehener Zeitbegrenzung nicht absolut ausgeschlossen zu sein braucht, auch wenn eine Wiederholung der Ordination in keinem Falle möglich ist. Dies ist indessen nur eine Andeutung, die weitere Überlegungen fordert. Hingegen ist es ökumenisch unumstritten, dass der Ordinierte seinen Auftrag nicht notwendigerweise im Hauptamt, sondern auch neben der Wahrnehmung eines anderen Berufes ausüben kann (A 46).

D. Amt und Ämter

Zwei weitere Aspekte des Ordinationsverständnisses rufen ökumenisch größere Schwierigkeiten hervor. Das eine ist die Frage, ob es eine Ordination nur zu einem Amt in der Kirche – dem Dienst der öffentlichen Wortverkündigung und Sakramentsverwaltung – gibt und geben kann. Hier steht die bereits erwähnte Frage der Gliederung oder Stufung des Amtes zur Debatte, die in den verschiedenen Traditionen unterschiedlich beantwortet wird. Während das Dokument LV im Wesentlichen die Standpunkte im lutherischen und im katholischen Denken beschreibt, stellt das Lima-Dokument fest: »Diese Ordination kann jedoch verschiedene Ausrichtungen haben im Blick auf die spezifischen Aufgaben von Bischöfen, Presbytern und Diakonen, wie dies in den Ordinationsliturgien angegeben ist« (A 39). Diese Feststellung erfolgt auf dem Hintergrund der Hoffnung, dass das in der alten Kirche herausgebildete dreifache Amt, wenn es heute von allen Kirchen wiedergewonnen würde, »als ein Ausdruck der Einheit, die wir suchen, und auch als ein Mittel, diese zu erreichen, dienen« könnte (A 22). Indem das Lima-Dokument in dieser Weise für die ökumenische Wiedergewinnung des dreigestuften Amtes plädiert, kommt es auf seine Weise Überlegungen auch in den reformatorischen Kirchen entgegen, eine monolithische Amtsstruktur zu überwinden und prinzipiell eine Mehrzahl von Ämtern und Diensten in Kirche und Gemeinde zu befürworten. Hier ist bekanntlich die reformierte (calvinische) Tradition von Anfang an viel offener als die lutherische Tadition gewesen. Dass dabei etwa die diakonischen Ämter nicht einfach als unterste Sprosse einer zum Bischofsamt führenden Stufenleiter angesehen werden sollten, kommt im Lima-Text durch den Hinweis auf die Praxis vieler Kirchen zum Ausdruck, das Diakonenamt als eigenständiges Amt wiederzugewinnen (A 31). Es ist dann allerdings nicht ein primär gottesdienstliches Amt wie in der orthodoxen Tradition, und eine Ordination zum Diakonenamt müsste dem Rechnung tragen. Dass indessen überhaupt an eine Ordination auch zum Diakonenamt zu denken ist, hat nicht nur neutestamentliche Ansätze (Act 6,1–6), sondern entspricht der gegenwärtigen evangelischen Praxis mindestens insofern, als hier, wie schon erwähnt, Diakone und Diakonissen durch eine sog. »Einsegnung« in ihren Dienst eingeführt werden. Es wäre von daher dann vor allem eine Frage der Nomenklatur, ob man eine solche Einsegnung »Ordination« nennt, wie das Lima-Dokument vorschlägt.

E. Bischofsamt und Bischofsweihe

Ökumenisch schwieriger ist die Frage nach der Bedeutung des Bischofsamtes und der Ordination (Weihe) zu diesem Amt. Das Dokument LV versucht, den reformatorischen Gesichtspunkt der ursprünglichen und wesenhaften Einheit von Bischofs- und Presbyteramt mit der Beschreibung der gleichstrukturierten Funktionen beider Ämter in »Lumen Gentium« zusammenzudenken (LV 163–167). Jedoch bleibt zumindest das »bischöfliche Vorbehaltsrecht der Ordination« (167) ein unbewältigter Rest. Und die Rede von der »Fülle« des Weihesakraments, die allein beim Bischof anzutreffen ist, unterstreicht die bleibende Differenz.

Diese wirkt sich konkret in der Bedingung der ununterbrochenen Kette der bischöflichen Weihen seit der Zeit der Apostel, also der apostolischen im Sinne der bischöflichen Sukzession, als Bedingung gültiger Ordinationen aus. Ob das Tridentinum eine wirkliche Ungültigkeit oder nur eine Illegitimität einer nicht von einem Bischof vollzogenen Ordination konstatiert, ist, wie wir sahen, in der Diskussion um LV noch im Gespräch. In jedem Falle steht einer vollen ökumenischen Verständigung zwischen den reformatorischen Kirchen und der römisch-katholischen Kirche nach wie vor die Feststellung von UR 22 entgegen, wo von einem »defectus ordinis« im Blick auf eine evangelische, nicht von einem in apostolischer Sukzession stehenden Bischof vollzogene Ordination die Rede ist. Das Lima-Dokument unterscheidet in diesem Zusammenhang zwischen »apostolischer Tradition« (in der Lehre, im Leben, im Zeugnis) und »bischöflicher Sukzession«, die als »Zeichen« der »apostolischen Tradition« zu schätzen und von allen Kirchen nach Möglichkeit wiederzugewinnen sei (A 34 f.). Jedoch stelle eine bischöfliche Sukzession weder eine Garantie für das Stehen in der apostolischen Tradition dar, noch dürfe eine Ordination, die in der Vergangenheit außerhalb einer solchen Kette bischöflicher Nachfolge vollzogen worden sei, als ungültig betrachtet werden (A 38). Diese Feststellung gehört naturgemäß zu den Punkten, in denen die orthodoxen Kirchen und die römisch-katholische Kirche das Lima-Dokument als noch nicht akzeptabel ansehen (Baptism 84).

Zu dem Problem, wer denn eigentlich sachgemäßerweise zum Vollzug von Ordinationen berufen ist, betont das Lima-Dokument im übrigen, dass die Ordination im Grunde »ein Akt der gesamten Gemeinschaft und nicht eines bestimmten Standes in ihr oder des einzelnen Ordinierten« sei (A 41). Hier werden reformatorische Gedanken aufgenommen, die man durchaus mit dem bischöflichen Ordinationsrecht verbinden könnte, wenn nämlich der Bischof die Ordinationen zusammen mit Priestern, Diakonen und kirchlichen Laien (als Vertretern der Gemeinde) vornimmt. Sie wären auch zu bedenken, wenn man als Prinzip legitimer Ordinationen neben der bischöflichen die sog. presbyterale Sukzession gelten ließe, die die Reformatoren als Notmaßnahme, wenn auch theologisch völlig legitim, in Anspruch genommen haben (vgl. LV 164).

F. Bedingungen für die Ordination

Eine überzeugende ökumenische Konvergenz gibt es – wenn leider auch nicht ohne zwei gravierende Ausnahmen – in den Überlegungen, welche Bedingungen erfüllt sein müssen, damit die Ordination erteilt werden kann. Der Limatext fasst zusammen: Wichtig ist zunächst »ein persönliches Wissen um den Ruf des Herrn« (A 45), der durch Gebet, Vorbild oder in anderer Weise ergangen ist und dann von der ordinierenden Kirche bestätigt wird. Es muss sodann eine »angemessene Vorbereitung« geben, die sowohl das »Studium der Heiligen Schrift und Theologie« umfasst, wie – gleichrangig – »Gebet und Spiritualität«, und die im übrigen die »Vertrautheit mit den sozialen und menschlichen Gegebenheiten in der heutigen Welt« voraussetzt (A 47). Kontroversen werden jedoch in der Aussage des Lima-Dokuments angesprochen, wo es heißt, dass Gott »zölibatär lebende wie verheiratete Menschen für das ordinierte Amt in Dienst nehmen« kann (A 45). Dies steht in Spannung zum katholischen Kirchenrecht; der Lima-Text ist an dieser Stelle offensichtlich stärker im Blick auf die Praxis in den orthodoxen Kirchen verfasst worden. Der zweite Kontroverspunkt betrifft die Möglichkeit der Ordination von Frauen. Hier ist der ökumenische Dialog bislang nur zur Feststellung der unterschiedlichen Praxis in den verschiedenen Kirchen gelangt, sowie zur Empfehlung wechselseitiger Toleranz (A 55) und weiteren Studiums dieser Problematik (A 18 Komm.). Hinter diesen nüchternen Hinweisen verbirgt sich eine immer wieder hervorbrechende Spannung, die bereits zu erheblichen Zerreißproben in der ökumenischen Gemeinschaft geführt hat.

Die Frage der Ordination von Frauen ist in jüngerer Zeit besonders in der römisch-katholischen Theologie intensiv diskutiert worden. Dies geschah weithin in Auseinandersetzung mit der Erklärung der Glaubenskongregation »Inter insigniores« von 1976 und veranlasste Johannes Paul II. 1994 zu seinem kurzen Apostolischen Schreiben »Ordinatio sacerdotalis« mit der expliziten Aufforderung an alle Gläubigen, sich »endgültig an diese Entscheidung« – nämlich die grundsätzliche Ablehnung der Frauenordination zum Priesteramt – zu halten, was freilich die Diskussion über Frage de facto noch intensiviert hat. Gewichtige theologische Stimmen stellen die gegen das Amtspriestertum von Frauen aufgeführten Sachargumente (Hinweis auf den Willen Christi, der nur Männer zu Jüngern berufen hat, neutestamentliches Zeugnis, kirchliche Tradition, die symbolische Bedeutung des Priesteramts als die Person Christi repräsentierend) sowohl im Einzelnen wie auch aufgrund grundsätzlicher hermeneutischer Überlegungen in Frage (vgl. etwa die Beiträge von Wolfgang Beinert und Peter Hünermann: Groß/Beinert). Darüber hinaus befasste sich die Debatte auch mit dem Verbindlichkeitsgrad der entsprechenden lehramtlichen Äußerungen, zumal die Glaubenskongregation hier von einer unfehlbaren, zum Glaubensgut der Kirche gehörenden Lehre sprach (Antwort auf die Diskussion zu »Ordinatio sacerdotalis«: Groß/Beinert).

G. Erneute Ordination

Ein Problem ökumenischer Praxis ist schließlich die Frage, ob katholische Priester, die zur evangelischen Kirche übergetreten sind und hier ein Pfarramt übernehmen wollen, erneut zu ordinieren sind. Aufgrund des ökumenischen Verständigungsprozesses legt sich ein Verfahren nahe, das die in der katholischen Kirche empfangene Ordination als solche auch für den evangelischen Raum als gültig betrachtet, auf eine Reordination also verzichtet, jedoch die Verpflichtung auf die Heilige Schrift und das reformatorische Bekenntnis in einem eigenen Akt – im Sinne einer »Um-Ordination« – eigens vollzieht. An dieser Stelle gibt es jedoch noch sehr unterschiedliche Positionen im Bereich der evangelischen Kirchen. Es ist hier auf Diskussionen zu diesem Problem sowohl im Raum der VELKD als auch in der Theologischen Kammer der EKD zu verweisen (vgl. etwa die »Richtlinien für die Übernahme konversionswilliger römisch-katholischer Priester in die evangelisch-lutherische Kirche« vom 13. April 1964, ABlVELKD 1964 Bd. II, 66) und auf die Bestimmung des Pfarrergesetzes der VELKD in der Fassung von 1989 § 11 (4): »Bei Ordinierten, die anlässlich der Ordination nicht auf die evangelisch-lutherischen Bekenntnisschriften verpflichtet worden sind, ist diese Verpflichtung nachzuholen.«

V. Systematisch-theologische Schlussfolgerungen

Im Folgenden soll versucht werden, im Lichte des biblischen Zeugnisses, der unterschiedlichen kirchlichen Traditionen und des ökumenischen Gesprächs in Form einiger Thesen (mit knappen Erläuterungen) zu formulieren, was in der Verantwortung reformatorischer Theologie heute zum theologischen Verständnis der Ordination gesagt werden könnte.

1. In der Ordination erfolgt die Übertragung des Amtes der öffentlichen Wortverkündigung und der Sakramentsverwaltung an einen getauften Christen. Dieses Amt entspricht der von Gott gegebenen Grundstruktur der Kirche als der Gemeinschaft derer, die aus dem Hören des Wortes Gottes leben, und in der der Vollzug der Sakramente ein konstitutives Wesensmerkmal bildet. Es ist im Unterschied zu anderen Diensten in der Kirche insbesondere für die Einheit der Gemeinde Christi und ihre Kontinuität in der Wahrheit verantwortlich. Es besteht kein grundsätzlicher theologischer Einwand dagegen, neben der Ordination zum Dienst der öffentlichen Wortverkündigung und Sakramentsverwaltung auch Ordinationen zu anderen Diensten in der Kirche vorzusehen.

Auszugehen ist von der, gerade auch von Luther betonten, Tatsache, dass durch die Taufe alle Christen zu Priestern »geweiht« sind, also den Auftrag haben, das Evangelium allen Menschen weiterzusagen, Gott zu loben und ihm zu dienen, und miteinander die Sakramente – im Zentrum die Eucharistie als das Mahl der Herrn – zu feiern. Dieser allen Christen durch die Taufe gegebene Auftrag schließt nicht aus, dass es in der Kirche im Blick auf diese Vollzüge einen besonderen »öffentlichen« Dienst gibt, nämlich einen solchen, der für die Gesamtheit der

Kirche (Gemeinde) und ihr Bleiben in der Wahrheit und der Einheit Verantwortung trägt (zum Begriff »Öffentlichkeit« in diesem Zusammenhang vgl. Kühn 1990a, 194). Dieser zentrale und grundlegende Dienst wird naturgemäß nur von einigen in der Kirche (Gemeinde) wahrgenommen. Über das Spezifische dieses Dienstes hat es mancherlei Überlegungen und Diskussionen gegeben (vgl. Kühn 1990, 193–195). Es handelt sich dabei um einen Auftrag, eine Funktion, die das Besondere dieses Amtes charakterisiert, nicht (primär) um die Würde oder Qualität der Person des Amtsträgers (vgl. auch Heubach; Dombois). Die Verantwortung des Trägers dieses Dienstes wird konkret in der gottesdienstlichen Verkündigung und Lehre, im Vorsitz bei der Feier der Eucharistie und der verantwortlichen Durchführung der Taufe sowie in der seelsorgerlichen Zuordnung zur Gemeinde wahrgenommen. Dieser besondere Dienst ist insofern von Gott gestiftet (CA V), als er zum verantwortlichen Vollzug der von Gott gegebenen Grundstruktur und den konstitutiven Grundfunktionen der Kirche als der Gemeinde Christi unentbehrlich ist. Gleichzeitig stellt er eine Weiterführung der apostolischen Verantwortung dar, wie sie neutestamentlich bereits in den Pastoralbriefen sichtbar wird.

Der letzte Satz der These ist veranlasst durch die bereits erwähnte ökumenische Diskussion zur Frage einer gestuften Ordination sowie durch die Handlung der »Einsegnung« zu anderen, eigenständigen Diensten (z.B. Diakon, Gemeindehelferin) in den evangelischen Kirchen. Ein ordinierendes Handeln der Kirche für solche anderen, in der Kirche ebenfalls unentbehrlichen Dienste sollte allerdings bis in die Nomenklatur hinein deutlich machen, dass der Dienst der öffentlichen Wortverkündigung und Sakramentsverwaltung in besonderem Maße für die Kirche grundlegend ist und dass der Dienst einer übergemeindlichen »episkope« dieser gleiche Dienst, nur in einem größeren Verantwortungsbereich ist (wie auch durch die schwierige theologische Differenzierung zwischen Bischof und Presbyter im katholischen Raum angezeigt wird). Deshalb sprechen ekklesiologische Gesichtspunkte dafür, die terminologische Differenzierung von »Ordination«, »Einsegnung« und »Einführung« im Blick auf die verschiedenen in der Kirche erfolgenden Ordinationen beizubehalten.

> 2. Die Ordination ist eine gottesdienstliche Handlung, die die innere Berufung des zu Ordinierenden und seine Auswahl durch Kirchenleitung und Gemeinde voraussetzt. In der Ordination selbst erfolgen Berufung, Segnung und Sendung zu dem übertragenen Dienst. Die Ordination ist somit ein geistlicher und ein rechtlicher Vorgang in einem.

Die Übertragung des beschriebenen Dienstes der öffentlichen Wortverkündigung und der Sakramentsverwaltung geschieht in der gottesdienstlichen Handlung, die als Ordination bezeichnet wird. Die in der lutherischen Tradition anfangs unterschiedlich beantwortete Frage, ob eine gottesdienstliche Segens- und Gebetshandlung für die Berufung in dieses Amt unentbehrlich ist, muss dahingehend beantwortet werden, dass diese gottesdienstliche Handlung (wie z.B. auch die Taufe) ein geistlicher und rechtlicher Vorgang in einem ist. Die Rechtswirksamkeit der Berufung in den Dienst, zu dem ordiniert wird, als solche – und nicht nur eine nachträgliche Bestätigung einer solchen Berufung – kommt dem gottesdienstlichen Vollzug zu. Dass diesem gottesdienstlichen Vollzug andere Vorgänge notwendig vorausgehen – die innere Entscheidungsfindung des Betroffenen, die Entscheidungsfindung der berufenden Kirche, alle damit zusammenhängenden notwendigen Vorklärungen und Absprachen –, liegt in der Natur der Sache. Und dass es aufgrund der Ordination zu weiteren rechtlichen Festlegungen kommen muss, ist ebenfalls deutlich. Wenn in den Texten der Ordinationsliturgie mitunter auch im Blick auf jene vorbereitenden Vorgänge von »Berufung« gesprochen wird, dann ist dies im Sinne einer Art Berufungsprozesses interpretierbar, der jedoch in der gottesdienstlichen Handlung – zusammen mit Segnung und Sendung – zum definitiven Ziel kommt. Berufung, Segnung,

Sendung, diese drei Elemente stellen die theologischen Grundelemente des gottesdienstlichen Ordinationsvorgangs dar.

3. Als ordentlicher Ordinator kommt ein Ordinierter in Frage, der ein kirchenleitendes Amt innehat (Bischof, Propst, Superintendent). Dadurch wird die Amtskontinuität durch die Geschichte hindurch und zugleich die Einbindung des zu Ordinierenden in die Gesamtkirche bezeugt. Die Amtskontinuität ist allerdings nicht an eine bestimmte Form des kirchenleitenden Amtes (Bischofsamt: episkopale Sukzession) gebunden. Auch garantiert diese Kontinuität als solche noch nicht die für die Kirche entscheidende Kontinuität in der apostolischen Lehre. Deshalb ist im Konfliktfall die Kontinuität in der Lehre der Amtskontinuität vorzuziehen. Zum Zeichen der Gesamtverantwortung der Gemeinde für die aus ihrer Mitte und für den Dienst in ihrer Mitte Ordinierten sollten an einer Ordinationshandlung in jedem Falle auch Nichtordinierte mitwirken.

Im Blick auf die ökumenisch umstrittene Frage, durch wen konkret die Ordination zu erfolgen hat, ist die Intention der altkirchlichen und neueren katholischen sowie der orthodoxen Tradition und Praxis insofern aufzunehmen, als dies sinnvollerweise durch den Träger eines Dienstes gesamtkirchlicher »episkope« erfolgen sollte, weil darin die gesamtkirchliche Ausrichtung und Einbindung des Dienstes, zu dem ordiniert wird, in besonderem Maße angezeigt ist. Indem – mit dem Lima-Dokument zum Amt – vom gesamtkirchlichen Dienst der »episkope« gesprochen wird, sind außer der Gestalt des historisch gewordenen Bischofsamtes auch andere Gestalten und Benennungen dieses Dienstes und verschiedene Ebenen gesamtkirchlicher Verantwortung im Blick, wie sie in den Kirchen in unterschiedlicher Weise und mit unterschiedlicher Nomenklatur anzutreffen sind. Der Gesichtspunkt gesamtkirchlicher Kontinuität durch die Geschichte hindurch ist primär das Erfordernis des Bleibens in der apostolischen Wahrheit (»apostolische Tradition«), die durch Formen institutioneller Kontinuität (»episkopale Sukzession«) nur angezeigt, aber niemals letztlich garantiert werden kann. Im Konfliktfall, wie er im 16. Jh. eintrat, kann deshalb auch die sog. »presbyterale Sukzession« als solches Zeichen der Kontinuität gelten (vgl. AS, BSLK 458). Eine Situation, in der eine Gemeinde ohne Ordinierten sich aus ihrer Mitte einen Amtsträger beruft und ordiniert, ist nur in Extremsituationen vorstellbar – hier ist immerhin z.B. auf Situationen in der Zeit der Bekennenden Kirche zu verweisen – und sollte durch eine nachträgliche »Anbindung« an die Kontinuität der Amtsträger ratifiziert werden.

4. Die Ordination erfolgt mit Gebet um den Heiligen Geist und durch Handauflegung. Dabei bezeugt das Zeichen der Handauflegung die Gewissheit, dass Gott das Gebet um die Gabe des Heiligen Geistes erhört. In diesem Sinne ist sie ein sakramentales Geschehen. Die in der Ordination erbetene Geistesgabe ist Zurüstung und Beistand für die Ausübung des übertragenen Dienstes. Sie setzt voraus, dass die Person des Ordinanden bereits im Wirkungsfeld des Geistes Gottes lebt, dient also nicht dazu, so etwas wie eine erhöhte persönliche Heiligkeit der ordinierten Person zu bewirken.

Ob im Blick auf die Ordination von einem Sakrament zu sprechen ist, hängt u.a. von dem Sakramentsbegriff ab. Sofern »Sakrament« lediglich »der theologische Begriff einer Vermittlung« ist (Jüngel 41), nämlich der Vermittlung Gottes durch welthafte Vollzüge, kann im ordinierenden Handeln der Kirche ein sakramentaler Vorgang gesehen werden (Dombois 480 spricht vom »Sakrament des Geistes«). Allerdings ist dieser Vermittlungsvorgang nicht als automatische »Bewirkung« des Kommens Gottes im menschlichen Handeln (hier: der Handauflegung) zu beschreiben, sondern als Gebetshandlung, die durch ein Zeichen, das die Gewissheit der Gebetserhörung anzeigt, begleitet wird. Dass im Formular des EKU-Ausschusses »Amt und Gemeinde« die Ordination ohne Handauflegung vorgenommen werden soll, wie es von Ernst Wolf (Gemeinde – Amt – Ordination 88 f.) vorgeschlagen worden war und wofür bereits früher Hermann Diem plädiert hatte (vgl. Schulz 1979, 1), beruht vermutlich auf der Furcht vor einem solchen »automatisierenden« Missverständnis, wird damit aber weder dem Befund der Tradition noch dem des Neuen Testaments gerecht. Im Sinne eines solchen Gebetshandelns ist die Beschreibung der in der Ordination erfolgenden Geistmitteilung, wie sie das Lima-Dokument vornimmt, aufzunehmen. Diese Mitteilung des Geistes dient aber bei der Ordination nicht – wie etwa bei Taufe und Abendmahl – dem Heilszuspruch oder der Heilsmitteilung für den Empfänger des Sakraments, sondern »lediglich« der Ausrüstung zum Dienst. Sofern also zum Wesen des Sakraments im christlichen Verständnis die Vermittlung von Heilsgnade an den Empfänger gehört, wäre die Ordination allenfalls im analogen Sinne Sakrament. Dass sie von Christus eingesetzt ist, kann (wie oben dargelegt) im Sinne ihrer Zuordnung zu Verkündigung und Sakramenten gesagt werden, wäre im übrigen aber auch im Lichte der Einsetzungsproblematik bei Taufe und Abendmahl (vgl. Kühn 1990b, 235 f. 266 f.) zu bedenken.

5. Die in der Ordination geschehende Übertragung des Amtes erfolgt auf Lebenszeit, d.h. die Kirche bringt in dieser Handlung ein für alle Mal ihr Vertrauen in den Ordinierten zum Ausdruck. Für den Ordinierten bedeutet das eine Inanspruchnahme, aus der er ein Leben lang nicht entlassen ist und die seine Person prägt. Dessen ungeachtet kann dem Ordinierten die Ausübung des übertragenen Amtes untersagt werden, oder er kann von sich aus darauf verzichten. Bei einer Wiederzulassung zu solcher Ausübung wird die Ordination aber nicht wiederholt.

Die Frage des sog. »character indelebilis«, die vielfach als ein konfessionelles Unterscheidungsmerkmal angesehen wurde – Johannes Hamel (Gemeinde – Amt – Ordination 107) und Hermann Diem plädierten für eine Wiederholung der Ordination bei der Übernahme eines neuen Dienstes –, stellt sich auch für evangelisches Ordinationsverständnis, sofern nach den geltenden Ordnungen die Wiederholung einer Ordination – für den Fall des Wiedereintritts in den Dienst nach vorher erfolgter Suspension oder freiwilligem Verzicht auf die Ausübung – nicht vorgesehen ist. Es stellt sich die Frage: Was bleibt ein Leben lang bestehen? In welchem Sinne erfolgt die Ordination – im Unterschied zur Installation – auf Lebenszeit? Die Antwort kann nicht in Kategorien der qualitativen Veränderung der ordinierten Person, sondern nur in relationalen, funktionsbezogenen Kategorien erfolgen. Zu denken wäre hier wieder an die Ebene kirchlicher Indienstnahme, die auf Dauer angelegt ist. Die Kirche hat so etwas wie ein Grundvertrauen zu dem von ihr Ordinierten zum Ausdruck gebracht, das sie ihm nicht einfach wieder entziehen kann und will; sie hat ihn ein für allemal in Anspruch genommen für den Dienst, und auch das wird durch eine Suspension oder ein freiwilliges Ausscheiden nicht einfach nivelliert (darin der Taufe als der »Ordination zum Christsein« vergleichbar). Es ist dabei deutlich, dass auf dem »Umweg« über das, was man »Auftragsindelebilität« – in Analogie zu dem von Joachim Heubach (112) gebrauchten Terminus »Benediktionsindelebilität« – nennen könnte, auch die Person des Beauftragten betroffen ist, was sowohl durch die Vorbereitung auf die Ordination wie auch in der vom Ordinierten zu erwartenden Lebensführung konkrete Gestalt gewinnt.

6. Voraussetzung für die Ordination beim Ordinanden ist außer der inneren Berufung eine entsprechende Eignung für den Dienst, die durch eine Gemeinde bzw. Personen kirchlichen Vertrauens zu bezeugen und von der Kirchenleitung zu bestätigen ist. Hinzu kommt in der Regel die Absolvierung einer angemessenen Ausbildung, bei der neben dem theoretischen

Element und dem Element der praktischen Zurüstung die spirituelle Dimension in angemessener Weise Beachtung verlangt.

Im Blick auf die Bedingungen, die für die Vornahme einer Ordination gegeben sein müssen, ist auf die bereits oben erwähnten Überlegungen des Lima-Dokuments »Amt« zu verweisen.

7. Ordination und Begründung eines (z.B. beamtenrechtlichen) Dienstverhältnisses, dessen Voraussetzung die Ordination wäre, müssen voneinander unterschieden werden. Ebenso muss der Unterschied zwischen (lebenszeitlicher) Ordination und (auf den konkreten Dienstort bezogener, wiederholbarer) Installation aufrechterhalten bleiben.

So sehr die gottesdienstliche Handlung der Ordination als solche zugleich eine Rechtsqualität hat (s.o. These 2), so sehr ist die in ihr erfolgende generelle Berufung in den Dienst der Kirche zu unterscheiden von der Begründung eines rechtlich geordneten Dienstverhältnisses. So gibt es z.B. ordinierte Professoren der Theologie an den Universitäten, die in keinem Dienstrechtsverhältnis zur Kirche stehen. Wichtig ist darüber hinaus vor allem, dass die Möglichkeit zu nebenamtlicher Wahrnehmung des kirchlichen Dienstauftrags aufgrund der Ordination prinzipiell offengehalten wird, so sehr damit auch schwierige Fragen der praktischen Durchführung verbunden sind. Allerdings erfolgt in der Ordination die grundsätzliche Bestätigung der Kirche, dass dem Eingehen eines Dienstrechtsverhältnisses keine Gesichtspunkte der Eignung des nun Ordinierten entgegenstehen. Insofern wäre nach der Ordination eine »Probezeit« des Anwärters auf ein Dienstrechtsverhältnis unsachgemäß – hier gibt es in einigen Landeskirchen, z.B. in Österreich, Regelungen, die einer Revision bedürfen –; eine solche Probezeit muss vor die Ordination gelegt werden. Sinnvoll möglich und tunlich ist es indessen, das zu begründende Dienstverhältnis in der Weise zu staffeln, dass die Wahlfähigkeit für ein ständiges Pfarramt erst nach einigen Jahren verliehen wird, in denen der Einsatz der Ordinierten durch die Kirchenleitung nach dem Ermessen besonderer gesamtkirchlicher Dringlichkeit erfolgen kann. Außerdem erscheint es als sinnvoll, einem gerade Ordinierten zunächst zum weiteren Hineinwachsen in den Dienst einen erfahrenen Pfarrer an die Seite zu stellen.

Aufgrund der grundsätzlichen Lebenszeitlichkeit muss die Handlung der Ordination von derjenigen der Installation (oder der Einführung in einen konkreten Dienst) unterschieden werden. Eine solche Unterscheidung ist in der lutherischen Tradition mit Recht vorgenommen worden, auch wenn weithin die Ordination mit der Erstinstallation verbunden worden ist (vgl. Schulz 1979). Dadurch wird festgehalten, dass der in der Ordination übernommene Dienst zugleich zum geistlich-biographischen Datum wird, das aufgrund des mit dieser Übernahme erfolgenden Rufes und der Zusage auch geeignet ist, den Beauftragten zu tragen und ihn immer wieder auch zu trösten (vgl. den Titel der Schrift von Werner »Tröstet euch der Ordination«).

Quellen

Martin LUTHER, Das Ordinationsformular: WA 38,423–433. – GAK: Gemeinsame römisch-katholische/evangelisch-lutherische Kommission, Das geistliche Amt in der Kirche, Paderborn/Frankfurt a.M. 1981 (abgedr.: Dokumente wachsender Übereinstimmung, hg.v. Harding Meyer/u.a., Paderborn/Frankfurt a.M. 1983, 329–357). – LIBER DE ORDINATIONE Diaconi, Presbyteri et Episcopi (Rom 1968), lat.-dt. Ausg., Einsiedeln/Freiburg/Regensburg/Wien/Salzburg/Linz 1971.– ORDNUNG DER ORDINATION: Mitteilungsblatt des Bundes der Evangelischen Kirchen in der DDR 3/4 (1979) 28–36.

Literatur

→*Spezielle Abkürzungen*

Jean-Jacques VON ALLMEN, Die Ordination in der Sicht und Praxis der reformierten Kirche: ThPQ 118 (1970) 141–153. – AMT UND ORDINATION im Verständnis evangelischer Kirchen und ökumenischer Gespräche, hg.v. Alfred Burgsmüller/Reinhard Frieling, Gütersloh 1974. – BAPTISM, EUCHARIST & MINISTRY 1982–1990. Report on the Process and Responses (FOP 149), Genf 1990. – CONFESSIO: Confessio Augustana – Bekenntnis des einen Glaubens, hg.v. Harding Meyer/Heinz Schütte, Paderborn/Frankfurt a.M. 1980. – Hermann DIEM, Amt ohne Weihe: EK 2 (1969) 511–515. – Hans DOMBOIS, Das Recht der Gnade (I), Bielefeld 1961. – Balthasar FISCHER, Das Gebet der Kirche als Wesenselement des Weihesakraments: LJ 20 (1970) 166–177. – Hans-Otto FURIAN, Ordination – kirchliche Lehre – Lehrverpflichtung: ThV 14 (1985) 181–195. – GEMEINDE – AMT – ORDINATION. Votum des Ausschusses der EKU mit Beiträgen von Heinrich Ammer/u.a. Mit dem Entwurf eines neuen Ordinationsformulars, hg.v. Fritz Viering, Gütersloh 1970. – Christine GLOBIG, Frauenordination im Kontext der lutherischen Ekklesiologie, Göttingen 1994. – Walter GROSS/Wolfgang BEINERT (Hg.), Frauenordination, München 1996 (enthält den Text der entprechenden offiziellen Erklärungen des römischen Lehramts). – Manfred HAUKE, Die Problematik um das Frauenpriestertum vor dem Hintergrund der Schöpfungs- und Erlösungsordnung, Paderborn [4]1995. – Klaus HAENDLER, Wort und Glaube bei Melanchthon, Gütersloh 1968. – Joachim HEUBACH: Die Ordination zum Amt der Kirche, Berlin 1956. – Siegfried HÜBNER, Zu »Amt«. »Noch kein voller Konsens« in der Lehre vom geistlichen Amt: Lehrverurteilungen im ökumenischen Gespräch 1992 (s.u.) 132–146. – Eberhard JÜNGEL/Karl RAHNER, Was ist ein Sakrament?, Freiburg 1971. – Michael KESSLER (Hg.), Ordination – Sendung – Beauftragung, Tübingen 1996. – Ulrich KÜHN, Amt und Ordination (12 Thesen): ThV 2 (1970) 193–214. – Ders., Kirche (HST 10), Gütersloh [2]1990a. – Ders, Sakramente (HST 11), Gütersloh [2]1990b . – Horst LAHR, Bekenntnisbindung in der Ordination: ThV 14 (1985) 161–180. – LV: LEHRVERURTEILUNGEN – KIRCHENTRENNEND? Bd. I., hg.v. Karl Lehmann/Wolfhart Pannenberg, Freiburg/Göttingen [3]1988, 157–169. – Die LEHRVERURTEILUNGEN des 16. Jh. IM ÖKUMENISCHEN GESPRÄCH, hg.v. Ulrich Kühn/Lothar Ullrich, Leipzig 1992. – Emil J. LENGELING, Die Theologie des Weihesakraments nach den Zeugnissen des neuen Ritus: LJ 19 (1969) 142–166. – Helmut LIEBERG, Amt und Ordination bei Luther und Melanchthon, Berlin 1962. – Eduard LOHSE, Die Ordination im Spätjudentum und im Neuen Testament, Berlin 1961. – ÖKUMENISCHE PERSPEKTIVEN VON TAUFE, EUCHARISTIE UND AMT, hg.v. Max Thurian, Frankfurt a.M./Paderborn 1983. – ORDINATION UND KIRCHLICHES AMT, hg.v. Reinhard Mumm, Paderborn 1976. – Ludwig OTT, Das Weihesakrament: HDG IV/5 (1969). – ORDINATION UND SAKRAMENTALITÄT. Aus den ökumenischen Instituten der Universität München: Reform und Anerkennung kirchlicher Ämter. Ein Memorandum der Arbeitsgemeinschaft ökumenischer Institute, München/Mainz 1973, 189–207. – Georg RIETSCHEL, Luther und die Ordination, Wittenberg [2]1889. – Ders./Paul GRAFF, Lehrbuch der Liturgik, 2 Bde., Göttingen [2]1951/52. – Joachim ROHDE, Urchristliche und frühkatholische Ämter, Berlin 1976. – Jürgen ROLOFF, Art. Amt/Ämter/Amtsverständnis IV: TRE 2 (1978) 509–533. – Edward SCHILLEBEECKX, Das kirchliche Amt, Düsseldorf 1981. – Theodor SCHNEIDER, Zeichen der Nähe Gottes (1979), Leipzig 1982. – Frieder SCHULZ, Dokumentation der Ordinationsliturgien: GAK 1981 (s.o.) 57–101. – Ders., Evangelische Ordination: JLH 17 (1972) 1–54. – Ders., Die Ordination im Gemeindegottesdienst: JLH 23 (1979) 1–31. – Iris SIGMUND, Ordination: Die Rechtslage in den Landeskirchen im Bereich der EKD, Diss. Bonn 1995. – Gottfried WERNER, Tröstet euch der Ordination, Neuendettelsau 1954.

Ulrich Kühn

Das Kirchenjahr

I. Haus in der Zeit

So, wie die Christenheit in ihrer zweitausendjährigen Geschichte Häuser in die Landschaft gesetzt hat – Kirchen, Kathedralen, Klöster –, so hat sie auch ein Haus in die Zeit gebaut: das Kirchenjahr. Häufig ist es mit einem Dom verglichen worden: Da gibt es Pforten, Vorhallen, Säulen, Haupt- und Seitenschiffe, Stufen, die zum Allerheiligsten führen. Den Grundriss des Baus hat die Kirche nicht selber entworfen, auch das Fundament hat sie nicht selber gelegt; sie hat es im großen und ganzen schon so vorgefunden. Und das Material, aus dem die Mauern und Pfeiler errichtet sind, stammt nur z.T. aus ihrer eigenen Werkstatt. Dennoch ist ein Bau ganz eigener Art entstanden: Viele Generationen richteten sich wohnlich darin ein, bauten weiter an dem großen Haus, gestalteten es nach ihren Bedürfnissen, ihrem Geschmack. Das Bild lässt sich fortführen: Wie beim Bauen in der Landschaft der Baugrund und die Geländebedingungen berücksichtigt werden müssen, wird auch jegliche Architektur in der Zeit von bestimmten Vorgaben – den vorkulturellen Mustern menschlicher Zeiterfahrung – determiniert. Doch bemüht sie sich zugleich, das Gelände zu kultivieren, es bewohnbar zu machen für Bedeutung, für Sinn. Auf dem so kultivierten Gelände errichtet, spiegelt das Gebäude des Kirchenjahres zugleich dessen Unebenheiten wider: Unterschiedliche Zeitebenen und Zeitkreise, den konkurrierenden Kalendern und ihren Zyklen verpflichtet, überlagern sich, überschneiden einander, ergeben in der Summe ein höchst komplexes Gefüge von Daten, Begehungen, Festen und Festzeiten – ein verwirrend-kunstvoll geschichtetes architektonisches Gebilde.

A. Zeitwahrnehmung und Zeitorganisation

1. Naturale und kulturelle Grundlagen

a. Naturale Rhythmen und menschliche Zeiterfahrung: So wie der Raum, so ist auch die Zeit als Anschauungsform aller Wahrnehmung eingestiftet und vorgegeben. Menschliche Zeiterfahrung wird durch kosmische, vegetative und biologische Rhythmen bestimmt, die aller kulturellen Gestaltung vorausliegen. Der Wechsel von Tag und Nacht, Hell und Dunkel, der in der Drehung der Erde um ihre eigene Achse gründet, scheint dabei die ursprüngliche und grundlegende Erfahrung zu sein, in der sich Zeit dem Bewusstsein des Einzelnen wie der Kultur vermittelt. Er konstituiert die Zeitebene des Tages, während der Lauf des Mondes um die Erde (rund 29½ Tage; Jahresmittel: 29,530588 Tage) die Zeitebene des Monats und der Lauf der Erde um ihr Zentralgestirn, die Sonne, die Zeitebene des Jahres begründen; mit ihr wiederum sind die vegetativen Zyklen von Sommer und Winter, Dürre und Regen, Saat und Ernte untrennbar verbunden. Menschlicher Zeiterfahrung eignet darum ein grundlegend zyklisches Moment. Den kosmischen Zyklen korrespondieren die biologischen Rhythmen, in denen alles Lebendige »schwingt«; komplizierte Mechanismen stimmen dabei die Eigenschwingungen der Lebewesen auf den Wechsel von Hell und Dunkel, aber auch auf den Wechsel der Jahreszeiten ab.

b. Kulturelle Zeitwahrnehmung und Zeitorganisation: Obwohl durch kosmisch-vegetative Zyklen vorstrukturiert, werden die Wahrnehmungsmuster menschlicher Zeiterfahrung auch durch kulturelle Festlegungen bestimmt und überformt. Das betrifft schon die Wahrnehmung der Zyklen selbst und das Gewicht, das ihnen in unterschiedlichen Kulturen beigemessen wird. Sie findet ihren Ausdruck in divergierenden Kalendern, die in unterschiedlicher Weise lunaren wie solaren Zyklen folgen. Es betrifft die in diesen Kalendern kodifizierten Interpunktionen: Beginn und Dauer des Jahres, seine Untergliederungen (Jahreszeiten, Monate, Wochen) sowie Abgrenzung und Einteilung des Tages können durchaus unterschiedlich geregelt sein. Es betrifft vor allem aber die Zeitebene der Woche, für die sich ein kosmischer Bezug – etwa auf die Mondphasen – nicht eindeutig ausmachen lässt und die eher in kulturellen bzw. sozioökonomischen Bedürfnissen zu wurzeln scheint (Auf der Maur 1983, 20). Obwohl in sich ebenfalls zyklisch organisiert, fügt sie sich doch nicht in die lunaren und solaren Kalender und transzendiert so den Rhythmus der Monate und Jahre.

Insgesamt treten so »zu den ›äußeren‹, aus den kosmisch-vegetativen Zyklen rührenden Bestimmungen sozialer Zeiterfahrung und Zeitgestaltung solche, die im Vorgang ›gesellschaftlicher Konstruktion der Wirklichkeit‹ (Berger/Luckmann) wurzeln und damit die prinzipielle Bedingung darstellen für einen die zyklischen Erfahrungen ergänzenden, Gerichtetheit und Irreversibilität, auch Wandel und Entwicklung einschließenden Zugang zum Zeitphänomen« (Jörns/Bieritz 577).

2. Kalender

a. Vorformen: In frühen Kulturen wird Zeit noch nicht in dem uns vertrauten Sinne als Dauer, Verlauf, Prozess wahrgenommen, sondern als Abstand zwischen zwei augenfälligen, für das Gemeinschaftsleben bedeutsamen Veränderungen registriert. »Nicht die ›Tage‹ wurden gezählt, sondern die Morgen oder die Abende, nicht die Jahre, sondern die Frühjahre, die Sommer oder die Winter« (Hahn 11). Dem Tag entspricht hier die Zeit zwischen Sonnenaufgang und Sonnenuntergang, dem Jahr z.B. die Zeitspanne zwischen dem Eintreten der Schneeschmelze und dem Abernten der Felder. Nacht und Winter gelten weithin als Un-Zeit, in der Licht und Wärme fehlen, das Leben stillsteht und menschliches Wirken kaum mehr möglich ist; sie können und müssen darum eigentlich auch nicht registriert und gemessen werden. Zeitpunkte werden also zunächst nicht abstrakt, im Zusammenhang eines formalen Zeitmessungssystems, sondern durch bestimmte Tätigkeiten und Erlebnismöglichkeiten definiert (z.B. für das Jahr: zur Zeit der Weinlese, für den Tag: zur Zeit des Erwachens, des Marktgangs usw.). Frühen Formen der Zeitorganisation ist darum auch unsere Art, die Zeit in gleichlange Abschnitte zu gliedern, weithin fremd; sie kennen unterschiedlich lange Stunden, Tage, Monate und Jahre.

b. Astronomische Kalender: Die Erfahrung jedoch, dass für das soziale Leben wichtige, in regelmäßigen Abständen wiederkehrende Naturereignisse von den Bewegungen der Himmelskörper abhängen, führte schließlich zur Entwicklung astronomischer Kalender, die genauere Zeitmessung und Planung ermöglichten. Der Begriff leitet sich ab von lat. *calare* (griech. καλεῖν): rufen, ausrufen, ankündigen; *calendae* (plur.) meint ursprünglich die »Ausruftage«, an denen in Rom der *Pontifex minor* den Neu-Mond-Tag zu proklamieren hatte: »Im gesamten Raum der antiken Kultur, vermutlich ausgehend von Babylonien, war es Aufgabe der Priester oder von ihnen beauftragter Himmelsbeobachter, jeden Monatsbeginn bekanntzugeben. Sie mussten daher genau feststellen, an welchem Abend die schmale Mondsichel (der neue Mond = Neu-Mond) erstmals nach ihrem Verschwinden wieder am Himmel zu sehen war, und den folgenden Tag als 1. Tag des Monats ausrufen«. *Calendarium* hieß in Rom zunächst das Schuldbuch, in das die zu den folgenden *calendae* fälligen Verpflichtungen eingetragen wurden. Im christlichen Mittelalter bezeichnete der Begriff »die nach Tagen geordnete Monatsliste und Jahrestabelle, in die Verpflichtungen und Erinnerungen von öffentlichem Interesse eingetragen waren« (Harnoncourt 16).

c. Lunare Kalender: Sie basieren auf der Wahrnehmung der Mondphasen, die sich auch ohne astronomische Hilfsmittel beobachten lassen. Elementare Einheit ist der (Mond-)Monat, der von Neu-Mond (= erstes Sichtbarwerden des neuen Lichts) zu Neu-Mond reicht und kalendarisch jeweils 29 bzw. 30 Tage umfasst. Alle antiken Kulturen um das Mittelmeer und im Zweistromland hatten ursprünglich Mondkalender, wie das heute noch für den Islam gilt: Das Mondjahr hat hier jeweils 354 bzw. in Schaltjahren (11 Schalttage in einem Zyklus von 30 Jahren) 355 Tage und ist somit 10 bis 11 Tage kürzer als das Sonnenjahr. Das hat zur Folge, dass der Jahresanfang sowie alle Feste und Festzeiten in einem Rhythmus von 33 Jahren durch das Sonnenjahr und seine Jahreszeiten wandern. Bei der Synchronisation der islamischen mit der christlichen Zeitrechnung ist deshalb zu beachten, dass 100 islamische Mondjahre nur etwa 97 Sonnenjahren entsprechen.

d. Solare Kalender: Sie basieren auf dem Umlauf der Erde um die Sonne, der an der Stellung der Sonne bzw. des Sonnenaufgangspunktes zu einem bestimmten Stern oder Sternbild abgelesen werden kann; ein Stern-Jahr (siderisches Jahr; 365,2564 Tage) ist durchschritten, wenn die Sonne die Ausgangsposition wieder erreicht. Wichtige Gliederungsmomente sind der Frühlings- und Herbstpunkt, an denen die Sonne den Himmelsäquator durchläuft, und die Sonnenwendpunkte im Sommer und im Winter als Punkte höchster bzw. niedrigster Kulmination des Zentralgestirns. Als Sonnenjahr (tropisches Jahr, Äquinoktial-Jahr; 365,2422 Tage) bezeichnet man die Zeitspanne zwischen zwei Durchgängen der Sonne durch den Frühlingspunkt.

Ein reiner Solarkalender war der ägyptische Kalender, auf dem auch der Julianische Kalender und damit unsere Zeitrechnung gründet. Die Bindung der Monate an den Mondumlauf wurde um 2000 v.Chr. aufgegeben. Das Jahr gliederte sich fortan in 12 Monate zu jeweils 30 Tagen, die von den Mondphasen völlig unabhängig waren, ergänzt um fünf monatsfreie Tage. Der Jahresbeginn – ursprünglich wohl abgeleitet vom Zeitpunkt der jährlich wiederkehrenden Nilüberschwemmung – wurde astronomisch an das Erscheinen des Sothis (Sirius) am Morgenhimmel, unmittelbar vor Sonnenaufgang, gekoppelt. Die Differenz zum tatsächlichen Sonnenjahr (1/4 Tag pro Jahr) bewirkte, dass der Sothisaufgang sich durch den so fixierten Kalender bewegte, um erst nach 1461 Jahren (Sothisperiode = 1460 Julianische Sonnenjahre) zu seinem Ausgangspunkt zurückzukehren. Um diese Differenz auszugleichen, verfügte schon Ptolemäus III. Euergetes im Jahre 238 v.Chr., alle vier Jahre einen zusätzlichen Festtag in den Kalender einzuschalten, konnte sich damit aber nicht gegen die Priesterschaft durchsetzen.

e. Lunisolare Kalender: Sie versuchen, Mondmonate und Sonnenjahr miteinander in Übereinstimmung zu bringen, indem sie Schaltmonate in den Kalender einfügen. Ursprünglich erfolgte solche Einschaltung unmittelbar auf Anordnung des Königs (in Mesopotamien), des Archonten (im alten Athen) oder des Pontifex maximus (im alten Rom). Solch willkürliche Festlegungen wurden später durch kalendarische Systeme ersetzt, in denen in einem festgelegten Zyklus Schaltjahre begangen wurden, die nicht 12, sondern 13 Mondmonate umfassten.

Lunisolaren Charakter trug der babylonische Kalender, der jedes 2., 5., 8., 10., 13., 16. und 19. Jahr als Schaltjahr mit 13 Mondmonaten beging, das jeweils noch um einen Tag verlängert wurde, damit Monatsanfang und Neulicht beieinander blieben. Diesem Vorbild folgte der jüdische Kalender: Zwölf Mondmonate von abwechselnd 29 und 30 Tagen begannen jeweils mit dem ersten Sichtbarwerden der Mondsichel. Jedes 3., 6., 8., 11., 14., 17. und 19. Jahr fügte man im Anschluss an den letzten Monat vor der Frühlings-Tagundnachtgleiche (*Adar*) einen dreizehnten Monat (*Weadar*) in den Kalender ein. Für den Jahresbeginn gab es unterschiedliche Traditionen: Das kultische Jahr begann im Frühling (2 Sam 11,1; Jer 36,9; Ez 45,18), das bürgerliche Jahr im Herbst (Ex 23,16; 34,22).

f. Julianischer und Gregorianischer Kalender: Beraten von dem aus Alexandrien stammenden Astronomen Sosigenes, führte Julius Cäsar 46 v.Chr. einen neuen Kalender ein, der das komplizierte altrömische Zeitberechnungssystem ablöste. Fortan umfasste das Jahr 365 Tage; alle vier Jahre wurde zwischen dem 23. und 24. Februar ein Schalttag eingefügt. Die Dauer der Monate wurde von 29 Tagen auf 30 bzw. 31 Tage verlängert (Ausnahme: der Februar mit 28, in Schaltjahren 29 Tagen). Die Monatsnamen wurden aus dem altrömischen Kalender übernommen (wobei zu Ehren Cäsars dessen Geburtsmonat in *Iulius* umbenannt wurde; Kaiser Augustus widerfuhr später mit dem Monat *Augustus* – ursprünglich *Sextilis*, der Sechste – eine ähnliche Ehre). Der Jahresbeginn wurde vom 1. März auf den 1. Januar vorverlegt, an dem die Konsuln ihr Amt antraten.

Das Julianische Jahr, das im Mittel 3651/4 Tage umfasste, war um 0,0078 Tage länger als das Sonnenjahr. Diesem Umstand begegnete Papst Gregor XIII. im Jahre 1582 durch eine erneute Kalenderreform: Um die Differenz zu korrigieren, sollte künftig die Zahl der Schalttage entsprechend verringert werden. Von den Schaltjahren, die auf 100 enden, werden danach nur noch jene als solche begangen, die durch 400 teilbar sind (also 1600 und 2000, nicht jedoch 1700, 1800, 1900). Um die bereits entstandenen Abweichungen zum Sonnenjahr zu korrigieren, ließ Gregor XIII. auf den 4.10. unmittelbar den 15.10.1582 folgen, ohne jedoch die Reihe der Wochentage zu unterbrechen. Die protestantischen Länder schlossen sich nur zögernd dieser Neuerung an (England erst 1752, Schweden 1753). In Russland blieb bis 1918 der Julianische Kalender in Kraft, dem die russisch-orthodoxe Kirche bis heute folgt.

g. Jahresbeginn und Weltären: Auch nach Einführung des Julianischen Kalenders blieben noch andere Daten für den Jahresbeginn in Geltung bzw. wurden neu eingeführt, z.B. 1. März (»vorcäsarischer Stil«), 25. März (»Annuntiationsstil«), Ostern (»Paschalstil«), 1. September (»byzantinischer Stil«), 25. Dezember (»Nativitätsstil«; vgl. Harnoncourt 27).

Übergreifende Zeitrechnungen ergaben sich aus der Notwendigkeit, die Jahre zu zählen und zu bezeichnen. Dazu brauchte man einen Ausgangspunkt, z.B. ein bestimmtes Ereignis mythischer oder geschichtlicher Art. Auch der Regierungsantritt eines Herrschers (bzw. einer Herrscherdynastie) konnte diese Funktion erfüllen. In Rom zählte man die Jahre seit der Gründung der Stadt 752/53 v.Chr., in Byzanz wie im Judentum seit der Erschaffung der Welt (5508/09 bzw. 3760/61 v.Chr.). Verbreitet war auch die von dem griechischen Geschichtsschreiber Timaios begründete Olympiadenrechnung, beginnend mit den ersten Olympischen Spielen 776 v.Chr. Der »Ära des Diokletian«, bezogen auf dessen Thronbesteigung 284 n.Chr., setzte der Mönch Dionysius Exiguus (gestorben um 550) die christliche Zeitrechnung entgegen (*a nativitate Domini*: Das Jahr der Geburt Christi zählt als Jahr 1).

3. Tag und Stunde

a. Der Tag als Lebensraum: Vom antiken Menschen wird die Nacht »als Bedrohung empfunden, als abendliches Zurückweichen des Lebens, als dunkler Urgrund unliebsamer Überraschungen« (NPlH 360). Dagegen erscheint der Tag – der Zeitraum zwischen Sonnenaufgang und Sonnenuntergang – als geordneter Lebensraum, in dem Gefahren zurücktreten und menschliches Wirken möglich wird. Mit den Abschnitten des Tages verbinden sich dabei unterschiedliche Gehalte, die sich zu einer Kette zusammenfügen, die dem Tag Struktur und Sinn verleiht. In einem solchen Tageslauf hat »alles seine Zeit«, d.h. bestimmte Tätigkeiten sind an bestimmte Zeiten gebunden und können nicht beliebig über den Tag verteilt werden. Ebenso werden religiöse und kultische Handlungen auf bestimmte Tageszeiten festgelegt, mit denen sie in einem engen Zusammenhang stehen. Wenn sie hiervon gelöst werden, verlieren sie an Gültigkeit und Sinn.

b. Einteilung des Tages: Die heute übliche Einteilung des Tages in Stunden, Minuten und Sekunden geht wohl auf die sumerische Rechenweise zurück, die neben dem Dezimalsystem ein Sexagesimalsystem (Sechzigersystem) kannte (Hahn 17). Die ältesten Sonnenuhren des Altertums gliederten die Zeit zwischen Sonnenaufgang und -untergang – nur diese konnte ja gemessen werden – in zwölf gleiche Abschnitte, die natürlich im Sommer länger waren als im Winter. Im Abendland übernahm man diese im Vorderen Orient entstandene Tageseinteilung: Der Tag begann bei Sonnenaufgang, im Tagesmittel also um sechs Uhr, und umfasste die zwölf Lichtstunden. Er wurde in Abschnitte zu je drei Stunden eingeteilt, wobei die jeweiligen Endtermine (dritte, sechste, neunte Stunde) besondere Bedeutung besaßen. Auch die eigentlich unmessbare Nacht wurde in Nachtwachen (Vigilien) zu je drei Stunden gegliedert. Im übrigen waren in den Kulturen der alten Welt durchaus unterschiedliche Tageseinteilungen gebräuchlich: Juden und ursprünglich auch Griechen rechneten den Tag von Sonnenuntergang zu Sonnenuntergang, sodass jeweils der Vorabend mit zum folgenden Tag gehörte.

4. Die Woche

a. Sieben-Tage-Rhythmus: Griechen rechneten ursprünglich mit einer zehntägigen, Römer mit einer achttägigen Woche. Gesetzlich eingeführt wurde die Sieben-Tage-Woche im Römischen Reich erst durch Konstantin 321 n.Chr. Sie hat ihren Ursprung vermutlich im Zweistromland, wo sich bereits im 8. Jh. v.Chr. deutliche Hinweise auf einen entsprechenden Rhythmus finden: Der Mondmonat wurde zunächst in zwei, später in vier Phasen von jeweils sieben Tagen gegliedert. Von einem Wochenrhythmus kann freilich noch nicht gesprochen werden, da wegen der Bindung des Monats an den tatsächlichen Mondumlauf – mit jedem Monat begann die Zählung neu – zwischen dem 28. Tag des alten und dem 7. Tag des neuen Monats acht oder neun Tage vergehen konnten.

b. Sabbat und Sieben-Tage-Woche in Israel: Eine von Mondumlauf und Mondphasen unabhängige Sieben-Tage-Woche begegnet erstmals im biblischen Israel (vgl. Ex 34,21; 23,12). Ungeklärt ist, ob der israelitische Sabbat von Anfang an mit der Praxis der Sieben-Tage-Woche verbunden war oder ob es sich dabei um zwei ursprünglich getrennte Überlieferungen handelt, die erst später miteinander verbunden wurden. In den ältesten Überlieferungen des Alten Testaments wird der wöchentlich gebotene Ruhetag einfach als »siebenter Tag« bezeichnet; die Bezeichnung Sabbat begegnet erst in jüngeren Traditionen (z.B. Ex 20,11). Umstritten ist, ob der Name aus dem hebräischen Wort *šbt* (aufhören, von der Arbeit ablassen, feiern) abzuleiten ist, oder ob ein Zusammenhang mit dem mesopotamischen *šapattu* besteht: Babylonier wie die Vorfahren der Israeliten, so nehmen manche an, seien ursprünglich einem archaischen Mondkalender mit Mondmonaten von nur 28 Tagen – mit Arbeitsruhe jeweils am 7., 14., 21. und 28. Tag des Zyklus – gefolgt, der von den Israeliten auch dann noch beibehalten wurde, als die Babylonier mit Mondmonaten von 29½ Tagen zu rechnen begannen. Neumond- bzw. Vollmondfest (*šapattu*) seien zunächst unabhängig davon begangen, später – als man den babylonischen Mondkalender auch in Israel übernahm – mit dem vom Mondzyklus nunmehr unabhängigen Sieben-Tage-Rhythmus verbunden worden (Grelot; Auf der Maur 1983, 29).

c. Die Planetenwoche: Der Zahl 7 kam nicht nur im Zweistromland, sondern auch im antiken Griechenland eine besondere religiöse und kalendarische Bedeutung zu; so fielen z.B. alle heiligen Tage des Gottes Apoll jeweils auf den siebten Tag eines Monats. Zur Verbreitung der Sieben-Tage-Woche in der hellenistischen Welt mag dies ebenso beigetragen haben wie die Vorstellung von den »sieben Planeten« (Saturn, Jupiter, Mars, Sonne, Venus, Merkur, Mond): Jede Tagesstunde wurde danach von einem der Planeten regiert. Der Planet, der über die erste Tagesstunde herrschte, galt zugleich als Regierer und Beschützer des jeweiligen Wochentages.

So regierte Saturn über die 1., 8., 15. und 22. Stunde des siebten Tages, gefolgt von Sol, dem Sonnengott (Sonntag), der Mondgöttin Luna (Montag), Mars (Dienstag), Merkur (Mittwoch), Jupiter (Donnerstag) und Venus (Freitag). In den romanischen Sprachen haben sich diese Bezeichnungen z.T. bis heute erhalten (franz. *lundi, mardi, mercredi, jeudi, vendredi*), während in den germanischen Sprachen entsprechende nordische Götternamen die römischen Bezeichnungen ersetzten (Dienstag von Tiu = Mars, engl. *Wednesday* von Wotan = Merkur, engl. *Thursday* von Thor = Jupiter, Freitag von Freia = Venus).

B. Zeit und Sinn

1. Zeit und »kulturelles Gedächtnis«

a. Zeit als Medium kultureller Kommunikation: Auf allen genannten Zeitebenen – Tag, Woche, Monat, Jahr – werden kalendarische Festlegungen zugleich zu Medien kultureller Kommunikation: Zyklisch wiederkehrende Interpunktionen verbinden sich, indem sie als solche kulturell wahrgenommen und als Festpunkte und Festzeiten kodifiziert werden, mit Bedeutungen, mit einem ihnen zugeschriebenen Sinn. Vieles spricht sogar dafür, dass es zunächst diese kulturell relevanten Sinnzuschreibungen sind, die die Zeitwahrnehmung leiten und so die Interpunktionen und ihre kalendarische Kodifizierung bestimmen. Abstrakt-formale, mittels astronomischer Beobachtungen gewonnene Gliederungsmomente werden dabei wohl erst in zweiter Hinsicht wirksam, erlauben dann aber die Entwicklung hochdifferenzierter kalendarischer bzw. heortologischer (von griech. ἑορτή = Fest) Kodes, die in der Lage sind, eine Fülle kultureller Bedeutungen an sich zu binden und auch wechselnde Sinnzuschreibungen zu ermöglichen. Solchermaßen strukturierte und gedeutete Zeit gerät so gleichsam zu einer »Sprache« – genauer: zu einem Repertoire von Texten –, in denen Erfahrungen zu kulturellem Wissen verdichtet und als solches festgehalten, mitgeteilt, überliefert und rekonstruiert werden können.

So sind Kulturen vorstellbar, die auf Schriften verzichten und ihre Erfahrungen und Hoffnungen ganz dem »Buch der Zeit« anvertrauen, das dann Jahr für Jahr nach fester Ordnung aufgeschlagen, gelesen und in solchem Gebrauch festgehalten und fortgeschrieben wird (vgl. Aleida Assmann, 130–145). Aber auch für Schriftkulturen gilt: Lebenswissen, Weltwissen und Glaubenswissen wird nicht nur in Büchern festgehalten; es wird allemal auch in die Zeit hineingeschrieben. So ist die Zeit vorzüglichstes Medium des »kulturellen Gedächtnisses«, in dem das für eine Gruppe, ein Gemeinwesen, eine Kultur, eine Religion »identitätsrelevante Wissen« bewahrt, je und je vergegenwärtigt, erneuert und fortgeschrieben wird (Brüske 153).

b. Zeit und Gegen-Zeit: Als bedeutungsvolle, sinntragende Fest-Zeit kann Zeit nur dort wahrgenommen und »gelesen« werden, wo sie sich von anderer Zeit absetzt und unterscheidet, die als Nicht-Fest, gegebenenfalls auch als Gegen-Fest, erfahren wird – wo es also andere Zeit gibt, die in semantisch-symbolischer Opposition zu ihr steht. In diesem Sinne ist Festzeit Ausnahme-Zeit, Gegen-Zeit, die den Lauf der Dinge ebenso wie den Lauf der Zeit unterbricht und alternative Zeit-Erfahrungen ermöglicht. Nach Jan Assmann (1991, 13) ist das Fest »das Andere des Alltags«, gekennzeichnet durch Fülle, Intensität, Ordnung, Sinn: »Das Fest intensiviert, was im Alltag reduziert wird, der Alltag wiederum braucht, was im Fest suspendiert wird« (16). Solche Polarität von Fest und Alltag ist für das gesellschaftlich-kulturelle Leben unabdingbar: Die »Zirkulation identitätsrelevanten Wissens im Medium des Festes« dient in gewisser Weise dazu, »das Immunsystem der Gruppe in Gang zu halten«, weil sich auf solche Weise Teilgabe und Teilhabe an diesem Wissen vollziehen (24; Brüske 160).

c. Es darf freilich nicht übersehen werden, dass die Festkultur in (post-)modernen, erlebnisorientierten Gesellschaften kaum mehr solcher Beschreibung entspricht. Das Fest verliert hier weitgehend seine »Andersheit«; es dient kaum mehr der Überschreitung, sondern nur noch der »Kompensation des Alltags« und büßt damit auch seine ursprüngliche anthropologische Funktion weitgehend ein (Kranemann 13): »Feste heute, aus dem Alltag geboren und als glitzernde, ›inszenierte Kultur‹ in den Alltag bunt zurückgemischt, setzen der Postmoderne die Lichter auf; sie übersteigen – anders als klassische Feste – das Dasein kaum, sondern gehören ihm vielmehr an, sind Stoff aus seinem Stoff und bestätigen es« (Lipp 683). Dagegen zielen christlicher Glaube und christliches Fest auf »die Überwindung und zugleich Verwandlung des Alltags« (Schilson 29).

2. Sinnebenen

Differenzierte kalendarisch-heortologische Kodes integrieren, wie wir gesehen haben, die unterschiedlichen Zeitebenen des Tages, der Woche, des Monats wie des Jahres, benutzen sie als elementare Bausteine und versuchen zugleich, die jeweiligen Zyklen aufeinander abzustimmen. Eine ähnliche Erscheinung lässt sich auch in semantischer Hinsicht beobachten: Sinn wird hier gleichsam in mehreren Schichten konstituiert und kodiert, die einander in folgenreicher Weise überlagern. Drei solcher Ebenen lassen sich dabei unterscheiden; für jede von ihnen ist wiederum der Begriff des Gedächtnisses konstitutiv: Zyklische Erfahrungen – die auf der Wiederkehr des Gleichen bzw. Ähnlichen beruhen – ermöglichen Handeln auch in nicht vorhersehbaren Situationen.

Kalendarisch-heortologische Kodes – mündlich überliefert oder schriftlich fixiert – vergegenständlichen in gewisser Weise das kollektive Gedächtnis der Kultur, geben ihm Struktur, treffen Bestimmungen zu seinem Gebrauch. »Welt, Zeit und Leben werden so begehbar in einem doppelten Sinn: Indem der Festcode dazu anleitet, bestimmte, bedeutungsvolle Festpunkte und Festzeiten zu begehen, hält er lebenswichtige, rettende Erfahrungen lebendig und erlaubt so auf Zukunft gerichtetes Handeln. Auch das Kirchenjahr kann in diesem Sinne sowohl als Ergebnis von Lernprozessen wie als Lernvorschrift begriffen werden, die dazu anleitet, semantische und andere Bezüge zwischen dem überlieferten Glaubenswissen und der jeweils aktuellen Situation herzustellen« (Jörns/Bieritz 578 f.). Die drei Sinnebenen, auf denen dies geschieht, lassen sich wie folgt beschreiben:

a. Sinnzuschreibung: Einer ersten Ebene sind all jene Bedeutungen und Bedeutungskomplexe zuzuordnen, die sich unmittelbar mit den kalendarischen Interpunktionen, insbesondere mit den kosmisch-vegetativen Zyklen – dem Wechsel von Hell und Dunkel, von Regen- und Trockenperioden, von Zeiten der Fruchtbarkeit und der Unfruchtbarkeit usw. – verbinden: Erfahrungswissen, für das Leben der Gemeinschaft wie des Einzelnen unverzichtbar, wird auf solche Weise dem kollektiven Gedächtnis der Kultur anverwandelt und, wieder und wieder erinnert und begangen, kommenden Generationen überliefert, von diesen rekonstruiert und fortgeschrieben. Solches Wissen ist selbstverständlich immer schon Deutung, die der Zeit, indem sie ihr eine Struktur gibt, zugleich einen Sinn zuschreibt, sie buchstäblich mit Sinn füllt: So wie Kulturen sich ihren je eigenen Wohn-Raum schaffen, bedürfen sie auch eines spezifischen, sinnerfüllten Zeit-Raumes, in dem sie sich entfalten können.

b. Kultisch-religiöse Qualifizierung: Der kosmisch-vegetative Wechsel, als bedeutungsvoll wahrgenommen, festgehalten und überliefert, erfährt nun häufig eine kultisch-religiöse Qualifizierung, die den genannten Phänomenen Namen gibt, sie in Gestalt von Natur-, Himmels-, Erd- und Jahreszeitengöttern u.a. personifiziert. Auch die Zeit selber kann in solchem Kontext als Gottheit begriffen und verehrt werden (Auf der Maur 1983, 21). Solches Verhalten entspringt einem sehr ursprünglichen, vorneuzeitlichen Verständnis von Welt und Wirklichkeit: Kultisch-religiöses Handeln zeichnet in diesem Kontext die natürlichen Rhythmen nicht nur nach, heftet ihnen auch nicht einfach nur zusätzliche Bedeutungen an. Es bringt sie vielmehr – nach Überzeugung derer, die hier handeln – in gewisser Weise erst hervor. Weltlauf und kultisches Handeln – repräsentiert durch den kultischen Kalender und seine Feste und Festzeiten – werden als *Einheit* erlebt und gesehen; sie verhalten sich zueinander wie zwei Hälften *eines* Bildes (Schaeffler). So verbürgen etwa kollektive Übergangsriten die Wiederkehr der lebenspendenden Rhythmen von Winter und Sommer, Saat und Ernte, Kälte und Wärme; und häufig wird dabei das Schicksal einer Gottheit, in dem die erfahrbaren Vorgänge in der Natur gleichsam eingeschlossen und vorgebildet sind, kultisch nachvollzogen und die Festgemeinschaft diesem Geschick eingefügt.

Mit anderen Worten: Der Sinn, den man der Zeit abgerungen, in sie hineingeschrieben hat, versteht sich nicht von selbst. Um sich der Gültigkeit des hier bewahrten Wissens zu vergewissern, muss es je und je erneuert werden. Nur so lässt sich der Fortgang der Zeit, der Bestand von Welt und Leben sichern. Grundlegend für das Zeitverständnis, das hier begegnet und das sich vom neuzeitlichen Verhältnis zur Zeit nicht unerheblich unterscheidet, ist der Begriff der *Arché*: »Eine ἀρχή ist eine Ursprungsgeschichte. Irgendeinmal hat ein numinoses Wesen zum ersten Mal (τὰ πρῶτα) eine bestimmte Handlung vollzogen, und seitdem wiederholt sich dieses Ereignis *identisch* immer wieder« (Hübner 135). Das bedeutet: Nur dort, wo die jeweilige Ursprungshandlung (bzw. die Gründungstat, die in der Vorzeit Welt, Leben und Zeit aus sich entließ) in gemessenen Abständen kultisch erinnert und begangen wird, bleibt sie in Kraft.

c. Vergeschichtlichung: Auf einer dritten Ebene schließlich können sich die so gedeuteten, kultisch-religiös qualifizierten Feste und Festzeiten mit geschichtlichen – bzw. als geschichtlich aufgefassten – Ereignissen und dem ihnen zugeschriebenen, in ihnen erfahrenen Sinn verbinden. Solche Vergeschichtlichung von Festen und Festbräuchen, die ursprünglich an das Naturjahr gebunden waren, kennzeichnet z.B. die Entwicklung im biblischen Israel und im Judentum: Das Gedächtnis überlieferter Ereignisse aus der Geschichte des Volkes (bzw. einzelner seiner Gruppen) wird Festen nomadischen oder agrarischen Ursprungs zugeordnet. Damit verändert sich der Charakter nicht nur dieser Feste, sondern des Festjahrs im Ganzen: Es ist nicht mehr nur kultisch-reales Abbild und wirksame Darstellung kosmisch-vegetativer Zyklen, sondern vergegenwärtigt auf ebenso wirksame Weise das geschichtliche Handeln Gottes an seinem Volk. Das christliche Kirchenjahr folgt der Tendenz solcher Vergeschichtlichung, durch die zyklisches Denken zugleich aufgenommen wie überschritten wird: Das Gedenken an die großen Taten Gottes knüpft an den Kreislauf des Jahres und der Jahreszeiten an und durchbricht ihn zugleich. Die Gottesgeschichte, die hier kultisch erinnert und begangen wird, ist ja nicht in sich abgeschlossen, sie geht auch in Gegenwart und Zukunft weiter. Sie hat eine Richtung, ein Ziel.

Für das geschichtliche Verständnis wie für die Reflexion aktueller Entwicklungen ist die Erkenntnis wichtig, dass die genannten Sinnebenen einander nicht einfach ablösen, sondern ineinander aufgehoben bleiben und so auch je und je wieder hervortreten können. So lässt sich am Beispiel christlicher Feste, die in der Gegenwart in eine neue, säkulare Gestalt transformiert und dabei ihrer biblischen bzw. heilsgeschichtlichen Bezüge partiell entkleidet werden, sehr gut beobachten, wie in solchem Vorgang die kosmisch-vegetativen Gehalte erneut an die Oberfläche drängen und sich mit neuen, gesellschaftlich bedeutsamen Sinnzuweisungen verbinden können.

3. Zeitebenen

Zeichen und Texte aller Art lassen sich betrachten hinsichtlich ihrer Struktur und Gestalt (ihrer Syntaktik), ihrer Bedeutung (Semantik) und ihrer Wirkung (Pragmatik). Das gilt auch für jene im »Buch der Zeit« kodifizierten Texte, die Gegenstand unserer Überlegungen sind. Hier zeigt sich nun: Die unterschiedlichen Zeitebenen von Tag, Woche, Monat und Jahr spielen nicht nur – wie oben dargelegt – eine Rolle bei der syntaktischen Gliederung kalendarisch-heortologischer Kodes. Sie sind auch wichtig für die Semantik und Pragmatik dieser Systeme. Bestimmte Motive und Sinnzuschreibungen kehren nämlich auf unterschiedlichen Zeitebenen wieder, bilden einen Motiv- und Bedeutungszusammenhang, der vom Tag über die Woche bis zur Ebene des Jahres reicht. Das ist wichtig für das Verständnis des christlichen Festkodes: Die Texte, die hier auf der Ebene von Woche und Jahr formuliert werden, setzen sich zu großen Teilen aus semantischen Bausteinen zusammen, die der Ebene des Tages – dem Erleben von Tag und Nacht – entstammen. Umgekehrt werden Bedeutungen, die ursprünglich dem Jahreszyklus zugehören, auch auf der Ebene von Woche und Tag vertextet. D.h.: Wandlungen, gar Verluste auf einer dieser Zeitebenen betreffen notwendig auch die anderen, führen zu einer Modifikation des Festkodes im Ganzen.

Die pragmatische Dimension des Festkodes wird z.B. berührt, wenn sozialpsychologische Modelle (Rau) den Versuch unternehmen, die verschiedenen Zeitebenen in ein Verhältnis zu unterschiedlichen Sozialebenen bzw. sozialen Aktivitäten zu setzen. Der Tageszyklus wird dabei vielfach der Individualebene und der beruflichen Tätigkeit zugeordnet, die Zeitebene der Woche der Familie (der kleinen Gruppe gemeinsamen Lebens), die Zeitebene des Monats solchen Gruppen, die eher der Sozial- und Rechtsform des Vereins entsprechen, der Jahreszyklus schließlich der Kulturebene (der Ebene öffentlich relevanter Ereignisse). Wenn es, wie für die Gegenwart angenommen, zu einer Verlagerung kultisch-religiöser Aktivitäten von der Wochen- über die Monats- zur Jahresebene kommt (tageszyklisches Verhalten kann in wochenzyklisches, wochenzyklisches in monatszyklisches usw. verändert werden), hat dies Folgen für den Gebrauch und das Verständnis der hier formulierten Texte: Bestimmte Bedeutungen können schlichtweg nicht mehr wahrgenommen, Botschaften nicht entziffert werden. Der Leser, der nur noch jahreszyklisch partizipiert, schafft sich im Grunde seinen eigenen Text, d.h. er gestaltet den Kode selber nach seinen gewandelten Bedürfnissen um.

a. Zeitebene des Tages: Oben war gezeigt worden, wie sich mit dem Tageslauf und einzelnen seiner Abschnitte bestimmte Gehalte verbinden können, die ihn als Ganzes mit Sinn erfüllen – als Zeit menschlichen Wirkens, als geordneten Lebensraum, in semantischer Opposition zur Nacht als Zeit der Bedrohung, der Unordnung, die sich sinnvollem Wirken letztlich verschließt. Dies findet seine Entsprechung auf der kultisch-religiösen wie der heilsgeschichtlichen Sinnebene, auf der uns der Tag als spirituelle Größe begegnet: Für das biblische Israel z.B. war jeder Tag so etwas wie eine zusammenfassende Erinnerung der Geschichte Gottes mit seinem Volk. Jeder Abend vergegenwärtigte den Auszug des Volkes aus der Knechtschaft in Ägypten, jeder Morgen erinnerte an den Bundesschluss am Berge Sinai. Solches Gedenken wurde durch das Abend- und Morgenopfer im Tempel kultisch begangen (Ex 29,38–43; Num 28,1–8). Später wurden daraus fünf Opferzeiten. Im Exil traten an die Stelle des Opfers (zunächst drei: Dan 6,11; Ps 55,18) Gebetszeiten, die auch in den Synagogen eingehalten wurden.

Ähnlich wie im biblischen Israel verband sich auch für die frühe Christenheit der Tageslauf mit bestimmten Ereignissen der Heilsgeschichte. Der Abend erinnerte an den Kreuzestod Jesu und die Stiftung des Neuen Bundes in seinem Blut; der Morgen vergegenwärtigte seine Auferstehung. Die Nacht – als Zeit der Bedrohung, der Gottferne, der Sünde – gewann für die, die sie gottesdienstlich durchwachten, eine besondere spirituelle Qualität: Sie galt als Zeit der Erwartung, der Bereitschaft und des Kampfes, in der sie auf den Anbruch des Morgens warteten, der ihnen die Auferstehung Jesu und damit ihre eigene Vollendung ankündigte. So war jede Nacht ein österlicher Überschritt, eine Durchgang durch den Tod in das Leben. Solche Beziehung von Tageslauf und Heilsgeschichte fand ihren geformten Ausdruck im →Tagzeitengebet.

Wichtig ist, dass die Motive allgemein-menschlichem Zeiterleben entstammen – vor allem dem Lichtmotiv in semantischer Opposition zu Finsternis und Nacht –, sich aber mit spirituellen Bedeutungen verbinden. Die Mehrschichtigkeit von Festkodes, bei denen unterschiedliche Sinnebenen sich überlagern, z.T. auch durchdringen, lässt sich daran veranschaulichen.

b. Zeitebene der Woche: Auch ein Blick auf den Sabbat Israels und die biblische Sieben-Tage-Woche lässt solche Zusammenhänge erkennen. Ursprünglich, so nimmt man an, war der Sabbat wohl eine Art Tabutag, an dem alle Arbeit ruhte. Später erst wuchsen ihm weitere Bedeutungen zu: Man gedachte am Sabbat der Vollendung der Schöpfung (Ex 20,8–11) wie der Befreiung aus Ägypten (Dtn 5,12–15) und feierte Gottes Bund mit seinem Volk (Ex 31,12–17) in der Hoffnung auf die Ankunft des Messias, auf den Sabbat der Endzeit. Aus dem Ruhetag wurde so im Laufe der Entwicklung ein religiöser Feiertag, dessen Begehung und strikte Einhaltung bis heute als Kennzeichen Israels und Zeichen seiner Bundestreue gilt, ein Zeichen, das es von allen anderen Völkern unterscheidet.

Die Christen übernahmen die biblische Sieben-Tage-Woche, gestalteten sie jedoch in charakteristischer Weise um: Sie feierten den ersten Tag der jüdischen Woche – in Durchbrechung des Sieben-Tage-Schemas auch Achter Tag genannt – als ihren Herrentag (Offb 1,10; Did 14,1), an dem sie sich zum eucharistischen Gottesdienst versammelten und das Gedächtnis des Passa Christi – seines Kreuzesleidens und seiner Auferstehung – begingen. Der Sonntag wurde so zum Ziel- und Höhepunkt der wöchentlichen Osterfeier, von der manche als ein Kirchenjahr im kleinen sprechen. Da der Sonntag schon vorchristlich mit dem Lichtmotiv verbunden war, konnten entsprechende semantische Bausteine von der Zeitebene des Tages auf die der Woche übertragen werden bzw. auf beiden Ebenen analog Verwendung finden. Gottesdienstliche Nachtwachen knüpften hieran an; sie fanden ihren Höhepunkt in der Vigil der Osternacht, in der die Christen gemeinsam den Anbruch des Auferstehungsmorgens erwarteten. Doch damit ist bereits die Zeitebene des Jahres erreicht.

c. Zeitebene des Jahres: Während die Zeitebene des Monats für das christliche Verhältnis zur Zeit kaum eine Rolle spielte (erst neuerdings zeichnen sich hier – etwa in der zyklischen Wiederkehr von Tauf-, Abendmahls-, Familiensonntagen usw. – bestimmte Strukturierungen ab), ist die Zeitebene des Jahres von Beginn an bedeutsam. Vermutlich parallel zur Ausbildung der wöchentlichen Feier des Herrentags entwickelt sich – in Aufnahme und Modifizierung jüdischer Festinhalte – die frühchristliche Passafeier: »Wenn wir auch keine direkten Zeugnisse aus frühester Zeit besitzen, kann doch mit ziemlicher Sicherheit angenommen werden, dass bereits die *Apostolische Kirche* die jährliche Osterfeier kannte« (Auf der Maur 1983, 65).

Nach allem, was wir wissen, bleibt Ostern bis in das 3. Jh. hinein das einzige christliche Jahresfest. Es bildet freilich schon früh – durch die stufenweise Entwicklung einer Vorbereitungszeit und einer Nachfeier – so etwas wie einen Zeitkreis aus, der auch durch den Zeitpunkt des jüdischen Wochenfestes (sieben Wochen nach Pesach-Mazzot) beeinflusst wird. Beim weiteren Ausbau des Kirchenjahres werden verstärkt Einflüsse aus dem hellenistischen Raum wirksam. Das gilt vor allem für jene Feste, die die Erscheinung Jesu und seine Menschwerdung zum Thema haben (Epiphanie und Weihnachten) und um die sich später ein eigener Zeitkreis rankt. Es versteht sich, dass auch hierbei Motive der ersten und zweiten Sinnebene (so z.B. das im kulturellen Kontext sehr virulente *Natale*-Motiv) vom christlichen Festkode aufgenommen und in gewisser Hinsicht vergeschichtlicht werden.

4. Zeitkreise

Mit der Unterscheidung und Zuordnung von Zeitebenen und Sinnebenen, wie wir sie hier vorgenommen haben, ist die Struktur des christlichen Festkodes jedoch noch nicht vollständig erfasst. Das Kirchenjahr muss auch als ein Gefüge von Begehungen beschrieben werden, die miteinander einen Zeitraum konstituieren, in dem sich unterschiedlich motivierte, z.T. miteinander konkurrierende Zeitkreise schneiden und überlagern. Syntaktische Aspekte (die Konkurrenz solarer und lunisolarer Kalender) spielen dabei ebenso eine Rolle wie Gesichtspunkte, die in den Bereich der Semantik gehören: In den verschiedenen Zeitkreisen kommen auch, wie oben schon angedeutet, unterschiedliche heilsgeschichtliche Motive zum Tragen.

a. Einen ersten, alles übergreifenden Kreis bilden die Sonntage – die im Rhythmus der Sieben-Tage-Woche wiederkehrenden Gedächtnisfeiern des Leidens, des Todes und der Auferstehung Christi. Sie liefern dem christlichen Jahr die Grundbausteine und bestimmen seine Grundgestalt. Da sie sich weder in den solaren noch in den lunaren Zyklus fügen, tragen sie ein nicht-zyklisches, lineares Moment in das Jahr ein. Motive, die sich mit der frühchristlichen Feier des Herrentags verbinden – und die wohl vor allem um die Gegenwart des Auferstandenen bei seiner Gemeinde, um die Erwartung seiner Wiederkunft und um das Herrenmahl kreisen –, werden bald schon um Motive erweitert, die am Sonntag als erstem Tag der Woche und als Tag der Sonne (genauer: des Sonnengottes *Sol*) haften: »Am Sonntag aber kommen wir alle deswegen zusammen,« schreibt der Märtyrer Justin in der Mitte des 2. Jh., »weil es der erste Tag ist, an dem Gott die Finsternis und die Materie wandelte und die Welt erschuf und unser Heiland Jesus Christus am gleichen Tage von den Toten wiederauferstanden ist« (Apol 1,67,7).

b. Der zweite Kreis geht von Ostern aus, dem ältesten christlichen Jahresfest. Der Osterfestkreis reicht von der vorösterlichen Bußzeit bis Pfingsten und darüber hinaus; denn nach dem evangelischen Kalender hängen auch Zahl und Datum der Trinitatissonntage bis hin zum Ewigkeitssonntag vom Osterdatum ab. Das jüdische Passa – in der Vollmondnacht des Frühlingsmonats Nisan – wie das christliche Passa orientieren sich am lunaren Zyklus. Doch gliedern die Christen ihr Fest zugleich in die Kette der Sonntage ein: Gefeiert wird Ostern – endgültig seit dem Konzil von Nizäa 325 – immer am Sonntag nach dem ersten Vollmond im Frühling.

Dies ist eine Entscheidung auf syntaktischer Ebene, die zugleich die Semantik des Festkodes verändert: Bestimmte Motive, die mit dem Passafest verbunden sind (so die »Opfer-Mahl-Linie«, die »Passa-passio-Tradition«, »die im Zentrum das Gedächtnis der Kreuzerhöhung des Passalammes Jesus Christus feiert«), treten zurück, das Motiv der Auferstehung (und mit ihr die »Exodus-Transitus-Linie«, »in deren Zentrum der Übergang der Gläubigen ›von den Dingen des irdischen Lebens zu Gott...und zu der Stadt Gottes‹ ... steht«; Bieritz/Jörns 582) rückt in den Mittelpunkt.

c. Einen dritten Kreis bilden Weihnachten (25.12.) und Epiphanie (6.1.) mit Vorbereitungs- und Folgezeiten. Durch Bindung an den solaren Kalender sprengen sie den Wochenrhythmus und kollidieren mit dem Osterfestkreis: Liegt Ostern früh, verkürzt sich – nach evangelischer Rechnung – entsprechend die Zeit nach Epiphanie. Inhaltlich werden Weihnachten und Epiphanie (wie eine Reihe ihrer Folgefeste) durch das dem hellenistischen Kulturkreis entnommene *Natale*-Motiv geprägt: »Natale ist im 4. Jh. ein geläufiger Ausdruck für das jährliche Gedächtnis der Geburt, erfährt aber in der kaiserlichen Hofsprache eine Bedeutungserweiterung als Tag der Verherrlichung (Thronbesteigung – Apotheose). So ist wahrscheinlich der Ausdruck Natalis solis invicti zu verstehen als Fest der Wiedergeburt und Machtentfaltung der Sonne, bzw. in christlicher Übernahme Natale Christi als Tag der Geburt und Offenbarung der Machtentfaltung Christi« (Auf der Maur 1983, 168). Das Natale-Motiv korrespondiert so dem Epiphanie-Motiv: »Das Wort [ἐπιφάνεια] wird in der antiken heidnischen Literatur gebraucht für jede Art von Erscheinung, so etwa für die erlösende und rettende Erscheinung der Gottheit oder auch eines Herrschers, z.B. bei Thronbesteigungen, Besuch einer Stadt usw.« (157).

d. Um den Schwierigkeiten zu entgehen, die sich aus der Kollision von Oster- und Weihnachtsfestkreis für die Zählung der Sonntage ergeben, hat der neue römische Kalender den Zyklus der Sonntage im Jahreskreis geschaffen, der die Sonntage nach Epiphanie und nach Pfingsten – also die Sonntage außerhalb des Weihnachts- und Osterkreises – gleichsam zu einem eigenen, von den großen Festzeiten unabhängigen Zeitkreis verbindet.

e. Einem weiteren Zeitkreis vergleichbar, überlagert das Jahr der Heiligen die anderen Kreise, dabei ebenfalls an feste Daten und an den solaren Kalender gebunden. Kollisionen – mit der Kette der Sonntage, mit dem Oster- und Weihnachtskreis wie ihren Folgefesten und -zeiten – sind auch hier programmiert; Messbücher und Agenden sehen komplizierte Regelungen für solche Fälle vor. Inhaltlich verbindet sich hier das Natalemotiv mit dem Passamotiv, was sich besonders am Märtyrergedenken aufzeigen lässt: Gefeiert wird der Todestag des Märtyrers, der durch seine Bluttaufe Anteil am Tode Christi gewinnt (Passa-Motiv), zugleich als sein *dies natalis* zum ewigen Leben.

f. Ansätze eines sechsten Kreises lassen sich in jenen Tagen und Zeiten erkennen, die in unmittelbarem Bezug zu kosmisch-vegetativen Zyklen stehen und z.T. auf vorchristliche Begehungen im Zusammenhang von Aussaat und Ernte zurückgeführt werden können: so die Erntebitt- und -danktage (einschließlich hier üblicher Bittprozessionen) und die Quatembertage im römischen Kalender (die eine gewisse Parallele an den evangelischen Buß- und Bettagen wie am Vierzeitenrhythmus haben, in dem oberdeutsche und reformierte Gemeinden das Abendmahl feiern). Auch das Neujahrsfest, wenn es als solches gottesdienstlich begangen wird, gehört in diesen Zusammenhang. Solche Bindung an das Naturjahr haftet auch den großen heilsgeschichtlichen Festen von ihrem Ursprung her bleibend an und kann darum je und je aktualisiert werden.

g. Nicht bedacht wurden in diesem Zusammenhang Feste, die auf kirchengeschichtliche Ereignisse zurückgehen (Reformationsfest am 31.10., katholisch das Fest der Kreuzerhöhung am 14.9. und das Rosenkranzfest am 7.10.). Auch jene Feste, die bestimmte Themen der christlichen Lehre und Frömmigkeit feiern (Ideenfeste), lassen sich ihrer Natur nach kaum zu einem eigenen Zeitkreis zusammenfassen. Freilich sind manche dieser Feste – nach Zeitpunkt wie nach Inhalt – deutlich auf die großen Festkreise bezogen (so z.B. Trinitatis, Fronleichnam und das Christkönigsfest auf den Osterfestkreis, dem sie in kalendarischer Hinsicht folgen).

Das Kirchenjahr als Haus in der Zeit: Häuser haben nicht nur eine Funktion; sie haben auch – über diese Funktion hinaus – eine Bedeutung, weisen als Zeichen auf anderes hin. So ist das Kirchen-Haus, in die Landschaft gebaut, nicht nur Versammlungsort; es redet zugleich von dem Glauben, der es errichtet hat, von dem Evangelium, das in ihm verkündet und gefeiert wird, von der Gemeinde, für die es steht, von dem Gott, der in ihm angerufen wird. Mit dem Kirchen-Haus, in die Zeit gebaut, verhält es sich nicht anders. Es erfüllt nicht nur die Funktion, die Christen zu festen Zeiten zum Gottesdienst zu rufen, den umfänglichen biblischen Stoff auf die Zeitstrecke des Jahres zu verteilen und so dafür Sorge zu tragen, dass die Botschaft in möglichst allen ihren Aspekten zur Sprache kommt. Es wirkt vielmehr selber als eine sinnenfällige Gestalt des Evangeliums, als »Wahrnehmungsgestalt der ›großen Taten Gottes‹« (Jörns/Bieritz 592) – wie das geschriebene und gepredigte Wort und die ganze Fülle der sinnenfälligen, hörbaren, sichtbaren, greifbaren Zeichen des Heils.

Solche Vertextung des Evangeliums im Medium der Zeit ist freilich alles andere als ein abstrakter Vorgang. Ein kalendarisch-heortologischer Kode will nicht bedacht, er will begangen werden. So gehört zum Fest der Ort, an dem und in dem es Raum greifen kann; denn nur dort, wo Zeit Raum greift, lässt sie sich erleben. Es gehört zum Fest der Weg, auf dem wir diesen Ort erreichen, umgehen, beschreiten. Es gehört zum Fest das Wort – die Geschichte des Ursprungs des Festes, der Mythos, die Sage, die von seinem Sinn erzählen und ihn so ins Leben bringen. Es gehört zum Fest der Ritus, der sinnenfällig vollzieht, was das Fest als Sinn umschließt. Es gehört zum Fest auch der Klang, der Geruch, der Geschmack, vielleicht gar der subtile Rausch, der mit den Sinnen den Sinn des Festes weitet, ihn auf neuen, noch unerkannten, unerschlossenen Sinn hin öffnet und überschreitet. Ein Fest begehen heißt nichts anderes, als seinen Sinn in andere Zeichenwelten, Sprachen, Texte zu inkarnieren. So wie der Wort-Sinn sich in Laut- oder Schriftzeichen verleiblichen muss, um zu sich selbst und zur Welt zu kommen, verleiblichen sich jene Texte, die in die Zeit hineingeschrieben werden, in einer Fülle von Gebärden.

II. Der Sonntag

Die Kette der Sonntage liefert, wie oben gezeigt, dem christlichen Jahr die Grundbausteine und bestimmt so seine Grundgestalt. Im Zusammenhang des Festkodes behauptet der Sonntag sein eigenes Gewicht. Prägungen durch Feste und Festzeiten, wie sie sich später durchsetzen, sind sekundär gegenüber der ihm eigenen, durch nichts zu ersetzenden und zu verdrängenden Bedeutung. Das gilt für die Sonntage, die heute einem Festkreis zugeordnet werden, wie für jene, die das Gesicht der sog. festlosen Zeit des Kirchenjahres bestimmen. Nicht erst die Zuweisung eines – heilsgeschichtlichen, dogmatisch-ethischen, lebenspraktischen – Themas gibt der Sonntagsfeier einen Sinn. Den trägt sie – als Tag der eucharistischen Versammlung der Gemeinde zur Feier des Gedächtnisses der Christusgeschichte – in sich.

A. Ursprung und Geschichte

1. Biblische und nachbiblische Zeugnisse

a. Bedeutung des Ersten Tages: Nach den Berichten aller Evangelien kommen am Tag nach dem Sabbat, am Morgen des ersten Tages der jüdischen Woche, Frauen zum Grab Jesu und werden dort von seiner Auferstehung unterrichtet (vgl. Mt 28,1; Mk 16,2; Lk 24,1; Joh 20,1). Am Abend dieses Tages erscheint der auferstandene Herr selbst seinen Jüngern (Lk 24,13–49; Joh 20,19–23). Diese Zeugnisse belegen noch keine regelmäßige Begehung des Sonntags durch die Christen, aber sie zeigen, dass der Erste Tag nach dem Sabbat (vgl. 1 Kor 16,2; Apg 20,6–12) einhellig als Tag der Auferstehung Jesu gilt und dass ihm in solchem Sinne eine besondere Bedeutung beigemessen wird. Darüber hinaus lassen die Berichte auch Rückschlüsse auf abendliche (Mahl-)Versammlungen zu, die offenbar in Zusammenhang mit dem Ersten Tag – bzw. mit dem Achten Tag (Joh 20,26–29) – stehen (vgl. insbesondere Lk 24,30.33.41–43).

b. Häusliche Kollekte und (Mahl-)Versammlung am Ersten Tag: Auch außerhalb der Evangelien finden sich Hinweise darauf, dass der Erste Tag eine besondere Rolle für die Christen spielt. Nach 1 Kor 16,12 sollen die Christen an diesem Tag zu Hause Geld für eine Kollekte zurücklegen, die Paulus für die Gemeinde in Jerusalem einsammeln will, und Apg 20,7–12 berichtet von einer abendlichen (Mahl-)Versammlung in Troas am Ersten Tag nach dem Sabbat, bei der Paulus eine ausgedehnte Predigt hält, die sich bis Mitternacht hinzieht. Zwar ist auch hier noch nicht von einer regelmäßigen Sonntagsfeier die Rede, doch lässt sich die Vorstellung, der Erste Tag habe zumindest zur Zeit des Lukas, des Verfassers der Apostelgeschichte, der gottesdienstlichen Versammlung gedient, nicht ganz von der Hand weisen.

c. Herrentag und Herrenmahl: Offb 1,10 taucht erstmals die Bezeichnung Herrentag (κυριακή ἡμέρα) auf, die wohl analog zu Herrenmahl (κυριακόν δεῖπνον; 1 Kor 11,20) gebildet wurde und von daher die Vorstellung einer (Mahl-)Versammlung impliziert. Sie wird später zur feststehenden Benennung des christlichen Sonntags. Did 14,1 lässt keinen Zweifel daran, dass der

Herrentag zugleich der Tag der regelmäßigen eucharistischen Versammlung der Christen ist, obwohl der Begriff eindeutig erst im 2. Jh. (Justin, Dial. 41,4; EvPetr 35,38) mit dem Ersten Tag identifiziert wird. Die aufgeführten Belege machen es wahrscheinlich, dass bereits früh Teile der Christenheit den Ersten Tag gottesdienstlich begingen. Das gilt mit Einschränkungen: »Der Sonntag ist uns belegt in heidenchristlichen Gemeinden Kleinasiens und Griechenlands, paulinischer und johanneischer Prägung. Auffallend ist, dass wir keine einzige Spur finden in Jerusalem und in den palästinischen Gemeinden« (Auf der Maur 1983, 37).

d. Sonntagsfeier in Rom: Im 2. Jh. findet sich eine ganze Reihe von Zeugnissen für die Sonntagsfeier in Syrien, Kleinasien, Ägypten und Nordafrika. Für Rom ist der Sonntag erstmals durch Justin bezeugt (Apol. 1,67,3–7). Wichtig ist dabei die ausdrückliche Erwähnung des »nach der Sonne (τοῦ ἡλίου ἡμέραν) benannten Tages« als Zeitpunkt der allgemeinen gottesdienstlichen Versammlung, weiter der inhaltliche Bezug nicht nur auf die Auferstehung Jesu, sondern auch auf die Schöpfung mit der Erschaffung des Lichts. Damit wird es möglich, auch nichtchristliche Gehalte, die an diesem Tag haften, in die Sonntagsfeier zu integrieren.

2. Zum Ursprung der Sonntagsfeier

Die aufgeführten Belege geben keine Auskunft darüber, wie die christliche Feier des Sonntags entstanden ist. Chronologie wie Terminologie machen freilich eine Ableitung aus dem Brauchtum der religiösen Umwelt (Sonnenverehrung; Mithraskult; Qumran) recht unwahrscheinlich. Das schließt freilich nicht aus, dass diese Umwelt – wie schon bei Justin ersichtlich – Einfluss auf die Bedeutungen nimmt, die sich später mit dem Tag verbinden. Zwei Hypothesen, die von der Eigenständigkeit des christlichen Sonntags ausgehen, verdienen besondere Beachtung:

a. Versammlungen am Vorabend: Vertreter dieser Hypothese nehmen an, dass judenchristliche Gemeinden sich selbstverständlich weiter an der Sabbatfeier beteiligten und die Synagogengottesdienste besuchten (die ja nach den Berichten der Apg auch eine bedeutsame Rolle in der paulinischen Mission spielen). Am Abend des Sabbat – mit dem ja nach jüdischer Rechnung bereits der Erste Tag beginnt – seien sie dann zu eigenen eucharistischen Versammlungen »hier und dort in den Häusern« (κατ᾽ οἶκον, Apg 2,46) zusammengekommen. Heidenchristliche Gemeinden hätten diesen Brauch übernommen, auch wenn sie sonst den Sabbat nicht hielten. Apg 20,7–12 werde eine solche Versammlung am Vorabend des Ersten Tages geschildert. Im 2. Jh. sei es dann – vermutlich aufgrund eines Verbots abendlicher Versammlungen unter Kaiser Trajan – zu einer Verschiebung dieser Zusammenkünfte auf den Sonntagmorgen gekommen, nicht ohne Folgen für die Gestalt der Versammlungen, die nun nicht mehr mit einer regelrechten Mahlzeit verbunden werden konnten.

Folgt man dieser Hypothese, ist die christliche Sonntagsfeier letztlich aus der Sabbatpraxis hervorgegangen. Ein unmittelbarer Bezug zum Datum der Auferstehung Jesu lässt sich nicht erkennen, muss aber sehr bald schon hergestellt worden sein; anders ließe sich die durchgängige Fixierung der Überlieferung auf den Ersten Tag kaum erklären.

b. Versammlungen am Sonntagabend: Diese Hypothese schließt an die Berichte von den Erscheinungen des Auferstandenen am Abend des Ersten Tages an (Lk 24,36–43; Joh 20,19–23.26–29), die ihrerseits auf eucharistische Versammlungen am Sonntagabend (und eben nicht am Vorabend) schließen lassen. Der Ursprung der Sonntagsfeier liege, so nimmt man hier an, in Erfahrungen der Mahlgemeinschaft mit dem auferstandenen Christus, von denen diese Texte Zeugnis geben. Die Christen hätten diese Mahlgemeinschaft in Gestalt regelmäßiger Mahlfeiern am Abend des Ersten Tages fortgesetzt, bis es zu der erwähnten Verlegung auf den Sonntagmorgen gekommen sei. Diese Hypothese hat den Vorzug, dass sie einen ursprünglichen

Bezug zwischen der christlichen Sonntagsfeier und den Erscheinungen des Auferstandenen herzustellen erlaubt. Sie wird damit dem Gesamtduktus der Überlieferung besser gerecht.

3. Weitere Entwicklungen

Entscheidende Einschnitte für die christliche Sonntagsfeier bringt die Konstantinische Wende: Zusammen mit der Reichskirche wächst der Herrentag in eine neue gesamtgesellschaftliche Rolle hinein. Die Kirche übernimmt nunmehr faktisch die Aufgabe, mit ihrem Gottesdienst den *cultus publicus*, den für die Wohlfahrt des Reiches (die *salus publica*) unabdingbar notwendigen öffentlichen Kult, zu vollziehen, was dem regulären Gottesdiensttag eine ganz neue Bedeutung verleiht: Die Sonntagsfeier wird zur Angelegenheit der *salus publica* und damit zugleich des öffentlichen Rechts. Es ist zudem nicht auszuschließen, dass Konstantin mit der stufenweisen Privilegierung des Sonntags bestimmten religionspolitischen Vorstellungen folgte, die auf eine Verschmelzung von Elementen des Sonnengott-Kultes mit dem Christentum zielten.

a. Arbeitsruhe am Sonntag: Konstantin verordnete am 3. März 321 für den öffentlichen Dienst und die Stadtbevölkerung (die Bauern blieben vorerst ausgenommen) allgemeine Arbeitsruhe am Tag der Sonne. Ein Gesetz aus dem Jahre 337 dehnte das Arbeitsverbot am Sonntag aus und begründete es damit, dass jedem Gelegenheit gegeben werden sollte, seine kultischen Verpflichtungen zu erfüllen. Christliche Soldaten erhielten Urlaub, um am Gottesdienst teilnehmen zu können. Nichtchristliche Soldaten wurden ebenfalls angehalten, am Sonntag ihren religiöskultischen Verpflichtungen nachzukommen.

Der Gedanke, dass die Arbeitsruhe ein eigenständiges und wesentliches Element der Sonntagsfeier – neben dem Gottesdienstbesuch – darstelle, beginnt sich freilich erst vom 6. Jh. an durchzusetzen. Nun werden Strafen für diejenigen festgesetzt, die gegen das sonntägliche Arbeitsverbot verstoßen. Mehr und mehr zieht der Sonntag auf solche Weise Vorstellungen und Regelungen an sich, die ursprünglich am Sabbat hafteten. Das Sabbatgebot wird in der Folge von Kirche und Theologie auf den Sonntag angewendet und als Arbeitsverbot interpretiert.

b. Pflicht zum Gottesdienstbesuch: In der Frühzeit war eine christliche Existenz *ohne* Teilnahme an der sonntäglichen Gemeindeversammlung kaum vorstellbar. Es erübrigte sich also, die Pflicht zum Gottesdienstbesuch förmlich einzuschärfen. Freilich ermahnt schon der Hebräerbrief seine Adressaten, den Versammlungen nicht fernzubleiben, weil dies die Gefahr des Abfalls in sich berge (Hebr 10,25). Ein spanisches Provinzialkonzil trifft zu Beginn des 4. Jh. erstmals disziplinarische Maßnahmen gegen Gemeindeglieder, die den Gottesdienst an drei Sonntagen hintereinander nicht besuchen. Den christlichen Soldaten schreibt Konstantin, wie wir gesehen haben, 337 den Besuch des Sonntagsgottesdienstes verbindlich vor. In der Folgezeit wird die Pflicht zum Gottesdienstbesuch gelegentlich sehr nachdrücklich eingeschärft: So sollten nach einer ungarischen Kirchenordnung aus dem Jahre 1016 alle, die dem Gottesdienst fernblieben, geprügelt und kahlgeschoren werden.

Zu einer theologischen Untermauerung dieser Praxis kommt es erst im Mittelalter, als man das Sabbatgebot des Dekalogs im Sinne einer allgemeinen Pflicht zum Gottesdienstbesuch interpretierte. Von einem Kirchengebot, das zum Besuch der Sonntagsmesse verpflichtet, kann freilich erst seit dem 15./16. Jh. die Rede sein.

B. Sinn und Struktur

Der von Justin erstmals dokumentierte Ritus des christlichen Sonntagsgottesdienstes weist eine elliptische Struktur auf: Neben der im eucharistischen Hochgebet erinnerten Ursprungsgeschichte des Neuen Bundes, die hier danksagend und lobpreisend vergegenwärtigt wird, stehen im Wortteil Lesungen aus den Heiligen Schriften – aus dem Alten Testament, vermutlich auch schon aus dem in Entstehung begriffenen Neuen Testament –, die auf ihre Weise Ursprungsgeschichten des Glaubens erzählen und reflektieren. Dadurch wird eine Spannung in die gottesdienstliche Feier des Sonntags eingetragen, die sich auf sein Verständnis insgesamt auswirkt. Treten zu den genannten *Archaí* (ἀρχαί) in den Festzeiten nun noch – als prägendes Element – die jeweiligen Festgeschichten (die ja auch dann gegenwärtig sind, wenn sie nicht ausdrücklich gelesen werden), lassen sich wiederum drei Sinnebenen unterscheiden, auf denen unterschiedliche Sinngehalte zur Sprache kommen können.

1. Das Eucharistiegebet als Ursprungsgeschichte

Das eucharistische Hochgebet, wie es modellhaft von Hippolyt überliefert wird, erzählt – in den Sprechakten von Dank, Lobpreis und Bitte – die Geschichte vom Handeln Gottes in der Sendung Jesu Christi: »Wir danken dir, Gott, durch deinen geliebten Knecht Jesus Christus, den du in den letzten Zeiten uns als Heiland und Erlöser und Boten deines Willens gesandt hast...« (PE 81). Die Erzählung kann – dafür gibt es Beispiele – bereits bei der Erschaffung der Welt einsetzen, auch das Heilshandeln Gottes im Alten Bund umschließen und den Bogen bis an das Ende aller Weltzeit schlagen. In ihrem Kern freilich ist sie danksagendes Gedächtnis des Todes und der Auferstehung Jesu Christi. Sinn solchen Gedächtnisses ist Teilgabe und Teilhabe am Christusheil: Wenn Hippolyt um »Erfüllung mit Heiligem Geiste« bittet, zielt dies auf die endzeitliche Gemeinschaft mit Gott, wie sie sich in der eucharistischen Teilhabe am Geschick Christi eröffnet.

Immer, wenn die Eucharistie gefeiert wird, wird diese Ursprungsgeschichte unter den Zeichen von Brot und Wein vergegenwärtigt und gottesdienstlich dargestellt. So handelt es sich dabei zugleich um die eigentliche, durch nichts anderes zu ersetzende Ursprungsgeschichte des christlichen Sonntags. Sie kann und muss den Vorrang beanspruchen vor allen anderen Geschichten, die sonst noch im gottesdienstlichen Zusammenhang erinnert, erzählt und gefeiert werden. Hier findet die Rede, christlicher Gottesdienst sei in seinem Kern Vergegenwärtigung des Passamysteriums Christi, seines heilbringenden Kreuzestodes und seiner den Tod überwindenden Auferstehung, ihre Berechtigung: Jeder Sonntag ist, so gesehen, in der Tat ein Osterfest im kleinen. Wird der sonntägliche Gottesdienst in solcher Weise von seiner eucharistischen *Arché* her interpretiert, treten alle anderen Prägungen – durch Schriftlesungen, Fest- und weitere Themen – dahinter zurück.

2. Konkurrenz der Ursprungsgeschichten

Jahrhunderte hindurch hat man – nach dem Vorbild und der Weisung Martin Luthers – im sonntäglichen Hauptgottesdienst der lutherischen Kirche über das Evangelium gepredigt. Das hat entscheidend dazu beigetragen, dass die Sonntage ihre Prägung durch diese Texte erhielten. Sie wurden dadurch tief in der Volksfrömmigkeit und in der kulturellenTradition verankert; verband sich doch mit ihnen auch eine reiche kirchenmusikalische Praxis. Die neueste Reform – die dem Evangelium eine bestimmende Rolle bei der Auswahl der Lesungen, Gebete und Gesänge des Sonntagspropriums zuweist – nimmt diese Tradition auf. Dadurch verstärkt sich das Gewicht der den einzelnen Sonntagen zugewiesenen Ursprungsgeschichte(n) des Glaubens: Die Sonntagsfeier wird thematisch von den Texten bestimmt, die im Gottesdienst zur Verlesung kommen und in der Predigt ausgelegt werden. Dass jeder sonntägliche Gottesdienst im Zeichen jener im eucharistischen Hochgebet vergegenwärtigten Ursprungsgeschichte des Neuen Bundes steht, tritt dahinter zurück – zumal dort, wo das Abendmahl nicht regelmäßig im Gottesdienst gefeiert wird.

In der Praxis bereitet dieser Sachverhalt Liturgen und Predigern häufig Schwierigkeiten, vor allem, wenn solche Konkurrenz der Ursprungsgeschichten nicht wahrgenommen wird. Ihnen wird – an allen Sonn- und Festtagen des Kirchenjahres – ein Predigttext vorgegeben, der im Gottesdienst auszulegen ist. Dieser Text steht – auch wenn er nach dem Prinzip der Konsonanz ausgewählt wurde – oft in einer Spannung zu jener Ursprungsgeschichte, die sich mit dem jeweiligen Fest verbindet, an gewöhnlichen Sonntagen in Spannung womöglich zum Evangelium selbst als der hier und jetzt zu feiernden Ursprungsgeschichte des Glaubens. Die Spannung kann fruchtbar sein, wenn es gelingt, den auszulegenden Text auf die jeweilige Ursprungsgeschichte zu beziehen. Häufig genug wird diese Aufgabe jedoch homiletisch wie liturgisch verfehlt: Die Predigt steht mehr oder weniger beziehungslos neben den verlesenen, besungenen und auf andere Weise gefeierten Ursprungsgeschichten, oder der Text wird zugunsten einer allgemeinen Fest- oder Themenpredigt verlassen, der es dann meist an jenem Profil fehlt, wie es nur der Bezug auf eine konkrete Ursprungsgeschichte zu vermitteln vermag.

Der Konflikt verschärft sich, wenn im gleichen Gottesdienst das Abendmahl zu feiern ist und damit eine weitere Sinnebene mit ihrer eigenen, unverwechselbaren Ursprungsgeschichte ins Spiel kommt. Dies wird häufig intuitiv erkannt, die Spannung durchaus empfunden; doch die Aufgabe, neben dem Predigttext und dem vom Evangelium dominierten Sonntagsproprium – und gegebenenfalls der jeweiligen Festgeschichte – nun auch noch die eucharistische Sprach-Handlung in den Gesamtzusammenhang zu integrieren, wird als Überforderung erlebt. Die homiletisch-liturgische Aufgabe wird dort verfehlt, wo Abendmahl, Sonntagsproprium und Festgeschichte lediglich als Anhängsel bzw. als Veranschaulichungsfelder der Predigt betrachtet werden. Eine Lösung scheint dort möglich, wo das eucharistische Geschehen als begründendes Zentrum der sonntäglichen Feier begriffen und begangen wird, das durch andere Ursprungsgeschichten des Glaubens zwar ausgelegt und entfaltet, aber nicht ersetzt werden kann.

3. Ordnung und Zählung der Sonntage im Jahr

Da der Ostertermin und damit der Osterfestkreis an den lunaren Zyklus, der durch Weihnachten und Epiphanie bestimmte Zeitkreis an den solaren Kalender gebunden ist, verschieben sich beide Kreise gegeneinander in jährlich wechselnder Weise. Dadurch ergibt sich eine jeweils divergierende Zahl von Sonntagen zwischen den Festkreisen. Dies hat zu unterschiedlichen kalendarischen Lösungen geführt.

a. Evangelische Ordnung: Lektionar und Gottesdienstbuch zählen die Sonntage zwischen Epiphanie und dem Sonntag Septuagesimae (3. Sonntag vor der Passionszeit) als Sonntage nach Epiphanias, wobei der 6., letzte Sonntag nach Epiphanias als Fest der Verklärung Christi immer begangen wird. Die Sonntage zuvor können bei Bedarf entfallen, ohne dass sie – wie in der alten römischen Ordnung – nachgeholt werden. Dies zeigt, dass die Zeit zwischen Epiphanie und dem Beginn des Osterfestkreises (neun Wochen vor Ostern) durchaus als geprägt empfunden und gestaltet wird.

Die Sonntage nach dem Dreifaltigkeitsfest, das am Sonntag nach Pfingsten begangen wird, werden nach der evangelischen Ordnung als Sonntage nach Trinitatis gezählt. Das Ende des Kirchenjahres trägt ein eigenes Gesicht: Der Drittletzte, Vorletzte und Letzte Sonntag des Kirchenjahres (Ewigkeitssonntag) werden immer begangen. Zuvor kann es – im Höchstfall – 24 Sonntage nach Trinitatis geben. Liegt Ostern jedoch spät im Jahr, verkürzt sich ihre Zahl entsprechend; der 20. bis 24. Sonntag nach Trinitatis können dann entfallen. Es ist vorgesehen, dass der Drittletzte Sonntag in diesem Fall auch mit dem Proprium des 24. Sonntags nach Trinitatis begangen werden kann. Ein solcher Austausch der Proprien ist auch zwischen dem 23. und dem 20. Sonntag nach Trinitatis möglich.

b. Neue römisch-katholische Ordnung: Im Verlauf der liturgischen Neuordnung in der katholischen Kirche nach dem II. Vatikanischen Konzil wurde auch das Kirchenjahr neu geordnet. Die ungeprägten Zwischenzeiten zwischen dem Weihnachts- und dem Osterfestkreis werden jetzt als Allgemeine Kirchenjahreszeit bzw. Zeit im Jahreskreis als ein eigener Zeitkreis von insgesamt 33 oder 34 Wochen zusammengefasst. Die bisherige Zählung nach Erscheinung und nach Pfingsten wird aufgegeben. Die Zählung beginnt mit dem 1. Sonntag im Jahreskreis, dem Sonntag unmittelbar nach Epiphanie (6.1.), der zugleich als Tag der Taufe des Herrn gefeiert wird. Die bisherige Vorfastenzeit entfällt; die Sonntage der Vorfastenzeit werden mit in die Allgemeine Kirchenjahreszeit einbezogen. Der Osterfestkreis beginnt mit dem Aschermittwoch, der die Fastenzeit eröffnet und damit zugleich die Zählung der Sonntage im Jahreskreis unterbricht, die erst nach Pfingsten wieder aufgenommen wird.

III. Feste und Festzeiten im Jahreskreis

A. Der Osterfestkreis

Das Osterfest ist das älteste christliche Jahresfest und damit – neben den Sonntagen – Ursprung und »Achse« (Jörns/Bieritz 581) des Kirchenjahres überhaupt. Schon früh zeigen sich Ansätze eines Festkreises: Motiviert vielleicht durch das jüdische Wochenfest, das sieben Wochen nach Pesach-Mazzot stattfindet, bildet sich eine fünfzigtägige Nachfeier aus. Aus der Praxis, sich durch Fastenübungen auf das Fest vorzubereiten, entwickelt sich eine Vorbereitungszeit, die eine besondere Prägung durch die Buß- und Taufpraxis der alten Kirche erfährt. Im weiteren Sinne können auch die Trinitatissonntage (nach evangelischer Zählung) und eine Reihe von Folgefesten (Trinitatis, Fronleichnam) dem Osterfestkreis zugeordnet werden, da sie in ihrem Datum vom Ostertermin abhängen.

1. Ursprung und Grundgestalt

a. Christliches Passa: Eindeutige Belege für eine christliche Passafeier fehlen im Neuen Testament. Doch ist es schwer vorstellbar, dass judenchristliche Gemeinden die alljährliche Feier des Passafestes übergangen haben sollten. Hinweise auf eine frühchristliche Passafeier glaubt man in Apg 12,1–17 (Verhaftung und Befreiung des Petrus an den Tagen der Ungesäuerten Brote; Versammlung der Gemeinde zum Gebet) entdecken zu können. Dass Passavorstellungen und -bräuche auch heidenchristlichen Gemeinden geläufig waren, zeigt 1 Kor 5,7. Es ist denkbar, dass Paulus hier auf eine christliche Passafeier Bezug nimmt, die inhaltlich durch die Aussage »Christus ist unser Passalamm« vom jüdischen Passa unterschieden ist. Dazu stimmt die Chronologie des Johannesevangeliums, nach der Jesus zu der Stunde am Kreuz stirbt, als man im Tempel die Passalämmer schlachtet und die letzten Vorbereitungen für das Passamahl trifft.

b. Herrenmahl und Passafeier: Starke Argumente für die Existenz einer frühchristlichen Passafeier, die nicht auf den judenchristlichen Raum beschränkt ist, sondern auch von heidenchristlichen Gemeinden begangen wird, liefern die Abendmahlsüberlieferungen der synoptischen Evangelien. Alle drei Berichte gehen davon aus, dass Jesus das Abendmahl in der Nacht vor seinem Tode im Rahmen eines Passamahls gestiftet hat. Sie sind in dieser Gestalt »aller Wahrscheinlichkeit nach ein Spiegelbild urchristlicher Paschafeier im Apostolischen Zeitalter« (Haag 129; Auf der Maur 1983, 66). Vermutlich nehmen sie auf eine Praxis Bezug, in der das Herrenmahl im Mittelpunkt einer christlichen Passafeier stand. Möglicherweise wurden im Zusammenhang einer solchen Feier auch die Passionsberichte der Evangelien – als eine Art christlicher Passa-Haggada – geformt und überliefert.

All das macht wahrscheinlich, dass sich schon früh – noch in neutestamentlicher Zeit – eine jährliche christliche Passafeier ausbildet, die inhaltlich in Bezug zum Tod Jesu steht. Sein Kreuzesopfer wird als Erfüllung jenes Vorgangs gedeutet, den das jüdische Passafest auf seine Weise vergegenwärtigt (vgl. Ex 12,1–28). Für die Christen ist es nun Christus selbst, der – als Lamm geopfert – durch sein Blut Verschonung bewirkt.

c. Melitons Passa-Homilie: Eindeutige Zeugnisse für eine christliche Passafeier finden sich erst im 2. Jh. Die Passa-Homilie des Bischofs Meliton von Sardes (ca. 166–180 n.Chr.) gibt Auskunft darüber, in welcher Weise die christlichen Gemeinden Kleinasiens die jüdische Passa-Überlieferung christlich überformt haben: Das jüdische Passa gilt als Vorbild des wahren Passa-Mysteriums, wie es sich im Geschick Jesu Christi vollendet. Dabei wird Passa halten (griech. πάσχειν, gesprochen *pas-chein*; substantivisch *pas-cha*) etymologisch von griech. πάθος, lat. *passio* (= Leiden) abgeleitet. Von Christus heißt es: »Dieser ist das Passa unseres Heiles.«

d. Streit um den Passa-Termin: Zwischen den kleinasiatischen Gemeinden und ihren Bischöfen auf der einen und der römischen Gemeinde auf der anderen Seite kommt es im 2. Jh. zu einem Streit um den Termin der christlichen Passafeier, der verschiedene theologische Akzentuierungen erkennen lässt. Während die Kleinasiaten unter Berufung auf apostolische Überlieferung am 14. Nisan als Termin festhalten – Passa also zeitgleich mit den Juden feiern –, begeht man es in Rom unter den Bischöfen Anicet († 166) und Victor I. († um 200) am darauf folgenden Sonntag, wobei man sich ebenfalls auf die Überlieferung beruft. Der Streit wird endgültig auf dem Konzil von Nizäa 325 gegen die kleinasiatischen Quartodezimaner entschieden. Seitdem wird Ostern immer am Sonntag nach dem ersten Vollmond im Frühling gefeiert.

e. Unterschiedliche Akzente: Gelegentlich hat man daraus folgern wollen, es habe in der frühen Christenheit überhaupt zwei Arten der Passafeier gegeben. Im Zentrum der einen Tradition habe die Passion Jesu und die Erwartung seiner Wiederkunft gestanden, der zweite Überlieferungsstrang habe dagegen das Gedächtnis der Auferstehung Jesu in den Mittelpunkt gerückt. Dass in der Tat mit unterschiedlichen Traditionen gerechnet werden muss, zeigen divergierende Ausdeutungen von Passa in der altchristlichen Literatur: Während die einen – wie Meliton in seiner Passahomilie – *pascha* mit *passio* in Verbindung bringen, interpretieren andere – ausgehend von der alttestamentlichen Deutung des Begriffs *psh* (rettend vorübergehen) – Passa als »rettender Vorübergang des Kyrios Jesus« (Origenes; Auf der Maur 1983, 69). Wieder andere übersetzen Passa – unter Bezug auf den Auszug des Volkes Israel aus Ägypten – mit lat. *transitus* = Übergang, Durchgang, wobei das Heilswerk Christi insgesamt als ein solcher Transitus gedeutet wird: So wie Israel die Fluten des Meeres durchquerte, hat sich Christus in diese Welt hineingegeben und ist durch den Tod in das Leben gedrungen. Christen folgen ihm auf diesem Weg; sie feiern zu Ostern ihren eigenen Übergang in das neue, bleibende Leben.

f. Grundgestalt der Osterfeier: Wie Zeugnisse aus dem 2./3. Jh. belegen, feiern die christlichen Gemeinden ihr Passa in dieser Zeit mit einem nächtlichen Gottesdienst, der am Vorabend beginnt und bis in die Morgenfrühe dauert. Die Feier gliedert sich in zwei Phasen: »Die erste Phase besteht aus Trauer- und Bußfasten, Lesungen und Gebet, die zweite Phase aus der freudigen Mahlfeier« (Auf der Maur 1983, 68). Aus der Passahomilie des Meliton von Sardes lässt sich schließen, dass die Geschichte vom Auszug Israels aus Ägypten (Ex 12 und 14) und der Bericht über Leiden, Tod und Auferstehung Jesu gelesen werden.

2. Österliche Bußzeit

a. Passafasten: Ansätze einer Vorbereitungszeit lassen sich bereits recht früh (2./3. Jh.) nachweisen. Bedeutsamer Bestandteil der frühchristlichen Passafeier ist das Passafasten: In Rom fastet man am Freitag und – verstärkt – am Samstag vor dem nächtlichen Gottesdienst. Auch in anderen Kirchen ist ein Passafasten von ein bis sechs Tagen (z.B. ein Halbfasten von Montag bis Donnerstag, das am Freitag und Samstag in ein Vollfasten übergeht) bezeugt. Aus dem 4. Jh. ist dann erstmals (zunächst für Alexandrien, Kleinasien, Jerusalem, dann auch für Rom und das Abendland) eine vierzigtägige Vorbereitungszeit auf das Osterfest (*Quadragesima*) belegt.

b. Taufvorbereitung: Die weitere Entwicklung der Quadragesima hängt vermutlich eng mit dem altkirchlichen Taufkatechumenat zusammen. Zu Beginn des 4. Jh. wird die Osternacht zur Haupt-Taufnacht des Jahres. Die Vorbereitungszeit auf Ostern steht nun im Zeichen der Vorbereitung auf die Taufe, an der sich die Gemeinde insgesamt beteiligt. Schriftlesungen und Gebetstexte lassen diesen Zusammenhang auch nach Auflösung der altkirchlichen Katechumenatspraxis noch deutlich erkennen.

c. Bußpraxis: Seit dem 5. Jh. nimmt auch die altkirchliche Bußpraxis zunehmend Einfluss auf die Ausgestaltung der Quadragesima. In Gallien werden die öffentlichen Büßer zu Beginn der Fastenzeit – ursprünglich am Montag nach dem 1. Fastensonntag – in Nachbildung der Vertreibung von Adam und Eva aus dem Paradies aus der Kirche vertrieben. Sie müssen ein Bußgewand anlegen und werden mit Asche – als Zeichen der Buße – bestreut. Als man den Beginn der Fastenzeit auf den Mittwoch vor dem 1. Fastensonntag verlegt, erhält dieser Ritus dort seinen Platz (Aschermittwoch). Auch am Geschick der Büßer nimmt die ganze Gemeinde – wie bei der Vorbereitung der Taufbewerber – gottesdienstlich Anteil. In Rom und an anderen Orten endet die vorösterliche Bußzeit zunächst am Gründonnerstag (dem Tag der Weinenden von mhd. *gronan*; gemeint sind die Büßer), an dem die Exkommunizierten durch Handauflegung des Bischofs wieder öffentlich in die Gemeinschaft der Kirche aufgenommen werden.

d. Beginn und Dauer: In Rom beginnt die Zeit der Vierzig Tage ursprünglich sechs Wochen vor Ostern, umfasst also genau genommen 42 Tage. Dies zeigt, dass Karfreitag und Karsamstag noch nicht mitgezählt werden, obwohl an ihnen doch seit alters gefastet wird. Die Quadragesima kann demnach hier nicht einfach als ein verlängertes Passafasten begriffen werden, sondern trägt einen anderen Charakter: Sie ist zunächst nicht Fastenzeit, sondern Bußzeit. Ihr eigentlicher Inhalt ist, wie oben dargestellt, die Vorbereitung der Büßer auf ihre Wiederaufnahme in die Gemeinde am Gründonnerstag.

Als dann die Quadragesima diesen Charakter verliert und mehr und mehr als Fastenzeit verstanden wird, hat dies Einfluss auf ihre Dauer und Abgrenzung. An den Sonntagen wird nach altem Brauch nicht gefastet; sie können also nicht mit zur Fastenzeit gezählt werden. Um diesen Ausfall (von sechs Sonntagen) wettzumachen, werden jetzt Karfreitag und Karsamstag in die Zählung einbezogen. Zugleich wird der Beginn der Vierzig Tage auf den Aschermittwoch – vier Tage vor dem ursprünglichen Beginn am 6. Sonntag vor Ostern – festgesetzt. Im Osten, wo man nur von Montag bis Freitag fastet und nicht nur die Sonntage, sondern auch die Samstage vom Fasten ausnimmt, musste man folgerichtig zu einer noch längeren Zeit der Vorbereitung auf das Osterfest gelangen.

e. Vorfastenzeit: Vermutlich unter dem Einfluss der ostkirchlichen Praxis hat man in Rom seit dem 6. Jh. der Quadragesima eine Vorfastenzeit vorangestellt; auch die Praxis des Katechumenats mag dabei eine Rolle gespielt haben. So beginnt der österliche Festkreis in der evangelischen Kirche heute noch neun Wochen vor Ostern mit dem 3. Sonntag vor der Passionszeit (Septuagesimae von lat. siebzig, vermutlich analog zu Quadragesima gebildet; genau gezählt, ist es der 63. Tag). Es folgen der 2. Sonntag vor der Passionszeit (Sexagesimae von lat. sechzig) und der Sonntag vor der Passionszeit (früher Quinquagesimae von lat. fünfzig), der im Zeichen der Leidensankündigungen Jesu steht. Nach dem Anfangswort der Antiphon zum lateinischen

Introitus (Ps 31) trägt er auch die Bezeichnung Estomihi (»Sei mir ein starker Fels«). Die nachkonziliare Kalenderreform in der katholischen Kirche hat die Vorfastenzeit abgeschafft und der Allgemeinen Kirchenjahreszeit zugeschlagen. Die genannten Sonntage werden jetzt als Sonntage im Jahreskreis gezählt.

f. Sonntage in der Fastenzeit: Die Quadragesima beginnt heute sowohl in der katholischen wie in der evangelische Kirche 46 Tage vor Ostern mit dem Aschermittwoch. Der 1. Sonntag der Passionszeit (katholisch: 1. Fastensonntag) trägt im evangelischen Raum – wiederum nach dem Anfangswort der lateinischen Introitusantiphon – die Bezeichnung Invokavit (»Er hat mich angerufen«). Inhaltlich wird er durch das Evangelium vom vierzigtägigen Wüstenaufenthalt Jesu (Mt 4,1–11) bestimmt. Die folgenden Sonntage tragen die Namen Reminiszere (»Gedenke, Herr«), Okuli (»Meine Augen«), Lätare (»Freue dich«), Judika (»Richte mich«) und Palmarum (›Sonntag der Palmzweige‹; Palmsonntag).

Am 4. Fastensonntag (Lätare) können in der katholischen Kirche seit altersher statt der violetten rosafarbene Messgewänder getragen werden (auch das EGb lässt an diesem Tag neuerdings rosa als liturgische Farbe zu). Der Klang gedämpfter Freude, der diesen Tag auszeichnet, hängt vermutlich mit den Katechumenatsriten zusammen, die hier ursprünglich vollzogen wurden (Ritus des *Effata*, der Öffnung der Ohren). Nach alter Ordnung galt der Sonntag Judika als Passionssonntag, mit dem die eigentliche Passionszeit begann. Man verhüllte Altarkreuze und -bilder mit Tüchern (bis zur Kreuzverehrung am Karfreitag bzw. bis zum Gloria in der Osternacht).

3. Karwoche

a. Historisierende Tendenzen: Vom 4. Jh. an wird die Tendenz spürbar, in der Osterfeier die Ereignisse um Leiden, Tod und Auferstehung Jesu historisierend nachzuvollziehen. Maßgebend hierfür war u.a. die Praxis der Jerusalemer Gemeinde. Hier wurde es üblich, zu den Zeiten und an den Orten, an denen die Ereignisse sich der Überlieferung nach abgespielt hatten, Gedenkfeiern zu begehen. Wichtige Nachrichten hierüber verdanken wir der Pilgerin Egeria (Ätheria).

b. Triduum sacrum: In einem ersten Schritt kommt es zur Ausgliederung der heiligen drei Tage (Triduum sacrum). Der Karfreitag wird als der Tag des Todesleidens Jesu begangen, der Karsamstag steht im Zeichen der Grabesruhe Jesu, der Ostersonntag gilt als Tag seiner Auferstehung. Da der Vorabend mit zum folgenden Tag gezählt wird, beginnt die Dreitagefeier bereits mit dem Gedächtnis der Einsetzung des Abendmahls am Gründonnerstagabend. Der Osternachtgottesdienst eröffnet dann den dritten Tag des Triduum sacrum.

c. Palmsonntag: Bald schon wird die ganze Woche vor Ostern als Heilige Woche (Große Woche, Leidenswoche, Karwoche – von ahd. *kara* = Trauer, Klage) begangen, die mit dem Gedächtnis des Einzugs Jesu in Jerusalem (Mt 21,1–11; Mk 11,1–11; Lk 19,29–40; Joh 12,12–19) eröffnet wird. Eine Prozession, die an den Einzug erinnert, ist zuerst in Jerusalem bezeugt (4. Jh.). Im Abendland steht der Tag zunächst im Zeichen der Vorbereitung auf Ostern und die österliche Taufe (Salbung der Taufbewerber mit Katechumenenöl; darum Lesung von Joh 12,1–16). Zu einer dramatisch-liturgischen Darstellung des Einzugsgeschehens kommt es hier erst unter dem Einfluss östlicher Liturgien vom 8. Jh. an; noch später in Rom, wo der Sonntag vor Ostern ursprünglich ganz vom Gedächtnis der Passion Jesu bestimmt ist.

d. Gründonnerstag: In Rom steht der Tag, wie oben dargestellt, zunächst im Zeichen der Versöhnung der Büßer. Aus dem 7. Jh. liegen Berichte über drei Eucharistiefeiern an diesem Tage vor: eine zur Aussöhnung der Büßer, eine zur Weihe der Öle, die ursprünglich für die österlichen Taufen benötigt wurden, und eine zum Gedächtnis der Einsetzung des Abendmahls.

Die Fußwaschung als gottesdienstliche Handlung wird erstmals in Spanien und Gallien im 7. Jh. bezeugt. In Jerusalem zieht man nach dem Bericht der Egeria in der Nacht zum Karfreitag in Prozession nach Gethsemane und zurück.

e. Karfreitag: In den ersten Jahrhunderten wird der Karfreitag nicht gottesdienstlich begangen. Doch gilt der Tag, wie oben dargestellt, schon früh als Fastentag. Aus dem 4. Jh. sind dann Gottesdienste von der 9. Stunde bis in den Abend hinein und nächtliche Gottesdienste vom Gründonnerstag zum Karfreitag bezeugt. Bei der Ausgestaltung des Karfreitags spielt wieder das Vorbild der Jerusalemer Gemeinde eine wichtige Rolle. Im Mittelpunkt steht hier die feierliche Verehrung der Kreuzreliquie auf Golgatha, die von der 2. bis zur 6. Stunde dauert. Ein Wortgottesdienst von der 6. bis zur 9. Stunde – mit Lesungen, Gesängen, Gebeten und dem Bericht über den Tod Jesu nach Johannes – schließt sich an.

In Rom findet am Karfreitag zunächst ein Wortgottesdienst statt, der im 7. Jh. mit einer Kommunionfeier (nicht mit einer Messe!) verbunden wird. Aus dem gleichen Jh. ist eine Prozession von der Lateranbasilika zur Kirche Vom heiligen Kreuz in Jerusalem bezeugt, wo eine mitgebrachte Kreuzreliquie verehrt wird. So entsteht schließlich eine gottesdienstliche Feier, die Wortgottesdienst, Kreuzverehrung und Kommunion miteinander verbindet.

f. Osternacht: Der Gottesdienst in der Osternacht gilt ursprünglich als der bedeutendste des ganzen Jahres und als Herzmitte christlicher Festfeier überhaupt. Seiner Grundgestalt nach ist er ein nächtlicher Wortgottesdienst, der am frühen Morgen mit der österlichen Eucharistiefeier abgeschlossen wird. Mit diesem Gottesdienst verbinden sich dann die österlichen Taufen, die vor Beginn der Vigil oder während des Wortgottesdienstes vollzogen werden können. In Rom finden sie vermutlich zunächst am frühen Morgen statt, zwischen den alttestamentlichen und den neutestamentlichen Lesungen des Wortgottesdienstes: Man zieht in Prozession zum Taufbrunnen bzw. zur Taufkirche, wo dann die Taufwasserweihe und die Taufen stattfinden. Danach kehrt man zur Eucharistiefeier in die Kirche zurück.

Ein Element des Osternachtgottesdienstes ist die Lichtfeier mit dem festlichen Lobpreis der Osternacht, dem *Exsultet*. Vermutlich geht sie auf eine Lichteucharistie (Lob- und Dankspruch über das Licht) zurück, wie sie zum Zeremoniell abendlicher Zusammenkünfte in der frühen Christenheit gehörte. Die Lichtfeier eröffnet den Osternachtgottesdienst, kann ihren Platz aber auch an der Schwelle zwischen Wortgottesdienst und Eucharistiefeier finden.

4. Österliche Freudenzeit

Eine fünfzigtägige Freudenzeit im Anschluss an das Osterfest ist zuerst in Kleinasien und Nordafrika (bei Tertullian, ca. 160–220) bezeugt. Im 3. Jh. finden sich Hinweise auch in Ägypten und Rom. Vielleicht sind Dauer und Begrenzung der Pentekoste (griech. ἡ πεντεκοστὴ ἡμέρα = der 50. Tag) vom jüdischen Wochenfest beeinflusst. Bestimmte Motive der jüdischen Festfeier (Aufstieg des Mose zum Sinai, Empfang und Gabe des Gesetzes) könnten eine Rolle gespielt haben. Vom 4. Jh. an werden die oben dargestellten historisierenden Tendenzen auch bei der weiteren Ausgestaltung der Pentekoste wirksam.

a. Ostersonntag und Osterwoche: Der Ostersonntag erhält im 4. Jh. – als dritter Tag des Triduum sacrum und Tag der Auferstehung – ein eigenes Gesicht. Zur Eucharistiefeier am frühen Morgen, mit der die Vigil der Osternacht ausklingt, treten zusätzliche Sonntagsgottesdienste. Ebenfalls im 4. Jh. bildet sich eine (nach-)österliche Festwoche (Osteroktav = Achttagefeier) aus, in der tägliche Gottesdienste und Predigten (Mystagogische Katechesen) für die Neugetauften stattfinden. Dabei werden sie tiefer in das Verständnis der Sakramente eingeführt, die sie in der Osternacht empfangen haben. Schon Tertullian erwähnt den Brauch, dass diejenigen, die zu Ostern getauft wurden, sich sieben Tage lang vom Bad enthalten. Sie tragen während dieser Zeit ihre weißen Taufgewänder, die sie erst am Sonntag nach Ostern wieder ablegen. Deshalb heißt die Osterwoche auch Weiße Woche (bzw. *hebdomada in albis* = Woche in weißen Kleidern); der Sonntag nach Ostern trägt die Bezeichnung Weißer Sonntag *(dominica in albis [depositis resp. deponendis])*. Später wird die Festwoche nach Ostern zunächst auf drei, dann auf zwei Feiertage verkürzt (Ostersonntag und Ostermontag). Die liturgischen Bücher sehen auch heute noch die gottesdienstliche Begehung aller Tage der Osteroktav vor.

Vom 7. Jh. an wird eine jährliche Tauferinnerungsfeier (*Pascha annotinum*) üblich, die ihren Platz schließlich am Montag nach dem Weißen Sonntag findet. Im 17./18. Jh. wird es in der katholischen Kirche Sitte, am Weißen Sonntag die Erstkommunion der Kinder zu begehen.

b. Sonntage in der Osterzeit: Auch die Sonntage in der Osterzeit werden – wie die Sonntage vor Ostern – in der evangelischen Kirche nach den lateinischen Anfangsworten der Introitusantiphon benannt. Der 1. Sonntag nach Ostern (katholisch: 2. Sonntag der Osterzeit) trägt die Bezeichnung Quasimodogeniti (»Wie die neugeborenen Kinder«); er erinnert damit an die Bedeutung dieses Tages für die Neugetauften. Der 2. Sonntag nach Ostern heißt Misericordias Domini (»Der Güte des Herrn ist voll die Erde«); inhaltlich ist er durch das Evangelium vom Guten Hirten (Joh 10,11–16[27–30]) bestimmt. Der 3. und 4. Sonntag, Jubilate (»Jauchzet Gott alle Lande«) und Kantate (»Singt dem Herrn ein neues Lied«; darum auch Sonntag der Kirchenmusik), tragen noch ganz österlichen Charakter. Nicht von der Introitusantiphon, sondern von den Bitttagen und -prozessionen, die ursprünglich in seinem zeitlichen Umkreis stattfanden, hat der 5. Sonntag nach Ostern den Namen Rogate (»Bittet«) erhalten. Der 6. Sonntag nach Ostern trägt die Bezeichnung Exaudi (»Höre, Herr«); inhaltlich steht er im Zeichen des Abschieds Jesu und der Verheißung des Geistes (Joh 15,26–16,4).

c. Himmelfahrt: Die Jerusalemer Gemeinde begeht nach dem Bericht der Egeria die Osteroktav als Achttagefeier der Erhöhung Christi mit täglichen Gottesdiensten in der Himmelfahrtskirche auf dem Ölberg. Dies zeigt, dass ursprünglich das Motiv der Erhöhung Christi eng mit dem Osterfest selbst verbunden ist. Auch am 50. Tag, der die Osterfeier festlich abschließt, hat in Jerusalem und anderen Orten das Gedächtnis der Himmelfahrt Christi seinen Platz. In manchen Regionen beginnt man im 4. Jh. damit, gemäß der Chronologie des Lukas den 40. Tag nach Ostern als Tag der Himmelfahrt Christi zu begehen. Ein frühes Zeugnis hierfür ist eine Himmelfahrtspredigt des Bischofs Chrysostomus aus dem Jahre 386. Im 5. Jh. setzt sich das neue Fest im Osten wie im Westen allgemein durch. Im 7. Jh. wird es mit einer Vigil ausgestattet, im 11. Jh. erhält es eine eigene Festwoche (Oktav).

d. Pfingsten: Ursprünglich wird am 50. Tag nach Ostern der festliche Abschluss der österlichen Freudenzeit begangen. Im 3./4. Jh. verbindet sich in der ostsysrischen und palästinischen Kirche mit diesem Tag das Gedächtnis der Himmelfahrt Christi. In Jerusalem feiert man am 50. Tag sowohl die Geistsendung wie die Erhöhung Christi: Zur dritten Stunde findet ein Gottesdienst zum Gedenken an die Ausgießung des Heiligen Geistes statt, am Nachmittag zieht man zur Himmelfahrtskirche und liest dort den Bericht über die Himmelfahrt. Mit Ende des 4. Jh. setzt sich jedoch allgemein die Geistsendung als bestimmender Festinhalt des 50. Tages durch. Er wird in der Folgezeit entsprechend dem Osterfest ausgestaltet, erhält eine eigene Festwoche sowie eine Vigil wie die Osternacht und wird – neben Ostern – zum zweiten großen Tauftermin des Jahres. Auch die Pfingstwoche wird später – wie die Osterwoche – auf drei und schließlich zwei Feiertage (Pfingstsonntag und Pfingstmontag) verkürzt. Die nachkonziliare Reform des Kalenders der katholischen Kirche kehrt, indem sie die Pfingstoktav abschafft, zum früheren Zustand zurück. Mit dem Pfingstsonntag endet hier jetzt wieder die Osterzeit.

e. Folgefeste: Eines der frühesten Ideenfeste ist der Tag der Heiligen Dreifaltigkeit (*Trinitatis*). Bereits aus dem 8./9. Jh. sind gottesdienstliche Texte überliefert, die die Dreieinigkeit Gottes thematisieren. Ein eigenes Fest hat sich vermutlich um die Jahrtausendwende zuerst in Benediktinerklöstern entwickelt. 1334 wird es von Papst Johannes XXII. für verbindlich erklärt, endgültig freilich erst mit dem Römischen Messbuch von 1570 rezipiert. Nicht überall wurde das Fest zunächst am 1. Sonntag nach Pfingsten gefeiert; andere Termine waren der 2. Sonntag nach Pfingsten, der Sonntag nach dem Tag Johannes des Täufers (24.6.) und der letzte Sonntag vor der Adventszeit.

Am Donnerstag der 2. Woche nach Pfingsten feiert die katholische Kirche das Hochfest des Leibes und Blutes Christi (Fronleichnam von *vron* oder *fron* = Herr, *lichnam* = lebendiger Leib). Aufgrund einer Vision der Augustinernonne Juliane von Lüttich im Jahre 1209 wurde das Fest 1247 von Bischof Robert von Lüttich zunächst in seiner Diözese eingeführt und 1264 von Papst Urban IV. für die gesamte Kirche vorgeschrieben. Nach der Überlieferung verfasste Thomas von Aquin (1225–1274) die Texte für die Messe und das Tagzeitengebet.

B. Der weihnachtliche Festkreis

In den ersten drei Jahrhunderten kennt die Christenheit außer dem Osterfest keine weiteren Jahresfeste. Erst gegen Ende des 3. Jh. kommen – zunächst im Osten – das Fest der Erscheinung Christi (Epiphanie) am 6.1. und – zunächst im Westen – das Geburtsfest Christi am 25.12. hinzu. Ihre weitere Ausgestaltung vollzieht sich in deutlicher Parallele zum Osterfest: Ihnen geht jeweils eine Vorbereitungszeit voraus; sie erhalten eine eigene Festwoche (Oktav); es entwickeln sich Ansätze einer darüber hinaus reichenden Festzeit. Da sowohl Weihnachten wie Epiphanie nicht – wie Ostern – dem Mondzyklus, sondern dem Sonnenkalender folgen, ergeben sich die bekannten Schwierigkeiten bei der Gliederung des Kirchenjahrs im ganzen.

1. Epiphanie

a. Ursprung: Epiphanie (von griech. ἐπιφάνεια = Erscheinung) ist vermutlich das ältere der beiden Geburtsfeste Christi. Sein Ursprung liegt in Ägypten, wo man in der Nacht vom 5. zum 6.1. die Geburt des Sonnengottes Aion aus der Jungfrau Kore feierte; dem folgte am Tage der Gang zum Nil, aus dem man heilbringendes Wasser schöpfte. Sonnen- und Nilkult gingen so eine Verbindung miteinander ein. Vermutlich knüpfte die christlich-gnostische Sekte der Basilidianer im 3. Jh. an diesen Brauch an: Sie feierte am 6.1. (oder am 10.1.) mit einem nächtlichen Gottesdienst die Taufe Jesu im Jordan, die sie als die eigentliche Zeugung und Geburt des Christus verstand. Die Kirche in Ägypten übernahm dann zu Beginn des 4. Jh. das Fest der Basilidianer bzw. setzte ihm ein eigenes entgegen. In der 2. Hälfte des 4. Jh. breitete sich das Fest zunächst in den Kirchen des Ostens aus und gelangte über Spanien, Gallien, Norditalien auch nach Rom, wo es dem hier bereits heimischen Weihnachtsfest zur Seite trat.

b. Festinhalt: Das Fest hat zunächst sowohl die Taufe Jesu wie seine Geburt zum Inhalt. Dazu tritt das Motiv der Hochzeit zu Kana (Verwandlung von Wasser in Wein als Zeichen der Vollmacht Jesu; Joh 2,1–12). Der Gedanke der Erscheinung des Herrn (so die Bezeichnung des Festes im neuen Messbuch und im EGb) wird also keineswegs nur auf das Ereignis der Geburt bezogen, sondern bezieht andere Manifestationen der Gottessohnschaft Jesu mit ein.

Im Abendland, wo das Motiv der Geburt Jesu mit dem Weihnachtsfest am 25.12. verbunden war, ordnete man dem 6.1. die Anbetung der Weisen, die Taufe Jesu und die Hochzeit zu Kana zu. In Spanien und Norditalien wurden auch die Speisungswunder Jesu in diesen Motivkreis aufgenommen. In Rom wurde der genannte Komplex Weise – Taufe – Kana schließlich auseinander gefaltet: Am 6.1. stand die Anbetung der Weisen im Mittelpunkt, am 13.1. (Oktavtag von

Epiphanie) die Taufe Jesu, am Sonntag darauf die Hochzeit zu Kana. Epiphanie wird hier – und dann im Westen überhaupt – mehr und mehr zum Tag der Heiligen Drei Könige und gewinnt damit den Charakter eines Heiligenfestes.

Im Osten zeichnet sich eine andere Entwicklung ab: Als man hier vom Abendland das Weihnachtsfest übernimmt, wandert das Motiv der Geburt zum 25.12. Der 6.1. wird nunmehr ganz vom Motiv der Taufe Jesu bestimmt. Epiphanie wird zum großen Tauffest der Gemeinden, auf das man sich mit einer vierzigtägigen Fastenzeit vorbereitet, die – da ja an den Samstagen und Sonntagen nicht gefastet wird – bereits am 11.11., also acht Wochen vor dem 6.1., beginnt. Ein vierzigtägiges Fasten zum Gedächtnis des Fastens Jesu nach seiner Taufe (Mt 4,1–11; Mk 1,12f.; Lk 4,1–13) im Anschluss an das Fest ist ebenfalls bezeugt.

c. Sonntage nach Epiphanie: Die evangelische Kirche begeht mit den Sonntagen nach Epiphanias (im Höchstfall sechs) eine eigene Epiphaniaszeit. Der 6. (letzte) Sonntag nach Epiphanias wird dabei immer begangen; er steht im Zeichen der Verklärung Jesu (Mt 17,1–19; die katholische Kirche feiert das Fest der Verklärung am 6.8.). Die neue katholische Ordnung beginnt mit dem ersten Sonntag nach Epiphanie die Zählung der Sonntage im Jahreskreis; aber auch hier sind der 1. Sonntag (als Fest der Taufe des Herrn) und der 2. Sonntag (Lesejahr A: Erwählung Jesu nach Johannes, 1,29–34; Lesejahr C: Hochzeit zu Kana) noch von Epiphanie her geprägt.

2. Weihnachten

a. Ursprung: Die frühesten Zeugnisse für die Feier des Geburtsfestes Christi am 25.12. stammen aus Rom. Aus ihnen lässt sich erschließen, dass das Fest hier bereits um 335/37 n.Chr. gefeiert wurde. Eine andere römische Quelle aus dem Jahre 354 überliefert einen Kalender, in dem der 25.12. unter der Bezeichnung *Natalis Invicti* (Geburtsfest des Unbesiegten Sonnengottes) erscheint. Über den Ursprung des Weihnachtsfestes gibt es unterschiedliche Hypothesen. Zwei davon sollen hier erwähnt werden.

Die Berechnungshypothese: Sie geht davon aus, dass christliche Theologen den 25.12. als Geburtsdatum Jesu berechnet hätten. Grundlage dafür seien Überlieferungen gewesen, nach denen der 25.3. als erster Tag der Schöpfung und – in Entsprechung hierzu – auch als Tag der mit der Empfängnis Jesu anhebenden Neuschöpfung der Welt (wie als Todestag Jesu) gegolten habe. Ausgehend vom Tag der Empfängnis am 25.3. sei man dann auf den 25.12. als Tag seiner Geburt gekommen. Doch lassen die frühen christlichen Quellen eine solche schlüssige Ableitung kaum zu: Manche legen nicht die Empfängnis, sondern die Geburt Jesu in den Frühling und nennen den 20.5. als Tag seiner Geburt. Andere verbinden nicht nur den Todestag Jesu, sondern auch seine Geburt mit dem 14. Nisan. Wieder andere gehen zwar vom 25.3. als erstem Tag der Schöpfung aus, bringen dann aber den 28.3. als Tag der Erschaffung der Sonne mit Geburt und Tod Jesu in Verbindung.

Die religionsgeschichtliche Hypothese: Hier wird vermutet, dass die Kirche Roms dem heidnischen Geburtsfest des Unbesiegten Sonnengottes (*Natale Solis Invicti*), das Kaiser Aurelian im Jahre 274 n.Chr. eingeführt und in die Nähe der Wintersonnenwende auf den 25.12. gelegt hatte, mit Weihnachten ein eigenes Geburtsfest entgegengesetzt und es auf diese Weise verchristlicht habe. Die Hypothese wird gestützt durch den Hinweis auf die synkretistische Religionspolitik Kaiser Konstantins, der sich um eine Integration von Elementen des Sonnenkultes und des Christentums bemüht habe. Zudem kann darauf verwiesen werden, dass eines der frühesten christlichen Mosaiken Roms Christus in der Gestalt des Sonnengottes Helios darstellt und Christen noch zur Zeit Leos I. (440–461) zu Weihnachten an den Stufen von St. Peter die Sonne verehrten (Auf der Maur 1983, 167).

b. Verbreitung: Von Rom aus gelangte das Geburtsfest Christi am 25.12. noch im 4. Jh. nach Nordfrika und Norditalien. In Spanien wird es zuerst im Jahre 380 bezeugt. In den Kirchen des Ostens verbreitete es sich vom Ende des 4. Jh. an und trat dem hier am 6.1. gefeierten Fest der Erscheinung Christi zur Seite. Noch später wurde es in Ägypten, Jerusalem und Palästina rezipiert. Noch heute feiert die armenische Kirche die Geburt Jesu nicht am 25.12., sondern am 6.1. Das armenische Lektionar von 415 sieht für den 25.12. das Gedächtnis von Jakob und David vor.

Die wechselseitige Übernahme des Erscheinungs- und des Weihnachtsfestes durch die Kirchen des Westens und des Ostens hatte einen Austausch bzw. eine Aufgliederung der jeweiligen Festinhalte zur Folge: Themen wie die Anbetung der Weisen und der Kindermord zu Bethlehem, die ursprünglich in Rom und Nordafrika mit dem 25.12. verbunden waren, wurden jetzt dem Erscheinungsfest zugewiesen. Im Osten stand nunmehr die Taufe Jesu an Epiphanie im Mittelpunkt. Bestimmender Inhalt des Weihnachtsfestes wurde hier das Geheimnis der Gottmenschheit Christi, wie es im 4.–6. Jh. von den großen Konzilien der alten Kirche umschrieben worden ist.

c. Ausgestaltung: Eigentümlich für die Feier des Weihnachtsfestes in Rom und später im ganzen Abendland sind die drei weihnachtlichen Messen um Mitternacht, in der Morgenfrühe und am Tage. Sie gehen auf römische Gewohnheiten zurück: Ursprünglich gab es hier nur die Eucharistiefeier am Tage, die vom Papst um 9 Uhr in St. Peter gehalten wurde. Im 5. Jh. kam – nach Jerusalemer Vorbild, dort freilich an Epiphanie als nächtlicher Gottesdienst in der Geburtskirche zu Bethlehem – eine mitternächtliche Messe in der Kirche Santa Maria Maggiore hinzu. Seit dem 6. Jh. kehrte der Papst auf seinem Weg von Santa Maria Maggiore nach St. Peter in der Kirche der heiligen Anastasia ein und feierte dort – vermutlich als Akt der Höflichkeit gegenüber dem byzantinischen Statthalter – eine weitere Messe.

d. Gottesdienstliche Feier: Nach der katholischen Ordnung beginnt die Feier des Weihnachtsfestes (Hochfest der Geburt des Herrn) mit der Vigilmesse vom Vorabend (Messformular Am Heiligen Abend). Als Evangelium liest man den Stammbaum Jesu und die Ankündigung der Geburt Jesu an Josef (Mt 1,1–25). Es folgen die drei Weihnachtsmessen In der Heiligen Nacht (Lk 2,1–14), Am Morgen (Lk 2,15–20) und Am Tage (Joh 1,1–18). Einen zweiten Weihnachtsfeiertag kennt man in der katholischen Kirche nicht; am 26.12. begeht man den Tag des Erzmärtyrers Stephanus.

In der evangelischen Kirche beginnt die Feier in der Regel mit der Christvesper am Heiligen Abend (Lesung der alttestamentlichen Weissagungen und der Geburtsgeschichte nach Lk 2, häufig verbunden mit Krippenspielen). Dabei handelt es sich um einen Brauch, der bis in die Reformationszeit zurückreicht: Um »unordentlichem« Treiben zur mitternächtlichen Stunde entgegenzuwirken, ersetzte man den Gottesdienst in der Nacht durch die Vesper am Vorabend. Freilich feiert man heute in immer mehr evangelischen Gemeinden auch wieder einen Gottesdienst in der Christnacht; das EGb bietet ein eigenes Formular dafür an. In manchen Gebieten – z.B. im Erzgebirge und anderen mittel- und süddeutschen Regionen – steht bis heute die Christmette in der Frühe des 25.12. im Mittelpunkt evangelischer Weihnachtsfeier. Sie kann zusätzlich zur Vesper am Vorabend begangen werden, diese aber auch ersetzen.

Eine Besonderheit der evangelischen Weihnachtsfeier ist ihre Ausdehnung auf einen zweiten (früher sogar dritten) Weihnachtsfeiertag. Das neue Lektionar und das EGb bieten die beiden Formulare Christfest I (Lk 2,[1–14]15–20) und Christfest II (Joh 1,1–5[6–8]9–14), die untereinander austauschbar sind. Zwar gibt es für den 26.12. auch ein Formular Tag des Erzmärtyrers Stephanus, doch wird dieses Datum allgemein als 2. Christtag begangen.

3. Advent

Das lateinische Wort *adventus* (Ankunft) entspricht in seiner Bedeutungsfülle dem griechischen ἐπιφάνεια: Es bezeichnet die Ankunft der Gottheit im Tempel, die Thronbesteigung eines Herrschers sowie dessen ersten offiziellen Besuch nach Antritt seiner Herrschaft. Im christlichen Sprachgebrauch kann es sowohl zur Bezeichnung der Ankunft Christi unter den Menschen (für seine Erscheinung im Fleisch) als auch zur Bezeichnung seiner erhofften Wiederkunft (griech. παρουσία) verwendet werden.

a. Ursprung und Inhalt: Als sich im Osten das Erscheinungsfest (Epiphanie) als zweiter großer Tauftermin im Jahreslauf etablierte, kam dort der Brauch auf, sich durch ein vierzigtägiges Fasten – wie es ja auch vor Ostern üblich war – auf die Taufen am 6.1. vorzubereiten. Da man an den Samstagen und Sonntagen nicht fastete, musste diese Vorbereitungszeit – wollte man auf vierzig Fastentage kommen – bereits am 11.11. beginnen. Vermutlich hat die Adventszeit – als Vorbereitungszeit auf das Weihnachtsfest im Abendland – hier ihre Wurzeln. Das erste sichere Zeugnis findet sich bei Perpetuus von Tours († 490), der für die Zeit vom 11.11. bis Weihnachten ein dreimaliges Fasten in der Woche forderte. Abgrenzung und Dauer der Adventszeit blieben zunächst fließend: sechs, fünf und vier Adventssonntage sind bezeugt. Wahrscheinlich wurden auch in Rom ursprünglich sechs Adventssonntage begangen. Die heutige Praxis, die nur vier Sonntage im Advent kennt, scheint auf die päpstliche Liturgie zurückzugehen.

Auch inhaltlich wurden zunächst unterschiedliche Akzente gesetzt: In Gallien und anderen Gebieten des Westens wurde die Adventszeit – vermutlich unter dem Einfluss irischer Missionare – als Bußzeit ausgestaltet (violette Farbe, kein *Gloria in excelsis*). In Rom selbst dominierten dagegen (vor-)weihnachtliche Motive. Eine frühe Leseordnung verband hier das Thema der Wiederkunft Christi mit dem Vorläufermotiv (Johannes der Täufer) und der Geschichte vom Einzug Jesu in Jerusalem (siehe die herrscherliche Bedeutung von *adventus*!).

Dies alles macht deutlich, dass die letzten Sonntage des Kirchenjahres und die dann folgende Adventszeit ihrem Ursprung und ihrem Gehalt nach zusammenhängen und mit dem 1. Adventssonntag eigentlich gar kein thematisch neuer Abschnitt beginnt. Der endzeitliche Akzent verbindet beide Zeitabschnitte.

b. Gottesdienstliche Feier: Die evangelische Ordnung folgt dem alten römischen Brauch und liest am 1. Sonntag im Advent das Evangelium vom Einzug Jesu in Jerusalem (Mt 21,1–9). Die katholische Ordnung stellt den 1. Adventssonntag (so die Bezeichnung hier) dagegen unter das Thema der Wiederkunft Christi (Mt 24,37–44; Mk 13,33–37; Lk 21,25–28.34–36), das in der evangelischen Ordnung zum 2. Sonntag im Advent gehört (Lk 21,25–33), während die katholische Kirche an diesem Tag die Bußpredigt Johannes des Täufers thematisiert. Ein besonderes Gepräge besitzt hier der 3. Adventssonntag (Gaudete); wie zu Lätare können auch hier rosafarbene Gewänder statt der violetten getragen werden. Im Mittelpunkt steht wieder – diesmal auch nach der evangelischen Ordnung – die Gestalt Johannes des Täufers. Die Vorgeschichte der Geburt Jesu bestimmt nach beiden Ordnungen den Inhalt des 4. Sonntags im Advent.

4. Weihnachtszeit

a. Dauer und Abgrenzung: Nach der neuen römischen Ordnung endet der weihnachtliche Festkreis faktisch mit dem Fest der Taufe Jesu am 1. Sonntag nach Epiphanie, der jetzt als 1. Sonntag im Jahreskreis gezählt wird. Die evangelische Ordnung nimmt die eigengeprägten Sonntage nach Epiphanias hinzu und setzt ihren Schlusspunkt mit dem Fest der Verklärung Christi am Letzten Sonntag nach Epiphanias. Nach anderer Überlieferung reicht der weihnachtliche Festkreis bis zum 2.2., dem Tag der Darstellung des Herrn (Mariae Lichtmess).

b. Fest- und Gedenktage in der Weihnachtszeit: Die Heiligen, deren Gedenktage unmittelbar nach dem Weihnachtsfest am 25.12. begangen werden, gelten als *comites Christi*, als Ehrengefolge des Christuskindes (26.12. Tag des Erzmärtyrers Stephanus, 27.12. Tag des Apostels und Evangelisten Johannes, 28.12. Tag der Unschuldigen Kinder). Fällt ein Sonntag in die Weihnachtsoktav, begeht die katholische Kirche hier das Fest der Heiligen Familie; falls nicht, wird es am 30.12. gefeiert. Es handelt sich um ein relativ junges Fest, das zur Gruppe der Ideenfeste gehört und sich im 19. Jh. von Kanada aus verbreitete.

c. Neujahr: Als einziges Fest neben Ostern hat Weihnachten nach dem neuen römischen Kalender noch eine eigene Festwoche (Oktav) behalten. Oktavtag ist der 1.1., der als Hochfest der Gottesmutter Maria begangen wird. Damit wird ein altes Marienfest (*Natale sanctae Mariae*, wobei *natale* als Gedenktag überhaupt, nicht nur als Geburtsfest im engeren Sinn verstanden werden muss) erneuert, das noch vor dem 7. Jh. – vermutlich unter östlichem Einfluss – in Rom Eingang fand. Womöglich wollte man damals mit der Einführung eines solchen Festes auch dem verbreiteten, an heidnische Traditionen anknüpfenden Neujahrstrubel begegnen. Das Fest verlor an Bedeutung, als Rom zwei andere byzantinische Marienfeste (Verkündigung Mariens am 25.3. und Himmelfahrt Mariens am 15.8.) übernahm.

In Spanien und Gallien beging man seit dem 6. Jh. am 1.1. – gemäß der Chronologie des Lukasevangeliums (Lk 2,12) – das Fest der Beschneidung des Herrn, das im 13./14. Jh. von Rom übernommen und bis zur jüngsten Reform in der katholischen Kirche gefeiert wurde. Im neuen deutschen Regionalkalender erscheint der 1.1. nunmehr unter der Bezeichnung Neujahr, Oktavtag von Weihnachten, Namengebung des Herrn, Hochfest der Gottesmutter Maria.

Luther polemisierte heftig gegen die Feier des Neujahrstages und forderte, hier über die Beschneidung und den Namen Jesu zu predigen (WA 10^2,319). Dem entsprach die Lutherische Agende von 1955 mit der Auswahl der Lesungen (Gal 3,23–29; Lk 2,21) und der Bezeichnung des 1.1. als Tag der Beschneidung und Namengebung des Herrn. Das EGb bietet aber – wie das neue Lektionar – ein eigenes Formular für den Neujahrstag, das in den Lesungen (Jak 4,13–15; Lk 4,16–21) ausdrücklich auf den Jahreswechsel Bezug nimmt. Ergänzend heißt es: »Der Neujahrstag kann auch als Tag der Beschneidung und Namengebung Jesu begangen werden.«

d. Folgefeste: Darunter verstehen wir Feste und Gedenktage, die in einer gewissen, z.T. chronologisch bestimmten Beziehung zur Geburt Christi und dem für den 25.12. angenommenen Geburtsdatum Jesu stehen. Dazu gehören (1) der oben erwähnte Tag der Beschneidung und Namengebung Jesu am 1.1. (Lk 2,21); (2) der Tag der Darstellung des Herrn (Lichtmess) am 2.2. (Lk 2,22–39); (3) der Tag der Ankündigung der Geburt des Herrn (Mariae Verkündigung) am 25.3. (Lk 1,26–38); (4) der Tag der Geburt Johannes des Täufers (Johannis) am 24.6. (Lk 1,5–23.57–80); (5) der Tag der Heimsuchung Mariae am 2.7. (Lk 1,39–45; der römische Generalkalender verlegt Mariae Heimsuchung auf den 31.5., der deutsche Regionalkalender hält wie das EGb am alten Termin fest). Im weiteren Sinne können auch die Gedenktage der Empfängnis (23.9.) und der Enthauptung (29.8.) Johannes des Täufers wie die der Vorfahren Jesu (19.3. Josef, 26.7. Joachim und Anna) hierzu gerechnet werden.

Der Tag der Darstellung des Herrn (in den ältesten Quellen: Vierzigster Tag der Geburt unseres Herrn Jesus Christus; im Osten später: Fest der Begegnung, Fest der Reinigung; im Westen: Reinigung Mariens oder Mariae Lichtmess wegen der Lichterprozession dieses Tages) wurde ursprünglich vierzig Tage nach Epiphanie (am 14.2.) gefeiert; als sich der 25.12. als Geburtsfest Christi durchsetzte, verlegte man ihn auf den 2.2. Im Osten kam im 6. Jh. ein Fest zur Empfängnis Jesu am 25.3. auf, das die abendländische Kirche im 7. Jh. übernahm. Aufgrund der lukanischen Chronologie (Lk 1,36a: Elisabeth, die Mutter des Johannes, ist im 6. Monat schwanger, als Maria die Geburt ihres Kindes angekündigt wird) beging man – zuerst im Westen – die Geburt Johannes des Täufers am 24.6. (bei der genauen Datierung spielt die unterschiedliche Länge der Monate Juni und Dezember eine Rolle: Sowohl das Geburtsfest Jesu wie das seines Vorläufers feiert man jeweils am 8. Tag vor dem Beginn des folgenden Monats). Mariae Heimsuchung am 2.7. ist der Oktavtag von Johannis; das Fest wurde zuerst im Jahre 1263 von dem franziskanischen Ordensgeneral Bonaventura für seinen Orden eingeführt.

C. Der Festkreis der Heiligen

Die Feste und Gedenktage der Heiligen bilden heute einen eigenen Zeitkreis im Kirchenjahr. Ihnen können auch die Feste und Gedenktage der Gottesmutter Maria zugeordnet werden, ausgenommen diejenigen, die wegen ihres Festgehalts als Herren- bzw. Christusfeste gelten (Darstellung des Herrn am 2.2., Verkündigung des Herrn am 25.3., Mariae Heimsuchung am 2.7.). Mit Weihnachten und Epiphanie sind die Heiligentage an den solaren Kalender gebunden.

1. Ursprung und Geschichte

a. Märtyrergedenken: Die christliche Heiligenverehrung hat ihren Ursprung in dem schon früh bezeugten Gedächtnis der Märtyrer, die in den periodisch auftretenden Verfolgungen ihr Leben für ihren Christenglauben hingegeben hatten (griech. μάρτυς = Zeuge, seit dem 2. Jh. Bezeichnung für jemanden, der »wegen des christlichen Glaubens leidet und stirbt«; Auf der Maur 1994, 90). Ansatzpunkte für das christliche Märtyrergedenken finden sich sowohl im Judentum, wo sich in den Kämpfen der Makkabäerzeit im 2. Jh. v.Chr. eine eigene Märtyrertheologie herausgebildet hatte, wie im antiken Totenkult: Hier war es Brauch, dass die Familie am Geburtstag eines Verstorbenen an dessen Grab zusammenkam und ein Totenmahl hielt. Der christliche Brauch knüpfte hier unmittelbar an: Man versammelte sich am Sterbetag des Märtyrers – als seinem eigentlichen *dies natalis*, seinem »Geburtstag zu einem neuen Leben« (92) – an seinem Grab, las den in der Gemeinde überlieferten Bericht über sein Leiden und Sterben (die in der alten Kirche weit verbreiteten Märtyrerakten) und feierte die Eucharistie. Über den Gräbern der Märtyrer begann man Kapellen und Kirchen zu bauen und Altäre zu errichten. War das Märtyrergedenken zunächst an das Grab des Märtyrers gebunden, so kam es später zu einer Art »Vervielfältigung« des Gedächtnisortes: Durch den Erwerb von Reliquien oder durch andere Grabsymbole konnten auch Gemeinden, die über kein originäres Märtyrergrab verfügten, solchem als Mangel empfundenen Zustand aufhelfen (107). Zudem wurden schon früh – im Zuge eines Austauschs von Märtyrerfesten zwischen den Gemeinden – auch ortsfremde Blutzeugen in den eigenen Festkalender aufgenommen. Dabei spielten die Bedeutung einzelner Märtyrer, der Einfluss der jeweiligen Mutterkirchen wie die seit dem 4. Jh. aufkommenden Wallfahrten zu den Märtyrergräbern eine wichtige Rolle (110).

b. Andere Heilige: Bald schon wurden nicht nur die Blutzeugen, sondern auch andere vorbildliche Gemeindeglieder in das gottesdienstliche Gedenken einbezogen. Eine eigene Gruppe bildeten die Bekenner, die zwar nicht den Märtyrertod erlitten hatten, aber doch wegen ihres Christusbekenntnisses verfolgt und gefoltert worden waren. Der Begriff wurde im 4. Jh. auch auf Personen ausgeweitet, »die durch die Lebensführung und ihre besondere kirchliche Leitungsfunktion den Glauben bezeugten« (111). So wurden auch bedeutende Bischöfe und Kirchenlehrer als Heilige verehrt. Eine weitere Gruppe stellten die Asketen, Jungfrauen und Witwen dar, deren entsagungsvoller Lebensstil als eine Art freiwilliges, unblutiges Martyrium angesehen wurde. Da man davon ausging, dass alle Apostel das Märtyrerschicksal erlitten hatten, fanden auch sie Eingang in den Heiligenkalender (unter Einschluss der Evangelisten und Apostelschüler). Das geschah schon sehr früh dort, wo sie der Überlieferung nach gewirkt hatten und begraben lagen. Auch weitere Gestalten des Alten und des Neuen Testaments wurden auf solche Weise geehrt. Im Zuge solcher »Ausweitung von Heiligentypen« verschob sich der Akzent »von der Bewunderung heldenhaften Todes auf die Hochschätzung eines tugendhaften Lebens« (184).

c. Mittelalter: Im Mittelalter wandelten sich erneut Bild und Funktion der Heiligen. Galten sie ursprünglich als Vorbilder christlichen Glaubens und Lebens, die zur Nachahmung (*imitatio*) aufforderten und anleiteten, so wurden sie nun – vor allem in der Volksfrömmigkeit – immer mehr »zu Mittlern, die zwischen der Gemeinde und Christus standen und nur zu oft den Blick auf das Zentrum, nämlich auf Christus und die zentrale Feier des Herrenjahres, verstellten« (184). In den Vordergrund trat die Anrufung (*invocatio*) der Heiligen: Sie wurden zu spezialisierten Helfern – zuständig für einzelne Stände, Berufsgruppen, Länder, Orte, Gelegenheiten und Nöte. Als Patrone konnten sie einzelnen Menschen (als Namenspatron), Familien, Herrscherhäusern, Kirchen, Klöstern, Bistümern, Städten, Ländern, ganzen Kontinenten zugeordnet sein (253). Hinzu kam ein quantitatives Denken im religiösen Bereich: Von der Mehrung der Heiligenfeste, -reliquien, -messen usw. versprach man sich zusätzliche heilsame und wundertätige Wirkungen. Der Heiligenkult produzierte unzählige Heiligenlegenden, oft ohne jede historische Grundlage.

d. Reformation: Die Reformation verwarf die Anrufung und gottesdienstliche Verehrung der Heiligen, auch die oben beschriebene Spezialisierung ihrer Funktionen, hielt aber prinzipiell daran fest, »dass man der Heiligen gedenken solle« (CA 21). Ein Problem stellten für die Reformatoren auch die ökonomischen und sozialen Folgen dar, die sich aus der Überfülle der Heiligenfeste ergaben, und die besonders die unteren Schichten belasteten (207). Der lutherische Festkanon, der sich im 16. Jh. herausbildete und in den reformatorischen Kirchenordnungen seinen Niederschlag fand, umfasste neben den Christusfesten (hierzu gehörten auch: Beschneidung am 1.1., Epiphanie am 6.1., Darstellung am 2.2., Verkündigung am 25.3., Heimsuchung am 2.7.) die Tage der Apostel und Evangelisten, den Tag Johannes des Täufers (24.6.), Michaelis (29.9.), regional auch Maria Magdalena (22.7.), Allerheiligen (1.11.) und eine Reihe kleinerer Gedenktage, die in der Regel auf den folgenden Sonntag verlegt wurden. Aposteltage galten als »halbe Feiertage«, die gottesdienstlich begangen wurden, aber nicht gänzlich arbeitsfrei waren. Fronleichnam und Mariae Himmelfahrt (15.8.) wurden anfangs noch beibehalten, verschwanden dann aber ebenso wie die Masse der Heiligen-, Marien- und Aposteltage, für die es keinen biblischen Anhalt gab.

e. Katholische Kalenderreform: Unter Pius V. wurde zum ersten Mal ein katholischer Universalkalender (mit 158 Heiligenfesten) erstellt, für den der alte stadtrömische Kalender die Grundlage bildete, der naturgemäß vor allem die römischen Heiligen berücksichtigte. 1969 wurde die neue Grundordnung des Kirchenjahres und des neuen Römischen Generalkalenders veröffentlicht. Sonntagsfeier und Herrenjahr erhalten wieder Vorrang vor dem Heiligenjahr. Die Zahl der Heiligenfeste wird drastisch reduziert, die Eigenkalender der Teilkirchen und Ordensgemeinschaften wie die Regionalkalender für Provinzen, Regionen, Nationen usw. erhalten stärkeres Gewicht. Den Gesichtspunkten der Historizität wie der Universalität soll bei der Auswahl der Heiligenfeste Rechnung getragen werden. Ausgeschieden werden – von einigen Ausnahmen abgesehen – Heilige, die nicht historisch bezeugt sind.

2. Der Heiligenkalender

a. Marientage: Die zunehmende Verbreitung, die die Verehrung Marias, der Mutter Jesu, seit dem 4. Jh. erfährt, hängt ohne Zweifel mit der konfliktreichen Entfaltung der Lehre von der

Gottmenschheit Jesu in jener Zeit zusammen. Von einer Anrufung Mariens berichtet als Erster Gregor von Nazianz (330–390). Einen besonderen Aufschwung erlebt die Marienfrömmigkeit nach dem Konzil von Ephesus im Jahre 431, das die Lehre von der Gottesmutterschaft Mariens verkündet. Die ältesten Marienfeste sind wohl Begleitfeste zu Weihnachten (Gedächtnis der Gottesmutter am 26.12. in Byzanz; römisches Marienfest am 1.1., dem Oktavtag von Weihnachten; Marienfeste am 18.12. und 18.1. bzw. 19.1. in Spanien und Gallien) bzw. stehen in Beziehung zur Mutterschaft Mariens (so ein ursprüngliches Marienfest am 15.8. in Jerusalem und Rom; Auf der Maur 125 f.). Neben Mariae Lichtmess am 2.2., Mariae Verkündigung am 25.3., Mariae Heimsuchung am 2.7., die wir zu der Gruppe der Herrenfeste zählen und deren biblischer Rang zwischen katholischen und evangelischen Christen unstrittig ist, gehören zu den bedeutendsten Marienfesten Mariae Himmelfahrt am 15.8., Mariae Erwählung am 8.12. und Mariae Geburt am 8.9.

Stand die Reformation anfangs der Marienfrömmigkeit relativ unbefangen gegenüber – von Martin Luther sind viele Predigten erhalten, die er an Marientagen gehalten hat –, so wurde sie später immer mehr zu einem unterscheidenden Merkmal der Konfessionen, insbesondere durch die Verkündung der Lehren von der unbefleckten Empfängnis Marias (1854) und ihrer leiblichen Aufnahme in den Himmel (1950).

b. Aposteltage: Da die Feste und Gedenktage der Apostel und Evangelisten einen biblischen Bezug aufweisen, fanden sie Aufnahme auch in den Festkanon der lutherischen Kirche; sie besitzen also ökumenischen Rang. Das gilt für den Tag der Bekehrung des Apostels Paulus am 25.1. und den Tag der Apostel Petrus und Paulus am 29.6., nicht jedoch für Petri Stuhlfeier am 22.2. (ursprünglich wohl im Gedenken an den Todestag des Petrus gefeiert, später dann auf die Übernahme des Bischofsamtes in Rom bzw. Antiochien bezogen). In ökumenischer Übereinstimmung gedenkt man auch der Evangelisten Markus (25.4.), Matthäus (21.9.), Lukas (18.10.) und Johannes (27.12.) wie der Apostel Andreas (30.11.), Thomas (21.12.; katholisch jetzt am 3.7.), Matthias (24.2., in Schaltjahren am 25.2.), Philippus und Jakobus (3.5.; ursprünglich am 1.5.), Jakobus des Älteren (25.7.), Bartholomäus (24.8.), Simon und Judas (28.10.). Da auch die Gedenktage der Apostelschüler Timotheus und Titus (26.1.), des Apostels Barnabas (11.6.), von Maria Magdalena (22.7.) sowie des Erzmärtyrers Stephanus (26.12.) und der Unschuldigen Kinder (28.12.) einen biblischen Bezug aufweisen können, sind sie in einem weiteren Sinne dieser Gruppe von Heiligenfesten zuzurechnen.

c. Ökumenische Heilige: Frieder Schulz (1982a, 17) hat den 1969 erstmals erschienenen Evangelischen Namenkalender mit dem neuen römischen Kalender, dem deutschen Regionalkalender und verschiedenen Diözesankalendern sowie anglikanischen und nordamerikanisch-lutherischen Kalendern verglichen und dabei eine Liste von Heiligengedenktagen zusammengestellt, die ökumenischen Rang besitzt. Dazu gehören u.a. die Gedenktage der altkirchlichen Bischöfe und Märtyrer Polykarp (23.2.), Irenäus (28.6.), Ignatius (17.10.) und Klemens (23.11.), der altkirchlichen Märtyrer und Märtyrerinnen Perpetua und Felizitas (7.3.), Justin (1.6.) und Laurentius (10.8.), der Bischöfe und Kirchenlehrer Athanasius (2.5.), Augustinus (28.8.), Johannes Chrysostomus (13.9.), Ambrosius (7.12.), Anselm (21.4.), Basilius der Große und Gregor von Nazianz (2.1.), der Kirchenlehrer und Kirchenlehrerinnen Hieronymus (30.9.), Katharina von Siena (29.4.), Thomas von Aquin (28.1.), Beda (25.5.), Antonius von Padua (13.6.), Bernhard von Clairvaux (20.8.), der Ordensgründer und -gründerinnen Benedikt (11.7.), Klara (11.8.), Franz von Assisi (4.10.), Philipp Neri (26.5.), der Glaubensboten Ansgar (3.2.), Patrick (17.3.), Bonifatius (5.6.), Cyrill und Methodius (14.2.), der heiligen Frauen Monika (27.8.) und Elisabeth (19.11.). In einem solchen Kalender dürften freilich auch nicht die volkstümlichen Heiligen Martin (11.11.), Barbara (4.12.), Nikolaus (6.12.), Luzia (13.12.), Silvester (31.12.), Blasius (3.2.) und Valentin (14.2.) vergessen werden.

d. Engelfeste: Eine Sonderstellung nimmt der Tag des Erzengels Michael und aller Engel am 29.9. ein. Das Datum geht vermutlich auf die Weihe der Michaeliskirche an der Via Salaria in Rom am 29. oder 30.9. zurück. Eine Erscheinung des Erzengels Michael am 8.5.492 in Süditalien sorgte für schnelle Ausbreitung. Die katholische Kirche hat die Feste der Erzengel Gabriel (24.3.) und Rafel (24.10.) mit dem Michaelistag vereint und feiert nun am 29.9. das Fest der Erzengel Michael, Gabriel und Rafael. Hinzu kommt am 2.10. das Schutzengelfest.

IV. Kirchenjahr und bürgerliches Jahr

A. Kirchenjahr und sozialer Wandel

Haus in der Zeit: Das Kirchenjahr in seiner elaborierten Hochform, wie sie die gottesdienstlichen Bücher dokumentieren, kommt zu uns aus einer vorindustriellen Epoche, aus einer Zeit, die die Trennung von Arbeits- und Wohnwelt, von Produktions- und Konsumtionssphäre – und damit auch von Arbeit und Freizeit – nicht in der uns vertrauten Weise kennt. Es hat seinen Ort ursprünglich in einer sozialen Welt, die durch die Institution des »ganzen Hauses« (in Gestalt des bäuerlichen Hauses, des städtischen Handwerker- oder Handelshauses, auch des Pfarrhauses; Bieritz/Kähler) bestimmt und strukturiert wird. Produktion und Reproduktion sind hier buchstäblich noch unter einem Dach vereint.

Mit der fast durchgängigen Trennung von Wohnung und Arbeitsstätte in der industriellen Kultur und der Herauslösung anderer Funktionen aus dem »ganzen Haus« – Soziologen sprechen von der Ausdifferenzierung soziokultureller Teilfunktionen und -systeme aus dem ursprünglichen gesellschaftlichen Zusammenhang – verliert die religiös-liturgische Durchdringung der Zeitebenen von Tag und Woche ihre soziale Grundlage. Davon sind dann natürlich auch die Ebenen des Monats und des Jahres betroffen. Wer heutzutage am kirchlichen Leben partizipiert, tut dies in der Regel auf anderer Grundlage als der Bewohner des »ganzen Hauses«, der wirklich noch von Glockengeläut zu Glockengeläut, von Morgen- zu Abendgebet, von Sonntag zu Sonntag, von Festzeit zu Festzeit lebte.

Vielleicht findet er auf der Zeitebene des Monats oder auf der Zeitebene des Jahres einen neuen Rhythmus für seinen Gottesdienstbesuch. Für ihn gewinnt dann natürlich – im Bilde gesprochen – das Haus in der Zeit ein völlig anderes Gesicht: Die meisten Räume des großen Hauses nimmt er gar nicht mehr wahr; und was er bei seinen gelegentlichen Besuchen kennenlernt, muss sich für ihn zu einem ganz eigenen Bilde mit eigenen Bedeutungen zusammenfügen. Im Grunde erbaut er sich ein eigenes Haus, das nur noch wenig mit dem kunstvoll-komplexen Gebäude des überlieferten Kirchenjahres zu tun hat.

B. Kirchenjahr und weltliches Jahr

Das weltliche bzw. bürgerliche Jahr ist kein in sich geschlossenes Zeit-System, das konkurrierend neben das Kirchenjahr tritt, um es schließlich abzulösen. Es wächst vielmehr im Schoße des christlichen Jahres selber heran, verwandelt es sozusagen von innen heraus. Das macht es schwer, die tiefgreifenden Veränderungen im Einzelnen zu erkennen.

1. Wochenende und Urlaub

a. Wochenende: Eines der wichtigsten Merkmale des weltlichen Jahres ist seine Strukturierung durch den wöchentlichen Feierabend und Kurzurlaub, das freie Wochenende. Sie knüpft an die

Siebentagewoche und die Kette der Sonntage an und zerstört sie zugleich. Dass der Sonntag jüdisch-christlich als erster Tag der Woche gilt, ist kaum mehr begreiflich zu machen. So erhält der Sonntag – als letzter Tag des wöchentlichen Kurzurlaubs – einen veränderten Wert; er ist nicht mehr Höhepunkt, sondern Ausklang des wöchentlichen Feierabends.
b. Urlaub: Ein weiteres Merkmal des weltlichen Jahres ist die sozioökonomische Institution des Urlaubs – sei es als Jahresurlaub im Sommer, verbunden mit den Schul-, Universitäts- und Betriebsferien, oder in Gestalt einer zunehmenden Zahl von Kurzurlauben, die mit anderen Fixpunkten des Jahres in Zusammenhang stehen. Diese Urlaubszeiten sind die eigentlichen Festzeiten des weltlichen Jahres. Auf sie bereitet man sich vor wie früher auf das Abendmahl am Karfreitag oder das Halleluja der Osternacht. Im Umkreis der neuen Festzeiten ist deutlich ritualisiertes Verhalten zu beobachten (ablesbar z.B. am Reise- und Verkehrsverhalten). An vielen Orten beeinträchtigen die neuen Gewohnheiten die gottesdienstliche Praxis gerade an hohen Festen (Ostern, Pfingsten) in nicht unerheblichem Maße.

2. Feste und Festzeiten des weltlichen Jahres

Den genannten Entwicklungen zum Trotz scheinen einige christliche Feste und Festzeiten ihren Platz im Kalender wie im gesellschaftlichen Bewusstsein nicht nur zu behaupten, sondern womöglich noch an kulturellem Gewicht hinzuzugewinnen. Bei näherem Zusehen zeichnen sich jedoch auch hier erhebliche strukturelle Wandlungen und Bedeutungsverschiebungen ab.

a. Weihnachten: Hervorragendes Beispiel hierfür ist Weihnachten. Kennzeichend ist zum einen die Überdehnung der Weihnachtszeit in eine immer weiter nach vorne verlängerte, für den Handelsumsatz unentbehrliche Adventszeit und in eine Nachfeier hinein, die für das Freizeitverhalten (Kurzurlaube!) immer wichtiger wird. In einem tiefgreifenden Bedeutungswandel werden dabei zugleich überlieferte christliche Inhalte transformiert, ihrer biblischen und heilsgeschichtlichen Bezüge zumindest partiell entkleidet bzw. um neue Gehalte in Gestalt gesellschaftlich wie individuell bedeutsamer Sinnzuweisungen ergänzt und erweitert (Weihnachten als Fest des Lichtes, des Friedens, der Familie, des deutschen Heims schlechthin).

b. Fasching: Wie Brauchtum, das ursprünglich durchaus auf das Kirchenjahr bezogen ist, sich in eigenen Festkreisen verselbstständigen kann, zeigt das Beispiel von Fasching bzw. Karneval. Jeder weiß inzwischen, dass am 11.11. (Martini – eine wichtige Schaltstelle im Kirchenjahr!) die Saison beginnt und im Triduum von Rosenmontag, Fastnachtsdienstag und Aschermittwoch ihren Höhepunkt und ihr Ende erreicht (wobei der damit gegebene Beginn der österlichen Bußzeit immer weniger im öffentlichen Bewusstsein präsent ist).
c. Heiligenkalender: Auch das weltliche Jahr kennt eine Art Heiligenkalender. Da sind z.B. die Gedenktage historischer Persönlichkeiten (Dichter, Denker, Künstler, Politiker, Erfinder); weiter die staatlichen Feiertage, durchaus unterschiedlich in ihrem Rang, ihrer Popularität und dem Grad ihrer Entsakralisierung (denn auch das weltliche Jahr unterliegt merkwürdigerweise einer fortschreitenden Verweltlichung, die sich vor allem als Entideologisierung und Privatisierung zeigt); da sind jene Tage, an denen ganze Gruppen von Heiligen kollektiv gefeiert (Muttertag) oder betrauert werden (Volkstrauertag); schließlich sind da Tage, die bestimmte Berufsstände, Bevölkerungsgruppen, Szenen, Minderheiten (z.B. Christopher-Street-Day) für sich reklamieren.

d. Ideenfeste: Den christlichen Ideenfesten vergleichbar kennt das weltliche Jahr auch Tage und Begehungen ausgesprochen programmatischen Charakters (Woche der Brüderlichkeit, des ausländischen Mitbürgers u.a.). Manchmal steht dabei auch ein Tag gegen einen anderen; so kämpfen mit dem Frauentag am 8.3. und dem Muttertag im Mai zwei Frauen- und Gesellschaftsbilder gegeneinander.

e. Andere Anlässe: Bei anderen Fixpunkten und Festzeiten des weltlichen Jahrs ist ein solcher Bezug zum Kirchenjahr kaum mehr auszumachen, wenn auch im Einzelfall nicht ganz auszuschließen (z.B.: jahreszyklisch wiederkehrende Anlässe aus den Bereichen Wirtschaft, Wissenschaft, Kultur, wie Messen, Ausstellungen, Kongresse, Festspiele, Volks-, Stadt- und Stadtteilfeste u.a.; Sportereignisse wie die Fußballsaison, Meisterschaftszyklen, Olympiaden). Auffällig ist die Ritualisierung, der bestimmte jährlich wiederkehrende Events der Popkultur unterliegen (so z.B. die mit Wallfahrt, Prozession, ritueller Ekstase verbundene Love-Parade in Berlin und an anderen Orten).

f. Rolle der Medien: Bei alledem spielen die Medien eine kaum zu überschätzende, das rituelle Verhalten (zu dem das Festverhalten gehört) steuernde und stabilisierende Rolle. Sie liefern gleichsam die kultischen Kalender, Messformulare und Agenden, die das weltliche Jahr strukturieren und dem Einzelnen wie der Gesellschaft bestimmte Abläufe und Begehungen vorschreiben. Hinzu kommt, dass sie vor allem auf den Zeitebenen des Tages und der Woche durch ihre Programmvorgaben die Lebensführung von Individuen, Familien, Gruppen, ganzen Bevölkerungen sinngebend strukturieren und so eine Funktion wahrnehmen, wie sie früher der spirituell-liturgischen Durchdringung des Lebens zukam.

C. Ausblick

Was sich gegenwärtig im Nebeneinander, Gegeneinander und Ineinander von Kirchenjahr und weltlichem Jahr ereignet, hat einen gewissen Anhalt an Vorgängen in der alten Kirche, die schließlich zum Ausbau des christlichen Festjahres führten: Der antike Kalender mit seinen Festen und Festzeiten wurde nicht einfach negiert oder verworfen, sondern in wesentlichen Punkten aufgenommen, allerdings auf der Bedeutungsebene – durchaus unter Verwendung vorgegebener semantischer Bezüge – umkodiert, mit neuen Inhalten gefüllt; exemplarisch steht hierfür die »Prädizierung« des Sonnengottfestes durch die Christen Roms: Die Sonne ist Christus!

Ein vergleichbares Vorgehen wird freilich heute dadurch erschwert, dass solche Umkodierungsvorgänge vorwiegend in umgekehrter Richtung verlaufen und damit bei Kirchen und Christen ein defensives Bewusstsein erzeugen, das einem neuerlichen Zugriff auf den Kalender im Wege steht. Dennoch ist es bedenkenswert, wenn Klaus-Peter Jörns (Jörns/Bieritz 591) vorschlägt, die »neuen Namen Gottes« (Freiheit, Frieden, Gerechtigkeit, Sicherheit, Freizeit und andere) sowie die symbolischen Vollzüge und kalendarischen Konventionen, in denen sie sich darstellen, von Christus her zu »prädizieren«: Die Freiheit ist Christus! Wo dies nicht nur verkündet, sondern festlich begangen wird, kann das Evangelium erneut Raum gewinnen im weltlichen Jahr, neue Räume besetzen und gestalten im Zeit-Haus der Welt.

Dazu ist es unumgänglich, den alternativen Charakter christlicher Festfeier – bezogen auf die säkulare, erlebnisorientierte, weitgehend kommerzialisierte Festkultur (post-)moderner Gesellschaften – stärker herauszuarbeiten und zur Darstellung zu bringen. Alternativen gewinnen dann Attraktivität, wenn sie überraschende Wege in eine andere Zukunft und damit unerwartete Lebensmöglichkeiten zu eröffnen vermögen. Das Potential, das die christliche Festfeier in solcher Hinsicht bietet, wird gegenwärtig bei weitem nicht ausgeschöpft. Können doch die christlichen Feste begriffen werden »als festliche Ouvertüren einer neuen und zu wahrer Menschlichkeit befreiten Welt, nämlich derjenigen Welt, die Gott selbst als unsere Zukunft bereithält und die wir in den Festen bereits jetzt vorweg-kosten dürfen« (Koch 9). Der

»Aufweis ihrer wegweisenden und revolutionären Bedeutung für den Alltag« (Schilson 28) könnte wie nichts anderes dem vielfach beklagten »Gesichtsverlust der christlichen Feste« begegnen (Koch 14).

Vielleicht ist das Kirchenjahr als »Haus in der Zeit« ja in der Tat zu groß für den mobilen Zeitgenossen; in der Folge immer neuer, sich rasant beschleunigender »gesellschaftlicher Individualisierungsschübe« aus allen traditionalen Bindungen und Sicherheiten herausgelöst und »freigesetzt« (Beck 115 f.), vermag er kaum mehr den kunstvollen Verästelungen liturgischer Zeit vollständig zu folgen. Was jedoch möglich bleibt – und dort, wo es angeboten wird, auch mehr und mehr in Anspruch genommen wird –, ist die temporär begrenzte, dann aber intensive und ganzheitliche Teilhabe an einzelnen festlichen Wegstrecken in einer Lebens- und Feiergemeinschaft auf Zeit. Hier gilt: Denjenigen, »die die Scheinwelt säkularer Feste durchschaut haben, die sich nach Alternativen umsehen und die vielleicht auch einen neuen Zugang zum christlichen Fest suchen – ihnen müssen solche Zugangswege eröffnet werden« (Kranemann 19). Den Kommunitäten, die noch willens und in der Lage sind, das Kirchenjahr in seiner Vollform zu begehen, wächst hier eine wichtige Rolle zu.

Solche Angebote schließen eine »integrale Festzeitpraxis« (Cornehl 1981), »die die verschiedenen Gruppen, die sich aus Anlass des Festes sammeln, ernst nimmt, die akzeptiert, dass Menschen ganz unterschiedlich weit eingegliedert sind, und die auf die Möglichkeiten dieser Menschen eingehen kann« (Kranemann 20), keineswegs aus. Ob man jedoch dabei durchgängig von einer ungebrochenen, an volkskirchliche Traditionen anknüpfenden »geistlichen Ausstrahlungskraft« der großen christlichen Feste ausgehen kann, wie Cornehl dies tut (1995, 58), scheint zweifelhaft. Vielleicht ist es mancherorts eher die – oben angesprochene – Sehnsucht nach einer Alternative zu der im Kommerz verkommenen allgemeinen Festkultur, die auch Konfessionslose z.B. am Heiligen Abend mehr und mehr in die Kirchen führt. Hier haben Überlegungen ihren Ort, die – etwa unter der Überschrift »Weihnachtslob für Ungläubige« (Wanke; Kranemann 20) – darauf zielen, an bedeutsamen und gerade darum besonders kritischen Punkten des Jahreskreises auch diesen Mitbürgern eine Teilhabe an authentischer christlicher Festkultur zu ermöglichen.

Bei solch praktisch-theologischer Weiterarbeit am Haus in der Zeit geht es keineswegs nur um kirchliche Besitzstandswahrung. Wenn es denn stimmt, dass die Missachtung der kosmisch-vegetativen Zyklen an die biologischen Grundlagen unserer Lebens-Rhythmen rührt, und wenn es wahr ist, dass zwischen der neuzeitlichen Nivellierung der Zeiterfahrung und der Missachtung zyklischer Prozesse in der Natur ursächliche Zusammenhänge bestehen, dann steht hier die *conditio humana* selber auf dem Spiel; dann gilt es, Feste wie Festungen dem gleichgültigen Fortschreiten zum Abgrund in den Weg zu stellen.

Literatur

Adolf ADAM, Das Kirchenjahr mitfeiern, Freiburg i.Br. [2]1980. – Hans Jörg AUF DER MAUR, Feiern im Rhythmus der Zeit. I. Herrenfeste in Woche und Jahr: GDK 5 (1983). – Ders., Feste und Gedenktage der Heiligen: Philipp Harnoncourt/Hansjörg Auf der Maur, Feiern im Rhythmus der Zeit II/1: GDK 6,1 (1994) 65–357. – Ulrich BECK, Risikogesellschaft. Auf dem Weg in eine andere Moderne, Frankfurt a.M. 1986. – Aleida ASSMANN, Erinnerungsräume. Formen und Wandlungen des kulturellen Gedächtnisses, München 1999. – Jan ASSMANN, Der zweidimensionale Mensch. Das Fest als Medium des kollektiven Gedächtnisses: Ders./Theo Sundermeier (Hg.), Das Fest und das Heilige. Religiöse Kontrapunkte zur Alltagswelt, Gütersloh 1991, 13–30. – Peter L. BERGER/Thomas LUCKMANN, Die gesellschaftliche Konstruktion der Wirklichkeit. Eine Theorie der Wissenssoziologie, Frankfurt a.M. 1980. – Karl-Heinrich BIERITZ, Ein Haus in der Zeit. Kirchenjahr und weltliches Jahr: Ders., Zeichen setzen. Beiträge zu Gottesdienst und Predigt, Stuttgart 1995 (PTHe 22), 177–187. – Ders., Art. Kirchenjahr: ELThG 2 (1993) 1101–1104. – Ders., Das Kirchenjahr. Feste, Gedenk- und Feiertage in Geschichte und Gegenwart, München [6]2001. – Ders./Christoph KÄHLER, Art. Haus III: TRE 14 (1985)

478–492. – Gunda BRÜSKE, Die Liturgie als Ort des kulturellen Gedächtnisses. Anregungen für ein Gespräch zwischen Kulturwissenschaften und Liturgiewissenschaft: LJ 51 (2001) 151–171. – Peter CORNEHL, Christen feiern Feste. Integrale Festzeitpraxis als volkskirchliche Gottesdienststrategie: PTh 70 (1981) 218–233. – Ders., Liturgische Zeit und Kirchenjahr. Sinn, Gestalt und neue Gestaltungsmöglichkeiten aus evangelischer Sicht: GAGF 23/1995, 39–73. – Ders./Martin DUTZMANN/Andreas STRAUCH (Hg.), »...in der Schar derer, die da feiern«. Feste als Gegenstand praktisch-theologischer Reflexion (FS Friedrich Wintzer), Göttingen 1993. – Der EVANGELISCHE NAMENKALENDER, Hannover (1969) 1984. – Winfried GEBHARDT, Fest, Feier und Alltag. Über die gesellschaftliche Wirklichkeit des Menschen und ihre Deutung (EHS.Soziologie 143), Frankfurt a.M. 1987. – Pierre GRELOT, Du sabbat juif au dimanche chrétien. 1. Enquête sur le sabbat juif: MD 123 (1975) 79–107. – Herbert HAAG, Vom alten zum neuen Pascha. Geschichte und Theologie des Osterfestes (SBS 49), Stuttgart 1971. – István HAHN, Sonnentage – Mondjahre. Über Kalendersysteme und Zeitrechnung (akzent 83), Leipzig 1989. – Angelus A. HÄUSSLING, Art. Kirchenjahr: SM(D) 2 (1968) 1215–1222. – Ders., Art. Kirchenjahr: HPTh 5 (1972) 261–262. – Philipp HARNONCOURT, Der Kalender: Ders./Hansjörg AUF DER MAUR, Feiern im Rhythmus der Zeit: GDK 6,1 (1994) 9–63. – Kurt HÜBNER, Die Wahrheit des Mythos, München 1985. – ITINERARIUM EGERIAE: CChr.SL 175, 27–90 (103). – Klaus-Peter JÖRNS, Ein Kirchenjahr für Weltbürger: BThZ 10 (1993) 197–210. – Ders./Karl-Heinrich BIERITZ, Art. Kirchenjahr: TRE 18 (1989) 575–599. – Kurt KOCH, Grundpfeiler des Glaubens. Vom Sinn der christlichen Feste (Herbü 1768), Freiburg i.Br. 1992. – Benedikt KRANEMANN, »Feiertags kommt das Vergessene ...«. Zu Deutung und Bedeutung des christlichen Festes in moderner Gesellschaft: LJ 46 (1996) 3–22. – Gerhard KUNZE, Die gottesdienstliche Zeit: Leit. 1 (1952) 437–535. – Wolfgang LIPP, Feste heute. Animation, Partizipation und Happening: Walter Haug/Rainer Warning (Hg.), Das Fest, München 1989 (Poetik und Hermeneutik 14), 663–683. – Aimé-Georges MARTIMORT, Art. Heiligung der Zeit: HLW(M) 2 (1965) 207–422. – MELITON VON SARDES, Vom Passa. Die älteste christliche Osterpredigt. Übersetzt, eingeleitet und kommentiert von Josef Blank, Freiburg i.Br. 1963. – Hans Bernhard MEYER, Zeit und Gottesdienst. Anthropologische Bemerkungen zur liturgischen Zeit: LJ 31 (1981) 193–213. – Josef PIEPER, Zustimmung zur Welt. Eine Theorie des Festes, München 1963. – Gerhard RAU, Rehabilitation des Festtagskirchgängers: Gottesdienst und öffentliche Meinung. Kommentare und Untersuchungen zur Gottesdienstumfrage der VELKD, hg.v. Manfred Seitz/Lutz Mohaupt, Stuttgart 1977, 83–99. – Georg RIETSCHEL, Lehrbuch der Liturgik, Göttingen, I 1900, II 1909, 2. neubearbeitete Auflage von Paul Graff, I 1951, II 1952. – Willy RORDORF, Ursprung und Bedeutung der Sonntagsfeier im frühen Christentum. Der gegenwärtige Stand der Forschung: LJ 31 (1981) 145–158. – Richard SCHAEFFLER, Der Kultus als Weltauslegung: Balthasar Fischer u.a., Kult in der säkularisierten Welt, Regensburg 1974, 9–62. – Arno SCHILSON, Fest und Feier in anthropologischer und theologischer Sicht: LJ 44 (1994) 3–32. – Frieder SCHULZ, Die Ordnung der liturgischen Zeit in den Kirchen der Reformation: LJ 32 (1982a) 1–24. – Ders., Gottes Werktage. Die Heiligung der Zeit in den Kirchen der Reformation bis zur Mitte des 20. Jh.: KuD 28 (1982b) 90–112. – Ders., Art. Heiligenverehrung VII: TRE 14 (1985) 664–672. – Ders., Art. Kirchenjahr: EKL[3] 2 (1989) 1115–1126. – Hans-Joachim SCHULZ, Liturgie, Tagzeiten und Kirchenjahr des byzantinischen Ritus: HOK (1970) 332–385.386–414. – Thomas J. TALLEY, Origins of the Liturgical Year, New York 1986. – Joachim WANKE, Weihnachtslob für Ungläubige? Ein liturgisches Experiment im Erfurter Dom am 24.12.1988: Gottesdienst 23 (1989) 145–147.

Karl-Heinrich Bieritz

Kirchenbau und Kirchenraum

Kirchengebäude stellen spirituelle Potentiale dar, deren Erschließung durch kirchenpädagogische Aktivitäten gegenwärtig vor allem in den »neuen Bundesländern« einen weitaus größeren Personenkreis als der in ihnen sonntäglich gefeierte Gottesdienst erreicht. Der Soziologe Hans-Georg Soeffner weist darauf hin, dass die Bindung des Einzelnen an das Kirchengebäude länger als die Bindung an die Kirche als Institution anhalten und diese bei weitem überdauern kann. »Den kollektiven Halt, den der Einzelne« – trotz seines subjektiv geprägten und individuell gestützten Glaubens – »dennoch braucht und den er früher in einer Gemeinschaft oder Gemeinde fand, findet er heute z.T. in den Kirchenbauten« (142). Mit dieser Nutzungsverschiebung vom gottesdienstlichen zum touristischen Besuch des Kirchengebäudes wird deutlich, dass auch im Zusammenhang liturgiewissenschaftlicher Überlegungen der Kirchenraum nicht mehr nur allein isoliert vom sonntäglichen Gottesdienst her betrachtet werden kann, wie dies im Protestantismus lange Zeit üblich gewesen ist, sondern ein umfassenderes Gottesdienstverständnis erfordert, das auch den außergottesdienstlichen Gebrauch von Kirchenräumen einschließt und Kirchenpädagogik als ein auf den Gottesdienst zurückbezogenes kirchliches Handeln versteht. Die folgenden Überlegungen verzichten deshalb bewusst auf die Trennung zwischen der Kommunikation mit dem Raum und seiner Ausstattung außerhalb des gefeierten Gottesdienstes und des gottesdienstlichen Gebrauchs im engeren Sinne und arbeiten die Zusammenhänge zwischen beiden Nutzungsformen heraus. Sie gehen davon aus, dass Kirchenräume und ihre Ausstattung keine von ihrer historischen wie gegenwärtigen gottesdienstlichen Nutzung unabhängige theologische Bedeutungen oder symbolische Sinngehalte vermitteln, sondern sich immer als Erlebnisräume für die Gottesbegegnung erschließen.

I. Die Wechselbeziehung zwischen Gottesdienst und Kirchengebäude

A. Grundsätzliche Überlegungen

Kirchengebäude, Kirchenraum und Gottesdienst stehen in einem komplexen wechselseitigen Beziehungsverhältnis zueinander. Wird der Gottesdienst selbst als eine künstlerischen Prozessen analoge Gestaltungsaufgabe begriffen, dann entfällt die Möglichkeit, Architektur und Kunst als dessen äußere Voraussetzungen oder Dekorum zu verstehen. Die verschiedenen Künste wirken jeweils autonom in der Gestaltung eines selbst als Kunstwerk verstandenen Gottesdienstes zusammen, der sich nach ästhetischen Produktions- und Rezeptionsregeln vollzieht. Historisch setzt diese Überwindung der Trennung zwischen den äußeren Voraussetzungen des Gottesdienstes und seinem eigentlichen Vollzug bereits in der Mitte des 19. Jh. ein und beginnt mit Wilhelm Löhes Begründung der Paramentik als praktisch-theologischer Lehre des den Gottesdienst bereitenden und nicht mehr nur vorbereitenden Handelns. Der Kirchenraum ist mehr als die äußere Voraussetzung, sondern stellt einen wesentlichen Konstitutionsfaktor des Gottesdienstes dar. Raum und Gottesdienst spielen zusammen. Der Gottesdienst gestaltet den Raum und umgekehrt der Raum den Gottesdienst. Gottesdienstliches Geschehen ist raumabhängig und raumproduktiv zugleich. Aus diesem Zusammenspiel heraus entwickelt sich die jeweils neue Form. Gottesdienst wird nicht als etwas zuvor Feststehendes auf einen Raum hin appliziert, sondern entfaltet sich jeweils im Raum zusammen mit ihm als eine neue Einheit. Architektur ermöglicht den Gebrauch und initiiert ihn. Sie lässt unvorhersehbare Situationen zu und bewahrt sich damit eine Zukunftsoffenheit. Zugleich bleibt sie aufnahmebereit für Spuren des Gebrauchs. Gerhard Lukken versteht den architektonischen Raum des Kirchengebäudes als integrierenden Bestandteil des Rituals. Raum und Ritual sind keine voneinander losgelöst und unabhängig zu betrachtenden Bereiche, die räumliche Dimension stellt eine wesentliche Grundform liturgischen Handelns dar. Aus der Perspektive der Architektursemiotik ist der Raum nicht nur ein vorgegebenes, sondern auch ein zu gebrauchendes Produkt. Die »räumlichen Destinatoren beeinflussen die Akteure des Rituals; sie bestimmen ihre wechselseitigen Kompetenzen und bringen bestimmte semantische Investitionen des Rituals mit sich« (30).

Jeder Raum ist ein Individuum und hat Auswirkungen auf den darin gefeierten Gottesdienst. Gottesdienst ist gestaltendes Handeln von Menschen mit Leib und Seele im Kirchenraum. Es gibt kein raumunabhängiges gottesdienstliches Geschehen. Der Raum ist nicht allein funktionale Hülle der in ihm agierenden menschlichen Körper, sondern zugleich auch Medium, Steuerungsinstrument und Umfriedung für das sich in ihm und mit ihm vollziehende Geschehen. Raumerfahrungen im Gottesdienst werden meist unbewusst tradiert und müssen erst in die Ebene des Bewusstseins erhoben werden. Raumwirkung und Raumrezeption sind deshalb bewusst in das Nachdenken über den Gottesdienst zu integrieren. Schlüsselerfahrungen des Glaubens haben in unserer Erinnerung ebenso wie in ihrem unmittelbaren Erleben einen konkreten »Raum«, in dem sie sich ereignen und an den sie sich binden. Wir sind es jedoch nicht (mehr) gewohnt, unsere Glaubenserfahrungen konkret in Räumen zu lokalisieren. Raum kann nicht subjektunabhängig beschrieben werden. Die Beziehung zum Kirchengebäude bestimmt wesentlich die Beziehung zum Gottesdienst im Sinne eines unbewusst prägenden Vorgangs.

Das Kirchengebäude als Baukörper kann zwar historisch auf eine bestimmte gottesdienstliche Nutzung bezogen sein, bleibt jedoch immer offen für unerwartete zukünftige Nutzungen. Damit erfolgt keine ausschließliche Determination des gottesdienstlichen Geschehens durch den Baukörper. Die Liturgie kann deshalb nur in einem sehr eingeschränkten Sinne als »Bauherrin« des Kirchengebäudes bezeichnet werden. Gottesdienst gestaltet umgekehrt auch aus sich heraus Raum, wie er vom Raum abhängig ist. Diese grundlegende, dem engagierten Wirken Rainer Volps (1931–1998) zu verdankende Einsicht wird im Ergänzungsband zum Evangelischen Gottesdienstbuch festgehalten: »Die Atmosphäre eines gottesdienstlichen Raumes ist das Ergebnis aus Ereignissen, Bewegungsmustern und Erfahrungen der vielen Menschen, die diesen Raum belebt und gestaltet haben. Wer dort Gottesdienste feiert, wird davon bestimmt und gestaltet wiederum selbst die Atmosphäre des Raumes mit« (Erg/EGb 16).

B. Stationen der Wechselwirkung zwischen Kirchenraum und Gottesdienst

Ein elementarer Darstellungsversuch der Wechselwirkungen zwischen Kirchenraum und Gottesdienst kann sich an zwei im Laufe der Nutzungsgeschichte des christlichen Kirchengebäudes variablen Raumpunkten orientieren, die die Gegenwart Christi im Raum markieren und Auswirkungen auf die gottesdienstliche Gemeinde besitzen: den Ort der Wortverkündigung und den Ort der eucharistischen Feier. Diese beiden Kerne bilden in Verbindung mit dem jeweiligen Raum und dem darin gefeierten Gottesdienst ein funktionales Bezugssystem. Eine Vernachlässigung des Taufortes als drittem räumlichen Kern kann bei diesem elementaren Darstellungsversuch deshalb in Kauf genommen werden, weil sich der Ort der Taufe von Anfang an verselbstständigt, eigenen Räumen bzw. Raumteilen zugewiesen ist, über weite Stationen der Nutzungsgeschichte von Kirchenräumen hinweg nicht in unmittelbarer Verbindung mit dem Raum für den sonntäglichen Gottesdienst steht und erst im evangelischen Kirchenraum des 17. und 18. Jh. zum Altar, Kanzel und Orgel gleichrangigen und symmetrisch angeordneten Prinzipalstück erhoben wird.

Vereinfacht sind dabei drei Grundsituationen voneinander zu unterscheiden: der gestühlsfreie Kirchenraum, der Kirchenraum mit einem adaptierten Gestühl und der Kirchenraum mit einem architektonisch konzipierten Gestühl. Die Grundproblemstellung besteht jeweils darin, die örtlich voneinander entfernten Punkte der Wortverkündigung und der eucharistischen Feier entweder durch Bewegung der Gemeinde im Raum innerhalb des Gottesdienstes oder durch eine räumliche Annäherung der beiden Pole miteinander zu verbinden.

Das Sitzen der Gemeinde im Gottesdienstraum auf festen Plätzen wird erst im ausgehenden 16. Jh. allgemeiner Brauch und in der Folge auch durch die Gegenreformation für den katholischen Kirchenraum übernommen. Zuvor wird im Stehen am Gottesdienst teilgenommen, was eine entsprechende Beweglichkeit der Gottesdienstteilnehmer im Raum zur Folge hat. Der schematisch rekonstruierte Gottesdienst in der frühchristlichen Basilika lebt von dieser Bewegung. Während der Wortverkündigung ist die Kathedra des Bischofs in der Apsis der Ort, auf den hin sich die Gottesdienstteilnehmer im Raum ausrichten. Zur Abendmahlsfeier wird ursprünglich ein Holztisch ins Mittelschiff getragen, der später von Schranken umgeben wird, um den ungehinderten Gottesdienstverlauf vor dem Andrang der Feiergemeinde zu sichern. Die Gemeinde nimmt einen Standortwechsel vor und umsteht den Abendmahlstisch. Der Standortwechsel ist zugleich verbunden mit einer Zäsur in der Feier, der Entlassung der Katechumenen vor der Eucharistie. Bischof und Klerus kommen nun von der Apsis herab ins Schiff.

Der orthodoxe Kirchenraum hält die Situation des gestühlsfreien Kirchenraumes z.T. bis heute noch fest. Allerdings ist zwischen dem Kirchenschiff für die Gemeinde und dem Altarraum mit der Ikonostase eine Abtrennung eingefügt. Nur geweihte Amtsträger haben Zugang zu diesem heiligen Bezirk. Zum Wortgottesdienst, zu den Gebeten und zur Austeilung der Eucharistie gruppiert sich die Gemeinde im Kirchenraum um den Bischof bzw. den Vorleser.

In der mittelalterlichen Pfarrkirche verteilt sich der Altardienst auf den Hochaltar im weitgehend nur den Klerikern vorbehaltenen Chor, auf den Kreuz- bzw. Volksaltar vor den Chorschranken bzw. vor dem Lettner für das Kirchenvolk und auf die zahlreicher werdenden Nebenaltäre in Seitenschiffen, Kapellenräumen oder auf Emporen. Die Gemeinde orientiert sich jeweils stehend diesen Orten zu. Der Ort der eucharistischen Feier differenziert sich in verschiedene Teilorte, während der Ort der Wortverkündigung konstant bleibt. Der steigende Bedarf an Nebenaltären entstammt der sich ausweitenden Reliquienverehrung wie den sich häufenden Privatmessen im Zusammenhang des Totengedenkens. Ort der Wortverkündigung ist nun die zunachst hölzerne, später meist steinerne Kanzel entweder an der Südwand des Schiffes oder an einem Pfeiler des Mittelschiffs. Die Gemeinde wechselt bei der Predigt ihren Standort und umsteht die Kanzel oder sitzt auf mitgebrachten beweglichen Klappsitzen oder Hockern. Der mittelalterliche Kirchenraum stellt damit keinen einheitlichen Handlungsraum mehr dar, er tendiert zu eigenständigen gottesdienstlichen Subräumen im Kirchenraum für die einzelnen soziologischen Gruppierungen wie den Klerus, die verschiedenen Laienbruderschaften, Zunft- und Ordensgemeinschaften.

Nach der Einführung des Gestühls durch die Kirchen der Reformation, zunächst ja nur in der Adaptierung mittelalterlicher Kirchenbauten für den reformatorischen Gottesdienst, stehen Altar und Kanzel wie zuvor an unterschiedlichen Orten im Kirchenraum, doch erlaubt nun das feste Gestühl keine Standortveränderung der Gemeinde mehr. Lösungen des Grundproblems, die Orte der Verkündigung und der Eucharistie aus dem Sitzen bzw. aus dem festen Platz heraus zu verbinden, bestehen im Einbau eines Dreh- oder Klappgestühls, das einen Richtungswechsel bei der Predigt zur Kanzel hin einem Teil der Gemeinde ermöglicht, in der Annäherung von Kanzel und Altar, im Übereinander von Altar und Kanzel in einer Achse oder im Verzicht auf den Altar als der reformierten Lösung.

Die Kirchen der Reformation richten sich im 16. Jh. zunächst in den überkommenen Kirchenräumen des Spätmittelalters ein und benutzen sie weiter. Nur wenige Anpassungen an die Erfordernisse des evangelischen Gottesdienstes waren notwendig. Meist wurde nur noch einer der Altäre benutzt. Im Laufe der Zeit erhielten die Räume festes Gestühl, und zugleich wurden hölzerne Emporen eingezogen, um die Gemeinde sitzend zur Predigt zu versammeln. Während die reformierten Gemeinden in Südwestdeutschland und in der Schweiz die überkommenen Kirchenräume radikal von ihrer spätmittelalterlichen Ausstattung befreiten und sich auf die Kanzel und einen hölzernen Abendmahlstisch beschränkten, konnte das Luthertum im Umgang mit den überkommenen Kirchenräumen seine bewahrende Kraft entfalten: Seiten- und Nebenaltäre mit ihren Retabeln, Figuren der Maria und der Heiligen, Bilder, Kelche und Sakramentshäuser blieben erhalten und wurden nicht abgebrochen. So verfügen zahlreiche historische evangelische Kirchenbauten bis heute über einen großen Ausstattungsreichtum.

Die Notwendigkeit zum Neubau evangelischer Kirchengebäude entstand – von Ausnahmen abgesehen – erst nach dem Ende des Dreißigjährigen Krieges. Das ausgehende 17. und das 18. Jh. entwickelten eigene evangelische Lösungen, die von allen Plätzen des Raumes gute Sicht- und Hörbarkeit des gottesdienstlichen Geschehens an Kanzel und Altar boten, den Gesetzen der Symmetrie folgten und ausreichendes Licht für den Gebrauch des Gesangbuchs im Gottesdienst vermittelten. Der Kanzelaltar mit der Übereinanderordnung von Altar, Kanzel und häufig auch Orgel in einer Achse wurde Ausdruck für die Überzeugung, dass Christus im gleichberechtigten Predigtwort und Sakrament gegenwärtig ist. Wesentliches Ausstattungsstück aber wurde die Gemeinde selbst. Evangelische Kirchenräume dieser Zeit sind ohne anwesende Gemeinde architektonisch unvollständig. Das vom Architekten beim Kirchenbau von Anfang an mit konzipierte Gestühl erhielt raumbildende Funktion und repräsentierte zugleich die gottesdienstliche Gemeinde. Die Gemeinde wird nun konstitutiv für die Raumwirkung als der angemessene Schmuck des evangelischen Kirchenraumes. Daran wird deutlich, dass die evangelischen Kirchenräume nun nahezu ausschließlich auf den sonntäglichen Gottesdienst hin orientiert sind. Dem leeren, nicht gottesdienstlich genutzten Raum fehlt mit der durch das Gestühl auch ständisch geordneten Gemeinde ein entscheidendes Ausstattungs- oder Prinzipalstück.

Die Vorstellung vom barocken Einheitsraum setzte sich im katholischen Kirchenbau des 17. Jh. durch. Der Raum richtete sich auf eine Hauptfunktion hin aus und fand sein Zentrum im Hochaltar mit Tabernakel im Chor. Damit entstand ein theaterähnliches Gegenüber von liturgischem Handlungsort mit Bühnencharakter und Gemeinderaum, das den katholischen Gottesdienstraum bis zur Liturgiereform des Zweiten Vatikanischen Konzils bestimmte.

Im 19. Jh. wurden im evangelischen wie im katholischen Kirchenbau historische Stilformen eingesetzt. Neugotische und neuromanische Kirchenbauten, meist in klassischer Längsausrichtung mit separatem Chor als Altarraum und Kanzel am Übergang von Chor und Schiff, sollten der kirchendistanzierten Industriearbeiterschaft in den rapide wachsenden Städten kirchliche Heimat bieten. Sie griffen dazu auf scheinbar zeitlose Raumlösungen zurück, stellten Altar und Kanzel wieder getrennt auf und gaben dem Chorraum mit dem Altar als Ort des Gebetes, des Abendmahls und des Segens neues Gewicht.

Die Gemeindebewegung im Übergang vom 19. zum 20. Jh. setzte schließlich Akzente, die bis in den gegenwärtigen evangelischen Kirchenbau fortwirken. Zunächst kam es in ihrem Gefolge zum Verzicht auf die historischen Baustile. Zeitgenössische Architekturformen mit Materialien wie Stahlbeton und Glas bestimmten fortan das evangelische Kirchengebäude. In ganz unterschiedlichen Raumlösungen wurde die Gemeinde immer wieder neu eng um das Zentrum des gottesdienstlichen Geschehens in der Nähe des Predigers bzw. Liturgen gruppiert unter bewusstem Verzicht auf jegliche Monumentalität des Kirchenraumes. Die schlichte

Gemeindekirche, deren überschaubare Kirchenräume von familiärer Atmosphäre geprägt und häufig mit Gemeinderäumen zu einer Einheit verbunden sind, wurde neues Leitbild.

Nach Abschluss des Wiederaufbaus kriegszerstörter Kirchengebäude und des Neubaus von Kirchen in Gebieten mit durch die Vertreibung und Umsiedlung Evangelischer aus dem Osten neu entstandenen evangelischen Gemeinden wurde ab 1965 in Deutschland im evangelischen Bereich weitgehend auf den Bau freistehender Kirchen verzichtet. Stattdessen entwickelte sich in städtischen Neubaugebieten das Gemeindezentrum als ein von Räumen für die Gruppen und Aktivitäten der Gemeinde umgebener, über ein Foyer erschlossener, vorrangig gottesdienstlich genutzter Mehrzwecksaal mit separaten Jugendräumen. Der Funktionsbau verzichtete auf das städtebauliche Leitbild Kirche, hob jedoch den Mehrzwecksaal – z.T. durch nachträgliche »Resakralisierung« – hervor. Das Gemeindezentrum wurde Ausdruck welt- und alltagsoffener Gemeindetheologie. Nach 1980 neigten die Bauprogramme zur »sakralen Zelle« als dem Gottesdienst vorbehaltener Mitte, die variabel nutzbare Räume bei Bedarf erweitern. Die eingeschränkte soziologische Reichweite des Gemeindezentrumskonzeptes als Paradigma der Gemeindearbeit wurde jedoch erkannt und die in der Mehrzwecknutzung negierte Anwesenheit des Gottesdiensterlebens auf konkrete Räume wieder stärker betont.

Sind in der Nachkriegszeit bis etwa 1965 errichtete evangelische Kirchengebäude deutlich auf den agendarischen Gottesdienst der VELKD und EKU und sein Gegenüber von Amt und Gemeinde hin orientiert, so weisen die gegenwärtigen, z.T. sehr kostenbewusst errichteten Neubauten bzw. Mehrzweckbauten meist äußerst begrenzte Raumprogramme und damit auch beengte Flächen für die gottesdienstliche Feier auf. Die Prinzipalstücke Altartisch, Kanzelpult und Taufstein werden so eng zusammen situiert, dass das Bewegungserleben im Raum erschwert wird und Gemeinde wie liturgisch Handelnde auf ihren Plätzen fixiert bleiben.

Gegenwärtige evangelische Kirchenbauten sind Räume, die unterschiedliche Gottesdienstformen ermöglichen und nicht mehr ausschließlich auf den sonntäglichen Hauptgottesdienst ausgerichtet sind. Ihre Ausstattungsstücke Altar, Kanzelpult, Taufstein und Gestühl sind bei gleichzeitiger gestalterischer Eindeutigkeit ihrer Bestimmung weitgehend mobil konzipiert. Die Altäre stellen Abendmahlstische dar, die dem Liturgen bzw. der Liturgin eine der Gemeinde zugewandte Stellung ermöglichen. Christus wird so als in der Mitte der gottesdienstlichen Versammlung anwesend gedacht.

II. Theoriemodelle zum Kirchenraum

Die vier ausgewählten Theoriemodelle zum Kirchenraum, die religionsphänomenologische, soziologische, semiotische und rezeptionsästhetische Einsichten aufnehmen, machen deutlich, dass theologische und anthropologische Phänomene nicht voneinander isoliert betrachtet werden können. Zugleich wird offensichtlich, wie die gottesdienstliche Nutzung und die Kommunikation mit dem Kirchenraum außerhalb des aktuell gefeierten Gottesdienstes miteinander ursächlich verschränkt sind.

A. Kirchenräume als atmosphärische Speicher des Göttlichen (Hermann Schmitz)

Der Religionsphänomenologe Hermann Schmitz widerspricht der gängigen These von der religiösen Funktionslosigkeit von Kirchenräumen außerhalb ihrer gottesdienstlichen Nutzung. In der Behandlung des Kirchenraumes im Teilabschnitt »Das Göttliche und der Raum« betont Schmitz die Unabhängigkeit der Raumwirkung vom aktuellen Gebrauch durch eine kirchliche Institution. Es büßt eine »Kirche (als Innenraum) nicht schon deshalb ihre Mensch und Gott vermittelnde Rolle ein, weil keine Kirche (als Institution) sie in Betrieb nimmt. Vielmehr kann auch der Reisende, der sie, ohne einer solchen Institution anzuhängen, mit andächtiger Aufgeschlossenheit durchmustert, eine Art Gottesdienst – als Kultur göttlicher Atmosphären im umfriedeten Raum – vollbringen, mit der er dem organisierten Frommen vielleicht sogar etwas voraushat, das gleichfalls Religion (nämlich: Verhalten aus Betroffenheit von Göttlichem) und nicht nur ein ästhetisches Surrogat von Religion ist« (279 f.).

Schmitz unternimmt in seiner Raumlehre eine Überwindung des auf Introjektion begründeten Verstehensansatzes. Das, was herkömmlicherweise in das Innere des Menschen oder in seine Seele verlegt wird, kehrt Hermann Schmitz nach außen. Gefühle werden von ihm als Atmosphären verstanden. Diese ganzheitlich-atmosphärischen Gefühle können nicht einfach auf das erlebende Subjekt und die diesem begegnenden Objekte verteilt werden, sondern sind der Differenzierung beider Seiten vor- und übergeordnet. Gefühle wie das Göttliche gelten dann nicht mehr im Sinne der Introjektion als subjektiv-private Seelen- oder Bewusstseinszustände, sondern als objektiv vorhandene Atmosphären.

Für ihr Erleben spielt die Umfriedung eine entscheidende Rolle. Der Kirchenraum stellt eine solche Umfriedung dar, die die sonst flüchtigen göttlichen Atmosphären intensiver spüren lässt und zugleich wie jede Umfriedung den Erlebnisstil verwandelt. Die Umfriedung eröffnet tiefere Schichten phänomenaler Räumlichkeit unterhalb des dimensionalen Ortsraumes. Schmitz behandelt den Kirchenraum unter den Stätten des Wohnens. Wohnung ist ein umfriedeter Bezirk, der dem Menschen die Chance gibt, den dort begegnenden Erregungen ihre Abgründigkeit so weit abzustreifen, dass es möglich wird, sie in gesammelter Dichte hinlänglich vertraut und verfügbar zu machen. Es bildet sich eine Stätte der Kultur göttlicher Gefühle im als Umfriedung verstandenen Kirchenraum.

»Diese Kultur ist nicht auf den Betrieb religiöser Institutionen angewiesen«, schreibt Schmitz. »Mir ist aufgefallen, dass ... Kirchen das Göttliche eindringlicher nahebringen, wenn gerade keine religiöse Institution (z.B. organisierte Gottesdienste) inszeniert wird und die Wucht der gestauten Erregungen unvorbereitet durch die Stille hindurch wirken kann, ohne vom Betrieb zielstrebiger frommer Absichten eingeengt und kanalisiert zu werden« (279).

Schmitz arbeitet mit dem Bild der in einem Kirchenraum angestauten Erregungen. Sie brechen auf den herein, der den Kirchenraum durchmustert. Aber beim Eintritt in die göttliche Atmosphäre des umfriedeten Kirchenraums wird das Empfinden verwandelt. Dem Menschen wird ein gewisses Maß an Kultur und Verfügbarkeit über die abgründigen, hier göttlichen Atmosphären zugänglich gemacht. »Atmosphären können sich um Dinge legen und diese sinnfällig in ihren Bann ziehen, ohne sich in diesen Dingen merklich auszuprägen« (623 f.). Die Atmosphäre inkarniert sich im umbauten Raum, der sich damit vollsaugt wie ein Schwamm.

Mit Hilfe seiner phänomenologischen Modellvorstellung kann Schmitz zeigen, dass ein Kirchenraum etwas auf seine Besucher ausstrahlen kann und zugleich einen geordneten Umfang mit dem an sich zunächst Abgründigen, hier Göttlichen ermöglicht. Der Kirchenraum wird zu einem Speicher für die Macht des Göttlichen. Er saugt sich damit voll wie ein Schwamm und steht denen zur Verfügung, die sich dem Kirchenraum aussetzen.

Der eine Kirche aufsuchende Reisende vollbringt als Einzelner einen Gottesdienst im liturgisch nicht genutzten Raum. Und er kann diesen Gottesdienst nur deshalb vollbringen, weil die aus dem Gottesdienst der Gemeinschaft herrührenden Erregungen im Kirchenraum aufgestaut sind und auf ihn einwirken.

B. Kirchenräume als kollektive Identitätssymbole (Hans-Georg Soeffner)

Der Soziologe Hans-Georg Soeffner versteht Kirchengebäude als kollektive Identitätssymbole einer Gesellschaft. Sie sind Statthalter des kollektiven Gedächtnisses der Dörfer und Städte und bleiben durch die Zeiten hindurch Orientierungsmarken im Raum, im Handeln und in der Zeit. Gebäude behielten in allem gesellschaftlichen Wandel einen relativ großen Einfluss auf die Menschen und bewahrten ihre Bedeutung für die Städte und Gemeinden. Die Bindung des Einzelnen an die Kirche als Institution dagegen habe sich unaufhaltsam gelockert. Der Einzelne, seine Würde, seine Erfahrungen und Selbstbindungen werden zum Maß der Verankerung von Überlieferung. Ein subjektiv geprägter und individuell gestützter Glaube bildet sich aus.

Kirchengebäude sind Bestandteil der wechselhaften Selbstbilder und Selbstinterpretationen, aus denen unsere Gesellschaft ihre Geschichts- und Weltdeutungen ständig zu einem Gesamtbild zu komponieren sucht. Kirchengebäude sind so zugleich auch Stützen eines Familiengedächtnisses, das weit über die jetzt lebenden Generationen zurückreicht. Sie sind unverzichtbarer Bestandteil des kollektiven kulturellen Gedächtnisses einer Gesellschaft. Innerhalb dieses kulturellen Gedächtnisses bilden die Kirchengebäude die Grenzsteine zwischen der alltäglichen Lebenswelt und der – möglichen – Erfahrung von Transzendenz. Allerdings: »Genau besehen wohnen ... in unseren alten und neuen Kirchenbauten weder ... Gott noch die Menschen. Stattdessen haben sich in diesen steinernen Statthaltern des Außeralltäglichen die darin symbolisierte(n) Geschichte(n) und Erfahrungsgeschichten häuslich gemacht« (143). Gerade deshalb warnt Soeffner vor einem postmodernen Trugschluss: »Die sakralen ... Gebäude ... sind nicht mehr als ein – oft schon verbrauchtes – Zeichen für einen Glauben. Sie können diesen wohl manchmal stützen, aber weder sind sie der Glaube, noch können sie ihn ersetzen« (133).

Dennoch bleibe die Beziehung des Individuums zum Kirchengebäude auch dann noch bestehen, wenn die Beziehung zur Institution Kirche schon abgebrochen sei. Hier vollziehe sich eine signifikante Verschiebung, indem Erfahrungen des Einzelnen und nicht mehr des Kollektivs zum Maß der Verankerung von Überlieferung würden. Der Einzelne finde seinen kollektiven Halt in den Kirchenbauten und nicht mehr in der Gemeinschaft. »Kirchenbauten ... scheinen in unserer Gesellschaft immer noch das auszustrahlen, was die Amtskirchen nicht mehr besitzen – Charisma, Außeralltäglichkeit, Repräsentation von Transzendenz in einer durchorganisierten Arbeits- und Freizeitwelt« (140). Kirchengebäude können somit »entweder zu Museen und Dauerausstellungen christlicher Architektur-, Bild- und Musikgeschichte oder zu Erfahrungs- und Handlungsräumen eines nach wie vor existenten Glaubensentwurfes ... werden« (143). Nur so erfüllen sie ihre Funktion als Erinnerungs-, Rückbesinnungs- und Selbstfindungsraum und werden den Erwartungen einer kirchlicherseits ernstzunehmenden individualisierten Religiosität gerecht. Die Kunst, Gottesdienst zu feiern, muss darin bestehen, ohne Aufgabe dieser legitimen individuellen Zugangs- und Erfahrungsweise im Gottesdienst zugleich ein Gemeinschaftsgeschehen zu konstituieren. »Im Vollzug des gottesdienstlichen Feierns muss sich der einzelne Mensch als Individuum in seiner Einmaligkeit wahrnehmen können« (Grözinger 450).

Soeffners Überlegungen erinnern an Friedrich Spitta, der schon am Ausgang des 19. Jh. darauf hingewiesen hatte, dass die Erinnerung am Ort des Gottesdienstes haftet und die Gottesnähe über der abermaligen gottesdienstlichen Benutzung als Erlebnis des dorthin Zurückkehrenden jeweils neu ermöglicht: »Tritt dem evangelischen Christen durch die Predigt des Evangeliums Gott nahe, erlebt er im Gebet und Gesang, in der Feier des heiligen Abendmahles und in den kirchlichen Weihehandlungen die Gemeinschaft mit Gott, empfängt er dadurch bereits hienieden einen Vorgeschmack des Himmels, so haftet die Erinnerung daran an dem Orte, wo er solches erfuhr; und so oft er zu ihm zurückkehrt, lebt diese Erinnerung auf, und so fühlt er sich an diesem Ort Gott näher als draußen auf der Gasse ...« (Spitta 3).

Kirchenräume stellen damit einen wesentlichen Teil unseres kulturellen Gedächtnisses dar. Im Gottesdienst entlasten sie deshalb die Liturgie davon, die Gedächtnisleistung allein durch Texte und Handlungen zu erbringen, und ermöglichen so über den Gottesdienst die für die authentische Erfahrung erforderliche zeitliche Entfaltung des Raumkontaktes in Vergangenheit, Gegenwart und Zukunft (Waldenfels 204).

C. Kirchenräume als Texturen gottesdienstlicher Situationen (Rainer Volp)

Rainer Volp versteht Räume als Texte bzw. Texturen. Er geht aus vom Modell einer an der Oberfläche ablesbaren Tiefenstruktur von Gottesdiensträumen. Kirchenräume werden als ein aus einzelnen Zeichen gebildeter Text verstanden, der im Rezipienten eine eigenständige, produktive Tätigkeit hervorruft. Der als Text verstandene Raum mit seinen Zeichen wird vom Rezipienten produktiv aufgefüllt. Die an der Oberfläche lesbare Struktur »repräsentiert eine aus geschichtlichen Situationen hervorgegangene und in vielen weiteren Situationen verfestigte Tiefenstruktur – Anlass dazu ..., vom sog. ›sakralen‹ Charakter des Kirchenraums zu sprechen. Denn immer sind Respekt vor den Erfahrungen und den Entwürfen anderer im Spiel, die sie in ihren Gottesbeziehungen aufbauten« (Volp 1995, 491).

Kirchenräume bieten umfassende Notationen von gottesdienstlichen Situationen an, die von später Hinzukommenden wieder gelesen werden. Räume als Texte stellen eine ablesbare, für die Wahrnehmung strukturierte Einheit dar. Tiefenstruktur und geschichtliche Situationen hängen dabei eng zusammen. Kirchenräume halten die Präsenz Gottes nicht dinglich fest. Aber jeder Umgang mit ihnen ist ein Umgang mit durch Gotteserfahrungen geheiligten Texten. Sie atmen etwas von diesen aufbewahrten Gotteserfahrungen.

Räume korrespondieren sehr unmittelbar mit dem menschlichen Körper. Sie sind spürbare, sichtbare und hörbare Texturen, die mit allen Sinnen zu lesen sind. Kirchenräume werden daher körperlich erfasst. Räume stellen damit für Volp so etwas wie hoch komplexe Sprachen dar, die sich als Träger von Bedeutung nur im situativen Umgang erschließen. Die Sprache des Raumes wird dadurch erfahren, dass der Einzelne sich in seiner Leiblichkeit in ihm und zu ihm verhält. Gottesgegenwart wird in diesem Modell zugänglich durch die körperliche Ingebrauchnahme des Raumes im Überschreiten der Schwelle zum Kirchenraum.

Kirchenräume als Texturen lassen sich in Analogie zur Lektüre eines biblischen Textes verstehen, da es dort ebenfalls über die Ingebrauchnahme zur Gottesgegenwart kommt.

Kirchenräume atmen etwas von den in den gottesdienstlichen Situationen aufbewahrten Gotteserfahrungen, welche in der durch Musik, Bild, Ritual und Rede verstärkten Textur zu einer ergreifenden Lektüre geraten können. Für den Liturgen und die Liturgin ist es deshalb unerlässlich, die Syntax von Räumen, d.h. die Struktur an der Oberfläche zu verstehen, da diese eine aus geschichtlichen Situationen hervorgegangene und in vielen weiteren Situationen verfestigte Tiefenstruktur repräsentiert.

D. Kirchenräume als Spurenträger gottesdienstlicher Nutzung (Hans Asmussen)

Der Spurenbegriff, von Volp innerhalb seines semiotischen Kirchenraummodells erwähnt, findet sich bereits 1937 bei Hans Asmussens rezeptionsästhetischem Verstehensansatz: »Der Bau eines kirchlichen Gebäudes wächst aus den Erfordernissen des gottesdienstlichen Geschehens ... Das Geschehen, das sich in diesem Hause abspielt, gestaltet das Haus ... Es ist freilich richtig, dass christliche Gottesdienste in jedem nur denkbaren Raum möglich sind. Aber ebenso steht fest, dass jedweder Raum, der für gottesdienstliche Zwecke benutzt wird, sehr bald die Spuren dieser Benutzung an sich trägt. Er verändert sich und gewinnt eine Gestalt, die anzeigt, dass in ihm christliche Gottesdienste gehalten werden« (146 f.).

Gottesdiensträume tragen Spuren gottesdienstlicher Nutzung eingeschrieben. Der Gottesdienst hinterlässt Spuren in den Räumen, die auch außerhalb des gefeierten Gottesdienstes präsent sind und bei entsprechender Intensität dann auch sinnlich wahrgenommen werden können. Es sind Spuren, die denen, die im Kirchenraum Gottesdienst feiern, Orientierung und Anschluss an über Generationen hinweg zuvor im Raum Geschehenes bieten und die auf die vergangene, gegenwärtige und zukünftige gottesdienstliche Nutzung verweisen. Kirchenräume tragen diese wie ein Netz miteinander verbundenen Spuren in sich eingeschrieben. Sie setzen sich aus Spuren der Lebensgeschichten der Nutzer wie aus Spuren des göttlichen Wirkens, vermittelt durch die im Raum gefeierten Gottesdienste, zusammen. Die Zeitachsen Vergangenheit, Gegenwart und Zukunft bilden die Koordinaten dieses dreidimensionalen Netzes. In einem Kirchenraum finden sich somit immer auch Spuren des zukünftigen Gottesdienstes eingeschrieben. Mit Rudolf Bohren nimmt die sinnliche Erkenntnis auch wahr, was noch nicht vor Augen liegt, nämlich die durch den Heiligen Geist realisierte und auf zukünftige Vollendung weisende Neuheit der Gegenwart, die damit über die Fähigkeit verfügt, mehr an den Dingen wahrzunehmen, als sie sind. »Die Gemeinde ist nicht nur zum Hören, sie ist zum Schauen bestellt, nicht nur des Sichtbaren, sondern auch des Erhofften« (Bohren 6).

Jeder Nutzer wird im Kirchenraum mit seiner Lebensgeschichte in dieses Netz der Spuren verflochten und als lebendiger Stein in den auf Christus bezogenen und ausgerichteten Bau eingefügt (I Petr 2,4–5). Der Raum ist für den, der im Raum ist, kein distanziertes Objekt mehr. Er wird zu einem etwas ihm Zugehörigen. Ein Weg von der Objektbetrachtung zur Beziehungserfahrung vollzieht sich. Wer einen Raum benutzt, fügt ihm auch immer seine Spuren hinzu. Er bleibt kein distanziert Außenstehender, sondern wird selbst ein Teil des Raumes.

Die Spurenvorstellung darf jedoch nicht mit ontologischen Aussagen über den Kirchenraum und eine ihm möglicherweise an sich innewohnende Sakralität verwechselt werden, da sie eine auf Gebrauchstraditionen fußende Zuschreibung vornimmt. Spuren sind eher flüchtig. Sie bedürfen der sorgfältigen Wahrnehmung, die durch eine entsprechende Sensibilisierung ermöglicht wird. Spuren besitzen unterschiedliche Intensität. Es gibt sichtbare und unsichtbare Spuren im Raum, verdichtete, gestaltete und auch eher verhaltene. Beispiele für solche Spuren können die ausgetretene steinerne Kanzeltreppe sein, die verdeutlicht, dass Verkündigung hier an eine lange Kette der Zeugen sich anschließt, kann der Taufstein sein, an dem schon Generationen getauft wurden. Es können Befestigungsspuren früherer Ausstattungsgegenstände oder Bilder der Heiligen und der Engel, die als Spuren des endzeitlichen Gottesdienstes in jeder Abendmahlsfeier gestalthaft erfahrbar machen, dass die kleine, um den Altar stehende Gemeinde in Wirklichkeit viel größer und umfassender ist, weil sie neben der gegenwärtigen auch die vergangene und die zukünftige Gemeinde umfasst. Und Spuren können wiederum auf ganz unterschiedliche Weise im Raum hinterlassen werden: Von der entzündeten Kerze, die der Besucher zusammen mit seinem Gebet im Raum zurücklässt über die unsichtbaren Abdrücke seiner Füße im Raum bis zu den flüchtigen Klang-Spuren der Orgel oder des eigenen Gesangs in der Gemeinde, die in der Erinnerung nachklingen und mit dem Raum verbunden bleiben.

Anwesend ist außerhalb des gefeierten Gottesdienstes nicht Christus wie in der Hostie im katholischen Tabernakel, sondern seine und der Gemeinde Spuren. Diese Spuren werden gelesen und damit produktiv aufgefüllt. So kommt es zur Christusgegenwart, über dem Lesen der Spuren in ihrer Verwobenheit zwischen den Zeiten, zwischen Christus, der Gemeinde und dem Raum. Spuren stellen somit eine wesentliche Stütze des gottesdienstlichen Geschehens dar, das nicht mehr allein auf die aktuellen liturgischen Texte und Handlungen angewiesen bleibt, um ein gestalthaft-sinnliches Erleben im Gottesdienst zu ermöglichen.

Karl Spamer hatte die Spur als »Krafteinwirkung an einem unbelebten Objekt«, das diese Energie in sich festhält, bezeichnet (86). Spuren eröffnen damit einen anderen Zugang zur Vergangenheit, weil sie die nichtsprachlichen Artikulationen einbeziehen. »Spur lässt sowohl den sprachlichen Bezug als auch den Zeichencharakter der Kodierung hinter sich«, schreibt Aleida Assmann. »Dennoch bleibt sie semiotisch lesbar als ein indexikalisches Zeichen, dem kein Kode zugrunde liegt. An die Stelle des repräsentierenden Zeichens rückt die Unmittelbarkeit eines Abdrucks oder Eindrucks« (209).

Gemeinschaft der Heiligen wird im Kirchenraum mit Hilfe der Spuren gestalthaft erlebbar, enthebt den gegenwärtig gefeierten Gottesdienst seiner Gegenwart und stellt ihn in die Aufhebung der Zeit. Damit eröffnet das Modell der Spuren im Kirchenraum auch den Verstorbenen einen legitimen Ort des Gedenkens. Für Gunther Wenz hat die Gemeinschaft der Heiligen »ihre konkrete Begründungs- und Realisierungsgestalt in der Personengemeinschaft derer, die an einem bestimmten Ort und zu einer bestimmten Zeit gottesdienstlich versammelt sind. Trotz und unbeschadet der Unauflöslichkeit dieser Bindung ist die Kirche nach reformatorischem Urteil zugleich und ihrem Wesen nach eine Raum und Zeit umfassende Größe. Sie besitzt einen auf universale Integration der Zeiten hin angelegten Charakter. Kirche transzendiert die ihr gesetzten Raumzeitschranken auf Ewigkeit hin. Das hat zur Folge, dass verstorbene Gläubige aus der communio sanctorum nicht einfach herausfallen, sondern ihr in bestimmter Weise bleibend zugehören, welche Zugehörigkeit freilich nirgends anders als in der konkreten gottesdienstlichen Teilhabe an Wort und Sakrament zur Gewissheit gebracht werden kann« (250 f.)

Aufgenommen wird Hans Asmussens Spuren-Vorstellung implizit 1974 von Peter Brunner in seinem Aufsatz über die Bedeutung des Altars für den evangelischen Gottesdienst. Durch seine Verwendung für die Feier des Heiligen Abendmahls, so Brunner, trage dieser zunächst nüchterne Tisch dauerhaft Christi Spuren, und nur deshalb sei ihm gegenüber Ehrfurcht geboten. Ehrfurcht ist zu unterscheiden von Anbetung oder Verehrung. Sie ist die dem Spuren-Charakter angemessene Verhaltensweise, die die Balance zwischen dem ontologischen und dem funktionalen Verständnis des Kirchenraumes wahrt.

E. Auf dem Weg zu einer theologischen Theorie des Kirchenraumes

Die vier vorgestellten Modelle zur Kirchenraumtheorie versuchen, aus der Perspektive des das Kirchengebäude in Gebrauch Nehmenden erlebnis- und erfahrungsorientiert zu beschreiben, welche Funktion dieses ausübt und wie sie auf das Erleben und auf die Gestaltung von Gottesdiensten einzuwirken vermag. Sie leisten zugleich eine theologische Auseinandersetzung mit der These einer Funktionslosigkeit von Kirchengebäuden außerhalb des Gottesdienstes. Insbesondere der Spuren-Ansatz versucht, die im Protestantismus eingeübte distanzierte Betrachtung des Kirchenraumes aufzubrechen, die zwangsläufig zu einem ontologischen oder funktionalen Verständnis führen muss. Die Beschreibung der mit dem Kirchengebäude verbundenen Erfahrung und Überwindung der Distanz durch teilnehmende Beobachtung, sowie die umfassende Notation der vom Subjekt erlebten Widerfahrnisse im Kirchenraum unterscheiden sich beispielsweise von den Konzepten Horst Schwebels und Andreas Mertins, die von einer Neutralität des Kirchenraumes zur Gottesbeziehung sprechen, damit in distanzierter Beobachtungshaltung gegenüber dem Kirchenraum verbleiben und den Weg von der Objektbetrachtung zur Beziehungserfahrung nicht mitvollziehen. Bereits Martin Luthers Predigt zur Einweihung der Torgauer Schlosskirche von 1544 (WA 49, 588–615) stellt eine Brücke zur Vorstellung einer Heiligung des Kirchengebäudes durch seine gottesdienstliche Nutzung dar. Für Luther ergreift die Gottesbeziehung der Gemeinde Besitz vom Kirchenraum. Dieser wird dadurch in das Geschehen der Gottesbegegnung eingebunden. Die mit dem Kirchenraum gegebene Umfriedung der gottesdienstlichen Gemeinde verstärkt deren Gebet. Der Kirchenraum wird trotz aller evangelischer Freiheit benötigt, um die Gottesbeziehung zu ermöglichen.

Für Wilhelm Löhe gestaltet der in den Räumen gefeierte Gottesdienst die Räume um, sodass sie zu Abbildern dessen werden, was in ihnen gefeiert wird. Kirchenräume gewähren aber auch Ausblick auf das Ziel, dass Christus einst wieder bei den Seinen wohnen wird. Der Kirchenraum wird in den Gottesdiensten durchbetet und geistlich gestaltet. Es kommt zum Dienst des Gottesdienstes am Kirchenraum. Kirchengebäude sind Stationen, die die Zukunft Gottes, seinen endzeitlichen Plan mit den Seinen, immer wieder vorab erleben lassen und in engem Zusammenhang mit der eschatologischen Dimension des Gottesdienstes stehen (GW 3, 594 f.).

Kirchengebäude sind deshalb keine Speicher theologischer Aussagen, die durch die Erschließung für die Besucher aktiviert werden, sondern Speicher von Nutzungen des Gebäudes, die gelesen und nachvollzogen werden können. Die Leistung des Kirchenraumes besteht in der Balance zwischen der zeitlichen Verankerung im Raum und der unmittelbaren Verhaftung am Ort. Der Kirchenraum macht darauf aufmerksam, dass es keinen zeitlich losgelösten Gottesdienst der Gegenwart gibt, sondern dass Gottesdienst immer eingebunden ist in Vergangenheit, Gegenwart und Zukunft. Der Raum realisiert dieses gestalthaft. Er zwingt zur Auseinandersetzung und Verortung.

Mit Wolf-Eckart Failing und Thomas Sternberg sollen zwei exemplarische theologische Positionen aus dem protestantischen und dem römisch-katholischen Kontext präsentiert werden, die die große Annäherung, die sich augenblicklich zwischen evangelischem und römisch-katholischem Kirchenraumverständnis vollzieht, verdeutlichen:

Wolf-Eckart Failing geht davon aus, dass Gott und Mensch den Raum benötigen. Der Raum ist nur unzureichend begriffen, wenn er funktionalisiert und veräußerlicht und damit zum zwar notwendigen, aber austauschbaren Treffpunkt für »Inhalte« erklärt wird. Der Raum als Konzession an den Menschen hätte keine erschließende Funktion und Zeige-Kraft. Der Raum ist präreflexiv im Vollzug aller leiblichen und geistigen Aktivitäten immer schon da, ohne expliziter Bewusstseinsgegenstand zu sein und ohne bewusst sein zu müssen, um sich zielgerichtet und sicher in ihm bewegen zu können. Praktisch-theologisch geht es nicht um die theologische Angemessenheit kirchlich-baulicher Gestaltung, sondern um die soziokulturelle Aneignungsproblematik von Raum sowie um die Nutzer-Perspektive. Die räumliche Umwelt ist mit den Augen der Raum-Nutzer zu sehen. Ihre Tiefenstruktur ist präziser zu beschreiben.

Der Raum ist kein subjektunabhängiger Behälter. Die Vorstellung von Räumen als Containern religiösen Lebens ist unangemessen. Gelebte Räume sind symbolisches Kristallisationsgeschehen, ohne ihren konstitutiven materiellen, physiognomischen Charakter je hinter sich zu lassen und sich in abstrakte Bedeutungen zu verflüchtigen bzw. zu spiritualisieren. Der heilige Ort ist orientierend, aber nicht selbst der Orient. Sich orientieren heißt, noch einmal am raumschaffenden Handeln Gottes teilzunehmen. Die Leistung des heiligen Raumes ist die räumliche Sicherung des Überganges. Es geht um die räumliche Inszenierung des Passagierseins der Menschen. Im Kirchenraum wird keine Sonder-, sondern eine Gegenwelt erlebt. Das geschichtlich-eschatologische Denken in Raumbezug und Ortsbezogenheit reicht sogar so weit, dass die Offenbarung des Johannes zwar das neue Sein in einem Sein ohne Tempel zentriert, es aber sehr wohl räumlich im neuen Jerusalem verortet.

Für Thomas Sternberg lässt sich die Sakralität des Kirchenraumes im christlichen Verständnis nur von der Heiligkeit der Gottesdienst feiernden Gemeinde ableiten. Insofern Menschen darin Gottesdienst feiern und beten, hat der Raum eine andere Qualität als andere Räume. Die Sakralität des Raumes stellt eine personale und handlungsbezogene, auch geschichtsbezogene Kategorie dar. Die kirchliche Weihe bestätigt lediglich, was in diesem Raum geschehen soll. Die Gemeinschaft und was sie tut, ist sakral. Eine Kirche ist nicht schon dadurch Kirche, dass sie dazu geweiht worden wäre, sondern weil dort die heiligen Handlungen vollzogen werden.

Im Kirchenraum agieren sowohl Zelebranten wie Gemeinde als Handlungsträger. Sakralität an sich ist keine Kategorie der Raumatmosphäre, wie das 19. Jh. annahm, sondern die Raumatmosphäre unterstützt das, was vom Glaubensvollzug der Akteure her sakral ist.

F. Konseqenzen

Räume verbinden sich mit dem gottesdienstlichen Geschehen zu einer Einheit, die im Raum noch lange nach der aktuellen gottesdienstlichen Nutzung in Gestalt von Spuren aufbewahrt bleibt. Die Spuren der gottesdienstlichen Nutzung, die im Raum aufbewahrt sind, gewähren der gottesdienstlichen Feier Orientierung, Sicherheit und Halt. Sie leisten die Verbindung zur Gemeinschaft der Heiligen, indem sie gestalthaft Vergangenheit, Gegenwart und Zukunft zu einer neuen Einheit im erlebten Gottesdienst verbinden.

Sie verdeutlichen, dass Gottesdienstgestaltung zwar eine immer neu zu leistende Aufgabe ist, dass sich diese aber in der Verortung zwischen Vergangenheit, Gegenwart und Zukunft vollzieht. Die Körpersprachlichkeit des Entzifferns der gottesdienstlichen Spuren führt eine weitere Erlebnisdimension in den Gottesdienst ein und verdeutlicht, wie die menschlichen Körper in der gottesdienstlichen Feier eines als Körperarbeit am Leib Christi verstandenen Gottesdienstes (Volp) zum Erleben geführt werden. Auf gleiche Weise stützen die Spuren jedoch auch die persönliche Andacht im Kirchenraum, indem sie diese mit dem Netz der übrigen Nutzungsspuren verbinden und mit dem Gottesdienst auf eine Erfahrungsebene stellen und integrieren.

III. Umgang mit dem Kirchenraum

Der Umgang mit dem Kirchenraum hat sowohl in der praktisch-theologischen Lehre vom Gottesdienst wie im Gemeindeaufbau seinen Ort, da der Kirchenraum mit dem in ihm gefeierten Gottesdienst eine der wesentlichen Ausdrucksgestalten der Kirchengemeinde darstellt und eine prägende Funktion für das Glaubenserleben ausübt. Die Verantwortung für den Umgang mit dem Raum wird von den für die Gemeindeleitung Verantwortlichen wahrgenommen und kann nicht an Experten aus dem Bereich der Architektur, Denkmalpflege oder Kunstgeschichte abgegeben werden, so sehr zum verantworteten gemeindlichen Umgang mit dem Kirchenraum die Konsultation dieser Fachwissenschaften gehört.

A. Geistliche Raumerschließung

Geistliche Raumerschließung (Raschzok 1998 und 2000), die auf dem Spurenmodell aufbaut, versteht den Kirchenraum als Teil der gemeindlichen Verantwortung und dient der Wahrnehmung von Kirchengebäuden als Erlebnisräume für die Gottesbegegnung. Sie leitet zur eigenen und selbstständigen Wahrnehmung des Kirchenraumes als eines durch gottesdienstliche Nutzung geprägten Raumes an und motiviert Gemeinden und ihre Leitungsgremien dazu, bewusst Verantwortung für den Kirchenraum zu übernehmen und auszuüben und befähigt zur räumlichen gottesdienstlichen Kompetenz. Geistliche Raumerschließung vollzieht sich in der Arbeit mit Gemeindegruppen, in der Aus- und Fortbildung kirchlicher Mitarbeiterinnen und Mitarbeiter, in der Kirchenraumberatung im Zusammenhang von baulichen Maßnahmen wie in der touristischen Erschließung von Kirchenräumen.

Geistliche Raumerschließung bindet zugleich Erfahrungen des Glaubens an den Kirchenraum zurück und verortet sie dort. Sie verdeutlicht, dass mit dem Aufsuchen und Benutzen eines Kirchenraumes dem Raum immer Spuren der eigenen Lebensgeschichte hinzugefügt werden. In der Rekonstruktion vergangener wie gegenwärtiger gottesdienstlicher Situationen im Raum sucht sie anhand der wahrgenommenen Spuren nach den jeweiligen spirituellen Zentren eines Kirchenraumes und markiert eingetretene Verschiebungen. Zugleich werden immer auch schon die Spuren des zukünftigen Gottesdienstes als eine bereits im Bau angelegte und auf den endzeitlichen Gottesdienst im himmlischen Jerusalem hin ausgerichtete Vision wahrgenommen. In der Geistlichen Raumerschließung entdeckt sich die Gemeinde als Teil des Raumes und erlebt erprobend die raumproduktive Funktion der menschlichen Körper im Gottesdienst.

Methodisch vollzieht sich diese spirituellen Erschließungsarbeit von Kirchenräumen auf vielfältige Weise. Grundsätzlich bleibt sie auf die konkreten Möglichkeiten des Raumes und der Teilnehmerinnen und Teilnehmer beschränkt und verbittet sich, im Geist bereits Umbaumaßnahmen durchzuführen. Lediglich das, was mit geringem Aufwand zur Seite geräumt oder umgestellt werden kann, darf auch erprobend realisiert werden. Zu den einzelnen methodischen Elementen zählt etwa, den Raum psalmodierend zu ergehen und den eigenen Weg im Rhythmus des Raumes zu suchen, Gottesdienstsituationen anhand der Ausstattungsspuren in der Gegenwart wie in der Vergangenheit zu erschließen und zu rekonstruieren, Raumperspektiven von verschiedenen Orten und Zugängen aus wahrzunehmen; Sitzen, Stehen und Gehen und das dadurch jeweils veränderte Raumbewusstsein zu erproben, Eingangs- und Ausgangsituationen zu erleben oder die jeweilige persönliche Raum-Mitte aufzusuchen. Grunderfahrungen des jeweiligen Raumes werden auf diese Weise wahrgenommen. Die Teilnehmerinnen und Teilnehmer nehmen einen Kirchenraum in sich auf, begeben sich bewusst in ihn und seine Spuren hinein, durchdringen ihn und schaffen sich ihren eigenen Raum mit und im Kirchenraum. Jede Raumerschließung stellt einen offenen Interpretationsprozess dar. Eigene Erfahrungs- und Erlebnisbilder werden dem wahrgenommenen Raum hinzugefügt und mit anderem im Raum Wahrnehmenden kommuniziert.

Einen wesentlichen Schritt stellt die Rekonstruktion der Erlebnis- und Raumgestalt der früher im jeweiligen Kirchenraum gefeierten Gottesdienste dar. Geistliche Raumerschließung orientiert sich am Erlebnis des Zusammengehörens mit den Generationen von Christen, die das Kirchengebäude lange vor uns bauten und nutzten. Sie fügt sich in deren Ausrichtung auf die zukünftige Christusgemeinschaft ein und leitet zur gestalthaften Wahrnehmung der Gemeinschaft der Heiligen im Kirchenraum an.

Ein solches Erlernen eines verantwortlichen Umgangs einer Gemeinde mit ihrem Kirchenraum ist wesentliche Voraussetzung aller baulichen Maßnahmen und sollte selbstverständlicher Bestandteil kirchengemeindlicher Arbeit sein. Dazu zählen Kirchenraum-Seminare, Kirchenführungen zu besonderen Anlässen wie z.B. am Nachmittag der Konfirmation, Kirchenraumerkundungen als Teil des Konfirmanden- und Religionsunterrichts, Predigten mit Bezügen zu den Elementen des Kirchenraumes und seiner Spuren oder der Einbezug des Bewegungserlebens in die Gottesdienstgestaltung mit bewusstem gemeinsamen Durchschreiten des Raumes.

Eine immer wieder erstaunliche Erfahrung in der Arbeit der Geistlichen Raumerschließung ist, dass Selbstverständliches trotz langer Vertrautheit mit dem Raum nicht mehr bewusst wahrgenommen wird und dass es der darauf hingelenkten neuen Aufmerksamkeit bedarf. Kirchengemeinden sind deshalb für die Räume, die sie besitzen und zum Gottesdienst nutzen, immer wieder neu zu sensibilisieren. Besondere Wachsamkeit gilt gegenüber den von Kirchenraumveränderungen hervorgerufenen innerlichen Verletzungen. Sie machen einen besonders sensiblen Umgang erforderlich, da Gottesdiensträume immer Lebensspuren der Gemeindeglieder und derer, die hier vor uns Gottesdienst gefeiert haben, tragen, die mit einem baulichen Eingriff oder einer Ausstattungsveränderung unweigerlich getilgt und zerstört werden und deshalb bei den Betroffenen einem Trauerprozess vergleichbare Reaktionen hervorrufen können.

Der Geistlichen Raumerschließung eignet ein integratives Moment. Die kontinuierliche Rückbindung an die Gemeinde ist ihr wesentliches Anliegen. Sie stellt ein gemeinsames methodisches Instrumentarium sowohl für die Anliegen der Kirchenraumerschließung für den Einzelnen wie die Gottesdienstgemeinde dar. Ihr Ziel ist, bewusster in und mit dem Raum Gottesdienst zu feiern. Geistliche Raumerschließung führt zur Vertrautheit mit dem Raum und seinen Möglichkeiten. Sie ist eine wichtige Voraussetzung für die gottesdienstliche Feier im Raum. Das Verhalten bleibt nicht mehr dem Zufall oder dem Belieben überlassen, es kommt zu einem bewussten Bewegen und Orientieren im Raum. Vorbewusstes und Präreflexives wird in die Ebene des Bewussten erhoben, um sensibler als bisher wahrgenommen zu werden. Auf der Grundlage einer solchen Sensibilisierung kann aber umgekehrt auch die Intuition im Raum, die ein Geführtwerden durch die im Gottesdienstvollzug eher unbewusst wahrgenommenen Spuren ermöglicht, zugelassen werden, die nicht durch den Raum möglicherweise negierendes gottesdienstliches Agieren überdeckt werden darf. Geistliche Raumerschließung stellt ein Instrumentarium zur Verfügung, um den Gottesdienst selbst als Raumgestaltung zu verstehen, mit den aus den Körpern der Feiernden gebildeten Räumen im Raum zu arbeiten und so auch mit für die kleine Feiergemeinde zunächst zu großen Kirchenräumen angemessen umzugehen.

B. Kirchenpädagogik

Der Eigenwert des evangelischen Kirchenraumes über die konkrete gottesdienstliche Nutzung hinaus für die persönliche Glaubensgestaltung wird in der sich seit einigen Jahren formierenden Kirchenpädagogik-Bewegung neu entdeckt. Kirchenpädagogik setzt im Gegensatz zur Geistlichen Raumerschließung stärker pädagogische Akzente und ist vorwiegend auf kindliche oder erwachsene Besuchergruppen ausgerichtet, denen ein Zugang zu den spirituellen Qualitäten des Kirchenraumes und seiner Ausstattung vermittelt werden soll. Die nicht unproblematische Bezeichnung »Kirchenpädagogik« ist durch eine bewusste Anlehnung an die »Museumspädagogik« bedingt, darf aber nicht darüber hinwegtäuschen, dass angemessener von »Kirchenraumdidaktik« gesprochen werden müsste.

Kirchenpädagogik als neues Arbeitsfeld an der Schnittstelle zwischen Schule, Evangelischer Erwachsenenbildung und Kirchengemeinde pflegt zwei Arbeitszweige: Die kirchenpädagogische Projektarbeit mit Kindern, Jugendlichen und Erwachsenen sowie die gezielte Aus- und Fortbildung von ehrenamtlichen Kirchenführerinnen und Kirchenführern für touristisch interessante Kirchengebäude unterschiedlichster Regionen.

Nach den 2002 der Öffentlichkeit vorgestellten Thesen des Vorstandes des »Bundesverbandes Kirchenpädagogik« will Kirchenpädagogik »Kirchenräume für Menschen öffnen und den Sinngehalt christlicher Kirchen mit Kopf, Herz und Hand erschließen und vermitteln, um so Inhalte des christlichen Glaubens bekannt zu machen und einen Zugang zu spirituellen Dimensionen zu ermöglichen«. Kirchenräume bewahren in Architektur und Ausstattung christliche »Glaubensaussagen und Traditionen« auf. Sie werden in der kirchenpädagogischen Arbeit mit dem Lebenshorizont der beteiligten Menschen in Beziehung gesetzt. Kirchenpädagogik bedeutet raum- und erfahrungsbezogenes Arbeiten. Sie eröffnet über die »besondere Ausstrahlung des Raumes« Zugänge zu religiösen Erfahrungen der Beteiligten. Kirchenpädagogik pflegt eine methodische Vielfalt ästhetischer, dramaturgischer, körperbezogener und meditativer Vermittlungsansätze wie klassischer Methoden der Religionspädagogik. Das Lernen im Kirchenraum benötigt Verlangsamung und richtet sich sowohl auf Kinder und Jugendliche wie Erwachsene aus. Kirchenpädagogik eignet aber auch eine gemeindepädagogische Intention, indem sie »die Stellung des Raumes im Alltag und in der gottesdienstlichen Feier der Gemeinde bewusst« macht. Mit ihrer Hilfe werden Menschen außerhalb traditioneller Formen der Gemeindearbeit eingebunden. Kirchenpädagogik stellt eine langfristige Investition in die kommende Generation dar und versteht sich als »ein Projekt der Übersetzung an der Schwelle zwischen Kirche und Gesellschaft«. Sie leistet einen unverzichtbaren Beitrag zur »Begegnung mit der biblischen Botschaft« (Thesen zur Kirchenpädagogik 24 f.) .

Während die Geistliche Raumerschließung stärker auf die im Umgang mit gottesdienstlichen Situationen zu erschließende Erlebnis- und Erfahrungsdimension des Kirchenraumes achtet, bleibt gegenwärtige Kirchenpädagogik doch stark inhaltlich fixiert und tendiert zu einem nicht unproblematischen Vorstellungsmodell des Kirchengebäudes als Träger theologischer Bedeutungen, die durch entsprechende methodische Arbeit für den Sinnhorizont gegenwärtiger Besucherinnen und Besucher aktiviert werden können. Kirchenpädagogik steht damit in einer Traditionslinie zum im Protestantismus betonten didaktischen Verständnis des Kirchenraumes, das einzelne Ausstattungselemente wie Taufstein, Altar, Kanzel oder Orgel als Merkzeichen des Glaubens versteht, die beim Betrachten und Erleben katechetisches Wissen in Erinnerung rufen und den architektonischen Elementen zuordnen. Ebenso problematisch erscheint in der kirchenpädagogischen Arbeit die zu wenig bewusste historische Distanz zum Erleben etwa mittelalterlicher Bauformen und Ausstattungsgegenstände. Kirchenpädagogik achtet nur unzureichend darauf, dass es sich beim aktuellen Umgang mit einem Kirchengebäude um das Eintreten in einen historisch gewachsenen und vermittelten Rezeptionsprozess handelt, der eine Unmittelbarkeit des Erlebens im Sinne der »Zeitreise« von vornherein ausschließt.

Der Evangelische Arbeitskreis Freizeit – Erholung – Tourismus in der EKD hat 2001 den Entwurf einer Grundausbildung für ehrenamtliche Kirchenführerinnen und Kirchenführer vorgelegt, der auf Vorarbeiten einzelner ostdeutscher Landeskirchen wie der Kirchenprovinz Sachsen sowie der schon zu DDR-Zeiten begonnenen Kirchenführerarbeit der Arbeitsgemeinschaft für Missionarische Dienste in Ost-Berlin aufbaut, die Kirchenführer-Ausbildungsmodelle mit einem standardisierten Umfang von 120 Ausbildungsstunden entwickelt haben. Damit werden erstmals ostdeutsche Erfahrungen in ein gesamtdeutsches kirchliches Projekt integriert. Die Ausbildung setzt bei der Laienverantwortung und deren kybernetischen Implikationen an. Keine hauptamtlichen kirchlichen Mitarbeiterinnen und Mitarbeiter kommen so häufig in ihre Kirchengebäude und kennen sie so gut wie ehrenamtliche Kirchenführerinnen und Kirchenführer, und kein Pfarrer und keine Pfarrerin verfügen über so viele persönliche Kontakte mit Kirchenbesuchern, da zu den Gottesdiensten nur Bruchteile der Gesamtgemeinde kommen und zudem in manchen ostdeutschen Landeskirchen Pfarrerinnen und Pfarrer für zehn oder mehr Kirchengebäude verantwortlich sind. Mit der Kirchenführerausbildung verbunden sind zudem denkmalpflegerische Aspekte. Ehrenamtliche kennen ihr Kirchengebäude besser, sodass der Schadensfrüherkennung durch sie wesentliche Bedeutung zukommt und in ihrer Ausbildung deshalb auch denkmalpflegerische Grundlagenkenntnisse vermittelt werden. Insgesamt wird mit diesem Projekt die Nutzungsverschiebung des Kirchenraumes vom Gottesdienst zum touristischen Besuch, die sich mit der Öffnung und Erschließung für touristische Besucher vollzieht, wahrgenommen und ein neues, für die volkskirchlichen Strukturen zukunftsorientiertes Arbeitsfeld eröffnet. Das Bewusstsein, dass mit der Kirchenführungsarbeit und der kirchenpädagogischen Projektarbeit ein größerer Personenkreis als mit dem Gottesdienst erreicht wird, darf aber nicht beruhigen, sondern muss zur Vernetzung der beiden Bereiche anspornen und dazu führen, Kirchenpädagogik und Liturgiedidaktik enger als bisher aufeinander zu beziehen.

C. Empfehlungen zum Umgang mit dem Kirchenraum

Aus dem evangelischen wie katholischen Bereich liegen Empfehlungen zum Umgang mit dem Kirchenraum vor, die Kirchengemeinden und ihre Verantwortlichen für die Zusammenhänge von Gottesdienst und Kirchenraum sensibilisieren und den Ausgangspunkt eigener Reflexion auf die liturgischen Vorgänge mit ihren örtlichen und zeitlichen Bedingtheiten bei anstehenden Bau- oder Umgestaltungsmaßnahmen bilden sollten.

Fachzeitschriften wie die vom Arbeitsausschuss des Evangelischen Kirchbautages herausgegebene ökumenische Zeitschrift »Kunst und Kirche« und die vom Verein für Christliche Kunst in der Evangelisch-Lutherischen Kirche in Bayern verantwortete, ebenfalls überregional orientierte »Kirche + Kunst« diskutieren seit Anfang der 70er Jahre des 20. Jh. kontinuierlich Fragen des Umgangs mit dem kirchlichen Raum und präsentieren neue Konzeptionen.

Die vom Arbeitsausschuss des Evangelischen Kirchbautages unter Vorsitz von Rainer Volp 1991 beschlossenen »Wolfenbütteler Empfehlungen« verstehen sich als »Grundsätze zur Gestaltung des gottesdienstlichen Raumes der evangelischen Kirchen« und treten die Nachfolge der »Rummelsberger Grundsätze« (s. Langmaack 286–289) von 1951 an. Sie nehmen ernst, dass heute nur mehr in besonderen Fällen Bedarf nach einem Kirchenneubau besteht. »Die Aufgabe liegt vor allem darin, die vorhandenen Kirchenräume in der ihnen angemessenen Form für das sich wandelnde Gottesdienstverständnis der Gemeinden einzurichten.« Der gottesdienstliche Raum wird als ein gestalteter Raum verstanden, »der deutlich zu erkennen gibt, was in ihm geschieht. Er soll so beschaffen sein, dass in ihm durch Lesung, Predigt, Gebet, Musik und bildende Kunst das Wort Gottes verkündigt und gehört werden kann und die Sakramente gefeiert werden können. Durch seine gegenwärtige Gestaltung und Ausstattung soll die Begegnung der Gemeinde mit dem lebendigen Gott zum Ausdruck kommen. Auch die Gestaltungsformen, die frühere Generationen hierfür gefunden haben, sind unverzichtbar: sie zeigen, dass Kirche eine Weggemeinschaft und die Gegenwart nur eine Station ist. Der Raum soll die Gemeinde möglichst zu verschiedenen Gottesdienstformen anregen. Doch darf er durch unterschiedliche Nutzung keine gestalterischen Einbußen erleiden.«

Betont wird die Verantwortung der Gemeinde für die Erhaltung und ungeschmälerte Weitergabe überkommener Gebäude und ihrer Ausstattung, die »neben beträchtlichem materiellen meist einen hohen emotionalen, geistlichen und kulturellen Wert« darstellen. Bauliche Veränderungen sind erst dann vertretbar, wenn der Raum dem kirchlichen Auftrag und Erfordernis nicht mehr genügt und gottesdienstliche Belange dadurch beeinträchtigt werden. Bauliche Veränderungen sollten auch möglichst reversibel sein. Können Kirchen nicht mehr gehalten werden, so sind sie einer angemessenen Zweckbestimmung zuzuführen. Die Ausstattung des Kirchenraumes wird als Teil der architektonischen Konzeption verstanden. Bei Neuausstattung oder Ergänzung sind künstlerische Gesichtspunkte zu berücksichtigen. »Die Standorte von Altartisch, Kanzel (Ambo), Lesepult und Taufe haben sich an den liturgischen Anforderungen einer gottesdienstlichen Feier zu orientieren. Das Zusammenwirken der Liturgen mit allen im Gottesdienst Beteiligten ... muss unter Nutzung der räumlichen Gegebenheiten ohne Probleme ermöglicht werden.« Die Stellung des Altars inmitten der Gemeinde und damit die Situation der Circumstantes bzw. der Leitung der Feier versus populum ist zu ermöglichen. »Die architektonische Qualität von Raum und Ausstattung soll dem Anspruch des Gottesdienstes gerecht werden. Räumliche Bestimmtheit und Variabilität für verschiedene Gottesdienstformen sind sorgfältig zu bedenken ... Werke der zeitgenössischen Kunst sollten einen selbstverständlichen Platz in jedem Kirchenraum haben. Auch die Prinzipalstücke ... sowie die gesamte Raumausstattung sind künstlerische Gestaltungsaufgaben«, an deren Qualität hohe Anforderungen zu stellen sind, da von ihrer Wirkung Raum und Gottesdienst wesentlich geprägt werden.

Die »Leitsätze über die Zukunft der Kirchen« (1995) sehen Kirchenbauten als Chance für eine zukunftsfähige evangelische Gemeindeentwicklung und fordern zu einem verantwortungsbewussten Umgang mit der Vielzahl an Kirchenbauten vor allem in Ostdeutschland auf. Im aus dieser Vorarbeit entwickelten »Magdeburger Manifest« (22. Evangelischer Kirchbautag 1996) werden Kirchengebäude in einer offenen Gesellschaft als »Orte der Öffentlichkeit« beschrieben, die das Gesicht der Städte und Dörfer prägen. »Sie stehen im Brennpunkt des Lebens, an Orten der Begegnung und des Erinnerns, sind Orte des Gebets, der Stille und Besinnung. Sie werden von Christen wie von Nichtchristen gebraucht. Für die Erhaltung sind alle gesellschaftlichen Gruppen verantwortlich.« Das Kulturerbe Kirche ist »gemeinsame Aufgabe der politisch, religiös, kulturell und wirtschaftlich Verantwortlichen«. Kirchengebäude stellen »ein großes Potential für den christlichen Glauben« dar. »Sie wollen von mehr Menschen als bisher zu einer neuen Identifikation und zu geistlicher Motivation genutzt werden ... Eine Gesellschaft, die ihre Kirche vergisst, vergisst ihre Geschichte und ihre Seele. Deshalb ist die Erhaltung und der Wiederaufbau der Kirchen eine gesamtgesellschaftliche Aufgabe.«

Auf katholischer Seite betonen die »Leitlinien für den Bau und die Ausgestaltung von gottesdienstlichen Räumen« (1988) und ergänzend die Orientierungshilfe »Liturgie und Bild« (1996), dass der Kirchenbau nicht als Gebäude an sich, sondern nur in seiner Qualität und Zeichenhaftigkeit als Versammlungsort der Gemeinde »Haus Gottes« und Kirche aus lebendigen Steinen ist. Er stellt einen Raum der Ehrfurcht dar. Anbetung und Lobpreis betreffen immer auch den Raum. Deshalb ist der Teilnehmerorientierung und den Funktionsorten in den gottesdienstlichen Versammlungen besondere Aufmerksamkeit zu widmen. An die Stelle der bisherigen Altarzentrierung tritt der »multifunktionale Handlungsraum der besonderen Dienste«. Dem Altar tritt im Sinne einer Bipolarität der Ambo als »Tisch des Wortes« zu Seite, an dem auch gestalterisch die besondere Würde dieses liturgischen Ortes deutlich zu machen ist. Der partnerschaftliche Dialog zwischen künstlerischer und liturgischer Kompetenz dient der geforderten Stimmigkeit des Raumerlebnisses.

D. Zeitgenössische Kunst im Gottesdienstraum

Kunstausstellungen im Kirchenraum stellen eine beliebte Praxis dar, und Künstlerinnen und Künstler entdecken den Kirchenraum als reizvolle Atmosphäre zur Präsentation ihrer Arbeiten. Dies darf jedoch nicht darüber hinwegtäuschen, dass nicht die temporäre, sondern die bleibende Kunstpräsentation den dem Kirchenraum angemessenen Modus darstellt. Rainer Volp hat sich kurz vor seinem Tod noch kritisch mit der temporären Kunstpräsentation in Kirchenräumen in Gestalt von Ausstellungen auseinander gesetzt (1998). Fragwürdig werden Ausstellungsaktivitäten in Kirchenräumen dann, wenn diese lediglich dazu dienen, dass kirchliche Einrichtungen sich Anteil an der kulturellen Wertschätzung der Kunst zu verschaffen suchen. Die Kritik Volps gilt einem kirchlichen Ausstellungsbetrieb, der das Ziel der Schulung an der Kunst für Theologie wie für Gemeinde aus den Augen verloren hat. Stattdessen sind mit der Präsentation zeitgenössischer Kunst im Kirchenraum wechselseitige Durchdringungsprozesse zwischen Kirchenraum, Gottesdienst und Kunstwerk in Gang zu setzen. Ein Kunstobjekt verliert seinen Requisitencharakter in dem Maße, in dem zugelassen wird, dass es das gottesdienstliche Geschehen eigenständig mit konstituiert. Die lebendige Wechselbeziehung zwischen Gottesdienst und zeitgenössischer Kunst wirkt sich dann bis hinein in die Formen gottesdienstlicher Inszenierung aus. Gottesdienst als leibliche Erfahrung und körperbezogene Gestaltungsarbeit am Leib Christi kann von Künstlern und ihrer Kunst lernen. Autonome zeitgenössische Kunstwerke verlieren dabei im Kirchenraum nicht ihre Autonomie, sondern lassen sich in Gebrauchszusammenhänge des Gottesdienstes einstellen, die sie, die Gebrauchenden und den Raum verändern. Für eine auf längere Zeit hin angelegte gottesdienstliche Ingebrauchnahme von Kunstwerken gilt das Erfordernis der Angemessenheit qualitativ anspruchsvoller Gestaltung. Diese hat immer dem Anspruch des Gottesdienstes standzuhalten.

Ungeachtet der Notwendigkeit von Kunst am Ort liturgischer Praxis ist es für Liturginnen und Liturgen und alle anderen Verantwortlichen unumgänglich, die genuinen Präsentationsorte zeitgenössischer Kunst in Museen, Galerien und im Kirchenraum aufzusuchen, um sich den von den Kunstwerken ausgehenden Anmutungen und Atmosphären mit dem Ziel zu stellen, im Gottesdienst eine überzeugende und kulturell angemessene Inszenierung des Glaubens zu vollziehen. Kompetentes Bewegen im Raum zeitgenössischer Kunst führt dazu, die gottesdienstlichen Darstellungsmittel aus der Korrelation mit der jeweiligen Kunstentwicklung eines spezifischen Kulturkreises heraus jeweils neu zu entwickeln.

E. Gegenwärtige Bau- und Gestaltungsaufgaben

Kirchenneubauten werden zukünftig wohl die Ausnahme darstellen, da im Bereich der deutschen evangelischen Landeskirchen die meisten Regionen hinreichend mit Kirchengebäuden versorgt sind. Allenfalls kann es zu Ersatzbauten kommen für nicht mehr sanierungsfähige Kirchengebäude und gottesdienstliche Mehrzweckräume in Gemeindezentren, zur Neueinrichtung gottesdienstlicher Räume in kirchlichen Tagungs- und Bildungsstätten, Krankenhäusern und Gefängnissen sowie zu angemessenen Lösungen für Gottesdienste in den wenigen neu zu errichtenden Gemeindezentren in Neubaugebieten.

Wesentliche Bauaufgaben der nächsten Jahrzehnte werden die Umgestaltung vorhandener Kirchenräume und ihre Anpassung bzw. Adaptierung an veränderte Formen der gottesdienstlichen Praxis betreffen sowie die Erhaltung historischer Kirchenbauten. Eines der Hauptprobleme der Umgestaltung von Kirchengebäuden stellt die Schaffung von mehr Bewegungsraum dar. So ist bei großen Kirchenräumen meist ein Rückbau überflüssiger und nicht mehr zum Gottesdienst benötigter Sitzplätze vorzunehmen, da die Beziehungsaufnahme zur Raumgestalt durch die Auffüllung des Raumes mit Ausstattung verhindert wird. Der Umgang mit dem Überangebot an Sitzplätzen im Kirchenraum kann zum Konflikt sowohl mit der Kirchenmusik wie – bei historischem Gestühl – mit der Denkmalpflege führen. Viele historische Kirchengebäude verfügen zudem über keinen Stau-, Abstell- und Lagerraum für nicht regelmäßig genutztes Mobiliar wie zusätzliche Bestuhlung, Chor- und Orchesterpodeste u.Ä. und sind darauf angewiesen, dieses im Kirchenraum selbst zu lagern. Die Entdeckung des Kirchengebäudes als Raum führt jedoch konsequent zu Maßnahmen gegen den vollgeräumten und verstellten Kirchenraum. Sie nimmt eine Öffnung der Kirchenräume für eine Vielzahl an gottesdienstlichen Feiersituationen vor und beendet damit die nahezu ausschließliche Fixierung der Kirchenraumgestaltung auf den sonntäglichen Hauptgottesdienst.

Erforderliche künstlerische Neugestaltungen der Prinzipalstücke Altartisch, Kanzel und Taufstein sollten nur im Zusammenhang mit einem architektonischen Gesamtnutzungskonzept des Kirchenraumes vorgenommen werden. Wesentliche Bauaufgaben entstehen auch durch das gewachsene Bedürfnis nach individuellen Zonen der Meditation und des Gebetes im Kirchenraum, die zur Einrichtung von Gebetszonen, Gebetswänden sowie Leuchtern für Opferlichter führen und in engem Zusammenhang mit der zunehmenden Öffnung evangelischer Kirchenräume außerhalb der Gottesdienstzeiten für die persönliche Andacht stehen.

Bei zu groß gewordenen Kirchengebäuden kann es sich nahelegen, separate Gemeindehäuser und Gemeinderäumen aufzugeben und diese in bestehende Kirchenbauten zu integrieren.

Zahlreiche kleinere Kirchengemeinden sind auf Dauer sowohl finanziell wie auch ideell überlastet, Sorge für Kirchengebäude zu übernehmen, die sie nur wenig gottesdienstlich zu nutzen imstande sind. Deshalb zielt das »Magdeburger Manifest« des Evangelischen Kirchbautages auf die gesamtgesellschaftliche Verantwortung für die Kirchengebäude, die nicht allein den kirchlichen Institutionen aufgelastet werden darf. Immer häufiger sind Kirchengemeinden durch die Verantwortung für Kirchenbauten, vor allem bei Citykirchen mit immer kleiner werdendem Pfarrsprengeln und Bevölkerungsrückgang im Innenstadtbereich, überfordert und machen im Umgang mit Kirchengebäuden neue kirchliche Organisationsformen erforderlich.

Viele Kirchenbauvereine und Initiativen setzten sich inzwischen für bedrohte Kirchengebäude ein und beteiligen sich an der Suche nach neuen Nutzungsmöglichkeiten über den Gottesdienst hinaus. Die Entwicklung veränderter Nutzungskonzepte zur Sicherung und Erhaltung von Kirchenbauten, die nicht mehr regelmäßig gottesdienstlich genutzt werden können und z.T. bereits von den Kirchengemeinden aufgegeben worden sind, wird eine immer wichtigere Herausforderung darstellen. Durch die Schaffung von kulturellen Zentren in nicht mehr gottesdienstlich genutzten Kirchengebäuden wird die örtlichen Identität bewahrt und zugleich unersetzliches Kulturgut von der Gemeinschaft erhalten. Auf diesem Gebiet wird vor allem in den neuen Bundesländern ein hoher Einsatz auch von Nichtkirchenmitgliedern geleistet.

F. Räumliche Kompetenz als Teil gottesdienstlicher Kompetenz

Die Vertrautheit mit der Syntax gottesdienstlicher Räume führt dazu, wesentliche bisher nahezu ausschließlich liturgischen Texten und Handlungen zugeschriebene Leistungen des Gottesdienstes wieder dem Raum zu überlassen und den Kirchenraum als Gestaltungsfaktor in den Gottesdienst einzubeziehen. Gottesdienstliche Kompetenz schließt somit immer Raumhandeln ein. Für die Planung und Vorbereitung von Gottesdiensten bedeutet dies, in der vorbereitenden Imagination das Gottesdienstgeschehen nicht nur als Ablaufhandeln, sondern auch räumlich und damit körper- und bewegungsbezogen vorwegzunehmen und im Kirchenraum wie im Umgang mit seiner Ausstattung zu verorten. Gottesdienst im Kirchenraum verantwortet zu feiern bedeutet, die Feier im Raum zu verorten, den Kirchenraum für unterschiedliche Feierformen offenzuhalten und neue Verfahren des Umgangs mit kleinen Gottesdienstgemeinden in (zu) großen Kirchenräumen zu entwickeln. Einzelne Funktionsbereiche im Kirchenraum sind in ihrer selbstständigen Funktion zu entdecken und können prozessionsartig durch die Feiergemeinde miteinander verbunden werden. Vertrautheit mit dem Kirchenraum verändert die gottesdienstliche Feier. Durch die Intensivierung der Wahrnehmung wird der Raum als ein wesentlicher Konstitutionsfaktor des Gottesdienstes bewusst und spielt nicht mehr nur zufällig und unkontrolliert in die Gestaltung hinein bzw. blockiert diese.

Die Arbeit mit Kirchenführern, die touristische Erschließung von Kirchengebäuden, die Arbeit mit Kindern und Jugendlichen im Kirchenraum und die gottesdienstliche Nutzung sowie der Umgang mit zeitgenössischer Kunst im Kirchenraum müssen mit wechselseitigen Anstößen ineinander verlaufen und dürfen sich im Rahmen ihrer legitimen Professionalisierung und Ausdifferenzierung nicht zu sehr verselbstständigen.

Gottesdienst, der lernt, vom Dienst des Kirchenraumes Gebrauch zu machen, gewährt dem Kirchenraum als »Liturgen« seine eigenständige Mitarbeit und lernt dessen Mitgestaltung zu schätzen. Die Individualität des jeweiligen Kirchenraumes kann dabei wie eine eigenständige Persönlichkeit wahrgenommen, geachtet und geschätzt werden. Es kommt zu einer Intensivierung der Wahrnehmung dessen, was präreflexiv schon immer gestaltend mitwirkt. »Der Kirchenraum ist nicht bloß Objekt liturgischer Feier, sondern auch Subjekt: er spielt mit, er ist selber ›Liturge‹« (Gerhards 1998, 242) .

Die beschriebene Kompetenz wird auch zur räumlichen Differenzierung der Orte der Gottesdiensthandlung führen und eine Überwindung der immer noch prägenden Bühnenwirkung des Altar- und Chorbereichs und einen Verzicht auf die Kulissenfunktion von Ausstattungsstücken fördern. Das Raumerleben darf nicht auf die Perspektive des festen Sitzes fixiert bleiben. Liturgie durchzieht den Raum und stellt sich ihm dar. Der Wechsel des Schwerpunktes der Handlung zwischen den Orten im Raum vollzieht sich innerhalb und mit der Versammlung und nicht mehr ihr gegenüber. Ein Beispiel stellt die Integration der Taufe in den Gemeindegottesdienst dar, die bei einem nicht im Altarbereich befindlichen Taufort auf eine Prozession der Gemeinde zum Taufort, das Umstellen des Taufortes zur Taufhandlung und dann die gemeinsame Rückkehr an den Ausgangspunkt zielen kann.

So entsteht Raumqualität nicht nur aus der baulichen Figur, sondern »sie zeigt sich vor allem auch in den Freibereichen, die dem Handeln vorbehalten sind. Handlungsfähigkeit im Raum drückt sich am augenscheinlichsten und unmittelbar spürbar in den Bewegungen aus, die der Raum im Rahmen der liturgischen Vorgänge ermöglicht. Besondere Bedeutung hat der Handlungsbereich in der Nähe des Altars« (Muck 1990, 93).

Die wiedergewonnene liturgische räumliche Kompetenz wird auch auf eine Rückkehr der Verstorbenen in den Kirchenraum achten: Trauerfeiern vollziehen sich immer noch zu stark abgedrängt in den Aussegnungshallen der Friedhöfe und sind wieder in den Kirchenraum zurückzuholen. Auch im Kirchenraum besteht die Möglichkeit der Aufbahrung des Sarges. Historische Kirchengebäude mit materialen Spuren des Totengedenkens (Epitaphien) oder der Bestattung (Grabplatten) halten die Erinnerung an diese Funktion des Kirchengebäudes wach und gewähren mit den Erinnerungszeichen solcher exemplarischer Gräber im Kirchenraum insgesamt den Verstorbenen Raum. Gegenwärtige Trauernde können neu daran anknüpfen.

Räumliche Kompetenz führt dazu, dass im gottesdienstlichen Vollzug die jeweilige Mitte als Orientierungspunkt des Handelns im Gefüge der Ausstattung und ihrer Benutzung bestimmt und eindeutig für die gesamte Feiergemeinde markiert werden kann. Mit Herbert Muck stellt der Kirchenraum für den, der im Raum ist, kein distanziertes Objekt mehr dar. Er wird zu einem etwas ihm Zugehörigen und automatisch mit seiner Situation verbundenen. Ein Weg von der Objektbetrachtung zur Beziehungserfahrung vollzieht sich. Wer Räume benutzt, fügt unweigerlich dem Raum immer auch seine Spuren hinzu. Er bleibt kein distanziert Außenstehender, sondern wird selbst ein Teil des Raumes.

Räumliche Kompetenz ermöglicht auch Einsichten für den Umgang mit Sozialformen im Gottesdienst: Der Raum kann eine Verbindung leisten, die weder durch die Sitzordnung, durch das Gestühl oder die körperliche Nähe der Teilnehmenden hergestellt werden muss. Nicht Liturginnen und Liturgen haben durch die Sitzordnung im Gottesdienst die Verbindung der Gemeinde zu einer Gemeinschaft zu leisten, sondern können dies dem Raum selbst überlassen.

Räumliche Kompetenz schließt das Bewusstsein für die therapeutische Funktion des Kirchenraumes mit ein. Der Gottesdienstraum erweitert den seelisch-geistigen Innenraum des Besuchers. Er kann sich in diesem Raum verorten und partizipiert am ihm und seinen heilenden Kräften. Wesentlich ist, diese Leistung nicht nur den liturgischen Texten und Handlungen zuzuschreiben, sondern gleichfalls dem Raum. Der Vorgang des Lesens der Spuren des Kirchenraumes und das Hinzufügen der eigenen Spuren lässt die Seele zur Ruhe kommen und ermöglicht ein Aufatmen wie auf einer Rast bei einem beschwerlichen Weg. Das Wahrnehmen von Spuren im Kirchenraum und Einfügen eigener Spuren in den Raum kann als eine Weise der Christusannäherung verstanden werden. Raumbenutzer stellen sich den von Christus ausgehenden heilenden Kräfte, die im Kirchenraum in Gestalt von Spuren präsent sind. Der Besucher kann im Kirchenraum dessen Besonderheit so wahrnehmen, dass sie ihn nicht von anderen isoliert, sondern mit ihnen verbindet und in das Netz der Spuren mit Christus einfügt. Es kommt zu einer heilenden Erweiterung des seelischen Bewusstseinsraumes.

Die wesentliche Leistung des Kirchenraumes besteht darin, im Gottesdienst die Gemeinschaft der Heiligen gestalthaft erfahr- und erlebbar zu machen. Gottesdienst feiern vollzieht sich dabei im Kirchenraum als einem zukunftsoffenen Raum (Wilhelm Löhe). Kirchenbauten haben sich im historischen Rückblick nahezu immer als zukunftsoffen erwiesen und Ansätze zu immer neuen gottesdienstlichen Nutzungen und Herausforderungen ermöglicht, teils durch bauliche Eingriffe, teils einfach durch Ausstattungsveränderungen. Ein Kennzeichen qualitativ hochwertiger Architektur ist, dass Bauten nur begrenzt das sich in ihnen vollziehende Geschehen determinieren und sich auf zukünftige Entwicklungen der Nutzung hin offenhalten, weil sie sich durch ihre Nutzung auch verändern lassen. Kirchenräume benötigen eine Weite, in der neben den Menschen auch die Engel Gottes Platz erhalten. Der Raum als spirituelles Potential hält den Weg zum zukünftigen Gottesdienst offen, der seinen Zielpunkt im endzeitlichen himmlischen Gottesdienst findet. Kirchenräume öffnen somit über ihrer Benutzung für den einen heiligen Raum Gottes, auf den das Leben der Christen in der Vollendung zugeht. Etwas von diesem Bewusstsein ist in einem Gebet der anglikanischen Theologin Janet Morley zu spüren, das die Leistung des Kirchenraumes in poetischer Weise zum Ausdruck bringt und dem geistgewirkten Handeln Gottes anheim stellt: »Heiliger Gott, dessen Gegenwart wir in den Gebäuden, die wir errichten, wie auch in ihrer Zerstörung erkennen. Gründe unter uns eine Gemeinschaft der Hoffnung, nicht, um Dein Geheimnis zu erfassen, sondern um über alle Absicherung hinaus in Deinen heiligen Raum geführt zu werden, durch Jesus Christus, Amen« (29).

Quellen

Gerhard LANGMAACK, Evangelischer Kirchenbau im 19. und 20. Jahrhundert. Geschichte – Dokumentation – Synopse, Kassel 1971. – LEITLINIEN für den Bau und die Ausgestaltung von gottesdienstlichen Räumen. Handreichung der Deutschen Bischofskonferenz 25. Oktober 1988, hg. vom Sekretariat der Deutschen Bischofskonferenz (Die Deutschen Bischöfe. Liturgiekommission 9), Bonn 1989. – Arbeitsausschuss des Evangelischen Kirchbautages, LEITSÄTZE ÜBER DIE ZUKUNFT DER KIRCHEN (1995) sowie Das MAGDEBURGER MANIFEST (1996): Rainer Volp (Hg.), »Denkmal Kirche?« Erbe – Zeichen – Vision. Die öffentliche Verantwortung für ein akut gefährdetes Kulturerbe. Analysen, Modelle und Dokumentationen zur künftigen Nutzung und Finanzierung, Darmstadt 1997, 102–103. – LITURGIE UND BILD. Eine Orientierungshilfe. Handreichung der Liturgiekommission der Deutschen Bischofskonferenz, Bonn 1996. – THESEN ZUR KIRCHENPÄDAGOGIK (Bundesverband Kirchenpädagogik): KirchenPädagogik Ausg. 1 (2002), 24 f. – Der evangelische Kirchenraum. WOLFENBÜTTELER EMPFEHLUNGEN: Kirche + Kunst 69 (1991), 40–42.

Literatur

Hans ASMUSSEN, Die Lehre vom Gottesdienst Bd. I, München 1937. – Aleida ASSMANN, Erinnerungsräume. Formen und Wandlungen des kulturellen Gedächtnisses, München 1999. – Rudolf BOHREN, Glaube und Ästhetik – ein vergessenes Thema der Theologie: BThZ 6 (1989) 2–7. – Hugo BRANDENBURG/Walter HAAS/Harold HAMMER-SCHENK/Horst SCHWEBEL, Art. Kirchenbau: TRE 18 (1989), 421–528. – Peter BRUNNER, Die Bedeutung des Altars für den Gottesdienst der christlichen Kirche: KuD 20 (1974) 218–244. – Roland DEGEN/Inge HANSEN (Hg.), Lernort Kirchenraum. Erfahrungen – Einsichten – Anregungen, Münster/ New York/München/Berlin 1998. – Evangelischer Arbeitskreis Freizeit – Erholung – Tourismus in der EKD, LEBENDIGE STEINE – OFFENE KIRCHEN. Grundausbildung für ehrenamtliche Kirchenführerinnen und Kirchenführer. Eine Dokumentation, Hannover 2001. – Wolf-Eckart FAILING, Die eingeräumte Welt und die Transzendenzen Gottes: ders.,/Hans-Günter Heimbrock, Gelebte Religion wahrnehmen. Lebenswelt – Alltagskultur – Religionspraxis, Stuttgart/Berlin/Köln 1998, 91–122. – Christian FREIGANG/Susan J. WHITE/ Barbara SCHELLEWALD/Masa TAKENAKA/Andrew F. WALLS/Klaus KOSCHORKE, Art. Kirchenbau: RGG[4] 4 (2001), 1059–1159. – Albert GERHARDS, Der Kirchenraum als »Liturge«. Anregungen zu einem anderen Dialog von Kunst und Kirche: Kohlschein/Wünsche (Hg.), Heiliger Raum, Münster 1998, 225–242. – Ders. (Hg.), In der Mitte der Versammlung. Liturgische Feierräume, Trier 1999. – Ruth GÖRNANDT, Was ist Kirchenpädagogik? Entstehung – Gegenstand – Arbeitsweise: KirchenPädagogik Ausg. 1 (2002), 5–11. – Albrecht GRÖZINGER, Der Gottesdienst als Kunstwerk: PTh 81 (1992) 443–453. – Barbara KAHLE, Deutsche Kirchenbaukunst des 20. Jahrhunderts, Darmstadt 1990. – Franz KOHLSCHEIN/Peter WÜNSCHE (Hg.), Heiliger Raum. Architektur, Kunst und Liturgie in mittelalterlichen Kathedralen und Stiftskirchen (LQF 82), Münster 1998. – Wilhelm LÖHE, Von den heiligen Personen, der heiligen Zeit, der heiligen Weise und dem heiligen Ort: GW 3 (Neuendettelsau 1952) 523–601. – Gerard LUKKEN, Die architektonischen Dimensionen des Rituals: LJ 39 (1989), 19–36. – Andreas MERTIN, Vom heiligen Ort zum religiösen Raum. Zur Diskussion um die Nutzung kirchlicher Gebäude: MuK 67 (1997) 7–14. – Janet MORLEY, Preisen will ich dich Gott, meine Geliebte. Psalmen und Gebete, Freiburg/Basel/Wien 1989. – Herbert MUCK, Kirchenbau – neu »religiös«?: Mün. 43 (1990) 91–94. – Ders., Raumerfahrung als Lebensentfaltung: KuKi 65 (1993), 112–115. – Ders., Die Gemeinde entdeckt ihre Orte: KuKi 57 (1994), 39–41. – Peter POSCHARSKY (Hg.), Die Bilder in den Lutherischen Kirchen. Ikonographische Studien, München 1998. – Klaus RASCHZOK, Der Feier Raum geben. Zu den Wechselbeziehungen von Raum und Gottesdienst: Thomas Klie (Hg.), Der Religion Raum geben. Kirchenpädagogik und religiöses Lernen, Münster 1998, 112–135. – Ders., Spuren im Kirchenraum. Anstösse zur Raumwahrnehmung: PTh 89 (2000), 142–157. – Ders., »... an keine Stätte noch Zeit aus Not gebunden« (Martin Luther). Zur Frage des heiligen Raumes nach lutherischem Verständnis: KuK 79 (2001) 2–7. – Ders., Emil Sulze und der protestantische Kirchenbau: FS Hartmut Mai, Leipzig 2002, 197–221. – Ders./Reiner SÖRRIES (Hg.), Geschichte des protestantischen Kirchenbaues. FS Peter Poscharsky, Erlangen 1994. – Klemens RICHTER, Kirchenräume und Kirchenträume. Die Bedeutung des Kirchenraumes für eine lebendige Gemeinde, Freiburg im Breisgau 1998. – Hermann SCHMITZ, Das Göttliche und der Raum (System der Philosophie III/4), Bonn [2]1995. – Horst SCHWEBEL, Liturgischer Raum und menschliche Erfahrung: Reiner Mahlke/u.a. (Hg.), Living Faith – Lebendige religiöse Wirklichkeit. FS Hans-Jürgen Greschat, Frankfurt a.M./u.a. 1997, 369–385. – Eva-Maria SENG, Kirchenbau zwischen Politik, Kunst und Liturgie. Theorie und Wirklichkeiten im evangelischen Kirchenbau des 19. Jahrhunderts, Tübingen/Berlin 1995. – Hans-Georg SOEFFNER, Gesellschaft ohne Baldachin. Über die Labilität von Ordnungskonstruktionen, Weilerswist 2000. – Karl SPAMER, Die Physiologie der Seele, Stuttgart 1877. – Friedrich SPITTA, Das evangelische Gotteshaus und die Kunst: MGKK 4 (1899) 1–5. – Thomas STERNBERG, Suche nach einer neuen Sakralität? Über den Kirchenraum und seine Bedeutung: Mün. 46 (1996), 142–148. – Rainer VOLP, Liturgik. Die Kunst, Gott zu feiern, I. Einführung und Geschichte, Gütersloh 1992; II. Theorien und Gestaltung, Gütersloh 1994. – Ders., Kirchen sind keine Konkursmasse: KuKi 59 (1996), 156–159. – Ders., Kirchenbau und Kirchenraum: HbLit (1995) 490–509. – Ders., Zwischen bildungsabsichten und Kulturasyl. Legitimationsprobleme für Kunstausstellungen in Kirchen: KuKi 61 (1998) 90–97. – Bernhard WALDENFELS, In den Netzen der Lebenswelt, Frankfurt a.M. 1985. – Gunther WENZ, MEMORIA SANCTORUM. Grundzüge einer evangelischen Lehre von den Heiligen in ökumenischer Absicht: Cath (M) 48 (1994) 242–266.

Internet: Bundesverband Kirchenpädagogik e.V., Geschäftsstelle, Hanns-Lilje-Platz 2, 30159 Hannover: kuerschner@bvkirchenpaedagik.de sowie www.bvkirchenpaedagogik.de. – EKD-Institut für Kirchenbau und kirchliche Kunst der Gegenwart an der Universität Marburg, Am Plan 3, D 35037 Marburg: kirchbau@mailer.uni-marburg.de. – Forschungsstelle für Kirchenraum und kirchliche Kunst der Gegenwart an der Theologischen Fakultät der Friedrich-Schiller-Universität Jena, Fürstengraben 6, 07743 Jena: klaus.raschzok@uni-jena.de.

Klaus Raschzok

Die gottesdienstliche Musik

Einleitung: Zur Definition

In seiner »Geschichte der katholischen Kirchenmusik« hat Karl Gustav Fellerer den Versuch unternommen, das Phänomen Kirchenmusik dreifach zu differenzieren: Die Gregorianik wird von ihm als die Musik *des* Gottesdienstes angesehen; sie ist der *cantus ecclesiasticus* schlechthin. Daneben gibt es für ihn Musik *im* Gottesdienst, wozu er den einstimmigen Gemeindegesang und schlichte Chormusik – besonders Messtextvertonungen – rechnet. Schließlich bezeichnet er die gesamte nachtridentinische konzertante Kirchenmusik als Musik *zum* Gottesdienst. Oskar Söhngen nennt diesen Versuch eine »verführerisch glatte Schematisierung«. Er unterliegt aber mit seinem eigenen Ordnungsschema eben derselben Versuchung, wenn er meint, drei Kreise christlich-religiöser Musik unterscheiden zu können: die »religiöse Musik im weitesten Sinne« als äußeren Ring, etwas enger gefasst als zweiten Ring die »gläubige Musik«, und schließlich als innersten Kreis die für den Gottesdienst der christlichen Gemeinde geschriebene Musik (1967, 171–173.).

Es ist unschwer zu erkennen, dass beide Versuche einem kritischen Nachdenken zahlreiche Angriffsflächen bieten. Z.B. lässt sich im Blick auf die Vertonung des römischen Messtextes durch Palestrina und Strawinsky ein erheblicher musikstilistischer Unterschied feststellen; doch ist damit noch nichts über ihre liturgische oder theologische Wertigkeit ausgesagt. Oder: Bachs Weihnachtsoratorium wurde für den Gottesdienst geschrieben, hat diesen Kreis aber längst in Richtung einer »gläubigen«, für viele Hörer wohl allenfalls noch »religiösen« Musik verlassen. Andererseits wird manches Kammermusikwerk, das – weit entfernt von seiner ursprünglichen Funktionsbestimmung – zur Kommunion erklingt, ganz entschieden in den innersten Kreis des Gottesdienstes hineingenommen.

In der Substantivverbindung Kirchen-Musik ist die Schwierigkeit aller Definitionsversuche geradezu programmiert. Der erste Wortstamm wird im vulgären Sprachgebrauch bereits in dreierlei Bedeutung benutzt: Die Kirche hält Kirche in der Kirche (Gemeinde hält Gottesdienst im Kirchengebäude). Welchen Bezug soll da die Musik haben? Das lateinische Äquivalent *Musica sacra* weist in die Richtung einer substantiellen Begriffsbestimmung, die aber – wie noch aufzuzeigen ist – besonders schwierige Fragen aufwirft.

Musik ist die ungegenständlichste unter allen Künsten und daher begrifflich am schwersten zu fassen. Der deutsche Wortschatz macht deutlich, dass man diese Schwierigkeit durch eine Fülle von Verbindungen mit Vokabeln und Begriffen aus anderen Kunstrichtungen zu umgehen sucht: Tongemälde, Klangfarbe, Tonsprache, Klangrede, Musikalischer Dialog, Haupt- und Nebensatz, Rezitativ, Musikdrama, Symphonische Dichtung, Symmetrie und Aufbau einer Komposition (um nur einige zu nennen).

Ferner gibt es wohl keine andere Kunstgattung, für die durch so viele Wortverbindungen ein Funktionsbezug hergestellt wird wie für die Musik: Kammermusik, Bühnen-, Opern-, Höfische Musik, Marschmusik, Tanzmusik und anderes. Die ersten dieser Bezeichnungen ordnen die Musik eher dem Raum zu, für den sie komponiert wurden, in dem sie eine Funktion zu übernehmen haben; die beiden letztgenannten sind dagegen reine Funktionsbestimmungen. Kirchen-Musik könnte sowohl die Beziehung zum Raum signalisieren, wobei durchaus bestimmte Assoziationen geweckt werden könnten – der »höfischen« Musik vergleichbar. Sie könnte aber auch ihre Funktion bezeichnen als Ausdrucksmittel der gottesdienstlichen Gemeinde. In diese

Richtung weist die Themenformulierung »gottesdienstliche Musik«. Doch hat auch der in der Musikgeschichte immer wieder unternommene Versuch, Musik rein funktional zu verstehen, stets in eine Sackgasse geführt und mehr Fragen aufgeworfen als beantwortet.

Dasselbe wäre schließlich noch festzustellen für den Versuch, die Musik intentional zu definieren, für den Gottesdienst etwa »erweckliche Musik«.

So könnte man geneigt sein, denen Recht zu geben, die Musik als autonome Kunst verstehen möchten, die unabhängig vom sozialen – auch kirchlichen – Umfeld ihren eigenen Gesetzen folgt und keine Querverbindungen zu anderen Verstehensebenen zulässt. Besonders radikal hat Igor Strawinsky (1882–1971) solche Ansichten vertreten. Er spricht der Musik generell die Fähigkeit ab, irgend etwas auszudrücken. Musik bedeutet nach seiner Meinung »nichts jenseits ihrer selbst« (Musikalische Poietik 47; vgl. Söhngen 1967, 161).

Die Problematik ist skizziert: Musik, auch gottesdienstliche Musik, lässt sich weder ontologisch definieren (sie »muss inhaltlich folgendermaßen beschaffen sein: ...«), noch kann sie lediglich funktional oder intentional gefasst werden. Andererseits hätte ein Beitrag über gottesdienstliche Musik keinen Platz in einem theologischen Handbuch, ließen sich nicht – entgegen der Meinung Strawinskys – gedankliche Verbindungslinien zu anderen Künsten und zur Wissenschaft – Musik als *ars* und *scientia* – ziehen.

I. Aus der Geschichte der gottesdienstlichen Musik

Die allgemeinen Entwicklungslinien der Musikgeschichte können hier nicht nachgezeichnet werden. Diese werden vielmehr vorwiegend auf ihre theologische Relevanz zu befragen sein. Das bedingt eine Dominanz der liturgischen Fragen gegenüber musiktheoretischen oder ästhetischen Erörterungen.

1. Dennoch seien diesem Kapitel einige Hinweise auf die *Anfänge der wissenschaftlichen Reflexion* der Musik vorangestellt (vgl. Brockhaus 124–129). Diese begann mit der Entdeckung der mathematischen Zusammenhänge von Musik und Kosmos. Zwar weisen bereits einige babylonische und orientalische Zeugnisse auf eine solche Betrachtungsweise in vorpythagoreischer Zeit hin. Doch ist Pythagoras der erste, der diese Zusammenhänge systematisch erfasst und damit die alten magischen Musikvorstellungen abgelöst hat: Die gleichen Zahlenverhältnisse kleiner ganzer Zahlen liegen den musikalischen Intervallen wie den Bewegungen der Planeten zugrunde, später *musica humana* und *musica mundana* benannt. Alle Dinge haben nach der Erkenntnis der Pythagoreer ihr Wesen in der Zahl. Spätere theologische Reflexion hat als Parallele Weish 11,21 (»Alles hast du nach Maß, Zahl und Gewicht erschaffen«) herangezogen und in diesen mathematischen Zusammenhängen die Musik als Geschöpf Gottes zu erkennen gemeint. Philosophische Musikspekulationen durchziehen die Geschichte der Musik, auch der gottesdienstlichen, bis zu Kepler und Leibniz.

Die ethische Komponente der Musik und der musikalischen Praxis wird zuerst von Plato philosophisch durchdacht. In seinen Schriften »Politeia« und »Nomoi« wird der Zusammenhang zwischen der allgemeinen Ordnung eines Staatswesens und seiner Musikpflege erörtert. Plato zieht daraus Schlussfolgerungen, welche Rhythmen, welche Tonarten und welche Instrumente im Staat zugelassen und welche verboten sein sollen. Je besser es um die Musik eines Staates bestellt ist, desto besser steht es um die Sittlichkeit seiner Bürger. Platos Forderungen können letztlich nicht den Anspruch erheben, auf einer exakten musikwissenschaftlichen Basis zu stehen. Der Gedanke an den Zusammenhang zwischen sittlicher Bildung und Musikpflege hat jedoch bis heute nichts von seiner Aktualität eingebüßt, nicht zuletzt durch das Verbot der

»jüdischen und entarteten Kunst« im Nationalsozialismus. Musik ist auch zur Stabilisierung von Macht missbraucht worden (Prieberg).

Erst auf dem Hintergrund solcher musikalisch-mathematischen und musik-ethischen Gedanken ist dann – als jüngste Form des Umgangs mit dem Phänomen Musik – die Musikästhetik hinzugekommen, die wesentlich von Aristoteles begründet wurde. Das Kunstwerk übt auf den Betrachter bzw. den Hörer eine seelische Wirkung aus, die sich aus kunstimmanenten Gesetzen ergibt; diese Wirkung ist also nicht ohne weiteres an eine religiöse Kunstbetrachtung oder an den Kontext einer staatlichen Bildungspolitik gebunden. Dennoch fußt Aristoteles weithin auf der Musikethik Platos. Eine nur ästhetische, nicht auch zugleich ethische Betrachtungsweise der Kunst wäre für ihn undenkbar.

2. Musik begegnet uns im *Alten Testament* stets in bestimmten Funktionszusammenhängen. Sakrale und profane Musik haben im Laufe der Zeit eigenständige Entwicklungen durchlaufen, etwa hinsichtlich des verwendeten Instrumentariums. Nirgendwo lässt sich jedoch eine klare stilistische Abgrenzung zwischen beiden nachweisen. Ein uraltes magisches Musikverständnis schimmert noch mehrfach durch, etwa bei den »Posaunen von Jericho« (Jos 6) oder in der Erzählung von der Heilung des kranken Saul durch Davids Musizieren (I Sam 16).

Mit dem Psalmengesang ist aus dem alttestamentlichen Tempelgottesdienst sicher auch manches von seiner Aufführungsart in den synagogalen Gottesdienst und von dort in den Gottesdienst der judenchristlichen Urgemeinde übernommen worden. Jeder erwachsene jüdische Mann konnte im Synagogengottesdienst als Lektor und Vorbeter herangezogen werden – was zugleich die Funktion des singenden Vorbeters bedeutet. Eine solistische Kunstmusik hat sich dagegen für den jüdischen Gottesdienst z.Z. Jesu und der Urgemeinde nicht nachweisen lassen. So wird man auch im Blick auf den ältesten christlichen Gottesdienst vorsichtig sein müssen; die Rolle des musikalisch hervortretenden *Psalmista* dürfte zeitlich nicht viel früher anzusetzen sein als die ältesten belegbaren Nachrichten aus dem 4. Jh..

3. Wie die Musik der *Urchristenheit* beschaffen war, lässt sich quellenmäßig nicht mehr erheben. Der Seher der Offenbarung hat sicher Gepflogenheiten aus dem irdischen in den himmlischen Gottesdienst projiziert, wenn er himmlische Lobgesänge zitiert oder Posaune blasende bzw. Harfe spielende Engel vor dem Thron Gottes erblickt (Apk 4,11; 5,9–14; 7,9–12; 8,2; 14,2.3; 15,2–4). Die paulinische Aufforderung, dem Herrn zu singen und zu spielen (Eph 5,19), verweist ebenfalls auf eine vokal-instrumentale Musizierpraxis. Man muss sich dabei aber von heutigen Vorstellungen lösen; denn die gesamte Musik des ersten Jahrtausends kannte lediglich Einstimmigkeit, allenfalls Heterophonie – eine Melodie mit einer gleichzeitigen, meist wohl instrumentalen Umspielung bzw. Auszierung – oder eine Parallelführung mehrerer Stimmen im Quint- und Oktavabstand, das sog. *Organum*, erstmals im 7. Jh. nachweisbar.

Die Begriffe Psalmen, Hymnen und geistliche Lieder (Eph 5,19; Kol 3,16) könnten verschiedene musikalische Gattungen bezeichnen; aber es ist nicht mehr möglich, diese heute zu definieren. Doch gibt die Exegese dieser beiden Stellen einen wesentlichen Aufschluss über das Verständnis christlichen Musizierens. In Eph 5,19 wie auch in Kol 3,16 findet sich im griechischen Text eine Partizipialkonstruktion (ᾄδοντες / adontes), die eine doppelte Übersetzung und Sinngebung nahelegt bzw. ermöglicht: »Lasst das Christuswort reichlich unter euch (oder: in euch) wohnen, (a) sodass ihr geistliche Lieder singt; (b) indem ihr geistliche Lieder singt.«

Das heißt, der Gemeindegesang ist einerseits die Folge davon, dass das Christuswort in der Gemeinde bzw. beim einzelnen Christen Eingang gefunden hat; andererseits ist das Lied ein Mittel, durch das die Einwohnung des Christusworts bewirkt wird (vgl. Söhngen 1967, 13–18). Kirchenmusik ist Folge des Glaubens; sie ist zugleich eine missionarische Möglichkeit der

Gemeinde. Aber schon hier, bei den neutestamentlichen Quellen, stoßen wir auf das Problem, dass uns keine Kriterien genannt werden, wie die für die Gemeinde und ihren Gottesdienst verwendete Musik beschaffen sein muss, damit sie die genannten Funktionen erfüllen kann. Dieses Problem zieht sich durch die gesamte Geschichte der gottesdienstlichen Musik hindurch und wird auch uns bei der Suche nach einer eigenen Position begleiten.

4. Eigenartigerweise hat die *Alte Kirche* schon sehr bald den Gebrauch von Instrumentalmusik im Gottesdienst strikt abgelehnt. Auf dem Hintergrund der eindeutigen alt- und neutestamentlichen Zeugnisse ist dies besonders verwunderlich. Die entsprechenden Bibelstellen wurden von Theologen wie Clemens Alexandrinus und (Pseudo-)Justin allegorisch umgedeutet oder aber – so Chrysostomus – als Zugeständnis an die Glaubensschwäche der Juden gewertet (vgl. Rietschel/Graff 413). Die Ablehnung der Instrumentalmusik wird mit der profanen Verwendung dieser Instrumente begründet. Ein nordafrikanisches Fußbodenmosaik zeigt z.B., wie eine Hinrichtung (von Christen?) durch Raubtiere musikalisch von Orgel, Trompeten und Hörnern begleitet wird. Auch in Rom sind christliche Märtyrer unter Orgelklängen hingerichtet worden. Die Verwendung von bestimmten Instrumenten in Zirkus und Theater, besonders aber bei heidnischen Kulten hat zu der Entscheidung der Alten Kirche geführt, solche Instrumente gänzlich aus der gottesdienstlichen Musik zu verbannen. Die meisten orthodoxen Kirchen haben diese rigorose Haltung bis heute durchgehalten. Freilich haben andere Kirchen – etwa die äthiopische und die koptische – zu allen Zeiten Instrumente zugelassen.

Die Psalmen wurden in den ersten christlichen Jahrhunderten offenbar durchweg responsorial ausgeführt: Ein Vorsänger sang die einzelnen Verse, die Gemeinde antwortete mit dem Kehrvers, dem *Responsum*. Die ältesten Nachrichten vom Vorsänger als kirchlichem Amtsträger datieren aus dem 4. Jh.. Der *Psalmista* gehörte damals zum *Clerus minor*. Diese Stellung hat er in der Ostkirche bis heute behalten. Die römisch-katholische Tradition zählt dagegen den Kantor – wie den Lektor – stets zu den Laien. Neben neuen Liedern in der Art der Psalmen, der poetischen Form des *Parallelismus membrorum*, entstanden spätestens seit der Mitte des 3. Jh. auch freie Hymnendichtungen. Sie sind fast durchweg verlorengegangen, richtiger: sie wurden eliminiert, weil in den dogmatischen Streitigkeiten des 4. Jh. geargwöhnt wurde, dass durch diese Hymnen häretische Anschauungen verbreitet werden könnten. Nur die biblischen Psalmen und *Cantica* sollten als gottesdienstliche Musik verwendet werden – eine Entscheidung, die sich im Calvinismus des 16. Jh. wiederholen sollte. Es ist bezeichnend, dass sich die weitere Entfaltung des Hymnus nicht in der Messe vollzog, sondern im monastischen Stundengebet.

Der Hymnus zeichnet sich gegenüber der Psalmodie durch ein festes Strophenschema aus: Die gleiche Zeilen- und Silbenzahl ermöglichen es, alle Strophen eines Hymnus nach einer Melodie zu singen. Eine überwiegend syllabische Melodik – in der Regel pro Silbe eine Note, nur gelegentlich kleine Verschleifungen mit zwei oder drei Tönen auf eine Silbe – unterstreicht den Liedcharakter. Die eingängigen Melodien können von der Gemeinde leicht übernommen werden. Durch die Gleichheit oder Ähnlichkeit der Strophenmodelle lassen sich die Melodien meist austauschen. Ein Textbezug der Melodien ist nicht nachzuweisen. Nur in Ausnahmefällen wird ein Text exklusiv mit einer bestimmten Singweise verbunden. Mit der Entfaltung der Hymnendichtung waren Namen wie Ambrosius und Augustin so stark verbunden (auch wenn nur ein kleiner Teil der Ambrosius zugeschriebenen Hymnen wirklich von ihm stammt), dass die Hymnen die durch das Konzil von Trient im 16. Jh. vorgenommene radikale Bereinigung überstanden. Am Ausgang des Mittelalters gab es Übertragungen lateinischer Hymnen in mehrere Nationalsprachen. Luther konnte mit dem deutschen evangelischen Kirchenlied daran anknüpfen.

5. Die Gesänge für die Messe und das mönchische Stundengebet wurden geordnet und in Gradualen bzw. Antiphonarien zusammengestellt. Im *Mittelalter* – seit dem 8. Jh. – wurden diese Sammlungen Gregor dem Großen zugeschrieben, wobei sein persönlicher Anteil an diesem Werk mit Sicherheit zu einseitig dargestellt wurde.

Da die musikalische Überlieferung dieser Gesangsstücke noch durch Jahrhunderte ausschließlich mündlich erfolgte, wirft die Frage nach der »authentischen« musikalischen Gestalt des »Gregorianischen Chorals« zahlreiche Probleme auf. Dies betrifft sowohl die Melodik – man unterscheidet den romanischen und den germanischen »Dialekt« – als auch vor allem die Frage der Metrik, deren schriftliche Fixierung und Überlieferung besonders schwierig zu klären ist. Die ältere Notationsform der Neumen ist in rhythmischer Hinsicht aussagekräftiger als die spätere Übertragung bzw. Niederschrift in Choralnotation mit den generell gleichlangen Noten.

Die ersten Anfänge mehrstimmiger gottesdienstlicher Musik gehen – abgesehen von der Organumpraxis von drei parallel geführten Stimmen – auf das 11. Jh. zurück. Die Satztechnik wurde vor allem im 13. Jh. in Nordfrankreich kunstvoll erweitert. Drei Stimmen wurden im sog. *Motetus* (abzuleiten von *motto* = Wort) kontrapunktisch äußerst frei, in großer rhythmischer Eigenständigkeit miteinander verbunden. Dadurch wurde in der Geschichte der gottesdienstlichen Musik erstmals die Textverständlichkeit zum Problem, das sich noch vergrößerte, als sich in der zweiten Hälfte des 13. Jh. die Satztechnik bis zur Vierstimmigkeit entfaltete. Die Konstitution *Docta Sanctorum Patrum* Johannes' XXII. aus dem Jahre 1324 ist das älteste Zeugnis für den Versuch einer kirchenamtlichen Einflussnahme auf den Kompositionsstil. Er grenzt die kirchliche Musik darin vom »lasziven« Stil ab und fordert die Wiederherstellung der *devotio*. Die gottesdienstliche Musik soll sich ausschließlich am (gregorianischen) Choral orientieren; sie soll keinesfalls weltliche Texte in den mehrstimmigen Sätzen mit dem liturgischen Text vermengen, wie dies in den Motetus-Kompositionen der Fall war.

Im Verlauf des 14. Jh. entstehen dann die ersten vollständigen Vertonungen des Messordinariums, das seither in allen Stilrichtungen unzählige Male durchkomponiert wurde. Wählten die Komponisten – vornehmlich in Frankreich und England – zunächst einen liturgischen *cantus firmus*, der sich als roter musikalischer Faden durch alle Sätze hindurchzog, so führte Guillaume Dufay (†1474) im 15. Jh. die Messvertonung über einen weltlichen *cantus firmus* ein, was schnell weiteste Verbreitung fand. Damit entstand eines der Hauptärgernisse auf kirchenmusikalischem Gebiet, mit denen sich das Konzil von Trient zu befassen hatte. In der 22. Session im September 1562 wird gefordert, in der Chor- und Orgelmusik dürfe *nihil profanum* untermischt sein. Das *lascivum aut impurum* müsse entfernt werden. Als positive Merkmale werden dagegen die Eingängigkeit der Musik und ihre Textverständlichkeit genannt. Die Kriterien sind also in erster Linie abgrenzender Art. Ob man aus dem Verbot des Lasziven und Unreinen musikalische Stilkriterien erheben kann, muss angezweifelt werden. Belangvoller scheint der gedankliche Ansatz, aus dem Ganzen der überlieferten und praktizierten Musik eine Auswahl zu treffen. Dem Grundsatz, dass nichts Profanes in der kirchlichen Musik Platz habe, ist die katholische Theologie bis ins 20. Jh. treu geblieben.

6. Bekannt ist die divergierende Einstellung der Reformatoren zur gottesdienstlichen Musik. Für *Luther* ist »Frau Musica« in erster Linie *creatura*, also geradezu ein persönliches Geschöpf, erst in zweiter Linie auch *scientia* und *ars*. Dies gilt von aller Musik, nicht nur von der gottesdienstlichen. Weil sie als *creatura* angesehen wird, hat die Musik auch nach ihrer »leiblichen«, d.h. klangsinnlichen Seite ihre volle Berechtigung. Freilich möchte Luther »alle künste, sonderlich die Musica gerne sehen ym dienst des, der sie geben und geschaffen hat« (WA 35,475). Wesentlich für Luthers Musikverständnis ist seine Verwurzelung in der antik-mittelalterlichen

Auffassung, dass die Musik in das Gebiet der Ethik gehört und nicht in einen abgesonderten ästhetischen Bereich zu verweisen ist, der mit dem übrigen Leben nichts zu tun hat. Musik ist für ihn nicht die »holde Kunst«, die für kurze Zeit in eine bessere Welt versetzt, sondern sie ist *domina et gubernatrix affectuum humanorum* (Vorrede zu Georg Rhaus *Symphoniae iucundae*; WA 50,371). Musik hat zunächst im Bereich des ersten Glaubensartikels ihren Ort. Sie ist geeignet, einen Betrübten fröhlich zu machen, einen wilden Menschen zu zähmen, einen Hoffärtigen zu demütigen, einem Zaghaften Mut einzuflößen. Ihre eigentliche Sinnerfüllung sieht Luther freilich erst dann, wenn sie auf Christus bezogen wird: »Gott hat unser hertz und mut frölich gemacht durch seinen lieben Son, welchen er für uns gegeben hat zur erlösung von sunden, tod und Teuffel. Wer solchs mit ernst gleubet, der kans nicht lassen, er mus frölich und mit lust dauon singen und sagen, das es andere auch hören und herzu komen« (Vorrede zum Babstschen Gesangbuch von 1545, WA 35,477).

Diese Sätze stehen ganz deutlich in inhaltlicher Nachbarschaft zu Eph 5,19 und Kol 3,16: Auch für Luther ist das Singen eine selbstverständliche Folgerung aus dem Glauben. Andererseits ist die gottesdienstliche Musik ihrem Wesen nach Anreiz für andere, sich mit Fragen des Glaubens zu befassen. Sogar direkt predigthafte Züge spricht Luther der Musik zu: In einer oft zitierten Tischrede sagt er im Blick auf den von ihm hochgeschätzten Komponisten Josquin des Prez (†1521): *Sic Deus praedicavit evangelium etiam per musicam* (WA.TR 2,11 Nr. 1258). Weil Musik Kreatur ist, bedeutet dies zugleich, dass sie ein Teil der gefallenen Schöpfung ist. Die gute Gabe Gottes kann pervertiert werden. Statt des rechten Gebrauchs der Musik kann man sie auch missbrauchen zu »Buhlliedern und fleischlichen Gesängen«, vor denen Luther nachdrücklich warnt (WA 35,474). Aber so wenig das Tridentinum seine Abgrenzung gegen die laszive Musik zu präzisieren vermag, so wenig deutlich sind auch Luthers Ausführungen: Es wird nicht gesagt, wodurch Musik pervertiert wird, sondern nur davon gesprochen, dass es so etwas gibt. Wahrscheinlich hat Luther geistlich parodierte Gassenhauer im Sinn, die auch als textlose Musik instrumental im Gottesdienst dargeboten wurden, etwa als freie Orgelmusik.

Wie Luther hegt auch *Calvin* für die Musik als Gottesgabe eine große Hochschätzung. Viele Äußerungen in der *Institutio* und in seinen Predigten belegen dies. Trotzdem ist er nur bedingt zur Freude an gottesdienstlicher Musik fähig, weil er die Befürchtung hat, sie könne lediglich der *voluptas*, d.h. der Sinnenlust und dem bloßen Vergnügen, dienen – Gedanken, mit denen sich schon Augustin in den *Confessiones* befasst hatte. Ganz bewusst und ganz betont unterscheidet Calvin zwischen geistlicher und weltlicher Musik. Der Sakralstil *(chant ecclésiastique)* soll sich durch Gewichtigkeit und Erhabenheit *(poids et majesté)* von weltlicher Musik absetzen. Dies gilt ausschließlich für den Gemeindegesang, den Calvin im Gegensatz zu Zwingli nachdrücklich fördert. Jegliche Kunstmusik im Gottesdienst, insbesondere die Instrumentalmusik, lehnt er dagegen ab. Die zahlreichen Chorsätze zum Genfer Psalter wurden nicht für gottesdienstliche Verwendung komponiert, sondern für häusliches und schulisches Musizieren.

Calvin lehnt den überkommenen misch-katholischen Sakralstil Kirche ab. Die *Confessio Helvetica posterior* erklärt im Jahr 1566 – also vier Jahre nach den einschlägigen Bestimmungen des Tridentinum – den Gregorianischen Choral für »absurd« und beschließt bzw. bestätigt seine kirchliche Verbannung. Dagegen sucht man in den Melodien des Genfer Psalters einen eigenen metrischen Stil auszuprägen: Durch den ständigen Wechsel von Halben und Vierteln werden regelmäßige Taktstrukturen vermieden. Eine direkte Einflussnahme Calvins auf die Gestaltung der Melodien ist literarisch nicht bezeugt. Doch lässt sich das konsequent durchgehaltene polymetrische Schema kaum anders erklären. Sowohl der 4/4-Takt (das Metrum der Marschmusik und der Wanderlieder) als auch der 3/4-Takt (das Tanz-Metrum) werden ausgeschaltet. Wie nun aber – positiv – das Postulat der Würde und Erhabenheit in melodischer

Hinsicht umgesetzt werden könnte, darüber bleibt auch Calvin eine Erklärung schuldig. Auch sein feiner Kommentar zu dem Psalmwort »Singet dem Herrn ein neues Lied« macht da keine Ausnahme: »Ein neues, meint ein großartiges, hochfeines, ein auserlesenes Lied, kein gemeines oder abgedroschenes, nein eines, das die Menschen zur Bewunderung hinreißt, ein Liedsatz gleichsam von der unerhörten Gottesgnade, wie sie noch nicht dagewesen ist« (vgl. Söhngen 1967, 64). Es hat aber zu allen Zeiten hervorragende Melodien und Musikstücke gegeben, die sehr wohl den Kriterien von *poids et majesté* voll Genüge leisten – bis hin zum Pathos eines Richard Wagner –, die aber trotzdem kein Zeugnis von der Gottesgnade sind.

So verschieden die theologischen und die kirchenmusikalischen Positionen Luthers und Calvins auch waren, an einem Punkte haben sie das gleiche Ziel verfolgt: die Reaktivierung der Gemeinde durch das Kirchenlied. War die Gemeinde in der römischen Messe im Verlauf der Jahrhunderte mehr und mehr entmündigt worden – ihre Rolle blieb schließlich auf Zuhören und Zuschauen, also allenfalls auf den inneren Mitvollzug beschränkt –, so machten die Reformatoren mit dem allgemeinen Priestertum aller Gläubigen ernst, vornehmlich durch das gemeinsame Singen im Gottesdienst. Bei Luther erhielt das Lied dadurch noch eine besondere liturgische Aufwertung, dass es an die Stelle von Propriums- und Ordinariumsstücken trat. Damit war der Boden für eine große Vielfalt des Gemeindeliedes bereitet. Calvin beschränkte den Gemeindegesang hingegen auf das Psalmensingen. Da er aber strophische Umdichtungen an die Stelle der biblischen Prosapsalmen setzte (gereimte Liedstrophen an Stelle des *parallelismus membrorum* der Psalmen), ist sein theologischer Ansatz in sich unstimmig: Jede Nachdichtung enthält zwangsläufig auch eigene, über die Vorlagen hinausgehende Gedanken, sodass für die Psalmlieder nicht ohne weiteres ihre inhaltliche Identität mit dem biblischen Text behauptet werden kann. Calvin hat dies vermutlich gar nicht hinreichend reflektiert, sondern einfach eine Praxis übernommen, die er in seiner Frühzeit u.a. in Basel und Straßburg kennen gelernt hatte (vgl. Blankenburg: Blume 348).

7. Bis ins *17. Jh.* wird die Musik nach der antiken Vierteilung der Wissenschaften dem *Quadrivium* (Arithmetik, Musik, Geometrie und Astronomie) zugeordnet, das zusammen mit dem *Trivium* (Grammatik, Rhetorik und Dialektik) die *Septem artes liberales* bildet. Heinrich Schütz, der der evangelischen Kirchenmusik des 17. Jh. die wichtigsten Impulse gegeben hat, räumt der Musik in diesem System eine zentrale Stellung ein, indem er meint, dass sie »nicht minder als die Sonne unter den Sieben Planeten also auch unter den Sieben freien Künsten in deren Mitten hell glänzet und weit leuchtet« (vgl. Eggebrecht 6).

Die »musikalischen Figuren« *(figurae musicae)* werden zum Schlüsselbegriff für das Musikverständnis, speziell für die Chormusik des 17. Jh.. Der Komponist verwendet sie, um dadurch den Text musikalisch wiederzugeben, zu übersetzen. »In die Music versetzet« hat Heinrich Schütz den Text der Weihnachtsgeschichte nach seiner eigenen Vorrede zur Weihnachtshistorie von 1664. Und der Schütz-Schüler Christoph Bernhard stellt voll Stolz fest, dass die Musik sich in seiner Generation so hoch entwickelt habe, dass sie »wohl einer *Rhetorica* zu vergleichen« sei (zit. nach Müller-Blattau 147). Die Musik gehört nicht mehr allein dem *Quadrivium* an, sondern ist auch dem *Trivium* zuzurechnen.

Musik wird zur *Musica poetica*, so der Titel einer 1606 erschienenen Schrift von Joachim Burmeister. Im Hörvollzug »dechiffriert« der Hörer bewusst oder unbewusst die musikalische Sprache des Komponisten. Es liegt nahe, Verbindungslinien von Luthers Musikanschauung zu dieser Einschätzung von Musik zu ziehen. So ist es auch nicht weiter verwunderlich, dass es im Umfeld von Heinrich Schütz zu einer Blüte der Chormusik im evangelischen Gottesdienst gekommen ist. Der Gedanke, dass man mit der Musik etwas zu »sagen« habe (vgl. Luthers

»Singen und Sagen«), führte zu einer Dominanz der Bibelwortvertonungen, die den Messtext- und Kirchenliedbearbeitungen an die Seite gestellt wurden. Ganze Zyklen von Evangelienspruchmotetten für alle Sonntage des Kirchenjahres wurden komponiert. Die »Historien« (besonders die Weihnachtshistorien und Passionen) profitieren von den neuen Möglichkeiten der Wortdeklamation und Affektdarstellung. Zur Motette tritt die Kantate, die gegen Ende des 17. Jh. einen ersten Höhepunkt erreicht: Die Texte – Kirchenlieder oder Bibelworte oder die Kombination beider – werden für Chor und Solisten mit einer spezifischen Orchesterbegleitung komponiert. Wo immer es Kantoreigesellschaften gibt, wird die gottesdienstliche Kantatenmusik Aufgabenschwerpunkt.

Diese in groben Zügen skizzierte Entwicklung der gottesdienstlichen Musik vollzog sich stilistisch nicht isoliert, sondern – von Italien ausgehend – parallel zur allgemeinen Musikentwicklung, insbesondere der Oper. Es ist zu bedauern, dass die einzige von Schütz komponierte Oper (»Dafne« 1627) verloren gegangen ist, sodass die Fragestellung geistlich/weltlich nicht anhand eines Werkvergleichs erörtert werden kann. Immer wieder hört man die These, dass bis z.Z. Bachs kein Unterschied zwischen kirchlichem und weltlichem Musikstil bestanden habe. Schon bei den früheren Stationen des kirchenmusikgeschichtlichen Streifzugs war zu erkennen, dass auf eine solche Unterscheidung Wert gelegt wurde, auch wenn sie inhaltlich – d.h. stilistisch – nicht klar beschrieben wurde oder beschrieben werden konnte.

Für die nachtridentinische Entwicklung der *katholischen Kirchenmusik* war es von grundsätzlicher Bedeutung, dass das Konzil zwar den Primat des gregorianischen Chorals für die Messfeier fixiert, die Figuralmusik aber nicht grundsätzlich verbannt hatte. Der Palestrina-Stil bekam dabei zunächst eine beinahe kanonische Gültigkeit. Aus der Abstufung des liturgischen Zeremoniells (Simplex- bzw. Duplex-Ritus) entwickelte sich auch eine Differenzierung der eingesetzten kirchenmusikalischen Mittel – von der musiklosen *Missa lecta* bis zum festlich gestalteten Hochamt, der *Missa solemnis*.

8. Johann Sebastian Bach hat die wesentlichen Impulse für die spätbarocke evangelische Kirchenkantate gegeben. Neu ist in der *Kantate des 18. Jh.* die Vertonung freier Texte in Rezitativen und Arien. Durch diese Stücke erhielt die Kantate eine besondere inhaltliche Nähe zur Predigt, die ebenfalls den vorangestellten Bibeltext in freier Rede erläutert. Folgerichtig hatte die Bach-Kantate im Leipziger Gottesdienst ihre Stellung in der Nachbarschaft der Predigt. Rezitativ und Arie waren aber auch die tragenden Stücke der spätbarocken Oper. Bedeutet dies auch eine Einheit des musikalischen Stils? Diese Frage stellt sich speziell im Blick auf das Bachsche Kantatenschaffen, weil er bekanntlich einen beachtlichen Teil seiner »weltlichen« – d.h. für nichtkirchliche Anlässe und Zwecke komponierten – Musik »geistlich« parodiert hat, indem er sie durch die Unterlegung sekundärer Texte für den kirchlichen Gebrauch einrichtete. Dies scheint zu beweisen, dass Bach im Kompositionsstil keinen Unterschied zwischen geistlich und weltlich kannte. Ohne Frage schrieb er seinen ureigensten persönlichen Stil, der aus seinen kirchlichen und nichtkirchlichen Werken in gleicher Weise herausklingt. Aber doch darf nicht außer Acht bleiben, dass Bach beim Parodieren nicht jedes seiner weltlichen Werke für kirchlich verwendbar bzw. geeignet hielt (vgl. Albrecht 1968, 22 f.). Die Bauernkantate und die Kaffeekantate seien als Beispiele genannt. Die Überschrift »Cantate burlesque« der Bauernkantate gibt den Schlüssel zum Verständnis unserer Beobachtung: Zwar konnte eine Bassarie wie »Kron' und Preis gekrönter Damen« aus dem *Dramma per musica* (BWV 214) als Huldigungsmusik für die sächsische Kurfürstin unter dem gleichen Aspekt, nämlich der Huldigung an das Christkind, in das Weihnachtsoratorium übernommen werden: »Großer Herr, o starker König«. Dagegen hat Bach im »Streit zwischen Phoebus und Pan« (BWV 201) das »wackelnde

Herz« des Pan so drastisch »in die Music versetzet«, dass eine Parodie für eine gottesdienstliche Verwendung nicht in Frage kam. In die Bauernkantate dagegen konnte er diese Arie sehr wohl übernehmen; dort ist ihr burlesker Ton ausgezeichnet am Platz. Bach hielt es also für möglich, »geistliche Musik« durch das Parodieren eigener Kompositionen zu weltlichen Texten zu schaffen; aber er übernahm nicht wahllos alles, und er parodierte so, dass der Hörer nicht mit störenden Assoziationen befangen war. Auch ist es beachtlich, dass sich unter den zahlreichen Bachschen Parodien keine Beispiele für die Parodierichtung geistlich → weltlich finden lassen. Musik, die im Gottesdienst Verwendung gefunden hatte, wurde nicht wieder »profaniert«.

Die Generation Bachs war eigenartigerweise die letzte, für die die Aufführung von »Gegenwartsschaffen« im evangelischen Gottesdienst eine Selbstverständlichkeit war. Einige Ausnahmen nach 1750 bestätigen nur diese Regel. Z.T. mag dies durch das soziale Umfeld bedingt sein, vor allem durch das beachtliche Niveau des Schulchorwesens sowie des Kantoren- und Organistenstandes bis zur Mitte des 18. Jh.. Die Veränderung dieses Umfelds war nicht zufällig, sie wurde durch die neuen Ideale der Aufklärung geschaffen oder doch begünstigt: Die rationale Bildung erhielt einen so hohen Stellenwert, dass die musische Erziehung darüber vernachlässigt wurde. Nach 1750 schrumpft die Zahl der hauptamtlich angestellten Kirchenmusiker – und damit auch die Zahl der komponierenden Kantoren. Die meisten Schulchöre geraten an den Rand der Bedeutungslosigkeit. Wo seit dem Ausgang des 18. Jh. neue Kompositionen mit geistlichem Inhalt entstehen, da ist primär nicht an ihre Verwendung als gottesdienstliche Musik gedacht. Die neu gegründeten Singakademien lösen mehr und mehr die alten Kantoreigesellschaften ab und verstehen sich als Institutionen einer bürgerlichen Musikpflege, was die Einbeziehung von Musik mit kirchlicher Thematik allerdings nicht ausschließt. Z.B. hat die 1791 gegründete Berliner Singakademie die Pflege der »heiligen Musik« in ihrer Satzung verankert. Einerseits kommt es zum Spannungsverhältnis zwischen Konzertsaal und Kirche – eine Konkurrenz, bei der die Kirche in künstlerischer Hinsicht hoffnungslos unterlegen war; andererseits wird man nicht müde, die enge Verwandtschaft von Religion und Kunst zu betonen. Friedrich Schleiermacher hat diesen Gedanken in seiner Schrift »Über die Religion. Reden an die Gebildeten unter ihren Verächtern« nachdrücklich vertreten (vgl. Albrecht 1963, 12–14). Kunst wird schließlich zum Religionsersatz bzw. zur Ersatzreligion. Der Konzertsaal übernimmt Kirchenfunktion. So ersetzte Beethovens »Christus am Ölberge« und später Wagners »Parsifal« etwa für bestimmte Bürgerkreise den Kirchenbesuch am Karfreitag (Nipperdey 141).

9. An dieser Stelle sei auch über die gottesdienstliche *Orgelmusik* einiges nachgetragen. Sie beginnt im Frankenreich mit der Organon Schenkung des byzantinischen Kaisers an König Pippin im Jahr 757, damals freilich noch als Attribut des Herrschers, nicht als gottesdienstliches Instrument. Bei der Kaiserkrönung Karls des Großen im Jahr 800 wurden die Akklamationen an den neuen Kaiser von den Klängen eines Organon begleitet. Die Orgelmusik hat sich nicht in die Kirche, die jegliche Instrumentalmusik ablehnte, eingeschlichen, sondern sie kommt »durch die kaiserliche Pforte« (Schuberth 135). Gottesdienstliche Orgelmusik erhielt – geschichtlich gesehen – ihre Legitimation durch den Analogieschluss, dass dem Herrn aller Herren das billig zuerkannt werden muss, was dem irdischen Kaiser recht ist.

Die interessante Baugeschichte der Orgel ist dann durch ein Jahrtausend mit der Kirche und ihrem Gottesdienst verbunden gewesen. In den Kathedralen werden Orgeln bald nach dem Jahr 1000 die Regel. Mit ihrem äußerst geringen Tonumfang, z.T. nur etwa zehn Tasten, kann die Orgel dieser Zeit eine höhere musikalische Aufgabe nicht erfüllt haben. Vielleicht hatte sie lediglich für den Gesang der Priester oder des Chores den Ton anzugeben, allenfalls eine kurze Intonation zu spielen. Von einem wesentlich größeren Instrument aus dem Anfang des 14. Jh.

heißt es dann, dass man mit der Orgel läutet (Rietschel 6). Aber schon gegen Ende des Jahrhunderts wird mehrfach bezeugt, dass der Orgel im Gottesdienst selbstständige Aufgaben übertragen werden. Sie übernimmt liturgische Stücke des Chores. Dass der Text dabei entfällt, hat offenbar keinen Anstoß erregt, weil der Vollzug der liturgischen Handlung ohnehin ausschließlich dem Priester oblag, der am Altar den Messtext leise las. Besonders eigenartig ist bei dieser Aufführungsform der verbreitete Wechsel-»Gesang« zwischen Chor und Orgel: je zur Hälfte textiert und untextiert. Die lutherische Kirche hat die Orgelmusik im Gottesdienst in der gleichen Weise gepflegt. Besonders verbreitet war die Alternatim-Ausführung des Magnificat im lutherischen Vespergottesdienst.

Die reformierte Kirche hat – beginnend mit dem von Zwingli veranlassten Abbruch der Orgel im Zürcher Großmünster (1527) – eine massive Orgelfeindlichkeit praktiziert, die erst im 19. und 20. Jh. überwunden wurde. Übrigens hat sich auch Luther überwiegend kritisch zur Orgel und -musik geäußert, was bei seiner Hochschätzung der Musik auffällig ist. Doch hat die Orgel zu Luthers Zeit in den Wittenberger Gottesdiensten eine wichtige Rolle gespielt, wie aus dem Reisebericht des Wolfgang Musculus aus dem Jahr 1536 zu ersehen ist (Rietschel 19–23). Die Orgel hat jedoch nach den Kirchenordnungen des 16. Jh. nirgendwo die Aufgabe gehabt, die Gemeindelieder zu begleiten. Ihr fielen vielmehr Praeludium, Intonationen, die schon erwähnten Alternatim-Stücke und das Postludium zu.

Da immer wieder Klagen über den Missbrauch der Orgeln geführt werden, äußert sich die Wittenberger theologische Fakultät 1597 grundsätzlich zu Fragen der gottesdienstlichen Orgelmusik: Gott wird nach dem Zeugnis der Psalmen auch mit Instrumenten und Saitenspiel geehrt. Die Gemüter können durch Orgelmusik bewegt werden, selbst wenn kein gesungener Text dabei bzw. zu erkennen ist. Wichtig ist nur, dass man das »Genus« erkennen kann. »Das Genus aber ist, dass man weiß, es wären geistliche Lieder, die zu Gottes Lob gemacht sind, darauf geschlagen« (Rietschel 40). Erst im 17. Jh. wird es allmählich üblich, die Orgel auch als Begleitinstrument für den Gemeindegesang heranzuziehen. Vorangegangen waren Bemühungen, die Chorsätze so zu gestalten, dass die Gemeinde den *cantus firmus* mitsingen könnte. Bahnbrechend waren hierfür die »Kirchengesänge« von Lukas Osiander (1597). In seiner Sammlung wird der *cantus firmus* generell vom Tenor in den Sopran verlegt, um der Gemeinde das Mitsingen zu erleichtern. Die Gemeinde sollte also den Chor begleiten – nicht umgekehrt. Bei einem Alternieren von Chor- und Orgelsatz konnte es dabei auch zu einem Miteinandermusizieren von Gemeinde und Orgel kommen.

Als dann am Ausgang des 17. Jh. die Gemeindebegleitung durch die Orgel die Regel wurde, erhielten die meisten kleineren Städte und ländlichen Gemeinden, die bis dahin über keine Instrumente verfügten, vornehmlich für diese Funktion zum ersten Mal eine Orgel. Was als Hilfe in intonationsmäßiger Hinsicht gedacht war, wurde dann oft genug zu einem retardierenden Element: Die Gemeinden konnten nicht schneller singen, als der Organist spielen konnte oder wollte. Als wahrhaft kirchlicher Gesangsstil wurde der extrem schleppende Kirchengesang dann von den Musikästhetikern des 19. Jh. gepriesen. Ein bis zwei Sekunden pro Note dürfte nach unterschiedlichen Zeugnissen die Regel gewesen sein.

Im Zusammenhang mit dem Gemeindegesang erhielt die Orgel durch die Choralbegleitung vollends den Nimbus des kirchlichen Instruments schlechthin. Sicher haben dabei auch einige andere Faktoren mitgewirkt: »Die Orgel spielt«, sagt man landläufig. Von keinem anderen Instrument spricht man in einer solchen entpersönlichten oder überpersönlichen Weise. Diese Redeweise mag auch dadurch mit bedingt sein, dass die Gemeinde den Organisten in der Regel nicht sieht. Der statische Ton der Orgel, dessen Dauer im Unterschied zur Singstimme und zu allen Blasinstrumenten unabhängig ist vom menschlichen Atem, macht es ebenfalls erklärlich, dass der Orgelmusik ein nahezu »transzendentaler« Charakter beigelegt wurde. Dies verdient auf dem Hintergrund ihrer Ablehnung in der Alten Kirche eine besondere Beachtung.

10. Seit dem Aufkommen der *Nuove musiche* in Italien um 1600 wird es dort üblich, die folgenschwere *Zweiteilung in weltliche und kirchliche Musik* vorzunehmen, wobei erstere mit dem neuen, letztere mit dem alten Stil identifiziert wird. Dennoch löst sich die katholische gottesdienstliche Musik – zunächst sehr zögernd, seit dem Beginn des 18. Jh. jedoch in stärkerem Maße – von der stilistischen Prägung durch den Palestrina-Stil. Ausgehend von den Hof- und Domkirchen wurde das Repertoire durch neue Kompositionen im konzertanten Stil bereichert, wobei die Komponisten meist nicht im kirchlichen Hauptberuf, sondern im öffentlichen bzw. höfischen Musikleben standen. Man denke etwa an Johann Adolf Hasses Tätigkeit als sächsischer Hofkapellmeister: In erster Linie war er dort für die Oper zuständig, daneben aber auch für die Musik der Dresdner Hofkirche. Die Öffnung der gottesdienstlichen Musik für die allgemeine stilistische Entwicklung war bei solchen geprägten Musikern unaufhaltsam. Auf die in barockem Glanz dargebotene konzertante Gottesdienstmusik folgt die musikalische Klassik, deren Hauptvertreter Haydn, Mozart, Beethoven als katholische Christen die wesentlichen Impulse für die Entwicklung der sog. sinfonischen Messe gaben. Bemerkenswert ist dabei Mozarts unsichere Haltung: In einem Brief an seinen Vater aus dem Jahr 1783 beklagte er, dass sich »die Veränderung des Gusto leider sogar bis auf die Kirchenmusik erstreckt, welches aber nicht so sein sollte« (Eggebrecht 35). Seine kontrapunktischen Studien in den letzten Lebensjahren und ihr Ertrag in seinem Requiem zeugen von seinem Bemühen um die Bewahrung – vielleicht richtiger: um die Einschmelzung – des alten Stils in die Kirchenmusik.

Sind die sinfonischen Messen der Klassik zunächst noch daran als Gottesdienstmusik zu erkennen, dass die dem Zelebranten vorbehaltenen Intonationen zum Gloria und zum Credo nicht mit komponiert wurden, so geht die Entwicklung über Beethoven und Schubert zu Bruckner dann dahin, dass der gesamte Messtext einschließlich der Intonationen durchkomponiert wird. Sofern die Komponisten überhaupt an eine Aufführung ihrer Messen im Gottesdienst dachten, brauchte jetzt der vom Priester rezitierte Text – nach dem Verständnis des Missale Romanum der eigentliche und ausschließlich »gültige« Text – nicht mehr mit dem gleichzeitig laufenden »Kirchenkonzert« synchronisiert zu werden. Das heißt: Das Credo konnte am Altar durchaus zu einer anderen Zeit gesprochen werden, als es auf der Empore von Chor und Orchester dargeboten wurde. Schuberts Umgang mit dem Messtext macht überdies die innere Emigration geistlicher Musik aus der Messe deutlich: Bei der Vertonung des Credo ließ er Stellen, die einem »aufgeklärten« Zeitgenossen anstößig erscheinen konnten, einfach weg.

Die evangelische Kirche hatte nach Bach wenig profilierte Musiker aufzuweisen. Das Kantatenschaffen ist gegen Ende des 18. Jh. praktisch erloschen. Während die katholische Kirche am festlichen Zeremoniell ihrer Hochämter festhielt, wurden in der evangelischen Kirche unter dem Einfluss der Aufklärung die Ideale von »Simplizität« und »Würde« in immer neuen Varianten als Richtschnur für die Gottesdienstgestaltung gefordert, mit denen sich eine kunstvolle, aufwendige gottesdienstliche Musik nicht vereinbaren ließ. Einschränkungen gab es aber auch im Katholizismus, etwa durch kaiserliches Dekret vom 25. Februar 1783, in dessen Folge die musikalisch schlichte Form der Singmesse entstand (MGG[1] 16 [1979] 982). Erinnert sei auch an Mozarts Konflikt mit dem Salzburger Erzbischof um die Dauer der Kirchenmusik.

11. Das romantische Kunstverständnis des *19. Jh.* entdeckt ältere Musikstile wieder. Die Aufführung von Bachs Matthäuspassion durch Felix Mendelssohn Bartholdy in Berlin (1829) ist der Markstein einer Neuentdeckung des nahezu vergessenen Bachschen Vokalschaffens. Aber nicht nur das Zeitalter des Barock kommt wieder zu Ehren. Katholische und evangelische

Kirchenmusik besinnen sich gemeinsam auf den Palestrina-Stil als den, wie man meinte, wahren Kirchenstil. Anton Friedrich Justus Thibaut wurde mit seiner Schrift »Über Reinheit der Tonkunst« (Heidelberg 1825) zum geistigen Vater des Caecilianismus, der neben der Pflege des gregorianischen Chorals den Chorgesang im »alten Kirchenstil« forderte und förderte, unter dem man fälschlich die polyphone a-cappella-Musik verstand. Die zum Vorbild erklärten Kompositionen waren ursprünglich in der Regel von einem gemischten vokal-instrumentalen Ensemble aufgeführt worden. Das evangelische Gegenstück zu Thibauts Position findet sich in den Veröffentlichungen Carl von Winterfelds, der vor allem die Vokalsätze Johann Eccards als Idealgestalt evangelischer Kirchenmusik propagierte. Die barocke Kantate (Bach) schließt er wegen der freien madrigalischen Texte und ihrem zu großen Prunk vom Gottesdienst genau so aus wie die ältere Motettenkomposition (Schütz). Im Blick auf die von der Gemeinde nachvollziehbare *cantus-firmus*-Bindung und wegen ihrer schlichten polyphonen Satzweise, die eine Textverständlichkeit ermöglicht, sieht Winterfeld in Eccards Schaffen das Ideal evangelischer Gottesdienstmusik verwirklicht. Groß ist die Zahl der Kleinmeister im katholischen wie evangelischen Bereich, die in der Folgezeit diesen »wahren« Kirchenstil kopieren. Anton Bruckner hat sich davon kritisch distanziert: »Palestrina – *a la bonne heure* – aber die Cäcilianer san nix. Wenn ihnen nix einfallt nennen sies kirchlich« (zit. nach Pflugbeil 70). Er und Max Reger versuchten dagegen, mit den stilistischen Mitteln ihrer Zeit gottesdienstliche Musik zu schreiben. Dabei ist es interessant, dass der Katholik Reger einen guten Teil seiner gottesdienstlichen Gebrauchsmusik (Chorsätze und Orgel-Choralvorspiele) auf Bitten der Straßburger evangelischen Theologen Julius Smend und Friedrich Spitta für dortige akademische Gottesdienste komponierte. Im übrigen ist die Romantik das Zeitalter der großen Chorsinfonik mit biblischer oder kirchlicher Thematik. Auf evangelischer Seite wäre dabei an Oratorien von Felix Mendelssohn Bartholdy, Robert Schumann und Johannes Brahms, auf katholischer Seite an Franz Schubert, Anton Bruckner und Max Reger zu denken – Komponisten, die ihre chorsinfonischen Werke nicht als Musik für den Gottesdienst schrieben.

Mit der Loslösung der Musikentwicklung vom kirchlichen Leben in der Zeit der Klassik und Romantik entfiel die Bindung an die Gemeinde und ebenso die Frage nach dem Spezifischen der gottesdienstlichen Musik, da Komponisten von Rang Letztere allenfalls am Rande ihres Schaffens bedacht haben. In der Musiktheorie des 19. Jh. wurde die Scheidung von Kirchenmusik und weltlicher Musik ebenfalls untermauert. Dabei wurden für erstere immer wieder Begriffe wie »getragen«, »feierlich«, »ernst« oder »schlicht« verwendet, während man das Beschwingte, Überschäumende, Prunkvolle, Artistische der profanen Musik zuwies. Die Parole *l'art pour l'art* schließlich lehnte außermusikalische Kriterien von vornherein ab – also auch den inhaltlichen Bezug auf eine vorgegebene Thematik (Auftragswerk) oder die Rücksichtnahme auf die Hörgewohnheiten einer bestimmten Gruppe (Gemeinde). Die Musik wird ausschließlich im Bereich der Ästhetik angesiedelt und fein säuberlich von der Ethik geschieden, sodass eine Frage wie die nach dem spezifisch Christlichen in der Kirchenmusik ihre Berechtigung verliert. Darüber können auch Satzüberschriften in der Kammermusik wie »Religioso« oder »Mit Andacht« nicht hinwegtäuschen. Dasselbe gilt für Beethovens prometheische Aussage: »Höheres gibt es nicht, als der Gottheit sich mehr als andere Menschen zu nähern, und von hier aus die Strahlen der Gottheit unter das Menschengeschlecht zu verbreiten« (Söhngen 1967, 176).

12. Die *katholische Sicht* der gottesdienstlichen Musik am Vorabend des Zweiten Vatikanums lässt sich am besten aus der Enzyklika Pius' XII. *Musicae Sacrae disciplina* vom 25. Dezember 1955 und der *Instructio* der römischen Ritenkongregation vom 3. September 1958 ablesen. Die Unterordnung der Musik unter die Liturgie ist die wesentliche Forderung, aus der dann auch

ausgrenzende Konsequenzen gezogen werden: Aus der gottesdienstlichen Musizierpraxis seien solche Kompositionen auszuschließen, die »ob ihrer maßlos schwülstigen Art der Melodien die heiligen Texte der Liturgie durch ihr Übermaß verdunkeln, den Fortgang der heiligen Handlung aufhalten oder der Fähigkeit und Übung der Sänger nicht entsprechen, sehr zum Schaden des Gottesdienstes« (Martimort I,162). Dass diese Formulierungen wiederum stilistisch schwer zu konkretisieren sind, ist sofort deutlich: Wendungen, die heute noch als schwülstig empfunden werden, können morgen zum alltäglichen musikalischen Vokabular gehören. Die Fähigkeit der Sänger ist trainierbar und nur sehr begrenzt als Kriterium geeignet. Auch hat es zu allen Zeiten Chöre mit sehr unterschiedlichem Leistungsvermögen gegeben.

In der ersten Hälfte des 20. Jh. wird in der katholischen Kirche dem Gemeindegesang eine hohe Bedeutung für die aktive Beteiligung der Gläubigen an der Liturgiefeier zuerkannt. Daran knüpfen 1963 die Liturgiekonstitution des Zweiten Vatikanums und 1967 die Musikinstruktion an. »Nichts ist feierlicher und schöner in den heiligen Feiern, als wenn eine ganze Gemeinde ihren Glauben und ihre Frömmigkeit singend ausdrückt« (Instruktion 16). Das spezifisch Christliche der Kirchenmusik wird in ihrer inneren Ausrichtung und ihrem Gemeindebezug erblickt. Beide Dokumente suchen zu definieren, wie gottesdienstliche Musik beschaffen ist: »Die Kirche betrachtet den Gregorianischen Choral als den der römischen Liturgie eigenen Gesang; demgemäß soll er in ihren liturgischen Handlungen ... den ersten Platz einnehmen. Andere Arten der Kirchenmusik, besonders die Mehrstimmigkeit, werden für die Feier der Liturgie keineswegs ausgeschlossen, wenn sie dem Geist der Liturgie ... entsprechen« (SC 116). Deutlicher ist der entsprechende Abschnitt in der Musikinstruktion: »Die Kirche verschließt ihre liturgischen Handlungen keiner Art von Kirchenmusik, sofern sie dem Geist der betreffenden liturgischen Handlung und dem Wesen ihrer einzelnen Teile entspricht« (9). Als das geeignetste Instrument für die Liturgie wird die Pfeifenorgel angesehen. Die Verwendung anderer Instrumente bedarf der »Zustimmung der für die einzelnen Gebiete zuständigen Autorität« (SC 120). Die Instruktion ergänzt: »Instrumente jedoch, die sich nach allgemeinem Empfinden und Gebrauch nur für profane Musik eignen, sollen von jeder liturgischen Handlung ... gänzlich ferngehalten werden« (63). Dabei wird durchaus damit gerechnet, dass es in dieser Hinsicht zu unterschiedlichen Entscheidungen kommen kann, etwa was das Instrumentarium einer europäischen oder einer afrikanischen Kirche betrifft. – Hier wird auf römischer Seite ein ernsthafter Versuch unternommen, für die gottesdienstliche Musik Kriterien zu erstellen, mit denen sich das für eine christliche Gemeinde hier und jetzt Geeignete vom Ungeeigneten unterscheiden lässt. Trotzdem sind auch diese Bestimmungen schillernd; und die unterschiedliche Praxis in der katholischen Kirche belegt nur ihre Unzulänglichkeit. Entscheidungen dürften allenfalls dort unproblematisch sein, wo das Wunschbild der Konzilsväter der gottesdienstlichen Wirklichkeit entspricht: Pfarrer, Kirchenmusiker und Gemeindeglieder sollen »einträchtig zusammenwirken, um das eigentliche Ziel der Kirchenmusik zu erreichen: die Ehre Gottes und das Heil der Gläubigen« (Instruktion 4, vgl. SC 112).

Nach einer gewissen Durststrecke hat die katholische Kirchenmusik um die Mitte des 20. Jh. wieder eine stattliche Zahl von Komponisten aufzuweisen, die auch der gottesdienstlichen Musik in ihrem Schaffen einen angemessenen Stellenwert geben. Paul Hindemith, Igor Strawinsky, Marcel Dupré, Frank Martin, Olivier Messiaen, Giselher Klebe, Krzysztof Penderecki, György Ligeti seien namentlich erwähnt. Die Aufzählung macht aber dem Kundigen sofort deutlich, dass die musikalischen Stilmittel der Genannten so heterogen sind, dass sie alles andere verkörpern als einen einheitlichen katholischen Kirchenmusikstil. Auch liegen ihre wesentlichen Beiträge mehr auf dem Gebiet der konzertanten Musik mit geistlicher Thematik, die nur sehr bedingt der gottesdienstlichen Musik zuzuordnen ist.

13. Für die *Musik des evangelischen Gottesdienstes im 20. Jh.* gibt es keine den vor- und nachkonziliaren katholischen Anleitungen vergleichbaren kirchenamtlichen Verlautbarungen. Oskar Söhngen ist auf evangelischer Seite der Theologe, der sich am intensivsten mit Fragen der inneren und äußeren Ordnung der Kirchenmusik und der Kirchenmusiker befasst hat. Noch stärker werden seine tiefschürfenden Erörterungen über die »Theologischen Grundlagen der Kirchenmusik« nachwirken (1961.1967). Zur Beantwortung der Frage, woran gottesdienstliche Musik zu erkennen ist, knüpft Söhngen an Luthers Äußerungen über die Ambrosianischen Hymnen an: »heißen Kirchen gesang, darumb das sie die Kirche angenomen hat und braucht, als hette sie dieselben gemacht, und weren jre lieder« (WA 54,34). Der Gottesdienst ist nach Söhngen »das Gesetz der Kirchenmusik«. Das ist eine harte und missverständliche Formulierung. Auch Söhngen weiß das und setzt kontrapunktisch dagegen, dass niemand puritanisch »der Musik verwehren möchte, sich nach ihren eigenen Gesetzen und Notwendigkeiten zu entfalten« (1967, 190). Musik ist Gottes gute und gnädige Schöpfungsgabe. Erkennen kann man dies »nur von der Offenbarung in Jesus Christus her« (263). Weil der christlichen Gemeinde »das Charisma der Unterscheidung der Geister ... zuteil geworden ist« (337), kann sie unvoreingenommen dem Phänomen Musik gegenübertreten. Sie wird nicht alles in ihren Gottesdienst integrieren können. Aber sie »wird sich nicht aus einem falschen Sicherungsdrang heraus und wegen der Möglichkeit des Missbrauchs eines Mittels zum Gotteslob begeben, das ihr der Heilige Geist selbst darreicht« (337 f.). Das ist sicher alles theologisch richtig. Aber wo bleibt das Charisma der Geisterunterscheidung, wenn sich die Geister scheiden, wenn der eine verdammt, was der andere in den Himmel hebt?

Wichtiger als solche Versuche theologischer Definition sind für uns erst einmal die vielen praktischen Impulse, insbesondere die vielen neuen Kompositionen, die seit dem Ende des ersten Weltkriegs in die Musik des evangelischen Gottesdienstes eingebracht wurden. Hier wurde das vorangetrieben, was dann sekundär theologisch reflektiert wurde, auch wenn Theorie und Praxis natürlich in ihrer Wechselbeziehung zueinander zu sehen sind.

Die zwanziger Jahre leiteten in Deutschland große Bewegungen ein: die Singbewegung (Fritz Jöde, Walther Hensel; im kirchlichen Bereich: Alfred Stier), die Orgelbewegung (Ideal des hellen Barockorgelklanges an Stelle der voluminösen romantischen Orchesterorgel), die Liturgische Bewegung, die Stilwende im kompositorischen Bereich (in der evangelischen Kirche besonders an die Namen Kurt Thomas, Hugo Distler und Ernst Pepping geknüpft). Mit der Messe a-moll op. 1 für gemischten Chor a cappella (1925) und der Markuspassion op. 6 (1927) hat Kurt Thomas wegweisend gewirkt: zum einen durch die Beschränkung der äußeren Mittel (Verzicht auf das große Orchester), zum anderen durch die »entromantisierte« Harmonik. Vor allem seine »Kleine geistliche Chormusik« (op. 25) mit ihrem programmatischen Titelbezug auf die »Geistliche Chormusik« von Heinrich Schütz macht deutlich, wes Geistes Kind hier am Werk ist. Andere nach ihm haben vielleicht inhaltlich Bedeutenderes geschrieben; aber an Kurt Thomas hat keiner vorbeigehen können. Diese Komponistengeneration der sog. »ersten Moderne« verbindet, dass sie alle gezielt gottesdienstliche Musik schreiben: Liedsätze und Spruchmotetten für das Kirchenjahr sowie Messordinarien und Passionsvertonungen. Letztere orientieren sich nicht an der großen oratorischen Passion des 18. Jh., sondern an der älteren Choralpassion. Nicht das selbstherrliche kompositorische Schaffen wird proklamiert, vielmehr wird die Indienststellung der Kunst bejaht.

Dass es neben solchen Entwicklungslinien auch ganz andere Tendenzen in der allgemeinen Musikentwicklung gab (etwa die Zwölftontechnik Arnold Schönbergs und seiner Schüler), wurde lange im Bereich der evangelischen Kirchenmusik ignoriert. Fatalerweise hatten die Kompositionen und die Referate auf dem »Fest der evangelischen Kirchenmusik« in Berlin

1937 in ihren Abgrenzungen sogar Parallelen zur nationalsozialistischen Kulturdoktrin: In der Ablehnung der sog. »entarteten« Kunst war man sich einig. Und es bleibt ein Schandfleck, dass man auch die Werke jüdischer Komponisten weitestgehend aus dem Gottesdienst verbannte. Allerdings sollte auch noch etwas anderes beachtet werden: Es wird mehr und mehr üblich, von einer selbstverschuldeten Getto-Situation der deutschen Kirchenmusik in der NS-Zeit zu sprechen, die nur um einer inhaltlichen oder auch personellen Anbiederung an den Nationalsozialismus willen den Zusammenhang mit der allgemeinen Musikentwicklung verlor. Dies ist nur die halbe Wahrheit. Es darf nicht übersehen werden, dass die Weichenstellungen bereits in den musikalisch revolutionären zwanziger Jahren erfolgten, dass die genannten »Bewegungen« ihren bestimmenden Einfluss auf das Gemeindeleben und damit auch auf den Gottesdienst und die gottesdienstliche Musik bereits vor 1933 erlangt hatten. Die bis zur Jahrhundertmitte ausgeschlossenen musikalischen Strömungen brandeten dann in den Jahren nach dem zweiten Weltkrieg um so heftiger gegen die Kirchenmauern. Die gewagtesten stilistischen Experimente von der Beat-Messe über Tanzdarbietungen der Bachschen Matthäuspassion bis hin zur Verwendung von Cluster-, Aleatorik- und Geräuschtechniken begehrten in der sog. »zweiten Moderne« Einlass in die Kirchenmusik. Als Gegenschlag gegen so manche hochartifizielle, aber gemeindeferne Kirchenmusik ist die Einbeziehung von Stilmitteln der Unterhaltungsmusik zu deuten, die vor allem in der kirchlichen Jugendarbeit weite Verbreitung fand (kirchliche Bands; neues Liedgut). An einigen kirchenmusikalischen Ausbildungsstätten ist inzwischen das Fach »Popularmusik« eingeführt worden. Mehrere Landeskirchen haben Beauftragte für dieses Arbeitsgebiet angestellt. Die Auseinandersetzungen über die Frage, welche dieser musikalischen Angebote für den Gottesdienst integrierbar sind und welche nicht, haben mitunter zu einem quälenden Prozess geführt, der noch keineswegs abgeschlossen ist. Es soll nun versucht werden, dazu einige Schlaglichter zu setzen. Für eine abschließende Beurteilung (oder auch nur Einordnung) dieser Fragen ist die Zeit noch nicht reif.

II. Aspekte gottesdienstlicher Musik

Alle bisherigen theologischen Versuche, das Phänomen Musik, insbesondere gottesdienstliche Musik, systematisch zu ordnen, zu definieren und zu begründen, haben sich als unzulänglich erwiesen. Es soll daher hier nur auf einige Aspekte gottesdienstlicher Musik hingewiesen werden, ohne den Anspruch auf ein geschlossenes System zu erheben.

»Die Ros' ist ohn' Warum. Sie blühet, weil sie blühet« (Angelus Silesius). Auch an die gottesdienstliche Musik soll und darf man zunächst in dieser einfältigen Weise herangehen, sich an ihr freuen, ohne gleich ein bohrendes theologisches Warum an sie heranzutragen.

Der Satz, man solle sich an der (gottesdienstlichen) Musik freuen, bedarf sogleich einer Einschränkung: Auch in der zum Gottesdienst versammelten Gemeinde gibt es eine Minderheit von Unmusikalischen, die sich bei so mancher hochgeistigen Abhandlung über kirchenmusikalische Themen leicht als Christen zweiter Klasse abgestempelt fühlen. Die Zahl derer, die im eigentlichen Sinne unmusikalisch sind (die beim Singen als »Brummer« auffallen), ist zwar äußerst gering. In den meisten Fällen handelt es sich nur um eine nicht geweckte Musikalität, weil die Musik nicht im frühen Kindesalter als elementare Lebensäußerung erfahren und praktiziert wurde. Aber neben den wenigen echt Unmusikalischen steht die größere Zahl der Musikuninteressierten – auch in der Kirche. Man kann dies bedauern, so sehr man mag; Ausführungen über gottesdienstliche Musik sollten jedoch nie einen Zweifel daran lassen, dass die Kirche Wege zu Christus zeigen will, nicht zu Bach oder Beat (genau so wenig wie zu Luther oder Wesley). Die legitime nächste Frage wäre dann die nach der Unterscheidung der Wege zu

Christus über Luther und Wesley, über Bach und Beat – und die Folgerungen für die gottesdienstliche Musik heute.

Schließlich noch eine Bemerkung, die die landläufige, aber sachlich falsche Identifizierung von Singen bzw. Musizieren und Frohsinn richtig stellen soll: »Leidet jemand unter euch, der bete; ist jemand guten Mutes, der singe Psalmen« (Jak 5,13). Ein froher Mensch ist eher zum Singen aufgelegt als ein trauriger. Schmerz verschließt den Mund. Aber dieser Satz gilt nicht uneingeschränkt. Das große Kapitel der Trauermusiken darf nicht übersehen, genauer: überhört werden, angefangen von den individuellen und kollektiven Klageliedern im Alten Testament bis hin zu den großen Requien der Klassik und Romantik. Musik ist sehr wohl auch für die Funktion der Klage geeignet. Die Psalmen bieten auch hierfür eine Fülle von Beispielen. Vielleicht gäbe es heute weniger psychosomatische Probleme, wenn es uns gelänge, diese weithin verschüttete Form individueller und gemeindlicher Äußerung zurückzugewinnen.

1. Nach den zahlreichen Versuchen in der Kirchengeschichte, Kriterien für einen speziellen gottesdienstlichen Musikstil zu finden, stellt sich diese Frage abermals: *Gibt es einen Unterschied zwischen gottesdienstlicher und »weltlicher«, zwischen sakraler und profaner Musik?*

Pro-fanus ist nach dem ursprünglichen Wortsinn das, was außerhalb des Heiligtums *(fanum)* liegt. Es ist das nicht Geweihte, das noch nicht Geweihte, das aber geweiht werden kann, sofern dem nicht besondere Umstände entgegenstehen. Sakral ist dagegen das, was in den Bereich des Heiligtums, in die heilige Handlung einbezogen worden ist. Diese Einbeziehung geschieht in allen Konfessionen – so unterschiedlich der Weihevorgang und das Weiheverständnis im einzelnen auch sein mögen – durch das weihende Wort. Weltlich (profan) ist niemals von vornherein antisakral, sondern zunächst a-sakral.

Das Neue Testament fordert einerseits die liebende Hinwendung zur Welt; es ruft aber andererseits zur Bewahrung vor der Welt auf. Auch der Gottesdienst und seine Musik stehen in dieser Spannung. Eine Kirche, die ihre Strukturen von ihrem Sendungsauftrag an die Welt her (mit)bestimmt weiß, muss darauf bedacht sein, dass diese ihre Strukturen »weltlich« sind in dem Sinn, dass daran die Hinwendung zur Welt erkennbar wird. Eine solche Feststellung bedarf dann aber sofort einer »kontrapunktischen« Ergänzung: Die christliche Botschaft, alle Lebensäußerungen der Kirche verlangen nach dem Inhalt angemessenen Formen. Zu dem Sendewort »Gehet aus auf die Landstraßen und an die Zäune« kommt das *cogite intrare* hinzu. Von den Geladenen wird das »hochzeitliche Kleid« erwartet (Mt 22). Sie dürfen kommen, wie sie sind, aber sie dürfen nicht so bleiben, wie sie gekommen sind.

Für die eigene Positionsbestimmung soll von zwei Paulusworten ausgegangen werden: »Alles ist euer; ihr aber seid Christi« (I Kor 3,22.23). »Mir ist alles erlaubt; aber es schickt sich nicht alles« (I Kor 6,12). Auf die gottesdienstliche Musik übertragen bedeutet das: Als Christ bin ich ein freier Herr aller Dinge. Alle musikalischen Formen, alle Stilmittel, alle Instrumente stehen mir zum freien Gebrauch zur Verfügung. Aber ich bin auch ein dienstbarer Knecht Christi und aller Dinge und habe die Pflicht, die Geister zu prüfen, ehe ich sie einlasse.

Weil die Gemeinde nicht *von* der Welt ist, wohl aber *in* der Welt steht, ist sie mit ihren Ausdrucksformen dem Wandel der Zeit und dem Kontext ihres speziellen Kulturkreises verhaftet. Kunststile gelten daher weder global noch überzeitlich. Das gilt allgemein, das gilt auch für die kirchliche Kunst. Das Eisenacher Regulativ von 1861, das den romanischen und den gotischen Stil als angemessene Kirchenbaustile festlegte, ist auf dem Gebiet der Architektur ein besonders prägnantes Negativbeispiel. Wer eine solche Sackgasse vermeiden will, muss sich auch auf dem Gebiet der gottesdienstlichen Musik vor ähnlichen Festlegungen hüten, indem man etwa Schütz oder Bach und die Komponisten aus ihrem Umfeld für die evangelische

Kirchenmusik kanonisiert. Die Aufführungszahlen ergeben keine theologische Legitimation, und der Wandel ästhetischer Richtungen lässt sich nicht kirchlich reglementieren.

Der Satz, dass christliche Musik an der nach immanenten Gesetzen verlaufenden allgemeinen Musikentwicklung teilhat, ist richtig, aber die halbe Wahrheit. So gewiss die Kommunikation und Partizipation der Kirchenmusik mit der gleichzeitigen »profanen« Musik feststeht, so gewiss gilt das Postulat, dass Kirchenmusik sich eklektisch verhält, dass sie aus den bereitstehenden musikalischen Elementen auswählt, was ihrem Auftrag am gemäßesten ist. Nicht jede Form passt zu jedem Inhalt. Ohne einer falschen Ängstlichkeit das Wort reden zu wollen, ist die Frage legitim, welche musikalischen Mittel, die grundsätzlich alle freigestellt sind, für die Musik der gottesdienstlichen Gemeinde hier und heute dienlich sind und welche nicht.

2. Am schwierigsten ist die Frage zu beantworten, ob bestimmte *Musikstile* für die gottesdienstliche Musik in besonderer Weise prädestiniert oder aber dafür ungeeignet sind. Einerseits erfassen die großen Umbrüche und Wandlungen in der Geistesgeschichte in der Regel in zeitlicher Parallele auch die Künste. Der Übergang zur Philosophie und Theologie der Aufklärung liegt zeitlich parallel zur musikalischen Trennlinie zwischen Barock und Klassik. Die Befreiungskriege bringen den Aufbruch zu einer individualistischen Philosophie und Theologie etwa zeitgleich mit dem Beginn der Romantik in der Kunst. Das Ende dieser Epoche lässt sich – wiederum zeitgleich – mit dem Ende des ersten Weltkriegs datieren, um nur einige besonders markante Vergleiche zu ziehen. Offenkundig werden Geisteswissenschaften und Künste dabei von den gleichen geheimen Quellen gespeist. Aber es ist und bleibt gewagt, diese Gemeinsamkeiten begrifflich zu fassen, zu verbalisieren. So ist etwa die Behauptung, dass der Stilwandel von Bach zu Mozart und Beethoven als Übergang von der Gottes- zur Menschenkündung zu verstehen sei (so Paumgartner 17), für einen nicht mit der Materie Vertrauten schwer verständlich. Und doch ist damit Wesentliches an dem musikalischen Stilbruch erfasst und ausgesagt. Der Übergang von der linearen, polyphonen Musik des Barock zur harmoniebestimmten Musik der Klassik ist Ausdruck dieses aussagemäßigen Wandels. Die lineare Musik der Bach- und Vorbachzeit basierte auf den sog. Figuren. Es handelte sich dabei um gleichsam objektive Motivbildungen, die unabhängig von der momentanen subjektiven Befindlichkeit des Komponisten als Formeln für bestimmte Gehalte zur Verfügung standen. Dem entsprach die Musikästhetik, die in der Affektenlehre beschrieb, welche musikalischen Mittel – insbesondere welche melodischen und rhythmischen Wendungen – welche Wirkung auf den Hörer ausübten.

Die bevorzugten musikalischen Formen dieser Epoche unterstreichen eine solche Deutung: Die kontrapunktischen Formen des Kanons, der Fuge und der Passacaglia sind offene Formen, die beliebig fortgesponnen werden können. Dem steht die Musik der Klassik gegenüber mit den geschlossenen Formen (Sonate, Sinfonie) als Abbild der menschlichen Endlichkeit und mit der dominierenden Harmonik, die dem subjektiven Gefühl des Komponisten und Interpreten entgegenkommt. Und doch sollte man mit solchen Parallelen sehr vorsichtig sein, vor allem wenn daraus Negativentscheidungen, etwa die Verbannung aus dem Gottesdienst, abgeleitet werden. Unübersehbar ist jedoch, dass die Blütezeiten der gottesdienstlichen Musik zeitlich mit den Epochen der Polyphonie zusammenfallen (vgl. Mezger 1222). Dies soll nun nicht in den Lobpreis der Bachkantate einmünden – die zu ihrer Zeit musikalisch weithin unverstanden blieb, während wir heute mit so manchem der Kantatentexte unsere Probleme haben –, sondern soll noch einmal ein Licht auf die Entwicklung der gottesdienstlichen Musik in der ersten Hälfte des 20. Jh. werfen, soll die aktuellen Fragen in diesen größeren geschichtlichen Zusammenhang stellen. Die sog. »erste Moderne« der zwanziger und dreißiger Jahre hat ihre bleibende Bedeutung in dem von ihr programmatisch beschrittenen Weg vom übersteigerten Individualismus

(Komponist und Werk, Interpret und Wiedergabe) zum handwerklich Elementaren, zur Kunst, die sich ein- und unterzuordnen bereit ist.

Merkwürdig ist – zumal im Vergleich zur Flut neuer geistlicher Lieder seit den sechziger Jahren – die zurückhaltende Scheu jener Generation gegenüber einem neuen Kirchenlied, das trotz dieser Ansätze in Theorie und Praxis praktisch ausblieb. Die wenigen neuen Lieder im EKG 1950 sind Ausnahmen, die die Regel bestätigen. Noch kleiner ist die Zahl neuer Lieder aus diesem Gesangbuch, die von der Gemeinde wirklich angenommen wurden. Dem muss auch die kritische Frage nach dem bleibenden Wert der zahlreichen Chor- und Orgelkompositionen aus jener Zeit hinzugefügt werden, die zum allergrößten Teil in Vergessenheit geraten sind.

Seit der Mitte des 20. Jh. driften die Richtungen in Kunst und Ästhetik mehr und mehr auseinander. Das betrifft auch die gottesdienstliche Musik: Die große Masse der – stilistisch meist indifferenten, in den Ansprüchen eher bescheidenen – Gebrauchsmusik für Kirchenchöre und Organisten in einfacheren Verhältnissen (niemand möge sie verachten, da sie für die kirchenmusikalische Breitenarbeit repräsentativ ist) gibt das »Mittelfeld« ab. Es wird auf der einen Seite flankiert von den Werken der Avantgardisten, die nur von wenigen Spitzenchören und Organisten aufgeführt werden können (vgl. Fortner; Ziegler). Auf der anderen Seite stehen die an der U-Musik orientierten Vokal- und Instrumentalsätze mit den daraus resultierenden missionarischen Chancen und zugleich den aufgezeigten inhaltlichen Problemen.

Maßstab für das, was möglich ist und was nicht, kann nach evangelischem Gottesdienstverständnis neben der ethischen Vertretbarkeit der Werke unter dem Gesichtspunkt von Inhalt und Form letztlich nur die Gemeinde sein, deren Grenzen des musikalischen Auffassungsvermögens zu beachten sind. Dazu lässt sich kaum etwas Besseres sagen, als die paulinischen Ausführungen zum Thema der Glossolalie und ihrer Verstehbarkeit dies tun (I Kor 14,13–28).

3. Musik, auch gottesdienstliche Musik, darf nicht nur Seismograph ihrer Zeit sein. Ob es neben dem Prinzip Hoffnung in der Philosophie und einer Theologie der Hoffnung auch so etwas wie eine (Kirchen-)*Musik der Hoffnung* geben kann? Die verbreitete Doktrin, dass man nach Hiroshima keine tonale Musik mehr schreiben könne, übersieht, dass Musik nicht nur Ausdruck ihrer Umwelt ist. Gottesdienstliche Musik darf etwas von der eschatologischen Hoffnung in sich tragen, dass Gott einmal alles gut machen wird.

Wenn die *Gemeinde Hauptkriterium* für die gottesdienstliche Musik ist, so wird damit einerseits die von Söhngen aufgestellte These abgeschwächt, die Liturgie sei das Gesetz der Kirchenmusik. Diese zu sehr »versachlichte« Definition (Liturgie) bedarf eines »menschlichen« Korrektivs (Gemeinde). Andererseits wird durch den Gemeindebezug einem individualistischen Denkansatz gewehrt, der die Legitimation der Kirchenmusik an den einzelnen Glaubenden (Komponist, Interpret) binden möchte (vgl. Krummacher 1987); denn wie soll man dieses Kriterium handhaben? Wer wollte sich anmaßen, über die Gläubigkeit eines Komponisten oder eines Interpreten und die Gottesdienstfähigkeit seiner Musik zu urteilen?

Die Kriterienbindung an die Gemeinde – im jeweiligen Umfeld – kann dann durchaus zu unterschiedlichen Einschätzungen und Praktiken führen. Erinnert sei an die Horizontöffnung im Bereich der katholischen Kirchenmusik durch das Zweite Vatikanum, das für unterschiedliche Kulturkreise durchaus verschiedene gottesdienstliche Instrumentarien konzedierte. Nachdem europäische Missionare im 19. Jh. daran scheiterten, afrikanische Taufanwärter neu geschaffene Texte in der Landessprache auf kirchentonale europäische Choralmelodien des 16. Jh. singen zu lassen, mühen sich heute europäische Christen meist vergeblich um die Erfassung der schwierigen Rhythmen der afro-amerikanischen Musik (z.B. der Spirituals). Doch gibt es auf hymnologischem Gebiet auch beachtliche neue Ansätze. Neben zahlreichen neuen deutschen Liedern enthält das EG 1993 viele Melodien aus anderen Kulturkreisen, teilweise Melodieübernahmen mit deutscher Textierung, teilweise Neuschöpfungen mit mehr oder weniger ausgeprägter stilistischer Anlehnung.

Hinsichtlich des im Gottesdienst verwendeten (oder verwendbaren) Instrumentariums divergieren die Meinungen z.Z. noch erheblich. Sogar unter den afro-amerikanischen Christen in den USA gibt es bei dieser Frage bis heute kontroverse Meinungen: Ein Teil fordert, die heidnische Trommel bei der Taufe als Symbol des Heidentums zurückzulassen, während andere ihre Trommel mit »taufen« lassen möchten. Es kann daher schon gar nicht damit gerechnet werden, dass es im europäischen Kulturbereich dazu eine einhellige Meinung gibt.

Unabhängig davon, ob man mit Johan Huizinga den *homo ludens* als Ausgangspunkt aller Kultur und Kunst ansieht, oder ob man mit Wilhelm Pinder davon ausgeht, dass alle Kunst von Haus aus im Dienst stehende, zweckgebundene menschliche Äußerung ist, muss für die gottesdienstliche Musik unaufgebbar ihr Dienst- und Aussagecharakter postuliert werden. Dabei werden Aussage und Spiel nicht als absolute Gegensätze verstanden. Es sei an Luthers Vorrede zum Chorgesangbuch von Johann Walter (1524) erinnert, dass er alle Künste in den Dienst dessen gestellt sehen möchte, der sie den Menschen geschenkt hat (WA 35,475).

4. Wenn die Künste, in unserem Fall die Musik, zum Gottes-Dienst bereitstehen, ergibt sich die Frage, mit welchen Funktionen die Kirche sie betraut. Die bewährte Dreiteilung kirchlichen Handelns in *Martyria, Leiturgia* und *Diakonia* möge dabei als Ordnungsschema dienen.

Unmittelbar einleuchtend ist die Einordnung der Musik in das Feld der Leiturgia: Musik als Mittel der Rühmung Gottes – es sei hinzugefügt: auch als Mittel, vor Gott seine Klage zu artikulieren. Aber Musik als Zeugnis (Martyria)? Es sei an die theologische Debatte in den fünfziger Jahren um den Verkündigungscharakter der (gottesdienstlichen) Musik erinnert. Die Exponenten waren damals Friedrich Buchholz und Walter Blankenburg. Während Buchholz als Vertreter der Barthschen Theologie dem gesprochenen Predigtwort das Verkündigungsmonopol zuerkannte, wurde dagegen von Blankenburg geltend gemacht, dass man Gottes Geist keine Schranken setzen könne, dass dieser Geist sehr wohl auch durch das gesungene Wort Glauben wecken könne. Während diese Argumentation in der lutherischen Tradition steht – »So hat Gott das Evangelium auch durch die Musik gepredigt« (Luther); *ubi et quando visum est Deo* (CA V) –, geht erstere auf die von Zwingli und Calvin geprägte Musikauffassung zurück, Musik könne stets nur Antwort auf das angenommene (gesprochene) Wort sein.

Die Frage, ob Kirchenmusik – wesensmäßig oder funktional – der Martyria oder der Leiturgia zuzuordnen sei, geht von einer falschen Alternative aus. Das Gespräch mit Gott und die Anrede an den Mitmenschen gehen schon in den alttestamentlichen Psalmen ineinander über. Groß ist die Zahl der Psalmen, in denen die Er-Aussage der Verkündigung (»Der Herr ist mein Hirte«) mit dem Du-Stil des Gebets (»Du bereitest vor mir einen Tisch«, Ps 23) wechselt. Paulus und Silas loben Gott im Gefängnis, was gleichzeitig ein Zeugnis vor den Mitgefangenen ist (Act 16,25). Auch die christlichen Glaubensbekenntnisse haben nicht nur die Funktion der Confessio des Taufbewerbers und der Martyria; als Doxologie wurden sie in den Gemeindegottesdienst hineingenommen. In diesem Zusammenhang sei auch an Luthers Zuordnung von Singen und Sagen erinnert: Wo Glaube entsteht, da ist das Singen die Folge; Singen wird aber zugleich auch Zeugnis für andere. So kann für die gottesdienstliche Musik nur das unauflösliche Ineinander von kerygmatischer und doxologischer (liturgischer) Funktion festgestellt werden, auch wenn die Intention häufiger im Doxologischen liegen mag.

Aber wenn man nur die beiden zuerst genannten Felder für die kirchliche Musik reserviert, übersieht man ihre dritte, ebenfalls wesentliche Entfaltungsmöglichkeit, ihre diakonische

Funktion. So wie die Betreuung eines Kranken durch eine Diakonisse oder ein Gemeindeglied unaufgebbares Stück kirchlichen Handelns ist, so kann auch ein Orgelkonzert in seiner diakonischen Funktion – Vermittlung von Entspannung, von Ruhe, von Freude – verstanden werden. Man hat immer wieder versucht, der Orgelmusik auf dem Umweg über die Choralbearbeitungen eine Verkündigungsfunktion zuzuerkennen, um sie dadurch kirchlich zu »legitimieren«. Eine Musik, die in sich Ordnung (»Kosmos«) ist, kann aber auch ohne eine solche Bindung auf ihre Wirkung hin betrachtet werden. Die Musiktherapie, die in den letzten beiden Generationen eine Fülle von Erfahrungen gesammelt hat, steht in einer geradlinigen Tradition zu biblischen Erzählungen wie der Heilung des schwermütigen Saul durch Davids Saitenspiel (I Sam 16).

In der Frage der absoluten (vom Worte losgelösten, reinen Instrumental-)Musik haben sich die theologischen Interpreten stets besonders schwer getan. Schon das bereits zitierte Gutachten der Wittenberger Theologischen Fakultät von 1597 geht den Weg über eine *cantus-firmus*-Bindung und definiert das »Genus« gottesdienstlicher Orgelmusik damit, dass man die Stücke als geistliche Lieder verstehen könne, die zum Lobe Gottes komponiert und gespielt würden.

Von Augustinus über Luther, das genannte Wittenberger Gutachten und viele kirchenamtliche Verlautbarungen bis hin zu modernen Erklärungen wird ein andachts-psychologisches Argument eingeführt: Die gottesdienstliche Musik solle den Boden bereiten, die Herzen aufschließen für das folgende Wort der Verkündigung. Dies ist sicher richtig. Aber auch unabhängig davon gilt die gottesdienstliche Legitimität der absoluten Musik. Instrumentalmusik darf man sicher als späten Nachfahren des altkirchlichen Jubilus ansehen, jenes in unvorstellbar langen Melismen ausschwingenden Schlussvokals der Halleluja-Psalmodie. Diese von der menschlichen Stimme ausgeführten »Lieder ohne Worte« zeugen zugleich von dem Ineinander von Spielcharakter und Aussagemoment. Für die theologische Beurteilung sowohl des Jubilus als auch der gottesdienstlichen Instrumentalmusik kann man inhaltlich an die Ausführungen des Apostels Paulus über das Zungenreden (I Kor 14) anknüpfen.

Freilich: Wer sein Leben lang nur Instrumentalmusik hört, kann dadurch nicht den Weg zu Christus finden. Der rational vernehmbare Ruf zur Entscheidung und der Zuspruch sind dem – gesprochenen oder gesungenen – Wort vorbehalten. Aber auch in ihrer doxologischen und diakonischen Funktion hat die gottesdienstliche Musik ihre Berechtigung und ihren Stellenwert – solange der Erste Artikel zum Credo gehört.

Wer nach der gottesdienstlichen Musik fragt, begibt sich damit nicht in einen geschützten ästhetischen Bereich *(de gustibus non est disputandum)*, sondern er wird hineingenommen in zentrale Probleme der christlichen Ethik und in den Meinungsstreit, was für die christliche Botschaft und für das Handeln des Christen im umfassenden Sinne als Gefäß geeignet ist und was sich nicht (oder doch nur schwer) damit verträgt. Nach wie vor gilt die paulinische Weisung, von der aus die eigene Positionsbestimmung versucht wurde, alles zu prüfen, aber nur das Gute zu behalten, in dem verpflichtenden Bewusstsein: »Ihr aber seid Christi«.

III. Zur Praxis gottesdienstlicher Musik

Als Epilog (oder als Ziel?) der bisherigen Ausführungen seien hier ein paar praktische Hinweise für den Einsatz der Musik im Gottesdienst gegeben.

Über das Gemeindelied als tragenden Bestandteil des Gottesdienstes ist hier nichts nachzutragen. Sein Einsatz ist in den verschiedenen Gottesdienstordnungen geregelt. Anders steht es mit den Möglichkeiten von Chor und Orgel.

Es ist eine leider weit verbreitete Unsitte, dass der Chor stets an den gleichen Stellen des Gottesdienstes – meist zweimal, ganz am Anfang und vor der Predigt – beliebige Musikstücke vorträgt, deren liturgische Funktion von der Gemeinde nicht verstanden werden kann, sodass sie nur als »musikalische Einlagen«, als »künstlerische Bereicherung« registriert werden. Es sollte aber den Gemeindegliedern bewusst werden, dass die Kirchenmusik im Gottesdienst verwurzelt ist und dass sie dort eine organische Funktion hat. Die von der Generalsynode der VELKD 1954 verabschiedeten »Richtlinien für die Tätigkeit des Chores im Gottesdienst« sind bis heute aktuell. Darin heißt es, »dass der Chor nicht irgendwo mit einem zusätzlichen Stück ›eingeschoben‹ wird, sondern dass er zu geordneter Tätigkeit im Rahmen der geltenden Liturgie verpflichtet ist, die er weder ändert noch sprengt« (29).

Sowohl bei den sonntäglich wiederkehrenden gottesdienstlichen Stücken (dem Ordinarium) als auch bei den nach dem Kirchenjahr wechselnden Stücken (dem Proprium) ist der Einsatz des Chores möglich und wünschenswert. Vor allem bei den Ordinariumsstücken wird dies zu wenig beachtet. Eine mehrstimmige Kyrie-Vertonung aus der unübersehbaren Zahl von Messkompositionen eines Jahrtausends an Stelle des allsonntäglichen Straßburger Kyrie von 1525 kann die musikalische Monotonie unserer Gottesdienste durchbrechen. Dasselbe gilt für ein vom Chor gesungenes Gloria patri, das an die Stelle des einstimmigen Gemeindestücks tritt. Als Teil der Gemeinde kann der Chor grundsätzlich jedes der Gemeinde zufallende liturgische Stück übernehmen und es *substitutiv*, d.h. an Stelle der gesamten gottesdienstlichen Gemeinde in einer musikalisch anspruchsvolleren Form darbieten. Vor allem im (16. und) 17. Jh. war es eine weit verbreitete Sitte, Kirchenlieder – besonders, wenn sie viele Strophen hatten – im Wechsel zwischen Gemeinde und Chor auszuführen. Dies ist die auch heute noch vertraute *Alternatim*-Praxis. Die dritte Form ist die *additive* Zuordnung, die bei einigen Stücken besonders empfehlenswert ist. Z.B. kann der Chor zum Eingangslied der Gemeinde, auf das keinesfalls verzichtet werden sollte, mit einem ein- oder mehrstimmigen Psalmengesang hinzutreten. Auch die Psalmlieder von Cornelius Becker in der Vertonung von Heinrich Schütz und die große Zahl der Chorsätze zum Genfer Psalter haben hier ihren »Sitz im Leben«.

Ein Chorintroitus sollte dann aber den vom Liturgen gelesenen Psalm substitutiv ersetzen, damit der Introitus nicht verdreifacht wird: Gemeindelied – Chorintroitus – gelesener Psalm. Sowohl unter geschichtlichen als auch unter funktionalen Gesichtspunkten ist die Übernahme des Introitus-Psalms durch den Chor besonders anzuraten: Der Introitus ist seinem Ursprung nach der Einzugsgesang für den Klerus. Es ist daher nicht überzeugend, wenn dieser Gesangstext vom Liturgen nach seinem Einzug verlesen wird.

Der Chor fungiert aber nicht nur als Mund der Gemeinde, als ihr Teil und stellvertretend für sie, sondern er kann ihr auch – anredend – gegenübertreten. Eine Spruchmotette innerhalb der Perikopenlesung bzw. unmittelbar danach oder eine Kantate, die wegen der freien Texte besonders ausgeprägt kerygmatische Züge trägt und deshalb am zweckmäßigsten in Verbindung mit der Predigt aufgeführt wird, haben Verkündigungsfunktion. Reiche Möglichkeiten zur musikalischen Ausgestaltung des Gottesdienstes gibt es im Rahmen der Abendmahlsfeier.

Alles, was über den Einsatz des Chores im Gottesdienst ausgeführt wurde, gilt entsprechend für solistische Vokalmusik. Solisten, die über einen Mangel an »passender« Literatur klagen, seien darauf verwiesen, dass die große Zahl der Cantionalsätze von Schütz, Schein, Crüger, Ebeling und anderen auch als Sologesang mit (Orgel-)Begleitung ausgeführt werden kann.

Die Aufgaben der Orgel im Gottesdienst haben sich im Lauf der Jahrhunderte gewandelt. Auf die Begleitfunktion beim Gemeindegesang, die der Orgel erst als jüngste Aufgabe zugewachsen ist, wird man heute aus Gründen der Intonation und des rhythmischen Zusammenhalts nicht mehr ohne Not verzichten. Dass die Orgel daneben auch solistische Aufgaben wahrnehmen kann und sollte, wird zu wenig bedacht und zu selten praktiziert. Besonders hingewiesen sei auf die Möglichkeit der Übernahme eines liturgischen Stücks der Gemeinde durch die Orgel, z.B. in Form eines Orgelchorals zu »Allein Gott in der Höh sei Ehr« an Stelle der allsonntäglichen Gemeindestrophe. Auch bei mehrstrophigen Gemeindeliedern kann man in der Weise verfahren, dass die Gemeinde bei einer oder einigen Strophe(n) den Text still liest, während der Organist diese als Orgelchoral gestaltet. Durch die Art der Registrierung und möglichst auch der Harmonisierung möchte dabei für den Hörer ein Textbezug erkennbar sein.

Bei den nicht im Zusammenhang mit der Lied- und Liturgiebegleitung stehenden Orgelstücken ist zu unterscheiden zwischen solchen, die eine Meditationspause gestalten, und anderen, die eine Prozession begleiten.

Zu den ältesten Traditionen des christlichen Wortgottesdienstes gehört die Folge Lesung – Musik. Die drei Lesungen in der *Missa Catechumenorum* wurden jeweils durch Musikstücke aufgenommen und meditiert. Da die Alte Kirche die Instrumentalmusik ausgeschlossen hatte, waren dies durchweg Chor- oder Sologesänge. Nach dem Einzug der Orgel erhielt diese Anteil an der Ausführung der Zwischenmusiken. So finden sich in den Orgelwerken von Girolamo Frescobaldi Angaben wie »Canzona nach der Epistel«. Während solcher Meditationsmusiken ging die gottesdienstliche Handlung nicht weiter; der Gemeinde wurde Hilfestellung für ein Meditieren des Gehörten gegeben.

Eine andere Funktion haben dagegen Musikstücke, die den Ein- oder Auszug der Gemeinde oder der Zelebranten begleiten. Die anschaulichsten Beispiele dafür im heutigen Gemeindeleben bieten die Kasualien: Musik beim Einzug der Gemeinde zur kirchlichen Trauung; Musik beim Hinaustragen des Sarges und Auszug der Gemeinde bei der Bestattung. Orgelmusik zum Einzug der (oder des) Zelebranten ist im evangelischen Sonntagsgottesdienst selten geworden, wird aber z.B. bei Ordinationen, bei Pfarrereinführungen oder auch bei Konfirmationen praktiziert. In all diesen Fällen handelt es sich um »geordnetes Schreiten«, um »Prozessionen«, die von der Musik begleitet werden. Sofern eine Gemeinde am Ende des Gottesdienstes zu den Klängen der Orgelmusik diszipliniert die Kirche verlässt, kann man dem Orgelnachspiel sehr wohl ebenfalls die Funktion der Prozessionsbegleitung zusprechen. Wo das Nachspiel aber zur Geräuschkulisse für lautstarke Begrüßungsszenen degradiert wird, gibt es einen unwürdigen Gottesdienstausklang. In katholischen Gemeinden gilt es ohnehin als unschicklich, unmittelbar nach dem Segen und der Entlassung aufzubrechen. Es ist zu begrüßen, wenn das gottesdienstliche Orgelnachspiel in den evangelischen Gemeinden mehr und mehr den Charakter eines Meditationsstückes erhält. Es hat die Funktion einer abschließenden Doxologie, die Gott von der Gemeinde durch den Organisten dargebracht wird.

Die Aufgaben und Einsatzmöglichkeiten des Posaunenchors oder anderer Instrumente entsprechen denen der Orgel.

Literatur

Christoph ALBRECHT, Barock, Klassik, Romantik. Der Stilwandel in der Musik in theologischer Schau: MuK 28 (1958) 200–204.255–262. – Ders., Schleiermachers Liturgik, Berlin/Göttingen 1963. – Ders., Das Verhältnis von Geistlich und Weltlich in der Musik der Vergangenheit und Gegenwart: Kirchenmusik im Spannungsfeld der Gegenwart, hg.v. Walter Blankenburg/Friedrich Hofmann/Erich Hübner, Kassel 1968, 20–27. – Christiane BERNSDORFF-ENGELBRECHT, Geschichte der evangelischen Kirchenmusik, 2 Bde.(Taschenbuch der Musikwissenschaft 56/57), Wilhelmshaven [3]1998. – Walter BLANKENBURG, Kirche und Musik. Gesammelte Aufsätze zur Geschichte der gottesdienstlichen Musik, Göttingen 1979. – Friedrich BLUME (Hg.), Geschichte der evangelischen Kirchenmusik, Kassel [2]1965. – Heinz Alfred BROCKHAUS, Europäische Musikgeschichte I. Europäische Musikkulturen von den Anfängen bis zur Spätrenaissance, Berlin 1983. – Adolf BRUNNER, Musik im Gottesdienst. Wesen, Funktion und Ort der Musik im Gottesdienst, Zürich/Stuttgart [2]1968. – Peter BUBMANN, Sound zwischen Himmel und Erde. Populäre christliche Musik, Stuttgart 1990. – Friedrich BUCHHOLZ, Liturgie und Gemeinde. GAufs.(TB 45), München 1971. – Hans Heinrich EGGEBRECHT, Heinrich Schütz. Musicus poeticus, Göttingen 1957. – Karl Gustav FELLERER (Hg.), Geschichte der katholischen Kirchenmusik, Kassel

²1976. – Wolfgang FORTNER, Geistliche Musik heute: MuK 27 (1957) 9–14. – Rudolf GERBER/Bruno STÄBLEIN/Maria STÖHR, Art. Hymnus: MGG¹ 6 (1957) 987–1030. – Wolfgang HERBST, Art. Musik in der Kirche: MGG² 6 (1997) 715–727. – INSTRUKTION ÜBER DIE MUSIK in der Liturgie/Instructio de musica in sacra Liturgia, hg.v. den Liturgischen Instituten Trier und Freiburg in der Schweiz (NKD 1), Trier 1967. – KIRCHENMUSIK im Spannungsfeld der Gegenwart, hg.v. Walter Blankenburg/Friedrich Hofmann/Erich Hübner, Kassel 1968, 20–27. – Gustav Adolf KRIEG, Die gottesdienstliche Musik als theologisches Problem, dargestellt an der kirchenmusikalischen Erneuerung nach dem ersten Weltkrieg, Göttingen 1990 (Lit.!). – Christoph KRUMMACHER, Überlegungen zur Begründung evangelischer Kirchenmusik: ZdZ 41 (1987) 19–23. – Ders., Musik als praxis pietatis. Zum Selbstverständnis evangelischer Kirchenmusik, Göttingen 1993. – Michael LATTKE, Hymnus: Materialien zu einer Geschichte der antiken Hymnologie, Freiburg/Schweiz 1991. – Christhard MAHRENHOLZ, Musicologica et Liturgica. GAufs., Kassel 1960. – Aimé-Georges MARTIMORT (Hg.), HLW(M), 2 Bde., Leipzig 1965. – James MCKINNON, Music in Early Christian Literature, Cambridge 1987. – Manfred MEZGER, Art. Musik VII: RGG³ 4 (1960) 1220–1224. – Alfred Dedo MÜLLER, Musik als Problem lutherischer Gottesdienstgestaltung, Berlin 1947. – Joseph M. MÜLLER-BLATTAU, Die Kompositionslehre Heinrich Schützens in der Fassung seines Schülers Christoph Bernhard, Leipzig 1926. – Die Musik des evangelischen Gottesdienstes: Leit. 4 (1961). – Thomas NIPPERDEY, Religion im Umbruch. Deutschland 1870 bis 1918, München 1988. – Walter OPP (Hg.), Handbuch Kirchenmusik, 3 Bde., Kassel 1999–2001. – Bernhard PAUMGARTNER, Johann Sebastian Bach, Mozart und die Wiener Klassik: BJ 43 (1956) 5–17. – Hans PFLUGBEIL, Omnia ad majorem Dei gloriam: Credo Musicale [FS Rudolf Mauersberger], hg.v. Ulrich von Brück, Berlin 1969, 63–71. – Fred K. PRIEBERG, Musik im NS-Staat, Köln 2000. – RICHTLINIEN FÜR DIE TÄTIGKEIT DES CHORES IM GOTTESDIENST: ABlVELKD 2 (1955) Bd. 1, 29–31. – Georg RIETSCHEL, Die Aufgabe der Orgel im Gottesdienste bis in das 18. Jahrhundert, Leipzig 1893. – Ders./Paul GRAFF, Lehrbuch der Liturgik I. Die Lehre vom Gemeindegottesdienst, Göttingen ²1951. – Klaus RÖHRING, Neue Musik in der Welt des Christentums, München 1975. – Michael SCHÄFERS, Jugend – Religion – Musik. Zur religiösen Dimension der Popularmusik und ihrer Bedeutung für die Jugendlichen heute, Münster 1999. – Eberhard SCHMIDT, Lied und Musik im Gottesdienst: HPTh(B) 2 (²1979) 106–136. – Dietrich SCHUBERTH, Kaiserliche Liturgie. Die Einbeziehung von Musikinstrumenten, insbesondere der Orgel, in den frühmittelalterlichen Gottesdienst, Göttingen 1968. – Ders., Art. Kirchenmusik: TRE 18 (1989) 649–662 (Lit.!). – Oskar SÖHNGEN, Die Wiedergeburt der Kirchenmusik. Wandlungen und Entscheidungen, Kassel 1953. – Ders., Theologische Grundlagen der Kirchenmusik: Leit. 4 (1961) 1–267. – Ders., Theologie der Musik, Kassel 1967. – Ders., Erneuerte Kirchenmusik. Eine Streitschrift, Göttingen 1978. – Alfred STIER, Kirchliches Singen, Berlin 1953. – René H. WALLAU, Die Musik in ihrer Gottesbeziehung. Zur theologischen Deutung der Musik, Gütersloh 1948. – Dieter WOHLENBERG, Kultmusik in Israel. Eine forschungsgeschichtliche Untersuchung, Hamburg 1968. – Klaus Martin ZIEGLER, Kirchenmusik zwischen Avantgarde und Gemeinde: MuK 35 (1965) 73–85.

Christoph Albrecht

Das Zeremoniale

I. Grundsatzerwägungen: Gebärden, Gewänder und Geräte als liturgische Zeichen

Menschliche Wahrnehmung vollzieht sich mittels der fünf Sinne Hören, Sehen, Tasten, Schmecken und Riechen. »Ein Gottesdienst, der den ganzen Menschen ansprechen und in dem er sich ganz zum Ausdruck bringen soll, muss alle Sinnesbereiche erfassen und zu einer harmonischen Einheit verbinden« (Sequeira 23).

Der Mensch als ganzheitliches Wesen ist von der evangelischen Liturgiewissenschaft lange Zeit vernachlässigt worden. Die vom Wort ausgehende Reformation der Kirche legte den Akzent auf die Lehre – *evangelium pure docetur* – und die der Stiftung Christi entsprechende Sakramentsverwaltung – *recte administrantur sacramenta* (CA VII). Den äußeren Zeremonien stand sie ambivalent gegenüber. Durch die spätmittelalterliche Verselbstständigung von Riten und Gebräuchen gegenüber der Christusmitte schien Kritik unabwendbar. Andererseits behielt man vielerorts die traditionellen Zeremonien der Messe weitgehend bei (»So ist auch in den öffentlichen Ceremonien der Messe keine merklich Anderung geschehen«, CA XXIV,2). Sie wurden in christlicher Freiheit gesichtet, z.B. von Luther in seiner DM 1526: »Da lassen wyr die Messegewand / altar / liechter noch bleyben / bis sie alle werden / odder uns gefellet zu endern« (WA 19,80). Herausgenommen aus dem Heilszusammenhang, zählte man sie zu den Adiaphora (FC Epit. X, BSLK 813–816), die bleiben dürfen, wenngleich sie von der Sache her nicht unabdingbar notwendig sind. Pädagogisierende Tendenzen, aber oft auch nur noch unverstanden tradierte Restbestände der überkommenen Zeremonien führten in der Zeit der Aufklärung zu kritischer Ablehnung und häufig zum Verlust, sodass man die Entwicklung schließlich als »Geschichte der Auflösung der alten gottesdienstlichen Formen« (Graff) meinte beschreiben zu können. Restaurative Bemühungen versuchten eine Zeit lang, die verloren gegangenen Verhaltensformen zurückzugewinnen durch »präskriptive« Darstellung (z.B. Mehl). So verfuhr auch die Agende I 1955, die in ihren Rubriken ein adäquates Verhalten von Liturg und Gemeinde anmahnte. Sie hatte in gut reformatorischer Tradition vor allem Texte erarbeitet, das »Gesamtkunstwerk« Gottesdienst hingegen noch nicht in den Blick genommen.

Das EGb 1999 hingegen stellt in seinem 6. Kriterium grundlegend fest, dass sich das liturgische Handeln »auch leibhaft und sinnlich« äußert (16) und regt an, dass z.B. der Segen mit Bewegungen und Gebärden ausgestaltet werden kann (48 f.). Ferner ist dort ein Gottesdienst mit reicheren Aktionsformen beschrieben (219–238). Diese neue Entwicklung ist zu verstehen auf dem Hintergrund der Frauenliturgien und der interdisziplinären Erforschung des gottesdienstlichen Ritus unter psychoanalytischen (Spiegel, Scharfenberg, Thilo), symbolkommunikatorischen (Jetter), verhaltenswissenschaftlichen (Josuttis) und semiotischen Aspekten (Volp). Die kulturhistorischen, religionsgeschichtlichen und gesellschaftlichen Vorgaben müssen in die christliche Anthropologie integriert werden.

In der Informationsgesellschaft hat sich darüber hinaus das Interesse auch beim Gottesdienst vielfach von der verbalen Kommunikation auf die leiblichen Vollzüge verlagert. Auf der Theorieebene ist darum für die Gegenwart die Zuordnung von Wort und Zeichen wichtig, damit die jüdisch-christliche und besonders reformatorische Konzentration auf das Hören nicht einseitig verstanden wird, denn der Gottesdienst ist Ausdruck eines »ganzmenschlich-ganzheitlichen Tuns« (Sequeira 13). Die verbale Dimension der Liturgie aufgrund der Inkarnation des

Logos ist der Ausgangspunkt. Aber gerade diese gibt auch den nonverbalen Ausdrucksformen ihr Recht: »Eine Trennung ist grundsätzlich nicht möglich, weil das Subjekt der kultischen Handlung der eine und ganze leibhaftige Mensch ist und die feiernde Gemeinde, die sich vollmenschlich-ganzheitlich zum Ausdruck bringt, mit Gott und untereinander kommuniziert« (Sequeira 16). Theologisch sind diese Ausdrucksformen als unterschiedliche →Gestalten des Wortes zu beschreiben.

Für die liturgiewissenschaftliche Einordnung legt sich die Zeichentheorie (Semiotik) nahe, weil in dieser Sicht zwar ein *qualitativer,* aber kein *kategorialer* Unterschied zwischen Wort-Zeichen und anderen Ausdrucks-Zeichen (wie Gebärden, Gewändern und Geräten) gilt. Die theologisch-soteriologische Vorrangigkeit des Wortes kann nur die dreifache Gestalt des Christus-Wortes meinen, nicht aber die semiotisch einseitige Wahl einer bestimmten Zeichensprache (der Verbalsprache) im Gottesdienst begründen. Das Prinzip »allein durch die Schrift, allein durch das Wort« meint also nicht »allein durch die Rede«, weil mit dem »Wort« das Christusgeschehen gemeint ist (I Tim 1,15).

Theologisch und zeichentheoretisch gilt es also jeweils, die Gesamtheit der Zeichen so zu setzen, dass diese in der jeweiligen Gemeinde zur Mitteilung und Darstellung des Christuswortes werden können. Die Art und Weise der zu setzenden Zeichen ist damit abhängig von der Situation, der Art der Zeichensprachen, welche die jeweilige Gemeinde kennt, erwartet und in bestimmter Weise versteht. So hatte etwa der aufklärende Gottesdienst mit der informierenden Predigt in Zeiten des Informationsmangels ein gewisses Recht, während heute das Wort von Christus oft eher in sehr sparsamen Worten gesucht wird. Auf jeden Fall aber ist die einfache Gegenüberstellung des eindeutigen Wortes und der mehrdeutigen anderen Zeichenhandlungen theoretisch nicht haltbar. Denn alle Zeichen sind allein dadurch mehrdeutig, dass sie immer von mehreren und verschiedenen Menschen verstanden werden. Alle Zeichen werden aktuell und individuell, aber in kulturellen Verwendungstraditionen entschlüsselt und wiederum verändert.

Dies ist im Folgenden stets zu bedenken, wenn gewachsene Bedeutungstraditionen von Gebärden, Gewändern und Geräten beschrieben werden. Die nachstehenden Deutungen und Lesarten beschreiben mit ihrem »ist« keine zeitlosen oder gar ontologischen Tatbestände, sondern liturgietheologische Interpretationstraditionen, die dem kulturellen Wandel und – besonders in der Gegenwart – der kulturellen Differenzierung unterliegen.

Folgende Thesen suchen die heutigen Bemühungen um das »Zeremoniale« aufzuweisen:

- Liturgische Handlungen entsprechen dem Wort von Christus, wenn sie das Heilshandeln Gottes an seinem Volk und dessen lobpreisende Antwort in zeichenhafter Konzentration vergegenwärtigen, darstellen und erlebbar machen.
- Hervorragende liturgische Zeichen sind der Kanon der Heiligen Schriften des Alten und Neuen Testaments, Wasser und trinitarische Taufformel bei der Taufe, Brot und Wein sowie die Stiftungsworte Christi bei der Eucharistie, Handauflegung, Salbung sowie – davon abgeleitet – die besondere Funktion des Ordinierten im Gottesdienst.
- Liturgisches Handeln ist insgesamt dem Geist der Bibel verpflichtet. Als stilisierte Körpersprache und alle Sinne des Menschen betreffend sind liturgische Handlungen aber auch an den konkreten Menschen und dessen soziokulturelle Situation gebunden und bedürfen daher immer neuer Aneignung.
- Eine biblizistische Begründung liturgischer Handlungen würde den soziokulturellen, geschichtlichen Kontext missachten. Liturgische Handlungen können darum nur im Bereich christlicher Freiheit, gebunden an den Geist der Heiligen Schrift und den Erfahrungsschatz kirchlicher Tradition im Horizont einer *ecclesia semper reformanda* angesiedelt werden.

Insofern gehören sie in den Bereich der »Adiaphora«, die zu ändern sind, »wie es der Gemeinen Gottes am nützlichsten und erbaulichsten sein mag« (FC Epit. X,2, BSLK 814).

- Die Ganzheitlichkeit des Menschen wie die Heilsbotschaft erfordern ein zur verbalen Dimension gleichberechtigtes Ernstnehmen der Handlungs-Dimension. Dazu ist liturgische Kompetenz aller Beteiligten notwendig. Wiederentdeckung und Neubelebung der Gebärdensprache und ihre deutliche, das Wort mitvollziehende Ausführung bedürfen intensiver Bemühungen.
- Im Horizont eines neuen kulturellen Kontextes und unter Berücksichtigung eventuell gegebener Notsituationen können Veränderungen und Mut zu Neuschöpfungen (z.B. liturgischer Tanz) nötig werden. Selbst die vorgegebenen Zeichen können, wenn sie unverständlich geworden sind, eine Veränderung erfahren (z.B. Ordination von Frauen, Traubensaft statt Wein), wenn dabei die beliebige Verfügbarkeit vermieden und ökumenischer Konsens angestrebt wird (Vgl. Ottfried Jordahn 1992, 144 f.).

Liturgisches Handeln bedient sich der Gebärdensprache. »Gebärde« wird in diesem Zusammenhang in einem die ganze Ausdrucksvielfalt umfassenden Sinn verstanden (vgl. DWb 4,1729–1733 sowie Sequeira 29 und Schmidt-Lauber 1984, 151 f.). Dabei lassen sich Ausdrucksgebärden und Handlungsgebärden unterscheiden (vgl. Sequeira 30–38).

II. Gebärden

A. Ausdrucksgebärden

Diese Gebärden betreffen Haltung und Bewegung des Körpers ohne damit verbundenes Handeln mit bzw. an Geräten, Elementen und Personen.

1. Das Aufrecht-*Gehen* ist der symbolische Ausdruck der Menschenwürde (vgl. Sequeira 31). Diese Grundsymbolik gilt es bei allen Ausformungen des Gehens im Zusammenhang mit Liturgie und Gottesdienst im Auge zu behalten.

»Wenn Menschen in den Gottesdienst gehen, so folgen sie ... einem instinktiven Trieb der Lebenssicherung, gleichzeitig aber auch dem Ruf der archetypischen Mächte. Sie machen sich auf den Weg, um eine andere, um die eigentliche Wirklichkeit zu entdecken.« So formuliert Manfred Josuttis im Anschluss an Erich Neumann den archetypischen Hintergrund aller rituellen »Begehung« (53). Das individuelle zielgerichtete Gehen in den Gottesdienst kann sich zur Prozession verdichten. Die so in geordneter Gemeinschaft Gehenden symbolisieren das wandernde Gottesvolk (vgl. EGb 221). Bei der Kirchweihe sieht Agende IV als Möglichkeit vor, dass die Gemeinde »von der bisherigen zur neuen Gottesdienststätte oder von einem Versammlungsplatz zur neuen Kirche« zieht und schlägt folgende Ordnung vor: Kreuzträger, Kinder- und Konfirmandengruppen, Chöre und Dienstgruppen, Ehrengäste, Architekten und Baumeister, Träger des Schlüssels, Küster mit Helfern, Kirchenvorsteher, Mitarbeiter, Pfarrer, Assistenten, Bischof (114). Nach der Schlüsselübergabe vor der Kirche und dem Aufschließen heißt es: »Die Gemeinde zieht in die Kirche ein« (116 vgl. 119.125).

Ein solcher Einzug der ganzen Gemeinde würde sich auch z.B. in der Feier der Osternacht nahelegen, wenn die Gemeinde nach dem Anzünden der Osterkerze am Osterfeuer vor der Kirche der Osterkerze folgt, dann also – anders als in sonstigen Prozessionen – hinter den voranschreitenden Liturgen das Gotteshaus betritt. Diese Ordnung wird auch beim Taufgottesdienst eingehalten, wenn der Liturg die Taufgemeinde am Eingang der Kirche abholt (vgl. Agende III/1, 22.25 u.ö.). Entsprechendes gilt für den Trauzug (Agende III/2, 24 f. u.ö.) sowie andere Amtshandlungen, bei denen Menschen in die Kirche »hineingeführt« werden.

In der Regel vollziehen jedoch die liturgischen Hauptakteure (Liturgen, Lektoren/Assistenz) den feierlichen Einzug sozusagen stellvertretend für die Gemeinde. Herkömmlich geht der/die Ranghöchste (Bischof/Bischöfin, leitender Liturg/leitende Liturgin) am Schluss der Prozession.

Innerhalb des Gottesdienstes kann es an verschiedenen Stellen Prozessionen der Gemeinde geben. Z.B. können die Gemeindeglieder »ihre Geldspenden zum Altar oder in die Mitte ... bringen und in einen bereit stehenden Korb ... legen. Währenddessen wird ein Lied gesungen«, auch an die Darbringung von Naturalgaben im Zusammenhang mit dem Dankopfer zu Beginn des Abendmahlsteils ist gedacht (EGb 233.552). So wird der alte »Umgang« fortgesetzt (vgl. Agende I, 64*). Das Gehen ist freilich schon »Handlungsgebärde«.

Ein weiteres Gehen im Gottesdienst vollzieht sich bei der Kommunion. Wo die Gemeinde in langer Prozession zum Altar geht, symbolisiert sie auch hier das wandernde Gottesvolk.

Ferner sind in diesem Zusammenhang die Wege Einzelner von ihrem Platz zum jeweiligen Funktionsort (Lesungen, Predigt, Altar, Taufstein usw.) zu nennen.

Schließlich gehören hierher die Auszugsprozession (auch hier geht – entgegen manchmal zu beobachtender Neuerungen – der/die Ranghöchste am Schluss) sowie das Hinausgehen der Gemeinde in den Alltag (vgl. dazu Josuttis 299–314).

Eine weiterentwickelte Form des Gehens ist der Tanz in Formen des rhythmischen Schreitens, des Reigens oder des Kreistanzes (vgl. EGb 229.236). Dem rituellen Tanz liegt in seinen kultischen Ausformungen »eine dramatisch-rituelle Darstellung der Erschaffung der Welt« zugrunde (v. Korvin-Krasinski 332). Im Christentum wurde der Tanz schon früh aus dem Kult verbannt (vgl. Josuttis 121). Neuere Bestrebungen versuchen, ihm neu Raum im Gottesdienst, zumindest im Gotteshaus zu verschaffen (Marienschwestern in Darmstadt; John Neumeiers »vertanzte« Matthäuspassion und das Magnifikat von Johann Sebastian Bach in der Hauptkirche St. Michaelis/Hamburg, Inkulturationsbestrebungen in der Mission; vgl. auch Sequeira 39).

2. Das *Stehen* ist Endpunkt einer Bewegung (Gehen, Aufstehen), zugleich aber auch eigenständige Ausdrucksgebärde des Körpers. »Es ist die liturgische Grundhaltung« (Sequeira 32). Symbolisch drückt es die österliche Existenz der Erlösten aus und wurde aus diesem Grund vom Konzil von Nizäa als Gebetshaltung zwischen Ostern und Pfingsten sowie am Herrentag vorgeschrieben (vgl. Schmidt-Lauber 1984, 152). Es bringt Achtung, Ehrerbietung, aber auch Aufmerksamkeit und Dienstbereitschaft zum Ausdruck.

Die Gemeinde steht beim Einzug der Liturgen sowie der besonders akzentuierten Personen, der Konfirmanden bei der Konfirmation, der Täuflinge, Brautpaare, Ordinanden, Einzuführenden usw. Das Aufstehen bei diesen Anlässen drückt gewiss auch Hochachtung aus; vielmehr aber noch ist es »Zeichen des gemeinsamen Tuns ... der bereits Versammelten, ihre Zuwendung zu den Einziehenden und die den Zusammenhang mit ihrem Einzug wenigstens andeutende körperliche Begleitung« (Kornemann 35). Gleiches gilt für den Auszug.

Angemessen ist die Haltung des Stehens für den ganzen ersten Teil des Gottesdienstes, beim Gruß, der Vergebungsbitte, den Anrufungen (Kyrie/Gloria), dem Tagesgebet. In der Ökumene wird häufig auch zum Lied aufgestanden (vgl. Josuttis 204). Auf jeden Fall steht die Gemeinde zum Evangelium, Credo und Eucharistischen Hochgebet sowie beim Segen. Ideell sind die Gläubigen beim ganzen Gottesdienst »die circumstantes, die in dieser Haltung Gott ehren und Bereitschaft zum Dienst ausdrücken« (Schmidt-Lauber 1984, 152).

Eine Weiterentwicklung des Stehens stellt die Körperwendung zum Altar (für den Liturgen gilt dabei die Regel *cor semper ad altare*), zum Nachbarn beim Friedensgruß, zu den Einziehenden und ähnliches dar. Stehen ist die Normalhaltung der Liturgen am Altar, der Lektoren am Lesepult oder freistehend auf der Epistelseite rechts vom Altar (für die Lesungen des Alten

Testaments und der Epistel) bzw. auf der Evangelienseite links vom Altar oder im Mittelgang der Kirche inmitten der Gemeinde zur Lesung des Evangeliums, der Austeilenden bei der Kommunion und so fort, ferner der Eltern und Paten um den Taufstein (Agende III/1, 31 u.ö.).

3. *Sitzen.* »Im protestantischen Gottesdienst gibt es sehr viel zu hören« (Josuttis 230). »Und mit der Einführung der Kirchenbänke sind ... alle Besucher in eine Körperhaltung gebracht, die sie zum permanenten Hören befähigen soll« (ebd. 224; vgl. 122–127). Die weithin in deutschen evangelischen Kirchen zu beobachtende Sitzhaltung während fast des ganzen Gottesdienstes (bezeichnenderweise mit Ausnahme der Lesungen, des Credos, Vaterunsers und Segens) macht die Verarmung der Gebärdensprache und die Verengung des Kultes auf ein abstraktes Wortgeschehen deutlich. Die für den Lehrer und seine Hörer typische Haltung (vgl. Lk 2,46; 10,39) erscheint im evangelischen Normalgottesdienst als die erschöpfende Umschreibung des liturgischen Geschehens. Übrigens erinnert die Bezeichnung der Kanzel als Predigtstuhl daran, dass ursprünglich auch im Sitzen gepredigt wurde (vgl. Poscharsky 11, bes. Anm. 9). Diese Beobachtung führt auf eine Ausdrucksgebärde des Sitzens, die auf die Würde des Leitens und Lehrens, auch des Richtens (Beichtstuhl) hinweist. Der Bischof leitete den Gottesdienst von seiner Kathedra im Scheitelpunkt der Apsis aus, umgeben von seinen Presbytern, und predigte auch von dort. Eine sinnvolle räumliche Aufgliederung der gottesdienstlichen Schwerpunkte hat in der Liturgiereform des Zweiten Vatikanums den Liturgensitz als Ort der gottesdienstlichen Präsidialfunktion neu ins Blickfeld gerückt. Auch die lutherische Liturgie legt eine solche Akzentuierung nahe. Kann doch der ganze Wortgottesdienst vom Platz aus gefeiert werden, sodass der Altar erst zum eucharistischen Teil benutzt wird. So erscheint die Anordnung eines Liturgensitzes im Zentrum hinter dem Altar – besonders wenn dieser von drei Seiten durch die Gemeinde umgeben ist – als im hohen Maße zweckdienlich (z.B. Hauptkirche St. Trinitatis in Hamburg-Altona); oder aber der Liturgensitz wird seitlich vom Altar im Angesicht der Gemeinde aufgestellt (beide Möglichkeiten sind vorgeschlagen im Manual 158).

Bei stärkerer Entfaltung der Ausdrucksgebärden wäre es angemessen, das Sitzen als Ausdruck intensiver Hörbereitschaft auf das Anhören der alttestamentlichen Lesung und der Epistellesung (so schon Agende I, 57* fakultativ) sowie der Predigt zu beschränken. Außerdem könnte die sitzende Haltung Ausdruck meditativer Besinnung bei einer Phase der Stille nach der Predigt (vgl. EGb 43) sowie während und nach der Kommunion sein. Unter dem Aspekt der Besinnung und inneren Einkehr legt sich das Sitzen auch beim Singen entsprechender Lieder oder beim Anhören von Kirchenmusik (Orchestermessen, Bachkantaten und anderes) nahe.

4. *Knien und Verneigen.* Sich Beugen und Kleinmachen vor dem Größeren, Huldigungsgestus, Bezeugen der Ehrfurcht und Demut, auch Ausdruck der Bußgesinnung schwingen in diesem vom Stehen ausgehenden und zu ihm zurückkehrenden Bewegungsablauf mit (vgl. Sequeira 33). Im evangelischen Gottesdienst ist das Knien lange Zeit allgemein üblich gewesen beim Kommunionempfang (gruppenweise, auch »Tische« genannt) und erst in neuer Zeit vielfach ersetzt durch das Stehen im großen Kreis oder durch die Wandelkommunion.

Das Niederknien des Liturgen am Altar ist verbreitet beim Beichtgebet sowie zum Anfangsteil des Gottesdienstes am Karfreitag und Bußtag (EGb 179.193). Außerdem knien bei den Kasualien das Brautpaar zum Segen, die Eltern bei der Familiensegnung nach der Taufe, Konfirmanden zur Einsegnung, der Beichtende zu Beichtgebet und Absolution, Ordinanden und Einzuführende bei den entsprechenden Vollzügen (vgl. die verschiedenen Teilbände der Agende). Fakultativ ist das Knien in der Agende I beim Rüstgebet (51*), beim Kollektengebet (56*), beim Allgemeinen Kirchengebet (64*), zu den Einsetzungsworten/Konsekration (69*.72*) sowie in der Form B bis zum Schluss des eucharistischen Gebets (74*), außerdem bei den entsprechenden Teilen des besonderen Gottesdienstes am Karfreitag und an Bußtagen (265–269). In jüngerer Zeit sind im Kirchengestühl mancher evangelischer Kirchen feste Kniebänke eingebaut worden (z.B. Marktkirche Hannover, St. Marien Hamburg-Ohlsdorf, Hauptkirche St. Trinitatis Hamburg-Altona u.ö.). Sie bilden die Voraussetzung zum Knien der Gemeinde bei der Liturgie, es sei denn, man hält vor jedem Platz kleine Kniekissen bereit, wie es in anglikanischen Kirchen die Regel ist.

Das Beugen nur eines Knies und die sofortige Rückkehr zur Stehhaltung, mancherorts zum »Knicks« verflüchtigt, findet sich hier und da als Sitte vor und nach dem Kommunionempfang, auch wohl – von den Liturgen am Altar vollzogen – nach den Einsetzungsworten. Das Niederknien der Liturgen am Altar zum *Agnus Dei* unterstreicht die Anbetung des im Sakrament gegenwärtigen Christus, verschiebt aber den Akzent weg vom Brechen des Brotes, das ursprünglich während des *Agnus Dei* geschah (vgl. Josuttis 290 f.). Zu erinnern ist an das Niederknien des Predigers auf der Kanzel, das »fast ganz in Vergessenheit geraten ist« und das doch so sinnenfällig »unverzichtbarer Ausdruck pastoraler Demut« sein könnte (ebd. 172).

Das Neigen des Kopfes ist beim Gruß und beim Segen zu beobachten. Die Verneigung des Oberkörpers beim *Gloria patri* und beim *Et incarnatus* im Credo wird hier und da praktiziert, auch wohl – von den Liturgen vollzogen – nach der Elevation der Elemente beim Abendmahl. Auch vor und nach dem Kommunionempfang verneigen einzelne Kommunikanten sich tief.

5. *Gebetsgesten.* Das Falten der Hände, bei dem die Finger ineinander verschränkt werden, ist die übliche Gebetshaltung evangelischer Christen (vgl. Schmidt-Lauber 1984, 153). Daneben wird auch das Aneinanderlegen der Handflächen (vgl. das in den christlichen Häusern weitverbreitete Bild Albrecht Dürers, Die betenden Hände) praktiziert. Die gefalteten Hände symbolisieren vor allem Sammlung, Ergebung und Hingabe (Sequeira 33; vgl. Guardini 12 f.).

Eine »Entfaltung« dieser Gebärde stellt das Ausbreiten und Erheben der Arme und Hände dar, die sog. Orantenhaltung. Sie symbolisiert Offenheit, Empfangsbereitschaft, das Emporsteigen des Gebets (Ps 141,2), die Bitte. Diese Gebetshaltung ist herkömmlich mit den »Präsidialgebeten«, also Tagesgebet, Beginn und Schluss der Fürbitten, Gabenbereitungsgebet, Eucharistiegebet und Dankgebet, verbunden. Mancherorts wird sie aber auch von der Gemeinde praktiziert und dahingehend weiterentwickelt, dass man die Hände des Nachbarn berührt (vgl. Sequeira 34; s. auch EGb 217).

Gesten zur Gebetseinladung »Lasst uns beten« sind im Ausbreiten und Zusammenlegen der Hände Ausformungen des Gebetsgestus und verbieten schon von der Gebärde her Fehlformulierungen im militarischen Indikativ »Wir beten« oder die Unterstellung »Wir wollen beten« (vgl. Josuttis 235 f.). Mit ähnlichen einladenden Gebärden lassen sich auch die Präfationsversikel »Die Herzen in die Höhe« bzw. »Erhebet eure Herzen« und »Lasst uns danken dem Herrn, unserm Gott« verbinden (vgl. Josuttis 272 f.). In diesen Zusammenhang gehört auch eine einladend-umschreibende Gebärde bei der Intonation des *Gloria in excelsis* sowie des *Credo*. Ein Gebetsgestus orientalischer Herkunft ist das Kreuzen der Hände (oder auch Arme) vor der Brust, das heute von einzelnen Gläubigen auch in der westlichen Kirche praktiziert wird (vgl. Schmidt-Lauber 1984, 153).

6. *Grußgebärden.* In diesem Zusammenhang ist die Handauflegung als Ausdrucksgebärde (im Unterschied zur Handlungsgebärde bei Taufe, Ordination u.a.) zu nennen. Sie zählt zu den Urgebärden der Menschen und den ältesten Kultgebärden und »symbolisiert grundlegend Zuwendung zum und Identifikation mit dem andern« (Sequeira 34). Die Hand als bevorzugtes Organ der Kontaktaufnahme spielt eine vergleichbare Rolle beim Reichen der Hände oder bei der Umarmung.

Im Gottesdienst ist die Gebärde zuwendender stilisierter »Handauflegung« verbunden mit dem Gruß am Beginn (als apostolischer Gruß oder Salutatio im herkömmlichen Sinn). »Wenn sich der Liturg oder die Liturgin zum erstenmal an die Gemeinde wendet, eröffnet er oder sie den gottesdienstlichen Dialog mit einem Gruß« (EGb 490), der signalisiert, »dass alle zwischenmenschliche Kommunikation in diesem Geschehen nur im Licht und unter dem Schutz der übermächtigen Wirklichkeit des Göttlichen sinnvoll ist« (Josuttis 235).

Die Salutatio vor der Präfation markiert den Beginn der letzten Phase des Gottesdienstweges. »Durch dies Startsignal wünschen sich Liturg und Gemeinde beim Aufbruch in ein unheimliches Unternehmen Geleit durch die Gottheit« (Josuttis 272).

Schließlich ist der Friedensgruß in diesem Zusammenhang zu nennen. Das weite Ausbreiten der Arme als Mittelding zwischen Handauflegung als Segnung und Umarmung als Gruß ist die adäquate Gebärde zumindest für den Liturgen (vgl. Manual 210). Ihm korrespondiert das empfangende, annehmende Neigen des Kopfes auf seiten der Gegrüßten.

Beim Friedensgruß kann die Grußgebärde fortgeführt werden durch »ein Zeichen des Friedens und der Gemeinschaft« (EGb 82, vgl. 47 u.ö). Dies war in urchristlicher Zeit der Kuss (Röm 16,1 u.ö.). Heute tritt an seine Stelle das Reichen der Hände. »Freilich wird man darüber streiten können, ob nicht statt einer solchen hilflosen Geste, wie es das Händereichen darstellt, der Verzicht auf alle körperlichen Zeichen einer sonst nicht vorhandenen Verbundenheit glaubensgemäßer, weil realitätsgerechter ist« (Josuttis 132). Die mannigfaltigen Stilisierungen des Friedenskusses in der Liturgiegeschichte (vgl. Schmidt-Lauber 1984, 154) zeigen »die in hohem Maße zeit- und kulturbedingte Eigenart intimer Berührungsgebärden« (Sequeira 36). Gerade an dieser Stelle bleibt es die Aufgabe liturgischer Gestaltung, nach neuen Ausdrucksmöglichkeiten im Glauben gründender menschlicher Nähe, Vertrautheit und Zuneigung zu suchen (vgl. Sequeira ebd.). Dabei sollte hier der Raum persönlicher Freiheit und Entfaltung deutlich gewahrt bleiben: »The personal exchange of the peace should be as unpatterned as possible, but its meaning and significance should be kept clear ... The choice of gesture, whether a handshake, holding hands, or an embrace, should be left to the persons themselves« (Manual 228). Ein Schritt in diese Richtung ist der mancherorts zu beobachtende Vollzug des ersten Kusses nach der Trauung zwischen Braut und Bräutigam, zumeist nach der Segnung.

7. Das *An-die-Brust-Schlagen* wird in der Regel mit der zur Faust geformten rechten Hand ausgeführt und ist »eine Art gestischer Selbstbezichtigung« in Anlehnung an den Zöllner im Evangelium (Lk 18,9–14; vgl. Sequeira 35). Diese Gebärde ist sinnvoll beim *Confiteor* im Vorbereitungsgebet der Liturgen in der Sakristei (dreimaliges Schlagen an die Brust zu »meine Schuld, meine Schuld, meine große Schuld«). Sie könnte auch von Liturgen und Gemeinde beim Rüstgebet und entsprechenden Formen der Offenen Schuld durch einmaliges Schlagen an die Brust ausgeführt werden und so das Geschehen angemessen gestisch unterstreichen.

8. Das *Bekreuzigen* ist als genuin christliches Zeichen Ausdruck des Glaubens an die rettende und erlösende Macht des Kreuzestodes Christi und somit »eine Art Kurzformel des Glaubens« (Sequeira 35). Zunächst wurde es als Selbstbezeichnung geübt (Tertullian, de corona III,4, vgl. Schmidt-Lauber 1984, 153). So hat Luther es im Kleinen Katechismus beim Morgen- und Abendsegen empfohlen (BSLK 521 f.). Es wird in der Regel in der jüngeren Form des »großen Kreuzzeichens« geübt, das Stirn, Körpermitte und Schultern berührt und so den ganzen Körper einbezieht. »Wer seinen Körper bekreuzigt, übernimmt das Kreuz, das der Herr des Glaubens getragen hat. Er unterstellt sich selbst einer Ordnung, die alles umfasst, weil aus der simplen Struktur der Handbewegung durch die Unterscheidung zwischen oben und unten, rechts und

links eine symbolische Ganzheit erwächst, in der am eigenen Körper das kosmische Universum in den Schutz der Heilsgeschichte gerät« (Josuttis 133).

Besonders sinnvoll wird das Kreuzeszeichen verbunden mit der trinitarischen Eröffnung *Im Namen des Vaters* als Bekenntnis und Erinnerung an die eigene Taufe (vgl. Josuttis 101). Auch nach dem Empfang der Kommunion sowie beim Schlusssegen wird es manchenorts praktiziert. Dann ist es eine Gebärde der persönlichen Aneignung des der ganzen Gemeinde oder Kommunikantengruppe erteilten und mit dem Kreuzeszeichen des Liturgen verbundenen Segens. Eine andere Form stellt das ältere »kleine Kreuzzeichen« dar, bei dem Stirn, Mund und Brust durch den Daumen mit dem Kreuz bezeichnet werden (vgl. Sequeira 34 f.). In dieser Gestalt vollziehen es manche Gläubige nach der Ankündigung des Evangeliums (vgl. Josuttis 133). Dass die Selbstbekreuzigung im Protestantismus heute weitgehend verlorengegangen ist, unterstreicht die bedauerliche »Tendenz zur Entleiblichung des Teilnahmeverhaltens« (Josuttis 132).

B. Handlungsgebärden

Manche Verbindungen und Überschneidungen bestehen zu den Ausdrucksgebärden. Dennoch sind die Handlungsgebärden von ihnen zu unterscheiden durch ihre deutliche Bezogenheit auf konkrete Personen und Gegenstände. »Die besonders enge Verflochtenheit mit anderen Ausdrucksformen« (wie Wort und Klang) »und Bewegungsvorgängen sowie der Bezug auf die Mit- und Umwelt kennzeichnen daher die Handlungsgebärden« (Sequeira 36). Ihnen eigentümlich ist ihre weit stärkere Abhängigkeit von Stiftung, Traditionen und Recht; sie beziehen sich insbesondere auf sakramentale Vollzüge.

1. Im Unterschied zum Sichbekreuzigen handelt es sich bei der *obsignatio crucis* um das Segnen, das vom Spender ausgeht und eine Person oder einen Gegenstand bezeichnet. Sie ist im Taufritus grundlegend verankert. Die alte Agende III sieht sie vor im Eingangsteil. Nach Taufbefehl und Mk 16,16 lautet die Rubrik: »Dann tritt der Täufer zu dem Täufling, bezeichnet ihn an Stirn und Brust mit dem Kreuz und spricht dabei: Nimm hin das Zeichen des heiligen Kreuzes an der + Stirn und an der + Brust« (58 u.ö.). Die neue Taufagende sieht die *obsignatio crucis* entweder im Eingangsteil (Agende III/1, 23 u.ö. mit Alternativvoten) oder unmittelbar nach der Wassertaufe vor (58 u.ö.). Im letzteren Fall sagt der Täufer: »Das Kreuz Christi soll auch über deinem Leben stehen. Nimm hin das Zeichen des Kreuzes +. Du gehörst nun Christus, dem Gekreuzigten« (58 f.). Die Rubrik dazu lautet: »Dies kann entweder so erfolgen, dass der Pfarrer nacheinander Stirn, Brust und beide Schultern des Täuflings berührt, oder so, dass der Pfarrer dem Täufling ein Kreuz auf die Stirn zeichnet« (ebd.). Das große Kreuzzeichen ist also dem kleinen gleichgeordnet. Letzteres wird übrigens mit dem Daumen oder einem Finger vollzogen (Taufe, Krankensalbung), das große in allen sonstigen Fällen mit der flachen rechten Hand aufrecht gestellt in die Luft gezeichnet.

Das Schlagen des großen Kreuzzeichens ist vorgesehen bei allen Segenshandlungen, bei Familiensegnung, Konfirmation, im Trausegen, Krankensegen, zur Aussegnung der Leiche beim Begräbnis (vgl. Agende III, verschiedene Teilbände), in der Ordination, bei Einsegnungen und Einführungen sowie bei der Weihe von Gebäuden und gottesdienstlichen Geräten und Gegenständen (Agende IV); außerdem bei den abschließenden Entlassungen nach dem Kommunionempfang und im Taufakt zum Votum »Friede sei mit dir (euch).«

Beim (fakultativen) deutenden Gebet zum Eingießen des Taufwassers könnte das (flächig auszuführende) Kreuzzeichen in das Wasser gezeichnet werden, z.B. bei den Worten: »Im Wasser des Jordan hat sich dein + Sohn taufen lassen ...« (Agende III/1, 102).

Schließlich ist das große Kreuzzeichen allen Formen des Schlusssegens bei Messe, Wortgottesdienst, Stundengebeten, Kasualien und anderen Feiern zugeordnet (so im lutherischen Agendenwerk als ausdrücklich vermerktes Signet).

2. Die *Salbung* stellt eine weiterentwickelte *obsignatio crucis* dar. Obwohl biblisch gut begründet (Ps 23,5; Jak 5,14; I Joh 2,20.27; Dtn 35,25 u.ö.), ist der Ritus der Salbung mit Öl in den evangelischen Kirchen lange Zeit unterblieben. Die amerikanischen Lutheraner waren es, die den Salbungsritus wieder in die Taufe eingefügt haben im sog. *Sealing*, der Versiegelung des Getauften nach der postbaptismalen Handauflegung. Es handelt sich dabei um die *obsignatio crucis* als Entfaltung des einen Initiationsritus. »According to a custom of long standing in the church the cross may be traced in oil on the forehead« (Manual 186). Zur Materie des Öls wird bestimmt: »The material used for this anointing is olive oil or another vegetable oil into which is often mixed a fragrant oil such as that of balsam« (ebd.). Ähnlich wird dann bei der Krankensalbung verfahren (Occasional Services 99–102.).

Hier haben sich die deutschen evangelischen Kirchen inzwischen anregen lassen, die Segnung der Kranken mit der Möglichkeit zu versehen, dass die Handauflegung durch die Salbung ergänzt wird: »Die Pfarrerin/der Pfarrer legt der/dem Kranken beide Hände auf in der Stille. [Danach taucht sie/er einen Finger in das Öl und macht das Zeichen des Kreuzes auf die Stirn – und auf die beiden Hände – der/des Kranken.]« (Agende III/4, 95). Die Erläuterungen bemerken dazu: »Die Handauflegung kann durch die Salbung mit Öl ergänzt werden. Die Salbung der Stirn und der Hände meint den Menschen in seiner Ganzheit als denkende, fühlende und handelnde Person. Für die Krankensalbung wird reines Olivenöl verwendet. Das Öl wird in einem fest verschließbaren Gefäß aufbewahrt, etwa einem kleinen Silber-, Zinn- oder Glasgefäß« (ebd. 85). Das (Segens-)Gebet über dem Öl aus dem vorausgehenden Entwurf (Dienst an Kranken 83; vgl. Occasional Services 102) fehlt leider in der Agende.

3. Die Ausdrucksgebärde der *Handauflegung* wird zur wichtigen, geradezu sakramentalen (ApolCA XIII,12, BSLK 294) Handlungsgebärde. Zentral verankert ist sie im Ordinationsritus: »mit Gebet und Auflegen der Hände segnen« (Agende IV,23–25: Vaterunser, Ordinationsgebet, Sendung, Segnung durch Ordinator und Assistenten). Vergleichbar ist sie bei der Einsegnung zum kirchlichen Dienst (ebd. 42–45), anders gewichtet bei Einführungen einschließlich der Bischofseinführung: Hier erfolgt die Handauflegung durch den Einführenden und die Assistenten nur bei den biblischen Segensvoten und dem abschließenden Einführungssegen (ebd. 57 u.ö.). Abgehoben davon sind die Einführung und Verpflichtung von Kirchenvorstehern und Synodalen dadurch, dass der Verpflichtungsritus durch Handschlag erfolgen kann (ebd. 93.98). Beim Segenswort bei der Kirchenvorstehereinführung ist eine Handauflegung lediglich als fakultativ in einer Rubrik erwähnt (ebd. 94).

Eine wichtige Rolle hingegen spielt die Handauflegung wieder im Taufritus. Hier ist sie beim Taufsegen *(votum postbaptismale)* obligatorisch (Agende III/1, 31 f. u.ö.), bei der Erwachsenentaufe auch bei einem konfirmatorischen Segensgebet (ebd. 124 u.ö.; vgl. Manual 184 f.). Außerdem ist das Vaterunser als Segensgebet unter Handauflegung des Täufers sowie der Eltern und Paten zu vollziehen (Agende III/1, 28 u.ö.). Verwendet man das deutende Gebet zum Eingießen des Taufwassers (ebd. 102), so wäre der epikletische Teil (»Gib deinen Heiligen Geist ...«) sinnvollerweise mit einem Segensgestus zu verbinden, ähnlich wie bei der eucharistischen Epiklese. Als Handlungsgebärde wird die Handauflegung – in Erinnerung an die altkirchlichen Katechumenatsakte – auch mit dem Eingangsgebet (im Vorraum der Kirche bzw. an der Kirchentür, ebd. 22–25 u.ö.) verbunden.

Alle kasuellen Segnungen sehen das Auflegen der Hände auf das Haupt je einzelner Personen oder ausgestreckt über einer Gruppe von mehreren vor, z.B. die Familiensegnung, Konfirmation, Trauung, Absolution (sowohl in der Einzelbeichte als auch bei der Einzelabsolution nach der Gemeinsamen Beichte), Jubiläen, Reisesegen, Begräbnis und ähnliche Handlungen. Der Schlusssegen bei allen gottesdienstlichen Handlungen wird mit Segensgebärde, d.h. mit über den zu Segnenden ausgebreiteten Händen gespendet. Der Nichtordinierte spricht ihn nach der Agende I ohne Segensgebärde als Segensbitte (21* Nr. 81; vgl. aber auch Josuttis 304).

4. Mit dem Terminus *Taufhandlung* ist in der Taufagende der Wasserritus der Taufe bezeichnet, der unterschieden wird vom Kreuzzeichen und dem Taufsegen (*obsignatio crucis* und *votum postbaptismale*, z.B. Agende III/1, 58 f. u.ö.). Evangelischer Tradition entspricht das Begießen mit Wasser: »Der Pfarrer begießt den Kopf des Täuflings dreimal mit Wasser in einer für die Umstehenden sichtbaren Weise« (Agende III/1, 31 u.ö.). Das Wasser wird in der Regel mit der hohlen Hand geschöpft; »an ample quantity of water should be used to show symbolically the washing of Baptism« (Manual 181). Um eine wirkliche Wassermenge zu gewährleisten, wird mancherorts eine Taufmuschel benutzt (ebd. mit Abbildung). Während die Aspersionstaufe genereller Ablehnung verfällt, empfiehlt beispielsweise das amerikanische LBW durchaus die Immersionstaufe als Alternative und gibt dafür detaillierte Anweisungen (Manual 182), die allerdings entsprechende bauliche Gegebenheiten voraussetzen (ausgesprochen geglückt in St.Peter's, Manhattan).

5. *Ringwechsel und Zusammenfügen der Hände.* Nach dem Traubekenntnis kann der Ringwechsel erfolgen. Auf entsprechende Aufforderung des Pfarrers lautet die Rubrik: »Braut und Bräutigam wechseln die Trauringe« (Agende III/2, 33). Der Pfarrer sagt: »Reicht einander die Hand.« Die Rubrik vermerkt: »Die Eheleute wenden sich einander zu – wenn nicht schon zum Ringwechsel geschehen – und geben sich die rechte Hand. Der Pfarrer legt seine rechte Hand auf die zusammengelegten Hände und spricht: Was Gott zusammengefügt hat ...« (ebd.).

Diese Handlungsgebärde hat als die eheliche Verbundenheit bezeugende Zeichenhandlung noch eine andere Qualität als das Händereichen beim Friedensgruß.

6. *Erdwurf.* Eine Handlungsgebärde eigener Art ist der Erdwurf beim Begräbnis. Er vollzieht eine Geste des Dahingebens. Die materiell-geschöpfliche Leiblichkeit des Verstorbenen wird mit der Erde aus der Hand der Menschen gegeben. Zugleich erinnert der dreimal vollzogene Ritus an das dreimalige Wasserschöpfen bei der Taufe und damit an die Erlösung durch Christus. So wird der Verstorbene in die Erde und zugleich in die Hand Gottes gelegt.

7. *Gehen als Handlungsgebärde.* Innerhalb der Liturgie kann man das Geschehen an verschiedenen Stellen durch Prozessionen entfalten. So könnte die Lesung des Evangeliums in festlichen Gottesdiensten durch eine solche Prozession hervorgehoben werden: Der Lektor (herkömmlich der liturgische »Diakon«) geht hinter dem Träger des Evangelienbuches, begleitet von zwei Kerzenträgern, während des Hallelujaverses vom Altar in die Mitte des Kirchenschiffes und liest von dort das Evangelium (vgl. Manual 221). »In the words of the Gospel, Christ comes to his people and speaks to them anew. This is the climax of the reading of Scriptures to which the first two lessons point, and it is a principal way in which Christ is present in the eucharistic assembly. The Gospel, therefore, has a different character than the other readings; and an ordained minister – one of whose functions is to represent Christ to the people – is the reader« (220). Entsprechend geordnetes Gehen sieht die amerikanische lutherische Agende für den Rückweg und das Tragen des Evangelienbuches zum Altar sowie für das Gehen des Predigers zur Kanzel vor (221; vgl. 223).

Auch das Herantreten des leitenden Liturgen an den zur Eucharistie gedeckten Altar (ebd. 233) bringt symbolhaft sein Eintreten in die Person Christi (*vice et loco Christi*, ApolCA VII und VIII,28, vgl. 47, BSLK 240.246) zum Ausdruck (vgl. Sequeira 31). Damit wird der Beginn des zentralen Handlungsablaufs des Gottesdienstes markiert.

8. Der *Konsekrationsritus* »will die kultische Ur-Szene des christlichen Glaubens vergegenwärtigen. Der Liturg vollzieht mit seinem Verhalten einen kultdramatischen Akt, sehr sparsam gewiss, weil die Gebärdensprache mit dem Erheben der Elemente und dem Kreuzschlagen mehr angedeutet als ausgeführt ist. In verbaler Hinsicht kommt es jedenfalls an einer Stelle zu einer prekären Identifikation, wenn der Liturg im Akt des Zitierens die Worte des Erlösers direkt wiederholt. Hier findet also, gewiss nur angedeutet und ganz vorübergehend, eine Aufführung statt, ein Drei-Minuten-Spiel, das sich von allen anderen Teilen des Gottesdienstes dadurch unterscheidet, dass es auf den Kultstifter zurückgeht, ja dass es ihn in personaler Repräsentanz durch den Liturgen auftreten lässt« (Josuttis 287, vgl. bes. Anm. 123). Also: Eucharistie als Entfaltung der verba testamenti (Schmidt-Lauber 1957).

Die vier Handlungsbeschreibungen »nahm, dankte, brachs, gabs« entsprechen den vier Handlungsvollzügen der Eucharistie (zum Ganzen Ottfried Jordahn 1992, 134–141.

a. *Nehmen*. In der lutherischen Tradition werden die Elemente als Brot und Wein bestimmt. Freilich gilt die seelsorgerlich begründete Ausnahme einer Feier mit Traubensaft inzwischen als erlaubt, wenn dieser zusätzlich zum Wein im selben Gottesdienst oder im regelmäßigen vorher anzukündigenden Wechsel angeboten wird (Abendmahl 9.). Ob Weiß- oder Rotwein, ob Brothostien, papierdünne Hostien aus Weizenmehl oder gewöhnliches Brot verwendet werden, richtet sich heute mehr nach Herkommen und Anlass als nach konfessionellen Akzentuierungen.

Entgegen der weithin üblichen Praxis deutscher evangelischer Gemeinden, die Elemente in Hostiendosen und Kannen schon vor dem Gottesdienst auf den Altar zu stellen und vor der Präfation, vereinzelt sogar erst während des Sanctus, auf Kelche und Patenen zu verteilen, empfiehlt das neue EGb einen eigenständigen Akt der Gabenbereitung: »Brot und Wein werden für die Mahlfeier bereitgestellt oder herbeigebracht«, der eine Gabenprozession nahelegt und bei dem auch ein Gebet gesprochen werden kann (EGb 46.553).

In manchen Kirchen hat sich der Brauch eingebürgert, dass jeder Kommunikant vor Beginn des Gottesdienstes eine Hostie aus einem Korb in die Hostienschale legt, die dann zusammen mit einer großen Zelebrationshostie, dem Wein und dem Geldopfer durch Gemeindevertreter zum Altar getragen wird. Eine entsprechende Darbringungsgebärde findet sich in anderen Traditionen (vgl. Ottfried Jordahn 1992, 137).

b. *Danken*. In vielen Kirchen hat sich heute die *celebratio versus populum* durchgesetzt, die Luther noch als Desiderium formulierte (DM 1526, WA 19,80; vgl. Ottfried Jordahn 1984, 7; s. aber Josuttis 171).

Sinnvoll ist es, die Worte des jeweiligen eucharistischen Gebets durch deutende Gesten zu unterstreichen: Bei der Gabenepiklese beide Hände über die Gaben auszustrecken, bei den *Verba Testamenti* Patene bzw. Kelch über dem Altar etwas zu erheben, das Kreuz deutlich über das jeweilige Element zu zeichnen, die Gestalten nach dem entsprechenden Teil der Einsetzungsworte zu elevieren (Luther schätzte die Elevation hoch; vgl. DM 1526, WA 19,99) und bei der Schlussdoxologie beide Elemente emporzuhalten und sie sodann auf das Korporale zurückzustellen (vgl. Ottfried Jordahn 1992, 137 f.; Manual 239 f.).

Eine die Gemeinschaft des Amtes ausdrückende Aufteilung des Eucharistiegebets auf L, D oder D1 und D2, wie sie sich im Vorentwurf noch in mehreren Texten fand (EA Nr. 483–485. 487–488.489), hat das EGb nicht mehr aufgenommen.

c. *Brechen.* Dieser biblisch so deutlich bezeugte Ritus ist in den evangelischen Kirchen vielerorts gänzlich abhanden gekommen. Eine Revitalisierung ist leicht möglich durch das Brechen der großen Zelebrationshostie während des *Agnus Dei*, deren Partikel dann zusammen mit den anderen Hostien ausgeteilt werden (vgl. Ottfried Jordahn 1992, 138 f.).

d. *Geben.* Evangelische Praxis ist – der biblischen Anordnung entsprechend – die Austeilung des Altarsakraments *sub utraque*. Lange Zeit gab es die Sitte, dass etwa drei bis fünf Kommunikanten auf der Brotseite (Evangelienseite) seitlich des sog. »Wandelaltars« kniend die Hostie empfingen, dann hinter dem Altar zur Kelchseite (Epistelseite) gingen und hier – wiederum kniend – den Kelch erhielten.

Eine andere, weit verbreitete Tradition ist das »tischweise« Knien der Kommunikanten um den Altar, meist im Halbrund, das ideell durch die Darstellung der Abendmahlseinsetzung auf dem Retabelaltar zum Kreis geschlossen wird. Durch die erfreulich zunehmende Häufigkeit der Abendmahlsfeiern und das damit verbundene Ansteigen der Kommunikantenzahlen einerseits, aus dem Bestreben, diesen Teil der Eucharistie nicht zu lange dauern zu lassen, andrerseits haben sich heute neue Kommunionpraktiken entwickelt: Vielerorts bilden die Kommunikanten einen weitgezogenen Kreis im Altarraum.

Bei großen Teilnehmerzahlen hat sich die Wandelkommunion bewährt: Die Kommunikanten ziehen in ununterbrochener Reihe an den Austeilenden (gegebenenfalls an mehreren Stellen der Kirche) vorbei. Für die Kelchausteilung sollte dabei die doppelte Zahl von Helfern bereitstehen, da die Kelchkommunion etwa die doppelte Zeit gegenüber dem Brotempfang benötigt.

Weithin üblich geworden ist die »Handkommunion«, d.h. die Hostie wird dem Kommunikanten in die linke Hand gelegt, die gleichsam den »Thron« für Christus bildet, wie Cyrill von Jerusalem beschreibt (mystag. Kat. 5,2–11.19–23), und sodann zum Mund geführt (vgl. Manual 245).

Das Durchreichen von Patene und Kelch durch die Bankreihen (so von Zwingli in seiner Zürcher Kirchenordnung vorgesehen) »ist bei Abendmahlsfeiern in Kirchen nicht zu empfehlen. Es könnten sonst Menschen gegen ihren Willen zum Empfang des Heiligen Abendmahls genötigt werden« (Abendmahl 7).

Für kleine Gruppen denkbar ist das Tischabendmahl mit dem Weiterreichen der Gaben durch die Teilnehmer. In der Regel aber wird das Abendmahl vom Liturgen/der Liturgin ausgeteilt; sind Helfer dabei tätig, so teilen sie den Kelch aus. Das Reichen der Hostie bedeutet Zulassung zur Kommunion und gehört deshalb in die Verantwortung des ordinierten Amtes.

Unter dem Druck hygienischer Bedenken haben sich neue Kommunionformen eingebürgert. Nicht wenige Gemeinden sind zur *Intinctio* übergegangen. Diese Form kommt der ostkirchlichen Kommunion nahe. Die lutherischen Kirchen halten diese Weise allerdings vertretbar nur für den einzelnen Kommunikanten, nicht jedoch als generelle Regelung anstelle des Gemeinschaftskelches. Statt dessen wird für den einzelnen Kommunikanten, der Probleme mit dem Gemeinschaftskelch hat, notfalls die Kommunion *sub una* empfohlen: »denn auch unter dieser *einen* Gestalt empfängt der Christ die volle Gemeinschaft mit dem gekreuzigten und auferstandenen Herrn. Kelch*verzicht* ist etwas anderes als Kelch*entzug*« (Abendmahl 9).

Die Einbeziehung Kranker in die Gemeindekommunion wird empfohlen: »Neben der selbstständigen Abendmahlsfeier im Haus könnte auch ein alter Brauch behutsam wieder aufgenommen werden, bei dem der Pfarrer/die Pfarrerin oder Helferinnen und Helfer unmittelbar nach dem Gottesdienst die Abendmahlsgaben zu den kranken Gemeindegliedern bringen. Dadurch könnte deutlich werden, dass die Gemeinde Christi aus Starken und Schwachen, aus Gesunden und Kranken besteht, aus denen, die anwesend sein können, und denen, die nicht mehr zur versammelten Gemeinde kommen können« (Abendmahl 12).

Ein Sonderproblem stellt die Selbstkommunion des Liturgen dar. Agende I erwähnt sie ausdrücklich (77*), heute wird sie oft nach der Gemeindekommunion geübt. Das amerikanische LBW schlägt sie nach altem Brauch am Beginn der Austeilung vor in Analogie zur jüdischen Mahlzeit, in der der Hausvater als erster nimmt (vgl. Manual 244; *tum sese, tum populum*, Luther, FMC 1523, WA 12,213).

III. Gewänder

A. Geschichtlicher Überblick

In urchristlicher Zeit wurde die spätantike Alltagskleidung auch im Gottesdienst getragen: Untergewand und Obergewand, für die niedriger Stehenden nur das weiße Untergewand (vgl., auch zum Folgenden: Liturgische Kleidung 4 f.; sowie Josuttis 167–170). Diese Gewänder behielt man dann später bei und deutete sie im Mittelalter symbolisch (vgl. Braun 47–49). In der Reformationszeit schaffte die Reformierte Kirche alle liturgische Gewandung ab und verwandte die profane schwarze Standestracht der Priester und Gelehrten auch für die liturgischen Dienste, während das Luthertum in der Regel die zu den Adiaphora gerechneten liturgischen Gewänder beibehielt und nur die Predigt – damaligem Brauch gemäß – im Standesgewand des Priesters, Professors oder Mönchs zu halten pflegte. Aufklärung und Rationalismus ließen viele dieser Traditionen mit der Begründung der allgemeinen geschmacklichen Umorientierung fallen. Um Ordnung und eine gewisse Vereinheitlichung des Gottesdienstes zu schaffen, führte der preußische König Friedrich Wilhelm III. im Jahre 1811 und nochmals 1817 den schwarzen Talar als Dienstkleidung in jenen Gemeinden ein, in denen es keine liturgische Kleidung mehr gab. Zugleich wurde der schwarze Talar auch für Juristen und Rabbiner vorgeschrieben. So bezeichnet der preußische Talar mehr den Staatsbeamten als den die Liturgie feiernden Ordinierten. Die Farbe Schwarz entsprach allerdings so sehr dem Geschmack der Zeit, dass der preußische Talar sich fast überall in den deutschen evangelischen Gemeinden durchsetzte (vgl. Liturgische Kleidung 3 f.) – mit Ausnahme einiger Hansestädte, die den aus der spanischen Hoftracht stammenden zweiteiligen »Ornat« mit Halskrause, das bürgerliche Standesgewand für Geistliche und Senatoren, nun auch für den Gottesdienst einführten.

Heute setzt auch im Hinblick auf die liturgische Gewandung eine Neubesinnung ein, als deren Wurzel eine neue Gesamtsicht des Gottesdienstes »als eines Ensembles von Zeichen, in denen sein Sinn erfasst und vermittelt wird«, zu erkennen ist (ebd. 6). Wandlungen des Farbgeschmacks, starke visuelle Ausrichtung durch Farbfernsehen usw., nicht zuletzt auch die ökumenischen Lernprozesse innerhalb des Weltluthertums und weit darüber hinaus verstärken diese Tendenz. Drei Grundaspekte werden für eine Neuordnung zu beachten sein:

- Der Liturg als Handelnder vice et loci Christi repräsentiert menschliche Bilder von Gott. Die vielen farbsymbolischen Beziehungen in Bibel und Gesangbuch (vgl. Liturgische Kleidung 9–30) eröffnen reiche Möglichkeiten christlicher Freiheit (vgl. in diesem Zusammenhang die wichtigen Ausführungen zur Adiaphora-Lehre bei Herlyn 49–53). Insbesondere die weiße Farbe gewinnt hier zentrale Bedeutung.
- Der Liturg ist in seiner vor der Gemeinde exemplarischen »Nacktheit vor Gott« »Darsteller einer menschlichen Wirklichkeit, an der alle Gottesdienstbesucher in gleicher Weise teilhaben« (Trappe 128). Gleichzeitig können liturgische Gewänder die von Gott verliehenen »Kleider des Heils« (Jes 61,10), das »hochzeitliche Gewand« (Mt 22,11 f.) symbolisieren.
- Der Liturg wird als Repräsentant der Kirche im »Spannungsfeld von überkonfessioneller Gemeinsamkeit und konfessioneller Besonderheit« (Trappe 129) dieser Funktion sicher am

besten gerecht in der behutsamen, kreativen Einbindung in die uralten und der Ökumene gemeinsamen Gewändertraditionen.

Eine Neugewinnung der liturgischen Gewandung bedarf des Zusammenwirkens aller Verantwortlichen: auf gemeindlicher Ebene des Einvernehmens zwischen Pastoren/Pastorinnen und Kirchenvorstand sowie der behutsamen Hinführung der Gemeinde, auf landeskirchlicher Ebene der umsichtigen und zugleich mutigen Angleichung der Rechtsvorschriften durch Freigabe zur Erprobung und danach durch Anpassung des geltenden Rechtes an die in ökumenischer Verantwortung durch Erfahrungen gewonnene Praxis (vgl. z.B. Nordelbien, Liturgische Kleidung 32–37).

B. Das Standesgewand

Herkömmlicherweise gilt bis heute der schwarze Talar als das charakteristische Gewand des evangelischen Geistlichen. Von seinem Ursprung her ist es ein Standesgewand, das bis heute besonders gut im zweiteiligen Hamburger und Lübecker Ornat zu erkennen ist. Die Soutane, das schmal geschnittene schwarze, vorn durchgeknöpfte Untergewand, der »Talar« also, ist das spezifische Kleid des Geistlichen, das ärmellose, vorn offene Obergewand und die weißleinene Halskrause teilt er mit den Senatoren; dies ist das Standesgewand der Honoratioren. In abgewandelter Form gilt diese Definition auch vom »preußischen« Talar mit Beffchen, der einerseits den priesterlichen Talar aufgreift, andererseits die Verbindung zu weiteren Trägern staatlicher Gewalt und Autorität herstellt.

»Die Farbe schwarz, die [des Pastors] körperliche Erscheinung neutralisiert und nur den Kopf mit dem Mund sowie die Hände für den sozialen Kontakt freigibt, macht ihn zum Vertreter transpersonaler Objektivität, vielleicht sogar, wie man vom Fußball-Schiedsrichter behauptet hat, zum Repräsentanten ›des Unheimlichen, Überrationalen und Überirdischen‹« (Josuttis 170, bes. Anm. 105; vgl. auch Klaus/Winkler 11).

Der Talar bzw. Ornat in den uniformmäßig genau vorgeschriebenen landeskirchlichen Sonderausprägungen mit Beffchen oder Halskrause wird bislang als »herkömmliche Amtskleidung« in allen Gottesdiensten und Amtshandlungen von Ordinierten sowie von in der Ausbildung stehenden Vikarinnen und Vikaren getragen.

C. Liturgische Untergewänder

Im Gegensatz zu der einheitlich vorgeschriebenen Gestaltung des Standesgewands (der »Uniform«) verzichten die im engeren Sinne »liturgischen«, d.h. für die gottesdienstlichen Feiern vorgesehenen Gewänder bewusst auf jede Vereinheitlichung. Sie beschränken sich auf Grundformen, die im Einzelnen reich variiert werden können.

1. Die *Alba* ist das liturgische Grundgewand aus weißem oder cremefarbenem Leinen bzw. diesem vergleichbaren Stoff, knöchellang, mit geringem Faltenwurf und mäßig weiten Ärmeln. Ein Amikt (Schultertuch) aus gleichem Material – entweder mit langen Bändern über der Brust gekreuzt, dann über dem Rücken gebunden und vorn mit einer Schleife geschlossen, oder in rund ausgeschnittener Kragenform – kann unter der Alba angelegt werden und so die darunter getragene Kleidung verdecken und einen homogenen Halsabschluss bilden.

Das Zingulum, ein Gürtel in einer Länge von 2,5 bis 3,5 Metern, häufig eine weiße Kordel, wird doppelt genommen, vorn geknotet und an den beiden Enden frei herabhängen gelassen; es ordnet den Faltenwurf (vgl. Braun 67–85).

Eine inzwischen bewährte Form stellt die Mantelalbe dar, auch Tunika-Talar genannt, die sich wie ein Mantel überziehen lässt und ohne Amikt und Zingulum getragen wird.

Das weiße Grundgewand ist das Kleid des Getauften und kann von allen getragen werden, die eine liturgische Funktion im Gottesdienst haben (Näheres s. Liturgische Kleidung 46 f.).

2. Das *Chorhemd* ist wie die Alba aus weißem Stoff (Leinen oder ähnlichem), aber kürzer als diese (ca. 50 cm vom Boden), hat einen weiten Halsausschnitt und weite Ärmel; es gibt aber auch ärmellose Formen, nur mit Schlitzen an den Seiten zum Durchstecken der Arme (so z.B. in Württemberg, in Sachsen und der Slowakischen Lutherischen Kirche bis heute in Gebrauch).

Das Chorhemd kann bei Predigtgottesdiensten, Amtshandlungen sowie beim Stundengebet über dem Talar getragen werden, besonders gut über dem Unterhabit der hansestädtischen Ornate (vgl. Liturgische Kleidung 51; Braun 85–89; Hofhansl 161).

D. Liturgische Obergewänder

In der Regel sind liturgische Obergewänder in der liturgischen Farbe des Tages gehalten und können aus sehr verschiedenen Materialien wie z.B. Wolle oder Seide gefertigt sowie u.U. mit symbolischen Stickereien, Applikationen oder ähnlichem versehen sein.

1. Die *Kasel* wird nur in eucharistischen Gottesdiensten, und zwar über der Alba getragen. Sie hebt hervor, dass der Liturg hier *vice et loco Christi* steht (vgl. Braun 100–119, bes. 103). Amtieren mehrere Ordinierte gemeinsam, so können entweder alle Kaseln (u.U. die Konzelebranten solche von schlichterer Ausführung) tragen; oder aber nur der leitende Liturg ist mit der Kasel bekleidet, während die übrigen in Alba und Stola erscheinen.

Eine vereinfachte Form ist die Kasel in heller Grundfarbe, über der dann die Stola in der Tagesfarbe angelegt wird (vgl. Liturgische Kleidung 50).

2. *Dalmatik und Tunizella* sind Gewänder von gleichem Stoff wie die Kasel, nur anders geschnitten, an beiden Seiten offen und mit angedeuteten Ärmeln (vgl. Braun 89–100). Sie machen den liturgischen Diakon oder Subdiakon kenntlich, die dem Liturgen assistieren.

3. Der *Chormantel* ist ein ärmelloser weiter Umhang, auf der Brust durch eine Schließe (aus Silber oder anderem Metall) zusammengehalten. Er kann von gleichem Material wie die Kasel sein und wird sowohl über der Alba wie auch über Talar und Chorhemd bei allen festlichen Anlässen außerhalb der Eucharistie, also z.B. in Vigilien, feierlichen Vespern wie am Heiligen Abend und ähnlichen Gelegenheiten getragen (daher auch »Vespermantel« genannt). Besonders prächtig sind häufig die Chormäntel der bischöflichen Ornate, z.B. in den skandinavischen Ländern (Bilderbeispiele bei Piepkorn Abb. 8, 9, 18, 20; vgl. auch Liturgische Kleidung 50).

E. Liturgische Farben

Aus der Vielfalt der Farben und ihren lokalkirchlichen Zuordnungsregeln haben sich in der westlichen Tradition (bei manchen lokalen Abweichungen) im Wesentlichen die vier liturgischen Grundfarben herausgebildet, die den Farbenkanon auch des EGb bestimmen:

Weiß als Christusfarbe: Christvesper bis Epiphanias; Letzter Sonntag nach Epiphanias; Gründonnerstag; Osternacht bis Exaudi; Trinitatis; Tag des Apostels und Evangelisten Johannes 27.12. (anders als bei den übrigen Apostelfesten); Unschuldige Kinder 28.12.; Lichtmess 2.2.; Ankündigung der Geburt des Herrn 25.3.; Johannes der Täufer 24.6.; Heimsuchung Mariä 2.2.; Michaelis 29.9.; Gedenktag der Entschlafenen (merkwürdigerweise nicht Allerheiligen, Gedenktag eines Lehrers oder einer Lehrerin der Kirche und am Fest der Taufe Christi, 1. S. n. Ep.).

Rot als Farbe des Heiligen Geistes und der Kirche sowie des Bekennens des Glaubens: Pfingsten; Apostel- und Evangelistentage (außer 27.12. Johannes); Stephanus (26.12.); Augsburgische Konfession (25.6); Reformation (31.10.); Allerheiligen (1.11.); nahezu alle besonderen Anlässe wie Konfirmation, Ordination; Bitttage usw. (außer Christen und Juden; Urlaub und Freizeit sowie Danktage).

Violett als Bußfarbe: Advent; Aschermittwoch bis Karmittwoch; alternativ Karfreitag; Buß- und Bettag; Christen und Juden, beim Bittgottesdienst bei Katastrophen und Epidemien.
Grün als Farbe des Wachstums: alle übrigen Sonntage und Anlässe, z.B. für Urlaub und Freizeit sowie Danktage.

Alle Angaben für die liturgische Farbe an Sonntagen und hohen Festen gelten für die ganze nachfolgende Woche bzw. für die Tage bis zum nächsten Sonn- oder Festtag.
Zusätzlich zu diesem Farbenkanon werden zwei weitere liturgische Farben genannt:

Rosa als aufgehelltes Violett: für Lätare (in der EA 150 zusätzlich für den 4. Advent als Mariensonntag mit der »Gaudete«-Antiphon, leider so nicht ins EGb übernommen).

Schwarz als Alternative zu Violett: Karfreitag, mit der Rubrik: »Es kann auf jede Farbe verzichtet werden« (EGb 312). Man bedenke die biblisch-alttestamentliche Wertung von Schwarz: »Da Schwarz als Negation aller Farben Zeichen der Finsternis und alles Widergöttlichen darstellt, kann es im Kult keine Verwendung finden« (Häußling/Hofhansl 26).

F. Rangabzeichen

Es handelt sich hier um jene Gewand- bzw. Schmuckstücke, die den Träger/die Trägerin als Ordinierte(n) bezeichnen bzw. innerhalb der Gemeinschaft der Ordinierten in seinem/ihrem besonderen Rang.

1. Die *Stola* ist ein etwa 10 cm breiter Streifen, der beidseitig von den Schultern herabhängt, wie die Obergewänder aus Seide, Wolle oder anderem geeigneten Material, in der liturgischen Farbe des Tages oder Anlasses. Die Stola ist das Zeichen für den Dienstcharakter (»Joch Christi«, vgl. Braun 135) des Hirtenamtes und wird darum nur von Ordinierten bei allen Gottesdiensten und Amtshandlungen mit Ausnahme der Stundengebete (weil diese keines ordinierten Vorbeters bedürfen) getragen. Unter diesem Aspekt kann die Stola sinnvoll auch über dem schwarzen Talar angelegt werden, beim Dienst an Kranken und Sterbenden im Haus oder Krankenhaus auch einfach über der Straßenkleidung. In der Regel wird die Stola über der Alba so angelegt, dass ihre herabfallenden Enden unter dem Zingulum festgehalten werden; bei Mantelalbe und Chorhemd fallen sie frei. Bei Verwendung einer Kasel gehört die Stola unter diese; nur im vereinfachten Gebrauch einer einheitlich hellen Kasel trägt man die Stola darüber, um die liturgische Farbe anzuzeigen.

Bei der Trauung ist eine weiße Stola angemessen. Ihr rechter Streifen kann beim »Zusammensprechen« über dic Hände des Brautpaares geschlungen werden als Zeichen des Zusammenbindens. Der Pfarrer/die Pfarrerin legt seine/ihre Hand dann auf die Stola.

Eindrücklich kann ein Wechsel der liturgischen Farben im Taufgottesdienst mittels einer Taufstola (Wendestola) die innere Wende des Täuflings markieren: zunächst wird die violette Seite getragen. Sie weist mit der Bußfarbe auf die Umkehr des Menschen zu Gott hin. Zum Credo wendet man die Stola dann auf die weiße Seite zum Zeichen der Zusage zum Dreieinigen Gott und zu seinem Reich des Lichtes.

Beim Begräbnis ist die Farbe der Stola entweder violett oder weiß und unterstreicht somit entweder den Buß- und Trauercharakter oder die Auferstehungshoffnung (zum Ganzen vgl. Liturgische Kleidung 48 mit Abb. sowie Braun 134–143).

Der liturgische Diakon als Helfer des Liturgen kann, wenn er eingesegnet bzw. ordiniert ist, die Stola als Diakonenstola von der linken Schulter schräg zur rechten Hüfte tragen, dort gekreuzt und gehalten vom Zingulum oder einer Klammer (ebd. 49 mit Abb.).

2. Die *Mitra* ist eine an der Rückseite mit zwei herunterhängenden Streifen geschmückte Klappmütze, deren Hälften in der Mitte spitz zulaufen (s. Abb. 10 bei Piepkorn). Sie ist Abzeichen der Bischöfe und Äbte und wird bei liturgischen Funktionen, besonders Benediktionen und ähnlichen Gelegenheiten getragen, zum Gebet dagegen abgenommen (vgl. Braun 164 f.).

In der deutschen evangelischen Kirche wird die Mitra (übrigens außerdem auch noch pontifikale Handschuhe; vgl. Braun 154–158) seit alters vom Abt zu Loccum – meist in Personalunion der Bischof von Hannover – getragen, während sie im außerdeutschen Luthertum in Schweden, Finnland, im Baltikum sowie in ehemaligen Missionskirchen, mancherorts auch in Amerika und Norwegen zur bischöflichen Amtstracht gehört (s. Piepkorn, Abb. 8.9.18).

3. *Stab, Ring, Pektorale.* Ring und Krummstab, die bischöflichen und äbtlichen Insignien der Hirten- und Leitungsvollmacht (vgl. Klauser), werden im lutherischen Bereich dort getragen, wo auch die Mitra in Gebrauch steht (vgl. Piepkorn), in Deutschland im Augenblick nur vom Abt zu Loccum, der Stab auch noch von verschiedenen Äbtissinnen der niedersächsischen evangelischen Klöster.

Die einzige in Deutschland allgemein gebräuchliche Amtsinsignie für kirchenleitende Ämter ist das Amtskreuz, das Superintendent(in)/Dekan(in)/Propst(Pröpstin) in Gestalt eines silbernen Brustkreuzes, dem Bischof/der Bischöfin (auch Landessuperintendent/Kreisdekan/Prälat als Regionalbischof) als goldenes Pektorale bei der Amtseinsetzung durch den einführenden Bischof umgelegt wird mit den Worten: »Dieses Kreuz lege ich dir als Zeichen deines Amtes um. Es soll dich und andere auf Jesus Christus hinweisen, der am Kreuz für uns alle gestorben ist. Friede + sei mit dir!« (Agende IV, 74.83; in der Agende IV 1952 [2]1966 hieß es noch »Es soll dich mahnen an den, in dessen Namen du dein Amt führst«, 105). Das Brustkreuz wird auch von anderen ephoralen Amtsträgern und Amtsträgerinnen getragen.

IV. Geräte

Für die liturgische Raumausstattung (Altar, Kanzel, Ambo, Taufstein, Liturgensitz, Orgel, Glocken usw.) verweisen wir auf die beiden voraufgehenden Kapitel zum Kirchenraum und zur gottesdienstlichen Musik. In unserm Zusammenhang geht es lediglich um die für die Handlungsgebärden benötigten Geräte und ihren angemessenen Gebrauch. Darum werden auch die im evangelischen Bereich herkömmlich als »Paramente« bezeichneten Behänge des Altars (Frontale, Antependien), der Kanzel und der Pulte für die Lesungen ebenso wie der Altarschmuck (Leinentücher, Leuchter, Blumen) hier nicht behandelt.

A. Geräte für die Feier der Eucharistie

1. *Kelch und Patene* sind für die eucharistischen Gaben nötig und zugleich Symbole für das eine Brot und den einen Kelch. Die verbreitete Praxis, eine (aus hygienischen Gründen unumgängliche) Vielzahl von Kelchen, Patenen, dazu Kannen und Hostiendosen auf dem Altar zu verteilen, verdunkelt diese Zeichenhaftigkeit. Angemessener erscheint daher die Anordnung auf einer Kredenz im Altarraum oder auf entsprechenden Tischen, von wo diese benötigten Hilfsmittel erst gebracht werden, wenn sie zur Kommunionausteilung dienen werden.

Auch der eine Kelch (mit Patene) kann, wenn er nicht schon von Beginn des Gottesdienstes an in der Mitte des Altars steht, erst zur Gabenbereitung zum Altar gebracht werden. Auf der Patene liegt nur die große Zelebrationshostie.

Kelch und Patene sind meist aus edlem Material, aus Silber, oft zumindest an der Innenseite auch vergoldet. Das ist nicht nur Ausdruck für die Verehrung des Altarsakramentes, sondern hat zudem hygienische Gründe; Silber und Gold sind unempfindlicher für Bakterien. Aus diesem Grund erscheint es ratsam, von irdenen Kelchen abzusehen.

2. *Kelchwäsche, Velum und Bursa*. Das älteste Parament überhaupt scheint das Korporale zu sein (vgl. Braun 205), ein quadratisches Leinentuch von ca. 50 cm Seitenlänge, auf dem Kelch und Patene zur Konsekration stehen. Es ist das eigentliche Altartuch. Vor und nach dem Gebrauch kann es – wie eine Serviette zu drei gleichen Teilen nach Tiefe und Breite zusammengefaltet – in einer sog. Bursa (Stofftasche) aufbewahrt werden.

Das Purifikatorium, ein zum Streifen gefaltetes Leinentüchlein von ca. 30x40 cm, dient zum Auffangen von Tropfen bei der Kelchausteilung, zum Abwischen des Mundes, auch zum abschließenden Auswischen des Kelches. Es wird quer über die Kuppa des Kelches gelegt und dient zugleich als schützende Unterlage für die Patene auf der Kuppa (vgl. Braun 212).

Wo ein Kelchlöffel zum Entfernen eventueller Korkreste oder (im Sommer) Insekten in Gebrauch ist, gehört er auf das ein wenig in die Kuppa gedrückte Kelchtuch. – Die Palla, ein versteiftes quadratisches Leinenstück von ca. 20 cm Seitenlänge, liegt auf der Patene mit der großen Zelebrationshostie (vgl. Braun 209–212). – Das Velum, ein quadratisches Tuch aus Leinen, häufig besonders verziert mit Stickerei, oder – der Tradition entsprechender – nach Stoff und Farbe zur Kasel und Stola passend, wird über Kelch und Patene gebreitet (vgl. Braun 213–215). – Die Bursa, in Stoff und Farbe dem Velum angepasst, nimmt das zusammengefaltete Korporale auf und liegt zunächst auf dem Kelch.

Bei der Gabenbereitung nimmt der liturgische Diakon oder der Liturg zuerst das Korporale aus der Bursa, stellt diese seitlich auf den Altar, entfaltet das Korporale in der Altarmitte und stellt darauf rechts vor sich den mit der Palla bedeckten Kelch, links die Patene mit der großen Hostie. Das Purifikatorium legt man rechts neben den Kelch (vgl. Manual 230 f.).

3. *Kanne und Hostiendose*. Diese beiden Geräte dienen zum Herbeibringen der Gaben. Oft sind sie aus edlem Metall und künstlerisch wertvoll gestaltet. Das ist dann besonders angemessen, wenn sie zur Konsekration gebraucht werden. In diesem Fall stellt man die Kanne, nachdem der Kelch mit Wein gefüllt wurde, hinter diesen, die Hostiendose hinter die Patene auf das Korporale. Für die Hostiendose empfiehlt sich die Gestalt des Ziboriums. Es ist kelchartig gestaltet mit einem Fuß und lässt sich so beim Austeilen besser halten. Der Brotgestalt entspräche freilich eher eine flache Schale oder ein großer, vertiefter Teller oder – bei Verwendung eines richtigen Brotlaibes – auch ein Korb aus Silber oder anderem Material. Erst zur Kommunion würde man herbeigebrachte weitere Kelche aus der Kanne mit dem konsekrierten Wein füllen.

Eine andere Weise der Konsekration wäre, dass man mehrere Kelche (unter Verzicht auf die Deutlichkeit des Symbols des einen Kelchs) und mehrere Patenen auf das Korporale stellt, sie mit Hostien und Wein füllt und Kanne und Hostiendose wieder auf eine Kredenz zurückstellt. Konsekriert wird nur, was in Kelchen und Patenen ist. Im Bedarfsfall konsekriert man neue Hostien durch eine epikletische Bitte und das Brotwort der Verba Testamenti nach, beim Wein hingegen wird einfach nachgefüllt, solange noch deutliche Mengen des konsekrierten Weines in den Kelchen sind (andernfalls wird entsprechend mit epikletischer Bitte und dem Kelchwort der Verba Testamenti nachkonsekriert). Bei dieser Art der Feier könnten Kanne und Hostiengefäß aus sehr viel schlichterem Material als Kelch und Patene sein.

4. *Einzelkelche als Kommunionhilfen*. Eine besonders in den skandinavischen Kirchen geübte Praxis der Kelchkommunion verwendet für jeden Kommunikanten einen kleinen Einzelkelch. Solche Einzelkelche werden aus dem einen großen Kelch, in dem der Wein konsekriert wurde, gefüllt. Zu diesem Zweck ist er durch eine entsprechende Ausbuchtung der Kuppa zum Gießkelch umgestaltet.

Dem Wesen des einen Kelches widersprechen hingegen in eklatanter Weise Einzelkelche auf dem Altar. Sie gehören einzig und allein in die Hand des Kommunikanten als Kommunionhilfe und werden von ihm von einem Beistelltisch oder ähnlichem genommen.

5. *Reinigungsgeräte*. Gerade unter hygienischen Erfordernissen ist peinliche Sorgfalt bei der Kelchkommunion geboten. Der silberne bzw. vergoldete Gemeinschaftskelch wird beim Austeilen ständig gedreht und nach fünf bis acht Kommunikanten mit einem in reinem Alkohol getränkten Leinentüchlein durch Umwischen des Randes innen und außen gesäubert.

Der Alkohol befindet sich in einem Glas- oder Zinngefäß – zusammen mit einer ausreichenden Anzahl von Leinentüchlein – am besten auf einer Kredenz nahe beim Altar, auf der auch die Reinigung der Kelche durch den Küster oder andere Helfer vorgenommen wird.

6. *Agendenpult oder Agendenkissen*. Auf dem Altar liegt die Agende aus Gründen besserer Lesbarkeit auf einem festen, leicht angeschrägten Stoffkissen, u.U. in der liturgischen Tagesfarbe (vgl. Braun 221), oder auf einem kleinen Pult aus Metall, Holz oder Plexiglas. Ihr Ort ist allerdings nicht die Mitte des Altars, denn sie ist ja nur Hilfsmittel und Gedächtnisstütze. Deshalb stellt man sie sinnvollerweise links vom Kelch auf, der besseren Lesbarkeit wegen schräg zum Liturgen. Für die Assistenten empfehlen sich vervielfältigte Extratexte vor jedem Einzelnen auf der Altarkante.

In der Mitte des Altares dürfte nur die aufgeschlagene Bibel als Alternative zum römisch-katholischen Tabernakel (vgl. Josuttis 144) liegen, obwohl beide der Intention der Liturgie widersprechen und eigentlich auf die Kanzel (Bibel) bzw. in einen Andachtsraum gehören.

7. *Umgang mit den reliqua sacramenti*. Der ökumenische Kontext hat diesem Fragenkomplex neues Gewicht gegeben. Alter lutherischer Regel entspricht: Die *reliqua sacramenti* »sollen möglichst im Zusammenhang mit dem Gottesdienst verzehrt werden« (Abendmahl 10). Nun ist das bei häufiger Eucharistiefeier recht lästig. Darum der Rat: »Für die Hostien empfiehlt sich jedoch auch die Verwendung bei der nächsten Eucharistiefeier [dafür sollte aber eine eigene Pyxis vorgesehen und eine Vermischung konsekrierter und unkonsekrierter Hostien auf jeden Fall sorgfältig vermieden werden]. Wo die Weinreste nicht ausgetrunken werden, gibt es die alte Tradition eines ›Sakrariums‹, d.h. einer hinter oder neben dem Altar oder in der Sakristei angebrachten Ausgussmuschel, die direkt ins Erdreich führt und nur der Aufnahme des restlichen Abendmahlsweines sowie u.U. des Taufwassers vorbehalten ist« (ebd.).

Unter dem Gesichtspunkt der Aufbewahrung des Sakraments für die Kranken könnte der konsekrierte Wein in einer mit einem eingeschliffenen Stöpsel luftdicht zu verschließenden Kristallkaraffe (vgl. Manual 233) aufbewahrt werden. Zum Überbringen des Sakraments an die Kranken eignet sich eine flache Pyxis für die Hostien; der konsekrierte Wein müsste in einem Fläschchen mitgenommen und dann in einen kleinen Kelch umgegossen werden.

B. Geräte für die Feier der Taufe

1. *Taufkanne und Taufschale*. Das Taufwasser sollte, wenn nicht ein ständig fließender Taufbrunnen vorhanden ist, in einer geeigneten Kanne bereitgestellt und während der »deutenden Worte« allen sichtbar eingegossen werden, um so das lebendig fließende Wasser zu symbolisieren. Verwendet man das Gebet (Agende III/1, 102), so könnte man das Eingießen in die Taufschale bei der Erwähnung des Durchzugs durch das Rote Meer beenden und die Kanne abstellen oder dem Küster bzw. einem Helfer reichen, um das Kreuzzeichen im Wasser und die Handausstreckung vollziehen zu können.

2. *Tuch*. Zum Abtrocknen des Taufwassers am Täufling kann ein Leinentuch – ähnlich dem Purifikatorium – Verwendung finden, das beim Taufstein neben der Taufschale liegt.

3. *Westerhemd (Taufschleier).* An manchen Orten gibt es den Brauch, dass der Küster nach dem *Votum postbaptismale* das Westerhemd *(alba vestis)* überreicht, auch Taufschleier genannt (zu den ursprünglich zwei Gewandstücken, die später zu einem zusammengenäht wurden und heute in den Taufkleidern und Taufhäubchen späte Nachklänge haben, vgl. Bruno Jordahn 396 f.), das dann von den Paten oder dem Täufer dem Täufling »aufgelegt« wird. Dazu sagt der Täufer: »Nimm hin das weiße Gewand als Sinnbild der Gerechtigkeit Christi. Alle, die auf Christus getauft sind, haben Christus angezogen« (Agende III/1, 32 u.ö.). Das Westerhemd ist eine eindrückliche Grundlegung für das Tragen der Alba als Grundgewand des Christen durch alle liturgischen Funktionsträger.

4. Die *Taufkerze* hat sich in vielen Gemeinden eingebürgert und wird z.T. von geschickten Gemeindegliedern selber mittels Wachsmaterial mit Taufsymbolen, den Taufnamen und dem Taufdatum verziert. Die Taufkerze wird nach dem *Votum postbaptismale* (und der Überreichung des Westerhemds) an der Osterkerze (ersatzweise einer Altarkerze) angezündet. Schon bei diesem Vorgang kann der Pfarrer das biblische Votum Joh 8,12 sprechen. Es sollte bei mehreren Täuflingen nur einmal gesagt werden, das eigentliche Überreichungsvotum hingegen wird bei jedem Einzelnen erneut gesprochen. »Die Taufkerze bleibt bis zum Schluss des Taufgottesdienstes brennen« (Agende III/1, 32). Praktisch ist es, Leuchter bereitzustellen, auf die die Taufkerzen von den Paten aufgesteckt werden können.

C. Sonstige Geräte

1. *Vortragekreuz.* In den Gemeinden einiger deutscher Landeskirchen ist das Vortragekreuz bei Begräbnissen in Gebrauch (vgl. Klaus/Winkler 11). Agende IV setzt es für die Kirchweihprozession voraus (114). Es ist sinnvoll, jede Prozession, also auch den feierlichen Einzug des Liturgen und seiner Assistenz zumindest bei den festlicheren Gottesdiensten, mit einem Vortragekreuz zu eröffnen. »Symbolically the procession, with the cross of Jesus going on before, is a powerful suggestion of the Christian life, following Christ wherever he leads« (Manual 203).

2. *Kerzen.* Hier geht es nicht um die Altarkerzen und ihre Zahl sowie um festinstallierte Leuchter wie z.B. Apostelleuchter, den siebenarmigen Leuchter und ähnliches (vgl. Löhe 563.570), sondern ausschließlich um mit Handlungsgebärden verbundene Kerzen.

a. *Osterkerze.* Die Kerze – mit ihren aufgesetzten Zeichen des Kreuzes, den fünf Wachsnägeln für die Wundmale, dem Alpha am oberen und dem Omega am unteren Kreuzbalken sowie der laufenden Jahreszahl in der Mitte – symbolisiert den auferstandenen Christus. In der Osternacht wird sie – wo möglich an einem eigens entzündeten Osterfeuer vor der Kirche, sonst mit einem brennenden Docht in der Kirche – angezündet und in feierlicher Prozession in das dunkle Gotteshaus getragen; sie geht – wie die Feuersäule der Wüstenwanderung – dem Volk voraus.

Jeder Teilnehmer hat eine kleine Osterkerze in der Hand. Beim dreimaligen, jedesmal um einen Ton höher angestimmten »Christus Licht der Welt« zünden zunächst der leitende Liturg, dann seine Assistenz, schließlich alle Teilnehmer ihre kleine Kerze an der Osterkerze an oder die Helfer teilen das Osterlicht mittels ihrer Kerzen an die Gemeinde aus.

Die Osterkerze wird auf den Osterleuchter gesetzt und brannte früher bis zum Himmelfahrtsfest (Agende I, wo sie nach der Verlesung des Evangeliums gelöscht wird, 129), jetzt bis Pfingsten als dem Endpunkt der Pentekoste, der österlichen Freudenzeit (so Manual 327) in jedem Gottesdienst, also auch bei Nebengottesdiensten und Kasualien. Später wird sie dann zu jeder Taufe und jedem Begräbnisgottesdienst, die in der Kirche gefeiert werden, angezündet.

b. *Prozessions- und Evangelienkerzen.* Insbesondere an Festtagen ist es sinnvoll, den Kreuzträger rechts und links von je einem Kerzenträger flankieren zu lassen. Diese Kerzen werden auf nicht zu schweren Leuchtern oder Fackeln getragen, die nach Gebrauch auf dem Kredenztisch abgestellt oder in entsprechende Halterungen gesteckt werden (vgl. Manual 205 mit Abb.). Im Verlauf des Gottesdienstes können sie zur Evangelienprozession verwendet werden. Beim Auszug werden sie in entsprechender Weise wie beim Einzug mitgetragen. Zu besonderen Anlässen (Lichtmess, Osternacht) können alle am Einzug Beteiligten brennende Kerzen tragen.

3. *Behältnisse für das Dankopfer*. Der herkömmliche »Klingelbeutel«, ein Stoffsack an langer Stange, unter dem ein Glöckchen angebracht ist, hat Anlass zu manchen Witzen gegeben. Benutzt man ihn weiterhin, ist sein Platz nach dem Offertorium links bzw. rechts neben dem Altar, wo er gegen den Retabel oder die Wand gelehnt wird. Eine abgewandelte Form stellt der Klingelbeutel mit zwei gegenüberliegenden kurzen Griffen dar, der durch die Bänke weitergereicht wird. Der Liturg kann beim Entgegennehmen am Altar mehrere solcher Klingelbeutel ineinander stellen, um den Altar damit nicht übermäßig zu beengen.

Bewährt haben sich auch Sammelkörbe oder Opferschalen mit schalldämpfender Tucheinlage, die sich ebenfalls gut ineinander stellen lassen und so Platz auf dem Altar sparen.

Die Helfer beim Dankopfer sollten in Altarnähe mit dem Einsammeln beginnen und in Richtung Eingang der Kirche sammeln. Dort warten sie aufeinander und bringen die Gaben, u.U. zusammen mit Brot und Wein, in einer Prozession zum Altar, wo der Liturg oder ein Assistent sie entgegennimmt, auf den Altar setzt und nach dem Dankopfergebet (EGb 553) auf eine Kredenz neben dem Altar stellt. »Where the altar is against the ›east‹ wall, the offering plates may remain on the altar, to one side« (Manual 233).

4. *Ringschale*. Für den Trauritus hat sich eine Ringschale bewährt, auf die beide Trauringe durch das Brautpaar am Eingang der Kirche gelegt werden, die dann der Küster auf den Altar stellt. Nach der Konsenserklärung und eventuellen Segnung der Ringe reicht der Pfarrer/die Pfarrerin dem Brautpaar die Ringe auf der Schale und stellt die leere Schale wieder auf den Altar oder eine Kredenz.

V. Dramaturgie des Gottesdienstes

Aus der Fülle der Möglichkeiten muss der leitende Liturg in Absprache mit allen am Gottesdienst Beteiligten und in intensiver gemeinsamer Vorbereitung (vgl. EA 23–26) für den bestimmten Tag unter den konkreten gegebenen Umständen des gottesdienstlichen Raumes und der sich dort versammelnden Gemeinde die sinnvolle Auswahl treffen und sie im Rahmen der Agende mit ihren beiden Grundformen und zahlreichen Varianten angemessen zuordnen. Dabei sind drei Grundzusammenhänge zu bedenken:

A. Das liturgische Personal

Unabdingbar für die Feier des eucharistischen Gottesdienstes sind die Gemeinde (sie kann sich bis zu einer Person reduzieren, z.B. bei der Feier der Eucharistie am Krankenbett) und ein ordinierter Amtsträger (Liturg/Liturgin). Beide Grundnotwendigkeiten lassen sich jedoch bis in reichste Möglichkeiten der Funktionsverteilung entfalten.

Aus der feiernden Gemeinde können Lektoren für die alttestamentliche Lesung sowie für die Epistel hervortreten, Helfer zum Einsammeln des Dankopfers, zum Bringen der Gaben Brot und Wein, zum Bereiten des Altars für die Feier der Eucharistie, Sprecher für besondere Abkündigungen, Fürbitten und anderes, Kommunionhelfer zum Austeilen des Kelches; außerdem Kreuzträger, Kerzenträger, Helfer zum Halten des Lektionars oder der liturgischen Bücher bei auswendig zu sprechenden Gebeten und Vollzugsformeln (vgl. bes. Agende IV).

Das ordinierte Amt kann sich auch im Miteinander mehrerer Geistlicher darstellen. Die Pfarrer einer Gemeinde sollten nach Möglichkeit im Hauptgottesdienst immer gemeinsam amtieren. Die Funktionen lassen sich sinnvoll zwischen dem Liturgen und dem/den Assistenten aufteilen: Einer übernimmt die Lesung des Evangeliums, ein anderer die Predigt, einer spricht die »diakonischen« Aufforderungen beim Fürbittengebet (vgl. EGb 586–595). Wenn auch der Vorsitz der Eucharistiefeier unteilbar bleibt, so können die ordinierten Assistenten bei der Bereitung des Altars zur Eucharistie mitwirken, ebenso beim Eucharistiegebet und – gegebenenfalls gemeinsam mit Nichtordinierten – beim Austeilen der Kommunion.

Weitere Entfaltungsmöglichkeiten ergeben sich bei Ordinationen, Einführungen, Weihehandlungen und ähnlichen Gelegenheiten. Hier hat sich eingebürgert, dass der Ranghöchste (Bischof, Prälat, Propst), auch wenn er nicht Hauptliturg ist, den Schlusssegen spendet.

B. Die liturgischen Orte

Bei jeder verantwortlichen Gottesdienstgestaltung ist der Raum mit seinen Möglichkeiten zu bedenken. Gibt es einen Mittelgang als Prozessionsachse oder bieten sich die Seitenschiffe zu entfaltenden Aktionen an? Ist der Altarraum groß genug, um den Liturgensitz deutlich zu akzentuieren, vielleicht von dort den Gottesdienst bis zur Gabenbereitung zu leiten und den Altar der Eucharistie zu reservieren? Erlaubt der Chorraum die Aufteilung in Epistel- (rechts) und Evangelienseite (links von der Gemeinde) für die Lesungen? Sind Pulte (oder nur ein einziges) für die Lektionen zu benutzen oder halten die Lektoren das Lektionar in der Hand? Kann *versus populum* zelebriert werden oder muss es (bei vorhandenem Retabel) zum Altar hin geschehen? Welche Wendungen sind wann und wie zum Altar bzw. zur Gemeinde zu vollziehen? Welche Formen des Herantretens an den Altar erlauben die räumlichen Gegebenheiten (weite Distanz, Enge, Kommunionbank mit oder ohne Mittelöffnung und anderes)? Sind alle diese Fragen bedacht und geklärt, geht es um das Gesamtkonzept des Gottesdienstes.

C. Die liturgischen Abläufe

Liturgische Kompetenz wird sich darin erweisen müssen, die agendarischen und frei formulierten Texte in sinnvoller, die Spannungsbögen des Gottesdienstes beachtender Anordnung mit Ausdrucks- und Handlungsgebärden zu koordinieren zu einer dem Raum angemessenen Gestalt und so ein »Gesamtkunstwerk« Gottesdienst zu feiern. Gerade das Konzept des Gottesdienstes als »Weg in das Leben« lässt viele bedenkenswerte Aspekte einfließen: Dramatische Vergegenwärtigung der Heilsgeschichte (Josuttis 149–151), besonders zu Weihnachten bei Krippenspielen, vielleicht auch an herausgehobenen Tagen wie Lichtmess (2. Februar) mit einer Lichterprozession oder am Palmsonntag mit einer Palmenprozession, wie überhaupt die spezifische Gestaltung der Karwoche, insbesondere des Triduum – Gründonnerstag mit Abdecken des Altars nach der Eucharistiefeier, Nachtwache, Karfreitag mit der Feier der Todesstunde, Karsamstag als Tag der Sabbatruhe voller Erwartung, Osternacht als große Auferstehungsfeier (vgl. die reichen Beispiele im Manual 305–338). Auch das Spiel und der Lernprozess gehören in diesen Zusammenhang (Josuttis 151–161).

Wichtig bleibt, die Handlungssequenzen für die Gemeinde durchschaubar zu gestalten und dabei die dramaturgischen Strukturen der Groß- wie der Teilform zu beachten. Ein gutes Beispiel für die Gabenbereitung im römisch-katholischen Ritus gibt Sequeira (38) mit der dramatischen Klimax: Anfangsphase (Sitzen der Liturgen, Bereiten des Altars durch Helfer, Offertoriumsgesang) – Aufbauphase (Gabenprozession, Gehen der Liturgen zum Altar, Niederlegen der Gaben auf dem Altar) – Zentrale Teilhandlung (Darbringung von Brot und Wein,

Inzensierung) – Entspannungsphase (Handwaschung) – Schlussphase (Gabengebet mit begleitenden Gebärden).

Entsprechende dramaturgische Gesetzmäßigkeiten sind auch im evangelischen Gottesdienst zu beobachten. Zwischen Reduktion und Fülle muss so ausgewählt werden, dass der Gemeinde deutlich wird, warum heute dies geschieht und anderes nicht. Dabei muss die Einheit des Ganzen in jedem Teil mit im Blick sein. Die schlichte Andacht entfaltet sich in Ingressus, Actio und Missio. Der festliche Messgottesdienst lässt sich in fünf Sequenzen aufteilen: Eröffnen und Erkennen (Vorbereitung – Introitus – Gruß – Anrufungen – Tagesgebet); Besinnen und Bedenken (Lesungen – Zwischengesänge – Predigt – Credo); Begehen und Darstellen (Fürbitten – Gabenbereitung); Preisen und Bekennen (Präfation – Sanctus – Eucharistiegebet – Friedensgruß – Agnus Dei – Kommunion – Postcommunio); Segnen und Senden (Segen – Ite – Musik zum Ausgang, vgl. Volp, Liturgik II,1202–1214).

Abschließend sei eine Graphik mit den dramaturgischen Steigerungen der jeweiligen Sequenz und ihrer Beziehungen zur vorausgehenden und nachfolgenden als ein mögliches Muster angeboten (aus Volp 1994, 1203):

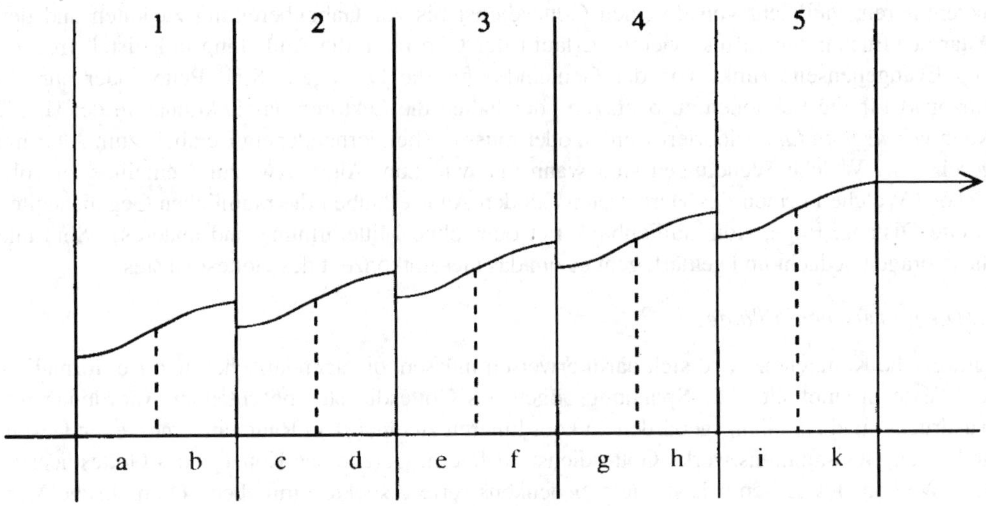

Die Dramaturgie der Sequenzen eines Abendmahlsgottesdienstes

1 Eröffnen: a) informell
b) formell (vom Introitus bis zum Kollektengebet)

2 Besinnen: c) biblisches Betrachten (Lesungen)
d) öffentliches Bedenken (Ansprachen)

3 Begehen: e) Gaben bereiten (mit Geld- und Gabensammlung)
f) Bitten für andere (mit Vaterunser)

4 Preisen: g) die Eucharistie beten (mit Präfation und Einsetzungsworten)
h) die Gemeinschaft feiern (Kommunion mit Dankgebet)

5 Segnen: i) senden und segnen
k) neue Aufgaben einspielen

Quellen

Das Heilige ABENDMAHL. Eine Handreichung, hg.v. Lutherischen Kirchenamt, Hannover o. J. – DIENST AN KRANKEN. ENTWURF der Agende III/4 (RGD 17), Hannover 1990. – LITURGISCHE KLEIDUNG im Evangelischen Gottesdienst, hg.v. der LLK, Hannover [3]1993. – MANUAL on the Liturgy. Lutheran Book of Worship, hg.v. Philip H. Pfatteicher/Carlos R. Messerli, Minneapolis 1979. – OCCASIONAL SERVICES. A Companion to Lutheran Book of Worship, Minneapolis/Philadelphia 1982.

Literatur

Joseph BRAUN, Die liturgischen Paramente in Gegenwart und Vergangenheit. Handbuch der Paramentik, Freiburg [2]1924. – Peter CORNEHL, Teilnahme am Gottesdienst. Zur Logik des Verhaltens – Befund und Konsequenzen: Joachim Matthes (Hg.), Kirchenmitgliedschaft im Wandel. Untersuchungen zur Realität der Volkskirche, Gütersloh 1990, 15–53. – Paul GRAFF, Geschichte der Auflösung der alten gottesdienstlichen Formen in der evangelischen Kirche Deutschlands, Göttingen I [2]1937; II 1939. – Romano GUARDINI, Vom Geist der Liturgie, Freiburg 1983. – Angelus A. HÄUSSLING/Ernst HOFHANSL, Art. Farben/Farbensymbolik: TRE 11 (1983) 25–30. – Kassius HALLINGER, Kultgebärde und Eucharistie: ALW 19 (1978) 29–41. – Okko HERLYN, Theologie der Gottesdienstgestaltung, Neukirchen-Vluyn [2]1992. – Ernst HOFHANSL, Art. Gewänder, Liturgische: TRE 13 (1984) 159–167. – Werner JETTER, Symbol und Ritual. Anthropologische Elemente im Gottesdienst, Göttingen [2]1986. – Bruno JORDAHN, Der Taufgottesdienst im Mittelalter bis zur Gegenwart: Leit. V (1970) 349–640. – Ottfried JORDAHN, Martin Luthers Kritik an der Meßliturgie seiner Zeit: ALW 26 (1984) 1–17. – Ders., What Makes the Liturgy Biblical? – Actions: StLi 22 (1992) 134–145. – Manfred JOSUTTIS, Der Weg in das Leben. Eine Einführung in den Gottesdienst auf verhaltenswissenschaftlicher Grundlage, München [3]2000. – Bernhard KLAUS/Klaus WINKLER, Begräbnis-Homiletik, München 1975. – Theodor KLAUSER, Der Ursprung der bischöflichen Insignien und Ehrenrechte, Krefeld [2]1953. – Helmut KORNEMANN, »Die Gemeinde bleibt sitzen«: GAGF 15 (1992) 33–36. – Cyrill von Korvin-Krasinski, Warum be-gehen wir Feste?: Trina Mundi Machina, Mainz 1986. – Reinhold KRAUSE, Gerät, Gewand, Gestik im lutherischen Gottesdienst. Historische Hinweise zur Praxis aus dem sächsisch-thüringischen Raum, 2 Bde. Leipzig 1974 (masch. Diss.). – Wilhelm LÖHE, Vom Schmuck der heiligen Orte 1857–58: GW 7/2, Neuendettelsau 1960, 557–578. – Oskar Johannes MEHL, Das liturgische Verhalten, Göttingen 1927. – Arthur Carl PIEPKORN, Die liturgischen Gewänder in der lutherischen Kirche seit 1555 (ÖTS 32), Lüdenscheid/Lobetal [2]1987. – Peter POSCHARSKY, Die Kanzel. Erscheinungsform im Protestantismus bis zum Ende des Barocks (SIKKG 1), Gütersloh 1963. – Hermann REIFENBERG, Fundamentalliturgie, Klosterneuburg 1978. – Joachim SCHARFENBERG/Horst KÄMPFER, Mit Symbolen leben. Soziologische, psychologische und religiöse Konfliktbearbeitung, Olten 1980. – Hans-Christoph SCHMIDT-LAUBER, Die Bedeutung des Gottesdienstes für den säkularen Menschen: ders., Die Zukunft des Gottesdienstes, Stuttgart 1990, 19–38. – Ders., Die Eucharistie als Entfaltung der verba testamenti, Kassel 1957. – Ders., Art. Gesten/Gebärden, Liturgische: TRE 13 (1984) 151–155. – A. Ronald SEQUEIRA, Gottesdienst als menschliche Ausdruckshandlung: Gestalten des Gottesdienstes: GDK 3 (1987) 7–39. – Yorick SPIEGEL, Erinnern – Wiederholen – Durcharbeiten. Zur Sozialpsychologie des Gottesdienstes, Stuttgart 1972, bes. 9–33 – Dietrich STOLLBERG, Liturgische Praxis. Kleines evangelisches Zeremoniale, Göttingen 1993. – Rudolf SUNTRUP, Die Bedeutung der liturgischen Gebärden und Bewegungen in lateinischen und deutschen Auslegungen des 6. bis 13. Jahrhunderts, München 1978. – Hans-Joachim THILO, Die therapeutische Funktion des Gottesdienstes, Kassel 1985. – Christian TRAPPE, Reformation im Kleiderschrank?: PTh 81 (1992) 117–130. – Rainer VOLP, Liturgie als soziales Verhalten. Kritische Beobachtungen und Postulate zur empirischen Methode: WPKG 64 (1975) 28–54. – Ders., Liturgik. Die Kunst, Gott zu feiern. I Einführung und Geschichte, Gütersloh 1992; II Theorien und Gestaltung, Gütersloh 1994.

Ottfried Jordahn

Dritter Teil

Die Kasualien

Empirische Aspekte

I. Einführung

A. Ausgangssituation

Noch immer wird in Theologenkreisen meist die Gemeindeversammlung am Sonntagmorgen mit »Gottesdienst« assoziiert. Und in pastoraltheologischen Studien kann der Sonntagsgottesdienst »der zentrale Quellort christlichen Lebens« (Wagner-Rau 218) genannt werden.

Dies entspricht aber nur noch der Lebenswirklichkeit eines kleinen Teils der evangelischen (und zunehmend auch der römisch-katholischen) Kirchenmitglieder in Deutschland. Seit etwa einem Vierteljahrhundert pendelt die Kirchgangsfrequenz am Sonntagvormittag auf der evangelischen Seite um 5% der Kirchenmitglieder (ohne dass die Kirchenaustritte zu einer Bereinigung geführt hätten; die sonntägliche Gottesdienstgemeinde wird also trotz etwa gleich bleibender Prozentzahl hinsichtlich der Zahl der Kirchenmitglieder kleiner). Auf römisch-katholischer Seite ging seit 1960 der Messbesuch um 70% zurück und ist auf mittlerweile deutlich unter 20% gesunken, bei weiter fallender Tendenz (Ebertz 20 f.). Dementsprechend führt die Konzentration auf den Sonntagsgottesdienst zu einer sehr kritischen Einschätzung der gegenwärtigen liturgischen Situation (Stichwort: leere Kirchen). Dies ist aber problematisch und wird der empirisch vorfindlichen Situation nur teilweise gerecht – abgesehen davon, dass es auf nicht wenige Pfarrerinnen und Pfarrer sowie sonstige im Gemeindeleben Engagierte demotivierend wirkt. Denn die Mehrzahl der Gemeindeglieder orientiert sich bei ihrer liturgischen Partizipation nicht am Sonntag, sondern an den Kasualien (zum Begriff gegenüber dem auch gebräuchlichen: »Amtshandlungen« s. Winkler 24 f.), also an liturgischen Segenshandlungen (vgl. auch den Praxisbericht von Mischke). Nach wie vor gehören (in den alten Bundesländern) Taufe, Konfirmation, Bestattung und, wenn auch auf Grund besonderer Veränderungen im Bereich von Ehe und Familie etwas weniger in Anspruch genommen, Trauung zur Normalbiographie von Menschen mit evangelischen Eltern.

Diese an Übergängen im Lebenslauf Einzelner positionierten, meist eng auf Familie, also unmittelbar auf die Biographie bezogenen Gottesdienste sind nicht nur bleibend attraktiv; sie differenzieren sich sogar noch aus, wie der jedenfalls mancherorts wachsende Zuspruch zur Feier bestimmter Jubiläen (z.B. Goldene Konfirmation, Silberne und Goldene Hochzeit) zeigt. In dieselbe Richtung weist die wachsende Zahl neu eingeführter liturgischer Begleitungen zunehmend als prekär empfundener Übergänge wie etwa Schulanfang und Schulabschluss.

B. Theologische Bedenken und Verstehensbemühungen

Es ist noch nicht lange her, dass die sog. Kasualgottesdienste als problematisch empfunden wurden. Vor allem Rudolf Bohren erregte mit seiner scharfen Kritik Aufsehen. Ihm erschien die Kirche in ihrer Kasualpraxis »als Produzent der Bewusstseinsindustrie« (4). Einseitig würden die Bedürfnisse der Menschen berücksichtigt – auf Kosten der Botschaft. Überspitzt warnte er sogar vor der »Baalisierung« der Botschaft. Aus heutiger Sicht erstaunlich gab sich Bohren mit dem plakativen, dialektisch-theologisch negativ belegten Begriff »Bedürfnis« zufrieden, wenn es um diejenigen ging, die Kasualgottesdienste begehrten.

Im Zuge der empirischen Wende in der Praktischen Theologie setzte genau hier die weitere Arbeit an – mit der Folge einer neuen Beurteilung der Kasualpraxis und von dadurch eröffneten Möglichkeiten zu deren konstruktiver Weiterentwicklung.

So stellte z.B. Karl-Fritz Daiber 1973 die Trauung als *Ritual* vor. Für dieses arbeitete er in vornehmlich soziologischer Perspektive drei – grundsätzlich für alle Kasualien gültige – Funktionen heraus: die Integration der beteiligten Familien, die »Überwindung der Sprachlosigkeit angesichts der Sinnfrage« sowie die Stabilisierung der verschiedenen am Gottesdienst beteiligten Personen und Gruppen (588 f.). Und Yorick Spiegel zog im selben Jahr aus sozialpsychologischer Sicht das Konzept der *rites de passage* heran, um Bestattung und Begleitung der Trauernden angemessener verstehen zu können: »Der Statusübergang, der psychisch gesehen zumeist einen langwierigen Prozess der Trennung von dem bisherigen und Adaption an den neuen Status bedeutet, wird im Ritual vorweggenommen und symbolisch dargestellt, wobei derjenige vor allem zum Symbolträger wird, der den Statuswechsel vollzieht« (101).

Weiteten diese und andere Arbeiten durch Rückgriff auf soziologische und psychologische Erkenntnisse die Wahrnehmungsmöglichkeiten und eröffneten damit einen Horizont, in dem auch von Chancen der Kasualpraxis gesprochen werden konnte, so führten theologisch erst Ansätze aus den achtziger und neunziger Jahren weiter. Angeregt von der exegetischen Studie Claus Westermanns zum Segen versuchte 1985 Ferdinand Ahuis die Kasualien aus segenstheologischer Sicht zu interpretieren. Dabei verstand er die Kasualien als diakonisches Handeln. Von ihnen könnte gehofft werden, dass sie »zu einer ersten Berührungsstelle zwischen bestimmten Menschen und der Kirche werden«. Allerdings wurden hier die Kasualgottesdienste – entsprechend der (inzwischen auch exegetisch bestrittenen) Unterscheidung Westermanns von Gottes schöpferischem und rettenden Handeln – einseitig der Schöpfungstheologie zugewiesen.

Hier führte Wilhelm Gräb weiter, indem er den Biographiebezug der Kasualien rechtfertigungstheologisch deutete. Demnach geht es den einen Kasualgottesdienst Begehrenden »um Teilhabe an den Gründen, welche die Kirche für die Rechtfertigung von Lebensgeschichten hat« (201).

Wenn man dieses rechtfertigungstheologische Argument liturgisch mit der traditionell herausragenden Bedeutung des Segens in den Kasualgottesdiensten verbindet, legt sich deren Deutung als Akte nahe, in denen der Segen Gottes auf die konkrete, auf Rechtfertigung angewiesene Lebensgeschichte bezogen wird. Wird nun Segen – etwa von Eph 1,1–14 aus – biblisch und von den gebräuchlichen Segensformeln her liturgisch genauer bestimmt, ergibt sich dessen trinitarische Grundlegung in der und ein prozessualer Bezug zur Taufe: »Die christliche Kirche segnet, weil und indem sie tauft. Dabei setzt sie Gottes Heilswirken an den Menschen fort. Als segnende ist die Kirche einladende Kirche. Sie lädt dazu ein, sich auf den Weg zu machen, der zur Taufe, also zu Christus und seiner Gemeinde führt. Und sie ermutigt dazu, den Weg weiterzugehen, den die Taufe eröffnet« (Schulz 60). Diese nähere theologische Konturierung von Segen sowie die Aufgabe der liturgischen Gestaltung der Rechtfertigung weisen darauf hin, dass solche Gottesdienste ihr theologisches Profil durch die Erinnerung an die Taufe erhalten (Grethlein 218 f.).

Ein solches Verständnis der Kasualgottesdienste als in der Taufe begründete Segenshandlungen angesichts biographischer Umbrüche ist theologisch präzise, liturgisch gestaltungsfähig und hat zugleich große Weite für die Aufnahme der konkreten Lebenssituationen. Als – so die gelungene Metapher Eberhard Winklers – »Tore zum Leben« (Winkler 27) sind sie offen für erfahrungswissenschaftliche Einsichten, deren Kenntnis erst zeitgemäßes Handeln erlaubt. Von daher können die Gottesdienste an Übergängen im Lebenslauf – bei allen unbestreitbaren

Problemen hinsichtlich der verständlichen Gestaltung des Christusbezugs – auch positiv als Ausdruck der Kontextualisierung der liturgischen Gestalt des Evangeliums interpretiert werden.

II. Empirische Einsichten

Die situative Angemessenheit eines solchen kontextuellen Verständnisses soll im Folgenden aus religionssoziologischer, zeittheoretischer, soziologischer und ästhetischer Perspektive begründet werden. Dabei sind primär die klassischen vier Kasualien im Blick.

Deren Ergänzung um einen Artikel →Benediktionen und Krankensalbung weist exemplarisch auf die grundsätzlichen Erweiterungsmöglichkeiten hin, wobei die theologische Konzentration auf den Aspekt des Segens das entscheidende liturgische Argument für die Behandlung der Realbenediktionen in diesem Zusammenhang ist. Daneben gilt es zu beachten, dass auch außerhalb der Kirchen, besonders bei jüngeren Menschen und in frauenbewegten Kreisen, neue Rituale entstehen. Sie beziehen sich mehrheitlich stark auf die leibliche Dimension. Da hier offensichtlich Defizite in der gegenwärtigen liturgischen Praxis der Kirche bestehen, wird in dem Artikel wenigstens kurz auf neue Versuche verwiesen, einen bis ins Neue Testament zurückreichenden liturgischen Vollzug in den deutschen evangelischen Kirchen wiederaufzunehmen, der die Leiblichkeit des Menschen in einer kritischen Phase in den Mittelpunkt stellt.

A. Religionssoziologische Perspektive

Der katholische Religionssoziologe Michael N. Ebertz unterscheidet hinsichtlich der liturgischen Partizipation zwischen »einseitigen« und »zweiseitigen liturgischen Handlungen« (20–30). Mittlerweile ist empirisch eindeutig nachweisbar, dass auch in der römisch-katholischen Kirche die »ekklesiastischen Kriterien und Normen« (27), und damit u.a. das Sonntagsgebot, rapide an Bedeutung für die große Mehrheit der Kirchenmitglieder, vor allem für die jüngeren, verlieren. Dies bedeutet aber keinesfalls ein Desinteresse am Gottesdienst. Vielmehr wird die Teilnahme am Gottesdienst wie sonstiges Freizeitverhalten unter dem Gesichtspunkt des Nutzens gesehen. Und hier ergab 1995 eine entsprechende Befragung: Die Mitglieder der beiden großen Kirchen beantworteten die Frage nach dem Nutzen der Kirche (»was einem die Kirche bringt, was man Positives für sich herauszieht«) mehrheitlich (mit 57% bzw. 58%) dahingehend, »dass man wichtige Ereignisse im Leben kirchlich feiern kann, z.B. Hochzeit, Taufe« (Allensbacher Jahrbuch 10/1997, 280).

Eine dem reformatorischen Konzept des allgemeinen Priestertums aller Getauften verpflichtete Liturgik wird an einem solchen Befund nicht unbeeindruckt vorbeigehen können. Offensichtlich erstreckt sich die Mündigkeit der Menschen mittlerweile auch auf ihre liturgische Partizipation. Erfreulicherweise führt dies nicht – wie ein verengter Blick auf den Sonntagsgottesdienst nahe legen könnte – zu einem Rückzug vom Gottesdienst, sondern zur Entwicklung einer eigenständigen, zeitgemäßen Partizipationsform, nämlich zur Logik »zweiseitiger liturgischer Handlungen«, die sowohl aus kirchlich-theologischer Perspektive als auch aus der Sicht der großen Mehrzahl der Kirchenmitglieder sinnvoll erscheinen. Religionssoziologisch formuliert: »Der Mechanismus von Angebot und Nachfrage ... passageritueller Dienstleistungen scheint als neuer Integrationsmodus an die Stelle der Integration der Kirche über Glaubensgehorsam und Normobservanz getreten zu sein und Kirche als Dienstleistungsorganisation die vorherrschende Sozialgestalt von Kirche zu werden« (Ebertz 29).

Diese Entwicklung stellt Theologie und Liturgik vor neue Anforderungen. Die traditionell exklusiv bzw. primär an der theologischen Tradition orientierte Begründung von Gottesdienst und dessen Gestaltung ist in eine praktisch-theologische Perspektive zu transformieren, in der theologische Tradition, genauer: biblische Perspektiven, kirchliche Praxis und gegenwärtige religiös-liturgische Praxis der Menschen in ein jeweils wechselseitiges kritisches Spannungsverhältnis gesetzt werden. Demnach gilt es u.a., die kirchliche Praxis ebenso von dem Verhalten und den Einstellungen der Menschen und von der theologischen Tradition her kritisch zu hinterfragen, wie bisher umgekehrt die theologische Tradition eine kritische Sichtweise der Praxis provozierte. Dabei wird der religionssoziologischen Grundeinsicht in die gesellschaftliche Bestimmtheit auch religiösen Verhaltens und damit liturgischer Partizipation Rechnung getragen. Doch nicht nur religionssoziologische Hinweise machen auf die große Bedeutung von Gottesdiensten an Übergängen im Lebenslauf aufmerksam.

B. Zeittheoretische Perspektive

Die im Vergleich zum sonntäglichen – im Wochen-Rhythmus stattfindenden – Gottesdienst starke Inanspruchnahme der Gottesdienste anlässlich von Übergängen im Lebenslauf lässt sich auch aus zeittheoretischer Perspektive erklären. Es ist zu wenig beachtet worden, dass sich seit einigen Jahrzehnten beträchtliche Veränderungen im gesellschaftlichen und damit auch individuellen Zeit-Takt vollziehen. Dies geschieht in mehrfacher, z.T. spannungsvoller Weise:

- Der Sonntag hat sich – ermöglicht durch stete Verkürzung der wöchentlichen Erwerbsarbeitszeit – vom Tag der gottesdienstlichen Feier und, seit dies ökonomisch möglich erschien, Ruhetag zu einem Bestandteil des Wochenendes entwickelt. Dieses beginnt mittlerweile für viele Menschen bereits am frühen Freitagnachmittag. Der Sonntagvormittag ist dabei zunehmend ein Zeitpunkt geworden, der der Regeneration, nicht zuletzt vom Samstagabend, dient. Etwa die Hälfte der Bundesdeutschen geben »Ausschlafen« auf die Frage an: »Was machen Sie sonntags besonders gern?« (genauer: Grethlein 271f.). Dazu tritt die ausgiebigere Körperpflege.
- Eine andere Tendenz ist die Zunahme von Erwerbstätigkeiten am Sonntag. Zwar ist – etwa im Vergleich mit benachbartem Ausland – die Zurückhaltung der Deutschen gegenüber der Sonntags- (und etwas geringer auch gegenüber der Samstags-) Arbeit groß. Doch führt das veränderte Freizeitverhalten am Sonntag dazu, dass nicht nur aus Effizienzgründen im großtechnischen Bereich, sondern vor allem im personalintensiven Dienstleistungsbereich zunehmend am Sonntag erwerbsmäßig zu erledigende Arbeiten anfallen (angefangen vom Brötchenverkauf über die Zustellung der Sonntagszeitung bis hin zu gastronomischen und sonstigen Freizeiteinrichtungen, aber auch hilfeleistenden Bereitschaftsdiensten).
- Seit dem Zweiten Weltkrieg entstehen in Deutschland mit dem Urlaub für die meisten Arbeitnehmer längere, vom sonstigen Alltag unterschiedene Zeitspannen. So bildet sich für viele Menschen – auf dem Hintergrund zunehmend weniger in festen Rhythmen reglementierter Erwerbsarbeit – ein neuer Zeittakt. Jetzt bestimmt, vor allem bei ökonomisch besser Gestellten, weniger der bisher den Alltag strukturierende Wochen-Rhythmus, der sich in flexiblere Einheiten von Erwerbsarbeit, Freizeit und sonstigen Tätigkeiten auflöst, sondern der Urlaubs-Rhythmus das Lebensgefühl. Zu dieser Entwicklung gehören auch die beliebten, nicht selten zu Kurzreisen genutzten sog. verlängerten Wochenenden.

Es wird unschwer deutlich, dass diese Entwicklungen die regelmäßige Teilnahme am Sonntagsgottesdienst (noch dazu in der Ortsgemeinde) erschweren, und zwar sowohl hinsichtlich seiner üblichen zeitlichen Terminierung am Vormittag als auch, was wohl noch wichtiger ist, hinsichtlich seiner im wöchentlichen Zyklus stattfindenden Feier.

Gerhard Rau machte mit dem Stichwort des »Festtagskirchgängers« auf die Konsequenzen für liturgische Partizipation durch veränderte Zeit-Rhythmen aufmerksam. Nach ihm haben Menschen, die nur an besonderen Festtagen, wozu auch die familiär begangenen Übergänge im Lebenslauf gehören, den Weg in die Kirche finden, durchaus eine eigene Logik. Die Kirchgangsgewohnheit ist durch eine Verlängerung der Intervalle gekennzeichnet, die zugleich Ausdruck einer Veränderung des Gottesdienstverständnisses in sozial-kultureller Hinsicht ist. Der Kirchgang wird von der Ebene der Sozialität, wahrgenommen in Familie, Gruppen und Vereinen, auf die Ebene der Kultur transformiert. Das dahinter stehende, veränderte Religionsverständnis charakterisiert Rau so: »Religion in einer Beziehung zur Gesamtgesellschaft (wobei Gesellschaft im weiten Sinne verstanden wird als Menschheit, Leben, Geschichte u.ä.) und zur individuellen Person – Ja! Religion bzw. Kirche in bezug auf konkrete soziale Gruppen mit ihren Zwängen – Nein!« (92) Zunehmend verbinden sich flexiblere und individuell differente Zeit-Rhythmen mit allgemeinen, liturgisch noch kaum zur Kenntnis genommenen Veränderungen von Sozialität. Beides hat unmittelbare Auswirkungen auf die liturgische Partizipation, die ja phänomenologisch gesehen wesentlich durch Zeittakt und Sozialform bestimmt ist.

C. Soziologische Perspektive

Einen weiteren wichtigen Hintergrund für die genannte Transformation der liturgischen Partizipation stellt der unübersehbare Prozess der Individualisierung dar. In seiner inzwischen schon sprichwörtlich gewordenen Studie zur Risikogesellschaft prognostizierte der Soziologe Ulrich Beck einen radikalen Individualisierungsschub, der tatsächlich in den letzten Jahren an Dynamik gewann und immer weitere Bevölkerungskreise erfasst (vgl. auch zu den mit der Individualisierung gegebenen Problemen für die Kasualien Wagner-Rau, 30–37; 83–106). Die größer werdenden Wahlmöglichkeiten in fast jeder Hinsicht, allerdings verbunden mit wachsenden Risiken des Versagens, die zunehmende Mobilität sowie die gesteigerten Kommunikationsmöglichkeiten mit der damit verbundenen größeren Flüchtigkeit der Kontakte u.ä. haben das Leben der meisten, vor allem der jüngeren und damit weniger in bisherige Traditionen eingebundenen Menschen tiefgreifend verändert: »Chancen, Gefahren, Ambivalenzen der Biographie, die früher im Familienverband, in der dörflichen Gemeinschaft, im Rückgriff auf ständische Regeln oder soziale Klassen bewältigt werden mochten, müssen nun von den Einzelnen selbst wahrgenommen, interpretiert und bearbeitet werden. Chancen und Lasten der Situationsdefinition und -bewältigung verlagern sich damit auf die Individuen, ohne dass diese aufgrund der hohen Komplexität der gesellschaftlichen Zusammenhänge noch in der Lage sind, die damit unvermeidlichen Entscheidungen fundiert, in Abwägung von Interesse, Moral und Folgen verantwortlich treffen zu können« (Beck 32).

Diese Diagnose kann wissenssoziologisch die Attraktivität von Kasualgottesdiensten sowie auch die bereits erwähnte Tendenz zu neuen Formen von Segnungsgottesdiensten, aber auch die wachsende Zahl von außerkirchlichen Ritualangeboten begründen. Offensichtlich verstärkt sich der Entscheidungsdruck für die Biographie-Gestaltung bei gleichzeitigem Rückgang von Institutionen und Sozialformen, die traditionell dem Einzelnen Orientierung und Hilfe bei Übergängen im Lebenslauf erleichterten. Ein Ritual kann hier den Raum zum Innehalten zur Verfügung stellen, in dem – psychoanalytisch gesehen: regressiv – der Einzelne passiv sein kann und damit – Progression ermöglichend – Kraft für die Bewältigung der vor ihm liegenden Aufgaben erhält. Doch zugleich werden in einer solchen Situation die Anforderungen an entsprechende Angebote, die für die Menschen in den Kontext von Freizeit platziert sind, höher. Sie müssen – auch – entlastend für die Biographiearbeit sein und zugleich weiterführende praktikable Perspektiven eröffnen.

D. Ästhetische Perspektive

Schließlich fällt in den letzten Jahren die Tendenz zur wachsenden Bedeutung ästhetischer Fragen für die Lebensgestaltung und damit zu einer größeren ästhetischen Bewusstheit auf. Nachdrücklich machte hierauf der Kultursoziologe Gerhard Schulze aufmerksam. Hintergrund seiner Gesellschaftsdiagnose ist die gewiss für die Mehrzahl der deutschen Bevölkerung zutreffende Beobachtung, dass im Alltag der Kampf ums materielle Überleben weithin überflüssig wurde; die Versorgung mit den zum Leben wichtigen materiellen Gütern ist gesichert. In dieser sozialgeschichtlich für die Mehrheit der Bevölkerung neuen Situation tritt an die Stelle des Kampfs um das Überleben die Sehnsucht nach schönen Erlebnissen, ja nach Sinn im Erleben. Und dies führt zu neuen Problemen, denn: »Unsere objektive Lebenssituation, soweit sie in Verfügungschancen über Gegenstände und Dienstleistungen besteht, zwingt uns dazu, ständig Unterscheidungen nach ästhetischen Kriterien vorzunehmen. Erleben wird vom Nebeneffekt zur Lebensaufgabe« (55).

In diesem Kontext können mancherlei Entwicklungen im Zusammenleben gedeutet werden, die den engeren Kontext für die Kasualgottesdienste abgeben. Offensichtlich werden biographiebezogene Veränderungen, etwa sog. runde Geburtstage, berufliche Karriereschritte o.Ä., zunehmend in größerem Rahmen gefeiert. Dabei steigen die Ansprüche an die Inszenierung solcher Feste, eben auch an deren eventuelle liturgische Gestaltung. Entsprechend der sonst zunehmenden Herausforderung zu mündigen Entscheidungen sind auf dem Gebiet der ästhetischen Gestaltung ebenfalls mehr oder weniger deutlich formulierte Ansprüche von den einen Kasualgottesdienst Begehrenden zu beobachten, etwa hinsichtlich der verwendeten Musik oder sonstiger Inszenierungen.

Dabei sind vor allem zwei Gesichtspunkte liturgisch zu beachten. Zum einen ist das ästhetische Empfinden der Menschen milieubezogen geprägt. Dies war auch schon früher so, doch wird heute im Unterschied dazu allgemein keine Leit-Ästhetik mehr als selbstverständlich besonders wertvoll anerkannt. Die liturgische Inkulturationsaufgabe des Evangeliums hat sich dieser neuen Situation zu stellen. Dabei bieten die mit Familie verbundenen und auf Biographie bezogenen Anlässe für das Begehren von Kasualien eine etwa für den Sonntagsgottesdienst so nicht gegebene Möglichkeit zur Verständigung, allerdings nur wenn die entsprechenden milieuspezifischen Kommunikationsformen aufgenommen werden (und nicht das – ebenfalls milieubedingte – ästhetische Empfinden des Pfarrers als Norm gilt).

Zum anderen prägt offensichtlich das Fernsehen als das moderne »kulturelle Leitmedium« (Thomas) das ästhetische Empfinden der Menschen. Hinter bestimmten Gestaltungswünschen für Kasualien – etwa der Hereinführung der Braut in die Kirche durch den Vater – stehen entsprechende, massenmedial vermittelte Vorbilder. Bisher von der Liturgik noch nicht beachtet wurde, dass in den letzten Jahren die weltweit verbreitetsten Fernseh-Übertragungen, nämlich die Trauerfeiern von Prinzessin Diana und von Mutter Theresa, liturgische Akte waren, aber für die elektronischen Massenmedien spezifisch aufbereitet. Liturgie befindet sich hier, gerade weil und insofern die Kasualien nach wie vor (zumindest in den alten Bundesländern) in gewissem Sinn öffentlich sind, in Zusammenhang mit einer anderen öffentlichen Sinnagentur, eben dem Fernsehen. Die sich daraus ergebenden Probleme und Aufgaben sind noch kaum gesehen, geschweige denn bearbeitet.

III. Weiterführende Impulse für die Liturgik

Empirisch lassen sich also in unterschiedlicher Perspektive Entwicklungen benennen, die die nach wie vor hohe Inanspruchnahme der Kasualien erklären. Offensichtlich entsprechen sie mit ihrem starken Biographiebezug und ihrer nicht einem engen zyklischen Zeit-Takt unterliegenden Terminierung dem Lebensstil der meisten Kirchenmitglieder erheblich besser als andere liturgische Feiern, wie vor allem die am Sonntagvormittag. Die segens- und rechtfertigungstheologisch begründete Verbindung der Kasualien mit der Taufe gibt darüber hinaus einen wichtigen Hinweis für die Gestaltung der Kasualien. Die Tauferinnerung kann sowohl den Biographie- als auch den Christusbezug miteinander verbinden und ermöglicht so eine theologische Profilierung, ohne die konkrete Situation aus dem Blick zu verlieren.

Darüber hinaus können die Kasualien für die sonstige liturgische Arbeit einen wichtigen Impuls geben. Der gerade von jüngeren Menschen im Sonntagsgottesdienst als belastend erlebte Hiatus zwischen Kult und Alltag ist hier jedenfalls ansatzweise überwindbar. Denn die Gottesdienste anlässlich von Übergängen im Lebenslauf stehen im weiteren Kontext seelsorgerlicher und teilweise auch gemeindepädagogischer Bemühungen. Liturgie kann also hier – etwa im Sinn von Röm 12,1 f. – ihre lebenserschließende Kraft erweisen, indem sie auf sonstige Begegnungen zurückgeht bzw. später weiterzuführende Impulse gibt (zum wichtigen Zusammenhang von Kasualien und Gemeindeaufbau s. die theologisch fundierten und zugleich praxisnahen Ausführungen bei Winkler). Die reformatorische Distanz (s. hierzu genauer Grethlein 89–99) zu einem nur kultisch-zeremoniellen Bereich, letztlich grundgelegt in der prophetischen, von Jesus rezipierten Kultkritik (z.B. Hos 6,6 in Mt 9,13; 12,7), kann dadurch Raum greifen, ohne dass die Notwendigkeit rituellen Handelns zu kurz käme. Insofern weisen die Kasualien als Segenshandlungen einen Weg zu einem biblischen, also das ganze Leben umfassenden Gottesdienstverständnis.

Ebenfalls einen wichtigen Impuls geben die Kasualgottesdienste hinsichtlich der Ökumene. Entsprechend des Bedeutungsverlustes kontroverstheologischer Distinktionen im Alltag der Menschen und der fortgeschrittenen konfessionellen Durchmischung der Familien und Nachbarschaften wird die Gemeinde wohl nur bei wenigen Kasualien konfessionell homogen sein. Von daher gilt es bei der liturgischen Gestaltung darauf zu achten, dass auch Angehörige einer anderen Konfession ohne Anstoß mitfeiern können. Besonders deutlich tritt dies bei der Trauung von konfessionell gemischten Ehepaaren hervor. Dazu kommt noch, dass zunehmend auch mit Nichtgetauften (und vereinzelt mit anders religiös Gebundenen, wohl vor allem Muslimen) in der Kasualgemeinde gerechnet und dies entsprechend berücksichtigt werden muss.

Schließlich sei noch kurz auf die Realbenediktionen hingewiesen. Sie sind eine mögliche, den ganzen Alltag nicht nur an herausgehobenen Übergängen im Lebenslauf betreffende Form solchen umfassenden gottesdienstlichen Handelns. Zwar sind sie in den evangelischen Kirchen Deutschlands weithin verlorengegangen, doch sollte ihnen wegen des Problems der Isolation liturgischer Praxis vom Alltag auch hier verstärkt Aufmerksamkeit geschenkt werden. Dass dies nur ökumenisch sinnvoll geschehen kann, liegt liturgiegeschichtlich auf der Hand.

Literatur

Ferdinand AHUIS, Der Kasualgottesdienst. Zwischen Übergangsritus und Amtshandlung, Stuttgart 1985. – ALLENSBACHER JAHRBUCH der Demoskopie Bd. 10 (1993/97), München 1997. – Fritz BALTRUWEIT/Günter RUDDAT, Gemeinde gestaltet Gottesdienst Bd. 2, Gütersloh 2000. – Ulrich BECK, Die feindlose Demokratie, Stuttgart 1995. – Karl-Heinrich BIERITZ, Gegengifte. Kirchliche Kasualpraxis in der Risikogesellschaft (1992): ders., Zeichen setzen, Stuttgart 1995, 203–217. – Rudolf BOHREN, Unsere Kasualpraxis – eine missionarische Gelegenheit? (TEH 147), München 1960. – Karl-Fritz DAIBER, Die Trauung als Ritual: EvTh 33 (1973) 588 f. – Michael N. EBERTZ, Einseitige und zweiseitige liturgische Handlungen. Gottes-Dienst in der entfalteten Moderne: Benedikt Kranemann/Eduard Nagel/Elmar Nübold (Hg.), Heute Gott feiern. Liturgiefähigkeit des Menschen und Menschenfähigkeit der Liturgie, Freiburg 1999, 14–38. – Wilhelm GRÄB, Lebensgeschichten – Lebensentwürfe – Sinndeutungen, Gütersloh 1998. – Christian GRETHLEIN, Grundfragen der Liturgik, Gütersloh 2001. – Rainer MISCHKE, Nie waren sie so wertvoll wie heute: die Kasualien. Nicht der Hauptgottesdienst, die Kasualien sind heutzutage das wichtigste: Lernort Gemeinde 18 (2000/2), 55–59. – Theophil MÜLLER, Konfirmation – Hochzeit – Taufe – Bestattung. Sinn und Aufgabe des Kasualgottesdienstes, Stuttgart 1988. – Gerhard RAU, Rehabilitation des Festtagskirchgängers: Manfred Seitz/Lutz Mohaupt (Hg.), Gottesdienst und öffentliche Meinung, Stuttgart 1977, 83–99. – Frieder SCHULZ, Segnende Kirche und christlicher Glaube: GAGF 28/1997, 42–65. – Gerhard SCHULZE, Die Erlebnisgesellschaft, Frankfurt a.M. 1992. – Yorick SPIEGEL Der Prozeß des Trauerns, Gütersloh [8]1995. – Günter THOMAS, Beobachtungen einer öffentlichen Religion. Fernsehen als kulturelles Leitmedium: ThPr 34 (1999) 54–65. – Ulrike WAGNER-RAU, Segensraum. Kasualpraxis in der modernen Gesellschaft, Stuttgart 2000. – Claus WESTERMANN, Der Segen in der Bibel und im Handeln der Kirche, München 1968. – Eberhard WINKLER, Tore zum Leben, Neukirchen-Vluyn 1995.

Christian Grethlein

Die Taufe als Kasualie

Die Taufe ist unter den Kasualien der Kirche die grundlegende Handlung. Sie ist das »Tor zum Leben« im Glauben (Winkler). Der Kasus Taufe, religionsphänomenologisch ein Schwellenritus, ist vor allem lebensgeschichtlich veranlasst. Im Falle von Kleinkindtaufen ist er durch Schwangerschaft und Geburt vor allem natural motiviert. Im Falle von Erwachsenentaufen manifestiert sich in der Taufe eine bewusste personale Neuorientierung. Fragen der Taufpraxis haben wissenschaftssystematisch keinen festen Ort. Sie stehen im Schnittpunkt vieler Teilbereiche der Praktischen Theologie, von Liturgik und Homiletik, Katechetik und Religionspädagogik ebenso wie von Seelsorge und Psychologie, Soziologie, Kirchenrecht und Mission.

A. Taufe, Gesellschaft, Kirchengemeinde

Durch die neuzeitlichen Auflösungen kirchlicher Einheitskulturen hat sich eine vermehrte Komplexität des Taufhandelns ergeben und ist dessen Differenzierung gefordert. In Ländern und Gebieten, in denen die Erosion kirchlichen Brauchtums weit fortgeschritten ist, liegt eine an die Frühzeit des Christentums erinnernde missionarische Situation vor. In ihr spielen Mündigentaufen eine größere Rolle als in volkskirchlich geprägten Verhältnissen, wie etwa in Deutschland am Vergleich der neuen zu den alten Bundesländern zu sehen ist. In Ländern und Gebieten, die weiterhin durch eine beträchtliche Deckungsgleichheit von Bürgergemeinde und Christengemeinde geprägt sind (wie in Europa beispielsweise Finnland oder Polen, aber auch in einigen Gebieten der Bundesrepublik Deutschland), setzt sich die Praxis der Säuglings- und Kleinkindtaufe relativ ungemindert fort. Empirische Untersuchungen belegen eine bestehende, stellenweise zunehmende Übung der Unmündigentaufe selbst in solchen Bevölkerungskreisen, die sonst keine intensiven Kontakte zur Kirchgemeinde pflegen. Die Motive dafür sind diffus und in ihrer zukünftigen Tragfähigkeit schwer einzuschätzen; in der Forschung werden sie unterschiedlich bewertet. Das gewachsene Bedürfnis, biographisch wichtige Stationen zu feiern, bietet den Kirchen neue Chancen, zur Taufe zu motivieren und mit ihr die zuwendenden, erneuernden und verpflichtenden Kräfte Gottes zu vermitteln. Besonders differenziert ist mit Taufpraxis in solchen Gebieten umzugehen, in denen kirchlich erodierte Verhältnisse und stark volkskirchlich geprägte Verhaltensweisen nebeneinander existieren oder wo der öffentliche Stellenwert von Christentum und Kirche gewissermaßen lautlos zurückgeht bzw. durch Säkularisierungstrends verdeckt oder offen in Frage gestellt wird. In jedem Falle sind neben varianten liturgischen Handhabungen auch die pastoralen Begleitaufgaben zur Taufe erheblich gewachsen, nämlich zur Verlebendigung dessen beizutragen, was das Taufgeschehen für die Getauften selbst, für die Familien, Freundeskreise, für die Kirchgemeinde und für die Öffentlichkeit bedeutet. Eine gestufte Intensität der Teilnahme von Getauften am Gemeindeleben ist dabei zu akzeptieren. An die Stelle eines Leitbildes von Gemeinde, das diese in bestimmten Versammlungsformen und Aktivitäten zentriert sieht, tritt immer mehr die Vorstellung von einem offenen System, bildlich das eines Netzwerkes, dessen Maschen enger oder weiter sind und das in unterschiedlicher Weise und Dichte die in sehr unterschiedlichen Beziehungen zur Kirche lebenden Menschen mit der Kommunikation des Evangeliums zu erreichen sucht.

Es dürfte am ehesten gelingen, zur Taufe zu motivieren, wenn sie weniger als Institution oder als Versuch kirchlicher Integration vermittelt wird, sondern als Erschließung von Segensraum sowie als Initiation und Inspiration zu neuem Leben. Die Taufe vermag Suchbewegungen von Menschen aufzunehmen, zu vertiefen und weiterzuführen – die Suche nach Sinnvermittlung und letztbegründetem Angenommensein, nach Neuanfang und nach individueller Lebensgestaltung, nach tragender Gemeinschaft und nach ganzheitlicher Glaubenserfahrung. Mit dem Taufritual wird Trennung von Altem ebenso ausgedrückt und realisiert wie neue Bindung, ein Absterben ebenso wie das Aufleben zu einer neuen Identität.

B. Der Taufweg

Wenn die Lebenswege, die einer Taufe vorausgehen und nachfolgen, weithin nicht mehr durch volkskirchliche Gewohnheiten abgestützt werden, vielmehr in der Pluralität des gesellschaftlichen, familiären und persönlichen Daseins immer wieder neu zu bestimmen und auszuformen sind, dann kann das Taufhandeln immer weniger auf liturgische Vollzüge beschränkt, sondern muss mit anderen Handlungsfeldern der Kirche gezielt vernetzt werden. Die neuen Taufagenden haben darum in ihren Begleittexten nicht nur liturgische, sondern auch ausführliche pastorale Instruktionen gegeben.

Für die kurzfristigere Begleitung im Umkreis einer Kindertaufe spielt das verbindlich zu machende vorbereitende Gespräch mit Eltern und Paten – bei einem älteren Kind unter dessen Beteiligung – eine wichtige Rolle. Nach Möglichkeit sollte das Gespräch mehrphasig angelegt werden. Ein Wechsel der Gesprächsorte (Familienwohnung, Pfarrhaus) könnte zur Entwicklung von kirchlicher Besuchskultur beitragen. Pfarrer oder Pfarrerin als Gesprächsleiter sollten die eigene Rolle und ihr Verhältnis zu Täufling und Taufgruppe reflektieren. Gesellschaftliche Wandlungen in Familie und Lebensgemeinschaften sind zu beachten. Das Beziehungsgeflecht zwischen Pfarrer, Täufling, Familie/Taufgruppe und Gemeinde will den Gott-Mensch-Beziehungen dienen und ist von Störungen möglichst frei zu halten. Taufgespräche vermitteln Einblick in die Situation, klären Erwartungen und Wünsche an die Taufhandlung (z.B. Musik, Lieder), dienen der Information über Ablauffragen, der Absprache über mögliche Beteiligungen der Taufgruppe an der Liturgie sowie über Sinn und Folgen der Taufe. Die Begegnungen können zu einer zwanglosen Gelegenheit werden, über den Glauben zu sprechen. Eine Möglichkeit, persönliche Erwartungen und biblische Verheißungen in Beziehung zu setzen, kann sich aus der Wahl des Taufspruches durch die Eltern ergeben. Bibelungeübten Familien kann dafür ein Auswahlvorschlag an die Hand gegeben werden (vgl. die Vorschläge in den neuen Taufagenden). Für Ablauffragen bei der Taufe bietet das Taufbuch der EKU einen kopierfähigen Text »Erklärung der Taufliturgie«, der den Beteiligten ausgehändigt werden kann. Besonders sensibel ist die Taufe von Kindern mit einem allein erziehenden Elternteil, von adoptierten Kindern, von kranken Kindern oder von Kindern mit Behinderung vorzubereiten. Spezielle Aufgaben stellen sich für die Begleitung von Familien, deren Kinder erst in einem späteren Alter getauft werden sollen. Bei Jugendlichen oder Erwachsenen wird deren Taufbegehren oft bereits in Gemeindekontakten entstanden sein; sie sind durch Gruppen, Gespräche, Unterweisung, Seminare u.ä. zu fördern, auf die Taufe vorzubereiten und danach weiter zu begleiten.

Zur Feier der Taufe als eines Festes für Täufling, Familie und Taufgruppe sollte ausdrücklich ermuntert werden, eventuell unter Förderung durch die Gemeinde, etwa durch Zurverfügungstellung von Räumen.

Die langfristige nachfolgende Begleitung der Getauften ist Aufgabe des kybernetischen, seelsorgerlichen, diakonischen und katechetischen Handelns nicht nur der Pfarrer und Mitarbeiter, sondern ebenso der Gemeinde mit ihren Gliedern und Gliederungen. Damit wird allgemeines Priestertum wahrgenommen. Nach Kindertaufen sind die religiöse Erziehung bereits im frühen Alter durch Familie, Paten und Gemeinde sowie die Hinführung zu Katechumenat und konfirmierendem Handeln der Kirche von entscheidender Wichtigkeit.

Die Taufe will einen Weg lebenslangen Wachsens in Glaube, Liebe und Hoffnung eröffnen. Besondere Stationen zum »Erinnern, Wiederholen und Durcharbeiten« der eigenen Taufe können dafür förderlich sein. Darum ist die vermehrte Entwicklung einer Taufgedächtniskultur anzustreben, z.B. durch Feier des Tauftages in Familie und Kindergruppe, Erinnerungsbriefe der Gemeinde, durch Taufgedächtnis in Kindergottesdienst, Gemeindegottesdienst und Predigt, aus Anlass von Sündenbekenntnis, Abendmahl, Konfirmation, Trauung, Bestattung sowie durch spezielle Taufgedächtnisgottesdienste. Das Taufbuch der EKU bietet Formulierungsbeispiele für Taufanamnesen bei kirchlichen Handlungen sowie den Vorschlag für einen Gottesdienst mit Taufgedächtnis und Abendmahl.

C. Kirchenmitgliedschaft und Ökumene

Durch die Taufe geschieht Eingliederung in die Christusgemeinschaft, die sich im Leben mit der in Konfessionen und Gemeinden konkretisierten Kirche vollzieht. Wie die leibliche Geburt ist auch die Taufe einmalig. Wenn Getaufte aus der Kirche austreten, machen sie damit ihre Taufe nicht ungültig. Kehrt ein Getaufter zu seiner Gemeinde zurück oder wird er in eine andere Konfession aufgenommen, aktualisiert er erneut die ihm in der Taufe verliehene Christus- und Kirchengemeinschaft. Ausdruck der Rückkehr ist die Teilnahme am Abendmahl, der seelsorgerliche und taufanamnetische Gespräche vorausgehen.

Die Taufe ist »das weltweit fast uneingeschränkt anerkannte Sakrament der Ökumene« (Baltruweit 50). Zwischen konfessionsverschiedenen Kirchen gilt das Prinzip gegenseitiger Taufanerkennung. Wo stiftungsgemäß getauft wurde, wird beim Übertritt von Getauften zu einer anderen Kirche im allgemeinen nicht noch einmal getauft. Damit wird der biblisch-dogmatische Grundsatz von der Einmaligkeit und Unwiederholbarkeit der Taufe in der Praxis bewährt. Die Konvergenzerklärung der Kommission für Glauben und Kirchenverfassung des Ökumenischen Rates der Kirchen zur Taufe (Lima 1982) formulierte – zusammen mit Vertretern der römisch-katholischen Kirche – folgende Zielbestimmung: »Wenn die Kirchen zu einem volleren gegenseitigen Verständnis und zu einem gegenseitigen Aufnehmen kommen und in engere Beziehung in Zeugnis und Dienst treten, werden sie sich jeglicher Praktiken enthalten wollen, die die sakramentale Integrität der anderen Kirchen in Frage stellen oder die die Unwiederholbarkeit des Taufsakraments beeinträchtigen könnten« (T 13, Kommentar).

Eine Praxis erneuter Taufe wird freilich noch von einigen Kirchen und Gemeinden geübt, denen nur eine Gläubigentaufe verantwortbar erscheint. Die Konvergenzerklärung hat hier zu einem vermittelnden Standpunkt aufgefordert: Sowohl die Vertreter der Säuglingstaufe als auch die der Gläubigentaufe sollten anerkennen, dass in beiden Formen die Taufe »Gottes eigene Initiative in Christus verkörpert« und ebenso die notwendige »Antwort des Glaubens ... zum Ausdruck bringt«. Die Säuglingstaufe akzentuiere den kirchlich-korporativen Aspekt des Glaubens, die Gläubigentaufe das ausdrückliche Bekenntnis des Täuflings. Eine verantwortliche Einstellung zur christlichen Unterweisung sei in beiden Fällen vorauszusetzen; die Tatsache der ihrem Wesen nach nie abgeschlossenen Unterweisung könne helfen, »die gemeinsame Anerkennung der verschiedenen Initiationsformen« zu erleichtern (T 12, Kommentar).

Über die Anerkennung bzw. Ablehnung von Taufen, die in christlichen Sondergemeinschaften gespendet wurden, unterrichten Handbücher über Sondergemeinschaften und Sekten.

D. Pluriforme Taufpraxis

Bei jeder Taufe sind drei Dimensionen auszuformen: die christologische, die biographische und die ekklesiologische. Zum Proprium der Taufe gehören gegenüber anderen Vermittlungen des

Evangeliums die Einmaligkeit, die dem Einzelnen zugewendete Einzigartigkeit seiner Gotteskindschaft und die das Leibliche einschließende Ganzheitlichkeit der Handlung.

Innerhalb einer variant gewordenen Taufpraxis interpretieren unterschiedliche Anlässe und Formen sich gegenseitig. So kann das Miteinander von Unmündigen- und Mündigentaufe zu einer deutlicheren Wahrnehmung von Taufgeschehen dienen, indem jene besonders das gnädige Zuvorkommen Gottes akzentuiert, diese die persönliche Entscheidung zu Glauben und erneuertem Leben. In beiden Fällen vermittelt die Taufe letztbegründetes Vertrauen. Wichtiges Kriterium für die Gewährung der Unmündigentaufe wird sein, ob die Eltern (in Grenzfällen auch die von diesen Beauftragten) bereit sind, das Hineinwachsen der Kinder in den Glauben zu begleiten, wie die Gewährung des Sakraments es erfordert. Wo das nach menschlichem Ermessen nicht angenommen werden kann, hat der/die Pfarrer/in (möglichst in Kontakt mit Gemeindekirchenrat, Superintendent/in oder entsprechenden Institutionen) das Recht und die Pflicht, die Taufe vorerst zu versagen. Entsprechendes ist sowohl in der römisch-katholischen Instruktion über die Kindertaufe (1980) wie in Lebensordnungen mancher evangelischen Kirchen vorgesehen. Es empfiehlt sich, in solchen Fällen nicht von Taufverweigerung, sondern von Taufaufschub zu sprechen.

Die Pluriformität des Taufhandelns betrifft außerdem das Kindesalter, in dem die Taufe heute begehrt wird. Die klassische Säuglingstaufe (bis zum 6. Lebensmonat) ist sehr zurückgegangen. Insgesamt ist das Taufalter gestiegen (1963 lag der Anteil der im Alter von mehr als einem Jahr Getauften bei 8,3 Prozent, 1983 bei 18,9 Prozent). Neben fehlender Gewohnheit sind oft private Gründe für die Verschiebung der Taufe mitbestimmend (Inanspruchnahme durch familiäre oder berufliche Aufbauphase, ungeklärte Ehe- oder Partnerschaftsbeziehung, Wohnverhältnisse). In anderen Fällen wünschen die Eltern ausdrücklich die Taufe erst für einen Zeitpunkt, an dem ihre Kinder die Taufe bewusst erleben oder an dem sie selbst eine Taufentscheidung treffen können. Im Laufe der Jahre kann bei Eltern und Kindern das Begehren nach einer Taufe wach werden oder reifen. Anstöße dazu kann das Eintreten in neue Lebensabschnitte geben, wie z.B. die Anmeldung zu Kindertagesstätte, Schule oder Konfirmandenunterricht; auch der Taufwunsch des heranwachsenden Kindes kann von Bedeutung sein. Die Gemeinden haben sich heute auf die Praxis des gemischten Taufalters problemlos eingelassen. Liturgische Formulare machen dafür in jüngerer Zeit vermehrte Angebote. Sie sind von den Taufenden mit liturgischer Kreativität anzuwenden, insbesondere dann, wenn im selben Gottesdienst Kinder verschiedenen Alters, möglicherweise noch gemeinsam mit Erwachsenen, getauft werden.

Die gestiegene Bedeutung der Mündigentaufe wird dadurch dokumentiert, dass auch Kirchen, die in ihrer Tradition fast ausschließlich die Kindertaufe praktiziert haben, inzwischen Liturgien für die Erwachsenentaufe oder für die Taufe eines älteren Kindes in ihre Agenden aufgenommen haben (z.B. Agende III/1, 1988/99; Taufbuch 2000). Rechtlich gilt, dass vom zehnten Lebensjahr an das Einverständnis zur eigenen Taufe erforderlich ist.

E. Kindersegnung, Danksagung

Der aus unterschiedlichen Gründen gewünschte Taufaufschub hat bei manchen Eltern das Verlangen geweckt, die Geburt ihres Kindes auf andere Weise kirchlich-rituell zu begehen. Konzeptionell kann dabei die schöpfungsmäßige Dimension (Gabe des Lebens) oder die Hinordnung auf den Katechumenat und die spätere Taufe betont werden. In letzterem Fall – so im römisch-katholischen, insbesondere französischsprachigen Bereich – gewinnt die Handlung den Charakter einer »Feier zur Einschreibung eines Kindes«. Die Anglikanische Kirche von England (The Alternative Service Book 1980) sowie die United Church of Christ in den USA

(Book of Worship 1986) kennen Riten der Danksagung für die Geburt eines Kindes, die im Falle eines Taufaufschubs gehalten werden können.

Nachdem in den deutschen evangelischen Kirchen die Sorge bestand, solche Handlungen könnten mit der Taufe verwechselt werden und auf die Wünsche nach Kindersegnung zurückhaltend reagiert wurde, gleichwohl in der Literatur Vorschläge gemacht worden waren, bringt das Taufbuch der EKU ein eigenes Formular für »Fürbitte, Danksagung, Kindersegnung«. Dabei wird betont, jeder Anschein eines Taufersatzes sei zu vermeiden und die Handlung sei im Rahmen eines Gemeindegottesdienstes und nicht als separater Akt zu halten. Die Segnung sei »Eröffnung des Weges zur Taufe« und beinhalte keine kirchenrechtlichen Konsequenzen (144).

Hauptbestandteile der für eine Kindersegnung bisher vorliegenden Formulare sind: Lesung von Mk 10,13–16; Anrede an die Eltern und die Gemeinde; Segnung des Kindes (und der Eltern) unter Handauflegung; Gebete; in einzelnen Fällen Verpflichtung der Eltern zur tauforientierten Erziehung und Glaubensbekenntnis. Das Taufbuch der EKU bietet ferner ein eigenes Formular für Fürbitte und Danksagung anlässlich der Geburt eines Kindes ohne ausdrückliche Kindersegnung an.

F. Taufhandlung, Taufgottesdienst

Entscheidende Kernhandlung einer christlichen Taufe ist die Handlung mit Wasser im Namen des dreieinigen Gottes. Als weitere Kernstücke treten hinzu der Taufbefehl Jesu Christi, das Glaubensbekenntnis (Apostolikum), die Tauffrage, der Taufsegen mit Bitte um den heiligen Geist. Dazu kommen weitere entfaltende und interpretierende Stücke wie Gebete, Vaterunser (als Segensgebet oder, wie im Taufbuch der EKU verstanden, als Gebet der Gemeinde), Schriftlesung(en), Predigt, Lieder, Segnung der Familie (des Elternteils, der Paten).

Der Verlauf der Taufgottesdienste folgt einer einheitlichen Grundgestalt. Sie wird in den neuen Taufordnungen, liturgisch oder kasuell bedingt, unterschiedlich ausgeformt. Weitere Variationen in der Praxis sind möglich und erwünscht. »Die Einheit der Taufe bedeutet nicht, dass es eine Einheitlichkeit in der Form geben muss. Verschiedene Situationen verlangen unterschiedliche Gestaltung der Taufhandlung. Dabei geht es nicht nur um Unterscheidung von Erwachsenen- und Kindertaufe. Auch die unterschiedliche Situation der jeweiligen Familien, der Gemeinden in ihrer Tradition und in ihrer Zusammensetzung, der seelsorgerliche Aspekt, die Frage nach dem, was liturgisch und pastoral möglich ist, sollten bei der Ausgestaltung des Taufgottesdienstes berücksichtigt werden« (Agende III/1, 12). Die neuen Taufordnungen verstehen sich nicht als starre Formvorgaben. Sie setzen kreativen Umgang mit ihnen voraus, dies freilich unter Orientierung an den Kernstücken und an den Hauptschritten des Verlaufs.

Die lutherische Agende strukturiert den Verlauf nach vier Hauptschritten entsprechend den in den Vorarbeiten zum EGb und den in diesem entwickelten Strukturteilen: Eröffnung, Verkündigung, Taufe (Sakrament), Sendung. Ähnlich verfährt das Taufbuch der EKU, wenn es gliedert: Hinführung, Zuspruch, Taufvollzug nebst fakultativen Sinnzeichen, Eingliederung.

Die lutherische Ordnung bietet zwei etwas unterschiedliche Formen für die Taufe von Kindern an: Die eine lehnt sich – wie frühere Ordnungen – an Luthers Taufbüchlein an; die andere setzt stärker bei der Situation der Familie an. Beide Formen werden doppelt angeboten, nämlich differenziert für die Taufe eines bzw. mehrerer Kinder. Außerdem wird eine Grundform für die Taufe eines Erwachsenen oder eines älteren Kindes mitgeteilt. Eine weitere Form wird zudem mit der »Taufe als Hauptgottesdienst« vorgelegt (vgl. dazu unten). Das Taufbuch der EKU gibt folgende Ordnungen: Taufe eines Kindes im Gemeindegottesdienst; Taufe eines älteren Kindes im Gemeindegottesdienst; Taufe eines Erwachsenen im Gemeindegottesdienst; Selbständiger Taufgottesdienst für die Taufe mehrerer Kinder.

Für die Abfolge von Tauffeiern im Einzelnen seien hier zwei Modelle mitgeteilt. Die Taufe von Kindern in der lutherischen Taufagende stellt sich nach der zweiten Form folgendermaßen dar (eingeklammerte Stücke fakultativ): I. Eröffnung: (Eingangslied), Gruß, Hinführung, Gebet, Kinderevangelium, Kreuzeszeichen oder Segnung mit dem Vaterunser. II. Verkündigung: (Lied), Taufpredigt, Taufbefehl, Fragen an Eltern und Paten. III. Taufe: Tauflied, Glaubensbekenntnis, (Betrachtung zum Taufwasser), Taufhandlung, (Kreuzeszeichen), Taufsegen, (Taufkerze). IV. Sendung: Lied, Segnung der Familie, Liedstrophe, Vaterunser, Segen (oder: Vaterunser, Gegliederter Segen für die Familie, Segen).

Als Beispiel aus dem Taufbuch der EKU sei die dort gegebene Abfolge für die Taufe eines Erwachsenen mitgeteilt: Hinführung: Begrüßung/Vorstellung, Taufbefehl, Gebet, (Lied der Gemeinde). Zuspruch: Taufverkündigung, (Lied der Gemeinde). Vollzug: (Absage an das Böse), Glaubensbekenntnis, (Gebet an der Taufstätte), (Betrachtung an der Taufstätte), Tauffrage, Taufhandlung, Taufvotum mit Handauflegung (und Salbung), Taufspruch. (Sinnzeichen: Bezeichnung mit dem Kreuzeszeichen, Übergabe der Taufkerze, Übergabe eines Taufgewandes.) Eingliederung: Tauferklärung, an die Gemeinde gerichtet, Willkommen, Lied.

Der Vollzug der Kernhandlung ist den dazu Beauftragten anvertraut. Sonst aber sollten bei bestehender Bereitschaft alle Möglichkeiten genutzt werden, Eltern, Paten Großeltern, Freunde usw. an der Feier mitzubeteiligen (Singen, Lesungen, Aussprechen von Wünschen, Übergabe von Zeichen und Geschenken, Beteiligung an Gebet und Segen).

Für die Predigt im Taufgottesdienst ist es verbreitete Praxis, den Taufspruch zu Grunde zu legen. Bibelwort und spezieller Kasus können Richtungen dafür angeben, welche tauftheologischen Gehalte zu akzentuieren, zu welchen situativen Aspekten sie in Korrelation zu setzen und welche liturgischen Formulierungen auszuwählen, zu modifizieren oder neu zu entwickeln sind.

Die im EG zur Taufe rubrizierten Lieder werden im Taufbuch der EKU durch Hinweise auf andere Gesangbuchlieder ergänzt. Arbeitshilfen enthalten darüber hinaus ganz neue Tauflieder (z.B. Baltruweit). Der Gebrauch inklusiver Sprache in der Taufliturgie ist zu beachten.

G. Taufgottesdienst und Gemeindegottesdienst

Die Tauffeier findet nach dem EGb sowie nach den neuen Taufordnungen meistens innerhalb des sonntäglichen Gemeindegottesdienstes statt. Dadurch werden die ekklesiale Funktion der Taufe sowie die Verantwortung der Gemeinde für ihre Getauften hervorgehoben.

Gleichwohl ist eine vom Gemeindegottesdienst getrennte Tauffeier möglich und wird aus terminlichen oder anderen Gründen weiterhin gewünscht. Die Verlaufsform der Tauffeier bestimmt dann den Ablauf dieses Gottesdienstes. Zu ihm kommen in der Regel vor allem die Familie, Paten und Freunde, bei Erwachsenentaufen auch die Gemeindegruppe, in der der Täufling besonders beheimatet ist. Um den Anschein eines Winkelhandelns abzuwehren, sind gesonderte Tauffeiern grundsätzlich für andere Gemeindeglieder offen zu halten. Wenn auch der sonntägliche Gottesdienst den Hauptplatz der Taufen darstellt (vgl. zu früheren Entwicklungen →Die Taufe), so sollten doch die liturgisch-homiletischen sowie die familiären und seelsorgerlichen Chancen eigener Feiern nicht übersehen werden. Die Möglichkeiten zum Eingehen auf den Kasus und zur persönlichen Zuwendung sind hier stärker gegeben als im Gemeindegottesdienst. Die beiden erwähnten neuen Taufbücher sehen Ordnungen für eigene Taufgottesdienste ausdrücklich vor.

Für Taufen innerhalb des Gemeindegottesdienstes erleichtert es die heute geringere Zahl von Taufen, Schwerpunkttermine anzustreben. Zu empfehlen sind solche Fest- und Sonntage, die von ihrem Proprium her besondere Bezüge zur Taufe haben, also Weihnachten und Epiphanias (Menschwerdung; Hell-Dunkel-Symbolik), Ostern (Osternacht) und Quasimodogeniti (neues Leben), Pfingsten (Geistbegabung), 6. Sonntag nach Trinitatis (in evangelischer Perikopenordnung mit taufbezogenen Texten). In größeren Kirchgemeinden ist ein etwa vierteljährlicher Rhythmus von Taufterminen versucht worden. Die Praxis zeigt freilich, dass einer gemeindlichen Terminierung von Tauftagen häufig familiäre Wünsche oder terminliche Zwänge der Beteiligten entgegenstehen. Im Blick darauf ist zu Elastizität zu raten und ein akzeptabler Ausgleich von lebensgeschichtlichen, familiären und gemeindlichen Belangen anzustreben.

Das EGb schreibt, früherer Praxis folgend, es sollte »die in sich geschlossene Taufliturgie an einer geeigneten Stelle der Liturgie nach Grundform I oder II eingefügt werden« (150). Folgende Stellen im Ablauf werden dafür favorisiert: 1. Die Taufe wird in den Eingangsteil eingefügt. Sie stellt damit eine sichtbare Entfaltung des sonst am Gottesdienstbeginn gesprochenen trinitarischen Votums dar; außerdem ergibt sich eine Symbolik zur Schwellensituation des Neuanfangs. Die Taufgruppe könnte nach einer Begrüßung an der Kirchentür in die Kirche einziehen. Als Abschluss der Taufhandlung können Gloria oder Glorialied gesungen werden. Der Gottesdienst wird sodann von Teil B (Verkündigung und Bekenntnis) an fortgesetzt (das bereits in die Taufliturgie gehörende Glaubensbekenntnis entfällt). Oder die Taufliturgie wird 2. unmittelbar vor der Predigt gehalten (wobei zur Verkürzung des Gottesdienstes einzelne vorhergehende Stücke des Teiles B entfallen können). Bei diesem Verlauf wird die Taufe stärker in Gemeinde und Gottesdienst einbezogen. Auf die Taufliturgie folgen die weiteren Stücke des Gottesdienstes, beginnend mit der Predigt. Ferner kann die Taufe 3. unmittelbar auf die Predigt folgen. Der Gesang zum Abschluss der Taufe wird dann zum Lied während des Dankopfers. Abkündigungen und Fürbitten finden bei dieser Variante am besten erst im Sendungs- und Segnungsteil ihren Ort. Im Zusammenhang mit der Predigt hat Grethlein einen speziellen Vorschlag gemacht (1993, 14 f.). Danach tritt die Taufliturgie an die Stelle der Predigt. Die Wortverkündigung träte zugunsten von symbolischem Handeln und von Zeichen zurück. Auf diese Weise, so Grethlein, würde die dogmatische Formel vom verbum visibile deutlich in Praxis umgesetzt.

Um die Integration der Tauffeier in den Gesamtgottesdienst zu fördern, könnten bei allen bisher genannten Verknüpfungen die Täuflinge und/oder ihre Familien im Sendungs- und Segnungsteil noch einmal besonders bedacht werden, z.B. durch Verlagerung der Tauffürbitten hierher, durch Segnung der Eltern (Elternteile/Paten/Familie) an dieser Stelle, möglicherweise auch durch Zeichenhandlungen für alle im Gottesdienst anwesenden Kinder (z.B. Segnung mit Wasser und Kreuzeszeichen), im Falle einer Erwachsenentaufe durch ein besonderes Segenswort.

Eine 4. Form der Zuordnung von Gemeindegottesdienst und Taufe ergibt sich, wenn die Stücke der Taufhandlung auf den gesamten Gottesdienstverlauf verteilt werden. Diesen Vorschlag machte die Agende III/1 von 1988/99. Wegen der Analogien in den Grundgestalten von Gemeindegottesdienst und Taufgottesdienstes ist eine solche Verbindung zwanglos möglich. Der Gemeindegottesdienst wird dadurch noch stärker als Taufgottesdienst profiliert und könnte auch den Charakter eines Taufgedächtnisgottesdienstes gewinnen. Eine stark integrative Gestaltung von Taufe und Gemeindegottesdienst schlägt auch das EGb vor. Die Taufliturgie sei an einer der drei genannten Stellen zu platzieren, andere Stücke aber des Gottesdienstes (wie Psalm, Tagesgebet, Lesungen, Gesänge) seien statt aus dem Sonntagsproprium aus Bezügen zur Taufe zu entwickeln. Diese intensivierten Durchdringungsformen von Gemeinde- und Taufgottesdienst eignen sich vor allem dann, wenn in einer Gemeinde im Jahresverlauf an einigen

Sonntagen Taufen gehalten werden. Das EGb weist ausdrücklich auf die Möglichkeit von Taufen im Familiengottesdienst hin.

H. Symbolisches Handeln, Sinnzeichen

»Die christliche Taufe ist eine Handlung, in der sich Worte, Symbole und Gesten zu einem lebenswendenden Ritus verbinden« (Taufbuch 21). Schon früh ist die für die Taufe konstitutive Wasserhandlung mit anderen Symbolen verbunden worden. Nach einer Verarmung der Symbolsprache im neueren Protestantismus hat die Wiederentdeckung von Ritual und Symbol zu einer vermehrten Verwendung symbolischer Elemente in der Taufpraxis geführt. Der dahinter stehende Symbolbegriff ist sehr facettenreich und reicht vom ontologisch-tiefenpsychologisch angesetzten Symbolbegriff Paul Tillichs über die Kommunikations- und Zeichentheorie bis zu einem Verständnis von Symbol als schlicht Nonverbalem. Neben theoretischer Grundklärung bedarf die Symbolverwendung bei der Taufe der Reflexion über ihre Angemessenheit im Blick auf die Adressaten. Die Frage, wieweit der Symbolgebrauch im Umkreis der Taufe mit verständnisfördernden Kommentierungen verbunden oder auf seine Selbstinterpretation vertraut werden sollte, wird unterschiedlich beantwortet.

Die Konvergenzerklärung zur Taufe (Lima 1982) hat das symbolische Handeln mit Wasser betont: »In der Feier der Taufe sollte die symbolische Dimension des Wassers ernst genommen und nicht heruntergespielt werden« (T 18). Zur Erschließung des zentralen Wassersymbols könnte u.a. an die derzeit stark entfaltete Reinigungs- und Badekultur (auch Wellness) mit ihren therapeutischen Aspekten angeknüpft werden. Von anderen, z.T. wiederentdeckten oder weiterentwickelten Symbolhandlungen im Zusammenhang der Taufe seien genannt: Einzug der Taufgruppe in die Kirche, Wasserprozession, Handauflegung (durch den Liturgen, durch andere Anwesende), Kreuzeszeichen, Nennung des Täuflingsnamens, Salzgabe, Absage an das Böse, Taufgewand, Überreichung eines weißen Schals, Ganztaufe, Friedenskuss bzw. Umarmung, Salbung mit Öl, Übergabe einer Taufkerze, Umhängen oder Anheften eines Kreuzes, Hephata-Handlung.

Zu warnen ist vor einem Überwuchern des Kernvollzuges der Taufe mit anderen Symbolen. Wasserritus sowie Schriftlesungen, Verkündigung und trinitarisches Bekenntnis sind zu betonen. Für begleitende Symbolelemente ist didaktisch zu einer je kasuell sich nahelegenden Auswahl zu raten. Sie könnte besonderen seelsorgerlichen und homiletischen Erschließungen zugeordnet werden (z.B. Nennung des Namens / Anonymität der Massengesellschaft; Handauflegung / erfahrene Isolation; Kreuz / die auf Genuss fixierte Konsumwelt; Gemeinschaft in der Gemeinde / Ausgrenzung von Ausländern oder Randgruppen; vgl. die Anregungen von Grethlein: Domay 1993, 9–17).

Von gewachsenem Symbolbewusstsein her ist die Bedeutung von Taufstätten neu erkannt worden, wie sie für frühere Generationen in der kunstvolleren Ausgestaltung von Taufsteinen und Taufbecken dokumentiert wird. Die Platzierung der Taufstätte an einem festen Ort im Kirchenraum sollte der Gemeinde die schauende Anteilhabe am Taufakt ermöglichen. Der Gang der Taufgruppe zur Taufstätte kann als Prozession gestaltet werden, was den Wegcharakter des durch die Taufe eröffneten Lebens versinnbildlicht. An der Taufstätte bzw. beim Eingießen des Wassers können Betrachtung oder/und Gebet zu Taufstätte und Wasser gehalten werden. Schöpfen des Wassers und Begießen des Kopfes vom Täufling per Hand oder Kanne erfolge in einer für alle sicht- und hörbaren Weise (Superfusionstaufe). Erwachsene beugen ihren Kopf über die Taufschale oder das Taufbecken. Im Rückgriff auf frühe kirchliche Praxis oder auf Vorbilder in Mission und Ökumene finden neuerdings landeskirchliche Taufen gelegentlich im

Freien in offenen Gewässern statt, dabei mitunter als Ganztaufe (Immersionstaufe). Die Anlage großräumiger Taufbecken in Kirchen ist gelegentlich im Gespräch.

I. Einzelfragen

Die neuen Taufbücher der deutschen lutherischen und unierten Kirchen beinhalten im Unterschied zu früheren Ordnungen ausführliche Textteile zu liturgischen und pastoralen Handlungsanweisungen, zu Notwendigkeiten und Möglichkeiten variantenreicher Gestaltungen von Taufgottesdiensten. Sie informieren über eine Fülle von Einzelfragen und haben das Angebot an zu verwendenden Austauschtexten erheblich erweitert. Das ist Ausdruck der sich heute differenziert darstellenden Situationen und Erfordernisse kasuellen Handelns. Zusätzliche Anregungen werden durch die Arbeitshilfen-Literatur vermittelt. Dabei bleibt die eigene Kreativität von Pfarrerinnen und Pfarrern im pastoralen und im liturgischen Taufhandeln unerlässlich.

Die evangelische *Konfirmation* ist durch Verschiebungen in ihrem Verständnis und ihrer Praxis in jüngerer Zeit häufig aus der Verklammerung mit der Abendmahlszulassung gelöst worden. Sie stellt dann den Abschluss eines gemeindlich institutionalisierten Jugendkatechumenats dar. Das variable Taufalter führt dazu, dass in Konfirmandengruppen Getaufte und Nichtgetaufte miteinander unterwiesen werden. Häufig werden die bis dahin nicht Getauften im Konfirmationsgottesdienst auch getauft. Von anderen Positionen her erscheint ein früherer Tauftermin erstrebenswerter, etwa als Tauffest in der Konfirmandengruppe zusammen mit Eltern und Paten. Neuere Konfirmationsliturgien betonen die Funktion der Konfirmationssegnung zugleich als die einer Taufanamnese.

In der Ostkirche wird die Kommunion stets im Zusammenhang mit der Taufe gespendet und also auch Säuglingen gewährt. In evangelischen Kirchen wird bei Mündigentaufen die Verbindung mit dem Abendmahl die Regel sein. Bei der altersgestuften Taufe von Kindern wäre die anschließende Kommunionsspendung an solche neugetauften Kinder möglich, wenn nicht wünschenswert, die auf Grund gliedkirchlicher und gemeindlicher Regelungen das Alter für eine Kinderkommunion haben. Die Frage, ob Abendmahlszulassung in jedem Falle die Taufe voraussetze, befindet sich in der Diskussion. Die landeskirchlichen Regelungen halten bislang daran fest.

Wird eine Trauung mit einer Taufe verbunden, so geht diese der Trauung vorauf. Die lutherische Taufagende hat für die Verbindung beider Handlungen ein Formular vorgelegt.

Die Taufe von Kindern aus Ehen, in denen ein Partner nicht der Kirche angehört, setzt in der Regel voraus, dass der nichtkirchliche Teil einer christlichen Erziehung des Täuflings positiv gegenübersteht. Die Taufe von Kindern aus konfessionsverschiedenen Ehen bedarf sorgfältiger Beratung. Die Gemeinsamen Empfehlungen für die Seelsorge an konfessionsverschiedenen Ehen und Familien, herausgegeben vom Rat der EKD und der Katholischen Bischofskonferenz (1981) gaben u.a. folgende Hinweise: »Konfessionsverschiedene Ehepartner sollten sich vor der Eheschließung darüber einig werden, in welche Kirche ihre Kinder getauft und erzogen werden. ... Bestrebungen, die Taufe von der Zuordnung zu einer bestimmten Konfession zu lösen und etwa die Taufe der Kinder gemeinsam durch Geistliche aus zwei Kirchen vollziehen zu lassen, sind aus theologischen, pastoralen und ökumenischen Gründen nicht zu rechtfertigen. Die Taufe wird von dem Seelsorger der Kirche vollzogen, der das Kind nach dem Willen der Eltern angehören soll. Dadurch wird nicht ausgeschlossen, dass aus besonderen Gründen ein Seelsorger der anderen Konfession sich durch Gebet und Segensspruch am Taufgottesdienst beteiligt« (Schöpsdau 119.138 f.).

Ist das Leben eines Kindes oder eines erwachsenen Taufbewerbers in Gefahr und sind Pfarrer oder Pfarrerin nicht erreichbar, so darf die Taufe von jedem Christen vorgenommen werden, möglichst in Gegenwart von Zeugen. Voraussetzung ist die Zustimmung des Täuflings oder der für ihn Verantwortlichen. Die Taufe kann in Kurzform gehalten werden, entscheidend sind trinitarische Formel und Wasserritus. Neben der »Danksagung für eine Taufe in Notfällen« in den Agenden (z.B. Agende III/1, 203–206) bringt auch das EG unter Nr. 791 Formulare für »Die Nottaufe (Taufe in Lebensgefahr)«. Gemeinden reformierter Tradition kennen diese Taufe nicht. Eine Nottaufe ist dem zuständigen Pfarramt zur Eintragung ins Taufregister anzuzeigen. Sie ist im Gemeindegottesdienst bekanntzumachen; dabei sollte die Danksagung im Vordergrund stehen. Konnte die Lebensgefahr abgewendet werden, so sind Elemente der Fürbitte, im Falle von Kindern auch solche der Eltern- und Patenverantwortung sowie des Willkommens in der Gemeinde hinzuzufügen. Ist der/die Getaufte im Gottesdienst anwesend, kann unter Handauflegung ein Segen als *votum postbaptismale* zugesprochen werden.

Literatur

Fritz BALTRUWEIT/Günter RUDDAT, Gemeinde gestaltet Gottesdienst. Ein Arbeitsbuch, Bd. 2 Taufe, Konfirmation, Trauung, Beerdigung, Gütersloh 2000. – Karl-Heinrich BIERITZ, Die Taufe als Zeichenhandlung – Überlegungen zu ihren nichtverbalen Elementen: Heinrich Riehm, Freude am Gottesdienst [FS Frieder Schulz], Heidelberg 1988, 347–362. – Erhard DOMAY (Hg.), Taufe. Gottesdienste, Predigten, Gestaltungsvorschläge, liturgische Texte (GDP Ser. B), Gütersloh 1993. – Ders. (Hg.), Taufe. Gottesdienste – Predigten – Szenen – Liturgische Stücke (GDP Ser. B), Gütersloh 1997. – Ernst E. FELLECHNER/Helmut VOTAVA (Hg.), Praxishilfe Taufe, Nidderau 1998. – Ulrich FISCHER/Reiner MARQUARD/ Helmut MÜHLMEIER (Hg.), Gelegenheit macht Gottesdienst, Bd. 1. Liturgische Hilfen für lebensgeschichtliche Anlässe, Stuttgart 1998. – Hans FREUDENBERG (Hg.), Tauf- und Familiengottsdienste (DaW 93), Göttingen 2001. – Christian GRETHLEIN, Taufpraxis heute. Praktisch-theologische Überlegungen zu einer theologisch verantworteten Gestaltung der Taufpraxis im Raum der EKD, Gütersloh 1988. – Ders., Unterwegs zu einer Neuentdeckung der Taufe: Erhard Domay (Hg.), Taufe 1993 (s.o.) 9–17. – Hans-Hinrich JENSSEN, Die kirchlichen Handlungen. Die Taufe: HPTh(B) 2 (^{2}1979) 151–164. – Bruno KLEINHEYER, Sakramentliche Feiern. Die Feiern der Eingliederung in die Kirche: GDK 7,1 (1989). – Britta MARTINI, Sprache und Rezeption des Kirchenliedes. Analysen und Interviews zu einem Tauflied aus dem Evangelischen Gesangbuch, Göttingen 2001. – Hans G. MASER/Johannes OPP (Hg.), Erwachsene taufen. Vorbereiten – Feiern – Erinnern, Gütersloh 1995. – Christoph MORGENTHALER, Systemische Seelsorge. Impulse der Familien- und Systemtherapie für die kirchliche Praxis, Stuttgart/Berlin/Köln ^{2}2000. – Rudolf ROOSEN, Taufe lebendig. Taufsymbolik neu verstehen, Hannover 1990. – Walter SCHÖPSDAU, Konfessionsverschiedene Ehe. Ein Handbuch (BenshH 61), Göttingen ^{2}1987: Gemeinsame Empfehlungen für die Seelsorge an konfessionsverschiedenen Ehen und Familien, hg.v. Rat der EKD und der Katholischen Bischofskonferenz (1981) 111–146. – Frieder SCHULZ, Initiatio christiana. Evangelische Marinalien zu einer katholischen Darstellung der Feiern zur Eingliederung in die Kirche: ALW 33 (1991) 43–76. – TAUFE (Themenschwerpunktheft): ZGP 19 (2001) H. 2. – Ulrike WAGNER-RAU, Segensraum. Kasualpraxis in der modernen Gesellschaft (PTHe 50), Stuttgart/u.a. 2000. – Eberhard WINKLER, Tore zum Leben, Neukirchen-Vluyn 1995.

Christian Bunners

Die Konfirmation

I. Geschichte und Theologie

Die Konfirmation im Alter von 14 Jahren hat in den meisten deutschen evangelischen Kirchen eine jahrhundertelange Tradition. Diese wirkt auch noch im öffentlichen Bewusstsein der Gegenwart. Der Terminus Einsegnung ist umgangssprachlich verbreitet. Der Abendmahlsbezug ist zwar seit 1970 loser, prägt aber immer noch das volkskirchliche Konfirmationsverständnis. Selbstverständlich ist weiterhin für alle, dass das Unternehmen Konfirmation mit Unterricht zu tun hat und auch etwas mit einer eigenen Urteilsbildung (wohl der bessere Begriff als die soteriologisch missverständliche »Entscheidung«). Man wird sagen können, dass seit der Reformation »die öffentliche Katechese und eine für die Zukunft geltende Verpflichtung als evangelisches Proprium eine besondere Rolle gespielt haben« (Schulz 66).

Weniger im öffentlichen Bewusstsein steht der historisch wie sachlich primäre theologische Ort der Konfirmation, die Taufe. Dies hängt mit der sich bereits im 4. Jh. verändernden Taufpraxis zusammen, die aus der Taufe mehr und mehr ein Sakrament der Kinder und aus der sich verselbstständigenden Konfirmation (Firmung) das für die Biographie bedeutendere Erlebnis werden ließ, was zu agendarisch verankerten Konfirmationsjubiläen führte, während Taufgedächtnisfeiern gesonderter gemeindepädagogischer Anstrengung bedürfen. In dieser Entwicklung gründen auch noch die gegenwärtigen Spannungen im Konfirmationsverständnis zwischen den theologischen (auf Taufe und Gemeinde bezogenen) und den anthropologischen (Neidhart 1966) Faktoren, zwischen kirchlichen und lebensgeschichtlichen Bezügen.

Ist es das Spezifikum der Kasualien, dass sie eine enge Kopplung von öffentlichem Christentum und Privatreligion (Steck 2000) auszeichnet, dann kann es bei der Gestaltung nur um eine Integration von individueller Lebensgeschichte und kirchlicher Deutungstradition gehen. Die tradierte und aktualisierte liturgische Überlieferung dient der individuellen Lebensdeutung, die auf die überindividuelle Kommunikation von Erfahrung angewiesen ist. Das individuelle Erleben bereichert die Kirche als ganze, die immer wieder neu aus den religiösen Lebensdeutungen von Menschen hervorgehen muss. Das Besondere der Konfirmation ist es, dass es sich um eine »Gruppenkasualie« handelt (wenn man von den früher häufigeren »Privatkonfirmationen« absieht). Damit ist das ekklesiologische Thema von vornherein gegeben. Die Konfirmation ist auch die Kasualie der Kirchlichkeit. Genauer handelt es sich um die Frage des Zugangs zur Gemeinschaft der Glaubenden, systemtheoretisch gesprochen um die Kasualie der Inklusion in das Organisationssystem von Religion (Luhmann). Mit einem jüngst liturgietheologisch eingebürgerten Begriff kann man auch vom Vorgang der Initiation sprechen (SC 71; im Anschluss daran Kleinheyer und Schulz). Dieser Begriff bietet den Vorteil, dass er (1) eine religionsgeschichtliche Dimension konnotiert, (2) das Prozessuale anklingen lässt und (3) eine ökumenische und historisch übergreifende Betrachtungsweise anzeigt, in der Taufe, Eucharistie und Einsegnung nicht isoliert betrachtet werden, sondern im Hinblick auf ihre Funktion des Zugangs zum individuellen Glauben und zur vergemeinschafteten Religion.

A. Historische Entwicklung

Gerade die Geschichte der christlichen Initiation zeigt, dass die Trennung von Taufe, Konfirmation und Eucharistie zwar der theoretischen Kategorisierung dient, aber die liturgische Praxis nur unzureichend abbildet. Für das Folgende sind darum auch die Artikel zu Taufe und Eucharistie zu vergleichen; hier geht es um die für die Konfirmationsgeschichte wichtigsten Aspekte.

1. Vom Neuen Testament und der alten Kirche bis zum Mittelalter

Eine Konfirmation oder Firmung ist im Neuen Testament nicht festzustellen, ebenso wenig wie die Frage entschieden werden kann, ob in neutestamentlicher Zeit Unmündige getauft wurden. Aus dem Ritengefüge der Initiation von Taufe, Salbung und Eucharistie ist mit Sicherheit erst im 5. Jh. eine eigenständige Firmhandlung nachzuweisen, welche die postbaptismale Salbung an der Bischofskirche konzentriert und dem Bischof vorbehält, während vorher verschiedene Formen von prä- und postbaptismalen Salbungen begegneten. Belege für die Hochschätzung der Salbung gegenüber der Taufe selbst lassen sich bereits bei Tertullian (ca. 160–220) finden (Rietschel 50 f.). Schon der Ketzertaufstreit im 3. Jh. verlangte bei der Taufe durch Ketzer die nachträgliche bischöfliche Bestätigung der Taufe durch Handauflegung, wenn die Getauften ohne erneute Taufe zur römischen Kirche zurückkehrten (Lietzmann 560–563).

Seit jedoch Papst Innozenz I. im Jahre 416 generell die Reservierung der Salbung für den Bischof forderte, kann man vom eigenständigen episkopalen Sakrament der Firmung sprechen. Innozenz I. beruft sich in einem Brief auf die später immer wieder herangezogene Stelle Act 8,14: »Offenkundig ist es nur erlaubt, dass Bischöfe – und niemand anders – an den Kindern die Konsignation vollziehen. ... Dass dieser höchste Dienst, d.h. die Konsignation bzw. die Übermittlung des Heiligen Geistes, allein Aufgabe der Bischöfe ist, zeigt nicht allein die kirchliche Überlieferung, sondern in der Tat auch jene Perikope der Apostelgeschichte, die darlegt, dass Petrus und Johannes beauftragt wurden, Leuten, die schon getauft waren, den Heiligen Geist zu übermitteln« (MPL 20,554 f.). Die Stirnsalbung ist den Bischöfen vorbehalten, wenn diese den Geist mitteilen (»oleo signare, quod solis debetur episcopis, cum tradunt Spiritum Paracletum«, ebd.). Hier ist die Stirnsalbung (consignatio) als episkopale Geistmitteilung gedeutet, während zuvor in der Regel Ganzkörper- und Stirnsalbung zur Taufe selbst gehörten.

Durch Innozenz I. sind Grundlinien der Firmungspraxis festgelegt, die bis in die Gegenwart gelten. Nach Innozenz I. wird Priestern geradezu die Spendung der Firmung verboten. Diese stadtrömische Praxis setzt sich in der Folgezeit in der ganzen lateinischen Kirche durch.

Zu dieser Ablösung einer eigenständigen Firmhandlung von der Taufe führten mehrere Umstände. Zunächst stellte das Ende der Christenverfolgungen durch die Toleranzedikte von Galerius und Konstantin (311 und 313) den kirchlichen Katechumenat vor ganz neue Herausforderungen (eindrücklich geschildert bei Lietzmann 1081–1107). Die eigene Motivation bei der kirchlichen Initiation neben der bloßen Gewohnheit (oder sogar eventuellen Nützlichkeitserwägungen) wurde nun ein Thema – bis auf den heutigen Tag. Erst mit der Ausdehnung des Christentums über die Städte hinaus auf das umliegende Land wuchs liturgisch die überlokale Bedeutung der Bischöfe. War der Bischof bisher als Oberhaupt der Stadtgemeinde Leiter der in der Regel österlichen Tauffeier und taufte selbst, so tauften nun auch die Presbyter. Deshalb konnte eine besondere episkopale Besiegelung der Taufe als notwendig empfunden werden. Der Niedergang des weströmischen Reiches im 5. Jh. begünstigte darüber hinaus bekanntlich die Festigung des römischen Primats einschließlich seiner liturgischen Praktiken.

In der alten Kirche hingegen finden wir Absage an das Böse, Bekennen des Glaubens, Salbung und Handauflegung sowie die erste Teilnahme an der Eucharistie noch sehr nahe beieinander im Umfeld der Taufe, so wie das in den orthodoxen Kirchen bis heute geblieben ist. Locus classicus dafür ist die herkömmlich Hippolyt um 215 zugeschriebene, heute auch bis ins 4. Jh. datierte TA (Markschies, vgl. aber Jilek: →Die Taufe), in der die Taufe folgende später zur Firmung oder zur Konfirmation gehörende Elemente aufweist (TA 21):

- Abfragen des Glaubensbekenntnisses bei der Taufe: Der Diakon steigt mit dem Täufling ins Wasser, legt ihm die Hand auf und fragt: »Glaubst du an Gott, den allmächtigen Vater?«, danach taucht er ihn zum ersten Mal unter (»Et statim manum habens in caput eius impositam baptizet semel«); nach entsprechenden Fragen und Antworten zu Sohn und Heiligem Geist taucht er ihn zum zweiten und dritten Mal unter.
- Salbung: Der Täufling wird nach der Taufe vom Presbyter mit dem »Öl der Danksagung« gesalbt, zieht sich an, geht in die Kirche und wird dort vom Bischof unter Handauflegung nochmals gesalbt: Der Bischof gießt »Öl der Danksagung in seine Hand, legt sie dem Täufling aufs Haupt und spricht: Ich salbe dich mit heiligem Öl in Gott, dem allmächtigen Vater, in Christus Jesus und im Heiligen Geist. Nachdem er die Täuflinge auf der Stirn bekreuzigt hat, soll er ihnen einen Kuss geben und sagen: Der Herr sei mit dir. Und der Bezeichnete soll sagen: Und mit deinem Geist. So soll er mit jedem Einzelnen verfahren. Danach beten sie zusammen mit dem ganzen Volk. Denn sie dürfen erst dann zusammen mit den Gläubigen beten, wenn sie dies alles erhalten haben. Nach dem Gebet sollen sie einander den Friedenskuss geben« (TA 21).

Aus Dezenzgründen ist auch hier bereits die Ganzkörpersalbung bei der Taufe und die Salbung des Hauptes mit Bekreuzigung durch den Bischof unterschieden. Man kann hier also den Ursprung sowohl des Firmsakramentes wie auch des Bekenntnischarakters der evangelischen Konfirmation sehen. In TA 21 ist aber das bischöfliche Handauflegen, Salben und Bekreuzigen (consignare / σφραγίζειν) noch nicht eindeutig als besondere Geistmitteilung verstanden: Der Bischof betet nämlich vor der Salbung: »Herr Gott, du hast sie gewürdigt, durch das Bad der Wiedergeburt des Heiligen Geistes die Vergebung der Sünden zu erlangen, mache sie auch würdig, mit Heiligem Geist erfüllt zu werden.« Der Bischof blickt auf die Wirkung des Geistes zurück und voraus. Es war nur noch ein kleiner Schritt zu dem Verständnis von Innozenz I., die Wirkungen des Geistes insgesamt in dem episkopalen Akt konzentriert zu sehen.

Eine ähnliche Tendenz findet sich auch im 4. Jh. in der Ostkirche. Im Gebetbuch (Euchologion) des Bischofs Serapion in Thmuis (im Nildelta, † um 362), eines Freundes des Athanasius, wird die Salbung christologisch und pneumatologisch verstanden. Christus wird gebeten, dass er dem Salböl »heilende und stärkende Kraft erwirke«, damit die Täuflinge durch das Bad gereinigt und durch den Geist erneuert Kraft gewinnen (EuchSer 15). In der 3. Mystagogischen Katechese des Cyrill von Jerusalem (313–387) wird dann ausführlich die Salbung thematisiert. Diese entspricht dem Herabkommen des Geistes auf Christus nach seiner Taufe (MC 3,1). Die Anrufung des Geistes (ἐπίκλησις) und das Myron der Salbung ist wie das eucharistische Brot nicht mehr gewöhnlich, sondern es ist »eine Gnadengabe Christi und durch die Anwesenheit des Heiligen Geistes [πνεύματος ἁγίου παρουσίας] ein Werkzeug seines Gottseins [τῆς αὐτοῦ θεόθητος] geworden« (MC 3,3). Ähnlich wie in der TA sind Mitteilung und Wirkung des Geistes zusammen gesehen. Eine exklusiv an das Leitungsamt gebundene einmalige traditio des Geistes wie bei Innozenz I. aber liegt jenseits der Jerusalemer Katechesen um das Jahr 400 (zu den Einleitungsfragen vgl. Meyer-Blanck 2001, 116).

Als Besonderheit der Westkirche ist schließlich noch der »konfirmierende« postbaptismale Ritus der Fußwaschung in Mailand zu erwähnen, von dem Ambrosius (†397) in seinen Katechesen ausführlich handelt. Er erwähnt, dass der Ritus in Rom nicht üblich ist und bezeichnet ihn als Geheimnis und Heiligung (»quia mysterium est et sanctificatio«, De sacr 3,5). Die Taufe tilge zwar alle Schuld, doch weil Adam »Gift über die Füße« gegossen wurde, sei dort ein größeres Heiligungsmittel (»maius subsidium sanctificationis«) angezeigt (De sacr 3,7).

Die geschilderte Firmungspraxis Innozenz I. setzt sich im Hoch- und Spätmittelalter fort, wenn auch längst noch nicht überall die Firmung als selbstständiges Ritual verstanden ist

(Kleinheyer 205–208). Die Firmriten differenzieren sich aus und die Gebete und Formeln zu Handauflegung, Salbung und Backenstreich (alapa) entwickeln sich. Besonders die Gebete und Gesten über dem Öl zur postbaptismalen Salbung werden seit dem 10. Jh. zu einem »aufgeblähten Ritual« (so Kleinheyer 205). Im Pontifikale Romanum des 12. Jh. lautet ein Deutewort zur Handauflegung: »Spiritus sanctus superveniat in vos (super vos descendat) et virtus altissimi sine peccato vos custodiat.« Im Pontifikale des Bischofs Durandus von Mende in Südfrankreich (†1296) liegt dann die Gestalt der Firmung bis zum Zweiten Vatikanum im Wesentlichen fest. Das Öl wird mit dem dreifachen Ruf »Ave sanctum crisma« verehrt, ein gelinder Backenstreich folgt auf das dreifache Kreuzeszeichen (»dat sibi leviter alapam super genam«).

Das Firmalter bezog sich seit dem 5. Jh. zunehmend auf Unmündige (Säuglinge und Kleinkinder), erst im Hochmittelalter wird ein Mindestalter von sieben Jahren genannt (anni discretionis, Jahre der Unterscheidung, Kleinheyer 209).

Theologisch geht mit der liturgischen Entwicklung die höhere Gewichtung der Firmung einher. Taufgnade und Firmgnade sind bei Bonaventura (1221–1274) jeweils Vergebungsgnade (gratia gratum faciens). Die Firmgnade braucht die Taufgnade, aber die Vergebungsgnade ist in der Firmung in gesteigerter Potenz vorhanden. Die Firmung leitet eine höhere Form christlichen Lebens ein, das mit der Taufe begonnen hat, und gibt Stärkung im geistlichen Kampf (Maurer 15). Diese Sicht wird dann von Thomas von Aquin (1225–1274) verstärkt: In Analogie zum Kreuzritter wird der Gefirmte zum geistlichen Kämpfer. Dient die Taufe dem persönlichen Heil, so die Firmung ihrer Vervollkommnung durch die Ausrüstung zum Kampf: »in sacramento confirmationis datur plenitudo spiritus sancti ad robur« (Summa Th. III,65,1). 1245 wird auf dem Konzil von Lyon das ausschließlich bischöfliche Firmrecht bekräftigt.

Das Konzil von Florenz 1439 fasst Lehre und Praxis der sieben Sakramente zusammen in aristotelisch-thomistischer Begrifflichkeit: »Secundum sacramentum est confirmatio cuius materia est crisma. ... Forma autem est: Signo te signo crucis et confirmo te crismate salutis in nomine patris et filii et spiritus sancti. Ordinarius minister est episcopus. ... Effectus autem huius sacramenti est, quia in eo datur spiritus sanctus, ad robur, sicut datus est apostolis die penthecostes« (Hareide 22).

2. Reformation

a. Martin Luther

Luthers Kritik entsteht an der Überlagerung der Taufe durch die Firmung. Seit seiner sakramentskritischen Schrift »Von der babylonischen Gefangenschaft der Kirche« (1520) lehnt Luther die gängige Firmung als schriftwidrig ab. Diese wirkt nicht das Heil. Abgelehnt wird dabei nicht die Handauflegung als solche, sondern nur das sakramental-episkopale Verständnis: »Ja, wenn es nur in der Kirche eine solche Auflegung der Hände wie zu der Apostel Zeiten gäbe! ... Es ist aber jetzt nichts davon übrig geblieben, außer was wir selbst erfunden haben, die Ämter der Bischöfe auszubauen, damit sie nicht ganz ohne Arbeit in der Kirche sind« (WA 6,549 f.). Das Predigen sei den Bischöfen im Gegensatz zur Firmspendung offensichtlich zu beschwerlich. Noch schärfer ist die Ablehnung in der Schrift »Welche Personen verboten sind zu ehelichen. Vom ehelichen Leben« (1522): »Szoderlich aber meyde das affen spiel / der fermelung / wilchs eyn rechter lügen thand ist« (WA 10/II,82). Luthers Zorn ist durch die damalige Praxis bedingt, eine Firmpatenschaft als Ehehindernis zu betrachten, das durch eine Geldzahlung aus dem Weg geräumt werden kann (nach neuem Recht ist eine Firmpatenschaft kein Ehehindernis mehr: 1079 im CIC von 1917, vgl. Kleinheyer 220).

Im Jahre 1523 kann Luther die Glaubensprüfung mit anschließender Handauflegung – nun aber durch die Gemeindepfarrer – für sinnvoll erachten: »Confirmatio, ut volunt episcopi, non curanda, sed tamen quisque pastor posset scrutari a pueris fidem, quae si bona et germana esset, ut imponeret manus et confirmaret, non improbamus« (Lätarepredigt 1523, WA 11,66). An dieser Stelle ist nicht ganz klar, ob Luther hier die Prüfung des persönlichen Glaubens anregen will oder lediglich die Prüfung der Glaubensinhalte (so Andrén 43).

Um diese Frage sollte es in der Folgezeit im Rückgriff auf Reformation und reformatorische Kirchenordnungen immer wieder Auseinandersetzungen geben. Mehrheitlich verstand man die Glaubensprüfung vom Inhalt, vom Katechismusexamen, her und widersprach der individuellen Glaubensprüfung, wie sie sich in Pietismus und Rationalismus einbürgerte. Die lutherische Konfirmation wurde stattdessen immer wieder als *katechetisch* beschrieben, wobei nicht nur der Unterricht, sondern auch die Katechismusprüfung zum Abschluss gemeint war (Belege z.B. bei Meyer-Blanck 1992, 114–118; anders jugendliche *Taufbestätigung* bei Thieme).

Am katechetischen Moment lässt sich neben der kritischen denn auch die konstruktive Linie Luthers für die Konfirmationsgeschichte aufzeigen: Die Konfirmation ist als Abendmahlszulassung verstanden, der eine Katechismusprüfung vorauszugehen hat. Schon die seit dem 4. Laterankonzil 1215 auferlegte jährliche Beichtpflicht hatte einen katechetischen Nebengedanken: Glaubensbekenntnis, Vaterunser und Ave Maria sollten aufgesagt werden können (Hareide 87). Daran knüpft Luther seit 1523 an. In der FMC heißt es, dass man zum Abendmahl nur die ausreichend Informierten und Verstehenden zulassen dürfe: Episcopus »petentes non admittat, nisi rationem fidei suae reddiderint, et interrogati responderint, an intelligant, quit sit caena domini« (WA 12,215). Die Einsetzungsworte soll man rezitieren können (»verba benedictionis memoriter recitare«), aber auch über den existenziellen Bezug zum Sakrament soll Auskunft gegeben werden, indem über das eigene Sündenbewusstsein, die Todesfurcht und Anfechtungen gesprochen wird (»conscientia peccati, aut timore mortis, aut alio malo tentationis carnis, mundi, diaboli«, WA 12,215). Von daher ist das allein intellektuelle Verständnis der Glaubensprüfung bei Luther, nur bezogen auf die »fides quae« und nicht auf die »fides qua« (so Andrén 43), zumindest einseitig. Wie bei der mittelalterlichen Beichtpflicht denkt Luther an eine jährliche Prüfung, kann sich bei entsprechender Einsicht des Bewerbers (»poterit tam intelligens esse, qui petit«) aber auch eine einmalige Prüfung (»semel in tota vita«) vorstellen.

Zusammenfassend kann festgestellt werden, dass Luther kein Konfirmationsreformer war, weil ihn diese Frage viel zu wenig beschäftigt hat. Aber er hat in seinen Äußerungen wichtige Weichen für die Zukunft gestellt, indem er (1) den Bezug von Abendmahl und Unterricht verstärkte, (2) einen pastoralen, aber nicht episkopalen Handauflegungsritus befürwortete und (3) den aus dem altkirchlichen Ritengefüge vertrauten Gedanken der Prüfung (»scrutari«) nun auf das Abendmahl bezog. Ob und gegebenenfalls was man jedoch hinsichtlich des Glaubens »prüfen« kann, war durch Luthers Rechtfertigungslehre selbst problematisiert worden. Darum hat Luther der Konfirmationstheologie nach ihm mehr Fragen als Antworten hinterlassen. Die erst nachreformatorische Unterscheidung von fides quae und fides qua hilft an dieser Stelle nicht weiter, weil in einer Theologie der Initiation viel grundsätzlicher sowohl soteriologisch die Unverfügbarkeit des Glaubens als auch pädagogisch die individuelle Aneignung des Glaubens aufeinander bezogen werden müssen. Es geht mithin um die religionspädagogische Grundfrage des Verhältnisses von Glauben und Lernen, der man durch eine stoffliche Objektivierung genauso wenig entkommt wie durch eine alleinige Subjektivierung.

b. Andere Entwicklungen im 16. Jahrhundert

Vereinzelte Reformbestrebungen gibt es auch neben und z.T. bereits vor den Reformatoren. Die Böhmischen Brüder haben schon im 15. Jh. eine Taufbestätigung eingeführt, die fast alles enthält, was wir später bei Erasmus, Zwingli und Bucer finden. Wenn das Kind »zu Verstand gekommen ist«, soll es vom Pastor gefragt werden, ob es im Glauben »beharren« will. »Und wenn man erkennt, dass es würdig ist, aufgenommen zu werden nach dem Zeugnis der Bürgen und nach seinem eigenen mündlichen Bekenntnis, soll man es in die Gemeine aufnehmen und durch Handauflegung bestätigen und beten, dass Gott ihm von oben Kraft zum Beharren gebe« (Vom Sakrament der Taufe 1468: Clemen 140). Bei den Waldensern finden wir in ähnlicher Weise die Kombination von Unterricht und abschließender Handauflegung.

Zwingli lehnt vor allem die Unmündigentaufe ab; die Firmung soll durch Unterricht und Prüfung (mit zwei Terminen im Jahr, Ostern und Herbst bzw. Weihnachten) ersetzt werden. Das Kind soll, nachdem es »zu Verstand« gekommen ist, »den glouben mit eygnem mund verjähind« (CR 89, 122). Es soll sich nicht um ein Sakrament handeln, Zwingli spricht statt dessen vom »Widergedächtnis«. An die Stelle einer einmaligen sakramentalen Handlung tritt eine Katechese mit Verhör, die mehrfach zu wiederholen ist. Die Vorschläge waren nicht nur theoretische Entwürfe, sie wurden von Zwingli seit 1523 in Zürich verwirklicht und wirkten auch auf Oekolampad in Basel, Bucer in Straßburg und vor allem auf Erasmus von Rotterdam (1465–1536), der wiederum Bucer beeinflusste.

Erasmus dachte an eine planmäßige Unterrichtspraxis für das Volk, besonders für die Jugend in Anlehnung etwa an die altkirchlichen Katechesen während der Fastenzeit. Am Schluss sollte eine Erneuerung des Taufbekenntnisses stehen, das zuvor die Paten bei der Taufe gesprochen hatten – wie großartig wäre es, die Jugendlichen bei ihrem Christusversprechen zu hören (Paraphrase 28 zum Matthäusevangelium 1522: Hareide 64). Erasmus denkt offensichtlich an eine religionspädagogisch-moralpädagogische Alternative zu den zahlreichen Kirchenfesten und Mysterienspielen seiner Zeit, der allerdings – anders als den vergleichbaren Überlegungen Zwinglis – die praktische Umsetzung verwehrt blieb.

Folgenreich ist dann die Konfirmationsordnung von Bucer, die man als Synthese der Konzeptionen von Luther und Erasmus bezeichnet hat (Maurer 28–31). Bei Bucer werden Handauflegung, Bekenntnis und Bezug auf die Gemeinschaft prägend. Von daher hat man in der Theorie der Konfirmation sein Konfirmationsverständnis als »sakramental« und »kirchenregimentlich« bezeichnet im Gegenüber zu einem angeblich ausschließlich »katechetischen« Verständnis der lutherischen Kirchenordnungen des 16. Jh. (diese Kategorisierung stammt von Kliefoth 10.65.86). Wie wir bereits sahen und wie Hareide gezeigt hat, finden sich der »sakramentale« und der »kirchenregimentliche« Zug aber bereits bei den Böhmischen Brüdern.

In Bucers Kasseler Kirchenordnung von 1539 ist der Abschnitt über die Konfirmation überschrieben »Vom Händeauflegen« und dies wird so expliziert: »handauflegen, damit man die kindere, nach dem sie im christlichen glauben so weit gelert, auf ihr selbst bekentnus und ergeben in Christum an der christlichen gemeine bestetigt« (Meyer-Blanck 1992, 33). Neu gegenüber Luther sind nur die katechetisch abgefragten Versprechungen gegenüber der Gemeinde: »Wiltu in der gemeinschaft erharren? Antwort: Ja, durch die hülf des Herren in ewigkeit« (Frage 12). Einflussreich war vor allem die Einsegnungsformel: »Nimm hin den heiligen geist, schutz und schirm vor allem argen, sterk und hülf zu allem guten, von der gnedigen hand Gottes des Vater, Sohn und heiligen Geistes, Amen«. Diese hat sich bis in die neue Konfirmationsagende gehalten (Agende III/6, 161). Allerdings ist die sakramental-exhibitive Einleitung »Nimm hin den Heiligen Geist« ersetzt worden, weil sie an das katholische Ordinationsformular erinnert »Accipite Spiritum Sanctum«. Für die Konfirmationsgeschichte folgenreicher als der sakramentale Aspekt ist der kirchenzuchtliche. In der Kasseler Ordnung von 1539 legen die Kinder ein dreifaches Gelübde ab: Dass sie an Gottesdienst und Gebet teilnehmen werden, Almosen für die Armen geben, die kirchlichen Amtsträger wertschätzen, bejahen sie ebenso wie die Frage nach dem Gehorsam (Meyer-Blanck 1992, 33). Nicht erst im Rationalismus finden sich also die massiven Gelübde für ein bestimmtes zukünftiges kirchliches wie bürgerliches Verhalten, die seit der Modernisierung im 19. Jh. so sehr umstritten waren.

Aus Luthers Äußerungen zur Konfirmation entwickelt sich in der Folgezeit die lutherische Gleichung »confirmatio est admissio« bzw. immer wieder zitiert: »catechesis est confirmatio«. Die Formel ist zwar zum geflügelten Wort geworden, doch selbst nicht literarisch belegt (Meyer-Blanck 1992, 248 f.). Es findet sich aber der sachlich entsprechende Satz in der Kursächsischen Kirchenordnung von 1580, die bei den sächsischen Gnesiolutheranern um Matthias Flacius im Zuge der adiaphoristischen Streitigkeiten entstand: »das examen ... sei die rechte christliche confirmation oder firmung« (zit. nach Meyer-Blanck 1992, 249).

3. Die Konfirmation in der Neuzeit

Die Konzeption Bucers mit dem Bekenntnis- und Gelübdeaspekt, mit der Zusage eines bestimmten kirchlichen und bürgerlichen Lebens, verstärkt sich im Laufe des 18. Jh., sodass der Aspekt des Versprechens immer stärker in den Vordergrund tritt. Nachdem das Firmsakrament reformatorisch zurückgewiesen ist, tritt gut evangelisch an die Stelle des objektiv wirkenden Sakramentes die subjektiv aufrichtige Aneignung des im Unterricht Gelernten, verstärkt durch die zunehmende Bemühung um eine ethische Gestaltwerdung des Glaubens, die damit an die Stelle sakramentaler Gestaltwerdung im Katholizismus tritt. Man kann dies als Verfälschung des in der Reformation Entwickelten ansehen, aber auch als eine konsequente Entfaltung der dort neu entdeckten individuellen Aneignung des Glaubens, auch wenn die überlieferten agendarischen Formeln im heutigen Verständnis befremdlich wirken mögen.

Die Fragen an die Konfirmanden werden zum Gegenstand der Auseinandersetzung, denn die Konfirmation ist vom 18. Jh. bis in die Gegenwart als konsequente Alternative zum Firmsakrament die jeweils aktuelle öffentliche Darstellung dessen, was man unter mündigem Christsein versteht. Im 18. Jh. ist der religiös mündige Christ und Bürger das Leitbild. Im 19. Jh. setzt sich (in der Terminologie Luhmanns) die Ausdifferenzierung der Systeme Religion, Politik und Wirtschaft durch und die Konfirmation thematisiert vor allem die Kirchlichkeit. Das 20. bringt im Kirchenkampf unter Rückgriff auf die Reformation eine grundsätzliche Problematisierung des Bekennens und Gelobens, und die empirische Wende in der Religionspädagogik seit 1970 lässt die Konfirmation sachlich ganz hinter den Prozess des Unterrichtens zurücktreten.

Unterricht und Abendmahlsbezug sind fast nie in Frage gestellt worden, ebenso wenig die Einsegnung mit Handauflegung. Die Diskussion um die Konfirmation konzentrierte sich auf Bekennen und Geloben der Jugendlichen und damit immer wieder auf die Konfirmationsfragen.

a. 17. und 18. Jahrhundert

Bis zum Erscheinen von Casparis Konfirmationsgeschichte 1890 galt weithin Philipp Jakob Spener (1635–1705) als »Erfinder« der evangelischen Konfirmation. Er fand sie 1667 bei einer Visitation in Frankfurt-Bonames vor und empfahl sie unter Hinweis auf die innere Bewegung, die das Gelöbnis bewirkt. Das individuelle Moment sah er aber gut lutherisch in der täglichen Tauferinnerung. Im Rationalismus hingegen wurde der bürgerliche Eid zur Folie, auf der man die Konfirmation als einmaligen, bis zum Tode gültigen »Religionseyd« verstand (Beispiele bei Meyer-Blanck 1992, 48–50). Ekklesiologisch galt die Taufe als Eintritt in die Kirche, die Konfirmation als Treueerklärung für die Konfessionskirche. Die Kirche und damit wiederum die Konfirmation aber standen im Dienste der im Gemeinwesen zu verwirklichenden Pflichten.

In der Agende Reuß 1766 fragt der Konfirmator: »Wollt ihr auch bis an euer Ende in unserer allerheiligsten Religion treu verbleiben, euren Glauben durch einen christlichen, Gott wohlgefälligen Wandel zieren und dem Herrn Jesu dienen euer Leben lang?« (Schulz 65).

Bei aller theologischen Problematik sind damit die Fragen nach dem Lebensbezug und nach der individuellen Wahrhaftigkeit als wichtige Bezugspunkte der Konfirmation herausgestellt. Das gilt auch noch für Schleiermachers Bemerkung in der Glaubenslehre, die Kindertaufe erfordere »das nach erfolgtem Unterricht hinzukommende Glaubensbekenntnis als den letzten dazugehörenden Akt« (§ 155 b). Das Bemühen um die persönliche Verantwortung des Einzelnen ist bei der Lektüre der Konfirmationsliteratur des 18. Jh. jeweils in Rechnung zu stellen.

Wenn heute über die Erlebnisqualität sowie die lebensgeschichtlichen Bezüge der Konfirmation und bisweilen auch über deren Implikationen für die ethische Erziehung gesprochen wird, dann sind das nur geläufigere Begriffe, die nicht zu einer Karikatur des im 18. Jh. Intendierten führen dürfen. Vielmehr ist immer wieder liturgiedidaktisch zu fragen, ob die Konfirmandenarbeit und Konfirmation zum Spezifikum des Gottesdienstes hinführen, das in den liturgischen Zeichen passend zu den jeweiligen Individuen die Nähe Gottes erleben lässt.

b. 19. Jahrhundert

Das 19. Jh. erbringt auf breiter Front die Problematisierung der Konfirmationspraxis. Ist diese bisher wesentlich an der Identität von bürgerlicher und kirchlicher Gemeinde orientiert gewesen, so führt die Industrialisierung mit der rapide zunehmenden Abwanderung in die Städte dort zu explodierenden Konfirmandenzahlen. Die Konfirmanden können kaum noch unterrichtet, geschweige denn emotional an das Leben der Kirchengemeinde gebunden werden. Doch die Einsicht in diese elementaren soziologischen Tatsachen bleibt vielen Pfarrern und auch Konfirmationstheoretikern verschlossen, sodass man von der Mitte des 19. Jh. (vereinzelt bis zum Ende des 20.) immer wieder von den »entkirchlichten« und gefährdeten »Massen« lesen kann, die es für die Kirche zurückzugewinnen gelte.

Über die Konfirmation wird ab jetzt unter dem Terminus »Konfirmationsnot« gehandelt und verschiedenste Reformvorschläge suchen das Gefüge der seit dem 16. Jh. herausgebildeten Konfirmationselemente sachlich und zeitlich zu differenzieren. Es wird überlegt, Unterrichtsabschluss, Einsegnung, Abendmahlszulassung und eigenes Bekennen und Versprechen zeitlich, sachlich und in bestimmter Folge voneinander abzuheben. Daraus entstehen die unterschiedlichen, im Einzelnen kaum zu durchschauenden – und zumeist Theorie bleibenden – Lösungsvorschläge. Eine Übersicht für die Jahre 1845–1959 hat Karl Hauschildt vorgelegt (47–54).

Im Zusammenhang der Ausdifferenzierung von bürgerlichem und kirchlichem Leben kann auch die Erweckungsbewegung gesehen werden, die in der »Erlanger Theologie« gipfelnd die ersten Reformvorschläge für die Konfirmationspraxis brachte. Kennzeichnend ist dabei immer die im Einzelnen unterschiedliche Zweiteilung in ein Ritual für alle und in ein Ritual für die bewussten (erweckten) Christen. Dieser Zweiteilung sind dann die Lebensalter und die kirchlichen Rechte und Pflichten zugeordnet. Johann C. K. von Hofmann tritt für einen Kinderkatechumenat mit Entlassungsfeier ein, während den später unter Handauflegung Konfirmierten das Abendmahl vorbehalten bleibt (1849 und 1863). Die Zweiteilung innerhalb der Gemeinde verliefe dabei zwischen der Gemeinde der Getauften und der Abendmahlsgemeinde. Carl A. G. von Zezschwitz hingegen will das Abendmahl nach erfolgtem Unterricht für alle Getauften, die spätere »Laienordination« aber als freiwillige Aufnahme in die Bekenntniskirche, nicht vor dem 18. Jahr (auch die Trauung sollte auf die so gebildete Kerngemeinde beschränkt bleiben). Hier verläuft die Trennungslinie demnach innerhalb der Abendmahlsgemeinde.

Dem Vorschlag Hofmanns entsprach derjenige von Johann Hinrich Wichern auf dem Stuttgarter Kirchentag 1869: Die bisherige Konfirmation wird zur Einsegnung, später und freiwillig erfolgen Bekenntnis, Gelübde und Abendmahlszulassung als ein »Akt von hoher und höchster Bedeutung für den Gelobenden und für die Gemeinde« (Baumann 8).

c. 20. Jahrhundert

Im Jahre 1900 schlägt die Konfirmationsdebatte hohe Wellen: Adolf Stoecker macht sich in einem Vortrag Wesentliches aus den Vorschlägen Wicherns von 1869 zu Eigen und die »Kirchlich-Soziale Konferenz« verabschiedet Thesen, die sich als Separatdruck in ganz Deutschland verbreiten und Diskussionen auslösen (vgl. dazu die Sammlungen von Mumm 1900 und 1901 sowie Baumann mit weit über hundert Stellungnahmen). Stoecker plädiert für einen dreistufigen Katechumenat: (1) Konfirmation als Entlassungsfeier am Ende der Schulzeit ohne Bekenntnis, Gelübde und Abendmahlsrecht, (2) Verleihung des Abendmahlsrechtes durch die Gemeinde auf freiwillige Einzelmeldung hin, (3) Verleihung von Gemeinderechten wie Wahlrecht und Patenrecht erst nach weiterer Unterweisung und nach Bekenntnis mit Gelübde. Er tritt einerseits für die Jugendlichen ein, die in der Lehre oder im Dienstverhältnis gar nicht die Möglichkeit hätten, ihr Gelübde hinsichtlich des Kirchganges zu halten; andererseits sind seine Vorschläge auch von antidemokratischem Ressentiment und von der Furcht geprägt, dass »völlig ungläubige Massen« die Kirche »vergewaltigen« könnten (Meyer-Blanck 1992, 57 f.).

Mit der Zeit flaute die Konfirmationsdebatte ab und erst nach der Neuordnung der Kirchenverfassungen nach 1918 wurden die alten Themen wieder intensiv diskutiert (ausführlich zu den Bemühungen in Hannover zwischen 1925 und 1928: Meyer-Blanck 1992, 120–169). Nach 1933 schließlich mussten die Fragen nach Bekenntnis und Gelöbnis schon allein deswegen erneut aufbrechen, weil staatliche Treuegelöbnisse alltäglich und die Herausbildung einer Bekenntniskirche die Folge waren. Die zunehmende Behinderung des Religionsunterrichtes führte zu der Forderung, den kirchlichen Katechumenat zu erneuern und zu intensivieren.

Eine Neuauflage der Erlanger Vorschläge aus dem 19. Jh. brachte das einflussreiche Buch »Neubau der Konfirmation« von Martin Doerne (1936). Beruhend auf sorgfältigen Quellenstudien, in denen der These von der rein katechetischen lutherischen Konfirmation (und damit der gängigen Typisierung seit Kliefoth) der Boden entzogen wurde, forderte Doerne, im Alter von 14 Jahren lediglich den Abschluss des Elementarkatechumenats zu feiern und diesem einen Jugendkatechumenat im Alter von 14–21 Jahren mit Jugendbibelabenden und verpflichtendem Kirchgang anzuschließen. Nach dieser Zeit solle auf freiwillige Einzelmeldung hin konfirmiert werden, mit Bekenntnis, Admissio und Verpflichtung in der Gemeinde. Hatte dies aus Gründen der volkskirchlichen Gewohnheit keinerlei Chancen, so wurde in der Praxis an veränderten Konfirmationsformularen mit weniger schwer wiegenden Fragen gearbeitet. In Württemberg gab es 1937 eine Ordnung, in der an die Stelle verpflichtender Fragen lediglich katechetische treten (»Welche Verpflichtung legt Christus den Seinen auf? – Antwort: Christus spricht: Liebet mich, so haltet meine Gebote!«: Rott 71–75).

Theologisch am bedeutsamsten war der Aufsatz von Paul Schempp aus dem Jahre 1937, der zwei grundlegenden Konstruktionsfehlern der bisherigen Reformvorschläge rechtfertigungstheologisch widersprach: Man könne (1) die Gliedschaft in der Kirche nicht in Stufen einteilen und (2) sich in keiner Weise selbst die Fähigkeit zusprechen, den Glauben festzuhalten bis ans Ende, weil man mit diesem Gelöbnis dem Bekenntnis selbst widerspreche (Schempp 86).

Damit war theologisch eine Differenzierung zwischen Bekenntnis und Gelübde erreicht, die bis heute gültig bleibt. Hatte man bisher Bekenntnis und Gelübde stets in einem Atemzug genannt, so muss man im Anschluss an Schempp festhalten: Das Bekenntnis selbst widerspricht der Möglichkeit eines Konfirmationsgelübdes, aber das Bekenntnis ist deswegen dann nicht unmöglich, wenn es nicht als Zukunftsverpflichtung, sondern als individuell und aktuell kommentierte und verantwortete jugendliche Äußerung verstanden und liturgisch gestaltet wird. Diesem Verständnis folgt auch die neue Konfirmationsagende (Agende III/6).

Die nach 1945 verabschiedeten Agenden verzichten aufgrund der erreichten theologischen Klärungen auf Gelübdefragen und beschränken sich auf das Credo in seiner Doppelbedeutung als Unterrichtsinhalt und als öffentliches Ja auf die Frage: »Wollt ihr in diesem Glauben bleiben und wachsen?« (Meyer-Blanck 1992, 224 f.). Theologisch wird die Konfirmation vor allem als Admission verstanden. Damit ist allerdings eine rein kirchliche Betrachtungsweise in den Vordergrund getreten, die den gesellschaftlichen Veränderungen der folgenden Jahrzehnte nicht mehr genügen konnte. Erst nach 1960 wandte man sich den »nichttheologischen Faktoren« der Konfirmation zu (Neidhart 1966).

Mit der empirischen und gemeindepädagogischen Wende in der Konfirmandenarbeit ab 1970 ist dann auch die Frage nach dem Konfirmationsverständnis in den Hintergrund getreten. Wichtiger war ein jugendgemäßer Unterricht, die Konfirmation wurde weitgehend als Abschlussgottesdienst dieses Unterrichts aufgefasst. Taufe, Abendmahl, Bekenntnis und Gelübde wurden entweder aus Tradition beibehalten oder zugunsten anderer Konfirmationsformulare zurückgestellt. Der Segen erwies sich dabei als das liturgische Moment, das am meisten konsensfähig für die unterschiedlichen Konfirmationstheologien war. In einer soziologischen und praktisch-theologischen Sicht der Konfirmationsgeschichte zeigt sich vielmehr, dass die Konfirmation zu allen Zeiten den Mischcharakter von Motiven gehabt hat, die ein Fest auszeichnen. Kirche, Gesellschaft und Privatleben und damit individuelle, öffentliche und kirchliche Religion, die sich in der europäischen Neuzeit ausdifferenziert haben, sind in den Kasualien und besonders in der »Gruppenkasualie« Konfirmation in besonderer Weise aneinander gekoppelt. Künftig wird es darauf ankommen, den Mischcharakter des Festes Konfirmation ernst zu nehmen und zu nutzen für die gegenseitige Befruchtung von privater und öffentlicher Religion und kirchlich-liturgischem Gestaltungspotenzial.

B. Neuere und aktuelle Bezugspunkte

1. Konfirmation und katholische Firmung

Die Firmpraxis hat sich seit dem 19. Jh. stark verändert. Zunächst wurde die Firmung nach der politischen Veränderung des Bischofsamtes in Europa zu Beginn des 19. Jh. zunehmend ein wichtigeres Sakrament (Kleinheyer 217). Das Firmalter wurde bei aller Unterschiedlichkeit im Einzelnen seit der Aufklärung immer weiter heraufgesetzt. So forderte der bedeutende Tübinger Praktische Theologe Johann B. Hirscher (1788–1865) die Firmung zur Schulentlassung mit 14 Jahren nach vorhergehendem Unterricht, weil die Kinder vorher noch nicht reif seien, und in der Diözese Rottenburg galt seit 1818 das Mindestalter von 12 Jahren (Kleinheyer 219). Das führte auch zu einer Umkehrung der weithin üblichen Reihenfolge von Firmung und Erstkommunion, die bisher in der Regel die Initiation abschloss. In Deutschland folgte im 19. und 20. Jh. in der Regel die Firmung im Alter von 9–14 Jahren auf die Erstkommunion. Nach dem Zweiten Vatikanum ist in Italien, Frankreich und Deutschland verstärkt für eine Heraufsetzung des Firmalters plädiert worden. Dabei kann ähnlich wie in der evangelischen Konfirmationsdiskussion vom »Sakrament der Mündigkeit« gesprochen werden (Kleinheyer 231).

Nach dem katholischen Firmformular bis zum Zweiten Vatikanum vollzog sich die Firmung so, dass der Bischof den rechten Daumen in das Chrisma taucht, den Firmling an der Stirn mit dem Kreuz bezeichnet und ihm nach der Konfirmationsformel den Friedenswunsch mit einem leichten Backenstreich zuspricht: »summitate pollicis dextrae manus Chrismate intincta, dicit. – N. Signo te signo crucis: – quod dum dicit, producit pollice signum crucis in frontem illius: deinde prosequitur: – Et confirmo te Chrismate salutis. In nomine Patris et Filii et Spiritus Sancti. – R. Amen. – Deinde leviter eum in maxilla caedit, dicens. – Pax tecum« (Clemen 139).

In der Liturgiekonstitution des Zweiten Vatikanum wurde der Zusammenhang mit den anderen Akten der Initiation und besonders mit der Messe herausgestellt. Es gehe darum, dass »der innere Zusammenhang dieses Sakraments mit der gesamten christlichen Initiation besser aufleuchte«; darum solle dem Sakrament möglichst »eine Erneuerung der Taufversprechen voraufgehen« und dieses selbst bei Gelegenheit innerhalb der Messe gespendet werden (SC 71). Dabei soll die Bedeutung für die ganze Ortsgemeinde dadurch zum Ausdruck kommen, dass alle Firmlinge einer Ortsgemeinde zusammen und unter Beteiligung ihrer Freunde und Familien gefirmt werden (Firmung V 21). Die Taufpaten sollen auch die Firmpaten sein, Kinder können auch von ihren Eltern zur Firmung vorgestellt werden, als pastoral empfehlenswert gilt es, dass sich Jugendliche und Erwachsene ihre Firmpaten selbst wählen (Kleinheyer 227). Besonders naheliegend als Firmpaten sind Erwachsene, die eine Gruppe zur Vorbereitung auf die Firmung geleitet haben. Rituell am auffälligsten ist, dass nach dem Zweiten Vatikanum der mittelalterliche Backenstreich (damals wohl in Analogie zum Ritterschlag) weggefallen ist.

Geblieben ist hingegen die Einmaligkeit der Firmung als sakramentaler Geistverleihung. Zwar kann die Firmung so interpretiert werden, dass Gott seinen Geist »in den Heilszeichen Taufe und Firmung« geschenkt habe (Kleinheyer 230). Dennoch ist mit dem Verständnis eines Sakramentes der Geistverleihung wie mit der weiterhin als Regelfall geltenden episkopalen Spendung der grundlegende und bleibende Dissens zum evangelischen Konfirmationsverständnis gegeben: »Die Chrisamsalbung und die begleitenden Worte bringen klar zum Ausdruck, dass die Wirkung des Sakramentes im Geschenk des Heiligen Geistes besteht. Durch die Salbung mit wohlriechendem Öl empfängt der Getaufte ein unauslöschliches Siegel, das Zeichen des Herrn, sodass die Firmung nur einmal gespendet werden kann: gleichzeitig empfängt er damit auch die Gabe Gottes, den Heiligen Geist, der ihn Christus vollkommener gleichgestaltet und ihn befähigt, unter den Menschen Christi Wohlgeruch (II Kor 2,15) zu verbreiten« (Firmung V 4). Die Spendung durch delegierte Priester ist im Einzelfall möglich wie schon seit längerem in der lateinamerikanischen Praxis und wird aus pastoralen Gründen von Einzelnen verstärkt vorgeschlagen (Kleinheyer 234–236).

Die Firmformel, gesprochen zur Salbung mit Chrisma auf der Stirn unter Auflegung der Hand, lautet nach einer Lehrentscheidung von Paul VI. jetzt: »Sei besiegelt durch die Gabe Gottes, den Heiligen Geist« (»Accipe signaculum Doni Spiritus Sancti«: Kleinheyer 228). Dabei soll der Bischof die Gemeinde zur Vorbereitung des Gebetes zur Handauflegung zum stillen Gebet einladen und so die Bedeutung von Gebet und Gemeinde stärker betonen.

2. Konfirmation und Jugendweihe

Mit ihrem Verständnis des »konfirmierenden Handelns« hatten die DDR-Kirchen ab 1970 ein Konzept entwickelt, das im Gegensatz zum pathetischen Ritual der Jugendweihe den kontinuierlichen Lernweg innerhalb der Gemeinde betont (Reiher 253–271). Treffend ist dazu einmal bemerkt worden, in der DDR habe man die Konfirmation »zur Strecke gebracht«: Sie wurde als Ritus in der Öffentlichkeit seit Einführung der Jugendweihe 1954 zurückgedrängt und von den Kirchen immer stärker als gestreckter Lernprozess aufgefasst. Die DDR-Führung konnte mit der Jugendweihe auf bereits in der Mitte des 19. Jh. entstandene Traditionen zurückgreifen (Hallberg 67–96). Der Weihegedanke gehört in das Umfeld der aufklärerischen Begeisterung für die Weihe zum wahren Menschsein und damit auch in die Nähe der rationalistischen Theologie. Er klang auch in der kirchlichen Konfirmation immer mit an. Daher war die gelegentliche Verwechslung von Jugendweihe und Konfirmation in der DDR nicht überraschend (»Mien Döchter sinn doch von de Partei insäänt«, Bieritz 205).

Eine Studie zu Jugendlichen und Eltern in Ostdeutschland ergab für die Jugendweihe die folgenden Motive: Wunsch der Eltern, Statusgewinn, Ausdruck sozialer Konformität, familiärer Entwicklungsprozess, aber auch Alternative zur christlichen Mehrheit in der Region Erzgebirge (Döhnert). Die bleibende Attraktivität der Jugendweihe in Ostdeutschland nach 1989 hat die Frage verstärkt, wie die Konfirmation auch für bisher nicht der Kirche angehörende Jugendliche und ihre Familien attraktiv werden kann. (Der Anteil der Konfirmierten in Ostdeutschland betrug 1993 15,5% des Jahrgangs, der Anteil der Jugendgeweihten aber ca. 35%, Zahlen bei Degen/Elsenbast 136 f.). Zudem ist durch die Entdeckung der nichttheologischen Faktoren der Konfirmation inzwischen unbestritten, dass auch die Konfirmation immer Anteile von Jugendweihe gehabt hat (Feier der Geschlechtsreife, Mündigkeit oder der beginnenden Jugendzeit).

In einer Analyse des Verhältnisses von Kirche und Öffentlichkeit in der DDR-Zeit hatte Ehrhardt Neubert 1994 vorgeschlagen, von Seiten der Kirche eine dritte Form von Passageritus neben Konfirmation und Jugendweihe anzubieten. Er schlug dafür die Bezeichnung »Jugendsegnung« oder »Evangelisches Jugendfest« vor. Dabei müsse in Werbung und Vermittlung eine eindeutige Abgrenzung zu Jugendweihe und Konfirmation erfolgen und deutlich werden, dass mit der Einladung keinerlei Forderung verbunden sei, kirchliche Rollen zu übernehmen. Ferner müsse die Kirche eindeutig und unverwechselbar als Veranstalter erkennbar sein und Jugendstunden zur Vorbereitung anbieten. Da sich das Angebot an die Öffentlichkeit richte, sei am besten ein spezialisierter kirchlicher Dienst damit zu betrauen, gemeindliche Organisationsformen seien ungeeignet (Neubert 79–82). Weiterhin wurde für einen »(ersten) Jugendkasualgottesdienst mit Zuspruch, Fürbitte und Segnung – als Ermutigung, den begonnenen Weg fortzusetzen« plädiert, ohne die Taufe als Voraussetzung zu fordern (Degen/Elsenbast 55).

In den letzten Jahren hat es jedoch nur vereinzelte Versuche gegeben, ein Angebot für nichtkirchliche Jugendliche zu entwickeln, das von der Konfirmation klar zu unterscheiden ist (vgl. Eimuth/Lemhöfer). Die EKD hat sich leider gegen solche Versuche ausgesprochen: Konfirmandenarbeit und Konfirmation seien offen genug für alle Jugendlichen (vgl. dazu die Kritik an dem »windelweichen« Papier der EKD durch Bischof Noack in Magdeburg: Eimuth/Lemhöfer 35–39). Die kirchliche Jugendsegnung muss nicht als Konkurrenz zur Konfirmation verstanden werden. Sie könnte auch ein Angebot für Nicht-Getaufte sein, das zugleich hilft, die Konfirmation liturgietheologisch zu profilieren und die immer mitschwingenden Anteile von Jugendweihe bei der Konfirmation nicht überhand nehmen zu lassen.

3. Evangelische Konfirmation im außerdeutschen Kontext

Die drei lutherischen Kirchen in den USA haben schon seit den sechziger Jahren des 20. Jh. unter dem Begriff »confirmation ministry« ein Verständnis des »konfirmierenden Handelns« entwickelt, wie es auch in der DDR entstand. Konfirmation wird dabei definiert als pastoraler und pädagogischer Dienst, durch den die Kirche getauften Kindern hilft, sich mit Leben und Auftrag der Gemeinde (»with the life and mission of the adult Christian community«) zu identifizieren, was in einem öffentlichen Ritus feierlich begangen wird (»celebrated in a public rite«). Konfirmation meint keine Ergänzung der Taufe und kein nachgeholtes Taufversprechen, sondern Stärkung (»strengthening«) durch Gott (Klos 6.185). Beim Konfirmationsritus muss darum stärkeres Gewicht auf dem Handeln Gottes liegen als auf Bekenntnis und Versprechen der Konfirmanden. Ein Versprechen des Glaubens an Christus und lebenslanger Treue widerspricht dem Glauben selbst und ist für niemanden möglich (»contradicts the nature of the faith relation ... and such a vow is beyond the capacity of any man to keep«, ebd. 210). Innerhalb des entstehenden pädagogischen Programms (ausführlich Adam 147–174) wurden u.a. Materialien für den Erstabendmahlsunterricht mit 10 Jahren entwickelt. Der erste Abendmahlsgang solle aber nicht liturgisch überfrachtet werden (etwa durch öffentliche Katechese oder weiße Kleider), weil dann die Erinnerung an die Taufe als Grund der admissio undeutlich werde (ebd. 164). Es habe liturgisch vielmehr darum zu gehen, dass durch mehrere Riten während des Wachsens der Kinder an den Taufbund erinnert werde (»Affirmation of the Baptismal Covenant«, ebd. 166). Schon 1987 war dann in allen nordamerikanischen LWB-Mitgliedskirchen und in vielen westeuropäischen lutherischen Kirchen das Abendmahl mit Kindern üblich, allerdings in nur wenigen lutherischen Kirchen anderer Regionen (Virkkunen 10).

In einer knappen Studie, die auf mehrere Konsultationen in Afrika, Asien, Lateinamerika und Europa zurückgeht, hat der LWB 1995 den Zusammenhang von Konfirmandenarbeit und Konfirmation betont und dabei besonders auf die aktuellen Lebensfragen der Jugendlichen in unterschiedlichen Kontexten der Welt sowie auf das Lernen im Lebenszusammenhang und auf Laienbeteiligung hingewiesen. Die Studie aktualisiert das klassische katechetische lutherische Konfirmationsverständnis, verbunden mit Warnungen vor der Überschätzung des Konfirmationsritus: Es bestehe »in vielen Situationen die Gefahr, dass die Konfirmation zu einem dritten Sakrament oder zu etwas wird, was Taufe oder Abendmahl an Bedeutung übertrifft« (LWB 53). Die Konfirmation gilt positiv als »Gelegenheit nicht nur für junge Menschen, sondern auch für die ganze Gemeinde, den Glauben öffentlich zu bekunden« (ebd. 41, bezogen auf Lateinamerika). Die Unterschiede sind weltweit sehr groß. So liegt das Konfirmationsalter in den Mitgliedskirchen des Lutherischen Weltbundes zwischen 12 und 25 Jahren (Virkkunen 8).

Aus presbyterianischer Sicht ist jüngst besonders hervorgehoben worden, dass es bei der Konfirmation nicht um die Anpassung an ein festes Katechismuswissen gehen kann, sondern dass ein der Lebenssituation entsprechendes aktuelles Bekennen im Mittelpunkt der Konfirmation stehen soll (Osmer 26). Dabei kommt Osmer aber zu charakteristisch anderen Vorschlägen, als sie in den lutherischen Konzepten des »confirmation ministry« vorliegen. Die Konfirmation solle als ein einmaliger Akt verstanden werden, bei dem Bekenntnis und Versprechen (»vow« und »pledge«) von zentraler Bedeutung sind. An die altkirchlichen Skrutinien erinnert der von ihm skizzierte Konfirmationsprozess, der aus einem Gottesdienst zur Einschreibung (»enrollment«), einem geistlichen Mentorat (»Spiritual Mentoring«) von mindestens vier Monaten Dauer mit der Hinführung zum Gebet und Bibelstudium, aus Unterricht und der Konfirmation selbst besteht (ebd. 194–218; dazu denke man an die Taufanmeldung um das Jahr 400, wie sie bei Egeria mit der Befragung durch den Bischof geschildert ist, Kap. 45–47).

Schon beim Gottesdienst zur Einschreibung beantwortet der Konfirmand eine gleichermaßen katechetische und konfessorische Frage danach, warum er konfirmiert werden will, so: Er wolle bei der Konfirmation seinen Glauben öffentlich bekennen und Treue und Verantwortlichkeit versprechen gegenüber Gott und dem Nächsten (»In confirmation, I come before the church and the world to profess my faith in the God of the covenant, I come also to pledge my obedience to this same God and to take up the resposibilities of the covenant relationship by which I am joined to God and neighbor«, Osmer 201). Bei der Konfirmation selbst stehen dann Bekenntnis und Versprechen im Zentrum (ebd. 215). Praktisch-theologisch wird gerade mit der starken Mobilität der Amerikaner argumentiert: In dieser Situation müsse jedem getauften Kind die Gelegenheit eines klaren Glaubensbekenntnisses und Versprechens gegeben werden (»to make a clear profession of faith and pledge of obedience«, ebd. 169). Die Konfirmation ist die freie menschliche Antwort auf Gottes Erwählung und Bund (ebd. 173).

Ähnlich wie in lutherischen Kirchen ist auch hier die Konfirmation prozessual verstanden und durch die Beteiligung von Laien am geistlichen Geschehen mit dem Gemeindeleben verbunden (vgl. das Konzept der Berner Kirche mit der Konfirmandenunterweisung ab dem ersten Schuljahr, Synodalverband Bern/Jura). Das Ernstnehmen des individuell verantworteten

Bekennens ist sinnvoll; bedauerlich ist aber, dass die in den amerikanischen lutherischen Kirchen bekannte Unterscheidung von Bekenntnis und Gelübde nicht aufgenommen wird und sich so ein rechtfertigungstheologisch problematisches Konfirmationsverständnis ergibt.

Man kann am Schluss dieses Abschnittes festhalten, dass das prozessuale und gemeindepädagogische Verständnis der Konfirmation (mit gelegentlich deutlich früherer Hinführung zum Abendmahl) und die Akzentuierung der Konfirmationsfeier selbst von den eigenen Antworten der Jugendlichen und von der Segenshandlung her bei aller Verschiedenheit Grundlinien der neueren Diskussion sind. In diesem Kontext sind jetzt auch die Prinzipien für die Liturgien evangelischen konfirmierenden Handelns in der Gegenwart zu formulieren.

II. Zur Praxis der Konfirmation

A. Die vielen Gesichter der Konfirmation

Einer Phänomenologie aktueller Konfirmationspraxis müssen einige Bemerkungen über die Rahmenbedingungen dieser Praxis vorangestellt werden:

1. Es gibt kein zeitloses »Wesen« und keine alle verpflichtende Gesamtdeutung der Konfirmation. Vielmehr hat jede Zeit ihre Frömmigkeit, theologischen, kirchenpolitischen, pädagogischen und gesellschaftlichen Werte, ihr Lebensgefühl und ihre Lebensformen in sie eingetragen.

2. Eine Vielzahl von Motiven bestimmt das Verständnis der Konfirmation und ihre liturgische Gestaltung: Von der Laiendogmatik bis zur Selbsterfahrung, vom Primat der Traditionsvermittlung bis zur »emanzipatorischen« Orientierung an den »Bedürfnissen« und an der »Subjektwerdung« der Konfirmanden sowie Hilfe bei der Konstitution biographisch fundierter personaler Identität, von der Eingliederung in die bestehende Gemeinde bis zum Instrument der Kirchenreform, vom Gemeindeaufbau bis zur biographischen Hilfe zu einer »Individualisierung«, von der durchgängigen Pädagogisierung der Konfirmandenarbeit bis zur religiösen Segnungs- und Vergewisserungsfunktion der Konfirmationsfeier, vom Bekenntnis und Gelübde bis zu Passage-Ritus und Segenshandlung, von der streng agendarisch geordneten »Amtshandlung« bis zur Privatisierung der liturgischen Kommunikationsstile spannt sich ein weiter Bogen.

3. Es gibt von Anfang an mehrere Typen von Konfirmation, die auch miteinander verschränkt sind. Vorherrschende Bezugspunkte bei einer Typisierung sind:

- Lehre, Leben und Liturgie (Gottesdienst): der lehrende Typ (Konfirmation als gottesdienstlicher Unterrichtsabschluss oder als Etappe in einem prozesshaft gedachten »konfirmierenden Handeln«), der sakramentsbezogene Typ (Tauferinnerung, Zulassung oder Einladung zum Abendmahl), der ekklesiologisch-konfessorische Typ (Einstimmen in das Bekenntnis der Gemeinde/Bejahte Mitgliedschaft), der seelsorgerlich-erweckliche Typ (persönliche Entscheidung für Christus, Gelübde) und der Aussendungstyp (Laienordination, Mitarbeit, Berufung zum Zeugnis und Dienst als Christen in Gemeinde und Welt).
- Der Übergang ins Jugendalter: die Konfirmation als »Schwellenritus« und »Reisesegen«, der sozialpädagogische Typ (Sozialisationsbegleitung, Bedürfnisorientierung, Subjektwerdung), der poimenische Typ im Sinne beratend-annehmender Seelsorge (Selbsterfahrung, Ich-Identität).
- Lebenswelt und Lebensgeschichte: Hier spielt neben den Motiven der Kasualfrömmigkeit und dem rituellen Verständnis vor allem die Lebensgeschichte als Bezugspunkt der Kasualtheorie eine wichtige Rolle, wobei psychoanalytische Modelle (Winnicott, Turner) wichtig sind: »Segensraum« als Metapher für die Leben ermöglichende Bezogenheit des Menschen

auf Gott und die gnädige Zuwendung Gottes zum Menschen. Der Trend geht in Richtung auf eine Inszenierung des Evangeliums im Blick auf spezifische lebensgeschichtliche Situationen unter Integration von Raum, Bild, Geste, Musik und Texten mit dem Ziel, dass das Individuum in einer neuen Weise seiner Lebensgeschichte und seiner selbst in Beziehung auf Gott ansichtig wird. Als Folgerung für eine liturgische Gestaltung ergibt sich: »Kasualrituale können nur begrenzt auf vorgegebene Gesamtformen (z.B. in der Gestalt von Agenden) zurückgreifen, wohl aber auf den Schatz an Einzelformen, den die liturgische Tradition zur Verfügung stellt« (Wagner-Rau 121). In soziokultureller Perspektive wird dies mit dem Hinweis auf die zunehmende Flexibilisierung und Individualisierung der sozialen und kulturellen Lebenswelt begründet.

4. Die Ausgestaltung der Konfirmation wird weitgehend in die Selbstverantwortung der Konfirmanden überstellt, wodurch die Konfirmationsfeier mit Stilelementen des Jugendgottesdienstes durchsetzt wird, der in eine ausdifferenzierte Jugendkultur als gesellschaftliche und kulturelle Teilwelt integriert ist: »In den Jugendgottesdiensten wird die soziale, kulturelle und religiöse Welt der Jugendlichen in Szene gesetzt ... Mit den Jugendlichen zieht der Alltag in die Kirche ein ... Wie selbstverständlich pflegen die Jugendlichen ihre gewohnten Umgangsformen. Sie sprechen im Gottesdienst dieselbe, allenfalls durch geringfügige Anpassungen an die liturgische Situation variierte Alltagssprache. Und sie inszenieren die religiösen Züge ihrer klassenspezifischen Kultur in den sinnlich-ästhetischen Formen, die sie sonst in der Alltags- und Freizeitwelt pflegen, vornehmlich im Medium ihrer Musik. Unter den Händen der Jugendlichen verwischen sich die Grenzen zwischen der profanen und der heiligen, der alltäglichen und der liturgischen Welt« (Steck 2000, 366). Viele Eltern sehen die Konfirmation als wichtiges Element der in bürgerlich-protestantischer Hausfrömmigkeit wurzelnden Festkultur im Kontext einer »säkularreligiösen Jugendweihe«, in der die Konfirmanden vor die kirchliche Öffentlichkeit treten und sich der Erwachsenenwelt präsentieren: »Für die Konfirmanden ist der Akt der Konfirmation ... zum einen wirklich Aussegnung aus der kindlichen Welt und der kindlichen Art der Kirchzugehörigkeit; und er ist zum zweiten Ermutigung und Wegweisung für die langwierige und schwierige Aufgabe der Jugendphase mit ihren Identitätskrisen« (ebd. 369).

5. Demgegenüber baut die Liturgie des traditionellen Konfirmationsgottesdienstes eher auf der Unterscheidung von profaner und religiöser, alltagsweltlicher und liturgischer Lebensform auf. So will z.B. die »Reformierte Liturgie« dem wehren, dass die für die Liturgie Verantwortlichen »unzuträglich ins Eigene versponnen sind. Ebenso hält sie die Bitte um den Heiligen Geist lebendig. Sie widerspricht der Neigung zu ungutem Subjektivismus: Er würde die Gemeinde denen ausliefern, die den Gottesdienst ›halten‹. Solch falscher Subjektivismus trägt die Gesichter der peinlichen Geschwätzigkeit, des persönlichen Überschwangs, der Dürftigkeit der nur eigenen Anliegen, Gedanken, Sprachformen« (8). Dies bedeutet auch eine Kritik am Leitbild der konsequenten »Individualisierung«.

Mit dem Stichwort Individualisierung hängt die Rede vom Traditionsabbruch (vgl. auch Postmoderne, Risikogesellschaft, Erlebnisgesellschaft) eng zusammen. Allerdings sind die solchen Kategorien zugrundeliegenden Interpretationen auch widersprüchlich und selbst deutungsbedürftig. Es ist z.B. problematisch, den Traditionsabbruch an Phänomenen wie das Schwinden von Kirchlichkeit, religiös geprägter Sitte und bewusster Entscheidung festzumachen. »Der Horizont der Kasualie (auch der Konfirmation) ist nicht nur das Christenleben, sondern (auch) das Leben der Christen« (Nüchtern 40). Volkskirchliches Teilnahmeverhalten an Kirche realisiert sich eher in punktuellen Begegnungen; es geht um »Kirche bei Gelegenheit«, um die Einheimischwerdung (und nicht einfach Eingemeindung) der christlichen Wahrheit in der lebensgeschichtlichen Situation.

6. Nicht nur im Blick auf Jugendweihe/Jugendfeier im Gebiet der ehemaligen DDR taucht die Frage nach Feierformen zur Bewältigung der Kontingenz menschlichen Lebens und zur Gestaltung von Übergängen auf. So wird z.B. die Idee einer kirchlichen Jugendfeier als Alternative zur Jugendweihe diskutiert: Die Kirche könnte ihrerseits eine Jugendfeier für alle Jugendlichen anbieten, die weder an der Konfirmation noch an der Jugendweihe teilnehmen, um das Erwachsenwerden zu zelebrieren (Passage-Ritus) und das Bedürfnis nach individueller und familiärer Vergewisserung unter den Segen Gottes zu stellen. Auch wird an Jugendfeiern im Zusammenhang institutioneller Bildungs- und Sozialarbeit gedacht. Der Rat der EKD erwägt für konfessionslose Jugendliche, die den Konfirmandenunterricht besuchen, aber vor der Taufe zurückweichen und trotzdem nach einem besonderen Abschluss ihrer Konfirmandenzeit fragen, »eine besonders gestaltete Agapefeier in der Konfirmandengruppe« sowie einen »Reisesegen« in der Gruppe oder im Rahmen eines Gottesdienstes (Jugendliche begleiten, These 10). Auf katholischer Seite wurde 1998 in Erfurt erstmals eine »Lebenswendefeier« für nichtgetaufte Jugendliche durchgeführt. In katholisch-theologischer Interpretation geht es z.B. Karl Schlemmer unter Stichworten wie »natürliche Religiosität« und »Rehabilitierung des religiösen Augenblicks« im Kontext der Vermittlung eines »befreienden Gottesbildes« und eines »einladenden menschenfreundlichen Christentums« darum, »religiös ins Herz der atheistischen, wissenschaftlich geprägten Lebenshaltungen vorzudringen« (18); Glaube und Leben sollen sich in der Kultur treffen. Liturgie soll »menschenfähig« werden, um »Übergänge« zu gestalten durch »präkatechumenale Feierformen« (19) – die er aber bewusst nicht als »Gottesdienst« oder »Liturgie« bezeichnet, die von ansprechenden und ausdrucksstarken Symbolen, von Segenszeichen, spontanen Riten, Gesängen und Tanz geprägt sind –, durch Passage-Riten bei einschneidenden Übergängen und Brüchen des Lebenslaufs (z.B. Wohnortwechsel, Übergang ins Rentenalter, Arbeitslosigkeit und Wiederaufnahme der Arbeit, Austritt der Eltern aus der unmittelbaren Familienphase, wenn die Kinder aus dem Haus gegangen sind) sowie durch kirchenmusikalische Feiern oder Kunstmeditationen. Schlemmer spricht auch von einer »Seelsorge« durch präkatechumenale, katechumenale und sakramentale Feiern und Liturgien oder kurz von »Seelsorge im Rahmen einer postmodernen Liturgiekonzeption«.

7. Bestandteile der nichtkirchlichen Funktion der Konfirmation sind z.B. das Familienfest, die neuen Kleider und die Geschenke. Konfirmandeneltern erleben die Konfirmation auch als Reaktivierung der Großfamilie und als gemeinsame Begehung des Phasenwechsels ihrer Kinder, wobei veränderte Familiensituationen (allein Erziehende) zu beachten sind. Versuche, den kirchlichen Sinn der Konfirmation von außen her auf das Familienfest zu übertragen, scheitern meistens. Erfolgreicher sind dagegen Versuche, den Sinn, den Betroffene der Konfirmation geben, wenigstens partiell in die kirchliche Feier zu integrieren und die Konfirmation als Kasualie anlässlich des Übergangs von der Lebensphase Kindheit in die der Jugend vom Evangelium her zu interpretieren und mitzugestalten.

8. Zusammenfassung: Wird die Konfirmation als Abschluss des Konfirmandenunterrichts, als Tauferinnerung, als Möglichkeit zu eigenen Äußerungen zu Glauben, Kirche und Gemeinde, als Abendmahlszulassung, vor allem aber als Einsegnung, als lebenszyklisches Fest auf dem Wege oder als Jahresfest der heranwachsenden Gemeinde verstanden, so besitzt der Konfirmationsgottesdienst als ein integratives symbolisches Handeln eine wichtige Bedeutung. Wird Konfirmation dagegen eher von einem ethisch-sozialpädagogischen Schwerpunkt her verstanden (Lernen, als Christ in unserer Zeit zu leben), dann stehen Unterricht, Aktivitäten und Gemeindepartizipation im Vordergrund; der Konfirmationsgottesdienst ist eher ein Anhang. Es gibt aber gute Gründe für die Annahme, dass der Gesamtprozess Konfirmation von der Kraft einer in

einem punktuellen Akt konzentrierten Sitte, also vom Konfirmationsgottesdienst her lebt. Entwertung dieses Gottesdienstes und Aufwertung des konfirmierenden Handelns können nicht gleichzeitig betrieben werden, ohne beides zu gefährden. »Für die christlichen Kirchen stellt sich angesichts einer ausgewanderten ›Leutereligiosität‹ mit anhaltenden rituellen Bedürfnissen die kritische Frage, inwieweit ihre eigene Religionspraxis solche Bedürfnisse zum Schaden einer verstehbaren Artikulation und angemessenen Verleiblichung des Glaubens abgeblendet hat«. Als Aufgabe resultiert daraus auch eine »neue Sensibilität für die Möglichkeiten tradierter religiöser Formsprache des symbolischen Handelns« (Heimbrock 281).

B. Kirchenamtliche Verlautbarungen zur Gestaltung der Konfirmation

1. Die neuen Agenden entsprechen dem Pluralismus kirchenleitender Theologien und Pädagogiken. Als gemeinsame Trends lassen sich die Integration der unterschiedlichen Sinngebungen des Konfirmationsgeschehens z.B. durch die Entwicklung pluriform verfasster liturgischer Modelle und die stärkere Verzahnung von Unterricht und Feier ausmachen. Die früher vorherrschende Zielvorstellung einer auf ein eindeutig identifizierbares kirchlich-gemeindliches Leben bezogenen Konfirmation wird durch den Bezug auf die lebensweltliche und lebensgeschichtliche Situation der Konfirmanden zumindest ergänzt.

a. Nach der Agende III/6 (VELKD/EKU 2001) ist »alles Handeln der Kirche ... stets konfirmierendes Handeln«, das sich »auf das ganze Leben der Christen« bezieht. Konfirmation ist daher »ein gestreckter Vorgang mit mehreren Stationen, die unterschiedliche Schwerpunkte und Inhalte haben. Daher wird die Konfirmandenzeit unzureichend beschrieben, wenn sie nur als Vorbereitung zum Konfirmationstag gewertet wird. Konfirmandenarbeit und Konfirmation bilden eine Einheit. Die Konfirmandenzeit ist im Ganzen ›Konfirmation‹ und der Gottesdienst am Ende ist ein gewisser festlicher Abschluss, in dem die Konfirmanden und Konfirmandinnen sich zu ihrem Christsein bekennen und unter der Fürbitte der Gemeinde gesegnet werden«. Im Folgenden tritt der Gemeindebezug stärker hervor: »Konfirmandenarbeit und Konfirmation umfassen: Weitergabe der Glaubensinhalte und ihre Aneignung durch die Konfirmanden im nachgeholten Katechumenat – Beteiligung am gottesdienstlichen und alltäglichen Leben der Gemeinde – Tauferinnerung und Vergewisserung des Glaubens – persönliches Bekenntnis zur eigenen Taufe und Gliedschaft in der Kirche, verbunden mit dem Einstimmen in das Bekenntnis der Kirche – Fürbitte der Gemeinde, Bitte um den Heiligen Geist und Segnung der Konfirmanden und Konfirmandinnen, verbunden mit einem Zuspruch (Konfirmationsspruch) – gemeinsame Feier des heiligen Abendmahls – Übertragung kirchlicher Rechte (besonders das Patenamt)«. Diese eher traditionellen Bestimmungen schließen aber die lebenszyklisch-biographischen Bedürfnisse ein: »Dass die Konfirmation im Bewusstsein vieler zugleich als markante Station im Mündig- und Erwachsenwerden der jungen Menschen gewertet wird, widerspricht diesen Inhalten und Zielen nicht. Vielmehr sollte die Gestaltung der Konfirmandenzeit und des Konfirmationsgottesdienstes solche Erwartungen bewusst aufnehmen« (13 f.).

b. Die »Reformierte Liturgie« (1999) betont: »Ein einheitliches Verständnis der Konfirmation gibt es nicht«. Sie kann verstanden werden »als Abschluss des kirchlichen Unterrichts oder Zwischenstation des ›konfirmierenden Handelns‹ der Kirche; als Erinnerung an die Taufe, verbunden mit der Einladung oder erstmaligen Zulassung zum Abendmahl; als Einstimmen in das Bekenntnis der Kirche, die eigenständige Bejahung der Mitgliedschaft in der Gemeinde; als ›persönliche Entscheidung für Christus‹, konkretisiert im ›Konfirmationsgelübde‹; als Fest auf dem Weg zur ausgebildeten Ich-Identität; als ›Schwellenritus‹, für den Vergewisserung und Ermutigung wichtig sind, wie sie im Konfirmationssegen zugesprochen werden. Zeitweise wurde der Konfirmationsgottesdienst als das Ziel des vorhergehenden Unterrichts angesehen. Heute werden Unterricht und Konfirmation eher als Vorbereitung auf das Leben als Christ oder Christin im Alltag und in der Gemeinde betrachtet. Die Konfirmation wird dann als ›Sendung in die Welt‹ interpretiert. Unter volkskirchlichen Verhältnissen steht bei nicht wenigen Eltern und Konfirmanden bzw. Konfirmandinnen eher die lebenszyklische Bedeutung der Konfirmation im Vordergrund; der Konfirmationssegen ist das eigentliche Ziel des Geschehens«. Dieser komplexen Zielvorstellung versucht die Agende durch drei Parallelformulare zu entsprechen: Konfirmation als Zwischenstation, Gemeindebezug, Bekenntnisablegung (393 f.).

c. Nach der Ordnung von Kurhessen-Waldeck 1989 ist es gemeinsames Ziel jeder »Konfirmandenarbeit«, »der nachwachsenden Generation zu vermitteln, was es bedeutet, an Jesus Christus zu glauben, zur Kirche zu gehören und als Christ verantwortlich zu leben«. Diese kirchliche Einordnung der Konfirmation (Unterricht, seelsorgerliches Geleit, Fürbitte, Segnung) wird mit einer entwicklungspsychologischen und gesellschaftlichen Einordnung (Begleitung und Feier als Verarbeitung des Übergangs von der Kindheit zur Jugend) verbunden. Die kirchliche Feier und das familiäre Fest der Konfirmation werden als ein »Höhepunkt« der Konfirmandenzeit bezeichnet; gleichzeitig wird aber betont, dass auch unabhängig von der Konfirmation die Konfirmandenzeit »Eigenwert und Eigenbedeutung als altersspezifische Begegnung mit dem christlichen Glauben« besitzt. Das Besondere des Konfirmationsgottesdienstes ist die Einsegnung mit Handauflegung, »das öffentliche Einstimmen der Konfirmanden in das Bekenntnis der Gemeinde als wesentliches Element der Konfirmation« und die Einladung an die Konfirmierten zur weiteren Teilnahme und Mitarbeit in der Gemeinde. Bei Bekenntnis und Einsegnung kann die volkskirchliche Situation durch liturgische Alternativen berücksicht werden.

d. In der reformierten deutschsprachigen Schweiz findet sich 1972 bis 1983 kein Konfirmationsformular. Die Berner Kirchenordnung sagt: »Die Unterweisung wird in der Konfirmation, einem Gemeindegottesdienst, abgeschlossen« (Art. 77). Auch die Kirchenordnung des Kantons Zürich von 1989 versteht die Konfirmation als Kasualgottesdienst am Ende des kirchlichen Unterrichts und der obligatorischen Schulzeit. »Es ist gleichzeitig das Lebensalter, da die kirchlichen Obligatorien aufhören und wo das Verhältnis zwischen der Gemeinde und den jungen Menschen bestimmt sein sollte durch Hilfsbereitschaft, freiwillige Teilnahme und Mitverantwortung. Es ist sinnvoll, diesen Kasus durch die kirchliche Feier der Konfirmation zu begleiten«. Noch »liberaler« formuliert Theophil Müller (72) die lebensgeschichtliche Rolle der Konfirmation als ein Geschehen, »in dem das Erwachsenwerden der Kinder zum theologisch ernsthaften Thema wird und statt des Verpflichtungscharakters der Konfirmation ihre Ausdrucksfunktion und ihre hermeneutisch-diakonische Aufgabe formuliert und gestaltet wird«.

2. Die Beteiligung der Konfirmanden am Vorstellungs- und Konfirmationsgottesdienst hängt eng mit dem jeweils vorausgesetzten Konfirmationsverständnis zusammen. Insgesamt macht sich auch hier die Tendenz zur Subjektorientierung und Individualisierung bemerkbar.

a. Nach der Ordnung der Agende III/6 soll der Vorstellungsgottesdienst am Ende der Konfirmationszeit »mit den Konfirmanden im Rahmen ihrer Möglichkeiten vorbereitet und gestaltet werden«; hierzu enthält die Agende eine Fülle von didaktischen, auch der Jugendarbeit entlehnten Hinweisen (126–129). Demgegenüber ist der Konfirmationsgottesdienst »ein Festgottesdienst *für* die Konfirmandinnen und Konfirmanden. Auf Grund der besonderen Situation sollten sie nur bei ausgewählten Stücken (z.B. beim Glaubensbekenntnis oder beim Singen eines Liedes aus dem Unterricht) aktiv im Konfirmationsgottesdienst mitwirken« (133).

b. Die »Reformierte Liturgie« geht stärker davon aus, dass »sich im Erleben der Beteiligten eine Wandlung des Konfirmationsgottesdienstes in einen Kasualgottesdienst vollzogen hat: Die

Konfirmanden und Konfirmandinnen stehen im Mittelpunkt des Geschehens; sie sind durch eine besondere Kleidung ausgezeichnet; sie ziehen vielerorts feierlich mit Pastor oder Pastorin und Presbyterium in die Kirche ein, wobei sich die Gemeinde zum Gruß erhebt; sie sitzen als gesonderte, erkennbare Gruppe beieinander; sie werden im Gottesdienst gesondert angesprochen. Die Zusammensetzung der Gemeinde ähnelt einem Kasualgottesdienst. Diese besondere Akzentuierung des Konfirmationsgottesdienstes kann bejaht werden, ebenso das biografische Gewicht der Konfirmation für die Beteiligten«. Eine Beteiligung der Konfirmanden an der Gestaltung ihres Konfirmationsgottesdienstes kann z.B. darin bestehen, Texte einzubringen, in denen sie ihre eigenen Glaubensüberzeugungen formulieren, indem sie zum Ausdruck bringen, was ihnen im Konfirmandenunterricht wichtig geworden ist, indem sie Erwartungen an die Gemeinde und die Kirche formulieren und ihren Konfirmationsspruch selbst aussuchen und ihn gegebenenfalls im Gottesdienst mit eigenen Worten erläutern (394).

c. Wird Konfirmation vorrangig als »Begleitung der Konfirmanden in ihrer kritischen Entwicklungsphase« verstanden, bei der die »Ausbildung des Artikulationsvermögens und der Kritikfähigkeit«, die »Suche nach Leitbildern, Kommunikationsmöglichkeiten und Identität« sowie »das Bewusstsein des Emotionalen und Sexuellen« eine wichtige Rolle spielen (so Barth/Grenz/Horst 99), so läuft dies eigentlich auf eine jeweils neu von den jeweiligen Konfirmanden zu erarbeitende Ordnung hinaus. Als Leitlinie für die liturgische Gestaltung soll gelten: »So werden im Eingangsteil die Fragen, die Kritik und die Hoffnungen der Mädchen und Jungen in ihrer eigenen Sprache in den Gottesdienst eingebracht. Die Predigt setzt das Gespräch fort. Eine Frage an die Konfirmanden und ein darauf antwortendes Versprechen oder gar Gelübde passen nicht zur Intention dieses Gottesdienstes« (100). »Die Einsegnung hat den Charakter eines Zuspruchs. Den Konfirmanden wird verantwortliches Leben zugesprochen, in das sie hineinwachsen« (107). Hier handelt es sich um eine Privatagende, wie überhaupt Beratungsstellen sich rege an solchen liturgischen Produktionen beteiligt haben. Allerdings hat z.B. die »Zweite Form der Konfirmation« der Agende III von Kurhessen-Waldeck (1975) wesentliche Elemente dieses Privatformulars aufgenommen.

3. Zusammenfassung: Eine Analyse der normativen Aspekte der Gestaltung der Konfirmation, wie sie in kirchenamtlichen Verlautbarungen begegnen, ergibt folgendes Bild:

a. Die Konfirmation ist im Anschluss an mehrere Systeme (Konfirmand, Familie, Gemeinde, Gesellschaft) zu interpretieren, wobei Sozialisation und Kasualpraxis, Unterrichtsaufgabe und Passage-Ritus nicht auseinander gerissen werden dürfen. Die Gruppe der Gleichaltrigen ist wichtig. Der volkskirchliche Charakter der Konfirmation wird akzeptiert. Die unterschiedlichen Sinngebungen der Konfirmation schlagen sich in pluriformen liturgischen Strukturen nieder. Allerdings wird versucht, auch traditionelle theologische Orientierung mit einzubringen.

b. Im Unterschied zu Versuchen z.B. im Umkreis der Auseinandersetzung mit dem Nationalsozialismus und später mit dem atheistischen Sozialismus, den kirchlichen Sinn der Konfirmation als den ausschließlichen oder doch allein relevanten herauszustellen und entsprechend liturgisch zu gestalten, gewinnt die anthropologisch-soziale Einordnung der Konfirmation als Fest am Übergang von der Kindheit zur Jugend wieder an Bedeutung.

c. Was die kirchliche Einordnung der Konfirmation anbelangt, so wird betont: Die Gemeinde gibt in der Konfirmation ihrer religionspädagogisch-seelsorgerlichen Begleitung der Konfirmanden, ihrer Fürbitte und dem Zuspruch des Segens öffentlichen Ausdruck. Den Konfirmanden wird der Status eines verantwortlichen Jugendlichen zugesprochen. In liturgischer Hinsicht kommt diese Einordnung z.B. in besonderen Anreden und Einladungen an die Konfirmanden, an die Eltern und Paten sowie an die Gemeinde zum Ausdruck. Dem mehr partnerschaftlichen

Verhältnis zwischen den Generationen entspricht es, wenn sich Segnung und Fürbitte nicht einseitig den Konfirmanden zuwenden; Konfirmanden und Gemeinde bezeugen einander Gottes Zuwendung. Kasus und Prozessgeschehen, Verkündigung und Kommunikation sollen im Begriff der Konfirmation miteinander verbunden werden. Die Rede vom konfirmierenden Handeln im Sinne eines Prozesses verstärkt die Bedeutung von Unterricht und Gemeindepartizipation. Allerdings darf dies nicht dazu führen, auf eine symbolisch-rituelle Verdichtung des Konfirmationsgeschehens zu verzichten oder diese abzuwerten.

d. Als liturgische Folgerung ergibt sich: In die mit der Konfirmation zusammenhängenden gottesdienstlichen Feiern sind verschiedene Elemente und Intentionen zu integrieren: Segnung, Fürbitte, eigene Äußerungen zu Glauben, Kirche und Gemeinde (z.B. Aussagen über das im Konfirmandenunterricht Erarbeitete, selbstentworfene Credo-Formeln, eigene Gottesdienst- und Fürbitte-Entwürfe), Tauferinnerung (christliches Leben als tägliche Rückkehr zur Taufe) und biblischer Kommentar, der durch die auch mit Konfirmanden erarbeitete Predigt und durch den (am besten selbstgewählten) Konfirmationsspruch den biblischen Bezug der Konfirmation thematisch werden lässt. Die Konfirmation ist auch auf Gemeindepädagogik zu beziehen; sie erschöpft sich darin aber nicht.

e. Von einem verbindlichen Formular für die Konfirmation kann aus den genannten Gründen kaum noch die Rede sein. Als pragmatische Lösung bietet sich die Unterscheidung von Grundform und Ausformungsvarianten an, wie sie das EGb bestimmt.

C. Die Konfirmation und andere Gottesdienste während der Konfirmandenzeit

Der Konfirmationsgottesdienst ist traditionell der öffentliche Höhepunkt der Konfirmandenzeit und des Konfirmationstages. In den neuen Entwürfen wird aber eine Entflechtung vorgeschlagen: Zur Konfirmation gehört eine ganze Reihe von gottesdienstlichen Feiern, die diese Zeit begleiten und deuten. »Dem Verständnis der Konfirmation als gestrecktem Vorgang entspricht es, dass die Konfirmandenzeit durch besondere Gottesdienste geprägt wird, die die unterschiedlichen Stationen auf dem Weg der Konfirmanden anzeigen ... Diese Gottesdienste sollen kein eigenständiges, vom sonntäglichen Gottesdienst abgelöstes Dasein führen, sondern sie stehen – wie die gesamte Konfirmandenzeit – im deutlichen und notwendigen Zusammenhang mit dem gottesdienstlichen Leben der Gemeinde« (Agende III/6, 6 f.). Die agendarischen Vorschläge bieten »neben der Ordnung der so genannten Kernhandlungen genügend Raum, dass die spezifische Situation und örtliche Traditionen Berücksichtigung finden und dass liturgische Kreativität aufgenommen und gefördert wird« (ebd. 7). Wichtig ist: »Grundform und Liturgie sind in der Regel für Gottesdienste nach Grundform I ausgeführt« (ebd. 7), worunter die Messform zu verstehen ist; die »Reformierte Liturgie« neigt dem Predigtgottesdienst zu. Es handelt sich um folgende Gottesdienste: Der Gottesdienst zum Beginn der Konfirmandenzeit; Die Taufe in der Konfirmandenzeit; Abendmahl während der Konfirmandenzeit; Versöhnungsfeier (Beichte) in der Konfirmandenzeit; Vorstellungsgottesdienst; Die Konfirmation; Abendandacht am Konfirmationstag; Gedächtnis der Konfirmation.

1. Der »Gottesdienst zum Beginn der Konfirmandenzeit« will die Konfirmanden öffentlich willkommen heißen, sie der Gemeinde bekannt machen und ihrer Fürbitte und Begleitung anempfehlen. Soll die Gemeinde die Konfirmanden primär als Gruppe wahrnehmen, wird gemeinsamer Einzug mit den Unterrichtenden empfohlen. Soll jedoch die Statusveränderung stärker in den Blick kommen, wird empfohlen, dass die neuen Konfirmanden zunächst noch bei ihren Eltern sitzen und erst bei ihrer namentlichen Vorstellung sich als Gruppe aufstellen und dann auf ihre besonderen Plätze begeben. Zu den homiletischen und liturgischen Aufgaben des

Einführungsgottesdienstes gehören: Namentlicher Aufruf der Konfirmanden, Erinnerung an ihre Taufe und auch an das Taufversprechen der Eltern und Paten, Thematisierung des Verhältnisses von Taufe und Glaube, Einladung zum Gottesdienstbesuch, die Fürbitte der Gemeinde für die neuen Konfirmanden, Eltern, Paten und alle, die bei der Erziehung mitwirken.

2. Für die liturgische Gestaltung der Konfirmandenstunden, Konfirmandentage und Freizeiten eignen sich vor allem Elemente des Stundengebetes oder die herkömmliche, aus dem Predigtgottesdienst entwickelte Andacht. Lied, Psalmgebet, Losungen, Bibellese, Meditation, Fürbitten und Segen bilden wichtige Elemente. Die bildungsmäßig oft gemischte Konfirmandengruppe legt eher geprägte und nicht zu häufig wechselnde Formen nahe; Taizé kann hier eine Hilfe sein. Elemente des Jugendgottesdienstes, Begegnung, Aktion, Spiel, Fest und Feier eignen sich eher für Konfirmandenwochenenden oder für Freizeiten.

3. Diente früher die meist als »Katechismus-Examen« durchgeführte und häufig »Prüfung« genannte »Vorstellung« der Konfirmanden kurz vor dem Konfirmationsgottesdienst der Erkundung ihrer Kenntnisse in der Glaubensüberlieferung, so wird heute der Wissensaspekt durch den Aspekt gemeinsamen Erlebens, Erfahrens und Gestaltens zumindest ergänzt, wenn nicht praktisch ersetzt. »Der Vorstellungsgottesdienst soll ein Gottesdienst *von* Konfirmanden sein, während die Konfirmation mehr als ein Festgottesdienst *für* die Konfirmanden gestaltet wird« (Agende III/6, 116). Als Gestaltungsmöglichkeiten werden erwähnt: Ein Vorstellungsgottesdienst zu einem Unterrichtsthema als ein von den Jugendlichen vorbereiteter und gestalteter Gottesdienst in freier Form; ein Gottesdienst in der Struktur des sonntäglichen Gemeindegottesdienstes oder der Andacht, in dem ein Gespräch mit der Konfirmandengruppe den Verkündigungsteil darstellt; die Gestaltung als Gemeindenachmittag mit Eltern und Mitgliedern des Kirchenvorstands oder als öffentlicher Gemeindeabend oder als Begegnungstagung, die in eine Abendandacht übergehen kann. Erwähnt wird auch die Praxis einzelner Gemeinden, an Stelle einer besonderen Konfirmandenvorstellung die Konfirmanden während der ganzen Konfirmandenzeit an bestimmten Gottesdiensten zu beteiligen. Auch für Kurhessen-Waldeck 1989 ist der Vorstellungsgottesdienst »ein von den Konfirmanden vorbereiteter und gestalteter Gottesdienst. Die Konfirmanden teilen der Gemeinde mit, wie sie Christsein, Glauben, Kirche und Gottesdienst verstehen und was sie an Erkenntnissen, Erfahrungen und Anfragen ins Gespräch einzubringen haben. Die Gestaltung wird die in der Konfirmandenarbeit eingeübten gottesdienstlichen Elemente und Formen aufnehmen. Kirchenvorsteher sollen mitbeteiligt, Eltern und Gemeinde einbezogen werden«. Die Konfirmanden können also den ganzen Gottesdienst als eine »Selbstvorstellung« gestalten oder einzelne Teile desselben übernehmen. Agendarisch orientiert sich der Vorstellungsgottesdienst eher am Predigtgottesdienst oder am Stundengebet. In der Praxis wird auch hier öfters die Didaktik der Liturgik vorgeordnet; der Vorstellungsgottesdienst wird dann als öffentliche Konfirmandenstunde z.B. mit Film, Anspiel u.a. gestaltet. An die Stelle ausgefeilter liturgischer Formulare treten didaktische Anleitungen und methodische Ratschläge.

4. Als Zeitpunkt für eine »Taufe in der Konfirmandenzeit« empfiehlt die Agende III/6 bei zweijährigem Unterricht die Feier der Osternacht (38). Weiter bieten sich der Abschluss der unterrichtlichen Behandlung der Taufe oder der Einsegnungsgottesdienst selbst an. In liturgischer Hinsicht orientiert sich die Taufe am Formular der »Taufe eines Erwachsenen oder eines älteren Kindes« (Agende III/1 bzw. EKU-Agende II); es können auch inhaltliche Akzente gesetzt werden (z.B. Lichtsymbolik der Osternacht; konfessorische Aspekte von Taufe und Konfirmation). In der Zweiten Form des Konfirmationsformulars ist die Taufe zwischen Bekenntnis und Segnung eingeordnet (Agende III/6, 154–157).

5. Das »Abendmahl während der Konfirmandenzeit« ist in seiner Gestaltung in mehreren Formen möglich: als Feier im Gemeindegottesdienst oder in der Konfirmandengruppe oder mit den Eltern; Feier in Verbindung mit dem Konfirmandenunterricht; Feier bei Konfirmandenfreizeiten u.a.. Bei Feiern außerhalb des Gemeindegottesdienstes ist auf eine Verbindung zur Gemeinde zu achten, z.B. durch Einladung weiterer Gemeindeglieder; erwähnt wird hier auch ein Tischabendmahl von Konfirmanden und Senioren. Insgesamt sollen durch solche Abendmahlsfeiern das Verständnis der Konfirmanden für das Altarsakrament geweckt und vertieft, die Spannung von intimer Gruppenerfahrung und gemeindlicher sowie ökumenischer Orientierung nicht einseitig aufgelöst und »die Elemente Brot und Wein sowie die unveränderten Einsetzungsworte als verbindliche Kennzeichen des Abendmahls gewertet und erkannt werden« (Agende III/6, 15). Dazu gehört auch die Unterscheidung von Abendmahl und anderen Mahlzeiten; eine Unterscheidung durch die Sitzordnung und die Wahl des Raumes genügt nicht (71).

6. Der Sinn der »Beichte (Feier der Versöhnung) in der Konfirmandenzeit« besteht darin, »dass das Reden von Schuld vor Gott, von Vergebung und Versöhnung nicht nur eine theoretische Erkenntnis im Unterricht bleibt, sondern im Gebet, im Bekenntnis der Schuld, im Zuspruch der Vergebung persönlich erfahren und angeeignet werden kann« (Agende III/6, 15). Aus diesem Grunde wird die herkömmliche Beschränkung der Beichte auf den Vorabend der Konfirmation abgelehnt. Freizeiten sowie Wochenenden und besondere Gottesdienste mit den Konfirmanden bieten sich als weitere Gelegenheiten an. »Theologisch und damit auch liturgisch zentral sind in jedem Fall ein Sündenbekenntnis und der Zuspruch der Vergebung. Möglich sind eine mehr geschlossene (›rituelle‹) und eine mehr offene (›meditative‹) Gestaltung« (ebd. 104).

7. a. Für die EKU und die VELKD ist die Konfirmation der festliche Abschlussgottesdienst der Konfirmandenzeit. Seine konstitutiven Teile sind Taufgedächtnis, Bekenntnis der Konfirmanden zum christlichen Glauben, Fürbitte der Gemeinde und Segnung, verbunden mit dem Zuspruch. Nach Möglichkeit soll das Abendmahl gefeiert werden (Agende III/1,16). Erinnerung an die Taufe, Abschluss des nachgeholten Taufunterrichts, Fürbitte der Gemeinde, Zuspruch des Segens Gottes und Feier des Heiligen Abendmahls sind die entscheidenden theologischen Faktoren der Gestaltung. »Gleichzeitig markiert die Konfirmation das Ende der Kindheit und den Übergang in den Status des Jugendlichen. Konfirmation ist von daher für alle Beteiligten auch immer ein Altersstufenfest gewesen. Auf jeden Fall ist für die Konfirmandinnen und Konfirmanden, für Eltern und Gemeinde, einschließlich der hauptamtlich Verantwortlichen, die Mischung und Verbindung von theologischen und anthropologischen Motiven charakteristisch« (ebd. 138). Die Spannung zwischen theologischen und anthropologischen Motiven kann nicht aufgelöst werden. Für die Ausführung des Bekenntnisses werden zwei Formen angeboten: das Bekenntnis verbunden mit dem Taufgedächtnis der Gruppe und der Gemeinde oder das Bekenntnis im Rahmen einer Taufe. Eigene Glaubensaussagen der Konfirmanden können dem Apostolikum vorausgehen. Für Erwachsene, die als Kinder getauft, aber noch nicht konfirmiert sind, findet sich ein eigenes Formular. Die Konfirmation erfolgt möglichst in einem Gemeindegottesdienst mit Abendmahl; sie wird an der Stelle des Glaubensbekenntnisses eingeschoben.

b. Die »Reformierte Liturgie« bietet drei Formen des Konfirmationsgottesdienstes an:

»Form A gestaltet die Konfirmation vom Gedanken der ›Zwischenstation‹ her: Sie steht zwischen der Kindheit und dem Erwachsensein, der Taufe und dem Leben als ›mündiger Christ‹. In den Gebeten und der Anrede kommt dies zum Vorschein. Zugleich taucht aber auch das Element der eigenständigen Bejahung des Glaubens der Christenheit auf. So wird auch das Glaubensbekenntnis gemeinsam gesprochen. In den Konfirmationsfragen tritt in allen Varianten die Zugehörigkeit zur Gemeinde in den Vordergrund. Im Gebet nach der Konfirmationsfrage und im Segen wird das Element der Bewahrung akzentuiert« (393). Form A ist folgendermaßen aufgebaut: Musik zum Einzug – Einzug der Konfirmandinnen und Konfirmanden – Begrüßung und Eingangswort – Psalm oder Lied – Eingangsgebet – Schriftlesung – Lied oder Musik – Predigt – Psalm oder Lied – Konfirmation (Anrede – Glaubensbekenntnis – [Taufe] – Konfirmationsfragen [Gebet] – Zuspruch des Segens) – Psalm oder Lied – Wort des Presbyteriums – (Anrede an die Paten) – (Abendmahl) – Abkündigungen – Dankgebet und Fürbitten – Gebet des Herrn – Schlusslied – Segen – Musik zum Auszug – Sammlungen.

Form B »unterstreicht den Gemeindebezug der Konfirmation. Die Konfirmationsfrage und die Anrede nach der Konfirmationshandlung sind auf das Leben in der Gemeinde und die Teilnahme am Abendmahl bezogen. Die Formulierung der Konfirmationsfrage setzt voraus, dass diese Frage jedem Konfirmanden und jeder Konfirmandin einzeln gestellt wird. Dadurch und durch die Nennung des Namens wird der Konfirmand oder die Konfirmandin als Persönlichkeit herausgehoben« (ebd. 393).

Form C ist »das Formular der Evangelisch-altreformierten Kirche für das öffentliche Glaubensbekenntnis im Gottesdienst. Die Personen, die das Glaubensbekenntnis ablegen wollen, sind in der Regel deutlich älter als Konfirmanden und Konfirmandinnen in landeskirchlichen Gemeinden« (394). Nach dem Antwortlied auf die Predigt erfolgt eine Anrede: »Wir legen euch nun Fragen zum Glauben vor, mit denen ihr euch im Unterricht befasst habt«. Nach den vier Fragen nennt der Pastor »die Namen derer, die ihren Glauben bekennen. Sie antworten mit: Ja. Danach kann ihnen mit oder ohne Handauflegung ein Bibelwort zugesprochen werden. Der Gottesdienst wird nach der üblichen Ordnung fortgesetzt« (416 f.).

8. Einzelne Gemeinden laden am Abend des Konfirmationstages oder am Ende der Woche die Konfirmanden und ihre Angehörigen zu einer Schlussandacht (Kurhessen-Waldeck: »Dankandacht«) ein, um ihnen zu helfen, den Konfirmationstag bzw. das Fest mit den Jugendlichen gemeinsam in Form eines Abendgebetes oder einer Abendandacht zu beschließen.

III. Perspektiven: Grundlegende theologische Reflexion

1. Liturgie – Geschichte und Gestaltung: Hermeneutische Vorüberlegung

Die Liturgiegeschichte gibt noch keine Kriterien für die gegenwärtige Gestaltung der Konfirmation an die Hand. In einer situativ angemessenen Gestaltung ist auf die historische Entwicklung im Sinne eines Entdeckungszusammenhanges, aber nicht in einem Begründungszusammenhang zurückzugreifen. Nach der Wiederentdeckung der reformatorischen Kirchenordnungen im 19. Jh. galt lange Zeit das Prinzip, dass die im 16. Jh. erarbeiteten Lösungen auch Plausibilität für die Gestaltung in der Gegenwart haben. So wurde immer wieder der Begriff der »katechetischen« Konfirmation als das genuin lutherische Verständnis hervorgehoben.

Demgegenüber ist festzustellen, dass zwar die grundlegenden theologischen Einsichten der Reformation (als Erschließung der biblischen Botschaft) gültig bleiben und dass die liturgischen Formulare von daher verantwortet werden müssen. Die historischen Formulare haben in diesem Zusammenhang keine unmittelbar normative Funktion. Eine reflektierte Hermeneutik wird sich eingestehen, dass sie die alten Liturgien von ihren eigenen gegenwärtigen Fragestellungen her liest und versteht. Nur eine naive Hermeneutik würde behaupten, dass eine historische Praxis als solche Vorbildcharakter hat ohne das Wagnis gegenwärtiger liturgischer Entscheidungen.

Unter Berücksichtigung der anthropologischen Faktoren des konfirmierenden Handelns und unter der kultursoziologischen Perspektive in der Praktischen Theologie liegt eine mehrperspektivische Betrachtung der Konfirmationsgeschichte nahe. Dabei ist besonders die neuzeitliche Ausdifferenzierung des individuellen, kirchlichen und gesellschaftlichen Christentums

(Rössler) bzw. die Begegnung von privater und öffentlicher Religion (Steck 2000) wichtig. Eine Theologie der Konfirmation kann demnach nur in der Verbindung von systematisch-theologischen, historischen und anthropogen-soziokulturellen Faktoren formuliert werden, wie dies in der gegenwärtigen Praktischen Theologie üblich geworden ist. Erst mit dieser mehrperspektivischen Konfirmationstheologie können dann liturgische Formulare im Hinblick auf die gegenwärtige Gestaltung bewertet werden.

Die Geschichte der evangelischen Konfirmation in den beiden letzten Jahrhunderten hat gezeigt, dass aufgrund der Veränderungen von Kirche und Gesellschaft vor allem das Bekenntnis und das Versprechen (Gelübde) der Jugendlichen problematisch wurden. Ein Schritt zur Lösung dieses Problems ist zunächst die Unterscheidung von Bekenntnis und Versprechen. Das Gelübde ist nicht nur aus entwicklungspsychologischen Gründen zurückzuweisen (weil die Jugendlichen in der Pubertät nur gegenwärtige Einstellungen benennen, aber keine Versprechen für ein bestimmtes zukünftiges Verhalten abgeben können). Auch rechtfertigungstheologisch gilt: Der Glaubende kann zwar die Treue Gottes bekennen, aber er kann nicht für die eigene Treue gegenüber Gott einstehen. Mit einem solchen Gelübde würde er dem Bekenntnis selbst widersprechen (vgl. Luthers Erklärung zum 3. Glaubensartikel).

Weiterhin ist es aber notwendig, dass das Bekenntnis bei der Konfirmation von einer spezifisch evangelischen Didaktik her begriffen wird und dass die Konfirmation durch gemeindepädagogische Erweiterungen von ihrem Schwergewicht entlastet wird. Dazu sind im Folgenden zwei Gesichtspunkte zu beschreiben: Eine grundlegende Theorie dazu, was evangelisches Christentum und evangelisches Bekennen gegenwärtig bedeuten (2.), sowie ein gemeindepädagogisch-kasualtheologischer Vorschlag, die Konfirmation durch mehrere lebensbegleitende Segensgottesdienste zu ergänzen (3.).

2. Konfirmation als öffentliche Darstellung evangelischen Christseins (Bekenntnis und Segen)

Auch theologisch steht die Konfirmation mit Recht im Mittelpunkt evangelischen Interesses. Denn dort wird der evangelische Glaube in seiner Spannung zwischen individuellen, kirchlichen und öffentlichen Aspekten thematisiert. Anlässlich der Einsegnung von Jugendlichen geht es um die Kernfrage, wie Glaube zugleich individuell verantwortet und sozial verankert werden kann. So ist der recht verstandene Konfirmationsgottesdienst öffentliche Darstellung dessen, was evangelischer Glaube ist, und zwar anhand der gemeinsamen Durcharbeitung der Frage mündigen Christseins. Ein Spezifikum besteht darin, dass es sich bei der Konfirmation um eine öffentliche Durcharbeitung evangelischen Glaubens handelt, der ansonsten aufgrund seiner Veränderung in der Neuzeit ein Spezifikum in der Privatheit hat (Steck 2000). Eine weitere Besonderheit besteht darin, dass evangelischer Glaube dargestellt wird im Hinblick auf Jugendliche und durch Jugendliche und ihre Fragen: Kann man Gott vernehmen? Hat es Sinn, zu glauben? Wie verhält sich der Glaube zu dem Gedanken, es könnte sich dabei um eine einzige Einbildung handeln? Wie kann man dann überhaupt gegenüber anderen vom Glauben reden? Wie kann man gemeinsam dem Glauben Ausdruck geben in Worten und Zeichen?

Diese Kernfragen evangelischen Glaubens in der Spannung von neuzeitlicher Subjektivität und dem Transzendieren solcher Subjektivität werden in der Konfirmation öffentlich dargestellt. Damit sind die Konfirmanden, aber auch gemeindefernere Gottesdienstbesucher als die Fragenden für die Schaffung der Sinnwelt »evangelischer Glaube« entscheidende Beteiligte.

Die Konfirmation kann liturgietheologisch als besondere Entfaltung des Wort-Antwort-Charakters des evangelischen Gottesdienstes verstanden werden. Im Zusammenhang der vier Schritte des EGb hat der Konfirmationsgottesdienst sein Zentrum in Teil B »Verkündigung und Bekenntnis«. In das Erinnern, Wiederholen und Durcharbeiten der biblischen und kirchlichen

Tradition ist das Spezifikum dieses Gottesdienstes eingeschoben: Frage, Erklärung, Bekenntnis, die öffentliche Präsentation des Glaubens eines Jahrgangs der jungen Gemeinde. Stellvertretend für die Gemeinde inszenieren sie Distanz und Nähe, Befragen und Bekennen des Glaubens. Genau genommen handelt es sich dabei um ein dreifaches Durcharbeiten:

– Inszenierendes Durcharbeiten der biblischen Überlieferung (Lesung/Predigt)
– Inszenierendes Durcharbeiten des Bekennens (Bekenntnis und Frage/Erklärung)
– Inszenierendes Durcharbeiten der Taufe und des Gesegnetseins (Einsegnung, Tauferinnerung bzw. Taufe selbst).

D.h. die seit dem 19. Jh. empfundene Problematik des Bekenntnisses kann gar nicht umgangen werden, sondern hat in der Konfirmation ihren besonderen Ort. Es wird jeweils die Ambivalenz, die schwierige Möglichkeit evangelischen Bekennens durchgearbeitet. Die Stärke der Konfirmation liegt darin, dass durch die Jugendlichen die Ambivalenz des Bekennens überhaupt dargestellt wird, in der genannten Spannung von individuellem und kirchlichem Christsein. Wird diese Spannung gesehen und bewusst inszeniert, dann kann es mit dem Bekenntnisteil kein grundsätzliches Problem geben, weil dann die Spannung evangelischen Bekennens als ein genuines Thema dieses Gottesdienstteiles aufgefasst wird. Die Konfirmation enthält die besondere Chance, rechtes evangelisches Bekennen zwischen den Extremen von doktrinärem oder individuell-beliebigem Glaubensverständnis darzustellen. Darum dürfen die Jugendlichen weder zur Anpassung gezwungen noch von der Zumutung dieser Ambivalenz ausgeschlossen werden. Die Agende III/1 bietet mehrere angemessene Möglichkeiten, diese Spannung darzustellen.

Der Höhepunkt der Konfirmation ist für das Erleben fast aller Beteiligten zweifellos die Einsegnung (wie denn dieser Begriff auch für die Konfirmation als ganze stehen kann). Die Einsegnung stellt die Geltung des Evangeliums für den Einzelnen im Rahmen der Gruppe heraus. Der oft selbst ausgesuchte Konfirmationsspruch verdichtet noch einmal individuell das Wort-Antwort-Geschehen. Das Besondere der Kasualgottesdienste beruht auch darauf, dass der Segen zweimal erscheint, bezogen auf die Hauptpersonen des Gottesdienstes und am Schluss noch einmal bezogen auf die gesamte Gemeinde. Sendung und Segen am Schluss der Konfirmationsfeier entlassen in die private Konfirmationsfeier. Dabei ist zu bedenken, was der Glaube für das Schöne und Normale des privaten Lebens bedeutet, für Genuss und Verantwortung, für intimes und öffentliches Leben, etwa im Hinblick auf das oft fälschlich in Gegensatz zum Glauben gebrachte Konfirmationsgeld. Geldgeschenke zur Konfirmation verbinden die religiöse Mündigkeit mit der wirtschaftlichen und müssen kein Gegensatz zum Glauben sein (ebenso wenig wie beim Pfarrer, der ja auch nicht kostenlos konfirmiert und trotzdem gläubig ist).

Kulturell bleibt die Konfirmation auch im 20. Jh. – mindestens auf dem Land – noch lange eingebunden in das bürgerliche soziale Leben. In einer volkskundlichen Arbeit ist nachgewiesen, dass zu Beginn (und teilweise auch noch am Ende) des 20. Jh. die folgenden Funktionen der Konfirmation festzustellen sind: Ausstattung der Jugendlichen mit Kleidung und Geld, Steigerung des Umsatzes für Handel und Handwerk, Festigung und Reproduktion von Beziehungen in Familie und Nachbarschaft (schematisch bei Schlegel 229). Eine besondere Verbindung von Privatleben und Gottesdienst bestand in der untersuchten Gemeinde zu Beginn des 20. Jh. in der Sitte, als Zeichen sozialer Verbundenheit für den Konfirmanden einen Stuhl aus der guten Stube samt Kniekissen in die Kirche zu tragen (ebd. 70–72). Als falsch ist auch die Meinung erwiesen, im Laufe des 20. Jh. habe sich die Konfirmation von einem »guten religiösen« zu einem »schlechten weltlichen« Fest entwickelt (ebd. 239).

Die oft beklagte Mehrdeutigkeit der Konfirmation muss als typisch für eine gesellschaftlich gut verankerte Einrichtung betrachtet werden, ohne dass deswegen der Glaube gering geachtet werden müsste. Die Feier der Konfirmation umgreift das individuelle, das gesellschaftliche und das kirchliche Christsein, ohne dass für eine der drei Ebenen einseitig optiert würde. Darin zeigt sich das Bedeutsame: Die Konfirmation vermag in besonderer Weise die Gestaltwerdungen des neuzeitlichen Christentums zu integrieren.

3. Konfirmierendes Handeln durch lebensbegleitende Gottesdienste

Das in der Reformation zurückgewiesene Verständnis der Konfirmation als eines gespendeten Sakramentes und der bleibende »sakramentale« Aspekt auch der evangelischen Konfirmation beruhen, ganz abgesehen von der konkreten liturgischen Gestaltung, schon auf der bloßen Tatsache, dass die Konfirmation mit Segnung und Handauflegung einmalig im Leben begangen wird. Die Probleme der Konfirmation werden entschärft, wenn sich nicht alles auf den einmaligen Akt mit 14 Jahren konzentriert. Es sollte darum auf weitere volkskirchlich verankerte Gottesdienste mit »konfirmierendem« Charakter geachtet werden, in denen eigene Antworten der Kinder zum Glauben sowie Segen und Handauflegung ihren Platz haben. Dazu eignen sich Tauferinnerungsgottesdienste (etwa im Kindergarten), der Einschulungsgottesdienst und der Gottesdienst zum Abschluss des vorgezogenen Vorkonfirmandenjahres im 4. Schuljahr (Meyer-Blanck/Kuhl).

Der Übergang von der Grundschule auf weiterführende Schulen markiert für Kinder und Familien einen mindestens so starken Einschnitt wie der jetzige Konfirmationszeitpunkt. Hier wie bei der Einschulung dürfte die Notwendigkeit eines religiösen »Passageritus« demnach viel klarer zutage treten, als dies bisher wahrgenommen worden ist (während die Konfirmation selbst ihren Charakter als Passageritus aufgrund der Streckung des Jugendalters mehr und mehr verliert). Wird schon in der Konfirmandenarbeit im Kindesalter (4. Schuljahr) das Abendmahl erschlossen und gefeiert und die Abendmahlszulassung damit ausgesprochen, kann das Abendmahl als »Wegzehrung« lebensbegleitend interpretiert und danach (jährlich?) auf besondere Einladung hin mit Kindern und Eltern gefeiert werden. Die kritische Auseinandersetzung mit kirchlichen Lebensformen im Hauptkonfirmandenjahr hat dann ein erfahrungsgesättigtes Fundament. Die Konfirmation im beginnenden Jugendalter wird ekklesiologisch entlastet und kann sich stärker auf die Lebenssituation der Jugendlichen und auf ihre Antworten zu gegenwärtigen Herausforderungen des Glaubens konzentrieren.

Damit würden dem Konfirmationsgottesdienst mehrere Stationsgottesdienste im Kindesalter vorausgehen. Diese erschließen den Glauben in lebensbegleitender Akzentuierung, sodass man von einem liturgischen konfirmierenden Handeln sprechen kann (anders der Sprachgebrauch in der DDR, wo mit dem konfirmierenden Handeln der gesamte Katechumenat gemeint war, vgl. Reiher 253–271). Das konfirmierende Handeln der Gemeinde zeigt sich in einer angemessenen lebensbegleitenden Erschließung von Wort und Antwort. Dieses Verständnis lässt sich auch auf die Konfirmation von Jugendlichen mit geistigen Behinderungen beziehen. Ist das Spezifikum der Konfirmation nicht die »Entscheidung« der Jugendlichen für Glauben und Kirche, sondern das situations- und personenangemessene Antworten, dann zeigt sich: Jugendliche mit geistigen Behinderungen sind – in anderer Form – ebenso in der Lage, zu antworten. Sie können nonverbal – oft sehr eindrücklich – ihre Freude darüber zum Ausdruck bringen, akzeptiert zu sein und dazuzugehören. Sie können in das Ja der Gruppe mit einstimmen, im Glauben bleiben und wachsen zu wollen und bei einem Lied der Gruppe mitsingen. Darüber hinaus erweisen sie der Gemeinde den besonderen Dienst, als Personen in ihrem Sosein zu verkündigen, dass der Mensch auf die Liebe Gottes und des anderen Menschen angewiesen ist. Jugendliche mit geistigen Behinderungen haben damit einen anderen, aber gleichwertigen Anteil an der feierlichen liturgischen Darstellung (»Durcharbeitung«) des Konfirmationsbekenntnisses.

Quellen *→Spezielle Abkürzungen*

AGENDE für die Evangelische Kirche von KURHESSEN-WALDECK III, Kassel 1975. – Ulrich ALTMANN, Hilfsbuch zur Geschichte des christlichen Kultus. 1. Heft: Zum altkirchlichen Kultus, Berlin 1941. – AMBROSIUS, De sacramentis/Über die Sakramente. De mysteriis/Über die Mysterien. Lateinisch und Deutsch, hg.v. Josef Schmitz (FC 3), Freiburg u.a. 1990. – Friedrich Karl BARTH/Gerhard GRENZ/Peter HORST, Gottesdienst menschlich. Eine Agende, Wuppertal 1973. – Carl CLEMEN, Quellenbuch zur praktischen Theologie. Erster Teil: Quellen zur Lehre vom Gottesdienst (Liturgik), Gießen 1910. – CYRILL VON JERUSALEM, Mystagogicae Catecheses/Mystagogische Katechesen, Griechisch und Deutsch, hg.v. Georg Röwekamp (FC 7), Freiburg u.a. 1992. – EGERIA, Reisebericht/Itinerarium Egeriae, Lateinisch und Deutsch, hg.v. Georg Röwekamp (FC 20), Freiburg u.a. 1995. – Die Feier der FIRMUNG. In den katholischen Bistümern des deutschen Sprachgebietes, hg. i.A. der Bischofskonferenzen Deutschlands u.a., Einsiedeln 1973.– KIRCHENBUCH für die Evangelische Landeskirche in WÜRTTEMBERG II, Stuttgart ^{2}1985. – LWB: Lutherischer Weltbund, Studie über Konfirmandenarbeit. Berichte aus der ganzen Welt, Genf 1995. – Reinhard MUMM, Reform der Konfirmationspraxis! 61 Gutachten zu den Erfurter Thesen, Berlin 1900. – Ders., Reform der Konfirmationspraxis! 42 Gutachten zu den Erfurter Thesen, Berlin 1901. – ORDNUNG DES KIRCHLICHEN LEBENS der Union, Berlin 1999. – ORDO CONFIRMATIONIS. Editio typica, vaticano 1973. – Neue RAHMENORDNUNGEN und Rahmenpläne zum Konfirmandenunterricht, hg.v. Frieder Schmitthenner/Comenius-Institut, Münster I, 1977; II, 978. – SYNODALVERBAND BERN/JURA, Grundkonzept für den Neuaufbau der kirchlichen Unterweisung, Bern 1986.

Literatur

Gottfried ADAM, Der Unterricht der Kirche. Studien zur Konfirmandenarbeit, Göttingen 1980. – Ders./Rainer LACHMANN (Hg.), Gemeindepädagogisches Kompendium, Göttingen 1987. – Carl-Gustaf ANDRÉN, Die Konfirmationsfrage in der Reformationszeit: Frör 1962, 36–57. – Fritz BALTRUWEIT/Günter RUDDAT, Gemeinde gestaltet Gottesdienst. Ein Arbeitsbuch. Bd. 2: Taufe, Konfirmation, Trauung, Beerdigung, Gütersloh 2000. – Jean BAUDRILLARD, Die fatalen Strategien, München 1985. – Otto BAUMANN, Neue Stimmen über die Konfirmationsfrage, Berlin 1902. – Christof BÄUMLER/Henning LUTHER (Hg.), Konfirmandenunterricht und Konfirmation (TB 71), München 1982. – Michael BEINTKER, Der gesellschaftliche Neuaufbau in den östlichen Bundesländern: ThLZ 116 (1991) 241–254. – Karl-Heinrich BIERITZ, Zeichen setzen. Beiträge zu Gottesdienst und Predigt, Stuttgart 1995. – Peter C. BLOTH, Die Konfirmation: HPTh(G) 3 (1983) 169–182. – Walter CASPARI, Die evangelische Konfirmation, vornämlich in der lutherischen Kirche, Erlangen/Leipzig 1890. – Roland DEGEN/Volker ELSENBAST, Konfirmieren – Aspekte und Perspektiven in Ostdeutschland, Münster (Comenius-Institut 1996). – Karl DIENST, Moderne Formen des Konfirmandenunterrichts, Gütersloh 1973. – Ders., Neue soziale Bewegungen, Wertewandel und Religionspädagogik: EvErz 36 (1984) 653–673. – Ders., Art. Konfirmation I: TRE 19 (1990) 437–445. – Ders., Protestantismus: Religionen feiern, Marburg 1997, 44–55. – Martin DOERNE, Neubau der Konfirmation. Grundzüge einer Erneuerung des kirchlichen Jugendkatechumenates, Gütersloh 1936. – Albrecht DÖHNERT, Jugendweihe zwischen Familie, Politik und Religion (APrTh 19), Leipzig 2000. – Kurt-Helmuth EIMUTH/Lutz LEMHÖFER, (Hg.): Zum Beispiel Jugendweihe. Riten in einer nachchristlichen Gesellschaft, Frankfurt a.M. 2000. – Wolf-Eckart FAILING/Hans-Günter HEIMBROCK, Gelebte Religion wahrnehmen, Stuttgart 1998. – Andreas FEIGE, Der gesellschaftliche Kontext jugendlicher Religiosität heute – eine Skizze: Thomas Böhme-Lischewski/Hans-Martin Lübking (Hg.), Engagement und Ratlosigkeit. Konfirmandenunterricht heute – Ergebnisse einer empirischen Untersuchung, Bielefeld 1995, 137–148. – Kurt FRÖR (Hg.), Confirmatio, München 1959. – Ders. (Hg.), Zur Geschichte und Ordnung der Konfirmation in den Lutherischen Kirchen, München 1962. – Wilhelm GRÄB, Lebensgeschichten – Lebensentwürfe – Sinndeutungen. Eine praktische Theologie gelebter Religion, Gütersloh 1998. – GLAUBEN ENTDECKEN. Konfirmandenarbeit und Konfirmation im Wandel, hg.v. Kirchenamt der EKD, Gütersloh 1998. – Bo HALLBERG, Die Jugendweihe. Zur deutschen Jugendweihetradition, Lund 1977. – HANDBUCH FÜR DIE ARBEIT MIT KONFIRMANDINNEN UND KONFIRMANDEN, hg.v. Comenius-Institut in Verbindung mit dem Verein KU-Praxis,, Gütersloh ^{2}1998. – Bjarne HAREIDE, Die Konfirmation in der Reformationszeit. Eine Untersuchung der lutherischen Konfirmation in Deutschland 1520–1585 (APTh 8), Göttingen 1971. – Karl HAUSCHILDT, Zur Geschichte und Diskussion der Konfirmationsfrage vom Pietismus bis zum 20. Jahrhundert: Frör 1959, 43–73. – Hans-Günter HEIMBROCK, Art. Ritus IV: TRE 29 (1998) 279–285. – Johann Chr. K. HOFMANN, Die rechte Verwaltung der Konfirmation eine Grundvoraussetzung rechter Kirchenverfassung: ZPK 18 (1849) 1–18. – Ders., Ist eine von der ersten Kommunion getrennte Konfirmation berechtigt?: ZPK 45 (1863) 91–100. – JUGENDLICHE BEGLEITEN und gewinnen, hg.v. Kirchenamt der EKD, Hannover 1999. – Günther KEHNSCHERPER, Die Konfirmation: HbLit (^{2}1995) 333–353. – Bruno KLEINHEYER, Sakramentliche Feiern I. Die Feiern der Eingliederung in die Kirche (GDK 7/1), Regensburg 1989. – Theodor KLIEFOTH, Die Confirmation (lit. Abh. 3,1), Schwerin 1856. – Frank W. KLOS, Confirmation and First Communion. A Study Book, Minneapolis u.a.

1968. – KONFIRMANDENARBEIT UND KONFIRMATION (Didaskalia 35), Kassel 1990. – Georg KRETSCHMAR, Art. Firmung: TRE 11 (1983) 192–204. – Hans LIETZMANN, Geschichte der alten Kirche. Ausgabe der Bd. 1–4 in einem Band, Berlin/New York 1999. – Niklas LUHMANN, Die Religion der Gesellschaft,. Frankfurt a.M. 2000. – Wilhelm MAURER, Geschichte der Firmung und Konfirmation bis zum Ausgang der lutherischen Orthodoxie: Frör 1959, 9–38. – Andreas MEIER, Jugendweihe, Jugendfeier, München 1998. – Michael MEYER-BLANCK, Wort und Antwort. Geschichte und Gestaltung der Konfirmation am Beispiel der Evangelisch-lutherischen Landeskirche Hannovers (AprTh 2), Berlin/New York 1992. – Ders., Häresie – Identität – Institution: Jugend und Bekenntnis: KU-Praxis 38 (1998) 103–107. – Ders., Liturgie und Liturgik. Der Evangelische Gottesdienst aus Quellentexten erklärt (ThB 97), Gütersloh 2001. – Ders./Lena KUHL, Konfirmandenunterricht mit 9/10jährigen. Planung und praktische Gestaltung, Göttingen 1994. – Theophil MÜLLER, Konfirmation – Hochzeit – Taufe – Bestattung. Sinn und Aufgabe der Kasualgottesdienste, Stuttgart 1988. – Walter NEIDHART, Konfirmandenunterricht in der Volkskirche, Zürich 1964. – Ders., Zur Bedeutung der nichttheologischen Faktoren für die Konfirmation: PTh 55 (1966) 435–446. – Ders., Art. Konfirmation II: TRE 19 (1990) 446–451. – Ehrhardt NEUBERT, Die postkommunistische Jugendweihe – Herausforderung für kirchliches Handeln: Zur Konfessionslosigkeit in (Ost)-Deutschland. Ein Werkstattbericht (= Begegnungen 4/5, hg.v. der Studien- und Begegnungsstätte Berlin der EKD), Berlin 1994, 33–86. – Wilhelm NIESEL, Die Konfirmation nach einem reformatorischen Formular: EvTh 1 (1934/35) 296–307. – Richard Robert OSMER, Confirmation. Presbyterian practices in ecumenical perspectives, Louisville 1996. – Gert OTTO, Konfirmation und Konfirmandenunterricht: PThH (^{2}1975) 418–427. – Günther PETERNEK/Ludwig RENDLE, Meinen Weg suchen. Schülerheft zum Thema Firmung, München 1990. – Dieter REIHER (Hg.), Kirchlicher Unterricht in der DDR 1949–1990. Dokumentation eines Weges, Göttingen 1992. – Georg RIETSCHEL, Lehrbuch der Liturgik II. Die Kasualien, Berlin 1909. – Dietrich RÖSSLER, Grundriss der Praktischen Theologie, Berlin/New York ^{2}1994 [1986]. – Wilhelm ROTT (Hg.), Konfirmation. Ein Studienbuch zur Frage ihrer rechten Gestaltung, Berlin 1941. – Paul SCHEMPP, Konfirmationsgelöbnis?: EvTh 4 (1937) 81–96. – Birgit SCHLEGEL, Konfirmation im 20. Jahrhundert am Beispiel der südniedersächsichen Kirchengemeinde Katlenburg, Mannheim 1992. – Karl SCHLEMMER, Die Zeichen der Zeit wahrnehmen, Chur 1999. – Josef SCHMITZ, Gottesdienst im altchristlichen Mailand. Eine liturgiewissenschaftliche Untersuchung über Initiation und Messfeier während des Jahres zur Zeit des Bischofs Ambrosius (†397; Theoph. 25), Köln/Bonn 1975. – Henning SCHRÖER, Konfirmation – was ist das? Deutungen und theologisches Verständnis: Handbuch (s.o. 1998) 446–453. – Frieder SCHULZ, Initiatio Christiana. Evangelische Marginalien zu einer katholischen Darstellung der Feiern der Eingliederung in die Kirche: ALW 33 (1991) 43–76. – Friedrich SCHWEITZER, Jugend in der Jugendforschung: Handbuch (s.o. 1998) 526–552. – Peter SLOTERDIJK, Eurotaoismus. Zur Kritik der politischen Kinetik, Frankfurt a.M. 1989. – Ders., Praktische Theologie I (ThW 15,1), Stuttgart 2000. – Wolfgang STECK, Art. Kasualien: TRE 17 (1988) 673–686. – Ders., Praktische Theologie. Horizonte der Religion – Konturen des neuzeitlichen Christentums – Strukturen der religiösen Lebenswelt, Band 1 (ThW 15,1), Stuttgart 2000.– Karl THIEME, Der wahre lutherische Konfirmationsbegriff. Eine Warnung von Karl Thieme, Gießen 1931. – Victor TURNER, Vom Ritual zum Theater. Der Ernst des menschlichen Spiels (Fischer TB 12779), Frankfurt a.M. 1995. – Riitta VIRKKUNEN, Konfirmation in den lutherischen Kirchen heute. Studien über die Konfirmation in den LWB-Mitgliedskirchen von 1979–1986, Genf 1987 (LWB Studienabteilung). – Ulrike WAGNER-RAU, Segensraum. Kasualpraxis in der modernen Gesellschaft (PTHe 50), Stuttgart 2000. – Klaus WEGENAST, Konfirmandenunterricht und Konfirmation: Gottfried Adam/Rainer Lachmann, Gemeindepädagogisches Kompendium (1987) 314–354. – Paul WEKEL, Theologie der Konfirmation, Regensburg 1987. – Donald W. Winnicott, Übergangsobjekte und Übergangsphänomene: ders., Von der Kinderheilkunde zur Psychoanalyse (Fischer TB 42249), Frankfurt a.M. 1983. – Ders., Vom Spiel zur Kreativität, Stuttgart ^{4}1987.

Michael Meyer-Blanck (I und III) / Karl Dienst (II)

Die kirchliche Trauung

I. Geschichte und Theologie

Das Verständnis von Ehe und Partnerschaft hat in den letzten Jahrzehnten einen tiefgreifenden Wandel erfahren. Seit der »Sexuellen Revolution« um 1970 ist die traditionelle Verbindung von Eheschließung und dem Beginn von gemeinsamem Wohnen, Sexualgemeinschaft und Elternschaft von der Regel zur Ausnahme geworden. Die Trauung markiert keinen Übergang mehr in einen neuen gesellschaftlichen Status. Eher wird der erreichte gemeinsame Status öffentlich dargestellt und religiös gedeutet. Von daher ist die Trauung gegenwärtig kein *Passageritus* mehr, sondern eine Form von *Bestätigungsritus* oder *Vergewisserungsritus* für die gemeinsam gestalteten Beziehungen und Lebensformen (»rite de confirmation«, Nave-Herz 42–48).

Es wundert von daher nicht, dass auch die bisher offiziell nicht mögliche Lebensform der gleichgeschlechtlichen Partnerschaft nach öffentlicher, gesellschaftlicher Darstellung verlangt und damit auch nach religiöser Deutung und kirchlicher Bestätigung (Sexualität und Lebensformen 1996). Darüber muss allerdings theologisch noch weiter nachgedacht werden, insbesondere soweit eine Analogie zur Trauung angestrebt wird. Weil außerdem die individuelle Gestaltung von Lebensformen an die Stelle der Übernahme lange tradierter Muster tritt, darum soll auch die Gestaltung der Feier das Individuelle abbilden. Die Individualitätszumutung schlägt allerdings wie in vielen Bereichen der Lebensgestaltung um in neue Standardisierungen wie »Traumhochzeiten« (Themenheft PTh 88, 1999).

Die liturgische Gestaltung der Trauung kann in dieser Situation selbstverständlich weder mit Traditionalismus reagieren noch mit der völligen Anpassung an die von Paaren geäußerten Gestaltungswünsche. Grundsätzlich ist dabei vor allen Dingen zu beachten, dass die evangelische Trauung immer als ein *Gottesdienst anlässlich der Eheschließung* aufzufassen ist. Es wird jeweils darauf ankommen, wie die Botschaft von Gottes Liebe zum Leben im rauschenden Fest, wie in Bezug auf das immer nur begrenzt gelingende Leben zu Gehör und zur Darstellung gebracht werden kann. Dazu ist neben psychologischen und soziologischen Kenntnissen auch historisches Wissen hilfreich, um jeweils aktuell die theologisch wichtigen Probleme von Adiaphora unterscheiden zu können.

A. Religiöse Eheschließungsformen, religionsgeschichtlich

Nach wie vor hat Hellmuth Schreiner Recht, der über die Ehe schreibt: »Nirgends wird uns von Gottes Schöpferliebe so deutlich der Weg aus dem Egoismus in den Dienst gebahnt wie hier. ... Ohne diese Wandlung geht der Mensch an der Ehe zugrunde, und ohne Gottes Gnade kann die Wandlung nicht anheben. So sind wir im Tatvollzug der Ehe ganz auf Gott geworfen« (290).

Sexualität und Ehe sind zwar einerseits etwas Alltägliches, »Natürliches«, zum Menschsein Gehörendes, aber andererseits auch etwas an menschliche Grenzen Führendes, also mit dem eng verbunden, was Karl Jaspers Grenzsituationen genannt hat. Schon früh wird es den Menschen deutlich geworden sein, dass Kinder, so sehr sie normalerweise die Frucht ehelichen Zusammenlebens sind, nicht erzwungen werden können, sondern immer unverfügbares Geschenk sind (vgl. Ps 127,3), und dass auch – im Zuge fortschreitender Kultur – die leiblich-seelische Gemeinschaft von Mann und Frau sich ebenfalls nicht erzwingen lässt. Der Mensch stößt in beiderlei Hinsicht sehr deutlich auf Grenzen seines Machens und Verfügens, seiner eigenen

Schöpferkraft und wird sich seiner Schicksalabhängigkeit und seiner Geschöpflichkeit in elementarer Weise bewusst.

Von daher sind Sexualität und Ehe von Anbeginn etwas, das in großer Nähe zur Religion steht und mit dem Charakter des »Numinosen« behaftet ist – sowohl im Sinne des positiv Faszinierenden als auch des Erschreckenden (Rudolf Otto).

Diese vorgegebene Nähe von Ehe und Religion ist auch der eigentliche »Sitz im Leben« dessen, was man Trauung nennen kann, wobei hier der Begriff der Trauung zunächst im weitesten Sinne für alle förmlichen – nicht rein privaten, wohl aber familiären – Zeremonien am Beginn einer Ehe stehen soll, in der diese religiöse Dimension der Ehe angesprochen wird. Begrifflich davon zu unterscheiden wären Formen der Eheschließung, die diese religiöse Dimension nicht förmlich zum Ausdruck bringen, obwohl sie kaum jemals wirklich gänzlich fehlen wird. Rolf Schäfer wertet bereits die Tatsache eines Übergangsritus als Hinweis auf die religiöse Dimension. Mit Blick auf den kulturellen Hintergrund heutiger Trauungen schreibt er: »Der in der Welt der Religionen weit verbreitete Übergangsritus beim Eintritt in die Ehe bezeugt ..., dass das Eheleben selbst ein religiöses Moment enthält. Die Macht des Eros und des Sexus, die Zufälligkeit der Biographien und die bestimmende Gewalt, welche gerade dies die Ehe schließende Paar aneinander bindet, macht sich den Betroffenen in einer Weise vernehmlich, dass sie ein schwer zu durchdringendes Gemisch von Dank und Sorge empfinden. Es ist die Aufgabe des Pfarrers, der sich ja von Berufs wegen auf Religion verstehen muss, den religiösen Charakter dieser Stimmung im Einzelfall zu würdigen und darauf einzugehen. Denn dies macht den Kern des Kasus aus« (142).

Der Bezug aller Ehe auf den Schöpfer des Lebens kann in der förmlichen, bewussten Reflexion anlässlich einer Eheschließung fehlen, trotzdem bleibt er präsent. Die Schöpfungserzählungen von Genesis 2 und 1 bringen diesen Bezug anschaulich und deutlich theologisch reflektiert zum Ausdruck, wobei sich die Tendenz zur Einehe schon abzeichnet, obwohl es in Israel auch Polygamie in unterschiedlichen Formen gegeben hat.

Auch im Heidentum ahnt man etwas von dem Schöpfungsbezug der Ehe, und deshalb gibt es dort im Zusammenhang der Eheschließung, über deren vielfältige Formen Gerhard Delling (719–731) und Korbinian Ritzer informieren, religiöse Formen der Eheschließung oder religiöse Gebräuche im Zusammenhang einer Eheschließung, vor allem Opfer an Götter und Göttinnen. Allerdings geht das Interesse nicht primär darauf, die religiöse Dimension anzusprechen, sondern Formen festzulegen, durch die eine Ehe so geschlossen wird, dass sie die Anerkennung der Umwelt, d.h. der beteiligten Familien und Sippen und später der Gesellschaft, des Staates findet. Im Vordergrund stehen dabei das wirtschaftliche und generative Moment, einschließlich des Erbrechts, also die Zugehörigkeit zu einer bestimmten Familie und Großfamilie.

Wenn bisweilen auch relativ wenig darüber bekannt ist, in welcher Weise bei der Eheschließung die religiöse Dimension zum Ausdruck kommt, inwiefern also die Eheschließung mit einer Trauung verbunden ist oder Momente einer Trauung inkludiert, so bedeutet das natürlich nicht, dass die religiöse Dimension der Ehe unbewusst bliebe. Jedenfalls formuliert Carl Heinz Ratschow – zwar in Frageform, aber im Sinne einer Aussage: »Warum definiert sich die Ehe in nahezu allen Kulturen religiös? ... Was heißt eigentlich, dass die Ehe – in welcher Form sie auch gelebt wird – als ein Lebensvollzug angesehen wird, der nur *sub specie Deitatis* geschlossen, begründet und geführt werden kann?« (309).

Auch Alfred Niebergall vermutet weitestgehend religiöse Zeremonien im Zusammenhang einer Eheschließung: »Es ist anzunehmen, dass der Abschluss einer Ehe seit alters mit bestimmten religiösen Zeremonien im Verband der Familie, der Sippe oder des Stammes vollzogen wurde. Dies dürfte schon deswegen der Fall sein, weil allgemein das Leben des Menschen von wie immer gearteten religiösen Gebräuchen und Vorstellungen bestimmt war und der Abschluss der Ehe in besonderem Maße als Übergangsritus galt, der des Schutzes durch Zeremonien bedurfte; zumal der Abschluss einer Ehe nicht nur in dem Leben der zunächst Betroffenen tiefgreifende Änderungen mit sich brachte, sondern Bestand und Fortdauer von Familie, Sippe und Stamm verbürgte« (233). Im römischen Einflussbereich z.B. brachte man nach der Übergabe der Brautleute aneinander und dem Ineinanderfügen der rechten Hände »den Familiengöttern ein Opfer dar und begann das Hochzeitsmahl« (Martimort 131; vgl. Ritzer 25 f.).

B. Religiöse Eheschließungsformen im Alten Testament

Die Eheschließungsformen, die sich aus dem Alten Testament erschließen lassen, weisen zumeist keine damit verbundene religiöse Zeremonie wie Gebet oder Segen auf. Die Segenshandlung über Rebekka (Gen 24,60) darf wohl nicht einfach verallgemeinert werden. Eher deutet Prov 2,17 auf eine religiöse Zeremonie bei der Eheschließung hin. Davon wird dann allerdings Tob 7 f. gesprochen. Aus dem Fehlen von Nachrichten darf aber – ebenso wie im Falle des Heidentums – nicht der Schluss gezogen werden, dass Momente der Trauung bei einer Eheschließung gänzlich gefehlt hätten. Der prophetische Kampf gegen Baale und Astarten, der sich durch wesentliche Teile des Alten Testaments hindurch zieht, macht vielmehr deutlich, dass es ein wesentliches Anliegen alttestamentlicher Frömmigkeit ist, keine Aussparung von Sexualität und Fruchtbarkeit des Feldes, der Herden und des Menschen aus der Jahwereligion zuzulassen, sondern vielmehr zu betonen, dass auch dieser Bereich unter der Macht und Herrschaft Jahwes steht. Ruth 4,13 z.B. wird deutlich ausgesprochen, dass Jahwe ihr die Schwangerschaft gewährt. Im übrigen unterstreicht natürlich die Existenz einer Baalsfrömmigkeit den Zusammenhang von Sexualität, Ehe und Fruchtbarkeit mit der religiösen Dimension.

Was nun das Buch Tobias betrifft, so ist es schwer zu entscheiden, inwieweit hier ein Sonderfall geschildert wird oder sich die allgemeine Sitte niederschlägt. Aber es ist zu vermuten, dass die Familienväter die Eheschließung mit einer Segnung des Paares verbunden haben. Aus der Zeit nach Christus sind uns von Rabbinen solche Segensformen überliefert (vgl. Ritzer 9–13). Die Trauung ist eben, worauf Ferdinand Ahuis im Anschluss an Rainer Albertz hingewiesen hat, ursprünglich in der »Familienreligion« angesiedelt und es sei das Besondere der kirchlichen Kasualien, dass ein Vertreter der offiziellen Religion im Rahmen der Familienreligion agiert: »Nicht die Familie macht die Kasualien zu einem Problem, sondern die Tatsache, dass die Kirche sich durch ihre Amtsträger an den Kasualien beteiligt, religionssoziologisch gesprochen: Ein Vertreter der offiziellen Religion wird wirksam in einem Gottesdienst der Familie. Das ist religionsgeschichtlich ein Novum. Denn man wird annehmen dürfen, dass auf der Ebene der Familienreligion zunächst der *pater familias* und ganz sicher auch die *mater familias* bei den familiären Übergangsriten eine Rolle gespielt haben (z.B. bei Namensgebung, Beschneidung, Hochzeit), und die Religionsethnologie belehrt uns, dass in Fällen, in denen ein Fachmann mit der Begleitung der Übergangsriten betraut war, dieser außerhalb der Priesterhierarchie, d.h. also außerhalb des von der offiziellen Religion bestimmten Systems gestanden habe. Entsprechende Beobachtungen lassen sich auch am Alten Testament machen: Die Kasualien wie Namengebung, Entwöhnung, Beschneidung, Hochzeit und Beerdigung werden von der Familie getragen. ... Nicht anders steht es mit der Eheschließung: Der Familienvater erteilt das Gebot für die Wahl der Frau und nicht der Priester« (23 f.). »Es scheint ein proprium der Kirche zu sein, dass der Vertreter der offiziellen Religion Riten vollzieht, die wesentlich von der Familie getragen werden« (ebd. 26). Für die gräko-ägyptische Eheschließung in hellenistischer Zeit hält Ritzer allerdings eine Mitwirkung des Priesters für möglich, wenn auch nicht schlüssig erwiesen und belegt sie für hellenistische Griechen (20 f.).

C. Eheschließungsformen in der Alten Kirche und im Mittelalter

Das Neue Testament äußert sich verschiedentlich – nicht immer einheitlich – zu Sexualität und Ehe, berichtet aber nirgends über eine Trauungs-Zeremonie. Auch aus I Thess 4,4 vermag ich keine halbwegs eindeutige Anspielung auf eine solche herauszulesen. Aber keinem Zweifel kann es unterliegen – und dafür ist die genannte Stelle neben anderen ähnlichen ein Beleg –, dass die Ehe für neutestamentliche Frömmigkeit etwas ist, was durchaus mit Gottes Geboten und Erwartungen an menschliches Verhalten zu tun hat. Insofern sind Sexualität und Ehe also keineswegs aus der religiösen Sphäre ausgeklammert, sondern vielmehr von der Universalität Gottes und seiner Schöpfung umfangen. »Alles, was ihr tut mit Worten oder mit Werken, das tut alles im Namen des Herrn Jesus und dankt Gott, dem Vater, durch ihn« (Kol 3,17). Davon ist der Bereich von Sexualität, Ehe und Familie natürlich nicht ausgenommen.

Das äußert sich in der Alten Kirche institutionell aber zunächst noch nicht durch eine religiöse Zeremonie anlässlich der Eheschließung, die im übrigen gemäß der jeweils landesüblichen Sitte erfolgte, einer Sitte, die offenbar frei war (bzw. leicht befreit werden konnte) von religiösen Elementen, an denen Christen hätten Anstoß nehmen müssen. Jedenfalls sagt Tertullian ausdrücklich, dass die Zeremonien der Eheschließung bei Heiden nicht mit Götzendienst verbunden seien (*De idololatria* 6; CChr.SL 2,1106). Gemäß römischem Recht galt primär der Grundsatz *consensus facit nuptias*; der übereinstimmende Wille von Mann und Frau eine Ehe zu führen, begründet eine solche. Dieser Grundsatz bedeutet einen großen Fortschritt, weil er das Paar unabhängiger macht von der Verfügung der beteiligten Großfamilien und der Eltern und auch der Frau das freie Verfügungsrecht zugesteht; ohne ihre Zustimmung kann keine Ehe begründet werden. Wenn der Grundsatz *consensus facit nuptias* sich auch wirkungsgeschichtlich unweigerlich in dieser Richtung auswirken muss, so bedeutet er faktisch noch nicht sogleich, dass nicht doch auch die Familien und Eltern entscheidenden Einfluss nehmen, *de facto* eine Art Vetorecht ausüben und dass insbesondere auch die freie Wahl der Frau durch Sitte und wirtschaftliche Gegebenheiten stark eingeschränkt war.

Auch die Kirche legte Wert darauf, dass vor der Eheschließung eines ihrer Glieder geprüft wurde, ob keine Gründe vorliegen, die nach christlicher Auffassung gegen eine Eheschließung sprechen, z.B. eine beabsichtigte Mischehe mit Juden, Heiden oder Häretikern, wobei freilich zu bedenken ist, dass solche Mischehen wohl nicht von allen Theologen und Klerikern abgelehnt wurden (vgl. Niebergall 151). Aber es ist ja deutlich, dass in einer patriarchalisch geprägten Gesellschaft insbesondere die Heirat einer Christin mit einem Juden oder Heiden leicht zu einer Beeinträchtigung christlicher Lebensführung führen konnte.

Ignatius schreibt in seinem Brief an Polykarp: »Es ziemt sich für Männer und Frauen, die in den Ehestand treten, ihren Bund nach Zustimmung des Bischofs zu schließen [γνώμη übersetze ich trotz des Einwands von Niebergall (111) mit ›Zustimmung‹, ohne zu bestreiten, dass eine sehr nachdrückliche Zustimmung gemeint ist, die den Willen Gottes zum Ausdruck zu bringen glaubt], damit die Ehe gemäß Gott und nicht auf Grund eigenen Verlangens geschlossen werde. Alles geschehe zur Ehre [Gottes]« (5,3; PG 5,723). Ritzer betont allerdings, dass dieser von Ignatius und auch Tertullian geforderten kirchlichen Zustimmung zur Eheschließung von Christen kaum die Realität entsprochen habe: »Ein Gebot, den bischöflichen Ehekonsens einzuholen, hat sich ... weder im Osten noch im Westen durchgesetzt (38, vgl. auch 30 f.).

Tertullian schildert so etwas wie eine kirchliche Trauung: »Woher sollen wir imstande sein, das Glück einer Ehe zu schildern, welche die Kirche verbindet (*conciliare* = trauen), die die Darbringung (der Eucharistie) bestätigt, der Segen besiegelt, die Engel ansagen und der Vater (im Himmel) als gültig ansieht?« (*ad uxorem* 2,8,6; CChr.SL 1,393). Die Interpretation dieser

Stelle und ihres Umfeldes ist keineswegs einheitlich, worüber Niebergall ausführlich berichtet (137 f. Anm. 106); aber es liegt hier möglicherweise der Beginn einer Entwicklung vor, die zur Brautmesse führt. Niebergall charakterisiert die Position von Tertullian so: »Die Bedeutung dieser Bemerkung besteht nicht nur darin, dass wir uns zum ersten Mal eine annähernde Vorstellung von der Mitwirkung der Kirche an einer Eheschließung von Christen machen können, sondern dass diese kirchliche Mitwirkung als etwas Selbstverständliches gilt und sogleich in Verbindung mit dem Höhepunkt des Gemeindelebens, mit der Darbringung des eucharistischen Opfers gebracht wird. ... Der Gedanke, dass es zur Eheschließung nicht nur der conciliatio und der benedictio, sondern der oblatio bedarf, lässt erkennen, wie sehr die Nupturienten auf eine objektive, dingliche Heiligung ihrer Ehe angewiesen sind, eine Heiligung, die sich dadurch vollzieht, dass die Nupturienten an dem eucharistischen Opfer Anteil erhalten. ... Am Beginn der Ehe unter Christen muss das ›Sakrament‹ stehen« (139).

Andererseits macht Ritzer einleuchtende Gründe geltend, die dagegen sprechen, dass Tertullian hier von einem priesterlichen Ehesegen und einem Brautmessritual spricht (58–67). Er geht davon aus, dass »für die Kirche Roms der priesterliche Ehesegen und die Brautmesse zuerst für das 4. bis 5. Jh. schriftlich bezeugt« sind (68).

Die im mittelalterlichen Deutschland üblichen Formen der Eheschließung interessieren im Zusammenhang der Trauung ebensowenig wie die im römischen Einflussbereich, zumal Siegfried Reicke zu Recht darauf hinweist, dass sowohl landschaftlich als auch im Bereich der unterschiedlichen Klassen und Stände recht unterschiedliche Rechtsbräuche existierten (27). Jedenfalls ist die Eheschließung eine Sache, an der nur die beteiligten Familien und deren Rechtsvertreter beteiligt sind. Natürlich wird im Anschluss an diese Eheschließung zumeist eine Brautmesse gefeiert. Dabei deutet der Begriff bereits an, dass der Segen ursprünglich allein der Braut, nicht dem Ehepaar gilt. Pierre Journel schreibt: »Die Frau, die im Mittelpunkt des heidnischen Ritus stand, nimmt auch im christlichen Ritus die bevorzugte Stellung ein. Ihre künftige Mutterschaft, auf welche die Ehe hinordnet, ist so wichtig, dass sie vom mütterlichen Gebet der Kirche umhüllt werden muss« (bei Martimort 135 f.).

Stärker apologetisch interpretiert Abt Ildefons Schuster: »Wenn man die niedrige Einschätzung der Frau bei den alten Völkern in Betracht zieht, muss man über die Weisheit der Kirche staunen, dass sie auch in ihrer Liturgie sich des schwachen Geschlechts angenommen, dass sie die Frau aus einer unwürdigen Sklavenstellung herausgehoben und durch christliche Ritterlichkeit zum Gegenstand besonderer Verehrung gemacht hat. Frauenminne begeisterte Dante zur Divina Comedia und Petrarca zu seinen Dichtungen« (I, 205). Und: »Gegenüber der unwürdigen Einschätzung des Heidentums schützte die Kirche die Frau auch in der Liturgie« (IX, 192).

Diese rein geistliche Mitwirkung durch eine Brautmesse ändert sich im 13. Jh., als die Kirche die Eheschließung durch einen Laien verbot und die Mitwirkung eines Geistlichen verlangte, der aber nur die Funktion hat, die Konsenserklärung der Eheleute im Beisein von Zeugen entgegenzunehmen, also den weltlichen »Muntwalt« ersetzt (vgl. DS 1814). Der rechtliche Akt der Eheschließung vor dem Priester und der kirchliche Akt der Brautmesse sind zwei zu unterscheidende Dinge. Daran knüpft die Reformation Martin Luthers dann an.

D. Eheschließungsformen im Zeitalter der Reformation

1. Eheschließungsformen *in der lutherischen Reformation*

An den unterschiedlichen rechtlichen Formen der Eheschließung und den Sitten und Gebräuchen der Eheschließung will Luther nichts ändern. Ausdrücklich schreibt er gleich zu Beginn seines »Traubüchlein(s) für die einfältigen Pfarrherren« von 1529: »›So manches Land, so manche Sitte‹, sagt das allgemeine Sprichwort. Demnach, weil Hochzeit und Ehestand ein weltlich Geschäft ist, gebührt uns Geistlichen oder Kirchendienern keineswegs, etwas darin zu ordnen oder zu regieren, sondern (wir) lassen einer jeglichen Stadt und Land hierin ihren Brauch und Gewohnheit, wie sie in Übung sind« (WA 30/III,74).

An der Sitte eines öffentlichen Aufgebots von der Kanzel hält Luther fest. Der rechtliche Akt der Eheschließung erfolgt durch den Pfarrer vor der Kirche, indem er den Konsens der Eheleute erfragt, sie die Trauringe einander geben lässt, ihre beiden rechten Hände ineinander fügt und Mt 19,6 zitiert: »Was Gott zusammengefüget, soll kein Mensch scheiden«. Dann sagt er: »Weil denn Hans N. und Greta N. einander zur Ehe begehren und solches hier öffentlich vor Gott und der Welt bekennen, darauf sie die Hände und Trauringe einander gegeben haben, spreche ich sie ehelich zusammen, im Namen des Vaters, des Sohnes und des heiligen Geistes. Amen.« (WA 30/III,77). Luther nennt das »trauen«, was auch insofern verständlich ist, als der Rechtsakt der Eheschließung zuerst ein Anvertrauen der Braut gegenüber dem Bräutigam war. Im germanischen Bereich ist die Eheschließung also ursprünglich eine Trauung. Außerdem entspricht Luthers Terminologie unserem heutigen Sprachgebrauch, der den Begriff »Trauung« dem kirchlichen Akt zuordnet, weil ja ein religiöses Moment durch die Zitierung von Mt 19,6 und den Gebrauch der trinitarischen Formel unverkennbar ist. Aber der Intention nach handelt es sich bei diesem Teil der Handlung um die rechtsverbindliche Eheschließung, die auch in nichtreligiöser Sprache erfolgen könnte und heute vor dem staatlichen Beauftragten so erfolgt. Dem Selbstverständnis damaliger Zeit liegt es aber nicht, Recht und Religion künstlich fein säuberlich zu trennen. Auch den Begriff des »Zusammensprechens« darf man nicht überinterpretieren. Konstitutiv ist die öffentliche und verbindlich geordnete Konsenserklärung für das Zustandekommen der Ehe. »Zusammensprechen« meint im Grunde nur die Bestätigung, das Aussprechen dessen, dass die Konsenserklärung in rechtlich gültiger Form erfolgt ist.

Auf diesen Akt vor der Kirche folgt in der Kirche, »vor dem Altar« das, was im heutigen Sinne den Kern einer »Trauung« im Unterschied zur staatlichen Eheschließung – die freilich in Deutschland seit 1938 illegitimerweise den Begriff »Trauung« ursurpiert hat – ausmacht, d.h. die religiöse Begehung der Eheschließung durch einen speziellen Gottesdienst.

Diese eigentliche Trauung besteht bei Luther aus Schriftlesungen und Fürbitte mit Segnung:

- Zunächst wird Gen 2,18.21–24 gelesen, was den göttlichen Stiftungscharakter der Ehe belegen soll.
- Dann folgt »das Gebot Gottes über diesen Stand«: Eph 5,25–29.22–24.
- Dann wird »das Kreuz, das Gott auf diesen Stand gelegt hat«, mit Gen 3,16–19 in Erinnerung gerufen.
- Der »Trost, dass ihr wisset und glaubet, dass Euer Stand vor Gott angenehm und gesegnet ist«, wird mit Gen 1,27 f. 31 und Prov 18,22 zum Ausdruck gebracht.
- Darauf folgt das Segensgebet mit einem Segensgestus.

Das ist im Prinzip – wie immer wieder rühmend hervorgehoben wird – eine klare Trennung des rechtlichen Akts der Eheschließung von der religiösen Trauung, die die römisch-katholische Brautmesse ersetzt, wenn Luther auch, wie bereits erwähnt, den Begriff »Trauung« gerade für den Eheschließungsakt verwendet. Erst durch die Zivilstandsgesetzgebung von 1875/76 im Gefolge des preußischen Kulturkampfes trennen wir ja so klar Eheschließung und kirchliche Trauung voneinander.

2. Religiöse Eheschließungsformen *im reformierten Bereich*

Zwingli sieht eine sehr kurze Form vor (»Ordnung der Christenlichenn Kilchen zu Zürich«: EKO(R) I, 135), die – ebenso wie dies dann bei Calvin der Fall ist – Eheschließung und

Trauung im Sinne gottesdienstlichen Handelns anlässlich der Eheschließung im Gegensatz zu Luther wieder miteinander verschränkt.

- Einleitung und Frage an die Anwesenden, ob jemandem ein Ehehindernis bekannt ist,
- Verlesung von Mt 19, 3–6.
- Der Ehekonsens wird erfragt, anschließend werden die rechten Hände ineinander gefügt.
- Es folgt eine auf Eph 5,21–33 anspielende Ermahnung: »Darum sollst Du, Mann, Deine Mitgesellin schützen, schirmen und lieben, wie Christus seine Kirchen, der sich für sie in alle Not, auch des Todes, gegeben hat. Du, Weib, aber sollst Deinen Mann, Dein Haupt und Deinen Meister, lieben, ihm gehorsam sein und ihn als Deinen Beschützer und Schirm erkennen. Ihr beide sollt solche Treue und Liebe gegeneinander bewahren, wie sie Christus gegenüber seiner Kirche und die Kirche gegenüber Christus hat«.
- Ein längeres Gebet, für das zwei Varianten angeboten werden, beschließt die Feier.

Calvins *La maniere de celebrer le sainct mariage* (CR 34,205) hat folgende Ordnung:

- Ps 124,8
- eine biblisch orientierte Belehrung über die christlich verstandene Ehe,
- Frage an die Eheleute, ob sie dieses Eheverständnis bejahen,
- Frage an die Anwesenden, ob jemandem Ehehindernisse bekannt sind,
- allgemeiner Segenswunsch zum Gelingen dieses Entschlusses, erneutes Zitat von Ps 124,8,
- Konsensbefragung und -feststellung,
- Verlesung von Mt 19,3 f. mit anschließender Ermahnung,
- längeres Gebet um Gottes Segen.

Neu gegenüber der Züricher Ordnung ist also vor allem die längere biblisch orientierte Belehrung über die christlich verstandene Ehe.

E. Zur Trauung im ökumenischen Horizont.

1. Die *römisch-katholische Trauung*

Von der römisch-katholischen Brautmesse war bereits kurz die Rede. Vor dem Zweiten Vatikanum vollzog sich die Trauung jahrhundertelang in folgender viergeteilter Form (bzw. in dreigeteilter Form, wenn Nr. 1 bzw. 4 fortfallen).

(1) Ansprache des Pfarrers über das Wesen und die Aufgaben der Ehe.

(2) Der eigentliche Akt der Eheschließung durch das Erfragen des Konsenses der beiden Eheleute, der durch das Reichen der rechten Hände, um die der Priester seine Stola schlingt, bekräftigt wird. Der Priester spricht dabei: »Ich verbinde Euch zur Ehe. Im Namen des Vaters und des Sohnes und des Heiligen Geistes. Amen.« Danach erfolgt die Segnung des Ringes, wozu Thomas Michels bemerkt: »Ursprünglich trug nur der Mann den Ring, mit dem er sein Hab und Gut versiegelte. Wenn er ihn der Frau gab, so wollte er damit bedeuten, dass sie damit Anteil bekäme an seiner hausherrlichen Gewalt. Diese alte Vorstellung lebt noch in dem liturgischen Brauch, dass nur der Ring der Braut gesegnet und nur ihr der Ring vom Bräutigam an die Hand gesteckt wird« (Liturgisches Volksbuch 409). Diese Interpretation betrifft allerdings nur eine ganz bestimmte historische Entwicklungslinie, denn ein Ringwechsel bei der Eheschließung ist religionsgeschichtlich weit verbreitet und hat wohl auch andere symbolische Hintergründe.

(3) Eucharistiefeier.

(4) Brautsegen, »der aber bei einer zweiten Eheschließung nicht gespendet wird, weil nur die einmalige Ehe die unlösliche Gemeinschaft zwischen Christus und seiner Kirche versinnbildlicht« (ebd. 408).

Nach dem Zweiten Vatikanum (*Ordo celebrandi matrimonium* vom 19.3.1969) haben die römisch-katholischen Bischöfe des deutschen Sprachgebiets 1974 eine »Feier der Trauung«

erlassen, die grundsätzlich dem früheren römischen Rituale folgt, aber doch einige bemerkenswerte Änderungen vornimmt. So bezieht sich z.B. das Segensgebet jetzt auf beide Brautleute. Die »Pastorale Einführung« gliedert die Trauungsfeier: »Eröffnung – Wortgottesdienst – Trauung – Eucharistiefeier – Abschluss« und nennt für die Trauung »folgende Elemente:

– Befragung der Brautleute nach ihrer Bereitschaft zur christlichen Ehe. Die Fragen leiten die Eheschließung ein und betreffen die Freiheit der Eheschließung, die Bereitschaft zur lebenslangen ehelichen Treue, die Bereitschaft, Kinder anzunehmen, sowie die Mitverantwortung in Kirche und Welt.
– Segnung der Ringe.
– Die Vermählung. Sie geschieht in der Erklärung des Ehewillens durch die Brautleute, den der Zelebrant im Namen der Kirche erfragt und entgegennimmt. Als Zeichen ihrer Liebe und Treue stecken die Brautleute einander die Ringe an.
– Bestätigung der Vermählung.
– Der Feierliche Trauungssegen. In ihm ruft der Zelebrant im Namen der Kirche in einem anamnetisch-epikletischen Gebet den Geist Gottes auf Braut und Bräutigam herab und bittet um Gottes Segen für den Ehebund.
– Die Fürbitten beschließen die Feier der Trauung« (Feier der Trauung [2]1992, 27 f.).

Die »Pastorale Einführung« legt Grundsätze dar für die »Feier der Trauung in der Messe« und »in einem Wortgottesdienst«, sofern beide Brautleute Katholiken sind, »mit einem Katholiken ostkirchlicher Riten«, »mit einem konfessionsverschiedenen Partner anderer Kirchen«, »mit einem Taufbewerber«, »mit einem nichtgetauften Partner, der an Gott glaubt«, wobei noch spezifisch auf die Trauung mit einem jüdischen, muslimischen Partner, bzw. einem Partner aus einer nicht-monotheistischen Religion eingegangen wird und schließlich mit einem »Partner, der nicht an Gott glaubt« (26–31). Es folgen in vier Kapiteln die liturgischen Formulare für diese verschiedenen Fälle (33–111). Sie zeichnen sich durch einen hohen Grad an Flexibilität aus, die auch in der Einführung ausdrücklich gefordert wird.

Die Feier der Trauung zwischen Katholiken soll in der Regel mit einer Eucharistiefeier verbunden sein, bei Kirchenferne nur mit einem Wortgottesdienst. Neu ist, dass bei der Trauung mit einem konfessionsverschiedenen Partner anderer Kirchen die Trauung, wenn die Brautleute es wünschen, auch in einer Messfeier stattfinden kann, ohne dass dazu eine Erlaubnis des Ortsordinarius erforderlich ist.

Der schwierige Fall der Trauung mit einem Partner, der nicht an Gott glaubt, erfordert »Anpassungen der liturgischen Ordnung«:

– »Die vom nichtglaubenden Partner zu sprechenden Texte sind so gehalten, dass sie den Glauben an Gott nicht voraussetzen.
– Auch für die Segnung und das Anstecken der Ringe sind veränderte Texte vorgesehen.
– Bei Eheschließungen mit einem Ungetauften sind Aussagen vermieden (und auch in den frei formulierten Texten zu vermeiden), die von dieser Ehe als Sakrament sprechen.

Die für die Rechtsgültigkeit der katholischen Trauung erforderlichen Elemente müssen gewahrt bleiben, auch bei situationsbedingten Anpassungen. Die christliche Botschaft über die Ehe darf nicht verkürzt werden, auch wenn die Verkündigung bei gemeinsamen (allgemeinmenschlichen) Grundüberzeugungen anknüpfen soll. Die Gebete, Lesungen und Gesänge mögen so ausgewählt werden, dass der nichtglaubende Partner sie verstehen kann« (31).

Zur Frage der Rechtsgültigkeit heißt es: »40. Ganz allgemein ist darauf zu achten, dass der nichtgetaufte Partner keine Texte sprechen soll, die seinem Gewissen und seiner Religion oder seiner Überzeugung widersprechen. Die für die Rechtsgültigkeit der katholischen Trauung erforderlichen Elemente (in jedem Fall die Erklärung des Ehewillens der Brautleute, die der Zelebrant von jedem der beiden erfragt und im Namen der Kirche entgegennimmt) müssen gewahrt bleiben, während im übrigen situationsbedingte Anpassungen möglich sind« (30).

Ein nicht ganz klar gelöstes Problem der römisch-katholischen Eheauffassung besteht darin, dass einerseits der gegenseitige Konsens der Eheleute eine legitime Ehe begründet und sich getaufte Eheleute das Sakrament der Ehe gegenseitig spenden, dazu also nicht der Mitwirkung eines Priesters bedürfen, dass andererseits aber nur jene Ehen anerkannten werden, die vor einem Priester geschlossen sind, d.h. der »Formpflicht« genügen. So sagt Thomas Michels z.B.: »Weil die Kirche die Ehe so hoch stellt, deshalb erkennt sie für ihre Kinder nur die Ehe an, die vor einem Priester als ihrem Vertreter geschlossen wird, wie auch schon die heidnischen Römer die Ehe höher werteten, die vor dem Priester geschlossen war« (Herwegen 408).

2. Die anglikanische Trauung

Die Trauung besteht gemäß der herkömmlichen Tradition des BCP zunächst aus einer einführenden Darlegung der Gründe, aus denen Gott die Ehe gestiftet hat, wobei ursprünglich an erster Stelle Geburt und christliche Erziehung von Kindern genannt werden, an zweiter ihre Schutzfunktion gegenüber der Sünde und erst an dritter Stelle ihre partnerschaftliche Funktion.

Darauf folgt die Konsenserklärung beider Partner, das Zusammenfügen der rechten Hände und eine Ringübergabe des Pfarrers an den Mann, der ihn seiner Frau ansteckt. Nach nochmaliger Zusammenfügung der rechten Hände durch den Pfarrer rezitiert dieser Mt 19,6: »Was Gott zusammengefügt hat, soll der Mensch nicht scheiden«. Es folgen Segnungen, Gebete und Schriftlesungen (Ps 128 und 67; Eph 5; Kol 3,18 f.; I Petr 3,1–7). Entweder im Anschluss an die Trauung oder zum nächstmöglichen Termin soll die Kommunion der Eheleute erfolgen.

Das ASB 1980 ergänzt das herkömmliche BCP. Der entsprechende Abschnitt über die Ehestiftung sagt dort: »Marriage is given, that husband and wife may comfort and help each other, living faithfull together in need and in plenty, in sorrow and in joy. It is given, that with delight and tenderness they may know each other in love, and through the joy of their bodily union, may strengthen the union of their hearts and lives.« Erst dann heißt es: »It is given, that they may have children and be blessed in caring for them and bringing them up in accordance with God's will, to his praise and glory« (288 n. 6).

3. Die orthodoxe Trauung

Im Unterschied zur römisch-katholischen Trauung, die bis heute eine Verbindung mit der Eucharistiefeier anstrebt, ist dies bei der orthodoxen Trauung – mit Ausnahme bei den Äthiopiern und den Armeniern – nicht der Fall.

Die auffallende Symbolik ist die »Krönung« des Paares, von der der Ritus ursprünglich seinen Namen erhalten hat. Vorgeschaltet ist der Verlobungsritus, der seit langem praktisch mit der Krönung zu einer Einheit verbunden war und ist, da im Osten bereits die Verlobung als unauflöslich galt, sodass sich ein Zusammenwachsen der beiden Riten nahelegte. Er besteht heute im Wesentlichen aus zwei, bereits auf das 4. Jh. zurückgehenden, Gebeten und der Ringübergabe, bei der die meisten Stellen der Bibel, an denen von einem Ring die Rede ist, in Erinnerung gerufen werden, d.h. Gen 38,18; 41,42; Dan 6,17; Lk 15,22 (vgl. Ritzer, 127–132. 133–135, sowie von Maltzew, 37–246 und Schöpsdau, 192–195).

Hauptbestandteile der Krönung sind neben dem symbolischen Akt der Krönung und dem Ablegen der Kronen, ursprünglich am achten Tag nach der Vermählung, Schriftlesungen, Gebete und Segnungen, auch ein geweihter Trunk zur Erinnerung an die Hochzeit von Kana.

Hans-Georg Haack kommentiert den »gemeinschaftlichen Becher« mit Wasser vermischten Weines: »Diesen Brauch finden wir auch im heutigen Judentum. Er soll wohl die neue Lebensgemeinschaft symbolisieren, gleichsam eine neue Gemeinschaft des Blutes, wie auch der Wein überhaupt ein Sinnbild des Blutes ist«, und verweist dann auch auf die Hochzeit zu Kana (111).

Johannes Chrysostomus interpretiert die Krönung in einer Homilie zu I Tim 2 so: »Man setzt eine Krone auf das Haupt der Brautleute als Zeichen ihres Sieges; denn unbesiegt gelangen sie in den Hafen der Ehe, da sie nicht von der Lust überwunden werden« (vgl. Martimort 141 und von Maltzew 279). Ring und Kronen sind »Wahrzeichen des Unauflöslichen (sie haben weder Anfang noch Ende), des vollkommenen und ewigen Verbundenseins der Ehegatten, zugleich aber auch Schmuck, Ausdruck der Freude und Feier (Schöpsdau 192).

Probleme dürften heutzutage die sich mehrfach wiederholenden massiven Bezüge der Gebete auf den Mythos der Erschaffung Evas aus einer Rippe Adams bereiten, da in keiner Weise angedeutet wird, dass es sich hier um Symbolik handelt, ebenso die Rollenzuweisungen an Mann und Frau, bei denen der Mann als Haupt und Herr der Frau angesprochen wird.

F. Die kirchliche Trauung nach Einführung der Zivilehe

Solange die kirchliche Trauung zugleich anerkannte Eheschließung war, wurden zwar Eheschließung einerseits und kirchliche Feier anlässlich der Eheschließung mit Predigt, Schriftlesung, Gebet und Segen und gegebenenfalls Kommunion andererseits durchaus – jeweils unterschiedlich deutlich und bewusst – unterschieden, aber beide Akte gingen ineinander über und waren teilweise stark ineinander integriert.

Die Einführung obligatorischer »Zivilehen« durch die modernen Staaten, d.h. einer staatlichen säkularen Eheschließung als der juristisch einzig und allein gültigen und anerkannten Form der Eheschließung nötigte Kirchen und Theologie zu einer intensiveren Besinnung darauf, worin das Spezifische der kirchlichen Trauung besteht und wie sie dementsprechend zu gestalten sei. Es wäre ja u.U. geboten gewesen, die Momente der Eheschließung, wie die gegenseitige Konsenserklärung der Eheleute, die öffentliche Feststellung der Eheschließung durch den Pfarrer und damit im Zusammenhang auch die symbolischen Akte des Ringwechsels und des Händereichens konsequent aus der kirchlichen Handlung auszugliedern, da sie ja nur wiederholen, was öffentlich-rechtlich verbindlich bereits bei der staatlichen Eheschließung geschehen ist. Aber verständlicherweise scheute man vor einem derartig radikalen Eingriff in die historisch überkommene Trauung zurück und versuchte statt dessen, um solche Verarmung zu vermeiden, auch diese Bestandteile theologisch sinnvoll zu interpretieren und sie liturgisch entsprechend zu gestalten. Das hat zwar die Klarheit nicht immer gefördert, aber zur Intensivierung der Diskussion beigetragen.

Innerhalb der evangelischen Kirche Deutschlands gab es zwar auch Widerstand gegen die Einführung der obligatorischen Zivilehe, zumal, worauf Hans von Schubert in seiner klassischen Darstellung hinweist, viele Geistliche durch den ersatzlosen Ausfall der Traugebühren eine »schwere materielle Schädigung« erfuhren (95 Anm.2). Es gab aber durchaus auch in großer Breite Zustimmung.

Ein frühes Zeugnis von großer Klarheit für letztere ist eine unmittelbar vor Erlass des preußischen Gesetzes vom 9.3.1874 über die Einführung der obligatorischen Zivilehe zum Thema »Bürgerliche Eheschließung und kirchliche Trauung« gehaltene Predigt des seinerzeit recht bekannten Hallenser Predigers Heinrich F. C. Hoffmann (1821–1899). Predigttext ist das Evangelium zum 2. Sonntag nach Epiphanias von der Hochzeit zu Kana Joh 2,1–11.

Besonders in Ländern, in denen die konfessionelle Verschiedenheit der Bürger groß war, bestand im Interesse der Toleranz und vor allem eindeutiger Eheregelungen die Notwendigkeit, zumindest fakultativ – als Alternative zu einer im Rahmen einer kirchlichen Trauung erfolgenden Eheschließung – rein staatliche Formen der Eheschließung zu ermöglichen. Sie waren zumeist nur Personen gestattet, bei denen eben Konfessionsverschiedenheit von der staatlich privilegierten Konfession vorlag, man spricht dann bisweilen von einer »Notzivilehe«. Da aber manche Kirchen sich einer Trauung von Geschiedenen verweigerten, während der Staat bereit war, Eheschließungen auch Geschiedener zu ermöglichen, wurde die rein staatliche Eheschließung auch Bürgern der Mehrheitskonfession ermöglicht.

Solche fakultativen Zivilehen wurden z.B. 1580 in der Provinz Holland und 1656 in den Niederlanden, 1836 in England, 1787 in Frankreich für die Protestanten eingeführt, in Österreich 1868 bzw. 1870, in Russland 1874.

Aber es gab auch bereits relativ früh die obligatorische Zivilehe. Cromwell führte sie 1653 in England und Irland ein, wo sie allerdings nur vorübergehend in Geltung stand, Frankreich erhielt sie 1792, 1865 Italien, 1870 Spanien, wo sie seit 1875 nur fakultativ für Dissidenten fortgeführt wird, 1875 die Schweiz und Mexiko. Auf Grund der französischen Eroberungen wurde die obligatorische Zivilehe auch am Anfang des 19. Jahrhunderts in einigen Teilen des Rheinlandes und anderen kleineren Gebieten Deutschlands eingeführt.

Preußen führte, nicht zuletzt im Hinblick auf die Synagoge, für nicht zur evangelischen oder römisch-katholischen Kirche gehörige Personen durch Gesetz vom 23. Juli 1847 eine »Notzivilehe« ein (vgl. Geiger 196). In der Nationalversammlung von 1848 scheiterten Initiativen, die obligatorische Zivilehe einzuführen.

Erst im Zuge des Kulturkampfes wurde in Preußen mit Wirkung vom 15.10.1874 und für Deutschland mit Wirkung vom 1.1.1876 die obligatorische staatliche Eheschließung eingeführt, wobei beachtet werden muss, dass das Reichsgesetz vom 6.2.1875 den Begriff der Trauung nicht für diesen staatlichen Eheschließungsakt verwendet, sondern ihn allein der freiwilligen kirchlichen Handlung nach der Eheschließung belässt. Rolf Schäfer bemerkt dazu: »Der bürgerlichen Eheschließung stand die ›kirchliche Trauung‹ gegenüber. Der kultische Charakter der ›Trauung‹ blieb so eindeutig, dass das nationalsozialistische Ehegesetz von 1938 ihn wieder aufgriff, um durch eine feierlich gestaltete standesamtliche ›Trauung‹ den Kultakt der Kirche überflüssig zu machen. Nach 1945 ist – ... in der Bundesrepublik – die antikirchliche Spitze bei der bürgerlichen Eheschließung weggefallen. Der Begriff ›Trauung‹ blieb gleichwohl im heute geltenden Ehegesetz von 1946 stehen« (136 f.).

In Österreich wurde die Zivilehe erst mit dem »Anschluss« an das Deutsche Reich 1938 eingeführt und nach 1945 beibehalten.

II. Zur Praxis

Kirchliches Handeln für Menschen, die eine Trauung begehren, umfasst die Vorbereitung der Trauung, den Trauungsgottesdienst selbst sowie die begleitende Seelsorge nach der Trauung.

Die Vorbereitung wird aufgrund der eingangs geschilderten gesellschaftlichen und kulturellen Veränderungen im Blick haben, dass die Anlässe für den Wunsch nach einer kirchlichen Trauung sehr unterschiedlich sein können. So taucht häufig im Zusammenhang mit der Taufe der eigenen Kinder der Wunsch auf, die bisher nicht mit einem öffentlichen Ereignis gefeierte Partnerschaft repräsentativ zu begehen. Gerade dazu wird aber die Kirche und nicht das Standesamt gewählt, weil man wahrscheinlich hier die höhere Repräsentations- und Feierkultur erwartet (Nave-Herz 69–97). Die kirchliche Trauung wird entsprechend mehr und mehr danach beurteilt werden, ob die Qualität ihrer Botschaft auch in der Fähigkeit spürbar wird, überzeugende (»zu Herzen gehende«) öffentliche Feiern zur Selbstvergewisserung zu gestalten.

A. Die Vorbereitung der Trauung

1. Die Vorbereitung auf die Ehe

Das persönliche Grundverständnis von der Ehe ist geprägt von den Erfahrungen in der eigenen Familie. Erfahrungen gelingender Ehen bei den Eltern sind von daher ein gutes Fundament für die eigene Ehe. Ehefähigkeit wächst weiterhin aus der Aneignung des christlichen Menschenbildes und damit aus der Erkenntnis, dass der Mensch als Einzelwesen zur Gemeinschaft erschaffen ist und Ehe darum als gute Gabe Gottes anzusehen ist. Darum sollte auch im Religions- und Konfirmandenunterricht eine dem jeweiligen Alter angemessene Interpretation des christlichen Eheverständnisses erfolgen.

Bewährt haben sich eine Zeit lang auch Seminare für Brautleute, die an mehreren Abenden oder als Wochenendveranstaltung mit Hilfe kirchlicher Eheberater und unter Mitwirkung je eines Seelsorgers, Juristen und Arztes durchgeführt werden. Dabei ist allerdings zu beachten, dass viele, die sich gegenwärtig für die kirchliche Trauung entscheiden, schon durch Kinder gebunden oder stark mit der beruflichen Orientierung beschäftigt sind.

2. Das Traugespräch

Dem Trauungsgottesdienst gehen Gespräche voraus, in denen die Aussagen des christlichen Glaubens zur Ehe im Dialog mit dem Brautpaar vermittelt werden sollen. Für diese Gespräche sollte, wo es möglich ist, von vornherein mehr als eine Begegnung vorgesehen werden.

Im Traugespräch sollen sich die Brautleute in ihrer Lebenssituation angenommen und verstanden fühlen. Diese Lebenssituation wird im Blick auf ihren Entschluss zur Ehe gemeinsam bedacht. Dabei muss einerseits die gesellschaftliche und persönliche Wertvorstellung einbezogen, andererseits gerade angesichts des sich wandelnden Eheverständnisses und des Scheiterns zahlreicher Ehen der Wille Gottes zur Ehe als Angebot und Hilfe, aber auch als Aufgabe deutlich gemacht werden. Dabei ist stets darauf zu achten, dass das Evangelium nicht als etwas Gesetzliches, sondern als Hilfe zum Leben empfunden werden kann. Deshalb ist es auch wichtig, dass Traugespräche eine Atmosphäre des Vertrauens schaffen. Als Ort kommt sowohl das Sprechzimmer des Pfarrers als auch die Wohnung der Brautleute in Frage.

Zu vermeiden ist ein Monolog des Pfarrers oder der Pfarrerin. Es sollte wirklich ein Gespräch entstehen, bei dem auch die Reaktionen der Gesprächspartner, die auf besondere Interessen oder Fragen hinweisen, beachtet werden. Zu vermeiden sind inquisitorische Fragen (Warum wollen Sie sich kirchlich trauen lassen? Wie ist Ihr Verhältnis zur Kirche?), die Verunsicherung hervorrufen und einen vertrauensvollen Gesprächsgang von vornherein behindern können. Zur Klärung des Erwartungshorizontes besser geeignet wäre statt dessen etwa die Frage: Was erwarten und erhoffen Sie von einer kirchlichen Trauung? Naheliegend ist es, auf den konkreten Trauungsgottesdienst zu sprechen zu kommen, dessen liturgische Form ebenfalls gute Anknüpfungspunkte zur Erörterung grundsätzlicher Fragen bietet.

Es hat sich bewährt, für das Traugespräch folgende Schritte und Inhalte zu wählen:

- Kennenlernen und Herstellung persönlicher Kontakte.
- Allgemeine Fragen der Ehe
  Dieses Gespräch kann von einem zentralen biblischen Text zur Ehe ausgehen und fragen:
  Wie wollen wir unsere Ehe verstehen?
  Was erwarten wir von unserer Ehe?
  Was erwarte ich von meinem Ehepartner?
  Welche Rolle spielt die Sexualität in der Ehe?
  Wie stellen wir uns die Erziehung unserer Kinder vor?

Wie stehe ich zum christlichen Glauben und zur Kirche?

– Der Traungsgottesdienst
  Gespräch über die Ordnung und den Verlauf der Trauung.
  Gespräch über Lieder und Musik, biblische Lesungen, Text für die Traupredigt, Traufragen, Ringwechsel, Trausegen, Gebete.
  Gespräch über äußere Modalitäten wie Ein- und Auszug, Stehen, Sitzen, Knien, Blumenschmuck, Fotografieren und anderes mehr.
  Gespräch über die Verwendung des Dankopfers.

Selbstverständlich bedürfen besondere Probleme einer besonderen Erörterung. Für die konfessionell gemischte Ehe wird auf entsprechende Handreichungen zur Ehevorbereitung für konfessionsverschiedene Paare hingewiesen. Für Fälle, in denen ein Ehepartner keiner christlichen Kirche angehört, haben die Arnoldshainer Konferenz und die VELKD gemeinsam eine Handreichung herausgegeben.

Über die kirchliche Trauung Geschiedener bestehen z.T. detaillierte landeskirchliche Regelungen. Da es hier auch um Versagen und Schuld geht, kann das Gespräch die Tiefe und Verantwortlichkeit eines Beichtgespräches erhalten.

Wenn anzunehmen ist, dass Brautpaare von der kirchlichen Trauung eine religiöse Deutung ihres gemeinsamen Lebens erwarten, bietet das Traugespräch die Chance, auf die verbindliche Gemeinschaft im Licht der Liebe Gottes zu sprechen zu kommen und deutlich zu machen, dass kirchliches Handeln in der Trauung auf Gemeinschaft mit Christus und mit der Kirche zielt.

B. Der Trauungsgottesdienst

Die kirchliche Trauung wird in der Regel als selbstständiger Gottesdienst gehalten. Er kann aber auch in den gewohnten Hauptgottesdienst der Gemeinde integriert werden.

Der Trauungsgottesdienst ist einerseits Verkündigung, andererseits ein Stück Seelsorge. Er will deshalb aufgrund des Ergebnisses des geführten Traugespräches bewusst unter seelsorgerlichen Gesichtspunkten gestaltet werden. Die Variationsmöglichkeiten und Auswahltexte, die die Agenden anbieten, wollen dazu anregen. Wie dem Inhalt der Traupredigt, so kommt der Auswahl, Zuordnung und Gestaltung der einzelnen Stücke des Trauungsgottesdienstes hohe Bedeutung zu. Auf der anderen Seite will aber bedacht sein, dass der Gottesdienst im Regelfall nicht alles leisten kann, was an seelsorgerlichem Handeln der Kirche bei der Eheschließung erwartet werden muss.

Da die evangelische Trauung grundsätzlich als ein Gottesdienst anlässlich der Eheschließung zu verstehen ist, sind die kopulatorischen Riten (Trauformel, Ringwechsel) mit Bedacht so zu gestalten, dass eine Verdoppelung des standesamtlichen Ritus vermieden wird und das Eigene der christlichen Deutung der Ehe und der Segnung des jeweiligen Paares klar hervortritt: »Damit wird der Eigenwürde der kirchlichen Trauung Rechnung getragen, die weder Ergänzung, Überhöhung, Nachvollzug, Perfektionierung noch ›Anfüllung‹ des staatlichen Aktes ist, sondern auf einer völlig anderen Ebene steht.« (Mahrenholz 49).

Die Funktion des Trauungsgottesdienstes kann folgendermaßen umschrieben werden:

– Das Leben der Gemeindeglieder ist in seinen besonderen Ereignissen für die Gemeinde Anlass, Anteil zu nehmen und gemeinsam Lob und Bitte vor Gott zu bringen. Das gilt auch für die Eheschließung.
– Gerade zur Ehe und zum Eheleben hat die Kirche ein entscheidendes, wegweisendes und hilfreiches Wort zu sagen, das in der Bibel gründet und im Zeitpunkt der Eheschließung nicht verschwiegen werden darf.

– Im Trauungsgottesdienst werden Eheleute eingeladen, den Weg ihrer Ehe im Namen Gottes zu beginnen und unter den Willen Gottes zu stellen.
– Dieser Wille Gottes beinhaltet Gebot und Verheißung, Gabe und Aufgabe für die zu lebende und zu gestaltende Ehe.
– Auch für eine Ehe gilt, dass menschliches Bemühen und irdisches Glück nicht gelingen kann, wenn Gott nicht seinen Segen dazu gibt. Diese wird im Trauungsgottesdienst erbeten.

1. Die liturgische Form

Der Trauungsgottesdienst ist unter den gleichen strukturellen Voraussetzungen zu gestalten wie jeder andere Gottesdienst auch. Unter Gebet und Lobgesang wird das Wort Gottes verkündigt, Fürbitte getan, sofern Kommunikanten da sind, das Abendmahl gefeiert und der Segen Gottes zugesprochen. Da es sich beim Trauungsgottesdienst um einen Kasualgottesdienst handelt, sind Schriftlesungen, Predigt und Gebete besonders auf die Eheleute auszurichten. Weiters wird der Segen nicht nur der versammelten Gemeinde zugesprochen, sondern in einem eigenen liturgischen Akt für das Ehepaar erbeten. Besondere Zeichenhandlungen wie Ein- und Auszug und Ringwechsel heben dabei das Paar festlich hervor oder verweisen auf die Bedeutung der Ehe.

Es ist die Aufgabe der Gottesdienstordnung zur Trauung, diese verschiedenen Elemente zu einem sinnvollen Ganzen und zu einer verstehbaren und nachvollziehbaren Struktur zusammenzuordnen. Für diese Strukturierung kann in Analogie zum EGb ein Dreischritt verwendet werden: Eröffnung und Anrufung – Verkündigung und Bekenntnis – Gebet und Segen.

Dieser Dreischritt stellt die Verkündigung in die Mitte, ohne die anderen Teile zu einem bloßen Rahmen zu machen. Damit ergibt sich folgende Ordnung eines Trauungsgottesdienstes:

I Eröffnung und Anrufung
- Musik zum Eingang
- Begrüßung und Einleitung
- Lied der Gemeinde
- Biblisches Eingangsvotum / Psalm
- Eingangsgebet

II Verkündigung und Bekenntnis
- Predigttext und Predigt
- Lied der Gemeinde oder Musik
- Biblische Lesungen über die Ehe
- Traufragen und Trauversprechen
- Ringwechsel

III Fürbitte und Segen
- Segensgebet für das Ehepaar
- Trausegen
- Lied der Gemeinde oder Musik
- Dank- und Fürbittengebet
- Vaterunser
- Segen
- Musik zum Ausgang

Geht man andererseits von der Besonderheit des Gottesdienstes Trauung aus, dann gelangt man zu einem fünfgliedrigen Schema: (1) Eröffnung, (2) Wortverkündigung, (3) Trauversprechen / Ringwechsel, (4) Segnung des Paares, (5) Dank und Fürbitten und Entlassung und Segnung der Gemeinde (Prößdorf 2002,54).

Für den Beginn des Trauungsgottesdienstes können die Agenden nur allgemeine Hinweise und Beispiele bieten, da sich hier in den einzelnen Kirchen und Gemeinden unterschiedliche Gewohnheiten eingebürgert haben. Meist empfängt der Pfarrer das Paar oder den ganzen Hochzeitszug an der Kirchentür, und es folgt unter Glockengeläut und Orgelmusik ein gemeinsamer Einzug. Die Begrüßung erfolgt in der Regel in persönlich-freier Weise; dennoch sollte ein liturgischer Gruß zur Eröffnung des Trauungsgottesdienstes nicht fehlen. Die einleitenden Worte haben die wichtige Funktion, das Paar, seine Verwandten und Freunde bei dem, was sie an diesem Tag bewegt, »abzuholen«, ihnen die Bedeutung des Festtages und der Trauung bewusst zu machen und sie einladend in den Gottesdienst einzustimmen. Dabei ist zu beachten, dass dies in wenigen Sätzen geschieht und die Begrüßung und Einleitung nicht ausufert.

Für den nun folgenden zentralen Teil der Verkündigung, auf die das Trauversprechen antwortet, lassen nahezu alle reformatorischen Ordnungen auf die Predigt über ein frei gewähltes Schriftwort (Trauspruch) als Schriftlesung eine Zusammenstellung von Schriftworten zur Ehe folgen. Eine zweite Gestaltungsmöglichkeit folgt dem üblichen Verlauf der Verkündigung im Gemeindegottesdienst. Der Predigt wird eine vollständige Perikope zugrunde gelegt, und deren Aussage findet ihre biblische Ergänzung in einer vorher zu lesenden weiteren Perikope, wobei ein Lied der Gemeinde oder Musik zwischen diese beiden Lesungen treten.

Auf die Verkündigung folgen die Traufragen an das Paar und sein Versprechen. Dieses ist als öffentliches Bekenntnis der Eheleute vor der Gemeinde keine Wiederholung der Konsenserklärung auf dem Standesamt. Die Eheleute machen das Verständnis ihrer eigenen Ehe vom Evangelium her öffentlich. Dies sollte im Traugespräch eingehend thematisiert werden, sodass eine Form gefunden wird, die dem kirchlichen Auftrag wie dem Empfinden des Paares entspricht. Die neueren Agenden bieten für das Trauversprechen verschiedene Formen an.

In der Regel folgt auf das Trauversprechen als abschließende Zeichenhandlung der Ringwechsel, wobei die Ringe vor dem Einzug übergeben und auf dem Altar bereitgestellt werden. Andernorts ist es auch üblich, dass die Eheleute ihre Ringe an der linken Hand tragen und sie sich wechselseitig an die rechte Hand stecken. Der Ringwechsel ist ein Zeichen der Liebe und Treue. Weitverbreitet ist auch die zusätzliche Zeichenhandlung, bei der sich die Eheleute die Hände reichen, begleitet von dem deutenden wie verkündigenden biblischen Votum Mt 19,6 oder einem anderen biblischen Votum.

Der Gottesdienst geht nach dem Trauversprechen unmittelbar in die Segnung des Ehepaares über, für die die Agenden mehrere Möglichkeiten anbieten. Zu Gebet und Segen sollten die Eheleute niederknien. Der Segen erfolgt unter Handauflegung.

Es folgt das Danklied der Gemeinde, an das sich das Dank- und Fürbittengebet anschließt, für das die Agenden in der Regel eine reichliche Auswahl an Texten anbieten. An das Fürbittengebet schließt sich – gegebenenfalls nach Gebetsstille – das Vaterunser an.

Wird die Trauung mit einer Abendmahlsfeier verbunden, folgt auf das Fürbittengebet die Präfation mit den ihr vorausgehenden Versikeln und das Vaterunser wird in die Abendmahlsliturgie integriert.

Der allgemeine Segen beschließt die Trauung. Nach dem Auszug des Paares erfolgt die Gratulation am Eingang der Kirche oder einem von der Gemeinde bereitgestellten Raum.

Wird die Trauung im Rahmen des Hauptgottesdienstes der Gemeinde gehalten, dann kann die Ordnung – mehr oder weniger gekürzt – als Block in den Gemeindegottesdienst nach der Predigt eingefügt werden. Ebenso sachgemäß ist es, die einzelnen Stücke dieser Ordnung jeweils an der passenden Stelle des Gottesdienstes einzufügen und so den Trauungsgottesdienst voll in den Gemeindegottesdienst zu integrieren.

2. Die Traupredigt

Die meisten Agenden bieten für den Trauungsgottesdienst eine reiche Auswahl von Textvorschlägen an, die sich als Grundlage für die Traupredigt eignen. Nur ein geringer Teil dieser Vorschläge hat jedoch schon von vornherein die Ehe im Blick, sondern spricht vom allgemein menschlichen Verhalten untereinander wie von der Existenz des Menschen vor Gott. In der Auswahl der Textvorschläge halten sich alt- und neutestamentliche Worte in der Regel die Waage. Es sind Worte des Zuspruchs, der Freude, der Ermutigung, Worte, von denen aus Ehe als Gabe und Aufgabe entfaltet werden kann.

Schon beim Traugespräch sollte mit dem Brautpaar der Trauspruch, über den gepredigt wird und der die beiden Menschen auch auf ihrem Eheweg begleiten soll, ausgewählt werden.

Gerade bei der Traupredigt besteht die Gefahr, dass der Prediger/die Predigerin wegen der Identität des jeweiligen Anlasses immer wieder auf den engen Kreis seiner eigenen Gedanken und des bereits bei vorhergehenden Trauungen schon Gepredigten verfällt und somit im großen und ganzen bei jeder Trauung dasselbe sagt. Oberflächlich betrachtet könnte der Prediger/die Predigerin dies auch riskieren, weil ja der Kreis der Zuhörer vor allem in den Städten jedesmal ein anderer ist. Für den Prediger/die Predigerin ist aber die Situation weitaus problematischer. Wenn nämlich seine/ihre Trauansprachen durch das ständige Kreisen in dem engen Bereich der eigenen Gedanken mehr und mehr zu einer Schallplatte werden, die mit jeweils kleinen Variationen immer wieder aufgelegt wird, dann verliert er/sie in zunehmendem Maß die persönliche innere Beziehung zu den gesprochenen Worten. Wo das zutrifft, wo der Prediger/die Predigerin nicht mehr mit seiner/ihrer ganzen Persönlichkeit hinter seinen/ihren Worten steht, geht jede tiefere Wirkung auf die Zuhörer verloren.

Für die Traupredigt sind drei große Themenkreise zu unterscheiden: (1) Aussagen zur hochzeitlichen Situation (Hochzeitstag, Funktion der kirchlichen Trauung), (2) anthropologisch-soziologische Aussagen (Veränderungen im Verständnis von Liebe, Freiheit und Glück, Chancen und Gefahren von Partnerschaft), (3) christliche Deutung der unter den ersten beiden Punkten beschriebenen Zusammenhänge, die ihrerseits schon religiöse Dimensionen haben. Zur christlichen Deutung gehören Gottes Segen für die Ehe, das Zusammenfügen von Mann und Frau durch Gott und die ein ganzes Leben währende Partnerschaft. Dabei ist immer zu bedenken, dass unter den Gottesdienstbesuchern Menschen sind, deren Ehen gescheitert sind.

Die Predigt ist dabei einerseits Kasualpredigt, die die Heirat dieses besonderen Brautpaares und deren Biographie anzusprechen hat. Insofern wendet sie sich primär an das Brautpaar. Andererseits darf sie sich nicht damit begnügen und nur von der persönlichen Beziehung des Brautpaares reden. Sie hat die Ehe als gute Gabe des Schöpfers zur Entfaltung zu bringen und deutlich zu machen, dass das öffentlich gesprochene Ja zum gemeinsamen Leben eine Hilfe zur Dauer der Liebe in den wechselnden Situationen der ehelichen Gemeinschaft ist. Gefährdungen der Ehe und die notwendige Bereitschaft immer neuer Vergebung werden dabei nicht verschwiegen werden dürfen. Insofern will die Traupredigt auch die ganze versammelte Gemeinde treffen und betreffen. Selbstverständlich kann eine Traupredigt nicht eine vollständige Theologie der Ehe entfalten, sondern muss sich auf einige Aspekte beschränken.

Es ist sinnvoll, den Trauspruch im Trauungsbuch festzuhalten, damit auch zu einem späteren Zeitpunkt eine Erinnerungsmöglichkeit an diesen gegeben ist.

3. Die Lesungen

Hier handelt es sich um biblische Lesungen zur Ehe, wie sie schon Martin Luther in seinem »Traubüchlein« vorsieht. In drei biblischen Texten soll mit ihnen bezeugt werden, dass Gott von Anfang an Frau und Mann füreinander geschaffen hat (Gen 1,26a.27–28a.31 oder Gen 2,18.[21–22].[23–24]). Weiters, was Jesus über die Gemeinschaft in der Ehe sagt (Mt 19,4–6), und schließlich das Wort der Apostel, das zwar allen Christen gilt, aber auch für das Leben in der Ehe Bedeutung hat (I Joh 4,7.8; Eph 4,2b.3; 5,21.30).

Bei dem Block der Lesungen soll auf keinen Fall Gen 1 bzw. 2 und Mt 19 fehlen. An die Stelle von I Joh 4 bzw. Eph 4 können jedoch auch andere Episteltexte treten (z.B. Röm 12,1–2.9–12.[13–18]; Röm 15,5–7; Kol 3,12–17; I Petr 3,8.9; I Kor 13,4–7).

Es empfiehlt sich, diesen Block von Lesungen, der der Traupredigt folgt, beizubehalten, handelt es sich doch um einen Brauch, der in nahezu allen reformatorischen Ordnungen bezeugt ist. Er erlaubt einerseits, die Predigt gezielt auf die Situation des Brautpaares auszurichten, und bindet andererseits das Geschehen des jeweiligen Kasus in den biblischen Zusammenhang ein.

Das Wort vom Kreuz des Ehestandes (Gen 3,16–19), auf das Luther in seinem »Traubüchlein« nicht verzichtet hat, ist als unkommentierte Textlesung schwer verständlich. Schon die Erstfassung von Agende III hat den Vorschlag gemacht, nur noch umschreibend darauf Bezug zu nehmen. In neueren Agenden fehlt diese Lesung ganz.

Was früher noch selbstverständlich war, wird heute zum Problem: nämlich die Frage, wie weit Worte vom Kindersegen und der Auftrag, das Leben weiterzugeben, unkommentiert ausgesprochen werden können. Ebenso bedürfen Bibelworte, die die Unterordnung der Frau unter den Mann zum Inhalt haben, der Interpretation. Neuere Agenden verzichten auf sie.

4. Die Gebete

Abgesehen von dem mit einem Gebet verbundenen Trausegen steht das Gebet am Anfang und Schluss des Trauungsgottesdienstes. Die Agenden bieten eine reiche Auswahl an Texten.

Das Eingangsgebet soll die Situation aufnehmen. Freude und Dank wie auch die Bitte um Gottes Geleit auf dem gemeinsamen Weg finden darin ihren Ausdruck. An Stelle des Eingangsgebetes oder auch diesem vorangestellt kann ein passender Psalm gesprochen werden (z.B. Psalm 8.25.36.86.100.105.119.121.138.145, jeweils in Auswahl).

Das abschließende Dank- und Fürbittengebet soll über die Eheleute hinaus die Gemeinde mit einschließen. Es ist daher ausführlicher gestaltet und kann auch in der Form der Ektenie oder des Diakonischen Gebets gesprochen werden. Neuere Trauungsordnungen bieten auch Gebete an, bei denen die Eheleute, Eltern, Verwandten und Freunde einzelne Sätze sprechen.

5. Traufragen und Trauversprechen

Traufragen und Trauversprechen folgen auf die Verkündigung und werden heute in der Regel in zwei Formen angeboten. Bei der ersten Form erfolgt das Trauversprechen so, dass das Ehepaar einzeln oder gemeinsam auf die entsprechenden Fragen des Pfarrers/der Pfarrerin mit seinem Ja antwortet. Bei der zweiten Form bekennen sich die Eheleute wechselseitig oder gemeinsam vor der Gemeinde als Christen zu ihrer Ehe. Beide Formen sind in der Tradition der christlichen Kirche begründet und entsprechen keineswegs unterschiedlichen Verbindlichkeitsgraden, sondern bilden lediglich unterschiedliche *modi dicendi* für ein und denselben Inhalt. Auch an dieser Stelle ist zu beachten, dass die Trauung nicht die Verdoppelung des standesamtlichen Konsensus beinhaltet, sondern die öffentliche christliche Interpretation der Ehe. Das Trauversprechen ist damit als die individuelle Antwort des Paares auf die kirchliche Deutung ihrer Ehe, oder schlichter gesagt: als Antwort auf die Verkündigung aufzufassen.

Eröffnet werden beide Formen mit der Feststellung, dass die Ehe eine gute Gabe Gottes ist und dass Gott auch die nunmehr geschlossene Ehe schützen und segnen will. Die Frage richtet sich darauf, dass die Ehegatten einander vor Gott annehmen, aber auch darauf, dass sie ihre Ehe in »guten wie in bösen Tagen« nach Gottes Gebot und Verheißung führen wollen.

6. Der Trausegen

Für die Segnung des Ehepaares werden in neueren Agenden drei Möglichkeiten angeboten:

(1) Pfarrer/Pfarrerin spricht das Segensgebet unter Handauflegung (Gebet als Segnung).
(2) Nach dem Segensgebet wird unter Handauflegung eine Segensformel gesprochen (Gebet mit Segnung).
(3) Verwandte und Freunde (Trauzeugen) beteiligen sich mit Segensworten an der Segnung (entfalteter Segen).

Eine verhältnismäßig seltene Tradition, die aber letztlich auf Luther zurückgeht, stellt dem Segensgebet das Vaterunser als die neutestamentliche Grundlegung allen Betens voran.

7. Musik und Lieder bei der Trauung

Bei der Gestaltung des Trauungsgottesdienstes hat die Musik eine wichtige Funktion: Gemeindelieder, Orgelspiel, Chorgesang, solistische Vokal- und Instrumentalmusik sind Ausdruck des gemeinsamen Gotteslobs und dienen einem vertieften Hören und Nachdenken.

Häufig werden Musikwünsche an Pfarrer und Kirchenmusiker herangetragen. So sehr dies zu begrüßen ist, muss darauf geachtet werden, dass die Gesänge (Chor- und Sologesang) textlich und musikalisch für den Gottesdienst geeignet, die Instrumentalmusik dem Inhalt des Gottesdienstes angemessen und die Qualität der musikalischen Darbietung gewährleistet sind. Es muss aber auch bedacht werden, dass an diesem Punkt die prinzipiell ja gewünschte aktive Einflussnahme des Paares auf die Gestaltung des Gottesdienstes am stärksten zutage tritt. Darum ist auch hier im Rahmen des öffentlich Möglichen die Interpretation geäußerter Musikwünsche wichtiger als die Konfrontation mit den Standards des hochkulturellen Milieus.

Auf das gemeinsame Singen von Liedern sollte nur in Ausnahmefällen verzichtet werden. Die Lieder sind möglichst mit dem Brautpaar auszuwählen. Es bieten sich vor allem Lieder aus dem Bereich »Lob und Dank« sowie Psalmlieder an. Neuere Trauungslieder gibt es kaum.

8. Brauchtum

Bis heute erhaltene Bräuche bei der Trauung gehen oft auf sehr alte Gepflogenheiten zurück. Auf dem Land wird heute noch manche Sitte geübt, die in den Städten längst vergessen ist. Aber auch in den Städten haben sich Reste des Brauchtums erhalten oder bilden sich neue Sitten (Unsitten?) heraus.

Wie verhalten sich Pfarrer oder Pfarrerin bei den Brauchtumsformen der Trauungen? Das Geschehen vor und nach der kirchlichen Trauung ist nicht ihre Sache. Doch ist bei Kenntnis der örtlichen Gepflogenheiten eine Einflussnahme auf die Gestaltung des Gesamtfestes möglich.

Aber auch die christliche Gemeinde kann Brauchtum entstehen lassen oder erhalten. Das Abholen des Brautpaares durch den Pfarrer/die Pfarrerin an der Kirchentüre, als Rest des ursprünglichen Zuges vom Hochzeitshaus zur Kirche, wird von den Gottesdienstbesuchern als festlicher Auftakt empfunden. Das Überreichen einer Traubibel oder eines anderen Geschenkes der Gemeinde hat sich ebenfalls als sinnvoll erwiesen. Manche Gemeinden veranstalten auch nach der Trauung einen kleinen Umtrunk und bieten dafür die Gemeinderäume an.

Über das Fotografieren bei der Trauung sollte mit dem Brautpaar gesprochen werden.

9. Trauung konfessionsverbindender Paare

In der Diaspora überwiegen meist die konfessionsverschiedenen Ehen (oft fälschlich als »Mischehen« bezeichnet). Dabei wünschen sich immer häufiger bekenntnisverschiedene Paare die Mitwirkung der Seelsorger beider Kirchen bei ihrer kirchlichen Trauung. Dank des Einsatzes mutiger Pioniere, über den Hans-Christoph Schmidt-Lauber, der selbst zu ihnen gehört, in seiner Wiener Antrittsvorlesung berichtete (vgl. ders. 422–445), haben die Evangelische und die Römisch-katholische Kirche in Deutschland und in Österreich inzwischen kirchenrechtliche Möglichkeiten für eine Trauung katholisch-evangelischer Paare unter Mitwirkung der Bevollmächtigten beider Kirchen geschaffen (Deutschland: Gemeinsame Feier 1997; vgl. Schöpsdau 154–157; Österreich: Gemeinsame Handreichung 1985, Die Trauung katholisch-evangelischer Paare unter Mitwirkung der Bevollmächtigten beider Kirchen, o.O.o.J.). Die Bezeichnung »Ökumenische Trauung« sollte dennoch nicht verwendet werden, da es sich dabei kirchenrechtlich um eine evangelische bzw. eine katholische Trauung unter Mitwirkung der jeweils anderen Konfession handelt. Die Trauung konfessionsverschiedener Paare wird daher nach der Ordnung (evangelisch oder römisch-katholisch) gefeiert, für die sich die Brautleute entschieden haben.

Örtlich ist es durch Vereinbarungen der beteiligten Kirchen zu – allerdings nur zwischenzeitlich im offiziellen Gebrauch befindlichen – Ordnungen von Traugottesdiensten gekommen, die berechtigter als »ökumenisch« zu bezeichnen sind, da sie ein echtes Zusammenwirken der Pfarrer vorsehen, wobei – wegen des römisch-katholischen Rechtsauffassung – die Entgegennahme der Konsenserklärung dem römisch-katholischen Pfarrer zugeordnet sein sollte. Dem evangelischen Pfarrer käme dann insbesondere die Traupredigt zu. Eine solche wirklich »gemeinsame« kirchliche Trauung stellt ein 1974 in Baden zwischen fünf Kirchen (der evangelischen, der römisch-katholischen, der Brüderunität, den Methodisten und den Altkatholiken) vereinbartes Formular dar (bei Schöpsdau 158–161; vgl. Schmidt-Lauber 430.435–438).

Die Vorbereitung auf Trauung und Ehe sollte dabei im ökumenischen Geist geschehen. Deshalb ist der Trauungsgottesdienst mit beiden Liturgen vorzubereiten. Die Trauung selbst wird in der Regel als Wortgottesdienst gefeiert, da eine gemeinsame Abendmahlsfeier/Eucharistie derzeit nicht möglich ist. Wird der Wunsch geäußert, den Trauungsgottesdienst mit der Eucharistie zu verbinden (dieser Wunsch wird meist von katholischer Seite geäußert), dann wirft dies pastorale und ökumenische Fragen auf; sie sind bei der Vorbereitung ausführlich zu besprechen.

Beide Kirchen bekennen sich zu dem Auftrag, den Eheleuten verschiedener Konfessionszugehörigkeit zu helfen, dass sie kirchlich beheimatet bleiben und so Ehe und Familie in ökumenischem Geist leben. Der Respekt vor der religiösen Prägung und Überzeugung des Partners sollte daher in der Vorbereitung auf die gemeinsame Trauung als auch in der Gestaltung derselben erkennbar sein.

10. Trauung mit einem Nichtchristen

Wesentlich schwieriger als die Gestaltung einer konfessionsverschiedenen Trauung stellt sich die Gestaltung eines Traugottesdienstes dar, wenn einer der Beteiligten kein Christ ist. Aus seelsorgerlichen Gründen ist auch die Möglichkeit eines solchen Gottesdiensts wünschenswert (vgl. Jenssen 175 f.). Um den nichtchristlichen Partner nicht zu überfordern und doch dem christlichen Partner zu ermöglichen, seinem Glauben Ausdruck zu geben und die Bindung bewusst vor Gott zu bejahen, wird man von dem Prinzip abgehen müssen, dass beiden Partnern gleichlautende Fragen gestellt und Versprechen abverlangt werden – trotz aller Problematik, die solche Asymmetrie unzweifelhaft mit sich bringt.

Ob mit den Eheleuten ein Gottesdienst gefeiert werden kann, entscheidet sich daran, wie ernst der Wunsch des evangelischen Partners nach einem Gottesdienst ist. Dabei ist zu bedenken, dass sich Amtshandlungen zwar grundsätzlich auf Gemeindeglieder beziehen, andererseits aber Verkündigung und Gebet nicht an die Zugehörigkeit zur Kirche gebunden sind.

Voraussetzung für einen solchen Gottesdienst ist jedoch, dass

– beide Ehepartner gewillt sind, eine Ehe auf Lebenszeit zu führen,
– der/die nichtchristliche Ehepartner/in erklärt, den/die evangelische Partner/in in der Ausübung des Glaubens nicht zu behindern,
– keine Absprache über eine nichtchristliche Kindererziehung getroffen ist,
  der/die nichtchristliche Partner/in den Wunsch nach einer kirchlichen Handlung billigt.

Im Gespräch vor einem solchen Gottesdienst muss geklärt werden, ob ein Traversprechen gegeben und der Segen durch Handauflegung gespendet werden kann.

11. Trauung Geschiedener

Wenn Eheleute einen Trauungsgottesdienst begehren, von denen der eine oder beide Partner geschieden ist, kann dem gemäß den geltenden Ordnungen nach einem vorherigen eingehenden

Gespräch mit den Eheleuten aus seelsorgerlicher Verantwortung entsprochen werden, sofern die Glaubwürdigkeit der kirchlichen Verkündigung nicht Schaden leidet.

Vergebung gilt auch denen, die in ihrer Ehe gescheitert sind. Wo Schuld erkannt wird und Vergebung sich ereignet, dürfen Menschen aus neuem Geist beginnen, und die Kirche wird diesen Menschen Verkündigung, Gebet und Segen nicht versagen dürfen. Dabei ist in der Auswahl der Lesungen und Gebete, aber auch in der Traupredigt auf diesen Kasus in einfühlsamer Weise Bezug zu nehmen.

12. Scheidungsrituale

Angesichts der größer werdenden Zahl von Ehescheidungen erhebt sich immer stärker die Frage, ob nicht im Rahmen der seelsorgerlichen Begleitung von Geschiedenen und von Menschen, die vor einer Ehescheidung stehen, besondere Rituale entwickelt werden sollten, um die Phase der Trennung, der Schuld und der Trauer besser bewältigen zu helfen. Konsens herrscht darüber, dass es sich dabei nicht um Gottesdienste handelt, die für die Öffentlichkeit bestimmt sind, sondern solche Rituale lediglich für die Betroffenen sowie deren Verwandte und Freunde gedacht sind. Gesamtkirchliche Regelungen dafür gibt es allerdings bisher nicht.

13. Gottesdienstliche Begleitung gleichgeschlechtlicher Paare

In den letzten Jahren wird in allen Kirchen eine intensive und kontroverse Diskussion über die gottesdienstliche Begleitung (Segnung) gleichgeschlechtlicher Paare in verbindlicher Lebensgemeinschaft geführt. Lehnen die einen Kirchen eine gottesdienstliche Handlung kategorisch ab, möchten sich andere dafür öffnen (Rheinland: Liturgische Bausteine). Einmütigkeit herrscht lediglich, dass diese Menschen nicht ausgegrenzt und diskriminiert werden dürfen, sondern wie alle Gemeindeglieder ein Recht auf seelsorgerliche Begleitung haben. Unterschiedliche biblische Beurteilungen der Homosexualität lassen auch in nächster Zeit keinen Konsens in dieser Frage erwarten. Wird dennoch für diese Partnerschaften eine gottesdienstliche Begleitung für möglich angesehen, ist auf eine klare Unterscheidung zur Trauung zu achten.

C. Seelsorge nach der Trauung

Die begleitende Seelsorge des Ehepaares darf mit dem Trauungsgottesdienst nicht zu Ende sein, sondern muss sich in einer gezielten Nacharbeit fortsetzen. Dabei sollte deutlich werden, dass sich Christen auch in Gefährdungen und Krisen der Ehe beistehen.

Es gibt viele Möglichkeiten, den Kontakt mit den getrauten Eheleuten aufrechtzuerhalten bzw. zu intensivieren. Oft ergeben sich weitere Kontakte mit der Geburt und Taufe von Kindern. Manche Gemeinden haben einen Kreis eingerichtet, in dem Mütter, Väter und Kinder gemeinsam willkommen sind und man sich über Erziehungsfragen austauschen kann. Beobachtungen zeigen, dass diese Angebote zunehmend stärker in Anspruch genommen werden.

Eine Möglichkeit ist auch, dass sich der Seelsorger am ersten Jahrestag der Trauung mit einem persönlich gehaltenen Glückwunschbrief in Erinnerung bringt, verbunden mit einem Hinweis auf den vielleicht bestehenden Gemeindekreis junger Ehepaare.

Ein Telefonanruf kann eine dankbar empfundene Überraschung am Hochzeitstag sein.

Ehepaare, die sich in keiner Weise am Gottesdienst beteiligen, lassen sich doch manchmal gerne zu besonderen Gemeindeveranstaltungen, wie Vortragsabenden, Wochenendseminaren, Ausflügen, Festen usw. einladen.

Auch ein Hausbesuch des Pfarrers/der Pfarrerin legt sich nahe, vor allem in zeitlicher Nähe zu weiteren Jahrestagen. Wo es angezeigt ist, sollte als kleine Aufmerksamkeit ein Gruß der

Gemeinde mitgebracht werden. Dabei wird der Seelsorger auch sorgfältig auf Zwischentöne des Gesprächs hören, die Probleme signalisieren können, und so zu helfen versuchen.

Man kann auch z.B. alle Familien eines Trauungsjahrgangs etwa alle fünf Jahre an einem geeigneten Sonntag zu einem eigens für sie gestalteten festlichen Gottesdienst, ggf. auch zu einem nachfolgenden Festnachmittag oder -abend einladen. Das Angebot eines eigenen Gottesdienstes zur »Silbernen« und »Goldenen« Hochzeit versteht sich von daher von selbst und sollte etwa auch im Gemeindebrief immer wieder einmal erwähnt werden. Dieser Gottesdienst, für den viele Agenden eigene Formulare enthalten, wird als Kasualgottesdienst den Dank für Gottes Bewahrung auf dem zurückgelegten Weg und die Bitte um Gottes Segen für die weiteren Ehejahre zum Ausdruck bringen. Eine Wiederholung des Trauversprechens, der Traufragen oder des Ringwechsels ist jedoch zu vermeiden. Wohl aber soll eine Segnung des Jubelpaares mit Handauflegung erfolgen.

Quellen

ARBEITSBUCH ZUR TRAUUNG, hg.v. Gemeinsamen Liturgischen Ausschuss im Auftrag des Rates der EKU – Bereich DDR –, der Kirchenleitung der VELK in der DDR und der Konferenz der Evangelischer Kirchenleitungen in der DDR, Berlin 1990. – Die FEIER DER TRAUUNG in den katholischen Bistümern des deutschen Sprachgebietes, hg. im Auftrag der Bischofskonferenzen Deutschlands, Österreichs und der Schweiz sowie der (Erz-)Bischöfe von Bozen-Brixen, Lüttich, Luxemburg und Straßburg, Zürich/Braunschweig/Freiburg/Basel/Regensburg/Wien/Salzburg/Linz ²1992. – GEMEINSAME FEIER der kirchlichen Trauung, Hg. EKD und Deutsche Bischofskonferenz, Freiburg/Regensburg/Leipzig/Hannover ²1997. – GEMEINSAME HANDREICHUNG für Trauungen konfessionsverschiedener Paare, hg.v. der Österreichischen Bischofskonferenz und dem Evangelischen Oberkirchenrat A.u.H.B. in Österreich, Wien 1985. – Ildefons HERWEGEN (Hg.), Liturgisches Volksbuch: Die betende Kirche, Berlin 1924. – LITURGISCHE BAUSTEINE für eine gottesdienstliche Begleitung gleichgeschlechtlicher Paare in verbindlicher Lebensgemeinschaft, hg.v. d. Kirchenleitung der Evangelischen Kirche im Rheinland, Düsseldorf 2000. – TRAUUNG. Das kirchliche Handeln bei der Eheschließung. Überlegungen, Ordnung und Texte zur Revision der kirchlichen Trauungsagenden, hg. von der Lutherischen Liturgischen Konferenz (RGD 14), Hannover 1983. – Die TRAUUNG KATHOLISCH-EVANGELISCHER PAARE unter Mitwirkung der Bevollmächtigten beider Kirchen, hg.v. Pastoralamt der Erzdiözese Wien und dem Evangelischen Presseverband, Wien o.J. (1997).

Literatur

Ferdinand AHUIS, Der Kasualgottesdienst. Zwischen Übergangsritus und Amtshandlung, Stuttgart 1985. – Fritz BALTRUWEIT/Günter RUDDAT, Gemeinde gestaltet Gottesdienst II. Taufe, Konfirmation, Trauung , Beerdigung, Gütersloh 2000. – Karl-Fritz DAIBER, Die Trauung als Ritual: EvTh 33 (1973) 578–597. – Gerhard DELLING, Eheschließung: RAC IV (1959) 719–731. – Ludwig GEIGER, Geschichte der Juden in Berlin, Berlin 1871. – Hans-Georg HAACK, Die Amtshandlungen, Berlin ²1952. – Silvia HELL, Die konfessionsverschiedene Ehe. Vom Problemfall zum verbindenden Modell, Freiburg i.Br. 1998. – Heinrich F. C. HOFFMANN, Bürgerliche Eheschließung und kirchliche Trauung, Halle 1874. – Hans-Hinrich JENSSEN, Die Trauung: HPTh(B) (²1979) 2,164–176. – Christhard MAHRENHOLZ, Die Neuordnung der Trauung, Berlin 1959. – Alexios von MALTZEW, Die Sacramente der Orthodox-Katholischen Kirche des Morgenlandes. Deutsch und slawisch unter Berücksichtigung des griechischen Urtextes, Berlin 1898. – Aimé-Georges MARTIMORT: HLW(M) Bd. II. Die übrigen Sakramente und die Sakramentalien, Leipzig 1967. – Rosemarie NAVE-HERZ, Die Hochzeit. Ihre heutige Sinnzuschreibung seitens der Eheschließenden. Eine empirisch-soziologische Studie, Würzburg 1997. – Alfred NIEBERGALL, Ehe und Eheschließung in der Bibel und in der Geschichte der alten Kirche, Marburg 1985. – Detlev PRÖSSDORF, Die gottesdienstliche Traupredigt. Inhalte und Entwicklung in Theorie und Praxis (APTh 36), Göttingen 1999. – Ders., Art. Trauung: TRE 34 (2002) 50–56. – Carl Heinz RATSCHOW, Art. Ehe/Eherecht/Ehescheidung: TRE 9 (1982) 308–311. – Siegfried REICKE, Geschichtliche Grundlagen des Deutschen Eheschließungsrechts: Hans Adolf DOMBOIS/Friedrich Karl SCHUMANN (Hg.), Weltliche und Kirchliche Eheschließung, Gladbeck 1953, 27–62. – Korbinian RITZER, Formen, Riten und Religion. Brauchtum der Eheschließung in den christlichen Kirchen des ersten Jahrtausends, Münster ²1981. – Dietrich RÖSSLER, Grundriß der Praktischen Theologie, Berlin 1986. – Rolf SCHÄFER, Gotteslehre und kirchliche Praxis, Tübingen 1991. – Hans-Christoph SCHMIDT-LAUBER, Die Zukunft des Gottesdienstes. Von der Notwendigkeit lebendiger Liturgie, Stuttgart 1990. – Walter SCHÖPSDAU, Konfessionsverschiedene Ehe. Ein Handbuch, Göttingen ²1987. – Helmut SCHREINER, Die Verkündigung des Wortes Gottes, Hamburg [5]1949. – Hans von SCHUBERT, Die evangelische Trauung, ihre geschichtliche Entwicklung und gegenwärtige Bedeutung, Berlin 1890. – Ildefons SCHUSTER, Liber Sacramentarium. Geschichtliche und liturgische Studien über das römische Messbuch, Regensburg I 1929, IX 1931. – SEXUALITÄT UND LEBENSFORMEN sowie Trauung und Segnung. Vorlage des Ständigen Ausschusses an die Landessynode der Evangelischen Kirche im Rheinland, Düsseldorf 1996. – TRAUMHOCHZEIT. Kasualien in der Mediengesellschaft (Themenheft PTh 88), 1999. – Eberhard WINKLER, Tore zum Leben. Taufe, Konfirmation, Trauung, Bestattung, Neukirchen-Vluyn 1995. – Henning ZIEBRITZKI, Traugottesdienste gestalten (DAW 88), Göttingen 2000. – Helmut ZSCHOCH (Hg.), Liebe, Leben, Kirchenlehre. Beiträge zur Diskussion um Sexualität und Lebensformen (VKHW NF 2), Neukirchen-Vluyn 1998. – Paul M. ZULEHNER, Heirat, Geburt, Tod. Eine Pastoral zu den Lebenswenden, Wien [5]1987.

Hans-Hinrich Jenssen (I) / Werner Horn (II)

Die Bestattung

I. Geschichte und Theologie

A. Biblisch-theologische Grundlegung

»Ziel aller Wege: Ewiges Leben« heißt das Abschlusskapitel des EEK (776): Sterben, Tod und Begräbnis sind eingebunden in den Gesamtvollzug christlichen Glaubens und Lebens. Somit stehen Schöpfung, Erlösung und Vollendung zur Debatte, wo es um die Bestattung geht.

In allen Kulturen gibt es Bestattungsriten, zu allen Zeiten gehört die Auseinandersetzung mit dem Phänomen der Endlichkeit zu den Grundfragen menschlicher Existenz. »Der Tod ist der eigentlich inspirierende Genius oder der Musaget der Philosophie. ... Schwerlich sogar würde, auch ohne den Tod, philosophiert werden«, sagt der Philosoph Arthur Schopenhauer, und der Dichter Thomas Mann drückt es in seinem Roman »Der Zauberberg« so aus: »Wer sich für das Leben interessiert, der interessiert sich namentlich für den Tod« (beide Zitate: Thomas Mann 558 f.). In aller Religion und Kunst geht es um die *ars moriendi*, die neben das andere große Menschheitsthema, die Liebe, tritt.

Im biblischen Horizont erfährt die Todesproblematik ihre Deutung durch die Geschichte vom Sündenfall: »Der Tod ist die schreckliche Konsequenz des Abfalls von Gott, die ontologische Folge und Seite des Ungehorsams gegen Ihn« (Heidler 104). Leben ist dann die gewährte Gnadenfrist nach dem Sündenfall, der den Tod unweigerlich nach sich zieht (vgl. von Rad 77.82). So wird im Alten Testament langes Leben als hohes Gut verstanden, hingegen der frühe, unzeitige, böse Tod als Strafe Gottes (vgl. EEK 785).

Der Tod trennt von Gott (Jes 38,10 f. 18 f.). Damit aber wird er zur totalen Bedrohung des Lebenssinns und führt zur tief pessimistischen Schau, wie sie im Buch des Predigers Gestalt gewonnen hat (Koh 3,19). Dennoch bleibt Gott der Herr auch des Todes und vermag zu töten und wieder lebendig zu machen (I Sam 2,6). Die Lebensgemeinschaft des Beters mit Gott wird schon im Alten Testament als über dem Abgrund des Todes durchgehalten geglaubt (Ps 73, 23–26), und so wird eine Hoffnung auf Auferstehung begründet (Jes 25,8; 26,19; Hi 19,25–27). Und auch der Gedanke der Unsterblichkeit der Seele findet sich im biblischen Horizont: »Die Seelen der Gerechten sind in Gottes Hand, und keine Qual rührt sie an ... so sind sie doch erfüllt von Hoffnung auf Unsterblichkeit« (Weish 3,1–4, Marginallesung zum Gedenktag der Entschlafenen, Perikopenbuch 649). Dem entspricht ein unbefangenes Übernehmen des Brauchtums aus der außerisraelitischen Umwelt für die Begräbnisriten (vgl. Merkel 736 f.). Für das Grab findet sich die Bezeichnung »ewiges Haus« (Koh 12,5; Ps 49,12; vgl. Tob 3,6; vgl. Merkel 737). Die Bestattung der Toten wird im Alten Testament berichtet, z.B. bei den Erzvätern (Gen 25,8–10; 35,29; 49,29–32) und den Königen (z.B. II Sam 21,14; I Reg 14,31; 16,28) und gilt allgemein als gottwohlgefällige Tat (Tob 1,20; 2,2–9). Die Totenklage ist ganz auf den Verstorbenen bezogen (z.B. Davids Klage über Saul und Jonathan, II Sam 1,19–27); verschiedene Trauerriten wie z.B. das Zerreißen der Kleider (Gen 37,34), das Tragen eines Trauergewandes (II Reg 6,30), ein Trauermahl (Jer 16,7) sind bezeugt.

Das Neue Testament führt diese Ansätze weiter, indem es die menschlichen Grunderfahrungen und die alttestamentlichen Deutungsmuster auf Kreuz und Auferstehung Jesu Christi bezieht: exemplarisch in der Kreuzigungsszene bei Lukas mit den beiden Schächern am Kreuz (Lk 23,39–46; vgl. EEK 203).

Der Mensch in der unentrinnbaren Verantwortung vor Gott erfährt den Tod als »der Sünde Sold« (Röm 6,23). Das betrifft ihn ganzheitlich nach Leib, Seele und Geist. Als ganzheitliches Geschöpf ist der Mensch total abhängig von Gott. Er »hat« keine Unsterblichkeit, Gott allein ist unsterblich (I Tim 6,16). Der Leib ist nicht minderwertig gegenüber der Seele, sondern Gottes gute Schöpfung, freilich verdorben durch die Sünde und darum, wie auch Seele und Geist, dem Tode verfallen. Die Realität des Todes wird voll durchgehalten.

Daraus folgt jedoch keineswegs eine »Ganztod«-Theorie, im Gegenteil: auch durch den Tod (z.B. Selbstmord) kann sich der Mensch dem richtenden Anspruch Gottes nicht entziehen, sondern bleibt auf ihn bezogen. Allein diese Gottesbezogenheit macht die menschliche Person unzerstörbar. Es ist jedoch Gott, der den Menschen als sein Geschöpf durchhält in Identität und Verwandlung. Die Toten sinken nicht ins Nichts. Allerdings gehen sie dem Gericht mit dem doppelten Ausgang ewiger Gottesgemeinschaft oder ewiger Verdammnis entgegen – und sie leben in Gott (Lk 20,38).

Ewige Gottesgemeinschaft ist möglich geworden durch Kreuz und Auferstehung Jesu Christi. Diesem Geheimnis des Lebens in Christus ist der einzelne Gläubige verbunden durch die Taufe (Röm 6,3–11). Zugleich ist er durch die Taufe eingeleibt worden in den Leib Christi, die Kirche. So wird kraft der Taufe eine *ars moriendi* möglich und eröffnet, die das Leben wie das Sterben umschließt und den Tod als letzte Grenze aufhebt (Röm 8,38). Der Glaubende hat schon in diesem Leben das ewige Leben (Joh 11,25). So wird das Sterben zu einem Prozess, in dem der alte Mensch abgelegt und der neue Mensch angezogen wird (Eph 4,22–24; Kol 3,9 f.).

Die letzte Stunde will vorbereitet und begleitet sein durch die Gemeinschaft der Kirche (vgl. die guten Hilfen zum »Dienst an Kranken«: Agende III/4, 110–116). Die Rechtfertigung des Sünders allein aus Gnade durch den Glauben kommt hier zu ihrem Ziel. Während der äußere Mensch zerfällt, wird der innere hindurchgerettet – beides ganzheitlich, Tauferinnerung im umfassendsten Sinne. Luthers Sermon von der Bereitung zum Sterben 1519 (WA 2,685–697) bietet hier die notwendigen Hinweise: Weltlicher Abschied mit Ordnen der Hinterlassenschaft, Aussöhnung mit den Mitmenschen, Hinwendung zu Gott durch Wort Gottes, Gebet, Beichte und Absolution, Kommunion, Krankensalbung (vgl. Agende III/4, 87–102 mit der Spezifizierung »Bei einem Sterbenden«), Schauen auf das Bild des Gekreuzigten als »Bild der Gnaden Gottes wider die Sünd«.

Für Luther war die Gemeinschaft der Heiligen noch reale Wirklichkeit: Es »soll kein Christenmensch an seinem Ende zweifeln, er sei nicht allein in seinem Sterben, sondern gewiss sein, dass nach Anzeigung des Sakraments auf ihn gar viele Augen sehen, zum ersten Gottes selber und Christi, darum dass er seinem Wort glaubt und seinem Sakrament anhangt, danach die lieben Engel, die Heiligen und alle Christen; denn da ist kein Zweifel, wie das Sakrament des Altares weist, dass sie allesamt als ein ganzer Körper zu seinem Gliedmaß zu laufen, helfen ihm den Tod, die Sünde, die Hölle überwinden und tragen alle mit ihm. Da geht das Werk der Liebe und Gemeinschaft der Heiligen im Ernst und gewaltig, und ein Christenmensch soll sich das auch vor Augen halten und keinen Zweifel daran haben, daraus er dann mutig wird zu sterben; denn wer daran zweifelt, der glaubt aber nicht an das hochwürdige Sakrament des Leichnams Christi, in welchem gezeigt, zugesagt, verpflichtet wird Gemeinschaft, Hilfe, Liebe, Trost und Beistand aller Heiligen in allen Nöten« (ebd. 695; vgl. 692).

In diesen Zusammenhang gehört schließlich der Valetsegen. Der »Dienst an Kranken« bietet dafür mehrere Formen an (Agende III/4, 101 f. 208). »Den Valetsegen kann man auch sprechen, wenn der Tod bereits eingetreten ist« (EEK 806, vgl. Agende III/5, 35. 222 f., EG 949). Das wirft die Frage nach dem postmortalen Geschehen auf. Das neutestamentliche Zeugnis kennt einerseits die Auferstehung beim Jüngsten Gericht am Ende der Zeit, andrerseits die Hoffnung, dass die Gläubigen sofort nach dem Sterben »bei Christus« sind (Phil 1,23; vgl. auch das Wort Christi an den Schächer am Kreuz Lk 23,43: »Heute wirst du mit mir im Paradies sein«, ferner Apk 6,9 die Seelen der Märtyrer am himmlischen Altar, die zu Gott flehen, denen ein weißes Gewand gegeben wurde, die aber »ruhen müssten noch eine kleine Zeit, bis vollzählig dazukämen ihre Mitknechte und Brüder, die auch noch getötet werden sollten wie sie«, 6,11). Der natürliche Leib wird in die Erde gesät »verweslich« (I Kor 15,42–44), während die Personidentität erhalten bleibt und, in Gott bewahrt in enger Gemeinschaft mit Christus, auf die Vollendung der Auferstehung wartet. Dieser leiblose Zustand wird als »nackt« bezeichnet (II Kor 5,1–8, bes. Vers 3). Damit ist deutlich mit einem Zwischenzustand zwischen dem persönlichen Sterben und der universalen Vollendung der Welt gerechnet (vgl. die instruktive Untersuchung des Problems bei Heidler 153–171; die Zurückweisung der Deutung des Zwischenzustandes als Seelenschlaf ebd. 171–188).

Nur unter der Annahme einer aktiven Wachheit der Entschlafenen sind die Aussagen über die fürbittende und anbetende himmlische Gemeinde (Apk 6,9–11; 20,4; 4,9–11; 14,1–3; 15,3 f.; 5,8.10; 7,9–17; Hebr 12,23; vgl. auch II Makk 15,14) verständlich. Ein wichtiger Hinweis ist hier der Hinabstieg Christi nach seinem Kreuzestod und vor seiner Auferstehung zu den »Geistern im Gefängnis« (I Petr 3,19; vgl. Heidler 179–183 sowie EEK 207 f.). Von daher wird man sogar die römisch-katholische Lehre vom Läuterungszustand (»Fegfeuer«) »nicht strikt ausschließen können« (Heidler 183 f. mit Hinweis auf I Kor 15,29 und Apk 20,13 f.; vgl. auch Weish 3,5, sowie Communio Sanctorum 109 f.). Eine andere, ergänzende Möglichkeit, mit der postmortalen Existenz umzugehen, ist die Auffassung des Todes als Eintritt in die »Ewigkeit«. Ewigkeit ist nicht unendlich lange Wartezeit, sondern eine andere Zeit. Gottes „Ewigkeit ist allen Zeiten der Menschen gleichzeitig und gleich nahe" (EEK 815; vgl. Thiede 299).

B. Geschichtliche Entwicklungen

Das Fehlen eines biblischen Begräbnisritus ermöglichte in der Alten Kirche viele Anleihen bei heidnischen Bräuchen zur Bestattung.

Angesichts der Einzigartigkeit des Begräbnisses Jesu wurde eine Wiederholung dieses Ritus ausgeschlossen. Wohl aber war seit Anbeginn im christlichen Bereich die Erdbestattung aufgrund der biblischen Vorbilder vorgegeben; aber auch der Wechsel in der Spätantike seit dem zweiten 2. Jh. von der Feuerbestattung zur Erdbestattung ließ diese Form in die ortsüblichen Begräbnissitten problemlos integrieren (Merkel 743 f.; vgl. Bolin 57 f.; Volp 199). Dabei wirkte die im Schöpfungs- und Erlösungsglauben begründete ausgeprägte Fürsorge der Christen für die Gräber aller Toten auf viele Heiden beeindruckend (vgl. Bolin 57). Die Parusieerwartung führte vielerorts zu der Sitte, die Christen mit dem Gesicht nach Osten, dem wiederkommenden Auferstandenen entgegen, zu bestatten (Merkel 744).

Die Begräbnisstätte hat seit ältester Zeit den Namen *coemeterium* (Ruhe-, Schlafstätte, zuerst bei Tertullian, De anima 51,7: CChr.SL 2,858). Zunächst handelte es sich dabei um Familiengrabstätten (z.B. Domitilla-Katakombe in Rom, Anfang 2. Jh.), die der Gemeinde geöffnet wurden. Seit dem 3. Jh. galten sie bereits als Eigentum der Kirche. Sie standen nach römischem Gesetz als *locus sacer* unter besonderem Schutz. Aber auch in der Kirche oder in unmittelbarem Zusammenhang mit ihr sind schon früh Bestattungen bezeugt (Chrysostomos, hom. 26: PLS 4,733 f.).

Zeichen des Auferstehungsglaubens und der Liebe zu den Verstorbenen war der Blumenschmuck (Hieronymus ep. 66,5: PL 22,641 f.; Ambrosius, Valent. 56: PL 16,1437). Anders als in der Antike, wo die Bestattung Angelegenheit der Familie war, wird sie nun Aufgabe der Gemeinde, die ein Glied am Leibe Christi bestattet.

Gebete, Psalmen und Hymnen bringen zum Ausdruck, dass nicht laute Totenklage, sondern gefasste Trauer, Lobpreis Gottes und Fürbitte angemessen sind. Das wohl älteste Gebet diesbezüglich ist von Serapion von Thmuis/Ägypten überliefert (Merkel 744; vgl. die Textfassung der Agende III von 1962, 216 und [verwässerter] der Agende III/5 von 1996, 153 f.).

Schon bei Tertullian (Cast. 11,1: CChr.SL 2,1031) und Cyprian (ep. 66: PL 4,411) werden *oblationes* als Opfergaben für die Toten und damit verbundene Fürbitte erwähnt. Die Apostolischen Konstitutionen binden das Totengedenken in die Heilsgeschichte ein: am dritten Tag nach dem Tod, weil Christus am dritten Tage auferstanden ist; am neunten Tag ein Gottesdienst für Lebende und Tote, am 40. Tag, weil Mose so lange betrauert wurde (Dtn 34,8), schließlich am Jahrestag des Todes. Verbunden damit sind Eucharistie und Fürbitte (vgl. Merkel 744).

Damit ist die Richtung festgelegt, in welche die Entwicklung im Mittelalter zielt. Es bildet sich – bei unterschiedlichen Einzelzügen in den örtlichen Liturgien und Volksbräuchen – ein Dreischritt heraus:

- *Commendatio animae* als Entlassung des Sterbenden aus der Gemeinschaft der streitenden Kirche, u.a. mit Besprengung durch Weihwasser, kurzer Allerheiligenlitanei, Zitieren von Lk 23,46 und Act 7,58, Läuten der »Scheideglocke« und Beginn der Exequien mit Überführung des Leichnams in die Kirche in feierlicher Prozession mit Kreuz und Kerzen (vgl. Lechner 331 f.), unter Gebet und Psalmengesang (u.a. Ps 130, gebetet *ex persona defuncti*, 334). »Die Grundlage der kirchlichen Leichenfeier ist der lebendige Glaube an die Unsterblichkeit der Seele und die durch den Glauben geläuterte Auffassung des menschlichen Leibes, der einst ein Tempel des Heiligen Geistes war und jetzt als Samenkorn des künftigen verklärten Leibes für den Tag der Auferstehung in die Erde gesenkt wird. Die Gebete und Gebräuche der kirchlichen Leichenfeier durchzieht ferner der Glaube an einen Reinigungsort, der die Kirche antreibt, der Seele des Verstorbenen auf Grund der Gemeinschaft der Heiligen durch Gebet und Opferdarbringung hilfreichen Beistand zu leisten« (333).
- Die Requiem-Messe im Gotteshaus, der das Gebet des Totenoffiziums auch noch in der Kirche vorangehen kann. Dieses Totenoffizium ist im 8. und 9. Jh. entstanden und dem Offizium des *Triduum Sacrum* (der drei letzten Tage der Karwoche) nachgebildet (vgl. Bolin 59 und Lechner 371). Seit dem 7. Jh. fand das *requiem aeternam* Eingang in die Liturgie. Es ist aus IV Esr 2,34 f. genommen (vgl. Lechner 333) und ersetzte bald das Gloria patri am Schluss der Psalmen; außerdem fügte man es nach den Agnus-Dei-Rufen statt des *miserere nobis* in der Form der Bitte *dona eis requiem* an, beim dritten Mal erweitert durch *(requiem) aeternam*. Im 12. Jh. ersetzte man das *ite missa est* durch *requiescant in pace*. Schließlich wurde die Sequenz *dies irae* in die Totenmesse eingefügt. »Diese zahlreichen Neuerungen sind also aus dem Bestreben hervorgegangen, sich ganz in den Gedanken des Todes zu vertiefen und dies auch in den Gebeten augenscheinlich zu machen. Sie haben einen *ordo missae pro defunctis* geschaffen, der für alle Zukunft charakteristisch geblieben ist« (Merk 154). Am Schluss der Messe erfolgt die Absolution *libera* aus dem 10. Jh. (die Giuseppe Verdi in seinem Requiem mitvertont hat). Sie ist »eine der zahlreichen, auf Vorstellungen des frühen Mittelalters ruhenden Absolutionen, die im allgemeinen eine Befreiung der Seele aus dem Fegfeuer durch Gebet, ja sogar kraft der kirchlichen Lösegewalt besagen wollten; auch die Behebung einer kirchlichen Zensur konnte eine solche *absolutio* bedeuten, damit nun der Verstorbene der kirchlichen Fürbitte und des Begräbnisses teilhaft werden konnte« (Lechner 335). Vorangehen kann die Leichenrede, »die ihr Vorbild in der antiken, gleichfalls vor der Bestattung und angesichts der Leiche gehaltenen *laudatio funebris* besitzt« (Lechner ebd.).

– Die Überführung der Leiche zum Grabe, währenddessen ein liturgischer Sängerchor das *in paradisum* anstimmt. Nach dem Einsenken der Leiche wird die Antiphon »Ich bin die Auferstehung und das Leben« (Joh 11,25) mit dem Benediktus gesungen. Auch andere Psalmen und Gesänge konnten angestimmt werden, während man das Grab schloss. Der Beginn dafür wurde früher durch den Erdwurf des Priesters angezeigt unter den Worten: »Gedenk, o Mensch, dass du Staub bist« (Lechner 335 f.). Dieser Ritus entwickelte sich im 12. Jh. und ist besonders im deutschen Bereich üblich geworden.

Erst um die Wende vom 15. zum 16. Jh. scheinen eigene Begräbnisriten für Kinder aufzukommen mit stärker freudig geprägtem Charakter (Lechner 336).

Zusammenfassend läßt sich sagen, dass die römisch-katholische Liturgie in ihrem geschichtlichen Werden »vom Anliegen der Hilfe für die verstorbene Seele im Jenseits bestimmt ist; die liturgischen Formulare der *Commendatio animae*, des *Officium* und der *Missa pro defunctis* verzichten ganz allgemein auf alles, was als Freude empfunden werden könnte, um so dem Ritus jenen feierlichen Ernst aufzuprägen, der sich ganz mit der Ruhe der Toten beschäftigt, der sich von den Lebenden weg zu den Verstorbenen hinwendet, die für sich nichts wirken können, für die aber alles getan werden muss« (Merk 153).

Die lutherische Reformation knüpfte auch beim Begräbnisritus an die vorgegebenen Traditionen an. Sie übernimmt die seelsorgerliche Begleitung der Sterbenden durch Wortverkündigung, Beichte und Kommunion sowie Gebet und Lied (vgl. Luthers Sermon von der Bereitung zum Sterben, WA 2,685–697, dort auch noch die Salbung; ähnlich verfahren die Kirchenordnungen, z.B. Württemberg 1536: EKO(R) I,269; Mark Brandenburg: EKO 3,77–80).

Beibehalten wird auch weithin die Leichenprozession mit Kreuz, Kerzen, Schülerchor und Geistlichen (bes. ausgeführt in der Kirchenordnung Mark Brandenburg, EKO 3,81; vgl. Graff I,356). Verschiedene Lieder gehören zum üblichen Bestand: »Mit Fried und Freud«; »Wir glauben all an einen Gott«; »Nun bitten wir den Heiligen Geist«; »Nun laßt uns den Leib begraben«; außerdem mehrere lateinische Gesänge der Tradition: *Jam moesta quiesce; Si enim credimus; Corpora Sanctorum; In pace sumus* (so bei Luther in seiner Vorrede zu der Sammlung der Begräbnislieder 1542 aufgeführt, WA 35,483; vgl. Graff I,356 f.). Auch das Läuten der Sterbeglocke wird weiter geübt (vgl. Bolin 62; Graff I,357 f.).

Ein Gottesdienst mit Lesung, Verkündigung und Gebet ist mancherorts belegt (z.B. in der Kirchenordnung Mark Brandenburg, ebd.; vgl. außerdem Bolin 64).

Den Abschluss bildet die Grablegung im Sinne von Gen 3,19 und I Kor 15,37 f.

Bemerkenswert bleibt, dass im Gegensatz zu Taufe und Trauung keine Musterordnung für das Begräbnis, etwa durch Luther, verfasst worden ist. Zu vielfältig waren die örtlichen Sitten und Gebräuche, die es in christlicher Freiheit dem Evangelium gemäß zu gestalten galt (vgl. Graff I,354). Denn eine theologische Neuorientierung am Rechtfertigungsglauben füllt die äußerlich übernommenen Riten der Exequien mit neuen Inhalten. Im Gegensatz zum mittelalterlichen Verständnis des Totengeleits verstehen Luther und – ihm folgend – die Kirchenordnungen das Begräbnis nicht mehr als Einwirkung auf das postmortale Geschick des Verstorbenen, sondern als Bezeugung des fröhlichen Artikels unseres Glaubens an die Auferstehung der Toten und damit als Gegengewicht »und zu trotz dem schrecklichen Feinde, dem Tode« (Luther, WA 35,479). Unter dem Aspekt von Gesetz und Evangelium wird die Rechtfertigung des Sünders aus Gnade um Christi willen in den Mittelpunkt gerückt und führt zur Verkündigung der Todesüberwindung durch die Auferstehung Jesu Christi, zugleich aber auch zur Erinnerung an den eigenen Tod sowie zur Bereitung zum seligen Ende. Die Begräbnisfeier wendet sich also an die Lebenden.

Dennoch steht der Verstorbene ebenfalls im Blickpunkt. Ihm gewährt die Gemeinschaft der Kirche ein »ehrliches Begräbnis« als Zeichen der Liebe und Achtung und als Ausdruck des Glaubens, dass unsere Verstorbenen »in Christo schlafen und wieder auferstehen werden und dass wir sie nicht verloren, sondern vorgesandt haben« (KO Pommern 1535: EKO 4,343). Damit umschließt der Begriff des »ehrlichen« Begräbnisses über den weltlichen Ehrbegriff hinaus die tröstliche Glaubenszuversicht der Kirche in Bezug auf das ewige Schicksal dieses ihres Gliedes: um des rechtfertigenden Evangeliums willen, wegen der empfangenen Kommunion und wegen des christlichen Bekenntnisses (vgl. B. Jordahn 1949, 8). Der Charakter des Begräbnisses änderte sich insofern, als nun nicht mehr Trauer, Leidbewältigung, Todesauseinandersetzung im Mittelpunkt stehen, sondern jene Zuversicht und Freude todüberwindend Raum greifen können, die in den Liedern bzw. Strophen der späteren Zeit besonderen Ausdruck finden: »Jerusalem, du hochgebaute Stadt«; »Ach Herr, lass dein lieb Engelein«; »Gloria sei dir gesungen«; Osterlieder.

Doch war schon damals die Gefahr des Missverständnisses des »ehrlichen« Begräbnisses im Sinne bürgerlich-sozialer Klassifizierung gegeben (vgl. B. Jordahn 1949, 6 f.; Merkel 746 f.).

Völlig wegfallen musste wegen des spätmittelalterlichen Verständnisses des Messopfers die Totenmesse als *opus operatum* für das Seelenheil des Verstorbenen. Die Apologie sagt zu diesem Komplex: »Wenn sich die Gegner aber in bezug auf das Opfer für die Toten auf die [Kirchen-]Väter berufen, wissen wir, dass die Alten vom Gebet für die Toten sprechen, das wir nicht verbieten, sondern wir missbilligen die ›automatische‹ *(ex opere operato)* Zuwendung des Abendmahls des Herrn für die Toten« (ApolCA 24,94).

Bemerkenswert ist die Beibehaltung überkommener Sitten bei Wegfall der theologischen Begründung im Hinblick auf den Ort der Beisetzung. Im Luthertum behielt man die beiden mittelalterlichen Beisetzungsstätten bei, *ad sanctos* (in der Kirche) und *apud ecclesiam* (auf dem Friedhof). »Die Fortführung der Sitte des Begrabens in der Kirche gründet sich im Protestantismus ausschließlich auf eine eigenartige Verquickung des weltlichen und des theologischen Ehrbegriffs, die den ›gemeinen Leuten‹ diese Form der Beisetzung als Auszeichnung für vornehme Bürger und Adlige ... unzugänglich macht und in dieser Ausprägung bis in das 18. Jh. hinein fortbesteht« (Bolin 69). Der Säkularisierungsprozess, der sich darin ankündigt, findet seine Entsprechung und Vertiefung dann auch in der Entwicklung der Leichenpredigt. War sie zunächst im Sinne biblischer Verkündigung angesichts des Todes und seiner Überwindung durch den Auferstehungsglauben zumeist fakultativ vorgesehen (z.B. in der KO Albertinisches Sachsen 1580: EKO 1,371–375; vgl. bes. 438), kommt immer stärker die Sitte gedruckter Leichenpredigten für »Standespersonen« auf. Die Leichenpredigt wird so zum vorzüglichen Selbstdarstellungsinstrument der sozialen Oberschicht und ufert aus zu immer stärkerem Menschenlob. »Mit der entwickelten Hypertrophie des Druckes von Leichenpredigten und Gedenkausgaben geht das Phänomen der Überladung der Predigt mit biblischen und historischen Bezügen und Beispielen zu Lasten der Verkündigung einher, eine Entwicklung, an deren Ende die säkularisierte Form der Predigt über der Leiche, die freie Rede steht« (Bolin 67; vgl. ebd. 64–67; s. auch Merkel 747 f. sowie Graff II,276 f.).

Im 18. Jh. verbreitete sich die Sitte der stillen Beerdigung ohne Mitwirkung eines Geistlichen, oft bei Nacht (vgl. Graff II,278; O. Jordahn 1970a, 231; auch Bolin 72). Daneben blieb aber die Sitte des Leichenzuges mit dem Geistlichen durchaus bestehen. Bei bedeutenden Persönlichkeiten konnte sich Tage oder auch Wochen später ein Gedächtnisgottesdienst in der Kirche anschließen (vgl. O. Jordahn ebd.). Ein berühmtes Beispiel ist Schillers Beerdigung, die in Weimar am 11. Mai 1805 nachts um halb ein Uhr erfolgte; am Nachmittag des folgenden Tages fand dann in der St. Jakobskirche die sog. »Kollekte« statt, der Gedächtnisgottesdienst, in dem die Gedächtnispredigt des Generalsuperintendenten von Mozarts Requiem umrahmt wurde. Übrigens sprach der Generalsuperintendent erst in diesem Gottesdienst, also in Abwesenheit der Leiche, »den Segen über den Verblichenen« (Graff II,278).

Hier tritt eine Tendenz zutage, die bereits in der lutherischen Orthodoxie stärker ins Bewusstsein gerückt worden war (vgl. Graff I,360 f.), dass ein Handeln am Toten durchaus möglich und sinnvoll ist, zwar nicht im Sinne eines verändernden Einwirkens, wohl aber als gleichsam doxologische Fürbitte und Segnung. In dieser Linie liegt es, wenn der Liturgiker der Aufklärung, Georg Friedrich Seiler, es für das »natürlichste« hält, »zu wünschen, dass Gott den unsterblichen Geist eines Christen nach überstandenem Todeskampf im Himmel reichlich erquicken wolle« (Nachweis bei O. Jordahn, 1970a, 232). In bewusster Anknüpfung an die Praxis der alten Kirche fasst er den Zusammenhang auch von Eucharistie und Gedächtnis der Entschlafenen – jedenfalls theoretisch – ins Auge: Die Gebete *Memento etiam* und *Nobis quoque* aus dem römischen Messkanon beurteilt er als »schriftmäßig und evangelisch« sowie »sehr vernünftig«. Er will »gar nicht läugnen, dass die Engel und Auserwählten im Himmel überhaupt für die Angelegenheiten der Kirche Christi auf Erden, ja auch wohl die letztern für einzelne Personen, wie z.B. Eltern für ihre hinterlassenen Kinder beten« (ebd.). So kann und soll auch umgekehrt die pilgernde Kirche für ihre entschlafenen Glieder beten: »Allmächtiger ewiger Gott, barmherziger Vater, von dem allein alles Gute kommt, der du in deiner Hand hast Tod und Leben; wir bitten dich, du wollest die Seele unsers lieben Mitbruders (Mitschwester, des lieben Kindes) vor deinem Throne erquicken, den Leib aber mit uns allen einst auferwecken zum ewigen himmlischen Leben, auf dass wir dir, mit deinem Sohne und dem heiligen Geiste daselbst in Ewigkeit dienen und dich loben, um desselben, deines lieben Sohnes Jesu Christi, unsers Herrn willen« (ebd.).

In diese Richtung weist die weitere Entwicklung auch der Bestattungsformel. Während sie in den reformatorischen Kirchenordnungen in der Regel nicht erwähnt wird (dass es sie faktisch gab, scheint die KO Waldeck 1556 nahezulegen: dreimaliger Erdwurf unter der begleitenden Formel »Aus Staub bist du gemacht, zum Staub musst du wieder werden, der Herr Jesus Christus erwecke deinen Leib und deine Seele, dass du am jüngsten Tag auferstehst mit den Gerechten«, EKO(R) II,171), gewinnt sie seit der Aufklärung deutlich an Boden (vgl. Graff II,275).

Im 19. Jh. findet die Bestattungsformel des *Book of Common Prayer* weiteste Verbreitung, z.B. in Wilhelm Löhes *Agende für christliche Gemeinden* von 1844: »Nachdem es dem allmächtigen Gott gefallen hat, die Seele unsers lieben Bruders zu sich zu nehmen, legen wir seinen Leib in Gottes Acker – Erde zu Erde, Asche zur Asche, Staub zum Staube, in sicherer und gewisser Hoffnung der Auferstehung zum ewigen Leben durch unsern Herrn Jesum Christum, welcher unsern nichtigen Leib verklären wird, dass er ähnlich werde seinem verklärten Leibe nach der Wirkung, durch welche er kann auch alle Dinge ihm untertänig machen« (GW 7/1,460). Bemerkenswert ist Löhes Gebet mit seinen Aussagen der Glaubensgewissheit der Vollendung: »Er ist mit dem heiligen Paulus aufgelöst aus dem Kerker des Leibes und hat bei Christo die rechte Freiheit erlangt. Er ist mit Simeon im Frieden gefahren und ruht in Gottes Hand; keine Qual rührt ihn an. Wir trauern, wehklagen und jammern; er jauchzt und triumphiert im himmlischen Jerusalem ... er ist mit sonnenhellen, weißen Kleidern angetan, trägt Palmenzweige der Überwindung und folgt dem Lamme nach mit unaussprechlichen Freuden ... seine Hoffnung ist schon erfüllt, er ist im Schauen« (Nr. 2, ebd. 468).

Wie stark verbreitet eine dichotomische Sicht des Menschen im 19. Jh. war, zeigt eine Privatagende von 1843: »Unsere Toten, welche im wahren Glauben an Christum von hinnen scheiden, sind in einem lieblichen und seligen Stande der Seele nach. Der Körper ruht in der

Erde und ruht gar sanft, wie ein Kind in seiner Mutter Schoß! Am jüngsten Tage wird Leib und Seele wieder zusammen kommen, und miteinander in die ewige Herrlichkeit eingehen« (Tyßka 44). Und so wird der Verstorbene ausgesegnet: »Weil dich denn Gott aus diesem Leben genommen hat, Dein Geist aufgefahren ist in die Höhe, so segne ich deine irdische Hülle zur Ruhe bis zur einstigen Auferweckung ein: Im Namen des Vaters ...« (ebd. 136 f.). Beim Trauergottesdienst nach der Beisetzung wird für den Toten gebetet: »Wir sagen Dir Dank, Jesu, der Du uns säest verweslich und uns aus dem Tode lässt auferstehen unverweslich, wir sagen Dir Dank und loben Dich sehr für alle Gnaden und Gaben, die Du dem Entschlafenen erwiesen. Sei seiner Seele gnädig im Anschau'n Deiner Barmherzigkeit, bis dahin, wo Du ihr wieder wirst einen Leib geben, wie Du willst« (ebd. 138).

Ganz neue Probleme brachten die Entwicklung des Bestattungswesens in den Großstädten mit ihren zentralen Friedhöfen und die aufkommende Einäscherungspraxis (1878 Krematorium in Gotha, 1891 in Heidelberg, 1892 in Hamburg) mit sich, die die gegenwärtige Begräbnispraxis stark mitbestimmen.

II. Zur Praxis der Bestattung

A. Das seelsorgerliche Handeln

Ehe eine Bestattung liturgisch zu gestalten ist, wird das seelsorgerliche Handeln gefordert. Dabei ist nicht nur an das Gespräch mit den Angehörigen zu denken, das der Bestattung vorhergehen muss. Wenn irgend möglich, sollte Seelsorge bei den Menschen geschehen, die dem Tod nahekommen. Sterbebegleitung wird mit Recht als eine Aufgabe erkannt, die lange vernachlässigt wurde. Es ist ein schwerer Mangel, wenn Pfarrer erst durch die Todesnachricht erfahren, dass jemand lange krank war und im Sterben lag. Selbst wenn die Informationen besser fließen, stoßen die hauptamtlichen Kräfte der Gemeinden schnell an die Grenzen ihrer Möglichkeiten. Auch die bisher in zu geringer Zahl tätigen Kranken-Seelsorgerinnen und Seelsorger können die notwendige Sterbebegleitung oft nicht gewährleisten. Hier liegt eine wichtige Aufgabe des Priestertums aller Gläubigen. Dem christlichen Glauben verbundene Angehörige des medizinischen Personals kommen hier besonders in Betracht, soweit der Pflegenotstand ihnen dafür Zeit und Kraft lässt. Notwendig sind ehrenamtliche Helfer und Helferinnen aus den Gemeinden, in deren Bereich sich Krankenhäuser sowie Alten- und Pflegeheime befinden und aus denen die Kranken kommen.

Seelsorge ist Lebensbegleitung, die durch das Evangelium motiviert wird und überwiegend im Gespräch geschieht. Ob und wie ein Gespräch mit Sterbenden möglich ist, hängt von deren Befinden und Wunsch ab. Oft sind nur noch wenige Worte möglich, und die Seelsorge nimmt liturgische Formen an. Das geschieht, wenn das Vaterunser gebetet oder ein Text aus der Bibel oder dem Gesangbuch gesprochen wird. Ein Segenswort unter Handauflegung kann Medium der Nähe Gottes sein, wenn ein Gespräch nicht mehr möglich ist. Es geht darum, dass der Sterbende nicht der Einsamkeit überlassen wird. Die Isolierung der Sterbenden schadet am meisten denen, die auf dem letzten Stück ihres Lebensweges menschliche Zuwendung am nötigsten brauchten, sie schadet aber auch denen, die in dieser so wichtigen Phase von einem ihnen nahestehenden Menschen getrennt sind. Deshalb sind Möglichkeiten zu schaffen, dass Angehörige und Freunde wieder mehr Gemeinschaft mit ihren Sterbenden haben können, natürlich unter deren größtmöglicher Schonung. Das würde nicht nur den Sterbenden helfen, sondern es wäre für die Beteiligten eine Vorbereitung auf ihren eigenen Tod. Zugleich ergäbe sich eine Hilfe für die Seelsorge an den Trauernden, wenn sie am Krankenbett beginnen könnte.

Der bei der Bestattung zu leistende kirchliche Dienst gewinnt viel bessere Voraussetzungen, wenn die Beteiligten sich mit ihrer eigenen Sterblichkeit auseinander gesetzt haben, ehe sie mit der schockierenden Nachricht vom erfolgten oder zu befürchtenden Tod eines Angehörigen konfrontiert werden.

Es ist gut, wenn der »Prozess des Trauerns« (Spiegel 66–75) schon vor dem Tod beginnt, weil die Betroffenen sich damit auf die bittere Realität einstellen und sie zu verarbeiten anfangen. Das Gespräch hilft dazu, die Situation möglichst gründlich zu erkunden, ohne den Trauernden zu nahe zu treten. Manchmal beschränkt es sich auf die äußeren Dinge, den Ablauf der Trauerfeier, die erforderlichen Formalitäten, die erwünschten biographischen Informationen. Der Seelsorger bemüht sich, die Betroffenen zu verstehen und mögliche Anknüpfungspunkte für die Verkündigung zu erkennen. Er hat kein geistliches Soll zu erfüllen und braucht kein schlechtes Gewissen zu haben, wenn es in diesem Gespräch nicht zu einem geistlichen Zuspruch oder Gebet kommt. Das Gespräch soll die Verkündigung bei der Trauerfeier vorbereiten, nicht vorwegnehmen. Im Bestattungsgespräch hat der Seelsorger vor allem zu hören, um zu erkennen, was den Trauernden helfen kann, bei der Bestattung das Wort Gottes angesichts von Leid und Tod zu hören. Aus solcher hörenden Haltung heraus ergeben sich auch im Gespräch schon Gelegenheiten, unaufdringlich mit der menschlichen Teilnahme etwas vom Trost des Glaubens zu verbinden.

Nach der Bestattung setzt Spiegel die »regressive Phase« an, die etwa drei Monate dauert. Die Trauernden empfinden in dieser Zeit den Verlust oft besonders belastend und flüchten mitunter in die Welt der Erinnerungen. Sie stehen vor der schweren Aufgabe, ihr Leben neu zu gestalten, und dabei sind viele überfordert. Seelsorgerliche und diakonische Hilfe können den schmerzhaften Prozess erleichtern. Die Gemeinde darf deshalb mit der Bestattung ihre Aufgabe nicht als erledigt ansehen, sofern die Angehörigen das nicht selber wünschen. Es ist eine gute Sitte, die Trauernden zur Abkündigung am Sonntag nach der Bestattung einzuladen. Wer dieser Einladung folgt, soll spüren, dass der Tod eines Gemeindegliedes und die Situation der Trauernden für die Gemeinde wichtig ist. Es ist schlimm, wenn die Gemeinde mehr Engagement bei der Abkündigung der Kollekte als beim Gedenken an die Verstorbenen und ihre Angehörigen erlebt.

B. Das diakonische Handeln

Schon in der Alten Kirche gehörte die Bestattung zu den Werken der Barmherzigkeit. Euseb berichtet in seiner Kirchengeschichte, dass die Christen sich im Gegensatz zu den Heiden während der Pestzeit 312 um die Versorgung der Sterbenden und die Bestattung der Toten kümmerten. Im diakonischen Handeln werden Gläubige und Ungläubige nicht getrennt. Versteht man dagegen die Bestattung als Gottesdienst anlässlich des Todes eines Gemeindegliedes, so ist dieses Handeln nicht beliebig über die Gemeindegrenzen hinaus möglich. Das Motiv der Kirchenzucht führte dazu, dass der Dienst eines »ehrlichen Begräbnisses« bei bestimmten Tatbeständen versagt wurde. In der volkskirchlichen Gesellschaft sollte es abschreckend wirken, wenn z.B. Selbstmörder nicht kirchlich beerdigt wurden. Abgesehen von der Fragwürdigkeit einer solchen postumen Bestrafung blieb die Kirche damit den ohnehin von der Verzweiflungstat schwer getroffenen Angehörigen den seelsorgerlichen Dienst schuldig.

Der neu bearbeitete Teilband Agende III/5 erklärt die Bestattung als »Dienst, den die christliche Gemeinde ihren Gliedern erweist. Er gilt allen, *die getauft sind* und bis an ihr Lebensende der Gemeinde angehört haben« (13). Daraus folgt: *»Aus der Kirche Ausgetretene werden grundsätzlich nicht kirchlich bestattet«* (15). Ausnahmen sind »in seelsorgerlicher Verantwortung durch die zuständige Pfarrerin oder den zuständigen Pfarrer sehr sorgfältig zu prüfen und zu entscheiden«. Dabei ist in Abstimmung mit dem Kirchenvorstand und dem oder der leitenden Geistlichen des Kirchenkreises zu handeln. Manche Pfarrer wollen den Dienst in solchen Fällen als privat verstanden wissen und drücken den nichtamtlichen Charakter dadurch aus, dass sie ohne Talar handeln und die Glocken schweigen lassen. Ist aber solche Unterscheidung zwischen amtlichem und privatem Tun psychologisch und theologisch angemessen? Erhält die Verkündigung dadurch eine andere Qualität, dass der Talar fehlt?

Ob und wie die Kirche ihren Dienst tut, darf nicht von Vorleistungen abhängen. Entscheidendes Kriterium muss sein, ob das Evangelium glaubwürdig bezeugt werden kann. Hat sich ein Mensch gegen die Kirche und gegen den Glauben entschieden, so ist das nach seinem Tod zu respektieren. Er soll nicht kirchlich vereinnahmt werden. Am besten wissen zumeist die Angehörigen, ob es im Sinne des Verstorbenen ist, ihn kirchlich zu bestatten. Nicht wenige wandten sich von der Kirche enttäuscht ab, weil sie nicht erfahrbar machte, dass sie für die Menschen da ist. Lehnt sie aus äußeren Gründen eine Bestattung ab, so führt das zu neuen Enttäuschungen, und vielleicht geht die letzte Chance eines Brückenschlages verloren. Führt dagegen ein offenes Gespräch zu dem Ergebnis, dass der Wille des Verstorbenen durch eine weltliche Bestattung besser geachtet wird, dann kann auch ein solches Gespräch ein Dienst an den Trauernden sein. Vorausgesetzt ist bei diesen Überlegungen, dass es sich bei den Verstorbenen um Getaufte handelt, deren Taufe durch die Distanzierung von der Kirche nicht ungültig wurde. Zu erwarten ist ferner, dass sich unter den Trauernden, die den kirchlichen Dienst erbitten, Gemeindeglieder befinden. Formale Kriterien genügen aber nicht. Man kann nicht davon ausgehen, dass die geistlichen Erwartungen positiver und eindeutiger sind, wenn der Verstorbene regelmäßig Kirchensteuern zahlte, als wenn das seit Jahren nicht geschah.

Ungetaufte Kinder evangelischer Eltern können in der Regel kirchlich begraben werden, wenn die Eltern grundsätzlich den Vorsatz hatten, das Kind taufen zu lassen und nur durch die Umstände daran gehindert wurden. Die Begräbnisordnung wird in diesem Falle allerdings den wesentlichen Taufbezug auslassen müssen. Näheres regeln die gliedkirchlichen Ordnungen. Ein Sonderproblem stellt die Beerdigung totgeborener Kinder dar. Sie wäre eine seelsorgerliche Hilfe für die psychisch schwer belasteten Eltern. Die Schöpfungselemente der Trauerliturgie kämen hier zum Tragen, besonders aber die Fürbitte im Sinne eines Einstimmens in Gottes guten Rettungswillen (vgl. Graff II,367 f.).

Ob ein kirchliches Begräbnis Angehörigen anderer christlicher Konfessionen oder auch Nichtchristen gewährt werden kann, »richtet sich nach landeskirchlicher Regelung, ggf. nach Verabredungen unter den Kirchen und nach seelsorgerlicher Entscheidung« (Agende III/5, 14). In jedem Falle wäre hier der Aspekt der christlichen Liebe als einer der Wurzeln des christlichen Begräbnisses zu beachten. Ein Gedenkgottesdienst in Abwesenheit der Leiche sollte im Sinne seelsorgerlicher Hilfe für die Angehörigen immer möglich sein.

In volkskirchlichen Verhältnissen kann die Bitte um eine kirchliche Bestattung von der Rücksicht auf die öffentliche Meinung motiviert sein. Die Situation von Trauernden ist aber nicht geeignet, volkskirchliche Probleme lösen zu wollen. Sie kann dagegen eine Möglichkeit sein, glaubwürdig zu machen, dass die Kirche für die Menschen da ist. Diakonisches Handeln anlässlich eines Todesfalles kann missionarisch wirken, wenn die Menschen, von denen viele sonst keine Gottesdienste erleben, angesichts der Todeswirklichkeit etwas von der Lebensbedeutung des Evangeliums spüren. Missionarisch wirken Predigt und Liturgie, wenn dann deutlich wird, dass es um Quellen, Sinn und Ziel des Lebens geht. Erbitten Gemeindeglieder diesen Dienst, kann es nur einen Grund geben, ihn zu verweigern: Wenn offenkundig ist, dass damit gegen den Willen der verstorbenen Person gehandelt würde. Dafür ist aber Kirchenmitgliedschaft kein entscheidendes Kriterium.

C. Das homiletische Handeln

1. Textwahl

Im Gespräch oder im Nachdenken über das Gespräch findet der Prediger Kriterien für die Textwahl. Was er über das Leben des Verstorbenen, über die Umstände seines Todes und zur Situation der Hinterbliebenen erfuhr, lässt oft bestimmte Motive hervortreten. Der Kasus kann es nahelegen, ein tröstendes und ermutigendes Bibelwort auszulegen. Manchmal stehen die Trauernden so unter dem schockierenden Eindruck des Geschehens, dass ein Wort der Klage am ehesten der Situation entsprechen kann. In anderen Fällen dominiert trotz aller Betroffenheit die Erleichterung darüber, dass eine lange Zeit des Leidens und anstrengender Pflege beendet wurde. Nach einem erfüllten, inhaltsreichen Leben kann das Motiv der Dankbarkeit im Vordergrund stehen.

Wer theologisch Wert darauf legt, dass das uns vorgegebene Wort Gottes zur Sprache kommt und dass seine Objektivität nicht durch unsere Auswahlkriterien relativiert wird, könnte dazu neigen, sich möglichst an einen durch die Herrnhuter Losungen, die Ordnungen der Bibellesung oder die Perikopenordnung des Kirchenjahres gegebenen Text zu halten. Auch zwischen diesen Möglichkeiten müsste er freilich wählen, und es bliebe immer das Moment des Subjektiven und Zufälligen erhalten. Jede Einengung der Auswahlmöglichkeiten verstärkt die Gefahr, dass der Text nicht in seiner wirklichen Aussage zur Geltung kommt oder dass die spezifische Situation nicht ernst genommen wird. So unbestreitbar es bleibt, dass die zentrale Aufgabe der Kirche und damit der Predigt die Verkündigung der biblischen Botschaft ist, so kann diese Verkündigung doch nur im Rahmen heutiger Lebenswirklichkeit vollzogen werden.

Der Prediger nimmt schon bei der Textwahl Einfluss darauf, wie sich die korrelative Beziehung zwischen Text und Situation gestaltet. Je gründlicher er im Gespräch die Situation kennen gelernt hat, und je besser der Text zu dieser Situation passt, desto eindrücklicher lässt sich die Situation vom Text her erhellen und verändern sowie der Text in dieser Situation annehmen. Als hilfreich kann es sich erweisen, wenn die Angehörigen einen Text wünschen oder der Verstorbene einen solchen aussuchte. Letzteres ist ein ziemlich seltenes Zeugnis des Glaubens und der Vorbereitung auf den eigenen Tod. Mitunter wird der Konfirmations- oder Trauspruch gewünscht, der seinerseits bereits aus dem Kontext gelöst war. Bekanntes Beispiel ist Apk 2,10c, wo ein Versteil ohne Berücksichtigung des Zusammenhangs gebraucht wird. Aus der Treue der Märtyrer zu Christus wird die Treue des Ehegatten, die durch die Goldene Hochzeit erwiesen ist. Falls so ein Text gewünscht wird, kann man mit den Angehörigen darüber sprechen, ohne sie besserwisserisch zu belehren.

Wer sich prinzipiell der biblischen Botschaft verpflichtet weiß, braucht nicht in jedem Fall einen bestimmten Text auszulegen. Bindend ist die Schriftgemäßheit der Predigt insgesamt, nicht die Textgemäßheit jeder einzelnen Predigt. Die textfreie Themapredigt ist eine legitime Verkündigungsform neben der textbezogenen Predigt. Möglich ist es, in einer Kasualpredigt mehrere Bibelworte zu berücksichtigen, ohne den Anspruch zu erheben, einer dieser Texte werde als Predigttext ausgelegt.

In der Literatur zur Kasualpredigt wird mitunter vor kurzen Texten gewarnt. Die Autoren empfehlen, ganze Perikopen auszulegen, um der Gefahr der Mottopredigt zu entgehen und um durch den Reichtum der Texte klischeehafte, langweilige Wiederholungen zu vermeiden, die sich bei Kasualpredigten aus Routine leicht einschleichen. So sehr diese Gefahr zu bedenken ist, so muss doch gefragt werden, ob ganze Perikopen wirklich die geeignete Hilfe bringen. Je intensiver der Prediger die Kasualsituation bedenkt, desto eher wird er Routine und Klischees vermeiden können. Ein einziger biblischer Vers enthält oft einen solchen Gedanken- und

Beziehungsreichtum, dass der Prediger gar nicht alles berücksichtigen kann, wenn er diese Gedanken mit dem Leben des Verstorbenen und der Situation der Hinterbliebenen verbindet. Angesichts ihrer in der akuten Trauer sehr begrenzten Aufnahmefähigkeit ist es gut, wenn wenige biblische Sätze oder Wörter einprägsam und in plausiblem Zusammenhang mit der Situation, mit dem Fühlen und Denken der Menschen zur Sprache kommen.

2. Persönlich predigen

»Persönlich predigen« ist eine Aufgabe der Predigt überhaupt (Axel Denecke), die Kasualpredigt aber ist per definitionem persönliche Predigt, weil es in ihr immer um das persönliche Schicksal bestimmter Menschen geht. Die Bestattungspredigt ist diejenige der Kasualpredigten, die am stärksten unter das Verdikt geriet, den Menschen zuliebe die göttliche Wahrheit zu verleugnen. »Leichenpredigten leichte (d.h. leichtfertige, unwahrhaftige) Predigten« oder »Leichenpredigten Lügenpredigten« kritisierte man schon im 17. Jh., während Leichenpredigten massenhaft als Erbauungsschriften und aus Prestigegründen gedruckt wurden. Persönliche Predigt entartete in dieser Gattung oft zum Rühmen von Persönlichkeiten. Die historische Wurzel der Leichenrede in der *laudatio* auf eine bekannte und bedeutende Persönlichkeit bestimmt bis heute vielfach die Erwartungen der Teilnehmenden an eine Trauerfeier. Wenigstens in der Abschiedsstunde soll der Tote groß herauskommen. Diesem Bedürfnis dient im übrigen auch die häufig erdrückende Fülle von Kranz- und Blumenspenden. »Die Gefahr des undifferenzierten Totenlobs ist groß« (Klaus 50). Gerade bei »öffentlichen« Leichen mit entsprechendem Aufwand bei Todesanzeigen und Trauerpomp ist die Erwartung der Lobrede besonders groß. Die sich dabei leicht einstellenden Übertreibungen sowie die Auslassung aller Negativaspekte haben im Bewusstsein der Bevölkerung zu jener ironisierenden Äußerung geführt: »Auf Ohlsdorf (Hauptfriedhof Hamburgs, größter Friedhof Europas) ist noch nie ein schlechter Mensch begraben worden!« Die Botschaft von der Rechtfertigung sola gratia wurde dadurch unterlaufen, dass angebliche oder wirkliche Tugenden und gute Werke einen Rang erhielten, als brächten sie die Seligkeit. »Über die Toten nichts als Gutes«, das erweckte leicht den Eindruck der Unglaubwürdigkeit, zumal wenn es mit Floskeln von der Sündigkeit alles Fleisches garniert wurde.

Die Prediger und Homiletiker suchten verschiedene Lösungsmöglichkeiten. Luthers Freund Johannes Mathesius begründete den Satz »De mortuis nil nisi bonum« damit, dass Christus unsere Sünden bedeckt hat und wir deshalb alle Gebrechen der Verstorbenen zudecken dürfen. August Hermann Francke riet dazu, das Leben gläubiger Verstorbener als Exempel zu würdigen, sonst aber lieber gar nicht über das vergangene Leben zu reden. Um die Glaubwürdigkeit der Verkündigung nicht durch biographische Halb- oder Unwahrheiten zu schädigen, hat man den persönlichen Teil oft vom kerygmatischen getrennt. Der Pfarrer oder die Angehörigen lasen einen Lebenslauf vor, für den der Prediger keine Verantwortung übernehmen musste. Dieses Verfahren widerspricht dem Wesen der Kasualie und mindert deren Chancen. Letztere bestehen ja in der Möglichkeit, Kerygmatisches und Persönliches besonders konkret aufeinander zu beziehen. Auch negative Anteile im Leben des Verstorbenen lassen sich dann durchaus benennen, wenn sich der Prediger jedes richtenden Urteils enthält. Diese Chance sollte weder durch eine Trennung beider Aspekte noch durch eine Minimierung des Persönlichen verlorengehen.

Persönliche Predigt muss weder die Persönlichkeit des Verstorbenen unangemessen rühmen noch ängstlich auf einen Ausgleich von ehrenden und kritischen Aussagen bedacht sein. Es geht ja nicht um eine moralische Wertung, sondern darum, dass die biblische Botschaft auf ein konkretes Leben bezogen wird. Bezieht der Prediger seine Kenntnisse über das vergangene Leben von den Angehörigen, so kann er darauf hinweisen.

Kommt im Bestattungsgespräch eine Haltung der Dankbarkeit zum Ausdruck, so wird der Prediger sie aufnehmen. Dank, der sich an Menschen richtet, weist Christen auf den hin, von dem alle guten Gaben stammen, dem wir allezeit und für alles zu danken haben (Eph 5,20; I Thess 5,18). »Dank sei Gott für seine unaussprechliche Gabe« (II Kor 9,15). Was unter das Vorzeichen des Dankes an Gott gerückt wird, kann sich mit dem Dank an Menschen vereinen, ohne dass es zu unangemessenem Menschenruhm missrät. Gottes unaussprechliche Gabe wird biographisch in der Taufe fassbar. Der Mensch, dessen Leben jetzt abgeschlossen ist, empfing diese Gabe, und dafür gebührt Gott Dank. An der Taufgabe wird deutlich, dass aller Menschenruhm nichtig ist. Hat ein Mensch die Taufgabe bewusst angenommen und aus ihr gelebt, so gehört der Dank dafür Gott. Dies ist das Persönlichste und zugleich Beste, das von einem Menschenleben gesagt werden kann.

3. Das Kerygma

Das Persönliche gehört ins Kerygma hinein, wie oben gesagt wurde. Zugleich sind der Verkündigung Sachthemen vorgegeben, die in ihrer persönlichen Bedeutung bezeugt werden sollen. Die Liturgie, zu der die Lieder gehören, zeigt uns, um welche Themen es sich handelt: das Memento mori, das Rätsel des Leidens, Gericht und Gnade, Trost und Hoffnung.

Jede Bestattung erinnert an den Tod. Angesichts von Grab und Sarg bedarf es nicht vieler Worte, die die Lebenden an ihre Sterblichkeit erinnern. Dass wir »mitten im Leben vom Tod umfangen« sind, vergessen wir möglichst bald nach der Beerdigung. Dagegen kann die Predigt an die Kostbarkeit der verrinnenden Zeit erinnern. Ihre Begrenztheit macht sie desto wertvoller und zu schade dafür, ziellos in den Tag hineinzuleben. Die gegebene Zeit dankbar als Gnadenzeit, sie als von Gott mit Sinn erfüllte Zeit anzunehmen, ist die beste *»ars moriendi et vivendi«*.

Die Zeit kann sich aber auch leidvoll hinziehen. Die Warum-Frage bricht auf, und weder der Seelsorger noch der Prediger kann sie beantworten. Warum musste ein guter Mensch so grausam leiden? Warum trifft es mich so hart? Die Bibel gibt der Klage Raum, und Hiobs Freunde, die eine klare Antwort geben wollen, indem sie das Leiden des Freundes als Gottes gerechte Antwort auf Hiobs Tun deuten, müssen scheitern. Das Rätsel des Leidens lässt sich rational nicht lösen. Der gerechteste aller Menschen wird am Kreuz zu Tode gefoltert. Von Ostern her gewinnt dieses Leiden Sinn. Das rechtfertigt Pilatus und seine Henkersknechte nicht, es verklärt menschliches Leiden nicht pauschal mit Sinn, aber Ostern eröffnet Hoffnung, dass Schmerzen, Abschied und Tod nicht das letzte Wort haben.

Die Warum-Frage deutet auf den forensischen Horizont hin: Womit habe ich, womit hat er/sie das verdient? Gibt es einen gerechten Richter? In der Begräbnisliturgie wird vom Gericht gesprochen. Was ist darunter zu verstehen? Der Tod wirft die Frage nach der Lebensbilanz auf. Das Bedürfnis, Verstorbene zu rühmen, belegt das Verlangen nach einer positiven Bilanz. »Unsere Mutter hat nur gearbeitet«, sagen die Hinterbliebenen und möchten das positiv gewertet wissen. Sie sorgte nur für ihre Familie, dachte nicht an sich selber. Die Bilanz betrifft also auch das Leben der Angehörigen. Warum hat die Mutter nur gearbeitet? Der Prediger hat weder zu richten noch zu moralisieren, aber er braucht nicht zu verschweigen, dass wir einander vieles schuldig bleiben und auf Vergebung angewiesen sind.

Trauernde erwarten von der Bestattungsfeier Trost. Tröstlich wirkt die Teilnahme der Trauergemeinde. Trösten können auch Gedanken, die nicht spezifisch christlich, sondern allgemein menschlich sind. Das Menschliche ist das Kreatürliche, vom Schöpfer Vorgegebene. So empfinden es viele als tröstlich, wenn ihr Angehöriger ohne Qualen entschlafen ist. Der christliche Trost gründet in der Auferstehung Christi und der damit gesetzten Hoffnung auf ein neues Leben. Sie ist vielen, auch in der Kirche, fremd geworden. Gleichzeitig gewinnen esoterische Lehren wie die von der Reinkarnation Anhänger. Die Auferstehungsbotschaft wird ihren tröstlichen Inhalt nur entfalten können, wenn ihr Symbolcharakter vermittelt wird. Paulus spricht davon im Bild der Saat (I Kor 15,42–44) und des himmlischen Hauses (II Kor 5,1 f.; vgl. Joh 14,2), die Apk schildert die Vision vom himmlischen Jerusalem (21,1–4). Der Schöpfer unseres Lebens wird neues Leben schaffen jenseits der Grenzen unseres jetzigen Erfahrungsbereiches. Alles Leben ist eine wunderbare Gabe Gottes, und das Wunder jenseitigen Lebens entzieht sich unseren Erklärungsmöglichkeiten. Um Verstehenshilfen müssen wir uns in der Predigt bemühen, denn ein bloßes Zitieren biblischer Texte eschatologischen Inhalts in der Liturgie überfordert die Rezeptionsmöglichkeiten derer, denen diese Botschaft fremd ist.

Die Grenzen möglicher Hilfen zum Verstehen sind freilich nicht zu verkennen. Das Wunder des in der Auferstehung erwarteten neuen Lebens ist nur denen zugänglich, die im Glauben bereits etwas von der Gabe des neuen Lebens erfahren haben. Die Auferstehung aus dem alten Leben des Unglaubens ist die Voraussetzung für den Zugang zur Auferstehungshoffnung. Gewinnen Menschen durch Gottes Wort neue Hoffnung für ihr weiteres Leben, so ist das zwar noch nicht die Fülle ewigen Lebens, aber doch ein partieller Sieg über die Macht des Todes und eine vorläufige Analogie zum endgültigen Sieg Gottes über den Tod. Wie Jesus in seinen Taten und Worten Spuren des eschatologischen Heils hinterließ, so finden wir Spuren der Auferstehung, wo Menschen im Glauben Trost, Kraft und Hoffnung angesichts der Macht des Todes empfangen. Je mehr Trauernde sich dafür öffnen, desto kräftiger erschließt sich ihnen der Trost, den das Evangelium enthält. Er ist in der Botschaft zusammengefasst, dass uns nichts scheiden kann von der Liebe Gottes, die in Christus Jesus ist, unserm Herrn (Röm 8,39).

D. Das liturgische Handeln

1. Funktionen des Rituals

Das Bestattungsritual wirkt in der stark verunsichernden Situation, die durch den Todesfall eingetreten ist, stabilisierend. Es hilft den Trauernden, dass ihnen eine Ordnung vorgegeben ist, die ihr Verhalten gegenüber dem Toten und den Mitmenschen regelt. Ebenso dient es den Mitmenschen, eine Form für ihre Beziehung zu den Trauernden zu finden. Einem Menschen die Hand zu drücken und »herzliches Beileid« zu sagen, mag formal und hilflos scheinen, doch wird damit die belastende Sprachlosigkeit überwunden. Der liturgische Ritus will über formale Kommunikationsansätze hinausführen und inhaltliche Verbalisierungshilfen für Trauer, Abschiedsschmerz, Klage und Hoffnung geben. In der orthodoxen Totenliturgie gibt es den heiligen Kuss, mit dem die Hinterbliebenen sich vom Entschlafenen verabschieden. Sie spüren die Kälte des Todes und damit die schmerzhafte Realität des Abschieds physisch. In unserem Kulturraum hat die zunehmende gesellschaftliche Verdrängung des Todes zusammen mit hygienischen Motiven dazu geführt, dass die Toten kaum noch sichtbar aufgebahrt werden. Oft sehen die Angehörigen ihre Verstorbenen überhaupt nicht mehr, und die Zunahme der Feuerbestattung trägt zur weiteren Reduzierung der Beziehungen zwischen Toten und Lebenden bei. Die Angehörigen erhalten die Todesnachricht, sie beauftragen ein Bestattungsinstitut, und sie finden bei der Trauerfeier nur noch eine Urne vor. Besser ist es bei Feuerbestattungen, wenn die Trauerfeier vor der Einäscherung mit dem Sarg stattfindet. Der schrittweise Abschied, der vom offenen Sarg zu seiner Versenkung in das Grab und zur symbolischen Zuschüttung führte, war schmerzlicher und gerade darum seelisch gesünder als die rudimentäre Abschiedsform der »in aller Stille« stattfindenden Bestattungen. Die Trauernden empfinden das Versenken des Sarges als sehr hart, aber der äußere Akt der Trennung hilft dazu, den Verstorbenen loszulassen. Der Weg vom Friedhof nach Hause ist ein erster Schritt in das durch den Tod veränderte Leben.

Wird nach der Bestattung zum Kaffee eingeladen, so drückt dieses Beisammensein aus, dass das Leben weitergeht und die Trauernden in ihrem Schmerz nicht allein sind.

Walter Neidhart regt an, die Rolle des »Zeremonienmeisters« positiv zu deuten und anzunehmen (231). Zur Zeremonie gehört eine relativ stabile Ordnung des Rituals, die den Trauernden hilft, sie mit zu vollziehen, und den Liturgen an die für eine evangelische Bestattung wesentlichen Inhalte erinnert. Der Liturg/die Liturgin vollzieht das Ritual im Auftrag der Kirche, die der Realität des Todes die Hoffnung des ewigen Lebens entgegensetzt. Während die predigende Person persönlich und authentisch Zeugnis gibt, hängt die Glaubwürdigkeit der liturgischen Texte nicht von der Liturgin oder dem Liturgen ab.

2. Orte der Bestattungsliturgie

Die Agende III/5 unterscheidet den Dienst im Sterbe- und Trauerhaus (A Aussegnung, B Abholung), den Gottesdienst zur Bestattung, der in der Kapelle oder Kirche beginnt und am Grab fortgesetzt wird, den Gottesdienst nur am Grab und den am Grab beginnenden, in der Kapelle oder Kirche fortgesetzten Gottesdienst. Die katholische Sterbeliturgie sieht unmittelbar nach dem Verscheiden die »commendatio animae« vor, in der es heißt: »Herr, unser Gott, wir empfehlen dir unseren Bruder (unsere Schwester) N. In den Augen der Welt ist er (sie) tot. Lass ihn (sie) leben bei dir. Und was er (sie) aus menschlicher Schwäche gefehlt hat, das tilge du in deinem Erbarmen. Durch Christus, unsern Herrn.« Nach der Agende III/5 kann die Aussegnung kurz nach dem Eintritt des Todes oder als Andacht beim ersten Besuch im Trauerhaus oder mit Angehörigen, denen es nicht möglich ist, am Begräbnis teilzunehmen, stattfinden. Diesen Dienst kann ein Gemeindeglied oder jemand aus der Familie übernehmen. Die Aussegnung im eigentlichen Sinn setzt die Anwesenheit der Leiche voraus. Den Kern der Handlung bildet dann der Valetsegen, der die verstorbene Person im Bild der letzten Reise sieht: »Unser Herr Jesus Christus sei bei dir, dass er dich beschütze; in dir, dass er dich erquicke, vor dir, dass er dich leite und führe zur ewigen Heimat ...« (222). Ein weiteres wichtiges Element neben Gebeten und Lesungen ist der Abschied, der in knapper Form an das miteinander erlebte Gute und Schwere erinnert, die Bitte um Vergebung einschließt und im Frieden in den Dank für alles Gewesene einmündet. Es ist sehr zu wünschen, dass die Aussegnung wieder als seelsorgerliche Hilfe erkannt und praktiziert wird.

Als möglichen Dienst im Trauerhaus sieht die Agende ferner die Abholung vor, »wenn eine Überführung des Sarges vom Trauerhaus/Aufbahrungsort zur Friedhofskapelle/Kirche oder zum Grab üblich ist« oder die Trauergemeinde vor der Bestattung abgeholt wird, auch bei einer Urnenbestattung (40). Der Aufbahrungsort kann auch die Friedhofskapelle sein, von der die Gemeinde zum Grab geht. Wie bei der Aussegnung ist das Motiv des Weges von den irdischen Wohnungen zur himmlischen Heimat wesentlich.

Die traditionelle Dreiteilung der Bestattung (Handlungen im Trauerhaus, in der Kirche oder Kapelle und auf dem Friedhof) wird aus den oben genannten Gründen kaum noch praktiziert. Eine Aussegnung oder Abholung am Sterbeort wäre aber in den meisten Fällen möglich, wenn die Angehörigen das wünschten. In Krankenhäusern, Seniorenheimen und in den Gemeinden ist dafür zu werben, dass diese Möglichkeit unterstützt wird.

Ein Gottesdienst zur Bestattung nur am Grab, wie ihn die Agende für möglich hält, ist der Situation nicht angemessen, zumal sich unter den Leidtragenden oft alte und durch die vorangegangenen Geschehnisse geschwächte Menschen befinden. Nur am Grab kann die Beisetzung einer Urne stattfinden, zumal wenn der Einäscherung eine Trauerfeier vorausging. Der Ort der Predigt sollte immer die Kirche oder ein entsprechender Raum auf dem Friedhof sein, in dem die Gemeinde genügend Platz und Möglichkeit zur Konzentration findet. Da die Friedhöfe in Stadtgemeinden oft weit von der Kirche entfernt liegen, sind würdig gestaltete Friedhofskapellen erforderlich. Fehlt auf dem Friedhof ein geeigneter Raum, ist die Predigt in der Kirche zu halten, auch wenn ein relativ weiter Weg von ihr zum Friedhof zurückzulegen ist.

Neben der Erdbestattung nimmt die Zahl der Feuer- und Seebestattungen stetig zu. Da die ganze Schöpfung Gott dem Schöpfer gehört, und der Mensch in jeder Gestalt Gottes Eigentum bleibt, ist kirchliches Handeln nicht zu problematisieren, wenn es nicht an die traditionell überkommene, biblisch belegte Form der Erdbestattung anknüpfen kann.

Bei Feuerbestattungen ist die Krematoriumshalle oft der einzige Raum der Trauerfeier. Der Gottesdienst in Anwesenheit des Sarges, der am Ende der Handlung versenkt wird, ist einer Handlung bei der nur die Urne präsent ist, vorzuziehen. Für die Urnenbeisetzung erwähnt die Agende, dass sie von einem Mitglied des Kirchenvorstandes, einem anderen Gemeindeglied oder von einer/einem Angehörigen übernommen werden kann.

Seebestattungen sowie die zunehmenden anonymen Bestattungen bedeuten den Verzicht auf eine Stätte der Erinnerung und können dadurch motiviert sein, dass den Angehörigen die Grabpflege erspart werden soll. Eine gottesdienstliche Handlung am Ort der Beisetzung wird dadurch nicht ausgeschlossen. Sie kann auch zu einem späteren Zeitpunkt und an einem anderen Ort als Gedenkgottesdienst stattfinden, besonders, wenn die Überführung der Leiche nicht möglich ist.

Angesichts der sich auf den Friedhöfen widerspiegelnden Säkularisierung sollten Christen beachten, dass die Grabstätte den Glauben der verstorbenen Person und ihrer Angehörigen bezeugen kann. Für die Kirche stellt sich damit die Aufgabe, für eine christliche Gestaltung der Grabstätten zu werben, wofür – wie auch schon bei der Formulierung der Todesanzeigen und Danksagungen – die Kooperation mit dem Bestattungsgewerbe zu verbessern ist.

Die Einweihung eines Friedhofs regelt die Agende IV (185–192). Friedhof (und Kapelle) werden »unter den Schutz und Segen Gottes« gestellt (187; vgl. 192). Lesungen aus der Begräbnisagende sollen verwendet werden. Das Weihegebet (in vier Varianten) nimmt Bezug auf das Begräbnis Christi (189); es wird darum gebetet, dass der Friedhof »zu einem Ort des Gebetes, der Hoffnung und des Friedens« werde (ebd.; vgl. 191). Fürbitte für alle Verstorbenen und für die Trauernden sind weitere Elemente des Gebets. Damit wird Luthers Deutung der Begräbnisorte als »Koemiteria, das ist, für Schlaffheuser und Ruhestete« (WA 35,478) in der Linie der altkirchlichen Entwicklung übernommen. Wo städtische Friedhöfe nicht kirchlich geweiht sind, kann die Weihe des Grabes ein deutlicher Hinweis auf den Auferstehungsglauben der Kirche sein: Hier ist ein »Schlafhaus« eines Christen (vgl. B. Jordahn 1949, 57, der einen guten Text aus der Agende für Baden bietet; vgl. ders. 1950, 13 u.ö.).

3. Die liturgischen Bestandteile

Zur Bestattung gehören Eröffnung, Gebet, Schriftlesung, Gesang und/oder Musik, Predigt, Grabhandlung und Ausgang. Findet die Handlung in der Kirche oder in Hörnähe der Glocken statt, so eröffnet das Läuten der Totenglocke den Einleitungsteil. Ihr Klang schlägt eine Brücke zwischen der Trauergemeinde und der Welt, aus der sie kommt und in die sie zurückkehrt. Ursprünglich sollte das Geläut diejenigen, die nicht an der Bestattung teilnehmen konnten, zum Gebet für Verstorbene und Angehörige einladen sowie an die eigene Sterblichkeit erinnern.

»Der Gottesdienst kann mit einem Gemeindelied oder Chorgesang oder anderer Musik eröffnet werden«, erklärt die Agende III/5 (45). Gemeinsamer Gesang gehört seit der Reformation zur Praxis des Allgemeinen Priestertums. An den Bestattungen nehmen aber heute viele Leute teil, denen diese Praxis völlig fremd ist. Die Minderheit derer, die singen könnten, fühlt sich oft gehemmt, übrigens auch beim Mitsprechen des Vaterunsers. Im Gespräch vor der Bestattung ist zu klären, ob Bereitschaft zum Singen besteht. Sonst ist es besser, Choräle instrumental zu spielen. Vor wenigen Jahrzehnten galten Lieder wie »So nimm denn meine

Hände« als verpönt und fehlten im EKG, obwohl sie in der Gemeindefrömmigkeit lebten. Heute findet sich dieses Lied wieder im EG. Der Pfarrer/die Pfarrerin kann in Verlegenheit geraten, wenn Musikstücke oder Lieder gewünscht werden, denen jeder geistliche Inhalt fehlt und die außerdem ästhetisch als unpassend erscheinen. Dann ist so taktvoll mit den Menschen zu reden, dass sie sich nicht abgelehnt fühlen.

Das Bedürfnis nach feierlicher und niveauvoller Gestaltung der Kasualien ist legitim, und eine diakonisch handelnde Gemeinde findet Möglichkeiten, ihm gerecht zu werden. Dazu hilft ein Musikstück am Anfang. Ebenso wichtig wie die inhaltliche und ästhetische Qualität ist die persönliche Beziehung. Eine Arbeitshilfe von 1980 schlägt deshalb eine Begrüßung vor, die keine geprägte liturgische Form hat und kommunikativ wirken soll: »Wir sind zusammengekommen, um Abschied zu nehmen von N.N. Dieser Tod erfüllt Sie, die Angehörigen, und viele von uns mit Schmerz«. Sie möchte Anteilnahme ausdrücken und auf die Motivation christlicher Bestattung hinweisen: »Wir erbitten uns in dieser Stunde Trost und Hilfe« (Bestattung 19). Nach der katholischen Begräbnisfeier kann die Begrüßung in einer Grußformel, einem Schriftwort, eigenen Worten oder in einer Kombination dieser Möglichkeiten bestehen. Die Agende III/5 sieht vor, dass der Liturg mit dem Friedensgruß beginnt: »Der Friede Gottes sei mit euch«, die Gemeinde antwortet: »Und mit deinem Geist« oder »Amen« (33). Ein solcher liturgischer Dialog wird der Situation kaum gerecht. Er setzt eine nicht vorhandene Vertrautheit mit liturgischem Verhalten bei den Teilnehmenden voraus.

Das Gebet entspricht im Eingangsteil dem Kyrie im Gottesdienst. Es verbalisiert Klage, Trauer und die Bitte um Hilfe. Viele Psalmen bieten sich dafür an (als Regelpsalm ist Psalm 39 vorgesehen [34.48.101], weitere Psalmen finden sich unter den Auswahltexten). Die katholische Begräbnisfeier verbindet das Eingangsgebet mit dem Confiteor: »Im Vertrauen auf die Barmherzigkeit Gottes bitten wir um Verzeihung der Sünden«. Die Agende III/5 nimmt dieses Motiv fakultativ im »Abschied« auf, falls es nicht schon bei der Aussegnung zur Sprache kam (52). Implizit ist die Bitte um Gottes Vergebung auch in dem Satz enthalten: »Nimm sie/ihn in Gnaden an« (79).

Das Gebet nach der Predigt drückt vor allem Dank und Vertrauen gegen Gott und Fürbitte für die Trauernden aus. Der Dank bezieht sich auf alles, was Gott der verstorbenen Person und durch sie anderen Menschen, besonders den jetzt Trauernden, schenkte. Die Gemeinde bittet um Trost und um Bereitschaft für das eigene Ende. Die Agende formuliert in einer von manchen als schockierend empfundenen Direktheit: »Wir *befehlen/vertrauen* deiner Gnade an, wen du als nächsten aus unserer Mitte abrufen wirst. Mach uns alle im Glauben bereit für unsere letzte Stunde« (53). In einem alternativ angebotenen Gebet fehlt der erste Satz, es wird nur gesagt: »Hilf uns allen in unserer letzten Stunde«. Das Bestattungsgespräch kann verdeutlichen, dass der Hinweis darauf, dass eine der jetzt teilnehmenden Personen als nächste abgerufen wird – wann auch immer – nicht als Drohung empfunden oder abergläubisch als Herbeiführung des nächsten Todesfalles gedeutet werden muss. Inhaltlich wichtige Formulierungen sind nicht ohne Rücksicht auf Missverständnisse tapfer durchzuhalten.

Das gilt auch für die Rede vom Gericht, die in der Bestattungshandlung nach dem Erdwurf ihren Platz hat: »Jesus Christus wird *sie/ihn* auferwecken. Er sei *ihr/ihm* gnädig im Gericht und lasse *sie/ihn* die ewige Herrlichkeit schauen. Friede sei mit *ihr/ihm«* (57.71). Die Rede vom Gericht wird leicht moralisch missverstanden, als würden der verstorbenen Person ethische Verfehlungen unterstellt. Was theologisch gemeint ist, kommt implizit in der alternativen Formulierung der Agende zur Geltung: »Unsere *Schwester/unser Bruder N.* ist durch die Taufe mit Christus verbunden. Auch der Tod kann sie/ihn nicht aus seiner Hand reißen. Darum befehlen wir *sie/ihn* seiner Gnade. Friede sei mit *ihr/ihm«*(57.71). Vertraut die Gemeinde eine

Person der Gnade Gottes an, so sieht sie in diesem Gott den Richter und zugleich durch Christus den Retter, und sie beruft sich auf Gottes ein für allemal gültiges Heilshandeln in der Taufe. Die Erinnerung daran gehört auf jeden Fall zur christlichen Bestattung. Unter diesem Aspekt kann es bei der Fürbitte für die Verstorbenen nicht um menschliches oder gar verdienstliches Einwirken auf ihren postmortalen Zustand gehen, wohl aber in der Form des Gebets und der Bitte um ein Einstimmen in den Willen Gottes, der will, dass allen Menschen geholfen werde. Höchst angemessen deutet Philipp Jacob Spener die Fürbitte für die Verstorbenen als Dankgebet, in dem wir ihnen »wünschen, was sie haben« (Graff II,361). Der Verzicht auf das fürbittende Gedenken in der Vergangenheit hatte nicht selten Formulierungen der an sich richtigen Glaubenszuversicht der Rettung und des Heils zur Folge, die »in Form von Seligsprechungen des Toten« (Klaus 30) deklaratorisch das Jüngste Gericht vorwegnahmen. Die fürbittende Form hingegen verzichtet auf jedes eigenmächtige Urteil und legt den Verstorbenen in seinem gelungenen wie schuldhaften Leben und Sterben in Gottes Hand. Fürbitte für die Toten ist darum der lebendige Austausch der Glieder in dem einen Leib des auferstandenen Christus, eine legitime Ausformung der Gewissheit, dass uns nichts scheiden kann von der Liebe Gottes und dass der Tod keine letzte, sondern eine von Christus schon besiegte Macht ist. Auch diese Rede ist freilich missverständlich, nämlich in dem Sinn, als garantiere die Taufe als opus operatum das ewige Leben, auch wenn ihre Gabe nicht im Glauben angeeignet und gelebt wird. Das oben genannte Beispiel zeigt, dass die notwendigerweise knappen liturgischen Sätze nicht durch Interpretation so erweitert werden können, dass sie gegen Missverständnisse geschützt sind. Es unterstreicht, dass Liturgie und Predigt einander ergänzen müssen. Zur oben genannten Formulierung ist auch zu fragen, ob die verstorbene Person als Schwester oder Bruder bezeichnet werden soll. Diese urchristliche Bezeichnung entspricht kaum dem Selbstverständnis der meisten volkskirchlichen Gemeindeglieder. Allenfalls ist sie verständlich mit einem Zusatz wie »im Glauben« oder »in Christus«.

Eine sinnvolle Übernahme aus der katholischen Liturgie ist das stille Gedenken im Kontext des Gebets. Die Agende III/5 sieht es nach der Predigt vor, »wenn der Abschied nicht vorausgegangen ist« (52). Eine Wiederholung des verbalen Abschieds nach der Predigt ist allerdings unangemessen, wenn bereits im Eingangsteil erklärt wurde: »Wir sind hier zusammengekommen, um Abschied zu nehmen von ...« (46). Deshalb empfiehlt es sich, auf die Predigt das stille Gedenken folgen und in ein Gebet einmünden zu lassen. Am Grab das stille Gedenken zu wiederholen, wie es die Arbeitshilfe vorschlägt, ist eine unnötige Doppelung.

Die Aufforderung zum Gang zum Grabe wird über die Agende III von 1962 (162) hinausgehend mit dem alternativ zum Toten gewandten Segenswort beschlossen: »Der Herr behüte *unseren/deinen* Ausgang und Eingang von nun an bis in Ewigkeit« (Agende III/5, 55).

Der Weg zum Grab ist heute zumeist die einzige Leichenprozession. Die Grabhandlung beginnt, wenn die Trauerfeier in der Kirche oder Kapelle voranging, nach der Agende III mit dem Einsenken des Sarges, worauf ein biblisches Votum und die Bestattungsformel folgen. Plausibler ist es, wenn der Sarg oder die Urne *nach* dem ersten Teil der Bestattungsformel versenkt wird: »Nachdem Gott der Herr über Leben und Tod N.N. aus diesem Leben abgerufen hat, legen wir *ihren/seinen* Leib in Gottes Acker« (56.70). Bei einer Einäscherung heißt die Variante: »... geben wir *ihren/seinen* Leib dahin, dass er Staub und Asche werde« (107), und bei einer Urnenbeisetzung: »... und legen *ihre/seine* Asche in Gottes Acker« (113). Die alte Formel »Nachdem es dem allmächtigen Gott gefallen hat, unseren Bruder (unsere Schwester) N.N. aus diesem Leben abzurufen« deutet den Tod in missverständlicher Weise und wurde daher in der Agende III/5 verändert. Bei Selbsttötungen lautet die Formel: »Nachdem N.N. aus diesem zeitlichen Leben geschieden ist ...«, wobei die EKU-Agende formuliert: »unser Bruder/unsere Schwester ...« (96).

Eine Anrede der verstorbenen Person sieht die Agende III/5, vom Valetsegen abgesehen, mit Recht nicht vor. Im Glauben ist zwar die irdische Gemeinde mit der himmlischen verbunden, aber eine Kommunikation zwischen Verstorbenen und Lebenden ist biblisch nicht begründet. Der Schlusssegen gilt der ganzen Gemeinde und ist nicht als Aussegnung des Toten zu verstehen. Als Ausgang der Handlung begleitet der Segen die Trauernden auf ihrem weiteren Weg, der für die engsten Angehörigen einen neuen Lebensabschnitt darstellt. Das kann durch einen Zusatz deutlicher werden, wie ihn die Arbeitshilfe vorschlägt: »Nun geht hin mit Frieden und der Segen Gottes geleite euch auf allen euren Wegen«.

Der dreimalige Erdwurf am Grab (heute von den Angehörigen allerdings oft nicht mehr in seiner symbolischen Beziehung verstanden und darum immer häufiger nur noch einmal vollzogen oder ganz unterlassen bzw. durch das Nachwerfen eines Blumengebindes ersetzt) unterstreicht die Erinnerung an das dreimalige Begießen mit Wasser bei der Taufe.

Nach der Agende III/5 kann das Abendmahl in die Bestattung eingefügt werden, wenn sie am Grab begonnen hat und in der Kirche oder Kapelle fortgesetzt wird. Die Agende III von 1962 erwähnt dagegen die Möglichkeit, am Abend des Begräbnistages oder am folgenden Sonntag das Abendmahl zu feiern. Sinnvoll wäre auch eine solche Feier am 7. oder 30. Tag oder nach sechs Wochen, wie es die katholische Agende für das Gedächtnis der Verstorbenen empfiehlt. Denn als Feier der Wirklichkeit des Leibes Christi ist die Eucharistie der Ort, an dem Himmel und Erde, Gott und Mensch, die Engel und die Heiligen der oberen Schar und »unsere Stimmen« sich vereinen. Entsprechend ist dieser zentrale Gottesdienst der Christenheit auch in der evangelischen Kirche neu entdeckt worden als Mitte der Gemeinde und Zentrum der Gemeinschaft des Volkes Gottes aller Zeiten. Seit je findet das Gedächtnis der Verstorbenen allsonntäglich seinen Ort bei den Abkündigungen und im Fürbittengebet sowie im Lauf des Kirchenjahres am Gedenktag der Entschlafenen. Das EGb 1999 macht darüber hinaus wieder deutlich, dass speziell das eucharistische Hochgebet Ort des Totengedenkens im Sinne bleibender Verbundenheit in der Gemeinschaft der Heiligen ist (EGb 644.658, noch stärker im Entwurf EA 619.627.629.631.633 u.ö.). Wichtig ist, dass die trauernden Gemeindeglieder sich über den Tag der Bestattung hinaus in eine mittragende Gemeinschaft einbezogen wissen.

Quellen

→Spezielle Abkürzungen

AGENDE für die evangelisch-lutherische Kirche der Provinz Hannover, Hannover 1901. – Die kirchliche BESTATTUNG. Arbeitshilfe, hg.v. EKU und VELKD in der DDR, Berlin/Altenburg 1980. – Die kirchliche BEGRÄBNISFEIER in den katholischen Bistümern des deutschen Sprachgebietes, Freiburg u.a. 1972, Neudruck 2000. – Carl F. TYSSKA (Hg.), Agende für die evangelische Kirche, Berlin 1843. – Das BEGRÄBNIS. Überarbeitung der Begräbnisordnung durch den Liturgischen Ausschuss des Geistlichen Ministeriums der Hamburgischen Landeskirche, Hamburg 1976.

Literatur

Sabine BOBERT-STÜTZEL, »Wir blicken jetzt in einen Spiegel ...« – Begräbnisliturgie und neue Bestattungskultur: ThBeitr 32 (2001) 199-210. – Norbert BOLIN, »Sterben ist mein Gewinn« (Phil 1,21). Ein Beitrag zur evangelischen Funeralkomposition der deutschen Sepulkralkultur des Barock. 1550–1750 (Kasseler Stud. zur Sepulkralkultur 5), Kassel 1989. – Michael BROCK, Art. Bestattung III. Judentum: TRE 5 (1980) 738–743. – Armin-Ernst BUCHRUCKER, Wer so stirbt, der stirbt wohl. Martin Luther über die Kunst zu sterben: Luther 64 (1993) 125–136. – Rudolf BÜRKI, Im Herrn entschlafen, Heidelberg 1969. – COMMUNIO SANCTORUM. Die Kirche als Gemeinschaft der Heiligen, Bilaterale Arbeitsgruppe der Deutschen Bischofskonferenz/Kirchenleitung der VELKD (Hg.), Paderborn/Frankfurt a.M. 2000. – Fanny DETHLOFF-SCHIMMER (Hg.), Seelsorgerliche und homiletische Hilfen beim Tod eines Kindes, Gütersloh 1996. – Helmut ECHTERNACH, Segnende Kirche, Hamburg [3]1968. – Fritz HEIDLER, Die biblische Lehre von der Unsterblichkeit der Seele, Sterben, Tod, ewiges Leben im Aspekt lutherischer Anthropologie, Göttingen 1983. – Gerd HEINRICH/Arnd HELING, Im Tod nicht anonym. Handreichung zu aktuellen Fragen des Bestattungs- und Friedhofswesens, (Nordelbisches Kirchenamt) Kiel 1993. – Hans-Hinrich JENSSEN, Die Bestattung: HPTh(B) 2,176–191. – Bruno JORDAHN, Das kirchliche Begräbnis. Grundlegung und Gestaltung (VEGL 3), Göttingen 1949. – Ders., Ordnung für das kirchliche Begräbnis, Göttingen 1950. – Ottfried JORDAHN, Georg Friedrich Seilers Beitrag zur Praktischen Theologie der kirchlichen Aufklärung (EKB 49), Nürnberg 1970. – Ders., Georg Friedrich Seilers Wirksamkeit in der kirchlichen Praxis 1770–1807. Seine private Sphäre und sein Lebensende: JFLF 30 (1970) 83–251. – Manfred JOSUTTIS, Der Vollzug der Beerdigung: Praxis des Evangeliums zwischen Politik und Religion, München 1974, 188–206. – Bernhard KLAUS/Klaus WINKLER, Begräbnis-Homiletik. Trauerhilfe, Glaubenshilfe und Lebenshilfe für Hinterbliebene als Dienst der Kirche, München 1975 – Joseph LECHNER, Liturgik des römischen Ritus, begr. v. Ludwig Eisenhofer, Freiburg [6]1953. – Wilhelm LÖHE (Hg.), Agende für christliche Gemeinden des lutherischen Bekenntnisses 1844: GW 7/1, Neuendettelsau 1953. – Theodor MAAS-EWERD, Motive für die Ars Moriendi in der katholischen Sterbe- und Begräbnisliturgie: Harald Wagner (Hg.), Ars moriendi, Freiburg/Basel/Wien 1989, 136–155. – Thomas MANN, Gesammelte Werke in 13 Bänden, hier Bd. 9, Frankfurt a.M. [2]1974. – K. J. MERK, Die Totenmesse mit dem Libera, Stuttgart 1924. – Friedemann MERKEL, Art. Bestattung IV. Historisch und V. Praktisch-theologisch: TRE 5 (1980) 743–757 (Lit.!). – Theophil MÜLLER, Konfirmation – Hochzeit – Taufe – Bestattung. Sinn und Aufgabe der Kasualgottesdienste, Stuttgart/Berlin/Köln/Mainz 1988. – Walter NEIDHART, Die Rolle des Pfarrers beim Begräbnis: Wort und Gemeinde [FS Eduard Thurneysen], Zürich 1968, 226–235. – Ernst NESTELE, Die Aussegnung Verstorbener. Liturgische Feier unter seelsorgerlichem Aspekt. Mit einer ausformulierten Liturgie, Stuttgart 1998. – Volker NÖLLE, Vom Umgang mit Verstorbenen. Eine mikrosoziologische Erklärung des Bestattungsverhaltens, Frankfurt a.M./u.a. 1997. – ORIENTIERUNGSRAHMEN FÜR DIE AMTSHANDLUNGEN Taufe, Trauung, Beerdigung. Entwurf, hg.v. Nordelbischen Kirchenamt, Kiel 1986. – Gerhard VON RAD, Das erste Buch Mose. Genesis (ATD 2/4), Göttingen [5]1958. – Klemens RICHTER (Hg.), Der Umgang mit den Toten. Tod und Bestattung in der christlichen Gemeinde, Freiburg/Basel/Wien 1990. – Klaus RÖHRING/Herbert KEMLER (Hg.), Zeichen der Hoffnung angesichts des Todes. Erwägungen zum Umgang mit den Toten und zur Gestaltung der kirchlichen Bestattung (Didaskalia 50), Kassel 2000. – Manfred SEITZ, Die Predigt zur Bestattung: ders./Herbert Breit (Hg.), Beerdigung, Stuttgart 1974 (CPH.S), 13–47. – Yorick SPIEGEL, Der Prozess des Trauerns, 2 Bde., München [7]1989. – Traugott STÄHLIN, Die Bestattung: HPTh(G) 3,195–205. – Wilhelm STÄHLIN, Die christliche Bestattung der Toten: EvJ 6 (1941) 45–50. – Werner THIEDE, Die Zeit aus dem Sinn tun. Wie modern ist Luthers Auferstehungshoffnung?: LM 7 (1992) 297–299. – Ders., Nur ein ewiger Augenblick. Luthers Lehre vom Seelenschlaf zwischen Tod und Auferstehung: Luther 64 (1993) 112–125. – Ulrich VOLP, Die Entwicklung von Ritualen im Umgang mit Tod und Bestattung in den christlichen Gemeinden der Antike, Diss. Bonn 2001. – Peter WELTEN, Art. Bestattung II. Altes Testament: TRE 5, 734–738. – Eberhard WINKLER, Tore zum Leben, Neukirchen-Vluyn 1995. – Eugen WÖLFELE, Zwischen Auftrag und Erfüllung. Eine pastoraltheologische Untersuchung und Begründung der volkskirchlichen Bestattung, Stuttgart 1993.

Ottfried Jordahn (I) / Eberhard Winkler (II)

Benediktionen und Krankensalbung

Einleitung

Benediktionshandlungen in ihrer doppelten, Lobpreis und Segen umfassenden Bedeutung sind in den deutschsprachigen evangelischen Kirchen in den Hintergrund getreten (zur Entwicklung s. Eyselein 183–201). Sie beschränken sich meist auf die in den vorhergehenden Beiträgen behandelten (Kasual-)Gottesdienste anlässlich eines gravierenden Übergangs im Lebenslauf wie Konfirmation und Trauung und die eventuell hiermit verbundenen Nebenhandlungen (Goldene Konfirmation, Ehejubiläen; bei der Taufe auch Mutter- bzw. Eltern- oder Familiensegnung). Angesichts der wachsenden Bedeutung von Schule für das Leben des Einzelnen gehören auch die sich verbreitenden Schulanfängergottesdienste hierzu (vgl. →Jugend- und Schulgottesdienste). Ebenfalls können Ordination und in gewisser Hinsicht andere gottesdienstliche Einführungen in besondere Gemeindeämter hierunter subsumiert werden, insofern in ihnen ein neuer Status verliehen wird (vgl. →Die Ordination). Darüber hinausgehende Benediktionshandlungen sind lokal bzw. regional begrenzt (zur bayrischen Situation s. die Umfrage bei Eyselein 9–29) und werden teilweise nur selten durchgeführt.

Doch zeigt sowohl ein Blick auf die außerevangelische Liturgiegeschichte als auch auf gegenwärtige Herausforderungen der Kirche durch die reflexiv moderne technische Zivilisation, dass diese Marginalität nicht selbstverständlich, sondern zunehmend problematisch ist. Das Studium des Lebens mittelalterlicher Christen und der römisch-katholischen sowie orthodoxen Liturgik präsentiert eine kaum übersehbare Fülle von segnenden Gottesdienstformen und Elementen. Die sich im Bereich von Frauenbewegung, aber auch New Age zeigende Hinwendung zum »Segen« – mittlerweile auch in der Systematischen Theologie rezipiert (z.B. Greiner) – deutet auf ein neues Interesse am Segen hin. Die dahinter stehenden grundsätzlichen Herausforderungen für Kirche und Liturgik treten in vollem Umfang erst zu Tage, wenn die durch die ökologische Krise aufgeworfenen Probleme sowie die nicht mehr zu leugnende zunehmende Bedeutungslosigkeit von Kirche für Öffentlichkeit und privates Leben bei gleichzeitig wachsendem Interesse an religiösen Fragen und Praktiken wahrgenommen werden. Denn in den Realbenediktionen geht es um nichts anderes als um den christlichen Umgang mit der Schöpfung Gottes und damit auch um die Gestaltung christlichen Glaubens, insofern dieser wesentlich durch den Kontakt mit der Mitwelt geprägt ist. In spezieller, personenbezogener Weise gilt dies hinsichtlich des Umgangs mit Krankheit und Gesundheit für die Krankensalbung. Die seit über 100 Jahren vollzogene, schroffe Trennung der sich exklusiv technisch-naturwissenschaftlich verstehenden Medizin von der (christlichen) Religion kommt zunehmend an ihre Grenze. Auf der einen Seite verführt sie – wie die jüngsten Debatten zur Gentechnik zeigen – zu irrealen Hoffnungen auf Lebensverlängerung, auch um den Preis der Aufgabe bisher selbstverständlicher ethischer Mindeststandards, auf der anderen Seite bleiben Menschen bei der Behandlung einzelner Körperteile mit technischem Gerät allein mit ihren Sorgen, Nöten und Hoffnungen und suchen nach Ritualen der Annahme.

Phänomenologisch fällt bei diesen liturgischen Handlungen die große Bedeutung sinnlich wahrnehmbarer Zeichen auf. Deshalb wurde für sie der Begriff »zeichenhafte Gottesdienste« (Reifenberg 1967) vorgeschlagen. Er umfasst die traditionellen Benediktionen (von Sachen und Personen), Prozessionen (zum Gedächtnis, zur Heiligung und aus funktionellen Gründen) und functiones bzw. actiones sacrae (wie z.B. Fußwaschung am Gründonnerstag oder dramatische

Aufführungen) und enthält für eine die Sinne meist nur unzureichend berücksichtigende Liturgik wichtige Erinnerungen an den möglichen symbolischen und rituellen Reichtum des christlichen Gottesdienstes. Allerdings darf der Begriff »zeichenhafte Gottesdienste« nicht in exklusivem Sinn missverstanden werden, da ja in den bereits vorgestellten gottesdienstlichen Handlungen sinnlich wahrnehmbare Zeichen ebenfalls eine nicht zu unterschätzende Rolle spielen (sollten).

Insgesamt erscheint der Begriff der Benediktion heuristisch besonders geeignet, da er entsprechend der doppelten Bedeutung von benedicere (segnen und loben), die sich auch beim hebräischen ברך und dem griechischen εὐλογεῖν findet, sowohl Handlungen erfasst, die primär das göttliche Wirken, als auch andere, die primär das menschliche Tun betonen. Sachlich bringt er den für ein christliches Verständnis dieser Rituale grundlegenden dialogischen Vorgang zwischen Gott und Mensch gut zum Ausdruck. Verbreitete Differenzierungen, etwa zwischen Weihen, Segnungen, Konsekrationen, konnten sich nicht allgemein durchsetzen und entbehren der notwendigen begrifflichen Trennschärfe, nicht zuletzt wegen der sich ihnen entziehenden Variabilität der Benediktionshandlungen.

Deren Vielzahl und lokale Unterschiedlichkeit erlauben hier nur eine Skizze grundlegender Strukturen ihrer historischen Entwicklung. Einige ausgewählte Beispiele sollen zum einen der Veranschaulichung dienen, zum anderen wichtige Erkenntnisse in Erinnerung rufen, die während der Ausdifferenzierung dieser liturgischen Handlungen und der kritischen Auseinandersetzung mit ihnen gewonnen wurden. An einzelnen Benediktionen speziell Interessierte seien auf die nach wie vor grundlegende Sammlung kirchlicher Benediktionen im Mittelalter von Adolf Franz und das Rituale Romanum verwiesen.

Der Ritus der Krankensalbung wird hier in einem eigenen Abschnitt behandelt. Zum einen ist er durch seine biblische Begründung besonders herausgehoben, was z.B. in manchen dogmatischen Traditionen zu seinem Verständnis als Sakrament führte, zum anderen legt sich auf Grund des aktuellen Interesses eine etwas ausführlichere Darstellung nahe.

I. Benediktionshandlungen

A. Religionsgeschichtliche und biblische Voraussetzungen

Die christlichen Benediktionshandlungen sind Entwicklungen der Kirche. Sie nehmen sowohl allgemein menschliche, in der Religionsgeschichte zu beobachtende Anliegen und Ausdrucksformen auf als auch deren biblische Rezeption und Modifizierung.

1. Im Alten Testament selbst weiß man von der Segens- und Fluchkraft in anderen Religionen (vgl. Wehmeier, Scharbert und Mitchell). Num 22–24 berichtet von dem Versuch des Moabiterkönigs Balak, durch Bileam, einen offenkundig segens- und fluchkräftigen Mann, die Israeliten zu verfluchen und so die Auseinandersetzung zu beeinflussen. Wir stoßen in der Person des Bileam auf die magische Praxis (vgl. Heiler 26–29), durch Wort und Handlung gezielt eine Beziehung zum Übersinnlichen herzustellen, um Leben zu schädigen bzw. zu fördern. Doch ist die hier im Hintergrund stehende, Macht über das Übersinnliche ausübende (bzw. anstrebende) Form der Zauberei im biblischen Text bereits verlassen, denn der mit Segenskraft Begabte (früher Zauberer) ordnet sich der theologisch bestimmten Segensmacht unter.

An anderer Stelle begegnet im Alten Testament eine Episode, in der ein vorgeschichtliches und wohl auch vortheologisches Segensverständnis entgegentritt: die Spendung des Erstgeborenensegens durch Isaak (Gen 27). Dieser Segen enthält die Lebenskraft, die der Vater an den Sohn weitergibt, und ist einzig, unwiderruflich und wirkt unbedingt. Seine Übertragung erfordert offensichtlich viel Kraft, denn der Spender muss vorher gut essen und trinken, und erfolgt wohl durch einen rituellen Vollzug, bei dem unmittelbar sinnliche Wahrnehmungen (Berührung, Geruch) eine große Rolle spielen. Allerdings findet sich auch hier im jetzigen biblischen Text eine – wenn auch nur schwach ausgeführte – theologische Prägung des Segens (Gen 27,7.28).

Vor einer Abqualifizierung der in diesen beiden Erzählungen zu Tage tretenden Segens- und Fluchverständnisse als primitiv religiös ist aus theologischen und anthropologischen Gründen zu warnen. Ihr steht zum einen entgegen, dass der jahwistische Verfasser mit seinem – wie andere Stellen (z.B. Gen 12,2 f.) ergeben – theologisch erheblich differenzierteren Segensverständnis diese alten Nachrichten nicht ausmerzte und sich gewisse Züge aus ihnen sogar bis ins Neue Testament durchhalten; zum anderen, dass die sich hier äußernden Formen des Umgangs mit der begegnenden Wirklichkeit sowohl kulturgeschichtlich als auch individualbiographisch immer wieder auftauchen. So sind sie z.B. – wie noch zu zeigen ist – im Mittelalter und in modernen Strömungen innerhalb der New-Age-Bewegung, aber auch in einem bestimmten Reifestadium (vgl. Gmünder/Oser 84 f.), zeitweise bei Schwerkranken bzw. Sterbenden (vgl. Kübler-Ross 54 f.) und im Trauerprozess mancher Zeitgenossen (vgl. Spiegel 66 f.) anzutreffen.

2. Vor allem Claus Westermann stellte – nach einer langen Zeit dogmatisch (oder weltanschaulich?) bedingter Verdrängung – die Bedeutung des Segens in der Bibel wieder heraus. Er konstatiert: »Wo in der Bibel von Gottes Zuwendung zu den Menschen gesprochen wird, gibt es neben seinem rettenden das segnende Handeln. Erst beides miteinander wirkt Geschichte« (12).

Im Einzelnen zog wohl das Sesshaftwerden eine verstärkte Besinnung auf die Stetigkeit sichernde Segensmacht Gottes nach sich (vgl. zur vermutlichen nomadischen Bedeutung von Fluch [und Segen] Schottroff). Jos 5,11 f. beschreibt diesen Übergang als Konsequenz des Einzugs in das verheißene Land knapp und elementar: »An eben diesem Tage hörte das Manna auf, weil sie jetzt vom Getreide des Landes aßen, sodass Israel vom nächsten Tag an kein Manna mehr hatte. Sie aßen schon von der Ernte des Landes Kanaan in diesem Jahr.« Jahwe, der Israel aus Ägypten führte, wird jetzt als der erkannt, der das Leben durch die Fruchtbarkeit des Leibes, des Ackers und des Viehs fördert (Dtn 28,3–5) und ihm Beständigkeit verleiht. Dass aus dieser Einsicht auch rituelle Konsequenzen folgten, zeigt der Bericht über die Darbringung der Erstlingsfrüchte (Dtn 26,1–11) sehr deutlich, der detailliert über den liturgischen Ablauf informiert. Die Erinnerung an das rettende Handeln Gottes geht dabei dem Dank für die Früchte und der Bitte um weiteren Segen voraus.

Jahwes Segen über der Schöpfung ist universal. Nach der priesterschriftlichen Schöpfungserzählung gilt er Tieren (allerdings ohne eigene Nennung von Landtieren) und Menschen sowie dem Sabbat (Gen 1,22.28; 2,3; 5,2; 9,1). Die Menschen erhalten sogar – wie bereits genannte Beispiele zeigen – die Möglichkeit, den Segen an andere Menschen und (seltener) auch an ihnen dienende Sachen weiterzugeben. Zwar finden sich im Alten Testament kaum ausgeführte Agenden von Benediktionshandlungen (lediglich Dtn 26,1–15; Lev 8; I Reg 8; vgl. II Chr 5,2–14), doch werden oft Segnungen genannt, in denen das Lob Gottes den größten Raum einnimmt. Solcher Segensuniversalismus könnte ethische Probleme aufwerfen. Dem wehrt aber die erwähnte Verknüpfung des Segens mit der geschichtlichen Erfahrung Israels. Dazu stellen die ersten Verse der Vätergeschichten den Segen Gottes in den weiten Kontext seiner Verheißung (Gen 12,2 f.) und verhindern mögliche magische Missverständnisse. Dtn 28,1–14 verknüpft den Segen mit dem Bundeskonzept und seinen Verpflichtungen. Das segnende Handeln Gottes ist die Folge des Haltens seiner Gebote, wobei die anschließenden Verse (15–68) sehr viel ausführlicher den bei Ungehorsam drohenden Fluch entfalten. Doch auch diese Konzeption von Segen (und Fluch) hält sich im Alten Testament nicht durch, weil die Erfahrung einem unmittelbaren Zusammenhang von Wohlverhalten und Segen bzw. Frevel und Fluch widersprach. Das Hiobbuch, das zum dem Segenskonzept sehr aufgeschlossenen weisheitlichen Traditionskreis gehört, denkt intensiv über die dabei auftretenden und – wie ein Blick in die moderne Literatur zeigt – heute noch aktuellen Fragen nach. Der Schlussteil (Hi 38–41) betont dabei wieder den grundlegenden Zusammenhang von Schöpfung und Segen.

Daneben finden sich im Alten Testament aber weite Passagen, in denen das Segensthema zurücktritt, vor allem in der Prophetie. Die Fragen der alltäglichen Lebensgestaltung in Auseinandersetzung mit der natürlichen Mitwelt werden hier nur am Rande, manchmal indirekt in Heilsschilderungen berührt.

So ist das Reden vom Segen (und Fluch) und die sich darin spiegelnde Benediktionspraxis im Alten Testament sehr vielschichtig. Es werden archaische Erfahrungen mit den Menschen offensichtlich gegebenen Segens- und Fluchkräften aufgenommen und in unterschiedlicher Weise mit dem Israel in der Geschichte begegnenden Gott verbunden. Dabei werden dessen Schöpfersein und der segnende Mensch als im Strom des göttlichen Segens stehend erkannt.

3. Das Neue Testament knüpft an die alttestamentlichen Einsichten und die daraus resultierende jüdische Sitte der b^{e}rakah (Baumgartner 1976, 60–68) an. Es berichtet recht selten von Segenshandlungen bzw. nimmt wenig auf Segnungen Bezug. Jesus spricht in jüdischer Tradition den Segen bei der Mahlzeit (Mk 6,41 par.; 8,6 par.; 14,22 par.; I Kor 10,16), wobei Luk 24,30 auf die große Bedeutung dieser Handlung auch über den Tod Jesu hinaus verweist. Weiter segnet Jesus – ebenfalls an jüdische Traditionen anknüpfend – Kinder (Mk 10,13–16 par.).

Betrachtet man jedoch auf dem Hintergrund des damaligen allgemein religiösen Umfelds, in dem Segnungen, Verfluchungen, Zauberei und ähnliches eine große Rolle spielten (vgl. z.B. Act 13,8–12), die Berichte der Evangelien über Jesus, so tritt hervor, dass er von vielen Menschen als ein besonders segensmächtiger Mann, vielleicht sogar als Zauberer verstanden wurde. Menschen drängten sich nach ihm, um ihn zu berühren (Luk 6,19; vgl. Mk 6,5). Die hierbei verwendete Vokabel δύναμις begegnet häufig in Zaubersprüchen der damaligen Zeit (Heiler 32). Anderswo erbittet man nur ein segenskräftiges Wort (Mt 8,8 f. par.).

Weiter nimmt das Neue Testament direkt alttestamentliche Segensverheißungen auf, vor allem den Abrahamssegen (Act 3,25; Gal 3,8–14; Hebr 6,14–17). Hier zeigt sich eine Fortführung des jahwistischen Ansatzes. Wurde dort das ursprünglich auf die stetige Erhaltung und Förderung der Schöpfung ausgerichtete vorgeschichtliche Segensverständnis mit dem Glauben an den geschichtlich handelnden Gott verbunden und modifiziert, so wird jetzt diese Auffassung christologisch präzisiert. Gott segnet durch Christus. Diese Christologisierung des Segens führt zu einer deutlicheren Akzentuierung des Verhältnisses von Segen und Fluch. Zwar fällt schon im Alten Testament auf, dass oft von Jahwes Segen, nie aber vom »Fluch Jahwes« gesprochen wird (Westermann 28 f. Anm. 1), doch verstärkt sich im Neuen Testament dieses Ungleichgewicht der beiden ursprünglich eng verbundenen religiösen Ausdrucksformen noch (vgl. Luk 6,27; Röm 12,14; I Kor 4,12; I Petr 3,9). Allerdings darf man – gegen Westermann – nicht von einer Aufhebung des Fluchs sprechen. Vielmehr wird – wie in I Kor 5 deutlich hervortritt – der Fluch jetzt auf Grund des über das irdische Leben hinausreichenden Segens dadurch begrenzt, dass er letztlich Leben (in eschatologischer Dimension) retten muss. Der Hinweis auf das Gericht Gottes tritt an die Stelle des Fluchs.

Daneben schimmert auch im Neuen Testament an verschiedenen Stellen das weisheitliche Wissen um die auf die ganze Schöpfung gerichtete stetige Segensmacht Gottes durch (z.B. Mt

6,25–34; Hebr 6,7), ohne dass dies besonders thematisiert würde oder gar zu rituellen Handlungen führte.

Ähnlich wie die prophetische Tradition im Alten Testament interessiert sich das primär missionarisch ausgerichtete Neue Testament kaum für den Segen und seine Ausgestaltung. Westermann macht in diesem Zusammenhang auf den bereits im Alten Testament begegnenden Umschlagpunkt aufmerksam, der mit der Aussendung der Jünger in den Blick tritt (Mt 10, 5–15): »Die Botschaft berührt das Dasein der Sesshaften in den Häusern ... In dieser neuen Situation, in der die Botschaft der Apostel in die Daseinsform der Sesshaften eintritt, bekommt der Segen eine Bedeutung. Es ist dann nicht nebensächlich und nicht zufällig, dass zur Aussendungsrede ein Auftrag zum Grüßen des Hauses, das die Apostel betreten, gehört« (91). Für die spätere Ausgestaltung von Benediktionen ist noch wichtig, dass der Aussendungsbefehl Jesu mit dem Auftrag zur Heilung und zur Dämonenaustreibung verbunden ist (Mt 10,7). Die gewisse Eigenständigkeit von Krankensalbung und Exorzismus neben den sonstigen Benediktionshandlungen hat hier eine Wurzel.

B. Geschichtliche Entwicklung

1. Ausführlichere Nachrichten über Benediktionen in der Alten Kirche finden sich wohl am Beginn des 3. Jh. in der Hippolyt zugeschriebenen TA überliefert, u.a. eine Lichtbenediktion und eine Benediktion der ersten Früchte. Letztere sei als Beispiel genannt:

> »Wir sagen dir Dank, o Gott, und bringen dir die Erstlinge der Früchte dar, die du uns geschenkt hast zu unserm Gebrauch. Durch dein Wort hast du sie reifen lassen, nachdem du der Erde geboten, Früchte verschiedenster Art zu erzeugen, zur Freude und zum Unterhalt der Menschen und der gesamten Tierwelt. Für all dies preisen wir dich, Gott, und für alle Wohltaten, die du uns erwiesen, indem du die ganze Schöpfung mit vielerlei Früchten ausgestattet hast. Durch deinen Knecht Jesus Christus, unsern Herrn, durch den dir die Ehre ist in alle Ewigkeit. Amen« (Baumgartner 1976, 71).
>
> Dies Gebet steht deutlich in der Tradition der jüdischen b^{e}rakah, die auch die Segnungen Jesu bestimmte. Es wird Gott für seine Gaben gedankt (vgl. die Auslegung der b^{e}rakot des Achtzehnbittengebets bei Kirchberg).

Doch deuten sich bei Hippolyt an anderer Stelle bereits gewisse Akzentverschiebungen an. Es fällt auf, dass er Segnungen meist im Kontext seiner mit der Eucharistie verbundenen Taufschilderung erwähnt. Den Katechumenen bzw. Täuflingen werden mehrfach die Hände aufgelegt (XIX,1; XX,3,8; XXII, 1), der Bischof benediziert verschiedenes Öl (des Exorzismus und der Danksagung) sowie »geheiligtes Öl« (XXII,2); er dankt über Wein, Milch, Honig und Wasser (XXIII,1 f.); dazu wird die Taufe durch ein Gebet über dem Wasser eingeleitet (XXI,1).

Daraus ist bereits ersichtlich, dass – neben dem neuen Kontext, der Taufe – spezielle Benediktionen über rituell wichtigen Dingen eine Rolle spielen. Wenig später berichtet Cyprian von Karthago von der »Reinigung und Heiligung« des Wassers vor der Taufe und vom »am Altar geheiligten« Öl (CSEL 3,767 f.). Dahinter steht die damals weit verbreitete Anschauung, dass für den Gottesdienst benötigte Dinge erst rituell dem Machtbereich des Bösen entrissen werden müssen. Schließlich kann man in der Alten Kirche auch schon Anzeichen für eine Entwicklung entdecken, die sich im Mittelalter allgemein durchsetzt, die Dominanz der Bitten über die Danksagung. Sachlich eröffnet bereits die mit dem eucharistischen Konzept Hippolyts verbundene Anrufung des Heiligen Geistes die Möglichkeit zu dieser gravierenden Neuorientierung. Die folgende Benediktion aus dem Euchologion des Serapion von Thmuis († nach 362) zeigt eine schon fortgeschrittenere Stufe dieses Prozesses:

> »Schöpfer des Himmels und der Erde, du hast den Himmel durch den Reigen der Sterne gekrönt und durch Lichter erleuchtet; du hast die Erde zum Nutzen der Menschen mit Früchten ausgestattet; dem

von dir erschaffenen Menschengeschlecht hast du die Gnade verliehen, von oben her den Glanz und das Licht der Gestirne zu genießen und von unten her durch die Früchte der Erde ernährt zu werden. Wir bitten: Sende belebenden Regen in Fülle; lass auch die Erde Früchte hervorbringen und reichen Ertrag abwerfen um deiner Menschenfreundlichkeit und Güte willen. Gedenke derer, die dich anrufen, verherrliche deine heilige, eine und katholische Kirche; erhöre unsere Bitten und Gebete und segne die ganze Erde. Durch deinen Einziggezeugten, Jesus Christus, durch den dir Ehre und die Macht ist im Heiligen Geist jetzt und in alle Ewigkeit« (Baumgartner 1976, 73 f.).

Die Bitten treten bereits stärker hervor, obwohl sie durch Anamnese und Doxologie immer noch deutlich in das Lob Gottes eingebunden sind.

2. Der Beginn des Mittelalters ist durch das Eindringen der römischen Liturgie in den germanischen Raum mit seiner »Bevorzugung des Konkreten und Anschaulichen« (Hollerweger 1977, 43) gekennzeichnet, die für viele Jahrhunderte prägend wirkte. In dieser Zeit veränderten sich die Benediktionshandlungen erheblich. Bevor ich das näher darstelle, sind allerdings noch einige Schwierigkeiten zu nennen, die die Rekonstruktion dieser Entwicklung erschweren:

Man muss beachten, dass die mittelalterliche Gesellschaft weithin eine schriftlose war (vgl. Gurjewitsch 19). Da uns aber nur schriftliche Zeugnisse zur Verfügung stehen, muss mit Einseitigkeiten und nicht mehr erfassbaren Unterströmungen gerechnet werden.

Das weitgehende Fehlen von offiziellen Diözesanritualien bis ins 15./16. Jh. steigert bei den Benediktionshandlungen noch besonders die Unübersichtlichkeit (Franz I,2). Volkskundliche Forschungen zeigen, dass es gerade hier zu vielfachen Verschlingungen von Volksleben mit all seinen bis zur Zauberei reichenden Praktiken der Lebensbewältigung und dem gottesdienstlichen Handeln kam, wobei die lateinischen Worte der Riten bei den Ungebildeten magischen Missverständnissen Vorschub leisteten. Vor allem die mittelalterlichen Bußbücher beschreiben vielfältige Hexenkünste, Zauberbräuche, Weissagungen und Ähnliches, was auf den großen Abstand zwischen offizieller theologischer Lehre und dem Volksglauben, den aber auch viele Kleriker teilten, hinweist.

Über diese Schwierigkeiten hinaus muss man sich aber auch grundsätzliche Verstehensprobleme bewusst machen. Kulturgeschichtlich ist die Entwicklung der Benediktionshandlungen im Mittelalter von zwei heute kaum mehr nachvollziehbaren Grundvoraussetzungen im Lebensgefühl der damaligen Menschen abhängig: Zum einen war das Leben im materiell-physischen Bereich sehr unsicher. Die Benediktionen sollten den Dämonen und ihren Anschlägen auf Gesundheit, Leben und Besitz entgegentreten. Zum anderen standen die Menschen damals in einem unmittelbaren intensiven Wechselverhältnis zur Natur. Es herrschte nicht die heute so verbreitete Distanz des (menschlichen) Subjekts zum Objekt (Natur), sondern die Überzeugung, »dass der Mensch und die Natur in innerer Einheit und wechselseitiger Durchdringung stehen, dass sie im Wesen verwandt« sind (Gurjewitsch 131) und dass sie sich so unmittelbar gegenseitig beeinflussen (können, etwa durch Magie). Bedenkt man diese beiden Voraussetzungen, so werden die Akzentverschiebungen gegenüber den von der jüdischen b^{e}rakah geprägten altkirchlichen Benediktionen verständlich, wobei sich diese – wie erwähnt – für den aufmerksamen Betrachter jedenfalls in Anfängen bereits bei Hippolyt anbahnen (vgl. Kaczynski 254).

Zwar verlief die Entwicklung der Benediktionen materialiter örtlich sehr verschieden. Doch treten einige grundlegende Tendenzen sowohl in formaler als auch in inhaltlicher Sicht deutlich hervor. Gemeinsam ist überall das starke Ansteigen der Zahl von Benediktionen, das seinen Höhepunkt im Übergang vom 10. zum 11. Jh. hatte. Kirchliche Segenshandlungen begleiteten das ganze öffentliche und private Leben. Adolf Franz gibt in seinem zweibändigen Werk »Die kirchlichen Benediktionen im Mittelalter« hierfür mannigfaches Anschauungsmaterial. Erst 1614 kam es durch die Einführung des Rituale Romanum zu einer gewissen Reduktion.

Gemeinsam ist den Benediktionen weiterhin die Tendenz zur Anlagerung immer weiterer Stücke und Elemente, die aus verschiedensten Zusammenhängen und Traditionskreisen kommen und häufig weitere Ergänzungen nach sich ziehen.

Die Kirchweihe wurde so zur wohl umfänglichsten Benediktionshandlung. Ursprünglich – die ersten Berichte stammen aus dem 4. Jh. – wurde eine Kirche mit der ersten Eucharistiefeier eingeweiht. Doch lagerten sich, wie bereits der Bericht von der Einweihung der Ambrosius-Basilika aus dem Jahr 386 zeigt, im Zuge der rasch um sich greifenden Märtyrerverehrung bald allgemeine Bestattungsrituale wie eine Prozession und bestimmte Lesungen an, wenn in der neuen Kirche Reliquien verwahrt wurden. Da diese im Altarraum bestattet wurden und die Wandlung der Elemente in der Eucharistie immer größeres Gewicht erhielt, richtete sich das Interesse zunehmend auf die Gestaltung der Einweihung des Altars.

Im gallikanischen Liturgietypus bildete man dagegen den Ritus der Kirchweihe der Taufe und Firmung nach. Die Kirche wurde besprengt, der Altar gewaschen und gesalbt und andere Elemente wurden aus dem Taufritual entnommen.

Als beide Traditionsströme, der westliche vom Bestattungsritual, der gallikanische von Taufe und Firmung herkommend, sich vereinigten, kam es stellenweise zur Verdoppelung (Wasserweihe, Allerheiligenlitanei z.T.) bzw. sogar Verdreifachung (Besprengung der Kirchenwände, Ölsalbungen) einzelner Riten. Dazu lagerten sich Motive aus der Tempelweihe Salomos (I Reg 8) und andere Bräuche wie die Einschreibung des Namens als Zeichen der Inbesitznahme (zweifache Einschreibung des Alphabets auf Sand oder Asche in Form eines Andreaskreuzes durch den Bischof) an. Die ursprünglich zentrale Eucharistiefeier trat in dem mehrstündigen Weihevorgang immer mehr zurück.

Inhaltlich kann man – vorbehaltlich der genannten methodischen Probleme – vier miteinander vielfach verbundene, in verschiedenen Benediktionen unterschiedlich stark ausgeprägte Tendenzen festhalten:

- das Bittelement dominiert immer mehr,
- die Handlung über den Dingen wird zur Konsekration,
- Exorzismen gewinnen an Bedeutung,
- ein magisches Verständnis, das vor-theologisch nur am korrekten Gebrauch bestimmter wirkmächtiger Handlungen bzw. Worte interessiert ist, tritt deutlich zu Tage (vgl. Baumgartner 1976, 75–81).

Liturgiegeschichtlich gehört in diese Entwicklung die Veränderung im Verständnis der Eucharistie, bei der das Hochgebet immer mehr zu einem Bittgebet wurde. Auf Grund des altkirchlich gegebenen Zusammenhangs vieler Benediktionen mit der Eucharistie verstärkte dies wiederum den bittenden Charakter der Benediktionen (vgl. Kaczynski 255).

Die ursprünglich enge Verbindung von Eucharistie und vielen Benediktionen kann ebenfalls zur Erklärung der Tendenz beitragen, dass die Benediktionen von Sachen immer mehr zu Konsekrationen wurden, also die gesegneten Gegenstände in ihrer Wirkung veränderten. Bei der zunehmenden Bedeutung der eucharistischen »Wandlung« im Glauben der Menschen lag es nahe, für die im Anschluss an Brot und Wein gesegneten Dinge eine besondere Heiligkeit anzunehmen.

Das Interesse der unmittelbar der Natur ausgesetzten, meist in der Landwirtschaft tätigen Menschen, die – ohne schulische Bildung oder ähnliches – sehr konkret-dinglich dachten, an dem Profanen entzogenen Dingen förderte diese Entwicklung.

Eine besonders herausgehobene, in viele andere Benediktionshandlungen hineinstrahlende Rolle spielte dabei das geweihte Wasser. Mit ihm besprengte man Brot, Wein, Früchte, aber auch Wöchnerinnen, Gräber und anderes. Es fand bei Ordalien und später in Hexenprozessen vielfache Verwendung. Als Beispiel für eine Wasserweihe sei aus dem Alkuinschen Nachtrag zum Gregorianum eine Formel zitiert, die sich weitgehend durchsetzte. Ihr voraus gingen ein Exorzismus und eine Weihe des (dem Wasser dann zugesetzten) Salzes und ein Exorzismus des Wassers: »Gott, der du zum Heil des menschlichen Geschlechts die meisten Sakramente in die Substanz der Wasser gegründet hast: Sei unseren Gebeten gewogen und gieße diesem durch vielfältige Reinigungen bereiteten Element die Kraft deines Segens ein, damit es als Geschöpf deinen Geheimnissen diene und die Wirkung deiner göttlichen Gnade bei den niederzuwerfenden Dämonen und den zu vertreibenden Krankheiten annehme, damit, was auch immer dieses Wasser in den Häusern oder an den Orten der Gläubigen besprenge, frei von Schmutz sei und von Schuld befreit werde. Dort soll nicht der verderbliche Geist wohnen, nicht der zugrunde richtende Hauch. Alle Anschläge des verborgenen Feindes mögen sich zerstreuen. Und wenn etwas ist, das der Unversehrtheit oder Ruhe der Bewohner missgünstig ist, soll es unter der Besprengung mit diesem Wasser fliehen, damit die erstrebte Heilsamkeit durch die Anrufung deines Namens vor allen Anfechtungen geschützt sei. Durch unseren Herrn« (Franz I,146).

Auch die Zunahme von Exorzismen bei den Benediktionshandlungen in der Wende vom siebten zum 8. Jh. lässt sich sowohl sozial- als auch liturgiegeschichtlich erklären. Bedrohliche Erfahrungen mit der Natur und das allgemeine Gefühl existentieller Gefährdung, insgesamt also eine pessimistische Weltsicht, begünstigten dämonistische Vorstellungen, die im außerchristlichen Bereich ebenfalls weit verbreitet waren. Dabei fand entsprechendes »Wissen« Aufnahme in kirchliche Handlungen. Diesem Prozess kam die bereits erwähnte altkirchliche Anbindung von Benediktionen an die Taufe mit ihren Exorzismen entgegen.

So ging der eben zitierten Wasserweihe folgender Exorzismus voraus: »Ich beschwöre dich, Geschöpf des Wassers, im Namen Gottes, des allmächtigen Vaters, und im Namen Jesu Christi, seines Sohnes, unseres Herrn, dass du exorziertes Wasser wirst zur Vertreibung jeder Macht des Feindes und die Macht hast, den Feind selbst mit seinen abgefallenen Engeln gänzlich zu vernichten. Durch die Kraft unseres Herrn Jesus Christus« (Franz I,146).

All dies begünstigte weithin ein magisches Verständnis der Benediktionshandlungen. Die Vielfalt von im Volk tradierten vorchristlichen Zaubersprüchen und Ähnlichem wurde mit – z.T. verballhornten, da unverstandenen – Sprüchen aus den liturgischen Vollzügen verbunden. Vor allem die Abkoppelung der an Umfang wachsenden Benediktionen von der Messe und die damit einhergehende Praxis, dass Bischof oder Priester privat, also ohne Teilnahme der Gemeinde, Dinge benedizierten, verstärkte die aus vorchristlicher Zeit stammenden magischen Anschauungen. Dazu kam die genannte Grundstruktur der weithin schriftlosen mittelalterlichen Gesellschaft, in der Wundersames schnell große Verbreitung und maßlose Ausschmückung erfuhr.

Vielfache Ergänzungen der Benediktionsformeln durch angeblich besonders wirkmächtige Gottes- und Engelnamen und auch ein Anwachsen von Zaubersprüchen abseits der offiziellen liturgischen Handlungen begleiteten diese Entwicklung. So stoßen wir am Ende des Mittelalters in verschiedenen Gegenden immer wieder auf geradezu psychotische Ängste vor Verhexungen (vgl. Delumeau).

Auch anderweitig wurde die kirchliche Benediktionspraxis zunehmend in Frage gestellt. Zum einen gab dazu die problematische Lebensführung vieler Kleriker Anlass. »Der Glaube des Volkes an die Segensmacht der Kirche hing ... aufs engste mit der vertrauensvollen Hochachtung zusammen, welche es den Trägern der kirchlichen Gewalt entgegenbrachte. ... Man hielt es für unmöglich, dass Gott seine Gnaden in unreinen Gefäßen reichen könne« (Franz II,616). Diese Einstellung führte oft dazu, dass sich die Menschen in ihrem Begehren nach heiligen Handlungen verstärkt an bestimmte Priester wandten, die als besonders segensmächtig galten. Der Protest der gelehrten Theologen hiergegen blieb ohne große Folgen. Zum anderen bezweifelten Reformer wie Petrus Waldes, John Wiclif, Johannes Hus und deren Anhänger grundsätzlich die Berechtigung der Segenshandlungen. Sie wiesen nachdrücklich auf das Fehlen einer biblischen Grundlage hin und argwöhnten, die Benediktionen seien eher Werke des Satans als Gottes. Eine besondere Schärfe bekam die Auseinandersetzung dadurch, dass bei der Verfolgung dieser Dissidenten die Benediktionshandlungen eine wichtige Rolle spielten. Die Teilnahme an ihnen galt als Kriterium für Rechtgläubigkeit, deren Unterlassung als Beweis der Ketzerei. So fragte man z.B. in Bayern mutmaßliche Waldenser: »Besprengst du dich mit Weihwasser? Hast du geweihtes Salz genossen? Hast du geweihte Kräuter und Palmen und eine geweihte Kerze in deinem Hause?« (Franz II,617).

3. Weiterreichendere Folgen als diese meist lokal begrenzten Vorstöße hatte die Kritik Martin Luthers, der in der Seelsorge den skizzierten Auswüchsen mittelalterlicher Benediktionspraxis begegnete. Folgende Gesichtspunkte bestimmten seinen Protest:

Theologisch unterschied er klar zwischen den von Gott angeordneten, Heil bewirkenden Handlungen, den Sakramenten, und den nicht von Gott angeordneten Handlungen: »Darumb hat nu Ecclesia, das heilige Christliche Volck, nicht schlecht eusserliche wort, Sacrament oder Empter, wie der Gottesaffe Satan auch und viel mehr hat, Sondern hat sie von Gott geboten, gestifft und geordent ... Ja solch stück feilet in des Teuffels Sacramenten und Kirchen, da kan niemand sagen: Gott hats geboten, befolhen, eingesetzt, gestifft ... Sondern so mus man sagen: Gott hats nicht geboten, sondern verboten, Menschen habens ertichtet oder viel mehr der Gottes Affe hats ertichtet und die Leute damit verfüret« (WA 50,647).

Weiter wies der Reformator die Benediktionen, vor allem die Verwendung von Weihwasser, als Verspottung der Taufe zurück. In einer Predigt über die Taufe Jesu sagte er z.B.: »So haben wir inn unser kirchen dis vorgenommen, Das wir die Zeit von der Tauff und dieser erscheinung reden, das wir die Tauffe nicht geringe haltten oder für ein tandt und spiegelfechten halten, Denn vor der Zeit ist die Tauffe seer geringert von den leidigen Ceremonien, Denn das weihewaßer ist viel großer gehalten denn die Tauff« (WA 49,675). Er betonte, dass allein in der auf Gottes Befehl vollzogenen Taufe Sünden vergeben werden; von Menschen erfundene Werke seien hierfür nutzlos.

Zugleich wandte er sich gegen die damals verbreitete Auffassung, die Segnungen veränderten die Gegenstände (WA 50,644), wobei er sich – in allerdings verkürzter Weise – auf I Tim 4,4 f. bezog: »Alle Creatur ist gut und wird geheiliget durchs word und gebet« (WA 50,651).

Pastoral beklagte Luther, dass die Vielzahl der Benediktionen und die damit verbundenen Ansprüche die Menschen belasteten, so sehr er ihre Bedeutung für »Kinder und einfältiges Volk« schätzte (WA 50,649–651).

Diese radikale – und mit Luthers Hang zur drastischen Polemik vorgetragene – Kritik führte zu einem weitgehenden Fortfall von Benediktionshandlungen im Protestantismus, »Benediktionen ... wurden jetzt um so mehr zu Kennzeichen des Katholischen« (Hollerweger, Analyse 46).

Nur an einer Stelle initiierte Luther positiv neue Praxis, und zwar anlässlich der Einweihung der ersten neugebauten evangelischen Kirche, der Schloßkapelle zu Torgau (1544). In seiner dortigen Predigt entwickelte er sein Verständnis von Kircheneinweihung, das in seiner Zentrierung auf Wort und Gebet noch die heutigen lutherischen Agenden prägt:

»Mein lieben Freunde, Wir sollen jtzt dis newe Haus einsegnen und weihen unserm HERrn Jhesu CHRisto, Welches mir nicht allein gebürt und zustehet, Sondern jr solt auch zu gleich an den Sprengel und Reuchfass greiffen, auff das dis newe Haus dahin gericht werde, das nichts anders darin geschehe, denn das unser lieber Herr selbs mit uns rede durch sein heiliges Wort, und wir widerumb mit jm reden durch Gebet und Lobgesang, Darumb, damit es recht und Christlich eingeweihet und gesegnet werde, nicht wie der Papisten Kirchen mit jrem Bischoffs Chresem und reuchern, sondern nach Gottes befehl und willen, Wollen wir anfahen Gottes wort zu hören und zu handeln ... Und nu jr es, lieben Freunde, habt helffen besprengen mit dem rechten Weyhwasser Gottes Worts, So greiffe nu auch mit mir an das Reuchfas, das ist: zum Gebet, Und last uns Gott anruffen und beten« (WA 49,588,12–21; 613,27–29).

4. Die evangelischen Kirchen blieben bis heute den Benediktionshandlungen, ja überhaupt den Zeichen im Gottesdienst gegenüber sehr reserviert. In Anknüpfung an die Praxis Luthers beschränkten sie sich weitgehend auf die Einweihung von Kirchen und anderen zum liturgischen Gebrauch bestimmten Gegenständen (vgl. im Einzelnen Rietschel/Graff I, 874). Dabei legte man – wie z.B. aus den Beschlüssen der Eisenacher Konferenz der evangelischen Kirchenregimenter (1863) hervorgeht – Wert darauf, dass es sich um keine Weihe dieser Dinge, sondern um eine »Dedikation«, also eine Widmung zum Gebrauch, handle.

Verschiedentlich gab es aber Ansätze, diese strikte Reduktion – im reformierten Bereich sogar Negation – aufzubrechen, und zwar vor allem bei den Personalbenediktionen. In pietistischen Kreisen bürgerte sich die Sitte des Reisesegens ein, den der Hausvater mit Handauflegung über einem Familienmitglied vollzieht, das verreist bzw. etwas Neues beginnt. Im 19. Jh. kam der Valet-Segen auf, eine Segnung von Sterbenden. Schließlich führten in der Gegenwart eine neue grundsätzliche Besinnung auf den Segen im Bereich der evangelischen Theologie und die Einflüsse der charismatischen Bewegung mancherorts zu Segenshandlungen (mit Handauflegung) an Übergängen im Lebenslauf, die nicht bereits traditionell liturgisch begleitet werden: bei der Einschulung, der Schulentlassung, der Goldenen Konfirmation und ähnlichen Anlässen. Hierfür liegen aber meist keine kirchenamtlich herausgegebenen Formulare vor. Auch in der Krankenhausseelsorge findet das sinnlich wahrnehmbare Segnen neue Aufmerksamkeit.

Bei den Realbenediktionen missglückte ein im Spannungsfeld von Kirche und Staat angesiedelter Versuch. Entsprechend der besonderen, geschichtlich bedingten Verbundenheit evangelischer Kirchen in Deutschland mit dem Staat wurden im 19. und 20. Jh. wiederholt Kasernen, Waffen, Soldaten und anderes zum Militärbereich Gehörige gesegnet (genauer Eyselein 137–139, 191–193). Besonders nach dem Ersten Weltkrieg führte dies zu einer erheblichen Krise im Protestantismus und wohl auch zu einer Verstärkung der Ressentiments gegen Realbenediktionen.

Agendarisch ist man bis heute über die radikale Destruktion Luthers kaum hinausgekommen. 1951 verabschiedete die Kirchenleitung der VELKD – nach sechzehnjähriger Vorarbeit und unter wesentlichem Rückgriff auf 1856 bzw. 1862 festgelegte Grundsätze (Eyselein 30 f.) – in der Agende IV u.a. Formulare für »Einweihungshandlungen«. Neben Mustern für die Einweihung von Kirchen und für kirchlich notwendige Gebäude und Dinge findet sich am Schluss, quasi anhangsweise, ein zusammenfassendes Formular »Einweihung sonstiger Baulichkeiten«, das für Handlungen bei einem Wohnhaus, einer Schule, einem öffentlichen Gebäude, Brücken »und dergleichen« vorgesehen ist.

Ein Vergleich mit der neu bearbeiteten Ausgabe von 1987 zeigt, dass dieser letzte Teil an Bedeutung gewann. Er wurde zu einem eigenen, differenziert ausgeführten Abschnitt. Zu dem früher Vorgesehenen sind jetzt eigene Formulare für die Einweihung einer Kindertagesstätte, eines Altenheims, eines Krankenhauses oder einer Pflegeeinrichtung, einer Arbeitsstätte (Werkstatt, Fabrik und so weiter) und einer Freizeit- oder Sporteinrichtung hinzugefügt. Dies wird mit dem Hinweis auf Luthers Erklärung der vierten Vaterunser-Bitte gerechtfertigt. Insgesamt sind die Ausführungen zu den Einweihungen stark angewachsen. Inhaltlich dominiert nach wie vor bei der Einweihung einer Kirche bzw. liturgischer Geräte der Gedanke, sie dem Dienst Gottes zu widmen; bei der Einweihung anderer Gebäude wird Gottes Schutz und Segen erbeten. Viele Eingangsvoten beginnen – wohl ein Versuch, Luthers Einsichten zu übernehmen – mit: »Der Apostel des Herrn spricht: Alles wird geheiligt durch das Wort und Gebet«, was zugleich die Grundstruktur der Handlungen angibt: Schriftlesung und Gebet. Diese Verkürzung von I Tim 4,4 f. weist zugleich auf die Problematik der gesamten Agende hin. Im Neuen Testament wird »alles« ausdrücklich durch ktisma (Schöpfung) näher bestimmt, Luther übersetzte bei seinen zitierten Überlegungen zu den Benediktionen »alle Creatur«. In den vorgesehenen Einweihungshandlungen geht es jedoch nur um von Menschen Geschaffenes, darunter auch in mancher Hinsicht problematische Bauwerke wie Straßen und Fabriken. Die in der Ausgabe von 1987 genannte Auslegung der vierten Vaterunser-Bitte umfasst zudem viel mehr Bereiche menschlichen Lebens und eröffnet den Blick auf die wunderbare Schöpfung Gottes. Leider wurden die in I Tim 4,4 f. und in Luthers Auslegung der Bitte um das tägliche Brot enthaltenen Möglichkeiten für eine biblisch fundierte, der Kommunikation zwischen Gott und den Menschen dienliche Benediktionspraxis nicht aufgenommen.

Es muss auch auf die Merkwürdigkeit hingewiesen werden, dass 1987 im Gegensatz zur vorhergehenden Agendenausgabe beim genannten Satz: »Der Apostel des Herrn ...« nicht mehr auf I Tim 4,4 f. hingewiesen wird. Bemerkte man den exegetisch unhaltbaren Schriftgebrauch? Warum blieb man dann bei Formularen, die die durch I Tim 4,4 f. eröffneten Perspektiven unstatthaft verkürzen?

5. Luthers Protest hatte auch in der römischen Kirche Auswirkungen. Aus Visitationsordnungen, nach denen die Benediktionspraxis der Pfarrer besonders überprüft werden sollte, kann man indirekt schließen, dass in den Jahrzehnten nach Luthers Tod in den altgläubigen Gemeinden erhebliche Unsicherheiten bestanden. Die lokalen Unterschiede ließen sie gewiss noch verstärkt hervortreten. Erst das 1614 von Paul V. herausgegebene Rituale Romanum schaffte größere Klarheit. Vor allem reduzierte es die Zahl der Benediktionen radikal auf 29. Doch genügte dies den traditionellen Bedürfnissen der Gemeinden nicht. Weil das Rituale Romanum als das einzige aus der tridentinischen Reform hervorgegangene Liturgiebuch keinen verpflichtenden Charakter hatte, kam es auf Diözesanebene (und in privaten Arbeiten) zu umfänglichen Ergänzungen (vgl. dazu exemplarisch die ausführliche Detailstudie von Reifenberg 1971/72). Dabei verstärkte sich im 17. und 18. Jh. das exorzistische Verständnis der Benediktionen. »Anstatt – wie in den Anfängen – in Dank und Freude Gott für die gute Schöpfung zu lobpreisen, machen es sich jetzt die Segensformulare zum Hauptanliegen, um die Befreiung der geschaffenen Dinge aus der Knechtschaft der Vernichtung zu bitten« (Baumgartner 1976, 84). Zwar gab es vor allem in der Aufklärung wiederholt Versuche, die mit einem rationalistischen Weltbild unvereinbaren Benediktionen zurückzudrängen (vgl. Hollerweger 1977), doch widersetzte sich dem die »ungebildete«, an den Traditionen festhaltende Bevölkerung. Erst 1952 versuchte man das seit der Mitte des 19. Jh. zur alleinigen Norm gewordene Rituale Romanum, das jetzt 173 Benediktionen umfasste, zu reformieren. Doch blieb dieses Vorhaben weitgehend im Formalen; sogleich traten Ergänzungen hinzu.

Erst einige Jahre später kam es im Anschluss an das Zweite Vatikanum zu einer tiefgreifenden, vom liturgischen und ekklesiologischen Gesamtkonzept des Konzils getragenen Reform der Benediktionen im deutschsprachigen Raum. Leitend war die Forderung der Liturgiekonstitution: »Die Sakramentalien sollen überarbeitet werden, und zwar im Sinne des obersten

Grundsatzes von der bewussten, tätigen und leicht zu vollziehenden Teilnahme der Gläubigen und im Hinblick auf die Erfordernisse unserer Zeit« (SC 79). Auf Grund der Unzulänglichkeiten des bisherigen Rituale Romanum wurde 1978 ein deutsches Benediktionale als Studienausgabe veröffentlicht, ohne dass – wie sonst immer – ein römisches Modellritual vorlag (zum Entstehungsprozess: Hollerweger 1980, 69–80). Das Vorwort dieses Werks zeigt deutlich das – in Agende IV so leider nicht feststellbare – Anliegen einer grundsätzlich biblischen Fundierung der Benediktionspraxis.

Inhaltlich bestimmt folgendes Benediktionsverständnis die Formulare: »Segnungen sind Zeichenhandlungen der Kirche, in denen Gott für seine Gaben gepriesen und sein Heil auf den Menschen herabgerufen wird« (ders. 84). Man blieb also bei der auch innerkatholisch umstrittenen Praxis, Dinge zu segnen, fügt aber jetzt unmittelbar darauf den Bezug zum Menschen hinzu, z.B.: »Wir bitten dich, segne dieses Haus, damit die Bewohner in Glück und Frieden zusammenleben.« Besonderes Gewicht wird der – neu entdeckten – Einsicht zugemessen, dass jeder Getaufte und Gefirmte segnen kann. Erstmalig fand deshalb ein eigener umfangreicher Abschnitt zum Thema »Segnungen im Leben der Familie« Aufnahme in das offizielle Benediktionale. Mittels einer Umfrage bei allen deutschsprachigen Diözesen wählte man 99 Benediktionen aus. Ein gewisser Schwerpunkt liegt darauf, dass die Bejahung der Schöpfungswirklichkeit eingeübt wird (vgl. Hollerweger 1980, 88). Allerdings bemerkt Baumgartner zu Recht kritisch: »Das deutsche Benediktionale erliegt hier einer gewissen Schönfärberei. Gewiss darf und soll der Christ sein Ja zur Welt sprechen, weil diese für seinen Glauben grundsätzlich keine feindliche Macht darstellt, doch darf und soll er andererseits die destruktiven und zerstörerischen Kräfte nicht einfach übersehen. Er hat Widerspruch anzumelden« (Baumgartner 1979, 275).

C. Gegenwärtige Aufgaben

1. Auf dem Hintergrund der ökologischen Krise verwundert es nicht, dass sich besonders bei jungen, sensiblen Menschen Anzeichen für eine neue Art von Naturfrömmigkeit beobachten lassen. Sehr leicht kann aber die enge Verbundenheit früherer Menschen mit der Natur bei Unkenntnis ihrer großen Nöte als vorbildlich missverstanden werden. Deshalb ist es wichtig, bei Überlegungen zu einer Neugestaltung – bzw. im evangelischen Bereich besser: Neuinitiierung – von Realbenediktionen nicht die Probleme der mittelalterlichen Praxis zu verdrängen, die zur reformatorischen Kritik führten: vor allem ein magisches Missverstehen, das – ermöglicht durch die Akzentverschiebung auf die Bitte und die in einem unbiblisch pessimistischen Weltbild begründete exorzistische Engführung – das für ein biblisch orientiertes Benediktionsverständnis zentrale Anliegen des Danks an den frei wirkenden Schöpfer verdunkelte. Dabei erwies sich die Abspaltung der Benediktionen vom sonstigen Gottesdienst als negativ. Weiterhin machte Luther darauf aufmerksam, dass solche Segnungen nicht die Bedeutung der beiden Sakramente, vor allem der Taufe, schmälern dürfen. Schließlich gilt es darauf zu achten, dass Benediktionen einen klar hervortretenden, evangelischen Grundsinn haben, nicht eine zusätzliche gesetzliche Belastung etwa in Form von Verunsicherung o.Ä. sind. Die große Bedeutung der Anamnese und der Sorgfalt bei der dialogischen Verwendung des Gottesnamens für die doxologische Ausrichtung der jüdischen Gebetspraxis kann wichtige Anregungen geben (vgl. Kirchberg).

Auf Grund der aktuellen ökologischen Problematik tritt über die reformatorische Kritik hinaus der Hinweis auf I Tim 4,4 f. als neutestamentliche Perspektive für die Gestaltung von Benediktionen in neuer Aktualität hervor. Entgegen der lange vorherrschenden, letztlich sinnen- und schöpfungsfeindlichen Reduktion auf einige Personalbenediktionen wird hier ausdrücklich auf das von Gott Geschaffene als Gegenstand möglicher Benediktionen verwiesen. Damit ist zugleich das zentrale Kriterium für die Auswahl von zu Benedizierendem gegeben: das von

Gott Geschaffene bzw. das hierauf im Sinne des Schöpfungswillens Aufbauende. Die kritische Komponente gegenüber heutiger, oft am unmittelbaren Genuss orientierter Produktionsweise ist unüberhörbar. Noch schärfer tritt dieses Kriterium hervor, wenn es rituell erfasst wird: Zu Benedizierendes muss mit »Danksagung/εὐχαριστία« angenommen werden können. »Konkret ist unter εὐχαριστία das Tischgebet zu verstehen ... Dass darüber hinaus ein Bezug auf das besondere Tischgebet der christlichen Gemeinde, die Danksagung des Herrenmahls, mitschwingt, ist zumindest wahrscheinlich, denn das eucharistische Mahl gilt als der herausragende Beweis für die Heiligung der Gaben der Schöpfung« (Roloff 226). Demnach dürfen – in Anknüpfung an den traditionellen liturgischen Ort der Benediktionen – nur Gegenstände benediziert werden, die in das eucharistische Gebet aufgenommen werden können.

Aus der aktuellen Problematik der Verkirchlichung des Christentums (Kaufmann) folgt allerdings, dass eine Neugestaltung der Benediktionspraxis nicht zu einer weiteren, dem reformatorischen Grundsatz widersprechenden Dominanz der Pfarrer und Pfarrerinnen führen darf. Alle Christen sind zur Danksagung eingeladen. Gerade die Benediktion von Geschaffenem als dem die Menschen ständig Umgebenden ist eine sehr gute Möglichkeit, den Zusammenhang von Alltag und Liturgie unmittelbar erfahrbar zu machen und die weitverbreitete Isolation des kultischen Gottesdienstes aufzubrechen. Es ist also besonders auf die Zuordnung von Benediktionen im Gemeindegottesdienst und im Alltag der Gemeindeglieder zu achten.

2. Zwar zeigt ein Vergleich der lutherischen Agende IV mit den entsprechenden Passagen des Benediktionale weitreichende Gemeinsamkeiten: »Mit der Grundstruktur Wortverkündigung, Danksagung, auf die Benutzer der einzuweihenden Einrichtungen bezogene Fürbitte sowie dem sachbezogenen Segensvotum ›So befehlen wir ... der Gnade/dem Schutze Gottes + des Vaters und des Sohnes und des Heiligen Geistes‹ ergibt sich eine unverkennbare Übereinstimmung in allen wesentlichen Einzelheiten« (Schmidt-Lauber 452). Doch umfassen Benediktionale und Praxis in den römisch-katholischen Gemeinden weit mehr Gegenstände. Es wird deshalb hier die wichtigste Aufgabe sein, bei der vielgestaltigen, örtlich recht unterschiedlichen Praxis von Realbenediktionen auf den möglichen Zusammenhang mit der Eucharistie und den sich daraus ergebenden kritischen Perspektiven zu achten. Das dankbare Empfangen der Gaben Gottes steht nicht selten in Spannung, wenn nicht sogar Widerspruch zu dem technischen Produzieren, das aus kurzfristigen Profit- und Genussinteressen Natur »verbraucht« und so zunehmend den Raum für menschliches und anderes Leben gefährdet.

Konkret weist Jakob Baumgartner auf folgende Problemfelder des neuen Benediktionale hin: »Sehr allgemein tönt es in der Segnung einer Christopherusplakette: Gott habe seinen Sohn in die Welt gesandt, ›um die Menschen aus dem Dunkel der Welt in das Licht der Verheißung zu führen‹ – als ob es nichts Konkreteres an negativen Erscheinungen im Verkehrswesen festzuhalten gäbe ... Bei der Segnung der Erntegaben gilt eine Fürbitte den ›Mächtigen der Welt, dass sie einen Ausgleich schaffen zwischen Arm und Reich, zwischen Überfluss und Hunger‹. Angesichts der gewaltigen Unterschiede zwischen reichen und armen Nationen – dies hat doch mit schuldhaftem Verhalten in der Verwaltung der irdischen Güter zu tun – klingt das alles sehr blass, verharmlosend und unernst. Besonders greifbar wird diese Schwäche bei den Segnungen betreffend Arbeit und Beruf, die von einer gewissen Euphorie nicht freizusprechen sind, in welcher die Errungenschaften der Technik hochgejubelt werden, während die tragische Kehrseite und die ganze Fragwürdigkeit bloß materiellen Fortschritts heute stärker denn je in unser Bewusstsein treten« (Baumgartner 1979, 276).

Im Bereich der evangelischen Kirchen stellt sich die Problematik anders dar. Realbenediktionen fehlen ja weitgehendst. Angesichts der ökologischen Krise und der gesellschaftlichen

Isolation von Kirche auf der einen und der biblischen Perspektive von I Tim 4,4 f. auf der anderen Seite wird man hierbei nicht stehen bleiben dürfen. Die in der genannten Schriftstelle zum Ausdruck kommende »Zuordnung der Dinge zu der Herrschaft Gottes und den dieser unterstehenden Menschen« (Roloff 228) muss gerade in der heutigen Zeit deutlich, das heißt, auch liturgisch wahrgenommen werden. Doch ist bei dieser Forderung die in Jahrhunderten gewachsene, bereits in der Reformationszeit (unter anderen Vorzeichen) entstandene Distanz evangelischer Christen zu Realbenediktionen zu berücksichtigen, soll sie nicht ein leerer Appell sein. Es gilt Ansatzpunkte zu entdecken, von denen aus es auch evangelischen Christen möglich ist, ihr Bekenntnis zu Gott als dem Schöpfer der Welt in ritueller Weise als Ausdruck eines ihrem Geschöpfsein adäquaten, also eines eucharistischen Lebensstils zu praktizieren. Sowohl aus theologischer Sicht als auch auf Grund gegenwärtiger Versuche in Liturgie und Gemeindeaufbau bieten sich dafür besonders die beiden Sakramente an.

Bei der Taufe als dem für die christliche Existenz grundlegenden Ritus legt sich ein näheres, benedizierendes Eingehen auf das Wasser nahe. In einer Zeit, in der an manchen Orten Säuglingsnahrung mit Mineralwasser aus Flaschen zubereitet werden muss, dürfte die Sensibilität für die großartige Gabe frischen Wassers (und deren Gefährdung) steigen. Das vielfache Vorkommen von Wasser an wichtigen Punkten der Heilsgeschichte ermöglicht – etwa in Anschluss an Luthers Sintflutgebet – die Verbindung einer das Schöpfungswunder Wasser thematisierenden Betrachtung mit den für die Taufe zentralen soteriologischen Aussagen, nimmt also die in den jüdischen b^{e}rakot hervortretende Bedeutung der Anamnese für das Gotteslob auf. Auch die Kerze, die ihren Ort ursprünglich im Ostergottesdienst hatte und erst über den österlichen Tauftermin in das Taufritual Eingang fand, kann sinnvoller Gegenstand einer Benediktion sein, die Gott für das Licht in der Welt lobt und ihm für die Verheißung ewigen Lebens dankt. Weil sowohl Wasser als auch Kerzen im Alltag vorkommen, kann ihre Verwendung im Gottesdienst Erinnerungsmöglichkeiten im Alltag erschließen.

Das Abendmahl eröffnet als Ganzes einen Ausblick auf den von Gott gewollten »eucharistischen Lebensstil«. Er »ist auf die Bewahrung der Schöpfung bedacht. Brot und Wein auf dem Altar sind gute Schöpfungsgaben Gottes. In ihnen ist in elementarer Weise gegenwärtig, was jeder Mensch zum Leben braucht. Man kann nicht am Sonntag im Abendmahl Brot und Wein als gute Gabe Gottes zu sich nehmen und am Montag den Acker vergiften, auf dem beides wächst« (Christiansen 91 f.). Vor allem in Familiengottesdiensten begegnet manchmal eine reiche, in ihrer Fröhlichkeit von Werkgerechtigkeit weit entfernte Ausgestaltung der Gabenbereitung. Selbstgebackenes Brot wird nach vorne gebracht. Ja, man nimmt z.T. den lange vernachlässigten, diakonischen Aspekt der Gabenbereitung auf, indem man Naturalgaben aus Gärten, Feldern und andere Liebesgaben, die für Bedürftige bestimmt sind, an den Altar bringt. Im EGb finden sich entsprechende »Hinweise für die Gestaltung in offener Form«. Insgesamt hängt solche den Dank für Gottes Schöpfungsgaben betonende Abendmahlspraxis eng mit dem sonstigen Gemeindeleben zusammen und kann so – gemäß dem Doppelsinn von Benediktionen – zum einen als Fundament für entsprechende Bemühungen um die Bewahrung der Schöpfung und zum anderen als deren rituelle Zusammenfassung gelten (vgl. Bieritz 16–34). Ökumenische Kontakte zu Kirchen, die sich einen ungebrocheneren rituellen Zugang zu Gottes Schöpfung bewahrt haben, können solche Versuche auf dem Weg zu einer biblisch verantworteten und der Gegenwart angemessenen Benediktionspraxis befruchten, wobei allerdings dem Missverständnis zu wehren ist, als handle es sich hier um ein von Menschen dargebrachtes Opfer.

3. Diese Anregungen dürfen aber nicht auf den im engeren Sinne liturgischen Bereich beschränkt bleiben. Dazu müssen auch zur Vorbereitung und als Folge der gottesdienstlichen

Neubesinnung religionspädagogische Anstrengungen treten. Gegenüber der Verkürzung von Wirklichkeit in den Massenmedien, wie sie wohl immer stärker Kinder und Jugendliche prägt, ist die Förderung der für Gottes Schöpfung offenen Wahrnehmungsfähigkeit eine wichtige Aufgabe zur Vorbereitung auf einen eucharistischen Lebensstil, der sich u.a. in Benediktionen ausdrückt und so die grundlegende Abhängigkeit der Menschen und aller Kreaturen von Gottes Schöpferhandeln öffentlich in Erinnerung hält. Neben den wichtigen Bemühungen im Religionsunterricht und in anderen kirchlichen Erziehungsangeboten, die unter Stichworten wie »Erfahrungsbezug« und »Symboldidaktik« firmieren, hat die familiäre Sozialisation besondere Bedeutung (hierzu genauer Grethlein 312–347). Nicht von ungefähr überschreibt das neue Benediktionale nach den »Segnungen im Leben einer Pfarrgemeinde« den nächsten Abschnitt mit »Segnungen im Leben der Familie«, die als wichtigster Ort der personalen Gottesbegegnung und der »Einübung in den Glaubensvollzug« bezeichnet wird (237). Die für reformatorisches Benediktionsverständnis zentrale Textstelle I Tim 4,4 f. weist – wie erwähnt – auf das Tischgebet als eine vorzügliche Form der Benediktion hin. Es kann zum einen an das Herrenmahl erinnern und gehört zum anderen zu einem täglich wiederholten, zentralen Lebensvollzug. Allerdings genügt – wie der genannte Rückgang zeigt – ein Vertrauen auf einen innerfamiliaren Traditionsprozess nicht (mehr). Es muss ein neuer Ort gefunden werden, an dem das Tischgebet in manchen modernen Familien und ihrem Lebensstil verankert werden kann. Dies könnte das wachsende Bewusstsein für gesunde Ernährung sein. Im Zusammenhang hiermit wäre von neuem auf die Bedeutung der grundsätzlichen, im Dank des Tischgebets vorzüglich zum Ausdruck kommenden Einstellung zum Essen und Trinken hinzuweisen, das im bewussten Empfangen der Schöpfergaben über ein hastiges, gedankenloses Verbrauchen hinausgeht. Die zunehmenden Angebote zur Taufvor- und -nachbereitung bieten eine gute Möglichkeit, auf diese aktuelle Bedeutung des Tischgebets hinzuweisen, das dann im Spielkreis und kirchlichen Kindergarten weitergeführt werden müsste.

II. Krankensalbung

Der Ritus der Krankensalbung hebt sich durch seine (in letzter Zeit wieder neu entdeckte) biblische Begründung von anderen Benediktionshandlungen, auch den klassischen Kasualien, ab. In seiner Entwicklung sind zwar durchaus Ähnlichkeiten mit anderen Segenshandlungen festzustellen wie die Verbundenheit mit – bzw. die Aufnahme von – außerchristlichen Vorstellungen und die Pluriformität in der Ausgestaltung. Doch beeinflussten im Mittelalter die Subsumierung der Krankensalbung unter dem Sakramentsbegriff und in der Gegenwart die Besinnung auf ihr biblisches Fundament diesen Prozess in besonderer Weise.

A. Religionsgeschichtliche und biblische Voraussetzungen

1. Öl diente in der Antike als Nahrungsmittel, Mittel zur täglichen Hautpflege, Lichtspender und wurde auch sonst zur Reinigung, Kräftigung und Heilung verwendet. Entsprechend seiner Gewinnung aus Oliven durch Pressung verkörperte es die vitalen Kräfte der Pflanze und galt als »Lebenselexier« (vgl. Kirchgässner 516). Das Alte Testament berichtet die Ölung (Reinigung) von Geräten, Bauten und anderem, die dadurch zum besonderen (kultischen) Gebrauch ausgesondert und geheiligt wurden (Ex 30,22–38). Auch die Salbung des Hohenpriesters (und Aarons und seiner Söhne, Ex 28,41; 29,7) gehört in diesen Kontext, insofern er ausgesondert wird und z.B. das Allerheiligste im Tempel betreten darf (vgl. Kutsch 26 f.). Ferner wurden Menschen gesalbt, um sie zu kräftigen und zu schützen. In Aufnahme dieser Vorstellungen salbte man in Israel Könige (z.B. I Sam 9,16; 16,13) und stellte so ihr Eingesetztsein durch Jahwe rituell dar.

Schließlich fand Öl bei Wundheilungen Verwendung. Welchen Raum diese Praxis in der altorientalischen Heilkunst einnahm, geht sehr anschaulich aus der babylonischen Bezeichnung »asû«, das heißt Ölkundiger, für den Arzt hervor (Heiler 234). Auch in Israel gebrauchte man Öl zu Heilzwecken (Jes 1,6). Allerdings war den frommen Israeliten bewusst, dass Jahwe die Krankheit gibt und er allein sie heilen kann, was u.a. in seiner Titulierung als »Arzt« hervortritt (Ex 15,26; Hi 6,18; Dtn 32,39; Hos 6,1; vgl. Wolff 217–220). Dies führte zu einer Reserve gegenüber der altorientalischen Heilkunde (am krassesten II Chr 16,12). »Bis zuletzt trat dem Jahweglauben Medizin immer als fremdreligiös gebundene, mit Zauber und Magie vermischte, heidnische Kunst ins Gesichtsfeld ... Vielleicht sah es im Lebensalltag ganz anders aus. Aber die offizielle Theologie vermochte bis in die hellenistische Zeit kein positives Verhältnis zur Medizin zu gewinnen« (Seybold/Müller 78).

Das im Alten Testament erst angelegte, dämonologische Verständnis von Krankheit (z.B. Ps 91,6) bestimmte zur Zeit Jesu die Vorstellung vieler Juden (Seybold/Müller 86–95) und führte wohl häufig zu Versuchen, mit magischen bzw. exorzistischen Mitteln zu heilen.

2. Im Neuen Testament werden von Jesus selbst keine Krankensalbungen mit Öl überliefert. Doch ist die teilweise mit Dämonenaustreibungen zusammenfallende heilende Zuwendung zu Kranken ein wichtiger Zug seiner irdischen Wirksamkeit (summarisch Luk 4,40; Mk 6,56). Dabei kann er zum einen sein heilendes Tun mit der Vergebung von Sünden verbinden (Mk 2,1–12 par.), zum anderen kritisiert er – zumindest nach der urchristlichen Überlieferung – grundsätzlich den in der Antike und auch im Judentum weithin angenommenen Zusammenhang von Krankheit und Sünde (Joh 9,1–41; vgl. Luk 13,1–5; zu den exegetischen Problemen Seybold/Müller 143 f.). Sachlich stellt er seine Heilungen in den Kontext der anbrechenden Gottesherrschaft (z.B. Mt 11,5 f.; Luk 11,20). Phänomenologisch fällt – entsprechend dem damals verbreiteten Verständnis von Krankheit als einer (durch Dämonen verursachten) Schwäche – bei vielen Heilungserzählungen auf, dass Jesus seine Kraft auf Kranke offensichtlich durch Berührung übertrug (besonders deutlich Mk 7,31–36).

Auch seine Jünger wandten sich auf sein Geheiß den Kranken besonders zu. Nach Mk 6,13 zogen sie nach der allgemeinen Aussendung durch Jesus aus, Buße zu predigen, Dämonen zu vertreiben, viele Kranke mit Öl zu salben und zu heilen. Offensichtlich spiegelt sich hierin (auch) ein im Bereich der markinischen Kirche üblicher Ritus. Schon detaillierter ist der in Jak 5,14 f. gewährte Einblick in die frühchristliche Praxis:

> »Ist jemand unter euch krank, dann rufe er die Ältesten der Gemeinde zu sich, damit sie über ihm beten und ihn mit Öl salben im Namen des Herrn. Und das Gebet, das im Glauben geschieht, wird dem Kranken helfen, und der Herr wird ihn aufrichten; und wenn er Sünden getan hat, wird ihm vergeben werden.«

Angesichts der wechselvollen Auslegungsgeschichte müssen einige wesentliche Merkmale dieses Ritus festgehalten werden: Der Betroffene ist schwer erkrankt – er muss die Presbyter rufen lassen –, aber noch besteht Hoffnung auf Heilung. Über ihm wird gebetet, wobei die Erhörung der Bitten allein Gott vorbehalten ist. Die Heilung geschieht im Namen, das heißt in der Kraft Christi und bezieht sich nicht nur auf die physische Krankheit, auch die Sündenvergebung kann eingeschlossen sein. »Wie in den anderen Sprüchen dieses Briefes schafft Jakobus mit der Anweisung für das Verhalten bei Krankheiten keine neue Lehre und Praxis, sondern er nimmt nur einen im Judentum und Urchristentum geübten Brauch auf« (Frankemölle 35). Dabei steht er deutlich in der Tradition des von den Synoptikern berichteten Handelns Jesu.

B. Geschichtliche Entwicklung

1. Es ist fraglich, in welchem Maß sich dieser Ritus in der Alten Kirche verbreitete. Zwar finden sich Zeugnisse über Ölweihen zu Heilungszwecken (etwa bei Hippolyt, Trad. apost. V, wobei nicht klar ist, ob sie nicht nur zur Taufe gehören), doch taucht ein expliziter Bezug auf Jak 5,14 f. erst in einem Brief Innozenz' I. an Bischof Decentius von Gubbio (DS 216) auf. Demnach dürfen alle Christen salben, nur die Ölweihe ist dem Bischof vorbehalten. Die konkrete Gestaltung des Ritus war wohl regional unterschiedlich und entzieht sich unserer genauen Kenntnis. Als Wirkung galt hauptsächlich (wenn auch nicht ausschließlich) die physische Gesundung. Wiederholte Mahnungen (z.B. bei Caesarius von Arles), sich das Krankenöl von der Kirche und nicht von Zauberern und anderen zu erbitten, verraten, dass die kirchliche Handlung damals nicht konkurrenzlos war. Erst Beda (†735; PL 93,39 f.) beschäftigte sich eingehender mit der Krankensalbung und zog Mk 6,13 und Jak 5,14 f. zu ihrer Begründung heran. Er berief sich auf den genannten Brief Innozenz' I. und die darin erwähnte Praxis. Sachlich bestimmte Beda – hierin vielfach aufgenommen – den Bußritus als vollendenden Abschluss der Krankensalbung.

2. Im Mittelalter, genauer im 8./9. Jh., begegnen wir sicheren Bezeugungen für eine heilige Ölung. Dabei fällt auf, dass ihre Durchführung jetzt für die Priester reserviert wird und damit im Westen die allerdings Jahrhunderte dauernde Entwicklung hin zur Letzten Ölung als Sterbesakrament beginnt.

Im Osten verlief die Entwicklung anders, und zwar regional sehr unterschiedlich (dazu ausführlicher Denzinger 184–501), wobei meist – im Gegensatz zum Westen – die physische Wirkung gegenüber der der Sündenvergebung größeres Gewicht behielt. Manche Kirchen etwa im ostsyrischen Raum gaben die Salbung ganz auf und behielten nur Gebete um körperliche und geistliche Heilung. Bei den Kirchen mit byzantino-slawischem Ritus werden die Kranken gewöhnlich in der Karwoche unmittelbar nach der Ölweihe gesalbt. Die Priester der griechisch-orthodoxen Kirchen spenden das Sakrament auch prophylaktisch Gesunden, wobei natürlich Wiederholungen möglich sind.

Die Klerikalisierung bewirkte im Westen u.a. die Verbindung der Krankensalbung mit der Buße auf dem Sterbebett; denn die karolingischen Pastoralbestimmungen konzentrierten (nicht zuletzt aus praktischen Erwägungen) die Krankenbetreuung vor allem auf die Todkranken und Sterbenden. »Aus einer zunächst als Verpflichtungsmaßstab für den Seelsorgeklerus gedachten Spendeordnung wurde unter der Hand mehr oder weniger zwangsläufig eine Ordnung beschränkter Zulassung für die Gläubigen: als Empfänger des Krankensakraments konnte sich im Bereich der Lateinischen Kirche mit Anstand nur noch ein auf den Tod Erkrankter sehen lassen« (Knauber 219).

Vielfache Mahnungen zur Spendung der Krankensalbung zeigen aber, dass sie sich nur schwer allgemein durchsetzen ließ. Dazu trug gewiss die seit dem 9. Jh. zu beobachtende wachsende Feierlichkeit der Handlung bei, vor allem die Spendung durch mehrere, am besten sieben Priester, die den Ritus – entgegen vielfachem Verbot – durch hohe Stolgebühren zu einer teuren, nicht zu wiederholenden Angelegenheit machten. Die Zurückhaltung gegenüber einem Begehren der Ölung steigerte auch der im ganzen Mittelalter anzutreffende Aberglaube, der einmal Gesalbte müsse sich bei Genesung des Fleischgenusses, des Vollzugs der Ehe und anderer Dinge enthalten. Dahinter stand die von der sonstigen liturgischen Verwendung von Öl her naheliegende Ansicht, die Krankensalbung sei eine Weihe, die den Menschen bzw. die gesalbten Körperteile der profanen Nutzung entziehe. Der Gesamtritus war örtlich im Einzelnen recht verschieden, gliederte sich aber meist im groben in Segnung des Sterbezimmers, Beichte und Rekonziliation, Salbung und Viaticum mit Schlusssegen. Ab dem 13. Jh. spendete der Priester dann (bis zum Zweiten Vatikanum) die Krankensalbung zunehmend als letztes der drei Krankensakramente.

In der heutigen Diskussion ist wichtig, dass gewisse dieser allgemeinen Entwicklung zum Sterbesakrament entgegenlaufende Ordnungen – wie das Verbot der Krankensalbung für Hinzurichtende oder bei einem Schiffsunglück Ertrinkende – bestehen blieben. Sie hielten die ursprüngliche und im Ritus verbal immer noch vorhandene Ausrichtung auf physische Heilung zumindestens latent offen (vgl. Frankemölle 32 f.).

Die Praxis der Salbung von Todkranken, meist Sterbenden, im Anschluss an die Beichte fanden die scholastischen Theologen vor und versuchten sie begrifflich zu fassen, wobei die Auswirkungen ihrer Theoriebildung auf den Alltag der Menschen nicht überschätzt werden dürfen. Seit dem Ende des 12. Jh. trat allgemein an die Stelle des bisherigen oleum infirmorum die Bezeichnung extrema unctio, die schnell auch den kirchenamtlichen Sprachgebrauch prägte. Man intendierte immer weniger die körperliche Heilung (die sich angesichts des Hinauszögerns der Salbung auch kaum mehr ereignete), sondern beschäftigte sich mehr mit dem genauen Verständnis der Sündenvergebung und sonstiger, spekulativ erschlossener Gaben, die die Gottesschau oder ähnliches vorbereiten sollten (vgl. Weisweiler 321–353.524–560). Dementsprechend wurde das Sakrament auch keinen Kindern gespendet, da diese nach damaliger Auffassung sündlos und zum Kampf mit der Sünde unfähig seien.

3. Auch für den Ritus der Letzten Ölung bedeutete die Reformation einen tiefen Einschnitt. Luther kritisierte ihn – nach anfänglichem Verbleiben in der Tradition (vgl. WA 2,685–697) – in seiner Schrift De captivitate Babylonica (WA 6,567–573) mit einer Vielzahl von (unterschiedlich beweiskräftigen) Argumenten. Er setzte bei Jak 5,14 f. ein und wies – nach einer kurzen kanonkritischen Polemik – die Einordnung der Letzten Ölung als Sakrament zurück. Nur Christus kann ein Sakrament einsetzen. Sodann griff er den Usus der »Letzten Ölung« als Sterbesakrament an, mit dem man die von Jakobus gemeinte Wohltat der Salbung aufgehoben habe. Zudem spreche deutlich gegen dieses »Sakrament«, dass es sich – entgegen der immer noch genannten Verheißung von Gesundung – kaum je erfülle. Falls aber doch einmal eine Genesung eintrete, stehe sie im Gegensatz zur Bezeichnung »letzte« Ölung. Weiter versuchte der Reformator unter Rückgriff auf Mk 6,13 und Mk 16, 18 zu zeigen, dass es sich nur um ein consilium Jacobi handle, dem man sich entziehen könne oder nicht. Allein das Gebet, nicht die Salbung gewähre die verheißene Sündenvergebung, der hinter dem Gebet stehende Glaube sei das Entscheidende bei der ganzen Handlung. Luther – und ähnlich Calvin (Inst. IV,21), der dazu noch auf die zeitliche Beschränkung der Heilungsgabe auf die Apostel hinwies (ebd. 19) – polemisierte also nicht nur gegen die damalige Sakramentspraxis, sondern ordnete darüber hinaus die Salbung klar dem Gebet unter. Melanchthon äußerte sich in Apol XIII hier offener. Zwar lehnte auch er in dieser Bekenntnisschrift die Subsumierung der letzten Ölung unter die Sakramente ab. Unter Bezug auf Augustin hielt er aber unmittelbar vorher fest: »Wie aber das Wort in die Ohren gehet, also ist das äußerliche Zeichen für die Augen gestellet, als inwendig das Herz zu reizen und zu bewegen zum Glauben. Denn das Wort und äußerliche Zeichen wirken einerlei im Herzen« (BSLK 292 f.).

Allerdings setzte sich insgesamt die Kritik Luthers und Calvins durch und führte – abgesehen von einer kurzen Aufnahme der »apostolischen« Salbung bei Lutheranern im 16. Jh. (vgl. Peters 42) – zu einem Vergessen dieses Ritus bei den evangelischen Kirchen.

In der anglikanischen Kirche konnte sich ebenfalls – trotz Formularen zur Salbung am Beginn einer Krankheit in der ersten Auflage des Book of Common Prayer und wiederholten

Vorstößen im 18. und 19. Jh. – eine Salbungspraxis nicht durchsetzen. Erst im letzten Jahrhundert stieg wieder das Interesse an der Krankensalbung. Verschiedene anglikanische Kirchen führten sie fakultativ ein, auch die Lutheraner in den USA sehen sie mittlerweile als eine Möglichkeit liturgischen Handelns an Kranken vor, in der römisch-katholischen Kirche gab das Zweite Vatikanum den Anstoß zu einer Neubestimmung des Ritus als Krankensalbung, und nicht zuletzt neue Erfahrungen lenkten im Zusammenhang des charismatischen Aufbruchs das Augenmerk auf Jak 5,14 f. (und Mk 6,13). Dazu weckte die neue Seelsorgebewegung (in Verbindung mit der psychosomatischen Medizin; s. Pisarski) den Sinn für die Bedeutung nonverbaler, den ganzen Menschen betreffender Handlungen. So enthält der 1990 vom Liturgischen Ausschuss der VELKD veröffentlichte Entwurf zur Agende III, Teil »Dienst an Kranken«, der in die 1994 approbierte Agende mündete, fakultativ Krankensalbungen. »Die Handauflegung kann durch die Salbung mit Öl ergänzt werden. Die Salbung der Stirn und Hände meint den Menschen in seiner Ganzheit als denkende und handelnde Person« (73 f). Dabei wird aber in der Tradition Luthers daran festgehalten, dass das Gebet »das Kernstück der Krankensegnung« (73) ist. Eine tiefergehende Auseinandersetzung mit Jak 5,14 (und Mk 6,13), zu der auch die Frage des Zusammenhangs zwischen Gebet und Salbung und der Gabe der Sündenvergebung gehörten müsste, steht noch aus und bedarf wohl noch vorausgehender praktischer Erfahrung.

4. Römisch-katholische Kirche. Vor allem die Kritik Luthers bestimmte die Beratungen über die Letzte Ölung auf dem Tridentinum (vgl. Vorgrimler 1978, 227–234). Hier war das Hauptinteresse, die Sakramentalität des Ritus (DS 1601) zu verteidigen. Die durchaus kontroversen Debatten im Vorfeld fanden nur teilweise und in Andeutungen Eingang in die entsprechenden Kanones (DS 1716–1719). Die Einsetzung der Handlung durch Christus (Mk 6,13) und die Promulgation durch Jakobus wurden dogmatisiert. Recht vorsichtig formulierten die Konzilsväter jedoch das Verhältnis der Letzten Ölung zu dem Ritus bei Jakobus. Entgegen einer Vorlage bestritt man nur, dass die kirchliche Praxis Jakobus widerspreche, behauptete aber keine Identität. Dass auch einmal der alte Begriff unctio infirmorum gebraucht wird, steht zumindest einer völligen Gleichsetzung der Salbung mit einem Sterbesakrament im Wege. Doch wurden in der Folgezeit Praxis und Theorie in dieser biblisch nicht gedeckten Weise ausgebaut, ja es kam sogar zur These von der »letzten Ölung als Todesweihe« (Schell 614). Ähnlich war auch dic Regelung bezüglich der Spender. Der Priester wird proprius minister genannt, was immerhin einen gewissen (allerdings bis heute kirchenamtlich noch nicht ausgeschöpften) Spielraum hinsichtlich möglicher improprii ministri geben könnte. Wie auch bei den Benediktionen kam es bei der Letzten Ölung in der Aufklärung zu Reformversuchen, ohne dass es zu grundsätzlich Neuem gekommen wäre (vgl. dazu Kranemann).

Erst in der Mitte unseres Jahrhunderts führten liturgiehistorische, medizinische und auch exegetische Einsichten dazu, dass verschiedentlich eine grundlegende Reform der Letzten Ölung verlangt wurde: »Änderung des Namens, Spendung vor dem Viaticum, Zulassung aller Schwerkranken, leichtere Wiederholbarkeit, Segnung des Öls durch Spender, Zulassung des Diakons zur Spendung« (Vorgrimler 1978, 231) waren die wichtigsten Forderungen. In der Liturgiekonstitution des Zweiten Vatikanums wurde – bei allem Zögern in den übrigen Fragen – mit der Erklärung, der Begriff »Krankensalbung« sei besser geeignet als das bisherige »Letzte Ölung«, die Grundlage für eine Neuorientierung des Ritus gegeben. Die Neuordnung der Krankensalbung durch die Gottesdienstkongregation vom 7.12.1972 führt diesen Ansatz weiter und versucht, den Ritus auf der durch Jak 5,14 f. vorgegebenen Linie neu zu gestalten. Die Salbung bekommt neues Gewicht, der Ritus kann auch gemeinsam (z.B. auf Wallfahrten,

Tagungen und bei anderen Veranstaltungen) begangen werden, bleibt aber an »gefährliche Erkrankung« gebunden. Es ist unter der Mehrzahl der römisch-katholischen Liturgiker umstritten, ob die hier vorgetragenen Bestimmungen bereits zureichend sind oder ob das Erbe der »Letzten Ölung« noch zu deutlich durchschimmert (sehr kritisch Lengeling 1975, 55–69; positiver Knauber). Zumindest in weiten Kreisen der Bevölkerung herrscht aber noch ein Verständnis der Krankensalbung als der Letzten Ölung vor, wenngleich die biblischen, historischen und systematischen Argumente in eine andere Richtung weisen (vgl. die systematische Zusammenfassung der verschiedenen Argumentationen in der römisch-katholischen Theologie bei Moos). Allerdings kritisieren auch einige wenige römisch-katholische Theologen die grundsätzliche Entscheidung des Zweiten Vatikanums und plädieren für die »eschatologische Prägung« des Sakraments (vgl. Greshake) als Ausdruck der Tauferinnerung am Ende des Lebens.

C. Gegenwärtige Aufgaben

In den meisten evangelischen Gottesdiensten kommen Kranke nicht bzw. kaum vor. Von der früher üblichen, namentlichen Fürbitte für Kranke der Gemeinde ist allenfalls eine blasse, allgemeine Erwähnung im Fürbittengebet übriggeblieben. Wie auch sonst in der modernen, auf Aktivität fixierten Gesellschaft werden Kranke weitgehend ausgeblendet. Für sie sind die Ärzte und Krankenhäuser zuständig. Seit dem reformatorischen Protest gegen die schriftwidrige Letzte Ölung ist auch die biblisch bezeugte Praxis der Krankensalbung weitestgehend verlorengegangen. Dem entspricht, dass sich Krankenseelsorge, die immer mehr zur Krankenhausseelsorge wurde, und Liturgik getrennt voneinander entwickelten. Wie bei den Realbenediktionen bedarf auch hier die christliche Gemeinde, wenn sie ihr Bekenntnis zum Schöpfersein Gottes und den Zu- und Anspruch Jesu Christi auf das ganze Leben ausdrücken will, einer grundlegenden Neubesinnung. Ohne eine kritische (das heißt unterscheidende) Auseinandersetzung mit dem oft exklusiv auftretenden Krankheitsverständnis der so genannten Schulmedizin, das sich auf die Feststellung und Veränderung naturwissenschaftlich feststellbarer Daten beschränkt, kann die für die Verkündigung Jesu und seiner Jünger so wichtige Dimension des Heilens nicht liturgisch wiedergewonnen werden. Dabei ist an kritische Stimmen aus den Kreisen der Mediziner und Naturwissenschaftler selbst anzuknüpfen. So bahnen sich auch beim gottesdienstlichen Handeln neue, hoffnungsvolle Entwicklungen an, die allerdings teilweise von problematischen, da letztlich gesetzlichen, spektakulären Versuchen verdeckt werden.

1. Der rituelle Umgang mit Kranken, wie ihn die römisch-katholische und die meisten orthodoxen Kirchen traditionell in der Krankensalbung und die anglikanische Kirche in der Krankensegnung vollziehen, setzt eine bestimmte theologische Auffassung von Krankheit voraus, die sich erheblich von der medizinisch-naturwissenschaftlichen des 19. (und 20.) Jh. unterscheidet (vgl. zusammenfassend zu den verschiedenen theologischen und außertheologischen Krankheitsverständnissen im Laufe der Geschichte Art. Krankheit: TRE 19 [1990] 675–709 [Lit.!]; Ernst 15–25, der die vielfältigen Auffassungen im Bereich des New Age systematisierend darstellt). Ein Blick auf die Entwicklung des Verständnisses von Krankheit seit der Antike und auf andere Konzeptionen in der sog. Dritten Welt macht deutlich: Die in unseren Breiten dominierende Vorstellung, Krankheit lasse sich als eine partielle, möglichst schnell durch Eingriff von außen zu behebende Störung von Körperfunktionen bestimmen, ist sehr jung und gilt bis heute nur für eine Minderheit der Menschen. Auch die aus dieser Auffassung resultierende Konsequenz, Kranke nur von (fast) ausschließlich auf die körperlichen Funktionen spezialisierten Ärzten behandeln zu lassen, ist keineswegs allgemein. Diese Beobachtungen

bestreiten nicht die großen Leistungen der modernen Medizin, die sich ja nicht zufällig in ursprünglich christlichen Ländern entwickelte. Ihr ist – neben unterschiedlichsten, von uns als selbstverständlich gebrauchten Behandlungsmethoden – die Befreiung vieler Regionen der Erde von schrecklichen Infektionskrankheiten zu verdanken. Diese Erfolge hinterließen Spuren im Umgang mit Kranken in der Gemeinde und ihrem Gottesdienst. Der von der Dialektischen Theologie mit ihrer Konzentration auf die Ausrichtung des Wortes auch in der Seelsorge verstärkte Rückzug von Kirche auf die verbale Verkündigung kann als (unbewusste) Reaktion hierauf interpretiert werden. Neben der zentralen Verkündigung des biblischen Wortes traten die Anliegen der Menschen, darunter auch die Krankheit, zurück.

Mittlerweile wird aber die Dominanz des naturwissenschaftlich-technischen Krankheits- und Menschenverständnisses zunehmend brüchiger, und zwar aus verschiedenen Gründen. Schon ohne tiefergreifende Überlegungen fällt auf, dass die Finanzierung der medizinisch-technischen Entwicklung selbst reichen Ländern wie Deutschland immer mehr Probleme bereitet. Die einseitige Förderung des medizinisch-naturwissenschaftlichen Fortschritts reißt zudem als Schattenseite eine wachsende Lücke im finanziell schlechter ausgestatteten Pflegebereich auf. Mit diesem aktuellen Missstand zusammenhängend, aber grundlegend im einseitigen Krankheitsverständnis angelegt ist das von vielen Menschen als bedrückend empfundene Ausklammern der gerade in Krisenzeiten wie einer Krankheit unabweisbaren Sinnfrage aus den medizinischen Bemühungen. Das direkt die Struktur einer Produktions- und Konsumgesellschaft widerspiegelnde Ziel, die »Arbeits- und Genussfähigkeit« (Sigmund Freud) wiederherzustellen, blendet die Frage nach dem Sinn von Krankheit aus und damit u.a. einen wichtigen Aspekt von Heilung, insofern Geheiltwerden nicht die unmittelbare Anknüpfung an den Zustand vor der Krankheit bedeutet. Traditionell hielten christliche Theologie und Seelsorge diese Dimension in der Frage nach dem Zusammenhang von Krankheit und Sünde offen, wie sie nicht zuletzt eine Beschäftigung mit dem Heilen Jesu und der im Neuen Testament berichteten Heilungspraxis der ersten Gemeinde nahelegt. Die unterschiedlichen, teilweise problematischen Versuche einer Verhältnisbestimmung bewahrten die Einsicht auf, dass Krankheit nicht nur die Sache eines individuellen Körpers oder gar Körperteils, sondern ein die Beziehung des Menschen zu sich selbst, zum Mitmenschen und zur Mitwelt sowie zu Gott betreffender Vorgang ist. Die in der neueren Entwicklung der Medizin gewonnenen Einsichten in die Abhängigkeit vieler körperlicher Leiden von einem bestimmten Lebensstil und bzw. von psychischer Konstitution geben dem zumindest teilweise Raum. Zudem öffnet die biblische Sicht der Sünde (vgl. Röm 6,23) im Zusammenhang mit Heilung den Blick über das biologische Leben des Menschen hinaus auf die verheißene Auferweckung, wie sie in der Taufe antizipiert wird (Röm 6,4–23). Die zumindest bei schwerer Krankheit aufbrechende, grundsätzlich aber jedem Menschen gestellte Frage nach dem Sterben und dem Tod braucht nicht verdrängt zu werden. Schließlich stellen Berichte aus der sog. Dritten Welt die selbstverständliche Dominanz naturwissenschaftlich orientierter, westlicher Medizin (nicht nur aus ökonomischen Gründen) in Frage. Hier sind ärztliches und priesterliches Bemühen in einer Person vereint. Die auch z.T. naturwissenschaftlich messbaren Heilungserfolge von afrikanischen Heilern sind mittlerweile so unbestritten, dass sogar die Weltgesundheitsorganisation die traditionellen Heiler in die »Primary Health Care« zu integrieren versucht (vgl. Hollenweger 1988, 49). Allerdings muss betont werden, dass viele dieser Heilungen in einem nichtchristlichen Glaubenszusammenhang stehen.

2. Die eben skizzierten Probleme einer naturwissenschaftlich verengten Medizin geben Raum für die Neuentdeckung des heilenden Handelns Gottes auch (nicht nur!) in seiner Gemeinde. Besondere Beachtung verdienen hier die neueren Versuche, die Bitte um Heilung rituell zu

gestalten und liturgisch zu integrieren, in der anglikanischen Kirche Englands. Dieses Land ist uns viel näher als Afrika mit seinen zahllosen Heilungsgemeinden, die für Europäer durch den anderen kulturellen Hintergrund kaum verständlich sind (Usdorf) und so keine Gestaltungshilfen für Gottesdienste im deutschsprachigen Raum geben können. In England treffen die frühere Praxis der Krankensalbung, die alte anglikanische Tradition des liturgisch gestalteten Krankenbesuchs, wie ihn das BCP vorsieht, die Heilungen in schwarzen, anglo-afrikanischen Gemeinden und Erfahrungen aus der charismatischen Bewegung zusammen und führen an vielen Orten zu liturgischen Angeboten in Krankenhäusern, Krankenzimmern und Gemeindegottesdiensten.

Im Gottesdienst hat in etlichen englischen Gemeinden (und mittlerweile auch in anderen europäischen Ländern) die konkrete Bitte um Heilung über Kranke, meist verbunden mit Handauflegung, manchmal auch mit einer Salbung, einen festen Platz gefunden. Erste Erfahrungen, die bei der Einführung in anderen Gemeinden helfen können, liegen vor: Die Vorbereitung solcher Gottesdienste durch ein Team aus Pfarrer, Ärzten, Pflegepersonal und anderen Gemeindegliedern, etwa Presbytern, hat sich bewährt. Auf jeden Fall muss man im Umfeld eines Gottesdienstes mit besonderer Zuwendung zu den Kranken ein sensationsgieriges, letztlich zu gesetzlichem Druck auf die Kranken führendes Forschen nach medizinisch nachprüfbarer Heilung vermeiden. Kultische Effizienz ist als »Praxis der Hoffnung« keine selbstbestimmte Manipulation des Stofflichen, sondern »Ausübung von Dienst, der sich darauf beschränkt, die Gestalt zu sein, in der und durch die hindurch eine andere Macht, die des Göttlichen, ihr Werk vollbringt« (Schaeffler 42). Sowohl das Heilen eines körperlichen Gebrechens oder einer seelischen Not als auch die Verleihung der Kraft, sie weiter zu tragen, sind dankbar zu empfangende Geschenke Gottes. Das liturgische Ziel eines solchen Gottesdienstes ist es, die auch Kranke umfassende Gemeinschaft der Christen in ihrem Zutrauen zu Gott, der Menschen in ganz unterschiedlicher Weise heilt, also in den Bereich seines Heils nimmt, darzustellen.

Der schroffe Widerspruch gegen die Krankheit als dem Willen des lebensspendenden Gottes widerstreitend und die demütige Hinnahme von Krankheit als von Gott kommende Aufgabe bilden die beiden Extreme, innerhalb derer Christen gemeinsam um Heilung ihrer Kranken bitten. Angesichts dieser unauflösbaren, bereits in der unterschiedlichen Beurteilung von Krankheit in der Bibel angelegten Spannung empfiehlt es sich, in Heilungsgottesdiensten auf bewährte liturgische Formen zurückzugreifen. »Je strenger die Liturgie, desto einfacher wird es für die Menschen, sich darin wohlzufühlen« (Hollenweger 1989, 411; vgl. die ausgeführte Liturgie eines Heilungsgottesdienstes bei dems. 1988, 28–33).

Das Herrenmahl bietet solch eine liturgisch klar strukturierte Form. Deshalb verwundert es nicht, dass sich an ihm die bisherigen, biblisch verantworteten Versuche des liturgischen Heilungsdienstes orientierten. Walter J. Hollenweger empfiehlt auf Grund seiner Erfahrungen in England und in der Schweiz die Form der Wandelkommunion: »Nach dem Empfangen von Brot und Wein können diejenigen, die es wünschen, zu zwei Gruppen von dazu bestimmten Christen gehen, die sich links und rechts hinter dem Abendmahlstisch aufgestellt haben, sich auf einen Stuhl setzen und Handauflegung und Segensspruch empfangen« (Hollenweger 1988, 33 Anm. 7). Dabei sollte – entsprechend dem Kontext eines öffentlichen Gottesdienstes – auf eine Befragung verzichtet werden, warum um Segnung gebeten wird. Dies bleibt späterer Seelsorge vorbehalten. Beim Gebet mit dem Kranken kann das Sprechen von Psalmen eine große Hilfe sein.

Inhaltlich schenkt das Herrenmahl auf Grund der Verheißungen Gottes den Menschen mit ihren unterschiedlichen Nöten und Hoffnungen Lebenskraft, die über die biologische Existenz hinausreicht. Von daher ist zu überlegen, ob bzw. inwieweit die altkirchliche Sitte, Brot und

Wein vom Tisch des Herrn in die Zimmer der Bettlägerigen zu bringen, wieder aufgenommen werden kann. Die Auflegung der Hände und vielleicht auch entsprechend Jak 5,14 die Salbung mit wohlriechendem Öl kann sich hiermit zwanglos verbinden. Gerade der Zuspruch zu kranken Menschen bedarf des leiblich spürbaren Zeichens. Allerdings erfordert solcher Dienst die aktive Beteiligung von Gemeindegliedern, die neben der liturgischen Zuwendung auch zur Seelsorge bereit und fähig sind.

Für den konkreten Segensakt empfiehlt Dorothea Greiner eine Dreiteilung:

– »nachdem sich die Person, die gesegnet werden möchte, gesetzt hat, sagt immer dieselbe Person: ›wir beten für NN‹. Dabei legen der/die Segnende(n) die Hände auf.
– Stille, in der unter Handauflegung für die Person gebetet wird. (Auch der Zeitraum sollte immer ungefähr gleich sein; wenn sich nicht allzu viele Menschen pro Team segnen lassen wollen, ca. eine halbe Minute)
– Ein fest formulierter Segen, entweder der Aaronitische Segen, oder eine andere Formel, wie z.B. folgende: »Gott segne dich; er heile dich, er stärke dich, er schütze dich, er schenke dir Frieden. So segne dich der dreieinige Gott, + der Vater, der Sohn und der Heilige Geist. Amen. Solch ein Segen sollte langsam gesprochen werden, damit die Seele des segnenden Menschen und der Segen empfangenden Person mitkommen kann.« (Greiner 365).

Insgesamt gilt, dass in aller Zuwendung zum Kranken die Freiheit Gottes (und letztlich auch des Kranken) nicht angetastet wird. Sie stellt die Grenze für jedes verantwortliche liturgische Handeln am Kranken dar. Die am Beginn seiner Passion gesprochenen Worte Jesu: »Doch nicht mein, sondern dein Wille geschehe!« (Mt 26,39–46 par.) können so zur grundsätzlichen Leitlinie für die Gestaltung von Krankensegnung und Krankensalbung werden.

Literatur *→Spezielle Abkürzungen*

Jakob BAUMGARTNER, Ein geschichtlicher Durchblick durch die Segnungen: ders. (Hg.), Gläubiger Umgang mit der Welt. Die Segnungen der Kirche, Einsiedeln/Zürich/Freiburg/Wien 1976, 50–92. – Ders., Segnungen – veraltet oder zeitgemäß? Schöpfungswirklichkeit und Reform des Benediktionale: ders. (Hg.), Wiederentdeckung der Volksfrömmigkeit, Regensburg 1979, 263–290. – Karl-Heinrich BIERITZ, Abendmahl und Gemeindeaufbau: PTh 75 (1986) 16–34. – Peter BROWE, Die letzte Ölung in der abendländischen Kirche des Mittelalters: ZKTh 55 (1931) 515–561. – Rolf CHRISTIANSEN, Erneuerung der Gemeinde aus dem Abendmahl: PTh 72 (1983) 83–96. – Jean DELUMEAU, Angst im Abendland. Die Geschichte kollektiver Ängste im Europa des 14. bis 18. Jahrhunderts, 2 Bde., Reinbek 1985. – Henricus Denzinger, Ritus Orientalium I/II, Würzburg 1863/64. – Alexander ERNST, New Age – ein neuer Weg zu körperlicher und seelischer Gesundheit: Materialdienst der EZW 54 (1991) 15–25. – Christian EYSELEIN, Segnet Gott, was Menschen schaffen? Kirchliche Einweihungshandlungen im Bereich des öffentlichen Lebens, Stuttgart 1993. – Hubert FRANKEMÖLLE, Krankensalbungen im Neuen Testament. Biblische Korrekturen zur sogenannten »Letzten Ölung«: Manfred Probst/Klemens Richter (Hg.), Heilssorge für die Kranken und Hilfe zur Erneuerung eines mißverstandenen Sakraments, Freiburg/Wien/Einsiedeln/Zürich 1975, 28–38. – Adolf FRANZ, Die kirchlichen Benediktionen im Mittelalter, 2 Bde., Graz (1909) 1960. – Roswitha GERLOFF, Historische Aspekte von Heilung: ThPr 24 (1989) 20–28. – Paul GMÜNDER/Fritz OSER, Der Mensch. Stufen seiner religiösen Entwicklung, Gütersloh [2]1988. – Dorothea GREINER, Segen und Segnen, Stuttgart 1998. – Gisbert GRESHAKE, Letzte Ölung – Krankensalbung – Tauferinnerung angesichts des Todes? (Un-)Zeitgemäße Bemerkungen zur umstrittenen Sinngebung eines Sakraments: Raphael Schulte (Hg.), Leiturgia – Koinonia – Diakonia (FS Franz König), Wien/Freiburg/Basel 1980, 97–126. – Christian GRETHLEIN, Religionspädagogik, Berlin 1998. – Aaron J. GURJEWITSCH, Mittelalterliche Volkskultur, München 1987. – Friedrich HEILER, Erscheinungsformen und Wesen der Religion, Stuttgart [2]1979, vor allem 22–34. – Walter HOLLENWEGER, Geist und Materie. Interkulturelle Theologie 3, München 1988, 21–59. – Ders., Nicht Privatsache, sondern Sache der Liturgie: WzM 41 (1989) 408–419. – Hans HOLLERWEGER, Konkrete Analyse von Phänomenen des Benediktionale und Processionale in Geschichte und Gegenwart: LJ 27 (1977) 42–63. – Ders., Das neue deutsche Benediktionale: LJ 30 (1980) 69–89. – Martin HONECKER, Christus medicus: KuD 31 (1985) 307–323. – Reiner KACZYNSKI, Die Benediktionen: Sakramentliche Feiern II: GDK 8 (1984) 233–274. – Julie KIRCHBERG, Theologie in der Anrede als Weg zur Verständigung zwischen Juden und Christen (IThS 31), Innsbruck/Wien 1991, 120–295. – Alfons KIRCHGÄSSNER, Die mächtigen Zeichen. Ursprünge, Formen und Gesetze des Kultes, Freiburg 1959. – Adolf KNAUBER, Sakrament der Kranken. Terminologische Beobachtungen zum Ordo unctionis infirmorum: LJ 23 (1973) 217–237. – Benedikt KRANEMANN, Die Krankensalbung in der Zeit der Aufklärung. Ritualien und pastoral-liturgische Studien im deutschen Sprachgebiet (LQF 72), Münster 1990. – Elisabeth KÜBLER-ROSS, Interviews mit Sterbenden, Gütersloh ^{14}1987. – Ernst KUTSCH, Salbung als Rechtsakt. Im Alten Testament und im Alten Orient: BZAW 87 (1963). – Gabriele LADEMANN-PRIEMER, Heilung als Zeichen für die Einheit der Welten. Religiöse Vorstellungen von Krankheit und Heilung in Europa im vorigen Jahrhundert und unter den Zulu mit einem Ausblick in unsere Zeit, Frankfurt a.M. 1990. – Emil LENGELING, Die Neuordnung von Ölweihe (3.12.1970) und Krankensalbung (7.12.1972): Manfred Probst/Klemens Richter (Hg.), Heilssorge für die Kranken und Hilfe zur Erneuerung eines mißverstandenen Sakraments, Freiburg/Wien/Einsiedeln/Zürich 1975, 39–54. – Ders., Todesweihe oder Krankensalbung: LJ 21 (1971) 193–213. – Christian LINK, Die Welt als Gleichnis, Studien zum Problem der natürlichen Theologie, München ^{2}1982. – Christopher Wright MITCHELL, The Meaning of BRK »To Bless« in the Old Testament (SBLDS 95), Atlanta 1987. – Alois MOOS, »Krankensalbung« oder »Letzte Ölung«: Hansjakob Becker/Bernhard Einig/Peter O. Ulrich (Hg.), Im Angesicht des Todes 2, St. Ottilien 1987, 791–811. – Albrecht PETERS, Art. Adiaphoristische Streitigkeiten: EKL^{1} 1 (1956) 42 f.. – Waldemar PISARSKI, Gott tut gut. Salbungsgottesdienste, München 2000. – Hermann REIFENBERG, Zeichenhafte Liturgie. Zur Phänomenologie der »Sakramentalien«: LJ 17 (1967) 233–240. – Ders., Katholische Sakramentalien und die evangelische Agende: MThZ 19 (1968) 204–224. – Ders., Sakramente, Sakramentalien und Ritualien im Bistum Mainz seit dem Spät-Mittelalter. Unter besonderer Berücksichtigung der Diözesen Würzburg und Bamberg (LWQF 53/54), Münster 1971/72. – Artur REINER, Krankensalbung – Heilszeichen für Kranke: Richard Riess (Hg.), Wenn der Dornbusch brennt [FS Dieter Voll], München 1989, 189–196. – Jürgen ROLOFF, Der erste Brief an Timotheus (EKK 15), Zürich/u.a. 1988. – Richard SCHAEFFLER, Kultisches Handeln – Die Frage nach Proben seiner Bewährung und nach Kriterien seiner Legitimation: ders./Peter Hünermann, Ankunft Gottes und Handeln des Menschen. Thesen über Kult und Sakrament (QD 77), Freiburg 1977. – Josef SCHARBERT, Art. בְּרָכָה; ברך: ThWAT 1 (1973) 808–841. – Hermann SCHELL, Katholische Dogmatik 3/2, Paderborn 1893. – Hans-Christoph SCHMIDT-LAUBER, Segnungsfeiern als ökumenische Gottesdienste: ders., Die Zukunft des Gottesdienstes, Stuttgart 1990, 446–454. – Willy SCHOTTROFF, Der altisraelitische Fluchspruch, Neukirchen-Vluyn 1969. – Frieder SCHULZ, Segnungen in evangelischer Sicht: Andreas Heinz/Heinrich Rennings (Hg.), Heute segnen. Werkbuch zum Benediktionale, Freiburg 1987, 72–83. – Klaus SEYBOLD/Ulrich B. MÜLLER, Krankheit und Heilung, Stuttgart 1978. – Yorick SPIEGEL, Der Prozess des Trauerns. Analyse und Beratung, München ^{7}1989. – Werner USDORF, Das Heilen in den unabhängigen Kirchen Schwarzafrikas. Ein Versuch interkulturellen Verstehens: ZMiss 13 (1987) 198–210. – Herbert VORGRIMLER, Buße und Krankensalbung: HDG IV/3 (1978) 215–234. – Ders., Art. Krankensalbung: TRE 19 (1990) 664–669. – Heinrich WEISWEILER, Das Sakrament der letzten Ölung in den systematischen Werken der ersten Frühscholastik (Schol. 7), Freiburg 1932. – Gerhard WEHMEIER, Der Segen im Alten Testament. Eine semasiologische Untersuchung der Wurzel ברך, Basel 1970. – Claus WESTERMANN, Der Segen in der Bibel und im Handeln der Kirche, München 1968. – Hans Walter WOLFF, Anthropologie des AT, München ^{4}1984.

Christian Grethlein

Vierter Teil

Die Gestaltung des Gottesdienstes

Gottesdienst und Öffentlichkeit

I. Beobachtungen

Der gottesdienstliche Versammlungsraum der christlichen Gemeinden ist zumindest seit dem 4. Jh. als repräsentatives Gebäude gestaltet, in dem sich der christliche Glaube lebens- und weltrelevant zum Ausdruck bringt. Bis in die Gegenwart hinein unterstreichen die Kirchtürme diese Absicht. Das Geläut der Glocken macht den Gottesdienst öffentlich, es soll bekannt sein, dass er jetzt und an diesem Ort stattfindet. Es soll eingeladen werden. Mit der Einladung verbindet sich auch der Ausdruck eines Machtanspruchs, theologisch gesehen des Machtanspruchs Gottes über das menschliche Leben in seiner Ganzheit, soziologisch gesehen nicht selten die Reklamation des Machtanspruchs der Kirche im Rahmen einer wie immer näher zu bestimmenden Öffentlichkeit.

Diese im Ganzen großkirchliche Manifestation kirchlichen Öffentlichkeitswillens ist freilich nicht die einzige für den christlichen Glauben charakteristische Ausprägung des Verhältnisses von Kirche, Gottesdienst und Öffentlichkeit geblieben. Auch nachdem die Katakomben verlassen wurden, gab es immer die stillen, nicht heimlichen, aber doch auch nicht öffentlichen Treffpunkte der Gemeinde. Ein Beispiel hierfür sind die Klöster. Innerhalb des Protestantismus stehen die Versammlungsräume der pietistischen Gemeinschaften und der in Deutschland seit dem 19. Jh. etablierten Freikirchen in dieser Traditionslinie der Gestaltgebung. Gelegentlich sind es Dachreiter, die auf den gottesdienstlichen Ort hinweisen, gelegentlich sind es Tafeln, manchmal ein Kreuz an einem Gebäude innerhalb der Häuserzeile: Christlicher Glaube verwirklicht sich in der Gemeinschaft der Gläubigen. Nur durch sie, nicht durch eine sich repräsentierende Institution wird der Glaube sozial wirksam. Damit deutet sich bereits an, dass es innerhalb der christlichen Kirchen unterschiedliche Bestimmungen des Verhältnisses zwischen Gottesdienst und Öffentlichkeit gibt, wie es auch unterschiedliche Bestimmungen des Verhältnisses von Kirche und Öffentlichkeit überhaupt gibt.

Die repräsentative Darstellung der öffentlichen Bedeutung des Gottesdienstes im Kirchengebäude wird selbst im großkirchlichen Handlungskontext heute nicht selten als problematisch empfunden. Dies hängt einerseits mit der Beteiligung am Gottesdienst zusammen. Im gesamten westeuropäischen Bereich nimmt der Gottesdienstbesuch ab. In den deutschen evangelischen Kirchen erreichte 1995 die Anzahl der sonntäglichen Gottesdienstbesucher gerade 4,9 % der Kirchenmitglieder. Auch in den katholischen Kirchen ist die Beteiligung an der sonntäglichen Messe seit Jahren rückläufig, wenngleich der prozentuale Anteil der Teilnehmer an den Sonntagsmessen deutlich höher liegt als die Zahl der Gottesdienstteilnehmer bei den Protestanten.

Ein zweiter Umstand führt zu einer höchst skeptischen Beurteilung der Öffentlichkeitsbedeutung des Gottesdienstes: die zur gottesdienstlichen Feier versammelte Gemeinde spiegelt die Gesamtheit der Kirchenmitgliederschaft repräsentativ nicht wider. Überrepräsentiert sind Frauen, insbesondere nicht im Beruf stehende Frauen, Kinder und Jugendliche, etwa durch die Gruppe der Konfirmanden dargestellt, und ältere Menschen, die aus dem aktiven gesellschaftlichen Leben ausgeschieden sind. Also gerade diejenigen gesellschaftlichen Gruppen, die Öffentlichkeit mitbestimmen, finden sich in den Gottesdiensten tendenziell in geringerem Maße als andere. Von daher stellt sich die Frage, ob selbst dann, wenn Gottesdienste ihren Bezug zur Öffentlichkeit herzustellen versuchen, dies überhaupt gelingen kann (Daiber/u.a. 1980, 34 f.).

Die notwendige Skepsis im Blick auf die gottesdienstliche Normalsituation darf freilich nicht außer Acht lassen, dass selbst in hochsäkularisierten gesellschaftlichen Kontexten die großkirchliche Tradition des öffentlichen Gottesdienstes nach wie vor Bedeutung erlangen kann. Aus dem protestantischen Bereich bilden die Friedensgebete in den evangelischen Kirchen der ehemaligen Deutschen Demokratischen Republik die wohl eindrucksvollsten Beispiele, insbesondere die Friedensgebete während des gesellschaftlichen Umbruchs im Herbst 1989 (Feydt/Heinze/Schanz sowie Alisch). Die Friedensgebete waren besondere gottesdienstliche Veranstaltungen, nicht Sonntagsgottesdienste. Sie hatten ihre eigenen Themen. Indem sie sich seit den achtziger Jahren mit der Friedensfrage zentral beschäftigten, verfolgten sie eine öffentliche Thematik. Dies geschah nicht einfach im zurückgezogenen Winkel eines Gemeindehauses, sondern in der Öffentlichkeit Leipzigs, zunächst in einer, dann in mehreren traditionsreichen Kirchen. Die Analyse der Friedensgebete zeigt, dass sie multifunktional waren, d.h. nicht einfach ausschließlich als religiös-kirchliche Veranstaltungen begriffen werden konnten. Sie waren in der Regel auch Treffen politisch-oppositioneller Gruppierungen. Ende der achtziger Jahre verstärkte sich unter der Teilnehmerschaft die Gruppierung derer, die aus der DDR ausreisen wollten. So bildeten die Friedensgebete auch Kontaktzentren für Gleichgesinnte, unabhängig von einer religiösen Motivation zum Gottesdienst. Doch selbst wenn dies in Rechnung gestellt wird, bleibt der Tatbestand bestehen, dass gottesdienstliche Versammlungen der christlichen Gemeinde zu Treffpunkten werden, in denen öffentlich relevante Fragen zur Sprache kommen können, und zwar damals in einer Weise wie an keinem anderen öffentlichen Ort. Bereits die gottesdienstliche Fürbitte für Gefangene wird zum öffentlich relevanten Ereignis. Zum öffentlich relevanten Ereignis, das Kommunikation stiftet, wird auch eine Einrichtung wie die Gebetswand in der Leipziger Thomaskirche. Sie bot Menschen die Möglichkeit, anonym für sie wichtige Anliegen öffentlich zu machen. In diesem Angebot wurden die Grenzen der Kirche überschritten. Das Gebet beschränkte sich nicht auf die Gruppe einer nicht öffentlich zusammenkommenden frommen Gemeinde. Die Tradition der abendländischen Großkirchen war hier auf eine besondere Weise revitalisiert und erwies sich in dieser Situation als lebenskräftig, jedenfalls für die Phase, in der es gesellschaftlich notwendig war.

Die geschilderten Beobachtungen haben einige Probleme benannt, die im Folgenden darzustellen sind; das Verhältnis von Gottesdienst und Öffentlichkeit ist offensichtlich nur verstehbar von seinen geschichtlichen Wurzeln her. Es ist abhängig von gesellschaftlichen Konstellationen, die sich insbesondere in der Bestimmung dessen, was Öffentlichkeit ist, auswirken. Das Verhältnis ist aber nicht zuletzt auch davon beeinflusst, welche theologischen Optionen und damit zugleich ekklesiologischen Prämissen die Verhältnisbestimmung von Gottesdienst und Öffentlichkeit prägen.

II. Historische Entwicklungen bis zur Ausbildung der bürgerlichen Öffentlichkeit

In welch hohem Maße gesellschaftliche Entwicklungen das Phänomen »Öffentlichkeit« bestimmen, geht allein schon aus der Tatsache hervor, dass es in keiner europäischen Sprache vor dem Ende des 18. Jh. den Begriff der Öffentlichkeit gibt (Hölscher 1135). Der Begriff entsteht also in einer Zeit, in der sich faktisch Öffentlichkeit als gesellschaftliche Erscheinung auszubilden beginnt. Wenn Öffentlichkeit ein historisch bestimmtes Phänomen ist, muss davon ausgegangen werden, dass es Gesellschaften gibt, in denen »Öffentlichkeit« nicht in gleichem Maße als bedeutsam erfahren wird wie in den modernen europäisch-nordamerikanischen Gesellschaften. Es besagt zugleich, dass die jeweilige Gestalt von Öffentlichkeit von der gesellschaftlichen Gesamtlage geprägt bleibt.

Heute wird selbstverständlich von Öffentlichkeit gesprochen, zunächst in alltagssprachlichen Zusammenhängen. Der Begriff verweist hier auf die Unterscheidung von öffentlich und privat. Was öffentlich ist, ist allgemein bekannt. In genaueren Sinn meint Öffentlichkeit all das, was von den Medien, den Print- und den Funkmedien, als Information präsentiert, kommentiert und damit zur Diskussion gestellt wird. In modernen Gesellschaften verläuft der Zugang zur Öffentlichkeit in der Regel mediengesteuert. Er ist abhängig von den großen Institutionen, die die Öffentlichkeit darstellen. Was öffentlich wird, ist allerdings zugleich vom Interesse des Publikums bestimmt: es muss interessant sein und als wichtig rezipiert werden können. Öffentlich relevante Themen sind Sachverhalte, die alle angehen, insbesondere der Gesamtbereich der politisch verwalteten und gestalteten Gesellschaft ist hier zu nennen. Die von den Medien bestimmte Öffentlichkeit stimuliert in hohem Maße den politischen Diskussionsprozess (Bildung öffentlicher Meinung, dazu Luhmann). In Gesellschaften, in denen Politik diktatorisch organisiert wird, sind öffentlichkeitsbestimmende Medien ausgeschaltet oder gleichgeschaltet.

Öffentlichkeit in diesem der alltäglichen Beobachtung folgenden Sinn ist ein höchst modernes Phänomen. Es ist typisch für eine Gesellschaftsform, die politische Entscheidungen, d.h. gesellschaftliche Herrschaft, der Kontrolle der Interessierten und Fähigen zugänglich macht. Die Mitwirkung der öffentlich Diskutierenden an der Ausübung der Herrschaft ist dabei nicht unbedingt notwendig. Die bürgerliche Öffentlichkeit in den vordemokratisch verfassten Staaten Mitteleuropas wurde von Diskutierenden gebildet, die eben gerade nicht an der Herrschaft selbst beteiligt waren, wenngleich die öffentliche Diskussion faktisch doch einen unübersehbaren politischen Machtfaktor darstellte.

Das Phänomen der bürgerlichen Öffentlichkeit, wie es sich in Europa vor allem im 18. Jh. herausbildet, meint die Gesamtheit jener Gruppen, in denen Themen von allgemeinem gesellschaftlichen oder politischen Interesse in Diskussionen erörtert wurden. Träger dieser bürgerlichen Öffentlichkeit waren vielfältige Klubs, Zirkel, Logen, Bünde und andere Vereinigungen (Habermas 86–106; Manheim 71–122). Sie stellten langfristig einen wesentlichen Demokratisierungsimpuls dar.

Während die bürgerliche Öffentlichkeit als Diskussionsöffentlichkeit zu charakterisieren ist, bleibt der ältere Typus von Öffentlichkeit anders geprägt. Die für das Gesamtwohl relevanten Institutionen stellen sich hier öffentlich dar. Die mittelalterliche repräsentative Öffentlichkeit ist ganz auf die Herrschaftsinstitutionen, insbesondere Obrigkeiten und Kirche, bezogen. Sie demonstrieren ihre grundlegende Ordnungsmacht, sicherlich auch mit dem Interesse, auf diese Weise die gesellschaftliche Einheit zum Ausdruck zu bringen (Habermas 58–67). Gestaltformen repräsentativer Öffentlichkeit sind höfische und kirchliche Architektur, das kirchliche und staatliche Zeremoniell, die in diesem Sinne in Anspruch genommenen Künste.

Neben den sozialen Gestalten der repräsentativen Öffentlichkeit spielte eine semantische Unterscheidung, die auf die alteuropäische Sozialverfassung zurückzuführen ist, in der mittelalterlichen Tradition eine wichtige Rolle, nämlich die Unterscheidung zwischen öffentlichen und heimlichen Handlungen. Was öffentlich ist, braucht das Licht nicht zu scheuen, es kann »vor jedermann« gerechtfertigt werden. Im öffentlichen Handeln der Obrigkeit lag von daher immer auch ein Legitimationsanspruch, insbesondere etwa bei der Ausübung der Rechtsprechung und des Vollzugs von Urteilen.

Eine zweite semantische Akzentsetzung blieb durch den römisch-rechtlichen Begriff »publicus« wirksam. »Publicus« im römisch-rechtlichen Sinne bezeichnet in erster Linie »den mit besonderen Rechten ausgestatteten politischen Stand eines Herrschaftsträgers im Gegensatz zum ›privatus‹ ..., dem die Qualität, Träger eines Amtes zu sein, abgeht« (Hölscher 1135). Der Begriff »publicus« in diesem Sinne bezeichnet also Herrschaftsämter und ihre Vollzüge.

In der römisch-rechtlichen Tradition, auf die das junge Christentum gestoßen war, hatte sich auch die Vorstellung eines cultus publicus herausgebildet. Von Augustus war der öffentliche Kult bewusst wieder eingerichtet worden. Der Kaiser konnte ihn als Priester vollziehen. Sein Genius war zugleich Gegenstand des cultus (Jensen 250–253). Für diese Wiedereinrichtung haben machtpolitische Überlegungen eine Rolle gespielt (religiöse Integration des Gemeinwesens), aber nicht nur solche, sondern auch Vorstellungen, wie sie etwa von Cicero entwickelt worden waren, dass nämlich der öffentliche Kult das rechte Maß von Religion verbürge. Der cultus publicus ist wahre Anbetung der Götter (Schmidt-Biggemann).

Während in den ersten drei Jahrhunderten der christliche Gottesdienst nicht öffentlich war, darin von gesellschaftlichen Bedingungen wie von einem Kirchenverständnis geprägt, das die Diastase zwischen Kirche und Welt betonte, wurde die christliche Kirche ab dem 4. Jh. zur öffentlichen religiösen Institution. Der christliche Gottesdienst wurde cultus publicus, Anrufung Gottes zum Wohle des Staates. Diese Entwicklung stellte keinen radikalen Bruch zur älteren Tradition dar, sondern übernahm Elemente, die sich bereits vor der Konstantinischen Wende ausgebildet hatten, allerdings mit charakteristischen Veränderungen. Bradshaw nennt als solche Veränderungen etwa die Übernahme heidnischer religiöser Vorstellungen und Riten, die Übernahme von Sprache, Form und Metaphorik zeitgenössischer Gebete, die Übernahme von nichtchristlichen Symbolen und heidnischen Stätten, die christliche Neuinterpretation älterer, vorchristlicher Festrituale (Bradshaw 40 f.; Cornehl 1970, 123–148).

Die im 4. Jh. vollzogenen Weichenstellungen sind faktisch bis in die Phase der Auflösung des Staatskirchentums wirksam geblieben. Sie wurden auch durch die evangelischen Bekenntnisse und Kirchenordnungen fortgeschrieben. So kennzeichnet beispielsweise die Augsburgische Konfession die Funktionen des kirchlichen Amtes als öffentliches Lehren, Predigen und die Sakramente Verwalten. Der Begriff publicus charakterisiert das Predigtamt als Amt anerkannter Ordnung, in das durch das Kirchenregiment, wenn nicht durch die Bischöfe, so durch ein anderes geordnetes Verfahren, berufen wird. Das Kirchenregiment ist Teil der Gesamtsozialordnung und hat in ihrem Rahmen eine spezifische Funktion (CA XIV; ApolCA XIV). Von daher gesehen findet im öffentlichen Gottesdienst die Einheit von Christengemeinde und Bürgergemeinde ihren repräsentativen Ausdruck. Dies wirkt sich bis in die Gestaltung der Sitzordnung der Gottesdienstgemeinde hinein aus. Die Ausübung einer massiven sozialen Kontrolle im Blick auf die Teilnahme an den Gottesdiensten ist die Folge (Cornehl 1985, 59). Von Ausnahmen abgesehen, etwa in den Umbrüchen der Reformationszeit (Cornehl 1970, 161 f.), blieb der Gottesdienst, insbesondere auch der evangelische Gottesdienst, eine Ausgestaltung repräsentativer Öffentlichkeit, er wurde nicht zur Diskussionsöffentlichkeit im Sinne der bürgerlichen Öffentlichkeit. Dies gilt auch noch für die von großen Predigerpersönlichkeiten, etwa Schleiermacher, gestalteten Gottesdienste des frühen 19. Jh.. So kann Habermas sogar im Blick auf die gegenwärtige Situation urteilen: »Im kirchlichen Ritual, in Liturgie, Messe, Prozession überlebt heute noch repräsentative Öffentlichkeit« (Habermas 62).

III. Öffentlichkeit unter den Bedingungen der Gegenwart

Wenn von Strukturwandel der Öffentlichkeit gesprochen wird (Habermas), geschieht dies häufig in der Absicht, die Differenz zu den älteren Formen bürgerlicher Öffentlichkeit aufzuweisen, den Unterschied also zur Diskussionsöffentlichkeit, in der Einzelne als verantwortliche Subjekte das Allgemeine zur Sprache bringen und darin politisches Handeln einer Kontrolle unterziehen. In dieser Form von Öffentlichkeit wird geradezu eine Idealform gesehen, an der gemessen gegenwärtige Formen von Öffentlichkeit kritisierbar werden.

Der Strukturwandel der Öffentlichkeit, insbesondere seit dem 19. Jh., ist vor allem durch den Prozess der gesellschaftlichen Differenzierung bestimmt. Das politische Handeln wird so komplex, dass es einer diskutierenden Öffentlichkeit nicht mehr zugänglich ist. Gleichwohl wächst das Bedürfnis, das Allgemein-Politische zur Sprache zu bringen. So kann sich die Zeitungspresse in breitem Umfang durchsetzen. Sie wird im 20. Jh. durch den Rundfunk und später durch das Fernsehen ergänzt. Die dadurch gebildete Medienöffentlichkeit ist wesentlich monologisch strukturiert. Es werden Informationen weitergegeben, durch Hintergrundberichte Sachverhalte analysiert und positionell kommentiert. Z.T. werden sogar Diskussionen arrangiert, aber der einzelne Zuhörer bzw. Zuschauer, im Bereich der Presse der einzelne Leser, bleibt Publikum, dem der Eingriff in den vorgestellten Meinungsbildungsprozess versagt ist.

Entscheidend wird, wer den Zugang zu dieser Form der Öffentlichkeit steuert. Herrschaft über die Öffentlichkeit der Medien wird eine Sonderform von Herrschaft überhaupt. So entwickelt sich die staatlich gelenkte mediale Öffentlichkeit auf der einen Seite, die kommerzialisierte Medienöffentlichkeit auf der anderen Seite und in Abgrenzung zu beiden der Versuch einer öffentlich-rechtlichen Institutionalisierung der Medienöffentlichkeit, wie sie über Jahrzehnte hinweg in der Bundesrepublik Deutschland bestimmend war. Das öffentlich-rechtliche System der Medienöffentlichkeit ist eine Form der Verbandsöffentlichkeit. Sie balanciert die Einflussnahme der für das Allgemeinwohl wichtigen Verbände der Gesellschaft, wobei die Abgrenzung zu staatlichen Lenkungsversuchen und kommerziellen Überformungen eine fortdauernde Aufgabe bleibt.

Die gesellschaftliche Differenzierung führt noch zu zwei weiteren relevanten Aspekten der Struktur von Öffentlichkeit. Hier ist einmal auf eine Art Ebenendifferenzierung zu verweisen, die sich entlang der Sozialräume bildet: die lokale Öffentlichkeit tritt als eigene Gestalt deutlicher der regionalen bzw. nationalen oder der internationalen Öffentlichkeit gegenüber. Gerade auch die medial verwaltete Öffentlichkeit folgt diesen Ebenenlinien (Lokalzeitungen, Lokalsender, Regionalsender, Nationales Fernsehen). Die lokale Öffentlichkeit unterliegt dabei ihren eigenen Gestaltungsbedingungen (vgl. Dunckelmann).

Ein zweiter in diesem Zusammenhang zu berücksichtigender Aspekt ist der, dass die öffentlich relevanten Verbände intern Öffentlichkeiten herausbilden. In diesem Sinne kann etwa von innerparteilicher Öffentlichkeit gesprochen werden. Die verbandsinterne Öffentlichkeit ist um so wichtiger, als sich in den öffentlichen Verbänden wichtige, für das Allgemeinwohl relevante Meinungsbildungsprozesse vollziehen. Sie erfordern schon innerhalb der Verbände Öffentlichkeitsstrukturen, sei es im Interesse des Kommunikationsflusses ganz allgemein, sei es normativ betrachtet unter dem Aspekt der jeweiligen politischen Kontrolle und damit der Beteiligung der Verbandsmitglieder an Meinungsbildungsprozessen.

Der Mangel an öffentlicher Diskussion, auch an verbandsinterner öffentlicher Diskussion allgemein angehender Problemlagen, führte in den letzten 25 Jahren verstärkt zum Entstehen von Gruppierungen, die die Elemente bürgerlicher Diskussionsöffentlichkeit wieder aufnahmen und so innerhalb des politischen Systems zur Verstärkung basisdemokratischer Ansätze führten. Es handelt sich dabei um Phänomene wie Bürgerinitiativen auf lokaler Ebene (Dunckelmann 159–163), um das Gesamtphänomen sozialer Bewegungen, insbesondere um die Friedensproblematik, um das Problem der Atomkraft und die Umweltproblematik im Allgemeinen, in begrenzterem Umfang um die Dritte-Welt-Problematik gruppiert. Derartige Bewegungen prägten nicht nur das Gesicht der westlichen Gesellschaften mit, sondern auch das politische System der Deutschen Demokratischen Republik, vor allem seit den achtziger Jahren (vgl. Pollack), oder das in anderen osteuropäischen Ländern wie Polen, der Tschechoslowakei oder Ungarn. Theoretisch werden derartige Phänomene mit dem Begriff »neue« Halböffentlichkeit charakterisiert (vgl. Steininger). In Relation zu den etablierten Formen von Öffentlichkeit handelt es sich dabei nicht selten um die Ausbildung von Formen der Gegenöffentlichkeit.

Die Entstehung derartiger Phänomene verweist darauf, dass die Gegenstände öffentlicher Meinungsbildung keineswegs selbstverständlich gegeben sind, auch das Interesse daran nicht immer schon vorausgesetzt werden kann, dass vielmehr Öffentlichkeit auch hergestellt werden muss (Habermas 312 f.), z.T. gegen die von den großen Organisationen verwaltete Öffentlichkeit gebildet wird.

Gegenstand der öffentlichen Meinungsbildung sind im Allgemeinen nicht die konsensstiftenden Prinzipien, es geht eher um Diskussion und Findung von Handlungskompromissen auf der pragmatischen Ebene. Dass der Konsens in normativen Grundentscheidungen nur schwer gefunden werden kann, muss als eine wesentliche Ursache dafür angesehen werden, dass sich öffentliche Kommunikation überhaupt verändert. Richard Sennett spricht in diesem Zusammenhang von einer Tyrannei der Intimität, die den Verfall des öffentlichen Lebens nach sich ziehe (424–428). Kommunikabel ist vorrangig nicht mehr das von einzelnen Subjekten und ihren Positionen, ja sogar ihren Emotionen ablösbare Verbindliche, das prinzipiell Verbindliche also, sondern allenfalls subjektive Betroffenheit, die glaubwürdig dargestellt sein will, um im öffentlichen Prozess Berücksichtigung zu finden. So wird die emotionale Selbstoffenbarung zum Stilmittel öffentlicher Äußerungen. Sennett kommt eben deshalb zu der höchst pessimistischen Einschätzung, dass der öffentliche Raum absterbe. Selbst wenn eine derartige Entwicklung allenfalls begrenzt vorliegt, ist ein Wandel der öffentlichen Kommunikationsprozesse schwerlich zu übersehen. Gerade die Kommunikationsformen der Halböffentlichkeiten und Gegenöffentlichkeiten bildenden Gruppierungen sind deutlich von diesen Kommunikationsmustern der Intimität mitbestimmt.

Das gegenwärtige System von Öffentlichkeit ist aber nicht allein durch Strukturen der Verbandsöffentlichkeit oder durch die Diskussionsöffentlichkeit der alternativen Gruppen und Bürgerinitiativen geprägt, sondern auch durch die Fortdauer der Repräsentationsöffentlichkeit. Dabei geht es nicht nur um Formen kirchlicher Öffentlichkeit, vor allem um die Gottesdienste, sondern auch um Formen künstlerischer, wissenschaftlicher und staatlicher Repräsentanz. In diesen Zusammenhang gehört das Museum. Westdeutschland hatte allein im letzten Jahrzehnt einen Boom an Museumsneubauten zu verzeichnen. Es ist ferner auf einen bestimmten Typus des wissenschaftlichen Kongresses hinzuweisen, bei dem darstellende Monologe dominieren und der Diskurs des Vorgetragenen höchstens im Informellen noch beheimatet ist. Am stärksten sind Formen repräsentativer Öffentlichkeit wohl im staatlich-politischen Bereich zurückgegangen. In Deutschland haben Gestalten der nationalen Repräsentation, später der nationalsozialistischen wie kommunistischen Repräsentation (zum »Braunen Kult« des Dritten Reichs vgl. etwa Cornehl 1985, 74 f.) zu einer Desavouierung repräsentativer Öffentlichkeit geführt. Unter den Bedingungen anderer europäisch-nordamerikanischer Gesellschaften scheint die Gestalt der repräsentativen Öffentlichkeit auch im politischen Bereich nach wie vor eine deutlich größere Bedeutung zu haben als speziell in Deutschland. Allerdings ist davon auszugehen, dass der Verlust an Möglichkeiten, subjektübergreifende Gemeinsamkeiten zu formulieren und symbolisch darzustellen, ganz allgemein die Bedeutung repräsentativer Öffentlichkeit reduziert, ja sogar eher gesamtgesellschaftliche Scheinsynthesen produziert (Negt/Kluge 132–144).

An den dargestellten Strukturen von Öffentlichkeit partizipieren auch die christlichen Großkirchen. Sofern sie Großverbände sind, haben sie analog zum Wandel des Öffentlichkeitssystems eigene Institutionen ausgebildet, die ihnen die Teilnahme an der Verbandsöffentlichkeit auf den verschiedenen gesellschaftlichen Ebenen, der lokalen, der regionalen und der nationalen wie im übrigen auch der internationalen Ebene ermöglichen. Die beiden großen Kirchen in

Deutschland verfügen beispielsweise sogar über eigene Pressedienste (epd und KNA), die die Vermittlung kirchlicher Positionen in das allgemeine öffentliche Gespräch hinein leisten sollen. Faktisch dienen sie stärker dem Aufbau einer jeweiligen Verbandsöffentlichkeit. Die Erfahrung zeigt, dass Öffentlichkeit nicht zuletzt für kirchliche Belange hergestellt werden muss. Von daher ist in hohem Maße Öffentlichkeitsarbeit notwendig, um am Prozess öffentlicher Meinungsbildung beteiligt zu sein.

Gesamtgesellschaftliche Entwicklungen haben sich jüngst auch dergestalt auf die Kirchen ausgewirkt, dass sich in ihnen Gruppierungen gebildet haben, die von spezifischen Betroffenheiten her Halböffentlichkeiten, teilweise mit dem Charakter von Gegenöffentlichkeit, auch kirchlicher Gegenöffentlichkeit, entwickeln konnten. Dazu zählen nicht nur die alternativen Gruppen unter dem Dach der Kirchen in der DDR bis 1990 (vgl. Pollack), sondern auch vielfältige Gruppierungen innerhalb der westdeutschen – sowohl evangelischen wie katholischen – Kirche; z.T. sind diese netzwerkartig zusammengefasst. Ihre größte öffentliche Relevanz, und zwar sowohl innerkirchlich wie gesamtgesellschaftlich, entwickeln diese Gruppen durch den Kirchentag und durch den Katholikentag. Da diese Gruppierungen im Allgemeinen dem politisch linken Spektrum zuzuordnen sind, ist es nicht erstaunlich, dass sich parallel dazu der deutsche Evangelikalismus organisiert hat und Institutionen entwickeln konnte, die auf der Ebene der kirchlichen Publizistik, zumindest in den Anfängen, sogar eine Gegenöffentlichkeit auszubilden versuchten (idea – Pressedienst der Evangelischen Allianz).

Trotz eines erheblichen Einsatzes von finanziellen Mitteln erweist sich die kirchliche Teilnahme am publizistischen Gesamtprozess als schwierig. Dies gilt insbesondere für die Vermittlung von speziellen religiösen und damit auch theologischen Problemstellungen (Arens/Hoping). Die Teilhabe am öffentlichen Diskurs der Verbände macht es in der Regel erforderlich, dass religiöse Themen in politische bzw. ethische transformiert werden. Es ist davon auszugehen, dass in der Gesellschaft ein latenter Ideologieverdacht dem Religiösen gegenüber besteht, ganz abgesehen von dem öffentlich kaum diskutierten, aber doch wirksamen Vorbehalt, dass in einer rationalitätsbestimmten Welt Religion allenfalls Spielwiese von Einzelnen ist. Was sich nach Sennett im Blick auf öffentliche Kommunikation überhaupt als Problem herausstellt, gilt verstärkt für die öffentliche Kommunikation des Religiösen: Sie ist faktisch nahezu unmöglich bzw. nur im Horizont personaler Intimität vollziehbar.

Damit ist auf die besondere Problematik des Verhältnisses von Öffentlichkeit und Gottesdienst bereits übergegangen. Gottesdienste sind Formen repräsentativer Öffentlichkeit, wenn nicht gesamtgesellschaftlicher Öffentlichkeit, so doch einer verbandsinternen kirchlichen Öffentlichkeit. Sie können in besonderen Betroffenheitssituationen bis heute über die Kirche hinausgehende gesellschaftliche Relevanz erreichen (Deutsche Wende 1989/90, Verarbeitung von lokalen Krisensituationen und anderes).

Auch wenn die Gottesdienste zumindest verbandsinterne Öffentlichkeit darstellen, erreichen sie die Mehrheit der Kirchenmitglieder nur in größeren Zeitintervallen. Immerhin bleiben sie im Vergleich mit den kirchlichen Gruppenveranstaltungen diejenigen kirchlichen Versammlungen, in denen sich quantitativ die größte Zahl von Kirchenmitgliedern zusammenfindet.

Gottesdienste stellen keine Diskussionsöffentlichkeit dar, sondern eine Repräsentationsöffentlichkeit. Die Gemeinde stellt die Gemeinsamkeit ihres Glaubens dar. An diesem Darstellungsprozess sind auch diejenigen beteiligt, die gleichsam das Publikum bilden, also keine aktiven Rollen im Rahmen des Gottesdienstgeschehens übernommen haben. Die speziell darstellende Funktion des Gottesdienstes hatte schon zu Beginn des 19. Jh. Schleiermacher sogar theologisch-normativ rezipiert: »Der Zweck des Kultus ist die darstellende Mitteilung des stärker erregten religiösen Bewusstseins« (75). Im Akt der religiösen Darstellung greift der

Gottesdienst auf die zentralen Grundsymbole des christlichen Glaubens zurück (neuerdings zum Symbolverständnis Soeffner 74). Da die christliche Symbol- und Ritualsprache nicht nur allgemeine Lebenssymbole (Wasser, Wind, Mutter, Vater) umfasst, sondern historisch vermittelte Symbolwelten, setzt die symbolische Kommunikation des Gottesdienstes die Einübung in die Symbolsprache voraus. Für die Öffentlichkeit des Gottesdienstes erwachsen von daher zumindest drei Probleme: einmal die Schwierigkeit, der sich repräsentative Öffentlichkeit überhaupt aussetzt, zum andern die spezifische Problematik religiöser Kommunikation, die im christlichen Gottesdienst nicht durch ethischen oder politischen Diskurs ersetzbar ist, und schließlich die symbolisch-rituelle Kommunikation, die Einübung in die Tradition voraussetzt. Speziell die Kommunikationsstruktur des Gottesdienstes entwickelt deshalb heute – fast gegenläufig zur theologischen Norm, die seine Öffentlichkeit postuliert – Exklusivität. Dieser kann entgegengewirkt werden, sie ist aber nicht gänzlich zu vermeiden. Fremdheitserfahrungen können reduziert, aber nicht ausgeschlossen werden. So erreichen selbst Mediengottesdienste schwerpunktmäßig religiös Engagierte, weniger – wenn auch mehr als ortsgemeindliche Gottesdienste – distanzierte Kirchenmitglieder oder gar nichtreligiöse Menschen (Thomé 68–86).

Die Schwäche, die Sennett im Blick auf die Kommunikation grundlegender, allgemein verbindlicher öffentlicher Sachverhalte konstatiert hat, wirkt sich auch auf den Gottesdienst aus: die »Objektivität« des Rituals wird problematisiert, ebenso eine dogmatische Verkündigungssprache der Predigt, Elemente subjektiver Betroffenheit und persönlicher Gemeinschaft werden gesucht, der Suche nach Intimität wird nicht selten heute in der Praxis Ausdruck gegeben.

Seit Ende der sechziger Jahre wurden Versuche unternommen, Gottesdienste verstärkt im Sinne der Herstellung von Öffentlichkeit für kontrovers diskutierte Probleme in Anspruch zu nehmen. Der bekannteste Versuch war das »politische Nachtgebet« in Köln. In anderen westdeutschen Städten wurden ähnliche Versuche unternommen (etwa in Nürnberg). In Ostdeutschland hatten in den achtziger Jahren vor allem in Leipzig die bereits genannten Friedensgebete eine entsprechende Funktion übernommen. Der Charakter des Gottesdienstes als Form repräsentativer Öffentlichkeit hat selbst hier indessen enge Grenzen gesetzt. Die Etablierung einer gottesdienstlichen Diskussionsöffentlichkeit war auf Dauer nicht möglich. Immerhin konnten Gottesdienste dieser Art informieren und dadurch über den herkömmlichen Gottesdienst hinaus die öffentliche Diskussion mit beeinflussen. Im Blick auf alle diese Versuche wird man davon ausgehen können, dass es sich um Sondersituationen gehandelt hat. Der Gottesdienst ist in der Regel daran gebunden, Konsensfähiges, insbesondere heute konsensfähige Betroffenheit religiös zur Sprache zu bringen (Drehsen 1986).

IV. Fundamentaltheologische Perspektiven: Gottesdienst als Öffentlichkeit

Die Orientierung der Problemwahrnehmung an den geschichtlichen Entwicklungen der abendländischen Tradition und zugleich an der gegenwärtigen Situation in hochentwickelten modernen Gesellschaften, wie etwa in Deutschland, haben zu Beschreibungen geführt, die das Bild einer wie immer akzentuierten, öffentlichkeitsbezogenen Kirche als geradezu selbstverständlich ins Blickfeld rücken. Ob die sich aus der historischen Situation ergebende Sichtweise zureichend begründet ist, bedarf indessen einer argumentativen Prüfung.

Hier geht es zunächst um einen in der religionssoziologischen Diskussion immer wieder betonten Sachverhalt: Religion gehört, unabhängig von ihrer konkreten Ausformung, zu den lebenskonstitutiven Äußerungen menschlicher Sozialität. Sie ist in den traditionalen Gesellschaften eng mit den gesellschaftlichen Strukturen im Ganzen verwoben. Ihr Wahrheitsanspruch braucht nicht thematisiert zu werden, sondern ist durch gesellschaftliche Plausibilität verbürgt.

Je stärker innerhalb historischer Entwicklungen die Vielfalt religiöser Systeme ins Bewusstsein gerät, ihre Kommunikation miteinander zum Problem wird, sie sich nicht nur als Konsenspotential, sondern als Konfliktpotential innerhalb der Gesellschaft erweisen, stellt sich die Frage nach dem Wahrheitsgehalt von Religion und ihren konkreten Ausformungen. Im gleichen Zuge wird seitens der religiösen Institutionen auch der Wahrheitsanspruch thematisiert und gegebenenfalls offensiv vertreten. Religionen mit einem exklusiven Wahrheitsverständnis sind von daher gesehen von vornherein öffentlich wirksam. In Gesellschaften, die von Diskussionsöffentlichkeiten mitgeprägt sind, muss sich daher der Wahrheitsanspruch der Religion geradezu zwangsläufig in den öffentlichen Diskurs einbringen und dort vertreten werden. Da das Christentum für seine eigene Lebensdeutung Wahrheit beansprucht, bzw. aus der Überzeugung der Wahrheit des Glaubens lebt, ist es unabhängig von den konkreten Ausformungsvarianten der christlichen Tradition auf Öffentlichkeit hin angelegt.

Dies gilt auch, wenn berücksichtigt wird, dass es innerhalb der verschiedenen christlichen Traditionen unterschiedliche Schwerpunktsetzungen im Blick auf das Verhältnis von religiöser Orientierung und Öffentlichkeit gibt. So hat beispielsweise Hannah Arendt auf die »frühchristliche Feindseligkeit gegen die Öffentlichkeit« (71) hingewiesen, und diese Haltung in Grundlehren Jesu begründet gesehen, nämlich die tätige Güte nicht öffentlich, sondern heimlich zu tun. Güte im Sinne Jesu könne es nicht vertragen, gesehen und bemerkt zu werden. Darüber hinaus gibt es sicherlich andere Elemente christlicher Tradition, die zu einer Öffentlichkeitsdistanz geführt haben, zu einer »Unweltlichkeit« des Christentums, so etwa eine eschatologische Erwartung, die die Zukunft des Heils ausschließlich im Handeln Gottes begründet sieht und Welt als »Welt ohne Gott« geradezu als Gegenwelt zur Welt Gottes begreift.

Unter den christlichen Großkirchen hat bei aller Symbiose mit dem Gesellschaftlich-Staatlichen wohl die orthodoxe Kirche und ihre Tradition am stärksten Weltdistanz praktiziert, gerade ihre monastischen Traditionen verweisen darauf (Müller-Armack 328–370). In der abendländisch-westeuropäischen Tradition ist diese Weltdistanz am deutlichsten von kirchenkritischen Gruppierungen vertreten worden, bis hin zum älteren Pietismus, dessen Anhänger nicht zufällig als »die Stillen im Lande« gelten konnten. In der Gegenwart werden derartige Traditionen am ehesten von den evangelischen Freikirchen, auch von christlichen Sondergemeinschaften vertreten. Aber selbst ohne Öffentlichkeitsanspruch erweisen sich derartige Gruppierungen z.T. als höchst öffentlichkeitswirksam. Am stärksten wohl dann, wenn sich mit der entsprechenden Glaubensorientierung diakonisches und pädagogisches Interesse verknüpft.

Die in der protestantischen Tradition seit der Reformationszeit dominante Bestimmung des Verhältnisses zwischen Kirche und Öffentlichkeit wurde theologisch durch Begründungen wie Zwei-Reiche-Lehre, Königsherrschaft Jesu Christi oder Formen politischer Theologie gefunden (Huber 435–489). Für die gegenwärtige Diskussion erwies sich Dietrich Bonhoeffers Hinweis auf die Notwendigkeit einer »Kirche für andere« als wichtiger Impuls. Erfahrungen aus der Zeit des Nationalsozialismus in Deutschland spiegeln sich hier wider. Wolfgang Huber erinnert an den inneren Zusammenhang von Christologie und Ekklesiologie und formuliert: »Aus der Christologie ergibt sich die Ortsanweisung für die Kirche, die Bonhoeffer auf die Formel bringt, die Kirche sei nur dann Kirche, wenn sie für andere da sei. Jede Binnendefinition der Kirche, die von dieser Ortsanweisung absieht, erweist sich somit als theologisch unzureichend« (117). In den Analysen des amerikanischen Theologen William J. Everett wird der Öffentlichkeitsbezug der Kirche als ebenso grundlegend herausgestellt. Ihm geht es darum, die Affinität christlich-jüdischen Glaubens zu Formen der demokratischen Öffentlichkeit herauszustellen, darum verweist er auf den alttestamentlichen Bundesgedanken, von dem her sich vier Elemente von Öffentlichkeit, nämlich Partizipation, Überzeugung, Pluralität und Gemeinsamkeit neu erschließen. Everett wendet sich gegen antidemokratische christlich-biblische Symboliken und fordert eine Neubesinnung aus den Wurzeln biblischer Tradition (vor allem 30–41).

Der Öffentlichkeitsbezug des christlichen Glaubens wird gerade in der neueren evangelischen Theologie also deutlich herausgestellt. Die historischen wie die biblischen Hinweise verweisen auf das Recht derartiger Akzentsetzungen, wobei nicht außer Acht bleiben sollte, dass Öffentlichkeitsbezug selbst sogar im Sinne der eher weltdistanzierenden Traditionen des Christentums noch verwirklichbar ist. Weil dies so ist, müssen die historischen Rahmenbedingungen, unter denen sich die westeuropäischen Großkirchen vorfinden, als zusätzliche und eigenständige Begründungselemente Berücksichtigung finden.

Auf der Ebene konkreten kirchlichen Handelns und seiner Begründung dominieren Fragestellungen, die sich mit der institutionellen Verflechtung zwischen Kirche und Staat (Fallstudien bei Huber 133–432) oder dem Gesamtphänomen kirchlicher Öffentlichkeitsarbeit (von Kortzfleisch oder Dörger) beschäftigen. Als Begründungsmuster für die kirchliche Öffentlichkeitsarbeit dient häufig der Hinweis darauf, dass diese am Vollzug von Verkündigung teilhabe. So formuliert der Publizistische Gesamtplan der EKD: »Die evangelische Publizistik kann zwar die Kanzel und den Bereich der personalen Kommunikation nicht ersetzen. Unter ihren besonderen Voraussetzungen und Bedingungen nimmt sie aber als Funktion der Kirche am Verkündigungsauftrag der Kirche teil. Sie kann das Evangelium in Zuspruch und Anspruch auch denen zur Kenntnis bringen, die nicht unmittelbar am Leben der Kirche teilnehmen. Sie kann informierend, argumentierend und vertiefend am Gespräch über den christlichen Glauben mitwirken« (29). Schon von Kortzfleisch hatte 1960 eine solche Argumentation problematisiert (173–175). In der Tat scheinen eher Legitimationsbedürfnisse kirchlicher publizistischer Arbeit im Hintergrund derartiger Überlegungen zu stehen. Der in Verkündigung – sie ist primär als gottesdienstlicher Akt zu verstehen – und Publizistik differente Öffentlichkeitsbezug der Kirche kann nicht verwischt werden. Im Gegenteil sollte er unbedingt deutlich bleiben, denn die publizistische Aufgabe der Kirche kann letztlich die Öffentlichkeitsorientierung christlicher Verkündigung, spezifischer, der christlichen Predigt und in diesem Zusammenhang auch des christlichen Gottesdienstes, nicht ersetzen. Wenn Kirche »Kirche für andere« sein will, und dies in der Nachfolge des in die Welt gekommenen Gottes, wenn sie dies als »Einwanderung« der Kirche in die Gesellschaft nachvollziehen will, dann muss dem in der Tat das gesamte Handeln der Kirche in Predigt, Liturgie, Gemeindeleben und Ordnung entsprechen. Ernst Lange führt diese seine These dergestalt weiter, dass er den Bezug der Liturgie auf Wirklichkeitserfahrungen heutigen Glaubens als konstitutiv voraussetzt. Nicht die Bewahrung liturgischen Erbes ist von daher für ihn entscheidendes Kriterium gottesdienstlicher Praxis, sondern das Einstimmen der versammelten Gemeinde in den Glauben der Väter und damit ein Ja und ein Amen heutigen Glaubens zur Verheißung (Lange 53 f.). Folgt man diesem Strang, setzt der Öffentlichkeitsbezug des Gottesdienstes seinen Wirklichkeitsbezug voraus, einen Wirklichkeitsbezug, in dem gerade die alten Erfahrungen des Glaubens mit der gegenwärtigen Wirklichkeit in Beziehung gesetzt werden. Dabei spielen individuelle Erfahrungen ebenso eine Rolle wie politische und gesellschaftliche.

V. Öffentlicher Gottesdienst als Aufgabe

Wer die Öffentlichkeit des Gottesdienstes bejaht, kann unter den Bedingungen der gegenwärtigen Gesellschaft nicht davon ausgehen, dass diese selbstverständlich gegeben ist. Die Herstellung von Öffentlichkeit für den Gottesdienst muss vielmehr oft noch in der Praxis eingelöst werden (Bieritz 72).

Die Spielräume, die sich für die Gestaltung hier eröffnen, sind begrenzt. Sie ergeben sich aus der gesamtgesellschaftlichen Situation, etwa aus der Kommunizierbarkeit von Religion unter den Bedingungen moderner Gesellschaften. Sie ergeben sich nicht zuletzt aber gerade auch von der überkommenen Öffentlichkeitsgestalt des Gottesdienstes selbst her. Dieser ist Ausdruck repräsentativer Öffentlichkeit, er ist nach wie vor nicht Diskussionsforum. Gemeinsames kommt zur Darstellung, mehr oder weniger eingeweihte Akteure stehen anderen gegenüber. Und auch dann, wenn das Publikum zumindest z.T. mitspielt, seine Rolle im Gesamtablauf übernimmt, gibt es andere unter den Teilnehmern, die auf Distanz gehen oder allenfalls von der Fremdheit der gottesdienstlichen Inszenierung fasziniert sind (Josuttis 164–172).

Die repräsentative Öffentlichkeit der Gottesdienste ist in der Regel lokal gebundene Öffentlichkeit. Sie bleibt dies im Allgemeinen auch bei den medialen Übertragungen sowohl im Hörfunk wie auch im Fernsehen, normalerweise werden Gottesdienste von Ortsgemeinden gesendet. Nicht nur der räumliche Sozialbezug des Gottesdienstes ist indessen begrenzt. Als Gestalt repräsentativer Öffentlichkeit folgt er einem Handlungsmuster, das in demokratischen Gesellschaften eher rückläufig ist, wenn nicht sogar unter Vorbehalt steht. Schließlich ist darauf hinzuweisen, dass der Gottesdienst traditionsorientiert ist, er bringt »Überlieferung« gegenwartsrelevant zur Sprache. Er will Verheißungsgeschehen heute hörbar machen, aber darin eben gegenwärtige Menschen in eine Verheißungsgeschichte mit hineinnehmen, in eine Verheißungsgeschichte, die sich einem geschichtlichen Ursprung verdankt, der gerade im Gottesdienst als heute gutes Leben erschließend thematisiert wird.

Stellt man diese Tatbestände in Rechnung, wird deutlich, dass öffentlicher Gottesdienst keine Sache von großen Zahlen ist, jedenfalls in der Regel nicht, dass es allenfalls in besonderen Situationen der Betroffenheit zu hohen Beteiligungen kommen kann. Doch bereits dies ist ein Zeichen dafür, dass der Gottesdienst als öffentlicher Akt, insbesondere in den westlichen Gesellschaften, in einer Kontinuität öffentlichen Handelns steht.

Auf diese Kontinuität verweisen auch die kulturellen Rahmenvorgaben, in denen sich der Gottesdienst nach wie vor vorfindet. Dazu gehören die religiös überformten Zeitstrukturen: der Wochenablauf mit dem Sonntag, das Jahr mit den großen christlichen Festen. Diese beheimaten einerseits öffentlich-christliche Traditionsgehalte, andererseits werden sie zugleich mit den unterschiedlichsten Inhalten gefüllt (erlebnisorientierter Konsum, Familie, anthropologische Grundthematiken wie Tod und Leben). Die Bewahrung des Festkalenders bei gleichzeitiger Uminterpretation der Festinhalte hat eine lange Tradition. Sie ist gerade in der Gegenwart wieder zu beobachten, wenngleich für weite Bevölkerungsschichten in den traditionellen Festen noch christliche Tradition mit präsent gehalten wird, diese Tradition also gesellschaftlich öffentlich bleibt.

Zu den kulturellen Rahmenbedingungen für einen öffentlichen Gottesdienst zählen bis zum heutigen Tag die gottesdienstlichen Räume und Gebäude, die Kirchen. Sie bestimmen die Ortsbilder. Als offene Orte der Stille haben sie in den großen Städten und touristischen Zentren vermutlich mehr Bedeutung als gemeinhin angenommen wird. Die in der Regel verschlossenen protestantischen Kirchen könnten möglicherweise zu Symbolen einer sich abschottenden christlichen Gemeinde werden.

Zu den öffentlichkeitsstützenden Rahmenbedingungen des Gottesdienstes gehört auch die Vielfalt möglichen Erlebens von Gottesdiensten. Da ist auf der einen Seite die Kontinuität des gottesdienstlichen Angebots der Ortsgemeinden. Aus ihm heraus entwickeln sich die jahreszyklischen gottesdienstlichen Höhepunkte der Feste. Die biographischen Gottesdienste der Kasualien stellen bis heute wichtige Möglichkeiten der Erfahrung gottesdienstlichen Lebens dar, und zwar nicht nur für die unmittelbar Betroffenen, sondern auch für einen größeren Kreis.

Des Weiteren ist an herausgehobene Gottesdienste im Leben eines Dorfes oder einer Stadt zu erinnern (etwa aus Anlass der Einweihung öffentlicher Gebäude; dazu Eyselein), auch an besondere Gottesdienste im Leben der Kirche, Bischofseinführungen, Kirchentagsgottesdienste, gelegentlich auch schon an wichtige örtliche Gottesdienste (Daiber 1991, 153–171). Solche Gottesdienste erreichen oft nicht Öffentlichkeitsräume wie Vorgänge etwa des politischen Lebens oder des Sports. Aber sie erreichen in ihrer Punktualität Kreise von Interessierten, die über die engeren Zirkel der Kerngemeinde hinausgehen. Von daher ist nicht nur an die Grenzen der Gottesdienstgestaltung zu erinnern, sondern nach wie vor an Chancen, die sich selbst heute aus den strukturellen Gegebenheiten des gesellschaftlichen Umfelds ergeben.

Grundlegend für die öffentliche Gottesdienstgestaltung ist die innere Bejahung des Öffentlichkeitsbezugs, heute weniger eines missionarischen oder eines dogmatisch belehrenden Öffentlichkeitsbezugs, sondern eines Öffentlichkeitsbezugs, der sich in die öffentliche und d.h. pluralistische Diskussion einbringt. Von Ernst Manheim stammt im Blick auf jedwede Kommunikation in der pluralistischen Öffentlichkeit der Satz: »Publizität hat eine Mitteilung im pluralistischen Raum, in einem intentionalen, in einem inhaltlich strukturellen Sinne dann, wenn ihr das Attribut der Öffentlichkeit nicht nur a posteriori auf Grund ihrer tatsächlichen Aufnahme oder Vernehmbarkeit zukommt, sondern wenn diese Funktion ihr als Absicht zugrunde liegt und ihren Inhalt selbst prägt« (55). Auf öffentliche gottesdienstliche Kommunikation bezogen heißt dies: der Gottesdienst muss immer schon die Absicht haben, den Kreis der im engeren Sinne ihn Bejahenden zu überschreiten. Oder anders gefasst: Die Gottesdienstgestaltung muss zulassen, dass außer der beteiligten Gemeinde ein interessiertes Publikum mit den Adressatenkreis der gottesdienstlichen Kommunikation bildet. Der Gottesdienst muss offen sein für den gelegentlichen »Besucher«, der dazukommt, wieder weggeht oder bleibt, dann nämlich, wenn immer er in eine ihn betreffende Kommunikationsgemeinschaft hineingenommen wird. Offene Gottesdienste dieser Art wurden exemplarisch im Christuspavillon während der Weltausstellung 2000 in Hannover verwirklicht (Wegner).

Zu einer solchen Offenheit des Gottesdienstes wird es durch Pädagogisierung der Liturgie nicht kommen. Die stärkste Bedeutung hat die Glaubwürdigkeit des Vollzugs, nicht nur der Akteure, sondern all derer, die nicht wiederum nur Publikum, sondern feiernde Gemeinde sind.

Nach wie vor besitzt die Predigt für den Öffentlichkeitscharakter des Gottesdienstes hohe Bedeutung. Auch dort, wo die Liturgie fremd geworden ist, kann die Predigt Zugänge eröffnen, in ihrer Position zwischen ritueller und diskursiver Kommunikation. Die Predigt weist viele Elemente des Rituals auf, sie hat Teil an der darstellenden Öffentlichkeit des Gottesdienstes, weil sie monologisch ist, aber sie hat die Möglichkeit, diskursive Elemente zur Geltung zu bringen. Sie hat die Möglichkeit, Zugänge zum sakramentalen Geschehen kognitiv zu eröffnen. Sie hat nicht zuletzt die Möglichkeit, heute gelebtes Leben im Horizont der biblischen Tradition, der biblischen Verheißung zur Sprache zu bringen. Sie hat die Möglichkeit, Erfahrungen von Menschen, bedrängende wie beglückende, als religiös-christliche Erfahrungen in einen weiterreichenden gemeinsamen Sinnhorizont zu stellen. Es ist auffällig, dass trotz aller Kritik an der Predigt, oft gerade aus den Reihen der Theologen selbst, der evangelische Gottesdienst im Bewusstsein der Öffentlichkeit Predigtgottesdienst ist und darin seine Chance behält.

Freilich muss sich der öffentliche Gottesdienst auch im Blick auf die rituelle Gestaltung um eine relative Verständlichkeit bemühen. Dabei bemisst sich, was Verständlichkeit ist, im Allgemeinen gar nicht an den Kirchendistanzierten oder an Menschen, die religiösen Traditionen ganz entfremdet sind. Verständlichkeit ist oft ein Problem der Kirchennahen. Liturgie muss aus dem Geist gegenwärtig gelebten Glaubens erwachsen. Dies heißt nicht, dass sie gut beraten ist, wenn sie die Formen der Überlieferung gänzlich beiseite schiebt. Es gehört zu den Aufgaben des Gottesdienstes, geschichtliche Kontinuität der Christenheit sichtbar werden zu lassen, in der geschichtlichen Kontinuität darin zugleich auch die ökumenische Einheit der Kirche.

Die Glaubwürdigkeit des Gottesdienstes und damit seine öffentliche Bedeutung wird gelegentlich, wenn auch nicht zufällig, am Kriterium seiner personalen Intimität gemessen. Gottesdienst soll Gemeinschaft ermöglichen, in ihm soll sich personale Glaubwürdigkeit verwirklichen, in ihn soll sich der Einzelne einbringen können. Diese Forderung nach Intimität hat gesellschaftliche Voraussetzungen, aber auch gesellschaftliche Folgen. Zu den Letzteren zählt die Verstärkung der Öffentlichkeitsdistanz des Gottesdienstes: Die Grenzen der Eingeweihten, die intim miteinander verbunden sind, die sich kennen und bekennen, sind möglicherweise nicht mehr überschreitbar in Richtung auf den zufälligen »Besucher«. Gleichwohl bleibt das Bedürfnis nach intimen, gemeinschaftstiftenden Gottesdiensten gegeben, darin, wie gesagt, nicht nur theologischen Notwendigkeiten, sondern gesellschaftlichen Trends folgend.

Lösungen liegen nicht in Richtung einer Entscheidung zwischen Alternativen. Werner Jetter hat vom Leben mit zwei Kirchenkonzepten gesprochen, mit dem »großkirchlichen« und dem »gruppengemeinschaftlichen« (234–248). Notwendig sind vermutlich auch zwei Gottesdienstkonzepte oder überhaupt unterschiedliche Gottesdienstkonzepte, der Gottesdienst volkskirchlicher Öffentlichkeit etwa, der Gottesdienst der kleinen, intimen Gruppe der Überzeugten oder auch der Gottesdienst der liturgischen Ästheten, die die Sprache der Tradition wie ihre eigene sprechen. Neu sind diese derartigen Überlegungen nicht, sie sind bereits in den Anfängen der Reformation von Luther formuliert (Cornehl 1985, 58). Die Kompromissnotwendigkeit wurde damals schon angedeutet. Wie immer die Schwerpunkte gesetzt werden, nach wie vor bleibt der öffentliche Gottesdienst eine wesentliche Gestaltungsaufgabe.

Literatur

Steffen ALISCH, Die Gebetswand in der Leipziger Thomaskirche. Eine Möglichkeit zur persönlichen Problemformulierung, zum Gebet und zur öffentlichen Kommunikation: Leipzig im Oktober, hg.v. Wolf-Jürgen Grabner/Christiane Heinze/Detlef Pollack, Berlin 1990, 136–146. – Hannah ARENDT, Vita Activa, Stuttgart 1960. – Edmund ARENS/Helmut HOPING (Hg.), Wie viel Theologie verträgt die Öffentlichkeit?, Freiburg 2000. – Karl-Heinrich BIERITZ, Der Offentlichkeitsanspruch des Gottesdienstes in einer »Nicht-mehr-Volkskirche«: JLH 26 (1982) 67–78. – Paul Frederick BRADSHAW, Art. Gottesdienst IV. Alte Kirche: TRE 14 (1985) 39–42. – Peter CORNEHL, Art. Gottesdienst VIII. Evangelischer Gottesdienst von der Reformation bis zur Gegenwart: TRE 14 (1985) 54–85. – Ders., Öffentlicher Gottesdienst: Gottesdienst und Öffentlichkeit, hg.v. dems./Hans-Eckehard Bahr, Hamburg 1970, 118–196. – Karl-Fritz DAIBER, Predigt als religiöse Rede, München 1991. – Ders./Hans Werner DANNOWSKI/Wolfgang LUKATIS/Klaus MEYER-BRÖKER/Peter /Beate STIERLE, Predigen und Hören 1, München 1980. – Hans Joachim DÖRGER, Kirche in der Öffentlichkeit, Stuttgart/Berlin/Köln/Mainz 1979. – Volker DREHSEN, Art. Öffentlichkeit: WdC (1988) 894–896. – Ders., Das öffentliche Schweigen in christlicher Rede: Homiletisches Lesebuch, hg.v. Albrecht Beutel/Volker Drehsen/Hans Martin Müller, Tübingen 1986, 261–286. – Henning DUNCKELMANN, Lokale Öffentlichkeit, Stuttgart 1975. – William Johnson EVERETT, Gottes Bund und menschliche Öffentlichkeit, München 1991. – Christian EYSELEIN, Segnet Gott, was Menschen schaffen? Kirchliche Einweihungshandlungen im Bereich des öffentlichen Lebens, Stuttgart 1993. – Sebastian FEYDT/Christiane HEINZE/Martin SCHANZ, Die Leipziger Friedensgebete: Leipzig im Oktober, hg.v. Wolf-Jürgen Grabner/Christiane Heinze/Detlef Pollack, Berlin 1990, 123–135. – Christian GRETHLEIN, Abriß der Liturgik, Gütersloh [2]1991. – Jürgen HABERMAS, Strukturwandel der Öffentlichkeit [1962] (stw 891), Frankfurt a.M., 1990. – Lucian HÖLSCHER, Art. Öffentlichkeit: HWP 6 (1984) 1134–1140. – Peter Uwe HOHENDAHL (Hg.), Öffentlichkeit. Geschichte eines kritischen Begriffs, Stuttgart 2000. – Wolfgang HUBER, Kirche und Öffentlichkeit, Stuttgart (1973) [2]1991. – Povl Johannes JENSEN, Die römische Religion: HRG 3 (1975) 219–253. – Werner JETTER, Symbol und Ritual, Göttingen [2]1986. – Manfred JOSUTTIS, Der Weg in das Leben, München [2]1993. – Siegfried VON KORTZFLEISCH, Verkündigung und »öffentliche Meinungsbildung«, Stuttgart 1960. – Ernst LANGE, Chancen des Alltags, München 1984. – Niklas LUHMANN, Die Politik der Gesellschaft, Frankfurt a.M. 2000, Kap. 8: Öffentliche Meinung, 274–318. – Ernst MANHEIM, Aufklärung und öffentliche Meinung, Studien zur Soziologie der Öffentlichkeit im 18. Jahrhundert (1933), Neuausg. hg. und eingel. v. Norbert Schindler, Stuttgart/Bad Cannstatt 1979. – Alfred MÜLLER-ARMACK, Religion und Wirtschaft, Bern/Stuttgart [3]1981. – Oskar NEGT/Alexander KLUGE, Öffentlichkeit und Erfahrungen. Zur Organisationsanalyse von bürgerlicher und proletarischer Öffentlichkeit, Frankfurt a.M. 1972. – POLITISCHES NACHTGEBET in Köln, hg.v. Dorothee Sölle/Fulbert Steffensky, Stuttgart/Mainz 1969. – Detlev POLLACK (Hg.), Die Legitimität der Freiheit. Politisch alternative Gruppen in der DDR unter dem Dach der Kirche, Frankfurt a.M. 1990. – PUBLIZISTISCHER GESAMTPLAN der EKD, hg.v. der Kirchenkanzlei im Auftrag des Rates der EKD, Gütersloh 1979. – Friedrich-Otto SCHARBAU (Hg.), Erneuerung des Gottesdienstes, Hannover 1990. – Friedrich SCHLEIERMACHER, Die praktische Theologie, hg.v. Jacob Frerichs, Berlin 1850. – Wilhelm SCHMIDT-BIGGEMANN, Art. Kult: HWP 4 (1976) 1300–1308. – Gerhard SCHMIDTCHEN, Gottesdienst in einer rationalen Welt, Stuttgart/Freiburg 1973. – Manfred SEITZ/Lutz MOHAUPT (Hg.), Gottesdienst und öffentliche Meinung, Stuttgart/Freiburg 1977. – Richard SENNETT, Verfall und Ende des öffentlichen Lebens. Die Tyrannei der Intimität, Frankfurt a.M. [12]2001. – Hans-Georg SOEFFNER, Zur Soziologie des Symbols und des Rituals: Jürgen Oelkers/Klaus Wegenast (Hg.), Das Symbol, Brücke des Verstehens, Stuttgart/Berlin/Köln 1991, 63–81. – Siegfried STEININGER (Hg.), Neue Halböffentlichkeit (Beitr. zur Sozialforschung NF 2, hg.v. Friedrich Fürstenberg), Bochum 1986. – Hans Erich THOMÉ, Gottesdienst frei Haus? Fernsehübertragungen von Gottesdiensten, Göttingen 1991. – Gerhard WEGNER, Die Kirche feiert Geheimnisse. Der Christus-Pavillon auf der Expo 2000: KuKi 63 (2000) 30–33.

Karl-Fritz Daiber

Gottesdienst und Kultur

Die Frage aus den sechziger Jahren des 20. Jh., ob der liturgische Akt für seinen wirklich aktuellen Vollzug nicht zu sehr historisch eingebunden sei (Guardini 106), hat sich verschärft angesichts der »Verszenung« der Kultur (Gebhardt 28) und »einer akzelerierenden Eventisierung der Festlandschaft« (Knoblauch 33–35).

Die genannte Problematik umfasst alle Bereiche der Gesellschaft und macht es notwendig, Kultur in einem umfassenden Sinn zu begreifen, nicht auf eine bestimmte Epoche oder eine besondere Bildungsschicht einzugrenzen. Diese Universalisierung gleichsam durch Relativierung ist als kritischer und konstruktiver Vorgang bewusst und fortgesetzt zu gestalten; denn er gilt nicht allein für den liturgischen Akt insgesamt, sondern auch für einzelne Elemente seines ästhetischen Ausdrucks, etwa für die Kirchenmusik.

Inzwischen sind nicht nur im Katholizismus – hier durch Anstöße, die die Liturgiereform des Zweiten Vatikanum gegeben hat – Entwicklungen vollzogen worden, die die Orientierung auf vorindustriell-agrarische Umgebung und Schichten stärker ergänzt haben durch Partizipation von mobileren Menschengruppen wie beruflich Besserausgebildeten und Jugendlichen. Diese Entwicklungen bedeuten freilich nicht, dass sich tendenziell ein Resultat festlegen ließe, vielmehr muss gefragt werden: Wird sich diese Bewegung künftig als kulturelle Offenheit für eine im Blick auf die realen Probleme von Individuen und Gruppen, von lokaler und globaler Bedeutung inkarnatorische Liturgie auswirken oder als eine kulturelle Befangenheit in der Rückkehr zu Bekanntem? Auf diesen Hintergrund zielt auch die Anfrage aus reformierter Tradition, inwieweit Marktwirtschaft und gesellschaftspolitische Reaktion Kirche und Gottesdienst beeinflussen. »Dass erlebnisorientierte Ereignisse und insbesondere Verheißungen auf erlebenswerte Ereignisse zweckdienliche Vehikel zur (besseren) Vermarktung von Gütern und Dienstleistungen ebenso wie von religiösen und politischen Heilsversprechen sind, ... ist eine Binsenwahrheit« (Hitzler 407 f.).

Möglicherweise wird eine Art Regionalisierung verstärkt in Erscheinung treten (Meyer 163), bei der auch Aspekte der Verszenung wirksam werden können.

I. Die Notwendigkeit eines umfassenden Kulturverständnisses für die Gottesdienstgestaltung

Wenn Kultus den Ursprung der Kultur schlechthin darstellt, ist die Bemühung um ein breites Verständnis von Kultur nochmals dringlich, um die genannten Begrenzungen zu überwinden. Dabei ist Gottesdienst auch in seiner kulturellen Vielfalt Ausdruck dafür, dass es eine orientierende Mitte gibt und christliches Leben sich nicht im religiösen Selbstverständnis erschöpft.

A. Zum Verständnis von Kultur

Das lateinische Wort *cultura* bedeutet »Ackerbau«. Im Mittelalter wird immer ein spezifischer Genitiv angefügt, wenn es nicht um den Ackerbau geht (z.B. *cultura animi, cultura christianae religionis*). Erst Samuel Pufendorf (1632–1694) verwendet das Wort im neuzeitlichen Sinn, wenn er *status naturae* und *status culturae* des Menschen miteinander vergleicht. Dieser Zustand ist von gesellschaftlicher Ordnung, gemeinsamer Produktion und Gestaltung des Zusammenlebens geprägt (Hünermann 81). So hat Kultur stets mit *paideia* und *humanitas* zu tun. Sie ist der Ausdruck dessen, was der Mensch aus der ihn umgebenden Natur macht, und der Prozess der Rückwirkungen dieser Gestaltungen.

Weil sich derart die Gestaltung des Lebens vollzieht, ist es zu wenig, Kultur als Bemühen des Menschen um Korrektur anthropologischer Mängel zu verstehen, mit der der Mensch diese ausgleicht. Er nimmt in der Kultur seinen Schöpfungsauftrag wahr und bewährt sich als *homo creator*. Kultur ist also das Feld menschlicher Entfaltung, ohne dass Gefährdungen des Menschen und Gefährdungen durch ihn geleugnet zu werden brauchen.

Entfaltung strebt Erfüllung an. Sie erweist sich positiv wie negativ an der Gestaltung der Beziehungen zwischen den Individuen, zwischen diesen und dem Organismus der Gesellschaft. Die in diesem Beziehungsgeflecht entwickelten Bedürfnisse und Werte geben Orientierung und Ziel für die Erfüllung des Lebens mit Sinn. Dieser Vorgang ist voller geschichtlicher Dynamik zwischen Aufbruch und Vergehen kultureller Orientierungen. »Nichts ist augenscheinlich so kulturbedingt und daher so relativ wie der Begriff der Kultur« (Gensichen 117). Das erinnert an die im ökumenischen Studienprozess ausgesprochene Mahnung, sich nicht in immer neuen Kulturtheorien zu erschöpfen, sondern darauf Acht zu geben, wie sich der Zusammenhang zwischen Evangelium und Kultur für das Zeugnis der Kirchen und ihre Gestalt auswirkt; denn Kultur ist integral, indem sie verschiedene Komponenten durch zentrale Wertvorstellungen zusammenhält. Aufgrund ihrer Entwicklungsfähigkeit ist sie dynamisch, was alle am kulturellen Prozess Beteiligten vor Unbeweglichkeit warnen muss, damit sie in den vielfältigsten Formen auch auf ihr Anliegen achten. Kultur ist korporativ, weil sie eine Gemeinschaft zusammenhält.

Integrationskraft, Dynamik und Gemeinschaftswirkung sind unter Offenheit der Kultur zu begreifen: »Die Geschichte der Natur wiederholt sich, denn sie arbeitet mit ein paar Refrains, die sie nicht müde wird zu repetieren. Die Kulturgeschichte wiederholt sich dagegen nie, weil der unfestgelegte Mensch immer neue Melodien zum Vorschein bringt« (Steinbacher 16).

Kultur bedeutet also immer eine Anstrengung, nämlich die Mühe, sich an Wertvorstellungen zu orientieren, sich mit ihnen auseinanderzusetzen, sie zu gestalten. Sie ist nicht einfach ein Gedächtnis verbreiteter Bräuche, das automatisch vererbt werden könnte. Damit ist das im weitesten Sinne ethisch-anthropologische Kulturverständnis angesprochen: Die Kulturwelt als zweite Natur tritt an die Stelle der »Umwelt« des Tieres. Die Humanität des Vorgangs erweist sich darin, dass Individuen und Kollektivitäten sich vom Wohl der Gesamtheit bestimmen lassen. Für die Kulturentfaltung ist demnach die ethische Kulturgestaltung entscheidend.

Ein nichtethisches Kulturverständnis neben dem ethischen einzusetzen, ist die Gefahr eines Denkens, das Kultur als Fortschrittsideal formuliert. Dieses eurozentrische Postulat von Bildung und Humanität rückt in die Nähe eines Verständnisses von »Zivilisation«, das den Anspruch des »zivilisierten« Europa gegenüber der übrigen Welt formuliert, wenn auch grundsätzlich die Differenzen zu diesen stärker technisch begriffenen Phänomenen angesprochen werden.

Das historisch-morphologische Kulturverständnis relativiert das Normative des Fortschritts im Sinne der Dominanz einer bestimmten Kulturvorstellung und beschreibt einzelne Kulturen in ihrer besonderen Gestalt und spezifischen Geschichte. Durch solche Pluriformität wird ein geradlinig verlaufender Fortschrittsprozess in Frage gestellt (Rodi 178–182). Für die Gegenwart ist zu beachten: »Der Eigenwert nationaler Besonderheit, wie ihn schon Herder geschichtsphilosophisch zu begründen versucht hat und damit dem erwachenden Nationalbewusstsein vor allem der osteuropäischen Völker ein wichtiges Stichwort gab, wird nun im Gegenzug gegen die globalen Homogenisierungstendenzen technisch-wirtschaftlicher Erschließung kritisch durch die Beschwörung kultureller Identität aufs neue ausgespielt. Damit ergeben sich auch neue Bezüge zur traditionellen Kulturkritik, vor allem dort, wo diese in der Betonung des ›Eigenen‹ und ›Echten‹ in die Nähe eines faschistischen Erneuerungspathos geriet« (183).

Kultur lässt sich also nicht auf ein Ressort einschränken, sondern muss im Diltheyschen Sinne als die Gesamtheit der gesellschaftlichen Teilsysteme erfasst werden, zu der die organisatorische Verfasstheit der Gesellschaft in vielfältige Beziehungen tritt (184 f.). Danach wäre der Gottesdienst nicht allein Ausdruck kirchlicher Identität, sondern Grenze zur Umwelt.

B. Kultur und Religion

Diese Grundlinien betreffen immer auch Religion und Kirche. Denn auch diese setzen Werte. Letztere sind ebenfalls dem geschichtlichen Verständnis unterworfen; denn auch die religiösen Werte befinden sich innerhalb der Kultur, in der sie sich ausdrücken. Die Lebensart, die die Identität der Völker prägt, umfasst Sprache und Institutionen wie Ehe und Familie, Recht, Wirtschaft und Religion. Insofern steht Religion immer auch innerhalb der Kultur. Sie befindet sich in ihr aber auch als etwas Hinzukommendes, Verkündigtes, im Evangelium Angebotenes. Daraus entsteht eine gesunde Spannung. Verstehen die Kirchen sich aber als Anhängsel der kulturellen Entwicklung ihres Landes, stehen sie neben der Gesellschaft und werden als kulturell entfremdet empfunden.

Es gibt ein generalisierendes Verständnis von Kultur. In diesem Sinne zielt der Dichter Thomas Stearns Eliot auf eine Generalisierung des Begriffs der Kultur, die er »die Gesamtform, in der ein Volk lebt – von der Geburt bis zum Grabe, vom Morgen bis in die Nacht und selbst im Schlaf« nennt (270).

Dabei ergibt sich dann eine große Nähe, ja Vermischung und Identifikation mit der Religion. Für Eliot handelt es sich um zwei Aspekte derselben Sache, sodass er Kultur ihrem eigentlichen Wesen nach die »fleischgewordene Religion eines Volkes« nennen kann (267.272).

Dieser Sicht entspricht ein so umfassendes Verständnis von Religion, dass es schwer ist, Identifikation zu vermeiden. Hier hilft eine Differenzierung, die die Bedeutung der Religion innerhalb der Kultur betrachtet und sie der übrigen Kultur gegenüberstellt.

Diesen Weg ist Paul Tillich mit seiner Kulturtheologie gegangen. Darin bemüht er sich, sowohl die Identifikation wie die Diastase zu vermeiden (1919, 13–31). Tillich beschreibt in der Erfahrung der von ihm empfundenen geistigen Krise nach dem Ersten Weltkrieg, wie sich Religion und Kultur aufeinander zubewegen.

Freilich geht es dabei nicht zuerst um die verkirchlichte Religion. Die eigentlich religiösen Bewegungen vollziehen sich laut Tillich außerhalb des klassisch religiösen Bereichs, wenn sie auch darauf einwirken, aber eben nicht von demselben überwunden werden.

Aus dieser Analyse einer umfassend religiös verstandenen Zeitlage leitet er zwei Konsequenzen ab. Einmal erscheint ihm eine rein kirchlich fixierte Theologie, die der Welt im römisch-katholischen Sinne den Kultus bzw. im altprotestantischen Sinn eine supranaturalistische Dogmatik entgegenstellt, sachlich und historisch seit der Aufklärung unangemessen. Unter diese Konsequenz fällt ebenso die strikte Trennung von Wissenschaft und Religion; denn dadurch verschaffte sich die Theologie zwar einen Freiraum, doch verlor sie auch den Bezug auf die Weltwirklichkeit und wurde damit Opfer des Geistes der bürgerlichen Gesellschaft. Diesen Positionen der Kirchentheologen stellt Tillich als seine positiven Konsequenzen die Haltung des Kulturtheologen gegenüber, dem es um die Auseinandersetzung mit den Anforderungen der Zeit im Lichte des Ewigen geht. Der Kulturtheologe trennt zwischen religiösem Prinzip und religiöser Kultur. Ihm geht es zuerst um das religiöse Prinzip. Dadurch ist er unabhängig von der Last der kirchlichen Tradition.

So gelangt die Theologie aus ihrer Verteidigungshaltung heraus. Ihr Ziel ist es nicht, die Autonomie der Kultur zu bekämpfen, vielmehr will sie die Entleerung der Kultur überwinden. Für dieses Verständnis der theologischen Aufgabe entwickelt Tillich die Unterscheidung von

Form und Gehalt endlicher Phänomene und postuliert die Notwendigkeit der Gestaltung durch den Protestantismus. Form und Gehalt sind die Grundkategorien seiner Kulturtheologie. Form ist für Tillich das Bestimmende eines zu Bestimmenden. Etwas zu sein, bedeutet eine Form zu haben. Also sollten Form und Inhalt nicht gegeneinander ausgespielt werden (1956, 210).

Profanität, Gegenwart, Engagement für die Tiefe der Gegenwart und Unüberbietbarkeit der Gnade beschreiben, was Tillich als »gläubigen Realismus« bezeichnet. Er ist dem wahrhaft Wirklichen verpflichtet, dem Unbedingten und dem anderen Menschen (1929, 64).

Für den Gottesdienst bedeutet das: »Es ist jede Kultform abzulehnen, die neben unserem Alltag, unserer Arbeit, unserer Ruhe, unserem Wohnen und unserem Wandern, unserer Wirtschaft und unserer Politik, unserem Erkennen und unserem Schauen steht. Kein heiliger Bezirk, ›sondern Erschütterung und Wandlung jedes Bezirkes‹«. Jede kultische Gestaltung »darf nur ein Pathos haben, das Pathos der Profanität. Und das ist die Aufhebung jedes falschen Pathos, jenes Pathos, das Flucht vor dem Alltag ist« (1930, 325).

C. Kultur und Evangelium: Synthese, Diastase und Dialog

Tillichs Kulturtheologie war der Versuch, den Zusammenhang von Evangelium und Kultur in eigener Terminologie zu beschreiben. Er fiel unter den Vorwurf, es handle sich um eine Form von Kulturprotestantismus, jener theologischen Tendenz im 19. und 20. Jh., die die Evolution in Geschichte und Wissenschaft im Zusammenhang mit dem Evangelium und umgekehrt zu sehen suchte. Die unterschiedlichen Vertreter zeigen, wie unscharf und polemisch eine solche Pauschalisierung ist. Die Krise nach dem Ersten Weltkrieg hat aber eine simple Gleichsetzung von Fortschritt und Evangelium im Sinne einer sittlichen Vervollkommnung und eines *social gospel* ad absurdum geführt. Die Betonung der Krise und der Diastase, insgesamt also der christlich motivierten Kulturkritik und des religiösen Kulturpessimismus, gab die einleuchtende Antwort nach dem Weltkrieg.

Der Anspruch der Dialektischen Theologie war dabei auch in der Kulturproblematik kein geringerer, als Gott und Kaiser das je Eigene, aber eben nichts anderes zukommen zu lassen (Gogarten 127). Durch den Anspruch des Gotteswortes ist für Barth nach dem Ersten Weltkrieg das Problem Kirche – Kultur gestellt (Barth 364–372).

Alle Fragen erfahren ihre theologische Zuspitzung, indem sie unter das Wort Gottes gestellt werden. Das gilt in dem hier zu erörternden Zusammenhang auch für die Kirche, die nicht allein die Gesellschaft, sondern unter diesem Anspruch auch sich selbst zu beurteilen und zu orientieren hat. Damit ist der Klerikalismus als Bedrohung erkannt, ihm wird mit theologischem Anspruch widerstanden.

Die Dialektische Theologie und ihre unterschiedlichen Rezeptionen sind also auch in den Formen ihrer Kulturkritik historisch von Bedingungen und Zeitvorstellungen zu begreifen.

Sind in der jüngeren Theologiegeschichte die Beziehungen zwischen Evangelium und Kultur vor allem von Synthese bzw. Diastase geprägt gewesen, so wird in der Gegenwart zunehmend der Bedarf an dialogischer Begegnung empfunden.

Die Kommission für Glauben und Kirchenverfassung des Ökumenischen Rates hat aufgrund der korporativen Funktion der Kultur die Förderung der gesellschaftlich integrierenden Kräfte der Kultur durch die Kirchen angemahnt. Eine Kirche, deren Mission oft von einer »Theologie der kulturellen Verdrängung« bestimmt gewesen sei, müsse eine »Theologie des kulturellen Wiederaufbaus« entwickeln. Vor dieser Aufgabe stehen die Kirchen heute. Sie sind in der Moderne zwar weithin nicht Träger des kulturellen Neubaus. Sie verfügen aber über große historische Erfahrungen, haben in der Vergangenheit ihren Beitrag geleistet und kommen de facto nicht umhin, ihn auch heute zu leisten, gewiss nicht in Dominanz, wohl aber im Dialog. In dem breiten Spektrum, das Kultur abdeckt mit den Instrumentarien der Daseinsfürsorge (Medizin und Technik), des Zusammenlebens (Sitte, Moral, Erziehung, Politik und Recht) und der Deutung der Wirklichkeit (Wissenschaft, Kunst, Religion; vgl. Höhn 172), kommen nämlich immer auch religiös relevante Phänomene vor, die das Interesse von Kirche und Theologie an der Kulturfrage verständlich machen. Christliche Menschen sind in allen Bereichen tätig, die sich über ihre Tätigkeit und ihr Denken die Wirklichkeit aneignen und auf diese Weise den kulturellen Prozess beeinflussen.

Wie eine einfache Synthese von Evangelium und Kultur das Evangelium neutralisiert, so ist auch die unvermittelte Diastase keine Lösung; denn Kultur ist eine Qualität des Menschseins, für das sich Theologie von den ersten Seiten der Bibel an zu interessieren hat.

Bemerkenswert ist dabei, dass an die Stelle des Terminus »Kultur« in der protestantischen Theologie allgemein Äquivalente wie »Gesellschaft«, »Welt«, »soziales Leben« und auch »Bildung« getreten sind. Über die »Kulturbedeutung« der Reformation und des Protestantismus ist kaum noch reflektiert worden (Graf/Tanner 204). Erst das Lutherjubiläum 1983 brachte, insbesondere in den Kirchen der DDR, eine Veränderung (Wallmann 193).

Typologisch lässt sich das faktische Verhältnis zwischen Christentum und Kultur mehrfach bestimmen: Es wird der Antagonismus zwischen beiden betont, wie dies generell im Diastase-Konzept erfolgt. In der Gegenposition wird bekanntlich gerade das Wirken des Christenglaubens in der Kultur, also die Übereinstimmung hervorgehoben. Weiter gibt es die christliche Dominanz der Kultur, in der Christus die Kultur wiederherstellt oder vervollkommnet. Hierfür liefert die thomistische Einstellung das Beispiel. Luther hat sein Verhältnis zur Kultur paradox beschrieben: Es bleibt eine Spannung zwischen christlichem Glauben und Welt, die ideale Übereinstimmung ist Bestandteil der christlichen Hoffnung, die die Spannung aufhebt. Schließlich wird in einer letzten Position an der Antithetik zwischen Christentum und Kultur festgehalten, dieses aber in der Weise, dass Christus die Kultur transformiert (Niebuhr 45–229).

Kirchengeschichtlich haben sich diese Modelle vierfach realisiert im lateinischen (das Evangelium in einer nichtchristlichen Kultur), im griechischen (Übernahme einer nichtchristlichen Kultur), im nordeuropäischen (Anpassung an eine nichtchristliche Religiosität) und im monastischen Modell (Teilnahme an einer nichtchristlichen Spiritualität, Gy 8 f.). Meeks empfiehlt, gerade bei Anerkenntnis des originären Inhalts des urchristlichen Gottesdienstes die formalen Unterschiede zu anderen Kulten nicht überzubetonen (Meeks 228, vgl. 295–307).

Weder Christentum noch Kultur sind »chemisch reine Größen«, wie Typologie und historische Praxis (Klaus 1–3.21–23) belegen. Es handelt sich im Grunde stets um den Zusammenprall zweier Kulturen, weil das Christentum immer schon inkulturiertes Christentum ist und die nichtwestlichen Kulturen mit religiösen Traditionen verbunden sind. Der Vorwurf des Synkretismus ist unter diesen Voraussetzungen neu zu bedenken. Brandt sieht einen Sachzusammenhang zwischen Mission, Inkarnation und der Entwicklung von Synkretismus; Religion ist für ihn synkretistischer Ausdruck des Glaubens, der es ermöglicht, das Christentum als Religion zu würdigen (154). Gensichen rät zu vorsichtiger Verwendung des Synkretismusbegriffs (126).

Im Rückblick auf die Typologie der Verhältnisbestimmung ist abschließend zu bemerken: Die neuere ökumenische Diskussion wird vor allem vom vierten und fünften Typus bestimmt. Sie ist von einer Dringlichkeit, die durch die Anforderungen der Christenheit in der Zwei-Drittel-Welt vorangetrieben wird (Bauernfeind 47 f.).

Heute wendet sich die Diskussion gegen den kulturellen Imperialismus auch europäischer und nordamerikanischer Theologie. Die universale christliche Botschaft soll sich darin als umfassend erweisen, dass sie einheimisch wird und am gegebenen Ort wächst, ohne als Gut aus dem Westen und Norden importiert werden zu müssen. Bei diesem Einheimischwerden des

Evangeliums geht es um das Phänomen, das der Lateinamerikaner Pedro Casaldaliga so formuliert hat: »Das universale Wort / spricht nur Dialekt« (Brandt 154). Die Sensibilität für liturgische Erfahrungen aus anderen Kulturen ist auch im Norden und Westen gewachsen (Meyer 148–160).

II. Die Begegnung von Evangelium und Kultur in ihrer Bedeutung für die Gottesdienstpraxis in der Gegenwart

A. Zur Inkulturation des Evangeliums

Für die Begegnung von Evangelium und Kultur und die Debatte darüber sind einige Begriffe leitend geworden. Ursprünglich wurde von Anpassung, Adaption, Indigenisation oder auch Akkulturation gesprochen. Es schien ausreichend, ein bestimmtes Verständnis des Evangeliums mit bestimmten kulturellen Praktiken zu vermitteln. Das geschah mit z.T. von Europäern entworfenen »einheimischen« Theologien. Heute werden Formen der Inkulturation und Kontextualisation diskutiert. Inkulturation bedeutet »Konfrontation der christlichen Glaubensgehalte mit den Wert-, Ausdrucks- und Zeichensystemen einer geschichtlich gewachsenen Kultur und ihrer Weltanschauung meist in einem bestimmten geographisch umschreibbaren Raum« (Furger 180; vgl. Bauernfeind 58–60). Kontextualisierung des Evangeliums meint »Konfrontation mit einer gegebenen gesellschaftlichen, also sozialen, ökonomisch-politischen Situation und ihren ethischen Herausforderungen an die Christen« (Furger ebd.).

In der Praxis werden die Begriffe freilich nicht so präzise getrennt, da Inkulturation und Kontextualisation in Lateinamerika beispielsweise weitgehend zusammenfallen. Außerdem scheint es angebracht, kulturelle und ökonomische Faktoren nicht auseinander zu reißen, wenn man den Entstehungsprozess von Kulturen bedenkt.

Unbestritten ist die Notwendigkeit, das Evangelium mit der Umwelt so zu konfrontieren, dass es in ihr wirklich zum Zuge kommt mit seinen originären Anliegen. Keine Generation verfügt über die biblischen Verheißungen in einem gleichsam neutralen Zustand, der die Botschaft »an sich« ohne irgendwelche kulturellen Zusätze enthalten hätte. Das Gegenüber des Adressaten hat sowohl im Alten als auch im Neuen Testament die Botschaft stets mitgeformt, der Text war stets mit dem Kontext verbunden (Meyer 101 f.). Berücksichtigt man diese Zusammenhänge in angemessener Weise, gewinnt das biblische Wort seine Dynamik für die Gegenwart: »Wir hören Gott aus dem Kontext, in dem sein Wort einst gegeben wurde, zu uns in unserem zeitgenössischen Kontext sprechen und erfahren darin eine Veränderung. Der Vorgang ist als aufwärts verlaufende spiralförmige Bewegung vorzustellen, in der die Schrift stets die normative Mitte bleibt« (Willowbank-Report, zit. nach Gensichen 120).

Es bleibt eine Spannung auszuhalten, die die Diastase ebenso wie die Synthese übersteigt und im Dialog zu gestalten ist. Die Treue zur Tradition gibt allen Bemühungen von Christen das Stigma dieses Ursprungs, der wohl zur Freiheit des Handelns entbindet, doch eben aufgrund dieser bejahten Inpflichtnahme. Die eigene Art der christlichen Überlieferungen führt de facto immer auch zu einer nicht zu überspielenden Fremdheit gegenüber der Eigen-Art von Orientierungen an anderen Traditionen. Kontextualisation ist von größerer Dynamik als eine Identifikation, die etwa das Gespenst einer »*Homeland*-Theologie«, die einer Apartheid dienstbar wäre, heraufbeschwören könnte. Das Profil dieser eigenen Art wird vollends deutlich im Vertrauen auf die eschatologische Erfüllung der Zeiten durch die Basileia Gottes, worauf zu sich der Christ mit seinem »kulturellen Gepäck« (John S. Mbiti) in allem Tun und Lassen bewegt.

Aus dieser Interkulturalität der Theologie ergibt sich die Notwendigkeit eines Austausches zwischen den einzelnen Theologien, sollen sich nicht lauter partikulare Theologien beziehungslos nebeneinander ergehen oder herrschsüchtig gegeneinander auftreten.

Das Wissen um den interkulturellen Charakter der Theologie macht den Zusammenhang zwischen Universalität der christlichen Botschaft und ihrer Konkretisierung am bestimmten Ort deutlich. In der persönlichen Aneignung der jeweiligen Kultur und der Auseinandersetzung darüber in der Institution Kirche erweist sich die Vitalität der Gemeinschaft der Heiligen, die so permanent zur Überwindung der Introversion und zur Selbstüberschreitung geführt wird, wie es der biblischen Geschichte als Quelle der Kirche und auch der Kirchengeschichte entspricht.

Das ökumenische Bewusstsein schließt eine »restaurative Inkulturation« als Relikt eines europäischen Ethnozentrismus zur Wiederherstellung alter Vorherrschaften sachlich aus, weil deren Folgen im Ergebnis von Kolonialisierung und Verwestlichung den Kirchen außerhalb Europas vor Augen stehen. Die autonome Umgestaltung der durch die Missionsgesellschaften bekanntgemachten christlichen Überlieferung bezeichnet Höhn als »performative Inkulturation«. Soweit die Kirchen in Europa und der Zwei-Drittel-Welt sich über diese Vorgänge in einem Austausch befinden, haben wir es mit einer »reziproken Inkulturation« zu tun, in der sich das lateinamerikanische Element der Befreiung, das afrikanische Ringen um kulturelle Identität und dazugehörige Kommunikation, die asiatische Suche nach einer Einheit von Kosmos, Natur und Mensch sowie die historischen und denkerischen Erfahrungen aus den europäischen Kirchen in einem lebenswichtigen Dialog befinden (Höhn 166–178). Dieser Austausch lässt erkennen, wie sich der Schwerpunkt der Christenheit von seinem klassischen Ausgangsgebiet Europa in die anderen Kontinente verlagert.

Eine vorausschauende Inkulturation auf Hoffnung hin stellt die »prospektive Inkulturation« dar: »Prospektive Inkulturation geschieht als transformierende Auflösung bisheriger Modelle der Verkündigung und Kirchenorganisation, als deren Ersetzung durch neue, gemeinsam konzipierte Interpretations- und Handlungsansätze sowie durch Erschließung bisher unbekannter Wirkungs- und Erfahrungsbereiche« (Höhn 179).

Mit »Inkulturation« ist also der sachlich feststellbare Vorgang beschrieben, durch welchen das Evangelium in einer Kultur heimisch wird. Das dürfte als Wechselwirkung angemessen verstanden sein (Meyer 131 f.). Beyerhaus hat stärker den Aspekt einer »Besitzergreifung« (*possessio* in Anlehnung an Barvinck) betont und drei Stadien unterschieden: »Im ersten Stadium bricht Gott in die dämonisch okkupierte Welt der Völker ein und errichtet unter ihnen Brückenköpfe seines Herrschaftsanspruches. ... Im zweiten Stadium werden diese Brückenköpfe in Gestalt junger Gemeinden von Erstlingen zur Operationsbasis für die fortschreitende Rückeroberung des gesamten völkischen und kulturellen Territoriums, welches sie *pars pro toto* repräsentieren« (3). Das dritte Stadium ist eschatologisch: Die Reiche dieser Welt werden ganz dem Herrn und seinem Christus gehören (Apk 11,5). Dabei ist das Augenmerk besonders darauf gerichtet, der Tendenz des Synkretismus zu wehren, welcher als Tendenz oder bewusster Versuch verstanden wird, »die Einzigartigkeit einer bestimmten Religion dadurch zu untergraben, dass ihre Elemente mit denen anderer Glaubenssysteme in eins gesetzt werden« (6).

Entscheidend ist, dass Inkulturation nicht als ein Geschehen verstanden wird, das allein für die Zwei-Drittel-Welt relevant ist (Beyerhaus 47 f.). Das könnte dazu verführen, den Vorgang nur exotisch und oberflächlich zu verstehen. Wie zur Liturgie immer auch Institutionalisierung und Ritual gehören, ist auch im je eigenen Kontext der Einfluss von anderen Kulturen zu vergegenwärtigen. Inkulturation findet also nicht nur auf fernen Kontinenten statt. Für das Miteinander unterschiedlicher nationaler Kulturen ist auch im Gottesdienst einerseits die Begegnung und wechselseitige Befruchtung angemessen. Welche Bereicherung können z.B.

evangelische Gottesdienste erfahren, wenn sich Lateinamerikaner oder Afrikaner mit ihrer eigenen Kultur einbringen können! So kann eine multikulturelle Gesellschaft exemplarisch veranschaulicht und gelebt werden. Aber es wird ebenso ein lebendiges Nebeneinander bewusst kultiviert werden können ohne Verwischungen der ursprünglichen Eigenständigkeit. So wird auch ein »Grundrecht zur Provinzialität« intendiert: »In einer offenen Gesellschaft muss jeder das Recht haben, seine Kultur zu pflegen und für eine andere sich nicht zu interessieren« (Graf 170). Soll diese Position nicht missverstanden und missbraucht werden, ist der vorausgesetzte Kontext einer offenen Gesellschaft unbedingt zu beachten. Nur der »Tanz der Kulturen« (Breidenbach/Zukrigl) bleibt als Alternative zum »Kampf der Kulturen« (Huntington).

B. Von der Selbstbeschränkung der Gottesdienstkultur zu orientierender Offenheit im Dialog

Ein Weltverständnis, das allein die jeweils dominante Kultur zum Maßstab macht, bringt sowohl Probleme im ökumenischen wie im nationalen Kontext. Dem euro-amerikanischen »ökonomistischen Absolutheitsanspruch« ist ein ethisches Denken entgegenzustellen, das dieses im Verbund mit Kultur und Religion sieht, also tradierte Werte als solche respektiert und nicht überspringt. Entsprechend sind das andere Zeitgefühl, die tragende Bedeutung von Familie und Gemeinschaft, z.B. in der afrikanischen Weltanschauung, zu beachten. Diese kulturellen Faktoren müssen gegenüber einem rein wissenschaftlich-technischen und ökonomischen Denken eine gewichtige Rolle erhalten, wenn es zu ethisch akzeptablen Lösungen und zu einer Entwicklung kommen soll, die diesen Namen wirklich verdient.

Damit sind europäische Entwicklungspolitik und Wirtschaftswissenschaft zugleich an die eigene Geschichte in Ethik und Kultur verwiesen; denn auch in ökonomisch hochentwickelten Gesellschaften können deren Probleme nur dadurch gelöst werden, dass die ethischen und kulturellen Dimensionen angemessen berücksichtigt werden.

Die Berücksichtigung der Kultur stellt aber auch ein Problem zwischen Schichten der Bevölkerung innerhalb der eigenen Region dar. Das wird verschärft am Verhältnis von Arbeiterschaft und Kirche deutlich. »Arbeiter eignen sich das Christentum anders an, als es die tragenden Gruppen in der Kirche tun. Sie sehen aber keine Chance, ihr eigenes Verständnis in der Kirche durchzusetzen« (Wegner 1988, 59). Arbeiterschaft und Kirche begegnen sich also wie zwei unterschiedliche Kulturen. Die in ihrem Credo universale Kirche verhält sich in ihrer Praxis vorwiegend mittelständisch. Während der Arbeiter aufgrund seiner an Familie, Produktion und Solidarität orientierten Lebenserfahrung auf greifbare Lösungen in Richtung auf abrechenbare Ziele aus sein muss, wird im kirchlichen Habitus mittelständischer Provenienz »das Muster aufgeschobener Bedürfnisbefriedigung (*deferred gratification pattern* – DGP)« gepflegt (Wegner 1988, 86). Ebenso werden im kirchlichen Habitus Probleme üblicherweise nicht direkt gelöst, sondern in ihrem »Mehr« an Bedeutsamkeit bedacht und durch solche Spiritualisierung der Erfahrungswelt des Arbeiters entnommen. Diesem lebensweltlichen Zusammenhang bleibt ebenfalls fremd, dass in der Kirche Stil mehr bedeutet als Ziel (311). »Ähnliches wird es nur noch im staatlich-repräsentativen Bereich geben« (253).

Diese »alltägliche Distanz« (Wegner) schließt aber die religiöse Kompetenz der Arbeiter ein, wenn sie sich auch nicht in akademischer Theologie und speziell Dogmatik zeigt. »Die Religiosität des Arbeiters kann nicht konstatiert werden, sie muss emphatisch vermutet werden. Insofern ist die ›religiöse Vermutung‹ unabdingbar Bestandteil des kirchlichen Dienstes an der Arbeiterschaft. Negativ bedeutet dies: Sofern die Religion der Kirche ausschließlich kognitive Religion ist, bleibt die Religiosität des Arbeiters eine Religion ohne Kirche« (Winkler 133). Die Arbeiterschaft steht in mancher Beziehung exemplarisch für die Notwendigkeit, dass kirchliche Mitarbeiter bei ihren Angeboten im Namen Gottes zuerst von den Menschen her und nicht von den Interessen der Institution her zu überlegen haben; denn innerhalb der Kirchenmitgliedschaft hat sich ein differenziertes Teilnahmeverhalten herausgebildet. Dieses reicht von einer ständigen Partizipation (sonntäglich bis monatlich) über kirchenjahreszeitlich bis hin zu lebenszyklisch motivierten Teilnahmeweisen. Anstelle einer Haltung des Alles oder Nichts muss die Kirche auf diese differenzierte Praxis entsprechend differenziert eingehen.

Wie schon in der Einleitung bedeutet, bleibt der Gottesdienst theologisch orientierendes Zentrum inmitten aller gesellschaftlichen und innerkirchlichen Differenzierungen.

Wichtig sind in diesem Zusammenhang im Blick auf jahreszyklische Beteiligung die Ausgestaltung der »theologisch gewichtigen, gesamtkirchlich gefeierten und gesellschaftlich geschätzten Kirchenjahresfeste und Festzeiten ebenso wie die neuen lokalen und gemeindeeigenen Feste und Feiern« (Cornehl 1990, 43). Für die lebenszyklische Beteiligung ist die Verbindung zwischen der sonntäglichen Feier sowie dem Lebenszyklus und den Kasualien wichtig. Eine integrative Gottesdienstpraxis wird zwischen den unterschiedlichen Gottesdienstformen und Teilnahmeweisen der Mitglieder durch Übergänge vermitteln.

Hierbei ist zu beachten, dass Formen einer Dialogkultur praktiziert werden. Das bedeutet keinesfalls, fortgesetzt Gespräche zwischen Gottesdienstleitern und Teilnehmenden führen zu müssen. Vielmehr ist damit der Abbau von Herrschaft in der gesamten Gestaltung angesprochen, der innere und äußere Partizipation grundsätzlich einschließt. Das setzt aber ein dialogisches Verhalten der Kirche in der Gesamtgesellschaft voraus und wird sich dann auch in der Offenheit der Gottesdienstkultur zeigen.

Für die Überlegungen zur gesellschaftlichen Dialogkultur gilt, dass sie sich an dem christlichen Ursprung messen lassen wollen und Werte der umgebenden Kultur innerhalb dieses Ursprungsrahmens rezipieren, diese damit zugleich relativieren und vor das Angesicht Gottes stellen (»transzendieren«). Zur Fairness gegenüber den Partnern des Dialogs gehört das Bewusstsein dieses Vorgangs, wie man sich umgekehrt auch klar darüber sein muss, dass damit ebenso auch immer eine Relativierung der eigenen Orientierungen verbunden ist. Diese Relativierung geschieht nur dann nicht, wenn man sich dem Gespräch verweigert. Der Dialog kann sachgemäß nur erfolgen, wenn man sich seines Ursprungs gewiss ist. Theologisch gesprochen: Wer sich seines Glaubens an Jesus Christus gewiss ist, kann die eigenen Absicherungen desselben dem Gespräch aussetzen.

So erweist sich der Gottesdienst schließlich auch als Ausdruck eines kulturellen Lernprozesses, indem er Offenheit für andere praktiziert. Die Begegnung mit dem anderen, mit dem Fremden aus einer fremden Kultur spiegelt dabei auch Distanz und Faszination und korreliert somit in gewisser Weise mit der Transzendenz Gottes.

Mit dem dialogischen Verständnis ist einerseits einer Überschätzung der kulturellen Umwelt gewehrt, andererseits die Formkraft des Evangeliums adäquat gewürdigt.

C. Gottesdienst und Säkularisation

Das Evangelium befindet sich offensichtlich der Sache nach in einem ständigen Prozess der Begegnung mit der Wirklichkeit verschiedener Kulturen. Der Begriff der Säkularisation ist in sich zu vielschichtig, als dass mit ihm das Ende einer solchen Bewegung signalisiert werden könnte. Es ist etwa kurzschlüssig formuliert, mit Säkularisation den Verfall von Religion oder den Vorgang der Identifikation mit der Welt und die Entsakralisierung der Welt bzw. die Transformation religiöser Inhalte in Gesellschaft und Politik zu bezeichnen. Auch verstellt der Blick allein auf Theologie und Kirche den Blick für die Komplexität des Vorgangs. Der Säkularisationsprozess umfasst die gesamte Gesellschaft und ihre immer stärker differierenden Strukturen. Deswegen befassen sich mit diesem Geschehen Soziologen, Theologen, Juristen

(Verfassungsrechtler und Staatsphilosophen) ebenso wie Geschichtsphilosophen, die das genealogische Verhältnis von Neuzeit und Christentum diskutieren, und Kulturphilosophen, die das Thema mit dem Problem der Fähigkeit der westlichen Kultur zum Überleben verbinden (Müller 285–295; von Greyerz 318–324; Rémond 286–289).

Praktisch wird das Christentum in der pluralistischen Gesellschaft weithin als individualisiert und privatisiert festgestellt, wird in ihr aber allgemein um der gesellschaftlichen Nützlichkeit willen akzeptiert (Kaufmann 200–202). Wissenschaft (und Gesellschaft) aber nehmen häufig die Stelle Gottes ein. »Der Gott der Christen ist gesellschaftlich überwältigt worden von der Wissenschaftsgläubigkeit« (203). Angesichts der zu beobachtenden Relativierung dieser Phänomene und der Praxis einer Art von Beliebigkeit in religiösen Fragen wird für die Zukunftsfähigkeit des Christentums von der Soziologie auf die Notwendigkeit hingewiesen, Gemeinschaftsformen explizit christlichen Glaubens zu entwickeln (272 f.). Denn der Wohlfahrtsstaat ist ein bislang weithin effizientes Arrangement, aber keine Heilsanstalt, er muss seine Reformfähigkeit noch beweisen. Das Christentum hat hier eine Aufgabe als Katalysator für eine gerechte Gesellschaft. Offenbar ist, wie gerade Ausländer- und Asylantenfragen zeigen, das Christentum durch andere Sinnsysteme nur schwer zu ersetzen (117–119).

Der in der säkularisierten Gesellschaft lebende Mensch kann den Gottesdienst in seiner Vielschichtigkeit ernstnehmen, wenn ihm angemessene Formen der Partizipation geboten werden (Schmidt-Lauber 33–38). In ihm ist auch in der Gegenwart die Sinnfrage lebendig, was sich gerade auch im Protest gegen erstarrte Formen des Gottesdienstes veranschaulichen kann. Menschlicher Hoffnung auf Kommunikation, Interaktion und Gemeinschaft kann im Gottesdienst über Gruppenanliegen hinaus entsprochen werden. Freilich wird das behindert durch konfessionelle Ausrichtung; denn der säkulare Mensch fragt nach der Kirche in ihrer Ökumenizität. Ohne sich an Gruppeninteressen zu verlieren, haben die Gottesdienstreformen seit den sechziger Jahren den differenzierter gewordenen Vorstellungen zu einem entsprechenden Angebot im Vertrauen auf die biblischen Zusagen verholfen. Politisches Nachtgebet, Feierabendmahl, Gottesdienste für spezielle Gruppen und das EGb mit seiner Wahrung von Erfahrungen, seiner Flexibilität und den Möglichkeiten für die aktive Partizipation der Gemeindeglieder sind Ausdruck dieser Bemühungen (20–22). Dabei stellt das Evangelium Ursache und Maßstab und damit die praktische Konfession dar. Die Kultur ist dabei weder überzubewerten noch zu unterschätzen. »Das Wahrheitsmoment bei dem Insistieren auf Konformität mit der Kultur der Gegenwart liegt darin, dass der Gottesdienst verständlich, mitvollziehbar, einladend und in Sprache und Vorstellungswelt der Menschen von heute gestaltet werden muss« (26). Das wird durch die Festivalisierung der Kulturlandschaft, der damit verbundenen Reproduzierbarkeit und Multiplikation von scheinbar Einmaligem nicht leichter. Kann dabei davon ausgegangen werden, dass die Welt das ist, »was der aufmerksam schauende, unkomplizierte Mensch über sie denkt« (Geertz 282), wenn doch »deutende Beschreibungen« der Lebenswirklichkeit (288) notwendig sind »als Modell *von* etwas« und »als Modell *für* etwas« (92)? Der Gottesdienst jedenfalls kann in der Dialektik zwischen seinem Ursprung in der biblischen Tradition und seiner Antizipation des Künftigen als ein solches Modellpaar interpretiert werden. In Blick auf die voranschreitende Ökonomisierung des Lebens müssen diese Modelle sich markant absetzen von einer Ideologie, die Ware als Religion und Religion als Ware anbietet und die ihre Religiosität statt in Kirchen in den Konsumtempeln der Passagen ausdrückt (Gebhardt 25–27; Hitzler 407–409; Lipp 427–434; Bolz/Bosshart 218). Das hier gestiftete Erlebnis muss um stets neuer Käuflichkeit willen ins Vergessen geraten und den Einzelnen allein lassen. »Wenn leitendes strategisches Motiv der rituell gebildeten Gemeinschaftlichkeit ist, keine dauerhafte Gemeinschaft bilden zu wollen, könnte man auch sagen: Events sind strategische Rituale der kollektiven Einsamkeit« (Knoblauch 49). Das schließt aber gerade Elemente von Spiel, Fest, Geselligkeit und Unterbrechung der Routine ein (Heimbrock 1999, 26–32), ebenso wie es Experimente auch mit der Potenz des Scheiterns erfordert, um die Feier des Ewigen in der Zeit zu verifizieren (Bieritz 1999, 79–81). In dieser Feier des Ewigen bleibt der biblisch orientierte Gottesdienst beheimatet im Kontrast zur Heimatlosigkeit der flüchtigen Events.

Gottesdienst schließt in seiner Orientierung an biblischer Überlieferung eine Auseinandersetzung mit der *Civil Religion* der Republik ein, die sich auf einen gesellschaftlichen Konsens an öffentlicher religiöser Symbolik ausrichtet, einer Symbolik, die dann eben nicht mehr den Religionsgemeinschaften, sondern der Gemeinschaft im Staat zur eigenen Legitimation gehört. Es entspricht der Offenheit einer Gesellschaft, wenn diese Legitimation auch theologisch umstritten bleiben muss (Schieder 301). Indem der Gottesdienst nach dem Grund letztgültiger Verbindlichkeit fragt, ist er eine Ursache und ein Ort dieser Debatte.

D. Symbol und Sprache, Kommunikation und Öffentlichkeit des Gottesdienstes in der säkularen Gesellschaft

Wissenschaftliche Analyse bestimmt zumindest dem Anspruch nach weitgehend zeitgenössisches Leben und Denken. Soziologie und Psychologie haben aber ebenso deutlich gemacht, dass Symbolik und Ritual für den säkularen Menschen von unübersehbarer Bedeutung sind (Schmidt-Lauber 33–35). Das wird nicht zuletzt in der Politik sichtbar. Der Protestantismus gilt zwar als symbol- und kultfeindlich, hat jedoch tatsächlich in einzelnen Epochen unterschiedliche Symbolismen entwickelt (Goldammer 70–77). Das Ritual als darstellendes symbolisches Handeln ist für die Gottesdienste der Kirche auch in der Gegenwart von Gewicht, bewahrt es doch vor abstrakter Intellektualisierung (Jetter 116 f. 134 f.).

Die Sprache des Gottesdienstes hat dem Charakter des Symbolischen Rechnung zu tragen, d.h. das Gegenständliche im Symbol darf nicht den unbedingten Gehalt beherrschen. Das ist nun gerade kein Argument für einen unreflektierten Konservatismus, sondern weist auf die neue Situationen eröffnende Kraft dieser Sprache hin, die. Diese ist auch mit der Persönlichkeit der Sprechenden verbunden: »Indem die religiöse Sprache die Person des Sprechers involviert, geht immer auch unverrechenbar Individuelles in die religiöse Rede ein. Dieses Individuelle, Neue, dem die religiöse Sprache ihre Frische und ihren Reichtum an Bildern, Metaphern, Vergleichen, Aperçus verdankt, ist der Ausdruck der jeweiligen Lebens- und Handlungssituation, in der sich der Sprecher oder die Gruppe, die das religiöse Zeichensystem benutzt, befindet« (Preul 395). In der durch die feministische Theologie geforderten inklusiven Sprache deutet sich eine Offenheit an, wenn die Rechtfertigungsbotschaft der Reformation als Norm für diese Sprache gilt, bzw. wenn es um eine theologisch legitime Relativierung von Metaphern geht, die Gottes Sein und Handeln zu beschreiben suchen (Preul 405 f.). Natürlich ist inklusive Sprache nur ein Aspekt der kulturellen Bedeutung der Frauenbewegung für die Liturgie (Bauernfeind 145 f.).

Der Symbolsprache des Gottesdienstes eignet nicht religiöse Beliebigkeit, sondern »orientierte Offenheit« (Jetter 77), die die biblischen Grundlagen und die zeitgenössischen Fragen gleichermaßen umfasst. Gerade in Hinsicht auf die Wiederentdeckung von Leiblichkeit, Bildern und Symbolen bleibt die Herausforderung für eine protestantische Sprachkompetenz bestehen, die in der »Sprachlichkeit der Schöpfung« (Gerhard Ebeling) wurzelt und »die Unterscheidung zwischen Überredung, Aufklärung und Einflüsterung auf der einen Seite und selbst zugemuteter Überzeugung und Vertrauen auf der anderen Seite« (von Soosten 18) ermöglicht.

Religiöse Sprache und die künstlerischen Symbole im Kirchenraum befinden sich im Gottesdienstgeschehen im Prozess der Interaktion. Diese bleibt angewiesen auf Symbole als komplexe Bedeutungseinheiten. Insofern ist mit Petkewitz kritisch zu fragen, inwieweit der kirchliche Einsatz von neuen Informations- und Kommunikationstechniken diesem symbolischen Geschehen angemessen ist: »Erlaubt eine in großen Teilen des gesellschaftlichen Alltags dominierende digital-elektronisch vermittelte Kommunikation noch das Erlernen und Bewahren signifikanter Symbole?« (105). Nun ist der protestantische Gottesdienst ohnehin vom »Übergewicht digitaler Kommunikationsanstrengungen« geprägt (Jetter 170), sodass ein Terrain, das im Bereich personaler Kommunikation verlorengegangen ist, schwerlich durch die Massenmedien zurückzugewinnen ist. Bemühungen im Gottesdienst selbst dürften unter diesem Aspekt bedeutsamer sein als die zunehmenden Übertragungen von Gottesdiensten im Fernsehen (Thomé 271–280). Nicht übersehen werden darf jedoch, dass die fortschreitende Technologisierung der Kultur auch den kommunikativen Horizont sowie das ästhetische Empfindungs- und Gestaltungsvermögen erweitert (Ebenbauer 131f.). Jugendliche, die mit der virtuellen Wirklichkeit der Computer umgehen, erleben die Symbolik von Visionen weniger aus Texten, sondern über den elektronisch vermittelten optischen Modus (Heimbrock 1998, 247–249). Freilich herrscht die Gefahr zu vereinsamen, »wo menschliche Erfahrungen und Sehnsüchte in der virtuellen Mobilität zu medialen Reproduktionen bzw. simulativen Entgrenzungen der primären Wirklichkeit werden« (Tebarz-van Elst 204 f.).

Das wachsende Interesse an einer angemessenen und authentischen personalen Kommunikation im Gottesdienst entspricht geradezu einem Kulturbruch, der die Bedeutung von Dogma und Einstellung dazu zurücktreten lässt. Die Hoffnung der Gottesdienstteilnehmer geht dahin, dass die Inhalte des Gottesdienstes auch auf der Beziehungsebene anschaulich werden. Wie die Reformation aus der Zuversicht entstand, dass der Respekt vor Dogmen allein nicht genüge, sondern die Artikulation des Glaubens entscheidend sei, kann reformatorisches Christentum die Betonung der Ebene personaler Kommunikation als Ausdruck lebendigen Glaubens bejahen (Bieritz 1985, 102 f.). In der Liturgie kann dies in Zuwendung geschehen, die sich in persönlicher Absolution mit Handauflegung ebenso ausdrückt wie in Segnungen bei der Erneuerung des Taufversprechens oder Ordinationsgelübdes, wobei das Gottesvolk in der Liturgie aktiv werden kann. Ziel ist es, trotz aller Reproduzierbarkeit der Kultur samt »Komfortschritt« (Schmidtbauer 29), Leben im Horizont des Ewigen zu vergegenwärtigen, die Kraft zu verweilen, zu veranschaulichen, feierlich zu pausieren, Ansprüche aneinander und an die Lebensvollzüge zu verlangsamen und zu entschleunigen, wessen unsere Gesellschaft dringend bedarf (Reheis 140–168), um den »rasenden Stillstand« (Virilio 126–153) durch diese Alternative ernstzunehmen und zu relativieren.

Zur Gottesdienstkultur gehört auch die Öffentlichkeit der Liturgie (Volp 44 f.). Gravierend ist »das Dilemma der unbewältigten Öffentlichkeit der christlichen Gottesdienste: Auf der einen Seite ein wenn auch äußerst kritisches Interesse an den Themen der Verkündigung und ihrer weltlichen Realisierung, das an den Gottesdiensten, wie sie kirchliche Normalordnung sind, abprallt und von ihnen ängstlich ferngehalten wird. Auf der anderen Seite die Bemühungen, von innen her zu reformieren und in den ›Gottesdiensten in neuer Form‹ Öffentlichkeit zu erreichen, Bemühungen, die jedoch zum Scheitern verurteilt sind, wenn der intendierte Öffentlichkeitsbezug selbst nicht inhaltlich reflektiert wird« (Cornehl 1970, 121). Liturgische Beispiele aus dem konziliaren Prozess für Gerechtigkeit, Frieden und Bewahrung der Schöpfung zeigen Kontinuität und Ausdauer in dem Bemühen, für die Öffentlichkeit relevante Themen im Gottesdienst zur Sprache zu bringen. Das Bewusstsein dafür ist praktisch kirchlich-offiziell. Aber diese Einsichten bedürfen immer neuer Konkretion. Vorausgesetzt ist die Einsicht, dass Gottesdienst auch über eine politische Dimension verfügt (vgl. Kirchenamt 1995; Ziemer 181–183; Meyer 100–102), neben transzendenter und therapeutischer Symbole eben auch politischer bedarf (Bauernfeind 156).

Das genannte Dilemma ist zum Kairos des Herbstes 1989 im Osten Deutschlands für eine bestimmte Zeit schöpferisch aufgelöst worden (Ziemer 190–194).

Die Ereignisse haben gezeigt, dass im Gottesdienst auch eine Gegenkultur zu dominierenden politischen Werten formuliert und dargestellt werden kann. Angesichts der Kluft zwischen Mächtigen und ihren Entscheidungen sowie den Betroffenen auch in demokratischen Gesellschaften (Luhmann 111–134) wird die Gesellschaft aufklärerisch mit dem Begriff des Risikos definiert. Bedeutet die Ästhetisierung von Alltagsleben durch innenorientierte Lebensgestaltung (Schulze 34–54) ein Ausweichen vor dieser Problematik in kalkulierbare Erlebniswelten mit entsprechenden Auswirkungen auf die Kultur des Gottesdienstes?

Auch die Humanwissenschaften suchen nach Gegenmächten für die zerstörerischen Kräfte in der Gesellschaft. Die Kirche lädt ein zum Fest des Mutes und der Befreiung, damit in der Liturgie »der notwendige Widerstand gegen überlebte Tradition und christlich nicht verantwortbare gesellschaftliche und private Praxis gewagt und eingeübt wird«. In der Begegnung mit der Kultur der Umwelt werden im Gottesdienst »Modelle der erforderlichen Umkehr und Veränderung entwickelt, durchgespielt und verifiziert« (Hahne 373 f.).

Literatur

Karl BARTH, Die Kirche und die Kultur: ders., Die Theologie und die Kirche, München 1928, 364–391. – J. H. BARVINCK, An Introduction into the Science of Mission, Philadelphia 1961. – Hans BAUERNFEIND, Inkulturation der Liturgie in unsere Gesellschaft. Eine Kriteriensuche – aufgezeichnet an den Zeitzeichen Kirche heute, Esoterik/New Age und modernes Menschsein (STPS 34), Würzburg 1998. – Hartmut BECKS, Der Gottesdienst in der Erlebnisgesellschaft. Zur Bedeutung der kultursoziologischen Untersuchung Gerhard Schulzes für Theorie und Praxis des Gottesdienstes, Diss. Bonn 1996. – Peter BEYERHAUS, Das Einheimischwerden des Evangeliums und die Gefahr des Synkretismus, IDEA.D 5/1989, 3–13. – Karl-Heinrich BIERITZ, Dass das Wort im Schwange gehe. Reformatorischer Gottesdienst als Überlieferungs- und Zeichenprozeß: JLH 29 (1985) 90–104. – Ders., In Techno Deo Gloria. Christlicher Gottesdienst vor den Herausforderungen zeitgenössischer Kultur: Benedikt Kranemann u.a. (Hg.), Heute Gott feiern. Liturgiefähigkeit des Menschen und Menschenfähigkeit der Liturgie, Freiburg/Br. 1999, 57–85. – Hermann BRANDT, Kontextuelle Theologie als Synkretismus? Der »neue Synkretismus« der Befreiungstheologie und der Synkretismusverdacht gegenüber der Ökumene: ÖR 35 (1986) 144–159. – Joana BREIDENBACH/Ina ZUKRIGL, Tanz der Kulturen. Kulturelle Identität in einer globalisierten Welt, München 1998. – Frank-Thomas BRINKMANN, Comics und Religion. Das Medium der »Neuen Kunst« in der gegenwärtigen Deutungskultur. PTHe 44 (1999). – Peter CORNEHL, Öffentlicher Gottesdienst. Zum Strukturwandel der Liturgie: Ders./Hans-Eckehard BAHR, Gottesdienst und Öffentlichkeit. Zur Theorie und Didaktik neuer Kommunikation, Hamburg 1970, 118–196. – Ders., Teilnahme am Gottesdienst. Zur Logik des Kirchgangs – Befund und Konsequenzen: Kirchenmitgliedschaft im Wandel, hg.v. Joachim Matthes, Gütersloh 1990, 15–53. – Peter EBENBAUER, Rituelle Wirklichkeitsordnung im Cyberspace-Zeitalter: Christian Wessely/Gerhard Larcher (Hg.), Ritus – Kult – Virtualität (Theologie im kulturellen Dialog 5), Regensburg/Graz/Wien 2000, 123–133. – Thomas Stearns ELIOT, Beiträge zum Begriff der Kultur: ders., Ausgewählte Aufsätze, Vorträge und Essays, Berlin 1982, 258–273. – Gotthardt FEMOR, Ekstasis. Das religiöse Erbe in der Popmusik als Herausforderung an die Kirche: PTHe 46 (1999). – Franz FURGER, Inkulturation – eine Herausforderung an die Moraltheologie: NZM 40 (1984) 177–193. – Winfried GEBHARDT, Feste, Feiern und Events. Zur Soziologie des Außergewöhnlichen: Winfried Gebhardt, Ronald Hitzler, Michaela Pfadenhauer (Hg.), Events. Soziologie des Außergewöhnlichen. Erlebniswelten 2, Opladen 2000, 17–31. – Clifford GEERTZ, Dichte Beschreibung. Beiträge zum Verstehen kultureller Systeme, Frankfurt a.M. 1999. – Hans-Werner GENSICHEN, Mission und Kultur, München 1985. – Friedrich GOGARTEN, Kultur und Religion: ders., Illusionen. Eine Auseinandersetzung mit dem Kulturidealismus, Jena 1926, 101–127. – Kurt GOLDAMMER, Kultsymbolik des Protestantismus, Stuttgart 1960. – Friedrich-Wilhelm GRAF, Das Grundrecht auf Provinzialität. Interkulturelle Theologie und die multikulturelle Lage: LM 30 (1991) 170–172. – Ders./Klaus TANNER, Art. Kultur II.: TRE 19 (1990) 187–709. – Kaspar von GREYERZ, Religion und Kultur. Europa 1500–1800, Göttingen 2000. – Romano GUARDINI, Der Kultakt und die gegenwärtige Aufgabe der liturgischen Bildung. Ein Brief: LJ 14 (1964) 101–106. – Pierre Marie GY, The Inculturation of the Christian Liturgy in the West: StLi 20 (1990) 8–18. – Werner HAHNE, De arte celebrandi oder Von der Kunst, Gottesdienst zu feiern. Entwurf einer Fundamentalliturgik, Freiburg/u.a. 1991. – Hans-Günther HEIMBROCK, Gelebte Religion wahrnehmen. Lebenswelt – Alltagskultur – Religionspraxis, Stuttgart/Berlin/Köln 1998, 177–199. – Ders., Gottesdienst in der Unterhaltungsgesellschaft: Wolfgang Ratzmann (Hg.), Der Kirchentag und seine Liturgien. Auf der Suche nach dem Gottesdienst von morgen, Beiträge zu Liturgie und Spiritualität 4, Leipzig 1999, 11–32. – Hans-Joachim HÖHN, Kirche und kommunikatives Handeln, Frankfurt a.M, 1985. – Ronald HITZLER, »Ein bißchen Spaß muss sein!« – Zur Konstruktion kultureller Erlebniswelten: Winfried Gebhardt/u.a. (Hg.), a.a.O., 401–412. – Samuel P. HUNTINGTON, Kampf der Kulturen. Die Neugestaltung der Weltpolitik im 21. Jahrhundert, München/Wien 1996. – Peter HÜNERMANN, Evangelisierung und Kultur: ThQ 166 (1986) 81–91. – Werner JETTER, Symbol und Ritual, Göttingen [2]1986. – Franz-Xaver KAUFMANN, Religion und Modernität, Tübingen 1989. – KIRCHENAMT DER EKD, Der Gottesdienst in der politischen Welt, Hannover 1995. – Dass./Helmut DONNER (Hg.), Kirche und Kultur in der Gegenwart, Frankfurt a.M. 1996. – Dass./Geschäftsstelle der VEF (Hg.), Gestaltung und Kritik. Zum Verständnis von Protestantismus und Kultur im neuen Jahrhundert, EKD.T 64 (1999) – Bernhard KLAUS, Antikes Erbe und christlicher Gottesdienst. Eine kulturgeschichtliche Spurensuche, Stuttgart 1998. – Thomas KLIE (Hg.), Der Religion Raum geben. Kirchenpädagogik und religiöses Lernen. Grundlegungen 3, Münster 1998. – Hubert KNOBLAUCH, Das strategische Ritual der kollektiven Einsamkeit. Zur Begrifflichkeit und Theorie des Events: Winfried Gebhardt/u.a. (Hg.), a.a.O., 33–50. – Wolfgang LIPP, Event Ware: Winfried Gebhardt u.a. (Hg.), a.a.O., 413–438. – Niklas LUHMANN, Soziologie des Risikos, Berlin/New York 1991. – Wayne A. MEEKS, Urchristentum und Stadtkultur. Die soziale Welt der paulinischen Gemeinden (engl. 1983), Gütersloh 1993. – Hans Bernhard MEYER, Zur Theologie und Spiritualität des christlichen Gottesdienstes. Ausgewählte Aufsätze, hg.v. Reinhard Meßner/Wolfgang G. Schöpf (Liturgica Oenipontana 1), Münster 2000. – Alois MÜLLER, Religion, Kultur und Ethik unter Säkularisierungsbedingungen: Diskurs und Dezision. Politische Vernunft in der wissenschaftlich-technischen Zivilisation. Hermann Lübbe in der Diskussion, hg.v. Georg Kohler/ Heinz Kleger, Wien 1990, 285–313. – H. Richard NIEBUHR, Christ and Culture (1951), New York/u.a. 1975. – Wolfgang R. PETKEWITZ, Verkündigung in der Mediengesellschaft. Neue Informations- und Kommunikationstechniken in der kirchlichen Praxis, Gütersloh 1991. – Faith POPCORN/ Lys MANIGOLD, »Clicking«. Der neue Popcorn-Report. Trends für unsere Zukunft, München 1996. – Reiner PREUL, Gottesdienst und religiöse Sprache: ZThK 88 (1991) 388–406. – Fritz REHEIS, Die Kreativität der Langsamkeit. Neuer Wohlstand durch Entschleunigung, Darmstadt [2]1998. – René RÉMOND, Religion und Gesellschaft in Europa. Von 1789 bis zur Gegenwart, München 2000. – George RITZER, Die McDonaldisierung der Gesellschaft, Frankfurt a.M. 1995. – Frithjof RODI, Art. Kultur I: TRE 20 (1990), 177–187. – Rolf SCHIEDER, Civil Religion. Die religiöse Dimension der politischen Kultur, Gütersloh 1987. – Wolfgang SCHMIDBAUER, Jetzt haben, später bezahlen. Die seelischen Folgen der Konsumgesellschaft, Reinbek 1995. – Hans-Christoph SCHMIDT-LAUBER, Die Zukunft des Gottesdienstes. Von der Notwendigkeit lebendiger Liturgie, Stuttgart 1990. – Gerhard SCHULZE, Die Erlebnisgesellschaft. Kultursoziologie der Gegenwart, Frankfurt a.M./New York [8]2000. – Aylward SHORTER, Towards a Theology of Inculturation, Maryknoll 1988. – Joachim von SOOSTEN, Mit einer hölzern Wurzel. Übergangsepoche Reformation: Abschied von der Verehrung der Substanz, hin zum befreienden Gespräch mit sich und anderen: DAS Nr. 41, 13. 10.2000, 18 f. – Franz STEINBACHER, Kultur. Begriff – Theorie – Funktion, Stuttgart/u.a. 1976. – Franz-Peter TEBARTZ-VAN ELST, Gemeinde in mobiler Gesellschaft. Kontexte – Kriterien – Konkretionen 38. Studien zur Theologie und Praxis der Seelsorge, Würzburg 1999. – Hans Erich THOMÉ, Gottesdienst frei Haus? Fernsehübertragungen von Gottesdiensten, Göttingen 1991. – Paul TILLICH, Über die Idee einer Theologie der Kultur (1919), GW 9, 13–31. – Ders., Protestantische Gestaltung (1929), GW 7, 54–69. – Ders., Kult und Form (1930), GW 9, 324–327. – Ders., Systematische Theologie I, Stuttgart [3]1956. – Paul VIRILIO, Rasender Stillstand. Essay, Frankfurt a.M. 1997. – Rainer VOLP, Liturgik. Die Kunst, Gott zu feiern, I Einführung und Geschichte, Gütersloh 1992. – Johannes WALLMANN, Luther und die Kultur: LuJ 52 (1985) 190–196. – Gerhard WEGNER, Alltägliche Distanz. Zum Verhältnis von Arbeitern und Kirche, Hannover 1988. – Tilman WINKLER, Die religiöse Kompetenz der Arbeiter und der Seelsorgeauftrag der Kirche: Joachim Günther/Gerhard Wegner, Gottes Sache im Betrieb. Ein Jahr als Pastor auf Schichtdienst, Hannover 1988, 124–134. – Jürgen ZIEMER, Gottesdienst und Politik – Zur Liturgie der Friedensgebete: Reinhold Morath/Wolfgang Ratzmann (Hg.), Herausforderung: Gottesdienst. Beiträge zu Liturgie und Spiritualität 1, Leipzig 1997, 181–199.

Jens Langer

Gottesdienst und Frömmigkeit

Es gibt Themen, die genau genommen noch keine Themen sind. Sie sind zwar da, es wird auch über sie gesprochen und geschrieben; aber sie sind erst auf dem Weg, zu einem Thema zu werden. Das Bemühen, das Verhältnis von Gottesdienst und Frömmigkeit zu erfassen, ist zwar seit dem ersten Erscheinen dieses Handbuchs auf diesem Weg weitergegangen, aber es ist immer noch nicht ganz klar, was da herausgearbeitet, erfragt, bewahrt oder verändert werden soll. Die Quaestio, die unentschiedene Frage, das Problem muss erst noch formuliert werden.

I. Die Quaestio

Die Quaestio – oder was soll erfragt werden? – Das Thema war vorhanden. Nicht erst seit der Begriff »Frömmigkeit« verblasste und »Spiritualität« dafür erschien, wird über das Verhältnis von Gottesdienst und Frömmigkeit nachgedacht. Der bevorzugte Ort dafür waren die katholischen Lehrbücher der Aszetik, d.h. die wissenschaftlichen Anleitungen, dem Glauben an Jesus Christus in der Gemeinschaft der Kirche eine entsprechende Gestalt zu geben. In ihnen wird davon gesprochen, dass der »liturgischen Frömmigkeit« als der »gemeinschaftlichen Religionsübung« ein Vorrang einzuräumen sei, dass sie »durch die ... Liturgie das gesamte Leben« erfasse, das »durch den Wert und die Würde seines Mittelpunktes (des heiligen Opfers) ... mit einer hohen Gedankenwelt« und mit »starken Beweggründen zur Tat und zum Opfer« erfüllt werde (Zimmermann/Haggeney 180). Neuere Darstellungen gleichen Charakters bezeichnen die Messe als »Mittelpunkt des kirchlichen Lebens«, so gewiss sie auch »der Mittelpunkt meines religiösen Lebens« sein kann und verstehen die »eucharistische Frömmigkeit« als »Teilnahme am Aufbau des Mystischen Leibes«; sie empfehlen »die Liebe unter den Christen und die Ausstrahlung dieser Liebe über den Bereich der Getauften hinaus zum ausgesprochenen Ziel ihres geistlichen Lebens (zu) machen« (Thils 138 f. 161; ähnlich Bouyer 106: »Die Messe, Mittelpunkt des sakramentalen Lebens«).

Direkt behandelt und in ein Verhältnis zueinander gesetzt finden wir »Gottesdienst und Frömmigkeit« in Studien, die am kultur- und frömmigkeitsgeschichtlich bedingten Gestaltwandel der Liturgie interessiert sind. Ihnen ist wichtig, dass z.B. das gemeinsame Sprechen des Glaubensbekenntnisses erst im Kirchenkampf während des Dritten Reiches erreicht wurde oder dass die personale Aneignung des Heils der Einbettung in das »Wir« der Gemeinde bedarf: »Die Übersetzung von pietas-pius mit ›Frömmigkeit-fromm‹ ist nach dem üblichen Sprachgebrauch insofern mangelhaft, als sie nicht ebenso klar, sicher und notwendig wie die Innerlichkeit und existentielle Wahrhaftigkeit das unabtrennbare und notwendige Äußere der liturgischen pietas in sich begreift und ausdrückt ... Die liturgischen Begriffe pietas-pius drücken, insoweit sie auf Gott bezogen sind, immer eine Einheit von Gesinnung und Handeln aus. Die pietas der älteren liturgischen Texte ist darum nicht nur innere Frommheit, sondern betätigt sich auch nach außen in kultischen Akten« (Dürig 220). Ihnen zufolge ist pietas liturgica immer eine Einheit von inwendigem Glauben, liturgischem Feiern und fürsorglichem Tun.

Im Entstehen begriffen ist eine andere, mit dem Aufkommen von »Spiritualität« einhergehende Literaturgruppe. Sie behandelt in manchen Fällen »Frömmigkeit und Gottesdienst« generalisierend, d.h. die Vielzahl der liturgischen Formen und Elemente lediglich referierend. Sie zählt z.B. auf, dass liturgische Spiritualität trinitarisch, kirchlich, gemeinschaftsbildend, symbolisch, sakral, verbal usw. sei, oder stellt fest, »Der Gottesdienst verlangt die fromme Beteiligung aller, die daran teilnehmen. Grundformen gottesdienstlicher Frömmigkeit sind innere Sammlung und Meditation, eindringliches Hören, Anbetung, gläubiger Empfang der Sakramente, Einstimmen in das Gotteslob« (Degenhardt/Lettmann/Linnemann 13). Sie werden hier dem Gottesdienst hinzuaddiert, und es folgen lange, z.T. ermüdende Bestandsaufnahmen und -beschreibungen katholischer und evangelischer Gottesdienste. Ihre Absicht besteht darin, »die traditionelle Isolierung vom Leben in der Profanität zu überwinden, ... verschiedene Aspekte moderner Christlichkeit wie Säkularisation und Glaubensprobleme neu zu integrieren« oder sogar – was sind das für große Worte, die die abnehmende Bedeutung der Kirche in der modernen Welt verkennen! –Anleitung zu geben, »wie der Christ in der säkularisierten Welt an der Verwandlung der Gesellschaft mitwirken soll« (Lang 1204).

Stellvertretend für frühere Untersuchungen zu unserem Thema sei in diesem Zusammenhang an »Die Geschichte der Abendmahlsfrömmigkeit in Zeugnissen und Berichten« von Hans Preuß erinnert. Ihre Erkundigungen lauten: Was ging prägend von der Abendmahlsfeier aus und welche Formen der Beziehung rief sie hervor? nicht aber: Wie wirkte die Abendmahlsfrömmigkeit wieder auf die Gestaltung der Feier zurück? Doch wird gerade diese Frage unerlässlich für unser Thema sein. Sie muss es umso mehr sein, als volkskirchliche »Einstellungen und Verhaltensweisen, denen man den Ehrentitel ›Frömmigkeit‹ nicht vorenthalten sollte« (Cornehl 239), herandrängen und im Gottesdienst Aufnahme und Ausdruck finden wollen.

Wir nähern uns der Quaestio bzw. dem, was erfragt werden soll. Wir lassen uns von dem zuletzt genannten Beispiel der Abendmahlsfrömmigkeit im alten evangelischen Sinn leiten. Es gab eine vom Abendmahl ausgehende Frömmigkeit; sie stärkte das Bewusstsein des Christen, Sünder vor Gott zu sein, der Vergebung zu bedürfen, sie in Wort und Sakrament auch zu empfangen, und empfahl die Einzelbeichte neben der mit der Abendmahlsfeier verbundenen allgemeinen Beichte. Es gab eine auf das Abendmahl bezogene Frömmigkeit; man ging selten, des Wortes vom unwürdigen Empfang (I Kor 11,27 f.) gedenkend, hatte »Communion-Bücher« und bereitete sich vor durch »Fasten und leiblich sich bereiten« (Martin Luther, KlKat; vgl. Löhe, Kapff, Delitzsch). Und es gab eine das Abendmahl gestaltende Frömmigkeit; sie schuf die großen Gesänge, wie z.B. »Schmücke dich, o liebe Seele« von Johann Franck (1649, EG 218), sie bevorzugte das Knien beim Empfang, die Mund-Kommunion als den sichtbarsten Ausdruck der gerechtfertigten Kindschaft vor Gott und führte vor allem in den Landgemeinden zu einem würdevollen, wenn auch von uns Heutigen nicht mehr als theologisch angemessen empfundenen Ernst der Abendmahlsfeier. Die Frage nach liturgischer Spiritualität lautete dann: Was geht spirituell von unseren Gottesdiensten aus? Was ist in unserem Alltag davon inbegriffen? Was wirkt als gestaltender Faktor wieder auf sie ein? Ist das also liturgische Spiritualität: eine von der Liturgie ausstrahlende, den Lebensvollzug als auf sie bezogen prägende und auf sie belebend oder hemmend wieder zurückfließende Frömmigkeit?

Das wäre die Quaestio! Ist das sicher? In einem Gottesdienst zur Eröffnung einer Tagung der Bayerischen Landessynode wurde das Abendmahl in der Form der im Fränkischen verbreiteten »Wandelkommunion« gefeiert, d.h. die Hostie wird auf der Brotseite und – nach einem Gang um die Rückseite des Altars – der Wein auf der Kelchseite empfangen. Die leitenden Liturgen sahen die κοινωνία, die Anteilhabe am Geheimnis des Heiligen Abendmahls durch die Gemeinschaft des Hörens, Betens, Essens, Trinkens und Gesendetwerdens gegeben. Sie fanden sich aber bald darauf heftigen Angriffen ausgesetzt. Die Fachschaft der Theologischen Fakultät Erlangen schrieb: »Diese Form ist ungeeignet, den Freuden- und Gemeinschaftscharakter des Abendmahls auszudrücken, also das, worin wir die unauflösliche Würde des Abendmahls sehen« (persönliche Aufzeichnung); das gewährleiste nur das gruppenweise Herantreten. Drängt hier der Frömmigkeitswandel – von der Betonung der Sündenvergebung zur Bevorzugung des Gemeinschaftselements – herein und setzt die Symbolik absolut? Denken die Theologen, denkt die Gemeinde »schleiermacherisch«: der Gottesdienst diene zur Darstellung und näheren Bestimmung unserer »Affection« und sei die »mittheilende und erregende Gemeinschaft mit Andern«? (Schleiermacher 315). Dann hätten wir hinter dem scheinbar so harmlosen Thema »Gottesdienst und Frömmigkeit« ein heftiges Problem: der erstrebte oder praktizierte oder erhoffte Lebensstil als gestaltende Kraft der Liturgie.

II. Die Liturgie

Die Liturgie – oder »Die Furcht des Herrn ist der rechte Gottesdienst« (Sir 1,17). – Wir versuchen eine kurze Verständigung über Liturgie. Der Wortgruppe λειτουργέω κτλ. nach (griech.: im Staatsdienst stehen; ntl.: gottesdienstlich dienen) haben wir es im weitesten Sinn mit der Tätigkeit und dem Leben der von Gott Abhängigen zu tun. Paulus bezeichnet sich Röm 15,16 als λειτουργός »Diener Christi Jesu unter den Heiden«. Er versteht sich so: Er ist es »kraft der Gnade, die mir von Gott gegeben ist« (V. 15); er ist es, um dem Evangelium zum Durchbruch unter den nichtjüdischen Völkern zu verhelfen; er ist es – und darauf liegt der Akzent – in solcher Abhängigkeit von Gott, dass er nichts reden will und kann, »das Christus nicht durch mich gewirkt hat« (V. 18). Wir begegnen bei ihm zugleich dem Gedanken vom Leben und Sterben des Christen als einer Liturgie zur Verherrlichung Christi (μεγαλυνθήσεται) an seinem Leib (Phil 1,20). Auf die gottesdienstliche Zusammenkunft übertragen hieße das idealtypisch: Hier handelt ein Abhängiger, der in gänzlichem Sichverlassen auf Gott geistgewirkt lebt, lehrt und spricht. »Liturgie« bedeutet dann (1) im weitesten Sinn die Tätigkeit und das Leben der von Gott Abhängigen, (2) im engeren Sinn das, was sie in unmittelbarer Bezogenheit auf Gott tun bzw. an sich geschehen lassen, (3) im speziellen Sinn gottesdienstlich dienen und endlich (4) die Gesamtbezeichnung des Gottesdienstes in allen seinen Teilen.

An zentraler Stelle der Liturgie und damit hinter allem liturgischen Handeln steht: »Das tut zu meinem Gedächtnis« (Luk 22,19). Etwas Menschliches wird angesprochen: das Gedächtnis, die Fähigkeit, etwas Erlebtes oder Gelerntes aufzubewahren, es – obgleich vergangen – wiederholend zu erinnern, zu vergegenwärtigen und durch Festhalten aus dem Heute hinüberzutragen ins Morgen. Das ist zugleich das Wesen der Dankbarkeit (εὐχαριστία) – mit dem Doppelantlitz, auch das erlittene Böse so zu behandeln oder es nicht zu tun, es festzuhalten oder loszulassen; das wäre dann Verzeihen. Der das Abendmahl stiftende Herr wollte mit dieser Aufforderung die Jünger als Teilnehmer und Zeugen dieser außergewöhnlichen Handlung bewegen, die geschöpfliche Fähigkeit des Gedächtnisses dazu zu verwenden, das als vergangen Erlebte dieses und aller mit seinem Namen und besonders mit seinem Tod verbundenen Ereignisse anwesend zu erhalten und geordnet zu bewahren. In den Sprachen der Kreuzesinschrift steht für Gedächtnis/Gedenken: זֵכֶר/ἀνάμνησις/memoria. Dadurch treten drei Bedeutungen vor unser geistiges Auge: (1) Gedenken heißt, im Gedächtnis ruhende Erfahrungen, Wissensinhalte oder Verhaltensweisen wachrufen. (2) Gedenken heißt, vor allem auf das Abendmahl bezogen, ein Geschehen der Vergangenheit durch Verkündigung und Zeichen handelnd vollziehen, dadurch vergegenwärtigen und durch »Tun« wiederholen, »was Jesus und die Jünger am Vorabend seines Todes taten« (Behm zu ἀνάμνησις, 352); die dementsprechend Gedenkenden werden in Gewesenes als Anwesendes, d.h. an Jesu Tisch versetzt. (3) Gedenken heißt: »Gott *gedenkt* bestimmter Personen und wendet ihnen dadurch seine Gnade und Barmherzigkeit zu«; die Erinnerung daran, d.h. umgekehrt, »dass auch der Mensch der vergangenen Taten Gottes, seiner Gebote und seiner unerschöpften Möglichkeiten *gedenkt*«, wird geradezu zu einem

Grundzug alttestamentlicher Frömmigkeit (Michel zu μιμνήσκομαι κτλ., 678). Gott gedenkt, die Menschen vergessen. Diese drei Linien werden in der Liturgie sichtbar: Erinnern – Vergegenwärtigen und Versetztwerden – Gott gedenkt.

Liturgietheologisch heißt das: Im Vollzug des Gottesdienstes gedenken wir, die ἀνάμνησις wird handelnd vollzogen (τοῦτο ποιεῖτε). Darüber werden wir in den zeitübergreifenden Zusammenhang eines Geschehens, in die Gleichzeitigkeit mit Jesus Christus versetzt. Im Verlauf dessen erfahren wir, dass Gott gedenkt, dass wir bei ihm angeschrieben sind und er sich unser erinnert. In der Liturgie findet also eine Vergleichzeitigung statt: Der heilige Gott will mit uns unheiligen Menschen Gemeinschaft haben – in Christus und dem Heiligen Geist. Im Gottesdienst begegnen wir dem gnädig verhüllten Gott in dieser Welt und zwar ausdrücklich und thematisch. Sonst begegnen wir ihm auch; aber unausdrücklich, unthematisch, unkenntlich und verkennbar. »Gott ist gegenwärtig« – das ist Gottesdienst auf die kürzeste Formel gebracht.

Die dem entsprechende Haltung – nun sind wir bei »liturgischer Frömmigkeit« angelangt – ist »Furcht und große Freude« (Mt 28,8). So gingen die Frauen vom Grabe, nachdem sie ihr Ostern erlebt hatten. »Furcht« ist hier nicht im modernen Sinn als Angst vor etwas Unbestimmtem zu verstehen, sondern als Ehrfurcht, Beugung vor und Bewusstsein des Heiligen. Furcht in der Bibel ist häufig der Reflex auf das Gewahrwerden Gottes. Deshalb beginnt auch Luther seine Erklärung der Gebote jedesmal mit »Wir sollen Gott fürchten und lieben«, weil sie nach seinem Verständnis je eine göttliche Gabe dem Menschen anvertrauen, die er entsprechend behandeln und behüten soll. Gewahrwerden Gottes ereignet sich auch im Gottesdienst. Das bewahrt in einer für uns Evangelische genauso gültigen Weise die Benediktus-Regel: »Wir glauben, dass Gott überall gegenwärtig ist und dass die Augen des Herrn an jedem Ort die Guten und die Bösen beobachten. Das sollen wir noch mehr als sonst glauben und für gewiss halten, wenn wir am Gottesdienst teilnehmen. Immer sollen wir daher an das Wort des Propheten denken: Dienet dem Herrn in Furcht ... Wenn wir mächtigen Menschen eine Bitte unterbreiten wollen, wagen wir es nur in Demut und Ehrfurcht. Um wie viel mehr müssen wir zum Herrn, dem Gott des Weltalls, in aller Demut und mit reiner Hingabe flehen« (107: Kap. 19 f.).

In unseren evangelischen Gotteshäusern und Gottesdiensten ist weithin keine »Furcht« mehr spürbar. Man verzeihe die Verallgemeinerung, die Ausnahmen einschließt: Der evangelische Christ läuft kreuz und quer und laut durch eine Kirche, vor allem am Altar vorbei – er ist ja nur ein Tisch –, der katholische Tourist inzwischen auch. 1996 wurde eine der Hamburger Hauptkirchen, St. Katharinen, für eine Techno-Party entwidmet, der Altar für Effektscheinwerfer und die Grabsteine als Bar für Wodka und Wein benützt; ein bayerischer Pfarrer bezeichnete das Sicherheben der Gemeinde im Gottesdienst zu Lesung und Gebet als »Gymnastik«, ein anderer hatte nichts dagegen, einen Kochtopf mit Weißwürsten auf den Altar zu stellen, ein weiterer ließ seine Konfirmanden durch die Kirche zum Altar rennen, wo sie – zu seinem eigenen Erstaunen – plötzlich Halt machten, als stünden sie vor einem Geheimnis. Das sind keine Horror-Geschichten, sondern registrierte Vorkommnisse. Sie haben mit »Spiritualität« zu tun; denn in ihnen drückt sich etwas Geistiges aus, eine Beziehung zum Gotteshaus und Gottesdienst, der die von Benedikt geforderte Ehrfurcht fehlt. In der katholischen Kirche ist manches noch besser bewahrt. Da betreten die Glaubenden die Kirche mit Kreuzeszeichen und Knien still; sie sind »zurechtgebetet«. Das prägt die Räume und die Bewohner.

Wir wollten uns über die Liturgie verständigen. Die Liturgie oder der Gottesdienst – so können wir nun zusammenfassend sagen – ist die in Heilsgabe, Wort und Antwort gefeierte Versöhnung, der Dienst Gottes an seiner Gemeinde und ihr Dankopfer, *fons et centrum totius pietatis* (Thomas von Aquin), Quelle und Zentrum der Spiritualität (Dürig 97).

III. Die Frömmigkeit

Die Frömmigkeit (Spiritualität) – oder das gestaltete Gottvertrauen. – Der Wortgruppe εὐσεβής fromm steht das Neue Testament äußerst reserviert gegenüber, weil die schwebende Religiosität der Griechen meinte, die Betonung auf das als moralische Tugend gewertete Verhalten des Menschen legen zu müssen. Sie kommt nur in den Pastoralbriefen und im II. Petrusbrief »als Ausdruck christlicher Glaubens- und Lebenshaltung vor«. In den Pastoralbriefen bezeichnet εὐσέβεια Frömmigkeit »eine bestimmte Weise der Lebensführung ... ein Verhalten im Blick auf Gott«, aber ohne kultischen Bezug; sie ist »die aus der πίστις geborene, sich im Alltag vollziehende Ehrung Gottes, des Schöpfers und Erlösers aller Menschen; sie ist der Gottesdienst, der in den Ordnungen des Lebens bleibt«. I Clem versteht Frömmigkeit in eindrucksvoller Kürze als »betätigtes Gottvertrauen« (Foerster 180–182.184).

Eine ähnliche Zurückhaltung begegnet uns bei Karl Barth. An ihn sei im Zugehen auf »Spiritualität« heute erinnert. Für Barth ist Frömmigkeit ein Merkmal des Glaubensvorgangs, der mit an sich unwichtigen Größen wie »Wärme der Empfindung, ... Wucht der Überzeugtheit, ... Gesinnung und Gesittung ...« aufräumt, damit »im ›Diesseits‹ der Platz frei werden soll für das ›Jenseits‹. Eben darum ist der Glaube niemals identisch mit der ›Frömmigkeit‹, und wenn sie die reinste und feinste wäre. Und sofern ›Frömmigkeit‹ ein Merkmal des Glaubensvorgangs ist, ist sie es als Aufhebung anderer Weltgegebenheiten – vor allem aber offenbar als eine eigene Aufhebung« (16). Ihr Sinn ist die Herstellung einer Beziehung zu Gott oder – wie Barth unter Verwendung des Religionsbegriffs sagt, – dass sie damit rechnet, »entweder mit Werken des Menschen in der Welt, mit einer irgendwie anschaulichen Haltung und Handlungsweise des Menschen, ... das göttliche Wohlgefallen zu erregen ...« (ebd. 93). Aber diese Absicht wird durchkreuzt und diese Beziehung dadurch gebrochen, dass der vor Gott tretende Mensch vor die Kluft zwischen Schöpfer und Geschöpf gestellt wird, in der jede Herstellung verschwindet. Nur der durch den Ruf Gottes hervorgerufene Glaube, »die der Treue Gottes begegnende Gegentreue des Menschen« kann bestehen (ebd. 8) und das Bleiben unter dem Gehör letzter Wahrheiten von jenseits der Gräber. Es wird zur Anbetung und Antwort und daher geschichtlich und seelisch anschaulich; aber es fällt nie mit seiner Begründung zusammen.

Wir werden es nachher weniger dialektisch auszusagen versuchen. Wir machen uns jetzt nur klar, dass wir die Begriffe »Frömmigkeit« und »Spiritualität« bisher gewissermaßen »gelöst«, d.h. unbestimmt und fast bedeutungsgleich gebrauchten. Das soll jetzt geändert und auf eine eindeutigere Fassung hingearbeitet werden. Die Wortgeschichte von »fromm« reicht von der Bedeutung »nützlich, brauchbar« über glaubende Hingabe und Gottesfurcht bis zu »fügsam, artig«; sie ist problematisch und vielfach beschrieben worden (vgl. Melzer 140–142; die Art. Frömmigkeit in den Lexika: TRE, EKL³, RGG³, LThK³; ferner Ruhbach 16–27). Es ist die Geschichte der Entweltlichung eines Begriffs, die wir hier nicht wiederholen, aber mit einem Satz von Theodor Haecker zusammenfassen können: »Das deutsche ›fromm‹ geht leicht zurück in die reine Innerlichkeit und fälscht dadurch den Menschen, der wunderbar geschaffen ist aus Geist und Sinnlichkeit, aus Innen und Außen, mit dem stillen Kämmerlein des verborgenen Herzens und mit der Stadt auf dem Berge, allen sichtbar« (74). Dieser Verlust an Weite und Welt hat wahrscheinlich dem Aufkommen eines neuen Begriffs den Boden bereitet. Auf der Fünften Vollversammlung des ÖRK 1975 in Nairobi erschien das alte, aus der katholischen Ordenstheologie des 17. Jh. stammende Wort »Spiritualität« im evangelischen Raum. Man verstand darunter »die geistlichen Ressourcen«, Gebet, Bibelstudium, Eucharistiefeier, Singen und Schweigen, die ausgeschöpft werden sollen, um für die im Ringen um gesellschaftliche

Veränderungen Engagierten »die spirituellen Voraussetzungen für ihren Kampf (zu) finden«, um »unseren Teil am erlösenden (!) Leiden (zu) übernehmen, das den Weg zur Befreiung der Menschheit bezeichnet« und um »den Kirchen einen gemeinschaftlichen Lebensstil vorzuleben, der den Anforderungen unserer Zeit besser entspricht« (Krüger/Müller-Römheld 321.323). Im Gegensatz zu dem in Nairobi sofort verzweckten Verständnis verweist der ursprünglich altkirchliche und mönchstheologische Ausdruck *spiritualitas* jedoch eindeutig auf »das vom Geist Gottes erweckte und geschenkte Leben, das geistliche Leben«, auf Anbetung und Antwort in der Vielfalt ihrer Formen (Weismayer 10). Nach Hans Urs von Balthasar bezeichnet Spiritualität jene »praktische und existentielle Grundhaltung eines Menschen, die Folge und Ausdruck seines religiösen oder (allgemeiner) ethisch engagierten Daseinsverständnisses ist: eine akthafte und zuständliche (habituelle) Durchstimmtheit seines Lebens von seinen objektiven Letzteinsichten und Letztentscheidungen her« (248). Einfacher gesagt und vom Habituell-Zuständlichen Abstand nehmend: Spiritualität ist ein vom Heiligen Geist gewirktes Leben mit Gott und in der Nähe des Auferstandenen hinsichtlich seiner geschichtlich und persönlich bedingten Konkretionen im Denken, Verhalten und Handeln Einzelner und ganzer Gemeinschaften; kurz: der durch den Ruf Gottes hervorgerufene und je und je unter den Bedingungen des Lebens gestaltete Glaube.

Der neu entdeckte Begriff zog viele Hoffnungen auf sich. »Vom evangelischen Begriff Frömmigkeit unterscheidet er sich dadurch, dass er Glaube, Frömmigkeitsübung und Lebensgestaltung zusammenschließt« (Claß 10). Inzwischen wird er aber zu viel gebraucht und immer mehr ohne den eindeutig pneumatischen Gehalt. Man spricht von buddhistischer und feministischer Spiritualität, von der religiösen und spirituellen Kraft Afrikas, von Spiritualität und Praxis gewaltloser Befreiung, und Institute für Evangelische Erwachsenenbildung bieten »Seminare zur Persönlichkeitsbildung, Neuorientierung und spirituellem Wachstum« an. Was heißt das eigentlich? Meint man damit Geistigkeit, geistige Erscheinung oder das geistige Profil einer Gruppe? »Spiritualität« als ursprünglich christliches Wort löste sich von seiner biblisch-historischen Herkunft, drängte über die ihm dadurch gezogenen Grenzen hinaus und kam derart verschwommen wieder in die Kirche zurück – schillernd, einer Inflation verfallen, ungenau, wolkig, viel zu weit geworden, alles Geistige in sich aufnehmend – und so entstellt, dass es im Grunde nicht mehr zu gebrauchen ist.

Damit hängt auch die Unschärfe des Begriffs »Liturgische Spiritualität« zusammen. Wir können sie aber aufgrund des bisher Erörterten wegnehmen und die damit gemeinte Sache eindeutiger bestimmen. Liturgische Spiritualität geht aus vom Handeln Gottes durch den Geist der Liturgie zur Heiligung des Menschen; sie ist der in der Liturgie sich ausdrückende, in ihr entspringende, im Alltag als Lebenszeugnis anzutreffende und wieder auf sie zurückwirkende gestaltete Glaube, das in Anbetung und Verantwortung sich betätigende Gottvertrauen.

Die Offenheit für Vorstellungen volkskirchlicher Frömmigkeitskultur soll nicht eingeschränkt, sondern mit bestimmten Kriterien der Unterscheidung verbunden werden. Das bedeutet zum einen, dass die Begriffe Frömmigkeit und Spiritualität ihre biblisch-theologische Herkunft als lebendige und gestalthafte Beziehung zu Gott und als wahrnehmbares, geistgewirktes Glaubensleben Einzelner und ganzer Gemeinschaften behalten. Das bedeutet zum anderen, dass vorhandene volkskirchliche Frömmigkeitsformen, wenn sie mit Gottesdienst zusammen- und in ihn eingebracht werden sollen, dem Wesen des Gottesdienstes entsprechen und ihm nicht unangemessen oder fremd sind. Das war z.B. der Fall, als man meinte, auf dem Frankfurter Kirchentag 2001 die Abendmahlsworte in »mein Leben für euch« und die Spendeformel in »Leben für dich« umändern zu können. Hier zu widersprechen verengt nicht, sondern bewahrt die Weite des Ursprünglichen.

IV. Der Gottesdienst

Der Gottesdienst – als Quelle und Zentrum der Frömmigkeit. – Quelle kann Ursprung heißen, aber auch dass etwas zum Vorschein kommt, was im Verborgenen schon da ist, und auf jeden Fall bezeichnet sie den Beginn eines Fließens. Ein außerhalb des Gottesdienstes gehörter Ruf zum Glauben führt in die im Namen Jesu versammelte Gemeinde. Er findet dort als schon vorhandener eine gemeinschaftliche Form, in der er zum Vorschein kommt und beginnt dann als gottesdienstlich bestimmter sich unter den Beanspruchungen des Lebens zu bewähren. So wird »in conspectu Divinitatis« vor dem Angesicht Gottes zu leben zum organisierenden Prinzip liturgischer Spiritualität. Exemplarisch anschaubar wird sie in Ordensgemeinschaften und evangelischen Kommunitäten.

An der »Communität Casteller Ring« auf Schloss Schwanberg in Unterfranken kann man das besonders gut sehen: »Deutlich hörbar wurde der Ruf Gottes für die ersten Schwestern in den Jahren des 2. Weltkrieges, in denen Verfolgung, Hunger, Bombennächte sowie die Sehnsucht nach dem Reich Gottes und die Suche nach Sinn und einem verbindlichen, geistlichen Leben ihre Zeit prägten. Sie entdeckten die Heilige Schrift mit ihrem persönlichen Anspruch neu, fragten nach der Kirche, erfuhren ihr Leibgeheimnis und lebten aus den Sakramenten Taufe, Eucharistie und Beichte« (Krauß/Schweitzer 6). Das erlaubt die Frage, ob es wirklich der Gottesdienst und insbesondere die Predigt war, die den Glauben in uns weckten oder ob nicht ein »Medienverbund« aus Taufe, *promissio*, Gottesdienst und Predigt den Glauben und das ihm innewohnende Gestaltungsverlangen in uns begründeten – *promissio* (Versprechen, Verheißung) in vielfältigen, ganz persönlichen Sageweisen durch Eltern, Lehrer, Erlebnisse, Gespräche, Lektüre und Zuspruchsworte. Man wird deshalb Ursprung und Ausdruck der Gottesbeziehung nicht voneinander trennen, aber doch vernehmen dürfen, was alles Rufcharakter im Leben annehmen und zum Medium des menschensuchenden Gottes werden kann. Bei den Schwestern war es jedenfalls so und als sie nach der Kirche fragten und ihr Leibgeheimnis erfuhren, kam zum Vorschein, was verborgen in ihnen schon vorhanden war (Kol 3,3).

»Seit 1950 singen und sprechen wir uns darum hinein in den Strom der Beter seit Jahrtausenden, in die Stundengebete der Kirche, der Braut Christi, die ihren Bräutigam anruft ... viermal täglich (zu Laudes, Sext, Vesper und Komplet) versammeln und sammeln wir uns zum Gotteslob. Das ist unsere Priorität, unsere Berufung! Keine Leistung, sondern Anbetung, Verherrlichung Gottes um seiner selbst willen, weil Gott Gott ist. ›Gott loben, das ist unser Amt‹« (EG 288,5; Krauß/Schweitzer 6) Das ist nun der Ursprung, das Hervorspringen von Wasser aus einer Quelle; aber wir haben vergessen, dass »ursprünglich« ein in der Mystik viel verwendetes Wort war, das eine außerordentliche oder in der Begegnung mit dem Wort der Schrift und im gottesdienstlich-sakramentalen Leben gemachte Erfahrung, von Gott berührt oder angeredet worden zu sein bezeichnet. »Wir haben das Sakrament des Altars als neue heilende Wirklichkeit unseres Lebens entdeckt. Dreimal wöchentlich feiern wir Eucharistie auf unserem Engelaltar, der die Mitte unserer St. Michaelskirche bildet ... Seit vielen Jahren gilt die Empfehlung für evangelische Spiritualität, die Eucharistie häufiger, selbstverständlicher und inhaltlich gefüllter in das geistliche Leben zu integrieren. Ist doch letztlich gemeinsame, ökumenische Erfahrung, dass es keinen Ort gibt, an dem Gemeinde des Herrn erfahrbarer wird als dort wo der Herr spricht und sich selbst in Brot und Wein schenkt (9). Die Stundengebete und die Feier des Gottesdienstes bzw. der Eucharistie werden als Zentrum der (hier auch als Begriff erscheinenden) »Spiritualität« genannt. In ihnen kommen die uralten Formen vor, die sich der Neuaneignung öffnen und zu Ursprungsorten des geistlichen Lebens werden können:

Psalm, Lesung, Lied und Gebet. Die Psalmen werden hervorgehoben: »Wir singen die Psalmen ... und erfahren sie als »Schwarzbrot«, als tragfähige, konzentrierte, wesentliche Gebete, in denen sich das ganze Leben unterbringen lässt, mit Höhen und Tiefen, Freude, Leid, Klage, Dank, Trauer, Jubel, Bitte ... auch stellvertretend (von Langeweile keine Spur!)« (7). Sie formen das aus der Liturgie hervorgehende Stehen vor Gott.

»Seit dieser Stunde [gemeint ist die Gründungsstunde der Communität; man kann sie aber sinngemäß auf jede gottesdienstliche Stunde beziehen] heißt es: ›in allem Gott suchen‹, ›Christus nichts vorziehen‹, das Leben ›unter der Führung des Evangeliums‹ (nach der Regel von St. Benedikt) gestalten ... Wir halten es nicht mit Descartes' ›cogito ergo sum‹, sondern definieren unsere menschliche Existenz als ›adoro ergo sum‹, wissen uns dazu von unserem Schöpfer in Auftrag genommen ... In aller Gebrochenheit und Entfremdung lässt sich das Leben als Liturgie feiern« (6 f.). Dann folgen die Verpflichtungsfragen, die in der Profess, der feierlichen Ablegung der Ordensgelübde durch »Ja, mit Gottes Hilfe« beantwortet werden; unter ihnen: »Willst Du daran arbeiten, dass Christi Gestalt im täglichen Zusammenleben durch Dich sichtbar wird?« (10). Das alltägliche Leben der Schwestern verläuft zwischen den Gottesdiensten, die Zentrum, aber nun sichtlich auch Quelle sind. Aus ihr, dem gemeinsamen Gebet, gehen das einsame Gebet, die tägliche Schriftlesung (lectio divina) und Zeiträume der Stille, die einsam oder gemeinsam verbracht werden, hervor, der vom Stehen vor Gott durchwirkte Tag und das weltliche Wirken in der Verschiedenheit der Berufungen. Das Lobopfer und »dass ihr eure Leiber hingebt als ein Opfer, das lebendig, heilig und wohlgefällig ist«, gehören nach der berühmten Römerbriefstelle 12,1–2 unbedingt zusammen. Es ist jedoch ungut (wie es manchmal geschieht), den gefeierten und den »vernünftigen Gottesdienst« gegeneinander auszuspielen, statt im gefeierten »die Barmherzigkeit Gottes« zu sehen, die die Gemeinde zur »Hingabe der Leiber« befähigt. Denn Gott »wird erst dann recht gedient, wenn ihm das ganze Leben der Christen geweiht und kein noch so unscheinbarer Bereich von dieser Hingabe ausgenommen ist ... Römer 12,1 erlaubt uns mitnichten, das künftige Heil der Kirche allein bei der Pflege der Spiritualität zu suchen, so sehr wir auch diese pflegen müssen« (Stuhlmacher 1987, 38).

Es war immer so, dass Orden und Kommunitäten nicht als Lebensweise für alle galten. Ihr Geheimnis ist die exemplarische Greifbarkeit des Christlichen. So verstanden wird das Monastische zum zeichenhaften Ausdruck der christlichen Existenz für alle. Es sendet eine stille Leuchtkraft aus. Würde sie beachtet werden – katholische Laienspiritualität gruppiert sich häufig um geistliche Gemeinschaften –, nähme man Merkmale wahr, die stilbildend für den Zusammenhang von liturgischer Frömmigkeit und alltäglichem Leben wären. Die von Peter Cornehl geäußerte Befürchtung, es sei der »Begriff ›Frömmigkeit‹ inhaltlich zu stark mit einer sehr geprägten Gestalt identifiziert, dass im Grunde nur eine bestimmte kommunitäre Intensivfrömmigkeit in den Blick kommt« (239), verkennt, dass es hier nicht um Verengung, sondern um Maßstäblichkeit geht, die frei lässt, aber sich zu messen erlaubt. Wir betrachten zunächst den sonntäglichen Gottesdienst bzw. die Eucharistie unter dem Gesichtspunkt, dass sich Frömmigkeit, anschauliches Gottvertrauen auch bei uns in der Liturgie ausdrückt. Und wir versuchen dann, am geschilderten Beispiel einer Kommunität mit ausgesprochen gottesdienstlicher Zentrierung einige Merkmale zu entwickeln, die auch außerhalb einer solchen Gemeinschaft unseren Glauben gestalten können.

Als Zentrum der Frömmigkeit sammelt der Gottesdienst, in dem Gott gegenwärtig ist, die Gott vertrauenden Menschen, fasst die verschiedenen Grade und Formen ihres Glaubens zusammen und verleiht ihnen einen gemeinsamen Ausdruck. Schon das *Kommen*, der Gottesdienstbesuch, lässt etwas davon sichtbar werden. In unserer bevorzugten, (noch) von Frieden, Stabilität und Freiheit geprägten Gesellschaft wissen wir nicht mehr, wie riskant es sein kann, zum Gottesdienst zu gehen, seine Zugehörigkeit zur Gemeinde offen zu zeigen und fortan als »fromm« zu gelten. Etwas, was seinem Wesen nach unanschaulich ist, erscheint hier vor den Augen der Welt und wird wahrgenommen. Im Gottesdienst stehen die Hereingekommenen vor Gott. Im Sündenbekenntnis (Confiteor) bezeugen sie, dass der Heilige Gott mit unheiligen Menschen keine Gemeinschaft haben kann, es sei denn, er vergebe ihnen ihre Sünde. Das erbitten sie unter Berufung auf ihre Taufe für den ganzen Gottesdienst.

Im Kernbestand des gottesdienstlichen Grundgefüges Gebet, Wort und Abendmahl kommen Ur-Elemente christlicher Frömmigkeit zur Geltung. Das *Gebet* im Reichtum seiner Formen als Introitus-Psalm, Lied, Kyrie-Ruf, Gloria, Kollekte und Fürbitte für alle trägt unser Leben, wie es ist, vor Gott, hilft uns, dass wir uns ganz auf Gott verlassen und alles von ihm erhoffen. Auch in ihm – »Lasset das Wort Christi reichlich wohnen in euch« (Kol 3,16) – wohnt das *Wort*. Durch das »Auftun der Bücher«, wie man im Mittelalter die Schriftlesungen nannte, kommt Gott im Wort zur Welt und zu seiner versammelten Gemeinde. In der auslegenden Verkündigung will er sich der heute hörenden Gemeinde lebenstragend, richtunggebend und heilbringend vernehmbar machen. Die Psalmen sprechen *wir*; Lesungen und Predigt nehmen wir auf und sind still dabei. Ist der Psalm (das Gebet) unsere Anrede an Gott, so ist die Lesung (die Verkündigung) Gottes Antwort. Der Gottesdienst wird zum Zwiegespräch, zur Gesprächsgemeinschaft mit Gott. Unser Leben wird in neues Licht getaucht. »Du hast Worte des ewigen Lebens« (Joh 6,68) und darin Worte für dieses Leben, die wir benötigen wie das tägliche Brot. Im Credo, das im EGb auch – wie übrigens schon in den reformatorischen Kirchenordnungen – nach der Predigt gesprochen werden kann, bekennt sich die Gemeinde dazu. Und im *Abendmahl*, das ebenso »praedicatio specialissima«, allerpersönlichstes Hineingehen des erhöhten Herrn in unser Leben, wie eine die österliche Freude des Endgeschehens schon vorwegnehmende große Danksagung (Eucharistia) ist, tritt Christus in die unausdenklich engste Gemeinschaft mit uns und stiftet dadurch die Gemeinschaft seiner Kirche, »dass dein arm Christenheit leb in Fried und Einigkeit« (EG 214,3). »Gottesdienst und Frömmigkeit«: So werden die Konturen nicht nur evangelischer, sondern christlicher Frömmigkeit überhaupt am Geschehen der Liturgie erkennbar: Psalm – Wort (Lesung) – Gebet – Gemeinschaft – Bekenntnis.

Unser Leben ist ein *Gehen* von einem Raum zum andern. Auch im gefeierten Gottesdienst, dem durch Gebet, Wort und Abendmahl gestalteten Treffen, können wir nicht bleiben. Begleitet vom Segen, dem verheißenen Mitgehen des Dreieinigen Gottes bis zum nächsten Gottesdienst, wird das Gehen der Gemeinde zur Sendung. Sendung (ἀποστέλλω: Gesandtsein auf dem Meerwege, auf einer u.U. aufgewühlten Strecke) bedeutet immer mit etwas versehen, beauftragt werden und etwas überbringen. Die aus dem Gottesdienst gehende Gemeinde wurde versehen mit Zuspruch und Wegzehrung. Nun soll sie in Kraft dieser Speise ihren Weg in der Welt, jeder in seinem Stand und Beruf, gehen und Psalm, Wort, Gebet, Gemeinschaft und Bekenntnis zwischen den Gottesdiensten bewähren. Oder als Erneuerung der Sendung zum Priestertum aller Glaubenden verstanden, die mit der Taufvocatio verbunden war: für die Anwesenheit des Evangeliums und das Zeugnis des Glaubens an ihrem Ort (privatim) einzutreten.

V. Die Bewährung

Die Bewährung – oder was soll den Lebensvollzug prägen? – »Bewährt« bedeutet durch Erfahrung brauchbar befunden. In diesem Sinn verstehen wir »Bewährung«. Viele Christen erfuhren und erfahren, dass der Gottesdienst als gemeinsames Stehen vor Gott sie ausrichtet, in ihrem alltäglichen Leben trägt und aufrichtet. Wir können aber unser Nachdenken über die Verknüpfung von Gottesdienst und Werktagsleben nicht ohne eine gewisse Zurückhaltung beginnen. Es ist leicht gesagt, die Liturgie sei Hilfe, Stützung und Halt im Lauf der Tage; schwerer ist es, den Beweis zu führen.

Am eindrucksvollsten unter den Liturgie-Deklarationen beschreibt wohl die Liturgiekonstitution des Zweiten Vatikanums den Zusammenhang von Liturgie und Leben. Sie trägt »in höchstem Maße dazu bei, dass das Leben der Gläubigen Ausdruck und Offenbarung des Mysteriums Christi und des eigentlichen Wesens der wahren Kirche wird ... und zwar so, dass dabei das Menschliche auf das Göttliche hingeordnet und ihm untergeordnet ist, das Sichtbare auf das Unsichtbare, die Tätigkeit auf die Beschauung, das Gegenwärtige auf die künftige Stadt, die wir suchen. ... Zugleich stärkt sie wunderbar deren Kräfte, dass sie Christus verkünden. ... Durch sinnenfällige Zeichen wird in ihr die Heiligung des Menschen bezeichnet und in je eigener Weise bewirkt ... Sie muss sie ... ermuntern zu allen Werken der Liebe, der Frömmigkeit und des Apostolates ... sie betet, dass sie ›im Leben festhalten, was sie im Glauben empfangen haben‹ ... (Sie ist) der Höhepunkt, dem das Tun der Kirche zustrebt und zugleich die Quelle, aus der all ihre Kraft strömt« (SC 2.7.9.10). Aber Rahner/Vorgrimler bemerken in ihrem Kommentar dazu: »Natürlich werden diese beiden sorgfältig zu unterscheidenden Aspekte nicht gleichmäßig im konkreten christlichen Leben aktuell sein«, und gehen weiter unten auch auf den Vorwurf ein, »die Liturgie ›gebe‹ dem Menschen nichts oder komme seinen ›Bedürfnissen‹ nicht entgegen« (39). Es kann an der Beschaffenheit der Liturgie bzw. an der Art ihrer Durchführung (Zelebration) liegen, wenn keine Verknüpfung zustande kommt. Noch weiter geht Joseph Ratzinger in seiner Äußerung über die vorkonziliare Liturgie: »Die Liturgie war zu einem ein für allemal abgeschlossenen, fast verkrusteten Gebilde geworden, das den Zusammenhang mit der konkreten Frömmigkeit um so mehr verlor, je mehr man auf die Integrität der vorgegebenen Formen achtete. Man braucht, um dies zu erkennen, sich nur ins Gedächtnis zu rufen, dass keiner der Heiligen der katholischen Erneuerung seine Spiritualität aus der Liturgie nährte. Ein Ignatius von Loyola, eine Theresa von Avila, ein Johannes vom Kreuz haben ihre Religiosität abseits der Liturgie, ohne tiefere Bindung an sie, lediglich aus der persönlichen Bindung mit Gott und aus ihrem individuellen Erleben der Kirche heraus gestaltet« (19). Es ist deshalb notwendig, dass Anton Rotzetter und andere Autoren auf die Inklusivität von »Kult und Mitmenschlichkeit ... von Liturgie und Leben« drängen (98) und dass Klemens Richter sagt: »Die Liturgie ist dann eine mystagogische Liturgie, wenn sie so gefeiert wird, dass sie Lebensveränderung in der Nachfolge unseres Herrn ist und bewirkt« (135). Bei aller Anerkennung dessen ist es aber dann doch auch nicht unbedenklich, wenn der Zusammenhang mit Formulierungen, die gut klingen, aber einen Hauch des Gesetzlichen an sich tragen, festgeschrieben wird: »Wo der Kult nicht zu mehr Menschlichkeit führt, ist er auch als Gottesdienst falsch verstanden ... Liturgie muss eine neue Lebensqualität bringen und zu einem verantwortlichen Einsatz für den Menschen und die Welt führen« (Rotzetter 99.105). Muss? Wünschbar ist es, nachprüfbar nicht! Außerdem haben wir in der katholischen wie in der evangelischen Kirche inzwischen derartig in dieser Richtung verzweckte Gottesdienste, dass man besser nicht hingeht oder nur noch in der Sorge: »Vor welche Überraschungen werden wir heute wieder gestellt?« Sollten wir es nicht »parakletischer« (fürsprechender, tröstlicher, zusprechender) sagen: »Lasset uns aber wahrhaftig sein in der Liebe und wachsen in allen Stücken« – auch durch die liturgische Feier – »zu dem hin, der das Haupt ist, Christus, von welchem aus der ganze Leib zusammengefügt ist und ein Glied dem andern kräftig Handreichung tut nach seinem Maße und macht, dass der Leib wächst und sich selbst auferbaut in der Liebe« (Eph 4,15 f.)? In dem Maß, in dem wir zu Christus kommen, kommen wir einander und unseren Mitmenschen näher; denn von Christus als dem Haupt der Gemeinde geht alles aus, geht der Heilige Geist aus, der das eigentliche Subjekt auch unserer Alltagswerke ist. Ich denke, dass Anton Rotzetter dies auch so meinte und sich mit Karl Rahners absichtslosem Verständnis des christlichen Gottesdienstes treffen kann: Liturgie als »Hilfe zur unmittelbaren Erfahrung Gottes, in der dem Menschen aufgeht, dass das unbegreifliche Geheimnis, das wir Gott nennen, nahe ist, angeredet werden kann und gerade dann uns selber selig birgt, wenn wir ... uns ihm bedingungslos übergeben« (380). Deshalb beginnt der »vernünftige Gottesdienst« bei Paulus »durch die Barmherzigkeit Gottes« (Röm 12,1), die ihm ebenso vorgeordnet ist, wie sie ihn auslöst.

Was löst sie aus? Wir bleiben zunächst auf biblischem Grund, weil die erfahrbare Realität liturgisch geprägten Lebens nur von der geglaubten her wahrgenommen werden kann. Es sind da schon die »erleuchteten Augen des Glaubens« aus Eph 1,18 erforderlich, um etwas zu sehen. So einfach liegen die Folgen des gefeierten Gottesdienstes nicht vor Augen. Was Paulus im Anschluss an Röm 12,1–2 bietet, »sind die exemplarischen Anweisungen dafür, wie dieser (ganzheitliche) Gottesdienst (in Rom) auszusehen hat« Stuhlmacher 1989, 170). Er denkt zunächst an das organische Zusammenwirken der in der Gemeinde vorhandenen Gaben und ihrer Träger, sowie an die Abwehr der Anmaßung, »dass niemand höher von sich halte, als sich's gebührt zu halten« (Röm 12,3–8). Er nennt die in der Gemeinde zu übende Nächsten- und die nach außen gerichtete Feindesliebe (Röm 12,9–21). Unter dem Gesichtspunkt des vom Gottesdienst geprägten Lebens steht auch das Verhältnis zu den staatlichen Organen; ihnen gegenüber gelten die gleichen Regeln, wenn damit auch sicher nicht alles gesagt ist, was hier zu bedenken wäre (Röm 13,1–7). Gebunden an Gottes Gebote – und das gilt nicht nur für die endzeitlich bestimmte Anfangsphase – lebt die Gemeinde im Bewusstsein des kommenden Christus (Röm 13,8–14). Zuletzt geht Paulus auf »konkurrierende Positionen« (Stuhlmacher 1989, 197) in der Gemeinde ein; sie haben keinen Bekenntnisrang; private und gruppenspezifische Überzeugungen dürfen nicht an die Stelle der Herrschaft Christi treten; die »Schwachen« sollen das Richten und die »Starken« das Verachten der anderen unterlassen (Röm 14,1–23). Die in dieser Weise »exemplarisch entfaltete Paraklese ist ein Wesensbestandteil des paulinischen Evangeliums« (ebd. 207). Sie könnte veranlassen, die heute so häufig verwendete Formel von der »versöhnten Verschiedenheit« der Spiritualitäten vorsichtiger zu gebrauchen und ernsthafter zu verwirklichen. Auf jeden Fall – und das sollte der Bezug auf den Römerbrief begründen – sind »Die Liturgie des Gottesdienstes und die christlichen Lebensäußerungen ... keine taktischen Instrumente bei der politischen und moralischen Organisation des Menschen« (Steffensky 91). Sie schenken vielmehr Freiheit von den Werken, wenn Luthers Spiritualitätsschrift »Von der Freiheit eines Christenmenschen« wirklich ernst genommen wird, und zwar Freiheit vom Zwang zu Heil und Wohl schaffenden Werken wie Freiheit zum Leben in freiwilligem Gehorsam vor Gott. »In dieser Freiheit ermöglicht es allein Gott, das von ihm Gebotene zu tun ... Das Tun des von Gott Gebotenen ist also Gnadengabe Gottes und nicht instrumentalisierbar oder machbar. Die Zueignung der Freiheit an den Sünder zu solchem Tun geschieht ... im Hören auf das Wort Gottes in Wort und Sakrament« und in der demütigen Teilnahme an der Liturgie, dem Gottes-Dienst (Jotzo 6).

Dann darf auch etwas über mögliche Konkretionen des freiwilligen Gehorsams gesagt werden. Was Paulus in der entfalteten Paraklese unternahm, setzte das frühe Mönchtum in einer für uns überraschend aktuellen Weise fort. Dazu gehört eine der ältesten Antworten auf die Frage, wie sich die Teilnahme am Gottesdienst bewähren und den Lebensvollzug prägen kann:

> »Es fragte einer den Altvater Antonios, was er tun müsse, um Gott zu gefallen. Der Greis gab ihm folgende Antwort: ›Befolge, was ich dir auftrage! Wohin immer du gehst, habe überall Gott vor Augen. Was du auch tust, oder was du auch redest: für alles suche ein Zeugnis in den Heiligen Schriften. Wenn du dich an einem Orte niederlässt, dann entferne dich nicht leicht. Diese drei Dinge beobachte und du wirst das Heil finden‹« (Miller 15).

Vorausgesetzt sind die Berufung zum Glauben, die Taufe als Lebensübergabe an Christus, die Aufnahme in seinen Leib, die Gemeinde und das fraglos-selbstverständliche Leben mit der Liturgie, der Eucharistie, der Messe in ihrer frühen Gestalt. Die »Weisungen der Väter« sind der Form nach knapp, fassen das biblische Gotteswort als etwas zu realisierendes wie in einem Brennspiegel zusammen und sind oft dreigliedrig, damit man sie im Gedächtnis behalten kann. Sie zielen darauf hin, die Existenz, das gesamte Leben Gott zur Verfügung zu stellen. Dafür nennt Antonios (um 251–356) drei Gesichtspunkte: (1) »Wohin immer du gehst, habe überall Gott vor Augen.« Benedikt, bei dem die Spiritualität der Alten Kirche und des Wüstenmönchtums zusammenfließen, nahm das auf und bezog es in besonderer Weise auf den Gottesdienst. Er fügte aber hinzu: »Wir glauben, dass Gott überall gegenwärtig ist und dass die Augen des Herrn an jedem Ort die Guten und die Bösen beobachten.« Dieses dem 139. Psalm entstammende Wissen, das auch bedrohlich sein kann, wendet der gottesdienstliche Segen bei der Entlassung ins Gnädige: Gott – so verheißt der Segen – wird die Gemeinde und alle ihre Glieder nicht aus seinem Mitgehen entlassen, aus seiner Hut im persönlichen, aus seiner Gnade im geistlichen und aus seinem Frieden im sozialen Leben. Dem entspricht, »überall Gott vor Augen« zu haben, seiner in Abständen, die denen des Atmens gleichen, immer wieder zu gedenken und ihn dadurch zu loben. (2) »Was du auch tust oder was du auch redest: für alles suche ein Zeugnis in den Heiligen Schriften.« Dadurch wird die gottesdienstliche Schriftlesung in die Zeit zwischen den Gottesdiensten hineingetragen. Dass dies zum christlichen Leben gehöre, beruhte auf breiter Übereinstimmung in der Alten Kirche. Den Nachweis darüber führte Adolf von Harnack: Von Clemens und Tertullian hören wir, »dass Eheleute zusammen die hl. Schrift lesen sollen«; von anderen (Hippolyt, Chrysostomus, Hieronymus), »dass jeder Gott so häufig wie möglich reden hören soll, wie er selbst so häufig wie möglich zu Gott sprechen soll ... Von den Psalmen aus soll ... die Lektüre der Bibel schrittweise weitergehen« (38.45 f. 89). In diesen Anweisungen sind bereits jene drei Elemente enthalten, die nicht nur den christlichen Gemeindegottesdienst bestimmen und die Stundengebete (Horen) prägten, sondern auch das, was man später »Andacht« nannte, formten: Psalm, Lesung, Gebet – die Grundgestalt individuellen wie gemeinschaftlichen geistlichen Lebens. Es ist deshalb folgerichtig, dass wir im gestalteten Leben des Mönchtums überhaupt, wie auch der Schwestern auf dem Schwanberg, auf diese Elemente im werktäglichen Leben stoßen: »Außer dem gemeinsamen Gebet üben wir im Schutzraum unserer Klausur das einsame Gebet und die lectio divina ... Neben dem Offizium und den Gottesdiensten ist die Lectiozeit so etwas wie eine besondere Einbruchsstelle Gottes, Meditationsübungen, kontemplatives Gebet, Herzensgebet (Jesusgebet) – verschiedene Methoden und Übungen öffnen für die Gegenwart Gottes ... Das Offen-vor-Gott-Sein hat keinen eigentlichen Nutzen, keinen Zweck, keine Funktion« (Krauß/Schweitzer 7 f.). Es dient zu nichts, es hat keinen Zweck, es ist Sein vor Gott, absichtslose Anleitung, »unter der Führung des Evangeliums« zu leben. Das Monastische wird hier zum Zeichen, zum Vor-Bild für alle und zur Aufforderung (Paraklese), es in ihrem Leben nachzubilden. (3) »Wenn du dich an einem Orte niederlässt, dann entferne dich nicht leicht.« Diese Wendung werden wir vermutlich als merkwürdig empfinden und vielleicht sogar als provinziell. Aber sie hat einen tiefen und – wenn wir ihn ergründet haben – einleuchtenden Sinn. Ihre Quelle ist Psalm 37,3: »Hoffe auf den Herrn und tu Gutes, bleibe im Lande und nähre dich redlich.« Bodennah war der Glaube im alten Israel. Das Land, das ihnen der Herr nach langem Zug durch die Wüste gegeben hatte und auf dem sie jetzt wohnten, war für sie der Inbegriff der Güte Gottes. Wenn man die Füße darauf stellte und sie Halt fanden, begriff man geradezu mit dem Leibe: Land heißt: Wir haben einen Ort in der Welt; er ist unsere Lebens- und Existenzgrundlage; sie trägt uns und Gott trägt uns durch sie. So fest wie das Land unter unseren Füßen, so gewiss dürfen wir auf das Walten Gottes über uns vertrauen. Nun gewinnt das Sprichwort »Bleibe im Lande und nähre dich redlich« Farbe. Es verliert den hausbacken-braven Charakter und füllt sich mit Kraft. Es wird zur Quelle und fließt: »Wohne im Lande!« Es ist dir gegeben und erhält dein Leben. Du kannst es spüren. Sei deshalb Gottes ganz gewiss. Überlasse dich ihm und werde dadurch frei für den Ort, an dem du stehst. An dem Platz, der dir zugewiesen ist, freue dich dieser Gewissheit. Setze sie um in zügiges, redliches, sorgfältiges und unabhängiges Tun. Vertraue auf Gott, der dir dies zutraut. Du wirst es können. So ist diese zunächst überraschende Wendung des Antonius gemeint, die dann bei Benedikt die berühmte Regel der »stabilitas loci«, des Bleibens am Ort der Berufung, der Arbeit, des Berufes trägt. Sie bewahrt vor einer Regung, die uns und viele in der Kirche gefährdet, das Alltagsleben nicht mehr auszuhalten, kampflos auszuschauen, ob man sich an einem anderen Ort nicht besser »bewähren« könnte, den Fuß im Steigbügel zu haben und dadurch die Verantwortung für das Nächstliegende gering zu achten oder zu versäumen.

Die Weisung des Wüstenvaters Antonius ist vielleicht die schönste, kühnste und behältlichste Form, gottesdienstliche Frömmigkeit und alltägliches Leben zusammen zu binden und den Lebensvollzug zu prägen, um mitten in der Welt und im Wirbel der Dinge nicht aus der Hör- und Sichtweite Gottes zu geraten. Das werktägliche Morgenlob im ETzB nahm sie durch ein Versikel mit den Worten auf: »Herr, lass unsere Füße sichere Tritte tun, Dein Wort geleite uns auf allen unseren Wegen. Vom Aufgang der Sonne bis zu ihrem Niedergang sei gelobet der Name des Herrn« (292).

VI. Die Wechselwirkungen

Die Wechselwirkungen – oder gestaltende Faktoren von außen. – »Faktoren« sind wichtige Umstände und mitbestimmende Ursachen. Wenn sie »außen«, d.h. außerhalb der Liturgie lokalisiert werden, wird gefragt, ob der Gestaltwandel der Frömmigkeit den Gottesdienst belebend oder behindernd beeinflusst. Neben den von der Liturgie ausgehenden Anregungen, kommen in einer sich wandelnden Frömmigkeit andere, vermutlich stärkere Kräfte zum Tragen: kulturelle, soziologische, theologische, psychologische und ökologische. Vor allem versuchte man auf der Suche nach einer neuen Frömmigkeit die Weltbeziehung des Christen in den Mittelpunkt zu rücken, nachdem in der vor-modernen Frömmigkeit die Gottesbeziehung an dieser Stelle stand. Bezeichnend dafür sind die Titel (Schulz: Konversion zur Welt; von Oppen: Der sachliche Mensch. Frömmigkeit am Ende des 20. Jh.). Man kann davor die Augen verschließen, das Bestehende fest- und die Veränderungen ängstlich fernhalten. Man kann aber auch das Neue unbesehen übernehmen und dem oft zufällig Gewordenen gottesdienstliche Geltung verschaffen. Der bessere Weg wäre, die Kirche und ihre Gottesdienste getrost auf Gottes Seite zu sehen – »Wir haben aber solchen Schatz in irdenen Gefäßen, auf dass die überschwengliche Kraft sei Gottes und nicht von uns« (II Kor 4,7) – und im Blick auf den menschgewordenen Christus seine Veränderungsbereitschaft wie sein Festhalten an Gott auch für die Liturgie als gültig betrachten. Dann käme es zur Unterscheidung zwischen dem »Dogma«, der geltenden und zugleich zeitbewusst durchgeklärten Gesamteinsicht der Kirche in die Heilige Schrift und den geistigen Gehalten, die die Kirche umgeben und augenblicklich in der Gesellschaft gültig sind (vgl. Neunheuser 160–181 zu diesen Überlegungen).

So hat ohne Zweifel der Frömmigkeitswandel die Liturgie der Kirche auch belebt. Es wurde ihr ein Aufbruch zur Eucharistie geschenkt und die Aufhellung des Abendmahls zur österlichen Siegesfeier. Die Architektur schuf neue Kirchen als Wohnräume des Heiligen und der Gemeinde, und wurde zur Mitdeuterin des liturgischen Geschehens. Einkehrtage mit Bibelarbeit, Meditation, Stille, Beichte und Abendmahl vermitteln Erfahrungen des Glaubens, ziehen

Zögernde (wieder) an und lassen sie dem Liturgischen nachdrücklich begegnen, haben wohl auch auf die Dimension der Stille im Gottesdienst aufs neue aufmerksam gemacht. Die Kirchenmusik, die manche Menschen, die sonst nicht kämen, zum Gottesdienst bringt, ist mehr als bloße »Verschönerung«, sondern gehört zu den Sageweisen, in denen sich die Anrede Gottes und die Antwort der Gemeinde vollzieht und unser armes Lob dadurch erhöhen. Die kirchliche Kunst gehört nicht nur zu einer spirituellen Kultur, sondern kann uns in alten oder modernen Schöpfungen ohne Worte berühren, sie macht uns darauf aufmerksam, dass Kirchen und ihre Kunstwerke vom Glauben erzählen und zur Liturgie gehören. Das EG mit bewährten und neu entstandenen Liedern, mit erklärten Gottesdienstordnungen und lebensnahen Texten zum Beten und Nachdenken, macht es leichter, gemeinsam den Gottesdienst zu begehen und für sich persönlich zu glauben und zu beten. Die Gottesdienste haben an Formenreichtum und Menschennähe gewonnen, und bereits die EA verstärkte die Mitwirkung der Gemeinde und die Beweglichkeit der gottesdienstlichen Feier. Das setzt sich nun im EGb fort, in dem es heißt: Die Gemeinde greift »den Reichtum der Tradition auf, der in Texten und Riten, in Kirchenmusik, Architektur und in Werken der bildenden Kunst überkommen ist. Die Gemeindeglieder bringen zugleich ihre Glaubens- und Lebenserfahrung der Gegenwart ein, ... angeregt auch durch die Kultur ihrer Zeit. ... Das liturgische Grundgefüge der Sonn- und Feiertagsottesdienste gibt dafür einen weiten Raum, es öffnet sie auch für neue Erfahrungen der Gemeinde mit Gott (14). Zu ihnen gehören auch »geistliche Aufbrüche der letzten fünfzig Jahre, [die] hier ihren Niederschlag« finden (Kerner 9). In den sieben »Kriterien für das Verstehen und Gestalten des Gottesdienstes« (15–17) werden auch die Begabungen in der Gemeinde, die in den Gottesdienst einfließen sollen, und der »Reichtum der Spiritualität in den anderen Kirchen« (15) sowie Elemente aus anderen christlichen Traditionen genannt. Mit den Hinweisen, die das gottesdienstliche Geschehen dafür öffnen, schließt sich ein Kreis, der die gegenwärtige Gemeinde und ihre Zusammenkünfte mit den Anfängen verbindet. Diese ergaben sich aus dem, was in den verschiedenen Kulturkreisen, in die das Christentum eintrat, als Ausdrucksformen gelebter Frömmigkeit schon vorgefunden wurde und von der Kirche mit dem biblischen Erbe inhaltlich gefüllt werden konnte« (Klaus XI).

Daneben machen sich aber auch Einflüsse bemerkbar, die den Gottesdienst empfindlich treffen, ihn in problematischer Weise verändern und deshalb geprüft werden müssen. Der Gestaltwandel, der am tiefsten in das gottesdienstliche Geschehen eingriff, vollzog sich während der Studentenunruhen am Ende der sechziger Jahre. Er rief ein Jahrzehnt gottesdienstlicher Reformen hervor, das mit Gerhard Schnaths »Fantasie für Gott« begann und mit dem Strukturpapier der LLK »Versammelte Gemeinde« endete, das den Weg über die EA zum EGb bahnte (von Schade/Schulz). Die Nachwirkungen dieses ereignisreichen Jahrzehnts sind bis heute greifbar, sowohl in ihrer bereits dargelegten belebenden als auch in ihrer nach wie vor bedenklichen Funktion.

»Heute ist ... der Gottesdienst durch drei Denkvorgänge gekennzeichnet: Kennen der Situation, Analyse und Information; Protest gegen die bestehenden Verhältnisse; Planung und Aktion, um die Verhältnisse zu verändern. Gott wird unmittelbar in die Auseinandersetzung unserer Welt einbezogen. Er ist Dialog-Partner für die Stichworte: Situation – Protest – Planung. Menschen lösen sich vom Konsum religiöser Gefühlserlebnisse und engagieren sich an der ›Sendung Gottes in die Welt‹ ... In diesem dynamischen Arbeitsvorgang wird von Gott anders geredet, wird anders gebetet und bezeugt als in den üblichen religiösen Denkstrukturen. Kirchensprache, kirchliche Bräuche und Ordnungen sind immer mehr Hindernis für die Menschwerdung Gottes« (Seidel/Zils 8 f.). Wie in der Liturgik der Aufklärung ist das positive Ziel eines anziehenden, zeitnahen, wandlungsfähigen, wirksamen Gottesdienstes anzuerkennen.

Aber dann stellt sich auch die Frage, ob hier nicht die verhängnisvolle, den Gottesdienst in seiner Absichtslosigkeit beschädigende Instrumentalisierung einsetzt, durch die »die sinnlichen Symbole zerstört; ... die geschichtlich gewordenen Bilder aufgegeben werden zugunsten der Durchrationalisierung des menschlichen Denkens und Fühlens ... (und) verbalisierter Lebensanweisungen« (Steffensky 100).

In dem oben zitierten Text von Seidel/Zils steht auch: Es »wird anders gebetet« (9). Das wurde erreicht. Es ist deshalb in diesem Zusammenhang auf eine Verformung des gottesdienstlichen Gebets ins Schöne hinzuweisen, die wie Wasser durch alle Ritzen fließt. Ich zeige es an einem »Gebet« vor dem Abendmahl:

»Wenn wir uns einander zuwenden,
das ist im Sinne Jesu.
Wenn wir offen werden für das,
was die nächste Stunde bringt,
das ist im Sinne Jesu. ...
Wenn wir uns mit Ungeduld aufmachen
und in diesem (deinem) Sinn handeln,
dann bist du, Gott, unter uns.
Das ist es, was wir brauchen« (Nitschke/Zippert 109)

»Verformung ins Schöne«! Wir haben es hier mit einem Gefüge zu tun, das mit »Gebet« überschrieben, sprachlich gewinnend, aber ohne Anrede ist. Es sendet also eine Doppelbotschaft aus: Der Überschrift nach richtet es sich an Gott, dem Inhalt nach an die Versammelten. Es verbleibt in der horizontalen Selbstbetrachtung, macht die Gegenwart Gottes von unserem gelingenden Verhalten abhängig – und dies in der Abendmahlsfeier! –, ist somit in seiner Schönheit gesetzlich und erhebt sich erst zum Schluss, die Sprachrichtung ändernd, zu Gott, dessen Assistenz wir brauchen. Auch hier – das neue Gottesbild: »Er ist Dialog-Partner«; als solcher hat er uns zu helfen, nicht als Herr! Das wird kaum jemand im Gottesdienst bemerken; so verdeckt ist die Verführung. Die Gemeinden begegnen heute immer öfter einer Weise des gottesdienstlichen Betens, in der unterschiedlich begabte Prosadichter ihre Meditationen zur Schau stellen und unter der Überschrift »Gebet« Anschauungen darbieten, die man auch fasziniert oder auch irritiert anschauen, aber nicht mitbeten kann. Sie haben aber ein diskutables Motiv: den Gottesdienst schön, menschennah und aktuell zu gestalten. Deshalb zum Schluss noch etwas über liturgische Zeitbezüglichkeit.

Der gelebte neutestamentliche Glaube bewegt sich zwischen »Also hat Gott die Welt geliebt« (Joh 3,16) und »Stellt euch nicht dieser Welt gleich« (Röm 12,2). Die Alte Kirche gab ihm, um diese Spannung leben zu können, die Unterscheidung zwischen Akkommodation und Kondeszendenz. Versteht man unter Akkommodation ein Verhalten, das diese Unterscheidung nicht gebraucht und sich ohne sie an die herrschenden Gegebenheiten anpasst, dann bedeutet Kondeszendenz die »liebevolle Anpassung Gottes an die begrenzte Auffassungskraft der Unmündigen« (Elert 272), aber im Sinne der Zwei-Naturen-Lehre Christi: die Welt lieben und doch ganz bei Gott bleiben. In diesem Sinn muss der Gottesdienst zeitbezüglich sein. In den oben genannten Beispielen scheint diese Unterscheidung jedoch preisgegeben zu sein und die Waage sich zur Akkommodation, zur unterscheidungslosen Angleichung geneigt zu haben.

Peter Brunner hat dies schon vor vielen Jahren gesehen und analysierte in einem bedeutungsschweren Aufsatz die Lage so: Es sei mit der neuen, in die Gottesdienste hereindrängenden Spiritualität zu tiefgreifenden und die Grundlagen der Liturgie angreifenden dogmatischen Veränderungen gekommen. »Die Grundfrage, um die es hier geht, ist elementar einfach: Ist Gott dir eine funktionale Größe innerhalb der einen Weltwirklichkeit oder ist er dir das eine, aller Wirklichkeit gegenüberstehende Du, von dem und durch den und zu dem alles ist, was ist?« (108). Ist Gott funktional im Sinne des aus »Aktion Gottesdienst« zitierten Textes: »Gott wird unmittelbar in die Auseinandersetzung unserer Welt einbezogen. Er ist Dialog-Partner ...«, dann wird der Ethizismus zum hervorstechenden Merkmal der Liturgie, die Predigt zur ethischen Paränese, der Gottesdienst zur Anstiftung, die aktuellen Inhalte verselbstständigen sich und die Zusammenkünfte der Gemeinde können für Zwecke, die ihrem Wesen geradezu widersprechen, instrumentalisiert und als Protest- und Demonstrationsgottesdienste eingesetzt werden. Das verkennt meines Erachtens Fulbert Steffensky, wenn er »einen Kreuzweg, den Christen in New York gegangen sind ... (an) 14 militärstrategisch wichtigen Punkten in der Stadt« beschreibt und meint: »... sie verfolgten keine Zwecke« (100 f.).

»Frömmigkeit« – wir erinnern daran – ist das in Anbetung und Verantwortung je und je unter den Bedingungen des Lebens gestaltete und sich betätigende Gottvertrauen. Heute versteht sie sich unter dem Vorzeichen des ursprünglich altkirchlichen und mönchstheologischen Begriffs »Spiritualität«, der der Kirche entwendet wurde und New-Age-infiziert wieder in sie zurückkam, häufig als kontextuelle Gläubigkeit oder ist jedenfalls in Gefahr, so verstanden zu werden. D.h. man beginnt, die Zeitgemäßheit im gesellschaftlichen und geschichtlichen Wandel als entscheidendes Kriterium für Kirche und Theologie anzusehen. Wird sich diese Tendenz verstärken oder wird, auch und gerade durch das EGb, den Gottesdiensten verstärkt zu einer zeitbezüglichen und eben nicht zeitgemäßen Feier der Versöhnung verholfen, zu Lob und Klage und einer dem »Wahrhaft würdig und recht« der Präfation entsprechenden Anbetung des Dreieinigen Gottes? Die reformatorische Frömmigkeit hat in der Rechtfertigung, dem *articulus stantis et cadentis ecclesiae* ihre Wurzel gehabt, im Handeln und der Zusage des uns gnädig begegnenden Gottes. Auch wir sind zuversichtlich und hoffen darauf.

Literatur

Hans Urs VON BALTHASAR, Spiritus Creator. Skizzen zur Theologie III, Einsiedeln 1967, 247–263. – Karl BARTH, Der Römerbrief, zweite Fassung 1922, Zürich [15]1989. – Johannes BEHM, Art. ἀνάμνησις κτλ.: ThWNT 1 (1933) 351 f. – Die BENEDIKTUS-REGEL, lateinisch-deutsch, hg.v. Basilius Steidle, Beuron [4]1980. – Louis BOUYER, Einführung in die christliche Spiritualität, Mainz 1965. – Peter BRUNNER, Theologische Grundlagen von »Gottesdiensten in neuer Gestalt«: Walter Blankenburg/u.a. (Hg.), Kerygma und Melos [FS Christhard Mahrenholz], Kassel 1970, 103–114. – Helmut CLASS (Hg.), Evangelische Spiritualität. Überlegungen und Anstöße zur Neuorientierung, Gütersloh/Göttingen [2]1980. – Peter CORNEHL, Liturgiewissenschaft im Aufbruch, Zum neuen »Handbuch der Liturgik«: ThLZ 121 (1996) 223–239. – Johannes Joachim DEGENHARDT/Reinhard LETTMANN/Hans-Martin LINNEMANN, Glaube und Frömmigkeit, Bielefeld/Kevelaer 1986. – Franz DELITZSCH, Das Sacrament des wahren Leibes und Blutes Jesu Christi. Beicht- und Communionbuch, Leipzig 1844. – Walter DÜRIG, Pietas Liturgica. Studien zum Frömmigkeitsbegriff und zur Gottesvorstellung der abendländischen Liturgie, Regensburg 1958. – Werner ELERT, Der Ausgang der altkirchlichen Christologie, Berlin 1957. – Erwin FAHLBUSCH/Carl Heinz RATSCHOW/Hans-Günter HEIMBROCK, Art. Frömmigkeit: EKL[3] 1 (1986) 1396–1402. – Werner FOERSTER, Art. σέβομαι κτλ.: ThWNT 7 (1964) 168–195. – Hubert FRANKENMÖLLE/Josef WEISMAYR/Wolfgang BRÜCKNER/Medard KEHL, Art. Frömmigkeit: LThK[3] 4 (1995) 166–171. – Hans-Jürgen GRESCHAT/Manfred SEITZ/Friedrich WINTZER, Art. Frömmigkeit: TRE 11 (1983) 671–688. – Theodor HAECKER, Vergil – Vater des Abendlandes, München 1948. – Adolf VON HARNACK, Über den privaten Gebrauch der Heiligen Schriften in der Alten Kirche, Leipzig 1912. – Ansgar JÖDICKE/Walter SPARN/Traugott KOCH/Alfred SEIFERLEIN/Josef WEISMAYR/Johann SCHNEIDER, Art. Frömmigkeit: RGG[3] 3 (2000) 388–395. – Hans Peter JOTZO, Pastorale Existenz in der Freiheit von den Werken, Erlangen 1994 (Ms.). – Sixt Karl KAPFF, Communion-Buch, Stuttgart 1840. – Hanns KERNER, Gottesdienst Gestalt geben. Ein Wegweiser durch das Evangelische Gottesdienstbuch, München 2001. – Bernhard KLAUS, Antikes Erbe und christlicher Gottesdienst. Eine kulturgeschichtliche Spurensuche, Stuttgart 1998. – Dorothea KRAUSS/Kyrilla SCHWEITZER, Christus nichts vorziehen, Münsterschwarzach 1989. – Hanfried KRÜGER/Walter MÜLLER-RÖMHELD (Hg.), Bericht über den Workshop »Spiritualität«: Bericht aus Nairobi 1975. Ergebnisse – Erlebnisse – Ereignisse, Frankfurt a.M. 1976, 321–324. – Odo LANG, Art. Liturgische Spiritualität: PLSp (1988) 1203– 1205. – Wilhelm LÖHE, Prüfungstafel und Gebete für Beicht- und Abendmahlstage. Beicht- und Communionbüchlein für evangelische Christen (1837/1858): Klaus Ganzert (Hg.), Wilhelm Löhe: GW 7/2 (1960) 232–317. – Friso MELZER, Das Wort in den Wörtern, Tübingen 1965. – Michael B. MERZ, Liturgie und Mystagogie. Eine vergessene Form der Spiritualität?: Arno Schilson (Hg.), Gottes Weisheit im Mysterium. Vergessene Wege christlicher Spiritualität. Mainz 1989, 298–314. – Otto MICHEL, Art. μιμνήσκομαι κτλ.: ThWNT 4 (1943) 678–687. – Bonifaz MILLER, Weisung der Väter. Apophthegmata Patrum, auch Gerontikon oder Alphabeticum genannt, Freiburg 1965. – Burkhard NEUNHEUSER, Der Gestaltwandel liturgischer Frömmigkeit. Grundsätzliches zur geistesgeschichtlichen Deutung: Hugo Rahner/Emmanuel von Severus (Hg.), Perennitas. Münster 1963, 160–181. – Horst NITSCHKE (Hg.) in Zusammenarbeit mit Christian ZIPPERT, Abendmahl. Liturgische Texte, Gütersloh 1977. – Dietrich VON OPPEN, Der sachliche Mensch. Frömmigkeit am Ende des 20. Jahrhunderts, Stuttgart [1]1969. – Hans PREUSS, Die Geschichte der Abendmahlsfrömmigkeit in Zeugnissen und Berichten, Gütersloh 1949. – Karl RAHNER, Schriften zur Theologie, Bd. 15, Einsiedeln 1983. – Ders./Herbert VORGRIMLER, Kleines Konzilskompendium. – Sämtliche Texte des Zweiten Vatikanums, Freiburg [14]1980. – Joseph Kardinal RATZINGER, Ergebnisse und Probleme der dritten Konzilsperiode, Köln 1965. – Klemens RICHTER, Eine mystagogische Liturgie. Wunsch und Wirklichkeit nach einem Vierteljahrhundert Liturgiereform: Klemens Richter/Arno Schilson, Den Glauben feiern. Wege liturgischer Erneuerung, Mainz 1989, 109–135. – Anton ROTZETTER, Liturgische Spiritualität: Anton Rotzetter (Hg.), Geist wird Leib. Seminar Spiritualität 1, Zürich 1979, 97–111. – Gerhard RUHBACH, Theologie und Frömmigkeit. Versuch einer Standortbestimmung: Theologie und Spiritualität. Beiträge zur Gestaltwerdung des christlichen Glaubens, Göttingen 1987, 16–27. – Herwarth VON SCHADE/Frieder SCHULZ, Gottesdienst als Gestaltungsaufgabe (RGD 10), Hamburg 1979. – Friedrich D. E. SCHLEIERMACHER, Predigten, Neuausgabe Bd. 4, Berlin 1844. – Gerhard SCHNATH, Fantasie für Gott. Gottesdienste in neuer Gestalt, Stuttgart 1965. – Hans Jürgen SCHULZ, Konversion zur Welt. Gesichtspunkte für die Kirche von morgen, Hamburg 1964. – Uwe SEIDEL/Diethard ZILS (Hg.), Aktion Gottesdienst I. Evangelische und katholische Gottesdienstmodelle. Oekumenische Gottesdienste. Gebete – Meditationen – Bekenntnisse, Wuppertal 1970. – Fulbert STEFFENSKY, Gottesdienst. Poesie ohne Zwecke: Feier des Lebens. Spiritualität im Alltag. Stuttgart 1984, 91–101. – Peter STUHLMACHER, Bibelarbeit über Römer 12,1–8: Ernst Adomeit/Theo Sorg (Hg.), Das Haus der lebendigen Steine. Gemeinde bauen in der Volkskirche, Neukirchen-Vluyn 1987, 35–49. – Ders., Der Brief an die Römer, Göttingen [14]1989 (NTD 6). – Gustave THILS, Christliche Heiligkeit. Handbuch der aszetischen Theologie für Ordensleute, Priester und Laien, München 1961. – Josef WEISMAYER, Leben in Fülle. Zur Geschichte und Theologie christlicher Spiritualität, Innsbruck/Wien 1983. – Otto ZIMMERMANN/Carl HAGGENEY, Grundriß der Aszetik, Freiburg 1933.

Manfred Seitz

Spiritualität und Liturgie von Frauen

Nach frauenspezifischer Spiritualität zu fragen, impliziert, nach dem Anderen traditioneller christlicher Spiritualität zu fragen. Die Frage allein ist allerdings schon problematisch. Wer bestimmt das Allgemeine und wer das Besondere? Fragenkönnen und Benennen ist immer Ausdruck von Machtverhältnissen. Und was meint frauenspezifisch? Haben nicht Frauen immer ihren Glauben, ihre Spiritualität in die Kirche eingebracht und diese dadurch wesentlich mitgestaltet? Werden sie damit nicht erneut in Nischen gedrängt, statt nach ihrem Beitrag für den Glauben und Gottesdienst der ganzen Kirche zu fragen? Die Rede von »weiblicher Spiritualität« wiederum geht davon aus zu wissen, was weiblich im Gegensatz zu männlich ist. »Feministische Spiritualität« dagegen betont, dass Frauen alle Festlegungen auf ein Idealbild ablehnen, das sie daran hindert, selbst zum Subjekt ihrer spirituellen Praxis und der davon ausgehenden Reflexion zu werden. Die unterschiedlichen Standpunkte zeigen sich demnach schon im Sprachgebrauch. Im Folgenden wird der offene Begriff *Spiritualität von Frauen* verwendet, der Tatsache eingedenk, dass die Lebens- und Glaubenswirklichkeiten von Frauen vielfältiger sind, als jeder allgemeine Begriff erfassen könnte. Die Rede von »Spiritualität und Liturgie von Frauen« nimmt die *Differenz* unterschiedlicher Kontexte, gerade auch unter Frauen, ernst.

Noch einmal anders benennen religionssoziologische Untersuchungen die spirituelle Suche und liturgische Praxis von Frauen. Sie wird als Teil einer sich ausdifferenzierenden *religiösen Frauenkultur* (Franke 98) verstanden, die sich quer zu allen liturgischen Traditionen entfaltet. Die aktuellen kirchensoziologischen Erhebungen der VELKD und EKD erfassen dieses Phänomen offensichtlich nur unzureichend. Der darin unterstellte Wertkonservativismus von Frauen trifft für eine immer größere Gruppe nicht mehr zu. Frauen empfinden »traditionelle Religion oft als sinnentleert, fern vom eigenen Lebensalltag und wenig hilfreich für persönliche Fragestellungen und Bedürfnisse ... So besuchte keine der befragten Frauen aus eigenem Antrieb traditionelle Gottesdienste oder fand im kirchlichen Alltag ausreichende Möglichkeiten zur Auseinandersetzung im Hinblick auf persönliche und religiöse Fragen« (Franke 98).

Dennoch verlassen Frauen nicht einfach die Kirche. Vor allem Person und Botschaft Jesu hält sie fest, wie empirische Umfragen ergeben. Im liturgiegeschichtlichen Rückgriff auf urchristliche Spiritualität und Praxis werden außerdem aktuelle Forderungen nach Veränderung liturgisch-kirchlicher Praxis legitimiert. Für die gegenwärtige Situation sind des weiteren die Kontexte zu beschreiben, in denen sich Frauen ermutigt fühlen, ihre eigene spirituelle Frauenkultur zu entwickeln, sowie die Themen zu entfalten, die davon ausgehend liturgietheologisch und gesamtkirchlich diskutiert werden müssen.

I. Zur Geschichte

A. Vielfältige spirituelle »Lebenswirklichkeiten« von Frauen in der Frühen Kirche

Ein Blick in die Liturgiegeschichte zeigt die Vielfalt der spirituellen und »gottesdienstlichen Lebenswirklichkeiten« (Berger) von Frauen in der Jesusbewegung und Frühen Kirche. Frauen haben christliche Gemeinde in entscheidender Weise mit begründet. Erinnerungen daran finden sich im Christusbekenntnis der Martha (Joh 11,27), in der Predigt der Frau am Brunnen (Joh 4,28–30) in ihrer Heimatstadt, sowie vor allem im Verkündigungsauftrag an Maria von Magdala (Joh 20,11–18) und der Beschreibung des Pfingstereignisses, bei dem Maria, die Mutter Jesu, als Teil der Jüngerinnengruppe genannt wird (Act 1,14). Frauen aus jüdischem oder ihm nahe stehenden Kontext (Gottesfürchtige) sowie aus Kulten der damaligen Zeit fühlten sich von der Jesusbewegung angezogen, nicht zuletzt, weil die zentralen Sakramente Taufe und Eucharistie gender-inklusiv und gesellschaftliche Unterschiede nivellierend gefeiert wurden. Diese »Statusdissonanz« (Berger) einer egalitären Gemeinschaft (Schüssler Fiorenza) zeichnete Spiritualität und Leben christlicher Gemeinden aus.

Frauen stellten als Leiterinnen von Hauskirchen zudem ihren privaten Raum (οἶκος) als gottesdienstlichen Versammlungsort (Act 12,12) zur Verfügung. Die Versammlung dieser Hausgemeinden, das liturgische Essen und Trinken gemeinsam um den Tisch heiligte die alltäglichen Handlungen von Frauen als rituelle Zeichen eines spirituellen und religiös bedeutungsvollen Kontextes. Dabei kann an die alltags-religiöse Partizipation jüdischer Frauen am Kult erinnert werden (Schabbath). Witwen und Diakoninnen (Phöbe) hatten geistliche und liturgische Funktionen (Krankensalbung). Frauen gründeten Klöster und waren als spirituelle Lehrerinnen gefragt. Als Pilgerinnen (Egeria) zu den Gedenkstätten von Märtyrerinnen förderten sie das Entstehen eines christlichen Heiligenkults, wie er sich z.B. um die Gestalt einer Thekla oder Maria Magdalena herum entwickelte. Prophetinnen, wie die Töchter des Philippus (Act 21,9) erinnerten an die Tradition des Ersten Testaments und wussten sich in der Tradition prophetisch begabter Frauen, wie Hanna (I Sam 2).

B. Die Marginalisierung von Frauen im öffentlichen Gottesdienst

Ab dem 4. Jh. (nach der konstantinischen Wende) lässt sich eine zunehmende Verdrängung der Frauen aus dem öffentlichen Gottesdienst und damit eine Einschränkung ihrer spirituellen Ausdrucksmöglichkeiten beobachten. Die Gründe dafür sind komplex, wie Teresa Berger zu Recht anmerkt. Einige Aspekte seien angedeutet. Die egalitären Anfänge christlicher Gemeindebildung mussten in die Strukturen einer Staatskirche überführt werden. Der Bewegungsradius von Frauen wurde erneut geschlechtsspezifisch auf Haus und Familie eingeschränkt. Die Konsequenz daraus war, dass die »Frauentradition der Maria Magdalena« (Moltmann-Wendel) als einer selbstständig lebenden Frau verdrängt, die Verehrung Marias, der Mutter Jesu, als Muttergottes dagegen gefördert wurde. In den verschiedenen Epochen der Liturgiegeschichte entfaltete sich dieser Kult sowohl liturgiepraktisch wie dogmatisch immer reicher. Das Doppelideal der christlichen Frau als »Mutter und Jungfrau« bedeutete jedoch ein Problem für die Lebensführung der Frauen. Sie konnten dahinter immer nur zurückbleiben und sich schuldig fühlen.

Ein weiterer Grund für das Verstummen und Unsichtbarwerden von Frauen lag in der Wahl neuplatonischer Philosophie als Sprachhilfe für eine zeitgemäße Erklärung des christlichen Glaubens, etwa durch die Apologeten. Mit der darin vertretenen Überordnung von Geist über Natur wurden Frauen als Teil der Natur gegenüber dem Logos abgewertet. Außerdem ließen sich prozesshafte oder gar ekstatische Phänomene (prophetisches Reden, Tanz und Bewegung, der veränderliche Körper) nur schwer damit vereinbaren. Sie wurden mehr und mehr aus dem Gottesdienst verdrängt. Selbst das liturgische Singen von Frauen wurde verboten, ebenso wie ihr Lachen im Gottesdienst Ermahnungen nach sich zog (Berger). Lachen lässt sich jedoch auch als Reaktion auf unterdrückte Kommunikationsmöglichkeiten interpretieren. Die spirituelle Kompetenz von Frauen konnte und sollte sich also nicht mehr äußern (I Kor 14; I Tim 2, 11–14). Spezifisch weibliche Erfahrungen, die zugleich spirituelle Wandlungsprozesse (Schwangerschaft, Geburt, Stillen) bedeuten, wurden mit Verboten belegt. Frauen mussten ihren Körper zunehmend als Hindernis für ein christliches Leben empfinden. Während in den Anfängen der Kirche verheiratete Frauen und Witwen eine positive Rolle spielten, wurden nun asketisch lebende Frauen, sog. »Jungfrauen« besonders hervorgehoben. Ihre Lebensform gewann großen Zulauf, bot sie doch bei fortschreitender Einschränkung durch die institutionelle Kirche für viele Frauen eine Möglichkeit, ihren Glauben eigenständig leben zu können.

C. Freiräume unter kirchlicher Aufsicht

Bis in die jüngste Zeit waren es deshalb *asketische Gemeinschaften*, in denen Frauen, obschon auch hier kirchlich(männlich)er Aufsicht unterstellt, ihre spirituell-liturgischen Traditionen entfalten konnten. Hier begann im Mittelalter die Blüte der Frauenmystik. Als Prophetinnen und Theologinnen redeten eine Birgitta von Schweden, Theresa von Avila u.a. den Mächtigen ihrer Zeit ins Gewissen. Sie entwarfen kühne theologische Bilder, um ihre Gottesbeziehung als »Gottesminne« zu beschreiben. Erotische Sprache wurde dazu ebenso herangezogen wie die Metapher des Tanzes, etwa durch Mechthild von Magdeburg. Jesus konnte bei Juliana von Norwich als Mutter bezeichnet werden. Der (weibliche) Körper, im Spannungsfeld zwischen »Fest und Fasten« (Walker Bynum) wurde von Hildegard von Bingen als schöpferisches Gleichnis und Abbild der Inkarnation Christi verstanden. Spirituelle Freiheit und liturgische Handlungsfähigkeit zeigte das Beispiel der Äbtissin Vilemina und ihrer Jüngerin Mayfreda. In ihrer Klostergemeinschaft feierten sie die Eucharistie, Vilemina wusste sich als Inkarnation des Heiligen Geistes. In den Beginengemeinschaften des 12. und 13. Jh. konnten Frauen schließlich auch außerhalb des Klosters in spirituell verbindlicher Weise zusammen leben. Die sich bis in die Neuzeit erstreckende Hexenverfolgung beseitigte erneut diese Freiräume und sicherte das klerikal-theologische Interpretationsmonopol. Wieder wurde der weibliche Körper als Quelle teuflischer Verführung denunziert.

Für die spirituellen Ausdrucksmöglichkeiten von Frauen brachte auch die *Reformation* keinen wesentlichen Fortschritt. Zwar wertete Luther den Alltag und damit die Erziehungs- und Hausarbeit von Frauen als Ort des eigentlichen Gottesdienstes auf (Röm 12). Auf der anderen Seite wurde durch die Auflösung der Klöster eine alternative Lebensform zu patriarchaler Ehe und Familie beseitigt. Öffentliche Verkündigung durch Frauen war für die Reformatoren undenkbar, auch wenn dieses Recht einzelne Frauen, wie Katharina Zell, Argula von Grumbach u.a. für sich in Anspruch nahmen. Die hierarchische Gesellschafts- und Familienstruktur, der Grundsatz »die weyber nach den mennern« (Bieritz 1990), galt weiterhin. Das Pfarrhaus und die Pfarrfrau/Pfarrfamilie übernahmen eine ähnliche spirituelle wie moralische Vorbildfunktion wie die früheren klösterlichen Lebensgemeinschaften. Öffentliche Ausdrucksmöglichkeiten fanden theologisch gebildete und spirituell kreative Frauen als Liederdichterinnen, wie das Beispiel von Elisabeth Cruciger, Catharina Regina von Greiffenberg und vielen anderen zeigt. In *pietistischen Gemeinschaften*, wie der Herrnhuter Gemeine, konnten Frauen erneut als Prophetinnen, Gemeindeleiterinnen und Liederdichterinnen agieren. Auch als Theologinnen waren sie angesehen, wie das Werk der Johanna-Eleonore von Merlau-Petersen belegt. In den *protestantischen Erneuerungsbewegungen* des 18. und 19. Jh., wie z.B. der Quäkerbewegung, spielten Frauen ebenfalls eine herausragende Rolle. In der Gemeinschaft der »Shaker« unter ihrer Gründerin Mary Ann Lee (1774–1784) wurde Bewegung und Tanz zum zentralen Medium von Offenbarung und liturgischer Gestaltung.

Im Gegensatz zur ständig wiederholten Abwertung und Einschränkung der spirituellen und liturgischen Ausdrucksmöglichkeiten von Frauen durch die offizielle Kirche ist es erstaunlich, wie hartnäckig Frauen über die Jahrhunderte hinweg immer wieder eigene, ungehinderte Entfaltungsmöglichkeiten ihres Glaubens, ihrer Weise, Gottesdienst zu feiern, gefordert haben. Die beginnende Frauenbewegung wie die Anfänge der Ökumenischen Bewegung am Ende des 19. Jh. gaben dieser Suche nach dem eigenen Ort und Wort von Frauen neuen Auftrieb.

II. Wiedergewinnung spiritueller Selbstdefinition und liturgischer Teilhabe

A. Weltgebetstag und Frauenordination

Die Anfänge der Kirchlichen Frauenbewegung wie auch die frühe Ökumenische Bewegung waren der Nährboden, auf dem Frauen in Amerika zu Gebetskreisen für Innere und Äußere Mission aufriefen. Daraus entwickelte sich schließlich im Lauf von mehr als 100 Jahren der *Weltgebetstag* der Frauen. In schlichter Form jeweils am ersten Freitag im März weltweit in verschiedensten christlichen Konfessionen gefeiert, stellt er in seiner Verbindung von Gebet und Aktion, von Liturgie und Unterstützung unterschiedlicher Frauenprojekte ein frühes Beispiel »politischer Gottesdienste« dar. Von Anfang an bildete der ökumenische Horizont einen interkulturellen Lernort. Als Laiinnenbewegung motiviert er seither immer wieder Frauen, unabhängig von professioneller Ausbildung, den eigenen spirituellen Ausdruck zu suchen und in Frauenliturgien auch unabhängig vom Weltgebetstag zu gestalten.

Aber auch außerhalb kirchlicher Institutionen und religiöser Gemeinschaften suchten Frauen am Ende des 19. Jh. nach neuen spirituellen, liturgischen und theologischen Ausdrucksmöglichkeiten. Im philosophisch-ethischen Diskurs der Romantik interpretierte etwa die Dichterin Bettina von Arnim-Brentano inhaltlich eigenwillig und von den konfessionellen Streitigkeiten ihrer Zeit abgeschreckt den christlichen Glauben als eine »Schwebereligion«. Die dafür charakteristischen Motive von Berühren, Verbundenheit und Wertschätzung des weiblichen Körpers nehmen thematische Stichworte heutiger feministischer Spiritualität vorweg.

Nachdem die säkulare Frauenbewegung schließlich den Zugang von Frauen zur akademischen Bildung (1908 in Bayern) und das Wahlrecht (1918) erkämpft hatte, forderten evangelische Theologinnen die *Zulassung von Frauen auch zur Ordination*. Diese konnte allerdings erst im Kontext der Neuen Frauenbewegung, nach über drei Generationen und mehreren Zulassungsstufen, nicht zuletzt durch die Erfahrungen des Pfarrermangels in den beiden Weltkriegen, ab 1970 in den meisten protestantischen Kirchen in Europa durchgesetzt werden. Ausnahmen bilden nach wie vor die lutherische Kirche in Lettland, die die Ordination von Frauen wieder aufhob, sowie die lutherische Kirche in Polen. Die Weihe von Frauen zu Priesterinnen folgte immerhin in der anglikanischen (1992) und der altkatholischen Kirche (1996).

Römisch-katholischen Theologinnen ist die Rehabilitierung ihrer spirituellen und liturgischen Charismen und Kompetenz im öffentlichen Gottesdienst bis heute allerdings verwehrt geblieben. Sie sind aufgrund ihres weiblichen Geschlechts nicht zur Weihe und damit nicht zur Leitung der Eucharistiefeier befugt. Das durch die Ökumenische Bewegung, das Zweite Vatikanische Konzil und die Frauenbewegung gewonnene neue Bewusstsein konnte den Frauen jedoch nicht mehr genommen werden. Katholische Theologinnen und Ordensfrauen in Amerika, wie etwa die »Sisters Against Sexism« (SAS), forderten das Recht auf liturgische Leitung und öffentliche Verkündigung ein. Die »Women's Ordination Conference« (WOC) entstand, die sich für die Priesterweihe von Frauen einsetzte. Auf großen Frauenkonferenzen sprach Elisabeth Schüssler Fiorenza von ihrer Vision einer »Ekklesia der Frauen«, Rosemary R. Ruether von »Women-Church« als einer neuen Weise, Kirche zu sein. Die ermutigenden Signale des Zweiten Vatikanischen Konzils wurden jedoch durch kirchenamtliche Dekrete immer mehr zunichte gemacht. Als Antwort auf diesen restriktiven Kurs entstanden in den neunziger Jahren Bewegungen, die auch im deutschsprachigen Katholizismus die volle Rehabilitierung von Frauen und ihre Zulassung zur Priesterweihe forderten. Die *Frauensynodenbewegung* etwa als eine basiskirchliche Erneuerungsbewegung, reklamierte zunächst vor allem unter katholischen Frauen synodale Mitspracherechte von Frauen, doch schlossen sich rasch auch Frauen aus protestantischen Kirchen an. Dieser Zweig Kirchlicher Frauenbewegung begann 1988 in den Niederlanden (erste niederländische Frauensynode). Weitere wichtige Stationen waren 1992 die erste österreichische Frauensynode, 1994 die erste deutsche Frauensynode, 1995 die erste gesamtschweizerische Frauensynode. 1996 folgte schließlich die Erste Europäische Frauensynode in Gmunden, Österreich. Mehr als 1000 Frauen diskutierten u.a. über »Spiritualität und Liturgie von Frauen«. Frauen verstanden sich als »Grenzgängerinnen, Hebammen, Gastwirtinnen« einer neuen Spiritualität. In ähnlicher Ausrichtung will die *Frauenkirchenbewegung* Raum schaffen »für frauenspezifische religiöse Anliegen und feministisch-theologisches Denken und Handeln« (Netzwerk FrauenKirche Schweiz). Fokussiert auf die Durchsetzung der Priesterinnenweihe ist vor allem das Netzwerk »Lila Stola«, »Maria von Magdala« und als internationaler Zusammenschluss dieser Bewegungen das Netzwerk »Women's Ordination Worldwide« (WOW) zu nennen. Zudem begannen, nachdem die theologische Erörterung des »Diakonats der Frau« alle Einwände beseitigen konnte, Frauen auch ohne kirchenamtliche Zulassung mit einer dreijährigen Diakonatsausbildung (abgeschlossen 2002) und andere im selben Jahr mit einer ersten Priesterinnenweihe. Das Kirchenvolksbegehren in Österreich und die Bewegung »Wir sind Kirche« in Deutschland wird ganz wesentlich von Frauen mitgetragen. Grundlegend ist darin die ökumenische Ausrichtung, ein erneuertes Kirchenbild, die Forderung nach Reform des Priesteramtes, Freigabe des Zölibats, sowie nach synodaler Verfassung der Kirche anstelle der traditionell hierarchischen Struktur kirchlicher Leitung. Deutlich wird der Leidensdruck, dem Frauen hier immer noch ausgesetzt sind. Weder wird ihnen bislang ein gleichberechtigter Ort zugestanden, noch wird ihr Wort wirklich gehört und umgesetzt.

Es verwundert deshalb nicht, wenn gerade hier der Beginn einer eigenständigen Frauenliturgiebewegung anzusiedeln ist. Diese ist als der rituelle Zweig kirchlicher Frauenbewegung zu verstehen, ähnlich wie die unterschiedlichen Ausformungen feministischer Theologie als deren reflexiv-theoretische Ausarbeitung verstanden werden kann.

B. Erste Frauenliturgiegruppen

In frühen Frauenliturgiegruppen, wie der Gruppe »Women's Alliance for Theology, Ethics and Ritual« (WATER) in Washington, DC oder der »Women's Liturgy Group« in New York wurde in den 80er Jahren des 20. Jh. damit begonnen, neue theologische Überzeugungen liturgisch umzusetzen. Erste Liturgiesammlungen von Arlene Swidler und Rosemary R. Ruether erschienen. Über das Graalszentrum auf dem Tiltenberg in den Niederlanden und die theologische Vermittlung von Catharina Halkes wurden diese Impulse nach Deutschland vermittelt.

Dieser größere Zusammenhang der Ökumenischen Bewegung stellt bis heute für viele Frauen eine wichtige Möglichkeit des Austauschs und der Bewusstseinsbildung dar, die so in ihrer Mitgliedskirche häufig nicht gegeben ist. Meilensteine für den ökumenisch geführten Diskurs über Frauenrechte sind die Berliner Sexismuskonferenz 1974, die Konsultation von Sheffield 1981 sowie ihre Rezeption in den Mitgliedskirchen (z.B. auf der EKD-Synode 1989 in Bad Krozingen). In Deutschland waren es vor allem Elisabeth Moltmann-Wendel, später auch Luise Schottroff, Dorothee Sölle u.a., die diese ökumenischen und feministisch-theologischen Impulse an die kirchliche Basis und in den theologischen Diskurs vermittelten.

Auf den Vollversammlungen des ÖRK begegneten sich fremde spirituelle und liturgische Traditionen, was den eigenen Horizont erweiterte. Besonders eindrücklich und kontrovers diskutiert wurde die Performance der südkoreanischen Professorin Chung Hyung Kyung 1991 in Canberra. In Zustimmung und Kritik wurde deutlich, dass feministische Spiritualität nicht nur die kosmetische Veränderung eines bisher einseitig formulierten kirchlichen Glaubens bedeutete. Die notwendigen Veränderungen und das Sich-Einlassen auf Fremdes war vielen, besonders den Vertreterinnen und Vertretern der orthodoxen Kirchen zunächst zu weitgehend. Auch erschweren die Unterschiede der gesellschaftlichen Entwicklung im Osten und Westen Europas und die damit zusammenhängende Ungleichzeitigkeit des Frauenbewusstseins in den jeweiligen Mitgliedskirchen bis heute den ökumenischen Austausch unter Frauen in der Kirche erheblich. Die Ökumenische Dekade »Kirchen in Solidarität mit den Frauen« (1988–1998) war deshalb besonders wichtig. Sie bündelte im Nachgang zur UN-Frauendekade noch einmal die Forderungen der Frauen nach Partizipation auf allen Ebenen und in allen Bereichen der Kirche. Dazu waren auch ihre spirituellen und liturgischen Kompetenzen zu rechnen. Wie dies nachdrücklich die zur Mitte der Dekade 1993 in Minneapolis begonnenen »Re-Imagining-Konferenzen«, aber auch die weltweit in den Mitgliedskirchen durchgeführten Besuche (»team visits«) zeigten, ist damit erst der Anfang einer umfassenden Revision spiritueller und liturgischer Traditionen gemacht worden.

C. Feministische Spiritualität

Die Anfänge dieses kritischen Revisionsprozesses liegen wiederum in den USA. In den siebziger und achtziger Jahren des 20. Jh. erschienen dort wichtige Bücher zu Themen feministischer Spiritualität. Mary Daly äußerte sich kritisch zu »Gottvater, Sohn und Co« und formulierte ihr Bekenntnis von Spiritualität als »Pure Lust«. Vertreterinnen christlicher Tradition (Schüssler Fiorenza, Trible, Ruether) äußerten sich neben postchristlichen Autorinnen (Starhawk). Die Pluralität der Perspektiven wurde in Sammelbänden deutlich. Auch Gewalt gegen Frauen wurde schon früh als politisches wie spirituelles Thema diskutiert. Der Satz »Das Private ist politisch, ist spirituell« verband als Grundüberzeugung unterschiedlichste Frauen. In deutscher Sprache erschienen ähnliche Sammelbände, allerdings stärker volkskirchlich geprägt (Sommer). Daneben wurden Extrempositionen einer postchristlich-matriarchalen Religion (Mulack; Göttner-Abendroth) und Frauen-Hexen-Kirche (Sorge) diskutiert. Die Interpretation weiblicher Körpererfahrungen als »göttlich« führte zum Eklat um die Theologin Jutta Voss.

In der innerfeministischen Klärung, was unter »Spiritualität von Frauen« zu verstehen ist, spielt gegenwärtig besonders die Wahrnehmung der Differenz, der kulturellen und ethnischen Unterschiede unter Frauen eine große Rolle. Dies wird u.a. im Paradigma von »Inkulturation« durchgearbeitet. Teresa Berger versteht darunter einen wechselseitigen Einfluss- und Veränderungsprozess zwischen traditioneller christlicher Spiritualität und Liturgie und der sich neu formierenden feministischen Frauenkultur. In Amerika und darüber hinaus entstanden womanistische, hispanische, asiatische und indianische Theologien auf der Basis je eigener spiritueller Traditionen. Dies bedeutete auf der anderen Seite, den jeweiligen »Kontext« für das theologische Denken wissenssoziologisch auszuarbeiten (McClintock Fulkerson). In beiden Denkrichtungen sind wichtige Ansätze für eine neue Phase konstruktiv-kritischer Auseinandersetzung innerhalb feministisch-theologischer Positionen zu sehen.

Zusammenfassend lässt sich feststellen, dass in die Entfaltung gegenwärtiger »Spiritualität von Frauen« sowohl die Anstöße der säkularen Frauenbewegung, des religiösen Feminismus, der Kirchlichen Frauenbewegung, die Impulse der Ökumenischen Bewegung, wie vor allem unterschiedliche Positionen feministischer Theologie eingegangen sind.

D. Liturgiegenerierende Orte

Wo wird nun diese sich neu etablierende »Spiritualität von Frauen« fassbar, wo wird sie liturgisch gestaltet? Es lassen sich gegenwärtig unterschiedliche Orte beschreiben, an denen sich eine eigenständige spirituelle Frauentradition entwickelt und liturgisch konkretisiert.

Zunächst sind es in Deutschland vor allem *Konferenzen und Tagungen* und damit *Akademien und Tagungszentren* (Bad Boll) gewesen, die hier als Plattform für Experiment und Austausch genutzt wurden und zugleich katalysatorisch für liturgische Gestaltung wirkten. In einem weiteren Sinn ist hier auch der Deutsche Evangelische Kirchentag zu nennen, auf dem sich Frauen mit Frauenwerkstätten, Frauenforen und der feministisch-theologischen Basisfakultät wichtige Freiräume geschaffen haben (Erste Frauenwerkstatt auf dem Frankfurter Kirchentag 1987). Das 1994 gegründete und von der Evangelischen Kirche in Deutschland getragene Frauenstudien- und Bildungszentrum in Gelnhausen begann 1996, die Ergebnisse zahlreicher Liturgischer Werkstätten erstmals in einer *Langzeitfortbildung in Feministischer Liturgie* mit dem Titel »Brot und Rosen« zu bündeln und für interessierte Frauen anzubieten. Die Frauenarbeit der Württembergischen Landeskirche folgte mit einer ähnlichen »Fortbildung in Frauenspiritualität und Frauenliturgie«. Seit Jahren setzen sich *Studentinnengemeinden an Universitäten und Theologischen Fakultäten* (Münster u.a.) und Frauengruppen an der Basis der *Kirchen-/Pfarrgemeinden* mit Feministischer Theologie auseinander und verdichten die gewonnenen Impulse rituell. In diesen Frauenliturgien spielt der Körper, spielen Sinnlichkeit, Bewegung und Tanz eine wichtige Rolle. Multiplikatorinnen dieser alternativ-experimentellen spirituellen und liturgischen Praxis sind die konfessionellen *Frauenverbände*, sowie die evangelisch landeskirchlichen *Frauenwerke und Frauenreferate* mit ihrer langjährigen Tradition der »Dekadegottesdienste«. Gleichstellung wurde von Anfang an als Aufgabe auch im Kontext symbolischer Kommunikation verstanden. Die Herausforderung, kurz vor Fertigstellung der gesamtkirchlichen liturgischen Projekte (EGb; EG) diese Impulse einer eigenständigen »Spiritualität und Liturgie von Frauen« kritisch-konstruktiv einzubringen, profilierte Anfang der 90er Jahre die spirituelle und liturgische Praxis von Frauen als einer eigenständigen Frauenliturgiebewegung nach außen und innen.

III. Thematische Akzente einer gegenwärtigen »Spiritualität von Frauen«

Die in feministischer Theologie erfolgende Re-Vision traditioneller Gottesbilder erschütterte die spirituelle Basis vieler Kirchenfrauen nachhaltig. Untersuchungen zur Akzeptanz feministischer Spiritualität im kirchlichen Bereich ergaben bei der Mehrzahl kirchlich »hoch verbundener« Frauen Symptome »innerer Emigration« (Mirjam Therese Winter), ein Phänomen, das von den offiziellen kirchensoziologischen Untersuchungen noch nicht ausreichend wahrgenommen wird. Als Widerspruch zu traditionellen Frömmigkeits- und Interpretationsmustern der Kirche und als Suchbewegung des eigenen spirituellen Ausdrucks reklamieren Frauen auf der anderen Seite die Freiheit zum eigenen Symbolisieren und Deuten. Diese eigenen religiösen Ausdrucks- und Interpretationsmöglichkeiten wurden schon vor Jahrzehnten (Ruether) gefordert, sind aber, wie die jüngsten Umfragen bestätigen, immer noch nicht eingelöst.

»So berichteten nahezu alle befragten Frauen, dass der entscheidende Raum zur kritischen Auseinandersetzung mit herkömmlicher Religiosität sowie zur Entwicklung einer eigenen religiösen Orientierung im Rahmen von Frauengruppen oder anderen frauenspezifischen Veranstaltungen (wie z.B. Frauengottesdienste oder Seminare und Workshops im Rahmen religiöser Frauenbildung) besteht. Auch die Erprobung und Ausübung neuer Formen religiöser Praxis erfolgt bislang ausschließlich in von Frauen getragenen Zusammenhängen. Den befragten Frauen ist es wichtig, zunächst unter sich zu sein, um durch die Beachtung spezifisch weiblicher Erfahrungen eigene Formen religiöser Praxis und Interpretation zu finden« (Franke 98).

Besondere Aufmerksamkeit wurde und wird dabei der Ausarbeitung eines Frauen würdigenden Gottesbildes gewidmet. Das Ringen um eine frauengerechte Gebetssprache führte rasch zur

Kritik am »herr«schenden *Gottesbild,* den ausschließlich männlichen Gottesprädikationen. Eine Phase des Experimentierens mit neuen Gottesprädikationen begann. Zunächst wurde dem in christlicher Liturgie vorherrschenden »Vater«-Gott die »Mutter« mit den Eigenschaften der Nähe und emotionalen Zuwendung gegenübergestellt. Bald jedoch wurde die dadurch bewirkte Rechtfertigung gesellschaftlicher Rollenverteilung im Transzendenten deutlich. Offene, nicht-familiale oder schöpfungsbezogene Symbole und Bilder werden seither verstärkt verwendet (Gott als Freundin, Quelle, Licht).

Der liturgische Gebrauch des »Göttin-Symbols« (Raphael) ist dagegen innerkirchlich immer noch negativ sanktioniert. Eine erneute Ideologisierung der spirituellen Suche von Frauen wird befürchtet. Es ist jedoch zu vermuten, dass sich darin für viele Frauen eher das Beharren auf eigener Gottesrede äußert als die Rückkehr zu einem neuen Göttinnen-Kult. Das Reden von der »Göttin« fungiert als Symbol der Selbstwerdung von Frauen (Christ). »Spezifisch ist dabei, ... dass die Aktualität von Göttinbildern nichts mit dem Auftreten einer neuen Göttinreligion zu tun hat, sondern dass diese Frauen innerhalb der ihnen vertrauten religiösen Tradition, hier dem Christentum, nach einer religiösen Neuorientierung suchen« (Franke 97). Innerchristlich, und hier liegen m.E. theologisch weiterführende Herausforderungen, muss in Zukunft stärker das Gottesbild im Anschluss an die biblische Rede von »Sophia/Ruach« sowie an schöpfungstheologische Vorstellungen ausgearbeitet werden. Hier liegt ein unausgeschöpftes Potenzial biblisch-christologischer Anknüpfungsmöglichkeiten. Wie sehr dies auf Zustimmung trifft, zeigt die im skandinavischen Bereich, auf den Frauensynoden wie in der Re-imagining-Bewegung entfaltete Sophia-Spiritualität, die sich in Sophia-Gottesdiensten konkretisiert. Sie sind es wert, als Sprachmöglichkeiten des Glaubens von Frauen aufgegriffen zu werden.

Neben dem Gottesbild spielt vor allem der *Körper* in der Neuformulierung und Entfaltung feministischer Spiritualität eine wesentliche Rolle. Die dualistische Sicht von Körper-Geist bzw. Natur-Geist wird abgelehnt. Statt dessen wird nach neuen Begriffen für ein beziehungsreiches Denken gesucht. Ein zweiter konsensfähiger Strang zeigt sich in der Verbindung von feministischer Spiritualität und ökologischer Bewegung. Gemeinsame Überzeugung dabei ist, dass Gewalt gegen Frauen und Gewalt gegen die Schöpfung aus dem gleichen Denkmuster stammt, das sich das »Andere« als etwas Minderwertiges unterwirft. Um lebensförderlich denken und handeln zu können, muss deshalb eine Theologie, eine Gotteslehre etabliert werden, die die Schöpfung als eine umfassende Gegebenheit menschlichen Lebens theologisch zu denken vermag. Dazu hat u.a. Rosemary R. Ruether mit ihrer Interpretation des Gaia-Begriffs wichtige Impulse gegeben. In jedem Fall wird Spiritualität nicht mehr als Gegensatz zu Materialität, sondern als dessen andere Seite verstanden. Es geht um »Ganzheit« als Bezeichnung einer immanent-eschatologischen Dimension von Wirklichkeit (Moltmann-Wendel 2002).

Die Resonanz menschlicher und kosmologischer Rhythmen wird in *Jahreszeitenfesten* gefeiert. Die Bejahung der eigenen endlichen Grenzen verknüpft sich mit der Perspektive der »Geburtlichkeit« (Hannah Arendt) und der Potenzialität des Lebens. *Alltag und unterschiedliche Lebenswirklichkeiten* von Frauen, die Erfahrungen von Frauen in Haus- und Berufsarbeit, Erziehung von Kindern, Pflege von Kranken wie auch die *Lebensgeschichte* in ihren Übergängen und Brüchen werden spirituell gedeutet und z.B. in Ritualen an Lebenswenden gefeiert. Religion inkulturiert sich in den jeweiligen individuellen und gemeinschaftlich-politischen Zusammenhang und in die jeweilige *Lebensform*, was zur Ausbildung etwa einer spezifisch lesbischen Spiritualität führt.

Ist jede Frau Ebenbild Gottes, so spiegelt sie in ihrer individuellen Lebensgeschichte und spirituellen *Erfahrung* ein wesentliches Stück Gotteserfahrung wider. Diese hat theologische Relevanz für die liturgisch feiernde Gemeinschaft. Die persönliche Spiritualität ist nach Edith

Franke deshalb »eng mit einem Prozess der Selbstreflexion und Selbsterfahrung verbunden« (Franke 99). Die *Individualisierung* der spirituellen Erfahrungsweisen schließt jedoch die *Gemeinschaftlichkeit* nicht aus. Vielmehr wird um Grundüberzeugungen in Gespräch und liturgischer Gestaltung gerungen.

Unterschiedliche *ekklesiologische Konzepte* (Frauenkirche; Nachfolgegemeinschaft der Gleichen) verbindet die Überzeugung, dass Frauen selbst *Kirche sind*. Nach Mary Hunt von der Liturgiegruppe WATER bilden *Solidarität und Sakrament* die Eckpfeiler individuellen wie gemeinschaftlichen politisch-liturgischen Handelns. Sie artikulieren Sehnsucht nach Gerechtigkeit, Klage über Gewalt und Bitte um Transformation und Heilung.

Dagegen steht die Wirkung einer liturgischen Gebets- und Predigtsprache, der nicht widersprochen werden kann, die jedoch ihrerseits durch gewalttätige Bilder und Intentionen verletzt. Eine Spiritualität der Gerechtigkeit ist nur als Widerstand und Nein-Sagen zu ungerechten Verhältnissen und gewaltsamen Beziehungen, ist nur als »No-Liturgy« (Procter-Smith) evangeliumsgemäß. Dies müssen Frauen gegen ihre traditionelle kirchlich-religiöse Sozialisation lernen. Es genügt nicht, gefällige Gottesbilder zu installieren, solange die gewaltsame und unterwerfende instrumentalisierende Intention liturgischer Sprache beibehalten wird. Es sollte so im Gottesdienst gesprochen werden, dass Sprache wieder Gerechtigkeit inkarniert.

Zeichentheoretisch gefasst werden Leib/Körperlichkeit/Materialität in der Spiritualität und Liturgie von Frauen als in sich bedeutsam verstanden. Alle Zeichen symbolischer Kommunikation und Zeichenhandlungen werden daraus »geboren«. Berühren, Bewegen und Expressivität sind deshalb Grundformen symbolischer Kommunikation. Der *Liturgische Tanz* wird zum signifikanten Medium liturgischer Gestaltung von Frauen, weil gerade »Zeigen« und »Interpretieren«, Kommunizieren und Verstehen zusammenfallen. Dies hat Auswirkungen auf die liturgische Struktur, die sich durchgängig als *Kreis oder Spirale* konkretisiert. Aber auch die Weise spiritueller und liturgischer *Leitung* wird davon tangiert. Sie wird geteilt (shared leadership) und will Ermächtigung (empowerment) zum eigenen Weg sein.

Zusammenfassend lässt sich feststellen, dass sich in der spirituellen und liturgischen Praxis von Frauen dekonstruktive und rekonstruktive Elemente verknüpfen. Der spirituelle Weg wird aus mehreren Optionen und unterschiedlichen Traditionen gewählt. Dies führt allgemein zu neuen religiösen Mustern im Sinn einer individuellen spirituellen »Bricolage«. Die Grenze zwischen innerkirchlicher und außer- bzw. postchristlicher Verortung bleibt deshalb fließend. Die »Ökumene der Frauen« übergreift die konfessionell-kirchliche. Es ergeben sich, wie die Aufzählung der liturgiegenerierenden Orte gezeigt hatte, unterschiedliche Schnittmengen mit verfasster, traditioneller Kirchlichkeit.

IV. Folgerungen für Praxis und Wissenschaft

A. Liturgiepraktische Folgerungen

Die genannten thematischen Akzente zeigen das Ringen von Frauen, an der Grundlage der biblisch-christlichen Tradition festzuhalten, sich aber gerade darin selbstbewusst und eigenständig zu äußern und liturgisch aktiv zu werden. Soll dies aber für die Gemeinschaft *aller* Glaubenden fruchtbar werden, so müssten diese Akzentuierungen stärker als bisher in den Gottesdienst einfließen. Gegenüber der je nach Konfession stärker verbalen oder visuellen Liturgietradition ist die Vielfalt der Ausdrucks- und Wahrnehmungsmöglichkeiten, sind Gesten und Gebärden, gemeinschaftliche Bewegung und Tanz als eine wichtige, resonante Kommunikationsform zu integrieren (Enzner-Probst). Fixierte Raumformen und linear-hierarchische

Strukturen des Gottesdienstes sollten aufgelöst werden, um sich leichter der jeweiligen Situation anzupassen. Gegenüber der einseitigen Explikation von Texten sollte der Körper und damit das eigene Leben als »Tempel des Heiligen Geistes« (I Kor 6) und erster sakraler Ort ernster genommen werden. Statt sich allein mit Texthermeneutik auseinanderzusetzen, müssten ähnliche Anstrengungen in Richtung einer differenzierten Leibhermeneutik unternommen werden. Dies könnte z.B. das Gebet von seiner stark rezitativen Form befreien und zu einer Weise des »inneren Atmens«, zum schweigenden oder leiblich-expressiven Beten werden lassen. Dazu muss jedoch geübt angeleitet werden können. Wird auf diese Weise die performative und vor allem mystische Dimension des christlichen Glaubens betont, so hat dies seine Berechtigung, wenn gesehen wird, dass sich die spirituelle und liturgische Praxis von Frauen im Widerspruch zu einer einseitigen kirchlichen Praxis entwickelt hat. Nur mit dieser zusammen kann sie in ihrer innovatorischen Kraft wie in ihren Grenzen gewürdigt werden, ohne erneuten Einseitigkeiten zu verfallen. Unterschiedliche Strukturen und Metaphern, impressive und expressive Formen sind als Elemente einer spannungsvollen Balance situationsgerecht einzubringen, um zu einem gemeinsam verantworteten Gottesdienst von Frauen und Männern, in dem nicht zuletzt Kinder und Jugendliche willkommen sind, zu gelangen.

B. Liturgiewissenschaftliche Folgerungen

Die liturgiewissenschaftlichen Herausforderungen allerdings, die in dieser sich neu artikulierenden Spiritualität von Frauen und ihrer liturgischen Umsetzung liegen, sind beträchtlich. Abschließend seien einige davon genannt. Die religiösen Veränderungsprozesse, die innerhalb oder am Rande der institutionellen Kirche als »spirituelle Frauenkultur« erkennbar werden, lassen sich nur durch Verwendung eines *weiten Religionsbegriffs* erfassen. Die darauf basierende empirische Religions- und Liturgieforschung muss intensiviert werden (Christoph D. Müller). Besonders der *Spiritualitätsbegriff* muss sich erweitern und *Leiblichkeit* als theologisch bedeutsame Ermöglichung von Gotteserfahrung und als Zeichengrund aller symbolischen Zeigehandlungen (Liturgie, Ritual) integrieren. Die spirituelle Erfahrung von Menschen kann nicht abgelöst werden von Bewegung und körperlicher Expression, sie ist eingebettet in einen vielschichtigen Kommunikationsprozess. Die von der *Kreis-Metapher* geprägte liturgische Grundstruktur erleichtert individuell-postmoderne Teilhabestrukturen, bedingt aber auch eine Veränderung im homiletischen Setting (*Predigt* als *Gespräch)*. Geschichten sind wichtiger als Geschichte. Nur im Erzählen kann die Kontextualität vermittelt werden. Das »Einst« des heilsgeschichtlichen Verweises muss bezogen bleiben auf das »Jetzt« göttlicher Präsenz in der spirituellen Gemeinschaft und liturgischen Zeigehandlung. »Zeit« wird eher räumlich verstanden werden als »Zeit-Raum« und Einladung zum kontemplierenden, verweilenden Sehen.

Liturgisch-spirituelle Kommunikation als vielschichtiges *Resonanzgeschehen*, als ein Sich-Einstimmen auf ein gemeinsames Thema (Communio) erfordert schließlich besondere *liturgiedidaktische* Anstrengungen, die auf Einübung und Habitualisierung hinarbeiten. Liturgie und Spiritualität von Frauen betont neben Elementen der Wiederholung vor allem solche der *Partizipation im Prozess*. Auch dafür sind geeignete didaktische Einübungsmöglichkeiten zu schaffen. Nicht zuletzt müssen Frauen und Männer angesichts ihrer Predigtaufgabe sensibler gegenüber den impliziten *Gewaltanteilen* biblischer und kirchlicher Texte werden. Gerade in der Gottesrede sollten Wege gefunden werden, um den transzendenten *»Mehrwert« göttlicher Wirklichkeit* (Plaskow) im Unterschied zu menschlicher Existenz anders auszudrücken als in Bildern gewaltsamer Unterordnung.

Grundsätzlich ist anzumerken, dass Frauen als Mehrheit der Kirchenmitglieder deutlicher als bisher den Bezugspunkt aller praktisch-theologischen Reflexion und Theoriebildung bilden müssen. Die *Kategorie Gender* ist deshalb in die Diskussion *aller* liturgisch-theologischen Inhalte einzubringen. Dies macht die genderspezifische Abhängigkeit jedes theologischen Sprechens deutlich und beugt unzulässigen Verallgemeinerungen vor. Nur so lässt sich das kreative Potenzial von Frauen für die Erneuerung von Kirche nutzen, statt ihrer schleichenden Auswanderung tatenlos zuzusehen. Praktische Theologie als reflexives Begleiten kirchlicher Erneuerungsbewegungen hat hier subsidiäre Verpflichtungen. Der deutlich werdende *Paradigmenwechsel* sollte von ihr produktiv wahrgenommen und in seinen Konsequenzen diskutiert werden. Der Vorwurf der Häresie greift jedenfalls zu kurz. Die gegenwärtige spirituelle Frauenkultur kann auch als Avantgarde (Prüller-Jagenteufel) kommender Entwicklungen interpretiert werden. Zum ersten Mal in der christlichen Kirchen- und Liturgiegeschichte hängt die Beantwortung dieser Frage jedoch nicht mehr von kirchlichen Institutionen ab.

Literatur

Leni ALTWEGG/Margrit HUBER-STAFFELBACH/Simone STAEHELIN-HANDSCHIN, Ich spielte vor Dir auf dem Erdenrund, Freiburg/Basel 1990. – Hanna ARENDT, Vita activa, München [6]1992. – Teresa BERGER, The Women's Movement as a Liturgical Movement: A Form of Inculturation?: SL 20 (1990) 55–64. – Dies., Sei gesegnet, meine Schwester. Frauen feiern Liturgie, Würzburg 1999. – Dies., Dissident Daughters, Collegeville 2001. – Karl-Heinrich BIERITZ, Die weyber nach den mennern. Der reformatorische Gottesdienst und die Rolle der Frau: Liturgie und Frauenfrage, hg.v. Teresa Berger/Albert Gerhards, St. Ottilien 1990, 229–251. – Ders., Zwischen Weg und Kreis: Eucharistische Liturgie im »Evangelischen Gottesdienstbuch«: Liturgia et Unitas [FS Bruno Bürki], hg.v. Martin Klöckener/Arnaud Join-Lambert, Freiburg 2001, 110–133. – Carol CHRIST, Why Women need the Goddess: Womanspirit Rising, hg.v. Carol Christ/Judith Plaskow, San Francisco 1979. – Mary DALY, Jenseits von Gottvater Sohn und Co., München 1980. – Ninna EDGARDH BECKMAN, Sophia: Symbol of Christian and Feminist Wisdom?: Feminist Theology, Sheffield 16/1997, 32–54. – Brigitte ENZNER-PROBST, Pfarrerin. Als Frau in einem Männerberuf, Stuttgart 1995. – Dies., »Brot und Rosen«. Liturgiedidaktik als Aufgabe pastoraler Aus- und Fortbildung. Konsequenzen aus der liturgischen Praxis von Frauen: EvTh 62 (2002) 101–112. – Dies., Art. Gottesdienst von Frauen (und Männern): Liturgisches Kompendium, hg.v. Christian Grethlein/Günter Ruddat, Göttingen 2002. – Dies./Andrea FELSENSTEIN-ROSSBERG (Hg.), Wenn Himmel und Erde sich berühren, Gütersloh 1993. – Edith FRANKE, Religiöse Wandlungs- und Erneuerungsprozesse als Gegenstand empirischer Forschung in der Religionswissenschaft: Kristian Fechtner/Michael Haspel (Hg.), Religion in der Lebenswelt der Moderne, Stuttgart 1998, 88–101. – Elisabeth GÖSSMANN, Art. Spiritualität: WFT (1991) 374–378. – Heide GÖTTNER-ABENDROTH, Die Göttin und ihr Heros, München 1980. – Helga HILLER, Ökumene der Frauen. Anfänge und frühe Geschichte der Weltgebetstagsbewegung in den USA, weltweit und in Deutschland, Stein 1999. – Peter HÜNERMANN/Albert BIESINGER/Marianne HEIMBACH-STEINS/Anne JENSEN (Hg,), Diakonat. Ein Amt für Frauen in der Kirche – Ein frauengerechtes Amt?, Ostfildern 1997. – Anne JENSEN, Gottes selbstbewusste Töchter. Frauenemanzipation im frühen Christentum, Freiburg 1992. – Martin H. JUNG, Frauen des Pietismus, Gütersloh 1998. – Hildegund KEUL, Menschwerden durch Berührung, Frankfurt a.M. 1993. – Marion KOBELT-GROCH, Aufsässige Töchter Gottes. Frauen im Bauernkrieg und in den Täuferbewegungen, Frankfurt a.M. 1993. – Ursa KRATTIGER, Die perlmutterne Mönchin, Reinbek 1987. – Herta LEISTNER (Hg.), Lass spüren deine Kraft, Gütersloh 1997. – Mary MCCLINTOCK FULKERSON, Changing the Subject, Minneapolis 1994. – Hedwig MEYER-WILMES, Rebellion auf der Grenze, Ortsbestimmung feministischer Theologie, Freiburg/Basel/Wien 1990. – Elisabeth MOLTMANN-WENDEL, Wach auf, meine Freundin. Die Wiederkehr der Gottesfreundschaft, Stuttgart 2000. – Dies., Art. Ganzheit: Wörterbuch Feministische Theologie, Gütersloh 2002, 190 f. – Christa MULACK, Die Weiblichkeit Gottes. Matriarchale Voraussetzungen des Gottesbildes, Stuttgart 1983. – Christoph D. MÜLLER, Einige Hinweise zur liturgischen Relevanz von Frauengottesdiensten: Liturgie in Bewegung, hg.v. Bruno Bürki/Martin Klöckener, Freiburg Schweiz 1999, 338–353. – Luisa MURARO, Vilemina und Mayfreda. Die Geschichte einer feministischen Häresie, Freiburg 1987. – NETZWERK FRAUENKIRCHE SCHWEIZ, hg.v. FrauenKirche Bern (Helmute Conzetti), Gwatt/Thun [2]1997. – Irmgard PAHL, »O Gott, die uns zur Welt gebracht und in deren Armen wir sterben!« (Janet Morley). Weibliche Gottesanrede im liturgischen Gebet?: LJ 51 (2001) 65–75. – Judith PLASKOW, Und wieder stehen wir am Sinai. Eine jüdisch-feministische Theologie, Luzern 1992. – Marjorie PROCTER-SMITH, Women in Shaker Community and Worship, New York 1985. – Dies., In Her Own Rite, Nashville 1990. – Dies., Praying With Our Eyes Open: Engendering Feminist Liturgical Prayer, Nashville 1995. – Veronika PRÜLLER-JAGENTEUFEL, Frauen – Kirche – Feminismus. Die Teilnehmerinnen der ersten Europäischen Frauensynode als Avantgarde kirchlicher und gesellschaftlicher Erneuerung, Graz/Wien 1998. – Dies., Art. Frauen: Handbuch Praktische Theologie II, hg.v.

Herbert Haslinger, Mainz 2000, 111–125. – Melissa RAPHAEL, Thealogy and Embodiment, Sheffield 1996. – Rosemary R. RUETHER, Unsere Wunden heilen, unsere Befreiung feiern. Rituale in der Frauenkirche, Stuttgart 1988. – Dies., Gaia und Gott, Luzern 1994. – Luise SCHOTTROFF, Lydias ungeduldige Schwestern, Gütersloh ²1996. – Andrea SCHÜLENBURG, Feministische Spiritualität. Exodus in eine befreiende Kirche? Stuttgart 1993. – Elisabeth SCHÜSSLER FIORENZA, Zu ihrem Gedächtnis, München/Mainz ²1993. – Norbert SOMMER (Hg.), Nennt uns nicht Brüder! Frauen in der Kirche durchbrechen das Schweigen, Stuttgart 1985. – Elga SORGE, Religion und Frau. Weibliche Spiritualität im Christentum, Stuttgart 1987. – STARHAWK, The Spiral Dance, New York 1979. – Hanneliese STEICHELE, Art. Spiritualität: Frauenlexikon, hg.v. Anneliese Lissner/Rita Süssmuth/Karin Walter, Freiburg/Basel/Wien 1988, 1060–1064. – Merlin STONE, When God Was a Woman, New York 1976. – Arlene SWIDLER (Hg.), Sistercelebrations, Philadelphia 1974.– Phyllis TRIBLE, Mein Gott, warum hast du mich vergessen!, Gütersloh 1984. – Janet WALTON, Feminist Liturgy. A Matter of Justice, Collegeville 2000. – Carolyn WALKER BYNUM, Fragmentierung und Erlösung. Geschlecht und Körper im Glauben des Mittelalters, Frankfurt a.M. 1996. – Hildburg WEGENER (HG.), Frauen fordern eine gerechte Sprache, Gütersloh 1990. – Miriam Therese WINTER/Adair LUMMIS/Allison STOKES (Hg.), Defecting in Place. Women Claiming Responsibility for Their Own Spiritual Lives, New York 1994.

Feministische Zeitschriften:

»Der Apfel« (Österreich), »Schlangenbrut« (Deutschland), »FAMA« (Schweiz).

Brigitte Enzner-Probst

Gottesdienst und Gemeindeaufbau

Überall wo eine Gemeinde existiert, wird auch regelmäßig Gottesdienst gefeiert. Das muss nicht an jedem Sonntag sein und das muss nicht immer in der gleichen Form geschehen. Der Gottesdienst kann ganz unterschiedlich gestaltet sein, und er kann unterschiedliche Gemeindegruppen ansprechen. In jedem Fall wird man schon empirisch bestätigen müssen: Wo Gemeinde ist, da ist auch Gottesdienst. Gilt das auch umgekehrt? Es gibt ja durchaus Gottesdienste, die nicht in erkennbarer Weise von einer konkreten Gemeinde als einer identifizierbaren Sozialgestalt des Glaubens getragen werden. In einem Hochschulgottesdienst etwa hat man es nicht mit einer Gemeinde im soziologischen Sinne zu tun. Aber es ist hier nicht nur an die theologische Bestimmung zu denken, wonach jeder Gottesdienst tendenziell auf das Werden von Gemeinde als communio sanctorum ausgerichtet ist, sondern es ist auch zu beachten, dass die Feier als solche langfristig nicht denkbar wäre ohne ihre Einbettung in das gemeindlich strukturierte kirchliche Umfeld. Man darf also wohl formulieren: Wo Gottesdienst gefeiert wird, da ist auch stets Gemeinde im Spiel. Wie, in welcher Intensität, mit welchen Mitteln und unter welchen konkreten Zielvorstellungen, das muss zunächst offen bleiben.

Ein nur flüchtiger Blick in die protestantische Gottesdienstlandschaft (von der ökumenischen zu schweigen) lässt ein breites Spektrum von Gattungen und Arten gottesdienstlicher Zusammenkünfte am Horizont erscheinen. Wir haben es in den Gemeinden zu tun: mit »normalen« Sonntagsgottesdiensten, Festgottesdiensten im Kirchenjahreskreis, gruppengemeinschaftlichen Feiern, Wochengottesdiensten zu ganz bestimmten Anlässen, Kasualgottesdiensten usw. Das spricht nicht gegen, sondern für die Bedeutung des Gottesdienstes im Rahmen von Gemeindearbeit und Gemeindeaufbau.

Hinzu kommt: Durch die Vielfalt all dieser Gottesdienste wird so etwas wie eine liturgische Struktur des Gemeindelebens deutlich. Jan Hermelink hat überzeugend dargelegt, dass dem gottesdienstlichen Angebot der Kirche ein vorwiegend liturgisch strukturiertes Mitgliedschaftsverhalten entspricht. Kirchenmitglieder realisieren ihre Zugehörigkeit durch differenzierte Teilhabe am liturgischen Angebot – sei es, dass sie sich regelmäßig am Gottesdienst der Gemeinde beteiligen, sei es, dass sie nur einmal im Jahr am Heiligen Abend erscheinen, sei es, dass vor allem lebenszyklisch begründete Anlässe sie in die Kirche führen. In jedem Fall kommt es in nicht unerheblichem Maße darauf an, wie angemessen, einladend und qualitätsvoll das ist, was die Gemeindeglieder im Gottesdienst vorfinden und erleben. »Es ist die je eigene wie die kulturell überlieferte *Erfahrung* des Gottesdienstes, die die individuelle Beziehung zur Kirche tiefgehend prägt« analysiert Hermelink, und daraus ergibt sich für ihn der nahe liegende handlungsleitende Schluss, dass es »die *Gestaltung* des Gottesdienstes (sei), mittels derer die Kirche ihre Zugehörigkeitsbeziehungen vor allem pflegt« (348).

I. Gottesdienst und Gemeindeaufbau – Konzeptionen

Die zuletzt genannten Zusammenhänge sind nun auch grundlegend für das Verhältnis von Gottesdienst und Gemeindeaufbau. Denn natürlich ist es nicht der Gottesdienst allein, der Kirchenzugehörigkeit prägt und gestaltet. Mitgliedschaft lebt von dem Reichtum und der Differenziertheit der Beteiligungsmöglichkeiten, die in einer Gemeinde zur Verfügung stehen. Diese aber werden wesentlich durch das gottesdienstliche Leben inspiriert und strukturiert. So hat der Gottesdienst eine fundamentale Bedeutung für das, was hier mit dem gelegentlich umstrittenen Begriff des »Gemeindeaufbaus« zum Ausdruck gebracht werden soll. Es geht dabei nicht um die Konstruktion einer mehr oder weniger exklusiven Gemeinschaft, sondern um die Realisierung der Einsicht, dass Glauben einen Ort und eine Gemeinschaft über den Rahmen des Gottesdienstes hinaus braucht. Zur Lebendigkeit einer christlichen Gemeinde gehört dabei ihre kommunikative Offenheit. Die Frage, um die es geht, lautet: Wie kann der Gottesdienst dem Bau (οἰκοδομή) von Gemeinde wirklich dienen und wie kann dieser andererseits vom Leben der Gemeinde her Impulse zu seiner Gestaltung empfangen?

Zu unterscheiden ist von dieser grundlegenden Frage her das eher kybernetische Problem, ob dem Gottesdienst eine Priorität für die Abfolge der Dienste in der Gemeindearbeit zukommt. Herausgefordert wird die Kontroverse nicht zuletzt durch das gerade beim Gottesdienst beobachtbare Auseinanderklaffen von tradiertem Anspruch und weithin erlebter Realität. Wer daran festhalten möchte, dass der Gottesdienst die »Mitte« der Gemeinde ist, muss sich mit der Tatsache auseinander setzen, dass im Schnitt nicht mehr als 2 bis 7% der Kirchglieder regelmäßige Kirchgänger sind. 1999 nahmen im EKD-Bereich z.B. am Sonntag Invokavit, einem durchschnittlichen Gottesdiensttag, 1 063 753 Erwachsene und Kinder am Gottesdienst teil, das sind 4,7% aller Kirchenmitglieder (Mitteilung des Kirchenamts der EKD, Referat Statistik. Zu weiteren Zahlen, vor allem auch für Ostdeutschland, vgl. Pollack/Pickel 20.34). Dazu kommt die Klage, dass Gottesdienste in der Kirche häufig nicht nur schlecht besucht, sondern zuweilen auch mäßig vorbereitet sind. Man erlebt liturgische Routine, gestalterische Einfalt und homiletische Blässe. Oft sind theologische Leidenschaft oder persönliche Betroffenheit kaum erkennbar, sodass es nichts gibt, das »überspringt«, die Teilnehmer mitreißt und sie innerlich erwärmt. Es wäre unbillig, die Situation des Kirchgangverhaltens ausschließlich denen anzulasten, die für die Gestaltung des Gottesdienstes Verantwortung tragen. Die Entwicklung ist auch Zeichen der fortschreitenden Säkularisierung. »Der Gottesdienst ist fremd in der heutigen Gesellschaft«, resümierte Manfred Seitz schon 1973 (Schmidtchen/Seitz 151; vgl. Daiber 1990, 32). Das macht ihn weder überflüssig, noch entbindet es von dem Bemühen um seine Gestaltung. Es gibt ja auch keine anderen Versammlungsformen der Gemeinde, die die traditionelle Funktion des Gottesdienstes übernommen haben. Dessen Bedeutung für den Gemeindeaufbau kann letztlich nicht eine Frage der Besucherstatistik sein. Diese kann nur dazu dienen, dass das Nachdenken über Funktion und Stellenwert des Gottesdienstes nicht zu stark unter Realitätsverlust leidet.

Die heute diskutierten Konzeptionen zum Themenkreis »Gottesdienst und Gemeindeaufbau« gehen von unterschiedlichen Ansätzen aus. Vier von ihnen seien wie folgt skizziert.

A. Verkündigungsorientierter Ansatz: Vom Gottesdienst her und auf den Gottesdienst hin

In dieser These lässt sich das klassische lutherische Gottesdienstverständnis erkennen (vgl. Strunk 71–78). Der Gottesdienst ist der eigentliche Ort des Gemeindeaufbaus, die Gottesdienstversammlung die primäre Ausdrucksgestalt der christlichen Gemeinde. Gegenüber allen Liberalisierungs- und Anpassungsversuchen ist diese Position gerade im Kirchenkampf neu bekräftigt worden: »Es gehört zu den Ergebnissen der theologischen und kirchlichen Entwicklung der letzten Jahrzehnte, dass wohl alle, die theologisch denken, in der Erkenntnis übereinstimmen, dass der Gottesdienst Mitte der Gemeinde ist« (Hahn 49).

Ein theologisches Gottesdienstverständnis in diesem Sinn wird freilich missverstanden, wenn es zur exklusiven Konzentration auf die liturgisch-kerygmatische Sonntagsveranstaltung führt. Das entspricht gerade nicht der Überzeugung Luthers; denn der Gottesdienst findet für ihn seine notwendige Fortsetzung im Leben aus dem Glauben. Im »Beruf«, verstanden als »Werk des Glaubens«, ereignet sich der »Gottesdienst im weltlichen Regiment« (Vajta 314).

Von einem solchen dynamischen Verständnis her gewinnt die Konzeption vom Gottesdienst als der »Mitte« der Gemeindearbeit heute neue Unterstützung. So schreibt Okko Herlyn: »Der ›sonntägliche‹ Gottesdienst ist wohl im strengen Sinn der erste, aber eben gerade deshalb nicht der einzige Schritt.« Er ist es, insofern »in der Gottesdienstgestaltung die Dimension des ›alltäglichen‹ Gottesdienstes bereits mit angelegt ist« (143). Die Mittelpunktfunktion des Gottesdienstes sei zu beschreiben als »ständige Bewegung von Aufbruch zu Ankunft und von Ankunft zu Aufbruch« (144). In ganz ähnlicher Weise postuliert Christian Möller ein »ganzheitliches Gottesdienstverständnis«, das »den sonntäglichen und alltäglichen Gottesdienst wie Systole und Diastole eines Herzschlags zusammen sieht« (1990, 301).

Man kann nicht ausschließen, dass ein Gottesdienstverständnis des hier skizzierten Ansatzes missbrauchbar ist im Sinne eines Alibis (also zugespitzt: Gottesdienst statt Gemeindeaufbau). Dies wäre ein liturgistisches Missverständnis des beschriebenen Ansatzes. Der Gottesdienst ist hier der notwendige erste Schritt, dem weitere folgen. Aber ohne ihn kann die Gemeinde nicht aufgebaut werden, ja von ihm her sind dafür die entscheidenden Impulse zu erwarten.

B. Beziehungsorientierter Ansatz: Befreiung zu »kommunikativer Gemeindepraxis«

Bei diesem Ansatz für die Theorie des Gemeindeaufbaus, die besonders eindrucksvoll von Christof Bäumler ausgearbeitet worden ist, geht es darum, dass die verkrusteten, selbstgenügsamen oder resignierten Gemeinden »sich selbst im Vollzug ihrer Praxis überschreiten« (44). Die »Gemeinde der Befreiten« erbaut sich nicht selbst, sondern lebt aus der »Rekonstruktion geschenkter Freiheit« (72). Der traditionelle Gottesdienst verhindert aber oft eine wirklich kommunikative Beziehungsstruktur, die der im Evangelium gemeinten Sache auch entsprechen würde (87, vgl. 99). Die Gemeinde ist herausgefordert, ihren Gottesdienst so zu gestalten, dass er als Modell kommunikativer Gemeindepraxis für diese selbst fruchtbar wird. Als »bleibender Maßstab« solcher Gottesdienstpraxis muss der Gottesdienst der korinthischen Gemeinde angesehen werden (I Kor 12–14), der ganz von dem »Engagement aller Teilnehmer lebt«. Paulus musste versuchen, die »unbändige Lebensäußerung der jungen Gemeinde« durch Hinweis auf den »Gott der Ordnung« (I Kor 14,33) in friedliche Bahnen zu lenken, ohne damit die »Dynamik des gottesdienstlichen Lebens durch starre Reglementierungen zu ersticken« (Rebell 131). Der Apostel stand also vor einer Aufgabe, die sich uns heute angesichts weithin kommunikationsarmer Gottesdienste überhaupt nicht stellt. Wenn auch allen klar ist, dass das korinthische Beispiel nicht einfach kopiert werden kann, so ist im Sinne dieses Ansatzes doch Ausschau zu halten nach heute denk- und realisierbaren Gottesdienstformen, die als Modell für eine beziehungsorientierte Gemeindearbeit gelten können.

Eine besondere Bedeutung kommt der Gestaltung der Abendmahlsfeiern für den Gemeindeaufbau zu (vgl. Bieritz 26–34). Rolf Christiansen sieht die eucharistische »Tischgemeinschaft« als ein »Gemeindemodell«: »Der Tisch des Herrn steht der Gemeinde jeden Sonntag vor Augen. Er ist der Ort ihrer Herkunft und Zukunft zugleich. Dazwischen vollzieht sich ihr Leben in wechselseitiger Nähe oder Ferne zu diesem Tisch ... Mehr Offenheit muss gesucht, mehr Spannbreite ausprobiert, mehr Streit zugelassen werden. Regeln der Verständigung wären zu verabreden, die ein gemeinsames Handeln ermöglichen« (27).

C. Bedürfnisorientierter Ansatz: Vielfalt von Gottesdienstformen

Als einer seiner Hauptmängel wird dem traditionellen Gottesdienst fehlender Situationsbezug angelastet. Es ist die Frage, ob denn eine exklusive Gestaltungsform überhaupt in der Lage sein kann, Menschen und Gruppen in ihren so unterschiedlichen Lebenssituationen zu erreichen.

Georg Kugler hat darum ein »zweites Programm« empfohlen, bei dem stärker auf die Bedürfnisse bestimmter Zielgruppen eingegangen werden kann: für unterschiedliche Generationen, Themen, Erlebnisbereiche usw. Sog. »Zielgruppengottesdienste« sollen dazu helfen, dass Gottesdienste situationsspezifischer, konkreter, erfahrungsbezogener gestaltet werden können (vgl. Kugler 1972, 12; ders. 1983, 590–593). Auch der normale Sonntagsgottesdienst sei, bei Lichte besehen, eine Art Zielgruppengottesdienst, nämlich »Kristallisationspunkt einer Frömmigkeitsform in der Volkskirche« (Christsein gestalten 103).

Mit dem Konzept der Zielgruppengottesdienste wird versucht, Gottes Dienst für die Menschen deutlicher erfahrbar werden zu lassen, indem der Gottesdienst auf ihre spezifischen Freuden und Nöte, Ängste und Hoffnungen eingeht. Es geht, worauf nachdrücklich hinzuweisen ist, bei diesem Ansatz nicht um vordergründige Bedürfniserfüllung, sondern um eine neue Erfahrungsqualität, durch die die Alltagserfahrungen eben auch relativiert werden können.

Das Konzept der Zielgruppengottesdienste hat sich nur bedingt durchgesetzt, vor allem im →Familiengottesdienst. Aber auch dieser ist heute eher eine Modifikation des Sonntagsgottesdienstes, nicht streng zielgruppenorientiert. Die Gefahr, dass durch Zielgruppengottesdienste – sofern hier ein Konzept verwirklicht wird – mehrere »sich ausschließende Gottesdienstgemeinden« entstehen könnten (Rothermundt 100), ist nicht ganz von der Hand zu weisen. Es wäre gleichwohl geboten, den uniformen Sonntagsgottesdienst durch Erweiterung der zeitlichen Angebote und Variationen der liturgischen Gestaltung der Pluralität seiner möglichen Adressaten anzupassen. Die Forderung nach einem »mehrgleisigen Gottesdienstkonzept« hat jedenfalls einiges für sich angesichts eines Gottesdienstes, der vielerorts am Sonntag Vormittag als »Nischenveranstaltung für ältere Menschen« erlebt wird (Douglass 239.232).

Eine Variante des bedürfnisorientierten Ansatzes findet sich dort, wo eine stärkere Akzentsetzung bei den Kasualgottesdiensten gesucht wird. Dahinter steht die Beobachtung, dass nicht primär die Zugehörigkeit zu einer bestimmten Zielgruppe zum Gottesdienstbesuch motiviert, wohl aber die Plausibilität eines bestimmten familiären, kirchenjahreszeitlichen oder gesellschaftlichen Anlasses. Für Roosen ergibt sich daraus der Schluss: »Wenn es einen anschwellenden Trend zur anlassorientierten Gottesdienstteilnahme gibt, dann liegt es nicht nur nahe, die Qualität des Gottesdienstes zu verbessern, sondern auch die Anlässe zu vermehren« (18).

D. Handlungsorientierter Ansatz: Übergang zum Dienst an der Welt

Ernst Lange hat sich besonders darum bemüht, unter Aufnahme der Bonhoeffer'schen ekklesiologischen Grundbestimmung einer »Kirche für andere« die »Kommunikation des Glaubens am Ort« von ihrer Selbstzwecklichkeit zu befreien. Ihm geht es – auf dem Hintergrund einer Polarität von *Ekklesia* und *Diaspora* (Welt) – um die Zweiphasigkeit des Gottesdienstes (1984, 140.146–149). Lange versteht Gottesdienst als die notwendige Sammlung der Gemeinde unter dem Evangelium auf ihrem Weg zur Sendung in die Welt. Im Gottesdienst werden Verheißung und Wirklichkeit so miteinander »versprochen«, dass der Christ zugerüstet ist für den »Gottesdienst im Alltag der Welt« (Käsemann). Der Gottesdienst findet seine sachgemäße Fortsetzung im Handeln. Er hat seinen Ort nicht in irgendwelchen weltabgewandten »Nischen«, er geschieht »gleichsam im Tor, im ständigen Übergang von der Ekklesia in die Diaspora und von der Diaspora in die Ekklesia ... Er geschieht im Offenhalten dieses Übergangs« (Lange 1984, 147).

Langes Konzept gehört zu den wirksamsten Entwürfen der neueren Theologie, getragen von einem im Evangelium begründeten Engagement für die Welt. Es zeigt freilich auch eine gewisse Einseitigkeit und kann zur Ethisierung des Gottesdienstes verleiten. Lange hat das wohl selbst empfunden, wenn er später fragt: »Müssen wir nicht Schluss machen mit der zerquälten Moralisierung und Ethisierung des Gottesdienstes, als wäre er nur eine Art Lagebesprechung, ein

Entscheidungs- und Auswertungsprozess, ein Moment der christlichen Aktion?« (1976, 93). Mit diesen Fragen wird dem Missverständnis gewehrt, »Gottesdienst« müsse durch tätigen »Weltdienst« gleichsam »verdient« werden. Die »Kommunikation des Evangeliums am Ort« wird bedingungslos gewährt. Erst so kann sie den »Übergang« ermöglichen.

Die hier dargestellten Konzeptionen, das wird wohl schnell deutlich, schließen sich gegenseitig keineswegs aus. Was Karl-Heinrich Bieritz im Blick auf die Abendmahlspraxis schreibt, trifft auch für die Gottesdienstgestaltung im Ganzen zu: »Gruppengemeinschaftliche, gemeindeintegrative und ›offene‹ Angebote dürfen und müssen nebeneinander Bestand haben« (31). Es ist aber wichtig, auf bestimmte Orientierungsschwerpunkte im Blick auf den Gottesdienst im Zusammenhang mit dem Gemeindeaufbau hinzuweisen. Aus ihnen ergeben sich doch praktisch bedeutsame Prioritäten für die Gemeindearbeit. Während für das erste Konzept die Arbeit am Gottesdienst eine Vorzugstellung gewinnt, ist diese bei den anderen jeweils bestimmten Schwerpunkten zugeordnet: dem Bemühen um den Dialog auf den verschiedenen Ebenen, der persönlichen Zuwendung zu Einzelnen und Gruppen oder dem sozialethisch-diakonischen Engagement. Keines dieser Konzepte verzichtet auf den Gottesdienst. In jedem Fall kommt ihm eine Schlüsselfunktion zu, sei es als »Mitte« für die Gesamtgemeinde (A) oder bestimmte Adressatengruppen (C), sei es als »Modell« christlicher Gemeinschaft (B) oder unaustauschbarer Ausgangpunkt für den Dienst in der Welt (D).

Unterschiedlich ist im Gegensatz zu den dargestellten Konzepten der Stellenwert des Gottesdienstes in evangelistisch-missionarischen Ansätzen für den Gemeindeaufbau. So formulieren Fritz und Christian A. Schwarz eher unterkühlt: »Der Gottesdienst ist eine Chance, religiös interessierten Menschen das Evangelium zu verkündigen«. Für den Gemeindeaufbau, d.h. hier für das Wachsen der Ekklesia (im Unterschied zur Volkskirche), stehen andere Gestaltungsformen im Vordergrund. Erst im fortgeschrittenen Stadium des Gemeindeaufbaus gewinne der Gottesdienst an Intensität, weil erst dann wahrscheinlicher werde, »dass sich im Gottesdienst zunehmend Ekklesia versammelt« (Schwarz 240 f.). Klaus Douglass dagegen räumt einem erneuerten, vielgestaltigen und menschennahen Gottesdienst eine hohe Bedeutung im Rahmen des Gemeindeaufbaus ein. Der Gottesdienst sollte »christusgemäß in der Aussage, aber zeitgemäß im Stil« sein, d.h. er sollte sich befreien aus der »doppelten Kette von Kirchenmusik und liturgischer Tradition« und in Sprache und Gestaltung dem Lebensstil der Menschen entsprechen, die man mit ihm erreichen möchte. Alles Bemühen um den Gottesdienst gehe freilich ins Leere, wenn dieser nicht »in ein umfassendes Gemeindekonzept eingebunden« sei (236.232.247). In diesem Zusammenhang ist auch darauf hinzuweisen, dass innerhalb der charismatisch geprägten »Geistlichen Gemeindeerneuerung« die Bedeutung der »gottesdienstlichen Sammlung« für den Gemeindeaufbau neu entdeckt wird (Böckel 237 f.).

II. Funktionen eines die Gemeinde aufbauenden Gottesdienstes

Ohne Gottesdienst, d.h. ohne institutionalisierte Form der Zusammenkunft und Heilsbegegnung ist eine christliche Gemeinde nicht vorstellbar. Welche Funktionen müssen erfüllt werden, um den Gottesdienst für die einzelnen Kirchglieder wesens- sowie für den Gemeindeaufbau strukturbestimmend werden zu lassen? Die folgenden Funktionsmerkmale umfassen die hauptsächlichen Aspekte, auch wenn ihnen leicht weitere hinzugefügt werden könnten.

A. Identität

In einer sich ständig weiter differenzierenden kirchlichen Arbeit ist ein Ort, an dem jeder, der es will, erfahren kann, wovon sich leben lässt, notwendiger denn je. Gottes Dienst ist nicht an

Räume, Zeiten und Ordnungen gebunden. Aber der Gottesdienst zu bestimmten Zeiten und an bestimmtem Ort bleibt notwendig. Er »aktualisiert den Gottesdienst, der die Kirche ist, in ständig wiederholter Einkehr in den Grund ihres Daseins« (Ebeling 362).

Hier kann der Glaubende darauf vertrauen, der Gegenwart des Gekreuzigten und Auferstandenen inne zu werden – und sei es unter noch so bescheidenen Bedingungen (Mt 18, 20). Der Gottesdienst dient der Vergewisserung im Glauben, der Findung und Stabilisierung religiöser Identität. Gerade für den verzweifelten, verunsicherten, umhergetriebenen und verängstigten Menschen ist es wichtig, ein Dann und Dort zu wissen, wo es möglich wird, Glauben wiederzuerlangen, Vertrauen zu stärken, Hoffnung zu gewinnen. Gemeinde kann nicht gebaut werden ohne dieses offene und konditionslose Angebot zum Hören und Beten, zum Klagen und Preisen. Die ständige »Einkehr« in das Wort ist nicht nur für den Einzelnen unverzichtbar. Auch die Gemeinde als Ganze bedarf regelmäßig dieses Rekurses auf den »Grund ihres Daseins«, wenn sie ihrer Identität gewiss bleiben soll. Dass in ihr Gottesdienst gefeiert wird, macht die Gemeinde als Gemeinde Jesu Christi in der Welt unterscheidbar.

B. Lebensbezug

Der Gottesdienst kann kaum Gemeinde aufbauen, wenn er in kultischer Isolation gefeiert wird. Nur wenn das wirkliche Leben der Gemeinde und ihrer Glieder in ihm zur Sprache kommt, kann er Gottesdienst sein, der zum Leben hilft. Der wahre Lebens-Grund wird in ihm erst dann erkannt, wenn die feiernde Gemeinde den Bezug auf ihre Wirklichkeit erspüren kann, wenn sie merkt, dass mit dem Wort Gottes ihre eigene Sache auf der Tagesordnung steht. Der »lebensnotwendige Grund« wird dann erkannt, »wenn zugleich die Verstricktheit unseres – auch den Sonntag einschließenden – alltäglichen Lebens in die archaische Realität der Sünde, also in die widrigen sozialen und politischen Bezüge unseres Lebens ernstgenommen und verständlich angesprochen werden kann« (Jörns 118). Entscheidend ist, wie viel Wirklichkeit gelebten Lebens in die Welt des sonntäglichen Gottesdienstes hineinragt. Und das ist jedenfalls nicht primär eine Frage der Medien und des Materials, sondern eine theologische Sachfrage, eine Frage der hermeneutischen Konsequenz. Klaus-Peter Jörns hat deshalb darauf insistiert, dass der »Lebensbezug« nur herzustellen sei, wenn der *triplex usus legis,* also die erhaltende, aufdeckende und wegweisende Funktion des göttlichen Gesetzes ausreichend Beachtung findet (Jörns 128). Wer den Gottesdienst als selbst vom Leben so oder so Betroffener vorbereitet und von daher zum Lebensbezug biblischer und liturgischer Texte vorzudringen sucht, wird dazu helfen, den Gottesdienst zu einer »Verdichtung alltäglicher Erfahrungen« (Möller 1990, II 321) werden zu lassen. Es ist für die Zukunft des Gottesdienstes wirklich entscheidend, ob und wie die Dimension des Lebens ihn prägt. Jörns denkt auch ganz praktisch an eine Verknüpfung von Lebensordnung und Gottesdienstordnung in der Gemeinde. Er schlägt ein liturgisches Formular vor, das offener für konkreten Lebensbezug ist als das traditionelle (Jörns 140–143). In anderer Weise versucht Möller, ausgehend von dem amerikanischen Gemeindeaufbauprojekt »Gottesdienst leben« eine »Elementarisierung der Liturgie auf sieben Schritte, die zugleich durchsichtig gemacht werden auf das tägliche Leben hin« (1990, II 320).

C. Partizipation

Lebensbezogener Gottesdienst wird auch partizipatorisch sein müssen: Gottesdienst der Gemeinde, nicht für die Gemeinde. Das Problem vieler Gottesdienste ist, dass sie von vielen Gemeindegliedern eben nur »besucht« und dann oft auch nur passiv mitvollzogen werden. Ein eingeschliffener pastoraler Führungsstil hat in vielen Gemeinden die Beteiligungsmöglichkeiten auf äußere Hilfsleistungen (Kollekte sammeln und Ähnliches) reduziert. Auf Inhalt und Verlauf der gottesdienstlichen Zusammenkunft haben Gemeindeglieder oft keinen Einfluss. Hier hat sich der Gottesdienst weit von seinen Ursprüngen entfernt. Der Gottesdienst in Korinth muss von einer geradezu beunruhigenden Beteiligungsintensität gewesen sein: »Was ist denn nun, liebe Brüder? Wenn ihr zusammenkommt, so hat ein jeder einen Psalm, er hat eine Lehre, er hat eine Offenbarung, er hat eine Zungenrede, er hat eine Auslegung. Lasst alles geschehen zur Erbauung« (I Kor 14,26). Solche Aktivität ist natürlich durch keine Methode herstellbar. Aber das entlässt uns nicht aus der Verantwortung für intensiveres Beteiligungsverhalten. Es ist stärker darauf zu achten, wie die Gemeinde sich selber besser im Gottesdienst erleben kann. Natürlich ist dabei an die Mitwirkung beim Vorbereiten und Vollziehen einzelner Elemente des Gottesdienstes zu denken. Wenn Gottesdienst mit Ernst Lange als »Kommunikation des Evangeliums« verstanden wird, dann ist es wichtig, dass Einzelne und Gruppen Gelegenheit erhalten, im Gottesdienst darzustellen, wie sie ihren Glauben verstehen und praktizieren. Alfred Butenuth schildert beispielhaft den Gottesdienst in der Ladenkirche in Berlin-Spandau: »Die Gottesdienste beginnen sonntags um 11 Uhr. Sie haben eine knappe Liturgie, die am Montagabend immer wieder einmal kritisiert und entsprechend verändert wird ... Die Gemeinde redet miteinander, und der Prediger hat die nicht immer leichte Aufgabe, das Gespräch zu moderieren ... Die Gemeinde ist inzwischen gewohnt, Anfragen zu stellen und Beiträge zu geben ... Störungen werden nicht abgeblockt oder gar durch Sanktionen verhindert. Wer lachen kann oder weinen muss, hat keinen Grund, sein Gefühl vor der Gemeinde zu verbergen. Kinder haben längst verlernt, sich im Kreise der Erwachsenen aufzuspielen ... Ganz nebenbei wird bei diesen Gottesdiensten der Abstand zwischen den Theologen und den sog. Laien geringer. Argumente setzen sich durch, und nicht selten kommt die Verkündigung gerade in den Glaubenserfahrungen eines Gemeindegliedes stärker zur Wirkung als in den Worten des Theologen« (68 f.).

Partizipation im Gottesdienst muss etwas Selbstverständliches werden. Sie wird kaum erreicht durch einen ständigen Druck auf die Gottesdienstteilnehmer. Partizipation ist Angebot. Der Gottesdienst soll Raum geben zum Mittun und Mitreden, aber er soll kein Zwang zum Mitmachen sein. Es gibt in jedem Gottesdienst auch aktives Hören und beteiligtes Schweigen. Das Gemeindeglied entscheidet, wie es sich beteiligen will, der Gottesdienst muss dafür Gewähr bieten, dass man sich in ihm und an ihm beteiligen kann.

D. Gemeinschaft

Gemeinschaftsbildende Arbeitsformen gibt es in einer lebendigen Gemeinde natürlich auch außerhalb des Gottesdienstes. Für intensive Lebens- und Glaubensgemeinschaften bilden Untergliederungen und Kreise der Gemeinde sicher noch günstigere Bedingungen als der sonntägliche Gottesdienst. Dieser ist demgegenüber eine »offene« Gemeinschaftsform, die immer wieder Raum hat für andere: Nichtintegrierte, Alleinstehende, Gruppen mit unterschiedlicher Profilierung, Suchende, auch Nichtglaubende. Es ist gerade darauf zu achten, dass nicht durch eine zu dichte Kohärenz der Zugang zur Gottesdienstgemeinde für Außenstehende versperrt wird. Die offene Gemeinschaftsform des Gottesdienstes lässt sowohl Kommen wie Gehen, punktuelle Beteiligung wie kritische Distanz zu.

Der Gottesdienst sollte nicht zu familiär gestaltet sein. Jedenfalls muss deutlich bleiben, dass die Gemeinschaft, die in ihm erlebt wird, in der symbolischen Gemeinschaft begründet ist, die das gottesdienstliche Leben konstituiert. Mit anderen Worten: Die Gemeinschaft gründet nicht primär in den Sympathiebeziehungen der Teilnehmer untereinander, sondern in dem gemeinschaftlichen Bezug auf die eine Mitte, auf Christus, den Kyrios, in dessen Namen sich die Gemeinde versammelt (vgl. Bonhoeffer 168 f.). Der Gottesdienst fügt Menschen zusammen, die diesen nicht selbst begründen und über dessen Communio-Charakter sie deshalb auch nicht verfügen. Das schließt keineswegs aus, dass der Gottesdienst immer wieder auch zu erlebbarer Gemeinschaft führt und persönliche Verbundenheit freisetzt.

Wichtig bleibt, dass die Gottesdienstgemeinde wirklich offen ist für alle, die sich für das interessieren, was in ihr geschieht. Gerade in einer offenen Gemeinschaftsform hat der Gottesdienst eine Schlüsselfunktion für den Gemeindeaufbau. Er könnte so Zugang schaffen für alle, die nach der Gemeinde fragen und nach dem Evangelium für ihr Leben suchen. Als ein Exempel offener Gemeinschaft, wie wir sie meinen, stellt Lukas die Jerusalemer Urgemeinde dar: »Sie waren täglich einmütig beieinander im Tempel ...« (Act 2,46). Das klingt beschaulich und exklusiv. Aber die pfingstliche Gottesdienstgemeinde war keine »geschlossene Gesellschaft« mehr, sondern eine »offene« Gemeinschaft, zu der wiederum »täglich« neue Glieder »hinzugefügt« werden konnten (Act 2,47).

E. Weltverantwortung

Der Gottesdienst ist der Ort, an dem die Gemeinde bewusst ihre Verantwortung für die Welt wahrnimmt. Wenn irgendwo, dann darf und muss man vom Gottesdienst erwarten, davon vernehmen zu können, wie das, was alle betrifft, im Lichte von Gottes Gebot und Verheißung verstanden werden kann. Der Gottesdienst ist insofern immer auch ein Forum, auf dem sich Not und Hoffnung einer Gesellschaft aus womöglich unterschiedlichen Perspektiven artikulieren. Er ist Einstehen der Christen für die Welt bei ihrem Gott. In ihm wird immer wieder das »Kyrie« stellvertretend artikuliert für die Gequälten, die Unrecht Leidenden, die Verfolgten im eigenen Land und auf der ganzen Erde. Gottesdienst kann nur gefeiert werden im wachen Bewusstsein für die Gefährdungen des Lebens und die Folgen fortschreitender Zerstörung von Mensch und Natur. Diese Aufgabe darf nicht nur Sache spezieller politischer Gottesdienste oder Friedensandachten sein, so wichtig und stimulierend diese besonderen Zusammenkünfte für unsere Gottesdienstkultur auch sind. Auch der »normale« Gottesdienst am Sonntagmorgen ist eben nicht nur »Sammlung« zum Zwecke gegenseitiger Erbauung. Das ist er natürlich auch. Aber alle notwendigen Bemühungen um die Verbesserung der liturgischen, integrativen und ästhetischen Qualität des Gottesdienstes bleiben vergeblich, wenn die sozialen und politischen Tagesordnungspunkte der »Welt« draußen bleiben. Indem die Gemeinde zum Gottesdienst zusammenkommt, widersteht sie auch frommer Selbstgenügsamkeit und religiöser Nabelschau. Er »konfirmiert« seine Teilnehmer immer neu zu verantwortlichem Weltverhalten, zum »vernünftigen Gottesdienst« im Alltag der Welt (Röm 12,1).

F. Subjektivität

Mit gleichem Recht darf nun aber auch jeder Einzelne erwarten, dass er im Gottesdienst als Individuum respektiert wird. Gesamtgesellschaftliche und lebensgeschichtlich-individuelle Problemfelder fließen in ihm zusammen. In einem Umfeld, in dem der Einzelne immer stärker Objekt von Entscheidungen, Zwängen und Anpassungsforderungen wird, wächst die Sehnsucht nach authentischen Erfahrungen persönlicher Subjektivität. Die Sehnsucht findet ihren besonderen Ausdruck in dem starken Interesse an kirchlichen Kasualhandlungen. Hier sieht der Einzelne die Möglichkeit, in seiner unverwechselbaren Subjektivität und mit seiner einzigartigen Geschichte ernst genommen zu werden (Lämmermann 29). In dem allgemeinen Sonntagsgottesdienst ist es gewiss ungleich schwieriger, den Einzelnen in seinem Subjektsein anzusprechen. Gerade eher außenstehende Menschen hindert die Furcht vor Vereinnahmung wie vor Isolation oft daran, den Weg in den Gottesdienst zu finden. Es ist die Angst, dort nicht wirklich hinzupassen, die manchen von ihnen zurückhält. Zum Gottesdienst gehört eine sensible Aufmerksamkeit für die Einzelnen, die seine Bedürfnisse wahrnimmt und seine Freiheit respektiert. Gerade unter diesem Gesichtspunkt wäre es wünschenswert, dass dem Gottesdienst auch deutlich eine seelsorgerliche Dimension eignet (vgl. →Gottesdienst und Seelsorge). Anders ausgedrückt: Im Gottesdienst sollte nicht nur das ekklesiale Wir, sondern auch das stellvertretende Ich seinen Ort haben.

G. Integration

Es sei hier noch einmal die integrierende Dimension hervorgehoben, der für Peter Cornehl die entscheidende Bedeutung bei der Bestimmung des Verhältnisses von Gottesdienst und Gemeindeaufbau zukommt. Im Gottesdienst fließen die verschiedenen Dienste und Aktivitäten der Gemeinde zusammen, in ihm begegnen sich die Generationen. Er integriert in seiner Gestaltung ganz unterschiedliche Formelemente von der Meditation bis zum Sacro-Pop. In ihm sollten sich die unterschiedlichen Intentionen und Optionen, die in der Gemeinde wirksam sind, artikulieren. Er ist der Ort der Stille und des Appells, der Ort der Verabredung und des Festes. Hier laufen die Fäden zusammen. Und wo in der Gemeinde Gottesdienst gefeiert wird, da symbolisiert sich in ihm eine Einheit in der Vielfalt. Es ist freilich auch möglich, dass die Einheit, die der Gottesdienst repräsentiert, eine Vortäuschung falscher Tatsachen ist, dass versucht wird zu »kitten«, wo nichts mehr integriert werden kann. Eine in sich zerstrittene Gemeinde sollte vielleicht einmal den Gottesdienst auf Zeit aussetzen, freilich in der Hoffnung, dass die Stunde kommt, in der er seine integrative Potenz aufs neue verwirklichen kann.

Paulus beruft sich bei der von ihm geforderten Integrationsleistung angesichts der Fülle der Charismen auf den einen Geist und auf den einen Herrn (I Kor 12,4 f.). Ob der Blick noch frei ist auf den Ursprung, oder ob er fixiert ist von den Phänomenen – daran entscheidet sich der Gottesdienst. Wenn er von daher nicht mehr integrative Kraft freisetzt, wenn er dagegen zur Selbstdarstellung religiöser oder auch politischer Eliten missbraucht wird, dann baut er die Gemeinde auch nicht mehr auf. Dann wird er zu einer »Veranstaltung unter anderen«. Wer fehlt, versäumt nichts.

Fazit: Wo im Gottesdienst einer Gemeinde die genannten Dimensionen beachtet werden, da wird Gemeinde gebaut. Genauer: Der so beschriebene Gottesdienst ist Gemeindeaufbau, er repräsentiert die geistliche Mitte der communio sanctorum. Das führt die einzelnen Glieder zusammen. Zugleich öffnet die hier intendierte Gottesdienstpraxis die Türen nach draußen. Gemeindeaufbau ist mehr als Selbstreproduktion der vorhandenen Gemeinde, er ist immer auch missionarisches Handeln (vgl. Kirche mit Hoffnung 19–28). Es ist die besondere Chance des Gottesdienstes in der (Noch)Volkskirche, dass er in der Öffentlichkeit stattfindet und dadurch im Prinzip die Schwelle niedrig hält für Distanzierte, für Sympathisanten, für Suchende und nicht zuletzt für all die Opfer unserer Leistungs- und Wohlstandsgesellschaft, die keine Lobby und keine Fürsprecher haben.

III. Praktische Folgerungen

(a) Der Gottesdienst sollte weder sich selbst noch einfach dem Pfarrer überlassen werden. Er ist die Angelegenheit der Gemeinde. Von Zeit zu Zeit wird es einer gründlichen *Gottesdienstanalyse* bedürfen. Dabei ginge es nicht nur um die Auseinandersetzung mit der Besucherstatistik. Vielmehr muss geprüft werden, ob der Gottesdienst seine integrale Funktion in der Gemeinde auch wirklich erfüllt, ob er z.B. offen ist für viele und vieles, oder ob er faktisch zur Zielgruppenveranstaltung einer sog. »Kerngemeinde« geworden ist.

(b) Hilfreich wäre für den Gottesdienst eine *Pluralisierung* seiner Gestaltung. Zunächst betrifft dies die *Gottesdienstzeit*. Der Sonntagvormittag hat gute protestantische Tradition. Es spricht vieles dafür, dass dieser Zeitpunkt auch künftig Priorität genießen wird. Man darf aber nicht verkennen, dass die morgendliche Gottesdienstzeit auch Teilen der Gemeinde die Beteiligung erschwert. Es ist nicht einzusehen, warum – zumal in den Großstädten – nicht ein gestaffeltes Gottesdienstangebot möglich sein sollte. Auf dem Lande werden ohnehin oft wechselnde Anfangszeiten angeboten. Hier bedarf es noch gründlicher Bedarfsforschung (nicht nur bei den traditionellen Besuchergruppen) und geduldigen, konsequenten Verhaltens in der Erprobungszeit mit einem variablen Angebot.

(c) Wichtig wäre auch eine *Pluralisierung der gottesdienstlichen Form*. Dabei käme es darauf an, einen Weg zu finden zwischen verwirrender Spontaneität und der »ewigen Wiederkehr des Gleichen«. Gewiss ist Kontinuität nötig, damit Gemeinde wachsen kann. Der Gottesdienst soll ja zu einem Stück Heimat werden, in der man sich orientieren kann. Aber auf der anderen Seite wirkt sterile Stereotypie demotivierend, sie verschließt Herzen und Ohren und lässt kaum echte Betroffenheit zu. Beiden Anliegen versucht das EGb gerecht zu werden. Dabei ist zu beachten, dass das Angebot für eine Pluralität der Formen kein Zwang zu ständigen Experimenten sein will. Aber es wäre wichtig, dass in jedem Gottesdienst auch etwas »Unerwartetes« dazu kommt – sei es ein neues Gebet, ein modernes Lied, ein ideenreicher Predigteinstieg, eine aktuelle Geschichte, ein herausfordernder Impuls zum Nachdenken (vgl. Schibilsky 163–167).

(d) Die Pluralität des Gottesdienstes wird gefördert durch die *Beteiligung unterschiedlicher Gruppen und Mitarbeiter*. Es hat sich in vielen Gemeinden bewährt, dass von Zeit zu Zeit ein bestimmter Kreis (z.B. Jugend, Konfirmanden, Senioren) oder eine bestimmte Dienstgruppe (z.B. Chor, Friedenskreis, Altenhilfe) Teile der Gottesdienstgestaltung übernimmt. So kommt im Gottesdienst die Vielfalt der Gaben, die Fülle der Engagements sowie die Unterschiedlichkeit der liturgischen und ästhetischen Prägungen zum Zuge. Zugleich ist jede Gruppe gehalten, den Gottesdienst nicht für die eigenen Zwecke zu vereinnahmen, wenn die *Oikodome* der ganzen Gemeinde (I Kor 14,5) im Blick bleibt.

(e) Der *kommunikative Aspekt* des Gottesdienstes kann verstärkt werden, wenn der Gottesdienst selbst mit anderen kommunikativen Angeboten verbunden wird. Ganz selbstverständlich ergibt sich der Gemeinschaftsaspekt, wenn der Gottesdienst im Rahmen eines Gemeindetags oder einer Rüstzeit gehalten wird. Aber solche Gelegenheiten bilden ja die Ausnahme. Gute Erfahrungen sind dort gemacht worden, wo im Anschluss an den Gottesdienst ein zwangloses Begegnungsangebot gemacht wird: ein Kaffeeausschank in der Vorhalle, ein Predigtnachgespräch in der Sakristei, eine Einladung zu einer kleinen Ausstellung, eine Verabredung zu einer bestimmten Aktion und vieles andere.

(f) Der Gottesdienst sollte möglichst viele unterschiedliche Funktionen erfüllen. Die starke Frequenz des Gottesdienstes in der traditionalen Gesellschaft beruhte u.a. darauf, dass er *multifunktional* war. Man erfüllte nicht nur seine Sonntagspflicht, man erfuhr auch wichtige Neuigkeiten, der Gottesdienst war auch ein wenig gesellschaftliches Forum. Wenn Gemeindeglieder wissen, dass sie im Gottesdienst etwas erfahren werden über das Leben in Kirche und Gemeinde, wenn sie mit einiger Sicherheit dort Bekannte treffen können, wenn man sich nach dem Gottesdienst verabreden kann – dann verstärkt das die Motivation zum Kirchgang und symbolisiert lebendiges Gemeindeleben.

(g) Wenn man an den Zusammenhang von Gottesdienst und Gemeindeaufbau denkt, dann muss auch unbedingt vom *Kirchenbau* gesprochen werden (→Kirchenbau und Kirchenraum).

Viele Kirchenräume sind dysfunktional für einen Gemeinde bauenden Gottesdienst. Ist der Raum eher eine liturgische Feierhalle oder strenges Predigtauditorium? Kann man dort auch gruppenweise zusammensitzen, können die Gemeindeglieder einander hören und sehen? Ist der Gottesdienstraum wirklich offen oder vielmehr eine kaum bezwingbare Festung? Erschwert er den Zugang oder lädt er ein zum Kommen und Bleiben? Die Antwort auf diese und ähnliche Fragen sind für den Gottesdienst von kaum zu unterschätzender Bedeutung.

Literatur

Christof BÄUMLER, Kommunikative Gemeindepraxis, München 1984. – Karl-Heinrich BIERITZ, Abendmahl und Gemeindeaufbau: PTh 75 (1986) 16–34. – Holger BÖCKEL, Gemeindeaufbau im Kontext charismatischer Erneuerung, Leipzig 1999. – Dietrich BONHOEFFER, Sanctorum Communio, Werke 1, München 1986. – Alfred BUTENUTH, Die Ladenkirche in Berlin-Spandau und die Evangelische Kirchengemeinde am Brunsbütteler Damm 1960–1985: PTh 75 (1986) 58–70. – Peter CORNEHL, Gottesdienst als Integration: HPTh(G) 3 (1983) 59–78. – Ders., Teilnahme am Gottesdienst. Zur Logik des Kirchgangs: Joachim Matthes, (Hg.), Kirchenmitgliedschaft im Wandel, Gütersloh 1990, 15–53. – Ders., Individuum und Gemeinschaft im Gottesdienst: PTh 85 (1996) 292–310. – Rolf CHRISTIANSEN, Tischgemeinschaft als Gemeindemodell: ZGDP 7 (1989) 23–28. – CHRISTSEIN GESTALTEN. Eine Studie zum Weg der Kirche, Gütersloh 1986. – Karl-Fritz DAIBER, Der Gottesdienst als Mitte der Gemeindearbeit: WPKG 69 (1980) 74–90. – Ders., Wo bleiben sie denn? Noch einmal zum Thema Sonntag und Kirchgang: ZGDP 8 (1990) 30–34. – Ders./Hans W. DANNOWSKI/Wolfgang LUKATIS/Ludolf ULRICH, Gemeinden erleben ihre Gottesdienste, Gütersloh 1978. – Axel DENECKE, Treffpunkt Gottesdienst, Gütersloh 1983. – Klaus DOUGLASS, Die neue Reformation. 96 Thesen zur Zukunft der Kirche, Stuttgart 2001. – Gerhard EBELING, Dogmatik des christlichen Glaubens III, Tübingen 1979. – Hermann GEYER, Gottesdienst im großstädtischen Kontext: PTh 87 (1998) 20–34. – Wilhelm HAHN, Die Mitte der Gemeinde, Gütersloh 1959. – Okko HERLYN, Theologie der Gottesdienstgestaltung, Neukirchen 1988. – Jan HERMELINK, Theologie der Kirchenmitgliedschaft, Göttingen 2000, 347–380. – Klaus Peter JÖRNS, Der Lebensbezug des Gottesdienstes, München 1988, bes. 107–143. – Ernst KÄSEMANN, Gottesdienst im Alltag der Welt: ders., Exegetische Versuche und Besinnungen II, Göttingen 1964, 198–204. – KIRCHE MIT HOFFNUNG. Leitlinien künftiger kirchlicher Arbeit in Ostdeutschland, Kirchenamt der EKD (Hg.), Hannover 1998. – Georg KUGLER, Zwischen Resignation und Utopie. Die Chancen der Ortsgemeinde, Gütersloh 1971. – Ders., Gemeindesituation und Gemeindekonzepte: HPTh(G) 3 (1983) 581–594. – Godwin LÄMMERMANN, Der Pfarrer – elementarer Repräsentant von Subjektivität? Zum Widerspruch von Individuum und Institution: ZEE 35 (1991) 21–31. – Ernst LANGE, Chancen des Alltags. Überlegungen zur Funktion des christlichen Gottesdienstes in der Gegenwart (1965), hg. und mit einem Nachwort versehen v. Peter Cornehl, München 1984. – Ders., Was nützt uns der Gottesdienst?: ders., Predigen als Beruf, Stuttgart 1976, 83–95. – Christian MÖLLER, Gottesdienst als Gemeindeaufbau. Ein Werkstattbericht, Göttingen 1988. – Ders., Lehre vom Gemeindeaufbau, 2 Bde., Göttingen 1990. – Detlef POLLACK, Gottesdienst in der modernen Gesellschaft: Reinhold Morath/Wolfgang Ratzmann (Hg.), Herausforderung Gottesdienst, Leipzig 1997, 47–63. – Ders./Gert PICKEL (Hg.), Religiöser und kirchlicher Wandel in Ostdeutschland, Opladen 2000. – Walter REBELL, Zum neuen Leben berufen. Kommunikative Gemeindepraxis im frühen Christentum, München 1990. – Rudolf ROOSEN, Anlass und Interesse. Der Gottesdienst als ›Mitte‹ des Gemeindelebens und das Teilnehmerverhalten der Kirchenmitglieder: PTh 87 (1998) 2–19. – Jörg ROTHERMUNDT, Der Sonntagsgottesdienst als Mitte: Illusion oder Chance?: Reiner Strunk (Hg.), Schritte zum Vertrauen, Stuttgart 1989, 89–104. – Michael SCHIBILSKI, Alltagswelt und Sonntagskirche. Gemeindearbeit im Industriegebiet, München 1983. – Gerhard SCHMIDTCHEN, Gottesdienst in einer rationalen Welt. Religionssoziologische Untersuchungen im Bereich der VELKD, mit einer Einführung und einem theologischen Nachwort von Manfred Seitz, Stuttgart 1973. – Fritz und Christian A. SCHWARZ, Theologie des Gemeindeaufbaus, München 1987. – Manfred SEITZ, Erneuerung der Gemeinde. Gemeindeaufbau und Spiritualität, Göttingen [2]1991. – Joachim STALMANN, Tagesordnungspunkt Gottesdienst, Hannover 1994 (Neuausgabe). – Wolfgang STECK, Praktische Theologie I, Stuttgart 2000, 313–382 – Hans Christoph STOODT, Formen kirchlicher Arbeit in der Risikogesellschaft: PTh 80 (1991) 116–132. – Reiner STRUNK, Vertrauen. Grundzüge einer Theologie des Gemeindeaufbaus, Stuttgart 1985. – Vilmos VAJTA, Die Theologie des Gottesdienstes bei Luther, Berlin 1958. – Gerhard WENDLAND, Gotteshaus und Gemeindehaus – ein Plädoyer für die offene Kirchentür. Zur Nutzung und Semantik kirchengemeindlicher Räume: PTh 86 (1997) 360–374.

Jürgen Ziemer

Gottesdienst und Religionspädagogik

I. Pädagogik und Gottesdienst – ambivalente Assoziationen

Die Beziehungen zwischen Liturgik und Pädagogik sind mit Vorurteilen und ambivalenten Assoziationen durchsetzt: Einerseits erinnert die Zuordnung der beiden Begriffe an die pädagogische Dimension evangelischen Gottesdienstes, wie sie bereits bei Luther zu erkennen ist, wenn ihn die Frage, »wie man Heiden, die Christen werden wollen, im Christentum lehret und unterweiset« (DM 1526, WA 19,72) als gottesdienstliche Frage beschäftigt. Andererseits ist nicht zu übersehen, dass sich in der Geschichte des evangelischen Gottesdienstes früh Homiletisierungs- und Pädagogisierungstendenzen zeigten, die ihn zeitweise zur liturgisch-musikalisch umrahmten Predigt verengten. Das Individuum wurde hierbei oft zum Objekt pastoraler Belehrung, das kaum mitgestaltende Beteiligungsrechte zuerkannt bekam.

Grundsätzlichere Ambivalenzen fallen auf: Einerseits ist pädagogisches Handeln auch bei offenen Curricula zielgerichtet und fragt deshalb nach Lernintentionen und Lernergebnissen. Andererseits wehrt sich die Liturgik gegen Instrumentalisierungen. Gottesdienst ist zweckfreies Tun, das seinen Sinn in sich selbst hat. So kann denn die Pädagogik allenfalls dort mitsprechen, wo es um gottesdienstliche Einübung Heranwachsender besonders in Kinder- und Schulgottesdiensten geht, während die Frage nach pädagogisch-empirischen Kriterien für den Gottesdienst generell – wozu er zu brauchen ist, warum und wie lebensgeschichtliche Situationen der rituellen Formung bedürfen – kaum gestellt wird.

Einerseits erinnert die Beziehung Gottesdienst-Pädagogik daran, dass über Jahrhunderte durch die Verbindung von Gottesdienst und Schule das liturgische Handeln der Gemeinde in öffentliche Bildungszusammenhänge eingebracht wurde und dadurch auch eine wichtige Voraussetzung für die Ausbildung der Kirchenmusik entstand, wie dies beispielhaft etwa in den Schultraditionen der Leipziger Thomaner oder des Dresdner Kreuzchors zu erkennen ist. Die Schule blieb durch die Mitgestaltung des Gottesdienstes nicht in sich abgeschlossen, sondern öffnete sich dem öffentlichen Gemeinwesen, das sich einst im Gottesdienst darstellte. Bildung, Kultur und Bekenntnis, Glauben und Lernen blieben durch diese institutionelle Verklammerung aufeinander bezogen. Zugleich zeigen aber die mühsame Emanzipation der Schule aus der »geistlichen Schulaufsicht« und die Berufsgeschichte des Lehrerkantors die Belastungen, die durch das »und« zwischen Schule und Gottesdienst langfristig entstanden sind. Kirche und Schule, Liturgik und Didaktik sind von ihrem jeweiligen Selbstverständnis nicht nur »oft zueinander unfreundliche Schwestern gewesen« (Schröer 528), sie verweisen auch auf eine mancherorts nicht vergessene Konfliktgeschichte, die wechselseitige Öffnungen erschwert.

Die häufige Warnung vor einer Pädagogisierung des Gottesdienstes ist einerseits dort verständlich, wo er lediglich erfahrungsfern verunterrichtlicht und entsinnlicht thematisiert wird oder nur als unkritische Einübungs- und Eingliederungsveranstaltung in die konventionelle Parochialgemeinde dient. Andererseits erfolgt der Vorwurf der Pädagogisierung meist zu früh. Dadurch werden die Ursachen für das Gelingen oder Misslingen von Gottesdienst, seine Entstehungs- und Gestaltungsbedingungen, sowie die Frage, was er bei den Teilnehmenden bewirkt, weitgehend ausgeblendet oder (bewusst?) verdrängt. Wo die Abwehr pädagogischer Kriterien dazu dient, den Gottesdienst lediglich nach Intentionen von Bewahrung liturgiegeschichtlicher Identität oder normativer dogmatischer Richtigkeit zu beurteilen, ohne nach dem

Einbringen von Zeiterfahrungen und entsprechenden Gestaltungskonsequenzen, dem Zusammenhang von Inhalt, Raum und Kommunikationserfahrungen der Teilnehmenden – keineswegs nur der Kinder und Jugendlichen – zu fragen, wird die Gesamtthematik gefährlich verkürzt. Die nichtempirischen Beurteilungskriterien sind zudem kaum in der Lage, die häufige Differenz von theologischem Anspruch und unmittelbarer Teilnehmererfahrung, die der postulierten inhaltlichen Absicht massiv widersprechen kann, angemessen aufzudecken.

Soll es zur Überwindung der skizzierten Ambivalenzen kommen, wie sie sich im vielschichtigen »einerseits-andererseits« abzeichnen, wird man die religionspädagogischen Aspekte der Gottesdienst-Thematik genauer bedenken müssen.

II. Pädagogische Aspekte des Themas Gottesdienst

A. Zum Verhältnis von Religions-/Gemeindepädagogik und Liturgik

Der Gottesdienst als »die Kunst, Gott zu feiern« (Volp) muss sich nicht aufgeben, wenn seine pädagogische Dimension bedacht wird. Im Gegenteil vermögen die spannungsvollen Beziehungen zwischen Pädagogik und Liturgik ein umfassenderes Verständnis von Gottesdienst und Pädagogik herbeizuführen, das für die Praxis unmittelbare Bedeutung besitzt. So zu fragen ist besonders in Situationen dringlich, wo der Gottesdienst in postkirchlicher Öffentlichkeit seine gesellschaftliche Akzeptanz verliert und deshalb zu reflektieren ist, unter welchen Bedingungen und Hinsichten er bei »verdunstender« Tradition neue Bedeutung erhalten könnte. Den Gottesdienst mit seiner »Grammatik« hier wie eine Fremdsprache neu zu erlernen, bedarf vorrangig pädagogischer Reflexion. Oft wird hierbei freilich die pädagogische Aufgabe darin gesehen, ihn lediglich zu erkären in der Absicht, ihn so über Unterricht verstehbar und praktizierbar zu machen. Nicht nur für katholisches Gottesdienstverständnis gilt: »Liturgische Bildung wird gleichgesetzt mit kognitivem Nachhilfeunterricht über liturgische Gesetze ... All das aber ist Liturgie primär nicht!« (Rau 203). Zweifellos gibt der Gottesdienst zu denken. Argumentation und Auseinandersetzung braucht er nicht zu scheuen. Vieles lässt sich unterrichtlich aufschließen und verständlich machen – keineswegs nur für Jugendliche. Die Grundfrage jedoch, wie die Ortsagende nicht nur theologisch zu verstehen ist, sondern wie und aus welchen Situationen Gottesdienst erwachsen kann, Spiritualität zu Form und Gestaltung findet und es zu entsprechenden Erfahrungen kommt, die mehr sind als Information und Belehrung, dürfte so kaum zu beantworten sein. Die Plausibilitätskrise des Gottesdienstes ist kaum durch appellative Erklärungen für Unkundige zu überwinden, sondern primär durch Erfahrungen, bei denen sich Gottesdienste in unterschiedlicher Gestalt zu verschiedenartigen Anlässen im (Mit-)Vollzug selbst auslegen und erschließen. Stärker als die weithin schulorientierte Religionspädagogik hat sich in den letzten Jahrzehnten die Gemeindepädagogik mit ihren Handlungsfeldern der Frage gestellt, wie der Gottesdienst für Individuum und Gruppen das zur Wirklichkeit macht und somit das ist, wovon er redet.

Pädagogik reduziert sich nicht auf Praktizieren und Methodisieren des normativ Vordefinierten. Sie fragt vielmehr im Interesse der Menschen nach ihren Situationen und danach, wie Erfahrung und Sinnsuche in Sprache, Aktion, Ritus und Symbol nach Ausdruck und Gestaltung drängen und welche kulturellen und religiösen Vorgaben hierbei als brauchbar erscheinen. Die Empiriebezogenheit von Religions-/Gemeindepädagogik versteht sich hierbei als Anwältin einerseits des Individuums, seiner Suche nach Sinn und Darstellung, andererseits der Erfahrbarkeit Gottes in »sprechenden Zeichen«, die sich dem Verstehen nicht entziehen und doch »höher sind als alle (erklärende) Vernunft«.

Noch vor Jahrzehnten schien es häufig so, als ließe sich der entstehende öffentliche Verlust des Gottesdienstes nur dadurch beheben, dass man restaurativ auf historische Ausdrucksformen zurückgreift, die historisch vor jenem Verlust liegen, oder dass man im Unterschied hierzu auf jede liturgische Gestalt verzichtet, weil diese angeblich dem Wesen der Moderne nicht entspricht. Doch einerseits können denkmalpflegerische Rückgriffe allenfalls zeigen, wie Gottesdienst in damaligen Kulturzusammenhängen gelang und wie er in der Geschichte geworden ist. Andererseits haben der modernistische Einspruch gegen Tradition und Form generell und funktionale Umgestaltungsversuche des Gottesdienstes zur gemeindlichen Schulung und bloßen Aktion erst spät bemerkt, dass ihre pauschale Kritik an symbolischer und ritueller Vergewisserung und Expression keineswegs für die Gegenwart typisch sind.

So ambivalent im Einzelnen sein mag, was Psychologie und Verhaltensforschung zum Begriff des Ritus erbracht haben, so offenkundig ist doch seine kultursoziologische Bedeutung auch in gegenwärtigen Lebensbezügen. Kinder, die ihr Leben spielend erproben, finden dabei Riten, Zeichen und Spielordnungen. Jugend bringt sich in eigener Mode, Musik und in Symbolen zur Darstellung und wehrt sich dabei auf ihre Weise gegen funktionalistischen Zweck-Rationalismus. Während es in Kirchen, den Heimstätten von Symbol und Begehung, vielfach zunehmend restaurativer oder entsinnlichter zugeht, zeigen sich in weitgehend entkirchlichter Gesellschaft Tendenzen, die sich als säkulare (Weihe-)Riten wie der Jugendweihe und Symbolisierungen oft makabrer Art äußern. Wo sich Gesellschaft differenziert, unterschiedliche Sinnsysteme miteinander konkurrieren und das Individuum den Funktionalisierungen der modernen Leistungsgesellschaft unterworfen ist, schaffen Riten und Symbole kommunikative Vergewisserung im Pluralismus. Religion im weiten Sinne reproduziert sich hierbei, ohne auf den christlichen Gottesdienst angewiesen zu sein.

Dieser anthropologische Aspekt säkularer Liturgien, wie sie sich auch im politischen Zeremoniell, im Sport, in Begrüßungsformen, in Kultur und extremistischer Gegenkultur, im Bedürfnis nach auratischen Orten und gegliederter Zeit, nach Feiern und Feten zeigen, wobei jeweils Sinninhalte kommunizierbar werden, ist pädagogisch von Belang, will man die komplexe Gottesdienstthematik nicht verkürzt und zeitisoliert beschreiben. »Jedem dieser Alltagsrituale eignet insofern ein religiöses Element, als es der Herstellung einer Ordnung dient, die den Einbruch eines lebensbedrohenden Chaos abwehren soll« (Josuttis 1982, 50).

In derartigen alltagskulturellen Zusammenhängen wird der Gottesdienst keineswegs bereits dadurch gegenwartsnah und legitim, dass er auf überlieferte Formen verzichtet und je neu zu erstellen ist. Elemente der Tradition und Wiedererkennbarkeit schaffen Beheimatung und Vergewisserung. Besonders Kontingenzen und Erschütterungserfahrungen des Lebens lassen sich zwar nicht in normierte Formen pressen, brauchen aber zur Bewältigung erfahrungsgesättigte Vorgaben, die Inhalten Gestalt geben, zu denen der individuelle Augenblick oft nicht fähig ist. In diesem Sinne wird der Gottesdienst zwei unterschiedlichen Gestaltungsintentionen folgen: Er wächst einerseits in konkreten Anlässen und Situationen als aktiver kommunikativer Prozess durch die Charismen und Gestaltungsfähigkeiten der Gruppe bzw. der Gemeinde. Sein spezifischer Sinn wird auch hier wie in jedem Gottesdienst durch die »Kultur der Sinne« in Erfahrung gebracht. Der Gottesdienst überlässt sich andererseits vorgegebener Sprache und Form, wo das Individuum »sich nicht mehr als Macher erfahren kann« im Wissen darum, dass »man nicht sein eigener Ursprung ist« (Steffensky 1999, 25) und deshalb von Vorgegebenem lebt. So ist gottesdienstliche Beteiligung weitgehend auch als Aktivität im Passiven zu verstehen, als ein »an sich geschehen lassen« – was nicht als Rückfall in erstarrten Traditionalismus zu verstehen ist.

B. Feier, Spiel und Raum als gottesdienstliche Gegen-Zeichen

Wenn sich trotz des Bedeutungsverlustes des Gottesdienstes in der Öffentlichkeit ein Bedürfnis nach Kommunikation über Zeichen und Symbole in säkularer Gesellschaft ausmachen lässt und Inhalte so in Erscheinung treten, wäre zu fragen, wie solche Phänomene zu werten sind, gottesdienstliche Gestalt gewinnen oder sich mit überlieferter liturgischer Formensprache verbinden, um zu »sprechenden Zeichen« zu werden. Wenn beispielsweise die frühen christlichen Gemeinden ihren Gottesdienst mit dem Kyrie-Ruf eröffnet und diesen aus dem antiken kaiserlichen Hofzeremoniell übernommen haben, bekannten sie sich damit auf für sie politisch gefährliche Weise zu Christus als dem alleinigen und wahren Kyrios. Diese die politischen Machtideologien kritisierende Dimension christlicher Liturgie bleibt verdeckt, wo dieser Ruf in anderen gesellschaftlichen Verhältnissen nur liturgisch zitiert wird, ohne auf heutige »Mächte und Gewalten« Bezug zu nehmen. Es ist deshalb keineswegs als politische Instrumentalisierung oder modernistische Uminterpretation des Gottesdienstes anzusehen, wenn – besonders zu spezifischen Anlässen – sprachlich, visuell, musikalisch oder szenisch neue Bezüge liturgischer Traditionen hergestellt werden und so die ursprüngliche Intention auch in ihrer aufsässigen Kraft in neuen Kontexten bewusst wird. Das Progressive liegt hier im Aufspüren und Gestalten des in der Tradition Verdichteten. Indem dabei auch die gesellschaftlichen Erfahrungen des Individuums thematisiert werden, besteht am ehesten die Chance, dass der Gottesdienst nicht als vom Alltag isolierte liturgische Sonderwelt erscheint. So wird der Gottesdienst – indem er den Bedrohungen und Freuden des Alltags als Kyrie, Gloria, gebetetes und interpretiertes Leben Form und Sprache verleiht – zur schöpferisch-kritischen Unterbrechung des Alltags, zum Gegen-Zeichen als Feier des Lebens vor Gott.

Vielfach in der Praxis übersehen, ist das Gelingen von Gottesdienst an seine Konstitutionsbedingungen durch den Raum gebunden, der jeweils spezifische liturgische Gestaltung befördert oder verhindert. Kirchenräume – oft in Jahrhunderten geformt, durch Umgestaltungen immer wieder neu definiert und zeitgenössisch gemacht – unterscheiden sich formal meist von der sie umgebenden Stadt- und Dorfbebauung. Sie werden dadurch bereits zum auffälligen Denk-Mal, Gegen-Zeichen und damit zur optischen Irritation im alltäglich Normalen. Sie sollten in diesem Sinne wahrgenommen und erschlossen werden. Lernerfahrungen kommen durch Irritation und Verfremdung des Gewöhnlichen und Normalen zustande. Abstände und Unterbrechungen entstehen, die Bisheriges fraglich machen und zu neuen Einsichten und Engagements führen können, weil dabei Gewohntes anders wahrgenommen wird. Auch in diesem Sinne ist Ende des 20. Jh. eine Pädagogik des Kirchenraums entwickelt worden – methodisch häufig durch die Museumspädagogik angeregt –, die das Kirchenbau-Erbe als »Gedächtnis der Christenheit« zu erschließen versucht und sich dabei gegen einen lediglich formal-baukundlichen Kirchenraum-Erklärstil wendet, der häufig nur voyeuristische Interessen bedient. Kirchen sind immer auch zu Architektur geronnene Spielräume des Glaubens, Form gewordene »Kommunikation und Orte sozialer und inhaltlicher Auseinandersetzung. In den permanenten Veränderungen des Raums durch die Jahrhunderte zeigt sich die kritische Kraft dieser Kommunikation, die weniger an Konservierung als an progressiver Erweiterung ... dieser Überlieferung interessiert ist« (Degen 153). Kirchenbau so zu erkunden lässt lernen, was Kirche einschließlich der gottesdienstlichen Intentionen und Ausformungen jeweils war und lässt dieses so – im Doppelsinn des Wortes – be-greifbar werden.

Die Normalität des Gottesdienstes, wie sie in der wechselvollen Geschichte des Kirchenbaus aufgehoben ist, besteht darin, dass Liturgie den Normalitäten des Alltags in Hoffnung und Verzweiflung, Glück und Trauer Ausdruck verleiht und diese Realitäten zugleich fraglich macht, indem die gottesdienstliche Gesamtgestalt Leben und Sterben an einen spezifischen Inhalt bindet. So sind die liturgischen und homiletischen Elemente immer auch Aufklärung und Protest im Namen Gottes. Der Gottesdienst wird so um des Menschen willen zum Exorzismus, also zur »feierlichen Austreibung dessen, was Menschen zerstört« (Lange 92). Riten, Symbole und mit ihnen der Gottesdienst haben so eine sozialisierende, vergewissernde und damit kritisch-befreiende und die Realitäten überbietende Funktion. Pädagogische Kompetenz erweist sich hierbei als Wahrnehmungs- und Gestaltungskompetenz. »Denn was seine Gestaltung nicht findet, das geht mit der Zeit auch als Idee verloren. Wir werden uns selbst und anderen immer undeutlicher und unerkennbarer. Es ist, als ob wir die Spielregeln eines Spiels kennten und schätzten, das Spiel aber nie spielten. Dann werden die Regeln mit der Zeit verlorengehen. Das Christentum geht verloren, wo es sich verschweigt, wo es sich nicht in Gesten und Zeichen und Aufführungen darstellt« (Steffensky 1987, 120).

C. Kinder und Erwachsene im Gottesdienst

Obwohl sich unsere Gottesdienste gern als »Mitte der Gemeinde«, »öffentliche Versammlung des gesamten Gottesvolkes« und »Gemeinschaft der Generationen vor Gott« (Mal 3,24) definieren, wird dieser normative Anspruch von der Erfahrung kaum mehr gedeckt. Je mehr die gottesdienstlichen Symbole im Laufe der Zeiten ihren natürlichen, alltagskulturellen Lebenszusammenhang aufgaben und abstrakt wurden, entwickelten sie sich – für Kinder zumal – vom sprechenden Zeichen zur fremdsprachlichen Verschlüsselung, die nur Kundigen verständlich blieb und deshalb der ständigen Erklärung durch Predigt und Unterricht bedarf. Die Entstehung der Liturgie aus lebendiger Kommunikation und Spiel, des Abendmahls aus einer die sozialen Schranken der Gesellschaft überwindenden Tisch-Gemeinschaftsfeier und der oft aus Bewegungs- und Tanzlied-Traditionen entstandenen Choräle, ist in unseren emotionsgezähmten Gottesdiensten kaum mehr in Erfahrung zu bringen. Das Schwinden einstiger gottesdienstlicher Vielfalt und verrechtlichte Vereinheitlichungen (»Ordnung« der Messe bzw. des Gottesdienstes) verstärken faktisch die Tendenz des Gottesdienstes – gegen seine theologische Intention – zum bürgerlichen Erwachsenengottesdienst oft einer Kern- und Restgemeinde, der die Sonderform des Kindergottesdienstes nicht zufällig provozierte.

Ohne spezifische Zielgruppengottesdienste in konkreten Situationen ausschließen zu wollen, ist der Generationenzerfall im Gottesdienst mit seiner faktischen Ausgrenzung der Kinder und der Schaffung entsprechender Sonderformen Ausdruck einer auch in pädagogischer Hinsicht ambivalenten Entwicklung. Da der Kindergottesdienst sich als Notlösung dieser Entwicklung ergab, die er selbst nicht verschuldete, ist er nicht zu kritisieren, sofern er sich als kritische Rückfrage an gottesdienstliche Erwachsenenmentalität versteht und nicht seinerseits Isolierungstendenzen verstärkt. Sein Entstehen als Sonntagsschulbewegung im Kinderelend englischer Industriestädte des späten 18. Jh. – als sozialdiakonisches Engagement protestantischer Laien – vermag daran zu erinnern, dass Gottesdienst generell eine soziale und situative Dimension besitzt, die angesichts heutiger sozialer Spannungen besondere Beachtung verdient. Auch konnten in der Geschichte des Kindergottesdienstes die Mitverantwortung der Laien (und Frauen) entschiedener bewahrt werden als in der Tradition des (Erwachsenen-)Gottesdienstes. Doch wurde die Kindergottesdienst-Tradition zunehmend pfarrerzentriert und machte aus verantwortlichen Laien bloße »Helfer«. Mehr und mehr entwickelte sie sich zur lediglich agendarisch gekürzten Einübungsveranstaltung für die feststehenden Formen des Erwachsenengottesdienstes, wobei allenfalls im »Verkündigungsteil« gestalterische Freiräume verblieben. Diese Verengungen erkannt zu haben, ist erfreulicherweise in der Kindergottesdienstpraxis seit Jahren durchaus bemerkbar – sofern diese Praxis nicht durch andersartige Konkurrenz am

Sonntagvormittag, gewandeltes familiäres Freizeitverhalten oder geringes gemeindliches Engagement zum Erliegen gekommen ist.

In der Generationenzertrennung des Gottesdienstes spiegeln sich die isolierende Spezialisierung und aufsplitternde Professionalisierung des modernen Lebens. Generationen übergreifende Erfahrungszusammenhänge lösen sich auf und werden in Altersgruppen-Homogenitäten verwandelt, was für Kinder zur Folge hat, dass sie überall vorrangig nur ihresgleichen begegnen und Kindheit so zur von Spezialisten verwalteten »Kinderkindheit« (von Hentig) wird. Kindheit erweist sich als hergestelltes Altersgruppen-Konstrukt, das durch den familiären Strukturwandel mit seinen Beziehungs-Labilitäten und dem Rückgang intergenerationeller Erfahrungen kaum mehr Kompensierungen und Erfahrungserweiterungen ermöglicht. Für gestaltete Spiritualität und religiöses Lernen ist dies insofern belastend, als gerade hier unterschiedliche Generationen übergreifende Erfahrungen zueinander kommen und das Fremde und Andersartige erweitertes Verstehen ermöglichen sollten. Deshalb ist neben dem schleichenden Auszug ganzer sozialer Schichten aus dem Gottesdienst besonders der Auflösung seines Generationenzusammenhangs entgegen zu wirken, was Konsequenzen für seine Gestaltung hat. Dabei könnte die Ritenbedürftigkeit und oft wahrnehmbare Ritenbefähigung der Kinder, mit der sie Zeit und Raum strukturieren und so eine ihnen gemäße Ordnung anstreben, eine Motivation für entsprechende liturgische Intentionen sein. Die pluralistischen Unübersichtlichkeiten und Beliebigkeiten der (Post-) Moderne bedürfen der ordnenden Gegenkräfte, zu denen Ritus und Symbol zählen können. Zudem gilt für den gemeinsamen Gottesdienst der Kinder und Erwachsenen: Es hat Bedeutung, »wenn Kinder im Gottesdienst erleben können, wie es die Erwachsenen mit ihrem Glauben halten, wie sie um Vergebung bitten. ... Wo können Kinder sonst noch im alltäglichen Leben eine derartige Relativierung der Erwachsenen erleben?« (Möller 176).

Wenn im Gottesdienst tatsächlich die im Namen Gottes Versammelten als »Gemeinschaft der Verschiedenen« mit ihren jeweiligen Charismen (I Kor 12) beieinander sind, werden dazu auch die spezifischen Ausdrucksformen, Begabungen und Einsprüche der Generationen gehören. Was sich in den Isolierungen des Alltags kaum mehr wechselseitig zur Kenntnis nimmt oder angesichts der vorfabrizierten, mediatisierten Ersatzerfahrungen nicht mehr zur eigenen Sprache und Gestalt findet, könnte hier seinen authentischen Ausdruck gewinnen. Insofern wäre Gottesdienst eine »Sprachschule der Freiheit« (Lange), die als Gegenkultur zu den okkupierenden Trivialisierungen des (vielkanäligen) Unterhaltungsmarktes ansteckend wirken dürfte.

Nicht zufällig haben seit den fünfziger Jahren viele Familiengottesdienste in dieser Richtung gewirkt und gottesdienstliche Generationenzusammenhänge hergestellt. Dabei wird diese in den Gemeinden längst zur Tradition gewordene Praxis darauf zu achten haben, dass sie angesichts des familiären Wandels, zunehmender Teilfamilien und Singles in der Gesellschaft nicht harmonistischen, familienbürgerlichen Verengungen verfällt und unbeabsichtigt die ausgrenzt, die nicht dem traditionell-kirchlichen Familienbild entsprechen, deren Annahme jedoch vermutlich besonders wichtig wäre. Auch muss sich die Kinderteilnahme nicht durch verniedlichende Kindertümlichkeit auszeichnen, die rasch ins Banale oder Schulmeisterliche abgleitet. Nicht das angeblich Kindertümliche, sondern das Kindern und Erwachsenen gemäße Einfache und Elementare, wie es sich in (biblischen) Sprachbildern, im Erzählen dessen, was es zu feiern gilt und in entsprechender Begehung und Symbolik darstellt, ist das hier zu Bedenkende.

III. Gemeindepädagogische Ansätze für Gottesdienst als Gestaltungsaufgabe

Der Gottesdienst lernt und erschließt sich durch Gottesdienst. Ein begleitendes Reflektieren auch als Unterricht oder Gemeindeseminar und ein erprobendes Umgehen mit Sprach- und

Gestaltungselementen sind hierbei auch deshalb sinnvoll, damit aus Gottesdienst-Teilnahme keine dumpfe Gewohnheit wird, und der Ritus nicht zur erstarrten, unverstandenen Zeremonie verkommt.

Wenn uns der Gottesdienst als Gestaltung aufgegeben ist und gelegentliche Streitigkeiten der »Schwestern« Liturgik und Didaktik darin überwunden werden könnten, wäre über die Form und Gestaltung von Sinn-Angeboten in heutigen Zusammenhängen nachzudenken. »Form ist sowohl eine pädagogische als eine liturgische Kategorie. ... Die Form entdeckt sich im Arbeitsprozess dem Entdecker in ihrer Unverwechselbarkeit und macht ihre Entdeckungen zum Ereignis; sie verändert, bereichert, bildet den Entdecker, der sich selbst im Entdecken neu erfährt. ... Sinnerfahrung geschieht in gestalteter Form« (Bizer 1988, 108).

Da Feier-Elemente als gestaltete Zäsuren in der Zeit meist nur noch verkümmert vorkommen und auch Geburtstage, Jubiläen und Feste wie Weihnachten weitgehend dem Konsum- und Geschenkedruck erlegen sind, stellt sich die Frage, wie derartiges Feiern gelernt werden kann. Der tägliche »Zur-Ruhe-kommen-Ritus« der Kinder mit Gute-Nacht-Geschichte, besprochenem oder gebetetem Alltag und Abendlied wäre hier ebenso von Bedeutung wie Geburtstags- und Taufkerzenriten und das gemeinsame Gestalten von Feiertagen und Festen bis hin zur Vorbereitung der Tische und Räume. Wo Inhalte nicht mehr eine kommunikative Gestalt erhalten, die jene Inhalte erinnern und zugänglich machen, drohen diese zu verkümmern und aus dem Bewusstsein zu fallen.

Das Kirchenjahr als geheiligtes Naturjahr mit seiner entfalteten Gestaltung theologischer Inhalte im Jahreszyklus und zugleich der sonntäglichen Sabbate als kritische Verfremdungen und Aufhebungen der Erwerbs- und Arbeitszeit hatten an dieser Stelle einst prägende Bedeutung. Ihre generationen-, schichten- und milieuübergreifende pädagogische Funktion war offenkundig. Diese ist durch epochale Veränderungen weithin geschwunden und lässt sich nur begrenzt mit neuem Leben erfüllen. Wichtig sind deshalb das Aufspüren (noch) vorhandener Festanlässe, Symbole und ein damit in Beziehung zu setzendes Thematisieren heute relevanter Anlässe. Neue, für die Gesellschaft und den Lebenslauf des Einzelnen wichtige Themen und Stationen suchen gestalterische Verdichtung als Feier und Kasualhandlung. Solche Tendenzen wahrzunehmen und ihnen Gestaltungsanlässe zu verschaffen, wäre für Familie, christliche Gemeinde und gesellschaftliche Gruppen eine dringliche Aufgabe.

Wie mancherorts der Martins- und Nikolaustag als ökumenische Begehung und diakonische Feier mit Kindern eine neue Perspektive gewann oder durch Umwelttage und Friedensdekaden die großen Leitworte von Frieden, Gerechtigkeit und Schöpfungsbewahrung zu gottesdienstlichen Gestaltungen fanden, verdient hier Beachtung. Auch das alte Kirchenjahr war nicht statisch vorgegeben, sondern hat sich in Jahrhunderten heraus- und umgebildet und blieb in ständiger Bewegung. In allem Wandel lag seine pädagogische Bedeutung auch darin, dass es prinzipiell sowohl von der rhythmischen Wiederholung des regelmäßigen Sonntags als auch von herausgehobenen Einzelfesten mit ihrem Proprium her gedacht war und es in ihm neben dem rituell Gleichbleibenden durchaus punktuell Einmaliges zu erleben gab, was die Gleichförmigkeit des Wochenrhythmus aufbrach. Diese gestalteten Stationen im Jahreskreis besaßen eine theologische, politische, pädagogische und ästhetische Dimension in der Gesellschaft. Sie wirkten sozialisierend und halfen zur Findung von Identität in Raum und Zeit. Die Reduzierung von Fest und Feier zur entöffentlichten Privatheit in der Familiennische und der Gottesdienste zur individuellen Erbauung gehört bereits in die Verfallsgeschichte von Kirchenjahr und öffentlichem Gottesdienst. Dennoch können auch in Nische und Versteck öffentlichkeitswichtige Veränderungs- und Gestaltungskräfte wachsen, wie sie beispielsweise in der Entstehungszeit des christlichen Gottesdienstes, in der Reformation oder in den aus Meditation,

Information und politischer Aktion bestehenden »Gottesdiensten für unser Land« beim Zerbrechen der DDR und anderer totalitärer Systeme zu erkennen waren. In spezifischen Kontexten wurden biblische Bilder wie Arche, Regenbogen und die zu Schwertern geschmiedeten Pflugscharen zu liturgischen Provokationssymbolen und Texte, Lieder und Zeichen wie Kreuzweg und brennende Kerze in neuen gottesdienstlichen Zuordnungen zum wirksamen öffentlichen Protest- und Verheißungszeichen.

Sofern in der gegenwärtigen Jugendkultur religiös-kirchliche Beziehungen nicht generell abgebrochen wurden, spielen Andachten und unterschiedliche liturgische Elemente meist in größeren Gruppenzusammenhängen eine Rolle, die hierbei oft eine erlebnis- und gruppenstabilisierende Funktion besitzen. Unter anderem in Exkursionen, Kirchentagen, Wallfahrten, Taizé-Treffen, Osternachstsprojekten wird Gottesdienstliches erprobt und dabei gelernt oder auch in parochialgemeindlichen und schulischen Zusammenhängen versucht. Die durch ihre Inhalte und Aufgaben gegebene und oft auch räumliche Nachbarschaft von Kirche, Schule, Kinder- und Jugendeinrichtungen könnte sich für alle auch bei dieser Thematik als konstruktiv erweisen, sofern sie wechselseitige Offenheit und Bereitschaft zum Experiment besitzen, ohne dass dies zu gegenseitigen Vereinnahmungen führen müsste. Kommen außerhalb der Kirchen hierbei zumindest ansatzweise gottesdienstliche Formen zustande, sind sie nicht als von außen eingetragene pfarrerzentrierte Gottesdienst-Importe wichtig, sondern in aller Bruchstückhaftigkeit als aus der Gruppe und Einrichtung gewachsene Gestaltung von Bedeutung. Dabei müssen liturgische und sprachliche Formelemente nicht jeweils neu erfunden werden. Der Kraft, »in der geerbte liturgische Formen sich als tragend erweisen, entspricht didaktisch ein Probierverhalten, das nicht nur eine Teilnahme am liturgischen Vollzug, sondern zugleich Modifikationen der Form selbst ausprobieren muss. ... Religiöses Lernen geschieht als Handhabung von liturgischen Formen, bei der die Lernenden aus ihrer Situation ihre Bedürfnisse in ihre Liturgie eingehen lassen können« (Bizer 1988, 92). Geprägte Sprache und musikalische Formen, Bild, Bewegung und Raumgestalt sind dabei nicht lediglich instrumentelle Methodenelemente zur Herstellung eines normativ vorgegebenen Gottesdienstverständnisses. Die Elemente »predigen« vielmehr aus sich heraus und in der Zuordnung zueinander. Wer mit ihnen umgeht, stellt die Feier her und verantwortet sie.

Gerade auch dort, wo Menschen sich mit den gottesdienstlichen Überlieferungen nicht identifizieren können und ihr Gottesdienst – wenn überhaupt – weithin nur im Protest gegen herkömmliche Traditionen zustande kommt, werden sie in der Auseinandersetzung auf das Überlieferungsgut stoßen und sich ihm nicht entziehen können. Diese Auseinandersetzung mit der liturgischen Überlieferung im Sinne eines reflektierenden Zwischenschritts als »Liturgiewerkstatt« könnte zwei wesentliche Konsequenzen haben:

- Sie verstärkt, befragt, erweitert oder modifiziert die eigenen Intentionen und vertieft so das Finden neuer Sprach- und Gestaltungsformen.
- Sie vermag in kritischer Prüfung heutige Erfahrungen mit ihren Riten und Symbolen in die überlieferten Formen einzubringen oder sie dort zu entdecken und kann Überliefertes so annehmen und verantworten.

Beide Konsequenzen überwinden die meist unfruchtbaren plakativen Polemiken zwischen alt und neu, liturgischen Traditionen und damit prinzipiell brechenden situativen Gegenentwürfen.

Indem sich Jugendliche oder Erwachsene dem »Prozess Gottesdienst« stellen, müssen sie nicht zuvor über sein »Wesen« belehrt werden. Sie können in unterschiedlichen Anlässen und konfessionellen Ausprägungen weitgehend selbst erkunden, was Gottesdienst in spezifischen Situationen bedeuten und aussagen könnte und deshalb nach entsprechenden Formen verlangt.

Unterschiedliche Leitvorstellungen von Gottesdienst als (1.) zweckfreies Spiel der von Christus Befreiten, als (2.) wirksames Handeln des in Wort und Sakrament gegenwärtigen Herrn, oder als (3.) vergewissernde Darstellung der gemeindlichen Charismen und gemeinsamen Aufgaben für den Dienst in der Gesellschaft können dabei zur Sprache kommen. Derartige Unterschiede der Intention müssen keineswegs in einer gottesdienstlichen Einheitsform zusammengefasst werden. Dass Einheit sich als uniformierende Einheitlichkeit zu erweisen habe, ist auch hier ein Missverständnis, das sich etwa mit Blick auf die Vielfalt gottesdienstlicher Formen in der Frühzeit der Kirche, der Reformation und im nachkonziliaren Katholizismus widerlegen lässt. Vielgestaltigkeit ist so nicht verleugnete Einheit, sondern nötige (situative) Konsequenz von gemeinsamer Übereinstimmung im Fundamentalen. Der 7. Artikel der Augsburgischen Konfession enthält auch eine pädagogische Konsequenz, die für die Gegenwart Bedeutung hat: Die Eintracht über Predigt und Sakramentshandeln lässt unterschiedliche Formen, Kirchen- und Gottesdienstgestalten zu.

Hierbei kommen Feiern und Gottesdienste in unterschiedlichen Konkretionen nicht ohne Regeln aus. Agendarische Vorgaben sind dabei sinnvoll, um isolierender Willkür zu begegnen und über situative Ausformungen hinweg auch ökumenische Gesamtzusammenhänge liturgisch herzustellen. Es ist jedoch ein Unterschied, ob – um einen polemischen Vergleich aufzunehmen (Josuttis 1988, 173 f.) – solche Regeln wie beim Fußball ein freies Spiel der Akteure ermöglichen oder eher an starre Kommandoregeln erinnern wie beim Parademarsch und Militär, wo auf Befehl sogar zu singen ist. Hier sind Agenden überfordert, sofern sie sich als alternativlos normativ verstehen.

Durch sonntägliche Regelmäßigkeit einst ließen sich geringfügige Gestaltvarianten des Gottesdienstes auch über unterschiedliche Parament-Farben im Jahreslauf in Erfahrung bringen. Die heutigen unsteten und punktuellen Teilnahmegewohnheiten gebrauchen den Gottesdienst jedoch anders, als er gedacht war, und problematisieren sein auf Stetigkeit angelegtes Baugesetz. Da eine Restaurierung des früheren Sozial- und Kulturkontextes nicht gelingt, wird es zur heutigen Gestaltungsaufgabe gehören, den Gottesdienst vorrangig als Einzelveranstaltung zu profilieren, was nicht bedeuten muss, auf (kirchen-)jahreszeitliche Zusammenhänge zu verzichten. Erfahrungen mit Kirchentags- oder anderen besonderen Gottesdiensten, aber auch mit Christvespern, die für viele die einzigen Gottesdienst-Anlässe im Jahreslauf sind, geben hier zu denken.

Bei allem lautet die zentrale pädagogische Frage an den Gottesdienst: Wie kann Gestalt gewinnen, darin gebraucht und angeeignet werden, was er meint? Er will je neu die Gestalt sein, in der sich unsere Begegnungen mit dem präsenten Christus und der Sache Gottes ereignen. »Das Wunder Jesu ist ja ein Begegnungswunder, ein Kommunikationswunder. Nicht Jesus an und für sich ist der Ursprung der Wahrheit Gottes in der Wirklichkeit dieser Welt, ... sondern Jesus mit den Menschen und für die Menschen. In der Aufführung der Begegnung wird das Wunder Jesu sehr angemessen erinnert, bezeugt, bekannt, verkündet. ... Der Vorgang Jesu ist das Fest der Menschen, und die Liturgie ist, ihrem tiefsten Sinn nach, die erinnernde Wiederholung, die Wiederaufführung dieses Festes« (Lange 88 f.).

Literatur

Christof BÄUMLER, Kirche und Gottesdienst: HRP I, 191–204. – Otto BETZ, Fest und Ritual: HRE I, 280–290. – Peter BIEHL, Religionspädagogik und Ästhetik: JRPäd 5 (1988) 3–44. – Karl-Heinrich BIERITZ, Kind und Gottesdienst: Christliche Unterweisung und Gemeinde, hg.v. Eckart Schwerin, Berlin 1978, 99–124. – Christoph BIZER, Liturgik und Didaktik: JRPäd 5 (1988) 83–111. – Ders., Kirchgänge in Unterricht und anderswo, Göttingen 1995. – Maria R. BOTTERMANN, Die Beteiligung des Kindes an der Liturgie von den Anfängen der Kirche bis heute, Frankfurt a.M. 1982. – Peter C. BLOTH/u.a. (Hg.), HPTh(G) 2 und 3 (1981/83). – Peter

CORNEHL, Art. Gottesdienst VIII: TRE 14 (1985) 55–85. – Ders./Hans-Eckehard BAHR, Gottesdienst und Öffentlichkeit. Zur Theorie und Didaktik neuer Kommunikation, Hamburg 1970. – Roland DEGEN, Kirchenräume als Gedächtnis der Christenheit: JRPäd 13 (1996) 145–161. – Ders./Inge HANSEN (Hg.), Lernort Kirchenraum, Münster 1998. – Wilhelm GRÄB, Liturgie des Lebens. Überlegungen zur Darstellung von Religion im Konfirmandenunterricht: PTh 77 (1988) 319–334. – Christian GRETHLEIN, Abriß der Liturgik. Ein Studienbuch zur Gottesdienstgestaltung, Gütersloh [2]1991. – Ders., Gemeindepädagogik, Berlin 1994. – Martin GUTMANN, Der Herr der Heerscharen, die Prinzessin der Herzen und der König der Löwen. Religion lehren zwischen Kirche, Schule und populärer Kultur, Gütersloh 1998. – Hans-Günter HEIMBROCK, Ritual als religionspädagogisches Problem: JRPäd 5 (1988) 45–81. – Ders., Didaktik des klangvollen Ohres. Über die Bedeutung von Musik für religiöse Lernprozesse: EvErz 43 (1991) 459–470. – Werner JETTER, Symbol und Ritual. Anthropologische Elemente im Gottesdienst, Göttingen [2]1986. – Manfred JOSUTTIS, Zur Liturgik: Praktische Theologie, hg.v. Friedrich Wintzer, Neukirchen-Vluyn 1982, 29–80. – Ders., Praxis des Evangeliums zwischen Politik und Religion, München [4]1988. –Thomas KLIE (Hg.), Der Religion Raum geben. Kirchenpädagogik und religiöses Lernen, Münster 1998. – Thomas KLOCKE/Johannes THIELE, Mit Kindern durch das Kirchenjahr, München 1982. – Ernst LANGE, Predigen als Beruf, Stuttgart [2]1987, 83–95. – Christian MÖLLER, Gottesdienst als Gemeindeaufbau. Ein Werkstattbericht, Göttingen 1990. – Geiko MÜLLER-FAHRENHOLZ, ... und wehret ihnen nicht! Ein ökumenisches Plädoyer für die Zulassung von Kindern zum Abendmahl, Frankfurt a.M. 1981. – Wolfgang NEUSER, Gottesdienst in der Schule, Stuttgart 1994. – Gert OTTO, Handlungsfelder der Praktischen Theologie, München 1988, 315–345. – Stefan RAU, Der liturgische Raum als Ort liturgischer Bildung: BiLi 71 (1998) 203–216. – Günter RUDDAT/Henning SCHRÖER, Lebendige Liturgie. Ein Programmwort und seine Geschichte: Der Kirchentag und seine Liturgien, hg.v. Wolfgang Ratzmann, Leipzig 1999, 83–114. – Hans-Christoph SCHMIDT-LAUBER, Die Zukunft des Gottesdienstes, Stuttgart 1990. – Jan Heiner SCHNEIDER/u.a., Schulgottesdienst: Themenheft KatBl 115 (1990) 7–8. – Henning SCHRÖER, Im Gottesdienst nichts Neues? Ein Plädoyer für lebendige Liturgie: EvErz 41 (1989) 522–531. – Helmut SIEGEL, Gottesdienst und Konfirmanden: HbKA (1985) 143–159. – Rainer STARCK/Ingrid SCHOLZ, Gottesdienst mit Konfirmandinnen und Konfirmanden: HbKA, Gütersloh 1998, 253–272. – Fulbert STEFFENSKY, Feier des Lebens. Spiritualität im Alltag, Stuttgart, 1987. – Ders. Vorräume. Zugänge zu spirituellen Erfahrungen: Erfahrungsräume, hg.v. Anna-Katharina Szagun, Münster 1999, 19–30. – Regina TÖRNING-GROHE (Hg.), Gott ist los. Ökumenische Gottesdienste mit Schülerinnen und Schülern, Freiburg 1997.

Roland Degen

Gottesdienst und Seelsorge

I. Gottesdienst als Ort der *cura animarum generalis*

Die starke Ausrichtung auf die pastoralpsychologische Einzel- und Gruppenseelsorge in den zurückliegenden Jahrzehnten führte seitens der Poimenik zu einer gewissen Vernachlässigung der *cura animarum generalis*, wie sie vielfältig, vor allem aber im Gottesdienst, geschieht. Eine wertvolle Ausnahme stellt das 1985 erschienene Buch Hans Joachim Thilos »Die therapeutische Funktion des Gottesdienstes« dar. Eine durchaus stärkere Betonung erfuhr die dem kirchlichen Handeln als solchem immanente generelle Seelsorge demgegenüber im 19. Jh., u.a. durch Wilhelm Löhe und Claus Harms. Löhe schrieb: Es ist »eine große Torheit, wenn man das Außerordentliche«, nämlich die spezielle Seelsorge, »zum Ordentlichen machen will, wenn man verkennt, dass Predigt, Katechese und Liturgie, Gottes Wort und Sakrament das Beste in der Seelsorge tun« (267). Gottesdienst ist seelsorgerlich heilsam, freilich nicht in einem magischen Sinne, sondern durch empfängliche und mitvollziehende Partizipation.

II. Die poimenische Pluriformität des Gottesdienstes

A. Regressive recreatio

In der in den sechziger Jahren beginnenden und inzwischen abgeflauten Reformphase des Gottesdienstes ging es im hohen Maße um eine Verstärkung der aktiven Beteiligung der Gemeinde sowie um Motivierung, Ausrichtung und Einweisung zum sozialethischen und politischen Handeln. Im »Gottesdienst als Dienstbesprechung« (Trautwein 106–108) mit einem äußerst schmalen liturgischen Rahmen fand dies seinen radikalsten Ausdruck.

Wenn jene Gottesdienste aufs Ganze gesehen kaum Bestand hatten, lag dies mit Sicherheit vor allem an der zu starken Reduzierung der empfangenden Dimension. Kirche verkörpert einen mütterlichen Archetyp, wovon die auf den Gottesdienst gerichteten Erwartungen nicht unwesentlich geprägt sind und immer geprägt sein werden.

Wer losgelöst von der *Recreatio* im Sinne des Heilandsrufs Mt 11,28 permanent beschwörend die weltdiakonische Sendung predigt, befördert auf Dauer gesetzliche Verkrampfung, Erschöpfung, Ausgebranntsein *(burn out)* und Apathie. Wenn im Gottesdienst seit eh und je – in psychologischer Nomenklatur – regressive Bedürfnisse aufgenommen und abgegolten wurden, bedeutet dies nach dem heutigen psychologischen Forschungsstand keineswegs eine Abwertung. Nachdem Freud Regression ziemlich pauschal negativ bewertete, hat seitens der Tiefenpsychologie inzwischen längst eine differenzierte Beurteilung Platz gegriffen. Zwar bleibt es dabei, dass übermäßige Regression geradezu einen malignen Charakter annehmen und sich als neurotische bzw. psychotische Abkehr von der Wirklichkeit darstellen kann. Andererseits – dies war Grund des Umdenkens im psychotherapeutischen Bereich – ist ein bestimmtes Maß an Regression für eine gesunde Befindlichkeit auf Dauer unverzichtbar. Dem Eintauchen in göttliche, kirchlich-mütterliche Geborgenheit, Erfahrung von Tröstung, wärmender Güte, Zuwendung und Angenommensein eignet phänomenologisch zweifellos eine signifikante Nähe zum positiven frühkindlichen Grunderleben, auf dem lebenstragendes »Urvertrauen« basiert (Erik H. Erikson), und insofern eine regressive Tendenz. Es handelt sich um »Regression im

Dienste des Ichs« (Kris) zur Fundierung und Verstärkung des personalen Kerns, wobei allerdings Achtsamkeit hinsichtlich eines infantilisierenden Überhangs immer mitlaufen muss.

Die Erfüllung der normalen vitalen regressiven Bedürfnisse stellt in unserer leistungsorientierten Gesellschaft zunehmend ein Problem dar. Wachsender Alkoholismus und Drogenkonsum bezeichnen die falschen Fluchtwege aus der Defizitsituation. Unter humanwissenschaftlichem Aspekt könnte der Gottesdienst als dasjenige gesellschaftliche Ritual *sui generis* gekennzeichnet werden, das den dringenden regressiven Bedarf zur emotionalen Stärkung und Vergewisserung wesenhaft erfüllt. So wird Thilo Zustimmung finden, wenn er schreibt: »Die Recreatio des Gottesdienstes schließt ein Stück positive Regression ein« (42). Hans van der Geest hat den gleichen gottesdienstlichen Aspekt im Auge und führt aus: »Darum suchen die Gottesdienstbesucher in der Kirche immer wieder die Festigung ihrer Geborgenheit. Das drücken sie verschieden und auch nicht immer theologisch korrekt aus, wenn wir sie fragen, was sie vom Gottesdienst erwarten:

– Ich will einen Moment die Qualen des Alltags vergessen
– Ich suche Kraft für die neue Woche
– Ich möchte aus der Hetze raus, ein bisschen Ruhe finden
– Endlich mal keinen Streit, jetzt will ich Frieden
– Es muss uns auch einmal wieder gut zugeredet, es muss uns Mut gemacht werden« (47).

B. Die poimenische Bedeutung gottesdienstlicher Integration

Der Mensch ist elementar auf Integration angelegt und erweist sich darin als ein gemeinschaftliches Wesen. Desintegrative Existenzweisen (Isolierung, Abkapselung, Außenseitertum, extreme Introversion) stellen den Nährboden für psychische Erkrankungen dar oder sind ihr Ausdruck. Für derart gestörtes Leben enthält unsere Sprache die tiefsinnige Redewendung »mit Gott und der Welt zerfallen«. Ontische Integration – »Gott und Welt« bezeichnen das Sein im Ganzen – stellt danach wesenhaft ein religiöses Phänomen dar. Die Religion tendiert entsprechend immer und überall zu Formen »heiliger Kommunion«. »Unio mystica« ist ihre Sehnsucht und ihre Seligkeit. Mit Initiations- und Integrationsritualen wurde diesem elementaren Erfordernis menschlicher Existenz von jeher Rechnung getragen. Der Ausschluss aus der Stammesgemeinschaft als Strafmaßnahme bedeutete geradezu psychischen Tod, dem der physische meist alsbald folgte. Auch die Kirchenstrafe der Exkommunikation war in geschlossenen christlichen Gesellschaften außerordentlich schwerwiegend und bedrohlich. Immer wieder bestätigten, vergewisserten und erneuerten religiöse Riten die bergende Integration.

Es lässt sich nicht übersehen, dass unsere Gesellschaft durch eine schwerwiegende Integrationskrise gekennzeichnet ist und die überkommenen christlichen Integrationsrituale an Wirkkraft verloren haben bzw. viele Menschen nicht mehr erreichen. Wer jedoch am Gottesdienst in empfänglicher und aktiver Partizipation teilnimmt, erfährt nach wie vor ungeschmälert die heilsamen Wirkungen sakraler Integration. Werner Jetter nannte Rituale zu Recht »Vehikel symbolischer Integration« (115 f.) Es handelt sich bei der gottesdienstlichen Integration nicht lediglich um die gelegentliche episodische Wallung eines Gemeinschaftsgefühls. Sofern der Betreffende regelhaft im Ritual lebt, entsteht eine seelisch-geistige Tiefenwirkung, die Vereinzelung und Isolation im Kern aufhebt, neue Kommunikationsfähigkeit stiftet und das Lebens- und Weltgefühl verändert. Emotionen der Geborgenheit und Beheimatung leben auf. Immer wieder wird der Gottesdienst in persönlichen Äußerungen mit dem Begriff Heimat gekennzeichnet. Wer derart den Gotteszusammenhang wiederfindet, findet mit der Zeit auch den eventuell gerissenen Lebenszusammenhang wieder.

Wichtige integrative Elemente des Gottesdienstes stellen der Gemeindegesang, das gemeinsam gesprochene Credo und Vaterunser sowie in spezifischer Weise das Heilige Abendmahl dar, dessen Bezeichnung »Kommunion« seinen Gemeinschafts- und Integrationscharakter trefflich unterstreicht. Der gottesdienstlichen Integration eignet sowohl ein vertikaler wie ein horizontaler Charakter. Sie verbindet, »versöhnt« mit Gott durch Christus und gliedert ein in die Gemeinde. Die vertikale Integration wurde von Hegel wie folgt beschrieben: »Der Kultus in seinem bestimmten Begriff ist die Bewegung des Individuums, sich aus seiner Trennung identisch zu setzen mit dem Absoluten, sich die Gewissheit der Einheit mit demselben zu geben – das Gefühl, sich zur Liebe desselben zu erheben.« (16).

Wie bei der Regression besteht auch hinsichtlich der Integration die Möglichkeit maligner Entartung. Dies betrifft totale Verschmelzungserlebnisse, wie sie in der Vergangenheit etwa der Faschismus, aber auch die Staaten des »Realsozialismus« (Massenveranstaltungen, Riesenaufmärsche) organisierten , wobei das Ich nicht geborgen, sondern in die manipulierbare Masse hinein aufgelöst wird.

C. Seelsorgerliche Wirkungen emotionaler Expressivität

Die gesellschaftliche Akzeptanz emotionaler Expressivität ist in den einzelnen Kulturen und Völkern höchst unterschiedlich. In unseren Breiten ist es unschicklich, starke, leidenschaftliche Gefühle öffentlich bzw. überhaupt zu äußern. »Aus der Rolle zu fallen«, wird übel vermerkt. Haltung, Beherrschung, Contenance lautet das Normative. Ergebnis ist ein hohes Maß an Gefühlsverdrängung, die bei bestimmten konstitutionellen Voraussetzungen (etwa starke Gefühlserregbarkeit) von erheblicher pathogener Wirkung sein kann und die Kommunikation allgemein formalisiert und auch verfälscht. In der Psychotherapie herrscht Einhelligkeit hinsichtlich der kathartischen Wirkung gefühlsmäßiger Expressivität, die darum methodisch gefördert wird. Unsere Sprache vermittelt das eindrückliche Sprachbild »das Herz ausschütten«, das ausgesprochen positiv unterlegt ist. Auch die Sprachwendungen »von der Seele reden«, »loswerden« für aussprechen weisen auf Entlastung und Erleichterung hin.

Der Gottesdienst war immer und ist nach wie vor ein Ort emotionaler Expressivität, wobei diese in den Großkirchen weitgehend rituell geregelt, strukturiert erfolgt. Bekanntlich realisiert sich diese Expressivität demgegenüber in bestimmten Denominationen (z.B. Pfingstkirchen) mehr spontan. Im Rahmen unserer aufs Ganze gesehen emotional ausdrucksarmen Gesellschaft ist den Kirchen in dieser Hinsicht inzwischen ein starker Konkurrent in der Form von Rock-Konzerten und anderen Angeboten der Musikszene erschienen. Offensichtlich beruht deren Anziehungskraft gerade auf junge Menschen auf der ihnen eigenen Ermöglichung emotionaler Expressivität. Tatsächlich bewegen sich solche Veranstaltungen häufig in der Nähe ekstatischer Religiosität. Ihr psychischer Gewinn liegt in der Freisetzung emotionaler Stauungen. Ein Gefahrenmoment ist die eventuelle Überflutung mit chaotischen Folgen. Die wohltemperierten europäischen Traditionskirchen sind allerdings weit davon entfernt, diese Ekstatik durch entsprechende Angebote und Ausdrucksformen religiös heimzuholen, während in Amerika (Spirituals) und Afrika den Gottesdiensten eine bei weitem größere spontane Expressivität eignet, wodurch sich die Auswanderung des Ekstatischen in die Säkularität in Grenzen hält.

Der traditionelle christliche Gottesdienst bietet dennoch vielfältige Möglichkeiten, in strukturierter Form Emotionen auszudrücken, »die Seele hineinzulegen«. Die sprachlichen Vorgaben, sofern man sich mit ihnen zu identifizieren vermag, sind dafür wichtige Hilfen. Werner Jetter schreibt: »Jedes Ritual gewährt Sprache und Ausdruck und bindet zugleich daran. Erfahrungen werden in ihm vorformuliert, zum Ausdruck gebracht und den Teilnehmern zur Verfügung gestellt, so dass sie nicht alles einzelne immer selbst suchen und sich mit anderen darüber verständigen müssen« (94). So legt der Mitbeter in den Anruf des Kyrie eleison seine Belastungen, Ängste und Schuldnot hinein und übergibt sie dem Christus. Solcher Abgabe, bewusst und zugleich elementar vollzogen, eignet eine starke seelsorgerliche Wirkung. Überhaupt sind alle gottesdienstlichen Elemente, in denen sich die Gemeinde Gott zuwendet und artikuliert, emotional expressiv. Besonders verwiesen sei auf die Gebete, die Allgemeine Beichte und entsprechende Teile der Abendmahlsliturgie. Allerdings ist das gottesdienstliche Beten etwa im Unterschied zum biblischen Psalter relativ einseitig auf Lob, Dank und Fürbitte eingestellt, während Klage, Ratlosigkeit, Trauer, auch Protest meist ausgespart und kaum artikuliert werden, was nicht nur psychologisch, sondern ebenfalls theologisch problematisch ist, sofern auch diese Elemente zur Ganzheit des Gottesverhältnisses gehören. Claus Westermann schreibt: »Hierin liegt der stärkste und auch auffälligste Unterschied zwischen dem Beten der Psalmen und unserem Beten. Im Gebet der christlichen Kirchen hat die Klage keinen Ort, in den Psalmen sind die Klagepsalmen eine der beiden Hauptgruppen« (244). Emotionalen Ausdruck ermöglicht ferner in einem hohen Maße das kirchliche Liedgut, der gottesdienstliche Gesang. Wer seinem Gott »von Herzen« singt, erfährt Entkrampfung, Lösung und Entlastung, wobei die befreienden Wirkungen u.U. bis ins körperliche Befinden reichen. So kann zumal die Mitwirkung in einem Kirchenchor zur Ehre Gottes »unter der Hand« auch zu einem heilsamen seelsorgerlichen Dienst an sich selbst werden. Auch die Kirchenmusik mit ihren kompositorischen Schätzen wirkt bei entsprechender innerer Beteiligung emotional expressiv und setzt verdrängte, schädlich abgespaltene Gefühle frei. Dieser Aspekt findet auch in der theoretischen Diskussion seinen Niederschlag. So fragt Walter Blankenburg, »ob denn in der heutigen Kirchenmusik – um mit Paul Tillich zu reden – das ›expressive Element‹ zur vollen Geltung kommt«, was er für unabdingbar hält und deshalb ausdrücklich zum »emotionalen Musizieren« ermutigt. Gegen Infragestellungen bejaht er, dass in der neueren Kirchenmusik »die Dunkelheit unserer Existenz als Lebensäußerung des ganzen Menschen und Niederschlag von Widerfahrnis, Leid, Schuld, Tod« (318 f.) erscheint, worüber freilich die Expressivität geistlicher Freude, von Heilserfahrung, Tröstung, Lobpreis, Dank und Anbetung nicht verkürzt und vernachlässigt werden darf. Die stärkere Pflege und der Einsatz von Choralvorspielen und kirchenmusikalischen Einzelstücken zu Beginn und Abschluss des Gottesdienstes ist auch im Sinn religiös-emotionaler Expressivität zu begrüßen und zu fördern.

D. Lebensstrukturierende Wirkungen des Gottesdienstes

Die existentielle Gefährdung der Menschen unserer Zeit, sozusagen das aktuelle neurotische Prägemuster, besteht weniger – wie in der Entstehungszeit der Psychoanalyse – in Lebensverzerrung durch »Verdrängung«. Der Verdrängungsfaktor gemäß der Instanzenlehre Freuds, das moralische Über-Ich, wurde durch tief eingreifende gesellschaftlich-kulturelle Veränderungen (Krise der Autoritäten, Abbruch des Patriarchats, weicher Erziehungsstil) erheblich geschwächt. Die zeittypische psychische Gefährdung stellt sich von daher als Es-Überflutung mit entsprechender innerer Chaotik und Strukturlosigkeit dar, woraus auch die verbreitete Sinnproblematik folgt. Joachim Scharfenberg wies darauf hin, »dass in einem Zeitalter der Überstrukturierung und Bürokratisierung der äußeren Wirklichkeit bei unverhältnismäßig vielen Menschen ein Defizit oder ein Verlust an innerer Struktur zu beobachten ist« (89).

Innere Strukturierung erfolgt nun in hohem Maße durch Aneignung und Verinnerlichung von Symbolen, die zugleich »Sinnbilder«, also Sinnvermittler sind. Der Gottesdienst stellt ein Symbolsystem mit einer bestimmten Symbolstruktur dar, wovon der aktive Partizipant auf Dauer prägend bestimmt wird. Von primärer Bedeutung für die innere Strukturierung ist dabei das Gegenüber-Symbol Gott. Es stellt die Ich-nahe Verantwortungsinstanz dar, welche das

Über-Ich-Defizit in einer bei weitem reiferen Gestalt ersetzt und das Leben verantwortlich strukturiert. Der geistigen und leiblichen gottesdienstlichen Zuwendung zum Kruzifixus, dem Altar, den brennenden Kerzen als Gottessymbolen kommt dabei wesentliche Bedeutung zu. Strukturierung, die derart erfasst, prägt und verändert, wird als »neues Leben« erfahren.

Der Gottesdienst zelebriert auch die Strukturgröße Kirchenjahr, das, sofern man es wirklich »begeht«, Leben ebenfalls gestaltend prägt. Schließlich ist der Gottesdienst als solcher im Zusammenhang mit dem Sonntag ein elementares Strukturelement.

E. Allgemeine Beichte und Absolution

Ganz offensichtlich haben sich in der Art und Weise, wie Menschen Schuld erfahren, wesentliche bewusstseinsmäßige Wandlungen vollzogen. So hieß es bereits in einem Dokument der IV. Vollversammlung des LWB 1963 in Helsinki: »Das reformatorische Zeugnis von der Rechtfertigung aus Glauben allein war die Antwort auf die existentielle Frage: Wie kriege ich einen gnädigen Gott? In der Welt, in der wir heute leben, ist diese Frage fast verstummt« (Rechtfertigung 7). Die metaphysische Verdammungsangst, wie sie Luther erfüllte und auch das überkommene Formular der Allgemeinen Beichte kennzeichnet, der eine patriarchalisch geprägte, angstbesetzte kindliche Sozialisation korrespondierte, die so kaum noch zutrifft, ist rapid im Abnehmen begriffen. Die Qual der Negation, wie sie einst durch den usus elenchticus legis des angsterregenden Gott-Vaters vom »armen, elenden, sündhaften Menschen« erfahren wurde, hat sich durch diesen Bewusstseinswandel aber nicht einfach aufgelöst, sondern erscheint weiter, nun nicht mehr personal figuriert, sondern eher amorph als Nihilismus, Zynismus, Selbstverachtung, Selbsthass, Gefühl von Minderwertigkeit und Wertlosigkeit und einem allgemeinen negativen inneren Gefälle. Diese inneren Negationen sind ohne Metaphysik nicht weniger bedrohlich und nicht selten zerstörerisch. Durch die Amorphie und den Verlust der figurativen Kontur ist ihnen eher schwerer beizukommen und zu begegnen. Wo Schuld weiterhin bewusst vor Gott erfahren wird, handelt es sich überwiegend um spezifische Verantwortung ohne die akzentuierte Verdammungsangst von einst (etwa Luther, Bunyan).

Der eigentliche Inhalt von Beichte und Absolution ist das Aussprechen, die Äußerung der Negation und der Zuspruch der unbedingten Bejahung Gottes in Christus (Evangelium). Die innere Verneinung mit ihrer Tendenz zur Zerstörung, zum Tode wird so entmachtet und lebensspendende Bejahung empfangen. Jesus Christus ist der Personalname dieses bejahenden Evangeliums. »Denn der Sohn Gottes, Jesus Christus ..., der war nicht Ja und Nein, sondern es war Ja in ihm.« (II Kor 1,19) Im Zuspruch des Evangeliums ereignet sich das Kerngeschehen von Seelsorge überhaupt. Das überkommene Beichtformular erfüllt seinen Dienst an jenen, die in der alten furchtakzentuierten Gott-Mensch-Beziehung stehen, sowie an denen, die deren Vorstellungs-und Emotionalgefüge zu übersetzen und zu transformieren verstehen. Im Blick auf all jene aber, denen die Annahme und Verinnerlichung der rettenden unbedingten Grundbejahung des Evangeliums in der Weise des traditionellen Formulars nicht mehr möglich ist – sie nehmen ständig zu –, sollten alternative Formen von Allgemeiner Beichte und Absolution, wie sie auch schon vorliegen, angewandt werden.

F. Gottesdienstliches Beten als Seelsorge

Poimenische Wirkungen und Rückwirkungen gottesdienstlichen Betens wurden bereits erwähnt. Über das kathartische Moment emotionaler Expressivität hinaus ist vor allem auf das Gebetselement der Überlassung zu verweisen, das psychisch und physisch unvergleichlich entspannt und löst. Der Gegenwartsmensch ist zufolge der herrschenden Leistungsideologie, die im

Grunde nur eine andere, nämlich säkularistische »Werkgerechtigkeit« darstellt, in einem hohen Maße verkrampft und überspannt, woraus sich logischerweise eine Vielzahl seelischer und körperlicher Symptome ableitet. Ist der Gottesdienst im Ganzen und als solcher bereits ein Raum der Überlassung, so findet diese im Gebet ihren tiefsten Ausdruck, wobei auch das Liedgut wesenhaft Gebetscharakter trägt und einbezogen ist. Der Gottesdienst und seine Gebete sollten von Mal zu Mal zu einer Erneuerung der Überlassung dienen und so die »werkgerechten« Verzerrungen unserer Seele lösen und heilen. Nur so unterscheidet er sich kategorisch von all unseren sonstigen Machwerken und lässt die schlechterdings andere Dimension aufleuchten. Das überkommene Liedgut ist vom Element der Überlassung in besonderer Weise bestimmt. Als exemplarisch sei nur auf den Choral »Befiehl du deine Wege« (EG 355) verwiesen. Überlassung bedeutet dabei keinen Handlungsverzicht, sondern bildet die Quelle neuen, gelöst-erlösten Handelns.

Entgegen den zahllosen zentrifugalen Tendenzen, die unser Leben täglich erfassen, ist das gottesdienstliche Gebet die erneuerte Einung mit Gott, dem Kraft- und Friedensgrund. So bedeutet es gegen alle Zerfahrenheit heilsame Zentrierung. Fürbitten, die das Allgemeine Kirchengebet prägen und bestimmen, bedürfen, sollen sie nicht zu formellen Pflichtleistungen verkommen, der angesprochenen tieferen Gebetsbefindlichkeit. Nur der durch Überlassung Gelöste ist letztlich überhaupt fürbittefähig. Fürbitte tun bedeutet, sofern sie nicht lediglich einen Verbalismus darstellt, immer auch einen Akt der Liebe über sich selbst hinaus, was wiederum keinen, der sich so überschreitet (transzendiert), unverändert lässt.

G. Gottesdienstliche Segnung als Seelsorge

Gottesdienst stellt essentiell ein Zuwendungsgeschehen dar, einmal – durch den Liturgen symbolisiert – der Zuwendung Gottes zur Gemeinde, zum anderen der ganzheitlichen, geistig-leiblichen Zuwendung der Gemeinde zu Gott, der ebenfalls durch den Altar mit dem Kruzifixus symbolisiert wird. Neuere psychologische Forschungen haben die elementare Bedeutung von Zuwendung für Entwicklung, Gedeihen, auch Heilung menschlichen Lebens vielfältig aufgewiesen. Dem Menschen eignet unabdingbar ein Bedarf an Zuwendung, was vom Anfang des Lebens bis in die Sterbestunde gilt. Der Gottesdienst als Zuwendungsgeschehen betrifft also ein menschliches Grundbedürfnis, an dessen Erfüllung das Gelingen des Lebens hängt.

Der gottesdienstliche Schlusssegen stellt unverkennbar einen spezifischen kultischen Zuwendungsmodus dar. Dieser steht dabei nicht allein und für sich, sondern fasst das Zuwenden Gottes, wie es im Verlauf des Gottesdienstes vielfältig geschah (Salutatio, Schriftlesungen, Absolution, Heiliges Abendmahl/Altarsakrament) , in ritueller Konzentration zusammen. Was von Gott kommt und ausgeht – Kraft, Friede, Gnade, Vergebung, Trost und alle spirituellen Gaben – ist im Segen konzentriert. Ihm eignet eine »mystische Potenz« (Martin Buber), die allerdings nicht magisch, sondern sola fide wirkt. Wenn dabei in der Tiefe des Kollektiv-Psychischen eine Art archetypische Mana-Empfänglichkeit auflebt, liegt darin nichts Problematisches, was wieder einmal schleunigst rationalistisch aufgelöst und nivelliert werden müsste.

Joachim Scharfenberg berichtet über eine von Depressionen und Suizidimpulsen geplagte Frau, die, längst gottesdienstentwöhnt, von der Verzweiflung getrieben einen von ihm gehaltenen Gottesdienst besuchte. Nach ihrer Mitteilung habe sie sich zuerst sehr fremd gefühlt und auch von der Predigt wenig verstanden. Im Augenblick der Segnung aber wäre sie plötzlich »wie von einem Lichtblitz« getroffen worden, »und auf einmal sei ein ganz tiefer Friede in ihr eingekehrt, das Gefühl, dass ihr ja eigentlich doch nichts passieren könne« (61). Diese Erfahrung verdeutlicht nur einmal mehr, wie wirkmächtig sich mit dem Wort Gottes verbundene Symbolhandlungen erweisen können. Die Frau erbat den Wortlaut des Segenzuspruchs – es handelte sich um den aaronitischen Segen – und war zutiefst beeindruckt vom Gestus der Segnung, der ungeteilten Zuwendung mit den erhobenen, ausgebreiteten Armen. In seinem Aufsatz »Die Bedeutung von Zeichen und Zeichenhandlungen in der Theologie des Alten Testamentes« schreibt Armin Schmitt: »Sie sind nicht nur geduldete epitheta ornantia, sondern sichtbare Manifestationen bedeutungsvoller Realitäten, die in der Bibel bereits vorgezeichnet sind« (47).

III. Die Predigt als Seelsorge

In seinem Buch »Seelsorgerlich predigen« kennzeichnet Christian Möller die personale Anlage und Ausrichtung der Predigt in einem prinzipiellen Rückbezug auf Kierkegaard und einem fachspezifischen auf Wolfgang Trillhaas als konstitutiv für ihren seelsorgerlichen Charakter. Er zitiert Trillhaas: »Seelsorgerlich predigen heißt ... zu einzelnen predigen« (ders. 176) und fügt hinzu: »Das ist eben die seelsorgerliche Kraft der Predigt, dass sie den Menschen zum Einzelnen macht« (Möller 87). Dieser Ansatz schließt die Verkündung theologischer »Allgemeinheiten«, so richtig sie immer sein mögen, aus. Verallgemeinerung als objektivierendes Phänomen macht das Kerygma zur Sache, begründet den Abstand des Betrachtens und Zuschauens, »entschärft« und depotenziert die Botschaft. Predigten mit Allgemeinheiten nähern sich entsprechend dem Referat und gegebenenfalls der religiösen Bildungsrede.

Homiletischer Personalismus legt sich auch nahe aus Gründen der zeitgeschichtlichen anthropologischen Situation. Schon Paul Tillich konstatierte: Nur wenn »die Individualisation die vollkommene Form, die wir ›Person‹ nennen«, erreicht, »so erreicht die Partizipation die vollkommene Form, die wir ›Gemeinschaft‹ nennen«. Narzisstische Individualisten sind weithin beziehungs- und gemeinschaftsunfähig. »Existentielle Beziehung« ist immer »Beziehung von Person zu Person« (208.283). Entsprechend und umso mehr ist die Gottesbeziehung personal geprägt. In ihr kommt die Personalität zu ihrer tiefsten Bestimmung.

Möller befindet sich hinsichtlich der homiletischen Ausrichtung auf den Einzelnen keineswegs allein, vielmehr zeichnet sich nach einer Phase, die relativ stark von der sozialethischen Forderungspredigt mit Allgemeincharakter bestimmt war, zunehmend ein neuer theologischer Personalismus ab, worin sich ohne Frage auch historisch-gesellschaftliche Entwicklungen, die das »Pathos der Veränderung« (Dietrich Stollberg) dämpften, widerspiegeln. Henning Luther schreibt: »Die Stimmen mehren sich, die der Praktischen Theologie (auch) die Ausrichtung am Einzelnen, am Subjekt, auftragen (etwa Dietrich Rössler, Walter Bernet, Wilhelm Gräb/Dietrich Korsch, Helmut Peukert, Gert Otto, Henning Luther)« (233).

Seelsorgerliches Verlangen und Bedürfen der Predigthörer, das ihnen längst nicht immer bewusst sein muss, ist im Einzelnen so vielgestaltig wie das Leben selbst. Erfahrungsgemäß haben Beziehungsstörungen einen hohen Anteil, wobei es sich um die Selbstbeziehung (»Ich-Mich-Beziehung«), die Partner- und Mitmenschbeziehung und grundlegend die Gottesbeziehung handelt, die wechselseitig ständig aufeinander einwirken und einen unlösbaren Zusammenhang bilden. Isolierte Betrachtung greift immer zu kurz. Sofern die Reifung zur Personalität der Schlüssel für alle menschlichen Bezüge ist, stellt die Personalisierung ein wesentliches Ziel der Seelsorge dar. Die personale Anlage der Predigt, bei weitem mehr als eine Formalie, entspricht und korrespondiert diesem generellen theologisch-anthropologischen Seelsorgeziel.

Wie aber wächst Personalität, worauf gründet, was fördert sie? Es stellt einen gesicherten psychologischen Forschungsertrag dar, dass der Mensch von Geburt an und weiterhin lebenslang liebender Annahme, Resonanz und Bejahung bedarf. So blüht er auf, entfaltet und entwickelt sich, reift er heran zu seiner personalen Bestimmung. Schwerwiegende Entbehrungen in dieser Hinsicht beschädigen, verzerren ihn, lassen ihn verkümmern. Ein Mensch, der liebende Bejahung erfuhr, von ihr erfüllt ist und daraus lebt, vermag schier alles zu ertragen. Sie ist ein Born der Lebenskraft und Daseinsfreude. Nun steht es um die Welt und das menschliche Miteinander so, dass keiner um Negationserfahrungen wie Zurücksetzung, Kränkung, Verständnislosigkeit, Schmähung, Unrecht, Mobbing herumkommt. Die Maße erfahrener Bejahung oder Verneinung sind gewiss höchst unterschiedlich. Das Verlangen nach personaler Annahme und liebender Zuwendung aber ist allen Menschen gemeinsam. Es stellt das humane geistige Grundverlangen dar.

Das Evangelium ist Gottes Antwort darauf. Das Verhältnis zwischen diesem Grundverlangen des Menschen und dem Evangelium ist wie Ruf und Antwort. Es handelt sich um die zentrale anthropologisch-theologische Korrelation, die darum auch den Wesenskern aller christlichen Seelsorge darstellt. Ob eine Predigt seelsorgerlich ist, hängt somit wesentlich an ihrer Durchdrungenheit vom Evangelium. Im Unterschied zur Absolution, wo das Evangelium in einer ritualisierten Weise auf das Schuldbekenntnis hin zugesprochen wird, geht es darum, dass die gesamte Predigt vom Geist, von der Liebe des Evangeliums erfüllt ist, was freilich nur dann geschieht und geschehen kann, wenn der Prediger selbst daraus lebt. Dem Evangelium ist biblisch durchgehend ein besonderer Zug zu den Menschen mit den größten Negativerfahrungen, den Marginalisierten, Unterdrückten, Armen, Fremdlingen, Waisen, den Verlorenen, eigen. Ihnen gilt die aufrichtende Bejahung und stärkende Zuwendung Gottes gleichsam in erster Linie, was darum aber niemanden ausschließt. Dieser Zug des Evangeliums ist in der Predigt immer neu konkret zeitgeschichtlich zu aktualisieren.

Möller schreibt, dass »der antinomistische Trend gegenwärtiger Seelsorge« inzwischen in großer Breite auch auf die Predigt übergegriffen habe (103). Nach lutherischer Rechtfertigungslehre ist das Evangelium in dialektischer Bindung an das Gesetz zu vermitteln, das zuvor den »Widerstand« des »alten Menschen« bricht und Buße wirkt, die damit nolens volens zur Bedingung der Gnade, des Evangeliums wird. Diese Koppelung war bereits in der Reformationszeit nicht unumstritten (Antinomistischer Streit). Das Evangelium erscheint in dieser Fassung in einer juridischen Struktur als Gnade auf dem Hintergrund des göttlichen Gerichts nach dem Gesetz. Es ist unverdienter Freispruch, Rechtfertigung. Jesus Christus trägt die Strafe für mich und löst mich aus.

Praktisch-theologisch kann man nicht umhin festzustellen, dass das Evangelium in dieser Fassung immer weniger zu vermitteln ist, was aber nicht an der besonderen Verstockung der lebenden Generationen westlicher Zivilisation, sondern an tiefgreifenden kulturell-gesellschaftlichen Veränderungen der bewusstseinsmäßigen und emotionalen Voraussetzungen liegt, wozu u.a. die allgemeine Über-Ich- und Gewissensstruktur gehört (vgl. Winkler 277–288). Sofern sich Verkündigung und Seelsorge in fundamentalistischer Fixierung ausschließlich an diese juridische Evangeliumsfassung binden, besteht die Gefahr, dass sie das Evangelium, das zu den Menschen drängt, nicht vermitteln und »das Himmelreich zuschließen«. Bonhoeffers – allerdings nicht von ihm selbst zum Schlagwort gemachter – Begriff von der billigen Gnade, in diesem Zusammenhang gern eingeworfen, wird der skizzierten Problemlage nicht gerecht. Nach dem biblischen Befund ist diese juridische Fassung, die paulinisch-lutherische Rechtfertigungslehre, bei aller gebotenen Ehrung nur eine Hermeneutik des Evangeliums unter anderen, wobei besonders auf die synoptischen Gleichnisse Jesu und sein direktes Evangeliumshandeln zu verweisen ist, welche die Unbedingtheit der Annahme und personalen Bejahung der Verlorenen und Schuldner in der reinsten Form zum Ausdruck bringen. Jesus Christus ist das Evangelium in Person.

Man hat gerade unter seelsorgerlichem Aspekt die Forderung nach der positiven Predigt erhoben. Tatsächlich muss sich der Prediger hüten, Negationen, die in ihm sind, in theologischer Verkleidung zu predigen, wobei es leicht zur »Ansteckung« kommt. Die »reine Lehre« betrifft auch die einfließenden Emotionen, das Fluidum, den Geist. Auch weil in dieser Hinsicht viel unbewusst geschieht, ist homiletische Supervision anzuraten. Die Bestimmtheit und Durchdringung der Predigt vom Evangelium bedeutet zwar das höchste und äußerste Maß an Positivität (Gute Nachricht/Frohe Botschaft), es handelt sich aber um eine kategorial andere Dimension als die Positiv-Welle (positiv denken, positiv reden, positiv leben) gängiger Populärpsychologie, deren Surrogatcharakter, was immer sie im übrigen erreicht, offensichtlich ist. Wonach der Mensch letztlich verlangt, ist nicht eine Positiv-Methodik zur Lebensmaximierung, sondern die ontologische Bejahung aus dem Sein selbst, aus der Tiefe und dem Grund des Seins, wie Tillich Gott umschreibt. Jesus Christus hat sie mit seinem Leben besiegelt.

In dieser theologisch-christologischen Perspektive wurden und werden die Gebote Gottes (das Gesetz) in jüngerer Zeit weniger als autoritäre Forderungen und mehr als Angebote zum Gelingen des Lebens gepredigt, was ihnen eine bestimmte Evangeliumsnähe verleiht und ihre Positivität entfaltet. Das elenchtische Mittel liegt nun wesentlich im Aufweis der Evidenz. Die so geprägte Predigt bedroht nicht, sondern zielt auf Einsicht, wobei sie die Gefahr des Verderbens nicht verschweigt.

Literatur

Walter BLANKENBURG, Kirche und Musik. GAufs. zur Geschichte der gottesdienstlichen Musik, Göttingen 1979. – Hans VAN DER GEEST, Du hast mich angesprochen. Die Wirkung von Gottesdienst und Predigt, Zürich 1948. – HANDBUCH DER SEELSORGE, bearb. v. Ingeborg Becker/u.a., Berlin (1983) ⁴1990. – Georg F. W. HEGEL, Die bestimmte Religion (1821): Vorlesungen über die Philosophie der Religion Teil 2, hg.v. Walter Jaeschke (Vorlesungen Bd. 4a), Hamburg 1985. – Werner JETTER, Symbol und Ritual. Anthropologische Elemente im Gottesdienst, Göttingen ²1986. – Ernst KRIS, Weil ich leben will, Wuppertal ²1983. – Wilhelm LÖHE, Der evangelische Geistliche, GW 3/2 (1958). – Henning LUTHER, »Ich ist ein Anderer«. Die Bedeutung von Subjekttheorien (Habermas, Levinas) für die Praktische Theologie: (Hg.), Praktisch-theologische Hermeneutik. Ansätze, Anregungen, Aufgaben, hg.v. Dietrich Zillessen/Stefan Alkier/Ralf Koerrenz/Harald Schroeter, Rheinbach-Merzbach 1991, 233–254. – Christian MÖLLER, Seelsorgerlich predigen. Die parakletische Dimension von Predigt, Seelsorge und Gemeinde, Göttingen 1983. – RECHTFERTIGUNG heute. Studien und Berichte, hg.v. der Theologischen Kommission und Abteilung des LWB, Stuttgart/Berlin 1965. – Joachim SCHARFENBERG, Einführung in die Pastoralpsychologie, Göttingen ²1990. – Armin SCHMITT, Die Bedeutung von Zeichen und Zeichenhandlungen in der Theologie des Alten Testaments: Symbole als Glaubenshilfe. Von der Anschaulichkeit des Heiles, hg.v. Wolfgang Beinert, Regensburg 1987, 33–50. – Dietrich STOLLBERG, Abschied vom Pathos der Veränderung: Ders./Richard Riess (Hg.), Das Wort, das weiterwirkt. Aufsätze zur Praktischen Theologie in memoriam Kurt Frör, München 1981, 169–178. – Hans-Joachim THILO, Die therapeutische Funktion des Gottesdienstes, Kassel 1985. – Eduard THURNEYSEN, Die Lehre von der Seelsorge, München ²1957. – Paul TILLICH, Systematische Theologie I, Stuttgart ²1956. – Dieter TRAUTWEIN, Lernprozeß Gottesdienst, Gelnhausen/Berlin 1972. – Wolfgang TRILLHAAS, Evangelische Predigtlehre, München ³1948. – Claus WESTERMANN, Das Beten der Psalmen und unser Beten: ZdZ 40 (1986) 243–247. – Klaus WINKLER, Seelsorge, Berlin 1997.

Manfred Haustein

Gottesdienst und Evangelisation

I. Die missionarische Herausforderung

Als bei der EKD-Synode in Leipzig im Jahr 2000 der Tübinger Theologieprofessor Eberhard Jüngel sagte, es liege offen zutage, dass die deutsche Christenheit vor einer missionarischen Herausforderung stehe, wie sie größer kaum gedacht werden könne, stimmte die Synode dieser Sicht zu. Sie kam zu dem Entschluss: »Von nun an setzen wir das Glaubensthema und die Mission an die erste Stelle.« Fast hundert Jahre waren vergangen, seit 1902 Jakob Vetter das erste Evangelisationszelt aufgeschlagen und damit mehr für innerkirchliche Irritation gesorgt hatte. Und als 1920, nach Ende des Ersten Weltkrieges, die These aufkam, Deutschland sei Missionsland geworden, hielten viele das für die Überreaktion einiger Eiferer oder Überängstlicher. Trotz kommunistischer Räte und atheistischer Parolen gab es ja die Volkskirche und damit die Selbstverständlichkeit der Taufe und Konfirmation, der kirchlichen Trauung und Beerdigung. Der Gottesdienst gehörte zumindest in vielen ländlichen Gebieten zur sonntäglichen Versammlung aller im Ort Lebenden. Die als notwendig geforderte »Volksmission« – eigentlich eine Fortführung der von Wichern angemahnten und ins Leben gerufenen »Inneren Mission«, die nicht nur das diakonische Handeln, sondern auch Verkündigung und Seelsorge umfasst –, wurde mehr oder weniger den pietistischen Gemeinschaften, den aus Erweckungsbewegungen hervorgegangenen Gruppierungen und den freien Werken überlassen.

Als Jahrzehnte später, nach Ende des Dritten Reiches, festzustellen war, dass inzwischen Hunderttausende aus der Kirche ausgetreten waren und der nicht mehr durchgeführte Religionsunterricht und die nationalsozialistische Erziehung große Defizite in der religiösen Sozialisation vieler Menschen bewirkt hatten, trat der Begriff Evangelisation etwas mehr ins Bewusstsein. Mit Hilfe von Zeltevangelisationen wurde versucht, Menschen den Zugang zu den Grundwahrheiten des Evangeliums nahe zu bringen. Die Landeskirchen errichteten Volksmissionarische Ämter oder verstärkten sie mit vielseitigen Aufgabenfeldern von der Bibelwoche und Evangelisation bis zur späteren Campingseelsorge. Die Zweite Vollversammlung des Ökumenischen Rates der Kirchen 1954 in Evanston hatte unter dem Thema »Christus – die Hoffnung der Welt« den Zusammenhang der Hoffnung der Christenheit mit aller missionarischen Arbeit betont. Der Gottesdienst der Gemeinden wurde davon aber nicht berührt.

Evangelisation war dazu da, bei denen, die zwar getauft und konfirmiert waren, aber noch nicht zur Antwort des Glaubens gefunden haben, solchen Glauben zu wecken und sie in den Gottesdienst und die Gemeinschaft der Gemeinde einzuladen. Der Gottesdienst diente demgegenüber der Stärkung des vorhandenen Glaubens und der Anleitung zum christlichen Leben durch das Hören auf Gottes Wort, natürlich auch der Erfüllung des Dritten Gebotes, der Anbetung Gottes und der Feier der Gemeinschaft mit dem Auferstandenen und untereinander im Sakrament des Altars. Er war Ausgangspunkt der Sendung in die Welt für den »vernünftigen Gottesdienst«. Er hatte nicht den Zweck, den Glauben erst zu wecken und zu begründen. Eher war in der Neugestaltung der Liturgie und der Gesangbücher jener 50er Jahre die Tendenz erkennbar, sich auf alte Schätze früherer Jahrhunderte zu besinnen, die sich aber nur kirchlichen Insidern erschlossen.

Inzwischen ist offenkundig geworden, dass die Situation sich verändert hat. Besonders deutlich wurde dies, als 1989 die innerdeutschen Grenzen aufgingen und die Kirchen in den östlichen Gebieten feststellen mußten, dass sie auch nach Wegfall der staatlichen Behinderung und trotz der Bezeichnung und des Selbstverständnisses als Volkskirche nur einen noch kleineren Prozentsatz der Menschen ihres Gebietes erreichten. Gleichzeitig war offenbar geworden, dass es sich längst nicht mehr um ein Problem der Neuen Bundesländer handelte. Großstädte wie Hamburg oder Berlin hatten in den beiden Jahrzehnten davor mehr als ein Drittel ihrer Mitglieder verloren. Hinzu kommen die Schwierigkeiten bei der Weitergabe der kirchlichen Tradition: Auch in kleinen Orten westlicher Landeskirchen konnte man beobachten, dass Taufeltern das Glaubensbekenntnis nicht mehr mitsprechen konnten oder dass Kandidaten für das Amt des Gemeindekirchenrates das sonntägliche »Allein Gott in der Höh sei Ehr« nicht mitzusingen vermochten, weil sie den Text nicht kannten. Der Religionsunterricht in den Schulen und der Konfirmandenunterricht sind trotz enormen Bemühens nicht mehr in der Lage, die frühere religiöse Sozialisation durch die Familien und funktionierende evangelische Milieus aufzufangen.

A. Gottesdienst: Krise der Tradition – Herausforderung zur Evangelisation

Diese veränderte Situation legt nahe, über die Aufgabe des Gottesdienstes neu nachzudenken. Wenn die Kirche »von nun an die Mission an die erste Stelle setzen will«, dann müsste dies Konsequenzen für den Gottesdienst als Hauptereignis der Kirche haben. Es sind wenige geworden, die in großer Treue regelmäßig an jedem Sonn- und Feiertag zur Kirche kommen. Diese sind mit der Liturgie vertraut, kennen zahllose Lieder und viele Perikopen mehr oder weniger auswendig, singen die Psalmen und Hallelujaverse mit, erleben die Breite der Verkündigung in den sechs Predigtreihen, nehmen in Ehrfurcht beim Abendmahl Hostie und Wein in Empfang im gläubigen Vertrauen, dem Herrn Christus in diesen Elementen zu begegnen, sie füllen ihre Bänke und die Opferbüchsen, erklären sich oft auch bereit, Dienste in der Gemeinde zu übernehmen. Das Spezifische des 10. Sonntags nach Trinitatis ist ihnen vertraut, ebenso, dass der 2. Weihnachtsfeiertag zugleich der Gedenktag des ersten Märtyrers Stephanus ist.

All dies gilt für einen Großteil der Gottesdienstbesucher nicht mehr. Was Weihnachten und bei Konfirmationen offenkundig ist, dass viele nicht wissen, wann sie aufstehen oder sich setzen sollen, wie man im Gesangbuch Liturgieteile findet, wo es üblich ist, ein Amen mitzusprechen oder wie die Austeilung des Abendmahles geordnet wird, lässt sich in abgeschwächter Form auch bei den anderen Gottesdiensten beobachten. Bei vielen Kirchenmitgliedern hat die Einübung in den Gottesdienst nicht stattgefunden oder ist durch zeitlichen Abstand verloren gegangen. Dabei mag auch eine Rolle spielen, dass etliche, besonders Jugendliche und Erwachsene der jüngeren Generation, in anderen Gottesdienstformen zu Hause sind. Sie haben bei Familiengottesdiensten, in der Studentengemeinde, beim Kirchentag oder in Taizé neue Arten, Gottesdienst zu feiern, kennen gelernt. Dieses mehr äußerliche Geschehen hat eine innere Entsprechung. Längst nicht mehr ist die Sprache der Choräle, der biblischen Texte, der Symbolgehalt kirchlicher Gebärden und Textilien oder die Bedeutung der lateinischen Namen der Sonntage des Kirchenjahres bekannt. Gravierender aber ist eine weithin vorhandene Fremdheit gegenüber den eigentlichen Inhalten: das Betonen des Sündigseins schon gleich zu Beginn des Gottesdienstes, die Erlösung durch das Kreuz, das Reden vom vorhandenen und kommenden Reich Gottes, die Spannung von Demut und Selbstwertgefühl, von Opferbereitschaft und Recht auf Glück, von evangelischer Freiheit und Verbindlichkeit, oder gar Unterschiede im Abendmahlsverständnis der Konfessionen, das alles ist nicht vertraute gemeinsame Kenntnis oder gar Überzeugung von Christen. Verschiedene religiöse Einflüsse bis hin zum Esoterischen fördern das Verschwimmen von Konturen der biblischen Botschaft. Das Ergebnis ist bei vielen ein selbst zurechtgestückelter Glaubensinhalt, der mit der Botschaft der Kirche längst nicht mehr deckungsgleich ist. »Mission« in diesem Sinne ist in der Gegenwart zunächst nicht mehr als die Auseinandersetzung mit dem eigenen fremd Gewordenen (Grethlein).

So ergibt sich die Notwendigkeit, die missionarische Dimension des Gottesdienstes stärker zu beachten. Der Gottesdienst muss, wenn auch nicht jedesmal, zum Evangelisationsereignis werden. Er muss Grundaussagen der Bibel und des Bekenntnisses ohne die Voraussetzung großer Vorkenntnisse verdeutlichen, zur Einübung im Glauben helfen und damit die Menschen zur sachgemäßen Feier des Gottesdienstes befähigen. Theo Sorg: »Es muss immer wieder mit Ernst davon gesprochen werden, dass ohne Umkehr (Mark 1,15), ohne die neue Geburt von oben her (Joh 3,3) kein Mensch in Gottes Reich kommen kann. ... So gehört gerade in die gottesdienstliche Verkündigung innerhalb unserer volkskirchlichen Situation, immer wenn es der Text zulässt, das Wort von der persönlichen Glaubensentscheidung des Einzelnen, ebenso die Einladung, das von Gott durch Jesus Christus für uns Geschaffene, in der Taufe uns Zugesprochene und Geschenkte durch ein persönliches Ja des Glaubens anzunehmen« (1977, 45). Und weil in der Hektik und Kurzlebigkeit unserer Zeit bei den meisten Menschen eine persönliche Frömmigkeitsausübung fehlt, müsste der Gottesdienst auch dieses Defizit ein wenig ausfüllen, indem er hilft, vor Gott still zu werden, das Leben mit allem Glück und aller Last vor ihn zu bringen und von ihm neue Kraft zu erbitten. Dies geschieht natürlich in jedem Gottesdienst, aber ein Gottesdienst mit einem Bewusstsein seiner evangelistischen Aufgabe könnte dabei in der Sprache des Confiteor, der Gebete und in Einübungshilfe zur Stille oft noch etwas phantasiereicher und liebevoller sein. Ein besonderes Augenmerk ist bei all dem auf die Konfirmanden und Jugendlichen zu richten. Wenn sich bei den meisten in diesen jungen Jahren entscheidet, ob sie ihr Leben in Verbindung mit Gottesdienst und Gemeinde führen wollen, dann kommt es sehr darauf an, den Gottesdienst für junge Menschen lieb und wichtig zu machen. Die missionarische Dimension des Gottesdienstes als ein Teilprogramm kirchlichen Wollens müsste dem Aspekt »Jugend im Gottesdienst« besondere Aufmerksamkeit und intensives Bemühen widmen.

B. Entfremdung – der Menschen und der Kirche

Ehe man über die Aufgabe genauer nachdenkt, sollte man sich selbstkritisch bewusst machen, dass die wahrnehmbare Entfremdung der Menschen von Evangelium, Gottesdienst und Kirche nicht nur Schuld dieser Menschen ist. Man redet oft etwas gedankenlos über die »Entfremdeten« und übersieht dabei zweierlei: Einmal gibt es viele Menschen, bei denen gar keine Entfremdung geschehen konnte, weil sie nie dort waren, wovon sie sich hätten entfremden können. Wer etwa in den Gebieten der ehemaligen DDR aufgewachsen ist, dem wurde – von einigen standfesten Elternhäusern abgesehen – nur ein Negativbild von Kirche und biblischer Botschaft vermittelt. Und in Kasachstan und anderen GUS-Staaten wurde zwar in vielen, aber längst nicht in allen Häusern mutig und bibeltreu der Grundstein des christlichen Glaubens gelegt. Auch in der westlichen Welt wurde oft im Elternhaus durch antikirchliches Reden und Fehlen jeglicher Berührung mit dem Gottesdienst trotz aller Bemühung im kirchlichen Unterricht eine Beheimatung in Glaube, Gottesdienst und Gemeinde unmöglich gemacht.

Das andere betrifft die Kirche selbst. Sie hat sich mit ihren Synodenthemen und dem, was in den Sonntagsblättern verhandelt, worüber in kirchlichen Gremien diskutiert und gestritten wird, aber auch mit der Sprache ihrer Lieder und mit ihrer Verkündigung in Predigten und Gemeindebriefen oft weit von dem entfernt, was die Menschen bewegt. Es wird sehr allgemein vom Leben und Alltag des Christen, vom Leid, von der Sorge und von der Sünde geredet, aber nicht konkret über Glück und Enttäuschung, Heimlichkeit und Lüge, Streit und Versöhnung, Machtkämpfe und Mobbing, Sexualität und deren Ausprägungen, zu wenig über Einübung ins Altwerden und Sterben, Verzicht und berechtigte Ansprüche, abgestorbene Liebesbeziehungen und nervenaufreibende Familienangehörige oder unsympathische Menschen, über Umgang mit Versuchungen, Sehnsucht nach Romantik oder die Hoffnung, einen großen Gewinn zu machen. Da schauen die Menschen lieber bei den Talkrunden der Nachmittagssendungen zu, wo das (vermeintlich) tatsächliche Leben spielt. Jesus hat seine Botschaft sehr konkret in das schöne, alltägliche, oft auch schäbige und sündige Leben hineingesprochen.

Diese Entfernung der kirchlichen Botschaft von den Menschen muss man sich eingestehen, auch wenn die Botschaft der Bibel immer in einem gewissen Widerspruch zur Welt stehen wird, weil Christi Reich nicht von dieser Welt ist und die Ermahnung des Paulus gültig bleibt, »sich nicht den Strukturen dieser Welt gleichzustellen«. Die Botschaft vom Kreuz wird immer ein Ärgernis bleiben und das Bekenntnis zur Auferstehung wird eine Herausforderung sein für ein nur naturwissenschaftlich ausgeprägtes Denken. All das, was die Bibel über das Recht anderer, Schwächerer, Ärmerer sagt, wird mit unserem Immer-mehr-haben-Wollen im Widerstreit liegen. Das Evangelium ist auch eine Störung unseres Lebens.

Es ist deshalb einerseits der uralten Versuchung der Kirche zu widerstehen, sich dem üblichen Denken der Menschen anzupassen, andererseits gibt es eine schuldhafte Entfremdung vom Leben der Menschen, wenn die Liebe zu ihnen zugunsten von richtiger, aber lebensferner Verkündigung und Gottesdienstgestaltung hintangestellt wird. Die missionarische Dimension gemeindlichen Bemühens muss immer im Auge behalten werden. Es macht nachdenklich, wenn bei einer Umfrage in einer Landeskirche vor einer Neuwahl des Kirchengemeinderates im Jahr 2000 langjährige Kirchenvorstandsmitglieder als Resümee von Jahrzehnten übereinstimmend sagen: »Die meisten Sitzungen haben sich mit Baufragen beschäftigt. Es war in all den Jahren wenig oder keine Zeit für geistliche Themen.«

II. Die evangelistisch-missionarische Dimension des Gottesdienstes

1. Gottesdienst als Demonstration des Glaubens

Gottesdienst findet statt: ein öffentliches Ereignis. Kirchen und ihre Türme prägen das Bild von Städten und Dörfern; Glocken läuten; in der Zeitung stehen die Gottesdiensttermine; über eine Million Menschen gehen in Deutschland hin. Das Fernsehen überträgt oder berichtet davon. Die Tatsache, dass Gottesdienst in einer rationalen Welt stattfindet, ist eine Demonstration und zugleich auch ein Pro-Test gegen eine Lebenseinstellung, als ginge es ohne. Hans Thimme sagt: »Schon das bloße Vorhandensein einer ihren Gottesdienst feiernden und ihren Glauben lebenden Gemeinde ist ein missionarisches Ereignis« (21). In allgemeinen und persönlichen Krisenzeiten (Leipzig 1989, Golfkrieg 1991; 11. September 2001, Unfall, Verlust), an Knotenpunkten des Lebens (Kasualien) oder beim Empfinden, Leben gestalten zu sollen (Weihnachten), auch beim Auftreten von Freiräumen (Urlaub, Krankenhaus, Kur) erinnern sich viele, dass es Kirchen und Gottesdienste gibt. Dann zeigt sich: Gottesdienst hatte eine Wirkung auch bei denen, die nicht hingingen. Manchmal kommen sie plötzlich wieder.

2. Gottesdienst als »Reizung zum Glauben«

Luther schreibt in der Vorrede zur DM 1526: »Gottesdienst(ordnung) ist nötig für die, die noch Christen werden sollen ... um des jungen Volkes willen ..., dass sie der Schrift geläufig werden ..., deshalb wollte ich mit allen Glocken dazu läuten und mit allen Orgeln pfeifen lassen ... Der Gottesdienst ist eine öffentliche Reizung zum Glauben und zum Christentum« (WA 19,73.75).

So gesehen hat jeder Gottesdienst eine missionarische Dimension: Glaube soll durch regelmäßiges Hören und Tun geweckt und gefördert werden.

3. Missionarischer Gottesdienst ist einladend

Das »Missionarische« eines Gottesdienstes hat zur Voraussetzung, dass der Gottesdienst als Ganzes einladend ist. Dies ist weniger eine Frage seiner Gestaltung, mehr eine Frage an die Grundhaltung der Gemeinde, die ihn feiert. Man kann vermuten, dass es den einladenden Gottesdienst nur dort geben wird, wo Gemeinde sich selber als offen, einladend, den Menschen zugewandt versteht und auch ein entsprechendes Bild abgibt. Wenn eine Gemeinde sich nicht in ihrer Grundhaltung missionarisch versteht, wird sie es schwer haben, ihre noch so einfallsreichen Gottesdienste wirklich einladend zu machen. Dazu gehört, dass die Gemeinde ihren Gottesdienst als Teil der Segensgeschichte Gottes mit seinem Volk versteht. Sie muss ihn selbst positiv einschätzen, darf sich nicht von Klagen und Leiden am Gottesdienst dominieren lassen.

4. Gottesdienst als Ort von Glaube und Anfechtung

Glaube ist weder Naturbegabung noch fester Besitz. Er ist immer im Werden und auch im Vergehen. Er ist möglich und auch bedroht, gefährdet, angefochten. Glaube und Unglaube haben in jedem einen möglichen und auch wechselnden Platz. Weil dies so ist, befindet sich jeder Christ – durch Erlahmung und Lähmung – in der ständigen Gefahr, sich dem Evangelium zu entfremden und ein Entfremdeter zu werden. Der Glaube braucht ständige Nahrung. »Der Mensch lebt nicht vom Brot allein, sondern von einem jeden Wort, das aus dem Munde Gottes geht« (Mt 4,4). »Gottes Suchbewegung gilt allen Menschen – auch den Getauften bzw. den um Wort und Sakrament Versammelten. Diese Suchbewegung trifft im Gemeindegottesdienst nicht auf eine Schar von *beati possidentes* fern von Unglauben und Anfechtung« (Bub 254).

Der Gottesdienst hat die Aufgabe, in der Bedrohung des Glaubens diesen zu stärken, vor Zerfall zu bewahren und neu zu beleben. Indem der Gottesdienst Menschen in ihrem Glauben erhält, hält er sie bei der Gemeinde der Glaubenden und sammelt dabei Gemeinde.

Dies geschieht allerdings nur durch Ernstnehmen der eben beschriebenen Realität des Angefochtenseins und der Glaubensgefährdung. Die unbekümmerte Glaubensproklamation kann dem angefochtenen Glauben wenig helfen. Deshalb muss der Gottesdienst ein Ort von Glaube und Anfechtung sein. Die vorhandene Spannung kann deutlich werden und Ausdruck finden im Confiteor, im entfalteten Kyrie, in der Predigt, in den Gebeten, in den Liedern. Gottesdienst ist dann Ermutigung zum Glauben trotz der Anfechtung.

5. Die evangelistische Dimension der Gemeindepredigt

Weil die Unterscheidung zwischen Glaubenden und Nichtglaubenden nicht identisch ist mit der Unterscheidung von Kirchgängern und Nichtkirchgängern, weil vielmehr Glaube und Unglaube, Gewissheit und Anfechtung, Treue und Verleugnung, Gehorsam und Sünde in der Mitte der Gemeinde und in einem jeden selbst miteinander ringen, darf und soll auch die sonntägliche Gemeindepredigt eine evangelistische Dimension haben, für den Glauben werben, zu ihm zurückrufen, ihn neu ermöglichen helfen. Im Gottesdienst sitzen zufällige Besucher, die mit Verwandten »nur einmal mitgehen«, Entfremdete, aber auch regelmäßige Kirchgänger, deren Glaube abgekühlt, verblasst, ausgehöhlt oder irritiert ist. Manche haben wesentliche Aspekte des Evangeliums nie wirklich begriffen, sei es den Unterschied zwischen Moral und Evangelium, das Verhältnis von Rechtfertigung und Glaubensgehorsam, das Ärgernis des Kreuzes oder was mit Reich Gottes wirklich gemeint ist.

Luthers Forderung, dass der Gottesdienst »eine öffentliche Reizung zum Glauben und zum Christentum« sein soll, gilt auch für die Predigt im Gottesdienst. εὐαγγελίζεσθαι wird im Neuen Testament auch für die Verkündigung innerhalb der Gemeinde verwendet, z.B. Röm 1,15; I Kor 9,16.

Es ist wichtig, dass die Predigenden in den Gottesdiensten diesen Aspekt der Predigt sehen und bejahen. Pfarrer sagen manchmal, sie wollten nicht missionieren, nicht bekehren. Dabei verkennen sie die Situation, in der sich die Volkskirche und überhaupt die Christenheit befindet. Die angedeutete innere Abwehr beruht u.a. – etwa infolge der eigenen religiösen Sozialisation – auf der richtigen Erkenntnis, dass der notwendige evangelistische Akzent leicht zu einer Gefährdung werden kann. Mitunter freuen sich Gemeindeglieder, wenn ein neuer Pfarrer kommt und gezielt und deutlich zum Glauben an Christus einlädt und dafür auch konkrete Schritte der Buße und der Glaubensentscheidung aufzeigt. Irgendwann kommt die Enttäuschung: »Jetzt nach drei Jahren tut er es immer noch.« »Der Gemeinde wird ständig Milch, jedoch fast nie feste Speise geboten. Dies kann zu einer Infantilisierung führen: Ein Wachstum an Erkenntnis, Dienst und Mündigkeit wird verhindert« (Bub 255). Die Gemeindepredigt darf keine pausenlose Evangelisationspredigt sein. Sie hat auch die Aufgabe zu lehren, zu ermahnen, zu trösten, Apologetik zu betreiben. Aber immer wieder, bei bestimmten Texten, in bestimmten Situationen und bei kirchenjahresmäßig bedingten Anlässen soll die Predigt ihre evangelistische Dimension deutlich heraustreten lassen. Die auch missionarische Zielsetzung der Gemeindepredigt war und ist in der homiletischen Diskussion nicht unbestritten. Einen guten Überblick über die seit Schleiermacher vertretenen Positionen bietet Husar (ebd.).

6. Von der Evangelisationspredigt lernen

Die Gemeindepredigt kann von der Evangelisation lernen. Vorbildlich ist Evangelisationspredigt in ihrem Verständnis, dass sich der Prediger mit seiner ganzen Person erkennbar mit der vertretenen Sache identifizieren, also auf distanzierte Darbietung verzichten muss. Evangelisationspredigt beschränkt sich auf einige wesentliche Punkte, elementarisiert und akzentuiert. Sie neutralisiert nicht durch gleichgewichtige Darstellung unterschiedlicher Meinungen. Gute Evangelisationspredigt ist volksnah in ihrer Sprache, in vielen Bildern, in der Verwendung einleuchtender und nachvollziehbarer Beispiele. Sie verwendet also Redundanz, viele Bilder, Konkretionen auf der »mittleren Ebene«, der Erfahrungsebene, die der vieler Hörer ähnlich und daher nachvollziehbar ist. Die Evangelisationspredigt springt nicht sofort zu den ethischen Konsequenzen des Glaubens, sondern zeigt den Christus, der, indem wir an ihn glauben, die Möglichkeit schafft, ihm gehorsam zu sein. Ein Problem liegt darin, dass Gemeindepredigten oft schnell bei den Konsequenzen des Glaubens sind, in der Regel aber nur selten etwas über seine Anfänge und damit verbundene mögliche erste Schritte sagen. »Gewisse Ermüdungserscheinungen und die innere Emigration vieler evangelischer Christen hängen sicher damit zusammen, dass sich die Rede vom Glauben weitgehend auf die Konsequenzen des Glaubens verlagert hat« (Helmut Claß, zitiert bei Ulrich 246). Vor allem verzichtet die Evangelisationspredigt darauf, historische Situationen zu erklären. Sie geht – aufgrund vorliegender Schriftzeugnisse – davon aus, dass Gott jetzt in dieser Stunde an den jetzt und hier anwesenden Menschen handeln will. Sie wird die Gegenwart Gottes ansagen im Vertrauen darauf, dass jetzt geschieht, was in der Bibel berichtet ist. Von diesem Zutrauen in die Gegenwart des Geistes und in das wirksame Wort kann und soll man für die Gemeindepredigt lernen.

7. Gefährdungen

Wenn die Gemeindepredigt von der Evangelisationspredigt lernt, wird sie auch deren Gefährdungen beachten. Die Evangelisationspredigt steht in der Gefahr, dass die notwendige Elementarisierung zur unzulässigen Vereinfachung, zur nicht mehr differenzierenden Simplifizierung wird. Sie entmutigt und entmündigt, wenn sie Menschen, die im Glauben wachsen sollen und wollen, immer wieder an den Nullpunkt der Erstentscheidung für Christus zurückführt oder gar zurückwirft. Dabei wird dann nicht ernst genommen, dass ein Weg der Nachfolge, des Gotteslobes, der Gemeinschaft mit anderen angefangen hat. Vertiefung und Hilfe zum Mündigwerden bleiben gegenüber dem immer erneuten Ruf zur Grundentscheidung zurück.

8. Gottesdienst als Zurüstung zum Glaubenszeugnis

Evangelisation scheint oft das Gegenteil von nüchterner Argumentation, von Dialog und Apologetik zu sein. Es ist aber anders. Viele Menschen von Chefetagen bis zu Bauhütten erreicht heute kein Pfarrer mehr. Soll das Evangelium doch noch auf irgendeine Weise bei ihnen ankommen, dann über sog. Laien, die vor Ort in der Lage sind, bei sich ergebender Gelegenheit ihren Glauben zu artikulieren.

Die Gegensätze sind also aufeinander bezogen. Die Lehrpredigt, die argumentative und apologetische Rede, also die nüchterne Auseinandersetzung mit Fragen der Zeit soll eine zur persönlichen Evangelisation, zum Zeugnis in der Welt befähigte Gemeinde schaffen. Die lehrende, argumentierende Predigt hat evangelistische Konsequenzen, wenn Menschen begreifen, dass die biblische Botschaft mit ihrer Lebenswelt zu tun hat. Sie können das Verstandene weitervermitteln, ohne dabei selbst lehrhaft zu wirken. Im übrigen ist die argumentative Evangelisation in den geistigen Auseinandersetzungen unserer Zeit dringend notwendig.

9. Gottesdienst muss volksnah sein

Soll der Gottesdienst leisten, wozu er da ist, dann muss er nahe beim Denken des Volkes sein. Nicht alle haben Abitur. Das Volk braucht einen elementaren Gottesdienst (nicht einen simpel-naiven). Die Sprache der Liturgie und der Predigt müsste oft, um die missionarischen Möglichkeiten nutzen zu können, noch viel verständlicher sein. Dies gilt in besonderer Weise für die Kirchenmusik. Sie hat – so hat es schon Luther verstanden – bei den meisten Menschen eine ganz besondere missionarische Wirkung, indem sie das Herz auftut und im Menschen Tiefen erreicht, in die das gesprochene Wort weniger leicht gelangt. Da, wo auf dieser Erde die Kirchen voll sind, werden meist einfache Gesänge gesungen und volksnahe Liturgien gefeiert. Die Gesänge aus Taizé waren und sind gerade wegen ihrer Einfachheit so wirksam.

10. Gottesdienst als Evangelisation durch Tauferinnerung

Der Anfang unseres Glaubens und Christseins ist die Taufe, unverdientes Geschenk der Gnade Gottes. Bei einer Praxis der Säuglingstaufe besteht die Gefahr, dass das Taufgeschehen im einzelnen Leben und im Bewusstsein der Gemeinde ins Abseits gerät. Gottesdienst hat die Aufgabe, die empfangene Taufe bewusst zu machen und damit zur bewussten Annahme derselben zu helfen. Evangelisation ist Predigt an die Getauften (im Gegensatz zur »Heidenmission«, die sich an die Nichtgetauften wendet). Ab und zu sollte eine Gemeinde sich dieser Aufgabe in besonderer Weise stellen. Taufe im Hauptgottesdienst, in der Osternacht, Tauffest am 6. Sonntag nach Trinitatis, Kinderkirchentag mit Tauffest am Brunnen. »In der volkskirchlichen Verkündigung (darf) die Einladung nicht fehlen, das in der Taufe Geschenkte im Glauben anzunehmen, Ja zu sagen zu Gottes Angebot, den ›Scheck‹, den Gott in der Taufe auf unseren Namen ausgestellt hat, mit Wissen und Willen einzulösen« (Sorg 1988, 99).

III. Gottesdienste mit besonderer evangelistischer Chance und Aufgabe

Es gibt Gottesdienste, die stärker als andere in einer volksmissionarischen Situation gehalten werden, die eine vom sonntäglichen Durchschnitt abweichende Gemeindezusammensetzung haben und auch oft besser besucht sind – am Heiligen Abend, bei Konfirmation und Jubiläen, am Muttertag, Volkstrauertag, Jahresschluss und in der Urlaubszeit. Aber die Einsicht, dass eine missionarische Situation gegeben ist, muss erst gewonnen, bejaht werden und zum Willen führen, daraus Konsequenzen zu ziehen. Es handelt sich jeweils um eine missionarische Herausforderung, der zu begegnen ist. Hier ist besondere Sorgfalt bei der Auswahl und Sprache der Lieder, der Gebete, der Predigt notwendig. Alles soll volksnäher und elementarer sein.

1. Ankommen

Missionarischer Gottesdienst muss Zeit lassen zum Ankommen – in der besonderen Situation einer christlichen Gemeinde und vor Gottes Angesicht. Deshalb beginnt die Liturgie mit dem Rüstgebet, das eigentlich für den Pfarrer und die anderen Mitwirkenden gedacht war. »Herr, ich bin nicht wert, dir zu dienen. Mein sündiges Wesen trennt mich von dir.«

Heute ist am Anfang des Gottesdienstes nicht das Bewusstsein der Sünde das Problem, sondern das Umschalten vom Alltag zum Stehen vor Gott. Der missionarische Gottesdienst überfordert die Menschen nicht, sondern hilft einzutreten. Dies muss zunächst ganz praktisch geschehen etwa mit einer unaufdringlichen Begrüßung: Wo ist ein guter Platz, was passiert heute, welche Hilfsmittel braucht man?

Dann geht es darum, vor Gottes Angesicht anzukommen. Es wird weithin übersehen, dass der Gottesdienstbesucher sich nicht schon bewusst ist, unmittelbar in den Bereich des Heiligen und Ewigen zu treten. Jesaja im Tempel und Jakob auf dem Feld bei seinem Traum von der Himmelstreppe waren erschrocken, als sie sich dieser Gegenwart Gottes bewusst wurden.

Wahrscheinlich gibt es unzählige Gottesdienste, bei denen die Gegenwart Gottes zwar theoretisch und grundsätzlich angenommen wird, wo es aber im Bewusstsein der Menschen nicht zu dieser Erfahrung kommt und wo vielleicht auch die den Gottesdienst Gestaltenden nicht wirklich daran denken.

Deshalb sollte die Gegenwart Gottes angesagt werden: »Der Herr ist in seinem heiligen Tempel, es sei stille vor ihm alle Welt.« In der römischen Messe läutet am Anfang das Glöckchen. In Taizé werden Schilder mit der Aufschrift »Stille« hochgehalten. Man sollte sich nicht nur auf das Orgelvorspiel verlassen. Oft wäre es eine Hilfe, wenn am Anfang etwas mehr gesungen würde, nicht nur ein Eingangslied, sondern ein »Eingangslob« mit Choral, Kanon, Chor, zweitem Lied.

2. Missionarisches Hinausgehen

In vielen Gegenden werden Pfarrer eingeladen, weltliche Feiern durch Gottesdienste zu eröffnen, zu bereichern oder zu krönen. Pfarrer haben Bedenken: Ist das ein möglicher Missbrauch? Andererseits ist der Kirche die Geh-Struktur aufgetragen. Hauptgottesdienste am Sonntag außer Haus, auf dem Boden der anderen, können eine große Chance sein: der Marktplatz beim Altstadtfest, das Festzelt beim Feuerwehrjubiläum, die Hütte der Bergwacht, die Wiese am See bei der Wasserwacht. Ob das Evangelium unverfälscht verkündigt wird, liegt nicht am Ort, sondern an dem, was wie passiert. Die sich regulär versammelnde Gemeinde soll das Opfer bringen, sich dem Wagnis des Gottesdienstes vor der Kirchentür auszusetzen.

3. Gottesdienst als Sendungsveranstaltung

Die Katholiken haben die Fronleichnamsprozession. Der Gottesdienst beginnt in der Kirche, führt hinaus auf die Straße, das Heiligste des Glaubens, die geweihte Hostie in der Monstranz, wird »de-monstriert«. Dann geht es zurück in die Kirche. Eine evangelische Form wäre, Gottesdienst als Aussendung zu verstehen: Die Kirchenbesucher gehen nach verkürzter Liturgie und Weisung mit einem Gruß vom Sonntagsgottesdienst auf die Straße, in Häuser, zu Bekannten und Unbekannten. Abends treffen sie sich wieder zum Austausch und zur Abschlussandacht. Diese besondere »große Sendung« hat nun viele kleine Schwestern: die Sendung des Christen vom Gottesdienst zu Zeugnis und Dienst im Alltag und im politischen Handeln. Es gibt viele Gelegenheiten, den Gottesdienst als Sendung in die »Evangelisation« zu verstehen: als Aussendungsgottesdienst zu einer Kinder- oder Jugendfreizeit, zu einem Campingeinsatz, als Rüstfeier, im Urlaub seinen Glauben nicht zu verstecken. Das EGb hat »Sendung und Segen« als vierten und letzten Teil jedes Gottesdienstes eigens hervorgehoben.

Insbesondere ist daran zu denken, dass für viele Kirchenmitglieder wenige Gottesdienste im Jahreslauf und im Lebenslauf an die Stelle der sonntäglichen oder monatlichen Gottesdienstbesuche getreten sind. Darum erfordern die lebensgeschichtlich bedeutsamen Gottesdienste eine besonders sorgfältige Vorbereitung, damit diese für die Menschen zum »Segensraum« (Wagner-Rau) werden und so das Evangelium persönlich verständlich machen können.

Literatur

Gerhard BELZ/August LIESE/Dieter SACKMANN, Evangelistische Verkündigung: Das missionarische Wort 32 (Studienbrief A 9), Stuttgart 1979. – Wolfgang BUB, Evangelisationspredigt in der Volkskirche. Zu Predigtlehre und Praxis einer umstrittenen Verkündigungsgattung, Stuttgart 1990, 252–259. – Christian GRETHLEIN, Praktische Theologie und Mission: EvTh 61 (2001) 387–399. – Johannes HANSEN/Christian MÖLLER, Evangelisation und Theologie. Texte einer Begegnung, Neukirchen-Vluyn 1980. – Andreas HUSAR, Missionarische Predigt im Gottesdienst. Zur Beurteilung der missionarischen Intention der gottesdienstlichen Predigt in der Homiletik seit Schleiermacher (ThA 45), Berlin 1987. – Walter KLAIBER, Die rettende Botschaft. Überlegungen zu den Inhalten evangelistischer Verkündigung: ThBeitr 18 (1987) 65–80. – Ders., Ruf und Antwort. Biblische Grundlagen einer Theologie der Evangelisation, Stuttgart/Neukirchen-Vluyn 1990, 232–243. – Gerhard KÖHNLEIN, Missionarischer Gottesdienst: Das missionarische Wort 35, Stuttgart 1982, 95–99. – Reinhold LINDNER, Evangelistische Elemente der Predigt: Das missionarische Wort 23, Stuttgart 1970, 252–257. – Christian MÖLLER, Gottesdienst als Gemeindeaufbau. Ein Werkstattbericht, Göttingen 1988. – Manfred SEITZ, Elementare Verkündigung und veränderte Gemeinde. Ein pastoral-theologischer Beitrag zur Evangelisierung der Kirche: ders., Erneuerung der Gemeinde. Gemeindeaufbau und Spiritualität, Göttingen [2]1991, 29–37. – Ders., Unsere Kasualpraxis – eine gottesdienstliche Gelegenheit: ders., Praxis des Glaubens. Gottesdienst, Seelsorge und Spiritualität, Göttingen [3]1985, 42–50. – Theo SORG, Wie wird die Kirche neu? Ermutigung zur missionarischen Gemeinde, Wuppertal 1977. – Ders., Christus vertrauen – Gemeinde erneuern. Gemeindeaufbau in der Volkskirche, Stuttgart [2]1988. – Martin STIEWE, Missionarische Elemente des Gottesdienstes: Gemeinde in diakonischer und missionarischer Verantwortung. Auftrag – Anspruch – Wirklichkeit [FS Heinrich-Hermann Ulrich], hg.v. Theodor Schober/Hans Thimme (Handbuch für Zeugnis und Dienst der Kirche 2), Stuttgart 1979, 244–250. – Hans THIMME, Evangelistische Verkündigung in der Volkskirche, Gladbeck 1979. – Heinrich-Hermann ULRICH, Evangelisation in der Volkskirche: Zukunft aus dem Wort [FS Helmut Claß], hg.v. Günther Metzger, Stuttgart 1978. – Ulrike WAGNER-RAU, Segensraum. Kasualpraxis in der modernen Gesellschaft, Stuttgart 2000.

Gotthart Preiser

Gottesdienst und Diakonie

I. Einleitung

A. Gottesdienst ist Diakonie

Hans-Joachim Thilo schildert in seinem Buch »Die therapeutische Funktion des Gottesdienstes« einen Besuch in einem mittelalterlichen Klosterspital in Burgund. Der für die täglichen Gottesdienste und Stundengebete bestimmte Saal hatte zugleich als großer Krankensaal gedient. »Rings an den Wänden standen die Betten, alle so, dass der Blick des Kranken ständig den Altar vor sich haben konnte, so gut erhalten und gepflegt, dass jeden Augenblick die Aufnahme eines Patienten hätte erfolgen können. Seit der letzten Pestzeit aber – so der Fremdenführer – sei das nicht mehr geschehen. Seit der Pestzeit? fragte ich erstaunt zurück. Da war doch die ständige gegenseitige Ansteckung geradezu vorprogrammiert! Nein, meinte er, niemals habe man eine Neuinfektion feststellen können, wohl aber die meisten Rekonvaleszenten dieser damals unheilbaren Krankheit hier in diesem Saal gehabt« (9).

Diese Szene spricht von einer großen Nähe zwischen Diakonie und Gottesdienst. Der gottesdienstliche Raum ist zugleich der Raum für die Kranken. Ihr Blick richtet sich auf den Altar, auf den Ort der Gottesnähe, und sie sind in das liturgische Geschehen einbezogen. Der Gottesdienst trägt zur Heilung bei, er hat eine therapeutische Funktion. Der Gottesdienst selbst realisiert in diesem Beispiel das, was Diakonie meint: Menschen in leiblichen und seelischen Nöten zu unterstützen, sie zu begleiten und zur Überwindung ihrer Not beizutragen. Der Gottesdienst ist im Klosterspital integriert, Kranke und Gesunde werden nicht voneinander getrennt. Auch dies ist ein Aspekt, der für die Diakonie wichtig ist: nicht Ausgrenzung, sondern Integration heilt und hilft. Gottesdienst ist ein Geschehen, in dem Menschen sich bergen können, in dem sie in der Sprache, den Gesten und der Musik Trost erfahren, in dem sie das Brot des Lebens essen und die Nähe der Geschwister erfahren. Der Gottesdienst spricht von der Würde jedes Einzelnen und öffnet für ihn zugleich einen weiten Horizont, indem er die Verheißungen des Reiches Gottes wach hält: Gottesdienst ist Diakonie.

B. Gottesdienst setzt Diakonie voraus

Bartolomé de Las Casas, Dominikanermönch und Bischof im 16. Jh., war in der Zeit der Eroberung Latein- und Mittelamerikas zunächst selbst an der Eroberung karibischer Inseln und an der Unterwerfung der Indios beteiligt. In seinen autobiographischen Aufzeichnungen »Kurzgefaßter Bericht von der Verwüstung der Westindischen Länder« (1542) schildert er, wie die Lektüre von Sir 34 als Vorbereitung auf eine Predigt seinen Blick für das Leben der Indios verändert. Der Text, auf den er stößt, lautet: »Wer von unrechtem Gut opfert, dessen Opfer ist eine Lästerung; und solche Gaben der Gottlosen sind nicht wohlgefällig. Der Arme hat nichts zum Leben als ein wenig Brot; wer ihn auch noch darum bringt, ist ein Mörder« (34, 21 f. 25).

»Der Arme hat nichts als ein wenig Brot« – dieser Satz und sein Zusammenhang, die Rede von den falschen Opfergaben, bewirkt eine Bekehrung des Bischofs. Er stellt Beziehungen her zwischen den konkreten Lebensbedingungen, unter denen die Indios leiden, und der Opfergabe in der Eucharistie. Dabei erkennt er die Ungerechtigkeit, die den Indios angetan wird. Unter diesen Umständen kann Las Casas die Messe nicht mehr feiern. »Zuerst befreite er seine Indios ... und fing dann mit seiner prophetischen Aktivität an« (Dussel 121).

Auch diese historische Szene steht für einen engen Zusammenhang von Diakonie und Gottesdienst. Las Casas entdeckt die Beziehungen zwischen dem Leben der Armen und der eucharistischen Vergegenwärtigung des Todes Jesu. Das Heilige hat einen Bezug zur realen Lebenswirklichkeit der Menschen. Wenn das Brot, das die Menschen ernährt, den Armen gestohlen wird, darf das Brot der Eucharistie nicht mehr ausgeteilt werden. Die Eindeutigkeit der Situation verlangt nach einer radikalen Konsequenz: Erst die Befreiung der ausgebeuteten Menschen ermöglicht es wieder, Gottesdienst zu feiern.

Dies sind nicht unsere Bedingungen. Dennoch gewinnen wir aus dieser historischen Problematik ein wichtiges Stichwort für das Nachdenken über Gottesdienst und Diakonie, das des Weltbezugs. Gottesdienst geschieht im Alltag der Welt. Das gottesdienstliche Geschehen selbst öffnet den Blick für die Lebenswelt der Menschen und steht in Beziehung zu der Arbeit an Lebensbedingungen, die es Menschen überhaupt erst ermöglicht, in das Lob Gottes einzustimmen. Wer Gottesdienst feiert, kann nicht an der Not von Menschen vorbeisehen: Gottesdienst setzt Diakonie voraus, um als Gottesdienst gefeiert zu werden.

C. Diakonie ist eine Form des Gottesdienstes

»Das aber ist ein Fasten, an dem ich Wohlgefallen habe: Lass los, die du mit Unrecht gebunden hast, lass ledig, auf die du das Joch gelegt hast! Gib frei, die du bedrückst, reiß jedes Joch weg!« (Jes 58,6). »Ich ermahne euch nun, liebe Brüder, durch die Barmherzigkeit Gottes, dass ihr eure Leiber hingebt als ein Opfer, das lebendig, heilig und Gott wohlgefällig ist. Das sei euer vernünftiger Gottesdienst« (Röm 12,1).

Diakonie kann sich auf eine biblische Tradition berufen, die das befreiende und heilende Handeln selbst als eine Form des Gottesdienstes bezeichnet. Der Dienst an denen, die leiden, geschieht im Namen Gottes. Das Fasten realisiert sich in konkreten Taten. Der Gottesdienst wird im Handeln verkörpert. Diese biblische Tradition verbietet die Trennung von Frömmigkeit und sozialem Handeln. Aber sie eröffnet auch eine neue Perspektive. Diakonischem Handeln wohnt eine geistliche Dimension inne. Indem die Diakonie Menschen unterstützt, sich ihnen zuwendet und für ihre Interessen eintritt, feiert sie Gottesdienst: Diakonie ist selbst eine Form des Gottesdienstes.

D. Diakonie und Gottesdienst gehören zusammen

Diakonie und Gottesdienst gehören zusammen. Sie sind gleichwertige Grundfunktionen kirchlichen Lebens. Dieser Gedanke findet sich sowohl in der ökumenischen Diskussion als auch in der liturgischen Erneuerungsbewegung. Die Literatur verweist auf den Zusammenhang von Kerygma, Koinonia und Diakonia bzw. Martyria, Leiturgia und Diakonia (Ritter 5 f.; Hoekendijk 171; Stählin 283 f.; Schmidt-Lauber 39–53). In beiden Traditionssträngen geht es darum, zentrale kirchliche Wirkungsfelder aufeinander zu beziehen und sie als gleichwertig darzustellen. Auch die EKD-Denkschrift »Herz und Mund und Tat und Leben. Grundlagen, Aufgaben und Zukunftsperspektiven der Diakonie« von 1998 ordnet Diakonie in diese Grundfunktionen ein und beschreibt diese Felder als gleichwertige Dienste: »Zuwendung zum Menschen ist Dienst. Sie ist Ausdruck des Glaubens an Gott, der sich den Menschen in Jesus Christus zugewandt hat. Diesem Gott dient seine Kirche in Liturgie (Gottesdienst), Martyria (Zeugnis), Koinonia (Gemeinschaft) und Diakonie (Dienst am Nächsten)« (17).

Auch im praktisch-theologischen bzw. diakonischen Diskurs wird der Zusammenhang von Gottesdienst und Diakonie eingefordert. Karl-Heinrich Neukamm spricht vor der EKD-Synode von der Notwendigkeit, Verkündigung und Dienst wieder zusammenzubringen. »Die große

Frage also nach der Verbindung von Liturgie und Diakonie muss ein Hauptthema in der Kirche und ihrer Diakonie werden, wenn wir den theologischen Standort gegenüber den Herausforderungen der Zeit nicht verfehlen wollen« (zit. nach Röckle 131).

Ottmar Fuchs spricht von der Realpräsenz Christi nicht nur im sakramentalen, sondern auch im diakonalen Geschehen: »Beides gehört zusammen, damit die sakramentale Realpräsenz nicht zur Kompensation unseres eigenen Nichtstuns wird, und damit unsere Menschenfreundlichkeit nicht in Aktionismus landet« (229).

Diakonie und Gottesdienst gehören zusammen, sie sind aber auch voneinander getrennt. Die organisierte Diakonie hat sich als eine kirchliche Zweitstruktur entwickelt und das kirchliche Hilfehandeln ist zum großen Teil aus der gemeindlichen Wirklichkeit ausgewandert. Sowohl strukturell als auch thematisch ist die Diakonie ein von anderen Aspekten kirchlichen Lebens getrennter Bereich. Die Trennung zwischen Ortsgemeinde und Diakonie bedeutet eine Trennung zwischen den Bereichen Gottesdienst und Diakonie, zwischen der feiernden und der karitativen Seite kirchlichen Lebens, zwischen dem professionellen Hilfehandeln im Alltag und der liturgischen Begehung des Sonntags.

Hermann Steinkamp verwendet für diese Situation ein Bild aus dem klassischen Gleichnis über die Nächstenliebe: »›Tempel‹ und ›Herberge‹ – um es mit der Samaritererzählung zu symbolisieren – fristen in unserer Kirche nach wie vor ihr Eigendasein, in vermeintlich guter Nachbarschaft, aber wenn es zum Schwur kommt, hat der Tempel das letzte Wort« (15).

Dieser Innensicht zum Gefälle von Gottesdienst und Diakonie steht eine Außensicht gegenüber. Die Kirche wird gerade wegen ihrer diakonischen Arbeit wahrgenommen, diakonisches Engagement wird erwartet und respektiert.

II. Biblische Grundlagen der Diakonie

A. Alttestamentliche Wurzeln

Erste Wurzeln der Diakonie liegen im Alten Testament. Diakonische Perspektiven zeigen sich in unterschiedlichen Themen: (1.) in der Tradition des Rechts, die auf eine gerechte Gestaltung von Wirtschaft und Staat unter besonderer Berücksichtigung der Armen zielt, (2.) in der Rede von Gott, in der das unbedingte Eintreten für die Armen und Schwachen als eine Eigenschaft Gottes selbst deklariert wird, und schließlich (3.) in der Tradition der Klage. Klage ist Benennung des eigenen Elends, ist Anklage der Feinde, ist Ausdruck einer existentiellen Krise und schon ein erster Schritt ihrer Überwindung. Der Umschwung von der Klage zum Lob und zum Ausdruck des Vertrauens in Gott ist in den Psalmen evident und lässt sich damit begründen, dass die Not im Aussprechen der Klage schon eine erste Bearbeitung erfährt. Historisch wurden vom gesamten Vorgang des Klagerituals allein die Klagen weitergegeben: »Nicht der Trost, wie immer er aussah, die Möglichkeit der Klage war das Entscheidende. Sie selbst war die wichtigste Hilfe, die Gesellschaft und Religion anbieten konnten. Die Möglichkeit, Not, Verzweiflung, Hass, aber auch Vertrauen und Hoffnung öffentlich auszusprechen, war wichtiger als jede Antwort. Durch sie wurden die Leidenden zum Subjekt des Geschehens« (Crüsemann 76).

Wenn wir diese historische Spur auf das heutige Verhältnis von Diakonie und Gottesdienst beziehen, stellt sich die Frage, ob in unseren Gottesdiensten ein solcher Raum der Klage eröffnet wird. Hier wäre ein erster konkreter Bezug zwischen der diakonischen und liturgischen Dimension des kirchlichen Handelns herzustellen: »Der diakonische Bezug des Gottesdienstes wird sich nicht zuletzt darin erweisen, dass gleichsam Klagemauern entstehen, Räume zur Klage eröffnet werden« (Schäfer 420).

Eine weitere alttestamentliche Traditionslinie, in der die Verbundenheit von gerechtem Tun und Gottesdienst betont wird, ist die prophetische Kritik an den falschen Opfern. Nicht Brandopfer und Speisopfer, sondern Recht und Gerechtigkeit erwartet Gott vom Volk Israel (Am 5,21–24). Immer geht es um die Verbindung von Gottesliebe und Gerechtigkeit gegenüber dem Nächsten, von Glauben und sozialer Praxis. Der innere Zusammenhang von Gottesdienst und Diakonie ist in dieser prophetischen Tradition nüchtern und weg-weisend formuliert.

B. Neutestamentlicher Befund

Um den neutestamentlichen Befund des Wortfeldes »diakonia« in seiner Bedeutung für das heutige Verständnis von Diakonie darzulegen, möchte ich zwei Interpretationen darstellen.

Die erste, von vielen Exegeten und Exegetinnen geteilte Interpretation geht davon aus, dass die Grundbedeutung von διακονεῖν im profanen Griechisch das Aufwarten bei Tisch bedeutet. Diese Tätigkeit bezeichnet zugleich ein bestimmtes soziales Gefälle, markiert Unterordnung, Abhängigkeit. Mit διακονεῖν ist so »abhängige, niedrige Versorgungsarbeit für Höhergestellte gemeint: Versorgungsarbeit durch SklavInnen und Frauen« (Schottroff 299).

Diese Bedeutung wurde im NT aufgenommen und mit einer christlichen Interpretation versehen. Was ursprünglich als gering geachtete Tätigkeit galt, wird in seinem Bedeutungsfeld erweitert und aufgewertet. Neben dem Aufwarten bei Tisch werden andere Tätigkeiten der Dienstleistung und praktischen Hilfe mit diesem Begriff belegt. διακονία/διακονεῖν entwickelt sich zur Bezeichnung für tätige Nächstenliebe und Dienst am Notleidenden. Zugleich gilt das, was im Umfeld als minderwertig galt, nun als Ausdruck der Nachfolge Christi.

Exemplarisch dafür steht Mk 10,42–45. Jesus weist seine Jünger an zu dienen. Er begründet dies mit seinem eigenen Dienen und letztlich mit der Hingabe seines Lebens »für viele« (Mk 10, 45). Es geht dabei um die Umkehrung bisheriger Machtverhältnisse und Verhaltensweisen.

In der lukanischen Parallele steht diese Stelle im Zusammenhang mit dem Bericht über das letzte Abendmahl. Für den Zusammenhang von Diakonie und Gottesdienst ist damit im Rahmen dieses Interpretationsansatzes eine wichtige Spur gelegt. Im »Prozess der Sammlung und Formung der Jesusüberlieferung (hat sich) das Logion vom Dienen fest mit der Tradition vom letzten Mahl verbunden mit der Folge, dass das diakonische Motiv im unmittelbaren Bereich des eucharistischen Gottesdienstes seinen festen Platz fand« (Roloff 190 f.).

Eine gänzlich andere Interpretation des Begriffsfeldes διακονία legt John N. Collins vor (vgl. zum Folgenden Benedict 349–364). Die Arbeit untersucht das Wortfeld in christlichen und nicht-christlichen griechischen Quellen und kommt zum Ergebnis: Der »Dienst an den Tischen« ist nicht, wie von den meisten Exegeten behauptet, die eigentliche Bedeutung des profangriechischen διακονία/διακονεῖν, sondern nur eine von verschiedenen Variationen. Die Grundbedeutung ist vielmehr das Dazwischengehen, die Vermittlung. Im Bereich des Tischdienstes ist dann der διάκονος derjenige gewesen, der zwischen der Küche und dem Gast an der Tafel hin- und herlief. »In der Diakonia verschmelzen Elemente wie Schnelligkeit, Effizienz und Vermittlung, die Tätigkeit eines Zwischenträgers ... Neben der Bedeutung ›Bote‹ (Vermittler) drückte διακονία auch die Idee eines Agenten, eines Beauftragten aus. Sowohl Bote als auch Agent handeln natürlich im Namen dessen, der sie entsendet oder bevollmächtigt ... und dieses Gesandtsein, diese Vollmacht bildet das Wesen der Diakonia« (Collins 1994, 67).

Collins macht deutlich, dass sich der Sprachgebrauch im frühen Christentum nicht von dem der hellenistischen Umwelt unterscheidet. Auch die Christen verwenden διακονία/διακονεῖν in der Grundbedeutung der Vermittlung einer Botschaft. Es geht dabei um Botschaften vom Himmel, Botschaften zwischen den Kirchen und Beauftragungen innerhalb der Kirche, wie der Sprachgebrauch von Paulus verdeutlicht (vgl. II Kor 5,18; 6,4; 11,23; Collins 1990, 336). Auch der Titel διάκονος im Sinn einer spezifischen Funktion (Phil 1,1 und I Tim 3,8–13) wird von Collins einer Re-Interpretation unterzogen. In beiden Texten werden die διάκονοι zusammen mit den Bischöfen genannt. Diese sprachliche Nähe deutet auf eine gottesdienstliche Verwurzelung des Diakonenamtes hin (so auch Roloff 186–201).

Zugleich ist damit die Funktion des Diakons als Assistent des Bischofs benannt. »Der διάκονος ist nicht nur Diener seiner Gemeinde, sondern auch seines Bischofs« (Beyer 90). Ein Vorbild für diese einander zugeordneten Ämter könnte in der jüdischen Synagogenverfassung liegen. Auch hier gab es im gottesdienstlichen Bereich die Leitung durch zwei Amtsinhaber (ebd. 91). Die Nähe beider Funktionsträger findet sich im weiteren Verlauf dann auch in späteren Texten, so in der Didache »Wählt euch nun Bischöfe und Diakone, würdig des Herrn, sanftmütige Männer, nicht geldgierig, aufrichtig und bewährt« (15,1).

Der entscheidende Unterschied zu der zuerst skizzierten Deutung des Begriffsfeldes von διακονία besteht darin, dass Collins den Diakon nicht über die Tätigkeit an Not leidenden Menschen definiert sieht, sondern durch die Beauftragung von einer Autorität. Nicht der Dienst an den Bedürftigen steht im Vordergrund der Wortbedeutung, sondern die Bevollmächtigung.

III. Theologische Entwürfe zum Verhältnis von Gottesdienst und Diakonie

A. Johann Hinrich Wichern

Für den Aufbruch der Inneren Mission im 19. Jh. hat Johann Hinrich Wichern einen zentralen Text zum Verhältnis von Gottesdienst und Diakonie geliefert, das »Gutachten über die Diakonie und den Diakonat« (1856). Er fordert die Wiederherstellung des Diakonats als selbstständiges kirchliches Amt nach apostolischem Vorbild und bezieht sich dabei vor allem auf Act 6, die Einsetzung der Sieben. In Wicherns Lesart geht es hier um Armenpfleger, in der neueren Exegese ist man sich einig, dass dieser Text keine Einsetzung von Diakonen schildert, sondern die Konstituierung der Leitung der hellenistischen Gemeinde in Jerusalem.

Es ist Wicherns Anliegen, die zentrale Bedeutung der Diakonie als die den Armen zugewendete Liebespflege und als »Signatur der Christenheit« (130) zu begründen. Die (Ur-) Gemeinde beschreibt er mit dem Bild der Gottesfamilie: »διακονία wird der vollste Ausdruck des in Christo gemeinsamen Lebens, das zugleich *gottesdienstlich und gesellschaftlich* eins ist ... Das Wort Gottes wird hier ausgeteilt, aber ebenso Speise und Trank, Obdach und Heimat gespendet mit allem, was sich daran schließt« (142 f.). Im Bild der Gemeinde als Familie begegnet hier das Konzept der Integration des gottesdienstlichen Geschehens in die gesamte »Ökomomie« gemeinschaftlich-christlichen Lebens. Speise und Trank, Obdach und Heimat, Grundelemente also der diakonischen Zuwendung und Hilfeleistung sind ebenso nötig wie das Wort Gottes, gottesdienstliches und soziales Leben gehören zusammen.

Der Diakonat ist für Wichern eine Ordnung Gottes, nicht Menschendienst, sondern Gottesdienst: »Liebespflege ist Gottesdienst, nicht uneigentlich, sondern eigentlich« (162). Diese Passagen sprechen von einer großen Verbundenheit von Diakonie und Gottesdienst. Beide sind im »Haushalt« der Gottesfamilie wichtig und notwendig, beide erscheinen als gleichwertig.

In einer gewissen Spannung dazu stehen Passagen, in denen Wichern – auch hier in Anlehnung an Act 6 – zwischen der Diakonie des Wortes und der Diakonie an den Tischen unterscheidet. Damit geht eine Aufgabenteilung und eine Hierarchisierung einher. Die Diakonie des Wortes, die an das Predigt- und Seelsorgeamt gebunden ist, ist der »erste Dienst« und behält notwendigerweise »die *erste* Stelle und damit die *Leitung* in der organisierten Gemeinde«. »Der Diakonus hat als solcher nicht zu predigen«. Sein Amt ist der Liebesdienst an den Armen, »aber freilich in Christi Namen« (162 f.). Die klare Aufgabentrennung diene dazu, mögliche Konflikte zwischen beiden Ämtern zu vermeiden.

Das Verdienst Wicherns besteht darin, die Bedeutung des Diakonats für das gesamte kirchliche und gesellschaftliche Leben in Erinnerung gerufen zu haben. Er begründet die Notwendigkeit des Diakonats theologisch, beschreibt den Diakon als Diener Gottes und Mitarbeiter des Pastors und profiliert dessen Aufgaben in der Liebespflege an den Armen. In seinem Gemeindeentwurf durchdringen sich Gottesdienst und Diakonie als Grundfunktionen kirchlichen Handelns. Beide dienen dazu, Grundbedürfnisse des Menschen zu befriedigen, das Wort Gottes soll ebenso ausgeteilt werden wie Speise und Trank. Im Blick auf die Ämter des Diakons und Pastors liegt ihm an der Aufgabentrennung und Unterscheidung der Funktionen.

Für die heutige Diskussion erscheint jedoch die Über- und Unterordnung der Ämter als problematisch. Darauf weist auch die Kammer für Theologie in ihren Leitlinien zum Diakonat hin: Die Unterschiede zwischen den geordneten Ämtern konstituieren »nach evangelischem Verständnis keine hierarchische Über- und Unterordnung ... Vielmehr hat die Unterscheidung von Predigtamt und Diakonat ... ihren Grund in der Zentrierung auf jeweils definierbare primäre Aufgaben und auf eine spezifische Fachkompetenz« (Evangelischer Diakonat 14).

B. Ernst Lange

Im neueren Protestantismus hat Ernst Lange Diakonie und diakonisches Handeln der Kirche zum Gegenstand theologischer Reflexion gemacht, zugleich galt seine theologische Arbeit den Fragen von Gottesdienst und Verkündigung.

Diakonie ist »nicht eine Tätigkeit der Kirche unter anderen. Das Wort beschreibt die Aktionsform des Glaubens schlechthin ... Alles in der Kirche, der Gottesdienst, die Kirchenordnung, das gemeinsame Leben, die Frömmigkeit muss befragt werden, ob und wieweit es Diakonia ist, Dienstleistung zum Frieden, zur Versöhnung des Menschen mit Gott, mit seinem Nächsten und mit sich selbst« (1981, 134 f.). »Der Beruf der Kirche ist die Diakonie. Das heißt: Es ist der Beruf der Kirche, Menschen zu einem volleren Menschsein zu helfen, zu einem Leben im Licht der Bestimmung zur ›Freiheit der Kinder Gottes‹, und zwar durch die Bezeugung der Christusverheißung in Wort, Tat und Kirchengestalt« (1980, 129).

Diakonie bildet zum einen als Versöhnungsarbeit den Bezugspunkt allen kirchlichen Handelns und Lebens. An der Verwirklichung der Diakonie misst sich Kirche. Zum anderen ist Diakonie »Bezeugung der Christusverheißung in Wort, Tat und Kirchengestalt« von großer Weite. Es geht um mehr als das soziale Handeln der Kirche in konkreter Tat. Die Begriffe »Bezeugung« und »Verheißung« stehen für das grundsätzliche Geschehen zwischen Gott und Mensch. Alle kirchliche Arbeit hat die Aufgabe, bei der Verheißung zu bleiben und sie in den Alltag hinein zu kommunizieren. Diakonie lebt also zuallererst von dem, was uns schon zugesagt ist, von der Freiheit der Kinder Gottes.

Langes Verständnis von Liturgie und Gottesdienst hat einen Bezug zum diakonischen Handeln der Kirche. Im Gottesdienst kommen Menschen im Namen Jesu zusammen und werden durch die Verheißung in das Verhältnis von koinonia (Partizipation), diakonia (Verfügbarkeit) und martyria (Zeugenschaft) gebracht (vgl. 1984, 313 f.). Diese Trias bringt, »indem sie das Geschehen von Gemeinde beschreibt, zugleich den Weltauftrag des Glaubens« zum Ausdruck (1984, 315). Dem Gottesdienst eignet eine Zweiphasigkeit: dem Gemeindegeschehen der Ekklesia folgt die Diaspora, die Wahrnehmung der Weltverantwortung des Glaubens.

»In und mit den verschiedenen Funktionen der Liturgie sind, wenn sie ernst genommen werden, der Gemeinde und ihren Gliedern bestimmte ›trans-liturgische‹ Funktionen angewiesen, in denen sie auf die Wirklichkeit des Glaubensgehorsams in der Diaspora bezogen werden. Die

›Gemeinde im Gottesdienst‹ impliziert also die ›Gemeinde nach dem Gottesdienst‹ und umgekehrt« (1984, 320). Die Bezeugung der Verheißung im Gottesdienst verdichtet sich im Abendmahl, das damit auf besondere Weise »die ›Gemeinde im Gottesdienst‹ als ›Gemeinde nach dem Gottesdienst‹ konstituiert und beansprucht« (1984, 321).

Zwei Grundgedanken Langes bleiben für das Verhältnis von Diakonie und Gottesdienst bedeutsam, zum einen die zentrale Bedeutung der Diakonie für das Selbstverständnis der Kirche, in der es um die Stützung der Schwachen, die Befreiung der Unfreien, die Versöhnung der Feinde und in all dem um die Bezeugung der Verheißung geht. Zum anderen enthält Langes Verständnis von Gottesdienst – theologisch als Bundeserneuerung, praktisch als Kommunikationsgeschehen – einen Auftrag der Gemeinde an der Welt und eine Kommunikation mit der Welt. Aus der Bezeugung des Bundes erwächst für die Gemeinde die Sendung, die missio. Hier öffnet sich aus einem bestimmten Gottesdienstverständnis heraus der Blick für die »Aktionsform des Glaubens«, für den Weltbezug des Gottesdienstes, für die Diakonie.

Gottesdienst braucht also die Diakonie als Konkretion dessen, was in Predigt und Liturgie bezeugt und gefeiert wird. Genauso aber ist die Gemeinde »nach dem Gottesdienst« auf den Gottesdienst selbst angewiesen, der gegen die Anfechtungen des Alltags dazu beiträgt, die Wirklichkeit erneut als verheißungsvoll zu erleben.

IV. Diakonie in der Ökumene: Option für die Armen und Lebendige Liturgie

Diakonie als Option für die Armen, Liturgie als Feier des Lebens und Verkündigung als diakonische Predigt – so lassen sich ökumenische Perspektiven zum Verhältnis von Gottesdienst und Diakonie zusammenfassen. Die Untersuchung Dirk Oesselmanns über »Spiritualität und soziale Veränderung« hat die konkrete Arbeit mit einem Straßenkinderprojekt in Sao Paulo/ Brasilien als Hintergrund. In der Darstellung und Reflexion seiner Erfahrungen geht es um die Frage der »Bedeutung einer Liturgie des Lebens« in diesem Kontext. Oesselmann beschreibt Liturgien als herausgehobene Zeiten und Räume, in denen Gemeinschaft erlebt, ein Freiraum zum Leben eröffnet wird und Menschen, die gesellschaftlich zu den Randgruppen gehören, sich als verantwortlich Handelnde erfahren können. »In der bewussten Feier des Lebens kann die Utopie des würdigen Lebens für alle ihren Ausgang nehmen« (264).

Mit dem Dreischritt befreiungstheologischer Hermeneutik »Sehen – Urteilen – Handeln« untersucht Ulrich Babinsky das Verhältnis von Diakonie und Predigt. Ausgehend von der realen Diskrepanz zwischen ihnen fordert er, die biblisch-theologische Option für die Armen in die Verkündigung umzusetzen, sodass jede Predigt als diakonisch erkennbar wird. Es geht darum, die »Option für die Armen als zentrale Herausforderung für die Verkündigung des Glaubens zu begreifen ... und die von Armut betroffenen Menschen in ihrem Subjektsein zu fördern« (271). Konkret heißt dies, die Perikopenordnung diakonisch zu lesen und so biblische Perspektiven zur Diakonie im weiteren und engeren Sinn zu betonen, den diakonischen Kontext der Liturgie in Fürbitte, Kollekte, Friedensgruß und eucharistischem Mahl wahrzunehmen und die Option für die Armen in Form von konkreter, subjektorientierter und politischer Predigt umzusetzen.

Die beiden zentralen Impulse aus diesem ökumenischen Kontext lauten, Diakonie als Option für die Armen und Liturgie und Gottesdienst als unverzichtbaren Bestandteil der diakonischen Arbeit selbst zu begreifen. Die Verkündigung der frohen Botschaft, die Gemeinschaft im Abendmahl, die Feier dessen, was noch aussteht, aber als Hoffnung präsent ist – ist »Lebendige Liturgie« inmitten einer Welt der Ausgrenzung und Marginalisierung. Diakonie als Arbeit an der Seite der Unterdrückten braucht den Gottesdienst, die Vergegenwärtigung des Gottes, der Gerechtigkeit und Barmherzigkeit fordert und selbst das Leben mit den Armen geteilt hat.

V. Praktische Konsequenzen

Die Unterschiede und Trennungen zwischen Gottesdienst und Diakonie gilt es zunächst nüchtern zu konstatieren. Gottesdienst ist, wie Peter Cornehl mit Schleiermacher deutlich gemacht hat, »darstellendes«, nicht »wirksames‹ Handeln«, Gottesdienst ist Kult, d.h. Orientierung, Expression und Affirmation. »Im Gottesdienst vollzieht sich das darstellende Handeln der Kirche als öffentliche symbolische Kommunikation« (186).

Diakonie ist organisierte Nächstenliebe, ist Kultur des Helfens, ist Solidarität mit und Parteilichkeit für Menschen, die in Not sind. Sie ist Lebens- und Wesensäußerung der Kirche (Grundordnung der EKD), das Handeln einzelner Christen in der Nachfolge Jesu und ein Wohlfahrtsverband. Diakonie ist – hoffentlich – wirksames Handeln und nicht symbolische, sondern konkrete Kommunikation. Diakonie ist die Barmherzigkeit des Samariters für den, der unter die Räuber gefallen ist, die bezahlte Hilfe des Wirtes für den Bedürftigen, die Arbeit gegen gesellschaftliche Strukturen, in denen Menschen zu Opfern werden. Gottesdienst und Diakonie unterscheiden sich in ihren Zielsetzungen und in der Art ihres Wirkens.

Neben diesen Unterscheidungen gilt es aber wahrzunehmen, welche Bezüge zwischen Gottesdienst und Diakonie schon vorhanden sind und welche Gestaltungsmöglichkeiten sich eröffnen.

A. Die Verbindung von Gottesdienst und Diakonie realisiert sich an konkreten Orten

Orte, an denen die Verbindung von Gottesdienst und Diakonie greifbar wird, sind diakonische Einrichtungen und Institutionen. Hier leben Menschen, arbeiten diakonische Mitarbeiterinnen und Mitarbeiter, hier ist der spezifische Ort diakonischer Gottesdienste. Von der Seite der Mitarbeiter/innen her werden Gottesdienste, Andachten und geistliche Angebote gewünscht. Die Angebote kommen nach ihrer Meinung oft zu kurz (vgl. Nübel 140). Es gibt einen deutlichen Bedarf nach Spiritualität, Fürbitte, Stärkung durch den Gottesdienst. In Nübels Untersuchung äußert sich eine Mitarbeiterin: »Also ganz einfach, dass man auch im Gebet zusammentrifft, dass man eine Aussprache hat auch mit dem Seelsorger, dass er einem auch vom Evangelium her Vergebung zuspricht. Es ist so, dass man im Pflegedienst viel Vergebung braucht, dass man auch einen Fehler macht. ... Ich kann da nur sagen, dass ich gute Erfahrungen gemacht habe mit Vergebung oder mit Abendmahl. ... Ich merke: wenn ich die Predigt höre, gibt es ein Licht in meiner Seele« (127). Deutlicher lässt sich die Notwendigkeit von Gottesdienst im diakonischen Raum nicht benennen.

Karl-Fritz Daiber beschreibt die Aufgaben eines solchen Gottesdienstes im Rahmen diakonischer Einrichtungen noch genauer: »Ich glaube nicht, dass es immer und jederzeit darauf ankommt, die Bibel ›diakonisch‹ zu lesen, gewissermaßen vom Berufsort her, eher von den Grundfragen des Lebens her, von denen Menschen bewegt werden, die eine Diakonie-Einrichtung brauchen oder in ihr arbeiten. Predigt und Gottesdienst sollten bewusst eine Art zweites Programm sein, nicht operativ, in der Regel nicht auf konkrete Aufgabenstellungen hin orientiert, sondern auf Lebenselementaritäten bezogen« (2000, 33).

Ihre Bedeutung gewinnen Gottesdienste in diakonischen Einrichtungen also gerade nicht durch eine »Engführung« auf spezifisch diakonische Themen, auf die Ausrichtung auf das Aufgabenfeld einer Einrichtung. Damit würden sie funktionalisiert, sie würden zur Fortsetzung der diakonischen Arbeit mit anderen Mitteln werden, sie würden den Charakter der Feier, der Unterbrechung des Alltags, der Gegenwirklichkeit verlieren. Dennoch ist die besondere Situation eines solchen gottesdienstlichen Rahmens bei der Gestaltung zu berücksichtigen. Wie kann es gelingen, die Lebenssituation von Bewohnern und Mitarbeitern mit der Verheißung des Evangeliums zu verbinden? Welche »Grundfragen des Lebens« (Daiber 2000, 33) bewegen die Menschen, welchen Trost, welche Besinnung, welche befreiende Botschaft gilt es hier zu gestalten? Hier konkretisiert sich die Beziehung zwischen Diakonie und Gottesdienst in einem spezifischen Rahmen.

B. Diakonie im Kontext des sonntäglichen Gottesdienstes

Um die diakonische Perspektive des sonntäglichen Gottesdienstes deutlich zu machen, sehe ich vor allem zwei Möglichkeiten, die sich ergänzen.

1. Die Verbindung von Diakonie und Gottesdienst realisiert sich in der Einbindung der sozialen Aktivitäten einer Kirchengemeinde im sonntäglichen Gottesdienst. Hier geht es darum, im liturgischen Ablauf die Diakonie als »Aktionsform des Glaubens« (Lange 1981, 134) zu Wort kommen zu lassen. Die vielfältigen Formen der Gemeindediakonie, von der Suppenküche bis zur Jugendarbeit, von der Arbeit im Altersheim bis zur Flüchtlingsarbeit lassen sich auf unterschiedliche Weise in den Gottesdienst einbeziehen. Sie können zum Thema der Predigt werden, in den Abkündigungen ist Raum für aktuelle Hinweise, in den Fürbitten ist der Ort dafür, diese Formen der Solidarität vor Gott zu bringen. Das Gedächtnis einer Kirchengemeinde lebt auch von Wiederholungen. Wenn beispielsweise die Partnergemeinden regelmäßig in die Fürbitten einbezogen werden, weitet sich der Horizont und die ökumenische Dimension von Diakonie wird bewusst. Eine Verknüpfung wird auch durch Gottesdienste realisiert, die sich thematisch auf diakonische Projekte beziehen und von den dort Tätigen gestaltet werden. Welche Perspektiven bringt eine Hospizgruppe in die Gestaltung des Ewigkeitssonntags ein? Wie nehmen Mitarbeiter und Mitarbeiterinnen eines Jugendprojekts das Thema »Gewalt überwinden« der Ökumenischen Dekade in einem Gottesdienst auf? Sowohl vom Kirchenjahr als auch von den diakonischen Aktivitäten »vor Ort« bieten sich hier viele Möglichkeiten an.

2. Neben der Thematisierung (eigener) diakonischer Arbeit im Gottesdienst gilt es, die diakonischen Implikationen liturgischer Elemente wahrzunehmen und eventuell zu verstärken. Exemplarisch nenne ich das Dankopfer/die Kollekte, das Fürbittengebet und das Abendmahl.

a) Das Dankopfer/die Kollekte. Der historische Ursprung des Dankopfers als Spende von Naturalgaben macht die ursprüngliche diakonische Bedeutung dieses liturgischen Elements unmittelbar einsichtig. Es ging um die Unterstützung bedürftiger Gemeindeglieder, an die die Gaben verteilt wurden.

Das EGb nennt zwei Orte für das Dankopfer, im Teil B Verkündigung und Bekenntnis im Anschluss an das Glaubensbekenntnis und vor den Fürbitten in beiden Grundformen (43.54) oder am Beginn des Teils C Abendmahl in der Grundform I (46) bzw. im Teil D Fürbitte und Sendung der Grundform II (57). Dazu gibt die Textsammlung Gebete zum Dankopfer (552). Damit ist die Kollekte liturgisch in den Gottesdienst eingebunden.

(b) »In den Fürbitten wendet sich die Gemeinde an Gott und legt ihm die Sorgen und Nöte der Menschen wie auch das Geschick der ganzen Welt ans Herz« (EGb 554). Die Fürbitte ist der Ort im Gottesdienst, in dem Raum ist für die Klage über das Leiden und für den Wunsch nach Gerechtigkeit und Frieden, für eine Welt ohne Tränen und ohne Schmerz, wie sie uns bei den alttestamentlichen Wurzeln der Diakonie schon begegnet sind. Die Verbindung zur Diakonie liegt in diesen Anliegen. Hier ist auch der Ort, für das Gelingen diakonischer Projekte zu beten, hier ist zugleich der Ort, um Projekte, für die in der Kollekte gesammelt wurde, noch einmal vor Gott zu bringen. Der Leitgedanke des Weltgebetstags, der ökumenischen Frauenbewegung,

»Informiertes Beten und betendes Handeln« erscheint auch für die Formulierung der Fürbitten von Bedeutung. Die Ernsthaftigkeit diakonischer Anliegen im Gottesdienst wird auch an der Konkretion der Gebetsanliegen erkennbar, in diesem Sinn also an einem »informierten Beten«.

Im EGb finden sich Beispiele für Fürbitten, die diakonische Anliegen in ihre Formulierungen einbeziehen (vor allem 596–601).

(c) Das Abendmahl. Im Abendmahl ist liturgiegeschichtlich die größte Nähe zwischen Gottesdienst und Diakonie zu konstatieren. Die Liturgien der frühen Kirche machen deutlich, dass der Diakon in das liturgische Geschehen um das Abendmahl eingebunden war und dass er die Gaben, die im Zusammenhang mit dem Abendmahl gesammelt wurden, im Anschluss an den Gottesdienst an die Bedürftigen verteilt hat (vgl. Meyer-Blanck 80–107). Das Abendmahl ist selbst Ausdruck der Diakonie Christi. Elemente des Abendmahls, das Brotbrechen und das Teilen, die Gemeinschaft über alle Trennungen hinweg und der Friedensgruß haben eine diakonische Dimension. Die Lima-Erklärung zur Eucharistie weist auf den untrennbaren Zusammenhang zwischen der Solidarität in der eucharistischen Gemeinschaft und der verantwortlichen Sorge der Christen füreinander und für die Welt hin (Lima E 20 f.). Wie lässt sich dieser inhaltliche Zusammenhang von Diakonie und Abendmahl liturgisch gestalten?

- Das Abendmahl lässt sich in Anknüpfung an die Tradition des Dankopfers durch eine Prozession, durch Gabenbereitung und durch ein Gebet zur Abendmahlsbereitung einleiten (EGb 553).
- In den Formulierungen der Gebete können die diakonischen Aspekte des Abendmahls zur Sprache gebracht werden, z.B. in der Präfation (EGb 630a.631b), im Eucharistiegebet (EGb 642), im Abendmahlsgebet nach der Grundform II (667 f.).
- Das Feierabendmahl bietet einen Rahmen, die inhaltliche Verknüpfung der eucharistischen und der politischen Solidarität deutlich zu machen, beispielsweise durch Konzentration auf ein diakonisches Thema.

C. Die Verbindung von Gottesdienst und Diakonie durch gemeinsame Anliegen

Ich nenne drei Anliegen, die Gottesdienst und Diakonie teilen: die Dimension von Heilung, Trost und Solidarität, das Wissen um die Angewiesenheit auf Gnade, die Verbundenheit mit den Opfern.

- Das Anliegen von Diakonie ist es, Menschen heilend zu begegnen, sie in ihrer Bedürftigkeit und in ihren Bedürfnissen ernst zu nehmen, ihnen Lebensräume zu eröffnen, vorbehaltlos für den Einzelnen und für diejenigen Gruppen in der Gesellschaft einzutreten, die ausgegrenzt werden, parteilich und partizipatorisch zu wirken, zu trösten. Der Gottesdienst teilt diese Anliegen und realisiert sie auf seine eigene Weise. Nicht immer wird die diakonisch-heilende Dimension des Gottesdienstes so konkret wie im mittelalterlichen Klosterspital. Immer aber gehört zum Charakter des Gottesdienstes, zu seinem eigenen Anliegen, ein Bezug auf diese Dimension.

  Der Gottesdienst ist geheiligte Zeit und erinnert an die befreienden Taten Gottes. In all dem stellt er auch eine Gegenwirklichkeit dar zu einer Welt der Machbarkeit, der Effizienz, der Einordnung menschlicher Arbeitskraft in Kosten-Nutzen-Rechnungen. Eine Diakonie, die Gottesdienst als geschenkte Zeit und Vorgeschmack der Freiheit wahrnimmt, wird in ihrem Kampf gegen die Not der Menschen gestärkt und hält die Hoffnung auf Gerechtigkeit wach. In der gottesdienstlichen Sprache, in den Gesten, in der Musik, im Raum der Kirche selbst, in der Gestaltung liegen die Möglichkeiten, Heilung, Trost und Solidarität zu realisieren, bereit. Der Grundgedanke der Diakonie, dass der Einzelne eine unbedingte Würde hat, findet im Gottesdienst seine Sprache und seine Form. Diese Behauptung beinhaltet zugleich die Aufforderung, Gottesdienste so zu gestalten, dass der Trost und das Eintreten für die Würde der Menschen in ihr Raum haben.

– Diakonie und Gottesdienst teilen das Wissen darum, dass Leben nicht machbar ist. Manchmal muss der Gottesdienst die Diakonie an dieses gemeinsame Wissen erinnern. Diakonie spricht die Sprache großer Ansprüche. Im Angesicht des Leidens von Menschen appelliert sie an die, die sich ihrer Sache verpflichtet fühlen. Das ist wichtig und führt Menschen zugleich immer wieder an Grenzen. »Die Last der großen Hoffnungen« (Müller) drückt auf die Schultern der Mitarbeiter und Mitarbeiterinnen, die Ansprüche an Selbstlosigkeit und Dienstbereitschaft führen zu dem Gefühl, ausgebrannt zu sein, die fachlichen und menschlichen Anforderungen an diejenigen, die in der Diakonie tätig sind, sind hoch. An dieser Stelle braucht die Diakonie eine Dimension, die im Gottesdienst präsent ist, das Eingeständnis eigener Begrenztheit, die Möglichkeit, das eigene Scheitern und Schuldigwerden loszulassen und auf den Zuspruch der Vergebung zu trauen, die Hoffnung auf das Gelingen, das in Gottes Hand liegt. Die Anforderung und Zumutung für die Diakonie liegt darin, die Spannung auszuhalten zwischen dem leidenschaftlichen Eintreten für die Menschen, die Hilfe und Begleitung brauchen und dem Wissen, dass allem Handeln etwas Fragmentarisches innewohnt. Der Gottesdienst kann helfen, auch das Fragmentarische unseres Lebens und Handelns als wertvoll und würdevoll zu erachten und er kann, mit Ernst Lange gesprochen, dazu verhelfen, die Wirklichkeit immer neu als verheißungsvoll zu entdecken.

– Diakonie und Gottesdienst beziehen sich auf die Lebenswirklichkeit von Menschen in der Ambivalenz von Gelingen und Scheitern. In Diakonie und Gottesdienst geht es (auch) um diejenigen, die Ernst Lange das »Ensemble der Opfer« genannt hat (1984, 295–300). Und manchmal muss die Diakonie den Gottesdienst an diese zu Opfern gewordenen Menschen erinnern. An dieser Stelle nehme ich noch einmal an die Re-Interpretation von »Diakonia« von Collins auf. Diakonia meint danach in seiner Grundbedeutung Beauftragung, Vermittlung und Dazwischengehen, also eine Form der Kommunikation. Wenn wir diese neue Lesart weiterdenken, dann könnte Diakonie wirklich ein »Dazwischengehen« meinen, nun nicht mehr wie im ursprünglichen Sinn zwischen Küche und Speisesaal, sondern zwischen Altar und Welt. Der Diakon/die Diakonin würden zu Vermittlern und Boten. Sie würden die im Gottesdienst bezeugte, gepredigte und im Abendmahl erfahrene Versöhnung in konkrete Handlungen umsetzen. Zugleich wären sie Vermittler zwischen Welt und Altar. Sie hätten die Aufgabe, die Perspektive der Lebenswirklichkeit der Menschen, gerade derer, die sich dem gottesdienstlichen Leben fern fühlen, in den Gottesdienst einzubringen. Vom Gottesdienst her wären sie autorisiert, die Verheißung weiterzusagen, von den Nöten der Menschen her wäre es ihr Auftrag, die Ambivalenz des Alltags in den Gottesdienst einzutragen. Diakonie muss stellvertretend für die der Hilfe und Zuwendung Bedürftigen die Verheißungen der christlichen Tradition, die im Gottesdienst zum Ausdruck gebracht werden, auf ihre befreiende, heilende und tröstende Kraft hin befragen. »In der Schar derer, die da feiern« (Ps 42, 5) repräsentiert sie den Einspruch der an der Wirklichkeit leidenden Menschen, wenn diese Wirklichkeit in der gottesdienstlichen Feier keinen Raum hat. In diesem Sinn braucht der Gottesdienst die Diakonie als Weltbezug, als Konkretisierung von Lebenswelten. Die damit verbundene Anforderung an den Gottesdienst lautet: Der Alltag der Menschen in seiner Brüchigkeit und Ambivalenz muss Raum haben im Gottesdienst, in der Sprache der Gebete und in der Auslegung biblischer Texte. Der Gottesdienst muss auf das Weinen der Menschen hören, auf ihre Sehnsucht und ihre Lebenswünsche. Diese von der

Diakonie zu kommunizierende Wirklichkeit wird das Lob Gottes nicht einfacher machen, wohl aber wahrhaftiger.

Gottesdienst und Diakonie sind als Wirkungsfelder kirchlichen Lebens miteinander verbunden und voneinander zu unterscheiden. Wichtig sind sie füreinander als Gesprächspartner, um Menschen auf ihre je eigene Weise zu begleiten, das Leben zu stärken und zu feiern.

Quellen

Der EVANGELISCHE DIAKONAT als geordnetes Amt der Kirche. Ein Beitrag der Kammer für Theologie der EKD, hg.v. Kirchenamt der EKD, Hannover 1996 (EKD.T 58). – HERZ UND MUND UND TAT UND LEBEN. Grundlagen, Aufgaben und Zukunftsperspektiven der Diakonie. Eine evangelische Denkschrift, hg.v. Kirchenamt der EKD, Gütersloh 1998.

Literatur

Ulrich BABINSKY, Den Armen die frohe Botschaft verkünden. Zur diakonischen Dimension der Predigt, Würzburg 1997. – Hans-Jürgen BENEDICT, Beruht der Anspruch der evangelischen Diakonie auf einer Mißinterpretation der antiken Quellen? John N. Collins Untersuchung »Diakonia«: PTh 89 (2000) 349–364. – Hermann Wolfgang BEYER, Art. διακονέω, διακονία :ThWNT 2 (1935) 81– 93. – John N. COLLINS, Die Bedeutung der Diakonia – eine persönliche Erfahrung: Diaconia Christi 29, Freiburg 1994, 51–71. – Ders., Diakonia. Re-interpreting the Ancient Sources, New York/Oxford 1990. – Peter CORNEHL, Theorie des Gottesdienstes – ein Prospekt: ThQ 159 (1979) 178–195. – Frank CRÜSEMANN, Das Alte Testament als Grundlage der Diakonie: Gerhard K. Schäfer/Theodor Strohm (Hg.) Diakonie – biblische Grundlagen und Orientierungen, Heidelberg 1994, 67–93. – Karl-Fritz DAIBER, Die Rolle von Pfarrerinnen und Pfarrern in der Diakonie: WzM 52 (2000) 25–38. – Ders., Verkündigung und Diakonie. Analyse einer theologischen Diskrepanz: Ingrid Lukatis/Ulrich Wesenick (Hg.), Diakonie – Außenseite der Kirche. Sozialarbeit im Kirchenkreis zwischen Anspruch und Wirklichkeit, Gelnhausen 1980, 5–20. – Enrique DUSSEL, Das Brot der Feier: Gemeinschaftszeichen der Gerechtigkeit: Conc 18 (1982) 120–129. – Ottmar FUCHS, Ernstfall Diakonie. Christliches Handeln als Verkündigung: ThQ 165 (1985) 223–230. – Johannes C. HOEKENDIJK, The Call to Evangelism: IRM 39 (1950) 162–175. – Ernst LANGE, Sprachschule für die Freiheit, München 1980. – Ders., Kirche für die Welt. Aufsätze zur Theorie kirchlichen Handelns, hg.v. Rüdiger Schloz, München/Gelnhausen 1981. – Ders., Chancen des Alltags. Überlegungen zur Funktion des christlichen Gottesdienstes in der Gegenwart, hg.v. Peter Cornehl, München 1984. – Michael MEYER-BLANCK, Liturgie und Liturgik. Der evangelische Gottesdienst aus Quellentexten erklärt, Gütersloh 2001. – Burkhard MÜLLER, Die Last der großen Hoffnungen. Methodisches Handeln und Selbstkontrolle in sozialen Berufen, Weinheim/München 1991. – Hans Ulrich NÜBEL, Die neue Diakonie: Teilhabe statt Preisgabe. Mitarbeiterinnen und Mitarbeiter kommen zu Wort, Freiburg 1994. – Dirk OESSELMANN, Spiritualität und soziale Veränderung: Die Bedeutung einer Liturgie des Lebens in der Arbeit mit Randgruppen, Gütersloh 1999. – Alexandros PAPADEROS, Die liturgische Diakonie (Konsultation auf Kreta 1978): Konrad Raiser (Hg.), Ökumenische Diakonie – eine Option für das Leben. Beiträge aus der Arbeit des ÖRK zur theologischen Begründung ökumenischer Diakonie, Frankfurt a.M. 1988, 104–116. – Dorothea REININGER, Diakonat der Frau in der Einen Kirche. Diskussionen, Entscheidungen und pastoral-praktische Erfahrungen in der christlichen Ökumene und ihr Beitrag zur römisch-katholischen Diskussion, Ostfildern 1999. – Karl Bernhard RITTER, Die Liturgie als Lebensform der Kirche, Kassel 1946. – Gerhard RÖCKLE, Bericht zur Entwicklung und zur Situation der Diakonie in der Bundesrepublik Deutschland: Paul Philippi/Theodor Strohm (Hg.), Theologie der Diakonie. Ein europäischer Forschungsaustausch, Heidelberg 1989, 107–133. – Jürgen ROLOFF, Zur diakonischen Dimension und Bedeutung von Gottesdienst und Herrenmahl: Gerhard K. Schäfer/Theodor Strohm (Hg.), Diakonie – biblische Grundlagen und Orientierungen, Heidelberg 1994, 186–201. – Gerhard K. SCHÄFER, Gottes Bund entsprechen. Studien zur diakonischen Dimension christlicher Gemeindepraxis, Heidelberg 1994. – Hans-Christoph SCHMIDT-LAUBER, Die Zukunft des Gottesdienstes. Von der Notwendigkeit lebendiger Liturgie, Stuttgart 1990. – Luise SCHOTTROFF, Lydias ungeduldige Schwestern. Feministische Sozialgeschichte des frühen Christentums, Gütersloh 1994. – Wilhelm STÄHLIN, Symbolon. Vom gleichnishaften Denken, Stuttgart 1958. – Hermann STEINKAMP, Solidarität und Parteilichkeit. Für eine neue Praxis in Kirche und Gemeinde, Mainz 1994. – Hans-Joachim THILO, Die therapeutische Funktion des Gottesdienstes, Kassel 1985. – Johann Hinrich WICHERN, Gutachten über die Diakonie und den Diakonat: SW III/1, hg.v. Peter Meinhold, Berlin/Hamburg 1968, 128–184.

Ulrike Suhr

Die Planung des Gottesdienstes

Den Überlegungen zur Planung des Gottesdienstes sind einige definitorische Vorüberlegungen voranzustellen. Planung ist im Falle komplexerer Handlungsstrukturen die vernünftige Grundlage zielgerichteten Handelns. Sie ist dessen gedankliche Vorbereitung »auf der Grundlage von Informationsgewinnung und -verarbeitung über Entwicklung und gegenwärtigen Zustand des Planungsobjekts« (Brockhaus in 5 Bänden, [8]1994, 244). Sie kann nach dem Sachgegenstand ebenso unterschieden werden wie hinsichtlich ihrer zeitlichen Reichweite (kurz-, mittel-, langfristig) und ihres Konkretisierungsgrades (Global- und Detailplanung). Der hier in Frage stehende Sachgegenstand ist der Gottesdienst der Kirchen. Doch inwiefern sind Gottesdienste, Begegnungen von Gott und Mensch (z.B. Mt 18,20), ein planbares Geschehen? Und sofern sie es sind: Welche Schritte gehören zu einer Planung? Wem muss die Planung gerecht werden?

Der Gottesdienst ist zunächst zu bestimmen als ein Handeln Gottes am Menschen, als Gottes Anrede, und zugleich als die menschliche Antwort, die der Anrede gerecht werden muss. Bereits in den neutestamentlichen Schriften ist der Gottesdienst als Versammlung der Christengemeinde im Namen Jesu die wesentliche Erscheinungsweise der Kirche auf Erden. Das Feiern des Gottesdienstes ist damit der Kirche aufgegeben als ein erinnerndes, vergegenwärtigendes und vorwegnehmendes Handeln auf dem Weg des wandernden Gottesvolkes auf das Gottesreich zu. Darum ist das Geschehen im Gottesdienst nicht beliebig, sondern theologisch, vor Gott zu verantworten. Ein zweites Moment kommt hinzu: Die Kirche hat wie jedes ihrer Mitglieder, hergeleitet aus dem Handeln Jesu, einen Auftrag gegenüber der Gesellschaft und gegenüber jedem einzelnen Menschen. Sie schuldet der Welt das in ihr bewahrte Wissen, ihre Hoffnung, ihr Gebet und ihr Tun – in Solidarität und Distanz, als Ermutigung und Kritik. Der Gottesdienst der Kirche ist ein wesentlicher Ort der Erfüllung dieses Auftrags. Damit steht das Geschehen im Gottesdienst in einer anthropologischen und sozialen Verantwortung. Gottesdienst ist also »Dialog mit Gott (Luther) im Medium menschlicher Darstellung und Mitteilung (Schleiermacher)« (Meyer-Blanck 271). Er ist Beteiligung des Menschen an der »Erschaffung seiner Zukunft« im Wissen, dass die Zukunft Gott gehört, dass in ihm »das Ziel alles Geschehens und seiner persönlichen Lebensgeschichte« liegt (Lange 244 f.). Von der Sache her, aus dieser doppelten Verantwortung heraus ergibt sich die Notwendigkeit eines reflektierten, eines geplanten Handelns.

Das Planen von Handlungen vollzieht sich grundsätzlich in mehreren methodischen Grundschritten, die auch auf die Planung von Gottesdiensten Anwendung finden: Der erste Schritt ist die Situationsanalyse (I), darauf folgt die Zielformulierung, hier als theologische Deutung und Normierung (II), der dritte Schritt ist die konkretisierende Umsetzung in Handlungsimpulse (III). Diese Planung ist – vom Gedanken des Priestertums aller Getauften her – Gemeindeverantwortung, sie ist nicht an einzelne Professionelle zu delegieren, obwohl ein gewisses Maß an Professionalisierung durchaus wichtig (das Stichwort der liturgischen Bildung auch von Gemeinden, vgl. z.B. Stollberg 97) und die theologische Wissenschaft auch in dieser Frage nicht aus der Verantwortung zu entlassen ist. Das gilt gleichermaßen für die kurzfristige Planung (der einzelne Gottesdienst) wie für die mittelfristige (Gottesdienst im Kirchenjahr) oder die langfristige (Gemeindeaufbauprojekte, wie bei Lindner 115–237, bes. 186–201 und 250 f. dargestellt). Erst im Einstimmen in die Feier des ewigen Gottesdienstes ist keine Planung mehr notwendig (Apk 21,22).

I. Standorte klären

Situationsanalysen sind, das ist vorweg anzumerken, notwendig subjektiv. Auswahl, Wahrnehmung und Deutung der zu berücksichtigenden Fakten stehen in Zusammenhang mit der Perspektive und den Interessen des oder der Analysierenden. Das ist methodisch nicht zu verhindern, sollte aber bei der Verwendung der Ergebnisse im zweiten Planungsschritt im Bewusstsein bleiben. Sinnvoll ist es, nach Möglichkeit die Erträge der Analyse durch die Einbeziehung anderer Standpunkte – mehr als im hier gegebenen Rahmen umsetzbar – zu relativieren.

Grundsätzlich sind in diesem Schritt Gegebenheiten und Erwartungen zu klären, zu den Gegebenheiten gehören ebenso historisch gewachsene Vorgaben wie die aktuellen Entwicklungen.

A. Der Stellenwert der traditionellen Vorgaben

Der Gottesdienst wird seit der Entstehung der ersten Gemeinden als Mitte und Höhepunkt des kirchlichen Lebens und Handelns angesehen. Er geht zurück auf Jesu Auftrag (»Solches tut ...«) und orientiert sich ebenso an seinem Handeln wie an seinem Geschick. »Die Kunde von Jesu Leiden, Sterben und Auferstehen ist unser Schöpfungsmythos. Ihn feiern wir im Gottesdienst. Aus ihm regeneriert sich der Glaube, aus ihm regeneriert sich die Kirche« (Bonhoeffer 488). Aus dieser Bindung der Kirche an den ihr aufgegebenen Gottesdienst ergeben sich verschiedene Folgerungen. Erstens kann die Feier des Gottesdienstes selbst nicht zur Disposition stehen, weil die Kirche sonst die wesentliche Quelle ihres Lebens verlöre. Zweitens ist das Geschehen im Gottesdienst nicht beliebig, insofern der »Schöpfungsmythos« vergegenwärtigt werden muss. In jedem Fall ist es ein Geschehen in einem wirkmächtigen Namen mit einer eschatologischen Ausrichtung, zu dem bestimmte Elemente, rituelle Handlungen, konstitutiv hinzugehören, nämlich Wort und Sakrament. Das »Wort« besteht aus der Lesung heiliger Schriften, gegebenenfalls der Auslegung dieser Schriften durch einen Bevollmächtigten und partiell auch Gebeten (z.B. im Falle von Hymnen wie Ps 104). Das Sakrament ist die eucharistische Mahlfeier (unbeschadet der Möglichkeit von Predigt- oder Gebetsgottesdiensten). Diesem Dienst Gottes antworten Akklamation, Doxologie, Gebet und Gesang. Drittens: Auf Gottes Handeln an seinem Volk folgt, so sagen es die biblischen Schriften, das Lob, der Gottesdienst des Volkes. Eine Kirche, die die Bibel als ihre Heilige Schrift anerkennt, hat sich daran zu orientieren.

B. Die Wahrnehmung der Situation

Im Leben des säkularisierten Menschen, »der die Verselbstständigung menschlicher Verhaltensweisen, gesellschaftlicher Ordnungen, sittlicher Forderungen ebenso wie der wissenschaftlichen Forschung und der Kunst gegenüber ihrer ursprünglich sakralen Einbettung, also die Entsakralisierung erfahren hat« (Schmidt-Lauber 23), spielt der Gottesdienst nur noch eine marginale und allenfalls private Rolle. Gesellschaftlich wird er oft »als museales Kulturgut mit abgeschlossener Wirkungsgeschichte« (Meyer 117) wahrgenommen. Kirchenjahr und Sonntag als erster Tag der Woche haben aus unterschiedlichen Gründen an Bedeutung verloren: Streben nach autonomer Selbstbestimmung, Rückzug in das Privatleben im bürgerlichen Wochenende, zunehmende Verplanung der Zeit (höhere Leistungsanforderungen, mehr Information, beschleunigte Prozesse). Gleichzeitig gewinnt diese Zeit an Gewicht, weil die Dimension der Hoffnung auf eine Zukunft über ihre Begrenzung hinaus kaum mehr präsent ist. Der eigene Lebensrhythmus, der in Zusammenhang stünde mit konstanten kosmischen Rhythmen, ist vielen verloren gegangen. Dennoch ist das Bedürfnis nach einem solchen Rhythmus vorhanden, es ist erkennbar in

Suchbewegungen (Esoterik, Religionen anderer Kulturkreise), Rufen nach Orientierung und Sinnvermittlung, explizit in gesellschaftlichen Anfragen, was das Christentum heute noch zu bieten habe, aber ebenso in der Forderung kasueller und aktueller Begleitung (ein Beispiel für Letzteres ist die starke Partizipation an öffentlichen Trauergottesdiensten im Zusammenhang tragischer oder schuldhafter Ereignisse).

C. Der kirchliche Alltag

Es gibt Pfarrerinnen und Pfarrer, für die jedes Osterfest als Überraschung kommt. Allein der je nächste Sonntag ist Gegenstand des Interesses. Planung bedeutet dagegen, »nicht mehr nur von der Hand in den Mund zu leben« (Schröer 674). Andere handeln in deutlicher Wahrnehmung der vorangehenden und folgenden Zeit, verwenden aber keine Energie an besondere Überlegungen. Abfolge und Inhalte der Sonntage sind schließlich vorgegeben, »the same procedure as every year«. Häufig geht mit dem aus Überlastung oder schlechter Zeitorganisation resultierenden Planungsmangel die Zustimmung zu abgestufter und selektiver Partizipation seitens der Gemeinden einher (in positiver Würdigung oder resignativer Grundstimmung). Auf der anderen Seite finden sich Versuche, das gemeindliche Interesse durch Zielgruppengottesdienste zu steigern. Nicht zu bestreiten ist, dass das gottesdienstliche Geschehen durch sie belebt wird. Allerdings sollten es Sonderformen bleiben, die das Gewohnte bereichern. Wenn sie die Regel werden, zerstören sie die Beheimatung vieler, die Kontinuität einer gut reflektierten und sinnvollen Form geht zugunsten von eher kurzlebigen »Events«, die immer je für sich gestaltet sein wollen, verloren und mancher theologische Inhalt bleibt auf der Strecke. Es sollte nicht vergessen werden, dass es die gesamte Gemeinde ist, die den Gottesdienst feiert (ungeachtet der möglichen oder tatsächlichen Abwesenheit vieler), und dass die Gemeinde ihrerseits aus dem ganz normalen Gottesdienst lebt.

Diesen Planungsschritt zusammenfassend ist festzuhalten: Zur Klärung der Standorte gehört die Einbeziehung der Tradition ebenso wie die Aufmerksamkeit für den Ist-Befund der Gegenwart und das Ernstnehmen des Vorfindlichen. Aus beidem heraus ist die Zukunft in den Blick zu nehmen, doch ist über der näheren auf dieser Welt die fernere als Gottesreich, die eschatologische Dimension nicht zu vergessen.

II. Ziele bestimmen

Nach der Wahrnehmung der Situation ist auf drei Ebenen (Gesellschaft, Kirche, Gemeinde) zu überlegen, wie auf die Situation zu reagieren ist, in Form von Anpassung an sie oder im Streben nach Veränderung unbefriedigender Wirklichkeit. Die Möglichkeit der Anpassung ergibt sich aus der Tatsache, dass Liturgie als die menschliche Antwort auf die göttliche Anrede ein Kulturphänomen ist, insofern sie sich der Sprache, des Denkens, der Bilder und Zeichen einer bestimmten Gruppe von Menschen zu einer bestimmten Zeit bedient. Damit ist die »Inkulturation« (Meyer 130–164) der Liturgie eine ständige Aufgabe, die den Balanceakt zu leisten hat, traditionelles Kulturgut zu bewahren und für neue Entwicklungen offen zu bleiben. Auf der anderen Seite sind, obwohl menschlichen Gottesdiensten der Beistand des Heiligen Geistes zugesagt ist, Fehlentwicklungen nie ausgeschlossen, und diese sind zu korrigieren – nicht nur von normativen Überlegungen her, sondern in Gestalt neuer Inkulturationsschritte. Keine Neuformulierung darf dabei der in der Heilsgeschichte offenbar gewordenen Selbstmitteilung Gottes widersprechen, sie muss sogar positiv auf sie bezogen sein, denn nur unter dieser Bedingung ist Liturgie das wirksame Zeichen einer Begegnung zwischen Gott und Mensch, die dem Menschen Zuwachs an Leben und Gott die Ehre gibt.

A. Gottesdienst in der Gesellschaft

In Hinblick auf die Gesellschaft sind als Planungsziele zunächst das Festhalten am Regelfall des sonntäglichen Gottesdienstes mit seinem Heilszuspruch, dann eine stärkere gestalterische Betonung des Kirchenjahres und schließlich ein innovativer Umgang mit Kasualien und kasuellen Gelegenheiten zu nennen. Dafür sind verschiedene Gründe anzugeben: Die Kirche schuldet der Gesellschaft ihren Gottesdienst, wie eingangs bereits gesagt, als eine wesentliche Form der Wahrnehmung der ihr aufgetragenen Weltverantwortung. Weiterhin braucht die Gesellschaft den Gottesdienst, gottesdienstlich gestaltete Zeit, weil die Gegenerfahrung sowohl eines eigenen heilsamen Lebensrhythmus als auch die Gegenerfahrung der Ewigkeit in der Zeit anthropologisches Bedürfnis sind. Zudem setzt der Gottesdienst der dissoziierenden Erlebnisvielfalt »eine einigende, sinngebende Mitte« (Meyer 115) entgegen. »Denn insofern der Mensch das auf Gott gerichtete Seiende ist, ist die Feier der Liturgie eine symbolische Ausdrucksgestalt seines Selbstvollzugs: In der Liturgie kommt der Mensch zu sich selbst; er findet sein eigenes Wesen« (Sequeira 14). Dies gilt generell für jeden Gottesdienst. Leichter erfahrbar ist es mitunter in Feiern, die besonderen Zwecken entsprechen und sich in besonderer Weise an spezielle Gruppen richten (kasuelle oder aktuelle Zielgruppengottesdienste in Aufnahme von gesellschaftlichen Anliegen und Fragen); in persönlich zugespitzter Weise gilt es für Kasualgottesdienste, die darum in präziser Wahrnehmung der möglichen Anlässe und unter Einbeziehung der gesellschaftlichen Veränderungen (z.B. die gegenüber früheren Zeiten größere Vielfalt der Lebensformen) zu planen sind. Die erneute und stärkere Betonung des Kirchenjahres ist notwendig, weil in den verschiedenen Festen je unterschiedliches Lebens- und Glaubenswissen tradiert wird, das sowohl dem Einzelnen wie der Gesellschaft insgesamt ermöglicht, das eigene Leben im Kontext kosmischer Lebensrhythmen und im Zusammenhang des heilvollen göttlichen Handelns in der Geschichte zu sehen. »Indem der Festcode dazu anleitet, bestimmte, bedeutungsvolle Festpunkte und -zeiten zu begehen, hält er lebenswichtige, rettende Erfahrungen lebendig und erlaubt so auf Zukunft gerichtetes Handeln. Auch das Kirchenjahr kann in diesem Sinne sowohl als Ergebnis von Lernprozessen wie als Lernvorschrift begriffen werden, die dazu anleitet, ... Bezüge zwischen dem überlieferten Glaubenswissen und der jeweils aktuellen Situation herzustellen« (Bieritz 458 f.). Die wenig geprägte Zeit zwischen Pfingsten bzw. Trinitatis und dem Ende des Kirchenjahres bietet in diesem Verständnis Gelegenheit zu einer vertiefenden Darstellung von Lehre und Leben Jesu, von Weisungen und theologischen Gedanken der Briefliteratur, von Gotteserfahrungen in den unterschiedlichen Phasen der Heilsgeschichte. Schließlich kann der Gottesdienst insgesamt als ein heilsgeschichtliches Ereignis angesprochen werden, insofern er das tatsächliche Gegenwart-Werden des einmal Geschehenen auf existentialer Ebene erfahrbar macht. Als solcher steht er widerständig zu selbstverständlichen Strukturen des gesellschaftlichen Miteinanders wie Leistungsprinzip, Umgang mit der Zeit, Umgang mit Außenseitern und Opfern usw. Der Gottesdienst spricht dem Menschen immer neu zu, dass er als Sünder zugleich vor Gott gerecht und in diesem »simul iustus et peccator« von Gott angenommen ist, dass er damit die Möglichkeit hat, das Leben jenseits allen Scheiterns immer neu zu beginnen, dass er aus der Kraft des Geistes immer wieder »neue Kreatur« werden kann. Der Gottesdienst übt ein in einen anderen Umgang mit Zeit, indem er selbst befristet in die Zeit Gottes eintritt und so schon jetzt an der Ewigkeit Anteil erhält und gibt. Aus dem Gottesdienst als der Mitte des gemeindlichen Lebens gehen schließlich das notwendige, aber oft vernachlässigte Eintreten für die Opfer, der Kampf für Gerechtigkeit, die immer neu wirkende Feindesliebe hervor.

B. Gottesdienst in der Kirche

Auch in Hinblick auf die Kirche sind die unverändert starke Gewichtung des »normalen« sonntäglichen Gottesdienstes wie die Wiedergewinnung des Kirchenjahres als Entfaltung des Christusglaubens als Ziele zu nennen. Zudem sollte der Gottesdienst erneut als vorweggenommenes Gottesreich wichtig genommen werden. Das bedeutet nicht nur, dass, »indem die Glaubenden in der Wirklichkeit dem Zukünftigen, der von Gott her andrängenden Freiheit der Gottesherrschaft trauen«, sie es faktisch kommen lassen, obwohl es sicher zutrifft: »Dieses Vorwegnehmen des Kommenden verändert die Verhältnisse, schafft neue Wirklichkeit« (Lange 250). Das Gottesreich ist nicht von Menschen zu schaffen, auch nicht im Gottesdienst, es ist Gabe Gottes, die von der Zukunft her auf die Welt zukommt. Doch der Gottesdienst gibt Anteil am Gottesreich, er lässt es in einer Art Abglanz schon hier erleben, wenn die Gläubigen im Abendmahl die Herzen zu Gott erheben. Mit anderen Worten: Auch die eschatologische Dimension des Gottesdienstes ist, wo sie vernachlässigt wurde oder in Vergessenheit geraten ist, wiederzugewinnen. Die Wiedergewinnung des Kirchenjahres ist aus verschiedenen Gründen unverzichtbar. Zum einen kann das Heilshandeln Gottes in Christus wegen seines großen Reichtums nicht in einem Fest untergebracht werden, es braucht die Entfaltung im Jahresablauf. Dann lädt jedes Fest »in je spezifischer Weise ein, sich Gottes neu schaffende Tat gefallen zu lassen und so Gott zu erwarten. So üben die Christusfeste in die Hoffnung wider alle Hoffnung ein« (Sauter 66). Weiterhin bieten die Feste durch ihre jeweiligen Ursprungsgeschichten mit ihrem Bezug zu menschlichen Lebensthemen (Advent: Erwartung, Hoffnung; Weihnachten: Neubeginn, Geburt; Passion: Abschied, Leiden, Tod; Ostern: lebendige Leiblichkeit; Pfingsten: Grenzüberschreitung, Vereinigung) Möglichkeiten, das eigene Leben im Zusammenhang der Heilsgeschichte zu verorten. Und schließlich ist im Kirchenjahr den Menschen »ein *Weg* gewiesen, dem sie Jahr für Jahr folgen können und dabei immer wieder neu anfangen dürfen« (Sauter 57).

Darüber ist die wöchentliche Osterfeier, der sonntägliche Gottesdienst, nicht zu vernachlässigen, denn diese Feier hebt den Menschen aus sich selbst heraus. Sie unterbricht und hinterfragt heilsam das alltägliche Leben und richtet es neu aus. In ihr werden Geschichten erzählt vom Handeln Gottes, vom zu erwartenden Heil. In ihr wird die Mahlgemeinschaft gefeiert im Zusammenhang mit denen, die gewesen sind und mit den Engeln und »aller Himmel Kräfte«. In diesem Erzählen und in dieser Gemeinschaft wird etwas vom Kommenden bereits hier gegenwärtig. Damit erfüllt der Gottesdienst zwar eine Funktion, »aber er überschreitet seine Funktionalität qualitativ, weil er ausschließlich um der Wahrheit Gottes willen in der Welt ist« (Ehrensperger 76).

C. Gottesdienst in der Gemeinde

Im Hinblick auf den konkreten Gottesdienst in der Gemeinde hat es immer wieder Planung und Planungsziele gegeben, sei es die Planung als missionarische Veranstaltung mit dem Ziel der Bekehrung im fundamentalistischen Bereich, sei es das Planen nach dem lernpsychologischem Modell in den 70er Jahren des 20. Jh. mit dem Ziel, biblische Antworten als Lösungen zuvor bestimmter Probleme auszuweisen. Aktuell erfordert bereits das EGb ein geplantes Handeln, das in seinem bewussten Begehen der wöchentlichen Osterfeier vielen Anforderungen gerecht werden muss, so z.B. dem Kriterium der Verantwortung und Beteiligung der gesamten Gemeinde und der Achtsamkeit auf die ökumenische Dimension.

Doch auch unabhängig von dieser Vorgabe sollten die Gottesdienste auf der Ebene der Gemeinde geplant werden, damit sie eine möglichst große Zahl von Menschen erreichen können, allerdings muss keine Gemeinde alle in den vorigen Abschnitten genannten Ziele verwirklichen. Zur Planung gehört auch die bewusste Entscheidung für oder gegen bestimmte Aufgaben entsprechend der vorhandenen Kapazitäten. Bei einer solchen Planung sind die unterschiedlichen Zielgruppen keinesfalls zu vernachlässigen, aber es ist auf die Balance zu achten. Denn es ist durchaus ein Krisensymptom, »wenn die Gemeinde den Gottesdienst nicht mehr miteinander erleben will, sondern jedes Alter und jede Gruppe eigens bedient werden soll« (Schmidt-Lauber 22). Ein solches Eingehen auf Gruppeninteressen, ein »Bedienen« von Erwartungen ist ohnehin kritisch zu sehen. Denn »Liturgie geht nicht darin auf, menschliches ›Angebot‹ für Menschen zu sein. Etwas überspitzt gesagt: Gottesdienst müsste auch gefeiert werden, und er wird tatsächlich auch gefeiert, wenn fast keine Menschen mehr da sind, die ihn feiern wollen« (Ehrensperger 66).

Die Überlegungen zur Zielbestimmung laufen in einem Punkt zusammen: Der Inhalt jeder gottesdienstlichen Feier kann immer nur die Heilsgeschichte sein, in ihrer vergangenen (Anamnese), in ihrer gegenwärtigen (Vergegenwärtigung) und in ihrer zukünftigen (eschatologischen Perspektive) Dimension. Der Gottesdienst selbst muss ein heilsgeschichtliches Ereignis sein, oder er ist kein Gottesdienst, sondern eine vielleicht festliche, vielleicht therapeutische menschliche Veranstaltung.

III. Wege entwerfen

Was ist nun konkret zu bedenken, damit die genannten Ziele erreicht werden können? Konkretionen sind grundsätzlich auf den verschiedenen Ebenen vorzunehmen, und sie sind auch nicht nur der Praxis zu überlassen – die wissenschaftliche Theologie steht, wie bereits gesagt, in bleibender Verantwortung. Die Frage, was die Kirche mit ihrem Gottesdienst soll und will, ist dabei zur Kontrolle der jeweiligen Handlungsentwürfe immer wieder neu zu bedenken, ebenso sind die Resultate der Planungen auszuwerten. Auf der Ebene der einzelnen Gemeinden sind jedenfalls Schwerpunkte zu setzen, wie z.B. die gottesdienstliche Betonung des Kirchenjahres durch eine Gestaltung des Angebots, die über die klassischen Feiertagsveranstaltungen hinausgeht, oder die Akzentsetzung durch »besondere« Gottesdienste (Beispiele im Folgenden). Dazu sind innerhalb einer mindestens mittelfristigen Detailplanung die Ziele bewusst zu bestimmen und entsprechende Möglichkeiten der Umsetzung zu suchen. Diese Handlungsentwürfe werden in jeder Gemeinde anders aussehen. Je nach den Gegebenheiten vor Ort sind verschiedene Anlässe wahrzunehmen (Schwerpunktsetzung durch Altersstrukturen; Aufnahme von unterschiedlich drängenden gemeindlichen Anliegen in Reaktion auf aktuelle Geschehnisse am Ort, im Land, in der Welt, die Fragen aufwerfen oder Handeln notwendig erscheinen lassen wie z.B. Werftenschließungen, Naturkatastrophen, Kriege). Je nach den örtlichen Gepflogenheiten sind die Formen zu wählen (hochliturgische Feier, kommunikativer oder handlungsorientierter Gottesdienst).

Grundsätzlich wichtig zu erwähnen ist, dass gottesdienstliche Planung nicht ohne Voraussetzungen geschieht. Wer sich daran beteiligt, braucht ein Mindestmaß an liturgischer Kompetenz, die über theologische Aus- und Weiterbildung zu vermitteln ist oder durch gemeindliche Veranstaltungen rund um das liturgische Handeln und den Gottesdienst. Zugleich ist auf die Notwendigkeit einer »arbeitsteiligen Professionalisierung« (Stollberg 19) hinzuweisen, die das Planen ebenso wie das daraus folgende gottesdienstliche Handeln bestimmten Rollen zuordnet (vgl. →Liturgische Rollen). Dass zwischen den Planenden echte Zusammenarbeit stattfinden muss, sollte nicht erwähnt werden müssen, doch erweist sich die entsprechende Mahnung als immer wieder notwendig. Sie betrifft die langfristige gemeinsame Planungsarbeit, und sie betrifft erst recht die kurzfristige Planung und die sich daraus ergebende sorgsame gemeinsame Vorbereitung (für das Zusammenwirken mit Kirchenmusikern und Kirchenmusikerinnen wird das jüngst von Möller und von Herbst/Schneider nachdrücklich betont).

Auch auf der Ebene gemeindlicher Gottesdienstplanung immer zu beachten ist die bereits erwähnte Notwendigkeit ständiger Inkulturationsarbeit als eine Suche nach je heute verständlicher Sprache. Dabei wird darauf zu achten sein, dass biblische Metaphern und tradierte Rituale nicht, weil sie vermeintlich oder tatsächlich fremd geworden sind, aufgegeben werden, da sie auch jenseits des Verstehens in den Tiefenschichten der Psyche wirksam sind. Zugleich ist Mut zu neuen Formen und Ausdrucksweisen zu fassen (z.B. Elemente des Bibliodrama, Körperorientierung). Generell gilt, dass Rituale eine bewusste Gestaltung erfordern: Gestalt ist Freiheit, aber nicht Beliebigkeit. Für die reflektierende Überprüfung ist die Einbeziehung der Ästhetik sinnvoll.

Bei allem möglichen Änderungsstreben, das sich aus dem Entwurf von Zielen ergeben mag, ist auf das Moment der Kontinuität zu achten (das gilt auch bei Personalwechsel in gemeindlichen Ämtern), das gottesdienstliche Geschehen muss für die Gemeinde wiedererkennbar sein. Dazu ist auch das Bemühen um ein Gleichgewicht von Event und »Regelfall« wichtig. Außerdem sollten gottesdienstliche Schwerpunkte nicht nach Lust und Laune verändert werden, obwohl zugleich die gottesdienstliche Erneuerung ein permanentes Geschehen, ein bleibendes Element der Planung ist.

A. Schwerpunkt Kirchenjahr

Wer das Gewicht der gottesdienstlichen Arbeit auf die Rhythmen des Kirchenjahres legen möchte, sollte Phantasie darauf verwenden, die Feste und Zeiten des Kirchenjahres in ihrer traditionellen Vielfalt wieder erfahrbar zu machen. Klagen darüber, dass sie in immer geringerem Maße bekannt oder akzeptiert sind, mögen Substanz haben, helfen aber niemandem. Drei Beispiele seien aufgeführt.

1. In vielen Gemeinden ist während der Passionswochen seit geraumer Zeit die Praxis der zeitlich befristeten Askese (»Sieben Wochen ohne«) gebräuchlich, die verschiedentlich auch spirituell begleitet wird. Eine solche Begleitung in Form von meditativen Einheiten, Gesprächsangeboten und schlichten gottesdienstlichen Formen lässt die »Zeit der Fasten« nicht nur besser durchstehen, sie führt als eine mitgeteilte Erfahrung auch in die Gemeinschaft und ermöglicht ein intensiveres Erleben dieser Kirchenjahreszeit. Eine Steigerung kann die Heranführung an das Osterfest noch einmal in der Karwoche erfahren, durch ein besonderes gottesdienstliches Angebot an jedem Abend: Am Montag könnte ein Beichtgottesdienst unter Verwendung eines der sieben Bußpsalmen gefeiert werden, mit Erteilung der Absolution unter Handauflegung; am Dienstag könnte die Salbungsgeschichte (Mk 14,3–9) ihren Ort finden, die verschiedene Gestaltungsmöglichkeiten (einschließlich Handlungselemente) aufweist; am Mittwoch ist nach alter Tradition in einer Andacht der Verrat zu bedenken; am Gründonnerstag wird das Abendmahl gefeiert, eine »Gethsemane-Nacht« mit verschiedenen Elementen (»Nachtwachen«, Meditation, Stille) könnte sich anschließen; der Freitag bekommt seine Struktur durch den morgendlichen Hauptgottesdienst und die Andacht zur Todesstunde mit dem Löschen der Kerzen und dem Verstummen der Orgel; die Grabesruhe ist als Thema des Samstag zu entfalten, die folgende Osternacht hat ihren eigenen Charakter und leitet zum Fest der Auferstehung über. Eine Alternative ist die Gestaltung der Woche von den Kreuzwegstationen aus.

2. Das Pfingstfest bekäme durch die Feier einer Vigil oder durch einen Nachtgottesdienst mit einem starken musikalischen Schwerpunkt einen stärkeren Akzent (die müden, jedenfalls

ängstlich zurückgezogenen Jünger und der einbrechende Geist, ein Windhauch, wie ihn die Orgel zum Ertönen braucht).

3. Der Advent ist auch in den Gemeinden die Zeit vorweihnachtlicher Aktivitäten und zahlreicher Weihnachtsfeiern. Nun soll nicht gegen die gesamtgesellschaftliche Entwicklung eine violett paramentierte Vermiesung der Vorfreude inszeniert werden, doch es könnte mit einem gottesdienstlich ausklingenden Fastentag in jeder Woche als Kontrast zur vorverlegten Weihnachtszeit die Christus*erwartung* besonders hervorgehoben werden. Eine Alternative besteht in der Konzeptionierung von Adventsandachten von der Figur der Maria her (einschließlich blauer Paramentierung).

Zu betonen ist das Stichwort der »Gelassenheit« – wenn die Angebote nicht angenommen werden, wenn es wegen geringer Kapazitäten erst gar nicht möglich ist, durch besondere Angebote Gottesdienste so attraktiv zu machen, dass die Gemeinde sich einstellt, »übernehmen die Hauptamtlichen mit heiterer Demut das stellvertretende Beten an zweiten Feiertagen, Himmelfahrt und wo immer sonst ›keiner kommt‹ « (Hirsch-Hüffell 6).

B. Schwerpunkt Zielgruppe

Wer die Aufgabe gottesdienstlicher Arbeit vor allem in der Ausrichtung der Botschaft an die sieht, die von den regulären Gottesdiensten aus welchen Gründen immer nicht erreicht werden, wird das liturgische Angebot durch besondere Akzentsetzungen bereichern im Bemühen um eine Angebotsvielfalt, die die gemeindlichen Adressaten zu einem verstärkten Gottesdienstbesuch verlocken könnte. Vor Überforderung sind dabei sowohl die Planenden wie die Adressaten der Planung zu schützen: Schwerpunkte sind nach vorhandenen Kapazitäten und besonderen Gaben zu setzen. Die Möglichkeiten der Gottesdienste für spezielle Gruppen sind äußerst vielfältig: Von Krabbel- und Taufgedächtnisgottesdiensten über die klassischen Formen der →Jugend- und →Familiengottesdienste bis hin zu Kantatengottesdiensten (→Kirchenmusikalischer Gottesdienst) oder auch Motorradgottesdiensten ist alles denkbar und auch bereits erprobt. Verschiedene praktikable und sinnvolle Formen in Variation oder Ergänzung von herkömmlichen Gottesdienstformularen (Gespräch, Spiel, Meditation, Bildbetrachtung statt Predigt; Verbindung von Agape und Eucharistie; Integration von Tanz, Bewegung, Bibliodrama und Ähnliches) sind dokumentiert und verschiedentlich auch reflektiert. Darüber hinaus seien auch zu diesem Schwerpunkt als Anregung drei Beispiele für besondere Akzentuierungen gottesdienstlicher Planung genannt, die sämtlich an verschiedenen Orten bereits praktiziert werden.

1. Citykirchen können ihr gottesdienstliches Angebot um Andachten (im weitesten Sinne) für Berufstätige während der Geschäftsöffnungszeiten, in der Mittagspause, zum Feierabend bzw. zum Ladenschluss erweitern. Hier bieten sich Formen wie Literaturgottesdienste, literarische oder musikalische Vespern, »Orgelmusik zur Marktzeit« o.Ä. an.

2. Viele Gemeinden haben gute Erfahrungen mit der wieder belebten →Tagzeitenliturgie gemacht, in klassischer (gregorianischer) oder moderner Form, in Anlehnung an den anglikanischen »Evensong«, als regelmäßiges oder saisonales Angebot zu verschiedenen Tageszeiten. Ein solches Angebot wird häufig zunächst von den Seniorinnen und Senioren getragen, für die dessen Durchführung eine regelrechte Aufgabe sein kann, doch im Laufe der Zeit zieht diese Form erfahrungsgemäß auch immer mehr junge Menschen an.

3. Ein regelmäßiges gottesdienstliches Angebot, das die Anliegen insbesondere vieler Frauen nach einer ganzheitlichen Spiritualität in der Kirche berücksichtigt, ist auch nach Ablauf der ökumenischen Dekade der Kirchen in Solidarität mit den Frauen (1988–1998) mit ihren

regelmäßigen Dekade-Gottesdiensten und ungeachtet der einmal jährlich stattfindenden Weltgebetstagsgottesdienste sinnvoll. Denn die Suche nach gottesdienstlichen Formen, die die biblischen Wurzeln der Frauen ebenso zum Ausdruck bringen wie ihre spezifische Spiritualität lebbar machen können, kann außerhalb des kirchlichen Raumes gelegentlich zu leicht heterodoxen Aussagen führen. Vor allem aber weisen viele der Frauengottesdienste in ihren Liturgien das Bemühen um eine lebendige Gestaltung des christlichen Glaubens auf, die den ganzen Menschen anspricht und die spirituelle Erfahrung und aktive Weltverantwortung in ökumenischer Weite verbindet – etwas, das vielen agendarisch gefeierten Gottesdiensten verloren gegangen ist und von dem auch im gottesdienstlichen Alltag zu lernen wäre. Abgesehen davon ist es zurzeit für viele Frauen wohl noch immer notwendig, einen Freiraum außerhalb der »Brüder«-Kirche zu suchen, eigene Sprache zu finden, die eigenen Traditionen zu entdecken, vielleicht auch Rituale für Lebensübergänge zu finden, die die auf Familien ausgerichtete verfasste Kirche nicht anbietet (vgl. →Spiritualität und Liturgie von Frauen).

Zu beachten ist bei der Wahl dieses Schwerpunktes, dass die meisten der genannten Akzentsetzungen in einem sehr ausgeprägten Maße »ihre Zeit« haben. Die wenigsten Angebote sind geeignet, zu Dauereinrichtungen im gemeindlichen Programm zu werden, auch wenn sie über eine Zeitspanne von mehreren Jahren durchaus angenommen werden können. Viele Versuche »sind im Wesentlichen abgeschlossen und ohne durchgreifenden Einfluss auf das gottesdienstliche Leben der Gemeinde geblieben, wenn man vom Familiengottesdienst absieht« (Schmidt-Lauber 21); hinzuzufügen ist wohl auch die Stunden- oder Tagzeitenliturgie. In jedem Fall ist, wie bereits betont, unbedingt die Balance in der Planung zu berücksichtigen: Es muss auch den Gottesdienst geben, »der einfach davon lebt, dass er stattfindet, fast egal mit welcher Originalität und Teilnahme« (Hirsch-Hüffell 5).

Literatur

Karl-Heinrich BIERITZ, Das Kirchenjahr: HbLit (^{2}1995) 453–489. – Thomas BONHOEFFER, Probleme der Gottesdienstvorbereitung: ZThK 80 (1983) 486–497. – Alfred EHRENSPERGER, Gottesdienst. Visionen – Erfahrungen – Schmerzstellen, Zürich 1988. – Michael HERBST/Matthias SCHNEIDER, ... wir predigen nicht uns selbst. Ein Arbeitsbuch für Predigt und Gottesdienst, Neukirchen-Vluyn 2001. – Thomas HIRSCH-HÜFFELL, Wir müssen uns um Gott am zweiten Feiertag keine Sorgen machen: GPM 88 (1999) 3–6. – Ernst LANGE, Chancen des Alltags. Überlegungen zur Funktion des christlichen Gottesdienstes in der Gegenwart, hg. und mit einem Nachwort von Peter Cornehl, München ^{2}1984. – Herbert LINDNER, Kirche am Ort. Ein Entwicklungsprogramm für Ortsgemeinden. Neuausgabe, Stuttgart/Berlin/Köln 2000. – Hans Bernhard MEYER, Zur Theologie und Spiritualität des christlichen Gottesdienstes. Ausgewählte Aufsätze hg.v. Reinhard Meßner/Wolfgang G. Schöpf, Münster 2000. – Michael MEYER-BLANCK, Liturgie und Liturgik. Der Evangelische Gottesdienst aus Quellentexten erklärt (TB 97), Gütersloh 2001. – Christian MÖLLER, Die Spiritualität der Predigt: ders., Der heilsame Riss. Anstöße reformatorischer Spiritualität, Gütersloh 2002. – Gerhard SAUTER, »Kein Jahr von unserer Zeit verflieht, das dich nicht kommen sieht«. Dogmatische Implikationen des Kirchenjahres: Peter Cornehl/Martin Dutzmann/Andreas Strauch (Hg.), »... in der Schar derer, die da feiern«. Feste als Gegenstand praktisch-theologischer Reflexion, Göttingen 1993, 56–68. – Hans-Christoph SCHMIDT-LAUBER, Die Zukunft des Gottesdienstes. Von der Notwendigkeit lebendiger Liturgie, Stuttgart 1990. – Henning SCHRÖER, Die Planung des Gottesdienstes: HbLit (^{2}1995) 666–676. – A. Ronald SEQUEIRA, Gottesdienst als menschliche Ausdruckshandlung: GDK 3 (^{2}1990) 7–39. – Dietrich STOLLBERG, Liturgische Praxis. Kleines evangelisches Zeremoniale, Göttingen 1993.

Corinna Dahlgrün

Die Strukturierung des Gottesdienstes

I. Gottesdienst als vorgegebener Ablauf und als Gestaltungsaufgabe

A. Die Agenden I der VELKD und der EKU

Nach der Lutherischen Agende I und der Agende I der Evangelischen Kirche der Union, die beide Frucht der liturgischen Bewegung des 20. Jh., der Lutherrenaissance und des Kirchenkampfes sind, sowie nach den Agenden der Kirchen, die keinem konfessionellen Zusammenschluss angehören, gestaltet sich der Gottesdienst schwerpunktmäßig als ein vorgegebener Ablauf. Im Ordinarium werden die einzelnen liturgischen Stücke mit ihrem Wortlaut, falls dieser feststehend ist, z.T. auch mit den dazugehörigen Melodien und mit den entsprechenden Handlungsanweisungen (Rubriken) hintereinander dargeboten. Das Proprium enthält die nach Kirchenjahr und Anlass wechselnden Stücke. Diese Anordnung und die ihr entsprechende Praxis in den Gemeinden haben weithin den Eindruck erweckt, als bestehe der Gottesdienst aus einem Ablauf vorgegebener Einzelteile, von denen manche durch das Kirchenjahr geprägt sind. Dieser Eindruck wird den genannten Agenden nicht gerecht; denn sowohl innerhalb des Ordinariums als auch durch das Zusammenspiel von Ordinarium und Proprium ergeben sich beträchtliche Gestaltungsmöglichkeiten. Wenngleich manche dieser Möglichkeiten aufgrund landeskirchlicher Ordnungen oder Gewohnheiten nicht im Gebrauch waren, so stellte doch auch nach den beiden genannten Agenden der Gottesdienst für die Beteiligten eine Gestaltungsaufgabe dar, die über die Predigtvorbereitung und die Liedauswahl hinausging.

B. Neuere Gottesdienstformen

Die starre Art, in der beide Agenden – entgegen ihren ursprünglichen Intentionen – weithin praktiziert wurden, und der Wunsch nach stärkerer Beteiligung der Gemeinde führten seit den sechziger Jahren zu neueren Gottesdienstformen: Jugendgottesdienst, Familiengottesdienst, Meditationsgottesdienst, Themagottesdienst, Feierabendmahl, Charismatischer Gottesdienst usw. Diese neueren Gottesdienste werden in der Regel von Teams gestaltet und erfordern häufig eine längere Vorbereitungszeit. Sie sind als Gestaltungsaufgabe klar erkannt, ihre Problematik liegt in einem Erwartungsdruck, stets etwas Neues bieten zu müssen, und in dem daraus folgenden Mangel an wiederholbaren Formen.

C. Das Strukturpapier der LLK »Versammelte Gemeinde«

Schon bald nach dem Erscheinen der Agenden I der VELKD und der EKU wurden in der Lutherischen Liturgischen Konferenz Deutschlands Überlegungen zur Weiterentwicklung der Agenden angestellt. Dabei wurde gefragt, welche Grundstruktur unterschiedlichen Gottesdienstformen zugrunde liegt. Im Strukturpapier »Versammelte Gemeinde« von 1974 wurden fünf Hauptblöcke des Gottesdienstes genannt, unter die sich nahezu jede Gottesdienstform subsumieren lässt: Eröffnung, Anrufung, Verkündigung und Bekenntnis, Abendmahl, Sendung. Die Tendenz des Strukturpapiers ging dahin, traditionelle und neuere Formen auf eine gemeinsame Grundstruktur zurückzuführen und dadurch mitzuhelfen, die unfruchtbare Antithese von Tradition und Modern zu überwinden. Später wurden Eröffnung und Anrufung zusammengefasst, sodass sich nunmehr vier Hauptblöcke des Gottesdienstes ergaben.

II. Gottesdienst mit fester Struktur und flexibler Ausformung

A. Die Konzeption der Erneuerten Agende

Die kirchlichen Zusammenschlüsse VELK(D) und EKU in den damals noch getrennten Teilen Deutschlands zogen die Konsequenzen aus dem Strukturpapier der LLK und beriefen eine gemeinsame Arbeitsgruppe mit dem Ziel, den Vorentwurf für eine »Erneuerte Agende« zu erstellen. Der Begriff Erneuerte Agende brachte dabei zweierlei zum Ausdruck: die Anknüpfung an die bisherigen Agenden sowie deren Weiterentwicklung unter Berücksichtigung des Strukturpapiers und die Aufnahme von Impulsen aus der Ökumene wie auch aus den neueren Gottesdienstformen. Der Veröffentlichung des Vorentwurfs 1990 folgte ein Stellungnahmeverfahren in den beteiligten Kirchen. Nach Einarbeitung der Stellungnahmen beschlossen die Bischofskonferenz und die Generalsynode der VELKD sowie die Synode der EKU die endgültige Fassung, die 1999 unter dem Titel »Evangelisches Gottesdienstbuch – Agende für die EKU und für die VELKD« veröffentlicht wurde. Sieben Kriterien kennzeichnen dieses EGb der Mehrheit der evangelischen Kirchen Deutschlands: Verantwortung und Beteiligung der Gemeinde, variable Ausformung im Rahmen einer festen Grundstruktur, Miteinander von traditionellen und neuen Texten, Aufnahme von Impulsen aus der Ökumene, nicht ausgrenzende Sprache, leibhaftes liturgisches Handeln und die Verbundenheit mit Israel. Drei Jahre später erschien ein Ergänzungsband (Ergb/EGb).

Das EGb 1999 hat folgenden Inhalt:

- zwei Grundformen des Gottesdienstes: Gottesdienst mit Predigt und Abendmahl (»Messe«, Grundform I) und Predigtgottesdienst, der mit dem Abendmahl verbunden sein kann (die »oberdeutsche Form«, Grundform II);
- zwei Liturgien als typische Ausformungen beider Grundformen;
- weitere Gottesdienste (mit kleiner Teilnehmerzahl, Karfreitag, Bußtag);
- Hinweise und Beispiele für eine Gottesdienstgestaltung in offener Form;
- das Proprium;
- Textsammlung zur Auswahl
- liturgiedidaktische Erläuterungen, die den Grundformen, den Liturgien und den Abschnitten der Textsammlung jeweils vorangestellt sind.

Der Ergb/EGb 2002 entfaltet die bereits genannten Kriterien und enthält Ausformungen zu Grundform I (Teilvarianten), weitere Gottesdienstbeispiele, vor allem in offener Form, eine Einführung in das Proprium, eine Textsammlung, einen kleinen liturgischen »Knigge«, ein kleines liturgisches Wörterbuch sowie einen musikalischen Teil mit liturgischen Rezitationen.

Während der Strukturbegriff des Strukturpapiers zunächst ohne terminologischen Anspruch im Sinne von »Aufbau« oder »Gefüge« verstanden worden war (Schulz 24–25), kam es im Verlauf des Stellungnahmeverfahrens zu einer Diskussion, die auch den philosophischen Hintergrund dieses Begriffes einbezog (Schwier 107–159). Die dabei aufgetretene Differenz zwischen Struktur als Entdeckung eines vorgegebenen Aufbaus und Strukturierung als Planung einer gottesdienstlichen Handlung muss kein Gegensatz bleiben, sondern kann als Ergänzung verstanden werden (Schwier 149–159). »Strukturgeleitetes Erleben« der Gemeinde und »strukturbewusstes Handeln« der Liturgen sind aufeinander bezogen (Schwier 152–154).

B. Die beiden Grundformen

Die Grundform I entspricht liturgisch dem Typus der Messe und stellt eine Weiterentwicklung des »Gottesdienstes mit Predigt und heiligem Abendmahl (Die evangelische Messe)« in Agende I der VELKD und der »Ersten Form« in Agende I der EKU dar. Im Unterschied zu beiden genannten Agenden ist die Ordnung zweispaltig, wobei in der linken Spalte die liturgischen Elemente in ihrer Abfolge genannt werden, während die rechte Spalte die Ausführungen zum Gebrauch (Rubriken) sowie eine Darstellung der unterschiedlichen Ausformungsmöglichkeiten (Varianten) enthält. Diese Ausformungen werden in kurzen Übersichten am Ende der Teile A, B und D der Grundform I zusammengefasst und im Ergb/EGb ausgeführt.

Die Grundform I weist gegenüber den bisherigen Agenden folgende Veränderungen auf:

- der liturgische Gruß (Salutation), der bisher dem Gebet des Tages (Kollektengebet) voranging, steht jetzt an der Stelle, wo die den Gottesdienst leitende Person zum ersten Mal der Gemeinde gegenübertritt, also am Beginn des Gottesdienstes;
- das Kyrie kann durch Anrufungen oder Fürbitten erweitert werden;
- der Lesungsteil kann entweder entfaltet (alttestamentliche Lesung, Epistel, Evangelium) oder verkürzt werden;
- das Credo hat als Antwort auf den gesamten Verkündigungsteil seinen Platz nach der Predigt, kann aber auch wie bisher vor der Predigt stehen;
- die Abkündigungen können auf verschiedene Stellen des Gottesdienstes verteilt werden;
- der Abendmahlsteil folgt der altkirchlichen, in der Ökumene weitverbreiteten Tradition (bisherige Form B von Agende I) und enthält ein reiches Angebot eucharistischer Gebete, während die bisherige Form A als Ausformung (Zweite Form von Liturgie I) gilt;
- nach den Einsetzungsworten erfolgt eine Akklamation der Gemeinde (»Christuslob«);
- der Friedensgruß kann in Form einer Geste weitergegeben werden;
- Momente der Stille sind ausdrücklich vorgesehen.

Die Grundform II steht in der Tradition des Predigtgottesdienstes, der wegen der Verbreitung dieses Gottesdiensttypus in Südwestdeutschland gern als »oberdeutsche Form« bezeichnet wird. Im Mittelpunkt dieser Gottesdienstform steht herkömmlicherweise die Predigt; doch kann diese Form auch mit dem Abendmahl verbunden werden. Die oberdeutsche Form des Abendmahls ist durch eine Dominanz der kerygmatischen Elemente (Anrede an die Gemeinde) über die doxologischen (Anbetung Gottes) gekennzeichnet.

C. Die Liturgien

Das Miteinander von fester Struktur und flexibler Ausformung, das die Konzeption des EGb kennzeichnet, hat durchaus Raum für Regelformen, in denen die Gemeinde ihre gottesdienstliche Heimat finden kann. Deshalb enthält das EGb beispielhafte Ausformungen der Grundformen, Liturgien genannt. Sie tragen vor allem dem Moment der Wiederholbarkeit Rechnung und erfüllen damit auch das Desiderat einer gewissen Normalliturgie. In der Darstellung des Verlaufs des Gottesdienstes entsprechen sie am ehesten den Gottesdienstordnungen in den bisherigen Agenden. Liturgie I entspricht bis auf einige, bereits bei Grundform I dargestellte Modifikationen der bisherigen Agende I und wird in gesungener und gesprochener Form dargeboten. In analoger Weise stellt Liturgie II eine beispielhafte Ausformung von Grundform II dar. Die Darbietung solcher wiederholbarer Regelformen soll der Beheimatung der Gemeinde im Gottesdienst dienen, nicht aber einer starren, einfallslosen liturgischen Praxis. Deshalb ist es wichtig, als Ergänzung zu den Liturgien auch die übrigen Varianten in sinnvoller Weise zu berücksichtigen.

D. Die Ausformungen (Varianten)

Das EGb gibt in der Darstellung der Grundformen jeweils in der rechten Spalte an, in welcher Weise einzelne Stücke variiert werden können. Außerdem werden für die Hauptteile A, B und D Übersichten angeboten, in denen Beispiele für Ausformungen mit besonderen Schwerpunkten zusammengestellt sind. Diese werden im Ergb/EGb detailliert beschrieben. Das Kirchenjahr, die Situation der Gemeinde oder bestimmte Anlässe können Motive für die Wahl einer bestimmten Variante sein. Hierbei ist besondere Sorgfalt geboten. Varianten sollten weder die Regelform verdecken noch einen bloßen Ausnahmecharakter haben. Es empfiehlt sich daher, Varianten schwerpunktmäßig einzusetzen, d.h. jeweils nur in einem Teil zu variieren, die anderen Teile aber unverändert zu lassen. Jedoch ist darauf zu achten, welche Konsequenz die Wahl der Variante in einem Teil für die anderen Teile mit sich bringt. Totalvarianten, bei denen alle vier Teile des Gottesdienstes verändert werden, sind in der Regel nicht sinnvoll, da hierunter die Wiedererkennbarkeit der Struktur leiden kann.

III. Die Strukturierung der Hauptteile des Gottesdienstes

Im Folgenden werden die Hauptteile des Gottesdienstes nach Grundform I und einige beispielhafte Ausformungen dargestellt, und es wird gezeigt, welche Konsequenzen sich durch die Wahl einer Variante für die übrigen Teile des Gottesdienstes ergeben.

A. Eröffnung und Anrufung

In vielen Gemeinden hat es sich eingebürgert, dass der Gottesdienst mit einer freien Begrüßung eröffnet wird. Manchmal werden hiermit auch Ansagen zum Verlauf des Gottesdienstes und Abkündigungen aus dem Gemeindeleben verbunden. Das EGb lässt Raum für eine freie Begrüßung, sieht diese aber im engen Zusammenhang mit dem *liturgischen Gruß*, mit dem die den Gottesdienst leitende Person zum ersten Mal der Gemeinde gegenübertritt. Eine freie Begrüßung erleichtert die Kommunikation. Sie sollte aber knapp sein. Das Eingangslied kann dem Gruß folgen oder vorausgehen. Letzteres ist durchaus sinnvoll, denn so kommt die versammelte Gemeinde im Gottesdienst als erste zu Wort. Hinweise zum Ablauf des Gottesdienstes sind möglich, Abkündigungen jedoch wirken an dieser Stelle deplatziert. Dem Gruß kann ein *Vorbereitungsgebet* folgen. In manchen Landeskirchen ist es die Regel, in anderen fakultativ. Die hierfür angebotenen Texte haben entweder allgemeinen, die Gottesdienstteilnehmer abholenden Charakter oder sind Sündenbekenntnisse bzw. Bußgebete (Confiteor, in Agende I »Rüstgebet« genannt). Letzteres bringt einen wichtigen Aspekt christlicher Anthropologie zum Ausdruck: in der Begegnung mit Gott, dem Schöpfer, wird deutlich, dass der Mensch Sünder ist. Neuere Texte für Bußgebete haben häufig einen Bezug zur Taufe und machen damit deutlich, dass Buße und Vergebung ein reditus ad baptismum sind. Wird ein gemeinsames Schuldbekenntnis (»Offenen Schuld«, Ausformung B 2 und B 3) nach der Predigt gehalten, dann sollte das Vorbereitungsgebet kein Sündenbekenntnis sein oder entfallen. Nach dem Eingangslied oder dem Gruß (mit Vorbereitungsgebet) kann ein *Psalm* (Introitus) im Wechsel gesungen oder gesprochen werden.

Die Anrufung umfasst nach Grundform I gemäß der Tradition Kyrie, Gloria und das Gebet des Tages. Das Kyrie kann durch Christusakklamationen oder Fürbitten erweitert werden (Ausformung A 2); da hierbei das Gloria entfallen kann, legt sich diese Variante besonders für die Advents- und Fastenzeit nahe; doch kann auf ein Kyrie mit kurzen Christusakklamationen durchaus das Gloria folgen. Wird das Kyrie mit Fürbitten verbunden (Kyrie-Litanei), dann entfallen diese nach der Predigt. Der in der Agende I der EKU, der Bayerischen Agende von 1854 und der Badischen Agende von 1965 vorgesehenen Verbindung von Sündenbekenntnis und Kyrie sowie Gnadenzuspruch und Gloria trägt die Zweite Form in Liturgie I (ohne Noten) Rechnung; hierfür gibt es auch eine Parallele in der Form C des Deutschen Missale Romanum. Diese Form ist von den Verfassern der Agende I der VELKD bewusst vermieden worden, da sie das Kyrie als Einheit von Huldigungsruf und umfassender Bitte um Erbarmen verstanden und in der genannten Verknüpfung von Sündenbekenntnis und Kyrie eine Einengung des Kyrie auf eine Bitte um Vergebung sahen. In Aufnahme dieser Erkenntnis bietet das EGb auch Texte an, in denen die umfassende Bitte um Erbarmen das Sündenbekenntnis einschließt, sich aber hierauf nicht beschränkt. Wird diese Ausformung gewählt, dann erübrigt sich ein Vorbereitungsgebet; auch ist eine Offene Schuld nach der Predigt nicht sinnvoll.

Sollen Eröffnung und Anrufung wegen der Entfaltung anderer Teile des Gottesdienstes knapper gehalten werden, legt sich die Beschränkung auf das Gloria (Ausformung A 3) oder auf den Eingangspsalm (Ausformung A 1) nahe. Letztere eignet sich auch für Werktagsgottesdienste.

Das Gebet des Tages (Kollektengebet), das knapp ist und der klassischen Struktur (Anrede, Prädikation, Bitte, Doxologie) folgt, schließt den Teil Eröffnung und Anrufung ab.
Grundsätzlich sollte darauf geachtet werden, dass der Teil A, der auf Grund der historischen Entwicklung viele Stücke enthält, nicht zu lang gerät; die Hinweise in der Grundform und die Ausführungen bieten sinnvolle Möglichkeiten der Konzentration und Kürzung.

B. Verkündigung und Bekenntnis

Grundform I sieht in Übereinstimmung mit verbreiteten Tendenzen in der Ökumene (Lutherische Kirchen in den USA und Schweden, Anglikanische Kirche, Römisch-Katholische Kirche) drei Lesungen vor, deren eine dann die Grundlage für die Predigt bildet: Alttestamentliche Lesung, Epistel, Evangelium. Wenngleich dies von manchen als Überforderung der Gemeinde empfunden wird, stellt es doch gegenüber der bisherigen Praxis von Agende I (Epistel, Evangelium, Predigttext) keine quantitative Erweiterung dar.

Eine gleichbleibende Abfolge der *Lesungen* ist für die Gemeinde einprägsamer als der Wechsel der Reihenfolge, der durch die Verbindung von Predigttext und Predigt entsteht. Es ist deshalb zu empfehlen, mit der alttestamentlichen Lesung und/oder der Epistel zu beginnen, das Evangelium folgen zu lassen und jeweils bei der Ankündigung des Textes zu sagen, worüber gepredigt wird. Bei den Predigtreihen III bis VI müsste dann jeweils einer der Lektionstexte durch den Predigttext ersetzt werden, aber es bliebe die klassische Reihenfolge erhalten. Wird aus dem Alten Testament oder über eine Epistel gepredigt, dann sollte dem Evangelium eine Liedstrophe folgen; wird über das Evangelium gepredigt, dann kann sich die *Predigt* direkt an dieses anschließen. Doch ist auch die bisherige Praxis, den Predigttext unmittelbar vor der Predigt zu verlesen und vorher auf eine der Lesungen zu verzichten, vom EGb gedeckt. Hierbei sollte darauf geachtet werden, dass auf jeden Fall ein Text aus den Evangelien im Gottesdienst vorkommt. Soll der Wortteil – etwa an Werktagen oder wegen der Integration einer anderen liturgischen Handlung in den Gottesdienst – gekürzt werden, dann genügt eine Lesung, die zugleich der Predigttext sein kann. Wo der Zusammenhang der biblischen Lesungen untereinander verdeutlicht werden soll, kann die Predigt aufgeteilt werden und den einzelnen Lesungen jeweils folgen. Bei dieser Form, die sich für besondere Situationen oder Gruppen, etwa auf Freizeiten, eignet, muss darauf geachtet werden, dass nicht drei zusammenhanglos nebeneinander stehende und noch zu lange Predigten gehalten werden.

Das *Credo* stellt in der Grundform I die Antwort der Gemeinde auf den gesamten Verkündigungsteil einschließlich der Predigt dar. In gesungener Form kann es das Lied nach der Predigt ersetzen. Doch kann das Credo auch wie in den bisherigen Agenden zwischen Evangelium und Predigt stehen. Die Stellung des Credo sollte nicht ständig wechseln, sondern für eine bestimmte Gemeinde oder Region vereinbart werden, was Ausnahmen für besondere Gottesdienste nicht ausschließt.

Die Abkündigungen bilden keinen Block mehr, sie werden vielmehr auf mehrere Stellen des Gottesdienstes verteilt: Ankündigung des Dankopfers vor dem Dankopferlied, Personen und Ereignisse, für die gebetet werden soll, vor den Fürbitten, Mitteilungen über Veranstaltungen im Sendungsteil.

Das Dankopfer wird während eines Liedes oder anderer Musik eingesammelt: entweder vor den Fürbitten oder zu Beginn des Abendmahlsteils im Zusammenhang mit der Bereitstellung der Abendmahlsgaben (Ausformungen B 1–4).

Die Fürbitten stellen einen integrierenden Bestandteil des Gottesdienstes dar. Sie können an der klassischen Stelle zwischen Wortverkündigung und Abendmahl stehen oder in das Kyrie (Ausformung A 2) oder in das Dankgebet nach dem Abendmahl (Postcommunio; Ausformungen B 1, B 4, D 2) integriert werden. Sie eignen sich besonders, die Beteiligung der Gemeinde zu fördern, etwa durch Akklamationen, durch Verteilung der Texte auf mehrere Personen, durch Vorbereitung von Gebetsanliegen durch einzelne Gemeindeglieder oder durch spontane Fürbitten.

C. Abendmahl

Die *Struktur des eucharistischen Teils* ist durch die Einsetzungsworte und die altkirchliche Tradition weithin vorgegeben. In diesem Sinne beschreibt die Konkordienformel die Handlung des Abendmahls so: »Dass man in einer christlichen Zusammenkunft Brot und Wein nehme, segene, austeile, empfahe, esse, trinke und des Herrn Tod dabei verkündige« (SD VII, 84: BSLK 1000). Nach der neueren liturgiewissenschaftlichen Forschung ergeben sich aus den Einsetzungworten zwei Haupthandlungen, denen jeweils eine vorbereitende Handlung zugeordnet ist:

1 (a) Er nahm: Bereitstellung von Brot und Wein (Offertorium)
(b) Er dankte: Eucharistiegebet

2 (a) Er brach: Brotbrechung
(b) Er gab: Austeilung und Empfang

Dass die *Einsetzungsworte* als Grundlage unseres heutigen Abendmahls in jeder Abendmahlsfeier laut werden müssen, ist Konsens aller christlichen Konfessionen. In den Gottesdienstordnungen, die der altkirchlichen Tradition folgen, bilden die Einsetzungsworte den Kern des Eucharistiegebets. In dem von Bugenhagen bestimmten Strang der lutherischen Tradition sind sie besonders hervorgehoben und bilden die eigentliche Konsekration.

Grundform I schließt sich bewusst an den altkirchlich-ökumenischen Ablauf an: Bereitung von Brot und Wein (während eines Liedes), Präfation und Sanctus, die in ein (fakultatives) Eucharistiegebet eingefassten Einsetzungsworte mit einer Akklamation, Vaterunser, Friedensgruß, Agnus Dei (Brotbrechung), Austeilung. Im Textteil findet sich eine reiche Auswahl von Eucharistiegebeten, die sich teils an altkirchlichen Vorbildern orientieren, teils neu gestaltet sind. Mit der Gestaltung der Eucharistie als Feier der Danksagung und der Freude nimmt das EGb liturgiewissenschaftliche Erkenntnisse, gottesdienstliche Erfahrungen und ökumenische Impulse auf.

Gemäß der trinitarischen Struktur des Abendmahls, wie sie in bi- und multilateralen Dialogen herausgearbeitet worden ist (z.B.: Das Herrenmahl [1978/1]; Konvergenzerklärung zur Eucharistie [Lima 1982]), umfasst das *Eucharistiegebet* folgende Aspekte: Danksagung an den Vater, Gedächtnis der Heilstaten des Sohnes (Anamnese), Anrufung des Heiligen Geistes (Epiklese). Mit dem Eucharistiegebet, in dem der Dank für Gottes große Taten laut wird, folgen wir dem »dankte« der Einsetzungsworte; deshalb ist der Gebrauch eines Eucharistiegebets nicht eine Frage der feierlichen Umrahmung, sondern der angemessenen liturgischen Gestalt des Abendmahls. Auch bei einer kurzen Abendmahlsfeier sollten die Aspekte Danksagung und Gedächtnis nicht fehlen. Die in der Tradition Bugenhagens stehende Form A der Agende I der VELKD (Präfation, Sanctus, Vaterunser, Einsetzungsworte, Austeilung) findet sich im EGb als Zweite Form von Liturgie I. Sie sollte behutsam in Richtung eines entfalteten Eucharistiegebets geöffnet werden; ein erster Schritt könnte der Gebrauch der Akklamation nach den Einsetzungsworten sein.

Für die *Vorbereitung* des eucharistischen Teils bietet das EGb mehrere Möglichkeiten an: die Verbindung von Dankopfer und Bereitstellung der Abendmahlsgaben (B 1–4), die Offene Schuld – verbunden mit dem Friedensgruß (B 3) – oder das Glaubensbekenntnis (B 4). Steht der Friedensgruß – nach ostkirchlicher Tradition – vor der Präfation, so schließt sich an das Vaterunser die Brotbrechung mit dem Agnus Dei an. Eine ausgeführte Gabenbereitung bietet sich besonders für Gottesdienste an, in denen Dank und Verantwortung für die Schöpfung akzentuiert werden sollen, etwa am Erntedankfest. Werden Gabenbereitung und Offene Schuld vor die Präfation gestellt, dann liegt es nahe, die Fürbitten entweder mit dem Kyrie (A 2) oder mit der Schlusskollekte (D 2) zu verbinden.

Der Friedensgruß bietet – ob er vor der Präfation oder vor der Kommunion steht – eine gute Möglichkeit, die Gemeinde durch eine Geste zu beteiligen. Es lohnt sich, diese Geste wegen ihrer Gemeinschaft stiftenden Funktion einzuführen und nicht gleich vor ersten Berührungsängsten zurückzuschrecken. Werden große Brothostien oder Brotscheiben verwendet, dann sollten sie nicht vor der Feier, sondern in einem eigenen Akt der Brotbrechung während des Agnus Dei gebrochen werden, um das Essen von dem einen Brot im Sinne von 1 Kor 10,16 f. zum Ausdruck zu bringen. Für die Austeilung beschreibt das EGb mehrere Möglichkeiten. Durch die Mitwirkung von Abendmahlshelfern kann die Austeilung in einem überschaubaren Zeitraum erfolgen.

D. Sendung und Segen

Der Sendungsteil, der in Liturgie I knapp ist (Abkündigungen, Entlassung, Segen, gegebenenfalls eine Liedstrophe, Musik zum Ausgang), kann gegebenenfalls durch Varianten entfaltet werden: Ein Sendungswort kann dem Segen vorangestellt werden; das Dankgebet nach dem Abendmahl (Postcommunio) kann mit den Fürbitten verbunden werden (Ausformung B 1; D 2). Diese Form legt sich nahe, wenn ein enger zeitlicher Zusammenhang zwischen Predigt und Abendmahl angestrebt wird; die Fürbitten nach der Predigt entfallen dann, und die Abkündigungen werden in den Sendungsteil integriert. Das EGb bietet für den Sendungsteil eine Variante, die in der anglikanischen Tradition zuhause ist und bisher im deutschen Raum nicht vorgesehen war: das Gloria als Danksagung nach dem Abendmahl (Variante D 1). Diese Variante bietet sich an, wenn das Gloria wegen eines mit Fürbitten verbundenen Kyrie im Anrufungsteil entfällt.

IV. Kriterien der Strukturierung

A. Theologische Vorgaben

Entsprechend dem Maßstab der christlichen Freiheit gibt es im Neuen Testament kein Zeremonialgesetz, dessen Einhaltung einen gültigen Vollzug des Gottesdienstes garantieren würde. Wohl aber gibt es deutliche Hinweise auf die *konstitutiven Elemente* des christlichen Gottesdienstes. In der Beschreibung des urchristlichen Gemeindelebens in der Apostelgeschichte finden sich zugleich die Grundelemente des Gottesdienstes: »Sie blieben beständig in der Lehre der Apostel und in der Gemeinschaft und im Brotbrechen und im Gebet« (Act 2,42). Dementsprechend gehören zum Gottesdienst die Verkündigung des Wortes Gottes (Lehre der Apostel), das Abendmahl (Brotbrechen), das gegenseitige Anteilgeben an leiblichen und geistlichen Gütern (Gemeinschaft) und das Gebet in seinen vielfältigen Formen. Es spricht vieles dafür, dass Wortverkündigung und Abendmahl im urchristlichen Gottesdienst von Anfang an eine Einheit bildeten.

Die Lutherische Kirche folgt diesem neutestamentlichen Ansatz, wenn sie in CA V und VII die konstitutive Bedeutung der Gnadenmittel Wort und Sakrament hervorhebt. Ja, die Definition der Kirche als *Congregatio sanctorum, in qua evangelium pure docetur et recte administrantur sacramenta* (CA VII) stellt zugleich eine Beschreibung des Gottesdienstes dar. In der Aussage der Schmalkaldischen Artikel, dass »Gott ... mit uns Menschen nicht anders handeln (will) als durch sein äußerliches Wort und Sakrament« (ASm III, 8: BSLK 456), wird die konstitutive Rolle des Gottesdienstes für den Glauben deutlich herausgestellt.

Gottes Zuwendung in Wort und Sakrament ruft die Antwort des Menschen hervor. Deshalb ist Gottesdienst zugleich Gottes Dienst an uns und unser Dienst vor Gott, hat also die Struktur von Wort und Antwort oder – wie es die Apologie ausdrückt – von *sacramentum* und *sacrificium* (ApolCA XXIV, 18: BSLK 354). Damit ist das Gebet in seinen vielfältigen Formen (Bitte und Fürbitte, Anbetung, Lob und Dank) konstitutiver Bestandteil jedes christlichen Gottesdienstes. Die beiden Aspekte, der sakramentale (von Gott herkommend) und der sakrifizielle (an Gott sich wendend), können nicht auf die einzelnen Stücke des Gottesdienstes verteilt werden, sondern durchdringen sich gegenseitig. So schließt das Abendmahl, das als Gottes Zuwendung zu uns den Charakter der Gabe hat, auch die Danksagung der Gemeinde ein, während an Gott gerichtete Psalmen, Lieder und Gebete oft auch einen Verkündigungsaspekt haben.

Das Wort, die Sakramente und das Gebet sind uns als Elemente des Gottesdienstes vorgegeben. Für ihre konkrete Gestaltung jedoch gilt nach dem Neuen Testament nicht ein Gesetz, sondern die christliche *Freiheit*. Die Betonung der Freiheit hat eine kritische und eine kreative Komponente: keine Gottesdienstform darf den Anspruch erheben, die allein gültige zu sein; andererseits dürfen alle Gaben der Schöpfung und alle Fähigkeiten des Menschen eingesetzt werden, um Gott zu dienen.

Der Maßstab der Freiheit gehört allerdings mit dem Maßstab der *Liebe* zusammen. Die christliche Freiheit wird nur dann in rechter Weise gebraucht, wenn sie auch der Auferbauung der Gemeinde und dem Wohl des Nächsten dient. Wenn Menschen miteinander feiern – und das geschieht im Gottesdienst –, dann sind hierfür Absprachen notwendig, und dies bringt auch eine gewisse Einschränkung der Freiheit mit sich. Hier liegt ein Grund für die Entstehung von Gottesdienstordnungen für ein bestimmtes Gebiet. Im EGb wird versucht, die Kriterien der Freiheit und der Liebe in sachgemäßer Weise aufeinander zu beziehen.

B. Spannung und Einheit

Im Gottesdienst sind Gegensätze auf spannungsvolle Weise zu einer Einheit verbunden:

(1) Der Gottesdienst lebt von der Spannung zwischen Überlieferung und Erneuerung; denn das, was Gott einmal zum Heil der Menschen getan hat, muss in jede neue Zeit hinein vermittelt werden. Deshalb umfasst der Gottesdienst sowohl durch Tradition geprägte als auch von der Situation bestimmte Stücke.

(2) Jede Versammlung von Menschen, auch der Gottesdienst, bedarf eines ausgewogenen Miteinanders von Wiederholung und Wechsel. Wann immer Menschen sich treffen, brauchen sie das Vertraute, um sich heimisch zu fühlen; zugleich lieben sie aber ein gewisses Maß an Abwechslung. Der abendländische Gottesdienst trägt dem durch die eigentümliche Spannung zwischen den gleichbleibenden (Ordinarium) und den wechselnden Stücken (Proprium) Rechnung.

(3) Eine weitere Spannung ist die von Ruhe und Bewegung. Die Lesungen und die Predigt erfordern ein gesammeltes Hören, während beim Mitsingen der Lieder und beim Gang zum Abendmahl eine gewisse Bewegung entsteht. Das Moment der Bewegung ist allerdings in vielen evangelischen Gottesdiensten wenig ausgeprägt. Vom Ablauf des Gottesdienstes her ergeben sich mehr Möglichkeiten, als bisher – teils aus Scheu vor dem Raum, teils aus konfessioneller Ängstlichkeit – praktiziert worden sind: Einzug, Evangeliumsprozession, Gabenprozession, Auszug.

(4) Nach dem EGb ergibt sich für den Gottesdienst eine Spannung von Rede und Stille. Das EGb bietet mehrere Möglichkeiten an, den Raum der Stille für den Gottesdienst wieder zu gewinnen: vor dem Gebet des Tages, nach den Lesungen, nach der Predigt, während der Fürbitten, während der Austeilung oder danach.

Es ist die Aufgabe aller, die für die Gestaltung des Gottesdienstes verantwortlich sind, für ein sinnvolles Verhältnis der genannten spannungsvollen Elemente zu sorgen. Welches Verhältnis im Einzelnen angemessen ist, lässt sich nicht allgemein für alle Gottesdienste festlegen. Gerade beim Verhältnis von Wiederholung und Wechsel kommt es auf die Zusammensetzung der Gemeinde und auf ihre Aufnahmefähigkeit an.

C. Kirchenjahr, Kontext, Anlässe

Sowohl das Kirchenjahr als auch die Situation der Gemeinde oder besondere Anlässe können zur Wahl bestimmter Varianten führen.

1. Das Proprium jeder Agende bietet für die Zeiten des *Kirchenjahres* wechselnde Texte an: Introitus, Gebet des Tages, Lesungen, Hallelujavers, Lied des Tages, Präfation, Dankgebet. Darüber hinaus können bestimmte Tage oder Zeiten des Kirchenjahres auch zur Wahl von bestimmten Varianten führen. So eignet sich etwa ein erweitertes Kyrie (A 2) besonders für die Advents- und Fastenzeit. An Tagen mit Bußcharakter, z.B. Aschermittwoch und Buß- und Bettag, ist die Offene Schuld nach der Predigt sinnvoll (B 2). Ein ausgeführtes Dankopfergebet (B 1; B 4) passt gut für das Erntedankfest. Die Festzeiten des Kirchenjahres sollten durch das Gloria mit Laudamus hervorgehoben werden.

Was die Melodien des Ordinariums betrifft, so wäre ein ständiger Wechsel für die meisten Gemeinden schwer nachvollziehbar. Möglich aber ist es, den Zeiten des Kirchenjahres bestimmte Melodien des Ordinariums zuzuordnen. Da weder das EGb noch das EG vollständige »Messen« anbieten, muss die Zusammenstellung der Ordinariumsmelodien aus den vorhandenen Materialien in der Gemeinde selbst erfolgen.

2. Die *Verbindung* des Gottesdienstes *mit anderen liturgischen Handlungen* bringt Modifikationen des Ablaufes mit sich. Eine bloße Addition führt hier zu Längen und zu einem unausgewogenen Verhältnis der einzelnen Teile. Anzustreben ist eine Integration der liturgischen Handlungen.

Für die Einfügung der Taufe in den Hauptgottesdienst gibt es mehrere Möglichkeiten: Integration in den Eingangsteil, Einfügung vor der Predigt oder danach. Außerdem kann der Hauptgottesdienst selbst als Taufgottesdienst gestaltet werden (vgl. Agende III, Seite 81–97, Hinweise im EGb 150–153).

Bei einer Ordination oder Einführung empfiehlt es sich, die Teile Eröffnung und Anrufung sowie Verkündigung und Bekenntnis relativ knapp zu gestalten. Die Fürbitten können in das Dankgebet eingefügt werden (D 2).

D. Die Beteiligung der Gemeinde

Nach den Aussagen des Neuen Testamentes über die Gemeinde als »Volk Gottes« (I Petr 2,10), als Leib Christi mit vielen Gliedern und als Gemeinschaft mit vielfältigen Gnadengaben (I Kor 12 und 14) ist der Gottesdienst Sache der gesamten Gemeinde. Deshalb ist die innere und äußere Beteiligung der Gemeinde am Gottesdienst nicht nur wünschenswert, sondern konstitutiv. Das EGb und der Ergb/EGb beschreiben vielfältige Möglichkeiten der Beteiligung der Gemeinde: bei der Vorbereitung des Gottesdienstes, bei der Feier und nach dem Gottesdienst. Für die Feier des Gottesdienstes werden unter anderem folgende Mitwirkungsformen aufgezeigt: Wechselgesänge, Vorlesen der Lesungen, Einsammeln der Geldkollekte, Bereitung des Abendmahlstisches, Helfen bei der Austeilung, Beteiligung von Einzelnen oder von Gruppen, spontane Beiträge zu Verkündigung und Gebet, Beteiligung an der Fürbitte, musikalische Beteiligung, Gesten. Die Beteiligung der Gemeinde muss behutsam und geduldig entwickelt werden. Dabei sind zwei Extreme zu vermeiden: Es sollen nicht alle Beteiligungsformen in jedem Gottesdienst angewendet werden. Andererseits darf die Beteiligung der Gemeinde nicht zur Ausnahme werden.

Besonders wichtig für die Vorbereitung und Feier der Gottesdienste ist die gute Zusammenarbeit von Pfarrerinnen und Pfarrern, Kirchenmusikerinnen und Kirchenmusikern sowie allen Gemeindegliedern, die eine Funktion übernehmen.

Die Kirchenmusik ist ein wichtiges Gestaltungselement des Gottesdienstes. Musikalische Stücke haben im Ablauf des Gottesdienstes jeweils eine bestimmte Funktion. Das gilt nicht nur für Gemeindelieder und Wechselgesänge, sondern auch für Chorgesang und Instrumentalmusik. Letztere sollten nicht – wie es bei vielen Festgottesdiensten geschieht – als zusätzliche »Einlagen« zur Erhöhung der Feierlichkeit eingesetzt werden, sondern ein bestimmtes liturgisches Stück vertreten. Sie sind also in der Regel nicht additiv, sondern substitutiv, also funktional einzusetzen. Wird dies nicht beachtet, so entstehen vor allem im Eingangsteil unnötige Längen: Intrade des Posaunenchores, Orgelvorspiel, Gemeindelied, Chorgesang.

Im EGb werden für Chorgesang oder Instrumentalmusik folgende Möglichkeiten genannt: Musik zum Eingang, Antwort auf die Lesungen, nach der Predigt, zum Dankopfer, während der Austeilung, Musik zum Ausgang. Hinzu kommt die bekannte Möglichkeit, Ordinariumsstücke durch den Chor ausführen zu lassen.

E. Geprägte und offene Formen

Geprägte und offene Formen waren bisher meist auf unterschiedliche Gestalten des Gottesdienstes verteilt. Agendarische Gottesdienste hielten sich an die geprägten Formen, Gottesdienste in neuer Gestalt wie z.B. Jugendgottesdienste, Familiengottesdienste, gaben offenen Formen

Raum. Im EGb wird zum ersten Mal beides aufeinander bezogen. So enthält das EGb ein eigenes Kapitel mit Hinweisen für die Gestaltung in offener Form. Im Teil Eröffnung und Anrufung wird etwa die Möglichkeit genannt, konkrete Zeiterfahrungen als Klage oder als spontane Bittlitanei mit dem Kyrie zu verbinden. Im Teil Verkündigung und Bekenntnis wird auf folgende Möglichkeiten hingewiesen: Spielszenen, kontrastierende »Gegentexte«, Verkündigungsgespräch, Beiträge christlicher Erfahrung, Aktualisierungen des Glaubensbekenntnisses. Diese Formen eignen sich auch für Gottesdienste mit Kirchendistanzierten. Spontane Fürbitten – mündlich vorgetragen oder auf Fürbittzetteln – stellen wohl die offene Form dar, die sich einer Gemeinde am ehesten erschließt.

Geprägte und offene Formen können einander durchdringen, und es wäre falsch, sie in einen Gegensatz zu bringen oder auf bestimmte Gottesdiensttypen zu verteilen. Agendarische Gottesdienste könnten dann und wann für eine spontane Beteiligung, etwa bei den Fürbitten, geöffnet werden; und Gottesdienste in offenen Formen enthalten stets auch geprägte Stücke, in denen ihr Zusammenhang mit der christlichen Tradition deutlich wird (Psalmen, Lesungen, Credo, Eucharistiegebet, Einsetzungsworte, Vaterunser).

F. Länge

Bei der Länge geht es sowohl um die Zeitdauer als auch um die ausgewogene Abstimmung der einzelnen Teile. Handelt es sich um einen Gottesdienst mit Predigt und Abendmahl, also eine Eucharistiefeier – in der abendländischen Tradition »Messe« genannt –, dann sollte ein ausgewogenes Verhältnis zwischen den Blöcken Eröffnung und Anrufung sowie Verkündigung und Bekenntnis einerseits und den Blöcken Abendmahl sowie Sendung und Segen andererseits angestrebt werden. Da die Predigt dem Verkündigungsteil ein erhebliches Gewicht verleiht, sollte im Abendmahlsteil genug Raum für Lobpreis und Anbetung sein. Würde der Abendmahlsteil – weil Eröffnung und Verkündigung sehr lang geraten sind – in einer verkürzten Form gestaltet, dann wäre das Gleichgewicht gestört.

Handelt es sich um einen Gottesdienst ohne Abendmahl, dann sollte darauf geachtet werden, dass dem sehr gewichtigen Wortteil ein angemessener Gebetsteil nach der Predigt entspricht. Dies ist möglich durch ausführliche mit Lob und Dank verbundene Fürbitten, die von der Gemeinde mit einer gesprochenen oder gesungenen Akklamation beantwortet werden.

Der häufig anzutreffenden Tendenz, Chorgesang und Instrumentalmusik in geballter Form vor der Predigt einzuordnen, sollte man sich widersetzen; denn es gibt auch gute Möglichkeiten nach der Predigt: als Antwort auf die Predigt, als Vorbereitung auf das Abendmahl, während der Kommunion.

G. Praktische Fragen

Der Vorbereitung auf die Strukturierung des Gottesdienstes können folgende Fragen dienen:

- Soll der Gottesdienst einen Schwerpunkt haben?
- Wodurch ist dieser Schwerpunkt bestimmt (Anlass, Kirchenjahr, usw.)?
- Welcher Schwerpunkt soll gesetzt werden? In welchem Hauptteil?
- Welche Ausformung ist hierfür geeignet?
- Welche Konsequenzen hat die Wahl einer Variante für die übrigen Teile des Gottesdienstes?
- Welches Gewicht haben die wiederholbaren Teile?
- Welche Gewohnheiten der Gemeinde sind zu berücksichtigen?
- Welche Formen der Beteiligung der Gemeinde sind geeignet?

- Bedarf es der Vorbereitung durch mehrere Personen?
- Wer muss informiert werden?
- Wie wird die Ausformung der Gemeinde nahegebracht?
- Welche Mitwirkenden sind erforderlich?
- Was soll gesungen, was soll gesprochen werden? Welche musikalische Gestaltung ist angebracht?

Quellen

Agende; EKU-Agende; EA; EGb; EGb/Erg →*Spezielle Abkürzungen*

Literatur

Michael MEYER-BLANCK, Möglichkeiten des neuen Gottesdienstbuches: ZThK 97 (2000) 488–508. – JÖRG NEIJENHUIS (Hg.), Erneuerte Agende im Jahr 2000, Leipzig 1998. – Werner REICH/Joachim STALMANN (Hg.), Gemeinde hält Gottesdienst. Anmerkungen zur Erneuerten Agende (Leit. NF 1), Hannover 1991. – Herwarth VON SCHADE/Frieder SCHULZ (Hg.), Gottesdienst als Gestaltungsaufgabe. Praktische Anregungen zur Gestaltung des Gottesdienstes aufgrund der Denkschrift »Versammelte Gemeinde« (Strukturpapier: RGD 10), Hamburg 1979. – FRIEDER SCHULZ, Agende – Erneuerte Agende – Gottesdienstbuch, TVELKD 89/1999. – Helmut SCHWIER, Die Erneuerung der Agende. Zur Entstehung und Konzeption des »Evangelischen Gottesdienstbuches« (Leit. NF 3), Hannover 2000. – VERSAMMELTE GEMEINDE. Struktur und Elemente des Gottesdienstes. Zur Reform des Gottesdienstes und der Agende, hg.v. der Lutherischen Liturgischen Konferenz Deutschlands, Hamburg 1974.

Manfred Kießig

Gestalten des Wortes

I. Der Gottesdienst als Wortgeschehen

A. Leibliches Wort

Das Christentum ist Religion des Wortes. Wie schon im Judentum gilt das Wort als ausgezeichnetes Medium der Kommunikation mit Gott. Zentraler Ort solchen Kommunikationsgeschehens aber ist der Gottesdienst (vgl. auch Cornelius-Bundschuh). In ihm findet nach evangelischem Verständnis auch die Kirche ihre grundlegende Gestalt, sie wird bestimmt als »Versammlung aller Glaubigen, bei welchen das Evangelium rein gepredigt und die heiligen Sakrament lauts des Evangelii gereicht werden (congregatio sanctorum, in qua evangelium pure docetur et recte administrantur sacramenta)« (CA VII).

Gegenüber den Spiritualisten der Reformationszeit betonen die reformatorischen Bekenntnisschriften allerdings die Sinnlichkeit des göttlichen Wortgeschehens. Das als »Wort Gottes« bezeichnete Evangelium von Jesus Christus ist seinem Wesen nach »leibliches Wort« (CA V), das in, mit und unter zwischenmenschlicher Kommunikation vernehmbar wird. Die Leiblichkeit des göttlichen Wortes beschränkt sich nicht auf die Bindung aller sprachlichen Kommunikation an optische oder akustische Medien, durch welche das Wort sinnlich-materiell vermittelt wird, sondern umfasst alle außersprachlichen Vorgänge, in welche die Wortsprache im Gottesdienst eingebettet ist. Hierzu gehören nicht nur Gestik und Mimik, wortgebundener Gesang und wortlose Musik, sondern alle im liturgischen Geschehen vorkommenden Zeichen und symbolischen Handlungen. So ist letztlich die gesamte Liturgie als ein Wortgeschehen im weitesten Sinne des Begriffs zu verstehen, von dem die wortsprachlichen Elemente nur einen Teil darstellen.

Zwischen Wort und Zeichen vollzieht sich ein wechselseitiger hermeneutischer Prozess. Wie die Zeichen und Zeichenhandlungen im Gottesdienst durch das Wort interpretiert werden, so wird dieses umgekehrt durch die gesamten liturgischen Vollzüge situiert und ausgelegt. Zur Leiblichkeit des Wortes gehört schließlich aber auch die physische Präsenz und Interaktion der versammelten Gemeinde. Einerseits wird sie durch das gottesdienstliche Wortgeschehen als Gemeinde konstituiert, und andererseits ist sie als gottesdienstliche Versammlung selbst eine Gestalt des Wortes Gottes, ein »Brief Christi«, der von aller Welt gelesen werden kann und soll (vgl. II Kor 3,2 f.).

Dass Gottes Wort seinem Wesen nach leibliches Wort (vgl. Bayer 1992) und Leiblichkeit das Ende aller Werke Gottes ist (Friedrich Christoph Oetinger), ist letztlich christologisch begründet. Das Neue Testament deutet Jesus Christus, den Gekreuzigten und Auferstandenen, als »Wort Gottes in Person« (Ebeling 1982, 69). Der göttliche λόγος, für den im Deutschen der Ausdruck »Wort Gottes« steht, ist nicht etwa nur mit der Verkündigung Jesu gleichzusetzen, übersteigt aber auch noch Jesu Verhalten und Handeln. Er manifestiert sich vielmehr in der Person Jesu, seinem Leben, seinem Leiden und Sterben sowie seiner Auferstehung insgesamt.

Die Fleischwerdung des göttlichen Wortes (Joh 1,14) ist freilich nicht nur im engeren Sinne Thema der Christologie, sondern Grundthema christlicher Theologie insgesamt und somit auch jeder Lehre vom Wort Gottes und seinen Gestalten. Wie Johann Georg Hamann auch die Schriftwerdung des Wortes, die Verschriftlichung der jüdischen und der christlichen Glaubensüberlieferung, inkarnationstheologisch gedeutet hat, so sind auch Gemeindebildung und Gottesdienst als Verleiblichung des Wortes zu verstehen. In ihm wird das glaubengründende Wort nicht nur hörbar, sondern in symbolischer und ritueller Interaktion auch anschaulich und sinnlich erfahrbar.

Der Neutestamentler Hans Weder hat unter Berufung auf Röm 10,17 das Hörenkönnen als basale Voraussetzung des christlichen Glaubens bestimmt (145–152). Das Hören ist nach ihm das anthropologische Korrelat zur paulinischen bzw. zur reformatorischen Rechtfertigungslehre, weil der Mensch als Hörender ganz rezeptiv ist. Hörend erreicht ihn der Zuspruch, die promissio der göttlichen Gnade, die sich in der Zusage der Sündenvergebung verdichtet (vgl. auch Bayer 1989). Der Hörsinn ist demnach der anthropologische Anknüpfungspunkt für die biblische Religion des Wortes: Der glaubende Mensch ist ganz Ohr. Das gottesdienstliche Wortgeschehen spricht den Menschen aber mit allen seinen Sinnen an. Insbesondere die Sakramente als verbum visibile (Augustin) lassen uns *schmecken* und *sehen*, wie freundlich der Herr ist (Ps 34,9). Eine umfassende Theologie des Wortes Gottes hat sich daher in einer umfassenden Theorie des Gottesdienstes zu bewähren. Beide können das für den christlichen Glauben konstitutive Wortgeschehen nur dann angemessen erfassen, wenn sie eine die protestantische Gefahr des Logozentrismus vermeidende Theorie ausarbeiten, welche auf inkarnationstheologischer Grundlage Hermeneutik, Ästhetik und Semiotik miteinander verbindet.

B. Wort und Handlung

In der neueren Theologiegeschichte findet sich ein entsprechender Ausgangspunkt in Friedrich Schleiermachers Theorie des darstellenden Handelns (Schleiermacher 502–705). Das biblisch bezeugte Wort Gottes ist allerdings ein schöpferisches Wort, das sich in Analogie zu performativen Sprechakten (Austin) denken lässt, d.h. in der Begrifflichkeit Schleiermachers nicht etwa nur ein darstellendes, sondern ein wirksames Handeln (vgl. Schleiermacher 97–501). Gleichwohl kann man sagen, dass der Gottesdienst insgesamt das Wort Gottes als ein wirksames Handeln zur Darstellung bringen will.

Das schöpferische Gotteswort aber ist ein geschichtliches und geschichtsmächtiges Handeln, das zunächst in der Erzählung von Gottes Taten seine kongeniale Form der Darstellung findet. Auch die Verkündigung Jesu bedient sich einer spezifischen Form des Erzählens, nämlich des Gleichnisses. Menschliche Identität ist grundsätzlich dadurch bestimmt, dass wir »in Geschichten verstrickt« sind (Schapp). Das gilt in ausgezeichneter Weise auch vom christlichen Glauben, der in die identitätsstiftende und -verwandelnde Geschichte Jesu verstrickt ist, die wiederum in Geschichte und Geschichten Israels mit seinem Gott eingebettet ist. Im Wort manifestiert sich Gott als Handelnder. Gottes Heilshandeln aber ist nicht einfach πρᾶξις oder ποίησις, sondern δρᾶμα, wie neuere Ansätze einer dramatischen Theologie zu bedenken geben (vgl. Körtner 2000, 143–164). Dementsprechend ist das Drama ein angemessenes Interpretament des göttlichen Handelns bzw. Wortgeschehens, das wiederum in der gottesdienstlichen Liturgie als einem dramaturgischen Geschehen seine kongeniale Darstellung findet.

Eine evangelische Theorie des Gottesdienstes wird freilich gegenüber der orthodoxen wie der katholischen Tradition auf die theologischen Ambivalenzen des Kultisch-Dramatischen und auf die kultkritischen Implikationen nicht nur der Prophetie Israels, sondern auch des Todes Jesu als des Endes des Opfers hinweisen. Damit verbindet sich auch eine unterschiedliche Bewertung der Rolle der Kirche im Heilsgeschehen und seiner liturgischen Vergegenwärtigung. Eine Stärke theodramatischen Denkens liegt aber u.a. darin, dass es ermöglicht, den Zusammenhang von Gottesdienst und christlicher Lebensführung zu erhellen, insofern diese insgesamt als ein darstellendes Handeln verstehbar wird, durch welches das Heilsgeschehen vergegenwärtigt wird. Letztlich muss das den Glauben begründende und von ihm thematisierte Wortgeschehen in dieser Weite gefasst werden, welche den Bogen von der Liturgik zur Ethik schlägt.

C. Rettendes und segnendes Handeln Gottes

Gemäß einer Unterscheidung von Claus Westermann bezeugt die biblische Überlieferung Alten und Neuen Testaments nicht nur Gottes rettendes Heilshandeln, sondern auch sein segnendes Handeln. Während das rettende Handeln Gottes in besonderen geschichtlichen Ereignissen besteht, die in der Menschwerdung Gottes, in Kreuz und Auferstehung Christi ihre Mitte und in der Vollendung der Schöpfung ihr eschatologisches Ziel haben, ist Gottes segnendes Handeln als stetige Bewahrung der Schöpfung und der Geschöpfe erfahrbar. Auch der christliche Gottesdienst verkündigt und feiert sowohl Gottes rettendes wie sein segnendes Handeln. Eben darum ist er von Segensworten (z.B. Kanzelsegen, aaronitischer Segen Num 6,24–26) durchzogen, wozu auch zwischen Liturgen und Gemeinde ausgetauschte Worte des Grußes gehören (Salutatio). Rettendes und segnendes Handeln Gottes dürfen freilich nicht voneinander isoliert betrachtet werden, auch wenn Gruß und Segen in eine wortmagische Phase der Religionsgeschichte zurückreichen, die gegenüber den spezifisch heilsgeschichtlichen Traditionen Israels relativ unabhängig ist. »Wo in der Bibel von Gottes Zuwendung zu den Menschen gesprochen wird, gibt es neben seinem rettenden das segnende Handeln. *Erst beides miteinander wirkt Geschichte«* (Westermann 1981a, 12).

Als performativer Sprechakt, der Gottes segnendes Handeln in seiner inneren Einheit mit seinem rettenden Handeln vergegenwärtigt, steht der Segen in einer inneren Beziehung zu den Sakramenten, in deren Vollzug auch Segensworte gesprochen werden. Zugespitzt kann man sogar sagen: »Der Segen ist das älteste Sakrament« (Westermann 1981b, 536).

Christlich gedeutet ist auch der Segen eine Form der Heilszusage. Seiner sprachlichen Gestalt nach redet er »nicht wie Gebet und Fürbitte Gott direkt an, sondern ist unmittelbar dem Menschen als Zuspruch zugewandt«; er ist aber auch »nicht wie die Absolution ein direkter indikativischer Zuspruch, sondern hat eine innere optativische Struktur, die eine bittende Hinwendung des Segnenden zu Gott ausdrückt und auch im Sprachlichen sichtbar wird«. D.h. der Segen ist die »Synthese von exhibitivem Zuspruch der Heilsgabe und fürbittendem Aufblick zu Gott als dem Geber aller Gaben« (Brunner 350). Diese sprachliche und geistliche Eigentümlichkeit unterscheidet den Segen von anderen Formen der Evangeliumsdarbietung.

Der Segen ist wie der Segensgruß ein performativer Sprechakt. Unter Wort und Gestus wird also mehr als ein bloßer Wunsch ausgesprochen, weil sich der Segnende auf die biblische Verheißung der Gegenwart des dreieinigen Gottes und des Segens Christi berufen kann. Der Segen im christlichen Gottesdienst hat sein Vorbild im segnenden Christus selbst (Mk 10,13–16 par; Lk 9,16; 22,17; 24,30 par; 24,50 f.). Performativ spricht der Segnende dem Gesegneten ein Stück der unverfügbaren Wirklichkeit von Gottes erhaltender Lebenskraft zu. Der Segen gewährt Anteil am Leben, dessen Quelle Gott der Schöpfer, Erlöser und Versöhner ist, und vergewissert die Angefochtenen dieser Teilhabe an der göttlichen Lebensfülle.

D. Gotteswort und Menschenwort

Für ein theologisches Verständnis des Gottesdienstes als Wortgeschehen ist die Unterscheidung und Verschränkung von Gotteswort und Menschenwort grundlegend, welche die gesamte biblische Tradition durchziehen. In der prophetischen Tradition Israels ist das menschliche Wort des Propheten unmittelbar als Wort Gottes verstanden worden. Und auch das Wort der Tora gilt im Alten Testament als Offenbarung des göttlichen Willens. Wo Gott im buchstäblichen Sinne redet, da spricht er durch Menschen.

Im Neuen Testament wird Jesus von Nazareth als das Wort Gottes bezeichnet. Der prophetischen Traditionslinie Israels folgend heißt es in Hebr 1,1: »Nachdem Gott vorzeiten vielfach und auf vielerlei Weise geredet hat zu den Vätern ..., hat er in diesen letzten Tagen zu uns geredet durch den Sohn.« Der Sohn ist freilich nicht mehr unmittelbar präsent, sondern nur mittelbar durch die christliche Verkündigung, paulinisch gesprochen: im Kerygma.

Das κήρυγμα Ἰησοῦ Χριστοῦ ist bei Paulus gleichermaßen die Verkündigung, deren Inhalt Jesus Christus ist, wie die Verkündigung, als deren Urheber und Subjekt Christus zu gelten hat. Dies verhält sich so, weil Wort und Glaube zuhauf gehören (Luther). Dadurch, dass der Verkündiger – mit Rudolf Bultmann gesprochen – zum Verkündigten geworden ist, spricht er selbst in die Gegenwart hinein. Ist also in der prophetischen Tradition Israels das Wort der Tora bzw. das Wort des Propheten Gottes Wort für die jeweilige Gegenwart, so in neutestamentlicher Perspektive das Wort des Glaubens, freilich ohne, dass dieses undialektisch mit dem Wort Gottes identifiziert werden darf. Dies wird schon daraus ersichtlich, dass durch seine Anwendung auf den Menschen Jesus von Nazareth der Ausdruck »Wort Gottes« zur Metapher wird.

In der von einem Bericht zu unterscheidenden Botschaft des Glaubens, in welcher der Glaube an Jesus als den Christus bekannt wird, kommt Gott selbst zur Sprache. Solchermaßen tritt Gott als Grund des Glaubens und damit als Grund aller Wirklichkeit in Erscheinung. »Wort des Glaubens« ist sowohl als Genetivus subiectivus als auch als Genetivus obiectivus zu verstehen. Das Wort des Glaubens ist also einerseits das Bekenntnis von Glauben, andererseits aber die Provokation zum Glauben. »Provokation« meint wörtlich »hervorrufen«. Sofern das Wort des Glaubens die Weise ist, in der Gottes schöpferisches Wort vernehmbar wird, meint »hervorrufen« soviel wie »ins Sein rufen«, nicht etwa nur »herausfordern«. Die Provokation des Wortes des Glaubens besteht aber nicht etwa nur in einer Forderung, d.h. in einem Appell zum Glauben. Vielmehr spricht das Wort in der Weise vom Glauben, »dass es ihn zuspricht und gibt, anstatt ihn nur zu fordern und abzuverlangen« (Ebeling 1979, 251). Wie schon im Neuen Testament ist der Glaube grundsätzlich ein fester Bestandteil des Ereignisses, das er bezeugt und im Gottesdienst feiert.

Von der doppelten Bedeutung des Begriffes »Wort des Glaubens« aus ist der Gottesdienst insgesamt als Wortgeschehen zu verstehen. Er ist gleichermaßen Bekenntnisakt wie Verkündigung, Anrede wie Anrufung Gottes, Wort und Antwort. Wenn diese Aspekte auch durch die verschiedenen Elemente des Gottesdienstes einzeln zur Darstellung gelangen, muss doch stets ihr innerer Zusammenhang gesehen werden.

II. Das Wort des Glaubens: Bibel, Schriftlesung, Predigt und Abendmahl (Eucharistie)

Das Wort des Glaubens begegnet sowohl in mündlicher als auch in schriftlicher Gestalt, wobei für alle seine mündlichen und schriftlichen Gestalten gilt, dass für sie der Rückbezug auf die kanonischen Texte der Bibel normativ ist. Verkündigung vollzieht sich im Christentum im weitesten Sinne (also keineswegs nur in der Predigt!) als Schriftauslegung. Und im Gottesdienst versammelt sich die christliche Gemeinde als Auslegungsgemeinschaft.

A. Bibel

Auch wenn die Botschaft des Glaubens, mit Luther gesprochen, in erster Linie mündlich Geschrei ist, ist doch das Christentum in einem eminenten Sinne Buchreligion, wie aus der zentralen Rolle der Bibel als Medium der Verkündigung und als eines heiligen Gegenstandes im Gottesdienst ersichtlich ist. »Es lässt sich sogar die These vertreten, dass die Geschichte des christ[lichen] Gottesdienstes am angemessensten als Geschichte der B[ibel] in der Versammlung der Kirche untersucht wird« (Lathrop 1433).

So findet im orthodoxen Gottesdienst im Rahmen der sog. Katechumenenliturgie der feierliche »Kleine Einzug« mit dem Evangelienbuch statt. Geführt von Leuchtenträgern, treten der Diakon mit hocherhobenem Evangeliar und nach ihm der Priester aus der nördlichen (vom Kirchenraum aus gesehen linken) Tür der Ikonostase in das Mittelschiff der Kirche. Sie durchschreiten den Kirchenraum und kehren durch die Königliche Pforte in den Altarraum zurück. Dieser Ritus ist selbst schon ein Akt der Verkündigung, nämlich die dramatische Reinszenierung des Weges Christi zu seiner irdischen Predigtwirksamkeit, die von Epistel- und Evangelienlesung gefolgt wird. Im evangelischen Gottesdienst kommt die zentrale Stellung der Bibel dadurch zur Geltung, dass die aufgeschlagene Bibel stets auf dem Altar liegt. Hierin findet die fundamentale Akzentverschiebung von der kirchlichen zur biblischen Autorität, die sich in der Reformation gegenüber der katholischen Lehre vollzog, ihren sinnbildlichen Ausdruck.

Von Beginn der Kirchengeschichte an besteht zwischen der Entstehung der christlichen Bibel und dem Gottesdienst ein Wechselverhältnis. Hierbei ist zu beachten, dass zwischen »Bibel« als deskriptivem Begriff für die Sammlung der kanonischen, heiligen Texte des Christentums – welche die Sammlung der kanonischen Texte des Judentums einschließt – und »Heiliger Schrift« als normativem Begriff für die religiöse Geltung und den religiösen Gebrauch dieser Texte im Christentum unterschieden werden muss. »Die Abgrenzungen zwischen der B[ibel] als einer Sammlung von Büchern mit symbolischer ... Bedeutung und dem christl[ichen] Gottesdienst als Geschehen sind weder klar noch undurchdringlich« (Lathrop 1432). Wie das Beispiel des Canon Muratori zeigt, wurde sogar der – in Umfang und Aufbau variierende – biblische Kanon selbst, d.h. die Aufzählung der biblischen Bücher, gelegentlich als liturgische Liste der Bücher verstanden, welche die Gemeinde in ihren Gottesdiensten mit Recht liest. Darüber hinaus lassen sich zahlreiche Verbindungslinien zwischen den biblischen Texten und den gottesdienstlichen Vollzügen nachweisen, sodass das darstellende Handeln des christlichen Gottesdienstes insgesamt als Ausführung eines biblischen Auftrags und als symbolische Darstellung biblischer Sinngehalte verstanden werden kann. Und schließlich ist die gottesdienstliche Sprach- und Bildwelt in Liedern, Gebeten, Predigt und Sakramenten oft direkt der Bibel entnommen.

Das gilt auch für den grundlegenden Aufbau des christlichen Gottesdienstes in seinen unterschiedlichen Spielarten. »Von frühchristl[icher] Zeit an gehören zur Liturgie die beiden Pole Wort und Tisch« (Wainwright 1201). Seinen Ursprung hat dieses Schema möglicherweise in der Emmaus-Erzählung Lk 24,13–35. Die Feier der Eucharistie aber ist eine kultische Inszenierung des letzten Abendmahles Christi mit seinen Jüngern bzw. seiner schon im Neuen Testament bezeugten stetigen kultischen Wiederholung, die Überlieferung und bleibender Auftrag ist (I Kor 11,23–26). Die grobe Unterteilung der Liturgie in Wortgottesdienst und Eucharistie ist gemeinsames Erbe aller Traditionen bzw. Konfessionen des Christentums, wenngleich die Ausgestaltung und das Schwergewicht auf Wort oder Sakrament in Geschichte und Gegenwart recht unterschiedlich ausfallen. Die innere Einheit von Wort und Sakrament symbolisiert in evangelischen Kirchen die aufgeschlagen auf dem Altar bzw. dem Abendmahlstisch liegende Bibel.

Am offenkundigsten ist die Bibel im christlichen Gottesdienst in ihrem Gebrauch als Heilige Schrift gegenwärtig, d.h. in liturgischen Texten, welche biblische Worte rezitieren (z.B. das Sanctus, Akklamationen wie das Halleluja oder das Amen, der aaronitische Segen), in den biblischen Lesungen, in der Predigt und im Gebet. So hat die christliche Gemeinde schon früh den Psalter als Text und als Muster ihres eigenen Gebetes aufgenommen. Allerdings muss nicht unbedingt die ganze Bibel als Buch zum Einsatz kommen. Für die Lesungen wird zumeist ein Lektionar, also ein für den gottesdienstlichen Gebrauch nach dem Aufbau des Kirchenjahres konzipiertes Lesebuch mit ausgewählten biblischen Texten, verwendet. Die am weitesten verbreiteten Lektionare sind der »Ordo Lectionum« der römisch-katholischen Kirche 1969/70 und seine ökumenischen Variationen vom LWB 1978 über das ASB 1980 bis zum Revised Common Lectionary 1992 und Adaptionen in verschiedenen Sprachen und Konfessionen.

Die konstitutive Rolle der Schrift als Gestalt des Wortes im christlichen Gottesdienst verdeutlicht systematisch die grundlegende Dialektik von Oralität und Literalität im Christentum und verweist historisch auf die Anfänge des christlichen Gottesdienstes im jüdischen Synagogengottesdienst. Wenngleich die Teilnahme am jüdischen Gottesdienst im Jerusalemer Tempel und in Synagogen nur von kurzer Dauer war, übernahm doch das Christentum Symbole aus dem Tempel und von der Synagoge Organisation, Formen des Gebets und die Praxis des Lesens und Auslegens der Heiligen Schrift. Auch wenn sich im Christentum ein eigenständiger, zweigeteilter Kanon herausbildete, bleibt doch historisch-genetisch wie systematisch-theologisch bedeutsam, dass die sich zeitgleich mit der Entstehung des Christentums entwickelnde bzw. verfestigende jüdische Bibel bleibender Bestandteil des christlichen Kanons wurde.

Die Stellung des Alten Testaments bzw. der jüdischen Bibel im christlichen Gottesdienst ist allerdings nicht unangefochten, obwohl doch die Lesung und Auslegung alttestamentlicher Texte zum Gottesdienst des frühen Christentums gehörte. Die aufkommende Praxis der hinzukommenden Lesung der apostolischen Briefe und der Evangelien führte allmählich zur Verdrängung des Alten Testaments, womit sich aus heutiger Sicht eine problematische Abgrenzung des Christentums vom Judentum vollzog. In der römischen Liturgie verschwand die alttestamentliche Lesung bereits im 6. Jh., bis zum 9. Jh. auch in den östlichen Riten. Während der orthodoxe Gottesdienst bis heute ausschließlich neutestamentliche Lesungen (Epistel und Evangelium) kennt, wurde durch die nachkonziliare Liturgiereform und durch die Perikopenrevisionen nach 1945 in der römisch-katholischen und in der reformatorischen Tradition die alttestamentliche Lesung wieder eingeführt. Das EGb stellt es frei, alle drei Lesungen zu halten, worin ein Anliegen der gegenwärtigen liturgischen Bemühungen besteht. Sofern (einschließlich der Verlesung des Predigttextes) nur zwei Lesungen vorgesehen sind, ist unter Beibehaltung der Evangeliumslesung entweder auf die alttestamentliche oder auf die Epistellesung zu verzichten. Im Rahmen der Schriftlesungen ist die Verwendung des Alten Testaments also nur fakultativ. Seinen festen Platz hat es aber im Rahmen der Perikopenordnungen innerhalb der Predigt, sowie durch die Verwendung der Psalmen als Gebetstexte.

B. Schriftlesung (s. auch →Die Perikopen)

Lesung und Auslegung alttestamentlicher Texte gehörten zum Gottesdienst des frühen Christentums. Von Beginn an bezog sich die zunächst ausschließlich mündliche Verkündigung des Evangeliums von Jesus Christus auf die Schrift, nämlich auf die heiligen Schriften Israels. Paradigmatisch ist Jesus selbst, der im Synagogengottesdienst die Schrift auslegt (Lk 4,16–30; dort Jes 61,1f. in Kombination mit Jes 58,6). Auch bei Paulus bezieht sich das Wort Christi bzw. das Evangelium oder Kerygma, das sich in mündlicher Kommunikation Gehör verschaffen will, auf die Schrift, d.h. die jüdische Bibel – und zwar nicht nur in ihrer hebräischen, sondern auch in ihrer griechischen Version (vgl. z.B. Röm 10,11.16 oder auch Röm 9,33). Das Kerygma – und damit Gott selbst – kommt zur Sprache bzw. zu Gehör, indem die Schrift (vor)gelesen und ausgelegt wird. Das für den christlichen Glauben grundlegende Hören ist das Hören eines schriftgemäßen Wortes bzw. ein Hören der Schrift, d.h. der schon im Akt des Lesens – und nicht erst des Auslegens – applizierten biblischen Texte.

Paulus ist freilich auch der erste christliche Verkündiger, der seinerseits neue Texte verfasst hat, aus denen das Bewusstsein apostolischer Vollmacht spricht und die nach seiner Anweisung in den Versammlungen der Gemeinden verlesen werden sollten (I Thess 5,27; vgl. auch in den Deuteropaulinen Kol 4,16). Gottesdienstliche Lesung und Kanonisierung frühchristlicher Schriften, die ihrerseits z.T. alttestamentliche Texte zitieren und interpretieren, bedingen sich wechselseitig. Neben der öffentlichen Lektüre stand aber auch die private Lektüre (vgl. Mk 13,14; Mt 24,15; Apg 8,28.30; Apk 1,3; 22,18 f.).

Im Akt der gottesdienstlichen Rezitation wird die Bibel zur Heiligen Schrift, und d.h. immer schon auch zur ausgelegten und applizierten Schrift. Schon die bloße Verlesung eines Bibeltextes ist »ein Stück Auslegung, Aktualisierung: Der Verlesende spricht dieses Wort immer auf seine Weise in eine konkrete Situation hinein, die über die Rezeption, das Verständnis, die Wirkung des verlesenen Wortes aktuell mitbestimmt« (Bieritz 111). Auslegung sind auch die jeweils verwendete Übersetzung, die Auswahl des zur Verlesung kommenden Textes durch den Liturgen und die Situierung der Lesung in einem konkreten liturgischen Ablauf, in welchem sich die verschiedenen Texte gegenseitig auslegen und sinnbereichern. Diese Form von liturgischer Intertextualität ist ein praktisches Beispiel für den Zuwachs an Textsinn im Prozess der Rezeptionsgeschichte, den die theologische Tradition mit der Lehre vom sensus plenior zu erfassen versucht hat.

Liturgiewissenschaftlich ist hierbei die kreative Funktion der Hörenden im Akt des Hörens zu bedenken. Analog zu rezeptionsorientierten Texttheorien, welche die Rolle des Lesers beim Zustandekommen eines Textsinns im Akt des Lesens analysieren, ist auch eine Theorie des Zustandekommens von Textsinn im Akt des Hörens zu entwickeln. Dass das Hören zum existentiellen Verstehen, d.h. aber zum Glauben führt, lässt sich letztlich nur pneumatologisch als Wirken des Heiligen Geistes bzw. als testimonium spiritus sancti internum deuten.

Gegenüber Tendenzen zur Individualisierung oder Pädagogisierung des sonntäglichen Gottesdienstes verweist die Praxis eines festen Jahreszyklus von Grundlesungen darauf, dass der einzelne Liturg wie auch die einzelnen Gottesdienstbesucher eingebunden sind in die Kirche als Auslegungsgemeinschaft und ihre Rezeptionsgeschichte der Bibel und des durch diese bezeugten Evangeliums.

C. Predigt (s. auch →Die Predigt im Gottesdienst)

Die zweite Grundgestalt christlicher Verkündigung im Gottesdienst ist die Predigt. In ihr wird das Ineinander wie die Unterscheidung von Gotteswort und Menschenwort besonders virulent. Die Predigt ist menschliche Rede, die als Wort Gottes vernommen werden soll. Die berühmte Marginalie Heinrich Bullingers aus der Confessio Helvetica Posterior (1562): »Praedicatio verbi Dei est verbum Dei«, ist als pneumatologisch begründete Glaubensaussage zu verstehen. Sie unterscheidet zwischen äußerer Verkündigung und innerer Erleuchtung und wahrt so den Unterschied zwischen Gotteswort und Menschenwort, wenngleich bei Bullinger eine nicht unproblematische Nähe zu einem spiritualistischen Wortverständnis besteht.

Worin aber besteht nun genau die praedicatio verbi Dei? Offenbar unterscheidet sich die Predigt des Wortes Gottes von prophetischer Rede, auch wenn der Predigt eine prophetische Dimension zugeschrieben wird. In der Regel wird der Prediger seine Aussagen nicht mit der Wendung: »So spricht der Herr« beginnen. Im Normalfall handelt es sich bei der Predigt um eine textgebundene Rede, welche die Auslegung eines Bibeltextes zum Ziel hat. Da auch der biblische Text nicht unmittelbar Wort Gottes ist, lässt sich die These Bullingers offenbar nur so verstehen, dass die menschliche Predigt ein indirektes, nämlich in doppelter Weise vermitteltes Gotteswort ist, das im Akt des Hörens für den Rezipienten zum Wort Gottes, d.h. zur göttlichen

Anrede werden kann und in der Perspektive des Glaubens unter der Verheißung steht, tatsächlich Wort Gottes im Hier und Heute werden zu sollen.

Als religiöse Rede ist die Predigt Wort des Glaubens in dem bereits darlegten doppelten Sinn des Begriffs. Sie hat die Struktur der Zusage, des Zuspruchs, der promissio, bzw. hat sie in der Kategorie der promissio ihr Kriterium. Als Sprechakt des Zuspruchs hat die Predigt wiederum sakramentalen Charakter. Besser gesagt ist nach evangelischem Verständnis das Wesen des Sakraments von seiner Promissio-Struktur her zu begreifen. Dementsprechend lässt sich von der Predigt sagen, dass sie ihrer Funktion nach der performative Zuspruch der Sündenvergebung ist und seiner Vergewisserung dient. Sie ist also in ausgezeichneter Weise das, was E. Lange als »Kommunikation des Evangeliums« bezeichnet hat (Lange 11).

Zum Wort Gottes aber wird die Predigt nicht schon allein im Akt des Redens, sondern – ubi et quando visum est Deo – erst im Akt des Hörens. Dementsprechend versuchen neuere Ansätze der Homiletik, die unterschiedlichen Konzeptionen einer rezeptionsorientierten Texthermeneutik homiletisch fruchtbar zu machen. Dies bedeutet aber, dass nicht nur der Prediger, sondern auch die Hörer als Medium des Wortes Gottes begriffen werden müssen und dass die Auslegung der Bibel im Predigtgeschehen von Prediger und Hörern gemeinsam vollzogen wird. Die Kompetenz der Gottesdienstgemeinde darf also nicht auf die Fähigkeit zur Beurteilung der Lehre beschränkt werden, die ihr Luther zugesprochen hat. Sie erstreckt sich auch auf die Tätigkeit der Gemeinde, sich im buchstäblichen Sinne eigene Verse auf die Predigt zu machen, die wiederum zu hundert Prozent vom Evangelium und zu hundert Prozent von ihrer Situation motiviert sind (Engemann 480).

Allerdings besteht heute die Gefahr einer Ästhetisierung der Predigt, welche die Frage nach der Wahrheit und Verbindlichkeit des gepredigten Wortes ausblendet und mit einer Atomisierung der Hörerinnen und Hörer bzw. einer »homiletischen *Vereinsamung*« (Krieg 225) einhergeht. Grundlegend für die Verhältnisbestimmung von Text und Predigt ist die Autonomie, welche der Text im Zuge seiner Verschriftung und Auslegung sowohl gegenüber dem Autor als auch gegenüber seinen Lesern und Hörern gewinnt. Die Predigt soll nicht die Fiktion erzeugen, als spreche der Autor des biblischen Textes unmittelbar durch den Prediger. Der Prediger, die Predigerin ist nicht der Bauchredner des Autors, sondern ein Leser, eine Leserin, die im Akt des Lesens selbst zu einem eigenverantwortlichen Autor, einer Autorin werden.

Die Predigt ist also nicht die Wiederholung des biblischen Textes, sondern ein diesem gegenüber neuer Text, zwar ein vom biblischen Text provozierter und inspirierter, jedoch ein eigenständiger Text. Sie gewinnt ihrerseits im Akt des Predigens und Hörens Autonomie gegenüber ihrem Autor, dem Prediger. Das bedeutet nun keineswegs die Wahrheitsfrage in der Predigt zu suspendieren. Aber »Garant der Wahrheit« der biblischen Schriften »kann nur der Leser oder Hörer, d.h. die einzelne christliche Person sein – unabhängig von ihrem kirchlichen oder theologischen Status« (Wischmeyer 72), so gewiss die Struktur christlicher Wahrheit subjektbezogen und bekenntnisbezogen ist.

Zu beachten ist auch, dass sich die Predigt über neutestamentliche Texte hermeneutisch keineswegs von selbst versteht. Die neutestamentlichen Texte selbst sind nämlich »weder von ihrer Struktur noch von ihrer Aussage her genuin applikative Texte, die erst in der Anwendung ihren eigentlichen Sinn entfalten oder von vornherein dieser Anwendung bedürfen. Sie ›wollen‹ nicht gepredigt werden. Ihre genuine Adaption ist nicht die Applikation, sondern die ἀνάγνωσις, die Lektüre – sei es die öffentliche Lektüre in der Versammlung ... oder die persönliche Lektüre« (Wischmeyer 74). »Predigttext« (Perikope) und neutestamentlicher Text sind also keinesfalls identisch, weshalb auch Liturgie und Predigt nicht voneinander getrennt oder gegeneinander ausgespielt werden dürfen. Andererseits werden biblische Einzeltexte durch die

Predigt aus ihrem Kontext befreit und im Geschehen des Gottesdienstes in eine neue Situation versetzt, wo sie neue selbstständige Wirkungsmöglichkeiten entfalten können. Zugleich weitet die Predigt die ursprüngliche Reichweite des Textes aus und kann im besten Fall gegenwärtige Dimensionen eines sachlichen Textverstehens eröffnen. Dies setzt allerdings voraus, dass die Autonomie des Textes vom Prediger geachtet wird, und dieser nicht den Text als Vehikel seiner unreflektierten Subjektivität missbraucht.

D. Abendmahl / Eucharistie (s. auch →Die Eucharistie)

Zu den Formen des Wortes des Glaubens gehören auch die Sakramente. Diese Feststellung versteht sich theologisch nicht von selbst. In Abwehr des traditionellen römisch-katholischen Sakramentsverständnisses neigt vor allem die lutherische Theologie dazu, die Sakramente einseitig als Wort bzw. Handeln Gottes zu interpretieren. Reformierter Tradition entspricht es, die Sakramente gleichzeitig als menschliche Handlungen zu deuten, durch welche der Glaube bezeugt wird. Karl Barth interpretierte die Sakramente sogar ausschließlich als ein menschliches Handeln, nämlich als Antwort des Glaubens auf das Evangelium, als Bekenntnis und Anfang des neuen Lebens aus Glauben, d.h. aber als Thema der theologischen Ethik. Die hier vorgeschlagene Interpretation der Sakramente plädiert dafür, sie einer doppelten Betrachtungsweise zu unterziehen. Demnach sind sie leibliches Wort des Glaubens und zugleich Wort Gottes. So wie etwa die Predigt Wort des Glaubens ist, in, mit und unter dem Gott selbst zur Sprache kommt – ubi et quando visum est Deo –, so auch die Sakramente.

Allerdings verdient die Sakramentstheologie Luthers darin Zustimmung, dass das Verhältnis von Gotteswort und Menschenwort nicht so zu bestimmen ist, dass die äußerliche Handlung allein dem Menschen, Gott allein aber das innerliche Geschehen im religiösen Bewusstsein der Beteiligten zugeschrieben wird. Wenn Luther jedoch erklärt, sowohl das äußere als auch das innere Handeln bei den Sakramenten solle allein Gott zugeschrieben werden, als sei Gott der Autor, der Mensch lediglich sein Werkzeug, das Werk beider aber ein und dasselbe, führt dies zu einer Verengung sowohl der Lehre vom Wort Gottes als auch der christologischen Zweinaturenlehre. Das sakramentstheologische Problem wird auch verkürzt, wenn im Sinne einer substanzontologischen Zweinaturenlehre lediglich das Verhältnis von Wort und Element diskutiert und dabei der Aspekt der rituellen Handlung völlig vernachlässigt wird. Die sakramentale Handlung muss vielmehr als das Zusammensein von Gott und Mensch bzw. Mensch und Christus begriffen werden. Eben dies erfordert aber eine trinitarische Sicht der Sakramente, welche nicht einfach göttliches und menschliches Handeln zusammenfallen lässt, sondern zwischen Christus und dem Geist unterscheidet, ohne sie in platonisierender bzw. spiritualistischer Weise zu trennen.

Die Sakramente sind ein Wortgeschehen in Gestalt von Handlungen. Während sie jedoch z.B. Ebeling einseitig als »Empfangshandlungen« interpretiert (Ebeling 1979, 321), charakterisiert sie Ulrich Kühn m.E. treffender als »geistgewirkte Antworthandlungen aus Glauben, die als solche zum Zeugnis für das Wort Gottes, ja zu seinem Instrument werden« (Kühn 219). Es handelt sich also bei den Sakramenten um ein Wortgeschehen des Glaubens im oben erläuterten doppelten Wortsinn, d.h. um menschliche Antwort auf das Evangelium, die ihrerseits zum Wort Gottes werden und im Vollzug der sakramentalen Handlung als solches vernommen werden kann, sodass es für den einzelnen Teilnehmer nun in der Tat zu einer Empfangshandlung wird.

Ist jedes Wort Gottes, sprachanalytisch betrachtet, ein performativer Sprechakt, der die Struktur der Verheißung bzw. der Zusage (promissio) hat, so handelt es sich bei den Sakramenten um Sprachhandlungen mit Verheißungsqualität (vgl. Apol. CA XIII; BSLK 292,14–16), die unter einem physischen Handeln, unter symbolischen Gesten vollzogen werden. Hierbei kommen materielle Zeichen – Wasser bei der Taufe, Brot und Wein beim Abendmahl – zum Einsatz, deren symbolische Bedeutung sich aber erst im Kontext der gesamten Handlung einschließlich der dabei verwendeten Worte erschließt. Hinzu kommt, dass sie eine feste, auf Wiederholung angelegte Form besitzen. Es handelt sich also um Rituale. Gegenüber dem Verkündigungswort in Lesung und Predigt besteht die Besonderheit des Sakraments darin, »ein seiner Struktur nach spezifisch gemeinschaftliches Handeln (aus Glauben)« zu sein, »in welchem Grundsituationen des Einzelnen und der Gemeinschaft zum Ausdruck kommen« (Kühn 219). Wie das gottesdienstliche Bekenntnis haben auch die Sakramente einen spezifisch ekklesialen Charakter, weil es sich um Feiern der glaubenden Gemeinde handelt, die sich zum Gedächtnis Christi wie auch zu seinem Lob und Dank versammelt.

Gedächtnis, Lob und Dank Christi sind insbesondere die Funktion des Abendmahls als Verkündigungsgeschehen im Gottesdienst. Die Feier des Abendmahls kann durchaus als gemeinschaftliche Predigt der versammelten Gemeinde verstanden werden, bei welcher den Kommunikanten keineswegs nur die Rolle rezeptiver Beteiligung, sondern durchaus auch diejenige der qualifizierten Mitwirkung zukommt. In diesem Sinne deutet jedenfalls Paulus die christliche Mahlfeier, wenn er in I Kor 11,26 erklärt: »Sooft ihr von diesem Brot esst und aus diesem Kelch trinkt, verkündigt ihr den Tod des Herrn, bis er kommt.« Das Abendmahl ist also eine besondere Gestalt des den Glauben bezeugenden und Glauben provozierenden Kerygmas. Seine kergymatische Qualität hängt nicht in erster Linie an den Einsetzungsworten (verba testamenti), die ursprünglich nicht zur eigentlichen Abendmahlsliturgie gehörten, sondern erst vom 3. Jh. an zu deren Bestandteil wurden und in der westlichen Liturgietradition konsekratorische Bedeutung erhielten. Luther dagegen deutete sie als Stiftungs- und als Testamentsworte, d.h. als Summe des ganzen Evangeliums. Den Wortcharakter des Abendmahls und damit die Einheit von Wort und Sakrament hebt auch die Lima-Erklärung zur Eucharistie (1982) hervor: »Da die ›Anamnese‹ Christi den zentralen Gehalt des gepredigten Wortes wie des eucharistischen Mahles ausmacht, stärkt das eine das andere« (E 12).

Der Einsicht in den Gemeinschaftscharakter des sakramentalen Handelns in der Mahlfeier entspricht es, wenn die Einsetzungsworte wieder vermehrt als Teil des Eucharistischen Gebetes verstanden werden, wie dies z.B. im EGb 1999 der Fall ist. Die aus der oberdeutschen Tradition stammende Grundform II betont demgegenüber stärker die verkündigende Funktion der Einsetzungsworte, verbindet sie jedoch mit dem Gebet, in welchem sich das Handeln der Gemeinde vollzieht.

III. Weitere Gestalten des Wortes im Gottesdienst

A. Eingangswort

Zu Beginn des evangelischen Gottesdienstes wird ein Bibelvers als Eingangswort gesprochen, das am Proprium des Sonntags teilhat und also dem Kirchenjahr folgt. Nach dem EGb kann als Eingangswort der Wochenspruch verwendet werden, der die Botschaft des Sonntagsevangeliums in prägnanter Weise zusammenfasst und als Leitvers der ganzen Woche fungiert.

Eröffnet wird der Gottesdienst mit der trinitarischen Formel: »Im Namen des Vaters und des Sohnes und des Heiligen Geistes«. Unter dieses Vorzeichen wird das gesamte gottesdienstliche Geschehen gestellt und legitimiert. Bisweilen lässt sich in der Praxis beobachten, dass Liturgen die geprägte Eingangsformel durch kommentierende Zusätze erweitern oder durch andere Wendungen ersetzen. Im Einzelfall mag dies akzeptiert werden und der Verlebendigung der Tradition dienen. Bisweilen verraten solche Aktualisierungsversuche aber nur die persönlichen

Schwierigkeiten des Liturgen mit dem trinitarischen Gottesbegriff der Kirche oder seine persönlichen theologischen Vorlieben und sind Teil einer durchgängigen Pädagogisierung der Liturgie, die durch ständige (und nicht selten überflüssige) Erläuterungen unterbrochen wird. So begrüßenswert alle Versuche zur Verlebendigung der Liturgie auch sind, sollte doch die Subjektivität des Liturgen hintanstehen und erkennbar bleiben, dass der einzelne Gottesdienst eingebunden ist in die gemeinsame Glaubensüberlieferung der Kirche und ihre die Gegenwart übersteigende Geschichte. Aktualität und Kontinuität müssen liturgisch in ein ausgewogenes Verhältnis gesetzt werden.

B. Psalm

Schon in neutestamentlicher Zeit verwendeten die christlichen Gemeinden die alttestamentlichen Psalmen als Lieder und Gebete (I Kor 14,15.26; Eph 5,19; Jak 5,13). Der Psalter als Buch wird im Neuen Testament mehrfach erwähnt (Act 1,20; 13,33). Seit alters hat der alttestamentliche Psalm seinen Platz im Eröffnungsteil des Gottesdienstes. Allerdings werden die Psalmen in der Regel nur auszugsweise rezitiert, worin bereits ein Akt christlicher Rezeption und Interpretation zu sehen ist. Die verwendeten Psalmen sind sowohl Gebet als auch Bekenntnis, verkündigender Lobpreis oder Klage. Alt ist die Tradition, die Psalmen im Wechsel zu singen. Gegenwärtige liturgische Bemühungen, die z.B. im EG ihren Niederschlag finden (783–788), zielen auf die Wiederbelebung dieser Praxis auch im evangelischen Bereich. Das EGb sieht für den lutherischen Gottesdienst die Möglichkeit vor, dass entweder der Liturg allein oder Liturg und Gemeinde den Eingangspsalm im Wechsel beten. Das EG bietet die vorgesehenen Psalmen in entsprechender graphischer Gestaltung (702–760).

C. Gebete (s. auch →Das Gebet)

Der Gottesdienst ist ein Kommunikationsgeschehen zwischen Gott und den Menschen. Im Gebet wendet sich die Gemeinde in Lob und Klage, Bitte, Fürbitte und Dank zu Gott und antwortet auf das Wort der Verkündigung. Neben den Psalmen werden eigene christliche Gebetstexte verwendet, seien es agendarisch vorgegebene, seien es vom Liturgen aus Gebetssammlungen ausgewählte oder eigenständig formulierte. Das Gebet kann vom Liturgen allein im Namen der Gemeinde oder von dieser gemeinschaftlich gesprochen werden. Möglich ist auch der Wechsel zwischen Gebetsanliegen, die der Liturg spricht, und Gebetsrufen der Gemeinde (Litanei). Das wichtigste Gebet im christlichen Gottesdienst ist das Vaterunser, das nach neutestamentlicher Überlieferung auf Jesus Christus selbst zurückgeführt (Mt 6,9–13; Lk 11,2–4), jedoch in einer späteren Fassung gebetet wird. Allerdings hat es lange gedauert, bis das Vaterunser zu einem liturgischen Stück im Gottesdienst wurde. Im Rahmen einer Kirchenordnung erscheint es zuerst in der Didache. Das Vaterunser hat seinen liturgischen Ort entweder am Schluss des Gottesdienstes oder im Rahmen der Abendmahlsliturgie. Über Sinn und Wirksamkeit des Gebetes, insbesondere des Bittgebetes, herrscht heutzutage eine theologische Unsicherheit. Dies führt in der Praxis leider nicht selten dazu, dass das Gebet zu einer Art von Zweitpredigt umfunktioniert wird. Das ist eine liturgische Fehlentwicklung, der man entgegen steuern sollte.

D. Lieder (s. auch →Das Kirchenlied)

Wie die gottesdienstlichen Gebete sind auch die Lieder vom biblischen Sprachgut durchdrungen. Die christliche Liederdichtung hat im Psalter ihr Vorbild. Neben Nachdichtungen von Psalmen gibt es aber in Geschichte und Gegenwart ein reiches eigenständiges Liedgut. In ihm finden sich Formen der Verkündigung, des Bekenntnisses und des Gebetes, sowohl des Lobpreises als auch der Bitte und der Klage.

E. Bekenntnis

Das mündliche Bekenntnis zu Jesus Christus als Zeugnis des Evangeliums ist für den christlichen Glauben grundlegend. Paulus schreibt in Röm 10,10: »Wenn man von Herzen glaubt, so wird man gerecht; und wenn man mit dem Munde bekennt, so wird man gerettet.« Im gemeinsamen Bekenntnis spricht die Gemeinde öffentlich ihren Glauben an den dreieinigen Gott aus und preist sein Heilshandeln.

Gemeinsamer Bekenntnistext der östlichen wie der westlichen Tradition ist das Nicaeno-Constantinopolitanum von 325/381. Maßgeblich ist der griechische Text, von welchem die westliche lateinische Tradition durch den Zusatz des »filioque« im Dritten Artikel abweicht. Der ökumenische Dialog der letzten Jahrzehnte hat zwischen dem Osten und dem Westen zumindest insofern eine Annäherung gebracht, als vor allem in ökumenischen Gottesdiensten das Nicaeno-Constantinopolitanum gemeinsam ohne das Filioque gebetet wird. Es gibt inzwischen verschiedene Stellungnahmen westlicher Theologen und Kirchen unterschiedlicher Konfessionen, die dafür plädieren, grundsätzlich auf das Filioque zu verzichten. Von der liturgischen ist allerdings nochmals die dogmatische Frage nach der Legitimität oder Illegitimität des Filioque zu unterscheiden.

In der westlichen Tradition wird das Nicaeno-Constantinopolitanum nur zu besonderen Anlässen gesprochen wird. Das übliche Bekenntnis im Gottesdienst ist das Apostolicum, das aus dem sog. altrömischen Bekenntnis hervorgegangen ist. Dieses ist vermutlich im 3. Jh. entstanden, möglicherweise durch Zusammenwachsen älterer Vorformen. Als Bekenntnis kann aber auch eines der sog. Glaubenslieder gesungen werden (z.B. EG 183 oder 184). In besonderen Gottesdiensten (z.B. Jugendgottesdiensten) werden häufig auch moderne oder neu formulierte Bekenntnistexte verwendet. Das Bekenntnis folgt als Antwort der Gemeinde auf die Evangelienlesung oder – so eine Möglichkeit nach dem EGb – nach der Predigt. Es kann aber auch, wie in der byzantinischen Liturgie, im Abendmahlsteil vor dem Eucharistiegebet stehen.

F. Gruß und Segen

Neben dem rettenden Handeln Gottes verkündigt und preist der Gottesdienst auch das segnende Handeln Gottes. In größter Nähe zum Segen steht der Gruß, der in der Liturgie in Gestalt von Salutationen vorkommt (im Eingangsteil des Gottesdienstes, am Beginn der Abendmahlsliturgie, Friedensgruß im Rahmen des Abendmahlsteils). Gruß und Segen haben ihren Ort an Schwellen des Alltags oder an besonderen Lebensübergängen. Sie begleiten Willkommen und Abschied. Gegenwärtig lässt sich eine bemerkenswerte Neubelebung der Praxis des Segnens beobachten. Das gilt auch für die evangelische Kirche, die traditionellerweise aufgrund ihrer Wortlastigkeit ein gebrochenes Verhältnis zu allen Formen des Rituals und der Leiblichkeit religiöser Vollzüge hat. Neben den gewohnten Segnungen im Sonntagsgottesdienst und bei den Kasualien hat sich eine neue Segenspraxis entwickelt, z.B. bei sog. Thomasmessen oder in der Krankenhausseelsorge (→Benediktionen und Krankensalbung). Das große Segensverlangen vieler Menschen hat eine inzwischen unüberschaubare Fülle von Gebrauchsliteratur hervorgebracht, die von Illustrierungen biblischer Segensgeschichten und -worte über Sammlungen alter oder um- und neuformulierter Segenswünsche, Segenslieder und -tänze bis zu Materialheften mit liturgischen Vorschlägen und Werkstattberichten über Segensgottesdienste reicht. Auch das EG enthält zahlreiche neue Segenslieder und -gebete.

Grundsätzlich ist daran zu erinnern, dass der Segen keineswegs an den Gottesdienst oder an das geistliche Amt gebunden ist. Er repräsentiert ein Stück Alltagsreligiosität und markiert als Schlusssegen den Übergang vom sonntäglichen Gottesdienst zum Gottesdienst im Alltag der Welt (vgl. Röm 12,1). So begrüßenswert die Aufwertung des Segens im evangelischen Glaubensleben auch ist, so deutlich ist einer Klerikalisierung des Segens und einem damit verbundenen unevangelischen Amtsverständnis entgegenzutreten.

G. Weitere Wortelemente des Gottesdienstes

Zum Wortgeschehen des Gottesdienstes gehören ferner das im Wechsel gesungene Kyrie im Eingangsteil, das durch ein Sündenbekenntnis mit anschließendem Gnadenzuspruch ersetzt werden kann, Responsorien und Akklamationen, z.B. das Halleluja als Antwort auf die Epistellesung und das »Lob sei dir o Christe« als Antwort auf die Evangelienlesung. Sodann sind die verschiedenen Gloria-Stücke zu nennen (Gloria Patri nach dem Eingangspsalm, das Gloria Lk 2,14 nach dem Kyrie), der Gesang des »Christe, du Lamm Gottes« (Agnus Dei) nach den Einsetzungsworten beim Abendmahl und das Sanctus (»Heilig, Heilig, Heilig«) im Rahmen der Abendmahlsliturgie. Zu den Wortelementen des Gottesdienstes gehören außerdem die Abkündigungen, die sinnvollerweise vor dem Fürbittengebet stehen, weil sie der Gemeinde nicht nur zur Information über Kasualien oder Gemeindeveranstaltungen dienen, sondern all das mitteilen, was der Gemeinde und den Einzelnen zur Fürbitte empfohlen wird.

H. Ja und Amen

Zum Schluss sei das »Amen« erwähnt, mit welchem die Gemeinde nicht nur die diversen Gebete beschließt, sondern auch auf Kanzel- und Schlusssegen antwortet. Mit dem Amen erklärt die Gemeinde nicht nur ihre Zustimmung zu dem, was gebetet oder gepredigt wird, sondern drückt zugleich ihre Glaubensgewissheit aus, um die immer wieder neu gebeten werden muss: »Amen, das ist: es werde wahr« (Luther, EG 344,9). Das Amen als Antwort der Gemeinde auf das Wort des Glaubens in seinen vielfältigen Gestalten ist wiederum biblisch begründet: Auf alle Gottesverheißungen ist, so Paulus in II Kor 1,20, in Christus »das Ja, darum sprechen wir auch durch ihn das Amen, Gott zum Lobe.«

Literatur →*Spezielle Abkürzungen*

John L. AUSTIN, Zur Theorie der Sprechakte (How to do things with Words), Stuttgart ²1979. – Oswald BAYER, Promissio. Geschichte der reformatorischen Wende in Luthers Theologie (FKDG 24), Darmstadt ²1989. – Ders., Leibliches Wort. Reformation und Neuzeit im Konflikt, Tübingen 1992. – Karl-Heinrich BIERITZ, Lesungen: Hans-Christoph Schmidt-Lauber/Manfred Seitz (Hg.), Der Gottesdienst. Grundlagen und Predigthilfen zu den liturgischen Stücken, Stuttgart 1992, 106–116. – Peter BRUNNER, Der Segen als dogmatisches und liturgisches Problem: Ders., Pro Ecclesia. Gesammelte Aufsätze zur dogmatischen Theologie II, Berlin/Hamburg 1966, 339–351. – Jochen CORNELIUS-BUNDSCHUH, Die Kirche des Wortes. Zum evangelischen Predigt- und Gottesdienstverständnis (APTh 39), Göttingen 2001. – Gerhard EBELING, Dogmatik des christlichen Glaubens, Tübingen, Bd. II ²1982; Bd. III 1979. – Wilfried ENGEMANN, »Unser Text sagt ...«. Hermeneutischer Versuch zur Interpretation und Überwindung des »Texttods« der Predigt: ZThK 93 (1996) 450–480. – Margarete L. FRETTLÖH, Theologie des Segens. Biblische und dogmatische Wahrnehmungen, Gütersloh 1998. – Dorothea GREINER, Segen und Segnen. Eine systematisch-theologische Grundlegung, Stuttgart 1998. – Ulrich H.J. KÖRTNER, Der verborgene Gott. Zur Gotteslehre, Neukirchen-Vluyn 2000. – Ders., Theologie des Wortes Gottes. Positionen – Probleme – Perspektiven, Göttingen 2001. – Gustav A. KRIEG, Die Rede vom Ende der Rede. Frühe Dialektische Theologie und prinzipielle Homiletik: ZThK 94 (1997) 224–252. – Ulrich KÜHN, Sakramente (HST 11), Gütersloh 1985. – Ernst LANGE, Predigen als Beruf. Aufsätze, hg.v. Rüdiger Schloz, Stuttgart/Berlin 1976. – Gordon LATHROP, Art. Bibel V.: RGG⁴ I (1998) 1432–1434. – Andreas OBERMANN, An Gottes Segen ist alles gelegen. Eine Untersuchung zum Segen im Neuen Testament (BThSt 37), Neukirchen-Vluyn 1998. – ORDO LECTIONUM MISSAE Die Leseordnung für die Messfeier, Kongregation für den Gottesdienst (Hg.), 3 Bde, Trier

1969/70. – REVISED COMMON LECTIONARY, USA/Canada/GB 1992. – Wilhelm SCHAPP, In Geschichten verstrickt. Zum Sein von Mensch und Ding, Frankfurt a.M. [3]1985. – Friedrich SCHLEIERMACHER, Die christliche Sitte nach den Grundsätzen der evangelischen Kirche im Zusammenhange dargestellt, hg.v. L. Jonas, Berlin [2]1884. – Geoffrey WAINWRIGHT, Art. Gottesdienst III. Dogmatisch: RGG[4] III (2000) 1200–1202. – Hans WEDER, Neutestamentliche Hermeneutik, Zürich 1986. – Claus WESTERMANN, Der Segen in der Bibel und im Handeln der Kirche (GTBS), Gütersloh 1981a. – Ders., Genesis, 2. Teilbd. (BKAT I/2), Neukirchen-Vluyn 1981b. – Oda WISCHMEYER, Thesen zum Verstehen des Neuen Testaments. Die Bedeutung der neutestamentlichen Hermeneutik für die Theologie: Doris Hiller/Christine Kress (Hg.), »Dass Gott eine große Barmherzigkeit habe«. Konkrete Theologie in der Verschränkung von Glaube und Leben (FS Gunda Schneider-Flume), Leipzig 2001, 57–76.

Ulrich H. J. Körtner

Die Perikopen

Der übliche wissenschaftliche Sprachgebrauch bezeichnet als Perikope ein »rings umhauenes Stück« eines Textes (Dienst 220). Die exegetische Arbeit kann auch jede form-, traditions- und redaktionsgeschichtlich abgrenzbare Einheit biblischer Texte Perikope nennen (vgl. z.B. Conzelmann/Lindemann 90 mit 28). In der Liturgiewissenschaft aber versteht man darunter Textstücke, die zu in weitestem Sinne gottesdienstlichem Gebrauch aus einem größeren biblischen Zusammenhang abgegrenzt, nach bestimmten Gesichtspunkten und mit strukturell oft unterschiedlicher Verbindlichkeit geordnet sind. Wie die Gottesdienstvorbereitung beim Umgang mit der Bibel exegetische Arbeit erfordert, so unerlässlich sind auch liturgische Überlegungen, die Ort und Zweck des Gebrauches der jeweiligen Bibeltexte bedenken.

Dass Bibeltexte dem Kirchenjahr und darin etwa einem speziellen Festkreis zugehören, dass sie im liturgischen Proprium diesen Tag, Sonn- oder Festtag als theologisches Idion prägen, muss als movens der andauernden Überlieferungsgeschichte der Bibel ernst genommen werden. Daneben ist der Verwendungsmodus und -gestus zu beachten, welcher dieselbe Perikope einmal als Lesung (Lektion), dann aber – zuweilen im selben Gottesdienst – als Grundlage der Predigt (Predigttext) gebraucht. Für die Gestaltung des Gottesdienstes bis hin zum Raum und zum liturgischen Personal hat das Konsequenzen. Einige sollen hier anhand von Ergebnissen der Perikopenforschung erörtert werden.

I. Dimensionen und Implikationen des Perikopenproblems

A. Die rechtliche Frage

Angesichts der Bedeutung des Perikopenproblems für den Gottesdienst aller christlichen Kirchen verwundert es kaum, dass seine Lösungen seit alters rechtlich geregelt sind. Sie wird, auch gegenwärtig, dann unübersehbar, wenn biblisch oder theologisch begründete Differenzen von Überlieferung, Lehre oder Praxis der Konfessionen, von regionalen Kirchentümern oder örtlichen Gemeinden im Gegeneinander oder gemeinsam zu bearbeiten und zu entscheiden sind. Denn die Perikopen repräsentieren zu allen uns überschaubaren Zeiten nichts Geringeres als den keineswegs beliebigen Schriftgebrauch, jenen usus scripturae, mittels dessen die Christenheit – wie die Reformation es ausdrückte – ihr »publice docere« (CA XIV) und damit ihre »praedicatio verbi Dei« (Confessio Helvetica posterior I 21) wahrnimmt. Als Teil der iura in sacra regeln ihn die Kirchen selbst. Kirchenordnungen, Agenden und Lektionare binden heute kraft Kirchengesetzes alle Amtsträger; sie sollen zugleich den Gottesdienst einheitlich gestalten helfen.

In der römisch-katholischen Kirche gilt seit dem Missale Romanum (Tridentinum 1562, Sessio XXV; Messbuch Pius' V. 1570), neu betont in der Liturgiekonstitution des Zweiten Vatikanums (1963): »Das Recht, die heilige Liturgie zu ordnen, steht einzig der Autorität der Kirche zu. Diese Autorität liegt beim Apostolischen Stuhl und nach Maßgabe des [kanonischen] Rechtes beim Bischof«. Deshalb darf »niemand sonst ... nach eigenem Gutdünken in der Liturgie etwas hinzufügen, wegnehmen oder ändern« (SC n. 22 § 1 und 3; vgl. Motuproprio Über die Liturgie 1965, XI). Das schließt die in der Apostolischen Konstitution »Missale Romanum« vom 3.4.1969 approbierte Leseordnung für die Messfeier (OLM 1969) ein; Zelebranten und Homileten haben allenfalls, etwa an den Feiertagen der Heiligen, ein Wahlrecht »zwischen zwei Lesungen oder einer Lesung aus mehreren angegebenen« (25).

Zu Rechtsregelungen solcher Art sind die Kirchen der Reformation wegen ihrer anderen Lehramts- und Autoritätsauffassung nicht gekommen. Sie betrachten wie alle von Menschen geschaffenen Ordnungen auch die liturgischen als nicht iure divino, sondern lediglich iure humano eingesetzt. Aber obgleich von deren Einheitlichkeit und Befolgung die congregatio sanctorum nicht abhängt, vielmehr für die Einheit der christlichen Kirche das »pure docetur« des Evangeliums und das »recte administrantur« der Sakramente genügt (»satis est«), sind solche Ordnungen, und zwar um des »Friedens und guter Ordnung« willen, einzuhalten. Und hierzu gehören, sogar beispielhaft, »bestimmte Feiertage, Feste und dergleichen« (CA VII und XV); deshalb werden »bei uns« auch »Überlieferungen wie die Ordnung der [Perikopen-] Lesungen« beibehalten (CA XXVI; vgl. besonders ApolCA VII, XV, XXIV).

Diese Grundeinsichten dürften freilich durch die Perikopen des öffentlichen Gottesdienstes festlegende Kirchenordnungen (z.B. Bugenhagen, Caspari 149; Kunze 1947, 127–130; zum anglikanischen Usus: Caspari 150 f., Kunze 1955, 165 f., Bloth 1999, 531) nicht leicht umsetzbar sein. Dass im Protestantismus der Neuzeit bei sich wandelndem Gottesdienst-, Amts- und Predigtverständnis das Wort Perikopenzwang (Caspari 149; Achelis 108; vgl. Friedrich Niebergall 167, Rössler 369) aufkommen konnte, macht wie an einem Brennpunkt zwischen Predigt-»freiheit« und Gottesdienst-»ordnung« theologische Implikationen der Rechtsfragen deutlich. Sie allerdings vermag das seit 1918 in den evangelischen Kirchen bei den Synoden liegende ius liturgicum (Honecker 742 f.) offenbar kaum hinreichend zu lösen. Doch die Gottesdienstvorbereitung kann ihnen nicht ausweichen.

B. Die historische Frage

Geordnete Perikopen und -reihen sind in noch immer nicht völlig rekonstruierbarer liturgischer »Erbfolge« (zum Begriff Bloth 1999, 522–525; u.a. gegen Rössler 413) entstanden und auf uns gekommen. Welche Kräfte zwischen Rezeption und Abstoßung in diesem langen und verwickelten Prozess welches Ergebnis bewirkten, kann man sich etwa an der heutigen Sicht auf die »jüdischen Wurzeln des christlichen Gottesdienstes« (Schulz 39–55; vgl. damit Kunze 1955, 103–126) klar machen. Das religionsgeschichtliche Konstrukt eines »liturgischen Erbfolgegesetzes« (Rendtorff 1914) jedenfalls ist hinfällig, demzufolge die christlichen Gemeinden für ihren Gottesdienst, gleichsam naturgesetzlich bedingt, »wie jene Weichtiere, die wir in unseren Aquarien beobachten, in fremde, von ihren ursprünglichen Besitzern verlassene Schalen« geschlüpft seien (25). Ebenso wenig lässt sich der Gesamtvorgang noch in Kategorien wie Erbrecht oder mit Zwangsgewalt wirkender Erbfolge(26) darstellen. Soweit historische Urkunden reichen (vgl. Kunze 1955, 103–141; Trepp 175–201, 280–289; Stemberger 558 f.), zeigt vielmehr die Lesungspraxis bei Juden wie Christen die Notwendigkeit geistlicher Orientierung des Gottesdienstes am sich konsolidierenden Korpus und Kanon biblischer Schriften. So verstanden können Christen und Juden im je eigenen Zeugnis und Lobpreis der *gewurot*, der Machttaten Jahwes an Israel (2. b^{e}raka des Achtzehnbittengebets), und der großen Taten Gottes in Christus (Act 2,11) doch verbunden sein. Jenseits von »Abwehren, Aufrechnen, Anbiedern und Preisgeben« (Schulz 54) sollte das heute die christlichen Gottesdienste bestimmen.

Vor diesem Hintergrund betrifft nun aber die Perikopen-Frage zumal den historisch-faktisch nachweisbaren Erbgang der christlichen Kirchen untereinander. Deswegen finden die sog. Altkirchlichen Perikopen immer wieder neues Interesse (zum Forschungsstand vor allem Kunze 1947,8–159, ders. 1955,87–180; Jungmann I,501–606). Im Abendland führte das allmähliche Zusammenwachsen der »eindeutig von Stadtrom« bestimmten Evangelienreihe mit der »wesenhaft gallikanischen Ordnung« der Epistelreihe (Kunze 1955, 150; bisher früheste Bezeugungen um 645 bzw. 580) erst durch die sog. fränkische Liturgiereform Karls des Großen und seines

Hoftheologen Alkuin zum karolingischen Lektionssystem, der Vorform der späteren, mittelalterlichen Lektionsordnung (von Schade 19).

Die Reformatoren beurteilten, entsprechend ihrer Schrift-, Wort-Gottes- und Predigt-Theologie, die für sie gebräuchliche Ordnung unterschiedlich. Luther konnte zwischen 1523 und 1526 in seinen Einzel- und Gesamturteilen durchaus schwanken, behielt jedoch im Ganzen die herkömmliche Perikopenordnung bei (von Schade 25–31; zu Zwingli und Calvin: Bloth 1999,530 f.). Die reformatorische Lehre von der fides ex auditu (Röm 10,17) veranlasste indes ein sozusagen zweites Hinhören auf die Lektionen, ob sie dem pure docere evangelii als Predigt zu dienen vermochten. Letztlich wirkten sich denn auch die Wandlungen des Predigtverständnisses seit der Reformation, besonders in Pietismus und Aufklärung auf die theologische Wertung der vorgegebenen Lesungsperikopen aus; das immer mehr schwindende Interesse am Detempore des Gottesdienstes und am Kirchenjahr, dazu mancherorts Anfänge einer Perikopenreform (von Schade 34) entsprachen einander. Schließlich brachte das 19., das Jahrhundert der Kanzelredner die im Protestantismus meisten Perikopenordnungen hervor, bis 1902 sogar »22 Perikopensysteme in deutschen Landeskirchen« (Rathmann) eingeführt waren (Aufstellungen: Ranke; Wohlfahrt; Rathmann; Grimmert; von Schade 34 f.). Ob von ihrem »Studium wesentliche Gewinne zu erwarten sind« (Kunze 1955, 167; erste Erträge schon 1850 bei Ranke; Bloth 1999, 542–549), dürfte nur so lange fraglich sein, wie man für die Landeskirchen die Perikopenentwicklung unter den Ursachen und Folgen der Gottesdienst-, Predigt- und Frömmigkeitsgeschichte übersieht. In den Volkschulen und der Lehrerbildung Preußens jedenfalls wurde aufgrund der Allgemeinen Bestimmungen (1872) noch bis 1922 lehrplanmäßig Perikopen-Unterricht mit den sog. altkirchlichen Lesungen erteilt und durch theologisch bedeutende Lehrer-Literatur vorbereitet (z.B. Kabisch ^{2}1903 f.) – ein Sachverhalt, der den Satz gut illustriert: »Die Perikopen wurzeln tief im Volk« (Eisenach 1890: von Schade 40).

Solche Zusammenhänge sind bisher selbst im Umkreis der bestdokumentierten und wirkungsstärksten, nämlich der im Auftrag der Deutschen Evangelischen Kirchenkonferenz von 1890 bis 1896 erarbeiteten Eisenacher Perikopen-Revision nur unzureichend erforscht (s. aber von Schade 38–43; Bloth 1999, 546–548). Ihr ist die seither relativ einheitliche Entwicklung im deutschsprachigen evangelischen Perikopenwesen zuerst zu verdanken. Allerdings: der Kommission war Rücksicht auf die altkirchlichen Perikopen und die Ordnung des Kirchenjahres (von Schade 39) aufgetragen; davon werden Verständnis und Beurteilung ihrer Ergebnisse abhängen. Hat sie sich vielleicht nur der kirchlichen Sitte gebeugt? Machte sie sich tatsächlich bei der Auswahl ihrer neuen, aus Episteln und Evangelien bestehenden Zweiten Reihe – die für Einzelaushebung und perikopengeschichtliche Herkunft übrigens dringend der Untersuchung bedarf – das reformatorisch genannte Prinzip zu eigen, »die Perikope primär als Predigttext zu verstehen und von ihrer Prädikabilität her zu beurteilen« (von Schade 42)?

Das Kriterium Prädikabilität hat die Lutherische Liturgische Konferenz entwickelt, für ihre z.Z. neueste abgeschlossene Reform betont und mit dem Kriterium Lektionabilität auf das engste verknüpft (von Schade 26.50.57; vgl. Schanze; Bloth 1987, 46 f.; ders. 1999, 548 f.). Ob die LLK durch beide Kriterien das »karolingisch-lutherische Eisenacher Alte« – von Schade scheint damit die Perikopenordnung der Agende I zu ironisieren (50) – inzwischen hat verbessern können, ist am Einzelfall zu entscheiden. Allein mit dem »lutherischen Satz von der Selbstinterpretation der Schrift«, bezogen auf das »liturgische Prinzip der Konsonanz« (von Schade 42; vgl. 66 f.) zwischen Lesungen und Predigttexten, dürfte das kaum gelingen.

Einstweilen spiegeln die heute erreichten Lektions- und Predigttext-Ordnungen nur den derzeitigen Stand zweier unterschiedlicher Entwicklungen christlicher Kirchen wider: Der katholische Ordo (OLM 1969) regelt bei bis auf die Hochfeste radikaler Abkehr von der abendländischen Tradition, aber erklärtermaßen pastoralem Ziel (33) eine reichere biblische Prägung der vom Zweiten Vatikanum erneuerten sakramentalen Messfeier des »Volkes Gottes« für die stark differierenden Notwendigkeiten der römischen Weltkirche. Die evangelische Ordnung der Lesungen und Predigttexte (LPO 1977) konzentriert durch das Kriterium Prädikabilität den Schriftgebrauch des öffentlichen Gottesdienstes, darin nicht zuletzt dem neuzeitlichen Protestantismus folgend, auf die Predigt und den Prediger.

C. Die exegetisch-hermeneutische Frage

Schon die Vorform der LPO, die Ordnung der Predigttexte (OPT 1958), hatte ihre zwei Reihen der Alten Perikopen mit den für weitere vier Reihen neu gewählten Texten nach Art eines Längsschnittes (»eine möglichst umfassende, die biblische Botschaft voll entfaltende Gesamtauswahl«) und zugleich eines Querschnittes (»Stimmigkeit zum Proprium und Profil des Sonntags, Konsonanz«) verbinden wollen. Daraus werde »eine Erleichterung der homiletischen und hermeneutischen Textverwendung resultieren: der einzelne Text wird exegetisch in bestimmter Weise aufschließbar und homiletisch zugänglich« (von Schade 52). Die LPO hält diese Kategorien und Absichten ausdrücklich fest; soweit feststellbar, änderte sich das auch in der letzten Revision zum EGb nicht (Proprium dort 242–487).

Der römische OLM meint, »aus pastoralen Gründen (ex ratione pastorali) keine wirklich schwierigen biblischen Texte« zu enthalten, seien dies »objektive Schwierigkeiten aus literarischen, kritischen oder exegetischen Gründen oder gelegentlich auch Verständnisschwierigkeiten für die Gläubigen«. Er schreibt sogar, »die geistlichen Reichtümer der Texte [dürfen] den Gläubigen nicht unter dem Vorwand angeblicher Schwierigkeiten vorenthalten werden, wenn diese Schwierigkeit auf Mängel in der für jeden Christen erforderten Unterweisung zurückgeht oder ihre Ursache in einer unzureichenden – für jeden guten Seelsorger unerlässlichen – biblischen Bildung hat« (OLM 24 f.).

Über die bemerkenswerte Differenz der Sichtweise auf das exegetisch-hermeneutische und analog das homiletische Problem hinaus schärfen beide Ordnungen die Unverzichtbarkeit ernsthafter und zielgerichteter Arbeit an den Texten ein. Zelebrant und Homilet der Messe, Liturg und Prediger des Gottesdienstes werden zu verantwortlicher Kompetenz ihrer theologisch-biblischen Bildung verpflichtet. Während aber die LPO durch Längsschnitt und Querschnitt den »einzelnen Text exegetisch in bestimmter Weise«, also aus Stellung im Kirchenjahr und Konsonanz zum Proprium »aufschließbar« und »homiletisch zugänglich« machen will, bestimmt der OLM die »geistlichen Reichtümer der Texte« als das Richtmaß auch der »pastoralen Überlegungen« (27) eines »guten Seelsorgers«. Auf beiden Seiten wird so die hermeneutische Frage gerade für geordnete Perikopen unausweichlich; in ihr wäre etwa zu klären, ob und wie die historisch-kritisch gewonnenen, besonders die form- und traditionsgeschichtlichen Ergebnisse zu den einzelnen und dann zusammengestellten Texten liturgisch und/oder homiletisch verwendet oder vorenthalten werden sollen.

Erführe diese Frage wirklich schon Erleichterung, würde sie dadurch lösbar, dass im Propriums-»Querschnitt« mehrere, oft nur aus »textlichen Assoziationen« (von Schade 66) als konsonant erscheinende Einzeltexte korrespondieren? Diese Verfahrensweise habe, so meint die LPO, schon die »Redaktion der biblischen Bücher selbst angewendet« (ebd.). Wie dem auch sei: liturgisch wichtiger ist, dass in OPT wie LPO das zumeist altkirchliche Lesungs- »Evangelium als Rektor, caput et principale des Gottesdienstes die Auswahl, zuweilen auch kontrastisch oder kontrapunktisch« bestimmt (52); von ihm aus erhält die »Konsonanz« ihren Grundton. Als für die entstehende Komposition entscheidend wird damit aber die theologisch-hermeneutische Frage sichtbar. Der OLM gibt eine scheinbar einfachere, nämlich theologisch-dogmatische

Lösung bereits vor; seine Auswahl von drei Lesungen für jede Messfeier, darunter – abgesehen von der Osterzeit – stets eine aus dem Alten Testament, verdeutliche »die Einheit der beiden Testamente und der Heilsgeschichte, deren Mitte Christus und sein österliches Mysterium ist, dessen Gedächtnis begangen wird« (OLM 15).

Die exegetisch-hermeneutischen Perikopenprobleme werden von den biblischen Wissenschaften noch heute leider wenig erörtert (s. →Der Gottesdienst im Urchristentum S. 51 f.; vgl. aber Vorwort und Einleitung zu Fendt 1931/1941 mit Doerne 1961). Zu schwierig ist offenbar die Quellenlage gerade für jene Zeit, in der geformte Stücke wie Apophthegmata (Conzelmann/Lindemann 93–95) oder Apomnemoneumata (Kunze 1955, 125 f.) und Einzelschriften des Neuen Testamentes noch unfixiert überliefert, zugleich aber schon die ersten Bezeugungen biblischer Stücke und Lektionen für christliche Gottesdienste greifbar werden. Dennoch sollte auch neutestamentliche form- und redaktionsgeschichtliche Arbeit an der »eigenständigen formbildenden Kraft« nicht nur »der frühesten Kirche« (126) interessiert sein.

An der nachkanonisch-altkirchlichen Zeit und vollends dem frühen Mittelalter hat die Perikopenforschung die Wirksamkeit dieser Kraft erwiesen. Nimmt man sie analog, obgleich quellenbedingt noch als unsichere Hypothese auch in der frühkirchlichen und vorkanonischen Zeit an, so wird für die exegetisch-hermeneutische Problematik die Forderung keinesfalls zureichen, von den »liturgischen Schriftlesungen«, den »Perikopen aus müssen endlich wieder die Texte in den Blick kommen« (Marxsen 15). Eher als ein »Kanon vor dem Schriftenkanon« (11), also jener historische Anfang, den die »Texte durchzuhalten« versuchten (15), dürfte hier die Nötigung (I Kor 9,16) formbildend gewirkt haben, das Evangelium als Zeugnis von den großen Taten Gottes zugunsten von Welt und Mensch je heute öffentlich »auszurichten an alles Volk« (Barmen VI). »Lektio-Validität« könnten dann also nicht nur jene Texte beanspruchen, »mit deren Aussagen eine christliche Gemeinde sich identifizieren muss«; umgekehrt wären Texte nicht allein deswegen aus Lektionaren auszuschalten, weil sie zu »theologischer Sachkritik ihrer Aussagen Anlass geben« (Schenk 88 f.). An Beispielen der Perikopenentwicklung lässt sich vielmehr zeigen, dass nicht-ekklesiozentrische Fragen durchaus innerkirchliche und theologische Kritik provoziert haben, aus der dann neben apologetischen Antworten auch gottesdienstliche Schriftlesungen als öffentliches Zeugnis erwuchsen (vgl. Bloth 1977). Die großen Festkreise in manchen datierbaren Lektionssystemen älterer und neuerer Zeit lassen z.B. an ihren sich wandelnden Perikopierungen Entwicklungen erkennen, deren exegetische Prüfung und hermeneutische Auswertung auch heutiger Auslegung und Predigt Hilfen bieten kann.

D. Die praktisch-theologische Frage

Sieht man das Perikopenproblem in den bisher umrissenen drei Dimensionen, so scheint seine Bearbeitung ebenfalls drei durch ihre Wissenschaftsmethodik unterscheidbaren Disziplinen der Theologie zuzufallen. Kirchenrecht, Kirchengeschichte, Exegese/Hermeneutik sind sicherlich sozusagen beteiligungspflichtig. Aber die Konsequenzen aus deren Einzelergebnissen zielen ebenso wie die theologischen Implikationen des Gesamtproblems auf einen eigenen Zusammenhang, der mit den Begriffen und Aufgaben »Gottesdienst und Predigt« zu umschreiben ist. Er weist das Perikopenproblem als ein praktisch-theologisch Ganzes, weil im jeweiligen Kontext dem Leben und Handeln der Kirche des Wortes zugehörig aus.

Vor allem in dieser Perspektive steht die Gottesdienstvorbereitung dem Problem gegenüber; darin stellt sie aber Korrekturmöglichkeiten gerade im Blick auf die gegenwärtige Praktische Theologie bereit. Das betrifft zunächst den wissenschaftlichen Ort der Perikopenfrage, den man gemeinhin bei Homiletik oder Liturgik sieht. In der Fülle jedoch, in welcher heute die sechs Reihen der LPO und die drei Lesejahre des OLM sie darbieten, können biblische Perikopen offensichtlich nicht mehr aus einem Entweder-Oder von Lektion und Predigttext verstanden und bearbeitet werden. Diesen Aspekt findet man etwa in Lehrbüchern der Homiletik/Predigtlehre nur spärlich berücksichtigt (z.B. Bohren, Registerstichwort Perikopen; Trillhaas 20–24; Müller 206–210; dagegen Grethlein 125–128). Weithin dominieren Überlegungen zur Textwahl oder zum Weg vom Text zur Predigt die tatsächlich gestellte Aufgabe, nämlich mit den gelesenen Bibeltexten des öffentlichen Gottesdienstes zu predigen. Mag es gleich »homiletischer Doketismus« heißen, wenn das »Concretissimum des je bestimmten Wortes zu einer beliebigen Möglichkeit beliebiger Wahl verflacht oder – was nicht besser ist – zu kirchenamtlich fixierten Texten gefriert«: Es ist gerade die Frage, »wo denn Gott die Schrift sein Wort sein lasse« (Bohren 117), welche das publice docere des in der Christenheit nicht nur durch private Bibellektüre, sondern vorwiegend durch liturgischen Vollzug überlieferten »äußerlichen Wortes« (CA V; ASm VIII 3) zum Nachdenken über den usus scripturae des gesamten Gottesdienstes nötigt. Dabei ist auch der didaktischen Bedeutung der doctrina evangelii Rechnung zu tragen, denn die Geschichtlichkeit und Leiblichkeit des Wortes machen das Urteil über »die Pädagogik als Todsünde der Liturgik« (Kunze 1947, 130) fraglich.

So stellt denn der praktisch-theologische Zusammenhang nicht die Aufgabe, das Perikopenproblem alternativ nach Lesung oder Predigttext und damit verkürzt liturgisch oder homiletisch zu entscheiden. Diese Alternative würde im Blick auf geordnete Perikopen allenfalls erleichtert oder in einer der beiden Positionen nur verschoben, wenn man etwa die homiletische Textbindung durch »Kreativität der Predigt« ergänzte und die liturgische mittels der »therapeutischen Funktion des Gottesdienstes« stützte. Auch das modern-theoretisch stringente Konzept »Gottesdienst als Lernprozess« (Trautwein), das die Lesungen der »Eingangsphase« (124–131), die Predigt der »Problemlösungsphase« (131–152) zurechnet, vermag den biblischen Texten in beiden Phasen nicht gerecht zu werden.

Die praktisch-theologisch bedachte Vorbereitung des Gottesdienstes steht aber noch heute in einer Spannung, welche schon vor einem halben Jahrhundert als die zwischen »homiletischer Auslegung« (Doerne, Untertitel) und »liturgischer Einheit« (Fendt 1931, 16) gerade an den Texten des jeweiligen Propriums erkannt war. Diese Spannung ist ebenso unvermeidlich, wie einerseits die exegetisch-hermeneutischen Methoden für die Arbeit an keinem gottesdienstlichen Text – einschließlich der Predigt selbst – suspendierbar und wie andererseits deren Ergebnisse nicht schon wegen lediglich assoziativer Konsonanz akzeptierbar sind. Hier, am womöglich härtesten Punkt der Vorbereitungsarbeit liegt die Herausforderung vollends zutage, die das Perikopenproblem zur praktisch-theologischen Aufgabe macht. Unredlich wäre jedes Verfahren, das aufgrund der Verwechslung zwischen »liturgischem Gebrauch« und »allegorischer«, »typologischer Methode« die »Aufgabe der eigentlichen Exegese« (Fendt 1941, IV) umgeht. Ebenso wenig wäre die Aufgabe damit erledigt, dass man den »umgreifenden Wechselbezug von Exegese und Kerygma« im Wege einer »doktrinären Ineinsfassung von Schriftwort, Lehre, Verkündigung« (Doerne 5 f.) seiner kritischen Kraft beraubt.

Vielleicht trifft zu, dass schon die OPT und seither die LPO die »Voraussetzung für das vielfältige Angebot an Predigthilfsliteratur und Predigtmeditationen schaffte« und dass daraufhin »für den predigenden Pfarrer« (von Schade 53) diese Hilfen »die Rolle der früheren Kirchenpostillen übernommen haben« (Alfred Niebergall 227). Dann aber wäre vom Perikopenproblem geordneter Lesungen und Predigttexte aus um so deutlicher an solche Literatur die durchaus kritische Forderung zu richten, den öffentlichen Gottesdienst der heutigen Kirche und Gemeinde als Zeit-Stelle ihres usus scripturae zu berücksichtigen. Daran nämlich fehlt es, nicht nur in den verbreitetsten Publikationen wie GPM (Göttingen) und PSt (Stuttgart), noch immer vielfach.

II. Zur Arbeit an und mit geordneten Perikopen

Wie die scriptura sacra, ihre Einzelschriften und jedes von deren Elementen einem bedingend prägenden Kontext zugehören, so muss auch der usus scripturae denjenigen Kontext reflektieren, in welchem er den Bibeltext gebraucht. Der Begriff Kontext erscheint gerade wegen seiner literarischen Konnotationen als zur Anwendung auf die Bereiche der Arbeit an und mit Perikopen geeignet.

A. Der biblische Kontext

Eine biblische Perikope, als Lesung oder Predigttext geordnet, ist kaum verständlich und in diesem Sinne am Altar bzw. Ambo oder auf der Kanzel lektionabel, wenn nicht Ort und Funktion innerhalb ihres Kontextes gleichsam mitgehört werden können. Das zu ermöglichen, gehört zur Verantwortung der exegetischen Arbeit vor allem an der Abgrenzung der Perikope. Als Beispiel sei hier der Ostersonntag ausführlicher dargestellt; mit seinen Alten Lektionen Mk 16,1–8 (zu Zeiten auch in der Begrenzung auf 1–7) und I Kor 5,7 f. hatte er jahrhundertelang einen nach Grund und Folge klaren Inhalt, erfuhr aber durch die neuen Ordnungen besonders eingreifende Änderungen.

Der OLM (83 f.) weist heute der Ostervigil neun Lesungen zu, darunter »sieben aus dem Alten«, die bis auf zwei vermindert werden dürfen, und »zwei aus dem Neuen Testament«. Davon sind stets zu lesen Ex 14,15–15,1 »Durchzug durch das Rote Meer«, Röm 6,3–11 »Christus, von den Toten auferweckt, stirbt nicht mehr« sowie ein Evangelium: im Lesejahr A Mt 28,1–10 »Er ist auferstanden und er geht euch voran nach Galiläa«, im Jahr B Mk 16,1–8 »Der Gekreuzigte wurde auferweckt«, im Jahr C Lk 24,1–12 »Was sucht ihr den Lebendigen bei den Toten«. Es sind also stets mindestens drei Kontexte berührt; doch die jährlich wiederkehrende, an die Taufsitte der altkirchlichen Ostervigil anklingende Assoziation aus Ex 14 und Röm 6 – Wasser/Tod/Leben – überlagert die Auferstehungsbotschaft, welche das jeweils gelesene synoptische Evangelium in seinem Kontext vorträgt. Am Ostertag dann, als Beginn einer bis zum »Siebten Ostersonntag« (Exaudi) in allen drei Lesejahren statt alttestamentlicher Lesungen fortgesetzten Reihe, liegen fest Act 10,34a.37–43 »Gott hat ihn am dritten Tag auferweckt«, die Epistel Kol 3,1–4 »Christus sitzt zur Rechten Gottes oder nach Wunsch [sic!] I Kor 5,6b–8: Schafft den alten Sauerteig hinaus« und Joh 20,1–9 »Christus musste von den Toten auferstehen«. In diesen drei Abgrenzungen werden die biblischen Kontexte von der im OLM beabsichtigten »thematischen Abstimmung (harmonisatio ex themate)« (16 f.) so stark zurückgedrängt, dass wohl nur noch ein zwischen Ex 14, Röm 6 und Kol 3 schwingendes pastoral-kontextuelles Thema, wie hier »Ostern und das Leben der Getauften«, schwache Brücken bilden könnte.

Auch die LPO nimmt, bei Festhalten am jährlich zu lesenden Alten Evangelium Mk 16,1–8, hinsichtlich der Epistel einen gravierenden Wechsel vor. Wie bereits die Neuen Lesungen der LLK (1972) setzt sie I Kor 15,1–11 »wegen Konsonanz« zum Evangelium an die Stelle des schließlich wenigstens noch als Marginaltext fungierenden I Kor 5,7 f.; dieser Episteltext sollte ursprünglich als »nicht lektionabel gestrichen« werden (zur näheren theologischen Kritik Bloth 1977,23–26). Die LPO bleibt damit zwar im Kontext von I Kor, folgt aber perikopengeschichtlich einer historisierend-apologetischen Revisionstendenz, die man seit 1837 an Perikopensystemen beobachten kann (Ranke 63 f. Baden, 82 Württemberg, 113 Nassau »3. Jg.: Dogmatische Lehrtexte: Auferstehung Christi in ihrer Gewissheit«, 116 »4. Jg.: Die gewöhnlichen Sonntagsepisteln [Moralische Lehrtexte]: I Petr 1,3–9 Wiedergeboren durch die Auferstehung Jesu etc.;

statt I Kor 5,6–8«). Diese Änderung ist, obschon nicht durch den biblischen Kontext, zweifellos kontextuell bedingt und zugleich thematisch wirksam. Jetzt nämlich stellt die Epistel als paulinischen Kontext nicht mehr, wie es das Osterlamm (Luther) im Rückverweis auf das für Paulus aktuelle jüdische Exodus-Passa tat, die Ostern zu bedenkenden Freiheits- und Lebensfolgen des Auferstehungsglaubens an den geopferten Christus heraus. I Kor 15 orientiert vielmehr die Konsonanz zum Evangelium auf eine Begegnungsgewissheit (ὤφθη) der Auferstehung, deren Zeugen nun neben den Zwölf, allen Aposteln, 500 Brüdern und Paulus selbst die (schweigenden!) Frauen aus Mk 16 werden.

Wie geht man mit solchen Befunden, die sich häufiger zeigen (vgl. für LPO Weigandt), in der Gottesdienstvorbereitung um? Zunächst bleibt unabdingbar, den speziellen Kontext exegetisch soweit zu klären, dass er für jeden Text eindeutig vor Augen steht. Das ergibt die theologische, oft systematisch-theologische Frage, auf welchen Aspekt des Zeugnisses die einzelnen Texte bei Berücksichtigung ihrer Kontexte, also in ihrem Idion gegebenenfalls gemeinsam oder in ihrer Differenz »kontrapunktisch« zugehen. Von hier aus – und das dürfte zugunsten des öffentlichen Gottesdienstes heute besonders wichtig sein – hätte die Vorbereitung der Lesungen und der Predigt solche Textabgrenzungen zu finden und entsprechende Präfamina zu formulieren, die dem, für viele erstmaligen, Hören der Texte je einzeln und in ihrer Gesamtheit dienen können (Versuche bei Duensing/von der Osten-Sacken). Obwohl Präfamina im Predigtakt schon ein Exordium werden können, wäre es unangemessen, alle Perikopen unter einem vorab festliegenden oder nur im Blick auf die Predigt gewählten Thema zu harmonisieren; um der Würde des Einzeltextes in seinem Kontext willen soll sein Zeugnis unverkürzt und unverändert laut werden. Hier greifen die Frage der Textabgrenzung und die Arbeit am Präfamen ineinander.

B. Der liturgisch-homiletische Kontext

Die Einzeichnung des biblischen Kontextes in den Gesamtvollzug des Gottesdienstes verdient für geordnete Perikopen sorgfältige Beachtung. Natürlich lässt sich auch dies an den Hochfesten des Kirchenjahres am besten zeigen. Denn schon in ältester Zeit wird ihr Festinhalt, und zwar eben »nach Ausweis der Perikopen« (Kunze 1947, 6), so deutlich durch diese bestimmt, dass man von einem liturgisch-homiletischen Kontext der Feste, wenn denn nicht als Resultante, so doch gleichsam als Funktion der Perikopen sprechen kann.

Das Verhältnis von Vigil, einem oder mehreren Festtagen und anschließender Woche kann das für jedes der großen Feste klarmachen. Z.B. spricht die historisch geklärte Entstehung der drei Weihnachtsmessen (Grisar 68–74) keineswegs dagegen, den gewachsenen Inhalt jedes Einzelnen dieser Gottesdienste theologisch zu ermitteln und dennoch zugleich den komplexen Festinhalt von Weihnachten (Bieritz 168–206) als liturgisch und homiletisch gesamtheitlich darzustellen. Beides aus den Perikopen zu erschließen und samt Gebeten und Liedern für die Einzelgottesdienste wie für das Fest als Ganzes kommunikabel zu machen, gehört zu den Aufgaben verantwortlicher Vorbereitung.

Ohne auf die Texte im Einzelnen einzugehen – die Weihnachtsepisteln Tit 2,11–14 (Engelamt) und 3,4–7 (Hirtenamt) sowie Hebr 1,1–6 (Menschenamt) dürften Rest einer »Bahnlesung« (zum Begriff Kunze 1955, 89) sein –, ist zu unterstreichen, dass weder OLM (70 f.) noch LPO auf diese Alten Perikopen verzichten. Bis auf Unterschiede in Zuweisung (Vesper/Christnacht) und Begrenzung steht es mit den Evangelien aus Mt 1, Lk 2 und Joh 1 nicht anders. Die Abfolge dieser geordneten Perikopen im Längsschnitt dreier Gottesdienste lässt ebenso wie ihr querschnittartiges Nebeneinander einen liturgisch-homiletischen Kontext entstehen, der den Festinhalt als Ganzes zu entfalten und zu gestalten erlaubt. Er sei abkürzend mit den Worten umschrieben: Erwartung, Ereignis, Aneignung der Geburt Jesu als des Christus Gottes; aus dem

Nach- und Miteinander der überlieferten Perikopen wäre er für die Feier des Gesamtfestes liturgisch und homiletisch erreichbar zu machen.

Aus dieser Blickrichtung ist doppelt zu bedauern, dass in vielen evangelischen Gemeinden, seit Jahren zunehmend, Gottesdienste nicht nur der zweiten Weihnachtsfeiertage einfach ausfallen. Von der damit angesprochenen kirchen- und gottesdienstrechtlichen Problematik einmal abgesehen: Die vielerorts gebräuchliche und häufig widerstandslos hingenommene Konzentration auf die Christvespern am Heiligen Abend erweckt den Eindruck, als sei darin wirklich schon alles gehört, gesungen und gesagt; sie führt jedoch letztlich zu einer Verkürzung und Verarmung des Christuszeugnisses. Ihr soweit menschenmöglich zu wehren, gehört zur Verantwortung der Arbeit am Gesamtkontext des Festes.

C. Der gemeindlich-gesellschaftliche Kontext

Je deutlicher der durch die geordneten Perikopen überlieferte biblische und liturgisch-homiletisch transponierte Kontext den öffentlichen Gottesdienst bestimmt, desto unwidersprechlicher wird es, denjenigen Kontext einzubeziehen, den die Begriffe Gemeinde und Gesellschaft mehr pointieren als beschreiben. Jedenfalls entschuldigt die Unschärfe beider Begriffe ihre Vernachlässigung nur schlecht. Der Gottesdienst erreicht zwar die Gemeinde heute weder als Parochie noch führt er sie in allen ihren Gruppen und Kreisen zusammen. Gewiss ist auch, dass die moderne pluralistische Gesellschaft gerade im Gottesdienst zunächst nicht identifizierbar bleibt. Dennoch sind die versammelten Menschen als solche ernst zu nehmen, die zwischen Erstbegegnung und Interesse, in Distanz oder Nähe zu Religion, Kirche und Gemeinde sowie zwischen Mitgestaltung und Abhängigkeit in der Gesellschaft leben. Um diesen ihren Kontext, zu welchem also allemal Religion und Kirche gehören und von dem als Gesellschaft sie sich nicht dispensieren können, gilt es sich zu mühen.

Er wird um so deutlicher, je unverstellter Erwartung und Bedürfnis jetzt und hier lebender Menschen wahrgenommen werden. Man darf also die Arbeit am Gottesdienst nicht auf Observation der »homiletischen Großwetterlage« (Ernst Lange) beschränken. Auch sollte man nicht vorschnell die »Einsicht« teilen, »der Mensch des industriellen Zeitalters, der Technik und der durch sie bedingten soziologischen Strukturen sei zum liturgischen Akt einfach nicht mehr fähig« (Guardini 1966: Nagel 101 f.). Die Arbeit sollte vielmehr danach fragen, was die Menschen noch und gerade heute zur Versammlung im öffentlichen Gottesdienst der christlichen Kirche und Gemeinde führt. Die Gründe dafür in der Öffentlichkeit, als die hier Gemeinde und Gesellschaft präsent sind, aufzunehmen und den darin gestellten Problemen mit dem Zeugnis dienstfähigen Glaubens zu begegnen, gehört zur geistlichen Verantwortung des Gottesdienstes. Auch hierzu bieten Perikopen, die zugunsten öffentlichen Gottesdienstes geordnet sind, der jeweils kontextuell verstandenen Zeit-Stelle ihre eigenen, oft eigentümlichen Dienste an. Am Pfingstfest (Bieritz 136–141) sei das verdeutlicht.

Dass beide Ordnungen die Alte Epistel des Pfingsttages Act 2,1–11 (OLM) bzw. 1–18 (LPO; so schon Württemberg 1843, Ranke 82) beibehalten, stellt den Bericht über das öffentlichkeitswirksamste Ereignis des christlichen Glaubens in den Mittelpunkt. Schon die Abgrenzung dieser Perikope, die übrigens in manchen Systemen der letzten beiden Jahrhunderte wesentlich weiter ausgreift, kann Fingerzeige nicht nur auf Bedürfnis und Erwartung der damals in Jerusalem versammelten, wahrhaft pluralen Öffentlichkeit geben; alle gewählten Abgrenzungen schließen, je nach exegetisch-hermeneutischer und liturgisch-homiletischer Antwort, zugleich einen Richtungssinn des Zeugnisses im heutigen gemeindlich-gesellschaftlichen Kontext ein. Während aber die LPO beim überlieferten Evangelium aus Joh 14 in neuer Begrenzung (Verse 23–27) bleibt, gibt der OLM mit Joh 20,19–23 einem stadtrömisch und gallikanisch bezeugten Lesebrauch für den »Osterschluss« den Vorzug (Mabillon, Ranke 21; siehe analog Quasimodogeniti/Weißer Sonntag, von Schade 78 f.; Grisar 119 und LPO). Die beiden großen christlichen Konfessionen lassen also in der heutigen Öffentlichkeit ihre Bezeugung desselben Pfingstereignisses von zwei unterschiedlichen Zeugnisintentionen mitgeprägt sein, nämlich gemäß LPO vom Wirken des »Trösters« als die Gemeinde lehrende Erinnerung »alles dessen, was ich euch gesagt habe« (Joh 14,26), und gemäß OLM von der apostolischen Sendung zur Sündenvergebung aufgrund der Geistesgabe des Auferstandenen (Joh 20,21–23). Es mutet fast wie eine Versuchung an, sich in dieser Doppelheit wie in der Alternative zwischen einem Trostwort an die Gläubigen intra muros ecclesiae und einer »welt«-orientierten potestas ecclesiae zur Sündenvergebung zu entscheiden. Aber vor einer solchen scheinbaren Lösung vermag diejenige Öffentlichkeit zu bewahren, die der Gesamtkontext von Act 2 einschließlich 37–41 anzielt.

Von hier aus wären die Fragen zu bearbeiten, die Erwartung und Bedürfnis der öffentlich versammelten Gemeinde hinsichtlich Sprache, Liedern, Schmuck des Gottesdienstes stellen. Und dafür könnte wieder Pfingsten kontextuell wichtige Hilfen bereitstellen. Insgesamt stellt sich das Problem, ob und wie – zwischen Act 2 und Röm 10,6–8 formuliert – das heute nicht nur in Gestalt der Perikopen vielfach der Gemeinde und der Gesellschaft fremde Wort zum heute nahen Wort wird.

D. Der geschichtliche Kontext

Noch in einer letzten, nur anzudeutenden Richtung geben geordnete Perikopen der Gottesdienstvorbereitung Aufgaben vor. Mit seinem usus scripturae als Lesung und als Grundlage der Predigt zeigt der Gottesdienst öffentlich, wie es in der Christenheit um die Bibel bestellt ist. Dieser Gesichtspunkt besagt mehr als nur die quantitative Hörbarkeit, mehr auch als die sozusagen pädagogisch erfolgreiche Kenntnis biblischer Texte. Er vermag aufmerksame Zeitgenossen vor allem auf das Wozu des Bibelgebrauches hinzuweisen. Benutzt die Christenheit ihre Bibel vorwiegend als Antwortreservoir, als Problemlösungspotential für allfällig gestellte oder nicht gestellte moderne Fragen oder steht sie, wie es besonders eindrücklich die Zeit der Bekennenden Kirche gerade für den öffentlichen Gottesdienst vielfach erfahrbar machte, »unter dem Wort«?

Die Überlieferung der Bibel durch den öffentlichen Gottesdienst, mit der die Christenheit die Wirkungsgeschichte dieses Buches fortsetzt, unterstellt immer auch die Kirche als creatura verbi der kritischen Kraft des leiblich, des äußerlich Wort. Selbst das oft als natürlich-zyklisch, naturgesetzlich missverstandene Kirchenjahr weist durch den Lesebrauch der Christenheit darauf hin, dass der Knecht nicht über den Herrn ist (Mt 10,24). Mehr noch: der in Perikopen geordnete usus scripturae des öffentlichen Gottesdienstes und – das sei hinzugefügt – die an die Sonntagslesungen anschließende tägliche Leseordnung für das Kirchenjahr (ETzB 33–141) vermag identische oder doch identifizierbare Überlieferung, zugleich aber persönliche und öffentliche Spiritualität für den Einzelnen und seinen sozialen Umschluss zu stiften. Die Frage lautet dann: Wozu und durch welche biblischen Texte stiftet oder inauguriert und befestigt Kirche und Gemeinde heute ein Leben mit und aus der Bibel? In dieser, die Zeiten verbindenden und übergreifenden Dimension von Kontextualität liegt wohl die tiefste Bedeutung des Perikopenproblems begründet.

Der hier versuchte Überblick über Fragen der biblischen Perikopen in der Gottesdienstvorbereitung sei mit einem Bilde abgeschlossen. Wenn der Liturg im 1414 errichteten Dom zu Porvoo (Borgå)/Finnland nach dem Altardienst und den Lesungen zur Predigt auf die 1764 erbaute Kanzel geht, dann liest er über der Kanzeltür in schwedischer Sprache das Wort »Wir predigen den gekreuzigten Christus« (I Kor 1,23); wenn er nach seiner Predigt die Kanzeltreppe hinabsteigt, sieht er sich auf der Rückseite derselben Tür dem Spruch gegenüber »Gottes Reich steht nicht in Worten, sondern in Kraft« (I Kor 4,20). Löst der ganze öffentliche Gottesdienst der Christenheit mit seinen Perikopen und seiner Predigt diese paulinischen Sätze ein?

Quellen (Texte und Ordnungen)

→*Spezielle Abkürzungen*

EGb: EVANGELISCHES GOTTESDIENSTBUCH. Agende für die EKU und für die VELKD, Berlin/Bielefeld/Hannover 1999. – ETZB: EVANGELISCHES TAGZEITENBUCH, Evangelische Michaelsbruderschaft (Hg.), Münsterschwarzach/Göttingen [4]1998. – Johannes GRIMMERT, Perikopen-Tabellen, Leipzig 1908. – LPO: LESE- UND PREDIGTTEXTORDNUNG: Perikopen. Gestalt und Wandel des gottesdienstlichen Bibelgebrauchs, hg.v. Herwarth von Schade/Frieder Schulz (RGD 11), Hamburg 1978, 85–113. – NEUE LESUNGEN für den Gottesdienst, hg.v. der LLK, Hamburg 1972. – OLM: Die LESEORDNUNG FÜR DIE MESSFEIER, Kongregation für den Gottesdienst (Hg.), Bd. 1, Trier 1969. – OPT: ORDNUNG DER PREDIGTTEXTE hg.v. der LLK, Berlin 1958. – PERIKOPENBUCH, Deutsche evangelische Kirchen-Konferenz (Hg.), Stuttgart 1897. – Ernst RANKE, Kritische Zusammenstellung der innerhalb der evangelischen Kirche Deutschlands eingeführten neuen Perikopenkreise, Berlin 1850. – Wilhelm RATHMANN, Deutsches Perikopenbuch, Leipzig 1902. – ÜBERSICHT der bei den deutschen evangelischen Landeskirchen in Gebrauch befindlichen evangelischen und epistolischen Perikopen, I–IV: AKED 39 (1890) 565–663. – Bernhard WOHLFAHRT, Perikopen- und Textbuch, Gotha 1888.

Literatur

Ernst Christian ACHELIS, Lehrbuch der Praktischen Theologie II, Leipzig [3]1911. – ALLGEMEINE BESTIMMUNGEN betr. das Volksschul- und Seminarwesen: Zentralblatt für das gesamte Unterrichtswesen 1872, 585–646. – Hans ASMUSSEN, Die Lehre vom Gottesdienst, München 1937. – Karl-Heinrich BIERITZ, Das Kirchenjahr (Beck'sche R. 447), München 1994. – Peter C. BLOTH, Zur Öffentlichkeit der Predigt: ThViat 12 (1975) 9–22. – Ders., Das Ende des Osterlammes: ThViat 13 (1977) 15–28. – Ders., Perikopen im Kirchenjahr: HPTh(G) 4 (1987) 43–51. – Ders., Art. Schriftlesung I. Christentum: TRE 30 (1999) 520–558 (Lit.). – Rudolf BOHREN, Predigtlehre, München [6]1993. – Walter CASPARI, Art. Perikopen: RE^3 15 (1904) 131–159. – Hans CONZELMANN/Andreas LINDEMANN, Arbeitsbuch zum NT, Tübingen [11]1995. – Karl DIENST, Art. Perikopen: RGG^3 5 (1961) 220–224. – Martin DOERNE, Er kommt auch noch heute. Homiletische Auslegung der alten Evangelien, Göttingen [5]1961. – Friedrich DUENSING/Peter VON DER OSTEN-SACKEN, Präfamina (Neue Texte für den Gottesdienst 5/6), Hannover 1980. – Leonhard FENDT, Die Alten Perikopen (HNT 22), Tübingen 1931. – Ders., Die Neuen Perikopen (HNT 23), Tübingen 1941. – Christian GRETHLEIN, Abriß der Liturgik, Gütersloh [2]1991. – Hartmann GRISAR, Das Missale im Lichte römischer Stadtgeschichte, Freiburg i.Br. 1925. – Friedrich HAUSCHILDT (Hg.), Text und Kontext in Theologie und Kirche (Zur Sache 29), Hannover 1989. – Martin HONECKER, Art. Kirchenrecht II: TRE 18 (1989) 724–749. – Josef Andreas JUNGMANN, Missarum Sollemnia I, Wien/Freiburg/Basel [5]1962. – Richard KABISCH, Erläuterungen der Evangelien, Göttingen [2]1904. – Ders., Erläuterungen der Episteln, Göttingen [2]1903. – Gerhard KUNZE, Die gottesdienstliche Schriftlesung, Göttingen 1947. – Ders., Die Lesungen: Leit. 2 (1955) 87–180. – Willi MARXSEN, Orientierung am NT?: PTh 74 (1985) 2–6. – Hans Martin MÜLLER, Homiletik. Eine evangelische Predigtlehre, Berlin/New York 1996. – William NAGEL, Der Gottesdienst: HPTh(B) 2 (1974) 7–106. – ALFRED NIEBERGALL, Zur Auswahl von gottesdienstlichen Lesungen und Predigttexten: Rainer Volp/u.a. (Hg.), Renovation – nicht Restauration [FS Armin Füllkrug], Marburg 1974, 218–249. – FRIEDRICH NIEBERGALL, Praktische Theologie II, Tübingen 1919. – Franz RENDTORFF, Liturgisches Erbrecht (1913), Nachdr. Darmstadt 1969. – Ders., Die Geschichte des christlichen Gottesdienstes unter dem Gesichtspunkt der liturgischen Erbfolge (SPTh[G] 7/1), Gießen 1914. – Dietrich RÖSSLER, Grundriß der Praktischen Theologie, Berlin [2]1994. – Herwarth von SCHADE/Frieder SCHULZ, Perikopen (RGD 11), Hamburg 1978. – Wolfgang SCHANZE, Perikopenrevision der lutherischen Kirchen (1968): JLH 21 (1977) 98–100. – Wolfgang SCHENK, Exegetisch-theologische Überlegungen zur Frage eines neuen Lektionars: VF 20 (1975) 80–105. – Frieder SCHULZ, Die jüdischen Wurzeln des christlichen Gottesdienstes: JLH 28 (1984) 39–55. – Günther STEMBERGER, Art. Schriftlesung II. Judentum: TRE 30 (1999) 558–563. – Dieter TRAUTWEIN, Lernprozess Gottesdienst, Gelnhausen/Berlin 1972. – Leo TREPP, Der jüdische Gottesdienst, Stuttgart/Berlin/Köln 1992. – Wolfgang TRILLHAAS, Einführung in die Predigtlehre, Darmstadt [5]1991. – Peter WEIGANDT, Evangeliumsverschnitt. Fragen zum Schriftverständnis der lutherischen Predigtperikopen: ZGP 12 (1994) 17–20.

Peter C. Bloth

Die Predigt im Gottesdienst

I. Die Predigt und das Proprium des Sonntags

Der Gottesdienst ist bestimmt durch sein Ordinarium und durch das Proprium des Sonntags. Die Predigt im Gottesdienst ist eingefügt in dieses Ordinarium und ist mitbestimmt durch das jeweilige Proprium. Natürlich ist es auch wichtig, sich daran zu erinnern, in welchem Gesamtgefüge, in welchem Ablauf und Prozess diese meine Predigt ihren Platz haben wird, also welche Beziehung es zum Ordinarium des Gottesdienstes gibt. Zuerst aber sollte ich mich darüber informieren: Welches ist das Proprium, welches ist das eigene Profil und was ist der Grundgedanke des bevorstehenden Sonn- oder Feiertages? Denn von dort her ist einmal die homiletische Situation mitbestimmt: an den hohen Feiertagen – Weihnachten oder Ostern – ganz unübersehbar, durchaus aber auch an Sonntagen, die – zu Recht oder zu Unrecht – im Bewusstsein der Gemeinde einen eigengeprägten Charakter haben – Sonntag Kantate oder Rogate, Ewigkeitssonntag oder Erster Advent. Doch auch für die Sonntage, die im Gemeindebewusstsein eher normal und damit in gewisser Weise gleichförmig sind – wie etwa die zahlreichen Sonntage nach Trinitatis –, hat das Proprium eine wichtige Bedeutung. Denn es ist zum andern das Grundmotiv für die Auswahl der jeweiligen Predigttexte. Bei den Predigtreihen I und II, bei denen das Evangelium oder die Epistel des Sonntags, also Grundelemente des jeweiligen Propriums, als Predigttexte vorgesehen sind, liegt das ohnehin auf der Hand. Aber auch die anderen Predigtreihen, auch die der Marginaltexte ordnen dem jeweiligen Sonn- und Feiertag einen Predigttext zu, der eine Beziehung zu seinem Proprium hat. Ehe ich also mit der Vorbereitung meiner Predigt beginne, mich dem Bedenken des Predigttextes zuwende, sollte ich fragen: Welches ist das Proprium des Sonntags? Ich weiß dann, welches Motiv zur Auswahl gerade dieses Textes geführt hat. Ich erinnere mich daran, dass Grundlage und Rektor für das Proprium des ganzen Sonntags das jeweilige Sonntagsevangelium ist, von dem also in jedem Fall eine Beziehung zu meinem Predigttext besteht. Ich finde damit meinen Predigttext also nicht nur in seinem eigenen Kontext im Römerbrief oder im Deuteronomium, sondern zugleich im Kontext anderer Bibeltexte und einbezogener Lied- und Gebetstexte. So ergeben sich zwei Koordinaten für den Ort meiner Predigt und ihres Textes: die aktuelle Lage der jeweiligen Gegenwart und das Proprium des jeweiligen Sonn- oder Feiertags, was die Zeitung berichtet und was die Agende anbietet. Natürlich hat auch das Proprium jedes Sonntags eine inhaltliche Aussage, Botschaft und Mitteilung über eine konkrete Wirklichkeit. Sie ist mit der konkreten Wirklichkeit des heutigen Tages in Beziehung zu setzen.

Dabei wird deutlich werden: Das Kirchenjahr, das die Abfolge der Propria für die Sonn- und Feiertage bestimmt, ist zugleich eine Hilfe und zugleich ein Problem für die Predigt.

A. Das Kirchenjahr als Hilfe

1. Wenn ich die spezifische Botschaft, den unverwechselbaren Grundgedanken des jeweiligen Propriums sorgfältig erkunde und ernst nehme, dann kann ich hoffen, dass im Lauf des Jahres die ganze Fülle der biblischen Botschaft und unseres Glaubens in den Blick und zur Sprache kommt. Ich werde gezwungen sein, mich auch mit biblischen Aussagen und theologischen Themen auseinanderzusetzen, mit denen ich selber Mühe habe und die meinem eigenen Denken ferner sind. Aber solch eine Auseinandersetzung ist in aller Regel fruchtbar und ein Gewinn für meine theologische Kompetenz wie für mein geistliches Wachstum. Zugleich wird so die

Gemeinde davor bewahrt, nur *den* Ausschnitt der biblischen Botschaft in der Predigt kennen zu lernen, der Denken und Überzeugung ihrer Pfarrerin oder ihres Pfarrers entgegenkommt, oder gar an jedem Sonntag denselben Lieblingsgedanken eintönig und gleichbleibend zu begegnen.

2. Andererseits aber gibt es ein Geheimnis der Wiederholung und der Wiederkehr, sofern diese nicht Einengung oder simple Redundanz bedeuten, sondern ein Wiedererkennen und eine Neubegegnung, die Neubegegnung mit einem Wort, mit einem Gedanken, in den man immer tiefer eindringt und der sich immer weiter entfaltet. Das ist das Geheimnis der Tiefenwirkung, von dem das Kirchenjahr ebenso lebt wie alle Breviergebete und Leseordnungen. Natürlich ist es wichtig, dies auch als Voraussetzung für die Predigt wahrzunehmen und ernstzunehmen.

3. So aus der Vielfalt einerseits und der Wiederkehr andererseits ergibt sich lebensbegleitend der Rhythmus von Fest- und Arbeitszeiten, Freuden- und Besinnungszeit, Erinnerungs- und Hoffnungstagen. Für die regelmäßigen Predigthörer entsteht daraus eine Strukturierung ihres Jahres und Lebens, an der die Predigt des Sonntags und des Feiertags wichtigen Anteil hat.

B. Das Kirchenjahr als Problem

1. In unserer Zeit, die durch rasche Entwicklungen und hohe Informationsdichte gekennzeichnet ist, geschieht es immer häufiger, dass die aktuelle Meldung oder auch die unmittelbare zeitgeschichtliche Erfahrung das Proprium des Sonntags einfach verdrängt. Während die Predigt sich mit einem theologischen oder anthropologischen Sachverhalt befasst, den der Predigttext und also das ihm zugrunde liegende Proprium des Sonntags vorgesehen hat, sind die Gedanken der Gemeinde ganz anderswo, bei dem, was die Medien eben berichtet haben oder wovon seit gestern auf allen Straßen die Rede ist. Die Predigerin/der Prediger sollte deshalb jedenfalls am Sonntagmorgen die ersten ein oder zwei Spitzenmeldungen einer Nachrichtensendung hören, um nicht zu dieser Stunde in einer ganz andern Welt zu leben als die Gemeinde. Immer wieder stehen Predigerinnen oder Prediger vor der Entscheidung: Ändere ich – möglicherweise kurzfristig – angesichts einer Situation in der Welt, in unserm Land, an unserm Ort die Predigtaussage, den Predigttext, vielleicht das ganze Proprium des Sonntags? Oder sollte ich unangefochten von den zufälligen Tagesstimmungen das traditionelle Thema dieses Gottesdienstes und damit meiner Predigt festhalten und von der Gemeinde fordern oder erhoffen, dass sie mir hierin folgt? Z.B. war der 13. August 1961 ein Sonntag, und zwar der 11. nach Trinitatis. Für alle Menschen in der damaligen DDR war die Nachricht von der endgültigen und undurchdringlichen Schließung der letzten offenen Grenze ihres Landes ein tiefer Einschnitt in ihr gesamtes Leben. Auch wenn es natürlich nicht alle in gleichem Umfang traf, an diesem Sonntag kam sicher niemand in die Kirche, ohne von dieser Nachricht betroffen und erregt zu sein. Das Wochenlied »Aus tiefer Not schrei ich zu dir« traf sicher Situation und Gefühl der Gemeinde. Aber war der vorgesehene Predigttext – in jenem Jahr identisch mit dem Sonntagsevangelium Lk 18,9–14 –, war die Gegenüberstellung von Pharisäer und Zöllner wirklich der Text für diesen Sonntag, für diese Gemeinde, für diese Not? Sieben Jahre später, am 21. August 1968, besetzten Truppen des damaligen Warschauer Vertrags die Tschechoslowakei und erstickten eine Entwicklung im sozialistischen Bereich, auf die viele, vor allem junge Leute große Hoffnung gesetzt hatten, und zeigten ihnen das Gewicht militärischer Macht, erzeugten so ein Gefühl hilfloser Ohnmacht bei vielen. Das geschah am Mittwoch, und in den folgenden Tagen jagten sich die Meldungen über Widerstand und wachsenden Zwang. Auch dieser Sonntag war der 11. nach Trinitatis. Die Prediger wussten genau, was auch an diesem Morgen ihre Hörer zutiefst bewegte, und sie mussten entscheiden, ob und wie sie den vorgesehenen Predigttext – die Epistel des Sonntags I Kor 15,1–10 – auslegen wollten, die Überlieferung der Auferstehungsbotschaft, die Erinnerung an ihre Zeugen und das Selbstzeugnis des Paulus als einer »unzeitigen

Geburt«. Ähnliche Situationen ließen sich beschreiben aus dem Herbst 1989 oder für Sonntag, den 9. November 1938 und unlängst nach dem 11. September 2001. Und wenn auch die Situationen bei weitem nicht immer derart dramatisch und weltbewegend sind, so wiederholt sich diese Spannung zwischen eingetretener Lage und vorgegebenem Proprium doch immer wieder und gibt homiletische wie liturgische Probleme auf.

2. Aber auch das Umgekehrte ist denkbar und gehört zu den Erfahrungen des Predigers: Das Proprium des Sonntags, das oft auch etwas wie eine Grundstimmung und beruhigende Vertrautheit bedeutet, verdrängt die Aktualität aus dem Bewusstsein der Gemeinde. Ganz deutlich ist diese Gefahr zu Weihnachten. Für die Predigt besteht die Versuchung, falschen Erwartungen entgegenzukommen und einem kurzzeitigen Selbstbetrug das Wort zu reden: »Still schweigt Kummer und Harm.« Solche Predigt könnte helfen, für einige Zeit aus unserer dunklen Welt auszusteigen, statt deutlich zu machen, dass Gott für alle Zeit in unsere dunkle Welt eingestiegen ist. Aber diese Gefahr gibt es natürlich nicht nur zu Weihnachten, sondern – weniger deutlich, aber anhaltend – durch alle Sonntage des Kirchenjahrs: Das vorgegebene Proprium könnte von der akuten Notlage, von der versäumbaren Aufgabe eines unwiederbringlichen Augenblicks ablenken. Gottesdienstkonzeptionen wie z.B. die des »Politischen Nachtgebets« seinerzeit in Köln verzichten darum grundsätzlich auf einen Bezug zum Kirchenjahr und fragen nur nach dem, was die jeweils aktuelle Situation der Gemeinde für Fragen und Aufgaben stellt und welche Botschaft der biblischen Tradition dann gesagt und gehört werden muss.

So weit aber muss man nicht gehen. Es führt schon weiter, wenn wir uns deutlich machen, dass auch diese biblischen Texte aus geschichtlichen Situationen stammen und keineswegs als zeitlose Wahrheiten über allem schweben oder gar einen Trost vermitteln wollen, der aus den Gesetzen des ewigen Kreislaufs zu gewinnen wäre. Das Weihnachtsevangelium redet nicht vom »Alle Jahre wieder« des Flockenfalls und der Sonnenwende, sondern von der Zeit, da Quirinius Landpfleger in Syrien war. Viele Elemente des heutigen Gottesdienstes, seine Lesungen und seine Lieder, sind bezogen auf solche in der Geschichte erlebten Welt- und Gotteserfahrungen und sind darum Predigt von einst. Hinter allen Texten des wiederkehrenden Propriums stehen – uns bekannte oder nicht mehr bekannte – konkrete Lebenssituationen und unverwechselbare Menschheitstage. So wird immer eine Spannung bestehen zwischen den Spezifika jedes welt- oder lebensgeschichtlichen Augenblicks, den gemeinsamen Grunderfahrungen aller Sterblichen und dem großen Horizont, dem neuen Licht, in dem die biblische Botschaft uns all das sehen lässt. Diese unvermeidliche Spannung zwischen Ordinarium, Proprium und aktuellem Spezifikum jedes Sonntags ist ja gerade die fruchtbare Spannung, die, wenn es gut geht, unsere Predigt spannend macht und die Hörer gespannt zuhören lässt. Wie öffnet unsere heutige Erfahrung diesen Text, und wie sieht unsere Erfahrung im großen Horizont der biblischen Überschau aus, in der die biblischen Autoren ihre damalige Gegenwart gesehen und zu deuten gelernt haben? Meine persönliche Erfahrung sagt, dass bei genauem Zusehen nahezu jeder biblische Text sich in einer aktuellen Situation als aktuell erweist und zu reden beginnt, wenn wir ihm die Fragen des Tages nur dringlich genug stellen. Der Skopos des Textes vom Pharisäer und Zöllner, wie er im Wochenspruch dieses 11. Sonntags nach Trinitatis angeboten wird, konnte eine hilfreiche Botschaft für den 13. August 1961 werden: »Gott widersteht den Hoffärtigen, aber den Demütigen gibt er Gnade.« Und wie Paulus diese Predigtperikope aus seinem Brief beginnt, das war, denke ich, ohne große Mühe als Anrede auch an die Enttäuschten und Entmutigten vom 25. August 1968 deutlich zu machen. »Liebe Schwestern, liebe Brüder, ich erinnere euch an das Evangelium, das ich euch verkündigt habe, das ihr auch angenommen habt«, das Evangelium von der Auferstehung und der überwundenen Macht des Todes.

II. Die Predigt und die Liturgie des Gottesdienstes

Wenn wir nach dem Proprium des Sonntags und seiner Bedeutung für die Predigt gefragt haben, dann haben wir vorausgesetzt: die Predigt gehört in den Gottesdienst. Sie hat ihren Ort in seiner Liturgie. Liturgie ohne Predigt ist möglich, also ein Gottesdienst, der liturgisch gestaltet ist, aber keine Predigt enthält, der auf sie einmal verzichtet. Eine Predigt ohne Liturgie ist nicht möglich. Natürlich gibt es Textauslegung in verschiedenen Formen auch außerhalb eines Gottesdienstes; diese wird man dann aber jedenfalls in der evangelischen Kirche kaum »Predigt« nennen, sondern wir haben dafür andere Bezeichnungen. Und auch im katholischen Bereich, als die Predigt aus der Messfeier auswanderte, bildete sich um sie eine kurze eigene Liturgie. Die Predigt hat ihren Platz im Gottesdienst, und wir fragen: wie sieht in unserm Gottesdienst die Beziehung zwischen Predigt und Liturgie aus? Denn Klarheit in dieser Frage hat Konsequenzen für die Gestaltung sowohl der Predigt wie der Liturgie.

Es gibt *zwei Missverständnisse*, die bei Pfarrern wie bei Gemeindegliedern anzutreffen sind, ausgesprochen oder unausgesprochen, bewusst oder unbewusst:

Zum einen wird die Liturgie als Rahmen für die Predigt verstanden, so wie das Streichquartett oder der Chorgesang der Rahmen für eine Festrede ist. In Mecklenburger Dorfgemeinden erschien der Patron, wenn die Predigt begann, und er verließ die Kirche, wenn ihr Amen gesprochen war. Auf das übrige konnte er verzichten. Aber auch im heutigen Gottesdienst warten viele, die körperlich vom Anfang bis zum Ende anwesend sind, eigentlich auf die Predigt, und wenn sie gehalten ist, denken sie bereits an den Heimweg. Das gilt vor allem, wenn die Person oder die Begabung eines Predigers Anlass zum Gottesdienstbesuch ist. Der besondere Prediger wird durch die gewöhnliche Liturgie umrahmt.

Damit gerät die Predigt aber unter einen starken Erwartungs- und Leistungsdruck. Wenn die Predigt enttäuschend ist, ist der ganze Gottesdienst enttäuschend. Und wer ist schon in der Lage, Sonntag für Sonntag Außerordentliches zu leisten? Es ist sicher: Die Predigerin, der Prediger braucht bei allem intensiven Einsatz für die Predigt doch das Wissen: Wirkung und Segen dieses Gottesdienstes sind nicht nur vom Gelingen meiner Predigt, von der Qualität meines homiletischen Einfalls, von meiner rhetorischen Leistung abhängig. Und die Gemeindeglieder erleben den Gottesdienst anders, wenn sie davon ausgehen und die Erfahrung machen: Auch wenn die Predigt einmal schlecht oder mittelmäßig ist, ist diese gemeinsame Stunde in der Kirche doch keineswegs verlorene Zeit, sondern reich durch viele andere Elemente. Die Predigt muss nicht einmal schlecht sein: Die Lebenssituationen, aus denen heraus Menschen in den Gottesdienst kommen, sind so unterschiedlich, dass es beinahe gar nicht möglich ist, sie alle in gleicher Weise anzusprechen und zu erreichen. Da kommen Fröhliche und Traurige, vom Alltag Gelangweilte und solche, denen ein Menschheitsproblem auf der Seele brennt, Hochgestimmte und Menschen, denen eine ganz persönliche Angst das Leben schwer macht. Niemand wird in einer Predigt allen das richtige Wort sagen können; aber im Kyrie und im Gloria, im Psalm und im Fürbittengebet, im Abendmahl und im Segen können die einen und die andern das finden, was das heutige Predigtthema für sie nicht hergab. Schließlich weist uns die Hörpsychologie darauf hin, dass die Einbahn-Kommunikation zwar der einen, der zentralen, aktiven, redenden Person Erfolgserlebnis und Befriedigung verschaffen kann, dass alle andern aber, solange sie nur passiv, nur zuhörend dabei sind, schnell in die Gefahr geraten, mit ihren Gedanken auszuwandern und auf Nebenbeschäftigungen auszuweichen – die Konfirmanden mit den Händen, die Erwachsenen mit den Gedanken. Gottesdienst, der nur aus umrahmter Predigt bestünde, wäre von solchen Vorgängen ständig betroffen und bedroht.

Zum anderen erscheint die Predigt selbst als ein liturgisches Element, als ein Stück der gewohnten Liturgie. Das ist das andere Missverständnis. Es kann sein, dass jemand andächtig am Gottesdienst teilgenommen hat, unmittelbar danach aber schon keine Einzelheit der Predigt, ja, nicht einmal ihre Grundaussage, vielleicht nicht einmal mehr den Predigttext in Erinnerung hat. Bei Nachgesprächen – z.B. zu Erstpredigten von Theologiestudenten in einem Gemeindegottesdienst – zeigt sich das oft: Wenn der Prediger nur den richtigen Ton getroffen, eine Art Grund-Klima erzeugt hat, das an alle sonst gehörten Predigten erinnert, ist man schon zufrieden und hält die Einzelheiten eher für belanglos. Es gibt offenbar eine Art, Predigt zu hören, die sich mit etwas wie einem Grundgefühl zufrieden gibt, einer Gestimmtheit, die durch vertraute Worte, Bilder und Wendungen erzeugt wird und etwas ist wie ein bergender Sprachraum, in dem man Sonntag für Sonntag einkehrt. Hier wird die Grenze ganz fließend zu den wiederkehrenden Stücken der Liturgie, und ich denke, es ist eine Versuchung für Predigerinnen und Prediger, sich damit genügen zu lassen. Diese Versuchung ist besonders groß bei Fest- und Feiertagspredigten. Sie besteht aber auch bei der Rekapitulation von Glaubenssätzen, ja – gerade bei einer treuen Predigtgemeinde – auch für die Paränese, die uns selber oder andere betrifft. Die Gemeinde ist zufrieden, das Vertraute wieder einmal gehört zu haben, und dabei sind wir ihr Entscheidendes schuldig geblieben. Sie ist unterfordert, zwar befriedigt, nicht aber in Bewegung gebracht worden.

Angesichts dieser beiden Missverständnisse ist es sinnvoll, sich immer wieder an Martin Luthers Torgauer Predigt von 1544 zu erinnern: »dass nichts anderes darin geschehe, denn dass unser lieber Herr selbst mit uns rede durch sein heiliges Wort und wir wiederum mit ihm reden durch Gebet und Lobgesang« (WA 49,588). Hier sind Predigt und Liturgie des Gottesdienstes untrennbar aufeinander bezogen und zwar in einer funktionalen Abhängigkeit voneinander, in einer Beziehung von Aktion und Reaktion, von Ruf und Echo, von Aktivität des Predigers und Aktivität der Gemeinde. Die Predigt zusammen mit den Lesungen und der Eucharistie als dem verbum visibile seu actuale hat eine unverwechselbare, eine konstituierende und aktivierende, eine in Gang setzende Aufgabe; aber der Gottesdienst wird erst zum Gottesdienst, wenn zum Wort die Antwort kommt, wenn die Zuhörer den Mund auftun, wenn die Gemeinde aus einem Auditorium zu einer Communio wird. So entsteht eine Einheit im Gegenüber und in Wechselwirkung. Wo der Liturg nicht hinter dem Abendmahlstisch steht und also der Gemeinde ständig zugewandt ist, zeigt er, indem er sich hin- und her wendet, wie er selber in diese Wechselbeziehung einbezogen ist: als Bote und Zeuge des Herrn, indem er in dessen Namen zur Gemeinde redet, als Mund der Gemeinde, indem er für sie spricht, natürlich aber immer auch als Gemeindeglied, wenn er mit ihr gemeinsam singt, dem Chor oder dem Lektor zuhört. Ich werde anders predigen, wenn ich mir dies immer aufs neue deutlich mache.

III. Die Predigt in ihren Beziehungen zu anderen Teilen des Gottesdienstes

Neben dieser Wechselbeziehung zwischen dem Gottesdienst als Ganzem und seiner jeweiligen Predigt bestehen auch Zusammenhänge zwischen dieser Predigt und einzelnen Elementen der Liturgie, Zusammenhänge, die wir uns deutlich machen sollten. Denn ein solches Netz innerer Beziehungen zwischen einzelnen Teilen des Gottesdienstes, Beziehungen, die für die Gemeindeglieder auch erkennbar werden, dient zugleich der inneren Einheit und zugleich der variablen Lebendigkeit des Gottesdienstes. Wenn ein Anliegen der Predigt in den Liedern wieder anklingt oder im Fürbittengebet wieder aufgegriffen wird, dann erscheint der Gottesdienst wie ein lebendiger Organismus. Die Predigt hat diesen Gedanken angesprochen, in der Liturgie greift die Gemeinde ihn auf und macht ihn sich zu Eigen.

Zunächst ist es sicher sinnvoll, immer einmal in der Predigt über diese Gesamtstruktur des Gottesdienstes zu sprechen. Es gibt Sonntage – etwa Sonntag Kantate – und es gibt Predigttexte – etwa die Epistel am 7. Sonntag nach Trinitatis, das Summarium in Acta 2,42–47 –, die Anlass geben, einmal mit der Gemeinde über die Grundelemente des christlichen Gottesdienstes – der Apostel Lehre, die Gemeinschaft, das Brotbrechen und das Gebet – nachzudenken und zu zeigen, wie sie in unserer heutigen Gottesdienstordnung enthalten und miteinander verbunden sind. Dann gibt es Predigttexte, die es nahelegen, über ein einzelnes Element unseres Gottesdienstes etwas ausführlicher nachzudenken. Aus den vergangenen Gottesdiensten erinnert sich die Gemeinde an dieses Stück ihrer Liturgie, in künftigen Gottesdiensten wird sie sich vielleicht an das in der heutigen Predigt Gesagte erinnern. So sieht die Reihe V für das Trinitatisfest als Predigttext Num 6,22–27 vor, also den aaronitischen Segen, der in aller Regel am Ende unserer Gottesdienste als Sendung gesprochen wird. Andere Predigttexte bieten die Möglichkeit, über das Kyrie, das Gloria, über das Gebet im Allgemeinen oder besonders über das Vaterunser, über das Abendmahl, das Credo, das Lied im Allgemeinen oder ein Wochenlied im Besonderen mit der Gemeinde nachzudenken. So hat die Predigt immer auch die Aufgabe, der Gemeinde ihren Gottesdienst verständlicher und vertrauter zu machen, die verbindende Tradition und die erfahrbare Aktualität seiner einzelnen Teile ihr nahe zu bringen. Noch wichtiger aber als die Erläuterung dieser Zusammenhänge in der Predigt ist es, sie im Vollzug des Gottesdienstes spürbar und erfahrbar werden zu lassen. Das werde ich – speziell im Hinblick auf die Predigt – bei der Vorbereitung des Gottesdienstes an folgenden Stellen besonders bedenken:

1. Die *Lektionen des Gottesdienstes*. Klar ist, der Predigttext ist ein Teil von ihnen. Da sie ein gemeinsames Proprium haben, sind in gewisser Weise alle gelesenen Texte eines Gottesdienstes die weitere Textgrundlage für die Predigt. Denn die Bibel ist »sui ipsius interpres«, sagt Martin Luther (WA 7,97). »Also ist die Schrift ihr selbst eigen Licht. Das ist dann fein, wenn sich die Schrift selbst auslegt« (WA 10/III,238). So ist es zuerst für den Prediger, danach auch für die Gemeinde hilfreich, sich deutlich zu machen, wie diese Texte einander auslegen und ergänzen. Dabei bleibt zu beachten, dass der eigentliche Grundimpuls vom jeweiligen Evangelientext ausgeht. Wenn die Texte der Reihe I gepredigt werden, ist das ohnehin klar; wir erinnern uns, dass durch viele Jahrhunderte das Evangelium des Sonntags der selbstverständliche einzige Predigttext gewesen ist. Das bedeutet übrigens auch: Wenn ich mich entschließe, von den 3 bis 4 Texten des Sonntags – Altes Testament, Epistel, Evangelium, Predigttext – nur 3 oder 2 zu lesen, so muss unter diesen Texten jedenfalls ein Evangelientext sein. In Jahren, in denen über Texte der Reihe I oder II gepredigt wird, in denen also Lektions- und Predigttext identisch sind, muss ich mich entscheiden, wie ich verfahre. Ich kann der Ankündigung des Lektionstextes – »Die Epistel ... steht geschrieben« – anfügen: »Sie ist zugleich der Text für die heutige Predigt«. Vieles spricht aber auch dafür, den Text ruhig zweimal zu lesen. Einmaliges Hören ist für unsere visuell orientierten Zeitgenossen meist ohnehin wenig einprägsam. Dabei ist zu überlegen, ob ich als Predigttext vielleicht nur einen Teil des Gesamttextes lesen sollte, sodass ich einen einprägsamen Kern dieser Perikope aus dem Kontext der anderen Verse heraushebe. Denkbar ist auch, den Text beim zweiten Lesen in einer anderen Übersetzung anzubieten – in einer modernen wie »Die Gute Nachricht« oder in einer verfremdenden wie der von Martin Buber. Oft bedeutet dies schon eine erste vorlaufende Texterläuterung oder die Herausforderung zu aufmerksamerem, wacherem Hören.

2. Die *Lieder*. Sie gehören neben der Predigt und möglicherweise dem Fürbittengebet zu den Texten des Gottesdienstes, die – auch über das wiederkehrende Proprium hinaus – den stärksten Wechsel und die breiteste Variation erlauben. Dabei gehört das Lied der Woche zum Proprium.

Die Predigerin/der Prediger kann also davon ausgehen: dies Lied hat in jedem Fall eine inhaltliche Beziehung zur Grundaussage des Predigttextes. Wenn sie in diesem Lied besonders schön oder besonders klar formuliert ist, kann ich dies homiletisch nutzen. Das Lied nach der Predigt wird dagegen von der Predigerin/vom Prediger ganz aktuell ausgewählt und zwar so, dass ein Bezug zur gehaltenen Predigt deutlich erkennbar ist. Dabei ist es erfahrungsgemäß besser, sich eher um eine gemeinsame Grundhaltung, einen allgemeinen inhaltlichen Bezug und generellen Duktus in Predigt und Lied zu bemühen, statt nach Liedern Ausschau zu halten, in denen möglicherweise wörtliche Textzitate oder bestimmte Stichworte der Predigt – u.U. in ziemlich entlegenen Strophen – auftauchen. An dieser Stelle sollte man Hilfs- und Handbücher zum Gesangbuch eher kritisch benutzen. Die Erfahrung sagt, dass der singenden Gemeinde allzu diffizile Text- oder Sachbezüge entgehen. Aber natürlich gibt es auch Lieder, bei denen der Textbezug klar zutage liegt. Hier kann sich eine ganz glückliche Verbindung zwischen Predigttext, Predigt und Gemeindegesang ergeben – etwa wenn am Altjahrsabend die Epistel Röm 8,31–39 zu predigen ist und danach Paul Gerhardts Lied gesungen wird »Ist Gott für mich, so trete gleich alles wider mich«. Es hat aber auch einen guten Sinn, wenn das Predigtlied nicht den Grundgedanken lediglich wiederholt, sondern wenn es ihn ergänzt, den Gedankengang fortsetzt, ja, auch einen Kontrast zum Gesagten bildet, wenn die paränetische Predigt durch ein Gebetslied, die Gerichtspredigt durch ein Lied der Glaubensgewissheit beantwortet wird. Die Das EGb geht allerdings davon aus, dass der Predigt das Credo folgt und sieht damit das Predigtlied nur noch als Möglichkeit, und zwar nur als eine neben anderen an, wie etwa Chorgesang, Instrumentalmusik oder eine Stille nach der Predigt; man sollte dazu auch die Möglichkeit fügen, den Predigttext am Ende noch einmal zu verlesen. Vielleicht entsteht auf die Weise aber auch eine neue Chance für die bisher ungewohnte Praxis, dass an Stelle des traditionellen Predigtliedes ein Lied, in seine Strophen aufgeteilt, in die Predigt selber eingefügt wird, dass nach jedem Teil der Predigt eine Strophe oder zwei gesungen werden, die Predigt so formal strukturiert und die Gemeinde selbst in den Predigtvorgang aktiv einbezogen wird. Es gibt in unserm Gesangbuch Lieder, die sich für solch eine Verflechtung in den Gedankengang der Predigt durchaus eignen – z.B. EG 315 »Nun lasst uns Gott dem Herren Dank sagen und ihn ehren«. Hier könnten die Grenzen fließend werden zu einer Lied-Predigt, mit der wir bisher wenig Erfahrung, vielleicht aber eine interessante homiletische Möglichkeit haben.

3. Das *Glaubensbekenntnis*. Die bisherige Gottesdienstordnung, in unsern Gemeinden weitgehend eingeführt, geht davon aus, dass das Glaubensbekenntnis der Gemeinde seinen Platz vor der Predigt hat. An dieser Stelle hat es die Bedeutung eines Gotteslobes nach dem Evangelium gewonnen. »Wir loben Gott mit dem Bekenntnis unseres Glaubens«, wird gelegentlich formuliert. Neben dieser doxologischen behielt es an dieser Stelle aber auch die Aufgaben, die ihm im Lauf der Jahrhunderte zugewachsen sind: Vergewisserung der Gemeinde über ihren Konsens, antihäretische Abgrenzung gegen Irreführung und Verdunkelung, katechetische Rekapitulation der summa fidei. Es ist immer möglich, dass die Predigt hieran sachlich anknüpft, dass sie den Rückbezug ihrer Aussagen auf das deutlich macht, was wir eben gemeinsam bekannt haben, dass die Predigt von den Konsequenzen spricht, die sich heute aus diesem jahrtausendealten Bekenntnis der ganzen Christenheit ergeben. Freilich ist dieser Ort des Credo seit Jahren in einer kritischen Diskussion (bereits Hertzsch § 24). Das EGb entscheidet sich heute anders, indem das Glaubensbekenntnis in der Regel der Predigt folgt (43.45, Ausnahme 42). Damit erhält das Bekenntnis der Gemeinde eine neue Funktion: Es wird zu Antwort und Echo auf die gehörte Botschaft, das Amen der Gemeinde zur gehaltenen Predigt und zwar nicht nur als Mitteilung, dass sie das Gesagte verstanden hat, sondern als Akt, sich jetzt bewusster und

aktiver damit zu identifizieren. Dies setzt freilich voraus, dass meine Predigt den Grund dafür wirklich gelegt hat, dass sie solche bekennende Zustimmung nicht vor allem fordert, sondern spontan auslöst. Es ist erwogen worden, ob nicht an dieser Stelle auch einmal ein Teil-Credo sinnvoll ist, also nach einer christologisch geprägten Predigt einmal nur der zweite Artikel – vielleicht mit Luthers Erklärung – gemeinsam bekannt werden sollte. Andererseits ist durchaus einleuchtend, wenn in diesem nachfolgenden ökumenischen Bekenntnis das Teil-Kerygma der heute gehaltenen Predigt wieder in den Gesamtzusammenhang unseres gemeinsamen Glaubens eingefügt und sein Ort in ihm für die Gemeinde erkennbar wird.

4. Das *Fürbittengebet.* Ursprünglich war das Gebet unmittelbar mit der Predigt verbunden: Der Bischof betete nach Abschluss der Homilie um den Segen des Wortes, ein Gebet, das dann immer mehr mit den intercessiones aus der missa fidelium zusammengewachsen ist. Auch heute schließt die Predigt ja nicht selten mit einem freien oder einem vorformulierten Gebet. Die Agenden bieten dafür Formulierungen an. Predigt leitet zu Gebet und Fürbitte. Wenn sie wirklich die Gemeinde erreicht hat, dann wird es dieser Gemeinde wichtig sein, ihren Dank auszusprechen, ihre Not vor Gott zu bringen, um Kraft und den offenen Blick zu bitten, Fürbitte für die Welt, die Kirche, die Armen und Geplagten zu halten, von denen in der Predigt die Rede war. Die Erkenntnis unseres Heils, unserer Aufgaben und unserer Grenzen drängt zum Gebet und macht uns dankbar für diese Möglichkeit. Deshalb ist es gut, wenn die Gemeinde in den Formulierungen des Fürbittengebets Gedanken, Inhalte und Anliegen der Predigt wiedererkennt. Sie betet dann mit größerer innerer Beteiligung. Das sollte ich im Blick haben, wenn ich das Fürbittengebet selber formuliere, aber auch, wenn ich vorgegebene Texte aufgreife, sie aber an einigen Stellen aktuell modifiziere. Wenn Prediger und Liturg zwei Personen sind, dann wird dieser Zusammenhang mit der Predigt dadurch noch unterstrichen, dass beide im Wechsel die Anliegen des Gebets sprechen. Eine Versuchung ist freilich gelegentlich, dass der Prediger Gedanken, die er in der Predigt nicht mehr unterbringen konnte oder vergessen hat, ins Gebet übernimmt und so die Predigt in anderer Form fortsetzt. Im Gebet sollen nicht der Gemeinde oder gar Gott dem Herrn neue Gedanken mitgeteilt werden, sondern es soll zur Sprache kommen, was uns jetzt gemeinsam bewusst ist und gemeinsam auf dem Herzen liegt.

5. Das *Abendmahl.* Auch vom Abendmahlsteil her kann eine erkennbare Beziehung zur gehaltenen Predigt hergestellt werden. Die liturgische Praxis in unsern Gemeinden, die für die Präfation, das große Dankgebet, meist eine wiederkehrend gleichbleibende Formulierung bevorzugt, hat ein wenig in Vergessenheit geraten lassen, dass diese Präfation aus einem Rahmen besteht und jeweils wechselnden Einschüben in ihn. An sich sieht die bisher gültige Agende für jeden Sonntag, zumindest für jede Kirchenjahreszeit, einen eigenen Präfations-Einschub vor. Auch das EGb bietet die verschiedensten Einschübe an für die Adventszeit oder das Osterfest, für Bußtage oder Konfirmation, daneben auch »freiere Formen« (616–632). Auf diese Weise wird daran erinnert, dass ursprünglich der Bischof an dieser Stelle einen jeweils aktuellen Einschub improvisierte, das Gotteslob in der Eucharistie also immer genau für den jeweiligen Tag formulierte. Wer die agendarischen Texte nicht als verbindliche Texte versteht, sondern als Angebote und Modell, der sollte die Möglichkeit überlegen – eventuell in Anlehung an die agendarischen Angebote –, selber solche Einschübe in die Präfation zu formulieren, und zwar mit deutlichem Rückbezug auf die jeweils gehaltene Predigt. Wenn die Grundaussage dieser Predigt in der Präfation wiedererkennbar wird, dann wird eine Brücke geschlagen von der Verkündigung des Gottesdienstes zur gemeinsamen Feier der beschenkten Gemeinde. Der Anschluss an den vorgegebenen Rahmen wird ohne Mühe herstellbar sein – »und dir danken durch unsern Herrn Jesus Christus« –, wenn nun die Predigtaussage folgt, etwa: »der von uns

Abschied genommen hat wie einst von seinen Jüngern, aber nur, um uns wieder zu begegnen in immer neuen Gestalten«, oder »der uns die Angst vor der unbekannten Zukunft nimmt, weil wir wissen: wohin immer wir kommen, dort erwartet er uns schon«. Danach führt der agendarische Rahmen – »Darum loben die Engel deine Herrlichkeit« oder »Darum preisen wir dich mit allen, die dir dienen« – zum gemeinsam gesungenen Sanctus.

6. Die *Taufe im Gottesdienst.* Immer häufiger wird von der Möglichkeit Gebrauch gemacht, die Taufe im sonntäglichen Gemeindegottesdienst zu feiern. Das ist ja auch sinnvoll, weil dieser Mensch mit der Taufe in die Gemeinde, in die communio sanctorum aufgenommen wird. Das EGb bietet verschiedene Möglichkeiten an (149–153). In jedem Fall ist in der Predigt ein Wort über die Taufe zu sagen. Das ist sicher sinnvoller, als zusätzlich eine abgesetzte eigene Taufansprache zu halten. Denn bei jedem Predigttext ist es gut zu fragen: Was bedeutet dieser Text, was bedeutet die Predigtaussage für Menschen, die getauft sind, also Christus anvertraut und in seiner Nachfolge stehend, oder für Menschen, die für die Taufe gewonnen werden sollen, also eingeladen werden, Glied an seinem Leibe zu sein? Es ist kein Predigttext denkbar, der dazu nichts zu sagen hätte. Gut ist es, wenn der Taufspruch für diesen Täufling aus dem Predigttext entnommen werden kann, am besten, wenn er dem Skopos des Textes oder der Predigt entspricht. Dann wird deutlich, dass der Zuspruch und die Mahnung, die uns allen gelten, diesem Täufling als einem von uns heute in besonderer Weise zugesprochen wird. Das wird besonders deutlich, wenn dieser zentrale Satz aus dem Predigttext in der nachfolgenden Taufhandlung wiederholt und als Taufspruch noch einmal nachdrücklich gesprochen wird.

So zeigt sich also: Zwischen verschiedenen Elementen des Gottesdienstes und seiner Predigt bestehen durchaus lebendige Beziehungen, die uns als Predigerinnen und Predigern deutlich sein und die der Gemeinde im Vollzug erkennbar gemacht werden sollten.

7. Ergänzend ist noch davon zu reden, dass es nicht nur Beziehungen zur Predigt gibt, sondern gelegentlich auch verstreute *Elemente von Predigt in anderen Teilen des Gottesdienstes.*

a. Es ist durchaus möglich, Eröffnung und Begrüßung so zu gestalten, dass der Grundgedanke des Gottesdienstes – um nicht zu sagen: sein Thema – der Gemeinde am Anfang deutlich gemacht wird (vgl. EA 462 f., vor allem den Absatz über »Gottesdienst in offener Form«). Dafür bietet sich der Spruch der Woche (Biblisches Votum) an, der ja das Proprium des Sonntags signalisiert und darum in jedem Fall eine innere Verbindung zum Predigttext besitzt. Wenn er durch eine kurze Bemerkung in Hinblick auf das Kirchenjahr oder die aktuelle Lage entfaltet wird, klingt zum ersten Mal ein kurzer Predigtgedanke an. Es ist aber auch denkbar, dass am Anfang des Gottesdienstes ein Problem, eine Not, eine Frage der Zeit oder des Tages benannt werden, die uns alle bewegen, die uns während des Gottesdienstes im Bewusstsein bleiben und die in der Predigt bedacht werden sollen.

b. Manche Gottesdienste, vor allem solche, die Außenstehende oder Kirchenfremde erreichen sollen, machen den Versuch, durch einen begleitenden Kommentar auch diesen den Verlauf des Gottesdienstes durchschaubar und mitvollziehbar zu machen. Wenn dies nicht geschwätzig oder schulmeisterlich wird, kann es durchaus zur Orientierung hilfreich sein und wird bestimmte homiletische Elemente bereits enthalten. Vor allem, wenn der Kommentator später selbst die Predigt hält, wird für die Hörer das eine als Fortsetzung des andern empfunden werden.

c. Es gibt schließlich auch gute Erfahrungen damit, die Schriftlesungen, über die nicht gepredigt wird, oder zumindest eine von ihnen durch ein Präfamen einzuleiten. Das ist ein ganz kurzer Hinweis in Form eines, höchstens zweier Sätze, in denen deutlich gemacht wird, worum es in diesem Text geht. Es gibt alttestamentliche und vor allem Epistel-Texte, denen solch eine kurze vorlaufende Erläuterung sehr zugute kommt. Solch ein Satz muss freilich sehr präzis und knapp sein, wirklich nur den einen wesentlichen Punkt ansprechen und daher jedenfalls genau vorformuliert werden. Wenn sich Präfamen zu Kurzpredigten auswachsen, werden sie belastend. Solch eine knappe, informierende Vorbemerkung ist gelegentlich auch für ein Lied – vor allem das Wochenlied – hilfreich, das wir zusammen singen wollen. Oft wird es lebendiger und rückt uns näher, wenn durch ein, zwei Sätze erzählt wird, in welcher Situation es entstanden ist: Paul Eber im bedrängten Wittenberg »Wenn wir in höchsten Nöten sein« oder die bewegenden Schicksale im Dreißigjährigen Krieg – Georg Neumark, Paul Fleming, Martin Rinckart und natürlich Paul Gerhardt – oder Dietrich Bonhoeffer in der Silvesternacht 1944/45 im Gestapo-Keller »Von guten Mächten wunderbar geborgen«.

Dass der Gottesdienst in all seinen Teilen durch ein gemeinsames Proprium geprägt ist, erlaubt es, dass an verschiedenen Stellen dieses Gottesdienstes auch ein kurzes Stück Predigt hörbar wird. Freilich darf dies nicht zu häufig geschehen. U.U. sollte die eigentliche Predigt zugunsten solcher über den Gottesdienst verteilter Elemente zeitlich und inhaltlich ein Stück reduziert werden. Vor allem aber müssen wir uns an die Erfahrung erinnern: Gottesdienste, in denen der Prediger zu oft und zu reichlich etwas sagen will, hinterlassen den Gesamteindruck – selbst wenn der Redende meint, er habe sehr unterschiedliche Typen, Formen und Funktionen von Texten zusammengestellt – : es waren zu viele Texte, zu viele Gedanken, zu viele Worte. Es ist gut, auch für die Predigt flexible und variable Formen auszuprobieren. Aber wir sollten im Blick behalten: Die gewachsene Grundstruktur des Gottesdienstes, die die Auslegung des Textes auf einem Punkt konzentriert, beruht auf erprobter Erfahrung und sollte jedenfalls als Grundmodell erhalten bleiben.

IV. Die eigene Liturgie der Predigt

Schließlich muss daran erinnert werden, dass die Predigt, obwohl beziehungsreich in das Gesamtgeschehen des Gottesdienstes eingefügt, ihren eigenen kleinen liturgischen Rahmen besitzt. Dadurch wird nach wie vor eine gewisse Sonderstellung der Predigt unterstrichen. Der Kanzelgruß und der Kanzelsegen, möglicherweise auch Gebete auf der Kanzel werden in unseren Gottesdiensten ziemlich selbstverständlich von den Predigerinnen und Predigern gesprochen und von der Gemeinde erwartet. Sie gehen zurück auf die Tradition des Prädikantengottesdienstes, der vor allem im Hochmittelalter neben der Messfeier seinen eigenen wichtigen Platz im Leben der Kirche besass, vor allem katechetische und volksmissionarische Aufgaben wahrnahm und ganz und gar mit der Kanzel innerhalb, gelegentlich aber auch außerhalb der Kirche verbunden war. So unterschiedlich sich die oberdeutsche und Schweizer reformierte Tradition einerseits und die lutherische andererseits grundsätzlich zu dieser Form des Gottesdienstes gestellt haben, ihre Spuren hat sie bis in die Gottesdienstordnungen unserer Tage hinterlassen. Einleuchtend in seiner Funktion ist solch ein eigener Gruß und abschließender Segen im Grunde nur in den – eher seltenen – Fällen, in denen die Liturgin oder der Liturg, die den Gottesdienst leiten, nicht dieselbe Person sind wie die Predigerin oder der Prediger. Während die bisher gültigen Agenden noch relativ ausführliche Angebote enthalten, Varianten für den Kanzelgruß und verschiedene Kanzelgebete vorsehen, ist darum das EGb hier auffällig knapp gehalten und bemerkt: »Ist der Liturg/die Liturgin zugleich der Prediger/die Predigerin, so entfällt der Kanzelgruß« (42). Den Kanzelsegen freilich sieht sie in jedem Fall noch vor, offenbar, um die besondere Aufgabe, die die Pfarrerin/der Pfarrer auf der Kanzel wahrgenommen hat, einprägsam und in geistlicher Weise abzuschließen. Dies könnte freilich auch der Grund sein, die Gemeinde von der Kanzel oder von dem Ort, an dem die Predigt sonst gehalten wird, ausdrücklich noch einmal zu begrüßen. Ihr wird deutlich: Ich rede jetzt in einer besonderen Funktion, als Keryx und als Martys der biblischen Botschaft, während ich sonst – wenn auch als dieselbe Person – als Liturgin oder Liturg eine andere Aufgabe wahrnehme.

Für den Gruß wie für den Segen hat sich je eine biblische Formulierung durchgesetzt: Röm 1,7b und Phil 4,7, obwohl grundsätzlich natürlich auch andere Gruß- und Segensworte denkbar wären. Für die gleichbleibende Formulierung des Grußes spricht, dass dies nach Ernst Käsemann eine Grußformel ist, die »sich stereotyp in den echten Paulinen wiederfindet«, da möglicherweise »der Apostel im Blick auf etwaige gottesdienstliche Verlesung seiner Briefe besonders sorgfältig und ›liturgisierend‹ stilisiert« (An die Römer, Tübingen 1974, 13). Wir sind also in guter apostolisch-biblischer Tradition damit. Das schließt eine de tempore modifizierte Fassung natürlich nicht aus: »und Friede von dem, der ist und war und kommt«. Beim Kanzelsegen sieht es noch etwas anders aus. Joachim Gnilka weist darauf hin, dass sich auch sonst am Schluss paulinischer Briefe Friedenszusagen finden, aber »die Zusage ist nicht formelhaft. Sie kann variiert werden und ist auch hier dem Kontext angepasst« (Der Philipper-Brief, Leipzig 1968, 171). Einerseits ist es sicher sinnvoll, sich und der Gemeinde beim Abschluss jeder Predigt gleichbleibend deutlich zu machen: Gottes Friede – in einem umfassenden Sinn – also sein Heil, sein Evangelium übersteigt alles, was wir mit unsern vernünftigen Überlegungen und vorformulierten Sätzen sagen konnten. Es ist tröstlich zu wissen, dass die Kraft und der Reichtum der biblischen Texte von uns nicht erschöpfbar sind. Andererseits aber können auch wir wie der Apostel diese Zusagen variieren und dem Kontext unserer Predigt anpassen: »Der Friede Gottes, der all unsere Vernunft übersteigt, und das Heil Gottes, das größer ist als alles, was wir fürchten und hoffen können, bewahre eure Herzen und Sinne« oder »in Christus Jesus, der in diese Welt gekommen ist, der wiederkommen wird und der doch immer schon bei uns ist«, also ein Segenswunsch am Ende, der zugleich an den Skopos der eben gehörten Predigt erinnert. So ist es sinnvoll, den Gottesdienst im Ganzen und im Einzelnen zu bedenken, wenn ich meine Predigt vorbereite. Und wenn ich den Gottesdienst mit andern gemeinsam gestalte, ist es gut, ihn auch gemeinsam vorzubereiten und zwar so, dass alle, die daran beteiligt sind, ob sie es wissen oder nicht, auch zu dem beitragen, was dann in der Predigt zu sagen sein wird.

Literatur

Karl-Heinrich Bieritz, Die Predigt im Gottesdienst: ders., Zeichen setzen (PTHe 22), Stuttgart 1995, 137–158. – Ders., Das Wort im Gottesdienst: GDK 3 (1987) 47–76. – Karl-Fritz DAIBER, Gottesdienstreform und Predigttheorie: JLH 18 (1973/74) 36–54. – Ders./Hans Werner DANNOWSKI/Wolfgang LUKATIS/Ludolf ULRICH, Gemeinden erleben ihre Gottesdienste. Erfahrungsberichte, Gütersloh 1978. – Hans Werner DANNOWSKI, Kompendium der Predigtlehre, Gütersloh ²1990, 79–84. – Erich Hertzsch, Die Wirklichkeit der Kirche I. Die Liturgie, Halle 1956. – Horst HIRSCHLER, Biblisch predigen, Hannover ³1992, 484–492. – Manfred JOSUTTIS, Der Weg in das Leben. Eine Einführung in den Gottesdienst auf verhaltenswissenschaftlicher Grundlage, München 1991, 237–245. – Hartmut GENEST, Hermeneutische Implikate des gottesdienstlichen Bibelgebrauchs: Dietrich Zilleßen/Stefan Alkier/Ralf Koerrenz/Harald Schroeter (Hg.), Praktisch-theologische Hermeneutik. Ansätze – Anregungen – Aufgaben, Rheinbach-Merzbach 1991, 423–432. – Wolfgang Ratzmann, Liturgisch integriert, konfessorisch und doxologisch. Zum Verständnis der Predigt nach dem Evangelischen Gottesdienstbuch: Wilfried Engemann (Hg.), Theologie der Predigt (APrTh 21), Leipzig 2001, 243–258. – Werner SCHÜTZ, Probleme der Predigt (DAW[G] 41), Göttingen 1981, 34–36. – Helmuth SCHREINER, Die Verkündigung des Wortes Gottes, Hamburg ⁵1959. – Joachim STALMANN, Die Predigt im Zusammenhang gottesdienstlichen Gestaltens: Niedersächsische Studiendirektorenkonferenz (Hg.), werkstatt predigen. Eine homiletische Korrespondenz, Nr. 29/1978, 21–24. – Gottfried VOIGT, Die Predigt als Stück der Liturgie: Hans-Christoph Schmidt-Lauber/Manfred Seitz (Hg.), Der Gottesdienst. Grundlagen und Predigthilfen zu den liturgischen Stücken, Stuttgart 1992, 128–137.

Klaus-Peter Hertzsch

Das Gebet

»Nächst dem Predigtamt ist das Gebet das höchste Amt in der Christenheit« (WA 34/I,395, 14 f.). »Man kann und soll wohl überall, an allen Orten und zu jeder Stunde beten; aber das Gebet ist nirgends so kräftig und stark, als wenn der ganze Haufen einträchtig miteinander betet« (WA 49,493,24–26). Die Äußerungen Luthers über die Bedeutung des Gebets in der versammelten Gemeinde und sein wiederholter Hinweis auf Gebet und Verheißung des Gebets kennzeichnen die Wandlung im Gebetsverständnis und in der Gebetspraxis nach der Auffassung der Reformation: Das Gebet ist nicht Mittel und Werk, auf Gott einzuwirken, sondern Antwort des Glaubens auf das, »was Gott an uns gewendet hat« (EG 341,1). Auch das Bittgebet erwächst aus dem Vertrauen zu dem in Christus »vertraut« gewordenen Gott.

Das Gottesdienstgebet aus reformatorischem Ansatz ist grundsätzlich volkssprachliches Gemeindegebet, nicht fremdsprachliches Klerikergebet. Inhaltlich ist es begründet, geprägt und abgegrenzt durch die biblische Überlieferung, insbesondere durch den exemplarischen Leit-Text des Vaterunsers. Gleichwohl knüpft das evangelische Gottesdienstgebet der Reformationszeit an überlieferte Formen des öffentlichen Gebets in der abendländischen Christenheit an und begründet seinerseits wieder eine eigene Tradition des von der deutschen Bibel Luthers geprägten gottesdienstlichen Betens. Auch wenn sich immer wieder in der geschichtlichen Überlieferung das Bedürfnis nach Zeitgemäßheit in Sprache und Inhalt regt, setzt diese Tradition Maßstäbe und hält Kontinuität und Identität des christlichen Betens fest.

I. Anknüpfung und Umformung (Geschichtlicher Aspekt)

Bei der Wiederbelebung des seit dem 5. Jh. aus dem Hör- und Sprachbereich der versammelten Gemeinde verschwundenen Gottesdienstgebets konnten die reformatorischen Gottesdienstordnungen z.T. an regionale Vorlagen anknüpfen, die schon im Spätmittelalter in der Volkssprache verfasst waren. Daneben griff man zu den lateinischen Gebeten der Messe und der Ritualien »modo sint pia« (Luther), die übersetzt und gegebenenfalls reformatorisch bearbeitet wurden. Die Neuformulierung evangelischer Gottesdienstgebete hielt sich zunächst in Grenzen, ihre Zahl steigerte sich mit der Vervollständigung liturgischer Formulare. Eine reichhaltige Sammlung evangelischer Gottesdienstgebete des 16.–18. Jh. bietet Löhes Agende von 1853.

A. Das Allgemeine Gebet

Die vor allem in Süddeutschland verbreitete Form des Kanzelgottesdienstes außerhalb der Messe, bei dem der volkssprachlichen Predigt eine *Gebetsvermahnung* »pro omni statu ecclesiae« in Form einer deutschen »Prosphonese« (»Bittet für ... um ...«) mit abschließendem, gemeinsamen Vaterunser folgte, war der gegebene Anknüpfungspunkt für die neue reformatorische Gebetspraxis. Entweder wurden nur Stichworte zur freien Formulierung angegeben wie in Mecklenburg 1540/1552 (EKO 5,154.198), Pommern 1535 (EKO 4,341) und Kurland 1570 (EKO 5,89) oder es gab ausformulierte Prosphonesen wie in Zürich 1523/1525 (Daniel III,39. 41), Basel 1526 (CD I Nr. 311), Augsburg 1537 (EKO 12,70) und weiter nördlich in Braunschweig 1528 (EKO 6,449), Calenberg 1542 (EKO 6,793), Naumburg 1537 (EKO 2,80), Lüneburg 1564 (EKO 6,545), Pommern 1569 (Höfling 1854, 235) und Lauenburg (Höfling 1854, 240).

Eine andere Fassung der Prosphonese entstand, wenn das *Vaterunser paraphrasiert* wurde wie bei Luther 1526 (WA 19,97,3–7) und Veit Dietrich 1543 (EKO 11,500 und 2,308). Mit der Vaterunser-Paraphrase endeten auch bei Bucer 1539 (EKO 8,120 f.) und Calvin 1542 (Beckmann 155 f.) sowie Kurpfalz 1563 (EKO 14,390 f.; 159) die Fürbittengebete. Doch traten im Lauf der Zeit an Gott gerichtete Fürbittengebete immer mehr an die Stelle von Prosphonesen.

Durch die Türkengefahr 1529 wurde Luther veranlasst, eine evangelische Fassung der Allerheiligen-*Litanei* (ohne Anrufung der Heiligen) herzustellen. Sie erschien in lateinischer (für städtische Schülerchöre) und deutscher Fassung mit Noten (vgl. EG 192). Offenbar wollte Luther um der Beteiligung der Gemeinde willen ein singbares, im Wechsel zwischen Schülergruppe und Gemeinde ausführbares Volksgebet schaffen. Diese Litanei wurde in Agenden und Gesangbücher übernommen, so in Sachsen 1539 (EKO 1,272), Brandenburg 1540 (EKO 3,74), Calenberg 1542 (EKO 6,811), Lüneburg 1564 (EKO 6,552) und in Württemberg 1553 (= EKO 14, 159), wo sie beim Fehlen eines Schülerchores auch vom Pfarrer allein gesprochen werden konnte. Nachdem die Litanei in der Epoche der Aufklärung zeitweilig verdrängt oder zeitgemäß verändert worden war, wurde sie im 19. Jh. aufs neue rezipiert (Löhe 164–183) und nach dem Vorgang der Preußischen Agende 1829,52 dem Buß- und Bettag (teilweise auch dem Karfreitag) als Allgemeines Kirchengebet mit Bußcharakter zugewiesen. An die Stelle der gesungenen Ausführung mit Bittrufen der Gemeinde trat jetzt die monologisch gesprochene Litanei.

Neben dieser Sonderform eines großen Fürbittengebets gab es in der lateinischen Kirche die am Karfreitag gebeteten »orationes sollemnes« (»Karfreitagsgebet«). Sie bestanden aus einer Reihe kurzer Prosphonesen mit Angabe der Gebetsintention durch einen Diakon, worauf die Gemeinde niederkniete und still betete. Zum jeweils abschließenden kurzen Gebet des Vorstehers erhob sich die Gemeinde wieder und beschloss das Gebet mit Amen. Diese dialogische Gebetsform wurde in Süddeutschland, z.B. Württemberg 1553 (= EKO 14,151–153) rezipiert, freilich auch schon in einer Umarbeitung zu einem monologischen längeren Fürbittengebet (= EKO 14,156–159). Erst Löhe machte im 19. Jh. wieder auf dieses »Diakonische Gebet« aufmerksam (Löhe 212–220). Doch gelang es damals nicht, diese Art des dialogischen Gemeindegebets in die Gottesdienstpraxis der evangelischen Gemeinden umzusetzen.

Dass auch die Gebete des lateinischen Messkanons zu evangelischen Fürbittengebeten umgeformt wurden, scheint zunächst wenig einzuleuchten. Bedenkt man jedoch, dass der römische Kanon kaum eucharistisches Lob, vielmehr eine ganze Reihe von Elementen eines Fürbittengebets enthielt, dann wird verständlich, dass Brandenburg 1540 (EKO 3,68 f.) und Calenberg 1542 (EKO 6,815) die römischen Kanongebete durch kurze Gebete für die Obrigkeit, die Diener des Wortes und die Einigkeit der Christen ersetzt haben. In Straßburg 1537 (CD I Nr. 429, Anm. 40) folgte der Präfation mit Sanctus ein längeres Fürbittengebet, an dessen Beginn eine Rubrik stand: »anstatt des Canon braucht man dies nachfolgende Gebet.«

Dieses Gebet ist zusammen mit dem anfangs erwähnten, aus der Gebetsvermahnung nach der Predigt entstandenen Fürbittengebet als monologisches »Gebet nach der Predigt« diejenige Gebetsform geworden, die sich im evangelischen Gottesdienst auf Dauer durchgesetzt hat. Die langen Allgemeinen Gebete der Straßburger Tradition, z.B. Kassel 1539 (EKO 8,120 f.), Genf 1542 (Beckmann 151–154), Köln 1543, Hessen 1566/1574 (EKO 8,318.438 f.) und Kurpfalz 1563 (EKO 14,389 f.) sind für die (abendmahlslosen) Predigtgottesdienste der reformierten Tradition bis heute kennzeichnend geblieben.

Das allmähliche Zurücktreten dialogischer Gebetsformen zeigt, dass es in der Reformationszeit offensichtlich nicht gelungen ist, das Priestertum aller Gläubigen beim gottesdienstlichen Beten zur Geltung zu bringen. So beschränkte sich die Beteiligung der Gemeinde durchgängig auf das – seit der EKU Agende I 1959, 12.124.127, gemeinsam gesprochene – Vaterunser.

B. Kollekten- und Eingangsgebete

Wo für den volkssprachlichen Gottesdienst der Reformation der Messtyp übernommen wurde, ergab sich die Notwendigkeit, die nach Luthers Urteil im Allgemeinen akzeptablen Kollektengebete einzudeutschen. Luther machte sich selbst an die Arbeit und veröffentlichte zwischen 1526 und 1534 eine Auswahl von insgesamt 18 Kollekten, darunter drei neu geschaffene. Sie wurden zusammen mit Luthers Liedern im Klug'schen Gesangbuch 1533/34 abgedruckt. Offensichtlich hat er die Kollekte nach Inhalt und Sprachstruktur positiv eingeschätzt. Ergänzt durch die 1533 erschienenen Nürnberger Kollekten (EKO 11,188–194) bildeten diese Gebete einen ersten Grundstock von etwa 40 deutschen Kollekten, der in viele evangelische Kirchenordnungen übernommen wurde.

Später wurde dieser Bestand durch neue deutsche »Text-Kollekten« (= schriftlesungsbezogene »Perikopen-Gebete«) von Dietrich 1546 und Mathesius 1563, aber auch durch weitere aus der lateinischen Tradition übersetzte Kollekten vergrößert, z.B. Sachsen 1555 (EKO 1, 275–280) und Lüneburg 1564 (EKO 6,568–574). Es kam jedoch nicht zur Übernahme des ganzen Zyklus der lateinischen Messkollekten; man begnügte sich außerhalb der Festzeiten mit einer Auswahl allgemeiner Kollekten.

Das Zeitalter der Aufklärung wusste mit den altertümlichen Kollektengebeten nicht viel anzufangen. Sie wurden entweder weggelassen oder durch wortreiche längere Gebete ersetzt. Erst im 19. Jh. kam mit der Restauration des Gottesdienstes nach dem Messtyp auch das Kollektengebet wieder zur Geltung. Schon die Preußische Agende 1822/29 enthielt 47 »Gebete vor der Epistel«. Löhe sammelte in der zweiten Auflage seiner Agende 130 Kollektengebete aus dem inzwischen angewachsenen Bestand evangelischer Agenden und veröffentlichte in seinem Perikopenbuch 1861 den vollständigen Zyklus der verdeutschten Messkollekten. Die Zahl der deutschen Kollekten nahm dann nochmals zu, weil Kollektengebete »im alten Stil« zur Ergänzung neu geschaffen wurden: Hannover 1852 (62), Bayern 1856 (76), Sachsen 1880/1906 (151), Hannover 1889 (83), Preußen 1895 (93 Kollekten).

Im abendmahlslosen oberdeutschen Predigtgottesdienst gab es kein Kollektengebet, sondern nur ein stereotypes oder freies Gebet vor der Wortverkündigung, das mit einem Schuldbekenntnis (»Offene Schuld«) verbunden sein konnte, z.B. in Zürich 1523 (Daniel III,4), Straßburg 1526 (Hubert 96), Kurpfalz (EKO 14,388 f.) und Baden 1686. Eine vergleichbare Funktion hatte das gleichbleibende Eingangsgebet mit stillem Vaterunser in Württemberg seit 1688.

Da im 19. Jh. die Kollekte weithin nicht mehr im Sprechgesang ausgeführt wurde, wurde sie nicht mehr als zusammenfassender Abschluss des Eingangsteils nach dem ebenfalls gesungenen Kyrie/Gloria verstanden. So trat eine Funktionsänderung in der Weise ein, dass die Kollekte jetzt (wie in der oberdeutschen Tradition) als »Gebet vor der Schriftlesung« den Wortteil des Gottesdienstes eröffnete. Damit ging auch die Evidenz ihrer gesungenen Sprachgestalt verloren. Aus den Kollekten wurden »Eingangsgebete«, die wegen ihres abholenden und einführenden Charakters nicht zu kurz sein durften.

Die abschließende und zusammenfassende Funktion und die daraus folgende Sprachgestalt der »klassischen« Kollekte blieb auch dort erhalten, wo sie einen gegliederten und länger ausgedehnten verbalen oder rituellen liturgischen Akt der Gemeinde zu Ende führte: Gebet zum Rüstakt zu Beginn des Gottesdienstes, Gebet nach der Gabensammlung, Dankgebet nach der Kommunion, Abschluss der Litanei, Abschluss der Teilsequenz Prosphonese – Gebetsstille im Diakonischen Gebet.

Das sprachlich offenere Eingangsgebet ist Vorstufe und Vorbild geworden für die kürzeren Gebete in Kasual- und sonstigen Wortgottesdiensten zur Eröffnung und »Einstimmung«. Wo das Kyrie durch ein »Vorbereitungsgebet« (Bußgebet) eingeleitet wird, das im Grunde die gleiche abholende Funktion hat wie das Eingangsgebet, ergibt sich die Schwierigkeit, dass die Gnadenzusage mit anschließendem Gloria bereits einen Abschluss der Sequenz darstellt, worauf das Kollektengebet eigentlich die Gloriafunktion dupliziert oder funktionslos wird.

Die seit den fünfziger Jahren des 20. Jh. übliche Ausgestaltung eines vollständigen *De tempore* in den Agenden hatte zur Folge, dass nunmehr auch in den Gottesdiensten nach dem Messtyp der vollständige Zyklus der Kollektengebete berücksichtigt wird, vgl. Kirchenagende I (1948) und die Agenden I der VELKD und der EKU 1955/59, vorher schon die Deutsche Messe der Michaelsbruderschaft 1937.

C. Tauf- und Abendmahlsgebete

Es fällt auf, dass die reformatorischen Taufordnungen – anders als beim Abendmahl – zunächst einfach die überlieferten Taufgebete der lateinischen Tradition verdeutscht haben, so Luther 1523 (EKO 1,18 f.), Osiander 1524 (EKO 11,34) und Straßburg 1524 (Hubert 25–28). Jedoch enthielt Luthers Taufbüchlein zusätzlich ein eigenständiges langes Gebet, dessen Zuschreibung an Luther lange Zeit strittig war. Dieses sog. »Sintflutgebet« nimmt die alttestamentlichen Typoi für die Wassertaufe aus der Osternachtliturgie auf und stellt sozusagen ein »Tauf-Hochgebet« dar. In überarbeiteter Fassung wurde es auch in Zürich 1523/25 und Kurpfalz 1563 (EKO 14,340) rezipiert. Luthers Fassung gelangte über Köln 1543 in das Book of Common Prayer 1549 und in die anglikanischen Taufordnungen.

Eine andere Traditionslinie nahm ihren Ausgang von Bucers umfangreichen, belehrenden Taufgebeten in Straßburg 1537 (Hubert 46–49) und wirkte auf Augsburg 1537 (EKO 12,77 f.), Kassel 1539 (EKO 8,117 f.) und Köln 1543 ein. Charakteristisch war dabei der Hinweis auf die Beschneidung als Tauftypus und auf die verantwortliche Rolle der Eltern bei einer Säuglingstaufe. Singulär geblieben ist Bucers Taufordnung in Köln 1543 (Daniel II, 208–214), wo der Taufe im Sonntagsgottesdienst (nur Tauflesungen, Taufakt und Abendmahlsgang der Eltern und Paten) am Vortag ein Taufvorbereitungsgottesdienst vorausging, der aus Luthers Taufbüchlein die katechetischen Elemente und Gebete bis zum Credo einschließlich enthielt, dazu eine Taufvermahnung. Die dabei an Eltern und Paten gerichteten Verpflichtungsfragen wurden von ihnen für sich und das Kind beantwortet.

In ihrer gestrafften Fassung von 1526 wurde Luthers Taufordnung Grundlage der meisten evangelischen Taufliturgien. Von den Gebeten blieb nur das zweite Gebet der lateinischen Tradition (mit Zitat aus Mt 7,7) und das Sintflutgebet (später fakultativ) erhalten. Dazu kam noch ein Tauf-Dankgebet aus Straßburg 1537 (Hubert 51 f.) in der Fassung von Württemberg 1553 (= EKO 14,124), offenbar war das Dankgebet nach dem Abendmahl dafür das Vorbild.

Da die vom Priester ohnehin nur leise gebeteten Kanongebete der lateinischen Tradition in den reformatorischen Abendmahlsordnungen aus theologischen Gründen ganz ausgeschieden wurden, blieb neben den biblisch legitimierten konstitutiven Elementen Vaterunser und Einsetzungsworte nur das von Luther nach lateinischen Vorlagen geschaffene und charakteristisch erweiterte Dankgebet (Postcommunio) als Abendmahlsgebet übrig (CD I Nr. 63), das zum festen Bestandteil der meisten evangelischen Abendmahlsordnungen wurde. Daneben wurde ein Nürnberger Dankgebet (CD I Nr. 118) in Württemberg 1553 (= EKO 14,150) und Köln 1543, ein Straßburger Dankgebet 1537 (CD I Nr. 450) in Genf 1542 (CD I Nr. 490) und Kassel 1539 (CD I Nr. 474) – also eher regional – rezipiert.

Da die lateinische Präfation mit Sanctus zunächst in gesungener Ausführung beibehalten wurde, wie in Brandenburg 1540 (EKO 3,68), Braunschweig 1528 (EKO 6,441), Sachsen 1539 (EKO 1,271), Pommern 1535 (EKO 4,341) und Mecklenburg (EKO 5,199), und da sich die ersten Verdeutschungen in Straßburg 1524 (Hubert 64.76 f.) und Erfurt 1525 (EKO 2,376–380) nicht weiter verbreiteten, ist dieses Lobgebet kaum als eucharistisches Element zur Geltung gekommen, zumal »Präfation« als »Vor-Rede« (Anrede) verstanden wurde. So kam es, dass eine neu formulierte »Abendmahlsvermahnung« (mit eingeschlossenen Einsetzungsworten in der liturgischen Mischfassung) sozusagen als »kerygmatisiertes Eucharistiegebet« einen festen Platz in den evangelischen Abendmahlsordnungen bekam. Im 19. Jh. boten revidierte Abendmahlsliturgien verdeutschte Präfationen als gesprochene Lobgebete, so Preußen 1822/29, Baden 1858 und Hessen 1904. Lutherische Agenden erneuerten in dieser Zeit die gesungene Präfation, so Bayern 1856, Sachsen 1880/1906 und Hannover 1889.

Dass es in der Reformationszeit nicht zur Umbildung des römischen Kanons in ein evangelisches Eucharistiegebet kam – etwa nach der Art des »Sintflutgebets« in der Taufe –, lag nicht nur daran, dass der beherrschende Opfer-Topos als anstößig empfunden wurde. Auch die Tatsache, dass der Kanon vorwiegend aus Elementen bestand, die ihren Platz im Fürbittengebet haben, hat bewirkt, dass die neuen evangelischen Fürbittengebete auch als Äquivalent des römischen Kanons angesehen wurden, so in Straßburg 1524 (CD I Nr. 429, Anm. 40) und bei Bugenhagen 1535 (EKO 4,352: »hic est noster canon«).

Immerhin entstand aus dem Abendmahlsgebet, das den integrierten Schluss des Straßburger Fürbittengebets bildete (CD I Nr. 443), das eigengeprägte Abendmahlsgebet Genf 1542 (CD I Nr. 489) und Kurpfalz 1563 (CD I Nr. 730) mit anamnetischen, epikletischen und eschatologischen Motiven sowie einzelnen Anklängen an Formulierungen des römischen Kanons. Während dieses Gebet auf Dauer in die reformierte Tradition Eingang fand, blieben vereinzelte andere Versuche, ein evangelisches Konsekrationsgebet zu formulieren, wie in Pfalz-Neuburg 1543 (CD I Nr. 151), oder die Präfation nach Art ostkirchlicher Anaphoren auszugestalten, wie in Köln 1543 (CD I Nr. 478), ohne Nachwirkung.

Erst im 19. Jh. tauchten neue Gebetstexte auf, die nach frühkirchlichem Vorbild die Einsetzungsworte wieder in einen eucharistischen Gebetskontext einbinden und aus ihrer Isolierung als konsekratorische Vollzugsformel herausholen, so bei Löhe,81–83 und in Bayern 1856,17.84 f. Die Wiedergewinnung des Eucharistiegebets in den evangelischen Abendmahlsordnungen ist im Wesentlichen den vielfältigen weltweiten ökumenischen Begegnungen zu verdanken.

D. Kasualgebete

In diesem Abschnitt werden die Gebete zu den kirchlichen Handlungen (Kasualien) besprochen: Beichte, Konfirmation, Ordination, Trauung und Bestattung. Die Reformation hat zwar den Sakramentscharakter dieser Riten bestritten, jedoch daran festgehalten, dass es sich (abgesehen vom Bestattungsgottesdienst) nicht nur um Predigtgottesdienste mit Gebet und Gesang, sondern auch um Segnungsgottesdienste für Getaufte handelt. Trotz aller geschichtlich bedingten Ausformungsunterschiede blieben daher bei der liturgischen Gestaltung der Kasualien tauftypische Elemente wirksam. Über die Eingangs- und Schlussgebete der kirchlichen Handlungen vgl. oben die Abschnitte A und C.

a. Eigenart der *Beichte* (in Gestalt der meist dem Abendmahl zugeordneten Gemeinsamen Beichte) ist das festformulierte Sündenbekenntnis in Form eines an Gott gerichteten, meist in der Ich-Form der Einzelbeichte belassenen Gebets, für das sich im 16. Jh. zwei Texte eingebürgert haben: Württemberg 1536 (= EKO 14,145) und Naumburg 1537 (EKO 2,78), dieses später in der Fassung der Preußischen Agende 1822,30 f. (auch in die neueren Ausgaben des Kleinen Katechismus aufgenommen). Die Beziehung zur Taufe besteht darin, dass das demütige Bekenntnis der Schuld und das lobpreisende Bekenntnis des Glaubens ebenso aufeinander bezogen sind und zusammengehören wie Abrenuntiation und Credo in Luthers Taufbüchlein bzw. ostkirchliche Apotaxis und Syntaxis.

Für das gemeinsame Schuldbekenntnis in Wir-Form wurde in Straßburg das priesterliche *Confiteor* zu Beginn der Messe in ein Sündenbekenntnis der Gemeinde umgewandelt (Hubert 83,91–94) und von Württemberg 1553 (= EKO 14,161) und Kurpfalz 1563 (EKO 14,388) übernommen. In Genf 1542 (Beckmann 149 f.) wurde es von Calvin zu einem Akt demütiger Anbetung umgestaltet, der zum Merkmal des reformierten Gottesdienstes geworden ist.

Eine andere Form des gemeinsamen Sündenbekenntnisses war die im vorreformatorischen oberdeutschen Kanzelgottesdienst übliche *Offene Schuld* (öffentliches Sündenbekenntnis), die sich auch im reformatorischen Gottesdienst weit verbreitet hat, so in Württemberg 1553 (= EKO 14,145), Kurpfalz 1563 (EKO 14,381), Wolfenbüttel 1569 (EKO 6,144), Calenberg 1542 (EKO 6,795), Mecklenburg 1552 (EKO 5,203) und Sachsen 1581 (EKO 1,557).

Dem Straßburger Sündenbekenntnis zum Eingang des Gottesdienstes, das auch in Nürnberg 1525 (EKO 11,51) und Mecklenburg 1540 (EKO 5,151) übernommen wurde, folgte eine *Vergebungszusage* in Form eines biblischen Votums oder eines Zuspruchs in optativer Form (vgl. »misereatur« in der lateinischen Tradition), der formal an das Gebetsvotum nach dem Taufakt erinnerte, das Luther aus dem Begleitwort zur Chrisma-Salbung umgeformt hat. Die gelegentlich vorkommende Intensivform eines indikativischen Vergebungszuspruchs (»absolvo te«), der bei Luther nicht juridisch, sondern kerygmatisch verstanden ist, entspricht bemerkenswerterweise dem »baptizo te« bei der Taufe.

Im 19. Jh. wurde vor allem in unierten Kirchen das Straßburger (»reformierte«) Sündenbekenntnis samt darauf folgender Gnadenzusage mit dem (»lutherischen«) Kyrie und Gloria verknüpft, z.B. in Bayern 1856,4–8, Baden 1858,16 f. und Preußen 1895,3 f. (Beckmann 201). Da diese Gebetssequenz allsonntäglich, auch in abendmahlslosen Gottesdiensten gebetet wurde, ergab sich im Lauf der Zeit eine stärkere Differenzierung dieses »Bußgebets«. Neben das herkömmliche Sündenbekenntnis (»Wir haben gesündigt«) trat das Eingeständnis von gelegentlichem Versagen (»Wir waren oft lieblos«) und die Klage über Not und Übel der Welt (»Wir haben Angst und sind ratlos«). Damit bekam das Sündenbekenntnis zu Beginn des Gottesdienstes den Charakter eines einfühlsamen Eröffnungsgebets (»Eingangsgebet«, »Vorbereitungsgebet«; vgl. oben Abschnitt B).

b. Für die *Konfirmation* schuf Bucer ein vierteiliges langes Kasusgebet mit Bitte um den Hl. Geist, dem ein Segnungsakt mit unter Handauflegung gesprochener Segensformel folgte, Kassel 1539 (EKO 8,125 f.). In abhängigen Ordnungen wurde zur Handauflegung ein kurzes Segensgebet gesprochen, so in Köln 1543, Waldeck 1556, Calenberg 1542 (EKO 6,842 f.), Pommern 1569 (EKO 4,444). Bucers Gebet wurde in verkürzter Form auch in andere Ordnungen übernommen, wie Württemberg 1553 (= EKO 14,133) und Coburg 1626. Charakteristisch und für die Gestaltung evangelischer Segenshandlungen paradigmatisch war die Einbeziehung der Gemeinde in das pneumatologisch akzentuierte Segensgebet, dem die Einzelsegnung unter Handauflegung mit einem Begleitvotum folgte, das Motive des Gemeindegebets aufnahm.

c. Für die völlig neu gestaltete *Ordination* verfasste Luther ein unter Handauflegung zu sprechendes spezielles Segensgebet, das aus dem Vaterunser entwickelt war und die Bitte um den Hl. Geist enthielt, 1537 (EKO 1,27). Daneben verbreitete sich ein Ordinations- und Installationsgebet aus Württemberg 1547 (= EKO 14,241), das auch im Norden rezipiert wurde, so in Sachsen 1580 (EKO 1,382 f.) und Wolfenbüttel 1569 (EKO 6,190 f.). Bucers Ordinationsgebet, Kassel 1539 (EKO 8,127), war – wie sein Konfirmationsgebet – als Gemeindegebet mit folgender Segnung unter Handauflegung gestaltet.

Im 19. Jh. trat der kirchenrechtliche Aspekt einer Amtseinweisung in den Vordergrund. Nicht mehr das Gemeindegebet als »Personen-Epiklese«, sondern die rechtlich relevante, unter Handauflegung gesprochene Vollzugsformel stand jetzt im Mittelpunkt der Handlung. Das Ordinationsgebet bildete dann nur noch den geistlichen Rahmen für einen Verwaltungsakt der Kirchenleitung. Erst in der Gegenwart kommt die ursprüngliche Konzeption einer evangelischen Ordination wieder zur Geltung.

d. Für den *Trauungsgottesdienst* bot die Tradition der lateinischen Kirche den großen, biblische Paradigmen aufnehmenden Brautsegen. Er wurde in Brandenburg 1540 (EKO 3,84), Straßburg 1524 (Hubert 7) und Zürich 1523 (Daniel III,202) aufgenommen, jedoch nunmehr auf beide Brautleute bezogen und durch neutestamentliche Motive ergänzt. Das Straßburger Gebet wirkte, in z.T. erweiterter Fassung, weiter auf Genf 1542, Augsburg 1537 (EKO 12,83), Kurpfalz 1563 (EKO 14,401), Kassel 1539 (EKO 8,127) und Hessen 1566 (EKO 8,324).

Luther übernahm in seinem Traubüchlein 1529 nur das mit ausgestreckten Händen über dem knienden Hochzeitspaar gesprochene Kernstück des lateinischen Brautsegens (EKO 1,23 f.), folgte aber sonst seinem Segnungskonzept »Gottes Wort und Gebet«. Daher gingen seinem Segensgebet biblische Lesungen als kerygmatische Vorgabe der *Segnung* voraus. In späteren Trauordnungen wurde dieser Zusammenhang durch die nach den Lesungen eingeschobenen Traufragen mit Kopulationsgeste unterbrochen und die Segnung als selbstständige Sequenz aus Vaterunser, Segensgebet und Segensformel (alles unter Handauflegung) ausgestaltet.

e. Der evangelische *Bestattungsgottesdienst* war im Reformationszeitalter ein einfacher Predigtgottesdienst mit Bestattungskollekte, z.B. Sachsen 1540 (EKO 1,275) und 1555 (EKO 1,279), und Schlussgebet, z.B. Straßburg 1537 (Hubert 129 f.), in erweiterter Fassung Pfalz-Zweirücken 1557, Köln 1543, Hessen 1566 (EKO 8,336) und Pommern 1569 (Daniel II,482). Luthers Begräbnisliederbuch 1542 (WA 35,478 f.) zeigt, dass der Gesang der Gemeinde wesentliches Element eines christlichen Begräbnisses ist und dass das gemeinsame Beten vom vorgesprochenen Gebet in den Lobgesang übergehen kann. Die vermehrten Bestattungsgebete seit dem 19. Jh. nahmen stärker die Empfindungen der Trauernden auf und waren weniger eine bekennende Glaubensantwort auf die Heilsbotschaft angesichts des Todes.

Während das Gebet für die Toten in den deutschen Begräbnisgebeten vermieden ist, hat sich die Antiphon »Requiem aeternam« als Kurzformel der Fürbitte und Abschluss des Aktes am Grab in neuerer Zeit mehr und mehr eingebürgert. Eine *Einsegnung* des Verstorbenen im Rahmen des Bestattungsgottesdienstes ist nur vereinzelt vorgesehen worden, doch lag hier insofern eine Formzwang vor, als die Regel, dass zu den kirchlichen Handlungen stets Segnungen gehören, auch auf die Bestattung angewendet wurde. Dagegen gehört der aus der westkirchlichen Tradition übernommene Sterbesegen seit langem zur seelsorgerlichen Begleitung Sterbender (Daniel II,465 und Löhe 455 f.).

Im Ganzen erwiesen sich die im Reformationszeitalter neugestalteten kirchlichen Handlungen mit ihren trinitarischen, optativen Segensformeln und den pneumatologisch akzentuierten (»Person-Epiklese«) Gebeten als taufbezogene Lebensstufen-Riten.

II. Formen und Funktionen (Systematischer Aspekt)

Von den verschiedenen Formen des gottesdienstlichen Gebets, die in Anknüpfung an die westliche Überlieferung und in theologisch begründeter Modifikation seit der Reformation in den deutschsprachigen evangelischen Gottesdienst Eingang fanden, haben sich aufgrund von Erprobung und Gewöhnung vier nach Form und Funktion unterschiedene Grundtypen bis heute durchgehalten und bewährt, nämlich Kollektengebet, Fürbittengebet, »homiletisches Gebet« und Sakramentsgebete.

A. Das Kollektengebet (Liturgengebet)

Das in den evangelischen Gottesdienst übernommene erste Gebet der lateinischen Messe ist im Lauf der Geschichte unterschiedlich benannt worden, entweder »[prima] oratio« (römisch, allgemein) = ausgeformte öffentliche Gebetsäußerung, oder »collectio, collecta« (Altgallien) = zusammenfassendes Gebet einer gemeinschaftlichen Gebetssequenz (danach »Kollekte« bei Luther, »Kollektengebet« in der evangelischen Tradition), in neuerer Zeit auch »Tagesgebet« (ökumenisch) = in volkssprachlichen Liturgien wegen der de tempore wechselnden Texte.

Die eigentliche Bedeutung des Kollektengebets erschließt sich erst bei einer sorgsamen Analyse seiner *Binnenstruktur*, wie sie an der ausgereiften normalen Sprachgestalt der lateinischen Kollekte aufgezeigt werden kann: Die ersten drei Elemente der folgenden Übersicht können in Abfolge und Entfaltung auch variieren, wenn es die Regel der lateinischen Kunstprosa erfordert (Deus, Domine, quaesumus werden stets nachgestellt, außer bei Deus qui ...).

Struktur	Elementarform	Entfaltungsstufe I	Entfaltungsstufe II
Anrede	[Deus] (6. n. Ep.) [Domine] (5. n. Ep.)	[Deus]	Deus
Prädikation	—	Protector ... sperantium (3. n. Pfingsten) Omnipotens sempiterne (2. n. Pfingsten)	qui ... manifestas (10. n. Pfingsten) de cuius munere venit ... (12. n. Pfingsten) a quo bona ... procedunt (5. n. Ostern)
Bitte	preces quaesumus exaudi (Estomihi)	largire nobis ...	da cunctis qui ... (3. n. Ostern)
Erbetene Folge	ut ...	ut qui ... (8. n. Pfingsten)	ut et ... et ... (4. n. Pfingsten)
Konklusion	per Christum	per Jesum Christum Dominum nostrum	per Dominum nostrum J. Chr. filium tuum, qui tecum et cum Spiritu Sancto vivit et regnat ...
Akklamation	Amen	Amen	Amen

Es fällt auf, dass die in der Mitte stehende, jeweils wechselnde Bitte von zwei nach ihrer Funktion festgelegten Elementen umschlossen ist: Die Prädikation spricht aus, worauf sich der Betende beruft, wenn er seine Bitte ausspricht; die Konklusion nennt Christus als Bürgen und Fürsprecher vor Gott und stellt die Bitte in den Horizont der Endvollendung. Die *Prädikation* ist der Gottesanrede zugeordnet und hält fest, dass das Gebet nicht ins Ungewisse geht, sondern sich an den Gott wendet, von dem die Heilsgeschichte erzählt. Die *Konklusion* ist ein doxologisches Element, das auf die endzeitliche Erfüllung blickt und vom abschließenden Amen der glaubenden Gemeinde aufgenommen wird. Die Struktur des Kollektengebets hat also *theologische Bedeutung*. Nicht ohne Grund ist diese Gebetsform mit ihrer hervorgehobenen Anamnese des göttlichen Heilswirkens von den reformatorischen Liturgien vorrangig rezipiert worden.

Mit dem durch die Analyse des lateinischen Kollektengebets geschärften Blick erkennt man dann auch, dass es für die typische Prädikation *Vorstufen* in der biblischen Überlieferung gibt: nominale Prädikation (Apposition), vgl. Ps 18,3; 65,6, bzw. verbale Prädikation (Relativ- oder Kausalsatz), vgl. Ps 103,3 f.; 136,2; Act 1,24; 4,24 f. Ähnliche Strukturmerkmale lassen sich auch beim Vaterunser, beim jüdischen Achtzehnbittengebet und bei den Abschlussgebeten des Gemeindeleiters in den großen ostkirchlichen Gemeindegebeten des 4. Jh. feststellen.

Überhaupt zeigen diese Gebete, dass die Schluss-»Kollekte« eigentlich nur das Teilstück eines größeren Gebetszusammenhangs ist (Gebetsaufruf und Gebetsintention des Diakons mit Akklamation der Gemeinde in mehrfacher Reihung, abgeschlossen durch das Gebet des Bischofs). Man muss also neben der Binnenstruktur auch die *Außenstruktur* des Kollektengebets in den Blick nehmen. Hat man einmal erkannt, dass dieses Gebet kein vollständiges, sondern ein »Konklusionsgebet« ist (ähnlich dem Vaterunser nach dem Fürbittengebet oder der Doxologie im Vaterunser), so wird die hymnisch geprägte knappe Sprachgestalt der Kollekte verständlicher.

Für den Konklusionscharakter des Kollektengebets gibt es viele *Beispiele:* In der Römischen Messe schließt die Sekret den Opfergang, die Postcommunio den Abendmahlsempfang ab. Im evangelischen Bereich sind kurze Gebete nach Lesungen, homiletischen Summarien und Predigten, neuerdings nach Psalmen ebenfalls in ihrer Funktion als Kollekten zu bezeichnen, die jeweils die vorausgehenden Texte summieren und abschließen. Zur *Außenstruktur* des Kollektengebets gehört schließlich die Aufforderung zum Gebet (oremus), ein elementarer Rest der Gebetsaufrufe des Diakons in den morgenländischen Liturgien, an die auch die neuerdings wieder mögliche Gebetsstille vor dem Gebet erinnert. Es entspricht der beschriebenen Funktion des Kollektengebets, dass es von der Person gesprochen wird, die den Gottesdienst leitet. Es ist also stets »Liturgengebet«.

Das Kollektengebet erleichtert einerseits durch seine wiedererkennbare Binnenstruktur auch bei wechselndem Inhalt der Bitten das *Mitbeten*, und da diese nach Kirchenjahr und Anlass wechseln, bleibt das Gebet lebendig. Man kann andererseits sagen, dass das Kollektengebet so etwas wie ein *Grundmuster* für alle gottesdienstlichen Gebete ist, auch für gegebenenfalls neu zu formulierende (vgl. Anrede, Bitten, Abschluss mit Lobpreis oder mit Vaterunser). Bei längeren Gebeten wird die Prädikation vielfach zu einem eigenen Abschnitt entfaltet, in dem nach dem Vorbild des jüdischen Betens ein Lobpreis der Heilstaten Gottes formuliert (»Gelobt seist du, Gott ...«) oder ein ausdrücklicher Dank für Gottes gnädige Zuwendung ausgesprochen wird (»Wir danken dir, Gott ...«).

Nun war freilich die Übernahme des Kollektenzyklus der lateinischen Tradition in volkssprachliche Liturgien keine einfache Aufgabe, weil der konzise lateinische *Sprachstil* nicht wörtlich beibehalten werden konnte. Im Grunde handelt es sich bei den lateinischen Kollekten, die den Regeln des rhetorischen »cursus latinus« folgen, um Prosa-Dichtungen, deren Übertragung in die Nationalsprachen mit ihrer größeren Redundanz sprachliche Kompetenz verlangt. Immerhin hat sich im Laufe der Zeit ein Grundbestand gelungener deutscher Textfassungen ergeben, die für neue Versuche Maßstäbe gesetzt haben (z.B. Luther, Cranmer, Dietrich, Coelius, Löhe, Ritter u.a.; vgl. das Quellenverzeichnis des EGb/Taschenausgabe 2000, 722 f.).

Inzwischen hat sich gezeigt, dass neu formulierte »Kollektengebete« der Gegenwart nicht nur eine neue Sprache suchen, sondern auch oft einen anderen theologischen Akzent setzen, insofern die Kollektengebete als »Gottgebete« (*Gott, du* hast uns ...) durch »Menschen-Gebete« (»*Gott, wir* sind ratlos ...«) ersetzt werden, die dazu beitragen wollen, dass Menschen von heute sich in das Beten einbezogen fühlen können. Solche Umformungen verfehlen freilich Sinn und Gehalt eines Kollektengebets, weil es nicht isoliert betrachtet werden darf. Wenn man erkennt, dass die theologisch qualifizierte Kollekte nur Abschluss eines entfalteten Gebetsaktes der Gemeinde ist, dann kann die *menschliche Situation* durchaus anders zur Sprache kommen: Psalmgebet, Vorbereitungsgebet, Kyrie-Bittruf können die Betenden »abholen« und ihnen einen Weg eröffnen, der mit dem Gloria-Lobpreis zur Prädikation der abschließenden Kollekte überleitet. Dazu stimmt dann auch, dass es durchaus angemessen ist, wenn sie im Sprechgesang ausgeführt wird.

Eine Sonderform des Kollektengebets ist das *Dankgebet* nach dem Abendmahl. Es wird herkömmlich durch Psalmversikel eingeleitet und hat nach Luthers Vorbild meistens eine erweiterte Prädikation: »Wir danken dir ... dass du ...« (vgl. EGb 128). Das *Eingangsgebet* im Predigtgottesdienst ähnelt dem Kollektengebet nach Umfang und Stellung in der Liturgie. Jedoch ist es sprachlich freier formuliert und hat die Funktion, die zum Gottesdienst Gekommenen in ihrer Situation abzuholen und auszusprechen, was sie bewegt (vgl. EGb 534–538). Immerhin sind die Grenzen zu Kollektengebeten, insbesondere zu neu formulierten, fließend. Kurze Gebete der beschriebenen Art finden sich auch im Eingangsteil der Taufe und selbstständiger kirchlicher Handlungen (Trauung, Bestattung).

B. Das Fürbittengebet (Gemeindegebet)

Das Gebet, in dem die christliche Gemeinde die Sorgen und Nöte der Menschen vor Gott bringt und das Leben in der Welt bedenkt, wird verschieden *benannt:* »Oratio fidelium« (ostkirchlich), »Allgemeines Gebet« (römisch-katholisch), »Allgemeines Kirchengebet« (bisherige evangelische Agenden), neuerdings »Fürbittengebet« (EGb). Das Epitheton »allgemein« lenkt gemäß I Tim 2,1 f. (»alle Menschen«) den Blick auf die Weltverantwortung der Christen. Das konkrete Handeln kann durch die Fürbitte nicht ersetzt werden, sie weckt aber die Aufmerksamkeit der Betenden und bewahrt sie vor Resignation, weil sie im Gebet Gott anheim stellen, was sie aus eigener Kraft nicht leisten können.

Aus den verschiedenen Formen der bei der Reformation neu eingeführten deutschen Fürbittengebete (Gebetsvermahnung, Vaterunserparaphrase, Kollekten-Reihe, Litanei, Transformation der Kanongebete) entwickelte sich schon im 16. Jh. das längere *monologische Fürbittengebet*, das bis zur Mitte des 20. Jh. die übliche Form eines Fürbittengebets war, an dem die Gemeinde nur durch das abschließende (gemeinsame) Vaterunser beteiligt war. In seiner Stellung nach der Predigt und im nichtdialogischen Sprachstil entsprach dieses Gebet dem oberdeutschen »Gebet nach der Predigt«, über das im Abschnitt II C gesprochen wird. Die (ostkirchliche) Einfügung des Fürbittengebets in den Anfang des Abendmahlsteils (nach dem Friedensgruß) blieb auf die Liturgiebücher der Michaelsbruderschaft beschränkt.

Was den *Inhalt* betrifft, so behielten die evangelischen Fürbittengebete den Charakter des Gott und die Welt umfassenden Bittgebets, wie es den überlieferten Texten der lateinischen Kirche zu entnehmen war: Genannt wurden die Amtspersonen in Kirche und Welt, auch der kleinen Welt des Hauses, ferner die Hilfsbedürftigen, Gefährdeten, Kranken und Sterbenden sowie sonstige irdische Bedürfnisse. Dem entspricht die Bezeichnung »Allgemeines (Kirchen-) Gebet«.

Die Bemühungen Luthers und anderer Reformatoren, dem Gemeindegebet den Charakter des Werkes und Pensums zu nehmen, führten zur inhaltlichen Dynamisierung des *Vaterunsers* als der biblischen Norm des Betens in Gestalt von Vaterunserparaphrasen. Daraus hat sich im Lauf der Zeit eine bestimmte Reihenfolge der Gebetsanliegen entwickelt: Zuerst geht es um Gottes Sache in der Welt (1.–3. Bitte), dann um die Bedürfnisse des irdischen Lebens (4. Bitte) und schließlich um die Angefochtenen und Bedrängten (5.–7. Bitte).

Aufgrund der sich seit dem 17. Jh. verstärkenden Tendenz, das Fürbittengebet der *gesellschaftlichen Ordnung* gemäß (nach den »Ständen«) zu strukturieren und dabei den Landesherrn mitsamt den Familienangehörigen und Räten mit Rang und Titel zu nennen, diente es praktisch auch als Einübung in staatstreue Gesinnung. Wie die Erfahrungen in der ersten Hälfte des 20. Jh. zeigen, konnte das Fürbittengebet auch zur Manipulation und Indoktrination missbraucht werden. Es hat daher einen guten Sinn, wenn das Vaterunser als inhaltlicher Maßstab des Betens zur Geltung kommt.

Bei der Agendenreform der fünfziger Jahre des 20. Jh. vollzog sich ein bemerkenswerter Wechsel in der Formung und Ausführung des Fürbittengebets: Neben oder mehr und mehr an die Stelle der üblichen umfangreichen monologischen Gebete traten *dialogische Formen* des öffentlichen Betens, bei denen einzelne Gemeindeglieder an der Vorbereitung und Ausführung des Fürbittengebets und die ganze Gemeinde durch gemeinsame Akklamationen und Gebetsrufe, sogar durch spontane Bitten beteiligt sind.

Für die neue Teilhabe der Gemeinde am liturgischen Gebetsdienst waren die ostkirchlichen Gottesdienstgebete (»Ektenien«), aber auch Gebetsformen der lateinischen Kirche (»Karfreitagsgebet«) Anregung und Vorbild. Auch die liturgiegeschichtliche Forschung machte auf beispielhafte dialogische Fürbitten aufmerksam (Deprecatio Gelasii, 5. Jh.). Da bei diesen Gebeten ein Zusammenwirken zwischen Gemeindeleiter, Diakonen und Gemeinde in jeweils verschiedenen Rollen stattfindet, spiegelt ein solches im Gottesdienst ausgeführtes Gebet die Gestalt einer nach Funktionen gegliederten Gemeinde wider. Das Gebet ist also wirklich *Gemeindegebet.*

Gemeinsame Besonderheit der dialogischen Fürbittengebete ist ihre das Mitbeten erleichternde Strukturierung: An die Stelle eines längeren vorgesprochenen Monologs tritt eine *Reihe* von an die Gemeinde gerichteten Gebetsintentionen (»Prosphonesen«), auf die nach einer Gebetsstille ein Bittruf der Gemeinde oder ein kurzes Bittgebet mit Amen der Gemeinde antwortet. Die Reihe ist offen, kann also verkürzt oder (auch durch spontane Bitten) ergänzt werden. Den Eingang und das abschließende Kollektengebet spricht, wer den Gottesdienst leitet. Was den Inhalt betrifft, so sind solche Gebete ebenfalls »Allgemeine« Gebete.

Für die beiden genannten Gebetsformen hat sich die Bezeichnung »Ektenie« (mit Bittrufen der Gemeinde) und »Diakonisches Gebet« (jedes Glied der Reihe besteht aus einer Prosphonese der Gebetsintention, einer Gebetsstille und einem kurzen Kollektengebet; vgl. das »Karfreitagsgebet«) eingebürgert. Eigentlich sind beide Formen *diakonale Gebete*, weil die Ansage der einzelnen Gebetsanliegen Sache liturgischer Diakone oder Diakoninnen ist.

Die *Bittrufe* der Gemeinde sollten eine geprägte Form haben und von der Gemeinde auswendig gesprochen werden können. Sie müssen daher entsprechend vorbereitet und eingeleitet werden. Ungewohnte ad-hoc-Bittrufe werden gegebenenfalls einmal vorgesprochen. Vielfach werden die Rufe auch gesungen (z.B. kurze Kyrie-Rufe). Eine Sonderform der Ektenie entsteht, wenn ein längeres monologisches Gebet durch Bittrufe der Gemeinde unterbrochen und gegliedert wird oder wenn die Reihe der Gebets-Intentionen die Form an Gott gerichteter Bitten hat (vgl. EGb Form 1 b).

Eine besondere Form dialogischen Betens ist das aus dem Stundengebet stammende *Wechselgebet* (Preces), bei dem jede einzelne Gebetsintention durch passende kurze Psalmverse beantwortet wird. Diese Verse werden im Gottesdienst einer eingeübten Gruppe auswendig gesprochen. Im Gemeindegottesdienst muss die Gemeinde die Texte gedruckt vor sich haben oder gegebenenfalls aus dem Stundengebet im Gesangbuch ablesen (EG 783.9 und 785.9). Freilich wird die Unmittelbarkeit des Mitbetens beeinträchtigt, wenn die Gemeinde ihre Gebetsantworten ablesen muss.

Über die neuerdings auch auf evangelischer Seite vorkommenden Fürbitten innerhalb des Eucharistiegebets (»Interzessionen«) siehe unten Abschnitt D.

C. Das »homiletische« Gebet (Predigergebet)

Die Bezeichnung »homiletisch« besagt, dass dieses Gebet eine enge Beziehung zur Predigt (»Homilie«) hat. Vielleicht ist auch angedeutet, dass das Gebet dem Redestil der Predigt folgt, worauf Löhe mit seiner Formulierung »Gemeines (allgemeines) Gebet in fortlaufender Gebetsform« hingewiesen hat. Jedenfalls handelt es sich um ein Gebet, das den Predigt-Monolog mit einem Gebets-Monolog fortsetzt, weshalb man es auch »Gebet nach der Predigt« oder, da es bei der Ausführung beider Redeformen in der Regel keinen Rollenwechsel gibt, einfach »Predigergebet« nennen kann. Eine Kurzform dieses Gebets ist das »Predigtschlussgebet«, das eigentlich vom üblichen »Amen« nach der Predigt vorausgesetzt wird und mit der vor der Predigt gesprochenen Predigtbitte korrespondiert.

Es entspricht seiner Herkunft aus dem oberdeutschen Kanzelgottesdienst mit volkssprachlicher Predigt und volkssprachlicher Gebetsvermahnung, dass zunächst die allgemeinen Fürbitten Inhalt dieses Gebets waren. Schon im 16. Jh. entstanden monologische Fürbittengebete dadurch, dass die Reihe der Intentionen einer Gebetsvermahnung in ein an Gott gerichtetes Gebet umgewandelt wurden, das wie bisher durch das Vaterunser abgeschlossen wurde. Das gleiche Ergebnis kam zustande, wenn eine Reihe von Kollektengebeten mit verschiedenen Bitten zu einem längeren Fürbittengebet zusammenwuchs (vgl. oben Abschnitt B) oder wenn die Bittrufe der Gemeinde aus dialogischen Fürbittengebeten ausgeschieden wurden.

Die Agende I 1955 führte für das »homiletische« Gebet die Bezeichnung »Prosphonese« ein, die eigentlich nur auf die Gebetsvermahnung zutrifft, die nicht an Gott, sondern an die Gemeinde gerichtet ist. Das aus der Gebetsvermahnung entwickelte, an Gott gerichtete Fürbittengebet ist keine »Prosphonese«, doch hat sich dafür ein neuer treffender Fachbegriff (z.B. »Anaklese« oder »Epiklese« – deutsch: »Anrufung«) nicht durchgesetzt, zumal »Epiklese« inzwischen enger gefasst wird, nämlich als Bitte um den Hl. Geist (beim Abendmahl).

Im Gegensatz zu den dialogischen Fürbittengebeten, die eine bestimmte formale Gestaltung voraussetzen, um die Beteiligung der Gemeinde zu ermöglichen, hat das »homiletische« Gebet teil an der Gestaltungsfreiheit der monologischen Predigt. Auch bedarf es keiner liturgischen Einübung, weil es nur aus einem öffentlich vorgetragenen, meist längeren Prosatext besteht, den die Gemeinde im Hören aufnimmt und still mitbetet. Durch Jahrhunderte war dies das übliche große Gottesdienstgebet der pfarrerzentrierten Gemeinde.

Auch wenn man diese monologische Ausprägung des gottesdienstlichen Gebets nicht für ideal hält, obwohl sie in bestimmten Verhältnissen und Notlagen praktisch sein kann, sollte man die Möglichkeiten und Chancen, die eine solche unbeengte Weise, öffentlich zu beten, bietet, nicht verkennen. Man kann dabei eine Vielfalt von inhaltlichen Optionen unterscheiden, die darin ihre Gemeinsamkeit haben, dass es – im Gegensatz zum »allgemeinen« Fürbittengebet – stets um einen speziellen und aktuellen Inhalt geht, um situations- und gemeindegemäßes öffentliches Beten.

So gab es in den Reformationskirchen schon bald besondere »homiletische« Gebete, die bei bestimmten Anlässen an die Stelle des Allgemeinen Kirchengebets traten. Solche Anlässe waren z.B. Erntedankfest, Geburtstag des Landesherrn, Reformationsgedächtnis, Friedensschluss nach Kriegsnöten. Beispiele für monologische Gebete mit speziellem Charakter sind auch die »Schlussgebete« in den Kasualliturgien (besonders Trauung und Bestattung). Sie können und sollen auf die jeweilige pastorale Situation eingehen, zumal es sich um extrapolierte Gottesdienste handelt, die nicht nach der Messform, sondern nach der Form des einfachen Predigtgottesdienstes gestaltet sind.

In neuerer Zeit wurde der Gestaltungsspielraum des »homiletischen« Gebets bei situationsbezogenen »politischen« Gottesdiensten in offener Form dazu benutzt, Missstände, Anklagen, Änderungswünsche und Selbstverpflichtungen in ausgedehnten Reflexionstexten öffentlich vor Gott und Menschen, meist in verteilten Rollen, zur Sprache zu bringen, sozusagen in »Gebetsvermahnungen« moderner Art. Freilich besteht dabei die Gefahr, dass das Gebet für eigene

Ziele instrumentalisiert wird. Etwas Ähnliches geschieht aber auch dort, wo das Gebet nach der Predigt dazu benutzt wird, der Gemeinde nachträglich Ergänzungen der Predigt mitzuteilen.

Doch ist die Möglichkeit eines Missbrauchs kein grundsätzliches Argument gegen »ad-hoc-Gebete«. Auf Unglücksfälle, Naturkatastrophen, politische Unterdrückung, weltbewegende Nachrichten und ähnliches muss das gottesdienstliche Gebet eingehen und gegebenenfalls auf liturgische Stilisierung verzichten, besonders wenn ohne gründliche Vorarbeiten improvisiert werden muss und spontane Bitten ermöglicht werden sollen.

Es gibt aber auch zwei »normale« Anwendungsformen des »homiletischen« Gebets, auf die noch eingegangen werden muss: das »Thema-Gebet« und das »Predigt-Gebet«. Das Thema-Gebet hat seinen Platz in Lehrgottesdiensten und in Gottesdiensten, bei denen sich die Predigt mit Zeitproblemen auseinander setzt oder sozialethische Initiativen begründet. Es ist ganz selbstverständlich, dass dabei die »homiletische Prosphonese« in einem speziellen, dann mit der Predigt zusammen konzipierten Gebet aufgenommen wird, das dem Thema der Predigt entspricht. Zu den »Thema-Gebeten« gehören auch die kirchenjahrbezogenen sog. »Festgebete«, die sich auf den speziellen Inhalt der Festfeier konzentrieren (vgl. EGb 579–585.594.601.602). Meist kommt der Fest-Aspekt in einem einleitenden Abschnitt des Fürbittengebets zur Geltung (vgl. EGb 557–559).

Das Haupt-Paradigma eines »homiletischen« Gebets, also eines Gebets, das zugleich »Predigtgebet« und »Predigergebet« ist, wird dort sichtbar und verwirklicht, wo die schriftauslegende Predigt die »gute neue Mär« des Evangeliums ausgerichtet und dem Glauben der Gemeinde »Sprachunterricht« gegeben hat, sodass sie das aus der Schriftauslegung erwachsene vorgesprochene Gebet so mitbeten kann, als kämen die Gebetsworte aus dem eigenen, durch die Predigt erweckten Herzen. Für solche »Predigtgebete« gibt es aus Geschichte und Gegenwart zahlreiche überzeugende, in Predigtbänden dokumentierte Beispiele (z.B. Spener, Francke, Tersteegen, Keller, Blumhardt, Barth, Jüngel u.a.).

D. Sakramentsgebete (Segensgebete)

In diesem Abschnitt werden Gebete besprochen, die für Sakramente, Segenshandlungen (Kasualien) und Segnungen aller Art charakteristisch sind. Trotz ihrer geschichtlich bedingten unterschiedlichen Ausformung lassen sich bei diesen Gebeten gemeinsame Merkmale feststellen, die ihre *Besonderheit* gegenüber den anderen Gottesdienstgebeten ausmachen. Während diese im Wesentlichen Bittgebete sind, handelt es sich bei den besonderen Gebeten einerseits um Texte, in denen das von Gott erbetene Heil wirksam zugesprochen und sozusagen leiblich spürbar gemacht wird, andererseits um Texte, die das heilsgeschichtliche Handeln Gottes lobpreisend entfalten und im sakramentalen Vollzug weitergeführt finden.

Der eine Gebetstyp, eine Intensivform des Betens in festgeprägter Sprachgestalt, ist dem Sakrament der *Taufe* zuzuordnen und bezieht sich auf einzelne Menschen. Der andere Gebetstyp, eine motivreiche Extensivform des Gott rühmenden Betens, gehört in den Kontext des *Abendmahls* und bezieht sich auf die versammelte Gemeinde. Beide Typen haben auf die jeweils andere Sakramentsliturgie eingewirkt. Vor allem behält die auf jüdische Wurzeln zurückgehende Form des Lobgebets (b^{e}rakah) die wichtige Funktion eines theologischen Korrektivs gegenüber einer Segnung, die einfach mittels einer Vollzugsformel »funktioniert«. Eine ähnliche kritische Intention steht hinter Luthers aus I Tim 4,4 abgeleiteter Konzeption, wonach eine Segnung aus Gottes Wort und Gebet besteht.

Im Taufsakrament wird das in der Taufformel (Mt 28,19) zusammengefasste universelle trinitarische Heilshandeln Gottes dem Täufling zugesprochen. Zugleich wird eine verbindliche persönliche Beziehung zu Christus begründet. Alle weiteren Segenshandlungen und *Segnungen* verwenden eine aus der Taufformel abgeleitete trinitarische Segensformel und sind insofern *Tauffolgehandlungen* und Taufanamnesen. Durch begleitende Gesten (Handauflegung, Bekreuzigung) wird an die Leibhaftigkeit der Taufe erinnert und der Segen christologisch akzentuiert.

Dass das Segnen ein Gebetshandeln ist, dass es also immer Gott ist, der segnet, nicht ein besonders begabter oder beamteter Mensch, kommt dadurch zum Ausdruck, dass die Segensformel nicht sagt: »*Ich* segne dich/euch«, sondern »*Es* segne dich/euch, *Gott*« (vgl. Ps 67,6 f. und EG 280,3). Neben dieser Segensformel (vgl. Konfirmation, Trauung, Ordination) gibt es auch das *Bittgebet* um Segen, durch das die alleinige Segensmacht Gottes anerkannt wird (vgl. das Tischgebet und das Schlussgebet der orthodoxen Liturgie). Die Funktionsgleichheit von Formel und Gebet zeigt sich darin, dass auch beim Gebet eine Handauflegung stattfinden kann. Nach Luthers Vorbild gibt es bis heute in der lutherischen Tauf-, Trau- und Ordinationsliturgie die segnende Handauflegung zum allbekannten biblischen Gebetstext des Vaterunsers.

Ein weiteres Beispiel für die *Zusammengehörigkeit* von *Segensvollzug und Gebet* bieten Bucers Ordnungen für Konfirmation und Ordination, wo der Einzelsegnung ein größeres Gemeindegebet vorausgeht, dessen Kernaussagen die knappe, unter Handauflegung gesprochene Segensformel aufnimmt. Nach diesem Muster sind seit der Agendenreform der fünfziger Jahre die Segnungen in den kirchlichen Handlungen gestaltet.

Im »Gemeindesakrament« des Abendmahls sind die Akzente bei den Gebeten etwas anders gesetzt. Das Interesse konzentriert sich hier vor allem auf das mehrteilige *große Abendmahlsgebet* (»Eucharistiegebet«, »Großes Lobgebet«, im 19. Jh. auch »Weihegebet«). Es hat seit der Agendenreform der fünfziger Jahre an Bedeutung gewonnen, sodass jetzt im EGb eine größere Zahl älterer und neuerer Beispiele zur Verfügung steht.

Ein großes Abendmahlsgebet (mit anamnetischen, epikletischen und eschatologischen Motiven), das im 16. Jh. durch Umformung der römischen Kanongebete entstanden war, gab es bis zur Gegenwart nur in reformierten und anglikanischen Abendmahlsliturgien. Auf lutherischer Seite tauchten erst im 19. Jh. Entwürfe für eucharistische Gebete auf, aber erst im 20. Jh. erfolgte hier die *schrittweise Rezeption* eines Eucharistiegebets.

Ein solches *Großes Lobgebet* besteht in der Regel aus Lobpreis, Anamnese, Epiklese und eschatologischem Ausblick. Vielfach ergibt sich dabei eine *trinitarische Struktur:* Dank für Gottes Wirken in Schöpfung und Geschichte Israels, Gedächtnis des Erlöserwirkens Christi mit Einsetzungsworten, Bitte um den Hl. Geist und Hoffnung auf Endvollendung. Manche neueren Eucharistiegebete ergänzen die Personen-Epiklese durch kurze Fürbitten. Ein ähnliches anamnetisch-epikletisches Gebet ist das sog. »Sintflutgebet«, das Luther in sein Taufbüchlein aufgenommen hat. Auch an das Exsultet der Osternacht ist in diesem Zusammenhang zu erinnern.

Einen ganz anderen Ansatz hatte *Luthers* Reform und *Reduktion* der westkirchlichen Abendmahlsliturgie. Er beschränkte sich auf die biblisch legitimierten Stücke: Einsetzungsworte und (paraphrasiertes) Vaterunser und folgte auch hier dem Axiom »Gottes Wort und Gebet«. Da die Einsetzungsworte zugleich die Funktion der Spendeformel hatten, waren sie als »compendium evangelii« besonders hervorgehoben. Im Laufe der weiteren Entwicklung bekamen die freigestellten Einsetzungsworte mehr und mehr den Charakter einer sakramentalen Vollzugsformel (»Konsekration«), zumal sich seit dem 17. Jh. eine Segensgeste über den beiden Elementen einbürgerte, woraus sich das Erscheinungsbild einer eucharistischen Realbenediktion ergab, die dem Ansatz Luthers nicht mehr entsprach.

Immerhin hat sich die Präfation mit Sanctus als »Lobgebet« in der lutherischen Tradition bis heute erhalten. Formal und sprachlich (fester Rahmen und variable christologische Prädikation) ähnelt sie dem Kollektengebet. Obwohl die Präfation das erste Teilstück des Eucharistiegebets ist, werden ihre de tempore-Formen im EGb gesondert abgedruckt und beim Abdruck der Eucharistiegebete weggelassen. Dem doxologischen Charakter dieser »Lobgebete« entspricht es, dass sie im Sprechgesang ausgeführt werden sollten, zumal die Gemeinde das Sanctus und sonstige Akklamationen ebenfalls singt.

Die Rezeption des vollständigen Eucharistiegebets nach altkirchlicher Tradition bedeutet keine Deklassierung der Einsetzungsworte zur bloßen »narrativen Prädikation«, wehrt jedoch ihrer Instrumentalisierung als »Wandlungsworte« und sakramentale Vollzugsformel. Dafür werden sie in den Kontext der universalen Heilsökonomie Gottes zwischen der Vorgeschichte der Christusoffenbarung und der Vollendung des Gottesreiches eingebettet und künden in dieser zentralen Position als verba promissionis die Heilsgegenwart Christi. Der angemessene Modus des Betens ist hier nicht die Bitte, sondern die rühmende Prädikation, wie sie seit Hippolyts Eucharistiegebet als Grundmuster vorliegt.

Ein wesentliches, in der lutherischen Tradition seit Anfang fehlendes Element ist die zum Eucharistiegebet gehörende Bitte um Sendung des Geistes zur Segnung der Gaben und der Tischgäste (Epiklese). Sie bringt zum Ausdruck, dass das sakramentale Geschehen der menschlichen Verfügungsmacht entzogen ist: alles wird von Gott erwartet. Ein Blick auf die Kasualliturgien zeigt, dass bei ihnen dieser pneumatologische Aspekt nie gefehlt hat. Denn zu jeder Segenshandlung gehört ein epikletisches Gebet (z.B. Votum nach dem Taufakt, Geistbitte bei Konfirmation und Ordination). Sakramente und Segenshandlungen rechnen mit der Wirkmacht des Geistes im Leben derer, die sie empfangen. So bekommt aller Segen einen pfingstlichen Akzent.

III. Fortbildung und Veränderung (Gegenwarts-Aspekt)

Im evangelischen Bereich haben sich die klassischen Typen der Gottesdienstgebete als bemerkenswert beständig erwiesen. Gleichwohl sind in der Gegenwart Veränderungen eingetreten, die sich auf Formen des Betens und auf die theologischen Akzente der Gebete beziehen. Vor allem die Reformvorschläge der feministischen Kreise und die Neubewertung der altbiblisch-jüdischen Tradition haben zu erheblichen Modifikationen des gottesdienstlichen Betens geführt.

A. Neue Gebetsformen

Subjekt des gottesdienstlichen Gebets ist eine Mehrzahl von Betenden; daher wird der Plural verwendet, wenn die Beter genannt werden: *Wir* rufen dich an; erhöre *unser* Gebet, gib *uns* deinen Frieden. Man kann nun beobachten, dass in neueren privaten und amtlichen Publikationen von Gottesdienstgebeten die Zahl der »Ich-Gebete« zugenommen hat (vgl. EGb 289c.375c. 538), vor allem dort, wo zu Beginn des Gottesdienstes ein Gebet gesprochen wird, das die Versammelten in ihrer jeweiligen Situation abholen will.

»Ich-Gebete« sind eine Fortbildung des Sündenbekenntnisses in der Beichte, das auch, wenn es in den Gottesdienst verlegt wird, die auf die Einzelperson gestellte singularische Form beibehalten hat (vgl. EGb 544.547b; ferner: »Ich armer, elender, sündiger Mensch«, Gemeinsame Beichte im Kleinen Katechismus). Wenn das Sündenbekenntnis im Eingang des Gottesdienstes zu einem Gebet umgeformt ist, das auf Unruhe und Angst, Sorgen und Zweifel eingeht, die in den Gottesdienst mitgebracht werden, liegt es nahe, in der Ich-Form zu beten (Vorbereitungs- und Eingangsgebet). Die Aufforderung zum Gebet müsste dann entsprechend formuliert werden.

Die Individualisierung des gottesdienstlichen Gebets kann allerdings auch zur Folge haben, dass sich Mitbetende nicht betroffen und einbezogen fühlen. Andererseits gibt es die reiche

Tradition des »Ich-Gebets« in den Psalmen (z.B. »Aus der Tiefe rufe ich, Herr, zu dir« Ps 130,1) und vor allem im Kirchenlied (z.B. »Lass mich dein sein und bleiben« EG 157). Hier handelt es sich um ein exemplarisches Ich, das, zumal in einem poetisch verdichteten Text, durchaus als ein »Wir« empfunden wird.

Zu den Veränderungen im Sprachstil gottesdienstlicher Gebete gehört auch das Auftauchen von Prosatexten, die meist als Meditation bezeichnet werden. Es handelt sich um Beispiele eines »Nachdenkens vor Gott«, die oft poetische Qualität anstreben (vgl. EGb 609). Diese Art vorgesprochenen Betens liegt auch dann nahe, wenn dabei Bilder und andere Objekte der bildenden Kunst im Raum betrachtet werden. Bei solchen reflektierenden Gebetstexten ist es weder notwendig noch angemessen, eine eher formal wirkende Gottesanrede voranzustellen, um das Gesprochene als Gebet zu qualifizieren. Sachgemäßer ist ein am Schluss nach einer Gebetsstille angefügtes kurzes an Gott gerichtetes Gebet (Dank, Bitte; vgl. EGb 226c.319c).

Auch im leiblichen Verhalten beim Beten im Gottesdienst sind in der Gegenwart bemerkenswerte Veränderungen eingetreten. Angestrebt wird dabei ein »ganzheitliches« Beten, das nicht nur im stillen Hören und im lauten Mitsprechen besteht, sondern auch Gesten und Bewegungen des Körpers einbezieht. Ökumenische Vorbilder haben eingewirkt, wenn neben der herkömmlichen Sitte, die Hände zu falten oder ineinander zu legen, die Arme vor der Brust verschränkt werden oder wenn auch im Sitzen oder Knien gebetet wird, wobei die Hände das Gesicht bedecken können.

Auch das Erheben der Arme zum Gebet ist inzwischen nicht mehr das Privileg der die Liturgie Leitenden. Die Gemeinsamkeit des Betens kann dadurch zum Ausdruck kommen, dass in einer kleinen Gruppe, die sich im Kreis versammelt hat, sich alle zum Gebet die Hände reichen oder sich mit den Handflächen der erhobenen Arme berühren.

Dass das gemeinsame Beten als Aufbruch zu einem Weg mit Gott zu verstehen ist, kann auch in Prozessionen mit Stationen im Kirchenraum, im neu entdeckten »Kreuzweg« oder im weiträumigen Gebets-Wanderweg von Ort zu Ort zum Ausdruck kommen. Eine andere Möglichkeit »leiblichen« Betens sind schreitende Tanzbewegungen mit Gesten zu gesprochenen oder meist gesungenen Gebetstexten, deren Bitten und Lobpreisungen »verleiblicht« werden.

B. Neue inhaltliche Akzente

Bei der Durchsicht neuer amtlicher und privater Sammlungen gottesdienstlicher Gebete fällt auf, dass nicht nur die Sprache sich gewandelt hat, um dem Menschen der Gegenwart das Mitbeten zu erleichtern. Auch bei den inhaltlichen Aussagen hat es Akzentverschiebungen gegeben, und einzelne überlieferte Bilder und theologische Aussagen sind ganz oder fast ganz zurückgetreten, obwohl sie vom biblischen Zeugnis gedeckt sind.

Zu diesen Veränderungen gehört die deutliche Tendenz, gottesdienstliche Gebete nicht mehr oder nur noch selten an Jesus Christus, sondern nahezu ausschließlich an Gott zu richten. Über das dahinter stehende Anliegen, gegenüber einer missverstandenen trinitarischen Redeweise die Einzigkeit Gottes zu betonen und die als ausgrenzend empfundene Anrede Christi als »Herr« zu vermeiden, siehe unten die Abschnitte C und D.

Dass dabei ein Umdenken in der Christologie im Gange ist, zeigt die zunehmend üblich gewordene Änderung der herkömmlichen Konklusion in den Tagesgebeten: »Durch unseren Herrn Jesus Christus ... der lebt und regiert in Ewigkeit.« Statt dessen heißt es jetzt: »Durch Jesus Christus, unseren Bruder, der lebt und wirkt (oder: Leben schenkt bzw. der uns Mut macht; vgl. EGb 287c.303c.365c.397c).« Man kann die Änderung als Ausdrucks-Variante verstehen, wenn die klassische Konklusion daneben erhalten bleibt.

Nun wird die neue Prädikation »Jesus Christus, unser Bruder« im Neuen Testament nicht verwendet (Hebr 2,11 und 17 werden die Menschen seine Brüder genannt). Jedoch könnte man auf den Sprachgebrauch in Kirchenliedern hinweisen, wo es heißt: »Er sollt mein Bruder werden« (Luther EG 341,6) oder: »wirst unser Freund und Bruder hier« (Gellert EG 42,6). Jedoch ist zu bedenken, dass es sich hier um die Beschreibung eines Heilsgeschehens handelt; das ist etwas anderes als die nominale Prädikation einer Gebetsanrede. Jedenfalls kann man von einer Tendenz sprechen, die herkömmlichen christologischen Würdetitel, selbst das urchristliche Grundbekenntnis »Kyrios Christos«, zu vermeiden und die Solidarität Jesu mit den Menschen stärker zu betonen.

Eine weitere theologische Akzentverschiebung ist darin zu sehen, dass der biblisch begründete Opfer-Topos (Eph 5,2; Hebr 10,10; I Kor 5,7), abgesehen von einigen älteren Kirchenliedern, fast völlig verdrängt worden ist. In den Gebeten des EGb kommt das Opfer Christi kaum vor (vgl. EGb 403.309a), gesprochen wird von Opfern der Gewalt und vom Opfer der Christen (vgl. EGb 574c.576a.593a.658). Es geht dabei nicht um die reformatorische Ablehnung eines Opferhandelns beim Abendmahl, sondern um die für das zeitgenössische Denken schwer nachvollziehbare theologische Deutung des Kreuzesopfers.

Die rechtfertigungstheologische Konzentration der reformatorischen Tradition hat das Sündenbekenntnis und die Vergebungszusage zu einem Kernstück des evangelischen Gottesdienstes gemacht. Damit wird dem Menschen der Gegenwart der Zugang zur gottesdienstlichen Feier des Glaubens erschwert. Da aber auf dieses Grundelement des christlichen Glaubens nicht verzichtet werden kann, wird neuerdings das, was den Menschen von Gott trennt und was die Bibel Sünde nennt, breiter entfaltet.

Um die Erfahrung von Not und Sorge, von Zweifel und Verstrickung aufzunehmen, wird nach dem Vorbild des biblischen Psalters die Gebetsform der Klage verwendet (vgl. EGb 225b). Damit wird die Möglichkeit eröffnet, die belastenden Alltagserfahrungen vor Gott auszusprechen und sich auf den Weg einer Klärung und Befreiung zu begeben. Das herkömmliche stereotype und als Zumutung empfundene Sündenbekenntnis wird also transformiert in ein im doppelten Sinn »eröffnendes« Gebet: Es eröffnet den Weg in die gemeinsame Feier und es eröffnet das Herz für die heilende Botschaft des Evangeliums. Die Akzentverschiebung besteht jetzt darin, dass an die Stelle eines moralischen Verständnisses von Sünde die Heilung der gestörten Beziehung zu Gott, dem Ursprung heilen Lebens, in den Blick rückt.

Schließlich kann man feststellen, dass sich in den Kollektengebeten, die herkömmlich durch heilsgeschichtliche Prädikation und doxologische Konklusion den trinitarischen Gottesglauben und die Hoffnung auf die noch ausstehende Endvollendung zur Sprache bringen, eine gewisse Akzentverschiebung vollzogen hat: Mit den Themen Gerechtigkeit, Frieden und Bewahrung der Schöpfung kommt neuerdings vermehrt die Weltverantwortung der Christen zur Sprache (vgl. EGb 291c.397c.403c.469bc.654a), wogegen der eschatologische Ausblick eher zurücktritt.

C. Feministisches Gebet

Das gottesdienstliche Gebet ist der Bereich, in dem sich die feministischen Bemühungen der Gegenwart um eine »nicht ausgrenzende« (»inklusive«, »gerechte«, »nichtsexistische«) Sprache am deutlichsten ausgewirkt haben. Die Bezeichnung »nicht ausgrenzend« erfasst zwei Aspekte der gottesdienstlichen Gebetssprache, nämlich die Weise, wie Menschen vor allem im Fürbittengebet benannt werden, und die Weise, wie im Gebet von und zu Gott gesprochen wird.

Wie in der Gesellschaft (Schriftverkehr, öffentliche Rede, Gesetzestexte) ist es heute auch in liturgischen Texten nicht mehr möglich, männliche Bezeichnungen (Pfarrer, Liturg, Mitarbeiter usw.) als generelle Benennungen zu verwenden, bei denen die Frauen »mitgemeint«

sind, wie es bis zur Mitte des 20. Jh. üblich war. Es hat sich daher in allen Publikationen für die gottesdienstliche Praxis durchgesetzt, dass die Frauen, die ohnehin im Gottesdienst und im Gemeindeleben die Mehrheit bilden, wahrgenommen und ausdrücklich benannt werden.

Während hierin inzwischen ein breiter Konsens besteht, ist hinsichtlich des zweiten Aspektes der »nicht ausgrenzenden Sprache«, nämlich der Gottesanrede, die Diskussion noch nicht abgeschlossen. Es geht dabei darum, von und zu Gott so zu sprechen, dass sich Frauen nicht ausgegrenzt fühlen müssen, weil in der Gebetsanrede nur oder vorwiegend männliche und herrschaftliche Prädikationen verwendet werden (z.B. Herr, Vater, König usw.). Daher wird darauf gedrungen, unter Aufnahme biblischer Beispiele die »weiblichen Seiten Gottes zur Sprache zu bringen« (z.B.: »wie einen seine Mutter tröstet« Jes 66,13; »wie eine Henne ihre Küken« Mt 23,37; vgl. EGb 519a).

Neben dieser Ergänzung des Gottesbildes, für die es im Ganzen nicht allzu viele biblische Beispiele gibt, wird neuerdings vielfach auf die (an sich biblisch gut begründete) Herr- und Vater-Prädikation in Gebeten ganz verzichtet (vgl. EGb Tagesgebete, 3. Reihe). Auch werden qualifizierende Beifügungen (»ewiger«, »gütiger« Gott) weggelassen, um auszuschließen, dass Gott durch das maskuline Adjektiv männliche Züge bekommt. Statt dessen finden sich vermehrt biblische Bilder und Begriffe im explikativen Genitiv (z.B.: »Gott des Friedens« I Thess 5,23; vgl. EGb 263c) oder als Apposition (z.B.: »Gott, du Quelle des Lebens«, vgl. Ps 36,10; vgl. EGb 391b). Reine feminine Prädikationen wie Mutter, Freundin (vgl. EGb 611b; singulär), Geliebte, Geistin, Göttin und ähnliche sind bis jetzt nicht allgemein rezipiert worden.

Jedenfalls haben die feministischen Impulse bewirkt, dass die stereotype Gottesanrede aus lateinischer Tradition (»Omnipotens sempiterne Deus«) durch bildkräftige biblische und neue Prädikationen erweitert wurde (vgl. EGb 267c.323c.331.367c.373c.361c). Darüber hinaus sind die neuen Sprachmuster in Frauenliturgien von poetischer Qualität (vgl. EGb 289c.341c) und situationsbezogener Einfühlsamkeit und ein Gewinn für die gottesdienstliche Gebetspraxis.

Freilich sind mit der feministischen »Sprachreform« auch Probleme verbunden, die noch keine überall akzeptierte Lösung gefunden haben. Zunächst hat die Forderung, Männer und Frauen ausnahmslos in gleicher Weise zu benennen, eine gewisse sprachliche Unhandlichkeit und Formalisierung zur Folge, die zwar in agendarischen Rubriken nicht stört, jedoch die sprachliche Qualität der öffentlichen Gebetsrede (»oratio«) beeinträchtigt. Das Ausweichen in einen generellen Begriff (z.B. »Menschen« statt Männer und Frauen oder in eine Partizipialform im Plural, z.B. Anwesende, Lehrende, Lernende) oder in unpersönliche Passivformen (der Gruß wird gesprochen) ist umständlich und wirkt eher kühl distanziert.

Das gilt nun besonders für die in neueren Gebetstexten üblich gewordene absolute Gottesanrede »Gott«. Das einsilbige Wort erinnert an das in den neuen Gebeten der sechziger Jahre übliche »Herr«, das zum unbetonten Enklitikon wurde und überdies offen ließ, ob das Gebet an Gott oder an Christus gerichtet war. Es ist kaum zu bestreiten, dass die (korrekt nichtsexistische) Anrede »Gott« nicht mehr die Beziehungswärme hat wie das frühere »unser Gott«, »lieber Gott«, sogar noch »o Gott« oder »Du, Gott«. Selbst biblische Sachbilder als Gottesanrede sind personal gefasst: »mein Fels«, »meine Burg«, »mein Schild« (Ps 144,1.2).

In der Diskussion über die nichtsexistische Gebetssprache wird außerdem darauf hingewiesen, dass die »männlichen« Gottes-Prädikationen, die als nicht mehr angemessen gelten, nicht Gott »vermännlichen« wollen, sondern eine sorgende und schützende Beziehung zwischen Gott und Mensch ausdrücken: Vater – Kind; Herr – Knecht; König – Volk; Schöpfer – Geschöpf; Hirt – Herde usw. Die Beziehungslosigkeit der Gottesanrede zu vermeiden und feministischer Kritik Rechnung zu tragen, könnte darin bestehen, nominale Gottesprädikationen durch verbale zu ersetzen, wie sie in der »narrativen Prädikation« der klassischen Kollektengebete und der Psalmen vorliegen (vgl. »der du mich tröstest in Angst« Ps 4,2).

Bereits hinter den beschriebenen sprachlichen werden theologische Probleme erkennbar, über die noch diskutiert wird. So bemängeln theologisch begründete kritische Anfragen den selektiven interessengeleiteten Bibelgebrauch, der den breiten Strom biblischer und kirchlicher Überlieferung ausblendet. Prädikationen wie »Vater« (vgl. Mt 6,9; 23,9; Röm 8,15) und »Herr« (vgl. Dt 6,4; Joh 13,13; Phil 2,11) haben durch Jahrhunderte die evangelische Gebetspraxis geprägt und sind unverzichtbar (vgl. im Kleinen Katechismus »mein himmlischer Vater«; »dass Jesus Christus sei mein Herr«).

Kritische Anfragen betreffen auch die unverkennbare »Entchristologisierung« des gottesdienstlichen Gebets. So wird das Gebet zu Christus (vgl. Act 7,59 und Apk 22,20) und damit ein wesentliches Element der christlichen Gebetstradition und vor allem der evangelischen Gesangbuchfrömmigkeit offensichtlich bewusst vermieden. Die Zusammenschau der ersten und zweiten Person der Trinität in der spirituellen Praxis der Kirche ist aus dem neutestamentlichen Zeugnis erwachsen (vgl. Joh 14,9; 10,30; Kol 1,15) und das Bekenntnis des Thomas »Mein Herr und mein Gott« (Joh 20,28) hat seine Entsprechung im paulinischen »Gott in Christus« (Kol 2,2; II Kor 5,19), sodass Gott sozusagen christologische Kontur bekommt und nicht im Allgemein-Religiösen verschwimmt.

Die noch offene theologische Kontroverse, bei der auch eine Art von linguistic correctness im Spiel ist, hat bewirkt, dass im EGb die gemeinchristliche Gebetstradition komplementär und korrektiv zum Beten aus feministischem Ansatz grundsätzlich beibehalten worden ist.

D. Psalmgebet

Eine bemerkenswerte Neuerung in der Gottesdienstpraxis seit der Mitte des 20. Jh. ist die Wiedergewinnung des Psalmgebets im Gemeindegottesdienst. Zwar war seit der Reformation der biblische Psalter in Form von deutschen Liedpsalmen und Psalmliedern im Gottesdienst präsent, und seit dem 19. Jh. eröffneten in unierten Kirchen einzelne Psalmverse als Eingangssprüche den Gottesdienst. Von einem ganzen »Sonntagspsalm« war jedoch erst in den Liturgiebüchern der Evangelischen Michaelsbruderschaft seit 1936 die Rede.

Eigentlicher Ansatzpunkt für das Psalmbeten im Gottesdienst war der lateinische Introitus der Kirche, den die Reformation in Gemeinden mit Schülerchören als einstimmigen lateinischen Chorgesang übernahm. Bei der Agendenreform nach dem Zweiten Weltkrieg wurde der Text der seit langem auf die Antiphon mit *einem* Vers geschrumpften Introiten auf vier bis acht Verse des Luthertextes erweitert und einem gottesdienstlichen Chor zugewiesen. Wo dieser fehlte, entfiel der Introitus. Einen gesprochenen Introitus gibt es erst seit der Agende I der EKU (1959). Hier kann (wenn ein Chor fehlt) nach dem Eingangslied der Gemeinde der Introitus in Form eines mehrversigen Psalmabschnitts (sozusagen einer »Psalm-Strophe«) samt Antiphon vom Liturgen gesprochen werden.

Den Übergang zum gemeinsamen Psalmbeten im Gottesdienst bildeten Gebetbücher für die Gebetspraxis von Gruppen und Familien, wobei das monastische Psalmbeten im Stundengebet Vorbild war. Für das Psalmbeten im Wechsel (in zwei Gruppen bzw. zwischen Liturg und Gemeinde) brachten einzelne Gesangbücher seit 1951 eine stichisch gedruckte Auswahl von Kernpsalmen, zunächst für Gruppenandachten, später zum Gebrauch im Gottesdienst. Nach diesen Vorbildern hat das EG einen Betpsalter von etwa 50 Psalmen (mit Nummern) abgedruckt, der die aktive Beteiligung der Gemeinde am Psalmgebet im Predigtgottesdienst nach der (oberdeutschen) Grundform II, aber auch im Gottesdienst nach der Grundform I (Messtyp) ermöglicht, wenn ein Chor für den gesungenen Introitus fehlt.

Dass sich das Psalmbeten der Gemeinde im Gottesdienst mehr und mehr verbreitet, hat mehrere Gründe:

– Die Gemeinde wird über den Liedgesang hinaus am gottesdienstlichen Beten beteiligt.
– Die christliche Gemeinde stimmt in das Beten Israels ein.
– Die Psalmen bringen die Situation des Menschen in der Welt zur Sprache.
– Der offene Sprachstil der Psalmen erleichtert den Zugang und das Mitbeten.
– Die poetische Qualität der Psalmen entfaltet in der Wiederholung prägende Kraft.

Der Vielfalt von Sprachformen und Sprachrichtungen im Psalm entsprechen die verschiedenen Möglichkeiten des Psalmbetens. Neben der vollständig gesungenen Ausführung (Psalmodie, Liedpsalm, Psalmlied), die dem poetischen Charakter des Psalms am meisten entspricht, gibt es Mischformen der gesprochenen und gesungenen Ausführung (gesungenes Gloria patri nach dem vorgesprochenen oder im Wechsel gesprochenen Psalm; Rahmung und Gliederung des gesprochenen Psalms durch einen Leitvers oder eine Liedstrophe), aber auch eine mehrteilige gesprochene Sequenz (Psalm, Stille, Gebet zum Psalm/Psalmkollekte).

Das gemeinsame Sprechen einer gottesdienstlichen Gemeinde (Einer/alle bzw. zwei Gruppen im Wechsel) ist insofern eine Neuerung, als sonst gemeinsame Äußerungen der Gemeinde im Gottesdienst singend ausgeführt werden (Liedgesang, Liturgische Gesänge, Akklamationen). Immerhin sind die evangelischen Gemeinden seit Jahrzehnten gewohnt, Glaubensbekenntnis und Vaterunser gemeinsam zu sprechen und damit ihre christliche Identität auszudrücken und zu erfahren. Der gemeinsam gesprochene Psalm ist dann auch ein Bekenntnis zum Wurzelgrund des christlichen Gottesdienstes.

Die Art und Weise, wie die Christen die Psalmen in ihre eigene Tradition integriert haben, ist in neuerer Zeit zum Problem geworden. Wie die Psalmrezeption im Neuen Testament zeigt (besonders bei Ps 2 und 110), hat sich schon sehr früh eine heilsgeschichtliche Psalmdeutung entwickelt, aus der im Laufe der Kirchengeschichte eine auf Christus bezogene »interpretatio christiana« der Psalmen wurde.

Gegen diesen Umgang mit den Psalmen erhob sich in der Gegenwart heftiger Widerspruch: Indem die Christen die Psalmen durch die Antiphonen für das christliche Kirchenjahr instrumentalisierten, aus den Psalmen Einzelverse zu passenden Kollagen zusammenstellten und jeden Psalm mit dem trinitarischen Lobpreis abschlössen, würden sie die ursprünglichen »Eigner« der Psalmen »enteignen« und ihrer gleichberechtigten Eigenständigkeit berauben. Demgegenüber wurde unter Hinweis auf die Komposition des biblischen Psalmbuchs geltend gemacht, dass dessen messianisch-ekklesiologisches Verständnis die neutestamentliche Fortschreibung und die daran anknüpfende christliche Rezeption durchaus legitimiert.

Angesichts dieser noch im Gang befindlichen Kontroverse hat das EGb für das Psalmbeten zwei Konzeptionen nebeneinandergestellt: Entweder wird der originale Psalmtext der Bibel möglichst unverkürzt (wie im Betpsalter des EG) im Gottesdienst gebetet, worauf eine Gebetsstille und ein auf den Psalm bezogenes Gebet (Psalm-Kollekte) folgt (vgl. EGb 511–519). Das wäre dann ein »mitgebeteter« Psalm. Oder es wird die dem de tempore entsprechende Antiphon mit dem Introituspsalm (Psalmausschnitt) ausgeführt, dann könnte man von einem »weitergebeteten« Psalm sprechen. Diese komplementäre Zuordnung entspricht auch der hymnologischen Tradition, in der die Liedpsalmen der reformierten Tradition (ohne Gloria patri) neben den heilsgeschichtlich akzentuierten lutherischen Psalmliedern (mit Gloria patri-Strophe) stehen.

Aufs Ganze gesehen erweist sich das Psalmgebet mit seinem altbiblischen besonderen Gottesbild als kritisches Gegenüber zu den feministischen Vorschlägen für ein zeitgemäßeres nichtpatriarchalisches Gottesbild. Jedenfalls ist die hier bestehende Spannung noch nicht ausreichend diskutiert worden. Auf der anderen Seite wurde die in der Gegenwart empfundene Spannung zwischen dem formbewussten traditionellen Gottesdienstgebet und den freieren Gebetstexten im Horizont des wiedergewonnenen Psalmgebets in eine ausgleichende Konvergenz überführt, in der originale Prägung und aktualisierende Transformation sich ebenso wenig ausschließen wie das rühmende Bekennen und das Aussprechen der menschlichen Situation in den biblischen Psalmen.

Quellen

→Spezielle Abkürzungen

Joachim BECKMANN (Hg.), Quellen zur Geschichte des christlichen Gottesdienstes, Gütersloh 1956. – Peter CORNEHL (Hg.), Gebete unserer Zeit, Gütersloh 1973. – Hermann Adalbert DANIEL, Codex Liturgicus ecclesiae universae in epitomen redactus, Bd. II.III, Leipzig 1848. 1851. – Erhard DOMAY/Hanne KÖHLER (Hg.), Der Gottesdienst. Liturgische Texte in gerechter Sprache, Bd. I: Der Gottesdienst, Bd. II: Das Abendmahl. Die Kasualien, Bd. III: Die Psalmen, Gütersloh 1997.1998.1998. – GEBETE. Revidierte Gebetstexte zu Agende I (RGD 8/9), Hamburg 1979. – Albert HAMMAN, Gebete der ersten Christen, Düsseldorf 1963. – HERMANN VON WIED, Einfältiges Bedenken ..., Köln 1543, übers. und hg.v. Helmut GERHARDS/Wilfried BORTH, Düsseldorf 1972. – Johann Wilhelm Friedrich HÖFLING, Das Sakrament der Taufe Bd. II, Erlangen 1859. – Ders., Liturgisches Urkundenbuch, Leipzig 1854. – Friedrich HUBERT, Die Straßburger liturgischen Ordnungen im Zeitalter der Reformation, Göttingen 1900. – Hans Ludwig KULP, Die Kollektengebete: Untersuchungen zur Kirchenagende I, Gütersloh 1949, 283–427. – Wilhelm LÖHE, Agende für christliche Gemeinden des lutherischen Bekenntnisses 1853/1859 (GW 7,1), Neuendettelsau 1953. – Fritz SCHMIDT-CLAUSING (Hg.), Zwinglis liturgische Formulare, Frankfurt a.M. 1970. – Frieder SCHULZ, Die evangelischen Begräbnisgebete des 16. und 17. Jahrhunderts: JLH 11 (1966) 1–40. – Paul VERBRAEKEN, Oraisons sur les 150 Psaumes (LO 42), Paris 1967. – Ernst WOLF/ Martin ALBERTZ (Hg.), Kirchenbuch. Ordnungen ... der ... reformierten Kirche, München 1941.

Literatur

Paul ALTHAUS d.Ä., Zur Einführung in die Quellengeschichte der kirchlichen Kollekten in den lutherischen Agenden des 16. Jahrhunderts: Forschungen zur evangelischen Gebetsliteratur, Gütersloh 1927, 163–249. – Paul De CLERCK, La »prière universelle« dans les liturgies latines anciennes, (LWQF 62), Münster 1977. – Otto DIETZ, Das Allgemeine Kirchengebet: Leit. II (1955) 417–452. – Bruno JORDAHN, Der Taufgottesdienst im Mittelalter bis zur Gegenwart: Leit. V (1970) 349–640. – Bernhard KLAUS, Die Rüstgebete: Leit. II (1955) 523–567. – Hans Ludwig KULP, Das Gemeindegebet im christlichen Gottesdienst: Leit. II (1955) 399–415. – Frieder SCHULZ, Mit Singen und mit Beten. Forschungen zur Gebetsliteratur und zum Kirchengesang, Hannover 1995. Darin: Das freie Gebet im Gottesdienst (1961), 149–162; Das Kollektengebet. Seine Frühgeschichte, die theologische Bedeutung seiner Gestalt und die Probleme seiner Rezeption in der Gegenwart (1970) 163–183; Oratio. Theologische Dichtung und Nachdichtung (1983), 184–213. – Ders, Synaxis. Beiträge zur Liturgik, Göttingen 1977. Darin: Das Eucharistiegebet in den Kirchen der Reformation als Frucht ökumenischer Konvergenz. Rezeption und Revision (1991), 193–222; Initiatio christiana (1991), 225–262; Ministerium reconciliationis (1995), 262–284; Benedictio nuptialis (1987), 285–300; Die Ordination als Gemeindegottesdienst (1979), 321–356. – Ders., Die offene Schuld als Rüstgebet der Gemeinde: JLH 4 (1958/59) 86–90. – Ders., Evangelische Ordination. Zur Reform der liturgischen Ordnungen: JLH 17 (1972) 1–54. – Ders., Die Ehesegnung in den europäischen Kirchen der Reformation: Eheschließung – mehr als ein rechtlich Ding? (QD 120), Freiburg 1989, 152–163. – Ders., Eucharistiegebet und Abendmahlsvermahnung ... mit einem Anhang: Evangelische Abendmahlsgebete: Sursum corda [FS Philipp Harnoncourt], Graz 1991, 147–158. – Ders., Das Psalmgebet im Gemeindegottesdienst: Liturgische Blätter der Pfalz, H. 64/65 (1997) 42–65.

Frieder Schulz

Das Kirchenlied

Vorbemerkung zu Begriff und Geschichte

Unter Kirchenlied wird im Folgenden jenes Lied verstanden, das im christlichen Gottesdienst von einer Gemeinde gesungen werden kann, sich also dem gottesdienstlichen Geschehen und dem Singvermögen der versammelten Menschen zuordnen lässt. Im Allgemeinen setzt das Wiederholbarkeit und auch eine gewisse Qualität eines Liedes voraus. Je nach Entstehung oder Sitz im Leben sind die Ränder der Gattung dabei ebenso offen (überliefertes Kirchenlied, geistliches Volkslied, Neues Geistliches Lied, Jugendlied, charismatisches Lied, Song, Spiritual) wie die vielfältigen Formen heutigen gottesdienstlichen Lebens: agendarische Gottesdienste, Gottesdienste für bestimmte Gruppen (Familien, Jugend, Kinder, Kirchenferne) und Themen (Friedensdekade, Weltgebetstag) oder aus aktuellem Anlass (Kirchentag).

Das Kirchenlied ist ein meist mehrstrophiges Lied, dessen metrisch geformte Strophen auf eine einzige Melodie gesungen werden. In neuerer Zeit ist auch eine große Zahl von Kehrversliedern entstanden, die im Wechsel zwischen Einzelstimme (oder Gruppe) und Gemeinde gesungen werden und insofern die alte Weise des responsorialen Singens wieder aufgreifen. Mit anderen Formen gottesdienstlichen Singens (Hymnus, Psalm, Antiphon, Ordinariumsgesang, Akklamation, Responsum, neuerdings auch Ruf, Singspruch und Kanon) gehört das Kirchenlied zum großen Repertoire des christlichen Gemeindegesangs. Allerdings hat es nicht nur im Gottesdienst, sondern auch in anderen Bereichen seinen Ort.

Als freie Dichtung, die immer wieder auch Impuls für die Entstehung neuer Melodien war und ist, steht das Kirchenlied für die Geschichte einer beispiellosen, überreichen Produktion, die bis in die Gegenwart lebendig ist. Dies gilt selbst für das Psalmlied, das den vorgegebenen Text der Psalmen in ganz unterschiedlicher Weise aufnehmen und in Strophenform fassen kann.

Die Geschichte des Kirchenliedes kann hier nicht zureichend beschrieben werden. Zu vielfältig und komplex sind die Horizonte, unter denen das zu geschehen hätte (Geschichte der Gattungen und Formen der Texte und Melodien, Kennzeichnung der Epochen, Nennung großer Namen, Darstellung der konfessionellen Prägungen, Skizzierung des jeweiligen Sitzes im Leben und nicht zuletzt eine sorgsame Nachzeichnung der geradezu revolutionären jüngeren Entwicklung, die seit der zweiten Hälfte des 20. Jh. eine Flut neuer Lieder hervorgebracht hat, vgl. Hahnen). Auch die Geschichte des Kirchenliedes in anderen Ländern wäre zu berücksichtigen, und der Blick müsste sich auch auf die Liederwanderung von einer Sprache und Kultur in eine andere richten (Fischer/Monninger/Schweizer). Im Zentrum dieses Beitrags stehen deshalb Ausführungen zur Klanggestalt, Funktion und Bedeutung des Kirchenliedes für Theologie und Kirche (vgl. →Die gottesdienstliche Musik; →Kirchenmusikalischer Gottesdienst).

I. Phänomenologie des Kirchenliedes

A. Das Singen als komplexes Klanggeschehen

Wer über das Kirchenlied nachdenkt, wird zunächst über das Singen nachdenken müssen (Christa Reich 1997, 11–27). Nur im Vollzug des Singens ist jenes klingende Ineinander von Wort und musikalischem Ton gegeben, das ein Lied (und jeden Gesang) ausmacht. Im Gesangbuch oder im Liederheft stehen Texte und Melodien. Es ist sinnvoll, diese wissenschaftlich zu erforschen oder im Hinblick auf liturgische, spirituelle oder musikpraktische Horizonte hin zu untersuchen. Dabei mag dann gegebenenfalls auch nur die textliche oder nur die musikalische Seite im Blick sein. Nimmt man jeden der beiden Teile für sich, so führt er nicht notwendig zum andern hin (Hübner 26–32). Erst durch die singende Stimme entsteht das Lied. Es ist ein durch die Stimme vermitteltes Klanggeschehen, bei dem Wort, musikalischer Ton und Person gleichzeitig beieinander sind. Im Vollzug sind sie ungetrennt, aber sie bleiben unterscheidbar. Wort und Ton können sich in glücklicher Weise gegenseitig unterstützen (»Die güldne Sonne voll Freud und Wonne« EG 449) und sich so verbinden, dass sie, auch wenn sie voneinander wieder getrennt werden, für den Hörer das mitnehmen, was sie sich bei ihrem Zusammensein verliehen haben: Man hört eine Melodie, und der Text wird präsent; man liest einen Text, und plötzlich meldet sich die Melodie. Es gibt aber auch die Möglichkeit, dass Wort und Ton im gleichzeitigen Erklingen einander widersprechen: Ein Friedenslied im Marschrhythmus; eine Melodie, die zur ersten, aber nicht zu allen weiteren Strophen des Liedes »passt«. Im Zweifelsfall ist dann die Musik die Stärkere. Sie übertönt die Worte.

Ähnliches gibt es im Verhältnis von Person und Lied. Beide können Hand in Hand gehen: »Wir singen, was wir glauben.« Aber die Person kann beim Singen auch weit weg von den Worten oder von dem musikalischen Stil des Liedes bleiben: Es gibt unlustiges, gedankenloses oder routiniertes Singen; vielleicht ist man nicht »in Stimmung«. Ein Lied kann im Singen quasi stumm bleiben. Es lebt nicht nur davon, dass es klingt, es lebt davon, wie es klingt: Wie singt eine Gemeinde Halleluja? In welchem Tempo, in welcher Lautstärke wäre zu singen »Wer leben will wie Gott auf dieser Erde, muss sterben wie ein Weizenkorn« (EG-Regionalteile)? Wer Ohren hat zu hören, wird wahrnehmen, wenn zwischen Wort und Ton etwas »nicht stimmt«. Wer aufmerksam ist, wird auch wahrnehmen, dass beim Singen die eigene Person und das Lied auseinander treten können. Das kann ganz verschiedene Gründe haben: Man will z.B. vielleicht nicht recht zustimmen, während man einstimmt in »Die ganze Welt erfreut mich nicht, nach Erd und Himmel frag ich nicht, wenn ich nur dich kann haben« (EG 397,1) oder in »Tausende zerstampft der Krieg, eine Welt vergeht, doch des Lebens Blütensieg leicht im Winde weht« (»Freunde, dass der Mandelzweig«, Strophe 3, EG-Regionalteile). Es kann auch sein, dass unsere Weltwirklichkeit der Botschaft, die sich in einem Lied meldet, zu laut widerspricht: »Alle Wunden nah und fern fangen an zu heilen« (»Alle Knospen springen auf«, Strophe 2, EG-Regionalteile). Wir glauben längst nicht alles, was wir singen. Es können auch Sprache oder Gedankenwelt oder beides zugleich einfach fremd geworden sein: »Vom Fleisch wollt nicht heraus der Geist, vom G'setz erfordert allermeist; es war mit uns verloren« (EG 342,2). Oder: Man mag die Melodie nicht.

Die Stimmen der Singenden rufen ein Lied also als ein komplexes Klanggeschehen ins Leben. Zugleich aber kommt in demselben Augenblick der Klang wie von außen über das Ohr zu den Singenden zurück. Diese Tatsache ist von außerordentlicher Bedeutung. Denn jeder Klang hat eine Wirkung: Nicht zufällig sind das lateinische *carmen* (Lied) und das französische *charme* (Zauber) etymologisch nah beieinander. Aktivität und Rezeptivität sind hier unentwirrbar miteinander verflochten und stehen zudem während des Singens in steter Wechselwirkung. Letztlich entscheidet aber nicht die Stimme, sondern das aufmerksame Ohr, ob ein Lied prägende Kraft entfalten kann (Flusser; Ueding; Berendt). Singen kann Einübung in die Kunst der Wahrnehmung sein.

B. Das Lied als komplexes Klanggeschehen

1. Singen ist in allen Kulturen die »Grundform gemeinschaftlicher *sprachlicher Äußerung*« (Harnoncourt 1987, 136). Auch im Singen eines Kirchenliedes geschieht solche Äußerung.

Dabei ist die Sprache poetisch geprägt. Reim, Metrum, Strophenbau und lautmalerische Elemente lassen hören, dass sie nicht nur Gedankenzusammenhänge vermitteln, sondern dass sie klingen will. In großen Beispielen des Kirchenliedes aus Geschichte und Gegenwart lebt die Sprache von Bildern und neuen Wortschöpfungen, von ungewöhnlichen Fügungen und Sprachspielen, die inspirierend wirken und die Imagination wecken. Ein Lied verträgt es, hörbar gelesen zu werden, und schafft sich dabei einen eigenen Wirkraum. Poetische Sprache ermöglicht die Erfahrung, dass Wirklichkeit nicht ein für alle Mal gegeben und fixiert ist. Poetische Sprache setzt Prozesse der Evokation, Identifikation und Kommunikation (Füglister 47–53) und Prozesse der Verwandlung in Gang. Religiöse Sprache braucht poetische Sprache, weil sie nicht nur Begriffenes bezeichnen, Botschaften vermitteln oder über Erfahrungen reden, sondern weil sie selbst Medium des Begreifens, des Aneignens von Botschaften sein und Erfahrungen ermöglichen soll (Anderegg 32 f. 84).

Ein Kirchenlied versetzt die Singenden im Singen – und nur während des Singens – in eine gemeinsame Sprechsituation. Wie in den Psalmen, in denen unsere Kirchenlieder letztlich wurzeln, kann die Sprechrichtung dabei ganz unterschiedlich sein. Gott, Jesus Christus und der Heilige Geist werden angerufen; die Welt (EG 521) und andere Menschen (EG 117,1), aber auch Engel und Himmel (EG 41) können ebenso angeredet werden wie das eigene Gemüt (EG 475) und das eigene Herz (EG 114), wie Sommerfeld, Meer und Sonnenschein (EG 507,3.5.6) oder selbst der Satan (EG 66,3). Man kann dabei als Ich mit den anderen sprechen oder sich einfinden in ein »Wir«. Oder man macht sich zum Mund einer Stimme, die nicht die eigene ist (»Ja, ich will euch tragen bis ins Alter hin« EG 380). Die gemeinsame Sprechsituation wird durch Sprache hergestellt, die nicht die individuelle, aus der Situation entstehende Sprache der Singenden ist. Vielleicht ist das Kirchenlied, in das man einstimmt, 900 oder 1000 Jahre alt (»Christ ist erstanden« EG 99), oder vielleicht stammt es aus einer fernen Weltgegend (»Er ist erstanden« EG 116). Ein Kirchenlied singen, heißt insofern, einstimmen in fremde Sprache, fremde Worte reden lassen (Rosenzweig 402 f.; Heschel).

2. Singen ist – neben dem Tanz – in allen Kulturen die »ursprünglichste Form gemeinsamer *musikalischer Äußerung*« (Harnoncourt 1987, 136; Klusen). Medium für das Kirchenlied ist die Musik. Die Melodie ermöglicht die Gemeinsamkeit des Sprechens und bewirkt zugleich eine Intensivierung des Sprechens. Die strophische Prägung des Textes erlaubt und erfordert es, dass inhaltlich ganz verschiedene sprachliche Äußerungen auf ein und dieselbe Melodie gesungen werden können. In vielen Fällen ist das auch gut möglich. Die Melodie trägt dann den Text, ohne ihn zu interpretieren, sie ist selbst offen für verschiedene Gestimmtheiten. Selbst ganz unterschiedliche Lieder können auf dieselbe Melodie gesungen werden (»O Mensch, bewein dein Sünde groß« EG 76 und »Jauchz, Erd und Himmel, juble hell« EG 127). Die Melodie kann aber auch die Botschaft eines Textes im Erklingen und durch das Erklingen auf charakteristische Weise sinnfällig machen, und sie kann in ihrer Gestimmtheit mit der Gestimmtheit des Textes höchst eindrucksvoll korrelieren (»Wachet auf, ruft uns die Stimme« EG 147; »Gen Himmel aufgefahren ist« EG 119).

Dennoch lebt eine gute Melodie nicht vom Text. Sie hat ihr eigenes musikalisches Leben und ist auch abgelöst vom Text ein sinnvolles, nämlich autonomes musikalisches Gebilde. Sie spricht musikalische Sprache, d.h. sie kann nicht in die Wortsprache übersetzt werden und ist selbst auch nicht einfach Übersetzung von Wortsprache. Sie transzendiert Sprache. Erklingen im Singen Text und Melodie gleichzeitig, so sind Verstehbares und Unsagbares zugleich präsent. Dabei ist die Unterscheidung von beidem nicht identisch mit der Unterscheidung von Text und Melodie oder gar mit der Unterscheidung von Intellekt und Gefühl, denn schon die

Sprache allein vermittelt in ihrer leiblichen Gestalt, also in ihrer über die Stimme hergestellten Mündlichkeit, Verstehbares und Unsagbares zugleich. Alles Sprechen hat neben der kognitiven Qualität immer auch konnotative Gestimmtheit (Hübner 28–31). In der menschlichen Stimme tritt diese Gestimmtheit schon beim Sprechen bereits musikalisch in Erscheinung. Wir sprechen von »Sprachmelodie«, die als Tonfall, Rhythmus, Sprechtempo und Klangfarbe der Stimme zu hören ist. Sprachmelodie drückt nicht nur Empfindungen oder Gefühle aus. Auch Gefühlsarmut oder Gefühlskälte sind hörbar. Unter den apriorischen Bedingungen der Musik meldet sich das ursprünglich schon in der Sprache Hörbare unabweisbar und auf eigene Weise. Im Singen eines Kirchenliedes wird in und mit der Melodie Musik hörbar, es werden verstehbare Worte hörbar, es wird aber auch »der unausgesprochene Rand« von Worten (Bieritz 74) klingend präsent. Dies bedeutet, dass die kognitiven Elemente der Sprache – die sich, wie schon Wilhelm von Humboldt erkannte, in der Sprachentwicklung immer mehr in den Vordergrund geschoben haben – im Singen, anders als z.B. im stummen Lesen, ihre dominierende Stellung verlieren.

3. Singen ist Klanggeschehen, in dem *Gemeinsamkeit hörbar* wird. Das Singen eines Kirchenliedes ist gemeinsame Äußerung. Sie setzt willentliche, freie Entscheidung zur Teilnahme voraus. Einstimmen kann nicht befohlen werden (Henkys 1989, 638 unter Hinweis auf Ps 137,3). Das Lied selbst kann allerdings zum Mitsingen verlocken: »dass wir getrost und all in ein mit Lust und Liebe singen« (EG 241,1) oder: »Singet fröhlich, lasst euch hören, wertes Volk der Christenheit!« (EG 39,1). Nicht vorgängige Überzeugungen oder Gefühle, sondern das Einstimmen ist es, das die Gemeinsamkeit herstellt. Sie erscheint in dem Augenblick, in dem die vielen einzelnen Stimmen sich zur gemeinsamen Einstimmigkeit verbinden: »Singen wir heut mit einem Mund« (EG 104,1). Auch in diesem Vorgang sind Tun und Erfasstwerden ineinander verwoben, denn die Singenden nehmen über das Gehör die Gemeinsamkeit wahr und haben so Anteil an ihr. Dabei verstärkt die Wahrnehmung wiederum die Gemeinsamkeit. Auch nichtmitsingende Anwesende hören, dass durch das gemeinsame Singen Gemeinsamkeit klingend präsent, d.h. im Singen konstituiert wird.

II. Der Ort des Kirchenliedes

A. Das Kirchenlied im Leben der christlichen Gemeinde

1. Der *Gottesdienst* als ursprünglicher Sitz im Leben des Kirchenliedes

a. Ambrosius von Mailand (um 339–397) ist Vater des abendländischen Kirchenliedes (Jenny 1989, 606), denn in den lateinischen Hymnen, die sich mit seinem Namen verbinden, begegnet zum ersten Mal in der Geschichte jene als freie Dichtung gestaltete einfache strophische Form des Gesangs (vierzeilige Strophe mit jeweils vierhebigen Jamben), die eine Beteiligung der gottesdienstlichen Gemeinde ermöglicht. Der Hymnus hat in der Folgezeit eine beispiellose Wirkungsgeschichte entfaltet (Franz: Möller 1–28), auch wenn er spätestens seit Benedikt von Nursia (um 480 bis um 547), der ihm einen festen Ort im klösterlichen Stundengebet zuwies, dem Gemeindegesang ferner rückte. Im Mittelalter gibt es bereits deutsche Hymnenübersetzungen, aber auch andere deutschsprachige gottesdienstliche Gesänge in Strophenform: Leisen (»Christ ist erstanden« EG 99), Antiphonenlieder (»Mitten wir im Leben sind«, Vorlage für EG 518,1), Cantionen (»In dulci iubilo«/«Nun singet und seid froh« EG 35; vgl. Praßl: Möller 29–68). Nachdem es bereits in Böhmen durch die hussitische Bewegung zur Entstehung muttersprachlicher gottesdienstlicher Lieder gekommen war (1501 erschien in Prag das erste tschechische Gesangbuch), war es die von Luther ausgehende Reformation, die das muttersprachliche Kirchenlied zum integralen Bestandteil des Gottesdienstes machte.

Dabei sind für das Kirchenlied der lutherischen Reformation die Vielfalt der Gattungen, Themen und Funktionen und die grundsätzliche Bejahung freier, auch vorlageloser Dichtung, sowie der Reichtum an Melodietypen kennzeichnend. So entstanden Ordinariumslieder (z.B. »Allein Gott in der Höh sei Ehr« EG 179), Übersetzungen überlieferter Gesänge (z.B. »Nun komm, der Heiden Heiland« EG 4), Erweiterungen mittelalterlicher Strophen (z.B. »Nun bitten wir den heiligen Geist« EG 124), freie aktualisierende Nachdichtung einzelner Psalmen (z.B. »Aus tiefer Not schrei ich zu dir« EG 299), Festlieder (z.B. »Vom Himmel kam der Engel Schar« EG 25) und andere freie Dichtungen (z.B. »Herr Christ, der einig Gotts Sohn« EG 67).

Im reformierten Bereich ist der 1542–1562 entstandene Genfer Psalter, eine so nah wie möglich am biblischen Text bleibende vollständige Bereimung der 150 Psalmen, jahrhundertelang hauptsächlich oder gar ausschließlich Repertoire für den gottesdienstlichen Gemeindegesang geworden. Dabei wurden die Strophenformen der Psalmtexte und die mit ihnen verbundenen Melodien quasi kanonisiert. Sie blieben auch bei den bald einsetzenden Übersetzungen in andere Sprachen und bei späteren Modernisierungen der Texte erhalten (so noch in der 1967 in den Niederlanden entstandenen neuen Bereimung und bei neuen deutschen Nachdichtungen der jüngsten Zeit, vgl. EG für die evangelisch-reformierte Kirche, z.B. Ps 1, 3A, 3B, 5, 8).

Im evangelischen Bereich wird das Kirchenlied als gottesdienstliches Handeln der Gemeinde verstanden. Auch der katholische Gottesdienst kennt, zumindest im deutschsprachigen Bereich, seit dem 16. Jh. die bewusste Förderung des muttersprachlichen Liedes (z.B. Gesangbücher von Michael Vehe 1537 und Johann Leisentrit 1567; »Psalmen Davids« von Caspar Ulenberg 1582; vgl. Hucke 169–172). Allerdings gehörte das Kirchenlied jahrhundertelang nicht unverzichtbar zur Messe und hatte nicht den liturgischen Rang, welcher dem evangelischen Kirchenlied eignet. Dies hat sich erst durch die liturgischen Bewegungen des 19. und 20. Jh. und durch die Liturgiereform des Zweiten Vatikanischen Konzils geändert. Das 1975 erschienene Einheitsgesangbuch »Gotteslob. Katholisches Gebet- und Gesangbuch«, das in allen deutschsprachigen Diözesen – mit Diözesananhängen – in Gebrauch ist (außer in der Schweiz, die seit dem Jahr 2000 ein neues katholisches Gesangbuch hat), gilt als liturgisches Rollenbuch für die Gemeinde, weist also dem Kirchenlied wie insgesamt dem deutschen Gemeindegesang hohe liturgische Bedeutung zu.

b. Unter funktionalen Gesichtspunkten mag es sinnvoll sein, vom Lied als einem Element des Gottesdienstes (neben Gebet, Bekenntnis, Predigt usw.) zu sprechen. Die Agenden sehen im Gottesdienst Lieder vor, die einen bestimmten liturgischen Ort haben, durch den ihre Aufgabe definiert wird (Eröffnung, zwischen den Lesungen, vor und nach der Predigt, Einsammeln des Dankopfers, zur Eucharistiefeier, Schlussstrophe). Das EG bietet eine Reihe von Ordinariumsliedern (und -gesängen) an, die im Hinblick auf die Gesamtzahl der Lieder behutsam eingesetzt werden können. Der liturgische Ort eines Liedes verlangt bei der Liedauswahl Sensibilität für den liturgischen Gesamtzusammenhang (Hof) und eine reiche Kenntnis von Liedern. Dies gilt auch für neue offene Gottesdienstformen, in denen Lieder sinnvolle Schritte auf einem gemeinsamen Weg sein sollten.

Abgesehen von funktionalen und vielleicht auch formalen Gesichtspunkten wäre die Rede vom Lied als einem eigenständigen Element neben Gebet, Wort, Predigt usw. irreführend, denn sie übergeht die Tatsache, dass das Kirchenlied viele verschiedene Gesichter hat. Es kann Bibeltext zum Klingen bringen und auslegen, also Verkündigung sein (»Kommt her zu mir, spricht Gottes Sohn« EG 363); es kann Rühmung (»Wunderbarer König« EG 327) oder Bekenntnis sein (»Wir glauben Gott im höchsten Thron« EG 184); es kann Heilsgeschehen gegenwärtig setzen und feiern (»Heut triumphieret Gottes Sohn« EG 109), sich ermahnend (»So wahr ich lebe, spricht dein Gott« EG 234), lehrend (»Ein wahrer Glaube Gotts Zorn stillt«

EG 413) oder tröstend an die Gemeinde oder an jedes einzelne Du in der Gemeinde richten (»Gott wohnt in einem Lichte« EG 379); es kann sich klagend (»Gott, mein Gott, warum hast du mich verlassen?« EG 381), fürbittend (»Nun lasst uns gehn und treten« EG 58,8–15), anbetend (»Jauchzt, alle Lande, Gott zu Ehren« EG 279) oder auch angesichts moderner Welterfahrung um Rettung schreiend an Gott wenden (»Gott, unser Ursprung, Herr des Raums« EG 431). Die Grenzen sind ganz und gar fließend. Wie in den Psalmen, so können auch im Kirchenlied unterschiedliche liturgische Gattungen in einem einzigen Lied vorkommen. Und ein gesungenes Glaubenslied anstelle eines gemeinsam gesprochenen, dabei häufig eher unlebendig im Gleichschritt aufgesagten, Credos macht die in der Alten Kirche vertraute Einheit von Rühmung, Bekenntnis und Lehre (Doxologie) hörbar, die heute weithin auseinander gefallen ist (Krahe).

Wenn auch die Agenden konkrete Orte für Lieder im Gottesdienst festlegen, so gilt doch, dass je nach Sprechrichtung und Gattung prinzipiell an jedem anderen Ort ein Lied (oder ein Gesang) möglich ist. Nicht einmal von der Rolle der Ausführenden her kann das Kirchenlied eindeutig festgelegt werden: Es ist ja nicht nur Sache der Gemeinde, das Kirchenlied will auch den Prediger oder die Liturgin beteiligen. Auch hat es in seiner mehrhundertjährigen (also im Grunde kurzen) Geschichte eine Fülle verschiedener musikalischer Formen angenommen, die im Gottesdienst ihren Ort und ihren Rollenträger finden können: So kann z.B. der Chor einen Kantionalsatz, eine Einzelstimme ein Sololied, so können die Konfirmanden oder eine Jugendgruppe ein neues Lied singen. Bei der Begleitung des Gemeindegesangs kommt den begleitenden Instrumenten (Orgel, Gitarre, Bläser, Band usw.) hohe Bedeutung zu. Sie können den Gesang fördern, unterstützen, behindern oder totschlagen. Bei der Austeilung des Heiligen Abendmahls kann die Orgel als »wortloser Chor« (Brodde 68) einen schlichten Kirchenliedsatz oder einen Orgelchoral spielen. In der Liedpredigt (Rößler 1976; Koerrenz/Remy; Möller) können Rede des Predigers und gesungenes Gemeindelied zusammenwirken.

Dies alles bedeutet nicht, dass es sinnvoll ist, so viele Lieder wie möglich im Gottesdienst einzusetzen. Im Gegenteil: Sparsamkeit ist angesagt (Jenny 1970, 22). Auch sollte das Kirchenlied mit anderen Singformen wechseln. Die Vorgaben der Agenden und die Offenheit neuer Gottesdienstformen sind sensibel und achtsam zu nutzen. Dabei zeigt sich, dass Lieder Dimension für anabatische und katabatische Vollzüge sind. Sie können – um mit Luthers Torgauer Kirchweihpredigt (1544, WA 49,588) zu reden – sowohl »Gebet und Lobgesang« sein, aber auch im Singen Gottes »heiliges Wort« werden.

2. Der Ort *im Werktag*

Ein Lied, das am Sonntag im Gottesdienst lebendig sein soll, braucht am Werktag Orte, an denen es ebenfalls lebendig ist. Es hat in den letzten Jahrzehnten viel Bemühen um Verlebendigung des Gottesdienstes gegeben. Sie war notwendig. Aber Verlebendigung gibt es nicht ohne Vertiefung. Lieder werden ihre spirituelle, gemeindebildende und insofern auch liturgische Kraft auf Dauer nur dort entfalten können, wo eine gewisse Vertrautheit mit ihnen wächst und wo sie helfen, Leben zu prägen. In geringerem Maß können dazu auch gelegentlich im Gottesdienst Hilfen gegeben werden, indem auf das eben gesungene oder gleich zu singende Lied Bezug genommen wird. Entscheidend aber ist, dass das Lied auch im Alltag Raum findet.

– Schon im Mittelalter wurden muttersprachliche Lieder bei Wallfahrten und Prozessionen gesungen. In Klöstern haben sie dem persönlichen Gebet und wohl auch der gemeinsamen Meditation gedient. Das schloss ein, dass sie auch gemeinschaftlich im Reigen getanzt werden konnten. Die Reformation hat von Anfang an dem Kirchenlied neben dem gottesdienstlichen Gemeindegesang noch andere Felder eröffnet. Sie sind in ihrer Bedeutung kaum zu überschätzen: Unterricht, Hausandacht, häusliches Musizieren, Chorgesang.

– Die durch Reim, Metrum und Melodie einprägsamen Lieder wurden Medium zur Erziehung der Jugend in Glauben und Lehre. In der Hausandacht gaben Lieder dem Rahmen des Arbeitstages Kontur, wanderten von dort aus auch oft mit in die Werkstatt oder auf das Feld (Mager) und ließen so das Evangelium zur Begleitung des Alltags werden.
– Im häuslichen Musizieren verband sich die Lust am gemeinsamen Tun mit der steten Begegnung mit geistlichen Texten. Das Singen im Chor hat Luther von Anfang an als gottesdienstliche Aufgabe verstanden: Er beförderte die Einführung von Johann Walters drei- bis fünfstimmigem »Geistlichen Gesangbüchlein« (1524) durch eine eigene Vorrede. Aber natürlich bewirkte die außergottesdienstliche Vorbereitung und Einübung der Kirchenliedsätze eine Tiefenwirksamkeit des Liedes mit Hilfe der Kunst der Musik.
– Geistliche Aufbruchbewegungen in der Kirchengeschichte sind immer Singbewegungen gewesen, deren Lieder auch außerhalb der Gottesdienste Zeichen für gemeinsames Leben und Hilfe zum gemeinsamen Leben waren (Pietismus, Erweckungsbewegungen; auch die Spirituals gehören hierher).
– Früh sind Kirchenlieder auch Begleiter für das persönliche Leben geworden, Sprachschule für Gebet und Glauben, Medium der Seelsorge, Stärkung und Trost in schwierigen Lebenssituationen oder angesichts des Todes. Dietrich Bonhoeffers Briefe aus der Haft zeugen davon, dass seine Zelle auch Ort für das Kirchenlied gewesen ist. Die überlieferten Lieder, vornehmlich die von Paul Gerhardt, begleiteten ihn (Bunners; Pangritz). Bonhoeffer selbst schrieb dort sein Gedicht »Von guten Mächten treu und still umgeben«, ein sehr persönliches, ursprünglich für seine Braut und seine Familie bestimmtes Zeugnis, das zu einem der bekanntesten Kirchenlieder des 20. Jh. geworden ist (EG 65).
– In jüngster Zeit haben neue, häufig selbstgemachte Lieder ihren Ort in unzähligen kleinen Jugendgruppen und Bands, die sich unter der Woche in kirchlichen Gemeindehäusern treffen. Ob diese Lieder immer auf dem Weg zum Gottesdienst sind, steht dahin. Aber ihre religiöse und zumindest am Rande der Kirche beheimatende Wirksamkeit sollte nicht unterschätzt werden. Schon der Vergleich des EG mit seinem Vorgänger, dem EKG, zeigt, dass die seit den sechziger Jahren des 20. Jh. – zunächst durch Preisausschreiben (1960 Kinderlieder-Preisausschreiben des Landesverbandes Hessen-Nassau/Philipp Reich; seit 1961 mehrere Preisausschreiben der Evangelischen Akademie Tutzing/Günter Hegele), später durch Workshops, Kirchentage und Arbeitskreise – geförderte Entstehung neuer Lieder den Raum der Kirche für die populäre Musikkultur geöffnet hat. Damit entstanden nicht nur neue musikalische Stile und Formen durch die Übernahme von Elementen aus Jazz, Rock, Pop u.a.m. Es meldeten sich in neuen Liedern auch ein neues Lebens- und Weltgefühl, neue Themen (Frieden, Gerechtigkeit, Bewahrung der Schöpfung, Frauenfrage u.a.) und teilweise auch neuer Umgang mit Sprache. Ohne außergottesdienstliches Experimentierfeld und lebensweltlichen Bezug bleiben auch neue geistliche Lieder auf Dauer nicht lebensfähig. Einer eigenen Behandlung bedürfte das anders gelagerte Feld des schulischen Religionsunterrichts, in dem nicht nur das Neue Geistliche Lied, sondern außerkirchliche Popularmusik ein wichtiges Unterrichtsmedium geworden ist (Böhm/Buschmann).
– Noch wenig bedacht und erforscht ist der Ort des Kirchenliedes in musikalischer Seelsorge (Heymel; Schroeter) und Musiktherapie (Spoerri). Einst war Hiob Schutzpatron der Musik. Wer Kirchenlieder – auch Loblieder – singt, singt nicht über Hiob hinweg. Er ist ihm zugewendet, und Hiob ist der Testfall auch für kirchenmusikalische Praxis. Wer ein Kirchenlied singt, weiß, dass es neben dem Singen auch das Schweigen der Freunde Hiobs und

auch das eigene Verstummen gibt (»Von Zweifeln ist mein Leben übermannt, mein Unvermögen hält mich ganz gefangen« EG 382,2).

B. Das Kirchenlied zwischen Kirche und »Welt«

1. Der Raum, in dem das Kirchenlied eine Rolle spielt, ist nicht auf den kirchlichen Bereich beschränkt. Dies gilt in mehrfacher Hinsicht. Die Geschichte des Kirchenliedes zeigt, dass die Ränder der Gattung offen sind. Kirchenlied und Volkslied können sich miteinander verbinden (»Geh aus, mein Herz« EG 503; »Der Mond ist aufgegangen« EG 482; Rölleke). Im weihnachtlichen Singen ist diese Unterscheidung weitgehend obsolet geworden: Volkstümliches Singen erklingt in Gottesdiensten, und man hört Kirchenlieder beim Einkauf in den Kaufhäusern. Kirchenlied und Nationalgefühl können eine Liaison eingehen: Im Feldgesangbuch des Zweiten Weltkriegs schließt das Lied »Großer Gott, wir loben dich«, das auf das altkirchliche »Te Deum Laudamus« zurückgeht (EG 331), mit einer Strophe auf Führer, Volk und Reich. Kirchenlieder können aber auch politisches Handeln bestimmen; so konnten sie während des Dritten Reiches auch dem Widerstand gegen Hitler den Rücken stärken.

2. Das Kirchenlied ist Teil der Kultur einer Zeit und einer Region. Seine Geschichte ist nicht nur Teil der Kirchen- und Theologiegeschichte, sondern auch der Sprach-, Literatur- und Musikgeschichte (Becker/Franz/Henkys/u.a.). Das Gesangbuch ist ein Kulturzeugnis ersten Ranges, denn die Wirkungsgeschichte des Kirchenliedes ist Spiegel der Mentalitätsgeschichte. An den jeweiligen Revisionen der Texte und Melodien kann man Interessen, Weltanschauungen, musikalische Prägungen und die Musikpraxis der jeweiligen Zeit, zugleich auch die Veränderungen der Sprache ablesen. Aus Kirchenliedern kann man auf gesellschaftliche (z.B. ständische) Strukturen einer Zeit oder auf die Bedingungen des Arbeitslebens schließen. Wenn sich die Strukturen wandeln, verschwinden die betreffenden Lieder aus den Gesangbüchern.

3. Das im Raum der Kirche entstandene Lied hat über Jahrhunderte hin Impulse für künstlerisches Schaffen gesetzt, das über den Raum der Kirche hinausdrängte oder ihn verließ. Herausragende musikalische Schöpfungen (Choralkantaten, Choralkonzerte, Oratorien, Orgelmusik) erreichen in öffentlichen Aufführungen heute noch eine große Zuhörerschaft, die sich zumindest in beträchtlicher Zahl selbst nicht als kirchlich gebunden versteht. Avantgardistische Musik kann das Kirchenlied musikalisch zitieren (Bernd Alois Zimmermann in seiner Oper »Die Soldaten«). Auch in Film und Theaterstück, vor allem aber in Lyrik und Roman und in der Biographie von Schriftstellern hat das Kirchenlied vielfältige Spuren hinterlassen (Kurzke; Moser). Bis in die jüngste Vergangenheit kann es Ausgangspunkt für Neudichtungen oder für Parodien sein (Bert Brecht, Hitler-Choräle). So hat das »Kirchenlied« auch seinen Ort in der »Welt«, weil es Teil der allgemeinen Kultur ist und Kulturgeschichte und kulturelles Gedächtnis tiefgehend geprägt hat.

III. Theologische Horizonte des Kirchenliedes

1. Vor aller inhaltlichen Aussage und vor aller verstehbaren Botschaft steht das Kirchenlied (wie andere Kirchengesänge) als Einheit von Singen und Sagen, die durch die menschliche Stimme hörbar gemacht wird, für die sinnliche und für die prinzipiell personale Qualität jenes Wortes, von dem der Glaube lebt: Vox est anima verbi (WA 5,379; Christa Reich 1999). Wer die musikalisch-klangliche Qualität, d.h. die Leibhaftigkeit, des gesungenen Wortes intellektuell überspielt oder für unwichtig hält, wird auch die charakteristische Qualität des Evangeliums, seine Mündlichkeit, gering achten und es am Ende verlieren.

2. Das Kirchenlied kann in seiner Einheit von verstehbaren Worten und Transzendierung von Sprache Botschaft des Evangeliums sowie Glaubenserfahrung einer Zeit vermitteln, zugleich aber auch den Geheimnischarakter des Evangeliums und das kostbare Wunder des Glaubens aufklingen lassen: die »süße Wundertat«, die »teu'r erworben« ist (EG 341,1). Schönheit der Botschaft, Freude, Dankbarkeit und Liebe der Singenden können im Lied mit aufklingen.

3. Im Singen und durch das Singen eines Kirchenliedes wird Gemeinsamkeit konstituiert, d.h. Kirche wird präsent. Ihr Erscheinen ist nicht abhängig vom gemeinsamen Denken und Empfinden der Beteiligten. Selbst wenn dieses vorhanden sein und in einer gegebenen Situation zum Lied hinführen sollte, so hängt doch das klingende Präsent-Werden von Kirche nur davon ab, dass die Anwesenden einstimmen in ein gegebenes Lied, dass sie sich also auf einen äußeren Prägevorgang einlassen (Wannenwetsch). Singen hat mit Sich-Überlassen, Sich-Hingeben zu tun. Das klingende Lied ist der Raum, in dem die Kirche als Kirche erscheint, leibhaft fassbare Realität wird. Dabei wird die Fremdheit des neben und mit mir singenden Menschen nicht überspielt, aber wir werden in eine Gemeinsamkeit hineingezogen, die wir nicht hergestellt haben: eine Gemeinsamkeit des Angeredet-Werdens und des möglichen Hörens.

4. Zugleich wird Singen aber auch als gemeinsames Sich-Äußern erfahren. Lob und Klage, Bitte und Hoffnung werden laut. Dabei vereinen sich die vielen verschiedenen Stimmen, jede Ausdruck der je eigenen unverwechselbaren Person, zur Einstimmigkeit (oder, im Chorgesang, zur mehrstimmigen Harmonie). Einheit in der Vielfalt, Homologie, Lobpreis und Bekenntnis in einem, klingt auf. Insofern hat Singen auch eschatologische Bedeutung: Es gibt dem einen Ort (topos),was sonst u-topisch ist. Es ist Vorklang gemeinsamer Zukunft: ut omnes unum sint.

5. Das Kirchenlied ist Zeichen dafür, dass es in der Kirche Glauben gibt. Der Glaube hat ein Gefälle zur Musik: »So sie's nicht singen, so gleuben sie's nicht« (Harnoncourt 1983). Singen eines Kirchenliedes ist Zeichen für befreite Existenz und zugleich Proklamation von Befreiung (»Strick ist entzwei, und wir sind frei« EG 297,4), andererseits auch Proklamation der befreienden Tat und Rühmung des Befreiers (»Gott Lob und Dank, der nicht zugab, dass ihr Schlund uns möcht fangen« EG 297,4). Verkündigung, Bekenntnis und Rühmung sind hier ineinander verwoben: Doxologie ereignet sich. Hier steht das Kirchenlied (der Kirchengesang) ganz in der biblischen und urchristlichen Tradition: Israel sang nach dem Durchzug durchs Rote Meer seinen Hymnus; die Hallel-Psalmen haben ihren Ort in der Paschafeier, und der Lobgesang bestimmt die Eucharistiefeier.

6. Im Singen eines Kirchenliedes ereignet sich in mehrfacher Hinsicht Ökumene. Ökumene der Kirchen und Konfessionen klingt auf. Die Zahl der gemeinsamen Lieder und gottesdienstlichen Gesänge (Ö) ist in den letzten Jahrzehnten kontinuierlich gewachsen. Theologen beider großer Kirchen haben sie den Gemeinden zum Gebrauch empfohlen, damit sie »mit einer Stimme den Dreieinigen Gott loben« können (Geleitwort zu den von der Arbeitsgemeinschaft Ökumenisches Liedgut herausgegebenen Gemeinsamen Kirchenliedern). In jedem gemeinsam gesungenen Lied wird Ökumene der Kirchen real präsent. Noch ist theologisch ungeklärt, in welchem Verhältnis gemeinsames Gotteslob und gemeinsames theologisches Denken zueinander stehen und welches Gewicht jedes von beiden für die Einheit der Kirche hat (Scherle 180–188.273).

Im Kirchenlied klingt auch Ökumene der Regionen auf. Schon immer hat es Liederwanderungen von Sprache zu Sprache gegeben (hebräisch-griechisch-lateinisch-andere europäische Sprachen). Nachdem jahrhundertelang, abgesehen vom französischsprachigen Genfer Psalter, vor allem deutsche Kirchenlieder in andere Sprachen übersetzt und in anderen Ländern heimisch wurden, wandern seit dem Aufbruch der ökumenischen Bewegung im 20. Jh. Lieder aus allen Weltgegenden in alle möglichen Richtungen hin und her. Der deutschsprachige Raum ist dabei, vor allem in Hinblick auf neue Lieder, heute nicht mehr der hauptsächlich gebende Raum. Ein Glücksfall ist es, wenn es gelingt, Poesie aus einer Sprache in die andere hinüberzutragen (Henkys 1990).

Im Kirchenlied ereignet sich Ökumene der Zeiten. Neben Liedern von heute für Leute, die heute und vielleicht auch morgen leben, gibt es die Lieder, in denen uralte Worte und Töne darauf warten, heute gesungen zu werden (»Die ihr Gott fürchtet, ich erzähle: kommt, hört und betet mit mir an! Hört, was der Herr an meiner Seele für große Dinge hat getan« EG 279,7) oder in denen alte Worte in neuem Klanggewand daherkommen (»Wie der Hirsch lechzt nach frischem Wasser, so schreit meine Seele, Gott, zu dir« EG 278). Singen in der Kirche kann auch heißen, Solidarität mit den Toten zu beweisen, achtsam auf die Botschaften und Erfahrungen zu hören, die sich in ihren Liedern melden, im Vertrauen darauf, dass es alte Lieder gibt, die »vom Geist eingegeben« (Eph 5,19) sind und daher nicht einfach der Vergänglichkeit anheim fallen. So wichtig es ist, dass jede Zeit ihr eigenes Lied findet, so gilt doch auch, dass eine Zeit, die nur ihre eigenen Lieder sänge, am Ende im Singen immer nur sich selbst begegnete.

7. In einer zusammenwachsenden Welt empfiehlt es sich, auch in Sachen Kirchenlied einmal über den Zaun zu den Nachbarn zu schauen. Als Beispiel seien die Niederlande gewählt.

In Deutschland kontrastiert eine Gedächtniskultur des Holocaust mit einer merkwürdigen christlichen Indifferenz gegenüber der Frage, wie sich Gottesdienst, Liturgie und Lieder verändern müssten, wenn wir die Tatsache ernst nähmen, dass die fatale Entwicklung von Antijudaismus und damit zusammenhängendem Antisemitismus nicht zuletzt dadurch in Gang gesetzt wurde, dass das Christentum sich von seiner jüdischen Wurzel löste. Bücher, die sich mit diesem Thema beschäftigen (Richter/Kranemann) wirken sich auf das gottesdienstliche Singen kaum aus. In den Niederlanden dagegen gehen bei der Arbeit an Lied und Liturgie starke Impulse von der Beschäftigung mit der Hebräischen Bibel aus (Bauer 170–189; Schulz). So findet sich im 1973 erschienenen »Liedboek voor de Kerken« nicht nur der vollständige, neu übersetzte Genfer Psalter, es finden sich auch 115 Bibellieder, von denen 45 sich auf Texte des Alten Testaments beziehen. Voraussetzung für die Entstehung dieser und vergleichbarer neuerer Lieder ist ein sorgsames Studium der Sprache der Bibel, in der sich hebräische Welt- und Menschensicht zu Wort meldet. Aus dem Zutrauen zur poetischen Kraft und zur vitalen Gegenwärtigkeit biblischer Sprache machten und machen sich in unserem Nachbarland anerkannte Lyriker des Landes (z.B. der reformiert beeinflusste Katholik Huub Oosterhuis und der anglikanisch beeinflusste Reformierte Willem Barnard – beide sind im EG vertreten) daran, neue Lieder zu dichten (Pfirrmann). Es sind Lieder mit eigenem Ton und eigenem Charakter, in denen biblische Sprache und moderne Welterfahrung einander begegnen. Sie lassen etwas aufklingen von der Fremdheit des Glaubens, der in der Wüste unterwegs ist zum Land der Verheißung – wie Abraham (EG 311), der sich also in eine Geschichte der Verheißung hineinnehmen lässt. Wie in der Hebräischen Bibel wird Singen hier theologisch gedeutet als ein Tun, in dem die Singenden der Gegenwart »des Namens« konkreten Raum schaffen. Sie ziehen die Welt in den Bereich des Handelns Gottes mit seinem Volk Israel und machen hörbar, dass Christen »Gast im Haus Israel« sind (Scherle 213–221, unter Berufung auf Karl Barth).

IV. Kirchenlied und Gesangbuch

1. Das Gesangbuch (vgl. dazu das Lemma in der TRE, RGG und MGG) ist neben der Bibel das wichtigste Buch in der evangelischen Kirche. Wie kein anderes Buch vereint es in sich die

Spannung von Tradition und Aktualität, die mit jedem neu erscheinenden Gesangbuch auch wieder neu zu bestimmen ist. Das Gesangbuch ist gottesdienstliches Rollenbuch der Gemeinde und als solches Sprachschule des Glaubens. Es hat seine Funktion in Gemeindeveranstaltungen und im Unterricht und diente bis in die jüngste Vergangenheit als Hausbuch auch dem Wachstum persönlicher Spiritualität und dem Trost in schwierigen Lebenssituationen.

2. Zwar gibt es viele Gemeinden, in denen das Gesangbuch mit Freude benutzt und in denen engagiert und mit Lust in allen Altersgruppen gesungen wird. Aufs Ganze gesehen hat aber das überlieferte Kirchenlied in Deutschland in den letzten 30 Jahren an Boden verloren. Es gibt dafür gesamtgesellschaftliche und binnenkirchliche Gründe. Anders als in unseren Nachbarländern ist die Übung des umgangsmäßigen Singens in Deutschland insgesamt zurückgegangen. Das bedeutet, dass häufig nur noch sonntags im Gottesdienst Kirchenlieder gesungen werden und dass es keinen Ort gibt, an dem unter der Woche Vertrautheit mit Liedern wachsen kann. In der Pädagogik galt Auswendiglernen lange als überholt: so konnte kein Liedrepertoire entstehen. In Kasualgottesdiensten singen viele heute nicht mehr mit. Hinzu kommt, dass es in kleineren Gemeinden, die keinen hauptamtlichen Kirchenmusiker haben, meist niemanden gibt, der sich um die Pflege von Gemeindegesang und Kirchenlied kümmert. Es gibt keine Singleiterausbildung, die dringend nötig wäre, wenn neue Lieder eingeübt und alte lebendig werden sollen. So ist der Gesang oft mühsam, und junge Leute erfahren das Kirchenlied als langweilig. Kirchenchöre, die u.a. dieses Repertoire bisher gepflegt haben und dem Gemeindegesang aufhelfen konnten, finden keinen Nachwuchs mehr. Es entsteht ein fataler Circulus.

3. Populäre Musik als weit verbreitete Musiksprache und –praxis der Gegenwart spielt auch im kirchlichen Bereich eine große Rolle. Rhythmische Lieder, lustvoll körperbetontes Singen, neue Klangfarben und neue Möglichkeiten der Klangherstellung, das Erleben ekstatischen Hingerissenwerdens (Bubmann; Fermor), religiöse Texte, die traditionelle Kirchensprache verlassen, dieses alles gibt es in der Kirche und auch im Gottesdienst. Alles ist erlaubt.

Aber nicht alles baut auf. Neue Lieder können, ebenso wie alte Lieder, auf Dauer nur dann prägend wirken, wenn sie wiederholt gesungen werden. Zwar muss es auch Lieder geben, die an eine einmalige Situation gebunden sind. Auch hat die Lust auf Neues ihr bleibendes Recht, und ebenso gilt, dass verschiedene Gruppen (z.B. Kinder, Jugendliche) ihre je eigenen Lieder brauchen. Das Gesangbuch aber will einen Grundstock gemeinsamen Singens für die Gemeinde bieten. Wie das EG zeigt, umfasst diese Gemeinsamkeit nicht nur Zeiten, Räume und verschiedene Gruppen in einer Kirche. Sie verbindet heute auch die Ökumene der Kirchen in Deutschland und die weltweite Ökumene. Die Erschließung des Gesangbuchs für die Gemeinde ist daher bleibende Aufgabe.

4. In der akademischen Theologie gehört die wissenschaftliche Beschäftigung mit Kirchenlied und Gesangbuch nicht zu den verpflichtenden Inhalten des Studiengangs. Man kann ein ganzes Studium absolvieren, ohne auch nur einmal ein Gesangbuch in der Hand gehabt zu haben. Auch Singen hat hier weithin keinen Ort, da es als vorwissenschaftlich gilt. Auch in neueren Orientierungshilfen für Studium und Beruf (z.B. Marhold/Schröder) oder in neuen Ausbildungskonzepten, welche die Ausbildungsphasen I und II stärker vernetzen und Prozessen der Wahrnehmung größeres Gewicht zu geben suchen (Heimbrock/von Kriegstein), spielen Kirchenlied, Singen und Musik keine Rolle. Das ist deswegen bedauerlich, weil Singen als leibhaftes Tun und sinnenhaftes Erleben intellektuelles Bemühen keineswegs außer Kraft setzt, sondern es integrieren und dabei eine eigene Weise des »Kennenlernens« und »Verstehens« bewirken kann. Vordergründig betrachtet begegnet man in Kirchenliedern Zeugnissen der Tradition und der

Gegenwart und auch Zeugnissen anderer Kulturen. Im Singen und im Reflektieren über das Singen und über das Gesungene wächst aber nicht nur historisches Wissen. Es wachsen auch theologisches und ästhetisches Urteilsvermögen, es wächst Vertrautheit mit altem und neuem Liedrepertoire. Es wächst die Sensibilität dafür, dass der Sinn von Worten mit ihrem Klang zusammenhängt. Es wächst die Fähigkeit, in Gruppe oder Gemeinde ein Lied anstimmen zu können. Und schließlich kann wie von selbst, ohne Indoktrination, beim Singen persönliche Spiritualität wachsen.

Zwei Memoranden zur Ausbildungssituation auf diesem Feld (Mezger/Hellmann/Philipp Reich; AELD) haben bisher noch nicht zu strukturellen Änderungen geführt. Die Situation perpetuiert sich selbst seit Generationen. Ein erster Schritt zur Änderung wäre, dass Theologinnen und Theologen nicht nur lernen, Gottesdienst »zu gestalten«, sondern dass sie wahrzunehmen lernen, dass sie im Gottesdienst Teil der singenden Gemeinde sind. Das Gestaltungsparadigma blockiert diese Wahrnehmung.

5. In der hauptamtlichen kirchenmusikalischen Ausbildung hat die wissenschaftliche und musikpraktische Beschäftigung mit dem Kirchenlied (auch unter dem Gesichtspunkt der Liedbegleitung und des Singens mit der Gemeinde) naturgemäß ihren festen Ort. Auch die Ausbildung auf dem Gebiet des Neuen Liedes und im Bereich neuer Musikstile gehört inzwischen zum Fächerkanon. Ein unterschiedlicher Kenntnis- und Erfahrungsstand bei Theologen und Kirchenmusikern führt häufig zu unterschiedlichen ästhetischen und zu damit zusammenhängenden unterschiedlichen theologischen Urteilen. In der Praxis entstehen an diesem Punkt oft erhebliche Reibungsverluste. Sie könnten wohl zum großen Teil vermieden werden, wenn beide Seiten sich gemeinsam daran machten, den Schatz des Gesangbuchs für sich selbst und für die Gemeinde zu erschließen. Faszinierende Kooperationsmöglichkeiten täten sich auf.

V. Die Hymnologie

1. Als Wissenschaft vom »gesungenen Glauben« (Henkys 1999) untersucht die Hymnologie den gesamten Fundus der Zeugnisse aller Gattungen kirchlichen Singens aus Geschichte und Gegenwart: Kirchenlied und Taizé-Gesang, Psalmodie und Kinderlied, Hymnus und christlichen Popsong. Die Grenzen zu anderen, auch größeren Formen kirchlichen Singens, sind offen. Allerdings sind Kirchenlied und Gesangbuch bis heute die Kerngebiete der Forschung. Als Wissenschaft vom »singenden Glauben« (ebd.) untersucht die Hymnologie die Praxis des Singens (und Musizierens) in der Kirche und reflektiert sie in ihrer Beziehung zu Theologie, Kirche, Glauben und Leben. Viele Disziplinen sind an der Hymnologie beteiligt und haben ihre eigenen Methoden und Forschungsinhalte: Literatur- und Sprachwissenschaft, Linguistik (Martini), Musikwissenschaft, Buchwissenschaft, Volkskunde und andere Kulturwissenschaften. Seit der Mitte des 20. Jh. ist die Hymnologie auf dem Wege, eine interdisziplinäre, internationale und im kirchlichen Bereich konsequent ökumenische Wissenschaft zu werden.

2. In der Theologie ist die Hymnologie historische Disziplin, die das Kirchenlied als klingende Gestalt von Theologie untersucht. Sie ist praktisch-theologische Disziplin, die dem Kirchenlied in Liturgik, Homiletik, Katechetik und Poimenik nachgeht. Im Bereich der Liturgik bringt sie für Theorie und Methode eigene Gesichtspunkte ein, deren Berücksichtigung auf Dauer für die Feier des Gottesdienstes nicht ohne Auswirkung bleiben kann (Wannenwetsch). Schließlich ist Hymnologie auch eine systematische Disziplin. Als solche hat sie das Klanggeschehen von Singen und Sagen zu untersuchen, in dem sich der Zusammenhang von Poesie, Musik und Theologie meldet. Dabei verbinden sich in der Untersuchung Theorie und Praxis. Der Raum des

Denkens und der Raum der Sinnlichkeit geraten in wechselseitige Beziehung. Der Gegenstand der Hymnologie ruft in Erinnerung, dass Theologie primär und ursprünglich klingendes Wort ist, das Existenz berührt. Zugleich öffnet er das Tor zum Dialog mit Musik und Poesie außerhalb der Kirche.

3. Es gibt intensive hymnologische Forschung im außeruniversitären Bereich, die der Besonderheit des Fachs gerecht zu werden trachtet (z.B. Tagungen der Internationalen Arbeitsgemeinschaft für Hymnologie, des Vereins Kultur, Liturgie, Spiritualität [Mainz], Seminar Kirchenlied der GAGF). An einigen Universitäten und Instituten gibt es seit einiger Zeit interdisziplinäre Arbeitsschwerpunkte (z.B. in Mainz: Interdisziplinärer Arbeitskreis für Gesangbuchforschung; Arbeit an einer Bibliographie deutschsprachiger Gesangbücher; Graduiertenkolleg Geistliches Lied und Kirchenlied interdisziplinär; in Emden: Stiftung Johannes a Lasco Bibliothek: Forschungsprojekt Der Hugenottenpsalter). Es gibt besondere Institute mit bestimmten Arbeitsvorhaben (z.B. Kassel Edition Deutsches Kirchenlied/DKL) und Gesangbuchsammlungen, die für Forschungszwecke zur Verfügung stehen (z.B. in der Universitätsbibliothek Augsburg, der Staatsbibliothek zu Berlin – Preußischer Kulturbesitz, der Niedersächsischen Staats- und Universitätsbibliothek Göttingen, der Universitäts- und Stadtbibliothek Köln, dem Gesangbucharchiv Mainz, dem Liturgischen Institut Trier).

4. Hymnologie ist die theologische Disziplin, die im Verbund von musikalischem Tun, Wahrnehmung und ästhetischem und theologischem Urteil die Spannung zu umschreiben und auszuhalten hat, welche die Beziehung von Kultur und Glauben bestimmt: Es ist die Spannung zwischen Anschluss und Widerspruch. Jede Zeit muss neu zu erfassen suchen, was es heißt, den Juden ein Jude und den Griechen ein Grieche zu werden (I Kor 9,20–22) und zugleich die Fremdheit des Glaubens in der Welt gelten zu lassen. Dabei ist zu beachten, dass Wahrnehmen und Urteilen auf diesem Gebiet intersubjektiv (kulturell) und situativ unterschiedlich ausfallen können. Trotzdem bleibt die Aufgabe.

5. Hymnologie wäre schließlich auch jene theologische Disziplin, die angesichts der verstörenden Erfahrungen des 20. Jh. und der Globalisierung des Elends in einer auseinander fallenden Welt von neuem zu zeigen hätte, inwiefern Theologie und Kirche Lieder brauchen, »die sagen, was nur gesungen werden kann, die wissen, was nicht zu wissen ist« (Oosterhuis 319).

Lexikonartikel

Jürgen HENKYS, Kirchenlied II: TRE 18 (1989) 629–643 (Lit.!). – Markus JENNY, Hymnologie: TRE 15 (1986) 770–778. – Ders., Kirchenlied I: TRE 18 (1989) 602–629 (Lit.!). – Ders./Walter LIPPHARDT, Hymnologie: MGG[2] Sachteil 4 (1996) 459–464. – Konrad KLEK, Gesangbuch IV–V: RGG[4] 3 (2000) 772–775. – Hans-Otto KORTH/u.a., Kirchenlied: MGG[2] Sachteil 5 (1996) 59–127. – Robin A. LEAVER, Hymnologie: RGG[4] 3 (2000) 1971–1974. – Andreas MARTI, Kirchenlied: RGG[4] 4 (2000) 1209–1226 (Lit.!). – Martin RÖSSLER, Gesangbuch: MGG[2] Sachteil 3 (1995) 1289–1323. – Irmgard SCHEITLER, Kirchenlied/Gesangbuch: Literatur Lexikon, hg.v. Walter Killy, Gütersloh/Minden 13 (1992) 476–483. – Alexander VÖLKER, Gesangbuch: TRE 12 (1984) 547–565. – Ders., Gesangbuch I–III: RGG[4] 3 (2000) 764–772.

Literatur

AELD, Memorandum zur liturgischen Ausbildung von evangelischen Theologen und Theologinnen, Hannover 1994. – Johannes ANDEREGG, Sprache und Verwandlung. Zur literarischen Ästhetik, Göttingen 1985. – Uwe F. W. BAUER, All diese Worte. Impulse zur Schriftauslegung aus Amsterdam. Expliziert an der Schilfmeererzählung in Exodus 13,17–14,31 (EHS.T 442), Frankfurt a.M. 1991. – Hansjakob BECKER/Ansgar FRANZ/Jürgen HENKYS/u.a. (Hg.), Geistliches Wunderhorn. Große deutsche Kirchenlieder, München 2001. – Joachim Ernst BERENDT, Ich höre, also bin ich: Thomas Vogel (Hg.), Über das Hören. Einem Phänomen auf der Spur, Tübingen 1996, 69–90. – Karl-Heinrich BIERITZ, Das Wort im Gottesdienst: GDK 3 (1987) 47–76. – Johannes

BLOCK, Verstehen durch Musik: Das gesungene Wort in der Theologie. Ein hermeneutischer Beitrag zur Hymnologie am Beispiel Martin Luthers, Diss. Heidelberg 2000. – Uwe BÖHM/Gerd BUSCHMANN (Hg.), Popmusik-Religion-Unterricht. Modelle und Materialien zur Didaktik von Popularkultur, Münster 2002 (Lit.!). – Otto BRODDE, Musikalische Liturgik, Berlin/Kassel 1980. – Peter BUBMANN, Von Mystik bis Ekstase, München 1996. – Christian BUNNERS, Paul Gerhardt, Berlin 1993. – Gotthard FERMOR, Ekstasis. Das religiöse Erbe in der Popmusik als Herausforderung an die Kirche, Stuttgart 1999. – Wolfgang FISCHER/Dorothea MONNINGER/Rolf SCHWEIZER (Hg.), Lieder aus anderen Ländern und Sprachen (Werkbuch zum EG 6), Göttingen 2000. – Vilém FLUSSER, Die Geste des Musikhörens: ders., Gesten. Versuch einer Phänomenologie, Bensheim/Düsseldorf 1993, 151–158. – Ansgar FRANZ, Die Alte Kirche: Christian Möller (Hg.), Kirchenlied und Gesangbuch. Quellen zu ihrer Geschichte, Tübingen/Basel 2000, 1–28. – Notker FÜGLISTER, Das Psalmengebet, Münsterschwarzach [2]1997. – Gerhard HAHN/Jürgen HENKYS (Hg.), Liederkunde zum Evangelischen Gesangbuch (Handbuch zum EG 3), H. 1 ff., Göttingen ab 2000 (Lit.: H. 1, 39–46). – Peter HAHNEN, Das »Neue Geistliche Lied« als zeitgenössische Komponente christlicher Spiritualität, Münster 1998 (Lit.!). – Philipp HARNONCOURT, »So sie's nicht singen, so gleuben sie's nicht«. Singen im Gottesdienst – Ausdruck des Glaubens oder liturgische Zumutung?: Hansjakob Becker/Reiner Kaczynski (Hg.), Liturgie und Dichtung II (PiLi 2), St. Ottilien 1983, 139–172. – Ders., Singen und Musizieren: GDK 3 (1987) 131–143. – Hans-Günter HEIMBROCK/Matthias von KRIEGSTEIN, Predigen lernen, Gottesdienst feiern lernen. Neue Wege in der theologischen Ausbildung, Frankfurt a.M. 2000. – Jürgen HENKYS, Frühlicht erzählt von dir. Neue geistliche Lieder aus Skandinavien, München 1990. – Ders., Singender und gesungener Glaube. Hymnologische Beiträge in neuer Folge, Göttingen 1999. – Abraham Joshua HESCHEL, Der Beruf des Kantors: Ders., Die ungesicherte Freiheit. Essays zur menschlichen Existenz (InfJud 6), Neukirchen-Vluyn 1985, 194–202. – Michael HEYMEL, Trost für Hiob. Musikalische Seelsorge, München 1999. – Gerhard HOF, Die Auswahl der Lieder für den Sonntagsgottesdienst. Ein Beitrag zur liturgischen Praxis: Freude am Gottesdienst [FS Frieder Schulz], hg.v. Heinrich Riehm, Heidelberg 1988, 296–300.– Kurt HÜBNER, Die zweite Schöpfung. Das Wirkliche in Kunst und Musik, München 1994. – Helmut HUCKE, Das Kirchenlied: GDK 3 (1987) 165–179. – Markus JENNY, Die Zukunft des evangelischenen Kirchengesangs, Zürich 1970. – Ernst KLUSEN, Singen. Materialien zu einer Theorie, Regensburg 1989. – Ralf KOERRENZ/Jochen REMY, Mit Liedern predigen. Theorie und Praxis der Liedpredigt, Rheinbach-Merzbach 1994 (Lit.!). – Marie-Judith KRAHE, »Psalmen, Hymnen, Lieder, wie der Geist sie eingibt«. Doxologie als Ursprung und Ziel aller Theologie: Hansjakob Becker/Reiner Kaczynski (Hg.), Liturgie und Dichtung II (PiLi 2), St. Ottilien 1983, 923–956. – Hermann KURZKE, Kirchenlied und Psychoanalyse: Thomas Sprecher (Hg.), Das Unbewusste in Zürich. Literatur und Tiefenpsychologie um 1900, Zürich 2000, 73–93. – Inge MAGER, Lied und Reformation. Beobachtungen zur reformatorischen Singbewegung in norddeutschen Städten: Alfred Dürr/Walter Killy (Hg.), Das protestantische Kirchenlied im 16. und 17. Jahrhundert, Wiesbaden 1986, 25–38. – Wolfgang MARHOLD/Bernd SCHRÖDER (Hg.), Evangelische Theologie studieren. Orientierungen für Studium und Beruf, Münster 2001. – Britta MARTINI, Sprache und Rezeption des Kirchenliedes. Analysen und Interviews zu einem Tauflied des Evangelischen Gesangbuchs, Göttingen 2002. – Manfred MEZGER/Diethard HELLMANN/Philipp REICH, Memorandum – Zur Frage der Ausbildung des Theologischen Nachwuchses im Fachgebiet »Evangelische Kirchenmusik«: Kirchenmusikalische Nachrichten (EKHN) 26 (1975) 1, 1–3. – Christian MÖLLER (Hg.), Ich singe dir mit Herz und Mund. Liedauslegungen –Liedmeditationen – Liedpredigten. Ein Arbeitsbuch zum Evangelischen Gesangbuch, Stuttgart 1997. – Tilmann MOSER, Gottesvergiftung, Frankfurt a.M. 1980. – Huub OOSTERHUIS, Du bist der Atem und die Glut. Gesammelte Meditationen und Gebete, Freiburg 1994. – Andreas PANGRITZ, Polyphonie des Lebens. Zu Dietrich Bonhoeffers »Theologie der Musik«, Berlin 1994. – Maria PFIRRMANN, Freie Poesie und gottesdienstliche Lieder. Zum Verhältnis von Bibel, Liturgie und Dichtung im frühen Werk von Willem Barnard (Guillaume van der Graft), Göttingen 2001. – Franz Karl PRASSL, Das Mittelalter: Christian Möller (Hg.), Kirchenlied und Gesangbuch. Quellen zu ihrer Geschichte. Tübingen/Basel 2000, 29–68. – Christa REICH, Evangelium – klingendes Wort. Zur theologischen Bedeutung des Singens, Stuttgart 1997. – Dies., Vox est anima verbi. Zum hymnologischen Horizont von Theologie: PTh 88 (1999) 144–159. – Klemens RICHTER/Benedikt KRANEMANN (Hg.), Christologie der Liturgie. Der Gottesdienst der Kirche – Christusbekenntnis und Sinaibund (QD 159), Freiburg/Basel/Wien 1995. – Heinz RÖLLEKE, Das Volksliederbuch. Über 300 Lieder, ihre Melodien und Geschichten, Augsburg 1995. – Martin RÖSSLER, Die Liedpredigt. Geschichte einer Predigtgattung, Göttingen 1976. – Ders., Liedermacher im Gesangbuch. Liedgeschichte in Lebensbildern, Stuttgart 2001. – Franz ROSENZWEIG, Der Stern der Erlösung, Frankfurt a.M. [3]1990. – Peter SCHERLE, Fragliche Kirche. Ökumenik und Liturgik – Karl Barths ungehörte Anfrage an eine ökumenische Kirchentheorie), Münster 1998. – Harald SCHROETER, »Wer hören will, muss fühlen«. Musikalische Seelsorge als Kunst der Umordnung: PTh 89 (2000) 219–234. – Frieder SCHULZ, Gemeinsame Agenden als ökumenisches Paradigma. Zum neuen Gottesdienstbuch der evangelischen Kirchen in den Niederlanden: JLH 40 (2001) 45–63. – Theophil SPOERRI, Geschichten vom Übergang, Erfahrungen bei der Begleitung sterbender Menschen, Basel/Berlin 1994. – Gert UEDING, »Niemand kann größerer Redner sein als

Hörer.« Über eine Rhetorik des Hörens: Thomas Vogel (Hg.), Über das Hören. Einem Phänomen auf der Spur, Tübingen 1996 45–67. – Bernd WANNENWETSCH, Innen und Außen? Evangelische praxis pietatis als gottesdienstliche Frömmigkeit: Walter Sparn, Frömmigkeit. Soziologische, psychologische und theologische Aspekte, Gütersloh 2003.

Interdisziplinäre Reihen zur Hymnologie: Hansjakob BECKER (Hg.), Pietas Liturgica; GAGF (Hg.), Dokumentation zum Seminar Kirchenlied; INTERNATIONALE ARBEITSGEMEINSCHAFT für Hymnologie (Hg.), Bulletin; JLH; Hermann KURZKE (Hg.), MAINZER HYMNOLOGISCHE STUDIEN; Martin RÖSSLER/Jürgen HENKYS, Veröffentlichungen zur Liturgik, Hymnologie und theologischen Kirchenmusikforschung.

Internet-Adressen: Gesellschaft zur wissenschaftlichen Edition des deutschen Kirchenliedes e.V.: kirchenlied @t-online.de; Interdisziplinärer Arbeitskreis Gesangbuchforschung, Johannes Gutenberg-Universität Mainz: kurzke@mail.uni-mainz.de.

Christa Reich

Liturgische Rollen

I. Soziale, ästhetische, liturgische Rollen

Das erste Kriterium im neuen Evangelischen Gottesdienstbuch lautet: »Der Gottesdienst wird unter der Verantwortung und Beteiligung der ganzen Gemeinde gefeiert.« Diese Formulierung entspricht dem Prinzip der vollen, bewussten und tätigen Teilhabe der Gemeinde an der Liturgie in der Liturgiekonstitution des Zweiten Vatikanums. Der Begriff der *activa (*bzw. *actuosa) participatio* begegnet dort immer wieder (SC 11. 14. 27. 41. 48. 50). Grundsätzlich theologisch ergibt sich daraus die Gleichheit der am Gottesdienst Teilnehmenden.

Von *sozialen Rollen* zu reden dagegen heißt Unterschiede wahrzunehmen. Keine Kommunikation verläuft ohne solche Unterschiede, und sei es nur, dass – hypothetisch konstruiert – von zwei völlig gleichberechtigten und völlig einigen Gesprächsteilnehmern einer redet und einer zuhört. In einem guten Gespräch werden die Rollen wechseln. Dennoch gilt: Sozialität ist notwendig hierarchisch. Gerade der theologisch dem Priestertum aller Getauften verpflichtete evangelische Gottesdienst tut gut daran, sein theologisches Prinzip nicht sozial-normativ kurzzuschließen durch die Nivellierung der Rollenunterschiede. Selbst Schleiermacher, der den Gottesdienst als gegenseitige Mitteilung religiöser Erfahrung beschrieben hat, sieht den Gottesdienst konstituiert durch den Gegensatz zwischen Liturg und Gemeinde (135). Die amtstheologische Gleichheit darf nicht als rollenbezogene Gleichheit missverstanden werden. Das würde zum Erliegen sozialer Interaktion führen und damit gerade die Hierarchie im Sinne institutionell vorgegebener unveränderbarer Unterordnung fördern. Daraus folgt: Nicht das Verleugnen von Hierarchien und sozialen Rollen ist demokratisch, sondern der bewusste Umgang damit. Der Begriff der Rolle bedeutet hier, dass ihr Träger nicht als individuelle Persönlichkeit betrachtet wird, sondern in seiner sozialen Funktion.

Darüber hinaus gibt es *ästhetische Rollen.* So spricht man von Rollen beim Spiel, in dem Menschen nicht in ihrer sozialen Alltagsfunktion gesehen werden, sondern in einer im allgemeinsten Sinne ästhetischen Funktion, die ihren Sinn in keinem außerhalb ihrer selbst liegenden Zweck hat. Gerade dadurch ist sie allerdings wieder für die Bewältigung von Alltagsrollen nützlich. Im Schachspiel wird der beste Freund auf Zeit zum erbitterten Gegner, im Indianerspiel von Kindern vergessen diese ihre Pflichten und gestalten den Stadtwald zur Heimat Winnetous (und nebenbei werden Lebensgefahren und deren Bestehen antizipiert). Rollenspiele in Unterricht und Therapie ermöglichen das experimentelle Verlassen der realen sozialen Rollen und der Karneval ist das vielleicht großartigste ästhetische Spiel für alle, die es mögen.

Ästhetische Rollen im engeren Sinne finden sich dann, wenn Sinnwelten anderen vorgespielt werden, damit sie diese betrachten und sich dabei in sie, sich mehr oder weniger identifizierend, hineinspielen können. Das geschieht beim Erzählen eines Witzes oder einer Geschichte, aber erst recht im szenischen Vorspielen einer anderen Person und Situation. Schüler imitieren ihre Lehrer, Eltern spielen ihren Kindern ein Kasperstück vor oder man inszeniert eine Theateraufführung. Rollentheoretisch sind alle diese ästhetischen Rollen nicht qualitativ verschieden. Es wird dadurch ein Sinn-Raum eröffnet. Insofern ist Theaterspiel nichts Unwahres, sondern etwas Sinn Stiftendes. Die negative Einstellung gegenüber dem Theater im Neuen Testament (I Kor 4,9 und Act 19,29.31) hängt u.a. mit der Herkunft des antiken Theaters aus dem Dionysoskult zusammen und darf nicht auf die Sinnform des gegenwärtigen Theaters übertragen werden. Insofern ist es fruchtbar, den Gottesdienst (auch) als ästhetische Inszenierung mit unterschiedlichen Rollen zu betrachten.

Gerade das Theater kann helfen, die Eigenart liturgischer Rollen neu zu verstehen. Im Erzählen von Geschichten, im Theater und im Gottesdienst geht es darum, in der Realwelt eine andere Sinnwelt zu eröffnen. Der englische Shakespeare-Regisseur Peter Brook, seit 1971 Leiter eines internationalen Pariser Theaterzentrums, sagt dazu: »Die großartigen Geschichtenerzähler, die ich in afghanischen und iranischen Teehäusern gesehen habe, … verlieren niemals den Kontakt zu dem Mythos, den sie gerade nacherleben, in all seiner Großartigkeit. Sie haben sozusagen ein Ohr nach innen gekehrt und eines nach außen. So sollte es auch bei jedem echten Schauspieler sein. Es bedeutet, zur selben Zeit in zwei Welten zu sein« (zit. nach Suhr 43).

Wenn man mit der »anderen Welt« im Gottesdienst den Dialog mit Gott meint, wie das in der evangelischen Gottesdiensttheologie klassisch mit der »Torgauer Formel« zum Ausdruck gebracht wird, dann ist das Eigentümliche der liturgischen Rollen grundsätzlich so zu verstehen: Innerhalb der Kommunikation zwischen Liturg/in und Gemeinde soll Kommunikation von beiden mit Gott erfahrbar werden. Der Realraum Kirche soll so genutzt werden, »dass nichts anderes darin geschehe, als dass unser lieber Herr selbst mit uns rede durch sein heiliges Wort und wir wiederum mit ihm reden durch Gebet und Lobgesang« (WA 49,588).

Dennoch kommt die Analogie zum Theater auch an ihre Grenze. Denn das Theater bietet ein Schau-Spiel, bei dem der Zuschauer in die andere Sinnwelt durch Identifikation mit dem Rollenträger eintritt, indem er diesem zuschaut. Im Gottesdienst jedoch kommunizieren die Beteiligten zwar in unterschiedlichen Rollen, aber doch in der gemeinsamen Voraussetzung, dass sich in ihrer Kommunikation der Dialog mit Gott ereignet. Der Gottesdienst ist Interaktion mit intensivem Blickkontakt zwischen »Publikum« und Rollenträger, und die Pastoralpsychologie der siebziger und achtziger Jahre hat mit Recht auf die damit verbundenen Implikationen Wert gelegt, und jüngst ist die Wichtigkeit der eigenen Körpersprache dabei besonders betont worden (Rammenzweig). Davon ist nichts zurückzunehmen, aber das ist noch nicht alles. Denn die liturgische Kommunikation ist eine Form von »Dreieckskommunikation«. Die Gemeinde schaut nicht einer heiligen Handlung zu, sie ist selbst mit im Stück, sie spielt wechselnd die Hauptrolle mit, indem sie in, mit und unter der liturgischen Interaktion in den Dialog mit dem »Protagonisten« kommt, mit dem redenden lieben Herrn selbst (Torgauer Formel).

Das beginnt schon bei Votum, Salutatio und Gruß: Der Liturg/die Liturgin grüßt nicht als Person die Gemeinde. Aber er/sie kommuniziert auch nicht mit Gott, sodass die Gemeinde zuschauen würde (das wären jeweils Zweierkommunikationen). Der Liturg/die Liturgin grüßt die Gemeinde in der Voraussetzung der praesentia Christi im Namen des dreieinigen Gottes (Votum). Er/sie eröffnet den Gottesdienst der im Namen Jesu versammelten Gemeinde. Grundsätzlich vollzieht sich das Spiel der liturgischen Rollen in dieser Dreieckskommunikation: Vor Gott mit der Gemeinde, mit Gott in Verbindung mit der Gemeinde. Die andere Sinnwelt wird gemeinsam geschaffen. Das unterscheidet den Gottesdienst vom Theater (wenn auch nicht völlig, denn das Publikum hat auch dort Anteil am Gelingen der Aufführung). Die liturgischen Rollen sind demnach ein Spezialfall sozial differenzierter ästhetischer Rollen.

II. Inszenierung, Dramaturgie, Präsenz

Die Begriffe entstammen der Schauspieltheorie und sind in letzter Zeit vermehrt auf den Gottesdienst bezogen worden (Bieritz, Meyer-Blanck). Es handelt sich um eine schauspieltheoretisch-ästhetische Betrachtungsweise, die aber gerade für bestimmte theologische Aspekte die Augen öffnet. Denn die Begriffe Inszenierung und Dramaturgie betonen im liturgischen

Kontext das Ineinander von menschlichem künstlerischen und göttlichem heilsamen Handeln. Dabei werden im Begriff der Dramaturgie das Geschehen und die Gestaltung betont, der Begriff der Inszenierung bringt allgemein den ästhetischen Charakter zum Ausdruck.

A. Inszenierung

Der Begriff der Inszenierung ist die grundsätzliche hermeneutische Kategorie. Sie reflektiert das Ineinander von Gottes Werk an uns und der entsprechenden menschlichen Kunst: Gottes (katabatisches) Handeln vollzieht sich (anabatisch) als menschliche Kunst. Ist der Gottesdienst denn *nur* Inszenierung? Nein, nicht nur, sondern: Er ist dogmatisch gesehen *nicht weniger* als die Inszenierung des Evangeliums. Er ist nicht die Inkraftsetzung des Evangeliums – diese hat ein für allemal in der Geschichte Jesu Christi stattgefunden. Er ist die Inszenierung, die Darstellung dieser bereits in Kraft getretenen Wirklichkeit mit den Möglichkeiten der menschlichen Mitteilung und Darstellung. Wer von der Inszenierung redet, weiß von diesem Sachverhalt und kann Wort Gottes und soziale Kommunikation nicht mehr gegeneinander stellen. Er kann auch nicht mehr in voraufklärerischer Weise von heiligen Mächten reden, sondern wird bei ritueller Praxis immer die eigene hermeneutische Tätigkeit in Rechnung stellen. Victor Turner unterscheidet darum die »liminoiden« Phänomene der Neuzeit von den »liminalen« Ritualen der Naturvölker und rekurriert dabei auf das Theater (49.66).

Von der Inszenierung zu reden, ermöglicht darüber hinaus, die gegenwärtige Spannung zwischen szientistischen und ästhetischen Sinnmustern zu erfassen. Man glaubt nur an Tatsachen, aber will sich durch Sinneseindrücke von diesem Grundaxiom gleichzeitig distanzieren können. Man möchte in einer nüchternen und zugleich diese Nüchternheit transzendierenden Welt leben und ist interessiert an dem Spannungsfeld von Fakten und ihrer ästhetischen Brechung. Der Begriff »Inszenierung« entspricht einem von Sachzwängen wie einem von ästhetischer Grenzenlosigkeit geprägten Lebensgefühl. Er konzentriert das Interesse auf die Spannung von Schein und Sein, von wirklicher, aber oft trostloser Realität und Umdeutung dieser Realität.

Der Inszenierungsbegriff umfasst so die Realität des agierenden Menschen und die Fiktionalität des (ihn gerade in diesem Agieren transzendierenden) ganz Anderen gleichermaßen. D.h.: Wenn wir inszenieren, dann lügen wir nicht. Wir spielen uns vielmehr in eine andere Wirklichkeit hinein – und ziehen im Falle des Gelingens andere mit. »Die Sprache ist konventionalisiert. Man spielt Theater, und man tritt in Masken auf. D.h. nicht, dass man lügt, was wir unglücklicherweise immer mit Theaterspiel verbinden« (Steffensky 218).

B. Dramaturgie

Der Begriff der Dramaturgie ist die entsprechende gestalterische Kategorie. Sie fragt nach dem erlebbaren Zusammenhang der einzelnen liturgischen Stücke für den Dialog mit Gott. Sie ist besonders für die Konzeption und Planung des Gottesdienstes wichtig. Denn die Torgauer Formel darf nicht als bloße Tradition missverstanden, sie sollte vielmehr in ihrem dramaturgischen Potenzial ernst genommen werden. Wie kann sich das Ineinander von Wort und Antwort so gestalten, dass es zu einem »strukturgeleiteten Erleben« der Gottesrede kommt (Schwier 149–154)? Wie können von der Struktur her die Zeichen so gesetzt werden, dass ein Glaubensweg gegangen wird? Wie können sich die vier Schritte zu einem dramatischen Ablauf gestalten, in dem sich die Menschen als von Gott Beschenkte und Angesprochene verstehen können, und zwar bezogen auf unterschiedliche kulturelle Milieus, von der neuen Musik bis zum Pop etwa?

Die in der Homiletik rezipierte Sprechakttheorie lehrt, auf den Handlungszusammenhang des Redens zu achten. Handeln ist einbezogen in einen sozialen Zusammenhang. Dabei ist vorauszusetzen, »dass die konstative Äußerung wahr oder falsch sei, während die performative glücke oder nicht« (Austin 75). Eine missglückte Rede wäre etwa das Aussprechen einer Wette, nachdem das Rennen schon gelaufen ist (ebd. 36). Reden ist immer auch passendes oder unpassendes Handeln. Das gilt auch für die Liturgie, ist aber bisher noch kaum so reflektiert worden. Die Ausformung und Textwahl in der Liturgie dramaturgisch planen heißt nichts weiter, als das in der Torgauer Formel Beschriebene ernst nehmen, den Gottesdienst auffassen als einen wirklichen Dialog zwischen zwei Partnern, die Interesse aneinander haben und nicht nach dem immer gleichen Muster miteinander sprechen.

Das bedeutet konkret: Wie redet unser Herr mit uns? Erzählt er, befiehlt er, lobt er, tröstet er, gibt er wichtige Hinweise, tadelt er, droht er? Und umgekehrt: Antworten wir fragend, klagend, lobend, staunend, hadernd, um Verständnis ringend oder auch zweifelnd am Zustandekommen dieses Dialogs, zweifelnd am Hören und Gehörtwerden überhaupt? Nimmt man die Torgauer Formel ernst, muss man sie von ihrem Formalismus befreien und sie im Sinne eines dramatisierten Dialogs verstehen. Das Proprium der verschiedenen Sonntage gibt zu solchen Überlegungen reichlich Anlass. So sinnvoll nach meinem Verständnis darum die unierte Hinführung zu Kyrie und Gloria (seit der Revision der Preußischen Agende von 1856) ist, so sehr nutzt sich die Dramaturgie von Sündenbekenntnis und Gnadenverkündigung ab. Was die meisten Liturgiker als »Psychologisierung des 19. Jh.« kritisieren, ist nicht wegen der psychologischen Dramatisierung als solcher problematisch, sondern aufgrund der automatisierten Dramatisierung, die jede Spannung und damit jeden echten Dialog zerstört. Denn Dialog lebt von gegenseitiger Wertschätzung im Persönlichen und einer lebendigen Unberechenbarkeit im Inhaltlichen. Wenn sich der Dialog zwischen zwei Menschen hingegen immer in derselben Dramaturgie abspielt, ist die Kommunikation gefährdet (wenn Paare immer schon wissen, welchem Muster ihre Gespräche folgen, müssen sie in der Regel zum Eheberater).

C. Präsenz

Die Präsenz umschreibt den persönlichen Anteil der Darstellung, weil sich Inszenierung und Dramaturgie durch leiblich interagierende Personen vollziehen. Diese stehen vor einer erheblichen Anforderung. Denn im öffentlich darstellenden Spiel muss in zwei Wirklichkeiten agiert werden. Dies ist ein Spezifikum ästhetischer Rollen, insbesondere im Theater. Der Begriff der Präsenz umschreibt das Wissen um diesen Tatbestand: Präsenz ist die durch das Bewusstsein des Inszenatorischen gebrochene Authentizität. Wenn der Schauspieler ganz in der Rolle aufgeht, wird er psychisch krank und landet eines Tages als »Hamlet« in der Psychiatrie. Wenn er nur sich selbst spielt, wird er als eitler Mensch keine Rolle verkörpern und kein Engagement bekommen. Mit eben dieser Spannung hat sich die Schauspielkunst (etwa bei dem großen Konstantin S. Stanislawski [1863–1938], dem Erneuerer des Theaters im 20. Jh.) stets auseinander gesetzt. Mit Präsenz wird von Schauspielern das rollenbezogene, rollenbewusste und dennoch kommunikationsbezogene geistig-körperliche Dasein auf der Bühne beschrieben.

Auf dem Hintergrund der Ausführungen über die liturgische Kommunikation ist die liturgische Präsenz ähnlich, aber dennoch charakteristisch anders als die theatralische Präsenz. Denn der Schauspieler interagiert vor allem auf der Bühne und lässt sich dabei zuschauen. Liturgische Rollen haben ihre Präsenz jedoch in der Gemeinde, also im Zuschauerraum, oder anders herum: Die gesamte Gemeinde ist versammelt auf der Bühne! Das stellt an die liturgische Präsenz gesteigerte Anforderungen im Sinne der oben beschriebenen »Dreieckskommunikation«.

Präsenz meint auch im Hinblick auf die Liturgie, dass die Person ganz da ist, aber nicht als Privatperson, sondern fungierend in der liturgischen Inszenierung. Ebenso wenig wie im Schauspiel soll die eigene Person liturgisch dargestellt werden. Vielmehr soll die liturgische Aufgabe persönlich gestaltet werden wie die Rolle im Theater. Wer auf die Inszenierung achtet, auf die Person im Einklang mit dem inszenierten Evangelium, der verlässt dementsprechend die Alternative von kirchlichem Funktionär oder authentischer Persönlichkeit. Präsent ist, wer das Evangelium als Person in Szene setzt, dies weiß und gerade darum mit Überzeugung agiert. Gute Schauspieler und Liturgen sind präsent in ihrer Rolle, sie lieben die Rolle und nicht sich selbst in der Rolle. Liturgisch gefordert ist eine Präsenz, die Kraft gibt, viele Aufführungen durchzuhalten. Es geht um eine Zugewandtheit in der Inszenierung. Die Notwendigkeit des Inszenierens aber lässt sich nicht vermeiden zugunsten einer angeblich zu realisierenden wirklichen (»echten«, »wahren«) Authentizität, die dann leicht in eine öffentliche Scheinintimität abgleitet. Gerade dabei würde man lügen, weil man seine eigene Rolle verleugnet, die man für jeden erkennbar tatsächlich spielt.

III. Liturgische Rollen im Verlauf eines Gottesdienstes nach EGb Grundform I

Nach evangelischem Verständnis ist es in der Tat richtig, von liturgischen *Rollen* zu sprechen. Denn die Qualität des liturgischen Handelns ergibt sich aus der Qualität des Vollzugs und nicht aus der Qualität der Person. Dramaturgisch entscheidend ist darum, ob evangeliumsgemäß geredet, gebetet, gesegnet wird und erst in zweiter Linie, wer redet, betet oder segnet. Dass damit keine Verleugnung von Unterschieden in der liturgischen Professionalität verbunden sein soll, ist im letzten Abschnitt noch anzudeuten. Im Folgenden geht es um die Rollen im Vollzug. Schon lange ist festgestellt worden, dass der Pfarrer/die Pfarrerin in der Regel wechselnde Rollen ausfüllt: »Hausherr« bei der Begrüßung, Gemeindeglied bei den Liedern, Vertreter der Gemeinde (bzw. Gesamtkirche) bei den Gebeten, religiös redendes Subjekt bei der Predigt, Priester bei den Sakramenten und beim Segen, Gemeindeglied beim wichtigen Smalltalk vor und nach dem Gottesdienst. Beim Smalltalk vergewissert man sich der gegenseitigen Wertschätzung als notwendige Voraussetzung des gemeinsamen Feierns. Darum haben auch die sorgfältige persönliche Begrüßung und der »Kirchenkaffee« wichtige liturgische Bedeutung. Die Funktionen sind wechselnd und verschieden, aber gerade so entsteht das gemeinsame Kunstwerk des mitgeteilten und dargestellten Evangeliums.

Nachfolgend sollen nicht die Rollen beschrieben werden, die sich im Gottesdienst finden (Küster, Organist, Chor, Gemeinde, Liturg, Lektor, Prediger, Mitwirkende bei Eucharistie und Gebet). Da das Entscheidende in der Funktion liegt, sollen die verschiedenen Tätigkeiten betrachtet werden in der dramaturgischen Beschreibung der vier Schritte des EGb: Begrüßen, Eröffnen, Dialog mit Gott (EGb, Teil A); Lesen, Bekennen, religiös reden (B); Abkündigen, Sammeln, Fürbitten, Tischgemeinschaft halten (C); Verabreden, Entlassen, Segnen (D).

A. Eröffnung und Anrufung: Begrüßen, Eröffnen, Dialog mit Gott

Im Eingangsteil wird deutlich, wie der Gottesdienst insgesamt aufgefasst wird. Nach katholischem Verständnis übernimmt der Priester den Vorsitz der Feiergemeinde stellvertretend für Christus (Meyer 335), während im reformierten Gottesdienst der Kirchenrat dem Pfarrer/der Pfarrerin durch Handschlag die Leitung des Gottesdienstes überträgt (Reformierte Liturgie 19). Der Eingangsteil des Gottesdienstes ist darüber hinaus jedoch vom Wechsel der liturgischen Rollen her der dramaturgisch vielleicht anspruchsvollste. Hier wird der Wechsel von der Alltagskommunikation zur spezifisch liturgischen vollzogen. Das lässt sich schon an *Begrüßung* und *liturgischem Gruß* zeigen. Während die freie Begrüßung bisweilen so erfolgt, als handele es sich um die Eröffnung eines Gemeindeabends (in der Rolle des »Hausherrn«), so ist der damit verbundene Gruß von priesterlicher Qualität: »Im Namen des Vaters und des Sohnes und des Heiligen Geistes / Der Friede des Herrn sei mit euch – Friede sei mit dir«. Damit ist das Vorzeichen vor der Klammer der Liturgie gesetzt. Es grüßen sich nicht Versammlungsleiter und Publikum, sondern die Gemeinde in verschiedenen Rollen macht sich klar, dass sie einander vor Gott begegnet, oder hermeneutischer formuliert: Man macht sich die gemeinsame Voraussetzung deutlich, in der jetzt beginnenden Kommunikation die Begegnung mit Gott zu erkennen. Votum und Gruß umschließen zusammen mit dem Segen trinitarisch den Gottesdienst (denn auch der Aaronitische Segen kann trinitarisch aufgefasst werden). Der Rollenwechsel vom Gruß zur Begrüßung ist darum besonders heikel, weil dabei die Rolle der im Namen Jesu versammelten Gemeinde vom Gruß erhalten werden muss.

Eine andere Rolle übernimmt die Gemeinde insgesamt in *Lied* und *Psalm*. Es ist oft bemerkt worden, dass damit eine Doppelung des alten Introitus und damit die Gefahr der Zerdehnung gegeben ist. Darum sollte auf dramaturgische Stimmigkeit und die Funktion von Lied und Psalm geachtet werden. Der Psalm dient nach dem neuen Gottesdienstbuch vor allem dem Hineinspielen in den Horizont Israels. Die Gemeinde eröffnet sich einen heilsgeschichtlichen, erinnernden Raum zum Beten. Dieses Verständnis ermöglicht auch das Sprechen von eher fremden Gotteserfahrungen. Dies zeigen etwa die Eingangspsalmen der vier Adventssonntage, während Ps 121 am Altjahrsabend oder Ps 23 an Miserikordias Domini stärker in der individuellen christlichen Frömmigkeit verankert sind und darum eher als individuelles Gebet empfunden werden. Psalm und Lied können so authentische oder fremde Erinnerung ins Spiel bringen. Beides hat je sein Recht und ist für die liturgische Rollenübernahme des jeweiligen Gottesdienstes genau zu bedenken. Auch hier sollte es kein Schema geben, sondern eine überlegte dramaturgische Komposition.

Generell liegt das Spezifikum der liturgischen Inszenierung darin, dass nicht nur die Religion der versammelten Subjekte mitgeteilt wird, sondern die Glaubenserfahrungen der Kirche als ein Erfahrungsraum zur Verfügung gestellt werden. Analog kann übrigens *Chormusik* im Gottesdienst verstanden werden. Viele Chorsänger nähern sich der Frömmigkeit etwa der Bachschen Kantaten mit Distanz und Vorbehalten. Der Chor spielt gewissermaßen die barocke Frömmigkeit. Er spielt sich dabei in sie hinein oder er verbleibt in der Rolle des Beobachtens aus der Ferne, wobei auch hier beides je sein Recht behält.

In der Sequenz *Kyrie – Gloria – Kollektengebet* schließlich wird der Dialog mit Gott explizit erreicht. Der Liturg/die Liturgin hat dabei die Rolle der Hinführung zum Gebet. Anstelle der Engführung auf Sündenbekenntnis und Gnadenverkündigung im Sinne begangener Übertretungen (dazu s.o. unter II) geht es um die Überwindung der Distanz zwischen Gemeinde und Gott. Sünde ist für die meisten Gottesdienstbesucher eher bedrängend in dem Empfinden, nicht in den hermeneutischen Zirkel der Rede mit Gott hineinzukommen, draußen zu stehen, nur Worte zu vernehmen, aber nicht Gott zu spüren. Im Hinblick auf Jugendliche (Konfirmanden) ist dies besonders zu bedenken. Darum haben in der Hinführung zum Gebet die Zweifel ihren besonderen Raum. Die Rolle sollten von daher bisweilen Konfirmanden übernehmen: Als exemplarische Zweifler am Zustandekommen des Dialogs mit Gott zum Kyrie hinführen. Dass dazu andere musikalische Stile notwendig sind, liegt auf der Hand (etwa EG 178, 9–11 und als Gloria der Kehrreim »Ehre sei Gott auf der Erde« aus dem Lied »Ich lobe meinen Gott, der aus der Tiefe mich holt«, EG Rheinland-Westfalen 673 / EG Niedersachsen/Bremen 585).

Das wird aber nur dann möglich sein, wenn der Pfarrer/die Pfarrerin selbst auf die Gestaltung dieser Sequenz große Sorgfalt verwendet. Denn die Hinführung zum öffentlichen Dialog mit Gott ist das vielleicht Anspruchsvollste im gesamten Gottesdienst. Davon hängt ab, ob der im liturgischen Gruß zu Beginn erreichten Qualität entsprochen werden kann oder ob es sich um eine bloße Formel gehandelt hat. Zu bedenken ist ferner die Rolle der Gemeinde als

Ganzer in dieser Sequenz: Sie findet zum öffentlichen Beten. Auch unter den Teilnehmenden am öffentlichen Gottesdienst werden immer Beobachter sein. Wenn die Gemeinde ihre Rolle des öffentlichen Betens ernst nimmt, stellt sie auch für distanzierte und suchende Menschen dar, was Dialog mit Gott ist.

B. Verkündigung und Bekenntnis: Lesen, Bekennen, religiös reden

Unter dem Gesichtspunkt der liturgischen Rollen ist der Verkündigungsteil der klarste und am wenigsten interessante. Es handelt sich um den Teil des evangelischen Gottesdienstes, für den in Gestalt der Predigt die meiste Vorbereitungszeit verwendet wird und an den die höchsten Erwartungen der Gemeinde gerichtet sind. Bei den *Lesungen* ist die Beteiligung von Gemeindegliedern als Lektoren allgemein üblich. Der Wortgottesdienst ist damit zunächst als Aufgabe der Gemeinde insgesamt dargestellt.

Aus dem gemeinsamen Gedächtnis der Schriftlesungen und dem im Sprechen des Glaubensbekenntnisses eröffneten Erinnerungsraum tritt die individuelle religiöse Rede in der *Predigt* hervor. Sie steht damit exemplarisch für das Selbstverständnis evangelischen Christseins überhaupt. Darum ist der Predigtzentrierung auch nicht durch liturgische Appelle beizukommen. Die Predigt ist vielmehr ein Qualitätsmerkmal des Protestantismus und steht für die religiöse Unvertretbarkeit des Einzelnen. Der Verkündigungsteil hat also die Spannung von kirchlichem und persönlichem Christsein darzustellen. Dabei redet der Prediger aber gerade nicht privat über seine religiöse Erfahrung, sondern er sagt exemplarisch »Ich«, in seiner inszenatorisch fungierenden Authentizität. Das in den Schriftlesungen aktivierte gemeinsame christliche Gedächtnis soll durch einen Einzelnen an einem Punkt öffentlich durchgearbeitet werden. Wichtig ist gerade diese liturgische Rolle beim Predigen. Es geht um exemplarisch mitteilende religiöse Rede, das eigentlich Theologische ist aus der religiösen Darstellung auszuschließen (Schleiermacher 96).

Dramaturgisch verschieden kann das *Glaubensbekenntnis* aufgefasst werden. Es kann Antwort auf die Lesungen als ekklesiales Portal zur individuellen Predigt sein. Nach dem neuen Gottesdienstbuch wird es aber in erster Linie als Antwort auf den gesamten Wortteil verstanden. Dann weitet sich die individuelle religiöse Rede wieder zur Gemeinde, die mit Lesungen und Credo das individuelle Reden umrahmt. Auf jeden Fall geraten Predigt und Credo in eine gewisse dramaturgische Spannung. Für sinnvoll – wenn auch im EGb nicht vorgesehen – hielte ich aber auch das Credo als Eröffnung des Wort-Raumes nach der Anrufung, nach dem Kollektengebet und vor den Lesungen. Es würde dann den Horizont der Kirchengeschichte in der Form gemeindlichen Bekennens eröffnen, ähnlich wie der Psalm den Horizont der Gotteserfahrungen Israels in Teil A aufgezeigt hat.

C. Abendmahl: Sammeln, Abkündigen, Fürbitten, Tischgemeinschaft halten

Nach dem Gottesdienstbuch gehören Dankopfer, Abkündigungen und Fürbitten noch zum Wortgottesdienst. Nach der Dramaturgie passen sie aber ebenso gut, wenn nicht besser, zum Mahlteil. Ist der christliche Gottesdienst und mit ihm die Diakonie historisch aus der Eucharistie entstanden, so bietet sich hier die Gelegenheit der Verbindung von Liturgie und Diakonie. Vor dem intensivsten liturgischen Moment, der leiblichen Kommunion, übernimmt die Gemeinde noch eine neue Rolle. Sie weitet vor der Konzentration auf Gott den Horizont auf die Abwesenden und auf die bedürftige Welt. Bevor sich die Gemeinde im Essen und Trinken als Leib Christi darstellt, denkt sie vor Gott an die anderen. Die Tischgemeinschaft mit Christus umschließt auch die Leidenden und die im Glauben Vorausgegangenen. So gesehen sorgen

Sammeln, Abkündigen und Fürbitten für den Weltbezug und für die eschatologische Qualität des Abendmahls. Das setzt aber voraus, dass der Bezug zum Alltag vom Verständnis her noch in der Mitte des Gottesdienstes geschieht und nicht bereits in den Alltag zurückführt: Gerade als auf das Abendmahl bezogene Fürbitten dürfen sie nicht ausufern, weil sich dann die Aufmerksamkeit ganz auf die Welt verlagert anstatt auf das Mahl im Horizont der Welt.

Die beim Sammeln, Abkündigen und Fürbitten liturgisch Agierenden übernehmen demnach die Rolle der Anwälte der Welt, damit das Sakrament nicht zum Genuss in der Nische wird.

So gesehen erhalten auch Abkündigungen und Kollekte eine geistliche Qualität. Sie hängen eng mit der Fürbitte zusammen. Wenn die Predigt im Idealfall Lust macht zum Gebet, dann liefern die Abkündigungen den materialen Hintergrund für das Gebet und die Sammlung steht zeichenhaft für den Umstand, dass das Christsein in dieser Welt und mithin auch in finanziellen Dimensionen zu leben ist.

Der Leiter/die Leiterin der Abendmahlsfeier selbst ist in der Rolle des Hausvaters/der Hausmutter und damit in der größten dargestellten Nähe zu Christus selbst. Dies gilt unabhängig vom Abendmahls- oder Amtsverständnis schlicht aufgrund der Choreographie und der gesprochenen Einsetzungsworte. Wer die verba testamenti spricht, kann auch bei einem radikalprotestantischen Amtsverständnis nicht an der inszenatorischen Tatsache vorbei, dass er/sie in der Rolle des Christus agiert. Hinzu kommt die intensive körperliche Nähe zum Protagonisten, die es in fast keiner Theateraufführung gibt. Kleinste Mängel in der Körperpflege oder Kleidung wirken leicht störend. Das hat nichts mit unevangelischem Beharren auf Äußerlichkeiten zu tun. Vielmehr haben die meisten Gemeindeglieder ein Gespür dafür: Die Rolle des Christus spielt man nicht nachlässig im Äußeren. Es ist nicht verwunderlich, dass viele Liturgen vor dieser Rolle erschrecken und darum mit ihrer Verleugnung reagieren, was sich in Unsicherheit, in überkompensatorischer Steifheit oder auch Lässigkeit äußern kann.

D. Sendung und Segen: Verabreden, Senden, Segnen

Die liturgischen Rollen in Teil D dienen der Rückkehr in den Alltag. Hier haben Hinweise auf Veranstaltungen und die Sammlung am Ausgang ihren Platz. Die liturgische Rolle kann darum hier durchaus etwas gemeindepädagogisch Lockeres annehmen. Weil der Liturg/die Liturgin noch den Segen vor sich hat, kann es sinnvoll sein, die gemeindepädagogische Rolle einem anderen Mitarbeiter zu überlassen. Auf jeden Fall empfiehlt sich die Aufteilung des Abkündigungsblocks, damit dieser nicht so disparat wirkt: Kasualabkündigungen vor den Fürbitten, Kollekten unmittelbar vor dem Einsammeln, Veranstaltungshinweise vor dem Sendungswort. So führt die Sendung nicht nur in die Welt, sondern auch in die Woche in der Gemeinde.

Eine ganz eigentümliche liturgische Rolle ist schließlich das *Segnen*. Auch hier kann man immer wieder erleben, dass evangelische Liturgen wegen eines inszenatorisch kurzgeschlossenen evangelischen Amtsverständnisses aus der Rolle fallen, indem sie um den Segen bitten oder sich selbst in den Segen einschließen. Dies wird aber der eigentümlichen liturgischen Rolle beim Segen gerade nicht gerecht. Der Segen ist als rituelle Sprechhandlung etwas einzigartiges, weil darin der/die Gesegnete, der/die Segnende und Gott in Beziehung gesetzt werden. Denn anders als beim Gebet für jemand anderen wende ich mich beim Segnen dem anderen und nicht Gott zu. Ich sehe ihn an und sage: »Der Herr segne und behüte Dich ...«. Der Segen ist also eine Zuwendung mit Gebetsaspekt, oder anders herum formuliert: ein Gebetshandeln, für das der Sprecher (der Segnende) als Person gegenüber dem anderen einsteht. Gerade Num 6 weiß von diesem doppelten Bezug. Denn in der Einleitung wird davon ausgegangen, dass Aaron und seine Söhne Subjekte des Segnens sind (V 23), während in der Segensformel das Segnen durch Gott zugesprochen wird (V 24–26). Diese innere Spannung ist das Eigentümliche und führt am

Schluss der Liturgie noch einmal auf den Kernpunkt, den Dialog mit Gott in Gestalt der Interaktion von Menschen.

Ausblick: Liturgische Professionalität und mündige Gemeinde

Wenn der Gottesdienst unter Beteiligung der Gemeinde gefeiert wird (1. Kriterium, EGb 15), dann werden zunehmend liturgische Rollen von Gemeindegliedern übernommen. Wie bei allen gemeindepädagogischen Prozessen bedeutet das aber zunächst keine Entlastung, sondern neue Anforderung. Liturgiedidaktisch folgt daraus für die Pfarrerinnen und Pfarrer: Wer die eigenen liturgischen Rollen einschließlich der Leitungsrolle ernst nimmt, hilft dadurch zur liturgischen Rollenfindung von Gemeindegliedern. Nur durch pfarramtliche Rollensicherheit hilft man zur liturgischen Mündigkeit und Überwindung der Klerikalisierung. Professionelle liturgische Kunst ist so gesehen das eigentlich Pädagogische und Demokratische, wenn sie wirklich im Sinne von Schleiermachers darstellendem Handeln Selbstzweck ist und nicht Mittel zu einem anderen Zweck (oder gar Selbstdarstellung des Liturgen). Die Gemeinde muss dabei nicht alles Liturgische verstehen. Sie muss nur begreifen, dass die Liturgierenden etwas von ihrer Sache verstehen und dass sie das Besondere öffentlicher religiöser Kommunikation verstehen.

Der beste Weg zur liturgischen Rollenfindung in diesem Sinne scheint mir die kollegiale Praxisberatung zu sein, die man am besten aber vom visitatorischen Amt trennt und durch Fachleute auf der mittleren Kirchenleitungsebene durchführen lässt. Noch ein Schritt davor liegt der gegenseitige Gottesdienstbesuch von Kollegen aus Nachbargemeinden mit klaren Rückmeldungen zur Wahrnehmung des anderen in der Liturgenrolle. Das Anspruchsvolle im Liturgieren nach evangelischem Verständnis liegt bekanntlich darin, dass es hier kein »richtig« oder »falsch« gibt, was man durch gestische Regeln festschreiben könnte. Die Fähigkeit zum Liturgieren ist eine erst durch mühevolle Bildungsprozesse erworbene Haltung. Gottesdienst als Dialog mit Gott, als Mitteilung und Darstellung des Evangeliums, verlangt darum, dass allgemeine Regeln nur vorsichtig formuliert werden »und so auch in der ausübenden Thätigkeit selbst eigentlich das Bewusstsein davon ganz zurücktreten muss« (Schleiermacher 110).

Literatur

John L. AUSTIN, Zur Theorie der Sprechakte, Stuttgart [2]1994 (engl.: How to do things with Words, 1962). – Karl-Heinrich BIERITZ, Gottesdienst als »offenes Kunstwerk«? Zur Dramaturgie des Gottesdienstes: PTh 75 (1986) 358–373. – Hans Bernhard MEYER, Eucharistie, Geschichte, Theologie, Pastoral: GDK 4 (1989). – Michael MEYER-BLANCK, Inszenierung des Evangeliums. Ein kurzer Gang durch den Sonntagsgottesdienst nach der Erneuerten Agende, Göttingen 1997. – Ders., Inszenierung und Präsenz. Zwei Kategorien des Studiums Praktischer Theologie: WzM 49 (1997) 2–16. – Guy W. RAMMENZWEIG, Lebendige Präsenz im Gottesdienst – eine andere Art, Liturgie zu lernen. Ein Bericht aus der Ausbildungspraxis: Albrecht Grözinger/Jürgen Lott (Hg.), Gelebte Religion im Brennpunkt praktisch-theologischen Denkens und Handelns (FS Gert Otto), Rheinbach-Merzbach 1996, 252–269. – REFORMIERTE LITURGIE. Entwurf, erarbeitet von der Projektgruppe »Kleiner Liturgieausschuss«, o.O., o.J. (1998). – Friedrich SCHLEIERMACHER, Die praktische Theologie nach den Grundsätzen der evangelischen Kirche im Zusammenhang dargestellt, hg.v. Jacob Frerichs, 1850, Berlin/New York 1983 (Neudr.). – Helmut SCHWIER, Die Erneuerung der Agende. Zur Entstehung und Konzeption des »Evangelischen Gottesdienstbuches« (Leit. NF 3), Hannover 2000. – Fulbert STEFFENSKY, Öffentlichkeit und Intimität: Peter Stolt/u.a. (Hg.), Kulte, Kulturen, Gottesdienste. Öffentliche Inszenierung des Lebens (FS Peter Cornehl), Göttingen 1996, 212–219. – Ulrike SUHR, Das Handwerk des Theaters und die Kunst der Liturgie. Ein theologischer Versuch über den Regisseur Peter Brook: Peter Stolt/u.a., Kulte, Kulturen, Gottesdienste, s.o. 37–49. – Victor TURNER, Vom Ritual zum Theater. Der Ernst des menschlichen Spiels, Frankfurt a.M. 1989 (amerik. 1982).

Michael Meyer-Blanck

Die Beteiligung der Gemeinde

Zur Einleitung: Satirische, aber nicht böse gemeinte Beobachtungen

Ein Gottesdienst in einer niedersächsischen Kleinstadt (im Juli 2002). Im Vorraum der Kirche gibt es eine herzliche Begrüßung durch zwei Kirchenvorsteherinnen und den Pastor der Gemeinde. Ein Gesangbuch wird mir überreicht. Nach dem Orgelvorspiel werde ich – und natürlich alle anderen auch – noch einmal begrüßt, diesmal vom Lesepult aus. Der Pastor freut sich, dass wir alle gekommen sind, und heute feiern wir Abendmahl. Das hatte ich schon daran erkannt, dass auf dem Altar das Abendmahlsgeschirr steht. Anschließend spricht er mit uns einen Psalm im Wechsel. Nach dem »Ehr' sei dem Vater ...« intoniert er das Kyrie und das Gloria. Schließlich geht der Pastor an den Altar und grüßt mich und die anderen: »Der Herr sei mit euch!« Wir antworten pflichtgemäß und werden aufgefordert, zu beten. Nach dem Tagesgebet kommt ein Lektor nach vorne und liest die Epistel. Der Pastor hört vom Altar aus aufmerksam zu. Anschließend setzen sich beide, während die Gemeinde das dreifache Halleluja singt. Mit Orgelbegleitung singen wir das Wochenlied. Bei der letzten Strophe eilen der Pastor zum Altar und der Lektor zum Lesepult. Erst kündet der Lektor das Evangelium an. Während wir aufstehen, singen wir »Ehre sei dir, Herre.« Der Lektor liest. Wieder hört der Pastor aufmerksam zu. Nach der Lesung singen wir: »Lob sei dir, o Christe.« Nun sollen wir »gemeinsam mit der ganzen Christenheit« das Glaubensbekenntnis sprechen. Der Pastor wendet sich dem Altar zu und wir sprechen mit. Anschließend setzen wir uns und singen noch ein Lied. Bei der letzten Strophe geht der Pastor wieder ans Lesepult. Er hält die Predigt. Ich stoppe die Zeit: 18 Minuten. Wieder singen wir ein Lied. Dann »hält« der Pastor vom Lesepult aus die Abkündigungen. Allerlei wird mir mitgeteilt: Wer gestorben ist und wer getauft wurde. Wie viel im letzten Gottesdienst gesammelt wurde und wofür wir heute sammeln. Und welche Veranstaltungen es in dieser Woche gibt. Nun singen wir wieder und geben Geld in den Kollektenkorb. Bei der vorletzten Strophe geht der Pastor an den Altar und stellt sich die Abendmahlsgeräte zurecht. Aber erst wird gebetet. Der Pastor spricht die Fürbitten. Anschließend dreht er sich zur Gemeinde und singt: »Der Herr sei mit euch!« Es folgt – wieder zum Altar gewandt – die gesungene Abendmahlsliturgie. Wir singen »Heilig, heilig, heilig ...« und später noch »Christe, du Lamm Gottes«. Der Pastor wendet sich nun wieder zur Gemeinde und lädt uns mit den Worten »Schmecket und sehet, wie freundlich der Herr ist« zum Abendmahlsempfang ein. Mit einem Helfer, der das Brot »übernimmt«, teilt der Pastor den Wein aus. Nachdem alle, die wollen, das Abendmahl bekommen haben und wieder auf ihrem Platz sitzen, kommt die übliche Schlussliturgie, wieder gesungen, und ein gesprochenes Dankgebet. Dann singt der Pastor vom Altar aus die »Entlassung« und den Segen. Wir singen noch ein Lied: »Komm, Herr, segne uns« und müssen uns noch einmal hinsetzen und dem Orgelnachspiel zuhören. Danach eilt der Pastor zum Ausgang der Kirche. Er gibt jedem und jeder Herauskommenden die Hand zum Abschied. Manch gutes Wort wird noch zu Einzelnen gesprochen. So lange müssen wir eben warten.

Entspricht dieser Ablauf des Gottesdienstes dem ersten Kriterium des EGb: »Der Gottesdienst wird unter der Verantwortung und Beteiligung der ganzen Gemeinde gefeiert« (EGb 15)? Im Folgenden soll dieser Frage nachgegangen und am Beispiel des EGb das Thema »Beteiligung der Gemeinde« entfaltet werden. Über andere neuere Ansätze im Bereich der EKD und der anderen Kirchen informiert der entsprechende Artikel von Gustav Roth in den ersten beiden Auflagen dieses Handbuchs.

I. Die Beteiligung der Gemeinde nach dem EGb

A. Gemeinde als Subjekt der Liturgie, nicht Objekt

Mit der Forderung, die Gemeinde am Gottesdienst zu beteiligen, steht und fällt die Konzeption und Intention des EGb. Es ist das grundlegende Kriterium (Grethlein 284). Ohne dieses Kriterium brächte das EGb zwar eine in manchen konzeptionellen Einzelheiten fortentwickelte Gottesdienstordnung, wäre aber im Ganzen nur eine Weiterentwicklung der alten lutherischen bzw. unierten Gottesdienstordnungen. Das in der zweispaltigen Darstellung der Grundformen vielleicht am häufigsten vorkommende Wort »kann« wird ohne die Beteiligung der Gemeinde am Gottesdienst zur Legitimation einer neuen Willkür: »Du kannst es so machen, du kannst es aber auch anders machen, du kannst es auch ganz sein lassen.« Man vergleiche die Zusammenstellung von kritischen Urteilen bei Schwier (294 f.). Dies jedenfalls ist eine vielgehörte Kritik an der Gesamtkonzeption des EGb. Manche fürchten, dass gerade die Gestaltungsfreiheit, die vor allem in der rechten Spalte der Grundformen, aber auch in den Austauschformen gegeben wird, zu einer erneuten Willkür des Liturgen/der Liturgin führen kann, der die Kirchenmusikerinnen und Kirchenmusiker sowie die liturgisch nicht ausgebildeten Ehrenamtlichen bzw. Gemeindeglieder wehr- und hilflos ausgeliefert sind.

Das EGb versucht, dieser Gefahr mit dem zweiten Kriterium entgegenzutreten: »Der Gottesdienst folgt einer erkennbaren stabilen Grundstruktur, die vielfältige Gestaltungsmöglichkeiten offen hält« (15) sowie durch an anderen Stellen verstreut zu findende Einschränkungen, z.B.: »Um dieser Gemeinsamkeit innerhalb der VELKD willen gilt daher: In ihrem Bereich ist die Liturgie I die grundlegende Liturgie für die Gottesdienste an Sonn- und Feiertagen, auch wenn das Abendmahl nicht gefeiert wird« (18). Folgerichtig gab es im Vorentwurf der EA einen Abschnitt »Die Beteiligung der Gemeinde am Gottesdienst« (EA 23–26), der allerdings im »Entwurf Gottesdienstbuch« von 1997 und dann im 1999 eingeführten EGb nicht mehr zu finden ist, 2002 aber im Ergänzungsband wiederkehrt (Erg/EGb 10–12).

Fast alle Kriterien des EGb sind ohne Beteiligung der Gemeinde nicht zu erfüllen. Texte der Gegenwart (3. Kriterium) entstehen in Gemeindegruppen, Gemeindeglieder erleben Gottesdienste in anderen Zusammenhängen und an anderen Orten. Sie bringen diese Erfahrungen in die eigene Gemeinde mit. Der »lebendige Zusammenhang« mit den Gottesdiensten der anderen Kirchen wird erfahrbar (4. Kriterium). Eine neue Sprache zu finden (Kriterium 5), die den hohen Ansprüchen des EGb entspricht, kann nur im Miteinander der »unterschiedlichen Gruppierungen in der Kirche« gelingen, zumal wenn in ihr, der Sprache, die Gemeinschaft dieser Gruppierungen »ihren angemessenen Ausdruck« finden soll. Das 6. Kriterium geht vom Gottesdienst als Kommunikationsereignis aus. Kommunikation findet zwischen Gott und den Menschen und zwischen den versammelten Menschen statt und wird dann »leibhaft«. Solch eine Kommunikation ist aber nur unter Gleichgestellten, Gleichrangigen vorstellbar, die gemeinsam und verantwortlich beteiligt sind. Kriterium 7 bleibt schlichtes Postulat, wenn nicht die Menschen in der Gemeinde sich diese wichtigen Sätze aneignen.

So ist das erste Kriterium das grundlegende. Zwei Begründungen werden gegeben:

- »Die Reformation hat das Priestertum aller Getauften neu zur Geltung gebracht. Daher ist die *ganze* Gemeinde für den Gottesdienst verantwortlich.«
- Gott hat die Gemeinde mit der Vielfalt von Geistesgaben beschenkt. Sie *soll* sich »mit all diesen Gaben, Fähigkeiten und Erkenntnissen am Gottesdienst beteiligen«.

Darum gibt es, so ist der letzte Satz zu verstehen, Gottesdienstordnungen wie das EGb, die »hierfür *immer neu* Wege ebnen und Möglichkeiten erschließen« (Hervorhebungen eingefügt).

Ernst genommen und auch angenommen hat dieses Kriterium große Auswirkungen auf die Verfassungen der Kirchengemeinden und der am EGb beteiligten Kirchen, ebenso wie auf das Bewusstsein der Gemeindeglieder mit ihren Pastorinnen und Pastoren.

B. Konsequenzen für die Gemeindeglieder

Zu beobachten und zu hören ist, dass Gemeindeglieder grundsätzlich und ohne nachzufragen ihren Pastorinnen und Pastoren die Kompetenz für Gottesdienstgestaltung und Predigt gleichsam qua Amt zusprechen. Dass diese Kompetenz nicht in jedem Fall mit dem Ablegen zweier theologischer Examina vorauszusetzen ist, wird nicht immer gesehen.

Auch die Information, dass z.B. das erste Kriterium des EGb die Verantwortung für den Gottesdienst der ganzen Gemeinde zuspricht und die Beteiligung dieser ganzen Gemeinde einfordert, stößt auf Skepsis: »Herr Pastor, das ist ihre Aufgabe«, hört man dann. Der Gottesdienst und seine Gestaltung ist im Bewusstsein der Gemeinde im Normalfall Aufgabe der Pastorin oder des Pastors. Allenfalls als Hilfsdienste verstandene Aufgaben können ausgewählte Gemeindeglieder bzw. Mitglieder des Leitungsgremiums der Gemeinde übernehmen (Lesungen, Fürbitten, Mithilfe beim Austeilen des Abendmahls, seltener Abkündigungen, noch seltener Begrüßungen). Es ist offensichtlich, dass, was den Gottesdienst betrifft, das im ersten Kriterium postulierte Priestertum aller Getauften noch auf seine Verwirklichung in den protestantischen Kirchen wartet. Dem widerspricht auch nicht, dass z.B. im Bereich der Evangelisch-lutherischen Landeskirche Hannovers die Zahl der Gottesdienstarbeitskreise seit 1988, dem Jahr des Erscheinens der sog. »Helmstedter Thesen zur Verantwortung der Gemeinde für ihren Gottesdienst« (Reich/Stalmann 135–137), kontinuierlich wächst. Hinzu kommt, dass im protestantischen Bereich der regelmäßige Gang zum Gottesdienst, damit aber auch die Selbstverständlichkeit der gottesdienstlichen Formen, das Leben in und mit gottesdienstlichen Abläufen, dem Ritual, in den letzten Jahrzehnten stärker abgenommen hat. Und wenn vielleicht auch die prozentuale Beteiligung am Gottesdienst relativ stabil geblieben ist, so ist es doch ein Unterschied, ob 3% von tausend oder von 300 Gemeindegliedern in den konkreten Gottesdienst kommen. Es scheint so, dass diese Entwicklung noch in ganz anderem Sinn kontraproduktiv ist. Wer aus irgendeinem Grund einmal wieder nach langer Zeit in den Gottesdienst geht, wird vielleicht erwarten, dass es alles wie früher ist. Im Ergebnis wurde Gottesdienst und seine Gestaltung fast zur Arkandisziplin der Pastorin oder des Pastoren. Die Vielfalt der Geistesgaben, wie sie das EGb konstatiert und im Gottesdienst des Neuen Testaments (I Kor 11–14) durchscheint, wurde für den Gottesdienst nicht aktiviert. Stattdessen wurde der Liturg/die Liturgin zu der Amtsperson, die weiß, wie es geht, und der man folgt und ausgeliefert ist.

Dennoch ist in den Jahren seit dem Erscheinen des Vorentwurfs der EA 1990 eine Veränderung im Bewusstsein einzelner Gemeindeglieder, auch der Kirchenvorstände und Presbyterien, hier und da spürbar. Diese Veränderung ist allerdings nicht so sehr durch das Erscheinen des Vorentwurfs veranlasst. Vielmehr bot er Lösungswege für die drängenden Fragen und Probleme an, die sich aus anderen Beobachtungen speisten:

- Wer »noch« in den Gottesdienst geht, spürt, »dass etwas nicht stimmt«. Gottesdienst mit der Predigt wird häufig als merkwürdig abstrakt und abgehoben, mitunter als langweilig empfunden. Er scheint oft genug mit der Lebenswelt und Lebenswirklichkeit der Menschen nur sehr wenig zu tun zu haben.
- Mit der immer stärkeren Entwicklung einer Art Mediendemokratie bzw. Medienherrschaft und ihrer mehr und mehr interaktiven Kommunikationsstruktur wird es zum Problem, dass Form und Verlauf des Gottesdienstes sich immer mehr von heutigen Möglichkeiten und

wohl auch Notwendigkeiten entfernen. Vielen ist es nicht mehr möglich, einer auch nur zehnminütigen Predigt zuzuhören. Die Orgel wird als altmodisch empfunden. Bänke und mit ihnen der Zwang zum Stillsitzen, das Zum-Schweigen-verurteilt-Sein wird von vielen nicht mehr akzeptiert. Sie gehen nicht mehr in den Gottesdienst. Wer heutzutage lernt oder schon gelernt hat, mit interaktiven Medien wie z.B. dem Internet umzugehen, wird sich freiwillig nicht mehr in die Lage begeben, einer Veranstaltung beizuwohnen, in der vorwiegend nur einer oder eine das Wort hat.

– Schließlich ist auch kritisch zu fragen, welche Inhalte Gottesdienste mit ihren Lesungen, Predigten und Gebeten befördern wollen. Auch Gottesdienstbücher sind darauf hin zu befragen. War eine beherrschende Ausgangsfrage der Reformation die Frage: »Wie kriege ich einen gnädigen Gott?«, so lauten die Fragen heute anders: »Wie komme ich durch dieses Leben möglichst unbeschadet durch?« oder »Warum finden wir zu langsam Medikamente gegen bestimmte Krankheiten?« Alte Menschen stellen häufig die Frage: »Wie überstehe ich meine Einsamkeit, und wann darf ich endlich sterben?« Eine Variante der Spaßgesellschaft lautet: »Wo finde ich *den* Event für mich?« Von vielen wird reflektierter gefragt: »Wie kann ich mir denn noch ein Urteil bilden über Verhalten, Ethik und Moral?«

Fühlten sich die Menschen in mittelalterlichen Pestzeiten noch abhängig von Naturgewalten bzw. Gottes Gnade, so wird die Abhängigkeit heutzutage definiert als eine solche von Politik und/oder Arbeitgebern und/oder Medien. Demokratie wird als Scheindemokratie erlebt. Die Gestaltung des eigenen Lebens kann nur gelingen, indem man sich frei macht und Freiräume von diesen Abhängigkeiten schafft. Die Frage nach Gott wird häufig nur noch gestellt als Frage nach seiner Existenz. Sie wird allerdings nicht mehr als wichtig und notwendig erachtet. An ihre Stelle tritt häufig schlichtes Desinteresse oder nebulöses religiöses Gefühl. Die Erfahrung vieler Menschen ist, dass Kirchengemeinden sich für diese Fragen und Gefühle nicht interessieren. Wer z.B. in seinen Gottesdiensten den Menschen als zuallererst sündhaftes Wesen darstellt, das nur durch Buße und Gottes Zuspruch Erlösung aus eben dieser Sünde finden muss und kann, verfehlt die Fragen der Menschen, sofern sie überhaupt noch zuhören (In diesem Sinne müssen z.B. die Gebete des EGb durchgesehen werden, vor allem die Vorbereitungsgebete, aber auch die Abendmahlsgebete. Dasselbe gilt für die Lieder des Gesangbuchs).

II. Konkrete Aufgaben

Wer also Verantwortung und Beteiligung der Gemeinde auf seine Fahnen schreibt, muss – von diesen Beobachtungen ausgehend – verschiedene Aufgaben bewältigen:

A. Die Gemeinde trifft sich zu ihrem Gottesdienst

Es muss zunächst darum gehen, gemeinsam neu zu lernen, dass sich Gemeinde versammelt, ihren Gottesdienst feiert, dessen Inhalt, Aufgabe und Ziel von verschiedenen Ausgangspunkten her definiert wird: Gott lädt ein und ruft zusammen. Gemeindeglieder bringen ihre Sache, ihre Trauer und Klage, ihre Freuden und ihr Glück, ihren Glauben und ihren Unglauben vor Gott. Anders gesagt: Wer in den Gottesdienst geht, bringt sich selber und seine Lebenserfahrungen mit. Auf Gottes in verschiedener Weise gehörtes und erlebtes Wort und Zuspruch antwortet sie in ebenso verschiedener Weise: Singen, Hören, Tanzen, Gehen usw. In diesem Geschehen gibt es verschiedene Ämter, zu denen die Gemeinde, die ihren Gottesdienst feiert, beauftragt: Lektorinnen und Lektoren, Kirchenvorsteher und Kirchenvorsteherinnen, Kirchenmusikerinnen und Kirchenmusiker, Diakone und Diakoninnen, Pastoren und Pastorinnen. Die Wirklichkeit in den Gemeinden (und Kirchenverfassungen) sieht jedoch wie oben beschrieben normalerweise anders aus. Wenn aber das erste Kriterium vom »Priestertum aller Getauften« spricht, so muss die Umsetzung dieser Aussage Konsequenzen haben. Gemeinde am Gottesdienst verantwortlich zu beteiligen hat als Voraussetzung, sich in der Gegenwart mit Inhalt und der Konsequenz der Rede vom Priestertum aller Getauften zu beschäftigen. Zu überprüfen ist auch die Verwendung des Wortes Beteiligung und die Praxis der Beteiligung. Wer »seine« Lektorin erst am Sonnabend Abend oder gar erst am Sonntagmorgen über die Lesung informiert, verfehlt das Ziel. Gemeint sein kann nur die *verantwortliche* Beteiligung. Darum ist die Praxis der Gottesdienstvorbereitung zu überprüfen. Ist der am Sonntag gefeierte Gottesdienst wirklich Ergebnis gemeinsamer Überlegungen über Inhalt und Gestaltung? Oder ist die Beteiligung eines Gemeindegliedes beim Lesen nur Alibi für eine ansonsten nach wie vor bestehende, aber kaschierte Ein-Mann/Eine-Frau-Veranstaltung? Das zweite Kriterium des EGb will einen situationsgerechten, lebendigen und konkreten Gottesdienst fördern. Vorbedingung dafür ist, dass diejenigen, die im Gottesdienst spezielle Aufgaben übernehmen, nicht nur rechtzeitig informiert werden, sondern die Chance erhalten, rechtzeitig ihre Gaben, ihr Wissen und ihre Erfahrungen einbringen zu können.

B. Ausbildung für den Gottesdienst

Vorbedingung ist aber auch die Ausbildung der Gemeindeglieder für den Gottesdienst. Sie hat praktische, aber auch theoretische Inhalte. Inhalt und Ziel des theoretischen Teils ist Nachdenken über die Frage, was denn Gottesdienst überhaupt ist und warum er gefeiert werden soll. Hierzu gehört auch, sich klar zu werden darüber, was die Rede vom Priestertum aller Getauften für den Gottesdienst, seinen jeweiligen Inhalt und seine Gestaltung konkret bedeutet. Die Frage nach der Bedeutung und Funktion des »Amtes« im Gottesdienst gehört dazu. Darüber hinaus geht es um Informationen, wie Gottesdienst geworden ist und welche Bedeutung seine einzelnen Stücke haben.

Dabei darf es jedoch nicht nur um historische Information gehen. Das Kyrie, das Glaubensbekenntnis oder die Epiklese in der Abendmahlsliturgie müssen auch auf ihre Bedeutung und Funktion in der Gegenwart befragt werden. »Welche meiner Lebenserfahrungen können sich mit Kyrie, Gloria usw. verbinden?« Damit gerät zu Recht die Schulung für den Gottesdienst auch in die jeweils aktuelle allgemeine theologische Diskussion. Z.B. ist die Diskussion um die »Einsetzungsworte« beim Frankfurter Kirchentag 2001 nur dann zu verstehen, wenn man die ökumenische Situation mit einbezieht, aber auch die Fragestellung der lutherischen Kirchen nach ihrer Identität. Einen eher versteckten Hinweis auf die Schwierigkeit findet man schon im EGb (28), wo den Kirchen im Bereich der EKU auch die Verwendung des paulinischen Textes der Einsetzungsworte gestattet wird. Es bedarf wenig Fantasie, sich die auch streitige Auseinandersetzung um diese Frage in den Fachgremien vorzustellen. Aber ist dies wirklich die Fragestellung der Gemeindeglieder?

Zur Ausbildung für den Gottesdienst gehört auch der praktische Teil. Hierzu gehören Überlegungen zur Gemeinde, mit der man Gottesdienst feiert. Welche Voraussetzungen sind überhaupt gegeben? Wer kommt? Wie kann man mit ihnen feiern? Was bedeutet es z.B., wenn ich einer Konfirmandin oder einem 40jährigen, der seit Jahren mal wieder in den Gottesdienst kommt, weil die Beerdigung seiner Mutter abgekündigt wird, am Eingang der Kirche ein Gesangbuch in die Hand drücke? Beide können wahrscheinlich nicht Noten lesen und kennen nicht einmal mehr die gängigen Kirchenlieder. Was das Wiederholungszeichen in den Liedern bedeutet, ist ihnen unbekannt. In vielen Kirchengemeinden hat das Gesangbuch keine Seitenzahlen. Wie soll er so schnell EG Nr. 738 (Psalm 96) finden? Zu diesen praktischen Fragen gehört weiter auch Inhaltliches, z.B.: Welche Gemeinde muss versammelt sein, dass man im Bußgebet zu Beginn eines Gottesdienstes vor dem Kyrie bekennen kann: »Statt dich zu loben, haben wir über das geseufzt, was uns beschwert. Statt dir zu gehorchen, haben wir danach gefragt, was uns nützt. Wann werden wir die Angst los, wir könnten zu kurz kommen, sobald wir dir nachfolgen?« (EGb 500) Welches Menschenbild haben wir, wenn wir im Gemeinsamen Schuldbekenntnis sprechen: »Ich armer, elender, sündiger Mensch ...« (EGb 544)? Ein weiterer Schritt der Schulung wendet sich den technischen Fragen zu, die aber zugleich immer auch inhaltliche Diskussionen erfordern, z.B.: Nicht jeder, der lesen kann, kann auch vorlesen. Was müssen Abendmahlsausteilerinnen/Abendmahlsausteiler beachten? (Beispiele und Hinweise für Schulungen Ehrenamtlicher finden sich z.B. bei Danzeglocke/Kerl/Reich; Baltruweit/Ruddat).

III. Konsequenzen für den liturgischen Dienst

A. Mündige Gemeinde

»Seien wir doch mal ehrlich: Ohne diese Beteiligung Ehrenamtlicher ginge unsere Arbeit viel reibungsloser, effektiver und schneller.« So sagte es ein recht junger Pastor im Jahre 1999 während einer abendlichen Diskussionsrunde von Pastorinnen und Pastoren zum Ehrenamt im Gottesdienst. Und stieß kaum auf Widerspruch. Wer Verantwortung und Beteiligung der Gemeinde oder doch wenigstens einiger Ehrenamtlicher als Hauptamtlicher in seiner Gemeinde fördern will, steht vor der Aufgabe, sich selber und die Kirche, in der er arbeitet, nach der Gemeindekonzeption, der Ekklesiologie zu befragen, aber auch schlicht nach der eigenen Einstellung den Menschen gegenüber, mit denen er arbeitet. Viele unserer Gottesdiensträume symbolisieren die genannte Fragestellung. Häufig finden wir die Frontalstellung: Der Pastor/die Pastorin steht der Gemeinde gegenüber. Er/sie redet, die Gemeinde sitzt oder steht. Klemens Richter hat dies so ausgedrückt: »Die Raumgestalt ordnet die unterschiedlichen Kompetenzen, zeigt, ob es sich um eine Hierarchisierung, eine Über- und Unterordnung, oder um eine Kommunikation von Gleichen handelt. Eine Messfeier in unterschiedlichen Räumen kann bei Verwendung derselben Texte eine total unterschiedliche Aussage mit sich bringen ... je nachdem, ob sie etwa an einem Gottesdienst teilnehmen, der der äußeren einer Autobusanordnung gleicht: alle sitzen hintereinander in einer Richtung, und mit dem Fahrer soll möglichst wenig gesprochen werden, oder ob sie im kleinen Kreis um einen Tisch sitzen« (18). Zweifellos ist hier auch die Machtfrage berührt. Auch im Gottesdienst kommen Machtfragen vor. Der häufige Konflikt zwischen Pastorinnen/Pastoren und Kirchenmusikern/Kirchenmusikerinnen hat auch hierin seine Ursache. Die von Klemens Richter beschriebene Einwegkommunikation hat in der Geschichte des Gottesdienstes häufig zur Unmündigkeit der Gemeinde geführt. Das Auslegen und Interpretieren der Bibel wurde – außer vielleicht in christlichen Hauskreisen – zu einem Privileg der Pastoren. Dies konnte nicht selten zu einer Abhängigkeit vieler Gemeindeglieder vom Pastor und seinem Welt- und Wertebild führen. Die Forderung nach der verantwortlichen Beteiligung der Gemeinde am Gottesdienst bedeutet also auch, dass Gemeindeglieder verantwortlich und berechtigt an Auslegung und Interpretation der biblischen Botschaft beteiligt werden, Gebete selber formulieren und die ihnen angemessenen Formen der Feier finden. Die Gemeinde findet ihre Sprache für den Gottesdienst, bringt ihre Bilder ein und ihre Auslegung. Der Pastor/die Pastorin sind dann Teil des Ganzen, nicht unwichtig, aber eben nur ein Teil. Das Bild hierfür hat Ernst Lange angedeutet, der vom »Tischgespräch in der ›Mitte des Alltags‹« spricht: »Das Verstehen der biblischen Tradition wäre das Geschäft des Theologen, das Verstehen der Situation der Gemeinde und ihrer Glieder in der Umwelt aber wäre die unvertretbare

Aufgabe der Laien. Beide Erfahrungen würden in einer kontinuierlichen gemeinsamen Meditation zusammenklingen und Predigt freigeben als das jetzt und hier notwendige Wort« (53). Es geht also nicht, wie manche befürchten, um Entmachtung der Theologie und deren berufene Vertreter und Vertreterinnen, sondern um die Einsicht, dass nicht jeder/jede alles wissen, erfahren, deuten und auslegen kann, dass das Einbringen der je verschiedenen Gaben und Begabungen ein größeres Ganzes ergibt, als es einer/eine allein schaffen kann. Weniger verschlüsselt: Der Pastor/die Pastorin hat seine/ihre Einsicht, unterfüttert durch die absolvierte Spezialisierung im Theologiestudium, die Juristin hat ihre Einsicht und der VW-Arbeiter eine andere. Die Hausfrau erlebt Welt anders als ihr Kind und die Schülerin wiederum anders als der Rentner. Das Zusammenbringen dieser Einsichten, Meinungen und Spezialwissen, das gemeinsame Gespräch erlaubt es dann, zu einer gemeindenahen und gemeinsamen Gottesdienstfeier zu kommen, die vielen der Beteiligten Leben ermöglicht. In diesem Sinne wird die Umsetzung des ersten Kriteriums zu einer nun *gemeinsamen* Aufgabe der Beteiligten, Gemeinde aufzubauen. Liturginnen/Liturgen wird diese Aufgabe in heutiger Zeit erst einmal zumuten, vor allem zuzuhören. Eine zweite Aufgabe wird sein, andere zu ermutigen, selbstständig und verantwortlich Aufgaben zu übernehmen. Konkret: Eine von einem Fürbitten-Arbeitskreis erarbeitete Fürbitte wird der Pastor/die Pastorin nicht erst gegenlesen und redigieren, bevor sie im Gottesdienst gebetet wird. Er wird aber mit seiner hoffentlich vorhandenen Kompetenz gemeinsam mit den Beteiligten darüber sprechen, was bei der Formulierung und Gestaltung einer Fürbitte zu beachten ist. An dieser hier nur beispielhaft genannten Stelle ist dann auch historische Information wichtig: Was haben wir für Elemente vorgegeben, die das, was wir wollen, schon längst erfüllen? Allerdings besteht immer die Möglichkeit, dass eine Gemeinde zu Formen der Feier kommt, die im EGb noch nicht gesehen wurden. Die Forderung nach Verantwortung und Beteiligung der Gemeinde im Gottesdienst kann also auch zu der Frage führen, welchen kirchenrechtlichen Status Gottesdienstbücher und Agenden haben.

B. Der Text »Verantwortung und Beteiligung der Gemeinde« im Erg/EGb (10–12)

Hierbei handelt es sich um die Überarbeitung eines Textes aus dem Vorentwurf zur EA (dort 23–26). Wenn richtig ist, dass das erste Kriterium grundlegend ist und Konzeption und Intention des EGb bestimmt, dann ist es fragwürdig, dass bei der Vielzahl erklärender und erläuternder Texte im endgültigen EGb, dem »Hauptbuch« der jüngsten Liturgiereform dieser Text nicht steht, sondern in den Erg/EGb verwiesen ist. Es fällt auf, dass die Überschrift und der erste Absatz nun die Verantwortung der Gemeinde unter Berufung auf I Petr 2,10 betonen, im Folgenden dann aber auf weitere Begründungen des Vorentwurfs aus diesem ersten Petrusbrief (4,10 und 3,15) verzichtet. Zweifellos war es bei der Überarbeitung ein guter Beschluss, Wilhelm Stählins Wort aufzunehmen: »Nicht der Pfarrer oder die Pfarrerin, sondern die Gemeinde ›hält‹ den Gottesdienst«, also das Volk Gottes, das nach I Petr 2,9 die Wohltaten dessen verkünden soll, »der euch berufen hat von der Finsternis zu seinem wunderbaren Licht«. Ein zweiter Begründungsweg sind die jeweiligen Kirchenverfassungen und Gemeindeordnungen der Landeskirchen, die die entsprechenden Leitungsgremien als für den Gottesdienst verantwortlich erklären. Diese Verantwortung soll so wahrgenommen werden, dass der Gottesdienst »immer wieder zum Thema der Beratungen und Gespräche in Gemeindeversammlungen und im Kirchenvorstand« wird. Die Hauptthese des ganzen Textes aber ist die, dass Gottesdienste verständlicher und konkreter werden und die »vielfältige Lebenswirklichkeit der Menschen in der Gemeinde« »um so klarer« einbeziehen, je intensiver Gemeindeglieder Gottesdienste mitgestalten. Der Text behauptet, dass die Gemeinde »für den von ihr gefeierten Gottesdienst auch das erforderliche *Verständnis* hat«, denn die Gemeinde besitzt die *Kompetenz* für diese

Aufgabe. Im übrigen wird durch die Beteiligung der Gemeinde die »Liturgische Präsenz« im Gottesdienst gefördert. Der Text erläutert das Wort »Präsenz«: »Geistes-Gegenwart im umfassenden Sinn, nämlich mit Herzen, Mund und Händen«. An dieser Stelle wird deutlich, dass die vom EGb und Erg/EGb geforderte Verantwortung und Beteiligung der Gemeinde nur dann einen Sinn hat, wenn der Forderung auch Taten und Hilfen folgen. Dementsprechend wird die Einrichtung eines »Arbeitskreises Gottesdienst« angeregt, der schon bei der Planung und Vorbereitung der Gottesdienste aktiv sein kann, und der Gemeindegruppen zur konkreten Mitarbeit anregt. Erwartet wird, dass »die gemeinsame Vorbereitung eines Gottesdienstes« für alle Beteiligten ein wichtiger Prozess ist und »den Zugang zum und das Verständnis für den Gottesdienst insgesamt erleichtern und vertiefen« wird. Rätselhaft bleibt mir jedoch, wieso die »Mitarbeit bzw. Beteiligung motivierter Gruppen der Gemeinde« für die hauptamtlichen Mitarbeiterinnen und Mitarbeiter ein wichtiges Lernfeld und ein unverzichtbarer Beitrag zum Gemeindeaufbau ist. Ein Problem des ganzen Textes und der ganzen Sache wird hier deutlich. Statt deutlich zu sagen, dass Gemeindeglieder erst einmal überzeugt werden müssen, dass sie ihre Verantwortung für den Gottesdienst durch verantwortliche Beteiligung und Mitarbeit wahrnehmen, wird schlicht postuliert, dass sie diese Verantwortung haben. Es wird nicht gefragt, ob sie diese Verantwortung auch fühlen. Immerhin geht es ja nach dem Postulat des ersten Kriteriums um die »ganze Gemeinde«. So wird in dem Text der Gemeindeaufbau dann wieder zur Sache der Hauptamtlichen, die z.B. in Gemeinden mit einer kleinen Zahl von Teilnehmerinnen und Teilnehmern am Gottesdienst Einzelne oder Gruppen um gezielte Mitarbeit *bitten* sollen, um so die Lust zum Gottesdienstfeiern zu wecken oder zu stärken.

Richtungsweisend ist dieser Teil des Textes jedoch darin, dass gesehen wird: die gemeinsame Arbeit von Haupt- und Ehrenamtlichen am Gottesdienst und seiner Gestaltung führt unmittelbar zu Fragen des Gemeindeaufbaus und der sonstigen Gemeindearbeit. Dies wird dann eine gemeinsame Arbeit aller. So hätte in den Text »Verantwortung und Beteiligung der Gemeinde« unbedingt ein Absatz über Aufgabe, Rolle und Stellung der Hauptamtlichen in der Gemeinde eingefügt werden sollen, die ja im ersten Absatz unter Berufung auf I Petr 2,10 als »Volk Gottes« bezeichnet wird. Dieses Apostelwort kennt offensichtlich keine hauptamtlichen »Pfarrerinnen, Pfarrer, Kirchenmusikerinnen, Kirchenmusiker usw.«. Ihre Existenz heute jedoch verlangt nach einer Verhältnis- und Beziehungsdefinition, die in Zukunft erst noch geleistet werden muss. So wird der Text problematisch, wenn er postuliert: »Verantwortung und Beteiligung sollen die Gemeindeglieder nicht als Zwang, sondern als Chance auffassen (und anfassen)«. Die Fragestellung heute ist eine ganz andere: Was muss denn geschehen im Gottesdienst, dass überhaupt noch und wieder Menschen kommen? Was muss geschehen, dass Gemeindeglieder im Gottesdienst erfahren, dass ihre Sache verhandelt wird. Und was muss geschehen, dass Hauptamtliche begreifen und verstehen lernen, dass sie – theologisch gesprochen, nicht kirchenverfassungsgemäß – ein Amt im Gottesdienst haben, das sich vom Auftrag der Gemeinde her leitet? Noch einmal: Wer das erste Kriterium im EGb und den Text »Verantwortung und Beteiligung der Gemeinde« im Erg/EGb wahrnimmt, steht ganz unmittelbar vor der Frage der Neudefinition des Amtes in der Kirche. Die Rede vom Priestertum aller Getauften hat in einer demokratisch verfassten Gesellschaft und auch Kirche Folgerungen, denen man sich stellen muss. Schlichtes Zitieren von Artikeln der CA von 1530 reicht in lutherischen Kirchen nicht mehr aus. Hier zeigt sich auch, dass das EGb mit seinen Texten zur Beteiligung der Gemeinde kirchenreformerischen Charakter bekommt, wenn man diese Beteiligung der Gemeinde ernst nimmt und umzusetzen versucht. Zumindest für lutherische Kirchen gilt, dass Kirchenleitungen hierfür noch kaum ein Gespür haben, von der Entwicklung fast überrollt worden sind und nur mit Mühe dem ganzen Unternehmen zustimmen konnten. Es zeigt sich aber auch in der weithin konsequenten Nichtbeachtung des für manche dann doch reichlich moderaten EGb, dass die Hauptamtlichen vor Ort noch recht hilflos oder gar nicht gewillt oder fähig sind, das Anliegen der Beteiligung der Gemeinde anzunehmen.

Die folgenden Absätze des hier zu besprechenden Textes belegen dies ungewollt. Zunächst wird behauptet, die Entfaltung und Neugestaltung einzelner gottesdienstlicher Teile geschieht in der »Grundstruktur des Gottesdienstes, wie sie sich in den Grundformen I und II entfalten«. Diese Grundstruktur muss der Gemeinde einsichtig werden, »wenn sie an der eigenen Beteiligung, an der aktuellen und phantasievollen Gestaltung einzelner Gottesdienstteile oder des ganzen Gottesdienstes Freude gewinnen und behalten soll«. Das ist verständlich. In einem Text des Vorentwurfs zum EG wird von einer »anthropologisch vorgegebenen« Grundstruktur menschlichen Feierns gesprochen. Aber sind z.B. die Ergebnisse der Arbeit am Kindergottesdienst wirklich so verstreut, dass man sie in die Überlegungen im Erg/EGb nicht einbeziehen kann? Wie solche Kindergottesdienstarbeit für die Feier des Gottesdienstes fruchtbar gemacht werden kann, sucht das Buch »Wenn alle gemeinsam Gottesdienst feiern. Gottesdienst der Generationen« aufzuzeigen (Reich/Wieblitz).

Sollte man nicht doch einmal nachschauen, welche »Ergebnisse« und welche Beteiligungsformen mit Gottesdiensten erreicht werden, in denen man zunächst einmal fragt: Wie komme ich mit meinen Gedanken, Ängsten und Freuden vor? Welche Erfahrungen kann ich machen? Welche Hilfe für mein Leben bekomme ich im Gottesdienst meiner Gemeinde? Stattdessen wird jetzt dazu angeregt, dass sich der Gottesdienstarbeitskreis mit Struktur und Geschichte des Gottesdienstes beschäftigt. »Liturgische Bildung sollte als wichtiges Feld des Gemeindeaufbaus erkannt werden.« Und als erster Punkt beim »Beratungsthema in der Gemeinde« werden Gemeindeversammlungen und Gemeindeseminare mit Informationen über Geschichte und Strukturen des Gottesdienstes, sowie über die einzelnen Liturgie-Elemente genannt.

Das ist – zunächst einmal – uninteressant. Interessant sind die anderen Fragen: Wie komme ich mit meinen Fragen im Gottesdienst vor? Was wird mir gesagt und was kann ich sagen? Wer hört mir zu und wer antwortet mir? Wer betet für mich und wie kann ich beten? Und: Werde ich gesegnet, und was bedeutet das für mich? Wer, um ein Beispiel zu nennen, mit einer Gemeindegruppe über den Komplex »Vorbereitungsgebet – Bußgebet – Offene Schuld« arbeitet, wird bald feststellen, dass die meisten vorgegebenen Formulierungen und Texte daneben gehen. Wer z.B. betet: »... dass auch anderes in uns steckt, was nicht gut ist: hinhaltender Widerstand gegen dich, tötende Gleichgültigkeit gegen unsere Mitmenschen ...« (EGb 498), verfehlt seine Wirkung und ruft keine Betroffenheit hervor, im besten Fall noch Protest: »Trifft nicht zu, stimmt nicht!«. Wenn aber erkannt wird, dass es eine Stelle im Gottesdienst gibt, an der man seine Not auch an sich selber bekennen und beten kann, werden die meisten ihre je eigene Formulierung, Wortwahl und Bezeichnungen finden.

Allgemein gesprochen: Wer Beteiligung der Gemeinde zu Recht als erstrebenswertes und auch notwendiges Ziel erkannt hat, muss versuchen, den Menschen deutlich zu machen, dass es um ihre Sache geht und nicht um ein allgemeines theoretisches Postulat. Darum ist auf dieser ganz anderen Ebene anzusetzen und zu arbeiten, als es der Text im Erg/EGb zunächst anregt. Ist diese Voraussetzung gegeben, kann mit Gewinn über die »Gesichtspunkte und Formen« für die Beteiligung der Gemeinde diskutiert werden. Man wird dabei überraschende Erkenntnisse gewinnen und Aufgaben finden. Hier werden beispielhaft nur die folgenden Punkte genannt: »Unterschiedliche Sitzordnungen« erfordern variabel zu gestaltende Kirchenräume. Dringend erforderlich ist das Gespräch mit den jeweiligen Ämtern für Bau- und Kunstpflege, die in der Regel bei jeder Kirchenrenovierung ihr häufig unreflektiertes Gottesdienstbild durch den Einbau von festverschraubten Bänken perpetuieren. Die sog. traditionellen Beteiligungsformen können höchst aktuelle Bedeutung bekommen, wenn man sie nicht aus der Tradition, sondern aus der je aktuellen Situation her ableitet. Was aber »agendarisch festgelegte Orte der Liturgie« sind, wird nicht erläutert.

Ausblick

Es ist vielleicht deutlich geworden, dass die These von der Verantwortung und Beteiligung der Gemeinde nicht zweitrangig ist. Sie kann die Forderung nach einer grundlegenden Veränderung von Gemeindekonzeptionen, nach einer umfassenden Kirchenreform und nach dem Überdenken von Inhalt, Aufgabe und Funktion des Amtes in der Kirche führen. Eine (lutherische) Kirche, die z.B. am Gebrauch bestimmter Einsetzungsworte beim Abendmahl festhalten will, um ihre Identität zu wahren, muss gefragt werden, ob nicht eine viel größere und stärkere Identität in der aktuellen und auch praktischen, also nicht bloß historischen Rede vom »Priestertum aller Getauften« zu finden ist, also eben auch in der Frage des Amtes in der Kirche.

Gottesdienst und Gemeindeaufbau haben miteinander zu tun. Die hier behandelten Texte aus dem EGb und dessen Erg/EGb bergen in sich einen Beitrag zur Reform der Gemeinden und der jeweiligen Kirche, der sie angehören.

Diese Reform wird um so dringender, als in der Gegenwart und wohl auch Zukunft das Bild des wandernden Gottesvolkes neue Aktualität gewinnen wird. Es ist ein Bild, das durchaus die derzeit meist beharrenden und zur – theologischen und auch politischen – Ruhe rufenden Kräfte der Landeskirchen zurückweist. Wer vom Gottesdienst her zu denken gelernt hat, wer die Dynamik kennt und erfahren hat, die durch eine verantwortliche Gestaltung des Gottesdienstes durch möglichst viele unterschiedliche Beteiligte entsteht, der erfährt auch, wie viel Hoffnungs- und Schöpfungspotential gerade in den lebendigen und situationsgerechten Gottesdiensten entsteht, die das EGb fordert.

Das wandernde Gottesvolk ist auf dem Weg zu einem fernen Ziel. Gottesdienste auf diesem Weg sind Feier-Stationen: Ruhepunkte z.B. zum Ausatmen und Luftschöpfen. Oder es geht ums Auftanken (Ernst Lange) und um neue Kraft für den Weg. Oder es geht um Segnung, also ums »In-den-Arm-nehmen«, um die Zusage: Du bist nicht allein. Gott und Menschen sind bei dir. Es geht auch um das Hören und Zuhören: Was sagt mir Gott? Was sagt mir meine Nachbarin? Und was kann ich sagen? Oder singen? Oder tanzen? Und es kann um Trost gehen, um Begleitung, darum, dass wir uns auf unserem Weg tragen. Und um Aufbruch geht es, Aufbruch in das »neue Land«, in die Zukunft, mit neuen Kräften, von Gott gesegnet.

Dieser Weg ist ein gemeinsamer Weg. Hierarchie, also die Herrschaft eines Einzelnen, eines einzelnen „Priesters“, ist da hinderlich. Denn Hierarchie will Macht, Hierarchie will die Gaben und Begabungen anderer nur benutzen oder gar ausschalten.

Auf unserem Weg aber brauchen wir die Kräfte und Fähigkeiten aller. Auf sie zu verzichten, wäre schädlich. Auch für und im Gottesdienst ist zu lernen: Gemeinde entsteht von der Basis her. Sozusagen: »Wir sind das Volk!«

Quellen

AGENDE; EKU-AGENDE; EA; EGB; ERG/EGB →Spezielle Abkürzungen. – ENTWURF GOTTESDIENSTBUCH für die Evangelische Kirche der Union und für die Vereinigte Evangelisch-Lutherische Kirche Deutschlands. Erneuerte Agende, o.O.,o.J, (Dezember 1997).

Literatur

Fritz BALTRUWEIT/Günter RUDDAT, Gemeinde gestaltet Gottesdienst. Arbeitsbuch zur Erneuerten Agende, Gütersloh 1994. – Klaus DANZEGLOCKE/Gerd KERL/Werner REICH (Hg.), Gottesdienst – Fremde Heimat. Informationen, Anregungen, Motivationen, hg. im Presseverband der Evangelischen Kirche im Rheinland, Düsseldorf 2001. – Christian GRETHLEIN, Grundfragen der Liturgik. Ein Studienbuch zur zeitgemäßen Gottesdienstgestaltung, Gütersloh 2001. – Ernst LANGE, Chancen des Alltags. Überlegungen zur Funktion des christlichen Gottesdienstes in der Gegenwart, München 1984. – Werner REICH/Joachim STALMANN, Gemeinde hält Gottesdienst (Leit. NF 1), Hannover 1991. – Werner REICH/Albert WIEBLITZ/u.a., Wenn alle gemeinsam Gottesdienst feiern. Gottesdienst der Generationen, Hannover 2001. – Klemens RICHTER, Kirchenräume und Kirchenträume. Die Bedeutung des Kirchenraums für eine lebendige Gemeinde, Freiburg 1998. – Gustav ROTH, Die Beteiligung der Gemeinde: HbLit (1995) 746–760. – Helmut SCHWIER, Die Erneuerung der Agende (Leit. NF 3), Hannover 2000.

Werner Reich

Die Sprache der Liturgie

I. Einführung: Die Liturgie spricht viele Sprachen

Die Liturgie der Kirche, konkreter, die Liturgien der Kirchen sprechen viele Sprachen: die Sprache des Raumes, die Sprache der Farben, die Sprache der Bewegung, der Berührung, der Kleider und der Gerüche. Im Folgenden soll es aber nicht um all diese »Sprachen«, sondern allein um die gesprochene Sprache, also das Wortgeschehen der Liturgie gehen. Aber auch wenn die Sprachen des Raumes, der Berührung, der Bewegung und die vielen anderen nichtverbalen Sprachen der Liturgie außer acht gelassen werden, bleibt das gottesdienstliche Wortgeschehen immer noch vielsprachig. So findet sich durch die Geschichte der Kirche hindurch neben der poetischen, überschwänglichen Sprache ostkirchlicher Liturgien das knappe, stilisierte Latein der römisch-katholischen Kirche, neben den oft didaktisch orientierten Volkssprachen reformierter Liturgien der weitgehende Verzicht auf Sprache bei Quäkern, neben dem kunstvollen Englisch der traditionellen anglikanischen Liturgie die Glossolalie der Pfingstkirchen. Auch in der Weltkirche heute spiegelt sich diese Vielsprachigkeit der Liturgie: So lebt die blumenreiche Sprache inkulturierter indischer Liturgieformulare neben dem einfachen Sprachgerüst des Eucharistiegebets australischer Ureinwohner, die militant-prophetische Sprache der Gottesdienste lateinamerikanischer Basisgemeinden steht neben der nach Zärtlichkeit ringenden Sprache neuer Frauengottesdienste.

Aber selbst wenn wir uns allein auf den deutschsprachigen Kontext konzentrieren, finden wir noch Hinweise auf die Vielsprachigkeit der Liturgie, sei es im Hinblick auf unterschiedliche Gottesdienstanlässe (die Sprache im Kindergottesdienst ist eine andere als bei einem Jugendgottesdienst, die Sprache bei einem Gottesdienst im Altersheim anders als in einem Gefängnis), oder sei es im Hinblick auf einen einzigen Gottesdienst allein: Da stehen die Sprache der Bibel Israels, die eines Luther-Liedes und die einer jungen Predigerin nebeneinander. Manchmal spricht die Gottesdienstgemeinde neben Deutsch auch Hebräisch (»Amen«, »Halleluja«) und Griechisch (»Kyrie eleison«). Und sie findet sich mit ihrer Mehrsprachigkeit in ganz unterschiedlichen Sprachvollzügen wieder (Verkündigung, Gebet, Bekenntnis, gesungenes Wort, frei formulierte Fürbitten usw.).

Es stellt sich die Frage, ob und wie in dieser gottesdienstlichen Vielsprachigkeit »die« Sprache »der« Liturgie zu entdecken ist. Aber noch eine viel wichtigere Frage ist an die vielen Sprachen unserer Gottesdienste zu stellen: Sprechen sie die Sprache Gottes? Kann sich in ihnen Gottesbegegnung in Menschensprache vollziehen? Halten sie es aus, innerhalb der inflationären Sprachproduktion der heutigen Welt letztlich auch »Rätselwort« zu sein, »das das Mysterium tragende Scherbenwort« (Bachl 326)? Diese Fragen sind hier wohl kaum zu beantworten. Aber ein Blick auf die geschichtliche Entwicklung mag dazu beitragen, die Vielsprachigkeit der Liturgie als Teil der gottesdienstlichen Begegnung der Menschen mit Gott zu bejahen.

II. Die geschichtliche Entwicklung: Die Liturgie hat viele Sprachen gelernt

Die Sprachgeschichte der Liturgie ist von großer Mannigfaltigkeit gekennzeichnet (vgl. zum Abschnitt den wichtigen Beitrag von Kretschmar). Die frühsten christlichen Gemeinden entstanden in einem vielsprachigen Kontext: Palästina, in dem aber Hebräisch weiterhin für das

Judentum die Sprache der Heiligen Schrift und des Gottesdienstes war. Schon sehr bald wird das über Palästina hinauswachsende Christentum von einem Sprachwechsel geprägt: vom Aramäischen zum Griechischen (in dieser Sprache geschieht dann auch die für die gottesdienstliche Sprache so wichtige Verschriftlichung der Jesustraditionen und der apostolischen Verkündigung). Mit der Ausbreitung der christlichen Mission finden andere Sprachen Aufnahme in den Kreis der altchristlichen Liturgiesprachen, so z.B. verschiedene Formen des Syrischen sowie Koptisch, Nubisch, das südsemitische Ge'ez und Armenisch. In der römischen Provinz Afrika war Latein Kirchen- und Liturgiesprache, obwohl Punisch die Sprache des Volkes war. Die ursprüngliche Liturgiesprache der Stadt Rom selbst war das Griechische, die damalige Weltsprache im Einflussbereich griechischer Kultur. Erst in der zweiten Hälfte des 4. Jh. wird Latein zur Liturgiesprache Roms. Allerdings handelte es sich bei dieser neuen Liturgiesprache, was die Sprachebene betrifft, um eine Kunstsprache: Keine Römerin, kein Römer »hat je in der Sprache oder dem Stil des Kanons oder der Orationen der römischen Messe geredet« (Mohrmann 347). Dennoch findet sich seit dem frühen Mittelalter in der westlichen Kirche ein weitgehendes Monopol dieser zweiten Liturgiesprache Roms, des Lateins. Die Liturgiesprache der westlichen Kirche war damit nicht mehr die jeweilige Volkssprache, sondern die Schriftsprache der westlichen Welt und damit die Sprache ihrer Oberschicht. In dieser Sprache wurde die Liturgie gefeiert, nur Predigt und Katechese vollzogen sich in den Volkssprachen. Auch sind Elemente z.B. des Taufgottesdienstes volkssprachlich überliefert.

Natürlich gab es Ausnahmen der Vorherrschaft der lateinischen Liturgiesprache (hierzu Korolevskij). Das bekannteste Beispiel ist das Ringen um die Liturgiesprache während der Slawenmission im 9. Jh.: Die Missionare Cyrill und Methodius hatten Bibel und liturgische Texte ins Slawische übertragen, was zu heftigen Protesten der ostfränkischen Kirche führte. Diese lehnte die slawische Liturgie ab mit Verweis auf die drei Sprachen der Kreuzesinschrift (Joh. 19,19 f.). Papst Johannes VIII., an den sich die Slawenmissionare wandten, entschied in ihrem Sinne: »Derjenige, welcher die drei Hauptsprachen, das Hebräische nämlich, das Griechische und das Lateinische gemacht, Derselbe hat auch alle andern zu seinem Preise und Ruhme geschaffen« (zit. bei Gerhards 136). Dieses Prinzip setzte sich in der westlichen Kirche allerdings nicht durch. Aber das in der Slawenmission geformte Altkirchenslawisch wuchs zum Kirchenslawisch der bulgarischen, russischen und serbischen Kirchen – die damit zwar eine unter volkssprachlichen Prinzipien erkämpfte Liturgiesprache hatten, die aber in ihrem eigenen Kontext nicht mehr die Volkssprache darstellte.

Dabei hielten die Ostkirchen durchaus das Prinzip einer muttersprachlichen Liturgie hoch. Im 12. Jh. formulierte der byzantinische Patriarch von Antiochien, Theodoros Balsamon, dieses Prinzip folgendermaßen: Wenn eine zur Liturgie versammelte Gemeinde des Griechischen nicht mächtig ist, so soll die Liturgie in der jeweiligen Sprache der versammelten Gemeinde gefeiert werden. Allerdings gilt bei diesem ostkirchlichen Prinzip (wie schon am Beispiel der kirchenslawischen Liturgiesprache deutlich wurde): Die mit einer ursprünglich volkssprachigen Motivation geschaffene Liturgiesprache wird zur isolierten Ritualsprache, wenn die Volkssprache sich ändert, die Liturgiesprache aber bestehen bleibt. Manchmal finden sich aufgrund dieser Spannung auch Formen einer zweisprachigen Liturgie. So brachten die syrischen Nestorianer ihr Syrisch als Liturgiesprache bis nach China. Der Gottesdienst war aber anscheinend mehrsprachig: Während Syrisch die eigentliche Liturgiesprache blieb, waren Lieder und Lesungen in den Volkssprachen üblich. Ähnliches findet sich heute z.B. in den griechisch-orthodoxen Gemeinden in Nordamerika: Das liturgische Rollenbuch der Gemeinde ist meistens zweisprachig, ebenso wird der Gottesdienst nicht selten in einem Gemisch von Griechisch und Englisch gefeiert.

In der westlichen Kirche wurde die weitgehende Alleinherrschaft der Liturgiesprache Latein endgültig durch die Reformation gebrochen. Wie in der Geschichte der christlichen Mission, in der Bibelübersetzung und Liturgiesprache häufig Hand in Hand gehen, so sind auch in der Reformation Bibelübersetzung und volkssprachlicher Gottesdienst verbunden. Letzterer wurde vor allem Anfang der zwanziger Jahre des 16. Jh. an verschiedenen Orten gleichzeitig eingeführt, wobei in diesem frühen Stadium die volkssprachlichen Gottesdienste durchaus unterschiedlich aussahen. Vereinheitlichend für das lutherische Lager wirkte hier Luthers (gemäßigte) Position, wie sie auch seine Deutsche Messe noch kennzeichnet. So findet sich bei Luther z.B. nicht die scharfe Ablehnung der lateinischen Liturgiesprache wie später bei Calvin, ja Luther – in diesem Punkt von römisch-katholischen Humanisten nicht weit entfernt – betont: »Und wenn ichs vermöcht, und die Kriechische und Ebreische sprach were uns so gemyn als die latinische und hette so viel feyner musica und gesangs, als die latinische hat, so sollte man eynen sontag umb den andern yn allen vieren sprachen, Deutsch, Latinisch, Kriechisch, Ebreisch messe halten, singen und lesen« (WA 19,74).

Dabei ist zu beobachten, dass der liturgische »Sprach-Bruch« (hierzu und zum Folgenden Bieritz 1985, hier 94), den die Reformation (auch) bedeutete, als Teil einer umfassenden Neubestimmung des Gottesdienstes als Ganzem zu verstehen ist, nicht nur als Neubestimmung einzelner Elemente. Für Luther ist Gottesdienst primär ein Sprech- und Redeereignis, weil das Evangelium, das den Gottesdienst inhaltlich bestimmt, untrennbar an »die sprach des mundlichen worts« (WA 29, 274) gebunden ist. Das Wort wird in diesem Gottesdienstverständnis zum eigentlichen Gnadenmittel. Eine der offensichtlichen Konsequenzen ist die »Versprachlichung« des Gottesdienstes durch die Reformatoren. Die damit verbundene Volks-Versprachlichung des Gottesdienstes findet ihren Niederschlag in neuen (volkssprachlichen) liturgischen Formularen, aber vor allem auch im liturgischen Rollenbuch der Gemeinde selbst, im Gesangbuch.

Dass auch die gottesdienstlichen Volkssprachen der Reformation zu eigenen Liturgiesprachen werden, zeigt nicht nur die sich gleichbleibende Sprache vieler evangelischer Agenden durch die Jahrhunderte, sondern z.B. auch die Liturgiesprache der anglikanischen Kirchengemeinschaft, die bis in die zweite Hälfte des 20. Jh. durch das Englisch der von Erzbischof Thomas Cranmer erarbeiteten Liturgieformulare bestimmt war.

Obwohl seit dem Mittelalter auch in der römisch-katholischen Kirche (gerade bei der Feier der Taufe und der Trauung) durchaus die deutsche Sprache (mit-)verwendet wurde, hielt das Konzil von Trient dennoch – für die Kirche des Westens – am Latein als verbindlicher Liturgiesprache fest: »Obwohl die Messe viel Lehrreiches für das gläubige Volk enthält, so schien es den Vätern doch nicht entsprechend, sie allgemein in der Volkssprache feiern zu lassen. ... Wer sagt, ... man dürfe die Messe nur in der Volkssprache feiern, ... der sei ausgeschlossen« (sessio XXII [1562] cap. 8 und can. 9; DS 1749.1759, NR 605.414). Mit dieser Entscheidung des Konzils von Trient wird Latein auch diejenige Liturgiesprache, die katholischerseits die neuzeitliche Begegnung der Kirche mit Afrika, Asien und den Amerikas prägt.

In den nicht-katholischen Kirchengemeinden jedoch ging die vielgestaltige Entwicklung der Sprache der Liturgie weiter mit der Verbreitung des Christentums durch Mission sowie durch Kolonisation, Handel und Auswanderungsbewegungen. Allerdings wurde nicht selten selbst von Kirchengemeinschaften mit volkssprachlicher Liturgie nur langsam die Sprache des neuen Kontexts angenommen. Die deutschen Auswanderer nach Nordamerika z.B. hielten noch lange an Deutsch als Gottesdienstsprache fest. Andererseits führte die Missionstätigkeit der russischen Kirche in der Neuzeit zur Rückkehr zu einer volkssprachlichen Liturgie, zumindest im Missionsgebiet: Während die Mutterkirche selbst an der kirchenslawischen Liturgie festhielt, feierten die missionierten Stämme in Sibirien den Gottesdienst in ihrer Volkssprache.

In der römisch-katholischen Kirche vollzog sich der Übergang von der lateinischen Liturgiesprache zu einer Liturgie in lebenden Sprachen mit und nach dem Zweiten Vatikanum. Durch die immense Aufgabe der Umsetzung in die Muttersprachen wurde die liturgische Sprache zu einem der zentralen Themen nachkonziliarer Reflexion (dies traf sich mit der Bedeutung, die die Sprache als philosophisches Anliegen im 20. Jh. erhalten hatte und mit dem damit einhergehenden Wachsen neuer Wissenschaftszweige: Sprachphilosophie, Linguistik, Semiotik usw.). Inzwischen ist klar geworden, dass die Verwendung der Muttersprache in der Liturgie die Frage einer angemessenen Liturgiesprache nicht einfach löst, ja ihre eigenen Probleme mit sich bringt (Haunerland). Die im Frühjahr 2001 erschienene Instruktion »Liturgiam Authenticam« mit ihren sehr präzisen und engen Vorschriften zur Übersetzung der lateinischen Liturgiebücher in die Muttersprachen hat dies noch einmal eindrücklich gezeigt (Not. 37 [2001] 120–174).

Darauf verweist auch das 1999 von der EKU und der VELKD gemeinsam herausgegebene EGb, das unter den Kriterien für die Auswahl von Texten die Gleichberechtigung von Texten aus der Tradition und aus dem Gemeindeleben der Gegenwart, einen »sorgfältigen Umgang mit der Sprache im Sinn einer inklusiven Sprache« und den lebendigen Zusammenhang zwischen evangelischem Gottesdienst und dem liturgischen Leben der anderen Kirchen in der Ökumene nennt (15–17). Damit sind (auch) liturgische Sprachprinzipien angegeben, die aus dem gegenwärtigen Leben der Kirche/n erwachsen und Weiterentwicklungen der bestehenden liturgischen Sprache fordern. Angesichts heutiger Entwicklungen, gerade im Kontext wachsend pluralistischer und multikultureller Gesellschaften, wird sich wohl die geschichtlich gewachsene Vielsprachigkeit der Liturgie mehr und mehr auch in einzelnen liturgischen Traditionen selbst spiegeln. So enthält, um noch ein letztes Beispiel zu nennen, das Gesangbuch der Vereinigten Methodistenkirche in den USA neben den überwiegend englischen Texten u.a. auch indianische, spanische, taiwanesische und lateinische Texte und Melodien.

III. Theologische Grundlegung: Die Liturgie spricht die ihr eigene Sprache

Angesichts der konstitutiven Vielsprachigkeit der Liturgie stellt sich die Frage nach der inneren Einheit des gottesdienstlichen Sprachgeschehens. Liturgietheologisch kann die Antwort nur lauten, dass sich in den verschiedenen Sprachvollzügen der Liturgie immer Aspekte der einen (sprachgebundenen) Begegnung zwischen Gott und Menschen vollziehen – diese Betrachtungsweise kann durch semiotische (Bieritz 1990, 47–60) und linguistische (Merz) Analysen wirksam unterstützt werden. Dieser Begegnung mit ihren zwei Polen – Gott und Menschen, zu Gottes Volk berufen – schenkt im Gottesdienst die liturgische Sprache sprachliche Gestalt.

A. Wesensmerkmale liturgischer Sprache

Versucht man, die Wesensmerkmale liturgischer Sprache als »Sprachganzes« (Brunner 324) zu beschreiben, so bietet sich als Leitfrage die Frage nach der spezifischen Deutung der (Glaubens-)Wirklichkeit in und durch diese Sprache an. Was sagt liturgische Sprache über die Wirklichkeit, über die sie spricht und singt? In der Beantwortung dieser Frage wird deutlich werden, dass sich in und durch die liturgische Sprache eine ganz spezifische und unverwechselbare Deutung der Wirklichkeit vollzieht, die so nur unter den der liturgischen Sprache eigenen Funktionsgesetzen geleistet werden kann (hierzu und zum Folgenden: Schaeffler).

Wenden wir uns zunächst einigen Aspekten des liturgischen Redens von Gott zu. Herausragendes Merkmal ist ganz offensichtlich, dass das liturgische »Gott nennen« primär nicht innerhalb der Rede von oder über Gott geschieht, sondern im Kontext des zu Gott Sprechens. Selbst dort, wo sich die Liturgie nicht direkt einer »Du«-Sprache bedient, ist eine Dialogstruktur doch mitgegeben. Die liturgische Redeform der Glaubenden gegenüber Gott ist der explizite oder implizite Vokativ, wie er alle anakletischen Formeln charakterisiert, sei es nun das »omnipotens sempiterne Deus« lateinischer Kollekten oder das »Du Gott, Freundin der Menschen« (Rosenstock/Köhler) neuer Frauengebete. Das Gottesbild, das durch dieses liturgische »Gott nennen« gezeichnet wird, ist das eines Gottes, der ansprechbar ist: Liturgische Sprache setzt die Ansprechbarkeit Gottes für die Menschen voraus. Dabei signalisiert sie eine ganz spezifische Art des Ansprechens: die der Anbetung. Gott ist nicht nur derjenige, der für die Menschen ansprechbar ist, Gott ist auch die Einzige, der wir uns in der Form der Anbetung nähern.

Bei den spezifischen Aspekten des liturgischen Redens vom Menschen ist zunächst die Wirklichkeit des »ich« bzw. des »wir« die Wirklichkeit der Sprechenden. Es gibt keine liturgische Sprache ohne eine liturgische Sprachgemeinschaft. Dabei ist nun allerdings von fundamentaler Bedeutung, dass die Sprechenden in der liturgischen Sprache Antwortende sind, also in ein Dialoggeschehen mit einbezogen werden, das nicht bei ihnen seinen Ausgangspunkt nahm. Die liturgische Sprache ist somit nicht primär Entscheidung und Handeln des Menschen. Sie ist Wort-Anwort-Geschehen und von menschlicher Seite Reaktion auf das Heilshandeln und die heilende Sprache Gottes in Jesus Christus durch den Heiligen Geist. Diese Heilssprache Gottes setzt die liturgische Sprache voraus, sie bringt sie zur Sprache, ihr ent-spricht sie. Damit ist gesagt: Die liturgische Sprache ist keine willkürliche Sprachhandlung, sie ist bestimmt und geformt durch Gottes Sprechen selbst, das sie ansagt und dem sie korrespondiert.

Die liturgische Sprache ist Trägerin dieser Wirklichkeitsdeutung unter ihr eigenen Funktionsgesetzen. Sie erschließt durch die Unverwechselbarkeit dieser Funktionsgesetze eine Deutungsdimension, die ihr nicht durch andere Formen der Glaubenssprache, also z.B. weder durch die theologische Rede noch durch die »Sprache« der Diakonie abgenommen oder durch diese ersetzt werden kann. In der liturgischen Sprache wird etwas über Gott und Menschen als wahr ausgesprochen, was so in einer anderen Sprache un-sagbar ist.

Aber man muss wohl noch einen Schritt weitergehen, um die Funktionsgesetze und damit die Eigenart und Wesensmerkmale der liturgischen Sprache zu erfassen. Die liturgische Rede ist im Kern ja nicht allein sprachliche Aussage, sondern vor allem Vollzug, Handlung, Redegeschehen. Bei einem Blick auf liturgische Texte nähert man sich deshalb nur einem kleinen Teil der Wirklichkeit der Sprache der Liturgie. Das eigentliche, eben der Vollzug, tritt ja bei der Textinterpretation nicht in den Blick. Nun ist aber gerade dieser ein fundamentaler Teil liturgischer Rede. Denn selbst wenn liturgische Rede sich der grammatikalischen Form des Aussagesatzes bedient, ist sie doch primär nicht Text oder Mitteilung (weder an Gott noch an Menschen), sondern Tatwort. Die Sprachphilosophie hat für diese Art von Sprache die Theorie der Sprachhandlungen bereitgestellt (grundlegend Austin und weiterführend Searle): Im Tatwort, in der Sprachhandlung wird eine Wirklichkeit nicht nur konstatiert und beschrieben, sondern auch geschaffen und verändert. Diesen Sprachhandlungen eignet Performativität – die Sprache wirkt hier verrichtend, leistend, ausführend, handelnd. Auf die liturgische Sprache bezogen (Girardi) lässt sich dieser Gedanke folgendermaßen ausführen: In der liturgischen Rede vollzieht sich primär nicht sprachliche Mitteilung, sondern ein Geschehen, nämlich die Begegnung zwischen den von Gott angesprochenen Menschen und dem sie ansprechenden Gott, der Antwort erheischt. Die liturgische Sprache vollzieht das, was sie aussagt: Durch sie und mit ihr und in ihr ereignet sich Begegnung der Menschen mit Gott.

B. Kriterien der Legitimation

So wie die Wesensmerkmale liturgischer Sprache aus und anhand dieser Sprache selbst zu bestimmen sind, so sind auch die Kriterien der Legitimation zu entwickeln in engem Anschluss an die Eigengesetzlichkeit der liturgischen Sprache. Es ist nicht sinnvoll, die liturgische Sprache der ihr eigenen Funktionsgesetze zu berauben und sie von außen an sie herangetragenen Kriterien der Legitimation zu unterwerfen. Konkret: Auf der Basis der oben skizzierten Wesensmerkmale liturgischer Rede ergibt sich als zentrale »Funktion« dieser Rede die Begegnung zwischen Gott, der die Menschen in (gottesdienstliche) Gemeinschaft ruft, und den Menschen, die diesem Ruf Folge leisten. Das zentrale Kriterium der Legitimation einer so charakterisierten liturgischen Sprache muss demnach sein: »Leistet« diese Sprache das, ermöglicht sie diese spezifische Form der Begegnung zwischen Gott und Menschen? Bietet sie Freiraum für den Vollzug dieser ihr ganz eigenen Dimension der Wirklichkeit? Ist sie authentischer Ausdruck der ihr zugrunde liegenden Intention?

Nun ist die liturgische Rede aber kein »autarkes Sprachspiel« (Schaeffler) und darf es niemals werden (was gerade bei der Betonung der Eigengesetzlichkeit der liturgischen Rede immer wieder zu beachten ist). Als eine spezifische Grundform menschlicher Begegnung mit Gottes Heilswort ist die liturgische Sprache daran gebunden, dieses Heilswort Gottes – auf die ihr eigene Art – zur Sprache zu bringen und ihm zu ent-sprechen. Die Frage der Korrespondenz zwischen dem Heilswort Gottes und dem Antworten auf dieses Heilswort ist aber auch in der liturgischen Sprache konfrontiert mit dem Problem divergierender Glaubensantworten. Damit ist das Problem legitimer und illegitimer Formen liturgischen Redens aufgeworfen. Dieses Problem ist gerade in der liturgischen Rede akut, da diese Rede nicht primär Klarheit des Ausdrucks anstrebt. Nun ist aber offensichtlich, dass nicht jede liturgische Rede schon qua liturgischer Rede Gottes Heilswort angemessen und damit Trägerin des Vollzugs der gottesdienstlichen Begegnung zwischen Gott und Menschen ist. Für die liturgische Rede gilt deshalb: Illegitime Formen liturgischer Rede tun den eigentlichen Wesensmerkmalen dieser Rede Gewalt an – selbst wenn sie formal den Strukturgesetzen liturgischer Rede entsprechen mögen. Sie verneinen durch ihren Inhalt die Korrespondenz mit und die Entsprechung zu Gottes Heilswort: »Gott, ich danke dir, dass ich nicht wie die anderen Menschen bin, die Räuber, Betrüger, Ehebrecher ...« (Lk 18,11). »Gelobt sei Gott, der mich nicht als Frau geschaffen hat.« An diesen klassischen Beispielen einer Fehlform des Sprachgeschehens »Gebet« wird deutlich, wie auch die Sprache der Liturgie der kritischen Reflexion bedarf. Sie ist ja Teil der sich komplementär zueinander verhaltenden Sprachformen der Begegnung mit Gott. Die liturgische Rede muss sich als Teil dieser Sprachwelt verantworten. Sie darf sich deshalb – gerade auch angesichts der mannigfaltigen Gefährdungen, denen liturgische Sprache ausgesetzt ist (Idolatrie, Magie, Selbstverherrlichung usw.) – der kritischen Reflexion nicht verweigern.

C. Bewährungsproben

Auch die Frage nach Bewährungsproben liturgischer Sprache wird an den dieser Sprache eigenen Funktionsgesetzen nicht vorbeigehen dürfen, wenn sie sachgemäß vorgehen will. Die Suche nach angemessenen Bewährungsproben liturgischer Sprache sei deshalb begonnen, indem die Frage nach der Wirksamkeit dieser Sprache aufgegriffen wird, und zwar unter dem spezifischen Aspekt der Verifikation dieses Redegeschehens. Dabei ist zunächst zu bedenken, dass ein wichtiger Teil der Frage nach der Verifikation das Problem des Kriteriums der Verifikation darstellt. Es wurde gesagt, dass performative Sprachhandlungen sich nicht unter dem Kriterium von »wahr oder falsch« bewähren, sondern daran, ob sie glücken oder scheitern. Auch wenn man diese Unterscheidung so nur bedingt aufrechterhalten möchte, ist doch für die Bewährung der liturgischen Sprache zunächst die Frage nach dieser Sprache als Ort und Medium der gottesdienstlichen Begegnung mit Gott zu stellen. Die liturgische Sprache hat sich unter diesem Blickwinkel primär nicht gegenüber von außen an sie herangetragenen Kriterien der Bewährung zu legitimieren (z.B. der Frage ihres Informationswertes, der Übereinstimmung der Inhalte mit denen der Erfahrungswissenschaften, ihrer psychologisch stabilisierenden Funktion oder ihrer Motivation zum Handeln). Ihr Anspruch, Ort und Medium der gottesdienstlichen Begegnung der Menschen mit Gott zu sein, ist beim Wort zu nehmen.

Wie aber bewährt sich die liturgische Sprache als Ort und Medium der gottesdienstlichen Begegnung der Menschen mit Gott? Sie bewährt und bewahrheitet sich nicht zuletzt in der Abwehr falscher Gegenstände der Anbetung, der Gefahr des Götzendienstes und der Selbstverherrlichung. Dies mag zunächst fremd klingen, die überragende Bedeutung dieser sehr reellen Gefahren (und ihrer Abwehr) wird aber durch einen kurzen Blick auf die »Bundesgrammatik« der Bibel Israels, den Dekalog, deutlich. Die ersten drei Gebote verweisen im Grunde ja genau auf diese, die liturgische Sprache als Begegnung mit Gott bedrohenden Fehlhaltungen (kultische Untertöne sind unüberhörbar): »Ich bin Jahwe, dein Gott ... Du sollst neben mir keine anderen Götter haben. ... Du sollst den Namen des Herrn, deines Gottes, nicht missbrauchen; denn der Herr lässt den nicht ungestraft, der seinen Namen missbraucht« (Ex 20,2–7). Das Redegeschehen der Liturgie erscheint als der durch diese negativen Bestimmungen (die ja als Heilsgabe aufgefasst werden) geschützte positive Raum: als Ort der expliziten Anerkennung Gottes, der Gottes Volk Heil widerfahren lässt. Dass dieser Raum geschützt werden muss und die Art, wie er geschützt wird, sagen im Grunde Folgendes: Die gottesdienstliche Begegnung mit Gott ist kein magischer Automatismus, der immer glückt und nicht scheitern kann. Auch die liturgische Sprache muss sich bewahrheiten, eben dadurch, dass sie wirklicher Begegnung mit Gott Raum schafft und Fehlleistungen entlarvt und richtet.

Nachdem zu Beginn verwiesen wurde auf die Bewährung liturgischer Rede anhand der Frage, ob das liturgische Redegeschehen glückt oder scheitert unter Ablehnung des Kriteriums von »wahr oder falsch«, sei hier noch eine Bemerkung eingefügt zur »Wahrheit« liturgischer Sprache. Die Frage der Bewahrheitung dieser Sprache muss im Grunde beantwortet werden mit einem Hinweis auf Gott. Gott selbst verantwortet letztlich die Wahrheit dessen, was die liturgische Sprache aussagt, denn Gott ist Stifter der Beziehung, die sich hier sprachgebunden vollzieht und gefeiert wird. Von dieser Überzeugung legt auch die junge Kirche, wie sie uns in den Schriften des Neuen Testaments entgegentritt, beredtes Zeugnis ab. Sie verstand ja ihr Beten, Preisen und Singen als Geist-gewirktes und damit primär nicht als Menschenwerk, sondern als Gotteswerk: »Lasst euch vom Geist erfüllen! Lasst in eurer Mitte Psalmen, Hymnen und Lieder erklingen, wie der Geist sie eingibt. Singt und jubelt aus vollem Herzen zum Lob des Herrn« (Eph 5,18 f.). Als »pneumatisches« Wort entzieht sich die liturgische Sprache deshalb im Grunde den Verifikationsmöglichkeiten anderer Sprachformen. Vielleicht ist es deshalb hinsichtlich der liturgischen Sprache sachgerecht, von einer Art »eschatologischer Verifikation« zu sprechen: Im Aufscheinen der Gegenwart Gottes in der Liturgie – vollkommen am Ende der Zeiten – bewahrheitet und bewährt sich die liturgische Sprache.

IV. Die pastoralliturgische Wirklichkeit: Die Liturgie muss sich immer neu die ihr angemessene Sprache schaffen

Es stellt sich die Frage, welche Art von Sprache und welche Sprachformen und Sprachhandlungen der Begegnung zwischen Gott und Menschen im Gottesdienst entsprechen. Dabei sind folgende grundsätzliche Spannungen zu beachten, die der gottesdienstlichen Sprache – bei aller Sprachentwicklung, der sie ständig unterworfen ist – quasi vorgegeben sind:

1. Vielfältige Spannungen zwischen *Gotteswort und Menschenwort.* Die Sprache der Liturgie ist mitgeprägt dadurch, »das das Mysterium tragende Scherbenwort« zu sein, ein »Rätselwort«, das den Menschen von Gott zukommt und deshalb immer auch Fremd-Sprache ist. Aus diesem Grund sollte der Liturgie eine ihr eigene Sprache nicht vorschnell abgesprochen werden – eine ihr eigene Sprache nicht im Sinne eines »liturgienesisch« oder einer toten Sakralsprache, sondern im Sinne der spezifischen Deutung der Wirklichkeit, die sich in der Liturgie vollzieht. In der Sprache der Liturgie wagt die Gemeinschaft der Glaubenden »Gott« und »Du« in einem Atemzug zu sagen, sie wagt »Schuld« und »Sünde« zu benennen, sie wagt zu bekennen »wir glauben«.

2. Damit ist schon eine zweite Spannung angedeutet, in der sich jede Liturgiesprache befindet: die Spannung zwischen der *Sprache des Glaubens und der Sprache der »Welt«.* Auch wenn gerade in den letzten Jahrzehnten (sicher zu Recht) betont wurde, dass die gottesdienstliche Sprache den Menschen verständlich und zugänglich sein muss, so sollte die Sprache der Liturgie sich doch absetzen von der Welt-Sprache, denn diese Sprache ist zutiefst geprägt von der Wirklichkeit militärischer Gewalt, androzentrischer Strukturen, wirtschaftlichen Wettbewerbs und allgegenwärtiger Werbung. Mit der Sprache von Investition und Profit, von Angriff und Verteidigung, von Männerphantasien und Frauenfeindlichkeit, von »preiswert« und »kauf mich« ist aber die liturgische Begegnung zwischen Gott und Menschen nicht zu gestalten. Die Liturgiesprache wird – angesichts der Merkmale der »Welt-Sprache« – eine Sprache sein wollen und müssen, die z.B. Frauen nicht ausgrenzt (Domay/Köhler), Lebensqualität nicht an Konsumverhalten bindet, ihren Gott nicht billig anpreist, das Fremde nicht als angsterregend zeichnet, Schwarz nicht mit Negativem besetzt und alte und behinderte Menschen nicht stereotypisiert.

3. Zu diesen Spannungen zwischen Gotteswort und Menschenwort, Liturgiesprache und Welt-Sprache hinzu kommt eine Spannung in der liturgischen Versammlung selbst: die Spannung zwischen der liturgischen *Sprache in actu*, die immer die Sprache einer konkreten Gottesdienstgemeinde ist, *und den tradierten Texten* der Liturgie, die dem Gottesvolk durch die Zeiten gedient haben. Auch diese Spannung zwischen den »Wort-Schätzen« gottesdienstlichen Lebens in der Vergangenheit und dem »neuen Lied« der Gottesbegegnung heute, zwischen festgeschriebener gottesdienstlicher Sprache und dem freien »neu zur Sprache Kommen« gilt es auszuhalten, nicht aufzulösen. Grundsätzlich ist die liturgische Sprache aber immer offene Sprache, offen für die in die Zukunft hinein sich entfaltende Geschichte Gottes mit den Menschen.

4. Eine weitere Spannung, die der gottesdienstlichen Sprache vorgegeben ist, ist die der *Einheit und Vielfalt.* Bezieht sich die vorher genannte Spannung auf die diachrone Geschichte des Gottesvolkes durch die Zeit, so ist die hier genannte Spannung in der synchronen Wirklichkeit des Gottesvolkes verankert: Die Sprache der Liturgie ist die Sprache der heutigen Gottesdienst feiernden Kirche aus allen Völkern und Nationen. Die Einheit dieser Kirche und ihrer Liturgie darf aber nicht in sprachlicher Einheitlichkeit angesiedelt werden, sondern in der einen Bezeugung des Christus-Mysteriums in allen Sprachen und Kulturen, Dialekten und Schichten. Dabei muss die Liturgiesprache eine Sprache sein, die möglichst viele/alle in die aktive Feier des Christus-Mysteriums miteinbezieht.

5. Eine letzte Spannung sei hier noch erwähnt: die zwischen der liturgischen Rede und dem liturgischen Schweigen. Gerade in einer Zeit inflationärer Redseligkeit sollte die Liturgie es den Glaubenden ermöglichen, auch wort-los vor Gott zu sein (allerdings sollte bei zeitgenössischen Warnungen vor »liturgischem Wortdurchfall« differenziert werden (Zulehner: Titel). Wenn z.B.

Frauen in feministischen Liturgien jetzt selber zu Wort kommen, ist ihre »Red-Seligkeit« sicher anders einzuordnen als die »Logorrhöe« kirchlicher Funktionäre.

Die hier skizzierten Spannungen, an denen jede Sprachgestaltung und Sprachentwicklung der Liturgie teilhat, sollten in »liturgischer Mehrsprachigkeit« (Cornehl 83) ausgehalten werden. D.h. konkret, dass im Gottesvolk Offenheit für die Begegnung mit Gott in ganz verschiedenen Liturgiesprachen lebendig sein sollte: Sei es in der einfachen Sprache eines Kindergottesdienstes in einer evangelischen Gemeinde oder in der reichen Sprache einer griechisch-orthodoxen Vesper, sei es in den Liedern einer kleinen Basisgemeinde in El Salvador oder denen einer feministischen Liturgie. Dabei heißt die Offenheit für andere Liturgiesprachen nicht, dass man keine Muttersprache hat. Im Gegenteil, wer keine Muttersprache hat, die oder der wird mit allen anderen Sprachen große Schwierigkeiten haben. Die Offenheit für andere Liturgiesprachen heißt: Auch das liturgische Leben derer, die andere Liturgiesprachen sprechen als ich, ist Ort der gnadenvollen Begegnung zwischen Menschen und Gott. Auch die andere Sprache ist Sprache, die Nähe wagt zum Geheimnis Gottes und Begegnung mit dem lebendigen Gott gewährt. Angesichts der gnadenvollen Gegenwart Gottes in allen Kirchen und Kulturen ist eine liturgische Mehrsprachigkeit kein blinder Indifferentismus, sondern bereitwillige Anerkennung der Gegenwart Gottes inmitten eines vielsprachigen Gottesvolkes.

Literatur

John L. AUSTIN, Zur Theorie der Sprechakte, Stuttgart 1972. – Gottfried BACHL, Wider die harmlose Redseligkeit. Thesen zur Sprachkultur in der heutigen Kirche: HerKorr 45 (1991) 325–330. – Karl-Heinrich BIERITZ, Daß das Wort im Schwang gehe. Reformatorischer Gottesdienst als Überlieferungs- und Zeichenprozeß: JLH 29 (1985) 90–103. – Ders., Das Wort im Gottesdienst: GDK 3 (^{2}1990) 47–76. – Peter BRUNNER, Die Sprache der Liturgie. Eine theologische Überlegung zu ihrer geistlichen Bedeutung: Otto Semmelroth (Hg.), Martyria, Leiturgia, Diakonia [FS Hermann Volk], Mainz 1968, 320–339 – Gunda BRÜSKE, Plädoyer für liturgische Sprachkompetenz. Thesen zur Sprachlichkeit der Liturgie: ALW 42 (2000) 317–343. – Peter CORNEHL, Art. Gottesdienst VIII: TRE 14 (1985) 54–85. – Erhard DOMAY/ Hanne KÖHLER (Hg.), Der Gottesdienst. Liturgische Texte in gerechter Sprache, Bd. 1–3, Gütersloh 1997–98. – Albert Gerhards, Theologische Aspekte des volkssprachlichen Gottesdienstes: LJ 34 (1984) 131–144. – Luigi GIRARDI, »Conferma le parole della nostra fede«. Il linguaggio della celebrazione (BEL.S 95), Rom 1998. – Winfried HAUNERLAND, Lingua Vernacula. Zur Sprache der Liturgie nach dem II. Vatikanum: LJ 42 (1992) 219–238. – Elisabeth HUG, Reden zu Gott. Überlegungen zur deutschen liturgischen Gebetssprache, Zürich 1985. – Kathleen HUGHES (Hg.), Finding Voice to Give God Praise. Essays in the Many Languages of the Liturgy [FS Gilbert Osdiek], Collegeville 1998. – David JASPER/Ronald C. D. JASPER (Hg.), Language and the Worship of the Church, New York 1990. – Cyrille KOROLEVSKIJ, Liturgie en langue vivante, Paris 1955; dt.: Liturgie in lebender Sprache. Orient und Okzident, Klosterneuburg 1958. – Georg KRETSCHMAR, Art. Kirchensprache: TRE 19 (1990) 74–92. – L. LEIJSSEN (Hg.), Liturgie et Langage [FS Silveer De Smet] (TEL 12), Leuven 1992. – Michael B. MERZ, Linguistische Methoden in der Liturgiewissenschaft: ALW 32 (1990) 1–8. – Christine MOHRMANN, Sakralsprache und Umgangssprache: ALW 10 (1968) 344–354. – LA PAROLE DANS LA LITURGIE. Semaine liturgique de l'Institut Saint-Serge: LO 48 (1970). – Heidi ROSENSTOCK/Hanne KÖHLER, Du Gott, Freundin der Menschen. Neue Texte und Lieder für Andacht und Gottesdienst, Stuttgart 1991. – Wolfgang SCHANZE, Die Sprache der Liturgie: JLH 7 (1962/63) 40–51. – Richard SCHAEFFLER, Kleine Sprachlehre des Gebets, Einsiedeln 1988. – Josef SCHERMANN, Die Sprache im Gottesdienst (IThS 18), Innsbruck 1987. – Herman A. P. SCHMIDT, Liturgie et langue vulgaire. Le problème de la langue liturgique chez les premiers Réformateurs et au Concile de Trente (AnGr 53), Rom 1950. – John R. SEARLE, Sprechakte. Ein sprachphilosophischer Essay, Frankfurt a.M. 1971. – Rainer VOLP, Liturgik. Die Kunst, Gott zu feiern, Bd. 1: Einführung und Geschichte, Gütersloh 1992, darin bes.: Vom Umgang mit einem lebendigen Organismus: Über Strukturen, Sprachen und Symbole (Texte), 109–142. – Geoffrey WAINWRIGHT, A Language in Which We Speak to God: Worship 57 (1983) 309–321. – Iwar WERLEN, Ritual und Sprache. Zum Verhältnis von Sprechen und Handeln in Ritualen, Tübingen 1984. – Paul Michael ZULEHNER, »Wie Musik zur Trauer ist eine Rede zur falschen Zeit« (Sir 22,6). Wider den kirchlichen Wort-Durchfall, Ostfildern 1998.

Teresa Berger

Kindergottesdienst (einschließlich Krabbelgottesdienst)

I. Gottesdienst und Katechese von der Alten Kirche bis zur Reformation

Gottesdienstliches und katechetisches Bemühen miteinander zu verbinden, begleitet die Kirche seit ihren Anfängen. Jesus geht in die Synagoge und lehrt: gewaltig, mit Vollmacht, und nicht wie die Schriftgelehrten (Mt 7,29 u.ö.). Petrus und Johannes gehen in den Tempel, um zu beten, und bezeugen Christus (Apg 3); Paulus besucht die Synagogen und die Agora, um zu verkünden und den »neuen Weg« (Apg 24,14) zu lehren. Die Apg 16,15 u.ö. verwendete »οἶκος-Formel« (Schlink 748 f.) scheint darauf hinzuweisen, dass jeweils Erwachsene, Kinder und Jugendliche in die neue Gemeinschaft der Christen durch die Taufe aufgenommen worden sind und zunächst in traditionellen Rollen verharrten.

Die frühe Kirche band den Katechumenenunterricht sowohl inhaltlich als auch rituell stark an den Gottesdienst (Kretschmar, Stenzel). Der Unterweisung folgten entsprechende gottesdienstliche Handlungen, bis in der Tauffeier ein – regional unterschiedlicher, aber in der Grundstruktur gleicher – Ordo gestaltet wurde. Folgende Akte gliederten den Katechumenat:

- Zu Beginn: *obsignatio crucis*, Bezeichnung mit dem Kreuz, wodurch die Zugehörigkeit zu Christus angezeigt ist; *impositio manuum* (Handauflegung); *exsufflatio* (Anblasung im exorzistischen Sinne) und *apertio aurium* (Öffnung der Ohren – und der Nase – durch Berührung durch den Täufer in Verbindung mit dem Wort »effata« [Mk 7,33]: die Ohren werden für das Wort Christi aufgetan); *datio salis* (Darreichung des reinigenden Salzes, dem nach antiker Anschauung auch weisheitliche Qualitäten zugeschrieben wurden).
- In der Zeit des Photizomenates (engere Vorbereitungsphase auf die Taufe): Exorzismus; *traditio symboli et orationis Dominicae* und *redditio symboli* (»Übergabe« von Glaubensbekenntnis und Herrengebet sowie die »Rückgabe« des Bekenntnisses an die Gemeinde durch Aufsagen desselben).
- Vor dem Untertauchen: *abrenuntiatio diaboli* (Absage an den Teufel); *interrogatio de fide* (Frage nach dem Glauben des Taufbewerbers); Salbung mit Öl (bes. in östlichen Kirchen).
- Nach der Wasserweihe und Taufe: *unctio* (Salbung mit Chrisma; daraus entwickelt sich die Firmung); Handauflegung; *alba vestis* (Ankleidung mit weißen Taufkleidern; Westerhemd); *traditio candelae* (Übergabe der Taufkerze).
- Danach folgte die erste Kommunion der Neugetauften (Kalb 231).

Die dem orthodoxen Gottesdienst eigentümliche Dreiteilung in Proskomidie, Katechumenen- und Gläubigenmesse zeugt noch von der Bewahrung des ursprünglichen Brauches, wonach die Ungetauften an der Wort- und Betfeier der Gemeinde teilnahmen und dann vor der eigentlichen eucharistischen Synaxis unter Gebet und Segen entlassen wurden. In diesen Kirchen stellt sich auch durch die Übung der Kinderkommunion die eigentliche Frage nach dem »Kindergottesdienst« nicht. Die »Göttliche Liturgie« ist die Feier der »familia Dei«; die Praxis des Glaubens stellt sich durch aktive Teilnahme am Gottesdienst dar, die katechetische Unterweisung ergänzt, was fehlt. Die Zeiten kommunistischer Unterdrückung haben Stärken und Schwächen dieser Grundhaltung deutlich hervortreten lassen: Wird der Gläubige durch die Teilnahme am Gottesdienst in seinen emotionalen Bedürfnissen gefestigt, so bedarf es doch auch der intellektuellen Befassung mit den Inhalten des Glaubens. Die Katechese gehört wesensgemäß zur Gestalt der Kirche in dieser Welt dazu.

Mit der Ausbreitung des Christentums, besonders in der Zeit der Germanen- und Slavenbekehrung, bei der ja dem Fürsten auch die Großen des Stammes und dann alle anderen folgten (vgl. Gert Haendler, Günter Stökl), wurde die homiletische und katechetische Nacharbeit wichtig. Schon Karl der Große mußte den Klerus anhalten, das Volk in der Landessprache in den katechetischen Hauptstücken zu unterweisen. Daraus entwickelten sich die mittelalterlichen Predigtannexe. In weiterer Folge konnte sich dieser Teil der lateinischen Messe, der in der Volkssprache gehalten war, zum selbstständigen Prädikantengottesdienst ausgestalten (→Predigtgottesdienst). Er wurde z.Zt. der Reformation im oberdeutschen Raum zur Normalform des sonntäglichen Gottesdienstes. Unter pietistischem Einfluss diente er gleichermaßen der Erbauung wie auch der Beschäftigung der Kinder am arbeitsfreien Sonntag, um Müßiggang und lasterhaftem Leben zu wehren. So heißt es in einer Württembergischen Verordnung von 1739: »damit die jungen Leute das in der Schule Gelernte nicht so leicht wieder vergessen, noch die übrige Zeit an Sonn- und Feiertagen sonsten liederlich oder gar sündiglich zubringen« (Berg 49). Nach der Aufklärung konnte er auch das Grundmuster für die katechetischen Nachmittagsgottesdienste für Kinder und Jugendliche (Christenlehre) abgeben.

In den Städten und Gebieten, die stärker von der Wittenberger Reformation beeinflusst waren, erhielten sich Mette und Vesper als Tagzeitengottesdienste. Erstere bot sich für Kinder als die geeignetste Form in Verbindung mit der Schule an. Die Regel, das Stundengebet mit Schülern zu beten, zeigt sich in vielen Schulordnungen. In der Loosdorfer Schulordnung von 1574, Kapitel VIII »Von der Lection der Heyligen Bibel und anderen Übungen der Gottseligkeit« ist vorgesehen: Für die Morgenstunde Gebet, biblische Lesung »sampt Veyt Dieterichs summarien«, abschließend das Te Deum, die deutsche oder lateinische Litanei Luthers, das Athanasianum oder Psalmen, deutsch oder lateinisch; als Mittagsgebet »Veni sancte spiritus« oder »Veni creator spiritus«, danach das Nizänum. Zur Vesper mögen sich die Knaben mit der Gemeinde in der Kirche versammeln und »sonderlich Lucae Lossij Psalmodiam, unnd Doct. Georg. Majoris Psalmorum versionem latinam« singen. Am Sonntag »sollen ... die Knaben gewenet werden inn der Kirchen / bey den waren Gottsdiensten still / züchtig und andechtig zu sein / und auff die predigten zu mercken / und etwas auß denselben dem Praeceptori auffzusagen / und die Praeceptores selbs auch den Knaben gute Exempel geben / und nicht in der Kirchen / wie vil geschicht / lachen und plaudern / oder mit unzeytigen singen unnd anstimmen die Kirchendiener oder andere leute in predigen / lesen oder betten hindern und turbirn«.

Die Preßburger (Bratislava) Schulordnung von 1606 folgt der Ordnung des Gymnasiums von Lauingen 1565 bei Ulm, die sich wie die Loosdorfer ausdrücklich auf die Straßburger von 1538 (Johannes Sturm) bezieht (Achberger 228–230). Diese Schulordnungen prägten mit ihrer engen Verbindung von Kirchengemeinde und Schule das Leben bis ins 20. Jh. (Reingrabner 55). Zuerst gab es den täglichen, später den drei-, zuletzt einmaligen Kirchgang pro Woche für alle Lehrer und Schüler, bei dem in der Form der Mette die Morgen- oder Schulandacht gehalten wurde. Die KO Württemberg 1660 lässt die Schulstunden morgens mit *Veni sancte* und nachmittags mit *Veni creator Spiritus* samt Kollektengebet beginnen. Die Verbindung von Schule und Gottesdienst fand ihre kunstvollste Verbindung in den Knabenchören, die z.T. über ein halbes Jahrtausend bis in unsere Tage bestehen (Wetzel 330 f.). Die liturgische, kerygmatische und dogmatische Bildung und Prägung dieser jungen Menschen durch die Erarbeitung von Messen, Kantaten und Oratorien müsste genauer untersucht und für die praktischen Anliegen bei der Gestaltung von Gottesdiensten für und mit Kindern ausgewertet werden.

Darüber hinaus erbringen noch folgende Zeugnisse aus reformatorischer Zeit den Beweis, dass den Kindern im gottesdienstlichen Handeln der Kirche Beachtung geschenkt wurde: Einmal sind es die Kinderpredigten von Veit Dietrich in Nürnberg, sodann die KO Kassel 1539, nach der Taufen für Sonntag, Dienstag und Donnerstag um 2 Uhr auf die Zeit der Katechisation gelegt werden, weil es »gut sein solle, dass man die Taufe gemeiniglich in der Wochen zu dreimalen hielte, allewege gleich auf den Katechismo. Also dass die Leute, so man zu dem Kinderbericht läutet, sich wüssten mit den Kindern (d.h. den Täuflingen) in die Kirche zu verfügen« (Rietschel/Graff 603). Bilder der Reformationszeit, besonders aus der Umgebung von Lukas Cranach, zeigen allenthalben die ganze Gemeinde: alle Stände, Kinder, Erwachsene – eben die Familie Gottes, die sich um Taufbecken, Kanzel und Altar schart.

II. Die historische Entwicklung des neuzeitlichen Kindergottesdienstes

Der Kindergottesdienst im eigentlichen und heute gebräuchlichen Sinn geht auf englisch-amerikanische Vorbilder zurück (Berg, Gottfried Adam). Schon die Zeit der mittelalterlichen und der reformatorischen Kirche spiegelt die Tatsache wider, dass die jeweilige politische, soziale und kulturell-geistesgeschichtliche Situation auf die gemeindliche Gottesdienst- und Unterrichtsgestaltung Einfluss nimmt. Beispiele geben für die römisch-katholische Kirche das Engagement von Karl Borromäus (1538–1584) in Mailand oder von Don Bosco (1815–1888) in Turin, die verwahrloste Kinder sammelten, sie unterrichteten und ihnen damit eine religiöse und allgemeine Bildung ermöglichten. Im unterelsässischen Steintal (Ban de la Roche) reagierte Johann Friedrich Oberlin (1740–1826) als Pfarrer der verarmten Gemeinde Waldersbach (ab 1767) auf die triste wirtschaftliche Situation mit ökonomischen und erzieherischen Maßnahmen. Unterstützt von Louise Scheppler, die nach dem Tode von Oberlins Frau 1783 als Neunzehnjährige neben ihrer gemeindlichen Arbeit auch die Haushaltsführung übernahm, konnte er die schon 1770 begonnene Kleinkinderarbeit fortsetzen und ausbauen. Scheppler berichtet über die pädagogischen Ziele: »Man berichtet den Knaben und Mädchen die Geschichten der Heiligen Schrift. Man lässt sie auswendig lernen, Gesangbuchlieder und geistliche Lieder, man erklärt ihnen den Sinn der Lieder, man erzählt ihnen verschiedene erbauliche Geschichten, ihrem Alter und Auffassungsvermögen entsprechend. Und endlich versucht man das Gebet des Herzens nahe zu bringen, indem man mit ihnen kniend betet, und man betet in einer Art und Weise, wie sie es verstehen können« (Psczolla 19). Die pädagogischen Ideen Oberlins fanden eine weite Verbreitung und führten in der Folge zu der Gründung von Kindergärten.

In der Herrnhuter Brüdergemeine finden wir zwei Formen von Gottesdiensten mit Kindern: Einmal sind es die »besonderen monatlichen Bet- und Danktage der Kinder«, an denen sie »ihre eigene Litanei beteten«, zum anderen die Tauffeiern am Abend eines besonderen Tages: Inmitten der versammelten Gemeinde stehen die Katechumenen, »Gesang und freie Rede leiten den Gottesdienst ein«. Fragen des Predigers zur Taufe werden von den Kindern im Chor beantwortet. Dazwischen singt die Gemeinde passende Liedstrophen. »Nach einem kurzen Zwiegespräch zwischen dem Täufer und der Gemeinde der Erwachsenen folgt der Taufakt, Gesang und Segen« (Rietschel/Graff 482.603). Die Herrnhuter Formen haben Schleiermacher beeindruckt, sodass er fordern konnte: »Es ist ein gemeinsames Leben für die Jugend zu organisieren, in welchem die kleine Gemeinde ihr Gemeingefühl durch eigene, eigenartige Arbeit, selbstständig und selbsttätig betätigt. Bei den Kindergottesdiensten muss sich die Kinderversammlung als kleine Gemeinde fühlen« (Rietschel/Graff 603).

Besonders deutlich war in England zu Beginn des industriellen Zeitalters der negative Einfluss der wirtschaftlichen Verhältnisse auf die geistig-geistliche Lage der Bevölkerung, als durch die werktägliche Kinderarbeit auch ein Schulbesuch unmöglich wurde. Anders als auf dem Kontinent Bereich wurde die allgemeine Schulpflicht dort erst 1870 eingeführt. Der Buchdrucker und Verleger Robert Raikes erlebte im Jahr 1780 die Verwahrlosung von Kindern in einem Elendsbezirk von Gloucester. Daraufhin bezahlte er selbst eine Frau, die die Kinder sonntags nach dem Gottesdienst anhand von biblischen Geschichten lesen lehrte. Drei Jahre später stellte er die Sonntagsschularbeit der breiteren Öffentlichkeit vor, 1785 gründete der Kaufmann William Fox die »Gesellschaft zur Gründung und Unterhaltung von Sonntagsschulen in Großbritannien«. Dann wurden Sonntagsschulen in Wales, Irland und Schottland eingeführt.

Von 1790–1811 bestand in Hamburg eine Sonntagsschule nach englischem Vorbild. Für die weitere Geschichte bedeutsam wurde die 1825 auf Veranlassung von Johann Georg Oncken vom damaligen Pfarrer der Hamburger Vorstadtgemeinde St. Georg, Johann Wilhelm Rautenberg, gegründete Sonntagsschule, an der 1832/33 auch Johann Hinrich Wichern wirkte, bevor er die Leitung des Rauhen Hauses übernahm. Wicherns Freund Johann Hartwig Bauer spricht 1838 von der »Kinderkirche«, 1847 verwendet Eduard Gleiß den Begriff »Kindergottesdienst«, um die gottesdienstlichen Bemühungen an den Kindern der Sonntagsschule zu benennen.

Die Verfassung der Vereinigten Staaten von Amerika (1789) sieht die strikte Trennung von Kirche und Staat vor. Somit konnte es an den staatlichen Schulen keinen Religionsunterricht geben. 1786 brachte Francis Ashbury, Bischof der Methodistenkirche, von einer Englandreise die Idee der Sonntagsschule mit. Daraus entwickelt sich ein katechetisches Konzept für Kinder und Jugendliche, das nun nicht mehr nur bei den verwahrlosten und ungebildeten Kindern ansetzt, sondern alle Gemeindeglieder erfasst. Bis heute ist die Sonntagsschule für das Selbstverständnis amerikanischer Gemeinden konstitutiv.

Von Amerika brachte der Kaufmann Albert Woodruff, der gemeinsam mit dem Bremer Kaufmann Wilhelm Bröckelmann als seinem Dolmetscher ab 1863 deutsche Städte bereiste, diese Form der Sonntagsschule nach Europa. Das gemeindemissionarische Modell, das in den Folgejahren besonders pietistisch geprägte Laien überzeugte, konnte auch von Pfarrern angenommen werden. Der Bremer Sonntagsschulkongress von 1882 hat den Namen »Kindergottesdienst« festgeschrieben. Die verbandsmäßig organisierte Kindergottesdienstarbeit behielt bis heute den ursprünglichen Charakter einer »Laienbewegung« bei.

In diesen Jahren taucht der Begriff »Kindergottesdienst« auch in den Handbüchern zur Praktischen Theologie auf, kaum aber in jenen der Liturgik. Damit ist dem im Diakonisch-Pädagogischen wurzelnden Anfang der Bewegung Rechnung getragen, wonach eben der lehrmäßigen Grundausrichtung eine Zuordnung zur Katechetik oder Pädagogik entspricht (Wurster 1895, Schäfer 1914). Achelis fasst seine Ausführungen zur »Durchführung der Erneuerung« des evangelischen Katechumenats in drei Stufen zusammen, deren erste »die rein häusliche Erziehung« betrifft, »von der Kirche beeinflusst nur durch den öffentlichen Gemeindegottesdienst, kirchliche Fürbitte, spezielle kirchliche Seelsorge an Eltern und Hausgenossen«, deren zweite dann vom Kindergottesdienst und deren dritte vom Konfirmandenunterricht handelt. Der Kindergottesdienst wird als »Pflichterfüllung der Kirche an ihren Kindern« bezeichnet und soll 1. der »Einpflanzung des Bewusstseins um den Segen kirchlicher Gemeinschaft« und 2. der »Erziehung zu freudiger Heiligung der Sonn- und Festtage in der kirchlichen Gemeinschaft« dienen (Achelis 199 f. [§ 88]).

In den letzten Jahren des 19. Jh. beginnt das Verständnis in den Gemeinden für die Kinder- und Jugendarbeit als Aufgabe der Kirchengemeinde zu reifen. Dazu tragen einerseits die veränderten gesetzlichen Möglichkeiten (in Deutschland nach 1848 und 1871; und in den österreichischen Ländern ab 1861 und 1867; im Burgenland ab 1921) bei und andererseits das neue Selbstverständnis der Pfarrgemeinde im Gegenüber und Miteinander der kirchlichen Vereinstätigkeit (Lück 39–44). Um diese Zeit beginnt auch die Landschulheimbewegung, die einerseits in Verbindung mit dem Aufbruch der bündischen Jugendbewegung (Hofhansl 1979, 139) steht und andererseits zur Gemeinschaftspflege auch Andachten für die Schulgemeinde einführt. Bei Hermann Lietz sind diese ursprünglich im Anschluss an die Ordnungen des Common Prayer Books gestaltet, später wurden sie als sog. Gemeinschaftsstunden sowohl säkularisiert als auch in Verbindung mit dem geistlichen Leben der evangelischen Kirche zu Andachten gestaltet (Andreesen; Hofhansl 1978, 228 f.). Da es sich bei Andachten und Feiern im Bereich der Landerziehungsheime und in den Gruppen der Bündischen Jugend um Gottesdienste für und mit Kindern und Jugendlichen handelt, sollten diese Bereiche nicht unerwähnt bleiben (vgl. Hell). Bedeutsam sind diese Zusammenhänge im Blick auf die Laienmitarbeiterschaft im Kindergottesdienst von Männern und Frauen, die durch diese Bewegungen geprägt wurden und demnach auch den angeeigneten Stil weitergaben. Auswirkungen dieser Ansätze finden sich in den praktischen Hilfen für den Kindergottesdienst auch in unseren Tagen.

Die Ältere Liturgische Bewegung hat auch die Kinder- und Jugendgottesdienste in den Blick genommen (Smend 12–18). Diesem Ansatz folgt Friedrich Niebergall, der den Kindergottesdienst in das Kapitel Predigtgottesdienst und den Abschnitt Nebengottesdienste einordnet. Er fordert für die Kinder eine einfache, leicht fassliche Form von Gebeten und Liedern, die »sie alle mit nach Hause tragen« (237 [§ 61]). Hier taucht der Begriff »Kinderpredigt« auf, die mit der Gruppenbesprechung abwechseln soll. Es sollte viel gesungen werden, weil die Kinder lieber etwas tun, als lange still zu sitzen (Niebergall 237).

Martin Schian behandelt den Kindergottesdienst sowohl im Abschnitt »Andere Gemeindegottesdienste« als auch im Kapitel »Die kirchliche Erziehung im engeren Sinn« (153–157.328 f. [§§ 41.88]). An der ersten Stelle wird zunächst kurz die historische Entwicklung referiert, sodann die Frage »Kindergottesdienst oder Sonntagsschule?« eindeutig mit Gottesdienst beantwortet, der »im Gotteshaus zu halten« ist und »der Pfarrer soll dabei im Ornat sein«. Zur Gestaltung rät Schian, mit Predigt und Gespräch abzuwechseln, um einerseits bei den Kindern die gottesdienstliche Stimmung zu wecken und andrerseits keine Abstumpfung eintreten zu lassen. In diesem Zusammenhang wird auch der Begriff »Kinderpredigt« gebraucht, ohne dass weiter über ihre Besonderheit reflektiert wird (155 f.). In den Lehrbüchern der Homiletik seither hat die Kinderpredigt als besonderes Genus keinen Platz gefunden. Rabus geht den jeweiligen Konzepten der Darbietung im Kindergottesdienst im Spannungsfeld von Nacherzählen biblischer Geschichte – Predigt – Gruppenkatechese nach. Für das Gruppengespräch mit den Kindern ist das Helfersystem nötig. Diese Fragen nimmt Schian im späteren Kapitel wieder auf und weitet die Aufgaben der Helferinnen und Helfer auf den Besuch in den Familien aus. Das Ziel der kirchlichen Erziehung ist, »die Kinder an die Mannigfaltigkeit liturgischer Gestaltung zu gewöhnen und sie zu lebhafter Beteiligung an der Liturgie zu erziehen« (329).

Als in Deutschland nach 1933 die Möglichkeiten des Religionsunterrichtes, der Kinder- und Jugendarbeit eingeschränkt wurden, gewann der Kindergottesdienst wieder mehr Bedeutung als Ort der Katechese und Einübung in das gemeindliche Leben. Oskar Hammelsbeck beschließt den Abschnitt über den Kindergottesdienst mit den Worten: »Der Kindergottesdienst gehört als Feier und als Lehre in die Einheit des kirchlichen Unterrichtes; er darf daher nicht ›nebenher‹ und, wie es den einzelnen Pfarrern und Helfern nach ihrer persönlichen Einsicht gefällt, so oder so gehandhabt werden, sondern ist ein Teil der Dienste in der Gesamtkirche. Darum ist die Gemeinde für ihn verantwortlich« (78). Die Handbücher zur Praktischen Theologie ordnen den Kindergottesdienst, sofern er überhaupt erwähnt wird, dem katechetisch-religionspädagogischen Bereich zu (Alfred Dedo Müller, Otto Haendler, Rössler).

Denken alle bisher genannten Autoren an eher geschlossene oder mehrheitlich evangelische Gebiete, so spricht Walter Stökl auch die besonderen Aufgaben in einer extremen Diaspora an, wo weithin Mitarbeiter und geeignete Räume für ein entfaltetes Gemeindeleben fehlen und eine durchorganisierte Kindergottesdienstarbeit kaum möglich ist. Der Kindergottesdienst soll hinführen in den Gottesdienst der Gemeinde, doch gibt das Wort »Kinderlehre« besser an, worum es eigentlich geht. Das damalige »Wiener System« – in den Jahren vor 1930 – sah vor, dass Gemeinde- und Kindergottesdienst gleichzeitig von Pfarrer und Vikar gehalten werden. Kinder und Erwachsene gehen gemeinsam zur Kirche und haben in verschiedenen Räumen ihren Gottesdienst. In den Diasporagemeinden »werden ›Familiengottesdienste‹ gehalten, ein Hauptgottesdienst mit eingefügter Kinderlehre. Das hat den sehr wesentlichen Vorteil, dass Klein und Groß gemeinsam singt und betet, dass von Jugend auf den Kindern die gottesdienstliche Form vertraut wird. Gerade in einfachen Verhältnissen ... hat es sich bewährt, statt einer halbstündigen langen Predigt erst eine Viertelstunde lang mit den Kindern vor den Erwachsenen das Evangelium zu besprechen und dann nach einem Liedvers der Kinder eine zehn Minuten lange Kurzpredigt an die Erwachsenen zu halten« (106 f.). In den Anmerkungen 222 f. erörtert Walter Stökl noch praktische Nöte mit mangelhaft gestalteten Räumen und Schwierigkeiten, geeignete Personen für die Gruppenarbeit zu finden (182).

Zuletzt sei der Einfluss der Singbewegung, die Erneuerung der Gestaltung des Kirchenjahres (Knolle/Stählin) und die Beachtung psychologischer Phänomene für die Zeit zwischen den Kriegen benannt. Nach 1945 konsolidieren sich die Verhältnisse, und aus diesen entstehen wiederum in den sechziger Jahren neue Fragen, die Beantwortung verlangen. In der DDR wurden die Erfahrungen aus der nationalsozialistischen Zeit weitergeführt und in der Sammlung der Kinder im Kindergottesdienst und in der Christenlehre praktisch ausgestaltet. Von diesen Bemühungen zeugt die Zeitschrift »Die Christenlehre« und das Berliner Handbuch der Praktischen Theologie (1974–1978). In letzterem referiert Jürgen Henkys unter dem Abschnitt »Die pädagogischen Dienste der Kirche im Rahmen ihres Gesamtauftrages« kurz die Geschichte des Kindergottesdienstes und stellt abschließend fest, dass allen Konzepten die Grundannahme der sonntäglichen Feier gemeinsam ist. Henkys folgert: »Der Kindergottesdienst soll den Kindern dazu helfen, ihre Zugehörigkeit zur größeren Gemeinschaft der Christen am Ort, seien sie nun gleichaltrig, noch jünger oder schon viel älter als sie, zu erfahren und fröhlich, festlich auszudrücken. Der zeitliche Rahmen für diese Erfahrung ist der Sonntag, ihr soziales Medium das nötigungslose Zusammenkommen und Zusammensein, ihre Quelle die Teilhabe an Gottes Ja, das durch Anrede und Raumgabe vermittelt wird« (51).

III. Neuorientierung. Der Kindergottesdienst seit 1945

Diese Periode lässt die im Gesamtgefüge der Kindergottesdienstarbeit auftretenden Aspekte mit unterschiedlicher Gewichtung hervortreten. Begleitet sind die Bemühungen einerseits von einer beständigen Abnahme der Teilnehmerzahlen am Kindergottesdienst und andrerseits von der wachsenden Bereitschaft junger Menschen, hier zu helfen (zur Statistik vgl. Schmidt-Lauber 1990, 374 f.; ABlEKD, Stat. Beil., zuletzt Nr. 92 für 1996, 18.54.56). In den letzten Jahren kann man ein stärkeres Engagement von Familien beobachten, die auch ihre ganz kleinen Kinder zum Gottesdienst mitbringen. Das hat wiederum zu drei Themenkreisen geführt: Abendmahl mit Kindern, Familien- und die neuen »Krabbelgottesdienste« (zu Letzterem vgl. Meyer 1992, Gehrke/Neubauer 1993, Hellmchen-Menke 2001, Reinbold 2002). Die Neuorientierung nach dem Zweiten Weltkrieg zeigt drei neue Ansätze:

1. Der *gottesdienstlich-liturgische Aspekt* begegnet uns dort, wo die Gestaltung des Kindergottesdienstes nicht dem Belieben einzelner Personen oder Gemeinden überlassen wird, sondern sich entweder an der Grundform des Predigtgottesdienstes oder an der Mette als des von der Tageszeit her geeigneten Formulars orientiert (Goltzen 223.290). Letztere hat zwar eine gute

historische Begründung, aber heute keinen Sitz im Leben der Kindergottesdienstgemeinde mehr. Erstaunlich ist allerdings, wie auch experimentierfreudige Gruppen auf eine der Mette ähnliche Grundstruktur gekommen sind. Für diesen liturgischen Ansatz spricht die Gemeinsamkeit mit den sonst in der Gemeinde gefeierten Gottesdiensten und damit verbunden ein Vertrautwerden mit liturgischen Texten und Weisen, Gebärden und Gebräuchen. Die Kindergottesdienstagenden nehmen diesen Ansatz auf und stellen das Ergebnis eines Erfahrungsaustausches dar. Weiter gewinnt der gottesdienstliche Ansatz an Bedeutung durch Begegnungen mit der Ökumene, sei es anlässlich von theologischen Lehrgesprächen und Bemühungen um einen Konsens, wie sie die Kommission für Glauben und Kirchenverfassung des ÖRK über fünfzig Jahre erfolgreich unternommen hat (Lima 1982), sei es durch Kontakte mit den eigenständigen Kirchen der Dritten Welt und ihren ganz anderen kulturellen Wurzeln und Hintergründen als jenen der westlichen Welt. Allein schon in der Rezeption des Liedguts anderer Richtungen und Traditionen und der Bejahung von Bewegung und Tanz im Gottesdienst zeigt sich ein Weg, auf dem es schon zu einer Weitung gekommen ist und diese noch zu erwarten ist.

In diesem Zusammenhang ist zu erwähnen, dass manche Gemeinden gute Erfahrungen damit machen, dass die Kinder am Gottesdienst der Gemeinde bis zum Lied vor der Predigt teilnehmen und dann zu ihrem eigenen »Kindergottesdienst« in einen anderen Raum gehen. Bei Abendmahlsgottesdiensten können sie zu den Fürbitten oder zur Gabenbereitung nach der »Kinderpredigt« wieder zurückkehren. Sie nehmen dann am Heiligen Mahl entweder als Kommunikanten oder als zu segnende Kinder teil. Die Wichtigkeit der Teilnahme von Kindern an Taufen oder eigenen Taufgottesdiensten wurde schon in der Reformationszeit betont und stellt heute eine besondere Gestaltungsaufgabe dar. Solche Taufgottesdienste werden z.T. mit eigenen Elementen zur Tauferinnerung oder Tauferneuerung gestaltet. Das EGb 1999 sieht verschiedene Gestaltungsvarianten vor (149–153 Feier der Taufe im Gemeindegottesdienst). Aus solchen an einem Gesamtkatechumenat orientierten Ansätzen heraus könnte auch überlegt werden, wie Kinder in ihrer Welt den Tod erfahren und an Bestattungsriten teilnehmen. Die allgemeine Verdrängung des Todes aus dem Alltag verweigert Kindern die nötige Sozialisierung in einer christlich-humanen Bestattungskultur. Hierbei ist die Hilfe von Symbol und Ritual nicht zu unterschätzen. Das leitet zum nächsten Aspekt über.

2. Der *therapeutische Aspekt* findet sich schon am Beginn der Sonntagsschulbewegung in England und Deutschland in dem Wunsch, verwahrlosten Kindern zu helfen. Dieser diakonische Ansatz wurde von Ingrid Adam aufgegriffen. Sie bezeichnet die Aufgabe des Kindergottesdienstes als »sozialtherapeutische Funktion«, in der den Kindern die Möglichkeit zur Aufarbeitung ihrer Probleme durch gezielte Sprachhilfe geboten wird. Ein klar definiertes biblisch-didaktisches Ziel des Kindergottesdienstes hat hier ebensowenig Platz wie ein – gottesdienstlich – geprägter Raum als störend empfunden und liturgisches Sprachgut als kommunikationshinderlich erachtet werden. Die Nähe zu gesellschaftsdiakonischen und seelsorgerlich-therapeutischen Bemühungen zeigt die Wichtigkeit solcher Überlegungen, die sich auch für den Gottesdienst allgemein als fruchtbar erweisen können. Im Blick auf die interkonfessionellen und internationalen Bemühungen um Gerechtigkeit, Frieden und Bewahrung der Schöpfung werden auch diese Anliegen, zumindest ansatzweise, im Kindergottesdienst Raum finden.

3. Der *religionspädagogische Aspekt* begleitet den Kindergottesdienst seit der Zeit, als der missionarisch-erzieherische Ansatz noch nicht so genannt wurde. Stand einmal das erwecklich-erbauliche Element im Vordergrund, so waren es in den letzten Jahrzehnten die themenorientierten Konzepte. Damit wirkten einerseits die Ergebnisse der pädagogischen Psychologie, der Lernforschung und der problem- und themenorientierten Ansätze der Allgemeinpädagogik auf

die Theoretiker und Praktiker der Kindergottesdienstarbeit ein, wie andererseits auch der gesellschaftliche Wandel in allen Lebensbereichen ernst genommen wurde. Alle Neuerungen im staatlichen Schulwesen betrafen auch den Religionsunterricht, wo er an öffentlichen Schulen üblich war, und wirken sich verstärkt nun auch dort aus, wo durch gesellschaftliche und politische Veränderungen ein wie immer gearteter Religionsunterricht eingeführt wird. Das betrifft Frankreich anders als die neuen deutschen Bundesländer, Skandinavien anders als die südosteuropäischen Staaten. Unabhängig von der rechtlichen Stellung und der theoretischen Begründung dieses Unterrichtes, ob – wie in Österreich – von der Kirche oder stärker vom Bildungsauftrag der Schule her begründet, so haben doch Lehr- und Lernplanrevisionen auch den pragmatisch-liturgischen Aspekt bedacht und für die Ausführung sowohl meditative als auch gottesdienstliche Elemente im Religionsunterricht gefordert. In dem von Gottfried Adam und Rainer Lachmann in Analogie zum Gemeindepädagogischen Kompendium herausgegebenen Methodischen Kompendium für den Religionsunterricht, in dem auch der Kindergottesdienst kurz erwähnt wird, findet sich ein eigener Hauptabschnitt zum Themenbereich »Musikalische, spielerische und meditative Handlungselemente« (299–393). In diesem werden von verschiedenen Autoren die Einzelthemen Musik und Lied im Religionsunterricht, Spielformen, Meditation, Stille und Stilleübungen und »Liturgische Elemente?« (vgl. Grethlein 1993, 377) vorgestellt. Auch das schulische Lernen soll umfassender und vielfältiger gestaltet werden.

Die letzte Bemerkung lässt nach den Adressaten, den Kindern, fragen. Schon Achelis hat das Alter der für den Kindergottesdienst in Frage kommenden Kinder mit dem Schulalter von etwa sechs bis 13 Jahren – bis zum Konfirmandenunterricht – festgesetzt. Häufig kommen auch jüngere Geschwister mit, die dann die Altersstruktur nach unten erweitern. Haben Eltern mehrere Kinder, so ergibt es sich zwangsläufig, dass auch kleinere Kinder zum Kirchgang mitgebracht werden. Für den Kindergottesdienst ist in einem solchen Fall die sinnvolle Aufgliederung in Gruppen nur mehr dann möglich, wenn genügend Helfer und ausreichend Räume zur Verfügung stehen. Mutet man Eltern mit kleinen Kindern den Besuch des ausschließlich für Erwachsene vorgesehenen Gottesdienstes zu, so wird die gesammelte Teilnahme der Eltern und manchmal auch anderer Gemeindeglieder empfindlich gestört. Diese Beobachtung, verknüpft mit der Einsicht, dass alle skizzierten Ansätze zum Konzept des Kindergottesdienstes ihr relatives Recht haben, drängt nach Lösungen.

IV. Lösungsvorschläge

Schon 1979 hat Hans-Christoph Schmidt-Lauber ein gemeindliches Gesamtkonzept für den Gottesdienst aller gefordert, das behutsam von der Problemerkennung zur Veränderung schreitet. Das Grundproblem sieht er in der Frage: »Wie finden unsere Kinder aus der ihnen für einige Jahre geistliche Heimat bietenden Kindergottesdienstgemeinde, wenn die Zeit kommt, zur gottesdienstlichen Gesamtgemeinde?« (390). Der Gottesdienst wird definiert als »elementare Begegnung mit Gott, ... die Erfahrung der Annahme aus Gnade und ... die Vision des Kommenden, von dem man im Heute bestehen kann. Darin ist sowohl der Gemeindegottesdienst als auch der Kindergottesdienst der evangelischen Kirche heute defizitär« (391).

Von dieser Position her erscheinen die vorgebrachten Begründungen für den eigenständigen Kindergottesdienst als nicht ausreichend:

- » die altersspezifische Aufgliederung (pädagogisch/psychologisch)
- Ersatz für mangelnde Lebendigkeit des Religionsunterrichtes (katechetisch)
- neuer Anfang einer lebendigen Gemeinde (missionarisch)
- Ausgleich für das unbewegliche gottesdienstliche Leben der Gesamtgemeinde

– Ersatz für Bibel und Gebet in der Hausgemeinde«,

denn die Folgen dieser Praxis führen zu weiteren Problemen:

– »Alltagsleben und Gemeinschaft mit und vor Gott fallen auseinander
– Überbewertung des Kognitiven zu Lasten des Emotionalen
– Förderung weiterer ›Versektung und Vergruppung‹ (so Mauder 44) der Volkskirche« (Schmidt-Lauber 392 f.).

Um diese Probleme zu überwinden, ist zweierlei nötig: Einmal ist der ganze »Gemeindegottesdienst der ganzen familia Dei wieder zugänglich zu machen« (ebd. 393) und zum andern muss der Gottesdienst wieder zum Ort der Begegnung werden, an dem es »zur Gemeinschaft der Generationen vor Gott kommen kann« (Möller 1979, 34). Durch eine solche Schau wird verhindert, dass Kinder in einen Schonraum abgedrängt werden, »zum negativen Bild des Nochnicht-Erwachsenen« (Martinus J. Langeveld nach Möller 1978, 9) reduziert werden und schließlich nur mehr Erziehungsobjekte sind.

Positiv steht dem gegenüber, dass die kommunikative Kraft des Ritus die Gemeinschaft zwischen den Generationen vertieft und Symbol und Ritual als anthropologische Voraussetzungen für den Gottesdienst Eltern und Kinder zusammenfügen. Dieser Einsicht entspricht auch eine Würdigung der Kinderkatechese z.Zt. der Gemeindepredigt, eine regelmäßige Feier von Familiengottesdiensten und die Zulassung getaufter Kinder zur Eucharistie, ohne ausschließliche Bindung der Mahlzulassung an kognitiv-lehrhafte Bedingungen.

Abschließend mahnt Schmidt-Lauber, den Kindergottesdienst nicht einfach abzuschaffen ... »in der Erwartung, es würde von selbst etwas Neues wachsen« (394), sondern theologisch und kirchenleitend auf die umfassende Erneuerung des in den Gemeinden gemeinsam gefeierten Gottesdienstes hinzuarbeiten. Das EGb bietet bereits Ansätze genug. Damit sind für den Bereich des Kindergottesdienstes liturgiedidaktische Aufgaben gestellt, die unter Anwendung der weiteren für die Liturgie entdeckten Zusammenhänge – Josuttis hat aufgrund eines verhaltenswissenschaftlichen Konzeptes ein mehrdimensionales Verständnis des Gottesdienstes erschlossen; vgl. dazu auch Thilo und seinen therapeutischen Ansatz – einer Gestaltung harren (für die römisch-katholische Theologie vgl. Hollerweger).

Gottfried Adam hat im Gemeindepädagogischen Kompendium seine Position zum Kindergottesdienst ausführlich dargelegt. Der ab 1974/76 in der Religionspädagogik und Praktischen Theologie entfaltete Begriff »Gemeindepädagogik« versucht, weil alle kirchlichen Handlungsfelder gelernt, eingeübt und angeeignet werden sollen, um ausgeführt und angewendet werden zu können, ein Gesamtphänomen zu benennen. Diese Einsicht stellt die Frage nach den Handlungszielen und nach einer Didaktik im umfassenden Sinn. Die Ergebnisse der Humanwissenschaften sind hier ebenso zu berücksichtigen wie die anderen theologischen Disziplinen. Eine Liturgiedidaktik müsste folgenden Bereichen nachgehen:

– Zusammenhang von lex orandi und lex credendi im Horizont der Glaubenserfahrung.
– Biographische Bedeutung von Gottesdiensterfahrung für Einzelne und Gruppen.
– Gottesdienstliche Bildung im
  – Wissen um geschichtliche und systematische Zusammenhänge,
  – Einüben und Aneignen verbaler und nonverbaler Kommunikationsformen.
  – Aneignen von Einstellungen und Haltungen, die dem gemeinschaftstiftenden Wort Gottes entsprechen. Soweit Arbeitshilfen zum EGb und EG vorliegen (vgl. die in Lieferungen erscheinenden Gottesdienst-Arbeitshilfen der Liturgischen Konferenz Niedersachsens, Hannover, und das Werkbuch zum EG, Göttingen), wird dieser Weg von »Praktikern« schon z.T. beschritten.

Die gemeindepädagogische Position zum Kindergottesdienst kann kurz folgendermaßen beschrieben werden: »Im Handlungsfeld Kindergottesdienst sind verschiedene Handlungsdimensionen miteinander verknüpft, aber die religionspädagogische dürfte besonderes Gewicht besitzen. Hinsichtlich der verkündigenden Dimension wird der Ansatz eines ›verkündigenden Erzählens‹ den Kindern gerecht, weil diese sich im Blick auf die Wege der Aneignung des Glaubens schwerpunktmäßig in einer narrativen Phase befinden. Im Blick auf die gottesdienstlich-liturgische Handlungsdimension geht es um das unmittelbare Erleben von Fest und Feier, zugleich gilt es aber, die Aufgabe einer gottesdienstlich-liturgischen Bildung und Erziehung wahrzunehmen« (Gottfried Adam 1989, 186). Sieht man den Kindergottesdienst als eigenständige Einrichtung an, so hat er folgende Aufgaben zu erfüllen:

- die in den biblischen Texten bezeugte Urkunde des Glaubens und der Verheißung bekannt und damit vertraut zu machen;
- Lieder und Gebete anzueignen und Verständnis zu erschließen;
- Gemeinschaft der Kinder untereinander, mit den Verantwortlichen und der Gemeinde durch Aufbau von Beziehungen zu gestalten und erleben zu lassen;
- zu einem Verständnis der Feste in der Gemeinde und im Kirchenjahr hinzuführen und durch aktive Teilnahme zu vertiefen;
- zu Symbolverstehen anzuleiten und einzuüben;
- das Verständnis für Kirche zu wecken, indem die Verbindung zu den sonstigen Gottesdiensten gestaltet wird; das evangelische »Gedächtnis der Heiligen« (Hofhansl 1992, 220) durch die Darstellung exemplarischen Christseins in Vergangenheit und Gegenwart zu pflegen.

Will man diese Anliegen umsetzen, so bedarf es didaktischer Überlegungen, die Voraussetzungen und Ziele prüfen und auf die Gestaltung des Kindergottesdienstes angewendet werden:

(1) Möglichkeiten und Grenzen im Blick auf Zahl und Alter der Kinder, der Mitarbeiter und der Gemeinderäume klar erkennen. Realistische Veränderungen von den Zielen her planen.

(2) Die Lebenssituation der Kinder nach Alter und Familie bedenken, entwicklungspsychologische Einsichten anwenden und die Darbietung der biblischen Texte entsprechend gestalten: Kinderpredigt, Nacherzählung, Gruppengespräch; Verwendung nonverbaler und kreativer Gestaltungselemente überlegen.

(3) Die ekklesiologischen Voraussetzungen im Blick auf das Verständnis von Kirche, Gemeinde, Amt und Dienste, Gestalt und Vollzug des Gottesdienstes überprüfen. Das Kirchenjahr als generationenübergreifendes Gestaltungsprinzip der Gemeinde und Kirche erkennen und zu den Festen am Ort und in der Region auch die ökumenische und die interkulturelle Dimension bedenken (Kinderweltgebetstag).

(4) Das Ziel der liturgischen Bildung im Blick auf die Vielfalt gottesdienstlicher Formen bedenken und die Umstände der gesellschaftlichen und kirchlichen Fest- und Feierkultur im Horizont der »kirchlichen Heimatkunde« (Hofhansl 1998) festlegen und im Zusammenhang von Einrichtungen (Kindergarten, Schule), Familie und Gesamtgemeinde ausrichten.

(5) So unverfügbar der Glaube ist, so kann er doch bezeugt, gestaltet und im Miteinander gelebt werden. Das ermöglicht auch die Bemühungen, Glauben zu lehren und zu lernen. Die Nähe zur seelsorgerlichen und diakonischen Dimension wird deutlich.

(6) Unter Bedachtnahme auf das Vorgenannte kann das Planen im Rhythmus von Woche, Fest- und Themenkreisen unter Zuhilfenahme des reichlich vorhandenen Gestaltungsmaterials erfolgen. »Für die konkrete Durchführung gilt die Losung: methodische Vielfalt bei der Bemühung um die den Kindern gemäßen Lernwege des Glaubens. Dabei verlangt der ›Eindruck‹, den eine biblische Geschichte bei den Kindern hinterlässt, durch verschiedene

Gestaltungsformen seinen ›Ausdruck‹ zu finden, damit aus Zuhörern Mitbeteiligte werden. Für ein ganzheitliches Erleben mit Kopf, Herz und Hand ist die Selbsttätigkeit, Kreativität wesentlich« (Gottfried Adam 1989, 187).

Drei Themenkreise gehören in dieses Umfeld, die hier noch kurz angezeigt werden können:

1. *Abendmahl* mit getauften Kindern (vgl. Abendmahl mit Kindern): Neben der grundsätzlichen Klärung dieser Frage, wie sie sich im ökumenischen Gespräch und aus dem Verständnis der Sakramente ergeben hat, ist hier die Anwendung von gesamtkirchlichen oder persönlichen Entscheidungen zu überlegen. Werden Kinder von Eltern zur Kommunion mitgebracht, stehen sie dort nur dabei oder empfangen sie einen Kindersegen oder sogar die Hostie, von den Eltern geteilt oder selbstständig, trinken sie aus dem Kelch? Welche Entscheidungen werden in dieser Hinsicht für Familiengottesdienste getroffen? Wie ist es mit der ökumenischen Gastbereitschaft in solchen Eucharistiefeiern? Diese Fragen müssen gestellt und beantwortet werden. Es ist nicht gut, jene sensiblen Bereiche grundsätzlich spontanen Entscheidungen zu überlassen. Ist die Entscheidung zur Kinderkommunion gefallen, so sind auch eigene Eucharistiefeiern mit Kindern als Kindergottesdienst denkbar, aber wohl im Blick auf den Communio-Charakter der Feier nicht zu empfehlen. Hier gilt wohl das von Schmidt-Lauber angemahnte Verständnis der familia Dei und ihrer Darstellung im Gottesdienst der Gemeinde.

Immerhin hatte der Vorentwurf EA 1990 zum EGb zwei Eucharistiegebete unter dem Hinweis »Abendmahl mit Kindern« aufgenommen, die ein hilfreiches Grundmuster für die Ausgestaltung einer Abendmahlsfeier mit Kindern darstellen (EA Nr. 486.487). Im Gottesdienstbuch findet sich nur mehr ein Abendmahlsgebet für einen Familiengottesdienst (659).

2. *Familiengottesdienste* werden im nächsten Beitrag behandelt. Hier erfolgt nur der Hinweis darauf, dass eine bereichernde Begegnung und Verbindung zwischen Kindergottesdienst und Erwachsenengottesdienst möglich wird, wenn das in mehreren Kindergottesdiensten Erarbeitete funktional in den Gemeindegottesdienst eingebracht wird. Zum Erntedankfest, zum Advent, in der Passions- und Osterzeit hat sich eine solche Gestaltung schon bewährt.

3. Im *Krabbelgottesdienst* wird den Kleinsten in der Gemeinde Raum gegeben, sie werden nicht nur geduldet als mehr oder weniger stille Anwesende. Um Erwachsenen, bei denen die Toleranz im Blick auf Störungen größer ist, mit ihren (Kleinst-)Kindern das Erlebnis und die Feier eines Gottesdienstes zu ermöglichen, sehen die vorliegenden Praxiseinheiten rhythmische Lieder, Bewegungen und Erzähleinheiten vor. Die Gebete können von Aktionen begleitet werden. Im Gotteslob 1975 sieht die 6. Reihe (Nr. 504–514) Gebete für Messen mit Kindern vor und unter den fünf neuen Hochgebeten 1977/1988 finden sich drei » für Meßfeiern mit Kindern« (25–50). Die literarisch vorliegenden Vorschläge nehmen die begrenzten Möglichkeiten auf und übertragen das in der Familie Gelebte in die Kirche. Auch in diesem Zusammenhang haben die »Praktiker« zuerst reagiert und experimentiert. Die theologische Bearbeitung steht noch aus.

V. Von der Theorie zur Gestaltung

Die Geschichte des Kindergottesdienstes zeigt, dass jeweils ein beobachtetes Defizit zum Handeln an und für Kinder drängte. Die Einordnung unter die religionspädagogischen Leitgedanken wurde auch durch die Zeitumstände (Aufklärung, Jahrhundert des Kindes usw.) erleichtert. Das eigentliche gottesdienstliche Anliegen kam spät in den Blick. Dies hängt gewiss auf der einen Seite mit der Skepsis zusammen, die aus der protestantischen Tradition allem Kultischen gegenüber herrscht. Auf der anderen Seite ist es gewiss auch die Unfähigkeit, liturgiewissenschaftlich-systematisch zu denken und daraus Folgerungen zu ziehen. Die humanwissenschaftlichen Ansätze, besonders aus den Bereichen der Psychologie, der Kommunikationswissenschaften und der Spieltheorien, ermuntern zum Experimentieren und verdunkeln den gottesdienstlichen Aspekt. Albrecht Schmidt-Brücken hat – ausgehend von dem grundlegenden Text Mt 28,16–20 – eine Gottesdienststruktur für Kinder erarbeitet: Die Schritte »Einladung – Sammlung – Anbetung« führen zum Zentrum »Verkündigung« hin und von dort als »Sendung – Segen« wieder fort (71). Damit sind gestalterische Elemente genannt, die ähnlich auch der Struktur der Erneuerten Agende und dem Gottesdienstbuch zugrunde liegen. Durch die Beobachtung solcher Strukturgesetze könnte auch die theologische Position der Gemeinde und ihrer für die Kinderarbeit verantwortlichen Mitarbeiter gefunden werden.

Die Gemeinde lädt ein, weil Christus einlädt. Auch der Kindergottesdienst ist keine Veranstaltung *von* jemandem *für* jemanden, sondern die »im Namen Jesu versammelte Gemeinde« (Brunner 83). Die so Versammelten finden sich als Gemeinde vor, die aus Getauften und noch Ungetauften bestehen mag. Die Anbetung im Gefolge von Mt 28,17 macht deutlich, dass die Gott durch Christus dargebrachte Huldigung auch aus dem Zweifel und dem Nichtverstehen möglich ist. »Das verkündigte Wort räumt Zweifel aus« (Schmidt-Brücken 72). So weckt das Wort den Glauben (fides ex auditu) und ist als verkündigender Aspekt auch Höhepunkt. Die Sendung hat einen lehrhaften Aspekt – »geht und lehrt« (Mt 28,19) –, in welchem alle pädagogisch-didaktischen und kreativ-gestalterischen Elemente Raum haben können. Der Segen schließlich könnte als Grundform des sich uns zuwendenden Handelns Gottes verstanden werden, und diesen zu spenden, wäre gerade im Umgang mit Kindern eine elementare Pflicht der Kirche. Eine Durchsicht der von den Verlagen angebotenen Literatur zeigt zwei Tendenzen: Einmal sind es regelmäßig erscheinende Hilfen wie »Der Kindergottesdienst« oder die »Evangelische Kinderkirche«, die nach einem Textplan im Kirchenjahr Themen und Projekte aufbereiten. Die andere Gruppe bietet neben grundsätzlichen Hilfen für Mitarbeiter »Praxis«-Material und Gestaltungsvorschläge zur abwechslungsreichen Inszenierung von Kindergottesdiensten an. Da in diesen Veröffentlichungen mehr oder weniger verdeckt auch theologische Grundpositionen zum Tragen kommen, ist eine Besinnung auf die Korrespondenz von Ekklesiologie und Gottesdienstverständnis dringend geboten. Erst wenn diese theologische Besinnung erfolgt ist, können adäquate Gottesdienstformen für Kinder gefunden und gestaltet werden. Damit aber die Gottesdienstgemeinde nicht in einzelne Ziel-Gruppen-Angebote zerbricht, sind generationenübergreifende Modelle weiterzuentwickeln (Reich 2001). Hier ist auch die Kirchenmusik gefordert, passendes Liedgut zu schaffen.

Quellen

→Spezielle Abkürzungen

ABENDMAHL MIT KINDERN (CID 4). Dokumentation 1977–1982, Münster 1983. – AGENDE FÜR DEN KINDERGOTTESDIENST, hg.v. Söhngen/Thiel, Berlin 1952. – AGENDE FÜR EVANGELISCH-LUTHERISCHE KIRCHEN UND GEMEINDEN. Zweiter Sonderband: KINDERGOTTESDIENST, im Einvernehmen mit dem Gesamtverband für Kindergottesdienst, Hannover 1964. – FÜNF HOCHGEBETE. Studienausgabe für die Bistümer des deutschen Sprachgebiets, hg.v. den Liturgischen Instituten Salzburg, Trier und Zürich, Freiburg/Basel/Wien 1988. – KIRCHENORDNUNG WÜRTTEMBERG 1559, 1660 – LOOSDORFER SCHULORDNUNG 1574, zit. nach dem Faksimiledruck, Melk 1974.

Literatur

Leopold ACHBERGER, Zur Geschichte des Lyzeums der Evangelischen Gemeinde Augsburgischen Bekenntnisses in Preßburg: JGPrÖ 96 (1980) 224–234. – Ernst Christian ACHELIS, Praktische Theologie (GThW 6), Tübingen [6]1912. – Gottfried ADAM, Art. Kindergottesdienst: TRE 18 (1989) 182–188. – Ders., Kindergottesdienst: ders./Rainer Lachmann (Hg.), Gemeindepädagogisches Kompendium, Göttingen 1987, 290–313. – Ders./Rainer Lachmann (Hg.), Methodischen Kompendium für den Religionsunterricht, Göttingen [3]1998. – Ingrid ADAM, Aufgaben und Ziele des Kindergottesdienstes: Kindergottesdienst heute H. 1, Münster 1972. – Alfred AN-

DREESEN, Hermann Lietz, der Schöpfer der Landerziehungsheime, München 1934. – Carsten BERG, Gottesdienst mit Kindern, Hamburg 1987. – Peter BRUNNER, Zur Lehre vom Gottesdienst der im Namen Jesu versammelten Gemeinde: Leit. 1 (1954) 83–364. – Harald GEHRKE/Karin NEUBAUER, Kirche für Krabbelkinder. Mit Eltern und Kleinkindern in der Gemeinde, Gütersloh 1993. – Herbert GOLTZEN, Der tägliche Gottesdienst: Leit. 3 (1956) 99–296. – Christian GRETHLEIN, Liturgische Elemente?: Gottfried Adam/Rainer Lachmann (Hg.), Methodisches Kompendium s.o. (1993) 377–393. – Ders., Art. Kindergottesdienst: RGG[4] 4 (2001) 979–981. – Gert HAENDLER, Geschichte des Frühmittelalters und der Germanenmission: KIG II ([2]1976) 1–75. – Otto HAENDLER, Grundriß der Praktischen Theologie, Berlin 1957. – Oskar HAMMELSBECK, Der kirchliche Unterricht. Aufgabe – Umfang – Einheit, München [2]1946. – Bernhard HELL, Die Evangelische Schulgemeinde. Versuch zur Gestaltung eines evangelischen Landerziehungsheimes, Kassel 1930. – Heike HELLMCHEN-MENKE, Krabbel-Gottesdienst. Mit den Kleinsten das Größte feiern. Freiburg 2001. – Jürgen HENKYS, Die pädagogischen Dienste der Kirche im Rahmen ihres Gesamtauftrages: HPTh(B) 3 (1978) 12–65. – Ernst HOFHANSL, Schulgemeinde: Quat. 42 (1978) 227–232. – Ders., Jugendbewegung und Schule: Theologia Scientia Eminens Practica [FS Fritz Zerbst], hg.v. Hans-Christoph Schmidt-Lauber, Wien 1979, 135–145. – Ders., Heilige – im Gespräch der Kirchen heute: CPB 105 (1992) 220–222. – Ders., Kirchliche Heimatkunde als Gegenstand historischer Forschung und Praktischer Theologie. Eine Grundlegung in zwölf Thesen: Kirche – Geschichte – Glaube [FS Hermann Pitters], hg.v. Hans Klein/Berthold W. Köber/Egbert Schlarb, Erlangen 1998, 280–289. – Hans HOLLERWEGER, Die katechetisch-homiletische Erschließung der Messe. Ein pastoralliturgisches Desiderat: Sursum Corda. Variationen zu einem liturgischen Motiv [FS Philipp Harnoncourt], hg.v. Erich Renhart/Andreas Schnider, Graz 1991, 95–104. – Manfred JOSUTTIS, Der Weg in das Leben. Eine Einführung in den Gottesdienst auf verhaltenswissenschaftlicher Grundlage, München [2]1993. – Friedrich KALB, Grundriß der Liturgik, München [3]1985. – Theodor KNOLLE/Wilhelm STÄHLIN, Das Kirchenjahr. Eine Denkschrift über die kirchliche Ordnung des Jahres, Kassel 1934. – Georg KRETSCHMAR, Die Geschichte des Taufgottesdienstes in der Alten Kirche: Leit. 5 (1970) 1–348. – Wolfgang LÜCK, Praxis Kirchengemeinde, Stuttgart/Berlin/Köln/Mainz 1978. – Albert MAUDER, Kinderfreundlicher Hauptgottesdienst: Abendmahl mit Kindern, Feiernde Gemeinde 2, Handreichung der VELKD, Hannover 1978. – Klaus MEYER, Krabbelgottesdienste. Mit Kleinkindern in der Kirche, Gütersloh [2]1992. – Christian MÖLLER, Stolpern wie bei einem Tausendfüßler. Ein Plädoyer für mehr Gemeinsamkeit zwischen den Generationen: DASBl 43/1978, 9. – Ders., Bekehrung der Väter zu den Kindern. Die Generationen im Gottesdienst: EK 12 (1979) 34–36. – Alfred Dedo MÜLLER, Grundriß der Praktischen Theologie, Gütersloh 1950. – Friedrich NIEBERGALL, Praktische Theologie II, Tübingen 1919. – Gert OTTO, Kindergottesdienst: Praktisch-theologisches Handbuch, hg.v. Gert Otto, Hamburg [2]1975, 330–339. – Erich PSCZOLLA, Johann Friedrich Oberlin. Pfarrerkalender, Neustadt/Aisch 1990, 7–22. – Siegfried RABUS, Die Kinderpredigt, Hamburg 1967. – Werner REICH/u.a., Wenn alle gemeinsam Gottesdienst feiern, Hannover 2001. – Wolfgang REINBOLD, Krabbelgottesdienst. Erfahrungen, Probleme, Perspektiven: PTh 91 (2002) 12–25 (Anm. 3 Lit.!). – Gustav REINGRABNER, Die Evangelischen und ihre Schulen in Österreich: Glaube und Heimat. Evangelischer Kalender für Österreich 48 (1994) 49–64. – Georg RIETSCHEL/Paul GRAFF, Lehrbuch der Liturgik, I Die Lehre vom Gemeindegottesdienst, II Die Kasualien, Göttingen [2]1951/52. – Dietrich RÖSSLER, Grundriß der Praktischen Theologie, Berlin [2]1994. – Theodor SCHÄFER, Leitfaden der Inneren Mission, Hamburg [5]1914. – Martin SCHIAN, Grundriß der Praktischen Theologie, Gießen 1922. – Edmund SCHLINK, Die Lehre von der Taufe: Leit. 5 (1970) 641–808. – Albrecht SCHMIDT-BRÜCKEN, Jesus Christus herrscht als König. Evangelischer Kindergottesdienst im Spiegel von Matthäus 28,16–20: Freude am Gottesdienst [FS Frieder Schulz], hg.v. Heinrich Riehm, Heidelberg 1988, 70–78. – Hans-Christoph SCHMIDT-LAUBER, Der Kindergottesdienst im Spannungsfeld zwischen Gottesdienst und Pädagogik: Ders., Die Zukunft des Gottesdienstes. Von der Notwendigkeit lebendiger Liturgie (ctb 19), Stuttgart 1990, 374–394. – Julius SMEND, Der evangelische Gottesdienst. Eine Liturgik nach evangelischen Grundsätzen, Göttingen 1904. – Alois STENZEL, Die Taufe. Eine genetische Erklärung der Taufliturgie, Innsbruck 1958. – Günter STÖKL, Geschichte der Slavenmission: KIG II. ([2]1976) 77–93. – Walter STÖKL, Gottesdienst und Kirchenjahr in der evangelischen Kirche Österreichs, Göttingen 1931. – Hans-Joachim THILO, Die therapeutische Funktion des Gottesdienstes, Kassel 1985. – Christoph WETZEL, Die Träger des liturgischen Amtes: Leit. 4 (1961) 269–341. – Paul WUSTER, Die Lehre von der Inneren Mission, Berlin 1895.

Zeitschriften: EVANGELISCHE KINDERKIRCHE. Zeitschrift für Mitarbeiterinnen und Mitarbeiter im Kindergottesdienst, hg.v. Württembergischen Landesverband für Kindergottesdienst, Stuttgart. – DER KINDERGOTTESDIENST – LASS MICH HÖREN, hg. im Auftrag des Gesamtverbandes für Kindergottesdienst in der EKD v. Walter Wiese, Arbeitshilfen für MitarbeiterInnen im Kindergottesdienst, Gütersloh.

Internet:
www.ekd.de/kindergottesdienst; www.kinderkirche.de

Ernst Hofhansl

Familiengottesdienst

Der Familiengottesdienst hat sich etabliert. In vielen Gemeinden ist er die wichtigste Form eines alternativ gestalteten, auf die Bedürfnisse bestimmter Gemeindegruppen zugeschnittenen Gottesdienstes. Im Unterschied zu dem in den sechziger und siebziger Jahren des 20. Jh. häufiger gefeierten »Gottesdienst anders«, der längst Geschichte ist, wurden die Familiengottesdienste von den Gemeinden offensichtlich angenommen. Die Regelmäßigkeit und Häufigkeit ihrer Durchführung belegen dies ebenso wie die Tatsache, dass sie z.Zt. des nach der Agende verlaufenden Hauptgottesdienstes stattfinden, vielfach gerade an den herausgehobenen Festtagen des Kirchenjahres. Das schließt nicht aus, dass einzelne Gemeindeglieder zu ihnen kein positives Verhältnis finden. Inhaltlich und methodisch gibt es Unterschiede: Mancherorts lehnt man sich an die übliche Liturgie an, anderswo bevorzugt man frei gestaltete Formen. Die einen bereiten den Gottesdienst im Team vor und beteiligen an der Durchführung Kinder und erwachsene Gemeindeglieder, die anderen setzen wie gewohnt auf die Hauptamtlichen.

Auch wenn die Stellung des Familiengottesdienstes gefestigt scheint, zeigen sich dennoch Tendenzen, die sich, wenn sie sich verstärken sollten, auf diese Form auswirken werden. So fällt in stark säkularisierten Großstadtgemeinden auf, dass weniger Schulkinder mit ihren Eltern, sondern eher Vorschulkinder mit ihren Angehörigen das Bild prägen. Welche Gründe dafür mag es geben? Komplette Familien sind weniger vertreten als einzelne Mütter (seltener Väter) mit ihren Kindern. Es wird deutlich, dass eine zunehmende Anzahl Erwachsener, vor allem Mütter, mit ihren Kindern allein lebt und dass eine beträchtliche Gruppe Verheirateter beim Ehepartner bzw. bei der Partnerin keine Unterstützung für eine christliche Erziehung des Kindes findet. Wie ist diesen Herausforderungen im Familiengottesdienst zu begegnen?

I. Zur Geschichte

Erste Experimente in Sachen Familiengottesdienst werden schon aus den fünfziger Jahren mitgeteilt. Exemplarisch sei hier von den Anfängen im Bereich der damaligen DDR berichtet: Ein Pfarrer im Erzgebirge feierte mit seiner Gemeinde seit 1956 alle sechs Wochen Familiengottesdienste z.Zt. des Hauptgottesdienstes. Die agendarische Form blieb erhalten, die Zahl der Lesungen wurde aber auf eine reduziert. Diese wurde zugleich szenisch-pantomimisch gestaltet. Die Predigt versuchte, durch Nacherzählung des Textes den kleineren Kindern, durch Bedenken kritischer Fragen den größeren Kindern und durch eine kurze Verkündigung zugleich den Erwachsenen gerecht zu werden. Lieder wurden von der Kurrende und von den verschiedenen Gruppen im Gottesdienst abwechselnd gesungen (Eichenberg). Ähnliche Schritte ging man auch andernorts. Seit dem Beginn der sechziger Jahre des 20. Jh. entwickelte sich nach und nach eine katechetisch-liturgische Fachdiskussion zum Thema Familiengottesdienst (vgl. Giering; Schmutzler; Hafa). In katechetischen Zeitschriften und Arbeitshilfen erschienen bald Entwürfe für Familiengottesdienste, oft erstellt von landeskirchlichen Arbeitsgruppen.

Nicht in allen Gemeinden wurde anfangs der Familiengottesdienst als gemeinsame Feier von Kindern und Erwachsenen verstanden. Manche bezeichneten damit auch einen normalen Hauptgottesdienst, der durch einen parallel stattfindenden Gottesdienst für Kinder ergänzt wurde. Die Stellung der Agende wurde anfangs nicht angefragt, sieht man von kleinen Kürzungen oder Straffungen ab. Die gemeinsame Liturgie sollte dafür sorgen, dass die Kinder in den agendarisch geordneten Verlauf hineinwachsen konnten. Erst von der Mitte der sechziger Jahre an beginnen einzelne Gemeinden damit, stärkere Eingriffe in den liturgischen Ablauf vorzunehmen, sich eine spezielle Familiengottesdienst-Liturgie für ihre Situation zu schaffen oder die liturgische Gestaltung von einem bestimmten Thema her zu konzipieren. Die Suche nach zeit- und kindgemäßer Gestalt wurde mehr und mehr von der Veränderungs- und Erneuerungsmentalität der sechziger und siebziger Jahre getragen, die neben dem Familiengottesdienst auch andere liturgische Versuche hervorbrachte. Moderne Medien und Rhythmen, gelockerte Umgangsformen und eine auf Verständlichkeit bedachte, bewusst moderne Sprache, eine didaktisch konzipierte und entsprechend moderierte Liturgie bestimmten die Atmosphäre nicht nur mancher Erwachsenen- oder Jugendgottesdienste alternativen Gepräges, sondern auch die Familiengottesdienste in vielen Gemeinden. Nicht immer ist hier unterschieden worden, ob einzelne Sätze oder Melodien wirklich Kindern nicht zuzumuten waren oder ob nicht eher Widerstände Erwachsener ausschlaggebend waren, überlieferte Stücke durch moderne zu ersetzen. Dabei drohte manchmal der spezifische Charakter des Gottesdienstes unter kognitivem Verbalismus oder unangemessenem Aktionismus der Protagonisten zu verblassen. In den achtziger Jahren hat auf dem Hintergrund einer veränderten Mentalität vor allem die Öffnung vieler Gemeinden für das Abendmahl mit Kindern dafür gesorgt, dass die überlieferten Grundstrukturen wieder stärker berücksichtigt wurden und dass alte liturgische Elemente nicht nur als Verstehensproblem, sondern auch als Chance angesehen wurden. Oft zeigte sich eine neue Bereitschaft, den zeichenhaften Elementen der überlieferten Liturgie und ihrer bildhaften Sprache wieder mehr Raum einzuräumen.

Überblickt man die Entwicklung des Familiengottesdienstes und seine nur wenige Jahrzehnte alte Geschichte, dann treten unterschiedliche Motive hervor, die das Entstehen dieser Form veranlasst haben:

- Gerade im Bereich der damaligen DDR war dem stark katechetisch orientierten Kindergottesdienst durch die *Christenlehre* eine *innergemeindliche Konkurrenz* entstanden. Die Massenmedien mit ihrer Anziehungskraft gerade für die sich am Sonntagmorgen selbst überlassenen Kinder und die atheistische Propaganda in Schule und Gesellschaft sorgten zusätzlich dafür, dass der Kindergottesdienst zunehmend in eine Krise geriet, wie sich bald in einer deutlich sinkenden Teilnehmerzahl zeigte. Hier konnte der Familiengottesdienst, so hoffte man, Abhilfe schaffen. In Westdeutschland zeigte sich eine ähnliche Entwicklung, bedingt vor allem durch wachsende Mobilität und neues Freizeitverhalten der Familie.
- Auch der agendarische *Gottesdienst der Erwachsenen* befand sich zunehmend *in einer Krise*. Die Beteiligung der Gemeinde sank nach den ersten Nachkriegsjahren mit ihren vollen Kirchen rapide. Das Agendenwerk der fünfziger Jahre war nicht in der Lage, diesem Trend zu begegnen, sondern sorgte durch relative Starrheit und einseitigen Historismus eher dafür, die Entfremdung vom Gottesdienst zu verstärken. Der Familiengottesdienst bot sich hier als Ausweg an, über ein liturgisch alternatives Modell Menschen wieder neu für den Gottesdienst zu gewinnen – nicht nur Kinder, sondern auch Erwachsene.
- Der Familiengottesdienst war *Teil einer Neuorientierung* der damaligen kirchlichen Arbeit. Die traditionellen Gruppen und Kreise (Alte, Frauen, Mütter, Männer, Jugendliche, Kinder) konnten die kirchliche Arbeit nicht mehr allein tragen. Im Anschluss an frühere Konzepte reformatorischer Theologie von der geistlichen Funktion der Familie, z.B. bei Luther und Schleiermacher (vgl. Harms 138–168.100–116), und unter Berücksichtigung pädagogischer und soziologischer Einsichten von der herausragenden Bedeutung der Familie begann man, viel stärker auf diese als Säule der kirchlichen Arbeit zu setzen: Die kirchliche Arbeit mit Kindern wurde mit der Elternarbeit verschränkt. Man lud zu Familienrüstzeiten oder

Familienwochenenden ein. Themen aus dem Familienbereich, z.B. Erziehungsfragen, wurden in die Palette gemeindlicher Fragestellungen aufgenommen. Man gestaltete so auch Gottesdienste für und mit den Familien der Gemeinde.

- Schließlich eignete sich der Familiengottesdienst offensichtlich in besonderer Weise dazu, die häusliche *Lebenswelt der Familien und das ortsgemeindliche Leben* miteinander zu verklammern. »Sozialisation, Erziehung, Wohnwelt, Freizeitwelt und ihre Themen bilden den primären Horizont der Ortsgemeinde« (Cornehl 41). In der neu entstehenden Gottesdienstform konnte sich einerseits die Kompetenz der Ortsgemeinde für die Lebenswelt der Familien auch liturgisch manifestieren; andererseits konnten die religiösen Feierbedürfnisse der kirchlich integrierten Familien angemessen zum Ausdruck kommen. Insofern ist es nicht falsch, die Familiengottesdienste als »Selbstinszenierungen der bürgerlichen Familienkultur im Raum der Kirche« zu verstehen (Steck 376); man sollte freilich dabei nicht vergessen, dass solche Inszenierung in der Hoffnung geschah und geschieht, dass sich in ihr die Kommunikation des Evangeliums ereignet.

II. Problemfeld Familie

Wer Familienarbeit treibt, sollte damit rechnen, dass die Familien unserer Tage sich mit komplizierten inneren und äußeren Prozessen auseinander zu setzen haben. Der sichtbare Verlust vieler früherer Funktionen, z.B. durch die Übernahme erzieherischer Teilverantwortung durch Kinderkrippe, Kindergarten und Verbände, der Zeichen einer immer stärkeren Differenzierung in der Gesellschaft ist, wird begleitet von inneren Veränderungen: Überlieferte Normen und Verhaltensmuster verlieren ihre selbstverständliche und prägende Kraft. Die patriarchalische Autoritätsstruktur zerbricht immer stärker. Neue Formen von Autorität stehen nicht einfach zur Verfügung, sondern müssen oft erst entdeckt und erprobt werden. Durch das Wegfallen vieler gesellschaftlicher Funktionen konzentrieren sich die Ansprüche an die Familie vor allem auf den emotionalen Bereich. Schnell entstehen Überansprüche, die nicht befriedigt werden können. Dabei ist dieser Funktionswandel nicht ohne Chancen, weil gerade in den Familien ein partnerschaftlicher Umgang miteinander gelernt und ein Klima geschaffen werden kann, in dem man sich emotional begegnet und bereichert. Aber es ist zugleich kein Wunder, wenn diese Prozesse von einzelnen Familienmitgliedern oft als Krise und Gefahr erlebt werden, wenn Familien zu »Patienten« werden, weil die familiale Kommunikation erheblich gestört ist. Dennoch: Nicht die Familie als Lebensform steht in Frage. Vielmehr verliert das traditionelle Familienmodell mit dauerhaften Regeln und klarer Hierarchie an Boden und wird von der »Verhandlungsfamilie« abgelöst, in der eine »Akrobatik des Abstimmens und Ausbalancierens« (Beck-Gernsheim 20) unabdingbar wird. Kindern werden hierin »größere Handlungsspielräume und mehr Entscheidungsmacht über ihre eigenen Lebensverhältnisse« zugestanden (Nave-Herz 62). Außerdem nehmen die nicht traditionell strukturierten Familien zu, die durch Scheidung, Wiederverheiratung oder Verzicht auf eine Eheschließung mit allen vielfältigen Folgen für die familialen Beziehungen zur neuen Unübersichtlichkeit der Institution Familie beitragen.

Der Blick auf die reale Lage vieler Familien ist für die Gestaltung der Familiengottesdienste und der anderen Gemeindeangebote für Familien wichtig: Sie sollten Veranstaltungen für die Familien unserer Tage sein. In den Themen der Verkündigung, in den liturgischen Texten und Liedern sollten nicht unwirkliche Ideale gefeiert, sondern die tatsächlichen Verhältnisse angesprochen und wirklichkeitsnahe Lösungswege aufgezeigt werden. Die Verantwortlichen sollten prüfen, ob sie mit bestimmten familialen Leitbildern unbewusst alleinstehende Mütter, Geschiedene oder Eltern diskriminieren, die sich in Sachen des Glaubens nicht einig sind. Der Blick auf die Realität unserer Familien ist aber zum anderen auch bei der Frage nach der Motivation zum Familiengottesdienst mit zu bedenken: Wenn der Wille zur Teilnahme zu einseitig von den Eltern oder einem Elternteil ausgeht, ist es abzusehen, dass sich die älter werdenden Kinder bald mit Erfolg entziehen. Die Selbstbestimmung der Kinder im Blick auf den Freizeitsektor wird immer stärker und beginnt immer früher. Auch der gemeinsame Kirchgang ist von dieser Tendenz mitbetroffen. Deshalb kommt es entscheidend darauf an, nicht nur die Eltern, sondern ebenso auch die Kinder für den Familiengottesdienst zu motivieren.

III. Ziele und Aufgaben des Familiengottesdienstes

A. Ein Gottesdienst der »familia Dei« oder der Familien in der Gemeinde?

Was ist mit dem Begriff des *Familien*-Gottesdienstes eigentlich gemeint? In der konzeptionellen Diskussion werden über viele Jahre hin zwei unterschiedliche Positionen vertreten. Die einen argumentieren mit der notwendigen Einheit des Gottesdienstes. Sie verweisen auf spezifische Möglichkeiten des Gottesdienstes, generations- und gruppenübergreifend sich den Dienst Gottes an uns mit seinem Wort gefallen zu lassen und Gott gemeinsam zu dienen mit Gebet und Lobgesang. Sie sehen die heutige Kleinfamilie bedroht durch Isolation und halten deshalb die Integration in einer größeren Gemeinschaft (nicht nur von anderen Kleinfamilien) für dringend erforderlich. Sie plädieren deshalb dafür, den Familiengottesdienst als Versammlung der ganzen *Familie Gottes* zu verstehen, also der gesamten Gemeinde, zu der auch die Familien selbstverständlich gehören (so Besser 77–81; Langhoff 1982; Rommel/Schmeisser). Manche glauben, dass dafür eine locker gehandhabte schlichte traditionelle Form (Predigtgottesdienst) genüge bzw. dass besonders die in den Gottesdienst einbezogenen Sakramente den agendarischen Gottesdienst zu einem auch für Kinder attraktiven Geschehen machen würden (Langhoff 1982; Kandler). Eine besondere Variante dieser Position vertritt Klaus Harms, der die Gemeinde als Familie Gottes versteht, die elementare Ereignisse in den Familien der Gemeinde (Taufen, Konfirmationen, Geburten) mit Familiengottesdiensten gemeinsam begeht.

Die anderen verstehen den Begriff *Familie* im wörtlichen Sinn: Im Familiengottesdienst versammeln sich besonders die Familien in der Gemeinde. Sie, die Kinder mit ihren Eltern, aber auch mit ihren Großeltern, werden in besonderer Weise inhaltlich und gestalterisch angesprochen. Der Familiengottesdienst ist damit ein »zielgruppenorientierter« Gottesdienst neben anderen. Allerdings ist die Zielgruppe Familie, vor allem wenn man an die drei Generationen denkt, ein großer Ausschnitt aus der Gesellschaft. Er muss deshalb viel stärker als andere Zielgruppen-Gottesdienste nicht nur spezielle, sondern allgemeinere und integrative Aufgaben verfolgen. Die Vertreter dieser Konzeption warnen dennoch davor, sich durch theologische Ideale von der Einheit des Gottesdienstes oder von der Familie Gottes den Blick auf die reale gottesdienstlich-gemeindliche und familiale Situation verstellen zu lassen. Sie plädieren deshalb für die Notwendigkeit besonders gestalteter Gottesdienste für die Familien in der Gemeinde (Henkys; Kugler 1983, 83 f.; Ratzmann u.a.).

So unterschiedlich die Positionen sein mögen, so stehen sie sich dennoch nicht gänzlich konträr gegenüber: Der zielgruppenorientierte Ansatz darf nicht eng als Ausgrenzung der übrigen Gemeinde verstanden werden. Zum Familiengottesdienst darf jeder kommen, wenngleich hier das Evangelium in besonderer Weise auf die Situation der Familien bezogen wird. Er darf unheilvolle Isolationstendenzen nicht unterstützen. Die Einzelfamilie wird hier in die Gemeinschaft mit den anderen Familien gestellt, aber auch mit den anderen älteren und jüngeren Gemeindegliedern, die ebenfalls den Gottesdienst mitfeiern. Die den Familiengottesdienst feiernde Gemeinde darf hoffen, dass hier – wie auch in der übrigen Gemeindearbeit – etwas von der Verheißung aufleuchtet, nicht nur menschliche Gruppe und Versammlung, sondern zugleich Familie Gottes zu sein. Gerade bei der Feier der Sakramente kann zeichenhaft deutlich werden, dass Gott als der Vater seine »Familie« an seinen Tisch einlädt und in der Taufe die Seinen zu seinem Eigentum beruft. Nicht zufällig werden relativ häufig Taufen in einem Familiengottesdienst gefeiert. Dennoch wird das Spezifikum dieser Form darin zu suchen sein, dass sie sich in besonderer Weise an die Familien in der Gemeinde richtet. Das EGb, das erstmalig für eine kirchenamtliche Agende Hinweise zur Feier dieses Gottesdienstes gibt, nennt ihn – zielgruppenorientiert und weit zugleich – »Gottesdienst für Jung und Alt – Familiengottesdienst« (209).

B. Aufgaben des Familiengottesdienstes

Generell gilt, dass der Familiengottesdienst als voll gültiger Gottesdienst begriffen werden muss, und d.h.,, auch hier will uns Gott dienen mit seinem Wort und Sakrament und wir können ihm dienen mit unserem Gebet und Lobgesang (Luther). Hier geschieht die »Kommunikation des Evangeliums« (Lange). Hier klagen Menschen vor Gott ihre Nöte und Ängste, erneuern im Glauben ihre Hoffnungen. Hier feiern Menschen vor Gott, indem sie ihn bekennen, loben und preisen. Das ist seine grundlegende Aufgabe. Es ist deswegen theologisch fragwürdig, wenn einem Gottesdienst ein Katalog aufrechenbarer Ziele abverlangt wird.

Dennoch ist es sinnvoll, sich die Chancen zu verdeutlichen, die gerade der Familiengottesdienst nutzen oder auch verspielen kann. Ein solcher Aufgabenkatalog will den Familiengottesdienst nicht funktional begrenzen, wohl aber auf seine spezifischen Möglichkeiten hinweisen:

1. Im Familiengottesdienst kann das *familiäre Leben im Licht des Evangeliums* dargestellt und bedacht werden. Das Evangelium trifft klärend, ermutigend oder versöhnend in eine konkrete Situation. Deshalb darf auch die Situation zur Darstellung kommen, z.B. in einem Anspiel oder in einem Erzählstück zur Predigt. Im Familiengottesdienst werden bewusst familiäre Ereignisse, Konflikte, Dialoge, Ausweglosigkeiten oder Neuansätze vor Augen und Ohren geführt. Ein Problem kann aus unterschiedlichen Perspektiven, aus der der Kinder oder der bestimmter Erwachsener, wahrgenommen werden. Auf diese Weise kann u.U. das Gespräch in den Familien fortgeführt, oft auch neu eröffnet werden. Für manche dieser notwendigen Gespräche bedarf es dringend eines Impulses von außen und einer Hoffnungsdimension, die tragfähiger ist als allein die eigenen Erfahrungen.

2. Im Familiengottesdienst kann eine die *Generationen übergreifende Sprache* des Glaubens gesucht und gefunden werden. Immer seltener wird zu Hause über Fragen des Glaubens gesprochen. Wo solche Gespräche stattfinden, drohen sie oft zu versiegen, weil man einander nicht versteht. Wenn aber die verschiedenen Generationen heute »Gemeinsam leben und glauben lernen« müssen (Nipkow 33), dann ist Sprachfähigkeit in Glaubensdingen eine fundamentale Voraussetzung. Von der Vorbereitung bis zur Feier des Familiengottesdienstes kann hier nach einer solchen Sprache gesucht werden. Einzelne Liedzeilen, Gebete, Formulierungen, die zunächst in Kindergruppen eine Rolle spielten, sich aber als durchaus tiefgründig und zutreffend erweisen und in die Verkündigung aufgenommen werden können, glückliche Begriffe aus dem Vorbereitungskreis, die tragfähig zu sein scheinen – dies alles kann und sollte sprachbildend für die familiäre Kommunikation in Sachen des Glaubens wirken können.

3. Der Familiengottesdienst kann die verschiedenen Generationen *als Glaubende einander erkennbar machen.* Viele Kinder erleben hier ihre Eltern in einer zu Hause unüblich gewordenen Haltung: Mutter und Vater singen mit, falten die Hände, gehen zum Abendmahl. Andere

Kinder nehmen wahr, dass sich die Eltern unterschiedlich für oder gegen das gottesdienstliche Angebot entscheiden und dass sie sich verschieden beteiligen. Die Kinder lernen, woran sie auch in Glaubensangelegenheiten mit ihren Eltern sind. Mutter und Vater werden für sie durchschaubarer. Da sich auch Glaubensentscheidungen weniger durch intellektuelle Belehrung als durch emotionale Beziehung und Vorbildwirkung positiv – und negativ – beeinflussen lassen, hat die hier sichtbar werdende Haltung der Eltern für die Kinder Gewicht. Umgekehrt nehmen auch die Eltern wahr, wie sich die Kinder engagieren, aber auch wie sie sich von manchem distanzieren. Wer sich besser erkennt, kann intensiver mit anderen kommunizieren.

4. Der Familiengottesdienst kann einen *Zugang zum Gottesdienst überhaupt eröffnen*. Manche Eltern haben vielleicht erstmalig Kontakt zur Kirche über ihre Kinder im Vorschulkreis der Gemeinde gefunden. Andere verstanden sich zwar immer schon als Christen, hatten aber nie einen inneren Zugang zum Gottesdienst. So bildet für manche Erwachsene der Familiengottesdienst, zu dem besonders eingeladen wird und in dem das eigene Kind aktiv »auftritt«, einen ersten Zugang zum Gottesdienst überhaupt. Eine verständliche Sprache, eine warme Atmosphäre, gemeinschaftsstiftende Elemente u.a. helfen solchen Menschen, sich bald nicht mehr fremd fühlen zu müssen. Für einige kann so der Weg geöffnet werden, auch zu anderen Gottesdiensten und Gemeindeveranstaltungen Zugang finden zu können.

5. Der Familiengottesdienst kann *Isolation überwinden und Begegnungen ermöglichen*. Er vereint »vollständige« Familien, »Rumpf-Familien« und andere Gemeindeglieder, darunter auch manche Alleinstehende. Man feiert gemeinsam vor dem einen Herrn, unter dem einen Evangelium, kommuniziert um den einen Tisch. Die gemeinsame Kommunikation mit Gott bildet eine Basis zur stärkeren Kommunikation untereinander; das Gefühl der Gemeinschaft untereinander macht Mut, sich auf die Begegnung mit dem einen Gott einzulassen. Vielleicht ermöglicht es der Verlauf des Gottesdienstes, dass man auch miteinander in Kontakt kommt, indem man sich bei den Händen fasst, ein paar Worte miteinander wechselt oder Ähnliches. Im Anschluss an den Gottesdienst sind möglicherweise weitere Begegnungen vorgesehen. In manchen Gemeinden ist es üblich, noch eine Zeit zusammenzubleiben, vielleicht auch zu einer gemeinsamen Mahlzeit. Der Familiengottesdienst kann so den Tendenzen zur Isolation der Kleinfamilien entgegenwirken und helfende Beziehungen untereinander stiften.

IV. Typen des Familiengottesdienstes

Georg Kugler und Herbert Lindner haben im Blick auf den jeweiligen Charakter der Familiengottesdienste drei Grundtypen unterschieden: den »problemorientierten«, den »am Fest orientierten« und den »betrachtenden« Gottesdienst (vgl. Kugler 1983, 86; ders./Lindner 1980, 14 f.). Diese Typologie ist zwar stark von den psychologischen Lerntheorien jener Jahre bestimmt. Außerdem finden sich diese Gottesdiensttypen in der Gemeindepraxis nie in reiner Form. Sie beschreiben vielmehr Grundorientierungen, die sich in der Realität der Gottesdienstgestaltung stärker miteinander vermischen. Dennoch kann eine Auseinandersetzung mit ihnen zur eigenen liturgischen Standortklärung helfen. Deshalb seien sie hier genannt:

A. Zum problemorientierten Typ

Ein solcher Gottesdienst wird nicht zuletzt unter der Zielstellung konzipiert, dass ein bestimmter Inhalt erschlossen, eine Einsicht geweckt wird. Deshalb folgt er in seinem Aufbau dem lernpsychologischen Modell, wonach Lernen aus dem Erfahren einer Schwierigkeit hervorgeht, d.h. dass es erst dann fruchtbar geschieht, wenn etwas wirklich zum Problem geworden ist, und dass solche Lernprozesse in relativ fest strukturierter Abfolge geschehen (Corell 51 f.; Trautwein). Entsprechend gliedert sich der problemorientierte Typ in Motivation, Problemstellung und Lösungsversuche, Lösung und Lösungsverstärkung. Bei der Gestaltung dieser Schritte können überlieferte agendarische Elemente einbezogen werden, wie z.B. Introitus und Kyrie in die Motivationsphase, Lesungen und Predigt in Problemstellung und erste Lösungsversuche bzw. schon Lösung oder das Fürbittgebet unter Lösungsverstärkung.

Ein solcher problemorientiert gestalteter Gottesdienst birgt spezielle Gefahren: Das didaktische Moment kann u.U. zu massiv die Atmosphäre bestimmen; der Gottesdienst wird zur Unterweisung. Oder die Problemdarstellung, methodisch durch ein Anspiel vielleicht gut aufbereitet, geht unter die Haut, die Problemlösung, mit Lesung und Predigt identifiziert, bleibt dagegen blass, kurz, abstrakt und monologisch. Der biblische Bezug wirkt oberflächlich. Es wird eine vermeintlich biblische Antwort gegeben, die man aber auch ohne einen Bibeltext gefunden hätte. Der Text kann sich nicht wirklich entfalten und schrumpft zusammen zu einem »schlagwortartigen Impuls eines Problemlösevorgangs« (Langhoff 1982, 143). Gut ist es darum, wenn die biblischen Texte nicht nur zur Lösung herangezogen werden, sondern bereits in der Problembeschreibung eine Rolle spielen.

B. Zum Fest-orientierten Typ

Im Hintergrund dieses Typs steht die theologische Grundüberzeugung, den Gottesdienst primär als Fest oder Feier zu verstehen (vgl. Jüngel). Zugleich entwickelte sich dieser Typ aus der gemeindepraktischen Notwendigkeit, den häufig an Höhepunkten des Kalenderjahres platzierten Familiengottesdienst zugleich als Festgottesdienst zu gestalten. Deshalb ist dieser Typ vor allem vom Anliegen bestimmt, als Eröffnung, Abschluss oder Höhepunkt eines Festes zu dienen. Dabei kommt es darauf an, dass er eine ungezwungen-gelöste, heiter-dankbare Befindlichkeit vermittelt. Er soll vordergründig nichts bezwecken und bewirken, sondern er soll etwas »sein«, darstellen: die Freude, die aus der Kommunikation des Evangeliums entspringt.

Dazu dienen (nach Kugler/Lindner 1997, 31–35; 1980, 14 f.) die Phasen Motivation (zur Einstimmung, u.U. schon im Vorfeld des Gottesdienstes), Verstärkung (z.B. durch festliche Musik), Erinnerung (vor allem in Gestalt der Festgeschichte), Neue Kommunikation (ein neues Lied, Bewegung im Raum ...) und Abschluss.

Auch dieser Gottesdienst-Typ unterliegt spezifischen Gefährdungen: Das Fest kann u.U. die gegenwärtige Situation mit ihren Gefahren und Ängsten, Sorgen und Nöten ignorieren. Es »unterbricht« nicht heilsam den Alltag, sondern verdrängt ihn. Oder der festliche Gottesdienst gelingt einfach nicht. Vielleicht fehlt die nötige innere Gelöstheit der Verantwortlichen. Vielleicht verhindert ein zu starrer und zu gedrängter Plan die festliche Freude, und es fehlt die Souveränität zur angemessenen spontanen Reaktion. Oder es stehen andere äußere Bedingungen der gewünschten festlichen Atmosphäre entgegen.

C. Zum betrachtenden Typ

Das Aufkommen dieses Gottesdienst-Typs hat seine Ursache in der bei vielen Menschen wieder erwachten Liebe zur Meditation, zu Stille und Besinnung, und in der neuen Offenheit für das Symbolische. Kugler/Lindner (1980, 15 f.) bieten auch für diesen Familiengottesdienst-Typ eine Grundgestalt mit den Stufen Einführung (Einverständnis herstellen, Unsicherheiten ausräumen), Entspannung (Musik, Gebet), Erste Begegnung mit einem Symbol (erste, noch eher äußere Wahrnehmung eines Symbols, einer Geschichte), weitere Phasen vertiefenden Charakters und eine Abschlussphase (Bündelung, Segen) an.

Atmosphärisch kommt es wohl weniger darauf an, diese Phasen streng durchzuhalten. Wichtiger ist, dass Stille und Konzentration möglich werden. Auch hierfür sind äußere Voraussetzungen zu beachten (wichtige Rolle der Tageszeiten, z.B. bei der Feier der Osternacht; Fragen der Beleuchtung u.a.m.). Konzentrierte, das Symbol umkreisende Worte, die Kinder und Erwachsene gleichermaßen erreichen, sind wichtig. Fehlende Spannung in der Verkündigung darf keinesfalls damit entschuldigt werden, dass man habe meditativ arbeiten wollen. Auch die meditativ geprägte Verkündigung erreicht eine hohe Aufmerksamkeit, versetzt in Spannung, wenngleich deren sprachliche Mittel andere sind als die einer spannenden Erzählung.

Das EGb hat die hier vorgeschlagenen unterschiedlichen Typen und Phasen nicht aufgenommen. Entsprechend seiner integrativen und dynamischen Tendenz, von einer festen Grundstruktur des Gottesdienstes mit flexiblen Ausformungsvarianten auszugehen, versucht es, den Familiengottesdienst strukturell an der liturgischen Grundstruktur des überlieferten Messgottesdienstes bzw. des ähnlich gegliederten Predigtgottesdienstes zu orientieren. Den vier üblichen Teilen Eröffnung und Anrufung – Verkündigung und Bekenntnis – (Abendmahl) – Sendung und Segen wird hier eine Phase »Vorbereitung« vorangestellt, die eine für die Motivation der Kinder und Eltern besonders wichtige Rolle spielt. In einer Verlaufsbeschreibung werden viele Beispiele genannt, wie traditionelle liturgische Stücke für den Familiengottesdienst aufgenommen und liturgisch-gestalterisch übersetzt werden können. Die hier empfohlene flexible Orientierung an der liturgischen Grundstruktur kann nicht nur helfen, die verschiedenen gottesdienstlichen Typen und liturgischen Elemente in ihrer Zugehörigkeit zum Gottesdienst wiedererkennen zu können; sie kann zugleich dazu dienen, Familiengottesdienste nicht subjektivistisch nur nach dem persönlichen Geschmack oder spontanen Einfall und nicht aktionistisch zu sehr von bestimmten religiösen oder pädagogischen Absichten her zu gestalten.

V. Der Familiengottesdienst im Gemeindekonzept

Erfolg und Gestalt des Familiengottesdienstes werden wesentlich mitbestimmt durch gemeindekonzeptionelle Überlegungen und Entscheidungen. Sehr häufig stehen hinter den Liturgien der Familiengottesdienste zugleich auch gemeindereformerische Intentionen. Diese Verschränkung ist im Blick auf die Zielgruppe legitim, und sie sollte den Verantwortlichen bewusst sein. In Vorbereitung und Durchführung können manche Leitvorstellungen einer künftigen veränderten Gemeinde schon jetzt einbezogen und umgesetzt werden. Dabei ist an folgende Bereiche zu denken:

1. *Beteiligung*. Wenn die Züge einer passiv-konsumierenden Gemeinde nach und nach abgebaut werden sollen zugunsten der Zielvorstellung einer »Beteiligungsgemeinde«, dann sollte der Familiengottesdienst auf jeden Fall von einer Gruppe aus Laien und angestellten Mitarbeitern und Mitarbeiterinnen der Gemeinde getragen werden. Ein solcher Trägerkreis übernimmt von der Vorbereitung des Entwurfs an bis zur Durchführung aktive Funktionen. Die Hauptamtlichen werden dadurch entlastet, jedenfalls langfristig. Zugleich wird ein Zeichen für die Überzeugung gesetzt, dass die Gemeinde aus der Aktivität aller ihrer Glieder lebt. Die Beteiligung mehrerer Gemeindeglieder, auch von Kindern, an Planung und Gestaltung des Gottesdienstes ist auch deshalb geboten, weil nur dann alle Hinweise auf den nötigen partnerschaftlichen Umgang in den Familien glaubhaft werden, wenn sich ein solcher Stil auch im Familiengottesdienst selbst manifestiert. Deshalb sollte an jeden Entwurf die Frage gerichtet werden, ob er die innere und äußere Beteiligung der feiernden Gemeinde ermöglicht oder eher verhindert.

2. *Verhältnis zu anderen Gottesdienstformen*. Die Einheit der Gottesdienstform darf nicht einfach gesetzlich abverlangt werden, indem eine Form verabsolutiert wird und die anderen Gestaltungsversuche verhindert oder diskriminiert werden. Die reale, kulturell pluralistische Situation macht verschiedene Gottesdienstformen erforderlich: Festgottesdienste, Gesprächsgottesdienste, Jugend- und Familiengottesdienste neben dem schlichten Predigtgottesdienst usw. Es wird in jeder Ortsgemeinde und in jeder kirchlichen Region konkret zu entscheiden sein, welche Gottesdienstformen jeweils nötig sind. Doch damit ist die praktische Frage nach der Einheit des Gottesdienstes längst nicht hinfällig geworden. Selbstverständlich ist es wünschenswert, dass viele Kinder später nicht nur zum Familiengottesdienst, sondern auch zum normalen sonntäglichen Gemeindegottesdienst kommen.

Deshalb sollten die Familiengottesdienste die agendarische Grundstruktur als dramaturgisches Gerüst beibehalten, wie es vom EGb mit der »stabilen Grundstruktur« konzipiert ist (15), und immer wieder einzelne liturgische Elemente der Agende in den Ablauf einbeziehen. Außerdem sollten im Familiengottesdienst Melodien benutzt, Gesten eingeübt oder Texte gesprochen werden, die sich möglicherweise später einmal in den agendarischen Gottesdienst übertragen lassen. Der Familiengottesdienst darf ein wenig als liturgisches Experimentierfeld dienen, das hier Bewährtes auch für die sonstige Gemeindearbeit zur Verfügung stellt.

3. *Integration in die Eltern- und Kinderarbeit*. Der Familiengottesdienst sollte eng mit der sonstigen Eltern- und Kinderarbeit verknüpft werden. In manchen ostdeutschen Gemeinden, gerade auf dem Lande, orientiert sich die Christenlehre jeweils über mehrere Wochen hinweg auf bestimmte Familiengottesdienste, die hier inhaltlich und gestalterisch vorbereitet und nachbearbeitet werden. In manchen westdeutschen Gemeinden werden Kindergottesdienst-Programm und Familiengottesdienst ähnlich miteinander verzahnt (vgl. Stolzmann). So nimmt die Erwachsenengemeinde die Arbeit der Kinder in Christenlehre oder Kindergottesdienst zur Kenntnis. Außerdem spüren die Kinder, dass ihre eigenen Gruppenzusammenkünfte für die weitere Gemeindearbeit, auch für die Erwachsenen, wichtig sind. Sie erleben den Familiengottesdienst als Höhepunkt, wenn in ihm ihre eigenen Überlegungen und Bemühungen zur Darstellung kommen. Sie müssen dann nicht nur zum Besuch des Familiengottesdienstes angehalten werden, sondern sind selbst eher motiviert, an ihm teilzunehmen. Zugleich kommt eine solche Integration der verschiedenen Formen dem Kräftehaushalt der Mitarbeiter entgegen: Der Familiengottesdienst ist dann kein aufwendiges Sonderunternehmen, sondern bis zu einem gewissen Grade schon Teil der alltäglichen Gemeindearbeit (vgl. Vogler 28–36). Auch andere Gemeindegruppen können durch praktische Vorbereitung (Einladungen, kleine Geschenke anfertigen usw.) oder inhaltliche Ideensuche mit dem Familiengottesdienst verknüpft werden.

4. *Planung*. Familiengottesdienste müssen längerfristig geplant werden. Das ist aus zeitökonomischen Gründen wichtig: Themen des Familiengottesdienstes können mit den Themen der weiteren Gemeindearbeit abgestimmt werden. Material kann rechtzeitig besorgt und auch an anderer Stelle wieder verwendet werden. Wo Kurrende oder Chor musizieren sollen, brauchen sie in der Regel einen vielwöchigen Vorlauf, um die geeigneten Stücke einzuüben. Längerfristige Planung ist aber auch gemeindepädagogisch nötig: Nur wenn wir längere Zeiträume inhaltlich planen, können die verschiedenen Themen der Gemeindearbeit, auch die unserer Familiengottesdienste, in eine didaktisch sinnvolle Abfolge gebracht werden. Das ist auch dann zu empfehlen, wenn wir den Familiengottesdienst nicht zu stark didaktisch verstehen und konzipieren wollen. Gelernt wird dennoch etwas, das so mit den anderen Themen, Texten und Aktivitäten der Gemeindearbeit in irgendeiner Form verbunden wird. Die Planung kann helfen, einen Teil dieser Lernprozesse bewusster zu steuern.

VI. Zur Gestaltung einzelner Elemente

1. *Agendarische Teile.* Gerade der Familiengottesdienst bietet sich an, nicht nur die einzelnen liturgischen Stücke mit ihren traditionellen gregorianischen Melodien zu verwenden, sondern auch neue musikalische Elemente oder Melodien aus der Ökumene einzubeziehen. Es muss nicht jede Formulierung erklärt werden. Diese Stücke leben davon, dass sie eher emotional aufgenommen, eher mitempfunden als rational durchdacht mitgesungen und mitgebetet werden. Freilich kann man auch einmal auf den Sinn einzelner Sequenzen hinweisen, z.B. im Rahmen einer kurzen Einführung in den Gottesdienst. Zu warnen ist dabei aber vor einem modischen Verbalismus, der die Bereitschaft zu Kommunikation und zum intellektuellen Verstehen faktisch eher behindert als fördert.

Manche überlieferte Stücke sind nur noch Reste ausführlicherer Zusammenhänge. Sie werden verständlicher, wenn sie wieder einmal in einem solchen Zusammenhang erscheinen, wie z.B. bei einer Kyrie-Ektenie. Manche Teile der agendarischen Liturgie sind kommunikativ verarmt, vergleicht man sie mit ihrer alten Tradition, von der sie herkommen. Man denke an den Friedensgruß, Prozessionen, Umgänge usw. Hier können alte Elemente helfen, nicht nur in der Nähe der agendarischen Grundstrukturen zu bleiben, sondern dem Familiengottesdienst mehr lebendige ganzheitliche Kommunikation, mehr Spontaneität und Kreativität zu verleihen.

2. *Predigt.* Es ist nicht wahr, dass man im Familiengottesdienst nicht mehr predigen könne, weil jede Predigt die Kinder nur langweile. Sogar eine Predigt kann zum Höhepunkt eines Familiengottesdienstes werden. Freilich kommt es darauf an, wie sie konzipiert ist. Wo in einer Predigt Situationen des Lebens (Kinderzimmer, Klassenzimmer, Schulhof ...) anschaulich erzählt werden, wo der Prediger relativ frei spricht und mit der Gemeinde einen guten Blickkontakt behält und wo biblische Geschichten farbig entfaltet werden, dort ist eine Familiengottesdienst-Gemeinde auch für die Predigt zu interessieren. Dogmatische abstrahierende Passagen werden die Kinder (und auch manche Erwachsene) weniger erreichen. Günstiger ist es, auch für eine Zusammenfassung das Material der Erzählung zu benutzen, indem die Geschichte »besichtigt« und auf diese Art und Weise gewertet und abgeschlossen wird (vgl. Hirschler, 43–45).

3. *Gespräch.* Mindestens in größeren Räumen und Kirchen braucht ein Gespräch ein bestimmtes Arrangement, um nicht peinlich bzw. akustisch unverständlich zu werden. Flüstergruppen sind oft möglich. Manchmal empfiehlt sich eher ein »Interview« mit Einzelnen, auf die ein »Reporter« zugeht, als ein Frage- und Antwort-Spiel zwischen Pfarrer und Gemeinde. In kleineren Kirchen oder Gemeinderäumen ist die Form eines Gespräches zwischen Prediger und Gemeinde leichter möglich.

4. *Medien.* Für einen Familiengottesdienst bietet sich eine Fülle von Medien und Methoden an, die vor allem aus der pädagogischen Arbeit bekannt sind, wie z.B. Anspiele, Pantomimen, Dias, Bilder und Zeichnungen (mit lichtstarkem Projektor bzw. Overheadprojektor in einer nicht zu hellen Kirche), Flanellbilder, Schattenspiele, symbolische Handlungen u.a.m. Es gibt wohl kein Medium, das von vornherein für einen Gottesdienst unbrauchbar wäre. Wohl aber muss gefragt werden, ob das Medium theologisch und didaktisch angemessen eingesetzt wird. Häufig wird das Problem (die Situation) mit attraktiven Methoden eindrücklich nahegebracht. Für die Problemlösung bleibt dagegen nur die weniger eindrückliche Predigt übrig. Es sollte überlegt werden, ob nicht auch für die Lösung bzw. Lösungsverstärkung bestimmte Medien eingesetzt werden können. Bei Anspielen und anderen Gelegenheiten, an denen Gemeindeglieder aktiv werden, sollten nicht nur Kinder auftreten, sondern auch Erwachsene, wo Erwachsenenrollen zu

besetzen sind. Sonst kann schnell der Eindruck entstehen, die Erwachsenen (die Eltern) seien hier nur Publikum in einem Gottesdienst für Kinder.

5. *Symbole.* Der Gefahr des Familiengottesdienstes, zu einer Art erweitertem Kindergottesdienst zu missraten, kann am besten begegnet werden, wenn biblische oder auch gelegentlich außerbiblische Symbole im Mittelpunkt des Gottesdienstes stehen. Solche Worte, Gegenstände, Handlungen oder Gesten, die nicht nur eine vordergründige einlinige, sondern zusätzlich noch eine zweite symbolische Bedeutung haben, gehören sowieso schon immer zum Gottesdienst, so lange es ihn gibt. Symbole können generations- und schichtübergreifend verständlich werden. Sie »reden« nicht nur kognitiv, sondern auch emotional zum Menschen. Freilich will der Umgang mit Symbolen genau bedacht sein (vgl. Kugler/Lindner 1980, 25–27). Wichtig ist,

- Symbole nicht nur methodisch zu verwenden, sondern sich vorher das Symbol meditativ zu erschließen,
- über weite Strecken an dem einen Symbol zu bleiben und nicht zu schnell vom Symbol auf Klartext umzuschalten,
- in einem Gottesdienst jeweils nur ein tragendes Symbol in den Mittelpunkt zu stellen,
- bei einer großen Bedeutungsvielfalt eines Symbols sich für eine Bedeutungsrichtung zu entscheiden,
- Symbole nicht durch weitere Symbole, sondern in sachlichen Deutungen zu interpretieren,
- negative Symbole deutlich zurückzunehmen und nicht nur verbale Lösungen aufzuzeigen, während das Negativsymbol noch sichtbar vor aller Augen oder in aller Herzen ist.

6. *Abendmahl.* Wo Gemeinden das Abendmahl mit Kindern praktizieren (zum Grundsätzlichen vgl. Kenntner), legt es sich nahe, es vor allem im Familiengottesdienst zu feiern. Dafür sollte jede Gemeinde ihre relativ festen Formen entwickeln, die Verhaltenssicherheit bei der Feier ermöglichen (Vorschläge dazu bei Lienhard; Nitschke; Kugler/Lindner 1979; EGb 659 f.). Natürlich setzt solches Feiern gemeinsam mit den Kindern voraus, dass Kinder und Eltern auf die erste Abendmahlsfeier vorbereitet und weiter gemeindepädagogisch begleitet werden.

7. *Musik.* Viele alte Choräle lassen sich auch mit Kindern singen. Auf sie sollten wir ebenso wenig verzichten wie auf gute neue Lieder. Die Freude am Lied wächst auch aus der Wiederholung. Jeder Gottesdienst sollte bekannte Lieder vorsehen – neben einem, höchstens zwei neuen. Stark rhythmisierte synkopenreiche Lieder aus der Jugendmusik eignen sich meist nicht zum Singen mit Kindern. Kurze Stücke (Kanons, Refrains), die schnell nachgesungen werden können, bieten sich oft in besonderer Weise an. Unterschiedliche musikalische Stilrichtungen in einem Gottesdienst stören sich nicht. Auch unsere überlieferte Liturgie lebt vom Erbe vieler Jahrhunderte, das zu einer neuen Einheit zusammengewachsen ist.

Orgel, Kurrende, Chor oder Instrumentalgruppen sorgen dafür, dass der Gottesdienst schön wird. Wichtig ist aber, dass die feiernde Gemeinde selbst genügend zum Singen animiert wird und der Gottesdienst nicht zu einem Konzert entartet. Häufig sind Wechselgesänge sehr geeignet. Manchmal kann die Musik auch mit Bewegungen (Klatschen, gestisches Darstellen des Inhalts ...) ergänzt werden. Das ist vor allem dann angebracht, wenn der Gottesdienst von vielen Vorschulkindern besucht wird, die durch solche Bewegungen zu den Liedern in besonderer Weise aktiv in den Gottesdienst einbezogen werden.

Literatur

Elisabeth BECK-GERNSHEIM, Was kommt nach der Familie? Einblicke in neue Lebensformen, München 1998. – Dieter BESSER, Typen des Familiengottesdienstes: Dieter Reiher (Hg.), Gottesdienst mit Familien. Überlegungen – Entwürfe, Berlin 1980, 77–81. – Werner CORELL, Lernpsychologie. Grundfragen und pädagogische Konsequenzen, Donauwörth [10]1978. – Peter CORNEHL, Teilnahme am Gottesdienst. Zur Logik des Kirchgangs – Befund und Konsequenzen: Joachim Matthes (Hg.), Kirchenmitgliedschaft im Wandel, Gütersloh 1990, 15–53. – Doris DAMKE/Michael SCHIBILSKY/Johannes SCHILDMANN/Bernward WOLF, Eine Leiter zum Himmel. Familiengottesdienste im Kirchenjahr, Düsseldorf [3]1989. – Anton DINZINGER/Heide EHLEN, Freut euch alle. Kinder- und Familiengottesdienste im Kirchenjahr, Aachen 1998. – Dies., Wir feiern ein Fest. Kinder- und Familiengottesdienste, Aachen 1998. – Erhard DOMAY, Familiengottesdienste Modelle, Ideen, Bausteine, Skizzen, Gütersloh 1994. – Friedrich Carl EICHENBERG, Familiengottesdienste: ZdZ 11 (1957) 284–286. – Ulrich FISCHER, Der Gottesdienst soll fröhlich sein, Stuttgart 1992. – Hermann-Josef FRISCH, Leitfaden Kinder- und Familiengottesdienst, Düsseldorf 1992. – Karl Heinz GEIL, Vom Leben erzählen. Wortgottesdienste für Familien mit Kindern, Düsseldorf 1997. – Ders., In Gemeinschaft feiern, Düsseldorf 1998. – Ders., Zum Geheimnis finden, Düsseldorf 1999. – Christa GÄBLER, Kinder im Gottesdienst. Theorie und Praxis generationenübergreifenden Feierns, Stuttgart 2001. – Karl Heinz und Bärbel GEIL, Familiengottesdienste Musterbeispiele in Alternativen für die ansprechende Gestaltung I/II, Kissing 1991. 1996. – Achim GIERING, Familiengottesdienst oder Gottesdienst der Gesamtgemeinde?: ZdZ 18 (1964) 268–271. – Herwig HAFA, Zur Frage des Familiengottesdienstes: Die Christenlehre 14 (1961) 88–91. – Klaus HARMS, Die Familie als Aufgabe kirchlicher Verkündigung, Spardorf 1986. – Jürgen HENKYS, Der Familiengottesdienst: HPTh(B) 3 (1983) 52–54. – Martin HINDERER/u.a. (Hg.), Von Babylon bis Bethlehem. Familiengottesdienste gemeinsam mit Kindern gestalten, Stuttgart 1994. – Horst HIRSCHLER, Konkret predigen. Anleitungen und Beispiele für die Praxis, Gütersloh 1977. – Eberhard JÜNGEL, Der Gottesdienst als Fest der Freiheit: ZdZ 38 (1984) 264–272. – Karl Heinrich KANDLER, Plädoyer für die Kinderkommunion: Die Christenlehre 27 (1974) 118–120. – Franz-Xaver KAUFMANN, Die Zukunft der Familie im vereinten Deutschland, München 1995. – Siegfried KEIL, Art. Familie, TRE 11 (1983) 1–23 (Lit.!). – Eberhard KENNTNER, Abendmahl mit Kindern, Gütersloh [2]1981. – Jürg KLEEMANN, Familiengottesdienst – ein Überredungsversuch: WPKG 64 (1976) 474–485 (Lit.!). – Georg KUGLER, Familiengottesdienst: HPTh(G) 3 (1983) 79–88. – Ders., Familiengottesdienste. Entwürfe – Modelle – Einfälle, Gütersloh 1971. – Ders./Herbert LINDNER, Neue Familiengottesdienste I–IV, Gütersloh 1973/1976/1979/1980. – Ernst LANGE, Bilanz 65: ders., Kirche für die Welt. Aufsätze zur Theorie kirchlichen Handelns, hg.v. Rüdiger Schloz, München 1961. – Johannes LANGHOFF, Familiengottesdienst, Greifswald 1979 (Diss.). – Ders., Zu Fragen des Familiengottesdienstes: Die Christenlehre 35 (1982) 140–144. – Marc LIENHARD, Mit Kindern Abendmahl feiern. Modelle – Reflexionen – Materialien, München 1978. – Rosemarie NAVE-HERZ, Familie heute. Wandel der Familienstrukturen und Folgen für die Erziehung. Darmstadt 1997. – Ernst NIPKOW, Grundfragen der Religionspädagogik III. Gemeinsam leben und glauben lernen, Gütersloh 1982. – Horst NITSCHKE, Abendmahl. Liturgische Texte, Gesamtentwürfe, Predigten, Feiern mit Kindern, besondere Veranstaltungen, Besinnungen, Gütersloh 1977. – Wolfgang RATZMANN, Didaktischer Familiengottesdienst: Die Christenlehre 35 (1982) 145–146. – Dieter REIHER (Hg.), Gottesdienst mit Familien. Überlegungen – Entwürfe, Berlin 1980. – Horst Eberhard RICHTER, Patient Familie, Reinbek 1970. – Kurt ROMMEL, Familien im Gottesdienst, Lahr 1971. – Ders. (Hg.), Familiengottesdienste im Kirchenjahr. Nach der Perikopenordnung I–V, Stuttgart 1983/1984. – Ders./ Martin SCHMEISSER (Hg.), Kinder- und Familiengottesdienst, Freiburg/Lahr: Advent, Weihnachten 1972; Passion, Ostern, Pfingsten 1974; Schuljahrsschluß, Ferien, Schulanfang 1976. – Johannes SCHILDMANN, Das verwandelte Kreuz. Familiengottesdienste im Kirchenjahr, Düsseldorf 1996. – Siegfried SCHMUTZLER, Zur Frage des Familiengottesdienstes: ZdZ 19 (1965) 216–219. – Wolfgang STECK, Praktische Theologie: Horizonte der Religion – Konturen des neuzeitlichen Christentums – Strukturen der religiösen Lebenswelt Bd. 1, Stuttgart 2000, 363–382. – Klaus STOLZMANN, Familiengottesdienste zum Abschluss einer thematischen Kindergottesdienst-Einheit, Gütersloh 1981. – Helmut SUTTER, Familiengottesdienste, Freiburg/Lahr 1981. – Dieter TRAUTWEIN, Lernprozess Gottesdienst, Gelnhausen/ Berlin 1972. – Herbert VINCON, Die Reise des Sterns. Familiengottesdienste für Advent, Weihnachten, Epiphanias, Stuttgart 1997. – Ders., Freut euch der schönen Erde. Familiengottesdienste für die Herbstzeit, Stuttgart 1998. – Ders., Der Baum des Königs. Familiengottesdienste für die Passionszeit und Ostern, Stuttgart 1999. – Hans-Udo VOGLER, Modelle gemeindeintegrierter kirchlicher Kinderarbeit: Dieter Reiher (Hg.), Gottesdienst mit Familien, s.o. (1980) 25–27.

Wolfgang Ratzmann

Jugend- und Schulgottesdienst

I. Gottesdienst von und mit Jugendlichen im Übergang – wohin?

A. Kirchliche Distanz und religiöses Suchen Jugendlicher

Religiöse Sozialisierung vergangener Generationen gehörte zu den selbstverständlichen Voraussetzungen bereits in früher Kindheit. Die christlichen Kirchen leisteten faktisch flächendeckend ihren Beitrag zur religiösen Orientierung. Wenn Kinder in die Schule kamen, wussten sie bereits, dass sie getauft worden waren und hatten zu großen Teilen auch schon den Kindergottesdienst besucht. Davon kann schon lange nicht mehr ausgegangen werden. Säkularisierungstendenzen haben ein rasantes Gefälle entwickelt. Holzschnittartig kann man vielleicht sagen, dass die Kirchlichkeit von Süden nach Norden in der Republik erheblich abnimmt. Hinzu kommt, dass die Wiedervereinigung Deutschlands extrem offenkundig gemacht hat, wie Sinnsysteme in eine gefährliche Schieflage gekommen sind. So analysiert Thomas Ritschel den Übergang vom DDR-System in die diffuse weltanschauliche Situation in der alten Bundesrepublik: »Auf die Sinnfrage reagierten die wenigsten mit der Übernahme eines komplexen vorgegebenen Weltanschauungssystems – wie Christentum oder Marxismus – sondern sie bastelten sich ihre eigene Weltsicht zusammen. Diese orientierte sich offensichtlich sehr ›innerweltlich‹ – lebenspraktische Probleme standen im Mittelpunkt« (428).

Fast nahtlos lässt sich die weitere Entwicklung in der 13. Shell-Jugendstudie weiter verfolgen. Werner Fuchs-Heinritz bemerkt zu privaten Glaubensüberzeugungen und Kirchlichkeit: »Wir haben eine widersprüchliche Konstellation vor uns: Gottesdienstbesuch, Beten und Glaube an ein Weiterleben nach dem Tod sind seit Mitte der 1980er Jahre bei den deutschen Jugendlichen in den alten Bundesländern deutlich zurückgegangen. Durch die Wiedervereinigung kamen die Jugendlichen aus den neuen Bundesländern hinzu, von denen nur ein kleiner Teil eine religiöse Erziehung erhalten hatte und erhält; Gottesdienstbesuch, Beten und Glaube an ein Weiterleben nach dem Tode sind bei ihnen inzwischen nur noch bei kleinen Minderheiten feststellbar. Insgesamt: Die Kirchlichkeit ist zurückgegangen, die religiöse Grundhaltung im Leben hat bei den deutschen Jugendlichen stark an Boden verloren. Zugleich aber haben die Zugehörigkeit zu einer Religionsgemeinschaft und eine religiös bestimmte Lebensführung in der Folge des Ansässigwerdens muslimischer Arbeitsmigranten eine Bedeutungsaufladung erfahren« (Jugend 2000,180). Diese Einschätzung muss weiterhin als zutreffend gelten. Sie hat erhebliche Konsequenzen für kirchliche Angebote und die Attraktivität von Gottesdiensten als zentrale kirchliche Veranstaltungen. Das gilt in verschärftem Maße für Gottesdienste, die im Bereich von kirchlicher Jugendarbeit oder in der Schule stattfinden.

Es wäre allerdings ein Irrtum zu meinen, die Jugendlichen hätten an Religion kein Interesse mehr, vielmehr zeugen die vielen religiösen Bewegungen, oft mit okkultem oder esoterischem Einschlag, davon, dass sich am Rande unserer Großkirchen eine andere Art von Frömmigkeit und Spiritualität entwickelt, der die Gemeinden oft nichts entgegenzusetzen haben. Nun ist schon immer beklagt worden, dass Jugendliche Schwierigkeiten mit herkömmlichen Gottesdienstformen haben, Konsequenzen wurden aber nur in einzelnen Gemeinden, manchmal in den dafür »zuständigen« kirchlichen Jugendorganisationen, beim Kirchentag und z.T. in der Kindergottesdienstarbeit gezogen. Letztere allerdings ist in vielen Regionen unseres Landes einem zunehmenden Verfall ausgesetzt.

Angesichts solcher Herausforderungen, mit denen Lehrerinnen und Lehrer, Pfarrerinnen und Pfarrer in Gemeinde und Schule unterschiedlich stark konfrontiert sind, lohnt es sich, jene Elemente zu bedenken, die die Zugangsmöglichkeiten von Kindern und Jugendlichen zum Glauben erleichtern. Es hat keinen Sinn, auf die religiöse Subkultur nur im Habitus der Apologetik oder der Abschottung nach außen zu reagieren. Bei Begegnungen in Gottesdiensten wie bei der Durchsicht der Literatur fällt auf, dass sich (abgesehen von der Komponente der Eucharistie bzw. des Abendmahls) Jugend- und Schulgottesdienste, überhaupt eine Reihe von Frömmigkeitsformen (bes. im Blick auf die Musik und das Singen von Liedern) schon längst über die Konfessionsgrenzen hinweg entwickelt haben. Beim Blick in neuere Gottesdienstmodelle sind Gottesdienste in ihrer konfessionellen Herkunft oft nur noch mit Mühe oder gar nicht mehr zu erkennen. So kann man die konfessionelle Komponente nur in den Beschreibungen (z.B. Pfarrer/Priester, Messe, Eucharistie, Herkunft des Verlages) festmachen. Immerhin zeigt das Phänomen der Jugendbegegnungen in Taizé und der europäischen Treffen seit über 30 Jahren auf, dass mystische und meditative Elemente in ihrer dogmatischen Offenheit die Schwelle zum Gottesdienst niedriger machen.

B. Der Übergang: Kindergottesdienst – Jugendgottesdienst

Der Kindergottesdienst hat weitgehend in den letzten Jahrzehnten eigene Formen entwickelt (vgl. die Kindergottesdienstpläne und die vielen Anregungen zur Gestaltung von Kindergottesdiensten). Gleichzeitig ist er aber in eine schwere Krise geraten (mit teilweise beängstigend schwindenden Teilnehmerzahlen), sodass sich die Religionspädagogik mehr und mehr dieses Bereiches angenommen hat. Die teilweise »pädagogisierte« Verschulung des Kindergottesdienstes ist dadurch z.T. die Folge gewesen (vgl. Schmidt-Lauber 392–396). Die Belange des Kindes im Gottesdienst als Veranstaltung von »Kirche mit Kindern« hat allerdings inzwischen didaktische Maßstäbe gesetzt, die die erhebliche Kluft zwischen der Struktur des agendarischen Gemeindegottesdienstes und den unterschiedlichen Kindergottesdienstformen bisher nicht gemindert haben (vgl. Walter 9).

C. Gestaltung jugendgemäßer Gottesdienste zwischen Kirchengemeinde und Jugendkultur

Die Entwicklung von Jugendgottesdiensten läuft nur schmallinig der von Kindergottesdiensten parallel. Gottesdienste mit Jugendlichen sind einmal unter den Entwicklungen der Jugendphase und zum andern an den notwendigen Veränderungen von Gemeindegottesdiensten zu bemessen.

Zuerst stehen Kirchengemeinden von ihrem sozialen Umfeld und ihrer personellen Struktur her oft genug vor der Tatsache, dass Gottesdienst, wie er Jahrzehnte gewesen ist, in diesem Umfeld so nicht mehr möglich ist. Gegenüber restaurativen Tendenzen bzw. konservativem, oft krampfhaften Festhalten an überkommenen Strukturen geht man eigene Wege (Schnath 6).

Als zweiter Faktor bleiben Kirchentag und überregionale Veranstaltungen wie Landeskirchentage, »Christival« u.a. ein kontinuierliches Anregungspotential, dessen Wirkungen sich in Gemeinden und Schulen niederschlagen. Von dort kommen auch immer wieder neue Lieder, obwohl die Produktion inzwischen wohl abgenommen hat.

Als dritter Faktor sollten die Schulgottesdienste nicht unterbewertet werden. Die Situation ist gewissermaßen seit Jahren stabil auf niedrigem Niveau, wenn man davon absieht, dass aufs Ganze der Republik gesehen, die Schulgottesdienste nach Norden hin eindeutig weniger zu werden scheinen. Wo sich Schulgottesdienste durchhalten können oder sich durch das Engagement Einzelner oder Gruppen noch verstärken, leben sie von einem nötigen und oft großzügig gewährten Freiraum, der allerdings in seinem Formenreichtum wohl nur noch geringfügig erweiterbar ist. Die Möglichkeiten, Erfahrungen auszutauschen, werden allerdings inzwischen wesentlich intensiver genutzt. Neben die klassischen Arbeitshilfen ist das Internet getreten, wo teilweise sehr schöne und kreativ gestaltete Gottesdienste abgerufen werden können. Gerade einzelne Gemeinden entwickeln hier ganz erstaunliche Aktivitäten.

Diese neuen Wege der Gottesdienstvorbereitung und Gestaltung sind nicht ohne das neue Lied mit seinem konfessionsüberschreitenden Charakter zu denken. Es ist heute z.B. kaum möglich, den konfessionellen Hintergrund für die Entstehung eines neuen Liedes auszumachen. Mit der Einführung des neuen Evangelischen Gesangbuchs (EG) in allen Landeskirchen werden auch mehr und mehr dieser neuen Lieder zum Allgemeingut der Kirchengemeinden.

Mit dem Leipziger Kirchentag 1998 tauchten neben schon bekannten Formen (Rock-, Pop- und Meditationsgottesdienste) Rave-Gottesdienste in das Blickfeld einer größeren kirchlichen Öffentlichkeit. Aktuelle Formen der Jugendkultur haben nicht unerheblichen Einfluss auf diese Form des Gottesdienstes, dem ekstatische Elemente wohl kaum abzusprechen sind. Er lebt offensichtlich vom »Event« als solchem, dem Kritiker darum auch vorwerfen, dass die christlichen Elemente darin nur aufgeklebte Versatzstücke sind. Aber das war wohl immer so: Neue Formen des Gottesdienstes – wie gut oder mäßig sie auch immer seien – wurden zu Anfang durchweg mit herber inhaltlicher Kritik bedacht, obwohl es wohl eher um eine Frage des Geschmacks geht. Nun sind schon immer »weltliche« Formen in die Gottesdienste eingewandert. Darüber hinaus dürfte unbestritten sein, dass gerade durch solche Rave-Gottesdienste kirchlich abständige Jugendliche oder junge Leute, die nie mit der Kirche zu tun hatten, zum ersten Mal religiöse Erfahrungen machen, wenn auch in absolut ungewohnter Form.

Eine Veränderung bleibt gegenüber den sechziger Jahren allerdings auffällig. Wurde damals noch übermäßig stark von der Problematik der Sprache in Predigt und Liturgie ausgegangen, so hat sich das Bild zweifach verschoben, einmal seit durch den Nürnberger Kirchentag 1979 das Abendmahl als Feierabendmahl in seiner evangelischen Bedeutung geradezu wieder mit Macht in den gottesdienstlichen Rahmen rückte, und zum andern, dass über die Betonung meditativer Elemente im Gottesdienst der Gedanke von Feier und Fest, Kontemplation, Gebet, Meditation, Salbung und Segen neue Bedeutung gewann. Daran hat sich bis heute nichts Wesentliches geändert. Das Sprachproblem allerdings ist geblieben. Daran ändern auch die Rave-Gottesdienste mit ihrer Nähe zur Disco-Kultur nichts.

In diesem Zusammenhang ist es interessant zu sehen, wie die Gottesdienst Gestaltenden ihre Vorschläge und Arbeitshilfen begründen. Es haben sich über die Jahre Gruppen von »Profis« herauskristallisiert, die ihren festen Abonnentenkreis haben, der oft in engem Kontakt zu den religionspädagogischen Instituten der Landeskirchen oder zur Frankfurter Beratungsstelle für Gestaltung von Gottesdiensten steht. Das gilt für die katholische Kirche wie die evangelische in fast gleicher Weise (vgl. dazu Bieritz/Ulrich, Laarmann, Bangert/Schwarz/Tröger).

D. Besinnung und neue Festliturgien

Henning Schröer hatte 1990 diese Überlegungen unter dem Stichwort Lebendige Liturgie beschrieben (9 f.). Kennzeichen von Jugendlichen gestalteter Gottesdienste sind – im Unterschied zu vielen trotz neuerer und besserer Agenden weitgehend diese lebendigen und sich immer wieder verändernden Liturgien, die sich im Sinne eines ganzheitlichen Feierns zusammenfassen lassen, und zwar mit alten und neuen Liedern, Vergangenheitsprobleme bewusst und ohne Scheu aufarbeiten und Hoffnungen kühn formulieren. Die Problembereiche Ökumene, Ökologie und Ökonomie treten dabei verstärkt in den Vordergrund. Mit dem konziliaren Prozess seit Vancouver 1983 tritt eine Präzision der entscheidenden Themen (sowohl theologisch wie politisch und wirtschaftlich) ein, die bis heute nicht überholt wurde: Frieden, Gerechtigkeit und Bewahrung der Schöpfung. Sie gilt es in die Liturgie zu integrieren.

Die Bedeutung von Gesten und Zeichenhandlungen müssen wieder neu entdeckt, Symbol und Ritual aus ihrem verstaubten Dasein gerade im Protestantismus herausgeholt werden, damit Liturgie lebendig wird. Sie verändert das Singen, sieht Predigt im größeren Rahmen des Gottesdienstes, bedient sich vieler Hilfsmittel (auch technischer Art), ohne diese zum Fetisch zu machen und hat darum in kleineren und größeren Gruppen, aber auch gerade bei den der Kirche Fernerstehenden wieder größere Chancen. Von der Realisierung solcher Überlegungen in die Praxis der Gottesdienstfeiern leben Schul- und Jugendgottesdienste in ungeahntem Maße.

E. Vielfalt der Gottesdienste

Erstaunlicherweise nimmt der EEK den Schul- und Schülergottesdienst als eigenen Typus des Gottesdienstes nicht wahr. Jugend- und Schulgottesdienste leben von ganzheitlicher Liturgie: Lehre und Feier, Wort und Sakrament, Meditation und Predigt sind Tendenzen des wahren Gottesdienstes. Modelle dieser Art brauchen Platz in Schule und Gemeinde und dürfen nicht auf Kinder und Jugendliche beschränkt bleiben (vgl. schon Jetter 245. 273 f., 275. 306).

Zwar gibt es oft nicht mehr die übliche Predigt, aber in elementarisierter Weise treten Erzählungen, Spielszenen, Bildbetrachtungen und Besinnungen in den Vordergrund. Damit ist Verkündigung weiter gefasst, und Predigt muss nicht zum langatmigen Monolog verkommen. Die Frohe Botschaft eröffnet damit einen Prozess der Kommunizierenden, d.h. (hoffentlich) all derer, die im Gottesdienst nicht nur passiv anwesend sind.

Die anderen Teile, also Gebete, Lieder, Meditationen, Stillephasen und Symbolhandlungen geraten so nicht in die Funktion des Ornamentalen um die Predigt herum, sie sind auch keine Pausenfüller, vielmehr ziehen sich auf diese Weise Predigtelemente durch den ganzen Gottesdienst. Ein solcher Gottesdienst ist nicht chaotisch, sondern findet durchaus in geordneter Abfolge statt, starre agendarische Schemata sind allerdings aufgeweicht. Der Vorzug liegt darin, dass diese veränderte Struktur eine Atmosphäre schaffen kann, in der die Erwartungen von Jugendlichen nicht »abgekanzelt« werden, sondern Verkündigung und Trost gegenseitig geschehen. Solches Vertrauen ist Voraussetzung für das Gelingen jedes Gottesdienstes. Darum haben es verordnete Gottesdienste ohne die Mitverantwortung von Jugendlichen so schwer und können in der Schule zur Dressurveranstaltung in Sachen Disziplin werden.

F. Die Rolle der Bibel

Da im Gottesdienst Orientierung angesagt wird, kann die Frage nach den Quellen des christlichen Glaubens, also der Bibel und ihrer Auslegungsgeschichte nicht einfach abgewiesen werden. Zwar schwankt die Wertschätzung der Bibel bei jungen Menschen erheblich. Sie reicht von krasser Ablehnung bis zu intensivem Umgang mit biblischen Texten. Gerade Schüler/innen, die noch nie oder kaum mit der Bibel zu tun hatten, entdecken sie neu. Insgesamt dürfte aber der Umgang mit den biblischen Texten nicht gerade einfach sein, bis hin zu der Sprachproblematik mancher Übersetzungen. Begleitender Religionsunterricht leistet hier oft mehr, als es auf den ersten Blick erscheint, zumal das Fach beliebter ist, als viele behaupten.

Für den Gottesdienst ist darum nicht die Bibellesung als solche interessant, sondern ihr Zusammenhang in der Gestaltung des Gottesdienstes. Lesung oder besser Nacherzählung eines Bibeltextes braucht einen sinnvollen Ort. D.h. konkret: Der Welt- und Lebensbezug für die Jugendlichen muss sichtbar sein oder sich zumindest im weiteren Verlauf erschließen lassen. Durch bestimmte Aktionen in Gottesdiensten (z.B. der Weihnachts- oder Fastenzeit) fragen junge Leute auch nach der Begründung für solches Tun. Anders gesagt: Sofern der unmittelbare

Lebensbezug der Bibel sich (mit oder ohne historisch-kritische Methode) selbst über größere Zeitdistanzen durchsetzt, steigt ihr Stellenwert. Ohne Vorbereitung geht das allerdings nicht.

Die Erfahrungen, die sich dann mit der Bibel machen lassen, sind mehr als bloße Gefühlsaufwallungen, sind auch mehr als die intelligente, pfiffige oder kreative Interpretation und Aktualisierung alter Texte, sondern sind viel mehr Zugänge auf eine Gotteserfahrung hin, die sich in Besinnung, Feier und Aktion vor Gott realisiert.

G. Spiritualität nicht nur ein Schlagwort, sondern Ansätze neuer Lebensgestaltung

Die Zeichen für einen intensiveren, von Spiritualität geprägten Lebensstil scheinen für einen Teil der Jugendlichen nicht schlecht zu stehen. In der Jugendarbeit haben sich in verschiedenen Gruppen schon entsprechende Formen etabliert (z.B. Feiern von Festen des Jahres und des Kirchenjahres, Fastenaktionen in Verbindung mit Hungertuch-Meditationen, Pausengebete u.ä., vgl. dazu im Literaturverzeichnis: August, Debbrecht, Frigger, Törnig-Grohe).

Allerdings muss dieser Stil eine für die Schule gemäße Ausprägung weitgehend noch finden. Immerhin zeitigen religiöse Erfahrungen von Jugendlichen beachtenswerte Konsequenzen, die der Deutung, Begleitung und weiterer Entwicklung bedürfen. Die verfasste Kirche tut sich zuweilen schwer und reagiert bei spirituellen Neuaufbrüchen mehr beunruhigt und apologetisch als begeistert. Der Ärger um Räume für Jugendgottesdienste, um Nachtwachen mit Beten und Schlafen in Kirchen usw. ist keineswegs überall ausgestanden.

Verstärktes Engagement aller Betroffenen in der Gemeinde und in der Schule, also von Erwachsenen, Kindern und Jugendlichen kann tatsächlich Klimaveränderungen schaffen. In der Schule hat der Religionsunterricht in gewisser Weise eine Schlüsselfunktion, weil in ihm Erfahrungen aus der Gemeinde aufgearbeitet werden können. Gesprächskreise, religiöse Tagungen und Schulwochen, Feste und Meditationen, Gebet und diakonisches Handeln sind in Schule und Gemeinde gleichermaßen möglich, ja ein intensives Schulleben wird eine Reihe von Elementen aus der Gemeinde beinhalten. Inwieweit sich damit in der Schule neue Formen christlicher Gemeinde konstituieren, scheint zweifelhaft. Es wäre jedoch beklagenswert, wenn eine Volkskirche aufgrund nicht mehr belebbarer Traditionen und in institutioneller Eingefahrenheit von Presbyterien, Kirchenvorständen und Synoden mit ihren noch immer reichhaltigen Mitteln und personellen Möglichkeiten sich allein der Betreuung und Versorgung der »treuen« Gemeindeglieder widmen würde.

H. Gottesdienst und Aktion: Gestaltungskriterien, Methoden, Musik und Technik

Wenn das Gesagte gilt, bieten sich mit Jugend- und Schulgottesdiensten eine Fülle von Gestaltungsmöglichkeiten, dennoch tauchen gewisse liturgische Grundmuster immer wieder auf, und zwar: Klagen, Bitten, Bekennen, Loben, Danken, Segnen, Abendmahl feiern, Sehen, Erzählen, Sprechen, Vortragen, Spielen, Tanzen, Schweigen, miteinander Handeln usw. Auch die Reihenfolge solcher Grundmuster ist – obwohl nicht zwingend vorgeschrieben – doch verwandt:

- Begrüßung und Einführungen,
- Anrufungen (z.B. Kyrie), Gebete, Besinnungen, Lesungen,
- Bekenntnisse,
- Bildbetrachtungen, Gespräche, Meditationen, Kommentare, Spiele,
- Abendmahl mit Einleitungsteilen, Gebeten, Friedensgruß, Abendmahlsworten, Austeilung (oft gegenseitig),
- Fürbitt- und Schlussgebete,
- Segens- und Sendungsformulierungen.

Eine solche Struktur ist in einen musikalischen Kontext eingebunden, der mehr ist als verbindender Rahmen und Überleitung, sondern den Gottesdienst ganz wesentlich prägt. Dass auch die Entwicklung von Familiengottesdiensten Einfluss auf die Gestaltung jugendgemäßer Gottesdienste (gehabt) hat, steht schon allein angesichts des Adressatenkreises außer Frage (vgl. Laarmann) und wurde bereits mehrfach erwähnt.

D.h. konkret, dass unterschiedliche musikalische Elemente in solchen Gottesdiensten legitimen Platz finden (die Monopolstellung der Orgel entfällt). Kassettenrecorder (immer weniger), CD-Player, Verstärker, auch ein zuweilen höherer technischer Aufwand wird sich nicht vermeiden lassen, obwohl das Gelingen eines Gottesdienstes nicht von der technischen Perfektion abhängt. Dilettantismus kann aber tückisch sein (z.B. ein CD-Player oder Kassettenrecorder in einer Aula, der höchstens ein Klassenzimmer beschallen kann).

Wenn überwiegend, aber nicht ausschließlich Musik zu Gehör kommt, deren Art Jugendlichen geläufig ist, oder die ihnen – aus welchen Gründen auch immer – gefällt, verstärkt sich das Engagement, in Gottesdiensten eigenhändig zu musizieren. Da haben dann Gitarre und Blockflöte, Keyboard, Percussionsinstrumente und Glockenspiel auf einmal ihren Platz.

Neben technischer Musikalität wäre die gesamte Bandbreite der AV-Medien zu nennen, die allerdings nicht beliebig, sondern ganz gezielt im Gottesdienst eingesetzt werden müssen. Es geht nicht darum, eine jugendgemäße geistliche Konsumentenshow zu veranstalten (da wird das Fernsehen immer besser sein), sondern darum, dass sich Vorbereitende und Teilnehmende mit einem solchen Gottesdienst identifizieren können. Der Gottesdienst fängt bereits mit der Planung an, mit der Auswahl und Neubearbeitung von Texten und Medien (z.B. Fotos, Plakate, Handzettel, Poster, Kurzfilme usw.).

Roman Roessler hat vor langer Zeit das Fundament von Gestaltungskriterien ziemlich umfassend benannt (Trautwein/Roessler 27–37).

Weiterführend möchte ich sagen: Gottesdienst und Alltag gehören zusammen. Die Freiheit der Gottesdienstordnung lässt mit den vorgegebenen liturgischen Mustern großzügig umgehen. Es gibt keinen endgültigen Gottesdiensttyp. Darum ist mit jedem Gottesdienst eine Balance zwischen Tradition und Experiment im Spannungsfeld der ihn umgebenden Wirklichkeit und Alltäglichkeit zu finden. Er braucht die Sprache unserer Zeit und muss von denen ohne Probleme verstanden werden, die den Gottesdienst besuchen, denn dort realisiert sich Gemeinde, wenn auch nicht unbedingt Ortsgemeinde, sondern Gruppe, Klasse, Schule, also diejenigen, die sich aus welchem Grunde auch immer zusammengefunden haben und sich nun auf den Gottesdienst einlassen. Als Hinführung lassen sich Pausengebete oder meditative Phasen im Unterricht und in Arbeitsgemeinschaften verstehen, die in den Schulalltag integriert werden (z.B. vor Schulbeginn oder in der Mittagszeit).

II. Schulgottesdienste als Sonderform von Kinder- und Jugendgottesdiensten

A. Verantwortung für den Schulgottesdienst

Was als Jugend- oder Familiengottesdienst, was im Rahmen von Gemeinde, Freizeit und Tagung in erstaunlicher Freiheit praktiziert werden kann, gerät als Schulgottesdienst unter die Bedingungen von Schule. Damit ist ein Mehrfaches gesagt:

– Die Themen, Zeiten, Orte und Formen des Schulgottesdienstes liegen nicht von vornherein fest, sie ergeben sich aus den Möglichkeiten der Schule, den Erwartungen der Teilnehmenden und den Zielvorgaben der Vorbereitenden. Die Konsequenzen für Schulgottesdienste sind erstaunlich unterschiedlich.

- Schulgottesdienst darf sich nicht von den Unterrichtszielen der Schule her definieren, sonst gehört er zum Unterricht und verliert die Freiheit, Schulleben vom Evangelium her kritisch zu betrachten und Anstöße der Veränderung zu geben. Unabhängig von der Rechtslage lebt Schulgottesdienst als Gottesdienst für die am Schulleben Beteiligten (zuweilen auch Eltern) von der Freiwilligkeit und dem Engagement der Vorbereitenden und Mitwirkenden, ebenso davon, wie Teilnehmer und Teilnehmerinnen in den Ablauf einbezogen werden (können).
- Der Religionsunterricht kann aber durch seine thematischen Beziehungen eine gute Möglichkeit zur Vorbereitung und Gestaltung eines Schulgottesdienstes geben. Inzwischen tauchen sogar Schulgottesdienste als Texte und Anregungen in Schulbüchern auf (vgl. Religion 7/8: Gerechtigkeit lernen 166–179).
- Die Art, wie Schulgottesdienste gefeiert werden, hängt davon ab, wie die Gruppen, die das Schulleben wesentlich mitbestimmen, den Gottesdienst als Teil des Schullebens verstehen und welchen Stellenwert sie ihm beimessen. Schulgottesdienst im Widerstand gegen andere Gruppen der Schule oder im Umfeld der Gleichgültigkeit von Lehrerkollegium und Schulleitung hat Schwierigkeiten zu überwinden, die seine Akzeptanz für alle nicht leicht machen.

B. Schulgottesdienst als schulischer und außerschulischer Lernort

Schulgottesdienst liegt im Begegnungsfeld von Gemeinde und Schule. Die Chance, die sich hier auftut, haben bisher viele Kirchengemeinden noch gar nicht wahrgenommen. Die Schule bietet einen – auch rechtlich abgesicherten Rahmen. Lehrer/innen und Schüler/innen bringen von ihrem Engagement her inhaltliche Elemente und strukturelle Möglichkeiten ein. Die Kooperation von Lehrern und Lehrerinnen, von Pfarrerinnen und Pfarrern kommt den Intentionen beider Gruppen entgegen: Zusammenarbeit von Kirche und Schule mit den Kindern und Jugendlichen unter dem Aspekt der Begegnung, Auseinandersetzung und des Sich-Einlassens, also des Erfahrungsbereiches konkretisierter Religion in konfessioneller, katholisch-evangelischer oder interreligiöser Ausprägung. Die Orientierung an der Zielgruppe der Schülerinnen und Schüler bleibt dabei viel mehr im Blick als bei den festgefügten Gottesdiensten der Gemeinde.

Begegnungsfeld bedeutet aber auch die Möglichkeit von Verzahnungen des Lernens auf unterschiedlichen Ebenen. Im Rahmen von Projekt-Tagen, fachübergreifendem Unterricht kommt Kirche als außerschulischer Lernort verstärkt in den Blick. Da es aber nicht nur darum geht, Kirchengebäude oder kirchliche Einrichtungen kennen zu lernen, sondern Kirche als Geschehen zu erfahren, kann der Schulgottesdienst zum Lernort der besonderen Art werden, und zwar in doppelter Weise: Findet er nicht in der Schule statt, tauchen Elemente in ihm auf, die mit den Räumen und Personen zu tun haben, die sich im Zusammenhang eines solchen Gottesdienstes mit einbringen. Schülerinnen und Schüler sind immerhin auch Teilnehmende von Jugendkreisen oder kirchlichen Freizeiten. Eltern entdecken sich gegebenenfalls zum ersten Mal als Gemeindeglieder, die Religionslehrerinnen und -lehrer sind nicht als Unterrichtende, sondern als Vorbereitende des Gottesdienstes dabei. In der Gemeinde Mitarbeitende, Pfarrer und Pfarrerinnen stehen – selbst wenn sie Religionsunterricht erteilen – immer außerhalb der Schule. Sie sind damit nur bedingt mit Schule und den negativen Klischees identifizierbar. Damit ist gleichzeitig die Forderung gestellt, beide Ebenen des Schulgottesdienstes zu nutzen: die schulische (bis hin zu den Räumen) und die außerschulische (bis hin zu Freizeiten und religiösen Tagungen auch außerhalb der Lebensorte der Schüler und Schülerinnen). Selbst wenn man das Gesagte insofern relativieren muss, dass auch bei Gottesdiensten als Schulveranstaltungen nicht ein Negativbild von Kirche und Schule sofort in ein positives umspringt, bieten doch solche Ortsvariationen zusätzliche Chancen.

Die Unabhängigkeit von oft als angestaubt und verhärtet empfundenen Traditionen sowie die Möglichkeit, gottesdienstliche Kontinuität (wenn auch nicht im wöchentlichen Rhythmus) zu etablieren, lassen durchaus eine neue Spiritualität keimen: In spiritueller Gemeinschaft kann sich die Schule zu einem Ort entwickeln, der (eher selten) sogar so etwas wie Gemeinde in der Schule hervorbringt. Allerdings wird die ganze Schule kaum regelmäßig Gottesdienst feiern, sondern immer wieder werden sich Gruppen der Schule im Sinne von Versuchen gelebten Glaubens zusammenfinden. Darum kann man im Grunde den Schulgottesdienst auch nicht von den anderen Aktivitäten wie Pausengebeten, religiösen Tagungen, Projekten u.ä. trennen.

Was heißt das praktisch? Ganz wesentlich für die Gestaltung eines Gottesdienstes kann der Raum werden: Klassenzimmer, Aula, Festsaal, Pausenhalle, katholische oder evangelische Kirche. Für jeden Raum kann man Argumente pro und contra benennen: Die Atmosphäre dieser Räume wirkt sich stärker auf die Schulgottesdienste aus, als man im ersten Augenblick vermuten würde. Die Vorbereitenden brauchen darum schon einige Fantasie, um einem sterilen Raum wenigstens ein bisschen Fest- oder Besinnungscharakter zu geben.

Blumen und Kerzen sind schon eine große Hilfe, Plakate, Zweige und manchmal sogar Bäume können für eine völlige Verwandlung eines bis dahin ungeliebten Raumes sorgen. In Klassenräumen kann man eine gottesdienstliche Umgestaltung manchmal schneller vornehmen, allerdings kann man hier meistens nur mit kleineren Gruppen (bis etwa 40 Personen) Gottesdienst feiern. Von Vorzug ist es, wenn man im Altarraum genügend Platz hat und ein Halbrund durch variable Platzgestaltung herstellen kann.

C. Prüfung der Voraussetzungen und Bedingungen

Johanna Sänger und Christoph Straub haben sehr präzise die Voraussetzungen und Bedingungen für Schulgottesdienste beschrieben, indem sie klar machten: »Schulgottesdienste sind Gottesdienste, die als schulische Veranstaltung, in Verantwortung der Schule, durchgeführt werden für alle Schüler einer Schule, für einzelne Klassenstufen/Klassen. Die Teilnahme an diesen Gottesdiensten ist freiwillig; die Aufsichtspflicht liegt bei der Schule unabhängig vom Ort des Gottesdienstes. Die inhaltliche Verantwortung haben die Religionslehrer, und die organisatorische Verantwortung liegt bei der Schule« (vgl. www.semghs.bl.bw.schule.de/fachber/religion/gottesd.htm).

D. Schulzeit und Gottesdienstzeit

Auch wenn die didaktischen Muster fließend sind, sollte der Feiercharakter des Gottesdienstes betont werden. Dadurch wird verhindert, dass dem RU sozusagen ein Andachtsteil zugeordnet wird. Gottesdienst braucht auch eine bestimmte Zeit: Begrüßung, Einführung, Verkündigung in unterschiedlichsten Formen, Gespräch, Fürbitten, Segen und Lieder (vom Abendmahl ganz zu schweigen) können nicht im »Schnelldurchgang« erledigt werden.

Die Formen und Typen der Gottesdienste werden so vielfältig, wie es der Kreativität und Fantasie der Gestaltenden entspringt. Es dürfte hier kaum Unterschiede zu den Kriterien des Jugendgottesdienstes geben. Dennoch gibt es für Schulgottesdienste einige Besonderheiten, die mit dem Lernort Schule zusammenhängen, der für Kinder und Jugendliche ein zeitlich begrenzter ist. Schulgottesdienste an den »Schwellen« nehmen darum eine besondere Stellung ein. Solche Schwellen sind: Einschulung, Ende der Grundschulzeit, Beginn mit der weiterführenden Schule, Schulabschluss, besondere Ereignisse wie Schulfeste, Jubiläum der Schule, Begegnung mit anderen Schulen im Rahmen von Partnerschaften, Vorstellung neuer Lehrer/innen und Verabschiedungen, aber auch: Tod eines Schülers/einer Schülerin.

Die religionspädagogischen Institute der Landeskirchen bzw. der katholischen Bistümer haben mit ihren Veröffentlichungen und Unterrichtsmaterialien auf diese Besonderheiten reagiert (z.B. mit den Zeitschriften Braunschweiger Beiträge, Entwurf, Loccumer Pelikan, Informationen für Religionslehrerinnen und Religionslehrer, Bistum Limburg, Schulinformationen Paderborn (vgl. Wermke/Gerling und Kuhl/Küsell).

Gegenüber den Jugendgottesdiensten, die überwiegend in der Ortsgemeinde oder gemeindlichen Gruppen bzw. Institutionen der Jugendarbeit angesiedelt sind, spielt die Schule als »Rechtsraum« allerdings eine besondere Rolle.

E. Schule im Widerstreit gesellschaftlicher Kräfte und die Rechtslage

In den Rechtssammlungen der Kultusministerien und den Erlassen der jeweiligen Bezirksregierungen hat der Schulgottesdienst in den meisten Fällen eine starke Position. Sie hängt mit den ausgehandelten Staat-Kirche-Verträgen zusammen. Aber eines ist die Rechtslage, ein zweites die Praxis. Je häufiger Schulgottesdienste und Andachten stattfinden – umso stärker haben sie verändernde Auswirkungen auf den Stundenplan und die Gestaltung des Schullebens. Die gesamte Stundentafel muss auf diese Dinge Rücksicht nehmen. Das kann selbst bei denen, die dem Gottesdienst wohlgesonnen sind, zu Ärger, Verdruss und Gegenreaktionen führen. Die Praxis heißt also meist, dass die rechtlichen Vorteile keineswegs voll ausgeschöpft werden. Das Schulklima ist entscheidend: Wo Elemente wie Andachten, Meditationen, Gottesdienste eine gerne gesehene Variation des alltäglichen Schulbetriebes sind, werden sich auch entsprechende Veranstaltungen fest etablieren. Man täusche sich aber über die faktische »Randlage« des Schulgottesdienstes nicht hinweg. Für die östlichen Bundesländer gilt dies noch verstärkt, auch wenn sich diese inzwischen weitgehend den westlichen Mustern und Regelungen zumindest formal angeglichen haben. Letztlich bekommen den Säkularisierungsdruck diejenigen Veranstaltungen der Schule am stärksten zu spüren, deren unmittelbare Verwendbarkeit und Leistungsbezogenheit nur schwer oder auch gar nicht zu erkennen ist. Auch Konsumorientierung der Kinder und Jugendlichen sowie ein faktischer Materialismus machen es religiösen Orientierungsangeboten zusehends schwerer, sie sind aber keineswegs chancenlos.

Eine gewisse Sonderrolle nehmen eine Reihe von Privatschulen oder Ersatzschulen ein, besonders solche in kirchlicher oder anthroposophischer Trägerschaft. Diese Schulen haben teilweise erstaunliche religiöse Profile entwickelt, die in der Bevölkerung erhebliche Akzeptanz genießen, unabhängig davon, wie säkularisiert sich die umgebende Gesellschaft zeigt.

Und noch eine Sonderrolle: Katholische oder evangelische Schulen im Sinne von christlichen Gemeinschaftsschulen *eines* Bekenntnisses – überwiegend katholische Bekenntnisgrundschulen – pflegen natürlich den Schulgottesdienst auch intensiver als die anderen öffentlichen Schulen. Überhaupt findet man in Grundschulen mehr Gottesdienste als im Sekundarbereich.

Die Schülerteilnahme an Schulgottesdiensten nimmt mit zunehmendem Alter der Schülerinnen und Schüler stetig ab. Das hat sicher damit zu tun, dass kritische Auseinandersetzung mit allem, was Kirche betrifft, aber ebenso Desinteresse an dem, was Kirche tut, gerade in der Vorpubertät und Pubertät zunehmen.

F. Rahmenpläne und Rahmenbedingungen

Ausgehend von der Tatsache, dass auch die öffentlichen Schulen von den Schulgesetzen her durchweg als »Christliche Gemeinschaftsschulen« bezeichnet werden und Religionsunterricht an ihnen als ordentliches Lehrfach erteilt wird (andere Rechtslage nur in den Stadtstaaten Berlin, Hamburg und Bremen, sowie in Brandenburg), muss allein schon aus dieser Tatsache heraus den Religionsgemeinschaften besonderer Raum gewährt werden. Das zeigt sich u.U. schon in den Stundentafeln, in denen Schulgottesdienste teilweise bereits von Schuljahresbeginn an festgeschrieben sind. Fasst man die Rechtssituation zusammen, so fällt hier das enge Zusammenspiel zwischen schulischer und kirchlicher Verantwortung auf: Die schulischen Gremien haben für die äußeren Rahmenbedingungen, einschließlich des Ablaufs im Schulalltag, zu sorgen, die kirchlichen Gremien sind allein für die Gestaltung und inhaltliche Bestimmung zuständig.

Man sieht, dass der Zuschnitt dieser Rechtslage aus der Praxis der 50er Jahre entstanden ist. Dennoch kann man keineswegs behaupten, dass der Schulgottesdienst keine Chancen hätte, besonders wenn er sogar im Schulprogramm festgehalten wird.

Wer neue Entwürfe und Rahmenrichtlinien anschaut, entdeckt, dass das spannungsvolle Nebeneinander zwischen Unterricht und nichtunterrichtlichem Leben zunehmend in Gestaltungskriterien umgesetzt wird, die sich im Schulgottesdienst konkretisieren ließen:

- Die Verbindung von Religionsunterricht zu Schulgottesdiensten im Sinne von Schulveranstaltungen wird als elementar zusammengehörig anerkannt und festgeschrieben.
- Religiöse Erziehung gehört nicht nur in den Religionsunterricht, sondern ist Teil der Erziehung überhaupt. Darum findet sich der Hinweis auf religiöse Erziehung in vielen Einleitungsteilen im Sinne gesamtdidaktischer (und nicht fachspezifischer) Überlegungen.

III. Umgang mit anderen Konfessionen und Religionen

A. Die »kleine« Ökumene in der Schule

Wenn Schulgottesdienst als ein wesentliches Kriterium die Schülergemäßheit hat, wenn faktisch (von den Abendmahls- und Eucharistieteilen abgesehen) nicht mehr ohne weiteres erkennbar ist, ob es sich um einen evangelischen oder katholischen Schulgottesdienst handelt, dann muss man sich allerdings fragen, ob konfessionell getrennte Gottesdienste wirklich die Schulgottesdienste der Zukunft sein können. Auch theologisch lässt sich immer schwerer einsehen, warum die theologiegeschichtlich bedingte Konfessionstrennung unbedingt weiter durchgehalten werden muss und warum ausgerechnet junge Menschen in ihrer Kommunikation untereinander gehindert werden, wenn die intensivste Verbindung von Gott und Mensch sakramental angesagt ist: In der Kommunion, im Abendmahl, in der Eucharistie.

Bei manchen Formen ist man allerdings schon ein Stück weiter gekommen. Es gibt seit Jahren eine Fülle ökumenischer Schulgottesdienste, wohlgemerkt Wortgottesdienste, denen eben der Eucharistie- bzw. Abendmahlsteil fehlt. Dennoch strahlen sie oft bis in die Druckvorlagen eine spirituelle Dichte aus, sodass weitergehende Hoffnungen nicht ganz ausgeblendet werden müssen (vgl. bes. Törnig-Grohe). Die Schulrealität schafft Tatsachen: Konfessionelle Kooperation in der Schule zwingt gerade angesichts der schwieriger werdenden Situation des Religionsunterrichts zu gemeinsamem Engagement (vgl. Heinemann/Friedrichsdorf 194).

Es ist nicht zu übersehen und angesichts des Protestes vieler Jugendlicher nicht zu überhören, dass die kirchenrechtliche Verfestigung einer formalen und unverbindlichen Ökumene der Feier »echter« ökumenischer Schulgottesdienste erhebliche Schwierigkeit bereitet. Als Wortgottesdienste sind sie weitgehend problemlos, aber das Abendmahl macht den Riss besonders offenkundig, der durch die Konfessionen geht. Während die evangelische Seite immerhin eucharistische Gastfreundschaft anbieten kann, ist das gemeinsame Abendmahl, sowohl als Interzelebration als auch als Interkommunion, von katholischer Seite verboten. Da die Schule als besonders sensibles Feld der Religion gilt, wagt man natürlich wenig oder nichts. Für

Schülerinnen und Schüler ist diese von den Kirchenhierarchien gebotene (katholischerseits) oder ohne Protest geduldete Trennung (evangelischerseits) überwiegend nicht mehr einsehbar. Darum sind die Proteste hier immer wieder heftig, allerdings ebenso vergeblich, wie positive Ansätze bei religiösen Freizeiten oder Schulwochen in ökumenischer Trägerschaft bewiesen haben. Zu befürchten steht auch weiterhin, dass angesichts der ökumenischen »Großwetterlage« sich hier in den nächsten Jahren ärgerlicherweise nichts ändern wird. Da die Kirchentage und Katholikentage ökumenische Zeichen setzen, könnte es allerdings hier neue Bewegung geben.

B. Schulgottesdienst als interreligiöse Feier: Die größere Ökumene

Noch schwieriger dürfte es werden, wenn man ernsthaft überlegt, inwiefern die anderen an der Schule vertretenen Religionen in ein Gesamtkonzept von konkreter Spiritualität einbezogen werden müssten. Über vorsichtige Ansätze ist man bisher nicht hinausgekommen. Vorbehalte gibt es hier nicht nur von christlicher Seite. Immerhin wäre der Hauptpartner einer solchen religionsökumenischen Offenheit in der deutschen Schule der Islam. So sind auch gemeinsame Meditationen von Koran und Bibel oder religionsökumenische Schulbeginn- oder Entlassfeiern mit katholischen und evangelischen Pfarrern, sowie Hodschas bzw. Imamen durchaus keine Ausnahme mehr, werden aber wenig bekannt (vgl. Kuhn).

Auch Erfahrungen von außerhalb können eine Ermutigung sein. Die gemeinsame Koran- und Bibelauslegung seit dem Kirchentag im Ruhrgebiet (Dortmund) 1991, die vielen Begegnungen in Moscheen und Gemeindehäusern sind immerhin ein Ansatz dafür, dass die Fremdheit weicht und die gemeinsamen spirituellen Grundlagen erkannt und auch realisiert werden.

Da aber die Schule nicht Schonraum, sondern oft genug Kampfplatz unterschiedlicher gesellschaftlicher Kräfte ist, stehen die Zeichen zur Überwindung der Grenzen nicht übermäßig gut. Dies muss selbst unter der Voraussetzung gesagt werden, dass das Gespenst des Synkretismus, das besonders unter vielen Christen umgeht, als eine Chimäre entlarvt werden kann. Gerade in der gottesdienstlichen Praxis schon der Konfessionen zeigt sich, dass die Unterschiede des Glaubens nicht verwischt und zu einem Religionseinheitsbrei gemacht werden sollen, sondern vielmehr die Differenzierungen der Glaubensweisen eine Bereicherung des eigenen spirituellen Lebens gerade dann bedeuten, wenn man sich seiner eigenen katholischen, evangelischen, sunnitischen oder schiitischen Glaubenswurzeln besonders bewusst ist und von dieser Position her agiert. Allerdings sollte sich die eigene Position nie zu einem unverrückbaren Standpunkt verhärten, sondern eher zu einem »Gehpunkt« entwickeln, um neue Kräfte eines weltoffenen Glaubens freizusetzen (vgl. Kuhn 40–45).

Die Folgerung ist eindeutig: Die multireligiöse Situation an vielen Schulen nötigt um einer religiösen Erziehung willen auch zu interreligiösen Schulfeiern. Exklusive Ausgrenzungen schaden nur dem Schulklima.

C. Der schulische Sonderfall: Abendmahlsgottesdienst

Die Belebung der Abendmahlspraxis ist für den evangelischen Bereich recht auffällig, wenn auch quantitativ nicht übermäßig ins Gewicht fallend. Was angesichts der spirituellen Aufbrüche bei Kirchentagen, Dritte-Welt-Engagement, Ökologiebewegung und Friedensarbeit in manche Gemeinden hineinwirkt, muss nun nicht an der Schultüre Halt machen. Zwar dürfen allein die Ordinierten das Abendmahl austeilen, aber organisatorisch lassen sich in der Schule sicher (auch kirchenrechtlich zufriedenstellende) Wege finden, dass nicht die Engagierten, die Evangelische Religion unterrichten, gebremst werden. Die Organisation ist schließlich nicht die Hauptsache, sondern die Erfahrung des gemeinsamen Essens und Trinkens, die Erfahrung, wie aus Kommunikation Kommunion wird. Das immer wieder erwähnte »starke« Gemeinschaftserlebnis solcher Abendmahlsfeiern (oft am Morgen eines Schultages) sollte man nicht unterbewerten. Die Botschaft der Liebe bleibt auf diese Weise nicht verbal verengt, sondern teilt sich ganzheitlich mit. Es ist das Erlebnis der Partizipation, der Teilhabe am andern durch Teilhabe am »Leib Christi«, der in der versammelten Gottesdienstgemeinde »real« Gestalt gewinnt.

Das größte Problem der Abendmahlsfeiern in der Schule ist jedoch die schon angesprochene konfessionelle Trennung (und in den letzten Jahren verstärkt die Schüler/innen mit einer anderen Religion). Wie soll man sich angesichts des Einladungscharakters des Abendmahls verhalten? Kirchenamtliche Verbote haben hier schon viel blockiert und zerstört. Ich denke, da die Abendmahlsgottesdienste in der Schule wohl weiterhin getrennt bleiben werden, dass diejenigen, die die innere Freiheit besitzen und nicht kirchenamtliche Maßregelungen fürchten müssen, den Einladungscharakter des Abendmahls im Sinne »eucharistischer Gastfreundschaft« weder verstecken, noch neuen Gruppendruck ausüben, wenn jemand im Gottesdienst nicht am Abendmahl teilnehmen will. Fingerspitzengefühl im Blick auf die Schule, die Schüler/innen und die andere Konfession und Religion erlaubt hier keine allgemeingültigen Regelungen, aber die Freiheit und Fröhlichkeit des Evangeliums darf sich auch nicht zum Handlanger weiter zementierter Konfessionsgrenzen und Religionsgräben machen.

IV. Zielgruppen und Ziele des Schulgottesdienstes

A. Zielgruppen

Die soziologischen Vorbedingungen sind in besonderer Weise zu berücksichtigen: Kinder und Jugendliche aus dezidiert christlichen Elternhäusern werden zahlenmäßig weniger, Nichtgetaufte und religiös Undifferenzierte finden sich verstärkt, sowie in einer ganzen Reihe von Schulen durch den zunehmenden Ausländeranteil Kinder und Jugendliche islamischen Glaubens, deren Frömmigkeitsspektrum von extrem konservativ bis desinteressiert reicht und sich mehr und mehr der Religiositätslage der übrigen Schülerinnen und Schüler angleicht.

Die Adressaten eines Gottesdienstes bringen durchaus unterschiedliche Erwartungen mit (bis hin zu der, dass eine Unterrichtstunde ausfällt). Gottesdiensten mit sehr großen Schülerzahlen (z.B. auch für eine gesamte große Schule von vielen hundert Personen) stehe ich einigermaßen skeptisch gegenüber, weil es nicht zu vermeiden ist, dass sich bestimmte gruppendynamische Tendenzen verselbstständigen. Man darf auch nicht vergessen, dass die Interessenlage von Erstklässlern eine andere ist als die von Schülerinnen und Schüler der Orientierungsstufe oder gar einer gymnasialen Oberstufe, von den einzelnen Schultypen gar nicht zu reden.

Gottesdienste für einzelne Klassenstufen haben sich in vielen Fällen bewährt. Die Überschaubarkeit ermöglicht gleichzeitig eine gewisse Intimität. Sprach- und Denkniveau der Teilnehmenden sind aber entscheidend für Gestaltung und Gelingen eines Gottesdienstes. Negative Erfahrungen mit dem Gottesdienst in der Schule haben potenzierende Wirkung auf das Verständnis von Kirche überhaupt und führen nicht selten zur verstärkten Ablehnung.

B. Ziele: Gottesdienst als Wegstation zu einer menschenfreundlichen Schule

Ein Gottesdienst in der Schule ist umso leichter zu feiern, je leichter sich eine Gruppe von Menschen (in der Regel zu einem Thema) zusammenfindet, um dieses in einen Gottesdienst umzusetzen. Oft beginnt das mit praktischen Dingen, vom Hinweis in der Schülerzeitung, dem Bericht über einen schon gelungenen Gottesdienst bis hin zu Handzetteln, Plakaten und zur Ankündigung in den Klassen. Das eher Formale braucht aber die inhaltliche Entsprechung, nicht im Sinne eines Einzelthemas, sondern im Sinne von Erleben und Einüben in Spiritualität, Formen des Glaubens und bewussten Lebens. Folgende Gesichtspunkte sind mir in der Schule dafür wesentlich. Sie sollten in jedem Gottesdienst (wenn auch noch so bescheiden vorkommen): Meditation und Aktion, Beten und Arbeiten, Feiern, Tanzen, Bewegung und Ausruhen.

Die Praxis des Religionsunterrichts im Rahmen des Schullebens, die Verbindung von Gemeinde und Schulgottesdienst (nicht nur bei der Benutzung kirchlicher Räume) weisen auf Ansätze von christlicher Gemeinde in der Schule. Sie werden aber nur da lebensfähig bleiben und sich verstärken, wo neben dem Engagement der Beteiligten die Formen solch gelebten Christentums nicht ausgrenzen, sondern einladen. Diese Einladungen gelten ohne Ansehen der Person, Konfession und Religion. Hier geht es natürlich wesentlich unkonventioneller zu als in mancher volkskirchlich geprägten Gemeinde. Aber der Auszug vieler Schüler und Schülerinnen aus ihren Heimatgemeinden ruft geradezu nach neuen Möglichkeiten, die leider oft genug eine ortsgebundene Parochie mit verkrusteten Strukturen nicht zu leisten vermag.

Also braucht der Schulgottesdienst Spuren, die ihn zu einer sinnvollen und ermutigenden Feier machen:

- Das Bewusstsein von Gottes universaler Zuwendung.
- Beweglichkeit und Offenheit in einer Atmosphäre hoffnungsvoller Sichtweisen.
- Meditative Elemente in Verbindung mit Solidarität.
- Körperliche Ausdrucksformen des Dankes und des Lobes.

Wenn so der Schulgottesdienst zur Oase in der Hektik des Schulbetriebes wird, wo man auch wagt, andere Werte gegen den vordergründigen Erfolg und die Erwartungshaltung mancher Gruppen im Blick auf die Schule zu setzen, dann lernen alle Beteiligten von diesen Überlegungen her mehr für ihr Leben als die Handhabung kognitiver und wissenschaftlich-orientierter Techniken. Vielleicht gelingt es sogar, die Proportionen für die eigenen Lebensentwürfe zu prüfen, zurechtzurücken und die Schule weder zum Trauma noch zur unabdingbaren Voraussetzung für ein gelingendes Leben zu machen, sondern zu einem Ort, an dem auch die Freiräume unbeschwerter Freude wachsen.

Literatur

Heribert AUGUST, Was keiner wagt, das sollt ihr wagen. Gottesdienstmodelle für die Fastenzeit: Frühschichten, Nacht des Wachens, Freiburg 1989. – Bekir ALBOGA/Reinhard KIRSTE, Deine Propheten sollen nicht umsonst geredet haben. Entwürfe für gemeinsame christlich-islamische Gebete zur Advents- und Ramadanzeit: ZGP 18 (2000) Nr. 4, 29–30. – Mechthild BANGERT/Roland SCHWARZ/Christine TRÖGER (Hg.), Werkstatt Jugendgottesdienst. Ideen, Anregungen, Modelle, Gütersloh 1998. – Karl-Heinrich BIERITZ/Michael ULRICH, Gottesdienstgestaltung. Ein ökumenisches Werkbuch, Leipzig [2]1986. – Karl-Fritz DAIBER/Hans-Werner DANNOWSKI/Wolfgang LUKATIS/Ludolf ULRICH, Gemeinden erleben ihre Gottesdienste. Erfahrungsberichte, Gütersloh 1978. – Gerhard DEBBRECHT, Eine Brücke zu uns. Eucharistiefeiern mit Jugendlichen, Freiburg 1984. – Erhard DOMAY (Hg.), Schulgottesdienste: GDP. Serie B, Gütersloh 1989. – Volker ELSENBAST (Red.), Handbuch für die Arbeit mit Konfirmandinnen und Konfirmanden, hg.v. Comenius-Institut in Verbindung mit dem Verein KU-Praxis, Gütersloh 1998. – Manfred FRIGGER, Frühschicht – Spätschicht, Freiburg/u.a. 1984. – Sybille FRITSCH-OPPERMANN/Henning SCHRÖER, (Hg.), Lebendige Liturgie. Texte, Experimente, Perspektiven, Gütersloh 1990. – Simone GEISS/Dagmar SCHULZ/Bettina HAUGWITZ/Lutz FRIEDRICHS/Iris KRAMER, Außerschulische Lernorte für den Religionsunterricht. Zum Beispiel Schulgottesdienst: FoRe 3/1998, 21–28. – Ursula HEINEMANN/Joachim FRIEDRICHSDORF (Hg.), Konfessionelle Kooperation in der Schule. Modelle und Beispiele, München/Stuttgart 1999. – Werner JETTER, Symbol und Ritual. Anthropologische Elemente im Gottesdienst, Göttingen [2]1986. – JUGEND 2000. 13. Shell Jugendstudie. Gesamtkonzeption und Koordination: Arthur Fischer/Yvonne Fritzsche/Werner Fuchs-Heinritz/Richard Münchmeier. 2 Bde., Opladen 2000. – Reinhard KIRSTE, Auf dem Weg zur Achtsamkeit. Iserlohner Con-Texte Nr. 15, 1999. – Georg KUGLER/Herbert LINDNER (Hg.), Neue Familiengottesdienste. Bd. 1–4, Gütersloh 1974–1979. – Lena KUHL/Martin KÜSELL (Hg.), Der Einschulungsgottesdienst. Texte, Materialien, Ideen, Entwürfe. Eine Hilfe für die Arbeit in

Schule und Gemeinde. Loccumer Pelikan, Sonderheft Nr. 7, Loccum 1997. – Elke KUHN (Hg.), Gott in vielen Namen feiern. Interreligiöse Schulfeiern mit christlichen und islamischen Schülerinnen und Schülern, Gütersloh 1998. – Heriburg LAARMANN, Mit allen Sinnen das Leben feiern. Neue Familiengottesdienste, Freiburg/u.a. 1995. – Hans-Martin LÜBKING, Gottesdienst für Jugendliche. Praxismaterialien für alle Sonn- und Feiertage des Kirchenjahres. Perikopenreihe 1–4, Düsseldorf 1996–1999. – Thomas RITSCHEL, Zwischen alten und neuen Werten. Religiosität in Ostdeutschland: Wertewandel und religiöse Umbrüche. Religionen im Gespräch, hg.v. Reinhard Kirste/Paul Schwarzenau/Udo Tworuschka, Bd. 4, Balve 1996, 415–435. – Hans-Christoph SCHMIDT-LAUBER, Die Zukunft des Gottesdienstes. Von der Notwendigkeit lebendiger Liturgie, Stuttgart 1990. – Gerhard SCHNATH (Hg.), Fantasie für Gott. Gottesdienste in neuer Gestalt, Stuttgart/Berlin ^{2}1965. – SCHWEIZERISCHER EVANGELISCHER KIRCHENBUND (Hg.), Interreligiöses Gebet. Eine Orientierungshilfe für evangelische Kirchen in der Schweiz. Ökumenische Texte 4 (deutsch und französisch), Bern 1998. – Angelika THONIPARA, Gottesdienst für Groß und Klein. Gestaltungsvorschläge für die Praxis. Calwer Materialien. Modelle für Schule und Gemeinde. Anregungen und Kopiervorlagen, Stuttgart 1999. – Regina TÖRNIG-GROHE (Hg.), Gott ist los. Ökumenische Gottesdienste mit Schülerinnen und Schülern, Freiburg/u.a. 1997. – Dieter TRAUTWEIN/Roman ROESSLER, Für den Gottesdienst, Gelnhausen/Berlin ^{3}1972. – Ulrich WALTER, Kinder erleben Kirche. Werkbuch Kindergottesdienst, Gütersloh 1999. – Michael WERMKE/Albert GERLING (Hg.), Gottesdienste zum Schulabschluss an Gesamtschulen, Gymnasien und Fachgymnasien, Sonderheft Nr. 8, Loccum 1998.

Anregungen: MATERIALSTELLE FÜR GESTALTUNG VON GOTTESDIENSTEN und anderen Gemeindeveranstaltungen. Eschersheimer Landstr. 565, D 60431 Frankfurt a.M., Tel. 069-5302246, bes. Nr. 80: Einfach Mensch sein. – Gottesdienste mit Jugendlichen, Kindern und Erwachsenen, 1997; Nr. 88: In der Spur bleiben.

Zeitschriften religionspädagogischer Institute. Gottesdienstbeispiele: Braunschweiger Beiträge (bes. die Hefte 2 und 3/1998 und 1/1999) – Entwurf (bes. Nr. 1 und 3/1997) – Loccumer Pelikan (bes. Nr. 3/1997 und 1/1999) – FoRel (bes. Nr. 3/1998).

Internet-Adressen in den Suchmaschinen unter den Stichworten: Schulgottesdienst, Familiengottesdienst, Jugendgottesdienst, Kindergottesdienst, z.B. bei www.jugendgottesdienst.ch; www.entwurf-online.de; www.elk-wue.de; www.rpi-loccum.de/publikm.html; www.rpi-virtuell.net (oder www.ekd.de, weiterklicken zum virtuellen RPI); www.reliweb.de; www.semghs.bl.bw.schule.de.

Reinhard Kirste

Krankenhaus-, Altenheim-, Militär- und Gefängnisgottesdienst

Zur Einführung:

Zum Gottesdienst in den vier Institutionen Krankenhaus, Altenheim, Militär und Gefängnis gibt es nur wenig liturgische Literatur. Sie erscheint zudem oft an entlegenen Stellen. Besonders intensiv haben sich Gefängnispfarrer und -pfarrerinnen mit diesem Thema beschäftigt.

Theologische Publikationen über diese Bereiche behandeln sonst meist diakonische, seelsorgliche und politische Aspekte. Die Liturgik muss hinzukommen und sich an liturgischen Texten, aber auch an interdisziplinärer Arbeit und liturgischer Feldforschung orientieren. Es ergeben sich spirituelle Aspekte, die einer liturgisch verantworteten Theologie bedürfen.

Für die Gottesdienste sind die institutionellen Vorgaben unverzichtbar. Aber Gottesdienste in geschlossenen Bereichen sind *gottesdienstlich* zu begründen. Sie sind – »im Namen des Vaters und des Sohnes und des Heiligen Geistes« – frei und brauchen keine »Über-Definition«. Menschen bekommen eine Einladung von Gott, nicht von menschlichen Instanzen.

Für diese Gottesdienste gelten die in den Kirchen üblichen Ordnungen. Dazu ergeben sich zwei Fragen: Wird die Gemeinde nur dann ernst genommen, wenn sie eine »draußen« gebrauchte Liturgie übernimmt? Kommen aber, wenn ja, traditionelle Formen »drinnen« noch an? Und wird durch eine sonntäglich neu gestaltete (und gekürzte) Liturgie das Evangelium selbst verkürzt? Nur wenn der Gottesdienst Gottesdienst bleibt, wird auch die Gemeinde bleiben. Ein bloßer liturgischer Reduktionismus (»Liturgie ist nichts als ...«) kann nicht verantwortet werden.

Der Gottesdienst ist eine neue Welt – gerade in einer funktionalisierten und »regulierbaren« Institution. Er entlarvt falsche Sicherheiten; er kann »eindringlich« sein, ohne »aufdringlich« zu werden (Dietrich Bonhoeffer). Wenn er kirchlich nur verwaltet wird, ist er gefährdet. Gottesdienst geschieht in den genannten Institutionen mitten in der Welt. Was bedeutet Röm 12 für die hier feiernde Gemeinde, aber auch für die Institution? Wie wirkt sich Mt 25 aus? Wie stark Geschlossenheit hier erfahren wird, zeigt sich gerade zu Weihnachten.

In geschlossenen Bereichen wird eine multikulturelle Gesellschaft teilweise schon vorweggenommen. Am Gottesdienst nehmen Menschen teil, die der Kirche innerlich reserviert gegenüberstehen, aber auch Fernstehende und Nichtchristen, die aus Unkenntnis den christlichen Glauben nicht einmal ablehnen können. Wie werden sie angesprochen, wenn im Gottesdienst auch ein Abglanz des Reiches Gottes aufscheint?

Es ist gut, wenn in einer geschlossenen Institution ein gottesdienstlicher Raum verfügbar ist. Sofern dieser nicht anderweitig verwendet wird, kann er eine besondere Atmosphäre bieten. Ein anderer Raum muss jeweils für den Gottesdienst hergerichtet werden. Altartisch, Kerzen, Blumen u.a. sollten nicht fehlen. Der Gottesdienst steht außerhalb gewohnter Herrschaftsakte. Der Talar zeigt, dass ein Gottesdienst wie in der Ortskirche gefeiert wird.

In den genannten Bereichen wirkt sich meist das Verhältnis von Kirche und Staat unmittelbar aus. Das Grundgesetz betont ausdrücklich: »Soweit das Bedürfnis nach Gottesdienst und Seelsorge im Heer, in Krankenhäusern, Strafanstalten oder sonstigen öffentlichen Anstalten besteht, sind die Religionsgesellschaften zur Vornahme religiöser Handlungen zuzulassen, wobei jeder Zwang fernzuhalten ist« (Art. 140 in Verbindung mit Art. 141 der Weimarer Reichsverfassung). Der Gottesdienst kann nicht von staatlichen Instanzen definiert werden. Die Geistlichen haben in Streitfällen darauf hinzuweisen, dass das gottesdienstliche Handeln weit auszulegen ist; für den Staat ist es von der Ordination abzuleiten.

Der Geistliche ist nicht in die institutionelle Hierarchie seines Dienstbereiches eingebunden. Insofern kann er für alle Beteiligten – auch für das außerhalb wohnende Personal – zum Anwalt, zum Spiritual und zum Liturgen werden. Gerade in seiner Distanz zur Institution ist er den Menschen nahe. Ob er rechtlich im Dienst der Kirche oder des Staates steht, ändert nichts an seiner Freiheit in Gottesdienst und Seelsorge. Als ordinierter Theologe bleibt er der ihn entsendenden Kirche zugeordnet und verpflichtet.

Es gibt keine Eigenkirche in den genannten Bereichen. Allerdings werden sie so sehr selbst zum Thema, dass sie Konferenzen evangelischer und katholischer Pfarrer veranlassen. Hier soll thematisiert werden, wie sich ein Gottesdienst gestaltet: gesundheits-, alters-, sicherheits- und strafvollzugsspezifisch.

Der Gottesdienst wird grundsätzlich innerhalb der Institutionen gefeiert. Übertragungen von außen sind Notlösungen. Wirklich gegenwärtig ist die Feier nur dann, wenn Menschen direkt beteiligt sind in der feiernden Gemeinde. Daher sollten im Gottesdienst (einfache) responsoriale Stücke vorkommen, die alle Teilnehmer in den großen Kreis derer stellen, die in der Ökumene Gottesdienst feiern. Ein Gottesdienst legitimiert sich auch in geschlossenen Institutionen selbst, ohne sich immer neu durch ein Programm »Gottesdienst menschlich« ausweisen zu müssen. Ein stetiger liturgischer und homiletischer Legitimationsdruck ist für die Feier störend.

Die Predigt kann Korrektiv sein; sie darf in einem zur Heimat werdenden Gottesdienst nicht fehlen. Sie lädt auch diejenigen zur Mitfeier ein, die »nur dienstlich« am Gottesdienst teilnehmen, und widerspricht einer bloßen geistlichen Versorgung oder gar Vormundschaft.

Der Gottesdienst bemüht sich um eine schlichte und treffende Sprache, die auch Ausländer verstehen können. Die »Eigensprache« des jeweiligen Bereichs (Medizin-, Pflege-, Soldaten- oder Knastjargon) öffnet Menschen nur vordergründig; sie zieht den Gottesdienst unvermutet an den Rand des jeweiligen Bereichs. Er soll aber gerade aus der Enge der Institution in die Weite Gottes herausführen. Symbolische Kommunikation wird hier sinnvoll sein.

Auch in einem geschlossenen Bereich, wo sich Menschen (zu) gut kennen, ist der Gottesdienst auf Öffentlichkeit hin angelegt. Daher sind Besucher und Mitwirkende von außen willkommen. Der Gottesdienst geschieht zwar *in*, aber nicht *mit* einer Institution. Sie prägt ihn, aber sie trägt ihn nicht. Er sollte Beziehungen zur Ortsgemeinde suchen. Vielleicht ist gelegentlich ein gemeinsamer Gottesdienst in der geschlossenen Institution oder in der Ortskirche möglich. Immer aber können Fürbitten an die jeweils andere Seite erinnern; sie sollten mit Gemeindegliedern in den betreffenden Institutionen vorbereitet oder frei formuliert werden.

Der Gottesdienst in einem geschlossenen Bereich kann für den Gottesdienst generell Vorbild werden, wenn der Weg von der Seelsorge zum Gottesdienst und vom Gottesdienst zur Seelsorge mehr bedacht wird. Es kann sowohl um Einzel- als auch um Gruppenseelsorge gehen. Seelsorge und Gottesdienst sind komplementär. Das soll in Aus- und Fortbildung für Gemeindeaufbau und Pastoralpsychologie zur Sprache kommen. Seelsorge darf den Menschen nicht vereinzeln oder gar isolieren. Der Gottesdienst ist eingebunden in ein seelsorgliches Umfeld. Seelsorge kann dann Liturgie vor oder nach der Liturgie sein (→Gottesdienst und Seelsorge).

I. Gottesdienst im Krankenhaus

Patientinnen und Patienten im Krankenhaus befinden sich in ganz unterschiedlichen Situationen – als Kurz- oder Langzeitkranke; unmittelbar vor oder nach einer Operation; nach einem Unfall; während einer Strahlenbehandlung; als psychisch Kranke in oder nach einer Depression; vor oder nach einer Entbindung. Es erhebt sich die Frage: Wie weit gehen »Rollendeformationen« (Weirich 482)? Grenzsituationen von Patienten sind Alltag im Krankenhaus. Aber es gilt, nicht bloß Krankheiten, sondern Kranke zu behandeln. Die Kirche weiß sich seit alters an Kranke gewiesen. Wenn das Krankenhaus von einer Kommunität (Diakonissenmutterhaus oder Orden) getragen wird, werden die Patienten in die Gemeinde einer Dienstgemeinschaft eingegliedert – auch in ökumenischer Gastfreundschaft. Es gibt Krankenhäuser, in deren Gottesdienste am Sonntagmorgen regelmäßig Nachbarn kommen; so bildet sich eine Ortsgemeinde, die liturgische Kontinuität verbürgt. Meist aber wird man von einer Ad-hoc-Gemeinde sprechen müssen. Es ist eine offene Frage, ob das Personal (Ärzte, Pflegekräfte, Verwaltungs- und technisches Personal) zur Gemeinde im Krankenhaus gehört.

Wer als Pfarrer oder Pfarrerin einen Gottesdienst im Krankenhaus leitet, kommt aus unterschiedlichen Motiven, als hauptamtlicher Klinikpfarrer mit besonderer pastoralpsychologischer Qualifikation oder als Gemeindepfarrer, der im Krankenhaus einen »Nebengottesdienst« hält. Es wird sich auch zeigen, ob der Pfarrer zum therapeutischen Team gehört oder in »nichtintegrierbarer Distanz« (Gestrich 162) arbeitet. Es ist wichtig, in Liturgie und Predigt diejenigen Patientinnen und Patienten nicht »auszuschließen«, die nicht oder nicht mehr glauben.

Der gottesdienstliche Ort ist unterschiedlich. Manche Krankenhäuser haben eine eigene Kirche oder Kapelle, die eventuell von beiden großen Konfessionen benutzt wird und z.T. auch am Tag als Ort der Besinnung geöffnet ist. Es kann ein Fürbittenbuch für den Gottesdienst ausliegen. Gottesdienste finden auch auf einzelnen Stationen statt, besonders zu hohen Festen des Kirchenjahres. Es besteht häufig die Möglichkeit, mit einem Kopfhörer im Krankenzimmer am Gottesdienst teilzunehmen. In einer Diasporagemeinde wird der Gottesdienst vom Sonntagmorgen in der Ortskirche abends über den Krankenhausfunk gesendet. Es sollte aber zumindest gelegentlich die Möglichkeit gegeben werden, im gottesdienstlichen Raum an einem Gottesdienst teilzunehmen; der Raum muss für bettlägerige Kranke zugänglich sein. Auch ein Rundfunk- oder Studio-Gottesdienst ist keine »Dauerlösung« (Dirschauer 44). Es ist am besten, wenn Pfarrer oder Mitarbeiter im Krankenhaus zum Gottesdienst persönlich einladen. Er wird ergänzt, aber nicht ersetzt durch eine Andacht im Krankenzimmer.

Es hat sich bewährt, wenn den Kranken ein Faltblatt mit der Gottesdienstordnung gegeben wird, in dem einige Kernsätze aus Bibel und Gesangbuch abgedruckt sind (mit Vorbereitungs- und Schlussgebeten). Auch in einer geprägten Liturgie ist eine direkte Anrede an einzelne Kranke möglich. Als responsoriales Stück genügt zuweilen ein Amen. Die Kranken sollen den Eindruck haben, dass sie ganz – mit Leib und Seele – angenommen werden.

Das Gebet, besonders die Fürbitte, enthält Freiräume der Stille, in denen sich Patienten zu Gott hin artikulieren – auch im Seufzer. Das Gebet als konkrete Form der Gottesbeziehung wirkt stärker als theologische Reflexion – in der stets gegenwärtigen Frage der Theodizee. Deshalb sollte auf die Formulierung der Gebete sorgfältig geachtet werden.

Dem Segen kommt im Krankenhaus ganzheitliche Bedeutung zu, die sonst oft verloren gegangen ist. Heilung und Heil sind angesprochen. Aus angelsächsischer Tradition stammen Segnungs- und Heilungsgottesdienste, die nicht zuletzt eine sozialpathologische Gebundenheit entwirren und entkrampfen. Die Handauflegung ist ein unverzichtbares Zeichen, zu dem ein heilendes Wort gehört. Es liegen Texte für öffentliche Gottesdienste vor, die den Krankenhausbereich entgrenzen. Man sollte »Heil und Heilung« nicht »auf Krankenheilung beschränken« (Reich 5). In der evangelischen Krankenhausseelsorge wird die Krankensalbung neu entdeckt.

In psychiatrischen Kliniken äußern sich Patientinnen und Patienten im Gottesdienst oft spontan über ihre Erfahrungen. Hier sind dialogische Formen des Gottesdienstes wichtig. Ein Pfarrer berichtet: Weil viele Patienten jahrelang in diesem Krankenhaus leben, haben sich geprägte Strukturen ergeben (z.B. im Sündenbekenntnis). Neue Aspekte zeigen sich in der Sozial- und Gemeindepsychiatrie. Der Gottesdienst ist eine (be)deutende Station auf einem seelsorglichen Weg. Er vermeidet eine »gängelnde« Sprache und führt über die begrenzte diagnostische Fixierung zu einer ganzheitlichen Annahme – durch Gott und Menschen.

Das Gebet der Klage und des Lobes gibt Sprachhilfe. Hier ist die religiös herbe und darin vitale Sprache der Psalmen angemessen. Auch bildhafte Gesangbuchverse können helfen. »Wo ich jemand weinen sehe, versuche ich, mich ihm taktvoll zu nähern, um ihm zu ermöglichen, zu sprechen und sich zu entlasten« (Gestrich 34). Der Gottesdienst führt zu einem Grundmuster spiritueller Geborgenheit. Wirkungsvoll sind meditative Gottesdienste.

Grund und Ziel des Gottesdienstes auch im Krankenhaus ist Gott selbst. Aus dieser theologischen Prämisse mögen sich anthropologische Folgen ergeben: Der Gottesdienst hat als Ritual – besonders im Abendmahl – therapeutische Bedeutung. Diese kann jedoch nicht primär sein; sie ist abgeleitet. So kann der Gottesdienst nicht therapeutisch funktionalisiert werden.

Der Pfarrer im Krankenhaus hat den Vertrauensvorschuss des Seelsorgers, der sich einem Gebet mit Kranken nicht entzieht. Er kann an – oft verschüttete – kirchliche Bindungen anknüpfen. Und er kann im heilenden und heilsamen Gespräch missionarisch tätig sein. Dabei wird er Ausnahmesituationen von Patienten nicht ausnutzen. Die Seelsorge im Krankenhaus ist »vom Gottesdienst her und auf diesen hin bezogen zu verstehen« (Stollberg 210).

In der Bodelschwingh-Tradition in Bethel wird der Gottesdienst in der Gemeinschaft von Gesunden und Kranken gefeiert. Es stört nicht, wenn ein Kranker im Gottesdienst einen Anfall erleidet. Er feiert in einer ihm Schutz bietenden Umwelt.

In der römisch-katholischen Kirche übt der Priester im Krankenhaus sakramentale Seelsorge aus (Krankenkommunion, Bußsakrament und Krankensalbung). Sie wird begleitet von weiteren sakramentalen Elementen der Liturgie und Spiritualität, die auch von Laien praktiziert werden können. Ordensschwestern und Laientheologen werden in zunehmendem Maße mit Krankenhausseelsorge beauftragt. Die katholische Krankenhausseelsorge wird in seelsorglichen Hilfen zu ökumenischen Gottesdiensten »in regelmäßigen Abständen« ermuntert.

II. Gottesdienst im Altenheim

Das Altenheim ist nicht erst ein Bereich moderner westlicher Stadtkultur. Im Spätmittelalter wurden Häuser für alte Menschen von frommen Stiftungen getragen. Heute gibt es in Deutschland zwei Trends: einerseits zur Gerontopsychiatrie, andererseits zum komfortablen Wohnstift. Die meisten alten Menschen wohnen in Einzelzimmern (außer im Pflegebereich) oder in Kleinwohnungen (z.T. mit eigenen Möbeln). Zwei Drittel aller Alten- und Pflegeheime in den alten Bundesländern Deutschlands sind in kirchlicher Trägerschaft.

Die Seelsorge im Altenheim ist auf unterschiedliche Weise meist gut geregelt. Leiter von Altenheimen in kirchlicher Trägerschaft (manchmal Diakone) werden auch theologisch und seelsorglich aus- und weitergebildet. In vielen Heimen gibt es ehrenamtliche Besuchskreise aus den Ortsgemeinden. Der von den Bewohnern gewählte Heimbeirat stärkt die Eigeninitiative. Es werden viele Feste gefeiert, die von den Bewohnern selbst vorbereitet sind. In diesen Rahmen gehören Gottesdienste, oft auch tägliche Andachten. Der Gottesdienst schafft ein neuartiges »Zuhause« – gerade auch bei denen, die unter der Trennung von ihrer Familie leiden. Er durchbricht ein gängiges Schema: »Die Alten, die nur geben, die Jungen, die nur nehmen«.

Das Selbstwertgefühl alter Menschen wird in unserer Zeit nicht mehr durch die Weitergabe angesammelten Erfahrungswissens gestärkt. Es wird heute geradezu zur Kuriosität degradiert. Gegen diese von vielen empfundene Demütigung richten sich narrative Elemente im Gottesdienst. Er bewirkt Wärme im Alter, weil er ein schnell entstehendes Altenghetto öffnet.

Gottesdienste werden von Diakonen, Gemeindepfarrern und eigens mit der Seelsorge im Altenheim beauftragten (manchmal teilzeitbeschäftigten oder emeritierten) Pfarrern geleitet. Sie finden am Sonntagmorgen, in größeren Abständen am Wochenende oder wochentags, mindestens aber vor und an großen Feiertagen statt. Angehörige sollten mit eingeladen sein, auch Mitarbeiter. So wird ein Hausgottesdienst durch ein Gemeinschaftsgefühl im größeren Kreis gestärkt. Willkommen sind z.B. Chöre »von außen«. Umfragen zeigen, dass Heimbewohner – auch wenn ehrenamtliche Fahrdienste angeboten werden – den Sonntagsgottesdienst in der Ortsgemeinde nicht so oft besuchen wie den Gottesdienst »zu Hause«.

Wenn im Altenheim eine eigene Kapelle fehlt, finden Gottesdienste im Speisesaal oder in anderen Räumen statt. Auf Pflegestationen können meist nur Kurzandachten in den Zimmern der Kranken gehalten werden. Die Liturgie reicht von den Formen des in der Ortsgemeinde üblichen Gottesdienstes bis zu stark verkürzter Liturgie. Letztere legt sich nahe, »weil die Spannkraft – psychisch und physisch – bei vielen Bewohnern ... nicht ausreicht« (Niemeyer 47). Andererseits ist die vertraute liturgische Form orientierungs-, aktivierungs- und emotionsfreundlich (vgl. Depping 1989, 59). Hinzuweisen ist auf die »Weihnachtsdepression« (Depping 2000, 177) neben Depressionen am Ende des Kirchenjahres. Der Gottesdienst kann beim Reorientierungstraining altersverwirrter Menschen helfen. Das Erlebnis des Feierns (auch im Abendmahl) wirkt tiefer als eine Predigt. Einzelkelche oder die Intinctio haben sich bewährt. Der Pfarrer sollte nicht vergessen, alle Teilnehmer zum Beginn und zum Schluss persönlich zu begrüßen beziehungsweise zu verabschieden. Nach dem Gottesdienst ist »die Gesprächssituation besonders günstig« (Niemeyer 48).

Im Gottesdienst liegt großes Gewicht auf Kernstellen der Bibel, auf bekannten Liedern und Gebeten. Sie brauchen neuere Texte aber nicht ganz zu verdrängen. Passivität im Gottesdienst schließt bei alten Menschen ein inneres »Mitgehen« nicht aus.

Narrative Predigten sind beliebt. Alte Menschen erzählen gern und werden, wenn sich Lebensgeschichte in Lebensgeschichten darstellt, aus einer belastenden Introvertiertheit herausgenommen. Der Gottesdienst im Altenheim hat – an Erfahrungen alter Menschen gemessen – seine eigene Würde. Er ist begründet in der Taufe. Lebensgeschichte und Taufgeschichte gehören zusammen. Das ist der besondere spirituelle Aspekt dieser Gottesdienste.

Das Gebet im Gottesdienst ermuntert, stärkt und bündelt privates Beten der alten Menschen. Hier helfen Karten mit Gebetstexten. Wenn alte Menschen von allen anderen Diensten im Leben und Beruf entbunden sind, behalten oder erwerben sie das Amt des Fürbitters (auch im Gottesdienst). Es kann die Spiritualität in der Ortsgemeinde befruchten. Wer den Gottesdienst leitet, sollte im Fürbittengebet die Namen der Kranken – auch der kranken Mitarbeiter – nennen, wenn diese nicht am Gottesdienst teilnehmen können. Aus einem Altenheim in Bremen wird berichtet, dass die Trauergottesdienste für Verstorbene im Heim selbst stattfinden.

Alte Menschen dürfen im Gottesdienst weder über- noch unterfordert werden. Zahlreiche Menschen sind in ihrer »dritten Lebensphase« recht aktiv. Für 2010 wird erwartet, dass in Deutschland 40% der Menschen über 60 Jahre alt sein werden. Darauf muss sich die kirchliche Altenhilfe – auch im Blick auf Altenheime und Gottesdienste mit alten Menschen – einstellen.

III. Gottesdienst im Militär

Militärseelsorge im modernen Sinne begann in Europa am Ende des 17. Jh. mit der Herausbildung stehender Heere. In Preußen wurde im Jahr 1655 der erste Feldprediger bestellt. Bis ins 19. Jh. identifizierten Dienstordnungen fraglos geistliche Aufgaben und patriotische »Zurüstung« der Soldaten. Christentum und Nation wurden eng zusammengesehen. Gefährdet in freier Gestaltung des Gottesdienstes war die Militärseelsorge im totalitären Staat des Dritten Reiches. In der Luftwaffe als dem »modernsten Truppenteil« gab es keine Militärseelsorge, in der SS und ähnlichen Verbänden ohnehin nicht.

Die Bundeswehr kennt die Militärseelsorge von Anfang an. Grundlagen sind für die evangelische Kirche der »Vertrag der EKD mit der Bundesrepublik Deutschland zur Regelung der Evangelischen Militärseelsorge vom 22. Februar 1957« und für die römisch-katholische Kirche das Reichskonkordat vom 20. Juli 1933. Bei der Beurteilung der Militärseelsorge sind nicht die militärischen, sondern die kirchlichen Belange primär. Es ist zu beachten, dass das Militär kein Selbstzweck ist, sondern ein besonderer Bereich im demokratischen Rechtsstaat. Insofern arbeitet die Militärseelsorge in der Bundeswehr wie die Seelsorge in anderen staatlichen Bereichen (vgl. Art. 140 Grundgesetz). In jüngster Zeit wird auch ein Modell der strikten Trennung von Kirche und Staat entworfen (vgl. Werkner).

Die Militärseelsorge ist zuständig für Soldaten mit ihren Familien, soweit sie einer der beiden großen Kirchen angehören. Es ist aber festzustellen, dass auch viele nicht konfessionell gebundene Soldaten die Seelsorge eines Militärpfarrers suchen. Die Gemeinden sind personale Seelsorgebereiche; in bestimmten Fällen sind Militärkirchengemeinden eingerichtet. Ein Gemeindebeirat bzw. ein Pfarrgemeinderat, der an vielen Standorten arbeitet und zumeist aus Längerdienenden und Berufssoldaten besteht, berät den Militärpfarrer. Gemeindebildend und gemeindefördernd sind die Rüstzeiten, die in Heimen der Militärseelsorge für einzelne Soldaten, für Familien und speziell auch für Wehrpflichtige durchgeführt werden.

Die in den Standorten und nicht in bestimmten Truppenteilen tätigen Militärpfarrer kommen aus den Landeskirchen bzw. aus den Diözesen und gehen nach sechs bzw. höchstens zwölf Jahren in deren Dienst zurück. Sie bleiben Geistliche ihrer Landeskirche bzw. Diözese. Zu ihrem Dienst gehören Seelsorge und Gottesdienst sowie lebenskundlicher Unterricht und Arbeitsgemeinschaften mit Mannschaften, Unteroffizieren und Offizieren. Der Militärpfarrer hat ungehindert Zugang zu Kasernen und Orten, wo Soldaten tätig sind. Er ist nicht militärischer Vorgesetzter. In das System von Befehl und Gehorsam des Militärs ist er nicht eingebunden. Er trägt keine Uniform und hat keinen militärischen Rang. Hierin unterscheidet er sich von Militärpfarrern in anderen Streitkräften.

Zur Unterstützung im Verwaltungsbereich wird ihm ein ziviler Pfarrhelfer – in großen Standorten dazu ein Wehrpflichtiger als Geschäftszimmersoldat – zugewiesen. Beide helfen bei Standortgottesdiensten.

Standortgottesdienste finden in Kirchen der Ortsgemeinden oder in geeigneten Räumen in Kasernen statt. Sehr gut gestaltet sind Andachtsräume in den Rüstzeitheimen. Zusätzlich werden Feldgottesdienste bei Truppenübungen angeboten. »Gottesdienste, Andachten oder kirchliche Unterweisungen als Anlass militärischer Feiern (z.B. Vereidigungen, feierliche Gelöbnisse, Gedenktage) finden vor oder nach der militärischen Feier und getrennt von dieser statt« (Dokumentation 53). In den »Päpstlichen Statuten für den Jurisdiktionsbereich des Katholischen Militärbischofs für die Deutsche Bundeswehr« heißt es ausdrücklich über den Militärbischof: »Er beachte besonders, dass die Feier der heiligen Messe keinen Anhalt gibt, weltliche Feiern oder politische Feste mit religiösem Gepränge zu versehen« (Art. 25: Dokumentation 21). »Gottesdienste dienen nicht der Steigerung der Feierlichkeit oder anderen Zwecken; Liturgie ist Gottesverehrung« (Hilfen für den pastoralen Dienst 21).

Standortgottesdienste sind meistens morgens zum Beginn der Dienstzeit, gelegentlich nachmittags während des Dienstes. Sie finden auch anlässlich hoher kirchlicher Feste statt, selten aber an Sonntagen oder an den Festen selbst, da die meisten Soldaten dann nach Hause fahren. Gottesdienste an Bord von Schiffen sollen in der Regel an Sonn- und Feiertagen sein.

»Befindet sich das Schiff ohne Pfarrer auf See, kann der Kommandant oder auf seine Veranlassung ein dazu geeignetes Besatzungsmitglied eine Andacht halten« (Dokumentation 76). Eine steigende Zahl von Auslandseinsätzen deutscher Soldaten erfordert neue liturgische Überlegungen.

Auch internationale Soldatentreffen haben ihre Gottesdienste; Tradition hat die katholische Soldatenwallfahrt nach Lourdes. Bei Rüstzeiten wird zu Gottesdiensten eingeladen, auch zu Familiengottesdiensten. Sie unterscheiden sich nicht von Familiengottesdiensten in den Ortsgemeinden, können aber noch intensiver mit Eltern und Kindern vorbereitet werden. Die beiden Militärbischöfe halten zur jährlichen Kommandeurtagung einen ökumenischen Gottesdienst.

Bis 1945 gab es in deutschen Streitkräften besondere Ordnungen für den evangelischen Gottesdienst. Im Zweiten Weltkrieg fanden häufig »Gemeinschaftsgottesdienste« für alle Soldaten statt. Die Gottesdienstordnung – es gab auch ein kleines gemeinsames Gesangbuch – war zwischen den beiden Feldbischöfen am 19. Juni 1941 vereinbart worden: »Musikvorspiel, Gemeinschaftslied, Schriftlesung, Predigt, Gebet für Führer, Volk und Vaterland, Segensgruß, Schlusslied« (Beese 213). Diese Ordnung war nicht unumstritten; ein Pfarrer spricht von einer »Verkümmerung unserer gottesdienstlichen Feiern« (zit. ebd.).

In der Bundeswehr sind die Gottesdienste zunächst konfessionell getrennt. Die evangelischen Militärpfarrer sollen sich nach den Ordnungen der Landeskirchen richten, in deren Bereich der Gottesdienst stattfindet. Im Jahr 2002 soll eine »Feldagende« für Auslandseinsätze erscheinen mit Texten für Gottesdienste, Taufen, Trauerfeiern, Krankenseelsorge und Beichte.

In der Praxis gebrauchen viele Militärpfarrer verkürzte Formen. Häufig finden ökumenische Wortgottesdienste statt. Damit werden bei Truppenübungen oft alle Soldaten erreicht. Das Ziel der Teilnahme aller Soldaten darf aber nicht zur Nötigung werden.

Neben der Liturgie hat der Predigt große Aufmerksamkeit zu gelten. Viele (junge) Soldaten – vor allem in den neuen Bundesländern – haben kaum eine Beziehung zur Kirche. Es gilt, Glauben zu wecken und zu stärken, nicht aber ein besonderes militärisches Bewusstsein zu pflegen. Gottesdienst und Predigt reichen weiter als kirchliche Erwachsenenbildung.

Dass die Militärseelsorge nicht von militärischen Zielen – auch nicht in der Inneren Führung der Streitkräfte – abhängig ist, muss in der Seelsorge und in den Gottesdiensten deutlich sein. Sie kennen keine andere Botschaft als Gottesdienste in der Ortsgemeinde. Das gilt auch für Gottesdienste im Rahmen von Projekten des Volksbundes Deutsche Kriegsgräberfürsorge – z.B. bei ökumenischen Einweihungen deutscher Soldatenfriedhöfe, jetzt auch in Osteuropa. Gottesdienste an Kriegsgräbern erfordern eine besondere »Gräberpastoral« (Fuchs 242). Der Volksbund arbeitet unter dem Motto: »Wir sorgen für die Gräber. Wir betreuen die Angehörigen. Wir arbeiten für Versöhnung und Frieden«.

IV. Gottesdienst im Gefängnis

Das Gefängnis ist eine »totale Institution«. Menschen verbringen in einem geschlossenen Bereich ihre Arbeits- und Freizeit sowie die Nachtruhe. Dazu kommt in diesem Fall: die Menschen sind nicht freiwillig hier. Bis zur Neuzeit war das Gefängnis nur der Verwahrort bis zur Verurteilung bzw. zur Vollstreckung des Urteils an Leib und Leben oder zur Bezahlung einer Geldstrafe. Die Freiheitsstrafe ist erst ein Phänomen der beginnenden Moderne. In unserer an Freizeit orientierten Gesellschaft wird der Verlust der Freiheit besonders stark empfunden. Ob in der Zielvorgabe der Freiheitsstrafe die Sühne oder die Resozialisierung mehr betont werden, ist in unserer Gesellschaft noch immer umstritten. Vorgesehen ist im Strafvollzug auch die bloße Verwahrung (Sicherungsverwahrung) für strafrechtlich besonders auffällige Täter.

Das Gefängnis heute stellt sich differenziert dar – vom »Hochsicherheitstrakt« bis zum »offenen Vollzug«. Mit Recht wird gelegentlich gesagt, eine Gesellschaft könne man nicht zuletzt an ihren Gefängnissen messen. In der Neuzeit kamen Vorschläge für Reformen im Gefängniswesen häufig von der Kirche (vgl. Johann Hinrich Wichern).

Der Gottesdienst »gehört« nicht nur denen, die – auf (materielle) Vorteile erpicht? – »fromm« sind. Er will alle Gefangenen ansprechen, auch die schwierigen und noch im Gefängnis verachteten Straftäter. Es gehört zu seinen Grundlagen, dass niemand ausgeschlossen wird – außer aus gravierenden Sicherheitsgründen. Der Gottesdienst darf die – meist aus »Unterschichten« stammenden – Gefangenen sprachlich nicht überfordern.

Der Pfarrer im Gefängnis hat eine relativ konstante Gemeinde. Insofern können Gottesdienste langfristig geplant und vorbereitet werden. Im geschlossenen Vollzug gehört der Gottesdienst zu den beliebten Veranstaltungen, in denen – auch von der Leitung unerwünschte – Kommunikation geschieht. Im offenen Vollzug dagegen ist der Gottesdienst eine unter mehreren Freizeitmöglichkeiten. Zum Gottesdienstbesuch gibt es weder Nötigung noch Zwang (wie früher gelegentlich). Die Beamten im Strafvollzug rechnen sich, wenn sie dienstlich am Gottesdienst teilnehmen, nur bedingt zur gottesdienstlichen Gemeinde.

Kontakte zur Ortsgemeinde können sich ergeben, wenn Gemeindegruppen einen Gottesdienst gestalten oder wenn einige Gefangene des offenen Vollzugs mit einem Beamten in Zivil einen Gottesdienst der Ortsgemeinde besuchen – z.B. auch als mitgestaltende Musikgruppe. Gemeinsam gestaltete Gottesdienste verbinden mehr als gut gemeinte Resolutionen. Ehrenamtliches Engagement für Strafgefangene – und Straffällige nach Verbüßung der Haft! – ist möglich und erwünscht. In manchen Gemeinden an Orten eines Gefängnisses gibt es einen Besuchsdienstkreis für Gefangene; es geht darum, »Mauern durchlässiger zu machen«. In Darmstadt finden ökumenische Begegnungstage und Familiengottesdienste mit Angehörigen und solchen Gefangenen statt, die noch keine Vollzugslockerungen haben (vgl. Wendeberg).

Gefängnispfarrer sind entweder im Kirchen- oder Staatsdienst. Sie stehen einerseits neben den Juristen, Psychologen, Ärzten, Lehrern und Sozialarbeitern, andererseits aber sind sie nicht in die Hierarchie eines Gefängnisses eingebunden. Ihre Arbeit stößt immer wieder an Grenzen der Frustrationstoleranz. In kleineren Gefängnissen arbeiten Pfarrer nebenamtlich. Hauptamtliche Pfarrer sollten an jedem Sonntag einen Gottesdienst anbieten.

In größeren Gefängnissen steht eine (oft zu große) (Simultan-)Kirche innerhalb des Gefängnisbereichs zur Verfügung, in kleineren Gefängnissen ein Gruppenraum. Im Dritten Reich bestand in den Gefängnissen des Justizvollzugs bis zuletzt eine für den einzelnen Gefangenen hilfreiche Gefängnisseelsorge. Seit 1937 waren Gottesdienste in Konzentrationslagern von dem Reichsführer SS Heinrich Himmler persönlich untersagt; es konnten aber auch hier heimlich Gottesdienste mit inhaftierten Pfarrern stattfinden.

»Im Rahmen der totalen Institution Gefängnis hat ... schon die bloße Tatsache, dass Gottesdienst stattfindet und ungehindert an ihm teilgenommen werden kann, eine bestimmte Bedeutung, einen bestimmten Symbolwert mit Verkündigungscharakter. Die schlichte Normalität, dass – wie zur selben Zeit in jeder Kirche draußen – auch im Gefängnis ein Gottesdienst stattfindet, an dem teilzunehmen oder nicht teilzunehmen folgenlos dem eigenen Ermessen unterliegt, macht den Gottesdienst in der Unnormalität der Umgebung, in der er hier stattfindet, zu etwas Besonderem« (Koch 36).

Einige Pfarrer halten den Gottesdienst nach der in der Ortsgemeinde üblichen Agende. So ist nach Verbüßung der Haft ein »Einstieg« in das gottesdienstliche Leben der Ortsgemeinde am ehesten möglich. Andere Pfarrer entscheiden sich für verkürzte Formen, die stärker zu aktiver Beteiligung einladen. Es gibt katholische Pfarrer, die den Wortgottesdienst, der seit dem

Zweiten Vatikanischen Konzil aufgewertet worden ist, bevorzugen, weil eine Messe wegen der Disziplin oft nicht angebracht sei. Der Zuruf »Prost« bei der Messe störe die Feier auf lange Sicht. Selten sind noch Rüstzeiten mit Gefangenen, die vor der Entlassung stehen, und ihren Ehepartnern. Auch hier ist ein Gottesdienst möglich.

Der katholische Gefängnisseelsorger Petrus Ceelen schreibt zur Frage nach der Form des Gottesdienstes: »Ich glaube, es macht keinen Sinn, darüber zu streiten, welche Gottesdienstform richtig ist. Entscheidend ist, dass wir echt sind in allem, was wir tun und sagen. Dass wir nichts tun, was nicht von uns ist« (27). Aber »der Gottesdienst muss für die Gefangenen identifizierbar bleiben als ein ›normaler‹ Gottesdienst, der grundsätzlich in derselben Form auch außerhalb der Anstalt stattfinden könnte« (Koch 37). Nicht der Staat, sondern die jeweilige »Religionsgesellschaft« definiert den Gottesdienst (vgl. Eick-Wildgans 111 f.).

Doppelt abgeschlossen sind Gefangene in einem Justiz-Vollzugskrankenhaus. Ein in einem solchen Bereich tätiger Pfarrer betont den ökumenisch und meditativ geprägten Gottesdienst, in dem Menschen sehr persönlich angeredet werden. Responsoriale Stücke können hier zugunsten von spontanen Dialogen wegfallen. Wenn jemand weint – es nehmen viele psychisch Kranke am Gottesdienst teil –, geht der Liturg als Seelsorger auf diese Äußerung ein. Eine solche »Liturgie« kann nicht in die schriftliche Form einer Agende gefasst werden. Unter den ungefähr 40 Gottesdienstteilnehmern sind oft solche Patienten, die nicht deutsch sprechen. Auch sie sollen »angeredet« werden – durch nonverbale Kommunikation, evtl. durch eine in englischer Sprache gehaltene Lesung. Gastprediger bringen Atmosphäre »von außen« mit, ohne die innere Gestimmtheit des Gottesdienstes zu verändern. Der hier gefeierte Gottesdienst erinnert an charismatische Formen. So wird auch einmal ein »Misslingen« des Gottesdienstes aufgefangen. Die spirituellen Grundlagen des Gottesdienstes scheitern nicht.

Eine besondere Bedeutung kommt dem Glaubensbekenntnis zu (»Gemeinschaft der Heiligen«). An ihm ist das Sündenbekenntnis zu messen. An beide Aussagen kann man im seelsorglichen Gespräch vor oder nach dem Gottesdienst anknüpfen; er soll nicht bloß Sozialtherapie fortsetzen oder eine auch anderswo erfahrbare »Gemütlichkeit« zum Ziel haben. In ihm wird nicht nur über Vergebung geredet, in ihm wird sie zugesprochen, wenn Schuld als Schuld und nicht bloß als abweichendes Verhalten erkannt wird. In diesem Sinn kann die Predigt nie bloß Gesetzespredigt sein.

Das Gefängnis hat »seine eigene Akustik ..., durch die falsche Töne, fromme Phrasen, zu große Worte in einer fast peinlichen Weise entlarvt werden. Deswegen glaube ich, dass man im Gefängnis besser als in anderen Umgebungen lernen kann, ehrlich und einfach von Gott zu reden – oder zu schweigen« (Härle 208). Seelsorgliche und liturgische Präsenz im Gefängnis hat Auswirkungen auf die Theologie im Ganzen. Das Gefängnis kann »als Testfall der Verkündigung« gelten (ebd.).

Literatur

Zu I.: Jörg BADE, Depression und Segen. Zur seelsorgerlichen Begegnung mit depressiven Menschen (Religion und Biographie 5), Münster 1999. – Erhard DOMAY (Hg.), Gottesdienst mit Kranken. Gottesdienste, Predigten, liturgische Entwürfe und Gebete (GDP Serie B), Gütersloh 1999. – Gerd FASSELT, Und der Herr wird sie aufrichten. Zur Heilssorge der Kirche für die Kranken (Feiern mit der Bibel 7), Stuttgart 1999. – Die FEIER DER KRANKENSAKRAMENTE. Die Krankensalbung und die Ordnung der Krankenpastoral in den katholischen Bistümern des deutschen Sprachgebietes, hg. im Auftrag der Bischofskonferenzen Deutschlands, Österreichs und der Schweiz und der Bischöfe von Bozen-Brixen und von Luxemburg, Einsiedeln/u.a. 1975. – Reinhold GESTRICH, Am Krankenbett. Seelsorge in der Klinik, Stuttgart [2]1988. – KRANKHEIT UND HEILUNG. Themenheft: Conc (D) 34 (1998) 471–584. – Walter LOTZ (Hg.), Agende für die Seelsorge an Kranken und Sterbenden, Kassel 1949. – Ute MEYER ZU LENZINGHAUSEN, Krankensalbung in der evangelischen Klinikseelsorge – ein Ritual wird neu entdeckt (Schriftenreihe der Evangelischen Fachhochschule Freiburg 7), Münster 1999. – Dorothee

PEGLAU, Gottesdienste im Krankenhaus, Arbeitshilfen für die Praxis, Bielefeld 1998. – Werner REICH, Gottesdienst mit Mühseligen und Beladenen. Heil und Heilung im Gottesdienst: FdG 32/1989, 3–16. – Dietrich STOLLBERG, Seelsorge und Gottesdienst: Michael Klessmann (Hg.), Handbuch der Krankenhausseelsorge, Göttingen 1996, 205–212. – Wolf-Gernot WEIRICH, Der Gottesdienst in der Klinik als Ritual und Symbol: BThZ 6 (1989) 106–117.

Zu II.: Huub P. J. BUIJSSEN/Rolf D. HIRSCH, Probleme im Alter, Diagnose, Beratung, Therapie, Prävention, Weinheim 1997. – Klaus DEPPING, Seelsorgerliches Handeln an altersverwirrten Menschen. Eine Hilfe für die Arbeit im Einzelgespräch, im Gottesdienst und in der Gruppe, Quakenbrück 1989 (Selbstverlag). – Ders., Depressive alte Menschen seelsorgerlich begleiten. Auswege aus Schwermut und Verzweiflung, Hannover 2000. – Klaus DIRSCHAUER (Hg.), Emanzipiertes Alter. Bd. 2 Werkbuch, Göttingen 1990. – Erhard DOMAY (Hg.), Arbeitsbuch Altenarbeit. Gottesdienste, Predigten, Ideen, Konzepte, liturgische Texte (GDP Serie B), Gütersloh 2000. – Ulrich MOSER, Identität, Spiritualität und Lebenssinn. Grundlagen seelsorgerlicher Begleitung im Altersheim (STPS 42), Würzburg 2000. – Günter NIEMEYER, Altenheimseelsorge. Anregungen aus der Praxis für die Praxis, Stuttgart 1990. – Ders. (Hg.), Seelsorge im Umfeld alter Menschen. 3. Symposion Altenseelsorge. Dokumentation des Symposions vom 16.–18. März 1999 im Johannesstift Bielefeld, Bielefeld 1999. – Dorothee PEGLAU/Kirsten und Herbert PREY, Gottesdienste im Altenheim. Arbeitshilfen für die Praxis, Bielefeld 2000. – Susanne SCHILDKNECHT (Hg.), Mit sprechenden Gesichtern. Gottesdienste in Altenheimen, Gütersloh [2]1998. – Felix TÖLLE, Zeichen von Gottes Nähe. Gottesdienste mit alten, pflegebedürftigen und verwirrten Menschen: Gd 29 (1995) 105–107.

Zu III.: Irmin BARTH, Militärseelsorge in der Bundesrepublik Deutschland, Heidelberg 1987. – Dieter BEESE, Evangelische Kirche und Wehrmachtsseelsorge: Günther van Norden/Volkmar Wittemütz, Evangelische Kirche im Zweiten Weltkrieg (SVRKG 104), Köln 1991, 191–220. – Peter H. BLASCHKE/Harald OBERHEM, Bundeswehr und Kirchen (Die Bundeswehr. Eine Gesamtdarstellung 11), Regensburg 1985. – DOKUMENTATION zur Katholischen und Evangelischen Militärseelsorge, hg.v. Evangelischen Kirchenamt für die Bundeswehr und vom Katholischen Militärbischofsamt, Bonn [4]1991. – Hans EHLERT, Interessenausgleich zwischen Staat und Kirchen. Zu den Anfängen der Militärseelsorge in der Bundesrepublik Deutschland: Militärgeschichtliche Mitteilungen, hg.v. Militärgeschichtlichen Forschungsamt Freiburg i.Br., München 1/91, 39–72. – HILFEN FÜR DEN PASTORALEN DIENST der Militärseelsorger – Dokumentation zur katholischen Militärseelsorge H. 5, Bonn 1973. – Carl Gero von ILSEMANN, Die Innere Führung in den Streitkräften (Die Bundeswehr. Eine Gesamtdarstellung 5), Regensburg 1981. – Ottmar FUCHS, Trauerarbeit und Praxis der Versöhnung. Eine theologische Würdigung der Kriegsgräberfürsorge: Orien. 65 (2001) 238–240. – Werner SCHERER/Richard ALFF, Soldatengesetz. Kommentar, München [6]1988. – Ines-Jacqueline WERKNER, Soldatenseelsorge versus Militärseelsorge. – Evangelische Pfarrer in der Bundeswehr (Forum Innere Führung 13), Baden-Baden 2001.

Zu IV.: Wolfgang BURGSTALLER/Hermann Josef IMMEKUS, Gott im Gefängnis. Gebete bei Brot und Wein, Hagen 1988. – Petrus CEELEN, Der Gottesdienst im Gefängnis. Schwierigkeiten und Möglichkeiten: Seelsorge im Strafvollzug 9, hg.v. der Konferenz der katholischen Seelsorger bei den Justizvollzugsanstalten in Deutschland, Hohenasperg 1991, 21–32. – Hans Werner DANNOWSKI/Peter RASSOW (Hg.), Gefängnispredigten. Beispiele und Überlegungen (Praxis Gefängnisseelsorge 2), Hannover 1985. – Susanne EICK-WILDGANS, Anstaltsseelsorge. Möglichkeiten und Grenzen des Zusammenwirkens von Staat und Kirche im Strafvollzug (SKRA 22), Berlin 1993. – Wilfried HÄRLE, Theologische Vorüberlegungen für eine Theorie kirchlichen Handelns in Gefängnissen: ZEE 32 (1988) 199–209. – Günther KAISER/Hans-Jürgen KERNER/Heinz SCHÖCH, Strafvollzug. Ein Lehrbuch, Heidelberg [4]1992. – Herbert KOCH/u.a. (Hg.), Gottesdienst im Gefängnis. Erfahrungen – Orientierung – Konkretionen (Praxis Gefängnisseelsorge 1), Hannover 1984. – Peter RASSOW/u.a. (Hg.), 60 Jahre. Blätter aus der Geschichte des Zusammenschlusses und der Tätigkeit der evangelischen Gefängnisseelsorge 1927–1986, Hannover 1987 (Selbstverlag der Konferenz der evangelischen Pfarrer an den Justizvollzugsanstalten). – Ders., Bibliographie Gefängnisseelsorge (Studien und Materialien zum Straf- und Maßregelvollzug 5), Pfaffenweiler 1998. – Hans-Dieter SCHWIND/Alexander BÖHM (Hg.), Strafvollzugsgesetz (StVollzG). Gesetz über den Vollzug der Freiheitsstrafe und der freiheitsentziehenden Maßregeln zur Besserung und Sicherung vom 16. März 1976 (BGBl. I,581), zuletzt geändert durch das Gesetz vom 26. August 1998 (BGBl. I, 2461). Kommentar (Sammlung Guttentag), Berlin/New York 1999 (vgl. im 6. Teil Peter Rassow, Religionsausübung, 461–481). – Werner WENDEBERG, Familiengottesdienste im Gefängnis: Mitteilungsblatt der Evangelischen Konferenz für Gefängnisseelsorge in Deutschland Nr. 53 (1999) 16 f. [Fachbücherei Gefangenenseelsorge: Predigerseminar 29223 Celle, Berliner Straße 4].

Karl-Friedrich Wiggermann

Kirchenmusikalischer Gottesdienst

I. Historische Perspektiven

Kirchenmusikalischen Gottesdienst zu thematisieren, ist Ausdruck einer neuzeitlicher Situation. Gottesdienst und Musik sind stärker auseinander getreten als in früheren Zeiten. Die Religionsgeschichte und die Hauptstränge der christlichen Gottesdienstgeschichte belegen ein enges Miteinander von Kult und Musik. Es war und ist begründet durch die ursprungshafte Nähe von Sprache und Musik, durch magische, therapeutische und ganzheitlich-sinnliche Elemente der Musik, durch die mit ihr ermöglichten Gemeinschaftsvollzüge, durch ihre affektiven Wirkmöglichkeiten, schließlich durch den oft als religiös und sakral empfundenen Charakter von Musik überhaupt, nämlich als einen den Alltag transzendierenden Bereich.

Zentrale Vollzüge des Gottesdienstes wie eucharistisches Feiern, Lesungen und Gebete, Psalmen, Lobpreisungen, Responsorien und Lieder waren von Musik mitbestimmt. Die Entfaltung der abendländischen Musik bis an die Schwelle der Neuzeit ist weithin im Zusammenhang mit der Messkomposition erfolgt. Als die Entwicklung dann zu autonomen musikalischen Formen führte, als das umgangsmäßige Musizieren mehrheitlich durch darbietendes abgelöst wurde und auf der Rezipientenseite subjektorientierte Wahrnehmungsweisen zunahmen, entstanden u.a. Oper und Konzert. Die ästhetisch-autonomen Musikformen schlossen gleichwohl theonome Zielstellungen und Erfahrungsweisen keineswegs aus. Das Problem der Vermittlung von musikalischer Kunst und Gemeindegottesdienst stellte sich freilich in neuer Weise. Neben gottesdienstlicher Kirchenmusik kam es zur Entwicklung von Großformen wie Oratorium und Passion, Messe, Requiem und Kirchenkonzert, zu Musikformen also, die in transformierter Weise zwar in sich liturgische Intentionen bargen, die aber durch ihre Ausdehnung sowie durch ihre oft hochartifizielle Beschaffenheit den Rahmen des Gemeindegottesdienstes überschritten.

In der zweiten Hälfte des 18. und besonders seit dem 19. Jh. verlagerte sich die religiöse Dimension von Musik schwerpunktmäßig in Konzertsaal und Oper. Von kirchlicher Seite wurde diese Entwicklung häufig verdächtigt und abgelehnt, seltener nach den zeitgeschichtlichen und ästhetischen Ursachen oder nach inhärent bleibenden religiösen Anliegen gewürdigt. Die weiterhin bestehenden Unterschiede und Spannungen zwischen liturgischen Aufgaben und gemeindepraktischen Erwartungen einerseits, der ästhetischen Autonomie andererseits bedürfen immer neuer Vermittlungsversuche.

Neben dem Auswandern der musikgeschichtlichen Hauptentwicklungen aus dem Gottesdienst haben neuzeitliche Tendenzen zusammen mit einer Entsymbolisierung der Liturgie auch deren Entmusikalisierung zugunsten verbaler Elemente gefördert. Hier ist seit einer Reihe von Jahren ein Wandel zu verzeichnen. Dieser hat die Bemühungen um angemessene gottesdienstliche Musik wieder verstärkt. Schon zuvor hatten die kirchemusikalischen Erneuerungsbewegungen des 20. Jh. Neuansätze in die gottesdienstliche Musikkultur eingebracht. Sie waren freilich oft nicht frei von liturgischen und musikstilistischen Engführungen. Eine Begegnung von Kirchenmusik und Theologie mit der allgemeinen Musikkultur in ihrer ganzen Breite ist anzustreben. Gegenwärtig stellt die Vielfalt der Musikkultur einschließlich der Popularmusik die musikalische Gottesdienstgestaltung vor neue Aufgaben. Die Dominanz einer monostilistisch geprägten Gottesdienstmusik (Gregorianik, Barock, gemäßigte Moderne) hat sich weithin aufgelöst und mit ihr deren besondere theologische oder liturgische Dignität. Wenn aber die traditionellen wie die avantgardistischen und popularmusikalischen Klangsprachen in ihren kulturellen Bedingungen erkannt werden, dann muss deren angemessene gottesdienstliche Verwendung theoretisch bedacht und liturgisch wie künstlerisch umgesetzt werden. Für die Zuordnung von Musik und Gottesdienst lassen sich verschiedene Modelle beschreiben:

- Ein Unterscheidungsmodell hat sich in der römisch-katholischen Kirche bereits seit dem hohen Mittelalter entwickelt. Die Kirchenmusik wird dabei vom eigentlichen liturgischen Geschehen unterschieden und zum »Schmuck« des Gottesdienstes. Diese letztlich auf der Bedeutung des Klerus gründende »Zweibahnigkeit« blieb freilich weithin lehrhafte Prämisse und hat die Entwicklung der katholischen Kirchenmusik selbst kaum beeinträchtigt.
- Von einem Sakralstilmodell lässt sich sprechen, wenn für gottesdienstliche Musik bestimmte Stile gefordert werden (z.B. der »Palestrina-Stil« durch das Trienter Konzil, die Ablehnung konzerthafter Kirchenmusik durch den Pietismus oder der madrigalischen Kirchenkantate durch konservative lutherische Kantoren oder in neuerer Zeit von Spirituals, popularmusikalischen Melodien und Rhythmusinstrumenten für den Gottesdienst).
- Ein Reduktionsmodell konnte zeitweise in solchen Kirchen vertreten werden, die aus der Tradition Calvins kamen. Die Ablehnung überlieferter liturgischer Formen verband sich mit der Verbannung von Kunstmusik und Instrumenten aus dem Gottesdienst. Musik in der Liturgie sollte auf den Gemeindegesang reduziert werden. Auch im Puritanismus und im Pietismus ist das Reduktionsmodell vertreten worden. Es hat an einer schöpferischen Beziehung von Gottesdienst und öffentlicher Kultur kein Interesse.
- Ein Modell der Integration fördert demgegenüber die Verbindung von Liturgie, Musik und öffentlicher Kultur. Das ältere Luthertum hat theologisch, liturgisch und kompositorisch diesem Modell reichen Ausdruck gegeben, z.B. in Orgel-, Kantaten- und Oratorienkunst. Eine doxologisch-ästhetisch begründete integrative Sicht von Gottesdienst und Musik würde es heute ermöglichen, überkommene Werke in die Liturgie ebenso einzubeziehen wie solche aus der Moderne und dem breiten popularmusikalischen Spektrum. Die integrative Sicht ermöglicht es auch, dem speziellen Gottesdienst nicht zugeordnete, ästhetisch-autonome Musikschöpfungen als spezifische Weisen glaubensbezogener künstlerischer Verwirklichung – gewissermaßen als Gottesdienst in weiterem Sinne – zu verstehen und zu fördern.

II. Systematische Aspekte

1. Ein eingeführter Wissenschaftsbegriff, der die gottesdienstliche Kunst- und Popularmusik, das Kirchenlied, die außergottesdienstliche »geistliche« Musik sowie die religiösen Dimensionen von Musik insgesamt umschließt, fehlt. Bis eine eigene interdisziplinäre »Kirchenmusikwissenschaft« allgemeine Anerkennung findet, sind diese Bereiche innerhalb der theologischen Wissenschaft am ehesten der Liturgik bzw. Praktischen Theologie zuzurechnen.

2. Die Beziehung von Gottesdienst und Musik darf nicht nur funktional begründet werden. Das würde zur Bevormundung der Kunst und zu kultureller Verengung führen. Jene Beziehung ist vielmehr biblisch-theologisch zu begründen. Daraus folgt die Anerkennung der Musik auch in ihrem ästhetischen Eigengewicht. Ein wesentlicher Konvergenzpunkt liegt in der doxologischen Sinnbestimmung allen Daseins. Ein zu Gott hin offenes Dasein vollzieht sich als Empfangen und Reagieren auf Schöpfung, Erlösung und Heiligung. Das geschieht mit gottesdienstlichen Vorgängen ebenso wie im ganzen Leben und schließt kulturell-musikbestimmte Vollzüge und Gestalten ein. Das Dasein bedarf des Gottesdienstes, um sich immer neu seines eucharistischen Charakters zu versichern. Andererseits ist der doxologische Charakter musikalischer Akte und

Gestalten nicht gebunden an eine spezielle Liturgie; jene erfahren aber durch diese immer erneut eine Vertiefung auf die religiöse Sinnbestimmung hin.

3. Kunstvolle Kirchenmusik und Kirchenlied vermitteln eine aktualisierende Interpretation des Ritus. Musik als Teil des Ritus formt diesen mit und bringt in dessen Regelverlauf kreative und spontane Elemente ein. In diesem Sinne lässt sich die Entstehung und Entwicklung der abendländischen Mehrstimmigkeit als großer liturgischer Interpretationsvorgang begreifen. Neben den Ordinariumsstücken der Messe sind es vor allem biblische Texte und Lieder, die künstlerische Aktualisierung erfahren haben und erfahren.

4. Evangeliumsbotschaft und liturgische Akte stellen sich mit Kirchenmusik als sinnenhaft geformte Gestalten dar. Das Hören, in der jüdisch-christlichen Tradition für die Kommunikation mit dem Göttlichen besonders ausgezeichnet, erfährt die Selbstmitteilung Gottes auch in, mit und unter dem Wahrnehmen klingender Gestalten. Für Singen und Musizieren ebenso wie für musikalisches Hören ist eine starke Leibbezogenheit kennzeichnend. Bereits in früheren Epochen erfahren und reflektiert, tritt dieser Aspekt heute im Jazz, Gospel und Rockmusik besonders zu Tage, auch dort, wo Musik mit Bewegungsgesten und Tanz verbunden wird. Sinnenhafte Gestaltung und »Leibhaftigkeit« sind spezifische Beiträge der Musik zur Liturgie. Auch stellt Musik natural-kosmische Bezüge her, denn Phänomene des Klanges und dessen mathematisch-physikalische Verhältnisse finden sich auf vielen anderen Seinsebenen. Musik vollzieht, real und symbolisch, Annäherungen an Hauptziele aller Liturgie, nämlich Vergegenwärtigung und Verleiblichung des Göttlichen.

5. Im Zeichenensemble der Liturgie wird durch Musik der Handlungscharakter des Gottesdienstes ausgedrückt. Durch ihren Verlauf in der Zeit ist sie in der Lage, Einstellungen und Verhaltensweisen anzuregen und auch sich vollziehen zu lassen. Das macht sie zu einem Medium für gelebte Frömmigkeit und qualifiziert sie zur Mitgestaltung des liturgischen »Rollenspiels«. In zahlreichen Kompositionen ist dies Rollenspiel selbst musikalisches Strukturprinzip geworden.

6. Die Klangrede der Musik hat sowohl ordnungs- als auch ausdruckshafte Elemente. Mit ihnen werden Emotionen, Gestimmtheiten, Affekte von Menschen berührt. Es handelt sich dabei keineswegs nur um subjektiv begründete Rührungen, vielmehr vermag musikalische »Gestimmtheit« sich, besonders in gottesdienstlichen Zusammenhängen, auf die Stimme des Evangeliums zu beziehen. Josuttis schreibt vom Singen im Gottesdienst: »Eine psychische Gestimmtheit soll ausgelöst werden, die auf Öffnung, Bewusstseinserweiterung, Identitätsentgrenzung zielt, um die Menschen auf den Einzug der göttlichen Atmosphäre einzustellen ... Jedes Singen enthält eine Transzendierungstendenz. Deshalb erinnern die Lieder des Glaubens an menschliches Elend, aber auch an göttliches Heil ... Sie erneuern die Lebenskraft, indem sie Annäherung an den Grund allen Lebens erlauben. Im Singen äußert sich Verlassenheit und Jubel, Klage, Bitte und Dank, voller Erwartung, dass menschliches Schreien in der Weite des Kosmos nicht ungehört bleibt. Im Singen rufen die Kinder Gottes nach der Gegenwart ihres Heils« (204).

7. Wird der Glaube als Geschenk und das Leben als Selbsthingabe in das göttliche Geheimnis hinein musikalisch-doxologisch gefeiert, kann sich ein Vorschein der Vollendung einstellen. Bleibt die ethische Bewährung des Glaubens widerständigen Realitäten ausgesetzt, so vermögen ästhetische Gestalten etwas vom Gelingen des Lebens vorwegzunehmen. Negatives ist in sie hinein genommen und zu einer wie auch immer gearteten Gestalt gebracht. Das bedeutet nicht Flucht in eine Scheinwelt. Vielmehr vermag Musik von der durch Christi Inkarnation, Kreuz und Auferstehen versöhnten Realität zu künden, auf Hoffnung hin. Musik kann das Leben aus

Gnade spiegeln und Zeichen dafür sein, dass »noch nicht erschienen ist, was wir sein werden« (I Joh 3,2). Leben ist dazu bestimmt, einst ganz Feier und Anbetung zu werden. Jetzt schon und einst in Vollendung gilt: »Leben ist loben ist lieben ist sich laben« (Berendt 453).

8. Singen und Musizieren vermögen ekstatische Elemente in die Liturgie einzubringen. Zusammenhänge von Musik und Ekstase sind in der Religions- und Musikgeschichte reich belegt. In der gegenwärtigen Kultur zeigt sich musikgebundene Ekstase besonders bei Massenkonzerten. In der musiktheologischen Tradition sind ekstatische Phänomene mit der neutestamentlich bezeugten Glossolalie in eins gesehen worden. Eine Verbindung von Musik und Ekstase findet sich wieder in Großwerken kirchlicher und geistlicher Musik (z.B. dem »Halleluja« in Händels Messias), im enthusiastischen Singen in Teilen des Pietismus sowie in der Gegenwart in Lobpreisgottesdiensten der Charismatischen Bewegung. Seit der frühen Kirche hat musikalisch-ekstatischer Jubel einen bevorzugten Platz im eucharistischen Teil des Gottesdienstes.

9. Musikalische Doxologie schließt den Protest gegen Gottvergessenheit und Menschenverachtung ein. Kirchenmusik hat dabei Verbündete in Personen und Musikgruppen von Klassik und Pop, die mit ihren Werken oder Konzerten Solidarität und Opferbereitschaft zu fördern suchen. Die Kirchenmusik steht in der Nachfolge alttestamentlichen Protestes in den Psalmen und des Magnificat, die Lobpreis und Sozialkritik verbinden. Die Geschichte von Gesangbuch, Kirchenlied und Spiritual bietet mannigfache Beispiele für solche sozialen Komponenten. Lieder haben oft gerade jenen Menschen Sprache und Ton verliehen, die sich selbst sonst nur schwer ausdrücken können und die damit in der Gemeinde eine eigene Stimme finden.

10. Mit Musik lässt sich etwas vom »Priestertum aller Gläubigen« verwirklichen. Das Liedersingen in der Reformation hat das ebenso in die Praxis umgesetzt wie spätere Kantoreigesellschaften oder kirchliches Chor- und Bläserchorwesen. Heute gilt es, weitere musikalische Gemeindeaktivitäten zu fördern, auch Sacropop und Gospel. Zur »Pflege« der Charismen in der Gemeinde gehört die Förderung musikalischer Gaben. Dazu gehört der phantasievolle Umgang mit dem Gemeindesingen sowie dessen Entfaltung (vgl. Stalmann 1991, 58).

11. Kirchenmusik und Lied vertreten im Gottesdienst ökumenische und internationale Beziehungen. Ob Gregorianik oder Bachkantaten, ob Messen von Palestrina oder Arvo Pärt, ob Orgelmusik von Antonio de Cabezón oder Oivier Messiaen, ob Lieder von Martin Luther, Johann Leisentritt oder Henry Francis Lyte – mit ihrem Gebrauch werden konfessionelle Grenzen überschritten und eine Ökumene vieler Zeiten und Zonen kommt zum Klingen.

12. Die Zusage von Glaubensbotschaften und ihre individuelle Internalisierung werden im Gottesdienst durch Musik gefördert. So eignen sich Orgel- und Instrumentalmusik, um Phasen gefüllten Schweigens zu inszenieren, Hinführungen, Einstimmungen und Übergänge zu schaffen, Nachsinnen, Bedenken, Meditieren und Beten zu fördern und Freude anzudeuten, die mit Begriffen nicht zu fassen ist.

13. Den Worten im Gottesdienst werden durch Musik zusätzliche Dimensionen erschlossen. Die musikalischen Sprachbewegungen sind unvergleichlich und ganz eigener Art, ob sie nun mehr rhetorisch oder mehr affektiv oder mehr verfremdend das Wort zu erschließen suchen.

14. Musikalische Vollzüge im Gottesdienst fördern und strukturieren die Kommunikation durch responsorische Gesänge, Singsprüche, gemeinsamen Liedgesang, durch Wechsel von Liturg, Gruppen, Instrumenten, Solisten und Gemeinde, durch Abfolgen von Zuhören und direktem Mitmachen. Die musikbestimmte Kommunikation kann zur Kommunikation des Einzelnen und

der Gemeinde mit Gott werden. Die ewige göttliche Welt wird in der Bibel metaphorisch als gemeinsames Musizieren von Engeln und Erlösten gekennzeichnet. Musikalische Kommunikation im Gottesdienst kann zu deren Antizipation werden.

III. Praxisaufgaben

1. Im Sinne des Integrationskonzeptes ist theologisch, liturgisch und künstlerisch eine offene Begegnung von Gottesdienst und Musikkultur anzustreben. Die Kirchenmusik ist ein Indikator für das Verhältnis von Kirche und Kultur. Aufgaben und Chancen, auf dem kirchenmusikalischen Praxisfeld die Begegnung beider schöpferisch zu gestalten, sollten genutzt werden.

2. Ein Merkmal heutiger Musikkultur ist es, dass sie in kaum noch zu überschauender Weise Musik aus den verschiedensten Epochen und Kulturen praktiziert und dass neu entstehende Kompositionen hochgradige Stilvielfalt kennzeichnet. Sosehr die Traditionen der eigenen Kirche zu beachten sind, nicht zuletzt, weil sie die musikalischen Erfahrungszugänge der Gemeinden mitbestimmen, so sehr hat sich der Gottesdienst für die Vielfalt traditioneller wie neuer Musiksprachen zu öffnen. Die Geschichte der evangelischen Kirchenmusik zeigt auf weiten Strecken das Bemühen, eine segmentierte musikalische Sondersprache zu vermeiden, vielmehr die Musiksprache der jeweiligen Zeit mit spezifischen kirchlichen und liturgischen Intentionen zu verschmelzen. Besonders schwer ist es kirchlicher Musik- und Liedkultur in ihrer jüngeren Geschichte in Deutschland gefallen, auf künstlerisch-avantgardistische oder populärmassenmusikalische Richtungen positiv einzugehen, und das selbst dort, wo in jenen Richtungen religiöse Dimensionen anzutreffen waren und sind. Ein Wandel zeichnet sich ab. Dabei geht es nicht darum, modischen »Geschmacksrichtungen« nachzulaufen, sondern die Botschaft des Evangeliums in der Vielfalt aktueller musikkultureller Sprachformen zu »verleiblichen«. Kirchenmusik darf sich nicht auf die Pflege bestimmter Musikrichtungen beschränken, weder auf die der »alten« noch der populären Musik. Sie verlöre damit den Kontakt zur polystilistischen Musikkultur der Gegenwart. In der Einführung zum EGb wird für die Gottesdienstkultur ausdrücklich die Berücksichtigung der gegenwärtigen Glaubens- und Lebenserfahrung angemahnt. Es wird auf die »multikulturell geprägte Gesellschaft« hingewiesen, in der heute Gottesdienst gefeiert wird (14). Zur Prägung dieser Gesellschaft gehört, dass Musik in ihren verschiedensten Ausprägungen als Sinnstifterin empfunden wird und dass dabei ihr Erlebniswert eine dominante Rolle einnimmt. Die Beschränkung auf einen »kirchlichen Stil« lässt sich auch theologisch nicht rechtfertigen. Bestimmte Musikausprägungen können nicht von vornherein mit besonderer geistlicher Dignität ausgestattet werden, sie sind vielmehr in ihrer zeitlich, regional, sozial und persönlich veranlassten kulturellen Bedingtheit zu erkennen. Schließlich würde eine vorsätzliche Eingrenzung des musikalischen Repertoires das schichtenspezifisch gemischte Spektrum von Erwartungen und Hörprägungen in den Gemeinden missachten. Vielfältige, rezipientenbezogene Angebote sind nötig. Es gilt also, sowohl die spirituellen Kräfte überkommener Musik zu entbinden als auch das »neue Lied« und das neue »Spielen« zu suchen. Fern von Dogmatismus und ästhetischem Purismus ist zu vertrauen, dass es musikschöpferischen Menschen in der Kirche geschenkt wird, solche Werke aufzuführen, zu komponieren oder zu improvisieren, in denen heutige Gotteserfahrungen zum Sprechen kommen.

Glatte Lösungen gibt es auf diesem Praxisfeld nicht. Die Spannungen sind groß: zwischen pluralen Musikstilen, zwischen professionellem Anspruch und gottesdienstlicher Realität, zwischen künstlerischer Verantwortung und gemeindlichen Erwartungen. Aber nur im Akzeptieren dieses Spannungsfeldes wird kirchenmusikalische Praxis kreativ bleiben und werden.

3. Zur Realisierung von Gottesdiensten mit musikalischer Schwerpunktsetzung sowie von Kirchenkonzerten bedarf es förderlicher Rahmenbedingungen auf gesamtkirchlicher, regionaler und gemeindlicher Ebene. Aus- und Weiterbildung von Kirchenmusikern zählen ebenso dazu wie haupt- und nebenamtliche Stellen, auch Finanzierungskonzepte für Orgeln und andere Instrumente und für aufwendige Aufführungen. In einer Situation von Stelleneinsparungen muss die Bedeutung der ästhetischen Dimension für Gemeinde- und Glaubensleben bewusst gehalten werden. Ebenso wie für Verkündigung, sozial-diakonische und seelsorgerliche Spezialdienste gibt es den Auftrag für gottesdienstliche Musikkunst. Gegenüber Nützlichkeitspuristen ist auf den biblischen Auftrag zu Gotteslob und Glaubensförderung durch Musik hinzuweisen. Eine Kirche, die Ausgaben für die Schönheit gottesdienstlicher Zusammenkünfte scheut, handelt unsachgemäß. Durch Musik im Gottesdienst wird nicht zuletzt auch die allgemeine Musikkultur exemplarisch auf religiöse Dimensionen hin vertieft.

Vielerorts ist auf die verknappte Stellensituation mit Modellen für gemeindeübergreifende Kirchenmusikstellen reagiert worden. Diesen kommt in Zukunft vermehrt die Aufgabe zu, musikalische Charismen auf unterschiedlichen Ebenen der Gemeinde zu entdecken, sie zu fördern und die ehrenamtliche Musikarbeit von Einzelnen, Chören, Instrumentalgruppen und Solisten zu planen und zu organisieren. Das erfordert Kommunikation und Kooperation.

4. Kirchenmusikalische Gottesdienste und Konzerte haben sich als wichtige Anschlussstellen zwischen Kirche, Gesellschaft und Kultur erwiesen. Aufführungen von Oratorien und Passionen, Chor- und Orgelmusiken, Abendmusiken mit Lesungen oder multimedialen Elementen, Gospelkonzerte, Rockmessen u.Ä. finden hohe Akzeptanz und sind oft besser besucht als agendarisch geprägte Gemeindegottesdienste. Gewiss darf dabei die Gefahr eines unverbindlichen Musikkonsums nicht übersehen werden. Andererseits können durch solche Veranstaltungen Glaubensbotschaften und liturgische Akte auch an solche Menschen vermittelt werden, die zum Gemeindegottesdienst zwar kaum Zugang finden, durch das Medium Kirchenmusik aber religiöse Sinngebungen erfahren. Da weiten Hörerkreisen elementare biblische und liturgische Grundkenntnisse fehlen, ergeben sich für die theologische Interpretation und für die publizistische Vermittlung von kirchlichen Musikwerken neue Aufgabenfelder.

Eine Sonderfrage bildet die Vermietung oder Hergabe kirchlicher Räume für öffentliche Konzerte an nichtkirchliche Ensembles. Einige Kirchen haben dafür Richtlinien erlassen. Im evangelischen Bereich besteht für eine Öffnung größere Bereitschaft als in der römisch-katholischen Kirche. Das hängt mit dem unterschiedlichen Verständnis des Kirchenraumes zusammen. Eine Grundregel wird in jedem Falle sein, dass die zur Aufführung gelangende Musik kirchlichen Intentionen nicht entgegensteht. Vor einer Fremdvermietung des Kirchenraums durch die Gemeinde ist die zuständige Kirchenmusikerin oder der Kirchenmusiker zu hören.

5. Zur Vorbereitung kirchenmusikalisch entfalteter Gottesdienste gehört die gemeinsame Planung durch Musiker, Theologen, Vertreter der Musikgruppen und Gemeindeglieder – ohne gegenseitige Bevormundung. Die gemeinsame Aufgabe für den Gottesdienst als einem »Gesamtkunstwerk« rückt in den Mittelpunkt, die verschiedenen Fachkompetenzen und Charismen sind partnerschaftlich miteinander ins Spiel zu bringen. Die Vorbereitung schließt eine Analyse der möglichen Hörerwartungen und Hörassoziationen ein, um aufnehmend und weiterführend, u.U. auch gegenläufig auf sie einzugehen. Aufgabe der Vorbereitung ist eine »Komposition« des gottesdienstlichen Verlaufs, die mit projektierender Intuition die verbalen, musikalischen und anderen Akte theologisch, ästhetisch und hörerbezogen zu strukturieren und in ihrer Realisierung vorzubedenken sucht. Bei der langfristigen Planung gemeindeleitender Organe ist die kirchenmusikalische Arbeit angemessen zu berücksichtigen. Liturgiedidaktische Überlegungen

gehören ebenso dazu wie finanzielle, des weiteren solche, die den Kontakt zur Kultur in der Region bedenken.

IV. Praxismodelle

1. Auch ein Gottesdienst ohne hervorgehobene kirchenmusikalische Entfaltung zeigt noch die Nähe von Kult und Musik. Die weithin selbstverständliche Weise, mit der im Gottesdienst Lieder und weitere musikalische Elemente vorkommen, steht, kulturphänomenologisch gesehen, in auffallendem Gegensatz zu anderen Versammlungsformen der Gesellschaft.

(Fast) immer beinhaltet der agendarische Gottesdienst musikalische Stücke, ob es sich nun um die Messform, den Predigtgottesdienst oder um Kasualgottesdienste handelt. Für den Gemeindegottesdienst wird im Folgenden das EGb zu Grunde gelegt. Die musikalischen Anteile sind in ihm gegenüber den Agenden der fünfziger Jahre eher erhöht, jedenfalls diversifiziert und variiert worden.

Die beiden nach dem EGb fundamentalen Grundformen des Gottesdienstes unterscheiden sich auch in ihrer musikalischen Gestaltung. Die Grundform I ist musikalisch bereits dadurch profiliert, dass die klassischen fünf Ordinariumsstücke als Gesänge ausführbar sind. Überhaupt bezieht diese Grundform die Gemeinde neben Liedern durch Wechselgesänge, Akklamationen und Lobrufe in das gottesdienstliche Handeln ein, sie rechnet (besonders in der notenorientierten Ausformung) mit der Mitwirkung von Kantor/Kantorin und/oder Liturg/Liturgin und bietet zahlreiche Gelegenheiten für den Einsatz von Chor und/oder Instrumenten. In Grundform II dagegen wird die Liturgie durchweg gesprochen, die Gemeinde wird musikalisch nur durch Liedgesang, nicht auch durch Wechselgesänge beteiligt. Andererseits bietet die Grundform II wegen ihrer Kürze gute Möglichkeiten, ein größeres kirchenmusikalisches Werk geschlossen in den Gottesdienst einzubeziehen.

In der Einführung, in den liturgiedidaktischen Erläuterungen zu den Grundformen und zu den einzelnen Teilen und Stücken, in den Ablaufbeschreibungen der Grundformen sowie in den ausgeformten Liturgien einschließlich tabellarischer Übersichten macht das EGb die Vielfalt musikalischer Gestaltungsmöglichkeiten deutlich, wobei mögliche musikalische Schwerpunktsetzungen und additive wie substitutive Varianten im Verhältnis von liturgischen Stücken und Gesang skizziert werden.

Das EGb, sein Ergänzungsband mit einem Notenheft, auch das EG bieten jetzt eine Fülle praktizierbarer Vorschläge für liturgische Gesänge wie Kyrie, Gloria, Credo, Sanctus und Agnus Dei in unterschiedlichen Stilarten.

Musikalische Stücke im Gemeindegottesdienst nach Form I oder II haben zunächst im Eröffnungsteil ihren Platz. Glockengeläut, Orgelvorspiel, Instrumentalmusik oder/und Chor setzen nicht nur Anfangssignale, sondern haben eine konstitutive Funktion als »Musik zum Eingang«. Diese bedeutet Abholen aus der Alltagswelt, Hinführung zur gottesdienstlichen Feier und ein Willkommen. Die liturgisch besonders Handelnden können während dieser Musik in den Kirchenraum einziehen. Im Allgemeinen folgt dann der Eingangsgesang der Gemeinde. In der Grundform I kann der Introituspsalm gleichfalls in vielfältiger Weise musikalisch gestaltet werden (zusätzlich oder austauschweise zum Eingangslied), ebenso Kyrie und Gloria. Für die Grundform II wird der Vorschlag gemacht, gelegentlich ein langes Eingangslied zu singen derart, dass es auf Gruppen der Gottesdienstteilnehmer aufgeteilt wird (51).

In der Messform ist der Verkündigungsteil früher oft musikalisch besonders reich ausgestaltet worden. Diese Tradition wird im EGb mit Vorschlägen für die Grundform I aufgenommen: Liedgesang, Singsprüche, Kanons und liturgische Wechselgesänge im Zusammenhang der

Lesungen, vokale und/oder instrumentale Musik zwischen den Lesungen, gesungene Lesung, Spruchmotette, variable musikalische Ausführungen des Glaubensbekenntnisses, Lieder, Chorgesang oder andere Musik nach der Predigt und/oder zum Dankopfer, gesungene Gemeinderufe zu den Fürbitten. Die Grundform II sieht nach der Schriftlesung Liedgesang oder andere Musik vor, lässt die Predigt von Liedern umschlossen sein und weist auf die liedhafte Ausführung des Credos hin.

Der Abendmahlsteil in der Grundform I ist musikalisch durch liturgische Wechselgesänge und doxologisches Gemeindesingen (Sanctus) ausgezeichnet. Häufig werden auch die zentralen Mahltexte des Liturgen von diesem gesungen. Der eucharistische Charakter der Mahlfeier kommt durch Musik zu besonders deutlichem Ausdruck. Für das Agnus ist eine liedhafte Fassung weit verbreitet. Sie kann durch andere Musik (Chorgesang, Instrumente) ersetzt werden. Für die Gesänge des Mahlteils gibt es eine Reihe neuer musikalischer Fassungen, etwa aus der Taize-Tradtion. Die Kommunion ist immer schon ein bevorzugter Platz für Lieder oder/ und Kunstmusik gewesen. Das EGb weist auf die Tradition der Kommunionsmusik hin, und zwar auch im Zusammenhang mit der Grundform II. In dieser treten im Übrigen Lieder an die Stelle der Wechselgesänge.

Für den Sendungs- und Segnungsteil macht das EGb den Vorschlag, einen entfalteten Lobpreis zu gestalten. Das kann auch (entsprechend der Tradition des anglikanischen BCP) mit dem Gesang des großen Gloria in excelsis an dieser Stelle geschehen. Das Gloria folgt dann dem Dankgebet nach der Mahlfeier. In beiden Grundformen sieht das EGb vor oder nach dem Segen Liedstrophen vor sowie eine »Musik zum Ausgang« (Orgel, Instrumente, Chor). Diese Schlussmusik kann mehr eine »besinnliche« Funktion haben (34), also der meditativen Nachbereitung des Gottesdienstes dienen (in diesem Falle bleibt die Gemeinde sitzen), oder aber sie begleitet den Auszug der Gemeinde aus dem Gottesdienstraum, hat dann den Charakter einer festlichen Prozessionsmusik.

Musikalisch sehr reich gestaltet sind die gottesdienstlichen Abschlussversammlungen der Deutschen Evangelischen Kirchentage. Bei viel Experimentierlust lassen sie gleichwohl die gottesdienstlichen Strukturteile erkennen. Ihre fanatsievollen musikalischen Gestaltungen haben – ebenso wie die Musik bei Feierabendmahlsfeiern auf Kirchentagen – Prägekraft für liturgische Gestaltungen im landeskirchlichen Bereich entwickelt.

Bei einem Gottesdienst mit kleiner Teilnehmerzahl wird die Musik vor allem mit Liedern, Kanons u.Ä. durch die Gemeinde wahrgenommen werden. Die Orgel wird möglicherweise durch Hausmusikinstrumente ersetzt. Die evtl. von Instrumentalisten und Sängern aufgeführte Musik wird ebenfalls haus- und kammermusikalischen Charakter tragen. Während das EGb sich bei manchen seiner Vorschläge der Jugend- und Hausmusikbewegung der ersten Hälfte des 20. Jh. verbunden zeigt (vgl z.B. die Erwähnung von »Flötenkreis« beim Familiengottesdienst, 210), weist es beim Gottesdienst mit kleiner Teilnehmerzahl ausdrücklich auch auf den »Einsatz elektronischer Tonträger« hin. Sie könnten »das Singen unterstützen und Festlichkeit vermitteln« (156). Auch bei der Feier eines Tischabendmahls wird die Möglichkeit genannt, »in kleineren Räumen« Musik »von elektronischen Medien« einzusetzen (159). Wird mit dem Tischabendmahl eine Agape, ein Sättigungsmahl verbunden, könne dabei Musik in dieser oder jener Form als »Tafelmusik« erklingen. Bei seinem Vorschlag für ein »Feierabendmahl« gibt das EGb zahlreiche Hinweise für die musikalische Gestaltung (214–218); ebenso für den »Gottesdienst mit reicheren Interaktionsformen« (219–238). Bei diesem werden unter den Musikmöglichkeiten auch Bewegung mit Pilgerschritten zum Sanctus nach EG 185.4 (229) oder zum Auszug aus dem Gottesdienst (237) sowie ein »Segenstanz« zu EG 171 genannt (236). Bewegung und Tanz zur Musik könnten helfen, »den ganzen Menschen mit allen Sinnen« und seinem »körperlichen Verhalten« in den Gottesdienst einzubeziehen, freilich sollten sie nicht vereinnahmend gehandhabt werden, sondern freiwilliges Angebot bleiben (219).

In einem Exkurs sei hier auf das Verhältnis von Kasualgottesdiensten und Musik eingegangen. Musik hat bei den Kasualien einen hohen Stellenwert. Neben ihren ritualformenden, gemeinschaftsfördernden und verkündigenden Funktionen vermag Musik besonders zu emotionalen Aspekten in Beziehung zu treten. Diese Aspekte bestimmen gottesdienstliche Feiern zu biographischen Schwellensituationen (Taufe, Konfirmation, Trauung, Bestattung) in hohem Maße mit. Musik drückt Emotionen ebenso aus wie sie sie auch zu regulieren vermag. Zur Auswahl von Liedern geben die Kasualagenden Hinweise. Die Wahl geeigneter Darbietungsmusik ist sorgfältig zu handhaben. In Kasualfeiern, bei denen viele kirchlich nicht sozialisierte oder im Singen ungeübte Menschen teilnehmen, bei denen noch dazu Kantor oder Kantorin fehlen, können in angemessener Weise elektronische Tonträger zum Einsatz kommen. Diese hier vertretene Ansicht ist freilich nicht unumstritten. Tatsächlich vermögen elektronische Geräte und Tonträger das aktive »leibhaftige« Singen und Musizieren nicht zu ersetzen, doch sie können die sonst oft »stumme« Situation füllen helfen. Von den kasuell Betroffenen bzw. ihren Angehörigen werden zur Gestaltung von Kasualfeiern nicht selten eigenwillige Musikwünsche geäußert. Diese entstammen häufig eigenen Musikerfahrungen der Betroffenen. Neben Gesangbuchliedern und kirchlichen Musiktiteln werden zunehmend Volks- und Popmusik oder populär gewordene Klassiktitel gewünscht. Solche Wünsche werden auf ihre Verwendbarkeit hin zu prüfen sein, sollten aber – wenn künstlerisch und theologisch tolerabel – berücksichtigt werden. Im Gesamtkontext eines Kasualgottesdienstes können biographisch bedeutsame »weltliche« Musiktitel die Verknüpfung von individuellem Leben mit Glaubensbotschaften unterstützen. In Fällen, bei denen ein Wunsch nicht tolerabel erscheint, sollte das Gespräch entgegenkommende Alternativen aufzuzeigen versuchen. Ein eindrucksvolles Beispiel für die Verbindung von »klassischen« und popmusikalischen Anteilen in einem Kasualgottesdienst bot 1997 die weltweit ausgestrahlte Trauerfeier für Lady Diana, die geschiedene Frau des britischen Thronfolgers Charles, Prince of Wales.

2. Für Gottesdienste mit kirchenmusikalischer Schwerpunktsetzung, also für kirchenmusikalische Gottesdienste in engerem Sinne, lassen sich verschiedene Modelle unterscheiden. Sie sollen im Folgenden knapp besprochen werden (dabei sind die Grenzen zwischen ihnen fließend). Diese Modelle sind: eine freiere Gestaltung im Rahmen der gottesdienstlichen Grundstruktur sowie eine weitergehende Möglichkeit freier Gestaltung, also musikalische Vesper, konzertartige Darbietungsformen u.Ä. Diese Typisierung, bereits in den ersten Auflagen dieses Handbuchs vertreten, wird hier mit Vorschlägen des EGb abgeglichen. Musikalische Veranstaltungen, die »Identitätsmerkmale des christlichen Gottesdienstes« (vgl. EGb 208) wie biblisches Zeugnis, Vaterunser oder Segenszuspruch nicht direkt enthalten, die also eine ästhetisch-autonome Prägung haben, stellen ein drittes Modell dar. Schließlich ist von kirchenmusikalisch geprägten Sendungen in elektronischen Medien zu handeln.

Innerhalb einer kirchenmusikalischen Schwerpunktsetzung, die der gottesdienstlichen Grundstruktur folgt, können entweder alle oder nur ein oder zwei Strukturteile musikalisch reich entfaltet werden.

Das erste Verfahren wird angewendet, wenn z.B. eine mehrteilige Messkomposition aus Vergangenheit oder Gegenwart den entsprechenden Strukturteilen zugeordnet wird. Eine »musikalische Messe« unter Betonung der Ordinariumsgesänge lässt sich auch durch Gemeindesingen, etwa mit Taize-Gesängen oder mit Liedern gestalten. Oder die Strukturteile können in anderer Weise schwerpunktmäßig mit Liedern oder Singstücken für die Gemeinde bzw. für Chor, Instrumente und/oder Gemeinde gefüllt werden. Bei speziellen Chor- oder Bläsergottesdiensten könnten die Musikstücke durchgehend entsprechenden liturgischen Stellen und Funktionen zugeordnet werden. Bei Mischungen der Musik aus verschiedenen musikalischen Epochen ist dabei auf eine ästhetisch befriedigende Stimmigkeit zu achten, was bewusst vorgenommene »Schnitte« nicht ausschließt.

Sollen nur ein oder zwei Strukturteile musikalisch reich entfaltet werden, so sind gegebenenfalls andere dafür zu straffen – ein Prinzip, dass auch sonst für die Gottesdienstgestaltung »in offener Form« anzuraten ist (vgl. EGb 204). So können beispielsweise Eröffnungs- und Anrufungsteil mit großem Orgelwerk oder Jazzimprovisation oder Psalmmotette gefüllt, der Verkündigungsteil dafür gekürzt und dann wieder ausführlich zur Kommunion musiziert werden. Das EGb nennt als Gestaltungselement zur Eröffnung u.a. das »Ansingen gottesdienstlicher Lieder«. Es kann dazu dienen, »die Gemeinde zusammenzuführen« (204). Der Lobpreis im Anrufungsteil kann durch »Singkanons, Zusingen in Gruppen, Ansingen von Refrainliedern, Wechsel zwischen Chor- und Gemeindegesängen, singendes Umschreiten des Raums« entfaltet werden. Die Gemeinde kann auch – angeleitet – »atmend, summend, lauschend aus der Stille heraus Klangräume« aufbauen und »sich selbst darin ausschwingen« lassen. Geeignete Einzelsänger/innen können einen »spontanen Lobgesang« ausführen und die Gemeindeglieder sich »zu kurzen mehrstimmigen Lobrufen vereinigen« (205). Statt des Eingangsteils oder zusätzlich kann der Verkündigungsteil musikalisch hervorgehoben werden: durch eine Evangeliumsvertonung für Chor oder eine Aktionsmusik für Sprecher, Sänger, Schlagzeug oder eine Choralkantate oder ein vielfältig gesungenes längeres Lied, das kommentiert und meditiert oder in einer Liedpredigt bedacht wird. Für den Sendungsteil nennt das EGb u.a. die mögliche Entfaltung durch »Singrufe, Kanons und andere Gesänge unter Anleitung und Anregung durch den Kantor/die Kantorin und den Chor« (207).

Ein Beispiel für das Modell einer musikalischen Schwerpunktsetzung an wenigen Stellen wäre auch der Kantatengottesdienst. Er ist besonders verbreitet als Bachkantaten-Gottesdienst. Der Entstehungssituation einer Kantate entspricht es meistens, wenn sie ungeteilt innerhalb des Verkündigungsteils musiziert wird. Möglich ist aber auch eine Stellung der Kantate im Eröffnungsteil oder als Musik zur Kommunion bzw. eine funktionsgeleitete Verwendung von Teilen der Kantate als Ausformungsvarianten einzelner liturgischer Stücke.

3. Weitergehende Möglichkeiten zu freier Gestaltung von Gottesdiensten ergeben sich, wenn bestimmte Elemente »aus dem Gefüge einer gewohnten Liturgie ausgegliedert und mit einem eigenen dazu passenden liturgischen Rahmen versehen werden« (EGb 208). Eine eigene Strukturierung wird hergestellt, gleichwohl bleibt ein Zusammenhang mit dem Gemeindegottesdienst erkennbar. In diesem Sinne kann auch Musik »ausgegliedert« werden und die Gottesdienstform prägen.

Die Abfolge beispielsweise von Singe-, Bläser-, Jazz- Gospel- oder anderen Musiken kann thematischen, didaktischen, meditativen, spontanen oder ästhetischen Gesichtspunkten folgen.

Beim Kantatengottesdienst entstünde eine weitgehend freie Prägung, wenn die Musik nicht der üblichen gottesdienstlichen Verlaufsform eingegliedert, sondern wenn die Kantatenform selbst zum Gestaltungsprinzip wird, indem ihr entsprechende Lesungen, Predigt, Gebete o.Ä. zugeordnet werden.

Besonders vielfältig haben sich offene musikalische Formen bei Abend-, neuerdings auch bei Nachtgottesdiensten entwickelt, deutlich schon in einer Fülle von Bezeichnungen (Geistliche Abendmusik, Orgelvesper, Musikalische Abendandacht, Musik im Kerzenschein, Musik zur Nacht u.Ä.). Die kirchliche Abendmusikkultur hängt historisch mit der schon immer reichen musikalischen Ausgestaltung der Vespergottesdienste zusammen. Oder sie erinnert an die liturgische Tradition von Komplet oder Vigil. Sie ist von tiefen symbolischen Bezügen, etwa als Begehung eines »Feierabends« oder als Vorklang des erlösenden »Abends der Welt«; am Übergang des Tages zu Dunkel und Traum als Klangsymbol einer Wirklichkeit, die in und trotz aller irdischen Nacht leuchtet. Solche Musiken – noch dazu wenn sie in sprechenden Räumen und Raumgestaltungen, verbunden vielleicht mit multimedialen Elementen (Videoleinwand, Scheinwerfer, geistlicher Tanz u.Ä.), mit Begegnungen oder Imbissen stattfinden – kommen in hohem Maße der in jüngster Zeit intensiv gewordenen Suche nach erlebnisorientierten Gottesdiensten entgegen.

Neben erprobten Formen ist mit diesem Modell viel experimentiert worden. Vorbildwirkung haben wiederum entsprechende Veranstaltungen auf Evangelischen Kirchentagen entwickelt. Um die Vielzahl von Möglichkeiten anzudeuten, seien einige Veranstaltungstitel aus den Kirchentagsprogrammen der 90er Jahre des 20. Jh. genannt: Musik und Meditation zum Sonnenaufgang; Jazz-Matinee; Bachkantate zum Mitsingen; Bläser-Nachtmusik; Rocknight; Und Gott freute sich. Improvisationskonzert; Politisch-musikalisches Nachtgebet; Nacht der Chöre; Orgelliteratur und Bildbetrachtung; Gutes verbreiten (mit Jugendchor, Jazzgitarrist, evangelistischer Verkündigung); Living Waters (Nachdenkliches und Bewegendes in Wort und Musik); Urtöne (Meditation zum Ton der Sonne); Sakrale Tanz-Gebetsgebärden-Töne (Meditation mit Gongs und Trommeln); Salz und Licht. Ein Abend zum Träumen, Lachen, Mitsingen und Staunen; Der Himmel geht über allen auf. Ein Abend mit Liedern; Die Psalmen aus Qumran. Eine musikalisch-poetische Begegnung mit jüdischer Frömmigkeit; Spex – Spiritual Experience. Der ultimative Powergottesdienst mit Top DJs, Live Acts und Performance; Gospelfestival; Heiliger Lärm – Missa tempestatis; Nacht der Lieder.

Häufig werden in offenen kirchenmusikalischen Formen Texte gesprochen. Neben der Bibel entstammen sie oft der Dichtung und Meditationsliteratur, sie werden auch selbst entwickelt oder spontan gefunden. Die Verbindung von Musik und Wort folgt der Überzeugung, beide vermögen sich gegenseitig zu fördern und zu erschließen. Auf diese Weise könnten Hören und Teilhaben intensiviert werden. Im Einzelnen sind multimedial geprägte kirchenmusikalische Gottesdienste, also Verbindungen von Wort und Musik, von Musik und Bewegung, Tanz, Licht, Bildern und Film sorgfältig zu inszenieren. Offene kirchenmusikalische Formen können auch zu musikkatechetischen Veranstaltungen hin changieren, so bei Gesprächsmusiken oder bei den im angelsächsischen Bereich verbreiteten »Hymn Festivals«, bei denen zu Lobpreis und Verkündigung eine informierende Moderation des Liedprogramms tritt.

4. Unter einem kirchlichen Konzert lassen sich ganz auf musikalische Darbietung gestellte Veranstaltungsformen verstehen, die in kirchlichen Räumen stattfinden und von der Kirche veranstaltet werden. Ablauf und Inhalt werden ganz von denjenigen Werken bestimmt, die zur Aufführung gelangen. Die kirchengemeindliche Dimension tritt zurück. Religiöse und kirchliche Botschaften vermitteln sich musikkulturell. Es handelt sich entweder um eine Folge von Einzelwerken aus (kirchen)musikalischer Tradition und Moderne oder um Großwerke wie Passion, Oratorium, Messe, Requiem, Orgel- , Instrumental-, Gesangszyklen.

Von einem weiten, kulturoffenen Gottesdienstverständnis her sind Kirchenkonzerte als eine eigene Vermittlungsform von Gottes-, Welt- und Selbsterfahrung legitimiert. Ein Dasein, das zu Gott hin geöffnet ist, vermag sich auch mit künstlerisch-autonomen Schöpfungen zu vollziehen. In dem hier besprochenen Modell wird freilich besonders deutlich, dass kirchenmusikalischer Gottesdienst sich in einem »Regelkreis« von Klangangebot und Perzeption befindet. Ist auf der Perzipientenseite die Bereitschaft zur Öffnung auf Gott hin nicht gegeben oder verstellen die jeweiligen Hörprägungen den Zugang zur dargebotenen Musik als einem Ausdruck religiöser Wahrheiten, so wird weder ein gregorianisch gesungener Gottesdienst noch eine mit höchstem Standard musizierte geistliche Passionsmusik als »Gottesdienst« gehört werden können. Ist aber jene Öffnung ebenso gegeben wie eine kulturelle »Sozialisation« für die zur Aufführung gelangende Musik, so kann diese auch ohne explizite liturgische Traditionsbezüge zu einem religiös-geistlichen Ereignis werden. Dass die hier mit »Öffnung« charakterisierte Bereitschaft sich nicht nur intentional vorweggehend auswirkt, sondern dass sie im Akt des Musizierens oder Hörens selbst sich zu ereignen vermag – wann und wo es Gott gefällt – ist festzuhalten.

Die Frage, welche nicht aus der liturgischen Tradition, sondern aus anderen Kontexten erwachsenen Musikwerke in kirchlichen Konzerten zur Aufführung gelangen können, muss in Beachtung sowohl der objektiven Verfasstheit der Musik als auch der mutmaßlichen subjektiven Hörbedingungen auf der Perzipientenseite entschieden werden. Die Antwort wird im Blick auf konfessionelle und regionale Umstände und auf variable Hörgewohnheiten durchaus unterschiedlich ausfallen können. Sie ist oft nur im Einzelfall zu geben. Die Kriterien dafür sollten nicht zu eng gesteckt werden. Im Wechselspiel von kirchlicher und allgemeiner Kultur kommt es zu ständigen Wandlungen und Verschiebungen. Grundmaxime für in Kirchenkonzerten aufgeführte Musik wird sein, ob sie nach aktueller ästhetischer und theologischer Einsicht sowie unter Beachtung der Perzeptionsbedingungen als für einen doxologisch-trinitarischen Daseinsvollzug hin offen einzuschätzen ist. Anders gesagt: ob mit der Musik auch »gegenkulturelle« Impulse des Evangeliums zu verbinden sind.

5. Eine liturgiewissenschaftlich bisher wenig reflektierte Anschlussstelle zwischen Kirche und öffentlicher Kultur stellen kirchenmusikalisch geprägte Gottesdienste und Konzerte in elektronischen Medien dar. Es gibt sie in Fernsehen und Hörfunk, entweder als Live-Übertragung, als Mitschnittsendung oder als Studioproduktion. Zu den unter 4. erwähnten Faktoren treten hier noch medienästhetische und -technische Bedingungen und Möglichkeiten. Schließlich ist auf die weitverbreitete private Nutzung von elektronischen Tonträgern mit Musik und Kirchenmusik hinzuweisen. Im Regelkreis von Klangangebot und Perzeption ermöglichen jene Sendungen ebenso wie Tonträger neue Formen von geistlicher Hausmusik und Hausgottesdienst.

Liturgisch-musikalische Vollzüge in und mit elektronischen Medien führen aus den ortsgemeindlichen zeiträumlichen Verhältnissen heraus. Sie werden in gleichsam kondensierter Form für Rezipienten in sehr unterschiedlichen lebensweltlichen Zusammenhängen zur Verfügung gestellt. Gegenüber einer einseitigen Medienkritik muss betont werden, dass es sich dabei nicht prinzipiell um eine Verdinglichung musikalisch-spiritueller Akte handelt. Eine für kirchliche und geistliche Vollzüge offene Musik vermittelt sich durch Medien zwar in einer generalisierten Form von Kommunikation. Es mögen auch bei der medialen Vermittlung die Gefahren von eigenwilliger und selektiver Rezeption verstärkt gegeben sein. Gleichwohl bleibt eine freie und spirituell-kreative Konsensbildung auch bei der durch Medien vermittelten Kirchenmusik durchaus gegeben.

Literatur

Joachim-Ernst BERENDT, Das Dritte Ohr. Vom Hören der Welt, Reinbek 1985. – Walter BLANKENBURG, Kirche und Musik, Göttingen 1979. – Ders., Kirchenkonzert – Kultur und Kultus: Der Kirchenmusiker 32 (1981) 84–86 (88). – Friedrich BLUME, Geschichte der evangelischen Kirchenmusik, Kassel/u.a. ^{2}1965. – Peter BUBMANN, Von Mystik bis Ekstase. Herausforderungen und Perspektiven für die Musik in der Kirche (Strube Edition 9109), o.O. o.J. (München 1997). – Christian BUNNERS, Die Hörer: Handbuch der Predigt, bearb.v. Karl-Heinrich Bieritz/u.a., Berlin 1990, 137–182. – Ders., Theologische Positionen und liturgische Zusammenhänge in der Kirchenmusik der Händel-Zeit: Göttinger Händel Beiträge 5, Kassel/u.a. 1993, 47–64. – Ders., Art. Hausmusik, evangelische: RGG^{4} 3 (2001) 1484 f. – Hans Heinrich EGGEBRECHT, Musik im Abendland. Prozesse und Stationen vom Mittelalter bis zur Gegenwart, München 1991. – Karl Gustav FELLERER (Hg.), Geschichte der katholischen Kirchenmusik, Kassel I 1972, II 1976. – Gotthard FERMOR, Das religiöse Erbe in der Popmusik als Herausforderung für die Kirche. Eine interdisziplinäre Studie in praktisch-theologischer Absicht, Stuttgart/u.a. 1999. – Christine FINKBEINER, Musik in Verkündigungssendungen. Eine Einführung: Martin Fraund/Jürgen Goetzmann (Hg.), Wie sag' ich's im Radio? Ein Handbuch für die kirchliche Hörfunkarbeit, Stuttgart/Hamburg ²1989, 77–81. – Edward FOLEY/u.a., Art. Kirchenmusik: RGG⁴ 4 (2001) 1231–1253. – Philipp HARNONCOURT/Hans Bernhard MEYER/Helmut HUCKE, Singen und Musizieren: GDK 3 (²1990) 131–179. – Hanns-Werner HEISTER/Wolfgang HOCHSTEIN (Hg.), Kultur, Bildung, Politik [FS Hermann Rauhe] (Musik und; 3), Hamburg 2000. – Jürgen HENKYS, Art. Kirchenlied. III. Praktisch-theologisch: TRE 18 (1989) 638–643. – Wolfgang HERBST, Art. Musik in der Kirche: MGG² Sachteil 6 (1997) 715–727. – Manfred JOSUTTIS, Der Weg in das Leben. Eine Einführung in den Gottesdienst auf verhaltenswissenschaftlicher Grundlage, München ³1996. – Wolfgang KABUS (Hg.), Popularmusik, Jugendkultur und Kirche. Aufsätze zu einer interdisziplinären Debatte (Friedensauer Schriftenreihe C 2), Frankfurt a.M/u.a. 2000. – Ders. (Hg.), Popularmusik und Kirche – kein Widerspruch, Frankfurt a.M./u.a. 2001. – Günther KEHNSCHERPER, Texte und Lesungen im Rahmen einer Kirchenmusik: Handbuch der Predigt, bearb.v. Karl-Heinrich Bieritz/u.a., Berlin 1990, 426–429. – Die KIRCHENMUSIK und das II. Vatikanische Konzil, hg.v. der Abteilung für Kirchenmusik an der Akademie für Musik und darstellende Kunst in Graz, Graz/u.a. 1965. – Gustav A. KRIEG, Die gottesdienstliche Musik als theologisches Problem. Dargestellt an der kirchenmusikalischen Erneuerung nach dem ersten Weltkrieg, Göttingen 1990. – Christoph KRUMMACHER, Musik als praxis pietatis. Zum Selbstverständnis evangelischer Kirchenmusik, Göttingen 1993. – Winfried KURZSCHENKEL, Die theologische Bestimmung der Musik, Trier 1971. – Gerardus van der LEEUW, Vom Heiligen in der Kunst, Gütersloh 1957. – Andreas MARTI, Art. Kirchenlied: RGG⁴ 4 (2001) 1209–1225. – Siegfried MEIER, »Damit das Lob Gottes nicht verstumme auf Erden ...«. Kirchenmusik und geistliche Musik. Versuch einer Standortbestimmung, Waltrop 1999 (Wechselwirkungen. Traktate zur Praktischen Theologie und ihren Grundlagen 32). – Christian MÖLLER, Kirchenlied und Gesangbuch. Quellen zu ihrer Geschichte (Mainzer hymnologische Studien 1), Tübingen/Basel 2000. – Franz Karl PRASSL, Art. Kirchenmusikwissenschaft: RGG⁴ 4 (2001) 1253–1260. – Werner REICH/Joachim STALMANN (Hg.), Gemeinde hält Gottesdienst (Leit.NF 1), Hannover 1991. – Martin RÖSSLER, Kirchenmusik: HPTh(G) 3 (1983) 214–224. – Ders., Das Lied im Gesamtgefüge des Gottesdienstes: Hans-Christoph Schmidt-Lauber/Manfred Seitz (Hg.), Der Gottesdienst. Grundlagen und Predigthilfen zu den liturgischen Stücken (ctb 19), Stuttgart 1992, 40–55. – Eberhard SCHMIDT, Lied und Musik im Gottesdienst: HPTh(B) 2 (1974) 106–136. – Wolfgang SCHNABEL, Die evangelische Posaunenchorarbeit. Herkunft und Auftrag, Göttingen 1993. – Matthias SCHRÖDER, God is a DJ. Gespräche mit Popmusikern über Religion, Neukirchen-Vluyn 2000. – Henning SCHRÖER, Kirchenmusik und Gottesdienst: Der Kirchenmusiker 29 (1978) 189–198. – Dietrich SCHUBERTH, Art. Kirchenmusik: TRE 18 (1989) 649–662. – Bernd SCHWARZE, Die Religion der Rock- und Popmusik. Analysen und Interpretationen, Stuttgart/u.a. 1997. – Rolf SCHWEIZER, Ritual und Aufbruch. Kirchenmusik zwischen pädagogischem Handeln und künstlerischem Anspruch, hg.v. Peter Bubmann, München 1996. – Oskar SÖHNGEN, Theologie der Musik, Kassel 1967. – Ders., Erneuerte Kirchenmusik. Eine Streitschrift, Göttingen 1975. – Ders., Musica sacra zwischen gestern und morgen, Göttingen 1979. – Joachim STALMANN, Die Funktion der Kirchenmusik im Gottesdienst nach der Erneuerten Agende: Leit. NF 1 (1991) 56–62. – Ders., Kirchenmusik: Raimund Blühm/u.a. (Hg.), Kirchliche Handlungsfelder, Stuttgart/Berlin/Köln 1993, 143–189. – Osmo VATANEN, Überlegungen zur liturgischen Musik: Kirchenmusik in Finnland, hg.v. Reijo Pajamo, Helsinki 1993, 35–38. – Rainer VOLP, Liturgik. Die Kunst, Gott zu feiern, I Einführung und Geschichte, Gütersloh 1992, bes. 549–576 (Lit. 529–532). – Peter WICKE, Von Mozart zu Madonna. Eine Kulturgeschichte der Popmusik, Leipzig 1998. – Andrew WILSON-DICKSON, Geistliche Musik. Ihre großen Traditionen. Vom Psalmengesang zum Gospel, Gießen 1994. – Walter WIORA (Hg.), Religiöse Musik in nicht-liturgischen Werken von Beethoven bis Reger, Regensburg 1978.

Christian Bunners

Gottesdienste bei Großveranstaltungen

I. Allgemeine Kennzeichen

A. Die kasuelle Zuordnung

Gottesdienste bei Großveranstaltungen sind kasuelle Gottesdienste im öffentlichen Raum. Sie haben Anteil an den Chancen und Problemen der Kasualien insgesamt. Zwei Merkmale heben sie heraus: die Größe der Veranstaltung und der Anlass, der nicht aus dem persönlichen Bereich stammt, sondern auf ein kollektives Anliegen einer größeren Gruppe bezogen ist.

Große Unterschiede ergeben sich, ob es sich bei der Veranstaltung um einen kirchlichen oder einen nicht-kirchlichen Anlass handelt.

B. Geschichtliche Ortsbestimmung

Gottesdienst und Großveranstaltung sind in ihrer Entwicklung eng verbunden. So sind kirchliche Feste wohl die ersten Großveranstaltungen. Andererseits entwickeln auch »säkulare« Großveranstaltungen Rituale, die aus dem Methodenrepertoire des Religiösen im weiteren Sinn oder des Gottesdienstes im engeren Sinn entnommen sind. So gehört zur Gottesdienstgeschichte die Wechselwirkung zur gesellschaftlichen Großveranstaltung (Cornehl).

Über den Pietismus gelangt die missionarische Großveranstaltung des englischen Methodismus nach Deutschland. Sie ist Instrument der Volksmission und entwickelt eine charakteristische Mischung »aus evangelistischer Verkündigung, erwecklichem Liedgut, ... christlicher Bekehrung, Zeugnis und Gebet« (Cornehl 67).

In der Mitte des 19. Jh. entsteht der Evangelische Kirchentag (Huber 28 f.). Sein erstes Zusammentreten 1848 in Wittenberg ist Schauplatz der berühmt gewordenen Rede Johann Hinrich Wicherns mit seinem Programm der »Inneren Mission«. Der Kirchentag bleibt in seiner wechselvollen Geschichte Indikator der gesellschaftlich-kirchlichen Lage ebenso sehr wie er sie seinerseits mitgestaltet.

Die Wirkung großer gesellschaftlicher Veranstaltungen wird für die Ausbildung der deutschen Nation wichtig. »Im 19. Jh. wurde das Nationale zum Ferment der Einheit. Die Nation und ihre Symbole wurden zu obersten Werten erhoben und erfuhren eine bis dahin unbekannte religiöse Aufladung. ... Die Phänomenologie der nationalen Feste und Feiern zeigt eine charakteristische Mischung von Säkularisierung und Sakralisierung: Kirchliche Feierformen wurden übernommen und durch neue ergänzt« (Cornehl 69). Aufmärsche und Paraden, Gebete und Schwüre, Lieder und Musik gehörten zum Instrumentarium. Die Feiern wurden zunehmend militarisiert und in wilhelminischem Triumphalismus heilsgeschichtlich aufgeladen. »Der 1. Weltkrieg brachte den Höhepunkt des nationalen Kults und seine Katastrophe« (Cornehl 70).

Der »braune Kult« des Nationalsozialismus knüpfte an diese Tradition an. Die politische Inszenierung suggerierte Macht und Stärke. »Man bekam Anteil an der glanzvollen Auferstehung des deutschen Reiches aus Elend und Erniedrigung ...« (Cornehl 74).

Aus dieser geschichtlichen Erfahrung ist die Distanz zu Gottesdiensten auf Großveranstaltungen, ja zu Großveranstaltungen überhaupt als Erbe des Kirchenkampfes begreiflich. Die »antiromantische Herbheit« der Gottesdienstbewegung in der Zeit des Dritten Reiches und danach war eine Antwort auf die offiziell geförderte Rauschkultur (Cornehl 75).

C. Großveranstaltung und religiöses Ritual

Nicht jede Großveranstaltung hat eine rituelle Dimension. Aber wo es um das Gesamte geht, da entsteht die Frage nach dem sinnstiftenden Ritual und in diesem Kontext auch die Frage nach dem Gottesdienst. Die funktionale Theorie der Religion definiert alle identitätsstiftenden Rituale und Deutungskomplexe als religiös. Im Raum des Christentums hat der Gottesdienst ohne Zweifel diese Funktion mit übernommen. Wenn sich Rituale aus dem unmittelbaren Kontext der institutionalisierten Religion lösen und sich im Raum der Gesellschaft ansiedeln, spricht man von »civil religion« (dazu Schieder). In manchen Ländern (z.B. in der US-amerikanischen Gesellschaft) sind solche Rituale heute noch deutlicher präsent als in der Bundesrepublik. Durch funktionale Religionsdefinitionen darf aber die nonkonformistisch-prophetische Tradition des Christentums (Kaufmann 85) nicht ausgeblendet werden. Sie wird sich auch auf die Möglichkeit von Gottesdiensten bei gesellschaftlichen Großveranstaltungen auswirken. Durchaus im Bewusstsein dieser Bedeutung suchen zunehmend Minderheiten oder gesellschaftliche Oppositionsgruppen die gottesdienstliche Dimension. Angesichts der Infragestellung der bejahenden Dimension von Gottesdiensten ist die empörte Reaktion erklärbar, mit der Regierungen und Teile der Öffentlichkeit auf Gottesdienste anlässlich von Anti-Atom-Demonstrationen wie in Brokdorf oder Wackersdorf reagierten.

Die gottesdienstliche Dimension kommt ins Spiel, wenn das Gemeinwesen akut bedroht ist. Solche Gottesdienste werden auf einen breiten Konsens rechnen können, wenn das Anliegen allgemein menschlich ist (wie in Katastrophenfällen) oder alle betrifft. Gottesdienste werden zu Kontroversen führen, wenn Teilgruppen ihre lebenswichtigen Fragen mit Gottesdiensten verbinden: z.B. bei Werksschließungen oder drohender Massenarbeitslosigkeit in ganzen Regionen.

Ein Beispiel aus jüngster Zeit ist die »friedliche Revolution« in der ehemaligen DDR (Schorlemmer 242–244). Friedensgebete erlangten große Bedeutung. »Wir erlebten, wie die Kirche zum Austragungsort aller inneren und äußeren Spannungen wurde, wie die Menschen auftauten, Christen und Nichtchristen Lieder sangen, die aus dem Herzen kamen, wie die biblischen Texte anfingen unmittelbar in Situationen hineinzusprechen, wie jahrzehntelang stumm gemachte Menschen anfingen zu sprechen und sprachfähig waren, wie die Kirchen zu großen Asylräumen des politischen Widerstandes und zu Einübungsräumen der Gewaltlosigkeit wurden« (Schorlemmer 243).

Auch in weniger aufrührenden Zeiten ist diese Dimension mit ihrer Nähe zu rituell-gottesdienstlichen Bezügen präsent. Der gesellschaftliche Wandel stellt eine latente Bedrohung der eigenen Identität dar und zwingt Gruppen und Institutionen zu permanenter Vergewisserung und der Kommunikation des Ergebnisses nach innen und außen.

D. Strukturelle Bedingungen von Großveranstaltungen

Um Leitlinien für eine verantwortliche Gestaltung von Gottesdiensten bei Großveranstaltungen entwerfen zu können, ist eine Klärung struktureller Kennzeichen wichtig.

Jedes Großereignis hat, ob gewollt oder ungewollt, als Hauptzweck oder als Nebenwirkung eine öffentliche Bedeutung. Sie wird unter den Bedingungen der Kommunikationsgesellschaft nahezu ausschließlich über die Massenmedien hergestellt.

Die Teilnehmenden unterliegen den psychologischen Gesetzmäßigkeiten der Dynamik einer Großgruppe, die sich präziser als gleichgestimmte Menge beschreiben lässt. In ihr und durch sie wird Verstärkung und Affirmation gesucht oder eine wirksame Vertretung der eigenen Anliegen (wie z.B. durch eine Demonstration).

Die Größe ist ambivalent. Sie kann übergangenen Anliegen die nötige Aufmerksamkeit verleihen oder zur rücksichtslosen Durchsetzung einer Mehrheitenmeinung gebraucht werden. Sie kann manipulieren oder zum Nachdenken bringen. Sie kann verhelfen, die eigene Identität zu finden, und sie kann zur Ausgrenzung Andersdenkender missbraucht werden.

Je nach Persontyp und Ich-Stärke reagieren Menschen auf Großveranstaltungen verschieden: mit tendenziell symbiotischen Grundhaltungen, die am liebsten in der großen Gemeinsamkeit aufgehen oder eher distanziert-kritisch.

Großveranstaltungen unterliegen gesamtgesellschaftlichen Bedingungen. Im Zeitalter eines zunehmenden Individualismus werden auch sie kritischer auf ihren Nutzen für das Individuum befragt. Anlässe, die sich nicht unmittelbar als nützlich ausweisen können, haben schwindende Besucherzahlen (So z.B. die gewerkschaftlichen Kundgebungen zum 1. Mai).

Andererseits entwickeln sich Großveranstaltungen neuen Typs wie die Bewegung der Lichterketten gegen Ausländerfeindlichkeit im Herbst 1992 in Deutschland. Vielerorts waren nicht die etablierten Institutionen die Träger, sondern ad hoc gegründete, locker institutionalisierte Arbeitskreise. Sie stießen auf eine hohe Resonanz in der Öffentlichkeit, die durch die Medien wirkungsvoll unterstützt wurde. Zentrales Symbol war die brennende Kerze. Es hat seinen Weg aus den Gottesdiensten und Friedensgebeten in der ehemaligen DDR über die großen Demonstrationen bis in den Herbst 1992 in Deutschland genommen.

Großveranstaltungen haben für die Teilnehmenden einen starken Erlebnisgehalt, darin sind sie dem Fest vergleichbar.

II. Gottesdienste bei nichtkirchlichen Großveranstaltungen

Solange es große Kirchen im Erbe der volkskirchlichen Tradition gibt, werden sich Gruppen und Institutionen immer wieder mit zentralen Anliegen an sie wenden. Zumindest auf mittlere Sicht wird dies gesellschaftlich-kirchliche Realität sein, mag auch die Zahl der Anlässe zurückgehen.

Wenn eine Kirche sich umweltoffen und gesellschaftsbezogen versteht, wird sie prinzipiell dialogbereit reagieren. Solche Anlässe sind weder pauschal zu bejahen noch abzulehnen, sondern bei ihnen kommt alles auf den Einzelfall an.

Wie bei jeder Kasualie handelt es sich um »gemischte Situationen«. Zwei Bezugssysteme stoßen aufeinander. Sie sprechen eine eigene Sprache und folgen einer spezifischen Logik. Anlass zum Misstrauen gibt es auf beiden Seiten, sei es die Furcht vor Klerikalisierung oder aber das Bedenken, zur Überhöhung partikularer Interessen funktionalisiert zu werden.

Die kommunikative Chance ist dessen ungeachtet hoch. Gottesdienste bei nichtkirchlichen Großveranstaltungen können mit Aufmerksamkeit rechnen.

Die homiletischen Herausforderungen sind nicht gering. Die Versuchung liegt für Predigerinnen und Prediger nahe, nach Stichwortassoziationen über den Anlass sehr rasch zum »Eigentlichen« einer Textpredigt zu kommen. Tiefere Wirkung wird die Verkündigung jedoch erreichen, wenn das Anliegen der Veranstaltung oder der Gruppe in seinem Kern erfasst, mit einer biblischen Aussage korreliert und so gedeutet wird.

Am Beispiel eventuell naheliegender Kritik wird die besondere Situation noch einmal deutlich. Diese Gottesdienste können nicht kritiklos über mögliche Schattenseiten des Anlasses hinweggehen. Aber sie sind kein Ort der Fundamentalkritik. Wenn es dazu Anlass gibt, ist es redlicher, von vornherein abzusagen. Aber sehr wohl ist es die Aufgabe von Gottesdiensten, die Stimme der Leidenden, der Schwachen und Stummen zu sein. Um zu größerer Klarheit zu kommen, bedarf es des »Kasualgesprächs« wie bei jeder anderen Kasualie auch. Es kann auch dazu führen, dass kein Gottesdienst einer Konfession angeboten wird, sondern dass Veranstalter sich von der Kirche beraten lassen, wie sie selbst ihrem Anliegen gerecht werden können.

Zuweilen gelingt es, Gottesdienste oder Gebete nicht als Teil der interessengebundenen und möglicherweise konfliktträchtigen Veranstaltung anzubieten, sondern im unmittelbaren Anschluss in zeitlicher und räumlicher Nähe.

Großveranstaltungen sind ganz selten noch konfessionell homogen. Wenn keine Zusammenarbeit der christlichen Konfessionen oder gar der Religionen zustande kommt, wird die Entscheidung immer häufiger zuungunsten von Gottesdiensten fallen. So entsteht die Frage nach multikonfessionellen, ja multireligiösen Liturgien. Wie die Entwicklung hier weitergehen wird, ist im Augenblick nicht abzusehen. Erste tastende Erfahrungen sind bei interreligiösen Friedensgebeten gemacht worden. Die Trauerfeiern nach den Anschlägen des 11. September 2001auf das World Trade Center in New York haben die Notwendigkeit solcher Liturgien eindrucksvoll bestätigt. Der theologische und praktische Klärungsbedarf an dieser Stelle ist hoch.

Gottesdienste in »vermischten« Situationen stellen eine produktive Herausforderung für die Gottesdienstentwicklung dar. Sie können die liturgischen Ausdrucksformen bereichern, möglicherweise zum Entstehen neuer Liturgien beitragen.

III. Kirchliche Anlässe

A. Allgemeine Kennzeichen

Wallfahrten und Feste sind die traditionellen »Großveranstaltungen« der Kirche. Durch sie strukturiert sich die Zeit und realisieren sich besondere Anliegen. Großveranstaltungen haben auch im Raum der Kirche identitätsstiftende Bedeutung.

Das besondere von Gottesdiensten bei Großveranstaltungen ist darin zu sehen, dass sich Gottesdienst und Thema der Veranstaltung verschränken und gegenseitig befruchten. Die Veranstaltung erhält eine geistliche Mitte, ein Gottesdienst kommt in ein kommunikativthematisches Umfeld zu stehen.

Um diese Wechselwirkung gelingen zu lassen, ist es nötig, eine Gesamtkomposition zu versuchen. Der Gottesdienst und die übrige Veranstaltung sind aufeinander zu beziehen, auch wenn sie jeweils eigene Gestaltungsaufgaben darstellen.

Die Abstimmung beginnt mit der Grundsatzfrage, ob die Großveranstaltung einen großen, sammelnden Gottesdienst haben soll oder ob der Gottesdienst zwar symbolisch durch Zeit und Liturgie verbunden, aber räumlich getrennt in kleinen Einheiten stattfinden soll.

Der Ort des Gottesdienstes bestimmt seinen Beitrag in der Entfaltung des Themas. Natürlich schränken der Wochenrhythmus und die technisch-organisatorischen Bedingungen die Variabilität ein. Aber es macht schon einen Unterschied für das Thema und den Gottesdienst, ob er eröffnet, fokussiert oder abschließt.

Die Verbindung von Gottesdienst und Veranstaltung wird sichtbar, wenn Elemente des Gottesdienstes bereits in der Veranstaltung auftauchen. Oft wird es das Motto sein. Auch Lieder schlagen Brücken.

B. Gottesdienste bei Treffen von Gruppen oder Bewegungen

Gruppen oder Bewegungen nutzen die Verbindung von Großveranstaltung und Gottesdienst. Sehr oft hat die Großveranstaltung mit einer ausgeprägten gottesdienstlichen Mitte für sie eine zentrale Bedeutung. (Als Beispiel: die Bruderschaft von Taizé veranstaltet regelmäßig um die

Jahreswende »Europäische Treffen«, die nahezu hunderttausend Jugendliche aus ganz Europa besuchen.)

C. Der Kirchentag als Modell

Exemplarisch lassen sich die Probleme und Chancen am Deutschen Evangelischen Kirchentag aufzeigen. Er ist die zentrale Veranstaltung des deutschen Protestantismus. Er ist zur »evangelischen Wallfahrt« geworden. »Nicht ein Gnadenbild steht im Mittelpunkt, sondern die Bewegung zu einer gemeinsamen leibhaftigen Erfahrung an einem besonderen Ort zu einer besonderen Zeit, also ein Fest, das Aufbruch und Innehalten verlangt« (Schröer 76).

Der Kirchentag insgesamt versteht sich als eine »Großliturgie« aus drei Säulen: die biblisch-theologische Arbeit, die gesellschaftlich-politische Verantwortung und das gottesdienstliche Erleben als »die Fähigkeit zu gefeierter Versöhnung in Musik, Spiel, Fest und Feier« (Degenhardt 100). Die gottesdienstliche »Säule« beginnt mit Eröffnungsgottesdiensten. Der Abend der Begegnung folgt. Er schließt mit dem Abendsegen. Am Freitag wird das Feierabendmahl gefeiert.

Der Schlussgottesdienst stellt den gottesdienstlichen Abschluss dar (zu seiner Entwicklung Schröer 74 f.). Er konstituiert in sichtbarer und erlebbarer Weise die Teilnehmenden als eine Gemeinde. Dem wird seit 1983 auch dadurch Rechnung getragen, dass im Schlussgottesdienst regelmäßig Abendmahl gefeiert wird. Er erinnert – vor allem in der Vorphase des Gottesdienstes – noch einmal an die thematische Vielfalt und sucht sie zu bündeln. Die Öffentlichkeit ist über die Fernsehübertragung beteiligt.

Er sucht nach angemessenen Stilmitteln, die auch in einem Fußballstadion für 100 000 Teilnehmende noch erkennbar sind. Er hat mit Tanz, Theater, überdimensionalen Figuren und mit Großsymbolen experimentiert.

In einem Stadion wird die Dynamik einer Großgruppe besonders deutlich. Sie führt nicht selten zu einer Zieldiskrepanz zwischen der liturgischen Leitung und der Gemeinde. Sichtbar wird dies an spontanen Aktionen (wie der sog. »Mexikowelle« über die Ränge hinweg, dem Schwenken der Hände und dem Kanonsingen), die sich nicht an den Zeitplan der Veranstalter halten und für viele Teilnehmende Gemeinschaft »von unten« erlebbar machen.

Spontaneität hat sich auch im kleinen Kreis entwickelt: Kommunikation miteinander (etwa beim Friedensgruß, bei der Abendmahlsausteilung oder in Phasen des Sich-Bekannt-Machens). So kann überraschenderweise ein Treffen von Hunderttausend ein Ort für persönliche Kommunikation werden.

Der Schlussgottesdienst des Kirchentages zeigt einige Probleme von Gottesdiensten bei Großveranstaltungen sehr deutlich:

Die Suche nach Innovation hat zu komplizierten Liturgien geführt, der Mut zu elementarer Gestaltung hat zuweilen gefehlt. Thematische Überfülle wurde nicht immer vermieden. Manche Gottesdienste gerieten zu lang, sodass auch aus technischen Gründen die ersten Besucher noch vor dem Segen den Gottesdienst verlassen mussten.

Große Gottesdienste sind nicht die einzige Möglichkeit zur Entfaltung dieser Dimension. So kennt der Kirchentag seit über zehn Jahren die Einrichtung einer »Halle der Stille«, die zur Ruhe, zu Meditation und Gebet in der Überfülle des Angebots einlädt. Kommunitäten bieten im evangelischen »Kloster« Tagzeitengebete und Segnungsgottesdienste an. An zwei Kirchentagen wurde eine »Oase Gottesdienst« versucht.

Die gottesdienstliche Dimension hat sich bei ganzheitlichen »liturgischen Tagen« als konstitutives Element erwiesen: Tagzeitengebete, Meditationen und Feierabendmahl wurden in eine enge Verbindung mit dem Thema gebracht.

Die Wirkung des Kirchentages auf kirchliche Großveranstaltungen lässt sich schwer überschätzen. Er hat als Modell gewirkt. Versuche mit regionalen Kirchentagen sind gemacht worden. Auch Gemeindefeste haben Elemente mit aufgenommen. So hat sich kirchliches Feiern und Arbeiten durch diese Impulse enger miteinander verbunden.

Literatur

Peter CORNEHL, Art. Gottesdienst VIII. Evangelischer Gottesdienst von der Reformation bis zur Gegenwart, TRE 14 (1985) 54–85. – Reiner DEGENHARDT, Lebendige Liturgie als Dimension des Kirchentags: Fritsch-Oppermann/Schröer (s.u.) 99–105. – Sybille FRITSCH-OPPERMANN/Henning SCHRÖER (Hg.), Lebendige Liturgie. Texte – Experimente – Perspektiven, Gütersloh 1990. – Wolfgang HUBER, Zwischen persönlicher Vergewisserung und gemeinsamer Aktion: Runge/Krause (s.u.) 25–47. – Franz-Xaver KAUFMANN, Religion und Modernität. Sozialwissenschaftliche Perspektiven, Tübingen 1989. – Rüdiger RUNGE/Christian KRAUSE (Hg.), Zeitansage. 40 Jahre Deutscher Evangelischer Kirchentag, Stuttgart 1989. – Rolf SCHIEDER, Civil Religion. Die religiöse Dimension der politischen Kultur, Gütersloh 1987. – Friedrich SCHORLEMMER, Worte öffnen Fäuste. Die Rückkehr in ein schwieriges Vaterland, München 1992. – Henning SCHRÖER, Anstiftung zu lebendiger Liturgie: Runge/Krause (s.o.) 65–81.

Herbert Lindner

Gottesdienst in Kleinstgemeinden

Gemeinden, in denen sich nur selten mehr als zehn Gemeindeglieder zum Gottesdienst versammeln oder deren Gottesdienst gar ausfallen muss, weil außer dem Pfarrer niemand erschienen ist, gehören nicht mehr zu den Ausnahmeerscheinungen in der sonntäglichen Gottesdienstlandschaft. Das ist nicht nur in ländlichen, schwach besiedelten oder entvölkerten Regionen, sondern auch in stark säkularisierten städtischen Gebieten der Fall. Bekanntlich hat die Auswertung der Gottesdienststatistiken und Umfragen zur Kirchensoziologie in Deutschland während der letzten Jahre ergeben, dass die gottesdienstliche Gemeinde – zumindest in einigen Regionen der EKD – kleiner geworden ist. Der regelmäßige sonntägliche Gottesdienstbesuch ist durch einen gelegentlichen, zu besonderen Anlässen (Festtage, persönliche Lebenssituationen) veranlassten Gottesdienstbesuch abgelöst worden. Aber auch da, wo neue Gemeinden entstehen oder im Wachstum begriffen sind, ist ähnliches zu beobachten: Die Gemeinde versammelt sich in kleinen Gruppen zum Gottesdienst, zum Gottesdienst in Kleinstgemeinden. Darüber hinaus versammeln sich auch die Teilnehmer von Tagungen, Rüst- bzw. Freizeiten in Kleinstgemeinden, um miteinander Gottesdienst zu feiern.

Zwischen kleinen und großen Gemeinden, die sich zum Gottesdienst versammeln, besteht kein grundsätzlicher Unterschied. Wie klein die gottesdienstliche Gemeinde auch sein mag: Wo sich die Gläubigen um Evangelium und Sakrament versammeln, da ist Kirche (CA VII). So steht die Kleinstgemeinde unter der gleichen Verheißung des Herrn der Kirche wie die Großgemeinde: »Wenn zwei unter euch eins werden auf Erden, worum sie bitten wollen, so soll es ihnen widerfahren von meinem Vater im Himmel. Denn wo zwei oder drei versammelt sind in meinem Namen, da bin ich mitten unter ihnen« (Mt 18, 19 f).

Probleme ergeben sich freilich bei Gottesdiensten mit wenigen Teilnehmern durch die räumlichen Voraussetzungen, in der Art der Gestaltung der Gottesdienste und in menschlicher Hinsicht.

I. Voraussetzungen für die Gottesdienstgestaltung

A. Raum

Der Raum spielt für den Vollzug des Gottesdienstes eine nicht zu unterschätzende Rolle. Macht die Gestaltung des Raumes einerseits deutlich, wie die Gemeinde sich und ihren Gottesdienst versteht, wird andererseits dieses Verständnis durch den Raum und das, was er ausdrückt, geprägt. Eine verstreut im weiten Kirchenraum sitzende Gemeinde macht wenig sichtbar von der »Gemeinschaft der Heiligen«, ein lieblos geordneter, dunkler und unsauberer Raum lässt wenig vom Gottesdienst als »Fest unserer gemeinsamen Erfahrung, unserer gemeinsamen Hoffnung« (Bieritz 11) spüren.

Je größer der Raum ist, in dem die Kleinstgemeinde zum Gottesdienst zusammenkommt, desto schwieriger lässt sich unter gewohnten Bedingungen Gemeinschaft verwirklichen. Wenn nur wenige Gottesdienstteilnehmer gekommen sind und sich dann noch gleichmäßig auf den Kirchenraum verteilten, ist räumliche Konzentration anzustreben. Am einfachsten gelingt das in der Regel im Altar-/(Chor-)raum der Kirche, der ursprüngliche Raum für die Kleinstgemeinde des täglichen Horengottesdienstes. Kommunikative Formen der Sitzanordnung (Stühle im Halbkreis oder Kreis, bewegliches Gestühl im Rechteck um den Altar, Gegenübersitzen im

Chorgestühl) unterstützen den Gemeinschaftsaspekt. Selbstverständlich gelingt diese räumliche Konzentration auch im Kirchenschiff, etwa in den ersten Bankreihen, um den Taufstein oder bei einem Kunstwerk (Plastik, Glasfenster). Mit einfachen Mitteln, mit Geschick und Fantasie lässt sich ein großer Kirchenraum zu einem festlichen und gemeinschaftsstiftenden Raum verändern.

Die Sakristei oder ein in die Kirche eingebauter Gemeinderaum bieten sich ebenso als gottesdienstlicher Versammlungsraum an. Wenn dieser Raum vom Kirchenschiff durch eine Glaswand abgetrennt ist, ergibt sich die Chance, durch die Sitzordnung das Kircheninnere in den Gottesdienstraum mit einzubeziehen.

Der Altar, der Abendmahlstisch, sollte an den alternativ angeführten Gottesdienstorten möglichst nicht fehlen. Seine Gestaltung muss mit Sorgfalt bedacht werden.

Nicht selten versammelt sich die Kleinstgemeinde zum Gottesdienst auch in Wohnräumen. Bei diesen Gottesdiensten, wo die Gottesdienstteilnehmer in der Regel um einen Tisch sitzen, tritt der Aspekt der Gemeinschaft unmittelbar in den Vordergrund. Die rein private und alltägliche Atmosphäre wird dadurch vermieden, dass der Tisch festlich hergerichtet und durch entsprechende Geräte (Kruzifix, Leuchter und anderes) ergänzt wird. Wird das Abendmahl gefeiert, kennzeichnen die aufgestellten Abendmahlsgeräte den Tisch als »Tisch des Herrn«.

Eine wichtige liturgische Ausdrucksgebärde wie das Stehen wird auf Grund des beengten Raumes u.U. nicht zu praktizieren sein. Dennoch sollte darauf nicht eilfertig verzichtet werden, weisen solche Gebärden doch über den privaten Anlass des Zusammenseins am Tisch hinaus, bringen zum Ausdruck, dass der Alltag überschritten wird, und unterstützen den Vollzug des Gottesdienstes als einer Begegnung mit Gott.

Die von manchem Gottesdienstteilnehmer gewünschte Distanz und Anonymität kann im Gottesdienst in Kleinstgemeinden nur schwerlich gewahrt werden, weil dem die räumliche Konzentration der Gemeinde entgegensteht und sich die Gottesdienstteilnehmer in der Regel gut kennen. Dennoch sollte das menschliche Bedürfnis nach Abstand, um vor der körperlichen Nähe und den Blicken der anderen geschützt zu werden, respektiert werden. Selbstverständlich sollten unbekannte Gottesdienstteilnehmer vor oder zu Beginn des Gottesdienstes durch eine gegenseitige persönliche Vorstellung oder Begrüßung in die Kleinstgemeinde integriert werden. Notwendig dabei ist freilich, das Gebot des Taktes nicht zu verletzten.

B. Musik

Die Musik ist ein wichtiges strukturelles Element des Gottesdienstes. Gemeinsam mit anderen Künsten unterstützt die Kirchenmusik den festlichen Charakter des Gottesdienstes. Vor allem das gemeinsame Singen gehört zum Gottesdienst. Die vielfältigen Möglichkeiten kirchenmusikalischer Gestaltung werden allerdings im Gottesdienst der Kleinstgemeinde relativ stark eingeschränkt. Auf Musik wird verzichtet werden müssen, wo die Teilnehmer zum Singen und Musizieren nicht in der Lage sind, wo das Singen bereits am Unvermögen sowohl des Liturgen als auch der Gemeinde scheitert und für das instrumentale Musizieren entweder der Spieler oder das Instrument fehlt. Unter diesen Bedingungen sollten die Choräle gemeinsam gelesen werden, denn ein zusammenbrechender Gesang wirkt auf die Beteiligten deprimierend und abstoßend. Nicht selten entartet der Wechselgesang, wo er üblicherweise zur Ordnung gehört, aber ohne Rücksicht auf die konkreten Voraussetzungen durchgehalten wird, zur Karikatur, weil der Liturg die Gemeinderesponse übernehmen muss.

Jedoch sollte nichts unversucht bleiben, der Musik den ihr angemessenen Platz im Gottesdienst der Kleinstgemeinde einzuräumen. Das setzt allerdings ein hohes Maß an Engagement und Toleranz, Kreativität und Fantasie bei allen Teilnehmern voraus. Das Singen und das instrumentale Spiel in kleinen Formen ist die für die wenigen Gottesdienstteilnehmer eine angemessene kirchenmusikalische Gestaltungsmöglichkeit. Singsprüche, Kanons (auch einstimmig), neue Lieder werden auch von den älteren Gemeindegliedern gesungen, wenn wenigstens daneben Lieder mit vertrauten Melodien vorgesehen sind. Neues Liedgut und neue liturgische Stücke sollten über einen längeren Zeitraum in den Gottesdiensten wiederholt werden, damit das Neue sich einprägen und der Gemeinde vertraut werden kann.

Neben der Begleitung der Choräle, Lieder und Gesänge können, wo eine Orgel oder ein anderes Tasteninstrument vorhanden ist, Instrumentalstücke zur Meditation und Besinnung führen. Selbstverständlich kann das Tasteninstrument auch durch ein Hausmusikinstrument (Flöte, Gitarre und andere) ersetzt werden. Es gilt, die musikalischen Begabungen der Gottesdienstteilnehmer zu entdecken. Auch Tonaufzeichnungen (Schallplatte, Tonband) können im Gottesdienst verwendet werden und an geeigneten Stellen des Gottesdienstes zur Meditation anregen oder das Singen durch instrumentale Begleitsätze unterstützen. Freilich sollte die Verwendung von Tonaufzeichnungen nicht den Eindruck erwecken, als ob der Gottesdienst mit einer Großgemeinde gefeiert würde. Daher eignen sich Oratorienchöre und Orchestermusik nicht für die musikalische Gestaltung der Gottesdienste in Kleinstgemeinden. Musik in kleiner Besetzung (geistliche Konzerte, Kammermusik) kann dagegen zur Sammlung und zur Verkündigung des Evangeliums beitragen.

C. Zeit

Nicht in jedem Fall wird sich die Kleinstgemeinde zum wöchentlichen Gottesdienst am Sonntagvormittag versammeln können. Gerade im ländlichen Bereich wird sich durch die Vielzahl der Gottesdienststätten einer Kirchgemeinde ein unterschiedlicher Zeitturnus ergeben. Möglichst ist auf die Stetigkeit dieses Turnus zu achten, um die Kleinstgemeinde durch wechselnde Zeiten nicht zu verunsichern und sie schließlich von der Gottesdienstteilnahme fernzuhalten. Gerade während Pfarrvakanzen ist im allgemeinen ein weiteres Schwinden der Gottesdienstgemeinde zu beobachten. Daher sollte nach Möglichkeiten gesucht werden, ein oder mehrere geeignete Gemeindeglieder zu gewinnen, die mit der Leitung des Gottesdienstes beauftragt werden, wenn das Abendmahl nicht gefeiert wird. Die einfache Gottesdienstordnung nach Grundform II des EGb 1999 (175 f.) oder die im EG abgedruckte Ordnung der Andacht (781) könnte dann nach vorheriger Einübung von den beauftragten Gemeindegliedern verwendet werden.

Kleinstgemeinden, die ihre der Situation angemessenen Gottesdienste feiern, sind darauf angewiesen, dass sie in möglichst regelmäßigen Zeitabständen mit anderen Kirchgemeinden zum festlich gestalteten Gottesdienst zusammenkommen können. Der sich leicht einstellende Eindruck der Vereinzelung und Minderwertigkeit kann durch einen solchen regionalen Gottesdienst korrigiert werden, weil die Zusammengehörigkeit zur *einen* Kirche in der die Kleinstgemeinde überschreitenden Gemeinschaft in einer großen Gottesdienstgemeinde sichtbaren Ausdruck findet.

II. Beteiligung der Gemeinde

In weit stärkerem Maße als das in einem Gottesdienst mit großer Teilnehmerzahl möglich ist, bietet der Gottesdienst der Kleinstgemeinde die Chance, dass die Gemeindeglieder ihr Leben und ihre Erfahrungen, ihren Glauben und ihre Zweifel, ihre Klage und ihr Lob in den Gottesdienst als Antwort auf die Anrede Gottes einbringen können. Zu dieser dialogischen Struktur des Gottesdienstes, des Gespräches zwischen Gott und der versammelten Gemeinde, gehört aber ebenso, dass Menschen miteinander ins Gespräch kommen, »in dem Trennendes abgebaut,

Verständnisschwierigkeiten überwunden, Vertrauen geschenkt, konkret Hilfen gewährt und in Anspruch genommen werden« (Bieritz 12). Es empfiehlt sich, daher eine variable Gottesdienstordnung zu wählen, die auch spontanen Beiträgen zur Liturgie und Verkündigung Raum gibt. Jedoch sollte sorgfältig erwogen werden, in welcher Weise sich die Teilnehmer in den Gottesdienst einbringen können, was sie vermögen, ohne überfordert zu werden. Vor Beginn des Gottesdienstes können die anstehenden Probleme und Anliegen genannt und danach abgesprochen werden, in welcher Weise sie im Vollzug des Gottesdienstes zur Sprache gebracht werden. Das EGb hat dazu und zur variablen Ordnung u.a. in dem Abschnitt »Möglichkeiten freier Gestaltung im Rahmen der Grundstruktur« (204–208) praktikable Vorschläge angeboten. Dabei sollte beachtet werden, dass die so gewonnenen Varianten in den Gottesdiensten wiederholt werden, damit sie den Teilnehmern vertraut werden.

In einer gesprächsfähigen und erfahrenen Gottesdienstgruppe kann der gewohnte Predigtmonolog durch ein offenes Predigtgespräch ersetzt werden. Allerdings eignet sich nicht jeder Predigttext dafür. Das gemeinsame Bedenken und den persönlichen Austausch erleichtern bildhafte biblische Geschichten sowie vertraute und einprägsame Bibelworte. Hilfreich ist, wenn der Predigttext und sein Skopus als Gesprächsthema der Gottesdienstgemeinde bereits vor dem Gottesdienst bekannt sind. Die Aufgabe des Predigers wird es sein, die Erfahrungen und Fragen in den Gesprächsbeiträgen aufzunehmen und sie durch Ergänzungen und Begrenzungen mit den Aussagen des Predigttextes zu verbinden. Allerdings ist darauf zu achten, dass sich möglichst jeder, ohne ihn zu nötigen, am Gespräch beteiligen kann. Der Predigttext kann auch mit einer Bildbetrachtung, einem literarischen Text oder Musik verbunden werden. Diese Medien eignen sich besonders, eine kleine Gruppe zu konzentrieren, aber auch ein Gespräch anzuregen. Ebenso hilfreich für das Gespräch kann sein, Bibeln zu verteilen, um den Predigttext oder auch die biblischen Lesungen miteinander zu sprechen und in der Stille zu bedenken.

Das Fürbittengebet wird konkret und aktuell, wenn die besonderen Gebetsanliegen der Gemeinde, die im Gottesdienst zur Sprache gekommen sind, aufgenommen werden. Das Fürbittengebet lebt davon, dass Menschen und Situationen vor Gott mit Namen genannt werden. Das bereits formulierte Fürbittengebet kann so ergänzt werden, dass der Liturg die geäußerten Anliegen geordnet aufnimmt oder dass Pausen ins Fürbittengebet eingeschaltet werden, die dem stillen Beten, auch unter Nennung von aktuellen Gebetsanliegen, Raum geben. Ebenso ist es möglich, dass einzelne Gemeindeglieder nach einer Zeit der Stille ihre Fürbitten selber sprechen und die Gemeinde sie mit gesprochenen oder gesungenen Bittrufen aufnimmt. Da sich die gottesdienstliche Fürbitte seit jeher durch eine klare und knappe Sprache ausgezeichnet hat, ist die Gemeinde darauf hinzuweisen, dass die spontanen Fürbitten in einem oder wenigen kurzen Sätzen formuliert werden.

Der gottesdienstliche Dialog hat nicht nur im Alltag sein Vorfeld. Er findet seine Fortsetzung in den Alltagsgesprächen und im Alltagsgeschehen. Wenn im Anschluss an den Gottesdienst Kranke und Gebrechliche besucht werden, denen vom Gottesdienst berichtet wird, denen die Grüße der Gemeinde übermittelt werden und mit denen gegebenenfalls das Krankenabendmahl gefeiert wird, dann ist das ein unmittelbares Zeichen der gesprächsbereiten Kleinstgemeinde.

Ein Gemeindebesuch sollte möglichst auch dann stattfinden, wenn sich zum Gottesdienst außer dem Pfarrer nur ein oder zwei Gemeindeglieder oder Mitarbeiter eingefunden haben. Mit einem Psalmgebet, dem gemeinsamen Lesen und stillen Bedenken des Predigttextes, der Segensbitte kann der Gottesdienst in der Kirche begonnen und beim Hausbesuch fortgeführt oder wiederholt werden. Es wird für die Kleinstgemeinde hilfreich sein können, wenn sie ihren Gottesdienst in dem Bewusstsein feiert, ihn gewissermaßen in Stellvertretung für die Menschen in ihrem Dorf, in ihrer Stadt und in der Welt durchzuführen. Sie hören Gottes Wort, und hören für die anderen mit und haben ihre Fragen mit im Ohr; sie beten, und beten für die Nöte ihrer Mitmenschen; sie loben Gott und tun damit etwas, wozu alle Menschen berufen sind und worauf alles Leben hinausläuft: dass einmal »in dem Namen Jesu sich beugen sollen aller derer Knie, die im Himmel und auf Erden und unter der Erde sind, und alle Zungen bekennen sollen, dass Jesus Christus der Herr ist, zur Ehre Gottes, des Vaters« (Phil 2, 10 f).

III. Die Rolle des Pfarrers

Als Leiter des Gottesdienstes übernimmt der Pfarrer in der Kleinstgemeinde die entscheidende Position. In seiner Person bürgt er für das Gesamtgeschehen und repräsentiert die Kirche. Die in der Regel geringe Distanz macht sein Auftreten, seine Erscheinung, seine Gestik in der Wirkung auf die Gemeinde noch wichtiger als in einem »normalen« Gottesdienst. Wie er der Gemeinde gegenübertritt, ob er gelöst oder verkrampft wirkt, ob er aus Pflichterfüllung oder innerer Anteilnahme den Gottesdienst mit der Kleinstgemeinde feiert, wird auf die Gottesdienstteilnehmer nicht ohne Wirkung sein. Wie er sich bewegt, wie er die Gemeinde ansieht, wie er betet, das Abendmahl austeilt oder segnet, wird die kleine Gruppe aktivieren und inspirieren oder auch gleichgültig und ratlos machen. Freut sich der Pfarrer über die wenigen, die gekommen sind, wird die Kommunikation mit ihnen leicht sein; ist er enttäuscht über die kleine Zahl der Gottesdienstteilnehmer, dann kann sich schnell bei den Anwesenden neben der Enttäuschung ein Gefühl einstellen, schuldig zu sein am Fernbleiben der Gemeinde. Resigniert der Pfarrer, dann wird die Gemeinde mit der Zeit verunsichert werden, ob Gottesdienst und Kirche überhaupt noch notwendig seien.

Enttäuschung und Resignation bleiben in der Regel nicht aus. Sie zu verdrängen, führt zu keiner Veränderung. Im Pfarrkonvent, aber auch mit der Kleinstgemeinde sollte der Pfarrer offen darüber sprechen. Seine Verunsicherungen, ob er im Gottesdienst immer angemessen auf Situation und Gemeinde reagiert, und seine eventuellen Ängste vor der Nähe und den Reaktionen der Teilnehmer sollten dann zur Sprache kommen. Möglicherweise können ihm dann Hinweise zur Gottesdienstgestaltung und Hilfen zur Überwindung von Ungeschicklichkeiten im Gegenüber zur Gemeinde gegeben werden. Vor allem aber kann eine solche Aussprache zur Annahme der Situation führen. Was theologisch nicht bestritten wird, dass nämlich jeder Gottesdienst unabhängig von der Teilnehmerzahl ein Fest des Auferstandenen ist, kann dann hoffentlich zur existentiellen Vergewisserung führen.

IV. Die Ordnung des Gottesdienstes

Selbstverständlich braucht der Gottesdienst der Kleinstgemeinde eine Ordnung. Diese muss der besonderen Situation der Gemeinde und den Möglichkeiten zur bewussten Teilnahme am Gottesdienst angemessen sein. Den Liturgischen Ausschüssen der Evangelischen Kirche der Union – Bereich DDR – und der Vereinigten Evangelisch-Lutherischen Kirchen in der DDR war seit Mitte der siebziger Jahre vordringlich die Aufgabe gestellt worden, Formen des gottesdienstlichen Handelns zu entwickeln, für die die damals gültigen Agenden keine Angebote machten. Aus dieser Aufgabenstellung entstand u.a. eine Handreichung zum »Gottesdienst bei geringer Teilnehmerzahl« (Arbeitsbuch zur Agende 86–96), die in die Probleme und das Wesen solcher Gottesdienste einführte sowie Anregungen zu deren Gestaltung geben und Mut zur eigenen Weiterarbeit machen wollte. Eindringlich wurde darauf hingewiesen, dass die vorhandenen Formulare der Agende I mit einer großen, vielfältig gegliederten und aktiv beteiligten Gemeinde rechnen. Ein starres Festhalten an solchen Ordnungen kann aber besonders in den gottesdienstlichen Kleinstgemeinden zu Frustrationen bei allen Beteiligten, sowohl der Gemeinde als auch des Pfarrers und anderer Mitarbeiter führen, weil die gewohnten und vorgeschriebenen Ordnungen meist nur unvollkommen und verkrampft ausgeführt werden können. Die anwesende Gemeinde empfindet sich dann nur noch als den schwindenden Rest einer Kirche, da sie irrigerweise meint, »richtige Kirche« sei nur bei der Gemeinde mit großen Zahlen. Daher muss eine praktikable, die besondere Situation berücksichtigende Ausführung der liturgischen Stücke und Ordnungen angestrebt und gefunden werden. Das Nachdenken der Lutherischen-Liturgischen Konferenz zur Agendenreform, das seinen Niederschlag im sog. Strukturpapier »Versammelte Gemeinde« von 1974 (von Schade/Schulz) gefunden hatte, unterstützte solche Überlegungen. Durch einen »dynamischen Gebrauch« der Grundformen des Gottesdienstes wird ein kreativer Umgang mit der »stabilen Grundstruktur« ermöglicht. An dieser Struktur muss sich auch die Gottesdienstordnung für die Kleinstgemeinde orientieren und versuchen, sie der jeweiligen Situation vor Ort anzupassen. Auch der Vorentwurf der EA gab dazu die nötige Hilfestellung, damit eine der Kleinstgemeinde angemessene eigenständige Gottesdienstordnung entwickelt werden kann, die nicht nur eine reduzierte Form eines Gottesdienstes einer großen Gemeinde darstellt. Wenn die stabile Grundform erkennbar bleibt und eine Reihe von wiederholbaren, gewohnten liturgischen »Kern«-Stücken (Gruß, Glaubensbekenntnis, Vaterunser, Einsetzungsworte, Segen und anderes) verwendet werden, kann den Gottesdienstteilnehmern die Sorge genommen werden, dass die liturgische Gemeinsamkeit mit den benachbarten Kirchengemeinden und der Gesamtkirche durch einen »dynamischen Gebrauch« der Grundform verlorengeht. Das EGb hat jene Hilfestellung weitergeführt und drei Vorschläge für die Gestaltung von Gottesdiensten mit kleiner Teilnehmerzahl gemacht (156–176): Eine Abendmahlsfeier im kleinen Versammlungsraum (Tischabendmahl), die eine offenere Ausformung der Grundformen I und II ist; ein an Grundform I orientierter Vorschlag, wobei die Ordinariumsstücke erkennbar bleiben und zugleich offen sind für sinnvolle Ausformungen und Varianten; eine einfache Ordnung nach Grundform II.

Das Ziel, eine Gottesdienstordnung für die Kleinstgemeinde zu erarbeiten, kann weder sein, die Grundform bis auf das absolute Minimum zu reduzieren, noch eine für alle Gemeinden allgemeinverbindliche Ordnung zu gewinnen. Entscheidend ist, das vielfältige Angebot von Varianten der Grundform daraufhin zu prüfen, inwieweit es mit der konkreten Gottesdienstgemeinde realisiert werden kann. Was möglich und nötig ist, kann nur im Einzelfall entschieden werden. Das setzt ein hohes Maß an Sensibilität und Verantwortung voraus, um darauf zu achten, dass sich die Kleinstgemeinde in ihrem Gottesdienst »beheimatet« fühlt und ihn mitvollziehen kann. Eine ständige Veränderung der Ordnung verunsichert und lässt die Gemeinde u.U. dem Gottesdienst fernbleiben. Ebenso ist darauf zu achten, dass bei einer aus zeitlichen Gründen notwendigen Verkürzung oder Vereinfachung der gottesdienstliche Traditionszusammenhang gewahrt und die Gemeinschaft mit den anderen Gemeinden erkennbar bleibt.

Der Mitvollzug des Gottesdienstes setzt eine überschaubare und einfache Ordnung voraus. Nur zu leicht geht Einfachheit in Primitivität über. Wenn das geschieht, werden die Gottesdienste unattraktiv und stoßen ab. Das Gespräch mit der Gemeinde und das eigene Erleben werden zeigen, ob der Gottesdienst nachvollziehbar ist. Auch die sorgfältigste Vorbereitung und situationsgerechteste Gestaltung gewährleisten nicht, dass der Gottesdienst gelingt. Das gehört zum Unverfügbaren, ist Geschenk. Wer aber versucht, den Gottesdienst neu und tiefer zu verstehen und sich auf die Besonderheiten der Kleinstgemeinde einlässt, wird Impulse für einen nachvollziehbaren Gottesdienst gewinnen, der zu einem Fest »gemeinsamer Erfahrung und gemeinsamer Hoffnung« wird.

Literatur

ARBEITSBUCH ZUR AGENDE, Gemeinsamer liturgischer Ausschuss (Hg.), Berlin/Altenburg 1981. – Karl-Heinrich BIERITZ/Michael ULRICH, Gottesdienstgestaltung. Ein ökumenisches Werkbuch, Leipzig 1985. – Erhard BRINKEL/Gustl ROTH, Gottesdienst der mündigen Gemeinde. Begleitheft für die Gemeinde zur Erneuerten Agende, Berlin 1991. – Johannes HANSELMANN/Helmut HILD/Eduard LOHSE (Hg.), Was wird aus der Kirche? Ergebnisse der zweiten EKD-Umfrage über Kirchenmitgliedschaft, Gütersloh 1984. – Helmut HILD (Hg.), Wie stabil ist die Kirche? Bestand und Erneuerung, Gelnhausen 1974. – Karl Ferdinand MÜLLER, Gottesdienst in einem säkularisierten Zeitalter, Kassel/Trier 1971. – Herwarth VON SCHADE/Frieder SCHULZ (Hg.), Gottesdienst als Gestaltungsaufgabe. Praktische Anregungen zur Gestaltung des Gottesdienstes aufgrund der Denkschrift »Versammelte Gemeinde« (Strukturpapier): RGD 10 (1979). – Gerhard SCHMIDTCHEN, Gottesdienst in einer rationalen Welt. Religionssoziologische Untersuchungen im Bereich der VELKD, Stuttgart/Freiburg 1973.

Peter Sauer

Auf der Suche nach neuen Formen

I. Der Gesprächsgottesdienst

A. Die Ausgangslage

In den 60er- und 70er-Jahren des 20. Jh. war Frankfurt eines der bedeutenden Zentren in den Bemühungen um eine Reform des Gottesdienstes in Deutschland. Hierfür sind verschiedene Gründe maßgeblich. Neben der auch räumlichen Nähe zur dortigen Universität und dem Einfluss der Frankfurter Schule und ihrer Philosophen ist vor allem die Arbeit der Frankfurter »Beratungsstelle für die Gestaltung von Gottesdiensten und anderen Gemeindeveranstaltungen« zu nennen. Aber auch einzelne Persönlichkeiten wie Dieter Trautwein haben ihren Teil dazu beigetragen, dass sich im evangelischen Frankfurt ein innerkirchliches Reformklima entwickeln konnte, das auf den gesamten deutschsprachigen Raum ausgestrahlt hat.

Einer der wesentlichen dort formulierten Reformansätze betraf die Predigt. Die Predigt in ihrer monologischen Form schien in einem kulturellen Umfeld, das durch die Demokratisierung von Meinungsbildungsprozessen bestimmt war, eine überholte Form der Verkündigung zu sein. Auch theologisch wurden immer lauter Bedenken gegen die Predigtzentriertheit des Gottesdienstes geäußert. War es nicht sachgemäßer, im Gottesdienst einer Kirche, die doch das Priestertum aller Getauften vertrat, die Predigt durch das Gespräch zu ersetzen?

Ausgehend von solchen Überlegungen wird die Realität einer predigtzentrierten Gottesdienstkultur massiv hinterfragt. Es wäre nicht »einzusehen, warum nicht auch das durch mehrere ›votenartige‹ Beiträge durchsetzte ›Tischgespräch‹, das ›Verkündigungsgespräch‹ und die in verteilten Rollen gelesenen Voten einer Gruppe neben dem sogenannten ›Normalfall‹ [d.h. der Predigt] zumindest als gleichberechtigt angesehen werden können. ... Die Predigt ›soll nicht mehr als das Normale betrachtet werden, nach dem sich das Gespräch auszurichten habe. Vielmehr ist das Gespräch die der Verkündigung angemessene Sprachform und die Predigt nur ein Sonderfall, der am Gespräch zu orientieren ist‹.« (Trautwein 134; dort wird auch Hans-Wolfgang Heidland zitiert).

Die Bewegung hin zur Ersetzung der Predigt durch das Gespräch wurde dabei z.T. als so stark eingeschätzt, dass befürchtet wurde, »der Dialog-Gottesdienst werde den traditionellen Gottesdienst in kurzer Zeit ganz verdrängen« (Fischer 90). Man sieht, welche Hoffnungen auf Seiten derer, die den Gottesdienst erneuern wollten, mit »Gesprächsgottesdiensten« verbunden waren. Vom heutigen Standpunkt aus ist dies kaum noch nachvollziehbar. Damals aber herrschte bei manchen die Erwartung, dass das deutungsoffene Gespräch unter Beteiligung der Gemeinde die Predigt in vielen Gottesdiensten ergänzen, wenn nicht ersetzen könnte und würde.

Fragt man nach der Bedeutung des Verkündigungsgespräches im Gottesdienst heute, ist es angesichts einer gottesdienstlichen Landschaft, in der sich agendarisch gebundene und offene Gottesdienstformen als zwei relativ eigenständige Zweige der gottesdienstlichen Entwicklung etabliert haben, notwendig, beide auch getrennt in den Blick zu nehmen.

Wer heute die Vielzahl der offenen Gottesdienstformen betrachtet, stellt fest, dass Gottesdienste, in denen Gespräch und Dialog die Verkündigung ersetzen sollen, kaum noch einen nennenswerten Platz einnehmen. Zwar sind z.B. in der Thomasmesse innerhalb der offenen Phase dieses Gottesdienstes oft auch Gesprächsangebote in den Gottesdienst integriert. Manche Segnungsgottesdienste sehen die Möglichkeit einer kurzen seelsorgerlichen Aussprache vor. In

Familiengottesdiensten sowie im Kindergottesdienst wird inzwischen die Verkündigung oder die biblische Erzählung im Regelfall durch Gesprächselemente mit den Kindern oder Jugendlichen ergänzt. Entsprechendes gilt in geringerem Umfang auch für die Gottesdienste mit Jugendlichen, hier vor allem im Schulbereich. Gerade im Kindergottesdienst und im Familiengottesdienst ist das Gespräch aber meistens gelenkt und weniger Dialog als vielmehr eine Methode, um ein bestimmtes Verkündigungsziel unter Einbeziehung der Gemeinde zu erreichen. Als deutungsoffener Dialog, in dem das allgemeine Priestertum der Getauften zum Tragen kommt, ist solches Gespräch in der überwiegenden Mehrzahl der Fälle nicht zu bewerten. Auch bei den anderen offenen Gottesdienstformen, soweit sie Gottesdienst für die Erwachsenen sein wollen, ist das Gespräch als Alternative zur Predigt weitgehend aus dem Blick gekommen. Eher kann sogar das Gegenteil beobachtet werden: bei Gottesdienstformen, die sich an kirchlich distanzierte Menschen richten, weitet sich die Predigt regelrecht zum Vortrag aus (vgl. dazu beispielsweise Nachteulengottesdienste / Go special ...).

Noch mehr als bei den offenen Gottesdienstformen ist im agendarisch geprägten Sonntagsgottesdienst die Predigt unhinterfragte Norm jeden Gottesdienstes geblieben.

Zwar hat sich mit dem allgemeinen Aufbrechen der gottesdienstlichen Formen auch der Bereich der Verkündigung flexibilisiert. Die Formen, die in diesem Zusammenhang entwickelt wurden, wie beispielsweise die Dialogpredigt, bei der zwei Personen ein vorab geplantes »Gespräch« aufführen, stellen in diesem Kontext aber ebenfalls nur eine modifizierte Form des monologischen Predigtvortrages dar, sind weitgehend nur als eine in Szene gesetzte, inszenierte Predigt anzusehen.

Oftmals verwischt sich allerdings die Grenze zwischen der agendarisch geprägten und der offenen Gottesdienstform. Dies gilt insbesondere dort, wo der Gottesdienst sich nicht an der Messform, sondern am oberdeutschen Predigtgottesdienst orientiert. Wenn dann, wie bei (zumeist politischen) Zeitansagen verschiedene Stellungnahmen und Diskussionsforen in den Gottesdienst integriert sind, münden diese im Regelfall ebenfalls nicht in die ergebnisoffene Diskussion der Gemeinde ein, sondern sind auf Vermittlung von Positionen ausgerichtet. Oft werden solche Foren abschließend durch den Pfarrer bzw. die Pfarrerin in einer Weise zusammengefasst und gebündelt, die wiederum Predigtcharakter besitzt.

Zwischen einem Gottesdienst mit Predigt als monopolisierter Rede und dem deutungsoffenen Gespräch der Gemeinde zu einem Thema oder einem biblischen Text lassen sich alle möglichen Schattierungen denken. Die »Thematischen Dialog-Gottesdienste«, die z.B. in der Französisch-Reformierten Gemeinde in Frankfurt gefeiert wurden, enthielten das in Form einer Podiumsdiskussion gestaltete Element der Information, während die Diskussion in der Tat dann der gesamten anwesenden Gemeinde überlassen wurde.

Zusammenfassend kann man deswegen urteilen, dass insbesondere das deutungsoffene, die Verkündigungskompetenz der Gemeinde ernst nehmende Gespräch, mit dem sich in den 60er- und 70er-Jahren des letzten Jh. so viele Erwartungen und Hoffnungen verbunden haben, nur noch selten in Gottesdiensten die Predigt ersetzt oder ergänzt. Der Gesprächsgottesdienst ist eine marginale Gottesdienstform geblieben.

Das EGb spiegelt diese Entwicklung wider. Dort findet sich nur in dem Abschnitt *Möglichkeiten freier Gestaltung im Rahmen der Grundstruktur* die knappe Bemerkung: »Die Straffung des Lesungsteils gibt die Möglichkeit, die Predigt auf verschiedene Weise auszugestalten: als Verkündigungsgespräch (Podiumsgespräch, Gruppengespräch in der Gemeinde) oder in Anknüpfung an eine Spielszene ...«. Als Hauptanliegen wird genannt, der Gemeinde, »die sonst die Predigt schweigend anhört«, vor allem die »Möglichkeit zu Äußerungen« zu eröffnen (206). Gerade die letztere Bemerkung weist darauf hin, dass für die Verfasserinnen und Verfasser des

Gottesdienstbuches zumindest in ihrer Mehrheit auch das Verkündigungsgespräch funktional auf die Predigt bezogen ist. Das Monopol der Predigt erscheint im Gottesdienst der evangelischen Volkskirchen zu Beginn des dritten Jahrtausends wieder gefestigt zu sein. Dies ist um so erstaunlicher, als seitens der Gemeindeglieder immer wieder massive Kritik an der Predigt geäußert wird.

B. Hintergründe

Wie lässt sich dieser Befund verstehen? Immerhin sind die bereits genannten Argumente *zugunsten* eines Gottesdienstes, in dem an Stelle der Predigt ein Dialog geführt und diskutiert wird, gewichtig. Demokratische Anschauungen sind in unserer Gesellschaft fest verwurzelt, und das Priestertum aller Getauften ist nicht nur *ein*, sondern inzwischen vielleicht sogar *das* zentrale Signum protestantischer Identität. Dennoch hat sich die Predigt gegen das deutungsoffene Gespräch im Gottesdienst behauptet. Das Gespräch hat sich, wenn überhaupt, als Predigt-Nachgespräch oder als Predigt-Vorgespräch etablieren können.

Dieser Befund erklärt sich weitgehend mit dem Kontext, in dem sich die Gesprächsgottesdienste in den 60er- und 70er-Jahren des letzten Jh. entwickelt haben. Auch wenn die Wurzeln für das Entstehen des Gesprächsgottesdienstes weiter zurückreichen (vgl. Müller), so erscheinen sie als eigenständige Gottesdienstform, die auch am Sonntag Morgen ihren Platz hat und das Predigtmonopol in Frage stellt, doch erst im Zusammenhang mit jenen gesellschaftlichen Umbrüchen und Veränderungen, die insbesondere durch die in Frankfurt wirkenden, mit der dortigen Beratungsstelle verbundenen Theologinnen und Theologen rezipiert, für gottesdienstliche Konzeptionen fruchtbar gemacht und weit verbreitet worden sind. Dabei ist es von Anfang an ein Kennzeichen der dort vertretenen liturgischen Vorstellungen, dass sie sich für gesellschaftspolitische Anliegen offen zeigten, den Gottesdienst dementsprechend auf Themen ausrichten wollten und ihn als Lernprozess in einem umfassenden Sinne interpretiert haben. Der Gesprächsgottesdienst ist daher von Anfang an mit einer bestimmten Auffassung von der Dramaturgie des Gottesdienstes verbunden worden und hat sich folglich auch nur in bestimmten Gruppen und Milieus etablieren können.

Es ist für die Bewertung der Geschichte des Gesprächsgottesdienstes wichtig zu sehen, dass die Gesprächsgottesdienste der 60er- und 70er-Jahre des letzten Jh. nicht an das in bestimmten evangelischen Kreisen lebendige Bibelgespräch angeknüpft haben. Sie stehen folglich auch nicht in der Tradition der collegia pietatis des Pietismus und waren keine Verlängerung der Bibelstunden hinein in die Praxis des sonntäglichen Morgengottesdienstes.

Vielmehr entstanden jene Gesprächsgottesdienste, mit denen, wie bereits erwähnt, hochgespannte Erwartungen verbunden waren, im Rahmen einer innerkirchlichen Reformbewegung, die zugleich mit der Demokratisierung der Kirche auch das Ziel allen kirchlichen Handelns im »Dienst an der Welt« sah und insofern jeden Gottesdienst danach bewertete, wieweit er als wirklichkeitsverändernd und gesellschaftsrelevant beurteilt werden konnte. Die Ablösung der Predigt durch Gespräch, Diskurs und Diskussion wurde vor allem in Gruppierungen wie Studentengemeinden praktiziert, in denen das gesellschaftspolitische Problembewusstsein und das eigene Rollenverständnis besonders ausgeprägt waren.

Für die weit überwiegende Zahl dieser Gottesdienste mit »Verkündigungsgespräch« gilt: »Gemeinsam ist allen Entwürfen eine thematische Ausrichtung, politisches Bewusstsein, das Bemühen, von der Einweg-Kommunikation des Predigt-Gottesdienstes loszukommen, und eine Auflockerung erstarrter Formen« (Fischer 31).

Besondere Aufmerksamkeit verdient in diesem Zusammenhang Dieter Trautwein, an dessen Arbeitsbuch *Lernprozess Gottesdienst* sich der Zusammenhang zwischen der Entstehung von

Gesprächsgottesdiensten und den politischen sowie gottesdienstlichen Aufbrüchen der 60er- und 70er-Jahre des letzten Jh. ablesen lässt. Dieter Trautwein hat in seinem Buch eine Theorie von der Dramaturgie des Gottesdienstes entwickelt, die für die gottesdienstliche Praxis in den Gemeinden bis in die Gegenwart hinein große Wirkung besitzt. Die konkrete Umsetzung von Dialog und Gespräch, die in den beiden genannten Jahrzehnten so große Aufmerksamkeit erfahren haben, erfolgt nach jenen Kriterien, die für eine lernprozessorientierte Auffassung vom Gottesdienst maßgeblich ist.

Hierbei wird der Gottesdienst als ein Geschehen verstanden, das auf Veränderung der Wirklichkeit zielt. Er ist Lernprozess im umfassenden Sinn dieses Wortes und vollzieht sich in jedem Gottesdienst in mehreren Phasen, die nach Gesichtspunkten differenziert werden, die durch lern- und gruppenpsychologische Raster vorgegeben sind. Insbesondere in der Problemlösungsphase können Gespräch und Diskussion eine besondere Bedeutung gewinnen; beides zielt dann auf Veränderung der Wirklichkeit, gegebenenfalls auf eine konkrete Aktion. Das Gespräch ist dann aber bei solchen Gottesdiensten nicht deutungsoffene Auseinandersetzung beispielsweise mit einem biblischen Text, sondern einem vorstrukturierten Prozess zugeordnet, der von einem Team vorgeplant und in den Gottesdienst eingebracht worden ist. Das Gespräch erfolgte und erfolgt in solchen Gottesdiensten nicht auf der Grundlage eines gemeinsamen Konsenses der autoritativen Bedeutung der Bibel, wie dies beispielsweise in der Tradition der Bibelstunden oder der collegia pietatis der Fall ist. Das in einen solchen Kontext eingebettete Gespräch setzt als Konsens vielmehr die Einsicht in die Relevanz und die Bereitschaft zu gesellschaftlich-politischer Diskussion auch in kirchlich-gottesdienstlichem Kontext voraus. Die solchen Gottesdiensten zugeordneten Liturgien haben dementsprechend beispielsweise auch die in den pietistisch-erwecklichen Kreisen gepflegten Formen der Beteiligung aller Anwesenden am Gebet nicht vorgesehen.

Der Gesprächsgottesdienst in jener Prägung, die er im Umfeld der gottesdienstlichen Reformbewegung der 60er- und 70er-Jahre des letzten Jh. erfahren hat, war seinem Anliegen und seiner Form nach an ein bestimmtes innerkirchliches Milieu gebunden.

Die Beobachtung, dass diese Form des Gesprächsgottesdienstes, die lange Zeit im deutschen Sprachraum die vorherrschende war, so stark an Bedeutung verloren hat, erklärt sich sicherlich wesentlich damit, dass sich dieses innerkirchliche Milieu verändert und die gesellschaftliche und innerkirchliche Situation gewandelt hat. Hier mag u.a. das Ende des Ost-West-Konfliktes, eine Neuentdeckung des Religiösen sowie die Hinwendung zu einem vertieften Verständnis von ganzheitlicher Gottesdienstgestaltung, die gegen alle Formen des intellektuellen Diskurses eine erkennbare Zurückhaltung zeigt, je einen Teil dazu beigetragen haben.

C. Perspektiven

Fragt man nach der Zukunftsperspektive von Gottesdiensten, in denen die Predigt durch ein ergebnisoffenes Gespräch ersetzt wird, muss man berücksichtigen, dass es zwei Typen von Gesprächsgottesdiensten gibt. Hier ist zuerst einmal auf jene Gesprächsgottesdienste hinzuweisen, die im Kontext des politischen Diskurses stehen. Das Gespräch ist hier auf konkrete Situationen und Themen bezogen und zielt mittelbar oder unmittelbar auf ein gesellschaftsveränderndes Engagement. Die Dramaturgie und Gestalt des Gottesdienstes wird durch das Thema bestimmt, das zur Diskussion steht. In solche Gottesdienste konnte auch ein Tischabendmahl oder ein Feierabendmahl integriert werden, in denen eine neue Wirklichkeit antizipatorisch vorweggenommen oder dargestellt werden sollte. Besonders in gesellschaftlich kontrovers diskutierten, politisch brisanten Situationen ist es durchaus denkbar, dass solche Formen von Gesprächsgottesdiensten wieder an Attraktivität gewinnen.

Bei der anderen Art und Weise, das Gespräch (an Stelle der Verkündigung) in den Gottesdienst zu integrieren, die sich aus der Bibelstunde ableitet, kommt die geistliche Kompetenz der Teilnehmenden im Regelfall in der Auslegung von biblischen Texten zum Tragen. Es wäre durchaus auch denkbar, in solchen Gottesdiensten zu weiter gefassten Themen des Glaubens, zu Biographien, zu Darstellungen, Gegenständen des Kirchenraumes usw. ins Gespräch zu kommen. Da sie nicht notwendig auf ein gesellschaftsveränderndes Engagement bezogen sind, ist die Gestalt der Liturgie (Begrüßung, Lieder, Auswahl der Gebete) von der Wahl des »Gesprächsgegenstandes« unabhängiger.

Beide Formen des Gesprächsgottesdienstes sind in unterschiedlichen innerkirchlichen Milieus beheimatet und von je anderen Bedingungen abhängig. Während die politisch ausgerichteten themenorientierten Gottesdienste mit Diskussion insgesamt ein gesamtgesellschaftliches Klima voraussetzen, in dem politische Fragestellungen dominieren und ein allgemeines, auch in den Gemeinden spürbares, starkes Bedürfnis nach Veränderung vorherrscht, werden Gottesdienste mit Verkündigungsgespräch in der Tradition z.B. der Bibelstunden durch ganz andere Faktoren beeinflusst. So ist etwa die Hochschätzung der Predigt als einer Verkündigungsform, in der sich der Zuspruchcharakter des Evangeliums in besonderer Weise ausdrückt, in den meisten evangelischen Gemeinden noch so tief verwurzelt, dass nur ein beschränkter Kreis derer, die Gottesdienste besuchen, auch in Gesprächsgottesdienste gehen würde.

Weil sich unsere gottesdienstliche Kultur in einer Phase des Umbruchs befindet, bleibt die Frage, wie sich die Form des Verkündigungsteiles im Gottesdienst weiterentwickelt, offen.

II. Neue Ansätze

A. Einführung

Wenn von »neuen« Gottesdiensten bzw. -formen gesprochen wird, sind meistens neue Kommunikationsformen im Blick. Sie erscheinen notwendig, weil zu den bisher gewohnten »alten« Gottesdiensten viele Menschen keinen Zugang mehr finden. Die besonders von Konfirmanden beklagte Langeweile am Sonntagmorgen ist kommunikativ gut zu erklären: geringe Bewegungsmöglichkeit, unverständliche Riten und Sprachformen, altmodisch erscheinende Orgelmusik zum schleppenden Gemeindegesang usw. In der Tat sind viele Gottesdienste kommunikativ verbesserungsbedürftig – und hier setzen Initiativen zu neuen Gottesdienstformen an. Damit geht es meist nicht darum, einen neuen Norm-Gottesdienst zu entwerfen, sondern das liturgische Angebot pluraler zu gestalten. Während in den siebziger Jahren des 20. Jh. die liturgischen Reformvorschläge im Wesentlichen auf pädagogische (s. vor allem Trautwein) und/bzw. soziologische Überlegungen (so etwa die Konzepte des Familiengottesdienstes von Kugler/Lindner) zurückgingen, wurden ab dem Ende der achtziger Jahre ökumenische Anregungen und Impulse aus anderen Ländern in Deutschland bestimmend.

Diese Bemühungen stehen in guter Tradition: Wirft man nämlich einen auch nur oberflächlichen Blick in die Kirchengeschichte, sieht man eine pluriforme liturgische Landschaft. Schon im Neuen Testament wird von der Teilnahme der ersten Christen in Jerusalem am Tempelgottesdienst berichtet (Act 2,46 u.ö.); dazu besuchten sie sehr wahrscheinlich in den Synagogen die Wortgottesdienste am Sabbat; berichtet wird auch von missionarischen Versammlungen (z.B. Act 1,9 f.) und natürlich von Taufgottesdiensten und Mahlfeiern. Sobald wir quellenmäßig genauere Kenntnisse haben, treten regionale Differenzen in der liturgischen Gestaltung zu Tage. Von daher besteht theologisch kein Grund, eine – historisch nie und nirgends nachweisbare – liturgische Uniformität bewahren bzw. erreichen zu wollen.

So könnte es naheliegen, sich in diesem Kapitel auf die Vorstellung ausgewählter neuer Gottesdienstformen zu beschränken. Mehr oder weniger gelungene Gestaltungsformen wären unter unterschiedlichen Perspektiven – angefangen mit Milieu-, über den Alters-, den Gruppen- bis hin zum Kasusbezug – zu analysieren. Theologische Gesichtspunkte wären dazu nicht erforderlich. Doch steht im theologischen Sinn das Attribut neu noch für einen anderen Sachverhalt, die durch das Christusereignis eingeleitete Wende. Das Evangelium gilt im Neuen Testament als »neue Lehre« (Mk 1,27), Jesus als Stifter des »neuen Bundes« (Lk 22,20), das Leben der Christen als »neu« (Röm 6,4 u.ö.). Versucht man »neu" für den gottesdienstlichen Bereich vom Neuen Testament her inhaltlich zu füllen, stößt man auf einen erstaunlichen, oft übersehenen Befund: Ein eindeutiger Begriff für Gottesdienst fehlt; vielmehr nimmt Jesus die prophetische Kultkritik auf – nach Mt 9,13; 12,7 zitiert er zustimmend Hos 6,6 – und betont so nachdrücklich den untrennbaren Zusammenhang von kultischem und alltäglichem bzw. sonstigem Geschehen (vgl. Röm 12,1 f.). Das »Dienen« (διακονεῖν) als grundlegende Bezeichnung für Jesu Tun, auch gerade bei der Tischgemeinschaft unterstreicht diesen gegenüber nur an rituellen bzw. kultischen Vollzügen interessierter Liturgik sperrigen Zug des »neuen« Gottesdienstverständnisses (vgl. Roloff). Neuer Gottesdienst im christologisch präzisen Sinne zeichnet sich – gegenüber anderen Kulten und Riten – auch dadurch aus, dass er untrennbar mit dem sonstigen Leben und seinen Anforderungen verbunden ist, also gerade kein »heiliges« Reservat gegenüber der sog. Welt bildet. Dass dieser Gesichtspunkt weitergeführt wurde, zeigt u.a. die große Zurückhaltung der ersten Christen gegenüber kultischer Terminologie, als es die neuen rituellen Handlungen zu benennen galt.

Von daher ist also der Gesichtspunkt der besseren kommunikativen Gestaltung noch dadurch zu erweitern, dass auch die inhaltliche Ebene des Evangeliums als des Neuen in den Blick kommt. Genauer geht es darum, dass in der Liturgie die symbolische Kommunikation in ihrem Zusammenhang mit den sonst das Leben der Menschen prägenden Fragen und Aufgaben zur Darstellung kommt. Erst eine solche Liturgie kann theologisch präzise als neu gelten.

Die von Ernst Lange geprägte Formel der »Kommunikation des Evangeliums« bringt das Anliegen »neuer« Gottesdienste und Gottesdienstformen zutreffend auf den Begriff. Neue Gottesdienste in einem solchen Sinn sind also alle liturgischen Bemühungen darum, die Kommunikation des Evangeliums zu fördern.

Dementsprechend kann es nicht genügen, im Folgenden nur einige besondere neue liturgische Formen vorzustellen; dazu ist es notwendig, grundsätzlich nach dem Zusammenhang von Gottesdienst und alltäglichem bzw. sonstigem Leben zu fragen und auf entsprechende Ansätze aufmerksam zu machen. Sowohl hinsichtlich der kommunikativen als auch der theologischen Anforderungen an »neue« Gottesdienste ist es notwendig, gleichsam als Hintergrund an die gegenwärtige gesellschaftliche und kulturelle Situation zu erinnern. Denn sie gibt die Rahmenbedingungen vor, die nur um den Preis der Wirkungslosigkeit zu vernachlässigen sind.

B. Gemeinsame Anforderungen an Gottesdienste in der Moderne

Im Folgenden soll zum Ersten skizzenartig auf die durch den Pluralismus sich ergebende neue liturgische Situation hingewiesen werden. Dazu sind die tief greifenden Veränderungen bei den beiden Grundkategorien menschlicher Wahrnehmung, Zeit und Raum, zu beachten.

1. Pluralismus

Wohl das Grund-Signum gegenwärtiger Gesellschaft und Kultur ist der Pluralismus – materiell durch ökonomische und technische Fortschritte, geistig durch die Aufklärung ermöglicht (vgl. zum Begriff Steck 158–160). Der Transformationsprozess von der Selbstverständlichkeit bzw.

dem Zwang zum kollektiven Gehorsam hin zur Wahl bzw. dem Entscheidungszwang des Individuums betrifft auch unmittelbar den liturgischen Bereich. Nach Wegfall von obrigkeitlich durchgesetzter Pflicht des Gottesdienstbesuchs, zuletzt bei den Schulkindern, und Taufzwang – rechtlich zwar schon meist im Verlauf des 19. Jh. vollzogen, de facto aber erst langsam allgemein bewusst geworden – bestehen auch gegenüber Gottesdienst und Christentum verschiedene Optionen. Die im Laufe des 20. Jh. auftretenden Konkurrenten zum Gottesdienst am Sonntagvormittag, angefangen von kulturellen Veranstaltungen über Sportereignisse bis hin zu Medienangeboten, lassen den Sonntagsgottesdienst zum Bestandteil eines Veranstaltungsmarktes werden. Gegenwärtig scheint allerdings vor allem das Ruhebedürfnis (Stichwort: Ausschlafen) das verbreitetste Anliegen am Sonntagmorgen zu sein (s. Grethlein 277).

Dazu kommt die zunehmende religiöse Pluralisierung, am deutlichsten greifbar in der wachsenden Zahl von Moscheen, aber wohl noch weit reichender im Vordringen esoterischer u.ä. Angebote. Yoga-Kurse – vielleicht in kirchlichen Räumen abgehalten –, bioenergetische Übungen oder spirituelle Techniken wie Reiki haben klare rituelle Gehalte und können zu gleichsam liturgischen Handlungen im Alltag werden.

Auch die für den Gottesdienst traditionell wichtigen konfessionellen Milieus haben sich seit dem Zweiten Weltkrieg weitgehend aufgelöst. Es gibt kaum mehr Verwandtschaften, die konfessionell homogen sind, ganz abgesehen von der Zunahme aus der Kirche Ausgetretener. Von daher sind die Menschen gerade bei Gottesdiensten, die ein weiteres Publikum als die normale Sonntagsgemeinde ansprechen, in ihren religiösen Einstellungen inhomogen. Dazu kommen die sonstigen milieu-, altersmäßig u.Ä. begründeten Differenzen. Bei Letzteren kann aber nicht (mehr) von feststehenden, in sich kohärenten Orientierungsmustern ausgegangen werden, vielmehr von durch das Individuum selbst zu produzierenden Stilmischungen. Durch diese Anforderung, die in Korrelation zum Rückgang von Traditionsleitung wächst, erhält die produktive Arbeit an der eigenen Biographie herausragende Bedeutung. Für den Gottesdienst bedeutet dies, dass er einerseits Raum für die unterschiedlichen Partizipationsformen geben muss, andererseits aber auch Hilfestellung für die individuelle Vergewisserung des Einzelnen erwartet wird.

2. Zeit

Sehr weitreichend sind die sich seit langem anbahnenden, mittlerweile aber fast alle Menschen erfassenden Veränderungen im Zeitverständnis und -takt für die liturgische Aufgabe (s. Grethlein 41–43.130–146). Vor allem zwei Entwicklungen betreffen hier unmittelbar den Sonntagsgottesdienst:

Zum ersten hat sich die Bedeutung des Sonntags im Leben der Menschen verändert. Der Ruhetag am Anfang der Woche ist zum Ende des modernen »Weekend« geworden, das voll von Erlebnisangeboten ist und wesentlich zur Kompensation des in der Woche Versäumten dienen soll. Zum zweiten hat durch Flexibilierung der Arbeitszeiten und die umfassende, mittlerweile mehr als zehn Prozent des Gesamtjahres umfassende Urlaubszeit der Wochen-Rhythmus in manchen Bevölkerungsgruppen an Bedeutung verloren. Teilweise treten neue Takte – etwa vier Tage mit Überstunden, dann ein größerer Block freier Tage o.Ä. – an die Stelle des bis in die sechziger Jahre des 20. Jh. üblichen Wochen-Rhythmus.

Dazu kommt, dass die allgemein als zunehmend empfundene Beschleunigung des allgemeinen Zeittaktes zum Bedürfnis nach »Auszeiten« führt.

Der Gottesdienst als in der Regel einstündige Versammlung im Wochen-Rhythmus am Sonntagvormittag droht also in mehrfacher Weise den Zeit-Takt vieler Menschen zu verfehlen. Die genannten Entwicklungen stellen nachdrücklich die Frage nach der künftigen Bedeutung des Sonntagmorgens, des Wochen-Rhythmus und der zeitlichen Fixierung auf etwa eine Stunde für Gottesdienst bzw. nach neuen, den jeweiligen Lebensverhältnissen der Menschen angemessenen zeitlichen Ansätzen. Dass es hierbei keine allgemein gültigen Lösungen mehr geben wird, ist eine Konsequenz des Pluralismus.

3. Raum

Auch hinsichtlich des Raums sind weitreichende, den Gottesdienst unmittelbare tangierende Wandlungen unübersehbar (s. Grethlein 146–158). Gottesdienst ist heute nach wie vor – ursprünglich nicht zuletzt wegen der Stol-Gebühren – wesentlich parochial organisiert.

Dem steht die zunehmende Mobilität in mehrfacher Hinsicht entgegen. In Städten ist es weithin üblich, dass Wohnung, Arbeitsplatz und bevorzugt zur Freizeit aufgesuchte Orte in den Gebieten verschiedener Kirchengemeinden liegen. Dazu kommt, dass – in Verbindung mit dem genannten modernen Wochenende – für viele der Sonntag ein Tag für Ausflüge oder andere Unternehmungen an anderen Orten ist. Damit beginnt sich die traditionelle Verbindung von Gottesdienst und Lokalbezug des sonstigen Lebens zu lockern.

C. Neue Gottesdienstformen

Im Folgenden stelle ich aus der nicht mehr überschaubaren Fülle neuer Gottesdienstformen drei verschiedene Modelle knapp vor. Drei Auswahlkriterien leiten mich: die mit dem Erfolg vor Ort verbundene Bekanntheit, das grundsätzliche Innovations-Potenzial für liturgische Reform sowie die Repräsentanz für weitere hier nicht erwähnte Reformversuche. Aus Raumgründen kann ich aber nicht auf die in unterschiedlichen Regionen beobachtbaren Differenzierungen und Modifikationen der vorgestellten Modelle eingehen. Das Augenmerk gilt nur dem Typischen.

Dazu ist auf folgende weitere Artikel des Handbuchs zu verweisen: →Spiritualität und Liturgie von Frauen, →Jugend- und Schulgottesdienst, →Kindergottesdienst (und Krabbelgottesdienst), →Gottesdienstübertragungen in Hörfunk und Fernsehen; Vieles des dort Berichteten und Diskutierten könnte ebenso gut seinen Platz im vorliegenden Kapitel »Auf der Suche nach neuen Formen« haben. Ergänzend und zuspitzend zu dem in diesen Kapiteln Ausgeführten gilt es hier, exemplarisch auf grundlegend neue liturgische Optionen hinzuweisen. Im Einzelnen wird zuerst knapp über Entstehung (a) und innovatives Anliegen berichtet (b); danach finden Aufbau und Durchführung eine kurze Darstellung (c), wobei der Schwerpunkt auf den Besonderheiten gegenüber herkömmlichen Gottesdiensten liegt. Eine kurze Reflexion auf das innovative liturgische Potenzial schließt die Skizze ab (d).

1. Thomas-Messe

a) Die erste Thomas-Messe (auch: Thomasmesse) fand am 10. April 1988 in der Agricola-Kirche in Helsinki/Finnland statt (s. ausführlicher auch zum Folgenden Kotila). Im Hintergrund ihrer Entstehungsgeschichte stehen unterschiedliche Strömungen:

- Einer der Initiatoren, der Universitätslehrer für Dogmatik Miikka Ruokana, war bereits vorher durch den Impuls der sog. Volksmesse hervorgetreten, ein Abendmahlsfest, das auf jüdischer Musik und jüdischem Tanz basierte, und zwischen 1984 und 1987 gemeinsam mit Studierenden in der Krypta des Doms von Helsinki gefeiert wurde. Innovativ war dabei u.a. die aus mehreren Bekenntnissen bestehende allgemeine Beichte und ein reicher Fürbittenteil, der inhaltlich sowohl aus in einen Kasten eingeworfenen Gebeten als auch den durch die den Gottesdienst gestaltende Arbeitsgruppe vorbereiteten Gebeten bestand.
- Im Zusammenhang mit der charismatischen Erneuerungsbewegung in der evangelisch-lutherischen Kirche Finnlands ist die von dem zweiten Initiator der Thomas-Messe, dem

Fernsehpastor Olli Valtonen, 1980 gegründete Morgengemeinde zu sehen, die sich am Dienstagmorgen in verschiedenen Restaurants Helsinkis versammelte. Dabei wurden vor allem gut ausgebildete Menschen im Arbeitsalter angesprochen.

- Deutlichen Einfluss auf die Thomas-Messe hatten auch die Taizé-Gottesdienste, vor allem die hier gesungenen Hymnen sowie die Phasen der Stille und Meditation.
- Im Spätsommer 1987 hatte Billy Graham eine Missions-Kampagne in Helsinki durchgeführt. Dabei brach eine deutliche Kluft zwischen den durch solche Veranstaltungen kurzzeitig ansprechbaren Suchenden und den vorhandenen Kirchengemeinden mit ihren für diese Menschen unattraktiven Gottesdiensten auf.
- Schließlich dürfte auch das herannahende, symbolisch aufgeladene Jahr 2000 eine Rolle gespielt haben, für das man sich eine Erneuerung der Kirche erhoffte (s. Haberer 18).

Den konkreten religionsstatistischen Hintergrund gab der deutliche Rückgang der Teilnahme am Sonntagmorgengottesdienst in Finnland ab.

b) Der Name »Thomas«-Messe gibt Auskunft über das Ziel der von Valtonen und Ruokanen geleiteten Initiative. Es geht – in Anspielung an die Gestalt des zweifelnden Thomas – darum, Zweifelnden und Menschen, für die die bestehenden Gottesdienste keinen Zugang ermöglichten, eine liturgische Heimat zu schaffen. Fünf inhaltliche Profilierungen sind dabei leitend:

»1. Das Gemeindeglied ist statt eines Zuschauers und Zuhörers ein aktiver Teilnehmer. Jedes Gemeindeglied kann in der Messe in allen Aufgaben außer als Zelebrant fungieren.
2. Den Teilnehmern sollte die Möglichkeit zur persönlichen Beichte gegeben werden.
3. Das vielseitige, seelsorgliche Fürbittengebet hat eine zentrale Stellung in der neuen Messe. Auch die Stille und Möglichkeit zum meditativen Gebet, z.B. an Gebetsstationen [an Seitenaltären], gehören zur Messe.
4. Die Musik soll Raum geben für neue Stilrichtungen und Instrumente.
5. Die Feier des Abendmahls ist der wichtigste Teil der Messe« (Kotila 72).

c) Die konkrete Durchführung ergibt dann einen folgendermaßen gegliederten Gottesdienst:

1. Vor der Messe: Möglichkeit zur persönlichen Beichte; seelsorgerliche Gespräche.
2. Beginn der Messe: Einstimmung durch Singen von Gebetshymnen etwa 10 Minuten vor dem offiziellen Beginn; in den Seitenschiffen sind Gebetsstationen aufgebaut; Ansagen von Technika; Eingangslied, während dessen die Mitwirkenden einziehen; Salutation.
3. Allgemeine Beichte: Gemeinsames Sprechen eines knappen Bekenntnisses (mittlerweile mit dreimaligem Schlagen auf die Brust verbunden: »aus eigener Schuld«); Singen des Kyrie eleison; persönliche Sündenbekenntnisse von zwei Mitwirkenden; Singen des Kyrie eleison; Sündenvergebung durch den Liturgen; Gloria durch Liturg; Danklied der Gemeinde.
4. Gemeinsames Gebet

Während dieses bis zu einer halben Stunde dauernden Teils bewegen sich die Menschen frei im Gottesdienstraum: u.a. Aufschreiben der Gebetswünsche auf Zettel; Möglichkeit zur Salbung mit Öl im Chorraum; Gebet an Gebetsaltären.

5. Wort Gottes

Lied, Epistellesung, Evangeliumslesung, jeweils mit nachfolgendem Halleluja; Predigt, Credo.

6. Abendmahl

Lied, während dessen eine Opfergabe eingesammelt wird; Abendmahlsfeier mit den herkömmlichen Elementen.

7. Abschluss der Messe

Salutation; Segen; Schlusslied; Auszug der Mitwirkenden; Möglichkeit zu persönlicher Seelsorge.

Von grundsätzlicher Bedeutung ist die große Zahl der Mitwirkenden an der Thomas-Messe. Wichtige Funktionen, die sowohl von Männern als auch Frauen bekleidet werden können, sind u.a.: Liturg; Abendmahlsassistenten, die zugleich die Salbungen vornehmen (einschließlich seelsorgerlicher Gespräche); Musikleiter; Chorleiter; Prediger; Verleser der biblischen Texte; Sprecher des Sündenbekenntnisses; Gebetsleiter (v.a. des Fürbittgebets), Altardiener an den Nebenaltären; Gästebetreuer, die nach der Messe Tee und Gebäck servieren. Durch die feste Form der Thomas-Messe sind jedoch zeitraubende Vorbesprechungen nicht notwendig. Ein Leitungs-Team ist für die Besetzung der verschiedenen Funktionen zuständig; erst eine halbe Stunde vor Gottesdienst-Beginn treffen sich die Mitarbeitenden zu letzten Absprachen und zum gemeinsamen Gebet.

d) Insgesamt werden den Teilnehmenden sehr unterschiedliche Möglichkeiten der Partizipation eröffnet. Sie gelten bewusst als »Besucherinnen« und »Besucher«, werden also nicht als Gemeinde vereinnahmt. Zugleich wird – z.B. durch die Form der Wandelkommunion, in der das Heilige Mahl gefeiert wird – verhindert, dass es zu Aufspaltungen kommt (etwa in die Gemeinschaft der Kommunizierenden und anderer etwa weniger fromm Erscheinender).

Interessant ist auch, dass als Zeitpunkt der Sonntagabend (18 Uhr) gewählt wurde. Gerade für Großstädter passt diese Zeit besser in den Wochenend-Rhythmus als der Sonntagmorgen.

Eine große Rolle spielt für den Erfolg der Thomas-Messe zweifellos die Musik. Der Schwerpunkt liegt auf dem Stil im Alltag gebräuchlicher U-Musik, aber auch klassische Stücke werden zu Gehör gebracht.

In Finnland hat die Thomas-Messe mittlerweile eine erhebliche Verbreitung erfahren; über 25% der Kirchengemeinden geben an, schon einmal in dieser Form Gottesdienst gefeiert zu haben. Seit 1992 gibt es Thomas-Messen auch in Deutschland (s. genauer und zu Modifizierungen Haberer; auch Degenhardt/Flügger), wesentlich unterstützt durch das Gemeindekolleg der VELKD, Celle.

Beeindruckend und weiterführend ist auf jeden Fall, dass es bei der Thomas-Messe gelungen ist, die Dominanz (teilweise sogar Alleinverantwortlichkeit) der Ordinierten im Gottesdienst zu überwinden. Durch die feste Form vermeidet man den Fehler früherer Gottesdienste in neuer Form, die eine die Kräfte schnell übersteigende Vorbereitung erforderten. So kann die Thomas-Messe grundsätzlich vom Vorbereitungsaufwand her im Wochen-Rhythmus gefeiert werden. Ob dies allerdings dem Lebensstil der angezielten Besucherinnen und Besucher entspricht, muss vor Ort geklärt werden. Mancherorts hat sich ein Monats-Rhythmus als günstig erwiesen. Auch die zentrale Stellung des Gebets, verbunden mit sinnlich erfahrbaren Zeichen der Zuwendung (Salbung) und dem Angebot der Beichte bzw. persönlicher Seelsorge, reagiert in guter Weise auf Nöte vieler heutiger Menschen. Konzeptionell wird dadurch die sonst oft zu beobachtende, das Neue christlichen Gottesdienstes gefährdende Kluft zwischen Liturgischem und Seelsorgerlichem, z.T. wohl auch Diakonischem, die herkömmliche Gottesdienste kennzeichnet, geschlossen.

2. OASE – Gottesdienst anders

a) Der erste OASE-Gottesdienst wurde Pfingsten 1993 in dem württembergischen Ort Giengen gefeiert. Er steht deutlich in evangelikaler Tradition. Auch diese Gottesdienstform verdankt sich wesentlich außerdeutschen Einflüssen (s. auch zum Folgenden Knoblauch):

– Die enge Verbindung zwischen liturgischer Innovation und dem Anliegen grundlegender Reform des Gemeindeaufbaus verdankt sich Impulsen aus der in der anglikanischen Kirche Englands aufgekommenen »church-planting«-Bewegung (s. hierzu und zur sonstigen Rezeption in Deutschland: Knoblauch/Eickhoff/Aschoff).

- Die Organisation der liturgischen und dann auch gemeindlichen Arbeit folgt weithin dem Vorbild der von Bill Hybels geleiteten »Willow Creek«-Gemeinde in Chicago. Dies gilt auch für den tragenden theologischen Ansatz, der wesentlich sündentheologisch bestimmt ist. Dazu kommen vor allem bei der musikalischen Gestaltung Elemente aus der charismatischen Tradition.
- Konkret verdankt sich auch dieses Modell einer Analyse der volkskirchlichen Verhältnisse, vor allem des sonntäglichen Gottesdienstes: »Der 10-Uhr-Gottesdienst hat sich unfreiwillig zur Zielgruppenveranstaltung für über 50jährige entwickelt.« (Knoblauch 1. Teil, 11).
- Auf Grund der Segmentierung heutiger Gesellschaft erscheint ein zielgruppenbezogenes gottesdienstliches Angebot unabdingbar. Ein solcher Zielgruppenbezug erleichtert zugleich die entschlossen ergriffene Möglichkeit, eine klare Marketing-Strategie zu entwickeln, wobei Fragebögen zu einer realistischen Einschätzung der Rezeption der Gottesdienste bei den Besucherinnen und Besuchern dienen.
- Konkret will OASE ein »Gottesdienst für kirchendistanzierte junge Familien« (Knoblauch 2. Teil, 7) sein, wobei in der weiteren Entwicklung noch andere Gottesdienste für weitere Zielgruppen erwünscht sind und sich teilweise auch bildeten.

b) Der enge Zusammenhang zwischen Gemeindeaufbau und Liturgie wird in der »Strategie der sieben Schritte« von Bill Hybels deutlich, der sich dem Konzept des OASE-Gottesdienstes anschließt:

»1. Christen werden ermutigt und befähigt, freundschaftliche und vertrauensvolle Beziehungen zu Fernstehenden zu pflegen.
2. Christen werden befähigt, verständlich von ihrem Glauben zu reden.
3. Die Gemeinde bietet besondere ›einladende‹ Veranstaltungen (Seeker-Service) an, in denen Fernstehende sich wohlfühlen können.
4. Wer durch persönliche Kontakte und einladende Gemeindeveranstaltungen Zugang zum Glauben gefunden hat, wird ermutigt, regelmäßig am Gemeindegottesdienst teilzunehmen.
5. Es wird angestrebt, dass jedes Gemeindeglied – auch die ›Neuhinzugekommenen‹ – zu einer Kleingruppe gehört, in der Gemeinschaft erfahren und ›Nachfolge‹ eingeübt wird.
6. Jedes Gemeindeglied hat eine gottgegebene Gabe. Diese gilt es zu entdecken und zum Dienst anzuleiten. Jeder Christ soll eine seiner Gabe entsprechende Aufgabe finden.
7. Christen werden ermutigt ›haushalterisch‹ mit ihren Finanzen umzugehen. Das ›Mehr‹, das Gott gibt, soll nicht für sich behalten, sondern weitergegeben werden.« (zitiert bei Knoblauch 1. Teil, 33).

Dementsprechend gehören zum OASE-Programm auch Glaubens-Kurse und sonstige Angebote zur Mitarbeiterschulung, die den engeren liturgischen Rahmen überschreiten, gleichwohl aber liturgische Elemente, vor allem das Singen von Lobpreis-Hymnen, enthalten.

c) Um eine Orientierung zu ermöglichen steht jeder OASE-Gottesdienst unter einem möglichst aktuellen Thema und ist klar strukturiert:

1. Eingangslied, Begrüßung, vier bis fünf Lobpreislieder.
2. »Kreativteil«: Einstimmung auf das Thema in methodisch abwechslungsreicher Form.
3. »Anbetungszeit«: Fünf bis sechs Lieder, unterbrochen durch einzelne Gebete. Währenddessen gehen in der Gemeinde Kästen herum, in die Zettel mit Gebetsanliegen eingeworfen werden können.
4. Lebensbericht: Zeugnis eines erfahrenen Gemeindeglieds.
5. Predigt: Auch durch sog. Laien; die Predigt geht in der Regel von einem aktuellen Problem aus und endet mit einem Verweis auf eine Bibelstelle.

6. Schluss: Vaterunser, Segen, Schlusslied.
7. Nach dem Schlussteil Gelegenheit zur Begegnung bei Gebäck und Getränken.

Im Mittelteil gibt es eine OASE für Kinder, die sich an die Drei- bis Dreizehnjährigen richtet.

Ähnlich wie bei der Thomas-Messe sind auch hier für die einzelnen Funktionen viele Mitarbeiterinnen und Mitarbeiter mit genau abgegrenzten Aufgabengebieten notwendig. Für den Gesamtablauf ist ein Leiter verantwortlich. Durch den Gottesdienst führt – vergleichbar einer TV-Show – ein »Moderator«, der die einzelnen Teile miteinander zu verbinden hat.

d) Bei der Beteiligung vieler Mitarbeitender leitet nicht nur die praktische Notwendigkeit, sondern die Einsicht, dass eine gewisse Forderung die Attraktivität des Angebots erhöht. Für OASE-Gottesdienste hat sich ein 14-tägiger Rhythmus bewährt. Ähnlich wie bei der Thomas-Messe finden die meisten Gottesdienste am Sonntagabend (zwischen 17 und 19 Uhr) statt.

Beachtlich ist, dass hier die Entwicklung einer Marketing-Strategie (bis hin zur Entwicklung eines ansprechenden Logos) als wichtige Aufgabe für eine liturgische Arbeit entdeckt wurde, die den Kreis der sog. Kirchentreuen überschreiten will. Damit wird die zunehmende Markt-Situation auch hinsichtlich ritueller bzw. liturgischer Angebote ernstgenommen.

Ebenfalls interessant ist – zumindest formal – die Integration der liturgischen Arbeit in ein umfassendes Gemeindeaufbau-Konzept. Inhaltlich besteht dabei jedoch das Problem eines letztlich wohl sündentheologisch begründeten rigiden Gemeinschaftsverständnisses, das als Norm (und damit Zielangabe) feststeht und die Gewinnung von festen Gemeindegliedern beabsichtigt. Dadurch droht sich »die Gemeinde« als ein für viele Menschen nicht erreichbarer, dominanter Lebensbereich zu profilieren, demgegenüber andere, in herkömmlich lutherischer Berufsethik gleichwertige Lebenszusammenhänge zurückfallen. Die mit solchen Gemeinschaftsvorstellungen verbundene Milieu-Verhaftung wird, so weit ich sehen kann, nicht reflektiert.

3. Senfkorngottesdienste

a) Der erste Senfkorngottesdienst fand im Mai 1993 im mittelfränkischen Heilsbronn statt. Ausgangspunkt dieses die volkskirchliche Situation positiv aufnehmenden Gottesdienstes war die Suche von sog. kirchlichen »Randsiedlern«, v.a. Müttern mit kleineren Kindern, die aus dem Krabbelgottesdienst herauswuchsen, nach einer ihren Bedürfnissen adäquaten Feierform.

Programmatisch für das Bemühen um solche Menschen steht das Senfkorn-Symbol, und zwar in seinen drei neutestamentlichen Dimensionen: »Das Reich Gottes ist wie ein Senfkorn, das zu einem Baum wird, unter dessen schützendem Dach es sich wohnen lässt (Mt 13,31–32). ... Der Glaube seiner [Jesu] Anhänger ist unscheinbar, er ist ›Kleinglaube‹. Wäre dieser Glaube ... nur so groß wie ein Senfkorn, so könnten sie Kranke heilen und Berge versetzen (Mt 17, 14–20). Glaube und Vertrauen entfalten sich ... So steht das Senfkorn für Dinge, die bereits vorhanden sind und in einem Wachstumsprozess größer werden.« (Bracks 14).

b) Grundsätzlich bestimmen »Potenzialorientierung« und »Wertschätzung« die Senfkorngottesdienste (Bracks 39). Der Ausgangspunkt sind nicht eventuelle Defizite der Menschen bzw. theologisch ein Sündenverständnis, sondern der Respekt vor dem Glauben derer, die meist dem gemeindlichen und kirchlichen Leben fern bleiben. Sie werden als Randsiedler der Kirche, aber nicht des Glaubens angesehen. Im Mittelpunkt der Senfkorngottesdienste stehen die »religiös-spirituelle(n) Bedürfnisse« (Bracks 34) der Menschen.

Folgende Attribute leiten die liturgische Gestaltung:

– »nachvollziehbar: Die Liturgie soll für die Besucher einsichtig und nachvollziehbar sein; der Gottesdienst ist kein Ritual für Insider;

– schön: Gottesdienstgestaltung und Liturgie sollen ästhetisch, festlich und freundlich sein; ein dramaturgischer Gesamtbogen soll erkennbar sein;
– wesentlich: Wir beschränken uns, wir elementarisieren und setzen in Szene; ein Thema konzentriert sich aufs Wesentliche, ein biblischer Text ist genug;
– verständlich: Wir achten sorgsam auf eine verständliche Sprache und auf den gesamten Kommunikationsvorgang des Gottesdienstes in der Raumgestaltung, in Gesten, Symbolen, Bildern, Liedern und Musik;
– wertschätzend: Am Anfang des Gottesdienstes steht nicht das Sündenbewusstsein und die Gnadenzusage, sondern Feier und Wertschätzung des mitgebrachten Glaubens;
– gemeinschaftsfördernd: Das Priestertum aller Gläubigen soll ausstrahlen; viele Menschen wirken am Gottesdienst mit und bereichern ihn mit ihren Glaubens- und Lebenserfahrungen, mit ihren Gaben und Kompetenzen ...« (Bracks 21).

c) Die Senfkorngottesdienste werden durch ein etwa zehn bis zwölf Personen umfassendes, aus einem größeren Vorbereitungskreis rekrutiertes Team in etwa sechs bis acht Wochen vorbereitet. Er findet sechs Mal im Jahr statt. Der anfänglich angezielte monatliche Rhythmus konnte auf Grund der intensiven Vorbereitungs- und der programmatisch betonten Auswertungsarbeit nicht durchgehalten werden. Dies liegt auch daran, dass jeder Senfkorngottesdienst in seinem Aufbau und seinen Elementen neu entworfen wird, wobei sich etwa folgende Grundstruktur entdecken lässt:

1. Grundsätzliche Bedeutung hat die Raumgestaltung. Sie wird – einschließlich Sitzordnung – für jeden Senfkorngottesdienst eigens geplant (»Die Atmosphäre in einem Gottesdienst wird stark vom Raum beeinflusst«, Bracks 41).
2. Willkommen: Verteilung der Gottesdienstprogramme am Eingang; Einsingen neuer Lieder; Entzünden der Kerzen durch Kinder; Lied »Kleines Senfkorn Hoffnung«; Begrüßung und Einführung in den Gottesdienst; Auszug der Kinder mit Musik ...
3. Themen-Präsentation, etwa im Wechsel von durch Sprecher vorgetragenen Texten und Musik; Predigt; Lieder.
4. Segen: Einzug der Kinder mit Musik; Berichte vom Kinderprogramm, Gebet; Lied; Segen; Musik.

Wenn ein thematischer Zusammenhang besteht, wird auch das Abendmahl gefeiert. Entsprechend der Entstehungssituation wird versucht Kinder zu integrieren, ihnen aber auch den nötigen Freiraum zu geben. Deshalb wenden sich die Kinder – abgesehen von dem gemeinsamen Anfangs- und Schlussteil – in einem eigenen Raum einem besonderen Thema zu.

d) Deutlich sind Gemeinsamkeit und Unterschied zu den OASE-Gottesdiensten. Beide Formen versuchen, sog. kirchliche Randsiedler anzusprechen. Während auf Grund der sündentheologischen Grundlage von OASE die Hinführung zu einer verbindlichen, vorgegebene Frömmigkeitsformen umfassenden Gemeindegliedschaft Ziel ist, geht es beim Senfkorngottesdienst primär um Ermutigung und Bestätigung, also um die Pflege des »Senfkornglaubens«.

Liturgisch interessant ist die große Bedeutung der angemessenen Raumgestaltung. Hier wird den zunehmenden ästhetischen Ansprüchen der Menschen Rechnung getragen. Die besonderen Möglichkeiten, die das Refektorium des ehemaligen Heilsbronner Zisterzienserklosters bietet (flexible Bestuhlung, kleine Bühne) werden gezielt genutzt.

Ein Problem der Senfkorngottesdienste ist der hohe Vorbereitungsaufwand – mit einer im Vergleich zu den beiden anderen vorgestellten Gottesdiensten kleinen Mitarbeiterschaft. Doch könnte der damit bedingte Zwei-Monats-Rhythmus nicht wenigen »Randsiedlern« entgegenkommen. Eine deutliche Anbindung an volkskirchliche Normalität zeigt sich im Termin am

Sonntagmorgen um 10.45 Uhr – nur im Dezember findet der Senfkorngottesdienst am Abend statt – und in der jedenfalls teilweisen Orientierung an der eingeführten Perikopenordnung.

Betrachtet man die drei vorgestellten Gottesdienstformen, so fallen unmittelbar einige Gemeinsamkeiten auf:

– Vorbereitung durch ein Team, bei weitgehendem Zurücktreten der Ordinierten.
– Versuch, neue Personenkreise für die liturgische Feier zu gewinnen, wobei in der Zielsetzung deutliche Differenzen bestehen.
– Abgehen vom Wochen-Rhythmus; dazu terminieren zwei Modelle den Gottesdienst am Sonntagabend.
– Meist erheblich längere Gottesdienstzeiten und höhere Intensität des Erlebnisgehaltes.
– Große Bedeutung zeitgemäßer Musik, die in direktem visuellen Kontakt zwischen Gottesdienstteilnehmern und Musizierenden gespielt wird.
– Ausstrahlung weit über die herkömmlichen Parochialgrenzen hinaus, unterstützt durch teilweise nach Marketing-Gesichtspunkten ausgerichtete Werbung und hierzu notwendige Erhebung von Rückmeldungen der Besucher.

Die in der theologischen Reflexion des Attributs »neu« skizzierten Anforderungen an einen christlichen Gottesdienst, nämlich die Verbindung von Ritus und alltäglichen Aufgaben und Fragen, findet besonders in der Thomas-Messe hinsichtlich der diakonischen und seelsorgerlichen Dimension eine besondere Ausprägung. An diesem Punkt gilt es aber weitere Anregungen aufzunehmen.

D. Weiterführende Ansätze

Wie eingangs angedeutet, steht das Attribut »neu« in theologischer, christologisch begründeter Hinsicht bei Gottesdiensten für die Verbindung zwischen kultisch-rituellem Handeln und sonstigen Lebensvollzügen der Menschen. Von daher verdienen – über die drei exemplarisch genannten neuen Gottesdienstformen hinaus – besonders liturgische Vorstöße Beachtung, die die verbreitete Isolation des Gemeindegottesdienstes vom sonstigen Leben überwinden. Dass dabei – zumindest im Bereich der sog. alten Bundesländer – besonders die Kasualien von großer Bedeutung sind, liegt auf der Hand. Durch ihren Biographiebezug erfreuen sie sich meist großer Nachfrage. Ihnen ist deshalb in der jetzigen Auflage des vorliegenden Handbuchs ein eigener Teil gewidmet.

Im Folgenden werden Beispiele für die Darstellung des Zusammenhangs von Gottesdienst und der Heilungsbedürftigkeit der Menschen (1.), dem diakonischen Bereich (2.) und der kommunalen Umgebung der Kirche (3.) benannt. Dazu kommen Hinweise auf Ansätze für neue Zeit-Takte (4.) und die wachsende Bedeutung überparochialer liturgischer Angebote als Gesellschafts-Diakonie (5.). Der ebenfalls in diesem Zusammenhang zu bedenkende Zusammenhang von Gottesdienst und Kunst ist u.a. in den Kapiteln →Kirchenbau und Kirchenraum und →Die gottesdienstliche Musik thematisiert und kann deshalb hier ausgelassen werden.

1. Gottesdienst und Heilung

Wesentlich begünstigt durch die Erfolge der einseitig technisch-naturwissenschaftlich ausgerichteten modernen Medizin ist der bis weit ins 19. Jh. reichende Zusammenhang von kirchlichem und heilendem Handeln verloren gegangen (vgl. Rössler). Erst die zunehmende Kritik an der die Ganzheit des Menschen, v.a. seine Leib-Seele-Einheit verfehlenden partiellen Reduktion auf einzelne Körperteile hat neben anderem auch in der evangelischen Liturgik zu einer neuen Aufmerksamkeit für die leibliche Dimension, nicht nur, aber auch hinsichtlich der Bedrohung durch Krankheit geführt.

Angeregt v.a. durch positive Erfahrungen in England, wo die anglikanische Kirche – nicht zuletzt gestärkt durch liturgische Inkulturationsbemühungen im weiten Bereich des Commonwealth – das Wissen um die Bedeutung heilender Vollzüge in der Liturgie bewahrt hat, entdeckten auch deutsche Krankenhausseelsorger seit Ende der achtziger Jahre die Bedeutung von Salbungen im liturgischen Vollzug (wieder). Mittlerweile haben Salbungen – gefördert durch das zunehmende Bewusstsein für die Kraft des Segens – mancherorts den Weg aus der Krankenhausseelsorge in sonstige Gottesdienste gefunden. So begegnete z.B. in der Thomas-Messe das Angebot der Salbung.

Schon ein kurzer Blick in die Bibel macht auf die große Bedeutung von Salbungen aufmerksam (s. Pisarski 18–29). Es ist erfreulich, dass auch durch solche Rückbesinnungen der Zusammenhang von liturgischem und heilendem Handeln wieder stärker ins Bewusstsein dringt.

Allerdings erscheint hier noch eine eingehende Reflexion auf den Zusammenhang (und vielleicht auch Widerspruch) des heilenden Handelns in der Liturgie und der modernen Medizin unerlässlich. Liturgische Erfahrungen werden hier hoffentlich für systematisch-theologische Reflexion einen Anstoß geben. Angesichts der Tatsache, dass jeder Mensch vom Phänomen der Krankheit zumindest potenziell betroffen ist, können Erprobungen auf diesem Gebiet in ihrer Alltagsrelevanz kaum überschätzt werden.

2. Gottesdienst und Diakonie

Der – wie erwähnt – schon durch die alttestamentliche Prophetie proklamierte und dann durch Jesus bekräftigte Zusammenhang von Kult und Dienst am Nächsten ist in den meisten Gottesdiensten auf das Herumgeben des Klingelbeutels und gelegentliche Passagen in Predigt und Fürbittengebet reduziert. Dagegen besteht schon von Anfang an ein enger Bezug des liturgischen zum diakonischen Handeln, wie er in der Feier des Herrenmahls eine auf die elementaren Lebensnotwendigkeiten konzentrierte Verdichtung erfahren hat (zum grundsätzlichen Zusammenhang von Gottesdienst und Diakonie s. Schmidt-Lauber).

In diesem Zusammenhang verdient ein unter dem Namen »Vesperkirche« seit 1995 regelmäßig in Stuttgart unternommenes Experiment Beachtung (s. Jähnigen, Moser). Hier wird jedes Jahr die Kirche für eine bestimmte Zeit im Winter für notleidende Menschen, vom Obdachlosen über von Abschiebung bedrohte Asylbewerber-Familien bis hin zur Aids-kranken Prostituierten, geöffnet. Im Mittelpunkt stehen die Ausgabe von Essen und das Angebot eines Raums für Gemeinschaft. Es wird auch unkomplizierte medizinische Hilfe im Kirchenraum angeboten. Liturgische Elemente in Form von Andachten sind in eine zeichenhafte Solidarität der Gemeinde mit den im Abseits der Gesellschaft Stehenden integriert.

Dieses in einem sog. sozialen Brennpunkt von Stuttgart initiierte, mittlerweile auch andernorts aufgenommene Projekt verringert augenscheinlich den Abstand zwischen Gottesdienst und diakonischer Hilfe und ist so ein wichtiger Schritt auf dem Weg zu einem »neuen« Gottesdienst im Sinne Jesu Christi.

3. Gottesdienst und kommunale Umgebung

Günter Ruddat (s. zum Folgenden Ruddat) hat im Zusammenhang der Entfaltung seines gemeindepädagogischen Ansatzes anhand der Gestaltung eines Gemeindefestes auf den möglichen Zusammenhang von liturgischem Handeln und Bezug auf die kommunale Umgebung der Kirchengemeinde, also eine konkrete Form der Öffentlichkeit, aufmerksam gemacht. Dabei kann sowohl der Gefahr entgegengetreten werden, dass Gemeindefeste sich nahtlos in die lange

Reihe der immer gleichen sog. Sommerfeste einfügen, als auch der Öffentlichkeitsanspruch von Gottesdienst exemplarisch erfahrbar gemacht werden. Explizit liturgische Handlungen – angefangen vom Gottesdienst am Morgen, möglichst im Freien, bis zum »Wort zur Nacht« am Lagerfeuer als Abschluss – geben dabei dem Gemeindefest einen deutlichen Rahmen. Die Integration behinderter Menschen (Stichwort: diakonisches Lernen), die Kooperation mit anders konfessionellen Nachbargemeinden (Stichwort: ökumenisches Lernen), aber auch mit anderen Institutionen vor Ort wie Schulen (Stichwort: kommunikatives, dialogisches Lernen) im Gemeindefest sind dann Entfaltungen des rituell Gefeierten. Das dabei von Ruddat jeweils verwendete Stichwort des »Lernens« weist auf die in solcher Erweiterung des Gottesdienstes liegende Dynamik, nicht eine pädagogische Instrumentalisierung hin. Angesichts der Tatsache, dass in nicht wenigen Gegenden bei solchen Festen auch Muslime oder Angehörige anderer Religionen zu berücksichtigen sind, stellt sich die Frage nach möglichen Formen der Teilnahme dieser Menschen an einem evangelischen bzw. christlichen Gottesdienst. Auf die dafür zu klärenden systematischen Probleme einer Theologie der Religionen kann hier nur hingewiesen werden.

4. Gottesdienst und neue Zeit-Takte

Vor dem Hintergrund der im Vorhergehenden beschriebenen liturgischen Probleme durch Veränderungen der Zeit-Rhythmen verdienen neue Versuche auf dem Gebiet des Kindergottesdienstes Aufmerksamkeit:

Angesichts der Tatsache, dass mancherorts kaum mehr Kinder am Sonntagmorgen den Weg in die Kirche finden, versucht man durch neue Terminierung den Kindern den Zugang zur liturgischen Feier zu ermöglichen. Drei mögliche Varianten sind dabei zu beobachten (s. Grethlein 291 f.): Beibehalten des Sonntags bei größerem zeitlichem Abstand; Ersetzen des Kindergottesdienstes durch ab und zu stattfindende Kinderbibeltage oder -wochen; Kindergottesdienst an einem anderen Tag (meist) des Wochenendes, vorzüglich Samstagvormittag oder Freitagnachmittag (verbunden mit Erleichterungen für die Eltern).

Schon angesichts der empirisch festgestellten großen Bedeutung der Teilnahme am Kindergottesdienst für spätere liturgische Partizipation verdient diese Entwicklung Beachtung. Kinder, die ihre ersten Gottesdiensterfahrungen nicht mehr im Rhythmus des wöchentlich wiederkehrenden Sonntags gemacht haben, werden als Erwachsene noch schwerer einen Zugang hierzu finden als heute schon die offensichtliche Mehrheit der Bevölkerung. Liturgisches Innovations-Potenzial liegt aber darin, dass häufig die Abkehr vom Sonntag-Vormittag mit der Einführung neuer Formen verbunden ist, die den bisher üblichen Ein-Stunden-Takt des Gottesdienstes verlassen und dadurch an Intensität gewinnen. Die vielerorts mit großem Erfolg angebotenen Kinderbibelwochen können so als Hinweise auf eine neue liturgische Form interpretiert werden, die dem Rückgang der Bedeutung des Wochen-Rhythmus und dem festgestellten Bedürfnis der Menschen nach »Auszeit« gleichermaßen Rechnung trägt und zugleich – etwa durch gemeinsames Essen und Spielen – den Hiatus zwischen dem auf eine Stunde begrenzten Gottesdienst und den sonstigen Lebensvollzügen mildern hilft.

Die vor allem in der DDR für das Leben mancher Gemeinden grundlegenden Rüstzeiten sind auf Familien bezogene Varianten hierzu, in denen neue Formen der Erlebnis-Intensität, andere Zeit-Takte und das Bedürfnis nach »Auszeiten« ineinander gehen (s. Hoenen).

5. Gottesdienst und Gesellschafts-Diakonie

Nur wenig in der liturgischen Diskussion wurde bisher eine neue, wesentlich durch das Fernsehen beförderte Entwicklung zur Kenntnis genommen: die liturgische Feier angesichts von Ereignissen, die Menschen in großer Zahl grundlegend erschüttern. Vor allem Trauerfeiern, angefangen von der Bestattung der englischen Prinzessin Diana bis hin zu dem Gottesdienst nach dem Massaker in Erfurt 2002, aber auch Bitt- und Friedensgottesdienste angesichts politischer Notlagen (s. exemplarisch für das Beispiel der DDR-Friedensgebete Bronk) sind Ausdruck eines neuen Bewusstseins für die öffentliche Bedeutung liturgischer Akte in der breiten Öffentlichkeit. Angesichts der durch Katastrophen nicht mehr verdrängbaren Einsicht in die Gefährdung des Lebens wächst dem liturgischen Handeln der Kirche eine überparochiale, gesellschaftsdiakonische Aufgabe zu.

Die große Bedeutung des Fernsehens und der sonstigen Massenmedien in diesem Prozess ist noch wenig aufgehellt und bedarf dringend der genaueren Erforschung. Ob sich mit solchen, ein Millionen-Publikum erreichenden Gottesdiensten, die sich in ihrem Thema wesentlich an den nach den Gesetzen der Mediengesellschaft ausgewählten, massenmedial eindrücklich inszenierten Katastrophen und Bedrohungen orientieren, eine neue Gottesdienstform herauszubilden beginnt, ist offen. Vielleicht begegnet hier eine neue, nur noch massenmedial zu bestimmende liturgische Form, die dann wohl langfristig Auswirkungen auf die Gottesdienste vor Ort haben dürfte.

Insgesamt kann dieser kurze skizzenhafte Überblick über einige innovative liturgische Entwicklungen in Deutschland nur einen ersten Eindruck von der Dynamik vermitteln, in der gegenwärtig Suchbewegungen auf einen im präzise theologischen Sinn »neuen« Gottesdienst im Gange sind. Besonders hervorzuheben ist dabei, dass die liturgischen Experimente wiederholt an Fragen stoßen, die der umfassenderen theologischen Reflexion bedürfen:

– Die Verhältnisbestimmung von moderner Medizin und heilendem Handeln in der Liturgie;
– die Aufgabe einer Theologie der Religionen, die eine Grundlage für die genauere Bestimmung des Teilnahme-Modus von Nichtchristen an evangelischen bzw. christlichen Gottesdiensten bietet;
– die Aufklärung über die Bedeutung der Massenmedien für öffentlichkeitswirksame gottesdienstliche Praxis sind besonders dringende Desiderate.

Dies zeigt zugleich, dass eine Beschäftigung mit »neuen« Gottesdiensten eine deutlichere reflexive (nicht exklusiv normative) Rückbindung liturgischer Arbeit an systematisch-theologische Reflexion erfordert, als dies teilweise in der Vergangenheit der Fall war, und so einen Impuls zu einer Neubestimmung der Liturgik als wissenschaftlicher praktisch-theologischer Disziplin gibt.

Quellen

ACTIO PASTORALIS. Instruktion der Kongregation für den Gottesdienst »über die Meßfeiern mit besonderen Gruppen«: Dokumente zur Erneuerung der Liturgie, Bd. 1, hg.v. Heinrich Rennings, Kevelaer 1983, Nr. 100. – RICHTLINIEN der Deutschen Bischofskonferenz für Meßfeiern kleiner Gemeinschaften (Gruppenmessen). Approbiert von der Vollversammlung der Deutschen Bischofskonferenz am 24. September 1970 in Fulda: Die Meßfeier. DOKUMENTENSAMMLUNG. Auswahl für die Praxis, hg.v. Sekretariat der Deutschen Bischofskonferenz, Bonn 1990, 163–172.

Ferner zu I.: KOMMENTARGOTTESDIENSTE, hg.v. Georg Kugler/u.a., Gütersloh 1972, 142–152. – Konrad MÜLLER, Anregungen zu Vorbereitung und Durchführung eines Gesprächsgottesdienstes: Handreichung der Materialstelle für Gottesdienst der Evangelisch-Lutherischen Kirche in Bayern, Nürnberg, zu der Gebets- und Opferwoche der Diakonie 1991, 8–15. – Thomas RÜBIG, Helfen. Materialien zur Gestaltung eines Gottesdienstes mit einer Bildbetrachtung. Gesprächsgottesdienst: Handreichung der Materialstelle für Gottesdienst der Evangelisch-Lutherischen Kirche in Bayern, Nürnberg, zu der Gebets- und Opferwoche der Diakonie 1993, 18–22.

zu II.: Georg KUGLER, Familiengottesdienste I, Gütersloh 1971. – Ders./Herbert LINDNER Familiengottesdienste II/III/IV, Gütersloh 1976/1979/1980. – VORSCHLÄGE des Liturgischen Arbeitskreises II. Versuche zur Kirchlichen Praxis 1, hg.v. der Evangelischen Kirche in Hessen Nassau, o.O., o.J (Vorwort: Darmstadt 1975), 27–31.

Literatur

Fritz BALTRUWEIT, Lebendige Liturgie im Kirchenalltag: Lebendige Liturgie, hg.v. Sybille Fritsch-Oppermann/Henning Schröer, Bd. 2. Vom Kirchentag zum Kirchenalltag, Gütersloh 1992, 19–27. – Horst BRACKS, Glauben erfahrbar machen. Senfkorngottesdienste. Grundlagen und Modelle, München 2000. – Kay-Ulrich BRONK, Der Flug der Taube und der Fall der Mauer. Die Wittenberger Gebete um Erneuerung des Friedens im Herbst 1989 (AzPrTh 16), Leipzig 1999. – Peter CORNEHL, Art. Gottesdienst VIII.: TRE 14 (1985) 54–85 (Lit.!). – Thomas DEGENHARDT/Henner FLÜGGER, Die Thomas-Messe im Bremer St. Petri-Dom: JLH 37 (1998), 80–86. – Peter DÜSTERFELD, Ende und Neuanfang der Predigt: ders. (Hg.), Neue Wege der Verkündigung, Düsseldorf 1983, 84–98. – Helmut FISCHER, Thematischer Dialog-Gottesdienst, Hamburg 1975. – Josef GOLDBRUNNER, Art. Dialog/Geistliches Gespräch: PLSp (1992) 224–226. – Christian GRETHLEIN, Grundfragen der Liturgik, Gütersloh 2001. – Tilmann HABERER, Die Thomasmesse. Ein Gottesdienst für Ungläubige, Zweifler und andere gute Christen, München 2000. – Johannes HARDER, Plädoyer für das Gespräch oder Gedanken über das Elend unserer Gottesdienste: Zum Gottesdienst morgen. Ein Werkbuch, hg.v. Heinz G. Schmidt, Wuppertal 1969, 34–42. – Gerhard HENNING, Der Gottesdienst – Verkündigung oder Diskussion? (CwH 97), Stuttgart 1968. – Raimund HOENEN, Rüstzeit einer Dorfgemeinde in der DDR: Roland Degen/Wolf-Eckart Failing/Karl Foitzik (Hg.), Mitten in der Lebenswelt, Münster 1992, 53–66. – Brigitte JÄHNIGEN/Fritz MOSER, Die Vesperkirche. Ein Stuttgarter Modell, Stuttgart 1997. – Jörg KNOBLAUCH, Kann Kirche Kinder kriegen? 1. Teil Der zielgruppenorientierte Gottesdienst; 2. Teil Ein Modell: OASE – Gottesdienst anders, Wuppertal 1996. – Ders./Klaus EICKHOFF/Friedrich ASCHOFF (Hg.), Gemeinde gründen in der Volkskirche – Modelle der Hoffnung, Moers 1992. – Heikki KOTILA, Die Thomasmesse. Eine finnische Volksbewegung zur Erneuerung des gottesdienstlichen Lebens: JLH 38 (1999) 65–87. – Klaus MEYER ZU UPTRUP, Zur Transformation des Gottesdienstes: Werkbuch Gottesdienst, hg.v. Gerhard Schnath, Wuppertal 1967, 9–52. – Konrad MÜLLER, Gesprächsgottesdienst: HbLit² 856–873. – Martin OHLY, Verkündigung und Gespräch: Fantasie für Gott. Gottesdienste in neuer Gestalt, hg.v. Gerhard Schnath, Stuttgart/Berlin 1965, 63–77. – Waldemar PISARSKI, Gott tut gut. Salbungsgottesdienste; Grundlagen und Modelle, München 2000. – Jürgen ROLOFF, Zur diakonischen Dimension und Bedeutung von Gottesdienst und Herrenmahl: ders., Exegetische Verantwortung in der Kirche, hg.v. Martin Karrer, Göttingen 1990, 201–218. – Dietrich RÖSSLER, Pfarrhaus und Medizin: Martin Greiffenhagen (Hg.), Das evangelische Pfarrhaus. Eine Kultur- und Sozialgeschichte, Stuttgart ²1991, 231–246. – Günter RUDDAT, Inventur der Gemeindepädagogik: EvErz 44 (1992), 445–465. – Klaus SCHMIDT, Das »Politische Nachtgebet«: Zum Gottesdienst morgen. Ein Werkbuch, hg.v. Heinz G. Schmidt, Wuppertal 1969, 117–126. – Hans-Christoph SCHMIDT-LAUBER, Gottesdienst und Diakonie: JLH 28 (1984), 1–11. – Uwe SEIDEL, »Aktion: Gottesdienst«: Zum Gottesdienst morgen. Ein Werkbuch, hg.v. Heinz G. Schmidt, Wuppertal 1969, 60–65. – Ders./Diethard ZILS, Aktion Gottesdienst II, Wuppertal 1970 (358–361: Lit.!). – Wolfgang STECK, Praktische Theologie I, Stuttgart 2000. – Hans-Joachim THILO, Art. Gespräch: TRE 13 (1984) 147–151. – Dieter TRAUTWEIN, Lernprozeß Gottesdienst, Gelnhausen/Berlin 1972. – Gerhard WACKER/Paul-Gerhard SEIZ, Gottesdienst im Gespräch. Protokoll eines Prozesses (KR 3), Stuttgart 1969. – Rolf ZERFASS, Predigt im Prozeß Gemeinde: ders. (Hg.), Mit der Gemeinde predigen, Gütersloh 1982, 30–58.

Konrad Müller (I) / Christian Grethlein (II)

Feierabendmahl

I. Begriff und Entstehung

A. Die Entstehung des Feierabendmahls

Entstehung und Praxis des Feierabendmahls sind untrennbar mit dem Deutschen Evangelischen Kirchentag verbunden. Das Feierabendmahl lässt sich gattungsmäßig am ehesten als ein festliches Abendmahl in offener Gestalt mit thematischer Ausrichtung kennzeichnen.

Das Feierabendmahl entstand im Rahmen eines »Forum Abendmahl« des 18. Kirchentags 1979 in Nürnberg als bewusst entwickelte und in einem Projektausschuss geplante Gottesdienstform. Auch wenn aussagefähige Zahlen über seine Verbreitung fehlen, so kann doch davon ausgegangen werden, dass es bis heute am häufigsten auf Kirchentagen gefeiert wird.

Das »Forum Abendmahl« war eine dreitägige Veranstaltung in der St. Lorenzkirche in Nürnberg. Sein Thema war die Abendmahlspraxis der evangelischen Kirche. In seinem Rahmen wurden Vorträge zu theologischen Grundsatzfragen gehalten: z.B. von Käsemann und Metz. Es enthielt Elemente eines liturgischen Workshops: »Not ist gegenwärtig« (Kugler 1979, 61–72). Das Feierabendmahl in St. Lorenz am Freitagabend war vom Projektausschuss selbst vorbereitet und durchgeführt worden. Parallel dazu hatte der Ausschuss die Gemeinden im Großraum Nürnberg angeregt, zusammen mit den Gästen in ihrem Gemeindegebiet Feierabendmahl zu halten. Dafür wurde eine Arbeitshilfe angeboten.

Anstöße zur Weiterarbeit nach dem Kirchentag wurden gegeben. Die »Lorenzer Ratschläge« wollten eine veränderte Abendmahlspraxis in den Gemeinden anregen. Eine Dokumentation des »Forum Abendmahl« wurde kurz nach dem Kirchentag veröffentlicht (Kugler 1979).

Auch wenn das Feierabendmahl eng mit dem Kirchentag verbunden ist, so sind doch drei Faktoren zum Verständnis seiner Eigenart gleich bedeutsam: die liturgische Lage Ende der siebziger Jahre, Theorie und Praxis des Abendmahls im Protestantismus und die spirituelle Entwicklung des Kirchentags.

B. Die liturgische Lage am Ende der siebziger Jahre

Etwa ab 1975 zeichnet sich in Deutschland eine Neuakzentuierung der liturgischen Lage ab. Die Phase der »wiedergewonnenen Vielfalt« gottesdienstlicher Ausdrucksformen (Cornehl 78) neigt sich ihrem Ende zu. Sie war gekennzeichnet vom Aufkommen von »Gottesdiensten in neuer Gestalt«.

Gottesdienste der Jugend unterschieden sich vor allem durch ihre musikalischen Stilmittel von herkömmlichen Liturgien. Das »Politische Nachtgebet« brachte die »Tagesordnung der Welt« in den Gottesdienst. Der Familiengottesdienst wurde zum wohl wichtigsten Zielgruppengottesdienst. Die Dimensionen von Fest und Feier wurden für gottesdienstliches Handeln neu erschlossen. Dazu kam eine große Zahl meditativer und kreativer Gottesdienstexperimente vor allem in kleinen Gruppen.

Gemeinsame Kennzeichen lassen sich ausmachen (Cornehl 79): die aktive Beteiligung der Mitfeiernden, der »freie Umgang mit liturgischen Strukturen und ihre aktuelle Variation«, die größere Emotionalität und die Suche nach einem ganzheitlichen Vollzug. Das »Repertoire liturgischer Medien« erweiterte sich beträchtlich.

Diese Phase ging etwa Mitte der siebziger Jahre über in die »Suche nach einer neuen Integration« (Cornehl 79). Sie wollte die neuen Erfahrungen bewahren, aber manche Einseitigkeiten überwinden. Aus der Abfolge von jeweils neuen Modellen wurde ein Nebeneinander aus Einsicht in die Ergänzungsbedürftigkeit profilierter Versuche. »Dies gilt von der Wiederentdeckung der klassischen liturgischen Tradition und der Notwendigkeit einer einheitlichen agendarischen Rahmenordnung ... Das gilt von den thematischen Gottesdiensten aus aktuellem Anlass, von der bleibenden Aufgabe der situationsgerechten Neuinterpretation der biblischen Botschaft. Es betrifft die Einsicht in die Unentrinnbarkeit des Politischen und die Wiederentdeckung der Dimension von Fest und Feier sowie der Relevanz der Symbole und Rituale für menschliches Leben. Die Unterschiedlichkeit der Ansätze, Formen und Stile bildet den Reichtum der gottesdienstlichen Kultur der Gegenwart« (Cornehl 79 f.).

Das Feierabendmahl nimmt diese Tendenz als zentrales Anliegen auf und versucht, durch bewusst angestrebte liturgische Vielgestaltigkeit (Kugler 1981, 23.74; Baltruweit) die unterschiedlichen Ströme der gottesdienstlichen Aufbruchszeit zusammenzuführen.

So ergibt sich als Fazit: Das Feierabendmahl hat sich »als Integrationsmodell, das die freien Liturgien und die klassische Messform schöpferisch vermittelt, bewährt. Es schlägt Brücken zwischen zwei gottesdienstlichen Kulturen und verbindet die Aufbruchsbewegung der Jugend und das Kirchentagserleben mit dem Gemeindealltag vor Ort« (Cornehl 80).

C. Abendmahl und Frömmigkeitspraxis des Protestantismus

Mitte der siebziger Jahre ist eine Veränderung in der Gottesdienstpraxis des Protestantismus in Deutschland festzustellen. Zwar gehen die Zahlen der allsonntäglich den Gottesdienst Besuchenden zurück, aber die Abendmahlsteilnahme steigt deutlich an.

Einen nicht zu unterschätzenden Einfluss darauf hat wohl auch der Konfirmandenunterricht. In vielen Gemeinden zielt der Unterricht nicht mehr auf die krönende und zugleich abschließende Zulassung zum Abendmahl, sondern versucht eigenständige Praxis durch Einbezug des Abendmahls in den Lernprozess und vor allem durch Einübung zu begründen.

Die häufigere Teilnahme verändert die Grundhaltung gegenüber dem Sakramentsempfang. Bis in die Mitte des 20. Jh. war die vorherrschende Stimmung die einer großen Scheu vor dem sakramentalen Geschehen. Die Zusage der Sündenvergebung stand unter der drohenden Einschränkung des »unwürdig« aus I Kor 11,27–29. Die Kehrseite der Ernsthaftigkeit war die tiefsitzende Angst, die zur »protestantischen Appetitlosigkeit« (Kugler 1979, 31) führte. Aber die traditionelle Scheu wich auch bei häufigeren Feiern erst zögernd. Es blieb weithin bei eher beklemmenden Gefühlen und steifen Verhaltensweisen. Das emotionale Problem der protestantischen Abendmahlsfeiern bedrohte langfristig die neue Praxis (Cornehl bei Kugler 1979, 40 f.).

Das »Forum Abendmahl« versuchte in einer biographisch-anamnetisch angelegten Nachmittagsveranstaltung »Ohne Angst bei Tisch« persönliche Anstöße und praktische Beispiele zur Überwindung dieser Beklemmung zu geben (Fröer/Cornehl bei Kugler 1979, 30–44).

Das Feierabendmahl selbst versteht sich als exemplarischer Beitrag zur Überwindung dieses Dilemmas. Hier liegt die pastoralpsychologische Bedeutung des Feierabendmahls.

Was in der Reformation sachgerechte Konzentration war, wurde in der eingeschränkten Praxis des Protestantismus zur Reduktion des Abendmahls auf die Dimension der Sündenvergebung und der Präsenz Christi (Cornehl bei Kugler 1979, 43).

Die weltweite Christenheit war in ihrem lang laufenden Studienprozess über Taufe, Eucharistie und Amt dazu gekommen, die Dimensionen des Abendmahls umfassender zu beschreiben: »Die Eucharistie umgreift alle Aspekte des Lebens«. Sie ist Danksagung für die ganze Welt, fordert Versöhnung und Gemeinschaft und »ist eine ständige Herausforderung bei der Suche nach angemessenen Beziehungen im sozialen, wirschaftlichen und politischen Leben ... Alle Arten von Ungerechtigkeit, Rassismus, Trennung und Mangel an Freiheit werden radikal herausgefordert, wenn wir miteinander am Leib und Blut Christi teilhaben.« Das »unwürdig« wird aus seiner kognitiv-lehrhaften Verengung gelöst: »Als Teilnehmer an der Eucharistie erweisen wir uns daher als unwürdig, wenn wir uns nicht aktiv an der ständigen Wiederherstellung der Situation der Welt und der menschlichen Lebensbedingungen beteiligen« (Lima E n. 20); zum »unwürdig« ähnlich Käsemann 54).

Das Feierabendmahl stellt sich bewusst in diesen »Prozess der Wiederentdeckung der größeren Möglichkeiten, des größeren Reichtums, der Tiefendimensionen des Abendmahls« als Feier des neuen Bundes (Cornehl: Christiansen/Cornehl 43), indem es vor allem die Gemeinschaftsdimension und die Weltverantwortung entfaltet.

D. Das Feierabendmahl und seine Stellung in der Entwicklung des Kirchentags

Der Kirchentag ist seit 1965 ein Schrittmacher für die »Gottesdienste in neuer Gestalt« geworden. Auf ihm konnten Impulse vermittelt, Erfahrungen ausgetauscht und Entwicklungen reflektiert werden. Zunehmend wurde auch die vielfältige Praxis bedeutsam. So wurde die gottesdienstliche Dimension zu einem wesentlichen Bestandteil des Kirchentags.

Einen ersten Höhepunkt fand die Entwicklung in der »Liturgischen Nacht« auf dem Kirchentag in Düsseldorf 1973. »Fest und Feier kamen jetzt als tragende Kategorien der Liturgik zum Vorschein ... Malen, Lieder, Musik, Bewegung, Meditation, Dritte-Welt-Handel sind die praktischen Stichworte ... Eine liturgische Klimawende zeichnete sich ab« (Schröer 70 f.).

Die »Beatmesse« führte die Impulse seit dem Kirchentag in Frankfurt a.M. 1975 weiter.

»Ein zweiter Impuls mit noch größerer Breitenwirkung entstand mit dem Forum Abendmahl durch den Kirchentag in Nürnberg 1979« (Schröer 72).

Der Kirchentag hat hier für die evangelische Abendmahlspraxis oder die »neue Abendmahlsbewegung« (Cornehl 80) »ein ähnlich anstiftendes Ereignis in die Welt gesetzt wie seinerzeit die Liturgische Nacht« (Schröer 73).

Der Kirchentag lässt sich als Veranstaltung aus drei Säulen verstehen: die biblisch-theologische Arbeit, die gesellschaftlich-politische Verantwortung und das gottesdienstliche Erleben als »die Fähigkeit zu gefeierter Versöhnung in Musik, Spiel, Fest und Feier« (Degenhardt 100). Diese dritte Säule hat durch ihre symbolische Qualität für das Ganze des Kirchentags eine identitätsstiftende Funktion über das rein Verbale hinaus.

In der Vorbereitungsphase des Nürnberger Kirchentags war das Bedürfnis deutlich geworden, diese Dimension zu verstärken und gleichzeitig in seiner Abfolge einen neuen Akzent zu setzen. Das Feierabendmahl entsprach diesen Erwartungen und fügte der dritten Säule ein wesentliches Element hinzu.

Der Begriff des Feierabendmahls verdankt sich der Situation des Kirchentags am Freitag abend: Eine Zäsur ist erreicht. Es ist an der Zeit, Atem zu holen, »Feierabend« zu machen. Das Spiel mit einem gedachten Bindestrich war gewollt: Feierabend-mahl oder ein Feierabendmahl. Das Bedeutungsgefälle geht jedoch eindeutig zur letzteren Version, auch wenn die erstere immer mitschwingt.

Am Freitagabend wurde auf dem gesamten Nürnberger Kirchentag Abendmahl gefeiert: in großen Einzelveranstaltungen und in fast allen Gemeinden der gastgebenden Stadt, meist zusammen mit ihren »Brückenschlagsgemeinden«. So bildete sich ein großer gottesdienstlicher Dreischritt heraus: »Am Anfang die Eröffnungsgottesdienste in den Gemeinden, in den Messehallen und unter freiem Himmel, als letztes die Schlussversammlung (seit 1983 als festlicher Abendmahlsgottesdienst). Seit 1979 in der Mitte der Zeit am Freitagabend das Feierabendmahl«

(Degenhardt 102). Diese Gliederung der »Großliturgie Kirchentag« blieb für die folgenden Kirchentage beispielhaft und prägend.

E. Das Feierabendmahl als Beispiel für gezielte liturgische Innovation

Die Entwicklung des Feierabendmahls ist ein Beispiel für reflektierten liturgisch-gottesdienstlichen Wandel. Verschiedene Strömungen haben es vorbereitet und einzelne Bausteine oder Teilerfahrungen bereitgestellt. Ein konkreter Anlass hat es öffentlich gemacht und über die Jahre hinweg gefördert. Eine plural zusammengesetzte Gruppe hat es in einen größeren Rahmen gestellt, es theologisch und praktisch vertieft. Viele konnten Erfahrungen machen: in der zentralen Feier und in den Gemeinden. Für die theologische und praktische Weiterarbeit wurde bald Material bereitgestellt. Neue Erkenntnisse gewannen eine eigene Gestalt, die sich in einem neuen Namen verdichtete.

II. Die unmittelbare Wirkung

Das Feierabendmahl in Nürnberg hatte sowohl im Blick auf den Gottesdienst in der St. Lorenzkirche als auch im Blick auf die Feiern in den Gemeinden die Qualität eines prägenden Schlüsselerlebnisses.

In zahlreichen Gemeinden kam es zu Versuchen mit dem Feierabendmahl. Bald erreichte die Idee auch die Gemeinden der damaligen DDR. Aber die Intentionen der Verantwortlichen gingen nicht darin auf, ähnliche Veranstaltungen anzuregen. Sie wollten durch die breite Anlage des Forums die Abendmahlspraxis der evangelischen Kirchen insgesamt fördern. Dazu dienen insbesondere die programmatischen Äußerungen vor allem in den »Lorenzer Ratschlägen«. Der weiteste Horizont ihres Anliegens ist die »Kirche von morgen« (Cornehl, Brot brechen – Leben teilen. Elemente einer Kirche von morgen: Christiansen/Cornehl 128–137).

A. Die Fortsetzung durch die Veranstalter

Die positive Resonanz des »Forum Abendmahl« und des Feierabendmahls bei Besucherinnen und Besuchern sowie in der Kirchentagsberichterstattung verstärkte bei den Verantwortlichen die Bereitschaft, am Thema weiterzuarbeiten. Dies führte zur raschen Dokumentation der Ergebnisse, zu einer »Zwischenbilanz« von Georg Kugler und zu einem zweiten Forum Abendmahl auf dem Kirchentag in Hamburg.

B. Erste Reaktionen aus dem katholischen Bereich

Eine spontane Reaktion aus dem Bereich der römisch-katholischen Liturgiewissenschaft erreichte den Projektausschuss aus einem Seminar der Universität Trier mit Balthasar Fischer (abgedruckt bei Kugler 1981, 23 f.). Das Feierabendmahl wurde so charakterisiert: Es wurde als bemerkenswerter Schritt erlebt. Die Anlehnung an gesamtchristliche Überlieferungen unter Einbeziehung heutiger Probleme wurde gewürdigt. Die Dimension des Feierns wurde als Weg gesehen, die protestantische Scheu zu nehmen. Die spontanen und nichtverbalen Elemente wurden ebenso wie die Musik begrüßt. Kritik wurde am Wechsel in der Leitung des Abendmahls geübt, ferner an der Art der Austeilung, die den Spendecharakter nicht deutlich mache.

C. Bedenken und Kritik

Neben den begeisterten Stimmen wurden auch Bedenken gegen Stil und Inhalt des Feierabendmahls laut. Ein Großteil der Auseinandersetzung fand mündlich statt. Am ehesten greifbar ist die Kontroverse bei Werner Schilling. Hier ist auch etwas von der hohen Emotionalität und den polemischen Untertönen der Debatte zu spüren, beim Feierabendmahl handle es sich um »modische Entstellungsversuche im Zusammenhang mit dem Heiligen Abendmahl« (so der Klappentext bei Schilling).

Die Anfragen lassen sich zusammenfassen: wird durch die Akzentuierung der zwischenmenschlichen Kommunikation die »horizontale« Dimension auf Kosten der Gottesbeziehung überbetont oder tritt sie gar an ihre Stelle? Und wird durch die Akzentuierung der Weltverantwortung das Zentrum der Sündenvergebung verlassen und christlicher Kampf mit dem Leid durch diesseitige Veränderungsillusion ersetzt (Schilling 48 und öfter)?

Was geschieht, wenn Emotionen freier ausgedrückt werden? Wird die Feier unangemessen? Ersetzt das »wie« das »was« (Schilling 69, auch 83). Wird manipulative »Psychotechnik« angewandt (Schilling 85)? Ist das Feierabendmahl das Ergebnis einer Theologie, in der Vernunft die Offenbarung ersetzt (Schilling 49 u.ö.)?

Eher leiser wurden von anderer Seite Bedenken erhoben, ob die Konzentration auf das Abendmahl, gerade auf einem Kirchentag in Bayern, nicht eine Klerikalisierung unter Verlust der kritischen Dimension bedeute.

III. Feierabendmahl als liturgisches Programm

A. Die Quellen

Aufgrund seiner Entstehungsgeschichte sind die Intentionen, die sich mit dem Feierabendmahl verbinden, relativ früh explizit greifbar. Sie wurden in einem Zeitraum von etwa zwei Jahren ausformuliert und publiziert: in beiden Dokumentationen des »Forum Abendmahl« der Kirchentage in Nürnberg und Hamburg und in der Monographie von Georg Kugler. In diese Zeit fällt auch dic Kontroverse unter dem Stichwort: Heiliges Abendmahl oder Feierabendmahl?

Seitdem ist das Feierabendmahl theoretisch nicht weiter entwickelt worden. Seine Praxis auf den Kirchentagen wurde durch Arbeitshilfen regionaler Vorbereitungsgruppen unterstützt. Sie stellen Materialien und Anregungen zur Gestaltung zur Verfügung, schreiben die Ursprungsidee aber eher fort, als dass sie neue Akzente setzen würden.

B. Abendmahl in thematischer Ausrichtung

In der liturgischen Tradition erschien das Abendmahl bislang überwiegend als ein eigener Bedeutungskosmos, der das »Eigentliche« des Gottesdienstes enthielt oder zu den anderen Elementen des Gottesdienstes dazu trat. Im Protestantismus war das zentrale Thema die Sündenvergebung. Die seltene Feier, noch dazu »im Anschluss an den Gottesdienst«, bot kaum Anlass zu liturgischer Variation. Die Agende I 1955/59 sieht einige wenige Variationen in den Präfationsgebeten je nach der Kirchenjahreszeit vor. Das hat sich mit dem EGb 1999 geändert.

Die häufigere Feier ließ die Frage nach dem Bezug von Wort- und Sakramentsteil des Gottesdienstes entstehen.

Das Feierabendmahl stellt das Abendmahl in einen thematischen Kontext. Dies verändert die liturgische Situation noch einmal erheblich. Zwar sind auch im Feierabendmahl die inhaltlichen Explikationen auf eine Akzentuierung der Gebete (Präfation, Epiklese, Anamnese) beschränkt. Die Ausgestaltung der Gabenbereitung aber ermöglicht eine Verklammerung von Thema und Abendmahl. (In St. Lorenz in Nürnberg wurden hier die Karten an zwei politische Gefangene zusammen mit der Kollekte eingesammelt und auf den Altar gebracht, von dem aus dann Brot und Wein in die Kirche verteilt wurden.)

Durch den thematischen Zusammenhang wird allerdings auch ohne explizite Veränderung die Fülle der Themen der Abendmahlsliturgie deutlicher erkennbar. (Die »Nacht des Verrats«, das Teilen des Brotes, der Preis des Schöpfers in der Gabenbereitung usw.; vgl. Metz und Greinacher). Oft genügen wenige erschließende Hinweise.

Dies ist bei zwei zentralen Themenbereichen des Feierabendmahls besonders deutlich: Die Spannung von Lobpreis und Weltverantwortung drückt aus, »dass die Gemeinde Jesu Christi nicht am Elend dieser Welt vorbeifeiern kann. Sie bleibt Gast ihres gekreuzigten Herrn, feiert mit ihm aber das Mahl der Hoffnung« (Kugler 1981, 21). Die politische Dimension des Abendmahls wird theologisch über den Lobpreis des Kyrios begründet. »Wer in der Eucharistie Jesus anbetet, der kann nicht gleichzeitig auf die Knie fallen vor dem Wachstum, dem Erfolg, dem Sicherheitsbedürfnis oder einem ›öffentlichen Interesse‹« (Kugler 1981, 32).

Dies stößt auf Widerstand. Soll nach der Diskussion um die Politik auf der Kanzel nun die Politik auf den Altar (Kugler 1981, 31)? Aber die Abendmahlsfeier führt unausweichlich zur Dimension der Weltverantwortung, nimmt man das liturgische Geschehen ernst. So formulieren die »Lorenzer Ratschläge« (Kugler 1979, 160): »Wir können nicht Gäste des Gekreuzigten sein, ohne solidarisch zu leben wie er.«

Der liturgische Ort, diese politische Dimension auszudrücken, ist entweder das Thema selbst oder die Klage (oft als Kyrie-Litanei) und die Fürbitte im Kontrast zum Lobpreis der Gaben und des Gebers.

Die methodischen und didaktischen Probleme der Ausgestaltung dieser Dimension sind nicht gering (Kugler 1981, 34–36). Das Feierabendmahl trifft die grundsätzliche Entscheidung, nicht den direkten Weg von der Betroffenheit zur Aktion zu gehen, sondern beim Lobpreis zu verweilen. Die Versuchung ist groß, aus Mitleid die Probleme informativ breit darzustellen und poetisch-dramaturgisch zu vertiefen. Aber drängt dies nicht zu sehr in den Wettstreit mit einem »Betroffenheitsjournalismus« einer Medienlandschaft, die diese Gefühle auch als Mittel im Kampf um Marktanteile einsetzt? Wird dann der Gottesdienst nicht zu düster, zu sehr an dem orientiert, was man ohnehin schon weiß – und kann diese vertiefte Betroffenheit mit dem liturgischen Lobpreis beantwortet werden? Stimmen die Gewichte? Symbolische Handlungen können dies unterstützen, führen aber auf eine eigene Problematik. Es ist ein Zeichen der dramaturgischen Unsicherheit in diesem Bereich, dass diese Phasen zu Überlängen tendieren (bereits Kugler 1981, 38).

Die Spannung von Kommunion und Kommunikation ergibt sich daraus, dass der Leib Christi in der Gemeinschaft der Feiernden auch soziale Wirklichkeit wird (Hollenweger 64). »Denn die Gemeinde ist, was sie empfängt: Leib Christi« (Kugler 1981, 50). Beides gehört zusammen. »Die Begegnung mit dem Christus in Brot und Wein bewahrt die Kommunikation der Feiernden davor, fromme Freundschaft mit Bruderschaft, erhebende Gemeinschaftsgefühle mit der sehr alltäglichen Wirklichkeit des gekreuzigten Leibes Christi zu verwechseln« (Kugler 1981, 60).

Die Kommunikation sucht nicht nur den Gleichklang der Meinungen und Gefühle. Konflikte werden nicht ausgeklammert, denn Gemeinde lebt »im Dauerzustand der gegenseitigen brüderlichen Störung« (Käsemann 56).

Die Gemeinschaft der Verschiedenen wird durch die Gegenwart des erhöhten Herrn zusammengefügt. Damit wird der Gemeinschaftsbegriff dynamisiert und als Prozess verstanden. Die Blickrichtung ändert sich. Es wird nicht mehr gefragt, ob der Streit die Abendmahlsgemeinschaft gefährdet, sondern was die Gemeinschaft beim Abendmahl dazu beitragen kann, dass Meinungsverschiedenheiten produktiv ausgetragen werden können (Hollenweger).

Die Ausgestaltung des kommunikativen Aspekts stößt auf unterschiedliche Reaktionen, denn gerade hier treffen zwei »Erlebnissysteme« aufeinander (Kugler 1981, 52), und zwar eine verinnerlichte, im Wesentlichen passive und individuelle Frömmigkeitshaltung und eine Religiosität, die Begegnung und zwischenmenschlichen Austausch sucht.

Der liturgische Ort, an dem diese Spannung exemplarisch erlebbar wird, ist der Friedensgruß. Daneben gibt es, vor allem bei außerordentlichen Gottesdiensten, noch viele andere Möglichkeiten (Kugler 1981, 56–59): das Einüben von Liedern und Kanons, sich mit den Nachbarn bekannt zu machen, die Gabenbereitung, überhaupt der ganze Bereich von Vorbereitung und Gestaltung.

Spontane Mitwirkung bei Lob und Klage, Fürbitte und Dank ist in der kleinen Gruppe eher möglich. Aber auch in großen Gottesdiensten können über Zwischenstufen (Zettel, Berichte ...) Teilnehmerinnen und Teilnehmer zu Wort kommen.

Vor allem die improvisierte Gestaltung des Abendmahls»tisches« in kleinen Runden ist in den Messehallen der Kirchentage zu einem wichtigen Element der Mitbeteiligung und des Austausches geworden.

Es ist zu beobachten, dass dadurch die Mitverantwortung für den Gottesdienst steigt. Das Mitsprechen der Einsetzungsworte ist ein Zeichen dafür. Bei der Weitergabe der Elemente und bei der Zusage der Spendeformel wirken die Feiernden zunehmend sicherer. Hier ist ein Schritt liturgischer Mündigkeit erreicht, der sich zunächst der Ausnahmesituation der Kirchentage verdankt, mit großer Sicherheit aber seine Wirkungen auf den Gemeindealltag nicht verfehlt hat.

Ein besonderes Problem ergibt sich, wenn durchaus im Gefolge der urchristlichen Tradition das Abendmahl mit einem Sättigungsmahl verbunden wird. Aus der Entstehungsgeschichte des Feierabendmahls ist diese Verbindung nur natürlich. Am Abend eines langen Tages müssen Hunger und Durst gestillt werden. Wenn sich Gemeinden begegnen, liegt es nahe, ein Fest zu feiern. »Das Fest geht weiter« ist deshalb ein Abschnitt der Arbeitshilfe zum Feierabendmahl in den Gemeinden.

Die Kritik, hier werde die Trennung zwischen Festessen und sakramentaler Feier verwischt, trifft zumindest für den Bereich des Kirchentags nicht zu.

C. Gestalterische Prinzipien

Drei Gestaltungsprinzipien werden beim Feierabendmahl als konstitutiv genannt, im Feierabendmahl in St. Lorenz beispielhaft angewendet und als Prinzip für die weitere Gestaltung empfohlen: die Elementarisierung, die liturgische Vielgestaltigkeit und die größere Bandbreite der Ausdrucksformen von Expression und Konzentration.

Das Feierabendmahl will Liturgie »elementarisieren«. Damit wird der Versuch bezeichnet, die Ritualisierungen und Symbolisierungen der Liturgie wenigstens z.T. wieder in aktuelle Kommunikation zurückzuführen, um sie lebendiger und verständlicher zu machen. Die klassischen Rituale sollen »als Ausdruck menschlicher Grundbefindlichkeiten vor Gott, als Bitten, Danken, Klagen, Rufen, Schreien, Loben usw. wieder verstanden und nachvollziehbar werden« (Kugler 1981, 20).

Das Feierabendmahl ist dem Prinzip der Vielgestaltigkeit der liturgischen Ausdrucksformen und Stilelemente verpflichtet. Die Gottesdienstgestaltung wird als »interkulturelle Aufgabe« verstanden (Kugler 1981, 22). Am deutlichsten erkennbar wird dies an den musikalischen Ausdrucksformen, die klassische Kirchenmusik und neues geistliches Lied gleichermaßen umfassen. Eine wichtige Rolle spielt dabei das Liedgut von Taizé.

In der Vorbereitungsphase erfordert dieses Prinzip eine intensive Kooperation der beteiligten musikalischen Fachleute, damit die Vielgestaltigkeit der Stile nicht bei einem bloßen Nebeneinander bleibt, sondern zu einem spannungsvollen Miteinander wird.

Das Feierabendmahl sucht eine größere Dynamik der Ausdrucksformen. Expressive Elemente werden durch die Rezitation von Gedichten, durch Tanz und Bewegung eingeführt. Meditative und konzentrierende Wirkungen werden durch Meditation, bildhafte Sprache, Lichteffekte und einfache Symbolhandlungen erreicht.

D. Integration

Ein zentrales Anliegen des Feierabendmahls, das mit Nachdruck vorgetragen wird, ist Integration. Es will die Integration der vielfältigen Positionen und Gruppen in einer »offenen Kirche« fördern (Kugler 1981, 12 u.ö.).

Inhaltlich soll der Zusammenhang von »Kampf und Kontemplation, sozialem Engagement und Lob Gottes, Diakonie und Liturgie« im Abendmahl Jesu deutlich werden. Dies gilt auch für die Spannung von sakral und profan. Gerade im Feierabendmahl sollen sie nicht in zwei Welten getrennt, sondern in eine spannungsvolle Nähe gebracht werden (Kugler 1981, 12).

Eine Hoffnung bestand darin, auch konfessionelle Grenzen überschreiten zu können. Die Beteiligung römisch-katholischer Referenten bei den beiden Foren des Kirchentags war dafür ein Signal. Die Aufnahme von Epiklese und Anamnese zeigt ökumenische Weite (vgl. den Kommentar von Balthasar Fischer, wonach das Hochgebet besondere Beachtung verdient, »da es in heutiger Sprache alle wesentlichen Aussagen eines ›klassischen‹ Eucharistiegebets enthält«, Kugler 1981, 24).

Formal wird auf die aktuelle liturgische Diskussion zurückgegriffen, die unter den Leitbegriffen von Grundstruktur und Ausformungsvarianten Vielgestaltigkeit und Einheit des Gottesdienstes gleichzeitig zu sichern versuchte. Auf das sog. Strukturpapier der LLK von 1974 wird ausdrücklich Bezug genommen (Kugler 1981, 25–29).

Dies alles steht im Dienste einer Hoffnung: die evangelische Kirche könnte durch inhaltliche und gestalterische Differenzierung und Vielgestaltigkeit zu neuer Gemeinsamkeit geführt werden. Die vorhandenen Spannungen sollen nicht verschleiert oder verdeckt, sondern durch ihre Gestaltung fruchtbar gemacht werden.

Die Abendmahlsfeier als das zentrale Symbol der Einheit der Gemeinde und der Kraftquelle ihres Glaubens bietet sich dafür in besonderer Weise an. So ist das Feierabendmahl ein wichtiges Element des »konziliaren Denkens« (Lindner 1990, 111).

Die Integrationsbemühungen richten sich auf die »Hochverbundenen« im klassischen Paradigma und auf die sich ausdifferenzierenden Ströme der Kirchenreform, nicht so sehr auf die allgemein als »distanziert« beschriebene Gruppe der Kirchenmitglieder.

Formal stellt sich das Feierabendmahl als Neuerung dar. Es steht deshalb vor der Aufgabe, sich als gültige Variation zu legitimieren.

Die Wiedererkennbarkeit – ein zentrales Anliegen aller verantwortungsvollen Gottesdienstvariationen – des Abendmahlsteils wird über drei »Eindeutigkeiten« gesichert (Christiansen/Cornehl 34):

– Der eindeutige Bezug auf die Stiftung Jesu in den Einsetzungsworten in Gestalt des lobpreisenden Gebets (Kugler 1981, 76 f.).
– Die Eindeutigkeit der Elemente von Brot und Wein, wobei auch alkoholfreier Wein oder Traubensaft möglich erscheint (Kugler 1981, 77 f.).
– Die eindeutige Unterscheidung von Herren- und Sättigungsmahl (Kugler 1981, 78 f.).

E. Gestaltungsvorschläge

Die »große Form« des Feierabendmahls soll vor allem bei außerordentlichen Ereignissen gefeiert werden. »So kann es das ›Fest im Fest‹ sein, also überall dort gefeiert werden, wo die Kirche, größere Verbände (Kirchentag) oder die Einzelgemeinde ein Fest begehen. Als dieses Fest im Fest signalisiert es die Mitte des Glaubens und der Hoffnung überhaupt und eröffnet richtungweisende Dimensionen« (Kugler 1981, 19). Auch in »Situationen der Bedrohung, der Klage und der Not« hat es seinen Platz (Kugler 1981, 19).

Die »kleine Form« wird als Kraftquelle einer kleinen engagierten Gruppe, als ruhender Pol für die Aktionen vorgeschlagen (Kugler 1981, 19). Die Weltverantwortung muss nicht thematisch eingeführt werden, sie ist in der Gruppe vorhanden. Das Feierabendmahl soll hier zur Stärkung und Vergewisserung des Engagements dienen.

Die »Lorenzer Ratschläge« wollen die Abendmahlspraxis insgesamt fördern. Sie geben Impulse zum Weitermachen unter den Stichworten: anders leben (»Jede Abendmahlsfeier ist darum ein Erntedankfest«: Kugler 1979, 160), solidarisch handeln, universal denken, Kinder nicht ausschließen, menschlich feiern (Kugler 1979, 159–163; vgl. auch Kugler, Anstiftung zum Weitermachen: ders. 1979, 147–158).

IV. Ausblick und Ertrag

1. *Feierabendmahl und Kirchentag*. Die Geschichte des Feierabendmahls und die Entwicklung des Kirchentags bleiben verschränkt. Bis heute ist das Feierabendmahl ein wesentliches Element des Kirchentags. Besonders stabil erwiesen sich die Feiern in den Gemeinden. Ohne Zweifel ist in dieser Situation die Spannung von Kommunion und Kommunikation besonders fruchtbar. Die Dimension der Weltverantwortung tritt dagegen eher zurück.

Positiv lässt sich diese Entwicklung verstehen als ein Schritt zu mehr Selbstbestimmung in der Kommunikation: die eigenen Erfahrungen bekommen mehr Gewicht und das Feierabendmahl leistet einen wichtigen Beitrag zu ihrer Verarbeitung.

Anders verläuft die Entwicklung der Großveranstaltungen. Während in Nürnberg und Hamburg der Freitagabend auch in den Messehallen nahezu ausschließlich dem Feierabendmahl gewidmet war, ließ sich das in den späteren Kirchentagen nicht mehr konsequent durchhalten.

Die Ausstrahlungen des Feierabendmahls in den Kirchentag insgesamt sind jedoch nicht zu übersehen. Die Schlussveranstaltung wird seit 1983 regelmäßig als Abendmahlsgottesdienst gefeiert und immer mehr Anliegen werden in der Gestalt liturgischer Tage begangen.

2. *Feierabendmahl und die liturgische Lage der Kirche*. Die vorgeschlagene »kleine Form« hat sich nicht durchsetzen können. Die Hoffnung, die sich mit ihr verband, es könne sich ein regelmäßiges, eucharistisches Kommunikationszentrum in Gemeinden entwickeln, hat sich nicht erfüllt. Das Fazit bleibt: Wichtige Dimensionen des Abendmahls wurden durch das Feierabendmahl in einer zeitlich ausgrenzbaren Phase entscheidend vorangebracht.

Es ist ein Zeichen der veränderten Lage, dass sich in der »Thomasmesse« eine ähnliche Entwicklung unter anderen Vorzeichen zu wiederholen scheint: sie nimmt die Vielgestaltigkeit im persönlich-religiösen Bereich auf und bringt sie in eine nachvollziehbare Gestalt. (Die Thomasmesse ist in Finnland entstanden und wird vor allem auf dem Weg über das Gemeindekolleg der VELKD in Celle für deutsche Gemeinden erschlossen; dazu Haberer.)

Das Feierabendmahl hat das evangelische Abendmahlsverständnis beträchtlich erweitert. Insofern stellt es eine wichtige Station dar. Daran tut auch die Tatsache keinen Abbruch, dass im Rückblick deutlich wird, welche Themenbereiche nicht angesprochen worden sind:

- die Dimension von Diakonie und Eucharistie,
- die ausgeführte Dimension der Schöpfungsverantwortung (auch wenn sie genannt ist),
- und die Dimensionen von Segen, Heil und Heilung.

Es könnte sein, dass sich die Impulse, die in der Gestalt des Feierabendmahls zusammenkamen, von der eindeutigen Zuordnung zu einer Gestalt wieder lösen und zu liturgisch-gottesdienstlichen Selbstverständlichkeiten werden. Wenn das so wäre, könnte sich das Feierabendmahl als eigene Gestalt wohl auch nach der Intention seiner Initiatoren wieder auflösen, weil es sein Ziel erreicht hat.

Literatur

Fritz BALTRUWEIT, Zwischen Bach und Beat: Christiansen/Cornehl (s.u.), 156 f. – Ders./Rolf CHRISTIANSEN/Peter CORNEHL, Vorschlag für die Gestaltung des Feierabendmahls auf dem Kirchentag: Rolf Christiansen/u.a. (Hg.), Fürchte dich nicht. Materialien und Modelle für die Gemeindearbeit zur Vorbereitung auf den 19. Deutschen Evangelischen Kirchentag 1981 in Hamburg, Bd. 2, Gütersloh 1981. – Rolf CHRISTIANSEN/Peter CORNEHL (Hg.), Alle an einen Tisch. Forum Abendmahl 2, Gütersloh 1981. – Peter CORNEHL, Art. Gottesdienst VIII. Evangelischer Gottesdienst von der Reformation bis zur Gegenwart, TRE 14 (1985) 54–85. – Reiner DEGENHARDT, Lebendige Liturgie als Dimension des Kirchentags: Sybille Fritsch-Oppermann/Henning Schröer (Hg.), Lebendige Liturgie. Texte – Experimente – Perspektiven, Gütersloh 1990, 99–105. – Norbert GREINACHER, Im Angesicht meiner Feinde. Mahl des Friedens. Zur politischen Dimension des Herrenmahls, Gütersloh 1982. – Tilmann HABERER, Die Thomasmesse. Ein Gottesdienst für Ungläubige, Zweifler und andere gute Christen, München 2000. – Walter J. HOLLENWEGER, Aporie und Segen: Georg Kugler (Hg.) a.a.O. 1979, 67–71. – Ernst KÄSEMANN, Gäste des Gekreuzigten: Georg Kugler 1979, 45–60. – Georg KUGLER (Hg.), Forum Abendmahl, Gütersloh 1979. – Ders., Feierabendmahl. Zwischenbilanz – Gestaltungsvorschläge – Modelle, Gütersloh 1981. – Herbert LINDNER, Konziliarität und Gemeindepraxis: Joachim Matthes [Hg.], Kirchenmitgliedschaft im Wandel, Gütersloh 1990, 99–117. – LORENZER RATSCHLÄGE: Georg Kugler 1979, 159–163. – Johann Baptist METZ, Brot des Überlebens. Das Abendmahl der Christen – Vorzeichen einer anthropologischen Revolution: Georg Kugler 1979, 15–29. – Werner SCHILLING, Heiliges Abendmahl oder Feierabendmahl?, Bielefeld 1981 (Veröffentlichung des Theologischen Konvents bekennender Gemeinschaften). – Henning SCHRÖER, Anstiftung zu lebendiger Liturgie: Rüdiger Runge/Christian Krause (Hg.), Zeitansage. 40 Jahre Deutscher Evangelischer Kirchentag, Stuttgart 1989, 65–81.

Herbert Lindner

Ökumenischer Gottesdienst

I. Das Problemfeld

Christen aller Konfessionen sehnen sich nach gemeinsamen Gottesdiensten. Ihre Motive sind unterschiedlich akzentuiert und ihre Bereitschaft wird durch Bedingungen eingegrenzt. Unterschiedliche Ansätze und Vorstellungen vom Ziel beeinflussen das Tempo des Wachsens der Gemeinsamkeit. Wer den Gottesdienst als Quelle betrachtet, aus dessen Feier das gemeinsame Bekenntnis hervor wachsen und eine die gewonnene Gemeinsamkeit angemessen bezeugende Gestalt finden kann, ist schneller dazu bereit und auch ungeduldiger gegen Widerstände als derjenige, der den Gottesdienst als Symbol gefundener Einheit am Ende eines Prozesses versteht, in dem wachsende Gemeinsamkeit zwar dankbar zu registrieren ist, noch vorhandene Differenzen (auch wenn sie keine Grunddifferenzen sind) um der Stimmigkeit des eigenen Bekenntnisses willen nicht übersprungen werden können und auch Rückschläge zu ertragen sind. Die bewegenden Kräfte freilich sind mehr oder weniger intensiv überall die gleichen:

1. Christen leiden an der Unglaubwürdigkeit, die sich aus dem Auseinanderklaffen ihres Bekenntnisses zur Offenbarung des einen Gottes in Christus und der z.T. gegensätzlichen Ausprägung in den vorfindlichen historisch gewordenen Konfessionskirchen ergibt. Sie entsprechen damit nicht den Plausibilitätskriterien, mit denen sie in der heutigen säkularen Welt gemessen werden. Es kann allerdings auch nicht ihr Interesse sein, durch Anpassung an diese Kriterien die Unbegreifbarkeit ihrer göttlichen Berufung zu verdecken. Insofern ist das Leiden fruchtbar, wo man ihm ausweichen sollte, endete die ökumenische Dynamik und machte sektiererischer Rechthaberei Platz.

2. Das Beieinander und Miteinander von Christen manchmal auf engstem Raum in Beruf, Familie, Politik und Kultur macht die unterschiedliche Konfessionalität zur bedrängenden Frage, manchmal zur untragbaren Belastung. Differenzierte Begründungen sind nicht ständig präsent zu halten und die Langsamkeit des Erkenntnisfortschritts kann ermüden. Die Folge ist in manchen Fällen zwar die Suche nach vertieften Einsichten, häufiger aber die Abkehr von den in ihrer Bedeutung nicht mehr einsichtig zu machenden Unterschieden. Der Zwang, Gottesdienste voneinander getrennt feiern zu müssen, führt nicht nur zur Gleichgültigkeit gegenüber den diesen Zwang begründenden Unterschieden, sondern zur Abkehr von diesen selbst.

3. Die nach den Weltkriegen in allen Kirchen empfundene Aufgabe der Versöhnung hatte zwangsläufig das Verlangen nach Gestaltung geschehener Versöhnung in gottesdienstlicher Gemeinsamkeit zur Folge. Dieses Motiv entfaltet bis heute seine Wirkung, wird aber zunehmend kraftloser, weil offensichtlich die erhoffte Folge ausbleibt, kriegerische Auseinandersetzungen als Mittel zur Lösung von Konflikten undenkbar zu machen. Führt schon das Ausbleiben dieser Folge zu Zweifeln am Wert der religiösen Begründung, ist die Inanspruchnahme religiöser Begründung für unterschiedliche politische Interessen schlechthin katastrophal.

4. Das Empfinden der Verantwortung für Gerechtigkeit, Frieden und die Bewahrung der Natur in unserer durch Ausbeutung der Ressourcen, Zerstörung der Natur, Vergiftung der Luft, Überbevölkerung und der höchst ungerechten Verteilung der Leben ermöglichenden und fördernden Schätze an Nahrung und Energie bedrohten Welt hat besonders in den christlichen

Kirchen zu gemeinsamem Fragen, Bitten und Fordern geführt, das gemeinsamen Ausdruck verlangt und so auch den Bereich gottesdienstlicher Versammlung tangiert. Dass die Tagesordnung der Welt offensichtlich eher imstande ist, Christen zueinander zu führen, als ihr Bemühen um die Formulierung ihres gemeinsamen Ursprungs, ist die Gefahr dieses Motivs.

5. Ein zunehmendes Fragen nach den religiösen Bestandteilen menschlichen Fühlens, Denkens und Wertens nötigt die Christen zu Antworten, die sie aufgrund ihres Getrenntseins nur gebrochen geben können. Die Chance, Religion als sinnstiftende Mitte im Chaos von Erfahrungen, Interessen, Erkenntnissen und Gefühlen Menschen anbieten zu können, die umso mehr zur Annahme bereit sind, als sich andere sinnstiftende Angebote als unwirksam erwiesen haben, stürzt gewisse Kirchengemeinschaften in theologische Begründungskrisen. Freilich ist das Gottesdienstverständnis in fast allen christlichen Kirchen der Welt in den letzten Jahren neu bedacht worden. Das hat durchweg zu Revisionen und neuen Entwürfen der Gottesdienstordnung geführt, die religiöse Formen als Außenseite des offenbarenden Tuns Gottes neu begreifen und integrieren. Kirchen, die sich eine größere Nähe zum »Religiösen« bewahrt haben, sind bei solchem Entdecken und Neubewerten im Vorteil, insofern religiöse Kompetenz gefragt und geachtet ist. Die reformatorischen »Kirchen des Wortes«, denen die z.T. religionskritische sprachliche Vermittlung göttlicher Offenbarung näher liegt, beginnen erst allmählich den Wert religiöser Kompetenz zu erkennen und theologisch zu reflektieren.

6. In gleicher Front gegenüber säkularen Begründungszusammenhängen befinden sich die christlichen Kirchen, wenn sie ethische Kompetenz für sich in Anspruch nehmen. Vergleichende Untersuchungen zu den Einflüssen auf Wertbewusstsein und moralische Entscheidungen von Bürgern der sog. westlichen Welt konnten charakteristische konfessionsbestimmte Unterschiede nicht mehr ausmachen. Das hängt sicher auch mit dem gesunkenen Bildungs- und Informationsstand von Christen zusammen, die sich ihrer konfessionsbestimmenden Prinzipien und Entscheidungen kaum noch bewusst sind, führt aber zwangsläufig auch zur Gleichgültigkeit gegenüber jenen Unterschieden, die in verschiedener gottesdienstlicher Prägung festgehalten werden.

7. Die in allen Kirchen auftretenden Bewegungen charismatischer Spiritualität und ebenso neuer verbindlicher kommunitärer Lebensformen, für welche konfessionelle Traditionen nur geringe Prägekraft erweisen, führen zu neuen Konstellationen kirchlicher Gemeinsamkeit. Die dort bewegenden, aus Studium, Meditation und Geist-Erfahrung erwachsenen Kräfte könnten den »ökumenischen Gottesdienst« in Zukunft zunehmend stärker beeinflussen. Wie allerdings die Suche nach Plausibilität im Bereich des Religiösen einerseits zur Abkehr von den traditionellen Konfessionsverbänden führt, tendiert sie andererseits zu diffuser Religiosität oder fundamentalistischer Verengung, welche die großen christlichen Gemeinschaften als Frage und Kritik an sich selbst empfinden müssen, welche sie in gemeinsame apologetische Verantwortung zwingt. Die offenkundige Trennung in sacris beeinträchtigt auch in diesem Falle ihre Glaubwürdigkeit.

8. Die in der Ökumene zu beobachtende Ergänzung des christozentrischen Denkens um pneumatologische und trinitarische Dimensionen könnte auch neue Entwicklungen und neues Verständnis vieler noch vorhandener Trennungsfaktoren ermöglichen. Ein neuer in der gesamten christlichen Kirche zu beobachtender theologischer Ansatz, der von der geistgewirkten Koinonia der Christen ausgeht, wird sich dabei als förderlich erweisen.

9. Für alle Versuche der christlichen Kirchen, sich einander zu öffnen, wahrzunehmen und voneinander zu lernen, erweist sich die Gewohnheit eingeübter gottesdienstlicher Formen oft als ein schwer zu änderndes Hindernis. Dieses wirkt um so hemmender, als die auf Gemeinsamkeit

bedachten Geprächsteilnehmer das Festhalten am Gewohnten auch als Zeichen der Treue zur eigenen Identität und als Ausdruck eines berechtigten Willens zur Beheimatung werten müssen. Es wird künftig darauf ankommen, bedeutungsschwach gewordene Gewohnheiten von förderungswürdigen deutlich zu unterscheiden, damit diese zu Zeichen gemeinsamen Glaubens zusammenfinden.

10. Die Erlebbarkeit bisher nur theoretisch bekannter Religionen und ihrer Ausdrucksweisen und Probleme führt zu verstärktem Bedenken der eigenen Glaubwürdigkeit. Sie hat das Gefühl der Zusammengehörigkeit und den Wunsch nach einer »Ökumene der Religionen« entstehen lassen. Angesichts dieser neuen Problematik erscheint der Dissens der Christen untereinander in ihren eigenen Augen und erst recht in den Augen der zunehmend religiös diffusen Gesellschaft eher marginal.

II. Der Sachstand

Im Bewusstsein der Öffentlichkeit findet das Gespräch der Konfessionen zwischen »der katholischen« und »der evangelischen Kirche« statt. Diese an der Größe zweier am ökumenischen Gespräch beteiligter Partner orientierte Sichtweise wird der wirklichen Lage nicht gerecht. Sie führt freilich manchmal auch unter den Beteiligten dazu, die kleineren Kirchen und kirchlichen Gemeinschaften aus dem Auge zu verlieren. Es ist das Verdienst der Arbeitsgemeinschaft christlicher Kirchen in Deutschland, alle am Gespräch interessierten christlichen Gemeinschaften beieinander zu halten und sie zu verpflichten, mit ihren Gaben und Eigenarten dem Gemeinsamen zu dienen. Es sind eher die kleinen kirchlichen Gemeinschaften, u.U. sogar die von den Großkirchen aus gesehen eher dem Sektenspektrum zuzuordnenden Gruppen (z.Z. vor allem die Adventisten und das Apostelamt Christi), die, wenn sie zur Zusammenarbeit bereit sind, die Selbstgenügsamkeit der großen Kirchengemeinschaften korrigieren und auf deren Defizite aufmerksam machen.

1. Seit Beginn der *ökumenischen Bewegung* ist in zahlreichen Gesprächen zwischen Vertretern der beteiligten Konfessionen eine Fülle von Missverständnissen abgebaut worden, Verständnis für die jeweilige Begrifflichkeit geweckt und das Gewicht bestimmter Traditionsgestalten im Begründungssystem der jeweiligen Konfession erkannt worden. Dadurch sind die meisten theologischen Differenzen hinfällig geworden, was gegenseitige Lehrverurteilungen obsolet macht, auch wenn diese noch nicht konsequent offiziell für ungültig erklärt worden sind. Eine Reihe von Kirchenunionen oder mindestens Vereinbarungen zwischen Konfessionskirchen verschiedener Tradition und Verfassung und Leitungsstruktur ist die Folge der Entdeckung von Gemeinsamkeiten und Ausdruck der Bereitschaft, Unterschiede, die das Fundament nicht berühren, zu tolerieren. Dabei stehen sich selbstverständlich Kirchen ähnlicher Verfassung näher als Kirchen unterschiedlichen Typs.

Grundlage für die Gespräche der im ÖRK verbundenen kirchlichen Gemeinschaften sind außer der die Einheit der Kirche als Koinonia beschreibenden »Einheitsformel« den Gottesdienst betreffend besonders die Erklärungen zu Taufe, Eucharistie und Amt (Accra 1974/Lima 1982). Die Lima-Erklärung zur Eucharistie hat zu einer liturgischen Ausformung geführt, die als Lima-Liturgie sowohl mit ihrer reichen Spiritualität, als auch mit ihrer Offenheit für Anpassung an sich ändernde Gegebenheiten weltweit Sympathie gefunden hat. Verglichen mit den Anfängen der Gottesdienste in ökumenischen Versammlungen (Stockholm 1925 Weltkonferenz der Bewegung für Praktisches Christentum) stellt die *Lima-Liturgie* einen Höhepunkt von besonderer Bedeutung dar:

- Sie greift das Problem gemeinsam zu feiernder Eucharistie entschlossen auf und gestaltet sie in einer für fast alle Teilnehmer (auch die römisch-katholischen Gäste) akzeptablen Weise, auch wenn rechtliche und theologisch prinzipielle Überlegungen manche Teilnehmer auch jetzt noch hindern, daran teilzunehmen. Demgegenüber war der Abendmahlsgottesdienst unter den 74 Gottesdiensten in Stockholm, die Erzbischof Söderblom durch einen kleinen berufenen Kreis hatte vorbereiten lassen und der gleichzeitig mit 36 anderen Gottesdiensten stattfand, ein Ereignis von nur geringer Prägekraft. Eine Zeitlang ist dann auch auf ökumenischen Versammlungen auf gemeinsame Abendmahlsgottesdienste verzichtet worden.
- Sie unterstreicht die Erfahrung, dass offensichtlich auf die Dominanz einer Strukturvorgabe aus der Tradition einer Konfession nicht verzichtet werden kann, diese sich also nicht nur aus der Herkunft der Autoren erklären lässt. Schon in Stockholm war trotz aller Offenheit für andere Traditionen die Liturgie der schwedischen lutherischen Kirche als Leitfolie unverkennbar.
- Die bisher ökumenische Gottesdienstentwürfe leitende Idee einer Repräsentanzliturgie, in der die Traditionen aller Teilnehmer repräsentiert und aufgehoben sein sollten, wurde in der Lima-Liturgie zugunsten der liturgischen Gestaltung gemeinsamer in der Lima-Erklärung ausgesprochener Erkenntnisse verlassen. Im praktischen Vollzug ist sie allerdings noch bestimmend, insofern die agierenden Liturgen durchweg durch ihre Amtsgewänder ihre Herkunft erkennbar machen.
- Die Lima-Liturgie bestätigt, dass die Gottesdienste der ökumenischen Weltversammlungen immer wieder überzeugend erkennen lassen, dass das gemeinsame Singen ein unüberbietbares Symbol der Gemeinsamkeit darstellt.
- Die Gottesdienste des ÖRK zeigen neben dem Problem der Zusammenführung verschiedener Liturgiekulturen auch das damit verbundene Problem verschiedener Liturgiesprachen. Gottesdienste ökumenischer Konferenzen müssen sich zwangsläufig auf die Heimatsprachen der am stärksten vertretenen Delegationen beschränken. Ökumenischen Gottesdiensten in Deutschland wird sich künftig das Problem der Mehrsprachigkeit in spezifischer Weise stellen.
- Trotz des Hinweises auf theologische Defizite ist beachtenswert, wie konsequent sich die Bitte um den Heiligen Geist zugleich als Movens wie Symbol gemeinsamer Sehnsucht erweist. Tatsächlich hat ja dieser theologische Topos auch in den Gesprächen der Konfessionen besondere Bedeutung erlangt.

Es bleibt festzuhalten, dass die sog. Lima-Liturgie den Ertrag eines langen ökumenischen Weges bündelt und in theologischer Konzeption und Gestalt bis zur Ablösung durch einen besseren Entwurf als kompetenter Anreger für die Gestaltung ökumenischer Gottesdienste in unseren Gemeinden dienen dürfte. Die europäischen reformatorischen Kirchen werden sich fragen müssen, wie sie mit dem Defizit künftig umgehen wollen, das in ihren Gottesdienstordnungen im Vergleich mit den Erfahrungen in der Ökumene spürbar wird.

2. Das *Gespräch mit der römisch-katholischen Kirche* hat in Bezug auf den Gottesdienst durch das Dekret des Zweiten Vatikanums »Über den Ökumenismus« eine neue tragfähige Basis erhalten. Zwar sind die dort vorgelegten Grundsätze teils öffnend, teils restriktiv interpretierend weitergeführt worden, sind in ihrer dialogfördernden Substanz aber nicht mehr revidierbar. Als Ziel der ökumenischen Unternehmungen formuliert das Dekret: »Wenn dies alles von den Gläubigen der katholischen Kirche unter der Aufsicht ihrer Hirten mit Klugheit und Geduld vollzogen wird, trägt es zur Verwirklichung der Gerechtigkeit und Wahrheit, Einheit und Zusammenarbeit, der brüderlichen Liebe und Eintracht bei, sodass dadurch allmählich die

Hindernisse, die sich der völligen kirchlichen Gemeinschaft entgegenstellen, überwunden und alle Christen zur selben Eucharistiefeier zur Einheit der einen und einzigen Kirche versammelt werden, die Christus seiner Kirche von Anfang an geschenkt hat. Eine Einheit, die nach unserem Glauben unverlierbar in der katholischen Kirche besteht, und die, wie wir hoffen, von Tag zu Tag wachsen wird bis zur Vollendung der Zeiten« (UR 4 Abs. 3). Damit sind Möglichkeiten und Grenzen eines mit römisch-katholischen Christen zusammen zu feiernden Eucharistiegottesdienstes umrissen:

– Die wachsende Gemeinsamkeit kann sich nur unter Aufsicht ihrer »Hirten« (pastorum vigilantia) vollziehen. Eine Regel, die manche gewachsene Praxis nur durch Nichtwissen oder stille Duldung der kirchlichen Aufsicht weiterleben lässt und ihre Verletzung durch persönliche Gewissensentscheidung provoziert.
– Die Eucharistiefeier ist das Zeichen völliger kirchlicher Gemeinschaft und erst nach Überwindung aller Hindernisse, die dieser Gemeinschaft im Wege stehen, denkbar. Ein Gesichtspunkt, der in unaufhebbarem Gegensatz zu der Aussage steht, dass Christus seiner Kirche die Einheit von Anfang an geschenkt hat. Freilich wird dieser Gegensatz durch die Identifizierung der einen Kirche mit der römisch-katholischen aufgehoben.
– Wird auch das unverlierbare Vorhandensein jener Einheit in der katholischen Kirche geglaubt, so ist sie doch noch nicht vollendet. Sie ist nicht nur undeutlich zu erkennen oder verstellt, sondern unvollkommen. Ihr Wachsen bis zur Vollendung der Zeiten ist Gegenstand der Hoffnung. So wird auch die Öffnung der derzeit noch festgehaltenen Grenzen denkbar. Festzuhalten bleibt auch in diesem Dokument die Berufung auf das Ersehnen der Gnade des Heiligen Geistes, das auch bei den getrennten Brüdern konstatiert wird, und die ausdrückliche Aufforderung an die Bischöfe auf dem ganzen Erdenkreis, das ökumenische Werk eifrig zu fördern und mit Klugheit zu leiten.

Die Anerkennung der Taufe als Zeichen der Zugehörigkeit zur Kirche (obwohl sie nicht ausreicht, völlige Gemeinschaft herzustellen) und die geradezu überschwängliche Aufzählung von Inhalten und Zielen gemeinsam möglichen Tuns vor dem Endziel gemeinsamer Eucharistiefeier bieten die Begründung für gemeinsame Gottesdienste – nicht als Zeugnis der Einheit, aber als Ort gemeinsamen Suchens nach der Einheit. Es wäre sinnvoll, evangelischerseits dieses Angebot anzunehmen und extensiv zu nutzen, statt immer wieder die entschieden abgelehnte Gemeinsamkeit in der Eucharistie anzumahnen. Wenn eine Verschiebung im dargestellten Grundverständnis zu befürchten ist, reagiert das katholische Lehramt mehr oder weniger restriktiv (vgl. das Schreiben der Kongregation für die Glaubenslehre an die Bischöfe der katholischen Kirche vom 15. Juni 1992 und die Erklärung der gleichen Kongregation »Dominus Jesus« vom 6. August 2000).

Das bedeutendste ökumenische Dokument der letzten Jahre ist die Gemeinsame Erklärung zur Rechtfertigungslehre (samt wichtigen Anhängen) des Lutherischen Weltbundes und der römisch-katholischen Kirche (vom 11.6.1999), unterzeichnet am 31.10.1999 in Augsburg. Sie hat zugleich begeisterte Zustimmung und – vor allem in akademischen Kreisen – entschiedene Ablehnung provoziert. Ihre gottesdienstlichen Konsequenzen sind noch nicht abzusehen, geschweige denn zu entwerfen.

3. Das Suchen nach Gemeinschaft mit der römisch-katholischen Kirche ist ihrer Größe und Bedeutung wegen wichtig, aber nicht das einzige ökumenische Interesse. Gerade die an Mitgliederzahlen kleinen kirchlichen Gemeinschaften, die z.T. Vertreter von in anderen Teilen der Welt großen Kirchengemeinschaften darstellen, sollten ihrer besonderen Gaben und Erfahrungen wegen Beachtung finden. Im übrigen befinden sich alle kirchlichen Gemeinschaften in mehr

oder weniger intensiven Gesprächen mit dem Ziel der Zusammenarbeit und gottesdienstlichen Gemeinschaft. In Europa haben sich eine Reihe von Kirchen in der sog. Leuenberger Konkordie volle gegenseitige Anerkennung gewährt. Das ermöglicht in bezug auf den Gottesdienst z.B. den Austausch von Predigern und Liturgen und die gemeinsame Feier des Heiligen Abendmahles. Die Leuenberger Konkordie haben lutherische, reformierte und unierte Gemeinden angenommen, darüber hinaus die Waldenser und die Böhmischen Brüder. 1985 haben die in der EKD verbundenen Kirchen eine Vereinbarung mit der altkatholischen Kirche getroffen über eine gegenseitige Einladung zur Teilnahme an der Feier der Eucharistie. 1987 wurde die gegenseitige Kanzel- und Abendmahlsgemeinschaft zwischen EKD-Kirchen und Methodisten veröffentlicht, 1991 eine Erklärung der gegenseitigen Anerkennung der EKD-Kirchen und der anglikanischen Kirchengemeinschaft. Regelmäßige Konsultationen der EKD mit den orthodoxen Kirchen vertiefen die Gemeinschaft dorthin, ohne schon handgreifliche Ergebnisse zu zeigen. Auch die Baptisten beteiligen sich förderlich am ökumenischen Gespräch. Besondere Impulse könnten künftig von den Pfingstlern ausgehen, da sie einerseits nur z.T. eigene kirchliche Gemeinschaften begründet haben, darüber hinaus aber mit charismatischen Bewegungen in allen christlichen Kirchen verbunden sind, und andererseits der in allen Kirchen gewachsenen Erkenntnis, wie bedeutend die Kraft des Heiligen Geistes für das Zustandekommen der Einheit ist, gelebte und geprägte Gestalt verleihen. Selbst zu Gemeinschaften, die lange Zeit als Sekte in bewusster Abkehr von den großen Kirchen lebten, gibt es vorsichtige Kontakte. Die Gemeinschaft der Adventisten und des Apostelamtes Jesu Christi wird verschiedentlich schon auf dem Weg zur Kirchwerdung angesehen. Man vergleiche dazu die Charta oecumenica der Konferenz Europäischer Kirchen und des Rates der Europäischen Bischofskonferenzen vom 22.4.2001, darin besonders die Kapitel 5: »Wir verpflichten uns ... die Gottesdienste und die weiteren Formen des geistlichen Lebens anderer Kirchen kennen und schätzen zu lernen ...« und 10–12: Gemeinschaft mit dem Judentum vertiefen – Beziehungen zum Islam pflegen – Begegnung mit anderen Religionen und Weltanschauungen. Zum anderen sind die Kundgebung der 9. Synode der EKD »Eins in Christus« vom 9.11.2000 und das Votum des Rates der EKD zur »Kirchengemeinschaft nach evangelischem Verständnis« vom 29.9.2001 zu beachten.

III. Wege zueinander

Auf drei verschiedenen Wegen wird seit Beginn der ökumenischen Bewegung versucht, Formen des gottesdienstlichen Feierns zu erreichen, die allen beteiligten Christen die Teilnahme ermöglichen:

1. Durch *Minimierung*. Die nächstliegende Methode scheint zu sein, eine Gottesdienstform zu finden, die einen Minimalkonsens repräsentiert. Es wird darauf geachtet, alles zu vermeiden, das irgendeinen Beteiligten in seinem Gewissen vergewaltigen könnte, gleichzeitig aber so viel von dem Glaubensbewusstsein der Beteiligten einzubringen, dass sich niemand ausgeschlossen vorkommen muss. Die Methode hat den Vorzug, dass in der Gestaltung des Gottesdienstes der jeweilige Minimalkonsens, aber auch dessen Wachstumspotential dargestellt und erfahren werden kann. Der Gefahr ist freilich schwer zu entgehen, dass der im Austausch theologischer Positionen gefundene Konsens die Gottesdienstgestalt bis in Formulierungen hinein bestimmt und sie weniger mit hymnischen als definitorischen Elementen füllt. Die konfessorische Komponente des Gottesdienstes hat ihre Berechtigung, sollte aber den Aspekt des gemeinsamen Suchens und Gewinnens von Erkenntnis im Hören auf das Wort Gottes und im Vertrauen auf die Wirksamkeit des Heiligen Geistes nicht vernachlässigen. Da über die Eucharistie ein

ökumenischer Konsens noch nicht erzielt werden konnte, führt der Weg der Minimierung zu Wortgottesdiensten, die zwar feierlich ausgestaltet werden können, den entscheidenden Mangel aber nicht verleugnen sollten.

2. Durch *Addition*. Sie wird bestimmt von zwei Gedanken: (a) Jede beteiligte Konfession bringt ein, was ihr unumgänglich erscheint, wobei sie sich bemüht, die Grenzen der Verletzlichkeit der anderen Beteiligten zu achten. (b) Aus dem Reichtum der Gaben, die die beteiligten Konfessionen mitbringen, wird zusammengefügt, was der gemeinsamen Feier dienlich ist und das Wirken des Heiligen Geistes in den beteiligten Konfessionen bezeugt.

Die Erfahrung lehrt, dass sich solcher Weg am ehesten begehen lässt, wenn alle Beteiligten die gottesdienstliche Tradition einer Regionalkirche als ordnendes Grundmuster akzeptieren. Da ökumenische Gottesdienste in der Regel nur durch wenige Beteiligte vorbereitet werden können, ist das Erkennbarbleiben persönlicher Handschrift ohnehin nicht zu verhindern. Es sollte als Anregung und Bereicherung gewertet werden. Als Addition könnte man es auch betrachten, wenn Gottesdienste verschiedener Konfessionen mit jeweiliger Einladung an alle hintereinander gefeiert werden oder die gemeinsame Feier auf den Wortteil beschränkt (wobei es streng genommen untersagt ist, dass ein nicht katholischer Amtsträger oder ein katholischer Laie in einer römisch-katholischen Messe predigt) und dann an verschiedenen Orten von den Konfessionen getrennt fortgesetzt wird.

3. Der dritte Weg ist der, *ökumenische Gastfreundschaft* zu gewähren. Solche Gastfreundschaft stellt sich in verschiedenen Graden dar, die sich an der Öffnung des Zuganges zum Altarsakrament ablesen lassen. Manche Kirchengemeinschaften setzen freilich auch enge Grenzen für den Zugang. Die weiteste Öffnung geschieht durch die gegenseitige Einladung bestimmter Kirchengemeinschaften zur Eucharistiefeier der eigenen Gemeinschaft. Solche Einladungen setzen in der Regel die Leitung der jeweiligen Eucharistiefeier durch Amtsträger der einladenden Gemeinschaften voraus, schließen aber die Beteiligung von Amtsträgern der eingeladenen Gemeinschaft nicht aus. Solche Gastfreundschaft wird auf Grund von Vereinbarungen in vielen christlichen Kirchen gewährt. Zu besonderen Gelegenheiten kann der Zugang zum Altarsakrament für die im Gottesdienst Anwesenden geöffnet werden, indem eine ausdrückliche Einladung ausgesprochen wird. Vor allem die anglikanische Kirche hat sich dieser Weise ökumenischer Gastfreundschaft oft und an vielen Orten großherzig bedient.

Beschränkung oder Erweiterung der Freiheit, an Abendmahlsfeiern anderer Kirchengemeinschaften teilzunehmen, wird durch die Kirchen verschieden bestimmt. Sie reicht von der ausdrücklichen Freigabe ihrer Glieder, an Abendmahlsfeiern anderer Konfessionsgemeinschaften teilzunehmen, wenn sie es mit ihrem Gewissen vereinbaren können, – so die badische Landessynode – bis zur kirchenamtlichen Korrektur einer zunächst weitergefassten Formulierung der Augsburger Synode von 1990, in der es der Gewissensentscheidung der Katholiken überlassen blieb, am evangelischen Abendmahl teilzunehmen. Die amtliche Korrektur bestimmt: »Wenn er dann in klarer Erkenntnis der Lehre der Kirche meint, sich dennoch anders verhalten zu können, so wäre dieses Gewissen nicht nur objektiv irrig, es würde vielmehr gegen den Glauben der Kirche verstoßen.«

Eine weitere Überlegung ist, den Zugang zum Altarsakrament für den Fall zu ermöglichen, dass Christen einen Gottesdienst mit einem Amtsträger ihrer eigenen Konfession nicht erreichen können, aber nach der Teilnahme an der Eucharistie dringend verlangen. Solche auf den Notfall beschränkte Gastfreundschaft mit einer gewissen Tendenz zur Weitherzigkeit gibt es für römisch-katholische Christen in orthodoxen Gottesdiensten, in der römisch-katholischen Kirche unter sehr viel enger gefassten Bedingungen für Mitglieder anderer Kirchengemeinschaften.

Römisch-katholische Kirchenrechtler mahnen ausdrücklich, die Notfallerlaubnis nicht weitherzig auszulegen und verweisen für den Notfall auf den Begierdeempfang *(ex voto)*, in welchem das dringende Verlangen zum Empfang der Kommunion, wenn diese verweigert wird oder unerreichbar ist, in seiner Wirkung der des Empfanges gleichgestellt wird.

IV. Überlegungen

1. Es ist bei aller Sehnsucht nach einer gemeinsamen Gestalt für die Feier des Gottesdienstes streng daran festzuhalten, dass die durch den gemeinsamen Bezug auf die Offenbarung in Christus vorgegebene Gemeinsamkeit nicht identisch ist mit dem Ausdruck von Gemeinsamkeit, den Christen herbeizuführen versuchen. Es bleibt dem freien Wirken des Geistes vorbehalten, jene vorgegebene Einheit in der Gestalt weltlicher Einheit oder weltlicher Vielgestaltigkeit erkennbar zu machen. Beide Gestalten, die Einheit als Hinweis auf den einen Herrn Jesus Christus und die Vielgestaltigkeit als Hinweis auf die Unverfügbarkeit der Einheit, enthalten zugleich Anlass für Verständnis wie für Missverständnis. Insofern ist es Aufgabe der Christen, in ständiger Prüfung Anlässe zu Missverständnis zu minimieren und das Verständnis zu fördern.

2. Keine Konfession kann heute die Geschichte der Ökumene und des Zusammenwachsens der Christen negieren, ohne sektiererisch zu werden. Das betrifft auch den Gottesdienst. Ein Gottesdienst, der ohne Blick auf die Gestalt der Gottesdienste in anderen Konfessionen geordnet und gefeiert würde, wäre ein Zeichen des Ungehorsams gegenüber dem Herrn der Kirche. Der Blick auf die in anderen Konfessionen gepflegten Traditionen führt zugleich zur Prüfung der eigenen Tradition, setzt diese den Fragen der anderen aus und zwingt zu vertiefter Argumentation in bezug auf das für unaufgebbar Gehaltene.

Der Respekt gegenüber anderen Überzeugungen regt zu der Bemühung an, der eigenen Tradition fremde Ausdrucksweisen mit den Augen derer zu sehen, denen sie plausibel sind. Auch wächst die Sensibilität dafür, was den anderen stört (z.B. Glockenläuten am Karfreitag).

3. Eine Gemeinde, die ihren Gottesdienst nicht in ökumenischer Verantwortung feiert, d.h. im Blick auf das Wirken des Heiligen Geistes in anderen Konfessionen, mit denen noch keine Gemeinschaft an allen geistlichen Gütern – durch wessen Schuld auch immer – hergestellt werden kann, verhält sich sektiererisch. Insofern ist jeder Gottesdienst, der im Namen des dreieinigen Gottes gefeiert wird, die Gaben des Heiligen Geistes zu erkennen und zur Wirksamkeit zu bringen versucht und sich zur Offenbarung Gottes in Christus bekennt, ein ökumenischer Gottesdienst. Das Bemühen um wachsendes Erkennen dessen, was der Heilige Geist schenkt und bewirkt, wird auch dazu führen, bisher vernachlässigte Gaben zu entdecken, sich weiteren Gaben zu öffnen und fehlende Gaben zu erkennen und zu erbitten. Es ist sachgemäß, das Streben nach Sichtbarkeit ökumenischer Gemeinschaft durch das Streben zu ergänzen, die Teilnahme an der Fülle der Geistesgaben auch im eigenen Bereich erfahren und darstellen zu können. Die Ökumene nach außen ist durch eine Ökumene nach innen zu ergänzen.

4. Dem Aufspüren und Gestalten einer Ökumene nach innen dient die Tatsache, dass sich mindestens Spuren, meistens aber sehr deutlich erkennbare Parallelen in den verschiedenen Gestalten christlicher Gottesdienste erkennen lassen. Historisch gesehen zeigt sich darin die Abkunft aus gleichen Wurzeln. Als Verheißungszeichen gewertet, weisen sie sowohl auf die gemeinsame Tradition hin wie auf die Möglichkeit gegenwärtig und künftig gemeinsamer Verhaltensmuster. Daran wird auch nichts abgestrichen, wenn sie z.T. Selbstverständlichkeiten repräsentieren, weil eine Menschenversammlung gewisser institutioneller Sicherungen bedarf,

wenn sie auf Gerechtigkeit gegenüber allen Teilnehmern und als Teilnahme an einer gemeinsamen Sache verstanden wird. Die Freude darüber aber, dass jeder Christ in den Traditionen anderer die Bausteine wiedererkennen kann, die auch im eigenen gewohnten Gottesdienst gebraucht werden (wenn auch z.T. verändert, in neue Zusammenhänge gebracht und ohne Kundgabe ihrer Herkunft), kann sowohl die Wahrnehmung des Ungewohnten wie die Wertschätzung des Eigenen fördern.

Bei diesen Bausteinen handelt es sich einerseits um Sprachformen der Gebete und der öffentlichen Rede, die um ihrer Kommunikationsfähigkeit willen alte, bisher durch neuere Einfälle nicht verbesserte Formen bewahren, andererseits um liturgische Stücke, deren Urformen, aus welchen kulturellen Zusammenhängen auch immer entnommen, in die Gottesdienste der ersten Christengemeinden, z.T. sogar in die vorchristliche synagogale Praxis zurückreichen. Wenn das Bekenntnis gilt, dass Jesus Christus der Herr aller Bereiche ist (lokal und temporal), dann werden Christen bei der Gestaltung ihrer Gottesdienste weder traditionsversessen noch geistberauscht handeln können, vielmehr versuchen müssen, die Gaben in Vergangenheit, Gegenwart und Zukunft und an allen Orten wahrzunehmen und in Verantwortung vor ihrer eigenen Kultur, ihrer Frömmigkeit doxologische Gestalt zu geben. Dabei werden vor allem jene Formen den Vorzug haben, die Beteiligung ermöglichen, nicht nur aufgrund dessen, dass sie bekannt sind (die Gewohnheit kann auch zur Isolierung führen), sondern dass sie spontan erfassbar und nachvollziehbar sind. Das gilt besonders für Akklamations-, Responsorial- und Refrainformen. Es ist darauf zu achten, dass die versammelte Gemeinde ihr Recht wahrnehmen darf, auf das Ja Gottes zu ihr mit ihrem Amen zu antworten.

5. Jede Christenversammlung bekennt sich zur einen heiligen christlichen Kirche. Sie versteht ihr Tun als Teil der Doxologie des Volkes Gottes im Himmel und auf der Erde. Das Zeugnis der Einheit gewinnt die Kirche nicht aus den Plausibilitätskriterien der Welt. Jeder christliche Gottesdienst ist zugleich Teil wie Hinweis auf die Einheit, die uns vorgegeben ist, dass wir sie erkennen und annehmen, nicht aber, dass wir sie als herstellungsbedürftig deklarieren. Es wäre darum sinnvoll, der Teilnahme von Vertretern verschiedener Konfessionen am Gottesdienst einer Konfession ebensolche Zeugniskraft zuzurechnen wie einem Gottesdienst, an dessen Planung die Vertreter der Konfessionen von Anfang an beteiligt waren. Vermutlich ist der Welt mehr damit gedient, dass sie erlebt, wie Christen ihre jeweiligen Gaben achten, ohne das prüfende Fragen zu unterlassen, ob und wie sie dadurch weitergewiesen werden, als durch das repräsentierende Zusammenfügen ihrer Eigenarten eine Gemeinsamkeit darzustellen, die doch unvollkommen bleibt.

Die Geschichte der ökumenischen Gottesdienste zeigt als roten Faden ein Repräsentanzdenken, das nahelegt, im Zusammenführen verschiedener Traditionen und Gewohnheiten die Einheit erlebbar zu machen. Dass solchem Zusammenführen Grenzen gesetzt sind, erweist schon die Tatsache, dass bisher kein ökumenischer Gottesdienst es geschafft hat, die Beteiligten mit gleichen Anteilen zu repräsentieren. Vielmehr erscheint jeder dieser Gottesdienste als eine um andere Traditionen angereicherte, dem Hauptverfasser durch Geschichte und Herkunft vertraute Gestalt. Es bleibt eine theoretische Überlegung, dass eine gewisse ökumenische Einheitsform durch gleichberechtigte Repräsentanz aller Teilnehmer erreichbar ist, wenn die letzten Störungen im theologischen Konsens beseitigt sind. Dann würde es auch möglich sein, die den Gottesdienst amtlich gestaltenden Liturgen durch ihr einheitliches liturgisches Gewand als von einem Ziel her bestimmt erkennbar zu machen, statt sie jetzt durch ihre jeweiligen Roben als Repräsentanten ihrer Konfession darzustellen. Aber es könnte auch eine Verarmung bedeuten und dem Hinweis auf den Reichtum Gottes schaden, der sich in vielgestaltiger Kreatur ausdrückt. Es würde Differenzierungsmöglichkeiten begrenzen und Erkenntnisse disqualifizieren, die an verschiedenen Fronten in der Auseinandersetzung gewachsen sind. Das legt die Empfehlung nahe, das Repräsentanzdenken zu überwinden oder es mindestens durch ein Bewusstsein zu ergänzen, das verschiedene Traditionen von sich aus auf die Einheit verweisend versteht und ihre Gemeinsamkeit nicht erst durch Zusammenfügung erkennbar machen will.

Das hätte freilich auch Rückwirkungen auf den Gebrauch des Tradierten, weil es sich im Lichte wachsender Einheit mehr und mehr zum Hinweiszeichen auf diese wandeln müsste. Die tradierten Gestalten würden sich so verändern, dass ihre Verwandtschaft deutlicher erkennbar würde und den Prozess wachsender Gemeinsamkeit sinnfälliger zum Ausdruck brächte. In diesem Zusammenhang ist mit Aufmerksamkeit zu registrieren, dass die Überprüfung der gottesdienstlichen Traditionen in fast allen christlichen Konfessionen im gegenseitigen Wahrnehmen und voneinander Lernen zur Entdeckung von Ausdrucksmöglichkeiten geführt hat, die in der jeweils eigenen Tradition bisher vernachlässigt oder verschüttet waren und deren Wiederbelebung als Bereicherung empfunden wird. Auch die Integration bisher noch nicht geübter Gestaltungsmittel und -elemente ist vielfältig zu beobachten. Der Prozess, der ökumenischen Einheit dadurch zu dienen, dass man die zur Einheit drängenden Kräfte auch im Innenbereich wirksam werden lässt, verdient konsequente Förderung.

6. Die Abkehr vom Repräsentanzdenken hin zur Wahrnehmung der jeweiligen Geistesgaben führt zu einer mehr und mehr von Bedingungen zu befreienden Gastbereitschaft für die Christen aus jeweils anderen Traditionen und Konfessionsgestalten. Gastbereitschaft kann freilich nicht gefordert werden. Es ist ein Zeichen ökumenischen Geistes, gewährte Gastbereitschaft auch unter den Bedingungen dankbar zu akzeptieren, unter denen sie gewährt wird. Das Einklagen von Gastbereitschaft, wie es manchmal noch zwischen römisch-katholischer Kirche und Kirchen reformatorischer Tradition geäußert wird, widerspricht ihrem Sinn. Wo Gastfreundschaft nicht uneingeschränkt gewährt werden kann, sollten so ernste Gründe unterstellt werden, dass die Achtung als Zeichen christlichen Geistes gelten kann.

7. Es stünde den Christen gut an, wenn sie sich im Vollzug der Gemeinsamkeit weniger von dem stören ließen, was bisher noch als unüberwindbar gelten muss (die Anerkennung der Ämter und der mit der Vollmacht dieser Ämter zusammenhängenden Handlungen), sondern wenn sie sich darauf konzentrieren würden, den Wert des ihnen allen Gemeinsamen stärker zur Geltung zu bringen. Dabei ist besonders an das Sakrament der Heiligen Taufe zu denken, dessen Vollzug (von wenigen Ausnahmen abgesehen) überall als gültig anerkannt wird. Wäre es nicht sinnvoll, die ökumenische Kraft dieses Sakramentes in der gemeinsamen Gestaltung von Lehre, Feier und periodischer Erinnerung bewusst zu halten? Da es wünschenswert ist, dass die Konfessionen auch im Gottesdienst alles gemeinsam tun, was sie gemeinsam tun können, und nur das getrennt tun, was sie getrennt tun müssen, ist die gemeinsame Tauffeier folgerichtiges Desiderat. In Verbindung mit ihr könnten auch Bußfeiern und Taufgedächtnisgottesdienste gemeinsam gestaltet werden. Das Zeichen der Gemeinsamkeit an dieser Stelle könnte auch die mitunter gegensätzlich erscheinende Vielgestaltigkeit plausibel machen. Die auf ökumenische Gemeinsamkeit gerichtete Wirkung dieses Sakramentes könnte sich in der Vorbereitung auf seinen Vollzug entfalten, gemeinsamer Taufunterricht könnte vereinbart, in der Lehre und im Verständnis Divergierendes diskutiert und das Studium der Grundlagen vertieft werden.

8. Solange eine gemeinsame Eucharistiefeier nicht zu erreichen ist, sollten neben Wortgottesdiensten eigener Dignität (Predigtgottesdienst), die der Ergänzung durch die Eucharistie nicht bedürfen, auch Wortgottesdienste gestaltet werden, in denen das Fehlen der Eucharistie als

Mangel empfunden und gemeinsam erlitten wird. Das ist auch im Zusammenhang mit der Tauffeier denkbar. Da diese darauf zielt, den Getauften in die Gemeinde einzuführen und ihm die Teilnahme an der Eucharistie zu eröffnen, ist auch in der Feier der Taufe der Wunsch nach Einheit lebendig zu erhalten. Denn der Mangel an Gemeinsamkeit wird erkennbar, wenn zum Vollzug der Taufe die Wege aus den verschiedenen Konfessionen zusammenführen, nach deren Vollzug aber zur Feier der Eucharistie wieder in die einzelnen Konfessionen auseinander gehen. Schließlich soll nicht vernachlässigt werden, dass auch andere Amtshandlungen (Trauung, Bestattung) gemeinsam gestaltet werden können.

V. Anregungen

Konsequenzen aus dem bisher Bedachten sollen sich in einigen Anregungen niederschlagen. Es ist dabei zu bedenken, dass sich der Wunsch nach dem Miteinander vor Gott sowohl im gemeinsamen Tun von Christen aus verschiedenen Konfessionen äußern, als auch im Gottesdienst jeder Konfession zeichenhaft verwirklichen kann.

1. *Ökumene nach außen*

– Die Bandbreite reicht vom Präsentmachen anderer Konfessionen im gottesdienstlichen Fürbittengebet bis zur gemeinsam gestalteten Eucharistiefeier. Zwischen diesen Polen sind mancherlei Gestaltungsformen denkbar.
– Gegenseitiger Besuch. Besuch der christlichen Gemeinden untereinander muss nicht nur bei besonderen Gelegenheiten und schon gar nicht nur durch ihre Repräsentanten erfolgen. Gegenseitiger Besuch sollte als Zeichen normaler Nachbarschaft geübt werden. Der Besuch kann erfolgen, ohne dass er besonders wahrgenommen wird. Die Besucher könnten aber auch besonders begrüßt und vorgestellt werden. Es wäre auch denkbar, Besucher aus einem Gottesdienst in den anderen zu entsenden, mit dem ausdrücklichen Auftrag, einen Gruß zu überbringen. Besonders sinnvoll wäre dieser Akt im Zusammenhang mit dem Friedensgruß, der über die im Gottesdienst Anwesenden hinaus an die im Gottesdienst der benachbarten Konfession Versammelten überbracht würde. Wo ein deutlicheres Zeichen gewünscht wird, könnten auch (älteren Vorbildern folgend) Brot und Wein vom einen Altar auf den anderen überbracht werden.
– Eine weitere Stufe wäre mit der gegenseitigen Einladung von Predigern/Predigerinnen erreicht.
– Engere Gemeinschaft würde der gemeinsame Vollzug von Tauffeiern, Trauungen und Bestattungen bezeugen.
– Vielfältige Gelegenheiten bieten sich für die gemeinsame Gestaltung von Wortgottesdiensten (ökumenische Gebetswochen, Bußtage, Vorabende und zweite Feiertage von hohen christlichen Feiertagen, Jahresschlussgottesdienst, Wochentagsandachten). Als besonders eindrücklich ist mancherorts die ökumenische Abendfeier am Aschermittwoch – mit der Austeilung des Aschenkreuzes an alle – zu erleben. Eine ökumenische Vesper am Abend des Reformationstages könnte dazu dienen, der ökumenischen Intention der Reformatoren zu gedenken.
– Sofern eine christliche Gemeinde Christen anderer Konfessionen zur Eucharistiefeier einlädt, sollte dieses dankbar wahrgenommen werden. Aber auch die Teilnahme an einer Eucharistiefeier ohne eigene Kommunion ist Zeichen respektvoller Gemeinsamkeit.
– Will man auf dem Wege zu gemeinsamen Eucharistiefeiern weiterschreiten, ist es möglich, den Wortteil des Gottesdienstes gemeinsam zu feiern und zur Feier der Eucharistie im

gleichen Kirchenraum an verschiedene Altäre oder gar verschiedene Kirchenräume auseinander zu gehen. Auch die Feier von zwei Gottesdiensten hintereinander ist denkbar, an denen jeweils alle zum gemeinschaftlichen Zeugnis Entschlossenen teilnehmen, aber nur die jeweils Zugelassenen kommunizieren.

- Dass unterhalb kirchenrechtlicher Regelungen manche gemeinsame Feiern stattfinden, die von den zur Aufsicht Berufenen nur mit Stirnrunzeln registriert (manchmal aber sogar stillschweigend geduldet) werden, darf je nach Einstellung mit Bedenken oder Freude wahrgenommen und als Zeichen dafür gewertet werden, dass der geordnete Weg immer wieder der kritischen Prüfung bedarf.

2. *Ökumene nach innen*

- Auch für die Pflege des ökumenischen Bewusstseins innerhalb einer Konfession lässt sich eine Bandbreite denken, die von der Erwähnung verwandter Christen im gottesdienstlichen Fürbittengebet bis zur Feier des Gottesdienstes in einer aus fremder Tradition stammenden Gestalt reicht.
- Dass Christen füreinander beten, ist eine nicht mehr in Frage zu stellende Selbstverständlichkeit. Die Errungenschaft gemeinsamer Texte und Lieder ist dankbar zu begrüßen und konsequent einzuführen. In diesem Bereich die als wertvoller angesehene Formulierung eigener Tradition über die in einem Sprachgebiet erarbeitete gemeinsame zu stellen, grenzt an Rechthaberei.
- Über den Gebrauch der vereinbarten Texte hinaus könnte geprüft werden, welche Texte aus den gottesdienstlichen Ordnungen anderer Konfessionen sich aufnehmen und im eigenen Gottesdienst gebrauchen lassen. Auch könnten die in den gottesdienstlichen Lesungen gebrauchten Übersetzungen gelegentlich im Wortlaut der in einer anderen christlichen Kirche üblichen Fassung vorgetragen werden.
- Die Zahl der überall im gleichen Wortlaut zu gebrauchenden gottesdienstlichen Texte ließe sich zweifellos noch vermehren, ohne dass der vorhandene Reichtum beschnitten werden soll. Aber dann und wann Gebete aus einer allen verbindlichen Sammlung gebrauchen zu dürfen, könnte ein sinnvolles ökumenisches Zeichen sein. Bestimmte liturgische Formeln (Grüße, Akklamationen), ja sogar Gesangsweisen müssen nicht unbedingt divergieren.
- Darüber hinaus wäre zu prüfen, welche Ausdruckselemente in fremden Traditionen der Verdeutlichung in der eigenen Konfession wahrgenommener Geistesgaben dienen könnten, oder welche liturgischen Vollzüge als redundante Ergänzung der eigenen verstanden und als Zeichen der Gemeinsamkeit aufgenommen werden könnten. Dabei ist z.B. an das der Tauferinnerung dienende Zeichen der Selbstbekreuzigung, an die dem gleichen Sinnzusammenhang zugehörende Wasserbesprengung, an den gottesdienstlichen Einzug der Liturgen als letzter Akt der herzutretenden Gemeinde, an das ehrfurchtsvolle Herbeitragen des Evangelienbuches zum Lesepult, an die Ausweitung eines offertorialen Aktes, in dem Geldsammlung, Altarbereitung und gemeinsame innere Bereitung miteinander verbunden werden können, an den wechselseitigen Austausch des Friedensgrußes, sogar an den Gebrauch von Weihrauch zu denken, als ein Zeugnis für die Inanspruchnahme aller menschlichen Sinne.
- Dass in fast allen Konfessionen die Ausgestaltung des Mahlteiles durch reiche Eucharistiegebete als eine notwendige und sinnvolle Gestaltung erkannt worden ist, lässt die in manchen evangelischen Gottesdiensten noch üblichen, ursprünglich als Konzentration gedachten, Kurzformen in besonders kritischem Lichte erscheinen. Ökumenische Gottesdienste zu gestalten und zu feiern, ist nicht nur eine sinnvolle, sondern eine notwendige Aufgabe in

unserer Zeit, anderenfalls stehen wir der Verwirklichung des hohenpriesterlichen Gebetes Jesu (Joh 17), an welcher der Heilige Geist auf viele Weisen arbeitet, hinderlich im Wege, und das kann doch kein Christ ernsthaft wollen.

Quellen

AKTION GOTTESDIENST I. Evangelische und katholische Gottesdienstmodelle. Ökumenische Gottesdienste. Gebete – Meditationen – Bekenntnisse; II. Zum Kirchenjahr. Evangelische und katholische Gottesdienstmodelle. Texte – Denkanstöße – Flugblätter – Tagesmessen, hg.v. Uwe Seidel/Diethard Zils, Wuppertal/Düsseldorf 1970. – Karl-Heinrich BIERITZ/Michael ULRICH, Gottesdienstgestaltung. Ein ökumenisches Werkbuch, Leipzig ^{2}1986. – Die EUCHARISTISCHE LITURGIE VON LIMA. Mit einer Einleitung von Max Thurian, Frankfurt a.M. 1983. – GEMEINSAM FEIERN. Ökumenische Gottesdienste im Kirchenjahr, hg.v. Laurentius Klein/Hans-Georg Link (Ökumene konkret 2), Zürich/Neukirchen-Vluyn 1993. – Ottfried JORDAHN/Albert MAUDER, Ökumenische Gemeinde-Ordinarium (Feiernde Gemeinde 6), Hamburg 1979. – Dies., Ökumenische Gottesdienste (Feiernde Gemeinde 7), Hamburg 1981. – Reinhard MUMM, Ökumenische Gebete, Gladbeck 1969. – MITEINANDER VOR GOTT. Gottesdienst in ökumenischer Gemeinschaft, Köln/Frankfurt a.M. 1981. – Der ÖKUMENISCHE GOTTESDIENST. Grundsätze und Modelle, hg.v. Vorstand des Schweizerischen Evangelischen Kirchenbundes/der Konferenz der römisch-katholischen Bischöfe der Schweiz und vom Bischof und Synodalrat der Christkatholischen Kirche der Schweiz, Zürich 1979. – Norbert RÖMPLER/Renate ZINKHAHN, Ökumenische Gottesdienste. Modelle für Schule und junge Gemeinde, München 1975. – Frieder SCHULZ, Die Lima-Liturgie. Die ökumenische Gottesdienstordnung zu den Lima-Texten. Ein Beitrag zum Verständnis und zur Urteilsbildung, Kassel 1983.

Literatur

Teresa BERGER, Gottesdienst. Ort der Spaltung – Ort der Einheit: US 42 (1987) 74–88. – Karl-Heinrich BIERITZ, Chancen einer ökumenischen Liturgik: ZKTh 100 (1978) 470–483. – André BIRMELÉ/Thomas RUSTER, Arbeitsbuch Ökumene 1. Brauchen wir die Einheit der Kirche?, Würzburg/Göttingen 1986. – Paul F. BRADSHAW, Recent Developments: Cheslyn JONES/Geoffrey WAINWRIGHT/Edward YARNOLD (Hg.), The Study of the Liturgy, London ^{8}1987, 342–349. – Die EUCHARISTIE im Gespräch der Konfessionen. Ein Beitrag zur Rezeption des Dokuments »Taufe, Eucharistie und Amt« (Lima 1982), hg.v. der Bistumskommission für ökumenische Fragen, Münster/Kevelaer 1986. – Günther GASSMANN/Marc LIENHARD/Harding MEYER/Hans-Volker HERNTRICH, Um Amt und Herrenmahl. Dokumente zum evangelisch/römisch-katholischen Gespräch, Frankfurt a.M. 1974. – Bernd Jochen HILBERATH/Dorothea SATTLER, Vorgeschmack. Ökumenische Bemühungen um die Eucharistie [FS Theodor Schneider], Mainz 1995. – Hermann KOMNICK/Martin OETERS, Ökumenische Gottesdienste. Gemeinsam hören und beten, München 1985. – LEHRVERURTEILUNGEN – KIRCHENTRENNEND? Bd. I. Rechtfertigung, Sakramente und Amt im Zeitalter der Reformation und heute, hg.v. Karl Lehmann/Wolfhart Pannenberg (DiKi 4), Freiburg/Göttingen ^{3}1988. – Marc LIENHARD/Harding MEYER (Hg.), Gott und Gottesdienst (ÖkPer 4), Frankfurt a.M. 1973. – Dies., Wiederentdeckung des heiligen Geistes (ÖkPer 6), Frankfurt a.M. 1974. – Walter LOTZ, Das Mahl der Gemeinschaft. Zur ökumenischen Praxis der Eucharistie, Kassel 1977. – Das OPFER JESU CHRISTI und seine Gegenwart in der Kirche, hg.v. Karl Lehmann/Edmund Schlink, Freiburg 1983. – Konrad RAISER, Ökumene im Übergang. Paradigmenwechsel in der ökumenischen Bewegung? München 1989. – Wilm SANDERS, Ökumenische Gottesdienste. Gedanken aus zwölf Jahren Praxis: ÖR 27 (1978) 186–202. – Richard SCHAEFFLER u.a., Unfähig zum Gottesdienst? (Zur Debatte 3), München 1990. – Karl SCHLEMMER (Hg.), Gottesdienst – Weg zur Einheit (QD 122), Freiburg 1989. – Ders. (Hg.), Gemeinsame Liturgie in getrennten Kirchen (QD 132), Freiburg 1991. – Gunter WENZ, Sanctorum Communio. Eine Problemskizze zum Verhältnis von Kirchen- und Abendmahlsgemeinschaften in lutherischer Perspektive: Konrad Raiser/Dorothea Sattler, Ökumene vor neuen Zeiten, Freiburg 2000, 319–353.

Helmut Kornemann

Die Andacht und verwandte »kleine Formen« des Gottesdienstes

Der Begriff Andacht ist recht unbestimmt und vielschichtig. Er begegnet uns heute vor allem als Terminus des gestalteten gemeindlichen Lebens: Andachten werden gehalten, sie sind in der Regel kasuell, d.h. durch besondere Situationen innerhalb der Gemeinde oder ihrer Gruppen veranlasst. Sie sind bestimmt durch Tageszeiten: Morgen- oder Abendandacht, durch den Ablauf der Woche (Wochenbeginn, Wochenschluss), durch besondere Zielgruppen (Schul-, Krankenhaus-Andachten), durch das Kirchenjahr (Advents-, Passionsandachten) oder durch die Medien (Rundfunk- und Fernsehandachten). Vor allem begegnen sie uns als Bestandteil kirchlicher Gruppenarbeit. Die Zusammenkünfte von Frauen, Männern, Jugendlichen beginnen oder schließen mit einer Andacht. Sitzungen von Kirchenvorständen/Presbyterien und anderen kirchlichen Gremien sind selten ohne eine Andacht, oft ist sie kirchenamtlich verpflichtend vorgeschrieben. Man kann etwas vereinfachend, aber wohl im Ganzen zutreffend konstatieren, dass durch die Tatsache, dass eine Andacht stattfindet, die gesamte Veranstaltung christlich-evangelische Prägung erhält. Die Andacht ist ein Signum evangelischer Gemeindearbeit, sie ist ein »kleiner Gottesdienst im Alltag« (Ratzmann).

So verschiedenartig die Anlässe für Andachten sind, so ist es auch ihre konkrete Gestaltung. In nicht wenigen Fällen wird man (am ehesten) von einem kurzen Wortgottesdienst sprechen können, in dessen Mitte die Andacht im Sinne einer Kurzpredigt als Auslegung eines Bibelabschnitts tritt, die auf die spezielle Gruppe oder den besonderen Anlass hin ausgerichtet ist. Sammlung und Konzentration auf Wesentliches sind ihr Ziel, Gebet und Lied, Stille und Nachdenken sind die Formen, unter denen Andacht geschieht. Die liturgischen Formen sind mannigfaltig und relativ frei gestaltungsfähig. Hier hat auch das agendarisch nicht vorformulierte Gebet seinen Platz. Auch eröffnen sie mitunter Raum zu persönlicher Meditation.

Unter besonderen Bedingungen stehen die Andachten in den Medien, besonders im Hörfunk. Sie erreichen – im Gegensatz zu den gemeindlichen Anlässen – eine relativ große Hörerzahl, die freilich sehr unbestimmt ist. Die Hörfunkandacht ist im Vormittagsprogramm eingebettet in Unterhaltung, Werbung, Nachrichten, Wetter- und Verkehrsberichte. Das trifft auch für Regionalsender zu. Für eine beschränkte Zeit von nur wenigen Minuten sollen Menschen erreicht und angesprochen werden. Die Tatsache, dass in der Regel solche Rundfunkandachten zwischen 6 und 9 Uhr stattfinden, zeigt, dass damit der Tag eine geistliche Ausrichtung erhalten soll. Dabei sollen die Hörer in sehr verschiedenen Situationen angesprochen werden: Viele hören nur nebenbei zu, beim Ankleiden, beim Frühstück, bei der Autofahrt zur Arbeit. Andere unterbrechen geplant den Ablauf des Tages und nehmen bewusst an der Andacht teil. Dieses sehr differenzierte Hörerverhalten erschwert die Andacht im Hörfunk. Das, was in der Gemeinde der Vorzug der Andacht ist, dass sie nämlich mit einer kleinen, oft sehr klar bestimmten Gruppe rechnen kann, ist hier genau entgegengesetzt: Eine unbestimmte Anzahl von Hörerinnen und Hörern in sehr unbestimmten Situationen wird durch die Andacht erreicht. Dies setzt eine besondere Form der Andacht voraus. Während sie in der Pfarrgemeinde nicht selten am Wortgottesdienst orientiert ist, in der die Andacht als verkürzte, auf wenige Gedanken konzentrierte Predigt erscheinen kann, ist dem Hörfunk diese Form nicht angemessen. Dort wird man sich in der Regel auf ein prägnantes, allgemein ansprechendes Thema beschränken, das Chancen hat, auch unter den besonderen Umständen gehört zu werden. Ein Musikblock (oft geistlicher Chorwerke) kann als Hinführung und Einstimmung wirken.

Bemerkenswerterweise gibt es keine Andachten im Fernsehen, wenn man vom »Wort zum Sonntag«, zwischen den Nachrichten und dem zweiten samstäglichen Unterhaltungsblock platziert, absieht. Aber es ist die Frage, ob dies als Andacht verstanden werden kann. In der Praxis ist es häufig eher ein religiöser Kommentar am Schluss der Woche. Es fehlt auch eine entsprechende musikalische Gestaltung.

Es zeigt sich, dass in der Tat mit dem Begriff der Andacht heute sehr Unterschiedliches bezeichnet wird.

Diese Differenzierung wird noch verstärkt durch die Tatsache, dass der Begriff im Laufe vieler Jahrhunderte großen Bedeutungswandlungen unterworfen gewesen ist. Im Mittelhochdeutschen bedeutet *andacht* »mit Aufmerksamkeit an etwas denken« (Andacht gehört zum Wortfeld »denken«). Der Begriff entspricht dem lateinischen *attentio*, der die Anspannung des Geistes auf ein bestimmtes Ziel hin beschreibt. Im frühen Mittelalter erfährt das Wort eine Einengung auf den inneren religiösen Bereich: Andacht sind fromme Gedanken, die sich intensiv auf Gott, auf Göttliches richten. Andacht ist Übersetzung von *devotio*. Sie ist Haltung: Durch zielgerichtetes Nachdenken ist man oder wird man andächtig. In der oberdeutschen Servatiuslegende (um 1180) heißt es: »Mit vil groszer andaht er sinen schepfaere bat«. Von Isolde in Gottfried von Straßburgs Tristan wird gesagt: »Ir andaht die was gotelich.« Sich in Göttliches, in Gottes Wort und Werk zu versenken, war Andacht, die durch Andachtsbilder gefördert werden konnte. So zog sich der Mystiker Heinrich Seuse in eine Kapelle zurück, wo er »seiner Andacht nach bildreicher Weise genügen konnte«. In den Traktaten und Predigten Meister Eckharts begegnet der Begriff Andacht im Zusammenhang mit »gelust«, »minne« und »innicheit«. In der Andacht wird der fromme, sein Herz und seine Gedanken ganz auf das Göttliche richtende Mensch eins mit Gott.

Diesem Ziel dient in hervorragender Weise das Thomas von Kempen zugeschriebene Andachtsbuch »Nachfolge Christi«. Durch Verachtung der Welt und der stolzen Wissenschaft soll der Mensch in Selbstüberwindung und Reue zur Demut und damit zum Frieden mit Gott geführt werden. Hier hat die Spiritualität der mittelalterlichen Kirche ihr Zentrum sowohl im Kloster wie im volkskirchlichen Leben. Die »Imitatio Christi« wird fernerhin inhaltlicher wie methodischer Bestandteil der *Exercitia Spiritualia* des Ignatius von Loyola.

Der Leistungsgedanke hat Martin Luther zur Vorsicht solchen Andachtsübungen gegenüber mahnen lassen: »Hüte sich jeder, wenn er nun neben den Worten oder sonst ein Fünkchen empfängt und Andacht fühlt, dass er nicht der alten Schlange Gift, das ist der mörderischen Hoffart folgt, die da spricht: Ach, ich bete nun mit dem Herzen und Mund und habe solche Andacht, dass ich meine, es werde schwerlich ein anderer sein, der das so recht tut wie ich« (Deutsche Auslegung des Vaterunsers 1519, WA 2,85 f.). Damit wendet er sich gegen eine Andacht, die als fromme Leistung verstanden wird: »Gottes Wort und Verheißung macht dein Gebet gut, nicht deine Andacht. Denn dieser Glaube, auf seine Worte gegründet, ist auch die rechte Andacht, ohne welche alle andere Andacht lauter Betrügerei und Irrtum ist« (ebd.). Auf die rechte Andacht kommt es an, die aus Glauben und nicht aus Leistung kommt. Das Evangelium bringt zur Andacht, zum Hören auf sein Wort und zur Frage nach seinem Willen, so wie beim Begräbnis »tröstliche« Lieder von Vergebung der Sünden, von Ruhe, Schlaf, Leben und Auferstehung der verstorbenen Christen zur Stärkung des Glaubens gesungen werden »damit unser Glaube gestärkt und die Menschen zu rechter Andacht gereizt werden« (Vorrede zur Sammlung der Begräbnislieder, WA 35,478 f.).

Bemerkenswert ist, dass Luther in seiner Bibelübersetzung nur ein einziges Mal den Begriff Andacht benutzt, und das in abwertendem Sinn. Bei der Anklage Hoseas gegen das Königtum in Israel und den Abfall von Gott beschreibt er die verderbliche, glühende Leidenschaft des

Volkes als Andacht: »Ihr Herz ist in heißer Andacht wie ein Backofen, wenn sie opfern und die Leute betrügen« (Hos 7,6 f.).

Zum Grundmodell rechter evangelischer Frömmigkeit wird der tägliche Morgen- und Abendsegen (»Wie ein Hausvater sein Gesinde soll lehren, morgens und abends sich segnen«) und die Tischandacht: »Wie ein Hausvater sein Gesinde soll lehren, das Benedicite und Gratias sprechen« (KlKat, BSLK 521–523; dazu GrKat zum 2. Gebot, BSLK 578 f.). Auch »soll in den Häusern wöchentlich durchaus Gottes Wort gelesen, gehört und verhandelt werden« (für viele vgl. EKO V,94). Die tägliche Hausandacht unter Anleitung von Luthers Formularen und mit Hilfe von Gesangbuch, Bibel und Hauspostillen gewinnen ihren festen Ort im häuslichen geistlichen Leben evangelischer Christen. Sie tritt als eine geordnete nichtöffentliche Veranstaltung neben die öffentlichen Gottesdienste der versammelten Gemeinde. Die Andacht wird zum *terminus technicus* einer festen, ritualisierten Form evangelischer Spiritualität, durch die das Priestertum aller Gläubigen zur Wirksamkeit gelangt. In Pietismus und Erweckung wird die häusliche Andacht mitunter zum Modell der Erbauungsstunden christlicher Gruppen; die geistesmächtige Andacht soll zur Erweckung und Erbauung ihrer Glieder führen. Eine Fülle pietistischer Andachtsbücher (z.B. von August Hermann Francke, Nikolaus von Zinzendorf, Friedrich Christoph Oetinger und Johann Friedrich Stark) erlangte weite, z.T. über den Pietismus hinausgehende Verbreitung, wie auch die »Vier Bücher vom wahren Christentum« von Johann Arndt (1605) und Christian Scrivers »Seelenschatz« (1675–1692) und anderes als Andachtsliteratur beibehalten wurden.

In allem aber zeigt die Entwicklung: Man »hält« eine Andacht, um andächtig zu werden. So kann schließlich das Wort der Andacht zum Inbegriff der religiösen Innerlichkeit überhaupt werden. Es ist »Stimmung des Gemüts zur Empfänglichkeit Gott ergebener Gesinnung«, die Erbauung ist »die moralische Folge der Andacht auf das Subjekt« (Kant 170.178). Johann Lorenz von Mosheim entwickelt eine theologische Theorie der Andacht: Sie ist für ihn »eine bedachtsame Betrachtung der göttlichen Wahrheiten«, eine »behutsame Anwendung der Regel des Verstandes in den Sachen des Glaubens und der Gottseligkeit« (3,485–536). Von solchen Grundlagen aus wird die gottesdienstliche Gemeinde zu »andächtige(n) Zuhörer(n).«

Ein ähnlicher Sprachgebrauch findet sich in Kirchenliedern. Die gläubige Betrachtung des Leidens und Sterbens Jesu bewirkt solche Andacht: »Seele, mach dich heilig auf, Jesum zu begleiten gen Jerusalem hinauf, tritt ihm an die Seiten. In der Andacht folg ihm nach« (EKG 68,1), »Jesu, deine Passion will ich jetzt bedenken; wollest mir vom Himmelsthron Geist und Andacht schenken« (EG 88,1). Zum Beginn des Gottesdienstes wird um die Gabe des andächtigen Herzens gebetet: »Tu auf den Mund zum Lobe dein, bereit das Herz zur Andacht fein« (EG 155,2). Maria wird zum Muster einer andächtigen Hörerin »Wie, dies eine zu genießen, sich Maria dort befliß, da sie sich zu Jesu Füßen voller Andacht niederließ, ihr Herze erbrannte, dies einzig zu hören« (EG 386,3). Schließlich bei Novalis: »Wenn ich ihn nur habe, wenn er mein nur ist, wenn mein Herz bis hin zum Grabe seine Treue nie vergißt: Weiß ich nichts von Leide, fühl ich nichts als Andacht, Lieb und Freude« (5. geistliches Lied, 1802). Andacht ist die religiöse Stimmung des Gemüts, die durch frommes Nachsinnen des Glaubens erreicht und erfahren wird, sie ist ein Zustand des Herzens. Andacht wird hier nicht veranstaltet, sondern sie wird persönlich schauend und spürend erlebt.

Indessen hat sich die veranstaltete Andacht weiter entwickelt. War sie ursprünglich die Frömmigkeitsform des Hauses und pietistisch-erweckter Gruppen in- und außerhalb der verfassten Kirche, so wird die Andacht immer mehr zur Lebensform der Gemeinde und der in ihr existierenden Gruppen. Offenbar war das religiöse Bedürfnis nach geistlicher Begleitung im Alltag des Lebens erheblich. Bereits Ludwig Hüffell erkennt in seiner Pastoraltheologie ein

Defizit eines geordneten geistlichen Lebens innerhalb der Kirche. Er fragt: »Warum haben wir nicht täglich Betstunden, warum sind unsere Kirchen die ganze Woche hindurch verschlossen, sodass der einsame Beter hier nicht einmal eine Stätte finden kann, wo er seine Andacht verrichtet?« (IV, 160). Aus diesen Bemerkungen wird man schließen können, dass die häuslichen Andachten einer langsam, aber sicher fortschreitenden Erosion unterworfen waren. Wo aber Haus und Familie versagten, muss die Ortsgemeinde Raum dafür bieten.

War die Andacht früher der geistliche Auftrag der Hausväter (Luther) und der Leiter erweckter Kreise, so wird sie nunmehr auch eine Funktion des pastoralen Handelns und damit zu einem öffentlichen Auftrag. Bemerkenswert ist, dass diese Tatsache kaum zu einer Theoriebildung in der Praktischen Theologie geführt hat. Offenbar hat man die Andachten unter die Nebengottesdienste subsumiert, sowohl homiletisch als auch liturgisch (Andeutung bei Friedrich Niebergall 50). Die Andacht war definiert als kasus- und gruppenbezogener kürzerer, predigtartiger Vortrag mit knapper, frei gestaltbarer liturgischer Rahmung. Sie wurde in aller Regel von einer Person gehalten; wie in der Sonntagspredigt war die Form frontal.

Vielfach wurden die Andachten durch Bibel(-besprech)stunden ergänzt, die eine mehr biblisch-exegetische Abzweckung hatten, ohne einen erwecklichen Ton fehlen zu lassen. Aber immerhin war es möglich, dass dabei auch die Hörer zu Wort kamen und sich an der Erschließung der Schrift beteiligen konnten.

Schließlich trat in vielen Gemeindekreisen die Bibelarbeit an die Stelle der Andacht, in der gemeinsam und arbeitsteilig biblische Texte erarbeitet und appliziert wurden. Diese Form war vor allem in evangelischen Jugendverbänden nach dem ersten Weltkrieg verbreitet, hat aber auch, besonders durch die restriktive Kirchenpolitik im Dritten Reich, in anderen Gemeindekreisen ihren festen Platz gefunden. Sie wurde vielfach zum Signum evangelischer Gemeindearbeit und erschien als adäquate Ausdrucksform des kerygmatheologischen Ansatzes, verbunden mit der historisch-kritischen Exegese. In gemeinsamer, die Mündigkeit aller voraussetzender Arbeit am Bibeltext sollte das tröstende, mahnende und wegweisende Evangelium aus der Schrift vernommen werden, in der intensiven gemeinsamen Bemühung um das Wort konnte es zur Andacht im ursprünglichen Sinn des Begriffes kommen. Insofern ist die Bibelarbeit, oft umrahmt mit Lied und Gebet, eine besondere Form der Andacht. Da an diesem Prozess prinzipiell alle Teilnehmer beteiligt sind, kommt in ihr das Priestertum aller Gläubigen zum Ausdruck. Der Rückgang der Bibelarbeit in den Gemeindegruppen oder gar ihr ersatzloser Fortfall bedroht die Spiritualität der Gemeinde. Da eine christliche Gemeinschaft sich nicht ohne diese konstituieren und leben kann, ist es nur folgerichtig, dass andere Formen an die Stelle der Bibelarbeit treten: In gewisser Weise erlebt mitunter die »alte«, von einer Person gehaltene und verantwortete Andacht ihre Renaissance, vor allem dort, wo der Weg gemeinsam erarbeiteter Erkenntnisgewinnung zu aufwendig und zu zeitraubend erscheint. Auch gelangt die Bibelarbeit nicht selten an ihre Grenzen, weil sie als partnerschaftliche Arbeit auch gleichermaßen vorhandene Kenntnis der Schrift und des Glaubens voraussetzt, wenn es zu einem fruchtbaren Eindringen in die Botschaft kommen soll. Insofern kann die vorbereitete, auf die Auferbauung der Gemeinde zielende Andacht, die alle Kräfte des Menschen anspricht und bewegt, auch heute eine angemessene Form evangelischer Gemeindearbeit sein. Dabei wird die konkrete Gestaltung stark von der Zusammensetzung der gemeindlichen Gruppe, von Anlass, Zeit und Raum abhängen. Jedenfalls ist die Andacht nicht immer als verkürzte und vereinfachte Form der Sonntagspredigt zu begreifen.

In der römisch-katholischen Kirche entwickelten sich neben Stundengebet und Brevierlesungen als Andachtsübungen der Kleriker sog. Volksandachten, die theologisch zwischen der amtlich geordneten Liturgie der Kirche und den persönlichen Frömmigkeitsübungen angesiedelt sind. Am bekanntesten ist das Rosenkranzgebet zur andächtigen Verehrung der Gottesmutter. Gerade die wiederholende Monotonie der Gebetsreihen (15 Vaterunser mit 15 mal 10 »Ave Maria«, 15 »Ehre sei dem Vater« und die Betrachtung von 15 »Geheimnissen«) soll zu besonders inniger Versenkung und Andacht sowohl des einzelnen Beters wie auch von Gruppen führen. So kommt es zur Bildung von Rosenkranz-Andachten; zu Marien-, Mai- und Herz-Jesu-Andachten. Es ist nicht auszuschließen, dass solche Andachten ihrer Volkstümlichkeit wegen den Stellenwert der Messe (zumal, als sie noch lateinisch gefeiert wurde) schmälerten und dass umgekehrt liturgische Bewegungen solche Andachtsformen zugunsten der Messfeier zurückzudrängen suchten. Bereits Pius XII. hat in seiner Enzyklika *Mediator Dei* vom 20. November 1947 festgestellt, dass zwischen solchen Andachtsübungen und der Liturgie keine sachlichen Alternativen, sondern sehr empfehlenswerte Ergänzungen zu sehen sind (Nr. 170–183, ASS 39 [1947] 521–595). Das Zweite Vatikanum stellt fest, dass »Andachtsübungen des christlichen Volkes (*pia populi christiani exercitia*) sehr empfohlen« werden, »sofern sie den Vorschriften und Regeln der Kirche entsprechen«, d.h. dass sie nach der »Gewohnheit oder nach rechtmäßig anerkannten Büchern in bischöflichem Auftrag gehalten werden«. Sie müssen so geordnet sein, »dass sie mit der heiligen Liturgie zusammenstimmen, gewissermaßen aus ihr herausfließen und das Volk zu ihr hinführen, denn sie steht von Natur aus weit über ihnen« (SC 13). Es ist allerdings zu bemerken, dass es derzeit keine gesamtkirchlich verbindlichen Ordnungen gibt. Hingegen wurden in den einzelnen Diözesen und Regionen Regelungen für die verschiedenen liturgischen Andachten erlassen, so z.B. in dem von den Bischöfen Deutschlands, Österreichs und in den Bistümern Bozen-Brixen und Lüttich approbierten »Gotteslob« (771–892). Die Spielräume zu verantworteter freier Gestaltung sind erheblich.

Das wichtigste Hilfsmitel zur Andacht und zum Andächtigwerden ist das Gesangbuch. Hier ist zunächst an die Formulare etwa für gemeindliche Passionsandachten und an die Vorschläge zur Gestaltung von Hausandachten in Familien und Gruppen zu denken (im EG 1993 wird die Grundform einer Andacht beschrieben mit weiteren Gestaltungsvorschlägen, Nr. 781). Auch die Gebete für die Tageszeiten, vor allem am Morgen und am Abend, können Muster für häusliche oder persönliche Andacht sein. Die dort formulierten Fürbittengebete vermögen die Gedanken auf nahe und ferne Menschen zu lenken und sich mit ganz persönlichen Gebetsanliegen verbinden. Zahlreiche Gebetssammlungen (so z.B. das Allgemeine Evangelische Gebetbuch) geben Anleitung für das gebundene wie das freie Beten in der Gruppe wie im Persönlichen. Auch situationsgerecht gewählte Psalmgebete, im Wechsel gesungen oder gesprochen, können wie Psalmlieder aus dem reichen Schatz der Psalmendichtung und Vertonung die Gedanken vom Alltag weg auf Gott richten und gerade so den Alltag bewusst gestaltend leben. Verschiedenartige Bibellesepläne, oft mit knappen Auslegungen versehen, erschließen die Botschaft der Schrift für den Tag. Auch Kalender mit täglichem Kalenderblatt können zur Andacht verhelfen, wie z.B. der weitverbreitete und heute noch in hohen Auflagen erscheinende »Neukirchener Abreißkalender« (seit 1890), der auf der Vorderseite des Kalenderblattes ein Bibelwort aktuell auslegt und auf der Rückseite eine dazu ausgewählte Geschichte aus dem Alltag für den Alltag erzählt.

Besondere Bedeutung für den Protestantismus und seine Andachtsfrömmigkeit haben die »Losungen der Brüderunität« erlangt. Das erste Losungsbuch, von Nikolaus Graf von Zinzendorf herausgegeben, erschien 1731. Ursprünglich wurde ein alttestamentlicher Bibelspruch, oft durch Liedverse ergänzt, als eine Art Tagesparole ausgewählt (ausgelost), an den sich das Gespräch in der Brüdergemeine anschloss. Seit 1812 werden zur ausgelosten alttestamentlichen Tageslosung ein neutestamentlicher Bibelvers als »Lehrtext« und passende Liedstrophen als Anleitung zu gemeinsamer oder persönlicher Andacht hinzugefügt. Die Herrenhuter Losungen haben ihre Wirkung weit über die Brüdergemeine ausgebreitet und sind in der spezifisch evangelischen Frömmigkeitsgeschichte nicht nur in Deutschland von enormer Bedeutung (Übersetzung in viele Sprachen!). Viele, auch bedeutende, Menschen lebten und leben in ihrer Andacht aus diesem Büchlein (vgl. Renkewitz).

In der Gemeinde und ihren Kreisen sind Andachten ohne Gesang von Kirchenliedern recht selten. Das gemeinsame Singen und Bedenken des Gesungenen ist Andacht und nicht nur ihre stimmungsfördernde Rahmung. Gerade aber unter diesem Gesichtspunkt wollen die Strophen bedachtsam ausgewählt werden: Die Wahl ist von Ort, Raum, Situation außerordentlich abhängig, sodass sie nicht beiläufig geschehen kann. Gerade im Lied kommt zum Ausdruck, dass Andacht mit allen Sinnen, mit Kopf und Herz und auch durch Sentiment geschieht – was nicht gleichbedeutend mit Sentimentalität ist. Ähnliches gilt auch für zur Andacht führende Musik, etwa im meditativen instrumentalen Spiel und beim Betrachten von Bildern, eine Andachtsform, die eine alte Tradition hat. Dabei ist allerdings fraglich, ob unsere durch bewegliche Bilder geprägte Welt die nötige Ruhe und Geduld aufbringt, auf diese Weise zu andächtiger Besinnung zu kommen.

Quellen →*Die Tagzeitenliturgie*

Agende II (1960) 77–79. – Hermann GREIFENSTEIN/ Hans HARTOG/Frieder SCHULZ (Hg.), Allgemeines Evangelisches Gebetbuch. Anleitung und Ordnung für das Beten des Einzelnen, der Familie und der Gemeinde mit einer ökumenischen Gebetsammlung, Hamburg/Berlin ^{3}1971.

Literatur

Herbert GOLTZEN, Die Ausstrahlung des Tagzeitengebets auf den Gemeindeaufbau und die Seelsorge: Leit. 3 (1956) 288–293. – Jürgen HENKYS, Bibelarbeit, Hamburg 1966. – Gerhard HENNING, Art. Andacht II: RGG^{4} 1 (1998) 461–463. – Ludwig HÜFFELL, Wesen und Beruf des evangelisch-christlichen Geistlichen (^{4}1843, BThK 33–35), Gotha 1890. – Immanuel KANT, Die Religion innerhalb der Grenzen der bloßen Vernunft, 1793: GS I. Abt. Bd. 6, Berlin 1907. – Kurt KÜPPERS, Art. Andacht: LThK^{3} 1 (1993) 614. – Friedemann MERKEL, Andacht, eine vernachlässigte »kleine Form«: ders., Sagen, Hören, Loben, Göttingen 1992, 69–84; auch WPKG 74 (1985) 272–282. – Ders., Art. Andacht: EKL^{3} 1 (1986) 138–140. – Hans Bernhard MEYER, Andachten und Wortgottesdienst, LJ (1974) 157–175. – Ludwig MÖDL, Art. Andacht I. Allgemein: RGG^{4} 1 (1998) 460–461. – Johann Lorenz von MOSHEIM, Sittenlehre der Heiligen Schrift, 5 Bde, Helmstedt 1735–1753. – Friedrich NIEBERGALL, Praktische Theologie II, Tübingen 1919. – Wolfgang RATZMANN, Der kleine Gottesdienst im Alltag. Theorie und Praxis evangelischer Andacht (Beiträge zu Liturgie und Spiritualität 3), Leipzig 1999. – Heinz RENKEWITZ, Die Losungen. Entstehung und Geschichte eines Andachtsbuches, Hamburg ^{2}1967. – Frieder SCHULZ, Art. Gebetbücher III: TRE 12 (1984) 109–119. – Werner SCHÜTZ, Andacht; HWP 1 (1971) 295–296. – Manfred SEITZ, Art. Frömmigkeit II. Systematisch-theologisch und III. Praktisch-theologisch: TRE 11 (1983) 674–683. – Paul WURSTER, Die Bibelstunde, Stuttgart 1923.

Friedemann Merkel

Gottesdienstübertragungen im Rundfunk – Hörfunk und Fernsehen

Vorbemerkung

Die Überschrift ist mit Bedacht gewählt und bedarf der Erläuterung: In Deutschland hat sich ein Sprachgebrauch entwickelt, der das Wort »Rundfunk« als Oberbegriff für Hörfunk und Fernsehen versteht: Der Norddeutsche Rundfunk (NDR) z.B. strahlt Hörfunk- und Fernsehprogramme aus; die ARD als »Arbeitsgemeinschaft der Rundfunkanstalten Deutschlands« veranstaltet das Erste Deutsche Fernsehen.

Es geht also um die Gottesdienstübertragungen im Hörfunk und im Fernsehen, dies allerdings in striktem Sinn: Zurückgewiesen werden Begriffe wie Radio- oder Fernsehgottesdienst. Gottesdienst ist immer Veranstaltung der Kirche, Feier einer konkreten Gemeinde, die aus diesem Anlass in einem bestimmten Raum und zu einer bestimmten Zeit zusammenkommt. Gottesdienst ist keine Veranstaltung des Mediums oder der Sendeanstalten. Ob in den elektronischen Medien quasi-gottesdienstliche Sendungen entwickelt werden können, die sich unmittelbar an den Zuschauer wenden und ihn zur geistlichen Mitfeier anregen, ist eine andere Frage, auf die hier nicht eingegangen werden kann.

Wenn der Gottesdienst einer Gemeinde im Rundfunk übertragen wird, dann öffnet sie durch die elektronischen Medien gleichsam ihre Fenster und Türen und lässt andere Menschen mithören oder zuschauen. Das ermöglicht bei entsprechender Bereitschaft auf seiten der Rezipienten eine intentionale Teilnahme, ist aber grundverschieden von der tätigen Teilnahme am liturgischen Geschehen, wie sie der Gottesdienstbesucher erfährt. So ist es nicht verwunderlich, dass die Frage nach dem Sinn der Übertragung von Gottesdiensten im Medium immer wieder neu gestellt und nur einer allmählichen Klärung zugeführt wurde.

I. Gottesdienstübertragungen im Hörfunk

A. Die Morgenfeier

Als in der Zeit der Weimarer Republik die ersten deutschen Rundfunksender entstanden, begann auch die lebhafte Diskussion, wie weit die Kirchen bei diesem neuen Medium mitwirken sollten. Die Kirchenleitungen verhielten sich äußerst zurückhaltend und duldeten die pragmatische Mitarbeit einiger Avantgardisten im Radio. Hier kann nicht über die verschiedenen Formen religiöser Sendungen (Morgenandacht, Zuspruchsendungen, Gruß ans Krankenbett, Bibellesung u.a.) gehandelt werden. Die Themenstellung ist bewusst eingegrenzt auf die Frage der Übertragung von Gottesdiensten, die es allerdings in den zwanziger Jahren noch nicht gab. Damals wurde der Sendetyp »Morgenfeier« entwickelt.

Von dieser Form soll kurz die Rede sein; denn sie wurde zu einer Wegbereiterin für die Gottesdienstübertragungen. Es handelt sich um eine religiöse Sendung am Sonntagvormittag mit musikalischen und liturgischen Elementen und einem Beitrag von Wortverkündigung, der thematisch in den jeweiligen Sonntag einführt. Von der Produktion her können die einzelnen Elemente im Schneideraum zusammengebunden werden; die Musik kann von einer Platten- oder Bandaufnahme stammen. Es kann auch eine kleine Gemeinde bei der Herstellung mitwirken – in einem Studio oder in einem Kirchenraum. In jedem Fall ist die Sendung nicht live.

Diese Morgenfeier entwickelte sich zuerst an den Sendern Berlin, Breslau und Münster (später Köln). Es dauerte bis 1930, ehe an allen Sendern katholische – und entsprechend im Wechsel evangelische – Morgenfeiern eingeführt waren. Für die redaktionelle Betreuung wurden kirchliche Beauftragte ernannt (katholischerseits bereits 1927).

An diese Tradition der kirchlichen Rundfunkarbeit knüpfte man im gesamten südlichen Deutschland nach der NS-Zeit an, weil die Bayerische Bischofskonferenz die regelmäßige Übertragung von Messfeiern im Hörfunk nicht gestattete. So findet sich der Typ der kirchlichen Sonntagssendung bis heute in den Programmen des Bayerischen Rundfunks (BR), Hessischen Rundfunks (HR), Saarländischen Rundfunks (SR) und des Südwestrundfunks (SWR). Eine ähnliche Sendung gibt es beim Westdeutschen Rundfunk (WDR) unter dem Titel »Das geistliche Wort« in der Verantwortung der kirchlichen Rundfunkreferate. Sie wurde auf Bitten der evangelischen und katholischen Bischöfe des Sendegebiets noch zu Zeiten des Norwestdeutschen Rundfunks (NWDR) ins Sendeschema eingefügt, als 1950 durch UKW ein zweites Hörfunkprogramm entstand. Die Morgenfeier sollte immer von der Konfession gestaltet werden, die im Ersten Programm nicht bei der Gottesdienstübertragung an der Reihe war. Beim NDR ist aus diesem Termin einer sog. Verkündigungssendung seit Jahren eine Sendung mit religiöser Thematik in der Verantwortung der Redaktion » Religion und Gesellschaft« geworden. Sie hat heute unter dem Namen »Glaubenssachen« ihren Platz in RADIO 3 (dem gemeinsamen Hörfunkprogramm von NDR, ORB und SFB).

Die Morgenfeier konnte auch im Hörfunk der DDR-Sender wiedererstehen und bis zuletzt wichtige Impulse für das geistige und geistliche Leben vermitteln. Natürlich war sie verschiedensten Zwängen von Zensur ausgesetzt, aber weil sie als Sendetyp keine Live-Sendung war, blieb sie im Staatsrundfunk erhalten.

B. Übertragung von Gottesdiensten

Erste Gottesdienstübertragungen erfolgten Anfang der dreißiger Jahre, nachdem Übertragungen von Katholikentagsgottesdiensten zunächst als Hörberichte bezeichnet worden waren. 1935 wurde die Originalübertragung der Messe offiziell von den deutschen Bischöfen gebilligt. Diese Entwicklung fand ihr abruptes Ende durch das generelle Verbot aller konfessionellen Morgenfeiern und sämtlicher anderer religiösen Sendungen im April 1939.

Nach 1945 knüpfte man im Nachkriegsdeutschland mit dem Neuaufbau der Rundfunkarbeit an die früheren Erfahrungen an. Allerdings waren die Voraussetzungen in den Besatzungszonen sehr verschieden. Bis heute bewahren die Sendegebiete der Rundfunkanstalten in den alten Bundesländern die Grenzziehung der Besatzungszonen. Im Bereich der Britischen Zone wurde nach dem Vorbild der BBC nur ein einziger Sender gegründet, der NWDR, der später in SFB (1954) und WDR/NDR (1955) auseinander brach. Auf dem Gebiet der Amerikanischen Zone entstanden mehrere Sender, BR, HR, Süddeutscher Rundfunk (SDR); dazu Radio Bremen (RB) und RIAS Berlin. Auf dem Gebiet der Französischen Zone entwickelte sich der Süd-West-Funk (SWF). Seit dem Anschluss des Saarlandes an das Bundesgebiet gehört auch der SR zur ARD. SDR und SWF wurden 1998 zum Südwestrundfunk zusammengelegt (SWR).

Der NWDR begann bereits 1945 mit der regelmäßigen Übertragung von Gottesdiensten. Nach der Gründung des Deutschlandfunks (DLF) konnte dieser ebenfalls sonntäglich Gottesdienste übertragen. So ergab sich eine Absprache zwischen den beiden Sendeanstalten, evangelische und katholische Gottesdienste im Wechsel auszustrahlen, damit die Hörer im gesamten nördlichen Bundesgebiet an jedem Sonntag einen Gottesdienst der eigenen Konfession im Funk finden können. Seit 1955 blieb die Kooperation zwischen NDR und WDR bei der Übertragung der Gottesdienste bis heute erhalten. Der WDR gibt den Orthodoxen Kirchen zweimal im Jahr die Möglichkeit, die Feier einer Göttlichen Liturgie zu übertragen. Sie gehen von dem evangelischen und katholischen Sendekontingent ab, ohne bei einer Seite eingebunden zu sein. Auch der SFB, der inzwischen häufig eigene Gottesdienste aus Berlin überträgt, schließt sich von Fall zu Fall der NDR/WDR-Übertragung an (vgl. Glässgen). Eine gleiche Regelung gibt es seit 1992 im Bereich des Ostdeutschen Rundfunks Brandenburg (ORB). Auch Radio Bremen überträgt allsonntäglich Gottesdienste aus dem Raum Bremen. Der Mitteldeutsche Rundfunk (MDR) versorgt Sachsen, Sachsen-Anhalt und Thüringen mit Gottesdiensten an jedem Sonntag.

Die Übertragungszeit für Gottesdienste beträgt beim NDR/WDR, ebenso bei SFB, RB, ORB und MDR genau 60 Minuten. Der DLF behält in seinem Programmschema auch sonntags die Fünf-Minuten-Nachrichtensendung zu jeder vollen Stunde; deshalb dauert hier die Übertragung nur 55 Minuten. Bei besonderen Gottesdiensten und Feierlichkeiten kann bei der jeweils zuständigen Programmdirektion auch eine Verlängerung der Übertragungszeit beantragt werden. Aus Österreich ist zu berichten, dass die kirchlichen Radiosendungen deutlich reduziert wurden und z.T. einen ungünstigeren Sendeplatz erhielten. Die Hörfunksendung von evangelischen Gottesdiensten zeigt einen deutlichen Rückgang von anfangs regelmäßigen Sonntagssendungen mit einer Länge von 45 Minuten über die Kürzung auf eine halbe Stunde bis zur Integrierung in eine Sonntagsabendsendung (seit 1999 um 19 Uhr), die im Regelfall als Magazin mit viel Musik gestaltet wird und einmal im Monat einen Gottesdienst überträgt.

C. Der Sinn der Übertragung

Von Anfang an wurden als Sinn und Ziel der Gottesdienstübertragung im Radio (und später auch im Fernsehen) vor allem zwei Gründe aufgeführt, die ich mit den Worten »pastoral« und »missionarisch« kennzeichnen möchte.

1. Pastoraler Aspekt

Für die Gestaltung der Gottesdienste gilt – vor allem auf katholischer Seite – als Grundregel, dass die Übertragung zunächst ein seelsorgerisches Angebot für Kranke und Gehbehinderte darstellt. Nach den Richtlinien für eine Gottesdienstübertragung, wie sie von den meisten kirchlichen Rundfunkreferaten für die Zusammenarbeit mit den Gemeinden und der jeweiligen Sendeanstalt entwickelt wurden, soll diese Hauptzielgruppe deshalb auch bei der Eröffnung oder bei der Predigt besonders angesprochen oder bei den Fürbitten erwähnt werden.

Karl Becker schreibt in einem noch heute grundlegenden Beitrag: »Nach katholischer Auffassung wird die funkische Übertragung eines Gemeindegottesdienstes immer einen vermittelnden Charakter haben. Es kann sich nur um eine quasi-Teilnahme handeln, die ihre echten und guten Gründe haben kann. Gemeindemitglieder, die alt und krank sind, solche, die wohlbegründet an diesem Tag nicht zur Kirche kommen können, Christen, die in der Diaspora oder unter dem Zwang einer christuswidrigen Macht leben, können durch eine Rundfunkübertragung mittelbar teilnehmen an dem Gottesdienst der Kirche. Dieser aber ist und bleibt der eigentliche und unmittelbare Gottesdienst und kann durch kein technisches Instrument ersetzt werden. Insoweit aber immer und überall solche Gemeindemitglieder da sind, die eben nicht zur Kirche kommen können, bedeutet der vermittelte Gottesdienst für sie eine echte Hilfe, ein wahrer Trost und lässt sie etwas erfahren von der raumlosen Nähe Gottes und von der an keine Grenzen gebundenen Liebe der für sie und mit ihnen betenden Brüder« (Becker/Siegel 64).

2. Missionarischer Aspekt

Trotzdem ist nie die Rede davon gewesen, die intentionale Teilnahme an einer Übertragung könne die tätige Teilnahme am Sonntagsgottesdienst ersetzten. Dies erhellt am besten daraus, dass niemals in der Krankenpastoral die Behauptung aufgestellt wurde, Kranke und Gehbehinderte könnten oder gar müssten »zur Erfüllung der Sonntagspflicht« eine Gottesdienstübertragung anhören. Die Übertragung im Funk kann den lebendigen Gemeindegottesdienst unter keinen Umständen ersetzen.

Deshalb ist das missionarische Motiv bei der Gottesdienstübertragung ebenso wichtig. Bereits Papst Pius XII. sprach in seiner Enzyklika *Miranda prorsus* (1957) davon, jede Gottesdienstübertragung sei eine »Selbstdarstellung der Kirche«. Und die Pastoralinstruktion Communio et progressio (1971) führte aus: »Schließlich tragen sie (religiöse Sendungen) das Evangelium bis in jene Gegenden, in denen die Kirche Christi ihr Werk noch nicht entfaltet« (150).

So verwundert es nicht, dass bei der Gottesdienstübertragung ein besonderer Akzent auf der Wortverkündigung liegt: »Homilien und Ansprachen müssen sich nach der Eigenart des benutzten Mediums richten. Diejenigen, die mit der Wahrnehmung dieser Aufgabe betraut werden, müssen mit größter Sorgfalt ausgewählt werden und zuvor eine gründliche, allseitige Ausbildung dazu erhalten« (Communio et progressio 152).

Dennoch ist eine Gottesdienstübertragung keine reine Wortsendung, wie manche Programmplaner meinen. Bedauerlicherweise wird dieser Fehleinschätzung bei vielen Sendern dadurch Vorschub geleistet, dass bei der Programmansage zum Gottesdienst nur mitgeteilt wird, wer die Predigt hält. Hier müssten zunächst die Kirchenmusiker protestieren; denn die kirchliche Tradition der musikalischen Gottesdienstgestaltung ist überaus reich. Darum ist mit Recht darauf zu achten, dass heutzutage auch der Stereo-Empfang möglich sein muss.

Doch sind das Hören der Wortverkündigung und musikalisches Miterleben allein nicht alles, was eine Gottsdienstübertragung vermitteln soll.

3. Intentionale Teilnahme und Live-Übertragung

Wenn auch die durch das Medium vermittelte Teilnahme am Gottesdienst keine »actuosa participatio« (Pius XII., Enzyklika Mediator Dei 1947, Nr. 63–60) am Gemeindegottesdienst sein kann, so soll doch der Hörer zur intentionalen Mitfeier ermuntert werden; d.h. er soll in seiner privaten Sphäre religiöse Akte setzen, selber beten, die in der übertragenden Liturgie vorkommenden Gebete mit vollziehen. Hierzu ist der Live-Charakter einer Gottesdienstübertragung eine nicht zu unterschätzende Hilfe. Die Gemeinde, die gleichsam ihre Fenster öffnet, um Außenstehende teilnehmen zu lassen, betet hier und jetzt und lädt auf diese Weise ein, sich diesem Lob-, Dank- oder Bittgebet anzuschließen.

Wenn also aus den Dimensionen von Raum und Zeit das Zusammensein im gleichen Raum entfällt, bleibt durch das elektronische Medium bei jeder Live-Sendung die Gemeinsamkeit der Zeit. Aus diesem Grund fordern die »Leitlinien für mediale Übertragung von gottesdienstlichen Feiern«, die 1989 von der Internationalen Arbeitsgemeinschaft der Liturgischen Kommissionen im deutschen Sprachgebiet (IAG) erarbeitet und von den zuständigen Bischofskonferenzen zur Beachtung empfohlen wurden, dass ein katholischer Gottesdienst, vor allem aber die Messfeier, grundsätzlich nur live übertragen werden darf (1.2). »Zwischen einer Live-Übertragung und der zeitversetzten Sendung einer elektromagnetischen Aufzeichnung bestehen medienspezifisch relevante Unterschiede« (4.1) Oder wie mir einmal ein Hörfunk-Redakteur sagte: »Man kann nicht vom Band beten!« Ohne Live-Charakter wird die Übertragung eines Gemeindegottesdienstes zu einer Reportage oder einer Dokumentation. Auch das kann seinen guten Sinn haben; in der kirchlichen Medienarbeit wird aber von Verantwortlichen mehr erstrebt. Nicht verschwiegen sei allerdings in diesem Zusammenhang, dass sich bei Ausstrahlung von Gottesdienstübertragungen in entferntere Regionen (etwa durch die Deutsche Welle für Hörer im Ausland oder in nationalen Sendungen für das gesamte Gebiet der USA) durch Zeitverschiebung gegebenenfalls der Verzicht auf live nicht umgehen lässt. Trotzdem werden die Kirchen in Europa daran festhalten: die Direktübertragung in der Zeitgleichheit von Ereignis und Übertragung hat nicht nur beim Fußball oder in der Politik ihren besonderen Wert.

II. Gottesdienstübertragungen im Fernsehen

A. Zur Kontroverse um die Übertragung

Die bereits aus den zwanziger Jahren bekannten Bedenken gegen eine Übertragung von Gottesdiensten im Radio wurden bei der Einführung des Fernsehens im Jahre 1950 erneuert und brachten die Diskussion erst richtig in Gang; ungeachtet der Tatsache, dass in anderen Ländern z.T. seit 1948 regelmäßige Fernsehübertragungen von Gottesdiensten eingeführt und offiziell gestattet waren.

In Deutschland dauerte es mehr als zwei Jahre, ehe die Kirchen sich an Probeübertragungen von Gottesdiensten heranwagten: Am 14. Dezember 1952 wurde eine evangelische Adventsvesper aus der St.-Jürgen-Kirche in Hamburg-Ochsenzoll in den benachbarten Gemeinderaum übertragen. Ähnlich verlief die Probeübertragung einer Messfeier für die Vertreter der katholischen Kirche am 25. März 1953 aus St. Gereon in Köln (Vogt; Thomé).

Namhafte Theologen (Romano Guardini, Heinrich Kahlefeld, Karl Rahner, Hermann Volk) formulierten in den Jahren 1953 und 1954 Gründe, die Messfeier aus dem Fernsehen herauszuhalten. Die theologischen Argumente lassen sich in zwei Gruppen zusammenfassen:

– es handele sich dabei um Profanierung der Kulthandlung und Verletzung des Arcanum;
– die Übertragung sei deshalb dem Wesen der Messe zuwider, weil eine volle und persönliche Teilnahme (participatio) nicht möglich sei.

Gegen diese Gründe machten andere Theologen – wie Paul Bolkovac, Joseph Pascher, Otto Semmelroth sowie die Franzosen M. Pichard und A.M Roguet – grundsätzliche und pastorale Gegengründe geltend. Die gesamte Kontroverse, die auch in der Kirchenpresse und darüber hinaus ihr Echo fand, ist dokumentiert von Ambrosius Karl Ruf (vgl. Becker/Siegel, Beih. 5). Zur Verwunderung der Teilnehmer hat der Münsteraner Fundamentaltheologe Johann Baptist Metz bei Gelegenheit eines Internationalen Kongresses über soziale Kommunikation und Massenmedien »20 Jahre Pastoralinstruktion Communio et progressio« vom 6.–8. Juni 1991 in Wien diese alte Diskussion neu aufleben lassen und zum Schutz einer »metaphysischen Schamgrenze« gefordert, künftig auf die Übertragung der Messe im Fernsehen zu verzichten. Dies hat die Auseinandersetzung erneut belebt und zahlreiche Stellungnahmen und Antworten provoziert (z.B. von Eckhard Bieger, Helmut Büsse, Peter Düsterfeld, Henry Fischer, Philipp Harnoncourt, Hans-Bernhard Meyer und Leo Wallner). Soweit ich sehe, sind aber keine Argumente aufgetaucht, die nicht bereits in den fünfziger Jahren vorgetragen wurden. Deshalb wird man sagen dürfen: Die offizielle Sicht der katholischen Verantwortlichen ist nach wie vor aus den »Leitlinien für die mediale Übertragung von gottesdienstlichen Feiern« von 1989 zu erheben. Dort heißt es u.a.:

»Die mediale Übertragung gottesdienstlicher Feiern ist grundsätzlich zu bejahen. – Gegen die Übertragung vorgebrachte Gründe sind nicht zwingend:

Eine gottesdienstliche Feier kann durch die Aufnahme und durch die Übertragung nicht profaniert werden, wenn sie sachgerecht, d.h. auch, mit der Sache entsprechender Diskretion, vorgenommen werden.

Missbrauch von seiten der Empfänger ist kaum zu befürchten und Missverständnisse (z.B. Übertragung = Ersatz für unmittelbare Teilnahme) können durch die Art der Übertragung vermieden werden. Außerdem gilt auch hier: abusus non tollit usum: (möglicher) Missbrauch spricht nicht gegen den (rechten) Gebrauch.

Auch die zeitweise (bes. im 4. Jh.) vor allem gegenüber Katechumenen in der Alten Kirche geübte, aber nie allgemein angenommene oder gesetzlich geregelte Arkan-Disziplin ist kein Argument gegen die mediale Übertragung gottesdienstlicher Feiern. Denn soweit sie gottesdienstliche Feiern und Texte betraf, sollte sie offenbar mehr das Interesse der Katechumenen wachhalten, als den Gottesdienst vor ihnen oder vor Außenstehenden wegen der Gefahr des Missbrauchs oder der Verunehrung schützen. Im übrigen waren und sind Lehre und Gottesdienst der Christen grundsätzlich öffentlich.

Für die Übertragung sprechen gute Gründe: Information, Evangelisation, Partizipation am (gottesdienstlichen) Leben der Kirche, religiöse Erbauung (bes. für Alte und Kranke)« (1.1).

Vergleichbare Diskussionen gab es auch auf evangelischer Seite (Thomé 20–23). Dabei ging es weniger um die Frage, ob auch eucharistische Gottesdienste (Hauptgottesdienst mit Abendmahl) übertragen werden dürften, die damals ohnehin in der Praxis der Gemeinden seltener waren. Ein besonderes Motiv der Zurückhaltung gegenüber dem Fernsehen erwuchs aus der Bedeutung des Wortes für den evangelischen Gottesdienst, der sich deshalb dem Bild und damit der Übertragung im Medium des Bildes entzöge.

Über Chancen und Risiken von Fernsehübertragungen von Gottesdiensten hat der Arbeitsbereich Liturgiewissenschaft und Pastoralliturgik im Institut für Praktische Theologie der Universität Freiburg im Jahre 1987 ein umfassendes Forschungsprojekt durchgeführt, das von der Zentralstelle Medien der Deutschen Bischofskonferenz in zwei Bänden als Manuskript gedruckt wurde (Fernsehübertragung von Gottesdiensten). Die vorgelegten Analysen, Praxisreflexionen und Empfehlungen werden der künftigen Fernseharbeit noch viele Impulse geben.

B. Der Vespergottesdienst

Beim Entstehen des Fernsehens kamen die kirchlichen Verantwortlichen in der Bundesrepublik zu der Lösung, die Übertragung von Messfeiern und Hauptgottesdiensten nur an besonderen Feiertagen (z.B. an Ostern, Pfingsten, Weihnachten und bei Kirchentagen) vorzusehen. Als regelmäßige gottesdienstliche Form wurde der Vespergottesdienst eingeführt und entwickelt: ein Wortgottesdienst mit ganz verschiedenen Gestaltungsmöglichkeiten zur Vesperzeit.

Der Vespergottesdienst, schon 1953 erprobt, wurde seit 1957 fester Bestandteil des ARD-Programms. Bis Ende 1983 wurde er jeweils am ersten Samstag im Monat ausgestrahlt, und zwar im Wechsel aus einer katholischen oder evangelischen Kirche. Seit dem 1. Januar 1984 hatte er seinen Sendeplatz alle vier Wochen am Sonntag. Das brachte einen Sendetermin mehr und damit auch eine größere Chance für ökumenische Gottesdienste, die es aber auch zuvor gelegentlich im Fernsehprogramm gegeben hatte. Über lange Zeit war der Vespergottesdienst das Proprium der ARD mit vielfältigen Möglichkeiten der Gestaltung. Er konnte als liturgische Vesper im strengen Sinn realisiert werden, als Wortgottesdienst oder Andacht zur Kirchenjahreszeit, als kirchenmusikalische Feier. Meistens kam er aus einer Kirche, gelegentlich fand er unter freiem Himmel statt oder in einer diakonischen Einrichtung.

Seit 1993 gibt es diese Form der Verkündigungssendung im Programm der ARD nicht mehr. Die Kirchen haben zugunsten einer christlichen Magazin-Sendung darauf verzichtet.

C. Fernsehübertragung von Gottesdiensten in den übrigen europäischen Ländern

In Frankreich wird seit 1948 jeden Sonntag ein katholischer Gottesdienst im Fernsehen übertragen. Für die kirchlichen Verantwortlichen in anderen Ländern war die anfängliche Praxis, die

Messe im Studio zu feiern, eine Schreckensvorstellung. Inzwischen ist man davon abgerückt. Italien folgte der französischen Praxis, jeden Sonntag eine Messe im Fernsehen anzubieten. In Belgien strahlt das Fernsehen jeden zweiten Sonntag einen Gottesdienst aus. In den Niederlanden gab es bis 1974 vierzehntägig einen katholischen Gottesdienst der KRO (Katholische Niederländische Radiostiftung), in Verbindung damit wurde nach dem evangelischen Vorbild eine eigene »Omroep-parochie« (Rundfunkpfarre) in Leben gerufen. Seit 1975 wird jeden zweiten Sonntag durch KRO ein Gottesdienst im Fernsehen ausgestrahlt (jede zweite Woche von der Rundfunkpfarre aus, sonst abwechselnd aus Gemeinden im übrigen Land. Die Rundfunkpfarre war bis 1992 in Amersfoort und wurde dann nach Nieuwegein-Vreeswyk verlegt). Die BBC sendet jeden Sonntag auf BBC-1 den »Morning Worship« aus verschiedenen Kirchen. Die erste Übertragung einer Messfeier in Österreich (aus St. Peter in Salzburg) erfolgte 1959, eines evangelischen Gottesdienstes (Luther-Kirche in Währing) 1961. Inzwischen werden in Österreich zu bestimmten Sonn- und Festtagen katholische oder evangelische Gottesdienste ausgestrahlt, meist in Kooperation mit dem ZDF. Anders als in Deutschland, wo der TV-Übertragung eine rege theologische Diskussion folgte, war in Österreich keine bemerkenswerte Problematisierung dieses Faktums zu beobachten, vielleicht weil die Programmverantwortlichen anfänglich den musikalisch-konzertanten Aspekt in den Vordergrund stellten. Für den evangelischen Bereich sind im ORF Fernsehübertragungen von Gottesdiensten seit 1999 auf die großen Festtage, einen Frühlingsgottesdienst und den Reformationstag fixiert. Das Fernsehen der deutschen und rätoromanischen Schweiz überträgt ungefähr 24 Gottesdienste im Jahr, das Fernsehen der französischen und der italienischen Schweiz sogar 31 im Jahr, davon zwei Drittel Eigenproduktionen.

D. Übertragung von Festgottesdiensten

Nach ihrem ursprünglichen Konzept überträgt die ARD Messfeiern und Hauptgottedienste nur an besonderen Feiertagen wie Ostern, Christi Himmelfahrt, Pfingsten, Weihnachten u.a. Die Übertragung an diesen Tagen kann für große Zuschauerkreise weit über den kirchlichen Raum hinaus die Festlichkeit dieser Feiertage unterstreichen und ihre christliche Verwurzelung und Bedeutung hervorheben. Deshalb werden sie meist mit besonderen kirchenmusikalischem Anspruch realisiert, oft mit bischöflichen Zelebranten aus Kathedralkirchen oder als Übernahme von der RAI (Italienisches Fernsehen) aus Rom (So regelmäßig der päpstliche Ostersegen » Urbi et Orbi«.). Die ARD konnte diesem Konzept umso leichter folgen, als durch regelmäßige Gottesdienstübertragungen im Hörfunk das seelsorgerische Motiv der Sorge um die Kranken und Gehbehinderten abgedeckt wird. Zu den großen Anlässen einer Gottesdienstübertragung in der ARD zählen auch die Kirchen- und Katholikentage mit ihren Haupt- und Schlussgottesdiensten und ähnliche bedeutsame Veranstaltungen. Die kirchlichen Senderbeauftragten in Deutschland haben eine Reihe von Handreichungen erarbeitet, um Regisseuren, Veranstaltern von Kirchen- und Katholikentagen, Verantwortliche von Sondergottesdiensten (etwa bei Staatsbegräbnissen) die erforderlichen Hinweise zugeben. Wichtig ist, dass die kirchlichen Beauftragten in alle liturgische Planung und Absprache von Anfang an einbezogen werden.

Fernsehen lebt vom Bild. Deshalb sollten alle »Zeige-Elemente« des Gottesdienstes deutlich ins Bild kommen: Gebetsgebärden, Prozessionen (Wege) mit dem Evangelienbuch, mit den Gaben, Bereitung und Erhebung der eucharistischen Gestalten, Segensgestus usw. Andererseits ist auch eine gewisse Diskretion unerlässlich (etwa bei Ausspendung von Abendmahl/Kommunion). Als beispielhafte Gestaltung nach Vorschlägen von Prof. Helmut Büsse, Freiburg, sei der Schlussgottesdienst des 91. Deutschen Katholikentages in Karlsruhe erwähnt (21. Juni 1992).

E. Sonntagsgottesdienste im ZDF

Mit ihrem Konzept des Vespergottesdienstes hatte sich die ARD auf Form und Ausmaß der Gottesdienstübertragung festgelegt. Allerdings überträgt der Bayerische Rundfunk seit Anfang 1982 zusätzliche Gottesdienste am Sonntagvormittag in seinem 3. Programm, vielleicht auch darum, weil es in Bayern keine Übertragung im Hörfunk gibt. Die regelmäßige Übertragung von Sonntagsgottesdiensten als spezifisches Angebot für Kranke und Gehbehinderte wurde in Deutschland vom ZDF entwickelt. 1975 wurden dort vier sonntägliche Gottesdienste übertragen, drei katholische und ein evangelischer. Im Jahre 1977 waren es schon sechs katholische Messfeiern und sieben evangelische Gottesdienste. 1979 begann die regelmäßige Übertragung von Gottesdiensten auf einem festen Platz im Sendeschema mit zwölf Gottesdiensten pro Konfession und Jahr. Seit dem 1. Januar 1986 strahlte das ZDF an jedem Sonntag einen Gottesdienst aus, je zur Hälfte evangelisch und katholisch. Hier braucht die Diskussion um diese Ausweitung nicht nachgezeichnet werden, sie fußte letztlich auf den Argumenten aus der Anfangszeit des Fernsehens (vgl. FUNK-Korrespondenz 1985/17; Thomé 39–49).

Jedenfalls gibt es nun – ähnlich wie in Frankreich, Italien und anderen Ländern – den regelmäßigen deutschsprachigen Gottesdienst, der nicht nur in Deutschland, sondern auch in Österreich und in der Schweiz ausgestrahlt wird, weil das ZDF diese Übertragungen in Kooperation mit dem ORF und der SRG realisiert.

1. *Katholische* Sonntagsgottesdienste im ZDF. Die regelmäßige Übertragung des Sonntagsgottesdienstes im Fernsehen richtet sich nach den Vorstellungen der katholischen Verantwortlichen beim ZDF insbesondere an die Kranken und Gehbehinderten sowie an Menschen, die aus sonstigen Gründen nicht am Gottesdienst der Gemeinde teilnehmen können. Dieser Konzeption kommt die verhältnismäßig frühe Sendezeit (sonntags 9.15 Uhr oder 9.30 Uhr) entgegen. Die Untersuchungen haben allerdings ergeben, dass auch die Zahl derer nicht gering ist, die bereits die Sonntagsvorabendmesse ihrer Gemeinde besucht haben und wegen ihrer Mitarbeit im Pfarrgemeinderat oder Liturgiekreis bei den Übertragungen Anregungen für die Gottesdienstgestaltung erhalten möchten. Jedenfalls bestimmt die vor Ort feiernde Gottesdienstgemeinde Inhalte und Gestaltungselemente. Das Fernsehteam, insbesondere Redakteur und Regisseur, kann sie dabei beraten und darauf aufmerksam machen, welche Elemente sich besser und welche sich weniger gut ins Medium umsetzen lassen. Die Hauptaufgabe des Fernsehteams besteht darin, die Ziele der Gottesdienstgemeinde durch Wahl geeigneter Mittel möglichst unverfälscht den Rezipienten zu vermitteln.

Dabei soll sich die Bildregie von der anderer Fernsehformate deutlich unterscheiden. Der Gottesdienst spricht nämlich eine Wirklichkeitsebene an, die einer eigenen filmischen Umsetzung bedarf (weil sich die feiernde Gemeinde in Gebeten und Gesängen nicht auf eine Instanz dieser Welt bezieht, sondern auf den transzendenten Gott). Deshalb soll die Kamera möglichst die Perspektive des Zuschauers wählen, dass diesem eine innere Mitfeier ermöglicht wird. Die versammelte Gottesdienstgemeinde ist das Subjekt der Feier, das den Zuschauer bewusst einbezieht. Die Kamera soll den Zuschauer nicht in die Position des Beobachters versetzen, indem etwa auffälliges Verhalten, das modische Outfit von Teilnehmenden am Gottesdienst o.Ä. hervorgehoben wird. (Aus den Leitlinien der Katholischen Fernseharbeit beim ZDF).

Die wichtigste Neuerung beim ZDF besteht seit dem Jubiläumsjahr 2000 darin, die Übertragung der sonntäglichen Gottesdienste als Serie zu verstehen und ihnen einen durchgehenden roten Faden zu geben. Für die Jahre 2000 und 2001 wurde das auch mit einer Buchpublikation dokumentiert. Wahrscheinlich erscheint im Jahr 2002 keine solche Publikation; für 2003 ist wieder ein größeres Projekt geplant.

Das besondere Angebot der Katholischen Fernseharbeit beim ZDF, die Zuschauer telefonisch oder brieflich nach der Übertragung mit der Gemeinde in Verbindung zu bringen, wurde inzwischen von verschiedenen anderen Sendern übernommen (sowohl im Hörfunk wie im Fernsehen).

2. *Evangelische* Sonntagsgottesdienste im ZDF. Die Reflexion auf evangelischer Seite verlief bei aller Unterschiedlichkeit parallel. Die regelmäßige wöchentliche Übertragung von Gottesdiensten im ZDF seit 1986 scheint einer festen Erwartung vieler zu entsprechen und Bedürfnissen nach Teilhabe am überlieferten liturgischen oder sinnstiftenden, religiösen Geschehen entgegenzukommen. Dabei ist die Zusammensetzung der Bildschirm-»Gemeinde« recht inhomogen. Dass die Gruppe der »Alten, Kranken und Behinderten« zum festen Bestandteil der Zuschauerinnen und Zuschauer gehört, ist zwar richtig, bedarf aber aus evangelischer Sicht der Ergänzung und – vor allem – der differenzierten Interpretation im Blick auf die Arbeit derjenigen, die Sonntag für Sonntag über Gestaltung und Themen solcher Gottesdienste nachzudenken haben. Nach wie vor kann man dabei von der integrativen Kraft der Liturgie ausgehen und muss zugleich die kreativen Möglichkeiten erkunden und ausschöpfen. Auch die »Alten, Kranken und Gehbehinderten« werden bewusst als – reichlich uneinheitliche – Gruppe gesehen, die am Zeitgespräch der Kirche und der Gesellschaft teilnimmt, die offen ist und lernfähig, die Freude am Experimentellen hat, interessiert am politischen Geschehen und an beispielhaften Antworten der Theologie, von Gemeinden und anderen Gläubigern darauf, weil ihr Glaube nämlich oft lebendiger und weniger ängstlich ist als der der »Jungen, Gesunden, Leistungsstarken«.

So erscheint die Evangelische Kirche in ihren Gottesdiensten auf dem Bildschirm abwechslungsreicher, lebendiger, experimentierfreudiger. Pluralismus, Vielfalt und Formenreichtum kennzeichnen die evangelische Tradition in ihren verschiedenen Denominationen: Gottesdienst mit der Heilsarmee von der Reeperbahn in Hamburg, mit einer deutschen Auslandsgemeinde, mit einer traditionell geprägten Dorfgemeinde, aus einem Diakonie-Zentrum oder gar »mit Menschen und Tieren« sind Beispiele dafür, dass evangelische Gottesdienste nicht eintönig, festgeprägt oder gar langweilig sind.

Die Evangelische Fernseharbeit sieht die Zuschauergruppe eher in »postkonfessioneller« Rezeptionsweise: Der Fernseher (als Fernsehgerät) ist weder evangelisch noch katholisch, und der Fernseher (als Zuschauer) im Vollzug der medialen Teilhabe an der Liturgie nicht vorrangig als Protestant oder Katholik interessiert, sondern am überzeugenden Inhalt, an optisch-ästhetischer Präsentation, an glaubwürdigen, sympathischen, unverkrampften Vermittlern, ja Glaubenszeugen. (Vgl. die Stellungnahmen der ersten drei ev. Verantwortlichen: Helmut Nemetschek: medium 12 (1982) H. 9/10,58–62; Peter Gottschalk, Hoffnung; Hermann Preßler: medium 16 (1986) H. 4,42f.; ders., Wer ist mein Nächster?).

III. Ausblick

Seit der Einführung des Privatfunks gibt es über die beschriebenen Veranstaltungen hinaus eine Fülle von Gottesdienstübertragungen und Sendungen mit gottesdienstlichem Charakter, die ohne die Mitwirkung der kirchlichen Rundfunkbeauftragten entstehen. Pfingstliche, freikirchliche und evangelikale Gruppierungen bringen Bekehrungs- und Evangelisierungs-Gottesdienste in die Programme. Soweit sie dafür keine eigenen Sender haben, wie in den USA verbreitet, bedienen sie sich der Offenen Kanäle (Bürgerfunk o.Ä.).

In Offenen Kanälen kann man von Zeit zu Zeit auch gottesdienstliche Veranstaltungen hinduistischer oder buddhistischer Art entdecken. Auch muslimischen Gemeinden nutzen diese.

Die Jüdischen Gemeinden sind mit regelmäßigen Verkündigungssendungen in die Programme der öffentlich-rechtlichen Anstalten integriert.

Unsere Kultur ist nicht mehr einfach katholisch oder evangelisch, sondern alle möglichen konfessionellen Farben und Religionen kommen vor. So bieten gerade die Privatisierung und die Regionalisierung von Radio und Fernsehen kleineren religiösen Gemeinschaften gute Möglichkeiten.

Christlicher Gottesdienst lebt aus der Dimension des Zeichenhaften. Zwar ist dies im katholischen und orthodoxen Gottesdienst stärker entwickelt, aber auch evangelischer Gottesdienst kennt eine Fülle von Zeichenbehandlung: Bewegungen, Gebärden, Gegenstände, Handlungen. Es gilt den Blick zu öffnen für die Aussagetiefe »heiliger Zeichen«. Hier öffnen sich durch das Medium des Fernsehens weite Möglichkeiten. Diese werden in besonderer Weise bei der Übertragung von Gottesdiensten realisiert, wenn die elektronischen Medien gleichsam mystagogische Funktionen übernehmen. Für den katholischen Bereich sollte man hier allerdings nicht nur an die Übertragung von Eucharistiefeiern denken. Die gegenwärtige Situation im Fernsehen (und bedauerlicherweise auch im Gemeindeleben) stellt eine einseitige Beschränkung des gottesdienstlichen Lebens der Kirche dar. Gottesdienst kann und soll in sehr verschiedenen Formen gefeiert und deshalb auch im Rundfunk übertragen werden.

Eine solche Aussage bedeutet nicht, wie auch das Freiburger Arbeitsprojekt abschließend formuliert, »eine Festschreibung des status quo hinsichtlich der Art, der Gestalt und der Form der Gottesdienstübertragungen. Es entbindet nicht von weiteren Überlegungen zu neuen Sendeformen, sondern provoziert sie vielmehr« (Fernsehübertragungen von Gottesdiensten).

Quellen

Pastoralinstruktion AETATIS NOVAE zur Sozialen Kommunikation zwanzig Jahre nach Communio et Progressio, hg.v. Päpstlichen Rat für die sozialen Kommunikationsmittel: Deutsche Bischofskonferenz, Arbeitshilfe Nr. 98, Bonn 1992. – COMMUNIO ET PROGRESSIO. Pastoralinstruktion über die Instrumente der sozialen Kommunikation, o.O. 1971. – Heinrich Denzinger/Peter Hünermann, KOMPENDIUM der Glaubensbekenntnisse und kirchlichen Lehrentscheidungen, Freiburg/Wien [39]2001. – KIRCHENAMTLICHE ÄUSSERUNGEN zu Gottesdienstübertragungen in Rundfunk und Fernsehen: LJ 36 (1986) 177–179. – LEITLINIEN für die mediale Übertragung von gottesdienstlichen Feiern: Deutsche Bischofskonferenz, Arbeitshilfe Nr. 72, 1989 (Neufassung in Vorbereitung). – LITURGIE UND BILD. Eine Orientierungshilfe: Deutsche Bischofskonferenz/Liturgische Kommission, Arbeitshilfe 132, Bonn [2]1997. – MEDIATOR DEI, Pius XII., Enzyklika über die heilige Liturgie 1947: DH 1067–1075. – Welttag der SOZIALEN KOMMUNIKATIONSMITTEL. Botschaften und Leitworte seit Communio et Progressio (1971): Deutsche Bischofskonferenz, Arbeitshilfe Nr. 64, 1989.

Literatur

Karl BECKER/Karl-August SIEGEL, Rundfunk und Fernsehen im Blick der Kirche, Frankfurt a.M. 1957; dazu Beihefte mit den Referaten der Jahrestagungen der Katholischen Rundfunkarbeit in Deutschland aus den folgenden Jahren. – Eckhard BIEGER, Mehr Gottesdienst im Fernsehen. Wo läge der Sinn einer solchen Programmveränderung?: Funk-Korrespondenz, Köln 1985/17, 15 f. – Michael BÖHNKE, Welche Art von Teilnahme ist einem Zuschauer einer Fernsehübertragung von Gottesdiensten möglich?: LJ 37 (1987) 3–16. – FERNSEHÜBERTRAGUNGEN VON GOTTESDIENSTEN. Chancen und Risiken, Abschlußbericht eines Forschungsprojekts, durchgeführt vom Arbeitsbereich Liturgiewissenschaft und Pastoralliturgie im Institut für Praktische Theologie der Universität Freiburg/i.Br. (Helmut Büsse/Birgit Jeggle-Merz/Michael B. Merz), hg.v. der Zentralstelle Medien der Deutschen Bischofskonferenz, Bonn 1987 (A. Berichtsband, B. Dokumentenband). – Henry FISCHER, Kirche in der modernen Medienwelt. Zur Pastoral in einer ungewohnten Situation: PBl(K) 1991, 182–187 – Wolfgang FISCHER, Fernsehgottesdienst oder Gottesdienstübertragung? Die Rolle der Verantwortlichen für Gottesdienstsendungen: ComSoc 18 (1985) 1–6. – Heinz GLÄSSGEN, Katholische Kirche und Rundfunk in der Bundesrepublik Deutschland 1945–1962, Berlin 1983. – Peter GOTTSCHALK, »... der Vielfalt Rechnung tragen«. Über evangelische Gottesdienste im ZDF: medium, Zs. für Hörfunk, Fernsehen, Film, Presse 16 (1986) H. 4,40–42. – Ders., Zur Bedeutung der »Technik« bei Fernsehgottesdiensten: medium 18 (1988) H. 1,44 f. – Hans Wolfgang HESSLER, Wir werden nach unseren Grundsätzen befragt: LM 22 (1983) 262–265. – Hans-Joachim

HÖHN, Kirche und kommunikatives Handeln, Frankfurt a.M. 1985. – Birgit JEGGLE-MERZ, Gottesdienstübertragungen im Fernsehen: LJ 39 (1989) 178–189. – Jürgen JEZIOROWSKI, Wort und Sakrament am Bildschirm. Mediale Übertragung und Übertragbarkeit von Gottesdiensten: LM 21 (1982) 548–550. – Klemens JOCKWIG, Wider die pastoraltheologischen Ängste vor der Kamera: Funk-Korrespondenz, Köln 1985/17, 13–15. – Jens LANGER, Evangelium und Kultur in der DDR, 2 Bde., Berlin 1990. – Thomas LENTES, Liturgie und Gottesdienstübertragungen im Fernsehen. Liturgiewissenschaftliche Reflexionen: ComSoc 20 (1987) 214–224. – Christoph LINK/Armin PAHLKE, Kirchen und privater Rundfunk, München 1985. – Johann Baptist METZ, Keine Eucharistiefeier im Fernsehen übertragen: Funk-Korrespondenz, Köln 1991/24, 13–15. – Hans Bernhard MEYER, Gottesdienst in audiovisuellen Medien: Funk-Korrespondenz 1985/17, 1–13. – Uwe MICHELSEN, Fernsehgottesdienste. Service für wen? Kritische Anmerkungen zu Jürgen Jeziorowski: LM 22 (1983) 29 f. – Albrecht NELLE, Die Telekirche im III. Ein ökumenischer Ansatz für eine Alltagssendung mit gottesdienstlichem Charakter: ComSoc 18 (1985) 166–178. – Ders., »Telekirche« für den Zuschauer: LM 22 (1983) 216–218. – Hermann PRESSLER, Der Alltag am Sonntag. Feier und Sendung. Diakonie-Gottesdienste im Fernsehen: Weltweite Hilfe, Diakonisches Werk in Hessen und Nassau 1989, 26–33. – Ders., Wer ist denn mein Nächster?! Ein Gottesdienst-Fest mit Menschen und Tieren aus dem Pfarrhof der Evangelischen Kirchengemeinde Glauberg/Hessen, Sonntag, 10. Juli 1988, live im ZDF ... im Spiegel von Zuschauerzuschriften und Kommentaren, Ms. Juli/August 1988. – Helmut RAKOWSKI, Literaturbericht zum Thema »Gottesdienstübertragungen im Fernsehen«: ComSoc 20 (1987) 250–265. – Manfred REDELFS, Evangelische Kirche und privater Rundfunk, Stuttgart 1990. – Wilm SANDERS, Telekirche im III. Eine neue Verkündigungssendung: Zs. Gottesdienst 18 (1984) 118–148. – Ders., Niemand braucht sich des Vespergottesdienstes zu schämen!: Funk-Korrespondenz, Köln 1985/19, P 4–6. – Ders., Gottesdienstübertragung in Hörfunk und Fernsehen der ARD. Konzept und Perspektiven: LJ 36 (1986) 142–154. – Ders., Gottesdienst im Fernsehen: StLi 17 (1987) 133–141. – Ders., Telekirche im III. Bericht eines Mitverantwortlichen: Funk-Korrespondenz, Köln 1987/33, P5–P7. – Ders., Telekirche im III. Verkündigungssendung im NDR: Zs. Gottesdienst 21 (1987) 142–144. – Heinz SCHUSTER, Chance oder Versuchung: Jeden Sonntag Gottesdienst im Fernsehen? Bemerkungen eines Theologen: Funk-Korrespondenz, Köln 1985/17, 16–18. – Hans Erich THOMÉ, Gottesdienst frei Haus? Fernsehübertragungen von Gottesdiensten, Göttingen 1991 (Lit.!). – Gerburg Elisabeth VOGT, Kirche und Fernsehanstalten. Entwicklungen, Konzepte, Programmrealisierungen, Osnabrück 1978.

Wilm Sanders

Die Erneuerung des Gottesdienstes
Gottesdienst als Gestaltungsaufgabe

I. Die Aktualität des Gottesdienstes: Das »Heute« als theologische Herausforderung

A. Erneuerung des Gottesdienstes, damit Gott uns heute begegnet

»Heute, wenn ihr seine Stimme hören werdet, so verstockt euer Herz nicht« (Hebr 3,7; auch 3,13). Biblisches Zeitverständnis »bringt im *heute* ... nicht in erster Linie die heute zur Verfügung stehende Zeitspanne, sondern ein heute mit der Zeit selbst gewährtes oder verwehrtes Geschehen zwischen Gott und seinem Volk zur Sprache« (Fuchs 269).

Diesem »Heute« entspricht der ebenso qualifizierte Begriff des »Neuen«, wie er im Alten und Neuen Testament häufig gebraucht wird (vgl. biblische Begriffe wie neuer Himmel, neue Erde, neues Lied, neuer Mensch, neuer Bund). Aus der Begegnung mit Gott gehen verwandelte, neue Menschen hervor. Unter dieser Verheißung steht nicht nur der einmalige Akt der Taufe, sondern jeder Gottesdienst. Darauf wird zu achten sein, wenn wir von Erneuerung des Gottesdienstes, von neuen oder neuartigen Gottesdiensten, von erneuerter Liturgie und auch von Erneuerter Agende (Vorentwurf zum EGb) sprechen. Das heißt: Neu wird ein Gottesdienst nicht allein schon durch neue Sprache oder neue Musik und andere neue Formen, sondern durch die Bereitschaft, dem Wirken des Gottesgeistes Raum zu geben. Von dieser Mitte her erhält die Forderung nach einem neuen Gottesdienst, nach neuen Formen und neuer Sprache, ihre Brisanz. Es handelt sich dabei zuallerst um eine theologische Problemstellung. Sie muss bei jeder Überlegung, bei der es um die Veränderung gottesdienstlicher Formen, Strukturen und Sprache geht, im Blick bleiben, damit »alles, was wir im Gottesdienst tun oder lassen, unter dem Anspruch steht, ein Zeichen zu sein, in dem etwas von dem, was uns Christus geboten hat, in freier Weise zur Erscheinung kommt« (Brunner 277).

B. »Heute«: Gottesdienst in einem säkularen Umfeld

Wir können freilich nicht übersehen, dass für viele Menschen unserer Tage die Teilnahme am Gottesdienst keine Selbstverständlichkeit mehr ist. Das hat vielerlei Gründe soziologischer, kommunikativer, psychologischer, vor allem aber religiöser Art; denn die Krise des Gottesdienstes ist auch und vielleicht zuerst eine Krise des Glaubens, des mangelnden Vertrauens zum Evangelium. Der moderne, durch die säkulare Umwelt geprägte Mensch braucht anscheinend den Gottesdienst zur Bewältigung seines ganz normalen täglichen Lebens nicht mehr. Dass dieser Mensch zum Kult, zur Liturgie »unfähig« geworden sei, ist freilich nur die halbe Wahrheit. Diese These nimmt, wie Schmidt-Lauber deutlich macht, »die Menschwerdung Gottes nicht ernst« (25). Sie kann darum auch nicht von dem Bemühen um eine Erneuerung des Gottesdienstes dispensieren. Die Frage muss lauten: Wie geht die Kirche mit dem Phänomen der Säkularisierung um? Der Ruf nach zeitgemäßer, in Form und Sprache säkularrelevanter Liturgie wird mit Recht laut, auch wenn er nicht selten mit falschen Erwartungen verbunden ist.

Doch was ist zeitgemäße Liturgie? Was heißt in diesem Zusammenhang Erneuerung des Gottesdienstes? Solange darunter verstehbare Sprache, nachvollziehbare Formen, neue Konkretionen, Eingehen auf die Herausforderungen unserer Zeit gemeint ist, ist dem wohl – um der eschatologischen Stringenz des Gottesdienstes willen – zuzustimmen. Wenn Erneuerung des

Gottesdienstes aber den zentralen Inhalt des Gottesdienstes zur Disposition stellt, wenn sie ihn gefügiger, eingängiger, unanstößiger oder gar unverbindlicher machen will, wird das »Heute« der Gottesbegegnung falsch verstanden und entleert. Der Gott, der uns begegnen will, war, ist und bleibt – auch in der Menschwerdung in Jesus Christus – der immer wieder fremde Gott, dessen Gegenwart sich nicht von selbst versteht, dessen Gesetz und Evangelium immer neue Zumutung und erst darin Befreiung und Erlösung bedeuten. Darum bleibt auch der christliche Gottesdienst ein in dieser Beziehung fremdes Ereignis. »Die Bezogenheit des Gottesdienstes auf Gott als Gegenüber ist ... ebenso unerlässlich, wie sie den Gottesdienst fremd macht in einer modernen Welt« (Seitz: Schmidtchen 158).

Christlicher Gottesdienst geschieht in einer säkularen Welt und nicht auf einer Insel der Seligen. Die säkulare Welt bleibt darum nicht einfach draußen. Es geht um eine Wechselbeziehung: Die Welt wird, ob sie es will oder nicht, dadurch gekennzeichnet, dass in ihr die Kirche Jesu Christi – und d.h. Christus selbst – Gottesdienst hält. Und dieser Gottesdienst wiederum wird dadurch gekennzeichnet, dass in ihm die säkulare Welt erscheint – nämlich dadurch, dass die Kirche diese Welt hier vor Gott bringt.

C. Der Gottesdienst muss Kennzeichen der Kirche bleiben

Gottesdienstliche Erneuerung kann also nicht darin bestehen, dass sich die Kirche in ihrem Gottesdienst »der Welt gleich macht« (Röm 12,2), sodass sie in ihrem Reden und Handeln der Welt zum Verwechseln ähnlich wird. Welthaftigkeit bedeutet nicht Weltförmigkeit. Gerade weil sich die Kirche in die Welt gesandt weiß, darf sie sich nicht scheuen, sich im Gegenüber zu »ihrer« Welt zu wissen. Sie ist von Christus berufen, ein Geheimnis zu bewahren, zu benennen und zu feiern; sie hat der Welt zu sagen und zu geben, was die Welt sich selbst nicht sagen und geben kann. Es ist nicht selten zu beobachten, dass gerade der Kirche Entfremdete von ihr erwarten, dass sie bei ihrer Sache bleibt, und zwar nicht in dem Sinn, dass sie sich nicht in das weltliche Geschehen einmischen soll, sondern so, dass der Gottesdienst bleiben soll, was er ist, nämlich das Geschehen, in dem sich die Begegnung Gottes mit den Menschen vollzieht.

II. Die Erneuerung des Gottesdienstes als ständige Aufgabe

A. Die Verantwortung der Gemeinde für ihren Gottesdienst

Aus den bisherigen Darlegungen wird deutlich, dass die Forderung nach Erneuerung des Gottesdienstes keinesfalls nur auf die Erarbeitung und Einführung von Agenden durch die dafür zuständigen Gremien zielen darf. Liturgische Erneuerung meint vielmehr eine ständige Aufgabe der sich zum Gottesdienst versammelnden Gemeinde. Dieses Sich-Versammeln hat theologische Bedeutung. »Die Gemeinde versammelt sich zum Gottesdienst«, heißt es in der Beschreibung des Gottesdienstes in beiden Grundformen des EGb (37 bzw. 51): Die Gemeinde feiert als das Volk Gottes die Gegenwart ihres Herrn und trägt deshalb Verantwortung für das Zustandekommen und die Gestaltung der Feier. Denn nicht der Pfarrer/die Pfarrerin, sondern die »Gemeinde hält Gottesdienst« (Reich/Stalmann), »sodass der gesamte Gottesdienst als Tat der Gemeinde« anzusehen ist (Rietschel/Graff 49). Die Gemeinde ist Trägerin des Priestertums der Getauften und darf nicht länger Publikum oder Verbraucher sein.

Das hat Konsequenzen für den Umgang der für die Vorbereitung und Gestaltung des Gottesdienstes besonders Verantwortlichen mit der Gemeinde. Es reicht auf die Dauer nicht, dass einzelne Gemeindeglieder Lesungen übernehmen oder an Fürbittengebeten beteiligt werden. Vielmehr müssen die Gemeinde und ihre Gruppen insgesamt verantwortlich und konstruktiv an der Vorbereitung und Gestaltung des Gottesdienstes – auch an seiner Erneuerung – beteiligt werden. Dabei ist zu unterscheiden zwischen der rechtlichen Zuständigkeit des Kirchenvorstandes/Presbyteriums im Blick auf die Einführung von Agenden und die regelmäßige Form des Gemeindegottesdienstes einerseits und der konkreten Gestaltung durch Pfarrer/innen, Kirchenmusiker/innen und engagierte Gemeindeglieder andererseits. Der Gottesdienst muss spürbar zur Sache der Gemeinde werden. Hier gilt es abzubauen. Voraussetzung für die Wahrnehmung solcher Verantwortung sind Interesse, Verständnis und Kompetenz.

B. Menschlicher müssen unsere Gottesdienste werden – die seelsorgerliche Komponente

Erneuerung des Gottesdienstes zielt auf immer neue Begegnung der Menschen mit Gott. Weil diese Menschen verschieden sind und auch nicht einfach dieselben bleiben, ist jeder Gottesdienst ein neues Erlebnis der Gegenwart Gottes. »Gottesdienst menschlich« lautet das Angebot von Arbeitshilfen für die Gestaltung von Gottesdiensten. Obwohl missverständlich – weil es das zentrale Geschehen des Gottesdienstes verdecken kann – ist es doch zugleich notwendig, weil es im Gottesdienst um die Menschen geht und um ihr Heil: sie sind das »Thema« des Gottesdienstes sind, das »höchste Symbol« (Volp II, 972). Darum müssen die Gottesdienstteilnehmer verstehen, was hier im Namen Gottes zu den Menschen hin und im Namen der Menschen zu Gott hin geschieht und gesprochen wird. Wir fragen deshalb sehr konkret: Wer sind diese Menschen, denen Gott heute begegnen will bzw. die eine Begegnung mit Gott suchen? In welcher Umwelt, in welcher familiären, beruflichen, politischen, wirtschaftlichen und kulturellen Situation leben sie, welche Sorgen und welche Hoffnungen beschäftigen sie, mit welchem (religiösen) Vorverständnis kommen sie? Oder welches sind die Gründe, dass sie vom Gottesdienst der Kirche nichts (mehr) erwarten und ihm deshalb fern bleiben?

- Es sind die religiösen Menschen, die nach gottbezogener Deutung und Sinngebung des Lebens fragen; denen die Antworten der Welt nicht ausreichen; die ein bewusstes oder unbewusstes Transzendenzbedürfnis haben.
- Es sind die Menschen, die Hilfe zur Bewältigung ihres Lebens suchen und die sich nicht selten enttäuscht von der christlichen Gemeinde abwenden: »Da komme ich nicht vor; da kommen meine Probleme nicht zur Sprache.«
- Es sind die »frommen« Menschen, die ein starkes, oft ungebrochenes Verhältnis zum Glauben, zur Bibel und zum Gottesdienst mitbringen und darin Bestätigung erwarten.
- Es sind die Suchenden und die Zweifelnden, die Antworten finden möchten und in solcher Erwartung sich häufig enttäuscht fühlen.
- Es sind die Menschen, die Informationen über den Glauben und seine Konsequenzen suchen, über die Bibel und ihre Deutung, über Gottes Erwartung an seine Menschen.
- Es sind die dankbaren und glücklichen Menschen, die das Bedürfnis haben, Gott als dem Schöpfer und Erhalter des Lebens in und mit der gottesdienstlichen Gemeinde zu danken.
- Es sind die Verzweifelten, die Traurigen und Leidenden, die Trost und Hilfe verlangen.
- Es sind die unruhigen, getriebenen, überlasteten Menschen, die Ruhe suchen, ausatmen möchten, Kraft für die Bewältigung des Alltagslebens erhoffen.
- Es sind die Menschen des Alltags, die nach Unterbrechung verlangen, nach Fest und Feier: nach dem Fest der Gegenwart Gottes, der »geschenkten Zeit« (Stalmann 1994, 33).

Natürlich ist es nicht möglich, all solchen Erwartungen »heute« – zumal in einem einzelnen Gottesdienst – zu entsprechen. Aber verdrängt werden darf das Bewusstsein für die vielfältigen Erwartungen nicht. Dies hat nicht nur im Blick auf die Vorbereitung der Predigt, die Planung eines sog. Themengottesdienstes, die Erarbeitung von Gebetstexten und Glaubenszeugnissen

Bedeutung. Betroffen ist hier im Grundsatz der ganze öffentliche Gottesdienst mit allen seinen Liturgieelementen. Bei der Gestaltung des Kyrie z.B. darf nicht übersehen werden: Was treibt die Gottesdienstteilnehmer an diesem Tag, in diesem Land, in dieser Stadt oder diesem Dorf um? Was beklagen die Menschen, wo sind sie ratlos? Konkretisierende Worte zum Kyrie können solcher Klage und Ratlosigkeit vor Gott Ausdruck geben, können den Gottesdienstteilnehmern das Gefühl vermitteln: Hier wird mein Leben ernst genommen, hier bin ich dabei, hier kann ich klagen und bitten. Dasselbe gilt im Blick auf erfülltes Leben, auf gute Zeiten, im Blick auf das, wofür es zu loben und zu danken gilt.

Erneuerung des Gottesdienstes – das haben die bisherigen Ausführungen gezeigt – ist ein Akt konkreter Seelsorge, weil hier Menschen in ihrer Existenz und Befindlichkeit ernst genommen werden. Es gilt, diese seelsorgerliche Komponente der Gottesdienstgestaltung zu entdecken und wahrzunehmen. Dafür genügt es nicht, den Zeitgenossen »aufs Maul zu schauen«. Es geht ja um das, was sie innerlich umtreibt. So müssen Liturgie und Seelsorge zusammenkommen. Gemeindebesuche und (als Beispiel) Zeitungslektüre gehören so zu einer sachgemäßen Gottesdienstvorbereitung und -gestaltung hinzu. Liturgie ohne Seelsorge verliert ihren menschlichen Bezug, wie umgekehrt auch Seelsorge ohne Liturgie in der Gefahr steht, die zentrale Basis der konkreten Hinwendung zum Menschen zu verlieren.

C. Die Kasualien als beispielhafte Schnittpunkte von Liturgie und Seelsorge

Bei keiner gottesdienstlichen Feier kommen Liturgie und Seelsorge so selbstverständlich und konkret zusammen wie bei den Kirchlichen Handlungen, den Gottesdiensten aus besonderem Anlass. Taufe, Trauung, Konfirmation und Bestattung sind ohne vorausgehendes ausführliches Gespräch der Beteiligten nicht zu denken. Pfarrer bzw. Pfarrerin müssen die Beteiligten kennen lernen, wenn sie ihre Rollen als Liturgen oder Prediger angemessen wahrnehmen wollen. Es ist einem Kasualgottesdienst in der Regel deutlich abzuspüren, wie gründlich die seelsorgerliche Komponente wahrgenommen wurde. Dazu gehört nicht nur die Hinwendung zu den Beteiligten und das offene Hören auf sie. Wichtig ist auch, dass sie erfahren, was im Gottesdienst im Einzelnen auf sie zukommt. Das umschließt eine Einführung in die liturgischen Formen und Formeln, das offene Gespräch darüber, das gemeinsame Suchen nach Lesungen, Psalmen oder anderen Bibelworten. Die Beteiligten gehen dann anders gerüstet und mit wesentlich geringerer Angst in »ihren« Gottesdienst. Auch die Möglichkeit aktiver Beteiligung von Angehörigen und Freunden bei der Gestaltung der Feier kann in solchen Gesprächen vorbereitet werden.

Zusammenfassend lässt sich sagen: Die Erneuerung des Gottesdienstes setzt Seelsorge voraus. Der Sonntagsliturg kann und muss vom »Alltagsliturgen« (Kasualliturgen) lernen. Positive Erfahrungen, die bei den sog. Kirchlichen Handlungen gemacht werden, sollten auch auf den »Kasus« sonntäglicher Gemeindegottesdienst Anwendung finden. Zur Vorbereitung des Sonntagsgottesdienstes gehört das Gespräch mit den Beteiligten, der Besuch in den Häusern, das Gespräch in einer Predigtvorbereitungsgruppe oder einem Gottesdienstarbeitskreis.

D. Die Angemessenheit der Gestalt des Gottesdienstes

Jeder Gottesdienst ist ein »unverwechselbares Ereignis« und wird dadurch zu einer immer neuen Gestaltungsaufgabe. Es geht um die »Kunst, Gott zu feiern« (Volp).

Von Martin Luther haben wir gelernt, dass die Formen der gottesdienstlichen Versammlung nicht gesetzlichem Zwang unterliegen. Der Gottesdienst der mündigen Gemeinde darf und soll sich in der Freiheit der Christenmenschen entfalten. »Christus ist das Ende des Gesetzes. Christus ist auch das Ende des gesetzlich-rituellen Gottesdienstes« (Brunner 271). Dies muss als theologischer Grundsatz festgehalten werden, wenn wir über die Erneuerung des Gottesdienstes nachdenken und zu verantwortlichen Entscheidungen in Fragen der Gestaltung kommen wollen. Unser Gottesdienst soll in seiner Gestalt und Atmosphäre etwas widerspiegeln von dieser unaufgebbaren eschatologischen Freiheit der Kinder Gottes. Freilich muss mit diesem wertvollen Gut angemessen und behutsam umgegangen werden. Und dies aus einem doppelten Grund:

1. Die Christusbezogenheit des Gottesdienstes

Alle Gestaltung des Gottesdienstes ist dem Evangelium verpflichtet und darf die Reinheit des Evangeliums nicht verletzen. Es geht also um die Christusbezogenheit des Gottesdienstes. Im Einzelnen lassen sich daraus folgende Grundsätze für die Gestaltung der Liturgie ableiten: Christlicher Gottesdienst ist gekennzeichnet

– durch den Anspruch auf Öffentlichkeit, weil Gott »will, dass allen Menschen geholfen werde« (I Tim 2,4),
– durch die Anrufung des Dreieinigen Gottes in Lied und Gebet,
– durch die Wortgebundenheit (Reden und Hören),
– durch Schriftgemäßheit,
– durch die stiftungsgemäße Feier des Abendmahls,
– durch die Einheit von Wort und Sakrament,
– dadurch, dass »im Namen Jesu« gebetet wird (I Tim 2,1),
– dadurch, dass Glaube und Schuld bekannt werden,
– dadurch, dass gesendet und gesegnet wird.

2. Die liebevolle Gestaltung des Gottesdienstes

Bei der Gestaltung der Liturgie darf der Gesichtspunkt der Rücksichtnahme und der Liebe nicht außer Acht bleiben. Die für die Gestaltung des Gottesdienstes Verantwortlichen müssen sich kritisch fragen, ob die angestrebte Form und Reform des Gottesdienstes und seiner einzelnen Elemente dem Aufbau der Gemeinde dient oder ob neue Hindernisse in Bezug auf einen lebendigen Mitvollzug aufgerichtet werden. Folgende Leitgedanken lassen sich für eine freiheitliche und liebevolle Gestaltung des Gottesdienstes aufstellen:

– Es sollen möglichst alle Teilnehmenden verstehen und nachvollziehen können, was in der Liturgie geschieht. Nur so können aus Besuchern Teilnehmer werden. Allerdings dürfen wir unter den Begriff »Teilnehmer« auch nicht jeden »Besucher« vereinnahmen. Es gibt Suchende, Distanzierte, die (noch) für sich bleiben wollen und vielleicht ängstlich darauf achten, dass ihre Individualität, ihre Distanziertheit und Intimität nicht gestört werden.
– Es muss – bei aller Aktualität und Spontaneität der Gestaltung – die Tradition der Kirche und die gottesdienstliche Gewohnheit der konkreten Gemeinde beachtet werden.
– Es ist wichtig, dass die Gemeinde Freude an ihrem Gottesdienst empfindet. Solche Glaubensfreude ist ein ständig zu förderndes und zu bewahrendes gottesdienstliches Gut.
– Es ist wichtig, dass die Gemeinde sich im Aufbau (Struktur) des Gottesdienstes wie in den einzelnen Liturgieelementen wiederfindet, dass die liturgischen Formen (Lieder, Bekenntnisse, Gebetsrufe, Formeln und Akklamationen) – bei allem kirchenjahresbezogenen und aktuellem Wechsel – wiedererkennbar und darum auch wiederholbar bleiben. In diesem Sinne kommt den Agenden eine ordnende Funktion zu.
– Wünschenswert ist, dass die gottesdienstliche Gemeinschaft über die Grenzen der eigenen Gemeinde hinaus gesucht, die aktive Teilnahme am Gottesdienst anderer Gemeinden ermöglicht und die Liturgie bei aller Freiheit und Vielfalt ihrer konkreten Gestaltung auch als Zeichen für die Einheit des Glaubens und der Kirche wahrgenommen wird.

Dabei ist zu beachten, dass die Akzeptanz des Gottesdienstes nicht in erster Linie von den alten oder modernen Formen liturgischer Gestaltung abhängt. Josuttis hat mit gewissem Recht drauf hingewiesen, dass das »Unterfangen, durch Änderung der Gottesdienstformen die Attraktivität des Gottesdienstes zu erhöhen, weitgehend illusionär gewesen« sei (1993, 49). Die »Geltung des Gottesdienstes« (Seitz: Schmidtchen 157) hängt im Wesentlichen von seinen Inhalten und von der Situation bzw. Befindlichkeit der möglichen Gottesdienstteilnehmer ab. Dies zu wissen kann entlastend wirken, weil es von krampfhafter Suche nach attraktiven Neuerungen befreit.

E. Das Verhalten im Gottesdienst

Gestaltung des Gottesdienstes und das Sich-Verhalten im Gottesdienst sind eng auf einander bezogen. Dabei ist zwischen dem Verhalten insbesondere der Liturgin bzw. des Liturgen einerseits und dem Verhalten der Gemeinde bzw. der einzelnen Gottesdienstteilnehmer andererseits zu unterscheiden. Vielfach orientiert sich das Verhalten der Gemeinde am Verhalten der Liturgin bzw. des Liturgen; es ist in gewisser Weise Echo auf deren Art und Weise, Liturgie zu leiten. So hängt viel davon ab, wie sich die »Amtsträger« im Raum bewegen. Alles Gekünstelte und ebenso alles Legere stehen der Sache im Wege und sind nicht selten Zeichen dafür, dass die Betreffenden ein gespaltenes Verhältnis zur Liturgie haben oder nicht angemessen ausgebildet worden sind. »Zur liturgischen Bildung gehören nicht nur Kenntnis und Fertigkeiten, sondern so etwas wie eine innere Einstellung ... Liturgische Haltung meint auch Ehrfurcht, Demut, Respekt vor dem, was im Gottesdienst geschieht, und vor den Menschen, mit denen wir zusammen feiern« (Cornehl 1990a, 67).

Dem Verhalten der Amtsträger korrespondiert das Verhalten der Gemeinde und der einzelnen Gottesdienstteilnehmer. Deren Vorbildung ist in großem Maße unterschiedlich. Die geübten Kirchgänger verhalten sich anders, selbstverständlicher, kritischer und unkritischer zugleich als die seltenen und unwahrscheinlichen Besucher. Wie hoch ist die Schwelle für die, denen das Innere des Gotteshauses kaum vertraut ist? Wie verhalten sich Zeitgenossen, die des Betens entwöhnt sind, wenn im Gottesdienst die Aufforderung »Lasst uns beten« erklingt? Was tun sie, wenn es zu Beginn der Austeilung heißt: »Kommt, es ist alles bereit«?

Die Zukunft der Gottesdienste wird weitgehend davon bestimmt sein, wie wir diese und andere Fragen in der Arbeit am Gottesdienst ernst nehmen. Dabei kommt der liturgischen Einübung im Kindesalter oberste Präferenz zu. Hier gilt es, die Chancen, zu nutzen, die z.B. ein kirchlicher Kindergarten bietet. Es gibt viele gute Beispiele, wie Kindergartenkinder an das »Haus Gottes« und an gottesdienstliches Tun und Erleben gewöhnt werden können. Der sonntägliche Kindergottesdienst ist zwar durch familiäre Unternehmungen und durchs Fernsehen arg gefährdet, kann aber weder durch Religionsunterricht noch durch Jungschararbeit ersetzt werden. In der Konfirmandenzeit wird stärker als bisher auf die Hinführung zum gottesdienstlichen Geschehen zu achten sein. »Die Aneignung und Gestaltung des Gottesdienstes ist ein wesentlicher Lern- und Erfahrungsinhalt in der Konfirmandenzeit« (Agende III/6, 14 f.). In der kirchlichen Erwachsenenbildung, in Seminaren und Ausbildungsabenden findet das Thema Liturgie in zunehmendem Maße ein gutes Echo. Die Bildung von Gottesdienstarbeitskreisen hat vielerorts zur Belebung und Erneuerung des Gottesdienstes beigetragen.

F. Die Einheit von Wort und Sakrament als unaufgebbares Ziel

Von Beginn an wurde der christliche Gottesdienst geprägt durch die Einheit von Wort und Sakrament. Die Feier des von Christus eingesetzten Abendmahls war und ist das Kennzeichen christlichen Gottesdienstes. Es war deshalb ein Irrweg, dass sich in den evangelischen Kirchen und Gemeinden die Tradition eines sakramentslosen Gottesdienstes einbürgerte und die Feier des Abendmahles an den Rand gottesdienstlichen Geschehens rückte. »Die Christenheit, insbesondere die evangelische, ist dieser Stiftung [des Abendmahls] gegenüber ungehorsam geworden. Die zentrale Stellung des Predigtgottesdienstes und die Verdrängung der Mahlfeier stellt einen offensichtlichen Bruch der Stiftung dar. Die Mahlfeier muss wieder festlicher Mittelpunkt des Gemeindelebens werden« (Heidland 101, vgl. Schmidt-Lauber 101).

Darum wird nach wie vor ein wesentlicher Schwerpunkt gottesdienstlicher Erneuerung auf der Wiedergewinnung des eucharistischen Gottesdienstes liegen. Kirchen und Gemeinden müssen verinnerlichen, dass es sich bei der angestrebten Einheit von Wort- und Sakramentsgottesdienst nicht um eine hochkirchliche Liebhaberei einzelner liturgisch engagierter Gruppen handelt, sondern dass darin das durch biblische Erkenntnis geprägte Herz der Kirche schlägt. Diese Erkenntnis gilt es zu vermitteln und zu pflegen. Dabei geht es

- um die *Abendmahlslehre*: Überwunden werden muss ein einseitig auf Schuld und Vergebung fixiertes Verständnis, obwohl dieser Aspekt ein Kernpunkt evangelischer Abendmahlslehre bleibt. Ebenso wesentlich sind die Aspekte der Danksagung (Eucharistie), der sakramentalen Gemeinschaft mit Christus und mit den anderen Kommunikanten (Kirche als Leib Christi), der eucharistischen Verwandlung des Lebens und der Weltverantwortung der Christen (vgl. Schulz 1997, 213–215), der trinitarisch begründeten schöpfungsbezogenen und heilsgeschichtlichen Freude und der eschatologischen Erwartung.
- um die *Abendmahlsfrömmigkeit*: In den letzten Jahrzehnten hat sich in vielen Gemeinden eine häufigere und selbstverständlichere Teilnahme am Abendmahl entwickelt. Der Festcharakter des Abendmahles wird wahrgenommen und verinnerlicht. Kinder nehmen, sofern sie vorbereitet sind, ungezwungen teil, und Kleinkinder werden in der Gemeinschaft der Kommunikanten gesegnet.
- um die *Gestaltung* der Feier, in der sich der wiedergewonnene eucharistische Aspekt auf vielfache Weise spiegelt:
- in den lobpreisenden, anamnetischen und epikletischen Texten der Abendmahlsgebete,
- in der Art und Weise der Austeilung,
- in der Betonung des Mahlcharakters, damit verbunden die Verwendung von wirklichem (ungesäuertem) Brot statt Oblaten,
- in den Liedern und in der Musik zur Austeilung,
- in sichtbaren Zeichen der Gemeinschaft und der Versöhnung,
- in der Predigt, die »immer etwas von der Festlichkeit einer Tischrede an sich haben« sollte (Stalmann 1994, 55).

G. Erneuerung des Gottesdienstes und Erneuerung des Lebens

Erneuerung des Gottesdienstes wird es nur geben, wenn seine lebensverändernde Kraft wahrgenommen wird. »Gottesdienstliche Erneuerung heißt: Erneuerung des christlichen Lebens aus dem Gottesdienst, aus der Mitte der Christusbegegnung. Und es heißt: Erneuerung des Gottesdienstes aus dem lebendigen Zusammenhang des gelebten Glaubens« (Cornehl 1990b, 480). Dabei geht es um die lebensverwandelnde Kraft des gesamten eucharistisch geprägten Gottesdienstes. Wenn Jesus Christus im Gottesdienst seine Gemeinde versammelt, uns damit immer wieder verwandelt und neu schafft zu Gottes Kindern, dann sind wir Glieder seines Leibes. Wenn er sich uns in Brot und Wein hingibt, dann ist diese Selbsthingabe »Ur- und Vorbild der Hingabe des Kommunikanten an den Nächsten« (Schulz 1997, 215). Das »Brot des Heils«, das uns im Gottesdienst gereicht wird, steht mit dem »Brot für die Welt« in einem unauflöslichen

Zusammenhang. Wenn wir einander ein Zeichen der Versöhnung geben, so ist dies weder Absichtserklärung noch Appell, sondern Vollzug der von Christus geschenkten Gemeinschaft.

Gottesdienstteilnehmer gehen nach dem Segen nicht auseinander, sondern miteinander in die Welt, die Gottes Welt ist, und werden zu lebendigen Zeugen dessen, was im Gottesdienst geschieht. Gottesliebe und Nächstenliebe, Gottes Schöpfertat und unsere Weltverantwortung, Gottes Gemeinschaft mit uns und unsere Gemeinschaft untereinander als Glaubens- und Lebenswirklichkeit gehören zusammen.

H. Missionarische Ausrichtung als Aspekt der Gottesdiensterneuerung?

Damit sind wir bei einer der Kardinalfragen im Blick auf die Erneuerung des Gottesdienstes: Wie weit und in welcher Weise kann bzw. soll der Gottesdienst der christlichen Gemeinde missionarisch ausgerichtet sein? Diese Frage verträgt keine exklusive Antwort. Denn »schon das bloße Vorhandensein einer ihren Gottesdienst feiernden und ihren Glauben lebenden Gemeinde ist ein missionarisches Ereignis« (Thimme 24). Gottesdienst ist keine Geheimveranstaltung und sollte nach Möglichkeit auch nicht von Außenstehenden so empfunden werden (→Gottesdienst und Evangelisation).

Doch die Erneuerung des Gottesdienstes mit dem Ziel einer »lebendigen Liturgie« darf sich nicht einengen lassen von der Frage: Welche missionarische Wirkung geht von dieser oder jener Gestaltung oder Sprache aus? Der Gottesdienst bleibt das Fest der an Christus Glaubenden. Nur in besonderen Fällen (Rundfunkgottesdienste, Zielgruppengottesdienste usw.) wird die missionarische Komponente deutlicher die Gestaltung der einzelnen Elemente bestimmen.

Nicht unerwähnt bleiben darf das nach wie vor überraschende Phänomen, dass die kleinen und großen Kirchenmusiken weit über den Kreis der Gottesdienstteilnehmer hinaus Menschen erreichen und damit zweifellos eine missionarische Ausstrahlungskraft entwickeln.

I. Zur Veränderung der gottesdienstlichen Zeit

Die Teilnehmerzahlen bei den Gottesdiensten zu den hohen Festtagen des Kirchenjahres haben in den letzten zehn bis zwanzig Jahren z.T. stärker abgenommen als bei den sonntäglichen Gottesdiensten. Dies ist u.a. eine Folge davon, dass die christlichen Feste in zunehmendem Maße als (verlängerte) Urlaubszeiten in Anspruch genommen werden. Nicht wenige gehen an ihrem Urlaubsort zur Kirche; andere »vergessen« das Fest samt seinem Inhalt. Dies wirkt sich auch auf die Einsatzfähigkeit von Kirchen- und Posaunenchören und anderer Gruppen aus.

Eine Konsequenz aus dieser Entwicklung kann nur sein, die Gottesdienste an den hohen Feiertagen so überzeugend, aussagekräftig und festlich wie nur irgend möglich zu gestalten, ohne sich dabei allzu sehr von schwindenden Teilnehmerzahlen beeindrucken zu lassen. Zum anderen sollten die Festkreise – also die Vorbereitungs- und Folgezeiten der großen Feste – bewusster und intensiver begangen werden, sodass der Inhalt der Feste auch in dieser Zeit wahrgenommen werden kann. Die zuständigen Gremien der Kirchen müssen prüfen, ob nicht die Perikopen der entsprechenden Sonntage unter dem genannten Aspekt zu ergänzen sind.

Eine ähnliche Problematik betrifft mehr und mehr auch die Feier des Sonntages, der von vielen Menschen nur noch als auslaufendes Wochenende wahrgenommen wird. Kirchenmusiker machen, was die Einsatzfähigkeit ihrer Chöre anbetrifft, auch hier zuweilen traurige Erfahrungen. Die Gottesdienstzeit am Sonntagvormittag sollte aus vielerlei Gründen nicht hinterfragt werden. Aber es hat sich hier und da bewährt, gelegentlich zum Gottesdienst am Sonntag- oder Samstagabend einzuladen. In den Städten sollten Gemeinden untereinander entsprechende Verabredungen treffen und auch Gottesdienste an Werktagsabenden anbieten.

In diesem Zusammenhang ergeben sich auch Fragen an die inhaltliche Gestaltung des Kirchenjahres. Neben der Feier der Heilsgeschichte hat es schon immer – durch den Lebenszyklus der Schöpfung und der Menschen bedingt – natürliche und gesellschaftliche Anlässe gegeben, die eine gottesdienstliche Gestaltung herausforderten: Neujahr, Erntedanktag, Volkstrauertag usw. Es ist sinnvoll, bei solchen und anderen Anlässen (»Kasualien« der Gesellschaft: Dorf- und Stadtfeste z.B., aber auch Katastrophen u.a.) Gottesdienste anzubieten. Lektionar und Agenden geben dazu Anregungen.

III. Agenden als Ordnung, Leitfaden und Angebot zu Bewahrung und Erneuerung

A. Von der Zielsetzung und vom Gebrauch der Agenden

Wenn der Gottesdienst Gestaltungsaufgabe für die ganze Gemeinde sein soll, dann müssen »Gottesdienstbücher« so gefasst werden, dass sie dazu herausfordern, diese Aufgabe auch wahrzunehmen. Die traditionellen Agenden wurden in erster Linie als Ordnungsbücher verstanden, wenn nicht sogar als gesetzliche Regelungen. Es stand geschrieben, wie ein Gottesdienst zu verlaufen habe. Zwar wurde in Vorworten und anderen Beiträgen zu kirchenamtlichen Agenden immer wieder darauf hingewiesen, dass Agenden keinen Bekenntnisrang haben (so z.B. im Vorwort zur Agende I), dass Gottesdienstordnungen ein »äußerlich Ding« seien und dass alles vom »rechten Brauch« (Luther) abhänge. Aber wie dann im Einzelnen der Verlauf des Gottesdienstes in den Agenden beschrieben und die verschiedenen Formen, Texte und Formeln dargeboten wurden, ließ deutlich werden, dass diese Bücher nicht so sehr als Freiraum, Angebot und Herausforderung für eine angemessene und aktuelle Gottesdiengestaltung gedacht waren, sondern eben doch als Vorschrift, der man sich zu beugen hatte oder nur durch protestantischen Ungehorsam entziehen konnte. Dass die Agenden I der EKU und der VELKD in Wahrheit nicht nur anders verstanden werden wollten, sondern auch faktisch (allerdings meist versteckt) einen breiten »Spielraum« für fantasievolle Liturgie boten, wurde kaum erkannt und deshalb auch nicht praktiziert. Nur so ist es zu verstehen, dass die lutherische Kirche im Jahr 1970 durch Beschluss der Generalsynode den Gemeinden und Landeskirchen empfahl, »die von der Agende in den Hinweisen genannten Möglichkeiten stärker zu nutzen und einschränkende Regelungen durch Gliedkirchen zu überprüfen.«

B. Jahre der Gottesdienstreform – Von Agende I 1955 zum EGb 1999

Die Agende I der VELKD markiert liturgiegeschichtlich eine wichtige Zäsur. Für große Teile des deutschen Luthertums wurde sie die erste, landeskirchliche Grenzen überschreitende gemeinsame Gottesdienstordnung. Dass dies aufgrund der gemeinsamen Vorbereitungen in der LLK nicht in konfessioneller Enge geschah, wird an der parallelen Herausgabe der Agende der Evangelischen Kirche der Union deutlich. Wichtiger noch ist zu bewerten, dass Agende I den Gottesdienst mit Predigt und Abendmahl (Evangelische Messe) als den eigentlichen Normalfall christlichen Gottesdienstes beschreibt.

Freilich ist nicht zu übersehen, dass die Agende I von 1955 – ohne Frage die gute Frucht der liturgischen Bewegung der zwanziger und dreißiger Jahre des 20. Jh. – in gewisser Weise ein unzeitgemäßes Dokument war. Sie kam etwa zwanzig Jahre zu spät. Ihre Sprache wurde weithin als veraltet empfunden, ihre Handlungsanweisungen (Rubriken) wirkten perfektionistisch. Die veränderte geschichtliche, kulturelle und gesellschaftliche Situation nach 1945 fand im Grunde keine Berücksichtigung. Die Agende erschien als Werk der Restauration und wurde entsprechend kritisiert. Wieder wurde der Ruf nach grundlegender Erneuerung des Gottesdienstes laut.

Neue Musik, neue Texte, neue Formen der Kommunikation wurden gefordert, gesucht und erprobt. Die gesellschaftspolitische Komponente des Gottesdienstes wurde (neu) entdeckt. Die Kirchentage hatten an dieser Entwicklung wesentlichen Anteil – mit neuen Gottesdienstformen und Liedern, mit dem »Feierabendmahl« und dem »politischen Nachtgebet«.

Am Ende entstand – obwohl dies von vielen so befürchtet wurde – im Zuge dieser gottesdienstlichen Erneuerungsbewegung keineswegs eine exklusive alternative Gottesdienstkultur neben dem normalen Gemeindegottesdienst. Begeistert kamen viele Christenmenschen von den Kirchentagen in ihre Heimatgemeinden zurück und waren enttäuscht, dass diese Bewegung zuhause nicht die gewünschten Früchte zeigte. »Von den besonderen Feiern führte kein gerader Weg zum regelmäßigen Gottesdienstbesuch« (Cornehl 1985a, 79). Aber die Erfahrungen mit neuen gottesdienstlichen Formen, mit zeitgemäßer Sprache und Musik, mit neuen kommunikativen Elementen und der stärkeren Einbeziehung künstlerischer Ausdrucksmittel hatten durchaus Einfluss auf das gottesdienstliche Leben in den Kirchen und Gemeinden. Nur so ist es zu verstehen, dass bereits 1965, also zehn Jahre nach der Einführung von Agende I, der erste Auftrag zur Revision der Agende durch die Lutherische Generalsynode erteilt und »Grundsätze für die Weiterarbeit an der Agende« veröffentlicht wurden.

Einen wesentlichen Schritt auf dem Weg zur Revision und Erneuerung der Agende markiert das von der Lutherischen Liturgischen Konferenz Deutschlands erarbeitete und 1974 veröffentlichte Strukturpapier »Versammelte Gemeinde« (1974). In der Einführung zu dieser Denkschrift wird der Gottesdienst der Gemeinde als »eine immer wieder neu zu bewältigende Gestaltungsaufgabe« und nicht als »ein mechanisch ablaufendes Programm« beschrieben.

Das Strukturpapier war nicht als Agende gedacht, sondern als richtungweisende Denkschrift für die notwendige Gottesdienstreform. Es signalisierte in gewisser Weise einen Abschied vom bisherigen Agendentypus. In der liturgiewissenschaftlichen Literatur und in den zuständigen Gremien der evangelischen Kirchen wurde das Strukturpapier kritisch aufgenommen, jedoch in seinen Grundsätzen bejaht. Man darf die in der Folgezeit erarbeiteten Agenden einzelner Landeskirchen, vor allem aber das EGb, durchaus als Frucht jener Grundsatzarbeit bezeichnen.

Der Vorentwurf einer gemeinsamen Agende (EA) wurde in den Jahren 1980 bis 1989 von einer gemeinsamen Arbeitsgruppe der östlichen und westlichen gliedkirchlichen Zusammenschlüsse EKU und VELKD erstellt. Er wurde 1990 den Kirchen und Gemeinden zur Erprobung und Stellungnahme vorgelegt. Bei aller Unterschiedlichkeit der Bewertungen zeichnete sich doch eine grundsätzliche Bejahung des Anliegens ab: Man akzeptierte, dass es sich nicht um ein »Buch zum Ablesen« (EA 9), sondern um ein Arbeitsbuch zur angemessenen und aktuellen Gestaltung des Gottesdienstes handelte, das den Spielraum einer von der Gemeinde verantworteten lebendigen Liturgie beschrieb.

Aufgrund der ausführlichen Stellungnahmen aus den Landeskirchen und den gliedkirchlichen Zusammenschlüssen sowie aus anderen Arbeitsbereichen der Kirche erstellte die »Arbeitsgruppe EA II« den Entwurf für die neue gemeinsame Agende. Sie wurde als EGb am 1. Sonntag im Advent 1999 von der EKU und der VELKD mit einem festlichen Gottesdienst in der Lutherkirche zu Wittenberg eingeführt und auch von der Evangelischen Kirche A.B. in Österreich übernommen.

C. Das EGb als Anstoß zur Erneuerung und Gestaltung

1. Die Notwendigkeit der theologischen Begründung

Die Übergabe des EGb, so heißt es im Vorwort, »geschieht in der Erwartung, dass damit ein wichtiger Anstoß zur Erneuerung des Gottesdienstes gegeben wird. Solche Erneuerung fängt mit der Besinnung darauf an, was im Gottesdienst eigentlich geschehen soll« (EGb 5). Diese Zielsetzung ist in zweierlei Hinsicht bemerkenswert. Zum einen begreift sie die neue und neuartige Agende als Instrument der Erneuerung des Gottesdienstes. Sie nimmt damit Kirchen und Gemeinden in Pflicht, sich dieser Aufgabe zu stellen. Zum anderen verlangt sie aber auch, dass aller gestalterischen Arbeit am Gottesdienst gründliche theologische Besinnung vorausgehen muss. Das scheint zunächst selbstverständlich zu sein. Doch ein Blick in die Literatur belehrt uns eines anderen: Da wird das theologisch zu präzisierende »Wesen des Gottesdienstes« vielfach mehr oder weniger als bekannt vorausgesetzt. Sehr rasch ist man bei den Vorschlägen für die praktische Gestaltung, für alternative Formen und Textvarianten. Oder es wird fast resignierend festgestellt, »dass es zur Zeit sicher nicht möglich ist, eine systematisch begründete, umfassende, auf das ›Ganze‹ des Phänomens gerichtete ›Lehre von dem Gottesdienst‹ zu entwickeln« (Bieritz 1975, 726).

Die Defizite liturgietheologischer Bildung in der Pfarrerschaft sind häufig erschreckend. Der grundlegende Beitrag Peter Brunners »Zur Lehre vom Gottesdienst« aus dem Jahre 1954 ist weithin vergessen. Wenn wir aber mit Recht wünschen, dass die Gemeinden Verantwortung für die Gestaltung ihrer Gottesdienste wahrnehmen, müssen Liturgen und Liturginnen auch in der Lage sein, auf kompetente Weise über die theologischen Fundamente des Gottesdienstes zu informieren. Mancher Irrweg könnte vermieden werden, wenn der Frage, »was im Gottesdienst eigentlich geschehen soll« (EGb 5), theologisch fundiert nachgegangen würde.

2. Typische Kennzeichen des EGb

a. »Der Gottesdienst folgt einer *erkennbaren stabilen Grundstruktur*, die vielfältige Gestaltungsmöglichkeiten offen hält«, heißt es in der Einführung zum EGb (15). So beschreiben die *Grundformen* Struktur und Elemente des Gottesdienstes; sie weisen zugleich auf Möglichkeiten aktueller Gestaltung hin. Hiervon unterschieden, verstehen sich die *ausgeformten Liturgien* als wiederholbare Beispiele einer Gestaltung nach Grundform I bzw. II. Sinnvoll ist es, bei der Gottesdienstvorbereitung nicht einfach auf diese ausgeführten Beispiele zurückzugreifen, sondern sich von den Grundformen zu einer lebendigen und aktuellen Gottesdienstgestaltung anregen zu lassen.

Eine sachgemäße Gottesdienstvorbereitung steht unter der Frage: Was ist unter den gegebenen Umständen (Kirchenjahreszeit, Zusammensetzung der Gemeinde, Welt- und Alltagsgeschehen, Beteiligung von Gemeindegruppen usw.) nötig und möglich? Änderungen der Liturgie und insbesondere der Melodien dürfen die Gemeinde nicht überfordern; »bewährte Texte aus der Tradition und neue Texte aus dem Gemeindeleben der Gegenwart« sollen den »gleichen Stellenwert« erhalten (EGb 15).

b. Grundform I bietet für die Teile A (Eröffnung und Anrufung), B (Verkündigung und Bekenntnis) und D (Sendung und Segen) verschiedene *Ausformungen* mit besonders gekennzeichneten »Schwerpunkten«. Diese Beispiele sind am Schluss des jeweiligen Teiles (EGb 40, 45 und 49) aufgelistet. Werden solche Schwerpunkte gesetzt, müssen andere Liturgieteile und -elemente in diesem Gottesdienst zurücktreten. In den Liturgien sind für den Eingangsteil und für den Abendmahlsteil je zwei unterschiedliche Formen (EGb 62 f.) ausgeführt, die bestimmten regionalen Traditionen entsprechen.

c. Der »Gottesdienst mit kleiner Teilnehmerzahl« wird nicht als Notlösung, sondern als konkrete Chance lebendiger Liturgie verstanden: »Die kleine Zahl und gegebenenfalls der kleinere Versammlungsraum bieten Möglichkeiten der Gestaltung und der spontanen Beteiligung, wie sie im größeren Rahmen meist nicht gegeben sind« (EGb 156). Dabei geht es z.B. um die Gestaltung des Versammlungsraumes und Möglichkeiten intensiverer persönlicher Begegnung und Gemeinschaft, zu denen auch das Gespräch anstelle oder in Ergänzung der Predigt gehört. Erneuerung des Gottesdienstes kann vielleicht am ehestens unter solchen Verhältnissen beginnen. Nicht zufällig erinnern die einleitenden Gedanken zum »Gottesdienst mit kleiner Teilnehmerzahl« an die missionarische Ausstrahlungskraft der urchristlichen Versammlungen »hier und dort in den Häusern« (EGb 156, vgl. Act 2,46).

d. Ähnliches gilt für die Gottesdienste, die unter den Überschriften »Möglichkeiten freier Gestaltung im Rahmen der Grundstruktur« und »Weitergehende Möglichkeiten freier Gestaltung« beschrieben werden (EGb 204.208). Der »Gottesdienst für Jung und Alt – Familiengottesdienst« (EGb 209–213) hat in den letzten Jahrzehnten durch seine offenere Atmosphäre erneuernd auf den »normalen« Sonntagsgottesdienst eingewirkt. Auch das »Feierabendmahl« (EGb 214–218), zum ersten Mal auf dem Kirchentag in Nürnberg 1979 gefeiert, hat Abendmahlsfrömmigkeit und Abendmahlspraxis in den Gemeinden vielfältig beeinflusst.

e. Besondere Aufmerksamkeit verdient der »Gottesdienst mit reicheren Interaktionsformen« (EGb 219–238). Die hier praktizierten alten und neuen Stilmittel liturgischer Gestaltung – audiovisuelle Medien, musikalische Formen, Stille (die mehr ist als Unterbrechung), Bewegungen wie Prozession, Anspiel, Tanz, symbolische Aktionen – sind auch für den Gemeindegottesdienst von Bedeutung, für den ja gleichfalls gilt: «Liturgisches Handeln und Verhalten bezieht den ganzen Menschen ein; es äußert sich auch leibhaft und sinnlich« (EGb 17). Evangelische Gottesdienstpraxis hat dieses wichtige Kriterium zu lange vernachlässigt und dabei Schaden genommen. Erneuerung der Liturgie wird nur gelingen, wenn wir begreifen, dass der Glaube den Menschen in seiner Ganzheit – mit allen Sinnen – in Anspruch nimmt. »Bei einer Gottesdienstgestaltung, die die Bezogenheit des Menschen auf Gott als den Schöpfer ernst nimmt, müssen Sinnhaftigkeit und Bewegung in hohem Maße berücksichtigt werden« (Grethlein 36).

f. Musik (Lied, liturgische Gesänge, Orgel- und Instrumentalmusik) stellt einen wesentlichen und eigenständigen Bereich des Gottesdienstes dar und wird darum im EGb und in anderen neuen Agenden auch als eigenständiges Liturgieelement aufgeführt. Sie ist kein schmückendes Beiwerk, auch nicht nur Dienerin des Wortes, sondern als elementare Ausdrucksweise menschlichen Empfindens unverzichtbares Element gottesdienstlicher Gestaltung und Erneuerung (vgl. Volp II, 1027–1056). Musik weckt Gefühle, stimmt ein, reizt zum Lob, aber auch zur Klage; sie begleitet den Gemeindegesang (und darf ihn nicht übertönen), drückt Trauer aus und Freude.

g. Bei dem Bemühen um Erneuerung des Gottesdienstes kann ein Blick auf die liturgische Praxis anderer Konfessionen und Kirchen hilfreich sein: »Der evangelische Gottesdienst steht in einem lebendigen Zusammenhang mit den Gottesdiensten der anderen Kirchen in der Ökumene« (EGb 15 f.). Dabei geht es um das Kennenlernen fremd gewordener oder verschütteter Schätze in der Liturgiegeschichte, auch um die Praxis einer neuen (alten) Spiritualität. Evangelische Christen stehen nicht selten andächtig bewundernd im hinteren Teil einer römisch-katholischen oder einer orthodoxen Kirche und hören – wie von außen, beteiligt und doch nicht beteiligt – die liturgischen Gesänge, erleben die Riten einer fremden und doch faszinierenden Liturgie. Trotz aller kritischer Bedenken gilt: Es ist auch unser Glaube, unser Gotteslob, unser Bekenntnis, die dort zum Ausdruck kommen. Größer als die Ferne und die Fremdheit ist die Nähe. Wir müssen nicht die Außenstehenden im Hinterraum jener Kirchen sein.

h. Ein besonderes Kennzeichen des EGb sind die »Erläuterungen«, liturgiedidaktische Hinweise zu den einzelnen Teilen und Liturgieelementen. Sie bilden für sich genommen so etwas wie eine kleine Liturgik und können – in Gemeindeseminaren, in der Vorbereitungsgruppe usw. – einen Beitrag zur liturgischen Bildung der für den Gottesdienst Verantwortlichen leisten.

i. Zu den »maßgeblichen Kriterien« gehört auch die Notwendigkeit der »nicht ausgrenzenden«, inklusiven Sprache (EGb 16). Damit wird ein äußerst sensibles theologisches, seelsorgerliches und missionarisches Problem angesprochen, das die gesamte Gestaltung des Gottesdienstes berührt: Wie nehmen wir die Wirklichkeit wahr? Was prägt unseren Wortschatz? Welche Bilder verwenden wir? Was können unsere Worte bewusst und unbewusst auslösen? Entspricht die Gestaltung unsrer Sprache dem Evangelium? Für die Zukunft des gottesdienstlichen Lebens sind diese Fragen wichtig, und die Gemeinde selbst muss sie zu ihrer Sache machen.

j. »Die Christenheit ist bleibend mit Israel als dem erstberufenen Gottesvolk verbunden«, lautet das letzte der maßgeblichen Kriterien (EGb 17). Es ist auch für die Erneuerung des Gottesdienstes von wesentlicher Bedeutung. Die historische Verwurzelung des christlichen Glaubens im jüdischen Gottesdienst findet in unseren Gottesdiensten ihren Ausdruck – wenn wir Gott in seiner Ehre anbeten, loben und danken, wenn wir die Psalmen sprechen und singen, wenn wir die altestamentlichen Lesungen hören, das Halleluja und das Dreimalheilig anstimmen, wenn wir gesegnet werden mit Aarons Segen. Gerade im Blick auf das, was sich an Demütigung und Verachtung unter Christen abgespielt hat, ist es von geschichtlicher und theologischer Bedeutung, wenn wir uns dieser Wurzeln in der Vorbereitung wie im Vollzug des Gottesdienstes bewusst sind.

k. Der Ergänzungsband nimmt wesentliche Gedanken aus den »maßgeblichen Kriterien« des EGb auf und bietet grundsätzliche und praktische Hilfen zur Gestaltung und Erneuerung der Gottesdienste an. Dazu gehört z.B. die Frage des gottesdienstlichen Raumes: Fraglos gibt es Räume, in denen es uns leichter oder schwerer fällt, Liturgie zu gestalten und zu erleben. Eine Raumgestaltung mit dem Ziel einer lebendigen Liturgie kann sich u.U. auf die Art der Bestuhlung beziehen, auf die Herstellung und Gestaltung von »leerem Raum« innerhalb der Kirche, auf Bilder und Symbole, auf die Öffnung der Kirche am Alltag. Oft spürt man es einer Kirche auch außerhalb der Gottesdienste ab, ob in ihm lebendige Liturgie gefeiert wird und die Gemeinde ihre Kirche liebt. Eine einzige brennende Kerze im leeren Kirchenraum kann lebendige Atmosphäre vermitteln. Auch kleine Schritte können Erneuerung bewirken.

Zusammenfassend kann gesagt werden: Viel hängt davon ab, ob die Gemeinden, die Pfarrer(innen) und Kirchenmusiker(innen) das EGb in dem hier vorgestellten Sinn verstehen, annehmen und gebrauchen: als Hilfsmittel zur Bewahrung und zur ständigen Erneuerung des Gottesdienstes. Denn »neu« ist diese Agende nicht so sehr in dem, was sie im Einzelnen bietet – weder in ihren Formen noch in ihren Texten. »Neu« hingegen wird der praktische Umgang mit diesem anregenden Buch sein müssen.

IV. Zwanzig Thesen zur Erneuerung des Gottesdienstes

1. Ziel aller Erneuerung des Gottesdienstes ist eine lebendige Liturgie, die von möglichst vielen Teilnehmerinnen und Teilnehmern im existentiellen Mitvollzug wahrgenommen werden kann.
2. Grundvoraussetzung für die Erneuerung des Gottesdienstes ist die Information der Gemeinde über den theologischen Ort des Gottesdienstes, über seine Struktur und seine einzelnen Elemente, über seine Bedeutung für den Glauben und das Leben der Einzelnen und der Gemeinde, die als das Volk Gottes Verantwortung für ihren Gottesdienst wahrnehmen soll.
3. Dazu ist es notwendig, dass die Pfarrerschaft größere Kompetenz in der evangelischen Lehre vom Gottesdienst und im Blick auf die Verbindlichkeit und Freiheit seiner Gestaltung gewinnt.
4. Eine wichtige Informationsquelle für die liturgische Bildung der Pfarrerschaft bietet das EGb, insbesondere mit seinen liturgiegeschichtlichen und liturgiedidaktischen Erläuterungen.

5. Erneuerung des Gottesdienstes kann nur geschehen, wenn auf die Dauer Tradition und Aktualität gleichwertig zusammenkommen.
6. Erneuerung des Gottesdienstes kann geschehen, wenn – gelegentlich – einzelne Teile und Elemente des Gottesdienstes auf verschiedene Weise herausgehoben, vertieft und konkretisiert werden und so »neu«, d.h. lebendig wahrgenommen werden können.
7. Erneuerung des Gottesdienstes kann geschehen, wenn die Ökumenizität des Gottesdienstes erkannt und praktiziert wird.
8. Erneuerung des Gottesdienstes schließt die Erkenntnis ein, dass christlicher Gottesdienst vielfältige Wurzeln im jüdischen Gottesdienst hat.
9. Erneuerung des evangelischen Gottesdienstes geschieht, wenn protestantische Nüchternheit sich paart mit einer neuen Spiritualität, die den Menschen ganzheitlich, im Miteinander von verbalen und nonverbalen Ausdrucksmitteln, erfasst.
10. Erneuerung des Gottesdienstes setzt voraus, dass der Gottesdienst als kultisches Geschehen erkannt, bejaht und gepflegt wird – wobei darauf zu achten ist, dass sich kultische Elemente nicht verselbstständigen, sondern in den Dienst der Feier des gegenwärtigen Christus treten.
11. Erneuerung des gottesdienstlichen Lebens als Mitte alles kirchlichen Lebens kann nur im Zusammenhang mit der Erneuerung des Gemeindelebens praktiziert werden. Die Gemeindegruppen und die übergemeindlichen Dienste müssen einen festen Platz im Gottesdienst finden.
12. Erneuerung des Gottesdienstes wird am ehesten gelingen, wenn sich in den Gemeinden Gottesdienstarbeitsgemeinschaften bilden, die sich – in der Überzeugung, dass die Gemeinde es ist, die den Gottesdienst hält – das Ziel lebendiger Liturgie zu eigen machen.
13. Erneuerung des Gottesdienstes als lebendige Liturgie kann gelegentlich in sog. Zielgruppengottesdiensten – auch in Hausversammlungen – Gestalt gewinnen, wobei deutlich bleiben muss, dass der Sonntagsgottesdienst die Feier der ganzen Gemeinde ist.
14. Erneuerung des Gottesdienstes kann sich zuweilen auch in einem flexibleren Umgang mit »gottesdienstlicher Zeit« zeigen (Gottesdienste am Samstag- oder Sonntagabend; verlängerte Kirchenjahresfeste).
15. Konfirmanden haben – bei aller Notwendigkeit eigener Gruppengottesdienste – ihren Platz im Sonntagsgottesdienst der Gemeinde, an dessen Gestaltung sie mitwirken sollten.
16. Erfahrungen mit sog. Frauenliturgien können zur Verlebendigung der Gottesdienste führen. Es muss aber sensibel darauf geachtet werden, dass solche Liturgien nicht aus dem »normalen« Gottesdienst der Gemeinde auswandern.
17. Gottesdienste mit kleiner Teilnehmerzahl sollten als Chance wahrgenommen und so gestaltet werden, dass von ihnen Impulse für eine Erneuerung gottesdienstlichen Lebens und Erlebens ausgehen.
18. Neue Agenden schaffen noch keinen neuen lebendigen Gottesdienst. Wirklich neu werden kann der Gottesdienst nur aus einem freiheitlichen und verantwortbaren Umgang mit dem EGb, vor allem aber aus einer neuen liturgischen Spiritualität, die nur Frucht der Bitte um den heiligen Geist sein kann. In diesem Sinne kommt dem Gebet des Einzelnen und der vorbereitenden Gruppe vor dem Gottesdienst große Bedeutung zu.
19. Die Evangelische Kirche in Deutschland möge, so schlagen wir vor, nach dem »Jahr der Bibel« und anderen besonderen Jahren ein »Jahr des Gottesdienstes« ausrufen, das neue Ideen und Kräfte für das gottesdienstliche Leben in den Kirchen und Gemeinden weckt.
20. Vor allem und in allem gilt, dass sich Kirchen wie Gemeinden und die einzelnen Verantwortlichen Zeit nehmen für den Gottesdienst, Freude an ihm haben und diese Freude bei der Vorbereitung und in der Feier des Gottesdienstes selbst vermitteln. Dann kann das Werk – wenn Gott seinen Segen gibt – gelingen!

Quellen

STRUKTURPAPIER: Versammelte Gemeinde. Struktur und Elemente des Gottesdienstes. Zur Reform des Gottesdienstes und der Agende. Denkschrift der LLK, Hamburg 1974; überarb. abgedr.: Herwarth von SCHADE/Frieder SCHULZ (Hg.), Gottesdienst als Gestaltungsaufgabe, Hamburg 1979 (RGD 10). – ERGÄNZUNGSBAND zum Evangelischen Gottesdienstbuch, hg.v. EKU/VELKD, Berlin/Bielefeld/Hannover 2002.

Literatur

Karl-Heinrich BIERITZ, Ders., Ansätze zu einer Theorie des Gottesdienstes, ThlZ 100 (1975) 721–737. – Ders., Zeichen setzen. Beiträge zu Gottesdienst und Predigt, Stuttgart 1995. – Ders., Das neue Evangelische Gottesdienstbuch: LJ 50 (2000) 20–40; GAGF 35 (1999) 4–24. – Ders./Michael ULRICH, Gottesdienstgestaltung. Ein ökumenisches Werkbuch, Göttingen 1987. – Peter BRUNNER, Zur Lehre vom Gottesdienst der im Namen Jesu versammelten Gemeinde, Leit. I (1954) 83–364. – Peter CORNEHL, Art. Gottesdienst VIII: TRE 14 (1985a) 54–85. – Ders., Der Gottesdienst, Kontinuität und Erneuerung des christlichen Lebens: Trutz Rendtorff (Hg.), Charisma und Institution, Gütersloh 1985b. – Ders., Liturgische Bildung und Ausbildung: Friedrich-Otto Scharbau (Hg.), Erneuerung des Gottesdienstes, Hannover 1990a, 37–78. – Ders., Was können wir von der Erneuerten Agende erwarten?: PTh 79 (1990b) 479–485. – Ernst FUCHS, Art. σήμερον: ThWNT VII (1964) 269–274. – Christian GRETHLEIN, Abriß der Liturgik. Ein Studienbuch zur Gottesdienstgestaltung, Gütersloh ²1991. – Hans-Wolfgang HEIDLAND, Wesen und Wert des Gottesdienstes: Verhandlungen der Landessynode der Vereinigten Protestantisch-Evangelisch-Christlichen Kirche der Pfalz, Karlsruhe 1/1974, 132–151. – Werner JETTER, Symbol und Ritual, Göttingen ²1986. – Manfred JOSUTTIS, Die Erneuerte Agende und die agendarische Erneuerung: PTh 80 (1991) 504–516. – Ders., Der Weg ins Leben, Eine Einführung in den Gottesdienst, München ²1993. – Christhard MAHRENHOLZ, Grundsätze für die Weiterarbeit an der Agende: LM 7 (1968) 290–293. – Werner REICH/Joachim STALMANN (Hg.), Gemeinde hält Gottesdienst (Leit. NF 1), Hannover 1991. – Karl Ferdinand MÜLLER, Gottesdienst in einem säkularisierten Zeitalter, Kassel 1971. – Georg RIETSCHEL/Paul GRAFF, Lehrbuch der Liturgik, Göttingen ²1951/52. – Hans-Christoph SCHMIDT-LAUBER, Die Zukunft des Gottesdienstes, Von der Notwendigkeit lebendiger Liturgie, Stuttgart 1990. – Gerhard SCHMIDTCHEN, Gottesdienst in einer rationalen Welt. Religionssoziologische Untersuchungen im Bereich der VELKD, mit einer Einführung und einem theologischen Nachwort von Manfred Seitz, Stuttgart 1973. – Manfred SEITZ, Praxis des Glaubens, Göttingen ³1985. – Frieder SCHULZ, Die Struktur der Liturgie, Konstanten und Varianten: JLH 26 (1982a) 78–93. – Ders. Zukunftsperspektiven der Gottesdienstpraxis: PTh 71 (1982b) 32–44. – Ders., Die liturgiedidaktischen Erläuterungen als Bestandteil der Erneuerten Agende: GAGF 35 (1999) 25–44. – Ders., Synaxis, Beiträge zur Liturgik, Göttingen, 1997. – Joachim STALMANN, Gottesdienst als Gestaltungsaufgabe. Vom Strukturpapier zur Erneuerten Agende: Leit. NF 1 (1991) 29–40. – Ders., Gottesdienst, Hannover 1994. – Hans THIMME, Evangelistische Verkündigung in der Volkskirche, Gladbeck 1979. – Dieter TRAUTWEIN, Lernprozeß Gottesdienst, Gelnhausen 1972. – Rainer VOLP, Die Kunst Gott zu feiern, Liturgik I/ II, Gütersloh 1992/94.

Walther Lührs

Namensregister *(kursiv = Literaturverzeichnis)*

Sachregister

Autoren

Dr. Christoph ALBRECHT, Kirchenmusikdirektor, Berlin

Prof. Dr. Dr. Teresa BERGER, Durham, N.C./USA

Prof. Dr. Karl-Heinrich BIERITZ, Rostock

Prof. Dr. Peter C. BLOTH, Berlin

The Right Rev. Bishop Colin BUCHANAN, London/Großbritannien

Dr. Christian BUNNERS, Pfarrer, Berlin

Prof. Dr. Bruno BÜRKI, Neuchâtel und Freiburg/Schweiz

Prof. Dr. Corinna DAHLGRÜN, Bielefeld

Prof. Dr. Karl-Fritz DAIBER, Hannover und Marburg

D. Roland DEGEN, Pfarrer, Dresden

Prof. Dr. Karl DIENST, Oberkirchenrat i.R., Darmstadt

Prof. Dr. Hans-Dieter DÖPMANN, Berlin

Dr. Brigitte ENZNER-PROBST, Pfarrerin, München

Prof. Dr. Dr. h.c. (mult.) Balthasar FISCHER †

Prof. Dr. John St. H. GIBAUT, Ottawa, Ontario/Canada

Prof. Dr. Christian GRETHLEIN, Münster

Prof. Dr. Manfred HAUSTEIN †

Prof. Dr. Andreas HEINZ, Trier

Prof. Dr. Klaus-Peter HERTZSCH, Jena

D. Ernst HOFHANSL, Pfarrer, Neunkirchen/Niederösterreich

Prof. Dr. David HOLETON, Prag/Tschechien

Prof. Mag. Werner HORN, Superintendent, Wien/Österreich

Prof. Dr. Hans-Hinrich JENSSEN, Berlin

Prof. Dr. August JILEK, Regensburg

Dr. Ottfried JORDAHN, Pastor, Hamburg

Dr. Manfred KIESSIG, Spiritual, Selbitz

Dr. Reinhard KIRSTE, Pfarrer, Nachrodt

Helmut KORNEMANN, Pfarrer i.R. , Berlin

Prof. Dr. Ulrich KÖRTNER, Wien/Österreich

Prof. Dr. Ulrich KÜHN, Leipzig

Dr. theol. habil. Jens LANGER, Pastor, Rostock

Prof. Dr. Gordon W. LATHROP, Philadelphia, Pennsylvania / USA

Dozent Dr. Herbert LINDNER, Pfarrer, Feucht

Dr. Hermann LINS, Rektor i.R., Melsungen

Walther LÜHRS, Superintendent i.R., Göttingen

Prof. Dr. Friedemann MERKEL, Münster

Prof. Dr. Michael MEYER-BLANCK, Bonn

Konrad MÜLLER, Pfarrer, Nürnberg

Gotthart PREISER, Oberkirchenrat i.R., Haßfurt

Prof. Dr. Klaus RASCHZOK, Jena

Prof. Dr. Wolfgang RATZMANN, Leipzig

Prof. Dr. h.c. Christa REICH, Kantorin, Bad Vilbel

Werner REICH, Pastor, Hannover

Prof. Dr. Jürgen ROLOFF, Erlangen

Msgr. Wilm SANDERS, Pfarrer, Hamburg

Peter SAUER, Oberkirchenrat i.R., Radebeul

Prof. D. Dr. Hans-Christoph SCHMIDT-LAUBER, Wien/Österreich

D. Frieder SCHULZ, Rektor i.R., Heidelberg

Prof. Dr. Manfred SEITZ, Erlangen

Prof. Dr. Ulrike SUHR, Bad Bramstedt

Dr. Ingrid VOGEL, Pfarrerin, Wien/Österreich

Prof. D. Dr. Geoffrey WAINWRIGHT, D.D., Durham, N.C./USA

Prof. Dr. James Floyd WHITE, Notre Dame, Indiana/USA

Dr. Karl-Friedrich WIGGERMANN, Pfarrer, Münster

Prof. Dr. Eberhard WINKLER, Halle

Prof. Dr. Jürgen ZIEMER, Leipzig

Veröffentlichungen zur Liturgik, Hymnologie und theologischen Kirchenmusikforschung

Herausgegeben von Martin Rößler und Jürgen Henkys.

38 Britta Martini

Sprache und Rezeption des Kirchenliedes

Analysen und Interviews zu einem Tauflied aus dem Evangelischen Gesangbuch

2002. 341 Seiten mit zahlr. Tabellen, kartoniert

ISBN 3-525-57207-7

Ein neuartiger, multidisziplinärer Ansatz, der Methoden aus Sprach- und Literaturwissenschaft, Theologie und Sozialwissenschaft vebindet, eröffnet der Kirchenliedforschung ungewohntePerspektiven.

37 Theodor Hering

Gottesdienst und Gotteserkenntnis

Dogmatische Entscheidungen im Hinblick auf das „Evangelische Gottesdienstbuch"

2001. 430 Seiten, kartoniert

ISBN 3-525-57205-0

36 Maria Pfirrmann

Freie Poesie und gottesdienstliche Lieder

Zum Verhältnis von Bibel, Liturgie und Dichtung im frühen Werk von Willem Barnard (Guillaume van der Graft)

2001. 324 Seiten, kartoniert

ISBN 3-525-57204-2

35 Jürgen Henkys

Singender und gesungener Glaube

Hymnologische Beiträge in neuer Folge

1999. 300 Seiten, kartoniert

ISBN 3-525-57202-6

34 Ilsabe Seibt

Friedrich Schleiermacher und das Berliner Gesangbuch von 1829

1998. 352 Seiten, kartoniert

ISBN 3-525-57200-X

32 Konrad Klek

Erlebnis Gottesdienst

Die liturgischen Reformbestrebungen um die Jahrhundertwende unter Führung von Friedrich Spitta und Julius Smend

1996. 335 Seiten mit 2 Abbildungen, kart.

ISBN 3-525-57196-8

31 Katharina Wiefel-Jenner

Rudolf Ottos Liturgik

1997. 332 Seiten, kart.

ISBN 3-525-57195-X

30 Ulrich Wüstenberg

Karl Bähr (1801-1874)

Ein badischer Wegbereiter für die Erneuerung und die Einheit des evangelischen Gottesdienstes

1996. 425 Seiten mit 1 Frontispiz, kart.

ISBN 3-525-57193-3

29 Joachim Conrad

Richard Gölz (1887-1975)

Der Gottesdienst im Spiegel seines Lebens

1995. 355 Seiten mit Notenbeispielen und 11 Abbildungen, kart.

ISBN 3-525-57192-5

28 Ulrich Lieberknecht

Gemeindelieder

Probleme und Chancen einer kirchlichen Lebensäußerung

1994. 295 Seiten, kartoniert. ISBN 3-525-57190-9

V&R
Vandenhoeck
& Ruprecht